镇原縣誌

（—2010）

镇原县地方志编纂委员会 编

上 册

方志出版社

图书在版编目（CIP）数据

镇原县志：~2010 / 镇原县地方志编纂委员会编.
-- 北京：方志出版社，2015.12
ISBN 978-7-5144-1886-6

Ⅰ.①镇… Ⅱ.①镇… Ⅲ.①镇原县－地方志－~2010
Ⅳ.①K294.34

中国版本图书馆CIP数据核字（2016）第003676号

镇原县志（—2010）

编　　者：镇原县地方志编纂委员会
责任编辑：徐　宏
出 版 人：冀祥德
出 版 者：方志出版社
地址　北京市朝阳区潘家园东里9号（国家方志馆）4层
邮编　100021
网址　http://www.fzph.org
发　　行：方志出版社发行中心
电话（010）67110500
经　　销：各地新华书店
印　　刷：甘肃鑫统印务有限责任公司
开　　本：880×1230　1/16
字　　数：2111千字
印　　张：101.25　彩插 64
版　　次：2015年12月第一版　2015年12月第1次印刷
印　　数：0001~5000

ISBN 978-7-5144-1886-6　定价：480.00元（全二册）

镇原县地方志编纂委员会

主　任　秦　华（2009年8月至2010年2月）
周　伟（2010年5月至2014年1月）
李崇暄（2014年4月任）

副主任　侯志强　薛　渊　何　奎　刘志刚　文　芳　王维东　黄清文　慕　瑶
刘位巍　马之庆　段国栋　白来学

委　员　秦　栋　王效仁　杨万钧　张学儒　王正学　王勤劳　潘应鹏　张卫国
陈进选　陈聚辉　路永新　郑继隆　罗　珍　王佐东　杨博涛　杨廷栋
冉振川　王怀智　徐淑贤　李云飞　任建陆　王博栋　李润纲　贾清熙
朱小平　杨忠义　贾纯强　柳望东　罗金海　杨建新　仇斌全　赵宏毅
路正明　慕永华　王诚虎　李兆咸　焦永勤　邢　平　梁喜旺　岳生金
黄选文　荀晓峰　何永宏　高虎龙　李浩业　豆立忠　张自强　荀广缠
刘永权　焦新民　高天升　段德学　米建民　陈述明　王明信　王安邦
常廷禄　耿见明　李兰珍　陈中太　赵永红　强培璧　杨佩彰　路军莲
贾小建　祁鸿雁　张志权　张绪勇　段志仁　包正刚

镇原县地方志编纂委员会办公室

主　任　包正刚

副主任　席广武　马宁强

《镇原县志》编纂人员

总　编　包正刚　张敦博

编　辑　段安邦　张自强　张爱厚　鱼　舟　秦　铭　马宁强　席广武

助　编　段　瑾　刘明昉　慕俊位　卢宇伟　段哲锋　王宪刚　董喜能　李　灵
刘雪萍　李莹莹　高文艳

《镇原县志》评审人员

赵宝玺　县人大常委会原主任
刘志刚　县委常委、组织部部长
文　芳　县委常委、副县长
王继位　庆阳地区文化处原处长
慕思恭　庆阳地区档案处原副处长
潘正东　庆阳市政协文史委原主任
徐永祺　庆阳地委信访办原主任
安武世　庆阳市计生协会原副会长
刘永清　庆阳地区农牧处原副处长
秦浩显　县人大常委会原副主任
张维纪　县政协原副主席
朱轩麟　县政协原副主席
朱鸿雁　县政协原副主席
唐仲延　县委统战部原部长、县政协原副主席
杨　忠　彭阳县人大常委会原主任
祁悦章　彭阳县地志办主任
张有堂　彭阳县地志办研究员
潘开勇　平凉市崆峒区地志办主任
王立明　正宁县地方史志办公室主任
胡茂生　环县地志办主任
高文耀　庆城县地志办主任
刘　强　西峰区地志办主任
阎　亮　庆城县地志办副主任
祁学明　县委党史办原主任
谢耀祖　县社保局党支部原书记
田树智　县老区办原主任
刘维本　县法院监察室原主任
李兆明　县文化局原局长
刘治虎　县水利局工程师
董　勇　正宁县地方史志办公室科员

《镇原县志》终审委员会

主　任　朱国庆　庆阳市副市长、市地方志编纂委员会主任
副主任　安定祥　庆阳市政府副秘书长、市地方志编纂委员会副主任
领导 专家
钱　旭　甘肃省地方史志办公室副主任
贺红梅　甘肃省地方史志办公室县志指导处处长
陈　谦　甘肃省地方史志办公室县志指导处副处长
评　委
郭文奎　庆阳市人大常委会原副主任、甘肃省地方史志学会副会长
彭晓峰　庆阳市地方志办公室主任
乔孝堂　华池县委党校原副校长、《庆阳市志》副主编
施　琨　《庆阳综合年鉴》副主编、庆阳市地方志办公室主任科员
王立明　正宁县地方史志办公室主任、《正宁县志》主编

1985年，甘肃省省长陈光毅（中）查看武沟沙棘林

1991年，甘肃省省长张吾乐（右二）在县委书记罗骁（左二）、县长李峰（左一）陪同下检查杏仁粉厂

1996年11月17日，省委书记孙英（左一）在县委书记王吉泰（右三）、县长王宪峻（右四）陪同下视察烤烟收购情况

2002年5月13日省委书记宋照肃（中）在地委书记吉西平（右一）、行署专员王义（左一）、县委书记王吉泰（后中）陪同下考察城关镇路坡村农村工作　刘全德摄

2010年9月16日，省委副书记、代省长刘伟平（左二）在市委副书记、市长周强（右二），县委书记周伟（右一），县委副书记、县长李崇暄（右三）的陪同下调研凯迪塑业有限公司

2009年8月19日，副省长张晓兰（前中）在市委书记张智全（右一）、市委常委、秘书长樊德智、县委书记秦华（左一）、县长李崇暄（右二）陪同下在澳恺食品有限公司调研

2009年6月18日，县上五大家领导率镇原县党政考察团向华池县南梁革命烈士纪念碑敬献花篮

2010年6月10日中国书协副主席、宁夏自治区书协主席吴善璋（中）代表中国书协向镇原县委书记周伟(右一)、县长李崇暄（左一）颁授“中国书法之乡”铭牌

县委书记李崇暄（右三）、县委副书记、县长侯志强（右一）、县委副书记梁运通（右二）、县委常委、组织部长刘志刚（右四）在郭原乡王沟圈村调研

县委常委扩大会，县委书记李崇暄（中）主持，县长侯志强（右二）、人大常委会主任薛渊（左二）、政协主席慕瑶（右一）、县委副书记梁运通（左一）等出席

胡太后出生地郭原乡皇后湾

开边山川农田 张富诚摄

黄花玉米小麦套种 张富诚摄

黄花菜

屯字苹果 张富诚摄

杏

杏林

金龙工业集中区彩门

金龙工业集中区全景　张富诚摄

澳恺食品有限公司外景

中盛分割车间

建设中的中盛农牧发展公司 张富诚摄

王符文化广场

文化广场

镇原县客运中心 张富诚摄

避水珠 张富诚摄

中共镇原县委办公区 张富诚摄

县人大、政协办公楼

镇原县人民政府办公区 张富诚摄

镇原县人武部办公楼

屯字镇 张富诚摄

孟坝镇 张富诚摄

开边镇 张富诚摄

太平镇 张富诚摄

三岔镇　张富诚摄

平泉镇　张富诚摄

镇原中学一角

平泉中学科技楼

镇原二中 张富诚摄

镇原宾馆　张富诚摄

文化三馆　张富诚摄

2004年元宵节灯展

春节社火调演

2010年1月28日文化下乡活动

2005年电影《大山深处的保尔》在镇原开机

2005年王符文化纪念馆落成庆典　何等强摄

《镇原县志》评审座谈会合影

2015.5.

前排左起：段安邦　刘治虎　朱轩麟　朱鸿雁　唐仲延　潘正东　杨　忠　赵宝玺　刘永清　张维纪　秦浩显　安武世　张自强　张敦博
二排左起：高文艳　李兆明　谢耀祖　张爱厚　田树智　潘开勇　白来学　李四科　王立明　祁悦章　张有堂　高文耀　刘　强　李　灵
三排左起：刘雪萍　段哲锋　席广武　刘维本　卢宇伟　马宁强　包正刚　鱼　舟　秦　铭　王宪刚　董　勇　胡茂生　闫　亮　慕俊位
李莹莹　刘明昉

《镇原县志》终审会议与会人员合影

2015.12.8

前排左起：张敦博　段安邦　彭晓峰　侯志强　郭文奎　朱国庆　安定祥　文　芳　乔孝堂　张爱厚
二排左起：董喜能　刘明昉　席广武　朱元锁　张　卓　施　琨　包正刚　马宁强　卢宇伟　王立明
王宪刚　傅亚锋　段哲锋　慕俊位　张　静

序

镇原历史源远流长，自秦建彭阳、安武县已2200余年，汉建临泾等县2100多年，是汉思想家王符、镇边名臣李恂、北魏胡太后故里，曾是陕甘宁边区重要组成部分，有悠久灿烂文化和丰富物产资源。在这块3500平方公里土地上，一代代优秀儿女，用勤劳和智慧建树了一座座历史丰碑。

“郡邑之有志，犹国之有史”。镇原具有良好修志传统，明崇祯年间董继舒创修县志，清康熙时张述辕续修，嘉庆时刘化鹏、陈琚繁同修，道光张辉祖补辑、李从图增修刊印，民国焦国理、慕寿祺、贾秉机集其大成，20世纪80年代在全国第一轮修志中编纂镇原第一部社会主义新方志，除明志失传外，为我们留下五部珍贵的历史文化遗产。经过数十年改革发展，镇原发生巨大变化，取得瞩目成就，足述之事，足传之人，不可胜数。2009年启动第二轮修志，县委、县政府决定重编一部溯古通今的镇原新县志，成立机构，抽调人员，经过6年多搜集、整理、编纂，终于脱稿。该志翔实记述镇原的历史与现状、自然与社会，广征博采，取精用宏，记历史之更替，叙事物之兴衰，熔百业为一炉，条分缕析，彰显地方特色，探本溯源，突现时代新风，集思想性、科学性、资料性于一体，是存史、资政、教化、服务当代、惠及子孙的镇原百科全书。

“治天下者以史为鉴，治郡邑者以志为鉴”。正值全县人民深入贯彻中共十八大精神，全面建设小康社会的攻坚时期，诚望各级干部群众继承先辈壮志，崇尚拼搏精神，鉴古知今，继往开来，努力开创镇原发展新局面，继续谱写镇原历史新篇章。

中共镇原县委书记　李崇暄
镇原县人民政府县长　侯志强

二〇一五年春

凡 例

一、本志以马克思列宁主义、毛泽东思想和中国特色社会主义理论体系为指导，坚持辩证唯物主义和历史唯物主义，客观地辨析、挑选资料，全面系统反映全县自然、政治、经济、文化、社会发展的历史与现状，力求做到思想性、科学性、资料性相统一。当代重大历史事件记述，以中共中央《关于若干历史问题的决议》《关于建国以来若干历史问题的决议》为准，力求符合历史本来面目。

二、所载地域空间，以现行行政区划为准，历史上区划变动在建制沿革等有关章节适当记述。

三、本志为通志，时限上溯事物之发端，下限至2010年。

四、本志采用以事类聚、横排竖写、纵横结合的章节小编体，除序言、概述、大事记、附录、后记外，设50章，章下设302节，节下设目，以自然、地理、经济、政治、文化、社会、人物等类编排。

五、以志为主体，述、记、传、图、表、录等并用，以大事记为经，以章为纬，略古详今，突出时代和地域特色。各行业所用数据有专门资料记载，除主要指标附表外，未全面附记。彩照、彩图集中于卷首，黑白照片和有关图表插于文中。

六、全志采用现代语体文、记述体，平铺直叙、如实记述，文字力求严谨、朴实、简洁、明快。个别有特定含义的字、词及人名用繁体字。标点符号以2011年颁布的国家标准《标点符号用法》为准。

七、历史纪年以1999年《中国历史纪年表》为准，按当时年号用汉字书写，以阿拉伯数字括注公元纪年，连续出现承前省略年号及括注。“公元前 ** 年”简称“前 ** 年”，“公元 ** 年”简称“** 年”，中华人民共和国成立后一律用公元纪年，年、月、日用阿拉伯数字书写，农历月、日用汉字书写。

八、地名、历代政府机构、职官、军队等仍用原称。为文字简练，机构名称第一次出现用全称，重复出现用简称，中国共产党简称“中共”，中国共产党中央委员会简称“中共中央”，无产阶级文化大革命简称“文化大革命”，行政公署简称“行署”，中国共产党镇原县委员会简称“中共镇原县委”或“县委”，镇原县人民代表大会常务委员会简称“县人大常委会”，镇原县人民政府简称“县政府”，镇原县人民委员会简称“县人委”，镇原县革命委员会简称“县革委会”，中国人民政治协商会议镇原县委员会简称“县政协”，甘肃省、庆阳地区(市)、镇原县机构名称一般简称省、地(市)、县。2004年后的“村”均指原行政村，“组”指原自然村。

九、数字用法按2011年国家标准《出版物上数字用法的规定》执行。

十、计量单位，民国及以前用旧制，中华人民共和国成立后采用法定计量单位，原使用的市制单位统一换算为公制单位，常用面积单位“亩”按习惯使用，“千克”“千米”用“公斤”“公里”。人(次)、场(次)、批(次)、辆(次)、台(件)、件(套)、乡(镇)、县(处)、省(部)等省略括号。“旧币”指民国三十七年十二月一日中国人民银行成立时发行的人民币。

十一、人物收录镇原籍在属地及外地工作和外籍在镇原工作的旧时官吏、科考人才、现代副县(团)级以上领导干部、副高级以上职称、受省部级以上奖励或省委组织部、省政府人事部门与其他部门联合表彰人员、省级以上协会会员、党代表、人民代表、政协委员、战斗英雄、革命烈士、知名企业家和闻人。按录之有据、越境不书和生不立传原则，进行遴选分类，分别列传略、简介、表记、名录。传略人物详记事迹贡献，略记简历。简介人物有古代官吏、现代领导、正高以上职称、博士、国家级协会会员、省级以上党代表、人民代表、政协委员、知名企业家和闻人，以工作简历为主，略带事绩。表记人物主要收录受省级、部级、军区奖励人员。名录人物主要记载历代科举、副高级职称、国家协会所属二级协会会员及省级协会会员。本籍人物籍贯记载至乡镇、村，简略省、市、县名，个别乡村不清的，记载县名。女性、少数民族注明性别和民族，男性、汉族未加注。传略、简介人物属多层身份的不重复记载。为检索方便，特设传略、简介人物索引。

十二、资料取自正史、方志、档案、专著、报刊、考古、调查等，经鉴别核实使用，为节省篇幅，未注明出处。当代经济数据以统计部门资料为准，无统计部门数据以主管部门统计数据为准。经济发展指标由于前后物价水平和计算办法不同，一般未作比较。

目 录

概 述

镇原县位于甘肃省东部、庆阳市西南部，东临庆城县、西峰区，西接宁夏回族自治区固原市彭阳县，南界平凉市泾川县、崆峒区，北靠环县。地处北纬 35°27′~36°16′，东经106°44′~107°36′之间。东濒蒲水，西据陇阜，为先周不窋稼穑之地，是东汉思想家王符、北魏胡太后故乡，红军长征途经地，陕甘宁边区组成部分，中国民间艺术之乡，中国书法之乡，中国杏乡，甘肃省循环经济试点园区，庆阳市农业大县、工业集中区、绿色农产品加工基地。

镇原属鄂尔多斯盆地东南部黄土高原沟壑区，西北高东南低，南北长 91.24 公里，东西宽 78.3 公里，平均海拔 1500 米，相对差 756 米。蒲河、交口河、茹河、洪河 4 条较大河流，自西而东将全县切割成 5 条斜长塬面，塬面中又有大小嵝岘，因河流冲积，河谷间川台地宽度 500~2000 米不等，川塬之间坡、梁、峁、嘴犬牙交错。总土地面积 3500 平方公里，其中耕地面积 169 万亩，人均 3.5 亩。矿产资源储量丰富，已探明石油、煤炭、石英砂等矿产资源 9 种，其中石油资源探明储量 2.66 亿吨，年产石油 40 万吨，煤炭总储量 180 亿吨左右，砖瓦用黏土分布较广，已大量开发利用。

全县属北温带大陆性季风气候，年平均气温 10.6℃，四季较明显，昼夜温差大；光照充足，年均日照 2557 小时，日照率为 55%；雨量少而不均，年平均降水 347~580 毫米，无霜期 140~192 天。自然灾害主要是旱灾，同时伴有暴雨、冰雹、大风、寒潮、霜冻等多种灾害性天气。

镇原为华夏故土，历史悠久，早在旧石器时期就有古人类活动，1 万年至 5 千年前新石器时期，先民在这里繁衍生息。虞唐时属雍州，夏时属戎翟，殷商时属昆戎，西周时属彭戎国。后彭戎国亡，属周大原地。春秋、战国时属义渠戎国。秦昭王三十五年（前 272 年）秦灭义渠，置北地郡，辖今镇原。秦时属朝那县、彭阳县及安武县。西汉初年，北地郡分设安定郡，所辖临泾、朝那、扶夷、彭阳、安武、安定各县均涉及今县境，且为丝绸之路要道。北魏时属泾州，隋属平凉郡。唐初属泾州，元和三年（808 年）置行原州，后置原州，宋、金置原州，元初镇戎州与原州合并，取两州首字命名为镇原州，明洪武二年（1369 年）降州为县，清因之。民国二十四年（1935 年）八至十月，中国工农红军第二十五军和中央红军长征先后经过镇原，播下革命火种。二十五年六月，红军西征解放镇原北部地区，成立中国共产党地方组织，十月成立三岔苏维埃政府。二十六年初，红军援西军进驻镇原，创建革命根据地，使镇原成为红色土地。二十九年三月在马渠镇成立陕甘宁边区镇原县抗日民主政府，五月移驻孟坝镇，以交口河为界，国、共两党南北分治。三十八年七月二十九日镇原全境解放，县委、县人民政府迁驻县城,领导广大群众进行社会主义革命和建设,翻开历史新篇章。中华人民共和国成立后,行政区划多次调整,至2010年,全县共辖7镇12乡215个村1991个村名小组,总户数12.56万户,总人口51.41万人,其中农业人口48.96万人。

镇原古为秦陇要冲,边塞重镇,战争不断,经济发展缓慢,人民生活困难。中华人民共和国成立后,全县人民自力更生,艰苦奋斗,顽强拼搏,发展经济和各项社会事业,使昔日贫穷落后面貌得到改变。至1978年,全县社会总产值9170.93万元,比1949年2240万元增长3.1倍,年递增4.98%;国民收入5055.99万元,比1949年1406.86万元增长2.6倍,年递增4.5%;财政收入342.4万元,比1949年141万元增长1.43倍,年递增3.1%。改革开放起,全县国民经济和社会事业突飞猛进。进入21世纪,全县固定资产投资149.23亿元,其中招商引资61.49亿元,实施项目846个。2010年,完成国民生产总值29.77亿元,比改革前1978年9170.93万元增长31.46倍,年递增11.49%;人均生产总值5969元,比1978年249元增长23倍,年递增10.44%;大口径财力收入17265万元,比1978年增长49.4倍,年递增13%。

镇原是农耕文化发祥地之一,周先祖不窋率族人在兰家庙和西壕一带拓荒务牧,筑墩稼穑,带动先民们在渔猎、驯豢畜禽同时,开始培育原始农业。秦、汉时期,除军屯营田外,又推行民屯,官府给移民、流民牛、犁、子种,鼓励农作,逐渐变成农业区。至1949年底,全县农业总产值1997.37万元,人均种植业产值19.93元,粮食总产7.3万吨,人均占有粮食339.43公斤、食油11.38公斤。1950年,进行土地改革,实现耕者有其田。1956年后,对农业进行社会主义改造,实现农业合作化、人民公社化,兴修水利,大搞农田基本建设,推广良种、化肥、机械,实行多种经营、科学种田,生产条件不断改善,经营管理水平不断提高。1981年农村实行家庭联产承包责任制,在稳定粮食生产前提下,"种养加"(种植、养殖、农副产品加工)、工农商综合发展,开发烤烟、林果、油料、黄花、畜禽五大支柱产业,全县人民基本解决温饱。2001年后,围绕建设小康社会和构建和谐镇原,实施产业化和劳务输出两条腿走路,培育特色产业,开发杏果、瓜菜、草畜三大产业,实施产业富民和项目带动战略,逐步形成以屯字塬为重点苹果生产区,以平泉塬为重点优质西瓜生产区,以茹河川区为重点设施瓜菜生产区,以北部乡镇为主种草养畜生产区,成为全国黄花菜基地县、优质瓜果生产基地重点县、粮食生产先进县。杏子产量居全国第二,杏仁居全省之首,生产加工能力位居全国第一,杏产品远销海内外,被国家林业局命名为"中国杏乡"。黄花菜全国有名,香飘五洲,产量居甘肃之首,质量居西北之最。至2010年,全县种植紫花苜蓿等牧草75万亩,大家畜存栏18.19万头,年出栏7.02万头;猪存栏4.91万只,出栏4.94万只;羊存栏20.82万只,出栏7.65万只;禽存栏76万只,出栏20万只;肉类总产量1.23万吨。建成各类养殖小区5个,规模养殖大户1万多户。西瓜种植面积稳定在8万亩以上,并注册"五指塬绿宝"西瓜商标;杏子在加大嫁接改良的同时,开展加工增值,年产杏制品1.6万吨,销售收入2700万元;苹果建园面积15.2万亩,提高品牌效益,注册"甘旭""净富"苹果商标,并通过绿色食品A级认证;建成大棚蔬菜、环保蔬菜示范基地5万亩,被省农牧局命名为无公害蔬菜生产基地,青椒、黄花2个产品获得无公害农产品认证。粮食、油料总产量分别增加到26.84万吨、

2.05万吨,比改革前1978年的12.9万吨、2185吨增长1.08倍、8.38倍。农业总产值增加到171092万元,比1978年6618.91万元增长24.85倍,年递增10.7%,实现由贫困向温饱、由温饱向"小康"跨越式发展。

镇原手工业起步很早,常山下层文化遗址和高庄、大原、老虎嘴遗址出土的石制生产工具和陶器得到印证。而现代工业起步较晚,基础较差。清末,一些农村富户兼办简陋的油、酒、染等加工作坊,少数人从事烧砖瓦、铁木业和小手工业生产。民国时,铁木业逐步向城镇集中,始办缝纫、棉花加工、自行车修理等工业。中华人民共和国成立后,立足本地资源,国家、集体大办工业企业。至1978年,全县有工业企业42户,从业人员1683人,完成工业产值658.63万元。1980年代末到1990年代初期,工业快速发展,实施县乡村户"四个轮子一齐转"工业发展战略,扩大企业自主权,兴办改造县属工业企业,发展民营企业。先后兴办啤酒厂、杏仁粉厂、活性炭厂等骨干企业,扩建改造造纸厂、印刷厂、果品厂、砖瓦厂、农机厂、针织厂等企业。一批乡镇企业异军突起,特别是以杏果资源为主的加工企业如雨后春笋,茁壮发展,初步形成以杏制品为龙头的食品加工,造纸、印刷、建筑建材等产业格局,工业成为全县经济支柱和全区工业经济大县。1990年代后期到2002年,为适应市场经济新形势,进行国有集体企业改革,实行破产、兼并、转让、股份制改造和"动产权、转机制、变身份、增活力"为主要内容的企业改制。通过整合重组,资产盘活,国有、集体企业逐步退出竞争性行业,民营企业获得新生。2003年起,实施工业突破战略,依托特色优势资源,按照建设绿色食品工业大县、资源开发大县的发展思路和"五强十特百户"工业发展目标,大办股份制、合作制和个体私营企业,建设工业发展集中区,为工业企业发展创造条件、提供服务,全县工业经济恢复性发展,效益逐年提升,形成以石油资源开发和绿色食品为主,以建材、医药、纺织、农产品加工为补充,独具镇原特色的工业体系。2010年,全县工业企业发展到713户,从业人员14993人,生产开发各种产品21类110多个品种,完成工业产值15.7亿元,产品销售收入73245.8万元,上缴税金3846万元,其中年产值2000万元以上规模企业8户,完成产值7.5亿元,实现利润2416万元,上缴税金1320万元,成为全市工业大县和食品工业强县。

镇原自古以农为本,历代商业不发达,从商者较少,且以"摆小摊""货郎担"为主。中华人民共和国成立后,发展国营合作商业,国有商业占主导地位,合作商业成为同盟军,担负着全县工业品供应和农副产品收购任务。中共十一届三中全会后,市场开放,个体商业开始起步,由于资金缺乏,经营规模较小,从经营日用百货和服装开始,实行逢集赶会,摆摊设点,流动销售。1985年,市场体系不断完善,全县建成各类市场44处,其中综合农贸市场12处,牲畜交易市场1处,牲畜交易点11处,集贸交易点20处,城乡物资交流顺畅,市场繁荣。股份合作制和个体商业蓬勃发展,形成国营、集体、个体商业相互竞争局面。进入1990年代,各级政府从政策上鼓励,产业上引导,一部分先富起来的农民纷纷入城进镇,租赁门店,兼农从商,实行固定经营。从事商业者增加铺底资金,扩大经营,逐步涉入餐饮、理发、照相、服装、百货、五金、交电、家用电器、建筑材料、农用生产资料等领域。国有、合作商业面对市场竞争，适时进行租赁承包、“国有民营”“社有自营”一系列改革。2003 年，商业经济实现“国退民进”战略性转变，国有商业退出竞争性行业，个体经济顺时而上，拓宽经营领域，以股份合作和独资经营等形式组建超市，开办连锁店、加盟店、专卖店，逐步构建起适应商品经济发展的大市场、大流通、大商业。各种日用百货、烟酒、茶叶、副食、饮料、化妆品、服装鞋帽、建筑材料、装饰装潢材料、农业生产资料、家用电器、灯具、电料、家具用具、卫生洁具、太阳能热水器、金店、手机店、首饰店、眼镜店、文印复印门市和修理修配门店遍布城乡，各种烤吧、酒吧、网吧、茶社、冷饮业逐步兴起，一批贩运商户占领城乡市场，活跃在农副产品收购战线。市场体系完善，集市贸易繁荣，物资交流广泛。2010 年，全县从事商业服务业企业 43 户，个体户 7700 多户，有各类连锁店 30 多家，大型综合超市 10 多家，大型专业超市 20 多家，加盟店 20 多家，专卖店 200 多家，名牌店 100 多家，从业人员 2.6 万多人，社会商品零售额 118183 万元，集市贸易额 9136 万元。

镇原地处古丝绸之路北道要冲。在六盘山道未开通之前，是北道通往朔方、西域的必经之路，早在夏以前，开辟沿蒲河、茹河流域原始古道。周秦时期，开辟关中车马道、长城驰道和联结塞上陇西行车大道，贯穿今镇原境内，形成道路驿运，出现马车运输，以畜驮为主。汉代，修通经临泾、彭阳、安武县联结安定郡治大道，差役运输增多。隋唐时期，拓宽驮道，开辟通泾州道路。北宋时，增设军道，茶马交易兴起，商贸运输繁忙。元至明清，延伸县内驿道，辐射各乡镇，民间运输发展，驿运巨艰。民国时期，整修马车道，增修大道，建成东、西、北、东北、西南五条干道直通四境，军需运输规模空前，与日俱增。中华人民共和国成立后，镇原人民艰苦奋斗，民工建勤，逐步提高筑路能力，加快机械化筑路进程，改造旧路，增修新路，构筑桥梁涵洞，提高公路等级，逐步形成四通八达公路网络。运输工具不断更新，发展群众运输、个体运输、专业运输和机关运输，形成以汽车为主体的运输体系。至 2010 年，全县有公路 128 条 1509 公里，其中国道省道 3 条 180 公里，县道 8 条 269 公里，乡道 11 条 201 公里，村道 106 条 859 公里；油路 39 条 730 公里，砂路 45 条 677 公里；19 个乡镇全部通油路，119 个村通油路、73 个村通砂路，908 个组通车，411 个组通油路、211 个组通砂路，形成以县城为中心、干线公路为纽带、县乡公路为骨架、乡村公路为脉络的交通网。全县共有专业运输企业 6 户，其中客运企业 2 户，规模客运站 1 处，公交企业 1 户，出租汽车企业 2 户，有营运车辆 707 辆，其中客车 96 辆，出租车 198 辆，货车 403 辆，其他运输车 10 辆，全年完成客运量 90.6 万人，旅客周转量 10008 万人公里，货运量 85.3 万吨，货物周转量 4757 万吨公里。

电力事业从无到有，新建镇原 110 千伏输变电工程，建成 35 千伏变电所 9 个，架设农电线路 3083 公里，实现村村通电，户通电率 99%。邮政、通讯日新月异，城乡分布邮政经营服务单位 22 个，从业 132 人，有邮路 78 条，单程 3361 公里，开办函件、包裹、集邮、报刊发行、电子汇兑、物流配送、储蓄、信贷等 80 多项业务，覆盖全县城乡，满足人民用邮需求。移动、联通、电信三家贯通全县通信网络，可与世界 204 个国家、256 个地区自动漫游通话。

镇原文化底蕴深厚，名人辈出，二十四史立传镇原名人 20 多位。后汉三贤之一的王符

《潜夫论》蜚声中外，与王充《论衡》齐名。历代文臣武将层出不穷，如李恂、皇甫规、胡奋、胡国珍、席阐文、席固、皇甫镈、皇甫镛、向宝、胡顺之、杨政、曲端、仇钺等，保家卫国、守职重实；名医皇甫谧、慕元春治病救人，树杏林楷模；文仕胡方回、慕寿祺博史善文，领一代风骚；胡太后两度垂帘听政，百官膺伏，一首《杨花词》，被誉为北魏诗坛一朵奇葩。中华人民共和国成立后，各行各业人才涌现。据不完全收集，镇原籍古代官吏 78 人，现代副县以上领导干部 1239 人，其中省部级领导 7 人，厅局级 175 人，县处级 1057 人；历史名人和现代闻人 123 人，副高以上专家、教授、技术人员 687 人，国家级作家、书画家 33 人；有贡献企业家十多人。民间艺术人才群体庞大，主要有书画、雕塑、工艺、建筑 4 大类 14 项，其中剪纸妇女 5000 多人，书法爱好者 4000 余人。镇原县被命名为中国民间艺术之乡、中国书法之乡。

镇原教育源远流长。远古时代，有原始学教活动。春秋战国时，民办私塾，始有启蒙教育。西汉时，独尊儒术，私学兴盛。东汉临泾人李恂设帐讲学，授徒数百，为镇原兴学育人之楷模。魏晋时，安定临泾选拔“博通经典”儒师助教，培养一批文武人才。临泾人王符游历京都，交游名士，探讨学术，开镇原游学之先河。隋代，实行科举制度，促进教育事业。宋代，实行学田制度，推进教育。宋崇宁元年，创办学宫。明代，官办学署、社学，民办义学。洪武二十年(1387 年)，县办儒学宫。万历二十一年(1593 年)，县办正学书馆。清时，以书馆社学为官学之所，乡村民办私学。唐至清代，先后中进士 24 人，文举人 62 人，武举人 66 人。清末，废除科举制度。民国时兴办小学，开展现代教育，开创民众教育和幼儿教育。民国三十年，在县城创办第一所初级中学，解放区创办回民小学、女子小学。中华人民共和国成立后，改革旧的教学制度，发展强化各项教育事业，加大小学教育，扩大初中教育，创立高中教育、职业教育，开展成人教育和幼儿教育，普及九年义务教育，各中学发扬领导苦抓、教师苦教、学生苦学的“三苦”精神，教育质量显著提高，出现校校开花、齐头并进的局面，高考录取人数始终名列全省、全区前茅。2010 年，在校学生 92878 人，适龄儿童入学率 99.8%，初等教育普及率 97.8%，实现子女免费“义教”，学生人均校舍面积 5.7 平方米，国民人均受教育 7.4 年，非文盲率由 1982 年 61%上升到 99.2%。1977 年恢复高考起，共考入各类大中专院校学生 34051 人，其中被清华、北大录取 40 人。

城乡医疗卫生条件不断改善，疾病预防和公共卫生监督体系健全。“十一五”期间，实施卫生基础建设项目 30 个，投资 1.2 亿元，是“十五”期间 10 倍，新增改造医疗卫生用房 4.95 万平方米，甲型流感等重大传染病得到控制，群众看病住院方便，预防保健常态化，职工、居民医疗保险全覆盖，新型合作医疗 109167 户 473216 人，参合率 97.08%，居全市第二。小病不出村乡，大部分疾病不出县。体育事业普及面扩大，全民健身运动蓬勃兴起，竞技体育有较大发展。电视事业从无到有，实现无线传播和有线传送相结合，转播节目和自办节目相互补充。旅游潜力较大，石空寺、战国秦长城见证千年风霜，太阳池、翟池、白马池碧波辉映，堪称黄土高原三颗明珠，潜夫山森林公园景观别致，其他名胜古迹点缀其中，形成东与北石窟寺相接、西与平凉崆峒山毗连的旅游圈。

城乡面貌焕然一新，人民生活变化大，实现由温饱向小康迈进的历史性转变，农村小康实现率接近90%。居住条件极大改善,人民安居乐业,讲究宽敞、舒适、光线好,城镇居民普遍住上家属楼,人均居住面积26平方米;多数农民告别土窑洞,住进砖瓦房,部分农家住上小洋楼,部分群众搬入新农村居民点,人均住房面积24平方米。穿着时尚化,由耐穿、耐脏、御寒向崇尚名牌、高档发展。膳食多样化,从单纯讲究吃饱向吃好转变,肉、蛋、菜、果互相搭配,重营养,讲口味。电视机、洗衣机、电冰箱等家用电器和移动电话基本普及,互联网进入居民家庭,电脑广泛使用。人民出行快捷方便,最初步行、骑毛驴,20世纪60年代出现自行车,80年代普及。90年代三轮车成为农民出行、生产的主要工具,摩托车大量使用,班车通到大部分乡村。2000年后,出租车活跃在城乡街道,私家车逐步兴起。2010年末,城镇居民可支配收入11461元,比2001年增加8385元,人均消费9580元;农民人均纯收入2902元,比2001年增加1668元;人均购买商品1600元,人均固定资产投资314元;居民家庭食品消费支出占消费总支出比重城镇为35.4%,农村为42.9%;个人储蓄存款余额26.9亿元,人均5233.6元,比2001年增加4160元;全年为57.88万人次补偿医药费6131.32万元,为247名90岁以上老人发放生活补助12.95万元,对2360名"五保"老人实行财政供养,将5900名贫困老人纳入低保,人民群众从中得到实惠最多。

城市建设日新月异。"十一五"期间,规划建设县城南、东、西3个新区,实施老城改造、集中供热、东区扩建、东西街道加宽等市政基础工程,城区面积扩大到18平方公里,规划建筑面积和建成面积分别比"十五"末增加4倍和2倍。小城镇建设全面推进,乡镇市政基础设施日臻完善,建设孟坝、平泉两个小城镇示范区,城镇化率22%,比"十五"末提高11个百分点,常住人口增加1万人。生态环境成效明显,"十一五"期间,新增造林11.48万亩,森林覆盖率提高到15.4%,新修梯田14.24万亩,控制水土流失面积400平方公里。民主法治建设加强,"五五"普法顺利通过省市验收,累计办理人大议案和政协提案450件,推行政务公开,建起县政府门户网站,19个乡镇全部成立行政服务中心。

镇原历史的前进、社会的进步,是镇原人民反帝反封建、浴血奋斗的结果。中华人民共和国成立后60多年来经济的振兴、社会事业翻天覆地的变化,是镇原人民在中国共产党领导下,自力更生、艰苦奋斗、顽强拼搏、坚持不懈努力的结果。特别是中共十一届三中全会后,国民生产总值、固定资产投资、工业生产增加值,农民人均纯收入、财政收入创历史新水平,国民经济和社会事业取得令人瞩目的成就,是镇原人民及其政府高举建设有中国特色社会主义伟大旗帜、坚持科学发展观、聚精会神搞建设、一心一意谋发展的结果。实践证明,解放和发展生产力是推动社会前进的动力,人民是创造历史的英雄。

镇原发展现状还面临和存在经济总量小,人均水平低;农业比重偏大,工业比重偏小;产业发展慢,经济结构不合理;城乡发展不协调的四个不平衡和财政收入与日益增长的财政需求不适应,城乡居民收入与日益增长的消费需求不适应,拥有资源优势与发展需求不适应等问题。这些困难和问题,是可控和能够尽快解决的。

镇原发展大环境良好,发展机遇难得,国家宏观经济政策、特别是西部大开发战略的深入以及国务院《进一步支持甘肃经济社会发展的若干意见》的实施,有利于争取更多的项目和资金；随着庆阳大型能源化工基地建设深入推进，区域间交流协作更加密切，有利于扩大招商引资；随着国家、省、市“十二五”规划全面启动，长期以来谋划争取的一些交通、水利、电力、生态、资源开发等重大项目将在全市和镇原实施，迎来基础设施大规模建设期、工业化深入推进期和城镇化大幅提速期。发展的有利因素和条件较多，镇原是地域大县，拥有全省第四、全市第一的耕地，资源丰富，挖掘土地资源、发展特色经济大有文章可做；镇原地处两省三市交汇中心地带，距平凉、西峰、固原均不足100公里，具有较好的区域优势，三市对镇原经济社会发展都有一定的辐射作用；镇原目前虽石油开发规模小、煤炭开发处于起步阶段，但储量相对丰富，开发前景广阔；镇原是文化、教育大县，农耕文化、潜夫文化、传统民俗文化、书法文化在全省乃至全国很有名气，继续挖掘、诠释，必将带来更大效益；镇原又是人口大县，每年输出劳务10万人，既增加收入，又学到技术，对建设家乡、发展镇原经济作用不可估量。经过全县上下共同努力，继续发扬老区人民艰苦奋斗精神，发挥广大干部群众的积极性和创造性，扬长避短，奋力拼搏，一个文明、和谐、富庶的新镇原将会成为庆阳市的一颗明珠。

潜夫山雪景 张富诚摄

大事记

周

武王十三年(公元前1031年),兴师讨伐殷纣王,同盟彭国人誓师参加。

宣王元年(前827年)三月,北狄玁狁犯境,宣王命尹吉甫帅师征伐,逐之于大原。

三十九年,伐羌戎失败,四十年料民于大原。

秦汉

始皇帝二十七年(前220年),帝出巡陇西、北地,到鸡头山而还,经过回中宫。

文帝十四年(前166年)冬,匈奴单于率十四万骑入侵朝那萧关,烧回中宫,杀北地郡都尉孙卬,至彭阳(今镇原县东)。帝遣大将军张相如、栾布等统三十万车骑追击,匈奴出塞。

武帝太初二年(前103年),武帝行幸安定。

征和三年(前90年)正月,武帝行幸雍州,至安定。

后元元年(前88年)秋,武帝行幸甘泉、安定。

更始元年(公元23年)秋,成纪隗嚣勒兵数千人,聘平陵人方望为军师,以诛王莽为名,攻克安定郡,杀死大尹王向。

更始时(23至25年),班彪避难凉州,发长安,经彭阳(今镇原县东),至安定,作《北征赋》。

光武帝建武元年(25年),方望与弓林将王莽废除前的安定公孺子婴从长安接到安定临泾,立为皇帝,望为丞相,林为大司马,后更始遣将击破,皆斩。

冬十二月,卢芳占据安定郡,自称西平王。

二年正月,赤眉军入安定郡。

六年,诏赦安定、北地、天水、陇西吏人为隗嚣所连累致罪者。八月,隗嚣侵扰安定,被征西大将军冯异击退。

八年闰四月,光武帝亲征隗嚣,河西太守窦融率五郡兵马,与大军会师高平第一城。

十年八月,光武帝派从驾寇恂到高平第一城诏降隗嚣将高峻,峻派军师皇甫文出见,辞理不屈，恂怒诛之，峻惧，即日开城门投降。

和帝永元十二年(100年)七月，将投降西羌族六千多人，分别迁置安定、汉阳、陇西三郡。

安帝永初五年(111年)三月，因先零羌犯境，百姓多渡黄河内迁，河西、安定、北地令长多是内郡人，并无守战之意，皆争上书徙郡县避难，朝廷从之，诏安定诸郡内徙，将安定郡迁到美阳(今陕西省武功县)，百姓恋旧土不愿去，官军刈其禾稼，毁坏房屋。时旱、蝗、饥荒，加之羌人驱蹙劫掠，百姓流离失散，随道死亡，或捐弃老弱，或为人仆妾，丧其大半。

六年春，西羌围安定城，征西将军任尚将诸郡兵击之，失败。

七年夏，骑都尉马贤与侯霸在安定讨伐零昌别部牢羌，俘虏千人，得驴、骡、骆驼、马、牛、羊二万余头。

元初四年(117年)，平定西羌在安定郡叛乱。

顺帝永建四年(129年)九月，诏复安定等三郡外迁之百姓，各归属县，并修城廓，置侯驿，浚渠屯田。

六年春，征西将军马贤与羌作战，死于安定射姑山。

元初年间，王符独耿介不同于俗，未能升进，积愤隐居著书三十六篇，不愿显露其名，称为《潜夫论》。

桓帝延熹四年(161年)冬，东西羌合兵侵扰，朝廷忧之，三公举皇甫规为中郎将，统率关西兵讨羌破之，斩首八百级，降者十余万。次年，羌派人乞降，凉州道通。

灵帝建宁元年(168年)正月，遣将军段熲讨伐东先零羌。

献帝建安十六年(211年)春，马超、韩遂、阳秋、成宜等起兵，与曹操在潼关作战，阳秋、马超败走安定。十月，曹操军从长安往北征伐杨秋，兵围安定城，杨秋势单，无力抵抗，遂降曹操，曹操恢复杨秋临泾侯爵位，令其留下安抚安定人民。

十九年，曹操遣邱兴为安定太守。

魏晋南北朝

魏文帝黄初年间，安定羌大帅辟蹏反，左将军郭淮讨伐，休屠胡、梁元碧等三千余家投降，居安定高平。

蜀汉后主建兴六年(228年)春，诸葛亮伐魏攻祁山，降安定、天水、南安三郡。

魏明帝青龙元年(233年)九月，驻安定匈奴胡薄居姿职等叛乱，司马宣王派将军胡遵追讨，胡薄等投降。

怀帝永嘉五年(311年)，安定太守贾疋等起兵讨伐刘曜于长安，大破之，复兴晋室。

成帝咸和四年(329年)，后赵攻取长安，安定郡投降石勒，冉闵又灭石勒，夺取安定郡。

后赵石勒建平二年(331年)，临泾一马生角，安定蛇鼠相斗。

穆帝永和八年(352年)，苻健攻破安定诸城，自称大秦皇帝。

孝武帝太元九年(384年)，后秦姚苌起兵北地，自称秦王，安定诸郡投降姚苌。

十四年八月，前秦主苻登轻骑攻安定，后秦王姚苌夜袭登于大界，破辎重，杀登后毛氏。十六年十二月，登攻安定，被姚苌击退。次年七月，登又引兵逼安定，再次被苌击退。十九年七月，登与姚兴战于安定、泾阳，登败被杀。兴又讨平凉，安定数千户迁蒲坂。

安帝元兴元年(402年)二月，魏常山王遵等，率兵袭没弈于，至高平，没弈于弃其部众，率数千骑与刘勃勃逃往秦州，魏军尽获府库积蓄及马四万余匹，将百姓迁于代都。

义熙三年(407年)五月，赫连勃勃叛秦，在高平杀没弈于，自称大夏天王，立号龙昇。七年(411年)五月，夏王赫连勃勃攻安定、东乡，皆克之。

十二年(416年)六月，大夏王赫连勃勃攻秦，克安定、阴密，秦遣兵击退之，复取安定。十三年(417年)正月，秦安定守将姚恢反，被秦王泓诛之。九月，赫连勃勃进据安定。

宋文帝刘义隆元嘉元年(424年)十一月，魏攻长安，夏主之弟助兴自长安奔安定。四年(427年)八月，夏属安定降魏。五年二月，夏复取安定。

北魏太武帝神䴥三年(430年)十月，帝行巡安定。

宣武帝元恪即位后，临泾胡国珍之女经其姑举荐，被宣召入宫，以其秀丽优美姿容、清纯伶俐口才，深深打动宣武帝，宣武帝破例下诏封其为承华世妇，随侍左右。后被封为贵嫔、太妃，尊为太后，并称制执掌朝政。

宣武帝正始三年(506年)正月，泾州民陈瞻聚众称王。

孝明帝神龟元年(518年)四月，北魏司徒胡国珍(临泾人)卒，追号太上秦公，帝遣使持节监护丧事，归葬临泾，即今县东。

隋 唐

炀帝大业十二年(616年)九月，安定人荔非世雄举兵作乱，杀临泾令，自称将军。次年，李世民收复安定郡。

代宗大历元年(766年)，置泾原节度使，治理泾州。三年十二月，马璘为泾原节度使，驻泾州。十一年十二月，泾原节度使马璘卒。十二年正月，泾原节度副使段秀实为泾州刺史。

德宗贞元三年(787年)十二月，韩游瓌入朝，奏请筑丰义城。四年正月，宣武军行营节度使刘昌为泾州刺史、泾原等州节度使。

宣宗元和三年(808年)正月，泾原节度使段祐奏请筑临泾城，帝准奏，行原州迁治临泾，临泾亦自泾州划归原州，命郝玼为刺使守卫。从此，西蕃入寇，不过临泾。

十三年(818年)十月，平凉镇遏兵马使郝玼奏收复原州，破吐蕃二万。广明元年(880年)，蕃又占领平高，原州迁治临泾。

宋夏金元

开宝二年(969年)十二月，太祖令王彦升为原州防御使守原州。允许军中贸易，免征课税,边臣富于财,安插间谍,对羌夷之情况皆能预知,故后二十年间无外忧。

太宗淳化四年(993年)八月,夏主李继迁率兵入原州,围牛栏寨,与团练使石普相持数日乃还。

康定元年(1040年)九月,夏人进攻三川寨(今县西北30公里交口河川),巡检杨保吉战死。

庆历二年(1042年)闰九月,原州知州景泰与夏人战于彭阳城,败之。

英宗治平二年(1065年)正月,夏扰泾、原,八月复扰。三年,夏人犯泾、原、秦、凤等州,被环庆路经略使蔡挺击走。

神宗熙宁元年(1068年)九月,夏人集兵于折姜会,原州知州种古领兵抗拒失败,二千余人被杀。

元丰五年(1082年)七月,西夏大举进犯镇戎军与三川寨,巡检使王贵出战,被夏击败。

哲宗元佑二年(1087年)四月,西夏牒索朱梁川纵兵入泾、原,抄蔺家堡,掠人畜,焚汉蕃,庐舍殆尽。八月,夏人犯三川诸寨,为守将韩绪、赵说所败。七年三月,西夏以重兵压泾原境,折可适统泾原军还击,夏兵大败。

政和五年(1115年)二月,徽宗任用童贯掌管泾原等六路兵马。六年十一月,渭州将种师道督诸道兵修筑席苇平城(即今新城乡),建成即被夏攻陷占领,种师道帅姚平仲等以精甲击败夏人。十二月,徽宗赐名席苇平城为靖夏城,重和元年(1118年)四月复筑靖夏城。

徽宗宣和七年(1125年),临泾人杨政应募入伍,初为弓箭手,南宋建炎元年至绍兴二十七年(1127至1157年)间,从南宋抗金名将吴玠部下效命,在秦陇一带抗击金人。

高宗建炎四年(1130年)三月,金人娄室进攻环、庆,曲端遣泾原统制吴玠拒于彭原,先胜后败,端退兵泾原。七月,张浚以彭原之败罢端兵权。十一月,金人攻陷原州,经略使刘琦退屯瓦亭。

绍兴元年(1131年)八月,张浚遣恭州狱使司狱康随杀前威武大将军曲端。

三十二年闰二月,姚仲遣将收复原州。三月,金人犯镇戎军,进攻原州,仲闻知原州被围,率精兵救援,在县西20里九龙泉(即今九龙庙)北岭与金人大战,仲溃败,失将帅三十余人,金人遂屠杀原州百姓。九月,泾、原属金。

宁宗嘉定七年(1214年)四月,金兵六万进驻泾、原等州,于平凉设元帅府,秦州防御使女奚烈古里任元帅。十七年春,蒙古木华黎军攻克泾、原等州,均属元。

蒙古至元七年(公元1270年)例并州县,将镇戎州与原州合并为镇原州,州治临泾,废县归州。

顺帝至正二十一年(1361年),李思齐修筑镇原州城。

明 清

明太祖洪武二年(1369年)四月,大将军徐达出萧关,攻克镇原州等地,派陈寿守之。七月，元将扩廓帖木尔（又名王保保）派遣韩扎儿攻陷镇原州，寿被杀。后将军冯宗异攻破韩扎儿，收复镇原州。八月，温汉臣、刘伯温等守镇原州。徐达平定庆阳后，返回镇原州，元将贺宗哲逃走，遂降镇原州为县。

明洪武五年（1372年），县城文庙础石生灵芝。成化四年（1468年），古长城群狼出，列如行伍。

宪宗成化三年（1467年），套虏数百人攻陷开城，又围镇原县城，邑人闭城逻守，三日不克始退。四年六月，残元部落石城土达满四反，镇原戒严。

武宗正德十年（1515年）四月，套虏犯扰固原州至彭阳城（今宁夏彭阳县），东掠镇原。

世宗嘉靖元年（1522年）八月，套虏犯扰镇原，兵至县城外及屯字镇等处。二十五年，套虏至镇原东北石泉堡（即今太平石泉）等地，杀掠人畜。二十六年，为防御套虏，三边总兵张珩令镇原修堡寨，知县双树声奉令在境内查修堡寨27座。

思宗崇祯五年（1632年）五月，宁、环、庆等地农民聚众起义，屯扎镇原蒲河川，欲攻平凉、凤翔，三边总督洪承畴、总兵曹文诏和贺虎臣会兵于西壕，三面攻击，农民军败走。十五年十月十三日夜，环县许申率众攻破镇原，屯据七昼夜，搜掠殆尽。同月，环县王老虎又率众虏掠镇原，屠杀居民，焚毁庐舍，财物人畜为之一空。

清顺治八年（1651年）十二月，县内梨树开花。

康熙十三年（1674年）冬，平凉提督王辅臣附吴三桂叛，派将占领镇原。十五年（1676年），内阁大学士图海讨平。

十九年（1680年）冬，环县邓万才联络镇原耿飞、马玉等，于大小方山一带聚众起义。二十二年（1683年）三月，邓万才、耿飞、马玉等，攻破环县，杀知县罗斌，镇原忧惧，知县宗书请兵驻防无患，后大兵会集，暴动民众遂被镇压。

四十七年（1708年）五月初二日，一星陨落县境，流光烛地，并有声如雷鸣。乾隆二十年（1755年），有虎入境，群鸟蔽野。

四十八年（1783年），有虎毙两人，旬余不见；十一月，县内野花开放；四十九年三月，二豹入境，乡民毙其一。

嘉庆二十二年（1817年）十一月，县境大雾，桃树及探春开花。

同治二年（1863年），陕西回民反清起义，占踞董志塬，镇原民众修筑堡寨防患，被攻陷无遗。六月，回民首领马正和率万余人围平泉镇，团总慕性生与其子慕时、侄慕暐，率乡丁400余人分头防卫堵截，因寡不敌众，全部死难，性生家属罹难者70余人。

同治七年（1868年）三月九日，陕西回民攻克镇原县城，屯据两昼夜，掳掠满载而归。六月，起事回民又攻占县城，官绅逃往县西川大户坪堡。九月，大户坪堡被攻陷，代理知县魏光第被执不屈遇难。同治兵燹中镇原全县人口由26.9万人剧减23.4万人，劫后余生仅3.5万人。

是年，鼠硕大如猫，白昼游散，见人不畏，反而食猫。恶狼结队成群肆行，二三十不等，众人持枪矛追逐亦不奔避，还向众人冲扑，男、女被伤食甚多。次年，鼠狼皆遁，不见踪迹。

同治八年（1869年）三月，南川安塔山民众暴动，屡抗官军，后被蜀军统领黄鼎率兵讨平，派随员廖溥明代理镇原知县，侨居黄岔设署办公，召集流亡群众，设法赈济，发给耕牛、种子，安家生产。

光绪元年（1875年）二月，镇原绅民筹款助修兰州贡院。

二年春，布政使令镇原清丈地亩，变通税则章程。

十年春，布政使谭继洵令镇原栽桑养蚕。

二十三年（1897年），协同公会在肖金及县城建立基督教新教布道区。

二十七年（1901年）大饥荒，群狼吃人。

宣统元年（1909年）二月二十五日，美国探险家罗伯特·斯特林·克拉克组建的中国北方科学考察队道格拉斯上尉和格兰特小组，从西峰镇抵达太平镇，二十七日到达镇原县城进行科学考察。考察队在镇原停留一天，沿茹河右岸经杨树湾、刘家河、任山河去固原州、静宁州到兰州。七月末又从兰州、固原返回镇原。考察队沿途对镇原地貌、地质、气象、动物、植被及风土人情进行深入调查和记录，在太平镇、镇原县城、杨树湾、开边4地进行海拔、经纬度、气压、沸点、气温等气象、天文观测，收集动物标本大棕蝠（现藏美国博物馆），留下县城附近沟壑砂岩地层和妇女佩戴的奇特头饰、镇原县福音堂女子学校教师女传教士裴安礼（Petersen）和女生合影等照片。八月八日离开镇原到庆阳府。罗伯特在《穿越陕甘》一书中写道："镇原县城是考察队离开陕西省鄜州后途经之地中最为繁华的城市。""从固原州到下一座有城墙环绕的镇原县城之间，乡村似乎兴旺繁荣。就甘肃的情况而言，庄稼长势很好，农民似乎也不那么贫穷；在有些地方，农民已经开始收割庄稼了。道路沿着宽阔的谷地延伸，从起伏不平的乡野间穿过。"

中华民国

民国四年（1915年）六月，甘肃各地开征验契、屠宰、烟酒公卖、印花税和公债，派警察严刑逼收，民怨沸腾。

九月初，肖金、屯字、太平、临泾等地五六千人，在肖金人刘元臣带领下，响应宁县盘克人民抗拒贪官浮收验契费和地丁加税斗争，围县城，抗新税。

十月十三日，王寨、方山、新集、马渠、太平等地民丁、乡勇千余人，在小方山、太白梁集结，开赴庆阳县，与环县张九才领导的抗税农民联合攻打庆阳县城，后遭甘肃巡按使张广建、陇东镇守使张兆钾等镇压而失败。

六年，甘肃巡按使张广建擅加田赋，镇原正粮每两增加库平银一两七钱五分。

十一年，镇原等六县民众联名上书请免农具税，省长潘龄皋令省财政厅转饬陇东各征收局"勿再苛索"。

十五年八月二十八日，张兆钾部黄得贵、韩有禄所率残兵，由平凉北原溃退至镇原，途经新城、平泉、中原、临泾（县城）、太平、屯字、肖金等镇，所过之处，席卷一空。

十月，镇原无业游民得到张兆钾部溃兵枪支，起而为匪。

十六年三月，太平红枪会首领陈彦明、张英宗、魏耀邦联合泾川人李清芳暴动，以太平为据点，抗拒官府，后遭官军镇压。

十八年二月，成立国民党镇原县党部。

九月二十八日夜，陈珪璋部袭破镇原县城，抢掠三天，所掠金钱、烟土等货物，皆运往西峰镇，绑肉票200余人，于十月一日开往泾川。

是年，荒年，狼食人。

二十年四月，杨万青与毕梅轩等率部由固原窜到镇原县城，并驻守平泉、屯字等镇，陈珪璋派部击之，不利。五月，陈珪璋部与杨万青战于莲花池、太平镇，未胜。六月，陕西省主席杨虎城派杨子恒在屯字镇收编杨万青部。

二十一年，县长周民逸伪造账目，贪污公款银2700多元，慕寿祺与县绅李世栋等人举告，经省政府派员查实，周民逸被撤职查办。

二十三年夏，平泉人王子厚为抗拒浮收捐税，反对地方豪绅敲诈勒索，联络新城、平泉、中原三镇群众400人，围县衙，指控南三镇镇长和地方豪绅。

二十四年八月三十日至九月一日，徐海东率红二十五军长征经过新城、平泉，到姚川分桃园、张毛、原郑、唐堿和五里沟、孟坝两路至太平。

十月十日，中共中央及陕甘支队长征经过孟庄、马渠，驻三岔，毛泽东住天主教堂，周恩来、彭德怀等住附近窑洞。

二十四年秋，焦国理、慕寿祺总纂《重修镇原县志》二十卷刊行。

二十五年五月，国民党甘肃省府派别动队十多人，到镇原帮助指导和训练壮丁。

六月初，红军西征解放马渠、三岔、殷家城、黑渠口、王寨、方山、新集等地。十月，成立中共三岔区委员会和区苏维埃政府，在马渠上原畔成立早期党支部。

二十六年三月，刘伯承率领红军援西军进驻镇原，司令部及随营学校驻镇原县城，刘伯承司令员住县城忠恕街慕氏家庙内(今镇原宾馆所在地)；第四军驻屯字塬；第三十一军驻南三镇；第三十二军驻新城到平凉、固原一线；军委骑兵一团驻临泾、太平一带；另有陕甘宁独立师驻三岔，红一方面军十五军团七十五师驻马渠、孟坝一带。驻军接收红军西路军流散人员，整训部队，开展统战、群众工作，宣传党的抗日救国政策，帮助地方建立党组织和抗日武装，半年后开赴抗日前线。

六月，中共陕甘省委派员成立镇原县委，并建立区党委7个。

二十八年四月上旬，国民党挑起镇原、宁县磨擦事件，共产党派王观澜、国民党派谭秀纯谈判三天，达成初步解决办法。

八月，共产党开展妇女放脚运动。

十一月十九日，南三镇党员、群众1000多人，由新城景启华、王天林(中共党支部书记兼自卫军中队长)、中原陈三星(中共党支部书记)，平泉康希业(中共党员、自卫军连长)、徐万恩(农会会员)等人带领，到国民党县政府请愿，抗议其压制民众抗战，取消民众团体，破坏国共合作的罪恶行径，要求县长孙宗濂答应群众提出的条件。在请愿群众据理力争下，迫于压力，孙宗濂与请愿群众推举的代表进行谈判。谈判代表提出要抗日、要民主、要自由、要组织民众武装，训练自卫军，开展抗日活动。请愿持续三个多小时，孙宗濂被迫接受群众要求，并承认"开展抗日运动和训练自卫军是合法的，保证今后不再发生打抢和捕人事件"。十二月，国民党顽固派背信弃义，大肆搜捕镇压请愿群众，王天林、陈三星、徐万恩、康希业、赵崇玉、罗建章、张永昌等人被捕，赵崇玉被枪杀于县城，其他人员被押解西峰严刑拷打，均坚不吐实，后王天林、陈三星、徐万恩、康希业被活埋于西峰镇西门外，罗建章死于狱中，张永昌越狱逃生。

十二月十四日，国民党挑起第二次磨擦事件，协商无果，中共镇原县委和三八五旅二营于十六日从县城撤到交口河以北地区。

同年，在县城建中山公园，立抗日阵亡烈士纪念碑。

是年，国民政府和共产党分别创办合作事业。

二十九年三月一日，陕甘宁边区镇原县抗日民主政府在马渠成立，废除保甲制度，县下设区，改保为乡，改甲为村，辖 4 区 33 乡 108 个行政村 6000 多户，人口 3 万多人。四月，县委、县政府从马渠迁驻孟坝镇，县委由秘密转公开。

三十年八月，在县城成立镇原县立初级中学。

十月二日，解放区正式成立陕甘宁边区镇原县参议会，并举行第一次会议，选出议长、副议长、常驻议员和县政府县长、委员及出席陕甘宁边区参议会参议员。

是年，解放区开展大生产运动，开展救灾、开荒，安置移民、难民，办农场，植棉种蓝，纺纱织布，发展畜牧业、林业，组织合作社，改造二流子等活动。

三十一年春，解放区集中党政干部，在两个行政村进行减租减息实习。

三十二年七月，国民军高桂滋部新编二营在固原起义，开往马渠汪庄投诚八路军。

三十三年十月，成立边区镇原县交口河自治区。三十四年秋，平东工委统战部派李义祥到国统区新城镇八、九两保整顿恢复共产党基层组织。

三十五年一月至十月，解放区开展减租清算运动。

二月十日，庆阳县王寨人民投奔边区镇原县，成立陕甘宁边区镇原县王寨自治区。

八月二十九日，王震率三五九旅七一八、七一九团到达屯字镇，三十日经太平进入庆阳县；七一七团于九月二日抵达马渠，经孟坝进入庆阳县。镇原县游击队发起迎王战役接应护送，组织担架队 33 个 2030 人，担架 298 副，转运伤病员。边区县委、县政府和机关人员赠送猪 9 头，鸡 29 只，蒸馍 1924 斤，食盐 302 斤，袜子 60 双，毛毡 15 条，棉衣 2 套，单衣 11 件，鞋 122 双，纸烟 27 条，马 4 匹及肥皂、毛巾、白布、西瓜等物品，招待、转运费用 89.68 万元（法币）。群众自愿赠送大肉、鸡、蛋、粮等远多于政府慰劳品。

十月十二日，国民军杨得亮部海涵团从黑渠口转防途中起义，投奔解放区。

十一月，解放区开展土地征购运动。

是年，镇原游击队配合孟坝驻军三团二营对国民党军作战 59 次。

三十六年二月二十八日，胡宗南部一个团两路进攻孟坝镇，解放区沦陷，县委、县政府转移到曲子、环县一带活动。

五月五日，国民军保安七团一部20余人，在副团长柴茂森率领下，从孟坝开到三岔吴家大原起义。

是年，平东工委成立游击队，活动于国统区中原、平泉、新城、开边、黑渠口和固原县一带。

三十七年三月至五月，镇原游击队配合陇东兵团，收复三岔、方山、马渠和石佛等区乡。

四月，一架美国战斗机坠落在中原镇景家村，起火燃烧3昼夜，飞行员跳伞降落在平泉镇秦铺村大山沟，寻找到坠机现场查看，被群众护送到平泉镇公所，后返回兰州。

五月五日，彭德怀率领西北野战军第六纵队和教导旅，在屯字镇与国民军陕西绥靖公署裴昌会、李振两兵团及马继援部激战三昼夜，七日凌晨突围，向肖金、西峰撤退。

是年，国民政府在县城成立镇原县卫生院。

三十八年七月二十八日，镇原游击队和陇东兵团收复孟坝。二十九日，镇原全境解放。三十日，中共镇原县委、县政府及机关工作人员进入县城，开展各项接收工作，废除国民党保甲制度，肃清国民军残余武装，建立健全共产党基层组织和人民政权。

八月，全县划为13个区123个乡438个行政村1312个自然村。重组县供销合作社联社和人民卫生院，陆续成立基层供销社。

中华人民共和国

1949年

11月5日至10日，镇原县各界人民代表会议第一次会议召开，选举产生首届各界人民代表会议常务委员会委员、主席、副主席。

1950年

1月，全县改为10个区98个乡。

3月4日，首届农民代表大会在县城召开，成立镇原县农民协会。

上半年，开展剿匪肃特工作，县警卫队和游击队共歼灭和俘虏国民党武装人员418人，缴获长枪612支、短枪35支、六O炮、迫击炮各2门、轻重机枪9挺、子弹1.8万发，手榴弹609枚、各种炮弹十多发。

11月至次年6月，在老解放区开展反霸、反倒算，新解放区开展反霸、减租清债斗争，共豁免民国三十七年以前陈租216.76万斤，减去三十八年新租38.86万斤，停付旧债小麦1.25万斤、银元66元，抽旧约3446张。被减租清债的地主37户、富农241户；地主退还土地7031亩、牲口46头、羊19只、棉花15斤、粮食63.96万斤。

10月至次年4月，分两批在98个乡进行土地制度改革，没收和征收土地289325亩，分配给12885户64808人；13499户农民分到耕畜3039头、农具8084件、窑（房）4328孔（间）、粮食2060.2石、其他财产约值小麦2640石。

Δ开展订立爱国公约、增产捐款、拥军优属爱国运动。

1951 年

4 月，开始开展镇压反革命运动。

8 月，县政府武装科改为人民武装部，并成立武装部党委。成立县粮食局和城关、肖金、平泉 3 个粮库，后陆续在各区乡设立粮站和卫生所。

12 月至次年 6 月，在国家机关和国营企业中开展“三反”运动，全县查出贪污分子 402 人，其中贪污千万元以上“老虎”43 人，后核实为 5 人，贪污款 2.57 亿元；县级机关贪污分子 198 人，后核实为 137 人，贪污款 1.49 亿元；区、乡贪污人数 863 人，贪污款 5.38 亿元，后核实为 265 人，贪污款 0.49 亿元；全县收缴赃物赃款计人民币 1.06 亿元、银元 163 块、大烟 24 两及金镯子等物；开除党籍 47 人，给予警告、记过、降级、降职、撤职等行政处分 84 人，实行机关 1~2 年管制 5 人，判处 2~4 年有期徒刑 10 人。但由于在运动中有定任务、压指标和打、捆等肉刑，造成 21 人自杀，12 人致死，多人致残。同时在私营工商界开展“五反”运动。

是年，响应抗美援朝、保家卫国号召，征集新兵 1741 人，部分人员赴朝作战。

是年，全国劳动英雄、马渠乡张占明出席全国劳动英雄代表会议，被邀参加国庆观礼，受到毛泽东、周恩来等接见。

Δ 临泾籍志愿军战士刘积安在朝鲜战场用机枪击落美国轰炸机 1 架，获立战功，受到中国人民志愿军总部通令嘉奖，省委、省政府颁发“人民功臣”奖牌。

1952 年

Δ 全县组织起互助组 5520 个，参加农户 39801 户，占全县总农户 94.7%；参加劳动力 117148 人，占全县总劳动力 84.3%；参加畜力 61217 头，占全县总畜力 87.6%。

1953 年

1 月，全县改辖 14 个区 110 个乡。

4 月，开展反官僚主义、反命令主义、反违法乱纪斗争。

秋，县城中山公园重建烈士纪念塔。

12 月，开始粮食统购统销。

年底，镇压反革命运动 3 年中，共逮捕各类罪犯 412 人，处决 72 人（土匪 13 人，特务 7 人，反动党团骨干 15 人，恶霸 19 人，反动会道门头子 3 人，其他反革命分子 15 人），判处死刑缓期两年执行 6 人（土匪 4 人，特务、恶霸各 1 人），判刑劳改 288 人（土匪 32 人，特务 16 人，恶霸 32 人，反动党团骨干 59 人，反动会道门头子 46 人，其他反革命分子 103 人），教育后释放 46 人（土匪 3 人，特务 4 人，恶霸 2 人，反动党团骨干 4 人，反动会道门头子 8 人，其他反革命分子 25 人）。

是年，新城区郭沟圈乡农民郭玉柱随全国慰问团赴朝鲜慰问中国人民志愿军，并出席西北局劳模代表会议和首都国庆观礼，受到毛泽东、刘少奇、朱德等接见。

1954 年

1 月，县委做出发展初级农业生产合作社计划。2 月，在开边区解放沟、上肖区南李家、中原区城耳刘试办初级农业生产合作社，后在全县推开。

3月，修建城关御史渠，次年4月竣工，全长4公里，后经修复，可灌地1000亩。

7月11日至14日，召开镇原县第一届人民代表大会第一次会议。

9月，县人民检察署更名为县人民检察院。

10月，县人民武装部改为县兵役局。

同月，修建城关海丰渠，次年5月竣工，全长5公里，后经两次修复，可灌地1150亩。

11月30日至12月6日，召开中国共产党镇原县第一次代表大会，选举产生第一届委员会。

Δ省属国营商业公司开始在镇原下设甘肃省贸易公司镇原县公司、甘肃省纺织品公司镇原县公司、甘肃花纱布公司镇原县公司。

年底，全县办起初级农业生产合作社30个，入社农户949户5935人；常年互助组1025个，参加农户5527户；临时互助组3999个，参加农户19392户。

1955年

2月，镇原县第一届人民代表大会第二次会议选举产生县人民委员会委员、县长、副县长和法院院长。县人民法院和人民检察院从政府序列中分离出来，成为独立司法审判和法律监督机关。

3月1日，县内开始发行新版人民币，收兑旧币。

4月，开始审查脱产干部，历时7年，全县共列入审查脱产干部2918人，确定为审查对象1939人，占脱产干部总数66.44%，查出隐瞒各种政治历史问题953人，给予各种处分192人，占脱产干部总数6.57%。

7月，掀起农业合作化高潮，至年底，全县办起初级农业生产合作社1230个，入社农户38825户，占全县总农户88%，基本实现农业初级合作化。

9月25日，庆阳专区并入平凉专区，镇原县随属平凉专区。

10月，南川星光渠开始修建，次年3月竣工，系无坝引水，后因河床下降，进水困难，失去灌溉作用。

11月，中国农业银行镇原县支行成立。

是年，镇原第一个国营企业县榨油厂在上马台诞生，安装柴油发电机组发电，日供榨油用电，入夜限时供县城部分机关照明。

1956年

春，全县办起高级农业生产合作社35个，入社农户5301户，占全县总农户12.2%。

4月，全县改为9个区5个基点乡，区辖乡57个。

26日至5月3日，中国共产党镇原县第二次代表大会召开。

6月1日，县委创刊《镇原报》。

10月，机关肃反运动开始，历时15个月，在全县3846名县、区、乡干部和教师、职员、工人中开展，全县列为调查对象237人，定案为反革命分子和坏分子198人（其中特务41

人，国民党党团骨干分子102人，反动会道门头子、恶霸各1人，土匪7人，汉奸3人，国民党军、政、警、宪人员中的反革命分子12人，现行反革命分子3人，坏分子20人，其他8人），逮捕25人，依法管制41人，开除公职并送劳教14人，监督生产33人，开除公职75人，令其退职2人，留用改造8人。

12月23日，29户农民投入胶轮车28辆、役畜70头，办起全县第一个运输合作社。

12月24日至28日，镇原县第二届人民代表大会召开，选举产生第二届人民委员会委员、县长及法院院长。

是年，将县初级中学改为镇原一中，在上马台修建镇原二中，均招收初中学生。

年底，实现农业高级合作化，全县高级农业生产合作社发展到826个，入社农户42768户，占总农户98.4%；完成农业、手工业和私营工商业社会主义改造，将全县从事小手工业生产的2989户3599人组织起手工业合作社、合作组16个，参加人员229人，其余人员转入农业生产。

1957年

2月，眉肖公路建成，途经镇原100公里，省交通厅厅长杨子恒、平凉专署副专员金少伯等到县城举行通车典礼。

5月，各级组织开展整风运动。

7月，干部、知识分子、工商界中开展反右派斗争，次年春结束。全县共划定右派分子130人，中右20人；捕办18人，管制3人，送劳动教养12人，开除公职送农村监督生产23人，开除公职19人，给予撤职、降职、留用察看处分75人。

9月至12月，农村开展大鸣、大放、大辩论，共批判184人，斗争420人，法办50人；自杀死亡15人，自杀未遂3起。

1958年

6月29日至7月2日，镇原县第三届人民代表大会召开。7月29日至8月11日，中国共产党镇原县第三次代表大会召开。

7月底至11月上旬，平凉地委根据省委第一书记张仲良的指示，组成了以副书记潘焕杰、专区检察长胡礼新率领的地委工作团进驻镇原，“在镇原领导了政治斗争运动，以解决镇原县的粮食问题。在这以前，前省委和原平凉地委的负责人，曾指出镇原土改不彻底，镇反不彻底，社会主义革命不彻底，潘焕杰同志完全同意这种观点，并以此为指导思想去开展工作。当他到达镇原以后，就认定镇原县社会上的地、富、反、坏确有破坏活动，因此，首先开始了打击地、富、反、坏的工作，先后共捕办了1314人，管制了172人，共计1486人。被捕办人员以后在狱中死亡了337人。在打击社会层地、富、反、坏的后期，从内部又搞出了一个以县委常委、县长许国和，县委委员、副县长张万寿为首共有124人的反革命集团（内有干部52人，社会上的统战人士等共有72人）。集团成员全部被捕，以后在狱中死亡61人。（摘自1964年4月28日《中国共产党甘肃省第四届代表大会第一次会议文件四十八关于潘焕杰同志所搞镇原案件的一些情况》”。

8~9 月，开展“大跃进”运动，掀起人民公社化高潮，建立起 10 个人民公社，改乡为生产大队 37 个，改农业生产合作社为生产队 817 个；农村办起公共食堂 3044 个。

同期，开展全民大炼钢铁运动，先后三次抽调劳力 38333 人，分赴平凉大台子、太统、三道沟、土谷堆、华亭等地炼铁，最多时劳力达到 5 万人。

10 月 23 日，甘肃省委第一书记张仲良到镇原检查工作，促使阶级斗争扩大化和“许、张反革命集团”冤案形成。

是年，兴建茹河东风渠、解放渠。

Δ 城关御史河湾村试种烤烟获得成功，西杨水库土坝竣工。

Δ 一、二中互换校名，一中始设高中部，招收高中学生。

Δ 省属各商业分公司陆续移交地方政府管理。

Δ 县城至三岔公路开始测设修建，全长 83 公里。

1959 年

3 月，县兵役局改为县人民武装部。

6 月底，历时 9 个月，茹河南门大桥建成 5 孔和 4 孔 14 米永久性木桁架及木筒支梁组合桥，全长 106.5 米，宽 4.7 米，高 7 米，竣工通车。

10 月，开展反右倾斗争，县委第一书记王佐才为首的 12 人被错误定为右倾机会主义反党集团，以右倾机会主义反党分子、右倾机会主义分子、资产阶级个人主义分子、严重违法乱纪分子及右倾思想等罪名进行批判和斗争干部 107 人；农村开展整社运动，批判斗争“富裕中农冒尖人物”2126 人，其中富裕中农成员 1823 人，地主、富农成员 113 人。

11 月 2 日至 5 日，召开中国共产党镇原县第四次代表大会。

1960 年

5 月，开始审查基层干部，全县共列入审查不脱产和半脱产干部 3589 人（包括生产大队支书、队长、文书、生产队队长、会计、保管、出纳，县、社办工厂支书、厂长、保管、会计，城镇食堂经理、会计），确定审查对象 1259 人，占基层干部总数 35%，查出隐瞒各种政治历史问题 561 人，给予各种处分 154 人，占基层干部总数 4.29%。

12 月 12 日至 14 日，镇原县第四届人民代表大会召开。

20 日，平凉地委分片在西峰召开会议，传达西北局兰州会议精神，镇原县委县政府主要负责人参加。

同日，屯字公社上肖大队以孙和忠、白浪亭等为首，组织“救国起义为民五极军一师”，提出“堵塞粮食外调、推翻粮食定量制、为吃饱肚子而斗争”口号，煽惑 200 余人，在泾川县荔堡集市发动叛乱，21 日被解放军九〇二一部队和民警打散平息。经司法机关审理，除平叛中击毙 2 人、狱中死亡 1 人外，依法判处首犯孙和忠、邢天星死刑，立即执行，判处 4~20 年徒刑 33 人，定为现行反革命分子 66 人，定为案内成员 58 人，划为知情人 276 人。1973 年 10 月，经地、县有关部门复查，维持原判 82 人，摘掉反革命分子帽子 8 人，平反纠正 348 人。

12 月下旬，开始贯彻中共中央西北局兰州会议精神，组织工作组 348 个 4173 人、医疗队54个810人，深入各社队，发放口粮，抢救人命，开展生产自救。全县发放救灾款20.5万元、棉花3250公斤、布票64998尺，给5564户14440人解决棉衣19653件、被子3569床；给6423人解决药费27891元，治疗因营养不足造成的浮肿等各种疾病；给7470名病人、老人、产妇照顾麦粉7890公斤。

1961年

1月12日，许国和、张万寿反革命集团冤案部分成员33人释放，随后逐步释放大部分涉案人员，进行甄别平反。

5月，开始甄别平反冤假错案，对1957年农村大辩论，1958年“拔白旗”“兴无灭资”，1959年“反右倾”、反瞒产私分，1960年改造落后社队、新“三反”等运动中被批判、斗争、处理人员，进行甄别平反。至次年10月，全县甄别错误处理人员4925人，占应甄别数83%，其中脱产干部275人，不脱产干部2011人，群众2639人；完全平反3360人，改变结论760人，维持原结论805人；对427名在押犯被没收的财产进行清理、登记和退赔兑现。至1963年底，甄别数占应甄别人员98%。

6月，公社增加到32个，辖618个大队1792个生产队，农业核算单位由大队下放到生产队，公共食堂解散。

12月，庆阳专区和平凉专区分设，镇原县复属庆阳专区。

是年，对1958至1960年各级平调的财物进行清理退赔，至10月底，除省、地拨款308万元外，县、社、队拿出268万元，共退赔兑现576万元，占平调总值60.5%；兑现劳动工日6626163个，畜工120500个，土地7600亩，房屋6348间，窑洞6340孔，牲畜3175头，树木10794棵，椽8459根，青苗1379亩，灶具、家具116540件，农具41137件，羊6478只，家禽4147只，粮食296.18吨，肥料80930吨，现金123490元，股份基金及投资款108242元。

是年，狼害赫然，伤人畜多，各公社皆有发生，人心惶惶。屯字公社阎孟大队被狼叼去儿童3人，另有数名幼儿下田揪苜蓿菜，一13岁女童臀部被狼咬去一大块。夏季，一恶狼冲进碾麦场，叼去9岁男孩，众人追赶不及。秋，一只恶狼将正在门口玩耍的5岁男孩衔去。县社成立打狼队，持械巡捕，直至1963年夏方遁迹。

Δ三年困难时期，多数群众靠野菜、树皮、草根、谷衣子、洋芋蔓等充饥，全县死亡13874人，外流21950人，出生13138人，迁入4949人，死亡、迁出与出生、迁入相抵，纯减少17737人。大家畜下降到42900头，比1956年减少55500头。

1962年

12月10日起，用三年时间，分两批在1211个生产队开展以“四清”（清工、清账、清财、清库）为主要内容的农村社会主义教育运动，收回高划自留地、借种、抢种的集体耕地、超开荒地共一万亩；收回私分和被侵占的集体大家畜20头，羊1200多只，农具1400多件；追回被贪污、盗窃、挥霍浪费、多吃多占的集体粮食70吨，现金4.5万多元；撤换农村基层干部550多人。平泉等4个公社补划地主成分19户、富农成分84户，占4社土改时所划地、富142户的72.5%。

是年，精减职工 610 人，压缩城镇供应人口 1193 人。

1963 年

1 月 15 日，县委常委会决定，对 1958 年没收被捕人员物资折价及现金 97542.92 元，除已退赔外，尚缺 44237.65 元，由财政拨款予以解决。

4 月至次年 9 月，县直机关开展“五反”（反官僚主义、反分散主义、反铺张浪费、反贪污盗窃、反投机倒把）运动，揭露出贪污盗窃、投机倒把职工 109 人（千元以上的 20 人），贪污、牟利 57557 元，粮食 2733 公斤，粮票 190 斤，料票 3150 斤，棉布 36 米，布票 165 尺，棉花 234 公斤，清油 480 公斤。

9 月 12 日至 16 日，镇原县第五届人民代表大会召开，选举产生县第五届人民委员会委员、县长、副县长、法院院长。

10 月，成立县汽车运输队。

1964 年

5 月 8 日至 14 日，中国共产党镇原县第五次代表大会召开。

10 月，根据省、地安排，抽调数百名干部及社会青年赴张掖、宁县、庆阳参加社会主义教育运动。

同月 23 日，全县公社合并为 18 个，大队合并为 260 个。

1965 年

10 月 25 日至 31 日，镇原县第六届人民代表大会召开。

是年，茹河解放渠重建，渠首砌石护面重力拦洪溢流坝，渠道从许家沟延至耿家沟，全长 17.5 公里，可灌地 4950 亩。

同年，东风渠重建竣工，渠首建混凝土重力溢流坝，修渠全长 14 公里，流经 3 个大队，可灌地 4160 亩。

1966 年

5 月，“文化大革命”开始。23 日，成立镇原县文化大革命领导小组。县、社两级机关单位，利用一切宣传工具，声讨“三家村”“反党、反社会主义、反毛泽东思想”反革命罪行，不到 20 天时间里，全县有 8 万多名工农兵群众投入到“文化大革命”运动当中，召开各种形式声讨会 967 次，出墙报、板报 2272 期，写大、小字报 1.26 多万张，县广播站收到群众声讨邓拓等人“反党反社会主义”来稿 502 件，给省广播电台、甘肃日报社投稿 306 件。

6 月 22 日，县委派工作组进驻县属六所中学。对教职员工进行摸底清查，组织学生深挖批斗不存在的“资产阶级教育路线黑线人物”“牛鬼蛇神”，揭发批斗文化教育系统所谓“资产阶级黑线”。

7 月中旬，全县千余名中、小学教师在县城集训 50 多天，110 多人被打成“牛鬼蛇神”，受到批判斗争，部分教师被开除公职回家生产，3 人不堪凌辱自杀身亡。县机关和企事业单位“文化大革命”随之展开。

23 日，召开为期 20 天的县委扩大会议，揭发批判所谓混入镇原党、政、文化教育界资产阶级代表人物，涉及县级机关单位和部门12个，有大小问题人员40多人，查处所谓漏网反革命分子97人。

8月，各中小学相继成立“红卫兵”“红小兵”组织，中、小学生除当时称之为“黑五类”的地主分子、富农分子、反革命分子、坏分子、右派分子子女外，个个参加“红卫兵”“红小兵”组织，身穿黄衣衫，臂佩红袖章，腰系武装带，身背黄挎包，腿打黄裹缠，脚蹬“解放鞋”，胸戴毛主席像章，专搞“文化大革命”。

10月24日，红卫兵在县城召开彻底批判资产阶级反动路线誓师大会，提出炮轰县委口号，开始揪斗各级领导。

10月、11月，红卫兵代表先后分两批赴京接受毛泽东主席第六次和第八次检阅，回县后掀起“文化大革命”高潮。

11月中下旬，全国“大串连”开始，至次年初，全县中学学生2600多人，先后组织各种名称“长征队”，开始革命大串连。有到延安、上海、广州、西安、杭州、重庆等地串连，有沿着当年红军长征路线，或徒步跋涉，或乘坐车辆，进行“长征”。徒步赴京“长征队”有镇原一中“继红长征队”“永红长征队”等数十支。11、12月，仅县上设“红卫兵”接待站10多处，备有专用被褥、茶具，配备医务、理发人员，接待外地“长征队”10多万人，“红卫兵”串连食宿等经费，均由财政拨款支付。

12月，各路“长征队”陆续返回，仿照外地经验，在全县机关、学校、农村普遍成立“雄鹰战斗队”“红鹰战斗队”等造反组织几十个，多则百余人，少则三五人，以“四大”（大鸣、大放、大辩论、大字报）形式，刻印散发宣传资料，书写张贴大字报，上街游行呼口号，掀起批判“资产阶级反动路线”浪潮，“炮轰、砸烂、火烧、打倒、揪出、横扫”之风刮遍全县，怀疑一切、打倒一切的极左思潮泛滥，县委、县人委主要领导及部门负责人被打成“走资本主义道路当权派”“资产阶级黑线人物”，进行揪斗批判。

1967年

1月，上海“一月风暴”后，县委、县人委及相当一部分公社、大队、生产队和县机关单位领导干部、教师等普遍受到批判揪斗，在“革命无罪、造反有理”口号下，被揪斗者头戴高帽子，项挂黑牌子，扭押游街示众，或被关入“牛棚”非法审讯，严刑逼供，形成机关不办公、工厂不生产、学校不上课、农村没人管的混乱局面。

2月，围绕夺权问题，造反派组织分成“东方红公社”“革命造反联合总部”和“红色造反派第三司令部”三大派别，互相辩论、攻击、武斗，县委、县人委及部分公社、大队、生产队和县直机关单位相继因运动混乱而瘫痪。县委、县人委领导、法院院长等十多人成为主要揪斗目标和打倒对象，各派打倒和保护对象各不相同。各组织为宣传本派观点和“革命主张”，办派性油印小报，印发传单，组建文艺宣传队，利用各种宣传工具大肆宣传。派性斗争越来越激烈，先是辩论，后发展到互相攻击，甚至因冲突加剧而发生小规模打架武斗。个别群众组织利用钢板将链轨拖拉机改造成“装甲车”，作为战斗工具冲击单位围墙，被县武装部领导制止，使武斗没有持续和扩大。农村“红卫兵”“红小兵”以及各个战斗队，对公社、大队、生产队、学校、企事业单位所谓“走资派”“牛鬼蛇神”也进行揪斗。同时，清查收缴焚烧古书、古画，拆除毁坏祠堂、庙宇，大破“四旧”（旧思想、旧文化、旧风俗、旧习惯），大立“四新”（新思想、新文化、新风俗、新习惯），许多文物古迹横遭破坏。

春，县人武部奉命介入地方“文化大革命”，执行“三支两军”（军队支左、支工、支农、军管、军训）任务。

4月5日，县上成立抓革命促生产第一线指挥部，由军方代表和各派群众代表组成，代行县委、县人委职权。

1968年

1月9日，中国人民解放军镇原县人民武装部对县公安局、检察院、法院实行军事管制。

2月20日，在镇原县人民武装部、兰州军区毛泽东思想宣传队帮助下，各派群众组织达成《关于停止互相攻击、制止武斗和上交武器的协议》《关于大联合的协议》，实现“革命大联合”。

4月28日，成立镇原县革命委员会，实行党政一元化领导，抓革命促生产第一线指挥部随之撤销。各大队、生产队和机关、学校、工厂、企业、事业单位，也都成立委员会或革命领导小组。革命委员会成立后，群众组织、武斗班子、活动据点相继被解散和拆除，各行业、各部门工作、学习秩序日渐恢复，学校开始“复课闹革命”，工厂开始恢复生产，机关开始办公，农村正常进行生产，社会秩序逐渐安定。

5月，县革委会成立有群众组织负责人参加的7人革命大批判领导小组，作出《关于进一步开展革命大批判的决定》，各行各业普遍采用“学、查、批、揭、忆、思、斗、表、献”九字方法，在全县普遍开展“斗、批、改”运动，进行革命大批判、清理阶级队伍、“一打三反”、清查“五一六”等所谓对敌斗争群众运动，批判“刘邓路线”“死不改悔的走资本主义道路当权派”，大破修正主义机构设置和一切规章制度，大破资产阶级工作作风，集中目标，不顾事实，无限上纲上线，主要批判各级负责人。至年底，全县组织大批判领导班子373个，参加1184人，贫下中农代表管理学校227所，先后召开各种类型大批判会议1.36万次，参加19万多人次；举办阶级教育展览305期，受教育20万余人次；设置大批判专栏2023个，刊出5613期，黑板报1398面，刊出16853期，墙报880余幅，漫画30余幅800多张，写批评文章2.5万多篇。

5月24日，县革委会发出《当前镇原地区阶级斗争若干问题的决定》，县社两级相继成立“对敌斗争领导小组”，在全县各条战线开展清理阶级队伍”运动，被称为“十二级红色台风”。到1969年后半年，原县委、县人委、公检法负责人和干部普遍受到审查，9名县委常委有4人被隔离或监督劳动。全县共挖出“各类阶级敌人”3891人，其中叛徒602人，特务408人，死不改悔走资派12人，现行反革命556人，历史反革命1262人，蜕化变质分子4人，阶级异己分子3人，各类刑事惯犯312人，未改造好五类分子732人。查证落实处理2413人，其中脱产干部245人，被定为特务16人，死不改悔走资派12人，现行反革命分子3人，国民党残渣余孽209人。这些人作为“群众专政”“活靶子”，被多次轰、拉、打、斗，有的被关押、判刑，制造大批冤假错案。

11月，中原公社姜白大队社员潘生科为抢救落水群众遇难，县革委会追认其为舍己救人光荣牺牲殉难烈士。

12月，成立镇原县革命委员会整党领导小组，县人武部部长、革委会主任莫士元任组长。

1969年

2月，开始整顿各级党组织。

10月，全国人大代表、三岔公社石嘴大队党支部书记柳德安赴北京参加中华人民共和国成立20周年观礼活动和国庆招待会，受到毛泽东、周恩来等党和国家领导人接见。

同月，东北珍宝岛事件后，全国处于战备状态，西北师范大学千余名师生（包括被“打倒”校系领导、专家教授等所谓资产阶级知识权威）疏散到镇原插队劳动锻炼9个多月，下乡指挥部设在孟坝，理科、文科分别安排在孟坝、太平两个公社各大队，个别教师担任小学代课老师。

是年，寺沟水电站动工修建，投资75万元，总装机容量315千瓦。

1970年

2月，开始开展“一打三反”（打击反革命破坏活动、反对贪污盗窃、反对投机倒把和反对铺张浪费）运动。至年底，全县共揭发出有各种政治、经济问题干部群众6156人，其中属于政治问题1344人，属于经济问题4812人。贪污盗窃、投机倒把总金额51.7万多元，追回赃款38.5万多元。运动中判处死刑8人，有期徒刑165人，依法管制12人。

是年秋，全县开展农业学大寨运动。

Δ北京天坛医院德胜门门诊部下放人员充实到孟坝公社卫生院，成立镇原县第二人民医院。

1971年

3月26日至29日，中共镇原县第六次代表大会召开，县委恢复成立。

6月，县委制定《清查“五一六”反革命阴谋集团的具体实施计划》，迅速掀起清查“五一六”反革命集团运动，全县机关共摸排出所谓“五一六”集团案7个，涉及67人，普遍被停职隔离，接受批斗，制造冤假错案，有的甚至被迫致死。

冬，开始批林整风。

12月12日，镇原县被列为全省商品粮基地县。

1972年

2月，县委抽调41名干部组成农宣队，深入社队宣传党的方针政策，帮助社队建设革命化领导班子，推动农业学大寨运动。

3月，修建南川和平渠，次年6月竣工。渠首砌拦洪溢流坝1座，修渠道10.5公里，流经3个大队12个生产队，可灌地1050亩。

7月，修建南川沟芦渠，砌石重力拦河溢流坝1座，修干渠22公里，流经3个大队15个生产队，可灌地2075亩。

10月，县中队战士、共产党员赵英邦抢救两名落水儿童，被县人武部党委记三等功，县委发出向赵英邦学习通知。

是年，建成县造纸厂。

是年，对清理阶级队伍和“一打三反”运动案件进行复查，“解放”了一部分被处理人员。

1973年

前季，全县严重干旱。

7月5日，国家商业部第一副部长刘忍在省革委会生产指挥部副主任申效曾陪同下到镇原马渠、庙渠、三岔等地调研灾情。

11月初，全县抽调干部驻村开展路线教育。

是年，建成镇原县砖瓦厂、农具厂、五金厂、地毯厂、被服厂、水泥预制厂。

Δ镇原籍甘肃省体工队运动员朱怀民参加全国少年田径赛获手榴弹投弹第8名。

Δ动员干部、职工义务劳动，整修、加宽、取直县城街道，安装路灯。

1974年

3月，由于上年干旱粮食歉收，群众生活困难，76人因吃油渣中毒，死亡6人，因饥饿自杀1人。

4月26日，县委举办有县委常委、公社书记、县级部、局、室负责人和省、地在镇原帮助工作干部参加的理论学习班，帮助县委整风，学习班认为镇原县农业长期上不去根本原因是阶级敌人破坏，资本主义倾向干扰。会后，在全县掀起所谓的群众性学习无产阶级专政理论高潮，共组织理论学习小组2336个，县、社两级培训理论骨干2327人，生产大队普遍办起“五七”政治学校和文化室。在运动中，对削弱集体经济问题进行处理，收回社员自留地24227亩，庄基地1226亩，自养大家畜2603头，羊8244只；还收回贪污挪用、副业单干、超支借支等各项欠款110.89万元。后来，又加上批判《水浒》内容，批判修正主义、资本主义倾向和投降派。同时，在全县推广天津小靳庄经验，人人学唱革命样板戏，学写革命诗词；学习上海民兵用专政的办法办农业，各社、队组织民兵小分队，举办劳动教育学习班，先后筛查入学习班者数千人，扭斗致死8人。

5月，“批林批孔”运动开始，提出“共产党哲学就是斗争哲学”等口号，把干部群众一般工作问题说成是阶级斗争反映，无限上纲，横加批判；把农民正当工、副业和小片开荒、精心务作自留地等生产活动，都认为是资本主义倾向，进行批判斗争。全县错误地批判公社副主任以上领导干部29人，公社党委委员19人，脱产干部47人，大队党支部书记40人，群众352人，批斗地、富、反、坏分子365人。

6月至7月，南川和平渠、沟芦渠历时3年建成投入灌溉。

是年，三岔柴油发电站、马头坡水电站建成使用。

1975年

4月，国家农林部部长沙风到镇原调研，并到屯字、上肖等地检查工作。

是月，县汽车运输队始发定期班车。

5月,兰州军区第一政委、甘肃省委第一书记冼恒汉到镇原调研。

同月,镇原籍甘肃省篮球运动员范广仁参加全国第三届运动会少年篮球分区赛,所在代表队获第一名。

10月,镇原至西峰35千伏输电线路和变电站建成,刘家峡大电输入镇原。

1976年

2月,“批邓(小平)、反击右倾翻案风”运动开始。全县培训理论骨干8700多人,县、社党委和大队党支部普遍进行整党整风,着重解决领导班子路线问题,发动群众大批资本主义倾向,又一次收回社员自留地、庄基地5010亩,自养羊969只,各种欠款103.96万元,粮食33650多公斤。结合清查政治谣言,一批人受到处理。

9月,镇原县广播站购回19英寸黑白电视机1台,在临泾大什字试收成功。

10月,全县揭发批判“四人帮”反革命罪行。

同月,设立甘肃庆阳师范镇原分校。

是年,确立社办、队办、联办、户办社队企业发展思路,开始兴办社队企业。

Δ城关镇富坪村一农民修庄时挖掘出土秦诏版,被县文化馆购买收藏,后被鉴定为国家一级文物。秦诏版上书“廿六年皇帝尽并兼天下,诸侯黔首大安,立号为皇帝,乃诏丞相状绾法度量则,不壹歉疑者,皆明壹之”。

1977年

3月3日,县五金厂、县邮电局机线组被评为全省工业学大庆先进集体。

9月20日,三岔蒲河双曲拱桥建成通车,全长62.45米,净宽7米。

是年,眉肖公路镇原段分段铺柏油,次年完成,县内始有柏油公路。

1978年

7月起,用一年半时间开展关于真理标准问题讨论,各公社、单位、学校召开多种形式座谈会、讨论会,县委党校举办3期学习班,消除“两个凡是”负面影响,将干部群众思想统一到中共十一届三中全会精神上来。

8月,县委成立落实政策领导小组,抽调人员,开始平反纠正冤假错案,至1980年4月基本结束。“文化大革命”中被揪斗审查的5403名社员群众,经群众大会宣布平反,恢复名誉;对逮捕判刑、定为各种“分子”、迫害致死和给予各种处分的3725人(其中判刑762人,定为各种“分子”313人,迫害死亡287人,给予各种处分2363人)进行重点复查,平反1967人,部分平反704人,维持原处理1054人;脱产干部、职工534人,平反352人,部分平反30人,维持原处理152人;平反纠正干部、职工重新安排工作199人,作退休安置37人,作退职安置12人,恢复党籍15人;对1970年清查“5·16”运动中在县级机关摸排的所谓“5·16”等七个集团性假案涉及的67人公开平反;对补划的69户地主、富农成分和16名地主、富农分子全部平反;对1968年“政治经济大扫除”中查抄的群众财物,按政策规定,退赔兑现51959元,占应退赔兑现数95%;对“文化大革命”至1977年受株连回农村的干部家属,恢复城镇户口23户68人;对迫害致死或作处理以后死亡、予以平反的国家职工,补发安葬费、抚恤费和生活补助费，对其家属、子女妥善安置；农村社员属于此种情况的，除政府发给部分生活、生产补助费外，由社队安置。

同时，落实农村政策，对“文化大革命”前遗留问题所涉及的国家干部、职工和社员群众1014人，均作出结论和妥善处理，其中干部、职工602人，平反407人，部分平反53人，维持原结论142人。普通刑事案件涉及405人，平反109人，部分平反44人，维持原判252人。全县原有地、富、反、坏分子1202人，摘帽子（指取消“分子”之称，承认其公民权）940人，平反纠正199人，维持原结论63人；将地主、富农成员子女的家庭成分改为“社员成分”；对原定右派分子和中右予以平反和纠正；彻底平反“许、张反革命集团”冤案；对“反右倾”斗争中确定的所谓“右倾机会主义分子”85名及肃反运动中因“党团合并案”牵涉的所谓伪党团骨干70名全部平反；对1964年农村社会主义教育运动中补划的132户地主、富农成分和114名地主、富农分子，全部平反；因上述问题被开除公职的国家干部、职工重新安排工作131人，作退职、退休安置127人，恢复党籍34人；对受到株连回农村的干部家属，恢复城镇户口31户98人；区分安置原工商业者，落实国民党起义投诚人员政策及民族、宗教政策。

冬，中国社会科学院考古研究所发掘城关镇常山遗址，断定其早于齐家文化，命名为常山下层文化。

12月1日至5日，镇原县第八届人民代表大会召开。

1979年

1月7日至10日，中国共产党镇原县第七次代表大会召开。

4月，由兰州军区空军资助，在屯字镇东街修建屯字镇烈士陵园，并建屯字镇战斗烈士纪念碑1座。

秋，在19个公社253个生产队中划分作业组645个，实行“三定一奖”（定任务、定产量、定报酬、超产奖励）制度。

是年，孟坝公社有4岁男孩屁股生肉尾，长约七八寸，根部粗壮，尾梢细圆，县二院进行手术切除后，发育正常。

1980年

夏，边远山区划分承包组1660个、包山户240个，实行单项承包责任制生产队1112个，占生产队总数45.7%。至年底，全县有1279个生产队实行家庭联产承包责任制，有297个生产队划分作业组980个，有759个生产队仍然统一经营管理。

是年，“7201”战备公路（宜兰公路）工程竣工，镇原境内长44公里。

12月15日至19日，县第九届人民代表大会召开，决定设立县人民代表大会常务委员会。

1981年

4月7日，《甘肃日报》发表湫池公社寺府生产队队长刘登荣来信，并加《上下顶牛、耽误生产》编者按，批评县委在实行家庭联产承包责任制中规定比例、违背多数群众意愿的错误倾向。县委总结经验教训,制定《镇原县包干到户生产责任制管理暂行办法》,几个月内,全县普遍推行家庭联产承包责任制。

是年,贯彻允许各种经济成分共同发展政策,个体工商户兴起。

1982 年

Δ 开始干部制度改革,选拔革命化、年青化、专业化、知识化干部进入各级领导班子。

9 月,上肖公社党委书记李芝琴当选为中共十二大代表,出席全国代表大会。

1983 年

10 月,省长陈光毅、副省长葛士英到县检查工作。

25 日至 27 日,中共镇原县第八次代表大会在县城召开。

12 月 6 日,全县 24 个人民公社改为乡建制。

是年,镇原黄花菜、杏仁获国家外贸部出口优质产品奖。

同年,镇原籍甘肃省篮球运动员范广仁在银川参加全国职工篮球赛,所在代表队获第一名,本人被评为优秀运动员。

1984 年

1 月,中国人民政治协商会议镇原县委员会成立,20 日至 25 日第一届委员会第一次会议召开。

21 日至 24 日,县第十届人民代表大会召开。

6 月 3 日,省委书记李子奇到镇原检查工作。

1985 年

1 月,省政府确定镇原为黄花菜、杏仁、烤烟生产基地。

4 月,庆阳地区文物工作者确认境内战国秦长城遗址。

6 月 7 日,县委提出敞开大门,开发致富,以种养业为基础,以乡镇企业为突破口,以城镇集体经济为重点,带动多种经营和第三产业,促进全县经济全面协调发展指导思想,先后办起城关冷冻厂、平泉亚麻厂、屯字罐头厂、太平豆浆晶厂、上肖西岭鞋厂等骨干乡镇企业。

7 月,镇城、屯字、平泉、孟坝、三岔五乡改为镇建制,镇城复称城关。

9 月 11 日,全区第一个卫星地面接收站在镇原建成使用。

是年,企业实行简政放权,除经理、厂长仍由上级任免外,副经理、副厂长任免由经理、厂长提名,报上级审批,下属车间、股室负责人均由经理或厂长直接任命,不再履行报批。

Δ 临泾乡民间剪纸艺术家祁秀梅应邀在中央美术学院讲学表演,其作品被中央美术学院和法国、意大利、日本、新加坡等国收藏。

Δ 镇原县县城规划办公室与县城乡建设环境保护局编制出《镇原县县城总体规划》,规划年限为 1985 至 2000 年。

1986 年

年初,省委书记李子奇到镇原县视察工作。

11 月 27 日至 29 日,中共镇原县第九次代表大会召开。

12月9日，庆阳地委、行署作出《关于开展向平泉中学优秀教师沙秀石学习的决定》。

12月20日至24日，县政协第二届委员会第一次会议和县第十一届人民代表大会第一次会议召开。

是年，全县个体工商户发展到2095个，从业人员2893人，涉及工业、商业、运输业、建筑业、饮食业、服务业、修理业等行业。

1987年

4月，《镇原县志》内部出版。

5月，为期3年整党工作结束。

7月，孟坝中学学生唐文挺夺得全省高考理工类第一名，被清华大学录取。

8月，地区文物工作者在平泉镇南徐村刘家沟口发现、采集到打制石器和原始牛、马、羊等动物化石。

9月，王寨人畜饮水工程经3年建设竣工使用。

是年，建修潜夫山公园。

1988年

4月，地区文物工作者在庙渠乡四合村发现并清理出约4000年前夹砂红陶水管，后被鉴定为国家一级文物。

5月，县自来水公司西街尤坪水厂竣工通水，建钢筋混凝土集水井、快速过滤池、净水池、高位水池，敷设输配水干管7.2公里、支管9.12公里，出水量72~119立方米/小时，最大供距3公里，日供水能力1000立方米，使县城多数单位用上统一供给的自来水。

是年，镇原啤酒厂建成投产。

Δ镇原县被省政府评为建设基本农田、发展旱作农业先进县和植树绿化先进集体。

秋，县烈士陵园迁建至潜夫山。

1989年

10月，南川乡桃园村秦沟组12户农民玉米、小麦带状种植24.9亩，综合亩产达1000~1200公斤。

11月3日，副省长路明带领专家、教授深入镇原，实地考察小麦白粉病、叶锈、叶条蝉、蚜虫等危害，研究防虫灭病对策。

23日至25日，中共镇原县第十次代表大会召开。12月24日至28日，政协镇原县第三届委员会第一次会议召开。25日至28日，县第十二届人民代表大会第一次会议召开。

是年，县砖瓦厂被省政府授予“甘肃省一级企业”。

1990年

7月，镇原籍兰州体校学生张德宏代表国家在比利时参加世界中学生运动会，获铁饼第四名，开创镇原运动员参加国际比赛新纪录。

是年，全县掀起大办教育、改善办学条件热潮，国家补助、企业解囊、干部职工捐资，累计筹款963.94万元，改建窑洞学校330所，实现校校无危房、人人有教室、有桌凳目标。

1991 年

2 月，平泉中学被省委、省政府授予“甘肃省教育系统先进集体”。

8 月，《中国共产党甘肃省镇原县组织史资料》(1935.8~1987.10)内部出版。

12 月 23 日，县政府被评为“全省双拥工作先进集体”。

1992 年

10 月，成立县中医院。

11 月 18 日，省委、省政府、省军区命名镇原县为“双拥模范县”。

11 月 20 日至 22 日，中共镇原县第十一次代表大会召开。27 日至 29 日，政协镇原县第四届委员会第一次会议召开。28 日至 29 日，镇原县第十一届人民代表大会第一次会议召开。

1993 年

7 月 11 日，县委发出《关于切实减轻农民负担的紧急通知》，改变收费与管理办法，取消不合理农民负担 31 项。

9 月，临泾初级中学被省委、省政府评为先进集体。

1994 年

3 月，县政协文史资料委员会编辑《镇原文史》第一辑内部出版。

9 月，镇原县被林业部授予“全国经济林建设先进县”。

是年，文化部命名镇原县为“中国剪纸之乡”。

Δ 曙光乡岘子村被全国绿化委员会授予“全国造林绿化十佳村”。

Δ 建成县城茹河北岸滨河市场。

1995 年

是年，镇原县被国家烟草专卖局、中国烟草总公司授予 1995 年“全国烟叶生产收购工作先进单位”；县烟草公司被中国烟草总公司授予 1995 年“全国烟叶生产收购工作先进单位”。

1996 年

3 月，县广播电视局被人事部、广播电影电视部授予“全国广播电影电视系统先进集体”。

12 月 2 日，镇原县被省委、省政府授予“全省精神文明建设先进县”。

12 月 8 日，镇原啤酒厂被黄河啤酒企业集团兼并经营。

是年，镇原县被水利部评为“八五”期间“全国沙棘工作先进集体”，武沟乡、孟坝镇王地庄村分别被全国绿化委员会授予全国造林绿化“百佳乡”和“千佳村”，县公安局看守所被公安部记一等功，屯字工商所被国家工商局评为“全国先进工商所”。

1997 年

1 月 30 日，太平乡农民状告县电力局侵权案二审终结，省高院维持地区中院一审判决：巴家嘴至太平乡村民自筹资金架设的农电线路设备归太平乡 5790 户村民集体管理、使用和收益；镇原县电力局付给太平乡村民农电线路原值 35.67 万元、9 年半利息 58.1 万元。

3 月，省委书记阎海旺到镇原检查工作。

9月，县妇幼保健站被卫生部、联合国儿童基金会、世界卫生组织授予“爱婴医院”。

同月，聘请陕西省城乡规划设计院重新设计和修编《镇原县城总体规划》。

11月，县委、县政府印发乡镇党政机构改革方案，将24个乡镇分为三类，一类核定编制30人以内，设党政群、社会事务、政法、财经、农业五个综合办公室；二类核定编制21人，设党政群、社会事务、财经、农业四个综合办公室；三类核定编制15人，设助理员，不设综合办公室。

5日至7日，中共镇原县第十二次代表大会召开。17日至20日，政协镇原县第五届委员会第一次会议召开。18日至20日，第十四届人民代表大会第一次会议召开。

同月，在水利部、财政部举办的全国沙棘资源建设会议上，镇原县获“全国沙棘资源建设示范县”。

是年，县砖瓦厂、五金厂、印刷厂开始股份合作制改革试点，拉开全县企业改革序幕。县糖酒、百货、饮食服务、五金公司和屯字、孟坝、平泉、三岔批发站率先实行国有民营、出资承包经营，供销贸易公司依法实施破产，工业品公司与城关供销社实行资产剥离分立改革。

1998年

3月5日，长庆油田公司在曙光乡川口村钻探出县南第一口油井。

4月12日，中原乡原峰村共青团员、农民工杜养富在新疆乌鲁木齐市为抢救柯尔克孜族落水少年阿克力献出生命，新华社、《人民日报》、中央电视台、新疆电视台及甘肃、庆阳等几十家新闻单位进行追踪报道。2000年4月12日，在其牺牲两周年时，乌鲁木齐市隆重举行纪念活动及其塑像落成仪式，镇原县委领导前往参加。

5月，潜夫山三皇殿木梁柱生灵芝数朵。

8月，县第二人民医院、屯字中心卫生院、平泉中心卫生院分别被卫生部授予“爱婴医院”。12月，县公安局被公安部评为“全国优秀公安局”。

1999年

3月，县公安局屯字派出所被中央精神文明指导委员会确定为全国精神文明建设活动示范点、全国文明服务示范点。11月，镇原县被水利部命名为“全国沙棘生态建设示范县”。

2000年

4月，镇原县被林业部命名为“全国经济林建设示范县”，县法院副院长李欣被国务院授予“全国先进工作者”。

5月18日，县级领导干部“三讲”(讲学习、讲政治、讲正气)教育活动启动。

6月，镇原县被教育部、财政部、发展计划委员会评为“全国‘两基’工作先进县”，被省政府评为实施义教工程先进县。

8月16日，镇原县基督教堂在城关镇黄岔村落成。

9月11日，省委书记孙英到镇原调研。

2001年

2月14日，殷家城乡李园子小学残疾教师张学成获全省首届十大杰出残疾人，受到表彰奖励。6月,张学成又被人事部、教育部授予全国模范教师。

9月27日,全县"三个代表"重要思想教育活动启动。

11月,中央电视台在殷家城乡拍摄张学成电教片《大山的希望》。

是年,县面粉厂、粮贸公司2户企业进行资产评估,产权折价出让给个体户和联合体经营,用出让收入置换职工身份122人。

2002年

5月13日,省委书记宋照肃到镇原考察城关镇农业科技示范园、新城乡潘杨涧油松栽植示范点。

6月21日,太平乡"三个代表"重要思想学习教育活动在中央电视台"新闻联播"栏目播出,同时被《人民日报》等多家新闻媒体报道。

25日,甘民(2002)18号文批复,太平、开边撤乡建镇。

7月26日,镇原县被列入国家扶贫开发工作重点县,太平、王寨、新集、方山、殷家城、马渠、开边、庙渠、武沟、郭原、小岘和孟坝、三岔、平泉14个乡镇92个村被列入省扶贫开发重点乡、村。

11月9日,中共镇原县第十三次代表大会召开。11日至14日,政协镇原县第六届委员会第一次会议召开。12日至14日,县第十五届人民代表大会第一次会议召开。

是年,县属工商企业改制基本结束。县复烤厂、砖瓦厂、印刷厂、机修厂、五金厂、针织厂、副食厂7户企业产权整体出售后,改组为股份合作制企业;县饮食公司、百货公司、五金公司、煤炭公司、孟坝批发公司、平泉批发公司7户企业分块出售后,组建为个体私营企业;县糖酒公司、屯字批发公司、三岔批发公司、果品厂、土畜产公司、干果日杂公司和18个基层供销社亏损严重,资不抵债,依法实施破产;农副公司、生产资料公司和平泉、三岔2个供销社与长城资产管理公司达成协议,用现金偿还债务196万元,豁免贷款2573万元,土地房屋资产由国资部门收购拍卖。破产、出售企业均用资产变卖收入安置职工,置换身份1767人;啤酒厂收回后与青岛麦琪公司实行联营。

Δ县委党史办编写的《镇原县现代人物志》内部出版。

2003年

3月,县武装部被省委、省政府、省军区评为"全省拥政爱民工作先进单位"。

5日至18日,全国人大代表、三岔镇回族女青年、个体户杨晓艳赴京参加全国十届人民代表大会第一次会议,向九届全国人大常委会委员长李鹏、国务院总理温家宝赠送镇原剪纸。

6月,全县269个行政村撤并为215个。3日,华龙造纸厂(原镇原造纸厂)停产治污。

8月17日,屯字中学高一(8)班学生张志宇为抢救落水儿童英勇献身,年仅18岁。

是年,中石化华北分公司进入县域南部,与长庆油田划分区域,共同勘探开发石油。

2004年

3月,镇原县被农业部评为"全国粮食生产先进县"。

5月16日，王符石雕像在潜夫山森林公园落成。

8月18日，陕甘宁蒙4省(区)毗邻29个县(市、区、旗)政协第十七次联谊会在镇原县召开。

10月13日，潜夫山公园被省林业厅批准为省级森林公园。

12月，撤销彭阳、曙光、王寨、湫池、小岘5乡，全县辖12个乡7个镇215个村1991个组。

Δ镇原县被国家林业局命名为“中国杏乡”。

是年开始，对种粮农民实行直接补贴。

2005年

1月8日，全县第一批党员先进性教育活动启动，涉及县直部门党支部104个，参加党员1727人。

4月，国家“两免一补”(免课本费和书费，补助初中寄宿生生活费)政策在全县实施，首次发放资金197.8万元。

4月9日，由县委宣传部协助，上海祥盛影视制作发行有限公司在镇原开机拍摄电影《大山深处的保尔》。

5月，县委宣传部组织编写的《镇原史话》由甘肃文化出版社出版发行。

6月3日，王符纪念馆落成，由甘肃省社会科学院、庆阳市人民政府联合主办中国镇原王符思想研讨会在镇原宾馆召开。

7月，镇原县第一本中小学乡土教育读本《美丽家园》发行。

10月26日，镇原县公安局获“全国精神文明建设工作先进单位”。

是年，县城开发南区，整合土地，配套水电路，公、检、法、交通、地税、工商等机关单位入驻办公，建成住宅小区广汇花苑等。

是年，全面取消征收农业税，农民负担降为零，国家开始向农民发放粮食补贴。

2006年

1月，镇原县被省政府确定为全省农村综合改革试点县。

3月13日，镇原县人口和计划生育局被中国文化促进会授予“人口文化工作先进集体”。

5月，县文联主办文学期刊《潜夫山》创刊发行。

6月，在城关金龙村建起工业园区，维思特食品有限责任公司第一个入驻生产，澳恺食品、康平医药等有限责任公司陆续入园建设。

8月12日，县秦剧团被中国文化报社评为全国百家优秀艺术表演团体。

9月26日，镇原民歌《采花》《看妹子》在中央电视台音乐频道“民歌盛典”栏目播出。

11月19日，镇原县被中国优质果品基地及果品产业先进典型评选组委会命名为“中国优质瓜果基地重点县”。

12月3日至4日，中国共产党镇原县第十四次代表大会召开。13日至16日，政协镇原县第七届委员会第一次会议召开。14日至16日，县第十六届人民代表大会第一次会议召开。

2007 年

5 月，全县遭受有气象记载最严重春夏连旱，1~5 月总降雨量仅为 0.8 毫米，与常年同期相比减少 97%，茹河、洪河、交口河干涸，造成直接经济损失 1.1 亿元以上。

8 月，省体工队镇原籍女运动员陈惠荣达到国际级运动健将标准，获参加 2008 年北京奥运会资格，为庆阳市参赛奥运会第一人。

12 月，县委党史办编辑的《中国共产党镇原县大事记》(1930~2006) 由宁夏人民出版社出版发行。

是年，县粮食局所属 17 个基层粮管所、5 个粮站资产拍卖出售，用所得收入置换职工身份 764 人；保留供应站和 7 个粮管所储备库，整合重组为国有控股企业。

Δ 县城拓展，开发东区，先后修建文化广场、植物园、橡胶坝等公用设施，配套基础设施，建成计生、国土、财政、人才大厦、文化三馆、青少年活动中心等办公楼和紫东家园、怡盛苑 2 个住宅小区。

2008 年

1 月，县种子公司改制为民营企业，职工带编分流，离退休人员转入农牧局供给。

同月，镇原县妇联获 2007 年度全省妇联系统劳务输出一等奖。

2 月，镇原县总工会被省总工会授予全省"五好"县区工会。

3 月 4 日，镇原县被甘肃省人口计生委命名为省级计划生育优质服务县。

3 月上旬，根据庆阳市农民女作家汪忖芝同名小说改编的 20 集电视连续剧《黄土女女》在镇原太平镇大塬村实景开拍。

3 月 14 日，经中国绿色食品发展中心审核，镇原县"甘旭牌"水晶红富士苹果被认定为绿色食品 A 级产品。

4 月 1 日，河南金星集团投资 500 万元，启动甘肃蓝马啤酒有限责任公司 10 万吨生产线技改项目。

5 月 12 日，汶川大地震波及镇原，19 个乡镇 215 个村 1991 个村民小组 3.58 万户 15.52 万人受灾，死亡 4 人，受伤 97 人，其中重伤 8 人；倒塌房屋窑洞 28262 间(孔)，损坏房屋窑洞 45825 间(孔)，直接经济损失 3.55 亿元。

5 月 31 日，县城茹河橡胶坝开工，总投资 1200 万元，由甘肃创信工程建筑公司承建，建机房 2 座，橡胶坝 2 座，各长 250 米，形成蓄水湖面 1200 米；茹河四号大桥开工，设计桥长 199.02 米，宽 16 米，概算总投资 904 万元，由甘肃第七建筑建设集团股份公司承建。

6 月 17 日，全省邮政服务"三农"工作推进会议在镇原县城召开。

25 日，孟坝镇党委被甘肃省委授予"全省抗震救灾先进基层党委"。

同月，县人武部党委被甘肃省军区评为"先进人武部党委"。

8 月 8 日，镇原县城集中供热工程开工奠基，第一期工程入冬前完成并供暖。

12 月，镇原县被财政部、计生委命名为"计划生育项目实施先进县"。

是年，文化部命名镇原县为"中国民间文学艺术之乡"。

2009 年

1 月 12 日，镇原县疾病预防控制中心被中国疾病预防控制中心评为“第一轮中国全球基金结核病项目先进集体”。

2 月，县第一人民医院护士李慧玲被中华全国总工会授予“全国女职工建功立业标兵”。

3 月 10 日，县级与县直单位深入学习实践科学发展观活动启动，涉及县级部门党组织 133 个，党员 3209 人。

3 月 16 日，甘肃省委第三巡视组组长、省委深入学习实践科学发展观活动第四指导检查组组长白明等到镇原检查指导学习实践活动启动情况。

4 月，县委党史办编纂的《中国共产党镇原历史》第一卷，由中共党史出版社出版发行，该书获全国党史优秀成果三等奖。

4 月 28 日，镇原县疾控中心被全国总工会评为“全国工人先锋号”。

5 月 17 日，《甘肃工作》以“原州春阳暖，发展正当时”为题，专版报道镇原县深入学习实践科学发展观活动。

6 月 10 日，镇原县中医院整体搬迁建设项目动工修建，选址在县城南区公安局西侧，总投资 2680 万元，计划新建业务用房 12068 平方米，其中门诊 4945 平方米，住院楼 6409 平方米，其他辅助用房 714 平方米，分 3 年完成。

同月，镇原县国土资源局办公楼在县城文化广场东侧落成。7 月 20 日，从县康平大厦搬迁新址办公。

7 月 10 日，《甘肃日报》以“镇原县紧扣活动主题，突出实践特色”为题，报道镇原县科学发展观学习实践活动，肯定镇原学习活动不走样、有特色，坚持高标准要求，高质量推进，活动亮点突出，取得阶段性成效。

9 月 21 日至 28 日，在庆阳市举办的 2009 中国（庆阳）农耕文化节上，镇原县获现代农业成果展一等奖、庆阳香包中国香道产品展二等奖。

28 日，中共镇原县委机关报《镇原时讯》创刊发行，设“政务动态”“综合新闻”“农村天地”“潜夫文苑”“行业风采”“文学新苗”“法治在线”等栏目，由县邮政局代发。

11 月 16 日，镇原“甘旭”牌富士苹果被中国果品流通协会评为“中华名果”。

26 日，《镇原县交通志》出版。

同日，镇原县被中国果品流通协会授予“中国优质苹果基地县”。

12 月 14 日，省委第一巡回检查组组长姚恭荣一行检查镇原县第三批学习实践活动开展情况，深入上肖乡北庄村、屯字镇党委、屯字中心卫生院、澳恺食品有限公司、潜夫山公园管委会、城关镇设施蔬菜基地调研，对学习实践活动开展情况给予肯定。

是年，实施县老城区改造，加宽路桥，硬化街巷，改造电力、通讯、广电等各种杆线，增加街道绿化，改善县城周边环境。

2010年

3月29日，农业部农机化司副司长刘宪一行到镇原检查三岔镇寺庄湾村、马渠乡花儿岔村、金龙工业集中区、城关镇金龙村，督查全膜玉米覆盖、设施蔬菜生产和工业发展，对春季农业生产等工作给予肯定。

4月21日，县政府批复全县19个乡镇集体林权制度改革工作方案，要求结合乡情民意，规范操作程序，精心组织实施，依法有序推进，确保林改工作任务按期圆满完成。

5月3日，省老促会绒山羊养殖项目现场会在镇原三岔镇召开，三岔镇和方山乡负责人汇报发言，项目扶持单位表态发言。

10日，沙特阿拉伯基金会亚洲项目司司长穆罕默德·阿里夫率领沙特基金会代表团，就镇原中医院沙特基金贷款灾后恢复重建项目进行考察评估。

12日，全市工商系统“转作风、抓落实、促发展”现场会在镇原召开，与会人员现场观摩屯字镇工商所、庆阳市澳恺食品有限公司、甘肃金星啤酒有限责任公司和县工商局机关，学习非公党建、工商干部岗位练兵、服务经济发展等方面经验和做法。

17日，在全县基层党组织和党员中开展创先争优活动。

23日，甘宁两省区“一膜两用”冬油菜现场会在镇原召开。

29日，县政府召开常务会议专题研究讨论5月23日橡胶坝意外落水伤亡事件善后事宜，追认在橡胶坝事件中勇救落水儿童的黄博、席宇宏同学为“见义勇为好少年”，授予李兵兵“见义勇为先进个人”，分别奖现金5000元；对积极参与救人的席炳银、魏春和、魏春庆分别奖现金3000元。

6月10日，镇原被中国书法家协会命名为“中国书法之乡”，是继宁夏隆德县后西北第二个获此殊荣县。

29日，镇原民兴小额贷款有限公司成立。

同月，县法院被省高级人民法院评为“全省优秀法院”，县卫生局被省精神文明办、省卫生厅评为“省级精神文明建设先进单位”，团县委被中国关心下一代工作委员会、中央精神文明建设指导委员会办公室评为“全国关心下一代工作先进集体”。

同月，县秦剧团以北魏胡太后（安定临泾人）为原型创作编排的大型历史陇剧《古月承华》在兰州金城剧院首演。

8月8日至10日，陕甘宁三省（区）泾河流域县（市、区）政协联谊会第二十三次会议在镇原县举行。

9月15日，省委副书记、代省长刘伟平到镇原调研，考察庆阳市凯迪塑业有限公司、解语花山羊绒制品有限公司和孟坝寄宿制小学，肯定镇原工业发展和教育布局结构调整成效，并提出要求。

10月19日，全省废旧地膜回收再利用现场会在镇原召开，副省长泽巴足出席会议，听取县委书记周伟、县长李崇暄关于镇原废旧农膜加工利用情况汇报。与会人员实地参观庆阳市凯迪塑业有限公司生产车间，了解废旧农膜回收、加工和销售等环节运行情况。

11月23日，全县见义勇为协会成立暨第一次会员代表大会召开，通过《镇原县见义勇为协会章程(草案)》，选举见义勇为协会第一届理事会会长、副会长、副秘书长及理事。

同日，县政府印发《第二批县级非物质文化遗产保护项目名录》，镇原民间传说、红歌、打夯舞、眉户、耍狮子、石刻、铁艺制作技艺、传统字画装裱技艺和地椒治病单方、寒衣节入围第二批县级非物质文化遗产保护名录。

12月，县党史办、县总工会编撰的《镇原县英模人物名录》出版，收录1949年10月至2010年12月在镇原工作受省级以上表彰劳模、先进工作者和镇原籍革命烈士327人。

Δ金龙工业园区入驻企业达到9户，投产企业7户，从业人员1154人。

Δ县城拓展，开发西区，在6个村征地1000亩，发放征地款3282.65万元，支付拆迁费、补偿费818.2万元，搬迁农民12户，移动土方240万立方米，整理了土地，实施路网、保障性住房、公用设施三大建设。

Δ全县新增有效灌溉面积2800亩，发展节水灌溉2400亩，解决农村饮水安全人口3.59万人；完成通乡油路2条41.36公里，建成通村油路5条48.13公里，新修乡村道路50条325公里。

临泾塬　张富诚摄

第一章 建 置

历沧桑亿万载，逾有史数千年，自秦开始，各代均在此封署建置，委官教民，然而邑县偏僻，疆域封署记载不详，邑志编修始于明代，且原件失传。几代修志者苦搜国史古籍，博采邻县史志，研究出土文物，只有梗概记述，个别域地仍有歧议。本次修志，从尊重历史、注重证据出发，继续考证，修正谬误，裨补不足，尽量解决历史遗留缺陷。

第一节 历史沿革

虞唐时期，今镇原县域是当时中国九州之一雍州属地。夏时属戎翟。

殷商时期镇原属于昆戎。商代末，戎人部族建共国、彭国，今镇原南部属共国，北部属彭国。

西周时期属周大原地。周穆王曾出游豳地，迁羌戎于大原，包括今董志塬、镇原等地，其中有义渠戎、彭卢戎、乌氏戎、郁郅戎、太原戎等，当时义渠戎势力最强大。西周后期，义渠戎建国，先后灭彭、卢、太原、郁郅等，镇原属义渠戎国。

战国时期，秦惠文王十一年（前 327 年）义渠国君为秦臣。秦昭王三十五年（前 272 年）秦灭义渠国，置北地郡，设义渠县，辖今镇原。

秦朝时，县境属北地郡朝那县东部、彭阳县西部及安武县。安武县治在平泉镇麻王村民乐组安武故城遗址，彭阳县治在今太平镇柳嘴村阳湾遗址。县辖乡，乡辖亭。

西汉时期，汉武帝元鼎三年（前 114 年），由北地郡析置安定郡，辖 21 县，其中临泾、朝那、彭阳、抚夷、安武、安定等县与今镇原县境有关。临泾县（王莽改监泾）从西汉至北周，县治一直在今屯字镇川口村川口组洪河南岸临泾故城遗址，辖今镇原县屯字镇、城关镇、南川乡、临泾乡等地及泾川县北部。朝那县治在今宁夏自治区彭阳县古城乡境，其东部属镇原县境。彭阳县治仍在今太平镇柳嘴村杨湾故城遗址。抚夷县治在今新集乡新庄村贺河组抚夷县故城遗址，今镇原北部属其管辖。安定县治在今中原乡原峰村安定故城遗址，镇原西南部属其管辖。

东汉时期，属凉州刺史部安定郡朝那县、临泾县、彭阳县管辖，抚夷县、安定县并入临泾县。临泾县治又为安定郡郡治。永初五年（111 年），羌族起兵反汉，安定郡县官民内迁到美阳(今陕西武功境内),永建四年(129年)复归临泾。永和六年(141年),羌族再次起兵,郡县官民再次内迁扶风(今陕西兴平境),后段颎、皇甫规破羌,官民陆续返回。三国时期属曹魏雍州安定郡临泾县、朝那县管辖,临泾县治仍为安定郡治。

西晋时期,镇原属雍州安定郡临泾县、朝那县管辖。东晋十六国时期,镇原均属前赵、后赵、前秦、后秦、胡夏国5个割据政权的安定郡临泾县、朝那县统辖。

南北朝时期,临泾县先后属北魏、西魏、北周。北魏时属泾州安定郡临泾县、安武县、朝那县。安武县由临泾县析置;复置抚夷县,属泾州陇东郡。天赐三年(406年)万俟丑奴举兵称帝,一度占据临泾。神龟元年(518年)废朝那县。西魏时属泾州安定郡临泾县及宁州彭阳县管辖。北周时废临泾县,属豳州西北地郡彭阳县、安武县统辖。

隋朝时,镇原属泾州安定郡湫谷县和宁州北地郡彭原县,安武县、抚夷县废;设乡、里,畿外25户为里,百家为党。大业元年(605年),在茹河北岸置湫谷县,驻今镇原县城南逼水珠一带湫谷城遗址,讹称"满洲城""吐蕃城"。大业十二年(616年)废湫谷县名,恢复临泾县名。

唐朝时,属泾州临泾县及宁州丰义县,百户为里,五里为乡。武德二年(619年),彭原县析置丰义县,属彭州,开元八年(720年),改属泾州,天宝元年(742年)改属宁州,县治均在太平镇上城村井陈家彭阳古城遗址。大历元年(766年),吐蕃攻占平高,节度使马璘表置行原州于灵台县百里城。贞元三年(787年),韩游瓌入朝请筑丰义城(今镇原太平上城村)。贞元十九年(803年),行原州迁治平凉。唐宪宗元和三年(808年),行原州迁治临泾,临泾县亦自泾州划归原州。泾原节度使段祐筑新临泾城,城址在今县城西尤坪组临泾古城遗址,悍将郝玼镇守,从此吐蕃不过临泾。大中三年(849年),唐军收复关陇,原州治迁平高(今固原)。广明元年(880年),吐蕃又占领平高,原州迁治临泾。

五代十国时期,今镇原先后属5个割据政权后梁、后唐、后晋、后汉、后周管辖,均属彰义节度使原州及宁州丰义县西部。原州领临泾县,州县同治,驻今县城西莲池村尤坪组。

北宋时,镇原属原州临泾县及宁州丰义县,实行保甲制度。太平兴国元年(976年),改丰义县为彭阳县,县治仍在太平镇上城村井陈家彭阳古城遗址。至道三年(997年),彭阳县从宁州划归原州。原州领临泾、彭阳2县,新城、柳泉(今方山乡柳州古城)2镇,靖安、绥宁、铁原、西壕、开边、平安6寨。

靖康元年(1126年),金灭北宋,原州沦为南宋与金相争之地,相互拉锯战30余年。金大定二年(1162年),原州属金,仍领临泾、彭阳2县,辖萧镇(今肖金)、柳泉、新城3镇,管绥宁、平安、靖安、开边、西壕5寨。

金哀宗正大元年(1224年),蒙古占领原州。蒙古至元七年(1270年),例并州县,将镇戎州与原州合并为镇原州,治临泾,领临泾、彭阳、东山、三川4县,管15寨,今镇原境内有临泾、彭阳、三川3县和靖安、绥宁、西壕、开边、平安、新城6寨。三川县治今庙渠乡常埝村寺庄坪组古城遗址。

元至顺元年(1330年),镇原州西北部析东山县及三川县西部置开成州,临泾县、彭阳县及三川县东部属镇原州,废临泾县、彭阳县归州。元顺帝至正二十一年(1361年),李思齐在原州城东水荫沟以下筑新镇原州城，即今镇原县城，城墙东西北今存，南墙已毁。元世祖至元二十三年(1283年)忽必烈设陕西行省，镇原州属陕西行省巩昌都总帅府。

明洪武二年(1369年)，明军占领镇原州，降为镇原县，初属巩昌总帅府，后属平凉府，实行里甲制度，110户为里，10户为甲。万历以前划分为20个里，即在城(今城关镇)、上作(今开边镇)、石佛(今庙渠、马渠乡)、遥现(今郭原、武沟乡)、显圣(今平泉南、中原北)、新城(今新城乡)、麦子(今临泾西部)、原店(今临泾东部、屯字北部)、平泉(今平泉镇)、合道(今中原)、五泉(今方山乡)、双屯(今肖金镇)、马村(今西峰显圣)、雄武(今上肖乡)、石窠(今屯字镇南部)、彭阳(今太平南部、上肖北部)、西壕(今孟坝镇)、堡宁(今新集乡)、石泉(今太平镇西北部)、横河(今南川乡)。万历十年(1582年)，裁撤上作、新城、麦子、双屯4个里，全县为16个里，将石佛改为玉佛，石泉改为碧泉。崇祯元年(1628年)，将16个里并为10个里，里下设甲。

清初沿明制。康熙八年(公元1669年)，析陕西省庆阳、平凉、鞏昌、临洮4府，复置甘肃布政使司，镇原县属平凉府。全县划为大丰、舒长、乐生、广积4里，大丰里辖明在城、麦子、原店、上作、横河5里；舒长里辖明平泉、遥现、合道、新城、显圣5里，设平泉镇、新城镇、瓦窑坡镇；乐生里辖明石窠、马村、彭阳、双屯、雄武5里，设肖金镇、屯字镇；广积里辖明五泉、石泉、堡宁、西壕、石佛5里，设马渠塬镇、孟坝寺镇、太平镇。每里10甲，共40甲。雍正五年(公元1727年)，因军地坐落零星，管辖不便，就近归属，将平凉卫东路、西路、南路、前所、左所(即阎、杜寨及开边等地)划归镇原，增设卫所里，全县即为5个里。乾隆四十二年(1777年)，改属泾州管辖。

民国初，镇原县先后属平庆泾固化道、陇东道和泾原道，县域行政区划仍循清旧置。民国十五年(1926年)，直属甘肃省政府。十七年，设甘肃省第三区西峰专员公署，镇原改属之，取消里置称，将原县城直管村庄划为第一区，辖17个村259个庄；屯字为第二区，辖9个村68个庄；肖金、太平为第三区，辖9个村60个庄；孟坝、马渠为第四区，辖13个村250个庄；新城、平泉、中原为第五区，辖18个村162个庄。县下虽设区，但仍保持原各镇建制，未设区的仍称镇，后在县城设临泾镇，全县共9镇。二十六年春，三岔区苏维埃政府与国民党镇原县政府进行谈判协商，达成一致意见，将马渠镇划分为东西两部分，东边仍为马渠镇公所管辖，西边归三岔区管辖。二十九年三月，以交口河为界，南北分治。南为国民党政府统辖，县治在今镇原县城，在原有镇建制基础上，增设8个乡，即寇家庙设永安乡(今临泾乡)，南川设永定乡，开边设开边乡，上肖设永乐乡，疙瘩王村设永康乡，显圣庙设永绥乡(今西峰区显胜乡)，上刘家设永和乡(今属西峰区肖金镇)，党张设什户乡(今泾川县党原乡)。北为共产党管辖，成立陕甘宁边区镇原县政府(隶属陇东分区)，初驻马渠，五月移驻孟坝镇，辖一区(孟坝)、二区(柳州)、三区(石佛)、四区(马渠)、五区(新集)5个区。三十一年，曲子县三岔区划归镇原县，为六区。三十四年后，共产党辖区扩增4个区，即王寨自治区，原属庆阳县，群众自发投奔边区镇原县，辖今新集乡王寨、岳庄、高崖畔村一带；太平游击区，辖今太平镇兰家庙以西至孟坝界；交口河自治区，辖今开边镇白家山、古城、武沟乡惠大庄和庙渠乡文夏、慕塬、黎明一带;万安游击区,辖今固原市彭阳县东北与三岔、殷家城交界地带。解放区共辖7区45乡。

民国三十八年七月二十九日,镇原全境解放,三十日边区县政府进驻今镇原县城,接管国民党政权。全县划为城市、临泾、肖金、屯字、孟坝、太平、新集、三岔、马渠、开边、平泉、中原、新城13个区123个乡438个行政村1312个自然村。

1949年10月,镇原县隶属甘肃省庆阳专员公署(驻西峰)。1950年1月,将马渠区并入三岔、开边区,平泉区并入新城区,城市区并入临泾区,全县辖10个区98个乡。1953年1月,恢复马渠、城市、平泉3个区,从屯字区析出上肖区,全县为14个区110个乡。1955年10月,庆阳、平凉合署,镇原归平凉专员公署。

1956年,将临泾、上肖、太平、马渠、平泉5个区改为基点乡,由县直管,全县有9个区、5个基点乡、57个区辖乡。1958年3月,撤销9个区5个基点乡,全县划为37个乡,由县直管,即城关、五星、临泾、什字、海丰、新合、屯字、光辉、曙光、上肖、孟坝、西壕、西坳、跃进、太平、十八岘、大方、新集、王寨、三岔、石嘴、殷家城、马渠、庙渠、开边、黑渠口、黎明、平泉、洪河、中原、湫池、新城、新民(小寨)、阳山、肖金、野林、显圣。8至9月,撤销乡建制,成立红旗(肖金)、卫星(屯字)、星火(城关)、东风(平泉)、红星(三岔)、火箭(孟坝)、跃进(新集)、超英(临泾)、冲锋(新城)、五星(开边)10个人民公社。公社下辖大队,大队辖生产队。年底公社恢复原名称。10月,将肖金公社划给庆阳县。1959年5月成立马渠公社,全县共有10个公社,辖56个大队340个生产队。1960年底庆、平分署,属庆阳地区行政公署。

1961年6月,公社由10个划分为32个,即城关、海丰、南川、什字、临泾、屯字、曙光、上肖、杨城、孟坝、兰庙、太平、王寨、新集、方山、西壕、石嘴、三岔、殷家城、马渠、庙渠、开边、古城、黑渠口、郭原、平泉、中原、湫池、西杨、洪河、新城、小岘,公社辖618个生产大队1792个生产队。

1962年3月,新分太阳、彭阳、十八岘、陈坪、原峰、原郑6个公社,全县辖38个公社,542个大队,2242个生产队。1964年3月,撤销杨城、太阳、曙光、海丰4个公社,全县辖34个公社。

1965年1月,全县并为城关、临泾、南川、屯字、上肖、太平、孟坝、新集、方山、三岔、殷家城、马渠、开边、黑渠口、陈坪、新城、中原、平泉18个公社。1966年5月,增设曙光、庙渠两个公社,陈坪公社迁驻郭原,改为郭原公社。1970年12月,黑渠口公社迁驻武家沟圈,改名武沟公社。至此,全县辖20个人民公社249个大队2092个生产队。

1979年12月,从中原析置湫池公社,驻白家上坳,辖湫池、寺府、赤马、虎泉、景家、高峰6个大队。1980年3月,从新城公社析置小岘公社,驻曹城子,辖原新城公社曹城、小岘、高巨、朱原和郭原公社惠沟共5个大队;从新集公社析置王寨公社,驻王寨集,辖王寨、高崖畔、岳庄、段掌、崾岘、赵家川6个大队;析置彭阳公社,驻井陈家,辖7个大队,即原太平公社彭阳、上城、何湾、柳嘴大队,原屯字公社建华大队和阎沟生产队(升格为大队);原上肖公社石崖大队不变。全县辖24个人民公社269个大队2435个生产队。

1983 年 12 月，人民公社改称乡；大队改称村民委员会，习惯称行政村；生产队改称村民小组，习惯称自然村；各辖区域未变。1985 年 7 月，城关、屯字、平泉、孟坝、三岔 5 乡改镇。

2002 年庆阳市成立，镇原归属之。6 月，太平、开边撤乡建镇。2004 年 12 月，撤销彭阳乡，彭阳村并入上城村，何湾、上城、柳嘴 3 个村并入太平镇，石崖村并入上肖乡，阎沟、建华村并入屯字镇；曙光乡并入屯字镇，小岘乡并入新城乡，王寨乡并入新集乡，湫池乡并入平泉镇。至此，全县辖 7 个镇 12 个乡 215 个村 1991 个组。2010 年，全县辖 7 个镇 12 个乡 5 个社区 215 个村 1991 个组。

秦代北地郡安武县、彭阳县、朝那县政区图

西汉凉州刺史部安定郡辖临泾、安武、抚夷、彭阳、朝那县政区图

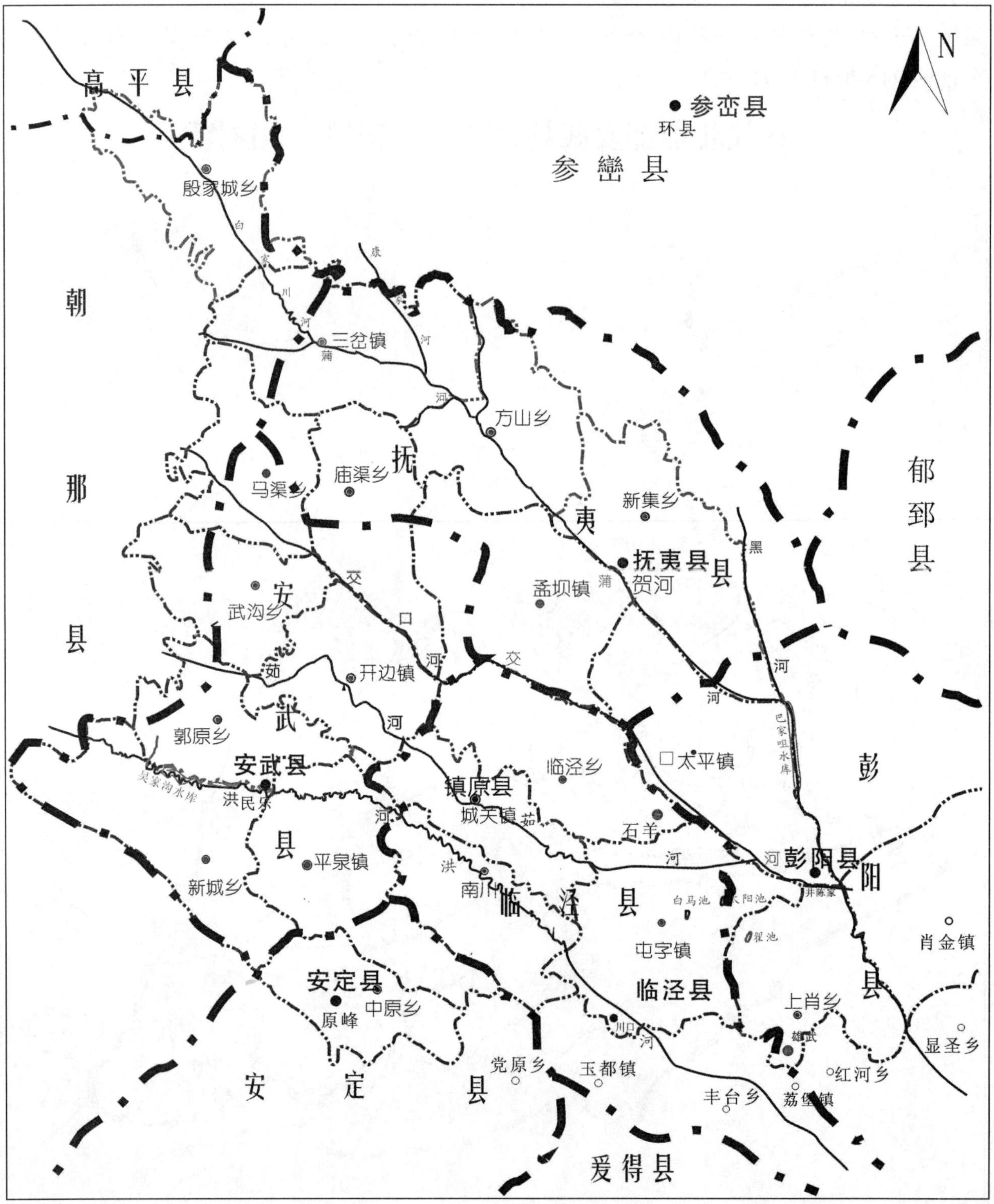

北宋时期秦凤路原州辖临泾县、彭阳县政区力图

明(万历前)镇原县区划图

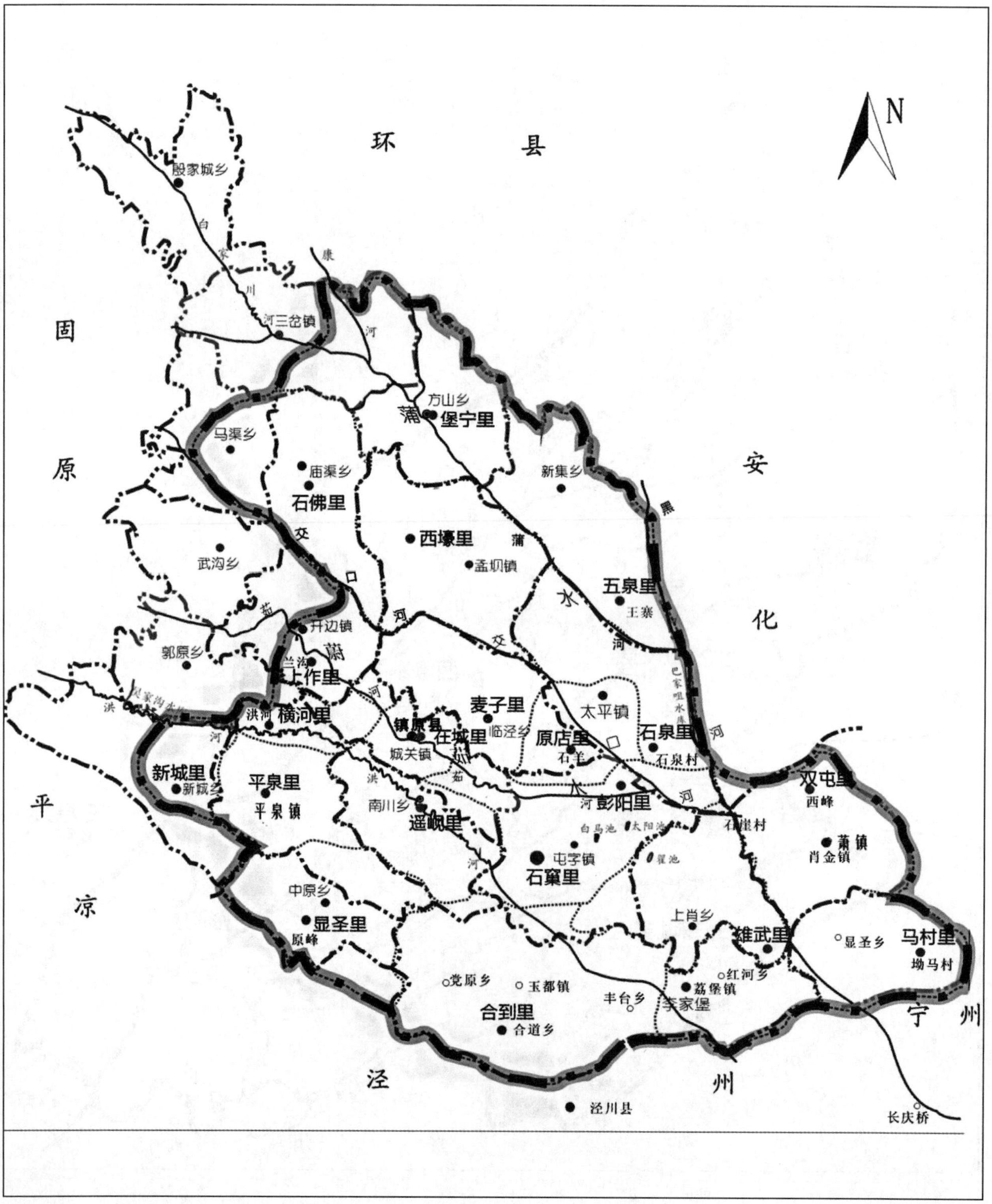
N
环 县
固 原
平 凉
安 化
宁 州
泾 州
殷家城乡
河三岔镇
方山乡
堡宁里
马渠乡
庙渠乡
石佛里
新集乡
西壕里
孟坝镇
武沟乡
五泉里
王寨
开边镇
郭原乡
兰沟
上作里
麦子里
太平镇
洪河
横河里
镇原县
在城里
临泾乡
原店里
石泉里
石泉村
城关镇
新城里
新城乡
平泉里
平泉镇
南川乡
遥岘里
彭阳里
双屯里
西峰
萧镇
肖金镇
屯字镇
石窑里
白马池
太阳池
中原乡
显圣里
原峰
上肖乡
雄武里
显圣乡
马村里
坳马村
党原乡
玉都镇
红河乡
荔堡镇
丰台乡
李家堡
合到里
合道乡
泾川县
长庆桥

清·康熙年间镇原县区划图

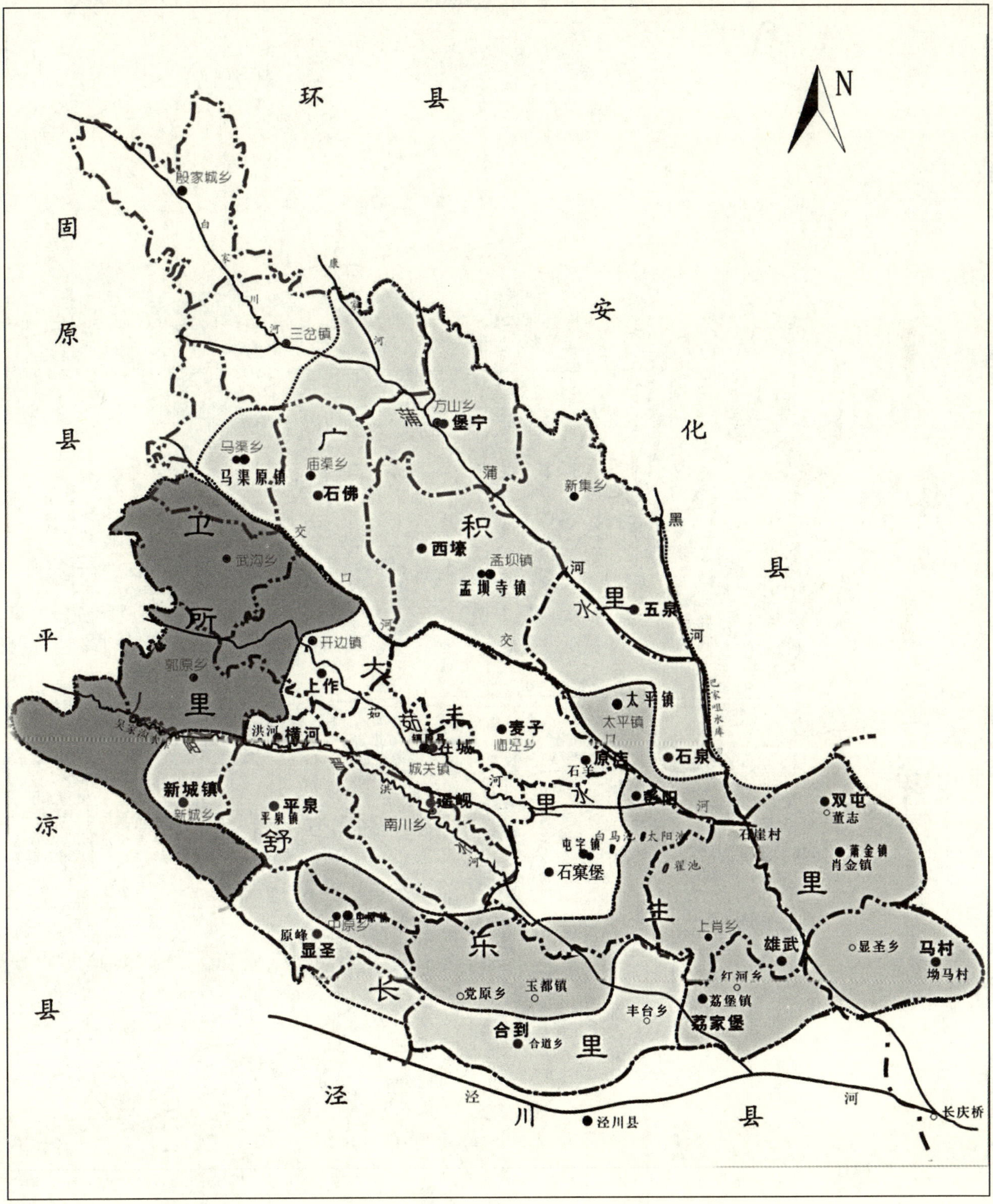

民国二十四年镇原县全图(左)

民国二十四年镇原县全图(右)

(转自民国《重修镇原县志》)

镇原县国共两党分治时期行政区划图

民国二十九年三月至三十八年七月

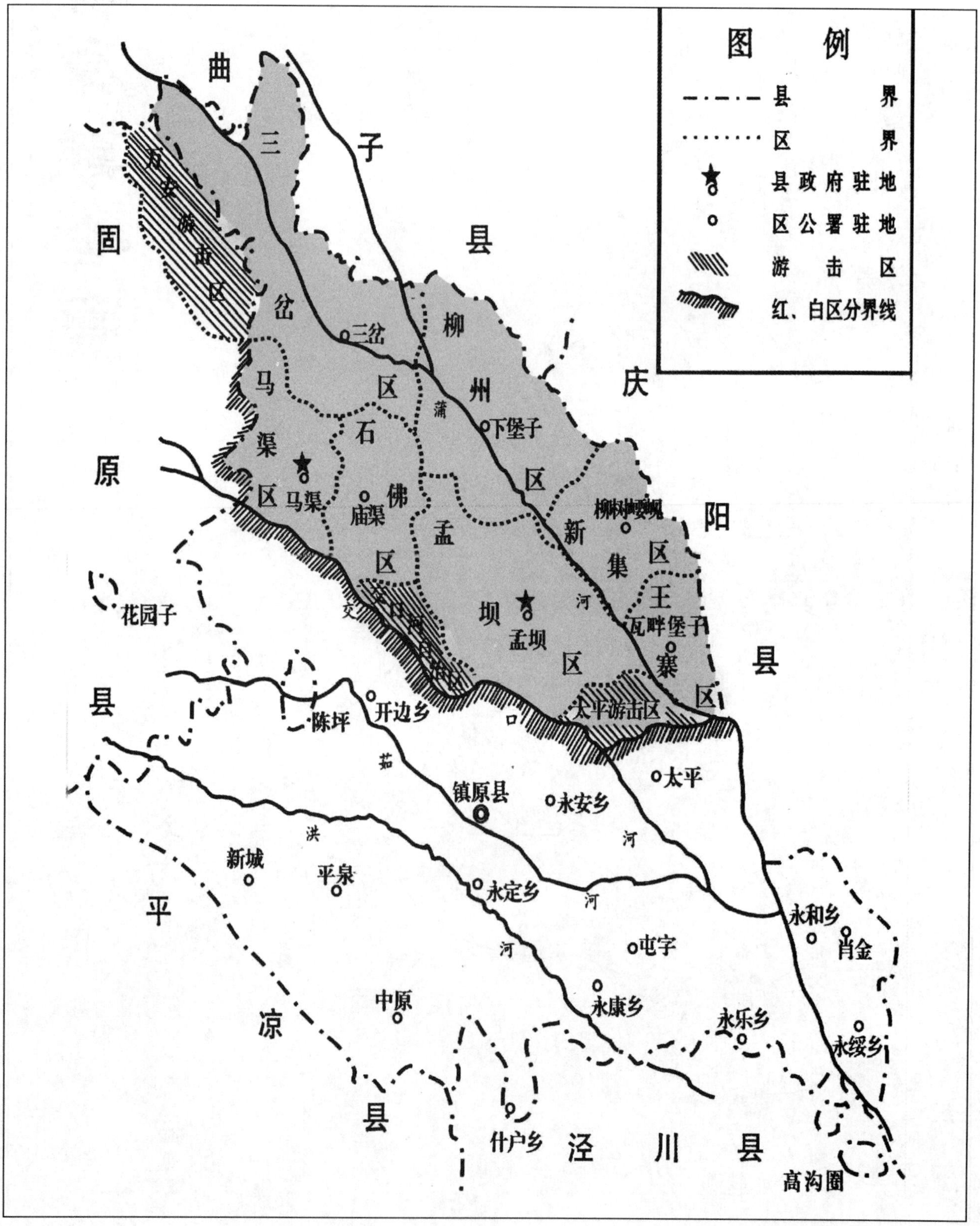

镇原县行政区划图

1950.1–1953.1

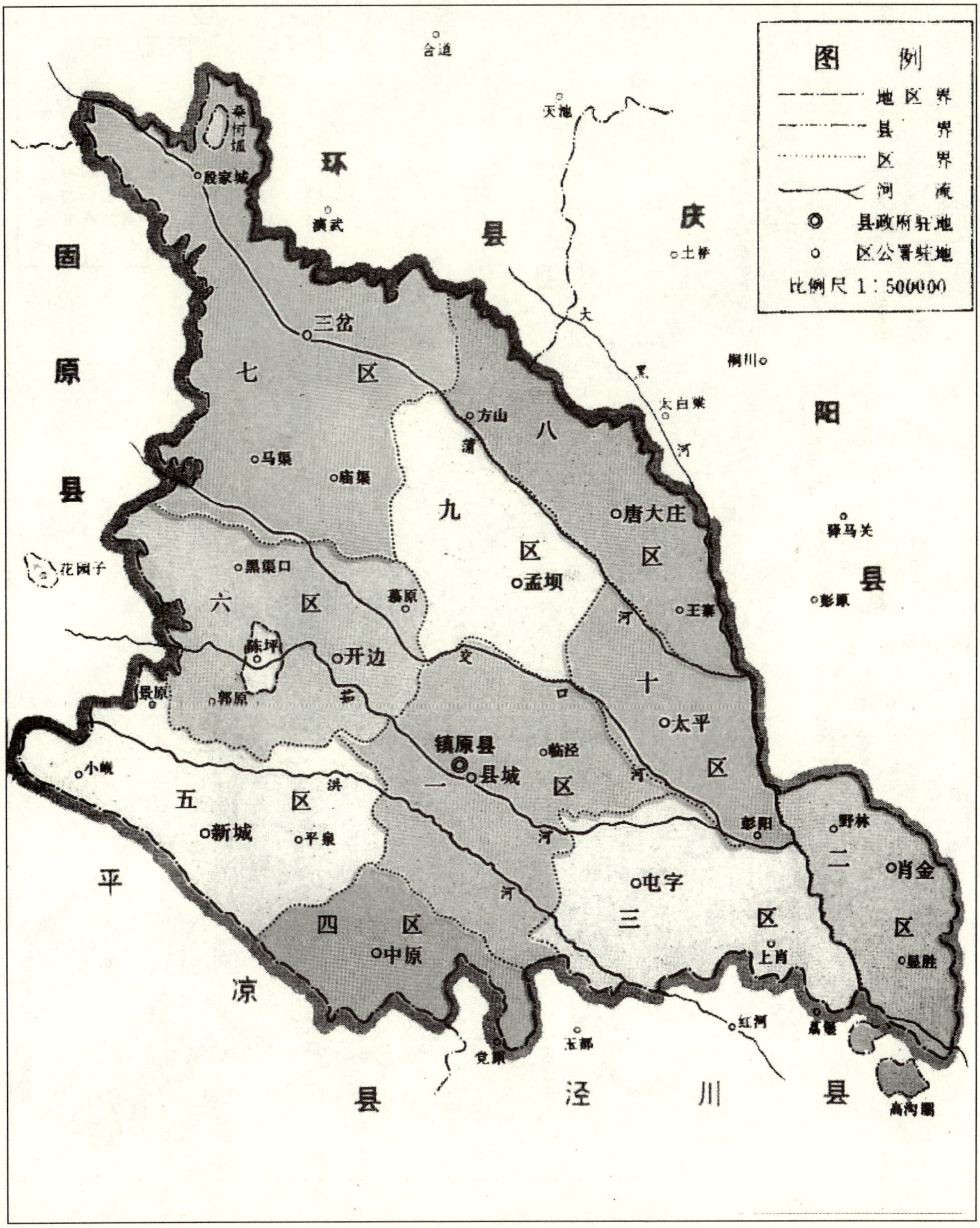

镇原县行政区划图

1956.4–1958.3

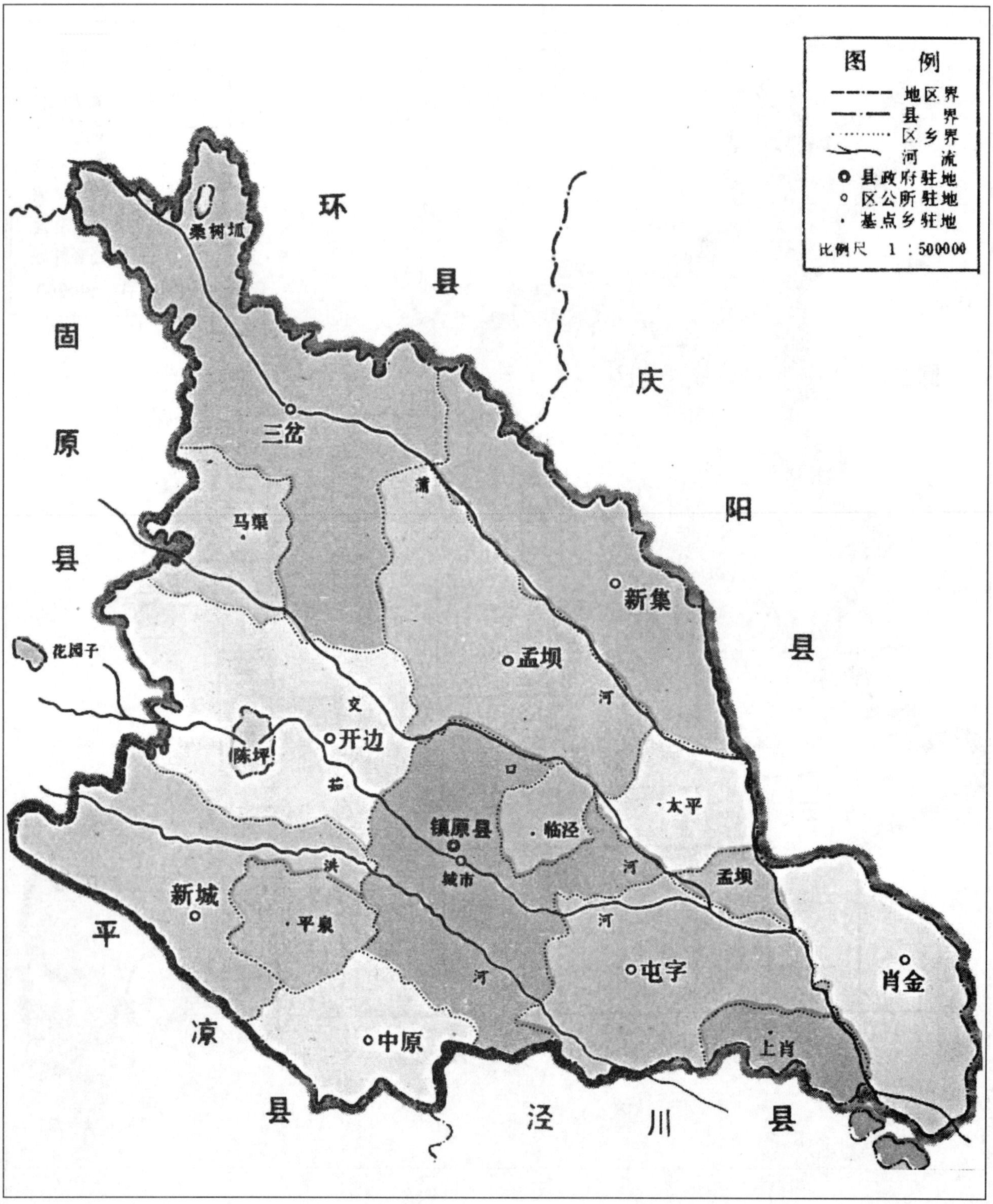

镇原县行政区划图

1958.3–9

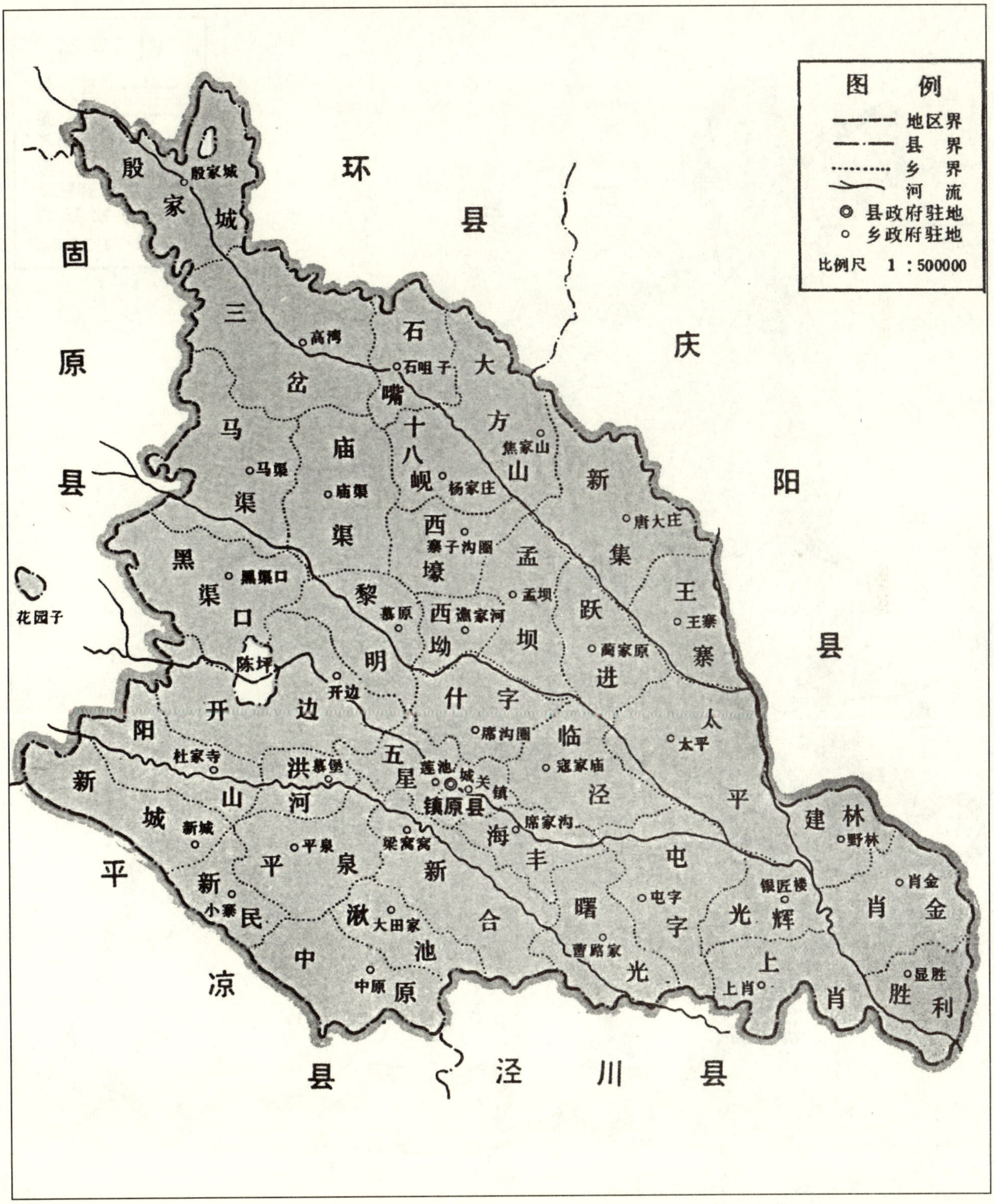

镇原县行政区划图

1958.9–1961.6

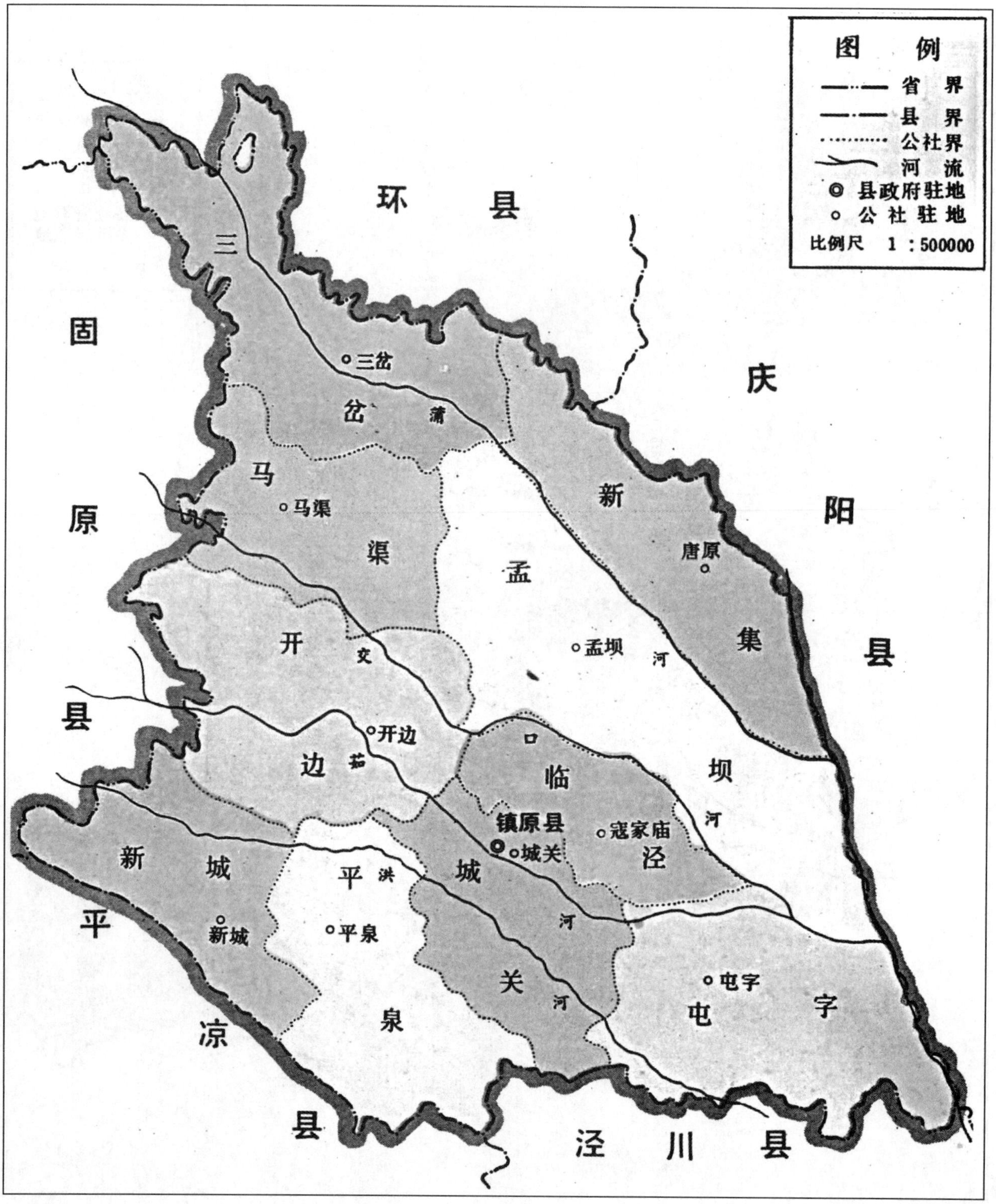

镇原县行政区划图

1961.6–1965.1

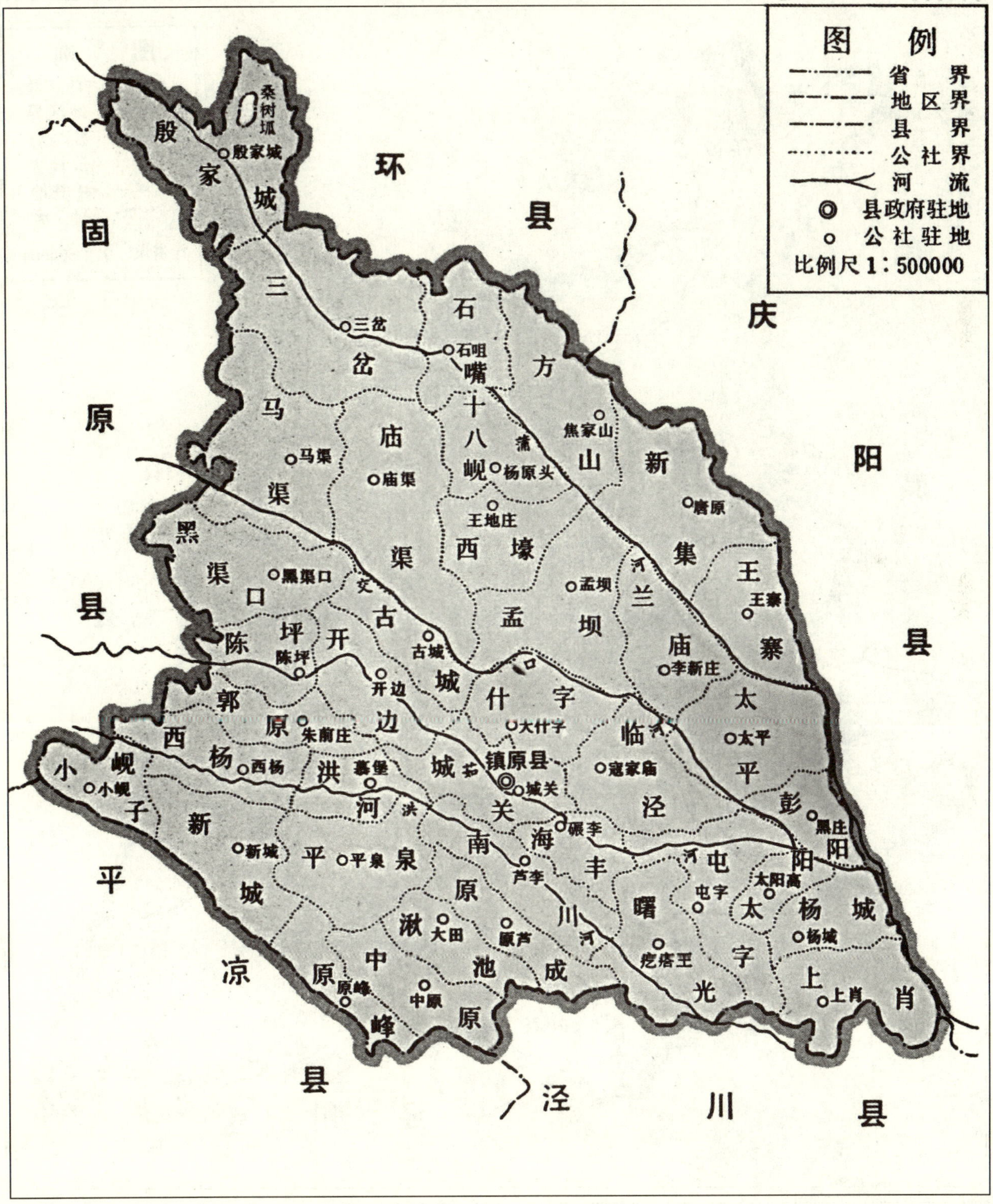

镇原县行政区划图

1966.5–1979.12

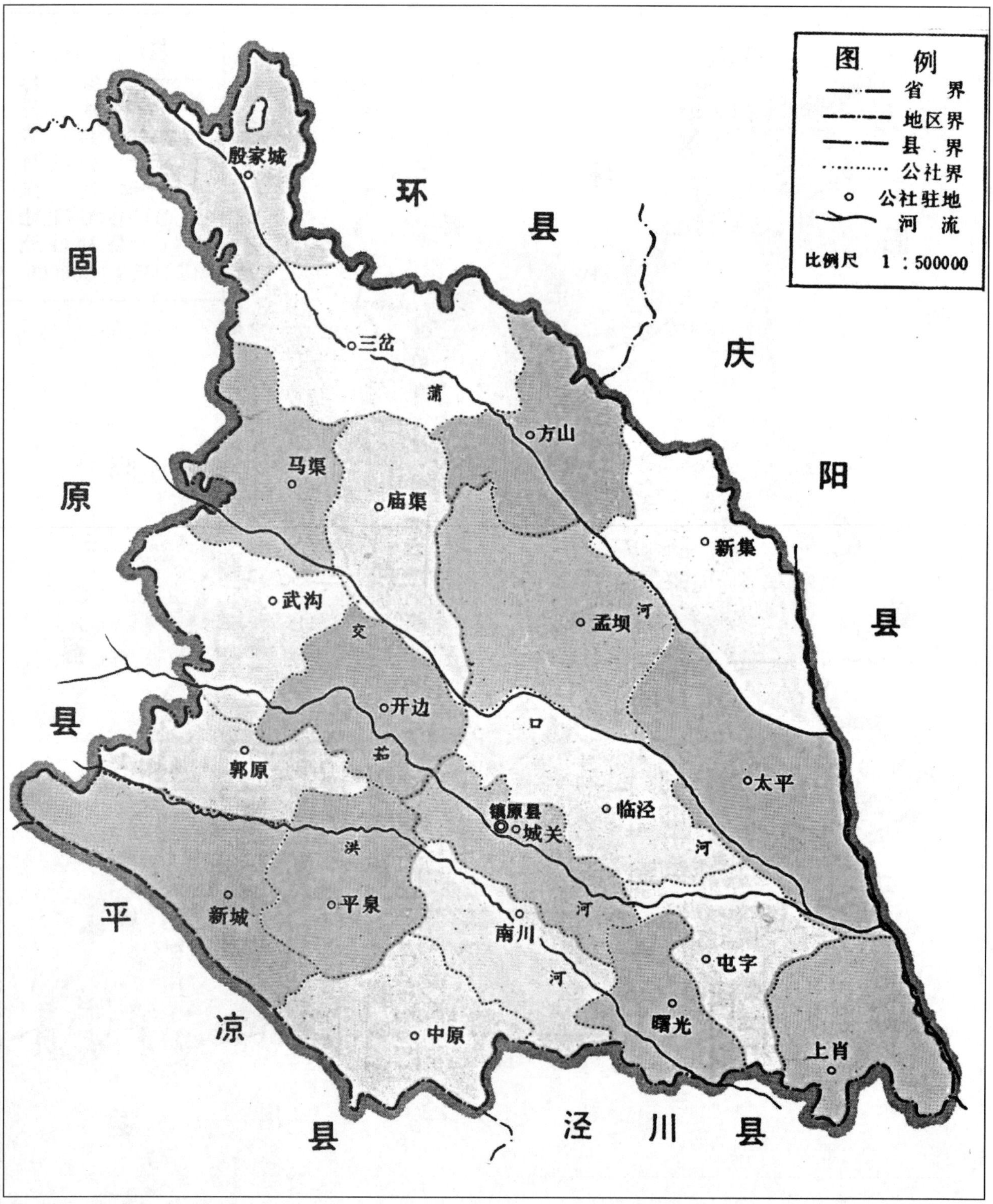

镇原县行政区划图

1979.12–2004.4

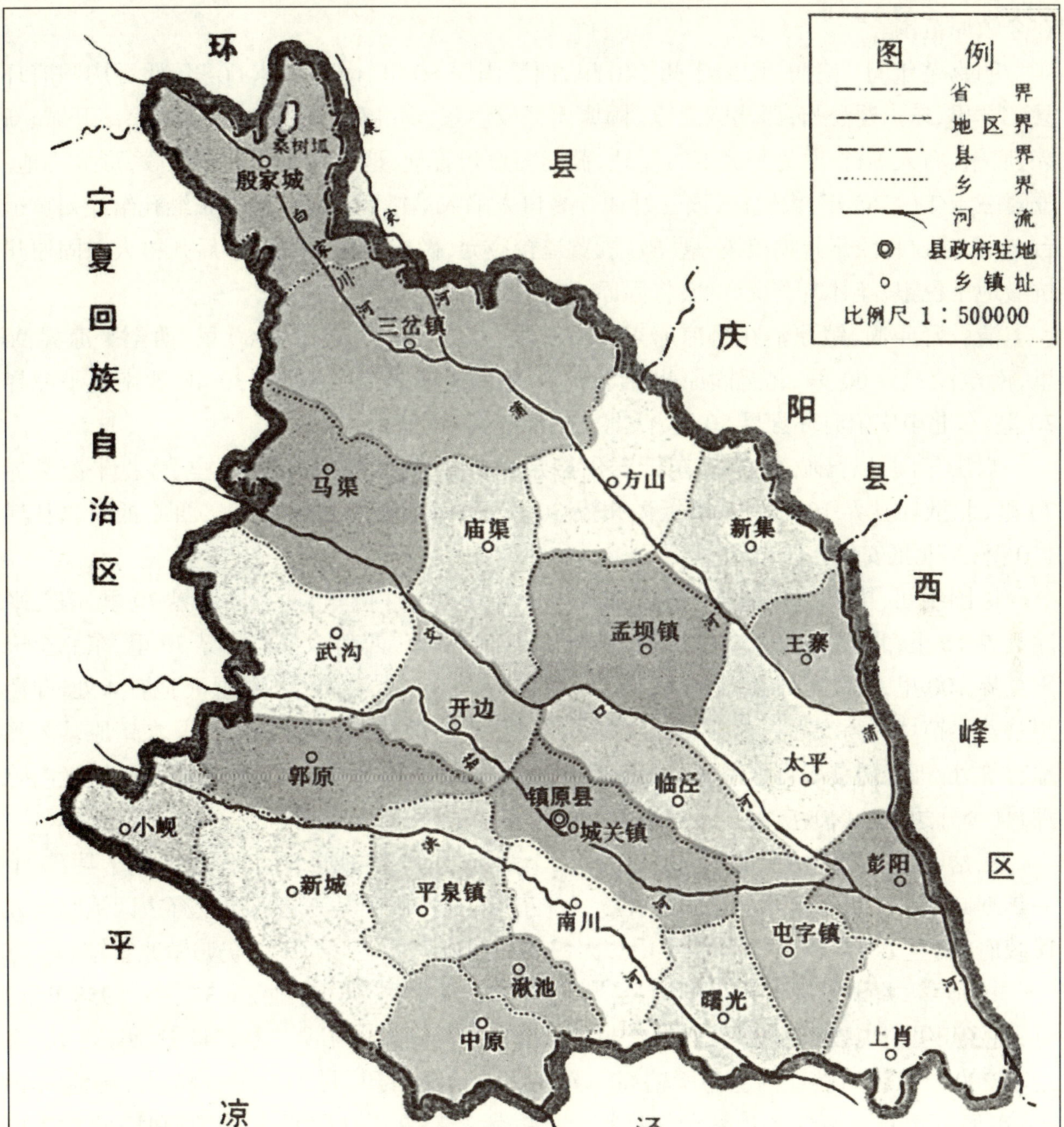

第二节 境域变化

秦至宋，县域变化较大，与平凉、固原交叉互划，具体界限无载。元朝开始县域基本稳定在今镇原范围。

明嘉靖年间，东暨庆阳府宁州140里，西暨固原60里，南暨平凉60里，北暨庆阳府环县120里，东南暨泾州，西北暨固原。固原州开成堡张、周、冯三姓人家，在今屯字镇开城、新兴、底堡、石人等村，原为平凉卫右所地，截归固原州管理，地丁税由固原州征收，形成飞地。乾隆三十年（1765年）大饥馑，该三姓300多口人陷入被饿死困境。举人张继孔给泾州黄道台上书，建议将泾州救灾粮拨一些救之，黄道台应允，做成一件善事。事后几村人向固原州抗缴地丁税银，经甘肃巡抚调处，将固原州飞地划归镇原。

清乾隆年间，镇原治在平凉府东北200里，东至庆阳府安化界80里，西至平凉界90里，南至泾州界60里，北至固原州界120里，东南至庆阳府宁州界130里，西南至平凉界70里，东北至庆阳府环县界80里，西北至固原州界80里。

嘉庆年间，以县城为中心，东抵安化县界110里，西抵固原县界50里，南抵平凉县界70里，北抵环县界100里，东南抵泾州界70里，西南抵平凉县界70里，西北抵固原县界110里，东北抵安化县界70里。

民国年间，县城位于省城兰州东980里，东至宁县界140里，西至固原界70里，南至平凉县界70里，北至环县界120里，东南至泾川县界50里，西南至平凉县界70里，东北至庆阳县界100里，西北至环县界80里。东西宽210里，南北长250里。外县飞地有4处，即泾川县荔堡镇境内高沟圈村，固原县境内花园子村、水磨渠村、孟大务庄。外县在镇原县内飞地有5处，即泾川县属肖金镇境内殷家嘴村、屯字镇境内寨子马村，固原县属临泾镇境内陈坪村（今开边镇境内），庆阳县属孟坝镇境内张家寨子村、曹家寨子村。

三岔（含殷家城乡）原属固原县，民国二十六年（1937年）划归陕甘宁边区曲子县，三十一年划归陕甘宁边区镇原县，为第六区。三十五年二月，庆阳县王寨人民投奔边区镇原县人民政府，成立王寨自治区。1949年中华人民共和国成立后，三岔、王寨仍归镇原管辖。

1956年，将中原区党张乡划给泾川县，共771户4797人，耕地26637亩。1958年12月，将泾川县飞地殷家嘴队划给肖金，与肖金公社一并划给庆阳县，共4744户26432人，耕地142000亩；泾川县境内上肖所辖高沟圈大队划给泾川县，共317户1880人，耕地9813亩；镇原县上肖乡境内泾川县所管梧桐、北庄、六条路3个生产队划给镇原县，共213户1203人，耕地6116亩；将固原县境内镇原所属郭原公社花园子等3个生产队划归固原县，共67户511人，耕地6116亩；固原所属陈坪大队划给镇原，共213户1303人，耕地6116亩；庆阳县飞地张家寨子、曹家寨子两队划给镇原。

1976年6月，将庆阳县太白梁公社赵川大队划给镇原，共64户340人，耕地2323亩。

今殷家城乡桑树坬生产队境内飞地墩墩梁权属仍归环县。至此,辖区东西宽78.3公里,南北长91.2公里,总面积3500平方公里。

第三节 勘 界

镇原自秦起,历经分、合、割、并,疆界变化不定。明洪武二年(1369年)镇原降州为县,与周边行政区域界限基本稳定,以自然地形,河沟为标志,双方县府共同勘定守约。1993年8月,与周边县区联合勘界,建立界桩,边界线6条,全长527.6公里,共设立界桩77个,涉及2省区、3市、6县区。

甘肃、宁夏行政区域界线镇原彭阳段全长146公里,设界桩48个,涉及镇原县6个乡21个村。庆阳、平凉行政区域界线镇原泾川段全长85.6公里,设界桩6个,涉及镇原县3个乡镇13个村。镇原、崆峒段全长66.4公里,设界桩5个,涉及镇原县2个乡镇5个村。

庆阳市内县级行政区域界线,镇原、环县段全长133.5公里,设界桩8个,涉及镇原县3个乡7个村;镇原、庆城段全长42.8公里,设界桩5个,涉及镇原县2个乡5个村;镇原、西峰段全长53.3公里,设界桩5个,涉及镇原县3个乡镇6个村。

2008年1月至10月,镇原与邻县进行联合检查,发现有52个界桩损毁,各界段均有,结合检查,对损毁界桩进行补栽。

第四节 乡 镇 概 况

城关镇

隋大业元年(605年)为湫谷县县治,十二年(616年)为临泾县治,唐元和三年(808年)后为原州、镇原州治。明初起均为镇原县城所在地。民国二十四年(1935年)八月设临泾镇,三十八年八月改为市区,1950年1月属临泾区,1953年1月成立一区(城市),1958年9月成立城关公社,1983年12月改称镇城公社为乡,1985年7月改为城关镇。2010年辖2个社区11个村86个组,总人口42678人,其中农业人口28928人,城镇常住人口13750人,城镇化率32.2%。

境内属黄土高原沟壑区,山、川、塬兼有,以山地为主,总土地138.7平方公里,耕地面积6.62万亩,人均2.3亩,其中水浇地12300亩;改革开放后,按照“塬区杏果、川区瓜菜、山区养殖、城区非公经济”产业格局,进行结构调整,逐步形成苹果、杏子、油料、黄花菜、瓜菜支柱产业,种植以小麦、玉米、瓜菜、油料为主,畜牧业以生猪、牛、羊、家禽为主。2010年,农业总产值10221万元,农民人均纯收入3020元,生产粮食1.3万吨,人均438公斤,其中小麦0.2万吨,玉米0.73万吨。经济作物种植3.93万亩,产量4.07万吨,其中苹果0.73万吨,杏子1.1万吨,油料0.2万吨,黄花菜0.2万吨,瓜菜1.84万吨。生猪饲养量3000头,年末存栏 2066 头；牛饲养量 3956 头，年末存栏 1654 头；羊饲养量 5158 只，年末存栏 3576 只；家禽饲养量 7.49 万羽，年末存栏 6.2 万羽。

屯字镇

位于县东南部屯字塬腹地，古时市镇布局颇似“屯”字形，故名。明属原店、石窠里，清代属大丰里、乐生里，民国时设屯字镇，驻地屯字村，城区临沟畔而建。二十九年(1940 年)分设永康乡，三十八年八月设屯字区，20 世纪 50 年代末，镇址北移到坳心地。1958 年 8 月 31 日成立屯字人民公社，1966 年分设曙光公社。1980 年 3 月，将建华大队、白嘴大队阎沟生产队划归新成立的彭阳公社。1983 年 12 月改称乡，1985 年 7 月建镇，2004 年 12 月将曙光乡全部和彭阳乡阎沟、建华两村并入。2010 年辖 1 个社区 20 个村 163 个组 1.1 万户，总人口 5.3 万人，其中农业人口 5.02 万人，城镇常住人口 2938 人，城镇化率 5.5%。

境内属黄土高原沟壑区，山、川、塬兼有，以山、塬为主，总土地 241.5 平方公里，耕地面积 12.03 万亩，人均 2.4 亩。1986 年，开始调整产业结构，逐步形成“塬面苹果、川区瓜菜、山区草畜、全镇劳务”产业布局。粮食作物以小麦、玉米为主，经济作物以苹果、蔬菜、油料为主，养殖以牛、羊、猪为主。苹果成为支柱产业，注册“甘旭”优质品牌，通过全国绿色产品苹果标准化生产基地认证；暖棚养牛、养羊初具规模。2010 年，农业总产值 17463 万元，农民人均纯收入 3095 元。粮食产量 22446 吨，人均产粮 440 公斤。苹果面积 3.1 万亩，户均 3 亩，其中盛果园 1.2 万亩，苹果产量 22687 吨，人均苹果收入 1779 元。牛存栏 7033 头，羊存栏 11623 只，猪存栏 4116 头。

石油开发形成规模，10 年累计打油井 226 口，其中抽油井 183 口，年产原油 5 万吨以上，涉油村 19 个，组 57 个。全镇有民营企业 25 户，其中果品生产企业 7 户，果品贮藏企业 1 户，砖瓦厂 4 户，水泥制品厂 11 户，纸箱加工企业 2 户。年产值在 100 万元以上企业 7 户，100 万元以下企业 18 户。工业生产总值 12910 万元，年上缴税金 70 余万元；涌现出屯字镇果业有限责任公司、兴达食品有限责任公司、康达果品有限责任公司、西部情食品有限责任公司、新星果品有限责任公司、朝阳果品厂、绿硕园食品有限公司等骨干企业。

屯字自古商贸繁荣，远近闻名，吸引周边平、庆两地区个体商贩和陕、甘几省商贾，每年农历七月十二日举办传统物资交流大会 10 天左右，贸易活跃，客商云集，县内和外地商供企业、个体户入镇搭棚建店，摆摊设点，羊畜成群，日客流量达 2 万多人，日均交易额达 200 多万元。

境内有太阳池、白马池自然风景区，水域面积 324 亩，东西南三面环山，通眉肖、镇北路，交通便利，风景宜人，素有“高原出平湖”之美称，2010 年有游船 14 艘、3050 平方米综合楼 1 幢、400 平方米超市 1 处，日接待游客 200 人次以上，是旅游观光、休闲养生、度假娱乐好去处。西府陇东战役屯字镇战斗遗址及烈士陵园为爱国主义、党史教育基地，年受教育群众 6 万多人，接待扫墓和凭吊青少年学生、干部群众及各界人士 3 万多人。镇内洪河南岸川口村有汉临泾县城遗址。

太平镇

位于县东部,地处孟坝塬东部,东临蒲水,与西峰区后官寨毗邻。北魏太延二年(436年),在此置高平郡,后改太平郡,故名。明属石泉、彭阳里,清属广积里和乐生里,设太平镇,民国属第三区,仍保留太平镇,驻地崇老庄,解放初设太平区,1956年4月改设基点乡,1958年9月隶属孟坝人民公社,1961年6月从孟坝公社分出,成立太平人民公社。1980年3月,上城、何湾、柳嘴、彭阳4个大队划归新成立的彭阳公社。1983年12月称乡,2002年6月撤乡建镇。2004年原彭阳乡何湾村、上城村、柳嘴村、彭阳村并入。2010年辖13个村172个组7704户,总人口3.58万人,其中农业人口32625人,外来人口350人。

境内属黄土高原沟壑区,山、川、塬兼有,以山、塬为主,总土地233平方公里,耕地面积10.76万亩,人均3.3亩。粮食作物以小麦、玉米为主,经济作物以油料、蔬菜为主。2000年起,发展苹果产业。2010年,农业总产值11408万元,农民人均纯收入2995元。粮食总产量12520吨,人均产粮384公斤,油料产量1273吨,苹果留存面积7467亩,年收入1000多万元,户均2000多元。羊存栏9822只,大家畜存栏9785头。中小企业23户,其中果品生产企业6户,果品贮藏企业1户,砖厂5户,水泥制品厂5户,杏核加工企业6户,年产值在100万元以上企业6户,实现工业生产总值4293万元,上缴税金70余万元。

境内有古彭阳县城、清凉寺、小天滴露、玉山寺石窟、寺沟遗址等文物古迹,紧邻北石窟寺,为旅游胜地。

孟坝镇

位于县城北部,地处孟坝塬西部,相传此地有一孟姓商人生意兴隆,集市贸易被其一家独霸,人称孟霸而得名,后写成孟坝。明属西壕里,清属广积里,设孟坝寺镇,民国属第四区,仍保留孟坝镇。民国二十四年(1935年)建方形土城,北城墙部分土筑,部分依沟,设三门,城上筑双道跑墙,有垛壑。二十九年三月为陕甘宁边区镇原县一区,五月至三十六年为中共镇原县委、县抗日民主政府驻地,1958年9月成立孟坝人民公社,1983年12月称孟坝乡,1985年7月撤乡建镇。2010年辖14个村1个社区149个组,总人口43466人,其中农业人口38576人,城镇常住人口4890人,城镇化率11.3%。

境内属黄土高原沟壑区,山、川、塬兼有,以山、塬为主,总土地252.5平方公里,耕地面积12.4万亩,人均3.21亩。粮食作物以小麦、玉米为主,经济作物以油料、西瓜、蔬菜为主,畜牧业以牛、猪、羊为主。2010年,农业总产值13205万元,农民人均纯收入2820元。粮食产量2.84万吨,人均349公斤,其中小麦1.36万吨,玉米0.89万吨。蔬菜种植面积2.6万亩,产量0.9万吨,西瓜0.48万亩,产量1.74万吨。生猪饲养量3865头,年末存栏2335头;牛饲养量10133头,年末存栏7612头;羊饲养量1.45万只,年末存栏1.06万只;家禽饲养量5.93万羽。

全镇有民营工业企业36户,其中面粉加工企业8家,砖制品企业6家,副食加工企业7家,水泥预制品企业12家,豆奶粉加工企业1家,建有工业园区,入园企业2户。2010年完成工业产值5780万元,销售收入8000万元,上交税金17万元。

2004至2010年，按照“东西贯通、南北联网、五横六纵”新区建设及改造老城区规划，开发西区，改造老街区，拓建商业街，延伸北街，完善供排水、电力电信、垃圾处理等公共服务设施；实施整体搬迁农户5户，征地69亩，填埋水泥窖21眼，拆迁街道老旧平房111间、围墙80米；改造新民、中心两个城中村，西自回回店，东至高庙，建成宽28米、长3000米高新路，建成商业楼12幢3410平方米，住宅小区7处45幢，总建筑面积22万平方米；修建城雕1处，中心花园1座，绿化带5600平方米，栽植塔柏、红叶枫等95200棵，安装路灯75盏；建成专业建材市场、农资综合市场、百货批发市场、瓜菜批发市场和活畜交易市场，基本形成布局合理、功能互补小城镇框架。

三岔镇

位于县北部，东接环县演武乡，西临宁夏彭阳县，与309国道相通，素有庆阳“西大门”之称，因蒲河、康河、白家川河流经镇内，形成三河相汇壮观场面，由此得名。明、清及民国前期属固原县，民国十一年(1922年)，在高湾村临蒲河北岸建镇。二十四年十月十日红军长征途经三岔时，毛泽东、周恩来、彭德怀、叶剑英等老一辈无产阶级革命家曾留宿天主教堂，留下珍贵革命历史遗产。二十五年十月建立三岔区苏维埃政府，属曲子县，三十一年划归陕甘宁边区镇原县，为六区。解放后设三岔区，20世纪50年代，靠山开辟新街道。1958年9月成立人民公社，1983年12月改乡，1985年改镇。2010年辖10个村72个组4598户，总人口20365人，其中农业人口17485人，城镇常住人口2880人，城镇化率14.1%。三岔镇为回汉两族聚居区，为固原、环县、庆城等毗邻市县商品集散地。

境内属黄土丘陵沟壑区，山、川兼有，绝大部分为山地，总土地244.7平方公里，耕地9.03万亩，人均5.1亩。2000年起，按照“山区草畜、川区瓜菜、家家全膜粮食”思路，调整种植业内部结构，扩大经济作物种植面积，粮食作物以小麦、玉米为主，经济作物以蔬菜、油料为主，主抓规模养殖大户、专业养殖小区和优势产业片带三大建设，逐步形成以全膜粮食、草畜、瓜菜、劳务、石油为主的五大产业格局，全膜粮食、草畜产业已成为农业增效、农民增收两大主导产业，羊绒加工、黄酒酿造成为带动群众致富两大特色产业。2010年，农业总产值5804万元，农民人均纯收入2700元，生产粮食5614吨，人均314.5公斤；主要经济作物种植3.93万亩，产量1.17万吨，其中油料2217吨，瓜菜9487吨。牧草留存面积7.2万亩，户均19亩，有5000亩草带2处，千亩草点16处，建成标准化羊舍1200座、牛棚150座，发展专业养羊场5处、驴场2处、牛场1处，大家畜存栏9112头，羊存栏1.48万只。

全镇有砖瓦、水泥预制、羊绒毛加工、畜禽养殖和黄酒、食醋酿造等民营企业15家，年产值9300多万元，上缴税金300多万元；建成牧青、泰兴、华德三家大型羊绒公司，年生产成品绒60吨，实现销售收入4100多万元，产品远销国外，属外向型出口创汇企业。

开边镇

位于县城西部，地处茹河川，相传隋唐时敬德在此开鞭兴业而得名，后写为开边。宋代曾设开边寨，明属上作里，清属大丰里。民国二十九年(1940年)设开边乡，乡公所设在三十铺庙内。三十八年八月属开边区，区公署建在开边寨。1958年3月改为开边乡，同年9月改称开边人民公社。10月,固原县所属陈坪大队划归开边公社。1969年,社址迁至上页山。1983年12月复称乡,2002年6月撤乡建镇。2010年辖9个村82个组,总人口25234人,其中农业人口22884人。

境内属黄土高原和黄土残塬沟壑区,山、川、塬兼有,山地为主,总土地159.4平方公里,耕地面积7.47万亩,人均3.26亩,其中水浇地1.4万亩。粮食作物以小麦、玉米为主,经济作物为瓜菜、油料、黄花菜。畜牧业以猪、羊、牛为主。2005年起,立足川区资源优势,开发设施蔬菜,建成水泥骨架大棚652座,日光节能温室30座。2009年实验双拱棚三膜防寒种植技术获得成功,温度提高3~5℃,瓜菜可提前上市15~20天。5村群众自发成立蔬菜销售专业合作社组织,为菜农在生产、销售等环节提供快捷、优质服务。2010年农业总产值7864万元,农民人均纯收入3010元。粮食产量1.3万吨,人均产粮568公斤,其中小麦0.52万吨,玉米0.72万吨;经济作物种植3万亩,产量2.1万吨,其中油料产量1058吨,黄花菜产量402吨,瓜菜产量1.44万吨。设施蔬菜大棚收入300多万元,棚均6000元,经营户人均收入1500元,占农民人均收入58.3%。生猪饲养量2224头,年末存栏1038头,羊饲养量13663只,年末存栏10223只;牛饲养量6237头,年末存栏4277万头;家禽饲养量4.66万羽。

平泉镇

位于县西南部,地处平泉塬腹地,古时当地塬面平地出一水泉,故名平泉。明属平泉里,清属舒长里,设平泉镇。民国属第五区,二十四年(1935年),在八山村筑平泉土城,呈方形,开东,西、南三门,门洞土坯拱形,安置板门。城门顶建有城楼,城上筑有跑墙垛。解放初为平泉区,1950年1月并入新城区,1953年恢复区建制,1958年9月改为人民公社,1961年6月分设平泉、洪河两个公社,1965年3月合并。1983年12月改乡,1985年7月建镇。2004年12月原湫池乡整体并入。2010年辖1个社区16个村159个组,总人口46876人,其中农业人口43740人,城镇常住人口3136人,城镇化率6.7%。平泉镇为人口大镇、民营企业强镇、产业开发重镇、经济贸易中心镇,省列农村小城镇建设示范和小城镇综合改革试点镇。

境内属黄土高原沟壑区,山、川、塬兼有,以山、塬为主,总土地216.3平方公里,耕地12.69万亩,人均2.9亩。1978年改革开放起,发挥本地资源优势,探索出"川区设施蔬菜、山区种草养畜、塬区苹果瓜菜、家家地膜粮食、户户劳务输转"的发展思路,发展瓜果蔬菜业。2003年成立五指塬农民瓜果菜专业合作社,辐射平泉塬4乡镇25个村,每年与1500多户瓜菜种植户签定合同5000多亩,并与四川、广东、内蒙、陕西、湖南、湖北等8省区60多个瓜菜批发市场签定购销合同,实行定单种植,合同收购,价格保护。西瓜因皮薄汁甜,享誉全国,注册"五指原绿宝"西瓜商标,在网上建立特色农产品网页,向全国各地发布西瓜销售信息,通过互联网把优质瓜菜推向15个省区市场。2010年国民生产总值3.37亿元,其中农业生产总值1.6亿元,农民人均纯收入3101元。粮食总产量2.6万吨,人均558.6公斤,其中玉米种植33726亩,产量13481吨;油料种植10911亩,产量908吨;瓜菜种植30712亩,产量73965吨。牛存栏7091头,猪存栏4759头,羊存栏8992只,肉鸡存栏4.34万只。

民营企业以农副产品、木器加工,砖瓦、水泥预制为主。全镇有50万元以上民营企业

14家，其中砖瓦企业7家，农产品加工企业3家，水泥预制企业1家，木器加工企业1家，编织袋生产企业1家，建筑装饰装璜企业1家。年可加工面粉1000吨，生产脱水蔬菜1000吨，机砖8000万块，塑料编织袋2亿条，装饰装潢板5万平方米，实现工业生产总值7755万元，销售收入5500万元，创利税1500多万元，转移农村剩余劳动力8500多人，年均增加农民纯收入近1000元；涌现出康达实业有限公司、丰茂农产品有限公司等重点企业。

平泉自古商贸繁荣，是周边平、庆两地区和陕甘宁几省商品交易地，辐射方圆5个乡镇54个村近10万人。2010年有集市3处，个体工商户720户。每逢农历二、五、八集日，有流动摊位420余户，年交易额1.18亿元。每年农历四月初八举办物资交流大会10天左右，贸易活跃，客商云集，客流量达3万多人，日均交易额300多万元。小城镇建设日臻完善，服务功能健全，商贸小区、乡企小区、文化小区、住宅小区、工业品批发、农副产品购销市场已形成。

临泾乡

位于县城东北临泾塬，古称麦子塬。明属麦子、原店里，清属大丰里，民国时设永安乡，解放初设临泾区，驻地埝张家。1956年4月，撤区改设基点乡，驻包庄村罗庄组寇家庙。1958年9月改为临泾人民公社，1961年6月分为临泾、什字两个人民公社，1965年合并为临泾人民公社，1983年12月改称临泾乡。2010年辖14个村114个组，总人口36427人。

境内属黄土高原沟壑区，山、塬兼有，总土地190.1平方公里，耕地面积9.47万亩，人均2.6亩。粮食作物以小麦、玉米为主，经济作物以蔬菜、油料为主，养殖业以牛、羊、猪、驴为主，逐步形成全膜粮食、林果、草畜、劳务四大产业；建成全膜玉米、苹果栽植、规模养殖、废旧地膜回收利用等示范点5个，千亩秋覆膜示范片带3个，覆膜面积3580亩；新建优质苹果示范点2个，栽植面积1030亩；新增规模养殖52户，新建暖棚32座，青贮氨化窖72座，玉米秸秆青贮720吨；新建绿生园养殖有限公司，占地面积500亩，羊舍40间，养羊1000只，带动村内4户养鸡1.75万只、34户养猪596头，82户暖棚养牛346头，5户养殖獭兔2500只。2010年农业总产值12832万元，农民人均纯收入3007元。粮食产量15720吨，人均产粮431.5公斤，油料产量351吨。牛存栏6813头，猪存栏2998头，羊存栏8019只。

2005年起，先后实施祁焦、石羊村易地扶贫搬迁项目，整体搬迁5个组，集中安置110户532人；建成梁韩、桃园小康农宅集中区，有107户入住。

南川乡

位于县东南部，地处县城南部洪河川道，故名南川。明属横河里，清属大丰里，民国时设永定乡。解放初属开边区，1951年属临泾区，1953年后属城市区、城关公社。1961年6月成立南川公社，驻地河李大队芦李生产队。1983年12月改称南川乡。2010年，辖10个村111个组，总人口21620人。

境内属黄土高原沟壑区，山、川、塬兼有，山、川地居多，总土地148平方公里，耕地7.81万亩，人均3.6亩，其中水浇地13350亩。1980年起，烤烟生产成为支柱产业。1987年到1997年，形成户户种植烤烟局面，农民人均收入2200元。2000年开始调整产业结构，逐步形成劳务输出、全膜玉米，塬面苹果，山区草畜，川区育苗产业格局。粮食作物以小麦、玉米为主;经济作物以蔬菜、油料为主。2010年覆盖全膜玉米10170亩,一膜两用冬油菜2600亩,修建暖棚40座,在塬区四个村种植西瓜5000亩,川区麦后移栽茬6600亩;栽植苹果2500亩,建成精品示范点2个600亩,在原芦村尝试土地流转,以“反租倒包”形式整合耕地1500亩,新栽苹果1160亩;在贺丰、桃园、原芦村流转土地1010亩,引资成立绿恩苗木公司,培育油松、侧柏、冬青、豆瓣黄杨、金叶女贞、红叶小檗、国槐等绿化苗木,解决240名富余劳动力就业问题,实现收入460.3万元,人均增收703元;修建养殖示范小区1处,建暖棚16座;组织劳务培训420人次,有组织输转剩余劳动力300人。全年实现农业总产值7664万元,农民人均纯收入2691元,粮食产量9897吨,人均产粮458公斤。

上肖乡

位于县东南部屯字塬东部,与泾川县、西峰区接壤。古时以泾川县荔堡为基准,下8里有荔堡镇下肖村,上8里有镇原县上肖村,故得名。明属雄武、彭阳里,清属乐生里。民国二十九年(1940年)设永乐乡,解放初属屯字区,1956年4月设基点乡,驻梧桐大队上肖生产队。1958年8月隶属屯字人民公社,1961年6月成立上肖人民公社。1980年3月,将石崖大队划归新成立的彭阳公社。1983年12月改为乡。2004年将原彭阳乡石崖村并入。2010年辖11个村103个组,总人口37259人。

辖区属黄土高原沟壑区,山、川、塬兼有,以塬地为主,总土地153.5平方公里,耕地面积7.6万亩,人均2亩。烤烟、杏果、药材、畜牧、瓜菜、油料、黄花为支柱产业。2010年,农业总产值12471万元,农民人均纯收入3005元,生产粮食2.08万吨,人均558.6公斤;主要经济作物杏子、油料、瓜菜,种植面积1.9万亩,产量1.2万吨。甘肃省农业科学院旱地农业综合试验站设在乡街道,研究推广的冬小麦、玉米、马铃薯、甜高粱等新品种对全县乃至陇东具有引领作用。

民营企业以杏制品、建材、农副产品加工为主,有上肖工业公司、绿源公司等重点企业。2010年,乡内有企业40家,从业人员700余人,实现工业增加值8200万元,年上缴税金25万元,其中绿源公司年生产杏仁2000吨,运销全国4个省市。

境内有翟池山庄生态旅游区,是避暑、旅游、娱乐、休闲之胜地,每逢节假日,游人如织。

新集乡

地处县东北部新集塬,东临西峰区,北连庆城县。明属堡宁里,清属广积里,民国属孟坝镇。陕甘宁边区时为第五区,区政府驻地新集崾岘。三十五年(1946年)二月,国民党庆阳县所属王寨等3个保群众投奔边区镇原县,成立王寨自治区,辖3个乡。三十八年八月改称新集区,驻地唐塬村,同时将王寨自治区并入。1958年9月成立新集人民公社,1961年6月分设王寨公社,1965年3月王寨公社并入,1980年复分王寨公社,1983年12月改称乡,2004年12月又将王寨乡并入。2010年辖12个村96个组,总人口21508人。

境内属黄土残塬沟壑区,山、川、塬兼有,以山地为主,总土地219.5平方公里,耕地面积9.03万亩,人均4.2亩。粮食生产以小麦、玉米为主,经济作物以杏子、油料、瓜菜为主,新建苹果园6038亩,其中盛果园1328亩,建成500亩苹果示范村3个。优势产业为草畜,牧草面积 17570 亩，户均 3.6 亩，以生猪、牛、羊、家禽为主，建成王寨、永丰两个专业养殖村，有规模养殖户 489 户，其中 5 头牛以上农户 114 户，20 只羊以上农户 287 户，5 头猪以上农户 88 户，年实现畜牧业收入 760 多万元。2010 年，农业总产值 7144 万元，农民人均纯收入 2872 元，生产粮食 1.1 万吨，人均 511 公斤，其中小麦 0.54 万吨，玉米 0.43 万吨。经济作物种植 3.52 万亩，产量 0.6 万吨，其中杏子 0.19 万吨，瓜菜 0.57 万吨。生猪饲养量 4028 头，年末存栏 1951 头；牛饲养量 7006 头，年末存栏 5560 头；羊饲养量 23926 只，年末存栏 18464 只；家禽饲养量 3.84 万羽。

境内石油、煤炭资源丰富，经长庆油田十多年勘探开发，开采油井 90 多口，天燃气井 2 眼，成为镇北区块重点产区。

方山乡

位于县北部蒲河北岸，北靠环县天池乡，因有大、小两座方形山，故名方山。明属五泉里，清属广积里。民国二十九年(1940 年)建立红色政权，为陕甘宁边区镇原县二区(柳州)，三十八年八月属新集区大、小方山乡，1958 年 9 月属新集公社。1961 年 6 月成立方山人民公社，驻地焦漩湾。1983 年 12 月改为乡。2010 年辖 10 个村 76 个组，总人口 13876 人。

境内属黄土丘陵沟壑区，山、川兼有，以山地为主，总土地 198 平方公里，耕地面积 73500 亩，人均 5.3 亩。粮食作物以小麦、玉米为主，经济作物以油料、蔬菜为主，畜牧业以羊为主。2010 年，农业总产值 4364 万元，农民人均纯收入 2563 元，生产粮食 4242 吨，经济作物面积 1.83 万亩，总产量 0.5 万吨。羊存栏、出栏量分别为 16188 只和 2753 只。

殷家城乡

地处县西北部，东界环县演武乡，西接宁夏彭阳县，北临环县车道乡。元时因殷天龙、天虎、天豹三兄弟在此修建城堡防御，得名殷家城，原属固原县，民国二十五年(1936 年)十月属曲子县三岔苏维埃政府二乡，三十一年六月划归镇原，属县抗日民主政府六区(三岔)二乡，三十四年八月改称白家川乡，三十八年七月后属三岔区，1961 年 6 月成立殷家城人民公社，驻桑树坬大队房湾生产队。1983 年 12 月改为乡。2010 年辖 8 个村 66 个组，总人口 7832 人。

境内属黄土丘陵沟壑区，总土地 173 平方公里，耕地面积 4.66 万亩，人均 5.95 亩，全部为山地。种植以小麦、糜谷、油料、蔬菜为主，畜牧业以羊、驴、牛、猪为主。2010 年，农业总产值 2227 万元，农民人均纯收入 2574 元，生产粮食 4958 吨，人均 633 公斤；经济作物种植面积 2.05 万亩，产量 0.75 万吨。羊饲养量 26913 只，年末存栏 20267 只；驴饲养量 5278 条，年末存栏 4643 条；牛饲养量 4209 头，年末存栏 2564 头；生猪饲养量 2821 头，年末存栏 1512 头；家禽饲养量 2 万羽。

地方特产有羊羔肉、黄花菜、杏子、黄酒等，当地黄酒口感好，香气浓郁，酒体甘醇，风味独特，营养丰富，销往县城、环县、宁县、西峰、陕西等地。

马渠乡

位于县西北部的马渠塬腹地，西接宁夏彭阳县孟原乡。明属石佛里，清属广积里，设马渠塬镇。民国时属第四区，仍设马渠镇。二十九年(1940年)三月建立陕甘宁边区镇原县抗日民主政府，成立四区(马渠)，区政府驻地油坊沟。1951年3月并入三岔区，1953年1月恢复，公社驻路家坬村。1956年4月改为基点乡，1958年9月属开边人民公社，1959年5月成立马渠人民公社，1983年12月改为乡。2010年辖11个村81个组，总人口14401人。

境内属黄土残塬沟壑区，山、塬兼有，以山地为主，总土地157.6平方公里，耕地面积7.84万亩，人均5.4亩。粮食作物以小麦、玉米为主，经济作物以杏子、油料、瓜菜为主，畜牧业以生猪、牛、羊、家禽为主。2010年，农业总产值4835万元，农民人均纯收入2535元。粮食种植面积6.4万亩，产粮4967吨，人均345.5公斤，其中小麦961吨，玉米1821吨；油料598吨，瓜菜3296吨，杏子1.5万吨。羊饲养量18893只，年末存栏11536只；猪饲养量3645头，年末存栏1700头；牛饲养量5940头，年末存栏3369头；家禽饲养量3.89万羽。

庙渠乡

地处县西北部庙渠塬腹地，西接马渠乡，东临孟坝镇。因此地建有庙宇群，旁居苟性，以其姓氏、地形及建筑物取名苟家庙渠，简称庙渠，且有石佛，亦称石佛塬。明属石佛里，清属广积里，民国时属马渠塬镇。陕甘宁边区时设三区(石佛)，解放初期归马渠区，1956年4月后属三岔区、开边区、马渠人民公社，1961年6月成立庙渠人民公社，1983年12月改乡。2010年辖9个村88组，总人口19245人。

境内属黄土残塬沟壑区，山、塬兼有，以山地为主，总土地177.2平方公里，耕地面积8.64万亩，人均4.5亩。种植以小麦、糜谷为主，畜牧业以羊为主。1980年起，按照山区全膜粮食，塬面葡萄、苹果，全乡草畜、黄花布局规划，发展壮大优势产业，发展新型产业，逐步形成黄花菜、杏果、药材、畜牧、瓜菜、油料、苹果、葡萄支柱产业。2010年，农业总产值6273万元，农民人均纯收入2919元，生产粮食1.3万吨，人均产粮681公斤；经济作物种植2.83万亩，产量0.76万吨。羊年末存栏8912只，出栏3244只；建成万亩黄花菜基地乡，品质一流，享誉全国，留存面积1.8万亩，年产量1000吨左右，收入1200多万元，人均收入620元。新型产业有苹果、红提葡萄，苹果留存面积0.74万亩，年产量0.35万吨左右，收入4000万元，葡萄留存面积1298亩，年产量50吨左右，收入130多万元。

武沟乡

位于县西北部，西接固原三口窑，东临开边镇。明属遥岘里，清属舒长里，民国时属马渠镇，红军长征途经此地，曾发生著名黑渠口战斗。民国二十九年(1940年)，马渠镇公所迁驻黑渠口。1950年1月后改属开边区，后属开边人民公社，1961年6月成立黑渠口公社，驻地黑渠口大队。1972年改称武沟公社，迁驻牛塬大队武家沟圈。1983年12月改乡。2010年辖8个村76个组，总人口13160人。

境内属黄土残塬沟壑区，山、川、塬兼有，以山地为主，总土地148.3平方公里，耕地面积6.2万亩，人均4.7亩。种植以小麦、洋芋为主，畜牧业以生猪、牛、羊、家禽为主。1980年起，烤烟、药材、畜牧、油料、全膜玉米逐步成为支柱产业，大面积营造沙棘、杏子、刺槐林，沙棘盖帽受到省地肯定和表彰。2007年，推广旱作农业技术全膜双垄沟播种玉米。2010年农业总产值 4544 万元，农民人均纯收入 2726 元，生产粮食 1.4 万吨，人均产粮 1064 公斤。生猪饲养量 4561 头，年末存栏 2237 头；牛饲养量 3505 头，年末存栏 2271 头；羊饲养量 14507 只，年末存栏 10377 只；家禽饲养量 1.91 万只。沙棘覆盖面积 14000 多亩，杏子、刺槐等其他植被 16000 余亩。

境内孟庄有战国秦长城遗址 3 公里，留存残墙、城障、烽墩四处，残墙高达 4~5 米，宽 6.7 米左右；城障呈长方形，南北宽约 10 米，东西长约 20 米，中心残墩高达 4.7 米，底径 11 米。

郭原乡

位于县西部，是北魏胡太后出生地。明代属新城里，清代属舒长里，民国时分属开边乡、新城镇。三十八年（1949 年）八月后属开边区，1958 年 9 月属开边人民公社。1961 年 6 月成立郭原公社，先驻唐堿大队，后迁址毛庄大队赵堿生产队。1965 年，公社机关迁至岔口生产队。1980 年 3 月，将惠沟大队划归新成立的小岘公社。1983 年 12 月改为乡。2010 年辖 8 个村 85 个组，总人口 17673 人。

境内属黄土残塬沟壑区，山、川、塬兼有，以山地为主，总土地 137.7 平方公里，耕地面积 8.05 万亩，人均 4.6 亩。经过产业结构调整，农业以粮食、油料、中药材为主。畜牧业以生猪、牛、羊、家禽为主，新兴产业为苹果。2010 年，实现农业总产值 6410 万元，农民人均纯收入 3026 元，生产粮食 9336 吨，人均产粮 528 公斤；油料面积 11918 亩，产量 944 吨。生猪饲养量 1950 头，牛饲养量 3611 头，羊饲养量 11744 只，家禽饲养量 3.06 万羽。苹果 5210 亩，其中王沟圈村建成 2000 亩无公害绿色苹果示范园，被列为全市新农村建设示范村。

21 世纪初期，民营企业发展迅速，先后建成正胜砖瓦厂、百通木器厂、红双喜面粉厂、华达养殖场等企业 50 个，从业人员 2400 多人，年产值 800 万元。

中原乡

位于县最南端，东界泾川县党原乡，南接平凉市崆峒区索罗乡、华所镇、白水镇、草峰乡。因位于五指原中指上，故取名中原。明属显圣里，清属舒长里，设瓦窑坡镇，民国时属第五区，设中原镇，驻地中原村。解放初设中原区。1956 年，将党张乡划归泾川县。1958 年 3 月撤区设乡，9 月属平泉人民公社，1961 年 6 月成立中原人民公社，1979 年 12 月将湫池、寺府、赤马、虎泉、高峰、景家 6 个大队分置湫池公社，1983 年 12 月改称乡。2010 年辖 7 个村 73 个组，总人口 21516 人。

境内属黄土高原沟壑区，山、塬兼有，总土地 113.2 平方公里，耕地面积 6.96 万亩，人均耕地 3.2 亩。粮食作物以小麦、玉米为主，经济作物以蔬菜、油料为主。优势产业为建筑业和劳务输出。2006 年，加大产业结构调整，实施新农村建设，全膜玉米、小麦，一膜两用冬油菜等面积大幅增加，年均种植全膜粮食 4 万亩。养猪户 2056 户，占总农户 42.1%，建成规模养殖场 5 处。注册成立康壮、荣立、繁鑫、恒达、天泰、牧丰等养殖专业合作社 6 个，入社社员 368 人。2010 年，农业总产值 7566 万元，农民人均纯收入 2917 元。粮食总产量 11522 吨，人均产粮 535.5 公斤。猪存栏 6221 头，年出栏 7318 头左右；养牛户 4430 户，占总农户 90.1%，牛存栏 6484 头。从事建筑、商贸、房地产业等 1000 多人，年出外务工人员 6000 多人。新农村建设整乡推进,先后建成田站、武亭村集中农宅示范点。

新城乡

地处县西南部五指塬西端,西濒宁夏回族自治区固原市彭阳县,南与平凉市崆峒区为邻。宋代原州在此新筑城堡防御,故称新城。明属新城里,清属舒长里,设新城镇。民国时为第五区,仍保留新城镇,驻地新城村。三十八年八月设新城区,1958 年 9 月成立新城人民公社,1980 年 3 月将曹城、小岘、高巨、朱塬 4 个大队及郭原惠沟大队分置小岘公社,1983 年 12 月恢复乡建制,2004 年将小岘乡整体并入。2010 年辖 14 个村 139 个组, 总人口 34991 人。

境内属黄土高原沟壑区,山、川、塬兼有,以山、塬为主,总土地 226.2 平方公里,耕地面积 14.18 万亩,人均 4.05 亩。改革开放后,粮食以小麦、玉米为主,经济作物以杏子、油料、瓜菜为主,畜牧业以生猪、牛、羊、家禽为主。种植全膜玉米、一膜两用冬油菜 2.4 万亩,发展瓜菜 1.5 万亩以上。全乡建立养殖示范村、养殖小区和规模养殖户,扶持壮大千头牛养殖示范村 6 个,培育养鸡村 2 个,养猪示范村 1 个。2010 年,农业总产值 12570 万元,农民人均纯收入 3223 元。粮食总产量 2.8 万吨,人均产粮 808 公斤,其中小麦 1.4 万吨,玉米 1.3 万吨;经济作物种植 4.35 万亩,产量 5.2 万吨,其中油料 1822 吨,瓜菜 4.6 万吨,杏子 1800 吨。生猪饲养量 6541 头, 年末存栏 5324 头; 牛饲养量 9776 头, 年末存栏 8102 头; 羊饲养量 14907 只,年末存栏 11099 只;家禽饲养量 6.1 万羽。

乡镇企业有养殖、加工、制造等十多家,重点企业有甘肃恒发肉用羊养殖场、甘肃华荣食品有限公司种羊场、甘肃永安工矿配件有限公司等,2010 年实现工业总产值 9000 万元。

第五节 村组建置名录

(2010 年)

一、城关镇 驻县城,辖 11 个村 86 个组及东、西 2 个社区。

五里沟村 辖五里沟、互助沟、柳树沟、朱家山、高山、沟门、王家塬、贾半坡 8 个组。

莲池村 辖莲池、秦园子、西街、水荫、上沟、谢山、尤坪、里沟、慕山、尤塬、贺堡 11 个组。

东关村 辖东街、范园子、庙沟、贾堡子、罗河湾、二塬 6 个组。

高庄村 辖段高庄、朱沟、张坪、张新堡子、郭小塬、段塬头 6 个组。

祁川村 辖旋老、庞川、碾李、后河、南坡、祁塬头 6 个组。

原郑村 原富坪村并入,辖老庄、大庄、尖角、马沟、贾嘴、李嘴、富坪、张刘嘴 8 个组。

丰台村 原双岘村并入,辖范坬、张庄、阳湾、七里河、丰台、坡头、小岘、阎塬、大湾、贾山、大岘、塬顶 12 个组。

金龙村 原海丰村并入,清朝和民国时期称黑蟒岭沟,相传此地有黑蟒而得名。1956 年农业合作化时以段思坎"旧颜换新貌,黑蟒变金龙"诗句改名。辖金龙、郭堡子、许沟、上沟、席沟、三台山、段山、陈沟8个组。境内有石空寺、县工业园区。

常山村 辖毛塬、申塬、安湾、黄湾、崖窑、黄岔、毛堡子、常山8个组。

路坡村 辖永乐、贾吊沟、路坡、御史、颉塬、鳌背子、贾湾7个组。

路沟村 辖安塔山、张岘、白渠、张台、王崖窑、路沟6个组。

二、临泾乡 驻包庄村寇家庙,辖14个村114个组。

包庄村 塬畔村并入,辖罗庄、毛铺、包庄、黄畔、前庄、唐坬、塬畔、前坪、杜坪、慕嘴嘴10个组。

耿塬村 辖耿塬、高湾、尚湾、花红、白埫埫、耀沟、席岗岗7个组。

祁庙村 辖嘴嘴、嘴张、西庄、东庄、前庄、范崖窑6个组。

十里墩村 辖董岔、段新庄、十里墩、蒋庄科4个组。

什字村 辖徐嘴、赵坬、周寨、段塬、贾塬、蟠龙山6个组。

石羊村 辖张坬、魏沟、塔山、张塬、高庄、东庄、塬店、岘子、安岔、段嘴10个组。

桃园村 原青龙村并入,辖店子、青龙、大湾、芦湾、西庄、前庄、大庄、杨新庄、田大埝、脱桃园、路堡子11个组。

蒙塬村 辖里塬、蒙塬、任湖湾、姜岔、席坷垅、饮马岔6个组。

祁焦村 辖焦渠、祁庄、杨庄、窦庄、联合、焦山6个组。

路壕村 辖塬塬、成岭、谢岭、段湾、山头、秦桥桥、路壕、杨湾8个组。

毛头村 辖大塬、新庄、扈家塬、沟垅、席嘴、柳嘴、埝张7个组。

席沟圈村 辖席沟圈、白塬、小庄、惠沟圈、湾湾、旧庄、大庄、上庄、小嘴、里庄、魏塬11个组。

梁韩村 辖许岭、杨湾、范庄、旧庄、下庄、良市、上庄、里沟8个组。

新堡村 峁塬村并入,辖峁塬、黄嘴、李坬、宜沟、东嘴、里庄、段嘴、段堡子、薛庄、巧王、新庄、岘王、王坬、西城14个组。

三、南川乡 驻河李村教子沟,辖10个村111个组。

和平村 姜沟门村并入,辖老庄、刘沟、王街街、堡子沟、梁窝窝、安山、黑马张、薛坬坬、上贾家、姜沟门、后沟、段湾、高庄13个组。

张桃园村 辖桃园沟、桃园、张湾、王沟、亢崖窑、董湾、崖庄、安湾、脱塔、二岔湾、安沟、秦沟沟、秦嘴嘴13个组。

贺丰村 辖杏湾、王相、安沟、贺丰、张毛、大湾、枣林、赵湾、转嘴9个组。

河李村 辖王湾、席湾、方沟、河李、甘沟、郝坬、芦李、教子沟、李湾9个组。

沟芦村 辖沟芦、段崖窑、大岘、庙沟门、元堡子、康湾6个组。

川郑村 辖沟阳、高家、田家、席杨、里沟、前沟、包沟、光明、小沟、杨树湾、阳山、下沟、掌孙13个组。

东王村 辖席湾、唐河、张仲、黄河、段湾、包湾、康坬、新庄、老庄、上岭、燕麦岭、马皇湾、喓岘13个组。

原芦村 郭沟村并入，辖阳坬、沟沟、涝池、塬边、王堡、塬畔、马滩、席坬、南山、塬山、姬湾、段山、上沟 13 个组。

成赵村 辖大庄、刘坬、瓦渠、塬成、掌湾、西头 6 个组。

上庄村 辖田山、胡同、上李、李渠、什字、后庄、郝坬、嵝岘、枣山、埝坪、罗湾、张湾、大湾、董湾、刘掌、李掌 16 个组。

四、屯字镇 驻屯字村，辖 20 个村 163 个组。

开城村 辖嵝岘、岔卢、开冯、曹坳、中山、开张、秦嘴、小庄、马山 9 个组。

田岭村 辖刘山、大庄、北湾、米庄、嘴嘴、田岭、牛蹄分、开周 8 个组。

马堡村 辖新城、岭头、老庄、马堡子、新庄、阳湾、小户、王山 8 个组。

屯字村 辖肖嘴、西门、东关、胡同、王堡、兰庄 6 个组。

白马村 辖吊嘴、景坬、南庄、北庄、坳里、崖窑 6 个组。

阎孟村 辖一村、二村、三村、四村 4 个组。

寨地村 辖阳山、西坡、东坡、南坡、胡同、仓口、前庄、谢岭 8 个组。

阳宁村 辖庙岭、中心、下坳、沟圈、东庄、西庄、刘城 7 个组。

曹路村 辖颜家、朱岭、张渠、路家、西头、曹家、马湾、圪垯王、西坬、上岘、嵝岘、下岘 12 个组。

川口村 辖王沟、陈山、曹河、毛老沟、黄坪、川口、苜蓿湾、张沟、上李嘴、徐沟、东坪、冉山、白草坬 13 个组。

下郑村 辖下李嘴、冉大庄、李家、朱沟、高山、张湾、玉皇、甘沟、上庄、马塬、大沟、小沟 12 个组。

夏孙村 辖三合、夏孙、中心、劳动、贾沟、石山、刘湾 7 个组。

四殿村 原名四殿马家，辖四殿、坬边、二方、坬头、涝池、林星、车车山 7 个组。

陈畅村 辖前庄、杨化、陈畅、中村、石坳 5 个组。

太阳村 辖太阳(高)、团结、五星、新庄、孙岭、赵嘴、白嘴、庄子、金湾、嵝岘 10 个组。

阎沟村 辖吴沟、阴山、阎沟、王峁、王沟 5 个组。

建华村 辖东沟、西山、赵沟、潘山、碾张、陈嵝岘、堡子沟 7 个组。

包城村 北川村并入，辖刘坬、杨岘、瓜坪、董城、董川、大嘴、包城、秦川、碾口、刘水、陈塬 11 个组。

双合村 原朱川大队并入，辖双坪、西沟、乔塬、高坡、阳坪、王马、大庄、朱川、山坬、毛台、张沟 11 个组。

官亭村 辖官亭、西庄、峃山、齐沟、上湾、赵河、王河 7 个组。

五、上肖乡 驻梧桐村，辖 11 个村 103 个组。

雄武村 毛河村并入，辖王杜、西庄、雄武、圪垯、新堡、党堡、东庄、脱坬、毛嘴、新民、胡同、脱沟门、毛河、毛湾 14 个组。

梧桐村 辖孙家、上肖、沟圈、白家、张嘴、桥子山、王岭、岔头 8 个组。

北庄村 辖沟圈、西面、峁山、王坬、核桃沟、赵山、下山、赵塬、刘塬、刘山、王坳 11 个组。

路岭村 辖南台、坬边、许家、脱区、南山、抚夷、上山、路岭、六条路 9 个组。

净口村 辖王家、沟老、南头、什字、净口、寨子、南庄 7 个组。

青寨村 辖西庄、青寨、朱荀、北嘴、老庄、陈孙、新庄 7 个组。

翟池村 辖担岭、后李、西庄、怀镇、关门、北头、王塬、南头 8 个组。

杨城村 辖杨家、南张、上坳、庙岭、窑庄、北头、北庄、老庄、东关 9 个组。

南李村 辖西庄、东庄、关头、西湖、东湖、岭岭、坷垅、下庄、刘坳 9 个组。

西岭村 辖北岭、西岭、邢大庄、沟老、邢嘴、坳里、岘子、川里、阴面 9 个组。

姜曹村 原仪封村并入，辖老庄、朱嘴、仪封、上寺刘、城南、付崖、东沟、姜曹、北坪、北坬、南坬、老户沟 12 个组。

六、太平镇 驻崇老庄村，辖 13 个村 172 个组。

柴庄村 辖贾坬、康山、堡子、柴庄、王山、小湾、王湾、园子、大湾 9 个组。

大塬村 由原大岘、南塬 2 村合并而成，辖滩坬、大岘、沟畔、沟老、增山、田湾、杜塬、沟圈、马山、姜湾、南塬、张庄、老庄、张城、季嘴、寺南、白山 17 个组。

丁岘村 辖郭嘴、庞山、丁岘、统子坬、新庄坬、嘴刘、答塬、答河、张坬、胡坬 10 个组。

何湾村 辖东嘴、蒋嘴、刘岭、何湾、何渠、碾嘴、碾川、窦湾、塬畔、户山 10 个组。

埝边村 原上岭村并入，辖塘坊、蔺塬、冯塬、庙嘴、范岭、埝边、杜堡、李嘴、景科、吊梁、秋坬、陈山、张山、工背山、刘湾、上岭、武湾、段山、李家、阳山 20 个组。

兰庙村 辖兰新庄、兰沟沟、杏城、杨坬边、沟庄、大庄、李新庄、小园子、堡子坬、寇园子、寇川、赵坪 12 个组。

老庄村 辖东岭、沟老、宋堡、宋坳、北头、南头、冢子卡、王庄、老庄、寺底、寨子、后山、后庄、沟圈、东头 15 个组。

南庄村 原名马南庄，石泉村并入，辖老庄、寺岭、香湾、新坳、井边、高岭、段岘、西嘴、大湾、里庄、前庄、嘴嘴、墩墩、沟东、沟西、背山、大庄、户湾、阳山 19 个组。

上城村 原彭阳村并入，辖南嘴、南滩、下城、桑川、板刘、老庄、上城、杨岭、薛嘴、大塬、大山、东山、大庄、沟畔、白岭 15 个组。

柳嘴村 辖沟沟、阳湾、陈山、夏坬、杜坬、岭岭、剪子股、新庄、大庄、地庄 10 个组。

席兰村 辖郭山、阳园子、阳面坬、王庄、东岭、东庄、老庄、前庄、徐园子 9 个组。

枣林村 辖东头、湾湾、沟沟、西头、狼坬、大嘴、嘴头、城门、崾岘、南坪、包川 11 个组。

慕坪村 辖秦嘴、宋湾、马湾、枣山、祁沟、慕坪、侯渠、坷垅、沟门、张湾、崾岘、秦湾、东庄、大庄、西庄 15 个组。

七、孟坝镇 驻孟坝村，辖 14 个村 149 个组。

刘城村 辖沟畔、杜坳、刘城、慕边、新庄、达营、下嘴、谢坳、罗庄、牛庄 10 个组。

赵嘴村 辖郭坬、隔坡、吴庄、南庄、赵嘴、堡子、九沟川、高庄、许川、秦壕壕、王虎 11

个组。

孟坝村 原冉堌村并入，辖李嘴、城头、高庙、中心、新民、刘埝、庄坷、阎湾、盖塄、王湾、王山 11 个组。

大寨村 辖庄湾、大寨、新庄、小寨、梨花嘴、耕牛湾、苋湾、李湾、岱马、盖塄、野湾 11 个组。

峁合村 辖李地庄、西坳、回回店、沟畔、周寨、秦嘴、塔庄、峁合、李老 9 个组。

塬口村 辖上秦、胡山、东湾、蒙山、姜大嘴、杜塬口、蒙湾、川口、寨子 9 个组。

塔李村 辖刘沟、低坪、姜字湾、路渠、罗川口、惠沟、塔李、杏阴山 8 个组。

东庄村 由原三门嘴与谯家河 2 村合并而成，辖东庄、杏嘴、段山、谯河、罗河、庙湾、马新庄、陈寨、白沟圈、姜塬头、三门嘴 11 个组。

王山村 原名王大山，辖大山、高湾、景山、王山、户湾、马山、庄坷、白山 8 个组。

西壕村 辖冯山、冯埝、堌边、吊珍、王嘴、沟圈、白嘴、沈嘴、姜埝、蔡埝、蔡山、李湾、武湾、大湾、朱山 15 个组。

何范村 辖赵嘴、沟圈、北山、何范、南庄、董嘴、周堌 7 个组。

王地庄村 原什字村并入，辖贾庄、大坪、庙渠、地庄、姜堌边、山阳堌、东庄、庄坷、什字、蔡庄、沟圈、高嘴、西庄、贠庄 14 个组。

醴坳村 辖寺湾、杨庄、段湾、东边、小石堌、杨塬头 6 个组。

王湾村 原宽展湾村并入，辖八亩埝、宽展湾、郭石堌、段湾、贾大湾、四合山、榆家湾、张崖畔、苏李、下堡、张嘴嘴、小李、常乐、张山、王堌山、王湾、南庄、北庄、马堌 19 个组。

八、新集乡 驻唐塬村，辖 12 个村 96 个组。

唐塬村 辖上张湾、崖堌山、曹寨子、集堌、下张湾、唐大庄、麻花山、苜蓿堌、三合、木家山 10 个组。

吴塬村 原大湾掌村并入，辖东庄、枣树湾、庙渠、何庄、老庄湾、马嵝岘、李家湾、连坪、石家梁、兰西坡 10 个组。

王岘子村 辖耿畔、兰畔、王岘子、段山、杨湾、寺沟 6 个组。

永丰村 原关坪村并入，辖余湾、六合山、南堌、任嘴、连湾、马塬畔、西岭、城墙沟、后湾、关坪、嵝岘、挡嵝岘 12 个组。

刘大岔村 辖姚河、桃草湾、老王山、刘大岔、阳面山、岱马 6 个组。

新庄村 辖新庄、前山、刘河、孔山、李堌、下塬、南坡、贺河 8 个组。

牛心村 辖塬塬、河湾、张场、马连山、慕家山、华山岭 6 个组。

嵝岘村 辖大庄、沟圈、大湾、曹湾、海湾、黄湾、吕堌、张林湾 8 个组。

段掌村 原赵川村并入，辖段掌、脱渠、黑峁峁、崖庄、赵川、小山、邵嘴 7 个组。

岳庄村 辖岳庄、桑树嘴、马塬子、张王嘴、小塬子、关户川 6 个组。

王寨村 辖田庄科、耿地庄、王寨集、罗嘴、薛李庄、蔡嘴、席老庄、席嘴、北堌、石家庄 10 个组。

高崖畔村 辖席坬、铁李嘴、均卜塬、高崖畔、东刘嘴、李渠、刘坬7个组。

九、方山乡 驻焦旋湾,辖10个村76个组。

张大湾村 原曹湾村并入,辖曹湾、岔口、王台、吕嘴、白家陡沟、新庄、杨湾、杨渠、田峁9个组。

方庄村 原高梁村并入,辖庙坬、崾岘、四合、南湾、方庄、小户湾、新民、马新庄、背后湾9个组。

关山村 原小方村并入,辖狼坬、铁炉、小方、寺沟、枣林、谯寺、新庄、希渠、关山、吊嘴、瓦合、祁湾12个组。

王湾村 辖阴山、王湾、柳湾、狼山、姚山、坷垅、马湾7个组。

高中山村 辖高中山、苋湾、上罗、山沟、寺沟、崾岘6个组。

金岔村 辖金岔、刘湾、慕湾、梁台、庙沟、庙良6个组。

贾山村 辖老庄、杨山、何湾、落山、贾山、石桥6个组。

十八岘村 辖新庄、蔡畔、狮坪、马坪、半坡、何湾、荨麻渠7个组。

庄岔湾村 辖杨下庄、黄别湾、张庄、庙山、文园、前园、庄岔湾7个组。

蒲河村 辖枣沟、申渠、焦山、田湾、田园子、申山、贾河湾7个组。

十、三岔镇 驻高湾村,辖10个村72个组。

高湾村 辖高湾、大店、元壕、崾岘湾、余坪、黄坪、后河7个组。

周家庄村 辖黄坪湾、余家湾、大岘、周家庄、芦渠、阎湾、石背沟、马渠8个组。

肖园子村 辖肖园子、芦河、坬上、何山、龙门沟、沟畔6个组。

米家川村 原庄门村并入,辖羊千沟、新湾、许台、甘沟、米家湾、何台、庄门、高庄、堡子山9个组。

榆杨湾村 辖田坪、榆杨湾、沟畔、沟圈、张岔、崾岘、白家山、水泉湾、楸子湾9个组。

寺庄湾村 辖何岔、石南山、寺庄湾、寺岔、郭家山5个组。

安岔村 辖红土山、庙湾、木瓜、白草坬、高岔、上坬、米儿岔7个组。

石嘴村 原吕马岔村并入,辖关庄、桃李、石嘴、河口、陈湾、柳州、胡渠、老庄、崾岘9个组。

董渠村 辖马鞍桥、张渠湾、董渠、仆岔、大树滩、刘大湾6个组。

大塬村 辖古庄山、茜子湾、先锋、佟渠、大塬、下塬6个组。

十一、殷家城乡 驻殷家城村,辖8个村66个组。

白岔村 辖西岔、白岔、郭岔、南庄、苏湾、牧渠、白嘴嘴7个组。

李园子村 辖张家山、大岔、上壕、马岔、田沟、西山、新庄峁、李园子、柳树渠、白沟圈、安畔、杏树沟12个组。

殷家城村 辖塔坬、徐园子、刘山、李河、转水河、堡嘴、白新庄、马山8个组。

敬岔村 辖徐湾、敬岔、李湾、王畔、峁头、白湾6个组。

桑树坬村 辖房湾、四合坬、桑树坬、甘岔、寨科、杨嘴子、王崾岘、白老庄8个组。

张老庄村 辖上湾、岘滩、贺坬、张老庄、张拐沟、大树埫6个组。

寺山村 辖佛湾、寺山、前梁、城山庄、城子沟、新庄渠、玄湾、庙湾、霍口湾、米口庄、米沟门、油坊沟12个组。

白家川村 辖许家湾、高沟、大石滩、白杨嘴、白草湾、堡子梁、虎山7个组。

十二、马渠乡 驻马渠村,辖11个村81个组。

马渠村 原牡丹坬村并入,辖油坊沟、路家坬、李寨子、王新庄、罗新庄、新庄湾、罗胡同、牡丹坬、阎庄、高庄崖、大岔湾、何老庄12个组。

唐塬村 辖唐塬、胡大山、席山、何湾、曹崾岘、庙岔、塌坬、塌山8个组。

四坪村 辖寺湾、沟畔、平顶山、水磨渠4个组。

红光村 辖后沟、七房、刘坪、崾岘、石坬5个组。

赵渠村 辖李坬、海湾、刘渠、峃岔、古庄滩、丁庄、马岔、油坊湾、佛庄、张家山、塬头、石嘴山12个组。

甘川村 辖魏新庄、西岔坬2个组。

三合村 原杜林村并入,辖关岔湾、杜大湾、大庄塬、周台、石佛、陈湾、杜庄、縻岔、林庄、大庄10个组。

汪庄村 辖张樊山、张渠、户地坪、马寨子、汪庄、任渠、簸箕掌7个组。

景塬村 辖景塬、虎大湾、新庄山、赵山、李嘴、王湾6个组。

梁寨村 辖下塬畔、王岔、李新庄、梁寨、白杨湾、王山庄、王崾岘7个组。

花岔村 辖上塬畔、庙嘴、花岔、上王、野湾、崾岘、朱庄、张山8个组。

十三、庙渠乡 驻庙渠村,辖9个村88个组。

黎明村 辖王川、大庄、沟沟、姚山、罗塬、川口、安山、王塬8个组。

慕塬村 辖九亩坪、慕塬、韩山、杨坬、时河、文庄、瓦院7个组。

文夏村 辖塬畔、杨湾、王嘴、新庄、陈嘴、阴山、文夏、段坪8个组。

常埝村 原牛塬村并入,辖张寨、堡子、常埝、寨坬、堡湾、席沟、董渠、牛塬、前梁、寺湾阴坬、下坬、芦山、涝池、新湾、寺坪、崾岘17个组。

孙寨村 辖孙寨、庄坷、张嘴、崾岘、良头、塬畔、新庄、挂山、塬头9个组。

庙渠村 辖庙渠、寨城、沟圈、铁嘴、肖里、刘塬、塬边、李山、塬畔、吴湾、吴嘴、惠湾12个组。

店汪村 辖苏庄、店汪、山头、谯岔、石梁、椒岔、南湾7个组。

六十坪村 辖梁头、六十坪、六合梁、大庄、董梁、崾岘6个组。

四合村 塬头村并入,辖田畔、里湾、虎嘴、槐院、大湾、朱沟、王湾、刘坬、塬头、王山、麻花、上湾、干沟、碾湾14个组。

十四、开边镇 驻上页山,辖9个村108个组。

开边村 原张山根村并入,辖寨子、万城子、周湾、开边坬、下页山、上页山、杨下沟、张山根、申坪、尚湾、刘家山11个组。

陈坪村 辖陈沟、湫沟、沟沟、下瓜、铁城、河湾、王沟 7 个组。

兰沟村 原贾前庄村并入，辖磕石沟、后河、张沟、兰沟、同心、高岔、贺山、贾前庄、耿沟 9 个组。

甄沟村 辖甄沟、牛湾、岔门、岔湾、孙湾、大湾、王凤沟 7 个组。

张庄村 辖张庄、刘路、席庄、张瓜瓜、罗湾、路湾、莲花峁、马庄湾、杨岔 9 个组。

解放村 辖解放沟、李家庄、楼底、三十铺、河口、西沟、大户坪、贾沟、二十铺、东山 10 个组。

兰岔村 辖兰岔、沟圈、塬畔、大户塬、张新庄、小岘、杏树山、尤坪、王坪、白山、兰山 11 个组。

羊千塬村 辖白马庙、余家梁、古城、杏树台、张大湾、申岘、陈家湾、羊千湾、毛家湾、小岔 10 个组。

白马寺村 辖白马寺、全岔、洞子沟、颉塆、段梁、包家山、王招瓜、页草 8 个组。

十五、武沟乡 驻武家沟圈，辖 8 个村 76 个组。

武沟村 原牛塬村、王岔村合并而成，辖武沟、井大庄、牛塬、嘴山、李岔、前崾岘、井崾岘、王岔、方岔、周前庄、焦岗、盖塄、罗湾、张寨 14 个组。

孟庄村 辖孟庄、背瓜、南湾、刘堡子、白草瓜、王山、香山 7 个组。

冯埝村 辖冯埝、梨树台、业家湾、王塬畔、后塬、东东湾、新庄壕、杨岔、大庄 9 个组。

张岘村 原大岔村并入，辖新光、二合、庞山、庙庄、上岔、冯湾、马瓜、高梁、小塬子、二岘子、新庄瓜、张岘 12 个组。

渠口村 辖渠口、红土、阎湾、上庄、皇岔、黄湾、慕庄、刘岔、庄瓜 9 个组。

大庄村 辖惠大庄、曹沟、李瓜、袁岔湾、惠阳山、佟阳山、何湾、安堡子 8 个组。

椿岔村 辖袁岔、山庄、秦塬、西岔、阳瓜、李塬、何湾、马岔、阴瓜、甘岔、吕岔 11 个组。

巨沟村 辖巨沟、山根、边山、暖泉、沟门、张塬 6 个组。

十六、郭原乡 驻岔口，辖 8 个村 85 个组。

毛庄村 辖毛庄、火张、中山、岔口、沈渠、赵瓜、鸦沟、张岘、阎湾 9 个组。

王沟圈村 辖王沟圈、滩瓜、大渠、塬边、白庄、路瓜、慕瓜、寨瓜 8 个组。

郭原村 辖郭大庄、王瓜、张山、岀沟、西瓜、南庄、陈瓜、前山、湾底 9 个组。

唐瓜村 辖杏瓜、马瓜、唐瓜、前庄、寺嘴、刘崾岘 6 个组。

王嘴村 原南岔村并入，辖南沟、南塬、邓沟、周塬、周庄、槐树湾、大庄湾、南岔、湾掌、新庄、当湾、崾岘、大湾、沟口、阴瓜 15 个组。

景塬村 原张家湾村并入，辖瓦嘴、沈山、埝王、后山、郭庄、上庄、景塬、杨山庄、黄湾、山湾、庄科、前埝、景埝、安湾、袁岘、徐岘、白坪、张湾 18 个组。

西杨村 辖席沟、碾山、甘湾、牙湾、杜寺、崾王、沟西、小庄、堡子、沟东 10 个组。

寺沟村 辖寺沟、安嘴、前沟、安沟、寺山、高湾、阎庄、杨化山、小塬、阎崾岘 10 个组。

十七、平泉镇 驻八山村，辖 16 个村 159 个组。

八山村 辖北徐、东岭、东门、西门、南门、塬畔、吊嘴、孙湾、亢堡、红沟 10 个组。

麻王村 辖麻王、勤根、阳刘、民乐、什字、山根、孔湾 7 个组。

坪边村 原阴坡村并入，辖坪边、阴坡、阳湾、暖山、洪徐、贺湾、仙马、阳坡 8 个组。

洪河村 辖郑沟、柏树、安湾、当中、朱沟、古城、浅山 7 个组。

秦铺村 辖前岭、坬边、史铺、吴湾、史庄、薛山、东头、沟老、大庄、车坬、牡丹、杨坬 12 个组。

文坬村 原民建村并入，辖前嘴、席埝、文坬、吴庄、岔口、苏庙、孟坬、暖湾、拉山、窦湾、黎明 11 个组。

马坬村 原石佛刘村并入，辖马坬、山头、胡坬、阎岭、姚湾、姚岭、里庄、朱河、石佛、前庄、庙渠、塬畔、新庄、姜沟、牛山 15 个组。

姚川村 辖刘坪、成庄、大庄、庙角、川湾、老庄山、前沟、里沟、姚沟、胜利湾、前庄、乔坬 12 个组。

南徐村 辖朱胡同、丰台、下坳、下山、上坳、关道、什字、庄心、上山 9 个组。

黄岔村 辖黄岔、赵庄、朱庄、高嘴、慕庄、庄头、佐山、三官、杨穴、庄老 10 个组。

景家村 原高峰村并入，辖景家、王山、陆沟、小嘴、高丰、杨家、马坬、史家、坬山、庙山、薛家 11 个组。

寺府村 辖大田、西庄、里岔、里坳、王家、寺塬、南庄、高庄、南李、张坬、渠老 11 个组。

湫池村 辖湫池、谢山、庄门、庙湾、杜家、上坳、白家、新庄、大庄、白岭 10 个组。

虎泉村 辖虎泉、上虎、旧庄、下虎、虎山、郭堡、庙岭 7 个组。

赤马村 辖赤马、张湾、北边、碾坬、新联、下和、油坊、田峁、陈坬、白草 10 个组。

上刘村 辖上刘、西嘴、厂子、常埝、瓦岔、苟渠、王储、上涝、井坬 9 个组。

十八、中原乡 驻中原村，辖 7 个村 73 个组。

中原村 辖中原、路湾、小湾、城南、上街、岘口、下李、邱渠 8 个组。

高胜村 辖高胜、上李、西湾、上山、东头、刘庄、南胡、北胡 8 个组。

武亭村 辖武亭、沟圈、庙场、沟老、樊李、南坳、什字、前庄 8 个组。

殿王村 辖东庄、南巷、涝池、高庄、高庙、贤王、方家、新民、大王 9 个组。

田站村 原何曹村并入，辖田站、大庄、小庄、陕岭、老庄、贺涧、疙瘩李、圈沟、浅坬、老虎山、杨家、塬畔 12 个组。

上杜村 辖上杜、北埝头、刘坬、畛子山、堡子、阳庄、史涧、徐涧、前湾山、李坳 10 个组。

原峰村 原姜白村并入，辖原峰、湫子坬、郭山、上庄、雷涧、潘涧、潘坪、上白、李坬、赵湾、姜白、李庄、旋堡湾、塬边、潘新庄、阳坡、苟寨、杨新庄 18 个组。

十九、新城乡 驻新城村，辖 14 个村 139 个组。

新城村 辖浅涧、下壕、城子沟、五一、秦庄、武嘴、西刘、西庄、山庄、赵埝10 个组。

杜寨村 辖王店房、孙山、白门、乔岔、东头、西头、上胡同、后胡同、杨岭、白山 10 个组。

高庄村 原小寨村并入，辖高庄、上埝、王岭、塬边、田湾、大寨、阎沟、刘坪、小寨、浅刘、岭畔、张埝、白菜山、孔嘴、大庄、西湾、大山 17 个组。

阎寨村 辖阎寨、西坬、南头、胡山、油坊、徐山、后山、寺沟坬 8 个组。

郭沟圈村 辖郭沟、小湾、井里、关庄、井坬、郑坬、田堡、慕湾、肖山 9 个组。

东庄村 辖东庄、东风、马沟、杨湾、惠湾、白沟、景嘴、梅河、羊昌岭 9 个组。

耿沟村 辖耿沟、山庄、黄坬、刘庄、张沟门、惠坬、兰湾、尧埝8 个组。

南坡村 辖南坡、里埝、阴庄、枣坬、里沟、杨河湾、吴沟、小河、雷沟、郭湾 10 个组。

孙庵村 原沈嘴村并入，辖孙庵、马旋窝、庄底、山庄、刘嘴、岳河、旧庄、沈嘴、北头、麻地沟、新庄、岔口、埝边、酸刺沟、涝池 15 个组。

孟寨村 辖孟寨、阎山、唐山、桂山、南埝、北坬、祁湾、刘山、崾岘、大庄 10 个组。

小岘村 原高巨村并入，辖彭寨、小岘、南庄沟、惠湾、王山头、巨寨、庙底、李坬、阎湾、高塬、刘湾、胡沟 12 个组。

曹城村 辖曹城、西坬、沟圈、史山、老庄、庙湾、赵湾 7 个组。

朱塬村 辖朱庄、韩庄、韩沟、红崖根、张河堡 5 个组。

惠沟村 辖惠沟、梢头、庞沟、坡上、里沟、阎沟、景沟、袁山根、阴山 9 个组。

第二章 自然环境

镇原县位于黄土高原中西部，甘肃省庆阳市西南部，东邻西峰区，西接宁夏回族自治区固原市彭阳县，南界平凉市泾川县、崆峒区，北靠环县。地处东经 106°44′~107°36′，北纬 35°27′~36°16′，海拔 1011~1767 米之间。南北长 91.24 公里，东西宽 78.3 公里。

第一节 地质地貌

境内地质构造属于关山至六盘山褶皱带以东鄂尔多斯台区，大约形成于 19 亿年前远古时期。经过数亿年地壳频繁振荡，地台多次发生海浸，时而为陆地，时而为大海，沉积发育成含煤的海陆交替相石炭岩地层。中生代侏罗纪，陇东形成大湖和沉积。侏罗纪后期，华北发生燕山运动，甘肃省陆地再次抬升。新生代起，喜马拉雅山运动，横亘西南的六盘山脉褶皱拔地而起，奠定现代地貌基础。第四纪（约 258 万年前）起，由于地壳差异运动，青藏高原

庙渠四合残塬沟壑区 张富诚摄

茹河川景 乔旺堂摄

由1000米上升至2000米，西北出现断陷盆地，陇东、陕北和宁夏、内蒙古部分地区形成鄂尔多斯盆地，即今陕甘宁盆地，积水成湖。中更新世，青藏高原上升到3000米，陕甘宁盆地缩小，气温升高，堆积发育许多条状红色古土壤。晚更新世，地壳继续上升，青藏高原升到4000米，北上印度洋暖流被阻，西伯利亚高压加强，大陆季风形成，北方气候变得干冷，西北风强烈，将蒙古高原砂土带向东南，在西北东部飘落下来，长期积累，最厚处百米以上，形成一望无际黄土平原。全新世，地质运动使整个黄土平原出现中度挠曲和隆升，将原来黄土堆积的低平盆地抬升为黄土高原。由于黄土质地疏松，河流长期侵蚀、冲刷，加之人类活动和水土流失，黄土高原逐渐形成沟壑区，境内塬面黄土层厚度在160~240米之间。

地势自西北向东南逐渐倾斜，平均海拔1500米左右，最高殷家城老爷岭1767米，最低上肖毛河村1011米，相对差756米。境内经几十万年雨水冲刷、切割，形成黑河、蒲河、交口河、茹河、洪河、潘杨涧河6条自西北向东南河流，将县域分割成新集、孟坝、临泾、屯字、平泉五条斜长塬面，丘陵、梁、峁、沟、谷、台错杂，山川塬相间。丘陵、梁、峁与塬面高度比差较小，多数等于或低于附近塬面高度。

屯字塬 张富诚摄

全县大体分为三个区域，以平泉塬、屯字塬、临泾塬、孟坝塬、新集塬为代表的黄土高原沟壑区，面积约1484平方公里，占全县总面积48.9%。5条塬面均为东南走向，中部较为平坦，周围梁、峁、岘、嘴犬牙交错，高低起伏，坡度约为15°~20°。屯字塬位于茹河之南、洪河之北，海拔1150~1300米，东西长30余公里，南北宽20公里。平泉塬位于洪河之南、潘杨涧河之北，海拔1100~1300米，东西长30公里，南北宽10公里。孟坝塬位于蒲河之南、交口河之北，海拔1300~1400米，东西长60公里，南北宽10公里。临泾塬位于交口河之南、茹河之北，海拔1300米，东西长55公里，南北宽6公里。新集塬位于黑河之南、蒲河之北，海拔1250米，东西长40公里，南北宽3公里。以小岘以西、开边羊千塬以北和郭原、武沟、马渠、庙渠等为代表的黄土残塬沟壑区，总面积1295平方公里，占全县总面积34%，塬面破碎，沟谷纵横，相对高差350米左右。以方山、三岔、殷家城为代表的黄土丘陵沟壑区，总面积约625平方公里，占全县总面积17.1%，山丘绵延起伏，重峦叠嶂，风雨侵蚀强烈，山谷深陡，最大坡度在30°~40°之间。

境内山脉因洪水冲刷侵蚀而形成，均为土质松软的馒头状黄土山，较高的山有3座。老爷山在三岔镇附近，海拔1700多米，高出附近马渠塬面约100米左右；大雄山在殷家城乡，海拔1556米，山顶与周围塬面基本相等；大方山位于方山乡与环县交界处，海拔1603米。

第二节 气 候

镇原距海遥远，属北温带大陆性季风气候。四季较明显，昼夜温差大，春季较长升温快，气温变化剧烈，冷空气活动频繁，降水少而风多，春旱屡见，气候干燥；夏季温度高，降水集中，多雷雨、冰雹、伏旱；秋季较短降温快，阴雨多，天气凉爽，温和湿润；冬季漫长，寒冷干燥，晴大少云，降水稀少。西北部和东南部差异较大，农作物成熟期相差30多天。西北部接近寒温带气候，全年干旱少雨，无霜期短，季风较大；东南部属温带气候，雨量稍多，较为湿润。

一、日照

境内多晴朗天气，日照充足，年均日照2557小时，太阳辐射总量132.8~140.2千卡/平方厘米，日照百分率为55%。一年中，从3月中旬至9月下旬，晴天日照时数均在12小时以上，其中5月上旬至7月下旬，晴天日照时数在14小时以上，6月日照时数最多，月平均日照达250小时以上，9月日照时数最少，月平均日照为160小时左右。1968至1985年，平均年日照2384.9小时，日照率54%以上。2005至2009年，年均日照2556.8小时。2010年，日照2437.2小时，日照率55%。

二、气温

县域气温特点是春温、夏热、秋凉、冬寒，年平均气温呈上升趋势。1957至1967年，平均气温8.3℃，其中1966年平均气温高达9℃。1968至1988年，年均8.8℃~9.9℃。1989至2010年，年均气温10.0℃~10.9℃，其中2006年平均气温达11.1℃。春季平均气温10.7℃，日较差 12.9℃；夏季平均气温 21.3℃，日较差 12.4℃；秋季平均气温 9.0℃，日较差 10.8℃，冬季平均气温 - 3.5℃，日较差 11.9℃。年平均气温城关川区较高，约 10.6℃左右；西北部山区较低，约 8.8℃左右；南部地区居中，约 9.8℃。同一地区川区高于塬区，塬区高于山区，塬区年平均最高温度 13.5℃，最低温度 4.4℃；川区年平均最高温度 16.1℃，最低温度 4.1℃。全县年平均最高气温 22.6℃，极端最高气温出现在 1997 年 7 月 21 日，为 38.3℃。年均最低气温 - 4.5℃，极端最低气温出现在 1991 年 12 月 28 日，为 - 23.3℃。

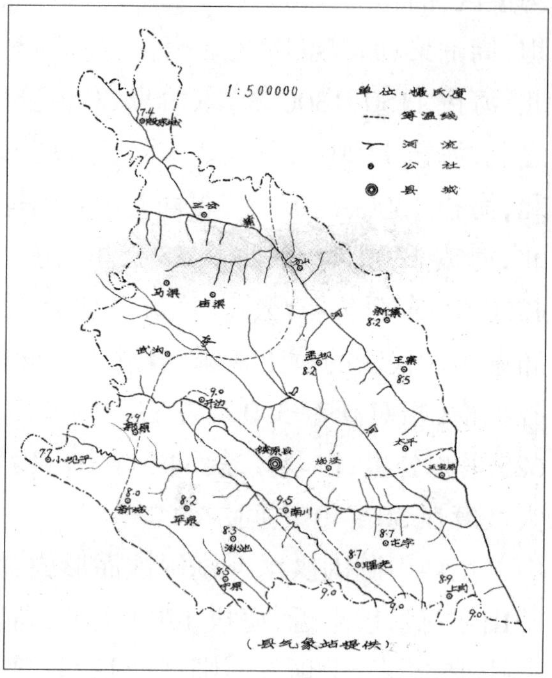

镇原县 1968 至 1979 年年平均气温分布图

全县年平均地面温度为 12.1℃，极端最高地面温度 68.6℃，最低地面温度 - 29.6℃。全县冻土历年平均始日为 11 月 25 日，终日为 3 月 17 日。冻土深度平均 50~70 厘米，12 月下旬末冻结至 30 厘米，川区历年最大冻土深度 66 厘米，塬区历年最大冻土深度 82 厘米。冻土深度随气候变暖而逐年下降，2008 年较为寒冷，冻土深度 59 厘米。

三、风

境内风主要有西北风，且夹有沙尘。1968 至 1985 年，平均风速 1.8 米/秒。1990 年代后，沙尘暴增多，四季均有大风发生，春季最多，年均风速为 1.6 米/秒，冬季盛行西北风，夏季盛行东南风，3 至 5 月和 12 月多风，约占年大风日 40%，大风极值 17.3 米/秒（2006 年 4 月 20 日）。2010 年，风速为 1.6 米/秒，最大风速 10.3 米/秒。

四、降水

县境降水量少而不均，夏季雨量集中，冬季降水稀少，为甘肃省 18 个干旱县之一。1984 年起，降水量呈下降趋势。1957 至 2010 年，平均降水量 498 毫米，最少的 1997 年为 323 毫米，最多的 1964 年为 866.3 毫米。降水量从西南向东北递减，东北部较西南部少 40 毫米左右。1957 至 1983 年，总降水量 14586.2 毫米，年均 540.3 毫米。1984 至 2010 年，总降水量 12306.6 毫米，年均 455.8 毫米，减少 84.5 毫米。1997 至 2009 年，日降雨量≥0.1 毫米天数平均 91 天，最多的 2003 年 101 天，最少的 2005 年 72 天。降水集中在 7 至 9 月，占年降水总量 60%，且多以大到暴雨出现，往往形成灾害，年均暴雨量占年总降水量 22%~43%，

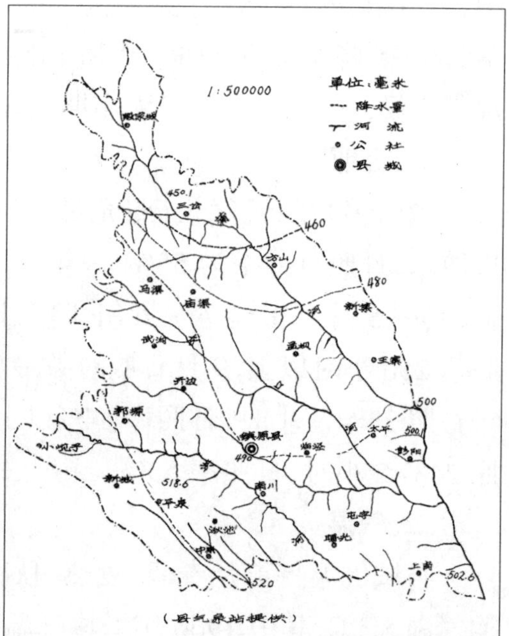

镇原县 1970 年至 1979 年降水量分布图

日降水量极值城关 106.9 毫米（1980 年 7 月 27 日），临泾为 141.9 毫米（1960 年 8 月 20 日）。春季(3 至 5 月)降水量占年总水量 19%左右,冬季降水量仅占年总量 2%~3%,积雪最深为 13 厘米(1997 年 11 月 28 日)。

降水不均,旱象频繁。1968 至 2010 年,出现春旱、夏初旱、伏旱 66 次,其中春旱占 59.3%,初夏旱占 31%,伏旱占 65%,秋旱占 44%,冬旱占 54%。年内 1 次旱象共出现 39 年,2 次旱象出现 19 年,3 次旱象出现 9 年。

气候干燥,年蒸发量较大。1968 至 1985 年,平均年蒸发量 1504.7 毫米。2005 至 2009 年,平均年蒸发量 1647.1 毫米。郭原、开边、马渠、三岔、方山、殷家城等乡镇,年蒸发量在 1500~1800 毫米之间,干燥度 1.82~2.13 毫米;中南部乡镇年蒸发量 1450~1600 毫米之间。空气中水汽含量较小,年平均相对湿度 65%,9 月最大为 75%,1 月最小为 44%。

五、霜期与寒潮

境内春秋两季,冷空气入侵频繁,年均无霜期 161 天,最长 1968 年 184 天,最短 1971 年 130 天。1968 至 1979 年,初霜平均开始于 10 月 11 日,最早 1972 年出现在 9 月 23 日,最晚出现在 1975 年 10 月 29 日。终霜平均结束日 5 月 2 日,最早 1968 年结束日 4 月 6 日,最晚 1978 年结束日 5 月 18 日。1968 至 2010 年,最早的 1991 年初霜日 9 月 19 日,最晚的 1985 年终霜日 5 月 20 日。

寒潮主要来自西伯利亚，造成大风降温天气，一般发生在 1 至 4 月和 11 至 12 月,24 小时≥10℃强降温主要发生在 2 至 3 月,48 小时≥12℃强降温主要在 3 至 4 月及 11 月,降温极值出现在 2008 年 4 月 11 至 12 日,分别为 11.8℃和 15.9℃。

六、物候

因县域气候不同,南北、川塬物候略有差异,除小麦播种、收割相差 10~30 余天外,其余基本一致。1~2 月,平均气温 - 5.1℃~ - 2.2℃,包括小寒、大寒、立春、雨水 4 个节气,气候晴冷干燥,处在冬小麦越冬期,主要农事活动是兴修农田水利、改造果园、积肥、防寒、牧畜保暖过冬、果树修剪防冻、护林防火等。

3~4 月,平均气温 3.4℃~11.1℃,包括惊蛰、春分、清明、谷雨 4 个节气,天气多变、冷空气活动频繁,气候干燥、多风。3 月,土壤表层开始解冻,昼消夜冻。4 月初,榆树、柳树、刺槐、椿树、楸树及野草发青,黄花菜萌芽出土,杏树开花,胡麻、向日葵、芹菜、菠菜播种,西红柿、茄子等蔬菜开始育苗;中旬,冬麦返青,玉米、大麻、西瓜、黄瓜、冬瓜、番瓜、豆类、洋芋播种,迎春、芍药、合欢、核桃树发芽;下旬,杏果如豆,榆钱可食,迎春、梨树开花,小麦拔节,高粱播种,油菜开花结子,韭菜开始割食。

5 月,平均气温 14.6℃~16.3℃,包括立夏、小满 2 个节气,天气晴朗,有热风。上旬杜梨、苹果、桐树始花,枣树萌发,杏树、国槐展叶,杨柳成荫,始种萝卜,旱烟育苗,玉米出苗。中旬洋芋出苗,糜、谷播种。下旬杨柳飞絮,小麦抽穗,花椒开花。

6 月,平均气温 19.4℃~20.7℃,包括芒种、夏至 2 个节气,雨量少、雷电多、有冰雹。上旬枣树开花;中旬玉米拔节,胡麻、洋芋开花,油菜成熟收获,茄子开始摘食;下旬枣树始见幼果，黄瓜、冬瓜和番瓜摘食，豇豆采食青角，黄花菜开始产蕾、摘晒，各种草花渐盛。

7月，平均气温20.9℃~22.5℃，包括小暑、大暑2个节气，温度高，少雨多旱。上旬小麦成熟收割，旱烟移栽，中旬玉米抽雄、开花，荞麦播种，下旬白菜播种，胡麻成熟收获，辣椒开始摘食。

8月，平均气温19.6℃~21.2℃，包括立秋、处暑2个节气，秋伏高温、阴雨多。上旬西红柿、豇豆成熟，花椒采摘，玉米灌浆、乳熟，下旬西瓜熟，油菜播种，萝卜拔食，核桃、旱烟成熟。

9月，平均气温14.1℃~15.4℃，包括白露、秋分2个节气，降温迅速，多阴雨。中旬冬小麦播种，芹菜收割，三轮菠菜播种，月底小麦分蘖，玉米、糜子成熟收割，洋芋收储。

10月，平均气温8.8℃~9.7℃，包括寒露、霜降2个节气，霜至渐冷，早晚温差大。上旬高粱、豆类、荞麦、向日葵成熟收割，梨、苹果成熟摘果。中旬谷子成熟收割。下旬白菜、萝卜收储，韭菜再次割食或腌制。

11月，平均气温1.9℃~2.5℃，包括立冬、小雪2个节气，少雨多旱。中旬后，寒来冬临，雨水稀少，草木植物开始枯竭，小麦、油菜停止生长，进入冰雪之期。

12月，平均气温-3.3℃~-3.2℃，包括大雪、冬至2个节气，气候寒冷干燥、少雨多旱，15厘米深土层开始冻结，冬小麦、油菜越冬。

第三节 自然资源

县域资源主要分土地、水、生物、矿产4类。由于条件所限，主要开发土地、水、生物3类资源，21世纪起，勘探地下矿产资源，成果颇丰。

一、土地资源

1985年，土地资源及土壤调查，全县总土地3500平方公里，折合524.97万亩。总耕地203.46万亩，占总土地面积38.76%，其中川台地11.39万亩，塬地55.03万亩，山地137.04万亩，分别占总耕地的5.6%、27%、67.4%；旱地198.13万亩，占总耕地97.38%，水浇地5.33万亩，占总耕地2.62%；果园地1.55万亩，占总土地面积0.29%；人工造林25.01万亩，占4.77%；牧草地193.51万亩（天然草场17.65万亩，改良草地0.32万亩，人工种草16.74万亩），占36.86%；城镇和居民点建设用地26.63万亩（城镇用地0.12万亩，农村居民点用地26.51万亩），占5.07%；工矿用地0.04万亩，占0.007%；交通用地11.51万亩（公路3.1万亩，农村道路8.41万亩），占2.19%；水域占地5.48万亩（河流4.43万亩，水库0.25万亩，其他坑塘沟道及水利工程占地0.8万亩），占1.04%；难利用地57.78万亩（裸土16.1万亩，地埂、地坎4.16万亩，其他37.52万亩），占11.01%。

依照全国第二次普查技术规程拟定的5级分类标准，将县内土壤分为黑垆土、黄绵土、淤积土、潮土和红土5个土类5个亚类11个土属25个土种。

黑垆土类土壤有亚类覆盖黑垆土和黑垆土2个土属7个土种，是县内广泛分布的主要耕作土壤，水气热条件好，土壤团聚体多，腐殖层深厚，有机质含量较高，抗旱，保墒，土质松软，易于耕作，适种性广，比较稳产、高产，主要分布平泉、屯字、临泾、孟坝四大塬面，少量分布茹河、洪河、蒲河等河川和沟谷高阶地上，零星残存于丘陵沟壑湾掌地段，面积107.42万亩，占总土地面积20.46%，其中覆盖黑垆土80.68万亩，黑垆土26.74万亩。

黄绵土类土壤分为黄绵土、黄墡土、灰绵土、灰墡土4个土属10个土种，面积最大，各乡均有，主要分布在水土流失强烈的黄土梁峁、丘陵、塬边和沟谷坡地，土层深厚，疏松绵软，不黏不板，土性温和，适于多种作物种植，但具有湿陷性，易跑水跑肥，面积395.47万亩，占总面积75.33%，其中黄绵土121.78万亩，黄墡土98.77万亩，灰绵土13.88万亩，灰墡土161.04万亩。

淤积土类分淤积土、残余沼泽土2个土属5个土种，主要分布在茹河、洪河、蒲河等河川地带，表层富含腐殖质及氮、磷、钾、钙等元素，水气热状况较好，面积11.21万亩，占总面积2.15%，其中淤积土10.85万亩，残余沼泽土0.36万亩。

潮土类只有盐化潮土1个土种，零星分布在茹河川道较为低洼的河漫滩上，土壤有不同程度盐渍化，返碱较重，秋末和早春地表往往出现一层白色盐霜，耕作层疏松，底层坚实，易旱易涝，生产性能差，面积0.24万亩，占总面积0.05%。

红土类分为耕种红土和荒坡红土2个亚属，主要分布在较大沟谷中下游河床两岸坡脚泄流面上。耕种红土土质细黏，通透性差，遇雨发黏，雨止板结，土质渣硬，耕作不良，荒坡红土，不适宜耕种，面积5.2万亩，占总面积0.99%。

县内耕地92%砂黏适中，表层土壤疏松多孔，通气透水性好，底层稍紧实，具有良好托水托肥性，但有机质贫乏，氮磷缺少，只有钾含量稍高，比例失调，农地有机质平均为0.874%，最低0.33%，最高1.54%；全氮平均为0.066%，最低0.024%，最高0.128%；速效磷平均为4.87ppm，最低1ppm，最高36ppm；速效钾平均为162.8ppm。有机质和全氮含量塬地稍高于山、川地，速效磷、速效钾含量川塬地普遍高于山地，同一地类养分含量亦有很大差异性。黑垆土类，淤积土类土壤肥力高于黄绵土类和潮土类，肥力最低是红土类。地形平坦、质地适中的厚覆盖黑垆土、薄覆盖黑垆土、条田黑垆土及淤黄土肥力较高，有机质含量在0.85%以上，全氮大于0.07%。黑垆土、鸡粪垆土、黄垆土、梯田黄绵土、轻度侵蚀黄绵土和黄墡土属中等肥力土壤，有机质含量在0.83%左右。中度侵蚀黄绵土及黄墡土、淤砂土、砂石土、红胶土、盐土等土壤肥力较低。

2010年末，全县总土地524.97万亩，其中耕地面积197.52万亩，占总土地面积37.63%林地面积72.94万亩，占13.89%，草地面积151.93万亩，占28.94%，水域面积4.89万亩，占0.93%，居民和工矿占地30.93万亩，占5.89%，交通用地9.76万亩，占1.86%，未利用土地57万亩，占10.86%。全县土地分为塬、山、川3类。塬地主要分布在屯字、平泉、临泾、孟坝、新集5条塬面，总面积53.34万亩，其中耕地40.29万亩。屯字塬包括屯字、上肖、城关、郭原4乡镇，总土地面积13.12万亩，耕地面积10.28万亩。平泉塬包括平泉、新城、中原、南川4乡镇，总土地面积19.75万亩，其中耕地面积13.91万亩。孟坝塬包括孟坝、太平、庙渠、马渠

4乡镇，总土地面积11.01万亩，其中耕地面积9.4万亩。临泾塬包括临泾、开边、武沟3乡镇，总土地面积6.53万亩，其中耕地面积4.74万亩。新集塬总土地面积2.93万亩，其中耕地面积1.96万亩。川台地总面积为52.91万亩，其中耕地13.25万亩。蒲河川台地分布在殷家城、三岔、方山、新集、孟坝、太平、上肖7乡镇，耕地面积2.47万亩；交口河川台地分布在太平、孟坝、临泾、开边、庙渠、马渠、屯字7乡镇，耕地面积2.06万亩；茹河川台地分布在太平、上肖、屯字、城关、开边、武沟、郭原7乡镇，耕地面积3.88万亩；洪河川台地分布在屯字、南川、平泉、郭原、新城5乡镇，耕地面积4.04万亩；黑河川台地属新集乡，耕地面积0.24万亩；潘杨涧河川台地分布在中原、新城2乡，耕地面积0.56万亩。山地各乡镇均有，总面积137万亩，其中耕地107.9万亩，占总耕地面积63.8%。山地面积最多是三岔镇，总面积30.4万亩，其中耕地9.03万亩。殷家城乡几乎全为山地。

二、水资源

县域水资源总量15672万立方米，人均可利用量不足306立方米，是全省人均水资源占有量的23.5%，是全国占有量的12.9%。水质矿化度中部及南部较高，北部低劣。境内水土流失严重，年均侵蚀量高达8146吨/平方公里。地下水分布不均，主要集中在中南部，塬区水源埋藏较深，北部丘陵区水源贫乏。

地表水 地表水有蒲、茹、洪、交口4条域河及黑河、潘杨涧两条交界河，有太阳池、白马池、翟池三大池水。民国版和1987年版《镇原县志》载，境内有池湫12处，其中县东太洋湫、高庙村千胜湫、新城里任湫、县北老母沟海眼湫、县南川口村悟山池、县东阳音庄青龙山下二郎池、冯家坬沟灵龟池、临泾乡慕庙底新湫池和屯字塬太洋9个池已消失。2010年有小水支沟383条，常年流水沟道135条，总流域面积3356平方公里，年均流量约8760.1万立方米，其次为雨水，年均约478.3毫米。河流泥沙含量高，全县年均输泥沙量2851万吨，占庆阳市总输量16.93%。

茹河古称蔚茹水，位于县城南，属泾河水系。源于宁夏回族自治区彭阳县开城乡刘家沟和六盘山大湾乡吾儿朵，两源在黄峁山东侧汇合后，从郭原乡王嘴村周庄组入境，经郭原、武沟、开边、城关、屯字、太平、上肖7乡镇，在太平镇柳嘴村寺沟口汇入蒲河，流经县域长75公里，流域面积768平方公里，年均流量0.92立方米/秒，年总径流量0.29亿立方，泥沙含量498公斤/立方米，最大洪峰流量3157立方米/秒。

蒲河古称蒲川河，分两支流入县境，一支源于宁夏固原大涝池，在三岔镇米家川村入境，称米家川河，另一支源于环县太白山，从殷家城乡羊路山入境，称白家川河，两支于三岔镇汇合后称蒲河，流经三岔、方山、新集、太平、上肖5乡镇，在雄武村毛河组出境入西峰区界，流经县域长129.6公里，流域面积1172平方公里，年均流量1.4立方米/秒，年总径流量0.444亿立方，泥沙含量216公斤/立方米，最大洪峰流量7100立方米/秒。

洪河古称阳晋川水，隋唐时称洪（横）川河，源于彭阳县新集乡窦家山庄，流入县域新城乡惠沟村稻子河湾，流经新城、郭原、平泉、南川、屯字5乡镇，在下郑村流入泾川县境，县内长85公里，流域面积759平方公里，年均流量1.14立方米/秒，年总径流量0.358亿立方，泥沙含量 210 公斤/立方米。

交口河源于马渠乡甘川塬东侧，属季节性河流，上游一段称时家河，流经马渠、武沟、庙渠、开边、孟坝、临泾、太平 7 乡镇，在太平镇碾张川汇入茹河，全长 44 公里，流域面积 609 平方公里，年均流量 0.53 立方米/秒，年径总流量 0.166 亿立方，泥沙含量 179 公斤/立方米。

黑河是庆城县、西峰区、镇原县界河，源于环县耿家塬村，流经庆城县域，在新集乡吴家塬村枣沟流入县境，于新集乡高崖畔村交石嘴汇进蒲河，县界长 17 公里，泥沙含量 317 公斤/立方米。

潘杨涧河是镇原与平凉市崆峒区界河，发源于彭阳县境，从新城乡小岘村巨寨组起至中原乡原峰村潘涧组流经境内，县内长 41 公里，泥沙含量 40 公斤/立方米。

太阳池 张富诚摄

太阳池原名太阴池，后称太阳池，位于屯字镇太阳村，道光二十七年（1847 年）二月三日山体滑塌形成堰塞湖。1985 年测量池水长 970 米，宽 250 米，最深 14 米，面积 22.1 万平方米，蓄水量 218 万立方米，枯水年比丰水年下降 1 米左右。池周有二股泉水溢出，总流量 0.03 立方米/秒，年补充水量 9 万立方米。

翟池 张富诚摄

翟池位于上肖乡翟池村，民国二年（1913 年）农历十一月初七日晚北原嘴滑塌，形成堰塞湖。池水面积 18 万平方米，最深处 13 米，蓄水量 126 万立方米。池南有一泉水溢出，流量 0.02~0.04 立方米/秒。

白马池 张富诚摄

白马池位于屯字镇白马村，清同治七年（1868 年）该村贾堡子庙沟口东侧滑坡，堵成堰塞湖，时隔 10 天左右，天降暴雨，山坡再次滑塌，围堵沟内全部流水，因此地曾有白马庙，故称白马池。总流域面积 1.97 平方公里，池水面积 15.3 万平方米，水深 17 米，总蓄水量 130 万立方米。池周围有三股泉水，从山腰吐泻而出，注入池中。

地下水 县内地下水分为潜水和承压水，可开采量 4193 立方米。每遇大旱，后山地区井枯泉干，人畜饮水困难，需从前塬川区拉运供给。

潜水县域均有分布，塬面中心水位埋藏浅，水层较厚，单井出水量大，塬边埋藏较深，井深水少。从孟坝、临泾、屯字、平泉等塬单井出水量计算，地下水静储量 7.8 亿立方米，动储量 928 万立方米/年。平泉、屯字塬井深 40~60 米，最大出水量 600~1000 立方米/日；殷家城、三岔、方山、马渠、庙渠等山区，单井出水量 1.3 立方米/日，人畜饮水困难；川道和沟谷井深 20~30 米，水源补充充足，平泉麻王截潜流单井出水量 7000 立方米/日。

潜水石泉较多，各沟谷均有，历史上为人畜饮水主要来源。比较有名的有石泉、暖泉、温泉、龙泉、九龙泉、三泉、五泉、毛家泉、玉泉、老龙泉、马跑泉、碧波潭等 20 多处，大多仅存遗址，废弃未用。县城西水荫沟泉水流量 0.02 立方米/秒，平泉镇马山村姚湾沟泉水流量 0.01 立方米/秒，临泾乡良韩沟泉出水量 0.001 立方米/秒，罗庄沟泉水流量 0.0003 立方米 /秒，庵岔沟泉水流量 0.0002 立方米/秒。

深层承压水有宜君洛河、环江、罗汉洞 3 组，水质较好。1968 年，长庆石油钻井队在开边寨子打喷水井 1 眼，井水埋藏在宜君洛河组地层，出水量 0.1 立方米 /秒，水温 20℃，矿化度 0.8 克/升。1974 至 1978 年，长庆石油钻井队、省水文地质大队和县打井队先后在姚川刘坪、城关东岳庙坪、平泉麻王勤耕、屯字李嘴、方山田园子、三岔康家河口等地钻出喷水井十多眼，多数属于罗汉洞组，平均出水量 0.05 立方米/秒。

三、矿产资源

县内有石油、天然气、煤炭、石英砂、建筑用砂、砖瓦用黏土、建筑用砂岩、芒硝、地热等 9 种矿产资源，贮量丰富。开发的有石油、天然气、建筑用砂和砖瓦用黏土，其中砖瓦用黏土分布较广，已大量开发利用。

石油主要分布在新集、方山、三岔、屯字、上肖、南川、平泉、中原等 19 个乡镇，勘探储量 2.66 亿吨。天然气尚处勘探阶段，在三岔、新集钻探天然气井 2 眼，日产气 10.2 万立方米，暂封闭。煤炭主要分布在武沟、新集、方山、殷家城、三岔等乡镇，面积 181.8 平方公里，预测储量 13 亿吨，煤层埋藏深厚，开采难度较大，最多达 15 层，平均 5 米，最厚 8.5 米。石英砂、石灰岩、石英岩主要分布在茹河与蒲河两岸，建筑用砂主要分布在茹河流域开边、城关段。三岔镇、方山乡有黄铁矿石出露，庙渠与县西有沉积铁矿石出露，还有芒硝、石膏等矿物在西部零星分布。

四、动植物资源

县内常见植物 140 多科 1000 余种。木本植物主要为林木，草本植物为各种作物、天然牧草和中药材，花卉本地品种不多，大部分属于引种；野生动物种类多而数量少。

木本植物有乔、灌木 37 科 67 属 200 余种，县内主要有苹果、山荆子、花叶海棠、河南海棠、楸子、花红、杜梨、白梨、褐梨、沙梨、麻梨、西洋梨、山杏、山桃、杏、桃、李、山樱桃、樱桃、刺毛樱桃、多毛樱桃、木瓜、贴梗海棠、山楂、甘肃山楂、华中山楂、毛山楂、百花花楸、黄蔷薇、陕西蔷薇、山刺玫、玫瑰、三桠绣线菊、柔毛绣线菊、珍珠梅、茅莓、蕤仁、太平花、柿子、毛叶小檗、小檗、毛脉小檗、红毛五加、短柄五加、柽柳、红柳、山杨、新疆杨、小叶杨、毛白杨、河北杨、箭杆杨、银白杨、加杨、大叶杨、青杨、旱柳、垂柳、水曲柳、沙柳、龙爪柳、红皮柳、中国黄花柳、皂柳、杞柳，毛泡桐、兰考泡桐、楸叶泡桐、白花泡桐，楸树、梓树、枸杞、白桦、紫丁香、北京丁香、香椿、苦楝、花椒、臭椿、杜仲、白榆、山榆、桑树、刺槐、国槐、苦参、狼牙刺、紫穗槐、柠条锦鸡儿、达乌里胡枝子、阴山胡枝子、短梗胡枝子、截叶铁扫帚、皂荚、核桃、箭竹、银杏、油松、华山松、白皮松、华北落叶松、兴安落叶松、长白落叶松、云杉、侧柏、刺柏、杜松、桧柏、土茯苓、南蛇藤、盘叶忍冬、葱皮忍冬、刚毛忍冬、毛药忍冬、金银木、叶藏花、沙枣、沙棘、枣、酸枣、柳叶鼠李、琉璃枝、薄叶鼠李。

草本植物有 65 科 212 属 362 种，天然草场约 176.45 万亩，主要有甘草、赖草、披碱草、垂穗披碱草、直穗鹅冠草、短炳草、臭草、白羊草、白草、芨芨草、长芒草、狗尾草、画眉草、金色狗尾草、火绒草、瓣蕊唐松草、阿尔泰狗娃花、火绒草、苔草、青蒿、糙隐子草、落草、紫羊草、粟草、老芒麦、无芒雀麦、拂子茅、大针茅、甘青针茅、短花针茅、硬质旱熟禾、山地旱熟禾、地椒、野豌豆、牧地香豌豆、短香豌豆、扁豆、二色棘豆、短翼岩黄芪、牛枝子、糙叶黄芪、乳白黄芪、草木樨状黄芪、红花岩黄芪、狭叶米口袋、披针叶黄花、铁秆蒿、茭蒿、茵陈蒿、牛尾蒿、猪毛蒿、黄花蒿、冷蒿、茼蒿、穗花马先蒿、艾、狭叶柴胡、掌叶橐吾、异叶败酱、芍药、蓍状亚菊、风毛菊、小红菊、麻花头、白花枝子花、并头黄芩、萼果香薷、香薷、香青、红轮千里光、地榆、珠芽蓼、百里香、直茎点地梅、歪头菜、蓬子菜、星毛委陵菜、二裂叶委陵菜、多茎委陵菜、猪毛菜、山苦荬、鳞叶龙胆、蝇虫实、地肤、碱蓬、银灰旋花、西伯利亚滨藜、灰绿藜、异穗苔芽、苔草、卵囊苔芽、黄花棘豆、伏毛铁棒槌、醉马草、蕨、狼毒、鹤虱、紫草、苍耳等。

菌类植物分属 4 纲 8 科，有冠虫霉菌、酵母菌、曲菌、麦角菌、羊肚菌、黑木耳、银耳、香菇、蘑菇、马勃、鬼笔、鬼笔灰鹅膏菌（有毒）、裸黑粉菌、灵芝、黄曲霉菌、土曲霉、黑曲霉菌、青霉菌、毒镰刀菌等。

苔藓类植物分属 2 纲 8 科，多见于空旷草地或山地、庭院、坡崖、墙头阴面和湿地，有地线、青苔、蛇苔、大叶藓、白齿泥炭藓、泥炭藓、真藓、葫芦藓、大羽藓。蕨类植物分属 3 纲 5 科，有石松、木贼、贯众、石韦、铁线蕨、蕨等，地衣类植物有文字衣、茶渍衣。藻类植物有绿藻纲、蓝藻纲、金藻门纲 11 科，如地软软、小球藻、发菜等。

花卉约 200 多种，主要有夹竹桃、仙人掌、含羞草、夜丁香、紫丁香、无花果、荷包牡丹、文殊兰、吊兰、棕榈、山丹花、蟹爪兰、文竹、玉兰、石榴、迎春、玫瑰、月季、牡丹、芍药、鸡冠花、凤仙花、朱顶红、美人蕉、晚香玉、金盏花、矮牵牛、天蓝绣球、蔷薇、令箭荷花、万年青、倒挂金钟、马蹄莲、茉莉、山茶花、一串红、君子兰、扶桑、菊花、五叶地锦、萱草、苏铁、霸王鞭、山影拳、玉簪、六月、海棠、大丽花、春兰、球兰、一品红、木香、紫薇、龙舌兰、白头翁、野棉花、列当、木槿、紫花槐、合欢、佛手掌、柠檬、四季绣球、观音莲、六月菊、金边龙舌兰、翠菊、红掌、龙须海棠、红豆杉、六月雪、栀子花、竹梅、长寿花、石吊兰、红千层、米兰、罗汉松、金丝海棠、鸭脚木等。

县内有记载野生动物大约有 2000 多种，隶属 15 纲 280 多科。常见兽禽有犬科、猪科、鼬科、兔科、松鼠科、跳鼠科、鼠科、仓鼠科、鼢鼠亚科；鸟类有鹰科、鸱鸮科、鸭科、雉科、鸠鸽科、戴胜科、啄木鸟科、鸦科、燕科、椋鸟科、文鸟科；爬行类有游蛇科、蝮蛇科。

哺乳类主要有狼、狐、野猪、狗獾、猪獾、黄鼬、草兔、达乌尔鼠兔、岩松鼠、花鼠（居里猫）、达乌尔黄鼠、五趾跳鼠（跳兔）、褐家鼠、小家鼠、黑线姬鼠、大林姬鼠、小林姬鼠、长爪沙鼠、子午沙鼠、大仓鼠、灰仓鼠、中华鼢鼠（瞎瞎）、蝙蝠等。野猪清代前县北山区少有，民国初少见，中华人民共和国建立后绝迹；狼1868年和1962年成群伤人吃小孩，1990年起极少见；狐1960年前分布较广，1980年起少见；鼠类分布广，危害大。

鸟类主要有金雕（老鹰）、苍鹰（花鹞）、鸢（白花鹞）、雀鹰（鹞子）、雕鸮（猫头鹰）、豆雁（咕噜雁）、斑翅山鹑、大天鹅（白菩鸰）、雉鸡（野鸡）、鸳鸯、石鸡（呱鸡）、珠颈斑鸠、灰斑鸠（姑姑等）、云雀、岩鸽、大杜鹃、戴胜（洋哱哱）、黑枕啄木鸟、斑啄木鸟（酸蚤鸡）、红嘴山鸦、大嘴乌鸦（老哇）、伯劳（棒槌虎）、喜鹊（野鹊）、红嘴蓝鹊、灰喜鹊、燕子、毛脚燕、黑背燕尾、山噪鹛、寿带鸟、大山雀（白脸）、黄腹山雀、银喉长尾山雀、橙翅噪鹛、褐头雀鹛、黑冠山雀、麻雀、黄腹柳莺、四声杜鹃、毛腿沙鸡、山斑鸠、普通鳾鹠、黑鹳、灰椋鸟（燕咋啦）、金腰燕（马燕子）、白鹡鸰、北红尾鸲（红群群）、太平鸟、凤头百灵、金翅鸟等，历史上均有，1949年后多数逐渐减少。麻雀、石鸡、岩鸽、戴胜、斑啄木鸟、大嘴乌鸦、灰椋鸟、红嘴山鸦、灰喜鹊分布广泛，麻雀最多；雉鸡、石鸡、喜鹊1995至2005年基本绝迹，2006年起逐渐增多；金鹏、苍鹰、鸢1958年前境内较多，1970年代以后稀有，1980年绝迹；天鹅1958年起极少见。

爬行类主要有无毒黄背游蛇（麻长虫）、虎斑颈槽蛇（菜花蛇）、赤链蛇（花长虫）、双斑锦蛇、有毒蜉蛇和壁虎（歇虎溜）、鳖等。

鱼类有鲤鱼、鳙鱼、鲢鱼、鲫鱼、青鱼、草鱼、鳗鱼、马口鱼、麦穗鱼、茅尾鰕虎、黄河高原鳅、鰲条及泥鳅等。

环节、软体节肢动物有背暗异唇蚓（蚯蚓、地龙）、同型巴蜗牛、钳蝎（蝎子）、大腹圆蛛（蜘蛛）、迷路草蛛、北国壁钱（七星蜘蛛）。

两栖类动物主要有青蛙、中国林蛙、花背蟾蜍等。

昆虫类害虫主要有中华蚱蜢、东亚飞蝗、蝼蛄、条沙叶蝉、灰飞虱、白背飞虱、白粉虱、蚜虫、蝽、叩头虫、潜、郭公虫、跳甲、猿叶虫、叶甲、象甲、金龟甲（铁跑牛）、黑绒鳃金龟子（黑跑牛）、天牛、夜蛾、叶蛾、巢蛾、蠹蛾、菜蛾、纹蛾、钩蛾、尺蛾、灯蛾、毒蛾、透翅蛾、草蛾、粉蝶、黏虫、地老虎、螟、天幕毛虫、梨星毛虫、吸浆虫、按蚊、库蚊、苍蝇、麦长腿红蜘蛛、米黑虫、跳蚤、螨、臭虫、虱子、牛虻、食心虫、豌豆象、绿豆象、玉米象、日本蛛甲、黄麦叶蜂等。益虫有七星瓢虫、黑背小瓢虫、十三斑瓢虫、二星瓢虫、华姬蝽、粪金龟（亦称大坚牛）、大蜣螂（粪爬牛）、黏虫步甲、金星步甲、曲纹虎甲、云纹虎甲、中华草蛉、短翅细腰食蚜蝇、窄腹食蚜蝇、大灰食蚜蝇、刻点食蚜蝇、赤眼蜂、上海青蜂、夜蛾瘦姬蜂等。1990年代臭虫灭绝，2008年虱子灭绝。

第四节 自然灾害

县域自然灾害主要有旱灾、水灾、冰雹、霜冻、风灾、地震、滑坡和泥石流、农作物病虫鼠害等，旱灾发生最频繁，几乎每年发生，可分为春旱、初夏旱、伏旱、初秋旱、秋旱和冬旱，以春旱和伏旱危害最大。洪涝一般出现在7至8月，平均每3年出现一次。冰雹发生较多，有时一年发生多次，集中出现在6至8月，主要有三条移动路径，一条从环县车道进入殷家城、三岔分为两支，一支经过方山、新集、王寨，另一支经过马渠、武沟、郭原、新城；另一条从宁夏彭阳县的冯庄进入马渠、庙渠、开边北部、城关、屯字曹路、官亭；再一条从彭阳县的亚塬进入小岘、新城、平泉、湫池。病、虫、鼠害较多发生，经过有效防治，逐步减少。

一、旱灾

旱情

周幽王元年(前781年)，三川竭。赧王元年(前314)，陇东旱，洛、渭水绝一日。秦王政十九年(前228年)，北地郡因旱大饥，死尸遍野。汉本始三年(前71年)，秦雍数千里(含镇原)大旱。汉建武元年至二年(25~26年)，黄河以东地区大旱、大饥，人相食，白骨蔽野。永初五年(111年)，旱蝗兼连，饥荒驱戚，流离分散，或随道死亡，或弃捐老弱，或为人仆妾，丧其大半。

晋泰始六至七年(271~272年)，大旱、民饥。太康元年(280年)，大旱伤麦。元康元年(291年)、五年、七年、九年大旱，杀禾伤麦。怀帝永嘉五年(311年)，旱饥，白骨蔽野，士民百存一二。东晋太宁三年(325年)正月至四月，大旱。前秦建元十七年(381年)正月，不雨至六月。北魏孝文帝太和二十年(496年)，旱饥。

隋开皇四年(584年)、十四年(594年)、唐武德二年(619年)、七年，旱饥。贞观元至二年(626~627年)，大旱，饥民多卖子以保衣食。永淳元年(682年)，大旱，斗米百两，人相食。武则天垂拱三年(687年)、宪宗元和九年(814年)、懿宗咸通九年(868年)，大旱饥馑。僖宗中和二年(882年)、四年，旱饥，人相食。

宋太祖开宝元年(968年)、淳化四年(993年)、至道二年(996年)、大中祥符二年(1009年)、四年和八年，陇东旱。天禧二年(1018年)和四年、庆历三年(1043年)、熙宁三年(1070年)和七年、元丰元年(1078年)、元佑三年(1088年)秋、哲宗元符三年(1100年)、徽宗崇宁三年(1104年)、大观四年(1110年)，大旱饥荒。

金章宗泰和四年(1204年)，大旱饥荒。贞祐元年(1213年)，旱饥，斗米由八千钱涨到万二千钱。

元英宗至治二年(1322年)，大旱饥。致和元年(1328年)，大旱，麦苗枯死，秋禾未种，流徙者众，饿殍载道。

明正统二至三年(1437至1438年)，连年干旱，小麦不收，民众饥馁，老稚者多饿死。天顺四年(1460年)，大旱、禾稼枯槁。成化二十年(1484年)，大旱，夏麦无收，民大饥；二十一年，大旱大饥。嘉靖七年(1528年)，大旱，人相食，人食草茹木，民流亡十之八。万历十年

(1582年),大旱,民大饥,转徙流离,饿殍相望;十一年、四十四年,大旱。崇祯二年(1629年),大旱大饥荒,饿死者不计其数,城外坑窖不能容;三年(1630年),因旱大饥;八年(1635年),旱,饿死甚众;十三年至十四年,空前大旱,自春至秋滴雨未落,夏禾尽枯,秋禾未播,颗粒无收,斗麦银2两,民大饥,人相食。

清顺治十年(1653年),干旱歉收。康熙四年(1665年)、三十年,干旱歉收;三十六年(1697年),夏旱麦苗枯死;四十七年,秋旱,冬无雪;五十一年、五十二年、五十三年连年大旱,民遭饥荒。雍正十三年(1735年),春至夏无雨,全县大饥。乾隆元年(1736年)、二年、九年皆旱饥荒;二十年,大旱,鸟蔽田野;二十四年,旱,赈灾饥民;三十年,旱大饥,民饿死者无数;三十一年春,死尸遍野,城外枯井坑堑,填埋殆满;五十四年夏、五十五年、五十六年,小麦多枯死,存者十无一二,子种几乎断绝,遂成饥荒,斗米银六、七钱,为丰年七倍。嘉庆六年(1801年)大旱,秋夏无收;次年夏仍旱,民大饥,斗米银一两,民多逃亡;十年,大旱,斗麦斗米银一两;十一年春,大饥,斗米银一两二钱;十二年秋旱,秋未熟,麦干种;十四年,日日旱风,麦豆多枯死;十八年五至八月,不雨;十九年,春旱;二十至二十三年,连旱四年;二十五年,大旱。道光十二年(1832年)秋,大旱,至次年五月始雨。十九年,大旱,夏无收,民饥。二十五年(1845年)、二十六年,夏大旱。咸丰四年(1854年)春旱,六月落雨。同治七年(1868年),大旱大饥人相食,斗麦30余串,新埋死尸亦被挖食一空。光绪三年(1877年),大旱,斗麦市银1.5两;十一、十二两年旱歉收。十八年大旱,麦苗尽枯,饿殍载道;二十四、二十五年夏旱;二十六年秋旱,颗粒无收;二十七年春旱,重灾大饥,斗麦价银3两,饿殍满道,有"人吃人、狗吃狗、鸦儿老鸹啃石头"民谣,往往夫妻对缢,无人掩埋。宣统元年(1909)春、夏,全省亢旱。

民国五年(1916年)夏,麦苗枯死;十七年,全省50余县空前大旱,县内麦秋薄收,麦未下种;十八年,全省平均雨量81.4毫米,是200年来最严重特大旱灾,当年入春后,饥饿、疾病、匪灾并发,树皮、草根采食殆尽,人相食,积尸梗道,斗麦价十余银元;二十四年,天旱,麦苗多枯死;三十二年(1943年),旱,民以苜蓿充饥。

1951年,遭旱,粮食减产。1959年秋,干旱少雨。1960年,干旱,夏秋歉收,存粮大量外调救济外县饥民,县内群众生活极端困难,多以糠菜代食品充饥,政府拨发粮款救济,日供口粮4~8两(每斤16两),一些人仍被饿死。1962年春夏,全县干旱持续110多天,成灾面积86.7万亩,粮食减产2.84万吨。1963年6至8月,旱象严重。1971年,县北公社大旱持续300余天,夏秋歉收。1972年,冬大旱,县北干旱十个多月,溪泉断流,地下水位降低。1979年,旱,麦田死苗36.6%。1981年,全县旱,加之雹、雨、风、霜冻、病虫多灾,成灾面积93.96万亩,绝收12.7万亩,粮食减产3.1万吨。1982年,春夏干旱持续110多天。1995年,全县遭受60年不遇特大旱灾,粮食减产15.7万吨,塬地小麦亩产不足25公斤,减产56.7%,秋后干旱,小麦干种。1999年,全县干旱,151.3万亩农田受灾,减产7万吨。

2000年,全县特大干旱,79.8万亩小麦受灾,19万亩绝收,减产62.8%,4.9万亩大秋作物未能下种。2001年5月,马渠乡遭受特大旱灾,全乡14个行政村86个自然村2120户

8620口人及4960头大家畜饮水困难，无法春播，夏粮减产六成。2007年，春夏连旱，麦田干土层达32.5厘米，秋田干土层达27.5厘米，土地相对湿度普遍在40%以下，农作物受灾面积135万亩，成灾99.1万亩，绝收26.5万亩。全县19个乡镇187个村1237个组3.63万户16.34万人和5.87万头牲畜饮水困难。

二、水灾

西汉建始三年（前30年）夏，大水，霖雨30余日，毁坏官寺民舍。晋元康八年（298年）九月，大洪水。北魏兴安元年（452年）七月，大水淹没田地房舍。后晋天福六年（941年）五月，川水大溢，毁坏镇戎（含今镇原）等24城。明天顺八年（1464年）秋，阴雨连绵，禾穗生芽，秋田绝收。次年大饥，石米值银3两。

清康熙六年（1667年），秋涝，秋禾无子种；十七年，大雨，平地水深二三尺，漂没数百家；四十八年，大雪，麦苗尽死。雍正十三年（1735年）五月二十五日后积雨40天，全县大饥。乾隆十七年（1752年），大雨倾盆，平地水深二三尺，茹河暴涨，淹县城西南和数百家民众；三十七年六月至七月二十三日，连阴雨30天，禾稼未结实，民饥荒；四十八年六月，大星殒，大雨，六至八月连阴雨，田禾不熟，民间饥馑。嘉庆十一年（1806年）四月十二日，连日雷雨，每天三四次，至五月底，达百余次，麦、豆生芽数寸，秋禾不长，十月底雨止，但阴而不晴，大饥；十六年六月，霪雨直至十一月；十八年（1813年）九月，大雨倾盆，房窑倒塌；十九年（1814年）五月二十四日，暴雨如注，连续七八天，六月初方止；二十一年九月九日，倾盆大雨，七至九月禾尽生耳；二十二年二月，雨雪连绵，直至三月，麦苗多被浸冻而死，六月四日夜，大雨倾盆，平地积水数尺，山洪暴发，沟谷水深10余丈，麦、豆、谷禾漂流无存，淹没近河居民数十家；二十三年，先旱后涝，自七月十八日起霖雨，直至十一月方止，秋禾萎黄多枯死。道光元年（1821年）七月，霪雨至十一月，河沟涨溢，淹没民宅人口、牲畜、田禾甚多；十三年（1833年），大雨雪。咸丰四年（1854年）六月霪雨。光绪十年（1884年）四月初八日，大雨雪，损伤禾苗；二十四年（1898年），秋涝，秋禾未熟。宣统三年（1911年），闰六月八日大雨洪水泛滥，淹没人畜田禾甚多。

民国十四年（1925年），夏霪雨，麦多发芽；十九年洪水成灾；二十三年，秋雨月余，城垣浸倒；二十四年，洪水成灾；三十四年八月，柳州区蒲河暴涨，冲毁秋田7000亩，三岔区5个乡456户秋田18516亩受灾，损失粮食1千多石；三十六年八月六日，新城、平泉雹后洪水冲塌民宅千家，冲走驴1条、羊32只、猪2头；三十八年，秋雨连绵48日，房屋倒塌甚多。

1956年夏，阴雨连绵，致小麦生芽7万多亩，房屋倒塌，人畜伤亡，夏秋绝收11.3万亩。

1957年7月24日晚11时，突降暴雨。

1959年8月24日下午，茹河洪水暴涨，冲走陷在河滩运货汽车1辆，5名干部职工（其中共产党员2人，团员1人）为抢救国家财产遇难。

1961年9月1日至10月21日连续降雨，县内平均降雨200毫米，秋田作物霉变26.9万亩，2万亩冬小麦失时未播，储粮霉变550吨。

1968年7月28日中午，县城西水荫沟洪水冲毁水坝1座、民宅10处，镇原中学师生用绳索、竹杆从水中救出居民14人,淹死2人,伤3人。

1970年,城关、南川、开边、黑渠口、殷家城等公社遭水灾,淹毁庄基、农田甚多。1975年7月24日晚,降暴雨100~130毫米。

1977年7月5日,降暴雨104毫米。

1979年7月9日,马渠公社红光大队沟畔生产队降暴雨,漂淹麦垛8个,塌庄2处,死亡3人,死牲畜10头。

1980年7月27日至28日,连降大暴雨,雨量120.8毫米,淹死2人,死牲畜3头。8月18日7时,降暴雨,最大处雨量72毫米,城关、临泾、曙光、开边、孟坝、太平等地淹没集体仓库、饲养场12处、民宅99处,毁房25间,塌窑44孔,冲走粮食15吨、羊144只,毁粮田1万多亩,水毁小坝、上水工程各1处,毁堤坝125米。

1981年9月12日,湫池公社下暴雨,冲毁民宅34处(窑洞94孔,房22间),死羊29只、牛2头、猪7头。

1985年5月1日晚,蒲河上游降暴雨,河水猛涨7米,王寨乡依河30个村庄遭灾,淹没小麦3550亩、秋田620亩、油菜140亩。9月持续降雨,降雨量180毫米,一月不见阳光,荞麦、小糜子无收。

1987年5月23日,中原、湫池、曙光3个乡18个行政村176个自然村1070户4800多人受暴洪灾害,损房(窑)340间,塌房(窑)133间(孔),无家可归者25户,死亡大家畜6头、羊34只,毁坏麦田2440亩、秋田1940亩。7月27日,三岔镇石嘴等9个行政村43个自然村2306户4530人受洪涝灾害,18120亩秋田、1142亩经济作物受灾,冲毁农田4500亩,毁庄1处,毁窑65孔,冲走粮食5吨。

1988年7月23日,王寨乡下暴雨3小时,雨量70毫米,60户农宅进水,毁房(窑)88间(孔),358亩秋田绝收;8月7日晚9时,临泾、孟坝暴雨,临泾乡耿塬、什字、青龙、蒙塬、沟圈及孟坝峁合等6个行政村大雨持续80分钟,重灾1242户,死亡2人,受伤2人,14户无家可归,毁公路4段400米;8月8日,彭阳乡暴雨,7个行政村66个自然村1899户受灾,13户无家可归,受伤8人,冲毁道路479处。

1991年7月18至19日,城关、南川、曙光、临泾、屯字、太平、彭阳、湫池、武沟等9乡镇65个行政村436个自然村1.42万户7.54万人遭暴雨灾害,农作物受灾面积7.36万亩,绝收1965亩,死亡1人,受伤9人,死亡大牲畜8头、猪羊62只,毁民宅54处,无家可归263人,直接经济损失300多万元。1992年5月26日,新城、郭原等乡遭暴雨灾害。8至9月,大部分乡镇遭暴洪灾害。

1994年,全县遭水灾,毁坏农田2.89万亩,因灾死亡8人,死大牲畜24头、猪羊246只,倒塌损坏民房479间(孔)。

1996年7月26至27日,全县大面积遭受暴雨袭击,持续23小时,降雨量达213毫米,受灾面积9.54万亩,919户4388人无家可归,死亡11人,伤16人,失踪3人,冲走粮食137.35万公斤,毁坏农田1.54万亩、河道护提1.04万米、县乡村道路288条339公里、桥梁

9座，直接经济损失9707.43万元。

1997年7月，部分乡镇遭暴雨灾害，114户群众无家可归。

2002年7月4日凌晨3时30分，屯字镇普降暴雨，持续2小时，降水量81毫米，太阳、屯字行政村最为严重。全镇受灾农作物12000亩，毁坏房屋317间、窑洞292孔、箍窑617米，重灾户44户191人，供电网络瘫痪。

2003年8月7日20时，县内普降大到暴雨，致城关、太平、屯字、上肖、南川、临泾、彭阳7乡镇174户819人受灾。太平降雨62毫米，秋雨连绵，作物减产。10月8日，全县连续降雨，局部地方遭受特大暴洪灾害，受灾6938户22867人，其中无家可归453户2017人，死亡2人，受伤3人，直接经济损失4800万元。

2005年6月30日至7月2日，境内普降大雨，雨量100毫米以上，致9户人无家可归。7月19日，城关、马渠、新城3乡镇14个村34个组3012户遭水灾，马渠乡四坪、红光两村冲毁道路各30公里，500亩农田毁坏，6户25人无家可归。10月12日下午3时10分，武沟、马渠两乡降暴雨，马寨子组学生刘某某从武沟王岔小学放学回家途中被洪水冲走死亡。2006年7月2日、7日、15日，8月13日、14日，城关、临泾、孟坝、新集、屯字、太平、新城、郭原、南川9乡镇97村244个组17035户54680人受暴雨灾害，1005户住宅进水，286户房屋倒塌或损坏，140户540人无家可归，浸淹粮食550吨，毁坏乡村道路270公里，水毁耕地3450亩，绝收农作物870亩。

2007年7月17日下午，马渠乡降暴雨70分钟，雨量52毫米，致8户人无家可归，水毁道路3条、农田4500亩，损失480万元。8月11日，郭原、临泾两乡降暴雨，临泾乡蒙塬村姜小湾组妇女祁某在交口河洗衣服时被暴雨冲走。8月29日，开边、孟坝、庙渠3乡镇5个村28个组162户728人遭暴雨灾害，225亩农田淤泥，3条道路被毁，68户民宅进水，14户71人无家可归。9月2日下午，平泉镇文坬、赤马、上刘、马坬、八山5个村32个组286户1385人遭暴雨灾害，135户农宅进水，13户群众房屋倒塌，5户人搬迁，水淹粮食2吨。9月下旬起，连阴雨20天，10月23日下午降中雨4小时，致秋田作物倒伏、生芽，果蔬霉烂，窑洞箍房裂缝，13万亩农作物受灾，146户房屋损坏。

2008年6月28日，三岔、太平、殷家城、马渠、新集、孟坝6乡镇17个村130个组6070户24145人遭暴雨灾害，冲毁道路8公里，毁地330亩。7月21日早晨，新集、屯字、马渠、南川4乡镇14村46组1050户4500人遭暴雨袭击，降雨107毫米，窑洞进水75户115孔，倒塌窑洞19户43孔，84户住宅出现险情，冲埋粮食18吨，毁路17条94公里，毁田9050亩，农作物受灾面积8780亩，成灾面积5020亩，绝收面积615亩，淹没巴家嘴水库上游河滩地1132亩。7月28日下午5时至6时30分，殷家城乡李园子、桑树坬、殷家城3村15组476户2194人遭暴雨灾害，雨量60毫米，10户农宅进水，6户无家可归。8月27日晚10时，城关、临泾、开边、方山4乡镇7村17组584户2735人遭暴雨灾害，降雨量70毫米，冲毁农田1680亩，毁路3条，186户农宅进水，96户房屋毁坏，水浸粮食8.5吨，水毁电视机、摩托车、衣柜等物，淹死大家畜和羊鸡甚多。

三、雹灾

周幽王十三年(公元前942年),大原(含今镇原)大雨雹,牛羊冻死,江、河成冰。晋咸宁五年(279年)六月癸亥,安定(含今镇原)雨雹,伤禾稼。元顺帝至正十七年(1357年)八月丙寅,镇原州雨雹,大如盂,小者如弹丸,平地积厚尺余,杀苗稼,毙禽兽。官府给贫饥民借口粮三个月,待丰年归还。

清康熙二十九年(1690年)五月,冰雹大如鹅卵,县城房瓦皆破,麦、豆无收,部准用常平仓及捐输粮食赈济。乾隆四年(1739年)、二十年六月、二十五年五月二十五日、三十二年,雹灾杀禾,民饥。道光二十六年(1846年)夏,县西北部大雹雨。光绪三十四年(1908年),遭雹灾得赈。

民国二十三年(1934年)三月七日,肖金、显圣、唐苟等处冰雹,毁麦苗;二十四年五月,新城镇冰雹积数尺,二三日后尚未融化,屋瓦皆碎,田禾尽毁,受灾36村501户,毁小麦、豌豆3.4万亩;三十年五月二十八日,肖金、显圣、开边、中原、新城、上肖等8乡镇,雹毁粮田171998亩,损失粮食29万石。省府拨赈款0.8万元;三十二年八月十四日、九月十七、十八日,肖金、平泉、新城、开边等13乡镇降雹,大如拳头、鸡卵,积雹盈尺,受灾面积355337亩,省府拨赈款2万元;三十四年六月三十日,三岔区降雹1.5小时,大如鸡蛋,小如核桃,满山皆白,平地积雹8寸,厚达1~3尺;六月二十三日、三十日,八月十日,先后在三岔、马渠两区、石佛区一、二两个乡、柳州区一乡降重冰雹,陇东专署拨赈款300万元;三十五年八月,北部各乡遭雹灾;三十六年,北部6区乡2536户遭雹灾,受灾面积8.5万亩,边区政府拨赈款0.3万元边币。

1950年5月18日,庆阳地区冰雹带长约35公里,宽2.5公里,镇原是重灾县之一。

1951年5月,临泾石羊乡冰雹积地30厘米,小麦秆砸碎,无一活苗,树枝砸折,树叶全落,胡同低处积雹3米厚。

1954年6月21日下午,三岔区一乡、城市区三乡、八乡遭受雹灾,受灾面积3223亩,损失粮食约11万公斤。

1963年5月下旬,雹灾,新集公社灾重。

1965年7月13日下午冰雹,雹粒大者10克,受灾面积31万余亩,成灾八成以上面积6800多亩,雹洪冲毁粮食2.95吨,损坏树木700余棵。7月26日,再降冰雹,受灾秋禾5.4万亩。

1966年6月13日,降雹雨,受灾面积16.3万亩,毁梯田0.15万亩、窑洞36孔,冲走羊37只、猪11口、粮食1200万公斤。

1969年6月3日,新城、庙渠、马渠、孟坝、郭原5个公社26个大队148个生产队遭雹灾,夏禾受灾10.6万亩,减产300万公斤,秋禾绝苗翻种0.82万亩。

1970年8月4日、5日,连降冰雹,城关、南川、开边、黑渠口、孟坝、殷家城6社41个大队252个生产队遭灾,受灾面积1.11万亩。

1972年6月17日,屯字、上肖、新城、黑渠口4社被冰雹打坏庄稼1.77万亩。6月27

日，中原、新城、屯字降雹雨，受灾2396亩。1973年6月13日、19日连降冰雹，受灾面积13.4万亩。

1974年发生冰雹22次。5月13日，孟坝公社3个大队9个生产队降冰雹，受灾面积0.6万亩。9月，三岔、殷家城公社降雹受灾。

1975年6月3日，武沟、曙光、新城、平泉、屯字公社降冰雹，7月12日至14日，14个公社降雹，两次受灾7.3万亩，死羊75只、牛1头，冲走小麦2.9吨，毁树110棵。

1976年5月14日下午，中原公社11个大队降雹，6月29日下午、7月24日、9月27日、30日、10月1日，新城、太平、三岔、武沟、殷家城公社先后降雹。

1977年6月24日下午6时，城关、中原两社7个大队降冰雹，伤民9人，死亡1人，死羊35只、猪6口，毁饲养场2处、树木400余棵。8月6日殷家城、20日、26日、27日12个公社下冰雹，堆积4~6厘米。1978年5月19日下午，三岔、马渠、殷家城、武沟4个公社降雹，死牲畜3头、羊172只，伤羊395只，冲走羊39只，毁树6500余棵。9月27日，武沟、郭原两公社降冰雹。

1979年7月9日，三岔、殷家城、开边、郭原、平泉5社11个大队降雹。

1981年4月20日下午，新城、小岘、平泉等公社30个大队233个生产队降雹，个别雹粒大如核桃。1982年7月，连降冰雹暴雨，成灾面积86.73万亩，粮食减产2840万公斤。

1983年6月15日下午7时，庙渠公社慕塬、黎明、文夏和郭原公社唐坬、毛庄、寺沟等7个大队27个生产队降冰雹。8月25日下午4时许，城关、庙渠、太平、开边等社降冰雹，开边白马寺农民王炳文院降下碗大一块冰雹，落地摔成6块。被雹打伤180余人，打死鸡、兔、麻雀无数。

1985年4月13日、14日、5月1日、6月15日，4次降冰雹，大如鸡蛋，小如杏子，有的地方积雹20多厘米，7.88万农户受损，农作物受灾96.26万亩，占播种面积62.5%，小麦、油菜、烤烟、药材严重受灾，梨、杏被打落半数，房屋破瓦400间，伤2人，打死鸡狗47只，冲毁农田1500多亩，毁庄19处、窑36孔、房88间。

1988年6月24日晚，庙渠乡庙渠、常埝2个行政村11个自然村234户1143人遭雹雨灾害，小麦、胡麻、黄花、西瓜等损失6.18万元。7月13日，殷家城乡寺山等4个行政村22个自然村降冰雹20多分钟，大如鸡蛋，小如杏子，积雹3寸，指头粗树枝被打断，果子打落，毁农田40亩、宅基13处。

1991年4月26日，孟坝、太平、临泾、彭阳等乡镇遭雹灾，部分小麦绝收。6月6日至9日，全县24个乡镇269个行政村2483个自然村冰雹暴雨交替，重灾有新城、三岔、临泾、屯字、彭阳6个乡镇，其中新城冰雹直径达8厘米。9.12万农户种植133.44万亩农作物受灾，其中26个行政村114个自然村2734户5.17万亩农作物绝收，冲毁水坝1处、机井3眼，冲毁民宅132处，倒塌房屋窑洞344间孔，因灾死亡2人，受伤10人，死亡大家畜8头、羊猪鸡兔1510只，冲毁粮食46吨。1996年5月22日，中原、湫池、开边、武沟等乡遭雹灾。25日殷家城、三岔等地又降冰雹。

2001年8月2日18时,郭原乡、小岘乡普降大到暴雨、冰雹,持续半小时,12个行政村80个自然村受灾,倒塌房屋、窑洞771间(孔),46户住宿发生困难,洪水淹没粮食125吨,其中冲走粮食40吨,死亡5人,受伤8人,死亡大家畜2头、羊195只,受灾农作物28284亩,绝收3773亩,冲毁小水利工程67处,水毁乡村道路24.3公里,损坏农电线路10公里,直接经济损失585万元。

2002年7月4日16时,马渠乡遭受特大冰雹袭击,长达40分钟,10个行政村53个自然村1994户9480人受灾,农作物受灾50950亩,水毁庄基20余处,冲毁农电线路1500米,毁坏乡村道路144公里、农田258亩,造成直接经济损失724.2万元。8月2日18时至19时,开边、郭原、小岘、新城、城关5个乡镇19个行政村160个自然村降冰雹20分钟,雨量56毫米,雹粒直径2.5~3厘米,6517户9.07万亩农作物受灾,成灾面积6.89万亩,减产18220吨,倒塌房窑295间(孔),死亡5人,失踪3人,受伤14人,41户无家可归,造成经济损失2600万元。

2006年6月24日、25日、26日,7月9日、25日、8月2日,遭冰雹袭击6次,临泾、新城、平泉、中原、武沟、郭原等12个乡镇78个村406个组31642户农作物受灾163665亩,其中绝收2560亩,上肖乡翟池、杨城、南李、西岭和屯字镇杨宁、陈畅、白马等村,苹果几乎绝收,平泉镇、中原乡、新城乡高庄、阎寨和孟坝镇赵嘴、醴坳等地西瓜损坏严重,武沟乡冯埝、孟庄村烤烟损失惨重,全县直接经济损失4028万元。

2007年6月26日下午2时,临泾乡毛头、包庄、良韩、桃园4村遭雹灾,玉米等作物折算损失100万元。7月24日下午5时至7时,马渠、武沟、郭原、平泉、中原、三岔、庙渠7乡镇10个村53个组遭雹灾,2004户9756人受灾,17户受灾惨重,7户无家可归,受灾农作物11460亩,其中绝收5220亩。8月17日,郭原、临泾乡遭雹灾。

2008年6月5日,三岔镇周家庄、石嘴及武沟乡冯埝3个村11个组遭雹灾。6月27日,屯字、新集两乡部分村组降冰雹。28日三岔、太平、殷家城、马渠、新集、孟坝6个乡镇17个村130个组遭冰雹,直径2厘米,积雹8厘米,6070户24145人受灾,受灾农作物24750亩,冲毁道路3条8公里,毁地330亩,造成危宅11户。

四、霜冻

晋元康七年(297年)七月,早霜杀稼。

北魏景明四年(503年)三月壬戌,陨霜,杀桑麦。

唐高宗调露元年(679年)八月,霜冻。

元世祖至元八年(1271年)七月、明成化十三年(1477年)七月,降霜杀禾。

清康熙四十八年(1709年)正月,降雪雨,冻死麦苗。乾隆二十年(1755年),早霜杀禾歉收,民间饥馑。嘉庆十七年(1812年),重霜冻杀秋禾;十八年九月,晚秋遭霜杀。

民国十九年(1930年)四月四日,霜杀麦苗,八月二日霜杀秋禾成灾,民间饥馑;三十年,肖金、显圣、开边、中原、新城、上肖8乡镇遭受黑霜灾害,受灾面积17.2万亩;三十八年四月十日黎明,阴云满布天空,气候过寒,不时雨雪大作,至午方散,今古罕见。

1950 年 4 月 10 日，霜冻。1952 年 4 月，遭严重霜冻。

1959 年 4 月 21 日，重霜冻，受灾面积占 32.04%。

1961 年春，小麦返青后遭两次寒流袭击。

1965 年 5 月 2 日、21 日霜冻，小麦受灾 4 万余亩。

1968 年，倒春寒。4 月 27 日、5 月 20 日、30 日三次全区性降霜，镇原为重灾区。

1970 年春，冬小麦返青后突降大雪受冻，麦根腐烂，大面积死亡，受灾面积占 22%。5 月上旬，3 次霜冻，造成重灾。

1972 年 5 月，全县霜冻，县北荞麦、糜子、豆类几乎绝收。

1974 年 4 月 24 日至 25 日，强霜冻。5 月 9 日至 10 日，再次遭霜冻。

1976 年 4 月 23 日，遭霜冻，三分之一麦田受灾。

1978 年 9 月 18 日早霜杀秋。

1981 年春末夏初，三岔、殷家城等公社遭受霜冻。

1982 年 5 月，全县 4 次降霜，气温降至 5℃，24 万亩小麦受灾。

1983 年 5 月，霜冻。

1991 年春，全县普降冻雨，电线结冰，杆倒线断，损失严重。

2001 年 4 月 8 日，寒潮低温，气温 - 2.5℃~ - 2.9℃，低温持续 3 日，小麦受冻，减产 36000 吨，1.8 万亩油菜、5 万亩胡麻绝收。

2006 年 4 月 10 日至 12 日，连续 3 天遭冻，北部山区 120 万株杏树座果期花蕾冻落，近乎绝收，230 万株苹果严重减产，1 万亩胡麻苗冻死，11.25 万亩油菜、2 万亩瓜类及 15 万亩蔬菜冻死，农作物受冻害 26.25 万亩，其中绝收 7.89 万亩，直接经济损失 7500 万元。

2008 年元月中旬至 2 月，全县大部分地区发生历史罕见低温冷冻和持续降雪天气，部分乡村积雪达 40 厘米，最低气温 - 15℃，19 个乡镇 215 个村 1991 个组 10.6 万农户 40.2 万人受灾，造成 20.5 万人和 1.8 万头牲畜饮水困难，0.3 万头小猪冻死，2 万只羊和 1.4 万头大家畜缺少饲料，7.5 万人缺柴少薪。

五、风沙

曹魏嘉平元年(249 年)正月，西北大风，摧屋、折木，昏尘蔽天。

晋永康元年(300 年)十一月，大风从西北来，折木，飞沙走石，六天方息。

北魏太和元年(477 年)四月，暴风。景明四年(503 年)三月，暴风，雨土覆地，如雾。

隋开皇二十年(600 年)十一月，大风拔屋，死亡多人。

明万历四十六年(1618 年)三月十六日，白日无光，逾时大风，天黄地暗。

清乾隆三十五年(1770 年)三月，大风昼晦。嘉庆十四年(1809 年)三月大风，四月八日又大风，数围之树拔根而起；十九年十一月二十五日，大风，昼晦；二十四年二月，旱风土扬，天色皆暗，移时复明；二十五年(1820 年)正月十五日大风，白昼昏暗。道光元年(1821 年)，大风昼晦。

民国九年(1920 年)十一月八日大风，黑雾四塞；十六年四月，暴风，黑沙蔽天，白昼昏黑，由北而南，数日方散；三十四年夏，干热风致麦成秕粒；十月一日至二日，北部刮飓风，历一昼夜，5.8万亩糜谷损落10%~50%。

1969年5至6月干热风持续20余日，冬小麦多被青烤，颗粒秕瘦。

1972年3月下旬至6月中旬，连刮干热风20多天，部分小麦青烤，阳山小麦整片未熟先枯歉收。

1973年6月24日、25日，大风10级以上，土雾漫天，有的树木连根拔出。

1983年4月27日17时30分，县西北乌云密布，狂风卷沙尘滚翻东来，顿时天昏地暗，如临黄昏，人皆惶闷异常，趋室若鹜，牛羊迷惘，不识棚圈，夜半渐息。

2001年4月8日，出现沙尘暴天气。

2002年8月2日下午6时，大风刮坏塑料大棚甚多。

六、雷电

清康熙六年（1667年）十月初八日，大雷电。道光二十四年（1844年）五月，屯字镇牛蹄分庙中有人被大雷电震死。

1986年4月20日（农历3月12日），临泾乡石羊行政村段嘴自然村发雷雨击断直径尺余大杏树一棵，屯字镇包城行政村陈塬自然村妇女王某某及其驴被雷殛死。

1992年5月30日，武沟粮所修仓库时，雷电殛毙3人。

七、病虫鼠害

秦嬴政四年（前243年），天下无瓜瓠。十月，蝗虫从东方来，蔽天，如严雪。

东汉永初五年（111年）夏，九州蝗灾，安定郡连年旱、蝗，饥荒。

晋惠帝元康元年（219年），疾疫。武帝咸宁三年（277年），蝗虫大食草木、牛马毛皆尽。元康七年（297年）、永嘉四年（310年），疾疫。5月，陇东大蝗，草木、牛马毛皆尽。建兴年间（316至317年），蝗灾。元帝永昌元年（322年），大蝗食草木、牛马毛皆尽。

唐太宗贞观十年（636年），大疫。德宗贞元元年（785年），夏蝗，群飞蔽天，旬日不息，草木叶及畜毛尽，饥民蒸蝗食之。

后晋高祖天福八年（943年），蝗大起，原野、山谷、城郊、草舍皆满，竹木叶俱尽。雍州刺史赵荣令百姓捕蝗一斗，奖粟一斗，蝗灾大减，民大疾，死者十之七八。

宋乾德元年（963年）六月，飞蝗。天禧元年（1017年）二月，陇上等130州蝗灾。崇宁二年（1103年），陇东蝗灾。

元至正二十年（1360年）八月，野鼠食稼，百亩之田俱尽。

明弘治六年（1493）六月，飞蝗自东南向西北，掩日三天。嘉靖十一年（1532）夏，天黄三日，飞蝗蔽天，稼禾被食殆尽，民饥馑，斗米银三钱；三十五年，大疫，死者甚众；三十六年六月，田鼠害禾稼。崇祯十年（1637）七月，飞蝗蔽天，禾谷立尽；十三年，飞蝗蔽天，落地如冈阜，民大饥，十死八九，有易子而食者，石米银3两；十五年，秋禾成熟，忽一夜黄鼠遍地，粮被吃尽。

清顺治四年（1647年），飞蝗遍野，食禾一空。乾隆九年（1744年），遭虫灾。康熙元年

(1662年),疾疫。道光二年(1822年)秋,大疫。同治六年(1867年),时疫大作,伤人甚众。光绪二十七年(1901年),疫疠大作,死者枕籍。

民国十八年(1929年),鼠疫、霍乱、天花等烈性传染病流行,伤亡者颇多;十九年夏、秋,田鼠为虐,山地禾苗被拽食殆尽;二十八年,白喉盛行;二十九年,北部疫情严重;三十四年,天花大流行,死人较多,愈者成麻脸人。畜疫流行,牛羊死亡严重;同年,孟坝区等地发生黑斑蝨、螽、路虎、蚜虫、叶条蝉、黏虫等害虫,食农作物茎叶,使豆类、糜谷、荞麦、燕麦等受灾。三十五年,北部各区麦黄疸2500亩。三十七年和三十八年春,麦起黄疸,人过麦地,衣鞋尽黄;三十八年五月五日,孟坝区4个乡麦地起虫,大的五分长、小的二分长,昼藏叶下,夜出为害,蚕食麦叶。

1953年4月至7月,发生黏虫、食心虫、金龟子、蚜虫、蛴等虫害,玉米、高粱、糜谷禾苗受灾,中原区第八乡被虫吃净谷子174亩。

1955年6月下旬,屯字、上肖、中原、肖金等乡镇发生黏虫灾害,大面积秋禾被蚕食而尽。

1957年,条沙叶蝉大流行,108.6万亩小麦49%发生红矮病,8.6%绝苗,减产1135万公斤。

1959年,鼢鼠(瞎瞎)危害严重。6月底7月初,黏虫成灾。麦收后小黏虫由麦地爬向秋田,遍地蠕动,路上皆虫,无处落脚。临泾公社良韩、祁庙等十多个大队玉米、高粱叶子被吃成残片,很多地块豆、谷叶子被吃尽,只剩秃秸秆。

1964年夏,70万亩小麦发生条锈病,大幅度减产,麦粒皆秕。1967年,条沙叶蝉大流行,34.8万亩麦田发病,占麦田总面积48.2%。

1970年4月,蚜虫、叶条蝉危害小麦,蚜虫密度每株100~1000只,小麦绝苗6万多亩。1973年春,红蜘蛛、叶条蝉、蚜虫危害小麦成灾,曙光公社188亩小麦,颗粒无收,3990亩减产一半以上。

1983年,黏虫成灾10.59万亩,粮食减产181.1吨。

1984年5月,南三镇部分小麦发生锈病。

1985年4月,屯字、上肖、曙光、南川、城关等乡发生小麦锈病,5月遍及全县,发病面积77.6万亩,占小麦总面积87%,重灾44.2万亩,平均亩产只有35公斤,全县因灾减产38.3%,殷家城、庙渠乡收成仅抵子种。

1986年,发生小麦蚜虫、红蜘蛛病,成灾面积2.3万亩。

1988年,局部地区发生小麦黄矮病,成灾面积2.1万亩。

1991年,局部地区小麦发生锈病,成灾面积4.6万亩。

1992年、1998年,发生小麦蚜虫,危害面积分别为80万亩和75万亩。

1999年,发生小麦黄矮病,危害面积21.4万亩。

2001年,发生玉米黑粉病,危害面积23.1万亩。

八、地质灾害

周幽王三年(前780年),泾、渭、洛三川皆震,水竭。周赧王三十五年(前280年),秦地地动，波及镇原，城损。

秦王嬴政十七年（前230年），秦地动，波及镇原。

西晋元康八年（296年）正月，地震，诏发仓廪，赈饥民。

前秦甘露六年（366年），秦、雍二州地震，波及镇原，地裂水出。

北魏皇始二年（397年），长安、秦、雍等州地震156次，影响镇原。

隋开皇二十年（600年）十一月，秦陇6.5级大震，镇原房屋多毁。

唐贞观二十年（646年）九月，灵州地震，波及镇原。

宋大观二年（1108年）六月，熙河、环、庆、泾、原等州地震，波及镇原，屋毁城塌，人畜死亡甚多。

金正隆五年（1160年）二月，原州地震，县内房舍倒塌，多人压死。兴定三年（1210年）二月，原州地震，损城、坏房舍，死人甚多。四月，黑风骤起，有声如雷，顷之，6.2级地震，房舍倾坏，死者众多。

明嘉靖三十四年（1555年）十二月十二日，陕西华县8级大地震，波及千里，镇原地震有声，居民有死伤。二十一日复震，其后小震年余而止。万历十年（1582年），外地地震，波及镇原达5级，县城小东门震塌，知县赵以庄为便民通行，即行修复。天启二年（1622年）九月，宁夏固原北部7级地震，镇原山裂，倒塌屋舍民宅，死人畜无数。四年（1624年）五月十九日夜，庄浪大震14昼夜，山崩地裂，镇原房屋尽裂。崇祯二年（1629年）十一月，镇原受震，死人甚多。七年十一月，灵台5.5级地震，镇原塌屋，伤人无数。

清顺治十一年（1654年）元月初八，天水南8级地震，延续40余日，镇原闻如雷鸣，崩塌屋舍，死人甚多。康熙三十四年（1695年）四月初六，山西临汾8级地震，波及镇原；四十三年（1704年）七月十三日，陕西泾阳地震，八月十三日，陇县6级地震，均波及镇原；四十八年（1709年）九月十二日，宁夏中卫7.5级地震，波及镇原成灾。乾隆三年（1738年）十一月二十四日，宁夏平罗、银川8级地震，波及镇原，张石喇嘛庙被震倒，压死3人；大丰里石羊张家塬村周围3条沟崖大滑坡，安山沟、段家嘴前沟、陈塬沟堵塞池湫3处，面积50~100亩；段嘴村靠沟边出现长二百一十丈、宽三寸至一尺五寸裂缝；三十三年（1768年）二月七日，地震。嘉庆十一年（1806年）十二月十四日，地震，门窗桌凳摇动有声；十八年十二月二十一日夜亥时，有声自西北来，如风吼，少顷地震；二十一年二月，又地震。二十四年二月初一夜亥时，青海省东部华隆地震，镇原有震声。道光二十五年（1845年）八月，地震。光绪五年（1879年）五月十五日，武都南8级地震，波及镇原，城垣及四乡土窑有坍塌者。

民国九年（1920年）十二月十六日20时5分53秒，宁夏海原8.5级地震，波及镇原，早晨日色昏黄，中午风霾晦暗，晚上不见月光，忽有声自西南来，若雷鸣，旋即屋宇动摇，器物撞击，坐立不稳，反复跌倒，继而震撼大作，房窑崩毁，墙壁坍塌，尘土飞扬，天地变色，鸡鸣犬吠，妇孺哭嚎。强震10多分钟微止，不久复震10多次，家人互相拥抱，露坐待旦，不知冬夜寒冷。次日，大风黑雾，余震频发。此后，天天小震三、四次，数日一大震，历数月之久，次年夏乃止。震后，城廓化为平地，房舍皆为废墟，山崩滑坡数百处，黑水泛滥，瘟疫流行，死伤民众 3005 人，死伤牲畜 3904 头，摧毁窑、房 11840 处。十六年(1927 年)五月二十三日，古浪 8 级地震，波及镇原。

1959 年 4 月 16 日 8 时 30 分，解放渠道城关五里沟工段由于高劈崖造成重大滑塌，南川公社沟芦大队包某某等 4 男 8 女被压遇难，千余人赴现场抢救，县政府树碑安葬，每人家属发抚恤金 100 元。

1966 年农历九月九日 6 时 30 分，城关镇水荫沟山体滑坡，张某某庄基损毁，两个儿子和妻子被埋，镇原中学学生抢救出其两个儿子，张妻身亡。

1976 年 7 月 28 日，河北省唐山市发生 7.8 级地震，镇原县内悬物摆动，人有震感。8 月 16 日 22 时 6 分，四川松潘 7.2 级地震，波及镇原，桌上器皿震倒，悬挂物摆动，有人惊逃户外。9 月 24 日 4 时 7 分，内蒙古巴音木仁 6.2 级地震，波及镇原，房窑掉土，门窗作响。

1979 年 7 月 25 日 20 时 55 分 3 秒，礼县 4.7 级地震，镇原有震感。

1980 年，陕西陇县 4.4 级地震，波及镇原，电灯摆动。

1982 年 4 月 14 日 14 时 36 分，宁夏海原北 5.7 级地震，波及镇原，局地门窗震响，窗纸震裂。

1984 年 2 月 26 日零时，中原乡殿王行政村高庙自然村，天空红光闪耀，继有声响震耳，晨 5 时村西南边出现裂缝长 200 米，17 时 30 分山体滑塌，毁坏耕地 12 亩，树木 1004 棵，庄基 2 处。

1984 年 8 月 19 日，曙光乡官亭赵河村黑草岭滑塌，长 700 米，宽 200 米，毁坏耕地 150 亩、树木 7000 多棵。

1985 年 11 月 25 日，中原乡潘涧村崖崩，潘涧河水被壅塞半年。

1996 年 7 月 27 日下午 5 时，开边乡白马寺行政村段梁自然村暴雨后发生山体滑坡，毁坏粮田 140 亩，树木 120 余株，造成交口河堵塞数日，淹没粮田 200 亩。

2005 年 6 月 30 日至 7 月 2 日，县内连续 3 天普降大雨，雨量达 100 毫米，新城乡曹城村庙湾组出现一条长 600 米、宽 50 厘米裂缝。7 月 19 日，新城乡孟寨村北山组出现一条长 30 米、宽 40 厘米裂缝，马渠乡四坪村沟畔组出现一条长 60 米、宽 30 厘米裂缝。2006 年 8 月，新城、郭原两乡出现山体裂缝 5 处，造成 22 户宅基搬迁。

2007 年 7 月 24 日，三岔镇肖园子村龙门沟组出现宽 1 米、长 1000 多米大裂缝。

2008 年 5 月 12 日 14 时 28 分，四川汶川 8.0 级大地震，波及镇原，全县 19 个乡镇 215 个村 1991 个组 3.58 万户 15.52 万人受灾，死亡 4 人，受伤 97 人，其中重伤 8 人，倒塌房窑 28262 间(孔)，损坏房屋窑洞 45825 间(孔)，死亡大家畜 158 头，233 所学校 14284 名学生无法正常上课，直接经济损失 3.45 亿元。6 月 28 日，孟坝镇王湾、刘城、孟坝 3 个村塬面出现裂缝 7 处，王湾村北庄组裂缝长 200 米、宽 10 米。

改建后的眉肖公路马头坡段　张富诚摄

第三章　环 境 保 护

20 世纪 80 年代，随着城镇人口增加，工业化推进，环境污染悄然而至，县政府将环境保护工作提升到战略位置，组建成立环境保护机构，制订环境保护措施，强化环保意识，加大环保执法，清理污染源，保护水资源，治理废气废水，大抓节能减排，关闭污染小企业，处置公害性垃圾，增加卫生设施，根治脏乱差，促使城镇环境质量改善。

第一节　机　　构

1983 年 11 月，成立镇原县城乡建设环境保护局，内设城建环保股。1992 年，成立镇原县环境监理站，为股级事业单位，隶属城乡建设环境保护局。1996 年，环境监理站升格为副科级建制，实行自收自支。2002 年，分设镇原县环境保护局，挂环境监理站牌子，为县政府直属科级事业单位，内设文秘、环境监理、监督管理、综合计划 4 个股，核定事业编制 14 人，设局长 1 人，副局长 2 人，时有工作人员 11 人。2008 年，职工增加到 17 人。2010 年，调整为县政府工作部门，内设人秘、污染控制、规划环评、自然生态保护 4 个股，核定编制 9 人，实有干部职工 11 人，其中行政编制 4 人，事业编制 7 人。同年 11 月，成立镇原县环境监测大队，隶属环保局，核定事业编制 8 人，实有干部职工 10 人，履行全县污染减排治理、饮用水源保护、环境安全管理、建设项目环评、排污费收缴和环保法规宣传等职责。

第二节　环 保 工 作

2000 年起，坚持经济与环境双赢、保护与治理并举、服务与监管齐抓的工作原则，将环境保护指标纳入全县国民经济发展计划，并与相关部门和各乡镇签订目管理责任书，年终统一考核、兑现。以改善环境质量为目标，以污染源治理为重点，开展污染减排、环保专项行动、饮用水源保护、油区环境监管、建设项目环评审批及噪声监管、排污收费、环保宣传等工作。

一、环保宣传

2002至2010年，利用"4·22"地球日、"6·5"世界环境日开展"环保意识进万家""爱我家园"环保志愿者大行动和环保宣传进社区、环境警示教育进油区等活动，广泛宣传《环境保护法》、环保知识和环保重要性。期间，结合第一次全国污染源普查，印制发放宣传资料10万份，在城区、乡镇张贴环保宣传画1000余份，发表新闻稿件50余篇。单位、企业、学校开展"绿色文明单位"及"绿色学校"创建活动，先后创建市、县级"绿色文明单位"15家，"绿色学校"20所。

二、环保执法

2000年起，依据《环境保护法》《排污费征收使用管理条例》，环保部门依法对排污企业、第二产业、建筑企业征收废水、噪声、烟尘排污费800余万元，实施排污企业排污申报制度，实行污染物排放许可证制度，对所有排污企业全部办理排污许可证；坚持建设项目环境影响评价制度，按照《环境影响评价法》《建设项目环境保护管理条例》，共计办理建设项目环评手续240个；坚持建设项目污染防治设施必须与主体工程同时设计、同时施工、同时投产使用的"三同时"制度，坚持现场监督制度，环境监察人员累计开展现场检查850余次，处理违法问题300余件，下发限期整改通知书130余份。2007至2008年，依法关停屯字镇曙光麦草加工厂、永兴建材有限责任公司、何曹砖瓦厂、上山砖瓦厂、南川乡上庄新宇粉条厂及平泉、新城、太平等乡镇5家石灰窑污染小企业。2009年对94户企业和22家医疗机构开展排污申报工作。2010年，开展工程建设领域突出问题专项整治，排查前三年建设项目45个，发现问题项目13个，全部补办环评审批等手续；审批建设项目87个，其中新开工项目61个，补批往年开工项目18个，审批未开工项目7个，停建项目1个，"环评率""三同时"执行率均为100%。

三、油区环境监管

1998年，查处取缔上肖仪封、彭阳石崖无照个体土炼油窝点，查封省地办证集体小土炼油企业1户。2005年起，县委县政府坚持开发第一、环保优先、石油开发与环境保护双赢指导思想，出台《镇原县石油勘探开发环境保护工作意见》《镇原县石油勘探开发井位审批程序及办法》《镇原县支持油区开发建设推行"一站式"服务的实施办法》等文件，明确规定，凡在县境内布井，先由县石油办牵头，县环保、国土、水务、林业、水保等相关部门共同组织进行现场勘查，杜绝在饮用水源保护等环境敏感区布井；对符合环保政策、经各部门签字同意、报市环保局环评审批后，提交政府常务会或县长办公会研究审批，由县石油办发出开工通知单，钻井队才能进场作业，避免审批环节污染隐患存在，从源头杜绝环境污染事故发生；针对石油开发对生态环境的影响，督促油田生产单位，按照钻井设计方案要求，落实各个环节环保措施。严格落实石油开发钻井、试油、采油环保验收制度，明确生产单位环保工作责任。采油井在投入生产时，必须按时完成标准化井场建设任务，并及时完成泥浆池无害处置，含油岩屑等废弃物必须及时拉运到填埋场做无害化处置，县上定期组织监督检查，确保做到规范化；进一步加大环保执法力度，定期进行监督检查，发现问题，及时整改；对于石油开发企业造成污染事故的，按有关规定严肃处理，促使石油开发环境保护水平逐年提高，油区环境质量稳步改善。2010年审批石油井场92个，处理油区环境违法事件2起，下发限期整改通知书5份，罚款2万元。

四、县城水源保护

2003年，委托甘肃水文地质工程地质勘察院完成《镇原县城区饮用水源保护区划分方案》。2004年，县政府出台《镇原县县城饮用水源保护区管理办法》，划定县城生活饮用水源保护区域，东至城关庙沟，西至开边万城子、刘家坪，南至茹河与洪河分水岭（即塬面中线），北至茹河与交口河分水岭。县城用水由县自来水厂和六家单位自备水井分别供给，取用地下白垩系罗汉洞组承压水，日取水量1500立方米，满足县城3万多人用水。自来水厂井水水质符合《地下水质量标准》和《生活饮用水卫生标准》，适宜直接饮用。

第三节 水源和污染源调查普查

2006年，对县城生活饮用水源保护区开展调查，形成《镇原县县城生活饮用水源保护区环境现状调查报告》，对县城取水及水源保护工作基本情况、水源保护区环境现状、环境污染隐患及水源保护措施进行具体分析，提出合理建议。

2007年11月，根据全国污染源普查的通知精神，县政府成立由政府分管副县长任组长、统计局、环保局负责人为副组长、相关部门及乡镇负责人为成员的污染源普查领导小组，下设办公室，组织普查指导员、普查员及数据录入员赴省、市培训后，组成清查小组，深入各乡镇、重点企业和餐饮业，清查污染源1442户，其中工业源143户（重点源91户，一般源52户），生活源1299户，确定普查对象358户。清查工作结束后，按工业源、生活源分片划区，入户普查工业源91户，其中详查7户，一般调查84户；生活源266户，其中住宿餐饮业126户，居民服务业90户，医院7户，独立燃烧设施单位36户，城镇生活居民点7户；集中式污染处理企业1户。

2008年，建立全市土壤环境质量监测体系、评估队伍和数据信息库，提升全市生态保护和生态监测能力，利用两个月时间，开展全县土壤污染状况调查，完成56个点位土壤取样、送样、上报等工作任务。

2009年，利用一月时间，组织专业人员，开展全县19个乡镇饮用水源状况调查，委托市环境监测站对饮用水水质进行实地水质监测，从环境禀赋、污染状况、环境监管、环境风险四个方面对水源地基础环境状况进行综合评估，分析存在的问题及原因，提出环境保护对策及建议。

第四节 环境质量监测

环境质量分为城区空气环境质量、地表水质量、饮用水源质量、噪声质量。2004年开始,在全县开展环境监测。空气环境质量及地表水质量超标监测,集中于2004年和2005年进行,主要是全县锅炉没有除尘设施及造纸厂废水未处理所致;饮用水源水质及城区噪声、交通噪声指标基本达到相应标准。2007年起,由于县造纸厂关停、镇原啤酒厂污水处理工程运行,全县水环境质量改观。集中供热工程的实施,使城区空气环境质量有所改善。重点保护饮用水源区,强化监管工程建设项目,城区环境质量好转。2006、2007、2008年各项指标变化不大,环境质量稳定,城区空气环境质量总悬浮颗粒物、二氧化硫、二氧化氮分别控制在每立方米0.3毫克、0.15毫克、0.12毫克以内,均达到环境空气质量二级标准,首要污染物总悬浮颗粒物污染指数97,空气质量2级。

地表水水质达标率80%以上,茹河县城上游段水质符合4类水质标准,下游段水质劣于5类水质标准;国家规定的23个监测项目均符合饮用水水质要求,饮用水源水质达标率95%以上。

区域环境噪声平均值、交通干线噪声平均在55分贝、70分贝以下。城区环境噪声平均等效声级达2类昼间标准。交通噪声平均等效声级达到4类昼间标准,均符合国家城市区域噪声环境质量标准。

第五节 污染治理

一、大气污染治理

镇原县大气污染源主要有黄花菜薰窑加工、造纸厂废气和锅炉污染。2007年底,全县有52家采暖锅炉,冬季采暖期产生的二氧化硫、二氧化氮、总悬浮颗粒物,对城区空气环境造成严重污染。2008年,县委县政府决定实施县城集中供热工程,热源厂锅炉安装除尘、脱硫设施,采用湿法除尘和双碱法脱硫工艺,除尘率达95%以上,外排烟气中烟尘、二氧化硫、氮氧化合物等达到锅炉大气污染物排放标准,并能满足污染物总量控制要求,同时配套烟气在线监测系统,与环保部门联网,随时监测指导,确保各类污染物长期稳定达标。至2009年底,拆除旧锅炉28台,每年削减二氧化硫排放20.1吨,减少烟尘排放34吨,改善了取暖期城区环境质量。

二、污水治理

污水是镇原主要污染源,有工业生产污水和居民生活污水,其中工业生产污水危害最严重,是治理工作重点。1984年开始造纸污水处理,1992年实施果品废水集中治理,2008年开始啤酒废水、油区污水治理,2010年,实施城区生活污水集中处理工程设计、征地等前期工作。

果品生产废水集中治理 1992年7月,县政府决定在上马台修建污水处理站,集中治理果品生产废水,委托甘肃省环境污染治理工程公司承担技术咨询,提出治理方案,县城建局、经委与食品厂、西街蜜饯厂、果品厂、农副公司签订施工协议书,由城建局负责开工建设。该项目是甘肃省县城工业污水集中治理唯一工程，又是“八五”期间全省限期治理项目，建设过程中，由于资金等方面原因被迫停止。1997年，工程得到最后完善和调试，进入运行阶段。工程决算总投资107.43万元，其中省环保局20万元，县财政投入38万元，县环保排污费补助15万元，企业自筹34.43万元；年运行费用16.5万元。工程采用中和及溶气浮法净化技术，日处理污水能力300立方米；接纳处理果品厂等4家排污企业废水和6户家属区的生活污水。庆阳地区环境监测站1997年11月19日对处理水质进行检测，达到国家污水综合排放一级标准。2000年6月，污水处理站被定为股级事业单位，隶属城乡建设环境保护局管理。工程投入运行后，每年可减少茹河流域高浓度果品废水排放9万吨，削减主要污染物COD量275.94吨，对“九五”期间污染物排放总量控制发挥重要作用。2002年4月政府机构改革中，污水处理站改为企业，因无资金来源，随之停产。

造纸厂污染治理 造纸厂位于县城东街口，生产期间每年排入茹河水中有害物279.89吨，其中化学耗氧量175.32吨，石油类1.73吨，硫化物1.32吨，其他101.52吨。县城以下10公里外河水周期性变成棕色，河面泡沫翻滚，危害河道生态环境。1981年5月，全区进行水资源调查，在茹河下游城关公社祁川大队碾李生产队污染发生区断面取样检测，河水酸碱度、硫酸盐分别超标0.1PH单位和31.59%，河水含盐量在0.86~1.1克/升，硬度在22.95~22.99德国度。水质主要评价项目均在地面水环境质量二级标准之内。

1984年7月，为改善蒲河水系茹河段水污染状况，省人民政府下达全省第二批环境保护限期治理项目，将镇原县造纸厂中段白水列为全省限期治理项目之一。同年，省环境保护局下达治理资金5万元，造纸厂自筹4.8万元，由造纸厂技工承担设计，经过在江苏、浙江省辖区造纸行业考察后，多次修改，确定治污方案，采用国内常用的溶气法，修建气浮池工房180平方米，50立方米蓄水池2座及每小时处理污水50立方米的气浮装置1套。同年12月，建成投入运转。处理后的废水经抽样监测，主要指标达到国家工业“三废”排放标准，废水中的悬浮物、化学耗氧量分别降低84.7%和90.01%，每年减少向茹河排放废水约18万吨。1985年，庆阳地区首次开展工业污染源调查，茹河年接纳废水量43.56万吨，其中镇原造纸厂排放废水占91%，等标污染负荷为21.25，占全区废水等标污染负荷7.5%，属全区工业废水第三位污染物排放源。

2000年3月，山西闻喜县华龙化工电器有限公司租赁经营，先后投资420万元，按照省环保局2001年9月组织专家论证通过的污染治理方案，建成造纸中段水处理及黑液减量化设施，2002年10月调试，由于处理废水费用较大，没有正常运行，致使大量造纸废水直接排入茹河，造成下游水体严重污染，影响群众正常生产生活。2003年5月29日，省、市环保局及市公安局、安监局对该厂进行检查，随后就该厂污染问题同县政府进行座谈，产生《镇原县华龙造纸厂污染治理工作座谈会议纪要》，要求停产治污。镇原县政府于6月1日下发《关于华龙造纸厂限期停产治污的决定》，6月5日县委分管书记、政府分管县长在华龙造纸厂召开办公会议，形成《华龙造纸厂限期停产治污现场办公会议纪要》，实施停产治污。

2004年3月，县政府通过招商引资途径，引来福建外商，对造纸厂重新进行租赁承包。对纸业污染工艺进行调整和技术完善，新增黑液焚烧炉、碱回收设施、絮凝气浮系统、聚丙烯酰胺加药设施和5B型COD在线速测仪，由县环保局电脑监控，经市环保局组织专家评审，认为符合造纸行业废水处理要求，以庆环发[2005]81号文件复函，批准该企业于2005年8月16日恢复生产，至2007年，未能达到3.4万吨制浆标准要求，污染物继续超标排放。在国家产业政策和省市环保部门双重压力下，县政府于4月20日强制关停，年减少茹河的工艺废水排放70万吨左右，解决了茹河下游水污染问题，使全县COD年减排400吨以上，二氧化硫减排16吨以上，为全县减排工作做出贡献。

啤酒厂污染治理 镇原县啤酒厂于1986年开始筹建，1988年正式投入运行，自行经营4年，被兰州黄河集团公司兼并生产10年，收回破产。又被河南金星啤酒集团公司租赁经营4年，然后收购经营，改名甘肃金星啤酒有限公司。2008年，由企业自行设计，自筹资金650万元，新上污水处理工程，设计年生产能力10万吨，污水处理能力60万吨，日处理2000吨，实际处理600吨。处理工艺为酸化加生化法联合工艺，排放标准为《啤酒工业污染物排放标准》，2009年4月竣工，经市环保局审批，于6月25日开始正式试运行，至年底共削减COD排放6吨。2010年削减排放8吨。

橡胶坝汇污排污 2009年橡胶坝建成起，将城区生活污水和工业废水经由排污管道集中入坝，经过冲淡缓解，从下游排污口排入茹河，既改善城区河段环境卫生状况，又为城区生活污水处理项目完成前期工作，有效提高了茹河水体环境容量，弥补了茹河由于水量过少造成纳污禀赋不足缺陷，一定程度上解决县城居民生活带来的水污染问题，改善生态环境。2010年夏季被淤泥填没大半，再未蓄水。

三、油区环境治理

2008年，由中石化华北分公司立项审批，并投资400多万元，镇泾采油厂在屯字镇马堡村租地10.3亩，开始修建固体废物处置场，设计总库容1.58万立方米，有效容积1.07万立方米，年处理固体废物1000立方米，使用年限为10年。工程采用固结填埋法，混凝土隔断，附加HDPE膜及复合土工膜防渗技术，有效保证固体废物渗漏造成地下水污染，工艺技术达到国内同类项目先进水平。该项目于2009年5月竣工，并通过华北公司内部组织验收，市环保局批准于6月2日投入运行，日处理固体废物3.6立方米，至年底填埋固体废物300多吨，次年填埋固体废物500吨。2010年，为解决油区各类污水对环境的污染，督促华北公司修建镇泾油田集输站污水处理工程，投资130余万元，在集输站内建成污水处理站一座，通过市环保局验收，并投入运行，日处理能力190立方米。全县油区修建无害化泥浆处理池39个，其中华北分公司17个，长庆第四项目部22个。

第四章　人口民族宗教

旧石器时代,远古居民在茹河、蒲河两岸台地上繁衍生息。夏、商、周时期,先后有戎、狄、周、羌、匈奴、鲜卑、敕勒、突厥、党项、女真族入居县境,融汇交流。南北朝后,形成以汉族为主的人口格局。中华人民共和国成立后,社会安定,经济发展,人口较快增长。

第一节　民　族

一、民族类别

戎族是镇原最原始民族。夏时,周先祖不窋率部族北迁今陇东一带,教民稼穑,与当地戎狄部落为伍,共同生活数百年,县内有教民墩遗址为证。秦昭王三十七年(前270年),秦灭义渠后,戎狄一部分融入秦人、周族,另一部分向北、西迁移,成为其他少数民族。匈奴族曾长期占据镇原长城以北地区,并时常越长城内扰,与秦、汉争战,西汉元狩二年(前121年)、五凤二年(前56年)、甘露三年(前51年)、东汉建武六年(30年)、二十一年(45年)、二十四年(48年)、元和四年(87年)、永元八年(96年),朝廷多次举兵征伐,匈奴部族不断归汉内附,安置境内。众多戎狄部落与周族、秦人融为一体,遵守汉规,演变为汉族。汉末,卢水胡族由陕北向陇东迁徙,境内住有大量卢水胡人。三国时,鲜卑族由北方游牧迁居西北,后来,乞伏鲜卑首领罢官后居家镇原。西晋太康七年(286年),匈奴胡都大博及萎莎十万余人内附,部分安置在境内。魏晋南北朝时期,匈奴、羯、氐、羌、鲜卑、敕勒、吐谷浑、卢水胡族入居县境。北魏孝文帝时,革除旧俗,吸收汉族先进文化,主张穿汉服、断北语、改汉姓,使鲜卑族、匈奴、羌、卢水胡等族渐融于汉族和其他民族中。隋唐时,突厥、吐蕃、党项羌族先后入居县境。南宋时,辽国肖姓大将领兵从古原州北部入侵大宋,被宋将阻击降附后,安家现三岔肖园子村,成为肖姓族人。宋末境内突厥、吐蕃、党项羌族逐渐融合于汉族中。金时,女真族入居县境,屯字、彭阳等地金姓人家即为金元帅完颜宗弼(金兀术)族裔,金亡后以国为姓,也有以完颜为姓,后汉化。元初,中亚、西亚一些信仰伊斯兰教"回回人"迁入县域,成为回族最早来源。蒙古族官吏、军兵入居县境,部分定居并逐渐汉化,太平沓河就有部分汉化蒙古人居住。

元、明、清及民国,除少数回族、蒙古族外,皆为汉族。三岔是回民居住较为集中的地区,多数是民国三十六年(1947年)、三十八年先后从张家川县和宁夏固原、同心等地迁入县域。

1949年,县内少数民族仅有回族。1955年,增加满族、蒙族,有少数民族3个。1982年,增加壮族、撒拉族,有少数民族5个。1990年,增加彝族。2000年,增加维吾尔族、朝鲜族、藏族、苗族、布依族、壮族等,有少数民族十多个。2010年,汉族占总人口99.95%,增加土家族、赫哲族,减少满族、蒙古族、彝族、苗族、布依族、壮族、朝鲜族,常住少数民族有回族、藏族、土家族、蒙古族、赫哲族、撒拉族、维吾尔族7个,共56户248人,占全县总人口0.05%,其中非农人口24人,国家正式职工5人;回族有49户232人,占全县少数民族人口的94%,除三岔镇高湾村集中居住回民25户113人外,其他均为散居;藏、土、蒙古、赫哲、撒拉、维吾尔6个少数民族绝大部分为婚入妇女和到县经商务工而落户人员。

二、姓氏

镇原历史上战乱、移民、经商等造成人口姓氏变动较大,最早有刘昌氏、皇甫氏、慕容氏、万俟氏、欧阳氏、申屠氏、纥干氏、上官氏等复姓。皇甫氏为汉时名门大姓,万俟氏原为后魏献帝季弟之后,今县境内有万俟沟圈遗名。皇甫、万俟、欧阳、申屠、纥干姓氏随着时间推移,后人起名为一个字,将复姓第二字误名,这些复姓渐渐变为单姓或者消失,但在新城乡仍保留孙仲、沈元两个复姓。胡、孙、车、贺、刘、荀、梁、寇、杜、韩、高、慕、潘、薛、甄、罗、侯等姓均为汉化后族姓。胡氏汉时由黄姓改来,从三国胡遵开始至南北朝,被记入《二十四史》,位至三公九卿及将军、太守者多达数十人,并有两位皇太后、两位皇后。平泉朱胡同和曙光朱沟朱姓人家均从平凉纸坊沟移来,是朱元璋皇叔后裔。明初,由于战乱、改朝换代、饥荒等多种因素,镇原人口几次损失大半,姓氏大减,今县居民大多系明洪武、嘉靖年间移民。据部分家谱记载,张、王、赵、杨、刘、包等姓均由山西洪洞大槐树下集中移民而来。环县贡生慕永忠嘉靖时任镇原教谕,将家人安在县城附近,其后裔散居城关莲池、南川慕堡子等地。光绪三十三年(1907年),手抄本《镇原乡土志》记载39姓,其中王、席2姓汉时到县,为镇原土著,田姓隋大业时到县,刘、祁、徐、韩4姓元时到县,范、贾、包、姚、董、焦、段、李、贺、姜、许、杨、蒋、朱、孟、张、毛、陈、秦、郑、慕、吴22姓明代到县,赵、安、马、袁、史、周、申、孙、金、曹10姓清代到县。

县内以族分姓、以姓分族颇多,按族规以姓分族不能结亲,以族分姓可以通婚。全县姓氏分布很广,1985年户口登记调查,全县24个乡镇共有姓氏322个,张姓人口最多,最少姓仅1人。前塬地区姓稀、户大、人口多,后山地区姓稠、户小、人口少,形成前塬地区多系一姓聚居一个大村或庄头。千人以上姓氏有66个,千人以下姓氏256个,其中张、王、刘、李、赵五大姓全县各个乡镇均有分布。2010年全国人口普查,全县19个乡镇常住人口共有姓氏537个,其中万人以上姓氏有张、李、刘、王、杨、马、陈7个,共172383人,占总常住人口415727的41.47%,各乡镇均有分布,张姓人口仍居首位;5001~10000人姓氏14个,共89310人,占总常住人口的21.48%;1001~5000人的姓氏47个,共108890人,占总常住人口的26.19%;101~1000人姓氏95个,共33797人,占总常住人口的8.13%;10~101人姓氏272个,共9560人,占总常住人口的2.3%;10人以下姓氏103个,共573人,占总常住人口的 0.14%;未取名的 1214 人,占 0.29%。最少姓仅 2 人,有 16 姓。

张姓 1985 年有 47240 人,2010 年有 47391 人,主要分布于城关、南川、开边、临泾、太平、平泉、新城、屯字、孟坝。据考证,镇原张姓多为大房二张家,还有其他张家,分为忠恕街、大户、白马、黑马、桃园、张毛、赤马、学门、训读等张家。

王姓 1985 年有 33133 人,2010 年有 27808 人,主要分布于平泉、南川、开边、临泾、新城、郭原、屯字、孟坝、中原,分为王马、什字、岘子王、庵里、东王、麻王、巧王、杨庄、大王、殿王、王储等王家。

刘姓 1985 年有 26133 人,2010 年有 28141 人,主要分布于城关、南川、平泉、孟坝、中原,分为屯字小户、平泉上刘、上肖净口、梧桐、太平板刘和县城南街等刘家。

陈姓 1985 年有 11298 人,2010 年有 10343 人,主要分布于武沟、开边、郭原、中原、太平、上肖等地。

赵姓 1985 年有 11114 人,2010 年有 7532 人,主要分布于屯字、上肖、孟坝、城关、南川、庙渠等地。

杨姓 1985 年有 10695 人,2010 年有 11115 人,主要分布于郭原、新城、屯字、孟坝、平泉等地。

李姓 1985 年有 10430 人,2010 年有 36773 人,主要分布于太平、新集、城关、开边、上肖、屯字、中原、孟坝,分为南李、桑树湾、枣林、李嘴、大李、湾李、塔李、苏李、小李、河李、游佛李、李世常等李家。

马姓 1985 年有 8721 人,2010 年有 10812 人,主要分布于城关、屯字、上肖、太平、孟坝、新城,分为马沟、马堡、四殿、马南庄、马漩涡、岘子马等马家。

段姓 1985 年有 8700 人,2010 年有 9006 人,主要分布于城关、临泾、太平、孟坝、屯字、南川等地。

朱姓 1985 年有 8096 人,2010 年有 7306 人,主要分布于平泉、新城、屯字、临泾、中原、武沟等地。

白姓 1985 年有 6286 人,2010 年有 6165 人,主要分布于殷家城、中原、三岔、平泉、上肖等地。

路姓 1985 年有 6097 人,2010 年有 7091 人,主要分布于城关、平泉、开边、屯字、临泾、郭原等地。

郭姓 1985 年有 5879 人,2010 年有 6423 人,主要分布于城关、郭原、屯字、马渠、中原、平泉等地。

姚姓 1985 年有 5506 人,2010 年有 4989 人,主要分布于新集、孟坝、平泉、中原等地。

贾姓 1985 年有 5416 人,2010 年有 6984 人,主要分布于郭原、庙渠、城关、屯字、孟坝等地。

秦姓 1985 年有 5067 人,2010 年有 5410 人,主要分布于南川、新城、屯字、平泉、城关、临泾等地。

何姓1985年有4957人,2010年有4368人,主要分布于三岔、孟坝、马渠等地。

郑姓1985年有4643人,2010年有4265人,主要分布于城关、南川、曙光等地。

席姓1985年有4560人,2010年有5826人,主要分布于临泾、太平、城关、南川、孟坝、庙渠等地。

孙姓1985年有4541人,2010年有5600人,主要分布于上肖、新城、庙渠、屯字、方山、孟坝等地。

慕姓1985年4534人, 2010年有5856人,主要分布于平泉、临泾、城关、南川、新集、孟坝等地。

田姓1985年有4295人,2010年有5654人,主要分布于平泉、临泾、中原、方山、屯字、城关等地。

安姓1985年有4127人,2010年有4495人,主要分布于城关、郭原、新城、南川、平泉等地。

苟姓1985年有3937人,2010年有2467人,主要分布于上肖、南川等地。

杜姓1985年有3863人,2010年有5062人,主要分布于中原、孟坝、新城、平泉、上肖、屯字等地。

常姓1985年有3862人,2010年有4447人,主要分布于庙渠、马渠等地。

徐姓1985年有3708人,2010年有3716人,主要分布于中原、平泉、曙光等地。

曹姓1985年有3200人,2010年有5395人,主要分布于上肖、三岔、屯字、新城、开边等地。

范姓1985年有3090人,2010年有2436人,主要集中于城关、临泾、孟坝、太平、屯字等地。

姜姓1985年有2987人,2010年有2814人,主要分布于孟坝、临泾、上肖、南川等地。

许姓1985年有2746人,2010年有3089人,主要分布于开边、临泾、城关等地。

周姓1985年有2380人,2010年有1725人,主要分布于屯字、孟坝等地。

高姓1985年有2309人,2010年有4725人,主要分布于屯字、孟坝、新城等地。

祁姓1985年有2288人,2010年有3140人,主要分布于城关、临泾等地。

贺姓1985年有2252人,2010年有2763人,主要分布于城关、平泉等地。

阎(闫)姓1985年有2160人,2010年有2606人,主要分布于郭原、屯字等地。

焦姓1985年有2058人,2010年有2823人,主要分布于太平、临泾、郭原等地。

耿姓1985年有2048人,2010年有2145人,主要分布于临泾、开边、新集等地。

吴姓1985年有2029人,2010年有2822人,主要分布于庙渠、屯字、太平等地。

罗姓1985年有2019人,2010年有2557人,主要分布于庙渠、马渠等地。

谢姓1985年有1947人,2010年有1601人,主要分布于孟坝、城关、上肖等地。

景姓1985年有1921人,2010年有2155人,主要分布于新城、郭原、湫池等地。

申姓1985年有1836人,2010年有2024人,主要分布于方山、城关、三岔等地。

袁姓1985年有1799人,2010年有1862人,主要分布于武沟、郭原等地。

毛姓1985年有1782人,2010年有1659人,主要分布于上肖、城关、新集、庙渠、郭原等地。

柳姓1985年有1717人,2010年有1960人,主要分布于三岔、临泾等地。

任姓1985年有1706人,2010年有2680人,主要分布于孟坝、城关等地。

包姓1985年有1703人,2010年有1093人,主要分布于临泾、屯字、太平、南川、新集等地。

孟姓1985年有1535人,2010年有2129人,主要分布于屯字、武沟、新城等地。

魏姓1985年有1388人,2010年有1742人,主要分布于太平、孟坝等地。

惠姓1985年有1342人,2010年有2876人,主要分布于孟坝、武沟、新城、庙渠等地。

邢姓1985年有1340人,2010年有1110人,主要分布于上肖、屯字等地。

黄姓1985年有1329人,2010年有1346人,主要分布于城关、南川、武沟等地。

兰姓1985年有1289人,2010年有1678人,集中于太平等地。

牛姓1985年有1269人,2010年有2087人,主要分布于庙渠、武沟等地。

脱姓1985年有1225人,2010年有1282人,主要分布于临泾、上肖等地。

唐姓1985年有1189人,2010年有809人,集中于新集等地。

沈姓1985年有1150人,2010年有1607人,主要分布于新城等地。

韩姓1985年有1113人,2010年有1447人,集中于临泾等地。

虎姓1985年有1105人,2010年有1577人,主要分布于武沟、马渠等地。

史姓1985年有1091人,2010年有1055人,主要分布于平泉、屯字等地。

芦(卢)姓1985年有1086人,2010年有1895人,主要分布于南川、城关、屯字等地。

康姓1985年有1084人,2010年有1106人,集中于南川等地。

蔡姓1985年有1006人,2010年有442人,集中于新城等地。

胡姓1985年有1002人,2010年有1253人,主要分布于平泉、新集等地。

潘姓1985年有1000人,2010年有792人,主要分布于中原、屯字等地。

2010年,人口增加到千人以上的姓氏有董姓2324人、甄姓1321人、苏姓1296人、强姓1220人、夏姓1150人。千人以下人口姓氏有畅姓910人,杏姓855人、梁姓839人,季姓816人,唐姓809人,米姓807人,蒋姓800人,潘姓792人,冯姓752人,余姓752人,金姓737人,薛姓730人,庞姓718人,成姓703人,巨姓655人,翟姓648人,鱼姓618人,吕姓594人,樊姓589人,雷姓553人,扬姓550人,空姓544人,肖姓513人,主姓501人,邓姓496人,井姓485人,丘姓482人,党姓481人,蒙姓481人,尤姓481人,寇姓476人,户姓471人,冉姓468人,时姓462人,亢姓450人,蔡姓442人,姬姓415人,谯姓388人,宋姓379人,尚姓366人,石姓366人,侯姓352人,傅(付)姓332人,苗姓323人,曾姓312人,郝姓307人,方姓274人,和姓271人,车姓262人,芮姓260人,云姓247人,文姓230人,丁姓、武姓各220人,沃姓215人,于姓213人,齐姓、寿姓、佟姓各187人,素姓186人,叶姓185人，岳姓182人，汪姓170人，陆姓167人，童姓159人，土姓152人，林姓151人，颜姓144人，涂姓143人，钱姓142人，学姓138人，舒姓137人，木姓134人，谭姓132人，苑姓129人，关姓128人，巫姓125人，但姓、宁姓各122人，乔姓119人，娄姓、牧姓各118人，程姓、法姓、谈姓各117人，施姓115人，崔姓114人，宗姓110人，彭姓109人，索姓、折姓各107人，乐姓、秋姓各106人，全姓105人，暴姓、练姓各102人，窦姓、向姓各99人，伍姓98人，仇姓97人，柴姓96人，东姓、危姓各89人，有姓87人，荀姓85人，勾姓、左姓各84人，古姓、解姓、养姓各83人，乌姓、宇姓各82人，龚姓、汝姓各81人，甘姓79人，广姓78人，柯姓、邹姓各77人，缑姓76人，郎姓、水姓各71人，揭姓、骆姓各68人，昌姓、房姓、昊姓、蔺姓各66人，易姓65人，来姓、诸姓各64人，俱姓、佘姓各63人，伯姓、弘姓、汲姓各62人，谷姓、化姓各61人，宫姓60人，毕姓59人，代姓、符姓、冷姓、闵姓各58人，柏姓、容姓、尹姓、雍姓各57人，郑姓、茅姓各56人，商姓54人，桂姓、倪姓、辛姓、仰姓各53人，弓姓52人，经姓、梅姓、沙姓各51人，狄姓、洪姓、劳姓、利姓各50人，那姓、松姓、银姓各49人，宣姓48人，葛姓、鞠姓、熊姓各47人，保姓、邵姓各46人，才姓、赏姓、万姓各45人，步姓、都姓、花姓、欧姓、邱姓各44人，孔姓、荣姓、英姓、越姓各43人，仓姓、吉姓、屈姓、钟姓各42人，位姓、伊姓各41人，丰姓、铁姓、虞姓各40人，栗姓、衣姓、元姓、詹姓、终姓各39人，计姓、韦姓、羊姓各38人，扶姓、廖姓、仆姓、汤姓、温姓各37人，聂姓、权姓、司姓各36人，荆姓、龙姓、鲁姓、裴姓、萧姓各35人，邝姓34人，封姓33人，巢姓、伏姓、福姓、严姓、支姓各32人，堵姓、鄂姓、降姓、莫姓、骈姓、蒲姓、漆姓、刑姓、阴姓各31人，须姓30人，臣姓、幸姓、燕姓各29人，池姓、明姓、相姓各28人，费姓、黎姓、朴姓、慎姓、陶姓、祝姓各27人，稽姓、廉姓、沿姓各26人，皮姓、师姓、束姓、腾姓、卫姓、项姓各25人，丹姓、杲姓、靳姓、阮姓、禹姓各24人，辜姓、顾姓、火姓、雒姓、穆姓、言姓、展姓各23人，爱姓、班姓、别姓、戴姓各22人，薄姓、单姓、连姓、曲姓各21人，岑姓、杭姓、江姓、娜姓、茹姓、桑姓、阳姓、殷姓、仲姓各20人，贡姓、霍姓、晋姓、麻姓、隗姓、贠姓各19人，傲姓、褚姓、瞿姓、牟姓、侍姓、邬姓、咸姓、宰姓各18人，苍姓、富姓、管姓、蓟姓、禄姓、农姓、台姓各17人，笪姓、藩姓、鹏姓、覃姓各16人，艮姓、后姓、凌姓、满姓、深姓、原姓、占姓各15人，敖姓、达姓、家姓、宓姓、敏姓、尧姓、印姓各14人，充姓、盖姓、娇姓、敬姓、郦姓、琴姓、通姓、奚姓、习姓、羿姓、庄姓各13人，卜姓、干姓、国姓、赖姓、母姓、能姓、蓬姓、浦姓、益姓、昝姓、臧姓各12人，邴姓、查姓、郜姓、巩姓、居姓、卡姓、隆姓、斯姓、冼姓、晏姓、仉姓各11人，边姓、卞姓、储姓、刁姓、红姓、籍姓、纪姓、栾姓、年姓、帕姓、璩姓、饶姓、帅姓、蔚姓、游姓各10人，艾姓、晁姓、从姓、官姓、怀姓、冀姓、简姓、匡姓、慕容姓、山姓、厍姓、於姓各9人，贲姓、簿姓、督姓、欧阳姓、平姓、瓦姓、闻姓、午姓、戊姓、筱姓、战姓、湛姓、章姓、智姓各8人，楚姓、戈姓、华姓、况姓、卯姓、钦姓、滕姓、植姓、竺姓、訾姓各7人，鲍姓、凡姓、公姓、哈姓、衡姓、扈姓、菅姓、逄姓、庆姓、阙姓、殳姓、溯姓、隋姓、屠姓、郗姓、莘姓、胥姓各6人，贝姓、凤姓、汉姓、桓姓、阚姓、缪姓、墨姓、韶姓、盛姓、邰姓、俞姓各5人，巴姓、谌姓、邸姓、蓝姓、糜姓、僧姓、宿姓、翁姓、鄢姓、应姓、渝姓、郁姓、卓姓各4人，迟姓、丛姓、斜姓、梵姓、滑姓、逯姓、濮姓、戚姓、裘姓、区姓、融姓各3人，啜姓、公冶姓、宦姓、嵇姓、蒯姓、喇姓、厉姓、漫姓、乜姓、南宫姓、钮姓、戎姓、双姓、宇文姓、喻姓各2人（由于人口普查数字汇总光电识别有误，出现奥、醴、野、崇、豆等姓未反映，实际这几姓确实存在，其中豆姓在千人以上，野、崇、醴姓在300~500人之间）。比1985年减少的姓氏有寸、门、内、末、另、长、叩、库、壮、芳、忧、沧、哀、妥、希、奉、每、药、某、冒、宪、炼、信、种、泰、菊、恭、超、慧、舍、甫、崇、沈元33个，增加姓氏248个。县内有部分窦姓改写为豆，扈姓改写为户，阎姓改写为闫。

第二节 人 口

人口包括数量与分布、出生与死亡、移民迁徙及人口结构。历史上设专门机构管理人口户籍，中华人民共和国成立后由公安部门管理。

一、人口数量及分布

旧、新石器时代，境内有少量原始人群。

夏、商、周时期，人口稀少。

汉武帝元狩二年（前121年），安置4万降众于北地、陇西。随后，又调集10万余人在朔方，筑卫设防。元狩三年（前120年），山东发大水，朝廷又将灾民70余万人迁移到“关西（北地、陇西、西河、上郡）朔方”，使镇原人口大增。西汉安定郡临泾、彭阳、抚夷、安武、安定、安俾等县有18178户34118人，人口密度1.8人/平方公里。东汉永和五年（140年），临泾、朝那、安武3县共2592户10987人，人口密度1.04人/平方公里。

西晋太康元年（280年），临泾、西川2县共1571户10324人，人口密度1.5人/平方公里。隋大业五年（609年），临泾县10897户56339人，人口密度35.1人/平方公里。

唐武德元年（618年），临泾县1754户7184人，人口密度4.3人/平方公里。唐贞观十四年（640年），临泾县1754户7984人。开元元年（713年），临泾县18441人。天宝元年（742年），临泾县6273户37370人，人口密度22.3人/平方公里。天宝十一年（752年），临泾县6273户37370人。

北宋太平兴国元年（976年），临泾县6985户24448人，其中主户3436户，客户3549户。元丰元年（1078年），临泾、彭阳2县22401户66755人，其中主户16840户，客户5561户。崇宁元年（1102年），原州临泾、彭阳2县23036户63499人，人口密度13.4人/平方公里。镇戎军一城（彭阳）1961户8057人。

金泰和七年（1207年），原州临泾、彭阳2县17800户106088人，人口密度22.5人/平方公里。

元朝战争频繁，鼠害灾疫严重，镇原州居民大量流亡，人口降为1961户8054人。

明洪武年间，镇原县2200户31095人。嘉靖二十一年（1542年），全县5206户36070人，人口密度8.6人/平方公里。万历年间全县551户6777人。清代顺治七年（1650年），全县929户15426人。康熙年间,全县28933户47054人。雍正年间,全县29028户50044人。乾隆年间,全县49658户69097人。嘉庆六年(1801年),全县40647户231267人,人口密度66人/平方公里,是十九世纪人口最多时期。同治年间,回民反清起义,兵燹不断,禾田荒废,平民或被杀、或逃亡、或饿死、或被野狼残害,十室九空,人口锐减。经光绪年间人口恢复,至三十四年(1908年),全县有12112户73651人,人口密度9.7人/平方公里。宣统元年(1909年),全县12394户75163人。

民国十七年(1928年),由于大旱、瘟疫,人口大减。二十六年,全县209保有21552户151110人,平均人口密度25.61人/平方公里,其中临泾、屯字、肖金3镇为第一区,92保1005甲,辖10714户73332人,新城、中原、平泉3镇为第二区,61保562甲,辖5257户38888人,孟坝、太平、马渠3镇为第三区,56保521甲辖5582户38890人。三十年,全县总户数30898户,总人口199244人,其中国统区24898户169244人,解放区6000户30000人。三十三年,全县平均寿命仅为34.5岁。三十七年,全县总户数36890户,总人口237940人,其中国统区27564户183031人,解放区9326户54909人。

中华人民共和国成立后,人口自然增长。1950年,全县11个区有3.84万户21.98万人,人口自然增长率为12.3‰,人口密度59人/平方公里。1951至1953年,人口自然增长率在10.9‰~16.8‰之间。1954至1955年,人口自然增长率上升到26.6‰和27.7‰。1956年,人口自然增长率19.3‰,1957年下降至5.5‰。1958年,由于遭受天灾人祸,人口开始大幅度下降,全县34个乡有4.32万户25.37万人,人口自然增长率2.7‰。1959至1960年,人口出现负增长,减少到24.34万人。

1961年,人口恢复增长。1962年,群众生活改善,平均寿命延长,人口自然增长率上升到38.9‰。1963至1970年,人口自然增长率在25.4‰~33.2‰之间。期末全县20个公社有6.13万户32.22万人,人口密度92人/平方公里。1971至1974年,人口自然增长率在17.1‰~29‰之间。1975年,提倡计划生育,人口增长幅度减缓,人口自然增长率在13.2‰以下,最低9.3‰。至1980年,全县有7.45万户37.88万人,人口密度108人/平方公里。1981至1985年,实行计划生育,人口自然增长率在10‰左右。至1985年,全县24个乡镇有8.06万户40.21万人,平均寿命63岁,人口密度114.9人/平方公里。人口分布不平衡,山区乡镇人口稀少,前塬乡镇人口稠密,密度最大是城关镇214.5人/平方公里,最小是殷家城乡37.3人/平方公里。

1986至1989年,人口自然增长率控制在10‰以下,平均寿命67岁。至1990年,全县有9.32万户44.15万人,人口自然增长率11.37‰,人口密度126人/平方公里。1991至1996年,人口自然增长率波动较大,最高14.18‰,最低9.96‰。1997至2000年,人口低位增长,自然增长率在7.53‰以下,期末有113848户499218人,人口密度142.63人/平方公里。2001至2010年,人口自然增长率在7‰以下。期末全县7镇12乡有142613户51.55万人,平均寿命72.5岁,人口密度147.29人/平方公里。城关、临泾、南川、屯字、上肖、太平、孟坝、开边、平泉、中原、新城11个乡镇总人口408583人,人口密度167.57人/平方公里,新集、方山、三岔、殷家城、马渠、庙渠、武沟、郭原8乡镇总人口106992人,人口密度100.78人/平方公里,密度最大城关镇348.88人/平方公里,最小殷家城乡41.21人/平方公里。

二、人口变动

镇原历史上人口除正常出生、死亡外,主要是移民迁徙。因县域经济落后,加之瘟疫、疾病、战争及自然灾害等因素,人口死亡率有时高于出生率。秦代,征发关中秦人入驻县境,屯田戍边。西汉元狩三年(前120年),境内安置内附匈奴部族。

东汉建武二十四年(48年),南匈奴四五万人降汉,分置北地、安定等郡。永元十二年(100年),降羌6000余人分徙安定等郡。安帝永初五年(111年),匈奴入侵,朝廷下诏,安定民众携家带口内徙美阳(陕西武功)。永建四年(129),诏复安定三郡,民众返回。

晋太元十九年(394年),后秦主姚兴战杀前秦主苻登后,苻部下占地务农,将安定数千人迁徙到蒲坂(山西永济)。义熙元年(405年),将安定郡5千余户迁居长安;六年,安定居民千余户迁徙到阴密。

宋真宗咸平四年(1001年),陕西转运使刘综上疏,朝廷批准其军200余人在城四面屯田,其后裔落居镇原。

明洪武、永乐年间,朝廷在山西洪洞县北广济寺大槐树处设局驻员,办理移民迁徙登记,准备运力,发放川资,大规模移民6次,镇原县为迁入地之一。山西洪洞县大槐树下是移民集散地,移民后裔大都记不清原籍,只知来自山西大槐树。成化年间,大旱且瘟疫流行,县民逃荒外流过半,开边一带百里无人耕种。嘉靖十六年(1538年),朝廷不顾镇原面积削去一半事实,仍按旧额征赋粮,百姓因交不起粮税而自发逃亡外流。上作、横河、遥岘、新城、显圣、合道、双屯、原店、麦子9里绝355户,逃235户,存223户。万历十一年(1583年),大旱重瘟,民死十分之六,朝廷仍征重赋,百姓为活命,逃至凤翔、华亭等处谋生。

清代,河南、陕西、宁夏、天水、平凉回民到镇原经商者居多,流动较大。同治兵燹,死亡惨重,民余无几,田亩荒芜,据《中国人口史》推算,减少约87%。光绪三年(1877年),关中大饥,饥民逃难到镇原;二十七年,大饥,民众大批离乡外流。

民国十八年(1929年),山东、河南、陕西等地灾民乞讨到县内各地落户。三十二年,河南受灾难民自发逃到镇原2198人,政府组织接收,安置在什户、中原、新城、平泉、永康、屯字、永乐、永绥、肖金等10多个乡镇。同期,也有少数小商小贩迁入镇原,娶妻生子,安居乐业。

中华人民共和国成立后,人口除区划变动外,有自然出生、死亡,也有正常迁入、迁出,包括婚姻嫁娶,参军退伍,学生深造,干部、工人调动,居民迁居等。1949年,出生4071人,出生率19.1‰,死亡1400人,死亡率6.5‰。1950至1953年,国民经济恢复时期,出生17559人,死亡5500人,迁入1273人,迁出1693人,净增11639人。1954至1957年,出生27280人,死亡9684人,迁入12523人,迁出11034人,净增19085人。

1958至1960年,生活困难时期,出现饿死人现象,外流人口增多,3年出生9072人,死亡13633人,迁入16607人,迁出21132人,净减9086人。1961至1963年,国民经济调整时期,生活改善,生育率提高,外流人口逐步返回,3年出生25647人,死亡7885人,迁入12295

人，迁出7182人，净增22875人，其中1961年迁移人数最少，迁入3483人，迁出912人。1964至1965年，出生21338人，死亡5633人，迁入7781人，迁出7624人，净增15862人。

1966至1976年，出生117172人，死亡30070人，迁入54014人，迁出55485人，净增85631人。其中1972年出生13472人，出生率高达40‰。1968年8月至1970年2月，响应中共中央知识青年上山下乡号召，兰州和外省区城市居民家属迁到镇原农村62户234人，本地区城镇居民、家属、知青到农村落户159户644人，外省籍到县内插队知识青年211人。1977至1985年，出生56892人，死亡20950人，迁入65405人，迁出60440人，净增40907人。其中1980年迁入11657人，迁出10179人。

1986至1990年，出生41136人，死亡10926人，迁入33277人，迁出24079人，净增39408人。1991至2000年，出生71222人，死亡25746人，迁入46540人，迁出37762人，净增54254人。2001至2010年，出生63060人，死亡31402人，迁入46226人，迁出59019人，净增18865人。其中2010年，全县出生6082人，人口出生率11.86‰，人口死亡2966人，死亡率5.79‰，流出人口8290人，流入人口5294人。

三、人口结构

中华人民共和国成立前，人口男性高于女性，教育落后，文盲多，人口素质低，有文化女性更少。县民世代以农为业，从事工商者无几。清末民国初，绝大部分为农民，仅有少数人在务农之余兼营他业或从事手工业等，有土匠、石匠、铁匠、木匠、小炉匠、毡匠、笼罗匠、箍匠等手工匠人；有染坊、油坊、酒坊等作坊工人，有转乡货郎、商店店员；有私人戏班演艺人员，从政、教、医者极少。

民国二十六年（1937年），全县男性83793人，女性67317人，分别占总人口数55.45%和44.55%，性别比124.48。6~12岁学龄儿童6965人，仅入学2856人，占学龄儿童41.01%，缓学752人，占10.80%，失学2762人，占39.66%，免学595人，占8.54%。全县受教育人数31844人，占总人口20.07%，其中男性30772人，占男人数36.72%；女性112人，占女人数0.17%；未受教育87150人，占总人口57.67%，其中女性45215人，占女人数67.17%，不明受教育情况32116人，占总人口21.25%。

中华人民共和国成立后，重视文化教育，普及义务教育，入学儿童逐年增加，通过办冬学、夜校、扫盲班、速成识字班和职工业余学校等形式，扫除文盲，成年文盲、半文盲人口下降。1949年，男99372人，女88813人，男女比例为1.12:1。非农业人口3206人，占全县总人口1.49%。1950年，全县总人口21.98万人，男性占总人口52.78%，女性占总人口47.22%，性别比111.75。

1953年6月第一次人口普查，全县总人口259827人，其中男137963人，女121864人，男女比例为113.21。0~3岁婴幼儿34686人，占总人口13.35%；4~6岁少年儿童20430人，占总人口7.87%；7~12岁小学适龄儿童38724人，占总人口14.91%；13~18岁中学适龄儿童44072人，占总人口16.97%；65岁以上7873人，占总人口3.03%。当年统计总人口237800人，农业人口233559人，非农业人口4241人。1955至1958年，随着招工、招干、招生人数不断增加，非农业人口增长到8010人，占全县总人口数3.16%。

1961至1962年，精减职工、动员城镇居民回农村，非农业人口下降。1962年非农业人口3889人，占全县人口1.48%。1964年7月第二次人口普查，总人口265962人，其中男138447人，女127515人，性别比108.57。0~3岁婴幼儿36502人，占总人口13.73%；4~6岁少年儿童13423人，占总人口5.05%；7~12岁小学适龄儿童43924人，占总人口16.52%；13~18岁中学适龄儿童49619人，占总人口18.66%；19~64周岁人数117238人，占总人口44.08%；65岁以上5256人，占总人口1.984%；初小以上文化程度39851人，占32.66%。农业人口265831人，非农业人口4249人。1965至1978年，地方企业发展，非农业人口逐渐增长。1978年，非农业人口增至7379人，占全县总人口2%。1979年后，因招工、“农转非”等原因，非农业人口比重逐年增大。

1982年7月第三次人口普查，全县总人口382634人，其中男196676人，女185958人，男女比例为105.76。0~3岁婴幼儿29766人，占总人口7.78%；4~6岁少年儿童21066人，占总人口5.51%；7~12岁小学适龄儿童65956人，占总人口17.24%；13~18岁中学适龄儿童78318人，占总人口20.47%；65岁以上12931人，占总人口3.38%。大学毕业312人，占6岁以上人口338853人0.09%，大学肄业23人，占0.01%；高中13979人，占4.13%；初中44054人，占13%；小学114304人，占33.73%；文盲半文盲66181人（其中6~11岁28187人），占19.53%，千人拥有大学生0.88人。年末统计农业人口37.7万人，非农业人口1万人。从事农业生产19.6万人，占总人口51.99%，城镇就业10310人，占总人口2.73%，其中矿业及木材采运业15人，占城镇就业人数0.14%；电力、煤气、自来水生产和供应者101人，占0.98%；制造业1085人，占10.52%；建筑业594人，占5.76%；交通运输、邮电通信业279人，占2.71%；商业饮食、物资供应及仓储业1667人，占16.17%；住宅管理、公用事业管理和居民服务业38人，占0.37%；卫生体育和社会福利事业1036人，占10.05%；教育、文化、艺术业3764人，占36.51%；科学研究和综合技术服务业30人，占0.29%；金融、保险业268人，占2.6%；国家机关、党政群团就业1407人，占13.65%；其他行业26人，占0.25%。随着社会发展，从事农业人员比重下降，从事工商业和服务业人员比重逐年上升。

1985年，非农业人口10621人，占全县总人口2.64%。1990年7月第四次人口普查，总人口435773人，常住人口435015人；农业人口422398人，非农业人口13375人。男225285人，女210468人，性别比107。6岁及6岁以上人口371224人。大学毕业119人，大学专科566人，中专2463人，高中17049人，初中68931人，小学140682人，文盲、半文盲141414人。

2000年11月第五次人口普查，户籍总人口499037人，其中男259111人，女239926人，性别比108。常住本地人口491696人，其中男254128人，女237568人，性别比106.97；城镇人口28915人，乡村人口462781人；0~4岁人口32364人，5~9岁48700人，10~14岁63617人，15~19岁42696人，20~24岁28428人，25~29岁41703人，30~34岁54638人，35~39岁40451人，40~44岁23660人，45~49岁27104人，50~54岁22832人，55~59岁

20334 人,60~64 岁 19141 人,65~69 岁 12700 人,70~74 岁 6399 人,75~79 岁 4474 人,80~84 岁 1904 人,85~89 岁 441 人,90~94 岁 79 人,95~99 岁 29 人,100 岁以上 2 人;6 岁及 6 岁以上人口 449301 人,未上过学 27505 人,扫盲 14638 人,小学 238001 人,初中 137497 人,高中 23045 人,中专 5500 人,大学专科 2670 人,大学本科 440 人,研究生 5 人。

2010 年 11 月第六次人口普查,全县常住人口 415727 人,其中男 210019 人,女 205708 人,性别比 102.1。0~14 岁人口 85010 人,15~64 岁 288007 人,65 岁以上 42710 人;大专以上毕业 16873 人,占常住人口 4.06%,高中 35748 人,占 8.6%,初中 146831 人,占 35.32%,小学 150925 人,占 36.3%。文盲 32654 人,占 7.85%。年末统计户籍人口 515575 人,其中男 266841 人,女 248734 人,性别比 107.1;农业人口 481858 人,非农业人口 33717 人,非农业人口占总人口 6.54%。农村从业 263940 人, 占户籍人口 51.2%, 其中从事农牧业 117972 人,占农村从业人数 44.7%,从事工业 11927 人,占 4.5%,建筑业 11958 人,占 4.5%,交通运输业 3721 人,占 1.4%,信息业 485 人,占 0.18%,批发零售业 5728 人,占 2.17%,住宿餐饮业 1650 人, 占 0.63%, 综合服务 2035 人, 占 0.77%, 在外从业和临时从业 54974 人,占 20.83%。行政、企事业单位从业 13043 人,占户籍人口 2.53%,其中林业 60 人,占 0.46%;电、煤、水行业 404 人,占 3.1%,交通运输业 44 人,占 0.34%,零售业 25 人,占 0.19%,住宿业 110 人,占 0.84%,金融保险业 604 人,占 4.63%,气象服务和科技交流推广 57 人,占 0.44%,公共设施管理 73 人,占 0.56%,教育 6461 人,占 49.54%,卫生、社保 1068 人,占 8.19%,文化艺术 53 人,占 0.41%,党政群团 4084 人,占 31.31%。

1949~2010 年镇原县人口变动统计表

表 4-2-1 单位:户、人

年份	总户数	总人口	其中			出生人数	死亡人数	迁入人口	迁出人口
			男	女	非农				
1949	38429	215434	113724	101710	3200	4071	1400	–	–
1950	38429	219831	116045	103786	3700	4134	1479	–	–
1951	38817	225471	119020	106451	3900	4976	1312	–	–
1952	39210	231252	122072	109180	4200	4494	1638	–	–
1953	38500	237800	126300	111500	4200	3955	1071	1273	1693
1954	39370	245204	129470	115700	4300	7416	1745	2182	1624
1955	39767	250512	132280	118200	4300	9132	2999	4494	3927
1956	34500	251089	131079	120010	4500	7409	2911	3436	3160
1957	39527	252832	133133	119699	4600	3323	2029	2411	2323
1958	43165	253718	132500	121164	8000	3266	4220	10300	9997
1959	44201	245691	122648	122100	7600	2811	4872	2344	8091
1960	45941	243354	124191	119163	5300	2995	4541	3963	3044
1961	51336	249246	127775	121410	4300	2927	2965	3483	912

续表

年份	总户数	总人口	其中			出生人数	死亡人数	迁入人口	迁出人口
			男	女	非农				
1962	53200	261986	135707	126279	2900	12103	2168	6541	3795
1963	53215	266233	138067	128100	4000	10617	2752	2271	2475
1964	54152	270080	140264	129816	4300	11380	2722	3938	3925
1965	55370	277274	143621	132700	5100	9958	2911	3843	3699
1966	55541	285001	147431	137570	5100	11071	3143	2220	2892
1967	57443	294236	151743	142493	5300	10755	2149	3455	2994
1968	58500	303000	156300	146700	5500	11640	2736	3716	3834
1969	59900	312800	161300	151500	4700	12703	2626	6498	6281
1970	61300	322200	165500	160900	6500	12549	2588	5255	5164
1971	62108	331090	170183	160907	10800	10003	2354	7073	5840
1972	63225	337926	172804	165122	8300	13472	3861	6320	9064
1973	66472	347829	177645	170184	6600	12819	2910	5692	5670
1974	68200	352781	179734	173047	6400	8405	2449	4729	3744
1975	68799	356100	181997	174514	5800	6975	2583	3803	4465
1976	68949	360675	183945	176300	6700	6780	2671	5253	5537
1977	70500	364108	186050	178058	6900	6423	2398	5339	5931
1978	70000	368279	188700	179560	7000	6883	2020	5508	6200
1979	73156	373846	191266	182580	8500	6526	2439	8265	6782
1980	74500	378832	193930	184902	9200	5800	2291	11657	10156
1981	75000	383228	197136	186092	10100	5976	2257	8157	7480
1982	76727	387004	198901	188103	10000	6409	2365	5306	5576
1983	83800	392393	201608	190785	10100	6347	2308	7157	6283
1984	78000	396600	204000	192600	10100	6365	2616	6546	6144
1985	80593	402127	206552	195500	10600	6163	2257	7470	5888
1986	83700	407000	209800	197200	11100	5455	2158	7417	5863
1987	85800	412100	213100	199000	11600	5501	2125	7361	5603
1988	88400	417900	216400	201500	12200	5800	2056	6175	4157
1989	91000	423900	218500	205400	13600	6230	2072	6553	4660
1990	93200	441500	228500	213000	18400	18150	2515	5771	3796
1991	95400	445900	230900	215000	14700	6862	2582	3826	4146

续表 1

年份	总户数	总人口	其中			出生人数	死亡人数	迁入人口	迁出人口
			男	女	非农				
1992	97200	450300	234300	216000	13300	7326	2722	4182	3409
1993	99300	456300	236500	219800	14800	7719	2627	4055	3712
1994	100900	461900	241700	220200	14700	8173	2695	3437	3266
1995	103300	469000	243700	225300	17000	9485	2836	4193	4056
1996	106700	480600	248100	232500	18300	8179	2723	5155	2996
1997	109500	485500	252800	232700	19400	6327	2838	5063	3744
1998	111500	490400	256400	234000	20300	6282	3400	5213	3940
1999	112643	491630	258494	233136	21320	4933	3694	5296	5590
2000	113848	499218	258933	240285	22267	5936	2669	6120	2903
2001	114774	501367	260603	240764	22808	5858	2827	3349	4337
2002	113912	502192	261057	241135	23116	10401	5744	5227	10156
2003	114594	504472	264469	240003	23638	4883	1916	2242	3455
2004	118947	507050	263244	243806	24671	5299	2524	4636	4833
2005	123000	500669	260382	240287	25000	3879	4201	3030	8588
2006	125583	501425	259097	242328	25995	2632	1312	2684	3248
2007	130576	509640	262982	246658	27859	10869	3066	6175	5765
2008	135372	514471	265448	249023	29735	7214	4443	7802	5742
2009	139839	519193	268025	251168	31752	5943	2403	5787	4605
2010	142613	515575	266841	248734	33717	6082	2966	5294	8290

第三节 计划生育

20 世纪 60 年代，开始计划生育宣传、培训和试点工作，“文化大革命”前期被迫停顿。1970 年代又重新启动，推行节育措施，遏制人口高增长。1980 年代，贯彻计划生育基本国策，开展大规模人口专项治理行动，控制人口过快增长。2000 年起，创新利益导向机制，从处罚为主向以奖励少生为主转变，从强制型向服务型、法制型转变，进入低生育水平阶段，人口总量得到有效控制。2010 年，每对夫妇平均生育由 1970 年的 4.92 个下降到 1.59 个。计划生育率由 1973 年的 45%上升到 82.49%。人口出生率由 1969 年 33.2‰下降到 11.86‰。人口自然增长率由 1969 年 22.8‰下降到 6.08‰。

一、机构

领导机构 1964 年，成立镇原县计划生育领导小组，由主管文教卫生工作副县长任组长,文教卫生、工会、团委、妇联等部门为成员。1973年6月重组,由分管副书记、副县长分别任正副组长,相关部门负责人为成员。1991年,成立计划生育综合治理领导小组,由县委、县政府主管领导任正、副组长,县纪委、县委组织部、宣传部、政法委、县人事劳动局、监察局、公安局、经计委、财政局、民政局、卫生局、文化局、工商局、计生委以及法院、工会、妇联、团委等为成员单位,分别明确工作职责,形成党政一把手亲自抓、各方配合全力抓的工作机制。

主管机构 1973年,在县文教卫生局内设计划生育办公室,一名副局长兼任办公室主任。1979年6月,计划生育办公室单列,隶属县政府,配备专职人员6人,其中科级正副主任各1名,专门负责计划生育工作。1983年12月,撤销办公室,设计划生育委员会,为政府组成部门,有主任1人,副主任由1人逐步增加到3人。1997年8月,县计生委更名为计划生育局。1999年,增设城镇暨流动人口计划生育办公室,科级事业单位,编制科级正副主任各1名,专干3人。2004年,成立县流动人口计划生育办公室。2005年,计划生育局更名为人口和计划生育局,内设人秘、规统、宣教、科技4个股,下设城镇和流动人口管理办公室,增编副局长1名,干部职工增加到34人。2010年,县人口和计划生育局有干部职工34人。

基层管理机构 1983年,24个公社分别确定副书记或副主任主管计划生育工作,明确1名计生专干办理日常业务。1988年,乡镇成立计生工作站,由分管领导兼任站长,视其乡镇人口规模,从村干部和知青中聘任专干2至5人。1997年4月,成立乡镇计划生育委员会,任命正副科级主任各1名,各行政村配备计生专职主任1名,村民小组有计生宣传员和育龄妇女自管小组长。2005年,19个乡镇计生委改名为计生办公室。2010年,乡镇有计生专干312人,村委会有计生专职主任215人,村民小组有育龄妇女自管小组长2011人。

计划生育协会 1992年10月,镇原县第一届计划生育协会会员代表大会召开,开展协会工作培训,通过协会章程,选举产生计划生育协会理事会理事53人、会长1人。各乡镇亦成立计划生育协会,发展会员,倡导群众实行计划生育,注重生殖健康。县计生协会与县计生委合署办公,会长为专职科级干部;乡镇计生协会与乡镇计生委合署办公,会长由科级干部兼任;计生协会组织延伸至村级。2000年、2006年分别召开县第二届、第三届计划生育协会会员代表大会,审议工作报告,通过修改章程决议,选举产生新的理事会,会长、秘书长,均由专职干部担任。

技术服务机构 计划生育的节育和终止妊娠手术,主要由县、乡镇卫生院承担,各卫生院设有计划生育诊室。1983年,县设计划生育技术指导站,技术人员由1人增加到3人,深入各公社开展技术培训和节育手术。1992年8月,成立城关、屯字、孟坝3镇计生服务所,聘用15名卫校毕业生,分配各服务所和彭阳、王寨、三岔、新城、小岘、中原、湫池7乡镇,人员随医院实习。1994年,新成立临泾等3个乡镇计生服务所,县计生委筹资为24个乡镇购配手提式B超,开始环孕情检查,为6个乡镇计生服务所购配手术床、消毒高压锅及必需的手术器械。1998年,24个乡镇全部建起服务所,开展节育手术和妇女病检。2005年,县计生委下设计划生育服务站,开展计生手术和妇女病检查治疗。2008至2009年,投资660万元，新建县站三层钢混结构计生服务楼3258.77平方米，投资797.69万元，为屯字、上肖、开边、孟坝、马渠、太平、平泉7个乡镇建成框架结构计生服务楼6065.18平方米，投资60万元，改建扩建新集、临泾、新城、三岔、南川、方山、武沟、中原、郭原9个乡镇计生服务楼。2010年，全县有计生技术服务人员85人，其中县站13人，乡镇站72人。

二、政策法规

生育政策 1970年，县革委会下发《关于农村计划生育具体政策的规定》，对政策规定不再安排生育的育龄夫妇，落实一方有效节育措施，实施结扎、放环、人流三项手术。1976年，开始执行“保证生一胎、控制第二胎、杜绝第三胎”。1979年，甘肃省革委会出台《关于计划生育工作若干问题的试行条例》，县革委会发出贯彻条例有关问题的说明，规定“最好一个，最多两个，间隔三年以上”，一胎受奖，三胎处罚；对党员、干部超生给以党纪处分。1982年5月，县政府制定《关于农村计划生育具体政策的规定》，明确男25岁、女23岁结婚为晚婚；普遍提倡一对夫妇只生育一个孩子，夫妇一方是干部职工的，终身只能生育一个孩子。允许生育二胎的条件是：第一个孩子经县以上医院会诊证明为非遗传性疾病，不能成为正常劳动力的；再婚夫妇一方只生过一个孩子，另一方未生育的；婚后女方年过30岁不育，抱养他人一个孩子后又怀孕的；散居县内的少数民族；有女无男户的入赘女婿，有计划地安排生育二胎。凡批准生育二胎的，间隔必须在四年以上，经县计生委审批，发给“准生证”。无论城镇、农村，一对夫妇不得生育三胎；加大落实结扎、放环、引产、人流措施力度，有效控制人口增长。

1985年，二胎生育指标改为县计生委审查，提交县政府常务会审批。1988年，省人大出台《甘肃省计划生育条例》。1990年，对农村批准生育二胎条件增加夫妇双方均系独生子女的、只生一个女孩的、夫妻一方系二等一级以上伤残军人或同等级因公伤残人员。夫妻一方或双方为干部职工的改由地市计生主管部门审批；生育间隔时间调整为5年。1993年，县政府出台《基层计划生育经常化工作管理暂行办法》。1998年，生育间隔时间恢复到4年。2001年12月，全国人大颁布《中华人民共和国人口和计划生育法》。2006年，生育取消间隔时间规定。

奖励优待 20世纪70年代，镇原县政府规定：对独生子女领证户可多划分自留地、多包责任田，优先安排宅基地；每年发给独生子女30元保健费至14周岁。1990年起，独生子女费三次调为每月10元、20元、30元，至年满16周岁；对作绝育手术的发给10~20元营养补助；大月份引产发给5~10元营养补助，乡镇在此标准上均有所提高；二女户一方结扎的，政府出资给其办理养老保险，由最初的350元提高到450元；对农村独生子女领证户、二女结扎户办理一次性养老储蓄。1991年，养老储蓄改为养老保险。2004年，在安全饮水工程中，减免自来水入户费和50%义务工；在修建沼气、宅基地置换、土地复垦和开发、产业开发等方面给予优先安排，倾斜照顾。2005年，对农村独生子女当年领证一次性奖给1000元，一方为农民，一方为干部职工的独生子女户，在其退休时给予不低于1000元奖励；对放弃再生育指标并采取长效节育措施的农村独女领证户一次性奖励5000元；农村当年新增二女绝育户一次性奖励现金3000元；农村独生子女领证户政府出资按两人年缴养老保险1200元，二女绝育户政府出资按两人年缴养老保险1000元；对考入高中、专科、本科院校的独生子女、独女领证户和二女绝育户，财政分别资助1000元、2000元、3000元。农村计生“两户”医疗住院实行零预付款，并提高补偿比例15%~30%。全县形成奖、优、免、补、保、扶六位一体利益导向政策体系。

2009年8月，县委县政府出台《关于全面加强人口和计划生育工作统筹解决人口问题的实施意见》，完善奖励、帮扶、养老保障机制，对奖励扶助、“少生快富”、特别扶助、特困救助、独生子女父母奖励金、农村二女节育户奖励金及村组计生干部报酬7项计划生育惠农财政补贴资金乡报县审，财政拨付，实行“一册明、一折统”直发到户。

2010年，全县奖励扶助两女节育户327户、独生子女领证户1119户，落实奖扶资金98.35万元；特别扶助和特困救济独生子女领证户88户，落实扶助资金1.4万元；整村推进项目奖励两女节育户164户、独生子女领证户37户、其他计划生育户897户，兑现奖励资金154.2万元；免交农村合作医疗参保金两女节育户6426户、独生子女领证户2569户，财政补贴17.99万元；纳入农村低保两女节育户775户、独生子女领证户210户，补贴资金117.9万元；两女户结扎奖励2606户，资金781.8万元；单独奖励独生子女领证户126户、其他计划生育户532户，补贴资金95.6万元。两女户及独生子女升学和事业单位招考加分159人。

违规处罚 1982年起，对违规违法计划外生育的，按省政府有关规定征收多子女费。1988年起，根据《甘肃省计划生育条例》规定，对超生人员征收社会抚养费，属党团员、干部违规超生的，并给以党纪、政纪处分。计生工作人员在计生工作中弄虚作假，收受好处，打击报复举报违反计划生育群众，侮辱和非法关押群众，损坏群众财物和违规收费及罚款，株连当事人亲友、邻居及群众的；医务人员进行非医学需要胎儿性别鉴定或选择性别人工终止妊娠的，计划生育当事人拒绝和阻碍计生工作人员执行公务，诽谤殴打计生公务人员和技术服务人员，歧视虐待落实计划生育对象、生育女孩及不生育妇女，遗弃、残害女婴等行为，一经发现坚决依法处理。

三、宣传教育

1958年，毛泽东主席提出“人类要控制自己，做到有计划增长”，开始宣传计划生育。1962年，根据国务院《关于认真提倡计划生育》精神，妇联、共青团、工会配合开展计划生育试点工作，动员多子女育龄夫妇实施节育措施。1964年，提倡晚婚、晚育、少生。

1973年，宣传“提倡结婚晚一点，生的少一点，间隔稀一点”。1985年起，各级会议必讲计划生育；县党校培训干部开设人口和计划生育课；县广播站开辟“人口与计划生育知识讲座”“乡镇党政一把手谈人口”“计划生育动态”等栏目；干部进村入户，面对面做计划生育思想工作；县、乡镇街道、公路及村庄修竖“国策门”，建计生宣传壁，刷写大幅标语；春节社火、节庆亦有宣传计生戏剧、小品、快板等节目。

1990年，将人口计生内容融入剪纸、刺绣、香包等民俗文化。1992年，镇原县被中宣部、国家计生委评为全国计生宣传工作先进单位。1994年，印刷宣传资料、印制资料袋，逢集向群众展出、发放；乡镇计生宣教室长期播放计生知识及先进典型音像，张挂宣传计生的书法、绘画、剪纸等作品；省计生委组织计生知识答题，全县参加答卷千余份，获全省第一。

2000年起，发挥手机、小灵通作用，与电信、移动、联通公司携手搭建“计生短信互动平台”，将政策法规、优生优育、生殖保健、优惠政策等内容以手机短信形式发送给广大育龄人群；制作宣传壁334座，刷写固定标语1510条；县人口局创办门户网站，发挥媒体宣传主阵地作用。2005年，镇原县被中国人口文化促进会命名为人口文化工作先进单位。

2008年起，建成路边大型喷绘65面，县委宣传部、县计生委主办，县剧团编排计生专题节目17个，巡回乡镇演出两年多，参加全市调演的3个节目，获创作、表演一等奖两项，二等奖两项。县计生委用3年时间，在县城街道举办“计划生育知识有奖竞赛”，各乡镇分批派代表参加，群众踊跃抢答，各乡镇亦多次组织类似活动。

2010年，开展党政领导干部谈人口活动，县电视台开办“人口与计划生育”栏目，每周播出1期；利用“7·11”人口日、“10·28”男性健康日、“12·1”防艾滋病日和“9·25”公开信发表30周年等宣传日开展大型宣传活动22次，免费发放各类物品、药品价值达2.4万元，开展义诊1.6万人次，发放各类宣传品4.3万余份；投入100.57万元，刷新各类宣传标语2814条，建成计生烤瓷国策壁199个，印制发放人口计生知识围裙、手提袋、门帘、口杯等日用品5万件，在国家、省、市新闻媒体及人口网站刊播人口计生新闻175篇，其中国家级9篇，省级74篇，市级92篇。

四、计生信息网络建设

1980年起，实行县、乡镇、村三级人口变动及施行节育手术月报告制度，并定期由县乡两级抽查分析。1986年，在乡村两级健全出生、死亡、流出人口、放环、结扎、人流、引产、孕情、生育孩次等10种登记簿和计划外生育费征收台账。1989年，乡镇、村设计划生育园地，制订人口与计划生育变动情况一览表，张贴上墙，按月更新；建立“已婚育龄妇女生育节育卡”，施行个案管理，根据变化情况随时登记，行署计生处在三岔镇召开现场观摩会，向全区推广。2004年，依托电子政务网络平台，建成县育龄妇女信息系统，建立育龄妇女个人生殖档案，全县所有乡镇均具备育龄妇女计算机个案管理和信息引导服务功能。2005年，开通镇原人口和计划生育网站，在城镇以流入人口管理为主，乡村以流出人口管理为主，实行人口和计划生育政务公开，开通网上便民服务。2008年，建成全员流动人口信息数据库和国家流动人口子系统。2010年，全面完成内部办公局域网、广域资源网、公众信息网、人口和育龄妇女电子信息资源库、全员流动人口信息数据库。

五、管理措施

1965年，通过宣传计划生育，妇女自愿做绝育手术4例、放节育环13例，多子女夫妇采取避孕措施24对。

1970年，人口自然增长率高达30‰以上，每对夫妇平均生育4.92个，节育措施以自觉落实放环、结扎为主。1973年，落实绝育、放环等措施19390例，节育率45%。1978年，节育率提高到79.5%。1979年，有生育能力妇女54085人，落实节育措施44691例，节育率82.6%。1980年，人口高增长基本得到控制，节育率提高到83.1%，育龄妇女终身生育下降到2.89个。1981年起，增加人流、引产手术。至1985年，5年落实节育措施259645例，有2894对夫妇领取独生子女证，节育率83.2%，计划生育率62.79%，育龄妇女终身生育下降到2.55个。在出生婴儿中，一胎4384人，占71.1%，二胎1484人，占24.1%，多胎295人，占4.8%。1986至1989年，4年落实节育措施47480例，计划生育率50.62%。

1990年，贯彻《甘肃省计划生育条例》，实行县级领导包乡镇，乡镇领导包村，乡村干部包户、包计划生育对象责任制，一定三年不变，一包到底；计划生育工作实行目标管理"一票否决制"，县计生委落实领导包片，一般干部包乡镇；乡镇落实计生专干包村责任制，全方位开展计生管理工作；从县直各部门抽调科级干部100多人，组成工作组，每组配车1辆，深入24个乡镇，帮助乡村落实计划生育措施，乡、村、组、机关单位四级齐动，落实节育措施19153例，计划生育率51.37%，每对夫妇平均生育2.25个。

1991年，落实节育措施13528例。镇原县、新集乡分别被省委、省政府授予全省计划生育先进集体。1992至1995年，四年落实节育措施49027例。1995年2月，三岔镇、孟坝镇计生工作站被省委、省政府授予全省计划生育先进集体。

1996年后，县上不再派工作组下农村搞突击节育活动，由县、乡计划生育组织进行经常化、规范化管理，文明落实节育措施。对流动人口按照属地管理和谁用工谁管理、谁经营谁管理、谁出租谁管理的原则，与乡镇、县直各部门、企业主、建设单位负责人、租房主签订各类责任书，对流出、流入放环妇女定期怀孕检，并向户籍所在地反馈情况。1999年，经省上组织验收，实现"三为主"(宣传教育为主，避孕节育为主，经常工作为主)工作格局。4年落实节育措施39040例。2000年，计划生育率84.62%，进入低生育水平阶段，每对夫妇平均生育1.77个，实现总人口控制在50万以内目标。

2002年9月，贯彻修订后的《甘肃省人口与计划生育条例》，继续实行计划生育工作目标管理"一票否决制"，各级党政"一把手"负总责，对年终综合考核评估末名乡镇、单位予以"黄牌警告"，一年内单位领导班子成员不提拔、不调动、不受奖，并从严追究相关工作人员责任。2003年9月，在西峰召开的陕甘宁蒙晋毗邻地区流动人口计划生育管理协作交流会时，观摩了上肖乡、屯字镇流动人口管理和计划生育服务所建设。2004年，县计生局落实领导包片，一般干部包乡镇；乡镇落实计生专干包村的责任制，使计划生育"十登门、十宣传、十送给、十登记"成为工作亮点，全方位开展计生管理工作。2000至2004年，5年落实节育措施30050例。

2006年，县政府被国家人口委和财政部联合授予全国农村部分计划生育家庭奖励扶助制度试点先进单位，县人口计生局被中国人口文化促进会授予人口文化工作先进集体。2007年4月和8月，市、省分别在镇原召开计生新机制建设现场会，年终通过省级计划生育优质服务县验收，被省计生领导小组命名为计划生育优质服务县。

2008年，镇原县被国家财政部、计生委命名为计划生育项目实施先进县。2009年，强化流动人口计划生育管理,进一步完善奖励、帮扶、养老保障机制。5年落实节育措施32761例。2010年,落实各项节育措施6648例,计划生育率上升到82.49%,综合节育率87.33%,每对夫妇平均生育1.59个。3年间有17040户享受11项计划生育优惠资金1434.04万元。

第四节 宗 教

历史上传入镇原的宗教有道教、佛教、伊斯兰教、天主教、基督教(新教)五大宗教。1958年"大跃进"开始至"文化大革命"结束,禁止宗教活动,活动场所收归国有。中共十一届三中全会后,落实宗教信仰自由政策,恢复宗教活动,各宗教组织相继开始发展。县内批准开放活动的有基督教、天主教、伊斯兰教3个教派,2010年信教群众1241人。

一、宗教类别

道教 道教源于中国原始宗教崇拜,后融合道家思想和神仙方术学说,以汉顺帝汉安元年(142年)张道陵创立"五斗米道"为标志。北魏时期,道教始在境内兴起,建有崇圣祠、忠孝祠、节义祠、武庙、城隍庙、文昌祠、魁星楼、药王洞、玉皇庙等。大村庄均建有菩萨庙、无量庙,并于二郎山巅建造魁星楼。各庙供奉多是玉帝、龙王、圣母、文昌、城隍、关公、山神等泥塑或雕刻神像。各地按庙宇设社,有十几村为一社的,也有一村为一社的,不论大社小社,众推一名"会长"或社头,负责庙中事务。祭祀活动称为庙会,酬神唱戏,日期多在农历除夕,春节、正月十五、正月二十三、二月二、三月三、四月八、五月十三、六月六、七月十二、八月十五、九月九、十月一、腊月初八等。民国三十年(1941年)人口普查,镇原有道教徒16人。三十三年十二月统计,有道教徒34人,其中男22人,女12人,分布在临泾(县城)、肖金、永和、永乐、屯字、十户、平泉7个乡镇。民国三十七年统计,有教徒300余人。

中华人民共和国成立后,宗教继续正常活动。1952年统计,全县有庙宇411处。1958年"反封建斗争"和"文化大革命"中破"四旧"(旧思想、旧文化、旧风俗、旧习惯)运动,境内道教庙宇全部拆除。1980年起,各地逐步恢复修建庙宇,群众逢年过节上香,春节办社火穿插敬神活动。道教崇神习俗在民间仍有影响,如婚嫁丧葬、立灶出行看吉日,修宅安灵看风水,遇事卜卦看吉凶,过年祀神敬灶君等。1992年,恢复重建潜夫山佑德观,有道教信徒7人经管玉皇大殿、子孙宫日常祭拜活动,帮助信众出行挂红,申文祈福、禳灾。

佛教 公元前六至五世纪,古印度释迦族王子释迦牟尼创立佛教,西汉哀帝元寿二年(前2年)传入中国。县境遗存北魏孝文帝时期佛教建筑,证明境内有佛事活动。清末,镇原约有佛教徒200多人,在小教首家庭进行拜佛诵经活动。民国二十五年(1936年),平凉郭明星到县城与镇原人文奎在西街设立佛堂,并在寇家庙、屯字、肖金、孟坝、新城、平泉分设6个教点,农历每月初一、十五敬神拜佛,届时教徒聚集,由道首主持叩头、诵经,求福禄,要子孙,祝福祈祷。三十年,镇原有佛教徒733人。三十三年,有佛教徒801人,其中男442人,女359人,分布在临泾(县城)、永安、太平、肖金、永和、永绥、永乐、屯字、永康、十户、中原、平泉、新城13个乡镇。

中华人民共和国成立后,为加强教徒之间团结,1954 年召开佛教会议,成立居士林,推选 15 人为成员,负责人焦源治、张权德。1958 年统计,全县有佛教徒 116 人。经过“反封建斗争”和“破“四旧”,境内佛堂全部封闭,教徒被当作牛鬼蛇神批斗,佛教活动销声匿迹。改革开放后,未批准开放,民间有少数人信奉佛教,没有形成规模活动。2010 年有皈依证信教群众 162 人。

天主教 清嘉庆三年(1798 年),镇原人慕惠等加入天主教。光绪二十三年(1897 年),外国传教士到县城传教,成立镇原天主教公教进行会,王廷弼曾任会长,和平凉教堂同属一个教区,经费由平凉教堂支付。法国、德国、西班牙传教士玉润良、高金鑑、江海溶等 11 人先后到县布教,在县城、平泉、孟坝、太平、临泾慕家庙、屯字圪垯王、新城小岘子、殷家城北岔、郭原南岔等地建设教堂(点)9 处,环县曲子、天池、合道 6 名信徒也在镇原教堂参加活动。

民国十九年(1930 年),天主教会在教堂内设立小学 1 处。二十四年四月,天主教会小学被国民党县政府取缔。九月,在三岔街北建天主教堂 3 间,土木结构,面墙用磨砖砌成。民国二十五年(1936 年)版《重修镇原县志》记载:县城天主教堂在西南隅,有地基约 50 亩,大门楼 1 座,前院有上房 6 间,南厦房 6 间,大过庭 9 间;中院有上房 3 间,南厦房 8 间,北厦房 10 间,经堂 5 间,祭衣房 1 间;后院有上房 3 间,伙房 2 间,西房 8 间,东房 2 间,井房 1 间;后园内有厦房 12 间;同时建有医院,用外国医,长于解剖。屯字镇西门外有地基约 10 亩,未建筑。太平镇街西有地基约 25 亩,未建筑。男女教徒共 200 余人。

二十六年,镇原天主堂由西班牙教士卫礼化住堂,有中国教徒 12 人,其中男 4 人,女 8 人。三十年有教徒 64 人。三十三年有教徒 87 人,其中男 44 人,女 43 人,分布在临泾(县城)、永安、肖金、永绥、永康 5 个乡镇,至解放时发展到 428 人,其中男 281 人,女 147 人。神职人员 21 人,主教 2 人,神甫 1 人,修士 1 人,修女 2 人,教师 3 人,会长 12 人。全县解放时,县人民政府对县城天主堂两个神甫以外侨对待,向其解释中国共产党外侨政策,并加以保护。

中华人民共和国成立后,县人民政府遵照“自己传授教义,自己治理教务,自己供给教费”方针,对天主教进行改革,整顿调整基层教堂(点),揭露帝国主义利用传教进行侵略、敲诈等破坏活动,教育教徒认清帝国主义反动本质,改组管理组织,推举柳廷钰、慕宗贤为会长、副会长。1953 年 6 月,驱逐外籍神甫段圣谟、江海容。1954 年 12 月 31 日,将外籍神甫玉润良遣返回国,天主教遂停止活动,教堂被县邮电局占用。

1979 年,曙光公社曹路大队圪垯王生产队天主教老教徒王廷佐从西峰请来神甫李清雷开始复教。1996 年成立镇原县天主教爱国会,由 5 人组成,其中主任、副主任各 1 人,常委 3 人。至 2010 年,屯字、临泾有天主教家庭聚会点各 1 处,教徒 157 人,分布于屯字、太平、临泾、城关、上肖、开边、平泉等 7 个乡镇,以屯字人数最多。

基督教 光绪二十三年(1897 年)基督教传入镇原,称福音教、耶稣教,由协同公会派遣瑞典女传教士裴安礼(又译彼得森)、瑞典女传教士魏树楼(后加入镇原籍)在镇原肖金(今属西峰)和县城建立布道区,修建基督教堂,开展传道、医病、办学、收养孤儿等事业。民国末年县城福音堂负责人张俊杰即为3岁时被县福音堂收养的孤儿。

民国版《重修镇原县志》记载：清光绪十年(1884年)后，外国教会裴女修士到县属肖金镇宣布福音，为外教宣传之始。肖金镇距县城120里，县政府虽有所闻，取不干涉主义，福音教遂传布于县城和东原一带，城乡男女教徒发展到700余人。县城福音堂在田家巷，占地约6亩，分建3院，中院上房4间，南北厦房各7间，礼堂4间；前北院上房4间，北厦房5间；后北院上房3间，北厦房2间。肖金镇福音堂占地约2亩，有上楼房4间，南北厦房各9间，谈道所4间。裴女修士初至肖金镇，见民风古朴，遵守孔教，宣传福音不易收效，乃先从文化入手，照前清学校章程设义学1处，按照外国小学校管理办法教学，又倡导男女合校，女童六岁以上准入义学读书，食同餐，寝同席，女生与男生接谈随习惯。绅士内眷与裴多有往来，极贫小户入耶稣教者日渐增多；当时还收养婴儿，系贫民无力供养者，代为抚养，活者甚众。光绪二十九年(1903年)，镇原设立初级学校，裴为校长。裴年老，仍极力扩充学校，续招女生，送女生至上海、北平升学，创镇原女子读书识字之始。

镇原县基督教堂

光绪三十三年(1907年)手抄本《镇原乡土志》记载，镇原有耶稣教外洋教士2人，长武教民2人。《1901~1920中国基督教调查资料》记载，至民国九年(1920年)，镇原(含肖金)有布道区2个，受薪中国职员1人，受餐信徒39人，教会总人数79人。

民国三十年(1941年)，在肖金九乡铁路村(今属西峰区)设福音分堂一处。时镇原有耶稣教徒38人。三十三年，有耶稣教徒76人，其中男42人，女34人，分布临泾(县城)、肖金、永和、永乐、屯字、新城6个乡镇。瑞典女教士魏树楼三十七年赴西峰抢救伤员，因三昼夜未休息而去世，西峰群众为其举行隆重追悼会，葬其在西峰基督教堂后院内。解放时，镇原县有福音堂3处，县城1处，有房子39间，信徒18人，其中男11人，女7人；肖金1处，有房子20间，信徒82人，其中男35人，女47人；肖金铁路村1处，信徒22人，其中男13人，女9人；会长1人，长老1人，执事2人，董事1人。上肖信徒在泾川荔堡教堂参加聚会。

中华人民共和国成立初，3处教堂均开展自传、自治、自养“三自”革新运动，县城教堂因房子被县供销社占用，主要负责人离开，活动逐渐停止，肖金两处教堂活动到1958年“大跃进”期间中止。县城教堂1959年后改建为县政府家属院。

改革开放后，镇原基督教恢复活动，依靠老信徒、外出务工人员和探亲者受洗后回乡传播，发展信徒在平凉和西峰教堂受洗。1995年3月，经县委统战部批准，在城关、平泉、彭阳、殷家城四地群众家中设聚会点。城关聚会点在负责人刘瑞祥家中(县城秦园子)聚会。1996年7月，成立“三自”爱国运动委员会和教务委员会，9月召开第一届基督教三自爱国运动委员会暨基督教教务委员会代表大会，选举产生两会领导班子，爱国运动委员会由5

名常委委员组成，刘瑞祥、田呈祥任副主任，郑浩博任秘书长，刘瑞祥负责日常工作。1997年3月30日省基督教会按立刘瑞祥、张多盈、郑浩博3人为镇原教会长老，信教群众开始在镇原受洗。

1999年，县政府出资5万元，在城关镇常山行政村黄岔自然村征用旧庄基1处，面积486平方米，划拨给基督教三自爱国运动委员会作为活动基地，信教群众自筹资金15万元，政府补助2万元，修建礼拜堂5间，工作用房5间，维修原有旧窑洞3孔，供日常办公和聚会使用。8月，召开第二届“三自”爱国运动委员会暨教务委员会代表大会，选举产生两会领导班子，由21名委员组成，常务委员7名，刘瑞祥任主任，张多盈、郑浩博任副主任，郑浩博兼秘书长，整合组建聚会点10个，2002年增加聚会点2个。

2006年，三岔聚会点发动信徒捐献1.7万元，县教会资助3000元，在信教群众门前修建礼拜堂3间。临泾聚会点发动信徒捐献5000元，县教会资助3000元，在临泾街道北购买群众旧庄基1处，占地0.4亩，有窑洞3孔，房屋3间。屯字镇信徒张元发到天津、平凉、庆阳各市县教堂募捐6万元，信徒捐献1.7万元，县教会资助3000元，在屯字街道东购买群众庄基1处，占地0.7亩，有窑洞2孔，房屋6间。2007年，彭阳聚会点发动信徒捐献2.7万元，县教会资助3000元，在彭阳街道购买剧场地4亩，房屋11间，戏楼1座。2009年，南川沟芦聚会点发动信徒捐献2.7万元，县教会资助3000元，在信教群众门前修建礼拜堂3间，均用于聚会活动。至2010年底，县三自爱国运动委员会和县基督教教务委员会已换届3次。全县有教堂1处，聚会点12个，分别位于城关、新城、郭原、三岔、平泉、孟坝、南川、临泾、屯字、太平等10个乡镇，有基督教长老3人，执事42人，教徒852人，其中在外地受洗147人，镇原受洗552人，慕道人员400多人。基督教徒中以农民、妇女、老年人为主，农民占教徒总数95%以上，分布在全县(除新集)18个乡镇。

基督教恢复活动起，“三自”爱国运动委员会坚持独立、自主、自办和“四个维护”(维护法律尊严，维护人民利益，维护民族团结，维护祖国统一)原则，加强自身建设，领导信教群众在法律、法规和制度范围内依法进行正常宗教活动，引导信教群众转变观念，发展生产，勤劳致富，提高生活质量，建设小康社会，倡导宗教组织、宗教界人士和信教群众弘扬教义、劝人向善、互助互济、乐施好善传统美德，参与社会主义精神文明建设，支持社会公益事业，为孤寡老人捐款捐物。2004年镇原基督教会为东南亚海啸捐款1000元。2008至2010年，先后为汶川、玉树地震灾区和舟曲泥石流捐款11800元。

伊斯兰教 元代，“回回人”入居县境，伊斯兰教随之传入，称为回教。民国二十九年(1940年)，三岔镇高湾村建清真寺。三十年，镇原有回教徒52人。三十三年有回教徒19人，其中男13人，女6人，分布在临泾(县城)、肖金、屯字、新城4乡镇。1958年伊斯兰教被废除，回民信仰受到冲击，有60%回民搬往外地。1980年三岔镇高湾清真寺恢复活动，但寺院年久失修，破烂不堪。1987年县委统战部拨款7500元搬迁重建，1988年3月2日竣工，占地约半亩，建土木结构大殿1幢3间60平方米，唤醒楼1幢2间40平方米，窑洞2孔，门楼2个，客房1间。2004年，县委统战部、民族宗教局为三岔清真寺筹款2000元，购买窑洞2只，解决阿訇住宿问题。2005年，市、县筹款5000元，解决该寺供水取暖问题。2008年再次解决维修资金2万元，对清真寺进行全面维修。2010年底，清真寺管委会由5人组成，主任1名，副主任1名，常委3名，教徒232人，分布于上肖、中原、孟坝、三岔、马渠、平泉、殷家城、城关等8个乡镇，以三岔最为集中。

三岔清真寺

二、宗教事务管理

宗教事务历朝历代均设专官管理。宋代，在州、县设僧司，管理僧尼事务。金代，在州设都纲，县设维那。元代，在州府置僧录、判正、副都纲。明代，在府设僧纲司，县设僧会司、道会司，管理佛、道事务。清代，沿袭明制。民国时期，由地方政府部门负责宗教事务。

中华人民共和国成立后，统战部门通过宣传和执行宗教信仰自由政策，引导信教群众在宗教场所内活动，做到"僧在寺、尼在庵、居士在家、道士在庙、天主教基督教在堂"。1952年，由县委统战部牵头，司法、公安、检察、教育等部门统一指导天主教、基督教开展"三自"革新运动，清算帝国主义影响，接管教会学校、养老院、诊所等，驱逐外国传教人员。天主教、基督教摆脱外国差会控制，成为独立自主、自传自养的教会。

1958年，在回民等少数民族信仰的伊斯兰教中开展反对宗教特权和封建压迫剥削制度运动，废除伊斯兰教中以教代政、私设刑罚、干涉教育、强制封斋、强迫儿童学经文和寺堂等级等制度，实行宗教人员参加劳动，清真寺、天主教、基督教教堂全部关闭，停止活动，宗教人员被管制或判刑。1961年，恢复三岔清真寺宗教活动。1965年，社教后再次停止活动。1966年"文化大革命"开始后，摧毁所有宗教活动场所，烧毁宗教书籍，宗教人士再次受到错误批斗和关押。

中共十一届三中全会后，各地出现建庙热，纷纷修复农村庙宇，伊斯兰教、天主教、基督教亦逐步恢复活动，回民在县城办起清真食堂。1980年，贯彻庆阳地区宗教"七不准"规定，即不准宗教干预行政、干预教育、干预婚姻，不准向不满18岁青少年灌输宗教思想，不准恢复已经废除的封建特权和压迫剥削制度，不准影响生产和社会秩序，不准利用宗教骗钱害人，不准动用集体财物搞宗教活动，不准中共党员和共青团员信仰宗教。在三岔成立清真寺管理委员会，制订管理制度和守法公约，促使宗教沿着健康轨道发展。

1982年，贯彻中共中央《关于我国社会主义时期宗教问题的基本观点和基本政策》，对历次政治运动中错误关押、判刑、批斗的宗教人员进行平反纠正，并将老基督教徒刘瑞云选为县政协委员。1994年，国务院《宗教活动场所管理条例》颁布实施，县委统战部于1995年组织人员进行宗教场所摸底登记，依法审批颁发宗教活动场所许可证，批准开放基督教、天主教、伊斯兰教3个教派活动。

1996年7月，成立镇原县民族宗教局，与统战部合署办公，共同管理全县宗教事务，批准基督教、天主教、伊斯兰教团体3个，活动场所16处。全县有信徒约700人，神职人员5名，其中基督教长老3名，天主教神甫1名，伊斯兰教阿訇1名；建立宗教工作联席会议制度和县乡村三级宗教工作网络，每半年召开一次联席会议，将宗教事务管理工作责任明确到乡村党政组织，采取办培训班、讲座、召开座谈会、专题辅导、印发宣传册、张贴标语，开办广播电视专栏、宣传栏等形式，对广大干部群众进行“条例”宣传教育，并列为全县干部普法重要内容，每年在县委党校开办的各类党政干部培训班上开设“条例”学习课，由统战部、民族宗教局派人讲课。

2004年，县民族宗教局制订《镇原县宗教教职人员教育培训五年规划》，注重落实，坚持每年举办1期宗教教职人员和团体负责人培训班，组织教职人员参加省、地举办的宗教工作培训班，提高其管教能力；坚持利用各宗教重大节日及聚会日，对全体信教群众进行《宗教事务条例》等政策法规培训和教育，两次筹资编印《宗教政策法规选编》，分发到各宗教活动场所和信教群众及教职人员手中；指导各宗教团体按照机构健全、制度完善、职责明确、管理民主、遵纪守法、团结和睦、独立自主、自办教会、爱国爱教、服务社会整体目标，从思想、组织、制度、作风、人才等方面加强建设，宗教团体合法权益得到维护和保障，各项内部管理制度得到完善。县内基督教、天主教均成立爱国宗教团体，按照各自章程，定期召开代表大会，民主推选班子成员，选配政治上可靠、有一定宗教学识和管理能力信徒参与管理；指导宗教界代表人士参与社会主义民主政治建设，推荐3名宗教界人士担任市县政协委员，参政议政，建言献策，贡献力量。

2005年，县民族宗教局将《宗教事务条例》挂页发放各宗教活动场所悬挂宣传，坚持开展“四个维护”教育，教育宗教界人士爱国爱教，遵纪守法，做一个好教徒、一个好公民，在过好宗教生活同时，自觉维护法律尊严，维护人民利益，维护民族团结，维护祖国统一。年内举办“条例”培训班15期，召开学习宣传会议110多场次，开办电视广播讲座23期。

2008年，调整基督教城关等10个活动点民主管理小组人员，改选充实三岔清真寺寺管会人员；制订《安全卫生制度》《宗教活动场所财务管理制度》《五好清真寺（教堂）标准》《五好教徒标准》等，协助宗教组织完善宗教活动场所教务活动管理制度，以制度管人管事，提高各宗教自我管理、自我完善能力；与宗教管理人士、教徒进行广泛联系接触和交流谈心，在各教派重大节日和聚会日，组织人员，深入现场，全面掌握情况，及时了解动态，防范境外渗透，打击违法犯罪活动，取缔邪教，维护宗教界正常活动秩序。2009年6月起，为5名宗教届人士按月足额发放生活补贴。7月15日，依法查封收缴国外人员私自向基督教会捐赠的《圣经》562本。

平泉镇五指塬西瓜

第五章 农 业

镇原是农耕文化发祥地之一，早在新石器时期，这里已定居原始人类部落。周先祖不窋率族人奔戎狄之间，曾在镇原兰家庙和西壕一带拓荒务农，筑墩稼穑，在渔猎、驯豢畜禽同时，开始培育原始农业。

秦、汉时期，封建王朝曾于始皇三十三年(前214年)、汉文帝十一年(前169年)、汉武帝元狩三年(前120年)、元鼎六年(前111年)四次大规模移民，将中原百万余众、数十万士兵迁徙北地、关西、朔方，除军屯营田外，又推行民屯，官府给移民、流民牛、犁、种子，鼓励农作，种植谷子、大麦、荞麦、萝卜等。

自隋朝起，农牧并重。唐、宋时，扩大农垦。唐高祖武德五年(622年)，李世民率兵战败突厥，俘获男女数十万，在庆、原、环、宁4州18县扩大农垦，豢养战马。官府为鼓励流民屯边，决定五年免其赋，镇原农耕地大幅度扩展，逐渐变成农业区。宋代，农耕地继续扩大，耕地利用率提高。当时田亩十分珍贵，不足四分之地，价9990贯。

元代，从山西大量移民屯垦，农耕区域不断扩大。至元二十一年(1284年)，大昌原屯田万亩，耕者数百户。至元二十六年，镇原农人张安世向朝廷进献嘉禾集2本，被载入史册。元末，县内多种糜谷，亩产不过3斗。明代农业稳定发展。

清初，战乱频繁，县内人口逃散，大片土地荒芜。同治初年，陕甘回民开展反清斗争，战争持续十余年，民众逃跑死亡甚多，田园荒废，数百里杳无人烟。光绪年间，官府广泛实施“招垦”，农业得以重新开发。此后，大量种植小麦和秋作物，传入先进耕作方法技术，粮食生产上升。

民国初年，农事一度振兴。十八年(1929年)，因遭特大荒旱，田园颗粒无收，发生饥馑，民多逃荒要饭。地主、富户迅速扩地，有拥地千亩甚至上万亩者，大车农具俱全，骡马牛羊成群，囤积粮食，使富者愈富，穷者愈穷，加之军阀混战，贪官横行，豪绅压榨，地主剥削，耕者无其田，农业生产一蹶不振。除陕甘宁边区镇原解放区农业生产有较大发展外，县内其他地方一直处于封闭型自给和半自给生产状态。至1949年底，全县农业总产值1997.37万元，人均种植业产值19.93元，粮食总产7.3万吨，人均占有粮食339.43公斤、食油11.38公斤。

1950年，进行土地改革，实现耕者有其田。接着对农业进行社会主义改造，实现农业合作化，种植业长足发展。1953年5月，在农村推广新式农具。1954年开始兴修水利，增加灌溉。至 1956 年，全县粮食总产达到 10.2 万吨，是 1949 年 1.4 倍。1958 至 1962 年，受自然灾害及人为因素影响，农业生产水平下降，造成生活困难。

1963 至 1965 年，贯彻中共中央《人民公社工作条例》，进行经济调整，下放农村核算单位，扩大农户自留地，粮油丰收。1965 年，全县人均占有粮 368.86 公斤、油料 6.57 公斤，人均种植业产值 91.2 元。1966 至 1973 年，受“文化大革命”干扰影响，生产徘徊不前。1974 年和 1975 年，开展农业学大寨，大规模修建基本农田，加之风调雨顺，产量大幅度上升。1975 年，全县粮食总产量 18.15 万吨，油料产量 2.75 万吨，创历史新高。

中共十一届三中全会后，党的工作重心转向以经济建设为中心，农村实行家庭联产承包责任制，加快科技进步，调整农业结构，增加农业投人，推进社会主义新农村建设，农牧业综合能力增强，农村经济迅速发展，农民生活水平不断提高，全县农村面貌发生翻天覆地变化。2004 年 3 月，镇原县被农业部评为全国粮食生产先进县。2010 年，全县农牧业增加值 9.76 亿元，农民人均纯收入 2902 元。粮食总产量 26.8 万吨，油料总产 3.25 万吨。

第一节 管理 协调 服务机构

镇原县农牧局 民国三十八年（1949 年）八月，县人民政府设建设科，重点管理农牧业生产。1956 年，撤销建设科，设农业科，负责全县农业生产工作。1958 年 8 月，县农业科、林业科、水利科合并为农林水办公室，12 月又改称农业部，负责农林水牧等工作。

1959 年 9 月，县农业部改为农建局。1962 年 6 月，农建局又改为农业科。1963 年 5 月，恢复农建局。1968 年 12 月，取消农建局，设农林水牧服务站革命委员会。1970 年 12 月，取消农林水牧服务站革命委员会，成立镇原县农业局，为政府直属行政管理机构。

1980 年 8 月，农业局改为农牧局，县畜牧兽医工作站归其管理，负责管理全县农业生产、农业技术推广、农业经营管理及畜牧兽医等。1985 年，农牧局内设人秘、农业、畜牧、多种经营、科教、治保 6 个股，局机关有干部职工 31 人；局下属农业经营管理站、农业技术推广站、畜牧兽医工作站、桑蚕站、种草工作站、种子公司、种畜场、良种繁殖场和 22 个乡镇畜牧兽医站、4 个农技区站及平泉、孟坝良种站等 36 个单位。

1993 年，农牧分设，成立县农业局和畜牧局，分别直属县政府。1997 年，成立县农业委员会，农业局、畜牧局、农机局归其管理。2002 年 4 月机构改革中，撤销县农业委员会，农业局、畜牧局、农机局合并组建农牧局，内设人秘、种植、畜牧、科教 4 个股，局机关有干部职工 17 人。原畜牧局组建成畜牧兽医服务中心，原农机局组建成农业机械化工作站。

2007 年，畜牧兽医服务中心改为兽医局，农业机械化工作站改为农业机械管理局。2008 年，农牧局内设机构增加计划股、信息股、财务股。2010 年，农牧局内设人秘、科教、计划、种植、畜牧、财务、信息 7 个股，下属畜牧兽医局、农业机械管理局、种子管理站、农业广播学校等科级单位 8 个，农牧场站 3 个，全系统有干部职工 307 人，其中干部 242 人（科级 44 人，一般干部 198 人），工人 65 人；专业技术人员 69 人，中级以上职称 32 人。局机关有干部职工22人,其中干部21人,工人1人;大专以上学历8人。

镇原县农业办公室 1974年3月,成立镇原县农林办公室,科级行政建制,直属县政府,为农口综合协调机构。1980年8月,与农村工作部合署办公,隶属县委县政府双层管理。1983年撤销。1997年3月,成立镇原县农业委员会,与老区办、农村能源办合署办公,管理农口各单位。2002年4月撤销农业委员会,重新成立农业办公室,为县政府办公室部门管理机构,与扶贫办合署办公,2009年5月撤销农业办公室。

农村能源办公室 1984年10月,成立农村能源建设办公室,为科级行政单位,与老区建设办公室合署办公,两块牌子,一套人员,先后有干部3~7人。2003年,农村能源办交农牧局管理,为科级事业单位,与农技中心合署办公。2005年,农村能源办公室单独设置,有工作人员9人。2010年,有工作人员15人。

镇原县烟草生产管理局 1990年9月,成立烟叶生产办公室,有职工5人,隶属县政府。1997年3月更名为烟草生产管理局,职工增至11人,内含烟草研究所职工3人。2000年职工增至15人,其中技术人员5人。2009年撤销。

高新产业开发区管理委员会办公室 2002年8月,成立高效农业开发区管理委员会办公室,为科级事业单位,隶属县政府。10月,更名为高新产业开发区管理委员会办公室,有工作人员5人。2009年9月撤销。

镇原县农村合作经济经营管理局 1979年3月,成立镇原县人民公社经营管理站,有工作人员7人,为副科级事业单位,隶属农业局。2010年7月,农业经营管理站改为农村合作经济经营管理局,为科级事业单位,内设综合、农村土地承包管理、村级财务管理、农民负担监督管理、农民专业合作经济组织管理5个股,实有工作人员24人,其中专业技术人员12人。

镇原县农产品质量安全监督管理站 2005年,成立镇原县农产品质量安全监测站,为科级事业单位,隶属农牧局。2009年8月,农产品质量安全监测站改名为农产品质量安全监督管理站,加挂农产品质量安全检测中心牌子。2010年,农产品质量安全监督管理站有工作人员15人,其中大专以上文化程度12人,专业技术人员3人。

镇原县农业技术推广中心 1954年,成立镇原县农技推广站。1957年,县农技推广站改称农业技术中心推广站。1987年,农业技术推广站改为农业技术推广中心,内设农技站、植保植检站、土肥站。1992年,成立镇原县农业科技研究所。1993年,增设农业科技咨询服务部。1994年,增设经济作物工作站。1995年,增设烤烟研究所。1997年,撤销烤烟研究所,归并到县烟草生产管理局。1998年,撤销县农业科技研究所。2000年,撤销农业科研咨询服务部。2010年7月,农业技术推广中心内设农技站、植保植检站、土地站、经济作物工作站,实有工作人员50人,其中专业技术人员30人(高级农艺师2人,农艺师16人,助理农艺师12人)。

镇原县种子公司 1977年成立,有职工5人,为股级事业单位,后改为科级差额供给事业单位,隶属农业局,为全县收购供应良种。2007年县种子公司改制为民营企业。

镇原县种子管理站 1998年成立，隶属农业局，2003年，职能归并到种子公司。2007年恢复，为科级事业单位，有干部职工17人。

镇原县农作物良种繁殖场 1952年成立，地址在中原乡陆家沟(1979年12月改属湫池公社景家大队，2004年改属平泉镇)，为股级事业单位，隶属建设科，有职工13人，耕地600亩，场部占地30亩，打机井2眼，承担全县农作物良种繁育推广工作。1989年，县良种繁殖场升为副科级建制，有干部职工32人。2002年良种场改制为企业，人员另行安置。

镇原县农业广播学校 详见教育章。

基层农技农经机构 1954年，开边、屯字区设农技推广站。1955年，城关区设农技推广站。1956年增设肖金、孟坝、新集、三岔、马渠、平泉、新城区农技推广站。1957年各区、基点乡开始配备农技专干，农业社设科研站。1958年12月，随着人民公社化，区改为人民公社，区农技站改称公社农技推广站。1960年，撤销各公社农技推广站。1968年12月，恢复各公社农技推广站。1970年12月，各公社重新配备农技专干，各大队新设科研站。1977年，在屯字公社马堡大队征地13.2亩，成立镇原县农业科技研究所。1979年，大队一级办起科研站248个。1981年，随着家庭联产承包责任制的实行，大队办科研站随之取消。1983年12月，人民公社经营管理站改称乡农业经营管理站。1984年成立屯字、平泉、孟坝、三岔农技推广区站，撤销县农业科技研究所。1987年，24个乡镇设农技农经服务站。1988年，在城关镇东关村设农作物病虫害测报站。1992年撤销屯字农技推广区站。1998年，撤销平泉、孟坝、三岔3个农技推广区站。2002年撤销乡镇农技农经服务站，成立农业综合服务中心。2004年，乡镇农业综合服务中心随乡镇撤并为19个。

甘肃省农业科学院镇原旱地农业试验站 1972年，省农科院选派科技人员在上肖公社梧桐大队六条路和上山生产队建立农村试验基点，科技人员住窑洞、吃派饭，推广应用农业新技术。1982年，成立甘肃省农科院镇原实验组，试验点搬至上肖梧桐大队科研站，租科研用地86亩。1984年，实验组更名为甘肃省农科院镇原旱地农业试验站。2010年，有科技人员12人，合同工3人，其中高级职称5人，博士研究生2人，硕士研究生6人；省级创新人才7人，领军人才2人；有实验室等各种建筑物2000余平方米，水泥晒场900平方米，各类仪器设备40余台套，科研用地101亩，设农业自动气象观测站和长期定位试验基地，承担国家及地方重大科研项目试验示范。

第二节 生产关系

一、土地私有制

20世纪50年代以前，农业经营一直实行私有制，封建贵族、地主占有大量土地和其他生产资料，对贫困农民收取高额地租，进行高利贷盘剥，农村两极分化严重。

战国时期，秦孝公(前361年)采纳商鞅主张，废除以井田为主的奴隶主土地所有制，“开阡陌封疆”，土地任民垦种，承认土地私有，并可买卖。唐初，推行屯田制，争取大量劳动力从事开垦,扩大农垦区域;推行均田制,使大量农民成为国家直接管理下的纳税人。

宋代,实行"不立田制"和"不抑兼并"土地政策。仁宗时,全国土地一半以上被豪强官僚所兼并,加上中小地主自有土地,官僚地主占有土地超过国有、自耕农和半自耕农土地总和。

元朝,土地有国有、领主、封建地主、自耕农4种所有制形式。

明朝,土地分官田和民田,官田属于国家所有,民田属于封建地主和自耕农私有。当时更重视屯田,凡流民和移民均划给土地,中原农民接踵而来。

清代,全国田地分为民赋田、更名地、监牧地、养廉地、番地、学田、屯田7种。

民国初期,仍沿清制,县内土地绝大部分被地主阶级占有,广大农民多数靠租种地主土地,或拉长工打短工为生。民国十八年(1929年),为求人民负担之公允,甘肃省制定屯田改民地办法,要求实施。民国后期,官府对于土地管理,随着各镇、保"地亩册子"普及而不断加强,加之战乱、差役、灾害,农民不堪重负。外国人在镇原县城及肖金、三岔等地设天主教、基督教堂,占有少量土地。

民国时期对部分村庄6053户调查,有地主84户,拥有土地80376亩,占全县总耕地16%,其中雇长工耕种24804亩,占拥有土地的30%。一个强壮劳力拉一年长工,地主一般付给七八斗粮食报酬;放羊、放牛、喂猪和做其他零活的半劳力,除糊口外,一般不付或付少量报酬。三岔有13户佃农,拖欠地主李某某民国二十八年前租子344石5斗5升,每户平均26石5斗。除租佃、雇佣经营外,地主还采取放高利贷手段获取暴利。民间流行高利贷形式有大加一债、本对利债、驴打滚、日债、集债、子抵债、裸子债等多种。

1950年土改时统计,县内地主、富农和土地出租者占总农户3.04%,拥有14.9%的耕地,出租土地73093亩,占全县总耕地14.57%,成为地主、富农主要剥削手段。地租主要形式有以下9种:

定租,依照土地好坏,定量交纳地租,这种形式县内居多。一般每亩1斗,占实际收获量60%以上。地租多以小麦为标准,也有麦六秋四。遇到麦子受灾年成,秋粮2斗折麦1斗。

活租,也叫份种,按当年产量分成计租。一般是对半分成,也有四、六分成的。

伙种,地主出部分畜力、籽种、肥料,佃户负责耕种收割,收获多为对半分,也有佃户四地主六分成的。

安庄稼,地主给租地人安排住宿,借给口粮,供给农具,庄稼收获后,对半分成,借粮如数归还,不计利息,但要给地主无偿承担挑水、扫院、喂猪、种瓜、种菜、收租、送粮等家务农活。

包山租,土地宽广地区,地主把山地不计亩数租给贫苦农户耕种,收取地租。

挑分子,土地、牲畜、农具、费用均由地主出,打(粮食)多分多,打少分少。

堆种,也叫当种,双方协议,定出土地亩数、耕种年限和当金,交清当金耕种土地,期满后,无偿交还土地。

典当,家境贫寒农民,把土地以行情一半价格当给地主,用典当收入维持生计,保留赎权,然后又从地主手中借种,到期无力赎回者,以当价卖归地主。

雇佣经营，拥有土地的地主富农从无地或人多地少的贫雇农家中雇长工（长年工或季节工）、或雇短工（天天工或活路工）进行耕种，付给一定报酬。

二、土地改革

打土豪分田地 民国二十四年（1935年），红军长征过陇东，沿途打击一些土豪、劣绅，着手解决土地所有权问题，将土豪土地大部分没收，划片指界，分配给原租种农户，并废除所有债务、契约。

减租清算 民国三十五年（1946年），镇原解放区共有6053户，耕地501827亩，其中地主84户，占有土地80376亩，占总耕地16.56%，人均63亩，有16户地主，占地皆在千亩以上，高者达7000余亩。地主所占土地，雇长工耕种24804亩，出租58572亩；富农107户出租土地14521亩。广大农民无地可种，迫切要求解决土地问题。中共中央根据当时情况，发布《关于清算减租及土地问题的指示》，制定照顾佃户政策，规定没收汉奸、豪绅、恶霸土地；对一般地主，实行减租清算，以土地清偿；一般不动富农土地，更不侵扰中农利益；运动中所得果实，公平合理分配给烈军属及无地少地农民。遵照这一指示，从元月至十月，孟坝、柳州、石佛、马渠、新集、三岔6个区，开展减租清算运动，使贫苦农民得到土地27235亩，粮食645石，钱113.5326万元，庄基150处。

土地征购 民国三十五年（1946年）十一月至三十六年底，贯彻陕甘宁边区政府《陕甘宁边区土地征购条例》，镇原解放区开展土地征购运动，根据耕者有其田原则，以土地公债形式，征购地主超过应有量土地和生活富裕、出租土地较多富农所出租土地的一部分。并对减租中得到土地过多佃户，在自愿基础上抽出一部分，调剂给无地或少地农民。地价由乡政府、农会及地主三者协同评定，最高为当地两平年产量，最低为当地一平年产量，以细粮计算，分10年还清，年息四分五厘。公债清偿由边区政府办理，边区政府及承购人各半分担，如承购人家境贫寒，无力清偿，也可酌情减免，减免部分由政府代为负担。偿还公债时，5石以下者如数清偿；超过5石至10石者，将其超过5石之部分按80%计算清偿；超过10至15石者，将其超过10石之部分按60%计算清偿；超15石至20石者，将其超过15石之部分按40%计算清偿；超20石至25石者，将其超过20石之部分按20%计算清偿；超过25石以上者，超过部分不再清偿。当时共调剂土地12万亩，使1365户无地和少地农民得到土地。同时，有些富农和中农也献出多余土地。柳州区五乡第一行政村，有10户富农献出山地1150亩，3户中农献出山地290亩。

1950年上半年，对老解放区三岔、孟坝、新集区所辖18个乡，开展反倒算斗争，主要是土地确权，重点解决减租清算和土地征购中一些地富，特别是富农留地数量较多、质量较好、某些地方分配不公、少数地方分地不彻底和非法收回土地问题，征收地主、富农较多（超过贫农或按人口平均一份）较好土地、多余耕畜、农具和农村中多余房屋以及学地、庙地、祠堂地和农村中其他公地，分给无地少地贫苦农民；民国三十五年征购富农土地一律有效，不得以任何借口向农民收回土地，征购时富农保留土地不动，即使少量土地出租也允许存在，半地主式富农出租土地，酌情征收分配；征购土地时侵犯中农利益，错分土地或自动献出土地，凡是中农在战争中业已收回，不再退出，原分得户农民因此缺地问题，用其他办法解决。有中农在战争中收回被征购和献出土地，该地区收复后又自动退给贫雇农的，予以维持。中农在战争中未收回分出的土地，也不退还。

减租清债 1949年11月至1950年6月，在新解放区进行反霸减租清债斗争。一般在原租额上减去三到四成，地富陈租豁免。共豁免民国三十七年前陈租216.76万斤，减去三十八年新租38.86万斤，停付旧债小麦1.25万斤，银元66元，抽旧约3446张。被减租清债地主37户，富农241户；地主退还农民土地7031亩，牲口46头，羊19只，棉花15斤，粮食63.96万斤。

土地改革 1950年10月，根据中共中央新《土改法》，贯彻“依靠贫雇农、团结中农、中立富农、打击地主”总方针，县委印发《关于土改中一些具体问题的决定》和《镇原县土改计划》，成立土改工作团，提出土改工作计划、细则，制订《干部在进行土地改革工作时的八项纪律》，在全县10个区98个乡（250064人）分两期进行土地制度改革（简称土改）。第一期从10月开始，至1951年2月结束，开展55个乡；第二期从1951年2月下旬开始，至4月底结束，开展43个乡。首先是发动群众，划分阶级，随后是没收征收和分配土地财产，最后进行复查颁证和动员生产；对地主家庭自耕土地，适当加以抽补后，基本予以保留，其余土地则予没收；地主耕畜农具等其他财产，包括所经营工商业在内，不予没收；对地主房屋、粮食只没收多余部分，并采取先留后分办法；对地主不挖底财，不分浮财（当时有些地方执行政策不严，分了浮财）；对工商业采取保护政策，包括地主经营的在内，一律不得侵犯，如农村工商业或手工业中轧花、纺织、榨油、作坊，铁匠、石匠、木匠，运输、药铺等所有铺面工具，与工商业有直接联系土地，不以任何借口去分散或破坏；对工商业家在农村土地和原农民居住房屋，则予以征收分配；对工商业者在农村合法经营予以保护，不予侵犯；在处理工商业家在农村的土地时，把工商业家和小商贩分开，不把小商贩定为工商业家；对出租土地超过自耕和雇人耕种数量的半地主富农，征收其出租部分土地，一般富农出租少量土地一律不动；对革命军人、烈士家庭、工人、职员、自由职业者、小商贩等，因缺乏劳力而出租少量土地，均不以地主论，其每人所占土地不超过当地平均每人所占土地一倍的均保留不动，超过者，征收其超过部分，如该土地确系以本人劳动所得购买或系鳏寡孤独、残废等人，虽超过一倍，也酌情予以照顾；对祠堂、庙宇、寺院、教堂、学校、团体在农村土地及其公地予以征收，在处理宗教土地和宗族土地时，坚持照顾人民宗教信仰和民族感情，在分配族有土地时，注意尊重本家族农民意见，并适当照顾本家族无地少地农民需要。所有没收和征收来土地，归贫苦农民所有，对地主也分给同样一份；分配土地时，以乡为单位，留出不超过全乡土地1%，以备逃亡户回来耕种或作调剂之用。一切应分地农民，均分给土地和其他生产资料。此次土地改革，没收和征收土地3285945亩，分配给12885户64808人，使无地少地农民得到土地，有13499户农民分到耕畜3039头，农具8084件，窑（房）4328孔（间），粮食206.815石，其他财产约值小麦2640石，遂即废除民国时所欠地主一切债务。

三、农业集体所有制

互助组 民国三十二年(1943年),为支援抗日战争,解放区群众开始组织各种形式变工队和互助组,次年组织起变工组520个,其中孟坝区98个,柳州区72个,石佛区74个,马渠区20个,新集区111个,三岔区145个。1951年完成土改后,根据中共中央《关于农业生产互助合作的决议》,开展农业互助合作运动,至1952年底,全县组织起互助组5520个,参加农户39801户,占全县总农户94.7%;参加劳动力117148人,占全县总劳动力84.2%;参加畜力61217头,占全县总畜力87.6%。1952至1953年冬季,根据"积极领导,稳步前进"方针,对名存实亡、不规范的互助组进行整顿,进一步健全记工算账和学习、会议制度。1954年春,有互助组5024个,参加19392户,占总农户46.2%。

农业初级合作社 1954年1月,县委作出发展初级农业生产合作社计划。2月,在开边区解放沟、上肖区南李家、中原区城耳刘家三地进行以土地入股分红为特征的初级社试点,三地入社59户436人,劳力237人,耕地2097亩,牲畜78头,成立起农业生产合作社,依照试点经验,在全县推开。至年底,全县办起初级合作社30个,入社农户949户5935人;常年互助组1025个,参加农户5527户;临时互助组3999个,参加农户19392户。1955年春,扩大到154个,入社农户占总农户10.9%。7月后,掀起农业合作化高潮。至年底,全县办起初级农业生产合作社1230个,入社农户38825户,占全县总农户88%,基本实现初级合作化。

农业高级合作社 1956年春,合作化运动始由初级向高级发展,土地、牲畜、农具折价入社。至8月底,350个初级合作社转为高级合作社,入社农户5301户,占全县总农户12.2%,最大肖金先进社有农户573户,最小有十多户。年底,高级农业生产合作社发展到826个,入社农户42768户,占总农户98.4%。至此,全县农业社会主义改造基本完成。

人民公社 1958年8月中旬至9月下旬,全县在一个多月内将37个乡817个高级农业合作社合并,打破以生产队、生产大队和生产合作社为核算单位界限,几个或十几个社串连合并,先后建起10个人民公社37个生产大队817个生产小队。公社实行政社合一,即一套组织机构,一套领导班子。原生产合作社土地以及其他生产资料包括合作化时保留的社员自留地、自养畜、自营成片林果树,全部无偿转入公社,归公社所有,由公社统一管理、统一经营、统一分配、自负盈亏,实行生产资料公社全民所有制;在劳动组织形式上实行军事化,社队劳力由公社按照班、排、连、营、团建制统一调配使用;在生活方式上实行集体化,各公社普遍办起公共食堂、托儿所、幼儿园、敬老院等,统一劳动、吃饭、休息,部分社员房屋也被无偿占有,吃饭不要钱;在分配上采取工资制加供给制,给社员以工分值按月或季度发工资。全县农村办起公共食堂3044个,在食堂吃饭农户43500户,占全县总农户98%。1959年5月,对人民公社进行整顿,重新划为56个生产大队340个生产队,生产队为基本核算单位。

1961年,贯彻中共中央第一次郑州会议精神和《关于农村人民公社当前政策问题的紧急指示信》,着手纠正"一平二调""一大二公"以及"共产风""浮夸风""瞎指挥"等错误。6月,公共食堂全部解散,下放核算单位,逐步过渡到公社、大队、生产队"三级所有,队为基础"制度。公社调整为32个,生产大队调整为618个,生产队调整为1792个。两次给60024

户241740人划拨自留地153103亩，占总耕地面积8.3%，每人平均0.63亩，最高每人达到1亩，最少每人1.5分；划拨养猪饲料地1940亩，占总耕地面积0.1%，鼓励社员养家畜；允许社员开垦小片荒地，利用房前屋后开垦种植12434亩，每人平均5厘；将房前屋后树木作为自留树，划给社员30多万株。1963年，收回高划自留地、借种抢种集体地和超开荒地1万多亩，收交私分和被侵占集体大家畜20头，羊1200只，农具1400多件。1976年，在反击右倾翻案风运动中，把自留地、庄基地、自养羊作为资本主义倾向，大批特批，予以纠正，先后收回社员自留地、庄基地5010亩，自养羊969只。

家庭联产承包责任制 1979年秋，在坚持集体生产资料所有制，服从国家统一计划，由生产队集体领导前提下，推行多种形式联产计酬生产责任制，先在19个公社253个生产队中，建立作业组645个，实行“三定一奖”(定任务、定产量、定报酬、超产奖励)制度。1980年夏，在一些边远山区推行承包组1660个，包山户240个。生产队实行单项承包和专业承包责任制1112个，占生产队总数45.7%。9月，县委确定各公社实行家庭联产承包责任制范围和比例，上肖、屯字、曙光、彭阳、城关、南川、太平、临泾、平泉、中原、湫池11个公社，按公社总农户20%左右推行包产到户；新城、孟坝、王寨、开边、新集、三岔6个公社，按本社总农户40%左右推行包产到户；殷家城、马渠、庙渠、方山、武沟、小岘、郭原7个公社，按本社总农户80%左右推行包产到户。至年底，全县有1279个生产队实行包产到户，占54.8%；有297个生产队划分承包作业组980个，占12.7%；继续统一经营管理生产队759个，占总队数32.5%。

1981年4月7日，《甘肃日报》发表湫池公社寺府大队寺府生产队队长刘登荣来信，并加“上下顶牛耽误生产”的编者按，批评镇原在推行家庭联产承包责任制中规定比例，违背多数群众意愿的错误倾向，县委、县政府遂制定《镇原县包干到户生产责任制管理暂行办法》，在全县普遍推行家庭联产承包责任制。各生产队除留少量机动地外，按实有人口或人、劳比例承包到户经营，长期稳定不变，所有权归集体，使用权归承包户，不准出租、典当和买卖；不准私自在承包地里修庄、埋坟；对集体果园、林场、小型加工设备、机井、大型农机具等，折价承包给有能力的社员经营；牲畜和一般农具，评价挂账，固定给各户使用。年底，全县2335个生产队全部包产到户。

1983年6月，完善承包经营制度，全县24个公社269个大队2483个生产队7.36万户36.3万农业人口承包土地151.23万亩，户均20.5亩，人均4.17亩。并将全县192万亩宜林、宜草地，除队留少量公墓、轮牧草山外，全部划拨给农户，让农民造林种草，谁种谁有，长期不变，子女有继承权。林场、果园、水利设施、加工机械等，作价卖给农民，由单户或联户经营。允许农业专业户雇工，允许家在农村的国家职工留职带薪回乡办专业户。同年12月，取消不适应土地承包要求的人民公社制度，建立新的乡镇体制。

1985年，进行第一次土地小调整，以自然村(即原生产队)为核算单位，收回减少人口承包地，再平均分配给增加人口，共调出10300户24700人承包地49580亩(其中收回农转非265户733人承包地2150亩)，变动面占24.7%，补承包地9680户30950人，补地48360

亩,并解决一些地方抢修、扩修庄基、蚕食道路、乱占耕地问题,对集体所留管理不善的机动地进行承包管理;完善果园、林场、水利设施等承包责任制,使其更好地发挥经济效益和社会效益。

1992年5月,面对第一次小调整后出现的人地变化情况,按照“大稳定、小调整”和“两不变”原则,在王寨乡进行土地小调整试点。11月起在全县全面展开第二次土地小调整。调整以乡为单位进行,以自然村为核算单位具体实施,调整对象是1985至1992年减少人口,包括婚出、死亡、迁出、农转非、现役军人提干转志愿兵,合同工转正、大中专毕业生分配,离退休职工子女顶替等;新增人口,包括婚入、迁入、计划内生育等,增人补地,减人退地,新增加人口补地人均不得低于一亩,但也不能高于包产到户时标准。退地和抽地均要以包产人口和产量基数为准,人口终止时间为1992年6月30日。此次只调整承包地,自留地、造林种草地、饲料地、三荒地不属于调整范围,但个别地方责任不清楚的,结合土地小调整一并承包到户;为避免大波动,严禁重新丈量和打乱重分;若承包地内有允许继承、转让等附属物的,如果园、户办或联户办企业等,不允许调整,无地可退的,可采取承包、转让办法解决;对抢修、私自扩大庄基、乱占耕地、蚕食道路农户,除按有关政策规定处罚外,多占部分应相应扣减承包地;对承包期内户与户之间私自调换承包地的,可承认调换现状,但仍按大包干时基数调整;对原集体果园变卖后未抵顶承包地的应抵顶承包地,超过部分收取同等承包费;对1985年调整时人均补地不够一亩的补够一亩(不包括计划外生育人口),遗留问题随调整一并解决;包产到户时承包的坡地承包户自己治理成农田地的,调出时要给予合理补偿,新修农田地调入时要重新评定等级;凡计划内生育一胎且采取放环措施的,可给没有承包地一方和孩子调入承包地;凡属1990年底以前超计划生育夫妇,已做绝育手术,并交清多子女费,除给没有承包地一方和第一胎孩子调整给承包地外,对计划外二胎孩子年满10周岁,可调整给承包地,不满10周岁,按所缺年龄一次性收清多子女费后再调整给承包地,计划外三胎及其以上孩子一律不给承包地;1992年6月30日以前的二女户,已做绝育手术,可调整给承包地;凡1991年1月1日后计划外生育孩子(包括计划外一孩)一律不给承包地;因超计划生育外逃一年以上,可暂时收回夫妇双方承包地作为集体机动地,待其落实措施并交清罚款后再退给承包地;对过去少数乡镇给独生子女户和二女结扎户多承包一个人责任田的,经审查属实,可不调出。1993年3月,土地小调整结束,共涉及全县24个乡镇269个行政村2483个自然村61240户,占农业户总数64.5%,其中纯调出户15246户,纯调入户24729户,调出调入户21265户,分别占总调整户24.9%、40.4%、34.7%;共调出51566人原承包地185488.2亩,人均3.6亩;为86059人调入土地150489.9亩,占新增人口85.7%,人均1.75亩;新提、保留集体机动地39624.1亩,平均每个自然村15.96亩,规划宅基地6片6832.2亩,预留公墓地1868处4256.1亩;恢复拓宽行政村、自然村田间道路1185条1074.1公里;新规划道路496条853.36公里。

1998年11月至1999年5月,按照“增人增地,减人减地”的办法,对24个乡镇269个行政村2483个自然村10.44万户46.45万人的承包土地进行小调整,调整范围和要求与前两次类似,有 39171 人调出承包地 11 万亩,人均 2.8 亩,有 53611 人增补承包地 9 万亩,人均 1.7 亩;对人地矛盾小的 25 个自然村没有进行调整,670 户 0.27 万人直接延包土地 0.83 万亩,流转承包地 0.07 万亩。在小调整基础上实施第二轮土地承包,延包各类耕地 149.23 万亩,占全县总耕地面积 169 万亩 88.3%,人均 3.24 亩,比第一轮土地承包时增加 3.21 万户 10.74 万人,总承包面积减少 2 万亩,人均承包地减少 0.91 亩。全县有 1594 个自然村预留机动地 2 万亩,占自然村总数 64%,比 1981 年 3.27 万亩减少 1.27 万亩。全县共续签、换签各类专业承包合同 10.95 万份,其中耕地承包合同 10.28 万份,机动地承包合同 6038 份,果园承包合同 75 份,林木承包合同 109 份,机井承包合同 376 份,集体企业承包合同 52 份,发放《土地承包经营权证书》10.28 万份。随着《土地承包法》颁布实施,家庭联产承包这种农村集体所有制经济形式,被依法确定下来。

2008 年,在孟坝镇王湾村进行土地流转试点,县委下发土地流转实施方案(讨论稿)。2009 年 12 月,县农牧局印发《镇原县农村土地流转工作实施方案》,规范和完善承包土地流转程序,按照"土地确权、两权(所有权和使用权)分离、价值显化、市场运作、利益共享"和"自愿、有偿、依法"原则,通过出租、转包、互换、入股等方式出让承包权。至 2010 年底,全县农村土地流转 12.03 万亩,占承包耕地 7.1%,涉及农户 29912 户,占总农户 22.54%,其中出租 32751 亩,转包 51112 亩,转让 6882 亩,互换 14556 亩,入股 15020 亩。

附件　　刘登荣给《甘肃日报》的一封信及编者按

编辑同志:

我是镇原县湫池公社寺府大队寺府生产队队长。我现在处在上头领导压,下头群众不同意,我卡在中间的困境。在无可奈何的情况下,特此汇报,希望帮助解决。

我们寺府生产队,是一个地少、人多、底子薄条件差的队,全队共有 20 户,114 口人,30 个劳力,粮田面积 216 亩,每人平均 2 亩。现有牲口 19 头,羊 20 只。

过去由于受林彪、"四人帮"极左路线的破坏和吃"大锅饭"错误的影响,生产遭到了破坏,社员生产积极性受到了挫折,粮食产量连年减产,完不成国家征购任务,社员年年缺粮,春春回销,集体用钱靠贷款,个人用钱靠救济。现在队里欠银行、信用社贷款 7000 元,户均 350 元,人均 61.4 元;社员欠国家银行、信用社贷款 1000 元,户均 50 元,人均 8.7 元;社员欠队款 2000 元,户均 100 元,人均 18 元。我们深深感到,如果继续吃"大锅饭",就没有办法生活下去。

去年秋收结束,在全队社员一致迫切要求下,干部、社员共同讨论研究了实行生产责任制问题,一致同意搞包产到户。于是,我们就按土地好次逐块逐段评定了基本产量,按户、按劳、按人承包。对牲畜、羊只、农具,也经过评议,制订了计划。并订出了正式合同,使粮食、油料、经济作物产量、上交、提成等和牲畜、羊只发展繁殖,均落实到户。对一些具体问题的研究处理也比较妥当,群众互相之间均没有什么意见。这样承包以后,调动了社员的生产积极性。去年的秋地比那一年都整得好。入冬后人人均重视肥料,多积肥,积好肥,全队 79 亩秋地,在农历正月十五前全部送够了肥料．堆子大,质量好。牲口分到户喂养五个月后也大变样,10 头乏瘦牲口均喂得膘肥体壮,全部能使役了。集体的羊只今春繁殖羊羔 8 只,比去年提高了 1 倍。还有 8 户人买进了 9 头牲口,私人羊在去年 31 只的基础上增加到 80 只。社员生产劲头大，铺开了过日子的摊子。

可是，县上的规定和社员要求恰恰不一，县、社、大队三级领导，大会点名，小会批评，个别谈话，坚决不让包产到户，并说如不立即纠正，合到一块，还要处理我。但是，社员提起往一块合，人人愁眉苦脸，表示坚决再也不吃"大锅饭"受穷了。

所以，我向你们反映情况，请解答，越快越好。

镇原县湫池公社寺府大队寺府生产队 刘登荣

一九八一年三月十七日

上下"顶牛"耽误生产

《甘肃日报》编者按：这封信反映了一个生产队在实行生产责任制过程中遇到的问题。从信中看，这个队基本上是个"三靠"队，全队社员又"一致同意"采取包干到户的形式，并且在去年秋收以后已经做了不少具体工作。既然如此，领导上再硬扣什么比例，提出"坚决不让包产到户"的意见，是很值得研究的。省委多次强调，在采取何种生产责任制形式的问题上，要从实际出发，要按照多数社员的意愿尽快确定下来。应当看到，由某些领导机关限定比例，违背多数群众的意愿，同群众"顶牛"，如群众说的"上边放，中间挡，戏到下面没法唱"，就会挫伤群众的积极性，影响今年的农业生产。尤其是在经过群众讨论，已经确定了某种责任制之后，领导机关的责任，应当是去加强领导，帮助做好完善工作。

第三节 农作物种植区划

1981 年 4 月至 1983 年 8 月，县农业区划办公室编制《镇原县农业种植区划》，将种植分为粮经、粮油两个区，因区制宜，兴利治劣，突出重点，加快发展。

东南温暖川塬粮经区 位于县域东南部，洪、茹、交口、蒲 4 条河流中下游，包括上肖、屯字、曙光、城关、南川、太平、临泾、中原、平泉 9 个公社全部地区，新集公社唐塬、姚新庄大队，孟坝公社西壕、何范大队，庙渠公社文夏大队以东，开边公社除白马寺大队外全部地区，郭原公社王沟圈、寺沟、西杨大队和新城公社耿沟、东庄大队以东地区，海拔 1011~1550 米，年均气温 8℃~9.5℃，最热日 22℃~28℃(7 月)，年均降雨量 479.4 ~518.6 毫米，无霜期 155 天，光、热充足，气候温暖较湿润，水分和热量条件基本能够满足冬小麦、玉米、高粱、糜子、谷子、豆类和经济作物胡麻、荏、油菜、葵花、烟叶、大葱、瓜、菜及部分喜温药材生产需要。

本区总面积 259.45 万亩，占全县总面积 49.4%，涉及 15 个公社 172 个大队 1473 个生产队，有农业人口 277119 人，占全县农业人口的 75.99%。耕地 107.89 万亩，占全县耕地的 53.3%，其中塬地 43.98 万亩，川地 8.94 万亩，山地 54.97 万亩。塬面土壤以黑垆土为主，川台和山地以黄绵土为主。川塬地基本实现条田化，山地 39.43%实现梯田化。本区地少人多，每平方公里平均 163 人，每劳负担耕地 12.6 亩。人口居住集中，劳力充裕，肥源较多，耕作较精细，农作物比较稳定，不利因素是作物布局不够合理，粮食作物面积大，经济作物面积小。轮作倒茬不合理，小麦连茬年限长，大秋种植密度偏稀，病虫害严重，对农作物威胁大。区划改进措施主要有：调整种植结构，保证粮食生产，扩大夏杂粮、豆类、油料、烤烟 苜蓿面积;完善夏秋作物轮作倒茬制,小麦种植3~4年须复种糜子、荞麦,轮作玉米、高粱等杂粮或豆类和油料作物,预防地茬老化;选用稳产高产优良品种,山、川、塬因地制宜,增加玉米、高粱密度;利用有机肥料,化肥推广深施,做好氮磷化肥合理搭配,提倡大种绿肥;落实冬春镇压、伏天雨后耱耙蓄水保墒等抗旱耕作措施;搞好机耕、机播、机耙,药剂与农业措施结合防治病虫害。

西北寒旱丘陵粮油区 地处县域西北部。与固原、环县、平凉接壤,包括方山、三岔、殷家城、马渠、武沟公社全部地区及新集、孟坝、庙渠、开边、郭原、新城部分地区。海拔1550~1767米之间,气候较寒冷,年均气温7.5℃~8℃,无霜期140~150天左右,年均降雨量450.1~514.5毫米,水热条件基本能满足小麦、糜谷、豆类、洋芋、燕麦、荞麦、胡麻、芸芥等作物生长需要。河谷和较平坦的阳山湾掌地也可种植早熟玉米和高粱,为一年一熟制。

本区总面积265.52万亩,占全县总面积50.6%,涉及11个公社84个大队672个生产队87753个农业人口,占全县农业人口24.01%。耕地94.47万亩,占全县耕地的46.7%,其中塬地9.9万亩,山地82.07万亩,川台地2.5万亩。每平方公里平均59.8人,人均耕地10.77亩,每劳负担耕地32.56亩。以黄绵土、黄胶土最多,局部地方有少数红胶土、黑胶土和黑垆土。塬面和零星川台地实现条田,山地梯田有44223.8亩,占山地面积5.39%。人少地多、土地宽广,水土流失严重,土壤肥力低,旱冻冰雹等自然灾害频繁,农业机械化程度低,广种薄收问题突出。区划措施主要有:压缩粮食作物面积,扩大油料、饲草及经济作物面积,以林牧为主,实行粮草林三三制,走少种高产的路子;加大种草种树,增加植被,发展畜牧业;平田整地,深耕蓄水保墒,增施肥料;科学种田,改粗耕为精耕细作,合理轮作倒茬,用养结合,恢复和提高肥力;推广抗冻、抗病、耐瘠、早熟稳产品种;防治病、虫、鼠害。

第四节 农作物品种

全县农作物种类较多,可分为禾谷、豆、薯、油料、蔬菜、食用菌、瓜7大类49小类743个品种,其中禾谷9类296种,豆16类36个品种,薯2类20个品种,油料9类53个品种,蔬菜8类237个品种,食用菌2类10个品种,瓜3类91个品种。

一、粮食作物

冬小麦 本地品种有红曹麦、白齐麦、白秃芒、白瓜麦、老白麦、秃和尚、红箭头、蓝花麦等11个品种。1954年开始引进、推广优良品种,城关、曙光、屯字、上肖等地种植碧玛1号、4号。至1985年底,推广良种129种,主栽品种5个,年播量60万亩左右。前塬川台以庆丰1号、西丰9号、济南2号为主,搭配昌乐5号、庆选15号。后山以庆选15号、西丰9号、庆选27号为主,搭配红曹麦。搭配品种12个,种植8万多亩。塬区、川台地有:昌乐5号、6512号,西丰9号、10号、13号、14号、16号、6423号,庆选25号、30号,谭选1号,县北山区种植红曹麦。

推广示范品种15个,种植面积6000多亩。长武农科站培育的7125号小麦经上肖4年试验，比济南2号增产15%以上；“中11-7”在彭阳试验，平均亩产357公斤；泰山1号、泰山2号、3342号，在临泾、南川、曙光等地试种，不宜推广；原冬2870号，在三岔、屯字试种；中引4号，在上肖、屯字、太平、新集、中原、临泾试种，可在川道推广；西丰11号、庆选2l号，在庙渠、新城试种，适宜塬面种植；昌维17号、18号，宜在川水地推广；庆选1号，在马渠、临泾试种；宁农68-4号，在临泾、屯字、平泉等地试种；庆选26号、原冬12057号，在武沟、新城试种。晋农18号、晋农134号、小燕6号、延安15号、延安17号、京旺7号、秦麦4号等，在全县少数地方试种。

试验品种78个，分别在前塬、后山选择各类地形进行小田对照试种，压缩淘汰品种34个，包括红金麦、白蚂蚱、红齐麦、白齐麦、蓝花麦、北京14号，德农7号，中引1、5、6、7、8号，甘麦4号，西丰7号等。

糜子 古名黍，29个品种，有红、黄、黑、白、大、小糜子之分。大面积种植有黑饭糜、红黏糜、笊篱头、杏猴头、虎爪、满心红；零星种植有紫油秆（气死牛）、秤锤、黑小糜、大黄糜、娃娃手、竹叶青等品种。

谷子 古名稷，又名粟，20多个品种。大面积种植有龙爪谷、黄小谷、马缰绳、刀把齐、红酒谷、黄酒谷、白砂谷、野鸡谷，在屯字、新城、临泾、孟坝等地零星种植还有黄小草谷、紫秆谷、黑酒谷、狼尾巴、野鸡红、六百四等品种，还有从山西、平凉、西峰等地引进大寨谷、晋谷2号、大凉谷、黄毛谷、石榴谷、大同白6号、辽东黄、1603-1等，抗逆性强，产量高。

玉米 又称包谷，48个品种。本地有火玉米、黄马牙、英粒子、白齐玉米；引进美国马齿玉米，SC704，白单4号，庆单1号、3号、4号、7号、12号、32号、37号、39号，新双9号，中单2号、4号、12号、14号，长单7号，辽东白，京早2号、7号，陕单9号，忻黄单9号，维尔156，金皇后，农大60，户单1号、4号，掖单13号，丹玉6号，沈单7号，豫玉22号，酒单2号、3号、4号，川龙单2号，冀承单3号，屯玉2号、6号、10号、12号，9907号，爆裂玉米、小玉米、甜玉米。1957年从陕西引进金皇后，1962年引进英粒子，1975年引进庆单1、3、7号。同时从山西等地引入中单2号，抗病虫能力强，产量高而稳，逐步代换庆单1、3、7号等。1979年种植品种25个，面积16万多亩，一般亩产300多公斤，高者达500公斤。1982至2010年，引进新黄单53号，经试验，平均亩产400公斤，较中单2号增产37.7%；户单1号，经试验，平均亩产415公斤，较中单2号增产39.8%。上肖、太平、孟坝、平泉、新城等地种植的白齐玉米、黄齐玉米、麦玉米，已基本淘汰。

高粱 又称秫黍，29个品种。主要有红把二齐、红二齐、碎老汉、扫帚高粱、多头高粱、红高粱（米儿高粱）等；引进三尺三，晋杂4、5、12号，忻杂7、10号，原杂10、12号，冀杂，晋中405，抗4、抗7，宝杂8407号。后山川道和阳山少量种植三尺三、碎老汉等品种。1958年引进米高粱（多头高粱），在屯字塬大面积推广。1968年从辽宁引进熊岳楼和西藏大白。1970年后，引进晋杂4号、5号，忻杂7号、52号、80号，陇杂1号等杂交种。主栽品种为晋杂4号、晋杂5号、忻杂52号，亩产高达500公斤以上。

水稻 引进高脚黄、千斤小稻、公交12号3个品种，茹河川道曾有零星种植。

民国二十七年政府派员指导农民插秧

大麦 有春大麦、冬大麦2个地方品种,零星种植,多为牲畜饲料。

燕麦 大燕麦、小燕麦2个地方品种。小燕麦又叫莜麦,供食用;大燕麦作牲畜饲料。新城、郭原、三岔等地少量种植。前塬秋季种大燕麦用作羊羔草。

荞麦 分甜、苦两种,有9个品种。本地有普荞、新疆荞麦、苦荞麦、黑荞麦;引进榆荞1号、榆荞2号、榆荞4号、日本北海道、四倍体。后山除回茬外,也有正茬种植。苦荞作牲畜饲料。

大豆 俗称黄豆,当地品种有毛豆子,粒小产量低。1979年从山西引进晋豆1号、铁丰18号、黑龙26号品种,粒大,产量高。1981年,发现野生大豆一种,用于育种。后来陆续引进美国尖叶豆、吉林29号、吉林20号、晋豆4号、丰收12号,种植面积较大,同时引进黑豆子、辽豆、沈豆、汾豆等,种植面积较小。

豌豆 本地有麻豌豆、白豌豆、无筋豌豆、建设豌豆4个品种,引进西安豌豆,在新城、郭原、武沟等地有零星种植。

扁豆 又名冰豆,本地1个品种,产量低,有少量种植。

豇豆 9个品种。黑红豆、鸡肠豆、白豇豆、花豇豆可作蔬菜,蚕豆、苦豆、蔓豆、红豆、八月炸(又叫白鸡蛋皮)等可做粥。

小豆 本地有麻小豆、白小豆、蔓豆、绿小豆、红小豆5个品种,引进中绿一号、秦绿4号、冀红2号、冀红5号、天津红5个品种。

马铃薯 俗名洋芋,本地有蓝花洋芋、白洋芋、深眼窝、红洋芋、乌洋芋5个品种,引进四斤黄、三层楼、渭会2号、胜利1号、波友1号、辽东大白、白沙杂、60大洋芋、红洋芋、陇薯1号、陇薯2号、中心2号、台湾早红、克星6号、克星7号品种15个。

二、油料作物

胡麻 有本地胡麻和引进油麻两用胡麻、天亚2号、天亚4号、天亚5号、天亚6号、大同3号、741-26-10、苏联两用胡麻、雁农1号、雁农9号、尚义大桃、多子胡麻、蒙选198、大头胡麻、陇亚7号品种16个。

油菜 本地有老油菜,引进复种油菜和74-1、上党、青油5号、菜油3号、胜利1号、关油3号、马提维、奥罗、延油1号、延油2号、陇油2号、洛82-2-1共13个品种。

芸芥 又名圆圆,本地苦芸1个品种。

芝麻 当地白芝麻、黑芝麻2个品种。

荏 又名紫苏,本地有白荏、黑荏,引进苏利那、南韩荏子共4个品种。

葵花 本地有百子葵、白葵花、白子百子葵、黑葵花、黑百子葵5个品种,引进米脂葵、G101品种2个。

落花生 海花1号、3号、红花2号、鲁花7号、早熟花生5个品种。

大麻 当地大麻子、小麻子2个品种。

蓖麻 当地蓖麻与塔穗蓖麻2个品种。

荠蓝 新型油料作物,引进栽培品种荠蓝1号。

三、蔬菜瓜类

根菜类有萝卜、胡萝卜、菊芋(洋姜)、芜菁、甘露子(地溜溜)、甜菜(糖萝卜)6种27个品种;叶菜类有菠菜、大白菜、小白菜、芹菜、芫荽、雪里蕻、甘蓝、茼蒿、苜蓿9种44个品种;葱蒜类有大蒜、葱、洋葱、韭菜4种19个品种;茄果类有7种96个品种;瓜菜类有西葫芦、黄瓜、丝瓜、番瓜、黑子南瓜5种32个品种;野菜类有小蒜、苦苣菜、荠菜、黄花苔、地蕉蕉、马齿苋、灰条菜、野韭菜、地肤9种;调味类有本地香苜蓿(香豆子)、小茴香、花椒,引进生姜共4种;菌藻类有本地黑木耳、羊肚菌、地软软、蘑菇,引进平菇、香菇、金针菇、洋蘑菇、白羚菇、茶树菇共10个品种;瓜类有西瓜、甜瓜、黄河蜜瓜3种91个品种。

萝卜 14个品种,分冬、夏两类。冬萝卜7个品种,本地有冬萝卜、气死贼;引进大青皮、翘头青、满堂红、露头青、德日2号。夏萝卜7个品种,本地有水萝卜,引进小五樱水萝卜、花叶夏萝卜、精选水萝卜、501水萝卜、特级五寸参王、红樱萝卜等。

胡萝卜 本地有黄萝卜、红萝卜2个品种;引进米可丰、一支腊、齐头红、五寸参、六寸参、八寸参、日本新黑田五寸7个品种。

菠菜 本地菠菜和引进贵宾菠菜共2个品种。

大白菜 有本地大白菜,引进江苏大白、河南大白、黄立兰白菜、山东4号、山东5号、山东6号、山东7号、新鲁白1号、丰抗80、特选丰抗80、90-3、小杂56、特选北京小杂56、四季王、五轮大白菜、春秋54、天津青麻叶共17个品种。

小白菜 有本地小白菜和引进四季黄秧小白菜、卷心小白菜、黄金小白菜共4个品种。

芹菜 有本地旱芹菜和引进津南实芹、玻璃脆、美国西芹、文图拉共5个品种。

芫荽 又名香菜,本地芫荽和引进大叶香菜共2个品种。

甘蓝 有本地莲花白(包包菜)、球茎甘蓝2个品种,引进黑平头、金早生、晚丰、京丰、秋丰、8389、冬宝甘蓝、庆丰、中甘11号9个品种。

大蒜 本地白蒜和引进红蒜、陕西大蒜、蒜苗共4个品种。

葱、洋葱 本地有鸡腿葱、三叶齐、龙葱(红葱)3个品种,引进章丘大葱、掖辐1号、掖辐2号、梧桐葱、赤水孤葱、铁秆王、中华巨葱、紫红皮葱头、高桩洋葱9个品种。

韭菜 有本地马莲韭菜、线韭菜和引进791雪韭、汉中冬韭4个品种。

茄子 本地茄子1个品种,引进兰竹长茄、紫长茄、紫圆茄、快圆茄、特大紫长茄、西安绿茄、兰杂2号、兰杂3号、兰杂5号、六叶茄、六苏卵茄、罐罐茄、牛心茄、黑圆茄、线茄子、紫罐茄、紫红罐茄王、五叶紫长茄、三月紫长2号茄、黑衣天使、黑马长、紫茄王22个品种。

辣椒 有本地红辣子、灯笼红、线辣子、甜椒4个品种,引进索眉辣椒、羊角辣椒、北京早熟辣椒、猪大肠、超大牛角王、特大牛角王、抗病特大牛角王、特大牛角椒、特大羊角椒、大羊角、银川羊角、银川牛角、特大甜种王、天鹰椒原种、7寸红、8寸红、尖椒22号、陇丰2号、全天候、卫星椒王、851、8819线辣子、湘研6号、湘研7号、佳木斯长辣椒、北京2号、兰椒1号、陆科3号、陇椒1号、陇椒2号、衣大40号、朝天椒、小尖椒33个品种。

西红柿 本地西红柿和引进北京早熟、灯笼红、牛心番茄、大果皇后、陇番3号、陇番5号、陇番7号、早丰、早魁、秦粉2号、西粉3号、中杂4号、中杂9号、双抗2号、强丰、百果强丰、强力米寿、毛粉802、白粉802精品、红樱339、中蔬4号、中蔬6号、绿红冠、红玛瑙、L402、美国大红、佳粉15、鲜明、樱桃番茄、早年、修女西红柿32个品种。

黄花菜 又名金针菜,本地黄花、马兰黄花、线黄花、短棒黑嘴4个品种。

瓠子 学名西葫芦,6个品种,即本地瓠子,引进花叶瓠子、银青1代、早青1代、1串铃、阿兰1代等。

黄瓜 有本地白黄瓜、绿黄瓜和引进夏丰1号、津杂2号、津杂6号、大叶3、正宗白叶3、白条端阳地、津研2号、津研4号、津研7号、津春3号、长春密刺、新京密刺、京春3号、新泰密刺、山东密刺、甘丰8号、甘丰11号、大棚2号、仙圣1号品种21个。

花椰菜 又名菜花,引进。

笋菜 本地笋菜。

番瓜 3个品种,本地黑皮番瓜、红皮番瓜、花棱番瓜等。

黑子南瓜 引进云南黑子南瓜(作大棚黄瓜嫁接砧木用)1个品种。

西瓜 本地白皮白瓤白子西瓜、花皮红瓤黑子西瓜、黑皮黄瓤红子西瓜、黑皮红瓤黑子西瓜4个品种,引进早花、74-5-1、蜜梅、兰州P2、特大新P2、郑杂3号、郑杂5号、特大郑杂5号、玉金香、新红宝、齐圆、中育1号、中育3号、中育5号、中育6号、嘉油1号、金钟冠龙、西农8号、金城8号、新澄1代、抗病霸王、特抗病、金钟冠龙、重茬巨星、太空瓜祖、祖母绿、胜利者、冠军宝王、阔野、早霸、特大新5号、齐红、特大景丰宝、美蜜黑霸王、小兰、宝冠、丰乐8号、丰源8号、黑美人、金秀、嘉年华、京欣1号、京欣2号、京欣3号品种45个。

甜瓜 又名梨瓜、香瓜,有本地灯笼红、芝麻粒、花皮甜瓜、庆阳脆瓜、白兔娃5个品种,引进华南108、盛开花、白沙蜜、超甜白沙蜜、龙甜1号、齐甜1号、齐甜2号、日本甜宝、红城脆、红城2号、红城5号、红城6号、金满地、抗重茬黄冠甜瓜、糖王、五龙白、金辉王、高糖富玉、哈罗甜瓜、伊丽莎白、甜露、八里香、特大八里香、大洋果、天蜜、秋蜜、蜜世界、玉露、甘露、新世纪、大利、甘黄金32个品种。

蜜瓜 引进黄河蜜瓜、甘蜜宝、铁蛋瓜、黄河蜜、哈蜜瓜、白兰瓜6个品种。

丝瓜 本地丝瓜1个品种。

第五节 主要农作物生产

一、粮食作物

小麦 为主产粮食,全部为冬小麦,在山、川、塬普遍种植,占粮食作物总面积60%以上。民国三十八年(1949年),全县种植99.31万亩,总产量7746万斤,平均亩产78斤。1954年开始引进试验、示范、推广种植碧玛一号、钱交麦、早洋麦等新品种。1958年“大跃进”中,种植面积减为76.18万亩,总产量25140吨,平均亩产33公斤。1965年,平均亩产上升为92.5公斤,总产51832.5吨。20世纪60年代后期至70年代初,种植面积稳定在80万亩左右,产量徘徊不前。1975年种植84.86万亩,亩产116.5公斤,总产98881.9吨。1983年从延安引进小麦山地水平沟种植技术,在北部公社进行示范推广。1984年,全县种植88.55万亩,因遭受病虫害,造成大面积减产,平均亩产96.27公斤,总产85243吨。1988至1990年,从河西引进小麦、玉米带状种植技术,在洪、茹河川水地示范推广,3年累计种植0.8万亩,平均亩产686.8公斤,其中小麦246.2公斤。1994年,进行小麦地膜覆盖试验,取得成功。1995年,开始在全县推广覆盖面积2.01万亩,亩产285公斤。1995至2010年,调整种植结构,小麦面积稳中有降,年种植55万亩左右,单产稳中有升。期末,种植59.07万亩,总产102174吨。

玉米 主产区在屯字、平泉塬和川道。民国三十八年(1949年),全县种植0.47万亩,总产量49万斤,平均亩产104.26斤。1958年,面积扩大到4.54万亩,平均亩产149.37公斤,总产3290吨。1974年,开始推广杂交玉米,种植5.24万亩,平均亩产137.67公斤,总产7214吨,其中杂交种亩产208公斤,创新记录。1975年,种植面积降至3.94万亩,亩产增加75公斤。1981年,实行家庭联产承包责任制,玉米种植面积上升到17.29万亩,亩产94.83公斤,总产16396.2吨。1984年,试验示范地膜覆盖栽培技术,被称为农业生产上一场“白色革命”,逐年推广发展,新城、郭原、武沟、马渠、新集等一些较为寒冷地区开始大面积种植。1990年,覆盖面积6.75万亩。1991年,开展玉米模式化栽培技术示范,种植密度由每亩3000株左右提高到4000~4500株。1992年,全县种植19.25万亩,亩产205.49公斤,总产39557.1吨。1996年7月,遭受历史罕见暴雨洪水袭击,玉米大面积受灾减产。2003至2005年,实施科技增粮行动,集成地膜覆盖、玉米模式化栽培、病虫害防治等综合技术,以沈单16号、承单17号、豫玉22号等新品种为主,在平泉、新城、中原、屯字、孟坝、临泾、太平等7个乡镇示范推广,3年种植104万亩。至2010年,全县种植40.56万亩,平均亩产329.88公斤,总产133799吨。

高粱 多在前塬种植,后山川道和阳山有少量种植。民国三十八年(1949年),全县种植7.32万亩,总产量1025万斤,平均亩产140斤。1955年,种植9.5万亩,亩产82.47公斤,总产7835吨。1956年后,种植面积逐年增加。至1963年,全县种植12.54万亩,由于自然灾害影响,亩产只有79.35公斤,总产9951吨。1971年,城关公社示范种植晋杂5号50亩,亩产246公斤。1971至1974年,农业部门先后派技术人员四下海南育种,解决杂交高粱种子问题。上肖六条路生产队推广的杂交高粱,1972年亩产250公斤,比原100公斤增加1倍多。此后,全县杂交高粱面积逐年扩大,产量不断上升。1975年,全县种植27.33万亩,亩产201公斤,最高亩产500公斤,总产5.5万吨,约占全县粮食总产30%。1979年起,玉米、高粱种植面积大幅度下降。1985年,全县种植5.51万亩,亩产118.64公斤,总产6537.15吨。

1998年种植2.44万亩，亩产190公斤，总产4636吨。2010年种植面积减少到1.65万亩，亩产250公斤，总产4125吨，主要用作酿酒原料和牲畜饲料。

糜子 全县各地均有种植，殷家城、三岔、马渠、庙渠、武沟等山区种植广泛，有"吃饭靠糜子"之说，前塬多夏播复种。民国三十八年(1949年)，全县种植18.11万亩，总产量1992万斤，平均亩产110斤。1955年，种植21.93万亩，亩产61公斤，总产13380吨。1965年，种植23.39万亩，亩产55.45公斤，总产12972.9吨。1966至1986年，每年种植面积在10万亩左右。1988年起，加大轮作倒茬力度，种植面积增大。1995年，种植42.35万亩，亩产78.27公斤，总产33147.35吨。2000年起，调整种植结构，压缩低产作物，种植面积减少。2010年，全县种植19.73万亩，亩产70公斤，总产13811吨。

谷子 前塬后山均有种植。民国三十八年（1949年），全县种植12.56万亩，总产量1503万斤，平均亩产119.7斤。1955年，种植10.41万亩，亩产50.62公斤，总产5270吨。1960年后，种植面积下降。1966年降至5.83万亩，1976年降至4.94万亩，总产1883.25吨。1985年，开始回升，种植7.11万亩，总产4436.3吨。1992年，又开始下降。1995年，全县种植1.5万亩，亩产84.61公斤，总产1269.15吨。2000年，种植5.42万亩，总产5609.7吨。2010年，种植1.47万亩，亩产79.46公斤，总产1168吨。

大豆 栽培历史悠久，以夏播大豆为主，春播面积较小，油菜茬、小麦茬复种较多，同时在果园和大秋作物行间间作套种，是轮作倒茬的理想过渡作物。1950年，种植面积1.69万亩，总产750吨，亩产44.38公斤。1955年，种植面积17.17万亩，总产8155吨，亩产47.5公斤。1962年种植面积27.67万亩，总产1040吨，其余11年种植面积在1.12~2.8万亩之间，产量在370~1690吨之间。1964至1987年间，单产提高，种植面积在0.79~3.66万亩之间，总产量在520.85~3777.3吨之间。1988至1992年间，种植面积在1.3~1.62万亩之间，总产在416~864.6吨之间，亩产、总产有所下降。1993至2010年，种植面积逐渐增大，在4.25~10.82万亩之间，总产在922.1~12723吨之间。2010年，种植面积4.25万亩，总产2544吨，亩产59.86公斤。

马铃薯 主产县内西北部。1949年，全县种植1.13万亩，亩产100公斤，总产1130吨。1958年开始，种植面积逐年增加，当年种植6.23万亩，总产3740吨。1966年，扩大到7.09万亩，总产6385.2吨。1970年起，面积逐年下降。1976年降到3.86万亩，由于旱灾影响，亩产仅有464公斤，总产1791.95吨。1988至1993年，面积回升，稳定在6万亩左右。1995年起，推广芽栽和优良品种，种植面积下降，但亩产增加较快。1998年，种植4.61万亩，亩产1271.5公斤，总产5860.97吨。2000年，随着产业结构调整，种植面积增加近一倍，当年种植8.86万亩，亩产715.8公斤，总产6341.99吨。2010年，种植7.77万亩，由于受到连阴雨等自然灾害影响，亩产仅有400公斤，总产3108吨。

二、油料作物

油菜 1980年代初，县科委引进74-1、上党油菜、陇油2号、奥罗、洛82-2-1等新品种，在技术上采用适期条播、麦后纯种、合理密植、增施肥料、防治病虫等措施，产量有很大提高。1986年，种植0.9万亩，平均亩产35.8公斤，总产175.48吨。1998年，种植1.07万亩，总产1221吨。2010年，种植14.16万亩，亩产112公斤，总产1.59万吨。

胡麻 质优产量低，因县民喜食胡麻油，各地均有种植。民国三十八年（1949年），全县种植4.6万亩，总产量377万斤，平均亩产82斤。1953年开始，年种植面积下降至2万亩左右。1966至1980年，年种植7万亩。1984年，种植10.19万亩，总产3410.25吨。1998年，种植12.84万亩，平均亩产55.61公斤，总产7141吨。2010年，种植6.59万亩，平均亩产39.7公斤，总产2614吨。

荏 1980年代前，主要在山地正茬种植。1980年代，推广麦后移栽新技术，逐步实现正茬向回茬、回茬向免耕移栽、低产向高产转变，面积逐年扩大，亩产100公斤左右，为上等保健油料。

荠蓝 2003年，贾浩荣从北京康福多科技有限公司引进，在郭原乡毛庄村试种5亩，亩产130公斤。后在武沟、开边、郭原、庙渠、马渠、殷家城等乡镇小规模种植，群众称为小菜子。至2010年，种植面积2万亩左右，年产量2600余吨。

三、烟草

晒烟 俗称“旱烟”。清代，境内已有种植，主要在蒲河沿岸川道一带，以三岔、庙渠居多，后发展到全县。主要品种有小烟叶、猪耳朵、高秆黄、矮矮烟。农民种烟是为满足自家吸食需求，多余烟叶，市场出售，户种面积多为3~5分，也有为增加收入而种植1亩以上。1951年开始，晒烟成为国家计划内购销产品。各互助组及后来的农业社、生产队，为完成上级下达收购计划，开始较大面积种植，向供销社交售。1953至1959年，年平均种植700亩，亩产50公斤左右，7年共产烟叶4900担，其中交售给供销社1000担，平均每年交售143担。1961年起，国家对晒烟实行奖励交售政策，每交售50公斤晒烟奖售粮食7.5公斤。1969年，取消奖售粮食政策。次年起，实行奖售化肥政策，即每交售50公斤烟叶，奖励化肥10公斤。至1974年的6年间，年种植1600亩。1976年，随着收购奖励政策实施，种植面积扩大到2000亩，亩产60公斤。15年累计产烟叶3.6万担，交售1.2万担，年平均交售800担，为社队增加收入60万元。1977至1985年，累计种植8000亩，产烟叶1万担，其中向供销社交售3000担。此后，晒烟不再作为商品烟进行收购，种植面积锐减，仅有吸食者零星种植。

烤烟 1958年，省农业厅经济作物局从河南省引进烤烟生产项目和大柳叶、庆胜2号、螺丝头、中烟14、中烟15等十多个品种，聘请河南技术员4人，进行技术指导，在城关御史河湾试种3亩，产烟16担，收入800多元。1959年，又试种10亩，产烟47担，收入3196元，取得经验，在全县推广。1960至1962年困难时期，每年稳定在20亩左右。1963年，烤烟受到重视，3个公社共种植103亩，产烟301担，收入2万多元。1967年，发展到开边、郭原、南川、平泉、临泾、太平、曙光等十多个公社，种植面积1000亩，产烟2100多担。1968年，再次扩大种植1600多亩，产烟叶3000多担。由于当时全国烟叶饱和，不予收购，给生产队造成很大损失。1969至1976年再未种植。

1977年，全国烟叶紧俏，收购价格上升，有条件的生产队又开始种植2000亩，产烟叶

烤烟

7480担。1978年,种植区域扩大到18个公社,面积5000亩,产烟叶2万担。1979年,种植面积下跌到1800亩。1980年,种植7800亩,产烟2.7万担。1985年,县政府把发展烤烟生产作为增加农民收入、拓宽财源重点产业来抓,成立烤烟生产领导小组,实行目标管理,加强烤烟生产工作,贯彻优质适产原则,全县种植4774亩,产烟1.1万担。1986年,镇原县烟草公司成立,理顺烟叶生产、管理和销售渠道,烤烟种植生产步入健康发展道路。当年3283户烟农种植5600亩,产烟1.56万担。1987年,推广良种化和规范化种植,全县3461户烟农种植6065亩,产烟1.77万担,产值197.85万元。1988年,以提高烟叶质量为主攻方向,加强对烟农质量观念教育和新增户的技术培训,扩大红花大金元、NC89等优良品种种植。全县新增烟农3100户，种植户增加到6561户，种植面积1.17万亩，产烟4.41万担，产值541.51万元。

1989年,落实壮苗培育、合理密植、地膜覆盖、采摘烘烤等规范生产措施,全县10504户烟农种植烤烟2.22万亩,比1988年增加1.05万亩,因受自然灾害和病虫害影响,烟叶质量下降,收购量减少,生产商品烟叶4.36万担,产值433.02万元。1990年,县政府制定10条优惠政策,鼓励农民种植,新增烟农2221户,种植面积2.7万亩,比上年新增4821亩,因受冰雹、洪水袭击,产烟叶4.76万担,实现产值555.91万元。9月,成立烟叶生产办公室,负责全县烟叶生产工作。1991年,县政府加强烤烟生产协调领导,各乡镇制订包片、包户目标管理责任制,技术人员走乡串户,强化管理和指导。大田移栽期间,因干旱缺水,各乡镇组织人力、物力拉水移栽1657亩,调剂解决烤烟用苗983户1460亩。全县19个乡镇208个行政村1785个自然村18317户种植烤烟2.73万亩,其中4055亩受冰雹、洪水袭击绝收,产烟叶7.9万担,实现产值1006.95万元。1992年,全县20078户烟农种植4.6万亩,产量首次突破10万担,产烟叶11.4万担,总产值1539.47万元。1993年,推广纸钵育苗、膜下移栽、微肥喷施等烤烟种植新技术,效益大增。种植户发展到22442户,种植面积扩大到5万亩,产烟叶12.05万担,实现产值1859.53万元。1994年,全县23682户烟农种植5万亩,产烟叶11.97万担,实现产值2046.23万元。1996年,县烟草公司无偿投资110.5万元,进行烤房改造维修,给烟农投放棚膜、地膜和农药,并组织专业技术人员,编写《烤烟灾后补救措施、烟田中后期管理》技术资料,印发烟农,提高种植管理水平,使烤烟的产量、质量、效益创历史最好记录。全县57944户烟农种植8.2万亩,产烟叶41.07万担,占全区交售量108万担的40%,实现总值8188.1万元,比上年增长3倍。1997年,烤烟种植实现良种化,壮苗培育率达80%,规范化生产措施得到落实。全县24个乡镇71065户烟农种植19.45万亩,由于全国烟叶饱和滞销,仅出售16.63万担,实现产值989.62万元。1998年开始,压缩种植面积,实行合同收购。种烟乡镇压缩到15个,烟农减少到7151户,种植面积2.11万亩,占计划2.39万亩的88.2%,产烟叶9300担,完成产值160.29万元。2000年,实种面积2.85万亩,产烟叶2.62万担,实现产值692.52万元。2002年起,受计划限制,全县停止大面积种植,只在茹河、洪河川区有烟农零星种植,自行销售。2009年,种植面积不足千亩,总产约3720担。

四、其他经济作物

黄花菜 明清时,群众在田间地头开始零星种植,产菜自用。民国时,市场有零星出售,互通有无。中华人民共和国成立后,供销社收购外销。1982年,政府提倡发展多种经营,并投资4万元调拨根苗扶持种植。主产区为三岔、马渠、庙渠、方山、殷家城、孟坝、新集、太平、开边、武沟、临泾11个公社,平均亩产干菜35公斤。1984年,加工出口300吨,被外贸部命名为"蓓蕾牌西北特级金针菜",颁发产品出口《荣誉证书》。1986年,全县种植3.7万亩,总产1987.54吨。1994年,种植7.08万亩,总产4231.18吨。1998年起,停止出口,种植面积有所下降。2003年,将黄花作为重点产业加快发展。2010年,全县种植面积11.63万亩,建成万亩优质生产基地乡7个,0.5万亩村15个,年产干菜6100吨。

西瓜 全县均有分布。1955年前,种植不足千亩,为农户自种自食,品种单一,产量低,品质差。1955年合作化后,川区生产队种植较多,亩产500公斤。1986年后,推广地膜覆盖种植,引进中育1号、3号、6号、P2、郑杂5号、新红宝等优良品种11个,川、塬种植0.54万亩,产量、品质提高。1995年起,南三镇及孟坝塬开始大面积种植,由于个大、瓤沙、含糖量高、产瓜较晚,错开季节,深受西安、成都、银川等城市消费者欢迎,每年外运络绎不绝,尤以平泉塬注册的"五

五指原绿宝西瓜

指塬绿宝”西瓜著名。1998 年，种植 4.7 万亩，总产 54998 吨。2010 年，以南三镇为主产区，建成西瓜万亩基地 3 个、千亩村 25 个、10 亩以上大户 400 户，种植 6.83 万亩，总产 25.05 万吨。

甜瓜 主要在川台地、山地种植，地方品种以庆阳脆瓜最优，其次有花皮甜瓜、灯笼红、芝麻子、白兔娃等，年种植千亩左右。

蜜瓜 1980 年代引入甘黄金良种，成熟早，品质好，在川道地区广泛种植。2000 年后，从甘肃农大瓜类研究所引进黄河蜜瓜，单个 2 公斤，川道少量种植。

蔬菜 1982 年以前，农民在房前屋后、家庭院内零星种植，多自产自食。由于受气候影响，一年只能种植一季，产量低，冬春淡季供需矛盾突出。1983 至 1984 年引进塑料拱棚生产技术，首次在黄瓜、西葫芦、韭菜等蔬菜上进行试验示范。1986 年，全县种植 2.19 万亩，总产 9203 吨。1994 年，建成塑料拱棚 17 座，育菜 40 亩，同时，引进日光温室生产技术，在平泉、城关、屯字等乡镇建成日光温室 24 座，育菜 17.4 亩。1998 年推广种植 3.83 万亩，总产 35125 吨。至 1999 年，全县共建成日光温室 926 座种菜 675 亩，塑料拱棚 4042 座 8084 亩，种植品种有黄瓜、西葫芦、西红柿、辣椒、茄子、白菜、甘蓝、韭菜、西瓜、甜瓜等十余种。2005 年，进一步加强“菜篮子”工程，在城关镇东关村建成水泥骨架、水泥立柱大棚 100 座 65 亩。2008 年，全县新建成塑料大棚 1455 亩，其中水泥骨架立柱大棚 400 亩，效益显著。2010 年，全县种植蔬菜 7.37 万亩，其中设施蔬菜片带面积 1784.2 亩，日光温室 144 亩，亩均收入 5500 元。

大棚蔬菜

1950~2010 年镇原县农作物面积及产量统计表

表 5-5-1　　单位：万亩、吨

年份	农作物总面积	粮食作物		其中				经济作物
				夏收作物		秋收作物		
		面积	产量	面积	产量	面积	产量	面积
1950	194.81	153.71	67725.00	100.01	39035	53.70	28690	11.47
1951	194.37	157.62	71310.00	99.32	45505	58.30	25805	12.08
1952	204.41	167.43	78695.00	100.43	46515	67.00	32180	13.47
1953	209.03	174.37	76105.00	91.61	25500	82.76	50605	10.63

续表

年份	农作物总面积	粮食作物		其中				经济作物
				夏收作物		秋收作物		
		面积	产量	面积	产量	面积	产量	面积
1954	208.64	172.32	94775.00	92.39	53045.00	79.93	41730.00	13.96
1955	210.52	171.10	74085.00	93.05	32790.00	78.05	41295.00	11.44
1956	215.31	182.01	102190.00	97.53	51410.00	84.48	50780.00	9.34
1957	211.71	179.15	68610.00	97.11	34435.00	82.04	34175.00	10.07
1958	203.06	165.75	73835.00	76.18	25140.00	89.57	48695.00	8.42
1959	198.52	160.60	76280.00	89.78	40005.00	70.82	36275.00	11.73
1960	197.95	162.32	60570.00	92.67	41005.00	69.65	19565.00	7.56
1961	202.88	165.49	58835.00	85.79	21465.00	79.7	37370.00	8.64
1962	196.37	167.24	66900.00	81.44	31460.00	85.8	35440.00	6.43
1963	193.44	161.98	70402.00	81.88	33533.80	80.1	36868.25	8.28
1964	196.07	164.48	65351.00	84.90	30879.90	79.58	34471.10	9.73
1965	198.07	164.62	102285.00	85.90	51832.50	78.72	50452.50	10.57
1966	212.71	181.50	93099.00	86.20	38247.40	95.3	54851.65	9.79
1967	206.12	173.54	87423.70	73.74	23550.10	99.8	63873.60	10.63
1968	194.96	163.19	93929.30	75.47	45242.60	87.72	48686.75	10.01
1969	194.85	163.91	91483.80	80.94	45341.50	82.97	46142.30	11.22
1970	200.42	171.00	79520.50	80.15	28072.70	90.85	51447.85	9.63
1971	180.85	148.26	111500.00	82.14	57912.90	66.12	53587.10	10.48
1972	191.62	146.00	89530.00	81.01	38405.00	64.99	51125.00	11.28
1973	180.34	143.53	52815.00	78.74	25218.30	64.79	27596.70	11.96
1974	177.17	141.8	126139.00	82.73	62794.60	59.07	63344.25	14.08
1975	177.23	140.75	181498.00	84.86	98881.90	55.89	82616.40	16.62
1976	176.61	138.72	110625.00	81.85	70029.70	56.87	40595.65	15.99
1977	176.66	138.48	105736.00	72.40	35807.20	66.08	69928.55	16.82
1978	175.47	137.78	129000.00	82.33	66602.90	55.45	62397.150	14.92
1979	174.78	137.33	122235.00	83.95	64943.40	53.38	57291.40	12.93
1980	178.82	137.33	86083.80	79.63	29995.50	57.70	56088.30	14.49
1981	178.38	136.00	85159.50	83.21	45299.20	52.79	39860.30	13.75

1982	178.24	136.87	99672.10	87.79	74576.30	49.08	25095.80	13.73
1983	178.19	137.26	109704.00	86.99	69955.10	50.27	39748.40	13.48
1984	177.76	136.88	128969.00	88.55	85243.00	48.33	43725.55	15.53
1985	177.26	135.94	101564.00	88.57	52328.60	47.37	49235.70	16.59
1986	177.14	134.49	128934.00	86.92	81116.60	47.57	47817.32	19.19
1987	181.76	139.01	110798.00	86.10	48471.00	52.91	62327.00	19.99
1988	203.44	159.19	141512.00	86.65	82000.00	72.54	59512.00	23.20
1989	217.33	159.81	157452.00	85.62	96248.00	74.19	61204.00	24.14
1990	200.29	162.61	169460.00	85.64	92967.60	76.97	76492.20	24.24
1991	198.69	160.54	148108.00	85.70	93825.70	74.84	54282.60	24.85
1992	216.18	175.23	148379.00	85.41	51557.70	89.82	96821.50	29.65
1993	202.02	158.73	171235.00	81.90	105929.00	76.83	65305.50	31.25
1994	205.74	161.89	145999.00	81.30	87813.20	80.59	58186.00	33.29
1995	198.49	165.30	115147.00	77.20	29073.50	88.10	86073.72	26.21
1996	201.06	157.84	170963.00	79.56	95000.00	78.28	75962.91	35.65
1997	202.91	160.00	190178.00	80.40	126172.00	79.60	64006.36	36.11
1998	199.75	159.91	207525.00	80.10	122000.00	79.81	85524.71	26.97
1999	209.60	160.39	175399.00	80.02	90230.60	80.37	85168.09	36.99
2000	210.68	165.11	134549.00	79.77	31939.90	85.34	102608.71	31.68
2001	209.97	161.43	193306.00	76.99	108925.00	84.44	84380.89	35.80
2002	207.31	152.77	255114.00	73.35	132177.00	79.42	122937.00	40.37
2003	197.90	129.53	240393.00	59.06	104182.00	70.47	136211.47	53.12
2004	190.29	212.28	242988.00	54.61	102121.00	157.67	140867.50	53.12
2005	204.70	134.79	250324.00	53.28	89830.00	81.51	160494.00	55.75
2006	207.09	137.17	229263.00	58.85	86039.00	78.32	143224.04	55.95
2007	199.13	129.71	200000.00	55.05	42201.00	74.66	157799.00	55.95
2008	202.47	129.70	232683.00	57.21	91994.00	72.49	140689.00	41.31
2009	195.90	125.79	200627.00	54.50	71980.00	71.29	128646.60	61.40
2010	204.44	145.34	268467.00	59.07	102174.00	86.27	166293.00	55.70

第六节 农田耕作技术

中华人民共和国成立前，广大贫苦农民缺乏牲畜，主要依靠人力耕种，多数土地耕作粗放。中华人民共和国成立起，随着农具的改进和农用动力机械的推广应用，农业耕作技术逐步向精细化发展。

一、耕作制

县内作物基本属一年一熟制，全年种植一季正茬麦，麦收后实行夏季半休闲，伏耕晒垡，耙地耱地，接纳雨水，保持墒情，做到秋雨春用；大秋作物茬地，入冬前秋耕灭茬，纳雨保墒。

中华人民共和国成立初，以传统耕作为主，注重伏耕，有“头伏耕地一碗油，二伏耕地半碗油，三伏耕地没有油”的农谚。县内不大重视秋耕，后山地区大部分不秋耕，粗耕现象十分严重。伏耕一般2~3次，先浅耕，后深耕，再浅耕，每次耕过遇雨后，又耙地1次。大部分地区秋耕、春耕各1次，春耕宜浅，耕后必耙。早春播种的作物，耕后即下种；初夏播种的作物春耕两次，细耙保墒。

1972年，省农科院在上肖设立农业科技实验点，通过多年的耕作栽培技术试验，提升优化传统耕作技术，总结出旱原“四墒”土壤耕作法，即伏天和秋季多耕和深耕，蓄水保墒；冬季镇压耙耱，借冻聚墒；早春顶凌耙耱，减少蒸发；播后适时耙耱，碎土提墒。以上措施有效接纳雨水，保存土壤水分，做到伏雨春用，春旱冬抗，满足作物生长发育所需。

二、播期

分春播、夏播、秋播3种。春播作物种类较多，有糜子、谷子、玉米、高粱、薯类、胡麻、芸芥、荏以及烟、麻、瓜菜等。春播时间较长，自惊蛰到立夏，即3月上旬至5月上旬。各种作物均有最适宜的播种期。开春最早播种的作物有豌豆、胡麻、荏，民间有“豌豆种在九里头，天时好坏打几斗”的谚语。春小麦、春大麦，在惊蛰后播种。大秋作物中的玉米、高粱、谷子、薯类和烟、麻、瓜菜类均在4月中、下旬播种。最迟春播作物是糜子，多在立夏前播种。夏播作物有复种的小糜子、小谷子、黄豆以及荞麦。油菜适播期在8月中下旬，比传统播期推迟。秋播作物主要是冬小麦，播种时间自9月中旬（山塬区）至9月下旬（川区）。历来有“白露种高山，秋分种平川，塬面种中间”的谚语。群众对小麦播种期十分重视，不同年份根据墒情，或“干打硬种”，或“种在泥窝窝”，均要借墒抢时，提前或推后播种期，均会影响产量。

三、播种方法

传统的播种方法有耧播、犁沟溜子、挖窝点种、撒播、育苗栽种等。豆类、薯类、玉米一般多用犁沟溜子，也有挖窝集中施肥进行点播；小秋作物糜子、荞麦多用撒播；晒烟、烤烟先育苗再栽种；冬小麦主要是犁沟溜子和耧播，耧播有“紧握耧，慢到头，脚踏胡基手摇耧，盯着子眼定稀稠”的技术歌诀。随着农业机械进入田间作业，速度和质量大幅提高，部分地方采用机播糜子、油菜、胡麻。

1970年起，玉米、高粱播种多采用划行定距，即在播种前确定合理密度，先纵横划行，后在交叉处挖窝点种，这种方法能解决犁沟溜子深浅不一、行株距不等、施肥分散、出苗不齐、缺苗断垄的问题。在播种工序上，总结出刨开干土、挖在湿土、增施口肥、搅拌均匀、梅花点子、深浅一致、提脚轻踩、细土复盖的播种法。1980年代初，引进推广地膜覆盖栽培新技术,广泛用于粮、菜、烟、瓜种植。

晒烟、烤烟一般在惊蛰后整地起垄,3 月初“土旺”前后育苗。育苗时将烟子装入布袋,浸泡水中,待其吸收水分后再用水冲洗,以取掉烟子表皮上的角胶质,然后装入瓦盆,置于火炕上用棉被捂盖七八天。催芽的同时,在背风向阳平地打畦,每畦约 1 米见方,施农家精肥一担,然后将已发芽露白烟子掺和细土撒入畦内,喷水后再用谷草覆盖,一连浇水 3 天,待幼芽长出根须后停浇。有些农户因种植数量少,直接在垄上用石锤子压出小窝,然后采取以上办法在小窝上育苗。农历四月,待烟苗长出 8 片真叶时,即可在大田移栽。回茬烟一般在农历五月麦收后,在麦茬地中移栽,比正茬烟迟栽 20 多天。不论回茬或正茬,亩栽烟均在 1700~2000 株之间。

1983 年,试验推广塑料薄膜覆盖育苗技术。1991 年,推广纸钵育苗,先用腐熟发酵的厩肥、适量化肥与细土配制成营养土,装入直径约 7 厘米、高 10 厘米纸筒内,种入烟子,然后放入育苗畦内,浇足水后即可。采用这种方法育出的烟苗茁壮,在大田移载时一筒一窝,极易成活,还苗快,也有采用营养块育苗的。

烤烟初种时,采用平面栽植技术。1982 年,采用起垄和地膜覆盖技术,移栽前,先施肥、整地、起垄,垄为单行直线,高 15~20 厘米,面宽 60 厘米,呈拱形,行距为 1 米,在垄上覆盖好地膜,选择阴天或晴天下午移栽,按预定的株距挖穴打孔,浇水后将烟苗移入,周围覆盖细土一层,使苗直立。

四、播种量

镇原历史上土壤瘠薄、肥料单一缺乏、广种薄收、管理粗放,形成传统农作物稀播习惯和“稠好看,稀吃饭”的观念。中华人民共和国成立后,随着农业生产条件改变、良种普及、栽培技术改进和管理水平提高,各类农作物播种量和留苗密度均有增加。冬小麦推行机播、合理密植,在旱塬地每亩下籽量由 6~9 公斤增加到 11~14 公斤,每亩成穗 30 万穗~40 万穗。玉米每亩播种量由 1.5 公斤增加到 2.5~3.0 公斤,每亩留苗由 1500 株增加到 2500 株。高粱每亩播种量由 1 公斤增加到 2 公斤,每亩留苗由 3000 多株增至 4000 株左右,高者 6000~8000 株。胡麻播种量由每亩 2 公斤增加到 3~3.5 公斤。

五、种植形式

农作物以单种为主,也有间种、带种等形式。单种是一块地只种一种作物,冬小麦多为单种。间种是将两种或两种以上作物,按照不同种植行数,同时种在一块地上,主要有玉米与黄豆间作,以玉米为主;玉米与马铃薯间作,或与豆类、南瓜间作,均以玉米为主;谷子与豆类间作,以谷子为主,多选用小豆。带种是一种传统增产措施,即在冬小麦收获后,复种小秋作物时,带种次年夏收作物或多年生作物,也有冬小麦收割后复种荞麦,带种次年夏收的油菜,或复种荞麦带种油菜和紫花苜蓿,秋收荞麦,次年夏收油菜,秋割苜蓿,以后连续数年收获饲草,提高复种指数和光能利用率,成为农牧轮作制。

六、粮食收割

各类作物历来均以人工用镰刀收割为主。1970 年起,小麦开始用机械收割,上场晒干,堆积成摞，防止雨淋霉变。玉米、高粱用人工挖根或斫秆收割，小秋作物多用人工整株收获。1980年起，小麦机械收割面积逐步扩大。2000年起，大型收割机进入农田，小麦及小秋作物收割脱粒一次完成，提高了生产效率。

生产大队时社员集体收割小麦 景中道摄

七、烟叶采摘烘烤

农历八月秋分前后，成熟的烟叶主脉发黄，侧脉发白，叶尖下垂，叶片茸毛脱落，出现皱褶和黄斑，此时即可从底部开始选择熟叶分期采摘。采摘时间多选在晴天正午，忌采露水烟和潮湿雨淋烟。新采的晒烟叶在地头堆放数小时，待失水变软后运回，用草绳系绑，悬挂向阳处晾晒，干后收藏待用。新采的烤烟，扎把串杆，移入烤房烘烤。1958年，在河南烤烟技工王本殿指导下，县内建起第一座火管加热气流上升式自然通风烤炉，利用加热的火管表面散热提高烤炉温度，进行烟叶烘烤。烤炉下设进风洞，上设排气窗，利用自然通风气流排湿。由于烤炉气流流向和通风路线与热气流上升规律一致，热气上升顺畅，通风阻力小，烤炉升温、排湿快。随着种植面积的增大，烤炉逐年增加。1975年，县上组织有关人员到合水县九顷湾、丑家川两个大队学习烟炉修建、烘烤等技术，为种烟社队的烟叶烘烤奠定基础。至1986年，全县培养烤烟烘烤技术骨干72人。1992年，全面推广和改建长天窗、热风洞、大棚距标准式烤炉，具有升温灵活、排湿顺畅、保温保湿、炉内平面温度均匀、节省燃料、便于操作等优点，烘烤出的烟叶质量提高。

第七节 重点增产措施

农业增产措施较多，除平田整地，聚水保墒；兴修水利，发展水浇地；收集雨水，开展滴渗灌；沟施化肥，保持养分；镇压保墒，规格种植等措施外，还采取轮作倒茬、增施肥料、改造中低产田、地膜覆盖等措施，提高作物产量，增加经济收入。

一、轮作倒茬

漫长的历史中，镇原农民从自然条件和粮食作物特性出发，通过轮作倒茬，加速土壤熟化，促进水、肥、气、热协调供应，创造适于农作物生长环境。中华人民共和国成立前，多以歇地形式轮作。中华人民共和国成立后，对主要粮食作物冬小麦实行倒茬轮作，周期一般为1~4年。低暖川、塬区小麦、糜子一年两熟倒茬，高原沟壑区塬川地小麦、糜子或黑豆两年三收制。县内广泛采用多年三收倒茬，即小麦连种3~4年，末年复种糜子或荞麦，来年春种谷子、高粱、玉米、马铃薯、胡麻等，当年回茬小麦，或换种一二年其他春播作物后再回茬小麦；小麦连种3~4年，末年复种荞麦带油菜或苜蓿，当年收割荞麦，来年收割油菜，保留苜蓿5~10年，再改种小麦，农牧结合倒茬。民间流传有“倒茬如上粪”“茬口不顺，不如不种”的农谚。在西瓜、豌豆、扁豆、油菜茬地里种小麦,苜蓿地里种油菜、谷子,均有“如上粪”的效果。逆茬地不可种,如荞麦地茬不种高粱,高粱地不重种等。1962 年 6 月,庆阳地区农建局与地区科协联合召开轮作倒茬学术讨论会,推广区内东南部冬小麦连作 3~4 年,末年复种,秋作物连作 2~3 年,末年复种。北部以黑麦或小麦 2 年、秋作物 4 年、油料 1 年方式轮作。深山区以玉米连作 6 年、糜子 1~2 年、豆类或油料 1 年轮作,能够起到调节地力、提高产量的作用。1980 年代起,随着作物种植结构的调整及地膜覆盖技术的推广,出现麦、油、豆及麦、糜子、玉米轮作,即小麦收后复种油菜,次年油菜收后复种黄豆,比传统麦油糜轮作收成好。小麦收后复种糜子或荞麦,次年种地膜玉米提早成熟,再返种小麦,实现两年三熟,均为新的先进轮作形式。

二、施肥

县内使用的肥料有农家肥、化肥和绿肥三类。农家肥有人粪尿、牛粪、骡马粪、羊粪、猪粪、鸡粪等。旧时,由于燃料缺乏,尤其是山区有烧畜粪取暖习俗,造成肥料短缺,广种薄收,施肥面积不及 40%。20 世纪 50 年代,大抓社员家庭积肥,提倡户户设厕所、修猪圈。1956 年起,开始施用化肥,最先使用氮素化肥硫酸铵。1958 年,将牲畜积肥作为任务,划到饲养室,责任到人。社员积肥,经社员大会讨论,按人评定出向集体投交基本肥料的任务,按质记工分,超交者受奖,完不成任务者适当处罚。60 年代,组织积肥专业队,拾野粪、掏涝池、扫路土、秸秆还田等,千方百计扩大肥源。靠近集镇的生产队,还和机关学校联系,固定专人压厕所,组织肥料下乡。1963 年,在 4 个大队示范推广增施硝酸铵,平均增产小麦 27.15 公斤。1970 年代,仍把农家肥作为农业生产重要肥源,采取一改(改烧畜粪为烧柴)、二搜(搜城镇人粪尿、垃圾)、三积(积路土、垃圾土、老城墙土)、四换(换旧炕、旧炉灶、旧烟囱、旧房墙)、五挖(挖涝池泥、厕所底子、猪圈底子、羊圈底子、牲畜圈底子)、六沤(用麦草、衣子、玉米秆、高粱秆、青草,掺和畜粪尿沤制肥料)及人造 5406 菌肥等措施积肥。1975 年,普遍应用磷肥。1980 年代初,基本消灭甜种(不施肥)现象,杜绝烧粪取暖陋习,亩施肥 3000 公斤左右,有的达到 5000 公斤以上。化肥品种增多,有尿素、碳酸氢铵、硫酸钾、氯化胺、普通过磷酸钙、钙镁磷肥、磷酸铵、硫酸二氢钾、微量元素等,特别是高效化肥、复合肥的推广,增产效果更为明显。烤烟种植施用氮、磷、钾 3 种化学肥料,以改善土壤物理性状,发挥肥料效能,调节烟株养分供应,经多次多点试验,土壤氮、磷、钾配制比例一般以 1:2:3 为宜。1988 年,开始施用烟草专用肥。1990 年代,推广地膜覆盖技术,改变过去基肥和追肥并用习惯,以基肥为主,利用追肥稀释喷洒技术,肥力得到发挥。2000 年起,农作物多使用化肥、生物菌肥,农家肥使用量逐年减少。传统绿肥是在麦地伏翻时,种植芸芥、荞麦、豌豆等作物,至秋播前耕二遍地时翻压在地里沤肥。经试验,水浇地麦田套种草木樨等,当年翻压种麦;麦后复种绿肥,翻压种麦;复种绿肥翻压,第二年种大秋作物,均有增产效果,特别是第三种效果明显。

施肥方法主要有基肥、冬暖肥、追肥等。

基肥 播种前和播种时施入土壤,传统以农家肥为主,1970 年代起农家肥和化肥混施,2000 年后农家肥减少,以化肥为主。

冬暖肥 20世纪50年代至60年代，部分麦田用农家肥和壮土施冬暖肥，俗称盖肥。70年代后逐渐减少，80年代后基本停止。

追肥 1970年代起，普遍在春季小麦起身发苗后撒施硝氨、尿素作追肥。1974年开始推广麦田早春耧施化肥，增产效果明显。1985年起，小麦逐步实行拖拉机牵引播种机施化肥，玉米、高粱拔节普遍人工追施化肥、精肥，追施后即封土，防止肥分损失。1990年起，部分作物还叶面喷施磷酸二氢钾。

三、田间管理

中耕除草 《边区改良农作问题》记载，民国时期，高粱、玉米、麻子、燕麦、芸芥、苦荞各锄1次。民国三十二年（1943年），玉米、高粱、洋芋、谷子均出现锄3次典型，当年种植的68620亩谷地中，锄4次874亩，占1.4%；锄3次15300亩，占25%。当年种植的9270亩高粱地中，锄4次248亩，占3%；锄3次2380亩，占26%。中华人民共和国成立后，农业科学技术推广使用，农民对作物田间管理十分重视，中耕锄草讲求实效，更趋于科学化。冬小麦锄1~2次，普遍松土、锄草，并打破地表板结层，减少水分蒸发。大秋作物玉米、高粱、谷子，普遍锄3~4次，马铃薯锄3次，其他作物锄1次。玉米、高粱、谷子等秋田作物，中耕锄草结合间苗、定苗和施肥同时进行，比较精细，多于出苗30天后（三叶期）粗锄、浅锄第一次，破除地表板结，也叫“放风”。10日后（五叶期）锄2次，细锄破苗；再10日后（七至八叶期）锄3次，深刨细锄，定苗追肥，壅土于根基，一般在麦收前完成。麦收后锄第4次，主要是打杈、追肥，防止分蘖，补充养分，清除杂草。烤烟、晒烟移栽后5~7天内为还苗期，由于根部吸收机能弱，会出现烟苗萎弱欲倒现象，也会因病虫害侵袭造成死苗，因此，要适时喷浇还苗水，保持田间水分充足。喷水一般在早晚逐株逐行点喷，不搞大水漫灌，同时做好查苗补苗工作。烟苗还苗期浅锄1次，旺长期深锄1次。

1958年人民公社化期间农民为高粱地除草

打杈、除分蘖 中耕锄草同时，玉米、高粱还要及时除去分蘖，一般1~2次，俗称打儿子。晒烟、烤烟还需平顶打杈，烤烟、晒烟移栽生长40天后，顶部分出蕊蕾，选晴天中午摘去，称平顶。平顶1周后，叶柄部长出腋芽，每隔一两天摘1次，多次进行，有多少摘多少，直到烟熟，俗称打杈。

镇压保墒 1970年代起，小麦普遍实施封冻前石磙碾压，部分翻耕秋田也施行石磙碾压，起到防冻保墒作用。

四、中低产田改造

县内黄土结构疏松，水土流失严重，自然肥力衰退，形成大面积低产土壤。据1959年土样化验和1983年第二次土壤普查，全县低产田占总耕地59%。土壤除钾素含量丰富外，氮、磷均较缺,11 种土壤有机质平均含量不到 1%, 均属国家土壤养分分级最低的 5 级、6 级土壤,肥力极低。1970 年代,结合农田基本建设,进行低产土壤改造,采取生物措施与工程措施相结合,单项措施与综合措施相结合,利用与改良相结合等多种措施,促使跑水、跑土、跑肥的“三跑”田,逐渐成为保水、保土、保肥的“三保”田;广开肥源,增施有机肥料,塬地亩施肥由 2500 公斤增至 4000 公斤,山地增至 2000 公斤;扩大豆科作物和绿肥牧草种植面积,生物肥田;推广小麦高茬收割,麦草覆盖,玉米根茬还田;增加化肥投入,实行配方施肥,根据不同作物,合理配施氮、磷、钾肥。至 2010 年,全县改造中低产田 12.4 万亩,农业生态综合治理 1.45 万亩,新建优质粮食基地 3.5 万亩,耕层土壤有机质增加到 0.9%~1.27%,较改造前增长 0.07%~0.26%,速效磷为 5.3PPM~10.4PPM,增加 0.56PPM~4.0PPM。

五、地膜覆盖与全膜双垄沟播旱作农业技术

1980 年代中期,开始引进地膜覆盖技术,主要用于蔬菜育苗和烤烟种植。1990 年推广地膜玉米种植,1995 年起推广地膜小麦技术。2007 年,引进全膜双垄沟播旱作农业技术,采用顶凌覆膜和秋覆膜种植办法,在孟坝塬、临泾塬、平泉塬等乡镇示范 1 万亩,通过补贴农膜,配套供应良种,取得成功,在全县大面积推广。至 2010 年,全县旱作农业全膜双垄沟播技术覆盖率达到 100%,农户应用率达 70%,建成万亩示范片带 7 个,万亩以上乡镇 15 个,五千亩示范点 15 个,2000 亩示范点 20 个,千亩以上示范点 56 个,推广面积 40.56 万亩,其中秋覆膜 35.2 万亩,顶凌覆膜 5.36 万亩,总产 133799 吨,成为全县粮食生产支柱。

武沟乡顶凌覆膜现场

1990 年平泉地膜覆盖种植玉米劳动场景

第八节 农作物病虫害防治

县内农作物受多种病虫危害。1952 年前,农民多用拔除病株,防治各类作物黑粉病;用烟秆水、荞秆水灭除蚜虫以及人工捕捉害虫等办法,防治病虫害。1953 年,使用手摇式喷雾器,喷洒“六六六”农药,小面积防治作物病虫害;重点推广药剂拌种,预防粮食作物病虫。60 年代,开始用药剂防治大田病虫害,防治效果提高。80 年代,大面积推广辛硫磷、甲基异硫磷等新农药拌种，防治蛴螬、金针虫、蝼蛄等地下害虫。1981年，引进化学除草剂2.4DJ酯，在麦田进行示范推广，除草效果70%左右。1984年底，培训专职测报人员，采取定点观测与灯器诱测相结合办法，对小麦条锈病、麦蚜黄矮病、叶蝉红矮病、麦蜘蛛、黏虫、地下害虫等进行系统的监测预报。1989年，在城关镇东关村建成农作物病虫测报站，开展全县病虫害测报工作。2007年，农业部投资农业有害生物预警控制区域站建设项目，在县农作物病虫测报站基础上，建成县农业有害生物预警控制区域站，配套麦蚜、黄矮病、地下害虫、黏虫等数学预测模型，将监测对象和监测范围由小麦等粮食作物逐步扩大到油料、瓜菜等经济作物，改善和提高县内农作物病虫害监测预警工作条件和技术水平，对指导全县农作物病虫害防治，发挥重要作用。

全县易发面大、危害严重的病害有十余种。①小麦红矮病，是由叶条蝉传播的一种病害，感病麦苗叶片变紫红色，严重者不能拔节，或拔节不抽穗，或抽穗不结实，株形不正，高低参差不齐，农民称为“钢茬”，是一种毁灭性病害，群众有“年年种麦年年愁，年年种麦来喂牛，病轻年份难交租，病重年份草不收”的说法。中华人民共和国成立后，开展综合防治。1970年代，小麦红矮病基本得到控制，但县北地区仍然常发。1996年发生面积18.7万亩，造成损失8640吨。②小麦黄矮病，是由蚜虫传播的一种病害，感病麦苗叶片变黄，不抽穗，或子实秕瘦，是一种毁灭性病害，北部山区发病严重。1960年代开始流行，曾于1970年、1973年、1978年、1987年、1999年在全县严重流行。1999年发生面积21.4万亩，造成损失4280吨。③小麦条锈病，俗称黄疸病，危害严重，曾于1954年、1964年、1975年、1985年、1991年、2002年6次大流行，其中1985年特大流行，危害面积77.6万亩，损失小麦31250吨。④小麦全蚀病，俗称“白穗”病，由土壤传播，1970年代曾发生，病株基节变成黑灰色，根部腐枯，抽穗后干枯。1990年代后，抗病品种推广使用，很少发生。⑤小麦腥黑穗病，在抽穗时显病，由种子传播。感病麦穗籽粒全部变成黑粉，有腥臭味，故名腥黑穗病。1963年新城、中原、平泉一带发生腥黑穗、线虫病，受害率达14.2%，经用赛力散、白砒拌种，防止效果较好。1970年基本控制。⑥玉米黑穗病，一种毁灭性病害，主要危害穗部，病株果穗变成一包黑丝状粉，颗粒无收。1970年代、1980、1981年发生较为严重。⑦玉米黑粉病，是一种常发的重要病害“霉穗”。玉米全株受害，受害部成瘤状包，成熟后成为一包黑粉。2001年县内发生面积23.1万亩，造成损失6930吨。⑧高粱黑粉病，全县各地均有发生，主要危害高粱穗部，病穗呈一棒状黑粉包。⑨谷子白发病，全县各地均有发生，危害穗部，病穗成一束卷曲的黄白色细丝，似头发，故名白发病。⑩马铃薯环腐病，全县各地普遍发生，病薯成褐

1990年4月小麦病虫害防治

色环斑而腐烂，不易贮藏。

主要虫害有10类，分别隶属12目66科183属。①蛴螬，是金龟子幼虫，危害农作物根部、茎部、种子。成虫危害农作物、果树、林木叶片和嫩芽。②金针虫，有钩金虫和细胸金针虫等，潜伏地下，常与蛴螬混合发生，危害作物根部和茎基部，轻者植株长势差，重者整株枯死，缺苗断垄，造成减产。③蝼蛄，有华北蝼蛄、非洲蝼蛄等，以川区为多，危害农作物根部和茎基部，常使作物成片绝苗。④地老虎，以小地老虎为优势种，幼虫危害各种秋作物茎部，使之缺苗，甚至翻耕改种。⑤根蛆，又名萝卜蝇，危害油菜、白菜、萝卜根部。危害严重的油菜不能越冬，常常造成翻耕改种。受害严重的白菜和萝卜腐烂不能食用。⑥麦蚜，俗称"油旱"，是传播小麦黄矮病的主要媒介，主要有二叉蚜、长管蚜、缢管蚜等多种，每年春、秋出现两次高峰期。1992年和1998年两次大发生，危害面积分别为80万亩和75万亩，损失分别为3980吨和4512吨。⑦叶条蝉，是传播小麦红矮病的主要媒介，有稻叶蝉、斑叶蝉和黑叶蝉等。冬小麦播种出苗后，叶条蝉迁入麦田，通过口器吸食传播病毒。⑧麦茎虫，又名"小麦钻心虫"，幼虫似蛆，蛀入麦苗茎内危害，造成枯心苗。⑨黏虫，为暴食害虫，幼虫危害谷子、高粱、玉米、糜子、胡麻等。成虫在倒伏的麦田内产卵孵化，大量繁殖，造成严重危害。1953年、1964年、1976年、1983年、1998年曾多次大发生，特别是1983年玉米等秋作物发生面积30多万亩，虫量之大，危害之重，属历史罕见。⑩粟灰螟，主要危害谷子、玉米、高粱、糜子等，危害率5%~10%。⑪菜青虫，成虫名菜白蝶，幼虫危害蔬菜，以甘蓝(包心菜)受害最重，常见有数十条幼虫食害1株，叶肉被吃光，只留叶脉成残状，一年可发生4~5代，无固定时间，防治困难。

麻雀、乌鸦、野鸽、野鸡等既危害作物，也啄食害虫，对生态平衡起到重要作用。麻雀主要成群啄食小麦、谷子、高粱穗粒。乌鸦啄食玉米幼苗，造成缺苗，成熟期啄食穗粒。野鸽啄食大豆、小麦、玉米、高粱、胡麻等作物。野鸡啄食小麦、玉米、糜子、谷子、荞麦。

兽害主要有鼠害。鼠有5科10种，黄鼠、松鼠，食害作物籽实；小家鼠、褐家鼠、灰仓鼠，食害粮食，小林姬鼠、鼹鼠，食害作物根茎；跳鼠，危害籽实；以中华鼢鼠(俗称"瞎瞎")分布最广，数量最多，食害作物根茎，危害最严重。

草害有荠荠菜、蓠子草(麦辣辣)、小蓟、黄花蒿、野燕麦等。其中野燕麦苗期酷似小麦苗，不易区别而难剔除，因其籽实较小麦成熟早，繁殖系数高，收麦前落地，小麦播种后，又发芽生长，与小麦争水争肥，是冬小麦的大害。谷田草害有狗尾草(谷莠子)，玉米、高粱田草害有田旋花、小蓟(刺儿菜)、苦荬菜等。

烤烟病害主要有普通花叶病、黄瓜花叶病、炭疽病、气候性斑点病、赤星病、脉斑病、黑胫病、白粉病等。虫害主要有烟青虫、烟蚜、地老虎、金针虫、蝼蛄等。1970年代发生病虫害时，主要以撒草木灰防治为主，辅以农药喷洒。1980年代，主要是选种抗病烟品种，进行合理倒茬轮作，配以药物喷治，土壤消毒等。防治病害的主要药物有"波尔多液""退菌特""代森锰锌"等。

第九节 产业结构

镇原受自然经济影响，农业产业结构单一。“大跃进”时期，为解决温饱问题，实行“以粮为纲”方针，粮食生产成为唯一产业。1980年代，将粮食生产放在突出位置，以粮为主，多种经营，全县农作物播种面积190万亩左右，粮食面积占近80%。经济作物以油料、黄花、烤烟为主，春秋比例1:1。

1990年代初，开始实施农业结构调整，通过压麦扩秋、压粮扩经、发展特色经济作物等措施，逐步形成粮食、杏果、黄花、烤烟、蔬菜、油料等作物均衡发展格局。2000年，粮食作物面积165.11万亩，经济作物面积31.68万亩，麦田面积压缩到60万亩，春秋比例1:1.08，粮经比例4:1。

2001年起，按照“山区草畜、塬区苹果、川区瓜菜、全县全膜玉米和劳务”产业布局，落实科技示范、资金扶持等措施，促进产业结构调整，初步形成以北部9乡镇为主的种草养畜生产区，以平泉塬3乡镇为重点的优质西瓜生产区，以茹河川区8乡镇为重点的优质设施瓜菜生产区，以屯字塬为重点的优质苹果生产区，以平泉、屯字、临泾、孟坝、新集等塬为主的粮油生产区，以北部山区为主的小杂粮生产区。2005年，全县农业增加值3.74亿元，比“九五”末2.69亿元年递增6.8%；农民人均纯收入1600元，比“九五”末年均增加95.6元，年递增7.4%；粮食总产24.3万吨，比“九五”末13.45万吨年递增12.6%；油料总产1.1万吨，比“九五”末0.49万吨年递增17.6%；瓜类总产6万吨，比“九五”末4.9万吨年递增4.1%；蔬菜总产5万吨，比“九五”末4.5万吨年递增2.1%；黄花总产0.7万吨，比“九五”末0.41万吨年递增11.3%；种草留存10万亩，比“九五”末8万亩年递增4.6%；黄花面积26.7万亩，其中进入盛产期的16.76万亩，年产干菜6000吨，产值3600万元，人均收入90元。全县建成黄花菜优质生产万亩基地乡5个，千亩村31个，5亩以上生产大户5100个，平均亩产干菜70公斤。

2010年，全县农业总产值9.76亿元，农民人均纯收入2902元，种植全膜粮食28万亩，粮食总产26.8万吨，人均产粮520公斤。油料总产3.25万吨，马铃薯总产3108吨，瓜类总产24.21万吨，蔬菜总产12.5万吨，黄花菜总产0.61万吨；新增规模养殖928户，种草25.1万亩，青贮饲草25.8万吨，牛、羊存栏分别为18.4万头和28.5万只；共建成各类农产品生产基地120万亩，有农业产业化组织168个，其中农产品加工流通企业43户（认定省级农业重点龙头企业5家、市级11家），中介合作经济组织125个，从业人员1.1万人，带动基地25万亩，农户6.9万户，年推销各类农产品35万吨，销售收入4.8亿元，农民产业化经营收入1.2亿元；累计输转劳务12.2万人，创收10.5552亿元。

第十节 农业经营管理

中华人民共和国成立前，土地私有化，农业以户为生产单位，按年向国家交公粮、纳税金，经营管理处在自由状态。中华人民共和国成立后的土地改革初期，政府不干预农业经营，农民生产什么，种什么作物，根据各自实际条件与耕作能力决定，生产、经营有自主权。互助组（尤其常年固定互助组）和农业生产初级合作社期间，农民共同讨论制订年度或季节生产计划和经营项目，由技术组贯彻执行，年终检查总结，找出差距，作为来年生产发展方向。

一、计划管理

1956 年，高级农业生产合作化后，农业生产开始进入计划管理阶段。高级社根据国家指令性计划和社内自然资源、资金、劳力等情况组织实施。人民公社化时期，粮食生产的 6 项指标、畜牧的 3 项指标、经济作物的 15 项指标均为指令性计划，农副产品实行统购派购制度，农民基本没有自主权。高度集中的计划经济模式，一直沿续二十多年。1981 年，农村普遍实行家庭联产承包责任制，粮食生产由指令性计划变为指导性计划，粮食由统购派购变为合同订购，其余农副产品均实行指导性计划和市场调节，从而激活农村商品经济发展，促进农业生产结构调整，丰富和活跃城乡市场。

二、财务管理

互助组时期（主要是常年固定互助组），处于生产组合阶段，组内民主选举记工员，协助组长搞好农活安排、劳动力调配、记工记分或发工分票，每季或半年结算一次。个别常年互助组种植的农作物（如小麦、玉米、洋芋等）收获后，记工员负责分配产品，多数按劳动工数分配，少数按劳动工分分配。

1954 年，初级农业生产合作社时，实行土地入社、评产分红制，大农具评价入股，土地按上、中、下三等评产，分红比例为“四六、三七、二八”，民主推选有一定文化知识或动员高小、初中毕业生担任会计、出纳、保管。同年，镇原县派 1 人参加甘肃省农业厅会计辅导员培训班，回县后对所需财会人员进行辅导和培训，逐步建立农村会计核算制度。会计设农业收支、副业收支、肥料分类、劳动工分、管理费用等 5 本账，实行半年预分，年终兑现的分配制度。

高级农业生产合作社时，将生产资料折价入社，归集体所有，取消土地分红。1956 至 1978 年，县上每年举办 1~2 期培训班，每期半月到一月时间，累计培训农业社会计员一万多人次。财务管理设会计、出纳、保管、记工员等，负责编制生产计划、收支计划、分配计划、劳动管理计划等，建立开支审批、临时预支制度，实行“统收统付”财务管理制度。财务设总分类账、明细分类账、股金折价账、固定财产登记簿、产品物资登记簿等“三账两簿”。

人民公社时期，实行政社合一、政企合一。1958 年，建立县会计辅导站，配备专业人员 38 人，以公社为核算单位，设会计辅导员，及时指导，协助清理生产队财务，结清旧账，建立新账。生产队配备会计、出纳、保管、记工员等。在“左”的思想指导下,违背客观经济规律,搞“大跃进”“大呼隆”,挫伤农民积极性,生产走下坡路。1959年,清算“一平二调”账(人民公社范围内实行平均供给制、食堂制,无偿调拨生产队劳力、财物),实行民主理财。1961年3月,全面清理财务,开展退赔兑现工作。至10月,共退赔兑现1958年各级平调财物576万元,占平调总值60.5%,其中省、地拨款308万元,县、社、队拿出268万元;兑现劳动工日662.62万个,畜工12.05万个,土地7600亩,房屋6348间,窑洞6340孔,牲畜3175头,树木10794棵,椽8459根,青苗1379亩,灶具、家具11.65万件,农具4.11万件,羊6478只,家禽4147只,粮食296.18吨,现金12.35万元,股份基金及投资款10.82万元。

1962年,贯彻执行“三级所有,队为基础”政策,建立以生产队为经济核算单位的经营体制。1963年,全面开展清账目、清财物、清仓库、清工分的“四清”活动,解决体制下放后的财务混乱现象,追回被贪污、盗窃、挥霍浪费、多吃多占的集体粮食7万多公斤,现金4.5万多元;撤换农村基层干部550多人。1976年,撤销县会计辅导站,农业局内设社队经营管理股。全县收回各种欠款1036.96万元,粮食33650公斤。1979年,成立县经营管理站,组织力量全面进行清产核资,理顺大队、生产队两级财务关系,解决社员与集体长短户债务问题。

1981年,农村推行家庭联产承包责任制,依据县委印发的《农村人民公社经营管理工作安排要点》,对原建立的分组作业、定额管理、小段包工的劳动日值进行核算分配;实行民主理财,加强经济核算工作;开展社队固定资产清理和农产品成本核算试点。1982年,新旧体制交替期间,组织大批经管人员,协助生产大队、生产队进行财务整顿,解决许多糊涂账和无账可算的问题,确立有欠必还制度,安定民心。

1986年,县委印发《关于开展清理整顿农村集体财务工作的通知》,要求对1981至1985年各行政村、自然村集体财务进行全面清理,完善农村财务管理制度。同年7月,在孟坝镇孟坝行政村、彭阳乡阎沟行政村和屯字镇太阳行政村进行财务调查清理试点,随后,对全县15个乡镇168个行政村1628个自然村进行财务清理,帮助村集体健全各项财务制度,实行财会人员工作责任制,完善民主理财和民主监督制度。1998年11月,在全县24个乡镇分别组建农技农经服务站,进一步加强农村财务管理体系。2003年3月,县政府办公室印发《镇原县农村财务管理办法》等六个村级财务规范化管理制度的通知,进一步细化和完善农村财务管理操作规程及运作程序,加强农村财务监管力度,维护农村集体经济和农民群众合法权益。

三、劳动管理

互助组时,每个互助组建有工账,由会计登记各户用工及耕畜、农具数目,分季或年终决算平衡,一般人、畜工可以互顶,工具商议,折人工或补价。找补工日的办法多数为以工还工,个别议价补款。

初级社时,实行劳力定额出勤(男月25天,女月20天)和划组作业(季季划分)。高级社时,男18到60岁,女20到55岁,除在校学生和残疾者外,普遍实行定额出勤和义务工制度,每个劳动力年负担15~30天公益事业劳动,不付报酬;根据农活定工定分,分成若干作业组，实行集体劳动；在管理上采取“三定四包一奖赔”办法，即定额出勤、定额计酬、定额交肥，包产量、包产值、包工分、包成本，超者奖励，减者扣赔，有的施行“全奖全赔”或“多奖少赔”管理制度。

人民公社化初期，劳动基本由社、区、生产大队统管，常常以大兵团作战形式，从事农田基本建设和农副业生产，经常加班加点，农民劳动基本无报酬，即使有，也非常低。人民公社化后期，以生产队为基本核算单位，对劳动实行定额管理，实行包干计酬或评工记分制，一般实行标准工分，即每个全劳力每日十分工，半劳力每日五分工，也有男十女八的，还有死分活评、定额工分或底分记工，全部实行日清月结，年终统一分配。

家庭联产承包责任制时期，农民有生产经营权，劳动力自主支配，解放生产力，发挥各自特长，能农则农，能工则工，能商则商，促进农村商品生产。1987 年，全县乡、村涌现出联合体 83 个，从业人员 600 人，各类种植专业户 1629 户，占总农户 2.73%。2005 年，全县有各类农民专业合作经济组织 260 个，注册资金 5.63 亿元，发展会员 1.32 万人，培养经纪人 1612 人，辐射带动农户 4.95 万户，占农村总户数 45%；购销农用物资 1.75 万吨，销售收入 4.08 亿元，年盈余 4030 万元，带动农民增收 1.37 亿元，占农村经济收入总额 24%，户均增收 1370 元，人均增收 277.4 元。至 2010 年，全县依托合作社流转土地 1.8 万亩，建成各类示范社 8 个，注册各类农产品商标 4 个，获得无公害农产品质量认证 2 个，农民专业合作社覆盖所有乡镇，发展农社对接专业合作社 2 个，覆盖社区 2 个，消费人群 0.85 万人；配送产品种类 16 类，年销售额 8.6 万元。

四、分配管理

农村人民公社是集体所有制经济组织，生产收入与社员劳动所得，均在集体核算单位统一分配；贯彻“各尽所能、按劳分配”和“男女同工同酬、合理评工记分、多劳多得”政策，按照“兼顾国家利益、集体利益和个人利益”原则和保证国家、留足集体、剩下分配给社员、丰年适当多留、歉年少留或不留、正常年景逐年增加社员收入”的要求，制订好分配方案，每年分夏季预分和年终总分二次分配。社员分配包括现金与实物两部分，主要有以下几种形式。

按股、劳比例分配 1954 至 1956 年，初级农业生产合作社的分配，是把土地折为股金与劳动工分确定比例，以劳为主，兼顾土地、畜力、工具报酬，多劳多得。分配前由社干部、记账会计和社员代表组成分配小组，进行估产登记，算账清债，制订分配方案。方案包括清理总结工分、社干误工补贴及社员肥料、耕畜、农具投入数额及付酬量，确定提留公积金、公益金和劳、地分配比例，预留生产资金及种子，进行代表性试算，然后作出分配决算，按决算找补，分配兑现后张榜公布。分配形式有两种，一是实行土地股份与劳动工分比例分配，一般是地 4 劳 6 或地 3 劳 7；二是实行土地、农具、工分比例分配，多数社采用地 3、农具 1、劳动工分 6 的分配比例，也有 2:1:7 或 4:l:5 分配的。社干部的误工，按当天同等劳力工分计算，连同自做工分参与分配，也有全年定额补贴工分或现金的。副业收入与农业收人一齐打入分配。分配时，先完成公购任务，交清税金，扣除生产开支，适当提留公积金、公益金，留足种子、饲料等，然后统一决算分配。社员私有的大中型农具，除大车由社租用评给工分外，其他折价入社。小农具社员自备、自用。合作社从总收入中每年提公积金 4%,公益金 1%。

按劳动工分加照顾分配 1956 至 1957 年,高级农业生产合作社土地、耕畜、农具折价入社,取消土地股金报酬,实行粮食、现金完全按劳动工日分配,适当照顾地多劳少户、困难户。全县 1998 个高级社,均按少扣多分和争取把 60%以上收入分配给社员的精神,以包工包产为分配基础,超产的奖励,减产的扣罚。定产、定购、定销任务不变,按劳取酬,多劳多得。分配程序是计算出当年农林牧副及其他各项收人,支付各项生产、管理及其他费用,核出可分配收入,纳清税金及保险费,提留 3%~4%公积金和 1%~2%公益金,下余按劳动工日进行分配;结清粮食全年总产量(夏、秋面积、单产、总产),减除公购任务、各项提留(种子、饲料、储备、其他用粮),确定社员分配数额,清理基本劳力、户数、总人口,汇总各户劳动日,确定每个劳动日应分粮、款,减去预分粮、款,求出应找补粮、款。

工资制与供给制分配 1958 年人民公社化后,取消评工计分和按劳分配,实行"一大二公"(人民公社第一规模大,第二公有化程度高)等级薪金制,即按各个社员的劳动能力强弱、技术高低、劳动态度三方面,自报公议,民主评定男女全半劳力工资等级,一般分六至八级,每月按等级发工资。此种办法实行不到半年,因社队收入少,无法支付工资而停止。粮食实行供给制,以人定量,按年龄分六等,即 20、18、15、10、8、5 公斤,作为口粮标准,统一打给公共食堂,社员按定量领票到食堂吃饭。全供给的不交粮不交钱,半供给的交伙食不交粮,非供给的交粮、交钱吃饭。此平均分配方法,影响社员劳动积极性。

人劳比例分配 1959 年,实行总收入 60%分配给社员,40%为各项扣除,其中生产费用占 20%。粮食分配除保证公购任务、留足籽种、饲料、储备粮外,社员口粮以人定量,一次分配到户,由社员自行保管,在食堂吃饭时吃多少交多少。1961 年,贯彻西北局兰州会议精神,下放基本核算单位,实行粮食大包干和按劳分配,全县每个基本核算单位,现金全部按劳动工分分配。口粮分配有 4 种形式,一是包五保户,照顾特困户,其余按劳分配,约占 17.1%;二是按人劳比例分配,约占 80%;三是人 7 劳 2 肥 1 比例分配,占 0.2%;四是按人头年龄分配,占 2.7%。1963 至 1978 年,社队现金(包括粮食折价)基本全按工分分配,粮食实行人、劳比例 6:4 或 7:3 分配;同时"掐高线",对人均口粮超过 200 公斤的户,掐去高线部分,改为找补现金,掐留部分补给口粮不足 200 公斤的户,由低线户交款分粮;对交售农产品奖励的物资和各种票证,由社员评议或按工分分配。

1958 年开边公社兰沟队给社员分配农产品

两基本保一基本分配 1965 年,全县推行基本劳动日和基本肥料任务保基本口粮分配办法。年初按劳力状况评定各户当年应完成劳动工日数和投肥数,作为基本任务,年终视完成情况分配口粮,完成的保基本口粮,完不成的不保。具体是基本口粮与劳动工分分粮 8:2、7:3 或 6:4。实行的结果,消除过去口粮水平悬殊,保证大部分社员基本口粮,人多劳少户一般均分到平均线水平 80%口粮;人少劳多户平均口粮仍比一般户平均线水平高 20%~

50%。现金仍按工分分配。实行此种分配后,超支欠款户增多,一般占总农户30%,少数队占40%~50%。

联产承包农户核算分配 1981年,全县普遍实行联产承包责任制,形成农户分散经营与集体经济组织统一经营相结合的双层经营体制,农村收益分配,亦随着体制的变革而改变。分散经营的农户,除交过国家公购粮和集体各项提留外,剩余全是自己的。双层经营单位,遵循"三兼顾"分配政策,将农村可分配收入,在国家、集体、个人三者之间进行合理分配,真正体现多劳多得。

第十一节 农民负担管理

历代农民负担主要有田赋及各项杂税。明代嘉靖年间,镇原年征田赋粮34394.324石,折合2435吨,人均负担67.5公斤;年征银8169.84两,人均负担0.226两;年征草36056束,农桑绢22.288匹,药物、丝棉1.842斤,绵羯羊54只,大尾羊1只。

清光绪三十二至三十四年(1906至1908年),全县年征各种粮1282.88石,折合90834公斤,人均负担1.21公斤;年征各种银21319.6两,人均负担0.28两。

民国二十六年(1937年),全县田赋各种粮250.34石,折合15020.4公斤,人均负担0.1公斤;征各种银126621.99银元,人均负担0.84银元。三十六年,为适应全面内战需要,国民政府加征军粮一倍,并带征省县公粮三成。三十七年,实征田军公粮31088.943石,另行摊派军粮12830石,共折合2635.1吨,人均11公斤。

中华人民共和国成立后的一段时间内,农民负担是征购粮。1950至1952年,国民经济恢复时期,年均每亩负担粮食6.5公斤,每人负担47.5公斤。1953至1957年,负担逐渐增多,5年间交售公购粮98295吨,年均亩负担11.2公斤,每人88公斤,比上期亩均增加4.7公斤、人均增加40.5公斤。

1958年,人民公社化后,农民负担有公购粮和集体提留公积金、公益金。当年10月将肖金、党原等地约1/6土地和1/5人口划给周边县,粮食任务却不断增加。1958至1960年,3年交售公购粮81565吨,提留公积金、公益金6456吨,两项合计88021吨,占粮食总产41.8%,年均亩负担18公斤,每人年负担120公斤。1959年最甚,负担出现高峰,全年实入库粮食(包括县、社机动粮)增加到6757万斤,比1958年增加36.3%,占当年总产42.9%,每亩地负担23.5公斤,每人负担144公斤。1960年,在遭受严重灾害、粮食大幅度减产情况下,负担仍占总产43.3%,人均口粮仅有100公斤,比1956年前人均口粮225公斤减少125公斤,严重影响了群众生活。马渠公社花儿岔等3个队1958至1960年社员实分口粮89公斤,加上3年的供应数,平均只有136公斤,牲畜饲料更少,有些地方甚至根本没留,造成生产力破坏,人畜死亡。

1960年12月西北局兰州会议后,农民负担问题引起省、地重视,采取减少公购粮任务等措施减轻农民负担。1962年,全县征购任务比1958年减少44.8%,比1959年减少

62.4%，比1960年减少48.9%，比1961年减少22.1%，人均负担减少到53公斤，亩均负担减少到7.8公斤，对恢复发展生产、确保人民生活起到极大作用。

1963至1964年，亩均负担公购粮7.7公斤左右，人均实际负担47公斤左右，1965年有所上升。1966至1976年，“文化大革命”中，“左”倾思想再度抬头，讲求对毛主席献忠心，给国家多贡献，多数年份亩均负担公购粮13公斤以上，人均负担在60公斤以上，最高的1975年，亩均负担公购粮20公斤，人均负担达80.6公斤。1977至1980年，亩均负担公购粮8.5公斤左右，人均负担45公斤左右；各项补贴粮食2431.6吨，亩均负担1.77公斤，人均负担6.7公斤。其中大队干部1234人，每人年补贴250公斤；生产队干部9105人，每人年补贴125公斤；双代点226人，大队医疗站785人，社队企业521人，林场1380人，大队农科站261人，每人年补贴粮食200公斤，年补贴634.6吨；社请教师1752人，每人年补贴粮食200公斤，补贴粮350.4吨。公购粮、各项补贴两项合计亩均负担10.27公斤，比“文化大革命”期间减少9.73公斤，人均负担51.7公斤，比“文化大革命”期间减少28.9公斤。

1981年农村实行家庭联产承包责任制后，农民负担有农业税、牧业税、耕地占用税和公积金、公益金、管理费、农村教育、计划生育、交通建设等。政府通过精减大队、生产队干部、压缩非生产人员、减少不合理开支等措施减轻农民负担。至1982年，除12个大队36名干部、800个生产队1618名干部划拨报酬田外，实际受补贴大队、生产队干部4089人，补粮393.9吨，补现金17.065万元，农民户均负担粮食5.2公斤、现金2.25元，人均负担粮食1.04公斤、现金0.45元。双代点、大队医疗站、社队企业、林场、大队农科站全部专业承包，实行自负盈亏或包干责任制，不再提成补贴；社请教师通过国家增加补助、生产队划拨承包地办法解决，国家补助不再上缴队里，队里也不再提成补贴。全县农户上缴公购粮10045吨，户均132公斤，人均26.6公斤。公购粮、干部报酬之外，还有办公费、管饭粮等支出，实际人均负担30公斤以上，比包产到户前下降40%。

1984至1985年，对农民经济负担进行自上而下清理，两年农民负担1025.67万元，户年均64.5元，人年均13.18元，占农民人均纯收入6.5%。曙光乡调查，1984年农民负担有14项，其中粮食39450公斤，人均2.45公斤，现金34.98万元，人均21.72元，粮折款合现金共35.65万元，人均22.27元，占当年农民人均纯收入196元11.37%，其中农业税9.05万元，工商管理费1.35万元；公积金5.75万元，公益金3.37万元，干部137人，提留现金1.52万元，社请教师40人，提留现金1290元；五保户13人，提成粮食1800公斤、现金760元；现役军人16人，提成粮食7550元；干部管饭补助现金3960元、粮食30100公斤；电影、戏剧演出费用提成现金1.5万元；集资办学提成3.3万元；供销社入股3.19万元，信用社入股4.596万元。1985年负担13项，现金86302元，人均5.2元。

1986至1990年，农民除依法向国家缴纳税金外，村提留公积金、公益金和管理费（含村、组干部报酬）总额要求控制在农民人均纯收入5%以内；农村教育、计划生育、交通建设等统筹费用，最高不超过农民人均纯收入2%，两项合计不得超过7%。实施过程中，县上没有统一审批，由各乡镇自提，出现层层加码、随意增加项目问题，致使农民负担逐年增加。县委农村部对上肖、新城、马渠三乡1987、1988年农民负担调查,1987年农民负担共13项16种,人均负担总额为33.06元,占上年农民人均纯收入13.1%,其中农业税5.54元,耕地占用税0.26元,其他税收0.09元,公益金3.98元(包括唱戏、电影费0.73元、现役军人补助0.88元,防雹费0.28元,防疫费0.19元,其他1.9元),管理费1.57元(包括干部报酬1.32元,订报0.14元,办公费及其他0.11元),教育费附加1.06元,教育集资2.01元,各种罚款1.25元,各种牌证收费0.31元,生猪交售补贴0.47元,下乡干部伙食补贴0.42元,尿素提价增加负担1.86元,义务工折合14.24元。1988年农民负担共15项21种,人均负担总额为53.18元,占上年农民人均纯收入18%,与上年相同16种,人均40.49元;增加其他统筹款、集体原债务下甩农户款、扶贫资金回收、刘家峡化工厂化肥集资、土地承包使用费5种,人均12.69元。公积金、公益金和管理费、农村教育、计划生育、交通建设等统筹费用,均在省委规定范围之内,定项限额以外各种负担7项14.93元(不含义务工),占上年农民人均纯收入5.1%。

1989年,对屯字、庙渠、新城三乡调查,农民除按税法向国家人均交纳税金10.89元(农业税含教育费附加7.61元,农林特产税2.10元,耕地占用税0.28元,其他税收0.90元)外,各种负担共有10类17项24种,人均负担总额55.66元,占上年农民人均纯收入17.4%,其中集体提留两项4.73元,包括公益金2.83元(五保户特供0.05元,特困户补助0.05元,防疫防雹费用0.66元,唱戏电影费用0.53元,广播进户费1.50元,其他0.13元),管理费1.81元(干部报酬1.43元,管理开支0.07元,报纸报刊征订费用0.31元);统筹费10.37元,包括乡、村集资办学用费7.41元,军人优抚2.70元,其他0.26元;土地承包使用费1.09元;下乡干部伙食补贴0.45元;尿素、地膜、柴油平、议价差负担7.39元,购粮收购价和市场价差负担3.34元;各种牌证牌照收费0.79元;中小学生学杂费3.06元;各种罚款2.29元;集体原债务下甩农户款人均20.50元;扶贫资金回收1.15元。劳均负担义务工11个,人均负担4个,劳均负担农田、水利等基本建设用工27.5个,人均10个。集体提留、统筹费人均15.10元,占负担总额27.1%,占上年农民人均纯收入4.7%,在国务院规定要求限额之内;每个劳动力负担的义务工比规定5~10个标准工高出33.5~28.5个。定项限额以外负担有8类9项,人均40.56元,占负担总额72.9%,占上年人均纯收入12.7%,其中地、县、乡及有关部门规定的各种罚款、土地承包使用费、各种牌证牌照收费人均4.17元,占负担总额7.5%;农用物资涨价、征购粮平、议价差人均负担11.23元,占负担总额20.2%;集体原欠债下甩农户资金、扶贫资金回收人均21.65元,占总额38.9%;中小学生学杂费人均负担3.06元,占总额5.5%;村级规定下乡干部伙食补贴人均0.45元,占负担总额0.8%。

1991年,县农村合作经济经营管理站对平泉、湫池、庙渠、方山4乡镇4个行政村34个自然村1383户6608人农民负担调查,推算4乡镇各项负担47项365.36万元,人均55.33元,占上年农民人均纯收入14.3%,其中依法向国家交纳各种税收6项70.87万元,人均负担10.73元,占人均纯收入2.78%;乡统筹5项34.13万元,人均5.17元,占上年人均纯收入1.34%;村集体提留2项21.53万元,人均3.26元,占上年人均纯收入0.84%;集资2

项3.89万元,人均0.59元;义务工和劳动积累工3项57.03万个标准工日,劳均25个标准工日,折款114.06万元,人均17.27元;罚款1项5.81万元,人均负担0.88元;其他各种收费和摊派28项115.07万元,人均17.42元,占上年人均纯收入4.5%。属省、县文件规定应继续执行35项347.16万元,人均52.57元,占负担总额95.02%,占上年人均纯收入13.59%,应停止5项(教育集资、畜牧兽医人员补助、完不成烤烟任务罚款、民间活动集资、土地登记费)10.49万元,人均1.59元,占负担总额2.87%,占上年人均纯收入0.41%;属规定以外7项(敬老院费、粮所手续费、人代会费、征兵费、外出学习考察费、村干部退职费、归还历年旧贷提成款)7.71万元,人均1.17元,占负担总额2.11%,占上年人均纯收入0.3%。

1992年,以乡镇为单位确定农民负担定项限额,"三提五统"(三提指村提留的公积金、公益金、管理费,五统指乡镇统筹的优抚费、乡村两级办学、计划生育、民兵训练、乡村道路建设)控制在上年人均纯收入5%以内,农村每个劳动力义务工年承担5~10个标准工日,机畜等运输车辆每台每年不得超过2个工日,劳均积累工不得超过20个标准工日,并实行负担卡制度,逐项列清行政村、自然村提留、乡镇统筹费、义务工、劳动积累工数额以及支出走向,以利于农民监督。由粮管所代征提成手续费分别在乡统筹、村提留内列支,不得从农民手中重复征收。各项提留由村统一组织提取,并与乡统筹费一同征收,各村民小组不再另行提留。凡经批准向农民和农村经济组织集资收费的,一律由乡镇农经站开具县上统一印制的收款收据,统一收取,代收代管,其他组织和个人无权直接向农民收取。征收农林特产税、牧业税等法定税金,不得按人口和承包地平均分摊,也不得将此任务压给基层干部。上述政策实际落实不到位,据3乡镇抽查,农民负担均大于上年人均纯收入5%限额,违反"条例"规定的不合理收费占34.4%。1993年,县委、县政府两次下发减轻农民负担通知,对各项提留、统筹再次作出明确规定。当年清理取消农民不合理负担31项,全县"三提五统"642.76万元,人均14.72元,占上年人均纯收入2.83%。

1994年起,每年年终由村委会和乡镇政府编制提留、统筹当年收支决算和下年预算方案,分别经村民代表会和乡镇人代会讨论通过,报县农民负担监督管理部门备案,并在本村、乡张榜公布,接受群众监督,县上有关部门每年对提留和统筹费集中进行一次检查审计;建立乡统筹、村提留账和农民负担明白卡制度。当年,确定县级检测点5个、检测户100个,乡级检测点24个、检测户480个。通过审计和清理检查,250个行政村建立负担"两账",9.1万农户拿到负担明白卡;全县24个乡镇269个行政村441767人除法定税收外,实际负担"三提五统"765.74万元,人均负担17.33元,占上年人均纯收入2.99%,比1993年实际负担增加122.98万元,人均负担增加2.61元;义务工、劳动积累工465.6万个,劳均24个。临泾、开边、武沟、马渠4乡负担低于人均纯收入2.5%,南川、曙光、屯字、上肖、太平、孟坝、殷家城、庙渠、郭原、新城10乡镇负担在2.5%~2.9%之间,其他乡镇负担均在3%以上,平泉镇最高,人均负担24.41元,占上年人均纯收入4%。

1995至1997年,批复实行"三提五统"总额分别为1047.43万元、1324.57万元、1222.53万元,人均负担分别为23.44元、29.23元、28.03元,分别占上年人均纯收入3.7%、

3.5%、2.8%，其中村提留分别为368.45万元、504.25万元、495.16万元，人均分别为8.25元、11.13元、11.37元，分别占上年人均纯收入1.32%、1.33%、1.14%；乡统筹678.99万元、820.32万元、495.17万元，人均15.19元、18.1元、11.37元，占上年人均纯收入2.43%、2.17%、1.14%。三年义务工分别为9个、9个、9.8个，劳动积累工17个、10个、18个。

1998至1999年，实行村提留、乡统筹一定三年不变(实际执行两年)，批复每年负担总额1636.04万元，人均34.78元，占1997年人均纯收入3.3%，其中村提留720.2万元，人均15.31元，占上年人均纯收入1.45%；乡统筹616.04万元，人均13.1元，占上年人均纯收入1.3%。义务工10个，劳动积累工20个。由于实行县、乡财政包干、分灶吃饭体制，烤烟生产滑坡，财政负债运行等因素，农林特产税加大征收，出现按人摊派等问题；实施基本普及农村义务教育和基本扫除青壮年文盲达标活动，乡、村普遍开展集资办学，人均集资20元左右，形成农民负担大增，个别地方甚至发生农民负担恶性案件。

2000年，重新核定每年乡村统筹提留1308.52万元，人均27.78万元，占上年人均纯收入2.14%，其中乡镇统筹60.4万元，人均12.92万元，占上年人均纯收入1%；村提留1308.52万元，人均700.1万元，占上年人均纯收入1.14%；“两工”用量516.77万个，劳均30个，其中用于植树造林、抗旱、乡村道路建设、维修学校等义务工172.26万个；用于农田、水利、生态建设等劳动积累工344.51万个。2001年基本维持上年统筹、提留数额。

2002年，全县开展农村税费改革，取消屠宰税、乡统筹、村提留、农村教育及其他集资，3年内逐步取消劳动积累和义务工，调整核定农牧业税和农业特产税及附加总额1967.9万元，人均41.4元，亩均12.94元。农民人均减负20.29元，亩减6.34元。2003年，停征牧业税，农业特产税并入农业税，农民负担1825万元，人均37.95元。2004年，对农业税实行税率下调一个百分点改革，停征牧业税，实有农业税额1022.48万元，农民人均负担21.2元。2005年，全面取消农业税和各项提留，农民负担降为零。

临泾包庄村塬边 张富诚摄

第六章　畜　牧　业

镇原畜牧业伴随农业而发展。新石器时期，先民开始养猪，在镇原已发掘的遗址中，发现有完整的猪骨骼。历代农户大多散养猪、牛、羊。民国时期，县内畜牧业有一定恢复。中华人民共和国成立后，畜牧业快速发展。1958 年人民公社化起，大牲畜集体所有，采取小槽选户饲养，建立母畜繁殖专槽，增加草料，限制使役，加强疫病防治。1981 年，实行家庭联产承包责任制，开始发展商品畜牧业。大牲畜年末存栏 7.83 万头，比 1949 年增加 29.6%。1985 年，大牲畜 12.55 万头，比 1981 年增长 60%。2000 年起，农业机械化程度提高，饲养役畜大减。2003 年，政府号令封山禁牧，保护森林资源，转变饲养方式，由野外放牧转变为舍饲圈养，规模养殖户增加，畜牧业稳步发展。2007 年底，全县规模养殖 4800 户，其中饲养量 1000 头以上养殖户 28 个。全县形成中原武亭、方山关山、三岔石嘴等 22 个各具特色的养殖专业村，依靠规模养殖和专业村的辐射带动，初步建成以三岔、马渠等乡镇为主的绒肉羊生产基地，以屯字、太平等乡镇为主的肉牛生产基地，以中原、新城等乡镇为主的肉牛、生猪生产基地，以城关、临泾、开边等乡镇为主的生猪、肉蛋鸡生产基地。至 2010 年，全县建成各类规模养殖小区 9 个，大牲畜存栏 18.19 万头。

第一节　管理服务机构

明清时期，县衙设劝业员，动员民众发展畜牧业。民国十七年（1928 年），县政府设建设科。二十九年，陕甘宁边区镇原县政府设四科（建设），均兼管畜牧业。中华人民共和国成立后，县政府先后设建设科、农业科、畜牧局、农牧局，分管畜牧业。

畜牧兽医局　1956 年 11 月，成立镇原县畜牧兽医工作站，负责畜牧兽医工作，隶属县农业局。1967 年撤销，人员分流改行。1972 年 4 月恢复。1980 年，增设化验诊疗室和兽医门诊部。1993 年，农牧分设，成立镇原县畜牧局，内设畜牧兽医工作站、兽医卫生兽药监督管理所、草原监理站，直属县政府。2002 年 9 月机构改革中，县畜牧局归并到县农牧局，内设三站合并组建为镇原县畜牧兽医服务中心。2007 年 7 月，县畜牧中心更名畜牧兽医局，为科级事业单位，参照公务员管理，隶属县农牧局。2010 年，县畜牧兽医局有各类技术干部和工勤人员 48 人。

镇原县种草工作站 1984 年 4 月成立，有干部职工 10 人，乡种草员 27 人，为股级事业单位，隶属县农牧局，负责指导全县种草工作。1989 年撤销，业务、人员归并到县畜牧兽医工作站。

镇原县养兔工作站 1987 年成立，有工作人员 3 人，后增加到 10 人，为科级事业单位。1993 年撤销，业务并入畜牧局，人员分流到其他单位。

镇原县种畜场 1971 年成立，位于孟坝镇峁合村，有职工 6 人，土地 200 亩，为科级事业单位，开展良种畜繁殖饲养工作。1983 年，降为股级事业单位。1996 年，实行企业化管理，与财政脱钩，内建牛场 1 处，土地承包经营，其中职工承包 96 亩，峁合村民承包 54 亩。2002 年 9 月，改制为企业，实行自主经营、自负盈亏。

镇原县羊场 1971 年成立，地处太平公社老庄大队后裔山生产队，有职工 26 人，为副科级事业单位，隶属县农业局，饲养新疆细毛羊 160 只。1979 年停办，1990 年资产交县种畜场代管。

镇原县猪场 1972 年 9 月成立，位于县城东门外蚂蚱沟，有职工 18 人，隶属县农业局，饲养巴克夏、内江种猪 100 口。1978 年停办。

镇原县家畜繁殖场 1975 年 5 月建立，位于县城东门外蚂蚱沟，有职工 3 人，隶属县农业局，饲养河曲马等种畜 17 匹，庆阳驴 3 条，早胜牛 3 头。1979 年停办。

基层畜牧兽医机构 1955 年，建立城关、屯字、平泉、孟坝、临泾 5 个区中国传统兽医联合诊疗所，防治畜禽疫病。1958 年 10 月，改称人民公社畜牧兽医工作站。1962 至 1965 年，陆续成立 13 个公社畜牧兽医工作站，18 个人民公社达到一社一站。1983 年 12 月，改称乡畜牧兽医站。1985 年，乡镇畜牧兽医站附设家畜配种站 3 处，新建黄牛冻配输精点 22 处。1990 年，24 个乡镇均设畜牧兽医站。2005 年 11 月，因乡镇撤并，撤销的曙光、彭阳、王寨、湫池、小岘 5 个乡畜牧兽医站分别并入屯字、太平、新集、平泉、新城乡镇畜牧兽医站。2010 年，19 个乡镇畜牧兽医站有职工 38 人，乡级冻配改良点 19 个，黄牛冷配点 1 个，村级黄牛冷配点 3 个。

第二节 经营体制

封建社会，地主以雇工饲养、份养、牛租、伙喂等方式，与农牧民一起进行牧业生产。除少数自耕农拥有自己使用的牲畜外，贫苦农民很少有牲畜。

1951 年 4 月，实行土地改革，有 13499 户贫苦农民分得地主家的大牲畜 3039 头，封建地主所有制在全县范围内解体。至 1955 年，牲畜属于农民私有，自繁自养。政府采取“保护和发展”的方针，以贷款形式扶持农民购买役畜、种畜，动员农民开展改善饲养管理、修补建设牲畜棚圈、贮备冬草、消灭兽害等群众性保畜活动。

1956 年，初级农业合作社转为高级农业合作社，将农民个体经营的大牲畜、羊折价收归集体,借用社员房屋、窑洞作为圈舍,以农业合作社和生产组为单位,将大牲畜合槽饲养,羊合群放牧,饲草饲料统一提留,使役由生产组长统一安排调度,饲牧人员选派和调换由社员大会讨论决定。大牲畜、羊只饲养放牧实行定额管理,饲养、使役、繁殖、肥料均订有较完善的管理制度,生产组和农业合作社均选有分管畜牧业的副组长和副社长,根据饲养员饲养放牧的数量和肥料任务完成情况评记工分,劳动报酬一般是同等劳动力中最高分值。

1958 年起,按照庆阳地委《社员个人生活资料的处理原则》,大牲畜、羊只转为公社所有,由合并后的大队统一经营,公社与大队之间,大队与生产队之间无偿“平调”牲畜、羊只。部分公社将社员家庭养猪也收为公有。

1962 年,牲畜全部下放到生产队所有,同时放宽政策,允许社员饲养大家畜、羊只。1964 至 1965 年,强调整顿、纯洁饲养放牧队伍,处理削弱集体经济问题,将分户喂养的大牲畜陆续收归集体大槽喂养,规定社员家庭自留畜按 1962 年核算单位下放时牲畜头数的 5%~7%执行,不足 5%的不补,多余的折价归队或由社员自行处理,3 年处理 1 次。农户的自留羊,每户不超过 2 只,两年处理 1 次。

1966 至 1976 年,大牲畜、羊仍以集体经营为主。1971 年,全县养猪贯彻“公养私养并举,以私养为主”的方针,社员交售肥猪,实行奖布票,奖售饲料、自行车、缝纫机等政策。1975 至 1976 年,各生产队根据牲畜膘情、繁殖率,实行奖励政策,但饲养量仍徘徊不前。同期大办集体猪场,因饲料跟不上,生猪生长慢,出现僵猪,冬春死亡惨重。1978 年起,贯彻落实农村经济政策,放宽自留畜、自留羊养殖限制,社员经营的大牲畜、羊只增加。

1981 年秋,全县将生产队集体经营的大牲畜、羊折价挂账,按人口承包到户,大牲畜由户喂养,羊由几户组群放牧或以户站养。随之给社员划拨“三荒地”,增加畜牧业投资,开展人工种草,提供良种畜禽,开展畜牧技术培训等,调动农民养畜积极性。1985 至 2010 年,个体经营规模扩大,养殖合作社、专业户增多,逐步形成“基地加农户”和养殖、运销、加工一体化的经营管理模式。

第三节　饲草饲料

县内饲草饲料资源丰富,有得天独厚的野生饲草及田间杂草,种植牧草历史悠久,据《新唐书·兵志》记载,早在汉代即开始种植苜蓿。北魏时,已有专为羊种植的冬春补饲豆科及谷物禾草,并有调制青干草的习惯。明、清时,苜蓿、禾草大面积种植。民国三十一年(1942 年),陕甘宁边区政府号召解放区群众大种苜蓿,发展畜牧业生产。

中华人民共和国成立初,天然草场面积较大,种植以紫花苜蓿为主的多年生牧草及禾草、燕麦一年生牧草 23.84 万亩。1957 年,由天水引入草木樨,小面积种植。1960 年代后,因刮草皮、开荒、水土流失等原因,造成天然草场逐年减少。1977 年,从吉林省引进聚合草种植。1980 年,提倡和推广种植紫穗槐、箭舌豌豆、沙打旺,同时还有麸皮、玉米、豆类、油料及其加工副产品的精饲料；全县各类草场面积保留 193.18 万亩，其中天然草场面积 176.45 万亩，种植牧草 16.78 万亩（种植聚合草 226 亩，外调根苗 17 吨）。此后种植牧草在 18 万亩左右。

1983 年，贯彻中共中央总书记胡耀邦“种草种树，发展畜牧”指示，将全县荒山、荒坡、荒沟地划拨到农户，由群众植树种草，长期不变。当年从陕西省武功引进苏丹草，小面积种植。1984 年，引进种植红豆草，多年生牧草增加到 33.81 万亩，一年生牧草 7.05 万亩。至 1989 年，全县种草面积 60.06 万亩，其中苜蓿 40.28 万亩，禾草 5.25 万亩，其他草 14.5 万亩；耕地种草 14.02 万亩，三荒地种草 39.69 万亩，退耕地种草 6.35 万亩；饲草 49.66 万亩，绿肥 2.74 万亩，其他用途 7.66 万亩。1990 年开始，利用麦秸和玉米秆，推广青贮氨化技术，提高饲草利用率。2010 年，全县多年生牧草留存面积 75.5 万亩。

一、野生牧草

镇原已知禾木科 75 种，豆科 66 种，菊科 72 种，主要有：

白羊草 多年生草本，根茎疏丛型，茎部有膝状弯曲，叶多集于基部，叶面有茸毛，丛状花序，略呈紫色，喜温湿。全县均有分布，开花前家畜喜食，枯黄后牛羊采食较多，也可刈割晒制干草。

本氏针茅 俗名蓑草，多年生草本，密丛型，须根发达，耐旱，叶片内卷呈针状，圆锥花序细弱、疏松，下部包于叶鞘内，外稃具长芒，整个花序在阳光下呈褐色光亮。全县均有分布，各类牲畜喜食。

大针茅 俗名大蓑草、牛尾巴蓑草，多年生草本，密丛型，茎直立、光滑，植株较其他针茅高大；叶片较长，内卷成线形，干枯后展开；花期比本氏针茅、短花针茅晚。全县各乡镇均有分布，较耐寒，耐旱性稍差。羊采食少，开花前后为大牲畜所喜食。

赖草 俗名冰草，多年生草本，根茎型，茎秆直立粗壮，单生或丛生，基部叶较多，穗状花序，小穗排成稠密整齐的两行，颖先端延伸成刺毛状。耐寒耐旱，分布广泛，湿润及肥沃疏松土壤地方较多，成为弃耕地群落的优势种。质地较粗糙，幼嫩时羊喜采食，大家畜全年可采食，花期可割制干草。

小尖隐子草 又叫旋风草，多年生草本，密丛型，须根发达深长，叶片较硬，圆锥花序，外稃先端具短尖，耐旱性强。全县均有分布，适口性好，利用期长，各类家畜均喜食。

草地早熟禾 多年生草本，根茎疏丛型，茎细而光滑、直立，叶长狭线型内卷，圆锥花序，成熟后呈草黄色，耐蹂踏，再生性强，多生长在较潮湿地方，春季萌发早，营养价值高，各类家畜喜食。

猫尾草 多年生草本，疏丛型，须根发达，分布较浅，茎基部节间弯曲膨胀呈球状，圆锥花序，呈紧密圆椎状，喜肥沃湿润土壤，塬区较多，营养丰富，适口性好，可制作干草。

芦苇 多年生草本，具有粗壮的匍匐根茎，圆锥花序，分布广泛。

鹅冠草 多年生草本，须根系，茎丛生，直立或茎部倾斜，叶长扁平光滑，穗状花序，下垂，小穗绿色。幼嫩时草质尚好，鲜草产量高，分布广泛，放牧或割制干草均可。

短花针茅 多年生草本，密丛型，须根发达，叶细长且内卷成筒状，茎直立，圆锥花序，白色茸毛，远望呈银白色，耐旱，多生长在黄土丘陵顶部和残塬陇岗。幼嫩时草质柔软，羊及大家畜喜食。

达乌里胡枝子 俗名枝儿条，是县内优良野生牧草，小半灌木，主根发达，茎横卧地面上斜生，三生复叶，小叶长圆形，白色茸毛，总状花序，花黄绿色，耐旱耐瘠薄，阳坡生长较多，营养价值高，各类家畜喜食。

草木樨状黄芪 多年生草本，主根粗大，茎直立，多分枝，羽状复叶，小叶狭披针形，总状花序，小花粉红色或白色，龙骨瓣带紫色，荚小，广卵形，耐寒耐旱耐瘠薄，全县均有分布，各类家畜喜食。

小叶锦鸡儿 又叫柠条、毛条，落叶小灌木，枝条灰色，托叶刺状，叶柄顶端有短刺，冬季脱落，羽状复叶，小叶卵圆形，花黄色。全县均有分布，沿川乡镇较多，耐寒耐旱耐瘠薄，营养价值高，幼嫩枝叶各类家畜喜食。

甘草 又名甜草，多年生草本，茎直立，茎叶被茸毛，羽状复叶，小叶椭圆形，总状花序，花蓝紫色，荚果弯曲呈镰刀状，成熟后呈褐色，抗旱，适应性强。全县均有分布，阳坡生长较多，枯黄后采割家畜喜食。

野决明 称苦豆子，多年生草本，茎直立，全株被白毛，三出复叶，小叶倒披针形，花黄色，荚果弯曲呈镰刀状，抗旱抗寒。全县均有分布，幼嫩时有毒，干枯后家畜喜食。

狼牙刺 又名白刺花、马蹄针，高2米左右，丛生，多年生小灌木，全株被白色茸毛，羽状复叶刺状，白色花序，荚果圆筒状。全县均有分布，家畜可食。

多花米口袋 多年生草本，全株被白色茸毛，羽状复叶丛生，伞状花序，花紫色，荚果圆筒状，全县均有分布。

野苜蓿 又叫小苜蓿，一年或二年生草本，茎细弱，全株被软毛，三出复叶，黄色花序，荚果盘曲呈球状。全县均有分布，家畜喜食。

还有艾蒿、青蒿、阿尔泰紫菀、茵陈蒿、冷蒿、牡蒿、黄鼠草、刺儿菜、苦苣荬菜、木地肤、地肤、蒺藜、猪毛菜、无茎萎陵菜、萎陵菜、地榆、马茹刺、马莲等。

二、栽培牧草

紫花苜蓿 多年生草本，是全县普遍种植的当家优质豆科牧草，抗寒抗旱，适应性强，全县各地均能安全越冬和生长发育，因其产量高、适口性好，各类家畜喜食，又是良好的蜜源植物，属“牧草之王”。旱塬地每年可割2~3茬，亩产鲜草2500~3000公斤；川地亩产3400~4000公斤；山地亩产1000~1500公斤；荒坡地亩产500~1000公斤。紫花苜蓿营养丰富，初花期含粗蛋白20.6%，是舍饲家畜主要青饲料，从花前期开始，与干草混合饲喂，直到秋天收割贮藏，作为冬春补充饲料（草）。紫花苜蓿在幼嫩时也是猪、兔、鸡的良好青绿饲料。1956年，全县种植17万亩。1960年，营建苜蓿山312座，种植面积18.7万亩，闻名全省。1965年，提倡苜蓿下沟上山，川塬苜蓿部分被开垦种粮，面积减少到11万亩。1985年，政府提倡种草养畜，全县种植紫花苜蓿50.23万亩。屯字镇马堡新庄种植紫花苜蓿260亩，人均

1亩。殷家城乡许家湾种植紫花苜蓿675亩,人均5.8亩。1990年起,随着退耕还草政策的落实,种植面积有所增加。2003年,从克劳沃草业集团引种美国金皇后紫花苜蓿。2010年,紫花苜蓿留存面积65万亩。

沙打旺 又叫“直立黄芪”,豆科,多年生草本植物,具有耐寒、耐瘠、耐盐碱、抗旱和抗沙害特点,是家畜的优良饲草,营养价值仅次于紫花苜蓿。1980年起曾在县内推广种植。1990年后,有少量种植。

红豆草 别名驴食豆,多年生豆科草本植物,抗旱力强,对土壤要求不高,营养丰富,粗蛋白质含量可与紫花苜蓿媲美,而消化率比紫花苜蓿高,1984年引进推广,1990年起再无种植。

草木樨 两年生豆科牧草,另有白花草木樨和黄花草木樨两种。1957年由天水引入,1985年在县内推广,抗旱、抗寒、抗盐碱性强,营养丰富,含粗蛋白质18.2%,与紫花苜蓿接近,因含有香豆素,适口性差,一般与其他牧草混合饲喂。根系发达,生长旺盛,产草量高,一般亩产鲜草2500~3000公斤,阴湿地可达4000公斤,是很好的水土保持和蜜源植物,既可作饲料,又可作燃料,还是优质绿肥作物。2010年,全县存留面积约5万亩。

聚合草 多年生草本植物,抗逆性和生长能力强,对土壤要求不严,除盐碱地、瘠薄岗地、排水不良的低洼地外,一般土地均可种植。聚合草生长快,产量高,刈割次数多,喜水喜肥,各种农家肥、厩肥或圈肥均可,施用猪粪尿增产尤为显著。1977年,从吉林省引进。1980年种植226亩,先后向本省9个地区23个县提供根苗17.5吨。1985年起,仅有零星种植。

串叶松香草 1983年,庆阳地区畜牧兽医站从北京牧草研究所引进,适口性好,曾有零星种植。

禾草 是以谷为主,夹杂玉米、高粱、糜子等混合撒种的青苗,因其适口性好,营养成分高,所以主要用于幼畜冬季喂养。

燕麦 在青绿时刈割贮存,冬春时作为羔羊饲草。

苏丹草 1983年由陕西武功引进,产草量高,既可青饲又可青贮,县内有小面积种植。

三、农作物秸秆

农作物秸秆是县内家畜粗饲料的主要来源,年产量约20万吨,主要有小麦秸(衣)、玉米秸、高粱秸、谷草、糜草、豆类秸(衣)、荞麦秸(衣)、洋芋蔓、甜菜叶等十多种。各种秸秆利用率不一,最高的谷草、糜草为90%以上,麦草为80%左右,玉米秸秆约50%~60%。

四、调制饲料

中华人民共和国成立前,沿用古老的加工方法,粗饲料用铡刀铡碎,精饲料用石磨、石碾粉碎,以供饲喂家畜。中华人民共和国成立后,推广和采用先进的饲料加工和调制方法。20世纪50年代,全县曾推广青贮饲料加工调制,在营养价值较高时,将牧草(紫花苜蓿在初花至盛花期,禾本科草在孕穗期)刈割,就地铺平暴晒至萎蔫,然后捆成小捆立起自行阴干,置于通风干燥处,层层堆垛,底衬秸秆,顶抹一层草泥,群众叫“穿靴戴帽”,或放置窑内保存,以备冬春饲喂家畜。1960年代,生产队每年收贮青干草约8~10吨。

1970年代，随着电力事业的发展，机械粉碎饲料得到广泛使用。1980年代前期，实行家庭联产承包责任制，以家庭收贮青干草，大家畜饲草推广青贮氨化，猪饲料推广中曲发酵、糖化饲料、无曲盐水发酵等方法。1980年代后期，电动铡草机广泛使用，开始加工和使用混合、配合饲料，按照畜禽种类和生长特点科学配方，由饲料加工厂生产供应。1990年代，推广青贮氨化技术，提高饲草利用率，有个体经营户加工外销青干草。2000年起，以规模养殖场、专业大户青贮、养殖户备贮等形式，广泛推广和应用秸秆氨化窖贮、塑料袋贮、科学微贮、带棒青贮、粉碎坑贮等技术。2009年，贯彻《庆阳市发展玉米秸秆养畜促进农民增收工作实施意见》，开发利用玉米秸秆资源，推广玉米秸秆青贮技术，发展秸秆养畜业，当年贮存13.5万吨，占玉米秸秆总量30%。至2010年，全县建氨化青贮窖3.3万口，配有青贮设备489台件，组建流动青贮作业组13个，服务网点5个，建成秸秆青贮示范村8个，青贮玉米秸秆17万吨，占玉米秸秆总量38%。

五、精饲料及粮油加工副产品

精饲料及粮油加工副产品包括籽实饲料、糠麸饲料、饼粕饲料、糟渣类饲料，营养丰富，适口性好，是家畜家禽必需的食料。

籽实饲料主要有玉米、高粱、豆类及糜谷等。1981年前，各类集体家畜所需精饲料均由生产队统一提留，实行家庭联产承包责任制后，由农户根据需要自行确定。糠麸饲料主要有麸皮、糜谷糠等，是大家畜农闲季节、猪架子期和鸡休产期的主要精饲料，多与其他子实精饲料混合饲喂。饼、粕、糟渣类饲料有油渣、豆饼、豆腐渣和醋、酱、啤酒等食品加工后的副产品，是家畜良好的植物蛋白饲料。油渣、豆饼（渣）数量较大，除少量用作肥料外，大部分作为饲料。蛋白质含量高，饲喂时间主要集中在冬春时节。糟渣类饲料主要是食品加工业的残渣，营养较差，一般和其他饲料混合饲喂。另外树叶、田间杂草、蔬菜茎叶、瓜薯类藤蔓、动物性饲料等，也是家畜家禽饲料的组成部分。

第四节　畜禽生产

畜禽饲养源于远古时期，为满足人们生产生活需要，逐步开始家庭养殖，增加种类和品种改良。

一、大牲畜

远古时期，大牲畜种类只有牛和马，主要用于食肉和祭祀。周时，牛马开始用于耕地、拉车和乘骑。铁制农具出现后，牛主要转向役用，“田猎战阵，马绩为良，任载力田，牛劳莫巨”，说明大牲畜在农业、运输和军事方面的

三岔镇米家川行政村万河自然村农民何启会在河边饮牲畜

重要地位。汉代,驴、骡从西域传入。唐代养马业有较大发展。宋、元、明、清直至民国,民间饲养大牲畜主要用于耕地和短途运输。

牛 旧时,以秦川品系早胜牛为主,另外也有紫牛(蒙古系)、西门达尔杂牛、安格斯牛、夏洛莱牛,以农户散养为主,发展较为缓慢。1949至1956年,养牛业快速发展。1957年起,特别是三年经济困难时期,牛存栏急剧下降。1962年起,落实牛繁殖奖励政策,开放集市交易,养牛逐渐增加。1972至1979年,提倡发展骡马,养牛一度下降。1981年后,耕牛归农户自行饲养,开始引进饲养奶牛,贯彻《国务院关于保护耕牛和调整屠宰政策的通知》,放宽老残耕牛、种牛的淘汰标准,取消菜牛、杂种牛等肉用牛的口龄限制,允许育肥出售宰杀,并提高活牛收购价格,养牛开始进入繁荣阶段。1984年,镇原和区内几个县合作创建的董志塬肉牛生产基地作为全省3个肉牛基地之一,省投60万元,农行、信用社发放贷款,扶持发展养牛专业户。1985年起,市场牛肉、牛皮价格一路攀升。2000年起,发展商品畜牧业,相继引进秦川、鲁西黄牛等国内良种牛和德国黄牛、利木赞、西门塔尔、夏洛莱等国外肉牛及荷斯坦奶牛。2003年,编制实施全县20万头肉牛生产基地建设规划。2009年,一头牛可以卖到1.3万元,群众养牛积极性更高,涌现出一批养牛大户。城关鹌原牛场、三岔馨盛牧业、孟坝嘉仕乳业公司等,养牛均在百头以上。2010年,全县有规模养牛户1530家,牛存栏10.03万头,出栏4万头。

驴 有庆阳驴、关中驴、佳米驴等,以庆阳驴为主,作为役用牲畜,除耕地拉车外,还用作拉磨、拉碾、驮运及乘骑,由于使用比较广泛,食草量较骡马牛小,一直为农民所看重,饲养量占大牲畜一半左右。1981年实行家庭联产承包责任制后,驴存栏迅速增加。1990年起,随着农业机械化程度的提高及运输机械的增加,役驴开始逐渐萎缩,肉驴快速发展,先后建成天之龙养驴专业合作社和孟坝刘城、新集牛心、三岔米家川等12个养驴专业村。2010年,全县驴存栏7.97万条,出栏2.7万条。

马、骡 马有内蒙古马、新疆伊利马、河曲杂种马等;骡有马骡、驴骡两种。马、骡主要用于驮运和乘骑,由于饲养难度大于牛驴、实用价值低于牛驴,加之现代化运输工具的剧增和多样化,马、骡失去其役用价值,存栏数量逐年下降。2010年,马存栏690匹,骡存栏1212匹。

奶牛 主要有荷斯坦奶牛、黑白花奶牛两大品种,主要分布在城镇各养殖场、户。1980年,孟坝奶粉厂为解决奶源,从兰州、西安购买黑白花奶牛100多头,投放农户饲养,产奶收购加工。1990年代起,奶牛养殖有所发展。2010年底存栏460头。

二、小畜禽

县内小畜禽生产养殖,历来为农民家庭副业之一,也是解决自食肉蛋乳及皮毛用料和其他生产、生活等用品的主要来源,因而很受重视,主要有猪、羊、鸡、狗、兔等。

猪 县内有八眉猪、内江猪、甘肃黑猪、民勤白猪、杜洛克、约克、长白等。北魏时期,开始采取放牧和舍养相结合的养猪方式。明、清、民国及陕甘宁边区时期,养猪业已遍及农家,除自食外还在市场出售。1949年起,养猪业一度兴盛。1957至1962年,由于严重自然灾害,人民生活困难,养猪大幅度下降。1963 至 1967 年,省委提出鼓励社员家家户户养猪、私养的肥猪自食一半交售一半的政策,养猪业开始回升,1968 至 1969 年,猪源短缺,生猪存栏有所下降。1970 年 10 月,中共中央北方地区农业会议后,庆阳地区在三岔公社召开“四级干部”会议,提出以养猪为中心的积肥建设,大办集体猪场,要求每户养三头猪,生猪存栏大增。1971 年,队办猪场 720 处,养猪 1.35 万头,是集体养猪最多的一年。年末生猪存栏 9.8 万头,户均 1.6 头。1973 年,爆发大面积猪瘟,致死率 71.87%,加之粮食遭灾严重减产,养猪遭受创伤。1975 年 10 月,庆阳地区养猪工作会议后,县上成立养猪领导小组,大抓养猪工作。1976 年存栏达 27.14 万头,创历史新高。1977 年起,集体猪场因管理不善而逐渐倒闭,生猪养殖下滑。1981 年农村实行家庭联产承包责任制,农民自主养殖,粮食增产,饲料供给充足,猪肉价格放开,生猪饲养量稳中有升。1986 年国家停收、限收肥猪,市场母猪价格大跌,导致生猪饲养量下降。1988 年,推广广州军区后勤部生猪快速育肥法,使用“翠竹牌”复合添加剂,开始发展瘦肉型猪。1990 年,引进国外长白、大约克、杜洛克等优良瘦肉型猪种,饲养量增加。2000 年起,国家扶持养殖业,给养殖户发放母猪繁育补贴,规模养殖发展,生猪饲养量攀升,出栏率提高。至 2010 年,培育平泉兴隆等生猪标准化规模养殖场 15 个、规模养猪户 2790 个,全县生猪饲养量 14.5 万头,存栏 4.91 万头,出栏 9.59 万头。

羊 分绵羊和山羊,绵羊有新疆细毛羊、滩羊、甘肃高山细毛羊、小尾寒羊及引进国外品种陶赛特、黑头萨福克、萨门羊、特克赛尔、美利奴等细毛羊;山羊有陇东黑山羊、中卫山羊、关中奶山羊、南江黄羊、布尔山羊、辽宁盖州绒山羊等。

山羊

夏商时期,县内羊只开始大群牧养。周时,对放牧畜群根据种类安排牧地,牧羊于野,多以三百为群。秦汉时,羊的选育和淘汰受到重视。北魏时,对羊的选种、饲养管理、剪毛、阉割、疾病防治等均有比较详细的总结论述。明清时,以北部山区为重点,群牧羊发达。陕甘宁边区政府成立后,陇东分区制定一系列发展经济的政策,养羊业一度兴旺。民国三十二年(1943 年),陇东一带爆发羊疫,羊只存栏下降。

中华人民共和国成立后,县内养羊业在政府的倡导和支持下得到发展。1956 年农业合作化时,不少群众将羊只低价出售或宰杀,加之归社后棚圈不足、牧羊员放牧不经心等因素,羊只存栏锐减。1963 至 1965 年,落实繁殖奖励政策,普遍加强定额管理和棚圈建设,羊只存栏稳步上升。1968 年,部分大队发生羊寄生虫和黑水泄疾病,死亡较多。同年,贯彻省委《关于处理自留羊和多划自留地中有关问题的批复》提出“在农业区牧场较少地方每户养羊不得超过 2 只、牧场较多的地方每户不得超过 5 只”的规定精神,对多养的自留羊缴公或宰杀,羊只存栏下降。1971 年,养羊业开始恢复。1978 年起,随着国家政策的放宽,私人养羊增加。1985 年,孟坝镇购买奶山羊 1000 只,后发展到 1900 余只。1987 年,活羊和羊毛价格上升,推动养羊业再度兴旺。

1990年，实施杂交改良，品质和饲养量有较大提高。2003年，实施封山禁牧退耕还林生态保护措施，羊存栏锐减，羊肉价格大涨。2004年起，推行舍饲和规模化养羊，数量有所增加。2008年，从辽宁盖州引进绒山羊6万多只，再次促使养羊业发展。新城恒发种羊场从国内引进多赛特羊、特克赛尔羊、萨门羊、美利奴羊等优良品种800多只，开展标准化规模养殖，逐步培育起方山关山、高中山、三岔董渠、石嘴等7个绒山羊养殖专业村。至2010年，全县有规模养羊户2880个，羊存栏20.83万只，出栏7.65万只。

兔 县内有青紫蓝兔、大公羊兔、獭兔，以獭兔为主要饲养品种。旧时县内就有农户零星养殖。中华人民共和国成立后有所发展。1957年，养兔位于全区前四强。1958年，县农副公司与庆阳购销站合作引进种兔，分配到社队进行养殖。城关公社建起兔场，饲养种兔百余只。1959至1961年，因粮食饲料缺乏，家畜家禽骤减，兔因食草而得以短暂发展，为人们度过生活难关起到一定作用，但粗放饲养，繁殖成活率低，且兔毛、兔肉无销路。1974年起，兔毛收购价格逐渐上涨，刺激长毛兔的发展。

殷家城乡种兔养殖厂

1976至1978年，镇原被列为皮肉兔养殖重点县，地区先后扶持上肖、屯字两公社发展长毛兔。1984年，各乡举办养兔和疫病防治培训班，促使养兔业发展。1986年4月举办全县养兔培训班，在24个乡镇培训人员1188人。1986年12月，全区商品肉兔群体建设现场会上，镇原被确定为商品肉兔生产基地。1987年，县养兔工作站成立，指导养兔业生产，镇原县冷冻厂大量收购肉兔，刺激养兔业发展，全县兔存栏20万只，后因活兔价格偏低，饲养量逐年下降。2010年，存栏0.17万只。

鸡 周时，"庖人辨六畜"，鸡在其中，县内就有饲养。春秋战国时，有人"斗鸡"，作为观赏娱乐动物。北魏时，有用笼养鸡的记述。明、清时期，鸡在农村到处可见，以蛋鸡为主，家庭散养，成为副业收入来源之一。民国时期，饲养方式和规模无大的变化。中华人民共和国成立后，传统鸡种有九斤黄、来航、静宁鸡等，农户以家庭院落散养为主，多则十来只，少则三五只，自繁自养，以蛋换取针线、油盐等小商品，自食者不多，发展缓慢。1960年生活困难时期，由于饲料问题，存栏急剧下降。1962年开始恢复。1978年起，市场开放，蛋、肉需求量增加，开始引进白来航鸡、伊莎赫克蛋鸡、新汉夏鸡、白羽肉鸡、黄羽肉鸡、海兰褐鸡、罗曼褐鸡等种鸡，进行人工孵化，发展较快，均实行圈养；引进适宜放养的鸡种有虫草鸡、乌鸡、旦旦鸡等，蛋、肉兼用。1990年起，开始规模化养鸡场建设。2010年，全县拥有规模化养鸡场990个，存栏76万只，出栏20万只。马渠人张华在

中原乡养鸡专业户孙殿义

金龙工业集中区投资建办中盛产业园，集肉鸡孵化、饲养、屠宰、加工一条龙，年产肉鸡3600万只。

犬 县内有当地土种犬，属北方松狮犬种，另有板凳狗，存量很少。1980年代，从外地引进少量狼犬、德国黑背牧羊犬及金狮犬饲养繁殖，全县存量约3万只。1990年代，引进德国圣伯纳、沙皮、狐狸犬及藏獒等稀有品种，县公安局曾一度饲养警犬。2010年，全县养犬1万余只。

蜜蜂 县域主要蜂种为中华蜜蜂（简称"中蜂"），飞行敏捷，抗病能力和适应性强，能采用零星蜜源，产蜜稳定，全县各地均饲养。1955年全县收购蜂蜜798担。1958年，引入意大利蜂、高加索蜂，推广中蜂过箱等新法饲养技术，产蜜量提高。1966年收购蜂蜜1358担。1968年，县畜牧站、农副公司成立养蜂队，饲养蜜蜂400余箱。1970年收购蜂蜜1299担。1973年起，单位养蜂亏损严重，予以取消。1980年代起，有专业户饲养。1985年，收购蜂蜜138担。1990年起，以专业化饲养为主，饲养量400箱左右，由养蜂户自行销售，供销社再未收购。至2010年，全县饲养蜜蜂4739箱。

三、特种养殖

县内特种养殖有城关、孟坝个别农户规模化饲养蝎子，上肖乡有农户饲养大雁，太平、屯字少数农户饲养雉鸡、火鸡等，数量少，规模小。

1950~2010年镇原县畜禽存栏统计表

表6-4-1　　单位：万头、万只

年份	大牲畜存栏	其中				猪存栏	羊存栏	鸡存栏
		牛	驴	马	骡			
1950	6.05	2.65	3.28	0.06	0.06	3.03	11.43	20.03
1955	9.76	4.80	4.81	0.08	0.07	2.57	19.42	28.47
1960	4.76	2.56	2.05	0.08	0.07	1.09	13.51	10.18
1965	5.24	2.79	2.37	0.05	0.03	3.91	19.42	16.10
1970	6.70	2.88	3.61	0.15	0.06	10.36	21.55	19.21
1975	6.55	2.27	3.72	0.34	0.22	16.32	25.52	21.28
1980	7.51	1.97	4.41	0.65	0.48	10.76	32.72	24.54
1985	12.55	3.65	8.08	0.47	0.35	11.01	11.14	45.67
1990	14.88	5.08	9.36	0.19	0.25	10.47	20.02	61.37
1995	16.06	6.66	9.06	0.13	0.21	11.52	22.60	71.51
2000	12.21	6.15	5.83	0.12	0.11	6.04	13.08	102.79
2005	16.13	10.11	5.65	0.10	0.27	6.32	18.08	69.30
2010	18.19	10.03	7.97	0.07	0.12	4.91	20.83	76.00

第五节 畜禽改良

早在周、秦时期，畜禽选育、配种、家畜胎产等被当地人们重视，总结出不少经验，经历代传承丰富,不断进步。马、驴配种一般在清明前后,即“三月桃花驹,一年四季配猪兔”;牛则在农历五月开始,九月结束;有“腊月狗、正月猪、二月猫、三月草(母)驴满山嚎”之经验说法。种畜的选拔、喂养由民间执业者(俗称民桩户)承担,配种经营方式有两种,一种是在种畜头部系一块红布,跟会赶集或游乡串户配种,一次配种,一次收费,不包效果,称“叼桩”;另一种是固定在家,给拉来的母畜配种,一次收费,可多次配种,直至怀胎,称“包桩”。中华人民共和国成立后,创新改良,大牲畜配种由兽医站和民桩户共同承担,养殖户自行选择,小畜禽则由养殖户自行选养种畜禽自然配种。

牛改良 1975年,孟坝设种畜场,为社、队培育良种公牛25头,公社自购种公牛300余头、早胜良种牛453头,开始黄牛改良。1980年,全县建成5个黄牛冻配站,用西门塔尔、利木赞等国外良种牛种冷冻精液,给当地黄牛进行人工受精,繁殖改良牛。1985年,受精黄牛13598头,产改良牛犊5098头。1990年,冻配黄牛4984头。1998年,参加省列“肉牛三元杂交集约化配套生产技术应用研究”项目,引进终端父本加系利木辛、德国黄牛三元杂交。2008年,引进推广利木辛、德国黄牛、皮埃蒙特牛等优良肉牛新品种细管冻精6000支。2010年,改良黄牛1.72万头。

马、驴改良 1953年开始,先后从新疆、黑龙江、甘南、陕西、内蒙等地引进伊犁、阿尔登、卡拉巴依、河曲种马55匹。1975年,引进俄罗斯重型马50匹,其中公马30匹,母马20匹,引进关中驴30条,用于纯繁和改良,生产良种骡、驴。1985年,全县改良杂种马2500匹,改良杂种驴15700条。1995年起,由于马和驴经济效益不如牛羊,运输等役用效能下降,改良有所减少。驴以民桩户为主进行改良。

猪种改良 1958年开始,从武威黄羊镇、四川内江、重庆荣昌、河南、上海、东北等地引进巴克夏、约克夏、苏大白、内江、新金、长白等猪种进行杂交改良。1960至1984年间,国家投入汉普夏猪,改良当地八眉猪,生产脂用型肥猪。至1985年,全县有良种猪2544头,改良杂种猪10.76万头。1990年起,由改良点提供长白、杜洛克等瘦肉型猪冻精,开展人工杂交改良瘦肉猪。2003年,由农户、养殖场等引进约克夏、长白、大白、杜洛克等瘦肉型良种猪开展三元杂交改良,培育适合镇原气候和饲养特点的瘦肉型猪品种。2010年,投资1.5万元,在孟坝博通养殖场建立授精点,开展母猪人工授精1200头,良种化程度达90%。

羊改良 1958年开始,从新疆塔城、霍城、新源、巩乃斯、河北张家口、甘肃天水、皇城、肃南、天祝等地购进新疆细毛羊、甘肃高山细毛羊和国外品种美利奴、斯大夫、高加索等杂种羊7529只,从宁夏中卫购进滩羊500多只,沙毛山羊180只,在新城、孟坝、庙渠等公社建立人工受精站45个,进行绵羊和山羊改良。县畜牧站畜牧师韩玉娥(女),1966至1974年在新城公社蹲点时,培养改良员34人,改良杂种羊4218只。1975年,全县引进新疆细毛种公羊500只,投放到生产队绵羊群,自然改良5万只,只均产毛量提高一倍。县畜牧站畜牧师陆伊奇在孟坝公社蹲点10年,改良羊1000多只,至1980年繁殖发展到11400只。1985年,全县有纯种细毛羊8459只,改良羊12635只,山羊4.14万只。1989年,引进细毛羊5000多只、绒山羊2000多只,实施“河东百万只细毛羊杂交改良”和“陇东绒山羊杂交改良”项目，推动羊种改良。1998年，大量引进山东小尾寒羊改良土种羊。2004年起，重点发展肉绒羊，引进国外优良品种黑头萨福克、特克赛尔、陶赛特、德国美利奴、新疆细毛羊、盖州绒山羊、布尔山羊、南江黄羊等5000多只，进行羊只改良。2008年，实施“陇东绒山羊改良”项目，从内蒙引进绒山羊对北部山区的陇东黑山羊进行改良，老品种基本绝迹。改良的杂种羊，体重比本地同龄山羊提高81%，只均产绒量300克，比本地山羊增加一倍。

鸡改良 1950年代，从外地引入零星良种鸡，改良效果较差。1970年代，县畜牧站引入澳州黑、芦航鸡，群众从外地引入九斤黄、芦花鸡，鸡种有较大改良。全县推广煤油灯孵化和火炕孵化技术。1980至1990年代，县内开始电温孵化。2000年起，孟坝王湾、临泾席沟圈、中原武亭等乡村养鸡专业户引进伊莎赫克蛋鸡、新汉夏鸡、白羽肉鸡，黄羽肉鸡、海兰褐鸡、罗曼褐鸡、乌鸡等良种，进行规范化养殖。新城武嘴、郭原王沟圈等养鸡户引进虫草鸡、珍珠鸡、乌鸡、旦旦鸡等良种，利用荒山进行放养。

第六节 畜禽产品

羊毛 羊毛是养羊业的重要产品，又是畜产品中一项大宗出口商品。县内所产羊毛有绵羊毛、山羊毛。绵羊毛又分土种粗绵羊毛（滩羊毛）、细毛及改良毛。土种绵羊毛是民间擀制白毛毡、纺毛线、栽织地毯、制毡帽毡靴、衣被和各种毛垫的原料。山羊毛主要用作擀制黑沙毡、织口袋、搓绳子等，少部分在市场出售。中华人民共和国成立后，土种绵羊毛除民用外，由供销社收购调运，主要作粗纺原料。纯种细羊毛和改良羊所产细毛作为精纺原料，纺织各种尼绒、毛哔叽等高档毛料，山羊毛多为民间自用。1986年起，由个体户收购贩运。2000年，羊毛产量170吨。2005年，羊毛产量145吨。2010年羊毛产量121.8吨。

杂毛 来源于长毛兔和牛、马、骡、驴畜体上抓下来的毛，一年四季均可采集，畜杂毛用来加工工业毛毡。

猪鬃 猪鬃是传统出口商品之一，主要交售国家，用于商品生产及外贸出口。

绒 主要为山羊绒，指从羊体上抓下来的细绒毛。1950年起，由供销社收购调拨。1954至1985年，每年产羊绒135吨。1990年起，绒山羊大幅度增加，产量逐年增多，由羊绒加工企业和个体户收售。2010年，县内加工羊绒645吨，出口100吨，加工羊绒衫1万件。

皮 皮张的生产和加工利用起源于上古时期，先民们用家畜皮张作衣。西周和春秋时期，对羊皮的加工利用已很普遍。明代起，县内制革有牛、马、骡、驴、山羊、兔皮等。

牛、驴皮是最主要的制革原料，旧时民间经过硝熟后，制作各种绳索、车马挽具、皮鼓等，驴皮主要用于加工制作井绳、套绳、缰绳、毡匠弹毛用的弦、缠木杈用的筋绳等。1950年起，除民间自用外，供销系统收购外调，用于工业加工制革，驴皮一部分用作制药原料，熬制阿胶。1995年起，由商贩收购外销。

骡、马皮为数很少，主要用于加工挽具、套绳等。

兔皮历史上很少利用。1960至1980年，随着皮肉兔的宰杀自食，养兔户开始剥取兔皮,因无部门收购,皮张大部抛弃,仅有少数用于手套加工等。1981 至 1984 年,兔皮开始少量收购,除用于庆阳地区兔皮加工厂生产外,一部分销往外省、市。1987 年县冷冻厂收购活兔,宰杀后兔皮外销。

猪皮具有弹性、透气、耐磨、起层和松面等特点,一般用作底革、带革、面革、手套用革,产量少,大多外销。1980 年起,提倡食剥皮猪肉,有少量猪皮。1983 至 2010 年,民间仍食不剥皮猪肉,不产猪皮。

山羊皮有成年山羊皮和猾子皮(羔皮)两种,是大宗畜产品之一,原皮出售,用于制作皮衣、夹克、手套、提包、皮褥子以及工业和航空部门需要的滤油革、绒面革等。计划经济时期由供销部门收购,1990 年起,多为宁夏商贩收售。

绵羊皮是制裘常用原料之一,其毛长绒厚,皮板结实,御寒效果好。民间有少数人自制皮袄皮褥,多数外销,用于工业生产。

肉 秦汉时,随着农牧业的发展,肉食逐步以猪羊为主。清至民国,猪羊除自食外,多余部分出售。中华人民共和国成立后,肉类生产仍以猪、羊为主,多数交售给国家,集镇有活鸡出售,少数在逢年过节时宰杀,除鲜食部分外,还用盐腌制或晾干成腊肉,供常年食用。1955 年,活羊、老弱病残牛交售给食品部门宰杀,供居民食用。1980 年起,市场开放,肉类增多。1987 年起,由贩运户收购,市场调节。1990 年,肉类总产量 8295 吨。2010 年,肉类总产量 1.33 万吨。

蛋 以鸡蛋为主,鸭、鹅、鹌鹑、雉鸡蛋有少量生产。鸡蛋自古多为农户自产自食,少部分由农户在集市出售换取油盐及零星小商品。1955 年起,除农民自食外,向商业部门交售。1965 年禽蛋总产量 580 吨,1975 年禽蛋总产量 272 吨,1985 年禽蛋总产量 674.48 吨。1986 年起,以市场销售为主;鸡蛋加工技术兴起,松花变蛋、咸鸡蛋开始制作。1990 年,禽蛋总产量 1386 吨。2000 年,禽蛋总产量 3083.7 吨。2010 年,禽蛋总产量 2280 吨。

鲜奶 主要有羊奶和牛奶,羊奶一般是养殖户用于自家老人、儿童食用。1980 年代县内开始养殖奶牛,少量供应鲜奶。1990 年代,出现饲养奶牛户,县畜牧站办奶牛场,给县城和部分乡镇居民供应鲜奶,年产量 20~40 吨。2000 年,鲜奶产量 50 吨左右。2005 年起,市场销售外地乳奶,县内奶牛、奶羊减少,鲜奶下降。2010 年,全县产牛、羊鲜奶约 20 吨。

第七节 疫病防治

镇原历史上畜禽疫病,基本依民间经验或用中草药进行防治,效果微弱。陕甘宁边区时期,政府虽然重视畜禽疫病防治,但因战争原因,兽医技术落后,不能制止畜禽疫病。中华人民共和国成立后,人民政府十分重视畜禽疫病防治,成立组织机构,培养畜牧兽医人员,宣传普及兽医知识,增加兽医设施,开展疫病普查,逐病防治,效果提高。1956 年,举办短期兽医培训班,吸收民间兽医和知识青年参加培训,充实兽医队伍。1963 至 1965 年,开展以“消灭猪、鸡两瘟为主”的防疫灭病活动。1977年防治大家畜及猪羊疫病47.75万头次，防治鸡疫病12.73万只次。1985年防治大家畜疫病7.85万头次，防治猪疫病10.24万头次，防治鸡疫病30.55万只次。同期，应用微量间接血凝试验新技术，诊断马类家畜媾疫1.06万例，受检率53.7%，基本查清流行区域和危害程度，淘汰处理罹病种公畜，防治适龄母畜566头。1990年起，每年春秋两季开展畜禽疫病普查，进行有目的防治，促进畜牧业发展。县域流行的畜禽疫病有23种，其中传染病十多种，也有寄生虫病。

马鼻疽 马属家畜共患的恶性传染病，极少传染给人。主要病症是上呼吸道黏膜，肺、皮肤和其他器官形成特异性鼻疽结节和溃疡，出现流脓鼻症状，民间称为“失鼻”或“传槽”病，危害严重，时有发生。1958年，省马鼻疽病检疫专业队到县检疫，检出阳性0.047%。1975年，上肖公社从甘南购回79匹马中，检出阳性25匹，由于防治及时，未发生大的疫情。1980年起，再未从外地购买马类家畜，病畜传入停止。

马传染性贫血 由外省区传入，以病毒慢性传染，主要病症为发热、贫血、消瘦。1979年8月，检出1匹，1980年4月，检出4匹。1983年10月解除疫情，再未发生。

马魏氏梭菌病 该病是由魏氏梭菌引起的肠性毒血症，多发于夏秋季、膘情较好的马骡，有急性和慢性两种。1973年县内新集发现此病。1975至1976年，发病48匹，死亡39匹，致死率高达81.25%。新集兽医站选用17头驴，用羔羊痢疾菌苗免疫试验，预防魏氏梭菌病的传染。

马媾疫(淋病) 1976年出现病畜。1978至1988年发病234匹，死亡7匹。

马、驴炭疽病 俗称“偏次黄”，是人畜共患的急性传染病，病原为炭疽杆菌，以急性发热、败血症为特征，死亡率很高。1977年，屯字、上肖、庙渠发生疫情，死亡马2匹、驴4条。

牛流行热 俗称“牛流感”，由牛流行热病毒引起的高热、消化道和呼吸道急性传染病。1981至1985年，疫情较为严重，发病牛618头，死亡12头。1988年，新城、方山等乡再次发生，发病125头，死亡1头，用抗生素等对症治疗，效果较好。

牛布鲁氏杆菌病 由布鲁氏菌引起的人畜共患传染病。1985年全县抽检牛150头，未检出阳性。1987年在5个乡镇抽检牛3647头，检出阳性19头，及时预防，此后再未检出。

牛瘟 由病毒引起的急性、热性、败血性传染病，主要感染牛，偶尔也感染猪羊，发病后口腔黏膜有烂斑形成溃疡，传播迅猛，发病死亡率高，流行无明显季节性。

口蹄疫 俗称“口疮”“蹄黄”病，是由口蹄病毒引起的偶蹄兽传染病。冬春流行广泛，死亡率不高，羊感染率比牛低，猪更次之。

牛化肥中毒病 1984至1985年，新城、屯字4头牛中毒，死亡3头。

羊肠毒血症 俗称血肠子病、软肾病，是由D型魏氏梭菌引起的散发性传染病。1976至1980年，县内发生，致死率21.45%。1981至1989年，疫情较为严重，死亡率达60%，用羊厌气三联疫苗注射，起到很好预防效果。

羊肠胃线虫病 俗称黑水泄，严重危害山羊、绵羊，常引起大量死亡。1968年、1976年曾发生。

羊鼻蝇蛆病 县内发病广泛、流行已久。1986年开始,采用熏烟驱除羊鼻蝇蛆幼虫,取得显著效果。

羊黄花菜根中毒 1979至1980年,平泉、孟坝两地,羊误食黄花菜根,中毒140只,死亡81只。1981年武沟、新城等6户农民饲养的66只羊中毒,死亡28只。

羊农药、化肥中毒 1971至1979年,出现羊误食农药喷洒过的庄稼及拌过农药的子种,引起中毒事件。1981年,新城、小岘等公社,先后发生羊误食拌药子种而中毒,死亡1193只。1982年,三岔、马渠等公社发生甲拌磷、对硫磷和乐果中毒羊323只,死亡289只。1989年,马渠1条驴、太平乡一农户的13只细毛羊尿素中毒,全部死亡。

猪瘟 县内流行时间长,范围广,危害大,几乎每年有不同程度发生。1973年发生较大疫情,致死率高达71.87%。1980年起,加强猪瘟免疫注射,发病率下降,大流行基本得到控制。1990至2010年,全县春、秋两季用猪瘟冻干苗实行全覆盖强化免疫,免疫密度96%以上,再未流行。

猪丹毒 县内流行时间长,范围广,危害大,几乎每年均有发生。1976至1980年,发病致死率19.76%。1980年起,发病逐渐减少,急性病例不多见,亚急性疹块型和慢性型常见。1981至1989年,发病率3.89%,致死率11.3%。1990年起,坚持使用猪丹毒氢氧化铝甲醛菌苗注射密度达88%,得到有效控制。

猪肺疫(巴氏杆菌病) 县内时有发生,但疫面不大。1981至1989年,疫区用猪肺疫菌苗连续免疫87.80%,控制疫情。

猪喘气病 1970年代初,从四川、河南调运猪种时传入,各公社散发流行。1976年起,使用卡那霉素治疗,加之强化检疫,淘汰病猪,流行得到控制。

猪食盐中毒病 饲料中食盐含量过多或喂食咸菜水、酱渣和剩饭菜,都会引起中毒发病。1981年,武沟公社有8头猪中毒,死亡2头。

鸡霍乱(多杀性巴氏杆菌) 1980年前县内时有发生。1982年11月,屯字公社爆发疫情,两个生产队7户鸡发病81只,死亡54只,致死率66.67%。县内用鸡霍乱氢氧化铝甲醛苗进行接种免疫,得到有效控制。

白痢 在县域流行久、危害大。1981年马渠、湫池等公社发生疫病,致死率36.84%。1982至1985年,各乡均有发病,致死率42.21%,后采取淘汰带菌鸡,消毒种蛋、鸡舍,雏鸡饲料中拌入痢特灵、土霉素、复方保畜片等进行预防和治疗。

兔瘟 1986年由外地传入,用兔瘟疫苗进行防疫。

兔巴氏杆菌病(出血性败血症) 1983年始发,至1988年,平均发病率30.67%,死亡率较高。

兔疥癣病 1984年县内发现。1987至1989年,14个乡镇45个行政村发病1159只,死亡137只,致死率11.82%。

犬血痢 1985至1986年,平泉、新城流行此病。

第七章 林 业

镇原人民历来有植树造林的习惯，或于庭院栽植果树、贫瘠地建果园，或在房前屋后、池旁、河岸、庙宇、坟地栽植杨柳松柏。秦汉时，栽植槐榆柏柳。清时，教民栽植公路行树。民国时，制订植树造林规划，列入年度工作纲领。县办苗圃、号令学校育苗，为植树造林繁育苗木。镇原解放区发布《植树造林条例》，动员人民植树。中华人民共和国成立后，健全林业管理、协调、服务机构，建立国营苗圃、林场，确立植树节，开展义务植树活动，动员组织群众大搞四旁（路旁、沟旁、渠旁和宅旁）植树，进行宜林荒山绿化，加大“三北”（西北、华北和东北）防护林、绿色通道、退耕还林、生态环境等工程建设，培植苹果、杏子、油松、沙棘、泡桐等基地。经过六十多年的栽植抚育，绿化面积逐年增加。2010 年，全县森林覆盖率为 15.4%。

第一节 机构设置

中华人民共和国成立前，镇原有植树活动，无专门林业管理机构。中华人民共和国成立后，成立绿化指挥机构和林业管理机构，建立国营林场、苗圃和乡村林场，组建林学会和园艺技术服务协会，齐抓共管，全面服务，加强林果事业。

一、管理机构

镇原县林业局 民国三十八年（1949 年）八月，县人民政府设建设科，兼管林业生产。1953 年，成立镇原县林业工作站，负责林业生产工作。1956 年，设林业科。1958 年，县人民公社联社下设农业部，分管林业等工作。1965 年 7 月，县人民委员会成立水保林业局，设局长 1 人，副局长 2 人，干事若干人 。1968 年 8 月，镇原县革命委员会成立农林水牧管理站。1970 年 12 月，成立县水利电力局，赋予林业管理职能。1974 年 2 月，成立镇原县农林办公室，林业从水利电力局分离。1976 年 2 月，成立镇原县林业局，有副局长 2 人，干事 7 人。1985 年，林业局内设办公室、人秘股、造林股、计财股、园艺股和林业设计队，下属国营林场 5 个，国营苗圃 6 个，园艺场 1 个，共有干部职工 155 人，其中管理干部 30 人，技术干部 17 人，工人 108 人。1990 年，全系统共有干部职工 139 人，其中行政干部 16 人，技术干部 35 人，工人 88 人。2000 年，林业系统共有干部职工 184 人，其中行政管理干部 44 人，技术干部 56 人，工人

84人。2005年，全系统共有干部职工123人，其中行政管理干部33人，技术干部23人，工人67人。2008年7月，成立镇原县园林局，隶属县林业局。2009年8月，园林局改属县城市管理局。

2010年，县林业局内设办公室、人秘股、资源林政股、财务审计股、公益林办公室、天然资源保护办公室、“三北”林带管理办公室、森林病虫害检疫防治站、林业种苗工作站、镇原县护林防火指挥部办公室，挂靠单位有镇原县绿化委员会办公室。局机关有行政管理干部8人，工勤人员1人，下辖企事业单位17个，其中副科级事业单位3个，即退耕还林(草)工作办公室、果业局、庆阳市林业公安局镇原派出所，股级事业单位(国营林场)8个，企业单位(国营苗圃)6个，共有干部职工114人。

镇原县果业局 1987年，增设园艺工作站(正科级)和林业技术推广站(副科级)，均为事业单位，隶属县林业局。2002年4月，园艺工作站与林果技术推广站合并组建镇原县林果技术推广中心，为副科级事业单位，编制30人，其中技术人员23人。2009年8月，县林果技术推广中心更名为镇原县果业局，参照公务员管理。2010年，有工作人员18人。

镇原县退耕还林(草)办公室 2002年4月成立，副科级事业单位，编制16人，隶属县林业局。2010年有工作人员15人。

镇原县森林派出所 2002年4月成立，副科级事业单位，编制8人，隶属县林业局。2010年有工作人员6人。

基层林业机构 1979年10月，成立屯字、孟坝、三岔、城关4个林业工作区站，每站配备干部1人，分片负责各公社造林工作。1991年1月，成立城关、平泉、屯字、孟坝、三岔5个镇林业工作站，原设的林业区站随之撤销。4月，成立新集、太平、新城、马渠、武沟、郭原、殷家城7个乡林业工作站。1997年7月，成立临泾、南川、曙光、上肖、彭阳、王寨、方山、庙渠、开边、湫池、中原、小岘12个乡林业工作站，均为股级事业单位，每乡镇配备技术干部1至2人。业务归林业局管理，行政归乡镇政府管理。2002年7月，机构改革时，24个乡镇林业工作站归并到各乡镇农业综合办公室。2005年乡镇林业工作站随乡镇机构撤并减少为19个，共有职工57人，其中大专以上文化学历2人，中专学历11人；专业技术人员9人。选送林业站站长7人参加省上就业培训，获得岗位培训证书；参加市上专业技术培训12人。

二、协调指挥机构

1982年3月，成立镇原县绿化委员会，主任由县委书记兼任，副主任由县委副书记、人大主任、政协主席兼任，委员由人大副主任、政协副主席及有关部门负责人等10人组成，办公室设在县林业局，林业局长兼办公室主任。此后绿化委员会成为兼职常设机构，随县委、人大、政府、政协及相关部门负责人职务变动而调整。同年，成立镇原县护林防火指挥部，分管农口的副县长任总指挥，林业局长、政府办主任兼副指挥，人武部、林业局、公安局、工交局、司法局、工商局、财政局、邮政局、公路段负责人为成员，办公室设在县林业局，林业局长兼办公室主任。各公社普遍成立相应组织机构，主要负责人为第一责任人。各大队成立义务护林防火队伍，护林员为义务防火员。

1991年3月，县绿化委员会确立全县机关义务植树点4处，按系统成立四个领导小组。县委大院和财贸系统领导小组组长由县委办主任兼任，县政府大院和农口系统领导小组组长由政府办主任兼任，工交系统领导小组组长由工交局长兼任，宣教系统领导小组组长由宣传部长兼任。同年4月，成立镇原县杏果系列开发协调领导小组，县委副书记任组长，县人大常委会副主任、县委办主任、县林业局长、县科委主任兼任副组长，县委经济工作部部长、供销联社主任、县老区办副主任、县乡镇企业局副局长、县林业局副局长、县农技站站长、县园艺工作站副站长为成员，办公室设在林业局，副局长兼任办公室主任。同时，24个乡镇也成立相应的领导小组，负责全县杏果系列产品开发工作。2006年，县护林防火指挥部被庆阳市护林防火指挥部评为护林防火先进单位，获奖牌1面。2009年11月，再次被庆阳市护林防火指挥部评为护林防火先进单位，获奖牌1面。

三、国营林场、苗圃

1953年，县上开办孟坝苗圃。1956年，兴办开边苗圃。1958年，开办三岔林场。1960年，建起马渠、孟坝、新集、新城、开边5处林场和屯字园艺场。1961年3月，撤销马渠、孟坝、新集、新城、开边林场。1964年，办起屯字太阳园艺场。1965年3月，重建马渠、方山林场。1973年，建起茹河苗圃，将太阳园艺场改为苗圃。1974年8月，新建新城、郭原苗圃。1976年，庆阳地委决定成立镇原县林业总场，先后建起武沟、郭原、十八岘、新集、太平林场，将三岔林场殷家城点改为殷家城林场。1978年1月，撤销镇原县林业总场和郭原、十八岘、新集、太平4个林场。1985年，有县办国营林场5处，职工78人，经营总面积61422亩；县办国营苗圃6处，经营总面积573亩；县办园艺场1处，经营面积148亩，均为事业单位，财政全额供给。

1986年，县办国营苗圃由全额事业单位改为差额定补。1992年，国营林场由全额供给改为差额定补，国营苗圃改为自收自支事业单位。2002年4月，将屯字园艺场改为林场，原水利局所属的张沟、大山水保站改为林场，移交县林业局管理。国营苗圃改为企业，自收自支，自负盈亏。2008年6月，8处国有林场差补70%。2009年，又改为全额供给事业单位。2010年，8处国营林场有职工34人，经营总面积63480亩；6处国营苗圃有职工32人，其中干部1人，工人31人，经营面积573亩。

国营三岔林场 位于三岔镇老爷山下，1958年建场。至1985年，该林场在周家庄，高岭山、庄门、二郎山、老爷山等荒山荒沟造林11800亩，其中杏树林6200亩，杨树林2300亩，槐树林1100亩，灌木林1700亩，油松林500亩，建果园20亩，年产苹果12500公斤。2010年，有职工6人，经营面积8618亩，存林面积6402亩。

国营方山林场 原在方山乡田峁村，后搬至关山村，1965年3月建场。至1985年，该林场在关山、岔口、三合、张大湾等山沟造杨、柳、杏、槐林12400亩，2010年底，有职工4人，经营面积8096亩，存林面积5907亩。

国营马渠林场 位于马渠乡高庄崖，1965年3月建场。至1985年，该林场共营造杏树、杨树及刺槐林8040亩。1978年，在旱塬育油松苗1.5亩，出苗9万余株，营造油松林80亩。

2010年有职工4人,经营面积4341亩,存林面积3491亩。

国营殷家城林场 位于殷家城安岔村,始为三岔林场之造林点。1976年10月析分为林场。至1985年,该林场在海拔1700多米的15道梁峁造林12200亩,其中杏林7400亩,用材林4800亩。2010年,有职工4人,经营面积11782亩,存林面积9936亩。

国营武沟林场 位于武沟乡陈湾掌,1976年10月建场。至1985年,该林场共营造刺槐、杨树林5900亩。2010年,有职工5人,经营面积4631亩,存林面积3822亩。

国营屯字林场 1960年3月建成园艺场,总耕地418亩,发展果园292亩,定植果树5749棵,其中苹果4382棵,梨树742棵,桃树271棵,其他果树354棵。1969年开始挂果,年平均产果100吨以上。自育山定子嫁接苹果,杜梨嫁接香蕉梨。至1985年,该林场为乡村提供果树苗100多万株。2002年4月改为林场。2010年底,有职工4人,经营面积11162亩,存林面积1025亩。

国营张沟林场 位于城关镇金龙村张大沟,1960年3月始建水保站,2002年4月改为林场。2010年有职工4人,经营面积1305亩,存林面积1108亩。

国营大山林场 位于平泉镇秦铺村薛山,1973年建水保站,2002年4月改为林场。2010年有职工3人,经营面积605亩,存林面积360亩。

国营孟坝苗圃 位于孟坝镇中心村,1953年建圃,总耕地170亩。至1985年,该苗圃共建成苹果园50亩,年产苹果2.5万多公斤;育苗地50亩,给全县供给苹果、香蕉梨、杨树、刺槐等树苗512万株,收入22.4万元。2010年,有职工12人,果园30亩,年产苹果90吨;育苗地120亩,1986至2010年共出圃苗木120万株。

国营开边苗圃 位于开边镇解放沟李家庄村,1956年建圃, 有耕地95亩。至1985年,该苗圃共建成果园45亩,年产果15吨;育苗地62亩,为全县提供树苗306万株。2010年,有职工7人,果园10亩,年产苹果30吨;育苗地80亩,1986至2010年共出圃苗木80万株。

国营太阳苗圃 位于屯字镇太阳池,1964年始建园艺场,1973年11月改为苗圃,有耕地132亩。至1985年,该苗圃建果园4亩,育苗地44亩,生产各种苗木254万株。2010年,有职工3人;育苗地120亩,1986至2010年共出圃苗木120万株。

国营茹河苗圃 1973年建圃时在县城茹河北岸,有滩地32亩。至1985年,该苗圃共繁育河南兰考泡桐、杨树、刺槐等26.4万株。2003年8月,经县人民政府批准,搬迁至临泾十里墩(原县委机关、武装部农场)。2010年有职工4人;育苗地20亩,1986至2010年共出圃苗木12万株。

国营新城苗圃 位于新城乡乔岔,1974年8月建圃,有耕地76亩。至1985年,该苗圃共繁育各种树苗82万株。2010年,有职工3人;育苗地70亩,1986至2010年共出圃苗木70万株。

国营郭原苗圃 位于郭原乡杏垭,1974年8月建圃,有耕地91亩。至1985年,该苗圃共给乡村提供各种苗木98万株。2010年,有职工4人;育苗地85亩,1986至2010年共出圃苗木 85 万株。

四、社队林场

1960 年，开边兰岔大队始建林场，有庄基 1 处，窑洞 3 孔，土地面积 551 亩，其中林业用地 495 亩。1970 年代，公社、大队、生产队一齐上，大办集体林场。公社办林场，一般是所辖生产队无力经营的荒山荒坡地，内有少量树林，为全社抽调劳动力无偿办起的，作为企业，由公社投资，统一管理，统一核算，收益归公社所有，对原有树木作价后，一次或分期付款。大队所办林场，一般采取土地各队凑（荒山荒坡地作价记账），人员各队抽，收益各队分的形式建办，场内原有成材林归土地所有队，由生产队采伐，幼林折价付款，对修整果园和打坝淤地等较大工程，动用各生产队劳力，按人按天付给工价，新造林和新建果园归大队所有。生产队办林场，一般利用荒山荒坡的林地，进行造林建园，由生产队统一管理，统一调配劳力，收益归队，社员按出勤记工分，年终参加分配。全县三级共办集体林场 247 处，其中社办 23 处，大队办 209 处，生产队办 15 处，总占地面积 11.5 万亩。经营规模在 100 亩以下的 25 处，占 10.1%；101~200 亩的 46 处，占 18.6%；201~300 亩的 50 处，占 20.2%；301~400 亩的 32 处，占 13%；400 亩以上的 94 处，占 38.1%。三级林场，组织调配劳力，挖窝修畦，植树造林，发展果园，经过数年营造和培育，植树成林，果亦有实，初显效益。

五、林业服务团体

1989 年 9 月，成立镇原园艺技术服务协会，设理事长 3 人，秘书长 1 人，会员 158 人。2000 年 6 月，经县科协批准，县民政局核准，成立屯字塬农民果业协会，召开会员代表大会，选举产生理事会、监事会，设理事长 1 人，秘书长 1 人，理事 9 人；监事长 1 人，监事 4 人。协会内设办公室、生产管理部、科技教育部、营销策划部、农资购销部和财务管理部，下设绿色食品、农资连锁购销店 6 个，生态示范园 1 处，种苗繁育基地 1 处，科普技术服务队 5 个，有技术人员 96 人，其中高级园艺师 8 人，中级 42 人，初级 46 人；有会员 1028 个，其中个人会员 1024 人（其中营销会员 32 人，种植会员 992 人），单位会员 4 人（纸箱厂、屯字果业公司、民乐种苗繁育基地、发泡网厂）。协会成立后，投资 18 万元，租赁土地 8.43 亩，修建办公室、培训室、专家宿舍、农资库房、化验室、果农书屋等用房 1200 平方米，购置电脑、打字、复印办公设备 3 台，投影仪等科教设备 1 套，购置农果技术书籍 2700 多本，建立科普宣传栏 9 处，悬挂、张贴、摆放各类科普挂图和报刊杂志 8000 多份，展示面积 39 平方米，服务屯字等 5 个乡镇，辐射果园 2.93 万亩。

第二节 森林资源

清末，县境北部尚存有密集的原始森林，民国年间破坏殆尽。2010 年有人工栽培和抚育的乔、灌木 37 科 67 属 200 余种，其中乔木 170 余种，灌木 34 种。森林以落叶阔叶林为主，灌木林次之，一般梁峁和阳坡少林或无林，阴坡和沟谷多为人工林覆盖。用材林主要分布于平坦的塬面、沟谷两侧及河川阶地水分条件较好的地域；刺槐多分布在沟谷及其两侧沟坡；经济林杏树主要生长在庄前屋后、埝边盖塄、阳坡、半阳坡中上部及梁峁；苹果、梨主要栽植在塬面和山区梯田；防护林和薪炭林主要有沙棘、柠条、狼牙刺等，集中分布在干旱山区和水土流失严重的阴坡及梁峁上；风景林主要有潜夫山古柏，原峰山、柏山烈士陵园及屯字烈士陵园塔柏、侧柏等。1983年起，推广栽植针叶用材林油松。

一、森林资源清查

1975年12月森林资源清查，林业用地总面积140.65万亩，其中有林地6.72万亩（用材林6.33万亩，经济林0.39万亩），灌木林0.03万亩，疏林地6.01万亩，未成林地3.6万亩，苗圃地2.08万亩，无林地122.21万亩；国有林地1.43万亩（用材林1.29万亩，经济林0.14万亩），疏林地0.01万亩，未成林地0.11万亩，苗圃地0.06万亩，无林地1.24万亩；集体有林地5.29万亩（用材林5.04万亩，经济林0.25万亩），灌木林0.03万亩，疏林地6万亩，未成林地3.49万亩，苗圃地2.02万亩，无林地120.97万亩。

1985年土地资源清查，全县林地面积24.8万亩，其中有林地（人工林）20.20万亩，灌木林1.31万亩，未成林3.29万亩，森林覆盖率4.84%。

1997年3月5日调查，全县林业用地总面积110万亩，占全县总土地面积20.9%，其中林分面积20.34万亩（用材林1万亩，防护林19.34万亩），经济林9.34万亩，疏林地6.35万亩，灌木林地13.70万亩，未成林造林地11.17万亩，苗圃地0.04万亩，无林地49.06万亩。森林覆盖率为13.1%。国有林分面积1.95万亩（用材林0.2万亩，防护林1.75万亩），经济林0.2万亩，疏林地0.3万亩，灌木林地0.66万亩，未成林地0.13万亩，苗圃地0.04万亩，无林地1万亩。集体林分面积12.53万亩（用材林0.43万亩，防护林12.1万亩），经济林7.23万亩，疏林地4.79万亩，灌木林地11.48万亩，未成林地8.34万亩，无林地46.08万亩。个人林分面积5.87万亩（用材林0.38万亩，防护林5.49万亩），经济林1.91万亩，疏林地1.26万亩，灌木林地1.56万亩，未成林造林地2.7万亩，无林地1.98万亩。

二、森林结构

1997年3月调查，全县活立木总蓄积190566立方米（国有8345立方米，集体121406立方米，个人60815立方米），林分蓄积134753立方米，占总蓄积量70.7%，其中用材林面积1万亩，占林分面积20.34万亩4.92%，蓄积7180立方米，占林分总蓄积5.3%；防护林面积19.34万亩，占林分面积95.08%，蓄积127573立方米，占林分总蓄积94.7%。疏林蓄积23513立方米，占总蓄积量12.3%；散生木蓄积12129立方米，占总蓄积量的6.4%；四旁树蓄积20171立方米，占总蓄积量10.6%；幼林15.96万亩，占林分总面积78.47%，蓄积103814立方米，占总蓄积的77%；中龄3.3万亩，占总面积16.22%，蓄积15481立方米，占总蓄积11.5%；近熟0.37万亩，占总面积的1.82%，蓄积4359立方米，占总蓄积3.2%；成熟0.68万亩，占总面积3.34%，蓄积10082立方米，占总蓄积7.5%；过熟0.03万亩，占总面积0.15%，蓄积1017立方米，占总蓄积0.8%。全县林分树种以刺槐为主，其次为杏树和杨树，同时还有少量油松、杜梨、柳树、针阔混交和阔叶混交林，总面积20.34万亩，总蓄积134753立方米，其中刺槐10.76万亩，占林分总面积52.9%，蓄积74322立方米，占林分总蓄积

55.15%;杏树4.48万亩,占林分面积22.03%,蓄积17139立方米,占林分总蓄积12.72%;杨树4.61万亩,占林分面积22.66%,蓄积40000立方米,占林分总蓄积29.68%;油松、杜梨、柳树、针阔混交和阔叶混交林面积仅为0.48万亩,蓄积3292立方米。

2003年9月调查，全县活立木总蓄积246783立方米，增长率为29.5%，其中国有17490立方米,集体150776立方米,个人78517立方米。

三、生长量

全县林分平均生长水平低,经1997年3月测算,平均蓄积生长量只有10022立方米,平均生长率7.4%,柳树较大,硬阔类较小。在年龄结构上,随着龄级的增大,平均生长率呈阶梯式下降趋势。林分连年生长量为36095立方米,连年生长率为14.6%,优势树种刺槐、杨树、柳树、杏树、油松生长量分别为9695立方米、7358立方米、366立方米、18522立方米、154立方米,生长率13.1%、18.4%、16.5%、11.3%、15.2%。

林分多为1970年代以后营造的人工林,大多数处于幼、中林阶段,自然枯损量小,主要消耗有人为毁坏、羊畜啃咬和自然灾害三个方面,林分连年消耗61万株、2013立方米,年生长量减去年消耗量,全县森林年净生长量为8009立方米,净生长率为5.9%。

四、树种

镇原常用造林树种有刺槐,来自德国。民国二十五年(1936年),始有栽植,占人工造林90%以上。杨树类乡土树种有小叶杨、山杨、毛白杨(滑滑溜),1970年代,陆续引入钻天杨、北京杨、加拿大杨、新疆杨、河北杨、大关杨等品种。1990年代,遭受黄斑星天牛危害,被大量砍伐,存量不多。柳树有旱柳、山柳、皂柳、曲枝柳、金丝柳、垂柳、沙柳、杞柳等。其他树种还有楸树、国槐、紫穗槐、臭椿、香椿、白蜡、白榆、杜仲、泡桐、文冠果、沙棘、柠条等。引进树种有油松、梧桐、银杏、雪松、云杉、白皮松、女贞、龙柏、圆柏、法国梧桐、合欢、五角枫等。

常用城镇绿化树种有侧柏、塔柏、刺柏、圆柏、龙柏、油松、雪松、云杉、龙爪槐、龙爪榆、紫叶李、银杏、合欢、白蜡、梧桐、皂角、五角枫、花柏、小叶黄杨、大叶黄杨、银边大叶黄杨、红叶小檗、金叶女贞、女贞、连翘、牡丹、月季、玫瑰、黄刺玫、重瓣白玫瑰、四季红玫瑰、石榴、玉兰、蜡梅、榆叶梅、一品红、虎刺梅、白芨、夹竹桃、毛竹、龟背竹、爬山虎等。

曙光乡曹路村百年木瓜树

常用经济树种有苹果、杏、梨、桃、李、核桃、柿、山楂、桑树、樱桃、花椒、枸杞等。果、砧木两用的有花红、海红、萘子、海棠等,砧木用树有山定子、野苹果、湖北海棠、杜梨等。

五、古树名木

据调查,县内2010年有一级古树(500年以上树龄)11棵,二级古树(300~499年树龄)100棵,三级古树(300

年至99年树龄)9棵。古树大多数为侧柏,零星有文冠果、丝棉木、国槐、柳树、华山松、核桃、白杜、小叶杨等。古侧柏共有100棵,其中1800年树龄的古侧柏2棵,均在潜夫山公园,最大的树高20米,胸围4米,冠幅165平方米。500年以上侧柏6棵,430年以上的94棵。屯字曹路有600年树龄文冠果1棵,150年以上古国槐8棵,临泾、十里墩、祁焦各1棵,树龄达500年。200年以上柳树4棵,最长树龄400年。方山乡十八岘半坡组有一棵"柳生槐"树,原柳树树龄约200多年,50年前树茬上长出一对孪生国槐。临泾毛头柳嘴有一棵700年酸枣树,树高5.2米,胸围1.8米,冠幅8平方米,称之为镇原"酸枣王"。100年树龄核桃1棵,110年树龄皂荚1棵,100年以上小叶杨2棵,300年、500年树龄白杜各1棵,其中上肖乡西岭村东庄有一株500年树龄白杜,高4.8米,胸围1米,2007年枯死。

镇原县古树统计表

表7-2-1　　单位:年、米、厘米、株

树种	树龄	树高	胸围	株数	生长地点
侧柏	1800	20.00	401	1	城关镇潜夫山
侧柏	1800	14.50	290	1	城关镇潜夫山
酸枣	700	5.20	180	1	临泾乡毛头村
文冠果	600	10.30	202	1	屯字镇曹路村
侧柏	550	15.00	193	1	殷家城乡寺山村
侧柏	530	18.00	274	1	平泉镇湫池村
侧柏	500	11.50	175	1	庙渠乡牛塬
侧柏	500	14.00	185	1	城关镇东关村
丝棉木	500	6.50	210	1	城关镇丰台村
国槐	500	21.50	533	1	临泾乡十里墩村
国槐	500	11.50	480	1	临泾乡祁焦村
侧柏	430	27.00	150	1	城关镇莲池村
侧柏	430	11.50	135	1	城关镇莲池村
侧柏	430	12.50	140	1	城关镇莲池村
侧柏群	430	14.50(平均)	134(平均)	91	城关镇去潜夫山
国槐	400	25.30	420	1	屯字镇曹路村
国槐	400	13.60	253	1	临泾乡祁焦村
柳树	400	23.50	553	1	平泉镇南徐村
国槐	364	25.00	455	1	上肖乡西岭村
国槐	300	20.00	360	1	上肖乡姜曹村
国槐	300	13.50	260	1	太平镇南庄
柳树	280	21.00	524	1	屯字镇曹路村
华山松	200	13.50	169	1	新集乡永丰村
国槐	200	13.00	295	1	上肖乡净口村
国槐	200	16.00	299	1	上肖乡净口村
柳树	200	19.50	460	1	山岔镇榆杨湾村
柳树	200	12.00	435	1	山岔镇董渠村
小叶杨	150	26.00	330	1	新集乡永丰村
核桃	100	18.00	327	1	城关镇丰台村
小叶杨	100	17.00	343	1	南川乡上庄村
小叶杨	60	22.00	330	1	南川乡上庄村

第三节 植树造林

镇原植树，远在周代，农家四旁，或栽杨柳，或栽榆槐，或栽楸桐，或栽胡桃，或栽杏梨，唯大道（古代国家主要道路）树木稀少。秦汉时期，民间栽植槐、榆、柏、柳。东汉著名思想家、政治家、哲学家王符曾隐居县城北柏山，著书之余，亲手栽植侧柏，加之后人栽植，2010年存留93棵，连成一片，郁郁葱葱，甚为壮观。清道光十年（1830年），知县梁栖鸾“教民纺织、种树”。清同治、光绪年间，陕甘总督左宗棠力倡植树造林，湘军所到之处，凡有条件之地，结合修路栽植树木，在庆阳至镇原道旁栽柳树12000多棵，群众称为“左公柳”。光绪四年（1878年）左宗棠部下杨昌濬奉诏西来，帮助筹办进军新疆事务，从长武进入甘肃时，看到驿道两旁杨柳成行，又闻均为湘军所植，大为兴奋，赋诗一首：“大将西征久未还，湖湘子弟满天山，新栽杨柳三千里，引得春风度玉关。”

民国二十四年（1935年），镇原民众栽杨柳榆槐等树45317株。二十五年，植树31万余株，县办苗圃1处，育苗12亩。三十二年，县长胡维陛下令在县城至平泉、中原、原芦、新城、肖金、上肖、开边、武沟、小岘、临泾、太平及曙光至玉都、镇原至泾川等道旁，栽植行柳树；令凡新建学校，均要建立1处苗圃育苗。三十六年，县长崔汝峻将造林运动列为年度工作纲领，但由于社会动荡，实施甚少。陕甘宁边区政府成立后，发布《植树造林条例》，发动群众植树，二十九至三十八年，解放区植树19.35万株。

民国二十四年县政府机关职工参加民众植树节造林

三十八年七月镇原解放，对全县林木进行普查，留存面积1.2万亩。1950年，开始由一家一户零星植树走向合作造林。当年造林0.2万亩，成活留存0.1万亩。1956年11月，县人委批准成立城关、三岔、屯字农林水牧综合治理试验站，探索治理办法，取得发展经验。1958年，庆阳地区成立镇原县蒲河林业总场和国营三岔林场，以点带面，开始成片绿化荒山，营造防护林，由于受“大跃进”浮夸风影响，追求高数量，不注重质量，造成人力、物力浪费。至1960年，全县累计造林成活面积11.6万亩。1961年起，贯彻中共中央《关于确定林权、保护山林和发展林业若干政策规定（试行草案）》，植树造林广泛开展。至1970年，累计造林留存面积12.33万亩。1970年代中期，推进流域治理，大办社队林场，县内先后涌现出屯字联合沟、新城团结沟、新集红武沟等综合治理、植树造林典型。至1980年，全县累计造林留存面积38万亩。1981年起，落实中共中央、国务院“植树造林，绿化祖国”“种草种树，治穷致富”

的号召，广泛开展全民义务植树和四旁植树活动，实施“三北”防护林第一期工程。至1985年，全县累计人工造林成活面积67.52万亩，户均8.5亩。有万亩林乡镇24个，千亩林行政村235个。1986年起，实施“三北”防护林第二期工程。以薪炭林为主，营造沙棘、白榆、油松等树种。县乡党政领导带头兴办绿化点，使全县林业建设长足发展。至1990年，累计造林留存面积87.75万亩。1991年起，实施“三北”防护林三期工程。1999年，镇原先后被列为“省级和国家级退耕还林示范县”，开展以退耕还林为重点的生态环境林建设，至2000年，累计造林留存面积111.68万亩。2001年起，实施“三北”防护林四期工程和退耕还林生态建设，逐步推广秋季刺槐截秆埋根和油松容器苗栽技术，至2010年，10年新造林58.57万亩，累计造林留存面积165.35万亩，户均14.8亩，人均3.2亩。

一、采种育苗

民国时期，镇原虽有官办苗圃，在入冬时将杨柳截枝埋于土中，迨春取出栽种，但生产规模小，时间短，未能发挥较好的作用。

1953年，建立第一个国营苗圃，当年育苗1100亩。至1955年，3年累计育苗4100亩。1956至1960年，办起五处国营林场和两处国营苗圃，累计育苗10200亩，给社队提供杨柳等苗木15000万株。1961至1965年，进行国民经济调整，前两年育苗减少，后3年逐步增加，最多的1965年育苗7200亩，国营苗圃、林场累计育苗11100亩，为社队提供苗木11000万株。

1966至1970年，国营苗圃、林场共育苗5500亩，为社队提供苗木5000万株。1971至1975年，国营苗圃、林场育苗76400亩，为社队提供各种苗木76000万株。1976至1980年，育苗稳定。林场、苗圃共育苗62900亩，为社队提供各种苗木63000万株。1981至1985年，实行改革开放，国营、集体、个人三级共育苗61500亩，为乡村提供各种苗木62000万株。

1986至1990年，全县累计完成育苗24928亩，其中国营场圃1889亩，乡村集体、个人23039亩，出圃苗木17098万株，树种以杨柳、刺槐、山杏为主。1991至1995年，全县累计育苗12392亩，其中国营场圃1431亩，乡村集体、个人育苗10961亩，出圃苗木8759万株，主要树种有杨树、沙棘、刺槐、山杏等。1996至2000年，全县累计育苗11833亩，其中国营场圃1749亩，乡村集体及个人育苗10084亩，出圃苗木13992万株。1998年，城关镇祁川村村民祁金阳注册成立镇原县绿洲园林有限公司，修建温棚，引进三倍体毛白杨等新品种，从事林木花卉繁育。

2001至2005年，全县累计育苗21892亩，其中国营场圃育苗1080亩，乡村集体及个人育苗20812亩；采用容器、地膜覆盖等新技术育苗219亩，以杨树、刺槐、山杏、油松、苹果、梨为主，累计出圃苗木30685万株。2001年，孟坝苗圃经省林业厅批准，投资20多万元，改善育苗设施，建成标准化苗圃。同年城关镇莲池村村民张元俊注册成立镇原县林草工程有限公司，新建砖土墙钢筋骨架温室30座，采用新技术繁育油松、云杉等绿化苗木。2006至2010年，全县共计育苗82694亩，其中国营场圃育苗7178亩，乡村集体和个人育苗75516亩，累计出圃苗木91547万株。主要树种有杨树、刺槐、山杏、油松、侧柏、云杉、苹果等。

二、生态林建设

中华人民共和国成立后,积极开展四旁植树、义务植树、退耕还林草,营造“三北”防护林,进行宜林荒山绿化,建设农田林网和绿色通道、生态环境和妇女环保示范区,取得成就。

(一)“三北”防护林建设工程

1964年,国务院批示:“林业要以营林为基础,造林要把重点放在水土流失、风沙危害严重的地区,有阵地、有重点、有步骤地前进。”1978年11月国务院转批《国家林业总局关于西北、华北、东北风沙危害和水土流失严重地区建设大型防护林的规划》,接着国务院组建“三北”防护林建设领导小组,成立“三北”防护林建设局,镇原被纳入“三北”防护林重点建设县。1978年至2050年,分3个阶段,8期实施。

镇原按照“沙棘戴帽,杏树缠腰,果树围庄,刺槐填沟”的总体布局,逐步实施“三北”防护林建设工程。1978至1985年,实施第一期工程,国家投资950.9万元,总造林15.4万亩,重点建造虎城、蒲河、新殷三条林带,造林9.47万亩,虎城林带,从孟坝镇白虎塬头起,经庙渠、马渠、三岔至殷家城乡景岔村,全长61公里,造林1.9万亩;蒲河林带,从蒲河川姚新庄起,经新集、方山到三岔镇大岘村,全长85公里,造林3.26万亩;新殷林带,从新城乡潘杨涧起,经小岘、郭原、武沟、马渠、三岔至殷家城桑树坬,全长112公里,造林4.31万亩。1986至1994年,实施第二期工程。国家投资1072万元,在林带内增加造林40.14万亩。1995至2000年,实施第三期工程,国家投资706.7万元,在林带内扩大造林4.01万亩。2001至2010年,实施第四期工程,国家投资118万元,在林带内扩展造林3.21万亩。整个工程国家投资2847.6万元,造林62.76万亩,森林覆盖率由实施前的7.9%提高到15.4%。

(二)宜林荒山绿化

1958年,开始荒山绿化,当年造林5.76万亩。1960年代后期,造林绿化大起大落。10年累计造林18.2万亩,年均1.82万亩,最好的1970年造林10.46万亩,最差的1968年仅有3300亩。1970年代,随着乡村林场的建立,荒山绿化稳步发展。10年累计造林58.46万亩,年均5.85万亩,最好的1975年造林8.44万亩。1980年代,贯彻中共十一届三中全会精神,特别是中共中央总书记胡耀邦视察甘肃工作时的指示,激励全县各级干部和广大群众植树造林热情,绿化事业进入振兴时期。10年累计造林80.14万亩,年均8万多

荒山绿化

亩，其中1983至1985年，迈出三大步，3年造林49.5万亩，最好的1985年达19.02万亩，初步改变荒山秃岭水土流失现象，出现荒山荒沟披绿装的新景象。1990至2000年，造林热潮不减。10年累计新造林40.67万亩，年均4万多亩，最好的2000年达11.28万亩。2001年起，绿化工作转入求质量、重效益，采用新技术，提高成活率和保存率，以经济林为主，注重经济效益。至2010年，10年累计新造林56.87万亩，年均5.7万亩。最好的2003年造林14.42万亩，最少的2009年造林8000亩。

（三）"四旁"植树

镇原农民自古有在村旁、宅旁、路旁、水旁（简称四旁）植树的习惯，尤以坟旁、庙院植树为盛，称为"风脉树"。潜夫山公园庙院内生长的93棵古柏，距今1900多年，即为见证。大多数坟院树木在"文化大革命"期间被毁。民国三十二年（1943年），镇原县夏季工作报告记载："屯字太阳池、县城南门外河滩及各乡镇大道两旁植树25万余株，全部成活，拟饬各乡镇保甲切实保护，严禁损坏。"

中华人民共和国成立后，响应中共中央"村庄、大道两旁、荒山荒坡、河旁、路旁、水旁、住宅旁都要绿化"的号召，全县"四旁"植树兴起。1949至1951年，每年"四旁"植树11万株以上。1952至1957年，每年"四旁"植树30万株~60万株，1958年下降到10.8万株。1959年和1960年，"四旁"植树56.9万株和64.5万株。1961至1970年，"四旁"植树605万株，年均60.5万株，最多的1970年达230万株，最少的1961年20万株。1971至1980年，"四旁"植树2697.13万株，年均269.7万株，最多的1976年达487.91万株。1982年"四旁"植树上升到236.48万株。1983至1990年，每年"四旁"植树300万株~400多万株，8年累计植树3165.68万株，最好的1984年达435万株。1991年四旁植树340.6万株。1992至2000年，每年"四旁"植树100万株~110万株，10年累计"四旁"植树1332.8万株。2001至2010年，稳定发展，每年"四旁"植树110多万株，10年累计"四旁"植树1116多万株。

（四）义务植树

1979年，全国人大常委会决定每年3月12日为"中国植树节"。1981年，全国人大通过《关于开展全民义务植树运动的决议》。庆阳地区规定除老弱病残者外，每人每年义务植树3至5棵。1982年2月27日，国务院颁发《关于开展义务植树运动的实施办法》，庆阳地委、行署发布《关于全区开展义务植树的意见》，要求全区除老弱病残者外，每个公民每年义

2008年城关中学学生参加植树造林

务植树5至8棵，并决定每年3月为义务植树宣传月，该月最后一个星期日为全民义务植树日。1986年至2010年，累计义务植树4228.1万株，每年人均8.7棵，其中1986年义务植树198.8万株，1987至1988年每年义务植树170多万株，1989至1991年每年义务植树340万株~370万株，1992至2000年每年义务植树110万株左右，2001至2010年每年义务植树110万株~115万株。

（五）林业基地建设

1986至1987年，在有条件的川、塬区实施泡桐基地建设，以桐粮间作方式栽植泡桐80.9万株，其中1986年栽植43.4万株，1987年栽植37.5万株。

1986至1988年，实施油松基地建设，3年累计营造油松3.1万亩，其中1986年和1987年各0.3万亩，1988年2.5万亩。

1986至1989年，在前塬水旁、渠旁实施丰产杨树林基地建设，累计营造杨树林2.9万亩，其中1986年1万亩，1987年1.1万亩，1988至1989年各0.4万亩。

1987至1995年，在北部干旱的11个乡镇山峁梁顶实施沙棘基地建设，从秦安县调进根蘖苗，累计栽植16.5万亩，最多的1987年栽植4万亩，最少的1994年栽植0.8万亩。武沟乡发动群众连续9年栽植，使90%的荒山荒坡长起沙棘，形成绿化带，省、地扶贫领导小组多次组织现场观摩，受到省委、省政府和全国绿化委员会表彰奖励。

（六）绿色通道建设

围绕省、市、县、乡道路，栽植公路行树，形成绿色通道。2003年，开始西眉公路城关至临泾至太平路段绿化，完成投资13.5万元，建成绿色通道20公里，沿公路两侧水沟栽植金丝柳2万株，向外延伸宽10米，建成优质杏树林带。2004年，进行巴家嘴至太平公路绿化，完成投资24万元，建成绿色通道8公里，沿公路两侧水沟栽植金丝柳1.6万株，向外延伸5米，建成国槐林带；建成孟坝塬口至临泾蒙塬绿色通道12公里，沿公路两侧水沟栽植侧柏2.4万株。2005年，投资130余万元，完成县乡公路绿化426.3公里，沿公路两侧水沟栽植杨树、国槐、垂柳、杏树、刺槐等43万余株。2006年，投资165万元，建成绿色通道600公里，栽植多种树木51.5万株，其中国道44公里，植树4.4万株；省道132公里，植树17.4万株；县乡公路153.5公里，植树7.8万株；乡村道路270.5公里，植树21.9万株。2007年，投资91.55万元，其中县财政投资48.42万元，乡镇自筹32.28万元，林业局筹资10.85万元，新建和完善绿色通道634.3公里，新栽、补植各种行树91.55万株。2008至2009年，重点道路补植400公里，新栽381.1公里，植树24.54万株。2010年，补植公路行树176.6公里，新栽209.1公里，栽植油松、侧柏、国槐、杨柳15万株。至年底，全县累计建成绿色通道1339.76公里。

（七）退耕还林（草）工程建设

1999年，根据国务院西部地区开发领导小组办公室关于退耕还林（草）、封山绿化、以粮代赈、个体承包、加快西部地区生态环境建设的指示精神，镇原作为首批试点县，及时成立退耕还林（草）工程指挥部。1999至2001年，发动群众退耕地还林7.37万亩，退耕地还草

0.11 万亩，荒山造林 2 万亩。

2001 年退耕还林后的马渠乡花岔绿化效果

2002 年 4 月，贯彻国务院《关于进一步完善退耕还林政策措施的若干意见》，给退耕地还林（草）每亩补助原粮 100 公斤，现金 20 元；退耕还草连续补助 2 年，退耕还经济林连补 5 年，退耕还生态林连补 8 年。补粮按每公斤 1.4 元折价计款，现金和粮款由中央财政承担。同年 12 月 14 日，国务院《退耕还林条例》颁布，从 2003 年 1 月施行。2007 年 8 月，国务院《关于完善退耕还林政策的通知》规定，现行退耕还林粮食和生活费补助期满后，中央财政安排资金，继续对退耕还林农户给予适当的现金补助，解决退耕农户当时生活困难。补助标准提高到每亩 70 元，补助期限，退耕还草、经济林、生态林分别增加 2 年、5 年和 8 年，并与管护任务挂钩。至 2008 年，累计造林 55.3 万亩，其中退耕还林 26.99 万亩，退耕还草 0.11 万亩，荒山造林 27 万亩，封山育林 1.2 万亩。上肖乡净口行政村 3 个涉山自然村 443 户，1999 至 2003 年，退耕地造林 1934.9 亩，荒山造林 1084 亩，村上成立退耕还林工程管护小组，确定护林员 4 人常年管护，将补植抚育与政策兑现相挂钩，坚持每年春秋两季补植抚育，累计投劳 3 万人次，先后投资 6.5 万元，补栽树苗 20 多万株，其中松柏等绿化树种 4 万多株。2004 年开始，村上对退耕地内的杏树逐年改良，三分之二成为优良品种。

（八）生态环境建设

生态环境综合治理，是国务院为加快中西部地区发展，改善生态环境，实现农业综合效益而确定的国家级重大建设项目，由省计委批准立项。治理区选在交口河、茹河、蒲河流域，总面积 905.2 平方公里，涉及太平、孟坝、临泾、开边、武沟、庙渠、马渠、郭原、三岔、殷家城 10 个乡镇 74 个行政村 666 个自然村，建设内容包括“坡改梯”、小型水保、生态林业和草场、农村能源建设。总投资 1800 万元，其中国家投资 1000 万元，省、地、县配套 800 万元。县政府成立镇原县国家生态环境建设综合治理工程领导小组，在计委设办公室，从水利、水保、林业、农业、畜牧部门抽调工程技术人员 10 人，组成技术小组，负责工程规划设计、技术指导和施工督查、质量监督、竣工验收等工作。1999 年 9 月至 2000 年 12 月，群众共计投工 254.5 万个工日，新修标准化梯田 3.45 万亩，建成小型水保拦蓄工程 1058 处，配套补灌面积 1200 亩，完成生态林业工程 6 万亩，封山育林 4.5 万亩，种植牧草 5.7 万亩；安装太阳能灶 1500 座，改革节能灶 9467 座。

（九）日本小渊基金镇原县妇女环保示范林

该项目是日本小渊基金与北京市林业国际合作项目管理办公室合作援建的生态建设项目。2006 年 9 月，日本亚洲友协代表团和北京林业专家专程到县，进行实地考察论证后，经日本事务局批准，定在平泉镇马洼村，总投资318万元，其中日方投资2000万日元(折合人民币约140万元)，其余部分由县财政配套。2007年春季，组织群众，在马洼村栽植生态经济型水土保持林1530亩127978株，其中刺槐、油松混交生态林600亩36300株，仁用杏、核桃混交经济林180亩9000株，景观林和标志林4.5公里2518株，建沼气池7座。秋季在上刘村栽植油松容器苗750亩80160株，拓宽、整修道路4条3.7公里，主道铺砂1.2公里，路面宽4米，便道宽3.5米，砖砌水渠950米。

三、经济林建设

镇原县果树栽培历史已久，夏代始有果桑栽培，杏树栽培已有3000多年历史。宋文王曾下令"耕桑树艺，各尽其力"。清雍正谕直隶督抚"舍房田畔以及荒山不可耕种之处，量度土宜，种植树木，桑拓可以饲蚕，枣粟可以佐食，柏桐可以资用"。其时县内栽植梨、桃、杏、李、枣、沙果、楸子、花红、樱桃、葡萄、木瓜、石榴、山桃、柰子、核桃等20种。民国时期，社会动荡，农事不稳，林果生产发展缓慢。民国二十八年(1939年)冬，镇原屯字人刘登济在陕西武功上学时，带回5株西洋苹果苗栽于自家院里，存活3株，结果20余年。三十八年七月底镇原解放时，全县有果园900亩，果品产量157吨。

中华人民共和国成立后，历届政府倡导发展林果生产，国营、集体、个人兴建果园，广栽果树，增加农民收入。1953年，三岔苗圃栽植果树37亩，有国光、红玉、倭锦、早生旭、六月鲜、红元帅、黄元帅等品种。1959年，建立国营屯字园艺场，栽植果树160亩。1960年代初，国营孟坝苗圃栽植果树50亩。1970年代，社队林场大量涌现，多数林场建有果园，农户庭院栽植果树。至1975年，全县有果园18600亩，其中国营784.5亩，集体17815.5亩。1980年代初，农业实行家庭承包责任制，果园面积曾一度减少。1983年起，各级党政组织鼓励农民承包和兴办果园，经济林建设再度兴起。至1985年，全县有各类果园662处，总面积1.41万亩，果品总产量8905吨。1990年代，县委、县政府将杏果确定为发展镇原经济的支柱产业，提出屯字塬、孟坝塬、平泉塬优质苹果、县北良种杏树的发展格局，以果带建设为主，统一规划，重点扶持，促进林果业发展。至2010年，全县有果园面积47.5万亩，成果面积34.04万亩，产量6.31万吨，实现产值12348.34万元，收入8026.4万元，人均纯收入162.5元。

(一)苹果开发建设

1952年大量引入苹果栽培，以家庭零星栽植和自食为主。1960年代初和1970年代中期曾有两次发展，重点栽植于社队林场和集体果园里，实行统一经营，轮流看护，集中采摘，按工分分配。至1985年，保存面积仅1.47万亩，国光、红元帅、黄元帅占90%以上，管理粗放，病虫害严重，产量低，品质差。

"七五"时期，新建果园6.03万亩，改造苹果低产园1.36万亩，亩产量由200公斤提高到615公斤，苹果桃小食心虫防治1.16万亩，病虫果率由30%下降到5%，果品质量提高。1987年，引进红富士苹果高接技术，当年挂果，镇原首次出现红富士苹果。1988年，推广红富士苹果1.8万亩，建立示范园4处1800亩，达到三年挂果五年丰产的示范作用，亩产平均 587 公斤，示范园亩产平均 810 公斤，一二级果率达到 84%，病虫果率控制在 4%以下。至 1990 年底，全县苹果发展到 7.5 万亩，产量 6010 吨。

屯字苹果

“八五”时期，将苹果作为农村经济的支柱产业，制订资金扶持、免征农林特产税、允许继承转让和育苗价格保护等优惠政策，因地制宜，合理布局，确定适宜苹果栽植的城关、临泾、曙光、屯字、上肖、孟坝、太平、彭阳、新集、庙渠、平泉等重点乡镇，屯字、孟坝、平泉塬为万亩丰产区，北部乡镇为发展改造片，中部乡镇为庄前屋后片。1991 年，规划屯字塬马头坡至左坡头万亩果带，要求连抓三年，示范镇达到 2 万亩，示范村达到 1 千亩，实现一人一亩果，一户一个园，一园一个窖、一个保鲜库、一名技术员，达到高起点高效益的要求。1992 年，规划平泉塬万亩果带。以公路沿线为重点区域，集中栽植，兴建优质苹果园，改造淘汰低产园，建成贮藏百吨以上果库 3 座，涌现出一大批“果树管理能手”和苹果致富带头人，初步建成屯字塬果带为主体的果园基地，用 4 年时间，实施苹果幼树三级配套技术开发，建成一级果园 100 亩，二级果园 300 亩，三级果园 19600 亩；示范园 4 处 150 亩，其中一级示范园 30 亩，二级示范园 40 亩，三级示范园 80 亩。1993 年，引进示范推广着色系苹果。至 1995 年，全县建成优质苹果园 4.7 万亩。1999 年，县园艺站组织专家和技术人员，在县内苹果主产区屯字、曙光、上肖、孟坝、平泉五乡镇 84 个果园，进行以红富士苹果为主的苹果品种提纯选优，确定秋富 1 号为县域主栽品种。2000 年，购回“小林牌”苹果纸袋 3 万个，投放到屯字阳宁、曙光寨地、孟坝王地庄、平泉八山等乡镇示范果园推广，一并推广树下覆银光膜技术，效果显著，从此苹果套袋面积逐年递增，效益不断提高。至 2000 年底，全县建成优质果园 4.5 万亩，挂果面积 3.6 万亩，年产量 2.2 万吨，年产值 2640 万元，有贮藏库窖 152 座(孔)，贮藏能力 6500 吨。

2000 年起，全县打造“万千百十工程”，建设万亩乡、千亩村、百亩自然村、十亩栽植大户，发展优质丰产片、庄前屋后片、山地改造片，巩固扩大屯字塬 10 万亩优质苹果基地，规模发展和精细管理相结合，集中规模栽植，发展优质果园，每年新栽苹果 6 万亩。2005 年，申报注册“甘旭”牌苹果商标，建成市级示范园 3 处，其中屯字镇陈畅村挂果园 50 亩，上肖乡杨城村幼果园 50 亩，姜曹村新建园 50 亩。2007 年 11 月，在甘肃省第二届林果产品展览交易会上，镇原长富 2 号苹果获银奖。同年，创建全国绿色食品 10 万亩苹果标准化 A 级生产基地，取得 A 级绿色食品认证。2008 年 2 月 10 日，通过国家绿色食品办公室验收认定，A 级绿色食品“甘旭”苹果获得中国绿色食品发展中心绿色食品标志使用许可证书。2009 年 10 月，获全国绿色食品原料标准化基地建设优秀展示奖。同年 11 月，中国果品流通协会授予镇原县中国优质苹果基地县奖牌。2008至2009年，新栽苹果12.05万亩，低产改造20万株，套袋2万个，建成示范园32处1312亩，千亩苹果新技术推广示范点5处5000亩。2010年，新栽苹果4万亩，补栽苹果2.3万亩，完成苹果低产田改造10万亩，建成苹果栽植示范点33处1.6万亩，其中千亩以上3处，市级示范园14处4617亩。至年底，全县苹果园保存面积15.2万亩，其中万亩乡镇5个，千亩村15个，10亩以上大户500多户，挂果园面积6万亩，年产量43200吨，商品率90%以上，完成产值8640万元，收入5616万元，人均纯收入113.7元。

(二)杏子开发建设

杏树栽培历史久远，距今3000多年。传说镇原杏姓因其祖上喜植杏树而被周王室赐予“杏”姓。前塬多数群众在庄前屋后栽植，后山荒山、沟坡、梁峁栽植较多，品种以山杏为主，曹杏、大接杏、大白杏为辅。杏树抗旱耐寒，易栽培，生长快，价值高，一般四年开始结果，六年盛果，寿命少则四五十年，多则八九十年，个别达一二百年以上。杏树繁殖多用种子直播，木质坚硬，呈淡红色，纹理通直好看，可做家具；杏叶是猪、羊的好饲料；果肉含有丰富的维生素A、C，除鲜食外，可加工杏干、杏脯、杏浆等产品，还可酿酒制醋；杏仁含有较高的脂肪和蛋白质，出油率在50%以上，既可食用，又为医药和工业原料；杏壳可制作活性炭；树皮可提炼单宁、树胶，是国家传统出口物资。群众称赞“杏树全身都是宝，祖祖辈辈离不了”。镇原杏仁产量居全省第一，全国第三，素有“红杏之乡”的美称。

城关七里河千亩优质杏园

中华人民共和国成立后，贯彻执行国造国有、社造社有、社员庄前屋后栽植永远归社员所有的政策，鼓励群众栽植杏树，至1977年，全县有杏树430万株，成片杏树林870多处。1980年代，县委、县政府将发展杏树作为重点产业之一，引进宁县曹杏、三原曹杏、梅杏、华县大接杏、兰州大接杏、双仁、金妈妈、红甜核、黄甜核、一窝蜂、北山甜等23个品种，在临泾、城关、平泉建立优质杏基地，在中南部退耕还林地建立杏子改造区。至1985年，杏树发展到500万株，产量6213吨。1988年，省科学院在平泉上刘村开展杏树栽培技术试验示范，引进曹杏、兰州大接杏、金妈妈等优良品种23种，在全县推广；组织编写镇原县优质杏树丰产栽培技术规程，被省质量监督局发布为地方标准，同年实施。至1990年，全县有杏树1600万株，折合9.5万亩，产量1.99万吨，除鲜食外，年产杏干2200吨，杏核2000吨，杏仁400吨。

“八五”期间，杏果业迅猛发展，至1995年，杏树面积发展到16.2万亩，产量2.46万吨。

1996年,开始大规模山毛杏改良,每年改换良种苗50万株,推广曹杏、梅杏、兰州大接杏、张公园等优质品种。至2000年,全县累计改良山毛杏597万株,产量1.88万吨。"十五"期间,加大优质杏基地建设。2001年,被国家林业局命名为"全国经济林建设示范县"。2003年,引进金太阳、凯特、新疆小白杏、曹杏、梅杏、兰州大接杏等优质苗木20万株,在临泾、城关、平泉建成优质杏基地3500多亩,全部挂果,年产鲜杏3500吨,产值650万元。2004年,镇原县被国家林业局命名为"中国杏乡"。到2005年底,全县有杏子27.2万亩,其中优质杏基地13.5万亩,产量24000吨。"十一五"时期,注重转变重栽轻管的观念,加强优质杏基地管理。2008至2009年,毛杏改造223万株。2010年新栽杏子1万亩,建立改良示范点3处,改良毛杏16.5万株。至年底,全县杏树发展到27.9万亩,其中优质杏基地5.3万亩,产量1.6万吨。

(三)其他杂果发展

梨、桃、枣、葡萄、柿子、核桃、花椒等杂果多为群众庄前屋后零星栽植,自食自用,品种老,产量低,形不成商品。1960年代起,上述果品开始引进、推广、嫁接良种,扩大栽植,建立基地,逐步形成商品果。

梨 全县各地均有栽培,地方品种有冬梨、夏梨两种。1960年代,引入冬果梨。1970年代起,陆续引入砀山酥梨、苹果梨、雪花梨、身不知、锦丰梨、水晶梨、早酥梨、黄金梨、红香酥梨等品种。1990年,利用杜梨资源,引进秦岭雪梨、红香酥、砀山梨等十多个新优品种,在杜梨上嫁接良种梨150多万株。至2010年,全县有梨园1108亩,以砀山酥梨为主,年产量963吨,产值125.19万元,收入81.37万元。

枣 前塬地区多有栽植,后山地区栽植量较小,多为地方品种。1989年从山西交城林科所及山西省果树所枣树品种园引入梨枣、骏枣,在全县推广栽植,重点分布在城关、屯字、上肖、太平、新集、王寨等乡镇。1990年,利用野生酸枣资源,先后在王寨、新集、上肖、屯字、茹河川道嫁接大枣400多万株,建成茹河川区碾张自然村优质大枣基地。1996至1999年,引进晋枣、骏枣接穗3.71万枝,梨枣接穗0.02万枝,雪枣、冬枣接穗1.2万枝,在王寨、新集、上肖、孟坝、庙渠五乡镇嫁接大枣86.3万株,办示范点10处,嫁接22.24万株,培养千株户15个,占示范点户数549户的2.7%。嫁接后当年有30%开始结果,第二年株产0.4公斤,3年株产1.6公斤,4年株产4.1公斤。至2010年,建枣园550亩,产量122吨,产值24.4万元,收入12万元。

葡萄 早期农户多栽植红玫瑰、马奶子等自食常规品种,1980年代从新疆等地引入玫瑰香、莎芭珍珠、金早晶、白香蕉、马奶子、新疆白葡萄、阿里可克、红伊豆、伊豆锦、潘多尼亚、粉红太妃等品种。1990年从新疆引进白葡萄。1991年,彭阳乡何湾村张创基承包本村耕地50亩,引进栽植巨峰、黑奥琳、里扎马特等品种。2002年,庙渠乡在陕西引进一批优质红提和黑提葡萄苗,在庙渠村、文夏村栽植70亩,逐年繁育,进行试种推广。黑提葡萄在县内表现不良,酸味浓、含糖量不足,不适于发展。红提葡萄成熟于中秋、国庆两节之前,果粒大,不裂果,不脱粒,易着色,果肉硬脆,甘甜爽口,含糖量高,贮藏期长,耐运输,不易腐烂,销售市场极好，具有较大的发展潜力。2010年，全县累计栽植葡萄1101亩，以庙渠乡庙渠、文夏、黎明、常埝村，太平镇枣林村为主栽区，规模栽植400户，部分农户栽植面积超过10亩。全县总产量92吨，产值19.32万元，收入12.6万元。

桃树 地方栽培品种主要有毛桃、黄甘桃等，有黏核桃、离核桃之分。经历代实生繁殖，变异类型极多，如鹰嘴桃、双嘴桃、破核桃、圆形桃等。成熟期在7月、8月、9月上旬3个时期。1980年代，引入布目早生、大久保、麦香等30多个桃树新品种，另有甘肃桃、陕甘山桃两个土种和油桃、蟠桃两个变种。甘肃桃当地人称酸桃、水桃，其果个小，少有栽培。陕甘山桃，当地人称山毛桃，果个中等，种仁饱满，果肉较薄。蟠桃历史上早有栽培，但发展不多，仅有零星留存。1990年引进油桃，有零星栽培。1997年从中国果树所引入美国扁桃、新疆大巴但、莎东18号、意大利扁桃、阿尔巴尼亚扁桃等13个品种。2010年，全县栽植桃树900亩，产量810吨。

(四)栽桑养蚕

相传黄帝时代嫘祖首创蚕桑之术，镇原为蚕桑生产发源地之一。汉代起，县内农耕渐广，桑业兴起。百姓在墙根、道旁栽桑甚多，农妇采桑养蚕，取茧缫丝，作绣花、小件饰品或织造衣物，很少交易。北魏实行“永业田”制度，规定“男夫一人，授田二十亩，课莳余，种桑五十株……限三年种毕，不毕夺其不毕之地。”这一制度沿至唐代中叶，但桑蚕生产一直延续。清光绪德宗光绪十年(1884年)春，甘肃布政使谭继洵力兴蚕桑，派员从南方采回大量良种桑苗，无偿分发百姓栽培，县内桑树发展，养蚕业兴盛。民国时期农事不稳，蚕桑生产时停时续。

中华人民共和国成立后，县内群众零散栽桑，品种以当地草桑和白桑为主。1960年代逐步引进有湖桑、甜桑、吴堡桑等优良品种，多利用田埂、地头、路边、河滩、缓坡栽植。蚕种有春蚕、夏蚕两种。1963年，实行奖励收购，每缴蚕茧50公斤，奖励布票10米、化肥100公斤。1965年，《庆阳专区“三五”期间发展蚕桑规划》确定镇原为蚕桑生产重点区，部分社队办蚕桑点，派人外出学习栽桑养蚕技术。

1970年，贯彻全区蚕桑工作会议精神，各公社以社队林场为主栽桑养蚕，采取“派出去、请进来、言传身教、现场练兵”的办法，从桑树育苗、定植、嫁接、修剪、病虫害防治和蚕的卵种、收蚁、添食、上叶、摘茧等方面进行全方位技术培训。1971年3月，在平泉公社黄岔大队左山生产队成立国营平泉蚕桑站，有耕地180亩，粮桑兼营，隶属县农业局。当年全县产蚕茧1578.5公斤，其中孟坝公社产茧498公斤。1972至1973年，全县产茧1150公斤。1974年，全县有桑树折合281亩，产茧1314公斤，其中平泉蚕桑站新发展桑园85亩，栽植34000株，养蚕21张，产鲜茧538公斤；屯字公社有桑园52亩，产茧506.2公斤。1975至1976年，全县产茧2087公斤。1977年，平泉蚕桑站有桑园100亩，定植桑树3.5万株，养蚕23张，产茧405公斤，产僵虫21.2公斤，收入1472.3元；社队办桑蚕点8处，集体、个人桑树折合面积425亩，桑树15.5万株，社员家庭5000多户养蚕43张，产茧906.5公斤，产僵虫27.5公斤，总收入2498.5元。1978至1980年，全县产茧1686公斤。

1981年，社队桑蚕点停办，县农业局成立蚕桑股，指导服务全县蚕桑生产。全县桑树存留 121 亩，产茧 276 公斤。1982 年起，先后在王寨、新集、方山乡集中连片栽桑养蚕。至 1985 年，3 乡共栽植桑树 221.6 万株，成活 142.247 万株；4 年全县养蚕 120 张，产茧 2881 公斤，收入现金 1.5 万元。1986 至 1990 年，全县桑树保持在 20 万株左右，5 年产茧 9250.5 公斤。1991 年后，由农户自发生产。1996 年平泉蚕桑站改营他业，自负盈亏，2010 年 8 月清产解散，职工另行安置。

1949 至 2010 年部分年份林业生产统计表

表 7-3-1　　单位：万亩、吨

年份	年末森林面积	当年造林	育苗面积	果园面积	产量	其中			
						苹果面积	产量	杏子面积	产量
1949	1.20	0.20	–	0.09	1570	–	–	–	546.40
1950	1.30	0.30	0.02	0.09	1702	–	–	–	552.00
1955	2.37	0.39	0.19	0.10	2069	–	0.85	–	767.10
1960	12.36	0.51	0.14	0.15	2864	0.03	0.20	–	728.40
1965	2.41	0.66	0.72	0.21	2417	0.09	0.55	–	1750.00
1970	12.33	10.46	0.25	0.32	2678	0.26	18.60	–	1189.70
1975	34.38	8.44	1.37	1.86	1184	1.30	77.80	–	5510.00
1980	38.00	3.47	0.35	1.74	3472	1.20	878.80	–	1000.80
1985	67.52	19.02	1.34	1.41	8905	1.470	1523.80	–	6213.40
1990	87.75	3.70	0.25	19.10	31560	7.50	6010.00	9.50	19925.00
1995	109.90	0.23	0.21	23.39	60080	4.70	24602.00	16.20	24597.00
2000	111.68	11.28	0.45	21.32	46799	4.50	22000.00	15.40	18800.00
2005	161.67	8.17	0.31	38.60	49100	7.60	20000.00	27.20	24000.00
2010	165.35	1.03	0.23	47.50	63100	15.20	43200.00	27.90	16000.00

第四节　天然林资源保护工程

2000 年 5 月，为实施国家六大林业工程之一的天然林保护工程（以下简称天保工程），成立镇原县天保工程建设领导小组，县政府分管副县长任组长，政府办、林业局负责人任副组长，计划、财政等 11 个部门主要负责人为成员，在林业局下设办公室，林业局长兼任办公室主任，固定工作人员 8 人，各乡镇和国营林场管护站均建立相应的办公室，负责天保工程的规划设计、检查验收、森林管护和档案管理等工作；按照《天然林资源保护工程镇原县实施方案》，组织人员开展清查，确定全县保护区有 19 个乡镇 8 个国营林场内的森林资源 45.7 万亩，其中乡镇集体 42.7 万亩，国营林场 3 万亩。保护区内野生动物资源 10 大类 44 种，主要有鱼、蟾蜍、青蛙、蛇、鳖、壁虎、红雉鸡、喜鹊、麻雀、大山雀、啄木鸟、鹰、鸽、黄鼠、中华鼢鼠、小家鼠、蝙蝠、狐狸、兔、獾等，重点保护动物有雉鸡、鹰，为国家二类保护动物。全县制订天保工程实施范围、公益林建设、森林管护、档案管理等制度和办法，制作森林分布区划图、管护责任区划分圈和建设进展示意图。各级共投入资金1293.4万元，其中国家财政资金857.7万元；国债资金435.7万元(包括投工折算的地方配套资金87.6万元)，在保护区内飞播造林1.7万亩，封山育林3.79万亩，抚育森林1万亩，修建林间道路100公里，设立方山林场瞭望台1处，购置护林防火车1辆。对保护区的林地、未成林地及封山育林区，实行承包管护责任制，管护责任落实到村户；禁止羊畜进区放牧和在林草地挖药、砍柴；实施林木停伐，确需采伐的，凭采伐许可证；聘用护林员76人，落实报酬，明确责任，巡回管护。2009年起，从事森林管护、公益林建设岗位职工和退休人员的工资，由县财政差额发放改为全额发放，确保管护人员报酬落在实处。

第五节 公益林界定

2004年5月，成立由政府主管副县长任组长，计划、林业、财政、国土、水利、交通、农牧等负责人为成员的镇原县森林区划工作领导小组，在林业局设办公室，进行实地勘察和内业界定。全县19个乡镇每平方公里沟壑密度均在1公里以上，平均密度2.04公里，集中分布在蒲河、交口河、茹河、洪河四条主要河流两岸及其支流水系两旁的山地。西北部梁峁沟谷区面积较大，梁峁地段也有分布，中部残塬沟壑区和东南部高原沟壑区则全部分布在塬面以下。按照《甘肃省重点公益林区划界定办法》，县上初步将县内196.2万亩公益林(有林地65.1万亩，疏林地17.3万亩，灌木林地15.7万亩，未成林造林地27.4万亩，宜林地70.7万亩)划分为国家重点公益林90.7万亩(天保工程区内42.8万亩，天保工程区外47.9万亩)，地方公益林105.5万亩。2005年5月，将镇原县生态公益林区划界定成果上报省林业厅。同年夏季，省林勘设计院专家采用卫星照片判读、实地检查核实，二次修正《镇原县重点公益林区划界定》成果，第一批全县确定40万亩有林地纳入国家重点公益林补偿范围，补偿标准为4.5元/亩，并建立数据库。2006年，第二批新增有林地6.3万亩纳入国家重点公益林补偿范围，共计46.3万亩，补偿标准均为4.5元/亩。2010年底，对公益林进行重新区划界定，确定公益林面积114.93万亩(有林地83.42万亩，疏林地15.81万亩，灌木林地15.7万亩)，其中天保工程区内42.8万亩，天保工程区外47.89万亩，退耕地还林24.24万亩。2010年纳入国家财政第三批补偿的国家级公益林51.27万亩，确定补偿标准为10元/亩。

第六节 森林资源保护

一、林业病虫害防治

中华人民共和国成立后，贯彻国家、省、地、县林业有害生物监测预报、防治、检疫等一系列政策法规，宣传动员群众，采取刮树皮、截病枝、处理有害树木等办法进行防治，控制病毒蔓延。1986年，开始病虫害监测预报和药物防治。当年对发生的林业病害2.7万亩，全部进行防治。1988年，发生病害面积4.4万亩，防治3.04万亩，占69.1%。1990年，在屯字、孟坝、三岔设测报点3个，固定专兼职测报员3人，分长、中、短期预报病虫害发生面积5万亩。1991年开始，用四年时间，在全县范围内开展森林病虫普查，通过对辖区内林地、苗圃、贮木场、木材加工厂、果园、经济林等实地调查，对所有外来林业有害生物和危害性大的本土有害生物如中华鼢鼠进行重点灭杀。普查林地面积34.65万亩，查出虫害发生面积24.97万亩，占普查面积72%，其中轻度发生面积19.07万亩，中度发生面积4.03万亩，重度发生面积1.87万亩；病害发生面积4.85万亩，占14%，其中轻度发生面积2.56万亩，中度发生面积0.42万亩，重度发生面积1.87万亩；鼠害面积4.07万亩，占11.7%。主要虫害有杨干透翅蛾、柳蛎盾蚧、黄斑星天牛、白杨叶甲、杨白潜叶蛾、桃小食心虫、刺槐蚜；主要病害有杨树灰斑病、杨树溃疡病、杨黑斑病、白杨叶锈病、苹果腐烂病、苹果褐斑病；主要鼠害有中华酚鼠。当年发生病虫害5.48万亩，全部进行防治。

1992至1994年，贯彻国务院修订的《植物检疫条例》和林业部全国森林病虫害防治目标管理办法及考核办法，防治林业病虫害14.77万亩，防治率达100%。1995年，监测预报病虫害8.2万亩。1996年，重点监测黄斑星天牛疫情，发出未发生的疫情通报。两年共防治林业病虫害6.15万亩，防治率达100%。2000年，防治发生的林业病虫害2.5万亩。2001年，增设武沟测报点，监测杨树灰斑病、杨树溃疡病、杨黑斑病等3种，监测面积6.4万亩，监测覆盖率89%，发出疫情预报3份。2002年，增设平泉、新集测报点，全县测报点增加到6处，有专职测报员1人，兼职测报员19人，监测对象有蚜虫、介壳虫、叶甲、腐烂病等，发出预报5份。1999至2002年，4年防治林业虫鼠害面积15.6万亩，占发生面积16.87万亩的92.5%，其中灭杀中华鼢鼠危害面积9.6万亩，防治苹果绵蚜面积4.5万亩。

2005年，国家林业局下发《关于进一步加强林业有害生物防治工作的意见》，明确防治工作的新方针，推出“林业有害生物”新概念，调整“四率”指标，从当年起，实行检疫率、防治率双线目标管理责任制。同年7月，《突发林业有害生物事件处置办法》和《重大外来林业有害生物灾害应急预案》发布施行，县政府批准镇原县处置重大外来突发性林业有害生物事件应急预案，并付诸实施。全县设立主测对象监测点8处，重点监测黄斑星天牛、中华酚鼠及其他病虫害6种。当年防治林业病虫害5万亩。

2006至2010年，全县共投资苹果绵蚜及苹果蠹蛾防治资金20多万元，发放叼蚜、绵停、毒死蜱、乐斯本等农药150件，发放诱捕器1400多套。结合实际，县上制订《镇原县林业有害生物灾害防治应急预案》，明确防治目标和任务，促进测报工作。在庙渠乡文夏村、新集乡王寨村、城关镇原郑村、太平镇上城村、临泾乡桃园村、上肖乡翟池村、屯字镇屯字村、寨地村，平泉镇上刘村、孟坝镇王地庄村，设立苹果绵蚜、囊蛾监测点10处，发现虫害，及时防治，控制蔓延。

县内林木病虫害有8科、42属、141种，危害严重、发生普遍的有12种。

腐烂病 主要危害苹果、梨、杨树等。病菌浸入树干皮层，引起烂皮，使树干干枯。

早期落叶病 是引起树木早期落叶病害的总称，有杨斑病、灰斑病、轮斑病等，主要危害杨树、榆树、果树等。

立枯病 常见的有种腐、芽腐、猝倒、立枯等，主要危害油松、山定子、杨树、酸刺等树种的幼苗。

杨树溃疡病 树干出现溃状病斑，皮层腐烂，流黑褐色黏液，后期干缩，引起生长衰弱或死亡。

苹果绵蚜 苹果绵蚜的典型为害状，是在树干、剪锯口、枝条和根系受害处逐渐形成瘤状突起，表面覆盖白色绵毛状物，剥开后内为红褐色虫体。

黄斑天牛 食害木质，造成树体破烂，干枯死亡，危害箭杆杨、北京杨、大关杨、榆树、柳树等。

天幕毛虫 幼虫食害杨、柳、榆、苹果、梨的花蕾、新梢和叶片。

食心虫 为害严重的有桃小食心虫、苹果小食心虫、梨小食心虫和梨大食心虫，主要加害苹果、桃、杏、梨、李、枣等果实。

梨蝽象 俗名臭斑斑，主要危害苹果、桃、杏、梨等果树的叶、枝、果。

卷叶虫 主要有苹小卷叶虫、苹褐卷叶虫、黄斑卷叶虫、雕翅蛾、舟形毛虫等，其幼虫食害果树新梢、花芽、叶片。

红蜘蛛 主要有苜蓿红蜘蛛和山楂红蜘蛛，为害苹果、桃等，其幼虫及成虫均吸食叶片液汁，导致叶片失绿，枯焦死亡。

梨星毛虫 俗称饺子虫，主要危害梨、苹果的花芽、新梢。老熟成虫将叶片卷成饺子状，藏在里面食害，使叶片枯焦死亡，早期脱落。

二、护林防火

2002年，镇原森林派出所成立，管辖19个乡镇、8个国有林场，内含林地75万亩，林木蓄积量约33.26万立方米，辖区内有木材经营加工点76处。在北部后山、中部川道、孟坝塬、屯字塬、平泉塬设警务区5个，实行一区一警，每个乡镇设林业管护工作站，每个行政村设护林队，每个自然村有治安小组长，配备稳定的信息员、安全工作员、满意监督员，形成县、乡、村一线贯穿、共管森林资源的防控网络。

依据《中华人民共和国森林法》，加强森林资源综合防范和经常性督查检查，突出“打、防、控”，开展“天保二号”“春雷”“冬季攻势”等专项打击和整治行动，惩治毁林犯罪。至2010年，接受举报出警132次，查处各类林政案件128起，依法处理违法当事人165人，收缴罚款20.7万元，责令赔偿损失6980元，补种树木11769棵，没收野生动物1726只，追缴木材278立方米，调处林权、林地、林木纠纷27起；处理森林火灾案件9期，除责令更新造林外，收回赔偿损失款2850元，罚款3450元；清理清查木材经营加工企业95户，受委托颁发木材经营加工许可证76个，取缔非法企业19户，发出火灾隐患通知书11份，整改各类问题21条。2005年3月17日，临泾乡包庄村下堡组农民蒋某，因点燃自家在黄家沟还林地里的荒草引起火灾，过火面积78.6亩，其中耕地面积21亩，荒山面积57.6亩，损坏幼树刺槐 8951 棵,杏树 4195 棵,查清原因后,限期 12 月前补齐火毁林,处理赔偿损失 1000 元,罚款 500 元。

三、封山禁牧

2002 年,县委、县政府制定《封山禁牧发展舍饲圈养的决定》《林木管护实施办法》和实行封山禁牧的通告,对全县所有林草地一律实行封闭管理,全面推行羊畜舍饲,禁止羊畜进山放牧和在林草地挖药、砍柴,从采伐申请、现场勘查、审批、许可证发放、木材采伐、监督执行各个环节严格把关。对全县范围内的所有成林成草地、宜林宜草荒地和埝边地埂的散生林草地实行承包管护责任制,责任到村户,设立标志牌(碑)。2003 年开始封山禁牧,县政府发布封山禁牧令,当年 1 至 2 月宣传教育,3 至 4 月抓棚圈建设和饲草料准备,5 月起全面实行封山禁牧,违者责令补种毁坏株数(面积)1~3 倍的树木(草),并处毁坏林木(草)价值 1~5 倍罚款,属退耕还林(草)地的,还要限期收回或停止其粮款补助。森林派出所落实各项封禁措施,在出山巡查过程中,以说服教育为主,发现放牧者,根据不同情况依法处理。至 2010 年底,共查处林地放羊 420 多人。

第七节 社队林场承包经营

1970 年代,公社办林场多数由公社革委会主任或副主任分管,配备场长、技术员、会计等专职管理人员,场内下设 2~3 个作业小组,实行包工包产,多为包工,即根据不同作业制订劳动定额,将活路包给社员,划块造林,谁造谁管,按比例分成,普遍采取"劳动在场,分配在队,按劳计分,场队结算"的办法。大队所办林场指定专人负责,规模较大的配有技术员和会计等管理人员,建立财务管理和劳动管理考勤制,场内收入除留扩大再生产资金外,其他部分按各队投劳多少分配。零活分段包干,定天劳动,定天奖励,误工罚款,队欠罚队,劳欠罚人。年终决算时,选派会计、出纳、保管,进行经济"四清",公布收支,民主理财,依据全年收益情况和在场人员实际出勤,计算出劳动日值和各个林工应得报酬,分配给每个场员所在生产队。林工报酬,参加所在生产队统一分配。生产队办林场由生产队统一管理,统一调配劳力,收益归队,社员按出勤记工分,年终参加分配。

1980 年代,农村实行家庭联产承包责任制,一些地方出现向林场要地争林和砍树毁林等现象,县、乡政府本着有利于保护森林资源、提高经济效益的原则,对林场进行全面整顿和改革。规模较大的林场,实行统一管理、"五定一包"责任制,由乡村指派或任命场长,选配农村剩余劳动力,实行定领导、定人员、定报酬、定收入、定奖罚,包干抚育管护的办法经营,人员报酬采取工资制、工分制两种形式。农林俱全的林场,由场长承包,或投标竞选承包人,实行场长负责,指标包干,盈亏自负,承包者与乡村签订承包经营合同,合同内容包括场长的权利和责任,承包期限、承包期内应完成的生产任务、应交承包费、奖罚制度和记工制度,在搞好造林管护工作的前提下,可以自主开展多种经营生产,其收入按合同提留一定数量的积累和承包费外,其余作为承包者的收益,场内员工报酬采取记工分配,上不封顶,下不保底。中型林场,实行固定补贴,专人管护,由村委会统一经营,承包给个人或联户管护,付给一定报酬,有以现金支付的,有将林场果园、粮田分给承包人经营,其收入作为看护报酬的,有将大队、生产队公用地承包给一定数量,以其收益作为报酬的。小型林场,采取承包经营或出售给农户经营两种形式,有单户承包的,也有联户承包的,承包期限少则2年,多者10年,承包者和行政村、自然村签订合同,每年按合同规定交纳承包费,其余收入归个人;出售给农户个人经营的,由行政村、自然村干部、林场和群众代表共同折价,确定基数,公开招标,一次性出售林地使用权,由中标户经营,林地所有权仍归集体。至1991年,全县247处乡村林场,有固定资产15.5万元,从业人员653人,累计造林成活面积8.67万亩,占总面积75%,存留各种树木1063.2万株;有果园2000多亩,成活果树10万余株,挂果5万株,苹果总产量2094吨,年完成林业总产值792.4万元。全年总收入114.1万元,其中年收入在2000元以下的144处,占58.3%;年收入2001~5000元的53处,占21.5%;年收入5001~10000元的22处,占8.9%;年收入1万元~1.5万元的9处,占3.6%;年收入2万元以上的19处,占7.7%。开边兰岔村办林场,累计营造用材林250亩,经济林110亩,年林业总产值2万元。1992至2010年,各承包林场扩大造林,增建果园,加强抚育,多种经营,增加效益。

第八节 林权制度改革

中华人民共和国建立前,全县山林所有权多为私有,少量为户族和庙会所有。1950年10月至1951年4月土地改革中,根据西北军政委员会《为配合土地改革清理林权作出几项规定的命令》,将庙会林的全部、户族林的部分收归国有,零星树木随土地分配给农户。1954至1956年合作化时期,由初级社到高级社,树随地走,社员私有林全部或大部归集体所有,社员房前屋后零星树、坟园地内树木仍归社员所有。1958年公社化以后,将以前集体所有的树木,划为大队所有或生产队所有。1962年,农村随划拨自留地、饲草地给社员划拨自留树30多万株。1981年农村实行家庭联产承包责任制时,除荒山、荒坡外,树木折价承包给农户经营。1983年6月,将全县192万亩宜林、宜草地,除队留少量公墓、轮牧草山外,全部划拨给农户,让农民造林种草,谁种谁有,长期不变,子女有继承权;林场、果园作价卖给农民,由单户或联户经营。

2009年,依据中共中央国务院《关于全面推进集体林权制度改革的意见》《甘肃省全面推进集体林权制度改革工作方案》和《镇原县集体林权制度改革实施意见》,成立镇原县集体林权制度改革工作领导小组,在县林业局设办公室,抽(借)调干部12人,充实加强办公室力量;从县直部门抽调科级干部57人,组成19个驻乡镇林改工作组,由县级领导任组长,督促指导乡镇林改工作。乡村两级均成立集体林权制度改革工作领导小组,各组选举产生林改理事会。当年4月,在武沟乡和其他18个乡镇各选1个村进行试点,取得经验,制订《镇原县全面推进集体林权制度改革工作方案》,12月在全县推开。全县集体林权制度主体改革坚持五个阶段、十五个环节、四签字、五会定案、两个三分之二、四榜公示等方法步骤和相关制度，做到政策透明、决策公开、环环紧扣、程序到位、规范操作、稳步推进。五个阶段，即动员部署、宣传培训、制订方案、勘界颁证、检查验收；十五个环节，即成立机构、精心谋划、动员部署、宣传发动、培训骨干、调查摸底、制订方案、勘界确权、调处纠纷、签订合同、林权登记、颁发权证、归档备案、自查自验、复查验收；四签字，即接到会议通知签字、参加会议签字、表决承包方案签字、确认林地界限签字；五会方案，即林改动员会、调查现状通报会、承包方案讨论会、勘界确权通报会、领证会；两个三分之二，即决定林改重要事项必须经过村民会议三分之二以上成员或村民代表会议三分之二以上代表表决通过；四榜公示，即林权现状、承包方案、确权结果、登记发证四公示。

在坚持集体林地所有权不变的前提下，依法将林地使用权、林木所有权和经营权，通过家庭承包经营等方式，落实到集体经济组织或农户，确立农民的经营主体地位并依法签订林地林木承包合同，承包期限为70年。凡适宜家庭承包经营的集体林地，按集体经济组织时有人口人均确权到户，以户为单位承包经营；对立地条件差、林木生长差异大、分布不均的林地按照“按人核算、分户划片、林木估价、差额平衡”或“林地分级、等级自选、按级平衡”的方式将林地划分承包到户；对集体公益林统一经营效果比较好、本集体经济组织多数成员比较满意的集体经营形式，依法经本集体经济组织2/3以上成员同意，实行“分股不分山，分利不分林”的方式，继续由集体统一经营，实行均股均利、按股分红、补偿到户。林业“三定”划拨的自留山，由农户长期无偿使用；对已承包到户的集体林地，稳定承包关系，承包期满的，可直接续包；承包合同内容不完善的，依法进行完善，继续由原承包人承包经营；四至不清、实际面积与合同面积不符的，重新核定后继续由承包人经营；不符合法律规定的，依法进行纠正；对近二三年内修路、打坝等公益事业规划需占用林地的，暂不承包到户，由集体经济组织依法实行民主管理经营；对采取招标、拍卖、公开协商等方式已落实集体林地经营权属的，程序合法、双方权利和义务合理、合同形式和内容规范的，予以维持；对双方权利和义务显失公平、群众意见较大的，本着尊重历史、依法办事的原则，予以妥善处理。林权划分，无论采取何种形式，都经村民会议或村民代表会议2/3以上成员同意。

通过林权制度改革，全县完成确权面积172.1万亩，占应改面积100%，其中家庭承包经营163.8万亩，占95.2%，联户承包经营300亩，集体股份0.1万亩，集体统一经营8.16万亩，占4.8%。全县颁发林权证10.5万本，装订林权档案1.2万册，基本实现“依法明晰产权、承包到户”的主体改革任务，为放活经营权、落实处置权、保障收益权等配套改革打好基础。

第九节　林业技术推广培训和服务

一、林业技术培训

1958年7月，在殷家城乡安岔农业社办起镇原林校1所，招收学员50多人，以半耕半读方式进行培训。1960年6月停办,择优录用12人,充实林业队伍。

1985年4月,县林业局选送职工1人参加林业部举办的北方造林调查设计第二期培训班和电子计算机培训,经考核成绩合格,分别获林业部造林司和西北林业调查规划大队颁发的结业证书。2000年5月,选送局机关2人上京参加国家林业局在国家林业科学研究院举办的长江上游、黄河上中游退耕还林科技支撑培训班,获国家林科院颁发的结业证书。2002至2004年,3次组织技术人员83人参加庆阳市林业局和劳动人事处举办的专业知识和政策法规培训,其中农业结构调整与可持续发展及设施园艺培训29人,产业结构调整和农、林、牧业资源利用培训28人,项目管理知识与实务、绿色无公害果树生产、生态工程建设及发展战略、高等植物多样性、环境政策与法规培训26人。2005年,选派局机关职工1人参加全国农技中心组织的无公害果品(水果)生产技术培训班,获得合格证书;组织技术员24人,参加市局关于退耕还林还草、经济林在退耕还林工程中的作用培训。2006年,选送局机关职工1人到北京林业管理干部学院,参加重点工程区、林业工作站、建设项目管理人员培训班,获国家林业局林业工作管理总站颁发的合格证;组织技术人员24人,参加市局关于当代世界林业状况、中国现代林业发展、林业碳汇项目、现代林业的对策、本省市林业发展制约因素和对策等知识培训。2007年,选送1人参加省林业厅主办、省林业种苗管理总站承办的林木种苗检验检疫培训班,获得省林业厅颁发的合格证书;组织技术人员22人,参加市局关于从和谐自我到和谐社会、林业资源开发与利用、有害生物防控知识培训。2008年,组织技术人员12人参加市局举办的森林植物开发利用、造林树种选择与园林绿化、世界果树生产特点和发展趋势培训。

1985年至2010年,县上每年均采取短期培训、专家讲课形式培训林果技术人员,共培训农村林果技术人员3万多人次。

二、林业宣传教育

每年春秋造林季节,全县围绕重点工程和全民义务植树活动进行集中宣传,结合各种会议、领导调研、专家授课、科技文化下乡、封山禁牧、经济观摩、杏果产业开发、集体林权改革、生态工程建设、果园管理等活动开展经常宣传;围绕乡村典型、获奖产品,开展对外宣传;制作电视节目,用正面教材启迪群众,用反面教材警示群众,出版书籍和画册,引导教育群众。1997年,中央电视台《焦点访谈》节目曝光镇原为防治苹果病虫害而砍伐公路行道树问题,启示人们应科学防治林果病虫害。

2003年,甘肃省电视台《今日聚焦》栏目组采访制作《假退耕、真骗钱》节目,报道太平镇王宝塬集体林场实施退耕还林工程后,补助粮款被乡镇和行政村、自然村截留使用。节目播出后,县委、县政府和林业局针对王宝塬村集体林场的实际情况,根据群众意见,将林场承包到户,签订合同,例行公证后,由承包人负责退耕还林工程的管护和抚育,享受补助粮款。同年7月,全国人大环资委、中宣部等14个部委,组成中华环保世纪行记者团16人,对庙渠塬头、上肖仪封、孟坝申家山退耕还林点,县城南北两山绿化、城关丰台优质杏园建设,全县以退耕还林为主的生态建设,进行实地采访报道,鼓舞人心,为林业重点工程的顺利实施营造良好舆论环境。8 月，制作《大山涌绿潮》电视节目，系统介绍镇原退耕还林工程实施情况。2007 年 12 月，县林业局杨向明撰写的《加强精神文明创建推进全县林业发展》一文被中国绿色时报社《最新林业业务指导大全》刊载。

2008 年，全年对外宣传林业报道稿件 25 篇，其中省级报刊登载 11 篇，市级报刊登载 14 篇，县电视台采编播出林业新闻 24 篇。年内出版发行《庆阳博览》一书，采用杨向明撰写的《奋进中的镇原林业》和部分图片照片。同年 3 月，围绕全县受奖单位和个人、获奖产品，县电视台、新闻报道中心进行林业系列报道，并向省、市有关新闻媒体投稿进行林业宣传报道。5 月，《甘肃绿色丰碑》大型画册出版发行，杨向明撰写的《建设绿色和谐家园、促进杏果产业发展》材料和部分图片照片被采用。11 月，县委党史办编写《镇原县改革开放 30 年回顾与思考》，采用林业局撰写的《镇原县林业改革开放 30 年成就综述》《改革开放以来的镇原苹果产业》《退耕还林项目工作成效显著》三部分内容。2009 年 3 月，县林业局副局长、园林局局长路建科参与编写《陇东苹果标准化生产实用技术》；4 月，编辑出版“五五”普法必读资料《林业法律法规选编》，发放各乡镇和有关部门，提高全民林业法律意识。

三、林果协会服务

1989 年 9 月镇原园艺技术服务协会成立，2000 年 6 月屯字塬农民果业协会成立，两个协会先后选送技术人员 26 人参加农函大和大专院校深造；组织技术骨干 54 人赴先进地区学习；聘请中科院果树研究所研究员汪景彦、农业部专家顾问马恩正教授和国内知名专家 18 人到县，进行“绿色果品生产技术讲座”18 期 53 场次，培训技术骨干 1500 人次；举办短期培训班，培训果农 6.3 万人次；利用集日宣传服务 2800 人次；组织技术骨干 54 人，组成 5 个技术服务队，结合生产季节，巡回各生产基地宣传科普知识，传授绿色食品生产技术 26 场次，受益群众 3.3 万人次；推介高效低毒农药 2.4 吨，推广节能植保器械 1.4 万台，推广旱地果园穴贮肥水滴渗灌 1.4 万亩，引进示范旱作果园节水灌溉、苹果套袋、生物培肥、生态果园建设、反光膜增色提质等技术 14 项；建立绿色食品示范基地 8.7 万亩，一级苹果产出率提高 34%，亩均降低生产成本 252 元；引进嘎啦苹果、黄金梨、红香酥梨、梨枣等新优品种十多个，选育出富士“陇优 1 号”“陇优 2 号”；申请注册“甘旭”牌苹果 10 种；利用当地野生资源，酸枣改接梨枣 40 多万株，野刺梨改接红香酥梨 12.8 万株。2004 年，镇原园艺技术服务协会被省科协命名为“甘肃省五十强农村专业技术协会”，被县委、县政府评为“行业先进单位”。2005 年被市科协评为“十佳农技协会”。2006 年被庆阳市评为“农村科普工作先进单位”，被省科协评为“全省农村科普工作先进单位”。2007 年被财政部、中国科协评为“全国科普惠农兴村先进单位”。

第八章　水利水保

镇原人民历来有通过开渠引水、平治水土、开垦农田、防汛抗旱发展农业生产的传统。明清及民国时期，沿河川道曾制作水车引水浇田。中华人民共和国成立后，县政府组织人民筑坝拦河，开渠引水，修水库，打机井，挖筑水窖，兴建小高抽、提灌站，蓄引提、滴渗灌并举，发展水浇地；大搞人畜饮水工程和病改工程，改善人民生活条件；加快农田基本建设和小流域治理，防治水土流失，彰显生态效益和经济效益；开展防汛抗旱，确保人民生命和财产安全。至1985年，全县建成小型水库2座，总容量762万立方米；建成川台地自流渠道11条，总长114.7公里；打机井550眼，大口井49眼，发展有效灌溉11.31万亩；修建人饮小高抽159处，病改工程62处，解决23个乡镇干旱区8.56万人和1.35万头畜用水困难，改善地方病区1.36万人饮水条件；新修水平梯田25.1万亩，占山地面积20.6%，修水平条田35.2万亩，占川塬地62.9%；治理小流域24条31.38万亩，其中修农田6.5万亩，造林16.79万亩，种草8.09万亩。至2010年，全县有自流灌溉渠道13条，提灌站303处，机井407眼，有效灌溉面积18.6万亩；配套滴渗喷灌面积7837亩；有中型人饮工程35处，改善和解决17个乡镇137个村859个组17.43万人和4.2万头畜饮水困难条件；累计新修梯田130万亩，条田35.2万亩，人均3.34亩；综合治理水土流失面积2218.13平方公里，其中梯田646平方公里，水保林289.46平方公里，经济林155.87平方公里，种草1126.67平方公里；建成淤地坝工程135座，小型拦蓄工程8865处。水土流失治理率63.38%，林草覆盖率44.91%。

第一节　机构设置

镇原历史上每遇大旱，群众有引水灌地之举而无专门管理机构。中华人民共和国成立后，把水利作为农业命脉，将农田水保建设、小流域治理作为防止水土流失的必保措施，成立管理服务机构，加强水利水保事业。

一、水务机构

1950年3月，镇原县人民政府设建设科兼管水利、水保。1956年，始设水利、水保科，专管水利、水保工作。1958年12月，县人民公社联社农业部兼管水利。1965年7月，县人委成立水保林业局，设局长1人，副局长2人，干事若干人，以管理水利、水保工作为重要职责。

1970年12月,成立水利电力局,行使水利、电力职能。1985年,县水利电力局内设人秘、水利、水保、水管、电力5个股,下属水利物资站、打井基建队、水利机械厂、张大沟水保站、大山水保站、渔业水产工作站、西杨水库、吴家沟水库,开边、南川、岱马、川口、太阳、吴家沟、西杨水管所等18个企事业单位,共有职工380人。

1991年6月,水电管理机构分设,更名为镇原县水利局,管理水利水保工作。1992年5月,成立世行贷款农村供水与环境卫生项目办公室,为副科级全额拨款事业单位。1999年1月,成立水政监察大队,为副科级全额拨款事业单位。2002年4月,县水利局更名为镇原县水务局,内设人秘、规划、建设管理、水政资源4个股,下属水政监察大队、水利与改水服务中心2个事业单位和水利物资站1个企业单位,有干部职工35人。同月,世行贷款项目办公室更名为镇原县水利与改水服务中心,水利物资站改为企业。2004年11月,水政监察大队升格为正科级事业单位,参照公务员管理。2010年,水务局内设4股1队1个服务中心1个企业,下设开边、南川、西杨、岱马、洪惠、川口、吴家沟7个灌区水管所(吴家沟水管所为副科级建制,其他6个均为股级建制),新城、庙马、王寨、上肖杨城、临泾祁焦、城关丰台、新城阎寨、中原、郭原、武沟、马渠、孟坝王地庄12个人饮水管所(均为企业),三门嘴、何范、埝边、太平、孟坝、景塬、南川、临泾、平泉、高巨、雄武、净口、屯字、南李、虎泉、席沟圈、尤塬、上城18个世行项目水厂(均为企业),共有干部职工48人,其中局机关13人,水政监察大队7人,水利与改水服务中心28人,实施城乡水务一体化管理。

二、水保机构

2000年6月,成立镇原县水上保持管理局,内设综合、财务、规划、工程、治理、检测、预防监督股。2004年2月成立生态环境监察队。2010年,县水保局设局长1人,支部书记1人,副局长2人,内设7个股,辖生态环境监察队,设副队长1人,共有干部职工34人,其中干部13人,工人12人,公益性岗位8人;具有大学学历5人,大专学历14人,中专及以下学历15人;专业技术人员11人,其中中级职称6人,初级职称5人,负责贯彻落实有关水土保持政策法规,组织、协调、安排全县水土保持工程考察论证、规划设计、审查批准、治理实施、监督检测、检查验收,行使资金管理、科研培训、行政执法等职责。

三、水文监测机构

三岔水位站 1958年6月建站,原为基本水文站。1962年7月1日改为水位站,隶属黄河水利委员会,为黄河流域泾河水系蒲河干流监测点,地点设在三岔镇,地面坐标为东经107°10′,北纬35°52′,至河口距离131公里,集水面积1429平方公里。

开边水文站 1977年1月建站,隶属甘肃省水文总站,为黄河流域泾河水系蒲河支流茹河监测点,地点设在开边镇,地面坐标为东经107°04′,北纬35°46′,距河口距离58公里,集水面积2232平方公里。

第二节 水利建设

明时,知县徐镛教民造水车百余辆,汲水浇田,获利颇丰。清光绪二十七年(1901年)大旱,城关路坡、御史河湾等地农民开渠浇田,旱情解除后渠废;黑蟒岭沟农民引沟河水灌溉蔬菜和经济作物,保收增效。清末,茹河川兰家沟口和九龙庙沟口农民引沟水种稻,得利甚多。城关莲池、罗河湾、曙光徐沟等地农民利用沟泉水发展水浇地120多亩。民国十七年(1928年)大旱,城关海丰等地农民联合开渠,引水浇地,解除部分农作物旱象。肖金纸坊赵、毛河、贠家河3庄有水田数顷。

1950年,县政府组织人员进行水利普查,全县仅有灌溉面积97亩。1952年,水利建设实行民办公助政策,在茹河、洪河川有条件的地方,新修渠道,安装水车,架设斡杆,引河水灌溉,发展有效灌溉面积3000亩。1954年,发动群众民工建勤,始建海丰渠、御史渠,引茹河水自流灌溉。1955年,建星光渠,引洪河水自流灌溉。1958年,建西杨水库,修东风渠、解放渠、川口渠,引茹河、洪河水自流灌溉,后因设施不全、水毁和渡槽漏水等原因,部分渠道停灌,部分时灌时停。1963至1966年,维修补建解放渠,重建东风渠、川口渠,第一次加固西杨水库。至1966年底,有效灌溉面积发展到8900亩,保灌面积6500亩。

1969年,对解放渠再次改造,增设支渠,新增灌溉面积4160亩。1971年开始,兴建高原机井。同年12月,建成洪惠渠8.7公里,增加灌溉面积2700亩。1972年,延伸东风渠,新增灌溉面积4950亩。同年3月,对水毁的海丰渠重新建成无坝引水,恢复灌溉1150亩。1973年,二次修复御史渠,新增灌溉面积1000亩。1974年,建成和平渠、沟芦渠和翟池电力提灌站1处,新增水浇地3525亩。1975年,建成岱马渠和白马北徐沟、良韩沟电力提灌站,新增水地3300亩。1976年建成白岭、柳嘴二级提灌站和大嘴电力提灌站,新增水浇地2420亩,同时第二次加固西杨水库。1977年,建成麻王截潜流提灌工程,新增有效灌溉面积2400亩。1980年,建成开边电力提灌工程,新增水浇地1100亩,同时对岱马渠进行维修续建。1981年建成吴家沟水库,总库容480万立方米。

1982年开始,国家投资156.9万元,维修配套开边、南川2个万亩灌区,衬砌干渠4条42公里,斗渠161条62公里。至1985年,全县建成水库2座,总容量762万立方米;川台自流灌区11条,总长114.7公里,发展有效灌溉面积11.31万亩,保灌面积8.41万亩;打机井550眼,大口井49眼,人饮小高抽159处,病改工程62处,解决郭原、武沟、马渠、太平、新集、临泾等23个乡镇干旱区8.56万人和1.35万头畜用水困难,改善地方病区1.36万人饮水条件。

1986年起,对已建的水利工程进行配套完善和恢复提高,发挥效益,将工作重点转向人饮工程建设,采取国家投资、县乡配套、群众自筹,多条腿走路,利用世行贷款项目,加快人饮工程建设,改善用水条件。1987年,首次建成王寨人饮工程。1991年,建成庙马人饮工程。1993至1994年,利用世行农村改水工程贷款,建起上肖雄武、平泉、新城高巨、郭原景塬、孟坝何范、太平上城6处水厂，均用潜水泵引沟泉水上塬，供6个乡镇11个行政村73个自然村2.8万人生活用水及乡镇企业、果园滴灌、大棚蔬菜等生产用水。1995年，推广集雨节灌工程，继续发展人饮工程。至2000年，全县建成集雨节灌工程153488处，户均1.5处，建成人畜饮水工程13处，供4个乡镇单位39个行政村209个自然村8.51万人生活用水和乡镇企业、果园滴渗灌、大棚蔬菜等生产用水。

2001至2004年，利用国家投资和世行贷款，建成人饮工程8处，解决37个村280个组2.95万人饮水困难。2005年起，实施节水改造工程，国家投资590万元，地方财政配套及群众自筹325.54万元，维修、配套、续建城关、南川2个万亩灌区，恢复灌溉面积1.29万亩，改善灌溉面积8740亩，新增有效灌溉面积1554亩。

2007至2010年，建成马渠、庙渠黎明、孟坝王地庄、孟坝王湾、武沟孟庄、中原殿王、殷家城人饮工程7处，解决6个乡镇所辖32个村192个组3.12万人饮水困难。

一、自流灌区建设

至2010年，全县建有引河水灌溉渠道13条，列入灌区的11条。开边灌区辖东风渠、解放渠，南川灌区辖星光渠、和平渠、沟芦渠，岱马、吴家沟、川口、洪惠、西杨、周城灌区各辖渠道1条，未列入灌区的有御史渠和海丰渠，其中万亩以上灌区2个，万亩以下千亩以上灌区5个，千亩以下灌区4个，总灌溉面积46941亩。

开边灌区 位于茹河川道，辖开边、城关两个镇9个村41个组，有耕地1.96万亩，总人口1.7万人，由自流渠道、机井、提灌站3种方式引水，为万亩灌区。

1958年"大跃进"中，兴建东风渠，渠首位于开边甄家沟口。同年修建解放渠，渠首在开边下页山河口处。1963至1965年，维修补建解放渠。1966年，投资61.8万元，其中国家投资59.5万元，社队自筹2.3万元，重建东风渠，渠首砌石护面重力拦洪溢流坝1座，钢筋混凝土护坦16米，石护岸390米；建进水闸1座，冲刷闸2座，隧道40米，石渠700米，大小渡槽9座，跨河涵洞6座，陡坡跌水6处，后将渠道从许家沟延至耿家沟，全长17.5公里，可灌地4950亩。1969年，国家投资38万元，社队自筹4万元，在解放渠首建混凝土重力溢流坝1座，高3.4米，长72米；坝下修护坦15米，建进水闸、泄水闸各1座；沿河建钢混渡槽11座，涵洞3座；发展柴油提灌站11处，装机190马力。渠道流经开边公社解放大队和城关公社五里沟、莲池大队，全长14公里，灌地面积

1973年城关五里沟水地 景中道摄

4160亩。

1985年起,延伸渠道,增加设施,在沿途增设提灌站11处,打机井26眼,配套各种渠系建筑物172座。至1990年,灌区有灌溉干渠2条28.22公里,斗渠43.96公里,灌地面积15786亩,其中解放渠道干渠长14.22公里,斗渠11.53公里,灌溉面积4591亩;东风渠道干渠长14公里,斗渠14.6公里,灌溉面积4950亩;提灌站22处,提灌渠道10.66公里,灌溉面积3755亩;机井26眼,井灌渠道7.17公里,灌地面积2490亩。

1958年春修建开边解放渠河口渡槽场景 杜时春摄

1991至2006年,对较小的水毁和老化设备,组织灌区群众投劳集资,小修小补,大的损坏因资金不足,未能及时修复,带病运行,问题越积越多,致使渠首溢流坝严重毁损,洪水排沙闸和引水板控制闸门老化不能启动,部分输水干渠因修公路或冻胀损坏,渠系建筑物大部分失去控制能力,提灌站、机井设备老化不能正常运转,加之河流水量减少,导致灌地面积减少到6500亩,比灌溉最好时期减少40%。

2005年10月,县水务局委托庆阳市水利勘测设计院进行勘查设计,县政府上报开边灌区续建配套与节水改造项目,省水利厅、财政厅于2005至2006年两次拨付省财政补助资金290万元。资金下达后,公开招标,分段实施。一二标段为解放渠和东风渠首维修改造,均于2006年8月开工建设,2007年6月竣工。解放渠更换钢闸2扇,开新渠1975米,衬砌渠道11138米,维修排洪渠50米,重建、维修渠系建筑物85个;东风渠加固渠首溢洪坝1座,丁字坝1座,上游护岸40米,下游护岸70米,更换冲刷、进水闸各1个,新修干渠528米,衬砌渠道13138米,修缮和重建渠系建筑物123个。三标段工程2007年9月竣工,维修提灌站22处,机井12眼,修缮支渠14.77公里,并配套田间灌溉设施,提升节水灌溉面积6315亩。

南川灌区 位于洪河川道,辖南川乡6个村40个组,有耕地1.73万亩,人口11565人。灌区由自流渠道、机井、提灌站三部分组成,为万亩灌区。1955年,始建星光渠,渠首在教子沟沟口,系无坝引水,后因河床下降,进水困难,失去灌溉作用。1972年3月,修建和平渠,1974年6月竣工,总投资21.2万元,其中国家投资8万元,社队自筹13.2万元,渠首砌石重力拦洪溢流坝1座,高2.8米,长38米,建进冲闸2座,钢混渡槽9座,涵洞9座,泄洪水陡坡7面,小型水轮泵站1处,修渠道10.5公里,其中北渠7.5公里,南渠3公里。流经和平、桃园、河李3个大队12个生产队,可灌地1050亩。1972年7月,修建沟芦渠。国家投资12.5万元,水泥700吨,钢材19吨,社队自筹资金13.5万元,木材96立方米,砌石重力拦河溢流坝1座，高7.4米，长40米，南北进水闸各1座，冲沙闸1座，渡槽8座，涵洞9座，陡坡斗门9处，修干渠22公里，其中南渠12公里，北渠10公里，流经沟芦、川郑、官亭3个大队15个生产队，可灌地2075亩。

1976年3月，国家投资6万元，复修星光渠，渠首砌石重力拦河溢流坝1座，高2.5米，长46米，建进水闸1座，钢混渡槽2座，修干渠5.3公里，流经河李、贺丰、沟芦3个大队11个自然村庄，可灌川地1040亩。1977年起，每年进行小修小补，扩展支渠，配套渠系建筑物654座，发展提灌站和机井，增加灌溉。至1990年，全灌区干渠总长28.65公里，斗渠总长56.23公里，灌溉面积13740亩，其中和平渠干渠长11.63公里，斗渠长7.4公里，可灌地2433亩；星光渠干渠长5.3公里，斗渠长5.65公里，可灌地1224亩；沟芦渠干渠长11.72公里，斗渠长14.06公里，可灌地2877亩；支沟小水渠道长0.6公里，可灌地73亩；灌区设提灌站11处，提灌渠道9.27公里，可灌地2833亩；打机井43眼，配套井灌渠道19.25公里，可灌地4300亩。

1991至2008年，发动灌区群众投劳集资，维修水毁和修复部分设施，维持运行，但由于长期水毁失修，设备老化，溢流坝、引水闸门、输水渠道、渠系建筑物、提灌站、机电井等损坏严重，灌溉面积下降到3600亩，比灌溉最好时期减少1倍多。2009年投资450万元(其中国家投资300万元，地方财政配套和群众集资150万元)，增建各类工程140处，维修渠道8处22.4公里，渡槽6座，泄水陡坡7面，涵洞8座，更换排洪闸13处，分水闸8处，修建建筑物30处，配套其他田间设施34座(处)，恢复灌溉面积3600亩，改善灌溉面积2240亩，新增灌溉面积510亩。

岱马灌区 位于蒲河中游，在新集乡姚新庄，引蒲河水灌溉。1972年5月动工，1975年春竣工。国家投资39.5万元，社队自筹3.2万元，群众投劳15.6万个，移动土石方31.1万立方米，完成钢筋混凝土1250立方米，建渠首砌石护面重力溢流坝1座，高5.4米，长120米，底宽7.5米，顶宽2米，护坦宽120米，长12米，护岸150米，建进水、冲刷闸各2处，修南北干渠2条25公里，其中衬砌5.3公里，开凿石渠3.5公里，支渠30条15公里，其中衬砌8条10公里，设渡槽26座，隧洞14座，涵洞3座，陡坡、泄水闸各23座，分水斗门15座，排洪桥5座，修车人便桥5座，建水轮泵站1处。灌渠流经新庄、刘大庄、牛心、冉坬4个大队11个生产队，发展有效灌溉面积1900亩，保灌面积1600亩，边建设边灌溉，从1973年起，每年灌地2000亩左右。经过30多年运行，

岱马滚水坝 景中道摄

工程设施老化，特别是1996年遭受历史罕见的暴洪灾害，工程设施水毁严重，未能发挥应有效益。

川口灌区 位于屯字镇川口村，渠首在泾川县刘李河村，1958年始建，引洪河水灌溉。后因河床降低，建筑物冲毁停用。1966年9月重建，总投资9.23万元，其中国家投资6.6万元，社队自筹2.63万元，渠首建混凝土重力拦河溢流坝1座，进冲刷闸1座，钢混渡槽4座，涵洞9座，陡坡、跌水各1处；修干渠6公里，斗渠12.5公里，各种建筑物46座，可灌川口大队5个村庄土地1150亩。沿途设提灌站1处，配套渠道1.2公里，提水灌地220亩，打机井2眼，配套渠道1.5公里，引地下水灌地360亩。1985年起，沿途提灌站失修停用。

洪惠灌区 位于新城乡境内洪河川道，渠首在惠沟村梢头组。1971年12月动工，1972年6月竣工。投资18万元，其中国家投资10万元，社队自筹8万元，修砌石重力拦河溢流坝1座，进冲刷闸3座，跨沟渡槽4座，山洪涵洞4处，修干渠8.7公里，斗渠1.9公里，各种渠系建筑物45座，可灌地2700亩。沿途设提灌站5处，配套抽灌渠道4公里，可灌地1000亩，打机井2眼，配套抽灌渠道0.8公里，可灌地600亩。1985年起，有4处提灌工程失修停用，减少灌溉面积800亩。

周城灌区 位于郭原乡境内，为无坝引洪河水灌溉。1976年建成，修干渠8.6公里，其中衬砌1.55公里，支渠5条4.5公里，可灌地750亩。

御史渠 1954年春兴建，渠首位于城关镇路坡村永乐组，无坝引茹水灌溉，后因渠首进水困难停灌。1973年6月国家投资7万元二次复修，次年4月竣工，修建进冲闸各1座，排洪槽4座，过沟渡槽3座，长60米，砌石护岸1000米，渠经贾鸾沟、路坡、御史3个组，全长4公里，其中石渠500米，可灌地1000亩。

海丰渠 渠首位于县城南大桥下端。1954年10月动工，次年5月建成，后因木制过沟渡槽漏水严重停用。1962年冬，修建拦河坝，灌溉几年后遭水毁停用。1972年3月至1973年5月，国家投资5.2万元，社队自筹2.9万元，又建成无坝引水渠道，修40米引水隧洞1处，钢筋混凝土渡槽4座，陡坡、涵洞各1处，渠长5公里，流经东关、金龙、高庄、海丰4个村11个组，有效灌溉面积1150亩。

二、水库建设

全县建有水库3座，县水务局管理西杨、吴家沟水库，为防护和灌溉效益型水库，市水务局管理巴家嘴水库。

西杨水库 位于洪河中游郭原乡西杨沟口，是以农田灌溉为主，兼有防护效益的小型水库。1958年筑成过沟土坝，1966年和1974年两次加固。主体工程由土坝、泄洪洞、输水管、启闭塔四部分组成。坝高28.2米，长280米，顶宽6米。库容240万立方米，其中兴利库容120万立方米。坝左建泄洪洞，为钢混结构，直径1.8米，长70米。泄洪明渠长52米，陡槽长66米，最大泄流量每秒25立方米，可灌西杨村7个组川台地1265亩，控制流域面积28平方公里。2008年，庆阳市水务局组织专家技术人员对水库进行安全鉴定，确定为三类坝，提出处理意见。县水务局委托市水利勘测设计院提供《镇原县西杨水库大坝安全鉴定分析评估报告》。2009 年 12 月，再次组织技术人员实地勘测设计，选定处理方案。2010 年 11 月，进行加固处理，保证水库安全。

吴家沟水库 位于洪河支沟新城乡吴家沟，是集防洪、灌溉、养殖为一体的综合性效益水库。1978 年开工建设，1981 年建成蓄水，国家投资 173 万元，由土坝、泄洪输水洞和引水工程组成。坝高 34 米，长 280 米，顶宽 7 米，库容 520 万立方米，投放鱼苗 200 万尾，控制流域面积 31 平方公里。泄洪输水洞为钢混圆形结构，洞径 2.7 米，最大泄洪能力每秒 42.03 立方米。引水渠道长 4.98 公里，引水流量每秒 0.7 立方米。库区灌溉渠道长 11.83 公里，有效灌地 6620 亩。1991 年 7 月，发现因干缩造成大坝裂缝 16 条，其中横缝 3 条，全部出现在左坝肩，最大裂缝 3 厘米，深 4 米，纵向裂缝 13 条，主要出现在下游坡 1300~1310 米高程范围内，最大裂缝 2 厘米，深 3 米。11 月，对裂缝进行压力灌黏土浆处理，并经开挖检查，下游仍存在表层裂缝，需进一步灌浆处理。2000 年 6 月，庆阳地区水利处勘查设计队提供《镇原县吴家沟水库除险加固工程专项规划报告》，呈报省水利厅。2001 年，编制大坝安全鉴定分析评估报告。2002 年 1 月，地区水利处组织技术人员进行大坝安全鉴定，确定为三类坝，提出加固处理意见。7 月编制初设，12 月组织专家审查同意并上报黄河水利委员会。2008 至 2009 年，完成水库除险加固，确保水坝安全。

巴家嘴水库 位于蒲河下游，西侧属太平镇、新集乡，东侧属西峰区。1958 年秋至 1960 年，由镇原、宁县、庆阳 3 县组织民工修建，库容 3.7 亿立方米，由庆阳地区水利处管理。

三、小水利建设

1971 年起，贯彻“中型为主，配套为主，社队自办为主，加强管理，狠抓实效”方针，加快小水利建设。至 1985 年，全县共建成提灌站 447 处，在平泉、屯字、孟坝、临泾四条塬打机井 275 眼，茹河、洪河、蒲河、交口河沿岸川台打机井 140 眼，大口井 49 眼，发展水浇地 5.02 万亩，其中提灌站灌地 8000 亩，机井灌地 4.22 万亩。1986 年起，新建电力提灌站 290 处，新打机井 246 眼，增加有效灌溉面积 97850 亩、保灌面积 78280 亩。早期建成的提灌站和机井部分报废停用，减少有效灌溉面积 68050 亩、保灌面积 54440 亩。

1995 年，遭受 60 年未遇特大旱灾，除蒲河有间断流水外，其余三条河全部断流。全县 382 条沟道 90%干涸。县委县政府总结上肖乡北庄行政村下山自然村马社郎利用果园水窖收集的当年雨水，安装地下渗灌设施喷灌果园，取得苹果亩产 2300 公斤、收入 5300 元的成功经验，学习正宁县抗旱技术，召开县委常委会、政府常务会，确立以解决温饱工程、支柱产业开发用水和解决人畜饮水为目标，以增加县乡财政收入、促进农村脱贫致富奔小康为目的，发展小水利建设，提出天上水、地表水、地下水三水齐用，以利用雨水为主；蓄、引、提并举，以蓄为主；大中小结合，以小为主；国家、集体、个人多渠道投资，以个人投资为主；远抓大开源、近抓小节流、以大带小、以小促大；走化整为零、兴水到户、遍地开花、以多取胜、山区打土窖蓄天上水、川区打大口井取地表水、塬区打小电井取地下水的群众治水路子，制定《水利建设“九五”发展规划》，确定补助办法和标准，群众打 1 眼小电井补助 500 元，建 1 口水泥窖补助 400 元，修 1 眼大口井塬区补助 500 元，川区补助 200 元，挖 1 口土窖和土井补助100元,成立集雨节灌协调领导小组,召开现场会、动员会,推广正宁、镇原群众滴水灌溉经验和技术,全党动员,全民动手,在全县掀起小水利建设高潮。当年6个月时间内,建成小水利工程8481个,其中水泥窖880口,大口井31眼,小电井1112眼,土窖4918口,土井1540眼,新增抗旱补灌面积11596亩。

1996年,发展微灌设施,政府从政策上给予优惠和扶持,配套1亩微灌工程,省、地、县各补助100元。县水利局抽调技术人员6人,组成微灌安装小组,在北京燕山滴灌研究所帮助下,在上肖北庄、翟池等村安装半固定式滴灌设施230处,可滴灌915亩,每亩用水6~9立方米,比常规灌溉节水87%。8月,县政府组织屯字、曙光、庙渠等乡镇长、部分村支书和水利局技术人员,赴山西运城、万荣县参观学习。9月中旬,县政府组织各乡镇领导和技术员54人,在屯字阳宁下坳召开渗灌管网安装现场会,以会代培,学习掌握安装技术。当年建成小水利工程30909处,配套微灌面积1039.9亩。

1997年初,县委全委扩大会和全县经济工作会议提出年底全县户均达到1处水源工程建设任务。3月,在平泉、临泾、庙渠分片召开集雨节灌现场会,以会代培乡镇长、林果员、水利员、农技员、村干部、农民代表1085人,下发书籍材料300多份,在13个乡镇确定集雨示范点15个,供临近群众参观学习,取经实施。县水利局为各乡镇3次投放水泥3218吨,直接安排到乡村贫困户,调动广大干部群众集雨节灌建设积极性。"要想富,田间地头修水库"成为群众的口头语,很多农户粜粮卖牛搞集雨节灌工程。当年建成集雨节灌工程41456处,新增抗旱补灌面积74195亩,配套节灌面积2106亩。

1998年,县上下发《关于进一步加强水泥窖质量建设的通知》,各乡镇转发《庆阳地区集雨节灌工程竣工验收办法》,将上肖确定为整乡推进示范乡,平泉上刘、庙渠文坬等10个村被列为县级示范点。县水利局抽调干部和技术人员15人蹲点指导,严把质量关。4月,县财政局下拨水利资金45万元,兑现上年节灌工程补助。县水利局给县级示范点投放水泥300吨,给上肖、屯字、曙光等8个乡镇调拨价值10万元节灌管材,向各乡镇投放统一预制的水泥窖盖1530个。全年建成集雨节灌工程32587处,新增抗旱补灌面积37212亩,配套滴、渗灌面积2731.3亩。

1999年,旱象严重,县上将集雨节灌作为抗旱防灾治本措施,因地制宜,合理安排,规模发展,山川塬齐动,井、窖、提、滴、渗、喷齐上,整乡整村推进。年初选派技术员参加省农委在定西举办的节灌培训班,学习国内外先进节灌技术,在上肖杨城、屯字阎孟等5个示范点安装固定喷灌设备,现场培训技术员4人。县水利局向各乡镇投放水泥1000吨。11月,组织人员全面验收,共建成集雨节灌工程40055处,新增抗旱补灌面积69184亩,配套滴、渗、喷灌面积1960亩。

2000年起,全县建成小型提灌工程66处,其中机井48眼,提灌站18处,新增有效灌溉面积9770亩。至2010年,全县有配套提灌站303处,安装水泵336台,装机容量5815千瓦,有效灌溉面积40050亩,保灌面积38100亩,其中千亩以上提灌站有柳嘴、太阳池、开边坬3处;配套机井407眼,安装水泵407台,装机容量8955千瓦,恢复灌溉面积99405亩,保灌面积65250亩；集雨节灌增加抗旱补灌面积17.95万亩，配套滴、渗、喷灌面积7837.17亩，缓解了21.3万人和16.4万头畜饮水困难。

北徐沟电力提灌站 1973年11月建坝蓄水，1975年10月建站上水，扬程81米。国家投资1.4万元，社队自筹4300元，可灌平泉八山大队北徐沟生产队塬地400亩。

翟池电力提灌站 1973年秋开工，次年7月建成上水，扬程138米。国家投资1.6万元，社队自筹1.53万元，提取池水，可灌翟池大队塬地500亩。

白马池电力提灌站 1974年3月动工，次年5月建成，提水扬程122米。国家投资1.49万元，社队自筹1.8万元，可灌白马大队塬地400亩。

柳嘴高扬程电灌站 1975年2月开工，1976年8月建成二级提灌站。国家投资4.78万元，社队自筹3.56万元，安装水泵4台，扬程221米，修干渠1.2公里，支渠4条3公里，提取蒲河水，可灌楼底、大庄、新庄、地庄4个生产队塬地1500亩。1980年，由于电源没保障停灌。

良韩沟电力提灌站 1975年8月建成。国家投资1.5万元，社队自筹1.94万元。提灌站扬程11米，提取沟内泉水，可灌良韩、范庄队塬地600亩。

大嘴电力提灌站 1976年5月建成二级提灌站，扬程53米。国家投资0.59万元，社队自筹0.9万元，提取茹河水，可灌包城大队大嘴生产队川台地600亩。

白岭二级电力提灌站 1976年秋建成，扬程6米。国家投资1万元，社队自筹0.55万元，提取茹河水，可灌彭阳大队白岭生产队山地320亩。

麻王截潜流提灌工程 1976年8月动工，次年3月上水，工程造价3万元，有效灌溉面积900亩，保灌面积700亩。1978年11月，建成二级提灌站，总扬程127米。国家投资31.34万元，社队自筹0.89万元。渠道长9.5公里，有效灌溉面积增至2400亩。

太阳池电力提灌站 1976年建成四级上水工程，总投资32.11万元，安装水泵9台，提取池水，总扬程145米，装机容量336千瓦，修干渠3条6.4公里，支渠6条3.7公里，可灌塬地1000亩。

开边塬电力提灌工程 1980年8月建成二级上水工程，国家投资11万元，社队自筹2万元，安装水泵4台，提取茹河水，上水扬程160米，修干渠0.9公里，支渠3条3.5公里，可灌地1100亩。

四、人饮工程建设

1986年，县委县政府将解决农村人畜饮水困难作为改变农村面貌的根本大计，组织有关部门调查论证，提出项目建议，呈报省地有关部门，争取国家投资，发动群众筹资，从饮水困难和地方病严重的王寨乡开始规模人饮工程建设。1989年，省政府将镇原列入卫生改水重点县之一，向国家爱卫会递交项目建议书。1990年，编报可行性研究报告，成立农村卫生改水领导小组和办公室，负责全县改水工程立项和总体规划，安排落实人饮工程建设。1992年开始，加快集中供水工程建设。2002年，利用国家人饮解困投资，配套完善已建的人饮工程设施，增强供水能力，扩大覆盖面。2008年，利用国家人饮安全工程投资，对新建人饮工程增置除尘净化等设施,提高供水质量和效益。至2010年,全县建成中型人饮工程35项,改善解决17个乡镇137个村859个组17.43万人和4.2万头畜饮水困难及条件。

王寨人饮工程 位于新集乡岳庄村,1985年4月开工,1987年10月竣工,国家投资115.46万元,打120米深水源井1眼,配套潜水泵3台,修建30立方米蓄水池1座、砖混供水房76间、管理房10间、库房3间,建筑面积150平米,总占地1.3亩,铺设供水主管道31.7公里、支管道51.3公里,安装30千伏变压器1台、配电屏1面,供王寨乡10个行政村41个自然村1.5万人生活用水及乡镇企业、果园滴灌、大棚蔬菜等生产用水。

庙马人饮工程 位于庙渠乡店王村,1988年5月开工,1991年8月竣工,总投资272.1万元,建成100立方米蓄水池2座,30立方米水塔1座高15米,砖混供水房、管理房各28间,库房1间,建筑面积180平米,占地3亩;铺设供水主管道40.15公里、支管道20.5公里;安装30千伏变压器3台、配电屏1面、油浸式星三角启动器3台,装机容量130千瓦。提取清水河水上塬面,日供水约90立方米,供马渠、庙渠乡12个行政村75个自然村0.79万人生活用水及乡镇企业、果园灌溉、大棚蔬菜等生产用水。

上肖雄武水厂 建在雄武村,属世界银行农村卫生改水贷款建设项目(以下简称世行贷款改水项目)。1992年1月开工,1993年10月建成供水,总投资40.17万元,建泉室1眼、30立方米蓄水池1座,塬面建高位水塔1座、水处理房1间、管理房3间、库房1间,占地400平方米;压设供水主管2条、支管6条,总长8公里;安装50千伏变压器1台、油浸式启动器1台,装机容量30千瓦。供上肖乡2个行政村21个自然村0.9万人生活用水及乡镇企业、果园灌溉、大棚蔬菜等生产用水。

平泉水厂 建在平泉镇东街,属世行贷款改水项目。1993年4月开工,1994年7月建成供水,总投资57.62万元,建水源井1眼,50立方米蓄水池1座,30立方米水塔1座高15米,水处理房1间;压设主管道2条、支管9条,全长19公里。2005年安全饮水项目投资8.5万元,修建管理房5间、库房2间,增设供水管道5公里,安装30千伏变压器1台、油浸式启动器1台,装机容量22千瓦。供平泉镇街道和5个村30个组0.89万人生活用水及乡镇企业、果园灌溉、大棚蔬菜等生产用水。

太平上城水厂 建在上城村,属世行贷款改水项目。1993年4月开工,1994年9月建成,总投资40万元,建水源井1眼、30立方米蓄水池1座,铺设供水主管道1条、支管4条,全长8公里。2005年农村安全饮水项目投资8万元,更换水泵1台,建管理房3间60平米,占地840平方米,安装30千伏变压器1台、油浸式启动器1台,装机容量30千瓦。供太平镇上城村8个组0.26万人生活用水和乡镇企业、果园灌溉、大棚蔬菜等生产用水。

新城高巨水厂 建在高巨村,属世行贷款改水项目。1993年6月开工,1994年7月建成供水,总投资50.41万元,沟底建泉池1眼、30立方米蓄水池1座,塬面建30立方米高位蓄水池1座;压设供水主管2条、支管8条,全长14公里。2002年农村人饮解困项目投资7.6万元,修建供水房、管理房各3间,占地800平方米;新增供水管道4公里,安装30千伏变压器1台、油浸式启动器1台,装机容量30千瓦。供新城乡高巨行政村12个自然村0.65

万人生活用水及乡镇企业、果园灌溉、大棚蔬菜等生产用水。

孟坝河范水厂 建在河范村,属世行贷款改水项目。1994年1月开工,11月底建成,总投资23.38万元,沟底建泉池1眼、30立方米蓄水池1座,塬面建30立方米高位水池1座,管理房、库房各1间20平方米,占地340平方米;铺设供水主管道1条、支管3条,总长11公里;安装30千伏变压器1台、油浸式启动器1台,装机容量20千瓦。供孟坝镇河范行政村4个自然村0.15万人生活用水及乡镇企业、果园灌溉、大棚蔬菜等生产用水。

屯字水厂 建在曙光路口,属世行贷款改水项目,是全县最大的农村自来水厂。1994年6月开工,1997年11月建成供水,总投资331万元,建水源井2眼,200立方米蓄水池1座,50立方米水塔1座高20米,修管理房18间,压设管网80公里。2002年农村人饮解困项目投资23万元,增设供水管道6公里,增建管理房7间、库房2间,建筑面积852平方米,占地2000平方米,安装30千伏变压器2台、油浸式星三角启动器2台,装机容量59千瓦。供屯字镇街道108个机关企事业单位和14个行政村78个自然村3.8万人生活用水和1万多亩果园灌溉用水。

郭原景塬水厂 建在景塬村,属世行贷款改水项目。1994年9月开工,12月建成,总投资18.36万元,沟底修泉池1眼、30立方米蓄水池1座,塬面建30立方米高位水池1座、管理房2间,占地80平方米;压设供水主管2条、支管3条,总长4公里;安装30千伏变压器1台、启动器1台,装机容量30千瓦。供景塬行政村8个自然村0.25万人生活用水及乡镇企业、大棚蔬菜等生产用水。

临泾席沟圈水厂 建在席沟圈村,属世行贷款改水项目。1995年3月开工,1996年3月竣工供水,总投资60.28万元,建水源井1眼、50立方米蓄水池1座、30立方米水塔1座高15米、水处理房1间;压设供水主管3条、支管3条,总长8公里。2002年农村人饮解困项目投资4万元,增设供水管道2道,增建供水房1间,管理房、库房各3间,建筑面积150平方米,占地840平方米;安装30千伏变压器1台、启动器1台,装机容量22千瓦。供临泾乡席沟圈行政村6个自然村0.53万人生活用水及乡镇企业、果园灌溉、大棚蔬菜等生产用水。

城关尤塬水厂 建在莲池行政村尤坪自然村,属世行贷款改水项目。1995年4月开工,11月建成供水,总投资18.71万元,建水源井1眼、30立方米蓄水池1座、管理房2间、库房1间,占地80平方米;压设供水主管2条、支管2条,总长4公里;安装30千伏变压器1台、油浸式启动器1台,装机容量22千瓦。供城关镇莲池村尤坪等6个组0.45万人生活用水及乡镇企业、果园灌溉、大棚蔬菜等生产用水。

孟坝三门嘴水厂 建在三门嘴村,属世行贷款改水项目。1995年7月开工,1996年6月建成供水,总投资14万元,修建泉井1眼、30立方米蓄水池1座、30立方米高位蓄水池1座、管理房1间20平方米,水厂占地340平方米;压设供水主管1条、支管3条,全长4公里;安装30千伏变压器1台、油浸式启动器1台,装机容量20千瓦。供孟坝镇三门嘴行政村3个自然村0.14万人生活用水及乡镇企业、果园灌溉、大棚蔬菜等生产用水。

临泾水厂 建在临泾乡政府后院,属世行贷款改水项目。1995年3月动工,1997年12

月建成供水，总投资103.26万元，建水源井1眼、50立方米蓄水池1座、30立方米水塔1座高15米、水处理房1间，压设供水管网17公里。2005年安全饮水项目投资9万元，增压水管4.9公里，修建管理房6间、库房2间，建筑面积166平方米，占地面积840平方米；安装30千伏变压器2台、油浸式启动器1台，装机容量22千瓦。供临泾乡32个组和机关企事业单位及城关镇2个组1.2万人生活用水及乡镇企业、果园灌溉、大棚蔬菜等生产用水。

孟坝水厂 建在孟坝镇北街新集路口，属世行贷款改水项目。1995年3月开工，1996年4月建成上水，总投资67.83万元，建水源井1眼、50立方米蓄水池1座、30立方米水塔1座高15米、水处理房1间；压设供水主管3条、支管4条，总长8公里。2002年农村人饮解困项目投资25万元，建供水房10间、管理房3间、库房3间，建筑面积80平方米，占地840平方米；增设供水管道19公里，安装30千伏变压器1台、油浸式启动器1台，装机容量22千瓦。供孟坝镇2个行政村9个自然村和镇机关企事业单位1.1万人生活用水及乡镇企业、果园灌溉、大棚蔬菜等生产用水。

上肖净口水厂 建在净口村南，属世行贷款改水项目。1995年6月开工，1996年6月建成供水，总投资106.67万元，修建水源井1眼、水处理房1间、50立方米蓄水池1座、30立方米水塔1座高15米；压设供水主管3条、支管2条，总长12公里。2004年农村人饮解困项目投资4万元，增设管网67.7公里，自来水进户580户，修管理房5间、库房2间，建筑面积140平方米，占地600平方米；安装30千伏变压器1台、油浸式启动器1台，装机容量30千瓦。供2个村21个组0.9万人生活用水及乡镇企业、果园灌溉、大棚蔬菜等生产用水。

南川水厂 建在南川街道中心，属世行贷款改水项目。1995年7月开工，1996年7月建成供水，总投资15.04万元，建有水源井1眼、30立方米蓄水池1座、管理房1间，水厂占地100平方米；压设供水主管1条、支管3条，全长2公里；安装30千伏变压器1台、油浸式启动器1台，装机容量22千瓦。供南川乡机关企事业单位0.27万人生活用水。

太平水厂 建在太平镇南街，属世行贷款改水项目。1997年3月开工，12月竣工，总投资50.38万元，建成水源井1眼、50立方米蓄水池1座、水处理房1间、高15米水塔1座，压设供水主管网3条、支管3条，总长14公里。2002年农村饮水解困项目投资15万元，增设供水管网7.4公里，修管理房3间60平方米，水厂占地840平方米，安装30千伏变压器1台、油浸式启动器1台，装机容量22千瓦。供太平镇3个行政村9个自然村和镇机关企事业单位1.04万人生活用水及乡镇企业、果园灌溉、大棚蔬菜等生产用水。

上肖南李水厂 建在南李村，属世行贷款改水项目。1997年3月开工，1998年8月建成，总投资60.44万元，建成水源井1眼、50立方米蓄水池1座、30立方米水塔1座高15米，修水处理房1间、管理房3间、库房1间，占地600平方米；压设供水主管网2条、支管6条，总长6公里；安装30千伏变压器1台、油浸式启动器1台，装机容量25千瓦。供南李行政村8个自然村0.65万人生活用水及乡镇企业、果园灌溉、大棚蔬菜等生产用水。

太平埝边水厂 建在埝边村，属世行贷款改水项目。1997年3月开工，1998年8月建成，总投资73.83万元，建成水源井1眼、50立方米蓄水池1座、30立方米蓄水池1座高15米；压设供水主管网3条、支管4条，总长20公里；修建水处理房1间、管理房3间60平方米，占地840平方米；安装30千伏变压器1台、油浸式启动器1台，装机容量22千瓦。供埝边行政村10个自然村0.5万人生活用水及乡镇企业、果园灌溉、大棚蔬菜等生产用水。

平泉虎泉水厂 建在虎泉村，属世行贷款改水项目。1997年7月开工，1998年10月建成，总投资15万元，建成水源井1眼、30立方米蓄水池1座、管理房4间80平方米，水厂占地600平方米；压设管网7.8公里，安装30千伏变压器2台、油浸式启动器1台，装机容量22千瓦。供2个行政村13个自然村0.45万人生活用水及乡镇企业、果园灌溉、大棚蔬菜等生产用水。

新城人饮工程 位于高庄村，1998年8月开工，1999年6月建成二级提水工程，总投资147.5万元，其中国家投资78万元，县财政配套34.5万元，群众自筹35万元，完成工程量192立方米（土方11.1万立方米，灰土67立方米，砼305立方米，砌砖563立方米），修建钢砼泉室2座，100立方米引水池、150立方米蓄水池各1座，30立方米和20立方米高位蓄水池各1座；安装潜水泵4台，提水扬程235米；铺设引水管道110米，输水主管道12.7公里，支管道35条43.2公里；布设供水点54处，闸阀井60座；建砖混供水房32间192平方米，管理房12间228平方米，配电房2间20平方米；安装30千伏变压器2台，配电盘2面；架设10千伏输电线路300米，400伏输电线路700米，日供水能力304立方米，解决7个行政村52个自然村和乡街道20个企事业单位0.9万人3600头畜饮水困难。

临泾祁焦人饮工程 属农村人饮解困项目，原规划在祁焦村，建设时移至包庄村，2002年8月开工，10月底建成。总投资130万元，其中国家投资78万元，群众自筹52万元，打深160米机井1眼，建150立方米地面沉淀池1座、30立方米水塔1座高15米，布设供水点34处、阀井40座，修砖混管理房6间116.4平米、供水房34间225.2平米，砌围墙140米，铺设供水主管道2条26公里、支管道18条16.4公里，安装一二级潜水泵各1台、30千伏变压器1台、配电盘1面，架设10千伏输电线路1.5公里、400伏输电线路0.41公里。解决包庄、祁焦、石羊等5个行政村45个自然村3365人和2010头畜饮水困难。

上肖杨城人饮工程 位于杨城村，属农村人饮解困项目，2002年8月开工，10月建成。总投资130.85万元，其中国家投资78.5万元，受益群众自筹52.35万元，打深160米机井1眼，建200立方米蓄水池1座、50立方米水塔1座高15米，设供水点40处、闸阀井45座，修砖混水房40间200平米、管理房6间116.4平米，铺设供水主管道1条34.9公里、支管道16条，安装潜水泵2台、30千伏变压器1台、配电盘1面，架设400伏输电线路0.6公里。解决4个行政村37个自然村21个单位6828人和799头畜饮水困难。

武沟人饮工程 位于武沟乡街西，属农村人饮解困项目。2002年8月开工，10月底建成二级供水工程，总投资104万元，其中国家投资62.5万元，自筹41.5万元，打深196米机井1眼，建20立方米沉淀池1座、150立方米蓄水池1座，一级提水至沉淀池，二级提水至蓄水池，布设供水点16处、闸阀井19座，修砖混供水房16间80平方米、管理房4间48平方米、大门1个,砌围墙216米,铺设上水管道2条5.3公里、供水管道16.9公里,安装护壁井管160米、潜力泵2台、50千伏变压器1台、30千伏配电盘1面,架设10千伏输电线路1公里、400伏输电线路0.7公里。解决3个行政村14个自然村和乡街道24个企事业单位2889人及617头畜饮水困难。

郭原人饮工程 位于郭原街道,属农村人饮解困项目。2002年8月开工,10月底建成二级上水工程,总投资140万元,其中国家投资84.5万元,群众自筹55.5万元,打深120米机井1眼,配套护壁井管120米,建20立方米和200立方米地下蓄水池各1座,30立方米水塔1座高15米;布设供水点35处,闸阀井39条;修砖混供水房35间175平米,管理房8间155.6平米,大门2个,围墙234米;铺设供水主管1条14公里,支管17条18.3公里;安装一、二级潜水泵各1台,50千伏变压器1台,配电盘3面,补偿器2台;架设10千伏输电线路1.2公里,400伏输电线路0.28公里。解决郭原、开边、城关3乡镇7个行政村38个自然村和15个乡机关单位3312人及656头畜用水困难。

中原乡中原人饮工程 位于中原村,属农村人饮解困项目。2002年8月开工,10月底建成二级上水工程,总投资92.21万元,其中国家投资55万元,群众自筹37.21万元,打深160米机井1眼,配套护壁井管160米,建150立方米地面蓄水池1座、30立方米水塔1座高15米,布设供水点19处、闸阀井24座,修砖混供水房19间95平米、管理房6间121平米、大门1个、围墙144米、地沟8米,铺设供水钢管主道233米、塑管支道17.1公里,安装一二级潜水泵各1台、30千伏变压器1台、配电盘1面,架设10千伏输电线路0.5公里。解决2个行政村18个自然村和10个乡机关企事业单位2814人及1099头畜用水困难。

城关丰台人饮工程 位于丰台村,属农村人饮解困项目。2002年8月开工,10月底建成二级上水工程,总投资155万元,其中国家投资93万元,自筹62万元,打深370米机井1眼,配套铁护壁井管370米,建100立方米地下蓄水池1座、30立方米水塔1座高15米,布设供水点32处、闸阀井36座,修砖混供水房32间160平米、管理房6间121平米、大门1座、围墙144米,铺设供水管网34.2公里,安装一二级潜水泵各1台、50千伏变压器1台、30千瓦配电盘1面,架设400伏输电线路0.12公里。解决城关、屯字镇7个行政村39个自然村4所小学4406人和410头畜用水困难。

新城阎寨人饮工程 位于阎寨村,属农村人饮解困项目。2002年8月开工,10月底建成二级上水工程,总投资136万元,其中国家投资82万元,自筹54万元,打深160米机井1眼,配套铁护壁井管370米,建200立方米地下蓄水池1座、30立方米水塔1座高15米,布设供水点35处、闸阀井39座,修砖混供水房35间175平米、管理房6间116.4平米、大门1座、围墙144米,铺设供水管网44.9公里,安装一二级潜水泵各1台、30千伏变压器1台、配电盘1面,架设10千伏输电线路0.8公里。解决新城乡阎寨、杜寨、中原乡何曹、田站、上杜、原峰6个行政村53个自然村和机关企事业单位3896人及1456头畜用水困难。

孟坝王地庄人饮工程 位于王地庄村,属饮水安全工程,2006至2008年分三期建成。第一期工程投资253万元,其中国家专项资金172万元,地方配套及群众自筹81万元,打深180米机井2眼，建300立方米和30立方米蓄水池各1座，布设闸阀井45座，修供水房10间，铺设输水管29.2公里，安装潜水泵2台、30千伏变压器2台，架设10千伏输电线路3公里，解决孟坝镇王地庄、醴坳、何范、西壕、方山乡贾山5个村0.6万人饮水安全问题。二期工程投资219万元，其中国家专项资金149万元，地方配套70万元，新打深180米机井1眼，安装潜水泵1台，布设阀门井122座，建配电房15平米、管理房120平米，埋设供水管道150公里，架设10千伏输电线路1公里、380千伏输电线路0.2公里，解决孟坝镇大寨、孟坝、峁合、塬口村、方山乡高中山5个村28个组0.5万人饮水安全问题。三期工程投资110万元，其中国家专项资金88万元，地方配套及群众自筹22万元，埋设供水管19.8公里，建供水房35间525平米，安装变压器3台、减压阀35套、阀门井109座、30千伏变压器1台，架设10千伏输电线路1.84公里、380伏输电线路3.2公里，解决方山乡庄岔湾、十八岘、庙渠乡塬头3个村12个组0.2万人饮水问题。

马渠泵站扬水工程 属饮水安全工程，2007年5月开工，8月底竣工。总投资180万元，其中国家专项资金117万元，地方配套及群众自筹63万元，利用红光泉水二级提水上塬，川道建150立方米地下蓄水池1座，塬面建200立方米蓄水池1座、30立方米水塔1座，铺设上水主钢管3.8公里、供水管道33.95公里，修建供水点39处、管理房4间，砌围墙140米，安装50千伏变压器1台，架设10千伏和400伏输电线路各400米，解决马渠乡7个村39个组4500人和450头畜饮水问题。

庙渠黎明泵站扬水工程 属饮水安全工程，2007年10月开工，2008年6月底竣工。总投资79.4万元，其中国家投资54万元，群众自筹25.4万元，利用王川村原有机井水源，配套潜水泵1台，新建30立方米地下蓄水池1座，在黎明村王家塬组塬面建50立方米水塔1座高10米，修建砖混管理房3间60平米、供水房8间，砌围墙60米，铺设输水钢管1.36公里、供水管道17.4公里，布设供水点8处、降压池和闸阀井29座，更换安装80千伏变压器1台、配电盘1面，解决黎明村8个组1796人饮水问题。

孟坝王湾机井饮水工程 属饮水安全工程，2009年9月开工，2010年5月底竣工。总投资342.1万元，其中国家预算资金226.7万元，省财政配套资金48.2万元，群众自筹67.2万元，打机井1眼，配套潜水泵2台、二氧化氯消毒器1台，建100立方米地下蓄水池1座、30立方米水塔1座高20米，修砖混供水房33间165平米、管理房8间158平米，布设水闸阀井33座、管道减压井3座、检查井120座，铺设输水钢管60米、供水管道167.45公里，自来水入户216户，安装30千伏变压器1台，架设10千伏输电线路1公里、380伏输电线路0.2公里，解决孟坝镇王湾、刘城2个村27个组5429人饮水问题。

武沟孟庄机井饮水工程 属饮水安全工程，2009年9月开工，2010年5月底竣工。总投资240.2万元，其中国家预算资金154.2万元，省财政配套资金34.8万元，群众自筹51.2万元，新打机井1眼，配套潜水泵2台、自动上水装置1套，建20立方米蓄水池1座、30立方米水塔1座高15米，修管理房3间120平米，铺设供水管道80.8公里，布设供水点51处、闸阀井99座，自来水入户100户，安装30千伏变压器1台，架设10千伏输电线路1公里，380 伏输电线路 0.3 公里，解决孟庄、冯埝、张岘子 3 个村 26 个组 3541 人饮水问题。

中原殿王机井饮水工程　属饮水安全工程，2009 年 9 月开工，2010 年 5 月底竣工。总投资 92.6 万元，其中国家投资 42.6 万元，省财政配套资金 5.4 万元，群众自筹 44.6 万元，利用贤王自然村原有机井水源，配套潜水泵 1 台、自动上水装置 1 套、水净化设备 1 套，建 30 立方米地下蓄水池 1 座、30 立方米水塔 1 座高 15 米，修管理房 2 间 24 平米、大门 1 座，砌围墙 68 米，硬化场院 280 平米，铺设上水钢管 170 米、供水管道 44.27 公里，配套闸阀井 12 座，自来水入户 195 户，安装 20 千瓦配电盘 1 面，架设 380 伏输电线路 0.1 公里，解决殿王村 5 个组 972 人饮水问题。

殷家城泵站扬水工程　属饮水安全工程，2009 年 9 月开工，2010 年 5 月底竣工。总投资 140.45 万元，其中国家投资 98.4 万元，省财政配套资金 23.05 万元，群众自筹 19 万元，沟底建 30 立方米进水池 1 座、50 立方米蓄水池 1 座，配套潜水泵 1 台、上水自控装置 1 套，配置管道墩 6 座，安装上水钢管 1.5 公里、供水管道 46.14 公里；设置闸阀井 51 座，其中供水闸阀井 23 座，管道减压井 23 座，检查井 5 座；修建管理房 2 间 30 平米，供水房 23 间 115 平米；安装配电盘 1 面，架设 380 伏输电线路 0.7 公里。解决殷家城乡机关企事业单位和敬岔、支山、桑树坬、张老庄 4 个村 22 个组 0.2 万人饮水问题。

第三节　“三池”开发建设

镇原屯字塬边沟由于山体滑坡，形成翟池、太阳池、白马池三处天然湫池，总流域面积 4.6 平方公里，池水面积 57.55 万平方米，蓄水量 474 万立方米。1952 年，黄河水利委员会西峰水土保持科学设计院派朱光远来镇原检查水保工作，对“三池”十分关注，发现有险情，动员群众及时进行加固。1959 年，在太阳、白马、翟池投放鱼苗 80 万尾，进行试验推广。1964 年 7 月，水利部副部长、黄河水利委员会主任王化云调研“三池”时称赞“天然湫池，不满不淤，是陇东黄土高原的三颗明珠”。1977 年，对翟池西岸角滑坡两次抢修加固。

2000 年，将“三池”开发作为提升镇原水产旅游业重点建设项目，科学定位，综合利用，确定开发面积 3000 亩，其中水域面积 830 亩，耕地及荒山面积 2170 亩，采取招商引资、启动民资、争取国家投资、县乡配套等途径同步开发，逐步建成水产养殖、生态环境、高效节水农业、旅游服务等综合产业区。2003 年，对太阳池、翟池进行综合开发，改善水电路基础条件，绿化荒山，培育园林，修建住宿、餐饮、娱乐等服务设施，增设娱乐项目，逐步建成旅游观光、休闲娱乐、避暑度假和高效农业区。

翟池　位于县东南上肖乡翟池村境内，距县城 35 公里。民国二年（1913 年）古十一月，北塬头滑塌，堵塞沟道，形成池湫，因此地聚居翟姓，故称“翟池”。总流域面积 1.33 平方公里，池面东西宽 200 米，南北长 800 米，池水面积 18 万平方米，最深水位 13 米，总蓄水量 126 万立方米。池上游南端有清泉 1 眼，以 0.004 立方米/秒流量注入池内，水质甘甜，是当地群众饮水源泉。池四周环山，山势逶逦，山形奇特，牛黄嘴、龟蛇岭、雄鸡峁等形态各异，惟妙惟肖。1959年投放鱼苗30多万尾，试验成功，繁殖成群。1973至1974年，修提灌站1处，引灌塬地500亩，后因塬面机井快速发展，设备封存停灌。1977年8月20日，池下游西岸角滑坡，冲走成鱼十万余吨，池水下降3.5米，当年和1980年两次加固，恢复正常水位。2003年，采取招商引资办法，对翟池进行综合开发，平田整地300亩，建果园300亩，绿化山坡290亩，建提灌站1处，打机井1眼，配套果园滴灌，开挖池塘200亩，投放银鱼苗160万尾，修建水上公园、水上人家宾馆、露天游泳池、多功能大厅和停车场，购置大小汽艇20余艘，开设划船、游泳、垂钓等20个娱乐项目。“长绿坛”深居湖中，形若翁立，四季常青，湖水碧波荡漾，晴天波光涟涟，雨天迷雾蒙蒙，静夜鳞光闪烁，皓月若盘，湖边绿树成荫，依水吐翠，婆娑若染，山水一色，鱼翔鸟飞，心旷神怡，令人流连忘返，已初步建成旅游风景区。

太阳池 位于县城东南屯字镇太阳村境内，距县城32公里。原太阳池早已干涸，其形成尚未考清。清嘉庆二十五年（1820年）二月五日，雷电大作，洪暴冲袭，山体滑坡，堵塞沟道，形成太阴池，因太阳、太阴池仅隔一山梁，群众改称太阴池为太阳池。总流域面积1.3平方公里，池面长970米，平均宽250米，池水面积24.25万平方米，最深水位14.5米，总蓄水量218万立方米。沟掌黄土层中涌流0.003立方米/秒清水入池，不溢不涸，入口香甜。池四周环山，郁郁葱葱，自然景观奇特。池边建菩萨庙1座，每年农历二月初八日庙会，八方香客及本地善男信女接踵而至，烧香拜佛，求财还愿。1958年，县水利部门几次投放鱼苗30多万尾，经过繁殖发展，游鱼成群。1976年，在池边建提灌工程1处，发展水浇地近千亩。2003至2010年，通过招商引资，先后投入2000多万元，进行综合开发，配套水电路基础设施，绿化四周荒山2200亩，建成综合服务楼3050平方米、美食娱乐城400平方米，逐步形成旅游风景区和高效农业区。

白马池 又称白马泉，位于县城东南景象城，距县城23公里。清同治七年（1868年）春秋两次山体滑坡，堵塞沟道，形成湫池，因此地曾有白马庙，故称白马池。总流域面积1.97平方公里，池水面积15.3万平方米，最深处17米，总蓄水量130万立方米。池周围有3股泉水，从山腰吐泻而出，清澈如镜，流水之处苔藓丛生，翠绿欲滴。1958年，县水利局投放鱼苗20多万尾，繁殖成群。1974至1975年，修建提灌站1处，成为当地人畜饮水和农田灌溉天然泉池。2010年仍在招商引资，有待开发。

第四节　塘坝建设与水产养殖

1959年，国家投资1万元，从武汉购回白莲、鲤鱼、草鱼等鱼苗80万尾，投放太阳、白马、翟池，试验成功，繁殖成群。1975年，南川公社贺丰大队改河后，利用旧河床聚水养鱼，成鱼较多，县水电局购网捕捞多次，出鲜鱼15吨，县城机关单位职工利用假日，垂钓消遣。1976年，西杨、八山2个大队，从武汉购回鱼苗75万尾，投放西杨水库50万尾，北徐沟塘坝放养25万尾。1980年，国家投资4.7万元，修复县城南门鱼池，投放鱼苗25万尾，给吴家沟水库放养小鱼3万尾。1980年夏，西杨水库开始捕捞，出售鲜鱼1300多公斤。至1985年，全县共有水养面积1326亩，养鱼300万尾。1988建起临泾良韩塘坝，聚水面积60亩，投放鱼苗10万尾。1996年，贺丰行政村鱼塘水涸鱼死，县城南门鱼池在暴洪灾害中水毁。2002年建起三岔查芦渠塘坝，聚水面积100亩，投放鱼苗25万尾；建起殷家城许湾池塘，聚水面积120亩，投放鱼苗27万尾。2005年修建城关莲池塘坝，面积20亩，投放鱼苗8万尾。2008年，新建池塘2处，新增水产养殖面积60亩，投放鱼苗90万尾，鲜鱼产量98吨。2009年新建池塘3处，新增水产养殖面积60亩，鲜鱼产量107吨。2010年，新增养殖面积40亩，投放鱼苗75万尾。至年底，全县有养鱼水库2个，天然湫池3个，人工塘坝18个，养殖总面积1090亩，鲜鱼产量105吨，最高亩产600公斤，最低亩产51.5公斤，主要有鲫鱼、鲤鱼、草鱼、青鱼、鲢鱼、鳙鱼、鲂鱼等10个种类。部分河流、沟叉之中，栖息少量螃鲅、麦穗、泥鳅、鰲条等小型野生鱼类和鳖、蛙。

第五节 抗旱防汛

中华人民共和国成立前，抗旱防汛由群众自发进行，每遇特大旱洪，受灾群众苦不堪言，重者家毁人亡，逃荒在外，乞讨度日。中华人民共和国成立后，党和国家重视抗旱防汛工作，制定一系列法规、政策。县委、县政府将抗旱防汛工作列入重要议事日程，成立抗旱防汛组织，采取有效预防救治措施，做到小灾不减收，大灾不低头，稳定社会和人民情绪。

一、抗旱

镇原距海遥远，属北温带大陆气候，十年九旱。全县各级党政组织和广大干部群众经过长期探索，创立一套抗旱防灾措施和旱作农业技术，从修渠打井、计划用水到机井提灌，常规节水，平田整地聚水。20世纪80年代至90年代前期，省农科院驻上肖六条路实验组，试验推广玉米划行种植、挖窝施肥、开窝点种、小麦沟施化肥、镇压保墒等旱作农业新技术，促进农业生产。1990年代后期，学习外地先进技术，总结本地抗旱经验，确立骨干工程蓄水、打机井补水、田间配套省水、地膜覆盖保水、耐旱作物调水、高新技术节水指导思想，逐步走出一条工程节水、常规节水、生物节水、管理节水新路子，配套发展渠溉，打窖蓄水滴灌、渗灌、喷灌，取得较好效果。

二、防汛

中华人民共和国成立后，全县各级党政组织贯彻落实“常抓不懈、预防为主”的防汛工作方针，从防大汛、抗大洪出发，严格措施，靠实责任，突出重点，保证安全度汛。每年初，县防汛指挥部与西杨、吴家沟水库及巴家嘴水库下游乡镇签订防汛安全责任书，乡镇与险区群众签订安全责任书，明确任务措施，对镇原管辖的2座水库度汛作出详细计划安排，制订抢险预案，报市防汛办审批后，严格调度运行。防汛前和汛期，坚持对重点工程、重点区域进行检查,督促落实各项措施,排除隐患险情,抢修病险水库和毁坏工程,筹资购置抢险物资,备足备齐应急物资,确保防洪抢险。

1973 年县城机关干部工人参加修建茹河堤坝劳动场面

1955 年,对县城南门桥头至东门河滩危害最大的茹河段,用铅丝笼抛石作基础,块石砌护堤 1000 米,后因质量差被水毁。1965 年重新用混凝土砌石,保护县城安全。1971 至 1972 年,城关东关和开边解放两个大队动员民工治理河道,用混凝土砌石护堤 1620 米。1974 至 1976 年,城关、开边公社沿河 15 个大队 39 个生产队,组织农民修筑河堤,治理河道,用混凝土砌石护岸 11 万米。1972 至 1977 年,平泉公社旦树湾和南川公社王沟、河李、贺丰、段崖窑、包沟等队投劳 21.5 万个,移动土方 43.6 万立方米,对河道进行截弯取直,增加川水地 323 亩,保护川台地 350 多亩。1996 年 7 月,遭受特大暴洪灾害,茹河城区护岸水毁 393 米,城关海丰村河堤水毁,淹没川台粮田 1055 亩,导致河流逼近南岸镇北公路,最危险处仅剩 14 米。县政府组织计委、水利、城建等部门,对护城河堤和海丰河防进行现场勘查,制订抢修方案,当年 8 月,开工维修,海丰河防在留存的护岸上游建钢混箱式挑流丁字坝 3 座,长高各 5 米,平均宽 2.6 米,基础深 2 米,补修护岸包头。1997 年 5 月抢修护城河堤,分二次建成,修复水毁河堤 434 米,加宽河堤 336 米,面宽 12 米,以堤代路,维修加固跳水坝 3 座。2000 年 6 月,建成茹河金龙沟口至郭堡子沟口河堤 760 米,布设排流堤 3 座。2003 年 7 月,建成城关莲池段堤防工程,用砂砾石填筑堤体 3010 米,平均高 5.5 米,顶宽 4 米,混凝土浇筑迎水面底部基础,水泥预制块砌护岸上部。2004 年,建成茹河黄岔、东关两段堤防各 2480 米,其中西岸各 200 米,北岸各 2280 米,混凝土浇筑迎水面底部基础,水泥预制块砌护岸上部。2006 年,在县城东门外蚂蚱沟建防洪渠 850 米,增加防洪能力,消除县城安全隐患。8 月,在县城北沟流域进行山洪灾害监测试点,制订防御方案,取得经验。2008 年,在县防汛办建中心工作站 1 处,安装固定有线电话 5 部,移动通信手机 6 部,在县城和莲池、水荫、蚂蚱沟、庙沟 4 条沟及吴家沟、西杨水库建自动雨量监测站各 1 处,在县城周围灾害易发的 4 条沟上下游建水位自动监测站 8 个,并在制高点安装自动报警器和高音喇叭各 4 个,在东关、莲池 4 个组安装固定电话 5 部,配备通信手机 6 部,通过人工上报和网络发布,实现检测信息共享,为领导决策提供依据。

第六节 水土保持

中华人民共和国成立后，镇原人民艰苦奋斗、战天斗地，大搞农田基本建设和小流域治理，取得较好生态效益和经济效益。

一、农田基本建设

1949 年 10 月起，县人民政府动员群众，大搞农田基本建设。1959 年，全县拍地边埂 18.3 万亩。1965 年，各社队组织劳力，采取椽帮堰的办法，打地埂，修农田，提高农田建设质量。1970 年起，坚持专业队与群众运动相结合的原则，少数以公社为单位集中治理，多数以大队为单位连片治理，个别以生产队为单位分散治理，普遍组织专业队常年治理。干部、群众起早贪黑，开展农田基本建设大会战，在山区兴修水平梯田，在川塬区兴修水平条田，实行田、林、水、路综合治理。至 1985 年，全县累计兴修水平梯田 25.1 万亩，占山地面积 20.6%；兴修水平条田 35.2 万亩，占川塬地面积 62.9%。曙光乡曹路行政村通过多年综合治理，建成沟头防护 7 处，改路 6 条，连片治理水平条田 1900 多亩，5 个自然村粮食亩产由 1965 年 57.5 公斤上升到 200 多公斤。城关镇祁川行政村坚持 8 年治山治水，投工 9 万个，移动土石方 70 万立方米，累计修水平梯田 2680 亩，占耕地面积 62%，亩产由 1970 年 42 公斤增加到 117 公斤。

层层梯田

1986 至 1995 年，以生产队为单位，统一规划，集中劳力，联户连片治理，10 年新修水平梯田 40.91 万亩，占山地面积 33.7%。1996 年起，加大投入，加快治理速度。县财政安排 270 万元，群众自筹资金 225 万元，加省地补助，买回推土机 85 台，人机结合，以机平为主，投入平田整地。至 2010 年，15 年新修水平梯田 63.64 万亩，占山地面积 52%，其中机平面积 26.96 万亩，占平田面积 42.36%，累计有梯田面积 130 万亩，条田面积 35.3 万亩，人均 3.34 亩。

二、小流域治理

1959 年，修筑沟头防护 9100 处，并采取打水窖、挖涝池、堵坝等措施控制水土流失。1960 年开始，采取封沟造林、种草、打坝、沟头防护、平整沟坡地等措施，进行小流域综合治理。到 1985 年，全县治理南坡、红武沟、包庄沟、联合沟、太阳池、脱沟门、王湾、二合渠、周家

流域治理

庄、张拐沟、李堌、甄家沟、贾前庄、西杨、八山、胜利沟、团结沟、郭家沟、吴家沟等24条小流域，面积达31.38万亩，共修农田6.5万亩，造林16.79万亩，种草8.09万亩。城关张家沟、临泾包庄沟、屯字联合沟分别治理面积0.2万亩~1万亩。新城团结沟、太平王宝塬治理面积均在千亩以上。

1991至1996年，实施“十百千”流域示范工程建设，建成常埝、联合沟、巨沟3处流域工程，涉及屯字、庙渠、武沟3个乡镇所辖的14个行政村55个自然村2320户10183人，总流域面积56.56平方公里，共计兴修梯田21088亩，造林24897亩，种草8289亩，建淤地坝8座、其他拦蓄工程832处，治理面积31.16平方公里，其中庙渠乡常埝沟流域面积21.4平方公里，辖5个行政村22个自然村760户3430人，兴修梯田10338亩，营造防护林3860亩，用材林6111亩，经济林725亩，种草2945亩，修建拦蓄工程723处，治理面积10.35平方公里，土地利用率由57%提高到82.5%，林草覆盖率42.5%，拦泥率72%，蓄水率67%，人均产粮509公斤，农民人均纯收入1152元。屯字镇联合沟流域面积16.76平方公里，辖4个行政村16个自然村740户3290人，兴修梯田8294亩，营造防护林6359亩，建果园2568亩，种草1944亩，建淤地坝6座、拦蓄工程71处，治理面积12.71平方公里，土地利用率由56.11%提高到77.8%，林草覆盖率42%，蓄水率70.3%，保土率83.19%。人均产粮450.5公斤，农民人均纯收入963.5元。武沟乡巨沟流域面积18.4平方公里，辖5个行政村17个自然村820户3463人，兴修梯田2456亩，造林5274亩，种草3400亩，建淤地坝2

座，其他拦蓄工程38处，治理面积14.1平方公里，治理率达76.63%。

1993至1995年，在临泾良韩沟进行省列示范小流域建设，集中连片，规模治理，新修梯田3929亩，造林7500亩，建果园388亩，种草3307亩，加原有建设，累计有梯田10979亩，林地面积8476亩，果园面积675亩，牧草面积3733亩，淤地坝1座，其他拦蓄工程168处，治理率71.44%，土地利用率由46.4%提高到62.2%，林草覆盖率38.8%，拦蓄率70.2%，挡沙率84.9%，人均产粮475公斤，农民人均纯收入839元。

1994至1998年，在西北部干旱的马渠、殷家城、三岔、方山、新集、庙渠、孟坝、开边、武沟、郭原、小岘11个乡镇123个行政村开展第一期沙棘林封山治理建设，先后投资499.8万元，其中国家投资291.6万元，群众自筹208.2万元，营造纯沙棘林12.67万亩，沙棘、刺槐、山杏混合林2.33万亩，成活率60.8%，控制水土流失面积1813.42平方公里。

1999至2000年，县政府成立生态环境综合治理工程领导小组，在计委设办公室，从水利、水保、林业、农业、畜牧等部门抽调十多名工程技术人员，组成工作小组，负责治理工程规划设计、技术指导、施工、质量监督和竣工验收等工作，实施交口河、茹河、蒲河流域生态环境综合治理，涉及太平、孟坝、临泾、开边、武沟、庙渠、马渠、郭原、三岔、殷家城10个乡镇所辖74个行政村666个自然村，建设内容包括"坡改梯"、小型水保、生态林、草场、能源工程等。总投资1800万元，其中国家投资1000万元，省地县配套800万元，群众投工254.5万工日，新建标准化梯田3.45万亩，建成小型拦蓄工程1058处，配套补灌面积1200亩，营造生态林6万亩，封山林4.5万亩，种草5.7万亩，安装太阳能灶1500座，改造节能灶9467个，控制水土流失面积905.2平方公里。

1999至2003年，开展第二期沙棘林封山治理，先后投资554.91万元，其中国家投资100万元，地方配套454.91万元，营造纯沙棘林2466.6亩，沙棘、油松、刺槐、山杏混合林866.7亩，控制水土流失面积106.32平方公里。

2001至2003年，在殷家城、三岔、方山3乡镇22个行政村实施蒲河流域水土保持一期工程，先后投资3324.64万元，其中国家投资1268.31万元，地方配套资金960.84万元，群众投劳折算1095.49万元，在庄科沟、田家沟、殷家城沟、大雄山、康家河5条流域兴修梯田840亩，营造乔木林6690亩，灌木林18300亩，经济果林5327亩，种草18730亩，修建骨干坝19座，淤地坝60座，打水窖258眼，修涝池57处，谷头坊965座，治理水土流失面积85.3平方公里。

2004至2006年，开始太平乡庙嘴沟流域治理，涉及枣林、席兰等6个村1450户6525人，流域面积50.83平方公里。总投资1396万元，其中国家投资727万元，坚持全面规划，综合防治，因地制宜，加强管理，注重防洪、拦泥、蓄水效益，合理利用水沙资源，以沟道坝系工程为基础，沟坡兼治，新建骨干坝8座，中型淤地坝10座，小型淤地坝8座，控制水土流失面积50.83平方公里。

2006至2010年，在殷家城、三岔、马渠3乡镇11个村实施蒲河流域水土保持第二期项目，先后投资2952.7万元，其中国家投资1453.47万元，地方配套1499.23万元，在虎家后沟、平顶山沟、杨千沟、高庄沟、庙儿沟5条流域建成骨干坝2座、淤地坝1座、暖棚126座，修建管理房10间、工程围栏8.56公里、生物围栏38.19公里，扩建道路15.5公里，修水窖100眼，制作标志牌10面、宣传牌16面，兴修梯田840亩，营造灌木林1609亩、经济林1055亩，种草2772亩，生态恢复面积5828亩，治理水土流失面积18.16平方公里。

2009至2010年，在孟坝、庙渠、马渠、三岔、方山5乡镇所辖流域内进行生态恢复试点工程，完成投资27.13万元，新造林1610亩，补植造林2724亩，种草1083亩，改善草场2012亩，建生物围栏33公里、工程围栏18.8公里，修养殖圈舍80座、管护房8座，打水窖70眼，恢复治理面积18.57平方公里，封禁治理面积10.45平方公里。

至2010年底，全县累计治理水土流失面积2218.13平方公里，其中梯田646平方公里，水保林289.46平方公里，经济林155.87平方公里，种草1126.67平方公里，建成淤地坝工程135座，其中中型治沟工程46座，中型淤地坝20座，小型淤地坝69座，小型拦蓄工程8865处，水土流失治理率63.38%，林草覆盖率44.91%。

第七节 水利水保工程管理

中华人民共和国成立后，全县各级政府贯彻党和国家有关保护水利水保工程政策法规，教育广大干部群众认识兴修水利和加强水保是保护农业资源、发展农业生产、增加农民收入的公益事业，建设的目的在于发挥效益，克服和纠正一些干部群众重建轻管和依赖国家的等、靠、要思想，增强开发利用自觉性。

一、水利工程施工管理

1950至1998年，县内水利工程建设市场发育不够健全，水利工程由水利管理部门组织专业技术人员和技工承担施工。1999年，县政府出台《镇原县工程建设施工招标投标管理办法》。2000年开始，对新建、改建、扩建50万元以上水利工程，除建设行政主管部门批准不宜招标的特殊工程外，均实行招标建设。招标方式有公开招标、邀请招标、议标。招标范围包括土建、供水、排水等。水利建设市场的主体由水利工程法人单位、施工单位、勘察设计单位和监理企业组成。至2010年，全县新建改建的水利工程，通过招标、投标方式，分别由具有水利工程施工资质、施工力量雄厚、设备先进的县第一、第二建筑工程公司，庆阳市水利水电建筑公司、华池县利华水电工程有限责任公司、甘肃省定西市广厦建筑安装工程有限责任公司、甘肃顺通水务有限责任公司等企业承包建设。

二、水库管理

西杨水库在1958至1975年建设中，由郭原公社管理。1976年建成后，成立西杨灌区管理所，行使管理职责，隶属县水电局。吴家沟水库1984年建成后，同洪惠渠归新城乡政府管理。1987年成立吴家沟灌区管理所，隶属县水电局，均实行以水养库，自主经营，自负盈亏。1995年，水利工程管理体制改革后，交所在地乡政府管理，县水务局进行业务技术指导。2008年两库灌区管理所上划县水务局,实行行业管理,人员工资由县财政供给,负责库区设施管护、安全卫生、日常巡视检查、汛期水情报告、组织活鱼捕捞、安排村、组灌溉等。

三、自流灌区管理

开边、南川、西杨、岱马、洪惠、川口、吴家沟7个自流灌区建成后,由所在地公社管理,实行以水养水,自主经营,自负盈亏。1983至1984年,分别成立灌区工程管理所,为公益性事业单位,隶属县水电局,实行人财物统一管理。1996至2006年,改由县乡两级管理,财务独立,自主经营。人员由县水务局调配,工资经费由县财政差额供给,水费由管理所收取,统一安排使用,主要用于工程维修、设备添置和人员工资补差等。供水事务由乡政府安排,确定供水时间,制订供水计划、供水办法,通知到村,先下游后上游,水管所负责实施。灌溉过程中,特别是遇到干旱,常常发生争水矛盾,水管所派出人员巡渠检查,制止截留,确保下游通水灌溉。2007年,进行水利工程管理体制改革,将人财物上划县水务局,实行行业管理,核定事业编制22人,实有42人,人员工资由县财政全额拨付,水费收入全额上解县财政。收费标准经县水务局测算,物价局核审,县政府审批,实行成本价收费。

四、机井 提灌站管理

1971至1980年,集体生产时,机井、提灌站由生产队统一经营管理,选派责任心强并掌握一定农机知识的农民开机抽水,生产队记工分,电费、维修费由生产队开支。1981年实行家庭联产承包责任制后,少数仍由大队、生产队经营,选派专人管理和开机,水费由大队、生产队收取,抽水人员报酬由大队、生产队划给公用地或付给现金,也有公用地、现金双补助的;大多数承包租赁给个人经营管理,水费由承包人收取,除交过电费、留少量维修费外,剩余部分作为报酬。灌水由户主口头预约,按照预约迟早排队,依次供水。收费依据县物价局规定标准,参照邻村收费情况,召开村民大会讨论确定。有公用地的行政村、自然村,根据群众意见,从减轻农民负担出发,降低收费标准,给承包人拨给一定数量公用地,由其耕种,收益作为报酬补贴。

五、人饮工程管理

全县百万元以上人饮骨干工程和世行贷款卫生改水工程,均成立管理所和水厂,为企业单位,隶属县水务局,实行行业管理。财务实行独立核算,自收自支,水费由管理所和水厂收取,主要用于运行费用、工程维修费用及人员工资。世行贷款农村卫生改水项目的盈余利润全额上解,作为还贷准备金储存。职工工资实行固定工资加效益提成。较小的人饮工程,一部分由所在村组经营管理,一部分承包给个人经营,实行自收自支,自我完善,自负盈亏。

六、水保监督管理

1991年6月29日,第七届全国人民代表大会常务委员会第十二次会议通过《中华人民国水土保持法》,确立"预防为主"的水土保持工作方针,将预防监督执法提到首位。1995年水利部在全国范围内分批开展水保预防监督执法试点工作,镇原县被列为水保预防监督执法试点县,县政府成立水土保持预防监督站,编制6人,人员从水保站内部调剂,全县配备水保主任监察员、助理监察员37人,统一着装8人,履行水保监督执法职责,对全县人为造成水土流失状况全面调查摸底，进行管区划分，制订发布通告；对长庆油田在县域开采石油，县内砖瓦厂弃土弃渣、修建公路等人为引起的水土流失案件进行查处，当年收取水土流失补偿费、防治费16万元，审批水保方案25份。

1992至2007年，宣传《水土保持法》，提高全民水保意识，每年检查清理开发建设项目造成水土流失的问题，查处人为破坏案件，先后组织《水土保持法》宣传330场次，利用广播电视宣传30场次，现场检查建设单位90多次，配合乡镇查处人为破坏水土流失案件40多起。2008至2009年，对全县生产和开发建设项目造成的水土流失情况进行普查，对存在的问题进行纠改，配合县石油办现场检查石油井位125次，审批石油开发井场97口，收回水土流失补偿费59.47万元，与乡镇共同查处人为破坏水土流失工程案件4起。2010年，依法行政，现场检查石油井场24次，审批石油开发井场24口，收回水土流失补偿费32.19万元，多次深入西气东输工程现场，督促建设单位落实水保方案，有效巩固治理成果。

第九章 农业机械

远在旧石器时代,境内先民已开始使用石木农具。新石器时代,运用骨制农具。春秋时期,使用铁制农具。中华人民共和国成立后,开展农具改革,推广使用新农具。20世纪60年代,引进耕地、脱粒、发电机械,期末,农业机械拥有量354台,总动力4108马力。1970年代,始有粮油加工机械,机耕、机耙、机播、镇压、收割、平田、灌溉等作业相应发展,期末,农机拥有量11367台,总动力82749马力。1980年代,开始机械深施化肥、镇压、覆膜等作业。实行家庭联产承包责任制后,农用机动车辆大量增加,农用动力机械由大型向小型转换和更新,并向外流动运输和作业,期末,农机拥有量11197台,总动力82566马力。1990年代,始用玉米覆膜点播机,向机械耕、种、施肥、收割、打碾、加工配套发展,期末,农机拥有量18713台,总动力10.8万马力。2000年起,自走式联合收割机进入田间,机械耕作程度进一步提高。至2010年,全县农机拥有量21905台,总动力23.7万马力。机械耕地、播种、收割程度在60%以上,粮食脱粒、打碾在80%以上,粮油加工达到100%。

第一节 管理服务机构

镇原县农业机械管理局(站) 1962年,成立镇原县农业机械站,有正式职工4人,抽调生产队人员12人,隶属庆阳专区农机分站。1966年3月,成立农业机械管理局,与农机站、农业机械公司为一套班子,对外分别挂牌,有职工6人,负责农业机械推广、销售、维修及使用管理工作。1968年,农机局(站)内设政工、生产、政务3个组,下设基层机耕队18个。1969年3月,撤销农机站。1970年7月,成立县工农业机械管理局。1972年11月,工农业机械管理局改为工业局。1975年1月,恢复县农业机械局,直属县革命委员会。1983年12月,撤销农业机械局,重新组建农业机械管理站。1986年3月,恢复县农业机械局,内设农机、技术、人秘、治保4个股,直属县政府。1997年3月,农业机械局改归农委管理。2002年4月,撤销县农机局,并入农牧局。农业机械管理站、农机推广站、农机学校合并为农业机械化工作站,内设文秘、农机监理、农机培训、农机推广4个股,加挂农机监理站牌子。2007年7月,县农业机械化工作站更名为农业机械管理局,参照公务员管理,仍隶属县农牧局,机构设置未变。2010年,农业机械管理局内设4个股,有职工34人,其中干部28人,工人6

人，负责全县农业机械示范、推广、监督、管理及农机技术培训等工作。

镇原县农业机械公司 1966年3月成立，隶属农业机械管理局。1969年5月，农业机械公司分为物资供应站和农业机械销售公司。1971年6月，农业机械销售公司又改为农业机械公司，下设业务、财务两个组。1972年12月，物资供应站改建为镇原县物资局，与农机局脱钩。1984年10月，农业机械公司更名为农业机械化服务公司，收归甘肃省农机公司垂直管理1年。1987年9月，农业机械化服务公司复称农业机械公司，内设业务、财务两个股，隶属县农机局。1988年，农业机械公司有干部职工28人，其中干部7人，工人21人，公司占地9.5亩，建筑面积6285平方米，固定资产27.93万元，流动资金9.08万元。1995年，农机公司收归省农机公司统管。2002年4月，农业机械公司改制，资产折价出售，用收入置换职工身份，转为个体经营。

镇原县农机学校 1980年成立，为股级事业单位，隶属县农业机械管理局，主要培训农机驾驶人员。1991年9月，升格为副科级事业单位，有职工5人。2002年4月撤销。

镇原县农机监理站 1980年5月成立镇原县拖拉机管理站，为股级事业单位。1984年7月改为农机监理站，有职工5人。2010年有职工7人，其中站长、副站长3人，监理员2人，工人2人。

农机技术服务站 1972年8月成立镇原县农机具研究所，有职工5人。1982年3月，农机具研究所改为农机技术推广站，有职工5人。1988年11月，更名为农机技术服务站，有职工6人，其中科技干部2人，工人4人。2002年4月撤销。

基层农机管理站 1960年，组建上肖、屯字国有机耕队，有拖拉机6台。1964年6月，上肖、屯字机耕队划归农机站管理。1965年2月，增设城关、平泉机耕队，有职工152人，其中驾驶员78人，修理工13人，技术员5人，行政管理10人，其他工勤人员46人。1968年，增设孟坝、临泾、太平、新城、南川、曙光、新集、三岔、马渠、庙渠、开边、武沟、郭原、中原机耕队14个，有职工124人。1969年3月，将18个国营机耕队下放给人民公社经营管理，成立人民公社农机管理站。1979年，建立方山、殷家城公社农机管理站，全县20个公社农机站全部配齐。1983年12月，公社农机站更名为乡农机站，大部分转产、闲置。2002年4月，撤销乡镇农机管理站，业务归并到乡镇农业综合办公室。

第二节 农机具演变

镇原农业工具，材质经历石、木、骨、铁等演变，使用从单纯人力到人畜合力，历代先民继承发展，种类增多。中华人民共和国成立后，人民政府开展农具改革，推广使用新式农具，创新发展农用机械，机械化程度不断提高。

一、传统人畜力农具

日用工具 春秋时期，先民开始使用铁制农具锨、镢头、锄、斧等。秦汉时期，主要农具铁器化。锨有铁锨和木锨，铁锨用于铲土翻地，木锨用于扬场，翻晒粮食。镢头有线镢、锄镢和镘镢之分，线镢刃窄而长，用于深挖地和挖坚硬地；锄镢刃宽而短，用于锄草和挖熟地；镘镢刃宽而长，用于开荒、挖熟地等。锄有大锄、麦锄、漏锄，大锄锄头宽大，用于刨秋田和搂土；麦锄锄头小巧，用于锄草、松土；漏锄锄头有孔，用于锄菜。斧头用于伐木、劈柴，镢斧形似斧头，安长把用于劈大柴。各代沿袭使用，稍有改进，镢、锄刃部铺钢，使之更加坚固锋利。

耕耙工具 有犁、耙、耱等。商、周时，先民采用石耜、鹿角、木耒等挖土播种，后逐步改进为犁。犁和牛耕的出现，是农业生产技术的重大进步。战国时期，出现耰，后称"榾柮"，是用七八寸长的圆木中间凿孔垂直安上把子，用于打碎田间胡墼（土块）。汉时，开始广泛生产使用铁器，制作铁犁和犁壁。魏晋南北朝时，犁趋于定型，发展为"直辕犁"，有长辕犁和蔚犁之别，分别用于平地和山地作业；制作人字耙、方形耙和用柳树枝（后用酸枣枝）条编成的"耱"，用于耱平地、碎土、镇压、埋种子、碎硬甲。唐代，使用"曲辕犁"，史有"犁一耙六"之记载。宋代，有人力踏犁。明、清时，采掘和冶炼技术提高，优质铁犁铧和耱增加，民间普遍使用，手工耙减少。民国时，有木犁、秦铧犁等。中华人民共和国成立后，政府组织城乡手工业者进行工具革新，增加铁犁，有秦铧犁、小铧犁、双轮双铧犁、双轮单铧犁等，常用的是新式步犁，铧尖由锥式变为铲式，既省力又深耕。耙、耱工具增加铁耙、菜耙、木丁耙和畜力柳条耱、枣条耱等，县内依然沿用。

播种工具 夏、商、周时，先民以手点种。西汉时，发明原始播种工具"点葫芦"。汉武帝时，搜粟都尉赵过迁西北，创制三脚耧，是世界上最早的条播机。魏、晋时，演变出二脚耧、一脚耧。唐时，将盛于盘中种子用手撒扬，谓之"盘播"。宋、元、明、清，沿用耧播。民国时期，川塬地用三脚耧、二脚耧播种，部分山区及小块地兼有人工撒播。中华人民共和国成立后，沿用传统畜力"木耧"和人工"盘播"。1954 年，始用马拉播种机。1985 年，引进改制并大量使用"庆丰 2BX-3"畜力双轮三脚播种机，普遍使用适宜点播玉米、豆类的手工点播器。1990 年起，大中小型拖拉机配套的各种播种机较为普遍。2010 年，有畜力耧播和机播两种形式，大块地以机播为主，小块山地以耧播为主，籽种拌土粪人工抱粪斗跟犁窜播的方法基本消失。

收割工具 新石器时代，先民使用骨镰收割作物。战国时期出现铁镰，有麦镰、夹镰及窟镰之分；麦镰镰头、镰把为木制，安装薄而锋利的钢刃，镰把稍长而轻巧，用于收割小麦等软秆作物；夹镰形似麦镰而粗短，铁架木把，夹钢刀刃，用于割草、斫柴；窟镰为铁头木把，镰头、镰刃、镰窟锻为一体，用于收割硬秆、带根作物。宋、元时出现推镰。中华人民共和国成立后，继续沿用。

运载工具 有大木车、独轮车、土车、粪笼、老笼、背篼等。大木车是大型木制运输工具，多头牲口拉运，用于运粪、拉庄稼，旧时只有大户人家拥有。独轮车、土车，是小型木制运输工具，靠人力手推或牵拉运载。粪笼、老笼、背篼，是藤编竹编的筐装工具，用于担挑或肩背。1953 年起逐步推广使用胶轮轴承架子车。

打碾工具 有碌碡、连枷、楗杈、杈、棒槌、扫帚、筛子、簸箕等。后汉时采用连枷脱粒。唐代，发明应用石碌碡，打碾粮食作物。宋、元时，出现耙、平板、石磙等脱粒工具。以后各代相继沿用。中华人民共和国成立后,改进使用。

灌溉工具 周时,初用桔槔灌溉。庙渠乡掘出周代陶水管,说明镇原那时已有水利设施。汉代始用辘轳提水灌溉。隋、唐时,发明使用水车。明、清时,桔槔、辘轳、水车同时沿用。中华人民共和国成立后,一些地方仍使用人、畜力提水灌溉,1970年代,开始在川区建自流渠道,在塬面打机井,配套灌渠,提高灌溉能力。

植保工具 1955年始引进手摇喷粉(雾)器,1960年开始使用手摇拌种器。

二、机动农机具

中华人民共和国成立后,机动农机具得到很大发展,大致分为四个阶段。1958到1962年,为起步阶段,主要推广畜力、半机械化农具,购进拖拉机4台,带犁进行示范性机耕。由于处在经济困难时期,牲畜严重死亡,农民耕好地、多打粮食的愿望与劳力、畜力不足的矛盾十分突出,拖拉机耕地很受群众欢迎。1963至1968年,为稳步发展时期,健全机构,加强服务,增加机具,提高效率。1969至1980年,为大集体发展时期,将原国营拖拉机站的所有拖拉机与农具折价挂账,归公社经营,全民所有制变成集体所有制,全面落实"80年实现农业机械化"任务,利用国家农业机械投资,发展提灌、农副产品加工机械和手扶拖拉机。1981至2010年,为快速发展阶段,农村联产承包责任制普遍实行,集体机具通过个人承包、折价转让给农户,完成经营主体转移,改革调整公社(乡镇)农机站,处置闲置资产和房舍,拍卖、承包拖拉机,解决资金被平调、挪用和侵占的"站散人走"问题。农用机械开始由大型向中小型的转移和更新,出现个体联户经营农机热。

(一)动力机械

拖拉机 1959年,引进UTOS45型拖拉机,开始示范耕作。1964年9月,庆阳专区农机站调拨大型拖拉机8台(东54型4台,UTOS45型4台),引进大型链轨拖拉机东方红75、轮式东方红40、铁牛55等。1970年代,引进适合山区耕作的手扶拖拉机与陇东25型拖拉机。至1979年,全县有各种拖拉机12种。1980至2010年,拖拉机向小型转变,主要有东风-12型手扶拖拉机,工农-11型拖拉机,沭河-8型、11型、12型手扶拖拉机,江西-15型轮式拖拉机,天水-15型,东方红-15型、20型、30型、40型,黄海金马-20型等,共有大中小机型20多种。自2006年开始,国家实行农机具购置补贴政策,且补贴资金逐年增加,拖拉机由小型向大中型发展,50马力以上拖拉机被农户认可,全县发展到1866台,

1958年镇原购进的第一批拖拉机 李炳轩摄

平田整地机具也逐年增加。

农用运输车 1990年代,全县农用运输车快速增长,成为山区人民的运输和交通工具。1999年开始，农用运输车由当地农机部门代管。2003年底，农用运输车拥有5000多辆。2004年4月,《中华人民共和国道路交通安全法》实施，农用运输车交由公安交警部门管理。2010年,农用汽车发展到9515辆。

柴油机 20世纪50年代后期购进,主要用于抽水灌溉、磨面、打碾及无电区照明。1970至1980年代迅猛发展,至1988年,全县拥有柴油机556台6037千瓦。1990年起,电力事业发展,柴油机逐步萎缩。2010年,全县有柴油机226台4200千瓦。

汽油机 1970年购进4台,总功率26千瓦,作为动力机械,主要用于抽水提灌及无电区照明。1985年,扶持老区建设投资小型汽油机10台,总功率10千瓦。2010年,全县有53台3000千瓦。

联合收割机 2000年3月,屯字镇屯字村农户姜勇自筹资金购买一台福田谷神4LZ-2型自走式联合收割机,填补县内自走式联合收割机的空白。2006年起,落实国家农业机械投资补贴政策,加快发展。2010年,全县有小麦联合收割机69台,玉米联合收割机6台,马铃薯收获机2台。小麦收割基本实现机械化,山区零星小块仍由人工镰割。

机动喷粉(雾)器 1971年引进使用,逐年发展。1988年拥有200余台。2000年增加到367台。2010年有732台。

发电机组 1958年9月,县发电厂建成,安装柴油发电机1组,总功率418千瓦。1974年,全县有发电机14台,总功率1350千瓦,主要用于无电区照明和农副产品加工。1975年7月,刘家峡电网输通县内,除寺马电站4台机组540千瓦继续运营、发电并入电网外,其余停用或报废。

电动机 1970年起,县内开始发展电动机。1980年,兴办粮油加工点,电动机发展到537台,总动力9795千瓦。1985年,拥有电动机2682台,总动力14131千瓦。1990年起,铡草机、脱粒机、玉米脱皮机迅速发展,电动机也大幅度增加。2010年底,全县有电动机1321台,总动力2.89万千瓦。

(二)机引机具

耕整机具 1960年代,配套大中小型耕作机具,有悬挂3铧犁(东方红40配套),悬挂5铧犁(东方红54配套),旋耕机多使用圆盘式,期末,有配套耕整机具92台。1990年代,拖拉机小型化,多配用单铧犁和双铧犁,旋耕机也更新为弯钩式,期末,有耕整机具1910台。2010年,有配套耕作机具3947台,其中机引犁2971台,旋耕机467台,机引耙94台,深松机98台,化肥深施机317台。

平田整地机具 主要有推土机、刮土板、镇压器、开沟机等。1973年,购进平田整地机具6台,1980年增加到32台,1990年发展到253台,2000年有289台,2010年达1695台。

播种机具 1970年,购进7行播种机,用于小麦播种。1972年,全县有机引播种机7台,1988年发展到96台。1990年代,机引播种机大量使用,开始引进玉米覆膜点播机等,先后购进412台。2000年,增加到986台。2010年,有播种机2155台,地膜覆盖机163台。

收获机具 1970年,县内开始使用小麦割晒机。1975年,发展到5台,其中大中型割晒机1台,手扶割晒机4台。1988年,增加到26台。1990年代,实验试用畜力割晒机,未能推开。2000年推广使用背负式割晒机,淘汰手扶割晒机。2010年,有背负式割晒机1050台。

运输机具 1960年代,开始使用大中型拖拉机带拖车,农闲搞运输。1980年代,四轮拖拉机带拖车。1990年代起,农用汽车、三轮、四轮农用运输车兴起,拖挂车逐步淘汰。

(三)电动机具

脱粒扬场机具 1960年代起,引进使用谷物脱粒机。1970年代,开始大量使用扬场机、造风机等。2000年起,购进使用玉米剥皮机、脱粒机等先进机具。

农副产品加工机械 1972年,社队集体引进米面加工机械,逐步推广发展。至1978年底,全县有农副产品加工机械2262部。1981年起,淘汰小型机,更换大型机,加工能力提高。1985年有215台,1990年有587台,2000年增到1754台,2010年发展到4270台。

畜牧机械 1965年前,养畜户加工粗饲草大多沿用传统的木、铁座铡子。1960年代末,开始引进饲草粉碎机、铡草机、饲草打浆机、剪毛机等。2000年起,国家加大投资力度,小型铡草机、揉丝机进入养畜户,数量发展到501台。2010年,增加到991台。

排灌机械 1960年,始用水泵。1970年起,川区和塬区部分地块使用电力抽水机灌溉,推进农村水利事业。1990年有排灌机械301台,2000年增加到451台,2010年达到1547台。

1957至2010年镇原县农业机械拥有量统计表

表9-2-1 单位:马力、台

年度	总动力	大中型拖拉机	手扶拖拉机	农用汽车	收割机	播种机	脱粒机	粮油加工机械	饲料粉碎机
1957	159	–	–	–	–	–	–	–	–
1960	743	–	–	–	–	–	–	–	–
1965	1813	49	–	–	2	2	–	–	–
1970	4108	79	4	–	2	5	–	52	39
1975	35859	179	164	5	2	64	65	107	521
1980	82749	345	846	32	5	112	102	150	1692
1985	71791	293	851	152	6	323	215	215	2036
1990	82566	352	886	395	7	412	225	232	2036
1995	96325	406	921	2568	9	785	235	242	2045
2000	108000	485	952	3965	12	986	245	260	2055
2005	176000	785	1046	6158	55	1569	602	336	2258
2010	237000	1866	1231	9515	85	2155	1986	462	2452

第三节 农 机 作 业

20世纪60年代，开始发展农业机械，以机耕为主。各公社机耕队每年夏收后，昼夜不停转战各生产队进行耕地，期末，机耕地51.7万亩。1970年代，机耕增加，购进播种机和畜牧加工机械，开始机播和饲草饲料加工；大型拖拉机安装推土铲，实施机械平田；柴油面粉机（称小钢磨）逐步推广使用。1973年秋季，平泉公社农机站出动大型拖拉机7台，安装推土铲3台，刮土板3台，悬挂犁1台，组成平田队，现场练兵，培训骨干，20多天平整水平条田426亩，期末，全县机耕地43.79万亩。1980年代，农村实行家庭联产承包责任制，由于地块划小，不便耕作和大型拖拉机破旧报废等原因，机耕地一度下降。机械收割、镇压、施肥和覆膜作业逐步进入田间。电动面粉机、脱壳机、粉碎机、碾米机、榨油机完全代替石碾、石磨和窑洞油坊。粮油加工点遍布乡村，结束人畜磨面、榨油历史。机械打碾逐步代替畜力打碾，机械扬场盛行，期末，机耕地36.8万亩，机播面积25.9万亩，机收1.2万亩，机械脱粒1.12万吨，农副产品加工1.02万吨。1990年代，小型农业机械发展，场上作业、农副产品加工、农业运输活跃，期末，全县机耕地48.6万亩，机播面积50.4万亩，机械覆膜4.1万亩，机收8.2万亩，机械脱粒5.12万吨，农副产品加工5.11万吨。2000年起，引进大型旋耕机、播种机和自走式联合收割机，推广家用铡草机和饲料粉碎机。2010年，全县农业机械作业涵盖田间作业、场上作业、运输作业、排灌作业及农副产品加工等20多项，渗入农、林、牧、副、渔各个生产领域，实现传统农业向现代农业重大转折，全县机耕92.19万亩，占总耕地面积54.5%；机播99.9万亩，占粮食作物播种面积68.9%；机械覆膜21.3万亩，占总覆盖面积52%；机收38.55万亩，占小麦面

1973年9月16日屯字闫孟机耕地　景中道摄

2008年农机具补贴项目新引进的玉米联合收割机

积 65%；粮食脱粒 15.5 万吨，加工农副产品 15.5 万吨，均比 2000 年增长 2 倍。

1960~2010 年镇原县农业机械作业量统计表

表 9-3-1 单位：万亩、万吨

年度	机耕	机播	机收	机械铺膜	粮食脱粒	农副产品加工
1960	1.36	–	–	–	–	–
1965	34.55	–	–	–	–	–
1970	51.70	–	–	–	–	–
1975	47.15	5.18	0.68	–	–	–
1980	43.79	7.69	0.32	–	–	–
1985	33.60	14.69	0.29	–	–	–
1990	36.80	25.90	1.20	0.70	1.12	1.02
1995	45.20	45.50	4.60	1.10	2.11	2.01
2000	48.60	50.40	8.20	4.10	5.12	5.11
2005	73.10	75.50	35.00	10.10	12.62	12.80
2010	92.19	99.90	38.55	21.30	15.50	15.50

第四节 农机经营与维修

一、农机经营

旧时传统的石、木、铜、铁制人力工具和畜力农具，一般是农户自置、自用、自有，部分匠工制作农具通过市场交换，互通有无。1949 至 1955 年，农具仍由农户经营。

1956 年，农业合作化后，大型农具折价入社集体经营。1964 年 6 月，农业机械站成立，经营管理以拖拉机为主的农业机械。1969 年，国营机耕队下放到人民公社，43 台拖拉机折价以净值移交人民公社经营管理，职工亦工亦农，由公社直接领导。

1972 年开始，一部分大队、生产队购买经营的拖拉机，除为本队农田作业外，还为邻队耕作服务。1975 年，公社经营大中型拖拉机 54 台。1980 年，公社、大队、生产队经营拖拉机 1191 台，其中大中型 345 台，手扶拖拉机 846 台。公社经营的农业机械，作业无对象，收入无来源，报酬无保障。

1981 年实行家庭联产承包责任制后，农户和联户购进农业机械，进行个体经营，社队的农业机械，改由农户或联户承包经营，使所有权与经营权分离，实行“定额管理、盈奖亏罚”“定额上交、收支包干”“专业承包、盈利分成”和干份上交剩余全是自己的“大包干”经营。

1983 年，对国营、社队林场的农业机械全部实行承包经营。1985 年，全县农户和联户经营拖拉机 1144 台，播种机 315 台，脱粒机 93 台，粮油加工机械 215 台，饲料粉碎机 897 台，其他农机220台。

1986年起,出现农机专营户,形成以家庭兼营为主,个体联营体专营为辅的格局。1990年,全县有大中型拖拉机352台,小型拖拉机886台,收割机7台,畜牧机械2036台,粮油加工机械232台,脱粒机械225台,其他机械253台。

1991年起,农机专营户出现拥有多机、多种作业的经营大户。至2000年,全县有大中型拖拉机485台,小型农用机械952台,电动柴油机8691台,播种机986台,收割机12台,脱粒机245台,粮油加工机械260台,饲草饲料粉碎机2055台,其他农机具289台。

2001年起,农用运输车增多,农机专业合作社发展。2009年,农民姜勇发起并联合150人组成祥盛农机专业合作社,购买经营农业机械318台件,其中大中型拖拉机87台,小型拖拉机43台,大型联合收割机36台,机引配件156台(部)。还有祥和、陈王发、陇凯等农机专业合作社相继成立,专门从事农业机械服务。

2010年,农户和专业户拥有大中型拖拉机1866台,小型农用机械2876台,收割机85台,播种机2155台,脱粒机1986台,粮油加工机械4270台,饲料粉碎机2452台,其他农用机械1695台。年经营总收入1.5亿元,占农业总收入15%。

二、农机维修

中华人民共和国成立初期,铁、木制小农具多由当地手工业者承修。20世纪60年代初,国营拖拉机站的拖拉机由机务人员分工自修。1969年,建立县农机修造厂,专司农机具维修和制造。1980年起,个体修理店铺逐渐增多,形成国家、集体、个体多家经营维修。2001年起,县农机修造厂改制停业,农机维修由联合体和个体户承担。

第五节 农机供销

1955至1965年,农机具购销量较小,由供销社兼营,按进货价加实际运杂费和低税率调拨销售。1966年起,县农机公司接收县内农机供销业务,实行独立核算,统负盈亏。人、财、物由农机主管部门和财政部门管理,省、地农机公司进行业务监督和指导,执行省农机公司下发的《关于农机产品调拨、销售收费标准的通知》规定,进货价加合理运杂费,再加间接费率作价销售。

1972年10月,农机计划、调拨、财务、物价、基本建设和人员编制由当地统一管理,统一核算,与省公司(站)保持业务关系。1973年12月,农机产品执行全省统一销售价格。1977年起,实行按行政区划组织农机供销,统一核算,省公司承担地、县农机公司的业务指导工作。

1978至1983年,农机供销实行省、地、县三级核算,盈亏纳入同级财政预算。1984年,省农机公司实行财务、物资、计划统管,指标包干,统负盈亏,以条条管理为主。5月,取消全省统一销售价格,采取"合理计费,保本经营,不计利税"的原则,实行地区差价和按质论价,以国家定价为主。1985年,农机公司又变为以块管理为主、条块结合的经营体制,省对县农机公司在商流、财务、贷款计划、统计报表、物价、统配物资调拨、调剂平衡等方面进行业务指导。1988年,县农机公司贯彻"放宽、搞活、改革、开放"政策,扩大企业经营自主权,实行承包经营,多渠道、少环节,择优选购,就近进货,就地销售,年销售农机产品及配件200万元左右。2002年,农机公司解体,农机供销除国家补贴部分由县农业机械管理局经营外,其余全部转为私营。

第六节 农机管理与科研推广

一、农机人员培训

20世纪50至60年代,农机人员的技术培养,多以师带徒、以老带新和随机传授形式进行。每年夏、秋农机作业大忙前,集中学习业务;年终冬训例会,以会短训。1970年代后期,农业机械增加,对社队农机技术人员需求量增大,县内具备条件的公社农机站,在县局统一安排和协助下,承担部分农机手的季节性技术培训任务。1984年,县农机学校成立,承担全县农机人员技术培训任务。2002年,庆阳市农机局、人事局联合开展全区农机管理技术人员继续教育培训。至2010年,全县共举办各类农机培训班25期,培训新技术推广人员1312人次;农机学校培养拖拉机驾驶员2700人、农机维修人员850人、农机具操作手7300人。

二、机务管理

1960年代,农机管理部门参照庆阳董志拖拉机站《工作人员职责与制度》,自行制订管理办法,下发执行。1972年10月,庆阳地区革命委员会工业局、庆阳县革命委员会农业机械局合编《机务工作手册》印发各县,县内各农机站负责组织、领导、监督、检查农机具的使用、保养、修理、安全生产和技术档案管理工作;制订各种机型的生产任务、作业定额、消耗定额、修理、保养计划与油、物料需用计划;定期分析机具技术状况,提出高号保养、零配件更换要求,机组驾驶员在机长领导下,按照机务规章和操作规程,搞好机具的使用、维护和保管工作,不断提高机具完好率、出勤率和班次时间利用率,节约油、物料,降低成本,延长机具使用寿命,保证安全生产,完成和超额完成生产任务。修理工负责本站拖拉机的高号保养、故障排除和各种农具的修理工作,向机组人员传授技术,帮助提高机具使用、维修水平。油物料保管人员负责本站各种机具设备所需油料、零件和材料的管理工作。1977年起,多次开展农用拖拉机、柴油机普查,小型拖拉机完好率上升到80%以上。1980年起,民办农机业兴起,机务管理逐渐转向群众自营自管。

三、农机监理

1950至1970年,以交通监理部门为主,农机管理部门配合,对拖拉机和驾驶员进行检验、考核和核发牌证。1972年,建立社队便道、田间地头及场院农机事故调查处理和统计报告制度,开始核发拖拉机、柴油机运行证和驾驶员操作证;对农机安全管理人员发放安全检查证、袖章和旗帜,进行路查。同年11月,与交通管理部门明确分工,链式拖拉机安全工作由农机部门管理,轮式拖拉机与驾驶员的核发牌证,年度检验、审验、考证和路查由交通部门负责。

1981 年 10 月,农机部颁发《农用拖拉机及驾驶员安全监督管理规章》,农机事故由农机管理部门协助交通监理部门勘验处理。1984 年 7 月,县农机监理站成立,执行省人民政府《关于农村拖拉机管理和经营运输业的规定》,负责检查、办理报户(过户)、发牌证手续,对驾驶人员进行考试、考核、年度审验、安全监理等工作,在主要路段、道口、集镇、工地及居民集中区,检查过往拖拉机、农用三轮车,纠正违章,开展经济处罚,并采取张贴标语、办黑板报、挂横幅,出动安全宣传车等形式进行安全生产宣传。

1990 年起,农用三轮车广泛应用,拖拉机运输减少,拖拉机检验率和驾驶员审验率有所下降。2010 年,农业机械新报户 260 台,检验农业机械 1330 台,检验率 86%,驾驶证换审 352 人,审验率 87.5%,驾驶员新考证 243 人,新建平安农机乡镇 6 个,平安农机村 73 个,平安农机户 2784 户。

四、油料管理

1955 年开始,农用主燃油和副燃油实行计划分配,县石油公司组织供应,农机管理部门提供农机具拥有量、出勤情况和年度用油计划。1962 年 7 月,对人民公社自有拖拉机使用轻柴油按当地牌价扣减 24%、重柴油扣减 3.5%的优惠价格供应。1965 年 1 月,取消汽、柴油价格优惠,执行零售价格,汽、柴油各加 12%的差率销售。1972 至 1975 年,由县农机主管部门申请、石油部门按计划分配,供应量与分配指标基本一致,每千瓦供油 41.79~45.74 公斤。1976 至 1979 年,拖拉机数量增加,每千瓦供油降至 30.18 公斤。

1980 年 7 月,将农机用油指标交县农机局管理,按实际情况分到各公社农机管理站,统一发给油折。农用柴油优惠价改为先按牌价供应,季(月)后给予定额补贴,取消对全民所有制农机的补贴。1981 年 11 月,庆阳地区节约石油领导小组、农机局、燃料公司下发《关于当前节约石油工作几个问题的安排意见》,从 1982 年元月起,油料计划编报、分配、节约和供应,由石油公司和农机局共同负责,以农机局为主,加强系统管理。

1984 年起,农用柴油计划指标实行戴帽下达,在计划部门下达的年度计划总指标内,专列农用柴油指标,由县农机管理部门负责分配,石油经营部门负责调存供应。1988 年起,油料供应全面放开,极少量平价油料用于新机具推广实验。1994 年起,该项计划完全取消,农机用油实行市场调节。

五、农机经费及补贴

1960 年代,省财政拨付农机事业专项资金,用于农业机械发展。国营机耕队实行统一核算,财政补贴。1964 年 10 月,省财政给县农机站拨付 4 项资金 9.36 万元,此后每年不定期追加,用于发展农机事业。1969 年,国营机耕队下放公社管理,实行独立核算,自负盈亏。1971 年,农机专项资金改为农机事业费,由农机站管理使用,年终报财政部门审核决算。

1972 年起,农机事业费由用款单位申报年度使用计划,报地、县农机主管部门审查同意,财政部门拨付使用。公社农机站经营的拖拉机,每亩作业成本 0.94~0.95 元。1976 年,公

2006 年国家农机具补贴项目的实施，镇原农民也有了大型收割机

社、大队、生产队经营的农业机械实行三级核算，机组普遍开展单机核算。1980 至 1982 年，农机作业每亩成本降为 0.66~0.74 元。

1983 年，农机作业收费提高，拥机户与用机户自由议价。1984 年起，农机管理部门行政费用改由县财政拨付，占用农机事业费指标。正常支付由单位掌握报销，数额较大的项目报上级主管部门审批使用。2006 年，落实国家农机补贴政策。2010 年，国家、省、市共安排补贴资金 1507.4 万元，其中国补资金 1370 万元，省补资金 65 万元，市补资金 72.4 万元，为 3721 户农民和农业生产经营组织购买补贴先进适用农业机械 8701 台件。

六、农机推广

历代农具多有发明创造、推广和运用，多在民间自发进行。中华人民共和国成立后，农机体系逐步完善，农机科研推广逐步开展。20 世纪 50 年代，引进推广畜力步犁、解放式水车。1960 年代起，逐步推广手摇喷粉(雾)器、马拉播种机、摇臂式收割机、人力车、各种类型拖拉机与配套机具、农用汽车、机动脱粒机、种子清选机、柴油机、电动机、农用水泵、动力发电机组、小型磨粉机、碾米机、拌种器、饲草料粉碎机、推土铲、平地机、大型自走式小麦联合收割机、玉米联合收割机、背负式人力割晒机、铡草机等，同时，推广机耕深松、化肥机播深施、负压节油等技术。2006 至 2007 年，机耕深松、化肥机播深施、负压节油纳入省列实验示范项目。2008 年，列入农业部示范项目，总投资 50 万元，每年实施 3 万亩。2010 年 6 月，国家发改委立项，期限 1 年，总投资 456 万元，其中国家财政资金 360 万元，地方财政配套 10 万元，农民自筹 86 万元，实施 3 万亩，效果明显，通过各级验收。

第十章 农村开发与建设

20世纪60年代，将部分个体手工业者组织起来，办起以修理、加工为主的社队企业。1970年代，各公社兴办社办厂，从事火力发电、农具维修、制造。部分大队兴办砖瓦厂、农场、林场、猪场。

1982年起，在12个老区乡开始为期18年的老区建设，在国家支持下，植树种草、平田整地和小流域治理，改善生产、生态环境；购置农用机械，解放生产力；打井、打窖、建人饮工程，解决群众照明和加工用电问题；筑路修桥，改变交通条件；新建改造学校、医院、文化站，解决老区群众上学难、看病难和文化缺乏的实际问题，使北部农村贫穷落后面貌发生根本改变。

1980年代中期，各级党政组织将发展乡镇企业作为振兴农村经济的突破口，群众将乡镇企业作为脱贫致富的主要途径，乡镇、行政村、自然村、农户四轮驱动，大办农产品加工、服装加工、商贸、运输、餐饮、旅店、服务等广义的乡镇企业，以数量多、产值高被称为镇原经济的“半壁河山”，虽有注水成分，但此次轰轰烈烈的兴办企业实践，促进了农村经济的多元化开发和产业化发展。

2000年起，在全县范围内进行扶贫攻坚和农业综合开发，投资推土机，开展机械平田；补助资金，鼓励群众打窖、打井、搞喷灌、建提灌站、维修小高抽，解决山塬区人畜饮水和灌溉问题；改造危房、危窑，改善群众住宿条件；改造中低产田，增加产出；建日光温室，发展蔬菜；栽植苹果，增加农民收入；增修公路，疏畅交通；配套农电线路，改善生产生活条件，扶持兴办企业，振兴经济，促进农业综合发展。

第一节 机 构

镇原县乡镇企业管理局 1976年3月，镇原县革命委员会设立社队企业办公室，负责社队企业的兴办和管理。1978年6月，社队企业办公室更名为社队企业管理局。1981年12月，成立镇原县多种经营办公室，主管农村多种经营。1983年12月，县社队企业管理局与多种经营办公室合并为多种经营局。1984年10月，多种经营局更名为县乡镇企业管理局。2002年4月，撤销乡镇企业管理局，改为非公有制经济管理局，保留乡镇企业管理局牌子。

2007年12月,恢复镇原县乡镇企业管理局,加挂镇原县中小企业管理局牌子。2009年3月,撤销乡镇企业管理局,其职能交县工业和信息化管理局。

镇原县老区建设办公室 1983年10月,由计划委员会负责老区建设工作。1984年6月,县政府成立老区建设领导小组,下设办公室,为正科级行政单位,纳入政府序列。同年10月,成立农村能源建设办公室,为科级行政单位,与老区建设办公室合署办公,两块牌子,一套人员,有干部3~7人。2002年4月,老区建设办公室改为扶贫开发办公室。2003年,农村能源建设办公室交农牧局管理。

镇原县扶贫开发办公室 2002年4月由老区建设办公室改建,隶属县政府,编制7人。2010年实有干部职工13人,其中主任1人,副主任2人,工作人员10人。

镇原县农业综合开发办公室 2000年6月,成立镇原县农业综合开发办公室,设副主任1人、工作人员3人,与县农委合署办公。2002年6月核定事业编制4人,实有人员5人,其中主任1人,副主任1人,工作人员3人,独立办公,改隶县财政局管理。2005年10月核定事业编制6人。2010年实有工作人员8人,其中主任1人,副主任3人,工作人员4人。

第二节 乡镇企业

一、发展概况

1956年,完成农业、手工业和资本主义工商业社会主义改造,将全县一部分个体手工业组建成铁业、木工、缝纫、砖瓦、维修等手工业合作社9个、合作生产小组7个,从业人员229人。1958年,中共中央在《关于人民公社若干问题的决议》中首次提出"人民公社必须大办乡镇企业"的号召,以此来解决当时集体经济薄弱、工业落后的局面。1959年2月,根据中央"发展公社的工业,实现农业机械化、电气化,实现公社工业化和国家工业化"的精神,掀起大办社队企业热潮,把分散的个体手工业集中起来,从事木工、打铁和手工砖瓦生产,为农田水利建设和农业生产服务。1961年,贯彻国民经济"调整、巩固、充实、提高"的方针,原有社队企业大部分下马,全县只保留平泉、屯字、孟坝、太平、三岔、马渠6个手工业合作社。

1971年秋,贯彻国务院北方地区农业会议精神,坚持"社办社有,队办队有,联办共有"和"互助共利、等价交换"的原则,全县20个公社陆续建起社办厂,部分大队兴办小型农具修造厂、基建队、砖瓦厂、农场、林场、养猪场等308个,多以手工业生产为主,采取亦工亦农劳动用工制度,规模小,效益低。

1976年,农副产品加工和运输业发展,社队试办农、工、商联合企业713个,从业人员5585人,生产总值478.58万元,实现集体积累68.05万元,其中工业企业256个,占企业总数35.9%,工业化比重有所提高。

1978年，社队企业个数减少，从业人员、工业产值、上缴税金和工资报酬增加。全县有企业543个，从业人员6608人，固定资产原值557.04万元，净值472.02万元，生产产值356.23万元，实现利润56.14万元，上缴税金8.17万元，支付工资总额54.74万元。

1979年7月3日，国务院颁布《关于社队企业若干问题的决定》（试行草案），对社队企业发展提出法律依据，至年底，全县发展社队企业506个，从业3806人，总收入467万元，实现利润98万元，税金5万元，初步形成农业、工业、交通运输、建筑、建材、服务业六个门类。

1980年，对一些盲目上马、原料不足、长期亏损的社队企业进行关、停、并、转，整改提高。1981年底，全县企业总数压缩到429个，比上年减少77个，生产总值增加到526.44万元，比上年增长12.7%。

农村实行家庭联产承包责任制后，政策宽松，市场放开，农民有了经营自主权，一些能工巧匠用多年的积蓄，从事运输、贩运、商业、修理、建筑、加工以及饮食旅店服务业，以批发、销售为主体的个体商业应时而起，入城进镇，租赁门市，开展百货、服装、副食等经营，打破社队企业由公社、大队集体所有、集体经营的格局。

1985年，贯彻省委、省政府《关于加快发展乡镇企业的决定》和省体改委等10家单位发出的实施意见，成立镇原县乡镇企业管理局，24个乡镇成立经济委员会，加强对乡镇企业的组织领导，将发展乡镇企业作为振兴农村经济的突破口，解放思想，放开手脚，坚持"以城补乡，以乡补城，城乡结合，工农互助"措施，兴办第三产业，多行业、多层次发展乡镇企业。中原乡率先组建建筑工程队，下属的4个施工队，承包工程，从事城乡建筑业。除活跃于县内城乡外，还走出镇原，到马岭、西峰和陕北、宁夏等石油基地，承揽工程，积累资金，发展壮大，用挣到的钱，捐资家乡修建学校、铺路、修桥等社会公益事业，带动一批相关产业发展。一部分亲邻跟随工队外出务工，获取较高劳动报酬，用以改善生活和居住条件，突显出一定的社会效益。是年底，企业总数发展到620个，从业人员5911人，完成总产值998.2万元，总收入685.5万元，实现利润85.41万元，上缴税金18.04万元。

1986年，贯彻中共中央"积极扶持、合理规划、正确引导、加强管理"的原则和"因地制宜、发挥优势、分类指导、放手发展"的工作方针，县计委、乡镇企业局等八部门联合下发《贯彻省委、省政府关于加快发展乡镇企业的决定的实施意见》，提出26条政策措施，各级政府齐动手，一手抓巩固，一手抓发展。乡、村、联户、个体户四轮驱动，大办乡镇企业，陆续建成屯字罐头厂、屯字砖瓦厂、县冷冻厂、孟坝奶粉厂、上肖工业公司、上肖西岭鞋厂、临泾针织厂、新集地膜厂、太平豆制品厂、平泉麻条厂、彭阳果品厂等骨干企业。屯字、中原、上肖、平泉、孟坝、开边、城关、曙光、太平9个乡镇发展较快，形成农业、工业、建筑建材、交通运输、餐饮、服务和劳务输出生产行业。1987年，乡镇企业完成总产值5020万元，从业人员人均年收入824.12元。1988年，乡镇企业增加到8800个，从业人员1.72万人，完成总产值1.02亿元，实现利润1048万元、税金104万元。产值、效益较好的有孟坝奶粉厂、平泉建筑公司、中原建筑公司、县乡镇企业建筑公司直属队、西街蜜饯厂、上肖工业公司等。

1989年7月，县政府下发《乡镇企业县长办公会议纪要》，提出“全面考核，保证兑现，合理引导，酌情调整”的工作方针和“欲取先予，涵养税源”的原则，将乡镇企业发展纳入年度综合目标考核内容，激发乡镇兴办企业积极性。1990年，乡镇、行政村、自然村、联户、个体户兴办企业6876个，从业人员24421人，完成总产值15570.4万元，总收入13825.6万元，实现利润1350.3万元，入库税金180万元。

1991年4月，县政府印发《关于在乡镇企业中开展“159工程”活动的意见》，全县管理和提高年产值10万元以上乡、村重点企业100户；发展年产值50万元以上重点行政村、区域50个；推动技术进步企业9户。1992年，组织实施“112工程”（抓好100户重点企业；搞好10户企业创先争优，晋等升级，实行全面质量管理；开发两种新产品），开展质量效益达标升级、争创名优产品和优质工程活动。

1995年，以上肖工业公司蜜饯厂、西街蜜饯厂、新一代食品有限公司为龙头的杏制品企业发展到79家，全县开发出“春雨”“新一代”牌系列产品4类107种，主要有甘草杏、杏脯、杏酱、花心甘草杏、花心杏脯、奶油杏肉、奶油杏脯、甘草杏肉、桂花杏脯、薄荷包仁杏、八宝礼盒等产品，远销东北三省、山西、河北、内蒙、宁夏、兰州、重庆、西安、广州、福建等13个省、市、自治区。上肖工业公司果品厂生产的“春雨”牌八宝杏获首届吉隆坡国际饮食博览会金奖，西街蜜饯厂生产的“西街”牌花心甘草杏获中国第三届科技之星博览会金奖。全县涌现出曹惠民、张广文、祁天平等一批优秀乡镇企业家，先后有16人被吸收为国家干部。当年，乡镇企业完成总产值72284万元，总收入62010万元，实现利润6610万元，上缴税金751万元。

1997年1月，《中华人民共和国乡镇企业法》实施，乡镇企业纳入法制化管理轨道。各级党政组织坚持“积极扶持、合理规划、分类指导、依法管理”乡镇企业方针，加大行政监督，在工业类企业中开展“学邯钢、抓改革、促管理、增效益”活动，推行“模拟市场核算、实行成本否决”为核心的经营管理模式，走种、养、加相结合，产、供、销一体化生产路子，推动农村经济向多元化发展，加速农业产业结构调整和小城镇建设步伐。年底，全县有企业9000个，从业4.17万人，总产值13.3亿元，总收入11.1亿元，其中肥料工业占6%，食品工业占18%，服装占8%，砖瓦、水泥制品占53%，餐饮服务业占15%；实现利润1.2亿元、税金1615万元；发放工资8210万元，从业人员人均年收入1969元。

2002年11月，中共十六大确立以公有制为主体、多种经济成分共同发展的经济制度，省委、省政府下发《关于进一步放手发展非公有制经济的意见》，市、县出台加快发展非公有制经济的一系列文件，提出既要着眼于集体经济体制与市场经济相对应，又要放手发展个体、私营经济，根据新的形势发展和政策导向，以集体经济、个体私营经济混合体为特征的乡镇企业，通过改制、整合融入到新的经济格局中去，不再泛称乡镇企业。

2003年起，大部分乡镇企业因市场、经营等原因停产解散，杏制品企业经过整顿重组，企业减少，规模扩大，档次提高，新开发出“新一代”牌甘草红杏、甘草山楂、开口笑杏仁及“维思特”牌吉祥八珍、四季红果等产品，畅销省内外。镇原县新一代食品有限公司经理祁天平、西街蜜饯厂厂长张广文、三岔砖瓦厂厂长杨潇被省人民政府命名为“甘肃省第六届乡镇企业家”，新一代食品有限公司、新千年食品有限公司被市人民政府命名为“庆阳市第一届明星乡镇企业”，贾养峰、刘勇、刘启乾、卢忠于被市人民政府命名为“庆阳市第一届乡镇企业家”。2010 年，全县有市明星乡镇企业 8 家，国家乡镇企业家 1 人，省乡镇企业家 16 人，市乡镇企业家 12 人。

二、重点企业改制

1985 年，太平、马渠、三岔 3 个社办厂停办，资产由所在乡镇政府收回，人员回村劳动。1995 年 10 月，屯字综合厂停办，资产由镇政府拍卖，人员回村务农。2001 年企业改制中，乡镇企业供销公司场地拍卖，职工身份置换，自主择业。2008 年 12 月，由财政出资补缴单位应缴的社会统筹金，个人补缴以前年份所欠养老保险金；将乡镇企业系统未做安置处理的下岗、在职正式职工 79 人纳入社会养老保险。当年到龄或超龄 51 人开始领取养老金。2010 年，平泉综合厂、孟坝综合厂、第二建筑安装工程公司改制，职工身份置换，企业场地招标拍卖。

第三节　老区建设

1982 年 10 月，省政府确定，将孟坝、新集、王寨、方山、三岔、殷家城、马渠、庙渠、武沟 9 个公社及太平、开边 6 个大队的老解放区，列入重点扶持范围，按照“三年初见成效、五年改变面貌”的奋斗目标，以解决贫困群众温饱为重点，兼顾一般，加强基础设施建设，改变农业生产条件。1983 至 1985 年，实施老区和两西建设项目 64 个，总投资 878.24 万元，种植多年生牧草 20.29 万亩；造林 16.22 万亩；治理流域 9 条 47.53 平方公里（平整农田 698 亩，造林 4.89 万亩，荒坡种草 2.17 万亩，新修涝池 10 个，打坝 6 座，沟头防护 70 处，谷坊 394 个）；新修变电所 1 处，架设农电线路 26 公里；打窖 2100 多眼，挖土井 532 眼；新修公路 5 条 98 公里，铺砂 108 公里，建土桥 1 座，修涵洞 46 个；修建中小学 226 间 4972 平方米，维修校舍 445 间 9790 平方米，购置课桌凳 1236 套，改建职业中学 2 所；建乡文化站 5 处，新建王寨卫生院，扩建 4 个乡卫生院门诊病房 40 间 880 平方米；开展农村能源建设，3 年国家投资 90.67 万元，培训改灶技术员上门服务，建节能省柴灶 76252 台，配发铸铁灶门、炉齿、灰筒三大件，节能 30%左右；推广太阳能灶 27 台，建沼气池 4 个；按照每户造林 1 亩，投资煤炭 1 吨的标准供煤植薪炭林 6640 亩，供煤 5500 吨；开展能源村建设，在平泉黄岔等 7 个村，拉电 5.5 公里，造林 200 亩，改灶 337 台。老区人民的生产、生活条件得以改善。

1986 年，镇原被列为省扶老区困难县，将方山、三岔、殷家城 3 乡镇列为全区中部特困片。至 2000 年，省地共安排镇原扶贫专项资金 7270.36 万元（发展资金 2492.06 万元，国家贴息资金 4002.3 万元，农贷资金 746 万元，民扶资金 30 万元），其中解决贫困乡村人畜饮水困难、农电、“三田”等基础设施建设资金 1398.8 万元，占总资金的 19.2%，新购推土机 16

台，投放到9个贫困乡镇，累计新修农田32.05万亩；按照户均1处水源工程、2亩灌溉田的目标，统一规划、统一购料、统一施工、统一质量、统一验收，扶持贫困户打井打窖5.29万口，户均1.7口，新增节灌面积18.6万亩；以北部沙棘资源基地建设为重点，大搞荒山绿化，累计造林100.4万亩，森林覆盖率提高到13.1%，完成小流域治理297.6平方公里，生态环境得到改善；投入扶持贫困户解决温饱、增加收入种养业资金1587.61万元，占资金总量21.8%，扶持贫困户种植地膜小麦7200亩，户均2.48亩，户均年种植地膜玉米3亩以上，示范推广地膜黄豆;扶持养猪、养羊、养牛，发展工副业、乡镇企业信贷资金2566.16万元，占总资金的35.3%；安排劳务输出资金9.5万元、其他资金1708.29万元。

全县坚持“扶贫先扶智，治穷先治愚”的指导思想，以农业实用技术为内容，安排智力开发资金112.8万元，服务体系建设33万元，每年印发资料，进行科技培训，通过电视讲座、广播转播等途径，广泛宣传农业实用技术。县、乡、村齐动手，开展科技进山活动，举办各类科技培训班650期，培训农民技术人员7万人次，印发资料20万份；建立健全县农技中心、乡镇农技农经服务站、村科技小组、科技示范户四级推广体系，贫困乡镇全部选配科技副乡镇长和科技专干，使每户都有1名科技明白人，掌握1~2门实用技术；以温饱、菜篮子工程为重点，实施良种良法、包衣拌种、带状种植、畜禽改良、节水灌溉、地膜覆盖等示范推广项目。

1997至1999年，全社会参与帮扶，解决实际问题，组织捐资41.49万元(包括物资折价)，协调解决贷款57万元，引进技术18项，落实帮扶项目18个，维修学校8所，资助困难学生27名，维修水利设施10处，帮助解决化肥11吨、地膜7.33吨、柴油2吨。1997年，地区工行捐资1万元，为马渠乡唐塬村新修道路26公里，建校舍3间；1998年又捐资1万元，为唐塬村整修道路6公里，扶持贫困户种植地膜小麦40亩。地区环保处扶持庙渠乡店王村150户群众种植药材100亩，增加收入4万元；为塬头村捐助柴油2吨，机平农田400亩；为该村小学捐款300元，给庙渠乡政府捐助打印机1台。县民政局为帮扶的三岔镇协调民政扶贫资金贷款3万元，用于贫困户春耕生产；投资4000元，为159个贫困户购买优良花椒树苗1.5万株；捐资3000元，维修村部办公室和道路；为10个贫困户解决化肥款500元。县劳动保险局开展向贫困地区“送温暖、献爱心”活动，捐助衣物54件。地区农业处、黄河水利委员会西峰水保站、县城建局、粮食局、财政局、教育局、卫生局等单位均为所帮扶贫困户办实事，解决具体困难。

第四节 扶贫攻坚

2001年起，扶贫工作进入攻坚阶段，面向全县所有贫困人口。2002年镇原被确定为国家扶贫开发工作重点县，列入国家新阶段扶贫开发工作重点乡镇14个、重点村92个，绝对贫困人口6万人，低收入人口13.02万人，贫困面为35%。1994至2002年，9年间争取国家财政扶贫资金1.16亿元，实施各类扶贫项目221个，其中整村推进项目100个，覆盖第一轮省定重点村92个、非重点村8个，占46.5%，平均每村投资50万元，年人均扶贫资金23.5元；投资6280.4万元，机平农田6.17万亩；新打水泥窖1.44万眼，解决4.532万人和1.154万头大家畜饮水困难；打机井97眼，维修机井185眼，修建水塔85座、蓄水池15座、小电井4580眼、提灌站12处，延伸供水管线118.6公里；新建沼气池220座；新修村、组道路792.6公里；改造危房0.48万平方米、危窑80孔。农民行路难、饮水难、入学难、看病难问题初步解决。

全县按照“屯字塬果业、茹河川区瓜菜、北部山区草畜”的产业格局，培育特色产业，增加农民收入，投入财政扶贫资金3482.9万元，种植马铃薯2000亩、中药材8000亩、优质饲草8.15万亩，栽植苹果31960亩；新建日光温室10座、水泥骨架大棚700座，种植瓜菜570亩；修建牛暖棚7227座，养殖良种牛7838头，修建羊棚2865座，养殖良种羊10884只，新建猪舍800间，养殖良种猪800口、良种鸡5000只；给贫困群众贷款1240万元，发展种植和养殖业，受益农户1.852万户。

2009至2010年，争取资金725万元，扶持方山、三岔、殷家城、马渠4乡镇2900个贫困户养殖辽宁盖州绒山羊1.16万只，户均4只，同时建成绒山羊良种繁育基地2处；投入1425.45万元，新建、改建贫困村村部、卫生所和培训中心97个，培训农民技术员2600人、乡村干部1200人、贫困群众12.79万人，输转贫困劳动力和初、高中毕业后未就业学生5800人；引进良种、新品种5个、农业实用新技术2项、示范项目2项，示范推广面积6.58万亩；为镇原新一代食品有限公司和镇原解语花山羊绒制品有限公司争取扶贫贷款7450万元，扶贫贴息395万元，带动发展种养业1.8万户，安排贫困户子女就业1070人。

镇原县扶贫攻坚中，天津市和省、市派出40个单位在县内19个乡镇、21个贫困村开展对口帮扶，争取各类帮扶资金805万元，其中项目资金554万元，捐助资金251万元，帮助殷家城乡、三岔镇等贫困乡镇修建希望小学13座，新打机井3眼、水泥窖200多眼，捐赠电脑300多台，办公桌椅、课桌椅、沙发等220张(套)，帮助200多名贫困大、中专学生顺利完成学业。2004年，甘肃省电力总公司投入项目资金346.65万元，解决三岔镇肖园子村、殷家城乡桑树坬村通电问题，并为县内新通电的20个组新建磨房20个。2006年，对口帮扶的天津市为县内投入项目资金60万元，新修乡村道路30公里。2008年“5·12”大地震后，各帮扶单位筹集资金96万元，帮助受灾群众修建房屋200多间。2010年，全县贫困人口减少到8.52万人，贫困面下降到17.3%(按照国家人均收入1196元新的贫困标准，全县贫困人口尚有20.7万人，占全县农业人口41.92%)。

第五节 农业综合开发

2000年，镇原被列入国家农业综合开发项目县，国家投资340万元，地方财政配套200

万元,群众和企业自筹270万元,在屯字镇、上肖乡5个村实施中低产田改造及优质粮食基地建设,新打、维修机电井20眼,购置农业机械184台套,建设优质粮食基地2万亩,营造防护林2000亩,技术培训800人次,扶持镇原星火蜜饯厂改扩建。2001年起,每年在1至2个乡的3至5个村实施中低产田改造或农业生态工程项目,2至3年落实1个企业的农产品深加工建设项目。至2010年,全县累计申报并实施农业综合开发项目28个,完成投资27579.01万元,其中财政资金8036万元,银行贷款8560.27万元,群众和企业自筹10982.74万元,落实土地治理项目16个,投资7024万元;实施产业化经营项目12个,投资20555.01万元,涉及屯字、上肖、城关、南川、开边、临泾、太平、庙渠、平泉、中原、孟坝、三岔12个乡镇65个村和解语花山羊绒制品有限公司、澳恺食品有限公司、维思特食品有限公司等10户企业。全县坚持因地制宜、统筹规划、整村推进、连片治理原则,通过山、水、田、林、路综合治理,重点解决农业发展用水难和道路不畅等实际困难和问题,累计配套输电线路67公里,新打机井43眼,维修机井92眼,新建提灌站4个、水泥窖1080眼,埋设低压输水管道164公里,衬砌渠道30公里,配套安装喷灌、微灌管网,实现喷灌4000亩、微灌850亩,修筑机耕路283公里,栽植农田防护林9780亩、生态林6100亩,建圃育苗360亩,种草8000亩,购置农牧业机械517台套,扶持产业化龙头企业10户,辐射带动农民产业开发近3万户,提供就业岗位2000多个,促进全县农业产业化发展。

第十一章 工 业

镇原工业起步晚,基础较差。清末,一些富户兼办简陋的油、酒、染等作坊,有的还从事烧砖瓦、铁木业等小手工业生产。民国时,铁木业逐步向城镇集中,始办缝纫、棉花加工、农具修理等手工业。中华人民共和国成立后,立足本地资源,国家、集体大办工业企业,改革开放后,个体工业兴起,逐步形成以石油开发和绿色食品为主,建材、医药、纺织、农产品加工为补充的工业体系,成为庆阳市工业大县和食品工业强县。

第一节 管理机构

镇原县工业和信息化管理局 1950 年 6 月,县政府设工商科,负责全县工商企业管理和建设。1955 年,手工业社会主义改造基本完成后,工商业开始按企业性质划分隶属关系。粮油加工划归粮食局管理,食品加工划归商业部门管理,机械、纺织、民用综合加工等企业归工商科管理。1957 年成立工业交通科,负责机械、纺织、民用综合加工等企业管理。1958 年,"大跃进"开始后,将工商业社会主义改造后组建的集体所有制企业,纳入高度集中计划管理。工业主管部门只管一些国营、集体骨干企业,多数手工业合作社组由手工业联社管理。1966 年,"文化大革命"开始后,工业管理部门被撤销,归并县革命委员会生产指挥部。1972 年,重新成立工业局和手工业管理局。1973 年,交通局、工业局和手管局合并为工业交通局。1985 年,工业交通局内设人秘、工业、交通运输 3 个股和机动车辆管理办公室。1991 年,工业交通分设,成立经济委员会。

1997 年改名为经济贸易委员会,继续管理县办工业,内设人秘股、企业管理股、技术改造股,有干部 12 人。2002 年,经济贸易委员会改为经济贸易局,管理县办工业和商业。内设人秘股、工业管理股、商业管理股、技术改造股,有干部 16 人。2009 年 3 月,商务工作业务分出,成立县工业局,管理范围扩大到全县国有、集体和个体私营工业。2010 年,县工业局改为工业和信息化局,统管全县大工业和信息化事业,内设人秘股、经济运行股、技术创新股、资源综合利用股、技改项目股、煤炭化工股、信息化建设股、综治信访股和财务室,有干部职工 23 人,其中科级领导 5 人,科员 7 人,一般干部 1 人,工人 3 人,三支一扶干部 1 人,就业援助 2 人,择优聘用 1 人,公益性岗位 3 人。

镇原县电力局 1970年,成立镇原县水利电力局,统管水利、电力工作。1976年,成立镇原县电业管理所,隶属县水电局,负责全县10千伏线路规划、建设和维修,下属屯字、孟坝、城关3个供电站。1991年6月,成立镇原县电力局,承担全县电网规划、设计、施工和供电管理。1998年9月,庆阳地区电力局与县政府签订协议,将镇原县电力局移交庆阳地区电力局代管。2010年,电力局内设办公室、财务部、生产技术部、营销部、人力资源部、党群工作部,下属输变电工区、农网改造办公室和供电所调度通讯中心,有职工362人,其中本科学历11人,大专学历65人,中专学历195人,中专以下学历91人;技工4人,高级工31人,中级工18人,工程师2人,助理工程师20人。

镇原县商业局 见商业章。

镇原县粮食局 见粮食章。

镇原县乡镇企业管理局 见农村开发与建设章。

第二节 工业体制

镇原工业起始,以个体经营出现,在漫长岁月中,发展极为缓慢。明清时期,向家庭作坊发展,清末始办工业企业。中华人民共和国成立后,兴办各种类型不同性质工业企业,出现国家、集体、个体同办,相互补充、相互竞争、共同发展的工业格局,不断扩大生产规模,增加工业产品,提高技术水平。

镇原解放时,全县有私人手工业327户,从业人员399人,仅有工业产值10.77万元,占全县工农业总产值不足1%。

1950至1953年,国民经济恢复时期,政策稳定,个体私营工业迅速发展。至1953年底,全县有个体私营手工业811户,从业人员887人,完成工业产值25.2万元。

1954至1956年,进行手工业和私营工商业社会主义改造,对小型零散私营手工业采取参股订货和联营并产方式,组成生产合作社(组)16个,从业人员229人,其余人员转入农业生产,同时将有一定规模的合作社(组)转改为国营或集体工业。1957年,全县有工业900户,从业人员1098人,完成工业产值57.06万元。

1958年,"大跃进"中全党动员,全民动手,大办地方工业,提出千厂乡、百厂社工作任务,近半年时间内,全县办起各种加工厂10297个,实现千厂乡的有湫池、开边,百厂社的有大田、新联、裕民等9个社。平泉裕民社117户,男女劳动力320多名,为完成乡上分配的百厂社任务,召开社员大会,个人自报,按其所长,一人会几种就挂几个牌子,办起工厂123个,1户达1个以上,仅裕民店门口就挂出7个牌子,5个面粉厂内设1人1磨1驴。当年实有工业472户,从业1705人,完成工业产值64.31万元。

1959至1960年生产上升,1961年开始下降。1963年工业产值跌到56.87万元, 当年起,开始国民经济调整,在调整中陆续办起几户国营集体工业,工业生产开始回升。到1965

年，全县有工业12户，从业1686人，工业产值首次突破百万元，达到113.6万元。

1966至1975年，"文化大革命"时期，生产受到影响，但也办起几户企业，工业生产有所发展。1970年底，全县工业发展到29户，从业2088人，完成工业产值128.14万元。"文化大革命"后期，贯彻"抓革命、促生产"精神，全县工业建设投资增加，相继办起几户县属骨干企业，社队工业开始创办，工业生产大幅度上升。1975年底，全县地方工业发展到41个，从业人员587人，完成工业产值463.02万元。

1976至1980年第五个五年计划时期，地方工业由大上转为调整，生产出现马鞍形。1976至1977年，每年增加产值100万元左右，1978年开始回落。1979年起，按照中共十一届三中全会精神，加强管理，调整结构。1980年，全县工业发展到42户，从业人员1230人，完成工业产值547.78万元。

1981至1985年第六个五年计划时期，落实改革开放大政方针，县办工业进行管理体制改革尝试。1982年，企业内部普遍建立多种形式经济责任制，推行第一二步利改税。工业企业逐步由单纯生产型向生产经营型转变；对一批重点企业进行技术改造，社队工业由农机修造和粮油加工为主向食品业、纺织业、印刷业、塑料制品等轻工业发展，生产出一批人民生活必需品，其中新开发的杏制品填补全省空白。1985年底，全县工业发展到47户，从业人员1818人，完成工业产值957.3万元。

1986至1995年全面社会主义建设时期，贯彻放开搞活政策，支持发展多种成分商品经济，个体私营工业恢复兴办，乡镇工业异军突起，集体工业快速发展，国营工业辉煌展现。1995年底，全县有工业企业2141户，从业人员20057人，完成工业产值45249.31万元，实现产品销售收入26547.6万元，上缴税金633.49万元。

1996至2003年改革重组时期，国有、集体工业经营维艰。1996年，杏仁粉厂由于产品销路不畅，缺乏流动资金，停产两年后，被甘肃省轻纺经贸发展公司承包经营，生产半年后又停产。副食厂在剥离分立基础上依法破产，由原厂部分职工出资购买车间、厂房和设备，继续从事副食品生产。制鞋厂因亏损严重依法实施破产，5名职工置换身份，4名退休职工转入社保局供养。1997年杏仁粉厂依法破产，清偿部分债务后，以整体接收职工为前提，将剩余土地、资产移交黄河啤酒集团公司。同年5月，活性炭厂因资不抵债，依法破产还债，破产后由本厂职工集资重组，启动生产几个月后关停。1999年9月，被服厂资产折价80万元，整体拍卖给邮电局，用于发展邮电事业，用拍卖收入安置职工，清偿银行债务。2000年，造纸厂由于外欠货款严重，流动资金困难，无力启动生产，通过招商引资，由山西闻喜县华龙化工电器有限公司租赁经营；果品厂由于亏损严重，资不抵债，依法实施破产。2001年，实施庆阳地委、行署"动产权、转机制、变身份、增效益"（又称双置换、双买断，即置换企业所有制，置换职工身份，买断企业产权，买断职工工龄，群众称为"卖企业、端饭碗"）改革措施，在县委、政府统一部署下，从县直部门抽调30多名干部，与主管部门配合，组成工作组，每组2至3人，进入县属10户企业指导实施改革。由于触及职工切身利益，抵触情绪很大，出现企业职工集体上访、围攻工作组、闹散会议、谩骂工作人员、滋扰改革人员家庭等问题，参与改革人员忍辱负重,坚持改革不动摇,因企施策,稳步推进。经过宣传政策、清产核资、评估资产、制订方案、澄清职工底子、查档计算工龄、签订买断协议、处理问题、移交资产等工作程序,将印刷厂、针织厂、五金厂、砖瓦厂、农机厂、面粉厂6户企业产权出让(4户由企业负责人集体购买,2户由社会出资者购买),其中砖瓦厂、印刷厂、五金厂、面粉厂4户企业改为股份合作制;县机修厂以440万元出让产权,全员置换身份,土地转作房地产开发;烟叶复烤厂由合资经营改为独资经营;果品厂、啤酒厂、造纸厂3户企业实施破产,资产由政府出资收购。企业职工按起步费2000元、工龄每年1000元、2万元封顶标准兑现工龄买断金,签订买断协议,与企业解除劳动关系,进入劳务市场,自主择业。此次改革,多数职工下岗失业,仅拿一二万元买断金,再就业无门路,二三年后生活出现困难,寻访政府,形成不安定因素,政府对下岗失业职工进行最低生活保障,增加了国家负担;对部分下企业任职的行政干部与工人一同置换身份,未得到合适安置;对长期从事企业经营管理、且做出贡献的企业领导照顾不够;部分企业遗留问题未能得到有效解决,群访持续十多年,部分群众吐槽此次改革是"国家甩包袱,个别人得好处(指购买企业的人),职工吃苦头"。2003年,县属企业改制基本结束,大部分企业转行其他事业,工业生产大幅度下降。全县工业企业减少到1052户,从业人员下降到13098人,工业产值跌至13801万元,销售收入9870.2万元,上缴税金193.2万元。2002年,果品厂因亏损严重,资不抵债,依法破产。

2004至2010年,推行工业强县战略,以建设绿色食品工业大县和循环经济示范县为目标,开工建设金龙工业集中区,加大招商引资力度,办起几户年产值在500万元以上规模企业,促进工业经济快速增长。2008年,果品厂破产后土地拍卖,用于房地产开发,收回资金810万元;啤酒厂破产后资产折价拍卖给河南金星集团公司,继续从事啤酒生产,收回资金1000万元;淘汰落后小砖窑产能,全县37户砖瓦企业淘汰落后产能5420万元。2010年,用处置资产收入和财政补贴,为庆阳市嘉合啤酒有限公司置换职工身份366人,占职工总数93.6%,兑现安置费1140多万元;果品厂置换职工身份232人,占职工总数95%,兑现安置费1042万元;造纸厂置换职工身份412人,占职工总数98.6%,兑现安置费1600多万元;信息公司和彩印厂职工置换身份17名,兑现安置费42万元。是年底,全县共有工业企业713个,从业人员14993人,完成工业产值157048万元,产品销售收入73245.8万元,上缴税金3846万元,其中8户年产值2000万元以上规模工业完成产值7.5亿元、工业增加值3.54亿元,销售收入7.6亿元,实现利润2416万元,上缴税金1320万元。工业生产在全县经济中地位明显突出,成为全县重要物质生产部门。

一、个体私营工业

镇原个体手工业历史悠久。早在旧石器时代,县内先民用石英石打制石器,以资渔猎和采集。新石器时代,开始物化劳动,石器演进为磨制,并制作骨器、陶器、石磨盘、石磙、石纺轮、陶纺轮等用品和工具,构建住宅,从事粮食碾磨,捻线纺织,缝制衣物,烧制陶器和石灰。夏、商、周,进入铜石并用时代,利用陶范铸造觚、爵、鼎、盨、鬲、戈等青铜器。春秋战国时期,铁器问世,铜铁并用,用铜铁生产各种兵器和劳动工具,出现铸造和焊接技术。秦灭义渠设北地郡起，秦王朝为巩固统一大业，筑长城、修道路，促进砖瓦等业发展。

汉代，铁器发展，成为县内人民生产、生活的主要用具。唐宋时期，纺织业昌盛，砖瓦焙烧质量和建筑技巧大为提高。明清时期，民间点心、挂面、粉条、酱醋、白酒等食品饮料加工逐渐演进为家庭作坊，褐机、布机和手摇纺车开始使用。乡村零散个体手工业增多，铁匠、木匠、毡匠、银匠、皮匠、石匠、小炉匠、泥水匠等走乡串户，生产经营。

民国时期，铁木工以作坊形式，逐步向城镇集中，陶纺、染坊、酒坊也有发展，缝纫、理发及棉花加工、农具修理等开始兴起。手摇纺车、脚踏织机逐渐普及，时有“家家有纺，妇妇能织”之说。手工业产品主要有木制品、铁制品、棉毛制品、石制品、陶制品、建筑装饰品、编织品、皮革制品、火硝等8类100余种，穿衣用布除少量“洋布”外，几乎全部为农妇手工所织。镇原解放时，全县有私营手工业327户，其中手工业作坊和铺店40处（木工作坊12处，铁匠铺7处，缝纫部3处，棉花加工6处，染坊10处，自行车修理1处，银匠铺1处），分布在县城和屯字、太平、孟坝、平泉等乡镇。

中华人民共和国成立后，个体手工业有较快发展。1952年，全县有私营手工业685户，从业785人。农村工匠2989户，从业3599人，其中木匠528户、559人；铁匠119户、149人；石匠185户、198人；银匠23户人；土匠89户、91人；罗匠38户、40人；毡匠510户、531人；皮匠17户、19人；瓦匠19户、21人；油坊417户、559人；染坊298户、309人；粉房16户人；熬硝102户、225人；织毛口袋162户、302人；织毛褐子7户人；编织459户、550人。当年完成工业产值22.98万元。

1953至1956年，进行手工业社会主义改造，将小型零散私营手工业，先组成生产合作社（组），后改造为国营和集体工业。合作社社员入股资金有的分批退还给本人，有的将股金保留下来，采取国家投资，私人入股，合营办成集体工业。绝大部分手工业者转入农业生产。此后，国家鼓励支持发展国营集体工业，限制发展个体私营工业。1958至1984年长时期内，个体私营工业退出生产领域。

1985年，贯彻改革开放政策，允许不同经济成分共同发展，个体私营经济成为社会主义经济的有益补充，以其顽强生命力跻身于工业经济之中。1986年，发展个体工业1821户，从业3179人，实现工业产值405万元。

1987年起，个体工业以服装加工、修理制作为主，小规模经营，经过滚动发展，数量和效益跨越式发展。1995年，个体工业增加到2051户，从业人员4561人，完成工业产值31793万元。

1996年起，向粮油、果品加工等多领域进军，做大做强，规模经营。2010年，全县有个体工业556户，从业人员6498人，完成工业产值49383万元，销售收入33675万元，上缴税金408.7万元，成为工业生产不可缺少的生力军。

二、县办集体工业

1954年，始办县属集体工业，主要来自个体私营工业改造过来的合作社（组）。1956年，将合作社（组）又转为全民工业。1958年，将合作社（组）一部分又恢复为集体工业。1965年，有集体工业15户，从业人员452人，完成工业产值41.07万元。

1973年，建起县砖瓦厂、农具厂、五金厂、地毯厂、被服厂、水泥预制厂等集体骨干企业，原办裁缝铺、砖瓦窑等小型县属集体企业部分关停，总体生产规模扩大，产品产量增加。到1975年，有县办集体工业10户，从业人员582人，完成工业产值88.92万元。1976年产值跨上100万元。1977年，部分县办集体工业撤并，部分工厂停办。1980年，县办集体工业降到5户，从业人员417人，完成工业产值117.18万元。

1981至1990年，兴办和改造几户骨干企业，生产能力扩大。1990年底，县办集体工业增加到9户，从业人员788人，实现工业产值1017.1万元，完成销售收入711.6万元，上缴税金46.16万元。

1991至1995年，县办集体工业数量增加，但生产开始走下坡路。1995年底，县属集体工业有14户，从业人员810人，完成工业产值957.8万元，实现销售收入625.3万元，上缴税金54.1万元。

1996至2002年，个体私营企业纷纷兴起，以其灵活经营占领市场，集体工业受到严重冲击，大部分企业产品积压，销售不畅，流动资金紧缺，生产不景气。最差的2000年，工业产值降到192.2万元，比1995年跌落80%。1996年，集体企业进行破产、产权转让等改革。鞋厂因亏损严重，资不抵债，依法宣告破产。2000年，被服厂资产整体拍卖，安置职工，清偿债务，下马停办。2001年，针织厂出让部分土地，用出让金置换职工身份，由原企业班子整体承担债务，买断集体产权，开发新兴商业大厦。五金厂出让部分土地，用出让金置换职工身份，将部分土地开发为职工住宅区，剩余设备和厂房，由原企业4名职工出资购买，转为股份合作制企业。至此，县办集体工业退出生产领域，被股份合作制企业替代。2010年，新型企业完成产值27389万元，销售收入14493万元，上缴税金740万元。

三、国营工业

1955年，第一家国营企业镇原县榨油厂诞生，当年实现工业产值12.1万元，占全部工业产值20%。1956年起，县副食厂、火电厂陆续建成投产。1958年，在全民大办工业运动中，建起全民工业12户。1960年，全县有全民工业16户，从业人员371人，实现工业产值59.52万元，开始占据主导地位。1961年起，建起棉花加工厂和印刷厂，原办全民工业陆续下马。1965年，全县国营工业仅有3户，从业人员178人，完成工业产值72.53万元。

“文化大革命”期间，部分企业停产闹革命，工业生产受到干扰，工业产值1968年跌到53.02万元。1969年，在大办地方“五小工业”中，办起县农机修造厂，次年又办起糖厂。1970年，全民工业增加到9户，从业人员690人，工业产值恢复发展到96.32万元。1971年，兴办水利机械厂。1972年，建成造纸厂，国有工业规模进一步扩大。1975年，全民工业发展到12户，从业人员760人，完成工业产值340.73万元，全民工业生产比重提高到73.5%。

1976年起，县糖厂因缺少原料迫使停产，其他企业按照国家计划稳定协调生产，年实现工业产值400万元左右。1981年起，镇原糖厂改造为酒厂，经营4年又改为果品厂。国营企业普遍推行利改税，激发企业生产积极性，工业生产整体推进，平稳增长。1988年，筹建兴办骨干企业啤酒厂。各企业普遍加强调度，足力生产。1990年底，全民工业发展到15户，从业人员1040人，完成工业产值1435万元，产品销售收入1071万元，上缴税金20.1万元。

1991至1995年，是国营工业发展辉煌时期，活性炭厂和杏仁粉厂相继投产，啤酒厂被兰州黄河啤酒企业集团公司兼并经营。全县国营工业管理水平提升，产品质量提高，销售增加，利税增长。1995年，全民工业发展到16户，从业人员1080人，完成工业产值4891.5万元，实现产品销售收入3021万元，上缴税金68.47万元。

1996至2003年，是国有企业改制整合重组阶段，各种成分的工业经济迅速崛起，对国有工业带来极大冲击，出现生产下滑、销售不畅、亏损严重的局面。国有工业企业实施改革，整合重组，重新发展。2000年，国有工业13户，从业人员2070人，完成工业产值3586万元，实现销售收入3436万元，上缴税金120.46万元。

2005年，全县仅有国营工业3户，从业人员192人，完成工业产值2573.8万元，实现销售收入2574万元，上缴税金382.7万元。2007年，嘉合啤酒公司交由河南金星啤酒集团租赁经营，挂牌甘肃蓝马啤酒有限责任公司，重新启动生产。同年，石油开发有突破性发展，工业生产部门增加中石化华北分公司、中石油长庆油田。2010年，有县属国营工业3户，列入统计的国营工业5户，从业人员1123人，完成工业产值58552万元，实现销售收入13625万元，上缴税金410.5万元。

四、乡镇工业

镇原乡镇工业起步较晚，但发展较快。1958年，在全民大办工业运动中，办起乡镇工业450个，完成产值25.73万元，到1963年，陆续倒闭。1966年，社办企业上肖农机修造厂建成投产，完成产值0.96万元。

1970年代，县革委会组织有关部门和公社负责人赴沿海地区参观学习发展社队企业经验，又委派专人多次外出考察工业项目，争取资金，开始兴办社队企业。1971年，办起社队工业企业20个，从业人员756名，实现工业产值14.37万元。

1976至1980年，确立社办、队办、联办、户办“四轮齐转”发展社队企业的思路，社队企业发展较快，但不够稳定，时起时落。1980年，全县有社队工业26个，从业人员994人，完成工业产值62.55万元，其中公社办16个，从业621人；大队办3个，从业145人；联办3个，从业101人；户办4个，从业127人。

1981年起，社队工业平稳发展，生产能力扩大。1984年，社队工业个数增加到28户，从业人员增至1245人，完成产值268.4万元。

1985至1990年，乡镇一级工业突飞猛进发展，先后办起平泉亚麻厂、屯字罐头厂、城关冷冻厂、太平豆浆晶厂、上肖西岭鞋厂等一批骨干企业，村办、户办企业也有新发展。1990年，乡镇企业发展到75户，从业人员2145人，全年完成工业产值2408.5万元，产品销售收入1539万元，上缴税金33.72万元，其中乡镇办24户，从业人员1183人；村办7户，从业人员310人；联办12户，从业267人；户办32户，从业385人。

1991年起，利用县内杏子资源，村办、户办、联户办的杏制品加工企业迅速兴起。乡镇一级办起一批龙头企业，生产规模进一步扩大。2000年，全县乡镇工业发展到123户，从业人员8145人，其中乡镇一级25户，从业1564人；村级11户，从业1051人；联办32户，从业2347人；户办55户，从业3453人。全年完成工业产值4347.6万元，实现销售收入3626万元，上缴税金51.37万元。

2001年起，乡镇工业上规模、上档次，多领域发展，先后建起20多户骨干企业。2010年，全县乡镇工业发展到151户，从业人员7248人，其中乡镇级27户，从业1562人；村级7户，从业726人；联办38户，从业2750人；户办79户，从业2210人。全年完成工业产值21724万元，实现销售收入25945万元，上缴税金606.5万元。乡镇工业成为全县工业经济的重要组成部分。

1949~2010年镇原县工业总产值统计表

表11-1-1　　单位：万元

年度	总计	经济类型	经济类型		
		国营	集体（股份合作）		个体私营
			小计	其中乡镇	
1949	10.77	–	–	–	10.77
1950	14.42	–	–	–	14.42
1951	19.25	–	–	–	19.25
1952	22.98	–	–	–	22.98
1953	25.20	–	–	–	25.20
1954	26.70	–	–	–	26.70
1955	60.51	12.10	–	–	48.41
1956	65.38	19.77	–	–	45.61
1957	57.06	22.69	–	–	34.37
1958	64.31	38.58	25.73	25.73	–
1959	72.31	43.32	28.99	28.99	–
1960	89.99	59.52	30.47	30.47	–
1961	72.63	37.94	34.69	34.69	–
1962	59.40	31.70	27.70	27.70	–
1963	56.87	41.17	15.70	–	–
1964	74.51	47.8	26.71	–	–
1965	113.60	72.53	41.07	–	–
1966	146.60	91.45	55.15	0.96	–
1967	142.59	80.03	62.56	13.20	–
1968	122.15	53.02	69.13	28.92	–
1969	160.22	87.86	72.36	25.03	–
1970	128.14	96.32	31.82	11.97	–

1971	188.54	144.14	44.40	14.37	–
1972	251.55	201.84	49.71	15.12	–
1973	314.77	246.16	68.61	25.56	–
1974	372.13	287.75	84.38	20.45	–
1975	463.02	340.73	122.29	33.37	–
1976	627.55	428.71	198.84	73.21	–
1977	713.29	452.86	260.43	127.72	–
1978	658.63	451.47	207.16	94.29	–
1979	641.11	435.28	205.83	85.50	–
1980	547.78	368.05	179.73	62.55	–
1981	576.36	409.81	166.55	47.33	–
1982	653.55	467.92	185.63	59.02	–
1983	692.46	489.54	202.92	62.76	–
1984	803.10	447.41	268.40	268.40	87.29
1985	957.30	633.70	233.60	125.50	90.00
1986	1830.06	839.50	585.56	268.87	405.00
1987	4243.05	1032.40	1742.20	1156.40	1468.45
1988	7120.20	1534.10	2793.40	2047.30	2792.70
1989	8976.00	1475.00	3274.10	2312.90	4226.90
1990	9826.20	1435.00	3425.60	2408.50	4965.70
1991	15065.00	3069.00	4886.00	3437.00	7110.00
1992	17789.00	3393.00	5437.00	4022.00	8959.00
1993	22789.00	6704.00	6184.00	4800.00	11901.00
1994	28240.00	4623.00	7377.00	6000.00	16240.00
1995	45249.30	4891.50	8564.80	7607.00	31793.00
1996	60155.20	5156.70	10996.90	10506.00	44001.60
1997	59225.00	5871.00	12351.00	12000.00	41003.00
1998	65244.30	4986.40	8524.00	7046.00	51733.90
1999	37731.90	4683.70	9158.20	8725.00	23890.00
2000	15654.00	3586.00	7021.00	4347.60	5047.00
2001	14119.00	4769.00	6256.00	3862.00	3094.00
2002	12752.00	2079.00	8145.00	1874.00	2528.00
2003	13801.00	2141.00	7245.00	2099.70	4415.00
2004	16227.60	2609.70	9561.10	1568.00	4056.80
2005	10532.80	2573.80	4451.00	2072.50	3508.00
2006	32038.00	3170.70	19151.60	10116.20	9715.50
2007	49154.20	17449.50	20444.00	10592.70	11260.70
2008	77305.00	28679.00	19942.00	10486.00	28684.00
2009	103981.00	42568.00	29048.00	14524.00	32365.00
2010	157048.00	58552.00	49113.00	21724.00	49383.00

第三节 工 业 门 类

镇原工业从民间零星加工起步，明、清时期，虽有家庭作坊出现，但数量少，规模小。中华人民共和国成立后，镇原工业由少到多，从小到大，逐步形成以石油资源开发和绿色食品为主，以建材、医药、纺织、农产品加工为补充，独具镇原特色的工业体系。以电力、石油为主的能源工业，以“新一代”“维思特”“新千年”为主的果品加工业，以“蓝马”为主的啤酒饮料工业，以澳恺为主的食品工业，以解语花羊绒制品为主的纺织工业，以康平医药公司为主的制药业，以砖瓦、水泥预制品为主的建材业，以康达为主的农副产品加工业逐步形成，发展壮大。全县涌现出“蓝马”“新一代”“澳恺”“解语花”等一批知名品牌企业，其中食品工业成为庆阳市食品工业强县。

一、食品饮料工业

上古时期，居住镇原境内的先民用火及简单生产用品加工食物。殷商时，出现谷物简单加工和饮料原始酿制，民间以石臼剥黍类粮食皮壳。周代，公刘部族始用枣、稻酿成春酒。西周时期，奴隶主运用凌阴（即冰窖）冷冻贮藏肉类。此后几千年，民间肉类加工出现炒、烤、熏、煮、蒸等多种办法，肉食品贮藏为冷藏、冷冻、干燥、盐腌、糖渍等多种手段。

汉代，人们开始用碾磨加工面粉，形成县内民众以面食为主的膳食习惯。汉末，逐渐出现醋、酱、饴糖、豆腐、粉条等副食品加工。宋代，民间黄酒酿制兴盛，家庭面点制作亦大众化；开始有水碾，以水流为动力，从事简单粮食机械加工。

明清时期，榨油、磨粉、点心、挂面及各种副食品生产趋于作坊化，烧酒坊逐渐增多，白酒生产形成规模作坊。清咸丰年间，县境内瓦窑坡有烧酒作坊1处，系山东人创办，用工80多人，日产酒100余担（每担35公斤），行销陕西、甘肃、宁夏等地。光绪三十一年（1905年），屯字贾得居、马有彩在本地办起贾家酒坊，有制酒窑8孔，每孔窑有酒窖9个，月生产3次，每次投入粮食100余石，主要以高粱、糜子、小麦为原料酿制白酒，远近闻名，销域甚广。

民国时期，粮油副食手工业规模扩大，民间土法粮油加工业已有较大规模发展。农家一般自备石磨，村庄设有石碾，河谷水道安装水磨水碾，油梁亦可常见。常用石磨、石碾以畜力拉动，但大多数农户因无役畜，只能靠人力推动石磨、石碾加工粮食，称“推磨”“碾米”。同期，县内油坊较多，但生产水平低，工艺落后。油坊榨油工艺是：开榨前将油子温炒后磨成油胚，经锅蒸熟，裹稻草或冰草，用绳子缠紧，置油坊上方，以木梁吊石挤压，流入挖砌油坑，一次可榨油200斤左右，设备有石磨、油锅、木梁、石磙等。面粉作坊仅见于城镇街市，数量甚少。镇原解放时，全县有油坊417处，酒坊27处。

中华人民共和国成立后，全县食品工业得到大规模发展，逐步成为全县龙头产业，全区强势工业。2010年，全县共有食品饮料工业47户，从业4734人，完成工业产值59322万元，销售收入46858万元，上缴税金1789万元，实现利润1656.3万元。

(一)粮油加工业

1955年,镇原榨油厂在县城上马台建成,采用自由式榨油机,以木炭蒸汽为动力。1958年,增加面粉生产线,改进粮油加工机械动力,淘汰木炭蒸汽机,采用柴油发电机为动力,改榨油厂为面粉厂。是年生产面粉101吨、食油11吨,完成工业产值14万元。1961年,县面粉厂增置6台小螺旋榨油机,取代自由式榨油机,食油年产量增加到388吨。

1965年,县面粉厂扩建改造,建成制粉楼,安装20英寸钢磨3台,日处理小麦10吨,固定资产增至22万元,年生产能力增至1000吨。次年,加工面粉1004吨、食油197吨,完成工业产值58万元,实现利润2.7万元。1973年,县面粉厂更新榨油车间主要机械设备3台。同期,社队粮油加工厂开始建办。1975年,全县有粮油加工业2户,从业人员87人,完成产值78万元,销售收入78.6万元,实现利润23.6万元,上缴税金11万元。

1977年,县面粉厂加快设备改造,逐步向机械化转变,扩建制粉车间55平方米,新增主要机械设备2台,改造制粉楼及打包房,采用皮带传送,机械装袋,安装计量器械,完善生产设施。1980年,有从业人员53人,完成工业产值84万元,销售收入91.3万元,实现利润27.4万元,上缴税金12.8万元。

1981年,县面粉厂榨油车间增加机械设备5台,安装介质油锅炉和蒸炒锅,油料由干炒改为蒸炒,年制油能力突破500吨。1983年,县面粉厂以13台新型液压制粉设备更新落后设备,年加工粮食能力突破3000吨,并增加挂面生产车间和代农兑换门市部。1988年5月,县面粉厂更新制粉车间小麦处理设备3台。1990年,从业人员增至56人,完成工业产值115万元,销售收入156.8万元,实现利润47.04万元,上缴税金21.95万元。

1991年起,农村通电率提高,乡办、村办、户办、联户办的粮油加工点遍地开花,每个行政村都有三四处,前塬每自然村就有一二处,农民粮油加工更为方便。

1992年,县面粉厂投资335万元,建成制油生产线,年油料加工能力扩大到5000吨。1994年平泉面粉厂建成投产。2000年,县面粉厂拥有主要机械设备38台件,固定资产580万元,总生产能力17500吨,其生产的亚麻油被省粮食局评为质量信得过产品。全县有百万元以上粮油加工企业2户,从业人员159人,完成工业产值292万元,销售收入554.2万元,实现利润166.3万元,上缴税金77.6万元。

2001年起,先后办起镇原正大粮油贸易有限责任公司、临泾面粉厂、席沟圈面粉厂、太平顺发迎奥面粉厂、中原花鑫面粉厂、中原瑞丰面粉厂等。2010年,全县有规模粮油加工企业9户,从业人员1327人,完成工业产值525万元,销售收入1408.6万元,实现利润422.6万元,上缴税金197.2万元。

镇原县康达实业有限公司 1994年8月,由县物资公司下岗职工刘启乾创办,属民营企业,位于平泉镇,占地面积15000平方米,总资产1100万元,其中固定资产815万元,拥有各种生产设备182台件,公司下辖面粉厂、编织袋厂和脱水蔬菜公司3个加工企业。脱水蔬菜公司2008至2010年累计加工各类成品干菜1000吨,加工鲜黄花菜5000吨,产成品黄花菜800吨,产值1350万元,实现利润80万元,上缴税金80万元。面粉厂生产的“康达牌"特一粉、特二粉被评为市优产品,畅销泾川、平凉、固原等周边市县,累计实现产值6500万元,创利税370万元。2007年,投资560万元,扩建编织袋厂,从浙江购进设备,3个月内完成安装,开始调试生产。该项目设计年生产编织袋2亿条,销售收入2400万元,实现利润80万元,上缴税金60万元,可以安排农村剩余劳动力100人。

(二)蔬菜副食加工业

1957年,镇原第一家副食加工企业县副食厂建成投产,从业职工29人,主要设备25台件,生产糕点、饼干、面包、酱油、食醋等产品。1970年8月,镇原县革委会成立糖厂会战小组,筹建制糖厂。1971年1月,派员赴黑龙江学习制糖技术。同年5月,国家投资74.99万元,在县城上马台动工修建,购置制糖设备70台件。1972年10月,完成建筑安装工程。11月,一次试车成功,日处理甜菜30吨,由县城附近农村社队提供甜菜原料,因甜菜供应严重不足,动辄停产。从投产到1978年,产量一直上不去,长期亏损。1979年,转为高粱酒生产。

1982年,孟坝奶粉厂建成投产,主要设备7台件,从业人员58人。1984年6月,庆阳地区社队企业局聘进北京市顺义县食品厂技术人员传授食品加工技术,并在北京代培技术骨干,办起孟坝王峁合副食厂。1985年,太平乡从广西科技中心引进技术和设备,建成豆浆晶厂,有专用设备57台件,从业职工76人,以豆子为主要原料,开始生产豆浆晶。1985年底,全县发展副食加工企业5户,从业人员428人,完成工业产值161.88万元,销售收入181万元,上缴税金4.03万元,实现利润8.55万元。

1986年,兴办县冷冻厂,1987年建成投产,有机械设备17台件,从业技术人员25人,加工兔肉,冷冻牛羊肉,产品由省外贸公司包销出口。1989年,上肖工业公司增设车间,加工糕点等副食品。1990年,全县副食加工企业发展到7户,从业人员576人,完成工业产值311万元,销售收入366万元,上缴税金9.1万元,创利15.8万元。

1992年,县杏仁粉厂建成投产,主要设备152台件,从业职工154人,用本地杏仁生产杏仁粉、杏仁乳珍、杏仁油、椒盐杏仁等。1994年,镇原县康达实业有限责任公司在平泉镇建脱水蔬菜厂。1999年,兴办镇原县华新高食品有限责任公司(临泾席沟圈)。2000年,全县副食品加工企业发展到9户, 从业人员913人, 完成工业产值532万元, 实现销售收入592.4万元,缴税37.2万元,创利61.3万元。

2001年起,个体私营和股份制为主的副食品加工业快速发展。当年,在平泉镇建脱水蔬菜厂,在城关镇东关庙沟办起红太阳食品有限公司。2002年,在庙渠乡办起兴陇脱水黄花有限责任公司。2003年,在临泾席沟圈办起花蕾果菜有限责任公司,在上肖乡办起怡康食品厂,均进行食品和农副产品加工。2004年,办起庙渠黄花菜专业合作社,开展黄花菜初加工。同年建办孟坝银河公司,进行面包等加工,组建镇原西街食品有限公司,进行食品和农副产品加工。2005年,原野黄花菜有限责任公司(太平枣林)和华康食品有限责任公司(屯字寨地)建成投产,前者进行黄花菜加工,后者加工糕点面包。同期,各种面包、糕点、鸡鸭烧烤店在城乡开始涌现。是年底,副食品加工业发展到19户,从业人员1330人,完成工业产值1196万元,实现销售收入1256万元,上缴税金41万元,创利75.4万元。

2006年，庆阳市澳恺食品有限公司在县城工业园区建成，从事玉米淀粉、膨化食品和降解基餐具生产。2008年，镇原新芋粉条厂（南川上庄）建成生产，加工淀粉和粉条等。2009年，甘肃新天食品公司（新城）、庆阳惠尔食品有限责任公司（孟坝工业园区）建成投产，均以水果、蔬菜加工为主。

2010年，全县有年产值百万元以上规模食品工业22户，从业人员1586人，完成工业产值8265万元，销售收入8644.5万元，上缴税金487.7万元，实现利润718.67万元。

镇原县副食厂 位于县城西街上马台，1957年建成投产，县办全民企业，隶属县商业局。企业占地5060平方米，建筑面积2345平方米，固定资产原值23.3万元，净值20.3万元。机械设备25台件，主要设备有远红外线烤炉2台，饼干机3台，和面机、打蛋机、搅拌机、冰棍机、糖果机各1台。厂部下设4个车间，从业职工29人，主要生产饼干、点心、面包、蛋糕、小果子、冰棍、味醋等，产品重点在县内销售。至1985年，副食厂累计生产各类糕点5269.67吨，完成产值258.61万元，上缴税金16.84万元，实现利润17.92万元，其中1985年生产糕点31吨，饼干48吨，面包1吨，酱油3吨，食醋333吨，产值25.1万元，税金1.1万元，创利1万元。1987年改称食品厂。1994年8月，因经营管理不善形成亏损和潜亏278.2万元，缺少流动资金，被迫停产。1995年7月，实行资产剥离改革，将糕点、味醋2个车间分立出来，组建副食厂。1996年10月23日，依法破产，由原厂部分职工出资购买车间、厂房和设备，继续从事副食品生产。

镇原县杏仁粉厂 位于县城西街上马台，县办全民工业，1989年筹建，1992年正式投产。企业占地25465平方米，建筑面积4995平方米，总投资810.9万元，其中财政补贴资金146万元，银行贷款664.9万元。设计年生产能力为杏仁苷10吨、杏仁油300吨，年产值11450万元，利税998万元。主要设备152台件，从业职工154人。主要产品有杏仁粉、杏仁乳珍、杏仁油、椒盐杏仁等。当年生产杏仁粉、杏仁油120吨，完成工业产值104万元。生产两年后，由于项目论证失误，杏仁苷无市场。杏仁粉、杏仁油等产品销路未打开，加之缺乏流动资金，于1994年3月停产。1996年，被甘肃省轻纺经贸发展公司承包经营，生产半年后又停产。1997年破产还债，以职工全员接收为前提，有偿出让给黄河啤酒企业集团公司镇原啤酒分公司。

孟坝奶粉厂 位于孟坝回回店东，1982年建成投产，镇办集体工业。企业占地7076平方米，建筑面积1697平方米。主要设备有乳制品加工机械1台，冷藏设备1套，电阻加热炉2台，2吨锅炉1台，深井泵及50千伏变压器各1台，固定资产总值61万元，从业人员58人，当年生产奶粉2吨。该厂一业为主，多种经营，增设粮油加工、食品车间。到1985年，累计生产“红苗牌”全脂奶粉23吨，加工粮食350吨，生产奶油杏肉15吨、糕点20吨、冰棒1.5万支，完成产值44.5万元，税金1.1万元，利润1.35万元，后因奶源不足而停办。

屯字罐头厂 位于屯字街道，1985年建成投产，镇办集体工业。企业占地3087平方米，建筑面积793平方米，主要设备有2吨锅炉、罐头生产专用设备和真空泵等18台，烤房345平方米，固定资产总值42.9万元，从业人员260人。设计年生产各类罐头100吨、果脯蜜饯400吨。当年生产各类罐头120吨,果脯蜜饯42吨,完成产值42万元,上缴税金0.5万元,创利3.1万元。1987年,建筑面积扩大到1280平方米,职工增加到269人,综合生产能力达到1000吨。厂部设生产、供销2个科室和罐头、果脯、彩印3个车间,主要产品以果脯为主。当年生产果脯、罐头635吨,完成产值219万元,销售收入205万元,上缴税金10.77万元,实现利润16.5万元,产品销往全国15个大中城市,后因企业亏损而下马。

镇原县冷冻厂 位于城关东岳庙坪,1986年筹建,是省商业厅批准立项和注册的外贸食品加工业,1987年建成投产,隶属城关镇管理。设计库容300吨,日冷冻能力33吨,建有兔肉、牛肉、羊肉3条生产线,共有制冷等机械设备88台件,主要机械设备17台件,有职工78人,技术人员25人,年加工兔肉200吨,冻牛肉350吨,冻羊肉250吨,产品由省外贸公司包销出口。2004年,因原料缺乏而停办。

太平豆浆晶厂 位于太平街道,1985年建厂,乡办集体工业。总投资63.2万元,建筑面积450平方米,有制浆专用设备57台件,固定资产总值30万元,流动资金33万元。设计年生产豆浆晶300吨,有从业职工76人。1986年,生产豆浆晶75吨、副品26吨,完成产值46.25万元,上缴税金1.33万元,创利3.1万元。产品销往西安、兰州、西峰等地。后因亏损停办。

庆阳市澳恺食品有限公司 2001年在企业改制时利用平泉批发站建厂,集玉米深加工、小杂粮开发、建筑、建材为一体。2006年迁建金龙工业园区,是西北地区唯一生产玉米淀粉生物降解制品的民营专业厂家。企业占地33350平方米,建筑面积18500平方米,共有资产8461万元,其中固定资产4633万元,流动资产3828万元,从业人员355人,其中专业技术人员10人,建有4条生产线,年生产能力6000吨,主要产品有杏制品和一次性餐具、食品包装容器、医用托盘等48个品种。当年生产各种餐饮具、包装容器等201吨,完成工业产值281万元,销售收入301万元,缴税21.9万元,实现利润25.8万元。2010年,生产各种餐饮具4000吨,完成工业产值3997万元,销售收入4796万元,缴税272.4万元,实现利润357万元。公司多次被评为省级农业产业化龙头企业、示范企业、扶贫企业、成长型优秀企业、甘肃省先进私营企业、全国质量诚信3A品牌企业。

镇原县澳恺公司生物全降解环保型餐具生产线

(三)果品加工业

中共十一届三中全会后,镇原县利用杏子资源,开发生产杏产品,以杏产品为主的蜜饯工业迅速发展壮大,并很快形成规模,成为全县工业经济的强势产业。

1983年,部分有经济头脑、信息灵通的农民率先办起彭阳果脯厂、城关西街果品厂和东风果脯厂,开始探索加工杏制品。

1984年,镇原酒厂派员赴上海蜜饯厂、北京顺义食品厂、西北农学院等地学习果品加工技术,引进果品加工工艺,研制开发杏制品,取得成功。至1985年底,全县有杏制品企业4户,从业人员445人,完成工业产值70.61万元,销售收入89.4万元,缴税12.5万元,创利26.8万元。

1986年开始,乡、村、户、联户一齐办,供销企业也参与兴办,全县杏制品加工业迅速崛起。1988年,全县杏制品加工企业发展到68户,从业人员2611人,开发杏系列产品12个,生产果脯等杏制品6928吨,完成工业产值2516万元,实现利税305万元。因盲目投资,仓促上马,缺技术、少设备、不会管理,遂出现粗制滥造、质量低劣问题。1995年初,县委、县政府组织有关部门开展对103家杏制品企业治理整顿,取缔设备简陋、技术力量薄弱、产品质量差的生产企业39户。当年底,保留加工企业64户,从业人员3061人,完成工业产值2831万元,销售收入2325万元,实现利润97.6万元,上缴税金45.5万元。

1996年起,继续加大杏制品企业治理整顿力度,关停不合格生产企业21户,同时引导企业产品上档次,质量上水平,生产上规模,培育发展新一代食品有限公司、大鹏食品有限责任公司、新千年食品有限责任公司等一批龙头企业。至2000年底,全县共有杏制品加工企业48户,开发系列产品19种,其中管理科学、设备齐全、技术过关、质量有标准、产品有市场、生产上规模、年产值在300万元以上的加工企业11户,从业人员1462人,完成工业产值3100万元,销售收入2720.3万元,缴税100.8万元,实现利润216.1万元。

2001年,培育兴达食品有限责任公司、康达果品有限公司、西部情食品有限责任公司(均在屯字镇)、云露食品有限公司(上肖)、新星果品有限责任公司(屯字白马村)龙头企业5户。2002年,建起朝阳果品厂(屯字白马村)。2003年,兴办天宝杏业有限责任公司(新城)、维思特食品有限公司2户骨干企业。2004年,建成维尔康果品厂(平泉景家村)。2005年,发展绿源土产贸易有限责任公司(上肖北庄)和丰茂农产品有限公司(平泉镇)。2006年,建起太平兰庙农副产品加工厂。2008年,兴办绿硕园食品有限公司(屯字工业园区)。2010年,全县有年产值300万元以上杏制品加工企业20户,从业人员1821人,完成工业产值50532万元,销售收入36805万元,上缴税金515万元,实现利润1104.2万元。

镇原县果品厂 县属全民所有制工业,位于县城西街上马台,初为糖厂,1972年投产。企业占地14650平方米,建筑面积3166平方米。至1978年,企业共生产甜菜糖186吨,因原料不足,生产一直上不去,连年亏损而停办。1982年,转办酒厂,以高粱为主要原料生产白酒,有职工60人,连续4年共生产白酒584吨,形成固定资产原值45.5万元,净值33.7万元。1984年,引进技术,研制开发杏产品,取得成功。1985年,企业自筹资金23万元,银行贷款90万元,建起选料、烘干、包装、试制和化验等车间,建筑面积增加到6439平方米,新购生产设备77台件,共计100台件,设计年生产各类果品2000吨,职工增加到226人,厂名改为果品厂。当年生产奶油杏肉25.4吨,杏话梅63.8吨,完成工业产值36.3万元,销售收入30.79万元，实现利润1.08万元，上缴税金3.8万元。

镇原县果品厂生产车间

1993年7月，经省政府批准与加拿大北美海外投资贸易进出口公司合资组建镇原艾波瑞珂果品有限公司。生产最好的1998年，加工杏制品1800吨，完成工业产值1420万元，实现利润65万元，上缴税金50万元。企业先后开发出奶油杏肉、杏脯、包仁杏、甘草杏等产品19种，产品销往全国60多个大中城市。该厂生产的“采宝牌”系列产品，连续4年被评为“甘肃省优质产品”，曾获国际国内大奖20多项。2000年，清产核资，亏损380万元，依法破产。2009年，政府收购清偿资产，竞价出售给县电力局，开发为住宅小区，用拍卖收入，一次性买断职工身份234人，安置退休供养人员24人。

甘肃新一代食品有限公司 1998年8月，在县城南环路南端租房筹建，年底建成投产，属民营加工企业。2001年迁入原杏仁粉厂，企业占地15364.5平方米，建筑面积8900平方米，在临泾席沟圈租地培育优质果园1000亩，主要设备418台件，总资产1587.6万元，从业人员260人，设计年加工果脯3000吨，杏糕300吨，杏子果冻1000吨。次年生产果脯、杏糕和果冻180吨，完成工业产值500万元，工业增加值289.2万元，销售收入568万元，实现利润50.1万元，上缴税金29.8万元。2002至2004年，公司研制的“新一代”牌杏果获省级名牌优秀产品奖，甘草杏获甘肃省名牌产品奖，冰杏获甘肃省优秀新产品奖，甘草杏、杏脯、杏肉获甘肃省名牌产品奖。2005年，生产杏制品1300吨，完成工业产值1359万元，实现销售收入1148万元，创利105.5万元，缴税70.4万元。2010年，生产杏制品5062吨，完成产值3548万元，销售收入3478万元，实现利润326万元，纳税973万元。

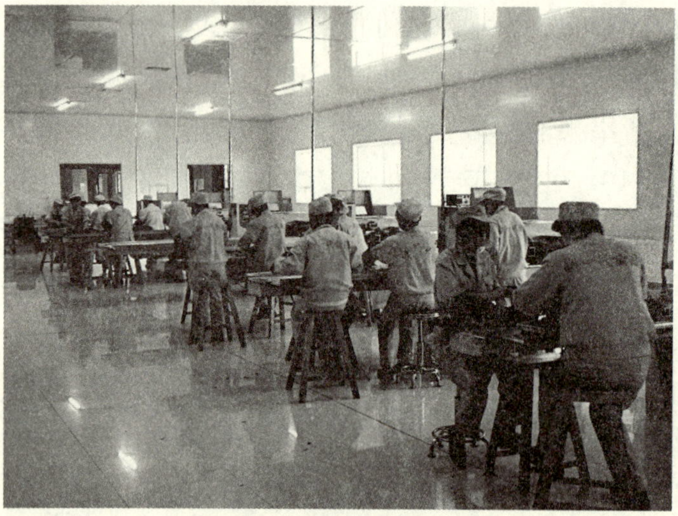

新一代杏脯生产车间

庆阳市维思特食品有限公司 2003年12月建办的民营食品加工企业，2007年迁建于金龙工业集中区。企业占地35亩，建筑面积7200平方米，总资产3428万元，其中固定资产1186万元，从业员工140人，建有蜜饯、炒果、果酒饮料、杏子果粉4条生产线，设计年产各类食品8000吨，产值5000万元。2004年，生产各类食品450吨，实现工业产值987.2万元，工业增加值80.5万元，产品销售收入1002万元，上缴税金10.2万元，创利润58.1万元。2010年,生产各类食品2270吨,完成工业产值5000万元,销售收入3200万元,实现利润188万元,上缴税金149万元。该公司带动全县3000户农民从事杏子和番茄生产经营,户均收入800多元。

维思特甘草杏生产车间

大鹏食品有限责任公司 1999年9月在城关陈沟沟创建,属民营企业,2008年迁入金龙工业园区。企业占地40亩,实有资产1200万元,其中固定资产600万元,从业员工268人,其中各类技术和管理人员52人,安排下岗职工60人、残疾人15人。公司设办公室、财务、营销、生产、质检等部门,建有选料、烘烤、包装3个车间,主要生产五香杏仁、甘草杏、杏肉、杏脯等产品20多种。2002年,被县质监局授予产品质量信得过单位。大鹏食品被评为"第三届国际农业食品博览交易会名牌产品",获"2002年首届长白山系列产品交易会金奖"。2006年,"大鹏"牌甘草杏被庆阳市经贸委评为"庆阳市工业优秀新产品"。2007年,被评为"甘肃名牌产品"。2010年,生产杏制品2060吨,完成工业产值1950万元,实现销售收入1904万元,缴税35万元,创利13万元。产品畅销东北及北京、郑州、西安、太原、内蒙等20多个省市,并与国内部分超市建立长期购销关系。

(四)啤酒饮料工业

1980年代中期,镇原县食品厂曾生产"黄山牌"可乐和汽水。1986年,在县城西街上马台筹建镇原县啤酒厂,1988年建成投产,生产"陇东"牌啤酒。企业占地38973.2平方米,建筑面积21530.1平方米,资产总额1998.65万元,从业职工371人,其中专业技术人员110人,设计年生产能力5000吨。当年生产啤酒800吨,完成产值160万元,销售收入120万元。1992年元月,被兰州黄河啤酒企业集团公司兼并经营,改产"黄河"牌啤酒。1995年和1997年,两次扩建改造,年生产能力扩大到5万吨。1999年,生产啤酒14167吨,完成工业产值3205.9万元,销售收入2374.4万元,实现利润454.7万元,实行免税照顾。

2000年12月,兰州黄河啤酒企业集团公司经营开始走下坡路,遂将企业资产及负债移交镇原县人民政府。2001年5月,经庆阳市人民政府批准,啤酒厂与造纸厂合并,注册成立庆阳市嘉合啤酒有限公司,隶属庆阳市经贸委管理。2001至2003年,共生产啤酒8926.5吨,完成工业产值620.3万元,销售收入

啤酒厂啤酒车间

396.5万元。2003年7月停产。同年,镇原县泰合商贸有限责任公司成立,生产可乐、汽水等饮料。2007年,庆阳市嘉合啤酒有限公司宣告破产。同年9月,被河南金星啤酒集团公司租赁经营,更名甘肃蓝马啤酒有限责任公司,重新启动生产。2010年,全县有啤酒、饮料企业2户,从业人员262人,完成工业产值1045.8万元,销售收入3278万元,缴税86万元,实现利润322.4万元。

二、石油 化工

(一)石油

镇原县石油资源勘探开发于20世纪70年代起步,当时只有几眼油井。2005年开始,石油产业建设步伐加快,对地方经济贡献逐年加大。至2010年,全县主要有长庆油田和中石化华北分公司2家勘探开发,已探明原油储量2.66亿吨,建有原油作业区4个,集输站3处,石油井场305个,共钻井555口,其中采油井328口,天然气井2口,年产石油能力30万吨(长庆区块20万吨,华北区块10万吨)。2007至2010年,石油企业共上缴税费1.64亿元,其中税收3107.6万元。2010年,完成工业产值3821万元。

(二)化肥

镇原县化肥生产始于20世纪90年代末。1998年,投资150多万元,在新城乡建起镇原县复合肥厂和盛达磷肥厂,从业人员70人,完成工业产值15.4万元,实现销售收入39.1万元。2000年,从业人员增加到76人,完成产值19.6万元,销售收入52.4万元,实现利润15.7万元。2001至2002年,陆续建起小磷肥厂4处,由于设备简陋,技术力量薄弱,产品质量不稳定,经过几年整顿改进,质量始终达不到标准,其生产经营资格被取缔。2007年,灵台县客商在平泉姚川新建弘泰肥业有限责任公司。至2010年,全县有化肥生产企业3户,从业人员210人,完成工业产值56.3万元,销售收入171.26万元,实现利润51.3万元,上缴税金23.39万元。

(三)塑料制品

1984年,曙光田岭村办起塑料加工厂,利用废旧地膜加工塑料泡膜。1988年,县砖瓦厂增设塑料车间,生产农用薄膜,最好年份生产塑料薄膜48.2吨。1994年8月,康达实业有限责任公司在平泉镇建塑料编织厂,从业人员428人。设计年加工塑料编织袋2亿条,其中高档编织袋1亿条。1995年,生产编织袋712万条,完成工业产值801万元,销售收入731.5万元,实现利润136万元,上缴税金29.5万元。

庆阳市凯迪塑业有限责任公司编织袋生产线

2010年,在金龙工业园区建办凯迪塑业有限公司,占地28710平方米,建筑面积12800平方米,总投资6393万元,其中固定资产5193万元,流动资产1200万元,拥有各种设备316台件,从业人员385人,建成纸塑油井复合水泥包装袋、普通水泥包装袋、化工袋、粮食包装袋生产线4条和塑料管材生产线2条,利用废旧塑料回收加工,年设计各种包装袋1.6亿条,各种管材15.5万米。当年加工各种塑料编织袋7100万条,试生产塑料管材2.1万米,完成工业产值5100万元,销售收入4800万元,实现利润165万元,上缴税317万元。产品主要销往甘肃、内蒙、北京等地,并和12家大型水泥厂签订长期供货合同。

三、电力工业

镇原电力工业起步较晚。1955年以前,电力资源开发仍处于空白,群众磨面、碾米、榨油靠畜拉人推。农户、机关和官署照明,先用清油灯,后用蜡烛、煤油灯。

1955年,县榨油厂始用柴油机发电,日供榨油用电,入夜限时供县城机关照明。1958年11月,县建发电厂,从东德进口25千瓦柴油发电机组1台,配带33马力柴油机。1962年,县电厂新增柴油发电机组1台,装机容量48千瓦。1969年,在太平寺沟修建水电站。

1970年,建成农机厂电站,用柴油机发电,装机容量190千瓦,供厂内农机制造和修理用电。同年,又办起临泾、南川、孟坝、马渠、庙渠、新集6个小电站,装机总容量157千瓦,年发电量6万度。1971年10月,在寺沟水电站下游修建马头坡水电站,后将寺沟、马头坡2处水电站合并,成立寺马水电站,总装机容量540千瓦,架设10千伏输电线路4条,全长77.9公里,安装变压器67台、2750千伏安,供上肖、彭阳、肖金、董志4个公社20个大队79个生产队农业用电和水泥制品厂工业用电。

1972年,建起方山、殷家城、武沟、郭原4个公社火电站,装机容量56千瓦,年发电量2.3万度。1973至1974年,在平泉、三岔各建柴油机发电厂1处,安装3台50千瓦和2台75千瓦柴油发电机组,装机总容量600千瓦,配套180千伏安变压器1台,架设10千伏输电线路5条,总长度69公里,低压配电线路38公里,供平泉、中原、新城、三岔、方山、殷家城6个公社24个大队128个生产队抽水、灌溉、加工与机关照明用电,同时扩建县发电厂。至此,全县20个公社基本解决公社机关照明用电和拖拉机站修理加工用电。

1975年10月,建成西峰至镇原35千伏输变电工程,刘家峡大电输入镇原。同年,架通平凉草峰35千伏变电站至平泉电厂10千伏线路。1983年11月,新建太平至屯字35千伏输变电工程。至1985年底,全县共架设10千伏输电线路312公里,安装变压器648台,容量27200千伏安,农业排灌用电装机12876千瓦,有138个行政村616个自然村2330户农民通电,年用电量959.5万度。全县大部分城乡居民实现点灯不用油的理想。

1986年3月,寺马水电站与大电并网。同年10月,建成镇原至太平35千伏变电工程。11月2日,建成镇原至孟坝35千伏输变电工程。1987年10月,建成孟坝至三岔35千伏输变电工程。1992年7月,建成镇原至平泉35千伏输变电工程,结束由平凉草峰代供大电的局面。

1994年,在城关镇东岳庙坪新建镇原110千伏送变电工程。同期,省地计划内安排投资385万元,向上级电力部门计划外争取资金200万元,发动乡村集体与用户集资210万元,先后架设10千伏农电线路1303公里,0.4千伏线路2348公里,低压动力线路425公里，照明线路5896公里。至1996年底，全县有110千伏变电所1处，主变2台；35千伏变电站6座，主变8台，容量9800千伏安；35千伏变电线路6条，全长157.5公里。安装配电变压器1412台，容量50382千伏安，总计用量设备5048台件，装机40886千瓦，供电能力增强，供电网络基本形成。全县24个乡镇全部通电，通电行政村255个，占行政村总数79.8%，用电农户6.9万户30万人，分别占全县总户数和总人口69%和66.2%，年用电量3500万千瓦时。

1998至2004年，投资1.14亿元，分两期进行农网改造，新建35千伏变电站3座，改造35千伏变电站4座，架设35千伏线路91.5公里，新建改造10千伏线路799公里，新建0.4千伏以下线路2801公里，改造、安装配电器1313台，开始进户线地埋，改造户表55237户。

2005至2007年，户户通电工程完成投资1亿元，新建35千伏变电站1座，改造2座，架设35千伏线路3条59公里，新建改造10千伏线路721.46公里，新建0.4千伏以下线路971.08公里，新建改造配变器269台，户线地埋及改造户表12876户。

2008至2009年，扩大内需工程共完成投资0.74亿元，新建35千伏变电站2座，改造1座，架设35千伏线路3条64.6公里，新建改造10千伏线路111.37公里，新建0.4千伏以下线路493.48公里，安装配变器190台，改造户表5708户。

2010年，完成投资1951万元，新建新集、方山2处35千伏变电站，改造县城110千伏变出线，增容屯字35千伏变电站，架设10千伏线路66.7公里，0.4千伏线路213.3公里，安装配电变压器88台640千伏安，进户线地埋及户表改造3726户。是年底，全县拥有110千伏变电所1处，35千伏变电站11处，主变压器20台，总容量40700千伏安，35千伏送变电线路13条293.1公里，10千伏开闭站1座，10千伏输变线路40条4193.8公里，配电变压器3347台，总容量101840千伏安，小水电站2座，装机容量545千瓦，年发电量175万千瓦。全县19个乡镇215个村1991个组全部通电，99%的户用上大电。总用电量1.51亿千瓦时，其中农业用电占20%，农排占19%，非普用电占21%，居民照明占25%，大工业用电占7%，商业用电占5%，非居民用电占3%。全年完成工业产值6771万元，上缴税金606万元，实现利润2.6万元。

（一）110千伏送变电工程

1994年1月25日，镇原110千伏送变电工程在城关镇东关行政村庙沟自然村东岳庙坪建成，总投资2200万元，主变1×10000+1×20000千伏安，从西峰330千伏变电站出线，架设110千伏线路2回53公里，直接为屯字、城关、太平、孟坝、三岔、平泉6个35千伏变电站供电，并担负宝中铁路平凉段电气输送任务。

镇原县城110千伏变电所

2009年,投资445万元,改造35千伏出线4条11.65公里,10千伏出线9条2.49公里。

(二)35千伏输变电工程

镇原至西峰35千伏输变电工程 1975年10月1日建成通电,总投资66.7万元,在县城东岳庙坪修变电站,在太平设开关站,安装1800千伏安变压器2台,立杆241基,架设35千伏线路44.6公里,10千伏出线6回,供县城及城关、南川、临泾公社用电。1994年110千伏变电工程建成,改为城关开闭所。

屯字35千伏输变电工程 1983年11月建成通电,总投资56万元,从太平开关站35千伏接线,在屯字修变电所,主变4000千伏安,架设35千伏线路10.7公里,10千伏出线5路,全长157公里,配套0.4千伏线路160公里,供屯字、上肖、曙光、彭阳、双合等社队用电。2007年又从县城110千伏变电所出线一回,新增35千伏线路32公里,改造35千伏线路21.5公里。2009年,投资202.85万元,完成增容改造,将原2台2000千伏安主变更换为2台4000千伏安有截调压器,配套断路器和出线开关等。

太平35千伏变电工程 1986年10月建成通电,总投资30万元,在原开关站基础上修建变电站,主变容量4000千伏安,利用原西峰至镇原35千伏线路,新增35千伏线路18.7公里,10千伏出线3路,全长48公里,配套0.4千伏线路90公里,向太平、王寨供电。

孟坝35千伏输变电工程 1986年11月建成通电,总投资40万元,由太平开关站接线,在孟坝设变电站,主变容量3600千伏安,架设35千伏线路22公里,10千伏出线4路,全长128.4公里,低压线路170公里,供孟坝、新集、庙渠等乡镇用电。1994年起,改从镇原110千伏接线。

三岔35千伏输变电工程 1987年建成运行,总投资200万元,从孟坝35千伏出线,在三岔建变电站,主变容量2800千伏安,架设35千伏线路46.15公里,10千伏出线4路,全长84公里,低压线路120公里,供三岔、方山、马渠、殷家城4个乡镇用电。

平泉35千伏输变电工程 1992年7月建成运行,总投资170万元,从镇原出线,在平泉修变电站,主变容量5000千伏安,架设35千伏线路26公里,10千伏出线4路,全长163公里,配套低压线路220公里,供平泉、湫池、小岘、中原、新城5乡镇用电。

庙渠35千伏输变电工程 2000年10月30日建成运行,投资560万元,从孟坝35千伏出线,在庙渠建变电站,主变容量3000千伏安,架设35千伏线路221公里,10千伏出线4路,全长142.2公里,供庙渠、马渠2乡用电。

新城35千伏输变电工程 2006年建成通电,属农网改造项目,从平泉35千伏出线,在新城建变电站,主变容量2000千伏安,架设35千伏线路10.5公里,10千伏出线3路,全长164.2公里,供新城和中原原峰村用电。

南李35千伏输变电工程 2007年建成运行,属农网改造项目,从屯字35千伏出线,在南李建变电站,主变容量2000千伏安,架设35千伏线路15公里,10千伏出线49.7公里,供上肖乡全境用电。

开边35千伏输变电工程 2007年建成运行,属农网改造项目,从镇原110千伏出线,在开边建变电站，主变容量4000千伏安，架设35千伏线路21公里，10千伏出线4路，全长209.5公里，供开边镇、武沟乡用电。

新集35千伏输变电工程 2010年建成运行，投资953.6万元，从孟坝35千伏出线，在新集建变电站，主变容量4000千伏安，架设35千伏线路14.8公里，供新集全乡用电。

方山35千伏输变电工程 2010年建成运行，投资1269.59万元，从三岔35千伏出线，在方山建变电站，主变容量6300千伏安，架设35千伏线路38.2公里，供方山全乡用电。

（三）小电站及发电厂

寺马电站 1969年，国家投资65万元，县财政自筹10万元，在太平寺沟修建水电站，筑砼溢坝1座，高10.9米，筑拦洪土坝1座，高10.5米，长90米，安装120千瓦立式水轮发电机组2台，75千瓦立式水轮发电机组1台，装机总容量315千瓦。1971年10月，国家投资72万元，在寺沟水电站下游修建马头坡水电站，建砼拱坝1座，高10.4米，修拦洪坝1座，高14.5米，长128米，安装75千瓦立式水轮发电机组3台，总装机容量225千瓦，后将寺沟、马头坡2处水电站合并，成立寺马水电站，总装机容量540千瓦，架设10千伏输电线路4条，全长779公里，安装变压器67台，总容量2750千伏安，供镇原县上肖、彭阳、庆阳县肖金、董志4个公社20个大队79个生产队农业用电和地区水泥制品厂工业用电。1983年刘家峡大电通入后，分别与太平变111馈路和南李变112馈路的10千伏线路并网运行。

三岔发电厂 1974年建成，安装3台50千瓦和2台75千瓦柴油发电机组，总装机容量300千瓦，安装180千伏安变压器1台，架设高压输电线路2条，长39公里，低压输电线路1条，长18公里，供三岔、方山、殷家城3个公社12个大队64个生产队灌溉、加工和机关照明用电。1987年大电输入后停用。

平泉发电厂 1972年5月修建，安装上海120马力柴油机1台，配带75千瓦发电机组1台，配套500千伏安升压变电器1台，架设10千伏线路4条，总长46.8公里，供平泉、新城、中原、湫池4社沿途农业灌溉、农副产品加工和机关照明用电。1976年，平凉草峰35千伏变电站10千伏线路输送平泉后，柴油发电停止。

其他水电站 1966至1976年，分别在开边东风渠鸡头山、解放渠三十里铺，利用渠水兴建2座装机100千瓦小水电站，后因灌溉与发电造成争水矛盾，设备拆除停用。

四、机械工业

镇原县工具制造甚早，在旧石器时代，即有古人类砸制石器，作为劳动工具。新石器时代，工具制造进化为打磨钻削，并出现陶制工具。

西周时期，青铜器制作发展，出现耕作工具耜。春秋战国和秦代，铁器出现。汉代，铁器制造业发展，剪、斧、剑、铧、铲、镢等多种铁制器具用于生产、生活和战争。

唐、宋、明、清时期，冶炼业鼎盛，铸造、制镜技艺大为长进，耕作技术又有发展。

民国时期，金属制造制作发展为手工业作坊。镇原解放时，全县有铁匠铺7处，从业人员14人，农村流动作业铁匠399人。

中华人民共和国成立后，开始兴办机械工业，并逐步发展壮大。1966年，创办上肖农机修造厂，主要设备12台件，从业职工40人。1969年，兴办镇原县农机修造厂，主要机械设备62台件，从业职工86人，主要生产犁、耧、铧等中小农具，年产量5万件，供应县内和邻区农业生产所需。

1970年代初期，机械制造工业迅速发展，先后办起城关、平泉、中原、太平、孟坝等农机修造厂，均以生产小型农具为主。上肖、城关、孟坝农机修造厂开始生产饲料粉碎机，主要机型有270型、310型风雷式粉碎机和450型长草粉碎机与齿轮式一风吹等。1973年，由铁木业合作社转办农具厂，主要设备14台件。产品有碾米机、铡草机、粉碎机、打碾机、水泵、架子车辐条和铁木制小农具。1970年代中期，上肖、中原农机修造厂开始生产机引脱粒机，主要机型有50型、550型、650型，后改产砖制滚筒式打碾机。至1975年，全县机械制造业发展到8户，从业人员245人，完成工业产值210万元，销售收入157万元，实现利润4.4万元，上缴税金6.5万元。1970年代后期，县运输公司在其院内附设修理车间，培训技术人员，专业从事公司内部车辆维修。

1980年代初，个体修理加工户涌现。1980年，平泉综合加工厂建成投产，以小型工具制造为主。1986年，全县有机械制造修理企业和个体户267家，从业人员532人，完成工业产值470万元，销售收入362万元，实现利润128万元，上缴税金86万元。1980年代后期，上肖工业公司恒源机具厂建成投产，以制作手工工具为主。

1990年代前期，镇原第二建筑安装工程公司门窗厂建成投产，主要加工钢门钢窗和铝合金门窗，同期出现一批门窗制作个体户。随着机械化水平提高，市场货源丰富，加之个体户冲击，社队办农机修造厂陆续下马。县农机厂和长庆油田签订合同，加工柴油机曲轴，年产3万根。1995年，全县有修理制造企业和个体户524家，从业974人，完成工业产值960万元，销售收入672万元，实现利润280万元，上缴税197万元。1997年，县农机厂筹资33万元，试制出畜力播种机、畜力覆膜机、电动扬场风扇等产品，投放市场，销势看好。1999年，县农机厂自筹资金34万元，购进自动升降、热处理等先进设备30多台件，请陕西技工传授修理技术，建成小汽车维修生产线，具备进口小汽车修理能力，结束县内进口小车一直去县外修理的历史。

2005年起，车辆修理和机械制造个体户有所减少，但经营规模扩大，机械化程度提高，经营效益增长。2007年，镇原县永安工矿配件有限责任公司建成投产（新城阎寨村），主要从事矿山、冶金和建筑专用材料制造。至2010年底，全县有机械工业和个体户234家，从业人员812人，完成工业产值1240万元，销售收入968万元，实现利润410万元，上缴税金360万元。

镇原县农机修造厂 1962年，县铁业社分设县农具厂。1965年2月，县农具厂更名为农机站修理队，并入农机站。1969年3月，农机修理队扩建为县农业机械修理制造厂，位于县城南环路西段，隶属农机局，为国有预算内工业企业。全厂占地23.64亩，建筑面积2450平方米，总投资409.8万元，其中国家投资206.96万元。主要设备有车床9台，钻床4台，铣床、刨床、空气锤各3台，搪床2台，磨床6台，滚齿机、油泵试验台、马力试验台各1台。职工86人，其中专业技术人员12人。1975年1月，农机修造厂归工交局管理。1980年前，主要生产东方红28型拖拉机配件与碾米机、粉碎机、铡草机、脱粒机，并承担汽车、拖拉机大中修和小型农具维修。1980年起，以修理和生产小型农具为主，年产量5万件。1990年起，和长庆油田签订合同，加工柴油机曲轴，年产3万根。1999年，企业自筹34万元，购置自动升降、热处理等设备30多台件，建成小汽车维修生产线。2000年，完成工业产值81.3万元，销售收入55.4万元，亏损4.3万元。2001年9月底审计，总资产480.5万元，总负债306.6万元，企业权益173.9万元。2002年，企业改制中由厂内一名职工牵头，与社会出资人合伙，以440万元买断国有产权，转作房地产开发，用出让金置换职工身份。

镇原县农具厂 1973年由铁木业合作社转厂，属县办集体工业，有固定资产净值13.71万元，主要设备有砂轮机4台，空气锤2台，车床6台，铣床、钻床、冲床各1台。产品有碾米机、铡草机、粉碎机、打碾机、水泵、架子车辐条和铁木制小农具。至1983年，共生产21.58万台件，总产值240.16万元，实现利润6.38万元，上缴税金5万元。1984年8月，与地毯厂合并为综合加工厂。

1972年县农具厂农机改造 景中道摄

上肖农机修造厂 1966年创办，属社办集体工业。企业占地3300平方米，建筑面积1500平方米。主要设备有金属切削机床9台，其他设备3台，固定资产总值40万元，从业职员40人。厂内设机修、铸造、锻工等生产车间。1985年，完成产值211.47万元，实现利润9.34万元，上缴税金5.68万元。1987年起，改名工业公司，实行综合加工，以生产杏制品、豆制品为主，兼营修理货运等业务。

1972年上肖社办厂生产拖拉机齿轮 景中道摄

五、纺织工业

夏商时期，县内先民开始以毛、葛、麻、丝为原料，用石纺轮、陶纺轮纺线，从事纺织活动。此后，世代以手工进行纺线织布。西周时，丝纺昌盛。宋代，棉纺业逐步发展。清代，棉纺成为民间家庭手工业。嘉庆初年（1796年），县内茹河两岸引种河南棉子，少数农户用棉花纺线织布。道光十七年（1837年），姚川川湾村民姚自才自制弹毛弓、纺车和刀针等，织造毛口袋。道光二十三年，临泾段家村出现简单纺车和织机，邻近妇女纷纷仿学，棉纺业很快普及农家。同年，知县周庆云教民改褐机为布机，民间纺织大量涌现。光绪二十三年（1897年），屯字田岭村民田维纯赴兰州学习地毯栽织技艺，于二十五年回村兴办地毯栽织作坊，主要生产马褥和4尺宽6尺长地毯。光绪二十九年，知县宋运贡提倡实业，从宁夏请来织师，在县城开设工厂纺毛线、织地毯，开创镇原官办工厂先例，产品质量甚佳，行销陕西、山西、河南等地。光绪三十年，田家毯房遭土匪抢劫而破产。是年，屯字镇马堡岭头村李家投资兴办地毯栽织作坊，聘请田维纯为技师，两年后田维纯辞聘，李家独户经营。光绪三十五年，屯字胡同村张士元与他人合办印染作坊，专业土布印染，以土靛作染料，可染出 4 种蓝色布。其工艺是先用蓝叶“打靛”（制作土靛染料），将布料洗净，放入配好颜料液中浸泡 3 天，取出洗掉浮物，从一木板孔中拉过挤出染液，用石磙碾压平整，晾干，每天染布 30 余丈。

中华民国初期，手摇纺车、脚踏织布机传入，棉纺普及，各类纺织业渐兴。民国十五年（1926 年），德国“金狮”牌进口染料传入县内，印染质量提高。十九年，县内从事染布者县城 17 人，乡镇 67 人。三十二年，孟坝任创国自制纺车 8 架、织机 3 架，家族中 60 口人，成人分工，男耕女织，安排纺妇 10 人，织妇 3 人，男人保证有饭吃，妇女保证冬夏衣物自给。石佛区三乡孙应邦家有纺妇 5 人，织妇 2 人，由家长买花，平均分配给纺妇织布。三十三年，镇原建起 5 家纺织厂。第一纺织厂有 20 人，织布机 4 架，织袜机 6 架，纺线机 2 架，月产吉人呢 25 匹，袜子 200 打，毛毯 25 条。建业工厂有工人 20 人，资金 4.5 万元，纱机 120 部，织机 4 部，年产各种布 1080 匹。利主纺织厂有工人 20 人，资金 18 万元，纺线机 6 架，织布机 4 架，年产土布 1800 匹，洋布 300 匹。李德福等 4 户从河南逃难到镇原，共有 16 人，当地政府将其组织在一起生活，并安排妇女 8 人纺织，从正月开始至四月中旬，共织布 40 匹，除还贷和领花交布外，净赚 20 匹，按当地粮、布价计算，可换小麦 10 石。

1952 年，全县从事毛毡业者 510 户 531 人，织毛口袋者 162 户 302 人。经过社会主义改造，城镇毛纺手工业者加入合作社（组），实行集体经营，农村零散毛纺手工业者转入农业生产。1956 年，肖金镇成立造麻场，从业人员 34 人，加工生产亚麻纤维，次年停业解散。1976 年，孟坝镇建起地毯加工点，当年生产半成品地毯 3.5 平方米。1979 年，平泉镇兴建亚麻加工厂，次年建成，1982 年 3 月投产，利用当地胡麻资源，生产混合麻 25 吨，产值 3.6 万元。

1980 年，县化工厂改建为地毯厂，投资 17.1 万元，购置钢机架 7 副，木制机架 20 副，从业职工 84 人，生产半成品地毯。1984 年 8 月，地毯厂与农具厂合并为综合加工厂。同年 10 月，综合加工厂派出员工 30 人赴江苏江都针织机械厂学习，并邀请技师进厂培训员工 50 人，工厂投资 40 万元，购置针织横机 30 台，其中 3.5 针横机 20 台，6 针横机 10 台。次年，改名针织厂。

1985 年，纺织工业崛起，先后建成临泾针织厂、上肖工业公司针织厂，主要产品有各种规格型号羊毛衫、尼龙衫、晴纶毛衣裤和尼龙袜等 30 多个产品。临泾针织厂有手摇针织横机 39 台，从业人员 86 人，主要生产毛衣裤，其生产的粗线提花男开衫被评为庆阳地区优质产品。同年，平泉亚麻厂从银川亚麻厂引进亚麻脱胶生产工艺，投资 149 万元，进行扩建改造，建成麻条生产线。是年底，全县共办起纺织企业 5 户，从业人员 511 人，完成产值 111.64 万元，销售收入 89 万元，实现利润 4.37 万元，上缴税金 3.98 万元。

1986 年起，在省轻工业厅和大专院校科研单位对口协作援助下，乡镇创办原料和产品“两头在外”的袜子、毛衣、手套生产企业 30 户，从业人员 939 人。依托庆阳地区地毯厂提供的技术、原料，扩散地毯加工点 6 处，从业人员 252 人。1989 年，兰州针织厂离职工人 3 人牵头，投资 78 万元，在县城东胡府坪办起陇东针织厂，主要设备 67 台件，年产纤维袜 60

万双(1996年破产改建烟叶复烤厂)。到1990年鼎盛时期,全县从事针织企业41户,从业人员1702人,完成工业产值501万元,销售收入368万元,实现利润27万元,上缴税金21万元。

1990年代中后期，乡镇办针织厂和地毯加工点由于产品销路不畅和经营不景气而陆续下马,平泉麻条厂由于技术不过关而停办,陇东袜子厂因资不抵债而破产,针织工业一度陷入低谷。到2000年,全县只留县针织厂1家,从业人员205人,完成产值76万元,实现销售收入57万元,上缴税金2.4万元。

2001年起,陆续兴办镇原县解语花山羊绒制品有限公司、庆阳市泰兴畜牧产业开发有限公司、庆阳市牧青农牧产业有限公司,均以羊毛、羊绒为原料,进行加工增值,同期建起华德士畜产品有限责任公司,进行羽毛绒加工制造。2010年,全县有纺织企业4户,针织个体户4家,从业人员426人,完成工业产值1020万元,销售收入1610万元,实现利润87万元,上缴税金104万元。

镇原县地毯厂 1980年由开边化工厂改建，企业占地300平方米，建筑面积200平方米,投资17.1万元,固定资产总值15.1万元。主要设备有钢机架7副,木制机架20副，从业职工84人，年加工地毯能力1300平方米。当年加工半成品地毯800平方米,完成工业产值1.1万元,实现利润500元,上缴税金400元。1984年8月厂址搬迁县城,与农具厂合并为综合加工厂,1985年改为针织厂。

1990年4月地毯厂织毛毯现场

镇原县针织厂 其前身为地毯厂和综合加工厂,属县办集体工业。1985年10月改为针织厂,企业占地8000平方米,建筑面积5000平方米,资产总额117.9万元。主要设备有针织横机96台,缝合机5台,汽车1辆,木机架12副,钢机架9副。厂内设针织、地毯、维修3个车间和财务供销、生产技术2个办公室,从业人员205人,其中正式职工60人,专业技术人员5人。主要产品有52个花色品种毛衣裤和半成品地毯,年产粗线毛衣裤20万件。次年，栽织地毯1000平方米，加工毛衣裤1.61万件，完成工业产值26.24万元，实现利润3740元,上缴税金1.48万元。1991年,新上手套生产线,当年生产2.5万双,创产值2.25万元,增加销售收入2万元。1999年,企业投资20万元,购进电脑针织机2台,面向社会进行来料加工。2000年,企业自筹14万元,购置刮毯、剪毛等设备,利用企业闲置蒸烤设备和部分厂房,完成地毯后道工序生产线改造。2002年企业改制,出让部分土地,用出让收入和筹措资金141.5万元,置换职工身份,剩余资产由企业原班子承担债务36万元,买断企业产权,转为股份制企业,原有设备处理,开发成商业大厦,改名新兴股份有限责任公司。

临泾针织厂 1985年由原临泾社办厂改建,属乡办集体工业。企业占地1800平方米,建筑面积308平方米。主要设备有手摇针织横机39台,固定资产70.5万元,从业人员86人。设计生产能力为年产毛衣裤5万件,当年生产毛衣裤4万件,产值43.4万元,利税4万元。1990年代停办。

平泉麻条厂 前身为亚麻厂,属镇办集体工业。1979年,贷款16万元修建,1980年建成,1982年正式投产,当年生产亚麻25吨,产值3.16万元。1985年,改为生产麻条,遂改名麻条厂。企业占地41000平方米,建筑面积2772平方米,总资产450万元,主要设备62台件,从业人员85人,其中专业技术人员10人。设计年生产麻条散纤维400吨,产值220万元,利税50万元。最好年份生产麻条麻纱65吨,完成工业产值650万元,缴税18万元,实现利润51万元。1999年,企业产权拍卖转让。

六、缝纫 皮革 皮毛加工业

镇原民众自古以手工缝制衣物。夏商时期,公刘部族即用狐皮貉皮制裘。此后,裘毡等皮毛生产工艺随时代演进,品种不断增加,其制品多为民间衣物辅助部分。

民国年间,开始出现个体专业缝纫部。民国三十三年(1944年),县城内硝皮作坊有"奎盛"和"三义承"两家,设备简陋,年产黑白羊皮裘及各种兽皮600~1000张,皮业原料大部分来自宁夏西海固地区。

三十八年,镇原县城、屯字镇、太平镇各有缝纫部1处。1952年,县内有皮匠17户,从业19人。1956年,成立镇原县缝纫生产合作社,投资7.1万元,购置脚踏式缝纫机34台,从业职工31人,开始加工成衣。1973年,由被服社转为被服厂,国家投资2万元,增置裁剪机、高速锁边机、扣眼机、中速平合机等设备,进行来料加工,年加工成衣5万件,产值55万多元。

中共十一届三中全会后,浙江等地服装技师来镇原办店,进行服装加工,在其带动和传艺下,服装加工个体户蜂拥而上,遍布城乡。1984年,由甘肃省外贸公司、天津进出口公司和陕西省榆林地区畜产公司提供技术,并实行产销衔接,办起三岔把毛厂,以县内山羊毛为原料,进行初加工。1985年,上肖西岭鞋厂建成投产,有主要设备14台件,流动资金21万元,从业职工62人,与兰州金城鞋厂联合经营,设备齐全,工艺比较先进,设计年产"金城牌"注塑布鞋25万双,产值82.5万元,生产各种男女注塑布鞋20多个品种。1985年底,全县有缝纫、制鞋、皮毛加工企业和个体户148家,从业人员327人,完成工业产值386万元,实现利润27.6万元,上缴税金19.9万元。

1992年,被服厂分设出制鞋厂,主要设备10台件,从业职工9人,年产各种注塑鞋20万双,产值70万元。1995年,全县从事缝纫等加工企业和个体户384家,从业人员719人,完成工业产值1220万元,实现利润96万元,上缴税金59万元。1990年代后期,镇原鞋厂破产,上肖西岭鞋厂和三岔把毛厂停办,县被服厂整体拍卖,转作其他事业。

2000年,皮衣、皮鞋加工个体户出现,多为外地客户。缝纫业由个体户"一统天下"。至2010年底,全县有个体服装、皮鞋加工店608家,从业人员872人,完成工业产值1940万元,实现利润132万元,上缴税金97万元。

镇原县被服厂 1956年成立镇原县缝纫生产合作社，1973年由社转厂。企业占地2585.63平方米，建筑面积893.6平方米，主要设备有脚踏缝纫机34台，裁剪机、高速锁边机、扣眼机各1台，中速平缝机17台，从业职工31人，从事成衣加工，以来料加工为主，面料主要是棉布，款式以大众服、学生服居多。至1985年，全厂共加工成衣9.09万件，完成工业产值313.75万元，实现利润、上缴税金各2.19万元，其中1985年加工服装5万件，完成产值55.6万元，缴税0.2万元，创利0.1万元。1999年9月，将企业资产折价80万元，总体拍卖给邮电局，用拍卖收入安置职工，清偿银行债务。

镇原县制鞋厂 1992年从被服厂制鞋车间分设成立，划拨土地1498.63平方米，建筑面积480平方米，固定资产92万元。主要设备有注塑机、缝合机等十多台，从业职工9人，主要生产塑料底布鞋，年产20万双，产值70万元，利税4.8万元。1996年8月，依法破产，在职职工5人身份置换，退休职工4人转入社保局供养。

上肖西岭鞋厂 1985年建成投产，属乡办集体工业。企业占地2670平方米，建筑面积386平方米，主要设备8台件，固定资产总值14万元，流动资金21万元，从业职员62人，与兰州金城鞋厂联合经营，设计年产"金城牌"注塑布鞋25万双，产值82.5万元，主要产品有男女冲相巾花棱高跟、西式高跟、女扇形插跟一带、西式一带、女健美8眼鞋等20多个品种。1986年，生产7.66万双，完成工业产值29.42万元，上缴税金1万元，实现利润1.85万元。1990年代停办。

七、建材工业

仰韶文化时期，县内先民在地穴和类似窑洞式住宅中，以石灰装饰防潮。土墼作为砖的雏形已开始生产并用于房屋建筑。庙渠老虎沟在齐家文化时期，已能生产出精细陶质建材，并出现石质建材。西周有瓦。秦汉时期，土墼已烧制成陶质材料用于建城、筑路，屋顶普遍铺瓦，且可烧制回纹砖和空心砖等。南北朝时期，石材大量用于建筑。唐宋时期，砖瓦和石材已成为主要建筑材料。元代至民国，房屋建筑逐渐发展为以石基、砖地、木架、瓦顶为主，少数富户用砖瓦营造房屋。砖瓦品种出现多种艺术造型，用于建筑装饰。

中华人民共和国成立后，建材工业逐渐发展。1949年，私人砖窑继续生产，全县砖产量1.5万块，1952年2万块，1957年达11.5万块。1958年，砖瓦由个体生产转为集体生产。1959年，全县砖产量增加到198万块。

国民经济调整时期，由于绝大部分建设项目下马停建，砖产量随之下降，1964年只有17.2万块。1971年3月，县水利局从寺马电站抽调工人8人，贷款8.5万元，成立水泥预制品生产小组，购置生产材料，自制模具3套，开始试制水泥电杆。1973年正式投入生产后移交县水电局管理，企业分制杆、制管、钢筋、锅炉和维修5个车间，当年生产水泥电杆1085根、机井壁管3161根，产品供应全区，用于低压电力输送和机井配套。次年，更名为马头坡水泥制品厂，交地区水电局管理。

1973年，镇原县砖瓦厂在城关莲池上沟沟生产队建成投产，购置350型制砖机1套，小型瓦机一套，修建20门轮窑1座，从业职工185人，开始生产机制砖。1975年，全县有建材工业 2 户,从业人员 193 人,生产砖 387 万块、瓦 455 万页,完成工业产值 8 万元,销售收入 12.1 万元,实现利润 2.6 万元,上缴税金 1.89 万元。

1976 年 7 月, 屯字公社砖瓦厂建成投产, 主要设备有 350 型制砖机和小型瓦机各 1 套,修建 24 门轮窑 1 座,从业职工 120 人。全县 17 个公社 84 个生产队自建土窑,自制砖瓦模具,利用农闲组织社员手工生产,用麦草烧制砖 425 万块。1979 年,太平农机厂生产水泥电杆 829 根,用于区内电力事业发展。1980 年,建起太平柳嘴得隆砖瓦厂。

1983 年,县砖瓦厂购置 550 型制砖机,改装搅拌、粉碎、对滚、输送等机械设备,日产量由 6 万块增至 9 万块,同时购置平瓦机,建成机制平瓦生产线。1985 年,全县有建材企业 3 户,从业人员 364 人,生产砖 1258 万块、瓦 137 万页、水泥电杆 830 根,完成工业产值 185 万元,销售收入 169.8 万元,实现利润 8.4 万元,上缴税金 8.57 万元。

1988 年起,新办砖瓦厂均修建 20 门以上轮窑,购置 550 型砖机和配套设备,进行机械化生产。当年,办起城关砖瓦厂。1990 年,兴建三岔砖瓦厂。1991 年,兴办湫池史家砖瓦厂和平泉王山砖瓦厂。1992 年, 办起中国石油天然气股份有限公司庆阳销售公司镇原砖瓦厂。1994 年,建起城关东关砖瓦厂、临泾石羊砖瓦厂。1995 年,建成上肖工业公司砖瓦厂和中原乡何曹砖瓦厂,同时兴办水泥预制企业 3 户。至 1995 年底,全县建材企业增加到 14 户,从业人员 1480 人,生产机制砖 7311 万块、瓦 960 万页、水泥电杆 1645 根,完成工业产值 890 万元,销售收入 626.8 万元,实现利润 198.5 万元,上缴税金 92.6 万元。

1996 年,中原高胜砖瓦厂和殷家城乡施耐尔砖瓦厂建成投产。1997 年,镇原华兴砖瓦厂(孟坝王湾村)、平泉朱堡砖厂、临泾乡开荣砖瓦厂(地址蒋寨子)先后建成投产。1998 年,建办庙渠砖瓦厂。1999 年,兴办平泉王储砖瓦厂和太平兰庙东鑫砖厂。2000 年,建成平泉八山砖瓦厂。至 2000 年底,全县有建材企业 23 户,从业人员 1880 人,完成工业产值 1480 万元,销售收入 762.3 万元,实现利润 228.7 万元,上缴税金 106.7 万元。

2001 年,组建成立刘塬建材有限责任公司(上肖北庄),进行砖瓦和石材加工,并办起曙光砖瓦厂(屯字田岭)和孟坝塬头砖瓦厂。2002 年,宏远砖瓦厂(新城团结沟)、孟坝什字砖瓦厂、孟坝新兴砖瓦厂、新建砖厂(新集苜蓿坬)、三岔米家川砖瓦厂建成投产。2003 年,城关金龙砖瓦厂、临泾耿塬砖瓦厂、太平老庄宏建砖厂、新城潘城机砖厂、曙光嘉兴空心砖厂建成投产。2004 年,兴办福盛砖瓦厂(临泾祁焦)、百年红砖厂(屯字马堡)、会鑫砖瓦厂(马渠村)、开边明星砖瓦厂、中原上环砖瓦厂、上肖杨城真空砖厂,生产机制砖瓦。同年组建成立恒发实业有限责任公司(新城南坡),进行砖、石材等综合加工。2005 年,建起红原砖瓦厂(屯字阳宁)、广厦砖厂(孟坝西壕)、宏达砖厂(庙渠村)、星原砖瓦厂(城关原郑)、新集段掌砖瓦厂,同时办起水泥预制企业 5 户。是年底,全县有建材企业 50 户,从业人员 3280 人,完成工业产值 3640 万元,销售收入 3913 万元,实现利润 424 万元,上缴税金 208 万元。

2006 年,兴办宏升砖厂(马渠村)、正胜砖厂(郭原毛庄)、永新砖瓦厂(三岔高湾村)、殷家城鹏达砖厂。2007 年,建成三新砖厂(城关路坡)、聚鑫砖厂(新集唐坬)、民利砖瓦厂(开边甄沟)、旺民砖厂(武沟牛塬)和创鑫建材有限责任公司。2008 年,创办平泉镇上刘砖瓦厂和姚川砖瓦厂。2009年，新办佳兴砖厂（太平枣林）和兴陇空心砖厂（庙渠村），同时新办采沙企业3户、水泥预制企业4户。至2010年，全县有建材企业70户，从业人员4036人，完成工业产值5306万元，销售收入6050.4万元，实现利润615万元，上缴税金347万元。

镇原县砖瓦厂 1973年由砖瓦合作社转厂，位于城关公社莲池大队上沟沟生产队，属县办集体工业。企业占地30亩，建筑面积2777平方米，国家投资3.1万元，累计固定资产投资44.6万元，固定资产净值24.1万元，主要设备有350型制砖机1台，小型瓦机1套，修建20门轮窑1座。当年生产机制砖60万块、手工瓦55万页，完成工业产值4.4万元。1983年购置550型制坯机，改造搅拌、粉碎、对滚、输送等机械，日产量由6万块增至9万块，购置平瓦机，建成平瓦生产线，将轮窑扩建到24门，从业人员增加到485人。至1985年，累计完成工业产值332.62万元，实现利润72.45万元，上缴税金41.03万元。1988年，增建塑料车间，生产农用地膜。1989年，被评为甘肃省一级企业。1995年改为股份合作制企业，当年生产机砖991.4万块、机瓦102.9万页，加工地膜48.2吨，完成工业产值156.4万元，销售收入196.7万元，实现利润4.9万元，上缴税金9.86万元。2002年企业占地面积扩大到63亩，实有资产170.42万元，有职工105人，退休职工17人。企业改制时，按折价292.42万元出售集体产权，由受让人承担原企业债权债务，一次性置换职工身份，后组建成立镇原县延福砖瓦有限责任公司，继续从事砖瓦生产。

屯字砖瓦厂 建办于1976年6月，位于屯字公社屯字大队，属镇办集体工业。企业占地2万平方米，建筑面积1566平方米。主要设备有350型制砖机1套，小型瓦机1套，修建24门轮窑1座，固定资产总值17.48万元，从业职工120人。当年生产机砖90万块、瓦67万页，完成产值5.6万元，实现利润1万元。1990年代中期停办。

八、印刷　造纸　彩印　包装业

（一）印刷工业

民国三十年（1941年），城关海丰人张恒功在西安学习当时最先进的石版印刷技艺，并购回石印机器及设备，在县城（今康平医药商厦门口）开办恒大印刷铺，有门面房3间，承印门画、表册、账簿、报刊等。三十二年，镇原邮电局职员张清伯从外地购回石印机，开办私人印刷铺，并赴平凉学习石印技术，主要承印邮电局表账、收据等。镇原解放时，全县有张恒功、张清伯等民营印刷部3家。

1955年，在公私合营中，将3个私营印刷铺并入城关供销社，成立印刷厂，年底转入手工业联社，改称手工业联社印刷厂，实行集体经营，并接收职工10人，增加切纸机和四开平台印刷机各1台。1956年，添置圆盘机和四开印刷机。1959年，手工业联社印刷厂改建为全民所有制企业镇原县印刷厂，1970年印刷厂迁建至水荫街。

1992年5月，城关人张军辉创办民营企业海丰印刷厂，设备有四开铅字印刷机、圆盘印刷机、对开切纸机、铅字排版等设备，后添置对开四色胶印机、对开数显切纸机、六开胶印机、胶装机、折页机、锁线机等，主要承印精装图书、报刊、杂志、台历、年画、课本、作业本、纸箱、纸杯等。2002年迁往西峰区北环路，更名为庆阳市鹤原印务有限公司，获庆阳市“守合同重信用”企业，庆阳市“诚信单位”称号。

1994年，个体企业镇原华茂印刷厂建成投产。1995年，镇原长庆信达印刷厂建成开业，全县印刷企业增加到3户，从业人员增至194人，当年完成工业产值115万元，实现销售75万元，实现利润31.2万元，上缴税金2.1万元。

1999年6月，县印刷厂扩建改造，省财政拨款94万元，企业自筹60万元，银行贷款70万元，共计224万元，新上胶印生产线，购置胶印机、轮转机、烫金机、复膜机等设备，印刷品档次和质量提高，具备高档挂历、各种烟盒、药盒、书刊、书皮印刷能力。2002年，个体私营企业文凯印刷厂建成投产，全县印刷企业增至4户，从业人员236人，当年完成工业产值133.4万元，销售收入134.9万元，实现利润44.8万元，上缴税金7.8万元。

2003年起，先后又增加新华印刷厂、孟坝中学印刷厂、祥新印务有限公司、新集印刷厂、宏凯纸制品有限责任公司等。2010年，全县有印刷企业9户，从业人员462人，当年完成工业产值201.3万元，销售收入192.5万元，实现利润90.8万元，上缴税金15.1万元。

镇原县印刷厂 1959年，将城关供销社印刷厂改为全民所有制企业，更名镇原县印刷厂。

1978年印刷厂印刷车间

1970年由上马台迁建至水荫街，企业占地6251平方米，建筑面积1991平方米，固定资产投资30万元，主要设备20台件，从业职工39人，主要承印各种票证、表格、账簿、学生作业本等。1975年，完成工业产值29.5万元，销售收入23.1万元，实现利润10.1万元。1985年，从业人员增加到82人，完成工业产值67.2万元，销售收入58.2万元，实现利润17.5万元，上缴税金0.75万元。1997年，实行股份制改造。1998年，被省政府命名为“甘肃省二级企业”，并取得国家指定图书报刊印刷许可证和国家一类瓦楞纸箱生产许可证。经营最好时期，年产值200万元，销售141万元，实现利润46.3万元，上缴税金5.2万元。2001年，有建筑面积4113平方米，固定资产原值161.56万元，净值112.62万元，拥有各类印刷设备42台件，职工106人，主要承印各种票证、表格、账簿、稿纸、作业本、课本，纸箱、纸盒、挂历等装潢彩印，年产各类印刷品能力180多吨、产纸箱80万平方米。当年进行企业改制，出让部分门面房和职工宿舍，用出售所得置换职工身份，由厂领导班子承担企业全部债务，买断国有产权，转为股份合作制企业，改名为文汇印刷责任有限公司，继续生产经营。

(二)造纸工业

1970年8月，筹建镇原县造纸厂，当年建成投产，生产土纸450公斤，收入750元。次年，国家投资110万元，进行扩建改造，购置787毫米圆网造纸机1台，设计日产能力2吨。1972年10月，完成设备安装，开始机械化生产。当年试产有光纸3.5吨，产值0.76万元。1973年，生产机制纸52.4吨，完成产值5.5万元，因电力和水源不足，当年亏损6800元。

1974年8月，修订操作规程，改进工艺流程，机制纸产量增至212.5吨，扭转亏损局面。

1975年,研制开发出书写纸、包装纸。1977年,国家投资56.56万元进行更新改造,添置787毫米圆网造纸机1台,年底完成安装,次年投产,日产能力增至4吨。1978年,生产机制纸300吨,实现利润5.8万元,上缴税金6.8万元。

1980年后季,改进生产工艺,将半化学制浆改为全化学制浆,降低浆料硬度;将旋羽筛滤浆改为离心筛滤浆,降低纸张尘埃度;将漂粉溶解制漂改为石灰—液气管道稀释制浆,提高纸张白色度;将松香胶改为石蜡松香乳化液施胶,提高纸张胶度,有光纸质量由2#升为1#,书写纸和打印纸由3#升为2#。

1985年,贷款46万元,企业自筹18万元,购置多网多缸板纸机1台、1092型圆网造纸机1台,制浆能力提高到1500吨,出纸能力1350吨。是年,企业占地18800平方米,建筑面积5256平方米,主要设备181台件,其中造纸专用设备41台件,累计完成固定资产投资217万元,固定资产净值150.5万元,流动资金78.5万元。当年生产纸浆1121吨、机制纸1088吨,其中印刷用纸880吨,书写用纸139吨,包装纸69吨,完成工业产值149.4万元,产品销售收入183.7万元,实现利润11.9万元,上缴税金19.32万元,全员劳动生产率9698元/人。产品主要销往平凉、庆阳地区部分县市。

1987年,在西北轻工学院教授帮助下,试制用葫麻秆生产牛皮箱板纸,经三次开机试产,未能成功而放弃。1991年,经省轻工厅批准进行填平补齐改造,新增建筑面积2475平方米,报废20世纪50年代787型小纸机2台,新增1760型纸机1台、1092型双网双缸纸机2台,改造3号4号纸机和制浆系统,新增特号打字纸,提高1号有光纸能力,造纸能力由3000吨提高到5000吨。1999年,企业占地58931.3平方米,建筑面积23892.1平方米,资产总额2430万元,其中固定资产净值1187万元,职工人数423人,当年生产各类纸5600吨,总产值1100万元,销售收入1000万元,实现利税105万元。主要产品有书写纸、有光纸、牛皮纸、卫生纸等7大类20多个规格品种,产品销往西北五省区。

2000年3月,造纸厂因外欠货款严重,流动资金困难,靠企业自身无法启动生产,通过招商引资,由山西闻喜县华龙化工电器有限公司租赁经营,改名为镇原县华龙造纸厂。同年,利用省财政重点财源建设投资95万元,华龙公司筹资1379万元,银行贷款348万元,共计投资1822万元,新建2000吨亚纳生产线,启动5号纸机,改造1#、2#纸机,新增1575型长网造纸机1台和1092型圆网造纸机2台,并改造配套制浆系统,增加25立方米蒸球4台,35立方米漂洗机2台,侧压浓缩机2台,制浆能力达到1万吨以上,造纸能力提高到7600吨,又引进资金295万元,县财政自筹100万元,实施污水治理。最好的2001年,生产各类纸6000吨,完成工业产值1800万元,销售收入1071.5万元,实现利润84.6万元,上缴税金133.6万元。产品销往东南沿海地区,出口老挝、缅甸等东南亚国家。

2002年11月,华龙公司自行终止合同,转手给西安客商王新全继续投资经营,生产文化用纸和卫生纸4755吨,完成产值1474.3万元,销售收入673.1万元,实现利润1000元。2003年6月,因污水排放未能达标而关停。2004年3月开始,通过招商引资,福建客商对华龙造纸厂租赁承包,更名为镇原县福原纸业有限责任公司。2005年1月,该公司与县经贸局签订为期5年的租赁经营合同,对纸业污染工艺进行调整和技术完善,新增治污设施,经市环保局组织专家评审后,于8月恢复生产。福原纸业经营期间,为剥离企业债务,县政府决定将造纸厂和啤酒厂合并成立庆阳嘉合啤酒有限公司,造纸厂成为啤酒厂的纸箱分厂。经省政府主管部门批准,纸箱分厂列入政策性破产计划。2007年4月20日,因福原纸业未能达到3.4万吨制浆能力要求,污染物超标排放,被县政府强制关停。当年实施依法破产,评估资产2105.24万元,除安置职工外,给债权人进行清偿。2010年,政府收购破产后资产,用收购资金置换安置职工418人。

(三)包装彩印业

1988年,组建镇原县彩印厂,开始食品包装袋印制。1990年,县果品厂设立彩印分厂,从事厂内杏制品包装袋印制。1992年,成立陇东包装公司,从业人员45人,进行纸袋加工。当年完成产值17万元,销售收入19.5万元,实现利润2.3万元。

1999年,康达实业有限责任分公司建成投产,从业31人,利用废旧地膜,加工塑料包装物,完成产值54.4万元,销售收入57万元。2000年,县彩印厂和果品厂彩印分厂停产,继续生产的彩印包装企业2户,从业人员102人,完成工业产值112.4万元,销售收入128.3万元,实现利润38.5万元,上缴税金16.2万元。

2001年,屯字彩印包装有限责任公司成立,从业人员30人,从事包装物彩印。当年完成产值22.2万元,销售收入32万元,实现利润6.9万元,上缴税金4.4万元。2002年,镇原福利复合彩印有限责任公司建成投产,从业人员12人,进行泡沫塑料制品加工。2005年,全县有彩印包装企业4户,从业人员152人,完成工业产值162.5万元,销售收入342.3万元,实现利润79.6万元,缴税39.1万元。

2009年,泰瑞农工贸有限公司成立,建有彩印包装生产线。2010年,全县有彩印及包装企业5户,从业人员198人,完成工业产值194.3万元,销售收入415.2万元,上缴税金51.2万元。

九、民用综合加工业

民国二十九年(1940年),陇东解放区在三岔组织手工业合作社,有铁匠铺1个。三十八年七月镇原解放时,全县有铁匠铺7个,银铺1个。1955年,肖金、屯字、平泉、太平、孟坝、三岔等集镇组织铁木合作社7个。

1966年2月,建办棉花加工厂,修建车间工房7间,购置电力弹花机4台,网套案子4副,有职工20人,年加工棉絮5吨。1970年代,棉花加工厂购置轧花机1台,日轧棉50余公斤。1973年,棉花加工厂进行扩建改造,车间安装吸尘器,改善工作环境,生产能力提高到年加工皮棉100吨、网套0.9万条、棉絮6吨。同年,县五金厂建成,主要设备142台,从业职工67人,开始生产民用挂锁。

1985年,县农副公司在上马台办木器加工厂,主要加工沙发、桌椅、衣柜等木器家具。1986年,投资30万元,从北京市中医研究院引进技术,建成孟坝芦丁厂,从业人员14人,用本地槐米生产药用芦丁。当年生产芦丁1.5吨,完成工业产值19万元,实现利润1万元。

1990年，由兰州军区灵武制药厂提供技术，将芦丁厂改建成麻黄碱厂，企业建筑面积1004平方米，主要设备75台件，有生产工人42人，以本地野生麻黄草为原料，生产制药用麻黄碱。随着开放搞活政策的实施，浙江一带木器加工匠纷纷流入县内，进行家具加工制作，促进本地木器加工业发展。

1991年，活性炭厂建成投产，有固定资产426万元，从业职工52人，以杏壳、核桃壳为原料，生产活性炭。1996年5月，县政府与河南商丘烟叶复烤厂合资兴办镇原烟叶复烤厂，次年建成投产。企业占地68.28亩，有固定资产1155.41万元，流动资产535.61万元，职工27人，年复烤烟叶20万担。2000年因烟叶生产受限停产，2001年改制为独资民营企业。

2003年，冷冻厂破产，由原厂职工购买部分设备，开始生产"绿泉"纯净水。2004年，康平医药有限公司中药饮片加工厂建成投产，填补镇原医药工业空白。2006年，自来水公司组建康源分公司，购置水处理设备1套，生产"康源"纯净饮用水，与"绿泉"公司共同供县城机关单位和居民饮用水。

2007年，组建宏智新能源科技开发有限责任公司，进行废弃资源和废旧材料回收加工。同年，在平泉镇街道组建甘肃东欣建筑装潢材料有限责任公司，开始加工建筑装潢材料，组建文苑工艺美术有限责任公司。2008年，新城乡木炭加工厂建成，用锯末生产木炭，供饮食暖锅所用。组建红杏文化有限责任公司，与文苑工艺美术有限公司均加工工艺美术品。2010年，全县有民用综合加工业9户，从业265人，完成工业产值1750万元，销售收入1874万元，上缴税216万元，创利润230万元。

镇原县五金厂 位于县城西街上马台，1973年建成投产，属县办集体工业。企业占地1859.8平方米，建筑面积1552.57平方米，资产总额340.6万元。主要设备142台件，从业职工67人，其中中级以上职称10人。主要产品有"陇东牌"铁挂锁20多个规格品种，其生产的20毫米弹子铁挂锁1984年获省优产品，系列挂锁1994年获省优产品。产品行销甘肃、陕西、宁夏等6个省市区。最好的1995年，生产能力达到设计的54万把，完成工业产值126.62万元，销售收入85.06万元，实现利润1.5万元，上缴税金2.12万元。2001年8月，国资局确认资产340.6万元，负债总额174.03万元，企业净资产166.6万元。企业改制中，将大部分土地出让给镇原中学，收入386万元，置换全部职工身份，利用部分土地修建职工住宅楼，剩余土地和设备被职工4人参股购买，继续生产挂锁，改名为陇东锁业有限责任公司。

1972年五金厂锁具加工车间

镇原县活性炭厂 位于城关镇路坡村，县办全民工业，1988年筹建，1990年8月竣工，1991年正式投产。固定资产总额426万元，从业职工52人，以杏壳、核桃壳为原料，生产活性炭。当年生产26吨，完成工业产值108.9万元，销售收入61.68万元，实现利润6.6万元，上缴税金0.87万元。1997年5月，依法破产还债，一次性安置职工20人，破产后由职工重组,生产几个月后再次停产。2000 年,申请财政资金,再次安置职工 32 人,企业关闭。

第四节 金龙工业集中区建设

2005 年,在考察学习、借鉴外地经验基础上,县委、县政府确定在城关镇金龙村创建镇原工业集中区,组建筹建班子,开始规划环评、配套设施、审查批准、协调服务等工作,为企业入驻发展搭建平台。2007 年,成立镇原县工业园区管理办公室,隶属县工业信息化局,负责园区管理服务工作。

一、规划环评

2005 年,县政府委托西北大学城市建设与区域规划研究中心进行集中区规划编制,作出《镇原县金龙工业集中区建设与发展总体规划》,规划总面积 370 亩,分步实施。

2009 年,聘请陕西省西北经济研究院对金龙工业集中区进行整合规划,新增规划面积 500 亩,总面积 870 亩,经省工业集中开发领导小组评审通过,为金龙工业集中区长远发展确立基本框架。同年,委托中北交通勘察设计有限责任公司进行第二期建设详细规划编制工作,并委托北京嘉和绿洲环保技术投资有限公司开展环评规划,完善一期建设规划内容,提高二期建设规划标准,确保一期工程圆满实现和二期工程顺利建设。

二、基础设施配套

2006 年 6 月,县政府投资 1600 万元,征地 575 亩,动员搬迁群众 4 户,实施通水、电、路和平整土地等基础设施建设,修建道路 1103 米,硬化道路 1303 米,增设供水、污水和雨水管道各 1303 米,架设路灯 75 盏,绿化环境 11247 平方米,达到通路、通水、通电、通排、通电话、通电视、通网络标准。

三、协调服务

集中区实行准入许可制度,按照"规模大、起点高、前景好、特色浓"入区标准和要求,鼓励支持外向型、科技型、效益型企业优先入区,禁止技术落后或设备陈旧、污染环境、政策禁止或限制的生产企业入区。严格审查论证和报批程序,凡入区企业,必须有书面申请,经有关部门对其项目可行、生产规模、产品结构、投资落实等方面进行审查合格后,报县政府批准进入,杜绝违规审批。

县政府制订鼓励工业集中区发展优惠政策和财政扶持企业发展办法,实行服务承诺制度,加大对入区企业在用地、建设、发展等方面支持力度,先后解决企业用地 370 亩,实行无偿有限使用。以财政贴息和借款等方式安排资金 1300 多万元,扶持项目开发建设。

县上实行党政领导联系重点企业制度,凡入区企业均有一名县级领导蹲点,从入区建设到生产经营全程帮扶,经常深入企业,调查研究,检查指导,协调解决存在问题。在外商投资的塑料彩印项目建设和大鹏公司产品打入上海华联超市、解语花公司资金运用及新上梳纺项目等工作中,县委、政府主要领导亲自出马,现场办公,协调落实资金,带领企业经理外出考察谈判,帮助企业排忧解难,确保顺利建设和发展。

重点企业实行挂牌保护，未经保护部门批准，任何单位和个人不准随意上门检查和私自收费，被保护企业有权拒绝和举报，从而减少干扰，减轻企业负担。

县政府制订镇原金龙工业集中区管理办法，各职能部门和园区办，定期不定期深入企业了解情况，倾听意见，发现问题，及时反映，协调有关部门共同解决。县上选派工作人员定点深入企业，开展调查研究，帮助企业协调解决建设、生产、经营过程中的实际问题，配合企业搞好文化娱乐、安全生产、综合治理、非公党建等工作，在项目审批、开工建设、经营许可证办理诸方面，实行高效、优质、规范的一站式服务。开展创建和谐工业园区活动，使入区企业能够和睦相处，密切配合，协调发展。2006 至 2010 年，集中区未发生重大安全事故，无重大劳动争议纠纷，无职工群访事件，达到企业和谐、社会稳定、经济发展、劳资双赢效果，成为全市第一家被推荐申报甘肃省和谐园区创建单位。

四、企业入驻

2006 年，第一户入区企业维思特食品有限公司开工建设。同年 8 月，澳恺食品有限责任公司和康平医药有限责任公司中药饮片加工厂进区建设。2007 年 4 月，解语花山羊绒制品有限责任公司进区建设。同年 6 月，维思特食品有限公司用 1 年时间，完成投资 600 万元，修建生产、生活区 6200 平方米，建成杏果蜜饯、杏子果粉、杏子果酒 3 条生产线，正式投入生产。康平医药公司以 10 个月时间，完成投资 500 万元，建成中药饮片加工厂及中药科技种植示范园，加工炮制中药饮片 500 多个品种，同时对易蛀饮片实行真空包装，解决中药饮片仓储保管难题，得到广大消费者青睐和药监部门首肯。同年 10 月，陇东包装公司入区建设。12 月，澳恺公司以 1 年 4 个月时间，完成投资 9385 万元，建成年产 1000 吨蔬菜速冻生产线和淀粉基生物降解生产线，用玉米淀粉生产一次性卫生餐具等，其中淀粉基生物降解项目是当时世界绿色环保新型产业。至年底，投产企业 3 户，从业人员 335 人，完成工业产值 2400 万元，工业增加值 1272 万元，销售收入 4563 万元，实现利润 136.9 万元，上缴税金 95.8 万元。

2008 年，澳恺公司扩建改造，新上淀粉基生物降解生产线 2 条。同年 5 月，大鹏食品公司进区建设。11 月，解语花公司经过 1 年半时间建设，完成投资 5800 万元，建成 720 平方米洗绒车间、4000 平方米梳绒车间和 1850 平方米办公宿舍区，共计建筑面积 7060 平方米，硬化院落道路 2000 平方米，绿化面积 2800 平方米，正式投入生产。是年底，投产企业 4 户，从业人员 421 人，完成工业产值 6850 万元、增加值 3630 万元，销售收入 6482 万元，实现利润 194.5 万元，缴税 136 万元。是年，省政府批准金龙工业集中区升格为市级工业集中区。

2009 年 5 月，陇东包装公司建成投产，用时 1 年 7 个月，完成投资 850 万元，在区内建成高档包装全自动化生产线 1 条，年生产高档纸箱能力 300 万只、精美纸盒 200 万只、手提袋 230 万个。同期泰瑞农工贸公司进区开工建设。10 月，大鹏食品公司建成投产，经过 1 年 5 个月时间，新建 4000 吨酱菜和 2000 吨杏果加工生产线，其中酱菜所用胡萝卜、白萝卜、西红柿等年加工量达 3 万吨，可带动 3 万多农户致富。当年底，投产企业增加到 6 户，从业人员 769 人，完成工业产值 16445 万元、增加值 8715.8 万元，销售收入 10650 万元，实现利润 319.5 万元,上缴税金 220 万元。是年,金龙工业集中区被省发改委确定为循环经济示范园区。

2010 年,澳恺公司再次投资 4273 万元,新增淀粉基生物降解生产线 4 条,总计达到 6 条,年生产能力 6000 吨,生产一次性餐具、食品包装容器、医用托盘等产品 48 种。同年 3 月,凯迪塑业有限公司进驻建设,6 月建成投产,短短一百天时间,完成投资 5346 万元,建筑面积 1.2 万平方米,建成编织袋生产线 4 条、注塑管材生产线 2 条,创造“镇原凯迪速度”。7 月,新世纪食品有限公司入驻建设。是年底,入驻企业 9 户,签约项目 4 个,共计 13 个,其中特色农产品项目 9 个,占 69.2%,农产品上下游配套项目 2 个,循环经济项目 2 个,各占 15.4%。投产企业 7 户,从业人员 1154 人,其中安排下岗失业职工再就业 834 人,吸纳农村剩余劳力 320 人,全部职工参加保险。年内完成工业产值 22350 万元,增加值 11845 万元,销售收入 19730 万元,实现利润 591.9 万元,缴税 323 万元。至此,工业集中区已成形,出现以大鹏、维思特公司为龙头的绿色食品产业区,以解语花、康平公司为龙头的特色农产品产业区,以澳恺公司为龙头的高新技术产业区,以凯迪塑业公司为龙头的循环经济示范区,以陇东包装公司、泰瑞农工贸公司为龙头的综合产业区,形成多元化、集群化发展格局。

第五节 名优产品

镇原县手工业起源较早,名匠较多。中华人民共和国成立后,工业名优产品不断涌现。1979 年 6 月,国家经委颁发《中华人民共和国优质产品奖励条例》,全县工业企业开展争创名优产品活动。至 2010 年底,全县共创名优产品 27 种,重复获奖 32 种,其中评为甘肃省优质产品 8 个,甘肃省名牌产品 10 个,甘肃省系统优质产品 15 个,庆阳地区优质产品 17 个,其他节会产品奖 9 个。

一、甘肃省优质产品

陇东牌弹子挂锁 镇原县五金厂生产,按 SG17-80 技术标准制作,具有结构紧密,保密性强,防拔防撬等功能。1974 年试制生产,1984 年“陇东牌”20 毫米弹子挂锁获甘肃省优质产品奖,1994 年“陇东牌”系列弹子挂锁获甘肃省优质产品奖。产品行销陕西、青海、宁夏等 6 个省区。

采宝牌奶油杏肉 镇原县果品厂系列产品之一,1985 年研制开发,按企业内控标准组织生产,色泽橙黄,酸甜适中,食之可口,老少皆宜。产品销往全国 60 多个大中城市。1987 年获甘肃省优质产品奖。

烧结普通砖 镇原县砖瓦厂产品,1973 年开始生产,按 GB5101-85 标准制作。色泽均匀,抗压力强,产品销售县内和固原部分地区。1987 年获甘肃省优质产品奖。

时猫牌 90# 旗袍女外套 镇原县针织厂研制开发的系列产品之一。1986 年开始生产,按甘 Q/FL002-86 标准制作。设计新颖,式样美观、配色协调,经济适用。产品销往庆阳和固原地区。1988年获甘肃省优质产品奖。

红苗牌全脂奶粉 镇原孟坝奶粉厂产品，按GB5412-85《全脂加糖奶粉标准》生产，工艺合理、技术可靠，色白味鲜，速溶度强，达到标准规定的一级要求。产品行销庆平两地区。1990和1994年两次获甘肃省优质产品奖。

甘泉牌豆浆晶 镇原县太平豆制品厂产品，1986年开发生产，色纯味正，溶解度强。产品销往西安、兰州、西峰等地。1990年获甘肃省优质产品奖。

采宝牌甘草杏 中外合资镇原县艾波瑞珂果品有限公司系列产品之一，1987年研制开发，按甘Q/QG083-87标准组织生产，色泽橙黄，酸甜适中，生津止渴，妇幼喜食。产品畅销全国60多个大中城市。1988和1994年两次获甘肃省优质产品奖。

808牌果王甘草杏 甘肃省粮食食品进出口公司镇原县冷冻厂系列产品之一，1990年研制开发，按甘Q/QGT083-90标准组织生产。1994年获甘肃省优质产品奖。

二、甘肃省名牌产品

35克有光纸 镇原县造纸厂产品，1980年研制开发，1998年获甘肃省名牌产品奖，产品销往西北五省区。

新一代牌系列杏产品 甘肃新一代食品有限公司研制开发，杏果2002年获甘肃省名牌优秀产品奖；甘草杏2003和2007年两次获甘肃省名牌产品奖；甘草杏脯2004年11月获甘肃省名牌产品奖；杏仁粉具有滋润皮肤，养颜美容之作用，2006年11月获甘肃省名牌产品奖；杏肉2004和2007年两次获甘肃省名牌产品奖；维C果冻色泽均匀，酸甜适中，品种齐全，清肠健胃，并有增进食欲和补钙作用，2007年12月获甘肃省名牌产品奖。产品销往全国50多家大中城市。

大鹏牌甘草杏　甘草杏肉 镇原县大鹏食品有限责任公司开发生产，甘草杏2007年8月获甘肃省名牌产品奖。甘草杏肉酸甜爽口，醇香芬芳，保持杏子天然风味，增加甘草杏药理成分，2007年9月获甘肃省名牌产品奖。两产品畅销东北及北京、天津、郑州、石家庄、西安、太原、兰州、内蒙等20多个省市，与国内部分超市建立长期购销关系。

晶谷牌淀粉基生物降解制品 庆阳市澳恺食品有限公司研制开发，2008年6月开始生产，2009年1月获甘肃省名牌产品。

三、甘肃省乡镇企业系统优质产品

红苗牌全脂奶粉 镇原孟坝奶粉厂生产，1982年开发，1987年获甘肃省乡镇企业系统优质产品奖。

甘草杏

镇原彭阳果脯厂产品之一，1985年开发生产，1987年获甘肃省乡镇企业系统优质产品奖。

镇原太平豆制品厂产品，1985年开始生产，1987年获甘肃省乡镇企业系统优质产品奖。

镇原屯字罐头厂产品，1986年开始生产，1987年获甘肃省乡镇企业系统优质产品奖。

镇原县福利蜜饯厂产品，1988年开发生产，1991年获甘肃省乡镇企业系统优质产品奖。

镇原上肖青寨果品厂产品之一,1985 年开始生产,1991 年获甘肃省乡镇企业系统优质产品奖。

八宝杏 镇原城关东风果脯厂系列产品之一,1986 年开始生产,1987 年获甘肃省乡镇企业系统优质产品奖。

奶油杏肉

镇原上肖果脯厂产品之一,1986 年组织生产,1987 年获甘肃省乡镇企业系统优质产品奖。

镇原太平豆制品厂产品,1986 年开始生产,1991 年获甘肃省乡镇企业系统优质产品奖。

镇原县福利蜜饯厂产品,1988 年开发生产,1991 年获甘肃省乡镇企业系统优质产品奖。

镇原上肖青寨果品厂产品之一,1989 年开始生产,1991 年获甘肃省乡镇企业系统优质产品奖。

甘泉牌豆浆晶 镇原太平豆制品厂产品,1986 年生产,1988 年获甘肃省乡镇企业系统优质产品奖。

100# 普通砖 镇原屯字砖瓦厂产品,1976 年开始生产,1988 年获甘肃省乡镇企业系统优质产品奖。

杏仁罐头 镇原屯字罐头厂产品之一,1985 年开始生产,1991 年获甘肃省乡镇企业系统优质产品奖。

185 锦纶丝袜 陇东针织厂系列产品之一,1988 年开发生产,1991 年获甘肃省乡镇企业系统优质产品奖。

四、庆阳地区优质产品

32 克方格本 镇原县印刷厂产品之一,1971 年开始生产,1987 年获庆阳地区优质产品奖。

40 克有光纸 镇原县造纸厂产品之一,1980 年开发生产,1987 年获庆阳地区优质产品奖。

采宝牌甘草杏 镇原县果品厂系列产品之一,1985 年研制生产,1987 年获庆阳地区优质产品奖。

粗线提花男开衫 镇原临泾针织厂系列产品之一,1985 年研制开发,1987 年获庆阳地区优质产品奖。

单级离心泵 镇原县农机厂研制开发,1985 年开始生产,1987 年获庆阳地区优质产品奖。

干土瓦 镇原县砖瓦厂产品,1985 年开发生产,1987 年获庆阳地区优质产品奖。

甘草杏

镇原屯字罐头厂产品之一,1985 年开发生产,1987 年获庆阳地区优质产品奖。

镇原县农副公司果品厂产品，1987年开发生产，1991年获庆阳地区优质产品奖。

时猫牌春秋两用衫 镇原县针织厂系列产品之一，1986年研制生产，1987年获庆阳地区优质产品奖。

90#海燕服 镇原县针织厂系列产品之一，1986年研制开发，1988年获庆阳地区优质产品奖。

女式插跟鞋 镇原上肖西岭鞋厂系列产品之一，1986年开发生产，1988年获庆阳地区优质产品奖。

甘泉牌豆浆晶 镇原太平豆制品厂产品，1986年开发生产，1988年获庆阳地区优质产品奖。

黄山牌可乐饮料 镇原县食品厂产品，1986年开发，全省仅此一家，按皖Q/蚌S169-85和镇食内标字(88)1号组织生产，经省轻工厅1988年组织软饮料行业评比，质量达到优良。1988和1991年两次获庆阳地区优质产品奖。

女插根注塑布鞋 镇原上肖西岭鞋厂系列产品之一，1986年开发生产，1991年获庆阳地区优质产品奖。

奶油杏肉

镇原县农副公司果品厂系列产品之一，1987年开发生产，1988年获庆阳地区优质产品奖。

镇原西街蜜饯厂产品，1988年开发生产，1991年获庆阳地区优质产品奖。

颗粒活性炭 镇原县活性炭厂产品，1991年开发生产，当年获庆阳地区优质产品奖。

五、其他名优产品

采宝牌奶油杏肉 镇原县果品厂开发生产，1988年在首届中国食品博览会上获“名特优产品铜奖”。

采宝牌杏系列产品 镇原县果品厂开发生产，1992年在第三届全国轻工产品博览会上获优质奖。

八宝杏 镇原上肖工业公司开发生产，1993年被评为乌兰巴托国际商工贸产品博览会金奖和首届吉隆坡国际博览会金奖。

春雨牌杏系列产品 镇原上肖工业公司生产，1994年获全国林业名特优新产品博览会金奖。

西街牌甘草杏 镇原西街蜜饯厂开发生产，1994年获第六届中国西部交易会及第四届中国艺术节“银奖”。

大鹏食品 镇原县大鹏食品有限责任公司生产，2002年被评为“第三届国际农业食品博览交易会名牌产品，获首届长白山系列产品交易会金奖”，2006年被评为庆阳市工业优质新产品。

新一代牌冰杏 镇原县新一代食品有限公司研制生产，2003年10月获甘肃省优质新产品奖。

808果王甘草杏 镇原县冷冻厂生产,1993年获第五届西部交易会银奖。

红苗牌奶粉 镇原孟坝奶粉厂生产,1993年获乌兰巴托商工贸博览会金奖。

第六节 工业管理

镇原工业起步迟、基础差,专业人才缺乏,管理手段相对滞后,通过实践探索和学习借鉴外地先进经验,不断提高管理水平,逐步由传统管理迈入现代化管理,重点加强计划调度管理、生产管理和经营管理。

一、管理体制

1950年6月,县政府设工商科,负责全县工商企业管理和建设。1952年,开始全面进行私营和个体工商业社会主义改造。1955年,手工业社会主义改造基本完成后,工商业开始按企业性质划分隶属关系。粮油加工划归粮食局管理,食品加工划归商业部门管理,机械、纺织、民用综合加工等企业归工商科管理。企业内部推行"一长制",厂长对企业生产经营和行政事务全权负责。

1956年,对工业企业实行"党委领导下的厂长负责制",以企业党组织为核心,实行集体领导和个人负责相结合的企业领导制度。1957年成立工业交通科,负责机械、纺织、民用综合加工等企业管理。

1958年,"大跃进"开始后,将工商业社会主义改造后组建的集体所有制企业,纳入高度集中计划管理。工业主管部门只管一些国营、集体骨干企业,多数手工业合作社组由手工业联社管理。企业内部实行以共产党领导为核心,书记挂帅,总揽企业党政事务等一切工作,出现生产经营瞎指挥现象。

1961年,工业企业贯彻"调整、巩固、充实、提高"方针,利用两年时间,实行工业改组和整顿,理顺行业结构和企业规模。接着,按照中共中央《工业七十条》要求,恢复建立党支部领导下的厂长负责制和职工代表大会制,健全党支部书记、厂长、工会小组三方领导和厂部管车间、车间管班组、班组管个人三级管理机构。

1966年,"文化大革命"开始后,工业管理部门瘫痪,县革命委员会成立后被撤销,职能归并县革命委员会生产指挥部,各企业也成立革命委员会。1970年,恢复企业党支部,强调党组织对企业"一元化领导",实行党政合一,党支部书记兼革委会主任,以党代政。1972年,重新成立工业局和手工业管理局,企业内部恢复工会组织。随着工业生产规模不断发展壮大,一批骨干企业升为科级建制。1977年,贯彻中央《工业三十条》,取消工业企业"革命委员会",恢复党委领导下厂长负责制和职工代表大会制。1978年12月中共十一届三中全会后,工业企业逐步对以往管理体制进行改革,以增强工业自主权、落实厂长负责制为主要内容,进一步健全和完善企业党支部领导下的厂长负责制和职工代表大会制。

1981年,贯彻全国企业民主座谈会提出的"党委集体领导,职工民主管理,厂长行政指挥原则,试行责、权、利相结合厂长负责制"。1984年,贯彻《中央关于经济体制改革的决定》

精神，在工业企业全面推行厂长负责制和目标管理责任制，企业内部也层层实行岗位责任制。厂长对企业全面负责，统一指挥生产经营和行政管理，代表企业进行涉外活动等。职工对企业实行民主管理，工会组织和职工代表审议企业重大决策，监督行政领导，维护职工合法权益。党组织对企业进行保证和监督，支持厂长行使权力，保证和监督国家方针、政策贯彻执行，加强企业党组织建设，领导企业群团组织，负责企业政治思想工作。

1991年，工业交通分设，成立县经济委员会。1997年改名为经济贸易委员会，继续管理县办工业。企业内部自主权进一步扩大，厂长负责制范围进一步明确，有权提请批准组阁副厂长，任免中层以下领导干部，设置内部机构，处理违纪职工，决定企业技术改造和内部分配形式等。2002年，经济贸易委员会改为经济贸易局，管理县办工业和商业。

2009年3月，商务工作业务分出，成立县工业局，管理范围扩大到全县国有、集体和个体私营工业。2010年，县工业局改为工业和信息化局，统管全县大工业和信息化事业。经过产权制度改革，国有集体工业大多转为个体经营和股份制企业。私营企业大多是董事长和厂长集于一身，一切决策、指挥权归厂长或经理，权力高度集中。个别聘请厂长经理企业，实行董事长领导下的厂长经理负责制，董事长决策企业发展方向、技术改造、新产品开发、资产处置等，厂长经理对生产经营负责，具体指挥。股份制企业，由主要股东兼任厂长或经理，其他股东担任副厂长或经理，集体决策，共同负责，也有在股东中推选懂经营、会管理者出任厂长或经理的，其他股东按投资坐分其成。非公党组织负责党的各项方针政策在企业贯彻执行，保证各项党务工作开展，不参与企业生产经营活动。

二、计划管理

20世纪50年代中期，一般依据政府下达生产计划和市场情况，结合企业实际，安排企业内部生产。1950年代后期，工业企业纳入高度集中的计划管理，企业生产由政府直接下达指令性计划，生产过程实行层层硬性指挥，企业生产只能根据形势需要和领导意志进行，以致企业生产存在强迫命令和瞎指挥现象。

1960年代初，国民经济调整时期，政府根据企业生产规模和状况，确定年度生产计划任务，分企业下达。企业内部在保证完成和力争完成政府计划安排后，还可根据市场情况和企业生产能力，制订生产计划，并向车间、班组安排作业计划。1980年代，政府对企业下达指令性和指导性计划，并根据企业实际留有一定市场调节余地。企业据此编制内部年度生产任务，向车间、班组平衡分解，并分别提出生产品种、数量、质量和期限要求，各车间将任务落实到班组和个人。1990年代，政府对企业下达指导性计划，给企业以更多自主权。企业根据指导性计划和市场需求，编制生产计划，开始实行以销定产。2000至2010年，市场经济体制逐步健全完善，政府不再给企业下达生产计划，完全由市场进行调节。

三、生产管理

早期的作坊式加工业，由于工艺简单、人员少，由管理者直接指挥生产全过程。20世纪50年代起，县内只有个别国营和集体企业，一般实行经验式指挥管理。1970年代，企业生产规模扩大，工业生产管理组织系统逐步恢复，生产调度管理由厂长直接实施。

1980年代，工业生产管理系统进一步健全完善，主管部门按月召开生产调度会，检查了解各企业生产进展情况，总结经验，寻找差距。各企业按旬进行生产调度，听取车间生产汇报，发现问题，及时解决。这一时期，贯彻《工业企业全面质量管理暂行办法》，全县工业产品进入全面质量管理阶段，有负责监督工业产品质量专门机构，定期不定期检查监督工业企业产品质量。各企业提高全员质量意识，建立质量管理小组，层层设立产品质量保证和监督机构，制订完善产品质量管理制度，组织全员参加质量管理，产品生产过程质量管理走向规范化。生产有定额计划，原材料进厂有检验标准，领料有登记制度，流转、储备均按规范执行。

1990年代，随着工业经济发展壮大，政府加强对工业生产调度指挥，每季召开经济活动分析会，通报情况，交流经验，表扬先进，批评后进，开展流动红旗竞赛，分析经济形势，寻找薄弱环节，提出应对措施。工业主管部门和企业坚持按月按旬调度，确保工业生产健康有序进行。各企业普遍开展质量品种、效益年活动，树立以质量求生存、以质量求效益、以质量求发展的经营理念，坚持质量第一、用户至上宗旨，将质量工作渗透到生产经营全过程；建立和完善质量责任制，强化检测手段，严格工序管理，做到质量工作事事有人管，人人有职责，办事有标准，工作有检查；推行质量否决权，对不合格产品不计产值，不计工资，不进库房，不出厂门。

黄河啤酒企业集团镇原分公司率先提出“谁砸黄河啤酒的锅，就先端掉谁的碗”质量口号，全面实行质量管理，全员进行质量管理，上至厂长，下至员工，都围绕产品质量建立责任制，逐月进行考核；建立一套质量把关与检验体系，从原料进厂到成品出厂，十多道工序层层检验把关，杜绝不合格半成品流入下道工序。

五金厂强化现场质量管理，变事后挑废品为事前监控，在生产每把锁子108道工序上全部设立质量检验点，自检、互检、专检结合，层层设防，道道把关；同时实行质量考核与工资挂钩，产品质量指标提高1%，工资奖金上浮10%，质量指标每降低1%，处罚10%。1991年5月，该厂钻孔车间一名操作员误将800个不合格配件混入11万个合格配件之中，厂长带头，利用下班时间，加班加点，奋战5天，百里挑一，将800个不合格配件挑出重新返工，对全厂震动很大，不仅保证了产品质量，而且使职工从中受到一次质量教育，生产的铁挂锁质量稳定提高率一直保持在100%，连续五年保持省优，全面质量管理通过省级验收。

县果品厂因1988年杏干收购大战影响产品质量，受到市场惩罚，产品大量积压，企业损失惨重，陷入困境，在沉痛教训面前，倍感质量之重要，遂提出“保优再创优，积极攀高峰”奋斗口号，从质量管理各个环节抓起，严格标准，强化检验，改进工艺，增添设备，解决生水混入成品影响产品保质期这一关键难题，提高产品质量，重新恢复信誉，促进生产发展。

县砖瓦厂从影响产品质量各环节抓起，提出“四服从”，即产量、消耗、设备、管理一律服从质量，为质量让路，实行“四不放过”，即一个废品不放过，一个违章事故不放过，责任不清不放过，定不出改进措施不放过，产品质量稳定提高。全县各企业普遍狠抓质量管理，被列入考核的15种产品，质量稳定提高率上升到92.4%。

2000至2010年,市场经济体制逐步健全完善,各企业按照市场需求和供货订单,实行以销促产,以销定产,按月安排,随时调整。管理者质量意识进一步增强,靠质量赢得信誉,以信誉立足市场,自觉接受质量管理部门监督检查,完善内部质量管理机制。各车间、工段配备质量检验员,发现质量苗头,及时改进,出现质量事故,从严处罚,保证产品质量立于不败之地。

四、经营管理

中华人民共和国成立后,开始只有零星分散私营手工业,产品经营采取加工订货、统购包销方式,实行间接管理,允许手工业者自销产品。第一个五年计划时期,通过私营工商业社会主义改造,逐步扩大对手工业加工订货和统购包销范围,采取由政府供给原料并对其产品实行订货方式,使其经营逐步纳入政府计划管理。

1956年起,公私合营手工业生产合作社(组),采取工业部门自销和商业部门代销相结合的经营方式。1958年,企业产销活动全部纳入高度集中的统一管理,原料由商业部门按计划供应,产成品由商业部门全部收购销售。

1962年,贯彻中共中央《工业七十条》,实行"五定五保"管理,政府对企业定产品方案和生产规模,定人员和机构,定主要原材料、燃料、动力、工具的消耗定额和供应来源,定固定资产和流动资金,定协作关系;企业对政府保证产品的品种、质量、数量,保证不突破下达的工资总额,保证完成成本计划并力求降低成本,保证完成上缴利润,保证主要设备使用期限。工业管产,商业管销。"文化大革命"期间,工业企业经营管理比较混乱。

1978年起,逐步改革工业企业经营管理体制,扩大企业经营自主权,促使工业企业由单纯生产型向生产经营型转轨。规定企业在完成国家计划前提下,企业增产部分、商业部门不收购产品和新产品,企业可以自销;企业在完成利润计划后可以提取利润5%,超计划利润20%,作为企业自有资金;企业超额完成生产经营合同指标的,按比例提奖;企业内部奖励制度由企业自主决定。工业产品统购包销的格局开始打破,逐步向产销直接见面方向转变,促使企业面向市场,调整产品结构,生产适销对路产品。

1983年,工业企业试行第一步利改税,次年10月推行第二步利改税,逐步健全企业纳税课目,明确企业税后利润,为实行企业利税分流奠定基础;贯彻国务院《关于进一步扩大国营企业自主权的暂行规定》,彻底改革企业产销关系,建立工商直接见面经营业务,实行自主经营、自负盈亏。

1988年,工业企业开始试行核算基础上的承包经营,进一步增强企业经营管理自主权;对承包企业规定一些相对灵活的税收政策,以增强企业自我改造和自我发展能力;适当放宽企业直接对外经营权,支持企业出口创汇;允许一部分产品随行就市,实行地区差价和按质论价;允许企业产品在国家政策范围内有浮动价格;进一步落实企业内部按劳分配制度,给予企业一定分配自决权,鼓励企业超产自销,增加收益。

1990年起,贯彻改革开放和工业抓大放小政策,将中小企业推向市场,放开生产经营。产品价格由企业根据市场行情,本着销得出、有效益原则自主确立。这一时期,全县工业普遍开展转机制、抓管理、练内功、增效益活动，从节能降耗入手，严格计量，完善定额，实行成本控制，狠抓增收节支。黄河啤酒分公司在管理上追求高标准，对所有消耗定额按省一级企业标准核定，全厂定额覆盖面达95%，考核面98%以上。

1992年，学黄河（黄河啤酒有限责任公司），严格企业管理。在调查总结黄河管理经验基础上，县政府两次召开全体企业负责人会议，请黄河人介绍经验，专题召开研讨会，组织工业企业负责人到黄河分厂参观学习，将黄河经验在全系统推开。县砖瓦厂制订和完善定额、财务、物价、安全、计量、质量、工资、职工技术培训等8个方面制度328条，定额覆盖面达90%以上，全厂从原材料入库抓起，车间之间、工序之间全部实行严格计量，定额消耗，成本包干，并与工资奖金挂钩。1993年，县印刷厂学习引进先进管理经验，实行用价格控制材料消耗，各道工序均实行定额计价，然后核算成本，剔除费用，作为核算工资依据。同年，开展劳动、人事、分配三项制度改革，在造纸厂实行以岗位绩能工资为核心的分配制度改革试点，对每个职工进行岗位绩能考核，根据绩能安排生产岗位，按岗位绩能确定工资档次。改变过去高绩能低工资不合理现象。当年在印刷、针织、五金、砖瓦等6户企业推广印刷厂经验，次年全面推开。

1996年，开展学邯郸、抓改革、促管理、增效益活动，模拟市场核算，实行以成本否决为核心的内部经营管理机制。各企业结合自己实际，本着盈利产品多盈利，一般产品不亏损，亏损产品不生产的原则制订目标成本，然后层层分解细化，落实到车间、班组、岗位和个人，实行超奖欠罚。县五金厂将成本考核种类由220种扩大到500种，并制订"三降低一提高"硬性指标，狠抓落实，材料消耗降低2%，财务费用降低1%，销售费用降低1.5%，劳动定额提高10%。县果品厂实行定额管理，降低成本额奖10%，超成本额罚6%的办法，对厂内水、电和电话费实行定额控制，超额部分由责任人全额赔付，实施后的1996年，仅电话费一项比上年节支3万元，成本比原计划降低7.31%。造纸厂从影响产品成本每个环节抓起，根据市场行情变化情况，适时调整原材料采购价格，货比三家，择优择廉选购。1998年，仅烧碱一项节约资金6.1万元。

2000年起，工业企业经营机制发生变化，县办国营集体工业实现产权转让，职工身份全员置换。个体私营工业占主要地位，经营管理工作进入全新时期。谁的企业谁管理，谁投资谁收益，干好干坏都是自己的，没有大锅饭，没有铁交椅，真正实现责权利相统一。投资经营者，面对市场承担一切经营风险，更加注重经营管理。各企业普遍借鉴先进管理经验，推行现代化管理手段，坚持定额管理、成本控制、费用包干等行之有效的管理办法。原材料消耗有定额标准，能耗有控制指标。内部管理和技术人员实行聘用制，员工实行合同制，工资实行计件制。原材料采购择优选廉，入库验件过秤，材料领用和成品入库，专人负责，登记建档。生产过程实行材料、成本双控制。销售分区包干，责任到人，货款按期回收，保证资金周转。

镇三公路沟圈段 张富诚摄

第十二章　交通运输

镇原地处偏僻山区，地域广阔，古今只有陆路。上古时期，当地先民开始简单的人工搬运活动。夏时，开辟沿蒲河、茹河流域原始古道。周秦时期，开辟镇原至关中车马道，开通镇原至长城大道和联结塞上陇西行车大道，形成道路驿运，出现马车运输，但仍以畜驮为主。汉代，修通经临泾县联结安定郡治大道，成为丝绸之路北道，开辟通经宁夏固原大道，差役运输增多。隋唐时期，拓宽驮道，开辟通往泾州道路。北宋时，增设军道，茶马交易、商贸运输繁忙。元至明清，延伸县内驿道，辐射各乡镇，移民运输增多，民间运输发展。民国时期，整修马车道，增修大道，军需运输规模空前，与日俱增。中华人民共和国成立后，镇原人民艰苦奋斗，民工建勤，改造旧路，增修新路，构筑桥梁涵洞，提高公路等级，逐步形成四通八达的公路网络，并更新运输工具，逐步实现运输机械化。发展群众运输、个体运输、专业运输和机关运输，为社会主义建设事业服务。

第一节　道　路

一、古道

夏时，今镇原境内原始古道有两条，分布在蒲河、茹河流域。一条经董志塬越蒲河达镇原彭阳。一条由彭阳沿茹河川西行，经开边、庙渠、马渠、三岔至环县演武。

周宣王元年（前 827 年），派大将尹吉甫逐猃狁至大原（今镇原、西峰一带），修筑战车道，从镐京出发，沿泾水东侧西北行到董志塬及镇原。周宣王四十年伐羌戎，在镇原筑军道，从固原黄铎堡乡石门关入环县演武，经镇原县三岔、马渠、庙渠、镇原县城、彭阳，东抵西峰等地，入陕西旬邑县石门关到三原，故称石门关古道，是镇原历史上最早的一条车马大道。

秦昭王筑长城时，为运输材料、传递情报、加强地方军事、沟通行政机关与中央联系等，修筑通往长城各要塞道路，经过镇原有两条，一条由镇原循茹河西至开边、武沟，直达长城。另一条由镇原向西北，经庙渠、马渠、三岔，至环县演武到长城。后又在周宣王开通古战道基础上，修建自北地郡治义渠，西经镇原联结陇西郡治狄道和南接关中车马道。

秦始皇二十七年（前 220 年），始皇率部驾车西巡。同年，改线复修镇原到陇西郡行车大道，镇原境内 110 余公里，宽 50 步，用铁锥筑土夯实，种松树标明路线，是皇帝联结郡治专用路，故又称天子道。

汉王朝建立后，修筑联结郡治汉北道，还修复安潼大道，开辟从京城经镇原联结宁夏大道。汉北道南段一路从庆城南行，经彭阳、镇原至安定郡治高平城。另一路自彭阳南行到泾州，镇原境内全长35公里。因汉武帝西巡，途经南路返回，又名回中道。此道属汉北道干线之一，沟通关中出西北交通，联结北地、安定二郡，加强北线防御。安潼道亦称西域大道，是在秦道基础上改建而成，是汉通西域主要通道之一，属“丝绸之路”北线，亦为班彪北征之路线，从潼关或长安出发向西北行，沿泾水入蒲河川道，再循茹河川道西行至安定郡，经镇原南部100余公里。汉月支故道，经党原、中原、新城西去，南北夹沟，中分大道。汉武帝元封四年（前107年），重修此道，筑城修堡，建亭设障，掌治安、警卫管护道路，交通畅达，店铺林立。

隋、唐时期，拓宽驮运大道，建成道路网络。唐鄂国公尉迟敬德在镇原戍防，修筑道路，传说从泾州至玉都、川口至镇原道路即敬德开辟。今洪河南岸山坡路迹尚存，仍称鄂公坡，洪河北岸山坡路称瓦兰坡。

北宋时期，镇原地处与西夏对峙前沿，战事不断，为军事需要，开军道四条。新城道，又称平肖路，是一条军粮运输大道，西起平凉郡，东行经新城、平泉、原州（镇原）、屯字至肖金，与长安通庆阳府官道相接，长达80余公里，因在沿途新城设防驻兵护路，故称新城道。庆原道，即庆州至原州路，是防御西夏犯境的一条军事路线，自庆州（今庆城）沿灵州道北行至环州二十里沟口，折西沿马坊川西行，经虎洞、毛渠井至原州或从庆州西行经三岔至原州。原州路，自原州（今镇原县城）南行经瓦窑坡，再绕西行经平凉至镇戎军（今固原），镇原县境内120余公里。环原路，自环州（今环县）经木波（今木钵镇）、合道、演武、三岔到原州。明时，县内道路辐射乡镇。清时，新开辟从镇原途经中原、党原直达泾州道路50公里。

二、大车道

民国初期，国民党辖区驻军和地方政府，征集民工，在清驿道基础上修建大车道，以保证军需物资运输。民国二十四至二十五年（1935至1936年），国民党政府征用民工3.53万人，整修大车道2条。西眉大车道，从西峰至肖金、屯字、镇原县城，经平泉、新城至平凉草峰至眉岘，全长142公里，是进出物资集散地。镇固大车道，一条从莲池到开边张庄，沿山区经武沟到固原三口窑60公里。另一条从县城沿川至固原60公里，群众称官道，后因六盘山路开通，此道废弃。新修大路9条，东南行大路，由县城折东南，经小岘、大岘土桥至岔头庙分支，一路南行经官亭曹至泾川玉都约10公里。一路从岔头庙东行到屯字阳宁，东南行至上肖，折南到泾川荔堡。东北行大路，从县城东行至庙坪，北行至席沟圈，东北行至临泾、太平镇，从李家庄过蒲河，接西峰镇约60公里。西南行大路，从县城到路家坡，南行经鳌背子过洪河，至平泉镇约20公里。平泉镇起分支三路，一路南行经南徐，渡浅涧河，越原峰至潘杨涧，接平凉界约10公里。二路西行经新城到小岘子，接固原界约45公里。三路东南行经中原镇，接泾川党原镇约25公里。正北行大路，从县城北到大什字，分支三路，一路西北行渡交口河，经罗塬、庙渠至三岔，约58公里。二路从蒙塬经交口河，至孟坝、十八岘，渡蒲河，沿山北行，经董家渠至环县界约69公里，是通定边、盐池之要道。三路西行经耿家塬、兰岔、羊千塬、白马寺、惠大庄，渡交口河，到马渠镇赵渠接固原界何家岘约55公里。

民国二十九年三月，陕甘宁边区镇原解放区新修驮道4条。镇定道，自孟坝经庙渠、马渠、三岔、环县至定边，县内长100公里。孟曲道，自孟坝经新集、土桥至环县曲子，全长80公里。孟驿道，自孟坝经王寨至驿马关，全长60公里。曲三道，由曲子至三岔，全长60公里。

三十二年，国民政府县长胡维陛全面考察县内道路状况，下令修筑从镇原至肖金公路，由建设科派员监修，在各十字路口建立指路牌，标明里程和到达地点，此为镇原官府最早设立的道路交通标志。与此同时，县政府组织群众，划段包干，由乡保负责，对县城分别至新城、开边、永安（寇家庙）、太平、屯字、肖金等路段进行维修疏通，加宽塬面路段，奠定镇原公路雏型，在路旁集中栽植行柳，确保成活，形成后来道路林荫。

三、公路

1949年10月，中华人民共和国成立时，全县仅有5条可通牛、马车道路150公里。县人民政府贯彻政务院《关于民工建勤整修公路的暂行规定》和庆阳地委、专署《关于利用农闲空隙，动员群众，修复战争毁坏和失修失养道路》指示，动员民工，整修肖金至镇原大车道50公里和县城至开边、平泉、新城、孟坝、太平、马渠、三岔等主要驮道。

1950年，遵照省政府关于动员群众整修公路的命令，进一步整修和改善县内道路，国家按实物面粉折合人民币计算，以半价付给报酬。人力运砂，每立方米付面粉10公斤；马车运砂，每立方米付面粉5.66公斤；整修路基土方，每立方米付面粉1.25公斤；清除塌方每立方米付面粉1公斤。

1951年，政务院和西北军政委员会颁发《关于民工建勤整修公路的暂行规定》及实施细则，对发动民工、组织领导、动员范围、工作内容、技术指导、医疗设备、民工补助和所用工具，作出详细规定。民工整修公路，以每个劳动力全年负担不超过10个标准工日为原则（标准工日以当地多数人每日所做之工程量计算）。1953年，根据庆阳专署关于《庆阳老区1953年至1957年农业生产工作计划草案》精神，发动群众，民工建勤，重点修建改善有经济价值公路，普遍整修驮道和大车道。

1955年，根据《甘肃省民工建勤养护公路和修建地方道路实施办法》和庆阳地区“先打通后提高，先县道后乡道”原则，将整修重点放在县乡公路上，将每年每个劳动力义务建勤，由过去10个工日改为至多不超过5个工日，车辆不超过2个车日，所需工具由民工自带；凡有劳动能力的年满18岁至45岁男性农民和年满18岁至40岁女性农民，都有建勤义务。农村以农业生产合作社为单位，指派一定人员和运输工具，代表全社完成规定建勤工日和车日，一律不得征收代金。

1956年，举办公路修建培训班，每村选派1至3人，培训技术骨干200余人。当年开工建成镇原至肖金、镇原至眉岘、镇原至中原殿王等3条公路167公里，进度快，质量高。1957年冬，由县长挂帅，交通科具体负责，动员沿路18个乡民工近2000人，对眉肖公路全线进行整修和铺砂。至1958年3月中旬，全县共投入“民工建勤”劳动工日2.6万个，畜力1449

头日，车工(非机动车辆)7698个，运砂6255立方米，铺筑路面37公里。

1960至1962年，重点整修和新建马头坡、平泉至武亭、孟坝至太平、镇原至孟庄、翟池至泾川洪河、平泉岔口至南川等山区运粮道路118公里。1963年起，将交通事业列入计划，每年从地方税附加中安排一部分资金，用于修建和改善社队道路。桥涵仍实行民工建勤，民办公助，对外请技工工资和外购材料费用，适当给予补助。当年，庆阳公路总段以雇工和“民工建勤”方式，对屯字街道和眉肖路15公里路基进行改线。1965年，眉肖公路全线铺筑为砂砾路面，路面宽度为3.5~6米，最大纵坡度为6%~11%。

1966至1969年，受“文化大革命”影响，曾出现工程计划完不成，公路失修、失养，好路率下降局面。1970年起，因战备需要和长庆油田开发，公路建设再度出现生机，改造眉肖公路，民工建勤新修巴家嘴至方山公路48公里，修通宜兰公路镇原境内土路基44公里，配合石油勘探，重点改造孟坝经党崾岘至驿马公路76公里、西峰经太平至方山83公里、屯字至曙光白草坬13.9公里。同期，建设社队道路，做到梯田、水利、道路、林带四配套。1976年，全县社队道路841公里，24个公社全部通车，269个大队通客车30个，通汽车和拖拉机215个，分别占大队总数11.2%和80%;2435个生产队通车1705个，占生产队总数70%。

1977年，对眉肖公路加宽4.39公里，改善6.57公里，路基由5~7米加宽到8.5~9米，路面由3~4米加宽到6米，路段平曲线最小半径为25米，最大纵坡控制在8%以内，达到三级标准。同年，对屯字塬13公里路段，按三级公路标准加宽改线，一次性处理原有路基窄、走向不合理、排水不畅、纵坡过大等问题，改造后平均昼夜行车量200辆以上。

1978年初，国家投资79.8万元，改建平泉文坬塬头至县城南门大桥路基20公里，配套桥梁和涵洞;将屯字马堡至曙光白草坬13.9公里道路建成砂石路，完成投资2.4万元。

1979年，孟坝至新集毛大崾岘通公社砂路列入以工代赈项目，国家补贴52.3万元，群众投劳6.78万个，按四级公路标准整修铺砂22.6公里，路基宽6.5~7米，铺砂宽4.5~5米，厚7厘米，衬砌边沟2260米。是年，第一条通社油路(翟池至上肖)建成。屯字马堡至玉都白草坬油路亦落成。下半年，国家投资34.43万元，加宽改造眉肖公路潘杨涧至平泉八山20公里，次年6月竣工。1980年，对平泉至中原公路整修铺砂23公里，1982年铺筑成油路。1984年，改造公路三条。镇原至三岔83公里、孟坝王地庄至方山12公里，拓宽路基，铺筑砂石，配套排水设施;三岔至殷家城沿川路改线18.19公里，比原绕山路里程缩短近一半。到1985年，全县建成公路105条1196公里，其中国道1条44公里，地县公路2条134公里，县乡公路16条427公里，乡村公路86条591公里，联结县内24个乡镇和区内县市，沟通陕甘宁三省区和毗邻地区道路交通。

1986年，根据国务院《关于帮助贫困地区尽快改变面貌的通知》和省委省政府关于庆阳老区工作座谈会精神，从当年起，每年给庆阳地区专项资金和专项贷款各3000万元，加快老区、困难地区建设。地委、行署提出“抓交通，促流通，利用以工代赈大好时机，奋战3年，基本建成公路交通网，力争乡乡通汽车，以此促进3年解决温饱、5年改变面貌”奋斗目标实现。县乡成立领导小组，层层签定责任书，实行定领导，定任务，定投资，定质量，定时间

“五定责任制”,加快以工代赈修建县乡公路步伐,以4年时间,对镇原经临泾、太平至西峰37.4公里路基进行整修加宽,铺筑砂石,压设涵洞,衬砌边沟。

1987年,对彭阳桥至上肖南李段9公里提升标准,加宽路基。1988年开始,以8年时间,分期分段完成镇三(镇原至三岔)公路83公里油路铺筑。至1990年,全县有国道1条44公里,省道2条136公里,县道7条240公里,乡道9条187公里,村道86条591公里;乡镇全部通车,9个乡镇通油路,占37.5%;183个行政村通车,占68%,其中15个行政村通油路,占6%,72个行政村通砂路,占27%;203个自然村通车,占10%。

1991至1992年,对太平至孟坝回回店21.5公里、城关七里河至南川5公里道路,分别进行整修加宽,铺筑砂石,压设涵洞。1999年,对三岔至环县杨旗12公里道路进行整修加宽,压设涵洞。2000年,改建三殷(三岔至殷家城)公路10公里,新建8.38公里,维修旧桥,接长涵洞,增修急流槽和护堤;平泉岔口经原芦至南川公路整修铺砂19公里;七里河至南川公路铺油5公里,厚3厘米,宽5米。是年底,全县建成油路5条251公里,12个乡镇18个行政村通油路,188个行政村通砂路,621个自然村通车。

2001年起,抢抓西部大开发机遇,组织群众改造提高效益路,加快建设连网路,修建接通断头路,扶持兴修脱贫路,开通沿茹河东出西进原始古道80公里,实现彭阳乡东西对接。乡村道路建设全面展开,行政村全部通公路,边远纯山区殷家城、方山等乡镇绝大多数自然村也通公路,少数自然村虽然未能通行汽车,但农用车辆均可通行;修建镇原至宁夏彭阳县草滩沿山公路46.64公里、镇原至宁夏彭阳县沿川公路开边路口至三十里铺段7.439公里,完成路基整修加宽、铺筑砂石、修建桥梁和压设涵洞等工程;对新巨、西镇公路全线进行铺油。西镇公路改称西眉公路,列为省道,编号318线。2004年,对镇阳(镇原至彭阳县)公路张庄至王嘴段拓宽路基,铺筑砂石,修建桥梁和涵洞。2005年,对鳌新(城关鳌背子至新城)公路郭原街道至新城街道段进行整修铺砂,压设涵洞,衬砌边沟。是年底,全县共有公路113条1466公里,其中国道、省道3条180公里,县道8条289公里,乡道11条201公里,村道91条796公里;油路增加到6条285.7公里。13个乡镇通油路,占68%;215个村全部通车,其中71个村通砂路,占33%,62个村通油路,占29%;786个组通车,占39.3%,其中106个组通油路,占5%;324个组通砂路,占16.3%。

2006年,建设重点公路项目2个,其中镇北公路二期工程张家沟至北石窟寺段18.991公里,投资687万元,建成中桥3座137延米;镇草通乡油路工程,完成土路基改建、铺砂及全部涵洞工程,累计实现工程量420万元。通达工程26个,完成土路基开通、边沟开挖、路面铺砂、构造物配置等任务。全年组织民工投劳6.5万个,投入机械1675台班,新建、改造乡村道路30条228公里,整修路基179.5公里,铺砂67公里,建涵洞38道310延米,完成工程量567万元。2007年,镇原至宁夏彭阳公路开边张沟至陈家沟段铺油3.8公里。

2008年,建成重点油路4条,太平至新集通乡油路41.8公里,完成投资1910万元;三岔至洞子渠通乡油路13公里,完成投资720万元;镇北公路列入红色旅游项目,油路37公里,完成投资2130万元;镇阳公路列为以工代赈项目,完成代家坪至麻子沟圈油路20.6公里，投资 1060 万元。通村油路开工 9 条，其中镇北路、西镇路至姜曹、屯字至姜曹、路岭至青寨 4 条已完成铺油，建设总里程 130.7 公里，完成投资 2700 万元；建成屯字路口至阎沟、三岔至榆杨湾、方山塬头至清水桥 3 条砂石道路 26.9 公里，完成投资 370 万元；民工建勤修建乡村道路 38 条 281.2 公里；新建乡镇客运站 5 个、村投靠点 36 个，完成投资 200 万元。

2009 年，建设公路项目 21 个，其中新开 15 个，上年结转 6 个，完成投资 1.067 亿元。镇

镇原县 2010 年公路现状图

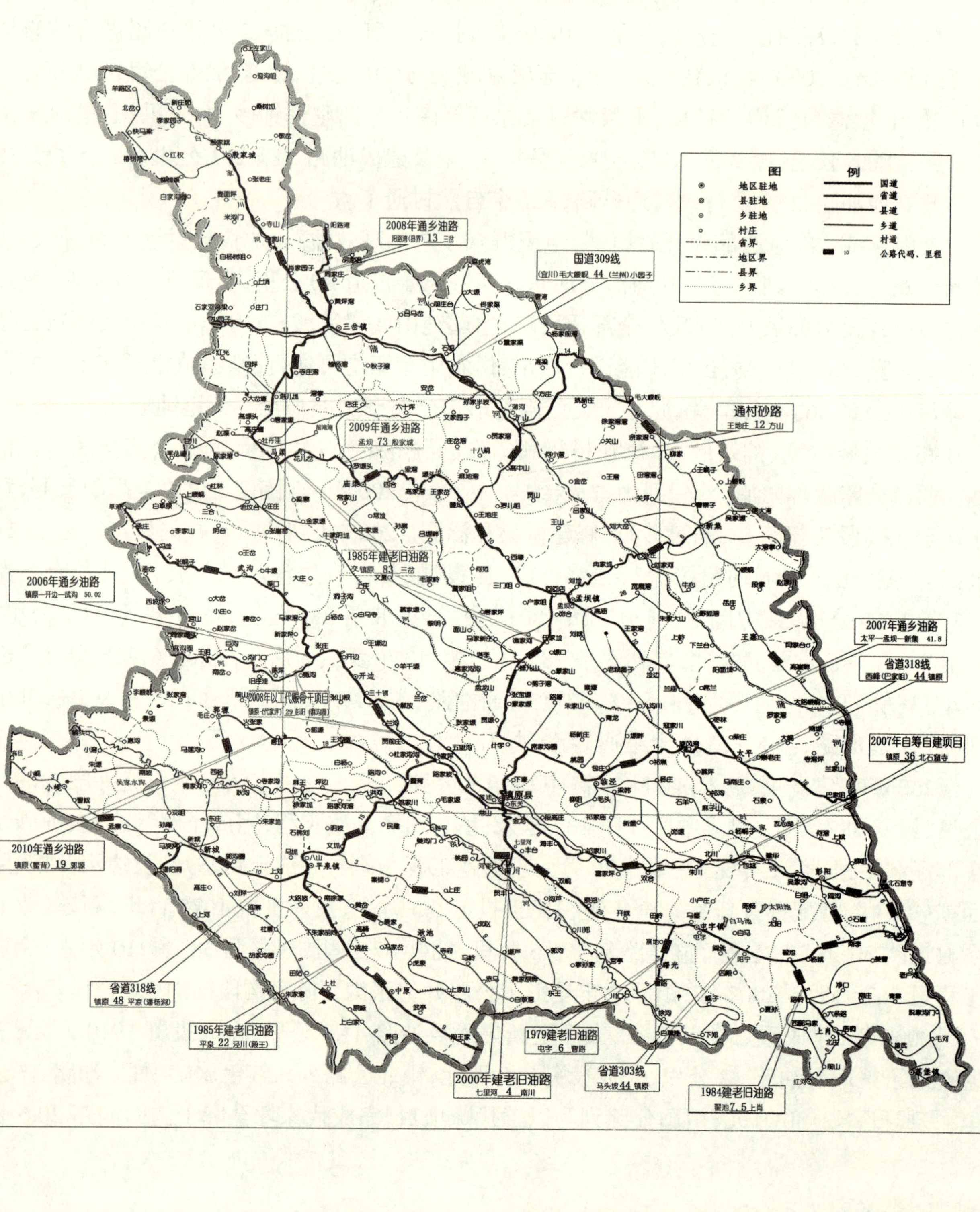

原至彭阳县界20.6公里,国家投资685万元,自筹183.5万元,完成全线沥青碎石铺筑及附属工程。孟坝至殷家城扩大内需通乡油路73.7公里,国家投资2920万元,自筹1307.6万元。孟坝至三岔按三级公路改建,三岔至殷家城按四级公路修建,完成投资4074万元。平泉至中原灾后恢复重建公路21.8公里,国家投资1193.5万元,自筹150.6万元,完成砂石垫层油面7公里,修涵洞5道。上年结转的新城至原峰、王寨至新集、平泉至湫池、湫池至赤马、屯字至川口5条通乡油路67.4公里,全部竣工,完成投资2006万元。年内新建通村油路12条95.44公里,完成投资3006万元。群众投工投劳,修建乡村道路45条296.6公里,完成投资180万元,新建乡镇客运站2个,省县道路停靠点30个,完成投资130万元。

2010年,开工公路建设项目56个,总投资7225.4万元。建成上年结转的平泉至中原、鳌背至郭原通乡油路2条41.356公里,完成投资2838.52万元,新建屯字至焦渠、川口至成赵、郭原至景塬、原峰至中原4条通乡油路48.1公里,完成投资2096万元;群众投劳新建改建乡村道路50条325公里,完成投资900万元。是年底,全县有公路128条1509公里,其中国道省道3条180公里,县道8条269公里,乡道11条201公里,村道106条859公里,内有油路39条730公里,砂路45条677公里。19个乡镇全部通油路。119个村通油路,占55.3%;73个村通砂路,占34%。908个组通车,占45.6%;411个组通油路,占20.6%;211个组通砂路,占10.6%。形成以县城为中心、干线公路为纽带、县乡公路为骨架、乡村公路为脉络的交通网。

眉肖公路　又称303省道,从平凉眉岘至肖金(镇原境内马头坡至潘杨涧100公里)是庆阳地区通往兰州一条主要干线。1975年,国家投资35万元,成立眉肖公路改建指挥部,对县城至马头坡44公里进行改线、加宽、铺砂和压设涵洞,共移动土石方75万立方米。1977至1978年,国家投资77.62万元,对上述路段用天然砂砾处理路基,厚10厘米,宽6米,渣油表处厚2.5厘米,填补镇原县黑色路面空白。同年,国家投资79.8万元,对平泉文坬塬头至县城南门桥20公里路基进行加宽整修和桥涵配套。1979年,国家投资31.62万元,对姚川桥至县城南门桥15公里进行铺油。1985年,省投资155万元,对姚川桥至潘杨涧30公里进行铺油,用天然砾石掺白灰处理基础,渣油表处厚2.5厘米,宽7米,至此,眉肖公路镇原段全线贯通。

镇三公路　从县城东门起,经临泾席沟圈、孟坝回回店、庙渠、马渠至三岔,全长83公里,是镇原通往北部乡镇主干线。1958年测设修建。1984年10月,地县交通部门按部颁三级公路标准勘测设计,国家投资144.64万元,其中以工代赈粮价51.44万元,棉价12.36万元,布价21.94万元,配套发展资金46.9万元,省拨养路费12万元,群众投工70.8万个,进行全线土路基改造、铺砂及排水设施建设,路基宽7~8.5米,铺砂宽5~6.5米,压涵管75道678.4延米,衬砌边沟1148米。1986年竣工验收,交付使用。1989至1999年,投资751.644万元,其中以工代赈资金629.144万元,分期分段用天然砂石掺白灰处理路基和油路铺筑,渣油表处厚2.5~5厘米,宽6~7米,鹅卵石和机砖镶边。2000年3月16日,省地县组成领导小组,现场逐段验收,评为优良工程,列入养护。此路沟通镇原与环县交通,又连接国道309

线，西进可达固原、兰州、银川，东出可通陕西。

三殷公路 从三岔镇通往殷家城乡。1960年代初，开辟经环县演武界盘山公路36公里，1964年通车。该路弯急坡陡，晴通雨阻。1984年省列重点工程，地、县交通部门按部颁三级标准测设，投资70.78万元，其中以工代赈资金27.78万元，省拨养路费43万元，群众投劳32.4万个，从白家川沿河开辟新路基18.19公里，并进行铺砂，路面宽7~7.5米，铺砂宽5~6米，厚10厘米，压设涵洞39道386延米，架桥5座118.2米，衬砌边沟210米。1986年12月28日通过验收，交付使用。2000年，省上列入通乡工程，总投资203.59万元，改建10公里，新建8.38公里，增设涵洞11道94延米，接长涵洞1道6米，增修急流槽23.5米、边沟299米、防护堤11处404延米、过水路面1处45.29立方米，维修旧桥1处71延米。次年12月竣工验收，交付使用，由三岔镇、殷家城乡建、养、管。2009年，列入扩大内需工程，投资4074万元，建成四级通乡油路，提升与环县南部交通条件。

西眉公路 从西峰经太平至临泾席沟圈，与镇三路相接，是镇原通往西峰另一条主线公路，又称318省道，境内长37.4公里，原称西镇公路。1960年代初修至太平，晴通雨阻。1986年，列入县乡公路重点工程，由县工交局按部颁三级公路标准测设，投资132.4万元，其中以工代赈粮价48.24万元，棉价12.06万元，布价20.1万元，工业品价30万元，配套发展资金22万元，临泾、太平乡组织群众投劳31.21万个，完成土路基改建、整修、铺砂，路基宽7~8.5米，铺砂宽5~6米，厚10厘米，修桥2座74.8延米，压设涵洞24道214.5延米，衬砌边沟300米。1990年竣工，通过分段验收，交付使用，贯通临泾、经交口河、上太平、到巴家嘴与西峰连通，比镇原经屯字、上肖、肖金至西峰缩短20公里。2002年，镇原至潘杨涧段路面铺油，改称西眉公路。

镇草公路 东起县城，经城关镇五里沟、开边解放、武沟至宁夏彭阳县草滩，全长46.64公里，原为镇孟公路，从县城至武沟孟庄，全长44公里，1961年修建，1965年通车。2001年5月，县交通局按部颁三级公路标准测设，县财政补贴75万元，城关镇、开边镇、武沟乡组织民工投劳11.62万个，改造原有土路基，延伸2.64公里至彭阳县孟原乡草滩，并全部铺砂，遂改称镇草公路。路基宽7~8.5米，铺砂宽6米，厚7.5厘米，压设涵洞90道902.04延米。2002年12月28日通过验收，交付使用。镇草公路是一条重要进出境公路，连接309国道，直通固原、银川，是通往兰州一条捷径，也是宁夏彭阳、固原等地通往陕西捷径。

镇阳公路 从城关镇贾窎沟起，经开边耿沟、兰沟，从三十里铺过茹河，接镇草路至张庄、甄沟、陈坪、武沟巨沟、郭原王嘴，到麻子沟圈，连通宁夏彭阳县，全长20.44公里，由县交通局按部颁三级公路标准测设，分两次实施。2001年，由城关镇、开边乡民工建勤投劳1.8万个，完成开边路口至三十里铺路段改造、整修、铺砂7.439公里，路基宽8.5米，铺砂宽7米，厚10厘米，压设涵洞10道90延米，2002年竣工验收。2004年4月，县财政补贴40万元，由开边、武沟、郭原3乡镇组织民工建勤投劳4.16万个，完成张庄至王嘴路段整修铺砂13公里，路基宽8.5米，铺砂宽6米，厚10厘米，修桥1座6米，压设涵洞27道422延米，同年底通过验收，交付使用。2007年，建成张庄沟桥梁，铺油3.818公里至陈家沟。2008

年，列入以工代赈项目，实施代家坪至麻子沟圈路段铺油20.6公里，完成投资1060万元。该路是县内另一条西进出境公路，沿茹河直通宁夏彭阳县。

王方公路　从孟坝镇王地庄至方山乡，南接镇三公路，北连309国道，全长12公里。1984年10月，省列重点工程，县工交局按部颁三级公路标准测设，总投资17.7628万元，其中以工代赈粮价10.0577万元，棉价2.5144万元，布价4.1907万元，配套发展资金1万元，民工建勤投劳12.2万个，完成土路改造、铺砂，压设涵洞16道144延米。1985年9月竣工验收，投入使用，由县工交局养管。

鳌新公路　从城关鳌背子起，经郭原乡政府南下西杨坡过洪河至新城，全长35.55公里。1963年，开通鳌背子至郭原公社道路。1986年列入重点公路改建项目，县工交局按部颁四级公路标准测设，投资21.7235万元，其中以工代赈粮价6万元，棉价1.5万元，布价2.5万元，省财政拨付配套资金10万元，省拨养路费1.7235万元，民工建勤投劳9.24万个，移动土方27.87万立方米，完成土路基改造、铺砂18.6公里，路基宽6.5米，铺砂宽3.5米，厚10厘米，压设涵洞8道64延米，衬砌边沟900米，1986年12月通过验收。2005年，将郭原乡街道至新城乡街道，列入通乡砂路工程，县交通局按部颁四级公路标准测设，国家补贴101.7万元，郭原、新城两乡组织民工投劳1.95万个，投入机械420台班，整修铺砂16.95公里，路基宽6.5米，铺砂宽6米，厚10厘米，建桥1座，压涵洞32道224延米，衬砌边沟35米。2005年12月26日竣工验收，列入养护。2009年，列入通乡油路工程，10月10日开工，2010年8月竣工，铺油19.6公里，完成投资1234.26万元。

新巨公路　从新城至小岘巨寨，接彭阳县界石嘴，全长17.75公里，原为等外公路。1986年，对新城至小岘11.82公里，按部颁四级公路标准测设，投资15万元，其中以工代赈粮价4.8万元，棉价1.2万元，布价2万元，省财政拨款7万元。新城、小岘两乡组织民工投劳3.4万个，移动土方7.63万立方米，完成土路基改造铺砂，路基宽6.5米，铺砂宽3.5米，厚9厘米，压设涵洞3道24延米。2002年，民工建勤投劳6.21万个，按三级公路标准，全线进行整修、改造、铺砂，路基宽8.5米，铺砂宽7米，厚10厘米，当年竣工验收。

太回公路　原属镇太公路部分，从太平起，经枣林、兰庙、埝边至孟坝回回店接镇三公路，全长21.5公里，1960年测设修建，1961年建成简易公路。1963年和1973年两次改建后通班车。1987年省公路局命名为太回公路。1991年3月，投资75万元，其中工业品价15万元，发展资金40万元，省拨养路费20万元。孟坝、太平组织群众投劳16.3万个，按部颁三级公路标准整修铺砂，路面宽8.5米，铺砂宽7米，厚10厘米，压设涵洞8道72延米，1992年10月竣工验收。

杨三公路　从三岔镇309国道起至环县杨旗，全长12公里，1960年代修成便道。1999年，长庆石油勘探局投资30万元，民工建勤投劳11.23万个，按部颁三级公路标准进行改建铺砂，路基宽7.5米，铺砂宽6米，厚10厘米，压设涵洞17道119延米。同年12月，由长庆局、县交通局、三岔镇联合验收后，交付使用。2008年，列入通乡油路工程，渣油表处13公里至洞子渠，完成投资720万元。

马南公路 从茹河彭阳大桥至上肖南李接303省道，全长9公里，1987年4月，按四级公路标准测设，投资67万元，其中以工代赈42万元，配套发展资金5万元，省拨养路费20万元，上肖、彭阳乡组织民工投劳1.3万个，完成土路基整修铺砂，路基宽6.5米，铺砂宽6米，厚10厘米，建桥梁1座26米，压设涵洞3道26延米，12月竣工验收，列入养管。1995年，对马头坡蒲河桥至彭阳大桥6.5公里，由上肖、彭阳乡组织民工投劳1.3万个，完成整修铺砂，路基宽5.5米，铺砂宽4米，厚7厘米，当年竣工验收。

七南公路 从城关镇七里河303省道起至南川乡，全长5公里，1991年初，在原等外公路基础上，县交通局按部颁四级公路标准测设，南川乡组织民工建勤投劳2.25万个，整修路基宽6.5米，铺砂宽6米，厚10厘米，压设涵洞10道70延米，年底通过验收，交付使用。2000年4月，投资33万元，铺筑成油路，宽5米，厚3厘米，6月24日竣工。

平湫公路 从平泉镇至湫池赤马，全长14公里，1960年初建成等外公路。1986年，按部颁四级公路标准测设，投资15万元，民工建勤投劳2.36万个，投入压路机33.5台班，完成整修改造，铺筑砂砾，路基宽7.5米，铺砂宽6米，厚10厘米，压设涵洞3道26延米，年底竣工验收，交付使用。

屯白公路 从屯字至曙光白草坬接泾川玉都，总长13.9公里。1963年测设修建，1965年底完成土石方工程，建成简易公路。1976年由县工交局测设，国家投补1.2万元，曙光公社组织民工改建屯字至洪河川段。1978年，国家投资2.4万元，完成马堡至曙光段路基铺砂。1979年6月，国家投资4.9万元，建成沥青渣油路面。2005年，列入通村油路，屯字镇组织民工整修后重新铺油。

岔原公路 从平泉岔口起，经秦铺、原芦至南川河李，全长30公里，1960年开通，属运粮路线。2000年列入通村砂路工程，按部颁四级公路标准测设，国家补助20万元，平泉镇、南川乡组织民工建勤投劳2.85万个，整修铺砂19公里，路基宽7米，铺砂宽6米，厚7厘米，压设涵洞8道64延米。2000年12月通过验收，交付使用。

新原公路 从新城起，经阎寨、杜寨、何曹到原峰，接平凉索罗界，全长23.69公里，1958年开通路基。2000年按四级公路标准测设，由新城乡组织民工建勤投劳3.6万个，分5年完成改造铺砂，路基宽7米，铺砂宽6米，厚7厘米，压设涵洞6道42延米。2005年12月通过验收，交付使用。

孟毛公路 从孟坝镇起，经姚河、新集至方山毛大嵝岘，接国道309线，全长32.35公里。孟坝至新集嵝岘22.607公里，1979年列入重点工程，按四级公路标准设计，国家补贴52.3万元，民工投劳6.78万个，完成路基整修铺砂，路基宽6.5~7米，铺砂宽4.5~5米，厚7厘米，衬砌边沟2260米。新集嵝岘至毛大嵝岘9.782公里，1990年代由长庆局整修铺砂，路基宽5~6米，铺砂宽4~5米，厚10~15厘米，压设涵洞9道63延米，衬砌边沟960米。

平中公路 从平泉镇到中原乡，与泾川县党原乡相接，全长23公里。1960年开通路基，1971年国家投资20万元进行改建，1978年开放客车。1980年按四级公路标准整修改造，路基宽7米，铺砂宽6米，厚7厘米，同年12月竣工。1982年铺筑成油路。2009年7

月，列入灾后恢复重建工程，重新铺油21.8公里，修建涵洞5道，2010年9月竣工。

1985年平泉至中原公路高胜段

镇北公路 从县城起，循茹河经金龙、祁川、双河、朱川、包城、彭阳接北石窟寺，全长37公里。1996年按三级公路标准设计，当年基本打通土路基，因未列入计划，无资金来源而停工。2002年按四级公路标准批准立项，概算投资1760万元。路基由民工建勤完成，其余工程分段招标实施，路基宽7米，路面宽6米。一期工程镇原至张家沟段16.754公里，预算投资1013.93万元，其中以工代赈资金840万元，地县自筹173.93万元。2003年5月开工，移动土方224038立方米，石方12368立方米，修建钢混桥梁2座323.3延米，压设涵洞41道493.8延米，修筑防护工程340米，衬砌边沟3020米，2005年5月竣工。二期工程张家沟至北石窟寺段18.99公里，预算投资721万元，其中以工代赈资金630万元，市县自筹91万元。2005年8月开工，移动土方220715立方米，修建钢混桥梁3座138.04延米，压设涵洞52道577.72延米，衬砌边沟16640米，完成工程总投资1901.98万元，比原预算超支167.05万元。2007年竣工验收，工程质量评为合格。2008年，列入红色旅游工程，按三级标准油路37公里，完成投资2130万元。

第二节　桥梁涵洞

镇原地处黄土高原丘陵沟壑区，小丘起伏，沟道交错，河谷纵横，凡经过山丘、崾岘、川道、河谷之道路，无不穿梁过峁，越谷跨河，无桥不畅。古代，镇原人民为方便行旅，铺列石、搭木桥，穿溪而过；筑土桥、修土坝，翻越崾岘；箍涵洞、留水沟，以疏水路，由此形成桥梁涵洞较多。1949年前，境内大道有土桥30多座，石桥2座：一座为庙渠乡六十亩坪村清水溪桥，一座为建于乾隆十七年(1752年)的开边贾前庄红砂石沟口红砂石桥，今被公路桥梁取代。乡村小道，土桥涵洞更多。最早的城关小岘、大岘土桥修建于清乾隆年间，沟通镇原至屯字、肖金道路。

1950年起，公路建设发展，公路桥梁、涵洞随之配套，从土桥、木桥、石拱桥逐步向坚固性、永久性、大负荷、多类型迈进。1957年，始建马头坡石台木面桥。1960年代，修建大道土桥十多座，最长260米，高36米，后又加固加宽主要干线公路土桥2座。1970年代，茹河沿岸开始建钢索木板吊桥，用混凝土预制块新建太平镇何湾村下碾张桥、屯字包城村北川桥等石拱桥13座。1978年，在宜兰公路建成田园子双曲拱桥。1980年代，新修石拱桥14座。1990年代，新修钢筋混凝土桥4座。1994年，屯字双河群众集资、地县补助，建钢丝吊桥1

座,长 20 米,宽 1 米。2000 年起,增修混凝土石拱桥十多座。2001 年,城关富坪建铁框架木板面吊桥 1 座,长 23 米,宽 1.2 米,高 28 米。至 2010 年,全县改建新建永久性钢筋混凝土和石拱桥 55 座,其中国道、省道 14 座 44.2 延米;县乡公路 34 座 1509.04 延米;建成永久性公路涵洞 911 道 8715 延米,半永久性涵洞 102 道 1295 延米,过水路面 18 处 270 米;公路、桥梁均建有永久性护坡;公路边沟衬砌 95424 延米。分布在国道、省道干线公路上的永久性涵洞 136 道 5726 延米,半永久性涵洞 102 道 1295 延米,混凝土衬砌路基边沟 5726 延米。分布在县乡道路上的涵洞 275 道 2989 延米。

一、土桥

镇原古代桥梁修建均由官方倡导,义士、贤能、富户集资募捐,百姓义力,请民间工匠修建。若遇战时,军政动员,强征民夫,架桥设渡,以应急需。驿道通过的较大关隘、沟壑,均筑有土桥,如小岘、大岘、新城断岘、马渠崾岘、太平大岘、断岘等。此类土桥,在中华人民共和国成立后多次加宽、加固,改善为公路大桥。1950、1960 年代公路建设中,又补修新建许多土桥,几乎每条路有数座,其中大中型公路土桥逾 10 座,最长土桥长 260 米,最高近 36 米。工程大的土桥主要有武沟红土崾岘、武沟张岘子、马渠唐塬崾岘、新城断岘、王寨三道崾岘等,仍为公路重要桥梁;小型土桥则被永久性混凝土涵洞所代替,如包川涵洞。2010 年保留使用的土桥有:

小岘桥 位于城关镇小岘村,清乾隆十年(1745 年),县邑贡生张继孔倡导百姓创建。十七年、三十一、三十二年,霪雨冲崩,继孔三筑,桥面宽 3 米,高 10 米,路底基宽 36 米,移动土方约 3600 立方米。嘉庆十四年(1809 年),知县霍树清征集民夫修补。同治七年(1868 年),回民反清起义,当地农民断桥拒之。光绪初,卢蕴金、张顺德等倡导百姓修复。1950 年代进行加宽加固处理,成为眉肖公路主要土桥之一。

大岘桥 位于城关镇大岘村,乾隆四十二年(1777 年),贡生张继孔倡导百姓历时两个月筑成。1950 年代进行加宽加固处理,成为眉肖公路主要土桥之一。

断岘桥 位于新城乡杜寨村,通固原,相传宋时在此建金斗关,关已废,桥尚存。

石泉桥 位于太平镇石泉村,为通上城村之孔道,旧为通肖金镇之道。

三道崾岘桥 位于新集乡三道崾岘,道通王寨,建于 1964 年,长 263 米。

红土崾岘桥 位于武沟乡红土崾岘,1966 年修建,由四座小桥组成,全长 224 米。

蒙家塬崾岘桥 位于临泾乡蒙家塬,长 32 米,宽 5 米。

马渠崾岘桥 位于马渠乡上原畔,长 182 米,宽 6 米。

乡村道路土桥有临泾岘塬、耿塬、武沟张岘子、马渠唐塬崾岘、开边羊千塬申岘、张新庄小岘、临泾耿塬崾岘土桥等,分别于 1964 年、1969 年、1980 年修补加宽,总长 850 米。

二、石拱、钢筋混凝土桥

中华人民共和国成立后,公路事业迅速发展,钢筋混凝土桥梁成为公路桥梁的主要形式,其结构类型有钢筋混凝土悬臂梁桥、板桥和板梁桥、T 型梁桥、少筋微弯板工字梁桥四种。1964 至 2010 年,全县改建新建永久性钢筋混凝土和石拱桥 55 座,其中眉肖公路 2 座:

马头坡桥、洪河桥；宜兰公路9座：方山田园子桥、清水溪桥、石嘴桥、甘沟桥、三岔桥、虎家沟桥、石家河桥、小园子桥、老木沟桥；西公镇路3座：下交口河桥、包川沟桥、茹河桥；镇殷公路9座：交口河桥、肖园子桥、瓦房沟桥、吴家沟桥、张家沟桥、殷子沟桥、蒲河桥、黄坪桥、秋房沟桥；镇草公路4座：下页山桥、秦家沟沟桥、贾沟桥、莲池桥；镇北公路7座：彭阳桥、祁川桥、朱川桥、包城桥、双合桥、蒲河桥、茹河桥（3号桥）；镇阳公路4座：张庄桥、永乐革新桥、贾前庄桥、三十里铺桥；鳌新路1座：西杨桥；孟毛公路1座：姚新庄桥；庙三路1座：清水桥；马南公路1座：阎沟桥；其他公路13座。

庙沟桥　位于县城东庙沟村，1954年8月，县上投资874.8元，建成石台木面桥，长12米，1孔径跨5米，后改建为钢混桥梁。

洪河桥　位于平泉镇姚川洪河上，民国初建成支架木梁板面桥。1956年，省投资17956.08元，改建为石墩木面桥，3孔径跨6米，长36.6米。1965年改建为长46.7米、宽7.5米永久性公路盖板桥梁。2003年，公路改线取直加高，重建永久性混凝土桥梁。

潘杨涧桥　位于新城乡潘杨涧河，1956年，省投资7188.76元，建成木架桥，3孔跨径6.5米，长20米。后改建为石拱桥。

稠水沟桥　位于城关镇莲池村西，1957年8月，省拨款5733.21元，建勤投工4291个，耗石方327.6立方米，建成石台木面桥，2孔径跨4米，长14米，高4米，宽5米，后改建为石墩盖板桥。2007年，重建成大型石墩混凝土桥梁。

马头坡桥　位于眉肖公路马头坡根底。1957年兴建，1959年春竣工。全长96.6米，宽5米，11米净跨7米石台木面桥。因风吹雨淋，桥木腐朽，1971年，国家投资36万元，重新改建为钢筋混凝土盖板面。

茹河一号桥　位于县城南门外毛堡子村茹河上，眉肖公路70.2公里处。1957年由地、县交通局共同设计施工，1959年6月竣工，建成5孔和4孔14米永久性木桁架及木简支梁组合桥（中间14米为木桁桥，两端5孔为木简支梁），全长106.5米，宽4.7米，高7米，因木材选用不当、防腐工艺差，改建不久，即有构件腐化，遂逐根更换，维持通行。1963年因大部分桁架构件腐朽，无法修缮，同年10月由庆阳公路总段负责改建，将中间4孔木桁架改建成木简支梁，在每孔跨中加木排架以增强承载能力。1964年8月被洪水冲毁。1965年国家投资63万元，由省交通厅公路局负责设计施工，在原水毁木桥位新建5孔跨径25米，全长125米，宽8米，高16米钢筋砼T形桥梁。

1957年建于县城南门外的茹河石台木面桥

三十里铺桥　位于开边镇三十里铺茹河上，连接镇草公路。1960年修建为石拱过水桥，

1965年国家投资21万元,重建为八孔跨6米钢混漫水桥,长57米,高3.1米,宽4.5米。

三岔蒲河桥 位于三岔镇西的蒲河,连接镇三公路。1976年10月,投资20.98万元,由县公交局选调工程技术人员,民工建勤投工1.84万个,采用打“土牛”现场浇筑办法,挖基贮存器198立方米,浇筑钢筋混凝土1270立方米,预制钢混块1.84万个,引线填土2200立方米,建成一孔跨40米钢筋混凝土石拱桥,长62米,高12.3米,宽8.8米。1977年9月20日建成通车。

三岔桥 位于三岔镇后河村,宜兰公路1755公里200米处。1977年,国家投资29万元,由“7201”工程平凉指挥部修建,为1孔径跨40米钢筋混凝土双曲拱桥,全长59.2米,高11米,宽7米。

姚河桥 位于新集乡姚新庄村蒲河中游,连接孟毛公路。总造价41.28万元,1978年4月20日开工,由县工交局工程队承建,上部为3孔跨30米双曲拱,下部为重力式桥墩、桥台,桥长106米,高12.7米,钢混体积1518.3立方米,1979年10月竣工通车。

新集姚河桥

田园子蒲河桥 位于方山乡宜兰公路369公里400米处,跨越蒲河,是庆阳境内跨径最大的双曲拱桥。总造价76.1万元,1977年开始修建,1979年12月竣工,由交通部第二公路工程局第六工程处施工,为1孔50米,桥面净宽7米,两侧人行道各1米,桥高17.58米,荷载汽15级、拖80级。

茹河三号桥 位于县城东区文化广场,连接镇北、屯肖公路,总造价366.84万元,由甘肃省科学院地质自然灾害防治研究所设计,中铁十五局第二工程有限公司承建,全长230.37米,宽12米,桥面净宽9米,两侧人行道各宽1.5米。上部采用钢筋混凝土简支T型梁,下部采用双柱式圆型桥墩,U型桥台,放大明挖基础。2003年1月开工建设,11月5日通车。

祁川桥 位于县城东7公里处城关镇祁川村,2003年4月开工,次年11月竣工通车,总投资192.96万元,双柱圆形桥墩,桥长106.2米,宽9米。

茹河二号桥 位于县城中区滨河市场,2005年由石家庄铁道学院建筑设计院设计,建成预引力空心板桥,桥长153米,宽6.0米,主要通行小型车辆及行人。

寺沟蒲河大桥 位于北石窟寺前蒲河上,连接镇北公路。2006年5月开工,由庆阳市胜利筑路公司承建,总投资108万元,建成双柱式圆型桥墩,四孔跨20米T型桥梁,全长86米,高6米,宽8米,10月25日竣工,2007年9月验收为优良工程。

茹河四号桥 北连县城东区,南接金龙工业集中区,是连接县城南北交通枢纽。2008年5月,总投资1400万元,由甘肃通广公路勘察设计有限公司设计,甘肃第七建设集团股份有限公司承建,2009年11月建成通车,桥长199.02米,桥面宽16米,9跨20米预应力混凝土空心板梁，荷载为城市A级，地震烈度为7度。

三、涵洞

镇原县道路涵洞建设与建桥史同步而行，由古代的木沉檀、陶管涵，逐步发展为石盖板、石流槽、石拱涵。古时的小石拱桥，实际上就是一种永久性的涵洞。

中华人民共和国成立后，公路建设速度加快，质量提高，涵洞等配套工程随之起步，由临时性、半永久性逐步发展到永久性钢筋混凝土管涵、盖板涵及大孔径四胶涵。进出入口由简单处理逐渐增加跌水井、急流槽、消力池等排水效果较好的永久性工程。公路路基防护、河流导流等工程从无到有，同步发展。大于6%的路基边沟绝大部分得到衬砌。1981年，通过“以工代赈”形式修建涵洞4道36延米。1985至1987年，改建涵洞59道517.5延米，新建涵洞94道866.5延米。

至2010年，全县建成永久性公路涵洞911道8715延米，半永久性涵洞102道1295延米；分布在干线公路上的永久性涵洞136道，长5726延米；半永久性涵洞102道，长1295延米；混凝土衬砌路边沟长5726延米(分布在县乡公路上的涵洞775道，长2989延米)。公路边沟衬砌95424延米。分布在国道、省道干线公路上的永久性涵洞136道5726延米，半永久性涵洞102道1295延米，混凝土衬砌路基边沟5726延米。分布在县乡道路上的涵洞275道2989延米，联结着川塬山沟公路交通网络。

第三节 运 输

上古时期，先民已开始简单手工搬运活动。商汤七世祖王亥发明牛车，开创运输先河。周、秦时期，形成道路运输，车辆的使用比较普遍，役畜成为车辆的主要动力。同期有用人力推的辇、战争用的戎车、农田用的田车、贵族用的辂车。马拉车有单马、双马、四马驾车等，四马驾车较为普遍。春秋战国时，常以戎车多少代表诸侯国大小强弱。差役运输渐多，尤以军粮、修筑城寨材料和大规模移民运输最为浩繁。秦昭王修筑长城，横穿镇原西北，蜿蜒百里，墙高2丈有余，仅土石方运量每公里近4500立方米。

汉时，西域道路开通，县内道路运输量大增。武帝元狩二年(前121年)，安置4万降众于北地、陇西，随后，又调集十万余人前往朔方，筑卫设防，运输量大线长，连山东一带均担负起“转漕”(即运输)劳役，耗资巨大，以致全国“府库益虚”。元狩三年，山东发大水，朝廷将灾民70余万人迁移到“关西(北地、陇西、西河、上郡)朔方”，镇原人口大增，供给移民衣、食、住、行及生产用种子、农具等，运输任务艰巨，“其费以亿计，不可胜数，于是县官大空”。汉武帝推行“移民实边”政策，一方面调动60万士兵到北边屯田，一方面迁移内地居民到北地、河套地区安置。为供应屯垦戍卒及移民，全国百姓参与治道、制车、充畜，运输粮食，远者达三千里，近者亦千余里，都经官方组织摊派差役，采用牛车载运、畜力驮运、人力推运、肩挑徒运方式，多经汉北道、安潼古道转运完成。汉武帝为巩固政权，发展经济，通过汉北道，从关中和县境向西域运出大量丝织品和少量铁器等金属品；由西域输入县内和中原地区马匹、谷物、水果、葡萄、苜蓿、蚕豆、胡桃、胡萝卜、洋芋等。当时县域内丝绸，质地轻柔，色泽艳丽。丝绸从中国内地运往罗马，道路漫长，从宁夏盐池和陕西定边组织驮队运输食盐，畜驮人背，承运亦甚艰难。

唐代，以长安为中心，辐射世界各地，镇原成为联络南来北往、西进东出重要枢纽地带。商贸运输、茶马交易兴隆一时，榷场、铺司、行店林立道间，车马、驮畜穿乡过镇，络绎不绝。内地丝绸、瓷器等商品及部分中药材，通过丝绸之路北线经河西走廊运到中亚及欧洲各国，诸国良马、骆驼、水银、琥珀、玛瑙、玻璃等输入内地。此后，官方通过道路开展商贸交易，中国造纸、印刷、火药技术传入阿拉伯，罗马宗教文化传入国内。唐后期，由于少数民族在甘肃西部割据混战，东西交通受阻，而南北商贸活动仍在进行，镇原仍担负重要的运输任务。

北宋时期，与西夏开展经济贸易，南茶北运，北马南运。西夏北境荒漠草原，盛产骆驼、马、牛、羊和青、白食盐，而少谷物、茶叶和铁制工具。西北少数民族“食其腥肉，非茶不消，青稞之热，非茶不解”，西夏战马、食盐为北宋兵用民食所需，北宋茶叶和谷物也为西夏人民生活所求。西夏在经济上依赖于北宋，而北宋则利用经济优势制约西夏。从西夏运往中原的大宗物资有马匹、青盐，其次是骆驼、牛羊、毛毡、甘草、蜜蜡、麝香、羚角、柴胡、红花等。从中原运往西夏大宗货物有粮食和茶叶，其次是铁器、缯、帛、罗绮、香药、瓷器、漆器、姜桂等。交易形式有官方朝贡、赐币交换等。西夏则对宋称臣，恪守蕃礼。

明代，朝廷经山西洪洞县大槐树大规模移民6次，移居镇原人员路途遥远，大都人担畜驮，苦不堪言，传说到镇原时大都只有两个箩筐家当。

民国时期，军阀混战，土匪横行，征集摊派粮草，强征民众运输，群众称之为“支差”，全靠肩扛畜驮，行程近则几十里，远则二三百里。二十年（1931年）后十多年内，仅食盐一项，年均运输量近100吨，投运畜力超过300头次。

二十六年，全县私人畜驮较多的有十余户，牲畜百余条，往返镇原至定边、西安、平凉、长武、宁夏、固原之间，进行长途运输。运入物资有棉布、棉花、百货、食盐、农具等生活日用品及手工业原材料；运出物资有皮张、羊毛、药材、粮食等农副产品及土布、火硝、毛毡等手工业产品。秦、豫、宁等外省商贩，步涉镇原销售日用小商品，收购药材、蜂蜜、羊毛、皮张等土特产，雇用农家驮畜运送。是年春，红军援西军进驻镇原，当地百姓除为驻军运送所需粮食外，还从大家富户征集粮食数千石，从镇原运往陕北，全县保留下来的红四军军长陈再道给捐粮户颁发的“民族先锋”锦旗有4面。庙渠哨眼坪孙世涛是当地存粮大户，其家给西征红军捐送粮食2000余石，由固原、环县、镇原三县组织民夫驮运，历时半年运完。当时西征红军提出“宁打孙家堡（孙世涛堡寨），不打庆阳府”口号，可见孙家粮食之多。

二十九年，镇原县抗日民主政府成立，为发展壮大边区经济，发动群众养畜造车，组织合作运输队，进行互助运输、公私合营运输和专营运输，促使民间运输由分散、自发性逐渐向集体和公有专业性过渡。解放区在道路沿线设客店、车马店、转运站和商店，方便食盐、商贸和支前军需运输，促进解放区经济发展。三十年，为冲破国民党经济封锁，便于食盐运输和商旅往来，增加军民供应，解放区设立盐运委员会，下属1个总队、5个大队，在驮运大道沿途建立运输站，扩大民营客店，按照边区政府《动员边区人民运销60万驮食盐的决定》，实行官督民运、分购统销政策，组织和动员广大军民，发展以食盐为主的交通运输业。

三十一年，按照陕甘宁边区政府《运输合作社组织大纲》，在三岔、石佛、马渠、柳州、新集等区成立运输合作社。三岔区办起运输合作社2个，有骡子33匹，驴3条，脚店4处。陇东分区根据边区政府公盐运输实施办法，规定食盐每次每驮发足盐150斤外，加发途耗15斤；对公盐驮运中因自然灾害造成损失的，政府酌情补偿。三十二年，为简化盐运手续，减轻人民负担，政府又规定公盐以150斤为一驮，三分之二交政府，三分之一由驮户自销；采取入股分红、公私两利、私利大于公利的办法，促进运输，有公私对半入股按四六分成的，有公私六四入股按对半分红的；如盐价跌落，发生亏本，政府给予贷款或津贴；运输队流动资金短缺的，政府可给短期贷款；因军事差役，运输受到损失的，政府给予补助；如有天灾人祸不能维持时，政府给予贷款或救济；盐运牲畜草料，实行优待价格。

三十三年，为加强食盐运输，在孟坝、三岔、马渠、大什字（今临泾什字村）等设骡马店5家。骡马店合作社、骡马店联合会等行业组织相继成立，管理各店户经营业务。镇原县大什字骡马店合作社，分别由骡马店户集股、盐业公司投资各50%资金合资建成，民主选举负责人，主管经营。合作社负责采购草料，按原价分给入股脚店。利润按二（盐业公司）八（骡马店）或三（盐业公司）七（骡马店）分配后，私人再按股分红。公营客店、商店和转运站，除经办正常食宿服务和运输业务外，还承担当时中心任务，即组织运输力量，将边区生产的皮、毛、药材等土特产品及食盐运往国民党辖区，换回边区所需棉布、棉花、百货、农具、武器弹药等。当时孟坝、三岔土产支公司是陇东贸易公司吞吐量最大的两个支公司，是边区口岸进出门户。

三十五年，为争取解放战争胜利，镇原组织长期和短期担架队704副，参加5983人，牲畜2794头，投入支前民工1404人，担架308副，运送伤员37人。上肖邢杜家富户邢殿元，拴起四辆胶轮大车，往返西安、平凉、安口等地运送物资。三十六年，边区县人民政府成立支前委员会，发动群众组织担架运输，支援前线。担架队和运输队平时参加劳动或承担其他战勤任务，遇有战斗，部队打到那里，担架队和运输队就跟到哪里，及时抢运伤员，运送弹药、粮食。全县投入担架队2000余人，运输队543人，牲畜322头。十月，镇原县从寺沟驮运至环县木钵粮食饲料各100石。三十七年，组织担架86副，参加运输队2000余人。

三十八年，全县胶轮马车发展到20多辆，驮畜较多有26户180多条，平均每年运往外地粮食、土特产200多吨，运回食盐、棉花、布匹等商品约300吨。同年六月，组织担架554副，参加运输3030人，牲畜2068头，西进宁夏、兰州等地，运输物资，抢救伤员，历时两个月，往固原运送粮食195万余斤，面粉9.4万斤，饲料16.4万斤。八月，往平凉运送粮食45281石，米12159石，面粉800万斤，往固原给西北野战军送米21600斤，饲料1200石，面粉208万斤。九月，两次组织担架298副，牲畜1450头，支援解放大西北战斗。

旧时民间运输，是农民车户、脚夫自发进行的运输活动，以人挑、畜驮、车拉为主，运输工具分人力工具和畜拉工具两类。人力运输工具主要有背篼、背架、扁担、箩筐、轿子、手推车、架子车、三轮车等；畜拉运输工具有畜力车、木制轿车、胶轮大车等。驮拉畜以骡、马、驴为主。多利用农闲季节和空隙时间，为商人运送物资，有时也进行长途贩运，通常是结队而行，少则几人，多则几十人。

经营方式有长途脚户（靠运输获利为生的专业运输户）、短途脚户和农业脚户，均以农为主，利用牲畜放牧期和农闲季节兼搞副业，或合伙经营，结算分红；或独立经营，自费自理。组织形式有朋帮、合伙、变工、捎牲口等。朋帮运输较为普遍，即独立脚户为运输上互相照顾，把牲口合在一起，推选帮头，开展运输；合伙运输次之，即两三家农户将牲口合在一起，由多余劳力赶牲口运输；也有变工运输者，即畜力、人力互相变工，抽空参加运输；还有以捎牲口参与运输者，即有牲口农户委托牲口不足农户代为运输，并付给一定报酬，运输成本和营销经费由有牲口农户承担。

运输脚户和牲口在运输途中有脚点、客栈、车马店提供食宿，称“马店”“客店”，一般为私人经营，设备简陋，大多供应家常便饭，住宿简陋，多是土坑通铺，不配被褥，通常只收饭钱，免费住宿，住店者如不吃饭，则付少量店钱。马车店多设在县城和镇点之间，也有在交叉路口和关隘之处，相距大约一日行程。店与店之间，还有“中食店”，称“打尖地”，供车夫、脚夫途中吃饭歇息。中唐以后，交通要道除国家设置驿站外，出现私人客店津，并设货栈以存货。少数外地骆驼运输队也曾路过县境或到县运输物品。

中华人民共和国成立后，交通运输事业发生翻天覆地变化，运输工具经历畜力车、人力车、拖拉机到汽车的提高，运输物资由几十种发展到上万种，出现集体、国营、个体、机关单位竞争运输新局面，促进全县经济和社会事业发展。

一、群众集体运输

镇原解放初，为支援全国解放战争，恢复发展生产，组织群众参加社会运输。当年完成货运量 0.69 万吨。

1951 年，贯彻庆阳专署《关于组织群运的工作计划》，组织畜力胶轮车 25 辆、铁木轮车 44 辆，参加运输。1952 年，全县投入短途运输铁轮车 43 辆，木轮车 68 辆，投入常年运输畜力车 62 辆，驮畜 1200 头，重点运出粮食，支援国家建设，完成货运量 0.91 万吨。

1953 至 1955 年，实行计划经济，运力严重不足，继续发挥群众运输作用，县上成立群众运输管理站，对民间运输实行统一组织、统一定价、统一管理，全县公私合营 40 余辆畜力车全部投入运输，其中 1955 年完成货运量 1.1 万吨。

1956 年，农业合作化运动中，对个体运输业实行社会主义改造，组建成立运输合作社和搬运组，逐步形成以集体运输为主，私营运输为补充的运输群体，保证第一个五年计划时期运输任务完成。1957 年，投入常年运输畜力车 48 辆，驮畜 900 头，完成货运量 1.62 万吨。

1958 年，为适应工农业生产“大跃进”需要，县政府和各公社组织民间运输工具，革新、制造手推车，投入社会运输。全县投入运输胶轮车 65 辆，包胶车 820 辆，铁木轮车 1000 辆，架子车 900 辆，手推车 8930 辆，完成货运量 3.8 万吨。

1959 年，成立县社交通运输指挥部，负责交通运输工作。全县出动各种运输工具 59358 辆，其中专业胶轮车 12 辆，农副业胶轮车 23 辆，架子车 474 辆，驴拉车 686 辆，手推车 31505 辆，牛车 26341 挂，驮畜 317 头，投入常年运输汽车 2 辆，胶轮车 31 辆，牛车 15 挂，驴拉车 312 辆，架子车 274 辆，驮畜 317 头，改制的四轮马车 1 辆，手推车 58 辆。1960 年，完成货运量 4.38 万吨。

1960 年代初，开展产、运、销一条龙运输，组织联合运输队，开展农工协作，保障城镇供应，活跃农村市场。1962 年，根据中共中央、国务院《关于当前民间运输业调整中若干政策问题的规定》，对全县群众运输业进行合理调整，压缩劳动力，减少专业运输工具，支援农业生产，将原农村转入城镇胶轮车退回生产队，木轮车全部用于农业生产。经过调整，全县参加社会运输胶轮车减少到 28 辆，人力架子车 380 辆，完成货运量 2.72 万吨。

1963 年起，公路建设发展，汽车增加，胶轮车、铁木轮车、手推车、驮畜等逐渐转入农业生产。架子车成为农业运输主要工具，开始普及到农户家庭。1965 年，发展大中型拖拉机 14 台，主要从事农业生产，辅之以拖运，完成货运量 0.54 万吨，占全县总运量 40%。

1970 年代前期，开展“工业学大庆”“农业学大寨”运动，长庆油田开发，“7201 工程”上马，社队企业兴办，运量大增。运输战线掀起“保工支农”和石油开发运输大会战，采取统一指挥调度、统一运输价格、统一平衡调运计划和定车、定人、定时间、定任务、定进度及保安全、保运输计划办法，增加拖挂，昼夜双班，大搞运输，出现车车安全、车车节油、车车超产、车车盈利的竞争运输局面，创造驾驶员 5 天内从咸阳抢运化肥 4 趟 16 吨的最好记录。期间，大中型拖拉机成为农业生产和运输两用机械，春秋耕地，冬夏参与道路运输。1975 年，参加运输大中型拖拉机发展到 101 辆，全年完成货运量 1.2 万吨。

1976 年孟坝公社塔李大队的运输条件

1970 年代后期，手扶拖拉机、四轮拖拉机兴起，开展农村和城镇建设运输。1980 年，全县有大中型拖拉机 219 台，手扶、四轮拖拉机 732 台，全年完成货运量 2.82 万吨，占全县总运量 35%。1981 年起，农村实行联产承包责任制，农户开始经营手扶、四轮拖拉机，农忙拉粪运庄稼，农闲开展农村短途运输，为农民建房拉运砖瓦等建筑材料，为个体贩运户运送农副产品和水果。1985 年，社队经营大中型拖拉机 324 台，农户经营手扶四轮机 819 台 1561 吨位，间断参与社会运输，全年完成货运量 3.18 万吨，占全县总货运量 32%。

1980 年代后期，农户经营拖拉机快速发展，前塬每个村均有四五台，三轮车出现，开始短途运输。1990 年，全县手扶、四轮等农用拖拉机增加到 2012 台，购进农用三轮车 200 台，全年完成货运量 4.1 万吨，占全县货运量 36%。1990 年代前期，社队经营农用拖拉机转为个体经营，农户经营四轮拖拉机和手扶机增多，活跃在农村和集贸市场，收购农副产品、粮食、药材等，销售西瓜、水果等，集散短途零担物资。1995年，投入运输农用拖拉机290台，四轮机945台，农用三轮车2000台，全年完成货运量14.02万吨，占全县总运量63%。1990年代后期，三轮车以其轻便灵活、操作简单、运输便捷等特点，被多数农户购用，成倍增加。2000年，全县农用拖拉机发展到2819台，三轮车发展到9000台，全年完成货运量36.5万吨，占全县总运量48%。2001年起，农用拖拉机和三轮车继续发展，不断扩大运输领域，参与城镇建设运输。2010年，全县有农用拖拉机5013台、三轮车17255台，全年完成货运量40.2万吨。

二、个体运输

中共十一届三中全会后，个体运输业迅速发展。1979年春，孟坝镇东庄村农民任国田，从平凉毛纺厂购回日本五十铃旧货车1辆，在西峰监理所办理手续，用拖拉机驾照自驾运营。1983年，《甘肃省人民政府关于农民个人购置汽车的暂行办法》出台，机关企事业单位的停薪留职人员、离退休工人、城镇待业青年、农村富裕农民、有技术专长的退伍军人，争相购车，投入运输市场，以自驾自营和雇人驾驶形式，从事职业性经营。至1985年底，全县个体营运汽车发展到16辆64个吨位，全年完成货运量6.79万吨，货物周转量84.6万吨公里，占全县总运量8%。1980年代后期，企业改制，一批下岗职工和农村青年进入个体客运事业，经营镇原至西峰、镇原至平凉、镇原至泾川及通乡镇客运线路，车型以小客车为主，兼有少量中型客车，车牌较杂，多为昌河、长安、奥拓、天津大发等。1990年，私人货车发展到110辆410吨位，全年完成货运量2.07万吨，货物周转量210.3万吨公里，占全县总运量18%。

1990年代前期，实行优惠政策，采取投资扶持、技术培训等办法，鼓励发展个体运输业。1992年3月，县政府批准成立镇原县第二汽车运输公司，负责管理个体营运业务，共有汽车42辆，其中客车12辆412个座位，货车30辆125个吨位，与县运输公司并驾齐驱，竞争经营。1995年，全县汽车发展到147辆，全年完成货运量7.94万吨，货物周转量2763万吨公里，占全县总运量35.7%。

1997年8月，开边青年刘继尧创办私营交通运输公司，有货车105辆525个吨位，客车14辆266个座位，小车64辆，从业人员180人，运出农副产品和杏制品，运入外地生产生活资料，承担短途零担集散物资和专业户长途贩运物资；客运镇原至西峰，镇原至开边线路，年底撤销。2000年，全县有个体和联户经营货车191辆，出租小车48辆240个座位，客车76辆2410个座位，全年完成货运量7.94万吨，货运周转量2763万吨公里，客运量66万人次，旅客周转量1663万人公里。2001年起，个体客货车全部纳入合作性质的运输公司，转为专业运输。

三、专业运输

1956年，农业合作化运动中，对个体运输经过社会主义改造，组建起镇原县运输合作社，有社员29人，胶轮车28辆，役畜70头，参与群众性运输。

1957年，运输合作社社员发展到41人，役畜增至87头，车畜折价53137元，入社股金

46037元,实行单车计收,社内核算,统一经营管理,股金分红。当年完成货运量2.4万吨,货物周转量2.5万吨公里,营运收入11.07万元,扣除成本、公积金、公益金后,劳动分红2.06万元,股金分红6460元,每人月均75.28元。市场管理委员会在县城办起搬运组2个,有农民搬运工26人,是一支有货装车、无货务农的常年性群众搬运组织。

1958年,运输合作社购买吉斯牌汽车1辆,投入运营。平凉地区交通管理局下放给镇原旧车6辆,仅1两嘎斯牌车可以运营,由交通科经营管理,实行自负盈亏。全年完成货运量1.14万吨,货运周转量13.87万吨公里。1959年,运输合作社转为国营交通管理站运输队,新购货车1辆,共计2辆。当年完成货运量1.88万吨,货物周转量15.2万吨公里。

1963年10月,在交通管理站运输队基础上组建成立镇原县汽车运输队,为全民运输企业,隶属县工交局管理,有职工21人,汽车6辆24个吨位,胶轮马车3辆,主要承担县内运输任务,起先经营不善,亏损严重,通过加强管理,次年底扭亏为盈,实现利润1300元。1965年,完成货运量0.53万吨,货物周转量30.35万吨公里。1970年,县运输队有职工25人,货车11辆,全年完成货运量0.38万吨,货物周转量81.34万吨公里。

1976年,县汽车运输队有职工30人,新购轿车1辆40个座位,始发镇原至三岔、孟塬班车,新购兰州解放牌货车1辆,共计14辆61个吨位。全年完成货运量1.5万吨,货物周转量212.15万吨公里,客运量0.75万人次,旅客周转量190万人公里。

1980年,县汽车运输队改为汽车运输公司,有职工61人,原有胶轮马车退出运营,营运客车增加到6辆,增发镇原至平凉、泾川、孟坝、上肖、王寨线路班车。货车发展到27辆112个吨位,全年完成货运量0.56万吨,货物周转量142万吨公里;客运量48万人次,旅客周转量2340万人公里。1985年,县运输公司有职工75人,客车7辆320个座位,货车42个吨位,固定资产净值39.03万元。货运线路主要有镇原至西峰、咸阳、西安、宝鸡、平凉、兰州等地,输出羊毛、皮张、药材、杏仁、生猪、粮食、食油等农副产品,输入化肥、食盐、布匹、百货、煤炭、钢材、水泥、沥青等生产资料,承运县城到各乡镇、农村的集散物资;客运镇原至平凉、泾川、西峰、三岔、孟坝、上肖、王寨、三口窑等8条线路。全年完成客运量32.61万人次,旅客周转量1224万人公里;货运量0.75万吨,货物周转量119万吨公里。

1990年,县运输公司有职工78人,客车17辆781个座位,货车7辆35个吨位,固定资产原值151.6万元,净值107.7万元,全年完成货运量8200吨,货物周转量1475万吨公里,客运量69万人次,旅客周转量2820万人公里。1995年,运输公司有职工108人,客车27辆1163个座位,货车4辆20个吨位,固定资产原值245.3万元,净值156.7万元,全年完成货运量2834万吨,货运周转量20.95万吨公里,客运量79.15万人次,旅客周转量2720万人公里,实现利润5.19万元。

1997年12月,县运输公司改为总公司,下属客运、货运、出租、供销服务4个公司和保修厂,统揽全县汽车运输业务,形成客货运输、出租、配件维修系列服务。客运路线延伸到小岘、原峰、原芦、耿沟、方山、景塬和宁夏固原等地。客车53辆1524个座位,货车2辆10个吨位,全年完成客运量74万人次,旅客周转量280.1万人公里,货物周转量91.3万吨公里,年营运收入 134.82 万元,实现利润 3.15 万元。1998 年 4 月,汽车运输总公司改制为镇原县汽车运输有限责任公司。

2000 年,县汽车运输有限责任公司有职工 126 人,货车 282 辆 1148 个吨位,客车 76 辆 2410 个座位,固定资产原值 138 万元,净值 100 万元。全年完成货运量 36.5 万吨,货物周转量 2552 万吨公里,客运量 116 万人次,旅客周转量 4893 万人公里,营运收入 67.9 万元,实现利润 2.98 万元。2002 年,县运输有限责任公司改制,实施产权转让,职工身份置换,转为民营企业,更名为镇原县驰成汽车运输有限责任公司,统揽全县客货车运输,下属客运、货运、出租 3 个公司和 1 个保修厂,有客车 94 辆 2046 个座位,出租车 4 辆,货车 249 辆,经营全县范围内及省际客货运业务。全年完成客运量 118 万人次,客运周转量 4977 万人公里,货运量 11.31 万吨,货物周转量 6625 万吨公里。

2004 年 4 月,组建成立镇原县东方汽车出租有限责任公司,从业人员 80 人,有营运小车 60 辆。2005 年,陕西咸阳客商范少刚投资 400 万元,组建成立镇原县振兴汽车出租有限责任公司,一次投放奇瑞牌小车 27 辆,达到车型统一、标志统一、颜色统一。至年底,全县 3 户专业运输企业完成货运量 109.3 万吨,货物周转量 5308 万吨公里,客运量 88.9 万人次,旅客周转量 9229 万人公里。2006 年,新开孟庄至西峰、开边至西峰、镇原至东王、孟坝至太平 4 条客运班车线路。2007 年,开通慕塬至西峰、镇原经北石窟寺至西峰、镇原至李嘴、镇原至华亭 4 条客运线路和镇原至临泾、镇原至开边、镇原至南川 3 条城乡公交,增发镇原至兰州、西安长途班次,开辟镇原至北京、天津远程班车。振兴汽车出租有限责任公司又增加新颖美观的吉利自由舰牌出租车 65 辆,满足群众短途乘车需要,减轻城镇交通压力。

2008 年,新增出租车 23 辆,更新出租车 14 辆、客车 5 辆,新开镇原至武沟椿树岔农村客运班线。2010 年,招商引资建成镇原县安顺公交有限公司,投放公交车 5 辆,开辟以县城为中心,辐射 20 公里公交线路 3 条;成立甘肃省陇运三力集团镇原强力有限公司,实施孟坝农村区域运输,加入客货车 19 辆,其中"村村通"客车 12 辆,货车 7 辆。至年底,全县共有专业运输企业 6 户,其中客运企业 2 户,客运站 1 户,公交企业 1 户,出租企业 2 户,有营运车辆 707 辆,其中客车 96 辆,出租车 198 辆,货车 403 辆,其他运输车 10 辆。全年完成客运量 90.6 万人次,旅客周转量 10008 万人公里,货运量 85.3 万吨,货物周转量 4757 万吨公里。

四、机关运输

1958 年,县直机关购车 1 辆,投入运营。1959 年又购车 1 辆。到 1962 年共有汽车 5 辆,载重量 20 吨,完成货运量 2.25 万吨,货物周转量 68.6 万吨公里。

1963 年起,机关车辆增加,货运量减少。1965 年,机关车辆发展到 12 辆,载重量 48 吨位,全年完成货运量 0.76 万吨,货物周转量 85.13 万吨公里。1970 年,机关车辆增加到 16 辆,载重量 64 吨位,全年完成货运量 0.41 万吨,货物周转量 114.57 万吨公里。

1971 年 3 月,组建商业车队,有货车 6 辆 24 个吨位,车型为兰州、长春解放、嘎斯牌等,承担系统内货物运输,从咸阳、兰州运回百货、布匹、烟酒、副食品等,运出县内农副产品。1973年,组建石油煤炭公司车队,有货车4辆,其中解放牌油罐1辆,解放货车1辆,嘎斯牌车1辆,南京跃进牌1辆,共计13个吨位,主要承运兰州、马岭石油和安口、华亭煤炭。当年全县机关车辆发展到29辆,载重量106.5吨位,全年完成货运量2.22万吨,货物周转量249.81万吨公里。1970年代后期,县直机关和公社纷纷购车,为职工干部生活服务。县委、政府、交通、医院、学校等率先行动,各公社随之跟进,在搞好机关运输服务的同时,参与社会运输。1976年6月,商业车队解散后拨给农副公司货车2辆,其中吉尔牌1辆,小日野牌1辆。后季,省外贸局分配中日野、扶桑、达克、青海湖、小日野牌货车7辆24吨位,组建农副公司车队,主要集运县内收购的农副产品,发往咸阳、兰州等地,同时承担一定社会运输,年货运量1.3万吨~1.6万吨。1980年,机关车辆猛增至91辆,载重量338.5吨位,全年完成货运量5.17万吨,货物周转量690.11万吨公里。

1981年起,个体运输兴起,机关车辆虽有发展,但货运量开始减少。1985年,县乡机关拥有汽车103辆,载重量442吨,年货运量5.11万吨,货物周转量739万吨公里。1986年起,机关车辆减少,货运下降。1990年,全年完成货运量4.2万吨,货物周转量649万吨公里。1991年起,个体运输车辆剧增,机关运输车辆货源短缺,逐步承包给个人经营。2000年起,机关车辆退出运输行业。

第四节　公路运输管理

一、机构

西周和春秋战国时,在大道上按一定距离设驿、邮、馆、舍等官办机构,专责驿运。秦时县内有官亭、武亭和彭阳亭驿,负有道路交通管理职责。汉时,设均输官,管理道路运输。隋唐时,在驿道设驿站、任站长,负责邮道驿运官物,驿政由县令监理。宋时,原州(今镇原)设茶马司,统管茶马运输和交易。元时,镇原设驿站、任驿令或驿丞,管理邮传交通。明时,设驿传递运所,筹集货源,负责运输。清代,县设驿丞管理驿务。民国初期,县设实业局。民国十六年(1927年),国民党县政府设建设科,兼管县属道路交通。二十九年,陕甘宁边区镇原县政府设建设科,负责解放区道路建设和运输。中华人民共和国成立后,建立健全组织机构,行使公路建设、养护、运输管理等职责。

镇原县交通运输局　1950年3月,县人民政府设立建设科,兼有道路建设、运输生产管理职责。1956年6月,始设交通科,专管交通运输。1958年公社化运动中,县人民公社联社下设工业交通部,代行交通科职责。1959年9月,撤销工业交通部,成立工业交通局,12月分设为工业局、交通局。1961年12月,合并为工业交通局。1962年6月,改为工业交通科。1964年5月,分设交通科。1968年,公路交通业务归县革命委员会生产指挥部管理。

1970年7月,成立交通运输管理局革命领导小组。1973年10月,工业局、手工业管理局和交通运输管理局合并,成立镇原县工业交通运输局。

1991年,工业交通运输局分设为经济委员会和交通局,交通局专管公路交通业务,成立镇原县县乡公路管理站，为股级事业单位，人员由交通局内部调剂解决。1996年，县乡公路管理站升格为副科级单位，与交通局一套班子，两块牌子。

2000年，交通局辖县乡公路管理站，内设人秘、财务、路政、工程4个股，有职工15人，其中局机关10人，县乡公路管理站5人。2004年，县乡公路管理站升为正科级建制，编制事业人员20人。2005年，加挂交通战备办公室牌子，增加事业编制2人，与交通局合署办公。内设机构增加村建、征稽2个股，有职工32人，其中局机关12人，县乡公路管理站20人。2008年，县乡公路管理站更名为公路局，交通战备办公室调整为隶属正科级事业单位，人员编制3人。2009年，成立镇原县公路路政管理执法队，为股级事业单位，隶属交通局，编制6人。

2010年10月，交通局改为交通运输局，下属公路局和交通战备办公室2个科级事业单位及交通路政执法队1个股级事业单位，分别挂牌，合署办公，内设人秘、财务、审计、工程、养护股、路政办、项目办7个股室。全局共有干部职工48人，其中局机关8人，公路局26人，交战办5人，路政执法队9人，主要贯彻国家省、市有关交通工作方针、政策和法律法规，拟定全县交通发展战略，负责全县公路交通、公共交通、水上交通及客货运站场等交通设施规划、建设、管理和维护，指导交通行业体制改革等工作。

镇原县公路运输管理局 1954年，成立镇原县群众运输管理站，1962年撤销，1964年恢复，1967年消失，1972年重建，负责群众运输业务。1975年，撤销群众运输管理站，成立镇原县机关车辆管理办公室，统管县直机关、企事业单位车辆运输。1983年1月，撤销机关车辆管理办公室，成立镇原县公路运输管理所，为科级事业单位，有工作人员7人，人员经费由地方财政安排，隶属镇原县交通局。1985年，公路运输管理所设所长1人，副所长1人，有干部职工9人。1995年，公路运输管理所内设办公室、财务股、运政稽查股、机务维修股和开票室，有领导职数3人，干部职工10人。2005年，取消机务维修股和开票室，设立运政大厅，有干部职工20人。2006年8月，实行市级垂直管理，隶属庆阳市道路运输管理局，更名为镇原县公路运输管理局，人员经费由庆阳市道路运输管理局供给，内设办公室、综合业务股、运政管理股（对外称运政执法大队），在编干部职工21人，内有局长1人，副局长2人。2010年，内设办公室、财务股、综合业务股、运政管理股和运政大厅，有干部职工23人。主要职能是贯彻国家省市有关道路运输法律法规，制订辖区道路运输业务规划和工作计划，培育道路运输市场，发展道路运输产业，实施道路运输行政许可和道路运输行政处罚，依法进行运输市场管理和行业安全监管。

镇原公路管理段 1973年元月，从地直企业工人和公社交通干事中选调50人左右，组建起镇原公路段，内设生产、技术、财务股和办公室，下设马头坡、南李、屯字、城关、姚川、新城6个道班，管辖眉肖公路砂石路100公里。1979年，公路增多、养护量增大，省政府从庆阳、平凉招收一批知识青年，充实镇原公路段50人，满足公路养护需要。1980年，“7201”公路工程交付使用，镇原境内44公里油路和关山、方山、石嘴、米家川4个道班，移交镇原公路段管辖。1985年，公路段内设3股1室，有工作人员22人，辖道班10个，养护工76人。

1990年,公路段增设路改股,将马头坡道班11公里道路交西峰市公路段,同时划转养护人员。全段有4股1室,辖道班9个,有养护工100人。2000年,机构改革中,内设机构调整为生产技术股、后勤财务股、行政办公室和路政大队。道班整合成4个,国道309线4个道班合并为方山1个道班,省道303线6个道班合并为新城、城关、屯字3个道班,人员减至60人,养护宜兰公路44公里,眉肖公路89公里。2002年,318省道西眉油路工程竣工,公路段接收包川小桥至县城26公里公路养护任务。2010年,公路段内设2股1室1队,有工作人员22人,辖城关、屯字、新城、方山4个道班,有养护工68人,其中高级工程师3人,工程师10人,助理工程师2人,政工师1人,助理政工师1人,管养道路160.46公里,含国道309线(宜兰公路)44公里,省道318线(西眉公路)72.46公里,省道303线(眉肖公路)44公里,桥梁14座810延米。

镇原县交警大队　1972年,成立镇原县汽车管理站,有工作人员4人,隶属县工业交通局,负责县内过往车辆检查、登记和交通安全工作。1979年11月改称交通监理站。1986年,交通监理站内设办公室,有站长1人,工作人员4人,隶属县公交局,负责全县机动车辆和驾驶员、道路交通安全及养路费征收管理工作。1987年,交通管理体制改革中,将交通监理站一分为二,成立镇原县交通警察队和养路费征稽站。交通警察队移交县公安局管理,有交通民警和工作人员7人。1988年9月,内设安全管理办公室和车辆管理所,有队长1人,教导员1人,副队长1人,工作人员4人。1993年,交警队改为交警大队,正科级建制,有大队长1人,副队长1人,教导员1人,交警和工作人员4人。1998年,增加副大队长1人。2003年,撤销交通安全股,新设事故对策股、法制宣传股。2010年,交警大队内设办公室、事故对策股、法制宣传股和车辆管理所,有大队长1人,教导员1人,副大队长2人,工作人员12人,其中民警8人。

镇原交通征稽所和路政执法大队　1987年10月,省交通厅批准成立甘肃镇原养路费征稽站,事业编制,有职工3人。1996年11月,更名为甘肃省镇原交通征稽所,内设政工、征费股和稽查大队,有职工6人,专司养路费征收。2009年,实行成品油税费改革,停征交通规费,职工整体划转路政管理部门,与公路段路政大队合署办公,成立镇原临时路政执法大队,事业编制,内设审理股、稽查队和办公室,有职工15人,依法保护公路用地和附属设施,查处损坏路产违法行为,保护公路养建成果,承担国省道公路完好、安全畅通任务。

二、公路管理

西周和春秋战国时期,道路修建始有标准,并"列树以表道,立碑以守路",要求负责路政官员,保证道路畅通。为防御戎狄,便于行兵和军事运输,境内曾设有筑路、护道官员。

秦朝,"车同轨"。道路按统一标准修建,车辆按六尺宽标准制造,并可在全国通行。"驿马三十里一置"。转运货物和行旅管理十分严格,对无"符传"通行过境者均要治罪。

汉时,地方交通设施由官府置办,征招平民从事运输,运输人员称徒卒或佣工。对出入物资,官府要进行检查,以汉王朝发给"符传"为凭证。东汉末年至魏、晋、南北朝时,交通管理多沿袭旧制。

隋、唐、五代时期，官府对交通要塞、边防关隘管理严格。《唐律》规定，过往关隘商贾行旅、转输货物等要凭官府签发“符传”才能通行，同时还要缴纳税金。偷越关隘要塞或私自和外国人交易一匹私丝绢者，处以四年徒刑，后贸易交流兴隆，市场开放，管理有所放宽。后唐长兴三年（931年），曾颁布一项法令，道路街巷，贱避贵，少避长，轻避重，去避来，如有违犯，则按“违敕”论罪。《五代会要》记有当时脚价（运费），并有交通管理、路旁植树等法令。

明时，驿站使用定有严格条规，使驿须有符信，传递公文须有印信，叫“勘合”。清代，驿站制度极严，使用驿站者，以兵部勘合火牌为凭，所需马匹、食宿由驿站供给。经费由当地政府在税课项下坐扣。驿传需用马、驴、车、人夫、什物等项，视驿站任务繁简配量，均有定额钱粮，经费开支进行年度审核。

民国三十一年（1942年），陕甘宁边区政府建设厅、公路局、交通运输局相继颁发《民众义务养路队章程》《义务养路队暂行组织办法》等，重点进行道路整顿与养护，确定大道宽为1丈8尺至2丈4尺，排水沟宽2尺，深1尺。车道两旁相距两丈植树1棵，并开挖护沟、围枣刺或涂粉料以护路树。路两旁15华里以内居民（15岁以上男劳力）承担养护义务。村设养路班，乡设养路队，在乡长领导下开展工作，并将养路情况按月上报，县政府派员对所属乡养路情况进行检查考核评比。

中华人民共和国成立初期，公路质量较低，车辆少，路政管理不甚完善，除保护公路设施完整外，主要是禁止铁木轮车通行公路和暂停雨后一切车辆、牲畜在公路上行驶。

1950年3月3日，西北局军政委员会颁布通令，甘肃省人民政府、省交通厅先后发布告，严格禁止铁、木轮车通行公路。同年，中央财经委员会与交通部下发《公路留地办法的联合指示》，规定公路两旁路基水沟内属公路用地。1952年9月，贯彻庆阳专员公署通令，要求军、公、商、农所有马车一律靠右沿两侧大车道行驶，禁止行驶公路汽车道，如有损坏者，罚其运砂或整修公路。县政府利用农闲空隙，组织群众养路、护路。1956年9月，执行平凉专署通知，在公路两旁水沟外各留1米地皮，作为养路取存砂土地带，并明确公路产权归属。为加强路政管理，交通部门增加路政管理业务，公路管理工作逐步转入经常化、制度化。这一时期，县交通管理站始制路标，宣传交通常识，保障行车安全。

1964年9月，根据庆阳行署交通局转发平凉交通监理所《关于加强交通管理的规定报告》，规定行人靠右行，不走中间路；上公路牲畜、自行车、架子车、手推车、畜力车一律靠右行走，不准与汽车抢道；严禁儿童在公路上玩耍；严禁在公路两旁摆摊设点；严禁在公路两旁堆放砂石、柴草、粪土；严禁损坏公路设施、标志；严禁行人在公路中拦车。1968年9月，兰州军区公安机关军事管制委员会、兰州军区公路总段军事管理委员会《关于交通管理方面十个问题的规定》下发，号令单位和个人，不得以任何借口阻碍公安人员和交通管理人员正常工作；驾驶人员要谨慎开车，严禁酒后驾驶车辆；严禁无执照人员驾驶机动车辆；任何单位和个人不准在公路上进行有碍交通和影响安全的活动作业和设置障碍。其时，交通、公安、公路监理等部门共同负责，联合治理，查处违章上路等问题。

1973年，根据庆阳地区革命委员会生产指挥部、保卫部《关于加强公路管理的通告》和庆阳公路总段革委会《关于重申公路管理规定的通告》，再次落实公路两旁占地规定，严禁在路旁建屋搭棚、挖渠引水、设置障碍物；加强公路行树管护，不准砍伐、损坏。1979 年 6 月，依据甘肃省革命委员会《甘肃省公路路政管理通告》和甘肃省交通局《甘肃省公路路政管理实施细则》，对违犯交通规则，在公路上打场、晒粮、挖渠引水、设置障碍、砍伐行树等行为，根据情节轻重予以批评教育和罚款处理。

1983 年 7 月，贯彻国务院关于《加强路政管理，保障公路安全畅通的通知》、甘肃省政府《关于路政管理若干规定的实施办法》和庆阳行署有关具体贯彻意见，加强路政法规宣传，健全分段管理责任制，坚持路检路查，对违章违纪、破坏路产路权的，给予经济制裁或追究刑事责任。1984 年，通过创建"文明路"活动，达到路况良好，无差等路；标志、护栏、设施齐全，行树符合绿化标准；养路护路经常，道路平整畅通，砂料堆放整齐；安全生产无重大事故；公路沿线群众遵守交通规则，自觉爱路、护路，公路上无打场、晒粮、挖渠引水等违章行为和建筑。镇原公路段获"双文明"公路段，屯字道班获"双文明"班组。

1987 年 10 月，《中华人民共和国公路管理条例》颁布，路政管理工作逐步走上法制化轨道，由以人治路转变为以法治路，由清除路障为主转变为路产路权管理为主，由季节性管理转为经常性管理，配备专职管理人员，统一领导，分级管理，分工负责，佩戴"中国公路路政"胸徽，持"中华人民共和国公路路政管理证"及指挥旗（灯），配备专用车辆，坚持常年上路查处公路两侧及边沟乱堆粪土、砂石、柴草，蚕食边沟、路肩、路基行为，拆除违章建筑，治理公路环境脏、乱、差，纠正道路侵、阻、占等问题，保护路产，维护路权，确保"五无一畅一通"。

三、公路养护

中华人民共和国成立后，公路养护工作按照"统一领导、分级管理"原则，分省养、地县养和区乡养三级。1951 年 7 月，交通部公布《养护公路暂行办法》。1953 年 5 月，省交通厅转发交通部《关于公路养护工作分类范围》，将公路养护分为维修、小修、中修、大修、改建 5 类。从当年起，建立巡回查路制度，并将检查结果逐级上报，编制公路养护计划。1955 年 10 月，交通部制订《公路修理工作分类规定》，进一步明确完善公路养护职责和范围。1957 年，平凉公路段制订《公路养护工程技术操作规程草案》，对养护工作内容、质量要求、劳动组合、产量定额作出详细规定，从此，公路养护步入规范化、标准化。

1962 年开始，县级以上或由专区通往县城道路，由省属公路段负责，配备专业道工养护，县与县之间连接路和县社道路，由县级公交局负责，组织民工和道工养护，社队道路由所在地负责包工，自修、自养、自用。

干线公路养护　中华人民共和国成立初，镇原干线公路养护由宁县公路段镇原工区负责。"文化大革命"开始后，工作人员分配到公社任交通干事，公路养护以民办为主。1973 年，县公路段成立，眉肖公路 102 公里由道班养护，填补坑槽、砂石，维修水沟。1980 年代，公路段 9 个道班养护宜兰、眉肖公路 146 公里，涵洞 235 道，桥梁 22 座，补修宜兰公路 660 平方米，修复沉陷路面 7600 平方米，清理塌方 7638 立方米，整修路面 44 公里，整修路肩 29.77 万平方米，补油路面 8791 平方米，补路基 4.2 万立方米，油路罩面 5 万平方米，混凝土加固排水等工程1742米,清扫宜兰、眉肖油路588.9万平方米,扫路肩砂181.42万平方米，人工铲草49.29平方米，清理水沟10.98万米，油路洒水养护307.2万平方米，植树6408棵。

1990年代，宜兰、眉肖油路修补16.64万平方米，重油路面15公里，处理底层松散1959平方米,挖处油包308平方米,处理翻浆7081平方米,修补坑槽20平方米,薄层封面20.2公里,开挖边沟83.5公里,填挖路基1230立方米,挖培路肩848立方米,清理塌方淤泥6039立方米,路面扫雪9000立方米,撒防滑料140立方米,整修标准路27公里,处理沉陷7441平方米,增置边沟涵128道374延米,预制各种桥栏、标志、里程碑942块,采备养护砂3301立方米。

2000至2010年,4个道班养护宜兰、眉肖、西眉公路3条160.98公里,桥梁13座,涵洞363道。路基填挖42355立方米,油路补修22.89万平方米,挖处油包1101平方米,翻浆处理2.76万平方米,薄油封面18.9万平方米,开挖边沟170次公里,清理塌方2.45万立方米,挖培路肩9648立方米,修复混凝土边沟806米,处理急流槽、护肩墙、挡污墙21立方米,桥涵清淤210立方米,铲草472次公里,清理垃圾4238立方米,整修标准路、样板路205次公里,刷新全部路桩,补栽示范桩58根,更换波形护栏60米,备防滑料240立方米。

县乡公路养护 20世纪50年代,对重点路段,发动群众民工建勤,集中养护。1960年代,县社公路采取季节性和经常性公路养护办法,季节性养护由民工建勤完成,经常性养护由养护队、农民代表工、承包户养护,付给报酬。1970年代,地方公路发展,养护里程逐年增加,实行国家投资,社队养护办法,按公路养护标准进行考核,坚持半年检查、年终评比制度,根据公路标准和分布情况,采取不同形式养护,对道路等级高、行车密度大的,组建道班1个,聘用农民代表工26人,进行定期养护,春秋两季组织民工突击养护,民工报酬在建勤补助中解决,代表工工资在养路费中列支;对道路标准低、行车密度小的,除进行季节突击养护外,划段承包给沿线群众或代表工分散养护,按养护里程付给报酬。1980年,县社公路养护里程315公里,其中重点养护里程122.8公里,晴雨通车里程82公里。

1980至1990年代,贯彻民工建勤、民办公助方针,抓重点、带一般,民工建勤与专业道班相结合,常年养护与季节性养护相结合,预防养护与抢修水毁相结合,开展路面整修、边沟开挖、水毁修复、塌方清理、养护砂料采备、路容路貌整理等养护作业,基本达到路基无翻浆、无坑槽,油路面无大病害,砂路面不缺砂,不失养,路肩无杂草,边沟无堆积物,排水设施完好,标志齐全,路容畅洁养护目标。

2000年代,继续坚持专业养护、日常养护和集中养护相结合办法,强化养护措施和责任。2008年,开始农村公路管理养护体制改革,县政府出台《镇原县农村公路管理养护体制改革实施细则》,交通部门制订实施办法,进一步明确养管职责。县公路局主要负责县乡村油路养管,组织实施养护大中修工程。乡镇负责辖区内砂石路养护,各村负责村组公路日常管养。养护资金以政府投入为主,多渠道投资为辅,县财政按上年财政收入3%列入预算,逐年安排使用。全县聘用农村公路养护人员746名(签约包干养护152人),实行“划片包干、领养到人、挂牌公示、统一管理、分散作业、定期考核、工效挂钩、奖惩兑现”办法，对主要县乡道路的路肩、边沟整修、路容路貌、附属设施管养，选择沿线责任心强，有一定养护经验的村民包干领养，按照“四定四保”（定里程、定人员、定指标、定经费；保任务、保质量、保畅通、保安全）要求，签订养管协议，每人管养2公里，配发工具、服装，付给报酬。县公路局坚持日巡周查月考核制度，提高养护质量和水平。

四、运输管理

中华人民共和国成立初，县内尚无汽车，驮畜、马拉车是主要运输工具，由民间运输组织和分散个体运输户承担社会物资运输任务，采取自找货源、协议运价，车店、过载店协助存货和销售，从中收取一定费用。政府采取市场调节手段平抑运价，管理运输市场。

1951年，制订群众运输工作计划，动员、组织民间运输工具，着手运输市场管理，组织车户、运输业工会和各物资单位代表组成运输委员会，协调运力、运量，平衡运输计划，组织运输生产。1953年，政务院《关于加强地方交通工作指示》下达，对运输市场实行“统一运价，统一调度，统一货源”管理，取消车店揽货、自由运输和协商议价做法，对常年参加运输的民间运输工具，按自愿互利原则编队、编组，民主选出负责人，组成运输合作社，在政府领导下，进行有组织、有计划的运输，对农村季节性副业运输工具，实行有偿服务的合同运输。

1983年，镇原县公路运输管理所成立，对境内公路运输业纳入行业管理，加强货源和运力平衡调度，根据省政府颁发的《甘肃省改善和加强公路运输管理的试行办法》和省交通厅实施细则，对运输质量、运输规章、职业道德等实施监督和检查，并上路检查车辆行车路单、执行计划情况；查不合理空驶；查非营业性车辆未经批准经营公路客、货运输；查跨省运输车辆许可证。1986年，对参加社会营运车辆执行省、地交通部门制订的经营许可证和单车营运证制度。在工商、税务、公安、物价等部门配合下，对货运、客运、汽车维修等市场进行整顿，对生产能力、机械设施、资金状况、技术标准、人员素质、经营条件等进行摸底登记和审查。1987年，审查准许经营汽车运输及维修企业8家，审发单车营运证222个，审批客运线路21条。

1990年，运输车辆行驶公路时，由县运管所审查登记，办理经营许可证和营运证，签发统一行车路单，根据车辆营业性质，分别发给营业性和非营业性路单，交旧领新。全年审查核发经营许可证13户，单车营运证400辆。1997年，组建镇原县汽车运输总公司，统揽全县汽车运输业务。

2000年起，行车路单不再执行，由运输户与货主协商运输，管理部门收取管理费。2002年，对全县车辆实行统一归口管理，所有车辆运输、线路审批，一律对运输公司，不再对单车和个人，对原有营运车辆，采取与单位分离办法逐步纳入运输公司，新增车辆全部挂靠运输公司，挂靠其他单位一律不审批。2003至2005年，以运输市场治理为重点，抓客货、出租、维修市场整顿和运输、维修企业及车辆年审换证工作，加快运力结构调整，严格执行先审后购制度，新增客车以高中档车辆为主，新增货车以特种专用车辆为主，只允许有资质运输企业购入，不许其他企业和个人购入。2006至2007年，以培育运输市场、构建和谐交通、平安运输为重点，加强运输企业质量信誉考核，制订《依法对运输企业进行管理的意见》和《营运车辆易主管理办法》，实现企业、车辆、人员市场准入和运营、退出全过程管理。2008 至 2010 年，全面贯彻“三个服务、三个转变”（服务企业、公众、社会；管理思想由监督向服务、管理内容由收费向市场监管、管理方式由粗放向精细化转变）指导思想，以市场整顿和安全监管为重点，联合交通、公安、安监等部门对客运、货运、出租、维修、驾驶员培训五大市场开展集中整治，查处非法经营和无牌、无证、无标识及乱窜线、宰客、甩客、卖客、超员超载、站外发车等违法违规行为。3 年出动执法人员 4986 人次，开展集中整治 23 次，查处各种违法违规车辆 2980 辆次，暂扣“黑车”385 辆，取缔非法停靠点 3 处、驾校 1 所、维修企业 3 户，净化运输市场。

（一）货运管理

1950 至 1960 年代，民间短途运输由车主与货主方协商进行，长途运输在群众运输管理所办理手续，在政府和交通部门领导下从事运输经营。

1970 至 1980 年代，根据甘肃省交通局关于《甘肃省公路汽车货物运输实施细则》，对汽车货运实行计划管理，保重保主，统筹兼顾，先中央、省上，后地方；先区内，后区外；先重点，后一般；支农救灾物资优先安排，驾驶员不能私挖货源。

1990 年代前期，实行指导运输，政府部门负责制订运输价格，运输户自找货源，货主择车协议运输。凡上路运输车辆，实行路单运输。货主托运货物，专业公司在起运站办理托运手续，受理托运后车站核查验货，做到货物名称、件数、重量、收货单位、到达地名正确无误。货物运抵交付后，收货单位在货票上签收，驾驶员交给到达站或带回起运站。零担货物，由收货人向到达车站凭货票提取。

1996 至 2010 年，放开运输市场，运输户自主揽活，货主自由选车，协商运输，管理部门依法管理并收取管理费，一般由运货方和货主方提前电话预约，确定产品数量，协商运输价格，按核定产品和数量装车，运达收货方，核对验收后付给货款和结算运费。零担货物，由货主方和购货方提前约定，委托托运公司组织车辆集装拉运，运回后交货运公司，货运公司向收货方收取运费和经营管理费，用户提货，并直接向货主方结算货款。

货物装载重量，以车辆核定吨位为限。装车宽度不能超出车厢 20 厘米；高度从地面算起不得超过 4 米；长度前后不得超过车身 2 米，超出部分不得触地。超限货物，托运方应提前报请公安机关和交通管理机关批准。

货物运输发生事故，承运方应按实际损失价格赔偿，但因人力不可抗拒的自然灾害而造成损失者，包装完整而内容短缺变质者，货物运抵到站收货单位逾期提取或拒不提取造成变质者，有随车押运人员负责中途照料者等，承运方不负赔偿责任。

（二）客运管理

公路客运市场，长期由专业运输公司独家经营。客运路线、客车班次、客运票价、车站规划等，均在政府和交通主管部门领导下，由县运输企业经营管理，旅客提前进站购票，持票在候车室候车，发车前半小时靠近站台，发车前 10 分钟，由车站服务人员装好随车行李，并依次领乘客上车。乘务员负责对号入座，并介绍讫止和经过地点以及注意事项，安全正点运行，到目的地后检票下车。客票分全票、儿童票、残废军人票 3 种。身高不超过 1.3 米买儿童票，供给座位，身高超过 1.3 米者买全票，残废军人凭“革命残废军人抚恤证”按半价优先供票。旅客随身携带行李一般免费 10 公斤，超过者办理行包托运手续，到站自行提取。行包在乘运期间，因行车肇事造成损失，车站保管不善或因工作失误造成损失，乘务员装卸造成损失，运输途中保管不善造成丢失、短件、盗窃者，均由运方负责赔偿。

1980 年代后期至 1990 年代前期，个体客运事业兴起，在政府部门指导下，安排开设部分未通乡镇班车，弥补县运输公司不及线路，方便群众。城市出租车出现后，运管部门创造条件，办理营运手续，解决群众短途乘车难问题。1990 年代后期，客运市场放开，针对一度出现抢占线路、强拉硬拽、违章超载等不良现象，对客运市场进行整顿，实行统一管理，统一安排路线，统一班次。营运单位在指定路线和统一安排的班次中，自我经营，按章运行；在客运线路安排上，坚持以专业运输企业为主，兼顾集体、个体和联营户及机关单位客车，支持私营车辆投入旅客运输，鼓励各方平等竞争，促进客运事业发展状大。2002 至 2010 年，实行统一归口管理，所有车辆挂靠专业运输公司，统一线路、统一班次，确保客运市场健康有序发展。

五、交通监理

1957 年，交通监理业务由西峰交通管理站办理。1971 年，改归庆阳地区汽车监理所办理。1972 年起，由镇原汽车管理站、交通监理站、交警大队负责。

（一）运行车辆管理

车辆管理，包括入户登记，核发牌照、执照，技术检验，行车检查登记等内容。

执照核发 经公路的各种机动车辆（含拖拉机、摩托车），均须在监理部门入户，经审查合格，发给车辆牌照、行车执照、驾驶员执照，方准行驶。号牌和行车执照，一是产权凭证，二是行车合法手续。抗日战争以前，西北汽车号牌使用“国”字头加 3 位阿拉伯数字，后换为“西北”字头。中华人民共和国成立后改为“甘肃”字头，1956 年使用“25-20”字牌号，1972 年改为“25-60”牌号，“25”代表甘肃，“6”代表庆阳。1987 年公安部重新规定新的统一号牌，从 1988 年 1 月 1 日起施行，用汉字注明省份，在省后用两位数字注明车辆所在地区，庆阳为“甘肃 38-×××××”。1994 年改为“甘 M-×××××”。各种用途不同车辆，号牌颜色也有区别。车号牌均固定在前保险杠之右，车后之左，至 2010 年继续延用。

行驶证（行车执照）开始是小型卡式，正面有车号、车主名称、厂牌、车辆生产年份、使用性质、引擎号码、轮胎尺寸、载重吨位或乘坐人数、发证日期等；背面有变化记录、违章记录、缴纳税款记录等，使用期限为 1 年。1950 年改为 5 种式样，大型车为红皮金字；小型车为蓝皮金字；机械脚踏车为浅蓝皮金字；试验车为粉红纸皮黑字；临时车为白纸皮黑字。1971 年统一改为蓝色。1987 年改为墨绿色。行驶证与车辆号牌编号相同，核发正式号牌与行驶证，纳入监理部门技术档案管理。车辆号牌和行车证，若遗失或损坏，凭单位公函及时向原发证机关申请，经审核后补发给与原牌证号相同新牌证。为防止车辆改装、机器调换，车辆身长、高、宽、轮距、引擎号码、载重吨位、生产厂家、出厂日期、购置时间、移主使用情况和技术状况，在挂牌时均逐一检查登记备案，并将车架号码扎印在车的大梁之上。为便于管理和方便用户，车门标有车主单位和载重吨位或人数字样。

年检审核 1971 年前，由平凉监理所每半年对车辆进行一次全面技术检验，平时重点抽查。1971 年起，由庆阳地区监理所每年进行集中检验。有车单位采取自检、互检和出车前、收车后技术检验，若遇碰撞、翻车或总成部件更换时，均进行临时检验，及时进厂修理。审验前，各单位对车辆进行整修、喷漆，做到“车容新、无杂音、螺丝紧、机械灵、灯光亮”，然后列表签章，报送监理部门，按计划分批、逐车检验。符合技术标准的准许投入运营，不合标准的再行修理或取销审验资格，退出营运，责令报废更新。1986 年，检验各种机动车 509 辆，其中大型汽车 48 辆，小型汽车 63 辆，摩托车 42 辆，年检率 100%。

1987 年，车辆管理移交公安机关，车管所清理和更换人车档案，全县登记备案各种机动车 681 辆，驾驶员 1045 人。1988 至 1992 年，对车辆实行人工检验，要求技术性能良好，设备齐全有效，喷涂车厢大号、车门小号和单位名称，对技术状况有疑难问题的，一律送市汽检中心检验。至 1992 年，全县检验各类机动车 1991 辆，合格 1687 辆，合格率 84.7%。2004 年 5 月 1 日，《道路交通安全法》施行。小型微型非营运客车改为两年检验一次，其他车辆每年审验一次。

行车登记 1956 年 8 月，执行甘肃省交通厅《公路行车管理暂行办法》，凡指定的公路检查站、点，建立轮流值班制度及值班登记簿，在检查中将车号、车主、单位，分上下行车情况录于值班簿内，如符合规定，立即在路单或其他行车证件上签章放行，时间最多不得超过两分钟，如需缴纳养路费最多不得超过 5 分钟。凡车辆在驻地发出或到达目的地返回时，均应在出发之站停车查验，不得借故不停，否则以违章论处。短途行驶当天往返数次者，由站、点进行抽查；各中途站、点发现驾驶员或车辆有违章及一般肇事情况，就地处理，如当时不能解决，为避免扣留人、车，影响运输，将执照暂扣留，填发代理行车证（足以影响安全者除外），并将所扣留执照和处理意见快速交到达站处理，若拖延不处理使运输受到影响者，经办人应负责任。各运输单位车辆出发前，驾驶员必须带全行车手续，并将装载货物名称、重量详细填入行车路单内，若无行车路单，应自制装载清单，随车携带，以便沿途查验。不携带路、清单者，因查验中延误车行时间，责任由运输单位自负，因物资特殊超过规定范围时，应事先向起点站联系，准许后始可放行，否则，车辆停站及返回一切损失，亦由车主单位自负。

1957 年 3 月，根据省交通厅公路局要求，行车检查、登记有所简化。1958 年“大跃进”中，登记、检查工作有所放松。1967 年，取消中途检查、登记点。1972 年，又恢复中途登记、检查，加强行车管理。1977 年起，又沿用 1956 年有关行车管理制度，凡行驶公路车辆，除小型客车、摩托车外，一律依次停车登记，并交验有关凭证，经检验合格后，签章放行。1989 年，取消过往车辆登记制度。

（二）驾驶员管理

20 世纪 50 年代后期，开始驾驶员考核和培训工作，要求驾驶员身体健康，具有一定文化程度，经过专业技术培训，考试交通规则和道路驾驶合格后，由监理部门注册登记，签发驾驶实习证，实习期满1年未发生行车事故者，核发正式驾驶证，方可单独驾车。驾驶客车和特种车，需具备3年以上驾驶经历，安全行驶5万公里，再经特定技术考核合格后，签发客车、特种车驾驶证，方可驾驶。驾驶员异动更主、换车或执照损坏、遗失，需向监理部门申报登记，并补办变更有关手续，换发驾照。运输企业和监理部门，均建有驾驶员登记簿和技术档案。各有车单位，每年向监理部门填报驾驶员摸底登记表。1957年，省交通厅公路局《关于三等驾驶员执照考验问题的通知》下发，对汽车驾驶员分四期进行技术考验，采取职业技术学校培训和跟车培训两种方式，专业培训需到兰州、平凉等地驾校。

1972年，根据省交通邮政局《关于机动车辆和驾驶员检验工作的通知》，庆阳监理所坚持每年一次驾驶员年检审验，先由车主单位组织领导干部与技术人员政审、技术鉴定和医院体检，然后报监理部门评定审验，合格的换发新驾驶证，不合格的注销执照，取消驾驶资格或重新进行培训考核。1973至1984年，驾驶员参加庆阳地区培训班培训。1985年开始，驾驶员在庆阳汽车驾驶技工学校培训。

1986年，执行公安部《城市机动车辆驾驶员考试暂行办法》，取消以运代培方式，实行技术学校专业培训，对无证照驾驶人员，发给机动车学习驾驶证，有效期1年满后，再到专业技术学校培训，考试合格，发给实习驾驶证，1年实习期满未发生行车事故者，核发正式驾驶证，有效期4年。当年检验机动车驾驶员980人，审验合格951人，合格率为97.%。

1989年4月，公安部印发《启用机动车新驾驶证的规定》，从当年10月1日起，换发使用全国统一的机动车驾驶证和登记表。新驾驶证分驾驶证（正副本）、实习驾驶证、学习驾驶证和临时驾驶证4种。1992年，审验机动车驾驶员2356人，合格2034人，占86.3%。

1996年6月，公安部《机动车驾驶员考核办法》《机动车驾驶员管理办法》施行，驾驶证有效期改为6年，取消实习驾驶证。初次领取驾驶证第一年为实习期，学习驾驶证有效期改为2年，临时驾驶证有效期不超过1年。2002年，新办镇原驾协、东方驾驶培训学校2所，县内初学驾驶人员可自由选择，多地培训。

2004年4月，公安部《机动车驾驶证申领和使用规定》施行，申领报考驾驶证者，参加交通法规与相关知识、场地驾驶、道路驾驶三科目考试。驾驶证有效期分6年、10年和长期3种。《道路交通安全法》施行后，对70岁以下持小型车驾驶证的，在6年有效期内不审验，在换证时体检审验一次，其他驾驶员每年体检审验一次。

2007年4月，根据公安部机动车驾驶证申领和使用规定，驾驶员考试难度加大，培训质量提高，培训机构增加。全县办起驾校3所，有教练车5辆。2010年，全县有东方、平安、亿联、驾协、新星5所驾驶培训学校。

（三）交通安全管理

20世纪50年代后期至1960年代，采取发公告、刷写标语、散发传单等形式开展行车安全宣传，由公安部门协同交通部门，开始对交通标志和汽车规则、货物装载等情况进行检查。

1970年代，举办学习班，开展安全教育宣传。1972年，县汽车运输队设兼职安检员，对本单位车辆进行自查，汽车管理站组织人员上路抽查。1973年，对公路汽车货物运输进行检查，要求车辆技术良好，制动、转向、喇叭等完好，行车执照等手续齐全。1976年，开始公路旅客运输检查，要求车辆技术良好，蓬杆、蓬布、扶梯等齐全，驾驶员必须具有客车执照或代客证，禁止酒后开车，出车前、途中、收车后，对车辆进行安全检查，要求旅客遵守站台秩序，不准携带易燃、易爆、腐蚀等危险物品乘车。交通监理部门上路检查，重点查纠行车间距、速度、超车、会车、让车、停车以及客货装载是否符合规定，驾驶员是否遵守行程规则，车况是否完好，有无事故隐患，路面、桥梁、坡度是否正常，有无提醒标志，有无雪滑、水毁、塌方等路况。1977年，庆阳交通监理所等单位制订《安全生产十条禁令》《交通安全规定》《安全考核档案》《驾驶员奖励条例》等，交通安全管理步入正规化轨道。

1980年代，贯彻"安全第一、预防为主"和"降事故、保安全、保畅通"指导思想，宣传《城市和公路交通规则》《中华人民共和国道路交通管理条例》，要求不翻车、不碰车、不死人。春季，开展"春运百日安全无事故"活动；5月，开展"安全月"活动；9月，开展"质量月"活动。公路沿线开展单位包职工、学校包学生、街道包居民、农技站包拖拉机、道班包公路的交通安全责任制。全县组建成立安全联合检查组3个，每站派监理人员参加，实行月检月审，继续对过往车辆登记和路查路检，对客货车超员超载、带病车辆行驶、安全设备不全不放过。

1986年，加大安全宣传教育力度，办板报19期，散发宣传资料1322份，在3条主干线道路上制作安装"事故多发段点"警示牌，在一些事故多发点和交叉路口漆划人行道斑马线，增加安全标志，召开事故现场分析会，总结经验教训，将事故案例制成图片牌面在各乡镇巡回展出，教育广大群众树立交通安全意识，深入一些违章肇事人单位和家里，现场宣传安全常识，使职工和家属受到教育；年检审验期间，对违章违纪驾驶员举办学习班，复试交通规则和路考。

1988年3月，《中华人民共和国道路交通管理条例》颁布，翻印发放条例小册1500本，印发宣传材料2000份，出动宣传车10辆次，深入公路沿线重点乡镇向群众巡回宣传，听众达7250人次；复制条例宣传录像带2盘，深入多车单位放映5场次，受教育司助人员650人次，制作新标志24块，刷新旧标志23块；召开各单位车管干部、司助人员座谈会3次，参加112人；结合年检对驾驶员980人进行条例知识测试，合格率达98%以上；与全县驾驶员978人签订安全责任书；对车肇事故，坚持以责论处，一般事故，由值班安全员及时处理，伤亡事故由监理部门、事故双方单位领导到现场共同处理，重大事故，交通、公安、监理部门及政府领导急赴现场组织抢救、安抚，进行现场调查分析，共同议定处理方案，形成事故经过、原因、教训、处理结果等综合性报告。

1990年代，继续宣传贯彻"交通运输管理条例"和《甘肃省实施道路交通管理条例办法》，开展安全生产保春运、交通安全宣传周和中小学生安全教育日活动；召开事故现场会，听取肇事人介绍，检查事故危害；听领导宣讲，提高安全意识；学先进单位和个人安全行车经验，对照检查自我教育；制订全县交通安全目标管理实施办法，将交通安全四项控制指标分解到每个干警，实行警队包全县，干警包路段、包单位、包驾驶员、包安联组的岗位责任制，每年与驾驶员签订安全责任书；以三分之二警力、三分之二时间坚持路面监控；在事故多发段加强巡逻，定点执勤；对超员、超载、超速、逆向行驶、不按规定超车、会车、疲劳驾驶、酒后驾驶、无证驾驶、空档滑行、无牌无证和公路打碾粮食等违法行为及时查纠，对严重危害交通安全的，除经济处罚外，还采取相应的行政强制手段，确保交通安全。

1997年春运期间，出动干警15人次，宣传车6辆次，放录像5场次，广播电视宣传4次，报刊宣传1期，挂横幅4条，张贴标语121张，宣传春运安全重要性和违章肇事危害性；深入客运单位、客车始发站点，检查车辆、驾驶员客运情况，重点检查有无“三品”（易燃品、易爆品、危险品）运输和各项防范措施落实情况；交通安全宣传周和小学生安全教育月活动中，以“从娃娃抓起、从我做起”为主题，制作安全教育录像带2盘，编写印发宣传材料2000份，印发“条例”及“办法”200份，增订《甘肃交通安全报》200份；对2所学校制作发放安全小黄帽50顶，在公路沿线4所中小学校门前划定人行横线，给3所学校门前设置警示标志牌；在年度审验前，组织召开车属单位领导、车管干部、驾驶员参加的动员大会，进行安全教育，与20多个车主单位签订安全行车责任书。

2000年起，宣传贯彻“道路交通安全法”和“道路安全法实施条例”，对驾驶员实行违法记分管理，在一个记分周期内满12分，进行7天法治教育，经考试合格发还原证；公安、公路、监理、安检等部门联合行动，开展安全专项整治和创建安全村校活动；增设固定执勤点，加大重点路段巡查密度；强化安全责任制，落实兑现责任书，表彰先进，鞭策后进；对发生的交通安全事故，按国务院《交通事故处理程序规定》处理，当事人申请损害赔偿调解的，按公平、合理、自愿原则进行调解，经调解达成协议的，制作调解书，各方当事人签名，对经调解未达成协议或不申请调解的，当事人可以直接向人民法院提起民事诉讼，由法院以法判决，轻微事故，当事人可以撤离现场，自行协商处理损害赔偿事宜。

2001至2002年，集中治理严重超员超载、无牌无证、假牌假证等违章行为，治理整顿警用车辆和大吨小标车辆，对道路交通事故多发段全面调查，提出3条保护救助措施；对客运驾驶员和违章肇事驾驶员集中进行交通安全教育，维护交通秩序。

2003至2004年，《中华人民共和国道路交通安全法》和国务院《道路交通安全法实施条例》分别出台，集中开展宣传月活动，出动警力20人次，宣传车6辆次，印发宣传资料1.2万份，制作宣传展板12块，悬挂横幅5条，张贴标语370张，深入5个学校8个乡村1个社区集中宣传14场次，利用广播宣传4次，听众10万人次以上。

2005年，围绕交通安全、防患未然和“道路交通安全是你出行安全保障”主题，集中整治超员超载违法行为，采取流动巡逻与固定岗勤、区域联动相结合措施，形成逢超必查声势。上路干警1800人次，出动警车500辆次，检查车辆15230车次，纠处超速84起，超员312起，超载84起，货车载人14起，其他违法行为2200起，扣分1678人次，调扣驾驶证23枚；开展创建安全村校活动，全县19个村、20所学校达到安全要求，给学生发放安全小黄帽1200顶。2006年，在预防重特大事故专项行动期间，增加固定执勤点1处，省际运输服务站1个。

2007年，开展交通安全针对性宣传教育，以公路沿线乡镇农村为重点，开展交通安全知识普及教育；以中小学生为重点，提高青少年交通安全意识；以典型事故案例为警示，突出现场教育；以人口密集地为窗口，扩大宣传教育辐射面；以新闻为载体，促进交通安全宣传。全年悬挂横幅117条，张贴标语3750张，刷写警示标语28条，出动宣传车30辆次，设立交通安全知识咨询点5个，开展主题宣传活动8场次，播放宣传教育片40场次，进校讲交通安全课53场次，入企业开展安全教育28场次，为新闻媒体发稿28篇，公开曝光交通违法行为7起，制作典型事故教育牌70块，分别摆放在公路收费站、交通安全检查点醒目位置，营造宣传氛围；在全县范围内开展酒后驾车违法行为整治、严重交通违法行为整治和城区交通秩序整治，严肃查处无照、酒后、疲劳驾驶、超速超载、强超强会、不避行人、临车横穿及中小学生在公路上练自行车、滚铁环、踢足球、随车追逐、随意攀爬机动车等各种交通违法违规行为10236起，全县路面违法行为明显减少；对辖区内交通标志标线和安全设施全面检查清理，进一步完善和规范；在城区主街道设置隔离带，提高路沿石，增加盲道，解决道路不连续、不系统及标志设置不醒目问题，城区交通环境明显改善。

2008至2010年，坚持突出重点、标本兼治、综合治理、务求实效原则，以构建安全保障体系为重点，开展和谐交通、平安运输创建活动，各方配合，集中力量，整治客运、货运、出租、维修、驾驶员培训市场22次，查处各种违法违规车辆3317辆次，查获黑车营运302辆，补办营运车证件56个，处罚出租车57辆次。

六、养路费征收

公路养路费坚持应征不漏、应免不征原则，执行规费征收政策，按标准征收规费，取之于车，用之于路，实行收支两条线。1972年，县交通管理站成立，受地区运输监理所委托，按省交通厅等部门规定收费标准，负责代收养路费。至1987年，收缴养路费数十万元，全额上缴。1988年，县养路费征稽站征收，采取收本月查上月办法，外出执行任务车辆，买本月带下月；报停车辆，随时检查，及时收缴，按时足额上解省交通厅养路费征收专户，由省安排使用。外省、区来往行驶镇原机动车辆，养路费一律由车籍所在地征收。为防止漏收、拖欠，凡按月缴费单位，当月前在当地交通管理站办理手续，凡缴费车辆在当月1日行驶时，必须携带养路费交讫证，对不交和无故拖欠养路费车辆，酌情罚缴10%~30%滞纳金。1988至1989年，客货运每月每吨95元，按费率计征车辆，按营运收入额15%计征，征收养路费192.97万元。1990至1991年，每月每吨120元征收262.47万元。1992至1993年，货车每月每吨140元、客车每月每吨150元征收329.83万元。1994至1997年3月，货客每月每吨150~160元、三轮摩托车每月每辆15元、二轮10元、轻骑5元，附加费每月每吨30元，共征收养路费756.7万元。1997年4月至2000年，货车每月每吨160元，客车每月每吨170元，三轮摩托20元，二轮15元，轻骑10元，附加费客货每月每吨30元，个体出租车以五座为基础，每月每辆290元，4年征收养路费1096.85万元。2001至2008年，大拖拉机全年一次征收1300元，中型拖拉机487.5元，小型拖拉机195元，三轮摩托380元，其他客货车按原标准征收，8年共征收养路费2530.47万元。2009年成品油税费改革，停止征收养路费。

第十三章　邮　政

镇原邮政事业经历邮电混营、分营与企业管理体制、经营体制、财务体制、劳动人事体制、业务结构调整等改革，邮政业务和建设进入全新阶段，县邮政局被评为市级文明单位。2010年，城乡分布经营服务单位22个，从业人员132人。邮路78条，单程3361公里，开办邮政储蓄、信贷、小额质押贷款、函件、包裹、集邮、报刊发行、电子汇兑、物流配送等80多项业务，覆盖全县城乡，满足人民用邮需求。

第一节　机　构

镇原古设驿站，是最早官方通信机构，用于传递公文及信件。镇原县城北70华里处红窑遗址，为周代驿站，残迹尚存。秦统一全国后，在驰道旁每10里设邮亭。汉迄宋各代，驿铺一般沿大道设立。元代称驿为“站赤”。

明初，官道沿线每60里或80里设驿站。镇原白水驿（城西120里）、彭阳驿（城西140里）设皂隶2人、马夫56人，役马45匹，由镇原财政直接供给。

清初承袭明制。顺治二年（1645年），裁驿丞、归州县，驿务由州、县兼管，官道沿线每百里设驿站，每15里设铺，每铺设铺司1人、铺兵4人。乾隆二十六年（1761年），裁撤白水驿站。同治七年（1868年），置驿于镇原县城。至宣统三年（1911），镇原驿站设铺司10人。

民国元年（1912年），平凉二等邮局派员到镇原开设邮寄代办所，畜驮、人背、肩挑往返运送官方信件。七年，镇原寄办所改归泾川邮务管理局管辖。九年设肖金代办所。二十二年，镇原代办所改为三等邮局，称镇原中华邮局。三十六年五月二十三日，根据陕甘宁边区政府决定，陇东分区在镇原解放区政府所在地孟坝设立邮局，受分区邮局直接领导，由于战争频繁，县邮局经常随县政府转移驻地。是年夏，镇原邮局随县政府移驻环县木钵。三十八年三月二十六日，镇原邮局改称镇原邮政局。

1949年10月，镇原县人民政府在接管旧时邮电机构和设施基础上，组建成立镇原县邮电所，在新城、平泉、屯字、太平设邮政代办所。1950年7至8月，增设孟坝、三岔、开边、马渠、新集、中原、临泾、肖金8个代办所。1951年，改邮电所为三级邮政局。1953年春，改为邮电局，实行部省垂直领导，增设屯字、孟坝邮电所。1954年，设平泉邮电所。1955年，设三岔、太平邮电所。1956 年，设新集、中原、开边、新城邮电所，同时设义务信报站、接转站 50 处。至 1957 年，全县有支局 1 处，邮电所 9 处，邮政代办所 3 处。

1958 年 6 月，县邮电局及以下分支机构下放到县和人民公社管理。1961 年 8 月，县邮电局人、财、物权收归省邮电管理局，实行以省局为主，地方政府为辅的双层领导体制。

1970 年 1 月，按照国务院和中央军委《关于邮电体制改革的意见》，县邮电局分设为邮政局和电信局，个别业务量大的公社邮电所同时进行分设，邮政局归地、县革命委员会领导。1973 年 9 月，邮政局与电信局合并，业务工作由省邮电管理局领导，党政工作由县革命委员会领导。1974 年，增设上肖、方山、武沟邮电所。1976 年，增设临泾、殷家城邮电所。

1980 年，邮电计划由邮电部垂直管理，县以下分支机构由县邮电局直接领导。1982 年，屯字、平泉、孟坝、三岔邮电所升格为邮电支局。1985 年，增设郭原代办所。至年底，局内设报话、邮运、营业、机线、机务、行政 6 个班（组），下属 4 个支局和 12 个邮电所，1 个邮政代办所。

1989 年 6 月，按照甘肃省邮电管理局农村邮电支局、所分等标准，将孟坝、三岔、平泉、屯字 4 个支局和庙渠、新城、临泾 3 个所审定为三等支局。1997 年，按照邮电企业等级评定标准，将县邮电局评为五等五级，内设办公室、计财办公室、业务办公室，辖城乡邮电支局 8 个，邮电所 8 个，邮政代办所 1 个，封发投递班 1 个，从业职工 136 人。

1998 年 9 月，根据国家《邮电分营方案》，邮政、电信分营。屯字、孟坝、平泉邮电支局分设邮政支局和电信支局；临泾、庙渠、三岔、新城、太平邮电支局及新集、方山、马渠、上肖、殷家城、开边、武沟、中原邮电所、郭原邮政代办所划归邮政局，继续使用邮电名称，以邮政业务为主，代办电信业务。内设机构沿袭，有职工 120 人。

2002 年，屯字、平泉、孟坝邮政支局和上肖、太平、新城、临泾、三岔、庙渠、新集、方山、中原、武沟、开边、马渠、殷家城邮电所及郭原代办所改为委托办理所。2004 年 1 月，增设东街邮政所。11 月，增设西街邮政所，为城市电子化营业网点。

2007 年 7 月，县邮政局评定为邮政标准化一类局，屯字、平泉、孟坝、上肖、太平、新城、临泾、三岔、庙渠、新集、方山、中原、武沟、殷家城委办所评定为邮政标准化一类所，马渠、开边委办所评定为邮政标准二类所，东街、西街邮政所评定为邮政标准化所，封发投递班评定为规范服务一类班所。

2010 年底，邮政局内设办公室、计财办、业务办，辖基层邮政所 17 个，其中电子化局所 9 个，县城营业单位 5 个，有从业职工 132 人，其中正式职工 23 人，劳务工 107 人，合同工 2 人。

第二节 邮 路

古代大道均为通邮之路。明代，开辟镇原至白水驿路，全长 120 里；镇原至宁夏彭阳驿路，全长 140 里。民国元年（1912 年），开辟平凉经镇原至西峰、庆阳、合水线路。七年，改为泾川至屯字、镇原、西峰，来回运送。固原经镇原、西峰至长武，开设间日快班，来往运送。十六年，取消固原路线，继续泾川路线，4天发班1次。三十年，苏维埃西北邮政管理局开辟庆阳驿马至镇原孟坝步班支线邮路3条，邮递员一般日行70~90里。三十七年三月，增辟泾川至镇原邮路，为自行车班。

1949年，开设镇原至肖金、镇原至平凉、镇原至泾川3条邮路，均为间日步班。1950年12月，开设西峰至镇原、镇原至平凉、镇原至太平至孟坝至新集邮路，为二日步班。镇原至开边至三岔邮路，为三日步班。1953年改为畜力班，由平凉邮运总站发送。同年，开辟县城区邮路一段，填补市内邮路空白。

1954年，对县内4条邮路进行调整，改为每日自行车班。镇原至屯字至肖金，去程由县城至小岘至田岭至屯字至阳宁至上肖至荔堡至纸坊赵至左家嘴至肖金；返程从肖金至上刘家至邢杜家至屯字至田岭至镇原。镇原至太平至孟坝，去程由县城至大什字至魏家塬至蒋寨子至临泾至祁家庙至慕家庙至包家庄至石羊至郑家庄至太平；返程太平至枣林至兰家庙至姚家塬至孟坝至西坳至大什字至孟坝至新集唐家塬。镇原至开边至马渠至三岔，去程由县城至莲池至路家坡至开边至白马寺至常塬畔至马渠（宿站）至罗胡同至赵家渠至三岔；返程三岔至湫沟池至庙渠至常埝至文夏家（宿站）至开边至镇原，增加镇原至中原邮路一条，为每日步班，去程由县城至张毛至芦李至湫池至中原；返程中原至上李家至南徐至平泉至秦铺至王街街至镇原。1956年，开辟西峰至镇原邮路，全长67公里，为自行车班，增设乡邮路9条。全县61个乡有59个通邮，共有邮路14条673.5公里，其中自行车邮路434.5公里，步班邮路239公里。

1980年，县城投递量增加，投递点加密，开通摩托车邮路3条。镇原至开边、武沟往返90公里，镇原至南川往返50公里，镇原至郭原往返70公里，均为每日快班。县城新开辟邮路1段3公里。1981年起，为节约开支，县邮电局将部分摩托车邮路改为自行车班。1984年，镇原至平凉改为汽车邮路，由平凉邮电局负责。镇原至三岔改为汽车邮路，每日班，往返170公里。1985年，全县24个乡镇全部通邮。1987年，因委办运输限量，庆阳地区发镇原邮件难以正常运递，改由平凉邮运分站经转运递。

2007年10月，平凉邮车增加同临泾、太平邮电所进出口邮件交接频次，取消镇原县邮电局至临泾、太平邮路。2010年，县邮电局自办县内汽车邮路1条，城区多网点，委办汽车邮路11条，全长412公里，其中县局至郭原、屯字、上肖、孟坝、三岔、南川等局所，委办汽车邮路7条，孟坝至新集、三岔至方山、三岔至殷家城、平泉至中原，委办汽车邮路4条。农村托投点170个，投递路线66条2889公里。全县19个乡镇215个村1991个组全部通邮。

第三节　邮运设备

1949年前，镇原县无邮递设备，靠人背、肩挑来回运送。1950年，县邮电局开始设立邮政信箱3个，安置在县、乡邮电局（所）营业室门前。1951年，县政府给邮电局配备邮运骡2

头，省邮政管理局给镇原邮政局配送自行车2辆，用于乡村邮路。1952年，邮运畜改为自购，邮政信箱增加到5个。1955年，邮运役畜保持2头，邮运自行车增加到3辆，邮政信箱发展到14个。

1961年起，邮运役畜取消。1965年，邮运自行车增加到10辆。邮政信箱由减少到恢复。1969年，省邮电管理局给县邮电局配发摩托车1辆。1970年起，农村报刊订阅数量大增，投递量上升，开始发展摩托车和汽车邮运。当年县邮电局购置上海130型邮运汽车1辆。

1971年，遵照“人民邮电为人民”的服务宗旨，县邮电局增加邮运工具，开始在一些企业、工厂、学校和未设邮政机构的公社安置信箱。1975年，邮运自行车增加到62辆，摩托车增加到3辆，新购置“春风701型”邮运汽车1辆，邮政信箱增加到17个。1976年起，邮运摩托车增加，省局分配指标，县局筹款购买，自行车逐年减少。1977年，镇原邮电局被纳入全省摩托化试点县。1980年，邮运摩托车增至4辆，自行车减少到52辆，邮政信箱增加至41个。

1985年，邮运汽车报废停用，摩托车减少到2辆，自行车增加到62辆，邮政信箱增加到45个。1986至1988年，自行车、摩托车由局内统一配发管理。1989年，邮用自行车使用年限定为6年，不报修理费，到期后旧自行车归投递员个人所有。1990年，全局有邮运汽车1辆，摩托车1辆，自行车17辆，邮政信箱17个。2000年，有邮运汽车1辆，摩托车1辆，自行车28辆，邮政信箱21个。

2002年，农村邮政分支机构改革，乡邮投递由委托办理人员自备自行车，邮政局不再配发；市内投递、转趟、检查等生产和管理岗位仍然配发自行车。2005年，县城用自行车和摩托车投运，县到乡用汽车投运，农村仍自备自行车投运，县局配有自行车26辆，摩托车1辆，专用汽车1辆。2008年，县城使用专用汽车投递，农村使用摩托车投递。

2010年，城区全部实现专用汽车投递作业，邮运车增加到5辆，局内留用自行车21辆，委办用自行车17辆，邮政信箱45个，其中城镇9个，农村36个，用户箱群15处，邮资机1台，自动柜员机3台，街型电子编码显示器2台，微型电子计算器30台。

第四节 邮政业务

民国三年（1914年），镇原县城邮寄代办所开始办理群众信函业务。三十年，陕甘宁边区镇原县政府开办邮政业务。至三十八年，镇原中华邮局办理信函和明信片等13种函件业务、货样小包等2种包裹业务及普通电报汇款业务。解放区邮政局办理公文、印刷物等8种函件业务和小包、烈士遗物等包件业务。

中华人民共和国成立后，原陇东邮政分局接管县内邮政机构，开办各类函件、包裹和小额汇兑业务。

一、函件业务

民国元年（1912年），驿站裁撤，衙门文件交由邮局寄递。三年，镇原邮寄代办所开始收寄民众信函。二十五年,陕甘宁边区邮政局办理普通信函和特快信函,实行收费制度。二十七年,边区邮政局撤销,成立陇东通讯分站,免费办理境内党政军、机关团体和学校邮寄的书报、新闻纸、印刷品和挂号信函。三十一年三月,通讯站改为边区政府内部通讯机构,信件、书报、包裹等交军邮部兼办。三十五年四月,边区镇原县邮局重新开办信函业务。三十六年三月,国统区代办所开办保值邮件业务。同年六月,开办保价邮件业务。至三十八年,国统区邮局开办函件种类有普通信函、挂号信函、存证信函、保值信函、保价信函、明信片、新闻纸、书籍印刷物、贸易契、瞽者文件、商务传单、货样、平快、代收货价 14 种。解放区邮局办理公文、普通信函、新闻稿件、新闻纸、商务传单、政治传单、印刷物、货样 8 种。

中华人民共和国成立后,开办平常函件和挂号函件。1950 年 1 月 20 日起,免费办理邮电部公件。同年 5 月 1 日起,免费办理电信公件。1951 年 10 月 10 日起,免费寄递西北军邮局集中交寄军事人员私人平信及战士证明书。1954 年,开办保值保价信函业务。1956 年,开办存局候领信函,手续费由寄件人交付,信箱开出及国际候领函件,手续费由收件人交纳。1960 年 10 月 1 日起,开办特挂信函业务,邮寄粮票、布票、油票、户口迁移证、粮食关系、共青团组织关系 6 种票证和证件。1962 年 8 月 20 日起,免费邮寄人民武装警察部队统一交寄的现役警士平信和明信片,但需加盖通信兵部制发的“免费军事邮件”三角戳记。1969 年 4 月 1 日,奉令取消候领函件业务,停办战士平信免费业务。

1973 年起,各机关、企事业单位自封交寄的保价信函,责任自负,邮电部门免检内件。1978 年,开办国际、港澳函件。1980 年,开办整寄整付函件。4 月 6 日,恢复办理存局候领信函业务。10 月 1 日,恢复办理义务兵免费平信和明信片业务,但需加盖军事单位免费戳记。1981 年 5 月,开办代收货款函件。1985 年,邮政函件有平信、明信片、印刷品、盲人读物、特种挂号、普通挂号、存局候领、代收货价、保价信函、整寄整付 10 种函件。1990 年,函件出口业务量 72.8 万件。1998 年,邮电分营时降为 60.02 万件,比 1990 年减少 12.78 万件。1999 年,推出邮送广告、户外媒体广告、商业信函、特快专递、邮资广告明信片、邮政礼仪信函等种类,以弥补函件业务量不足。2010 年,制作喷绘广告 320 平方米,竖立楼顶宣传,邮政名址信息数据库收录采集维权组织机构信息 2336 条,个体化信息 27863 条,全县函件业务量 18.27 万件。

二、包裹业务

民国三十年(1941 年),中华邮局开办货样小包业务。三十五年六月,陇东解放区邮局开办小包邮寄业务,每件限重 1 市斤,起重 4 市两 150 元(法币),续重 4 市两加收 150 元。三十七年十一月二十一日起,凭证免费收寄烈士遗物包裹。三十八年元月一日起,小包起重 4 市两,就地投递 1 元,各局互寄 2 元。三月二十六日起,烈士遗物改按保价小包裹投递,每件重 1 市斤,保价额 5000 元。

1952 年,开办保价包裹、快递小包裹两项业务。1962 年起,包裹减少。1970 年,长庆油田在境内勘探开发石油,石油工人增加,包裹流量激活,当年邮递包裹 1.7 万件。此后,包裹流量基本稳定。1981 年,扩大商品包裹收寄范围,放宽一些物品重量限制,包裹体积和重量增大,数量相对减少。1985年,寄递包裹1.5万件。1990年,增加到2.4万件。1995年起,邮寄包裹逐年下滑,2000年降为7635件。为制止下滑趋势,县邮电局调整经营思路,将包裹收寄转向揽收本地羊绒、羊毛、黄花菜、中药材等土特产品,包裹寄递量保持在1万件左右。2007年,全县收寄包裹6400件。2010年寄递包裹8600件,居庆阳市邮政企业第三位。

三、汇兑业务

民国三十二年(1943年)十一月,镇原肖金邮政代办所开始办理小额汇兑业务。三十八年,金元券贬值,各邮局所改办银元小额汇兑业务。同年七月,银元汇兑业务中止。八月,恢复小额汇兑业务。

中华人民共和国成立后,根据兰州军事管制委员会指示,对民国时公共团体汇款一律不付,私人汇款照付。1952年10月,实行新制汇票。1958年9月,各局所相继开办普通汇兑业务。10月,县邮电局开办电报汇款业务。1959年,各邮电分支机构开办电报汇款业务。1962年,邮电局开发汇票2918张。1984年,放开汇票限额,开始收寄高额汇款。1985年,全县开发汇票11581张。1990年,收汇15366张,兑付33650张。2000年业务开始下滑,收汇14434张,兑付70689张。2005年,汇兑业务统版上线,进入全市邮政综合网,实现全国通存通兑,各营业网点均可以办理投单汇款、2小时汇款、24小时汇款、实事汇款、礼仪汇款等多样化邮政汇兑服务。2010年,全县收汇3.51万张,兑付1.66万张,兑、收倒挂1.85万张。

四、报刊发行业务

民国时期,中华邮局和边区邮局不承担报刊发行业务。1950年5月,贯彻全国邮政会议及报刊社经理会议精神,镇原县委、县政府制订报刊征订工作规划,号召全县广大干部人人宣传,人人征订,实行"邮发合一",促进报刊、杂志发行工作。1951年10月,县邮局成立报刊发行委员会,开办报刊发行业务。1952年,配备专职发行人员,建立农业社报刊发行站,承接《陇东报》发行,全县报刊期发1300份。

1953年,承接县直单位《人民日报》《甘肃日报》《群众日报》《大众报》《文汇报》等报纸征订发行,增加期发100份,年发3600份;订阅《时事手册》《展望》《中国青年》《中国妇女》《小朋友》等杂志多种,期发数50份,年发数600份。1955年10月,《陇东报》停刊。1960年,报刊发行增加到30多种,期发数18993份,年发数196.6万份;杂志200多份,期发数3798份,年发数52776份。

1965年,贯彻邮电部《报刊发行站组织管理办法》,整顿基层发行组织,组建生产大队、重点厂矿、企业、学校等单位信报接转站,完善发行制度。"文化大革命"中,报刊发行量猛增。1970至1976年,报刊发行工作成为邮政部门一项政治业务,提倡将报纸送到田间地头。1980年,报刊发行增加到49种,期发数12869份,年发数306万份;杂志发行643种,期发数7319份,年发数1336万份。

1981年起,农村代销点承包拍卖,附设的接转站随之撤销,信报接转工作一般由小学生和村干部承担。1985 年,《陇东报》复刊,邮局重新发行,共计发行报纸 220 种,期发 17846 份,年发 292.55 万份;发行杂志 1025 种,期发 12350 份,年发 18.45 万份,其中干部、职工、教师订报 5354 份,年发 87.77 万份;订杂志 3705 份,年发 55356 份;农民及个体户订报刊 386 份。

1990 年,全县报纸期发 19873 份,年发 357.71 万份;杂志期发 15260 份,年发 22.89 万份。1995 年,全年征订报纸 225 种,期发 20143 份,年发 362.57 万份;征订杂志 1028 种,期发 15963 份,年发 25.54 万份。2000 年,报纸发行微机系统与全区、全省联网,汇总、要数、查询均上机进行。邮局建立零售门市,配备专职人员 2 人,开展报刊杂志征订、登记、分发,组织待业青年和社会人员承包销售。当年期发报纸 17815 份,年发 21.38 万份;期发杂志 12988 份,年发 15.58 万份。

2005 年,全县报纸期发 13180 份,年发 15.82 万份;杂志期发 4306 份,年发 51672 份。2006 年起,重点开发党报党刊、适销报刊、新华社系列报刊和自费订阅等群体市场。2010 年,全县共征订国内发行报纸 230 种,期发 11866 份,年发 28.56 万份;征订杂志 1032 种,期发 6950 份,年发 19.36 万份。

五、集邮业务

中华人民共和国成立后,民间有自发集邮活动。“文化大革命”期间,集邮活动被当作资产阶级的闲情逸致和“封、资、修”黑货遭到批判,集邮活动受到影响。1978 年,民间集邮活动复苏。1983 年 5 月 1 日,镇原县文化馆主办邮展,40 多名集邮爱好者提供展品 5000 多件。1984 年,县邮电局设立集邮台。1985 年 1 月,全县集邮爱好者召开第一次大会,成立镇原县集邮爱好者协会,群众性集邮活动在全县开展。1990 年,集邮票销售量价值 13250 元。2000 年,特种纪念邮票销售 158760 枚。2001 年起,集邮市场低迷,邮票销量大幅下降,年销量万枚以下。为弥补集邮市场不足,县邮局组织职工营销多元化邮品。2002 年,配合市邮局集邮公司,制作《镇原剪纸》个性化邮折 1000 枚,投放市场。2005 年,集邮票销量为 5000 枚。2006 年后,年销量 6000~10000 枚。2010 年,完成集邮票册 1439 本,销量 450 册。

六、代理业务

1999 年,邮政局独立运营,开始代办电信、移动、联通的电话代收费、代放号、代销电话卡业务,至 2010 年,共办理移动电话 129 户,电话卡 1668 张。

七、特快专递和物流业务

1995 年,开始办理特快邮政专递业务 26 件。2004 年,县局和大的基层支局推行物流业务。2005 年,在整合国内异地、同城特快专递基础上,开发驾驶证照、代收货款、同城礼仪特快专递和元旦、春节、端午、中秋、国庆联递业务,至 2010 年,共揽收特快专递 1.83 万件,累计配送化肥等农资 5200 多吨,玉米种子 43 吨多,配送酒水价值 150 多万元,日用化工产品价值 8 万多元,其中当年配送“金大地”“脲精”等复合肥 915.58 吨,占全县农资供应总量近二分之一。

第五节 邮政管理

民国时期，国民党统治区邮政财务统归中央财政。解放区邮政财务归陕甘宁边区财政。三十七年（1948年），解放区邮政局筹备小组行使工会组织职能，参与企业民主管理，协助处理通信中发生的差错事故，总结推广邮务工作实践中的先进经验，提出合理化建议，在职工中开展政策、法令和职业道德教育。

中华人民共和国成立初期，邮政财务归属地方财政。1950年起，改属中央财政，邮电局现金收入于当天交送人民银行入库，经费由省邮电局按预算拨付。1955年，贯彻国家邮电部下发的15项管理制度，执行邮件、电报、长话、市话交换、投递频次、接续时限等规定。1956年，邮电局成立企业民主管理小组，实行民主化管理。1957年，终止现金入库制，实行预算拨款制。县邮电局在人民银行开设营业收入、支出、结算、汇兑、大修理资金5种账户，分别进行核算。同年6月，邮电局实行党支部领导下的职工代表大会制度，凡属企业重大事项，交由职工代表大会审议，并由职代会检查监督实施。

1958年，县邮电局在邮件分拣封发中推广“字字看清，件件看明，一眼看到底，件件落袋准”操作要求，提高工作质量。同年7月，邮电财务废止预算拨款制，实行收支差额管理，贯彻《鞍钢宪法》，实行“两参一改三结合”（干部参加生产劳动，工人参加企业管理，改革企业中不合理规章制度，在技术改革中实行企业领导干部、技术人员、工人三结合原则）民主管理制度，工人代表参与企业计划、财务、技术、统计、质量检查等管理工作。1959年，邮电财务下放地方财政。1960年，对电信设备质量管理制订包机、包线维修责任制度，明确机线、仪器、设备预检预修、障碍处理、监督检查、技术标准等。

1961年，贯彻《工业七十条》，邮电企业实行党委领导下的局长负责制和职工代表大会制。1962年起，邮电财务重归中央财政。1959至1962年，邮电业务总收入24.56万元，支出20.76万元，净结余3.8万元，其中1959年收入8.61万元，支出6.53万元；1961年，收入8.51万元，支出7.98万元；1962年收入7.44万元，支出6.25万元。

1963年，全区邮政电信质量检查中，查出镇原县邮电局邮件总包和包件各损失1件，给据邮件损失15件，汇兑款无损失，机要文件和电报通信无事故，电报发报逾限率为7.25%，电报投递逾限率为2.96%，长话去话逾限率为9.87%，市话局外线路和用户设备障碍率为5%，市话局内机械障碍率为0.48%。

“文化大革命”开始后，邮电规章制度遭到批判，民主管理受挫，通信质量处于失考状态，邮电业务呈下降趋势。业务收入由1966年的7.52万元下降到1968年的5.39万元，1969年稍有回升。1970年，邮政电信分营，财务交由地方财政管理，业务收入8.32万元，支出10.61万元，超支2.29万元。1971年起，业务收入增加，支出增长超过收入，出现逆差。1973年，邮政电信合营。1974年起，企业工会组织逐步恢复，在党支部领导下，开始参与行政工作监督，反映职工合理要求和建议，维护职工合法权益。同年，调整财务管理体制，干线维修、邮件运输费、邮袋折旧费，基建投资归邮电部承担，其余由地方财政承担。至1975年，5年邮政电信业务收入61.39万元，支出68.62元，收支相抵，亏损7.23万元。

1978年，贯彻国家经委关于在全国工交战线开展质量月活动精神，修订完善各项质量管理制度，全局开展邮路、话路、电话、机要通信一条龙和百日无事故活动，局内班组之间开展“比学习、比工作、比生产、比纪律、比团结”竞赛活动，对评选出的先进班组和个人进行表彰奖励。

1980年，邮电财务收归中央财政，实行邮电部、省邮电管理局、县邮电局三级管理。同年9月下旬，县邮电局召开职工代表大会，审议行政和工会工作，听取代表提出的企业管理、通信质量、增收节支、职工业务技术学习培训和福利待遇六个方面意见和建议，会后加以落实，提高企业管理水平。1976至1980年，邮电业务收入85.27万元，支出93万元，支大于收7.73万元。

1982年8月，邮电局结合企业整顿，进一步健全和完善职工代表大会制度，每两年召开职工代表大会一次，届内每年6月和12月召开一次管委会，讨论决定企业内部改革、业务发展、职工住房分配等重大问题。1983年，全区开展邮电系统质量大检查，镇原邮电局对查出质量问题，及时进行整改。

1984年，邮电系统推行全面质量管理，举办质量管理培训班，参加中央电视台举办的全面质量管理电视讲座学习和统考。邮电财务实行收支挂钩、差额包干、超额分成管理办法。1985年9月，邮电局召开第三届职工代表大会，贯彻上级局职代会管理办法和实施细则，结合本局实际进行落实，民主管理趋于制度化。1981至1985年，邮电业务量扩大，收入增加，业务收入由1981年的19.19万元增加到1985年的26.33万元，支出由1981年的68.91万元增加到1985年的71.93万元。

1986至1987年，推行局长任期目标责任制，企业内部将指标任务分解到班组、支局所，再明确到职工个人，实行经营计划指标与工资额挂钩考核办法，在郭原、曙光两个邮政代办所尝试定收支、超额分成、发生通信质量扣罚的承包经营。两年邮电业务收入62.11万元，其中1986年29.03万元，1987年33.08万元，两年交税1.18万元。

1988至1989年，实行局长负责制、承包经营制、经济核算制和经营计划指标与工资总额挂钩的“三制一挂”第一轮承包经营，两年业务收入78.81万元，年均39.4万元；纳税1.4万元，年均0.7万元。1990至1991年，实行第二轮承包经营，开展整章建制，推行标准化管理，建立邮路调度管理办法。两年经营收入84.47万元，年均42.23万元，其中1991年50.92万元；两年纳税3.18万元，其中1991年2.44万元。

1992至1995年，实行第三轮承包经营。1993年开始，实行工资总额与邮政业务量和业务收入复合挂钩考核，即同全国业务增长率挂40%，同本单位业务增长率挂钩30%，同经营收入增长率挂钩30%。4年间经营收入443.64万元，年均110.9万元，最好的1995年198.84万元；4年间缴税21.46万元，年均5.36万元，最好的1995年8.49万元。

1996至1998年，实行第四轮承包经营，考核指标为通信质量、服务质量和经济效益3

项。3 年业务总收入 1070.29 万元，年均 356.76 万元；纳税 48 万元，年均 16 万元。最高的 1998 年业务收入 478.72 万元，纳税 19.82 万元。1998 年 11 月，邮电第二次分营，承包中止。1999 年，实行新的工资和绩效挂钩办法，即 30%工资总额同全国业务收入增长率挂钩，50%工资额同本单位业务收入挂钩，20%工资额同本单位成本费用挂钩。

2003 年，取消县局独立核算职能，实行收支两条线管理，对业务收支按计划控制、责任考核、依据收入任务完成情况考核拨付工资额，专项营销给予单项奖励。职工工资由岗位工资、绩效工资、津贴三部分组成。至 2005 年，6 年邮政业务收入 4268 万元，年均 711 万元；纳税 9 万元，年均 1.5 万元，最高的 2001 年收入 1139 万元，纳税 2 万元。2007 年，实行公司化运营，组建函件、报刊发行、储汇、物流、速递、广告、邮票、电子商务、信息技术、大客户等专业机构，经营规模扩大，经济效益提高。至 2010 年，5 年邮政业务收入 6933 万元，年均 1386 万元；纳税 13 万元，年均 2.6 万元。

2005 年 3 月 10 日，县邮电局庆祝获“市级文明单位”暨邮政储蓄余额突破亿元大关活动

第十四章　通　讯

镇原电信事业始于民国,发展于中华人民共和国成立后。1949至1998年长时期内,电信与邮政混业经营。通过数十年发展,镇原电信在话路报路建设、设备更新换代、业务拓宽创新诸方面做出突出贡献。20世纪末顺应信息化发展形势,改革经营体制,强化信息事业,布设基点网塔,增设网络网线,营销信息工具,逐步形成电信、移动、联通竞争发展,相互协作,全方位服务运营格局,满足社会发展基本需求,为镇原信息化事业发挥重要作用。

第一节　电　信

一、机构

民国三十年(1941年),国民党政府和军事当局在镇原设电报局。三十三年,电报局改为电信局,办理电报电话两种业务。三十八年八月,成立镇原县邮电所。1951年,县邮电所改为邮政局。1953年,改为邮电局,电信、邮政混业经营。1970年12月,按照国务院和中央军委《关于邮电体制改革的意见》,分设电信局,个别业务量大的邮电所也同时分设,归军事部门领导。1973年9月,电信邮政业务重新合并,恢复镇原县邮电局。1998年9月,根据国家省地《邮电分营方案》,电信邮政再次分营,成立镇原县电信局,屯字、孟坝、平泉邮电支局分出电信支局,隶属省电信局管理。1999年6月,剥离出镇原县移动公司。2004年3月,注册成立中国电信股份有限公司镇原分公司,隶属中国电信股份公司甘肃省公司。2010年,公司内设综合办公室、政企客户营销分部、公众客户营销分部、网络维护班、线路班、市话维护班,有经理1人,副经理2人,员工30人。乡镇设支局5个,辖19个合作营业厅,主要经营固定电话、移动通信、互联网接收及应用、数据通信视讯服务、国际及港澳台通信等多种综合信息服务。

二、话路、报路

民国二十四年(1935)三月,根据甘肃省主席刘郁芬关于"省内凡通电报之局,务必附设电话,藉通长途电话传递军事信息"之通令,在电报线路上附设西峰至镇原明线话路1条,为当地驻军所用。军行所至,电话即设,军队撤离,电话则撤。同年,县长邹介民委托商务会负责,在县内架起镇原至屯字至肖金、镇原至太平至孟坝、镇原至开边至马渠、镇原至平泉至新城、平泉至中原5条线路，用16号铁线架起市内电话线路，接通重要机关单位，并从新城接通平凉线路。

二十六年，八路军一二九师三五八旅七七〇团三营驻防镇原时，架通太平至西峰镇单线话路1条，后遭国民党军队破坏，通信中断。二十七年，架通中原至泾川、屯字至玉都至泾川电话线路。三十一年，国民党政府泾川电报局和西峰镇电报局奉命修复并开通泾川至镇原明线报路1条。三十八年七月，国民党军队溃退前夕，将电报杆线全部破坏，电报通信中断。

三十八年八月二十六日，中国人民解放军兰州军事管制委员会接管兰州市电信局后，采取紧急措施，派出公务人员，分东、西、南3个抢救班，每组有1个排解放军战士协助工作，抢修原有通信线路，开通泾川至镇原明线话路。

1950至1952年，县人民政府自筹资金，修复架通县城至屯字、平泉线路156杆公里。1954年，架通县城至三岔、新集、太平线路125杆公里。1955年，架通西峰至镇原4.0铁线长话线路1对，全长65.26杆公里，初步形成区内长话线路网。

1956年，甘肃省邮电管理局派遣两个工程小分队，有技术人员40人，帮助镇原县架起县城至平泉、王寨、开边、武沟、孟坝、临泾、太平，平泉至中原、湫池、原峰，开边至解放沟、张岘子、黑渠口、郭原、马渠，肖金至纸坊赵、显胜、野林，屯字至太阳、曙光、田岭，新城至平泉、西杨、惠沟门、杜寨子、孟寨子、郭家沟，孟坝到兰庙、王家湾、十八岘、新集唐塬、三道嵕岘、吴家塬，马渠至三岔、石嘴子、殷家城，临泾至段堡子，太平至柳嘴、席兰线路491.15杆公里。13个区政府有11个通电话，61个乡300多个农业合作社大部分通电话。

1958年，各公社贯彻"土洋结合，全民办邮电"方针，加快建设社队电话线路。1959年，开通西峰至镇原幻线报路1条。至1960年，3年架设人民公社至生产大队间电话线路973杆公里。1961年，载波开始用于长话通信，线路建设重点转向杆线更新改造和延伸，全县有通话线路9条，直达的6条，线路长度由380公里增加到1353公里。全县32个公社484个生产大队通话。

1962年，农村话路移交邮电部门管理，对公社架设线路拆并调整，农话线路只通到公社政府所在地和一些重点单位，公社至生产大队间线路因质量差无力改建而逐步废弃。1966年，开通西峰至镇原无线短波报路，一般只作定时会晤，在有线通信中断的特殊情况下，才办理部分收发业务。1967年，镇原至西峰话路增挂4.0铁线1对。1970年，再次试办公社至生产大队间农话线路，继续采用土法上马架设杆路，后因质量难以保证再次废弃。

1971年，载波用于农话通信，开通西峰至镇原、镇原至新集载波电话线路各1条。1972年，开通镇原至屯字载波电话线路1条。1973年，开通镇原至平泉、镇原至三岔载波电话线路2条。1975年，发展架空明线7.92对公里，架空电缆2.35皮长公里，缆芯总长136.70对公里。1976年，西峰至镇原铁线更换为2.5铜线。1978年，县城区架空电缆2.4皮长公里，明线12对公里，7股钢绞线2.2公里，22个公社有架空明线293杆公里，屯字至曙光埋设地下塑料电缆8.3公里。

1983至1984年，用省政府老区农话建设专项资金，改造架通4个新设乡镇农话线路。1985年，开通西峰至镇原长途载波话路3条，明线报路1条，镇原到平凉长途载波话路1条。全县电话架空明线发展到30条356.4杆公里，其中镇原至平泉、孟坝、开边各3条；镇原至屯字、三岔各2条；镇原至新城、南川、上肖、临泾、太平、新集、庙渠、马渠各1条；屯字至上肖、曙光、彭阳各1条；开边至郭原、武沟各1条；新集至王寨、新城至小岘各1条；三岔至殷家城、环县演武各1条，增设县城地下线6.83皮长公里，各行政事业单位全部通话。1988年，开通镇原至西峰载波电路。至此，原有幻线电路均被电传和自动电路代替。

1993年，县内电信通信传输方式全部为明线载波，镇原至西峰、镇原至平凉出境通信为架空铜线和12路载波传输。1994年，对县城市话通信线路进行扩容改造，全部改为电缆线，出局电缆4000对。1996年，县乡通信传输以模拟载波电路传输。同年12月，架空镇原至临泾至太平全县第一条4芯农话光缆线路。1997年，建成平凉至镇原（经新城、平泉、县城、临泾、太平）至西峰省内骨干网直埋光缆。

1999年，开始大规模农村杆线建设。6月，电话线路进入新城东庄行政村，全县第一个电话村建成，随后有南川、屯字、平泉部分行政村分别实施，农民可以足不出户，实现全球电话通信，电话进入寻常百姓家。

2000年，全县有本地电话中继电路1410路，镇原县至庆阳地区中继电路330路，本地长话中继电路180路，杆线长度798杆公里，电缆长度603皮长公里，光缆长度306皮长公里，光纤蕊长度1514皮长公里。市话主干电缆278对公里，配线电缆33815对979公里，无线接入14495线，同时将通信杆线架设到上肖乡每个自然村，实现全县第一个电话乡网络。

2001年，电话线路架设到中原每个自然村，形成第二个电话乡网络。至年底，全县56自然村通电话。

2002年起，无线电话、手机、小灵通推广应用，比有线电话更为方便，可以随身携带，走到哪里打到那里，有线电话线路停止发展。2010年，农话光缆长度534皮长公里，光电缆杆路1137杆公里，市话主干电缆8700对，农话主干电缆22160对。

三、电信设备

民国二十四年（1935年）三月，国民党县政府设电话室，安装10门磁石电话交换机1部，15门吊牌磁石式交换机2席，在上肖乡安装5门磁石交换机1部，均用干电池作电源。二十七年，县政府电话室将10门交换机改换成20门磁石交换机。三十一年，购置莫尔斯电报机1部。

1970年代镇原邮电局机房一角

三十八年八月后，县上自办电话收归国有。1953年，将地方电信移交邮电部门。县邮电局对原有设备整修后，安装磁石交换机1部30门，用于开设市内电话，配线容量28对，新装磁石交换机1

席20门,开通长途电话。

1954年,县邮电局增设会议电话扩大器1部,开通镇原至肖金、屯字会议电话,以固定蓄电池代替湿电瓶,用于磁石交换机和电话单机电源。1956年,全县磁石电话交换机增加到10席110门,县邮电局自制简易交换机。1959年,邮电局购置人工收发报机1部。1961年,载波设备开始用于长话通信,新购置磁石交换机29席648门,市话交换机由10部增加到21部。

1963年,对农话交换设备进行调整,拆除简易交换机。1968年,拆除损坏停用交换机。1969年,县局安装15瓦短波发讯机2部。1971年,安装载波机2部,用于农话通信。1973年,省邮电局分配镇原单线载波机4部。至1975年,市话交换机容量达到200门,其中县局农话载波设备1席50门,屯字、平泉、太平、庙渠、中原邮电所载波设备各1席30门,镇原至屯字叠加新型载波机9部。

1978年,县局添置长途磁石交换机1部,装机容量20门,购买15瓦无线电台1部,用作定时会晤;用磁石交换机改制电话会议汇接台1部,汇接容量20路。市内设磁石电话交换机2部,装机容量200门;农村设磁石交换机17部,装机容量450门,其中屯字、孟坝、平泉邮电支局和太平、新集、庙渠、三岔、开边邮电所各安装30门交换机1部;屯字设单线载波机3套,孟坝、平泉各设单线载波机2套。

1979年,县邮电局成立载波机务站,与庆阳地区邮电局各安装晶体管三路载波机,1路对开,将原1席20门长话磁石交换机和1席50门农村电话交换机更换为长话、农话合一的供电式交换机1部2席,装机容量150门,将原有200门磁石交换机更新为200门纵横制自动交换机,实现市内电话自动化,同时设立机务站,配置10千伏汽油发电机2台,60伏、24伏、12伏固定蓄电池各2组,可控硅整流器2台,保证全县交换机和电话用电。

1985年,全县有电话交换机19部,装机容量450门,实用411门。县局有3路载波终端机1部,农话载波终端机20部,增加55型电传机2部。1993年,邮电大楼建成,开通纵横制自动交换机1000门,长话、市话实现自动交换,乡镇一级全部为磁石交换机和供电交换机,以话务员接续、人工交换方式传输。1994年,县城市话开通数字程控电话交换机2000门。屯字、孟坝开通模拟程控交换机,首次实现乡镇级国内电话自动拨号。数字设备开通使用,载波设备使用量逐年减少。

1995至1996年,在扩容、更新和优化长话自动交换设备152路的同时,农村电话设备改造拉开序幕,建成开通平泉数字程控交换,对屯字、孟坝交换机由模拟交换机更换为程控交换机,实现乡镇电话数字程控自动交换,同时,开通第一个无线寻呼通信系统。1997年,开通西峰至镇原光通信息传输设备,实现传输数字化,开通全省电视电话会议系统镇原节点设备。县电信局院内建成模拟移动通信基站1处,“大哥大”(手提电话)开始放号,互联网通信和应用起步,163、169联网拨号、上网开始商用,人工电话交换完成历史使命,全部被取消,通信实现多样化,固定电话、寻呼机、“大哥大”、电视会议、电话会议、电报、传真、互联网基本满足社会经济发展需要。

1998年，开通平泉450米5线接入基站，覆盖范围近5公里，实现农村区域无线座机通信。县城开通数字移动通信系统，模拟移动电话逐步淘汰。同年6月，无线寻呼业务和资产拆分给庆阳国信寻呼公司。2000年，交换机总容量13936门，其中农话8832门，市话5104门。2001年，全县共建成电话交换点34个，其中村级交换点11个。2005年，开通孟坝王地庄、郭原、太平村村通基站。2008年，全县建成村村通基站10个。

2010年，全县建成34个农话交换点，其中乡镇交换点23个，中心村交换点11个，有交换机35部，装机容量23544门，其中县城有3部，装机容量6248门，乡镇有32部，装机容量17296门，安装小灵通基站100个512个信道，其中县城49个基站222个信道，乡镇51个基站290个信道，无线市话网络覆盖县城和7个乡镇，建成电信基站62处，其中移动网基站52个，村村通基站10个，覆盖全县19个乡镇215个村，建成县局和19个乡镇、18个村级交换点网络，总容量5232线，设立光交接箱9个、分纤箱13个，满足县城行政、企事业单位业务接入。

四、电信业务

电信业务涵盖电报收发和传递、长途电话、市内电话、农村电话、无线传呼、移动通信和网络信息传输。

(一)电报

民国三十一年(1942年)，民国政府开通泾川至镇原明线电报，传递军事情报。三十八年，国民党军队溃退时通信杆线破坏，有线电报通信中断。

三十八年八月，县人民政府及时组织力量修复电报线路，恢复电报业务，当年收发电报1000份。1950年9月，增办土改电报，使用范围仅限于专署、县、区及以下各级行政机关，上传下达关于土地改革指示、报告、查询等事项，土改结束后停办。1957年，收发电报1.52万份。1958年，县局办理电报有防空、天气、水情、事故、军政、新闻、普通、公务8种。“大跃进”和“人民公社化”运动中，开办过钢铁、粮食、整社、购销、生活5种电报业务。至1962年，每年收发电报5000多份。1963年2月，上述业务电报停办，开办公益、电汇两种电报。至1969年，每年收发电报5000至6000份。

1970年，基层邮电所开办话传普通电报。至1977年，年收发电报1.5万份左右。1978年起，对外交流增多，县局开办国际和港澳电报。至1984年，每年收发量1.6万多份。1985年，邮电局所办理国内公众电报，种类有天气、水情、公益、政务、新闻、普通、汇报、公电8种，当年收发量1.75万件。

1976年起，增加礼仪电报，收发量逐年增加。至1990年，收发各类电报13.3万份，最少的1986年为1.83万份，最多的1990年为3.43万份。1991至1995年，收发量两年上升，三年下降，收发各类电报13.5万份，最多1993年4.28万份，创历史最好水平，最少1995年降为2.1万份。1996至2000年，业务萎缩，逐年下滑，收发各类电报5.68万份，最多的1996年为1.74万份，最少的2000年为8553份。2001至2003年，电话广泛使用，电报业务大幅度下跌，3年收发电报4094份，最少的2002年仅有671份。2004年起，无线电话发展，公众电报停用。

(二)电话

民国二十四年(1935年),国民党县政府电话室成立后,在县长室、保安大队及屯字、肖金、太平、孟坝、马渠、平泉、新城、中原8个镇公所,各安装电话机1部,用于行政工作指挥。二十九年,又为永定(南川),永安(临泾)、永绥(中原)、永康(曙光)4个乡公所各安装电话机1部。

三十八年八月,自办电话移交邮电部门管理。1950年,县邮电局对原有设备整修后,开通长途电话,增加市内电话24部,均为人工接续。1954年,开通镇原至肖金、屯字会议电话。1956年,全县用户电话发展到83部,长途电话通话量在1000~1900次之间。1961年,市话设备增加,能力提高,用户电话增加到363部,长途电话通话量4800次。

1975年,市话交换机容量扩大,新增用户104户,长途电话通话量2.5万次左右。1985年,全县有电话单机411部,其中县城169部,乡镇242部,长途电话通话量2.92万次。1990年,全县用户电话发展到510部,其中市内电话212部,农村电话298部,长途电话通话量45798次。1993年,市话实现自动拨号,县城至乡镇仍为话务员接续,城镇家属楼修建,私家电话开始安装,用户电话增加到720部,其中市内电话382部,农村电话338部。1994年,部分乡镇国内电话实现自动拨号,城镇家属楼增多,私家电话迅猛发展,全县有用户电话1672部,其中农村电话404部,市内电话1268部,长途电话通话量26.68万次。

1996年,BB机开始流行,通过人工寻呼和自动寻呼传递信息,当年发展120户。1997年,全县电话号码由5位升为7位,取消沿用十多年长途区号09443,国内长途电话区号全地区统一为0934。大哥大开始放号,固定电话、寻呼机、大哥大同时使用。当年全县有固定电话2623部,大哥大80部,BB机323部。

1998年,固定电话向农村延伸,农民电话大发展,移动电话在县内出现,全县有固定电话3424部,其中城市电话2370部,农村电话1053部,发展手机200部,大哥大263部,BB机925部。1999年6月,全县第一个电话村村通工程在新城东庄行政村建成,50%农户用上电话。2000年,全县第一个村村通电话乡在上肖乡落户,新安电话2600部。小灵通开始上市,以其时尚、实用、省电、省钱、环保特性风靡全县,受到人们青睐,成为人民生活中不可缺少的伴侣,当年发展小灵通385部,固定用户电话1.1万部,其中市内电话4645部,农村电话6355部。

2005年起,移动通信以其覆盖范围广、通话质量好、入网费用低、使用方便快捷等优势快速发展,固定电话开始减少,BB机、大哥大停止使用。2008年,移动用户有手机1926部。2009年,手机增加到8676部。2010年,电话用户16022户,其中市话用户4777户,农话用户11245户,手机、小灵通20904部。

(三)数据通信

随着现代通信技术开发应用,计算机网络技术以及信息产业飞速发展,数字化、网络化和信息化日益融入人们生活之中,成为时尚。1996年,县邮电局安装分组交换设备1套,分组交换端口32个，数据机器拥有量29个，首次发展1户。2000年，分组交换用户增加到6户，因特网用户发展到153户。2005年，发展ADSL端口1426个，LAN端口49个，ZM传输端口1101个，DDN端口111个，分组交换端口32个，窄带用户732户，宽带用户915户，ADSL用户737户，分组交换用户5户。2006年，互联网延伸到乡镇和村，初装农村用户9户。至2010年，全县用户发展到4322户。

五、经营管理

1969年前，实行邮电合营管理。1973年分营期间，根据地区局安排，县电信局开展红旗电路竞赛，在长话线路进行赛革命、赛团结、赛质量、赛纪律活动，提高服务水平。1995年，电信业务实行单独核算，单项考核。1998年，邮电分营后，电信业务归属省电信局管理。1999至2000年，电信业务收入1238万元，年均619万元。2001至2005年，电信业务总收入5456万元，年均1091万元，最好的2005年，收入1283万元。2006至2010年，电信业务总收入8682万元，年均1736万元，最高的2010年，收入1846万元，最少的2006年，收入1442万元。分营10多年间，电信公司强化内部管理机制，建立以市场为导向、以客户为中心、以效益为目标的新型企业运作模式，贯彻首问责任制，规范电信服务，业绩不断提升。

第二节　移动通信

一、机构

1999年6月，移动业务和资产从镇原县电信局剥离。8月26日，成立中国移动通信集团甘肃有限公司镇原县公司，简称镇原县移动公司，内设市场经营部、综合部、集团客户部，下设1个营业厅和1个营销中心，有员工12人。2005年，开设孟坝、屯字、平泉3个镇营业厅。2009年12月，增设县城南街营业厅。至2010年，公司设经理1人，副经理2人，员工70人，内设市场经营部、综合部、集团客户部、建设维护部4个部门，自办营业厅10处，中心营业厅1处，指定专营店68家，特约代理点434家，其中农村末梢渠道357家。

二、设施

1999年6月，移动业务分出时，由县电信局划归移动公司房屋333.34平方米，其中通信机房60平方米，营业场地120平方米，综合管理用房60平方米。2005年，建起移动基站42座。2006年1月，县城中街营业厅搬至中街5号邮政局楼下，营业面积152平方米。2008年8月，在县城茹河南岸征地4.2亩，投资475万元，新建四层带帽框架结构移动通信综合楼，建筑面积1551.9平方米，拥有移动基站120座，实现县域范围全覆盖，移动用户可与世界204个国家和地区自动漫游通话。

三、业务

1999年，镇原县拥有移动用户2132户。2010年，移动用户发展到163541户，新增108072户，其中新增集团单位193家，个人集团客户2920户；管家风暴652家，集团30家，分机用户7630户，集团彩铃10户，TD座机进集团200部；完成集团组网394家，提升

176家,客户组网900户,落实深耕百万计划160家。业务收入5912.1万元,其中集团客户信息化收入117.29万元。

四、管理

1999年,县移动公司从电信局剥离,实行甘肃移动通信公司垂直管理,执行市移动公司制订的《地对县财务管理制度》《收支上缴及成本管理考核办法》《资金分配考核管理办法》《发展业务九项规定》等文件,对低值易耗品及办公用品实行配发制度,严格控制管理人员手机配置与话费报销,建立能进能出劳动用工制度,实施中层管理干部竞聘上岗,工作人员竞争上岗,建立专门档案室,形成较为规范的人事、文书、会计、科技档案。

第三节 联通通信网络

一、机构

2001年11月,成立中国联合网络通信有限公司镇原分公司,内设综合部、销售服务部、集团客户部、建设维护班4个部门,有总经理1人,员工29人。2005年,自办营业厅3处,中心营业厅1处,合作营业厅22处,直供网点269家。2010年,公司内设部门4个,有总经理1人,经理助理1人,员工30人,自办营业厅3处,中心营业厅1处,合作营业厅22家,直供网点352家。

二、设备

2001年11月,开始建立基站,至2005年,建起基站173座。2009年,响应国家政策,率先与广电部门合作完成三网合一工程建设,实现有线电视宽带接入,覆盖县城所有住宅小区,具有网速快、资费低、接入方便、运行稳定等特点,深受广大用户欢迎。2010年,有基站152座,其中3G基站63座,2G基站89座,网络覆盖率达95%,可与204个国家和256个地区移动通信运营商进行国际漫游。

三、业务

2001年11月,镇原分公司面向客户提供2G移动通信、3G移动通信、无线上网、宽带互联网、固定电话、电路出租等多项业务。2005年,有移动电话用户48260户,网上用户50213户,营业收入1010.25万元。2010年,有移动电话用户46197户,其中3G用户31055户,2G用户15142户,宽带用户60400户,固定电话用户2978户,网络覆盖率达95%,年营业收入900多万元。

四、管理

2001年,镇原联通公司成立,隶属甘肃省联通网络通信公司,至2010年,执行上级公司制订的人事、财务、业务等管理制度,加强内部考核,任务到人,工效挂钩,每年均能完成上级公司下达的各项营销任务。

第十五章　商　业

镇原古代商业不发达，从商者较少，且以“摆小摊”“货郎担”为主。中华人民共和国成立后，镇原商业有较快发展，国有商业占主导地位，合作商业成为同盟军。中共十一届三中全会后，股份合作制和个体商业如雨后春笋，蓬勃发展，遍布城乡，形成国营、集体、个体商业相互竞争局面。2003年起，国有商业退出竞争性行业，个体商业充当主力军，商贸流通快速发展。

第一节　管理及经营机构

镇原县商务局　1950年6月，县政府设工商科，兼管私营工商业。1956年，成立县商业局，管理全县国营商业，内设人秘、业务、会计3个股。1958年12月，县商业局归入县人民公社联社财粮贸部。1959年9月，恢复商业局。1968年8月，改为县商业服务站革命委员会。1970年12月，再次恢复商业局。1985年，商业局下属7个公司、3个站，有职工382人，其中助理会计师2人，会计师3人，经济员1人。2002年，撤销商业局，职能归并县经济贸易局。2009年，成立镇原县商务局，加挂酒类商品管理局牌子，一套人员，两块牌子，为县政府科级事业单位，统管全县商贸流通，内设人事秘书、对外贸易、商品流通、市场监管、酒类商品管理5个股。2010年，将商品流通股改名市场建设调节股，仍保留5个股，有干部职工14人。

镇原县物资局(公司)　中华人民共和国成立前，县内没有专门物资管理和经营机构，由民间自由贸易。陕甘宁边区时期，镇原解放区由商业贸易部门从事物资经营。中华人民共和国成立后，在国民经济恢复时期，生产、生活物资由小商小贩经营。第一、第二个五年计划期间，物资由国有商业公司和供销合作社经营。1964年，庆阳地区物资管理局在镇原下设物资供应站。1969年，成立镇原县物资供应站，有职工19人，其中干部7人。1972年12月，在物资供应站基础上成立镇原县物资局。1983年12月，物资局改名镇原县物资公司，政企合一，具有企业法人和行政物资管理双重职能，既行使政府统筹规划和宏观管理生产资料流通职能，又从事木材、水泥、钢材等重要物资组织调运和销售。企业总资产73万元，其中固定资产44万元，流动资产29万元，占地22亩，建筑面积5177平方米，职工27人，其中干部 12 人。县城设有门市部,平泉、孟坝建有物资供应站。1990 年 9 月恢复物资局,与物资公司合署办公。1993 年,组建成立平泉、孟坝、屯字、机电设备、再生、物资 6 个公司。1996 年,撤销物资局,取消行政管理职能,物资公司转为经济实体,更名为镇原县物资总公司,归口县计委管理,辖 6 个公司和临泾物资站,新成立物资宾馆,开展住宿、停车、洗车、修理、洗浴等服务,与临泾物资站均为非法人实体。1997 年,有职工 49 人,离退休人员 19 人,供养家属 5 人。企业共有各类建筑面积 5000.82 平方米,账面总资产 621.61 万元,其中固定资产 111.3 万元,流动资产 510.31 万元,总负债 663.05 万元,资产负债率为 106.7%,处于停产半停产状态。1998 年退出经营阵地,2001 年依法破产。

镇原县烟草专卖局(公司) 1986 年 7 月从县糖业烟酒公司析出,在上马台成立镇原县烟草专卖局和烟草公司,一套班子,两个牌子,有职工 16 人,其中干部 4 人,工人 12 人,固定资产 16462 元,隶属甘肃烟草公司庆阳分公司,下设屯字、平泉、孟坝 3 个卷烟批发站。1987 年设立人事、秘书、财务、烟叶、业务、保卫 6 个股,固定资产增加到 80 万元。1989 年设立专卖股,人员增至 28 人,有固定资产 144.46 万元。1990 年设立新城卷烟代批点,1991 年设立三岔卷烟批发站。1996 年将人事、秘书、保卫股合并为办公室,有职工 46 人,其中干部 7 人,正式工 24 人,临时工 15 人,固定资产 315.90 万元。1998 年设立临泾、新城、南川卷烟批发站和县城一、二批发部。2001 年增设稽查大队,撤销南川卷烟批发部和县城 1 个批发部,剩余 6 个批发部加挂烟草专卖管理所牌子,有职工 90 人,固定资产 767 万元。2002 年,撤销临泾、新城卷烟批发站及专卖管理所。2003 年,专卖股改称专卖管理股。2004 年,固定资产增至 1714 万元。2005 年撤销县城批发部,保留专卖管理所。2006 年 5 月,烟草公司改称庆阳烟草分公司镇原营销部,取消法人资格,仍与县烟草专卖局合署办公,各批发部改称客户服务部,有职工 76 人。2007 至 2010 年,内设综合管理办公室、专卖监督管理科(内分稽查大队),辖平泉、三岔 2 个客户服务部和县城专卖管理所,有职工 45 人,其中长期工 38 人,临时工 7 人;退休 10 人,内部退养 5 人。

镇原县盐务管理局(盐业公司) 1997 年 7 月,成立镇原县盐务管理局和盐业公司,合署办公,隶属镇原县商业局,企业占地 2100 平方米,建筑面积 800 平方米,注册资金 50 万元,固定资产 30 万元,在县城和孟坝设批发部 2 个,有职工 28 人。1999 年 9 月改属甘肃省盐业集团,更名为甘肃省盐业集团镇原县盐业有限责任公司,2007 年 8 月上划中国盐业总公司,更名为中盐甘肃省盐业集团镇原县盐业有限责任公司。2010 年有职工 20 人。

镇原县百货公司 1950 年,为甘肃省贸易公司镇原县贸易小组。1954 年,改为贸易公司。1955 年,与花纱布公司合并成立甘肃省百货公司镇原县公司,设人秘、计财、业务 3 个股,辖批发门市 3 个,零售门市 2 个,有职工 52 人。1958 年初,更名为甘肃省百货纺织品公司镇原县公司,同年撤销,在商业局内成立百货纺织品经理部。1962 年恢复,独立经营。1965 年,与药材公司合并成立贸易公司,和商业局合署办公,一套机构,两个牌子。1969 年,贸易公司并入政企合一的工农兵商业服务站。1973 年,政企分设。1979 年,更名为镇原县百货公司。1985 年,公司建筑面积 3909 平方米,有固定资产 36.8 万元,自有流动资金 63.6 万元，设人秘、计财、业务股，辖门市部3个，有职工56人，主要经营高低档布匹、大小百货、针织等类商品，年营业额401万元，实现利润6.3万元。1998年，经国有资产管理局确认，公司有资产755万元，其中固定资产481万元，负债574万元，所有者权益181万元。企业占地16.1亩，有营业大楼1幢，库房5栋，基层站2个，综合商场1栋，批发部2栋及职工宿舍3栋。在职职工104人，退休职工16人，退职职工2人，供养人员10人。2001年，根据地委企业改革有关精神，由职工全员买断国有资产，同时置换职工身份，转为个体经营。

甘肃省贸易公司镇原县公司　1954年，在分公司贸易小组基础上成立，设秘书、财务统计、业务物价股、批零门市部各1个，有职工18人。1957年，与百货纺织品公司合并。

甘肃省纺织品公司镇原县公司　1954年，成立甘肃花纱布公司镇原县公司，设秘书、计财、业务3个股，批零门市部2处。1956年，改组更名为甘肃省纺织品公司镇原县公司，有批零门市部3处，职工33人。1958年初，并入百货公司。

镇原县煤炭公司　1955年，成立煤炭推销组。1957年，并入百货纺织品公司。1971年，成立石油煤炭公司。1979年，更名为燃料公司。1985年，分设煤炭公司和石油公司。煤炭公司设人秘、计财、业务3个股，辖驻矿调运站6个、承包经营网点4个。1998年，公司拥有资产153.2万元，所有者权益123.2万元，有职工38人。2001年，所有权出售，转作其他事业，用出售收入置换职工身份。

甘肃省专卖事业公司镇原县公司　1956年成立，设政办室和秘书、会统、行政业务股，辖批零门市2个，有职工19人。1957年并入食品杂货公司。

甘肃省蔬菜食品杂货公司镇原县公司　1956年成立，设秘书、财务、业务股和门市部2个，有职工19人。1958年撤销，业务人员并入食品公司。

镇原县食品公司　1956年，成立甘肃省食品公司镇原县公司，设人秘、业务、会统股和屯字、肖金、平泉、孟坝、马渠5个收购组，有职工31人。1969年，并入政企合一的工农兵商业服务站。1973年，政企分设，恢复公司。1979年，更名为镇原县食品公司。1985年，公司建筑面积5281平方米，有固定资产41.7万元，自有流动资金18.9万元，设人秘、业务、计财股，辖城关、屯字、孟坝、三岔、平泉5个收购站，南川、临泾、开边、武沟、曙光、上肖、太平、新集、方山、庙渠、马渠、殷家城、郭原、中原、湫池、新城16个收购组，肉、禽、蛋2个门市部，有职工123人，主要收购供应肉禽蛋，年营业额448.5万元，利润8.4万元。1996年，企业改制中，对所属小岘、太平、马渠、庙渠、殷家城、方山、新集、南川、曙光和城关庙沟10个收购站组进行拍卖，开边、临泾两个收购组被兼并。1997年，对留存的14个收购站组，进行拍卖，用拍卖收入安置职工35人。1998年，公司有孟坝、城关2个食品站，新城、郭原2个食品组，1个果品加工厂，2个旧猪场，1个养猪场，两层职工宿舍楼和1幢综合营业大楼，经国有资产管理局确认，总资产1720.2万元，其中固定资产610.3万元，负债975.5万元，所有者权益为244.7万元。在职职工50人，离退休职工1人，退职职工30人。2001至2003年，企业产权出售，转作旅店等事业，用出让收入，置换职工身份。

镇原县饮食服务公司　1962年成立，辖合作食堂与合作旅社。1965年，改为饮食服务商店。1971 年,恢复公司。1985 年,公司总建筑面积 3470 平方米,有固定资产 62.79 万元,自有流动资金 3.85 万元,设人秘、业务、计财 3 个股,辖食堂、旅社各 3 处,理发、照相、蔬菜、干鲜果、酱醋门市部各 1 处。年营业额 185.2 万元,实现利润 2 万元。1998 年,公司在册职工 87 人,离休干部 2 人,退休职工 27 人,供养遗属 11 人。总资产 603.25 万元,其中固定资产 448.47 万元,负债 250.45 万元,净资产 352.81 万元。2001 年企业改制中,由职工买断国有资产产权,同时置换职工身份,转为个体经营。

镇原县石油公司(中石油庆阳销售分公司镇原经营部) 1971 年,成立石油煤炭公司。1979 年,更名为燃料公司。1985 年,分设石油公司和煤炭公司。石油公司上划庆阳地区石油公司管理,内设人秘、业务、财务股,辖城关、屯字、平泉、孟坝、三岔、武沟 6 个供油点,自有流动资金 10.67 万元,固定资产 52.7 万元,建筑面积 3441 平方米,油库油池 1800 立方米,主要经营各种汽油、柴油、润滑油、防冻液等。当年,商品纯销售额 66.24 万元,亏损 0.36 万元。2000 年,改名为中国石油天然气股份有限公司甘肃庆阳销售分公司镇原经营部。年销售各种成品油 4850 吨左右。2009 年,经营部下设城镇、平泉、屯字、孟坝、太平 6 个加油站,有职工 35 人。当年销售成品油 1.85 万吨,其中汽油 0.57 万吨,柴油 1.28 万吨,实现销售收入 10472 万元,上缴各项税金 110.4 万元。2010 年,销售成品油 2.05 万吨,其中汽油 0.67 万吨,柴油 1.38 万吨,实现销售收入 13141 万元,上缴各项税费 138.4 万元。

孟坝工业品综合批发站 1973 年成立,设人秘、业务、计财股和 2 个批发部,有职工 12 人，主要经营县城以北 9 个公社日用百货、糖业烟酒、五金交电等商品批发兼零售业务。1985 年,站内总建筑面积 1844 平方米,有固定资产 11.2 万元,自有流动资金 18.5 万元,设批零门市部 2 个,有职工 17 人。年营业额 185.2 万元,实现利润 2 万元。2001 年,经国有资产管理部门确认,总资产 71.94 万元,其中固定资产 64.67 万元,负债 207.29 万元,净资产 - 135.34 万元。在岗职工 25 人,退休人员 1 人。企业改制中,将资产整体出售,企业解体,用出售收入置换职工身份,清偿债务。

镇原县五金交电公司 1979 年成立。1985 年,公司建筑面积 1809 平方米,有固定资产 20.2 万元,自有流动资金 25.4 万元,设业务、计财股和批零门市部 2 个,有职工 25 人,主要经营五金交电器材及化工类商品。年营业额 182.8 万元,实现利润 4.2 万元。2001 年,经国有资产管理局确认,总资产为 150.25 万元,负债 188.37 万元,净资产为 - 38.12 万元。在职职工 38 人,退休职工 4 人,供养人员 1 人。2001 年改制,职工全员买断国有产权,同时置换职工身份,转为个体经营。

镇原县糖业烟酒公司 1979 年成立。1985 年,公司建筑面积 3000 平方米,有固定资产 11.8 万元,自有流动资金 5.2 万元,设业务、计财 2 个股,有门市部 3 个,职工 28 人,主要经营食盐、糖、烟、酒、糕点、调味等各类副食品。年营业额 214 万元,实现利润 2.1 万元。1986 年 7 月,烟草业务分出,改称糖酒公司。1997 年,食盐经营销售业务分出。1999 年,部分职工买断企业部分产权。2001 年,将剩余资产整体出让,转为个体经营。

平泉工业品综合批发站 1982 年 7 月成立，主要经营县城以南 5 个公社日用百货、糖业烟酒、五金交电等商品批发兼零售业务。1985年,站内总建筑面积1800平方米,有固定资产23.3万元,自有流动资金1万元,设人秘、业务、计财3个股,辖批零门市部5个,有职工20人。年营业额193.1万元,实现利润0.8万元。1998年,有零售门店4个,商业大厦1栋,库房2栋,辖小岘、郭原2个批发分站。总资产296.6万元,其中固定资产147.6万元,负债211万元,所有者权益85.6万元。在职职工37人,退休职工6人,落实政策领取生活补助2人。2002年4月,职工刘勇以72万元,整体购买企业产权,转为民营,组建成立庆阳市澳恺食品有限公司,生产玉米糁、膨化食品等。

屯字工业品综合批发站 1982年7月成立,主要经营县城以东4个公社日用百货、糖业烟酒、五金交电等商品批发兼零售业务。1985年,站内总建筑面积1700平方米,有固定资产2.5万元,自有流动资金1.9万元,设人秘、业务、计财3个股,辖批零门市部4个,有职工15人,年营业额183.4万元,实现利润0.8万元。1999年,部分职工购买企业部分资产,与企业解除劳动关系。2001年,将剩余资产出让,用出售收入置换职工身份,转为个体经营。

三岔商业批发公司 1995年4月,在原孟坝商业批发站三岔批发分站基础上成立,主要经营县城以北2个乡镇日用百货、糖业烟酒、五金交电等商品批发兼零售业务。1996年,兼并三岔食品站(营业楼12间、300平方米,价值6万元)。1998年,经国资局确认,公司共有资产83.17万元,负债55.5万元,所有者权益27.67万元。在职职工15人,退休职工1人。2001年改制,企业资产整体出售转让,用出售收入买断职工身份,解除劳动关系,企业解体。

第二节 集市贸易

春秋战国时期,县内已形成固定贸易地点和定期集日,群众参与集市贸易俗称"跟集"。汉朝,集市更趋繁荣。唐宋时代,立有"草市"。明清起,有粮畜专业市场,县城东大街设粮市,农历双日集。屯字、肖金镇亦为双日集;平泉、中原镇为农历三、六、九日集;新城镇为农历一、四、七日集;太平、孟坝、马渠镇为农历单日集。八镇商贸以肖金为盛,屯字、新城次之。各镇随其俗之所宜,集日午刻始会齐,届时赶集者聚集,货物毕具,集市交易,种类颇多。清同治兵燹后,集镇遭到破坏,城内一片焦土。经乱后培植,元气稍复。民国初,全县有集市5处:县城、肖金、屯字、三岔、平泉。

民国十九年(1930年),全县有集市8处:县城、屯字、肖金、平泉、新城、太平、孟坝、马渠。三十四年,全县交易产品140余种。粮食有小麦、大米、黄米等11种,蔬菜有马铃薯、大葱、萝卜、大蒜等6种,肉类有大肉、羊肉、牛肉等6种,牲畜有马、骡、牛、驴、羊、猪等9种,畜产品有牛皮、羊皮、羊毛等10种,药材有甘草、大黄等12种,工业产品有土布、绸缎、针织等26种,成药有15种,建筑材料有砖、瓦、原木等9种,颜色染料有6种,杂货有25种,山货有 19 种。三十七年,全县有 11 个集市,县城为农历单日集;太平、马渠、三岔、中原、平泉为农历三、六、九日集;肖金、屯字为农历双日集;孟坝为农历二、五、八日集;新城、开边为农历一、四、七日集。

解放初,沿袭旧集市。1953 年,实行粮、棉、油统购统销,凭证供应,集市交易中,除不准买卖的产品外,上市物资亦丰富多样,交易活跃。1956 年,在上市总成交额中,农民产销见面金额达 38 万多元,比 1950 年增长 3.8 倍。

1958 年,关闭一些集市。1959 年,国务院发出有关集市贸易指示,全县集市贸易逐步得到恢复和发展。1963 年,在新集、临泾、孟庄、新集嵝岘等地增设集市。1965 年,新增中原等两个集市。县城、马渠、三岔,临泾、孟庄、太平改为农历三、六、九日集;屯字、新城、开边改为农历一、四、七日集;孟坝、新集、平泉改为二、五、八日集。上市农副产品达 250 余种,全年成交额 182.5 万元,其中农副产品 35.62 万元。

1966 年,对集市贸易实行严格限制,逐步减少集日,限制社员家庭副业和上市品种,堵塞商品流通渠道,给群众生活带来很大困难。1967 年 11 月 15 日起,全县取消传统集日,改为农历逢十为集,规定除蔬菜、柴草、干鲜果三类商品外,其余商品一律严禁上市出售。1975 年,又统一改星期日为集日。

1977 年,重新开放集市。1980 年 9 月 4 日,为扩大城乡物资交流,满足人民群众生活需要,根据历史习俗,县革委会发出改集布告,恢复县城、太平、三岔、孟庄农历三、六、九日集,开边、新城、屯字农历一、四、七日集,平泉、孟坝农历二、五、八日集。县工商局改新集、马渠、临泾为农历二、五、八日集。

1981 年镇原县城物资交流大会水荫沟农贸市场

1986 年屯字镇七月十二牲畜交易市场一角

1985 年,全县有集市 34 个,其中乡镇集市 24 个:城关、新城、开边、屯字、上肖、中原、湫池、太平、孟坝、平泉、临泾、三岔、方山、殷家城、马渠、庙渠、新集、彭阳、王寨、武沟、小岘、曙光、南川、郭原。农村集市 10 个:孟庄、嵝岘、慕塬、王地庄、杜寨子、原芦、曹家湾、董家渠、兰家庙、桑湖。全县共批准 1986 户个体工商户开业经营,从业人员 2777 人。市场再次繁荣,品种增多,贸易活跃。是年,贸易成交额 1116 万元(农副产品成交额 309.12 万元),比 1965 年增长 3.8 倍。上市农副产品达 337 种,其中粮食 15 种,油料 8 种,畜产品 18 种,蔬菜 41

种，瓜果29种，药材70种，木器15种，铁木制品和各种农具75种，其他45种。地方风味小吃如油饼、烧鸡、蒸鸡、油茶、羊肉泡馍等得到恢复。

三岔活畜交易市场

1986年起，建起县城滨河、太平、孟坝，屯字、上肖、三岔、新城、开边、临泾、平泉等固定集市16处，取消重复集市7处。至1995年，全县有各类集市43处。2008年，开辟新城农产品交易中心。

2010年，全县有各类市场44处，其中综合农贸市场12处：县城滨河、太平、孟坝、新城、屯字、平泉、开边、临泾、上肖、庙渠、三岔和新城农产品交易中心；集贸交易点20处：殷家城、王寨、湫池、上肖、郭原、中原、原峰、新集、王寨嵝岘、方山、小岘、马渠、武沟、太平兰庙、南川原芦、新城杜寨、太平彭阳、武沟孟庄、庙渠慕塬、临泾席沟圈。自发形成的交易点有南川、临泾石羊、开边兰岔等。县城集日为农历单日集，新城、开边、上肖、方山、庙渠、殷家城为农历一、四、七日集，孟坝、平泉、临泾、武沟为农历二、五、八日集，三岔、太平、新集、郭原、湫池为农历三、六、九日集，王寨为农历三、五日集，其他集日未变。全县每集总上市摊位14255个，年成交额7416万元。牲畜交易市场12处：屯字、临泾、新集、孟坝、太平、平泉、马渠、新城、方山、开边、三岔、武沟，交易集市与农贸集日相同，全县每集总上市牲畜2770头，年成交额1720万元。交易产品除农牧产品外，工业品应有尽有，贸易品种达数万种。

第三节　国营商业体制与改革

民国二十五年（1936年），陕甘宁边区革命根据地建立后，陇东分区及八路军驻地先后在孟坝、三岔等地建立光华商店、盐业公司、贸易公司等公营商业，开展土产、食盐贸易与土布、卷烟、白酒、医药等各类工业品经营，为镇原社会主义商业发展奠定基础。

中华人民共和国成立后，建立起社会主义国营商业。1950年县政府成立工商科，统管公私商业。1953年，西北贸易公司庆阳分公司在镇原成立贸易小组，设国营商店。1954年，省属各专业公司按条条在镇原下设经营机构。县政府组织力量，调配人员，建起花纱布公司，设人秘、计财、业务3个股，批零门市部2个。

1955年，贸易公司与花纱布公司合并成立甘肃省百货公司镇原县公司。1956年，镇原县商业局成立，同时按条条下伸成立甘肃省蔬菜食品杂货公司镇原县公司、甘肃省专卖事业公司镇原县公司、甘肃省食品公司镇原县公司。商业系统下属5个公司，职工131人。各公司行政上受当地政府领导，业务上按条条管理。各公司实行分级核算，逐级汇总上报，最后由省公司统一核算。商品、资金由上级公司统一调配，货源从甘肃省驻陕西咸阳工业品批发站购进，通过定期召开商品供货会和自上而下分配、自下而上选购，签订商品购销合同，按合同组织购销。年底，私营商业社会主义改造基本完成，国营商业逐步发展壮大。

1957年，商业系统精简机构，撤销烟草专卖公司，食品蔬菜杂货公司业务并入食品公司，业务、财务仍受上级公司垂直领导，实行分级核算，行政上仍归商业局主管。

1958年，国内统一的社会主义市场已经形成，商业部门主要任务是，在国家统一领导、统一计划下，做好商品分配，供应人民生产生活必需品，稳定市场物价，促进生产发展。按条条设置的各专业公司，一度出现管理机构过多，手续制度繁杂，业务重叠，互相扯皮等问题。根据《中共中央关于商业体制改革的决定》，平凉专署制定国营商业体制改革方案，进行商业体制改革试点，撤销专业公司，商业局和专业公司合并，实行政企合一新体制。商业局内设百货、纺织品经理部，作为商业局职能部门和统一核算单位。经理部设商店，批零兼营，单独核算。商店直接管理自然门店，实行专业或综合经营。原专业公司所有固定资产、流动资金、库存商品以1957年底决算数字为准，统交县商业局，完全归地方政府管理，停止与省级各公司财务和业务上的直接联系。县商业局受县人民委员会和专署商业局双重领导，并对省商业厅负责。根据中央精神，专署决定，将县商业局、服务局和供销社合并，组成新的商业局（供销社名称仍然保留，对外挂两个牌子）。新组建的商业局，既是县人民委员会的职能部门，又是全县商业工作统一领导和核算单位。下属各企业单位，实行仓库批发和零售合一，具体负责商品采购和批零销售业务，并实行单独核算。通过改革，商业机构由原来条条领导，分级管理，变为分级管理，分工经营。企业实现利润，除留2.92%作为企业留成，用于简易仓棚、零星基建、劳动保护和职工奖励等开支外，其余全部上交财政。企业固定资产、流动资金补充，由地方财政和企业共同筹措，上级不再拨款；对私营商业改造中组成的公私合营商店和合作店组，实行撤摊并点，升级过渡，转为国营，其人员、资金、分配方式等，均改按国营商业管理办法执行；对县以下人民公社商业机构，包括国营下放商业，人民公社内合作小组、合作商店、公私合营商店、供销社等予以合并，组成人民公社供销部。

1962年，根据国民经济“调整、巩固、充实、提高”八字方针，县内商业体制进行第二次调整，恢复国营商业各专业公司，同时成立镇原县饮食服务公司，经营食堂和旅社。1964年，国营商业利润分配，改按5%比例提取企业留成基金，由商业局集中提留，根据企业实际需要，分配企业使用。

1969年，国营商业进行第三次调整，基本重复1958年精简机构、压缩人员做法，又一次撤并专业公司，实行政企合一。贸易公司、食品公司并入政企合一的商业服务站。商业服务站，是商业企业领导机构和统一核算单位，直接管理各批发部和零售门店。商业企业留成基金被取消，只留职工福利基金一项，改按工资总额11%直接从费用中提取，企业利润全部实行统收统支。1970年，供销社又并入商业系统，其自有资金除股金外，全部转入国有，视同财政拨款。调整后，各专业公司基本割断与省地之间联系，又一次恢复块块领导，出现人员过少、业务过繁、管理过死问题。

1973年，商业体制进行第四次调整，恢复县商业局和百货、食品公司，新成立孟坝工业品批发站。1976年，县供销社从商业系统中析离，国、合、政、企“四合一”管理体制再一次被新体制代替。商业各专业公司分设后，石油系统仍实行单独核算，条条管理。食品公司核算下放到县，省公司认可亏损并给予补贴。其他公司全部由块块领导，独立核算，实现利润统一上交地方财政。企业基建投资，由县财政拨款。1979年，组建成立县五金交电公司和糖业烟酒公司。商业企业实行新的利润留成制度，工业品经营公司留成比例为19.3%，饮食服务业为85%，商业工业为80%。留成基金主要用于各项简易建筑和奖金。

中共十一届三中全会后，商业部门根据“对外开放，对内搞活”方针，开始扩大企业自主权改革。企业有权修订各自经济计划和实施办法，灵活机动地执行上级下达的各项任务，提留和使用企业基金，推行各种经济合同，决定部分商品价格浮动，在一定数额内处理残次滞销商品，决定对职工奖罚处理和调动任命，不再履行层层报批手续。企业留成基金，凡属工业品公司，均按19.3%规定提取，其中50%为企业发展基金，40%用于集体福利设施，10%用于职工奖励。

1982年，有组织有步骤地推行经营责任制，先从市场竞争激烈的饮食服务业开始，后在工业品门店及商办工业中全面推行。饮食服务业经营责任制有利润包干、超额分成、差欠扣薪；定额包干、超额分成、工资浮动；利润大包干、盈亏自负等形式。工业品门店主要实行联产计酬，百分计奖。

1983年，贯彻国务院《关于疏通城乡商品流通渠道，扩大工业品下乡的决定》，在屯字、平泉下设批发站，县城以下网点增加到3个。商业部门放宽对三级批发和零售商店外出采购的限制，非计划商品允许各批零商店自行到省内外选购进货，改变长期固定供应区域、对象、倒扣作价率的批发体制。

1984年，商业系统对年利润在8万元以下小型零售企业改按国家对待集体企业政策和办法管理，即国家所有、集体经营、照章纳税、自负盈亏。企业原有财产和资金仍属国家所有，集体有偿占用，新增财产、资金归集体所有。占用国家固定资产所提取折旧资金，一半留归集体，一半上交主管部门，维护和更新设备由企业负责。占用国家流动资金，按银行利率定期向主管部门交纳使用费。国家对转改企业实行八级超额累进税制，税后利润按联合公积金10%、福利基金20%、公积金30%、奖励基金40%比例提留分配。

1985年，实行简政放权和经理负责制，进一步明确经理法人代表资格和职权范围。企业领导骨干除经理仍由上级任免外，副经理任免由经理提名，报上级审批。下属股室、商品部和基层门店负责人，由经理直接任免，不再履行报批。企业在国家分配劳动指标内和不增加百元销售工资含量前提下，可以自行招聘，择优录取新职工，雇佣和辞退临时工、季节工，也可根据企业经济效益，制订和实行超奖欠罚、奖勤罚懒、上不封顶、下不保底分配奖罚制度，对违犯纪律职工，按照奖罚条例给以必要处分，有权决定设置和改变企业内部组织机构，调度物资和资金。经营责任制和经理负责制的推行，促使企业经营管理走上新轨道，调动企业和职工积极性，在个体商业激烈竞争中求得生存。当年，国营商业网点发展到51个。

1986年，县饮食服务公司实行承包制试点，将公司下属食堂、旅馆、理发、照相和临街门店承包给个人经营，固定资产及商品所有权归公司，经营权给个人，公司和承包者实行利润分成。1988年，商业系统开始第一轮承包经营，县上成立考评领导小组，面向社会公开选聘承包人，确定承包指标，签订3年承包合同，到期全面兑现。饮食服务公司实行“包死基数、定比增长、上交利税超过15%部分全部返还企业、欠额用留利补缴”办法承包经营。百货公司、食品公司、五金公司、煤炭公司和孟坝批发站等实行“包死基数、定比增长、超额分档、累进分成、差额用留利补缴”办法，物资公司实行以利润为主，全面考核，到期兑现，超奖欠罚办法经营，均取得较好效果。

1991年，进行第二轮承包经营，实行“包死基数、定比增长、照章纳税、超收多留、欠收自补”办法，在个体商户严重冲击下，经营业务开始下滑。1993年，物资公司重新组合人员，划小核算单位，分割资金，成立物资公司、机电设备公司、再生公司、平泉物资公司、屯字物资公司、孟坝物资公司6个法人实体，实行独立核算，自主经营、自我约束、自负盈亏办法经营。

1994年，对商业所属企业推行“国有民营”改革，采取“成熟一个、推行一个”办法，在保证国有资产所有权不变、企业隶属关系不变、企业性质不变、职工身份不变前提下，通过评估资产、核定税费、签订合同等工作程序，将商业门店柜组，以租赁承包形式，交由职工个人经营，实行“风险抵押、照章纳税、定额上交、超收归已、欠收自补”及“一抽回、二变更、三不管、四自主” 方式经营，即一次或分期抽回商品资金，最长不得超过一个承包期；变更营业执照，变更银行账户；不管资金，不管库存，不管内部管理方式；自主经营，自行定价，自选人员，自定分配。糖酒副食公司率先对所属4个零售门店推行“国有民营”，接着，全系统有30个门店柜组，实行“国有民营”，占门店、柜组40%。参与租赁承包职工73人，占职工总数24.8%，其中一次性抽回铺底资金的有48人承包的16个柜组，占承包柜组53%，抽回商品资金19.6万元；分期抽资的有25人承包的14个柜组，占47%，抽回商品资金14.8万元，占应抽资金83%。

1995年，批发企业划小核算单位32个，下伸批发网点16处，安排富余人员34人，扩大购销额100多万元。同年9月，将孟坝批发公司三岔批发分站从“母体”中分离出来，成立三岔商业批发公司，分流职工52人；贯彻《中华人民共和国劳动法》和省、地《关于企业全面实行劳动合同制实施意见》，对商业系统干部、固定工人、劳动合同制工人、集体工、计划内临时工和其他在职人员634人，均实行全员劳动合同制，签订3~5年劳动合同。

1996年，加强小型企业经济责任制，15个经营网点实行“双百含量工资制”，在定人员、定费用、定库存、定差价、定财产损失，包销售、包利润、包安全基础上，风险抵押，集体承包，销售含工资30%~40%，利润含工资60%~70%；对15个经营网点，实行利润大包干，即“包死基数，差额自补，超收归已”，包干利润；对43个经营网点实行定额管理，即定销售任务、定实现利润、定费用支出等；对食品公司所属小岘、太平、马渠、庙渠、殷家城、方山、新集、南川、曙光和城关庙沟等10个收购组予以拍卖，收回拍卖费60.91万元，用33.73万元资金，一次性安置职工16人。开边、临泾2个收购组被县百货公司兼并，从事商品经营。

1997年,加大“国有民营”改革,五金、饮食、糖酒公司等7户企业78个门店(柜组)实行“国有民营”,一次性抽回商品资金55.26万元,占应抽资金69.42万元的79.6%。全系统有职工96人参与此项改革,占全部职工588人的16.3%,一次性缴纳风险抵押金13.255万元,人均1380.07元。食品公司对存留14个食品购销站组进行公开拍卖和兼并,收回出让金70.41万元,再次买断置换职工19人,兑现拖欠职工离退休人员34人两年生活费,归还高息贷款。

1998年,对回民食堂698.85平方米土地及房屋,折合固定资产26.77万元,公开进行拍卖,收回出让金33万元,安置部分退休和供养人员;临泾物资站(占地1.1亩,总资产15209元,职工1人),实行国有民营改革;对亏损严重的孟坝、屯字物资公司和临泾物资站实施资产整体拍卖;资产负债率高的平泉物资公司由县总公司兼并;对亏损严重、债务沉重的县物资公司、机电设备公司、再生公司实行资产剥离改革,从中分离出部分有效资产,以物资宾馆为依托,组建成立镇原县物资综合服务有限责任公司,按股份合作制模式运作。

1999年,加快“国有民营”改革步伐,加大抽资力度,对1户企业6个经营网点,重新实行“国有民营”,抽回全部商品资金9000元;对2户1998年前承包租赁企业,抽回资金18200元;物资总公司用拍卖企业部分资产收入,采取一次性买断工龄办法,置换职工身份18人,与企业解除劳动合同。

2000年,商业系统158个经营网点,实行抽资承包经营,总计抽回商品资金158.8万元,占应抽资金99.8%。糖酒公司、百货公司、煤炭公司、五金公司和屯字、孟坝商业批发公司等10户企业在职职工69人、下岗职工13人、退休职工6人,购买企业部分资产,与企业解除劳动合同和供养关系。物资总公司因资不抵债,债权人起诉后,法院对该企业全部资产查封抵押,强制清偿债务,几家银行在受偿其房地产同时,共同出资90万元,用于安置职工,通过带资分流途径安排到其他企业上岗职工11人,对离退休19人和供养遗属5人,一次性交付养老保险金和供养费,由社会保险部门接供,与企业脱离供养关系。

2001年,商业系统根据庆阳地委、行署(2001)35号文件精神,按照“动产权、转机制、变身份、增效益”思路,实行“两个置换”和“两个买断”改革(置换国有资产,置换国有职工身份;买断国有产权,买断职工工龄)。11户国有商业企业,全部实行“两个置换”,其中糖酒公司、副食厂、煤炭公司、食品公司及平泉、屯字、孟坝、三岔4个批发站,实行整体出售转让;百货公司、饮食服务公司、五金公司,由企业职工用身份置换费抵顶购买企业整体产权,承担原企业债务,重新进行资产重组,实行个体经营。职工身份置换费,按2000元起步,每年工龄1000元,最高不超过30000元标准予以兑现。企业与职工380人签订买断协议,解除劳动合同关系。物资总公司对未改制人员,又按起步费每人2000元,工龄每年1000元,最高不超过3万元标准,置换职工身份19人,其中以现金形式支付置换费11人,用欠公司流动资金抵顶置换8人。被置换职工由财政部门筹资,补交置换前企业所欠基本养老保险金,全员续接社会统筹养老保险,确保职工老有所养。2003年,商业企业改制结束,退出竞争性商品经营。

第四节 民营商业

镇原私营商业历史悠久,早在秦王朝时期,北地郡所属农牧民开始丝绸与牲畜贸易。汉代“丝绸之路”形成,受其辐射,县内农牧民进行丝绸和土产贸易。铁器使用和牛耕法推行,农机具等生产资料上市买卖。南北朝时期,各民族之间各种手工、土特产品和生产工具等交流贸易广泛,西域胡商经平凉、安定、北地等处入关中和洛阳贸易往来颇众。宋辽金时期,民族之间贸易更为频繁。明清,利用集市,贸易兴盛,上市物资除传统农副土特产品和民间手工业品外,食糖、食盐、茶叶、棉花、布匹、绸缎、丝绒、铜器、银炉、瓷器、皮件、颜料等货物丰富。清末,“忠盛荣”商铺在县城开业,创办人孙肇先祖籍山东枣庄市周营镇牛山孙村,迁徙落户镇原南川段崖窑村,开办商铺,数载经营,资本滚大,货源充裕,生意兴隆,远近闻名,颇具影响,后将商铺所在地取名孙家巷(现潜夫街),其子孙世荣继任,雇用临泾田祖治为会计,太平寇川寇均平为伙计,主要经营日用百货、布匹及部分生产资料。

民国时期,一些小业主和拥有雄厚资本商户,在较大集镇办起商号,从平凉、西安、咸阳、长武等地购回百货、五金、烟酒、副食等工业品,经营品种达数百种。二十五年(1936年),县城、肖金、屯字、平泉、新城、中原等集镇,有私人商铺百余家;三岔、孟坝、马渠等集镇,有私人商铺五十余家,以“泰和堂”“生盛富”“德兴祥”“福兴东”“长盛积”“德善堂”“三义成”规模较大,且颇有名气。小商小贩,串乡货郎有200余户,经营品种为日用杂货、棉花、布匹、粮食、食盐、皮毛、药材等。

抗日战争时期,物资贸易浩繁,入境货物有绸缎、布匹、杂货、化妆品、五金材料、纸烟、棉花、毛织物之类,大半来自西安,黑白糖、茶叶、卷烟、纸张,大半来自陕西凤翔;出境货物主要是当地土产,以皮毛、猪、羊、粮食最多。全县年产绵羊毛21万斤,销往西安18万斤,占85.7%;山羊毛2.4万斤,销西安2万斤,占83.3%;老羊皮3000张,销陕西2000张,占66.7%;山羊板皮2000张,销陕西1000张,占50%;白二毛羔皮32300张,销陕西9000张,占27.9%;牛皮1200张,销陕西700张,占58.3%;狐皮4000张,销陕西3000张,占75%。

私营商业经营方式有行商、坐商,也有行坐商相兼的;有批发、零售,也有批零兼营的;有自产自运自销者,也有转手倒卖贩运者;有独资经营,也有合股经营者。资金多者办商店、铺户,小者摆货摊或挑货担当小贩。

民国三十八年九月二十五日,县人民政府颁发《工商企业登记暂行办法》。商铺、商贩纷纷登记,办理证件,开始营业,时有私人商铺220多家,小商贩和货郎担400多户,从业900多人。次年,私营商业完成社会商品零售额92万元。1950年,对工商业进行调整,贯彻“公私兼顾,劳资两利”政策,促进私人商业发展,丰富城乡物资交流。1953年,私人商业服务业发展到567家,从业人员709人,经营资金14.17万元,完成社会商品零售额76.06万元。当年起,至1956年底,对私人商业进行社会主义改造,采取开办公私合营商店、合作商店或合作小组、代营代销等办法，将私营商业一部分纳入国合商业渠道，一部分退出经营，从事农业生产，其中纳入国营商业领导，并派国家干部帮助管理，实行统一经营、统一核算、评等付资的办法，组建公私合营商店4个，从业88人；归属供销合作社领导，实行统一经营、单独核算、活动工资加奖励办法，组建合作商店26个，从业210人；合作小组27个，从业163人；以赚收手续费、为供销社代销或自营小宗杂货形式，组织代营代销个体经营户35个。1957年，私营商业社会商品零售额降到40万元。1958年，私营商业退出经营。

中共十一届三中全会后，国家允许发展多种经济成分，鼓励一部分人通过诚实劳动先富起来。县内个体商业应时而生，迅速崛起，登上流通领域各个阵地，但因资金缺乏，一般是小本经营，从投资量小的百货、成衣、布匹等起步，逢集赶会，摆摊设点，滚动发展。

1980年，中共中央《转发全国劳动就业会议文件的通知》，明确提出"关于不剥削他人劳动的个体经济，是社会主义公有制经济不可缺少的补充，个体经济在今后一个相当长的历史时期内，都将发挥积极作用"。镇原县对正当从事个体商业，具有传统经商才干或劳动技术，以及志愿利用空余时间从事农副产品、饮食服务或其他日用杂货经营的，不论城镇居民、待业青年、退休职工、农村社员，在审查登记、办理营业执照、开设网点等方面，都给予支持。国营商业部门对计划外商品，降低批发起点，满足个体户进货需要。金融、税务部门在贷款、税收、管理上配合，为个体户提供方便。至年底，全县新发展个体工商户536户，从业789人，全年商品零售额2248万元。

1982年，政府对个体商业政治地位给予肯定，经营管理上进一步放宽，明确规定，个体商业者同全民和集体所有制企业职工一样，享有同等政治权利和社会地位。有城镇户口的待业青年，都可以申请从事个体零售商业、饮食、服务业和社会修理业。退休职工中如有社会急需技术特长，鼓励其包教学徒，传授技艺，从事个体经营。个体商业所需原材料、货源、国家计划供应部分，商业部门均按一视同仁原则列入计划，合理供应，享受批发价格，并允许其自由购销。个体商业资金不足的，可以向银行申请贷款，所需场所、铺面、网点、摊点等，政府有关部门给予帮助解决。同年废止1963年规定的对个体商业实行14级全额累进和加成税制，改按手工业税制纳税；对从事社会急需修理、加工和饮食服务业的个体商户，还可以按照税法，酌情减免税收，个体商业得到很快发展。是年，全县个体商业增至617户，从业人员增加到925人，分别比1980年增长15.1%和17.2%，全年商品零售额2287万元。

1983年，省上提出要把社队企业作为发展农村经济突破口，农村个体商业、饮食业、服务业成为发展社队企业重要组成部分。国家对发展个体商业政策继续放宽，对允许上市农副产品和非计划分配工业品，个体户可以从事长途贩运，批量销售；个体户可以起字号、刻图章，在银行开账户；凡在集镇有固定住所，口粮可以自理的个体商户及其家属，准予长期落户。商业、供销、银行、工商管理、税务等部门，都为发展乡镇个体商业修桥铺路，大开方便之门。至1985年，全县个体商业发展到846户，从业人员增到1269人，均比1982年增长37.1%，全年零售额3146万元，比1982年增长37.5%。

1990年代，发展个体经济政策进一步宽松，限制范围缩小，经营领域拓宽，经营规模扩大。个体商户进城入镇安家落户，租赁承包门店，开始固定经营。各行政事业单位顺应发展形势，开展破墙建店，为个体商户提供经营场所。经营范围由服装、百货向五金交电、建筑材料、修理、理发、照相、餐饮等行业进展，经营资金由几百元上千元扩大到几万元。1995年，全县个体商户由1990年1647户增至4598户，增长1.8倍。从业人员由2470人增加到5057人，增长1.05倍。商品零售和营业额由6100万元增至9665万元，增长58%。

1996年起，国营、集体商业逐渐退出竞争性行业，股份合作商业应时而生，个体商户纷纷购买营业设施，增加投入，装潢门面，扩大经营。经营资金由几万元扩大到几十万元，甚至几百万元。大商贸、大流通格局形成，新型经营业态开始显现，由小而全经营向专卖店、连锁店、加盟店、名牌店发展；由小规模经营向超市、服装店、家具城发展；由一般性经营向酒吧、烤吧、网吧、农家乐、歌舞厅、装饰装潢、电子商务、家政服务等行业发展。2000年，全县有个体商贸流通网点5255个，营业面积11.68万平方米，从业人员6263人，全年营业和零售额13395万元，比1995年增长38.6%。2001年起，个体商业继续增设经营网点，扩大经营规模，从零售到批发全面发展。城关、屯字、平泉、孟坝、三岔五大镇商业网点发展到2080个，建成各类专业市场7处，营业面积扩大到4.52万平方米。全年营业和零售额20521万元，比2000年增长53.2%，实现税收560多万元。2003年，个体商业网点增至5860个，营业面积14.35万平方米，从业人员6350人。

2010年，个体户发展到7500户，从业人员11200人，分别比2003年增长28%和76.4%。全县有各类连锁店30多家，大型综合超市十多家，大型专业超市20多家，加盟店20多家，专卖店200多家，名牌店100多家，全年营业和零售额118183万元，比2003年增长4.7倍。

人人乐糖酒有限责任公司 2002年10月国有企业改制时，糖酒公司经理李智锋购买原企业资产组建成立，为民营企业，注册资本32万元，拥有固定资产480万元，员工116人。公司内设办公室、财务部、计划策划部3个部门，下辖镇原县人人乐超市东街店、中街店、孟坝店、屯字店4个连锁商业经营网点。经营范围涵盖糖酒副食、日用百货、文化用品、化妆用品、瓜果蔬菜、家用电器、塑料制品、床上用品等。2006至2010年，累计实现销售收入760万元，上缴税金36万元，其中2008至2010年，实现销售570万元，上缴税金23万元。

庆阳百佳（镇原）购物广场 2009年，甘肃东方百佳商贸公司在镇原县城设立分公司，位于县城黄金地段（茹河街3号镇原宾馆对面）骞熹隆商贸城，采用国内大型连锁店运作模式，设立多车停放场地、电子自动存取包柜、四组上下电梯，拥有制冷、保鲜设备，安装全方位电子摄像及红外线安全监控系统，形成大通道、大空间和人性化卖场布局。营业面积6000平方米，一层主要经营清洁用具、家电五金、文体休闲、玩具、儿童用品、香烟、茶叶、药品、黄金珠宝、手机等。二层主要经营针纺织品、男女服装、童装、皮鞋、床上用品、箱包皮具等。负一层主要经营水果、水产品、冷饮、面包中点、主食面点、熟食凉菜、糖酒饮料、粮油调味等十余大类，数万种商品。

第五节　经营与管理

1953年，西北贸易公司庆阳分公司在镇原成立贸易小组，设国营商店，当年完成社会商品零售额92.66万元。1954年，省属专业公司在镇原设立经营机构，当年完成社会商品零售额222.22万元，比1953年增长1.4倍。1957年，国营商业销售总额445万元，比1954年增长1倍。1958年，省下属各专业公司交县商业局，归地方政府管理，商业、供销合并。1960年，国营、合作商业已占主导地位，全县商品销售656.66万元，比1957年增长47.56%。

1962年，商业、供销分设，恢复国营商业各专业公司。1965年，国营商业销售总额814.65万元，比1960年增长24%，年均增长4.8%。1969年，国营商业又一次撤并专业公司，实行政企合一。1970年，供销社又并入商业系统，是年，国营、合作商业社会零售额1224.81万元，比1965年增长50.3%，年均增长10%。

1976年，县供销社从商业系统析隶，商业系统社会商品零售额2077万元，比1970年增长69.6%，年均增长13.9%。1980年，商业机构健全，管理加强，经营正常，发展平稳。全县国有商业社会商品零售额3042.81万元，比1976年增长46.5%，年均增长11.6%。

中共十一届三中全会后，商业部门扩大企业自主权改革，取消三级批发和零售商店外出采购限制，实行简政放权和经理负责制，有组织有步骤地推行经营责任制。1985年，国有商业商品零售额完成1955万元，比1980年下降35.8%。

1986年起，开始承包经营。1990年，国有商业商品零售额完成2815万元，比1985年增长44%。1993年，国营商业社会商品零售额1516万元，比1985年下降22.5%。1994年，商业所属企业推行“国有民营”改革。1995年，国有商业社会商品零售额完成4039.8万元，比1990年增长43.5%。1996年起，实行资产拍卖、剥离分立、“双买断”等改革。1999年，国有商业社会商品零售额完成8652万元，比1995年增长1.1倍。2003年，国营商业企业退出竞争性商品经营。

一、工业品经营

工业品包括百货、糖烟酒、五金交化和燃料4大类，是国营商业经营主类商品。1950至1953年，各类工业品批零供应，由甘肃贸易公司镇原贸易小组负责，业务受上级公司直接领导，实行物资大调拨、资金大回笼的统一管理制度，贸易小组只负责购销供应，不搞成本利润具体核算，4年销售122万元，年均30.5万元，其中1953年销售47.5万元。1954至1955年两年销售260万元，年均130万元。

1956年，甘肃省各国营商业企业在镇原下设分公司，工业品按照纺织、针织、日用百货、文化用品、烟酒、糖茶、副食品、五金、交电、化工等类，由百货、食杂、专卖、贸易等公司分别经营。批发对象主要是各基层供销社、公私合营商店和私营商贩。供应方法实行供求合同制，凡上级统一平衡分配商品，按计划指标适量供应；不属于统一分配紧销商品，根据库存和货源情况均衡供应；其他商品敞开供应。结算方式，除私人商贩购货直接交付现金外，国营与合作社单位购货都通过银行划款结算。县城零售业务由各专业公司开设网点,提供资源,按实际需要保证供应,县城以下市场由供销社供应。当年,各类工业品销售160万元,比1953年增长2.36倍。

1957至1960年,工业品购销逐年上升,供应办法日趋完善,对计划商品一般按照年初计划,分期分批供应,非计划商品按不同花色品种合理调配,全面照顾。各批发单位大都设有样品室,进货单位看样选购。商业部门配有联络员,经常深入基层,巡回展销并调查消费者对各种工业品需求。1960年,全年销售335万元,比1956年增长1.1倍。

国民经济调整时期,工农业生产发展,社会购买力不断增长,工业品经营品种和销售额呈稳定上升趋势。1966年,经营品种达4500多种,比1960年增加近千种,年销售总额570万元,比1960年上升20%。

1970年代初期,各种化纤品、五金交电商品生产蓬勃发展,工业品销售量大幅度上升。1975年,销售总值1280万元,比1966年增长1.2倍,经营品种5500多种,比1966年增长22%。1970年代后期,县百货公司、糖业烟酒公司相继成立,取代省下设各公司,承担全县工业品经营,县城以商业零售店为主,基层仍以供销社为主渠道。1980年,工业品销售2054万元,比1975年增长60.5%。

1981年,商业体制改革逐步深入,国营商业增设批发站和零售网点,工业品经营实行多渠道流通,批发对象不分区划内外、不分国营、集体和个体,放开给予供应。凡持有营业执照者,均可就近进货,零售门店经营品种也相应增多。1985年,全县国营商业工业品销售总额1950万元,比1980年下降5%;经营品种6370种,比1975年增加15.8%。

1986至1990年,国营商业开始承包经营,加强考核管理,实行销售指标到门店到人,与工资挂钩,扭转销售下滑局面。1990年经营品种一万多种,工业品销售2250万元,比1985年增长15.4%。

1991至1995年,工业品有计划内分配商品和计划外采购商品,分平价、议价两种。国营商业除组织计划分配商品外,还从市场采购适销对路计划外商品,销售额保持增长,但经济效益下滑。1995年销售2820万元,比1990年增长25.3%。

1996至2000年,工业品继续实行双轨制价格,销售虽有增长,但属物价上涨因素,毛利率下降,亏损增加,经营难以维持。2000年工业品销售3840万元。2001至2003年,国有商业改制,企业产权整体出让,工业品经营退出竞争性行业,被股份制企业和个体商户替代。

二、饮食服务业

宋、明时期,县内肖金、屯字、城关、平泉等较大城镇,位居沿路要冲,盐车、驼队不断,过往商旅较多,酒店、饭馆、旅店等饮食服务业快速发展。清道光、咸丰年间,一些外地客商、流民相互牵引进入境内,租赁民宅,从事商业饮食业。同治兵燹后,商业萧条,饮食服务业随之衰落。清末至民国年间,有一定程度恢复。

三十八年八月,县城内私人开设饭馆、旅店、照相等行业有十多户,从业人员30多人。1956年,全县开办饮食业70户,从业89人,经营资金9508元;服务业65户,从业75人,经营资金 4824 元。

1962 年,县饮食服务公司成立,辖食堂 3 处,旅社 3 处,理发、照相、蔬菜、干鲜果、酱醋门市各 1 处。1980 年,饮食服务业发展到 832 户,从业 1006 人,营业额 761 万元,其中饮食业 168 户,从业 229 人,营业额 560 万元;服务业 664 户,从业 777 人,营业额 201 万元。

1987 年,城乡饮食服务业网点发展到 1141 户,从业 1527 人(国营 13 户 95 人,集体 29 户 36 人,个体 1099 户 1396 人),其中从事理发、烫发 74 户 89 人,经营旅店业 71 户 127 人,摄像业 72 户 108 人,自行车、架子车、家电、钟表等修理业 391 户 418 人,经营餐馆 386 户 538 人,其他居民服务业 147 户 247 人;全年营业额 1310 万元,比 1980 年增长 72.1%。

2010 年, 全县从事饮食服务业 1561 户, 从业 2630 人, 全年营业额 14790.6 万元,比 1987 年增长 10.3 倍,其中饮食业 420 户 1100 人,年营业额 6834.6 万元;服务业 1141 户 1530 人,年经营收入 7956 万元。具有承包酒席的餐饮饭店 130 多家,县城区有较大规模,能承接大型婚寿宴酒席饭店 12 家。御香苑、旭赋、茗翠楼、裕德楼、好德酒楼、金樽园、原野美食城、金土地、香满园、川味聚、365 火锅城具有较大规模和影响。全县有宾馆旅店 33 家,县城区内有 10 家。镇原宾馆、昌盛大酒店,已形成住宿、餐饮、娱乐、停车、商务一体化服务,营业面积 7500 平方米,从业人员 185 人。全县有美容美发店 150 多家,其中县城区内有 40 多家。经营红火的有好小仔、坏小仔、豪帝美、蓝艺、欧莱雅、金地美容美发馆,大自然、一品夫人、新生活美容美体中心,名人、名仕、玫瑰园、梦幻、贵妃、小天鹅等专业理发馆,奈希尔美容店、韩伊美女子养生馆,韩芳天下女子养颜养生馆、秀媛堂现代中医美容养生会所、品味夫人皮肤研究护理中心、郁肤兰妮美容美体连锁店、丽源美容造型、7+1 美发创意组合、八度空间专业烫染店、动感 9+9 专业美容店、金剪刀美容足疗中心等。全县有摄影照相馆 40 余家,从业 70 人,其中县城区内有十多家,具有一定影响的有光明照相馆、贵夫人、心连心、百花、薇娜新娘、台北新娘、飞龙专业数码冲印等。

镇原宾馆 1962 年始建镇原县招待所,隶属县委,1993 年更名为镇原宾馆,改属县政府,是县委、县政府定点接待单位,也是全县唯一的二星级宾馆。宾馆占地 5864 平方米,建筑面积 6244 平方米,内设办公室、营销部、客房部、餐饮部、后勤部、保安部,有住宿招待楼 2 幢,高中档套房、标准间 118 间,床位 300 个,大小会议室 3 处,餐厅 13 处,宴会厅 2 处,员工 298 人,一次可接待 600 人就餐,是集住宿、餐饮、娱乐、洗浴、停车于一体的综合服务招待单位,年接待宾客 4.8 万人次。2009 年,营业收入 638 万元,实现利润 67 万元,上缴税金 49 万元。2010 年,营业收入 1023 万元,上缴税金 53.8 万元。

镇原县旭赋经贸有限责任公司 1997 年,县农副公司职工秦小明承包公司门店,采用合伙经营方式创建旭赋酒楼。2001 年,企业改制中,秦小明出资购买所承包门店、库房,成立镇原县旭赋经贸有限责任公司,共有资产 160 万元,有员工 30 多人。2001 年 8 月,公司给希望工程捐款 1000 元。2003 年,非典期间捐资 1000 元,给全县社会福利和公益事业资助 1500 元。2008 年 5 月,给抗震救灾捐款 10000 元,为城关莲池贺堡子受灾村民捐款 2000 元。2002 至 2010 年,营业收入 946 万元,上缴税金 32.2 万元,发放职工工资 130 万元,其中

2008至2010年，营业收入460万元，上缴税金14万元，发放职工工资60万元。

昌盛大酒店　2007年12月由原县工艺美术厂下岗职工陈英投资创办，租赁县人武部房屋经营，位于县城中街兴武巷，注册资金200万元，营业面积2600平方米，有员工60人，是集美食、住宿及电子商务为一体的综合性服务单位。一二楼设有豪华包厢和大型宴会厅，可容纳300多人同时就餐。三四楼分别设有普通客房、标准间和总统套房，同时设有中小型会议室、娱乐室和大型停车场。2009年，营业收入220万元，上缴税金10万元。2010年，营业收入230万元，上缴税金12万元。

光明照相馆　创建于1960年代，原属县饮食服务公司国营门店。1980年，有职工7人，主要开展黑白照相业务，彩色用手工染色。1986年，改为"国有民营"。1991年，实行承包经营，按集体企业对待。承包人增加彩色照相业务，冲洗照片要到西安，顾客取照片需等一周左右时间。1995年，贷款10万元，购买彩色冲印设备，胶卷当天即可冲洗，业务量开始大增。2002年，企业改制中，实现国有资产和职工身份置换，转为个人经营。2003年，贷款20万元，购置彩色照相冲印放大一体化设备。2005年，又购置数码照相及冲印设备，发展到电脑打印立等可取。2007至2010年，营业收入95万元，实现利润24万元，上缴税金6.8万元。

贵夫人婚纱影楼　1986年5月成立，个体经营，原名和平照相馆，开始在县东操场东南角租用平房2间、20平方米，投资1500元，开展摄像业务。1995年，搬迁到县城中街，改名贵夫人婚纱影楼，成为全县第一家婚纱影楼。2002年起，更新设备，最早涉足专业化数码冲印，以"简洁、传神、永恒"摄影风格，得到广大客户青睐，具有婚纱摄影、外拍、专业化妆、后期制作、婚礼策划及礼仪服务等一条龙服务功能。2010年，拥有资产25万元，职员4人，其中中级技术员1人，初级1人。1986至2010年，营业收入112万元，实现利润35万元，上缴税金13万元。其中2007至2010年，营业收入70万元，实现利润19.5万元，上缴税金6万元。

好小仔发型会所　原名好小仔发艺，个体经营，创建于2003年8月，开始投资2万元，在城关派出所2楼租赁营业房15平方米，购买理发设备，招聘员工2人，经营理发业务，年营业收入4.5万元。2005年，搬迁至畜牧局一楼，租用营业面积20平方米，招聘员工4人，年营业收入10万元。法人郑益飞毕业于天津文怡美容美发艺术学校，1998年从事理发。1999至2000年，先后在北京、上海等地学习、参赛、观摩。2001年，被西峰大自然美容美发学校聘请，担任初级班、高级班、晚装盘发班导师，曾代表庆阳市美发界参加甘肃省第二届发型化妆大赛和首届敦煌神韵形象设计大赛，获金奖。

三、食品经营

中华人民共和国成立前，县内生猪、活羊、鲜蛋，除群众自食外，大部分由私商收购经营。生猪、活羊由牙行和猪羊贩子收购，赶运陕西三原、泾阳、长安一带出售。

20世纪50年代初，县内无食品经营专门机构，机关、部队、学校、工厂所需肉食，均在自由市场购买。1954年，开始由供销社收购生猪、活羊两个品类。当年收购生猪21头，活羊

520只。1956年，成立甘肃省食品公司镇原县分公司，承担全县食品经营购销业务，实行计划管理。业务范围扩大到生猪、活羊、鲜蛋三个品类。公司根据计划，全面组织购销，基层供销社代购。是年，收购生猪3513头，活羊4643只，鲜蛋14300公斤。1957年，食品公司在屯字、肖金、平泉、孟坝、马渠建立食品收购组，在组织收购和委托基层供销社代购的同时，全面承担县内各种肉食供应。

1962年，根据中共中央"一条鞭"经营要求，食品部门下伸收购网点，扩大购销业务范围，全面安排市场，除家禽、鲜蛋仍委托供销社收购外，其余食品购销业务，由食品公司承担。生猪收购实行奖售政策，每交售一头猪，一等奖布票8尺，二等奖6尺，三等奖4尺，四等奖3尺，五等奖2尺。养猪户每养猪一头，发给生猪预购定金10~15元，采取"上门看猪，合格发证，定时定点，预约收购，毛斤计价，出肉率定等"办法，调动群众养猪和交售肥猪积极性。羊只实行派购政策，依存栏总数6%计算淘汰，按淘汰数一半定收购任务。鲜蛋收购实行奖售政策，交售鲜蛋1公斤，奖供食糖0.2公斤。当年收购生猪2995头，活羊6626只，鲜蛋26500公斤。除生猪下降外，活羊、鲜蛋分别比1956年增长42.7%和85%。

1970年代，每交售一头猪，不分等级，奖售布票2尺。凡毛重百斤以上生猪，另奖粮食15公斤（后改为达到收购起点奖售粮食15公斤，超起点每超1公斤奖粮1公斤）；收购绵羊一只，奖布票1尺，收购山羊一只，奖粮票5斤，取消鲜蛋奖售政策。1975年，全县收购生猪24200头，比1962年增长7.1倍，收购活羊15200只，比1962年增长1.3倍，收购鲜蛋84300公斤，比1962年增长2.2倍。

1980年，肉食市场逐步放开，取消凭证供应。生猪、活羊取消派购，鲜蛋退出计划购销，并取消各种奖售政策。是年，收购生猪50200头，比1975年增长1.07倍；收购活羊9300只，比1975年下降39%；收购鲜蛋344800公斤，比1975年增长3.1倍。1981年起，多种经济成分并存，个体户跻身食品经营，生猪、活羊、鲜蛋允许上市，多渠道流通，国营食品部门收购减少。1985年，收购生猪30836头，比1980年减少39%，收购鲜蛋221350公斤，比1980年下降36%。1998年，国营食品部门退出经营，转入市场自由贸易。

四、物资经营

镇原县经营物资主要有金属材料、木材、建筑建材、轻化、机电产品。金属材料有钢材、生铁、铁合金等品类。钢材品种包括重轨、轻轨、大中小型钢、带钢、线材、中厚钢板、薄钢板、优质型钢及无缝钢管、接缝钢管等二十多个品种；生铁包括铸造生铁、铸铁管等；铁合金品种包括硅铁、锰钢等十多个品种；木材主要有原木和板方材两大类，品种有红松、白松、云杉等近二十个品种；建筑材料有水泥、玻璃、油毡、石棉、砖瓦、云母、滑石等；化轻产品有硫酸、烧碱、纯碱、橡胶轮胎等；机电产品有混凝土搅拌机、钢筋拉伸机、电动葫芦、电焊机、发电机、电力电缆、裸钢线等。诸物资多属计划分配产品。

中华人民共和国成立前，镇原属于自给自足的自然经济。工业品类多属木制品、毛织、棉织、丝织、皮制物、石陶制物和金属制品锁、铃、镫、镢、锄、斧、刀、钉、环等，多从外地运入，民间自由贸易。陕甘宁边区时期，镇原解放区主要由商业贸易部门经营粮油、棉花、布匹、食盐等生活资料。中华人民共和国成立后,在国民经济恢复时期,生产、生活物资由小商小贩经营。第一第二个五年计划期间,由国有商业公司和供销合作社根据消费需求,购销生铁、钢材、木材、铅丝等物资及双轮双铧犁,播种机等新式农具。

20世纪1960年代,按照“保重、保主、保粮、保钢”工作要求,在庆阳地区物资局直接领导下,县物资供应站组织职工深入基层,调查摸底,掌握产、供、需情况,重点保证小农具等生产资料的加工制造,支援农业生产。1965年,全县供应黑色金属296.7吨,钢材115.2吨,水泥195.8吨。全年销货额46431元。1969年,镇原县物资供应站成立,全年共组织供应钢材177吨,水泥705吨,木材430立方米,完成销售额47万元。

1970年代起,贯彻国务院关于“计划不变,保证重点,区别对待,灵活安排”16字工作方针,按计划进货,按计划供应,重点保证全县小水电站、农田水利、道路、交通、桥梁、县办骨干企业和社队企业建设。1972年,县物资局成立,当年销售钢材236吨,水泥2300吨,木材1021立方米,分别比1969年增长33%、2.3倍和1.4倍,商品销售132万元,比1969年增长1.8倍,实现利润8万元。

1975年,全县基本建设增多,钢材、水泥用量增加。当年供应钢材393吨,水泥2380吨,分别比1972年增长66%和3.5%,销售木材463立方米,比1972年下降55%,完成销售额130万元,与1972年基本持平,实现利润2.1万元,比1972年减少5.9万元。1976年起,增设零售门市部,降低零售起点,分斤破两,分尺破寸,水泥直供到工地。经营上实行“三不四优先”,即不伤农、不卡农、不坑农;优先组织货源、优先分配、优先供应、优先运送。1980年,物资销售147万元,比1975年增长13%,实现利润3.53万元,比1975年增加1.33万元,其中钢材销售531吨,水泥销售2418吨,木材销售1039立方米,分别比1975年增长35%、1.6%和1.2倍。

1980年代前期,加强计划管理,统管物资,按上级分配指标进货,其他物资,按需要和计划进货,勤进快销,减少库存,加快周转,加强经营责任制,实行销售指标和责任到人。1985年,全县物资销售180万元,比1980年增长41%,其中主要材料钢材销售398吨,水泥1811吨,木材682立方米,分别比1980年下降33%、33.5%和52.3%。1980年代后期,指令性计划减少,指导性计划增多,市场开始实行平价、议价“双轨制”价格。物资部门除组织购进计划内物资外,还跑市场,寻求适销对路物资,多渠道采购,保证全县重点建设项目需要。1990年,全县物资销售106万元,比1985年减少69.8%,其中钢材销售300吨,水泥销售900吨,木材销售160立方米,均比1985年大幅度减少。

1990年代前期,物资市场基本稳定,全县固定资产投资增加,基本建设速度加快。物资经营部门紧抓“三材”(木材、钢材、水泥)等重要物资资料,进行供需衔接,直接与建设单位、施工企业见面,跑市场、联系用户,组织对路货源,拓宽销路。1995年,完成物资销售额230万元,比1990年增长98%,其中钢材销售502吨,水泥销售1821吨,比1990年增长67.3%和1倍多,木材销售124立方米,比1990年减少29%。

1990年代后期,物资资料退出计划管理,物资市场进一步放开,形成多家经营,多渠道进货。“三材”等主要生产建筑材料,由生产企业、建设单位和施工企业直接从厂家和批发市场进货,物资部门独家经营格局被打破,物资经营逐年萎缩。1997年,由于亏损严重,流动资金缺乏,物资部门6个公司处于停产半停产状态,全年销售钢材369吨,水泥3179吨,木材110立方米,除水泥销售上升外,其他物资销售量均下降。销售额减少到186万元,比1995年下降23.6%。1998年,国营物资部门退出经营阵地。经2001年11月6日县审计局财务审计,物资总公司(除已出售屯字物资公司和临泾物资站)资产总额128万元,负债总额456.7万元,资不抵债328.7万元,累计亏损419.16万元,申请人民法院依法进行破产。

五、烟草经营管理

清时,县内开始种植晒烟(习称“旱烟”),主要在蒲河一带三岔、庙渠等乡村,后发展到全县,以三岔庄门烟最为有名,除满足自家吸食外,少量上市场销售。吸烟者,老少皆有,烟叶成为人们生活中不可缺少的嗜好品。民国时期,卷烟开始在县内销售,一些较大私人商号设有销售专柜,农村集镇,商贩设点摆摊或走村串户销售。

中华人民共和国成立后,县人民政府将卷烟销售列为重要工作任务,成立经营机构,组织货源,满足群众所需。1951年起,晒烟列为国家计划购销产品,各互助组及后来的农业社、生产队作为多种经营生产项目,按计划面积种植,供销社负责收购外调。1954年,省公司在镇原组建贸易公司,承担县内卷烟批发经营。1958年,引进试种烤烟,1963年推广种植,供销部门收购外调。1968年,全国烟叶饱和,未予收购。1977年,国内烟叶紧俏,有的生产队恢复种植。1979年,糖业烟酒公司承担县内卷烟组织调运和批发,自设门市销售,商业供销部门设烟酒副食门市销售。

1981年,农村实行家庭联产承包责任制,晒烟成为部分农户经济收入来源之一,扩大种植,所产烟叶以市场销售为主,供销社收购为辅。1985年起,烤烟发展,晒烟停止收购,转为市场调节。1986年7月,烟草经营业务从糖酒公司析出,成立县烟草专卖局和烟草公司,下设屯字、平泉、孟坝卷烟批发站,实行烟草专营;各商业、供销网点和个体经营商店均设卷烟零售门市和专柜,接受专卖管理。1988至1997年,镇原烤烟种植、烟叶收购兴盛。1998至2001年,全国烟叶库存过剩,压缩生产。2001年,贯彻国家烟草专卖局《关于严格控制烟叶种植面积的紧急通知》,烤烟种植以调整布局和强化管理为重点,实行合同种植收购。

2002年,烟草公司在三岔增设卷烟批发部,在县城设专卖门市部。卷烟零售由股份制商场、超市和个体综合商店持证经营,专店专柜销售。2007年起,烤烟种植基地调整转移,镇原再未收购。

20世纪90年代新城乡烤烟收购现场

(一)烟叶收购

早时,晒烟由农民自产自销,自己贩运。中华人民共和国成立后,晒烟由各级供销社收购调运,少部分供应当地市场,大部分调出。1953 至 1959 年,共收购晒烟 1000 担,年均 143 担。1958 年引进试种烤烟。1961 年起,国家对晒烟实行交售奖励政策,规定每交售 50 公斤晒烟奖售粮食 7.5 公斤。

1963 年,烤烟收购分 3 个部位 10 个等级,价格有所提高。当年供销社收购 301 担,收购总值 2 万多元。1965 年,烤烟收购增加级外和碎烟两个等级,每公斤 0.38 元。1967 年收购烤烟 2100 多担,收购值十万余元。1969 年起,受烤烟市场饱和影响,连续 8 年未收购。同年取消晒烟奖励粮食政策,次年实行奖售化肥政策,即每交售 50 公斤晒烟,奖售化肥 10 公斤。1960 至 1976 年,供销社年收购晒烟 800 担左右。1977 年,供销社恢复烤烟收购。1978 年,烤烟收购执行国家标准价格,实行 10 级制,每公斤收购价格中黄一级 2.36 元,二级 1.74 元,三级 1.3 元,四级 0.92 元;上黄一级 1.94 元,二级 1.42 元,三级 0.84 元;青黄一级 1.44 元,二级 0.92 元,三级 0.60 元。1982 年,执行国家十五级标准价格,中上等烤烟价格提高。

1983 年起,国家加强烤烟收购计划管理,对超计划和无计划收购烤烟价格下浮 20%。按浮动价格收购的烤烟调拨供应价不变,差价部分用于改进烤烟生产技术和添置收购储备设施。至 1985 年,9 年内供销社累计收购烤烟 8 万多担,晒烟 3000 担。此后,晒烟不再作为商品烟,取消收购。

1986 年,县烟草公司承接烤烟收购、管理、销售和调运业务,当年收购烤烟 1.56 万担,实现收购值 151.82 万元,上交税金 60.72 万元。1987 至 1990 年,烟草公司收购烤烟 15.3 万担,收购值 1728.29 万元,其中 1990 年收购 4.76 万担,实现收购值 555.91 万元,上交税金 223.36 万元。1991 至 1992 年,收购烤烟 19.3 万担,收购值 2546.42 万元,交税 1018.57 万元,返还扶持费 376.14 万元。1993 年,国家调整烤烟质量差价和收购价格,调高上中等烟差价,降低下等和青烟价格。当年收购烤烟 12.05 万担,其中上等烟占 79.8%,收购总值 1859.53 万元,交税 607 万元。

1994 至 1995 年,收购烤烟 32.37 万担,收购值 6218.88 万元,实现税收 2500.47 万元。1996 年,对收购人员进行岗前培训,统一质量标准,统一验收眼光,统一收购纪律,收购烤烟 41.07 万担,占全区收购量 40%,收购总值 8188.1 万元,同比增加 519.33 万元,交税 3920.42 万元,同比增加 2054.28 万元。1997 年起,实行合同种植,限量收购,至 2000 年,4 年收购 28.76 万担,实现收购值 4193.25 万元,上交税金 1217.68 万元。2001 至 2006 年,共收购烤烟 16.43 万担。2007 年起,省上未下达收购计划,烟草部门停止收购。

(二)卷烟购销

民国时期,卷烟已行销县内,主要有“大前门”“红金”“中华”“哈德门”“友谊”等。中华人民共和国成立后,卷烟由国家统一货源、统一调拨销售。1954 年,甘肃省贸易公司在镇原组建公司,设批零门市 2 个,将卷烟经营列为一项重要业务,开展销售工作。货源由上级公司从西安、兰州统一组织调进，分配县公司销售外，按比例批发给一些私商进行销售，有“骆驼”“红金”“中华”“友谊”等20多个品牌。1957年，卷烟纳入计划商品范围，县公司按照上级下达卷烟分配指标，从咸阳批发站调入，按供区人口，参照历史消费水平，批发各基层供销社、各公私合营商店、合作商店及合作小组，卷烟品种分甲乙丙丁4个等级，甲乙级烟有“中华”“牡丹”“双喜”“大前门”“恒大”“东南”等品牌，数量充足，丙丁级烟有“红金”“黄金叶”“老刀”“玉叶”“双兔”等，品种较多，适合大众消费水平，占总销量70%以上。1959至1961年，三年困难时期，卷烟货源紧缺，供不应求。除“铁塔”“山羊”“双鱼”“白象”“经济”等杂牌烟实行高价供应外，甲乙级烟凭票供应给县团级以上党政军干部、革命功臣、高级知识分子和其他特供人员。

1962年起，国民经济基本好转，卷烟货源增多。1966至1978年，西峰卷烟厂建成投产，增加“卫星”“董志塬”“子午岭”“板桥”“红莲”等香烟，调入“燎原”“友谊”“大雁塔”“宝成”“飞马”“金钟”“兰州”“墨菊”“大渡河”“喜梅”“延安”“三门峡”“岷山”“山丹花”“花果山”“陇东”“芒果”等省内外烟品，敞开供应。1979年，县糖业烟酒公司建立三级批发站3个，给公社供销社提供卷烟货源，面向农村销售。

1980至1984年，卷烟销售逐年上升。5年间购进卷烟9477箱，销售7807箱，年均1561箱。1985至1987年，购进卷烟5302箱，销售6066箱，年均2022箱，比上期年均增长29.5%。1988至1989年，市场嘴烟畅销，平装甲乙级烟适销，低次烟滞销，县烟草公司组织适销对路产品，经营品种由76种增加到124种，主销“兰州”“山丹花”等地方烟品种，并向省外推销低次烟，调剂余缺。两年购进卷烟6443箱，销售6278箱，年均3139箱，比上期增长55%，其中省内烟4719箱，省外烟1559箱。

1990至1992年，将销售地方产烟作为振兴老区经济、支持地方烟草工业发展的大事，实行地产烟优先基层、优先农村、优先个体户的销售措施，采取职工销售地产烟与浮动工资、奖金挂钩办法，竭力推销以“山丹花”“兰州”为主的地方烟系列产品，基本形成多层次、多档次、多品种卷烟市场。3年销售卷烟11523箱，其中地产烟9233箱，占总量80%。

1993至1995年，以购得进销得出为原则，以提高经济效益为目的，强化市场意识、竞争意识和商品意识，注意发挥指导、管理、服务、协调作用，注重信息指导作用和价格杠杆作用，对货源紧缺又热销的“海洋”烟适当上浮价格，对一些价格较高优质烟随行就市，价格能高则高。3年卷烟购进9929万元，销售10220万元，年均3407万元，其中省内烟9151万元，占总量89.5%。

1996至1998年，畅销地产烟货源不足，滞销烟品种增多，省外烟利润越来越低，市场疲软。烟草部门为销售地产烟，采取送货上门、预约销售、建立流动供应点、延长营业时间等措施，扩大销售覆盖面。凡省产烟牌号，一个不剩摆上柜台，不搞低价竞销，对无市场的地产烟，烟草公司与烟厂捆在一起，实行保本的努力销，亏本的主动销。3年卷烟购进13602箱，销售14149箱，年均4716箱，比1997年增长8.4%，其中地方烟销售10572箱，占总销量74.7%。

1999至2000年，地产烟销售难度加大，县烟草部门成立地产烟宣传促销领导小组，制订促销实施方案，由主要领导挂帅，出动宣传车，悬挂横幅标语，张贴宣传字画，宣传地产烟新品种；强化工作措施，加大地产烟进货；严格省外烟购销合同，给地产烟腾出市场空间；选择零售商户，设信息联络员，加强市场信息反馈，及时调整经营决策，地方新产品上柜率达90%以上，市场覆盖率95%以上，其中珍品“兰州”已成为全县接待迎宾和礼尚往来的主要用烟，代替“好猫”“壹枝笔”“芙蓉王”等省外烟。两年卷烟购进11047箱，年均5524箱，比前3年平均购进增21.8%；销售11313箱，年均5657箱，比前3年平均销售增19.9%，其中地产烟销售9547箱，占总销量84.4%，比前期上升10个百分点。

2001至2005年，确立订货品种，加大地产烟购进；以网络建设为重点，以市场控制力和占有率为目标，将零售户入网销售率、送货率、毛利率作为考核主要内容，推行“全面访销、全面配送、管销结合、访送一体”运行机制，加大市场专卖检查力度，规范经营行为，取缔无证经营，解决无证供货和批零一价问题；培育省外烟12个品种28个规格，城区市场培育三类以上品牌，农村培育三类以下品牌。全县有专卖户1316户，5年间销售卷烟29221.4箱，年均5844箱，比上期年均增长3.3%，其中地产烟销售28207.5箱，占总销量96.5%，比上期提高12个百分点。

2006至2010年，营造公平市场环境，解决有限卷烟货源和结构偏低矛盾，严格落实品牌购入、退出管理规定，培育重点骨干品牌，除主营省内烟品外，购进省外8个品牌12个规格，实现卷烟销售稳定增长、销售结构稳步提升、市场价格稳定。全县专卖户发展到1613个，5年销售卷烟40092箱，年均8018箱，比上期年均增长37.2%，其中地产烟31596箱，年均6319箱，占总销量78.8%；省外烟8496箱，年均1699箱，占21.2%。

（三）烟草专卖管理

清代及民国时期，烟草在市场上占有一席之地，种植户及经营者只按国家税收政策交纳一定数量税金。陕甘宁边区时期，边区政府曾多次发布命令、布告，严禁外产烟进入边区销售，防止消耗边区财力，但仍有少数奸商，贪图厚利，偷运、销售外产纸烟。边区政府成立缉查委员会，严厉打击不法商贩走私活动，确保边区经济发展。

1949年10月至1985年，商户只有工商业经营许可证，发放和注销由行政管理部门负责，烟草由供销合作社与糖业烟酒公司管理。1986年，烟草经营按特种行业对待，除工商部门登记、发放经营证照外，还必须由烟草专卖局核发专营许可证，但只有政策规定，没有法律依据，遇到一些具体问题无法处理，因此，无证经营禁而不止，市场管理管而不严。1986至1990年，共查处各类违法烟案58起，罚款6084元。

1991年，《烟草专卖法》颁布，举办轮训班和培训班，利用三轮摩托车，到平泉、孟坝、屯字、城关等地散发宣传资料2100份，提高群众学法、守法、执法自觉性，全面检查整顿全县烟草市场。1992至1994年，贯彻执行《烟草专卖法》和国务院《关于进一步加强烟草专卖管理的通知》精神，加强专卖力量，改善办案条件，与工商、质检、公安、交通部门联系，齐抓共管，主动出击，采取查堵等措施，严厉打击长途贩运、无证经营、自由批发等不法行为，违法违纪现象得到有效遏制。

1995至1997年，贯彻国家四部局《关于严厉打击卷烟走私、整顿烟草市场的通告》精神，以打私、打假、清理整顿卷烟自由批发市场为重点，依靠地方政府，配合公安、工商、质监等部门，动员广大群众检举、揭发违法行为，采取查、堵、管办法，加大打击力度。1998年，烟草专卖局稽查队成立，配有专职稽查人员5名，稽查专用车1辆。1999年，贯彻全区专卖工作会议精神，在烟叶收购工作中，县政府组织公检法、工商、税务等部门，强化道路检查，严厉打击非法贩运，保证烟草收购工作顺利进行。2000年，重点查处无证贩运卷烟案，陕西省乾县长留乡老鸭嘴和城关镇三元村3个王姓农民无准运证，从宁夏固原购得青岛卷烟厂生产的软"哈德门"卷烟150件，总值12万元，利用陕D-08804号货车运载，为逃避检查，用鸡蛋盘伪装，于元月21日凌晨途经镇原境内时，被县烟草专卖局执法人员和公安干警联合查获，根据烟草专卖法有关规定全部予以没收。1991至2000年，先后查处违法违章烟案494起，罚没款59万余元，没收走私烟229条，假冒烟1256条。

2001至2002年，加强对专卖政策法规宣传，利用"3·15"消费权益保护日，举行假冒烟识别活动，开展烟草专卖市场整顿，以"四无"（无摆卖走私烟、假冒烟；无没证经营卷烟；无非法批发卷烟；无乱渠道购销卷烟）为目标，清市场、断渠道、打团伙和堵源、截流、端窝点，解决暗运输、暗销售、暗送货、暗批发问题，在国道309线设卡，配备稽查人员15人，昼夜蹲守，查处无证运输软"哈德门"卷烟240件，价值19.8万元，查处无证运输91起，在三岔路口查收无证运输违法卷烟166件，价值31.54万元。

2003至2004年，重点打击走、贩、假和非法批发卷烟，在公安部门配合下，捣毁贩藏假冒卷烟窝点一处，查获假冒珍品"兰州""海洋"卷烟851条，标值2.3万元，进行集中焚毁。2005年，县烟草专卖局与西峰、庆城、环县配合行动，在省道211线，查处非法运输卷烟726条，价值6.3万元。2006至2010年，开展全县乡镇村组卷烟零售户普查，加强卷烟市场管理，从严打击非法收购烟叶、无证贩运卷烟等违法活动，净化烟草专卖市场。

六、食盐专营

食盐在历史上即为国家专利经营商品，汉代实行官卖专营。宋代除官卖外，也有私商经营。明代，食盐实行"开中法"，国家利用专卖权，规定商人将粮食运到北部边境粮仓，便可向官方换取贩卖食盐专利证券盐引，凭盐引到指定盐场领取食盐，运到指定销售区销售。清代，商人用钱、粮、马匹换得盐引，引有定额，照额征税，凭引运销。民国初期，食盐实行自由贸易。县内民众长期食用陕西定边、宁夏盐池青盐和浪盐，由民众用车推、肩挑、畜驮供应。

民国二十五年（1936年），陕甘宁革命根据地建立后，陇东分区及八路军驻地在孟坝、三岔等地建立光华商店、盐业公司、贸易公司等公营商业门店，开展食盐、土产贸易。二十九年，陕甘宁边区镇原县生产供销合作社承担食盐运输销售任务。三十年九月起，增加军民供应，实行官督民运、分购统销政策，在县北解放区设立盐运委员会，下属1个总队、5个大队，扩大民营客店，发展食盐运销业。三十一年，国统区食盐实行专卖。陇东分区根据边区政府制定的公盐运输实施办法，规定食盐每次每驮发足盐75公斤外，加发途耗7.5公斤。对公盐驮运中因自然灾害造成损失的，政府酌情补偿。三十二年，政府又规定公盐以75公斤为一驮，三分之二交政府，三分之一由驮户自销，采取入股分红、公私两利、私利大于公利的办法分红，如盐价跌落，发生亏本，政府给予贷款或津贴。三十三年，合作社运回食盐，除供应当地军民外，多数销往县外市场。三十五年，国统区取消专卖，恢复自由贸易。

中华人民共和国成立初期，食盐仍由合作社和群众从定边、盐池运销至县内市场，由私营摊贩销售给群众。1950年，县供销社开展零售业务，实行散装供应。1954年12月，庆阳盐务支局在镇原设立推销处，专司食盐经营。1950年代末，停止私盐运销，由盐务局专供，基层供销社承担农村市场供应，逐步占领农村食盐销售市场。1960年代初，食盐实行凭证定量供应。1965年起，取消限量，敞开供应，年销售食盐250吨左右。1973年，商业部门配合地方病防治工作，开始食盐加碘，仍散装供应，在太平、孟坝等重点地方病区设点销售。

1979年，镇原县糖业烟酒公司成立，兼营食盐，从湖北孝感、四川久大、甘肃漳县组织进盐，实行散装盐粉细加碘，与县商业综合批发站共同负责批发，各基层供销社向群众零售。1986年7月，烟草业务分出，盐业仍由糖酒公司经营，全县年均消费食盐400吨左右。1990年起，加强盐业市场管理，组织人员查处贩运私盐案件，查缴私盐。1994年，开始实行食盐零售经营许可证制度。

1997年7月，在全省率先成立镇原县盐务管理局和盐业公司，实行盐业专营。1999年食盐实行小袋包装，每袋1公斤，由县公司自行分装。全年销售食盐320吨，收入205万元。2000年后，包装减小，以500克袋装为主。当年销售食盐300吨，收入200万元。2004年，取消公司自行加工小袋盐政策，统一由盐产地供配小袋硒碘盐，销售食盐178吨，收入264万元。2005至2010年，注重营销网络建设，先后建立代转批网点16个，中盐连锁店10个，终端零售户1876个，年销售食盐180吨左右，收入300~400万元。

七、酒类商品管理

中华人民共和国成立后，酒类商品由商业主管部门管理，每年组织人员进行检查，发现问题，及时解决。1999年，开始对酒类商品监督管理，建立酒类行政执法责任制度，逐步将酒类专卖市场管理纳入法制化轨道。至2004年，每年定期不定期检查酒类市场，打击假冒伪劣酒类商品，净化酒类市场，维护消费者利益。

2005至2007年，开展专项整治活动，对全县酒类市场整顿8次，查处违法违规案件8起，没收假冒伪劣酒16瓶，申报办理酒类商品批发许可证1户，备案登记酒类经销企业13户。

2008至2009年，镇原县商务局制订《关于开展酒类企业专项检查整治工作实施意见》，成立稽查工作组，分3次对全县生产、批发、零售酒类企业进行清理、登记备案和整治，摸清全县酒类商品流通企业和经营户387家，登记备案367户，登记备案率94.8%，建立动态档案，实行跟踪监控；清理出生产散白酒企业21户，销售散白酒企业和经营户30家，签订生产销售安全责任书，发放“不得向未成年人销售酒类商品”警示牌166面，对清理出证照不全和无照经营者，下发限期整改通知书40多份。

2010年，加强酒类市场监管，加大节假日市场检查整治力度，配合质监、公安、工商等部门，全年出动执法人员59人次，检查酒类经营户200多家、企业39户，下发整改通知书60多份，签订散白酒销售安全责任书28份，发放警示牌200多面，登记备案酒类零售企业100户，累计登记431户，占酒类经营户97%。

1949~2010年镇原县社会商品零售总额

表15-5-1 单位:万元

年份	社会商品零售总额	国有商业零售额	年份	社会商品零售总额	国有商业零售额	年份	社会商品零售总额	国有商业零售额
1949	–	–	1970	1237.50	1224.81	1991	7292.00	2183.00
1950	107.42	5.42	1971	1437.88	1425.82	1992	8654.00	1674.50
1951	119.84	11.84	1972	1564.31	1553.09	1993	8519.00	1516.00
1952	123.20	34.20	1973	1825.39	1815.29	1994	12936.00	2503.00
1953	205.00	92.66	1974	2298.34	2289.75	1995	14648.70	4039.80
1954	334.42	222.22	1975	2226.28	2219.55	1996	17002.70	5140.00
1955	369.60	279.60	1976	2095.70	2077.00	1997	17048.20	3551.00
1956	466.02	283.02	1977	2991.19	2953.79	1998	17999.00	5775.00
1957	499.20	445.00	1978	3041.96	2940.46	1999	17800.40	–
1958	595.30	576.80	1979	3614.74	3395.35	2000	20299.70	8652.00
1959	752.70	733.70	1980	3355.11	3042.81	2001	19227.00	–
1960	673.66	656.66	1981	3006.28	2640.86	2002	23140.30	–
1961	560.00	536.00	1982	3413.81	2928.21	2003	31100.00	–
1962	676.85	646.59	1983	3408.32	2853.84	2004	40155.40	–
1963	576.93	561.53	1984	4099.00	1628.00	2005	46440.10	–
1964	640.78	627.24	1985	4766.00	1955.00	2006	53234.70	–
1965	829.15	814.65	1986	5644.41	2066.89	2007	62247.20	–
1966	934.07	921.60	1987	5777.59	1977.74	2008	79425.60	–
1967	952.43	938.74	1988	7659.21	2315.53	2009	100147.80	–
1968	878.48	683.94	1989	8724.00	2415.18	2010	118183.00	–
1969	1197.95	1184.17	1990	9386.00	2815.00			

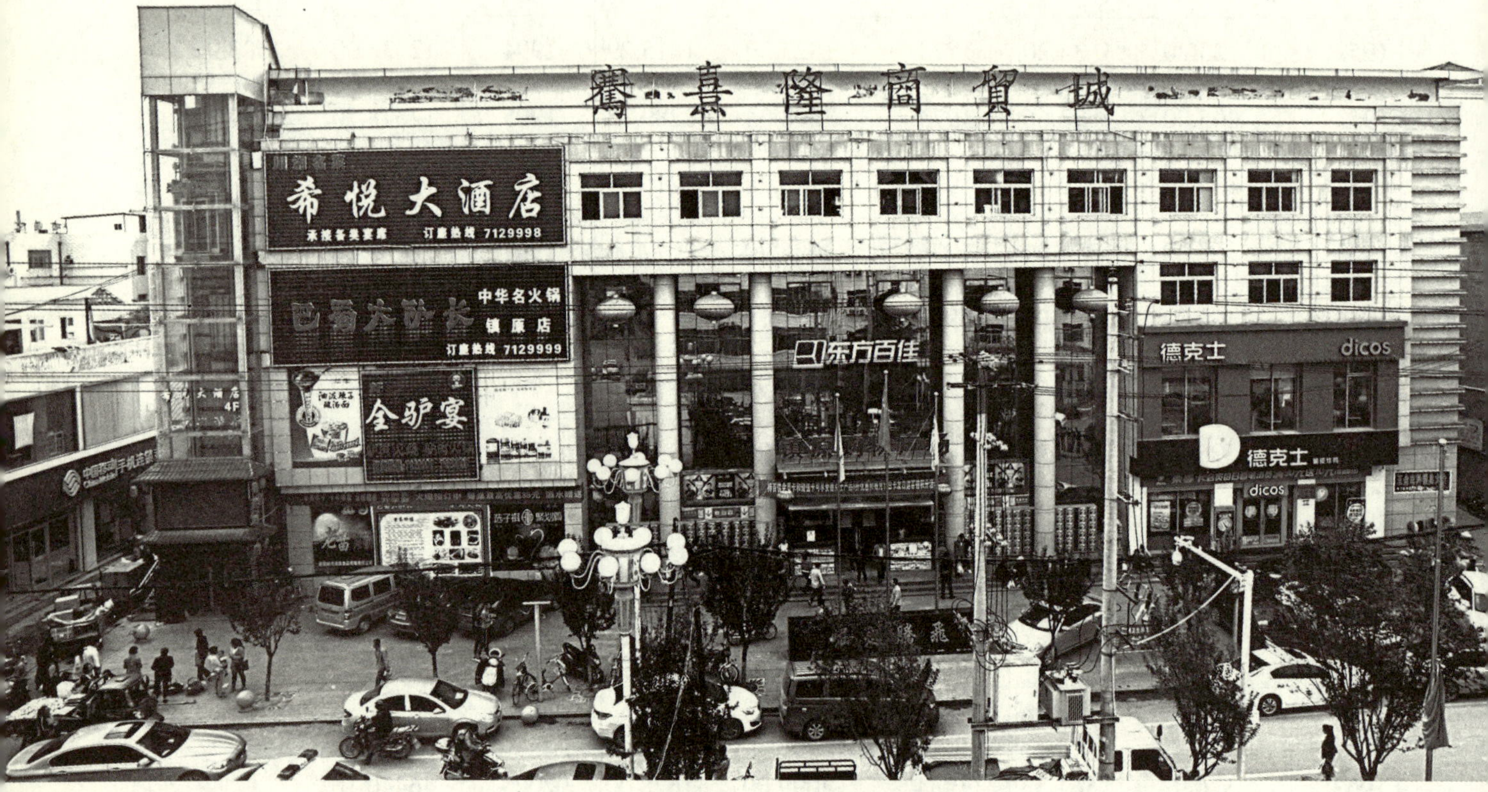

百佳超市镇原店　张富诚摄

第十六章　供销合作社

镇原供销合作事业创立于20世纪30年代中期，发展于中华人民共和国成立后，在服务农业、发展农村经济、促进农民脱贫致富方面发挥了重要作用，但由于种种因素，供销合作社在几十年服务中，背上沉重的经济包袱，经营越来越艰难，加之机制不活，不能适应商品经济要求，通过改革重组，专业合作社获得新生，继续发挥为农服务的作用。

第一节　机　　构

一、民国时期机构

（一）镇原解放区合作社

民国二十五年（1936年），陕甘宁边区政府号召群众集股组织区乡消费合作社。二十八年，三岔区消费社成立。二十九年五月，在孟坝成立边区镇原县供销合作社。三十一年，成立孟坝消费社。三十三年，解放区石佛、马渠、新集区办起合作社，区乡政府机关办理小型消费合作社4个。三十六年，国民党军队占领边区后，解放区合作社解散。

（二）国民党政府统治区合作社

民国二十八年（1939年），国民政府甘肃省农村合作指导委员会派指导员来镇原，在国民党辖区指导创办合作事业，组建信用合作社99个。三十年，国民党县政府设立合作指导室，受县政府和省合作指导委员会双重领导，在国统区设4个指导区，每区设指导员1人。三十四年，民国政府实行新县制，重新建立具有兼营特点的乡镇保合作社组织172个，其中信用合作社102个，乡镇消费社8个，保信用社62个。三十八年七月二十九日起，民国政府办的合作社90%撤销解散，少数被人民政府接收改造。

二、中华人民共和国成立后机构

（一）管理机构

民国三十八年八月，在县城成立镇原县供销合作社联合社，占用县城福音堂办公。1950年，县政府拨款在南门修建县供销合作联合社，有干部11人，设零售门市部。1954年，改称县供销联社，设人秘、计财、业务指导股和经理部，辖14个基层供销社、6个分销店和19个销售店。1957年，县供销联社下属经理部、榨油厂、面粉厂各1个，基层社15个，从业人员

291人。1958年7月，人员、财产、业务并归县商业局，机构撤销，基层供销社下放人民公社管理。1962年，恢复县供销联社，有干部9人，辖经理部和12个基层供销社，共有职工274人。1969年初，县联社机构再次撤销，业务归并县商业服务站。

1976年，县供销合作社再次恢复，列入政府序列，内设政工、业务、计财、农副股，有干部11名，辖县农副公司和20个基层供销社，共有职工422人。1983年，县供销社改称供销合作社联合社，退出政府序列。1999年，县供销联社机关职工14人由企业提成管理费供给转为县财政供给。2010年，县供销合作社联合社内设人秘、业务、计财3个股，有职工28人，其中在职19人，退休9人，为全额拨款事业单位，参照公务员管理。

（二）经营机构

镇原县农副公司 1954年在县城成立县供销社采购供应经理部，有职工13人，设零售、收购门市部各1个，主要经营土产、畜产、日杂、生产资料等，为系统内三级采购批发业务机构。1958年改称县购销站，隶属县商业局。1962年恢复经理部，归属县供销社。1969年扩建为镇原县农副公司，归县商业局管理，1976年归属县供销社。1983年，改为县第一经理部，1988年恢复县农副公司。1990年，公司设有批发部、出口产品加工厂、果品加工厂、木器加工厂、炒果加工厂各1处，零售门市部28间，有职工102人。2000年，在职职工99人，离休干部4人，退休职工22人，年销售收入564.5万元。企业改制时，公司清产核资全部资产1319.7万元，其中固定资产224.1万元，流动资产1095.6万元；总负债4001.8万元，其中银行贷款1337.5万元，经营亏损2664.3万元，资不抵债，无法持续经营。2001年，对银行贷款1337.5万元，与长城资产管理公司达成协议，交现金145万元后，剩余银行贷款核销；资产评估折价，对在职职工置换身份，其中职工22人购买原经营门店，职工77人以入股形式购买公司北院库房及土地，合资建成镇原县骞熹隆商贸城。

镇原县土畜产公司 1978年在孟坝成立农副购销站，有职工12人，承担县北8个基层供销社农副土畜产、日杂、生产资料调拨、批发业务。1983年改称县第二经理部。1988年5月改称县土畜产公司。1990年设批发部3个，零售门市部4个，综合加工厂1个，果品加工厂1个，有职工43人。固定资产48.5万元，流动资金1244万元，自有资金91.2万元，年商品销售总额693万元，缴纳税金7.4万元，累计亏损223万元。2000年，公司清产核资总资产1025.4万元，其中固定资产69.6万元，流动资产955.8万元；负债3756.7万元，其中银行贷款1159.1万元，经营亏损2597.6万元。2001年，由于资不抵债，申请依法破产，按法定程序破产终结后清偿相关债务，资产变现196万元，用变现所得置换全部职工身份，处理遗留问题。企业资产处置给原企业职工。2002年7月破产终结。

镇原县农业生产资料公司 1988年4月从县农副公司析出人员、资金，在原棉花厂基础上成立，隶属县供销联社，承担全县化肥、农药等主要生产资料采购、调运、供应和管理任务。1990年设批发部1个、零售门市部4个、棉花加工厂1个。固定资产4.7万元，自有资金23.8万元。年商品销售总额440万元，缴纳税金4000元。2000年资产总额202.5万元，其中固定资产59.6万元，流动资产142.9万元；负债总额314.7万元，其中银行贷款200万元，经营亏损114.7万元。2001年，与长城资产管理公司达成协议，交付18万元核销银行贷款，房屋及土地竞拍出售给本公司职工，置换职工身份，处理遗留问题。

干果日杂公司　1984年，从县农副公司析出人员、资金，组建成立屯字农副站，隶属县农副公司。1989年9月更名为镇原县干果日杂公司，隶属县供销联社，设批发部、零售门市及产品加工厂，在职职工33人，离休干部1人，退休职工4人，承担屯字塬生产资料供应和农副产品收购、加工、销售任务。2000年，企业总资产222.3万元，其中固定资产19.3万元，流动资产203万元；负债总额1132.8万元，其中银行贷款422.6万元，经营亏损710.2万元。因企业亏损严重，资不抵债，申请依法破产，2002年8月破产终结，用资产变现所得84万元，置换职工身份，处理遗留问题。

镇原县工业品公司　1988年在城关供销社基础上扩建成立综合贸易公司，以经营工业品批发业务为主，承担县城区生产资料供应和农副产品收购业务，设批发部1个、收购门市部1个、果品加工厂1个、零售门市部9个。1990年更名为镇原县工业品公司，有职工59人，流动资金385万元，自有资金55万元，年商品销售总额306万元，缴纳税金6.7万元。1997年经县政府批准将工业品公司进行剥离分立，成立镇原县城关中心供销社。2001年进入破产程序，2003年破产终结。

镇原县供销贸易公司　1992年3月，县供销联社加挂供销集团总公司牌子，在深圳设立分公司，有职工6人。同时在开边成立供销集团总公司开边果品厂，进行杏制品加工。1993年将深圳分公司和供销集团总公司开边果品厂合并为镇原县供销贸易公司，使用县供销联社办公楼2间房屋办公，有正式职工15人，果品厂在开边继续生产经营，并租赁原镇原县汽车站候车室5间开展日用百货和化肥批发业务。1996年，由于果品厂经营不善，致整个公司资不抵债，停止经营活动，职工在供销系统分流安置。1997年依法破产。

镇原县平凉储运公司　1993年9月成立，选址在平凉四十里铺部队营房隔壁，占地6.4亩，资产总额262725元，有职工5人，以经营工业品业务为主。因经营不善，连年亏损，1998年申请依法破产，部分资产偿还银行债务，部分资产处理后偿还其他债务，职工在供销系统内分流安置。2000年，破产终结。

基层供销社　1951年，成立肖金、孟坝、屯字、中原、马渠、临泾区供销合作社。1952年，成立太平、新城、平泉、开边、新集、城关、上肖、曙光等基层供销合作社，达到一区一社。1958年7月，基层供销社下放人民公社管理。1963年，基层社减至10个。1976年，恢复建立基层供销社20个，下设分销店4个、代购代销店209个，共有职工422人。1990年，有基层供销社19个，分销店32个，代购代销店219个，共有职工622人。1995年，有基层供销社19个，分销社37个，农村双代点169个。1997年，有基层供销社20个，在职职工644人，离休干部8人，退休职工179人。2001至2003年5月，平泉、三岔供销社资产竞价拍卖出售，大部分土地及门市部出售给本社职工从事个体经营；其他18个供销社，由于资不抵债，亏损严重，依法进入破产程序，资产竞价拍卖，用变现所得置换职工身份，处理遗留问题。20户基层社资产总额3580.5万元，其中固定资产224.8万元，流动资产2005.7万元，负债总额

3704.3万元，银行贷款2217.2万元，亏损额5409.1万元。资产变现收入1474万元，支付置换费847万元，支付欠发职工工资157万元，支付清算等改制费用225万元。至此，全县基层供销社退出竞争性行业。

第二节 经营体制

镇原供销合作社创办于抗日战争时期，当时陇东解放区和国民党统治区均始办合作事业。民国二十五年(1936年)，陕甘宁边区政府号召群众集股组织区乡消费合作社。二十八年，三岔区消费社成立。同年，国民政府甘肃省农村合作指导委员会派指导员来镇原，在国民党辖区指导创办合作事业，组建信用合作社99个，有社员3981人，股金10862元。

二十九年五月，在孟坝成立边区镇原县供销合作社。三十年，国民党县政府设立合作指导室，受县政府和省合作指导委员会双重领导，在国统区设4个指导区，每区设指导员1名。

三十一年，边区孟坝消费社成立，和三岔区两社共有社员6705人，股金14万元。三十二年，贯彻陕甘宁边区提出的“克服包办代替、实行民办公助”方针，由官办转向民办，合作区社普遍清理退还摊派的股金，兑现红利，实行“入社自愿、退股自由、按期分红、民主管理”办法，保证兑现，取信于民，出现群众竞相入社投股热潮。

三十三年，解放区石佛、马渠、新集区办起合作社，区乡政府机关办理小型消费合作社4个。三十四年，民国政府实行新县制，重新建立具有兼营特点的乡镇保合作社组织170个，其中信用合作社102个，乡镇消费社8个，保信用社62个，有信用社社员5459人，股金总额95208元。三十六年，国民党军队占领边区后，解放区合作社解散。镇原全县解放后，民国政府办的合作社90%撤销解散，少数被人民政府接收改造。

1950年，成立镇原县供销合作联合社，辖三岔区合作社，共有社员626人，股金1695元。1951年，成立肖金、孟坝、屯字、中原、马渠、临泾区合作社，此后，又成立太平、新城、平泉、开边、新集、城关、上肖、曙光等基层供销合作社，达到一区一社。至1952年，全县供销社发展到11个，有社员15682人，股金24813元。各供销社召开社员代表大会，选举理事会、监事会，建立民主管理制度，并按照上级社为下级社服务，基层社为社会服务方针，建立上下统一的管理体系。

1954年，县供销合作社联合社改称县供销联社，成立采购供应经理部，辖14个基层供销社，6个分销店和19个销售店。1957年，县供销联社辖经理部，榨油厂、面粉厂各1个，基层社15个，农村分销店7个，零售店61个，从业人员291人，社员股金扩展到17万元。

1958年7月，人员、财产、业务并归县商业局，机构撤销，基层供销社下放人民公社管理。1962年，恢复县供销联社，有干部9人，辖经理部和12个基层供销社、20个分销店、62个代购代销店，共有职工274人。入股社员8.9万人，股金12.9万元。1963年，基层社减至10个。

1969年初，县联社机构再次撤销，业务归并县商业服务站，经理部改称农副公司。1976

年县供销合作社再次恢复，列入政府序列，设政工、业务、计财、农副股，有干部 11 人，辖县农副公司和 20 个基层供销社、4 个分销店、209 个代购代销店，共有职工 422 人。1978 年成立孟坝农副产品购销站。

1983 年，县供销社改称供销合作社联合社，退出政府序列。县农副公司改为县联社第一经理部，孟坝农副购销站改为第二经理部。1984 年，县农副公司析出人员、资金，组建成立屯字农副站，仍由县农副公司管理。1987 年，撤销供销联社农副股。1988 年 4 月，在农副公司棉花厂基础上成立镇原县生产资料公司，承担全县化肥、农药等主要生产资料采购、调运、供应和管理工作，在城关供销社基础上扩建成立工业品公司，以经营工业品批发业务为主，承担县城区生产资料供应和农副产品收购业务。第一经理部改为农副公司，第二经理部改为土畜产公司。1989 年 9 月，屯字农副站更名为镇原县干果日杂公司，隶属县供销联社。1990 年，综合贸易公司更名为镇原县工业品公司，隶属县供销联社。供销系统含农副、土畜产、生资、工业品、干果日杂 5 个公司和农产品加工厂 4 个、基层供销社 19 个、分销店 32 个、代购代销店 219 个，共有职工 622 人。

1992 年 3 月，成立镇原县供销贸易公司。1993 年 9 月，成立平凉储运公司。至 1995 年底，供销系统含 7 个公司，19 个基层供销社，共 26 个独立核算企业，37 个分销社，169 个农村双代点，门市柜组 347 个，共有职工 1318 人，其中在职职工 1070 人，离退休人员 248 人。1997 年，供销贸易公司破产还债，人员分流；工业品公司与城关供销社剥离注销，成立城关中心供销社，平凉储运公司人员分流。1998 年，平凉储运公司依法破产，至年底，供销系统共有农副、农资、土畜产、干果日杂 4 个公司、20 个基层供销社。

2001 年有 2 个公司、18 个基层供销社依法破产，2 个公司和 2 个供销社与长城资产管理公司达成协议，交付部分现款豁免剩余贷款，资产由国资部门收购拍卖。基层供销社延伸网点，全部拍卖给个人经营。至此，原供销系统下属企业不复存在。

2002 年，根据省供销社规定，县企改领导小组下发《供销社改革后重组意见》，重新起步开始供销社重组工作。2008 年，县政府办下发《关于加快新农村现代流通服务网络建设工作实施意见》，县联社制订《关于加快农村现代流通服务网络建设实施方案》，新网工程建设起步，按照有场地、有人员、有标志、有制度、有网点标准，以农民专业合作社登记注册，挂供销社和农民专业合作社两块牌子，一套人马开展为农服务。2009 年，国务院出台《关于加快供销社改革发展的若干意见》，省、市、县政府先后下发贯彻意见，明确供销社性质、目标、任务，供销社建设全面启动，建办基层社，按突出农资网络，带动日用品、农副产品、再生资源网络办法，开展新网工程建设，至 2010 年，全县供销系统建成庆阳市丰茂农产品有限公司、旭赋经贸有限责任公司等 5 个，屯字新远顺农产品等专业合作社 18 个，农资商品配送中心 4 个，协会 3 个，村级综合服务社 77 个，庄稼医院 13 个。

第三节 体制调整改革

中共十一届三中全会后，全县供销合作社从逐步调整经营体制到扩大企业自主权、社有自营、利润包干、抽资承包经营、破产分离和动产权、转机制、变身份等体制改革，供销合作社发生脱胎换骨变化。

一、初步调整经营体制

1980年起，逐步缩小计划管理商品范围，对三类农副产品和完成国家任务后一、二类农副产品，按"随行就市、协商议价、高进高出、低进低出"原则进行议购议销，同时开展代购、代销、代储、代运业务。农村实行生产责任制后，开始改变主要生产资料只供集体不供个人的经营方式。

二、扩大企业自主权

1982年起，拓宽进货渠道，与个体户建立批发业务关系，扩大企业在计划、业务经营、财务支配、定价、职工管理等方面自主权，在全系统22户企业中试行经营责任制，克服分配中的平均主义。

三、全面体制改革

1983年上半年，开展清股分红，扩股工作，共清股72828个，股额533469元，发放红利50115元，平均每股分红0.69元。新扩股44897个，股额407069元，入股面占总农户18.8%。县社及20个基层供销社普遍召开社员代表大会，以民主方法选举产生各级理事会、监事会，并增加农民社员领导成分，增强供销社组织群众性，管理民主性，经营灵活性特点，密切同农民联系。同年，县供销合作社更名镇原县供销合作社联合社，成为经济实体，接着将代购代销点改为独立核算、自负盈亏村办或自营商店。

四、"社有自营"改革

1992年，实行两种承包经营责任制，第一种是实行风险抵押，利润大包干，即包死基数，差额自补，超收归己，承包费以前3年经营实绩，参照市场行情、流动资金、固定资产占有及各项提留等因素分别确定，包出347个门店，占门店总数60.8%；第二种是实行百元销售和百元利润含量工资制，在"五定三包"（定人员、定费用、定库存、定差价、定财产损失和包销售、包利润、包安全）基础上，风险抵押，集体承包，零售门店和收购网点按销售（收购）额含30%~40%，利润含量60%~70%核发工资，包出224个门店，占门店总数39.2%。管理人员全部实行购、销、利三百含量工资，打破原有工资级别，按百分制分成。

五、三项制度改革

1992年，贯彻省委《关于搞活流通若干问题的通知》和《关于进一步加强供销社工作的通知》，全县供销系统推行"学重庆"、落实四放开和进行劳动、人事、分配三项制度改革试点，落实企业经营、价格、分配、用工自主权，引导企业转换机制，强化管理，增强活力，逐步成为多渠道竞争中具有自主经营、自负盈亏、自我发展、自我约束能力的商品生产者和经营者。经营放开，除实行专营、专卖和国家指定归口经营商品外，其余商品均放开经营；价格放开，除国家、省、地、市管理商品和原材料价格按规定执行外，其余商品价格实行市场调节，由各企业自行定价；分配放开，按照国家、集体、个人三兼顾和按劳分配原则，将职工收入同企业经济效益挂钩，在保证国家多收、企业多留前提下，职工收入上不封顶，下不保底；用工放开，企业自主用工，多种形式并存。供销联社制订“四放开”改革方案及实施细则，企业实行“三岗”（上岗、试岗、待岗）、“三制”（聘任制，全员合同制，内部待业制）和“双辞”（企业有权辞退违纪职工，职工有权辞职谋求新就业）制度，将全系统干部职工全部改为合同制，签订劳动合同，打破职工终身制，破除干部与工人、固定工与合同工身份界限，形成干部能上能下、职工能进能出用工新机制。

六、利润大包干

1992 年，县供销联社抽调干部 3 人，用 20 多天时间，在临泾供销社进行承包责任制试点，将 10 个零售门市全部以利润大包干形式承包给职工，随之，在 8 个供销社 3 个公司推行，次年全面推开。

七、抽资承包经营

1996 年，县供销联社在工业品公司和三岔供销社进行抽资经营试点，将承包门店铺底资金，抽回一部分现金，通过银行转贷到个人名下，将工业品零售门店承包给个人经营，这样既减轻企业资金压力，又降低借贷资金风险，对富余人员实行买断工龄、自谋职业、提前退休、停薪留职、离店经营等途径分流，对企业招用临时工进行清退，对有严重经济问题和长期自流职工予以除名或辞退。至 1998 年，供销系统 20 个基层供销社和 3 个公司 337 个门店柜组实行多种形式承包经营，占门店柜组总数 84.7%，参与承包职工 479 人，占全部上岗职工 64.7%，给承包经营者铺底商品 617.5 万元，人均 14196 元。企业抽回现金 119.17 万元，占铺底资金 19.3%，银行转贷给个人名下资金 140.93 万元，占铺底资金 22.8%。承包经营门店向税务部门月缴税金 33514 元，人均 77.04 元，向企业月交承包费 78295 元，人均 163 元。全系统分流富余职工 372 人，其中除名解除劳动关系 8 人，一次性辞职 56 人，清退不符合条件临时工 25 人，退休和提前退休 21 人，停薪留职、自谋职业 115 人，离店经营 30 人，请长假 117 人；对停薪留职和离店经营者，收回风险责任金 78.7 万元。

1999 年，采用股份合作制、库房经营设施租赁、带资分流等措施，促使内部管理及后勤人员进入经营第一线，增加收入，自挣工资，至年底，除临泾供销社因股金风波未实施改革外，其他 23 户企业后勤管理人员和农资、农副产品经营者，租赁门店 56 间、库房 203 间、其他经营设施 23 处，为企业增收 11.6 万元；对已承包工业品零售门店，继续抽回铺底资金 249.2 万元，占全部铺底资金 65.3%；按照管理与经营分离原则，全面核算内部管理和工资补贴定额，将从事管理和经营人员工资分离。按经营规模大小，核定管理人员，管理人员除核算每月发给一定数量管理补贴外，其余工资靠自己经营取得；对设在乡镇的基层大社按 2 人、中社 1.5 人、小社 1 人、农副公司 4 人、土畜产和干果日杂公司各 1.5 人核定管理人员补贴，全年支付管理费 26.4 万元，较上年支付 73.2 万元减少 46.8 万元。

八、破产 剥离改革

1997年，对资不抵债，扭亏无望的供销贸易公司依法实施破产，清算评估资产201190元，除归还农行营业部65027元、新城信用社4000元、中原信用社54713元、南川信用社5666元、城市信用社14453元、太平信用社63313元外，剩余资产不足支付破产费用，县法院宣布破产终结，不再清偿，职工在供销系统内分流安置；对县工业品公司与城关供销社资产实行剥离分立改革，剥离出原工业品公司亏损199.61万元，通过银行同意挂账停息，终止工业品公司经营活动；城关供销社资产26.38万元，按流动资产对待，减轻企业负担，维持经营。2000年，对资不抵债，扭亏无望的平凉储运公司申请依法破产，清算评估资产26.27万元，用于破产期间职工生活费和破产费用1.98万元，支付破产待业职工生活费1.85万元，清偿所欠房产税、土地使用税0.77万元，剩余资产21.67万元，清偿债权单位债务，清偿率为15.25%；庙渠供销社因贷款债务，被庙渠信用社诉至庆阳市中级法院，庙渠供销社土地、房屋被强制执行还债，使其资产缩小，频临停业。

九、“动产权 转机制 变身份 增效益”改革

2001年，贯彻地委、行署《关于进一步深化企业改革的意见》，县委、政府统一部署，从县直机关抽调干部72人，组成24个工作组，深入各企业，全面进行“动产权、转机制、变身份、增效益”改革。至2002年底，县土畜产公司、干果日杂公司和城关、南川、临泾、曙光、屯字、上肖、太平、孟坝、新集、方山、殷家城、庙渠、马渠、开边、武沟、郭原、中原、新集18个基层供销社因亏损严重，资不抵债，依法实施破产；农副公司、生产资料公司和平泉、三岔两社与长城资产管理公司达成协议，用现金偿还长城公司及信用社债务196万元，豁免剩余贷款2573万元，随后，国资部门委托县供销社进行公开出售和变价拍卖。20户破产企业和4户不良资产处置企业拍卖出售收入2369.6万元，用于置换职工身份，以2000元起步，工龄每年400至1000元，最高不超过20000元标准，置换职工身份788人，占全部职工845人93.3%，支付置换费1255.5万元。企业与职工签订身份置换协议书，解除职工与企业劳动合同关系，补发退休人员180人拖欠生活费133.1万元；一次性安置抚养人员72人，支付抚养费72.42万元，兑现社员股金78.1万元。职工身份置换后，507人购买原单位经营门店设施，继续从事经营活动，其他职工离开企业，自谋职业。

在改制过程中，县政府运用法律武器，拆除11户个体户在企业院内强行修建的房屋16间，收回拖欠资金55725元，解决遗留问题42件，置换职工身份25人，累计置换813人，占从业职工96.2%。改制后部分职工因年龄大等原因未能重新就业，生活出现困难，民政部门对失业职工给予最低生活保障。基于供销系统改制前未参加社会统筹保险事业，改制后养老保险成为职工关心的迫切要求，2003年开始，供销职工多次上访，县委、政府重视，据实反映，积极争取。2008年9月，庆阳市政府办公室印发《庆阳市集体企业职工参加基本养老保险社会统筹工作指导意见》，为尽快解决供销职工遗留的养老保险问题，县供销联社及时成立领导小组，在劳动、社保等部门指导配合下，开展通知人员、宣传政策、征求意见、确定身份、采集信息、汇总上报等工作，至2010年底，供销系统为原有企业1101名职工

缴纳社会统筹保险金，参加社会基本养老保险，参保率95%；为到达退休年龄职工325人补缴少量养老统筹金，办理退休手续，领取基本养老金。

第四节　供销合作社经营

民国二十八年（1939年），镇原解放区消费合作社成立，设有门市部、信用部、木匠部和骡马店，经营资金187万元。各合作社联络商人，推销皮毛、甘草等土产，采购食盐、棉花、布匹等日用消费品，开展盐运、纺织、加工等生产，以供军需民用。

抗日战争爆发后，解放区各级政府推进供销合作事业。三十一年，供销合作社贯彻陕甘宁边区政府《关于扩大合作经营的决定》，收购推销土产，供应军民日用必需品，组织生产和供应犁铧等紧销农用生产资料，支援发展农业生产，发动群众去盐池运盐，开展副业生产，给私商代办货物等，合作社经济成为根据地经济的重要组成部分。

三十三年三月，孟坝大什字7家骡马店在公营陇东盐业公司扶持下，成立骡马合作社，资金公私各半，实行公私二八分红，在服从盐业公司领导，执行政府命令前提下，开展业务，做到"公私兼顾，公私两利"。合作社与各店户之间，在统购草料等方面统一合作，又保持各自独立核算，在业务上开展竞争，取得良好经济效益，颇具影响。同年八月，《解放日报》报道镇原大什字骡马店和庆阳驿马骡马店时，称之为"是一个创造"，是民办典型。三十五年，解放区4个消费合作社年销售额十多万元。三十六年，国民党军队进攻陕甘宁边区时，合作社损失惨重。

1952年，国家通过价格优待、委托代购代销、提供低息贷款、减免税收等措施扶持合作社，增强其经济实力。合作社在业务上坚持"面向当地、面向生产、面向社员"方针，采取与农业互助组订立产销合同办法，加强农副产品收购，组织地方货源，供应群众生产、生活必需品，并给予低于市场价优待。当年，全县供销社收购总值26万元，完成国家委托收购任务，总销售额34.2万元，比上年增长1.9倍。

1953年，对供销社进行整顿，纠正单纯追求利润、重大宗轻小宗、重供应轻推销、重生活资料轻生产资料违背社员利益和办社宗旨倾向，改善经营管理，端正经营方针，增加生产资料新品种和扩大零售网点，促进购销业务。全年完成农副土畜产品收购额33万元，比1952年增长26.9%。农业生产资料供应和生活资料销售额分别为7.4万元和58.4万元，比上年增长1.4%和1.2倍。

1955年起，供销社业务项目齐全，上下经营网络贯通，承担县内手工业管理业务，通过加工订货、组织生产合作社（组）等形式，促进手工业走向合作化道路；通过调整农村市场公私经营比重，开展私商批发业务，逐步形成农村商品流通主渠道。1957年，供销合作社在城乡经济交流中成为国有商业助手，担负着农村市场日用工业品和副食品供应及棉、麻、烟叶、茶叶、畜产品收购等业务。各级供销社组织供应农业生产资料，增加化肥、农药等新品种，帮助农民发展粮食生产，以"合同预购"和"民主评议"等办法，加强收购工作，组织工业品下乡，保证群众生活资料供应。1957 年，农副产品收购额 159 万元，比 1953 年增长 3.8 倍，商品总销售 529 万元，比 1953 年增长 7 倍。

1958 年“大跃进”中，在“左”的思想指导下，实行所有制“升级”“过渡”，取消各级供销社民主管理机构，停止股金分红，在经营上受“大购大销”错误思想指导，出现乱收滥购、任意赊销、空付货款现象，造成商品大量积压，损失严重，资金周转缓慢，效益下降，而群众生产生活一些必需品却严重短缺。1958 至 1960 年，收购农副产品总额 439 万元，年均 146 万元，商品总销售 2206.3 万元，年均 735 万元。

1962 年，在国民经济调整中，恢复供销合作社服务功能，创办贸易货栈，沟通城乡流通渠道，组织调剂农业生产资料，集中解决集体耕畜、铁木农具严重短缺问题，扶持农村副业生产和多种经营，促进农业生产恢复。在内部管理上，开展“三清”（清理资金、清理商品、清理账目）工作和“六好”（政治思想好、生产完成好、技术革新好、民主管理好、安排生活好、学习成绩好）职工运动，健全管理制度，改善经营方式，调动职工积极性。1965 年，农副产品总购进 297 万元，比 1962 年增长 1.3 倍，商品总销售 814.6 万元，比 1962 年增长 27.2%。

“文化大革命”中，供销合作社被撤销，各项管理制度受到批判，但日常购销业务并未中止，经营业仍有发展。1975 年，全县农副产品购进 658 万元，商品零售额 1779 万元，均比 1965 年增长 1.2 倍。

1976 年起，供销机构再次恢复，政策稳定，各项规章制度健全完善，管理加强。1980 年，农副产品收购达 1131 万元，比 1975 年增长 71.9%，商品总销售 2244 万元，比 1975 年增长 26.1%，实现利润 98.5 万元，上缴税金 60 万元，分别比 1975 年增长 23.1%和 53.8%。

1980 年起，逐步扩大企业自主权，扩大议购议销，开展综合服务，合理调整供销社网点，扶持农村商品基地建设。1985 年，供销企业商品总购进 1812.6 万元，其中农副产品购进 1636.6 万元，工业品购进 176 万元。商品总销售 5625.1 万元，其中农业生产资料销售 743.1 万元，日用工业品销售 4882 万元，实现利润 70.3 万元，上缴税金 66 万元。

1986 年起，个体工商户进入流通领域，竞争激烈，各级供销合作社发挥网多面广优势，扩大购销业务，至 1990 年，出现购进下降、销售增加、效益下滑、经营亏损局面，全年农副产品购进额 1173 万元，比 1985 年下降 39.5%，商品销售额 7035 万元，比 1985 年增长 25%，出现经营史上第一次亏损 90.3 万元。

1991 年起，商品经营范围进一步放开，个体工商户大量涌现，以经营灵活、价格可商定优势很快占领市场，而供销合作社因为机制不活，统得过死，经营萎缩、效益再度下滑。至 1995 年底，供销系统 26 户独立核算企业，共有固定资产原值 942 万元，净值 597.4 万元，全部流动资金 7171.2 万元，其中银行贷款 6054.3 万元，自有流动资金 1006.9 万元，社员股金 110 万元。当年农副产品购进 732 万元，比 1990 年下降 38%；商品总销售 5972 万元，比 1990 年下降 15.1%，经营亏损 239 万元。经过清查，全系统历年形成经济包袱 4831.8 万元，占全部流动资金 67.4%，占银行贷款 79.8%。

1996 年，供销合作企业人员过剩，经济包袱沉重，经营资金短缺，但仍想法设法筹措资金，寻找货源，组织调运化肥、农膜、农药等生产资料，保证农业生产需要。

1997年，对供销系统政策性亏损进行清理界定和审核复查，全系统清理出政策性亏损5126.3万元，其中中央级452.2万元，省级541.8万元，地级219万元，县级3887.5万元，乡级25.8万元。1999年，对供销企业财务挂账情况进行清理核查，全系统财务挂账资金8921万元，其中1992年前亏损挂账资金1484.8万元（中央认定政策性亏损189万元，省级认定政策性亏损244万元，地级认定政策性亏损219万元，县级认定政策性亏损500万元，企业经营性亏损挂账332.8万元）；1993年1月1日至1998年12月31日亏损挂账7436.3万元（经营统购统销商品形成损失1008.8万元，经营商品形成损失901.3万元，经营非统购统销或商品差价亏损2846.5万元，支付社员股金利息损失95万元，挂账损失363.6万元，其他利息损失2221.1万元）。2000年，农副产品收购减少到411万元，比1995年减收78.1%，商品总销售6684万元，比1995年上升11.9%，其中农业生产资料销售3953万元，占总销售59.1%。

2001年，开始对供销合作社24户企业实施破产还债、产权拍卖改革，原有供销合作社企业退出经营阵地，失去为农服务基层网点。县供销联社制订《供销企业改制后重组意见》，报县企改领导小组转发各乡镇贯彻执行，当年组建起黄花菜、农资、羊绒等专业合作社，其中平泉农资专业合作社和三岔羊绒专业合作社被国家总社列为示范专业合作社。

2008年，贯彻省政府《关于加强农村现代流通服务网络建设工作意见》和市、县政府《关于加快新农村现代流通服务网络实施意见的通知》，县联社制订《关于加快新农村现代流通服务网络建设实施方案》，供销社基层组织建设重新启动，农业生产资料、农副产品、日用消费品和再生资料四大网络建设初具规模，形成以民营为主体，县、乡镇、村三级贯通，以城带乡、城乡互动、功能完善、流动有序、诚信和谐的新农村现代流通服务网络体系。2010年，完成农副产品收购值5663万元。

一、农业生产资料经营

陕甘宁边区时期，镇原解放区合作社将农业生产资料供应作为一项重要业务开展。中华人民共和国成立后，供销合作社受国家委托，担负农业生产资料供应工作。全县各级供销社建立机构，配备人员，修建设施，增加品种，逐步扩大经营业务。经营主要品种有耕畜、农具、化肥、农药、农药器械、农用塑料薄膜等。

（一）耕畜

供销合作社以组织市场交易和直接调整供应两种形式，为农民和社队调剂解决耕畜困难。20世纪50年代初，农业经济开始恢复发展，部分山区交通不便，集市少，农民购买耕畜信息不通，买卖困难。山区一些基层社试办牲畜买卖捎带业务，设买卖登记簿，约定时间、地点，让买卖双方洽谈，经牙纪（经纪）评价成交，受到农民欢迎。

1955年，牲畜市场交由供销社管理，专区合作社办事处和县联社组成工作组，在肖金开展集市交易试点，建立牲畜交易部，聘用交易员，以民主方式选举产生服务部主任和会计，按成交额1%提取手续费，其中的5%作为公积金，15%缴纳营业税，80%支付交易员工资。

1956年，县联社和基层供销社接管县城和农村牲畜市场，对牲畜牙纪、商贩进行社会主义改造，建立牲畜交易部，培训交易员，组织农民直接交流，调剂余缺，制止投机倒把和中间盘剥，方便农民买卖，稳定价格，促使交易量上升。是年，最大的肖金牲畜市场集日上市牲畜150头左右，成交80头左右。

1958至1961年，市场管理过死，牲畜上市较少。庆阳购销站从夏河购进良种公马13匹，分配给镇原2匹。1962年，开放牲畜交易市场，恢复传统交流形式，允许打开地区界限，互通有无，调剂余缺，供销合作社在当地市管会统一领导下，参与耕畜市场管理工作。地区合作办事处组织各县社从甘南购回使役马60匹，分配镇原15匹。1963至1966年，县供销社从内蒙、陕西等地购进批量耕畜，以低于市场价供应给生产队。1968年起，牲畜市场关闭。1974年，县内部分基层社，从区外购进耕畜幼畜258头，就地供应。1978年，牲畜交易市场重新开放，交由工商部门管理。1981年，县内供销社从区外购进家畜876头。1982年县内基层社从新疆、内蒙、甘南等地购进耕畜1756头，供应给农户。1983年起，市场进一步开放，牲畜自由贸易加大，供销社停止经营。

（二）农机具

供销社经营的农具，包括传统的中小农具和半机械化农具两大类。陕甘宁边区时期，主要经营犁铧、犁镶等中小型农具。民国二十九年（1940年）起，国民党对边区进行经济封锁，生产资料供应紧张，解放区供销社除组织生产加工外，克服重重困难到国统区采购犁铧，犁壁等紧缺物资，解决农业生产急需。

中华人民共和国成立后，各级供销社采取就地取材，就地加工，就地供应方针，实行分级管理。县农副公司负责采购、调运、储备和批发业务，基层供销社组织供应。经营种类包括铁制农具犁铧、犁壁、铡刀、锄头、铁锨、镰刀、镢头等；木制农具有木轮大车、推车、木犁、耧、耱、木锨板、杈头、铡墩等；园艺工具有剪枝剪、手锯、切接刀等；车马挽具有各种麻皮绳索、鞍鞯、拥脖等。1952年农机具销售额7.3万元。

1953年，供销社经营品种有双轮双铧犁、双轮单铧犁、播种机、收割机、五铧犁、三铧犁、园艺耙、电动机、柴油机、水车、人力架子车等，全年销售额7.4万元。1954年，成立铁木业合作社，加工生产中小型农具，产品由供销社收购销售，全年销售额8.8万元。

1958年，“大跃进”时期，为适应新修水利工程、深翻地等大规模生产需要，各供销合作社组织供应钢钎、撬杠、铁锤、磅锤、铁镐、深翻锨、深翻犁等，年销售额上升到18万元。

1980年，农村经济体制改革，市场开放，供销合作社发挥经营主渠道作用，经营品种齐全。1990年起，“放开搞活”政策深入，中小型农具一部分上市自由贸易，一部分由个体户经营，供销合作社转向其他生产资料经营。

（三）化肥

供销合作社经营的化肥品种有尿素、硝酸铵、硫酸铵、氯化铵、碳酸氢铵、氨水、过磷酸钙、钙镁磷肥、氯化钾、硫酸钾、复合肥、专用肥、二胺等十多个品种。1950至1980年代初期，国家实行计划管理，省地下达计划指标，县联社和基层供销社经营。1956年农业合作化后，塬区一些农业生产合作社始用化肥，供应量仅1吨。1957年销售2.1吨，1958年增加到10吨。

1960年代初，化肥仍处在试用推广阶段，每年均完不成国家分配计划指标，个别基层社向陕西推销。1963年，各级政府组织社队利用增加的农贷资金，在川塬区推广使用化肥，尿素、过磷酸钙等品种上市，当年销售141吨，农作物增产效果明显，社队对化肥接受能力逐渐提高，销售量逐年增加。1965至1967年，年销售量从234吨增加到945吨，1968年有所减少，1969年增加到1908吨。

1970年代，氮磷钾复合肥、碳酸氢铵、氨水、氯化铵、磷酸二铵等新品种上市，使用范围扩大。社队为提高粮食单产，加大资金投入，销售量持续上升。1970年销售3933吨，1971年销售3917吨，1972年销售4249吨。1975年，分配指标难以满足需要，出现争购现象，全年销售12881吨。

1980年代，化肥年销量一段下降到8000吨左右。1984年起，农民加大农业投入，化肥用量回升，尿素、二胺等品种销售紧俏，供应量不足。1989年，全县销售26161吨。

1990年代初，国家允许生产企业在完成国家计划后，对超产部分自行定价销售，形成平价和议价双轨制价格。各级供销社自行组织大量议价和高价化肥，弥补供应量不足。针对多头采购，多渠道经营、市场混乱，甚至出现假冒伪劣化肥，坑害农民现象，为管好农资市场，维护农民利益，供销系统配合公安、工商等部门，开展化肥市场整顿，取缔无证经营者，没收销毁一批假冒伪劣化肥，净化农资市场。1990至1995年，年销售量在26000~36000吨之间。1996年至2000年，年销售量达40000吨以上，其中氮肥25000吨左右，磷肥17000吨左右，钾肥800吨左右。

2001年起，供销企业改制，产权处置，农资市场放开，货源充足。2003年，开始组建发展农资专业合作社。至2010年，全县化肥销售达63499吨，其中氮肥33855吨，复合肥15299吨，磷肥13964吨，其他381吨。

（四）农药及药械

20世纪50年代后期，开始推广使用农药，只有六六六、滴滴涕、赛力散等品种。1957年，县内首次供应1605、1099等新品种。当年小麦发生病虫害，销售农药4.6吨。

1960年代，高效农药开始大面积推广使用，品种增加。1963年，开始供应白砒、砒酸铅、乐果、鱼藤精、马拉松等。当年销售农药6.6吨。1965年，供应农药达48吨。1966年起，根据“有虫必治，哪里有虫，那里有药和药械”要求，对资金困难社队采取短期赊销等办法供应农药。县公司和基层社两级储备农药为正常年份一年之用。

1970年代，开始购供3911、乐果乳剂等农药，一般年份销量在30~80吨之间。1970年供应农药17吨。1972年全县大面积发生小麦病虫害，农药供应增加到106吨，为1970年代最高，

1980年代，淘汰六六六、滴滴涕等高效高残留农药，粉锈宁、辛硫磷、速灭杀丁、10%灭王星、杀毒矾、甲基托布津、抗蚜威、5%氯氰菊酯等一批高效低残留农药投放市场。农药供

应中，基层供销社向农技专业户开展批发业务，销售门店根据需要拆整为零，供应农民。并开展咨询服务，加强农药市场管理。1985年供应量为11.2吨。1986年有病虫害发生，销量增至177.7吨。1988年生产资料公司成立，设有专库，经营种类有五大类40多个品种。杀虫剂有三氯杀螨矾、1605、甲基1605、1059、敌百虫、敌敌畏、乐果、灭蚜松、抗蚜威、氯化钠、氯硅酸钠、甲基异柳磷、甲基托布津、呋喃丹、速灭杀丁、10%灭王星、杀毒矾、5%氯氰菊酯等；杀菌剂有赛力散、粉锈宁、多菌灵、克菌丹、三氯杀螨醇等；杀鼠剂有磷化锌等；除草剂有燕麦灵、2.4 - D丁酯、除草剂一号等；植物生长素有矮壮素、赤霉素等。

1990年代，农药品种进一步增加，货源丰富。农业技术部门开始经营农药，供销合作社销量减少，年供应量5吨左右。2000年起，供销企业实施产权改革，个体户应时而上，办起庄稼医院，年销售量10吨左右。2010年，全县销售各类农药19.2吨。

农药器械经营始于1957年，当时只有单筒喷雾器和桶式喷雾器及手摇拌种机，对困难农业生产合作社予以赊销，年均销售80台左右。1960年代增加圆筒喷雾器、喷粉器、新式拌种器等品种，年均销量100多台。1970年代增加汽油机动喷雾器，销售对象主要是国营农场和园艺场，年销售200多台。1980年代，农药器械销售对象转为农户，年销量240台左右。1990年代，年销量增加到300台左右。2000年起，销售平稳，多数农户备有喷雾器、喷粉器，处于报废更换阶段，年销量在200~300台之间。

（五）农膜

供销合作社经营的农用塑料薄膜主要有普膜、超薄膜、棚膜等。1980年代，为推广塑料薄膜覆盖栽培农作物、提高粮食产量需要，县农副公司从兰州开始调入，少量经营。1985年，购进16300公斤，销售15080公斤。1991年，全县发展烤烟生产，农膜销售大增，当年销售152吨。1992至1995年，共销售685吨，年均171吨。1996年，全县推广玉米覆膜种植，年销售量增加到200吨以上。2000年起，扶持发展塑料大棚种植蔬菜，年销售量300吨左右。2001至2005年，共销售1402吨，年均280吨。2006年起，地膜覆盖广泛用于粮食作物、蔬菜和西瓜种植，年销售量增加到600吨以上。2008年销售689吨。2010年销量362吨。

二、农副产品经营

农副产品是县供销合作社经营的大类商品，有棉麻、烟、茶、干果调味、干鲜果、土产品、畜产品五大类100多个品种。从本地收购经营的产品有黄花菜、杏仁、杏干、花椒、葵花、核桃、亚麻、羊毛、羊绒、牛皮、羊皮、猪鬃等。上述传统农副土特产品，长时期内多为自产自食或自用，少量上市自由贸易。中华人民共和国成立后，列为国家二、三类农副产品，实行计划收购。1991年市场开放，多渠道收购经营。

镇原黄花菜 又名“金针菜”，全国有名，产量居甘肃之首，质量居西北之首，是镇原县第一大宗农副产品。1954年，供销合作社开始收购。1959年，列为系统主管二类商品，实行统一收购，计划调拨。1960年代初，商品紧缺，为鼓励生产，扩大收购，实行奖励收购，交售每百公斤奖励粮食20公斤，后又增加奖售化肥35公斤。1965年，供销合作社开始扶持生产，投放资金，调剂根苗，扶持重点户栽植，黄花菜由零星栽植向连片种植发展。1978年起，地县将黄花菜生产列为重点产业，从资金、技术、根苗、产品购销等方面予以扶持。全系统先后投放资金922577元，扶持农户栽植黄花菜，大搞商品基地建设，全县达到基地县标准，庙渠、太平、孟坝达到基地社标准。1982年，推广庆阳县"陇东型土烘窑"干制技术。1984年，黄花菜调整为三类商品，退出计划管理，实行自由收购。是年，全县推广"根苗芽切割"繁殖技术，黄花菜得到更快发展。1954至1985年32年间，全县共收购黄花菜5089.45吨，年均收购159.05吨，最好的1985年收购667吨。1980年代末1990年代初，政府加大投资，扶持农户连片种植。供销社组织调剂根苗，派员深入农村进行栽培指导，黄花菜基地建设有新发展。2005年，县供销联社申报《镇原县黄花菜标准化示范区项目》，经过三年实施，2007年8月通过验收，填补镇原黄花菜生产无质量标准空白。1986至2010年25年间，全县总计收购黄花菜7771.3吨，年均310.85吨，最高的1990年收购1568吨，创历史最好水平。最少的1991年仅收购52吨。

镇原杏仁　产量居全省之首，属全国四大产区之一，是镇原县第二大宗商品。杏仁有甜、苦两种，苦杏仁商品量占90%以上。1952年为外贸部门代购，1955年列为国家统管商品，原品调天津口岸出口，后改为产地加工，成品出口。1960年代为鼓励农民交售，每交售100公斤奖售粮食20公斤。1970年代政府鼓励社区、农户栽植杏树，经营部门提高杏仁收购价格，提高奖售标准。1972年起，每交售100公斤杏仁奖售粮食30公斤、化肥10公斤。1983年取消奖励政策，退出计划管理。1985年起，出口调拨扩大到广州、深圳、珠海等口岸，销往西德、美国、丹麦、瑞典、芬兰、意大利、联邦德国和香港地区。1954至1985年，收购4980.8吨，年均155.65吨，最好的1974年收购501吨。1986至2010年，收购5526.4吨，年均221.06吨，最低的2006年仅收购33吨。2010年，收购98.4吨。

杏干　是镇原县第三大宗农副产品，生产历史悠久，多为自产自食。1954年少量收购，1957年开始挂牌收购，销售渠道主要是调拨给庆阳购销站和外贸公司，转销外地。1985年起，除调拨外，还直接向省外销售。1954至1985年，共收购7656.9吨，年均239.28吨，最好的1985年收购603吨。1986至2009年，共收购6673吨，年均278吨，最多的1989年收购910吨，最低的2006年仅收购42吨。2010年，供销社再未购进。

花椒　是多种经营主要项目之一。中华人民共和国成立初，以自产自销和私人门店经营为主。1953年供销社开始收购，销售以系统内调拨为主。1961年，列为系统内计划调拨二类商品，实行奖励收购政策，收购每百公斤奖售粮食10公斤，1976年取消。1980年，花椒改为三类商品，退出计划管理，实行议购议销，经营渠道增多。2000年起，供销社停止收购。1963至1985年，共计收购737吨，年均32吨，最好的1972年收购135吨。1986至2000年，共收购293吨，年均19.5吨，最少的2000年仅收购8吨。

葵花子　早期零星种植，自食自用。1974年供销社开始收购，1976年县内引进推广三道眉、大马牙等良种，推广种植，收购量增加。销售采取省内调拨和直接销售两个渠道。2000年起，供销社停止收购。1974至1985年，共收购3462吨，年均288.5吨，最高的1975年收购800吨。1986至2000年，共收购1269吨，年均84.6吨，最少的2000年仅收购22吨。

干核桃 主要自食,多余部分上市销售。1957年供销合作社开始收购。1961年,实行收购奖励政策,每交售100公斤核桃仁(4公斤干核桃折1公斤核桃仁)奖售粮食25公斤。1966年,改为奖售棉布,每交售100公斤一等核桃仁奖售棉布30米,二等奖售20米,三等奖售10米。1980年,取消收购奖励。2000年起,多渠道经营,供销社停止收购。1965至1985年,共收购1257吨,年均59.9吨,最好的1978年收购193吨。1986至2000年,共收购740吨,年均49吨,最少的1990年仅收购17吨。

绒毛 包括绵羊毛、山羊毛和山羊绒。解放初,供销合作社开始收购,调拨给省土畜产公司销售。1955年,地区畜产公司与基层社签订合同,预付定金,委托收购。省外贸部门拨付丝绸、土绸,用于羊毛换购。政府适当限制民间毛纺和擀毡业,由区乡干部配合,基层社增加网点,组织商贩下乡收购。1958年,实行统一收购政策。1961年将山羊绒、1962年将羊毛划为二类物资,实行派购,购留比例绵羊毛为8:2,山羊毛为9:1,山羊绒全部。1963年,实行奖励收购办法,每交售1公斤,奖励布票1市尺,同时按交售金额40%奖售紧俏工业品。1964年,奖布票减为0.8市尺,取消工业品奖售。1970年和1972年,山羊毛、绵羊毛分别退出派购。1973年,山羊绒改变奖励办法,每公斤羊绒奖售粮食1公斤。1983年,羊绒退出计划管理,实行议购议销。1984年,取消奖励办法。1951至1985年,共收购绵羊毛、山羊毛2499吨,年均71.4吨,最高的1979年收购量达208吨。1954至1985年,羊绒总收购134.8吨,年均4.2吨,最好的1973年收购量达12吨。1986至2007年,羊毛收购367.7吨,年均16.7吨,最高的2004年收购33吨,最少的2007年收购8吨。1986至2010年,羊绒收购1006吨,年均40.2吨,其中2010年收购236吨。

皮张 镇原家畜和野兽皮张资源比较丰富,家畜皮有牛皮、驴皮、马皮、骡皮、绵羊皮、山羊皮、猪皮、狗皮、猫皮,兽皮有野兔皮、狼皮、狐狸皮和獾皮等。供销社收购大宗产品有牛皮、山羊皮和绵羊皮等。1951年,供销合作社受专区畜产公司委托开始收购。1958年,列为国家统一收购物资。1961年绵羊皮、1962年山羊皮列为二类商品实行派购。1963年起,实行奖售办法,牛皮每张奖售棉布10市尺,羊皮每张奖售棉布3市尺。1970年羊皮、1972年牛皮分别列为二类商品,实行计划管理。1973年,牛皮每张增奖化肥15公斤。1984年退出计划管理,取消奖励办法,实行自由购销。1951至1985年,共收购牛皮39454张,年均1127张,最好的1958年收购6875张;收购绵羊皮50.1万张,年均1.43万张,最高的1956年收购5.54万张;收购山羊皮62.31万张,年均1.78万张,最高的1973年收购3.54万张。1985年起,收购逐步被个体商户替代。1986至1989年,收购绵羊皮900张,年均225张;收购山羊皮500张,年均125张。1990年代,供销社再未收购。

亚麻 1961年,县内组织亚麻生产和收购,引进供应铁制亚麻机和木铡刀等设备,并派职工和农村技术人员,到武威学习亚麻生产技术,培训人员,推广亚麻生产技术,组织亚麻生产和收购。1961至1980年,共收购1590吨。

棉花 1970至1975年县内川道少数农户种植,供销社收购27吨,后停止种植。

三、日用工业品经营

供销合作社经营工业品分为六大门类。第一类为棉纺针织品,包括棉布、化纤织布、绸缎、呢绒、针织品等。第二类为百货文化用品,其中百货用品有火柴、肥皂、香皂、布鞋、帽子、化妆品、镜子、纽扣、发卡、牙刷、牙膏、衣针等1000多个品种;文化用品有毛笔、铅笔、水笔、笔记本、墨水、墨汁、纸张、算盘等数十种。第三类为五金交电用品,主要有自行车、家用电器、五金等300多个规格品种。第四类为烟、酒、糖、茶、副食品。烟类主要有卷烟、雪茄烟;酒类有白酒、啤酒、果露酒等;食糖有白砂糖、红糖、冰糖等;糖果副食有点心、饼干、水果糖等。第五类为食盐、煤油等。第六类为日用杂品,包括炊事用具、日用陶瓷、搪瓷、清洁卫生用品、夏凉用品(草帽、凉席、枕席、雨伞、扇子等)、土纸、机制卫生纸、民用建材、钢木家具等。

陕甘宁边区时期,镇原解放区合作社将日用工业品供应作为一项主要零售业务,组织力量从外地采购布匹、毛巾、袜子、烟、酒、糖、针织线等工业品,供军需民用。

中华人民共和国成立后,合作社开展日用工业品经营。国民经济恢复时期,棉花、棉布紧缺,1955年实行计划凭证供应。1956年与国营商业分工,供销社承担农村日用工业品零售业务,不再开展工业品批发。基层社零售工业品,由国营专业公司按计划供货。在国营公司指导支持下,供销社组织工业品下乡,市场供应不断丰富。1957年,工业品零售157.6万元。

1960年代初,日用工业品货源紧缺,部分商品凭票供应,用于换购农副产品。1965年起,商品逐渐增多,供应趋于正常。1970年,工业品零售1035.8万元,比1960年增长16.8%。

1983年,工业品批发市场逐渐放开,采购渠道拓宽,花色品种日新月异。1985年,全系统经营工业品有20多个品类1万多个规格品种。工业品总购进1636万元,零售4882万元。

1990年代,个体商户迅速兴起,工业品市场繁荣,品类增加,家用电器兴起,群众消费观念向高中档日用品转变,供销系统经营额下降。1995年,全系统工业品购进1375万元,零售2217万元。

2000年起,工业品市场繁荣,高中档产品增多,群众消费观念进一步转变,高档名牌产品成为绝大多数消费者追求方向。供销合作社经过体制改革,以新的股份合作制和专业合作社形式出现。2010年,工业品销售9665万元,比1995年增长3.3倍。

1951~2010年镇原县供销社农产品收购及农资供应统计表

表16-3-1　　单位:吨

年份	农产品收购				农资供应		
	黄花菜	杏仁	杏干	羊毛	化肥	地膜	农药
1951	–	–	–	10.60	–	–	–
1952	–	–	–	20.60	–	–	–
1953	–	–	–	33.90	–	–	–
1954	23.60	54.40	70.40	31.70	–	–	–
1955	26.50	53.05	84.20	35.30	–	–	–
1956	95.65	42.85	88.30	51.00	1	–	–

续表

年份	农产品收购				农资供应		
	黄花菜	杏仁	杏干	羊毛	化肥	地膜	农药
1957	130.00	43.00	92.00	50.00	2.10	–	4.60
1958	33.00	19.95	104.00	117.00	10.00	–	1.00
1959	69.00	28.80	107.00	85.00	25.00	–	2.00
1960	48.00	7.10	119.00	110.00	50.00	–	2.50
1961	37.00	0.85	120.00	48.80	60.00	–	3.60
1962	75.00	14.65	133.00	39.00	71.00	–	0.40
1963	191.00	127.60	149.00	64.00	146.00	–	6.60
1964	173.00	51.30	155.00	66.00	118.00	–	18.00
1965	134.00	70.75	178.00	66.20	234.00	–	48.00
1966	142.00	27.70	162.00	57.00	761.00	–	39.00
1967	215.00	91.05	165.00	74.60	945.00	–	9.70
1968	127.00	30.90	170.00	58.80	659.00	–	8.00
1969	141.00	76.95	172.00	70.80	1908.00	–	3.60
1970	183.00	187.95	181.00	69.00	3933.00	–	17.00
1971	224.00	212.60	188.00	80.00	3917.00	–	5.00
1972	148.00	102.40	198.00	93.50	4249.00	–	106.00
1973	51.00	243.50	208.00	91.00	5011.00	–	80.00
1974	116.00	501.25	193.00	93.70	10420.00	–	77.00
1975	167.00	208.00	212.00	110.00	12881.00	–	36.70
1976	70.80	277.50	360.00	152.00	11843.00	–	41.80
1977	107.00	308.00	328.00	172.00	8344.00	–	49.00
1978	200.00	220.90	314.00	188.00	8538.00	–	53.40
1979	210.90	66.15	370.00	208.00	9858.00	–	50.30
1980	174.00	351.70	362.00	26.80	10506.00	–	37.60
1981	127.00	352.30	495.00	36.90	5391.00	–	19.10
1982	50.00	320.00	508.00	25.40	8922.00	–	64.20
1983	364.00	398.65	546.00	24.40	8902.00	–	70.10
1984	569.00	295.00	522.00	18.10	12251.00	–	22.70
1985	667.00	194.00	603.00	19.90	9823.00	–	11.20
1986	104.00	265.00	774.00	19.80	17271.00	–	177.70
1987	875.00	289.00	798.00	17.90	19804.00	–	39.30
1988	888.00	399.00	843.00	15.10	24054.00	–	30.20
1989	997.00	642.00	910.00	11.90	26161.00	–	53.10
1990	1568.00	478.00	903.00	23.70	30289.00	–	44.40
1991	52.00	61.00	65.00	10.00	26249.00	152	2.60
1992	57.00	63.00	72.00	9.50	27022.00	158	3.00

1993	59.30	72.00	78.00	13.00	28008	165	3.40
1994	62.00	85.00	101.00	11.00	31074	175	3.50
1995	65.00	89.00	123.00	15.00	36775	187	5.20
1996	86.00	125.00	104	14.00	40919	219	4.20
1997	105.00	146.00	128	8.60	43954	226	3.60
1998	127.00	168.00	187	10.20	43794	248	4.10
1999	513.00	290.00	280	14.00	44013	250	4.50
2000	126.00	124.00	208	11.00	43232	339	6.70
2001	118.00	130.00	125	16.00	38928	232	4.40
2002	89.00	330.00	62	30.00	27478	184	18.60
2003	237.00	220.00	336	31.00	26707	227	14.10
2004	217.00	142.00	157	33.00	26866	245	10.80
2005	239.00	161.00	152	21.00	32360	514	11.20
2006	140.00	33.00	42	24.00	30861	636	11.40
2007	158.00	113.00	125	8.00	33846	698	7.20
2008	251.00	118.00	52	0.00	37490	689	7.50
2009	242.00	885.00	48	0.00	47078	261	7.00
2010	396.00	98.40	–	210.00	63499	362	19.20

晒小麦　张丕慧摄

第十七章　粮　食

镇原县乃“陇东粮仓”主产区之一，粮食管理工作甚早。远在秦代，开始设立由仓啬夫、仓佐和官吏管理的储备仓、转运仓和常平仓。此后，历朝历代均设有各类仓库，以征收田赋形式向民间征收粮食，并且以最初征收实物为主逐步向“折色”过渡，最后则以征银为主。民间所需粮食在市场自由贸易中取得，只有较大灾歉年份，国家才动用部分库粮赈救灾民。中华人民共和国成立后，逐步建立起适应社会主义的粮油经营管理体系，担负起公购粮收购和城乡粮油供应任务。

第一节　机　构

秦代，北地郡所属县始设粮食和管仓的啬夫、仓佐，负责收存当地赋粮，并有转运仓、储备仓、供应仓之分工，还有以调剂丰歉的“常平仓”。以后各代在县内设立过常平仓、义仓、社仓、预备仓、官学仓等官方和地方粮食机构，均以管理军政粮和备荒粮为宗旨，不参与经营活动。

民国时期，国民党统治区，民间粮食自由买卖，镇原解放区粮食也在民间自由交易。陕甘宁边区政府为在各地之间平粜调剂采购粮食，曾于二十九年（1940年）秋至次年春成立五科（粮秣）管理粮食，征收公粮。三十一年，陇东分区粮食调剂处在三岔设立粮食调剂站，主要任务是了解掌握各地粮价，帮助分区代销粮食，与各机关、商人建立关系，包收斗佣，帮助各仓库征调粮食等。

中华人民共和国成立后，开始建立新的粮食经营管理机构，发展仓储事业，保证全县公购粮收购和城乡粮油供应。

一、管理机构

1951年8月，成立镇原县粮食局，隶属县政府，负责全县公粮征收入库、保管、调度和军政事业粮供给管理工作。1952年12月，改称粮食科。1958年12月改属县人民公社财粮贸部。1959年9月，财粮贸部撤销，重新成立粮食局，直属县人委。1968年，改称粮油管理站革命委员会。1970年12月，恢复粮食局。1985年，局内设人秘、财会、计供、储运、农管5个股，有干部职工15人。2010年，粮食局内设人秘、财务审计、业务3个股，有职工20人，辖粮食稽查队，事业编制5人。

二、基层粮管所

1950年，在接收国民党县政府和边区遗留仓库基础上，设立城关、肖金、平泉3个粮库，有职工19人。1951年，增设屯字粮库。1952年，增设孟坝粮库。1953年，增设中原、新城粮站。1954年，增设新集、马渠、太平粮库。同年，马渠粮库在三岔、城关粮库在开边设立粮站，又在临泾、屯字、孟坝、三岔、肖金、太平、开边、上肖供销社设立粮食代购代销点。1955年，将上述8处代购代销点全部收归县粮食局管理，平泉粮库在原峰设站。至此，全县共有基层粮库(站)13个，职工69人。

1956年，城关粮库在临泾、孟坝粮库在王地庄、屯字粮库在北苟、新集粮库在小方和王寨分设粮站。1958年，肖金粮库划归庆阳县管理，三岔、开边站扩升为粮库。1959年，中原站扩升为粮库，原峰粮站改属其管理。1960年，三岔粮库在殷家城、开边粮库在郭原、新城粮库在小岘分设粮站。

1964年，马渠粮库在庙渠、开边粮库在武沟、屯字粮库在川口设立粮站。1965年，全县粮库统一改称粮食管理所(简称粮管所)。1966年，临泾粮站扩升为粮管所。1967年，平泉粮管所在原芦设立粮站。1971年，增设方山粮管所。1972年，新城粮站扩升为粮管所。1973年，城关粮管所在南川、中原粮管所在湫池分设粮站。1975年，屯字粮管所在寺沟设立粮站。

1976年，增设曙光、上肖粮管所。南川、庙渠、武沟、殷家城、郭原粮站扩升为粮管所，原芦粮站改归南川粮管所管理。1980年，郭原粮管所在朱前庄设立粮站。1990年，将小岘、湫池、王寨、寺沟粮站扩升为粮管所，寺沟粮管所更名为彭阳粮管所。1999年，改建城关粮管所西仓，成立镇原县粮食储备库，属国有粮食购销企业。2000年，川口粮站撤并。2003年，全县有粮食经营企业26户，从业人员578人，占地面积21万平方米，拥有固定资产1402万元，仓容68900吨，年经营量近4万吨，粮食库存量54706吨。

2007年，国有粮食企业全部改制，其中17户粮管所资产拍卖出售，退出经营；9户由原企业职工进行重组，转为股份合作制企业，继续从事粮油经营。2008年，组建成立国有粮食控股企业裕峰粮食购销有限责任公司，统领粮食收购、储存和销售。至2010年，设孟坝、屯字、曙光粮点3处，经营网点4处，库存能力12500吨。全县有股份制粮食经营企业和个体粮食购销户87家，共同繁荣粮食购销市场。

三、城关粮油供应站

1956年，在城关设立粮油供应站，有职工6人，营业面积70多平方米，承担县城机关单位城镇居民粮油供应任务。1959年裁撤，人员业务并入城关粮库。1977年，在粮食局旧址恢复成立城关粮油供应站，有职工9人，营业面积84平方米。1985年，城关粮油供应站有职工11人，设站长、会计、保管各1人，营业员8人，固定资产总值14.25万元，自有流动资金1.3万元，下设粮油供应门市1个，营业面积7间84平方米。2007年，产权改制，由原企业职工进行重组，转为股份合作制企业，继续经营粮油产品。

四、粮食企业

镇原县面粉厂 1958年，在县城上马台建厂投产，隶属县工业局，仅有石磨4台，小型螺旋式榨油机6台，固定资产7.3万元，职工37人，设制粉、榨油和修理3个车间。是年，生产面粉101吨，食油11吨，完成工业产值14万元。1961年划归县粮食局管理。1965年，购置20英寸钢磨3台，建成砖木结构4层楼房制粉车间，固定资产增至22万元，年生产能力增至1000吨。次年加工面粉1004吨，食油197吨，完成工业产值58万元，实现利润2.7万元。1973年，更新榨油车间主要机械设备3台。1977年，扩建制粉车间55平方米，新增主要机械设备2台。1980年，扩建制粉车间小麦清理室。1981年，新增榨油车间机械设备5台，生产能力突破500吨。1983年，以13台新型液压式制粉设备更新落后设备，年生产面粉能力突破3000吨，并增设挂面生产车间和代农兑换门市部。1988年5月，更新制粉车间小麦清理设备3台。1992年，投资335万元，建成制油生产线，年生产能力扩大到5000吨。2000年，拥有主要机械设备38台，总生产能力17500吨，固定资产580万元，完成工业总产值620万元。其生产的胡麻油曾被甘肃省粮食局评为质量"信得过"产品。2001年，企业改制，产权出让给个体经营。

镇原县饲料公司 1983年，城关粮管所开始利用简单设备和粮油副产品加工混合饲料。1985年，成立镇原县饲料公司。国家投资24.5万元，购置100型饲料加工设备1套。当年6月，饲料加工车间建成投产。至1995年，公司年均生产各种饲料1500吨。1996年，企业改制停产。

镇原县粮油贸易公司 1992年8月，经县政府批准成立，属全民所有制企业，实行独立核算，自主经营，自负盈亏。公司下设营业部、粮贸招待所、粮贸酒家。年经营量5000吨以上，年均实现利税20万元以上。2007年，改制停办。

镇原县裕峰粮食购销有限责任公司 2008年成立，属国有控股企业，下属孟坝、屯字、曙光3个粮点，从业人员13人，承担省级1950吨和县级1万吨储备粮储存、收购和销售工作任务。2010年，公司占地面积4.9万平方米，有固定资产1209万元，从业职工21人，经营网点4个，库存粮食10195吨。

第二节 粮油征收

镇原县历代皆征田赋粮。宋代，原州年征田赋粮4万石。明嘉靖时(1522至1566年)，年征赋粮34394.32石，其中夏粮5553.69石，秋粮28840.63石。

清代，田赋民地年实征本折粮27790.1石，本色起运粮403.7石，本色官学仓粮637.9石，折色粮26748.4石，实熟并开垦征本色粮96.2石。雍正五年(1727年)，全县额征本色粮5367.2石，荒免2899石，实征2468.2石。光绪三十三年(1906年)，全县征赋粮634.4石。

民国初，赋粮征收沿袭清制，分本六折四比例粮银同征。正粮之外，每石加征耗羡1.5斗，盈余粮5.5斗，百五经费0.5斗，以及上粮、验粮、斗斛、底面等衙门陋规。十五年(1926

年),全县征收赋粮 644.7 石。此后,驻省军队粮秣供给长期处于混乱状态,有动用仓储赋粮者,有直接向民间摊征调拨者。二十三年,民国要员入主甘肃,明令取消赋粮附加,为"围剿"红军的粮草供应,赋粮征收猛增至 22785 石。二十四年,又征收赋粮 21285 石,原征屯粮改征民粮 208.6 万斗,增征丁银 27.7 万元。

二十六年,国共第二次合作,内战结束。抗日战争开始后,赋粮征收有所减轻。全县田赋地丁正项 208.62 石,粮石附征耗羡米 31.29 石,粮石附征百五经费 10.43 石。二十九年,征收赋粮数额未有大的变动。三十年,国民政府开始实行战时粮食管理制度,赋粮全部收归中央统管,一律改征实物,实施中将原赋粮四成折色改征本色,又将地丁草束按亩折合小麦 1.6 斗标准改征粮食,当年全县征收赋粮和借粮各 11381 石,合计 22762 石。

三十一年,随赋粮征购军粮,按"征一购一"比例统购。当年全县共征购 20973 石,其中实征 10532 石,实购 10441 石。三十二年,在征购之外又增加"征借",并代征地方附加粮。借征粮食不付现款,不计利息,只发给"粮食库券",规定分五年平均偿还或抵交赋粮,但后来"粮食库券"废除,对征借粮食只在缴纳田赋凭证上加以注明,既未偿还,也未付款。当年全县共征粮 29136 石。

三十三年,国统区田赋科以不同土地收益按二十税一原则,重新厘定为三等九则,每亩最高收益 1.8 石科粮 9 升,最低收益 0.2 石科粮 1 升。新定科则较之旧制增赋极多,上等地增加三四倍,下等地增加二三十倍,若加征借之数,上等地增至七八倍,下等地增加五六十倍。当年田赋征实 18542 石,征借 8195 石。解放区征收饲料粮、附加粮 9750 石。

三十四年四月,省临时参议会将征额核减,每亩一至八则各减四合,九则减五合。八月,抗战全面胜利,国民政府曾颁布命令,免征当年田赋,甘肃省决定分两年豁免,但全县征借及地方附加粮仍实征 10538 石。解放区征收救国公粮 2766 石。

三十五年,国统区继续"征一借一"和附加地方粮,共征粮 13796 石,赋粮、借粮各 6898 石。另负担国民学校教师和县乡自卫队及其他方面各种额外摊派粮,当年共征摊派粮 12830 石,几乎与征借粮相当。解放区征收救国公粮 4500 石。

三十六年,国民政府划陇东地区为"绥靖区",恢复三级粮食管理体制,将赋粮划归地方管理,中央、省、县分别按三、二、五比例分成,继续加征军粮一倍,并带征省县公粮三成。当年额征田军公粮共计 33751.083 石,实征 32403.8 石,其中田赋粮 14034.873 石,军粮 14158.465 石,公粮 4210.462 石。解放区征收救国公粮 6800 石。

三十七年,国统区额征田军公粮 32051.572 石,实征 32280 石,其中田赋征实征借各 14034.8 石,附加 4210.4 石。是年六至十月,另行摊派军粮 12830 石。解放区改征农业税 10500 石。三十八年,解放区征收农业税 9090 石。

1950 年,对已土改的老区,执行《陕甘宁边区农业税暂行条例》,每人扣除 9 斗麦子免征点后,统一按上年评定产量 15%计征;未土改地区和新解放区,依照调查评定之常年产量 13%计征,并统一带征 15%地方附加粮。当年全县实际完成公粮 6950 吨(代金 0.9 万元),地方附加 375 吨。

1951 年，公粮继续执行上年征收办法，全年实际征收 9500 吨（代金 0.8 万元），地方附加 330 吨。1952 年土地改革后，土地占用发生变化，征收办法做相应调整，地别减至 24 级，压缩基差，最低 1 级农户全年每人收入粮食 75 公斤不满 100 公斤，征收 7%。最高 24 级收入粮食 970.5 公斤以上，征收 30%，并统一征收地方附加粮 10%。当年全县征收公粮 5500 吨（代金 1.4 万元），地方附加粮 250 吨。

1953 年 12 月，开始实行粮食统购统销，将粮食购销纳入国家计划，由国营粮食部门统一经营管理，禁止和取缔私营粮商。当年粮食征购本着“征购合一、先征后购”原则，除继续征收公粮外，贯彻执行对余粮户实行计划收购政策，采取上级颁发控制数字、群众民主评议办法，将统购任务层层分解，发动群众自报公议，逐户确定认购。到 1954 年 3 月底，全县共征购 1953 年度粮食 11550 吨，其中公粮 6805 吨，统购余粮 4745 吨。因对农户余粮未摸底，也没有明确提出农民留粮原则和标准，致使有些农民卖过头粮，有些该卖的又未卖足，当年出现购留比例不合理现象。

1954 年，按照“多余多购、少余少购、不余不购”原则，依当年实际产量，扣除口粮、子种、饲料和实交公粮后，人均余粮在 7.5 公斤以上者，按 80%比例计购，全年向余粮农户统购粮食 15645 吨。

1955 年，对农村粮食实行定产、定购、定销（简称三定），全县完成购粮 7450 吨，占总产 20%，比 1954 年下降 8.5%。

1956 年和 1957 年，农业实现合作化，全县农村粮食购销单位由近 4 万个农户转为 833 个农业生产合作社，适当调整粮食统购办法，开始实行在“三定”基础上的以丰补歉，即“以社计购，社内平衡，定产定购，减产减购，增产增购”。定购任务以农业社为单位，根据上年数字计算核定。二年征购 44915 吨，其中 1956 年 24080 吨，1957 年 20835 吨。

1958 年 6 月起，实行“购销差额管理、调拨包干”办法。各项事业“大跃进”，浮夸风盛行，逐级虚报粮食产量，定产、定购变为高指标、高征购，当年全县入库粮食 23830 吨，占粮食总产 35%。1959 年，继续实行高征购，全县动员 5 万农民一夜入库粮食 1550 吨，一季超额完成全年征购任务 32980 吨，占粮食总产 47%，创历史最高纪录。

1960 年，虽然遭受严重旱冻等自然灾害，粮食减产幅度较大，但粮食征购仍高达 24755 吨，占粮食总产 44%。连续几年高征购，导致粮食产、购、留比例严重失调，社员口粮严重不足，遂出现饿死人现象。1961 年起，贯彻国家少购少销政策，粮食征购持续下降。1964 年，征购粮食 12345 吨，占粮食总产 19%。

1972 年上肖公社公粮入库场景

1966 至 1976 年，“文化大革命”期间，粮食管理和经营机构均被各种形式的“革命”组织和“造反派”代替，“左”倾思潮再度出现，更加不顾实际征购过头粮。1965 年和 1968 年两个“一定三年不变”以及 1971 年“一定五年不变”都未管用，实际下达征购任务均超过征购基数 30%。

11年共征购粮食194530吨，年均17684.5吨。

1977年起，粮食定购任务连续调减，除实行定购外，还开展议价收购。至1984年，每年平均定额任务9228吨，比“文化大革命”期间下降56%，年实际入库粮食9355吨，比“文化大革命”期间减少47.1%。8年间议价收购1950吨，年均243.8吨，最好的1980年，收购达760吨。

1985年，国家对粮食流通体制进行重大改革，将实行30多年的统购改为合同定购，并与农村紧缺的柴油、化肥和预购定金三挂钩，按倒“三七”比例实行议价收购。到1987年，3年累计定购20895吨，年均6965吨，比1984年减少3515吨；议价收购4850吨，年均1617吨，比1980年增长1.1倍，最好的1989年，议购5560吨。

1988至1992年，实行粮食产量、收购、销售、调拨、财务“五包干”，合同定购任务调减为9355吨，每年均超额完成任务。5年共征购49992吨，年均9998.4吨。最高的1991年10340吨；议价收购16661吨，年均3332吨。1989年，新集乡农民张文汉在粮食合同定购中，向国家交售余粮5000多公斤，被评为全省售粮模范户，并获二等奖。1992年，粮食合同定购价格提高后，原执行的化肥差价及价外补贴取消。

1993年4月1日，实行稳购放销政策，定购不变，销价放开，取消平价供应，价格随行就市，各种粮票及居民粮证指标不再流通。农村定购任务不变，产销直接见面，可以通过市场出售余粮，农民买粮卖粮难忧虑得以解除。定购粮挂钩化肥、柴油由兑付实物改为兑付现金，实行价外加价，每公斤小麦加价0.084元。同年9月4日，庆阳行署通知规定，农民交售定购粮所得价款，除扣农业税和发放的粮食预购定金外，任何单位、任何部门不得在粮管所、库、站收粮现场扣收其他款项，深受农民欢迎。

1995年，从夏粮收购开始，对定购粮食每百斤实行价外加价5元，粮肥挂钩不兑现实物，给予补贴2元。3年共收定购粮24464吨，议价粮14796吨。1996年，国务院决定，各地粮食定购任务完成后，实行保护价敞开收购。至2003年，共收定购粮6.17万吨，保护价粮10.7万吨。

2004年4月1日起，全面放开粮食购销市场，降低个体私营粮食经营者市场准入条件，鼓励非公有制经济参与国有粮食企业改革重组，吸收非公有制企业加入粮食行业协会，引导非公有制粮食企业参与粮油安全信用体系建设，粮食行政管理部门履行公开、公平、公正的管理和服务职责，不再实行按保护价敞开收购政策，国有粮食购销企业一律按照“购得进、销得出、有效益”原则，随行就市，自主定价，自主收购。至此，粮食收购进入多渠道、多元化、市场化时期。2004至2005年，以市场价收购粮食53698吨。

2006年，粮食企业借“三老”（老人、老粮、老账）问题处理机遇，加大对“老粮”销售力度，为粮食企业轻装上阵，在市场经济条件下求得生存和发展奠定基础。

2007年，进行粮食企业产权制度改革和保留企业资产整合重组，实现全员身份置换，组建成立国有控股粮食购销企业，参与市场竞争，实行议价收购。2007至2010年，全系统竞价收购17241吨，年均4310吨，确保市场供应。

食用油脂同粮食一样，1952年以前，实行国营商业领导下的自由购销政策，1953年起，随粮统购。1957年，油脂业务和机构划归粮食部门管理和经营，收购政策与粮食相同。1993年1月1日，取消油品定购任务，放开购销价格。1957至1992年，全县共征购油品11527吨，年均320吨。最多的1984年，收购量1002.4吨。最少的1961年，因灾减产仅收购83.6吨。1993至2010年，共收购食油887.5吨，年均49.3吨。

第三节　粮油销售调拨

中华人民共和国成立前，县内粮食购销为自由贸易。民国二十六年(1937年)起，因战时通货膨胀和连年灾荒，出现竞购粮食、囤积居奇现象。商业资本家操纵粮食市场，贱买贵卖，大斗进、小斗出。农民卖粮须经“牙行”之手，不但要扣除卖价10%左右斗佣，还在量斗时公开作弊，斗满溢出粮食归“牙行”所有，斗粮只能卖八九升。

三十一年，市场每市斤小麦价由二十五年0.0265银元涨到1.4银元左右。三十四年，粮价暴涨，从元月到八月，县内小麦市价上涨近5倍。三十六年，粮价更是逐月飞涨，元至十二月，小麦市场价上涨13.7倍。国民政府公教人员粮食供给，由中央统筹统配，原定(民国三十年)军粮配给标准每人每日食米24市两(16两秤，下同)或面粉26市两，小麦按75%折算面粉；军马饲料，每头每日豆类2.5斤。公教人员因粮价上涨无法维持其最低生活水平，不时罢工罢教，迫使地方当局不得不对公教人员的薪俸待遇由拨发现钞改为支拨粮食。县政府职员及警官、各中小学教职员、国民党县党部、三青团及其他机关职员，每人每月发粮由最初1.3石减至9市斗(从民国三十二年开始。每斗14.5斤，带眷属1人食粮在内)；乡镇保工作人员，每人每月发粮由7斗减至5斗；县政府警卫、公役及其各机关学校、乡镇保公役，每人每月发粮由6.5斗减至4.5斗，所需粮食由县政府分月按单位公职人数支拨。

中华人民共和国成立后，粮油生产经历短缺，自给到富裕过程，粮油购销政策随之进行重大转变，粮油销售由最初统一销售、顺价销售，到议价议销再到全面放开、市场调节等重大历史阶段。粮食销售主要有配发供给、城镇粮油定量管理、农村粮返销、饲料粮销售、专项储备粮销售、陈化粮食销售、专项储备粮销售、退耕还林草粮兑现和粮票管理使用等。

一、中华人民共和国成立初期粮食供应

中华人民共和国建立后，粮食仍为市场自由贸易，私营粮商占主要成分。最初粮价较低，因人民币一时还未取得信用，一般交易使用银元和铜板，每个银元可买小麦5~6老斗(每斗43.5斤)。1950年初，粮价上涨到每个银元只能买2老斗小麦。对此，政府加强粮食管理，采取“限制、利用和改造”方针，展开对资产阶级投机势力反复斗争，逐步稳定局势。当年全县党政军机关学校工作人员粮食仍由国家实行供给制，规定标准每人每天细粮0.5公斤(指黄米、小米、小麦、其他杂粮按70%计算)，但实际是内部掌握，限人不限量。是年冬季，国营粮食公司和收购组开始粮价挂牌经营。当时市场交易粮食涨价幅度较大，高于规定牌价5%以上。为控制粮价、稳定市场，国营粮食公司从国家仓库有计划拨出粮食，就地抛售，平

抑市场价格。1951年，国营粮食公司经营粮食占市场经营粮食40%左右。1952年，国营粮食商业收购比重上升到70%，销量占50%，基本占领市场阵地，取得粮食经营主动权，私营粮商陆续歇业转行，退出经营。

二、城镇粮油定量供应

1953至1954年，实行限量控制供应，内部掌握，不对外公布。具体限量是机关干部、中小学生14.5公斤，家属不分大小人均15公斤，部队战士27公斤，一般商人市民18公斤，居民6周岁以下小孩9.5公斤，重体力工人28.5公斤，轻体力工人26.5公斤。劳教人犯做工时按重劳动力算，不做工时按市民算。市民营业粮，根据其以往粮食来源和日均营业量酌情核定，每户日分别以7.5~20公斤供应。点心、织布等行业用粮，按实际营业量供应。专业运输牲畜饲料，按实际需要，软硬料搭配供应。供应粮食品种，干部公职人员主杂粮各50%，市民群众主粮20%。

1955年，实行依人分等定量，凭证供应。特重体力劳动者平均27.5公斤，重体力劳动者平均22公斤，非重体力劳动者月平均17.5公斤，脑力劳动者15.5公斤，中学生17.5公斤，居民10周岁以上儿童13.75公斤，6周岁以上不满10周岁儿童11公斤，3周岁以上不满6周岁儿童7公斤，不满3周岁儿童4公斤。

1957年，因自然灾害、粮食减产和城镇人口增加，庆阳专署重新调整城镇口粮定量标准，在9个定量等级中，降低6个，持平3个。特重体力劳动者比原标准降低1.5公斤，重体力劳动者降低1.25公斤，轻体力劳动者降低1.5公斤，中学生降低1.5公斤，居民10周岁以上儿童降0.75公斤，不满10周岁3个儿童定量等级持平。此外，干部下乡在群众家吃饭，按每人每天0.5公斤实行差额补助。劳改犯人在劳动期间，按重体力1~3等定量标准分别供应，在押期间每人每月12公斤，比原标准降低1公斤。

1960年9月和11月，中央与省委规定，除高空高温、井下作业工人和3周岁以上不满6周岁儿童外，其他劳别工种定量供应标准一律再次降低。特重体力劳动者降低1公斤，重体力劳动者降低1.75公斤，轻体力劳动者降低0.5公斤，大学生、干部及脑力劳动者降低1公斤，3周岁以上不满6周岁儿童增加0.75公斤，10周岁以上和其他10周岁以下2个等次未变。

1965年，粮食形势好转，自3月1日起，城镇人口定量供应标准平均每人每月增加1公斤。1975年9月，特重体力劳动者一级27公斤，二级26公斤，三级25公斤，四级24公斤，五级23公斤；重体力劳动者一级22公斤，二级21公斤，三级20公斤，四级19公斤；轻体力劳动者一级18公斤，二级17公斤，三级16公斤，四级15.5公斤；脑力劳动者一级15.5公斤，二级15公斤，三级14公斤；大中专学生一级20公斤，二级17.5公斤，三级16.5公斤，四级15.5公斤；中学生一级（高中）16.5公斤，二级（初中）15.5公斤；居民10岁以上13.75公斤，9岁13公斤，8岁12公斤，7岁11公斤，6岁10公斤，5岁9公斤，4岁8公斤，3岁7公斤，2岁6公斤，1岁4.5公斤，一岁以下3公斤。

1991年5月1日起，适当提高城镇居民定量粮销售价格，同时给居民适当粮食差价补贴。1992年4月1日起，再次提高统销价格，实现购销同价。城镇居民补贴增加。油品每人每月0.25公斤，逢春节、元旦、国庆等重大节日都有增供，每人每次增供0.25~0.5公斤。

1993年1月1日起，放开食用油购销价格，取消食用油统购统销和定量供应。1994年4月1日，省政府决定粮食销价放开，取消平价供应，价格随行就市。粮票和居民粮证指标不再流通和实行，结束市镇粮食定量供应历史。在城镇粮食定量供应40年里，全县定量供应人口从1955年3480人增加到1993年15400人，总供应量88000多吨，年均2200吨。1994至2010年17年内，全县粮食销售229402吨，年均13494吨，最多的2003年销量60237吨。

三、农村返销粮供应

1955年开始，在农村试行定产、定购、定销。当年调查摸底，全县缺粮户4.43万户11.8万人，回销粮食3240吨。1957年，全县缺粮人口23.6万人。

1958年，在"大跃进"形势下，全民大炼钢铁，农村缺少劳动力，加之秋雨绵绵，秋粮未能及时收割、拉运、打碾，损失极为严重，导致全年粮食产量虽比上年略有增长，但比1956年减产28355吨。当年秋季人民公社化后，又全面推行"公共食堂制"，粮食消费管理混乱，浪费惊人，加之国家征购过多，社员家底空虚。次年春，又一次出现大面积缺粮，全县返销粮食达8340吨。

1959至1961年，粮食连年遭灾减产，又连年高征购、多调出，粮食产销严重失衡，因粮食库存有限，一再压缩返销。1959年全县返销粮食压到6140吨，1960年返销粮食仅3795吨，造成连续三年生活困难。1960年11月起，人口外流、发病、死亡现象蔓延发展。中共中央先后四次发出指示，提出做好粮食分配工作十二条政策和实行"低标准、瓜菜代、办好食堂、管好粮食、劳逸结合"五条方针，动员全党，集中力量大抓抢救人命和疾病防治工作，增拨救济粮、款，安排群众生活。1961年夏收后，社员吃粮水平较前有所上升，60%以上人口每人每天口粮标准8两（250克）以上。秋后公共食堂陆续解散，恢复一家一户吃饭，群众生活逐步改善，疾病得到控制，外流人口陆续归回。

1962至1972年，粮食产量逐年回升，国家粮食购销政策经过调整，征购任务减少，农村留粮增加，群众生活改善，返销粮食下降。1966年，全县返销粮食仅45吨，为历史返销量最少年份。

1973年，特大干旱，粮食总产仅为53000吨，每人生产粮食175公斤，集体"四留"扣除后，人均口粮仅有88.5公斤。大灾之年，国家除大量核减粮食征购任务外，集中力量组织粮食返销，共调入粮食22805吨，其中杂粮13240吨，红薯干7300吨，小麦等主粮2265吨。1973至1974年夏收前返销粮食21730吨，又组织群众开展生产自救，采集干鲜菜、棉蓬子等补充口粮不足，社员每天吃粮水平0.5公斤以上，人心稳定，生产正常。

1974年，全县粮食丰收。1975年，再获大丰收，人均产粮突破500公斤大关，达到550公斤。省、地提出尽快实现国家、集体、个人都有储备粮要求，明确规定凡集体全年口粮分配人均150公斤以上生产队，国家不予回销。两年共提留集体储备近1.5万吨。1976年，虽然受灾减产,但因集体储备增多,全年只返销 2595 吨。

1980 年起,对农村粮食实行"定购定销、差额包干、节余留用、一包三年"办法。至 1985 年,每年人均产粮均在 250 公斤以上,返销量逐年减少,控制在包干指标内。6 年共返销 30240 吨,年均 5040 吨。1980 年返销 8495 吨,1985 年减少到 1850 吨。

1986 至 1988 年,粮食歉收,加之农业人口增加,返销粮成倍增加。最高的 1987 年,返销量达 8885 吨。1989 年起,省政府决定实行粮食产、购、销、调和财务包干新办法,又逢粮食丰收,粮食返销大幅度下降。1991 年 1 月 7 日,省政府发出《关于压缩平价粮油销售的通知》,是年返销粮减少到 3833 吨。

1993 年 4 月 1 日,省政府决定,全面放开省内粮食销售价格,取消城镇居民口粮和返销粮平价销售。从此,农村粮食余缺转为市场调剂。

四、饲料粮供应

20 世纪 50 年代,开始对市镇役畜、国营饲养单位禽畜、食品部门在途运输、临时存栏待宰杀禽畜、科学研究部门供实验用动物、长年性运输牲畜,由用畜单位申报批准头数,粮食部门核准,按定量标准填发给市镇牲畜饲料供应证,按月供应。临时性用粮由单位按季(月)申报计划,粮食部门核准后供应。随着机械化发展,国营专业运输牲畜逐渐由机动车辆代替,机关单位乘骑和驮畜逐步取消,国营良种畜禽繁殖单位饲料逐步扩大生产自给。1980 年代,平价供应饲料只保留商品猪、奶牛和少数种公畜,其他均从 1983 年起逐步敞开供应配(混)合饲料。1991 年起,全部改为议价供应。

五、议价粮油销售

1986 年起议价粮油销售逐年增多,品种应有尽有,不仅满足广大市民需求,也促进企业经济发展。1977 至 1985 年,共销售议价粮食 3945 吨,年均 438 吨。议价食油 2207 吨,年均 245 吨。1986 至 1992 年,销售议价粮食 5566 吨,年均 795 吨,比前 9 年多销售 1621 吨;销售议价食油 9085 吨,年均 1298 吨,比前 9 年多销售 6878 吨。1993 年后,全面放开粮油价格,实行随行就市销售。

六、陈化粮食销售

2003 至 2006 年,国家决定对储存 10 年以上粮食进行品质鉴定,属于陈化的实行国家监管,禁止作为口粮在市场流通。通过省级粮食质检部门鉴定,全县粮食库存中有陈化粮 17185 吨,经省粮食局、省计委、省财政局、省工商行政管理局、省农发行 5 部门联合发文批准,以 4 年时间,通过公开竞价办法,将这部分粮食销售处理给饲料和酒精加工企业。

七、国家专项粮销售

2001 至 2002 年,国家对镇原储存中央专项储备粮和"甲字粮"共 1.9 万吨进行销售处理,取消中央专项储备粮储存管理业务,彻底结束粮食企业吃"政策饭"历史。

八、退耕还林补助粮兑现

1999 年,实施退耕还林(草)工程补助粮。2000 至 2004 年,共兑现退耕还林补助粮 49151 吨, 其中 2000 年 3840 吨,2001 年 1563 吨,2002 年 7557 吨,2003 年 15380 吨,2004

年20811吨。2005年，国家调整退耕还林(草)政策，由兑现粮食改为兑现现金。

九、粮票使用管理

中华人民共和国成立后，为适应统购统销政策，便利市镇粮食定量供应制度执行，中央发行全国通用粮票，省粮食厅发行甘肃省地方粮票和地方料票。国家粮食部、解放军总后勤部发行军队价购粮食和供应粮票。城镇居民和国家机关单位，在领取粮票时，凭供应证扣减同等数量粮食供应指标和应带食油指标。农民需粮票时，用原粮兑换，按当时供应城镇居民粗细粮比例和食油标准，交足细粮和应带供食油换取，用粮票购粮时，也按城镇居民粗细粮供应标准供给成品粮，同时带供油品，对粮票发放和粮票购粮均从严控制，需要时凭证明信，限定数量。1993年4月1日，停止粮票使用和流通。

十、粮油调拨

1953年实行粮食统购统销，坚持国家统一粮油调运制度。至1993年，全县累计调出各种粮食409483吨，调入107573吨，净调出301910吨。1960年代，调出粮食144585吨，占41年总调出35.3%，调入107600吨，净调出36985吨。油品调出9482.3吨，调入211.9吨，净调出9270.4吨，完成国家下达调拨任务，支援国家社会主义经济建设，成为全区调出粮食第二大县。1993年，全省放开粮油购销，粮油调拨制度终结。

1953~2003年镇原县粮食购、销、调情况统计表

表17-3-1 单位：吨

年份	征(定)购	占总产%	调出	返销	年份	征(定)购	占总产%	调出	返销
1953	11550	15.18	5585	2105	1970	14030	17.64	8460	2890
1954	25935	27.36	11150	4485	1971	20400	18.30	12055	5085
1955	15895	21.46	31765	3240	1972	13000	14.52	13045	2025
1956	24080	23.56	10785	4855	1973	4225	8.00	1125	10965
1957	20835	30.37	27545	5015	1974	21000	16.65	11780	10765
1958	23830	32.27	9700	8340	1975	28245	15.56	22245	1390
1959	32980	43.24	16895	6140	1976	28500	25.76	24690	2595
1960	24755	40.87	24960	3795	1977	11750	11.11	3300	11305
1961	17210	29.25	12005	6010	1978	12250	9.50	5960	5905
1962	13310	19.90	20260	1235	1979	10765	8.81	11240	2090
1963	12600	17.90	11165	1830	1980	2040	2.37	2145	8495
1964	12345	18.89	7795	1655	1981	5950	6.99	1115	7235
1965	15345	15.00	10910	2505	1982	10045	10.08	3205	4940
1966	17375	18.66	19635	45	1983	8485	7.73	215	4670
1967	13840	15.83	4735	1530	1984	10480	8.13	410	3050
1968	16455	17.52	10345	1475	1985	3115	3.07	4060	1850
1969	17460	19.09	22775	990	1986	10310	8.00	2515	7020

续表

年份	征(定)购	占总产%	调出	返销	年份	征(定)购	占总产%	调出	返销
1987	7470	6.74	1600	8885	1996	10000	5.85	–	–
1988	9605	6.79	300	3770	1997	9355	4.92	–	–
1989	10070	6.40	–	3205	1998	8500	4.10	–	–
1990	9965	5.88	2050	4905	1999	8500	4.85	–	–
1991	10340	6.98	–	3833	2000	1550	1.15	–	–
1992	10012	6.75	17209	4431	2001	6800	3.52	–	–
1993	9359	5.47	2749	4035	2002	8500	3.33	–	–
1994	9355	6.41	–	–	2003	8500	3.54	–	–
1995	5750	4.99	–	–					

第四节 粮食仓储

一、仓库建设

秦代，北地郡所属县始设转运仓、储备仓等，以后各代兴废过常平仓、义仓、社仓、预备仓、官学仓。东汉安帝延光三年（124年）秋，令安定、北地诸郡设常平仓，存储谷粟，皆为官出官入。隋开皇中，令诸州立义仓，每年积存，勿使败损，当有饥荒，即以此赈。明知县徐镛在县城南监修预备仓、官学仓，后废为民居。

清康熙四十二年（1703年），在狱南建预备仓2所，县署建6间，开例积贮。清乾隆三年（1738年），知县钱应荣于东门内租民房设常平仓40间。十九年，知县周泰元于县署内建仓若干间。道光五年（1825年）八月，总督那彦成奏请甘肃州县设立社仓，富户捐之，以防饥年。次年，城乡修建社仓，均毁废于同治兵燹。光绪十八年（1892年），遭旱荒奇灾，县令马裕藩请准散赈动用，再无筹办。二十七年，知县汪宗翰呈请修建常平仓5座、15间，可储粮4500石。民国十八年（1929年），陈珪璋陷城破仓，以供军粮，库内地板皆拆作床板，仓毁。二十四年，县长邹介民补修，可容粮千余石。

中华人民共和国成立初期，利用祠堂庙宇11间和租借民房、民窑建起一批仓库，以窑洞为主。1950年，始修房式大仓，部分仓库仍用民窑。1951年，在县城东岳庙坪城关粮库修建简易仓2座，容量800吨。1953年，在肖金建简易仓房20间。1954年，开始在屯字、平泉、孟坝、新城修建土木结构简易仓和砖木结构苏式仓库，增加仓容11950吨。到1955年，有房仓13座，容量15250吨；庙仓3座，容量150吨；租借民窑538孔，容量1365吨；总库容16765吨。

1957年，新建房仓2座，简易仓11座；租借庙宇4座，民窑479孔，加原留1座，总计有仓库497座（孔），容量28905吨。1959年，租借民房民窑陆续退还，仓库减少。1960年代，粮仓建设仍以简易仓为主,增加仓容 6840 吨。1970 年代,粮仓建设加快,以建设“土圆仓”和地下仓为主,全县共建土圆仓 30 座,容量 2800 吨,地下仓 12 座,容量 2600 吨。

1981 至 2000 年,修建砖木结构为主房式仓 23 座,增加容量 20750 吨,1970 年代建的土圆仓、地下仓部分报废。1985 年,除个别粮所仍用窑洞仓库外,基本结束窑洞粮仓历史。至 2002 年,全县共有仓容 68900 吨。

2007 年,粮食企业改制后,保留企业有效仓容 12500 吨,占原仓总容量 18%。2010 年,多渠道筹资 300 多万元,对保留库点进行维修改造和功能提升。

二、粮食储存

自秦开始,历朝历代,县内均存储谷粟,以供军需民用。清乾隆二年(1737 年),贡生张继孔劝民积贮,给社仓捐谷 200 石。道光五年(1825 年),邑侯蒙古吉公劝捐小麦 3077 石。嘉庆时,县常平仓储粮 4 万石。光绪三十四年(1908 年),常平仓共储粮 91061.7 石。

民国十五年(1926 年),国民党辖区储粮 644.7 石。二十四年,储粮 394 石。三十一年,储存小麦 55510 石。三十二年,储粮 163908 石。三十五年,解放战争期间,陕甘宁边区镇原解放区在民间储粮 1870 石,被国民党军队抢走和烧毁。三十七年,县田粮处仓库储粮 5000 余石,涝池对门仓库储粮百石,民教馆附近仓库储粮 200 石。

中华人民共和国成立初期,粮食由国家、集体和私营多渠道经营,国家粮食部门主要保管农业税征收和少量贸易粮,年储粮 5000 吨左右。

1953 年 11 月起,实行统购统销,粮食随之转为国家统一储存。1954 年,储存量 25905 吨。1955 至 1959 年,有两年存粮在 2 万吨以上。

1960 至 1962 年,生活困难时期,最多存粮 17570 吨,最少存粮 5730 吨。1963 至 1965 年,国民经济调整时期,全县存粮下降到 4680~7440 吨之间。1967 至 1968 年,上升到 10000 吨以上。1969 至 1973 年,存粮 4400~10000 吨之间。1974 年,又增至 16000 吨。

1975 年,粮食大丰收,征购创历史最高纪录,库存增加到 19700 吨。当年开始,国家为“备战备荒”,每年从商品粮中划出核定数量,代号为“甲字粮”,在上肖、孟坝、平泉、屯字四个粮所长期专项储存。

1976 至 1984 年,库存由下降到回升,最少 1979 年存粮 8740 吨,最高 1984 年存粮 23840 吨。1985 年,下降到 16570 吨,其中专项粮 6000 吨。1986 至 1992 年,又逐步回升,最多年份 39710 吨。1993 年,全面放开粮油价格,实行随行就市。至 1995 年,年储存 21000 至 27000 吨。1996 年,储粮 33550 吨。1997 年,增至 53380 吨。1998 年,突破 70000 吨。1999 年,创历史新高,达到 80330 吨。

2002 年,取消中央专项粮储存管理业务,库存开始减少。2003 年 53480 吨。2006 年 27270 吨。2007 年,出现零库存。2008 年,储存仅有 1685 吨。2009 年,开始承担省级和县级储备粮任务,库存回升到 5639 吨。2010 年,库存粮 10640 吨。

三、仓储管理

秦《仓律》规定,粮食入库要“程禾”“计禾”,过斗过秤,登记账目,如账实不符,其羸应入公,不足应赔偿。储粮做到"勿令败"。仓内发现两个鼠穴要受"谇",三个以上鼠穴要受罚。储粮霉变,百石以内责斥,百石以上至千石者赔偿,超过千石者加倍赔偿。

隋代,"义仓"由国家倡导,民办、民营、民用。唐代,实行粮食分仓储存、专仓核算办法,规定社仓粮食储藏限期,粟9年,米5年,地势低下潮湿地区,粟5年,米3年。每石粮储三年损耗1升,五年损耗5升。

清代,县办常平仓,每年出陈易新,存7粜3。康熙二十一年(1682年),制定州县劝输谷仓奖励条例。康熙四十三年议定,仓谷霉烂者,主要督抚题参留任,限一年内赔偿,如期赔偿者免罪复职,逾期不完者解职治罪,并以家产抵补,还制定盘查奖惩条例,年终由知府知州进行盘查,逾期不完或捏造者俱行参处,仍照数追赔。负责盘查官吏徇私庇护,照例治罪,与州县官吏通同作弊的地方绅衿、牙行或奸商,也要分别受到惩处,并承担赔偿所亏仓谷之责。自嘉庆起,仓储管理渐不如前,官吏侵蚀,兵匪挪抢,朝廷多次通谕整治,亦无济于事。至清末,常平、社仓、义仓,十廒九空,徒有虚名。

民国三十年(1941年),开始建立仓储管理制度,粮食入仓,进行简易鉴别,品质不合最低标准的,拒绝验收。每次验收情形报告主管长官,并发给证明书。粮食过斗秤和包装搬运,均派员监看,并记载数量。粮食堆放,实行分级储藏,利于通风、防湿、防热。仓管人员每周详查一次,直属上级,随时派员抽查,如有生虫、发霉、潮湿、发热等,即采取调节仓内温湿、翻仓、晾晒、日光隔离、毒气熏蒸等办法处理。

20世纪50年代初,粮食部门缺乏检验技术人员和必要仪器,未制订出粮油验收标准,粮食入库一般凭仓库人员工作经验,依感官检验,以干、饱、净为原则,因仓储条件简陋,储存分散,且大部分是寺庙、窑洞、民房和简易仓,虫蛀、霉变和鼠雀危害严重,漏雨、倒塌等事故常有发生。

1955年,学习外地保粮经验,开展"无虫粮仓",并在实践中摸索杀虫办法,做到仓内"面面光",仓外"三不留"(不留杂草、垃圾、污水),同时开展"四无粮仓"(无虫害、无鼠雀、无霉变、无事故)活动。

1959至1961年,群众生活困难,全县多次发生粮油被盗事件。1961年平凉地委批转王立成《关于镇原县国库被盗、损失等问题的检查报告》称,1960年8月至1961年10月10日,镇原县共发生粮食被盗案件231次,盗去各种粮食21694.5公斤、油料260公斤,破案93起,占40%,收回粮食6518公斤。一般损耗也相当严重,清仓结果,除自然损耗外,净损耗粮食167955.25公斤、油子5512.5公斤、清油692.8公斤,其中1961年1至4月,有10个粮库发生粮食被盗案件58起,被盗粮食6040.5公斤。

1964年,夏粮入库期间,阴雨多,入库粮食水份多数超过国家规定标准,在全区粮食大普查中,查出三岔粮库有17000公斤糜谷全部变色,出现霉味,只好做饲料处理。1973年,贯彻省革委会《甘肃省粮食系统四无粮仓标准和鉴定评比办法(试行草案)》,加强粮仓建设和管理。1982年,镇原县被省粮食局鉴定验收为"四无粮仓"县,并获"金牌奖"。

1990年,开展科学保粮工作,因地制宜推行缺氧储藏、温控储藏等新技术,延缓粮食陈化速度,降低保管损耗,节省费用支出。1992 年,平泉粮管所被商业部、全国总工会授予“全国安全保粮先进单位”,给予表彰奖励。

1997 年,粮食库存量猛增。1999 年,粮食库存增至 8 万多吨,仓仓爆满,露天储存 1.2 万吨。粮食仓储管理继续执行“以防为主、综合防治”方针,深入开展“一符四无”(账实相符,无虫害、无霉变、无鼠雀、无事故)粮仓建设活动,坚持春秋两季粮油大普查。1999 年 7 月,经省粮食局全面检查,镇原县被评定为“一符四无”粮仓先进县,县粮食局被树立为全省“一符四无”粮仓标兵。经过 2001 年和 2008 年两次全国粮食清仓查库,镇原县粮食企业库存真实,账实相符。

2009 年,县政府制订《镇原县县级储备粮管理办法》,仓储管理工作步入新的发展阶段。2010 年,添置粮油检验设备 80 多台件,购置办公设施 24 套,配备电脑 15 台,安装视频监控系统,建立企业区域化,完成电算一体化,实现管理现代化,并与 1000 户农民签订新型储粮装备购置补贴协议书,确保储粮安全。

第五节　粮食企业改制

2001 至 2007 年,国有粮食企业进行三次大的改革,逐步从国有序列退出。2001 年 9 月,对面粉厂、粮贸公司两户非购销企业实施“动产权,转机制,变身份,增效益”改革,对企业资产评估折价,采取竞争招标办法,将企业产权出让给个体或联合体经营生产,用产权出让金置换职工身份,依每人最高 2 万元封顶政策,兑现职工工龄卖断金 122 人,与企业解除劳动合同关系。2002 年 3 月,对 26 户国有粮食购销企业,进行以打破“大锅饭”和减员增效为主要内容的改革,实行以工作量定岗、定编、定员、定工资总额,解决机制不活、人浮于事、效益低下、亏损严重问题。2007 年,对购销企业产权制度和劳动用工制度进行彻底改革,按照保留三分之一购销企业,整合重组 1 户国有独资或国有控股企业要求,对城关、临泾、南川、上肖、曙光、彭阳、太平、王寨、马渠、方山、殷家城、郭原、开边、中原、新城、小岘、湫池 17 个粮管所和 5 个粮站资产进行公开拍卖出售,置换职工身份 764 人,对屯字、平泉、三岔、孟坝、新集、武沟、庙渠 7 个粮管所储备库、供应站资产予以保留,由原企业职工进行重组,转为股份合作制企业,继续进行粮油经营。

镇原县财政局办公楼

第十八章　财　政

中华人民共和国成立至2010年，60年间，镇原县在培植支柱财源，促进县域经济和社会事业发展；加强税收征管，组织财政收入；合理安排预算支出，提高资金使用效益；管理企事业和行政单位财务，保障各类资金合法有效使用；管理国有资产，使其保值增值；加强财政非税收入管理，搞好综合平衡；强化财政监督检查，维护财经纪律；贯彻落实国家财政、财务、会计法规和制度，依法理财等方面做出贡献。

第一节　机　构

镇原县财政局　民国二十四年（1935年），国民党县政府设立财政科，负责财政管理工作。二十九年三月，陕甘宁边区镇原县政府设立二科（财政），负责财政管理，有干部七八人。

民国三十八年八月，县人民政府设财政科。1958年，改称财政局。1966年4月，县财政局设会计、业务2个股，有干事6人。1968年4月，财政局撤销，业务归入县革委会生产指挥部。同年后季，成立财税管理站革命委员会。1973年10月改为财税局，内设人秘、预算、税务、农财、企业5个股。

1983年12月，财政、税务分设，财政局内设人秘、预算、企财、农财4个股，下属6个农财所，有干部职工43人。1985年4月，财政局内新设税务股，企财股改为企业股，农财股改为农税股。2002年6月，新设综合股、国库股、行政农教股、经济建设股、社会保障股、外经股、会计管理股、财政监督检查股、政府采购办公室，将农税股改为税政农税股，企业股改为企业统计评价股，共13个股室，局机关核定行政编制28人。农业综合开发办公室归口财政局管理。

2009年8月，撤销人秘股，增设办公室、信息股、人教股。2010年，内设办公室（信息股）、人教股、综合股、预算股（行财股）、国库股、政府采购办公室、农财股、经济建设股（企业股）、税政农税股、社会保障股、外经股、会计管理股等13个股室，辖基本建设投资评审中心、政府采购中心2个股级事业单位和财监办、国资办、非税局、国库集中收付核算中心、驻兰办、拓力公司6个科级单位与19个乡镇财政所，归口管理农业综合开发办，共有干部职工 237 人，其中干部 218 人，工人 19 人。

镇原县财政监督检查办公室 1989 年 7 月成立镇原县税收、财务、物价大检查办公室，科级单位，隶属县财政局。2002 年，更名财经监督检查领导小组办公室。2005 年，更名财政监督检查办公室。

镇原县国有资产监督管理办公室 1996 年 5 月，成立镇原县国有资产管理局，科级行政单位，与县财政局一套班子，两块牌子。2005 年 3 月，撤销国有资产管理局，在财政局内设国有资产管理办公室（副科）。2007 年 7 月，改为镇原县国有资产监督管理办公室，科级行政单位，隶属财政局。

镇原县非税收入管理局 1998 年 4 月，成立预算外资金收费管理所，股级事业单位，编制 8 人，隶属县财政局。1999 年 7 月，更名镇原县预算外资金管理中心。2002 年 4 月，升格为副科级。2007 年 7 月，更名镇原县非税收入管理局，科级建制全额事业单位。

镇原县国库集中收付核算中心 2001 年 8 月，成立镇原县会计管理局，科级建制全额事业单位，核定编制 7 人，设局长、副局长各 1 人，工作人员 5 人，有事业编制会计 92 人，隶属县财政局。2002 年 4 月，撤销会计管理局，组建会计核算中心，副科级建制。2009 年 8 月，更名镇原县国库集中收付核算中心，人员编制、机构规格未变。

镇原县人民政府驻兰州办事处 2002 年 3 月成立，科级事业单位，编制 2 人，设正、副主任，隶属县财政局。

镇原县农业综合开发办公室 2000 年 6 月成立，隶属县农委。2002 年 4 月，改属财政局。

镇原县基本建设投资评审中心 2009 年 8 月成立财政投资评审中心，股级事业单位。2010 年，改为基本建设投资评审中心，隶属财政局。

镇原县政府采购中心 2002 年 6 月成立政府采购办公室，为财政局内设机构。2009 年 8 月，更名政府采购中心，隶属县财政局。

镇原县拓力经济投资有限责任公司 2009 年 10 月成立，科级事业单位，人员编制 3 人，隶属县财政局。

基层机构 1970 年 12 月，成立城关、南川、临泾、曙光、屯字、上肖、太平、孟坝、新集、方山、三岔、殷家城、马渠、庙渠、开边、郭原、武沟、新城、平泉、中原 20 个财税所。1983 年 12 月，财政、税务分设，保留屯字、孟坝、三岔、平泉、城关、开边 6 个农财所，有干部职工 43 人。1987 年 10 月，成立平泉、城关、三岔、上肖、中原、太平、开边、新集、南川、新城 10 个乡镇财政所，由所在乡镇主管财贸工作乡镇长负责工作。1988 年 7 月，成立临泾、王寨、方山、马渠、庙渠、武沟、郭原、小岘、湫池、彭阳、曙光、殷家城 12 个乡财政所，撤销屯字、孟坝、三岔、平泉、城关、开边 6 个农财所，原业务归财政所办理。2009 年 6 月，将乡镇所属 19 个财政所变更为财政局下属事业单位，人员编制、机构规格不变，人、财、物交县局管理。2010 年，有乡镇财政所 19 个。

第二节 财政体制

夏始征收赋税，财政体制为中央集权制，由国家统收统支。民国开始，国民党政府实行中央、省两级财政统收统支。民国二十四年（1935年），实行中央、省、县三级财政体制，开始建立县级财政，收支纳入县一级财政预算。二十八年，国统区县财政划分为县、乡两级，乡镇公所编制概算，经县人民政府审查，纳入县财政概算。陇东解放区建立初，实行自筹自支，无专门管理和预算制度。二十九年三月，陕甘宁边区镇原县政府成立，实行统收统支，各项收入由二科解缴边区政府财政厅，所需费用由财政厅下拨。三十年，国统区实行中央和自治县财政体制，划分税种，分成税收。皖南事变后，边区实行统收统支为主，分区生产自给为辅办法。三十一年，国统区设立乡镇财产保管委员会，负责清理保管乡镇公有财产，实行乡镇公所司财政行政权，财政保管委员会司出纳事务权，县政府派员司会计权，乡人民代表大会司审核权的四权分立制度。三十五年，又恢复中央、省、县三级财政体制。

中华人民共和国成立后，财政制度分统收统支、包干制、分税制、公共财政4个阶段，并进行调整和改革，县级财政体制逐步适应社会主义事业建设和发展需要。

一、统收统支

1949至1979年，实行计划经济下的统收统支集权制，财政主要职能是发展经济，保障供给。

1949年10月至1953年，实行统收统支。收支统由中央集中管理，地方主要收入一律上交中央，地方一切开支，由中央核定，按月拨付。5年共计收入769.3万元，支出204.78万元，收支相抵，除留少量节约外，上交549.31万元。

1954年起，始建县级财政，实行收支分类分成，将财政收入划分为固定收入、固定比例分成收入和调剂分成收入3种，支出分为地方正常支出（地方经常性支出）和上级专项拨款（基本建设、重大灾荒救济等支出）两种，在平衡地方预算收支时，以地方固定收入与地方正常支出互抵，不足支出时，划给地方固定比例分成收入；再不足，划给调剂分成收入；仍不足，由上级拨款补助解决。地方在划定收支范围内，多收就可多支，年终结余皆留地方使用。1954至1958年，全县上级补助收入264.72万元，年终滚存结余8.27万元。

1959至1970年，实行“收支下放，计划包干，地区调剂，总额分成，一年一变”政策，凡由地方管理的企事业收入，都作为地方财政收入；凡属地方财政各项支出，包括基本建设、企业流动资金、各项事业费，全部作为地方财政支出。如收入小于支出，差额部分由上级给予补助。

1971至1973年，实行“定收定支，收支包干，差额补贴，结余留用，一年一变”。支出大于收入部分，由上级按差额包干补贴，年终超收和支出结余，全部留地方使用，如发生短收和超支，由地方自求平衡。1971年全县短收，支出突破，年终赤字14.77万元。1974年，改为“收入按固定比例留成，超收按比例分成，支出按指标包干”。1975年，改为“收入按固定数额留成，超收按固定数额分成，支出按固定指标包干。1976年，改为“定收定支，收支挂钩，总额分成，一年一定”。1977至1979年，改为“增收分成，收支挂钩，固定比例包干”。

二、包干制

1980至1993年，财政体制调整时期，总体上围绕财政包干和分灶吃饭进行。

1980至1985年，实行“划分收支，分级包干，一定五年不变”政策。包干基数，以上年收支为依据，适当调整确定。收入小于支出的，由上级给予定额补助。地方多收多支，少收少支，自求平衡。1985年初，地区确定镇原包干收入321.4万元，支出基数815.4万元。年终实际收入379.6万元，固定补助380.1万元，专项拨款978.2万元，由于政策性增支及解决历史遗留问题（如基建超支18.9万元，药费超支50.7万元），实际支出1770.5万元（包括专项拨款及农业税减免），决算赤字121.9万元。

1986年，建立乡镇财政，实行“核定收支，超收分成，超支不补，短收扣支，结余留用”管理体制。

1992年，划分县乡两级财政收支范围，对乡镇实行“核定收支，包死基数，超收全留，超支不补”大包干式分灶吃饭管理体制，改革乡镇只包收入任务、公用经费，不包人员经费、政策性增支的大包大揽和包而不干做法，调动乡镇理财积极性。

1993年，改进县对乡镇财政管理，实行与乡镇领导班子任期目标相一致的“一定三年不变”分级管理制，增加乡镇理财压力和动力。

三、分税制

1993年12月，进行分税制财政管理体制改革，在保持原包干基数基本不变情况下，对财政收入增量分配进行适当调整，采取分支出、分收入、分设税务机构和实行税收返还的“三分一返”办法，重新划定各级政府事权和财权范围，将所得税、流转税和其他税进行简化和规范，工商税种由32个减少为18个，将工商税收征管机构分设为两套，国家税务局从中央垂直管理到县，主要征管属于中央财政收入的消费税和增值税；地方税务局从省垂直到县，主要征收地方各税。不论中央、地方财政收入，分别存入各级金库，不再设过渡性账户，取消税收超额分成。

地方收入划分 县级固定收入，包括营业税、企业所得税、上缴利润、个人所得税、房产税、车船使用税、印花税、屠宰税、遗产税、土地增值税、农业税、牧业税、农业特产税、耕地占用税、契税、股份制企业所得税、外资企业所得税、专项收入、其他收入等。上级与县共享收入，增值税中央75%，县级25%；资源税省70%，县级30%；城市维护税省30%，县级70%；城镇土地使用税和固定资产投资方向调节税省县各50%；土地有偿使用收入省40%，县级60%。

中央与地方财政支出划分 县级财政支出，包括自筹基本建设支出，企业挖潜改造资金，科技三项费用，农林水事业费，小型农田水利和水土保持经费，工业、交通、商业部门事业费，城市维护费，文教科学卫生事业费，其他部门事业费，抚恤和社会福利救济费，行政管理费，公检法支出，价格补贴支出，教育附加支出，县级负担国外借款及还本付息支出，其他支出等。

税收返还基数确定 地县以1993年决算数和税制改革转换收入为依据，将地县上划中央、省级收入与省级下划地县收入相抵后，核定中央和省上从地县中上划收入，确定省对地县收入返还数，以此作为以后年度返还收入基数。如上划中央和省级收入达不到1993年基数的，相应扣减税收返还基数。从1994年起，省和地县上划中央税收增长部分，按1:0.3系数执行，省与地县各得各的增量返还。

国有企业利润分配 国有企业利润，统一实行33%所得税，增设27%和18%两个照顾税率。固定资产贷款利息列入成本，本金用企业留用资金归还，取消能源交通重点建设基金和预算调节基金征收。

建立转移支付制度 1995年开始，建立中央财政对地方财政转移支付制度。转移支付额，分客观和政策性因素，客观因素转移支付额为省标准支出（包括人员经费、公用经费、专项支出和其他支出4类，人员经费及公用经费，参照其占财力比重而确定，财政供养人员人均财力，按财政部确定不低于4000元计算）减省财力和省收入不足额，乘以客观因素转移支付系数；政策性因素有增加职工工资和税费改革减收等。次年，省财政开始对县实行转移支付制度，以中央1985年对省结算办法为基础，在客观因素和政策性因素基础上，增加人均最低财力保障、激励性奖惩补助和特殊因素转移支付等，在中央转移支付额基础上，增加省级配套比例48.61%，县上税收返还及转移支付以此执行，形成客观性因素、政策性因素、人均最低财力保障、激励性奖惩补助、特殊因素转移五个因素同时运作的转移支付体系。

"三位一体"管理 1996年，县乡两级财政部门对各单位公用经费，普遍实行"零基预算，一次包干，二级管理，三位一体"管理办法，在预算安排上量力而行，量入为出，有多少钱，办多少事。

"三保一挂"责任管理 1997年，省政府出台《甘肃省实施"三保一挂"责任制暂行办法》，内容为保证财政收入增长，保证职工工资发放，保证财政收支平衡，与奖惩政策挂钩，签订目标责任书，进行奖罚兑现，以财政收入增长、当年工资发放、净结余变化为依据，设立增收奖，凡当年财政收入增幅高于全省县级平均收入5个百分点的，省上一次性奖励5万元，再每提高1个百分点，增加奖励1万元，对高出5个百分点以上部分，按绝对额给予3%财力奖；设立兑现工资、收支平衡和消化赤字奖，凡兑现当年职工基本工资，并实现财政收支平衡的，一次性奖励有功人员3万元；对财力水平较高一类县，年终拖欠当年职工工资的，按拖欠额20%给予财力处罚；消化历年挂账赤字的，按消化额3%给予财力奖；当年新发生赤字的，按增加赤字20%给予财力处罚，镇原按三类县对待，以保收入增长、保工资、保平衡分别考核，各计奖罚，从当年开始，县政府每年与庆阳地区行政公署签订"三保一挂"目标责任书，据此，县委县政府加大财源建设，发展生产，财政部门加强征管，确保收入，优化结构，调整支出，确保重点支出到位，发放工资到位，赤字额度控制在核定范围内，此后每年均完成目标责任书规定的各项任务。

四、公共财政

为解决财政职能长期存在缺位和越位问题，建立新的合理的公共支出预算体系，形成规范公共选择机制，实现法制化公共财政管理体制，确保分税制运行、公共产品和公共资源配置高效率，进一步调整规范政府（国家）和市场（企业）间分配关系，将财政职能限定在资源配置中市场失灵领域，以不损害市场机制和秩序为准则，逐步收缩生产建设职能，退出经营性和一般竞争性领域，把投资重点转到基础设施、公益事业、公共工程上来，从六个方面实施调整改革，建立起新的公共财政管理体制。

农村税费改革 2002年，全县开展农村税费改革，取消屠宰税、乡统筹费、农村教育集资、行政事业性收费、政府性基金、集资、劳动积累和义务工，调整农（牧）业税和农业特产税；改革村提留征收使用办法，规范农村税费管理，建立健全农民负担监督机制。全县核定农业税计征面积152.24万亩，其中农业税面积149.24万亩，农业特产税面积3万亩，占总耕地面积168.97万亩90.1%，比原耕地减少16.73万亩（退耕还林13.1万亩，其他3.63万亩），核定常年亩产121公斤，最高上肖乡181公斤，最低殷家城乡54公斤，核定全县复种指数为1.19%，最高屯字镇1.24%，最低小岘乡1.14%。改革后，农业正税收入额1731.4万元，其中农业税1401万元，牧业税85.8万元，农业特产税244.6万元（烤烟90万元，其他154.6万元）。农业税附加328.3万元。其中农业税280.2万元，牧业税17.2万元，农业特产税30.9万元。大口径财政收入缺口1846.6万元，其中正税收入缺口1623.9万元，附加收入缺口222.7万元。小口径收入缺口1499.3万元（含5%灾情减免和困难户征收不到位因素110万元），其中正税收入缺口1276.6万元，附加收入缺口222.7万元。农民负担总额1967.9万元，人均41.4元，亩均12.94元。大口径减负总额1312.5万元，人均27.59元，亩均6.34元，减负幅度39.98%。小口径减负总额965.3万元，人均20.29元，亩均6.34元，减负幅度32.88%。

完善乡镇分税制 2002年，修订完善乡镇分税制，划分收支范围，核定收支基数，实行“定额上解，定额补助，自求平衡，一年一定”管理办法。乡镇收入分固定收入、共享收入和基金收入三类。固定收入（不包括中央和省地收入），有乡镇机关单位、企业、团体和个人缴纳的营业税、个人所得税、企业所得税、固定资产投资方向调节税、城市建设维护税、城镇土地使用税、房产税、印花税、土地增值税、车船使用税、牌照税、农业税、牧业税、农业特产税、耕地占用税、契税、国有资产经营收益、行政性收费、罚没收入和其他收入；共享收入有乡镇级征收资源税，除上解省级70%，剩余部分县、乡按6:4比例分成，城关镇征收建筑安装营业税（除县建筑公司外），县、镇按7:3比例分成，耕地占用税，县、乡按6:4比例分成，各项分成，就地分级解缴入库；基金收入有农村教育费附加和农牧税附加。乡镇支出包括乡镇自筹基本建设、农业综合开发支出、农林水利气象等部门事业费、文体广播事业费、卫生经费、抚恤费和社会福利救济费、行政事业单位退休费、行政管理费和其他支出。农村中小学教师工资划归县财政。

财政转移支付 2003年，将农村税费改革“三定”方案核定其他农业特产税应征30560

亩 15.46 万元改征农业税，增加农业税 29.92 万元，对上年农村税费改革带来的财政缺口，建立财政转移支付制度。当年，国家、省财政转移支付资金 2234 万元。2004 年，对农业税实行税率下调一个百分点改革，应征农业税额 1226.98 万元，收入缺口 204.50 万元。税率下调减收 122.70 万元，财力缺口增加 327.19 万元。基于农户饲养大家畜主要用于农业生产，加之退耕还林、封山禁牧，致使羊畜存栏数锐减实际，国家将应征牧业税 857976 元，予以停征，增加财力缺口 748871 元，对农村税费改革形成地方财政收支缺口，中央、省级财政通过转移支付途径解决 2532 万元，具体包括农村税费改革减收、乡村两级基本需求、农村义务教育经费和特殊性因素四部分，同时延续执行分税制，每年调整和核定收支基数，对上解乡镇超收部分县乡按 3:7 比例分成，自求平衡乡镇超收部分全留，补助乡镇按 10%逐年递减，超收全留。

农村综合改革 2004 年，开展农村综合改革，以建设“生产发展、生活富裕、乡风文明、村容整洁、管理民主”社会主义新农村和构建社会主义和谐社会为目标，建设精干高效农村行政管理体制和运行机制，建立“以县为主、保障有力”的农村义务教育管理体制和覆盖城乡公共财政制度；改革和完善县、乡财政管理体制，规范县乡之间分配关系；完善农税征管体制，规范农业税征收行为；强化村级组织建设和民主法制建设，实行村民自治，推进村务公开；把握政策界限，妥善处理乡村债务和农户税费尾欠；发展乡村集体经济，培育和完善农村市场体系；稳妥推进乡镇机构改革，压缩财政供养人员，减少行政村、自然村干部职数，减轻农民负担；撤并曙光、湫池、彭阳、王寨、小岘 5 个乡，乡镇由 24 个减为 19 个；精减乡镇人员 232 人，其中行政 28 人，事业 204 人，逐步进行分流安置；撤并行政村 54 个，村民小组 497 个，村委会由 269 个降为 215 个，村民小组由 2483 个降为 1991 个，村干部职数由 948 人降为 934 人，组干部职数由 2483 人降为 1464 人；深化农村义务教育管理体制改革，调整农村教育布局，精简优化教师队伍，合并乡村学校 254 所，其中职中 1 所，五年制小学 9 所，村学 244 所，学校总数由 654 所降为 400 所，清退临时代课教师及不合格教帅 665 人。2005 年，全面取消征收农业税，从此农业税、农林特产税、牧业税征管历史结束，农民负担降为零。当年和 2006 年每年转移支付 3903 万元，此后每年转移支付 3898 万元，其中乡村两级基本支出转移支付 343 万元，农村义务教育经费转移支付 1134 万元，税费改革减收转移支付 246 万元，特殊性因素补助 2175 万元。

建立乡财县管制度 2007 年 6 月 1 日起，全面运行“乡财县管”制度，制订《镇原县全面推进乡镇财政管理体制改革实施方案》《关于实施“乡财县管”财政管理体制方式改革有关问题的通知》，进一步规范工作程序，加快实施步伐，在乡镇财政预算管理权、资金所有权和使用权、财务审批权不变情况下，实行收支统管、预算统编、账户统设、资金统调、直接支付、支出审批制度。收支统管，即对乡镇收入考核、转移支付、资金调度、资金补助、资金结算等，县财政直接管理到有关单位，减少中转环节。所有收费票据，由县财政局统一管理，监督使用，专人负责，交旧领新，限量领购，定期核销，票款分离。预算统编，即县财政按有关政策和年度财力，提出乡镇年度财政预算安排指导意见，报县政府审查，乡镇政府根据指导意见，编制本级预算草案,按程序报批。年度预算执行过程中,如遇特殊情况,乡镇政府提出预算调整方案,经县财政审核,提请县政府审查,再按法律程序报批。账户统设,即取消乡镇所属预算单位在金融机构开设所有临时账户,由县财政统一为乡镇财经管理中心开设“收入结算”和“支出结算”两个基本账户。收入结算账户,用于核算乡镇征收缴入县国库的各项收入;支出结算账户用于核算乡镇财政供养人员经费、公用经费及专项支出。未经县财政批准,乡镇财经管理中心及所属预算单位,不得在金融机构开设账户。资金统调,即撤销乡镇金库,由县财政实行统一调度,统筹管理。乡镇组织的预算内外收入,全额上缴县国库或财政专户,由县财政按乡镇设置明细账户,进行核算管理。直接支付,即对乡镇所有支出,由县财政按规定程序进行统一审核,从县国库或财政专户统一调度直接支付。工资性支出,委托银行代发,直接进入职工个人账户。专项支出,经县财政审批,直接支付到项目实施单位或商品拥有者。支出审批,即对乡镇所有支出,均由乡镇财政申报审批,未经审批,银行拒办支付手续,县财政不予列支。乡财县管制度的实施,提高了财政资金使用效益,有效堵塞收支漏洞;加强财政监督和管理职能,变事后监督为事前管理;杜绝截留、挪用专项资金行为,防止坐收坐支、铺张浪费现象发生;增强乡镇理财、聚财意识,规范乡镇理财行为;有效遏制乡镇债务,缓解乡镇财政困难,保证乡级政权正常运转。

建立县财省直管制度 2007年8月1日起,省财政厅、省国税局、地税局、人行兰州中心支行将镇原县列为全省16个改革试点县之一,根据省政府实施意见,制订《镇原县省直管县实施方案》,在市财政局监督下,对收入基数、税收返还、财力补助、配套资金、当年资金调度、债权债务等情况,进行认真核对,共同签证上报省财政厅,作为与省财政结算依据,在坚持市对县支持不减,财务报送和汇总程序不变前提下,实行财政工作部署、收入计划、收入报解、补助资金、基金分成、转移支付、专项补助、财政结算、债务偿还、预算资金调度等直接到县,依据2006年市对县财政决算批复,省财政核定镇原财力补助28943万元,其中税收返还697万元,财力性补助28246万元(所得税基数补助166万元,体制改革减收补助696万元,一般性转移支付补助13192万元,农村税费改革转移支付补助2122万元,农税政策性转移支付补助1781万元,调整工资转移支付补助8803万元,缓解县乡财政困难转移支付补助1116万元,结算补助522万元,企事业单位上划下划补助-152万元)。省直管县的实施,突出县级政治地位,增强县级政府对经济社会事务的宏观调控能力,减少管理层次,提高管理效率。

第三节 财政收支

唐代,全县每年常贡有九尺白毡10领。宋代,常贡有甘草30斤。明时,财政仅有田赋征收,支出不详。嘉庆年间,镇原年征赋粮34394.32石,其中夏地1121顷41亩,粮5607.07石,除荒免53.38石,实征5553.69石;秋地2916顷78亩,粮29167.89石,除荒免327.2石,实征粮 28840.63 石，草 36050 束。清道光《镇原县志》载，明时有夏地 966 顷 35 亩，粮 5441.32 石；秋地 2850 顷 90 亩，粮 28640 石，草 36459 束。《平凉府志》载，明原额 37700 石，成化末大饥，户口大耗时，知县徐镛请蠲夏粮 1071.3 石，秋粮 8502.1 石，草 8900 束。

清代，财政仅有零星收支。田赋原额折正一等民地 37303 顷 51 亩，额征本折粮 34394.2 石，额征本色粮 1289.2 石，折色粮 33104.9 石，折征银 31906 两，除豁免荒地 32402 顷 41 亩征粮外，实征本折粮 27790.1 石，本色起运粮 403.7 石，本色官学仓粮 637.9 石，折银 435 两，折色粮 26748.4 石，折色银 25822 两。实熟并开垦共地 4901 顷 10 亩，额征本色粮 96.2 石，每亩征本色粮 2 勺 2 抄，折色银 1.4 分。丁赋原额均徭银 108 两，除去荒该银 86 两，实征银 22 两。额解地丁起运银 6812 两。康熙三十一年(1692 年)，裁扣归饷，本邑原受协西、凤二府和渭南、岐山二县驿站兑留兵饷，支驿银 1025 两，实解银 5787 两。乾隆六年(1741 年)、十一年及十六年，3 次编审出幼丁，摊补减除，屯重丁银。乾隆八年、十三年、十八年等年，入额银 224 两。县内各按俸裁灯夫、舖司、民壮、募夫工食等项，共支银 142 两。内奉裁白水驿驿丞俸工银 14 两，归入起运讫。驿站支存留银 1438 两(因白水驿乾隆八年归平凉县管理，夫马工料每年仍由镇原支付)，经费银 352 两，杂支银 208 两(即春秋祭祀、乡饮酒醴、各舖司兵、孤贫口粮等)，杂税有牲畜税银 23 两。道光二十五年(1845 年)，垦开荒芜，额银 190 两。光绪三十四年(1908 年)，镇原各官署共支银 1258 两，其中养廉支银 600 两，俸支银 14 两，公费支银 160 两，工食支银 484 两。

民国二十五年(1936 年)，国民政府县级财政建立，全县预算收入 81648 元(法币下同)，其中田赋附加 73182 元，各项捐税 7073 元，地方财产收入 1393 元。预算支出 74410 元，其中自治费 2880 元，保安费 29934 元，教育文化费 12816 元，财务费 1830 元，实业费 1020 元，修建费 1200 元，电讯费 800 元，补助支出 7430 元，预备费 8000 元，其他费 8500 元。

二十六年，概算收入 108207 元，其中田赋附加 98144 元，各项捐税 8674 元，地方财产收入 1389 元。概算支出 108207 元，其中自治费 2880 元，保安费 32734 元，教育文化费 26707 元，卫生费 920 元，财务费 2010 元，实业费 1676 元，救恤费 1300 元，修建费 12000 元，电信费 800 元，补助费 7430 元，预备费 6000 元，其他费 13750 元。

二十九年，陕甘宁边区镇原县建立初，解放区财政收入主要是没收地主等土豪财产，其次是战利品和捐助。当时无专门管理机构，也没有预决算制度，一般都是边筹集边使用。当年支出 6346 元(法币下同)，其中行政费 5054 元，保安费 223 元，追捕费 1069 元。

三十年，国统区实行县级自治财政，收入大幅度增长。边区财政外援断绝，陇东解放区成立自给委员会，组织领导生产，提倡机关单位生产自给，农业税征收 6000 石，财政支出 80344 元。

三十一年，国统区总收入 25.5 万元，其中课税 8.5 万元，上级补助 17 万元，比二十六年概算增长 1.36 倍。支出 222061 元，其中行政支出 151766 元(警察队经费 26126 元，军训队经费 1080 元，防空视哨费 3630 元，防设团 792 元，行政经费 120138 元)，教育文化支出

55462元(县立中学14945元,中心学校12500元,国民学校28017元),经济及建设支出5070元(交通3630元,工商费1440元),财务支出900元,补助支出420元,其他支出300元,预备金8143元。边区征收农业税8100石。

三十二年,解放区秤佣收入591元(流通券下同),罚没收入5646元,机关单位建立小型农场,开荒种地(镇原有生产人员8人,耕牛18头,耕种土地882亩)收获细粮67.3石,开办商店获利111696元。

三十三年,解放区地方税收入36.12万元,其中工商税收180641元,店佣收入11000元,罚没收入169559元。支出3127109元,其中伙食费229466元,办公费87431元,服装费40400元,路费51007元,会议费25129元,修购费2041元,杂支29865元,补助237920元,其他2423850元(包括上缴专署二科公粮、公草、公盐、代金2383525元)。

三十四年,国统区预算收入665.7万元,其中课税收入142.3万元,国税收入443.5万元,国税附加8.5万元,罚款及赔偿收入4万元,规费收入7万元,其他收入60.4万元。财政支出2747529元,其中经济建设支出112173元,自治行政支出1519873元,文教支出666365元,卫生支出5460元,保安支出124194元,财务支出38492元,补贴支出58740元,其他支出79132元,预备金143100元。解放区农业税征收2866石,地方税收入1002633元,其中秤佣收入56595元,罚没收入171816元,商业获利收入620199元,机关单位农场生产由种植粮食作物改为以种植棉花、烟叶和蔬菜等经济作物为主,当年生产收入154023元,折细粮84.6石。

三十五年,解放区牲畜买卖手续费收入2544426元,秤佣收入65000元,牙佣收入368350元,保安科种地收获粮食12石。

中华人民共和国成立后,商业逐步恢复,工业逐步兴办,生产较快发展,财政收入有物质基础。

1950至1952年,国民经济恢复时期,统收统支财政体制下,3年累计上解收入477.63万元(折合新币),年均159.21万元(1950年145万元,1951年158万元,1952年174.63万元),累计下拨支出104.4万元,年均34.8万元(1950年26.7万元,1951年34.6万元,1952年43.1万元),支出占收入额21.85%。

1953至1957年,国民经济调整时期,财政由供给型变为建设型,县内开始兴办小型企业和供销合作社。5年财政共收入1013.74万元,年均202.75万元。支出538.35万元,年均107.67万元。支出占收入53.1%。1957年,财政收入239.76万元,比1952年增长37.3%,其中工商税收入46.15万元,农牧业税收入135.31万元,其他收入1.02万元;财政支出135.55万元,比1952年增长2.1倍,其中支援农村生产12.43万元,文教事业费57.02万元,行政事业费65.41万元,其他支出0.69万元。

1958至1960年,"大跃进"时期,镇原县在"左"的思想指导下,高指标、浮夸风盛行。财政提出10年计划5年完成,需要多少筹集多少,啥时要、啥时给等口号,计划指标一增再增,企业利润一挖再挖,造成企业亏空,财政虚收,支出大增,市场商品短缺,物价上涨,严重影响人民群众日常生活。3年财政收入853.77万元,年均284.6万元,支出924.93万元,年均308.31万元,支出占收入108.3%。以1959年为例,财政收入316.18万元,其中工商税收45.83万元,农牧业税181.68万元,国营企业上缴利润84.27万元,其他收入4.4万元;财政支出293.01万元,其中支援农业生产支出122.46万元,文教卫生事业费80.05万元,行政管理费79.82万元,抚恤和社会救济支出8.16万元,其他支出2.52万元。

1961至1966年,稳定发展时期,财政工作贯彻中央"调整、巩固、充实、提高""全国一盘棋""上下一本账""当年平衡,略有回笼"等方针以及国务院关于加强财政、银行工作决定,纠正"大跃进"中出现的若干问题,开展"四清",恢复实事求是,稳定财政收入,加大抚恤和救济,压缩一般开支。6年共计财政收入1181.79万元,年均196.96万元。累计财政支出1686.31万元,年均281.05万元,开始出现支大于收,收入占支出70%。1961年,财政收入196.55万元,其中工商税收42.46万元,农牧业税130.5万元,国营企业上缴利润21.8万元,其他收入1.79万元。财政支出519.62万元,其中支援农业生产180.8万元,文教卫生事业费122.9万元,行政管理费78.76万元,抚恤和社会救济133.95万元,其他支出3.21万元。

1967至1976年"文化大革命"时期,财政机构撤并,财政制度松弛,出现截留利润、挤占成本、擅自减免税收等混乱现象,正常财政工作受到严重影响。10年累计财政收入2328.79万元,年均232.88万元,累计支出4360.13万元,年均436.13万元,收入占支出53.4%,其中1967至1971年为"文化大革命"影响严重时期,5年财政收入1032.79万元,年均206.56万元,财政支出1539.73万元,年均307.85万元。1972至1976年,贯彻中央"要把国民经济搞上去"的方针,财政形势好转。5年共收入1296万元,年均259.2万元,共支出2820.6万元,年均564.12万元。1974年,财政收入267.7万元,比1961年增长36.2%,其中工商税收82.8万元,农牧业税141万元,国营企业上缴利润43.1万元,其他收入0.8万元。财政支出681.7万元,比1961年增长31.2%,其中基本建设支出60.3万元,企业挖潜改造支出6万元,其他部门流动资金2.2万元,支农资金83.3万元,农林水利气象部门事业费32.7万元,城市维护费1.7万元,城镇青年就业经费14.3万元,文教卫生事业费174.5万元,抚恤和社会福利209.7万元,行政管理费79.3万元,其他支出1.8万元,上解支出15.9万元。

1977至1980年,恢复发展时期,财政工作贯彻"调整、改革、整顿、提高"方针,恢复和建立规章制度,加强财政机构,充实干部队伍。商品经济发展,工商税收大增。4年财政收入1181.1万元,年均295.28万元;财政支出3702.9万元,年均925.7万元,收入占支出31.9%。1979年,财政收入299.7万元,比1974年增长12%,其中工商税收133.9万元,农牧业税150万元,国营企业上缴利润15.8万元。财政支出960.9万元,比1974年增长40%,其中基本建设支出82.9万元,企业挖潜改造支出29.6万元,其他部门流动资金15万元,支援农业生产支出146.3万元,农林水利气象等事业费77.6万元,工交部门事业费1万元,城市维护费2万元,城镇青年就业经费0.8万元,文教卫生事业费274.2万元,抚恤和社会救济97.1

万元,行政管理费 112 万元,其他支出 121.9 万元,上解支出 0.5 万元。

1981 至 1993 年,改革开放时期,农村实行家庭承包责任制,企业实行利改税,市场开放,个体经济迅猛发展,乡镇企业突起,财政收入大增,同时调整职工工资,支出同步增长。13 年财政总收入 10710 万元,年均 823.85 万元;财政总支出 30528.9 万元,年均 2348.38 万元,收入占支出比为 35.1%。1989 年,全县财政收入 1027 万元,比 1979 年增长 2.4 倍,其中工商税收 814.2 万元,农牧业税 241.7 万元,农林特产税 30.7 万元,耕地占用税 17.2 万元,国营企业所得税 45.4 万元,国营企业上缴利润 10.8 万元,国营企业亏损补贴 - 151.2 万元,专款收入 3.6 万元,其他收入 22.4 万元,国营企业承包收入退库 - 7.8 万元。财政支出 2879.6 万元,比 1979 年增长 2 倍,其中基本建设支出 38 万元,企业挖潜改造支出 117.2 万元,企业简易建筑费 1.8 万元,支援农村生产支出 83.7 万元,农林水利气象等事业费 148.4 万元,工交部门事业费 5.3 万元,城市维护费 11.9 万元,文教卫生事业费 1095.3 万元,科学事业费 3.1 万元,其他部门事业费 118.5 万元,抚恤和社会救济 100.2 万元,行政管理费 376.6 万元,公检法支出 102 万元(公安安全支出 65.9 万元,检法司支出 36.1 万元,),价格补贴支出 325 万元,支援不发达地区发展资金 130.6 万元,其他支出 148.4 万元,上解支出 73.6 万元。加上级补助收入,年终滚存结余 89.5 万元。

1994 至 2010 年,全面社会主义建设新时期。1994 至 2002 年,累计大口径财政收入(包括上解中央和省税收分成部分)41066 万元,年均 4562.89 万元。小口径财政收入(县财力可支配收入)31380.6 万元,年均 3486.7 万元。财政支出 100562 万元,年均 11173.55 万元,大口径收入占支出 40.8%。以 1998 年为例,财政收入 3914 万元,比 1989 年增长 2.8 倍,其中增值税 426 万元,营业税 398 万元,企业所得税 90 万元,个人收入所得税 82 万元,固定资产投资方向调节税 10 万元,城建税 64 万元,房产税 54 万元,印花税 32 万元,土地使用税 4 万元,车船使用税 21 万元,屠宰税 2 万元,农业税 627 万元,农林特产税 1570 万元,牧业税 80 万元,耕地占用税 3 万元,非税收入 451 万元。财政支出 8764 万元,比 1989 年增长 2.1 倍,其中基本建设支出 49 万元,企业挖潜改造支出 273 万元,支援农业生产支出 176 万元,农林水利气象等事业费 408 万元,工交部门事业费 10 万元,城市维护费 58 万元,文教卫生事业费 3770 万元,科学事业费 4 万元,其他部门事业费 379 万元,抚恤和社会救济 289 万元,行政事业单位离退休费 868 万元,社会保障补助支出 245 万元,行政管理费 1000 万元,公检法支出 335 万元,价格补贴支出 49 万元,支援不发达地区支出 271 万元,其他支出 387 万元,专项支出 129 万元,农业综合开发支出 51 万元,上解支出 13 万元。滚动赤字 6231 万元。2003 年起,实行支出审批、乡财县管、县财省管的公共财政体制,财政工作步入科学化、精细化管理轨道,实施工业兴县战略,努力培植财源,加强税收征管,使财政收支稳定协调发展。2003 至 2010 年,大口径财政收入 77243 万元,年均 9655.4 万元。小口径财政收人 53490 万元,年均 6686.25 万元。财政支出 534451 万元,年均 66806.4 万元。大口径收入占支出比重下降到 14.5%。2010 年,财政收支均创历史新高,全年完成大口径财政收入 17256 万元,同比增长 18.3%。小口径收入 12852 万元,同比增长 21.8%,其中增值税 541 万元，营业税 3209 万元，企业所得税 136 万元，个人所得税 99.8 万元，资源税 39.3 万元，城建税 340.5 万元，房产税 63 万元，印花税 41.6 万元，土地使用税 29 万元，土地增值税 1.6 万元，车船使用税 116.3 万元，城市教育费附加 181.4 万元，契税 153.5 万元，耕地占用税 89.6 万元，罚没收入 703 万元，行政性收费 450 万元，国有资源有偿收入 3881 万元，石油规费收入 2217.5 万元，排污费收入 95.8 万元，其他收入 463 万元。全年财政支出 141352 万元，同比增长 18.7%，其中一般公共服务支出 15720 万元，公共安全支出 4613 万元，教育费 33175 万元，科技费 1598 万元，文体传媒支出 1870 万元，社会保障和就业支出 19213 万元，医疗卫生费 14482 万元，环保支出 5613 万元，城乡社区服务费 3878 万元，农林水务支出 19571 万元，交通运输费 4965 万元，采掘电力信息等支出 1421 万元，工商服务业等支出 1239 万元，地震灾后重建支出 8953 万元，国土资源气象支出 1343 万元，住房保障支出 2894 万元，粮油物资储备支出 395 万元，其他支出 310 万元。滚存赤字 10575 万元，比最多的 2002 年 16877 万元减少 6302 万元。

1949~2010 年镇原县财政收支统计表

表 18-3-1　　单位：万元

年度	县级组织收入	其中		总支出	其中				
		工商税收	农牧业及耕地占用税		基本建设	支农及不发达地区	农村水气	文教卫生事业	行政管理费
1949	141.00	–	–	21.60	–	–	–	9.00	12.60
1950	145.00	–	–	26.70	–	0.50	–	12.00	14.20
1951	158.00	–	–	34.60	–	0.60	–	13.50	20.50
1952	174.63	21.97	–	43.10	–	0.60	–	20.00	22.50
1953	150.67	29.51	–	78.78	–	0.90	–	40.53	37.35
1954	244.63	54.83	–	87.39	–	2.05	–	37.89	47.45
1955	200.43	51.41	–	94.48	–	4.39	–	44.46	45.63
1956	178.25	46.99	–	142.15	–	23.13	–	58.39	60.15
1957	239.76	46.15	–	135.55	–	12.43	–	57.02	65.41
1958	256.48	47.22	168.98	164.90	–	28.81	–	65.29	58.09
1959	316.18	45.83	181.68	293.01	–	122.46	–	80.05	79.82
1960	263.11	57.16	119.66	467.02	–	205.57	–	138.05	78.36
1961	196.55	42.46	130.50	519.62	–	180.80	–	122.90	78.76
1962	177.14	48.69	129.59	171.19	–	2.61	–	92.53	72.42
1963	192.80	49.90	135.00	174.50	–	30.30	–	67.70	49.10
1964	196.50	55.98	130.52	219.00	–	45.90	–	74.30	53.60
1965	201.00	60.60	131.40	287.00	–	8.60	46.10	75.20	62.30
1966	217.80	52.70	149.40	315.00	–	46.60	35.20	89.30	58.30
1967	175.05	44.45	125.48	277.89	–	34.35	61.12	107.15	48.90
1968	206.60	44.40	155.47	193.77	4.79	33.40	15.54	74.95	43.56

续表

年度	县级组织收入	其中		总支出	其中				
		工商税收	农牧业及耕地占用税		基本建设	支农及不发达地区	农村水气	文教卫生事业	行政管理费
1969	205.47	52.50	147.53	354.17	51.38	35.19	21.88	88.60	51.65
1970	230.57	60.65	156.01	291.00	46.73	24.50	27.43	96.10	52.07
1971	215.10	57.20	153.30	422.90	131.20	23.65	30.64	125.25	70.94
1972	289.90	62.40	177.10	556.20	165.40	60.00	30.50	146.60	78.20
1973	138.80	77.90	32.60	506.00	78.90	69.80	32.20	157.20	68.10
1974	267.70	82.80	141.00	681.70	60.30	83.30	32.70	174.50	79.30
1975	295.70	95.70	151.60	531.50	84.80	71.60	29.10	184.30	86.40
1976	303.90	120.80	131.10	545.00	53.80	117.80	37.20	192.50	86.00
1977	308.20	150.60	101.00	720.60	78.70	92.70	43.60	199.50	91.40
1978	342.40	153.10	121.20	888.90	102.40	203.30	43.80	245.90	109.10
1979	299.70	133.90	150.00	960.90	82.90	146.30	77.60	274.20	112.00
1980	230.80	156.40	33.30	1132.50	82.60	403.00	57.90	312.60	149.40
1981	293.60	141.90	101.70	892.20	50.80	186.00	37.10	321.30	134.60
1982	275.30	150.00	89.20	983.70	37.10	249.60	53.30	346.20	168.20
1983	289.30	164.40	122.30	1245.90	124.70	253.10	61.40	420.30	232.20
1984	311.80	177.90	103.20	1447.70	17.80	278.40	82.00	458.30	244.30
1985	379.60	229.60	117.60	1669.80	58.40	285.80	88.40	657.50	257.30
1986	475.00	248.30	183.80	2198.00	43.00	554.80	137.70	731.40	314.00
1987	600.40	377.70	171.50	2365.90	134.80	426.10	140.70	782.20	334.00
1988	704.60	502.20	224.50	2524.60	38.80	340.50	187.00	996.20	383.60
1989	1027.00	814.20	289.60	2879.60	38.00	214.30	148.40	1095.30	376.60
1990	1039.70	816.70	279.20	2929.20	76.00	278.10	16.50	1216.50	444.40
1991	1232.50	1003.90	293.40	3401.30	178.60	295.10	186.10	1302.60	455.70
1992	1668.70	1344.30	378.90	3583.00	63.90	203.20	217.30	1580.00	545.30
1993	2412.50	1987.00	370.80	4408.00	55.00	153.80	217.00	1851.00	686.00
1994	2005.70	649.60	1312.00	5358.00	79.00	170.40	311.00	2505.00	894.00
1995	2853.30	829.00	1836.20	6615.00	69.00	232.10	361.00	2887.00	972.00
1996	4578.00	990.00	3360.74	8159.00	110.00	506.10	434.00	3405.00	1233.00
1997	5253.10	1052.10	3812.50	9200.00	59.00	688.10	457.00	3810.00	1201.00
1998	3914.40	1413.50	2281.00	8764.00	49.00	446.90	408.00	3770.00	1000.00
1999	4011.00	1280.00	2510.00	14383.00	97.00	829.00	502.00	5574.00	1719.00
2000	3132.10	1146.00	1576.90	10359.00	1125.00	786.20	416.00	2958.00	1225.00
2001	2468.00	1176.00	806.00	16641.00	442.00	368.00	757.00	7818.00	2537.00
2002	3165.00	1312.00	1576.00	21083.00	1584.00	877.00	966.00	9213.00	3156.00
2003	3655.00	1182.00	1825.00	24371.00	2003.00	2631.00	1908.00	10315.00	2725.00

2004	4361.00	1210.00	1276.00	27552.00	1460.00	2633.00	2254.00	11198.00	3156.00
2005	3804.00	1439.00	389.00	34276.00	1289.00	2706.00	2499.00	14485.00	4984.00
2006	4114.00	1952.10	38.60	46585.40	1769.90	1980.20	5042.50	20427.00	5126.60
2007	5976.00	3600.00	39.00	63669.00	–	–	5484.80	27468.00	4667.10
2008	8177.00	4499.00	25.00	86914.00	–	–	7790.50	35726.00	5557.20
2009	10551.00	6018.00	123.00	118989.00	–	–	14130.90	44552.00	9483.80
2010	12852.00	7558.00	90.00	141253.00	–	–	18006.90	49527.00	10252.30

说明:1962 年、1968 年、1969 年因国企亏损弥补,1988 至 1992 年因国企补贴和承包收入退库形成收入分项小计大于合计的情况。2006 年起行政管理费栏为一般公共服务支出。

第四节 财政扶持与补贴

一、种粮农民直接补贴

2004 年开始,依据农村税费改革核定的计税面积和产量,对种粮农民实行直接补贴。当年,农民享受直补资金 251.88 万元,亩均 1.65 元。2005 年,享受补贴 323.96 万元,亩均提高到 2.13 元。2006 年,享受补贴 437.1 万元,亩均增加到 2.87 元。2007 至 2010 年,每年补贴 561 万元,亩均补贴 4.06 元,人均补贴 11.46 元。

二、农资综合补贴

2006 年开始,国家对农民种粮使用柴油、化肥等农业生产资料所形成增支实行综合补贴政策,依据农村税费改革核定计税面积和产量,核减退耕还林、基本建设等占地面积,实施“一册明、一折统”,直接发放到户。当年,享受补贴 839.48 万元。2007 年,享受补贴 1868 万元。2008 年,享受补贴 4698 万元。2009 至 2010 年,每年补贴 4696 万元,亩均补贴 33.96 元,人均补贴 95.89 元。

三、农村“义务教育”债务化解

2007 年 11 月,对 2005 年 12 月 31 日以前发生的农村义务教育债务进行清理,申报农村义务教育债务金额为 7948.25 万元,其中校舍修建 6438.2 万元,设备购置 878.93 万元,土地征用支付 390.3 万元,其他 240.82 万元。当月中旬至 12 月上旬,省农村义务教育债务清理审计组,对申报农村义务教育债务进行逐笔审计,初步认定镇原农村义务教育债务 5474 万元,其中债务本金 5362.42 万元,债务利息 111.58 万元。2008 年 8 月,省农村综合改革办公室经过复审,锁定全县农村义务教育债务 2717.32 万元,其中“普九”教育 688.35 万元,“义务教育”1777.4 万元,白条子 251.57 万元,据此,建立农村义务教育“普九”债务监管系统。12 月,全县组织 21 个债务复审组,先后对教育债务进行分类分级清理审核,确保债务真实性。县政府与市政府签订《化解教育债务责任书》。当年,省财政厅下达化解农村义务教育债务补助资金 1886.41 万元,县财政配套 124.36 万元。2009 年,省财政厅下达化解农村义务教育债务补助资金 438.33 万元,县财政配套 268.22 万元。两年共计 2717.32 万元,分两批通过国库集中支付到债权人,并且做到偿还一笔,登记一笔,销号一笔。

四、家电 汽车 摩托车下乡

家电、汽车、摩托车下乡,是应对国际金融危机、惠农强农、带动工业生产、促进消费、拉动内需的一项重要举措。2009 年正式启动,成立领导小组,利用广播电视广泛宣传,并制订《镇原县家电下乡实施方案》《镇原县汽车摩托车下乡实施方案》《镇原县家电下乡补贴资金管理办法》《镇原县汽车摩托车下乡补贴资金审核兑付办法》。家电下乡产品,包括彩电、冰箱(含冰柜)、手机、洗衣机、电脑、空调、热水器(含储水式电热水器、燃气热水器、太阳能热水器)、微波炉、电磁炉、汽车、摩托车等 10 大类。享受补贴家电产品,每户农民限购 2 台件,给予产品销售价格 13%补贴资金。对购买微型客车、轻型载货车,政府财政给予销售价格 10%补贴资金。家电下乡补贴资金,由产品销售网点垫补,和财政部门定期结算。汽车、摩托车下乡补贴资金,由购买农户到户口所在地财政所申报,凭有效证件领取。至 2010 年底,全县共销售家电产品 3.66 万台件, 销售额 6185.94 万元, 已领补贴 3.54 万台件, 兑付资金 173.391 万元,兑付率 97%;销售汽车、摩托车 3503 辆,销售额 6250 万元,已领补贴 3503 辆,兑付资金 625 万元,补贴率 100%。

第五节 专项资金使用及效果

1950 至 1985 年,下发小型农田水利和水土保持经费 1341.98 万元,其中 1975 至 1980 年,打机井 82 眼,修建人畜饮水工程 54 处,病区改水工程 18 处,治理水土流失面积 95.33 平方公里,新增有效灌溉面积 5.5 万亩。

1958 至 1985 年,全县抚恤和社会救济支出 1803.16 万元,其中自然灾害救济 1257.82 万元。1959 至 1984 年,人民公社投资 1195.75 万元,其中 1975 至 1978 年,投资购买大中型拖拉机 115 台,手扶拖拉机 311 台,农用汽车 3 辆,架子车 1240 辆,牲畜 1210 头,其他农牧业机械 4459 台件。

1961 至 1985 年,落实政策经费 250.6 万元,其中 1961 年退赔兑现 188 万元; 1978 年起,分批兑现落实干部政策及冤狱费 62.6 万元;1969 年,兑现农村期票款 78 万元;1970 至 1979 年,落实城镇人口下乡及知识青年安置费 41.3 万元;1979 至 1985 年,老区建设投资 242.5 万元,其中用于农业 33.4 万元,畜牧业 21.5 万元,乡镇企业 18 万元,卫生 17 万元,农机 56.6 万元,教育 26.6 万元,文化 3 万元,工交 52 万元,水电 11 万元,其他 3.4 万元。

1986 至 2010 年,抚恤和社会救济支出 6657.4 万元;小型水利和水土保持投资 5939.48 万元,新打机井 235 眼,新修、维修提灌站 305 处,打水泥窖 7318 眼,维修、新建小高抽 167 处, 新增有效灌溉面积 28764 亩, 修建人畜饮水集中供水工程 312 处, 为 575 个村组 148442 人和 132560 头畜解决饮水困难,新建喷井 2 处,新增灌地 400 亩,建设节水灌溉工程 24 处,发展滴渗灌 3.72 万亩,新增有效灌溉面积 28764 亩,治理水土流失面积 296.99 万平方米；造林投资3.41亿元，累计造林113.7万亩，其中退耕还林54.1万亩；农田建设补助5939.48万元，新修水平梯田31.19万亩，水平条田39.09万亩，其中机械平田17.89万亩。2006至2010年，农业机械投资1484.68万元，补贴群众购买大中型拖拉机689台，履带拖拉机2台，手扶拖拉机1307台，其他农业机械6719台。

第六节　财源建设

中华人民共和国成立后，贯彻"发展经济，保障供给"方针，县人民政府从生产入手，开辟财源，抓扭亏增盈，组织筹集财政资金，财政收入从1949年141万元增加到1978年342.4万元。

1979至2010年，改革开放32年中，全县财源建设主要经历4个阶段。

1979至1993年为稳定发展阶段，重点支持发展地方骨干企业，兴办乡镇企业，啤酒、杏制品、造纸、印刷为主的工业经济发展较快，形成以工业财源为主，农业财源为辅的财源结构。1993年，全县财政收入2412.5万元，比1978年增长6倍，年均增长13.9%，其中工商税收年均约占财政总收入80%，农牧业等税约占20%。主体和骨干财源较少，主要是工商税收和农业税，烟叶特产税在较短时间内曾为大多数乡镇支柱财源。

1994至1997年为快速发展阶段，重点支持农业产业开发，形成工业、农业财源共同发展、齐头并进的局面，农业财源培育形成以杏子、苹果、黄花、烤烟为主体的支柱产业，农牧业税收在财政收入中所占比重逐步提高。收入最高的1997年，全县财政总收入6767万元，比1994年增长1.5倍，4年年均增幅35.6%，其中农牧业各税收入3813万元，占县级财政收入56.3%，仅烤烟特产税一项即达2839万元，占农牧业各税收入42%，工商税收只占全县财政总收入37.9%。

1998至2001年为收入萎缩阶段，由于烤烟计划收购量减少等因素影响，以烤烟为主的农业财源急剧萎缩。2001年，烟叶特产税减到120万元，比1997年减少2719万元，全县财政收入下降到3527万元，比1997年下降47.9%，年均减幅13.4%。

2002至2010年为转型增长阶段，通过农村税费和农业税制改革，全县财力缺口剧增，又未形成替补税源，县财政困难重重，通过多方筹措资金，加大财政、信贷投入，加快企业改制，兴办金龙工业集中区，提高企业生产经营管理水平和产品科技含量，招商引资，加强项目建设，逐步形成以石油开发、啤酒、羊绒制品、中药材加工和杏制品生产为主的工业体系，培育发展"新一代""新千年""澳恺""解语花""维思特"等龙头企业为财源企业，对财政贡献率逐年提高。2007年，从石油开采行业实现收入3001万元，占全县财政收入32.7%。同期，进一步强化非税收入征管，将计划生育、社会抚养费、国有资产收益和其他行政性收费，全额纳入预算管理，全县财政收入开始好转。2010年，全县财政大口径收入17256万元，比2001年增长3.8倍，年均增长42.7%，其中税收完成9238万元，占预算84.8%；非税收入

8018 万元,占预算 131.6%;地方财政收入 10852 万元,比 2001 年增长 2.1 倍,年均增长 34%。

第七节 财 政 管 理

一、预决算管理

清代以前,县级收入和支出由省规定额度,遇特殊情况如灾荒等,报省审批拨给。民国二十三年(1934 年),国民政府县级收支由中央或省编造预算,年终上报预算执行情况。二十六年,改为斟酌县内实情,开始编制财政岁入岁出概算。概算内容分经常门和临时门两部分,下设"款、项、目、节"科目。概算提交县政府会议审核批准,称为预算,在预算执行中,不得另立名目,各项经费不得先期使用。各科目经费有结余时,转下月使用,但不能跨年度;入不敷出时,报省核定后可动用预备金或请求增加,年终,将收支执行情况报省审核。

三十年,边区镇原县政府按照《陕甘宁边区暂行预算章程》,分年度编制预算,报县第二科(财政科)审查,汇编总预算书,送边区财政厅审批。预算批准后,收支必须按标准征收和拨给,不得随意加收和超支。如有重大事故和特殊变化,需经边区财政厅命令,方可增减。县财政科分季度决算,将收支执行情况汇总,上报边区或分区。三十一年,县财政科按季编制预算,上报分区财经分会审查批准后执行。

三十五年,国统区货币贬值,物价猛涨,预算失去控制作用。三十六年,按照国民政府主计处颁发的《关于各级编制预决算要点》编制预算,编制时,视县财力,统筹调整,以求收支平衡。

三十七年,边区实行财政统收统支,分季归口编造预算,由专署二科审查,然后报边区政府财政厅审核。

1949 至 1952 年,依据分区评价委员会评定的物价和开支标准按季编造预算,报省财政厅核准后执行,决算由省财政厅统一编制。

1954 年,根据"各级财政部门都要拟定详细的总预算,各企业单位及其主管部门都要拟定财政收支计划,各行政、事业单位都要拟定单位预算"规定,开始编制财政预算。预算编制和组织中,执行国家方针政策,坚持公开性、可靠性、完整性、统一性、年度性和从实际出发、量力而行、收支平衡原则。

1992 年,开始实行复式预算,逐步向零基预算、部门预算和综合预算方向发展。预算编制采取自下而上和自上而下相结合方法,首先由各行政、企事业单位初步拟定单位预算收支指标,其次由县财政部门对单位预算审核,汇总编制全县财政预算收支草案,经县政府讨论审定,报县人民代表大会进行审议,作出批准决议,同时报地区行署及财政处备案,并通知各行政、企事业单位和财税部门共同执行。财税部门按进度组织预算收入,以事业进程和项目进度拨款。预算执行进程中,如遇国家政策变动、国民经济调整和自然灾害等情况,及时调整预算方案,提请县人大常委会审查和批准,同时报上级财政部门备案。年终,财政局负责汇总编制全县总决算，经县政府讨论审批，报地区行署和市财政处审查备案，并向人民代表大会报告审批。

二、国有资产管理

1970年，对学校、庙宇、祠堂学田、户地、庙地和房屋、树木及土改、镇反中留下的土地、房屋、树木等公产进行清理，实有土地1000余亩，分布在临泾、三岔、马渠、孟坝、新集、太平、屯字、城关、开边、中原、平泉、新城等公社，处理由所在生产队耕种。房屋200余间，树木500多棵，一部分折价2万多元，投资处理给22个学校、12个行政村，大部分变价处理，共收回现金4万多元。1985年起，将太平乡包川行政村堡子山柏树71棵、椿树1棵、槐树2棵、沙柳树1棵、破庙宇3间和新城乡郭沟圈行政村慕家湾自然村凉水沟杨树63棵、柳树15棵作价处理。县城玉皇山柏树93棵移交潜夫山公园管委会管理。

1996年5月，县政府颁布《镇原县国有资产管理办法》，按照统一政策、分级管理原则，对本级政府所属行政事业单位占有使用的资产，实行国家所有，分级管理。资产使用单位，负责清查、登记、统计、报告、账卡管理，办理调拨、转让、报损、报废等报批手续，国有资产管理部门，行使监督管理职能。

2007年，县委县政府办公室印发《镇原县行政事业单位国有资产产权集中管理暨经营性资产清查工作实施意见》。2008年1月1日至12月20日，开展全县行政事业单位国有资产清理和移交管理工作，全县183个行政事业单位有资产4.30亿元（行政单位64个，资产1.19亿元，事业单位119个，资产3.11亿元），其中经营性资产1443.9万元，全额上缴国资部门统一管理。新增国有资产，由使用单位提交申请，国资部门审批，政府采购办集中采购，国资办登记入账，交付单位使用；对拟处置大额资产，报县政府研究同意，委托评估公司依法评估，上市公开拍卖；对经营性资产，实行集中管理，保证国有资产高效使用；对合同到期的经营性资产，重新确定租金标准，向社会公开承租；新建经营性资产，实行严格审批，坚决杜绝私自、违章修建；对资产经营变价收益，实行"收支两条线"管理，收入全额缴存财政专户，支出报计划批准，按用途从财政专户中拨付，严堵国有资产流失。

三、政府采购管理

2000年，县财政局内设政府采购办公室，制定《镇原县政府采购实施意见》和《镇原县政府采购实施细则》，启动政府采购工作。政府采购项目有基建工程；车辆购置、维修、保险；办公用品购置、印刷业务等，采取竞争招标为主、谈判采购为辅办法进行。属于物品性的，由各部门各单位向采购办提出申请，采购办会同有关部门，对其资金来源和购买必要性进行审核、汇总，分批向社会公开竞价招标或询价，并签订采购合同采购。各类印刷品实行定点印刷，车辆实行定点维修。全县机关、事业单位，凡参加保险车辆，最多限于投保车损险、第三者责任险、全车盗抢险、车上人员责任险四种。0.5万元~5万元以内新建、维修、装修、维护工程，由采购办会同有关部门，通过竞价招标程序，选择施工单位，签署施工合同，然后进行基建或维修。

2000至2010年，政府采购总额19677万元，年均1789万元，最高的2010年3481万元，最低的2000年205万元。采购总额中，货物类10295万元，占52.3%；工程类6204万元，占31.5%；服务类3178万元，占16.2%，通过政府采购，节约资金1820万元，节约率9.2%。

四、财务管理

清以前，县内各官学俸银、役食等，无具体财务管理制度和会计人员。民国二十四年（1935年），国民政府颁布会计规范，省财政厅颁布《甘肃省暂行会计章程》，规定收支程序，预算专项财务管理费用，逐步实行财务管理制度。县政府财政科设总会计师（由省政府委派），机关单位设立会计，厘定会计科目，建立传票制度，实行复式簿记。二十八年，会计账簿分为序时账簿、总分类账和明细分类账3种；会计科目分为甲（岁入类）、乙（岁出类）2种，甲类下设科目30个，乙类下设科目31个。会计报表分为旬报、月报和年报。

二十九年，陕甘宁边区镇原县政府成立后，改旧式账簿为新式账簿，建立会计财务管理制度，县机关单位和财政科设立专职或兼职会计。会计账簿每年更换一次，会计记账均以法币“分”为单位，厘以下四舍五入，其他币如银两、铜元以市价为标准折合法币。会计报表，区财政月报县财政科，县财政科按旬、月报边区财政部，并将每月执行结果报告边区政府财政厅。三十一年，陕甘宁边区颁布会计制度规定，会计记账一律采用复式记账，以流通券为本位币。县财政科设总会计，会计账簿设置主要账（现金日记账、总账）；补助账（岁入明细分类账、岁出明细账、物品分类账、粮草料分类账、暂记欠款分户账、暂记存款分户账）；备查账（没收物品分类登记簿，公产公物分类登记账）。会计报告有日报或5日报、旬报、月报、季报数种。三十七年，边区实行统收统支，清理小公财务，建立会计账簿，实行按月结账、按季报告制度，但由于处在战争环境，各机关单位隐瞒、乱支现象时有发生，财务管理制度未能很好地执行。

中华人民共和国成立后，财会制度逐步健全完善，财务管理进一步加强，会计队伍发展壮大，业务素质不断提高。1953至2000年，强化行政事业单位财务管理，对党政机关、人民团体、教育、体育、广播、计划生育、文化馆、图书馆、档案馆、税务、工商、物价检查以及农林水利等部门无收入的实行全额管理，对剧团、医疗卫生等单位收不抵支的实行差额管理，按月给单位拨付公用经费和人员工资，单位会计按月结账、报账，年终由财政部门核实的纳入结算；对差额管理单位，视其收入增长情况，逐步降低财政差补比例；对财政部门投入基本建设资金，实行监督管理，由建设单位组织实施，财政部门实行预支决算、投资包干、专业审查、综合管理；对国有、县办集体企业，实行检查监督。1985年开始，每年开展一次物价、税收、财务大检查，对企业固定资产、流动资金、成本、利润等全面审核，重点查纠乱摊成本、截留利润、偷税漏税等违法违纪问题。2000年起，财政体制改革深化，财务管理工作进入全新时期。

会计委派管理 2000年8月起，全县党政机关、事业单位，分步推行会计委派管理，通过考试，招录选聘会计，按照会计机构不变、地位不变、职能不变原则，由县财政委派到单位从事财会工作。第一批委派单位有县委办、政府办、人大办、政协办、县农委、计生局、粮食局、水利局、土管局、广播局、卫生局、教育局、财政局、经贸委、城建局、交通局、公安局、检察院、法院、农机局、林业局、农业局、房改办、改水办、水保站、县第一医院、中医院、防疫站、镇原中学、平泉中学30个。2001年5月，第二批委派会计单位有农业局、党校、文化局、畜牧局、东街小学、县幼儿园、县职业中学、计生委、生态项目办、屯字中学、三岔中学、开边中学、县第二医院、劳动保障局和24个乡镇教委共38个。

2007年，对全县教育系统教育经费，实行校财局管制度，对全县教育系统19个乡镇学区所属311所小学、25所初中、7所公办幼儿园、7所公办完(职)中及东街小学、县幼儿园各项政策性收费、专款、代管款和经费进行集中管理，统一开户，分户核算。县教育局设立支付中心，负责全县义务教育学校财务收支工作。各乡镇学区、县直有关学校设立专职报账员，具体办理本单位经费收支业务，并直接对支付中心负责。县直非义务教育公办学校财务收支业务，仍由会计核算中心教科文核算组办理。教育系统校舍建设，由会计核算中心办理，实行国库集中支付。所有教育财务收支活动，均在教育局和财政局统一领导下进行。

会计集中核算管理 2002年10月，全面推行集中核算制度，实行一厅式办公、柜组式作业。会计核算中心在编12人，下设5个核算组，1个结算组，在保持核算单位资金使用权、财务自主权不变情况下，按照“集中管理、分户核算”原则，办理各单位会计核算和监督业务。2009年，纳入集中核算单位有县委、县政府、县人大、县政协、法检两院、民主党派、人民团体等一、二级预算单位120个。集中核算资金，包括财政供给行政经费、事业经费、专项经费、上级部门专项拨款、预算外资金、行政性收费、罚没及其他收入。2010年，停止执行会计集中核算制度，撤销会计核算中心设立的各单位账户，恢复118个预算单位会计建制，移交会计账套和凭证，对县委办等30个业务量大的单位，继续沿用委派会计双重管理体制。

工资统一发放管理 2001年10月起，在机关事业单位实行财政统一发放工资，将原来由财政拨付单位发放，改为财政通过银行直接拨付给职工个人工资账户，实行编制部门核编制、人事部门核工资、预算单位管人、财政部门核拨经费、银行代发工资管理办法，减少资金周转环节，防止单位挤占、挪用职工工资行为发生。2010年，全县共纳入工资统发预算单位277个，职工15314人。

乡镇财政支出审批管理 2003年起，结合乡镇财政工作实际，实施乡镇财政支出审批管理制度，即所有从乡镇金库拨付资金，必须有县财政支出审批，否则，乡镇财政不得开具拨款单，金库有权拒付，随之撤销19个乡镇金库，乡镇级收入全额上缴县金库，支出由县财政统一监管。支出审批制度实施，对规范财政财务、加强财政资金管理、增收节支、保证重点支出及时到位起到积极作用，特别是遏制乡镇有钱就花、没钱就借、债务膨胀问题发生。

五、预算外资金收入和政府非税收入管理

1996年，县上制定《镇原县乡镇预算外资金管理实施办法》《镇原县县级预算外资金管理办法》《镇原县预算外资金管理实施细则》，分类清理预算外资金，建立财政专户，采用“收

支两条线”办法，加强预算外资金管理。1997 至 2009 年，年均预算外资金收入 2988.86 万元，支出 2734.71 万元，分别比 1959 至 1996 年平均年收入 38.34 万元、年支出 32.2 万元增长 77 倍和 84 倍。

2007 年，镇原县非税收入管理局成立，组织征收全县执收执罚单位非税收入，负责非税收入票据管理，编报非税资金收支预、决算，监督检查非税收缴，查处违规违纪问题。政府非税收入管理范围，包括行政事业性收费、政府性基金、国有资源有偿使用收入、国有资产有偿使用收入、国有资本经营收益、彩票公益金、罚没收入、以政府名义接受捐赠收入、主管部门集中收入以及政府财政资金产生的利息收入等。非税收入征缴，实行执收执罚单位或非税局开票，银行代收，财政专户储存，坚持以票控费，非税局指派专人，在建行营业厅负责开票，在县信用联社、县建行、农业发展银行开设非税收入资金过渡户，在县农行开设法院诉讼收入过渡户。缴费人直接缴入过渡账户，然后由过渡单位缴入国库，随收随缴。收费票据，由财政局在市局统一购领，按照“凭证领票、限量供应、票款同行、核旧领新”原则，供应财政票据。

2010 年，全县涉及非税收入项目 7 款、165 项，其中行政事业性收费项目 103 个，罚没收入项目 48 个，政府性基金 6 个，国有资源资产有偿使用项目 2 个，专项收入 4 个，彩票资金收入 1 个，其他收入项目 1 个。当年，全县缴存单位 112 个，累计缴存非税收入 12160 万元，占年初预算 5000 万元的 243.2%，专户储存率 98.8%，其中纳入一般预算管理 8018 万元，占年初预算 1500 万元的 534.53%，占同期财政收入 17256 万元的 46.46%；纳入财政专户管理 4142 万元，占年初预算 3500 万元的 118.34%。

六、会计管理

1985 年 5 月 1 日，《中华人民共和国会计法》颁布实施，规定会计核算基本规则和会计监督基本要求，建立会计人员依法履行职责约束机制。2000 年 8 月，财政局内部设立会计股，组织指导协调全县会计工作，统一管理委派会计，先后制订《镇原县委派会计人员管理办法》《镇原县委派会计“德、能、勤、绩”考核办法》《会计基础工作规范》《镇原县单位内部会计监督暂行规定》等文件，对单位会计机构、会计业务核算、会计档案管理、内部制度建立等方面进行规范，组织全县会计人员参加各类知识竞赛、业务培训和职称考试活动，提高会计人员业务技能。2001 至 2010 年，举办各类培训班 11 期，培训人员 1694 人次。全县持有“会计从业资格证书”362 人，初级会计职称 19 人，中级会计职称 13 人。

第八节 财政监察监督

民国二十一年（1932 年），慕寿祺与县绅李世栋等人举告县长周民逸滥派浮收、滥支维持费一案，经省政府民政厅派员查实，县长周民逸浮收亩款盈余洋 1251.82 元，多派剿赤费 317 元，浮收军款 865.9 元，私收经费 530 元，票价费 180 元，共滥派浮征洋 3135.72 元；滥支维持费 1253.99 元，胡支不知何用款 783.42 元；伪造账目贪污公款银 2700 多元。周民逸被撤职查办。

1953 年，县财政科设监察员 2 名。同年，全区财政检查中，查出三岔区党委书记等人私分药费、公杂费 453 元；肖金区将事业费与伙食费混淆，假借伙食结余 4 次私分 528 元，对相关人员均给政纪处分。1966 年，财政监察业务停止。1978 年恢复财政监察工作，县财政局设监察员。

1984 年元月上旬，镇原县财政局做出 1983 年财政决算初稿，当年滚存结余 37.9 万元。元月 12 日，县财政局将决算提交政府行政会议讨论，会议认为，1983 年全县商供企业商品削价损失 43.12 万元，县内平衡退库后，财政还有结余，如按此据实上报，争取上级弥补损失不可能，且镇原属困难县，历年财政遗留问题多，包袱重，如不及时甩掉，势必给今后工作造成被动，于是，会议讨论决定做赤字决算，增加项目，虚列支出 92.9 万元，加截至上年底县上 42 个单位核定支出数大于财政拨款数 33.1 万元，财政局应拨而未及时拨付也列入决算支出。1983 年财政决算由原结余变成赤字 53.5 万元，县财政局按此口径，重新编造决算，于元月 25 日提请县委常委会讨论通过，上报地区行署。全省 5 月审计工作会后，县上预感问题严重，县财政局遂于 5 月 21 日派副局长给地区财税处汇报，行署闻讯，即向县政府主要负责人指出问题，并于 5 月 23 日派出工作组专题调查核实。镇原县委县政府 5 月 26 日向地委行署书面检讨。地区行署于 6 月 30 日发出镇原县编报假决算问题通报，对 1983 年虚列 126 万元，按以前年度支出收回，对列入 1984 年财政其他支出科目进行纠正，随后，对相关人员进行不同程度责任追究。

1985 年设立财政监督临时机构，从各部门抽组人员，开展财政监督检查活动。1989 年 7 月，县财政局内设税务、财务、物价大检查办公室（后改称财政监督检查办公室），定期或不定期对各单位预算执行和财务制度贯彻情况，进行监督检查，对防止贪污浪费、堵塞漏洞起到积极作用。

镇原县地税局　张富诚摄

第十九章 税 务

镇原税收,历史久远。夏始征取赋税,称之“进贡”,以后历代税目繁多,税赋畸重,成为剥削压榨人民的工具。中华人民共和国成立后,社会主义税收取之于民,用之于民,对促进国民经济发展起到重要调节作用。

第一节 机 构

一、历代税务机构

秦汉时,县令掌管赋税之事,县下设乡,乡置三老,啬夫和乡佐专办赋税差役。隋唐时期,泾州辖镇原县,税收征管机构设仓曹司,专管租税征收。乡下设里,里管百户,设里正一人,专办赋税征收。

宋代,原州(今镇原),设钱谷征收属员,乡设里正、户长,乡书手专办赋税差役。元代,设税课所,其官吏称钱谷官,乡设里正、社设社长、坊设坊正,专办催征钱粮差役。明代,设税课局,主收工商诸税及契税等。

清初,仍沿用明制。顺治十八年(1661 年),设户房(民间称“税坊”),专管税捐征收。雍正十年(1722 年),复置税课局。同治元年(1862 年),甘肃省在镇原县设里金分局。光绪八年(1882 年),县设畜税局。光绪十三年(1887 年),县设盐务支局。

民国初,成立镇原县财税局,总管全县财税,后改为税课局(财政科)。二年(1913 年),县税课局改为征收课,后又改为征收局,屠宰税由县知事兼办。十五年,县征收局改为营业税征收处和地方税课。十七年,国、地两税划分,甘肃省在镇原设立印花税分所和烟酒分局,同时,将屠宰税与牲畜税分开,成立商畜税局。二十年,甘肃省在镇原县设善后税所,专征烟(鸦片)亩税,后因取消种烟,改为禁烟善后局。次年,又与印花税分所合并,改称印花烟酒税局。二十七年,国民政府在镇原县设立直接税课。

二十九年一月,陕甘宁边区镇原县税收由当时曲子县征收局管理,在三岔设分卡。三十年,国民政府设田赋管理处和粮政科,下设经征处和经收分处。同年十月,成立边区镇原县税务局(孟坝),内设会计、出纳、发票员、稽查、斗佣等,有干部 7 至 8 人。三岔、马渠、庙渠、新集设税务所。三十一年,边区政府新设十八岘税务所。三十二年,经征处与经收处合并,为田赋粮食管理处,县以下设乡镇办事处和收纳仓库。三十六年,设税捐稽征处,三十八年八月,军管会组织人员接受旧政权税务机构,成立镇原县税务局。

二、中华人民共和国成立后税务机构

镇原县税务局 中华人民共和国成立后,镇原县税务局内设文书室、发票室、业务股、计会股,有职工19人。1958年,县税务局与财政科合并为县财政局。1961年12月,分设县税务局,有税务干部22人。1968年4月"文化大革命"中,经过大联合,税务业务合并到县革命委员会生产指挥部财政组,设专人办理税务业务。1970年3月,县税务、财政、工商、建设银行及房产管理单位合并为财税管理站革委会,12月,改称财税局。

1983年12月,财税分设,税务局内设人秘,税政,会计3个股,下属20个税务所,共有干部职工113人。1984年4月,局内增设征管股。1987年1月,增设监察股,与人秘股合署办公。1991年,实行机构改革,将原人秘股改为办公室,人事教育和监察业务合并为人教监察股,税政股、征管股合并为业务股。1992年4月,成立发票管理所,与业务股合署办公,一套人员,两块牌子。1994年8月,分设为国家税务局和地方税务局。

镇原县国家税务局 1994年8月分置,内设办公室和税政管理、计划财务、征收管理、人教监察股,组建直属稽查队、票证管理所,代管税务检查室。1996年起,内设和下属机构均有几次小变动。2010年,内设办公室、监察室和政策法规、收入核算、纳税服务、征收管理、人事教育5个股及办税服务厅,直属机构稽查局,事业单位有信息中心,派出税务分局5个,共有干部职工64人。

镇原县地方税务局 1994年8月分置,内设人秘股、税政股、农税股、会统股、征管股、办公室和稽查队,辖24个乡镇税务所。1996年起,内设和下属机构有几次小变动。2010年,内设办公室和人事教育、业务、计划财务3个科,成立北区、南区、社会保险费征收管理、稽查分局4个,加原有发票管理、征收分局共6个直属机构,派出税务分局3个,共有干部职工58人。

基层税务所 镇原全县解放后,在经济中心地设立基层税务所。1950年1月,设肖金、屯字、太平、平泉、新城、孟坝、三岔7个税务所,有所长、会计、发票员等,共有职工28人。1951年,增设开边税务所。1953年,在中原、马渠、新集设驻征处。1958年,税务与财政合并,保留基层所5个,设驻征处5个。1961年12月,县税务局分设,有税务所11个,税务干部22人。1964年,调整为城关、屯字、太平、孟坝、平泉、新城、开边、三岔8个税务所,新集、马渠、中原、临泾4个驻征处。1983年12月,有税务所20个。1985年10月,在新成立的王寨、小岘乡增设税务所。

1994年8月,国家税务局在城关、屯字、孟坝、平泉设重点税务所,临泾、上肖、新集、太平、三岔、开边、新城设中心税务所,南川、方山、殷家城、马渠、庙渠、武沟、郭原、中原设一般税务所,撤销曙光税务所,业务交屯字税务所。地方税务局有乡镇税务所24个。2010年,国家税务局派出机构有第一税务分局、第二税务分局和屯字、孟坝、平泉3个税务分局;地方税务局派出机构有屯字、孟坝、平泉3个税务分局。

第二节 税　制

秦时，有田租、口赋(人头税)及徭役，田租征收范围为土地出产物，包括粟米和刍缟。汉初，有田租、口赋、算赋及关市税。武帝时，扩征人头税、财产税、消费税。工商税收包括缗钱税、车船税、贳贷税、牲畜税、盐税、酒税和其他杂税。两晋、南北朝时，废除秦、汉及三国时期的田租、口赋制度，执行田租、户调制及徭役。工商杂税有盐税、酒税、市税、估税等。

隋、唐时期，承袭北魏“均田制”，推行“租庸调”制，后采用“两税法”，按田亩和资产多少征税。县内先后执行田赋、徭役、产税、地税及土贡等，工商杂税有盐税、酒税、贳贷、间架税、除陌钱、内地关市税等。

宋金时期，多沿袭唐末旧制，田赋实行新的“两税法”，除正税外，增设附加、徭役、宅税、地税及土贡，分夏秋两次交纳，夏税以钱计，秋税以米计。工商税及杂敛有谷、帛、物产、盐、酒、商税、杂税等。

元代，赋役有田赋、田赋附加及科差，田赋征粟，科差征丝，差役征力。工商杂税有盐课、酒醋课、商税、额外课及杂课。

明代，田赋仍沿袭“两税法”，分夏秋两次征收，以米麦为主，并以丝、棉、麻为附加征收，以米麦交纳称“本色”，以丝绢折价交银称“折色”。万历九年(1581年)开始，推行“一条鞭法”，各类徭役随田赋一并征收，有正税与杂税、额办与派办、力差与银差等，按田地、丁额均摊，各种征派皆计亩征银。明后期，“一条鞭法”之外，又实行田赋加派，工商税收有盐税、酒税、商税等。

清代前期(1644至1840年)，田赋沿用明制。雍正五年(1727年)，推行“摊丁入亩、赋役合一”，田赋有本色粮、折色银、徭银、人丁银、草价银、屯地银、屯丁银等，并执行田赋附加羡余。工商税有盐课、关税、正税、商税，杂税有落地税、牙税、当税、契税、牲畜税及其他杂税。

清代后期（1840至1911年），田赋仍为正贡，加征名目日益繁多而苛重。咸丰四年(1854年)，田赋每亩赋银1两，加征津贴1两，本折并收，而折色、浮收较本色更重。工商税有盐课、厘金、牙贴、屠税、当税、契税及杂捐、土贡等。咸丰八年，开始对土产从量征税。同治六年(1867年)，沿途设厘卡，各种货物每过一次抽厘一次，分座厘、行厘，主要征收百货厘、烟酒厘、土药厘、皮厘等；盐课按引征收。光绪三十二年(1906年)，改按丁粮附征厘金。

民国二年(1913年)，田赋列为国税，带征附税归属地方。四年，地丁除保留清末地粮和丁赋外，其他地丁附加税并入正项征收，同时，又增加新的地方田赋附加税。随着战乱、兵燹，地方各自为政，附加税擅自滥收浮征，名目与日俱增，如羊捐、磨课、农具税、槽头税、屠税、鸦片过境税、军事捐、营房捐、剿匪捐、清乡捐、食盐捐、“食户捐”等，多达一二十种，附加税大大超过正税，后又实行田赋预征，最初一年两征，后一年三征，成为军阀重要财源。兵差，有力的服役，无力的交纳实物或货币，由政府代雇当差。工商税收有各种厘金、特种消费税、统税、货物税、产销税、落地税、盐税、土药善后税、烟酒税、契税、牙税、当税、营业税、屠宰税、商畜税、通行税及各种苛捐杂税。

二十四年,国民政府改征田赋为法币,正赋征收额年高一年,附加无度,征借亦到无以复加程度。二十九年,镇原解放区开征羊只税,工商税有营业税(商业税)、货物税、牲畜买卖手续费及斗佣。

三十年起,国民政府田赋改征实物。边区救国公粮改按小米计算。十一月,镇原边区开征公草,以麦草为征收单位,1斤谷草折合1.5斤麦草,并开征驮运徭役,工商税种将货物税分为产地税、货物出境税、货物入境税三部分,营业税内增设烟酒牌照税,将牲畜买卖手续费并入营业税内征收。

三十一年,国统区除田赋征实外,又定价征购粮食。边区农业税种中将公盐徭役改为税,驮盐交代金、代粮、代棉、代纱等,由农民自己选择。工商税种将过境货物查验手续费改为过境税。同年十一月,将牲畜买卖手续费又从营业税中分出单设。纸烟禁止进口,酒禁止酿造,停征烟酒牌照税。次年,又开征酒类牌照税,烟归入货物税内征收。

三十三年,国统区将原有田赋正、附各税一律合并,并改征购为征借,名义上征借分五年偿还,实际只借不还。此外,杂捐、摊派名目多如牛毛。同年七月,边区将牲畜买卖手续费归并营业税内。三十四年七月,边区对所产布匹、毛织品不准出口改为征税出口;中西药由免税入境改为征税入境;禁止迷信品、奢侈品入境。

三十五年,国民党胡宗南、马步芳部队先后进驻镇原,除繁杂军差民工外,接踵而来的军队粮秣、经费和巨额购枪款及其他杂费,日多一日。马草、硬柴、豆料、麸皮、石炭等,季季摊、月月送。国民政府以戡乱为由,巧立名目,任意摊派,从中苛索,如慰劳金、休整费、招待费、行政费、劳产费、碉堡费、城防费、兵站费、盘查费、壮丁费、保丁费、服装费、灯油费、公务费、鞋袜费、灶具费、乡镇办公费、保甲费、担架费、驮运费、设卡费、练兵费、欢迎费、驻军开拔费等不胜枚举,人民群众处于税费包围之中。工商税收有盐税、关税、特税、货物税、普通营业税、营业牌照税、所得税、利得税、薪资所得税、印花税、车船牌照税、使用牌照税、牲畜税、屠宰税、善后税、土地增值税、地价税、契税、牙税、当税、房捐、筵席娱乐税、遗产税共23种,另有附加等。同年十二月,边区将牲畜买卖手续费再次分出单设。

三十七年,镇原边区改征救国公粮为农业税,实行比例征收。工商货物税中对其他解放区运入本区货物,邻区已征入境税者,本区不再征税;邻区允许入境,本区禁止入境货物,经边区政府批准方得过境或运入;本区货物经邻区运往国民党统治区时在起运地征税;邻区已税货物,除烟、酒、迷信品外,在本区销售不再征税。

中华人民共和国成立初期,取消国统区各种苛捐杂税,改田赋为农业税,又称公粮,并征收地方附加粮,以小麦为主,个别乡镇交代金。老解放区沿用原陕甘宁边区工商税种,新解放区沿用国统区税种。1950年,县内先后开征货物税、工商业税、盐税、存款利息所得税、印花税、交易税、屠宰税、房产税、使用牌照税9种。同年7月,将房产税与地产税合并为城市房地产税,因镇原不够城市条件而停征。

1951 年 4 月起，在货物税中补征棉纱统销税。1952 年，农业税贯彻依率计征、依法减免、增产不增税政策，开征契税。1953 年起，试行商品流通税，将国营经济控制的 22 种产品，原征收货物税、工商营业税、印花税等合并，从产到销只征一次商品流通税；停征药材交易税，只保留其中牲畜交易税。

1956 年，实现农业合作化，农业税由户征转为社征，工商税开征车船使用牌照税及文化娱乐税。1957 年，开征牧业税，停征契税。1958 年农业税由社征转为队征。9 月，对原执行商品流通税、货物税、工商业税中营业税、印花税合并为工商统一税；将供销合作社和集体企业原征收工商业税中所得税，改为一个独立税种，简化纳税环节，对工业产品，在生产和商业零售环节各征一次税；对羊毛、羊绒、银耳、原木、烟叶等 11 种农产品，在采购和商业零售环节各征一次税；对副食厂制作饴糖等中间产品不再征税。1959 年，停征利息所得税。1962 年 10 月，开征集市交易税。1966 年 10 月，停征文化娱乐税。

1973 年起，将原工商统一税及其附加、国营营运企业车船使用牌照税和国营食品企业屠宰税合并为工商税，对国营企业只征工商税，对集体企业征收工商税和工商所得税，工商统一税只对外贸企业征收，屠宰税及车船使用牌照税只对个人征收。1975 年，停征车船使用牌照税。1978 年，停征集市交易税。

1981 年，农村实行家庭联产承包责任制，农业税由队征又转为户征。1982 年 7 月，开征烧油特别税。1983 年，对机器、机械、农业机具等，在工业环节交纳的工商税改征增值税；开征国家能源交通重点建设基金。同年 6 月，试行第一步利改税，对有盈利国营企业开征国营企业所得税。10 月，开征建筑税。

1984 年 9 月，进行第二步利改税，将工商税划分为产品税、增值税、盐税和营业税，开征国营企业奖金税、城市维护建设税、国营企业调节税、资源税等。1985 年，开征城市维护建设税。1986 年，开征集体企业奖金税和事业单位奖金税。1987 年，开征耕地占用税、房产税和车船使用税。1988 年 8 月开征印花税。11 月，开征城镇土地使用税。12 月，开征个人收入调节税。1989 年，开征农林特产税。

1994 年，税务机构分设，国家税务局负责征收增值税、消费税、企业所得税、储蓄存款利息个人所得税、车辆购置税等；地方税务局负责征收营业税、个人所得税、资源税、城镇土地使用税、城市维护建设税、印花税、土地增值税、房产税和车船税。1997 年 10 月，开征契税。2000 年，开征个人所得税。2001 年，开征车辆购置税。2003 年，将农林特产税改归农业税。2005 年，停征农业税。

第三节　税种 税目 税率

一、农牧业税

清初，以土地实熟面积计征。民赋田每亩额征粮最低 0.3 合，最高 8.11 合。更名地每亩额征粮最低 2.2 合，最高 14.2 合；屯地每亩额征粮最低 50 合，最高 60 合。左宗棠总督陕甘时，清丈地亩，调整科则，将地亩分为川、塬、山三等，每亩分上中下三则，按等则征收粮石，依粮石征收草束。光绪三十四年（1908 年），民田每亩课银 0.02~1.504 钱，粮 3 勺至 8 升不等；屯田每亩课银 0.0012~0.006 钱，粮 5~6 升不等；草价 1~9.2 分不等；地丁连润银，每银 1 两，摊丁银 1.593 钱，有奇遇润每银 1 两，加征银 1.748 钱。

中华民国成立后，初循清制。二十六年（1937 年），田赋地丁正项税每亩 0.15 钱，以 1 两折银币 1.5 元计征；粮石每丁银 1 两，加征粮 1.5~1.8 斗，四成折洋，六成征粮，并随地丁正银 1 两，加征地丁耗羡银 1.5 钱、地丁盈余银 5.5 钱、百五经费银 0.5 钱；正粮 1 石，纳经费粮 5 升，附加耗羡 1.5 斗，附征盈余 5.5 斗；地丁盐课，每丁银 1 两征银 0.6~1 钱不等；保安附加随丁银 1 两附征 0.5~5.2 元；教育补助随地丁正项每两附加 0.2 元。

二十八年，重订赋额，每地丁正银 1 两，连同耗、余、经费等实征法币 2.62 元。草每束折价 1~6 分计征。折色粮按当时粮价，每市石折征法币 3.02~9.12 元。二十九年，边区镇原县救国公粮税率为 3%~25%。三十年，国统区田赋改征实物，每元折合小麦 1.6 斗，地丁、粮石和草束统一于田赋之内。边区救国公粮起征点为 150 斤，税率提高为 5%~30%。三十一年，救国公粮起征点为 180 斤，税率提高为 6%~30%。三十二年，救国公粮起征点为人均小米 8 斗、小麦 14 斗，每斗小米 16 斤、小麦 14.5 斤，税率为 4%~30%。

三十三年起，国统区执行甘肃省重新厘定的田赋《三等九则》，最高一等一则 9 斗，最低三等三则 1 斗，每等每则级差 1 斗。三十四年，调减为一等一则 8.6 斗，三等三则 0.5 斗。边区救国公粮以每户人均收入细粮为计征标准，起征点为 8 斗（每斗 30 斤），税率以 3%~35% 累进计征。三十七年，边区废除累进税率，实行比例税率，起征点每人 4 斗，按超过部分计征，税率为 23%~25%。

中华人民共和国成立初，农业税实行两种征收制度，老解放区继续沿用原比例税率，新解放区为打击封建地主经济，实行合理负担，执行全额累进税率，以户为单位将土地分为三等九级，民主评定单产，按人均农业收入全额累进计征，税率分 40 级，最低年产粮 60.5~75 公斤，税率 2%，最高年产粮 1635.5~1955 公斤，税率 41%，并随公粮征收 20%地方附加粮。

1952 年，土地改革后，土地占用发生变化，全额累进税率减至 24 级，第 1 级人均收入粮食 65 公斤不满 100 公斤者，税率为 7%，第 24 级年人均收入粮食 970.5 公斤以上者，税率为 30%，并随农业税附征地方附加粮 10%。1957 年，开征牧业税，对马、牛、羊征收，以户绵羊 30 只以上（马一匹折绵羊 8 只，牛一头折绵羊 3 只，山羊 2 只折绵羊 1 只），从价计征 2.5%。1958 年，新老区农业税统一改为比例税率，一定三年不变，税率为 15%，并随农业税附征地方附加粮 15%。1961 年，国民经济调整中，农业税率调减为 13%，地方附加粮调减为 5%。牧业税按社队和农牧场畜牧总收入计征，收入在 200 元以上征收 3%，200 元以下者免征。

1965 年，以生产队为单位，按土地面积、常年产量确定农业税任务，常产为 5790 吨，实行"一定三年不变"和"一定五年不变"政策。1979 年，对粮食产区人均口粮在 150 公斤以下生产队，免征农业税；对因缴纳农业税而使口粮水平降为 150 公斤以下的，酌情予以减征。1981 年起，以户为单位，按承包地亩征收。2002 年，重新核定农业税应税面积为 149.2 万亩,常年亩产121公斤,核定农林特产税面积3万亩。2003年停征牧业税,2005年,取消农业税征收。

二、货物税

清乾隆年间(1736至1795年),开始对烟酒课税。咸丰八年(1858年),对烟酒抽收厘金。民国四年(1915年),对烟酒实行公卖,从价征收公卖费,税率烟类16%,酒类20%。十一至十六年,货物、布匹、纸张、皮毛、药材等,以240斤为一担,抽收市平银3钱;牲畜以价值分等,每口(只)价银1两,征收银0.5~2钱。

二十九年,镇原解放区货物税按类分项征收。第一类贩运食盐产地税,以驮为单位征收,骆驼每驮征收法币6元,马、牛、骡每驮4.5元,驴每驮3元;以车辆购运,合驴驮征收。第二类购运皮毛,第三类购运药材均从价征收5%。第四类贩运烟酒,从价征收10%。第五类购运迷信品,从价征收30%。第六类过境物品查验手续费,除过境食盐按第一类税率征收外,皮毛、药材均从价征收2%,烟酒4%,迷信品12%。

三十年,国统区废除烟酒公卖费和杂捐等项,将货物分为10类,从价征收。解放区货物税分为4类。第一类产地税,迷信品、酒类100%,烟叶20%,土盐骆驼每驮6元,驴每驮4元。第二类过境税,皮毛5%,食盐每斗3.5元,药材类2%,烟酒类10%,迷信品2%,棉纱、丝织品15%,汽油10%。第三类出境税,棉纱15%,布匹、颜料、文具、火柴、棉花、煤油、洋蜡、漆、桐油10%,铁类100%,嗜好品30%,奢侈品免征。第四类入境税,毛织品10%,土布5%。同年十月,修正为边区产品在边区销售,酒类40%,迷信品类60%,食盐同过境税;边区产品运往非边区销售,油类20%,皮毛绒类5%~20%,药材类5%;非边区产品在边区销售,酒类40%,烟类20%~40%。

三十五年,国统区货物税分为7类,均从价征收。税率卷烟100%,火柴20%,糖类25%,棉纱7%,皮毛15%,锡箔及迷信用纸60%,化妆品15%。三十七年二月,解放区经过3次修改调整,入境棉纺织品税率为2%~20%,皮毛及制品类为5%,文具纸张类为2%~10%,金属类为2%~5%,牲畜类10%,食品类5%~20%,丝织品类10%,杂货类5%~40%。出境棉麻织品2%~5%,皮毛5%~10%,食品类5%~10%,牲畜类10%,杂货类2%~10%。边区产品中迷信品20%,食盐5%~10%,油类5%,工矿类3%~15%,烟酒类5%~50%。

中华人民共和国成立初期,货物税分3类。生活必需品税率为2.5%~15%,半必需品为20%~30%,奢侈品为55%~100%。1950至1958年,县内应税货物共6类,主要品目先后共设19个。烟类税率为40%,酒类60%,鞭炮20%,迷信品50%,饴糖15%,粮食20%,草纸7%,植物油12%,砖瓦8%,石灰5%,土布8%,原木10%。1958年归工商统一税。

三、工商税

1950年,按固定工商业、临时商业、摊贩业三大类开征工商业税。固定工商业税,分营业税和所得税两部分。营业税率分业计算,依营业总收入额计算者,税率为1%~3%,依营业总收益计算者,税率为1.5%~6%,依佣金收益额计算者,税率为6%~15%;所得税按所得金额累进计算,税率为5%~30%。临时商业税,依营业总收入额比例计征,粮食、山货、药材税率为4%,其他物品税率为6%。摊贩业分坐商和其他两类,民主评议资本额,对在公共营业场所固定摊商及规模较大摊贩,以坐商对待,按《工商业税暂行条例》规定税率,征收营业税及所得税;其他按资本额分为14级,采取定期定额征收,一级资本在20万元以下每季0.5万元,14级资本额180万元~200万元每季12万元,资本额超过200万元者每增加20万元,增税2万元。1952年3月,粮食、药材、棉花、山货税率调整为6%,其他货物为8%。

1953年,修正税制,工商业税包括营业税、所得税、临时商业税三部分。营业税按营业额或收益额计征,以营业额计征者,工业税率为1.5%~3.5%,商业税率为2%~3.5%;按收益额计征的,税率为2%~15%。代购、代销或包销,一律按进销货计税。工厂自售商品,缴纳两道营业税。所得税及其附加合并,分21级,税率为5.75%~34.5%。摊贩及小型工商业户,简化办法,合并计算,按月缴纳,对每月销货额不满90元或收益额不满60元者,免征工商业税。临时商业税附加及印花税并入临时商业税,税率为6%~8%。除产商外,凡出售商品到达20元起征点者,一律照纳临时商业税。同年新设商品流通税,征税商品主要有酒税率为50%~55%,麦粉税率为10%,皮毛税率为10%~20%,原木税率为10%。

1958年5月,将临时商业税率由8%提高到10%。9月,税制改革时,商品流通税和工商业税中营业税部分并入工商统一税,所得税部分成为独立税种。工商统一税目分工农业产品和商品零售、交通运输、服务业两部分。工农业产品有105个税目、261个品目、136个税率,不同税率只有40个,最高税率为乙级卷烟66%,最低粮食4%。

1971年3月,执行新税率,最低药材0.2%,最高招待所、制药厂税率5.1%。1973年,改并为工商税,按行业、产品设置税目,工业30个,交通运输1个,农、林、牧、水产品9个,商业零售服务及其他服务4个,税率82个,不同税率17个,采用比例税率征收,最高为60%,最低为3%,除烟、酒、糖、鞭炮等高税率产品及临时经营外,均按原税率8折照顾,对直接为农服务项目免税。1984年,将工商税划分为增值税、产品税、营业税3种。

四、营业税

民国三十年(1941年),陕甘宁边区陇东分局开征营业税,以营业纯收益额累进征收。全年纯收益超过400元者,税率2%,最高8万元以上税率20%;临时贸易收益100元以上者,每百元抽2元,最高8万元以上者,每百元抽30元。

三十一年,国民党统治区对营利行业开征营业税,按营业总收入额计征的,牙行业税率为6%,其他行业为3%;按营业资本额计征的,税率为4%。

三十三年,解放区修正营业税,凡在边区内经营的固定工商业者,按其纯收益每半年征收一次,不满半年按月征收,起征点5万元,税率3%,最高累进税率为35%。临时营业税,按每次交易额征收,起征额10万元,税率4%,最高为6%;各种牲畜买卖成交,从价征收5%;粮食征收3%,后又多次修正变动。

三十五年,国统区调整税率,以营业总收入额课税的,税率减为1.5%;以资本额课税的,税率减为2%。同年七月,营业税划归地方,将按资本额征收改为原税率。

三十八年,解放区依各业营业性质、经营状况、利润多寡,采取民主评分,累进征收,税率最低为纯收益5%，最高为25%；临时贸易税率，5000元以上2%，最高60万元以上6%。

解放初，新解放区沿用国民党税率征收，老解放区沿用边区税率征收。1950年1月，营业税归工商税。1984年9月，从工商税中划出，成为独立税种，税目11个，税率4种。1985年，改按起征点征收，商品零售月300~400元，税率3%；饮食业月收入200~300元，税率10%；加工修理修配和其他服务业月收入120~200元，税率3%~5%；临时经营每次收入20元以上，税率5%~10%。

五、增值税

1987年9月，开征增值税，以“扣额法”计算征收，用产品销售收入额，扣除购进原材料、辅助燃料、外购件、修理备用件、燃料、动力和包装物等金额，就其余额按产品分为3个税目，税率12%~23%。1994年，征税范围扩大到所有货物销售和生产、进口、批发、零售各个环节，采取凭增值税专用发票抵扣税款办法，对一般纳税人设置两档税率，即基本税率17%，低税率13%，出口货物实行零税率；小规模纳税人劳务6%，销售货物4%。2003年，将月销售货物起征点定为2000元，月劳务收入起征点定为1500元，按次（日）纳税起征点定为150元。2006年4月起，销售货物起征点提高，劳务收入每月2000元，按次（日）征收为200元。2009年1月起，小规模纳税人，征收率为3%。

六、产品税

1984年，新划分产品税，分工、农业两大类，有72个税目。农产品税目8个，税率最高38%，最低3%；工业产品税目64个，税率最高55%，最低3%，此后，对部分产品税率有过调整和减征。1985年6月起，对企业自产农技产品或零部件扩散到其他企业配套的，免征产品税2年，对城市工业企业向农村乡镇企业扩散产品或联办企业，按乡镇企业纳税，对以安置城乡待业青年为主（待业青年占60%以上）的新办企业，免征产品税2年。新产品第一次试制，列入国家科委计划，免税3年，列入省辖市科委、经委计划纳税有困难的，在1年内减征或免征产品税。

七、所得税

1958年9月，从工商业税中析出工商所得税，沿用原21级全额累进税率。1963年4月，对个体经济实行14级全额累进税率和加成征收办法，最低全年所得额未满120元，税率7%；最高全年所得额在1320元以上，税率为62%，对合作商店实行9级超额累进税率，最低全年所得额250元以下，税率7%；最高全年所得额在5万元以上，税率60%。

1980年10月起，将合作商店和城镇其他企、事业单位改按集体手工业8级超额累进税率计征，最低一级全年所得额在300元以下，税率为7%；最高一级全年所得额超过8万元以上部分，税率为55%，对基层供销社仍按39%比例税率计征，对其经营的饮食、服务、修理行业，按20%计征。

1984年，国营企业利改税时，设立国营企业所得税，分比例税率和超额累进税率两种。大中型企业采用比例税率，饮食服务行业中宾馆、饭店、招待所税率为15%，小型企业及县以上供销社税率为10%~55%。1984年10月，改为国营企业调节税，镇原列为全省10个困难县之一，工商所得税减半征收。以1983年企业实现利润，扣除由于调整产品、增值、营业税率及开征资源税而增加或减少利润，作为核定基期利润，再减去55%所得税和1983年合理留利，其余额占核定基期利润的比例为调节税率。当年利润比基期利润增长部分，减征70%，一定七年不变（物资、供销、金融保险企业除外）。余利达不到1983年合理留利企业，不征调节税，在一定期限内适当减征所得税。

1986年，开征集体企业所得税和城乡个体工商户所得税。集体企业所得税，不分行业和企业规模，统一实行8级超额累进税率，最低一级年所得额10万元以下税率为10%，最高一级年所得额20万元以上部分税率为55%。个体工商户所得税按10级全额累进税率征收，最低一级年所得额1000元以下部分税率为7%，最高一级年所得额3万元以上部分税率为60%，全年所得额超过5万元部分加征10%~40%。同年10月，开征个人收入调节税，对个人工资、薪金收入，承包、转包收入，劳务报酬收入，财产转让收入等按超额累进税率征收，420元~525元部分税率为20%，525元以上至630元部分税率为30%，630元以上至735元部分税率为40%，735元以上至840元部分税率为50%，840元以上部分税率为60%，对专利权转让收入，稿酬、翻译收入，利息、股息、红利收入等，每次收入不满4000元按800元、4000元以上按20%减除费用，再按20%计征。

1994年，将过去对国营、集体和私营企业分别征收的多种所得税合并为企业所得税，税率为33%，对年所得额3万元以下企业，按18%税率优惠；对年所得额超过3万元至10万元企业，按27%税率优惠；对设在西部地区且国家鼓励产业的内资企业，从2001年开始减按15%税率优惠。2008年11月，将内、外资企业所得税统一于该税种中，税率调减为25%，对符合条件的小型微利企业，减按20%税率优惠。对国家重点扶持的高新技术企业，减按15%税率优惠。

八、消费税

1994年，县内开征消费税，凡在县内生产、委托加工和进口消费品的单位和个人，就其销售额或销售数量，采取从价定率、从量定额或两种相结合征收，分酒类和首饰珠宝两类10个税目，黄酒每吨征税240元，啤酒出厂价每吨3000元以上征税250元，3000元以下征税220元，其他酒和首饰珠宝均按销售额征税10%。

九、建筑税

1983年10月起，对县内所有单位、企业和个体户用国家预算外资金、地方机动财力、银行贷款及其他自筹资金安排的基本建设，按投资额征收10%建筑税，对更新改造工程，投资额超过全部投资20%，或新增建筑面积超过原面积30%，视同基本建设全额计征。属国家预算内与自筹投资合建项目，按自筹投资额计征。不能单独计算自筹投资额的，按自筹投资额占全部投资比例计征，对乡镇、街道企业和个体经营者，因遭受各种自然灾害进行恢复性建设项目、纳税确有困难及其他需要特殊照顾的，投资额在50万元以下，由省税务局批准，可酌情给予减免照顾。

十、利息所得税

1950年,按利息所得额5%开征利息所得税,1958年停征。1999年11月起,对个人在国内存储人民币、外币而取得利息,按存款利息所得20%征收个人所得税。2008年10月起暂免征收。

十一、车辆购置税

2005年,开始对购置汽车、摩托车、电车、挂车、农用运输车,依据购车全部价款,按10%比例税率征收车辆购置税。2009年1月20日至12月31日,对购置1.6升及以下排量乘用车,减按5%税率征收。2010年1月20日至12月31日,购置1.6升及以下排量乘用车,按7.5%税率征收。

十二、地方各税

契税 源于东晋时期估税,清同治年间(1862至1874年)县内开征。光绪三十二年(1906年),甘肃改订税章,卖契每两征银三分。宣统元年(1909年),卖契征9%,典契征6%。民国四年(1915年),镇原县特准为甘肃边远贫穷县,以卖六典三征收,即卖契6%,典契3%。二十七年,修正为凡在4、5、6月典卖者,照卖六典三减征1/4;7、8、9月典卖者减征1/5。三十五年,买契、赠契、占有契各为6%,典当为4%,换契、分割契各为2%。1952年,契税分5种,买卖契、赠予契税率各6%,典契、交换契各3%,分割契2%。1954年7月,按房屋所有权转移所立契约性质,分为买契、典契、赠予契3种,由契约双方共同交纳。买契、赠予契税率各6%,典契3%,1957年停征。

印花税 始于北洋政府时期,凡属凭据类都贴印花,缴纳印花税。凡票据值银元10元以上贴印花1分,人事凭证贴印花1角至4元不等。民国二十四年(1935年),发货票分3种,实行分级税率,税额最低每件贴印花1分,最高为6分;支取汇兑银钱单据、簿折等32目,实行定额税率,税额最低4分、最高4元;保险单等11目,实行比例税率,最低为0.1‱,最高为4%。

1950年,印花税目17个,有比例和定额贴花。按比例贴花,税率为1‱、2‱、3‰,所得金额不满1.5元者免贴(电影、戏剧及各种娱乐票券不在此限),所载金额未满1.5元者贴花2分,定额贴花税额分2分、5分、2角及5角。1958年,并入工商统一税。

1988年10月起,重设印花税,凡具有法律保护凭证均贴花。购销等合同和建筑安装工程均为金额3‱;货物运输按费用,产权转移书据按金额,营业账簿、固定资产原值、自有流动资金按总额,加工承揽按收入,建设工程勘探设计按收费均为5‱;财产租赁按金额,仓储保管按保管费用均为1‰,借款为金额0.5‱,财产保险为投保额0.3‱,级数合同为金额3‱;权利、许可证照和其他账簿按件贴花5元,税额不足1元按1元贴花。

交易税 民国初,县内牲畜交易税按当地习惯征收,每元征3~8分不等。二十九年(1940年),国统区改按牲畜交易价值5%征收,解放区按从价5%向买主征收手续费。三十五年七月,解放区征收率降为3%。中华人民共和国成立初,牲畜交易税以猪、羊、牛、驴、骡、马等为课税范围,起征点为1头,在交易地由买方缴纳,税率5%。1953年12月,停征猪、羊交易税。1962 年 4 月，开征集市交易税，对在集市上出售农副产品的单位和个人，均按实际销售额缴纳集市交易税，对无证商贩、部分在集市外或农村进行交易者同样征收，起征点为 10 元。征收产品有活猪、活羊、家畜生肉(油)3 种，税率为 5%；梨、苹果、黑白瓜子、大麻、干辣角(面)、花椒、蜂蜜、西瓜、各种甜瓜、旧表、旧自行车等，税率为 10%；对农民在农村互通有无，调剂余缺和卖给国营、供销合作社产品及在市场出售小猪、羊羔均免征；对通过贸易货栈、农民服务部出售产品，减征应纳税额 30%；对公社、生产队集体在集市上出售产品，减征应纳税额 10%。

屠宰税 1950 年，以羊、猪、牛、驴为主，按牲畜屠宰后实际重量计征，对边远山区，不能按实际重量计征者，按牲畜规定标准，从价计征 10%，对自养、自宰、自食者免征。1957 年 3 月起，税率减为 8%，对病、伤、亡牲畜，经卫生检验并取得乡人民政府证明者免征。1959 年，对有屠宰业务的国营企业，按猪、羊、牛等实际收购价，缴纳 10%屠宰税，宰后不再征收。1965 年 10 月，猪在收购环节减为 5%，屠宰环节减为 4%，农民春节前 40 天屠宰出售者由 4%减为 2%。1985 年 8 月，对经营生猪、菜牛、菜羊的单位和个人，征收产品税，不再征收屠宰税，对农民和集体伙食单位屠宰生猪，仍征屠宰税。

车船使用牌照税 民国三十一年(1942 年)，在国统区开征，以法币计征。人力车每辆税额全年不超过 36 元，畜力车每辆不超过 72 元，肩舆每乘税不超过 24 元，畜力骆驼每驮不超过 18 元，全年分四季征收。三十八年四月，改按银元计征，畜力胶轮车 6 元，畜力铁轮大车、乘人轿车 3 元，畜力木轮车 2 元，人力车 1 元。中华人民共和国成立初期停征。1956 年第三季度起开征，乘人机动车按座分 3 等，每季征收 55~75 元，载货机动车按吨位每季征收 14 元，非机动车分 3 类，按辆半年征收 6~14 元，脚踏车每年征收 3 元。1966 年，自行车停征。1973 年，国营营运车停征。1987 年 2 月，对境内拥有并且使用车辆的单位和个人，开征车船使用税。凡一个月内使用 15 天以上车辆，按月税额征收，不足 15 天不征税。机动乘人汽车每辆年征 180 元，载重汽车每吨年征 36 元，三轮摩托车每辆年征 48 元，双轮摩托车每辆年税 36 元，各种轻骑减半征收，非机动车按类型每辆年税 4~16 元不等。

文化娱乐税 民国三十一年(1942 年)，国民党统治区对营利性戏剧、书场开征娱乐税，按 30%以下税率计征。中华人民共和国成立初期停征。1956 年 5 月开征，电影税率为 10%，戏剧为 4%，对农村文化娱乐企业和巡回电影放映队给予免税照顾。1966 年 10 月停征。

城市维护建设税 1985 年，新征城市维护建设税，以纳税人缴纳产品税、增值税、营业税额为依据，纳税人所在地在县城(镇)和国营企业建在县城郊区税率为 5%，不在上述范围内企业及个人税率均为 1%。

房产税 1987 年 2 月在县城和建制镇开征，依照房产原值减除 10%~30%后的余值计算缴纳税率为 1.2%，依照房产租金收入计算缴纳税率为 12%。

十三、奖金税

1984 年，开征国营企业奖金税，以企业每年所发放奖金为计税依据，按超额累进税率计征。全年发放奖金总额不超过标准工资 2.5 个月免征，发放奖金总额超过标准工资 2.5 个月至4个月部分税率为30%，发放奖金总额超过标准工资4个月至6个月部分税率为100%，发放奖金总额超过标准工资6个月部分税率为300%。职工人均月标准工资不足50元者，按50元计算。

1985年7月，对实行工资总额随经济效益挂钩浮动的国营企业，起征点由2.5个月标准工资提高到4个月，全年发放奖金总额超过4个月至5个月标准工资部分税率为30%，超过5个月至6个月部分税率为100%，超过6个月部分税率为300%。职工人均工资不足60元按60元计算。

1986年，开征集体企业奖金税，以独立核算的集体企业所发放各种奖金为计税依据，包括用职工奖励基金，分红基金和超标准所发工资、津贴、补贴、劳动分红、股金分红等，均计征奖金税，实行超额累进税率。全年发放奖金总额不超过4个月标准工资免征，全年发放奖金总额超过4个月至5个月标准工资部分税率为30%，发放奖金总额人均超过5个月至6个月标准工资部分税率为100%，发放奖金总额超过6个月标准工资部分税率为300%。标准工资统一按60元计算，乡镇企业按每人每月60元标准工资适当放宽，但一般不超过80元标准工资限额，征收中，允许集体企业和乡镇企业扣除1个月标准工资金额的劳动分红和不超过职工集资入股额15%的股金分红。同年开征事业单位奖金税，因事业单位发放奖金均未达到起征点而免征。1988年停征集体企业奖金税，1991年停征国营企业奖金税。

十四、国家能源交通重点建设基金和国家预算调节基金

1983年，对县内国营企业、城镇集体企业、事业单位、机关团体、部队和地方政府各项预算外资金缴纳所得税后利润，按10%计征国家资源交通重点建设基金，全部为中央财政收入。同年7月1日，征收比例提高到15%。9月，改按全年数额12.5%计征。从1984年1月1日起，又按15%计征。1989年，对上述单位及个体户按10%征收国家预算调节基金。1996年均停征。

第四节　税　收

明嘉靖年间，全县（属泾州）年征田赋粮34394.32石（夏地1121顷41.5亩，粮5553.69石，秋地2916顷29.178亩，粮28840.63石），征草36056束，征农桑绢22.288匹，征药物、丝棉1.842斤，征绵羯羊54只、大尾羊1只，商税课程银16.15两、站价银5791.63两，力差451名，年征银1355.4两，银差折银1006.66两。

清雍正五年（1727年），全县征地丁银3391两，屯地383顷54亩，征粮2468.12石、地亩草价银154两、屯丁银46两。九年，全县征畜税银23两，盐税（按引征收共6252引，每引300斤）银1347两。乾隆二十二年（1757年），盐课摊入地丁征收，外解盐规纸价、秤规盐课共征银1543两。光绪三十二至三十四年（1906至1908年），全县年征畜税银12784两，实征粮551.74石、耗羡粮82.76石，征收地丁连闰银7421.73两、耗羡银1113.885两，额外杂赋征粮 1144.48 石。宣统年间,盐课仍随地丁粮附征,年征银 1125725 元(银币)。

民国初,县内耕地面积 7244.09 顷,年征田赋地丁粮折银元 20319.51 元。十七年(1928年),全县征收工商杂税 17781.47 元,其中烟酒税 645 元,土药善后税 3826.17 元,印花税 1380 元,土药税 70.3 元,牲畜报规税 9330 元,屠宰税 930 元,契税 1600 元。十九年,征收教育费 1481 元,油户捐、官秤费 300 元。二十三年,临时摊派 23 万元(国币)。二十四年,全县原征屯粮 537.1 万斗改征民粮 208.6 万斗,增征丁银 27.7 万元。二十六年,全县田赋地丁正项 2305.01 元(银元,下同),地丁耗羡征收 1695.75 元,地丁盈余征收 6217.75 元,丁银附征百五经费 565.25 元,民米 387.443 元;屯丁正项 208.62 石,粮石附征耗羡米 31.29 石,粮石附征百五经费 10.43 石;征收杂费 106450.8 元,其中公安辅助行政费 3768 元,教育辅助行政费 1481.8 元,地方各款(按屯丁每石附加 12 元)92564 元,油坊捐 290 元,牙用学款 4847 元,斗秤捐 3406 元,学铺捐 78 元,板用捐 16 元。

三十年起,国统区实行田赋征实,军粮随田赋增购 100%,即"征一借(购)一"。三十一年,实征 10532 石,实购 10441 石;工商税收 84994.6 万元(法币),其中税捐 35927.3 万元,屠宰税 1749.3 万元,营业牌照税 16000 万元,使用牌照税 7362 万元,营业税 786 万元,印花税 30 万元,其他税 23140 万元。三十二年,解放区征收公盐代金 200 万元。三十三年,国统区田赋征实 18542 石, 征借 8195 石。解放区征收饲料粮、附加粮 9750 石, 工商税 15290.45 万元。三十四年,解放区征收救国公粮 2766 石,工商税 1038.63 万元。三十五年,解放区征收救国公粮 4500 石,工商税 1995.88 万元。三十六年,解放区征收救国公粮 6800 石,工商税 292.9 万元。国统区工商税收 21514.4 万元,其中牲畜营业税 12659.5 万元,普通营业税 5787.3 万元,契税 1244.9 万元,契税附加 311.4 万元,建筑改良物税 100 万元,屠宰税 1087.4 万元,地价税 149.7 万元,宴席及娱乐税 174.2 万元。三十七年,国统区田赋征实征借各 14034.8 石,附加 4210.4 石。解放区改征农业税 10500 石,工商税 90463.31 万元。三十八年,解放区征收农业税 9090 石。

1950 至 1952 年,征收农业税主粮 21950 吨、代金折粮 155 吨、附加粮 955 吨,年均主粮 7316.7 吨、代金折粮 51.7 吨、附加粮 318.3 吨;工商税收 49.9 万元,年均 16.6 万元。

1953 至 1956 年,征收农业税主粮 36355 吨、附加粮 1985 吨,年均主粮 9088.75 吨、附加 496.25 吨。工商税征收 191.35 万元,年均 47.84 万元,比前一时期年均增长 1.9 倍。其中 1953 至 1954 年,县内国营、集体、私营企业发展,产品销量上升,主要税源和市场税收均有增长;1955 至 1956 年,私营工商业减少,国营、集体企业增加,税收有所下降。

1957 至 1965 年,征收农业税主粮 69555 吨(3 年收代金粮 260 吨)、附加粮 6135 吨,年均主粮 7728.3 吨、附加 681.6 吨。1960 年征收牧业税 1.8 万元。工商税征收 453.7 万元,年均 50.4 万元,比前一时期增长 5.4%,其中 1957 至 1960 年,商品零售大幅增长,工业产品销售势头好,财源开辟促产增收,4 年税收增幅为 23.94%。1961 年,受自然灾害影响,农副土特产品减收, 社会商品零售额大幅下降, 县内开始组织物资交流大会, 牲畜交易税上升 37.59%,文化娱乐税比 1960 年增长 1 倍。1962 至 1965 年,工农业生产稳步发展,人民群众购买力逐渐提高,社会商品零售额上升,全县税收年均增长 13.05%。

1966 至 1976 年,征收农业税主粮 65145 吨、附加粮 7635 吨,年均主粮 5922.27 吨、附加 694.09 吨;全县工商税收 748.6 万元,年均 68.05 万元,比前一时期增长 25.93%,其中 1966 至 1968 年,长期建立起来的税收制度受到批判,税收工作受到干扰,偷漏税现象十分普遍;1969 年,对工业、交通等重要经济部门进行整顿,税收开始增长。1976 年,全县工商税收首次突破 100 万元。

1977 至 1983 年,征收农业税主粮 33065 吨、附加粮 3470 吨,年均主粮 4723.57 吨、附加 495.7 吨。7 年间工商税收入 1050.3 万元,年均 150.04 万元,比"文化大革命"时期平均增长 1.15 倍,其中 1977 至 1978 年,经过拨乱反正,县内多数企业生产趋于正常,主要经济税源增多,建材、农业机械等行业增长较快。两年工商税收 303.7 万元,年均 151.85 万元,比"文化大革命"时期年平均增长 1.23 倍。1979 年起,贯彻"对外开放,对内搞活"经济政策,农、工、商各行业体制改革,集贸市场全面开放,粮、油及农副产品全面进入市场,农村落实以户为主的农业生产责任制,国营企业扩大自主权,实行利改税,各类企业迅猛发展,农牧业税和工商税收快速增长。1989 至 1993 年,5 年间农牧业及耕地占用税收入 496.5 万元,最好的 1979 年完成 150 万元;工商税收入 746.6 万元,年均 149.32 万元,最好的 1983 年完成 164.4 万元。

1984 至 1993 年,进一步放开搞活,各项税收稳步增长。10 年累计征收农牧业及耕地占用税 2412.5 万元,年均 241.2 万元,最好的 1992 年 378.9 万元,比 1983 年 122.3 万元增长 2.1 倍;比 1978 年增收 1833.9 万元,增长近 12 倍。工商税收入 7501.8 万元,年均 357.66 万元,比上期平均增长 4 倍,最好的 1993 年收入 1987 万元,比 1983 年 164.4 万元增长 11 倍。

1994 至 2010 年,实施西部大开发战略,各项政策落实,农业税由减征到免征,农民减负为零;国税、地税分设,国营工商企业体制转型,个体企业迅猛发展,石油开发增添新税,经济建设步伐加快,工商税收创历史最好水平。农牧业及农林特产税收入 23095 万元,其中 1994 至 2003 年牧业税收入 545 万元,1994 至 2004 年农业税收入 7557 万元,1994 至 2005 年农林特产税收入 14151 万元,1994 至 2010 年耕地占用税收入 855 万元;17 年间工商税收入 69836.2 万元,年均 4108 万元,与 1994 年相比,增收 2717 万元,增长 1.95 倍,其中国税收入 34628.2 万元,年均 2037 万元,最好的 2008 年收入 3161 万元,比 1994 年增长 1.27 倍;地方税收入 35208 万元,年均 2071 万元,最好的 2010 年,收入完成 7018 万元,比 1994 年增长 15.2 倍。

图 19-4-1　　1952~1985 年镇原县工商税收示意图　　单位:万元

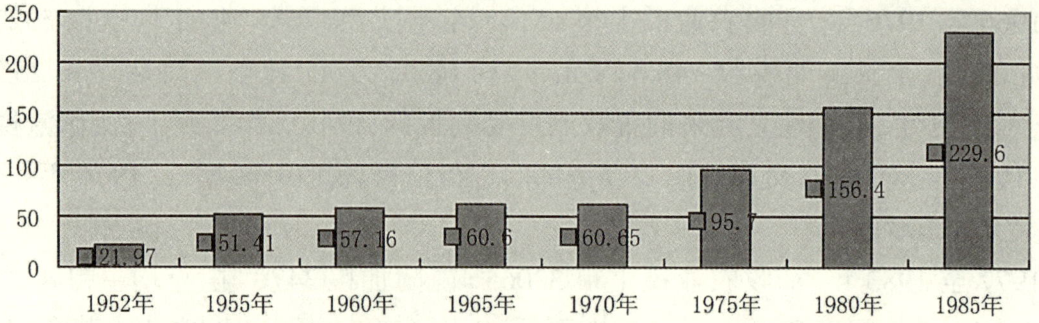

图 19-4-1　1990~2010 年镇原县工商税收示意图　单位:万元

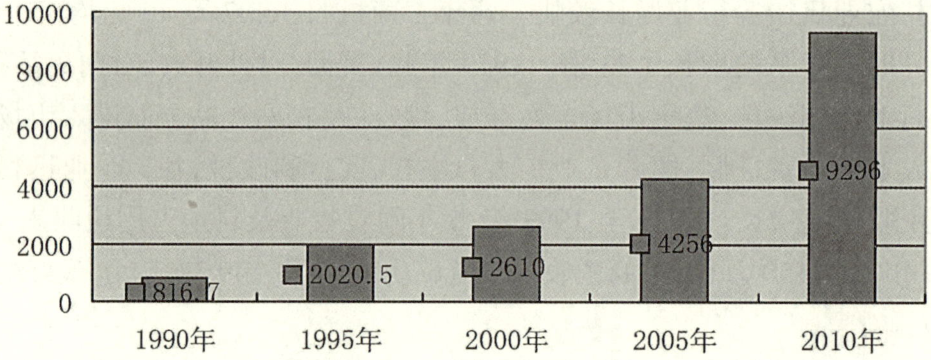

第五节　税收征管

秦汉时,田赋开始依据土地册籍,由农民自已申报耕地面积、大小人丁、土地产量等,经乡级主管官吏审查核实,再据实有田亩数评定产量,按规定税率,求出应纳税额,登记入册,按户汇总,上报县衙批准,由乡佐组织催征课交,后为简化手续,根据几年征收情况,规定一个固定税额征收。东汉章帝时,改按土地肥瘠分为上、中、下三等,确定一个平均收获量,分等定税。各种税收,均按国家《田律》《徭律》《关市律》《金布律》规定分别进行征收管理,如完不成任务,即便是主管官吏,也要受到笞责甚至罢官处罚。

隋唐时期,县内先后实行"均田制""租庸调"及"两税法"。赋税征管采取"输籍定样"法,每年元月五日,县令派人到乡村,以三百家或五百家组成一团,按中央确定划分标准确定户等,写成定簿,按簿征管。唐时,采取"团貌"办法,对隐匿户口、谎报年龄、私度入道以及不按期交纳租税、服徭役之人,处以轻重不等刑罚。开元年间,又改为 3 年一团貌,团貌时县官亲自参加,形成计账,编成手实,造成户籍,一份留县,一份送州,一份交中央户部。市场交易主要通过牙商进行,牙商持有官府发的印章,遇有买卖,进行登记,负责核算交税;不通过牙商的店铺,备簿登记交易额,然后申报纳税;对偷税、漏税者,钱达百文的杖六十,罚钱十千,告者赏钱十缗,由犯者承担。

宋代，按中央颁行的两税版籍和税籍样式，每年编造赋税清册，由通判记载户数、夏税、秋苗等项内容，送州核定，并设有立行簿、鱼鳞册、户产簿、丁口簿等，作为赋税管理依据；对熟田不输租者，过百日即以匿税论；对行商征收“过税”，坐商征收“住税”。盐贩越规定地界外，一两（十六两秤）以上者，决杖十五；三十斤以上者杖脊十五，配役一年；二百斤以上者，杖脊二十，刺面送赴阙。

明代，先清查户口，然后由里编制赋役黄册及鱼鳞册，确定赋役数，据此进行赋税及差役征管。官方为防税课官吏侵渔，在征收商税之地，设置登记册，登记客商姓名、人数、行止日期等内容，以备核查，同时明示征收商税货物名称，对未标明需要纳税货物，均行免税。

清代顺治、康熙年间，赋税征管采用“易知由单法”，由里登记田亩、人丁数上报县，经县审定开列上中下田亩、人丁、正杂本折钱粮、起运存留数、各户人丁田亩数和应纳税额。后又改为截票法，也称“串票”，开列地丁钱粮实数和春、秋应完数，发给甲首，分十限完纳，依次滚催。票中盖印，从印字中分为两半，一半存官，一半给纳税户，不交或迟交者予以严惩。厘金征收，行商运货到卡，由本人到局、卡报验，经查验、核算收税，开票放行；坐厘大都以各行店月营业额课税。

民国初期，田赋从每年收获开始起征收，以三个月为缴纳期限，过期处以滞纳金。征收前，县上按规定折算标准编制成册，依征册所列之数，填造四联粮票，发给粮户缴纳。工商税征管，有纳税登记、复查、检查、簿籍管理等制度，但在执行中多不按制度办事，税务人员接受或攫取不正当金钱或财物以肥私成为普遍现象，产销商人行贿司空见惯，二者朋比为奸，花样百出，如走私卖放、大头小尾、买卖印章、货照不符、旧照重用、纳税不给照、勒索手续费和验收费，或以多报少、以甲报乙、提存放息，不一而论。

二十九年（1940年），镇原解放区农业税征管逐户调查人口、土地占有量及当年收成情况，对耕地获得农产物、出租土地、耕牛所得租金及农副产品纯收入，按户每人年均计算，折合细粮征收。工商税由税务、政府人员及部队配合，进行货物出入境征管。

三十年，镇原解放区税收征管由税务局与商会进行，改摊派为评议征收。29户固定工商户按月向税务机关缴纳；对临时商业贸易、牲畜、斗佣等地方税，采取按天、按集征收和随时查征；对解放区边境口岸三岔出入境货物，由当地稽查所及部队配合查征。

三十一年，解放区夏粮歉收未征，只作夏借，存量多者多借，存量少者少借，最多借粮不超过全年应征额50%。

三十二年，解放区农业税新增房租、畜租、运输、畜牧、林业、药材以及临时经营收入，由行政村或自然村组织评议会，评定出各农户土地、产量、人口、副业收入，填表登记，按户上报乡、区审委会审查，由区公署确定，乡政府召开村民大会公布，如有不服，10日内向乡人民政府请求，重新调查评议，再不服，可逐级请求，由县政府决定。工商业经营设评议委员会，以收入多少评议征收；对流动商贩及脚夫店，以营业次数和每日过路脚夫投宿店簿，估计收益数目确定征收。

三十三年，边区除农业税外，并对毡坊、粉坊、油坊、磨坊、染坊、烧窑等小手工业者净利收入及农民羊只繁殖在10只以上者，均折细粮征收救国公粮，当年分夏秋两次进行，由县粮草参议会下达任务，乡参议会讨论分配，村召开群众大会民主评议到户，再由村报乡参议会研究确定，由乡人民政府正式向群众宣布应征粮数，并填发夏秋两证。夏粮完后在粮证上加盖收讫印件，秋征时收回原证结算，换取分区印制新证。对出入境货物，陇东分局实行先登记后纳税制度，对无税货物，办理登记后放行。

三十四年，边区严格控制粮油出境，加强缉私工作，除税务干部、缉私队稽查外，分区决定凡边境附近群众、部队、哨站、机关干部、自卫军等都有缉私举报之权，对查证私自出境粮油以其20%作为奖励；对牲畜买卖手续费，凡有税务局、所地方由其征收，无税务局、所地方，由县政府派人专收，或委托区、乡政府代征，并酌情提成奖励。

三十六年，受战争影响，边区救国公粮未能集中征收，但为保证军需，向群众所借粮料，仍由原户保存，政府发给收据，建立清册，按户登记，以备战时急用；对散落群众中的粮票、条据、准其抵交公粮，由县二科财政分处办理手续，予以核销。解放区沦陷后，一切商业经营活动转入乡村，货物出入境改道，走私现象严重，漏税多，税收征管由口岸附近游击队配合缉私队进行。

三十七年，边区农业税依率计征，凡靠国民党据点和交通大道较近地区，公粮分散民间，由可靠群众保管，停止公粮入库；对内地和收复区市场进行整顿，清理商户，办理旧存货手续。税收征管采取小组讨论、本行评议、评委会审查办法，公布于众，纳税户如有意见，可于三日内提出复议，最后确定征收额。

三十八年，为支援大西北解放战争，老解放区向中农征借粮五成以上，地主更多。新解放区人民因缺乏民主习惯，采取分摊到户办法征收，不准机关、部队乱打条子乱收粮，由县统一印制二联借据和交粮收据，借据一份留存，一份作为征借凭证。同年四月，边区对存货清理登记，从价征收产销税、烟酒税。交易税由税务机关直接征收为主，委托区乡代征为辅。屠宰税由屠宰者申请登记，领照经营，定期纳税；农村屠宰之肉上市，在肉上加盖戳记随税票销售。凡外商运货至县内出售者，须进入行、栈、客店或货场查验征收。

中华人民共和国成立后，农业税由县人民政府统管，粮食部门代收，财政部门结算。1983年起，农牧业税由财政部门征管，按照“以产计征、重灾多减、轻灾少减、特灾全免”原则进行，工商税由税务部门分企业、市场、个体户及零散税收三块进行管理。

一、农牧业税征管

1950年，开始查田定产，自下而上核定地亩，由乡村组织7~9人评议委员会，按各户种植面积和收益水平，以户评议常年产量，进行计征。1951年，适当调整固定产量，并对新解放区进行查田评产，以地亩等级评定产量，确定全县长年产量亩均为5.573斗，以此为计征依据。

1953年，对新解放区普遍进行川、塬地普丈，山地抽丈，查实地亩，分三等九级评定常产，按产依率计征，依法减免。当年受灾23709户，893552亩，减产41%，减征公粮2829.6吨，占应征26.8%，社会减免190吨，老区照顾922.5吨。1954年，对生活有困难贫苦农民及部分贫困山区减征 10%~25%。1957 年,牧业税按中等绵羊评定价格计征。

1962 年,因风、雹灾害,减产 2~3 成,减征农业税 750 吨。当年开始,牧业税扩大征收范围,按纳税单位当年畜牧业收入计征。1970 年,因灾害减免农业税 200 吨。1972 年,因灾减免 1630 吨。1978 年,因灾减免 1420 吨,对社员口粮分配在 150 公斤以下 38 个生产队,免征农业税 79.7 吨。1981 年起,农业体制变革,按户交纳、结算、减免,生产队将各户承包土地应交农业税额,发通知单到户。灾情减免,按受灾程度,经群众评议,社队审查,政府批准,发给手续。1993 年起,牧业税、农业特产税,由乡镇财政所配合乡镇政府据实征收。

二、企业税收征管

1950 至 1957 年,采用自报公议、民主评定和定期定额办法征管。1958 至 1965 年,开始推行自查、自报、自交征管办法,对国营、合作企业建立办税组织,其他企业由财务科长、会计负责办理纳税事宜,税务部门进行征前辅导与征后检查,深入企业调查研究,解决困难。

1966 至 1972 年"文化大革命"期间,税收管理松弛,企业漏税相当普遍。1973 至 1976 年,对全县国营、集体企业进行纳税普查和纳税鉴定,采用堵漏催欠办法,边鉴定,边查账,边催收,边入库。

1977 至 1987 年,在拨乱反正中,恢复"文化大革命"前税收征管体制,对商业、公交、物资、粮食、交通等企业实行利改税,重新办理税务登记,每年开展纳税大检查。

1988 至 1990 年,税务局与检察院联合成立税务检查室,开始建立案件受理和来信来访登记制度,第三次对国营、集体企业进行重新登记,修订纳税鉴定,制订统一纳税申报表,由纳税单位填写,经税务专管员审核后按时纳税;对未按规定期限申报或因特殊情况未事先申述原因者,按照规定加收滞纳金,并建立按季报送损益结算表及生产、销售、财务计划等报表制度。

1991 至 1993 年,实行征管、稽查两分离,全县普遍开展税务登记、纳税鉴定,实行纳税申报制度,建立资料档案,对重点税源,进行重点征管,按户设立台账;对纳税企业,确定办税人员,实行自行计算税款、自行申报纳税和自行缴纳的"三自"纳税制度;对"三角债"缠身的欠税企业,成立清欠领导小组,研究制订清欠方案和办法,采取多种有效措施,限期征收。

1994 至 1995 年,根据《增值税暂行条例》规定,对全县企业进行资格认定,确认一般纳税人 111 户,对不符合条件 15 户企业,取消一般纳税人资格;开始使用增值税专用发票,对重点税源采取"三定"(定管户、定职责、定任务)办法进行征管,对全县 109 户乡镇企业和承包、租赁企业,采取定额征收。

1996 至 2000 年,进一步规范执法程序,强化以票管税、防伪税控等先进办法,成立城区纳税服务厅,采用微机管理,为纳税人提供快捷、便利服务;开展税务登记换证工作,澄清管户底子,清理出漏管户 3 家;对全县 100 户企业进行年审,取消 83 户不符合规定的一般纳税人资格;对杏制品和砖瓦企业实行上定下征管理办法。

2001 至 2004 年,金税工程启动,推行全国统一征管软件,对全县 17 户一般纳税人企业，纳入防伪税控管理，形成多元化申报、网络化征收、电子化管理、专业化稽查的新型征管模式，全县有964户通过银行网点申报纳税。

2005至2010年，开展纳税评估，加强重点税源监控和征管。国税部门对石油、电力、砖瓦、啤酒、杏制品等重点行业实行划片包干，重点管理，对98户异常申报户，实行“税收分析、评估、稽查、管理”四位一体互动协作管理。地税部门开展“三清两查一整顿”活动，清管户、清税源、清欠税，查个人所得税、企业所得税，整顿建筑安装市场秩序，与156个行政事业单位签订《个人所得税代扣代缴责任书》，确保各项税收应收尽收。

三、市场税收征管

1949年10月起，对城关、屯字、平泉、孟坝、三岔等较大集贸市场进行组织整顿，建立征管制度。1952年，重点控制市场税源流失，针对行商偷漏税问题，组织密报人员，检举揭发，堵塞漏洞。

1953至1955年，实行划行归市管理，对主要产品实行入场登记、场中检查、销后纳税征管方法；对合作店（组）及小商小贩，配合工商行政管理部门进行登记，建立纳税小组，采取定期定额或核实征收；对外来商贩，凭营业执照和纳税证明，指定地点销售，回原地纳税；对超越地区或市场经营及无证明的商贩，按临时经营，就地加成征收；对自负盈亏的合作小组及个体商贩，作出纳税鉴定，订立守法纳税公约，常查严管。1956年开始，对较大商贩纳入合作组织，统归企业征管。1958年，实行人民公社化，对小商贩全部取缔。

1960年，贯彻“调整、巩固、充实、提高”方针，个体商贩又陆续出现在重点集镇，属公社审查同意给予生活照顾户，主要经营干鲜果等商品，多数不征税，只对长期经营的固定户和农村工匠征税。1962年，重点集镇设专管税务干部1~4人，一般集镇，逢集日全体税务干部投入征管，对各类经营商贩按集日定税征收，对烟叶、土布、估衣等商贩登记、扣货，按销售多少结算征税。

1964年，开展打击投机倒把补税罚款活动，在屯字镇试点，取得经验，全县推开。1965年，农村要求人均养一口猪，上市肉食增多，实行逐户征收；外地来车收购肉食，集中征收。

1966年，对农村社队办的缝纫、理发、旅店、饮食等服务型企业（包括豆腐坊、粉坊、油坊等）及加工修理修配业，凡设在屯字、孟坝、平泉、太平、新集、三岔、马渠、开边、新城、城关10个城镇的征税，设在其他地方的不征税；对超越习惯市场出售产品，凭证明只征临商税不加成，产品税在原地缴纳。

1967至1968年，“文化大革命”初期县内市场时有时无，市场征管放任自流。1968年，县革命委员会成立，对较大集贸市场开始整顿，税收征管趋好。1970年，对国家或商业部门为社队购买的牲畜及在全省范围内购买互换牲畜，凭公社证明，免征牲畜交易税，但转售给社队以外单位和无证明者，照征牲畜交易税。1971至1978年，一度对农民经营的家庭副业当作资本主义尾巴割掉，个体商户消失。

1980年，个体工商户重新恢复发展，税收征管采取划行归市，定额征收。个体户进货均由批发部门代扣营业税，对外来商贩查验证件控管，对投机倒把、偷税漏税建立密报网络，发动群众举报揭发。1983年1月，牲畜交易税恢复，由工商部门代征税款，代征人员重费轻税，偷漏税严重，通过对32个生产队调查，发现大家畜偷漏交易税42头，应征税款0.13万元，实征不到0.01万元，漏税占92.6%，而管理费只漏征12%。为加强牲畜交易税征管，县上在平泉进行试点，成立有社队、税务、工商部门参加的领导小组，税费共管，纠正重费轻税之弊，此经验由庆阳地区税务局推广至全区其他各县。

1984年，针对个体户抢购抢销、不建账目、偷税牟利手法越来越多实际，充实加强征管力量，采取抽检盘点、坐店监销、进货登记、核实营业额等办法堵塞漏洞。1985年，个体户增多，经营方式多样，进货渠道无限制，偷漏税现象严重，县上先在平泉镇对24家个体户进行调查，无账无据的20户，下余4户，票据虽齐全，但漏扣营业税0.04万元，后在孟坝镇进行建账试点，制订统一账目和会计科目，个体户按月向税务机关申报，按账定期缴纳税款。

1987年，采取大小税源齐抓共管办法，与公安、工商、邮电、交通、银行等部门配合，检查市场、车站、旅社隐藏未税商品，建立举报箱及群众协税护税组织，通过查、挡、管、控补等办法，打击各种偷、漏、逃税行为。

1988至1993年，加强集贸商场税收征管，逢集日实行双人上岗，先征后查，路查路检。1994年，制订《集贸市场税收征管管理办法》，征前巡查，征后检查，并建立集日征收登记簿。2003年起，国家税收优惠政策惠及千家万户，县境内集贸市场基本开放，市场税收重点转到私营企业和个体税收工作中。

四、个体和农村零散税收征管

中华人民共和国成立初期，农村只有为数不多私人酒坊、油坊、糖坊、作坊及分散在各地其他税源，税收征管采取同区、乡政府配合，按生产一次报一次的办法核实征收。

1950至1955年，对农村税收实行登记管理，查实征收；对土酒坊、油坊、染坊、糖坊、香坊、粉坊、皮坊、豆腐坊、砖瓦窑等，以收益额和销售额按月征税；对商业合作社、商店、私营固定和流动小商贩，成立税收管理小组控管税源，由代征点或委托代征员征收，税务干部定期或不定期检查；对非代征区，巡回征收。

1956至1961年，农村税收征管采取划片包干、任务到人，巡回征收。人民公社化后，农村税收纳入公社一体化管理，实行总额包干征收。

1962至1964年，开放农村集贸市场，实行统一发票管理制度，并在农村建立代登代管和协税护税组织。

1965至1966年，配合面上“社教”，建立农村“六有”纳税制度，有纳税鉴定，有生产队代登代管组织，有商贩统一发货票，有社队企业自动上门纳税习惯，有档案，有征管底册。1967至1974年，税务机构合并，人员减少，有税无人收，造成大量偷漏税。

1975至1983年，在大队普遍建立贫下中农财税管理小组，加强各生产队财务监督，并对应税产品作纳税鉴定和检查清理；对在“文化大革命”期间一些地方不按税收政策办事，造成错征、乱征等问题，逐件复查核实，确实搞错的，重新纠正处理。

1984至1986年,对农村“两户一体”(专业户、重点户、经济联合体)造册登记,全面检查,查补税款。

1987年,针对一些个体商贩走街串户,上门交易,大量抢购、抢运、抢销,税收流失现象,采取查、挡、管、控等办法,堵塞税收跑、冒、滴、漏。

1988至1994年,对农村联办企业、私营企业和家庭工厂的生产经营进行登记检查,清理行政村和自然村经济税源,按期申报纳税。局、所设立税收咨询服务站,公布举报电话,使农村税收征管逐步走上法制化轨道。

1995年,对全县个体户进行全面摸底清查,核实收入,调整税负。并将营业额、税额等列表上墙公布,实行内外监督,杜绝税负不公现象。

1997年,分两次对261个行政村、2992个自然村零星税源进行清理。

1998年,对全县个体户进行清理,重点整顿城区个体户,对有条件的145户进行建账,实行查账征收。

1999年,对加油站、建材、家电、修理修配等349户个体户,实行定额加发票管理办法,对全县清理出的“五坊两窑一所”(豆腐坊、磨坊、油坊、醋坊、酒坊、砖窑、瓦窑、个体诊所)252户,实行定营业额、定税额管理。

2001年,进一步加强个体零散税收征管,堵塞跑、冒、滴、漏,严厉打击县城滨河市场34户个体户集体抗税案,促使税收秩序好转。

2003至2008年,对月营业额在2000元以下个体户,从严把握尺度,每3个月进行一次调查测算,对达到起征点的,立即恢复征税;对流动商业批发、个体长途贩运、砖瓦、建材预制、石油开发、砂场和集贸市场重点进行清理,制定《镇原县砖瓦行业税收核定管理试行办法》,落实税收优惠政策,857家个体户(含下岗再就业47户)享受增值税起征点调高后的优惠政策,全年免征增值税50多万元,并为9户下岗再就业人员,免费办理税务登记证和发票准购证。

2009至2010年,全县开展个体户调查摸底测算工作,加强临界点个体户分析评估,对达到起征点的,提高销售额,核查纳税户188户,其中10万元以上纳税户58户;利用第三方信息资源,开展烟草行业税收专项检查,对39户烟草零售户调整纳税定额。

第六节 发票管理

1950年,县内发货票管理采用两种形式,一是私营工商业自印发货票,加盖本字号(厂)印章及填写开票人名章,贴足印花,自行注销;二是市场出售应税货物,由出售人写便条(包括货款、详细地址、姓名、年月日),贴足印花,自行注销。税务机关稽查人员随时检查,专管员抽查。

1951年,私营工商业自印发货票,一律以三湾滚印画×注销。商贩到货后,向税务机关申请登记,加盖查验章方为有效,否则按漏报处理。1952年,对国营企业、供销合作社,按企业主管部门财会制度办理,由企业设计自行印制发货票;对私营工商业,由县税务局统一印制坐商发货票、摊贩发货票,一式两联,加盖县税务局方形发票印章,收工本费发售,使用时必须复写填用,一份存根,一份随货同行。机关单位在市场购买应税货物,均到税务机关加盖验讫章,否则发生漏税,由购货单位补交税款。

1957年,对集体企业(包括合作店组),由县税务局印制统一发货票,均套印县税务局发票监制章,一式两联。1963年,对企业自印发货票,统一加盖税务验讫章方为有效;农村、城市办企业、个体手工业、小商小贩、临时商业户,均领用税务机关统一发货票,并按规定范围使用;其他建筑房屋、购买原木等材料及货品,均到税务机关代开发货票。

1975年,《甘肃省发货票管理试行办法》施行,地区财税局统一印制《庆阳地区统一发货票》,从当年2月起,镇原县开始使用。县税务局原来印制的发货票经清理,登记销毁,并报地区局备查。新制的统一发货票,列入税收票证管理范围,由地区财税局统一管理,县、所设账登记,按季上报;若发生损失,逐级上报地区局审批核销。发货票一式四联,一次套写,第一联开票机关存查,按月装订保管;第二联交付款单位,作报销凭证;第三联收款单位作为进账凭证;第四联由开票机关报上级备查。票据只准财税部门填开,严禁将空白发货票发给经营单位或个人。开票人员调动时票据列入移交,未交清不准离职。统一发货票按编号由小到大顺序使用,填开发货票必须在各联加盖公章及填开人名章。发生笔误需作废时,应全份保留,按月上报县局核销。同年8月1日,对凡参加社会物资运输车辆和民间运输工具,一律使用各地财税机关和交通运输管理部门共同印制的统一发货票。

1976年,县财税局自行筹印统一发货票,套印票证监制章,顺序号码、发票份数仍按四联印制,给各企业发售使用,并建立领用、交销等制度。基层财税所刻制圆形发票专用章启用,所有单位和企业购货、委托加工或使用劳务时,均须向对方取得合法发货票后方可付款,不能用白条、收款收据和发货票作为记账凭证;对外地企业单位来本地销售产品或从事服务性业务的,必须持批准单位证明,向经营地财税部门申请开立当地统一发货票,并按规定办理税务手续;如开外省外县发货票的,必须经当地财税部门审查办理税务手续,并加盖验讫章方为有效;对农民和城镇居民出售允许上市的自有物品和自产农副产品,或临时经营其他服(劳)务性业务的,均持公社证明,到当地财税部门办理纳税和免税手续,由财税部门代开统一发货票。

1983年,对固定工商业户外销商品税收,以统一格式三联单进行管理。凡到县内经销商品的,凭工商行政管理部门证件,由企业所在地税务机关开立外销证明;到外省市经销商品的,由县税务局核发外销证明,回本地纳税,并注销外销证明。

1986年9月,地区税务局规定,发票印制,票面一律套印县市局税务机关发票监制章及承印单位名称,并有专人负责,严格依据税务机关《发票印刷通知书》进行承印;设立发票承印登记簿,按户登记承印发票品种、数量和号码,验收合格后出厂,对不合格和作废票进行一次性销毁;对购买统一发票单位和个体工商户要求三证齐全(营业执照、税务登记证、发票准购证),并实行限量控制,同时在发票上加盖公章和私章,对企业一次性收取发票保证金500元,对个体工商户一次性收取发票保证金200元,由县税务局统一存入银行,按户记账,用票发生变化时一次性退还;对建筑安装行业,除国营企业外,证照不全和其他建筑安装施工企业一律不予印刷和出售发票,由单位或个人到就近税务所填开;购买使用统一发货票,不得转借、涂改、撕毁、单联填开或拆本使用,必须妥善保管发票存根联和作废发票,按号码购买和缴销。基层税务所,实行专管员分片到户,建立发票底册,责任到人,纳入目标管理责任制考核。

1989年,制订《关于进一步加强发票管理问题的通知》,零散税源得到有效控制。

1992年,对全县使用发票进行换版,交印新发票,清理回收旧发票,集中进行销毁。1994至1998年,增值税专用发票在县内一般纳税人企业开始使用,县上制定《镇原县国家税务局发票管理办法》,对发票实行验收审核管理。

2000至2001年,开展发票举报奖励活动,受理发票违章举报356起,查实补税24949元,罚款70038.75元,加收滞纳金666元,兑现举报人奖金13866.77元。

2004年,严格普通发票供应、审核、检查和缴销工作,强化发票专项检查,全年超定额补税196户(次)、88175.40元,罚款3350元,加收滞纳金32.45元。

2008年,核查用票户176户次,核查发票22525份,评估有问题发票317份,处理纳税户58户次,查补税款4.51万元,罚款0.11万元。2010年,加强一票控税,检查用票系统80户,查处违法用票举报案件1起,罚款500元。

第七节　税务稽查

1964年,全县开展打击投机倒把活动,共排摸出有投机倒把活动82户,补税罚款1.54万元。1986年,对农村个体工商户重点检查,查处贩卖羊绒、兔毛、药材、牲畜、肉食等偷税案件135起,查补税款148万元。1987年4月,开展纳税大检查,收缴偷漏欠税898万元。1991年,重点检查141户企业和480家个体户,查补漏税29.7万元。1993年,查办偷漏税案5起,正常检查纳税户331户次,查补各种税款163830元。

1995至1999年,稽查纳税户3617户次,查处有问题和违纪504户次,其中偷漏税企业96户,查补工商各税206.56万元,加收滞纳金及罚款5.98万元;办理涉税案件7起,立案侦查2起,为国家挽回经济损失14.38万元;查处违章使用发票95户、411份,补征税款221.91万元,罚款334.25万元。2000至2002年,稽查纳税户650户,对有问题纳税户80户,查补税款及罚金49.58万元;查处群众举报案件5起,补征税款5万多元,罚款5272元。

2003年,创新稽查思路,探索新的稽查方式,实施阳光稽查,对县华龙造纸厂实施稽查前约谈,促使该企业主动申报补缴增值税11.24万元;专项稽查改制企业和印刷、砖瓦等行业纳税户39户,查出有问题纳税户16户,查补增值税6.6万元,加收滞纳金1662元,罚款1.6万元。

2004至2005年，稽查117户，查补税款及罚款80.5万元，阳光稽查1户，补缴增值税20.2万元。2006年，阳光稽查59户，补税及罚款48万元。2007年，稽查22户，其中有问题1户，查补增值税3257元，并同量罚款，加收滞纳金1363元。2008年，稽查94户，有问题9户，查补税款16.35万元，评估转稽查砖瓦企业4户，补征税款1.05万元，加收滞纳金768元，罚款6365元。2009年，稽查纳税户17户，补税70.75万元，加收滞纳金1.14万元，罚款3.8万元。2010年，稽查纳税户30户，查出有问题9户，加收滞纳金3.32万元，补税及罚款37.44万元。

第八节　税务监察

中华人民共和国成立后，税务监察工作依靠群众，采取集中与分散相结合方法开展。1952年，地区局与县局组织工作组，对县内税务系统进行检查，共查出违犯税收政策问题19起。对平泉税务所在1951年所得税会算时，以“五反”运动威胁商人孙某某，致其自杀的3名责任税务干部给予行政警告处分。当年，在“三反”运动中，查出贪污问题36人，贪污税款1913元，受政纪处分7人，受刑事处分1人。1954年，肖金农民杜某某自养耕牛出售，按行商课征税款，本人上访行署，调查落实，退还税款。1978年，重新调查落实过去税案，对确实搞错的，给予纠正平反。1981年，一税务干部贪污公款1758.54元，被开除公职，受刑事处分。1982年，查出开边财税所税务干部违反税收票据管理规定，用县印制统一发货票，两次征收牧业税17.77元，对当事人进行批评教育处理。

人行镇原支行　张富诚摄

第二十章　金　融

南北朝时期,域内开始出现质押、典当、柜坊等形式保管业务。北宋起,有专门经营金银钱币的钱铺、钱庄和“票号”等。民国时期,国民政府组建以中央银行、中国银行、交通银行、农民银行为主的金融机构,聚集官僚资本,垄断金融市场,剥削劳动人民。中华人民共和国成立后,逐步形成由中国人民银行、专业银行、保险公司和农村信用合作社组成的社会主义金融体系,支持发展工农业生产,对繁荣城乡经济、解决人民群众生产生活困难、化解各种风险带来的损失、促进各项社会主义事业发挥重要作用。

第一节　机　构

民国初,镇原县城“文顺恩”钱庄开办放款。田某经营的钱庄,资本数额较大,兼收全县课税,最终因法币贬值而倒闭。二十年(1931 年),县城“广顺吉”钱庄开始营业,前期以银元为主,后期为法币,其放款利率为月息 1~3 分。抗日战争期间,法币贬值,钱庄本利全亏。二十五年,成立甘肃平市官钱局镇原三级办事处,归平凉分局管理。二十八年六月,成立甘肃省银行,专员公署所在地设分行,县设办事处。三十一年,陕甘宁边区银行在孟坝(边区县政府所在地)和三岔设立货币交换所。三十二年五月,甘肃省银行镇原汇兑所成立,后改为镇原办事处,设主任 1 人,办事员 8~9 人。三十五年,孟坝、三岔两个区办起信用合作社。

中华人民共和国成立后,金融体制逐步健全完善,形成以人民银行为领导,银监会为监督管理,专业银行为主体,多种经营机构并存的新型社会主义金融体制。2008 年 7 月,成立镇原县金融工作办公室,隶属县政府办公室,负责研究制订县域金融发展规划,协助有关部门防范和处置地方金融风险,监督金融机构安全运营。

2010 年,全县有支行级机构 8 家,营业所(室)5 个,储蓄所 13 个,信用合作社 18 个,信用合作分社 10 个,保险公司 6 家,金融保险系统有职工 1050 人。

中国人民银行镇原县支行　1949 年 10 月 9 日成立,有职工 6 人。1952 年,支行设人秘、业务、会计出纳、农金 4 个股,在肖金、平泉、孟坝、屯字、三岔、开边、太平、新城、新集 9 个区设立营业所。1984 年 10 月,人行、工行业务分设,采取一套机构,两块牌子,资金分开,分别核算的过渡办法。1986年，分出工商银行，人民银行从既履行央行金融管理职责又办理工商企业存贷的混业经营中分离出来。1988年，人民银行内设业务、会计、人秘、发行、国库5个股，有职工21人。9月，成立镇原县城市信用社，有职工3人，隶属县人行。1990年，新设金管稽核股、保卫股。1998年，改金管稽核股为金融机构监管股，新增农村合作金融监管股，县城市信用社划归县农村信用社管理。2000年，将会计股、国库股合并为会计国库股。2004年，分设出银行业监督管理委员会庆阳市分局镇原办事处，内设的金融机构监管股和农村合作金融监管股随之取消。2005年，改人秘股为办公室，改会计国库股为国库会计股。2008年3月，设立支行纪检监察室。2010年，内设办公室、纪检监察室和业务、发行、保卫、国库会计4个股，有职工35人，其中有专业技术职称23人。职责转为以管理金库、集中存款准备金、货币发行、国债发行以及再贷款、再贴现为主，行使国家各项金融调控政策及法令在辖区贯彻执行情况的信息反馈，为金融专业机构提供服务。

中国农业银行镇原县支行 1955年11月成立，1957年与人行合并，1964年再次分设，1965年又合并，1979年第三次分设。1985年，内设人秘、农金、会计、财会辅导4个股，下属城关、临泾、南川、屯字、曙光、上肖、太平、孟坝、新集、方山、三岔、殷家城、马渠、庙渠、开边、武沟、郭原、平泉、中原、新城20个营业所，共有干部职工130人。1988年，增设企业股、保卫股和营业部，取消财会辅导股，将人秘股改为办公室，下属营业所延续，有干部职工140人。1992年，增设水荫储蓄所。1996年，新设席沟圈储蓄所和存款股，将农金股和企业股合并为信贷股。1998至2000年，增设兴武巷、东街储蓄所和屯字、孟坝、平泉中街储蓄所，撤并方山、殷家城、马渠3个营业所，信贷股更名为信贷管理部，存款股更名为客户经理部，会计股更名为计划财务部，保卫股与办公室合并为综合办公室，新设风险资产部。2001至2002年，撤并南川、新集、曙光、中原、武沟、郭原、庙渠营业所和县城东街、屯字中街、孟坝中街、平泉中街储蓄所。2003至2004年，撤并开边、太平、三岔营业所和县城兴武巷储蓄所。2005至2006年，撤销临泾、上肖营业所。2010年，内设信贷管理部、客户经理部、计划财务部、风险资产部和综合办公室，下属城关、孟坝、屯字、平泉4个营业所，有干部职工80人，主要办理存款、贷款、核算、票据贴现，发行金融债券，代理发行、兑付、销售政府债券和保险款项收付等业务。

中国工商银行镇原县支行 1949年10月，人民银行兼办工商银行业务。1984年10月，人行、工行账务分设，资金分开，分别核算。1986年10月，与人民银行分离，单独设立中国工商银行镇原县支行。1988年，工行内设人秘股、会计出纳股、工商信贷股、储蓄股、计划统计股，在县城设南门、东街、上马台储蓄所，有职工53人。1994至1996年，增设屯字、三岔、孟坝分理处。2000年，撤销保卫股、储蓄股、计划统计股，将会计股更名为营业部，信贷股更名为市场营销部。2001年，增设中街储蓄所，撤销屯字、孟坝、三岔分理处。2002至2004年，撤销南门、上马台、中街、东街储蓄所。2007年，经营管理部更名为营业室。2010年，内设办公室和营业室，职工减到15人，主要经办工商信贷、企事业单位存款核算及城乡居民储蓄业务。

中国人民建设银行镇原县支行 1976年成立中国人民建设银行镇原办事处，与财政局合署办公，主要担负基本建设拨款和预决算审查业务。1979年改称中国人民建设银行镇原县支行，有员工8人。1982年，开始脱离财政职能，向银行职能转变。1988年，在县城中街设立储蓄所，屯字、平泉、孟坝设立分理处，内设营业厅、信贷股、投资股、人秘股和办公室，全面开展储蓄业务。1991年，发展住房贷款业务，在县城设住房信贷部及分部，在上肖增设分理处，共有营业网点8个，人员增至40人。1995年，由专业银行向商业银行转变，撤销上肖分理处。1998年，撤销平泉分理处，合并住房信贷部，更名为城关分理处。2002年，撤销城关、屯字、孟坝分理处和中街储蓄所，人员减少到20人，以商业银行所有业务为主，全面开展代理业务。2003年，信贷股更名为信贷部，投资股更名为个金部，人秘股合并到办公室。2006年，所有股室合并为营业室。2010年，共有职工17人，其中正式工11人，临时工6人。

中国农业发展银行镇原县支行 1996年，从中国农业银行镇原县支行分立，内设会计股、信贷股、办公室，有职工25人。2001年，会计股更名为财务会计部、信贷股更名为计划信贷部。至2004年4月，业务一直履行粮食收购资金封闭管理职能，专门对国有粮食企业发放粮食收购、调销、储备贷款。5月，粮食流通体制开始向市场化过渡，国有粮食收购企业逐渐失去垄断经营地位，各种所有制性质的粮食经营和用粮企业均可以直接进入市场收购，农发行独家供应收购资金的格局被打破。2006年，转为商业性存贷银行，进入全面信贷支农新阶段。2010年，农发行内设财务会计部、计划信贷部和办公室，有职工14人。

中国邮政储蓄银行镇原县支行 前身为镇原县邮政储蓄所。2008年5月，升级为中国邮政储蓄银行镇原县支行，同时将平泉邮政储蓄所升级为中国邮政储蓄银行镇原县平泉镇支行，县支行下设东街、西街、屯字、孟坝、新集、临泾、太平7个邮政储蓄所，共有从业员工27人，由原单纯办理储蓄业务转为办理小额存单质押贷款及各种代理业务。

镇原县农村信用合作联社 1951年，区乡成立信用合作社7个，参加社员113户。1954年，信用合作社发展到107个，入社社员35117户，股金180482元。1958年，按公社调整为10个信用合作社，下设56个分社，入社社员40915户，股金242900元。1965年，按公社调整为20个信用合作社，设立248个大队信用社。1984年，成立镇原县信用合作联合社，隶属农业银行管理，24个乡均设有信用合作社，共有职工77人。265个行政村均设有信用合作站，由村干部兼任，股金为302315元。1990年，庙渠信用社设慕塬分社。1991年3月，上肖信用社设南李和翟池分社。9月，城关信用社设东街分社。1984年8月，南川信用社设南门分社。1996年，与农业银行脱离，隶属人民银行管理，更名为镇原县农村信用社联合社，内设人事、会计、信贷、稽核、保卫5个股，从业职员115人。1998年，县人民银行管理的县城市信用社划归县农村信用社，实行另册管理。1999年，农村信用社联合社隶属庆阳地区农村金融体制改革办公室管理。2001年，改归庆阳地区联社筹建办管理。同年，城市信用社更名为原州农村信用社，与镇原县农村信用社联合社实行并账管理。2002年，农村信用社联合社隶属庆阳银监局管理，更名为镇原县农村信用合作社联合社，撤销南川信用社南门分社,增设临泾信用社席沟圈分社。2004年,撤销原州农村信用社,并入城关信用社。2006年,农村信用合作社联合社隶属甘肃省农村信用社联合社管理,取消基层信用社独立法人资格,以县联社为一级法人,实行统一核算,机构更名为镇原县农村信用合作联社。同年10月,召开第一届社员代表大会,选举产生理事9人、监事5人,人事股更名为综合管理部,会计股更名为营业部,信贷股更名为市场发展部,稽核股更名为审计稽核部,保卫股更名为保卫部,新增计划财务部、风险管理部,撤销彭阳信用社,业务并入太平信用社,曙光、王寨、湫池、殷家城、小岘5个信用社降为信用分社。2007年,撤销慕塬分社,新设茹河街储蓄所。2010年,农村信用社合作联社辖18个信用社、10个信用分社,内设机构7个部,共有职工152人,为全县"三农"提供金融服务,实行自主经营,自担风险,自负盈亏,自我约束机制。

中国人民财产保险股份有限公司镇原县支公司 1986年,成立庆阳地区保险公司镇原办事处,为股级单位,由县工商银行代管。同年9月,成立中国人民保险公司镇原县支公司,内设业务、理赔、计财3个股,有职工3人。1992年,在平泉、屯字、孟坝、三岔四镇设立保险服务所。1996年7月,机构分设,成立中保财产保险公司镇原县支公司,内设机构未变。1999年1月,更名为中国人民保险公司镇原县支公司,内设业务、理赔、综合3个股,有职工6人。2003年,改为中国人民财产保险股份有限公司镇原县支公司,内设业务发展部、综合管理部、理赔客户服务部。2009年,增设营销部。2010年,内设4个部门,有员工42人。

中国人寿保险公司镇原县支公司 1996年7月,由中国人民保险公司镇原县支公司分出,内设业务科、综合发展科和营业室,辖城关、屯字、平泉、孟坝、上肖、新城、开边、庙渠、新集、三岔10个保险服务所,员工68人。2003年,实行股份制改造,下属10个保险服务所更名为营销服务部,新设临泾营销服务部。2008年1月,营业室更名为B柜面。2010年,内设2个部门和1个柜面,辖11个营销服务部,有员工218人。

中国人寿保险股份有限公司镇原县支公司 2008年成立,为商业性寿险公司,隶属人保寿险庆阳中心支公司管理,内设综合业务部、组训工作室和城关营业部,有内勤管理人员5人,营销员185人。

中华联合财产保险股份有限公司庆阳分公司镇原客服部 成立于2007年4月,内设经理室、理赔室、财务室,有从业人员8人。

永安财产保险股份有限公司镇原支公司 由国家电力、电子、航天航空、商贸、石油、有色金属、信托投资等大中型企业集团和上市公司组成。2005年10月,永安保险股份有限公司镇原营销部成立。2009年2月,成立永安财产保险股份有限公司镇原支公司,内设综合部、承保部、理赔部,下属营销一部、营销二部,有职工30多人,其中管理人员7人。

中国太平洋人寿保险股份有限公司镇原支公司 2008年7月,开始筹建试运营。2010年11月,正式成立开业,公司占地面积400平方米,内设经理室、组训室、综合业务室、财务室和3个营销服务部,有管理人员7人,营销员220人。

第二节　货　　币

一、流通币

中国最早货币叫“贝币”。殷周时期，以齿贝（带有槽齿的海生贝壳）最为流行，后因真贝不够使用，制作许多仿制品，如蚌制贝、骨贝、铜贝等。

春秋战国时期，流通“布币”“刀币”及“爰金”“蚁鼻钱”“环钱”“方孔钱”“半两”等多种古铜币。

秦时，废除贝、布、刀等币，以“半两钱”作为统一铸币。

汉代，始熔白银成锭，谓银锭，明清逐渐盛行，并开始作为货币流通，有元宝、中锭、锞子、福珠4种，另有金元宝，一般供保藏，极少流通。汉武帝元狩五年（前118年），废“半两钱”，改为圆形、方孔铜质“五铢钱”。王莽篡权后，废除“五铢钱”，恢复布、刀、贝等货币，其样式种类繁多，可归纳为铜、金、银、贝、龟甲五种质地，帛货、贝货、布货、银货、龟宝、黄金6种、28个品种。

唐高祖武德四年（621年），废“五铢”，铸“开元通宝”铜币，铜元、元宝（约重50两，马蹄形）、银锞（也叫“颗子”“小锭”，重1~5两不等，一般作馒头形）流行，后为历代所沿用，并常在“通宝”二字前冠以年号、朝代或国名，如北宋“太平通宝”，南宋“宣和通宝”，元代“至正通宝”，明代“永乐通宝”，清代“康熙通宝”等。

宋初，四川商人自己印行一种叫“交子”的纸币，用以代替流通不便的铁钱，既可以兑换，也可以流通。宋仁宗天圣元年（1023年），“交子”改由政府发行，徽宗崇宁四年（1105年），改名为“钱引”。

元代中统元年（1260年），出现兑换纸币“中统宝钞”，分一贯、二贯、三贯、五贯、十贯大钞及一百、二百、三百、五百、七百等小钞，以后长期使用。

明朝，开始铸造使用“制钱”，高5寸、宽4寸，质白色，上书凭帖取钱一串。万历年间“银元”由欧洲流入中国。

清末，铸造圆形无孔铜元（俗称“铜板”）及各种新式铜币。清咸丰二年（1853年），政府发行“大清宝钞”和“户部官票”，二者合称“票钞”或“钞票”。清光绪十四至十五年（1888至1889年），广东开铸“龙洋”，各省纷纷仿造。宣统二年（1910年），政府宣布“币制则例”，规定银元为本位币，次年五月，开始铸造，但因辛亥革命发生，未正式发行。

民国元年（1912年），铸造孙中山半身侧面像开国纪念币，三年铸造袁世凯头像银元，二十二年，铸造帆船图案“船洋”。镇原行使的银元有“站人”“龙元”“中山小头”“袁大头”“中山大头” “帆船”等，铜元面额分10文、20文、50文、100文；纸币有法币、关金券、金圆券、银圆券等；镇原解放区行使的货币有陕甘宁边区银行发行的边币，前身为以延安光华商店名义发行的辅币券、西北农民币等，法币、银元同时流通使用。

1949年12月1日,中国人民银行发行全国统一"人民币",新主币分为壹佰元、壹仟元、壹万元、伍万元、拾万元、伍拾万元6种。

1955年2月21日,国务院发布《关于发行新的人民币和收兑现行人民币的命令》,3月1日,开始发行新币,收兑旧币,主币分为壹元、贰元、叁元、伍元4种,辅币分为壹分、贰分、伍分、壹角、贰角、伍角6种,定为新币一元等于旧币一万元,全县发行新币120万元,收兑旧币120亿元。

1957年12月,县内开始流通铝质金属辅币,面额分为壹分、贰分、伍分3种。1960年发行拾元票面人民币。1962年,收回苏联承印的壹元、叁元、伍元版面人民币。1980年4月5日起,发行面额为壹角、贰角、伍角、壹元4种金属币,与同面额纸币价值相等,混合流通。

1987年4月25日,国务院颁发第四套人民币命令。中国人民银行自1987年4月27日起,陆续发行壹元、贰元、伍元、拾元、伍拾元和壹佰元6种纸币和壹角、贰角、伍角3种辅币。

1999年10月1日起,中国人民银行陆续发行第五套人民币,面额有壹佰元、伍拾元、贰拾元、拾元、伍元、壹元、伍角、壹角共8种,一次公布,分次发行。2000年10月16日,发行贰拾元主币,壹元和壹角金属辅币。2001年9月1日,发行伍拾元、拾元主币。2002年11月18日发行伍元主币,伍角金属辅币。2004年7月30日,发行壹元主币。2005年8月31日,发行第五套人民币2005年版壹佰元、伍拾元、贰拾元、拾元、伍元主币和壹角金属币。

二、纪念币

1986至2010年,中国人民银行共发行各种纪念币83套、97枚(张),面额有壹角、壹元、伍元、拾元、伍拾元、壹佰元6种。

1986年9月20日,发行国际和平年纪念币1套,面额壹元。

1987年7月30日,发行内蒙古自治区成立四十周年纪念币1套,面额壹元。同年11月20日,发行中华人民共和国第六届运动会纪念币1套3枚,面额壹角。

1988年,发行宁夏回族自治区成立三十周年、中国人民银行成立四十周年和广西壮族自治区成立三十周年纪念币各1套,面额均为壹元。

1989年9月28日,发行中华人民共和国成立四十周年纪念币1套,面额为壹元。

1990年8月22日,发行第十一届亚洲运动会纪念币1套2枚,面额为壹元。

1991年,发行全民义务植树运动十周年、中国共产党成立七十周年纪念币各1套3枚,面额均为壹元。

1992年11月27日,发行宪法颁布十周年纪念币1套1枚,面额壹元。

1993年,发行宋庆龄诞辰一百周年、毛泽东诞辰一百周年纪念币各1套,面值均为壹元。同年,发行中国珍稀野生动物大熊猫纪念币1套1枚,面额伍元。

1994年10月26日,发行"希望工程"实施五周年纪念币1套1枚,面额壹元。

1995年,发行第四十三届乒乓球锦标赛、抗日战争和反法西斯战争胜利五十周年、联合国第四次世界妇女大会、联合国成立五十周年和中国珍稀野生动物金丝猴纪念币各1

套,面额均为壹元。

1996 年,发行朱德诞辰一百一十周年纪念币 1 套 1 枚,面额壹元。同年 12 月 18 日起,陆续发行中国珍稀动物白鳍豚、华南虎纪念币各 1 套 1 枚,面额均为伍元。

1997 年 7 月 1 日,发行庆祝中华人民共和国香港特别行政区成立纪念币 1 套 2 枚,面额拾元。

1998 年,发行周恩来诞辰一百周年、刘少奇诞辰一百周年纪念币各 1 套 1 枚,面额均为壹元。同年 6 月和 10 月,连续发行中国珍稀野生动物朱鹮、丹顶鹤、褐马鸡、扬子鳄纪念币各 1 套 1 枚,面额均为伍元。

1999 年,陆续发行中国人民政治协商会议成立五十周年纪念币 1 套 1 枚,面额壹元;中华人民共和国成立五十周年、澳门特别行政区成立纪念币共 2 套 3 枚,面额均为拾元;庆祝中华人民共和国成立五十周年纪念币 1 套 1 枚,面额伍拾元。同年 7 月 15 日,发行中国珍稀野生动物中华鲟、金斑啄凤蝶纪念币各 1 套 1 枚,面额均为伍元。

2000 年,发行敦煌藏经阁发现一百周年纪念币 1 套 1 枚、迎接新世纪纪念钞和纪念币各 1 套 1 枚,面额分别为壹元、壹佰元和拾元。

2001 年,发行西藏和平解放五十周年、辛亥革命九十周年纪念币各 1 套 1 枚,面额分别为壹元和伍元。

2002 年,发行世界文化遗产万里长城、秦始皇及兵马俑各 1 套,共 3 套 3 枚,面额均为伍元。

2003 年,发行中国宝岛台湾朝天宫、赤嵌楼,世界文化遗产孔庙孔林孔府、明清故宫纪念币各 1 套,面额均为伍元;发行贺岁纪念币 1 套,面额为壹元。

2004 年, 发行邓小平诞辰一百周年、人民代表大会成立五十周年和贺岁纪念币各 1 套,共 3 套 3 枚,面额均为壹元;中国宝岛台湾鹅銮鼻、日月潭,世界文化遗产苏州古典园林纪念币各 1 套 1 枚,共 3 套 3 枚,面额均为伍元。

2005 年,发行陈云诞辰一百周年、贺岁纪念币各 1 套,面额均为壹元;世界文化遗产丽江古城、青城山与都江堰,中国宝岛台湾敬子亭纪念币各 1 套,共 4 套 4 枚,面额均为伍元。

2006 年,发行第二十九届奥林匹克运动会举重和游泳、贺岁纪念币各 1 套,共 3 套 3 枚,面额均为壹元;世界文化遗产龙门石窟、颐和园纪念币各 1 套,共 2 套 2 枚,面额均为伍元。

2007 年,发行第二十九届奥林匹克运动会体操、射箭、乒乓球和贺岁纪念币各 1 套,共 4 套 4 枚,面额均为壹元。

2008 年,发行贺岁鼠裸币和卡币各 1 套,面额均为 1 元;奥运纪念币 3 组,分裸币和卡币两种,各 1 套 3 枚,共 6 套 18 枚,面额均为 1 元。

2009 年,发行贺岁牛纪念裸币和卡币各 1 套,共 2 套 2 枚,面额均为 1 元;和字书法、环境保护纪念币各 1 套,共 2 套 2 枚,面额均为 1 元。

2010 年,发行贺岁虎纪念裸币和卡币各 1 套,共 2 套 2 枚,面额均为 1 元;上海世博会、生肖虎、和字书法(第2组)、环境保护(第2组)纪念币各1套,共4套4枚,面额均为1元。

第三节 银行业务

1949至1957年,为开创发展阶段,先后成立中国人民银行镇原县支行,中国工商银行镇原县支行,中国农业银行镇原县支行,区乡成立发展信用社107个。人民银行开始发行人民币,统一币值,取缔金融黑市交易,打击高利贷活动,制止通货膨胀,稳定物价;实行折实存款,发放贷款,解决群众生产生活困难,促进国民经济恢复和发展。

1958至1962年,为曲折发展阶段。1958年,全面"大跃进",银行基层单位下放,由人民公社领导,在管理制度上提倡"大破大立",一些合理规章制度被取消,造成资金账务混乱;在业务工作上追求高指标,大搞"实物存款",储蓄"放卫星",下放贷款权限,实行敞开供应,货币投放出现失控,加之遭受自然灾害,生产下降,商品短缺,群众生活困难,城乡储蓄大幅度下跌。

1963至1965年,为恢复发展阶段,贯彻执行中共中央、国务院《关于切实加强银行工作的集中统一,严格控制货币发行的决定》,纠正"左"的错误,收回被下放的权限,恢复和建立各项制度,加强监督管理,扭转货币大投放局面。贷款主要支持农业,紧缩工业和商业贷款,城乡储蓄逐年回升,稳定发展。

1966至1976年,为起伏波动阶段。1966年"文化大革命"开始,全县金融事业再次遭受挫折。在管理体制上,银行交由块块管理,各行成立革命委员会,基层营业所、信用社改为综合服务所;在业务中,各项规章制度被视为"管、卡、压",货币被当作资产阶级法权而加以限制。

1977至1988年,为稳定发展阶段。中共十一届三中全会召开,工作重点转移,金融体制实行一系列改革,农业银行与人民银行第三次分设,建设银行脱离财政部门单设,人民银行分出工商银行,专门行使中央银行职能,基本形成以人民银行为领导、专业银行为主体、其他金融机构并存的社会主义金融体系。

1989至1993年,为分业经营阶段。各专业银行各司其职,各尽其责,在各自领地内发展业务,吸收存款,加大贷款扶持力度。人民银行承担支边、贴息、技改等政策性贷款业务;工商银行担负果品厂、杏仁粉厂、啤酒厂、烟草公司、糖酒公司、粮食加工等300多家工商企业信贷资金供应任务;农业银行、农村信用社主要负责农副产品收购、乡镇企业、农户、扶贫贴息、基层粮所与基层供销社等贷款;建设银行主要履行财政职能,审查工程预决算,管理基本建设项目支出等。1991年,建行开始发展住房信贷业务,财政职能逐渐向银行职能转变。贷款实行限额管理,按计划发放,按计划回笼,企业周转资金基本正常。

1994至2001年,为专业银行向商业银行转化阶段。1993年12月,国务院发布《关于金融体制改革的决定》,提出把国家专业银行办成真正的国有商业银行。1995年颁布《商业银行法》,将四大国有专业银行定位为国有独资商业银行。贷款由限额管理开始向资产负债比例管理转变,信贷资金遵循"效益性、安全性、流动性"原则运转,贷款投向严格按照扶优限劣原则进行,企业吃银行资金"大锅饭"的现象被逐渐打破,银行开始摆脱行政指令,向市场化方向发展。当时,县内三家国有商业银行拥有信贷资产2.3亿元,全县信贷资金需求在5亿元左右,供需矛盾十分突出,每年新增贷款95%集中在2月、8月,此段时间存款恰逢低潮,季节性存贷款矛盾尤为突出,加之企业效益差与效益性、安全性、流动性要求矛盾,条条管理与块块管理矛盾相互交织,银行处于进退维艰境地。为增加存款,多放贷款,银行竞争加剧,亏损增大,不良贷款攀升。同期,经济建设出现"投资热",乡镇企业异军突起,投资猛增,虽为镇原经济发展起到促进作用,但因缺乏统一规划和管理,重复建设,资源浪费严重,市场、价格、原料等方面竞争激烈,给国有和县属集体企业生产经营造成困境,以致大部分企业资金周转困难,经济效益低下,出现严重亏损,甚至资不抵债。到1996年,县办企业有7户破产,5户进行股份制改造,4户商流企业实行国有民营和出资者承包经营,县运输公司20辆客车拍卖给公司职工,实行个体经营,县烟叶复烤厂实行委托经营,县啤酒厂实行兼并经营,县果品厂实行中外合资经营,县食品厂食品车间实行母体分离。企业改革导致工商银行4757万元贷款变为呆滞贷款,占其贷款总额57.5%。1997年开始,对嘉合啤酒有限公司、造纸厂等57户国有企业进行租赁承包、产权出让等改革,又使8091万元银行贷款沦为呆滞贷款。企业改革不断,银行不良贷款急剧膨胀,亏损不断增大。2000年,国家对商业银行不良资产进行剥离,工、农、建三家国有商业银行共剥离不良资产10419.8万元,旧包袱并没有完全除掉,新风险又在不断产生,国有商业银行面临更加严峻挑战。

2002至2010年,为国有商业银行股份制改造阶段。2002年,国有商业银行上收基层行贷款审批权限,实行"双大"贷款战略,逐渐向经济发达地区及大客户、大企业倾斜,并将欠发达地区商业银行基层经营网点进行收缩。1999至2006年,农、工、建三家国有商业银行撤并基层营业网点29个,从业人员由251人减少到102人。2004年,建设银行完成股份制改革,成功上市。2006年,工商银行完成股改上市;农业银行和农业发展银行按照"明晰产权关系、提高资本充足率、完善法人治理结构、提高经营效益"的目标与要求,实行股份合作制改革,支农力度增强。

一、存款

中华人民共和国成立初,职工收入低,群众生活困难,储蓄存款很少。1950年,仅有个别职工开始折实存款0.1万元。1952年,农村储蓄全面开展。1953至1955年,全县每年储蓄仅几十万元。1956年,城乡储蓄首次突破100万元。1957年底,银行各项储蓄存款118.22万元,比1952年21.8万元增长4.4倍,年均增长88%,其中城镇储蓄24.62万元,农村储蓄93.6万元,分别比1952年增长11.3倍和3.7倍。1958年,全县储蓄存款108.2万元,其中城镇储蓄24.7万元,农村储蓄83.5万元。

1959至1961年,生活困难时期,储蓄存款急剧下降。到1962年,储蓄存款降到43.46万元,下降59.8%,其中城镇储蓄23.76万元,农村储蓄19.7万元,分别下降3.8%和76.4%。

1964年,储蓄存款开始恢复。1965年,全县城乡储蓄118.9万元,比1962年增长1.7倍,其中城镇储蓄38万元,农村储蓄80.9万元,分别比1962年增长59.9%和3.1倍。

1966至1976年,减少存款档次,降低利率,挫伤群众存款积极性。银行储蓄虽有增加,但波动不断,5年中只增加15.07万元,年均增加3万元。1967至1968年,存款低于1966年,1970年又一次低于1969年。1971至1976年,长庆油田在县内勘探,国家用于油田建设资金逐年增多,银行存款大幅度上升,油田职工增多,个人储蓄增长较快。1976年,储蓄存款426.89万元,比1970年增加292.92万元,增长2.2倍。

1977至1988年,各级银行以组织筹集资金和搞活经济为中心,恢复传统金融业务,多渠道筹集资金。1984年,城乡个人储蓄存款首次突破千万元,达到1136.9万元,比1976年增长1.6倍,其中城镇储蓄609万元,农村储蓄527.9万元,分别增长3.4倍和83%。1988年,全县金融机构各项存款余额4626万元,比1985年3002万元增长54%,其中城乡个人储蓄存款2328万元,比1985年增长60.2%,全县人均存款55.70元。

1992年,城乡储蓄存款突破亿元关。1993年,金融机构各项存款17432万元,比1988年增长2.7倍,其中城乡储蓄存款14711万元,比1988年增长5.3倍,全县人均存款322元,比1988年增长4.8倍。到2001年底,全县金融机构各项存款67891万元,比1993年增长2.9倍,年均增长36%,其中储蓄存款53828万元,比1993年增长2.6倍,全县人均存款1073.6元,比1993年增长2.3倍。2006年,城乡储蓄存款突破10亿元大关。2010年,全县金融机构各项存款余额352426万元,比2001年增长4.2倍,其中对公存款69022万元,比2001年增长7倍,个人储蓄存款269057万元,比2001年增长4倍,全县人均存款5233.6元,比2001年增加4160元。

二、贷款

1952年,人民银行、工商银行、农业银行、信用合作社发放贷款5.2万元,重点支持农民解决生产生活困难,发展手工业。1953年起,贷款逐渐增多。1955年,发放低息贷款,帮助农民购买牲畜、子种、农机具,发展生产。1957年,投放生产、生活贷款75.4万元,比1952年6.5万元增长10.6倍。

1958年秋,基层营业所和农业贷款权限下放公社管理,实行敞开供应,当年给社队发放农业贷款127.9万元,比1957年增长69.6%,为1950年代农贷发放最高年份。1961年,各级银行改进信贷管理,降低农贷利率,结合社队自有资金,"统一安排,合理分配,重点使用",把农贷资金重点放到改变农业生产基本条件上。1959至1962年,共发放贷款232.1万元,年均58万元,净投放419万元,比前9年净投放增加408万元,通过回收回笼,年末各项贷款余额127.9万元,比1957年增长52.5%。

1963年,收回下放的贷款权限,加强监督管理,开始扭转货币大投放局面。贷款主要支持农业,紧缩工业和商业贷款。1965年,农业贷款增加到108.9万元,比1962年增长95.5%。当年贷款回收79.1万元,占贷款额72.6%。1966年"文化大革命"开始,贷款强调以粮为纲,忽视多种经营和消费品生产供应,致使贷款投向单一,结构比例失调,资金周转缓慢，使用效益低下。1966至1970年，发放农贷365.15万元，主要用于粮食生产，收回贷款307.71万元，沉淀57.44万元。1971年，贯彻执行中央北方地区农业会议精神，加大农业贷款，重点支持农业学大寨工程。贷款投向水利工程建设、农田基本建设、集体养猪、购买化肥等粮食增产关键措施。1976年，各项贷款346.61万元，比1970年增长4.3倍。1978年开始，对人民公社发放农业机械无息贷款，三年共贷款107.7万元，期限为1至15年。

中共十一届三中全会后，农民生产积极性空前高涨，银行发放大量农贷资金，支持承包户广开生产门路，发展商品生产；支持科技兴农，增加粮食生产；支持多种经营，增加农民收入；支持发展地方工业，加快财源建设；支持发展商业，搞活城乡流通。1980年，对社员饲养草食动物，发放专项无息贷款25.25万元。1983年，人民银行发放支援老少边穷地区贷款，1982至1985年，建设银行发放专项基建贷款85万元。1986年，开始发放个体工商户贷款，重点支持农业产业结构调整，发展粮油、畜牧、林果、烤烟、黄花菜、工副业，支持重点户种菜、养牛、养羊、养兔、养鸡、养鱼，开展粮食加工、饲料加工、食品加工等重点户；支持兴办孟坝奶粉厂、屯字罐头厂、屯字砖瓦厂、太平豆浆晶厂、临泾针织厂、西街蜜饯厂、上肖西岭鞋厂、平泉麻条厂等一批乡镇骨干企业；支持兴办镇原啤酒厂、果品厂、冷冻厂、地毯厂县办工业，扩建改造印刷厂、造纸厂、砖瓦厂。1988年，各项贷款年末余额11724万元，比1976年增长19.9倍，年均增长165%，其中农业贷款3308万元，地方工业贷款1006万元，乡镇企业贷款887万元，商业贷款5583万元，建筑贷款120万元，私营及个体工商贷款137万元。

1989年起，农业贷款支持产业化发展，扶植专业户上规模，发展商品生产。工业贷款重点支持新办杏仁粉厂、活性炭厂、澳恺食品有限责任公司、新一代食品有限责任公司等。2000年发放土地开发贷款、基本建设贷款。2001年，发放个人住房贷款、困难学生助学金贷款，当年，各项贷款51871万元，比1993年增长88%，贷款占存款76.4%，其中工业贷款4435万元，增长40.9%；农业贷款17378万元，增长94.9%；商业贷款13388万元，增长9.5%；乡镇企业贷款2685万元，增长73.6%；私营及个体工商户贷款359万元，增长68.5%；建筑业贷款41万元；技术改造贷款1670万元；给36名贫困学生发放助学贷款108万元；其他贷款11307万元。

2002年起，发放房地产开发贷款。2008年，人民银行镇原县支行制订《银行业信贷增长指导意见》，加大信贷投入力度，优先保证粮食生产和油料等主要农副产品收购资金需求，支持特色农业开发、高效园艺业、养殖业、农产品加工业和新兴服务业，促进地方经济发展。“5·12”大地震发生后，给5205户灾民发放重建贷款2593万元，其中财政专项贴息贷款3500户，金额1050万元，一般灾民重建贷款1705户，金额1543万元；发放受灾农户生活贷款62.5万元，恢复生产贷款186万元。到2010年底，贷款由行业管理改为期限管理，全县贷款余额153667万元，其中短期贷款61925万元（个人贷款42884万元，单位贷款19041万元）；长期贷款91742万元（个人贷款40961万元，单位贷款50781万元），存贷比例下降到43.6%。

1986~2010年镇原县存贷款情况统计表

表 20-3-1 单位:万元

年份	存款余额	其中	贷款余额	其中					
		储蓄存款		工业	农业	商业	建筑业	乡镇企业	私营及个体
1986	3607	1192	8465	369	3389	4201	85	–	158
1987	4182	1780	10144	651	3704	4844	117	669	159
1988	4626	2328	11724	1006	3308	5583	120	887	137
1989	8037	5182	15311	1364	5086	6548	143	1106	111
1990	9835	6972	18693	1705	5896	8612	130	1295	150
1991	11416	9126	21717	2459	6122	10398	83	1304	148
1992	14058	11556	25209	3028	7607	11691	144	1369	165
1993	17432	14711	27524	3146	8916	12219	160	1547	213
1994	23284	19070	31373	3693	7792	13253	161	1852	241
1995	30574	26368	35663	3828	8930	13858	149	2972	126
1996	40889	33596	42405	4930	11718	15866	157	3121	95
1997	48074	37872	46438	5132	12633	16368	141	3270	39
1998	50343	42892	52921	5228	9569	11936	40	116	153
1999	55435	45320	57437	3220	12967	13672	35	2640	223
2000	58726	49228	50866	3431	10399	13587	–	684	398
2001	67891	53828	51871	4435	17348	13388	41	2685	359
2002	73528	61076	55857	4612	20533	13167	36	3184	381
2003	82813	69098	63852	8600	26104	13750	31	3915	418
2004	96283	78249	67926	12526	29095	5014	–	4007	638
2005	109819	94388	68867	9260	30534	6919	–	3663	2506
2006	129283	116130	75541	9000	30953	8694	–	4007	6393
2007	172175	136591	81781	9503	30077	8690	1	5763	3269
2008	229837	179944	74509	4918	40677	9253	–	7436	107
2009	294866	222477	159679	84260	53437	7583	–	10367	4032
2010	352426	269057	153667	–	–	–	–	–	–

三、结算支付

1949年,中国人民银行镇原县支行开办各种汇兑和联行结算业务,沿用陇东解放区银行结算方式,使用支票结算。1950年,执行政务院《关于实行国家机关现金管理的决定》,资金往来一律通过银行办理，对国营企业、机关、部队及各合作社之间经济往来，实行转账支票结算和现金支票结算，个人储蓄存取款填写存取凭单存取现金。

1953年，试行中国人民银行制定的《结算制度》，同城单位之间结算，实行转账支票和现金支票、保付支票（只准转账不准提取现金）、计划结算、托收无承付结算等；异地实行电汇、信汇、信用证、托收承付结算方式。1955年，同城结算增加限额支票和付款委托书结算方式。1966年，“文化大革命”开始，一些行之有效结算方式被废除，同城结算只保留支票和委托付款结算方式，异地结算仅有汇兑和托收承付两种，一直沿用到1977年。

1978年1月，各个银行贯彻中国人民银行结算办法，同城结算方式有支票结算、委托付款结算、托收无承付结算和托收承付结算4种，结算金额起点，支票为30元，托收承付为10元；异地结算方式有汇兑、托收承付、信用证3种。1980年，异地结算试行委托收款结算方式，开办大额汇款业务。1984年，开办汇款结算。1985年，开办个体户汇款业务。1988年，中国人民银行颁布《银行结算办法》，废止托收承付结算。

1990年，县内银行开始使用计算机网络系统，机关单位、社会团体和企事业单位存款采取手工记账和电脑输入双层管理，个人储蓄存款全部输入微机，存取通过微机查询，手工填单办理。同年9月1日，全省一二级分行之间和二级分行相互之间试行微机电传资金调拨，以替代公用电报汇款。1994年1月1日，实施《同城票据清算办法》，结算实行“三不准”，不准以任何理由压票、任意退票和受理无理拒付；不准在结算制度外规定附加条件，影响汇路畅通；不准违反规定开立账户。

1995年，银行内部业务脱离手工核算，全部采用计算机核算，人民银行跨行代付款业务纳入交换，开始用打印机处理存取款单据，点钞机清钞点数，验钞机识别真假。1997年6月1日起，启用新版银行汇票。1998年，农、工、建三行实行微机县城联网活期存款，县城网点之间通存通兑。

2000年4月1日起，全国联行邮划贷记、电划贷记和电划借记业务款项，一律实行专用编押机编押和核押，停止手工编押。银行系统采用新联行报单，旧版联行报单停用。农业银行大额汇款通过自办联行汇划。

2001年，完成中央银行会计核算换版升级工作，取消人民银行签发银行汇票业务。工、农、建三行实行全省集中联网，活期储蓄实现全省系统内通存通兑。

2003年起，开办银行卡业务，有借记卡、贷记卡、惠农卡等，各行实行全国集中联网，活期储蓄实现全国系统内通存通兑。2004年3月2日，城乡信用社开办银行承兑汇票业务，不再报经人民银行审批，使用人民银行统一规定票证和汇票专用章。2005年起，全国金融系统之间跨行联网，大额支付系统开始上线运行，开始处理同城和异地跨行之间大额汇兑、委托收款、托收承运及紧急支付即时转账业务。

2006年，小额支付系统上线运行，开始处理同城和异地商业银行跨行之间汇票、信用证、支票、本票等，每笔资金额在规定起点（一般为2万元）以下小额支付业务；开办网上银行、电话银行、手机银行、短信银行业务，用户开通此项业务，足不出户，即可通过电话、手机、微机办理支付业务。2007年，发行银联卡，开始使用自动服务机取款，可装10元、20元、50元、100元面额，多数装50元、100元面额。用户办理银联卡，插入取款机，按照提示操作程序，输入密码确认，即可自行取款，最多一日可提现2万元，实行昼夜24小时不间断服务。同年，支票影像截留业务上线运行，解决支票跨行跨地区流通问题；复点机、清分机、自动捆钞机等各行普通使用。

四、国债期票发行

民国七年（1918年），受川陕战事影响，甘肃财政厅以税收不足、弥补预算为由，呈准券集短期公债70万两，利率定为年息7厘，6年还清本利，票额为5两、10两、50两、100两4种，镇原券额纹银90两，结果是本利两空。

十五年，发行流通券，面额有1元、5元、10元3种，于十六至十七年，政府如数还清，大半为地方官吏中饱。

十八年，国民军以军费不足为由，发行国民军复券短期公债，其办法与民国七年同，唯数目有所增加，结果也是本利两空。

二十一年，甘肃财政厅在镇原发行短期金库券100万元，票面有1元、5元、10元、50元4种，月息6厘，镇原分配额1.2万元，按中区及8镇分配，实收解省。

三十二年，国民政府在县内发行节约建设储蓄公债34.16万元，定期5年，票额有10元、30元、50元、100元、500元、1000元、5000元、10000元8种。

1950年，全县发行人民胜利折实公债1万分，均以实物为计算标准，单位定为“分”。利率为年息5厘，亦照实物计算，本息分5年偿还，于1956年还清本息。

1954至1958年，全县5次发行经济建设公债68.87万元，利率年息4厘，每次本息分10年还清，到期全部付清本息。

1958年，发行水利集资期票114.74万元，于1969年底兑清。同时，对陕甘宁边区所发行未兑公债，按规定进行兑付。

1982至1985年，全县发行国库券46.45万元（1982年0.95万元，1983年13.1万元，1984年11.4万元，1985年21万元），其中职工购买34.85万元，自发行之日起，分10年还清。

1986至1987年，全县发行国库券137万元，5年还本付息，年利率为10%，其中1986年59万元，1987年78万元。

1988至1991年，全县发行国库券303万元，3年还本付息，年利息10%~14%（1988年发行61万元，年利率10%，1989年62万元，1990年85万元，年利率均为14%，1991年95万元，年利率10%）。

1992年，发行国库券105万元，有3年期和5年期2种，3年期年利率9.5%，5年期年利率13.75%。

1993年，发行国库券249万元，分3年期和5年期2种，其中3年期146万元，年利率为11%，5年期103万元，年利率为15.86%。

1994 至 1995 年，发行凭证式国债 526 万元，3 年还本付息，利率为年 13.96%和年 14%两种。

1996 年，发行凭证式国债 220 万元，5 年期限，年利率 13.06%。

1997 年，发行凭证式国债 1666 万元，分 2 年、3 年、5 年期 3 种，其中 2 年期 215 万元，年利率 8.64%；3 年期 703 万元，年利率 9.18%；5 年期 7.48 万元，年利率 10.17%。

1998 年，发行凭证式国债 915 万元，有 3 年期和 5 年期各 3 种，3 年期 592 万元，；5 年期 323 万元，年利率为 6.42%和 7.86%两种。

1999 年，分 3 期发行凭证式国债 640 万元，每期有 3 年和 5 年期限，其中 3 年期 340 万元，年利率按购买不同月份定为 4.72%、3.02%和 2.78%；5 年期 300 万元，年利率为 5.13%、3.25%和 2.97%。

2000 年，发行凭证式国债 1855 万元，分 3 期认购，有 2 年、3 年、5 年期限，2 年期 275 万元，年利率 2.55%；3 年期 807 万元，年利率 2.89%；5 年期 773 万元，年利率 3.14%。

2001 年，发行凭证式国债 1795.5 万元，分 3 期认购，每期有 3 年和 5 年期限，其中 3 年期 972 万元，年利率 2.89%；5 年期 823.5 万元，年利率 3.14%。

2002 年，发行凭证式国债 899 万元，分 4 期认购，每期有 3 年和 5 年期限，其中 3 年期 543 万元，年利率按认购不同月份定为 2.47%、2.07%、2.12%和 2.22%；5 年期 356 万元，年利率为 2.74%、2.29%、2.36%和 2.48%。

2003 年，发行凭证式国债 1002 万元，分 4 期认购，前 3 期有 3 年和 5 年期限，后 1 期有 1 年和 2 年期限，其中 1 年期 21 万元，年利率 1.98%；2 年期 55 万元，年利率 2.25%；3 年期 489 万元，年利率 2.32%；5 年期 437 万元，年利率 2.63%。

2004 年，发行国债 1611 万元，有凭证式国债 10 笔，电子记账凭证式国债 2 笔，分 6 期认购，有 2 年、3 年、5 年期限，其中 2 年期 198 万元，均为电子记账国债，年利率 2.4%；3 年期 747 万元，年利率按不同认购月份为 2.52%和 2.65%；5 年期 666 万元，年利率 2.83%和 3%。

2005 年，发行凭证式国债 511 万元，分 5 期认购，每期分 3 年和 5 年期限，其中 3 年期 294 万元，年利率按认购月份不同定为 3.37%和 3.24%；5 年期 27 万元，年利率 3.81%和 3.6%。

2006 年，发行凭证式国债 5 期、2046 万元，每期有 3 年和 5 年期限，其中 3 年期 1415 万元，年利率按认购月份不同定为 3.14%和 3.39%；5 年期 631 万元，年利率为 3.49%和 3.81%。

2007 年，发行凭证式国债 3 期、913 万元，每期有 3 年和 5 年期限，其中 3 年期 551 万元，年利率按认购月份不同定为 3.39%和 3.66%；5 年期 362 万元，年利率为 3.81%和 4.08%。

2008 年，发行凭证式国债 5 期、947 万元，每期有 3 年和 5 年期限，其中 3 年期 773 万元，年利率按认购月份不同定为 5.74%和 5.53%；5 年期 174 万元，年利率为 6.34%和

5.98%。

2009年,发行凭证式国债5期、1110万元,每期有3年和5年期限,其中3年期431万元,年利率均为6.34%;5年期679万元,年利率均为7.13%。

2010年,发行凭证式国债5期、1306万元,每期有3年和5年期限,其中3年期779万元,年利率按不同认购时间定为6.57%和6.66%;5年期527万元,年利率8.01%和8.16%。1982年起所发行国库券和国债,均按期还本付息。

五、金银收兑

中华人民共和国成立后,人民银行对民间留存的黄金、白银、银元进行收兑。1949年,黄金每克收兑价19000元(旧币,折合新币1.9元);白银每克收兑价250元(折合新币2.5分),后提为4分;银元每个(壹圆)收兑价10000元(折合新币1元)。1961年,各银行均进行收兑,黄金每克提为3.04元。1973年,白银每克提为1角,银元每个2.5元。1980年,黄金每克提为13元,白银每克提为0.2元,银元每个提为5元。1985年,黄金每克提为25元。1990年起,群众手中金银、银元多在民间交易,价格逐步升高,银元每个由40~50元增加到2010年的180~200元。

六、代理业务

镇原县各银行开办代理业务始于1990年代,主要办理债券发行。2000年起,代理业务发展,业务品种增加,发行有价证券,代管住房公积金,代办公积金贷款,代收保险费、水费、电费、电话费等,代发职工工资、城乡居民低保、养老金、困难职工廉租房补助等。

第四节 储蓄贷款与利率

一、储蓄种类

折实储蓄 1949年10月,人民银行针对市场物价大幅度上涨,群众担心存款吃亏心理,开办折实储蓄。储户存入货币,按当天市面物价,折为实物或按银行公布折实牌价折合成"折实存款单位"存储,支取时,按支取日实物价格或当天折实存款单位"牌价计付,储户不致因物价波动而受损失。折实计算办法有以"小麦""五二布"等实物计价的"单一折实"和以"雁塔布"1尺、普通面粉2斤、煤5斤综合计价的"折实存款单位"两种,存款期限为3个月至1年。1950年,增设零存整取折实储蓄,1953年停办。

定期储蓄 1949年下半年,开办整存整取定期储蓄,存入金额最低50元,最高不限,存期分1个月、2个月、3个月、4个月、5个月、6个月。1951年改为3个月、半年、1年期3个档次。1959年7月1日,增加2年、3年期档次。1965年6月1日起,取消3个月、2年期,保留半年、1年、3年期档次。1979年4月1日,增设5年期档次。1982年4月1日,增设8年期档次。1985年8月1日,恢复3个月、2年期档次,取消8年期档次。1990年4月15日,恢复8年期档次。1991年4月21日,增加1个月期档次。1993年5月15日,增加2个月期档次。1996年5月1日,取消1个月、2个月和8年期档次。2010年整存整取分3个月、半年、1年、2年、3年、5年期6个档次。

1951年，开办零存整取定期储蓄，5元起存，多存不限，期限为1年。1952年3月取消，6月恢复。1959年7月1日，增加3年、5年期。1965年6月1日，取消3年、5年期。1979年4月1日，恢复3年、5年期。1985年4月1日，取消零存整取。1990年8月21日恢复，继续为3个档次，沿续至2010年未变。

保值储蓄　1985年，对3年以上居民定期存款，实行保值补贴，按同期物价上涨率和同期存款利率的差额，对到期3年、5年、8年定期存款，除按规定利率付息外，还按保值补贴率给付储户保值补贴利息。1993年7月至1996年4月再次办理，最高月补贴利息16.13%，最低月补贴利息1.38%。1996年5月停止执行。

活期储蓄　1949年下半年，镇原银行开办活期储蓄存款，有支票户和存折户两种，规定100元起存，存期分1个月、2个月、3个月，在约定期内可随时存入，但以每半月支取一次为限。存款未到期前，每次提取金额不得超过现存数一半，凡不满一个月销户者，不计利息。1953年起，一律采用存折，1元起存，不定期限，随时存取。2007年起，可开立全国联网异地办理账户，同时可申领跨行异地交易绿卡（银联卡），凭卡（折）在全国所有联网点均可办理存款业务，并能在自动取款机上取款，在服务机上消费。

定活两便储蓄　1990年8月21日，开办定活两便储蓄，50元起存，多存不限，根据存款长短确定存款档次，并按一年以内整存整取同档次利率打6折计息。

通知存款　1990年8月开办通知存款，不约定存期，一次性存入，可一次或多次支取，支取时需提前通知银行约定支取日期和金额方能支取。银行按存款人提前通知期限长短划分为1天通知存款和7天通知存款两个品种，最低限额为5万元，开户时一次选定一次或多次支取，不得更改，按同期同档次整存整取存款利率打6.5折付息。

有奖储蓄　1951年，人民银行代理甘肃省分行推销有奖储蓄券。1957年，开办活期有奖储蓄，每季度开奖一次，根据中奖户本季存款余额，按其得奖等级计付不同比例奖金，一等奖为100%，二等奖60%，三等奖为20%。1959年2月，发行第五期有奖储蓄券。1985年再次开办有奖储蓄。1997至1999年，镇原多家金融机构采取向工作人员分摊揽储任务，实行有奖储蓄，根据一次性存款多少，发给床单、被套等实物。

二、贷款类型

农业贷款　1950年起，面向农民发放农业贷款，主要有生产、生活、手工业贷款。生产贷款以购买农具、耕畜为主，生活贷款以解决灾民口粮为主。1956年起，给合作经济组织贷款，用于购买牲畜和农具。1958年起，面向集体经济组织，发放农业贷款，主要用于购买牲畜、新型农机具和农田水利建设。1970年，增加购买化肥、农药、药械贷款和办猪厂集体养猪贷款。1981年实行家庭联产承包责任制后，面向农户发放农业贷款，主要有设备贷款、化肥贷款、畜牧业、种植业、农副产品加工业贷款，商品生产贷款。1990年代，增加产业开发贷款，发展奶牛、烤烟、蔬菜大棚。2000年起，增加小额信用贷款，农户担保贷款，扶贫贴息贷款。

国有工商企业贷款 主要有固定资产贷款、流动资金贷款、大修理贷款、扩建和技术改造贷款。

乡镇企业贷款 1958年，开始发放社队企业贷款。1980年代起，发放乡镇企业贷款，用于厂房建设，设备购置，原材料购进，扩建改造等。

供销企业贷款 用于工业品、化肥、农药、地膜购进和农副产品收购。

粮食企业贷款 用于粮油收购、贮存。

建筑企业贷款 用于设备购进，建筑材料购进，工程款垫资等。

其他贷款 有个体工商户贷款、土地开发贷款、基本建设贷款、个人住房贷款、困难学生助学金贷款、房地产开发贷款等。

三、利率

清代及以前，借贷利率一般由借贷双方或保人按照市场行情协商确定，没有统一利率标准和管理制度。

民国二十九年（1940年），镇原县城及附近放贷利率月息最高80%，最低20%。三十年，放贷利率最高90%，最低15%。三十一年，放贷利率最高95%，最低30%。三十四年，合作贷款加息2厘。三十六年八月五日，屯字、新城、平泉合作社和永定乡川郑保、桃园保、郭沟保等合作社收副业贷款利率为7.5分。三十七年十月二十日，永安乡二保、永康乡九保、太平镇四保、永定乡二保合作社副业贷款利率18分。农村还有青稞账、财本账、预抵账、驴打滚等，利息高达月息百分。高利贷剥削骇人，不少人民因此倾家荡产，妻离子散，家破人亡。

中华人民共和国成立后，消灭剥削制度，利率成为国民经济发展的经济杠杆和打击高利贷盘剥、为广大人民谋利益的一种手段。1950至1985年，存贷款利率调整过9次。活期存款年利率最高为10.5%，最低为1.8%；三个月期存款年利率最高为9%，最低为2.4%；半年期存款年利率最高为10.5%，最低为2.7%；一年期存款利率最高为3.7%，最低为2.7%；三年期存款利率最高为6.9%，最低为3.75%；五年期存款利率最高为7.8%，最低为4.2%；八年期存款利率最高为8.7%，最低为7.8%。贷款年利率最高为39%，最低为4.2%。

1986至2010年，存款基准利率调整过29次，其中上调14次，下调15次。活期存款利率最高为3.15%，最低为0.36%，定期存款三个月期利率最高为6.66%，最低为1.71%；半年期利率最高为9%，最低为1.89%；一年期利率最高为10.98%，最低为1.98%；二年期利率最高为11.7%，最低为2.25%；三年期利率最高为12.24%，最低为2.52%；五年期利率最高为13.86%，最低为2.79%。贷款利率调整过32次，其中高调16次，低调16次，年利率最高为15.3%，最低为4.77%。

第五节 国库管理

中华人民共和国成立后，中国人民银行镇原县支行代理国库业务，办理地方财政收支，按财政资金来源分中央金库存款、地方金库存款和财政预算外存款。1950年，国家统一财经制度，银行加强监督税款报解入库工作。至1985年，财政存款一直在几十万元到一百万元之间。1987年，人民银行镇原支行成立国库股，设立中华人民共和国国家金库镇原县支库，当年财政存款由1986年106万元增至216万元。

1992年，国库会计记账由收付记账法改为借贷记账法，国库统计按月手工汇总编制报表，按季撰写国库收支分析报告，上报庆阳中心支库和同级财政部门。1993年，人民银行镇原县支行在各乡镇建立起24家乡镇金库，办理乡镇政府财政资金收付业务，初步建立起县乡二级国库体系。1994年，按照分税制改革要求，镇原国库既经办中央国库业务，也经办地方国库业务。当年，财政存款增至721万元，比1987年增长2.3倍。

1996年起，镇原县国库开始使用计算机办理业务，预算收支通过网络向上级国库发送。国库核算内容和资金发生变化，行政性收费、罚没收入、国有土地出让金等非税收入和预算外资金纳入政府一般预算管理，国库业务范围随之扩大。1997年，财政存款2144万元，比1994年增长1.97倍。

2000年，镇原县国家金库会计核算系统上网运行，彻底摆脱手工处理业务时代。2003年，县支库代理国库存款，开始按活期存款利率计付利息，乡镇国库存款利息由商业银行计付。是年，镇原县支库业务综合报表系统、国债兑付管理系统、国库统计分析系统上网运行。2004年，国库内部往来联网开通。农村中小学教师工资、乡镇卫生经费等上收县财政管理。国库单一账库改革开始启动和试点。

2005年，国库内部往来业务正式上网运行，县支库和中心支库资金往来业务实现直接通汇，国库会计核算大额支付业务正式运行。2006年2月，小额支付上线运行，县支库完成资金汇划系统。2007年7月，镇原县被甘肃省列为财政体制改革16个试点县之一，实行乡财县管，撤销19个乡镇代理金库。2010年，财政存款5205万元，比1997年增长1.4倍。

第六节　保　险

镇原县保险事业1986年起步，由1家发展到6家，保险领域逐步拓展，由起初的城镇延伸到农村，由机动车辆、企财、家财、人身险拓展到基本养老、大病治疗、各种责任、子女备用金、助学贷款信用保险等。保险产品逐年丰富，由最初4种增加到50多种、300多个产品。至2010年，全县累计收缴各种保险费35979.3万元，年均1439万元，理赔给付支出6052.29万元，占收入16.8%。保险事业的快速发展，降低企业和人民群众财产损失，化解各种风险带来困难，促进基本养老事业，增强疾病防治，从经济上保障子女成长、上学、就业等。

一、保险业务

1986年，开始办理机动车辆、企业财产、家庭财产和人身意外保险业务，当年保费收入11.7万元，支付各类赔款2.79万元。1987至1990年，开办货物运输保险，试办人寿保险，重点发展子女备用金、养老金等“两长险”返还和烤烟、西瓜等种养保险业务。4年共计保费收入177万元，年均44.25万元，最多1990年，收入105万元，比1986年增长近8倍；共计赔偿支出89万元，年均22.25万元，最高1990年，理赔支出达51万元，占收入48.57%。

1991至1995年，简易人身保险和子女备用金保险业务快速发展，共计保费收入728万元，年均145.6万元，最好的1995年380万元，比1990年增长2.6倍；累计理赔支出390万元，年均78万元，最高1991年，各种理赔款130万元，超出保费收入26%，倒挂金额34万元。

1996年，财产保险和人寿保险机构分设，中保财产保险公司主要开展企业财产、家庭财产、机动车辆和货物运输保险，停办人寿保险和农村种养保险业务。1997年，财保公司开办雇主责任、公路普通货物运输和拖拉机、摩托车定额保险业务；人寿保险公司主办学生平安、福寿安康、简易人身、养老金、团体意外伤害等6个种类保险业务。

1998年，人寿保险公司实行大营销业务，推出66鸿运、88鸿利、99鸿福保险等。1999年，又推出福瑞两金、福馨两全、康宁终身、松鹤养老、英才少儿等保险。至2000年底，保险费共计收入3782万元，5年平均756.4万元，最好的2000年，收入1029万元，比1995年增长1.7倍；累计理赔支出682万元，年均136.4万元，最多2000年，支出185万元，占收入18%。

2001年，财保公司新开办医疗、金锁家财、校园方责任、个人抵押贷款房屋、学生及幼儿意外伤害定额保险等业务；执行改革后机动车辆保险条款和费率，在全县推出13个附加新车险产品。人寿保险公司团体业务以平安险、建工险、人身综合险为主，营销业务以康宁终身、康宁定期及千禧理财险为主，推出国寿鸿运少儿险、国寿鸿运年金险等分红型险种；通过与银行邮政联手，开展银邮代理业务，专门为银邮开办国寿鸿泰分红险。至2005年，财产、人寿两公司保费收入9086万元，年均1817.2万元，最好的2004年，保费收入2119万元，比2000年增长1倍多；累计理赔支出1363万元，年均272.6万元，最多2004年，各项理赔支出386万元，占收入18.2%。

2006年，财保公司开办投资保障型“金牛”家庭财产险、交通事故责任强制险、农村住房贷款险，发展政策性能繁殖母猪保险、甘肃省生源地国家助学贷款信用保险，开通电子商务渠道，网上销售家财险、意外险新品种，共计开办财产险、人身意外伤害险、责任险、信用保证险50大类、300多个品种。人寿保险公司新办国寿美满一生年金险、国寿旅游综合人身意外伤害险、国寿康恒重大疾病险、国寿金彩明天分红险、国寿鸿丰两全险、国寿瑞鑫两全险、国寿城镇居民补充团体医疗险、农村小额人身保险，个险渠道向市场推出“福禄”系列新产品，涵盖养老、理财、保障、医疗等方面，共计20多个险种150多个传统型、分红型、短期型产品。

中华联合财产保险公司镇原客服部和永安财产保险股份有限公司镇原支公司，分别于2007年和2009年开展企业财产险、机动车辆险、各种责任险、货物运输险、个人团体人身意外伤害险、房屋建筑和安装工程险、个人商品房抵押贷款险等业务。

太平洋人寿保险有限公司镇原支公司于2008年试运营，开办健康类、意外类、投资连接类、分红类、银邮类、团体类6大险种150多个产品保险业务。

中国人民人寿保险股份有限公司镇原支公司2008年开办健康类、意外保险类、投资连接类、团体类4大险种41个产品保险业务,形成多家竞保,覆盖城乡、多类险种、自由选择的保险局面,满足人民群众日益增长保险需求。

至2010年底,6家保险公司5年保费收入22164.6万元,年均4432.92万元,最好的2010年收入6924.48万元,比2005年增长28%;各种理赔给付3525.5万元,年均705.1万元,最多2010年,支出938.32万元,占收入13.6%。

二、保险重点项目

企业财产保险 1987年开办,当年开保4户,保费收入1.4万元。1990年,县面粉厂、砖瓦厂、造纸厂及部分乡镇砖瓦厂加入财产保险,年保费收入7.5万元以上。1996年,承保企业发展到42户,保费收入7.6万元。2003年,国营集体企业改制,保险业务减少。2005年试办个体工商户保险。到2009年,全县共承保企业19户,当年保费收入4.6万元。2010年企业未参保。

机动车辆保险及第三者责任保险 1986年开办,当年承保机动车辆249辆,车均保费320元以下。1989年,实施拖拉机第三者责任险,承保拖拉机27辆,填补全县拖拉机保险空白。到1991年,全县投保机动车辆329辆,保费收入28.93万元。1996年,机动车辆险费率提高,保费收入增加到170.3万元。2000年4月1日,保监会统颁机动车辆保险条款和费率,机动车辆保险市场化,开始试办摩托车保险业务。2003年,机动车辆条款和费率获得中国保监会正式批准,营运车辆特别是出租客车费率有所上浮。2004至2006年,全县运输企业股份制改造,客运货运公司相继成立,跨区运输增加,车均保费增量到325元,并开办罐车保险业务。至2010年底,全县共承保机动车1129辆,保费收入1004.19万元。

家庭财产保险 1986年,家庭财产保险主要在城镇零星开办。1991年,开办农村长效还本家庭财产保险业务,分5年和10年期2种,当年承保各类家庭财产险143户,保费收入2700元。1993年,开办城镇长期还本家庭财产保险,县第一人民医院和金融系统职工投保率达80%以上。1996年,普通家财险保费收入34万元,长期还本家财险保费收入28.73万元。2001年,开办“金锁”家庭财产保险,分组合型和自助型2种,手续简便,选择自由。2008年,开办网上自助型家财险新产品,最低保费仅有10元。到2010年底,累计共承保各类家财险254户,当年保费收入2.74万元。

货物运输保险 1987年开办。1990至1998年,保险收入年均2万元左右。2000年,开办公路普通货运保险,实行定额保单,分保费五百元保险额一万元和保费一千元保险额两万元两种。2001年起,货物运输出现多样化,工、农、商及其他产业原料、成品、半成品价位提高,货运保险需求逐年增加。2009年,承保货运险47笔,保费收入18.54万元。2010年,由于多家公司竞争,财保公司保费收入下降到0.5万元。

农业保险 1989年,在平泉、南川等乡镇试办烤烟保险,保险责任为冰雹造成烤烟损失,按每亩总收入所定5%计收保险费。同年试行西瓜保险,保险责任为瓜类因遭受风冻雹灾造成经济损失，按每亩保险金额3%~5%计收保险费。1991年，全县承保烤烟2038亩，收入保费43000元，1992年西瓜保险停办。1994年，因烤烟种植面积下降，业务停办。

政策性能繁殖母猪保险 2008年11月，根据中国人保财险出台政策性能繁殖母猪保险和政策性奶牛保险条款，开办政策性能繁殖母猪保险，保险责任为符合投保条件的能繁殖母猪由于疾病等明列原因造成直接经济损失，每头保险金额1000元，收保险费60元，其中国家财政补贴48元，养殖户承担12元。是年，承保能繁殖母猪2786头，保费收入16.71万元，为养殖户承担风险保证金278.6万元。2010年承保4592头，保费收入27.55万元，为养殖户提供经济风险保证金459.2万元。

人身意外伤害保险 1986年，开办人身意外伤害保险公旅险5户，驾驶员意外伤害险197人，简易人身险83份。同年，县教育局、保险公司联合发出《关于进一步开展学生团体人身平安保险的通知》，动员学生参加保险。到1991年，全县累计办理各种短期意外伤害险62823人，保费收入32.04万元；简易人身险30468份，保费收入35.64万元，1996年8月停办。2003年重新开办，当年办理人身意外伤害险147人，保费收入15.4万元；办理团体人身意外伤害险183人，保费收入1.2万元。2004年起，人身意外伤害险在城镇、农村和机关、学校、企业广泛开展。2010年，办理各类意外伤害险21326人，保费收入55.35万元。

雇主责任保险 2000年开办，保险责任为雇员从事雇主业务工作时，遭受意外受伤、死亡或患有与业务有关的职业性疾病而造成损失，按赔偿限额7‰计收保险费。

校园(方)责任险 2001年试办，保险责任为注册学生在校内或由学校方统一组织带领下的校园外活动中造成人身伤亡和财产损失，按每人赔偿限额乘以费率计收保险费。费率为托幼机构、特殊学校0.089‰~0.095‰，小学、中学0.076‰~0.082‰。当年办理业务19笔，保费收入3.4万元。2005至2007年，业务萎缩。2008年，费率下降，赔偿限额提高，承保各类学校和幼儿园159所，保费收入48.7万元。2010年，保费收入45.3万元，为9.6万名学生提供意外事故风险保障。

承运人责任保险 2005年，开办承运人责任保险。承运人责任保险为旅客在乘坐客运车辆(不包括出租车、城区公交车)途中遭受人身伤亡或财产损失。危险货物承运人责任为运输车辆在运输和装卸危险货物期间因意外事故造成货物毁损、灭失而造成损失。2005至2010年，共办理承运人责任保险业务306笔，保费收入106.15万元。

甘肃省生源地国家助学贷款保险 2008年8月开办，保险责任是借款人因出现意外事故、病亡，因故丧失劳动能力不能还款等情形之一，赔偿借款合同发生的未偿还贷款本息，按贷款金额4.5%收取保险费。2009年，办理252笔，保费收入4.8万元。2010年未参保。

三、保险理赔与给付

1986至1992年，保险理赔主要是企业财产险和农村种养险。1989年7月30日，镇原县面粉厂榨油车间突然起火，烧毁厂房321.42平方米，毁坏95型榨油机等大小机器138台和附属设备，毁损胡麻油6000公斤、油子1250公斤，保险公司按照有关保险规定支付赔偿98158.7元，降低企业经济损失，促进生产恢复。1991年6月7日至9日，连续3次降冰雹，致使城关，南川、平泉、新城等16个乡镇127个行政村种植的1631.8亩烤烟遭受冰雹和洪水袭击，损失严重，保险公司派员深入受灾乡村，调查核实面积和受灾程度，按照保险规定支付赔偿318143.13元，亩均195元，减少农民损失。

1993至1996年，简易人身保险和子女备用金保险业务发展，理赔给付金额逐年增加。1996年，受理理赔给付案540余件，理赔给付金额7万元，赔付率18.42%。

1997至2005年，财险公司理赔重点是机动车辆险、企业财产险、家庭财产险和货物运输险，机动车辆险中万元以上大宗赔案增多。2002年4月22日，蒋某某驾驶交通局甘M05960号北京牌小车，从三岔返回镇原途中，行至米家川新湾土桥段，因车速太快，遇路面连续深坑，在颠簸中方向失控，斜冲出路面翻下几十米高土桥，发生倾覆事故，财险公司按保险规定，共计赔付7.8万元。寿险公司主要兑现给付养老金两长险返还，理赔学生平安险和团体意外伤害险。2000年，兑现理赔案1050件，给付理赔41万元，赔付率达32.8%。2003年，理赔和给付1250件，支出62万元，赔付率52.5%。

2006年起，险种构成发生较大变化，保险理赔除传统险种外，承运人责任保险、政策性能繁殖母猪保险和人寿各类险种，赔款给付逐年增加。财险公司2008至2010年，共处理各种赔案5374起，支付各类赔款1758.88万元，其中2010年，共处理各种理赔案1935起，支付各种赔款551.81万元，赔付率为46.15%。寿险公司2006至2010年共计受理赔付案5941件，累计理赔给付支出555万元，其中2006年受理赔付案1872余件，理赔支出77万元，赔付率59%；2010年，受理各种赔付案629余件，理赔支出149万元，赔付率为55%。

太平镇李某，2008年在人寿保险公司投保惠农卡，保险期为1年，年缴保费100元，在保险有效期内的7月3日，因意外事故，在太平镇死亡，经调查核实，属保险范围内事故，给其受益人赔付保险金6万元。同年10月21日，在财险公司投保机动车辆险的赵某某，驾驶甘肃陇东汽车运输有限公司甘M5538号牵引车拖带甘M0361号宏图液化气罐车，从宝鸡向陕西凤县方向行驶，到省道212线156公里75米处通过宝成铁路和公路交汇处的涵洞转弯时，因车速过快，导致装满液化气罐车发生侧翻肇事，经查实，属保险责任范围事故，赔付金额达147.6万元。

西峰客户韩某于1997年12月14日投保中国人寿保险公司子女备用金险，月缴保险费30元，每年附加意外伤害医疗保险1000元。2009年9月6日，本人在家中不小心摔倒，碰伤头部，在庆阳市人民医院住院治疗2天，花销药费1282.60元，经调查核实，有效合理费用1114.57元，按子女备用金条款规定，一次性给付最高金额1000元。

城关镇农民许某于1997年11月30日投保中国人寿保险公司99鸿福终身保险，基本保险金1万元，交费期限20年，年缴保费1054.9元，累计交费13713元。2010年2月27日，被保人因患慢性化脓性胸膜炎，伴真菌感染、坏死及钙化，在家死亡，经调查核实，按规定给付死亡保险金1.6万元，本保险合同终止。

太平镇客户张某于2006年4月19日由本人投保康宁终身保险，重大疾病保险额4.5万元，交费期限10年，年交保费2355元，累计缴费9420元。2010年1月23日，本人患急性心肌梗死，在北京市北大医院进行抢救，病情好转后回庆阳人民医院治疗，经调查核实，根据康宁终身保险有关条款规定，中国人寿保险公司给付其重大疾病保险金3万元，本保险合同继续有效。

屯字镇村民杨某于2009年11月18日投保中国人寿保险公司英才卡，保险费54元，医疗保险责任金额2万元。2010年4月4日，被保人杨某突患急性心肌炎，在西安第四军医大、庆阳市人民医院医疗一月有余，共花医疗费2.4万多元，经查实、审定有效合理费用23643元，按英才卡关于附加学生儿童住院费用补偿医疗保险最高保额2万元规定，给被保险人最高赔付，一次性结案。

2010年，甘肃创信建筑工程有限公司镇原开边中心卫生院住院楼项目部，在人寿保险公司为其30名员工投保"国寿安全建筑工程团体意外伤害险"，附加人身平安险，每人12万元，保险期限为1年，实交保险费3073.8元。保险有效期内被保人朱某在工地不慎从高处摔下挫伤胸腰部，因伤势过重，医院抢救无效死亡，依照保险条款规定，给被保险人赔偿124551元。

第二十一章　计划管理

中华人民共和国成立后长时期内，实行高度集中的计划经济体制，对恢复国民经济、稳定群众生活起到积极作用，但计划过多过细，加之市场调节不够，缺乏必要的经济、法律等手段，一度曾制约和阻碍经济发展；改革开放后，摒弃计划经济弊端，建立健全社会主义市场经济体制，发挥宏观调控、产业指导、项目带动效能，促进全县经济建设和各项社会事业健康快速发展。

第一节　机　构

1955 年 1 月，县人民委员会设立计划统计科。1956 年 2 月，设立镇原县计划委员会。1957 年 1 月，县计划委员会更名为经济计划委员会。8 月，计划统计科并入经计委，负责全县计划和经济综合协调。1967 年，计划机构和计划工作陷入瘫痪。1973 年，恢复计划委员会。1981 年，更名为经济计划委员会，内设综合计划、经济指导、基本建设 3 个股，辖农业区划办公室，有干部职工 13 人。1991 年，更名为计划委员会。2002 年 4 月，更名为镇原县计划局。2004 年，更名为镇原县发展计划局。2005 年，县发展计划局与县经济体制改革委员会合并，改为镇原县发展和改革局。2010 年，内设人秘、综合、农村经济（挂巩固退耕还林成果办公室牌子）、投资、社会发展、交通能源、体改、环境外资、产业协调、重点项目管理、粮食调控、仓储管理、价格调控与收费管理 13 个股，有干部职工 23 人，将原粮食局、物价局行政职能整体划入发改局，在发改局加挂镇原县粮食局、镇原县物价局、镇原县国民经济动员管理办公室牌子，镇原县经济开发项目建设办公室、价格监督检查局、粮食稽查大队为发改局隶属事业单位，石油办归口发改局管理。

第二节　计划管理体制

中华人民共和国成立后，执行省、地下达的农业、工业和基本建设等方面年度计划。1955 年 1 月，县人民委员会设立计划统计科。1956 年 2 月，设立计划委员会。按照中共中央批准试行国家计委《关于编制年度计划暂行办法》，在省、地指导下，开展计划编制工作。全县农业生产从播种到收购每个环节，均按照省、地分配指标，分解下达到区乡，指令性农作物计划品种达20多种。农业生产资料按计划统一供应，各种农产品由商业、供销部门按计划统一收购，商供部门的物资流通、商品购销、品种类别、经营范围、人员安排及每季、每月和每个环节的营业额，都由政府下达具体计划指标，基本建设计划项目和资金由国家管理，县级政府无权审批。1957年，根据国务院关于全国计划收购(统购)农产品和其他物资不准进入市场的规定，进一步限制农村商品经济，加强计划管理的集中统一。

1958年，针对第一个五年计划时期计划过分集中情况，贯彻中共中央“统一计划、分级管理”精神，县级计划管理权限扩大，一些小项目可由县级安排。1960年，计划管理失控，脱离实际安排工程，盲目上马工业项目，农业受到严重削弱，加之遭受自然灾害，农村主要经济指标降至中华人民共和国成立后最低点，出现饥荒。

1962年，加强综合平衡，要求各个行业结构比例、发展速度，经计委与工交、财政、商业、劳动、文教、卫生等部门互通情况，研究经济动态，增加成本计划和财务计划，编制农业计划时，对自然条件和人力、物力、财力进行综合分析，根据全县条件差异、种植习惯不同等特点，区别对待，促使全县经济恢复到“大跃进”以前水平，但计划管理太多太细，计划管理部门与业务部门时有矛盾。

1964年，计划管理权限逐渐下放，农牧业、林业、水利等非工业部门基本建设投资，由省切块到地区管理。1966年，“五小工业”(小钢铁、小水泥、小化肥、小煤炭、小农机)产品，由地区下达总指标，县上安排到各公社和具体项目。1967年，计划机构和计划工作陷入瘫痪，企业使用三项费用进行技术改造，县上再未下达计划，由企业主管部门安排。

1973年，恢复计划委员会，在大办地方“五小工业”、实现农业机械化、大搞农田基本建设群众运动中，进行大规模水利、农机和工业建设，初步建成以农业服务为主体的农机、电力、建材工业体系。1976年，工农业计划管理采取较多强制措施，加强党对经济工作一元化领导，实行“五统一”(统一认识、统一政策、统一计划、统一指挥、统一行动)。执行单位严格按地、县批准计划进行生产，生产队和企业无权生产计划外产品，所有企业无权定价和改变产品价格。

1979年起，农业生产计划下达到各公社，各公社根据全县计划，与所辖大队、生产队协商，自下而上、实事求是地制订生产计划，改变硬性向下分配计划指标的做法，维护生产队的权力。计划安排有矛盾时，一般尊重基层意见，按专业化协作原则，调整和改组工业。企业在完成国家计划和严格执行合同前提下，有权依据市场需要和订户要求，组织新的生产。一般物资实行比价采购，择优供应。

1981年，庆阳地区行政公署印发《关于三委职责范围座谈会纪要》，明确计划部门工作职责，将县计划委员会更名为经济计划委员会。县经济计划委员会主要贯彻并监督执行有关经济工作方针政策，加强调查研究，在经济工作中给县委县政府发挥参谋作用；研究确定全县生产建设方向、目标、任务和重大比例关系；编制国民经济和社会发展年度计划和长远规划；监督检查基层各部门和各行业执行国民经济计划情况；对计划执行中出现的问题，及时调整、平衡和纠正，维护计划严肃性；拟定上报全县基本建设规模和项目，负责全县自筹资金安排使用；开展计划业务指导，研究计划管理体制改革方法和措施；进行重要物资计划、分配和管理工作；抓好重点项目建设；搞好条块之间协调等。

1984 年，按照国家计委《关于改进计划体制的若干暂行规定》和甘肃省政府批转省计委《关于改革我省计划体制的办法》，对全县计划体制进行全面改革，农业生产全部改为指导性计划，工业方面指令性计划减少为 3 种，其余均改为指导性计划，大宗农副产品生产和收购全部改为指导性计划；改变企业生产计划由上级部门统一安排、生产资料按计划统一分配、产品靠国家统购包销、价格由国家统一确定、劳动力由政府统一调配的做法，扩大企业自主权。企业有权参与市场竞争，实行经济承包责任制，在完成国家计划前提下，超产的产品，由其自行销售；开放计划外生产资料市场，实行议购议销；放宽企业技术开发费和留成利润支配权，使之按市场需要，自主开发新产品，合理调整产品结构；允许企业多渠道筹集发展资金，制订资金使用计划；企业有权在政策规定范围内，自主确定工资形式和工资标准，自行制订用人计划，引进技术和管理人才；缩小统一分配物资范围，降低统配物资比重；基本建设投资和更新改造资金实行"拨改贷"；工业生产资料，作为商品进入市场。

1990 年代，工农业生产计划全部改为指导性计划，重要生产资料钢材、木材、水泥、化肥、煤炭、汽柴油等实行"双轨制"价格，国家计划内生产的产品由国家定价，国家计划外和企业超产部分，由企业根据市场行情自行定价；由此而出现平价、议价、高价等多种价格，市场一度比较混乱。计划部门牵头，组织公安、工商、物价、质检等部门，开展农资、煤炭、石油等专项市场整治；将"农转非"户口纳入计划管理，根据省、地分配"农转非"指标，县计划委员会收集审查"农转非"户口申报材料，经县政府研究，上报地区行署审批。按照国家产业政策，加大调整产业结构，农业压缩粮食作物种植面积，扩大经济作物比重，以提高农业产出效益，增加农民收入；工业压缩长线产品，扩大适销对路产品生产，利用杏子资源优势，下达杏肉、杏脯等新产品开发指标。计划工作注重衔接平衡，注重产业结构调整，每年终期，向地区编报下年度建议计划，经地区综合平衡下达到县，县政府根据地区计划安排，讨论确定全县国民经济和社会事业发展计划指标，由主管部门提出分解意见，计划部门进行审定，并与各乡镇、各部门、各企业衔接，以草案形式下达执行，在执行过程中，跟踪调查研究，听取各方面意见，根据客观形势变化情况，及时调整修订计划，然后以县政府正式文件下达执行，发挥计划的指导和促进作用。

2000 年起，计划经济逐步退出，市场经济体制建立健全，计划管理部门开始转变职能。2002 年 4 月，计划委员会改为镇原县发展计划局，计划工作重点转向宏观控制和制订中长期发展规划，不再给乡镇、企业下达具体生产计划指标，而是编制宏观指导和产业开发计划。

2005 年，县发展计划局与县经济体制改革委员会合并，改为镇原县发展和改革局，围绕西部大开发，从实施项目带动、强农富民、工业突破、基础先行、开放开发、科教兴县六大战略出发，考察论证项目，争取和引进项目投资，加强宏观调控，发挥产业引导，给各个部门、各乡镇下达重点项目计划，指导全县人民主攻绿色农产品加工、石油资源开发和特色民族文化产业，建设"食品工业大县""绿色农产品大县""劳务输出大县""教育文化强县"，推进产业化、工业化、城镇化进程，实现经济实力增强，财政快速增长，城乡居民增收，全面建设小康社会的奋斗目标。

第三节　年度计划

一、计划项目

中华人民共和国成立前，各行业生产经营活动基本处于自发状态，没有统一计划。中华人民共和国成立后，县内开始编制年度计划，不断调整计划范围，改革计划重点，计划管理工作逐步走上正轨。20世纪50年代，年度计划重点下达农业生产组织发展、农作物生产、农业生产措施、林业、水利、畜牧业等发展计划。1960至1970年代，增加工业、交通运输和固定资产投资计划。1980至1990年代，增加综合经济、乡镇企业、工业经济效益、商品流转等计划。2000年起，重点转入建设项目计划。涵盖各个时期的年度计划，主要有综合经济、农业生产、工业生产、交通运输、商品流转、信贷资金、物资分配、固定资产投资、物资节约、能源节约和社会事业发展12个方面计划。

综合经济计划　综合经济计划主要有国民生产总值、农业总产值、工业总产值、地方生产总值，其中包含第一产业生产总值、第二产业生产总值、第三产业生产总值；全社会固定资产投资；社会商品零售总额；财政收入；项目建设、招商引资；农民人均纯收入、城镇居民可支配收入；非公有制工业总产值、经济增加值、销售收入、上缴税金和个体工商户；城镇新增就业人数、下岗失业人员再就业、劳务输出劳动力；城镇职工参加基本养老保险、城镇职工参加基本医疗保险、城镇职工参加基本失业保险、城镇居民参加基本医疗保险、农村合作医疗参合人数、农村合作医疗参合率和城镇化率等。

农业生产计划　农业生产计划主要有农作物播种面积、农作物品种和产量等。安排种植的农作物有冬小麦、洋芋、糜谷、玉米、高粱、荞麦、棉花、油料、烟叶、甜菜等。农业生产计划其他项目主要有旱涝保收田、高产稳产田、水平梯田、水平条田面积；有效灌溉面积、保灌面积；新建小高抽、新打机井；大家畜年末存栏，猪年末存栏、出栏，羊年末存栏、出栏；造林面积、育苗面积；机耕、机播、机收面积；社队企业总产值等。

工业交通计划　工业交通计划主要有工业总产值、工业增加值，工业主要产品产量，包括机制砖、机制瓦、水泥电杆、机制纸、民用锁、成衣、网套、面粉、食用油、白酒、味醋、饼干、点心、杏制品、豆制品、铡草机、碾米机、粉碎机、玉米脱粒机等。工业经济效益指标有全员劳动生产率、产品销售收入、实现利润、上缴税金等。新产品开发有农用机械、杏制品等。交通运输计划有客运量、客运周转量、货运量、货运周转量等。

商品流转计划　商品流转计划有商品购进、商品销售、实现利润、上缴税金、农副产品收购总值、收购品种及数量。收购品种有生猪、菜羊、鲜蛋、中药材、大麻、烤烟、黄花、花椒、葵花子、白瓜子、核桃、杏仁、杏干、绵羊毛、山羊毛、羊绒、兔毛、红枣、小茴香、蜂蜜、蜂蜡、苹果、野生油料、野生淀粉、猪鬃、绵羊皮、山羊皮、牛皮等,最多年份达 85 种。

社会事业发展计划 社会事业包括教育和人口计划。教育计划有职工、干部、农民、市民教育,业余教育,扫盲人数,高中、初中、小学招生人数,毕业人数,学龄儿童入学率,普及教育率等。人口计划下达人口自然增长率,年末总人口,一孩率、节育率、计划生育率、晚婚率、二胎以上计划外生育率、一胎放环率、绝育率、计划外怀孕处理率、环检率等指标。

二、国民经济计划执行情况

1953 年开始,对生产单位实行间接计划。1953 至 1956 年,各种经济成分并存,完成农业和手工业社会主义改造,计划实施顺利,各业较快发展。四年累计造林 7500 亩,新建果园 200 亩,发展水浇地 2300 亩。1954 年,油料总产量 5195 吨,比 1952 年 3355 吨增加 1840 吨,为中华人民共和国建立后最好水平。1956 年,粮食总产量 102090 吨,比 1952 年 78695 吨增加 23495 吨,增长 25.86%;大家畜存栏 9.76 万头,比 1952 年增加 1.93 万头,粮食、畜牧业生产为中华人民共和国建立后最好水平。1957 年农业遭受自然灾害,粮油生产降至中华人民共和国建立后最低点,未能完成计划任务。

1958 至 1962 年,指令性计划取代直接计划与间接计划相结合的办法,全县上下以行政命令方式对所有生产经营活动实行严格监督,实行高计划、高指标,几乎每月调整下达生产计划,浮夸风盛行,随意扩大计划执行结果。1958 年,大办工业中半年时间办起工业厂子 10297 个,多数为一人懂几样技能就报几户企业,达到标准的仅有 472 户。五年造林 9.21 万亩,新建果园 8000 亩,新增水浇地 3100 亩。农业连年受灾,粮食总产量在 6000~7500 吨之间,油料总产量由 1959 年 1835 吨跌至 1961 年 635 吨,因粮食减产,加之高征购,人缺口粮、畜无草料,大家畜存栏下降 4/5,生猪存栏下降 2/3;工业上办起几户县属和社队企业,生产反而由上升变为下降。1962 年完成工业总产值 59.4 万元, 比 1960 年 89.09 万元下降 33.3%。

1966 至 1975 年,实行单一的指令性计划。贯彻“抓革命、促生产、大批促大干”精神,组织路线教育工作团,抽调大批干部下农村、进企业,监督和指导计划落实,以群众运动的办法,促其完成和超额完成计划任务,工农业生产有所发展。十年累计造林 8.65 万亩,新建果园 1.67 万亩,新修水平梯田 73.35 万亩、条田 126.38 万亩,新增灌溉面积 10.93 万亩,新办县属全民工业 2 户,集体工业 6 户,社队工业 20 户。

1976 至 1980 年,扩大县级基建、物资和财政方面自主权,加强党对经济工作的一元化领导,实行“统一认识,统一政策,统一计划,统一指挥,统一行动”,执行单位严格按照省、地、县批准的计划组织生产,生产队和企业无权生产计划外产品,无权定价和改变产品价格。1980 年农业受灾减产,粮食产量未能完成计划,其他年份计划指标均完成和超额完成任务。五年全县造林 6.29 万亩,新修梯田 28.71 万亩,条田 48.06 万亩,新办社队骨干企业 6 户。

1981至1985年，贯彻中共十一届三中全会精神，总结全县计划指导方面正反两方面经验教训，改进计划管理，逐步走上健康发展轨道。关系民生的生产生活资料，按计划执行，对大量一般生产生活资料和饮食服务行业，实行市场调节，发挥生产和经营者的自主权，逐步应用价格、税收、利润、信贷等经济杠杆及行政法律手段，对国民经济发展中某些活动进行调节，使其顺应计划安排，实现计划目标。1984年起，试行经济责任制，县政府与各乡镇、各部门签订经济责任书，确保各项计划落实，计划指标完成或超额完成率95%以上，五年全县造林6.65万亩，新修农田14.13万亩，新办乡镇骨干企业5户，工农业生产较快发展。

1986至1990年，由指令性计划向指导性计划转变，单一经济计划向综合经济计划转变，微观管理向宏观调控转变，行政管理为主向协调服务转变，引导农民转变生产方式，调整种植业内部结构，适当压缩粮食作物播种面积，扩大经济作物种植面积，重点发展杏果、烤烟、黄花、瓜菜；引导企业向市场转变，扩大企业自主权，加快技术改造，以销定产，压缩高耗能和长线产品，开发科技含量高和短线产品，利用县内杏子资源优势，开发杏制品，填补了省内空白。五年新建苹果园5万亩，新栽黄花5万亩，发展杏子0.4万亩，油料面积由13万亩增加到14.86万亩，烤烟种植由1986年0.55万亩增加到1990年3.07万亩，蔬菜、瓜菜面积由1.9万亩增加到2.6万亩；新办县属骨干企业3户、乡镇骨干企业47户，改造县办工业4户。

1991至1995年，计划经济向市场经济转变，全县工农业生产全部下达指导性计划，由农户、企业根据市场需求，自主安排生产品种和数量。农业加快杏子、苹果、黄花、烤烟基地建设，五年新发展杏子2.38万亩，累计达到16.2万亩，新建苹果园5.95万亩，累计达到10.95万亩，新增黄花2.1万亩，累计达到7.1万亩。最好的1993年杏子总产量2.32万吨，比1985年增长2.73倍，苹果总产量2.46万吨，比1985年增长1.76倍；黄花菜产量由1985年1800吨增加到1994年4231.18吨，增长1.35倍；烤烟种植1995年7.31万亩，产量10629.8吨，比1985年增加9677.51吨。工业贯彻抓大放小政策，将中小企业推向市场，放开生产经营，各企业普遍转机制、抓管理、练内功，推行现代化管理手段，严格计量，完善定额，实行成本控制，开展节能降耗活动，工业生产出现历史最好水平。1995年全县有工业企业2141户，从业20057人，完成工业产值45249.31万元，销售收入26547.6万元，超额完成了各项指导计划。

1996至1999年，以市场经济为主，计划经济为辅，减少工农业计划指标，逐步向市场经济过渡。农业下达产业开发指导计划，引导农民主攻黄花、杏果、西瓜等产业，开展苹果、杏子改良，提高品质，进行黄花菜加工增值，培育平泉塬西瓜基地，全县年种植西瓜5万亩左右，产量5万多吨，烤烟生产由计划种植到取消种植，农业生产除畜牧业个别指标未完成计划外，其他计划指标均超额完成；工业经济受市场和个体户冲击，产品产量、工业产值、销售收入、实现利税等指标大幅度下跌，未能完成考核指标。

2000年起，实行市场经济体制，不再下达年度生产计划，计划工作转向中长期计划和项目建设，在国家产业政策指导下，实行综合管理，全县各项经济社会事业健康有序发展。

第四节　中长期计划

1954年，县政府组织有关部门编制《镇原县1954至1957年农业生产计划》，分区、分年度提出粮食和经济作物、农田水利工程、林业、推广新式农具、畜牧兽医、打狼等计划目标任务。计划目标：1957年粮食单产达到71.5公斤，总产达到12560.65万公斤，其中小麦单产74.58公斤，总产7800万公斤；棉花总产8750公斤，大麻总产99040公斤，土烟86800公斤，油料743.17万公斤；安装水车4部，灌溉195亩，四年安装水车26部，灌溉1230亩；水土保持工程35.2万亩，四年共完成109.32万亩；四年造林3.48万亩，育苗1133亩，采树种4.52万公斤，群众零星植树238.4万株；四年推广五寸、七寸简化步犁1600张，双轮双铧犁586张，双轮单铧犁204张，马拉收割机、马拉播种机各102台；大家畜存栏12.02万头，羊存栏43.3万只，猪存栏94345头，选育种畜282头，四年建成区中兽医诊所14个，培训农业社畜牧兽医人员1080人；四年打狼290只。

实施情况：1957年遭受特大旱灾，粮食单产34.62公斤，占计划48.42%，总产6860.86万公斤，占计划54.62%，其中小麦单产35.46公斤，占计划47.55%，总产3443.59万公斤，占计划44.15%；油料总产158.39万公斤，占计划21.31%，棉花总产800公斤，大麻总产28650公斤，土烟110700公斤；四年建成抽水机站14处，修建渠道14条37公里，总灌溉面积2747亩；累计完成水土保持100.7万亩；累计造林17.46万亩，育苗7795亩，采树种5.83万公斤，群众零星植树103.97万株；共推广七寸简化步犁780张，山地步犁2120张，双轮双铧犁1331张，马拉收割机11台，马拉播种机96台；大家畜存栏91078头，占计划75.78%，羊存栏126089只，占计划29.12%，猪存栏33569头，占计划35.58%，选育种畜396头，占计划140.43%。

1958年，县经济计划委员会编制《镇原县1958至1967年生产规划纲要》，提出“以农业生产为主、优先发展粮食，因地制宜发展多种经营，做到农、林、牧、副互相结合，互相支援，综合安排，全面发展”基本思路。规划内容包括土地利用，人口、劳力和各项生产用工，农业生产，林业建设，畜牧业发展，副业发展六大部分。发展目标是：经过3年努力，使所有农业社生产和收入超过富裕中农生产和收入水平，通过10年奋斗，实现高山远山变林山，近山低山是果园，干旱山区林荫染，川塬全部水浇田，牛驴骡马成千万，鸡鸭猪兔养满圈，水力发电来照明，拖拉机上地去生产，蚕桑地埂全栽满，水果干果堆成山，鱼游清水池塘内，蜜蜂遮住半边天，文盲全扫净，虫害消灭完，不愁吃，不愁穿，幸福远景乐无边。

实施情况：1967年实有森林面积3.51万亩，多为幼林，森林覆盖率仅0.67%，果园0.25万亩，其中苹果0.15万亩，有零星植桑，林产品产量237.05吨；发展水浇地1.25万亩，占耕地面积0.69 %；年机耕地30万亩左右，占耕地面积16.53 %；户均养畜0.94头，户均养羊3.88只，户均养猪1.18头，户均养鸡2.53只，养鱼在太阳池、白马池、翟池投放鱼苗繁殖，养蜂群众有习惯，农村大户均养1~2窝，个别大户养4~5窝，产蜜以自食为主，供销社收购

1750公斤;县城有火力发电厂1处,仅供部分机关单位照明;扫除文盲50%左右;病虫害得到有效防治;群众吃穿仍很困难,规划设想未能实现。

1962年,县经济计划委员会组织编制《镇原县农业生产恢复发展规划》。规划是在1957至1960年连续4年自然灾害侵袭以及"左"倾错误思想影响、农业生产和群众生活遭受严重挫折情况下提出的,确定贯彻以农业为基础、以工业为主导的总方针,以粮食生产为中心,相应地发展油料、大麻、烟叶等经济作物,以大家畜为主,发展畜牧业,发展多种经济,逐步提高人民生活水平,经过二至三年努力,赶上"一五"时期生产和生活水平,到1965年,全县粮食总产8720万公斤,人均年收入44元。

实施情况:1965年粮食总产10228.5万公斤,比规划目标提高17.3%,人均年收入41元,占规划目标93.18%。

1964年,县经济计划委员会组织编制《镇原县农业发展七年规划(1964至1970年)》。规划是在农业发展面临困难大、各项生产指标大幅度降低情况下制订的农业生产恢复性发展规划。规划提出贯彻以农业为基础、以工业为主导的发展经济总方针,以粮为纲,全面安排,多种经营,提高单位面积产量,增加粮食生产,农、林、牧、副、渔并举,粮、油、棉、麻、烟、果、药、杂全面发展,力争1965年粮食产量赶上1956年水平,1970年比1963年翻一番,油料等其他指标赶上或超过中华人民共和国建立后最高年份。

实施情况:1965年粮食总产102285吨,比1956年102190吨提高0.93%,1970年粮食总产79520.5吨,比1963年70402吨增长12.95%,未能翻一番;1965年油料种植面积减少3.4万亩,总产1822.55吨,比最高年份1954年5195吨减少64.92%,1970年油料种植面积继续减少,总产1548.5吨,比最高年份1951年减少70.19%,烟叶、大麻比解放后最高年份减少,药材等经济作物加快发展。

1966年,县经济计划委员会组织编制《镇原县农业发展五年规划(1966至1970年)》。规划提出在"三五"期间,农业生产继续贯彻"以粮为纲、多种经营、全面发展"方针,到1970年,力争达到人均产粮600公斤、油品5公斤、现金收入50元,大家畜达到7.3万头,生猪达到15万口,羊只达到26万只目标。具体任务是,粮食播种面积控制在150万亩,经济作物种植面积扩大到13万亩左右,重点发展油料、棉花、大麻、烤烟、药材、茴香、果树等。

实施情况:1970年人均产粮248.2公斤、油品1.6公斤,人均现金收入48元,大家畜存栏6.7万头,生猪存栏10.36万口,羊存栏21.96万只,均未达到规划目标。粮食播种面积171万亩,超出控制面积21万亩,经济作物种植面积9.63万亩,与规划扩大面积相差3.37万亩。

1973年,县革命委员会生产指挥部组织编制《镇原县北部干旱山区农业发展规划》。规划提出,坚持党的基本路线,深入开展农业学大寨群众运动,依靠人民公社集体力量,自力更生,艰苦奋斗,立足当前,着眼长远,以粮为纲,全面发展,既要积极,又要留有余地,在两到三年内改变北部10个公社干旱面貌,使农业有较大发展。到1975年,北部干旱地区粮食亩产由1973年27.5公斤提高到69公斤,经济作物重点发展油料和甜菜生产。

实施情况:1975年全县粮食大丰收,北部10个公社粮食亩产109.97公斤,比大干旱的1973年亩产提高82.47公斤。

1973年,县革命委员会生产指挥部组织编制《镇原县1973至1980年电业发展规划》。规划是在加快农业发展步伐,推进机械工业,发展电力提灌的背景下,为进一步加强电网建设,提高供电容量而提出的。工作任务和目标是:利用国家大电网从平凉途经镇原到西峰的条件,在县城建中心变电所,用35千伏线路送往平泉、孟坝、马渠3个公社,各建35千伏变电所,再从平泉35千伏变电所用10千伏送往中原、新城;从孟坝用10千伏线路送往新集、方山;从马渠用10千伏送往庙渠、三岔、殷家城;从县城中心所用10千伏送往临泾、南川。到1980年,达到社社通电和76%的大队通电,用电力带动农业发展,全县增加机井350眼,扬水站5处,新建工厂3个。

实施情况:规划期内建成县城35千伏变电所,在太平设开关站,架设35千伏线路44.6公里,10千伏出线6回,供县城及城关、南川、临泾公社用电;架通平凉草峰35千伏变电站至平泉电厂10千伏线路,供平泉公社用电。至1980年,全县新打机井300眼,未完成规划任务;新建扬水站340处、工厂7个,均超额完成规划任务。

1976年,县计划委员会组织编制《镇原县1976至1985年国民经济十年发展规划》。规划涵盖"五五"和"六五"两个阶段,确定"五五"期间各年度目标任务和"六五"末奋斗目标。规划提出,要大办农业,坚持"以粮为纲、全面发展"方针,落实党的各项农村政策,调动广大群众高速发展农业,使全县粮食总产量1980年达到2亿公斤,1985年达到2.6亿公斤,财政收入1980年增加到379万元,1985年达到463万元;发展多种经营,大搞农田水利建设,发展以养猪为中心的畜牧业和林果业,加快农业机械化,推进教育、卫生、广播、电影、电视等事业发展。

实施情况:1980年全县粮食总产量8608.38万公斤,1985年达到10156.4万公斤,财政收入1980年230.8万元,1985年379.6万元,均未达到规划目标。

1983年,县经济计划委员会组织编制《镇原县1981至2000年发展国民经济规划设想》,提出1981至2000年,工农业总产值每年递增5.8%,期末达到1.8亿元,增长2倍,人均400元,翻一番半。在战略上,前十年打好基础,创造条件,积蓄力量,后十年振兴经济;坚持走"种、养、加(种植、养殖、农副产品加工)农工商综合发展"道路,立足县内丰富的农副产品资源,发展纺织、食品、建材、饲料等工业,推进科技、教育、卫生、文化、计生、体育等各项社会事业。到2000年,人均口粮达到300公斤以上,现金收入335元,5%的户有电视,50%的户有电灯,60%的户有缝纫机,80%的户有自行车,90%的户有收音机,逐步改善人民食品构成,能吃到较多肉、油、蛋以及各种蔬菜、水果。

实施情况:2000年工农业总产值每年递增11.1%,达到46736.84万元,比1981年8659.63万元增长4.4倍,人均928.98元,翻2.2番,人均口粮282.13公斤、现金收入373元。

1996年,县计划委员会组织编制《镇原县国民经济1996至2010年十五年发展规划》。

奋斗目标是:到2000年,全县稳定解决温饱,摆脱贫困,45%的地区和人口基本达到小康水平,再经过十年努力,全县达到小康水平,初步建立起社会主义市场经济体制。总体思路是靠农业稳基础,在“两高一优”上搞突破;靠工业增效益,在技术改造和科技进步上搞突破;靠支柱产业得收入,在规模经营上搞突破;靠商品流通活经济,在对外贸易上搞突破,坚持不懈地抓好农田水利,农电、交通、邮电通讯和各项基础设施建设。发展重点是:强化基础地位,发展“两高一优”农业,重点实施一个工程(温饱工程),狠抓两项建设(农田、水利建设),开发五大支柱产业(以烟果为龙头,加快烤烟、林果、油料、黄花、畜禽五大支柱产业),继续在股份制上搞突破,坚持大办乡镇企业,以市场需求为导向,以食品加工、建筑建材、彩印包装、饮食服务、绿色企业为重点,依托资源优势,坚持四轮驱动,各种经济成分、产业一齐上,组织实施 “五个十工程”(建成10个5000万元以上产值的重点乡镇,10个1000万元以上产值的重点行政村,10个500万元以上产值的重点自然村,10个产值1000万元的骨干企业,新办10个年产值50万元以上股份合作制企业);培植地方财源,优化主体财源,开辟新财源,拓宽补充财源,完善和理顺财政体制,加快基础设施建设,发展内功;在电力建设上,力争建成开边35千伏送变电工程,完善110千伏变电和孟坝、屯字35千伏输电工程,每年新架10千伏配电线路70公里,重点解决边远山区,贫困地区生产生活用电;在公路建设上,到“九五”末,全县通班车正常化,所有行政村通汽车,自然村通拖拉机,基本形成以县城为中心、北通309国道、南连眉肖省道的交通网络;在邮电通讯建设上,分别完成县城4000门市话扩容和乡镇自动电话设置,到“九五”末,全县实现电话程控化,在县城建成现代化通讯设施,加速信息传递,沟通内外联络;在市政建设上,进一步完善城镇建设总体规划,抓好城镇改造,新建蚂蚱沟和庙沟桥基础设施,完成自来水公司改造和潜夫山公园续建工程;推进科教兴县,协调发展社会事业,全面落实各级学校设施“六配套”(每个教学班有教室,学生人人有课桌凳,住校生人人有床铺,每个学校有体育运动设施和场所,有劳动实习基地和职教设施,有校门、围墙、厕所等附属设施),巩固提高基础教育,加快普及中等教育,到“九五”末,实现“普九”目标,义务教育率达到75%以上,并建成县体育场和少儿业余体校。

实施情况:2000年,全县基本解决温饱,摆脱贫困。2010年,全县未能达到小康水平;实现“普九”目标,义务教育率97.8%。

2001年,县计划委员会组织编制《镇原县国民经济和社会发展2001至2005年第十个五年计划纲要》,提出面对新世纪,五年国民经济和社会发展的指导思想和目标任务是:坚持以发展为主题,以结构调整为主线,以体制创新和科技进步为动力,以提高人民生活水平为根本出发点,以实现农业增产、工业增效、农民增收、财政增长为目标,进一步解放思想,抢抓机遇,发挥比较优势,发展特色经济,加强基础设施建设,发展各项社会事业,确保国民经济和社会事业持续健康发展, 到2005年, 国内生产总值力争达到8.4亿元, 年均增长10.9%,为到2010年在“九五”基础上翻一番奠定基础;经济结构进一步优化,力争使一、二、三产业比例达到36:30:34,完成农业增加值3.01亿元,年均增长18%,较“九五”末翻一番;大口径财政收入力争达到8000万元,年均增长14.6%;基础设施基本适应经济发展,生态环境建设取得明显进步；全社会固定资产投资达到2.03亿元，年均增长15%；全面完成企业改制，国有资产退出竞争性行业，企业结构不断优化，建立和完善现代企业管理制度，使全县工业增加值达到1.96亿元，较“九五”末增长98.5%，年均增长19.7%；城乡居民收入持续增长，农民人均纯收入达到2000元，较“九五”末净增880元；年末总人口控制在51.88万人以内，人口自然增长率控制在7‰以下；加快小城镇建设步伐，提高城镇化水平。

实施情况：2005年国内生产总值105400万元，年均增长14.25%，2010年国内生产总值297748万元，在“九五”基础上翻1.8番。完成农业增加值95108万元，年均增长25.32%，较“九五”末26925.14万元翻2.5番；工业增加值83461万元，较“九五”末5263万元增长148.58%，年均增长14.86%；大口径财政收入17256万元，年均增长32.66%；全社会固定资产投资50.87亿元，年均增长49.5%；全县农民人均纯收入2902元，较“九五”末1120元净增1782元；年末总人口51.55万人，人口自然增长率6.08‰。

2001年，县计划委员会组织编制《全县西部大开发战略发展规划》，提出实施西部大开发指导思想是：解放思想，抢抓机遇，用足用活国家政策，放手放胆发展自己，以经济建设为中心，以科技进步为先导，以培育壮大地方经济实力为根本，以加强生态环境保护、加快基础设施建设、加大经济结构调整为关键，实施科教兴县，开放带动产业化发展，立足资源，面向市场，优化结构，统筹兼顾，壮大支柱产业，培植地方财源，发展非公有制经济和第三产业，实现经济可持续发展。发展重点是：调整经济结构，加快实施各类经济综合开发项目，推进“三带四区”建设，走农业产业化发展路子；抢抓机遇，以国家政策、资金向西部倾斜为契机，多上项目，上好项目，多渠道筹资，加快基础设施建设；全力实施退耕还林（草）工程，治理水土流失，改善生态环境；培植财源，增强发展后劲；发展教育，培养人才，加大人才队伍建设，强化适用技术引进推广和科技成果转化，全面增强全民科技意识，提高劳动者素质；解放思想，更新观念，深化改革，加快发展，改善硬环境，优化软环境，引进人才、资金、技术和先进管理经验，实现资源共享，互惠互利。发展目标是：2005年国内生产总值达到8.4亿元，年递增10.9%，2010年达到13.5亿元，年递增10%，2020年达到29亿元，年递增8%；一、二、三产业比例由2000年54:20:26调整到“十五”末的36:30:34，2010年调整到25:40:35，2020年调整到20:45:35；财政收入“十五”末达到8000万元，年递增14.6%，2010年达到1.6亿元，年递增15%，2020年达到3.5亿元，年递增7.8%；农民人均纯收入“十五”末达到2000元，年递增12.3%，2010年达到3000元，年递增8.4%，2020年达到5000元，年递增5.2%；全社会固定资产投资“十五”末达到2亿元，年递增15%，2010年达到3.2亿元，年递增10%，2020年达到8.3亿元，年递增10%；全县总人口“十五”末控制在51.89万人以内，自然增长率7‰，2010年控制在53.73万人以内，自然增长率7‰，2020年控制在60.8万人以内，自然增长率5.2‰；粮食总产量“十五”末达到2.5亿公斤，年均增长13.2%，2010年达到2.8亿公斤，年递增2.3%，2020年达到3.75亿公斤，年递增2.96%；经过20年开发建设，全县基础设施从不完善到骨干体系初步形成，最终达到基本完善；支柱产业从建立基地到争创名牌，最终实现贸易创汇；生态环境从全面启动到初见成效，最终达到全面改善；科技运用从全面展开到发挥效用，最终形成主导优势；经济增长方式实现由粗放型向集约型根本转变；产业发展水平实现由劳动密集型向技术密集型根本转变；城乡居民收入增加，财税收入稳定增长，经济实力明显增强，社会事业全面进步，实现由穷县向富县跨越。

实施情况：2005年国内生产总值10.54亿元，年递增16.06%，2010年29.77亿元，年递增23.08%；财政收入“十五”末6180万元，年递增8.85%，2010年1.72亿元，年递增22.72%；农民人均纯收入“十五”末1593元，年递增7.3%，2010年2902元，年递增12.74%；全社会固定资产投资“十五”末5.15亿元，年递增38.59%，2010年50.87亿元，年递增58.1%；全县总人口“十五”末50.07万人，人口自然增长率5.4‰，2010年51.55万人，人口自然增长率6.08‰；粮食总产量“十五”末2.5亿公斤，年均增长17.16%，2010年2.68亿公斤，年递增1.4%。

2004年，县发展计划局组织编制《镇原县全面建设小康社会规划纲要》，提出全面贯彻中共十六大精神和“三个代表”重要思想，抓住本世纪头20年重要战略机遇，按照“发展要有新思路，改革要有新突破，开放要有新局面，各项工作要有新举措”要求，坚持走超常规、跨越式发展路子，始终保持艰苦奋斗、开拓创新、与时俱进的精神状态，求真务实，扎实工作。前十年突出重点打基础，后十年全面提高增效益，坚定不移推进西部大开发，推动经济结构战略性调整，实施项目带动、强农富民、工业突破、基础先行、开放开发、科教兴县“六大战略”，加快工业化、信息化进程，逐步把镇原建成优质生态农业基地和特色农产品加工基地；进一步建立健全社会主义市场经济体制，全面推进各项社会事业，完善社会保障体系，加强社会主义政治文明和精神文明建设，促进政治、经济、社会全面进步，努力建设小康社会。总体奋斗目标是：2005年国内生产总值比2000年翻一番，2008年国内生产总值比2000年翻两番，2010年，全县国内生产总值达到27.69亿元，年均增长19.9%，人均国内生产总值达到5215元，年均增长19.4%，城镇居民人均可支配收入达到8141元，年均增长10.4%，农民人均纯收入达到2475元，年均增长8.3%，城市化率达到25.98%，全县人民生活达到总体小康水平；到2020年，全县实现全面建设小康社会目标。

实施情况：2005年国内生产总值10.54亿元，比2000年5亿元翻一番多，2008年国内生产总值18.98亿元，比2000年翻2.8番，2010年，全县国内生产总值29.77亿元，年均增长36.49%，人均国内生产总值5774.98元，年均增长50.9%，城镇居民人均可支配收入11461元，年均增长19.06%，农民人均纯收入2902元，年均增长16.59%，城市化率22%。

2006年，县发展和改革局组织编制《镇原县国民经济和社会发展2006至2010年第十一个五年规划纲要》，确定五年全县经济和社会发展总体思路是：坚持以邓小平理论和“三个代表”重要思想为指导，以科学发展观统领经济社会发展全局，以人为本，坚持用发展和改革办法解决前进中的问题，切实转变发展观念，创新发展模式，提高发展质量；坚持经济建设、政治建设，文化建设、社会建设一起抓，继续深入实施项目带动、基础先行、工业突破、强农富民、开放开发、科教兴县六大战略，主攻绿色农产品加工、石油资源和特色民族文化产业开发，努力建成陇东食品工业大县、绿色农副产品大县、劳务输出大县和教育文化强县,推进产业化、工业化、城镇化进程,实现经济实力增强,财政快速增长,城乡居民增收,全面建设小康社会,推进社会事业全面协调持续发展。全县经济社会发展总体目标是:优化结构、提高效益和降低消耗,2010 年人均国内生产总值比 2005 年翻一番;资源利用效率显著提高,国内生产总值能源消耗比 2005 年降低 20%左右;形成一批具有较大市场、较强竞争力的特色农产品生产基地和优势企业;对外开放取得新水平,财政收支差距进一步缩小;生态环境恶化趋势基本遏制,耕地减少状况得到有效控制;巩固九年义务教育,城镇就业岗位持续增加,社会保障体系健全,贫困人口继续减少;城乡居民收入水平和生活质量普遍提高,交通、教育、文化、卫生、环境保护和居住等条件有较大改善,民主法治和精神文明建设取得新进展,社会治安和安全生产状况进一步好转,构建和谐社会取得新进步。

实施情况:2010 年人均国内生产总值比 2005 年翻 1.8 番,超额完成翻一番的规划目标。

第五节　固定资产投资

1961 年,全县固定资产投资 312.5 万元,用于农业、工业、邮电交通、文教卫生、商业五个方面 27 个项目。1965 至 1966 年,地方基本建设投资 33.3 万元,用于农业、畜牧、林业、水利、手工业、交通、粮食、商业、供销、行政事业十个方面,重点建设项目有农业机械站建设,三岔畜牧站建设,孟坝、开边苗圃建设,开边解放渠修建,县铁木业社、农具合作厂、亚麻加工厂、孟坝粉条加工厂、屯字草帽加工厂、新集榨油厂、三岔口袋厂等新建项目,镇原面粉厂大修,开边三十里铺石拱桥、三岔粮库、百货公司营业室和供销经理部仓库建设等。

第四个五年计划时期(1971 至 1975 年),全县固定资产投资 777.03 万元,其中国家投资 503.53 万元,自筹及其他投资 273.5 万元;生产性建设投资 593.5 万元,非生产性建设投资 183.53 万元,主要用于干旱地区造林育苗,县良种猪场、马渠兽防站、平泉家畜改良站、太平羊场建设,城关东风渠、南川星光渠、曙光川口渠、开边解放渠、郭原洪惠渠建设,西杨水库扩建;县棉花厂、砖瓦厂、五金厂修建,饮食服务公司新建,煤炭公司续建,三岔电力提灌、马头坡电站、平泉电厂建设,庙渠、屯字等公社卫生院建设,曙光等中小学修建等。

第五个五年计划时期(1976 至 1980 年),全县固定资产投资 738.33 万元,其中国家投资 376.99 万元, 地方自筹 361.34 万元; 生产性建设投资 477.6 万元, 非生产性建设投资 260.73 万元。主要用于机修厂、造纸厂、棉花厂、化工厂、水泥厂扩建,玻璃厂新建;镇原 110 千伏变电所建设,屯字、孟坝、马渠、平泉 35 千伏变电所建设,上肖仪封电管站建设,新集姚河桥、临泾交口河桥修建和上肖公路铺油;临泾、上肖、太平、庙渠、中原、新城中学扩建,新集、新城卫生院扩建,县农技站、公社农技站新建,公社兽防站扩建,新城吴家沟水库、开边刘路水库、洪河姚川调蓄站建设,县影剧院、妇幼保健站新建,文化广播局扩建等。

第六个五年计划时期(1981 至 1985 年),全县固定资产投资 1261.06 万元,比“五五”时期增加 70.8%,其中国家投资 753.56 万元,地方自筹 507.5 万元;生产性建设投资 716.36 万元,非生产性建设投资 544.7 万元,主要用于百货公司、农机公司、基层粮所扩建,饮食服务公司新建，太平南原、孟坝冉堿、新集、王寨电管站新建，马渠红光水渠和曙光官亭、殷家城张拐沟、郭原寺沟、平泉佟门沟、开边王凤沟水库续建，县奶牛场、良种厂和家禽检疫站建设等。

第七个五年计划时期（1986至1990年），全县固定资产投资4849.5万元，比“六五”时期增长2.8倍，其中国家投资1267万元，拨改贷1902万元，自筹及其他投资1680.5万元；生产性投资4029万元，非生产性建设投资820.5万元。重点有粮食生产、黄花菜、苹果园、烤烟、沙棘、苜蓿草籽和养殖等基地建设，地膜玉米、瓜菜、农田、高产稳产田和太阳能示范村建设，县乡畜牧站建设，庙渠人饮工程，小水库和彭阳灌区建设等，林业站综合楼和技术推广中心建设，太平、孟坝、三岔35千伏变电站和10千伏农电线路建设等，中小学校舍、乡镇卫生院建设和地方病防治等，啤酒厂、杏仁粉厂、活性炭厂、陇东针织厂等骨干企业建设。

第八个五年计划时期（1991至1995年），全县固定资产投资9798万元，比“七五”时期增长1倍，其中生产性建设投资5048万元，非生产性建设4750万元。主要项目有农业中低产田改造，高产田培育；庙马、新城人饮工程，抗旱应急建设工程，世行贷款农村卫生改水工程，南川灌区改造，屯字、临泾、三门嘴、何范、平泉、孟坝、高巨、雄武、席沟圈、南川、龙塬、上城水厂建设，庙渠常埝沟、新城联合沟、武沟巨沟小流域治理示范工程，沙棘林带和新城、茹河、太阳苗圃建设，平泉塬、屯字塬、孟坝塬万亩苹果基地建设；造纸厂填平补齐改造，农机厂、针织厂增加生产项目；太平至回回店、川口至庙渠、南李至彭阳公路修建；县中医院、屯字中心卫生院住院楼、临泾卫生院门诊楼、新城卫生院住院病房、平泉卫生院业务用房建设，镇原教育电视台和上肖、临泾、南川、武沟、孟坝、太平、郭原、湫池、曙光、彭阳、新集、王寨、方山、殷家城、马渠、庙渠、小岘等中小学建设；县城南街、水荫街、南环路排水工程，商品住宅楼房建设等。

第九个五年计划时期（1996至2000年），全县固定资产投资29473万元，比“八五”时期增长2倍，其中生产性建设投资23720万元，非生产性建设投资5753万元。主要项目有中低产田改造，地膜小麦推广，良种繁育，黄花菜、商品菜、商品杏、优质葡萄基地建设，保鲜库、日光节能温室建设，退耕还林草工程；县造纸厂、啤酒厂扩建，县果品厂、针织厂技改，印刷厂扩建胶印生产线，县黄花菜深加工厂、县玻璃制瓶厂、县蔬菜脱水厂、县塑料编织厂新建；新城、中原乡供水工程，庙渠、太阳、赵嘴、王寨人饮工程，集雨抗旱补灌工程，茹河扩堤修复工程，电力提灌、川台机井、人饮机井、小高抽、灌渠维修；一体化肉牛生产开发，暖棚养畜，瘦肉型猪规模养殖，畜牧基地建设；开边、平泉、孟坝、新城、屯字35千伏输变电工程，10千伏农电线路配套；镇原至马头坡、镇原至三岔、镇原至西峰、曙光至玉都公路建设，镇原至三岔、镇原至北石窟油路工程，县城街道拓宽改造；泥石流处理，国家生态环境建设综合治理；屯字中学教学楼、县城西街幼儿园、县职中办公宿舍楼、县城教师二号住宿楼和县广播电台、电视差转台、有线电视台、乡镇广播站、文化宿舍楼建设，县电视台增容；中医院病房楼、县二院门诊楼、乡镇卫生院建设；镇原至武沟6芯光缆建设；县城、屯字、孟坝综合农贸市场、三岔皮毛市场建设等。

第十个五年计划时期(2001至2005年),全县固定资产投资16.45亿元,比"九五"时期增长4.6倍。主要项目有扶贫开发整村推进,黄花、杏子、中草药产业开发,优质小杂粮、优质苹果园、良种杏、烤烟等基地建设,天然资源保护、黄土高原水土保持、太阳池生态旅游开发、小康示范村、农业综合示范园建设,农田、苗圃、养牛场建设,退耕还林草、小流域治理和土地开发整理项目;造纸厂扩建治污,五金厂扩建,活性炭厂、麻黄碱厂、蓝马啤酒有限责任公司改造,杏仁微粉加工厂、新千年食品公司果汁加工厂、许河湾水泥预制厂、城关金龙洗砂厂、常山洗砂厂、东关建材厂、临泾席沟圈面粉厂、曙光田岭纸浆厂、新集淀粉厂、中原天鑫果品厂、三岔蜂窝煤厂新建;茹河黄岔段堤防、翟池拦洪坝、农村二期人饮解困和马渠梁寨二级提灌工程,县城北沟流域山洪灾害综合治理;镇原至草庙公路改建铺油工程,新集至毛大嵝岘公路铺砂,太平至孟坝三级油路工程;县城西街改造,茹河南岸综合开发,县城街道硬化铺油,小城镇和农贸市场建设,垃圾无害化处理;疾控中心综合业务楼、县第一人民医院传染病房楼、图书馆大楼、县检察院业务楼、屯字商贸大楼和中小学教学楼修建,镇原中学、县医院扩建,潜夫山公园改造,县文化广场及潜夫山烈士陵园建设等。

第十一个五年规划时期(2006至2010年),全县固定资产投资131.77亿元,比"十五"时期增长7倍。主要项目有中低产田改造,易地扶贫搬迁,生态文明小康示范村建设,冬小麦良种、农机具补贴,农村能源、服务体系建设,有害生物预警控制区域站、农村沼气站、基层动物防疫设施建设,草畜、黄花产业开发,无公害瓜菜、西瓜、小杂粮基地开发建设,10万只绒肉羊和10万头肉牛生产基地建设,茹河、洪河川区设施农业,玉米全膜双垄沟种植和农村劳动力培训转移工程;农村人饮安全项目,西杨水库改建,吴家沟水库加固,开边灌区维修配套与节水改造,橡胶坝、小电井建设,县城北沟流域山洪灾害综合治理,茹河莲池段护堤、蒲河水保、庙嘴和干沟流域坝系、黄土高原水土保持世行贷款二期工程;康平医药公司中药饮片厂、泰和商贸公司纯粮王酒厂改扩建,新世纪、新星、西部情果品公司、文汇印刷有限公司、庆阳市丰茂农产品有限公司活性炭生产技改,甘肃蓝马啤酒有限公司10万吨生产线扩建改造及污水处理,县泰兴畜牧产业开发公司绒毛生产线、嘉利达食品公司豆奶粉生产线、陇东包装集团公司、绿源公司800吨脱苦杏仁深加工扩建,甘肃口士美食品有限公司续建,潜润食品公司液态奶生产、康达蔬菜脱水、县解语花羊绒公司洗毛生产线、福源纸业有限公司万吨纸生产线、澳恺食品有限公司膨化食品和小杂粮生产线、宏兴公司纸制品包装加工项目,杏产品系列开发,金龙工业集中区建设,澳恺食品有限公司2000吨淀粉基生物降解环保制品项目,新千年果品公司2000吨杏汁原浆加工项目,镇原北部煤炭资源勘探开发;镇原至新城油路改造,平泉至中原、孟坝至殷家城、平泉至湫池、新城至小岘通乡砂路建设,孟坝至王寨、太平至孟坝道路铺砂及通乡油路建设,县城至南川、翟池至上肖、屯字至太阳池、鳌背至郭原通乡油路建设,镇北公路二期工程,开边张庄至王嘴三级油路,镇原至彭阳四级油路,姚新庄至牛心、城关至罗河湾、四合至王湾、岔口至东王通达工程,通村砂路、油路工程,危桥改造,交通大楼和乡镇汽车站建设;南李、新集、方山35千伏输变电工程建设,县城110千伏、太平、新城35千伏变电站增容改造,孟坝35千伏变电站二次保护改造，县城至屯字至太平输变电工程改造，10千伏以下网改、户户通电工程等；县城老城区改造，县城东区、南区开发及道路硬化，西新街排污及亮化工程，城区排洪管道更新，水荫桥加宽改造，茹河四号大桥修建，县城集中供热二期工程，西气东输及城区气化工程，县城垃圾无害处理工程，上马台住宅楼工程，晶宸家园、瑞星花园、东盛住宅小区、文化广场、潜夫山公园景点、便民市场和小城镇建设；南区小学、特殊教育学校、寄宿制学校、镇原中学科技综合楼、县职中培训实验楼、平泉中学逸夫实验楼、屯字中学教学实验楼、县城教师公寓楼和城关初中学生宿舍楼修建，平泉、中原、上肖、三岔、方山、临泾、太平、新集、新城、孟坝、马渠、中原初中教学楼新建，中小学危房改造和课桌凳更新，县文化活动和培训中心、图书馆大楼、文化大楼修建，县城青少年活动中心建设，三岔红军长征纪念馆、石空寺维修保护工程，剧团住宅楼、综合信息网络和信息技术培训中心、乡镇文化站建设，居民体育健身项目；县中医院整体搬迁工程，妇幼保健站、疾控中心综合业务楼修建，基层卫生院住院、门诊楼及业务用房、乡镇计生服务站和村级卫生室建设等；浙江商厦、天瑞商厦、潜夫山庄、屯字购物中心大厦和县救灾物资储备库修建等。

1971~2010年镇原县固定资产投资情况统计表

表21-4-1　　单位：万元

年份	投资	年份	投资	年份	投资	年份	投资
1971	187.65	**1981**	201.04	**1992**	1156	**2001**	15033
1972	226.21	**1982**	296.02	**1993**	926	**2002**	23955
1973	115.55	**1983**	185.00	**1994**	2447	**2003**	31263
1974	132.85	**1984**	217.00	**1995**	3412	**2004**	42763
1975	114.77	**1985**	362.00	**1996**	1857	**2005**	51500
1976	120.18	**1986**	1083.50	**1997**	2056	**2006**	80194
1977	140.32	**1987**	1790.00	**1998**	2592	**2007**	144669
1978	126.89	**1988**	896.00	**1999**	6223	**2008**	210713
1979	148.49	**1989**	481.00	**2000**	8530	**2009**	373409
1980	202.45	**1990**	599.00	**1992**	10072	**2010**	508721

第二十二章　统计调查

夏、商、周时期，镇原境内即有土地、户口等方面统计活动。秦统一六国起，有统计报告制度和统计违章处理等法律条文，北地郡所辖区域统计活动趋统一。汉代，出现简单统计表格。隋初，为防逃避税租，以县按人核查户口。唐代，每年一造记账，三年一造户籍。宋朝，统计方法逐步规范。明代，府辖州县逐级编造《鱼鳞册》和《皇册》，每年进行一次土地和户口方面的综合性统计报告。清代，政府颁布《调查户口执行法》，严格统计制度，规定“凡分合迁移、废绝及人口出生、死亡、婚姻等事，均须呈报，如不按期呈报，处以一元以上二元以下之罚款”。县上每年向朝廷报告地亩、人丁、税赋和荒亡、开垦、招徕之数。

中华民国时期，国民政府发布户口、工商、农业、警政等调查规则和人口、物价等调查办法，开始实行统计报表和专项调查制度。民国二十一年(1932 年)，国民政府《统计法》和《地方行政机关统计组织规则》发布，县级建立统计股室，配备专、兼职统计人员。三十四年(1945 年)，实行统计数字统一管理，之后，战争频繁，统计调查基本停止。陇东解放区统计调查机构比较健全，范围较为广泛，涉及社会、经济等各个方面，统计报表有农、工、商、交通、人口、文化、教育、卫生、财政 30 余种。

中华人民共和国成立后，成立专业统计调查机构，实行定期统计报告制度，贯彻实施《统计法》，依法开展统计调查工作，为党和政府制定政策、科学决策提供依据。

第一节　机　　构

清光绪三十二年(1906 年)，政府设立统计局，为全国最高统计机构。民国二十一年(1932 年)，县级建立统计股室，配备专、兼职统计人员，从事各项统计工作。

镇原县统计局　1955 年 1 月，县政府成立计划统计科，兼管统计工作。1962 年 11 月成立统计局，有工作人员 2 人，负责全县统计工作规划，承担农业、工业、投资和建筑等统计调查任务及国家、省、市安排的重大国情国力普查调查工作，组织指导基础统计工作。“文化大革命”期间，统计职能先后并入县革委会生产指挥部、计划委员会，设统计员 2 人。1981 年 6 月恢复统计局，有局长、副局长各 1 人，工作人员 2 人。1988 年，有干部 9 人，其中局长 1 人，副局长 1 人，工作人员 7 人。2010 年，有干部职工 12 人，其中局长 1 人，副局长 2 人，纪检组长、主任科员各1人,工作人员6人,司机1人,另有就业援助服务生6人。

国家统计局镇原调查队 1984年11月,成立镇原县农村社会经济抽样调查队,有干部职工4人,承担农村住户、粮食产量、农作物播种面积抽样调查。1999年起,逐步增加贫困监测、农村固定资产投资、畜牧业、农产品生产价格、农业生产中间消耗等专业调查。2007年8月,更名为国家统计局镇原调查队,正科级建制,实行垂直管理,有干部职工5人。2010年,有干部职工6人,其中副队长1人,工作人员5人。

第二节 统计报表

1949至2010年,统计报表有月报、季报和年报,统计内容随政治形势和经济工作需要而增减变化,在动态中不断完善和发展。镇原统计部门主要进行农村经济、工业、商业、物资、建筑业、交通运输、邮电、劳动工资、综合经济和其他专业统计。农业统计包括农牧副渔业生产、耕地面积、人口、牲畜、农村收益分配、农业机械推广、新经济联合体基本情况等;工业统计包括产值、产量、工业效益(销售收入、利、税等)、工业企业基本情况(企业个数、从业人员、固定资产原值、净值、全部流动资金等);固定资产投资和建筑业统计包括建设规模、投资额、资金来源、用途构成、房屋建筑面积、竣工面积、分项目用途、性质、资金来源、新增固定资产等;商业统计包括商品购进、销售、库存、农产品收购、零售额、社会商品购买力等;物资统计有原材料、燃料消费及库存;劳动工资统计有职工人数、工资、劳动福利、劳动力资源与分配、劳动生产力;交通统计有公路里程、桥梁、公路养护、修理,工程项目完成情况,公路里程分线路情况,公路里程增减原因分析,公路养护道工出勤情况及工效,公路养护里程及道工定员与动态设备等;运输统计包括数量、客运量、货运量、客运周转量、货运周转量等;其他统计有财政、税收、金融、乡企、科技、教育、文化、广播、体育、卫生发展情况,计划生育措施落实情况,环境保护、政法、工会、妇女等组织情况;综合统计有社会总产值、地方生产总值、国民收入等。专项调查有工业抽样、工业价格抽样、城市住户、文化产业、人口变动、劳动力、群众安全感、投入产出、非公有制企业人才状况及妇女儿童纲要实施情况监测统计等,按月、季、年收集汇总,进行评估分析和报告。

第三节 统计咨询与服务

1981年起,坚持按月搜集整理进程数据,撰写统计分析,编印统计月刊,按时报送县委、人大、政府、政协所有县级领导和有关部门。月刊资料《镇原统计》,由最初手工抄写变为手工油印、机器油印、铅印,发展为计算机打印。每年编印《镇原县国民经济统计资料》,依据当年全县国民经济统计年报和有关部门年报(决算)整理,全面反映国民经济和社会发展情况,并作为历史资料存档。

1999年,为全面系统反映中华人民共和国成立50周年全县经济社会发展情况,组织搜集、整理《镇原县国民经济和社会发展统计资料汇编》(1949~1998年),分综合、农业、工交邮电、固定资产投资、商贸、文教卫生体育、社会福利事业、劳动工资8部分。2003年,整理编写《镇原县小康进程分析与建议》,作为中共镇原县委十三届二次全委会会议材料印发。

2006年,对《镇原县国民经济统计资料》进行全面改版,编撰首卷大型综合性年鉴,以文字叙述、统计数据和彩色图片三方面记载全县政治、经济、社会等方面基本情况和各行业取得的新进展、新成就,为各级领导科学决策提供依据,为各界人士了解镇原、研究镇原、开发镇原提供翔实县情资料,同时可作为一本鉴史察今的重要工具资料保存,被县政府定为每年必印刊物。

2007年,开始编写《镇原统计年鉴》。2008年3月,统计月刊全面改版,更名为《镇原统计月报》,重新设计封面,充实内容,外形更美观,内容更翔实,查阅更方便,同时编写《镇原年鉴》。2009年,编写《镇原年鉴统计版》,同时编印各类统计资料。

2010年,编写《镇原年鉴统计版》,组织人员全面搜集整理国家、省市及县区主要经济社会发展指标,横向比较,纵向分析,为新一届县委政府领导班子掌握县情、科学定位镇原发展位次、研究制订发展战略提供依据。撰写《用真实数字说话,服务科学发展》《镇原县"十二五"规划发展目标及指标体系初探》《镇原县惠农政策落实情况调查报告》《对县级县以下统计单位提高统计能力的对策与建议》《准确登记外出人口应采取的措施和办法》等调研报告,其中《用真实数字说话,服务科学发展》,在甘肃省统计局主办的《省情咨文》上发表。

第四节 国情国力普查

一、人口普查

周宣王四十年(前788年),朝廷对大原(含今镇原)人口做过简单调查,数字无载。清光绪三十四年(1908年)、宣统元年(1909年),进行人口普查,全县12394户75163人。民国元年(1912年)、十七年、三十六年进行人口调查,由于制度混乱、方法不一,调查结果与实际相差较大。民国元年调查数字失传;十七年调查为13898户38581人,其中男18800人,女19781人,另有迁徙842人;三十六年调查为24342户152344人。

中华人民共和国成立后,1953至2010年全国性人口普查先后进行过6次。

第一次人口普查标准时点1953年6月30日24时,全县总户数43989户,总人口259827人,其中男137963人,女121864人,男女比例为113.21。

第二次人口普查标准时点1964年7月1日零时,全县总户数53692户,总人口265962人,其中男138447人,女127515人,性别比108.57。

第三次人口普查标准时点1982年7月1日零时,全县总人口382634人,其中男196676人,女185958人,性别比105.76;总户数76015户,其中家庭户75598户,平均每户人数4.98人,集体户417户;汉族382453人,蒙古族1人,回族175人,壮族1人,满族3人,撒拉族1人。

第四次人口普查标准时点1990年7月1日零时,全县总人口435773人,常住人口435015人;农业人口422398人。总户数92853户,其中家庭户92009户,平均每户4.65人,集体户844户。汉族435547人,蒙古族1人,回族216人,藏族5人,满族2人,彝族1人,撒拉族1人。

第五次人口普查标准时点2000年11月1日零时,全县总人口491696人,其中男254128人,女237568人,性别比106.97;城镇人口28915人,乡村人口462781人;总户数113115户,其中家庭户109991户,平均每户4.34人,集体户3124户。总人口中:汉族491210人,蒙古族150人,回族191人,藏族16人,维吾尔族25人,苗族15人,彝族34人,壮族9人,布依族10人,朝鲜族20人,满族4人,其他族12人。

第六次人口普查标准时点2010年11月1日零时,全县常住人口415727人,其中家庭户111350户,家庭人口390794人,平均每户3.91人。户籍人口515575人,其中男266841人,女248734人。

二、农业普查

第一次农业普查标准时点1996年12月31日,资料所属时期1996年1月1日至1996年12月31日。普查表明,1996年末,全县共有19个乡、5个镇、269个行政村,农村户数99600户,农村人口457028人,其中男235032人,女221996人。总耕地面积1649041.4亩,农作物播种面积1805475亩,其中粮食播种面积1389990亩。大牲畜存栏132083头。大中型拖拉机104台,配套农具93部,小型拖拉机1883台,配套农具1018部,联合收割机1台,机电井418眼。农业科技推广站24个,农机站22个,畜牧兽医站29个,乡镇农副业科技与服务人员176人。农业生产经营单位98873个,农业企业35个,从业人员278598人,其中男141522人,女137076人,农村住户中有个体工商户6105户。

第二次农业普查标准时点2006年12月31日,资料所属时期2006年1月1日至2006年12月31日。普查表明,2006年末,全县共有农村户105976户,其中农业生产经营户105061户,农村人口479810人。在本村内常住农村劳动力285889人,外出从业人员58589人。大中型拖拉机376台,配套农具291台,小型拖拉机3571台,配套农具1418台,联合收割机41台,机电井520眼。经营耕地1521251亩,园地36544亩,林地373777亩。奶牛存栏114头,役用牛存栏1406头,其他大牲畜52822头。农作物播种面积1690313亩,其中粮食播种面积1430274亩。

三、经济普查

第一次经济普查标准时点2004年12月31日,资料所属时期2004年度。通过普查,2004年末,全县从事第一产业单位37个,个体户69户。从事第二、第三产业法人单位1071个,其中企业177个,机关单位72个,事业单位564个,社会团体6个,其他单位252个。产业活动单位1416个,其中第一产业37个,第二产业157个,第三产业1222个。个体经营户

6986户，其中第二产业1379户，第三产业5607户。工业企业135个，就业人员6380人；工业个体经营户1312个，就业人员2179人。工业总产值16227.6万元，其中规模以上工业企业产值4198万元，占工业总产值25.87%；规模以下工业企业产值7972.8万元，占49.13%。个体工业产值4056.8万元，占25%。工业企业资产25845.6万元，负债7525.6万元，所有者权益18320万元。工业企业主营业务收入10582.7万元，其中采矿业占4.3%，制造业占71.4%，电力、燃气及水供应占23.5%。工业个体经营户营业收入4056.75万元。建筑企业3个，就业人员3159人。建筑业个体经营户67户，就业人员328人。建筑企业总产值6018.7万元，总承包和专业承包房屋建筑施工面积92464平方米，竣工面积55949平方米，竣工价值4600万元。建筑企业资产3020.1万元，负债668.7万元，企业所有者权益2351.4万元，资产负债率22.14%。工程结算收入6018.7万元，利润总额156.7万元，房屋和土木工程建筑业占100%。交通运输、仓储和邮政企业2个，就业人员286人，主营业务收入312万元。批发和零售企业35个，就业人员891人，全年商品销售额15231.5万元。住宿和餐饮企业1个，就业人员98人，全年营业额269.8万元。从事其他第三产业894个，就业人员10994人，年末资产37535万元，主营业务收入2069万元。

第二次经济普查标准时点2008年12月31日，资料所属时期2008年度。2008年末，全县共有法人单位1046个，其中企业187个，事业单位481个，机关72个，社会团体32个，民办非企业单位54个，居委会5个，村委会215个。工业企业145个，工业产值54877万元，其中规模以上工业7个，工业产值35013万元。总承包和专业承包建筑企业2个，资产2072万元。限额以上批发和零售企业1个，固定资产405万元；限额以下批发和零售企业11个，营业收入1923万元。限额以上住宿餐饮企业1个，主营业务收入405万元，限额以下住宿和餐饮业2个，营业收入207万元。行政事业单位560个，社团及其他单位307个，收入合计2346万元。个体经营户7505个，其中有营业执照3743个，已办理税务登记1959个，期末从业人员11069人。

第五节　农产量抽样调查

农产量调查是镇原农调队1984年11月建队后开展的一项经常性工作，每期调查网点抽选由县队提供前3年实测粮食作物产量和播种面积，由国家统计局甘肃调查总队统一抽选自然村作为调查样本网点。网点每5年轮换一次，每期抽选调查网点点数不等。县队在每个样本点聘请1名经验丰富农民作为调查员，并发给一定调查报酬。调查范围是国家所抽中自然村所有粮食作物产量及播种面积。调查按夏、秋作物分4次进行，夏粮实测作物，采取10平方米圆形测规作为一个样本；秋粮实测作物，采取20平方米方形测框作为一个样本，调查结果高低误差率不超过2%。农产量调查是一项复杂细致工作，调查工作人员和所抽选调查网点辅助调查员严格按照国家农产量抽样调查方案及调查工作操作程序执行，采用随即起点，对称等距抽样调查方法，按操作程序分七步进行：第一步对作物进行估产；第二步填写预计产量表；第三步对冬小麦、玉米、洋芋实测作物按照亩产由低到高、面积由小到大（亩产相同面积小的排在前面）程序排列，编制抽样框，抽选实测地块；第四步在抽选地块中放置小样本（小麦用测规，洋芋、玉米用测框），进行实割实测，其他粮食作物进行估产即可（若在估产后出现受灾等特殊情况，按实际减产百分比乘以该作物预计产量数据为准）；第五步填写农产量抽样调查实测作物计算机汇总卡片；第六步填写实测作物地块样本打碾、推算表；第七步填写抽样调查结果推算分析表。

第六节 农村住户抽样调查

农村住户调查是一项涉及面广的综合性社会调查，能够系统观察了解和掌握农民生产、收入、分配、消费、积累，研究农民收入及其构成，反映农民生产、扩大再生产，由半自给经济向商品生产转化，从传统农业向现代农业转化情况。1984 年，开始农村住户抽样调查。1984 至 1989 年，抽取 6 个乡镇，每个乡镇 2 个村，每个村 5 户，确定 12 个行政村 60 户为调查点。1990 年，调查规模继续为 60 户，在 6 个乡镇，每个乡镇 1 个村，每个村 10 户中进行。每隔五年调整一次调查点，调查样本按照县内前三年农民人均纯收入水平，由低到高编制抽样框，采取对称等距抽样方法抽取。调查内容为农民收支情况，包括住宅、饮食、衣着、出行、生活用具和文化生活服务等消费情况。调查方法是建立经常性收支记账制度，由调查户逐日、逐笔记账，按规定时间报送县调查队，经审核汇总，上报国家统计局甘肃调查总队。

第七节 其他调查

一、农林牧渔业主要产品中间消耗调查

农林牧渔业主要产品中间消耗调查，反映产出品种相对应的生产过程中发生全部物质消耗、生产服务支出，主要有物质消耗、生产服务支出两大类，包括种子、饲料、肥料、燃料、农药、农机具等物质消耗与修理、运输、防疫、技术咨询等生产服务支出 28 个小类。粮食分夏粮、秋粮进行，夏粮于 6 月 30 日前，秋粮于 11 月 10 日前上报。畜牧业产品一年调查两次，上半年于 6 月 30 日前，下半年于次年 1 月 5 日前上报。其他农产品一年调查一次，均于次年 1 月 5 日前上报。

二、农产品生产价格调查

农产品生产价格调查指农产品生产者直接出售其生产农产品时实际获得的单位产品价格，不包括运费和有关商业费用。调查采用记账采价方式，调查周期内直接出售农产品数量和金额，分别于 3 月 10 日、6 月 10 日、9 月 10 日、12 月 10 日前上报一、二、三、四季度农产品生产价格调查数据。

三、贫困监测调查

贫困监测调查是甘肃省“四七”扶贫(1994年至2000年用七年时间基本解决四百多万人温饱问题)时期农村贫困监测的延续,是对贫困县综合性社会调查,为评估宏观经济发展和专项扶贫项目成就,制定扶贫和其他区域发展政策提供依据,采用一次性访问调查与调查户记账相结合,每季度最后一个月25日前上报。

四、农村固定资产投资调查

准确、如实收集农村非农户和农户固定资产投资原始资料,摸清当年农村固定资产投资规模及分布结构,为国民经济核算、宏观调控提供依据。调查对象分三类,第一类为企业单位,第二类为乡镇行政事业单位及社会群众团体,第三类为农户,根据住户调查资料整理取得。固定资产调查分季报和年报,调查主要内容有投资来源、投资构成、投资方向及具体投资项目、建房施工面积、竣工面积和投资完成额等。

五、畜禽监测调查

及时准确反映畜牧业生产发展情况,给党和政府制定畜牧业发展政策,推动社会主义新农村建设提供科学依据,调查主要畜禽(猪、牛、羊、禽)存栏、出栏、产品产量及出售价格等情况,对规模饲养户和畜禽生产经营单位实行全数调查,对散养户实行抽样调查。

六、专业跟踪调查

1999年6月,开展农村和农户房屋及土地占用情况抽样调查;8月,开展农民收入趋势调查。2000年1月,为了解农村经济、劳动力、调查户家庭成员就业及收益情况,开展农民外出务工情况调查。6月,为把握社会治安形势,加强治安综合治理工作,开展公众安全感调查。2002年11月,为准确把握农村社会经济发展情况,及时发现农业和农村经济发展中出现的新问题和新情况,开展农村热点、难点问题专项调查。

2003年6月,为进一步掌握农村经济变化情况,了解2000年起农村耕地占用情况及占用耕地对农户收入和农村劳动力就业的影响,开展农户耕地占用后生活情况调查;7月,为了解党和国家政策在农村落实情况,进行与农业、农村、农民密切相关重大问题调查研究、听取民意,开展农村经济问题问卷调查;9月,为准确把握和预测农村社会经济运行态势,及时反映农村社会经济热点、难点问题,开展农村经济运行动态监测调查。2004年12月,开展粮食直补资金落实情况调查。

2006年10月,为了解部分地区因灾缺粮、当时灾民生产生活中遇到的主要困难和灾民因灾返贫情况,了解农民耕地撂荒情况和秋粮收购中存在的突出问题,开展农业农村经济热点问题专项调查;11月,对烟草消费情况通过问卷形式进行调查;为了解当时农业生产中存在浪费和退耕还林存在兑现不到位的问题,开展农村热点问题专项调查。2007年4月,开展中共中央“一号”文件知晓情况问卷调查。

2008年5月,为了解和掌握当年全膜双垄沟播项目运行情况,为省委、省政府制定相关政策和规划提供依据,开展全膜双垄沟播项目实施情况调查;10月,开展全膜双垄沟播玉米亩产及成本情况调查;为全面准确掌握公路运输行业发展状况,开展公路运输量专项调查；为了解和掌握牛奶生产企业情况和农户受“三聚氰胺”事件影响程度，开展牛奶生产和销售情况专项调查；12 月，为及时、准确反映金融危机对甘肃省农民工影响情况，开展农民工返乡情况调查。

2009 年 9 月，为了解和把握干部群众对组织工作的真实意见、看法，客观评价组织工作和组工干部形象，为改进组织工作和加强组织部门自身建设提供决策依据，开展组织工作满意度调查。

2010 年，开展对当地政府满意率、粮食直补、退耕还林补贴、“义务教育”两免一补、适龄儿童入学、农资和农机具补贴、遭受自然灾害、救灾款发放、社会治安等调查。

第二十三章　国土资源管理

旧时土地私有。中华人民共和国成立后，实行土地改革，土地归全体劳动人民集体所有。党和国家将耕地保护列为基本国策，制定一系列保护、使用政策和措施，颁布实施《土地管理法》。镇原县贯彻基本国策，在保护、整治、开发利用土地及矿产资源方面严格执行政策，保证各项建设事业健康发展。

第一节　机　构

中华人民共和国成立初，镇原县未设立专门土地管理机构。1960 至 1966 年，由县民政局兼管，负责土地征用、建设用地审查等工作。1967 年，土地工作由县革命委员会生产指挥部负责。1974 年由经济计划委员会代管。1983 年，县城建科内设土地股，负责全县土地管理工作。

镇原县国土资源局　1988 年，成立镇原县土地管理局，内设办公室、建设用地管理股、监督监察股，人员编制 9 人，行使全县土地、城乡地政统一管理职能。2000 年，成立镇原县地质矿产管理局，隶属经贸委。2002 年 6 月，土地管理局和地质矿产管理局合并为镇原县国土资源局，内设人秘、耕保、地籍、地矿、执法监察 5 个股，行政编制 11 人，有局长 1 人，副局长 3 人，纪检书记 1 人，工作人员 6 人。2010 年，内设人秘、耕保、地籍、地矿、执法监察 5 个股，有工作人员 15 人，下属国土资源执法监察队、土地收购储备中心、测绘管理办公室及城关、屯字、平泉、孟坝国土资源中心所 7 个科级事业单位。全系统有正式工作人员 62 人，其中副科级以上干部 17 人，一般干部 43 人，工人 2 人；本科以上学历 22 人。

镇原县国土资源执法监察队　1992 年 7 月，成立镇原县土地执法队，为股级事业单位，隶属县土地管理局，人员编制 5 人，经费由县财政全额供给。1998 年 1 月，人员经费变为差额供给。2002 年 6 月，撤销土地管理局所属土地执法队。2005 年 10 月，国土资源局内设国土资源执法监察队，为科级事业单位，编制 10 人。2008 年 7 月，调整为隶属科级事业单位。2010 年，有工作人员 11 人。

镇原县土地收购储备中心　2002 年 4 月，成立镇原县土地收购储备中心，为副科级事业单位，直属土地管理局，人员编制 10 人。2010 年，有工作人员 9 人。

镇原县测绘管理办公室 2005年10月，成立镇原县测绘管理办公室，为副科级事业单位，编制3人，隶属县国土资源局。2010年，有工作人员6人。

基层土地管理所 1991年12月，成立城关、平泉、屯字、孟坝、三岔5个镇土地管理所。1992年1月，成立上肖、曙光、彭阳、太平、南川、临泾、王寨、新集、方山、马渠、庙渠、殷家城、开边、武沟、郭原、中原、新城、小岘、湫池19个乡土地管理所，每所编制2人，人员占乡镇土地管理助理编制，均为股级单位，隶属乡镇政府管理，业务受县土地管理局指导。2007年7月，成立城关、屯字、平泉、孟坝4个国土资源中心所，为副科级事业单位，属县国土资源局派出机构，每所编制3人，取代原乡镇土地管理所。城关中心所管辖城关、临泾、开边、郭原、武沟5个乡镇；屯字中心所管辖屯字、上肖、南川3个乡镇；平泉中心所管辖平泉、新城、中原3个乡镇；孟坝中心所管辖孟坝、太平、新集、三岔、庙渠、马渠、方山、殷家城8个乡镇。2008年7月，4个国土资源中心所正式挂牌办公，均达到有一处独立固定办公场所，有一个为民服务窗口等7有建设标准。2010年，4个国土资源中心所有工作人员21人。

第二节 土地管理

中华人民共和国成立后，各级政府将土地管理工作列入重要议事日程。1950年，按照《土地改革法》规定，将没收和征收土地，除规定归国家所有者外，按人口分给农民。主要任务是进行土地改革，给农民分配土地，确定土地所有权，解决土地纠纷，镇压不法地主和反动分子，摧毁以土地私有制为基础的封建剥削制度，解放生产力。农业合作化初级阶段，土地以入股形式参加统一经营，保留农民对土地的私有权。1956年，从初级合作社发展为高级合作社，将私有土地转为集体土地。1958年，全县实现人民公社化，土地转为人民公社集体所有。1962年，贯彻《农村人民公社化工作条例》，明确生产队范围内土地，都归生产队所有。生产队土地，包括自留地、自留山、宅基地等，一律不准出租和买卖。所有土地不经县人民政府批准，任何单位和个人都不得占用。1986年，全国人大常委会颁布《中华人民共和国土地管理法》，进一步明确农村和城市郊区土地(除法律规定属于国家所有外)，属于集体所有；宅基地和自留地、自留山，属于集体所有。集体所有土地，依照法律规定，属于村民集体所有，由村农业生产合作社、经济组织或者村民委员会经营管理。已经属于乡镇农民集体经济组织所有的，可以属于乡镇农民集体所有。村民集体所有土地，已经分别属于村内两个以上农业集体经济组织所有的，可以属于该农业集体经济组织农民集体所有。1988年，镇原县土地管理局成立起，宣传贯彻落实保护耕地的基本国策，加强土地资源管理，依法治理乱开荒、乱占耕地、乱修庄等问题，违法占地、滥用耕地歪风得到有效制止，人民群众惜土爱地意识和国策观念普遍增强，土地管理工作逐步走上正规化、法制化轨道。

一、地籍管理

城镇国有土地登记、发证、年检 1988年11月，全县开始城镇国有土地申报登记工作，共申报登记单位268个，属地354宗，占地11969762平方米，折合1753.7亩，其中公路主线6条,支线16条,占地974508平方米。1989年起,国有土地逐步走向规范化管理轨道,每发生一宗,及时登记发证。

1999年,利用3个月时间,完成县城、孟坝、屯字镇辖区内使用国有土地单位和个人所持土地证书年检任务。辖区应检单位229个,土地281宗,面积2197.1亩,实检单位217个,土地268宗,面积2137.4亩,年检宗地率95.4%;年检合格单位182个,土地233宗,面积1836.6亩,宗地合格率86.9%;结合年检,摸清国有土地使用现状和存在问题,对变更的换发土地使用证;清理出非法转让土地12宗,非法抵押6宗,其他17宗,按有关政策作出处理。

2000年,组织专业技术人员,开展县城区国有土地变更调查,通过逐单位勘测登记和对14个单位211.98亩国有土地变更调查,完成县城地籍平面图等资料,设置界址点116个。经测算汇总,城区总面积为145175.98平方米,折合217.76亩,其中工业用地38786.67平方米,折合58.18亩;市政用地92033.73平方米,折合138.05亩;住宅用地10321.57平方米,折合15.48亩;交通用地4034.01平方米,折合6.05亩。

城镇地籍调查　1995年6月,成立地籍调查领导小组,聘请业务精炼、技术力量雄厚的天水地质勘察队进行地籍细部测量,县上组织力量进行权属调查,抽调专人处理各种权属纠纷,以5个月时间,勘明县城区内国有土地和集体土地利用状况,查清每宗地位置、权属、界线、面积和用途,确分县城区域内商业用地、金融业用地、市政用地、公共建筑用地、住宅用地、交通用地、特殊用地、水域用地、农业用地和其他未利用土地面积。县城规划区内有企事业单位和常住户509户,权属地497宗,总面积241.66万平方米,折合3625亩,处理仲裁权属纠纷29处,完成调查设计书,绘制出镇原县城区地籍铅笔原图和着墨二底图各52幅,宗地图(土地证附图)497幅,建立常住户土地资料档案,为土地登记、核发《土地使用证》、强化土地管理、培育和规范土地市场、合理收缴土地规费、转换企业经营机制和清产核资提供依据。通过省、地有关部门验收,镇原县1995年城镇地籍调查成果被评为优级工程,在全省城镇地籍调查中创造时间短、任务大、进度快的新记录。

1997年,以2个月时间,完成屯字镇规划区内东西长2.3公里、南北宽0.5公里、总面积1.2平方公里地籍调查工作,规划区内共有机关、企事业单位和常住户256户,调查权属地266宗、588.87亩,编制《镇原县屯字镇地籍调查设计书》,填写地籍调查表266份,绘制出屯字镇规划区地籍铅笔原图和清绘二底图,制作宗地面积量化表、土地分类汇总表,完成地籍调查、总结等,通过省地验收,总得分96.6分,被评为省优级工程。

1998年,用2个月时间,开展孟坝镇城区东西长2.34公里、南北宽0.6公里、总面积约1.4平方公里范围内地籍调查工作,调查区内共有机关、企事业单位和常住户116户,权属地131宗、559.55亩,完成设计任务书和规划地籍图及宗地面积量算表等资料,设置各种界址点525个,通过地级验收,被评为优级工程。

1999年,以70天时间,开展平泉镇城区东西宽约1.1公里、南北长约1.4公里、总面积约1.54平方公里地籍调查工作,规划区共有机关、事业单位及常住户103户,权属宗地110

宗、247609.48平方米，折合371.41亩，其中行政企事业单位用地243.88亩，商业金融业用地70.72亩，住宅用地21.6亩，其他用地35.2亩，设置各种界址点565个，完成总结报告、宗地面积量算、分类面积汇总、地籍图等成果资料，经地区抽查验收，调查数据齐全，测绘方法正确，符合《技术规程要求》。

2000年5月，开展三岔镇城区地籍调查，通过对57个单位、58宗地权属调查和地籍勘丈，共有土地面积213.54亩，绘制出地籍平面图，填写地籍调查表58份，通过地级验收，被评为优级工程。

2008年，按照《城镇地籍调查规程》，对县城区8个街坊土地进行权属调查和测量工作，利用15个控制点，布设一级导线点103个，二级导线点10个，图根控制点214个，进行施测和埋石，绘制地籍分幅图93幅，通过调查，县城区共有权属地871宗，总面积5620.4亩，其中耕地1133.4亩，园地94.5亩，林地51.6亩，草地583.4亩，商服用地336.8亩，工矿仓储用地570.5亩，住宅用地577亩，公共管理与公共服务用地770.5亩，特殊用地30.6亩，交通用地601亩，水域及水利设施用地584.9亩，其他地286.2亩，建成数据库，通过市级复查验收。

农村集体土地登记、发证、调查 1989年12月，开展农村集体土地初始登记，以村民委员会为单位，对本村所属土地逐块清理汇总，县乡两级共同进行地籍调查和权属核实，由县土地管理局注册登记，县政府颁发证书。此后，每年进行变更登记。

1996年，利用10天时间在城关金龙、路坡两个地形复杂及地类变化较大的行政村现场练兵，进行业务技术培训；深入全县24个乡镇269个行政村2483个自然村，进行集体土地变更调查工作，对辖区内1992至1995年新增乡村道路、果园、农村居民区、乡镇企业等地类进行全面调查、测绘、上图、登记、填表，查清全县1992年土地详查总面积5250966亩，各类地变更面积7377.3亩，其中耕地减少4530.4亩，园地增加2812.9亩，林地增加30亩，交通用地持平，水域增加4亩，未利用土地未变。

1997年，用70多天时间，完成全县土地详查数据变更登记工作。1996年11月1日至1997年10月31日，全县地类变更总面积6958.8亩，其中耕地减少3366.8亩（水浇地78.7亩，旱地3288.1亩），园地增加2004.5亩，林地减少4.8亩，牧草地减少62.6亩，城镇、村及工矿用地增加1261.4亩，水域地增加2.2亩，其他地变更256.5亩，经省、地验收，被评为省优级工程。

1999年，历时3个月，再次开展土地资源变更调查工作。全县1998年11月1日至1999年10月31日耕地减少1122.5亩，林地减少4.9亩，草地减少43.9亩，园地增加731.4亩，城镇村及工矿用地增加439.9亩；1999年11月1日至2000年10月31日开发复垦新增耕地1200亩，农业结构调整减少耕地37.5亩，各类建设项目占用耕地273.8亩，园地增加45.6亩，林地增加41601.6亩，草地减少289.1亩，水域减少628亩，未利用土地减少465.2亩。

2009年，按照《镇原县第二次农村土地调查技术设计书》要求，开展全县农村约3501.4

平方公里土地调查，完成182幅图外业调查和内业矢量化工作，填写农村土地调查外业手簿27本，建成农村土地调查数据库；以街坊为单位，以宗地为单元，逐宗逐户进行城镇权属来源调查，共完成871宗土地权属调查任务，设置界址标志3816个。通过农村土地调查，全县总土地面积525.27万亩，其中耕地面积228.95万亩，园地3.37万亩，林地82.03万亩，草地144.07万亩，城镇村及工矿用地37.22万亩，交通运输用地4.64万亩，水域及水利设施用地3.25万亩，其他用地21.74万亩。

二、建设用地管理

建设用地包括国家建设用地、集体建设用地和农村宅基地。国家建设用地，是全民所有制和城镇集体所有制单位兴办企事业以及上述单位同农村集体经济组织共同投资兴办联合企业需要的各项建设用地；集体建设用地，是乡镇村企业、公共设施、公益事业和为农业生产服务的建设项目等，不实行国家征用的建设用地；农村宅基地，是指农民和其他个人在农村扩建、改建、新建住宅所占用土地。建设用地管理，就是对上述三项用地进行管理。

国家建设用地管理　国家建设用地实行“三参三查”管理，即审批前，参与建设项目可行性研究和扩初设计，进行用地评议鉴定和选址勘查；审批中，参与建设项目征、拨用地协议签订，落实补偿费用等，严格审查报批；审批后，参与建设项目分项和竣工验收，检查土地使用情况。

1991年，建立建设用地审批台账，及时掌握指标占用和分析用地情况，实现“管理一张网”“批地一支笔”。1993年起，对国家建设用地，实行严把“三关”制度，即计划指标关、前期审查立项关和用地审批关；施工中坚持“三到现场”“三个服务”，即选址调查、定点放线、检查验收到现场；动土时超前服务，根据批准面积由县、乡土地管理人员和行政村、自然村干部到现场，为用地户划地放线，落实位置、面积；施工中跟踪服务，对用地情况，随时检查，每季抽查；竣工后上门服务，复核界址、面积，办理登记发证。

1994年，对长庆石油建设用地185.88亩，实行统征包干办法，加快征地速度，节省国家投资，较好地解决被征地农民的生产生活问题。1997年，全县开展非农建设用地大清查，清理出国家建设违法用地69宗，面积14.5亩，按政策作出处理。1998年，国家建设用地冻结审批，县、乡两级共下发《停工通知单》145份，制止乱建、乱占问题，维护法律、政策严肃性。

2000年，挖掘建设用地潜力，提高国有土地利用率，协调转让闲置国有土地9宗26.98亩，实现国有资产交易额286万元，盘活资产价值49万多元。2001年，结合企业改置，对县供销社所属9个分社国有土地11宗13.8亩，依法进行转让，盘活土地资产29万元，安置下岗职工和退休工人40人；对已破产的农副公司货场、水电物资站15.4亩国有土地，出让给西街村建为住宅区，使闲置土地得到有效使用。2003年6月，对县城区住宅楼、独院住房占用国有土地，按单位逐户进行清查登记，共登记住宅楼93幢，平房独院3处，总住户2416户，总占地72901.55平方米，折合109亩，按规定标准，对923户收取土地有偿使用费，对县五金厂、五金公司等5户企业135个住户，颁发国有土地使用证。

2008年，开展国有土地二级市场和石油用地清理工作，共清理出国有土地1393宗，面积6541.1亩，有问题102宗，面积470.88亩，其中非法买卖、转让、合股经营搞开发8宗，面积102.2亩；清理井场162处，油井281口，占地2222.63亩。

2010年，配合西气东输工程建设，征收土地36.14亩，临时借地2300亩，搬迁农户67户，迁坟201处，建立分输站1个，阀室2个，完成管线焊接后恢复地貌52.3公里，赔偿资金1450万元。

集体建设用地管理 1989年起，集体建设用地，依照庆阳地区行政公署《关于加强建设用地管理的试行规定》实施管理。乡镇村办企业用地，凭县乡镇企业管理局批准文件和县城乡建设环境保护局选址意见办理；村民小组、联营体、个体户兴办企业用地，持乡镇经委批准文件，均由乡镇人民政府提出用地申请，报县土地管理局审查，提交县以上人民政府审批；公共设施（如道路、桥梁等）、公益事业（如学校、卫生所、幼儿园、文化室、敬老院等）用地，由乡镇人民政府按照规划提出申请，报县土地管理局审查，提交县以上人民政府审批；国家投资兴办乡镇企业用地，按国家建设用地审批程序办理；乡镇村兴办砖瓦厂不得占用耕地，严禁在塬面坳心建厂，确需占用少量耕地，必须按国务院发布的《土地复垦规定》办理；乡镇企业停办、迁移或经批准转产满两年后，土地仍然闲置不用的，应即拆除建筑物和构筑物，限期恢复耕地；对批准的集体建设用地，按每亩30~100元标准一次性收取土地管理费。乡镇企业用地15亩以下，乡村公共设施、公益事业用地22.5亩以下，由县级人民政府批准；乡镇企业用地15亩以上30亩以下，乡村公共设施、公益事业用地22.5亩以上45亩以下，由市人民政府批准；乡镇企业用地30亩以上，乡村公共设施、公益事业用地45亩以上，由省人民政府批准。

1994年5月，组织工作组在乡镇企业发展较快、占地面积较大的城关镇开展乡镇企业用地有偿使用试点工作，通过清理清查，整章建制，全镇581户企业，有82户占用集体土地79宗102346.4平方米，折合153.51亩，其中用地合法、未扩大面积51户，宗地42535.5平方米，折合63.8亩；未经批准，超占面积14户，宗地17060平方米，折合25.59亩；未办理用地手续10户，宗地35161.8平方米，折合52.74亩；临时用地超期7户，宗地7589.1平方米，折合11.38亩。对企业用地实行有偿使用，对少批多占、能够利用企业30户，用地59811.7平方米，折合89.72亩，补办手续；对24户非法用地52226平方米，折合78.34亩，进行罚款处理，收回耕地占用税74764.63元，有偿使用费34083.11元，土地管理费9401元，权属调查费5140元，罚款17404.62元，出让金4674元。

1995年，清理整顿砖瓦企业占地，全县21户砖瓦企业占地251412.57平方米，折合377.1亩（耕地135.55亩、非耕地241.55亩），其中5户办理临时用地手续，占用耕地面积46.75亩；4户少批多占，审批34.8亩，实际占地141.2亩，多占106.4亩（耕地31亩，非耕地75.4亩）；12户未办理用地手续，占地189.15亩（耕地30亩，非耕地159.15亩），对少批多占和未办理用地手续的，补办征地7宗12.5亩，办理临时用地手续15宗130.11亩；对8户生产和个别在建企业占用山峁、沟坡地152.94亩，暂缓办理用地手续；对个别选址不当、起步慢、亏损严重、濒临倒闭企业，建议尽快搬迁。

1996年，在乡镇企业、公共设施、公益事业用地清理工作中，查出乡镇村企业占用集体土地396宗28251.6平方米，折合424.38亩。对违法用地325宗23448.8平方米，处理收回土地补偿费21958.4元、土地管理费1300元、罚款19921.8元。

1997年，全县非农建设用地大清查中，查出集体建设违法用地330宗27.6亩(耕地23.4亩)，处理326宗26.8亩(耕地22.5亩)，占97.1%；对大多数乡镇个体工商户和集体企业占用土地，探索有偿使用新路子。2001年，对集体土地建设使用证进行年检，合格证书70755本，合格率为89.3%。2002年，完成24个乡镇269个行政村集体土地使用证发放工作。

2003年，开展对乡镇企业、公共设施、公益事业用地清查，查出1999至2002年集体建设用地21宗949.88亩，其中超面积越权审批12宗445.25亩，未批先建8宗144.63亩，违法用地1宗360亩，24个乡镇乡村道路占地8181亩，其中耕地4609亩，分别按政策作出处理；对县高新技术产业开发区占地1480亩，责令退还工业园区600亩，用于栽植苗木、果树880亩。2010年，开展土地督查预警行动，清理出新开工建设项目122宗，占地1133.7亩，其中违法用地3宗10.6亩，全部查结处理。

农村宅基地管理　按县政府《关于进一步加强农村村民住宅建设管理的意见》实施管理。农村村民扩建、改建、新建住宅用地，坚持“十分珍惜和合理利用每寸土地，切实保护耕地”的基本国策，尽量利用原有宅基地、空闲地、塬边四嘴劣质地和荒坡地，严格控制占用耕地，不在重点农田保护区内划拨宅基地。

县城郊区和人多地少乡村，鼓励农户修建高层住宅，尽量减少土地占用。村民建宅用地，必须遵循“先规划、后建设”原则，对已作合理规划的，严格按照规划要求进行修建；对规划不尽合理的，尽快进行修订和完善；对无规划的，抓紧进行规划，并经村民大会讨论同意，报乡镇人民政府审批后施行。

村民建宅用地指标，作为指令性计划，实行定额控制，只能节约，不得突破。计划指标批准下达后，确需变更或终止的，应报原批准机关重新审批。村民建宅用地标准，一般控制在0.45亩以内，山区适当放宽到0.6~0.7亩。原宅基在粮田内，自愿搬到山坡、荒地上居住的，适当放宽标准，退出耕地在一定时期内由搬迁户承包使用，对出卖、出租原有住房，人均住房面积超过30平方米的，户口迁入新地，原籍宅基地尚未退还的和国家干部职工不到退休年龄的，一般不予批准宅基用地。村民建宅用地经本人申请、村民大会讨论、乡村审查，报县政府审批。

干部职工和城镇居民建房用地，由本人申请，所在单位讨论，张榜公布，按干部职工管理权限，经主管部门审查，报县政府审批。凡批准的宅基地，用地户一次性缴纳耕地占用税和土地管理费后，由乡村两级组织有关人员，现场划定地址，填发划拨单。用地户要向乡镇政府交纳200元保证金，待围墙打成后若未超标准，保证金予以退还，否则，不予退还，并视其超占情况，依法处罚。

农户和非农户建宅，按照“修新庄，退旧庄”原则执行，无人居住旧庄基应交还集体，能居住的由自然村另行分配,废弃的应及时复垦为耕地;严禁在塬面修建地坑庄,凡在塬面修建地坑庄、高院就地挖坑取土破坏地形地貌的,每平方米处 2~5 元罚款。为解决建宅垫圈用土问题,以自然村为单位,在不影响粮田情况下,统一选择 2~3 处取土点,供全体村民使用;引导和教育农民提高建宅质量,既要讲求样式新颖、美观、大方,又要考虑坚固、耐用,经得起洪水、地震考验;对未经批准,私自乱占乱建,超标准用地,不按村庄规划自行选址修建的,从严处理和纠正。

1989 年 11 月,在屯字镇阎孟行政村进行《集体土地建设用地使用证》颁发试点工作,按照"权属合法,四至清楚,面积准确"3 条标准,对该行政村 4 个自然村 321 个农户,颁发《集体土地建设用地使用证》,占应发证户数 98.9%。试点工作结束后,制订《实施细则》和填表说明书。

1990 年,发证工作全面铺开,共登记发证 78962 处,占应登记发证 95.1%,其中高院宅基 10300 处,崖庄宅基 68662 处;因宅基纠纷而暂缓登记发证 4088 处,占 4.9%;对前塬和后山农民建宅用地标准作定量限额,最高 0.5 亩;建立健全用地审批台账,做到心中有数。当年审批宅基 883 户,平均占地 0.45 亩。上肖、临泾等乡镇,从选户、上报、审核、定案到批准,自始至终坚持张榜公布,接受群众监督,保证将有限指标审批给居住困难农户。是年,在中原乡殿王行政村贤王自然村开展宅基地有偿使用试点工作,该村有 58 户 280 人,总土地面积 1040 亩,其中耕地 935 亩,人均 3.3 亩,村庄占地 81.09 亩,占总面积 7.8%。全村 44 宗宅基地,使用面积 33395 平方米,平均每宗 759 平方米,人均 119.3 平方米,最大宅基地 1400 平方米,最小 300 平方米,人均最高 350 平方米,最低 60 平方米,根据宅基地占用情况,收费起点为每平方米 0.03 元,再分时限而增加。1981 年底以前老宅基地,按实际使用面积每平方米收费 0.03 元;1982 至 1986 年底,批准用地面积按起点收费,扩大部分每平方米收费 0.10 元。1987 年 1 月 1 日起,批准用地仍按起点收费,扩大部分每平方米收费 0.30 元。废旧宅基地不及时交还集体的,每平方米收费 0.30~1.0 元;对符合规划、利用废旧宅基地修宅建房和残废军人、五保户、孤寡老人、确有困难的纯女户以及公共设施、福利企业免收使用费。收取的资金,由乡管村用。

1991 年,在平泉镇秦铺行政村进行建设规划试点工作,本着"一要吃饭,二要建设"及"全面规划,正确引导,依靠群众,自力更生,因地制宜,逐步建设"方针,会同城建局、平泉镇政府测绘现状图 5 份,编制建设用地及农民住宅规划图 5 份,完成规划说明书和工作总结。1992 年,全县农村宅基地有偿使用逐步推开,有郭原、临泾、南川、曙光、新集、屯字、上肖、彭阳、孟坝、武沟、方山、三岔、殷家城、庙渠、中原、小岘 16 个乡镇 55 个行政村 363 个自然村 12037 户的 361.1 万平方米宅基地,实行有偿使用,户均 300 平方米,应收有偿使用费 84000 元,户均 6.98 元,最高 14 元,最低 1.47 元,已收费 46000 元,占应收费 54.76%,其中郭原、新集、南川、屯字 4 个乡镇全面开展。1993 年,全县有新城、新集、平泉、彭阳、上肖、南川、殷家城等 7 个乡镇 59 个行政村 554 个自然村 20791 户 605.181 万平方米宅基地,户均 291 平方米,实行有偿使用,应收有偿使用费 127240 元,户均 6.12 元,最高 32.12 元,最低 4.25 元，已收回 52136 元，占应收费 40.97%。1994 年，根据国务院关于减轻农民负担有关精神，宅基地有偿使用费停收，对已收使用费，进行检查清理，严格管理制度，完善使用审批手续。

1994 年 5 月，抽调干部 40 多人，组成工作组，在屯字镇进行修订完善村庄规划和清理土地“三乱”问题试点工作。县政府批转县土地管理局、城建局《关于修订完善村庄规划，清理土地“三乱”问题试点工作情况的报告》，在全县范围内开展修订完善村庄规划。到年底，除殷家城、方山两个整乡及个别乡镇 27 个行政村 369 个自然村之外，全县有 242 个行政村 2114 个自然村，重新规划出住宅区 4244 处，占地 14539 亩；规划公墓区 2479 处，占地 10119 亩；规划取土点 574 处，占地 2174 亩；道路 192 条，占地 5944 亩；编制村庄规划示意图和说明书 2114 份，填写《基本情况一览表》《村庄各项土地利用平衡表》，达到图、表、书齐全。规划图以行政村为单位，悬挂在村部，两表一书全部装订成册，存入档案。

1996 年，在“三乱”清理工作中，查出农民违法建宅 1655 户，处理 1403 户，占清理总户数 84.77%，共收回土地补偿费 105734.7 元、土地管理费 7840 元；拆除房屋 19 户 70 间，收回土地 1905.5 平方米；在非农建设用地大清查中，查出农民个人违法建房用地 1377 宗、74.8 亩（耕地 48.6 亩），处理 1356 宗、73.6 亩（耕地 47.8 亩），占 98.59%。郭原乡查出违法建宅 19 处、占地 2460 平方米，处理拆除建筑物 3 处，收回土地 192 平方米，推墙 16 处、151 堵、317 米，退还土地 2268 平方米，乱占滥用耕地歪风得到遏制。

1998 年，全县上下齐抓共管，完善和落实村庄规划，对 148 个行政村 1286 个自然村进行村庄规划，规划居民点 2573 处，占地 16411.2 亩；规划公墓区 2207 处，占地 4288.6 亩；确定逐步需搬迁宅基 993 处。2001 年，开展农民宅基地清理整顿，重点是 1999 年 1 月 1 日《土地管理法》实施后新建宅基，清查出违法用地 2147 宗、481.2 亩，其中越权审批 176 处、76.5 亩；私修宅基 271 处、121.3 亩；扩大宅基地 1700 处、283.4 亩，均依法处理，拆除 4 处，交地 0.68 亩，收回各种税费 424615 元，清收旧宅基地 318 处。

2003 年，共清理出越权审批农宅 132 处，以罚代批 95 处，私建强修 18 处，扩大面积 37 处，分别作出处理。2005 年，开展以农民宅基地为主要内容的“五项清理”工作，清理出违法用地农宅 1212 处，占地 147.9 亩，其中私修 452 处，占地 113.7 亩；越权批地 7 处，占地 3 亩；扩大建宅 753 处，占地 31.2 亩，拆除 51 户、163 间、2427 平方米，退耕 3150 平方米，收回废弃庄院 71 处，补办用地手续 408 处，收缴税费 58.76 万元，罚款 125 万元。城关镇东关村拆除 7 户不在规划内建宅房屋 57 间 1040 平方米。屯字镇拆除 4 户违法建宅 46 间，面积 676 平方米。

2008 年 8 月至 2009 年 5 月，完成（除三岔、方山、殷家城 3 个山区乡镇外）16 个乡镇 164 个村 1034 个组村庄规划修编工作，规划居民点 637 处，住户 14308 户，面积 12409.615 亩，平均每处居民点可安排住户 22.46 户，户均占地 0. 87 亩。

三、基本农田保护

1993 年，贯彻国务院《基本农田保护条例》，与农业局配合，历时 5 个月，清理和确定基本保护农田,全县划定重点农田保护地55169块,面积118.03万亩,占全县耕地面积174.6万亩67.6%,人均保护面积2.68亩,其中塬地41.43万亩,占重点农田保护面积35.1%;川地7.6万亩,占6.4%;山地69万亩,占58.5%。县、乡设立重点农田保护碑138个,调整村镇规划585处,确立取土点1391处,建立公墓区1928处。县政府下发《关于加强重点农田保护管理的意见》,各乡镇成立重点农田保护小组,落实领导970人,制订保护制度254条。县、乡两级每年将重点农田保护工作纳入土地管理目标责任制,奖优罚劣,明令不准建房,不准修坟,不准建窑烧砖,不准乱种速成林,不准乱建果园,不准乱挖渔塘,不准采石、挖砂、取土,不准荒芜。任何建设不能挤占重点农田,非占不可的,按规定严格审批,并征收造地费。造成荒芜的,征收荒芜费。

1996年,对基本农田保护情况进行全面检查,查出基本农田内抢修、扩修宅基91户,占地45亩;乱取土47处,占地64亩;乱埋坟3201户,通过调查取证,分别情况进行处理,补办用地手续68户,拆除非法建筑物29处,交地2.7亩,收回土地补偿费8450元;平整复耕乱取土点39处,面积51.1亩;平整坟墓276处,通过检查处理,提出6条基本农田保护办法和措施,即健全保护责任制、做好保护基础工作、坚持"五不准"(不准除法律规定国家重点建设项目之外非农建设占用基本农田;不准以退耕还林为名,将平原地区耕作条件良好的基本农田纳入退耕范围;不准占用基本农田进行植树造林,发展林果业;不准以农业结构调整为名,在基本农田内挖塘养鱼和进行畜禽养殖以及其他严重破坏耕作层的生产经营活动;不准占用基本农田进行绿色通道和绿化隔离带建设)、加大经济投入、扩大保护面积、严格执法。

1998年,进行基本农田补充划定和完善工作,以1993年划定基本农田为基础,按自然村和农户,逐地段、片、块和地类进行填表登记,逐级汇总,以乡镇为单位,绘制基本农田分布图。全县补充农田保护片块2483处,面积57.61万亩,累计保护面积175.4万亩,占总耕地206.3万亩的85.02%,农民人均3.65亩,比1993年提高17.3%,其中一级农田保护面积114万亩,占65%;二级农田保护面积43.9万亩,占25%;三级农田保护面积17.5万亩,占10%。乡村两级共建立保护碑138处,同时修定、补充、完善各项保护制度。

2001年,再次完善基本农田保护措施,健全管理制度,实现"七有",即有政府文件,有管护组织,有保护图件,有登记档案,有乡规民约,有保护协议,有重点地块保护标志;对屯字、曙光、上肖、中原等一些塬面重点区域,重新树立基本农田保护碑,对保护范围、面积重新进行确定,并制订保护措施。

2004年,集中开展基本农田保护检查工作,对已划定基本农田进一步核实面积,落实地块,健全档案,全县基本农田保护率为84.3%,新建补充基本农田保护标志207个(处)。各乡镇基本农田保护档案资料齐全,并备案至县,档案齐备率为100%。

2006年,对原有基本农田进行核实补充,重点将新平整土地和开发复垦新增加耕地划进保护区范围。全县核实基本农田保护面积162.2万亩,占总耕地面积186.135万亩87%,其中一级农田105.4万亩,二级40.5万亩,三级16.3万亩,配套完善基本农田保护措施及管理制度，县、乡、村、组层层签订基本农田保护责任书，达到“五不准”和“七有”要求，实现耕地占补平衡目标。2010年，进一步充实基本农田，保护面积增加到186.9万亩，基本农田保护率为81.62%。

四、国有土地使用权出让、划拨及储备管理

国有土地使用权出让，是国家以土地所有者身份，将土地使用权在一定年限内让予土地使用者，并由土地使用者向国家支付土地出让金的行为。出让方式包括协议、招标、拍卖和挂牌。出让年限，居住用地70年，工业用地50年，教育、科技、文化、卫生、体育用地50年，商业、旅游、娱乐用地40年，综合用地50年。通过“招、拍、挂”等形式出让的，制订土地出让方案，明确出让程序，签订国有土地使用权出让合同，颁发国有土地使用证书。国有土地使用权划拨，经县级以上人民政府依法批准，土地使用者在缴纳土地补偿、安置等费用后，将该幅土地交付其使用，或将土地使用权无偿交付土地使用者使用。享有国有土地使用权的，有国家机关用地和军事用地；城市基础设施用地和公益事业用地；国家重点扶持的能源、交通、水利等设施用地。以划拨方式取得国有土地使用权的，不得擅自转让、出租、抵押；确需转让的，必须报批准机关批准，办理土地使用权出让手续，并依国家规定缴纳土地使用权出让金。经批准转让划拨土地使用权的，应在土地有形市场公开交易。用原有划拨土地进行经营性开发建设的，应当按照市场价补缴土地出让金；经批准的划拨土地交易时，低于市场价的，政府应当行使优先购买权。以营利为目的，房屋所有权人以出租划拨方式在取得国有土地上建成房屋的，应当将收益上缴国家。以划拨方式取得国有土地使用权的企业，在破产时，土地不属于破产资产，可由政府收回依法处置。

1988年，第七届全国人大会议修订通过的“宪法”规定，“土地使用权可以依照法律的规定转让”。1990年，国务院发布《城镇国有土地使用权出让和转让暂行条例》，使土地使用权出让、转让步入法制轨道。1994年，县政府对城镇国有土地使用权有偿出让、转让问题作出具体规定，从当年元月起，凡在县城规划区内和城关、屯字、平泉、孟坝、三岔五个镇点范围内的机关、企事业单位，破墙建店出租给他人从事生产、商业等经营活动，获取级差地租和个体工商户经商占用国有土地修建建筑物、堆放构筑物及临时设施用地的，一律实行有偿使用，按规定收取国有土地有偿使用费。机关和企事业单位破墙所建门店，有偿使用费按月租费标准和用地面积收取，每间房月租费在200元以上的，每月每平米收费3元；在200元以下的，每月每平米收费2元，由出租单位交纳。个体工商户经商占地，按建筑物、构筑物和临时设施用地面积收取，每月每平米收费2元，由经营者交纳。有偿使用费由县土地管理局负责收取，上交县财政，凡按规定时限逾期不交者，按月加收应收费1%的滞纳金。

2001年起，县政府将培育土地市场、加强土地管理、探索内涵挖潜、盘活存量土地、提高闲置土地利用率作为深化土地使用制度改革的重点，对供销系统35户改制企业土地，由政府先收购储备，然后发布公告，公开拍卖转让。2002年，对56户国营企业115宗国有土地，全部以竞价方式进行出售，评估土地资产值102.24万元，成交后收回土地出让金172万元，全额解缴县财政。

2003年，县政府制定《镇原县新增建设用地征用收购出让办法》《镇原县储备土地出让实施细则》《镇原县土地征用、收购、储备开发及出让实施办法》，对集体土地征用、国有土地出（转）让价格和地面附着物补偿标准作出明确规定。同年10月，在县城茹河南岸以每亩5万元价格收购储备土地260亩，确定取土点1处、90万立方米，支付地面附着物及青苗补偿费27万元。2004年，储备国有土地320亩，拍卖闲置国有土地4宗58.3亩。

2005年，县城茹河南区开发的188.1亩国有土地，向社会公开进行拍卖，庆阳东盛土地开发公司以每亩16.3万元共计3066.03万元，竞得土地使用权。全年共拍卖9宗205.82亩，收取土地出让金3274.84万元。对县运管所、撤并乡镇所在地闲置国有土地27宗132亩，评估土地资产价值526.1万元，按土地收购储备政策，由县土地收购储备中心收购储备。2006年，对闲置国有土地，促其出让、转让，共拍卖国有土地6宗、106亩，转让国有土地2宗、3.8亩，收回土地出让金1968万元。2003至2006年累计收购储备土地474.9亩，其中南区319.95亩，东区154.95亩。

2007至2010年，严格执行国土资源部、监察部《关于落实工业用地招标拍卖挂牌出让制度有关问题的通知》，全面落实土地有偿使用制度，除法律规定划拨用地外，一律实行招标、拍买、挂牌出让，确保土地交易公开、公平、公正，避免低价出让、暗箱操作等隐形交易行为。4年共征收土地1050亩，保证城区基础设施、工业及办公用地需求，采取招拍挂形式出让土地7宗、500多亩，收回出让金7000多万元，为县城发展提供资金支撑。到2008年，全县共储备土地400多亩，基本可以满足县城5年用地需要。2009年，出让国有土地10宗（协议出让2宗），面积255.6亩，收回土地出让收益金1389.52万元。2010年，在县城城东、城西实施土地整理项目3个，整理开发土地2700亩，有偿出让国有土地13宗、181.8亩，土地出让金收益2597.5万元。

第三节 矿产资源管理

镇原县矿产资源比较丰富，已发现有石油、煤炭、石英砂、芒硝、地热、建筑用砂、砖瓦用黏土、砂岩8种，勘探开发有石油、煤、建筑用砂和砖瓦用黏土，其中砖瓦用黏土分布较广，已开发利用；石油主要分布在新集、方山、三岔、屯字、城关等乡镇；石英砂主要分布在茹河和蒲河两岸；建筑用砂主要分布在茹河流域开边、城关段。全县有矿产开发企业60多户，从业4800多人。

2001年开始，矿产资源勘查、开发利用由无偿向有偿逐步转变，规范矿业权市场。2002年，对全县砂矿点进行重点调查和整顿，摸清各采砂点开采时间、开采人员、砂洞深度、安全设施、地质隐患等基本情况，建档立卡，为依法治理和实施“抓重点、攻难点、拔钉子、促一般”工作奠定基础。此次活动，依法关闭太平镇咎河主砂洞59个，彭阳板刘主砂洞30个，上肖仪封主砂洞83个，方山非法采砂点16处，三岔非法采砂点11处；动用大型铲车封堵有重大安全隐患砂洞4处，断堵运砂道路7处；对私自营销和购置的炸药、雷管依法进行没收,并由公安机关追究当事人法律责任,共处罚 23 人,刑事拘留 9 人;注销砖瓦和采砂企业许可证 2 户,关闭分布不合理砖瓦企业 1 户,责令限期整顿砖瓦企业 5 户;追缴历年拖欠资源补偿费 0.6 万元,新征上缴地区资源补偿费 1.5 万元,对 11 户应检企业进行年检,年检合格率达到 100%。

2003 年,对全县砂矿区进行集中整治,查封非法采砂矿点 225 处,拆除非法采砂设施 40 处,封堵危险洞口 20 处,树立警示牌 8 块,封堵运砂道路 3 条,处理采砂者 40 人次,刑事拘留 6 人。

2004 年,深入各乡镇逐村调查,从 63 户砖瓦采砂企业中收回各项规费 42 万元、矿产资源补偿费 1 万元、采砂权价款 5 万元、采矿权使用费 1.5 万元、权属调查费 1.5 万元、耕地开垦费 6 万元,罚款 27 万元,县乡财税部门收回耕地占用税 43 万元;退耕土地 73 亩,其中曙光嘉兴砖厂退耕 60 亩,孟坝砖厂退耕 8 亩,新集砖厂退耕 5 亩;对违法建厂和欠缴规费的,下发停工通知书;对 17 户未办用地手续的,限期补办手续。当年办理采矿许可证 44 个,颁发土地使用证 43 个。

2006 年,贯彻县政府关于《全面整顿和规范矿产资源开发秩序工作实施方案》,对石油、砂石和砖瓦企业生产秩序进行整顿,通过摸底调查,全县境内共有油(水)井 222 眼,其中长庆油田公司 72 眼、华北石油勘探局 115 眼,长源公司 32 眼,省地矿管局项目办 3 眼;年检采矿企业 55 户,年检率 100%。2007 年,对历年未办理"两证"的 11 户砖瓦企业进行整顿,限期补办土地使用证和采矿许可证。全县 56 个砖瓦企业全部持证采矿,4 个砂石区块全部实行有偿出让。

2008 年,开展"质量效益年"活动,关停效益差、设备落后砖瓦厂 9 户。2009 年,对 59 户矿山企业实地核查和野外实测,埋设界桩 1400 个;完成太平南嘴、三岔古庄山 2 处砂矿评估,出让太平南嘴砂矿采矿权,拍卖成交价款 300 万元。2010 年,对全县砖瓦企业进行检查整治,对 6 户砖瓦厂下发关停通知书,对 13 户砖瓦厂下发限期改造转型通知书,设立砂矿采矿权 4 处,有偿出让采矿权 19 宗,收回价款 1074.6 万元。

镇原县国土资源局办公楼 张富诚摄

第二十四章　工商行政管理

中华人民共和国成立前，县内无专设的工商行政管理机构，市场管理多由官府发布命令进行行政干预。中华人民共和国成立后，县人民政府成立工商行政管理机构，贯彻执行党和国家关于工商行政管理的法律政策，创新市场监督机制，改革监管方式方法，逐步将履行市场监管的各项职能纳入到市场准入与监管、市场秩序维护、消费者权益保护、商标知识产权保护与广告监管、禁止传销与规范直销等五大职能方面，针对不同时期扰乱市场的突出问题，打击投机倒把、制售假冒伪劣商品、走私贩私、商标侵权、虚假广告、合同欺诈、传销等行为，治理商业贿赂，查处“三无”企业，取缔无照经营，开展专项治理整顿，维护公平竞争和健康有序的市场秩序。

第一节　机　　构

镇原县工商行政管理局　1950年6月，县人民政府设工商科，开始对工商市场进行管理。1963年，成立镇原县工商行政管理局。1968年“文化大革命”期间撤销。1978年10月，恢复成立，内设人秘、工商企业登记、市场监管与合同4个股，下设13个工商所，有职工99人。1987年，将企业登记股分设为企业登记注册和个体经济登记注册2个股。1989年8月，增设经济检查股。1997年，增设公平交易股。1999年8月，实行省以下垂直管理，移交干部职工233人。2004年7月，经济监察股升格为经济检查分局，科级建制，有干部5人，其中局长、副局长各1人，工作人员3人。工商局内设机构调整为办公室、注册登记股、市场监管股、法制股、监察室，辖经济检查分局和13个工商所，全系统有干部职工162人。2010年，内设5个股室，辖2个分局，9个工商所，全系统共有干部职工156人，其中干部152人，工人4人；局机关有干部职工46人。

基层工商所(分局)　1978年10月，成立城关、屯字、孟坝、太平、新集、马渠、三岔、开边、平泉、庙渠、上肖、新城、郭原13个工商所，事业编制，有职工90人，经费纳入乡级财政预算，聘请临时市管员、交易员140人。1986年，有职工110人，其中干部53人，工人57人。1996年3月，工商所改为行政编制，实行国家公务员管理制度。1999年，将原使用的“以工代干”人员全部录用为国家公务员。2004年7月，新集工商所合并到孟坝工商所，城关工商所分为城东、城西2个工商所，13个工商所统一升格为科级建制，配备正副所长（副科）25人。2009年12月，城东、城西、开边三所合并成立城关分局，保留屯字、孟坝、三岔、新城、平泉、庙渠、上肖、太平、临泾9个工商行政管理所，有工作人员110人，占工商系统总人数67%。

第二节 集贸市场

一、市场建设

1979年前，县内城乡市场利用古庙会、公路沿线、街道等场所，无固定设施。中共十一届三中全会后，走多渠道建设市场路子，发展培育新市场。1983年，投资8.31万元（市场管理费0.8万元，社会集资7.51万元），解决场地31.7亩，修建各类服务设施面积4506平方米。1984年，投入市场建设资金11.2万元，在县城水荫沟市场建钢架式塑料棚顶服务设施1075平方米。

1985年，投入市场建设资金103250元，其中市场管理费9250元，个体户集资94000元，修建土木结构铁皮房等服务设施3111平方米；重点改造城关、孟坝、太平、屯字等市场，新增临泾、开边、武沟3个羊畜市场，发展场地12.5亩。1986年起，投资73万多元，征地166亩，建起县城滨河、太平、孟坝、新城、屯字、平泉、开边、临泾、上肖、庙渠、三岔11处综合农贸市场和新集、孟坝、太平、平泉、马渠、三岔6处牲畜交易市场及殷家城、王寨、湫池、郭原4处集贸交易点。

1995年，工商部门租地666.5亩，建起孟坝农贸市场和新城、方山、庙渠牲畜交易市场及上肖南李交易点，年租金2.14万元。1996年，贯彻《国务院办公厅转发国家工商局关于工商行政管理机关与所办市场尽快脱钩的意见的通知》，工商行政管理局正式实施管办脱钩，履行市场管理职责，同时成立镇原县市场建设服务中心，负责市场建设工作。2008年，新开辟新城农产品交易中心。

2010年，全县有各类市场44处，其中综合农贸市场12处（县城滨河、太平、孟坝、新城、屯字、平泉、开边、临泾、上肖、庙渠、三岔综合农贸市场、新城农产品交易中心），牲畜交易市场1处（屯字），牲畜交易点11处（临泾、新集、孟坝、太平、平泉、马渠、新城、方山、开边、三岔、武沟），集贸交易点20处（殷家城、王寨、湫池、上肖、郭原、中原、原峰、新集崾岘、王寨、方山、小岘、马渠、武沟、太平兰庙、南川原芦、新城杜寨、彭阳、孟庄、慕塬、席沟圈），群众自发形成的小集市有上肖南李、临泾石羊、开边兰岔等。

二、市场管理

历史上，县内市场的经营活动，由官方发布命令进行行政干预。民国时期，国民党统治区和镇原解放区市场分别由商会、同业会、商业、物资贸易等部门监管。中华人民共和国成立后，城乡市场由工商行政管理部门实施监督管理，保护合法经营，疏通流通渠道，促进生产发展。

(一)综合市场管理

1950年,城镇主要集贸市场由贸易公司、税务、公安等部门组成市场交易所实施管理。1951年,成立市场管理委员会,对私营资本主义工商业实行“公私兼顾、劳资两利、城乡互助,内外交流”政策,在经营范围、原材料供应、市场销售等方面进行整顿和审查登记;对不按批准业务范围从事生产经营,以投机倒把、抢购哄抬物价及买空卖空、掺杂掺假等手段非法牟取暴利者,根据情节轻重,分别给予批评教育、没收货物、罚款、限期停业整顿等处理;对市场私营商贩经营的粮食、纱布、糖、五金等物资,由贸易部门收购,集中在市场销售;对城乡集市的农民贸易活动,按上市商品划定固定市场或临时市场,实行自由贸易。

1953至1957年,第一个五年计划时期,市场管理委员会配合执行统购统销政策,对统购物资(粮食、植物油、棉花、棉布、烟叶、木材、牛皮、杂钢等),未经工商部门批准,禁止上市,对违反市场管理规定经营的商品,查出后予以没收和罚款处理。市管人员佩戴袖章,逢集日深入各市场巡回检查,负责维护正常交易秩序,对进入市场的无证商贩,一律清理取缔;对工商部门审查发给证照的商贩,由市管人员指定摊位,并协助处理经营纠纷。入市摊贩营业时,均须悬挂营业证,不准在城镇搭建固定营业设施,允许以布帐篷遮蔽,不准利用街道路标、电杆及其他公物作为搭蓬设摊的支撑物,不许使用法定以外的度量衡器,不准经营假冒伪劣货物及毒品、赌具等违禁品;经营药品、饮食、理发、洗衣等摊贩,须持有关单位证明;对外来商贩无当地工商行政管理部门证明者,不准进入市场摆摊设点。猪羊、牲畜、粮食等交易市场,均配有工商人员及斗佣,实施交易物资的监督管理。

1958年,对城乡集贸市场物资逐渐实行限制,致使城乡集市贸易由萧条走向关闭。1960年,城乡贸易市场逐步恢复和开放,市场管理贯彻“活而不乱、管而不死”原则,由公社、商业、粮食、税务、供销、银行、公安、交通等部门组成城乡管理委员会进行管理。

1963年开始,参加集市活动的摊担商贩、合作商店、合作小组等,按其出售不同种类的产品,向集市所在地市场管理部门交纳市场交易服务费(也称市管费),收费标准执行最高不超过其商品出售额2%的规定,粮油麻烟类向卖方收取2%,生产资料向卖方收取1%,牲畜类向买卖双方各收取0.5%,其他肉、禽、蛋、日用杂货、小百货、服务修理以及熟食向卖方收取2%,属于农民自产自销产品,出售额达到10元以上者收取1%的市管费。1966至1976年,“文化大革命”时期,城乡集市贸易被视为产生资本主义的条件和土壤,受到强烈冲击。

1968年,市场管理由财政、商业部门兼管,人民公社、基层商店及生产队均成立以贫下中农、民兵小分队为主体的城乡集贸管理网络。执行取缔“地下工厂、地下商店、地下包工队、地下运输队、地下俱乐部”的极左政策,逢集日,市管、税务、商业、公安、民兵、学生等一齐出动,查堵收罚,对进入城乡集市的农民,采取“查苗子、打尖子、顺藤子、挖窝子、铲根子”的办法,把一些未经登记发证的正当手工业、建筑运输业及服务行业,当作地下工厂、地下商店、地下建筑队、地下运输队进行打击,把参与社队企业活动的一些技术人员、建筑包工队人员和从事缝纫、编织的师傅,当作黑采购员、黑技术员、黑包工头、黑师傅进行打击、批判或处罚，致使许多社员因上市赶集、搞点手工业劳动而受到生产队社员会议批判。

1979年起，不断清除“左”的思想影响，拨乱反正，城乡集市贸易迅速恢复和发展。市场管理工作围绕贯彻执行党和国家的经济政策、法律、法令，实行经济监督，保护正当经营，打击投机倒把，制止各种违法经营，维护市场经济秩序，搞活流通，活跃市场，对规定给国家交售的一二类农副产品外的其余产品放开上市销售，对三类农副产品，一律不加限制，对完不成交售任务上市的一二类农副产品，由市场管理人员动员将其产品卖给国家，拒不执行者，按国家收购牌价收购其产品，对已经上市卖出的统购产品，没收高出牌价的全部收入。当年起，市场交易费一律改为5元，熟食、肉食、鲜蛋、服务修理、日杂百货等，一律向卖方收取2%，牲畜类向买卖双方各收取1%，遇物资交流会加倍收取。1980年元月起，将牲畜类收费降至原来标准。

1983年，按照国务院公布的《城乡集市贸易管理办法》，进一步放开市场交易范围，凡是国家统购以外的农副产品，准许国营、集体和个人进城、出县、出省从事自由贩运，支持城乡持证商贩下乡采购农副产品，在城乡市场批量进货，从事贩运和就地销售。贩运价格在国家允许范围内，采取买卖双方协商，随行就市，有升有降。工商行政管理部门为其安排场地，提供各种服务设施，对上市出售贩运大牲畜，只要有村民委员会证明信和牲畜检疫部门检疫证明，由市场交易人员安排到指定的牲畜市场，开展自由贸易，严禁场外交易。农村集体、农民个人及城镇居民，上市出售的旧自行车、旧物料等，只要持有关部门证明，一律划给市场，开展自由经营。各市场设有黑板牌、宣传栏和上市商品参考价目表。逢集日，管理人员运用广播向群众宣传国家市场管理的方针政策和法令，开展工商政策咨询服务活动。各基层工商所人员轮流上市，巡逻检查，维护交易秩序，负责征收市管费，监督纠正违反市场管理人员。

1986至1997年，在经济转型过程中，计划经济和市场经济“双轨”运行，国家放宽生产企业经营政策，允许生产企业在完成国家指令性计划后，超产部分由企业自行定价销售，经营领域出现平价和议价等多种价格，重要原材料、生产资料和紧俏日用耐用品，国家、集体、个人多头采购，抢手经营。市场监管以打击投机钻营为重点，查处倒卖国家指令性计划物资、倒卖国家规定专营或专卖物资、非经营单位和个人倒卖主要生产资料和紧俏耐用消费品及走私贩私、哄抬物价、欺行霸市、倒卖有价证券等扰乱经济秩序的行为。1993年，国家指令性计划逐步退出，市场经济体系形成，取消对上市产品的限制，全面放开商品价格，除国家明令禁止经营者外，其他产品允许个体户和非公经济组织批零兼营，自由贸易。

1998年起，市场监管工作重心转向以法查处垄断经营和不正当竞争的违法行为，侵害消费者权益行为，投机倒把、走私贩私行为，开展打击传销或变相传销，扫黄打非和专项整治活动；全面推行商品准入制度，从源头治理假冒伪劣商品；加强特殊市场监管，维护社会稳定。

2004年6月，县上制订《关于推行商品市场准入制度实施意见》和《实施方案》，推行商品准入制度，在全县16个工商所全面开展商品准入备案工作，严把商品市场监管关口，对经营者实行“两账两票”“一书一卡”监管模式，即建立进、销货台账，进、销货发票；与经营户签订不制售假冒伪劣商品责任书，落实商品质量信誉卡。

2006年，组织开展石油、盐业、文化娱乐、网络、电信、医疗药品及服务类重点市场专项执法行动24次，检查各类市场、商场超市、农村交易点86次，集中清理整顿各类门店和加工点21次、4210户，查获假冒伪劣商品6大类、17个品种，标值8.36万元；清理乱搭乱建、私设摊点1326个；取缔无照经营44户，限期办证103户；对市场巡查中发现的23起违法经营行为，进行立案查处，罚款2.43万元，确保市场经济秩序的安全稳定；将服务“三农”作为推进社会主义新农村建设、构建和谐社会的切入点，树立经纪兴农理念，建立完善农村经纪人登记备案“绿色通道”，培育发展农村经纪130人，为全县农副产品流通架起“经纪桥”，解决农副产品流通难问题。

2007至2008年，规范市场秩序，创新监管模式，强化监督管理，提高监管执法效能，提升市场监管层次和水平，为全县经济发展创造良好的市场环境。2009年，以食品、农资、医药、文化、网吧等群众关注的热点、难点和高危行业市场治理为重点，开展市场整治23次，检查市场、交易点43次，检查经营户及单位1650个，查处违法经营行为42起。全面落实商品市场准入制度，全县23个市场中个体户备案2551个，占个体户总数的97%，有96%的商品实施准入制度，推行索证索票，建立进销货台账。

2010年，以农资等商品为重点，开展执法行动17次，检查农贸市场6次、商品零售市场64次，清理无照经营730户，查收假冒伪劣商品10类、188个品种，收缴超薄塑料袋2万个、假冒洋河酒50瓶，查处违法广告10起，罚款1.5万元，命名农资经营放心店10户，注册县级商标80件，培育发展省级著名商标4件、农副产品商标20多件。

（二）专项市场整顿治理

1998年，贯彻国务院发布的《关于禁止传销经营活动的通知》精神，成立打击传销专项整治工作领导小组，制订《打击传销专项整治工作方案》，对外公布举报电话和投诉网站，印发打击传销、规范直销宣传资料14000份，深入镇原中学、城关初级中学、东街小学、临泾初级中学和东、西街社区发放学习资料4500份；查处杨某传销案，杨某于1997年未办理任何手续，利用其兄的身份入网，成为平凉虹光厂下岗职工赵某某的下线，传销“长寿”牌弧度有氧健康摇摆机，根据《传销管理办法》第二十五条规定，予以警告，罚款1000元。

2000年，打击商标侵权行为，维护正当竞争。8月，县粮油供应站利用其给面粉厂印制、提供面粉包装袋的便利条件，购进陕西三原普通面粉4375公斤，装入镇原面粉厂的小麦特制一等粉包装袋进行销售，工商部门没收非法所得款117元，并处罚款3000元。

2001年起，每年开展一次“扫黄”“打非”专项整治活动。当年收缴淫秽光碟892张、非法出版物357本。2002年起，每年开展两次清理行动（含零点行动），对全县网吧进行全面检查。2005年，出动执法人员267人次，出动车辆36辆次，检查经营场所56处、书刊零售摊点73户，收缴盗版光碟108张，查扣没收非法出版书刊和禁销书47本，取缔无证经营18户；重点查处在校园周边地区非法印制宣传含有不健康内容和有悖社会风尚的非法宣传广告案件一起,没收非法广告47000份,罚款500元。同年4月,立案查处镇原县香园食品有限公司侵权使用他人包装案,该公司在明知环县回生食品有限公司35克胃康蜜包装及装潢获国家专利、且有较高知名度的情况下,仍以近似该产品的包装、装潢生产销售自己的产品,除责令销毁尚未销售包装和装潢外,没收非法所得、罚款各2538元。

2007年8月,在全市系统内率先查处镇原县第一人民医院通过CT室,在账外暗中以现金形式向院外医生32人次支付开单"介绍费"960元,除要求当事人改正外,处以罚款2万元。

2008年3月4日,立案查处新城乡个体户杜某经销的不合格"艳阳天"牌复合肥,并假冒山东红日阿康化工股份有限公司包装、装潢,没收不合格并假冒的复合肥37袋,没收非法所得420元,罚款9600元。

2009年,通过专项清查治理,查缴政治性非法出版物60册、非法宣传品1万多份。2010年,取缔无照经营网吧9户,对经营不规范,存在各种问题的网吧除限期改正外,罚款2.81万元。

(三)特殊市场监管

2003年,"非典"流行期间,贴标语,发广告、公告,散发宣传资料840份,签订"非典"防治责任书1600份,以政府性行为关闭市场9处,关停个体工商户206户,吊销营业执照1起;自行关闭、停业和歇业1404户;查处防治"非典"处方药物户外广告3处,查处哄抬物价案件3起,查处以防治"非典"名义从事违法经营案件25起,案值13.72万元;取缔无照经营56户,罚款2040元;清理违章摊点1685个;没收中药材280公斤、西药5个品种4588公斤、失效变质84消毒液16瓶、劣质口罩28个、保健品48公斤、其他物品价值4600元。同年9月,成立领导小组,进行清除毒鼠强等禁用剧毒鼠剂市场专项整治工作,在全县24个乡镇开展拉网式清查整顿活动,没收销毁剧毒鼠药20支。

2008年,在防治"高致病性禽流感"工作中,全县关闭牲畜市场(交易点)4处,限制销售和登记禽类制品6大类,清理检查24个乡镇、15个养殖村、27个专业养殖户养鸡鹅13500只,确保全县无疫情发生。

同年,"5·12"大地震灾情发生,及时启动市场应急预案,成立抗震救灾期间市场监管领导小组,13个基层工商所成立相应组织机构,完善健全各项制度,加强灾后市场监管,局、所联动,集中力量,对全县53个市场、交易网点、城乡结合部,加强巡查和安全防范工作,打击趁灾哄抬盒饭、方便面、矿泉水等生活必需品价格从中牟取暴利等违法行为;对趁灾串通涨价、捏造散布涨价信息、囤积居奇、哄抬物价、以次充好、变相抬价等违法经营行为,坚决查处打击,确保灾后流通环节市场稳定;加强肉食市场监管,对上市肉、禽产品,严格准入备案,从来源、检疫等环节严格把关,建立购货、销货台账,严防病死肉禽或灾区肉禽产品进入市场;加强价格监管,高度重视与抗震救灾相关商品和服务价格的稳定;对食品、饮料、饮用水、燃料等居民生活必需品和防震材料、农资等重要物资的价格实行监控,随时掌握市场动态,跟踪巡查苗头性、倾向性问题;公布投诉电话,实行24小时预警值班。

是年，开展“红盾护农”工作，制订《红盾护农、送法下乡实施方案》，确定监管重点，明确监管任务，分阶段、有步骤地开展“红盾护农、送法下乡”、农资市场打假治劣、护农维权等专项执法行动，严格农资生产经营主体市场准入，对所有农资经营者全面清理，建立经济户口和农资质量档案，落实索证索票、“两书两账”（农资商品质量安全责任书、承诺书和进货台账、销货台账）、种子抽检送检、留样备案和不合格农资退出市场等制度，从流通环节堵塞假冒伪劣农资；将化肥、农药、种子、农用地膜、农机配件等确定为重点农资商品，实行重点监管；对上市的13类化肥，组织抽检41批次，合格率为97.6%；对市场需求量大的除草剂、杀虫剂、除菌剂等4大类农药，及时进行抽样送检；对上市的11类种子，留样备案102袋（瓶）；对农资销售相对集中的批发市场、专业市场、农资交易点、城乡结合部、集贸市场，作为重点监管区域，加大市场巡查频度和密度，进行严查严管。全年共查处农资违法案件32起，没收款14.12万元，没收销毁不合格复合肥、复混肥27.5吨。

2009年，开展“限塑”专项整治，集中力量，对超市、商场、集贸市场等零售场所销售、使用塑料购物袋情况进行检查，重点查处无合法经营资格的塑料购物袋销售企业提供、销售不符合国家标准的塑料购物袋；查处非法设立的塑料购物袋生产厂家、批发商或进口商采购塑料购物袋行为；未在销售凭证上单独标明消费者购买塑料袋数量、单价和款项行为；查处不标明价格或不按规定内容方式标明价格销售塑料袋的行为，全面落实“限塑令”规定，禁止购进、销售厚度低于0.025毫米的塑料购物袋，要求购进符合国家标准的塑料购物袋，有偿向顾客提供。全县共检查经营户220户次，检查商品零售场所64个，查扣塑料购物袋2万个，查处违法经营者6户，行政处罚0.14万元。

2010年，在“红盾护农打假保生产”专项执法行动中，检查市场和交易点43处、农资门市2130户，抽送检化肥13类，种子留样备查22种、402袋（瓶），查处农资违法案件39起，没收销毁不合格化肥23吨，规范农资市场，确保春耕、秋播正常生产。

第三节　工商企业注册管理

一、注册登记

1963年，工商行政管理局、工业局、供销社、商业局、手工业联社等单位组成工商企业登记小组，开始对全县工商业普查、摸底、登记，至1965年底，完成普查登记工作任务。全县共注册登记工商企业122户，生产经营店204个，从业人员1017人，生产经营资金60.8万元；通过摸底调查，培训干部，探索积累登记管理工作经验，补充完善规章制度，统一行业归类划分，工业、手工业之间，商业、饮食业、服务业之间，生产与经营之间明确分工，纠正和克服产、供、运、销归属混乱不清状况，为企业分类管理创造条件。1966至1976年，受“文化大革命”影响，停止工商企业登记管理。

1979年，以有安定团结的领导班子，能贯彻执行国家政策、法令和计划，各项规章制度基本健全，生产经营场地固定，有设备和技术条件，原材料和动力有来源，产品有销路，产供销正常，生产经营符合卫生要求，企业名称、印章与实际相符，经济性质与隶属关系明确为内容，逐户填表审查，对符合条件的876户（从业人员8142人）国营集体工商企业核发营业证；与公安、银行、商业、供销社等部门配合，对旅店、旧货、印铸刻字、修理和特种行业，进行全面清理整顿，开始登记注册，对符合条件的61户（国营21户，集体30户，个体10户）发给营业执照。

1980年，县上成立工业企业普查登记领导小组，下设办公室，对工业部门所属国营、集体工业企业进行全面摸底、普查填表和注册登记。凡独立核算的厂店，先提出登记申请，填写登记表，经主管部门和业务归口管理部门签署意见，县工商行政管理局审核，合格的发给营业执照，不合格者缓登。已登记发证的企业，未经工商行政管理部门同意，不得自行歇业、转业、合并、迁移、变更企业名称或经营范围。普查登记后，全县有工业企业42户，其中国有11户，集体31户（包括乡镇企业26户），逐户建立经济户口档案；与城建局、建设银行、社队企业管理局、统计局组成工作组，对全民所有制、集体所有制和企事业单位自营施工企业的职工人数、设备技术、资金、经营管理及农村社队建筑工程队情况，按规定的统计汇总程序，全面进行普查登记。注册发证的有县建筑公司，从业人员139人，施工机械设备25台件，总功率230马力；公社办工程队6户，从业人员255人。

1981至1982年，对县内国营、集体商业、饮食业、服务业分系统进行全面普查登记和颁发营业执照，对交通运输分支机构与机关单位客货运输车辆进行摸底填表、注册登记、颁发营业执照。1983年，经工商行政管理部门登记注册并建立"经济户口"的工商企业191户，其中全民92户，集体99户，从业人员3059人。1985年，全县共登记工商企业239户，从业4995人，其中全民企业75户，从业1414人；集体企业164户，从业3581人。

1986年，开展增减变更登记，全县共登记并建立"经济户口"的工商企业799户，同比增加560户，其中法人企业279户，营业单位520户，注册资金51458万元，从业人员10183人。1987年起，形成年检制度，注册登记的工商企业逐年增加。至1996年，全县登记建档企业963户，比1986年增加164户，其中法人企业230户，营业单位733户，注册资金11781万元。按行业分，农林牧渔业4户，注册资本110万元；采掘业3户，注册资本213万元；制造业18户，注册资本6498万元；电力、水生产供应业2户，注册资本105万元；建筑业25户，注册资本433万元；交通运输、冷储及邮电通信业21户，注册资本482万元；批发和零售贸易、餐饮业764户，注册资本2925万元；金融保险业81户，注册资本608万元；房地产业2户，注册资本82万元；社会服务业34户，注册资本303万元；卫生业3户，注册资本3万元；个体电视经营业6户，注册资金19万元。

1997至2002年，工商企业注册登记稳定在700户左右。2003年，国营集体工商业改制，产权转移，注册建档企业减少到240~250户左右。2006年，全县共登记注册各类工商企业219户，其中法人企业76户，营业单位143户，注册资本9183万元。2007年，部分企业隶属关系上划，登记注册交市工商行政管理部门，部分企业产权改制，转为个体经营，全县建档登记企业减少到177户，其中法人企业59户，营业单位118户，注册资本8897万元。2010年,全县建档登记企业385户,其中集体企业167户(法人企业44户,营业单位123户),注册资本8735.49万元;私营企业218户(农民专业合作社87户),注册资金59986万元。

二、监督管理

20世纪50至60年代,注重工商企业普查登记,未能发挥注册登记后的监督管理作用。1980至1990年代,工商行政管理法规和条例不断完善,工商企业登记管理成为工商行政管理部门一项重要工作任务,既管理企业筹建、开业、变更登记和歇停业注销手续,又监督企业执行国家有关政策、法令,检查企业按照工商行政管理部门核定的登记项目从事生产经营,查处企业违反工商企业登记管理条例的违法违章行为,重点查处打击产品质量低劣、假冒产品、短尺少秤、乱涨价、乱提价、注册资金不实、弄虚作假和未经工商行政管理部门审查核准和注册登记擅自开业经营、擅自改变经营范围、扩大经营商品及涂改、转让、复印营业执照、利用营业执照从事非法经营活动等违法违规行为。

2002年,按企业填写登记《甘肃省经济户口簿》,建立企业经济户口档案,做到"一户、一卡、一档、一簿"。内容有企业登记基本情况,前置审批手续,住所和经营场所使用情况,企业开户银行、账户,印章式样,回访表,年检情况,变更、注销、吊销登记情况,商标使用情况,广告发布情况,信贷情况,纳税情况,定期核查、日常检查、专项检查记录及处罚情况,消费者申请投诉情况等,逐步形成以企业经济户口管理为依托,以工商所为重点,以动态监管为核心,分级管理与属地管理相结合,登记注册与市场巡查相结合的新型监督管理体制。

2003年,为全面建立"经济户口"档案,加强企业属地监管,局、所联动,从健全档、册、图、表、卡等入手,向工商所反馈登记信息310份,补办各类前置审批资料40件,开展法律、法规培训,加强日常监管。2004年,将登记注册企业的设立、变更、注销登记及年检、处罚情况,传递给企业所在地工商所备案。各所市场巡查人员进行"五查""两知""一规范"监管,即查有无营业执照,查是否按规定悬挂营业执照,查有无伪造、涂改、出租、出借、转让、出卖营业执照行为,查是否按规定及时进行变更登记,有无超范围经营行为,查有无抽逃注册资金行为,查印章、信笺、门牌名称是否与营业执照相同;巡查人员熟知法律法规,熟知监管任务;监督执法行为必须规范,做到文明管理,公正执法。

2005年,以企业登记注册为导向,支持和促进企业转换经营机制,从"放"字入手,在法律、法规允许的前提下,不论其经济性质、法人类别、组织形式,一律取消经营范围和经营方式上的限制;打破城乡界限、所有制界限和批零界限,让企业自主选择,放手经营;简化审批手续,简化办照程序,除法律、法规明确必须办理前置审批手续外,其他规范性文件规定和行业归口管理部门专项审批不作为企业登记的前置审批条件,对外省、区到县投资办企业的,在名称核准上从宽,相关证明资料从简,在办照时间上,急事急办,特事特办,对手续齐全的,随来随办,对个别手续不全的,采取先办理,后限期补齐的变通办法;对改制企业,因改变隶属关系及所有制结构和变更名称的,经企业申请,原名称可保留3年,保留期内,企业可用原名称对外宣传,但不得用原名称开展经营活动;对企业注册资本达到一定数额,根据分级登记管理原则，支持企业名称前冠用上级行政区划。支持具有法人资格的企业，到外地设立分支机构或投资办企业。凡到外地设立分支机构或投资办企业的，优先出具有关证明，并协调企业与当地工商部门联系，及时办理有关手续；对县内改制企业，全部实施变更和注销登记手续；下发《关于改制企业登记注册工作有关问题的通知》，明确登记注册需提交的文件、办照程序、收费标准等；在局机关内设立政务大厅，推行“首问责任制”，实行“一站式”服务，做到统一受理，现场批准，方便办照，不推不放；与相关部门联系，及时沟通，密切配合，解决企业改制中的问题。

2006 年，实现企业信用监管联网应用，建立企业信息档案，采取缺什么，补什么；谁登记，谁录入；谁检查，谁录入；谁处理、谁录入的办法，做好资料、数据的收集和录入，形成档案数据化，认领网络化，分类自动化，资源共享化，依托信息化网络，实现企业信用分类监管，并为计算机网络登记打好基础。

2007 年，组织企业经营者学习法律法规知识，开展咨询服务，提高企业守法经营意识；实行网上年检工作，颁发《企业网上年检服务系统操作指南》和网上年检出现的 10 个方面问题应对办法等，现场演练网上年检工作流程，为顺利实现网上年检工作夯实基础。2008 年，坚持监管和服务相统一，加强登记窗口规范化建设，进一步完善各项登记监管制度，设立接待咨询服务窗口，公开政务审批程序；加强与企业的联系，实行企业联络员制度；加强企业业务人员政治业务素质和网络应用技术培训；开展企业遵章守纪、重塑形象活动。

2009 年，宣传工商行政管理法律法规，组织企业管理人员学习“公司法”《企业登记管理条例》和《企业信用分类监管办法》等，帮助解决企业在登记注册和经营方面存在的问题，提供咨询服务 30 人次，让社会各界了解工商、理解工商，进而支持工商监管执法工作。

2010 年，进一步规范办证行为，加强监督管理，确定支持和服务地方经济发展的 10 件实事，开展便民惠企活动。年内为农业专业合作社免费办证 27 户。

第四节　个体工商户登记管理

一、登记发照

1979 年，城乡个体户从商品零售起步，逢集赶会，摆摊设点，流动经营，由少到多，逐步兴起。1986 年，全县个体户发展到 2095 个，从业人员 2893 人，注册资金 90.62 万元，其中工业 112 户，从业人员 139 人；运输业 20 户，从业人员 37 人；建筑业 4 户，从业人员 10 人；商业 1334 户，从业人员 1914 人；饮食业 185 户，从业人员 272 人；服务业 180 户，从业人员 234 人；修理业 260 户，从业人员 287 人，全部进行登记注册，发给营业执照。

1986 年起，工商行政管理部门建造市场，增加营业摊位和商业用房，实行归市管理。一部分流动经营者从事百货成衣零售和理发等服务业，固定场地经营。到 1990 年，全县登记个体工商户 2607 户，比 1986 年增加 512 户，从业人员 4994 人，比 1986 年增加 2101 人，经营资金 422 万元，比 1986 年增长 3.66 倍，其中从事加工业 414 户，从业人员 1434 人；从事运输业10户，从业人员20人；从事建筑业10户，从业人员104人；从事商业1200户，从业人员1828人；从事饮食业267户，从业人员468人；从事服务业418户，从业人员775人；从事修理业288户，从业人员365人。

1991年起，经营范围进一步放宽，经营领域进一步拓展，各级政府从政策上鼓励，产业上引导，工商部门加大市场建设，增加商品用房，沿街的行政事业单位破墙建店，为个体经济提供场所，金融部门增加贷款，扶持经营，促进个体经济发展壮大。以服装为主的加工业，以零售为主的商业，以小吃为主的饮食业，以家电、汽车、摩托车、农用机械为主的修理业快速发展，成倍增加。到1994年，全县登记个体工商户4936户，比1990年增加2329户，从业人员9660人，比1990年增加4666人，经营资金1101万元，比1990年增长1.61倍，其中加工业1306户，从业人员2946人；运输业8户，从业人员16人；建筑业18户，从业人员224人；商业2021户，从业人员3716人；饮食业574户，从业人员1220人；服务业490户，从业人员779人；修理业482户，从业人员698人；其他行业37户，从业人员61人。

1995年，开始城镇住房制度改革，住宅楼、商品楼建设加快，大部分职工干部家属入城居住，一部分家属操办经营，充当个体户，一部分农民，入城进镇，购买商品楼房，安家落户，兼农经商。城镇人口增加，城乡基本建设发展，各种服务业应时而上，餐饮业剧增，以钢门钢窗、铝合金门窗、家俬家具为主的制造业兴起。到1999年，全县登记个体工商户7861户，比1994年增加2925户，从业人员15538人，比1994年增加5878户，经营资金2325万元，比1994年增长1.11倍，其中批发零售和餐饮业4417户，从业人员8697人；服务业1407户，从业人员2332人；制造业1963户，从业人员4255人；建筑业22户，从业人员156人；交通运输业6户，从业人员16人；农林牧加工业2户，从业人员8人；其他行业44户，从业人员74人。

2000年起，个体经济向规模化、专业化发展，一部分个体户组建为股份合作制企业，一部分经营范围相同、效益较差的自行下马，放弃经营，个体工商户数量减少，但经营规模扩大。2005年，对全县工商户的历史数据进行录入，建立档案4616户，同时运用工商业务软件进行个体户重新登记，建立电子档案。到2010年，全县登记建档个体工商户4329户，比1999年减少3532户，从业人员6667人，比1999年减少8871人，经营资金59986万元，比1999年增长24.8倍，其中批发零售和餐饮业3396户，从业人员5032人，经营资金57005万元；社会服务业668户，从业人员972人，经营资本1829万元；制造业231户，从业人员599人，资金规模570万元；交通运输业3户，从业人员4人，资金规模30万元；农林牧加工业26户，从业人员43人，经营资金439万元；建筑业2户，从业人员4人，资金规模13万元；其他行业3户，从业人员13人，经营资金100万元。

二、监督管理

中共十一届三中全会后，城乡集市贸易恢复开放，城乡个体工商业逐渐得到恢复和发展。1983年开始，将个体户纳入市场之内，实行统一管理。个体工商户持工商行政管理部门签发的营业证或临时许可证入市经营，主管市场的管理人员予以安排摊位，提供有关服务设施。每年开展监督检查,保护合法经营,打击和取缔非法经营活动;对从事工业、农村产品贩卖,从事商业、熟食、冷饮、饭摊、旅店经营,从事生活用品修理、刻字、裁剪、缝纫等服务业,从事文化、体育、娱乐、游艺及卫生、医疗等行业,从事泥瓦、采石、拆洗、杂补等行业,均按营业额收取1%的管理费;对从事营业性运输的非机动车辆,月收管理费3元,载重车辆2吨半以下的月收5元, 以上的月收10元,5吨以上的月收15元,8吨以上的月收20元;对入场的个体户,市场管理费和个体户管理费合并收取,最高不超过成交额2.5%;从事劳动性的,不得超过3%。

2003年, 支持国有企业深化改革, 调整产业结构和促进个体私营等非公有制经济发展,拓展就业空间,做好服务工作,组织培训下岗失业人员202人,取得技术资格证书,引导其从事计算机和美容美发行业;发挥个体私营企业协会作用,落实再就业各项优惠政策,运用登记注册、市场监管职能,多渠道促进下岗职工再就业和高校毕业生从事个体经营。当年为再就业的下岗职工办理从事个体经营证40户,免收登记费和工本费920元、工商管理费1850元。

2005至2010年,对全县个体工商户按A级(守信个体工商户)、B级(警示户)、C级(一般失信户)、D级(严重失信户)分层分类登记管理。至2008年,全县为下岗职工办理"再就业优惠证"1029人,累计安排下岗职工再就业422人,减免工商行政管理费127.63万元,其中免收注册登记费和副本费1.2万元,免收工商管理费126.43万元。

1986~1995年镇原县城乡个体工商户基本情况统计表

表24-4-1 单位:户、人、万元

年份	项目	合计	工业	运输业	建筑业	商业	饮食业	服务业	修理业	其他
1986	户数	2095	112	20	4	1334	185	180	260	–
	从业人员	2893	139	37	10	1914	272	234	287	–
	注册资金	90.62	1.60	1.47	0.09	80.77	1.17	3.54	1.98	–
1990	户数	2607	414	10	10	1200	267	418	288	–
	从业人员	4994	1434	20	104	1828	468	775	365	–
	注册资金	422.00	152.00	16.00	2.00	182.00	19.00	29.00	22.00	–
1995	户数	2607	610	6	18	1056	320	114	462	21
	从业人员	10905	3365	16	136	4280	1360	890	789	69
	注册资金	1330.00	429.00	16.00	12.50	692.30	52.00	66.00	54.00	8.20

1996~2010年镇原县城乡个体工商户基本情况统计表

表24-4-2　　单位：户、人、万元

年份	项目	合计	农林牧业	制造业	建筑业	交通运输业	批零餐饮业	社会服务业	其他
1996	户数	6067	1	1669	18	6	3225	1106	42
	从业人员	12234	6	3736	136	16	6425	1844	71
	注册资金	1562.00	4.00	537.00	12.72	15.60	846.00	137.00	9.70
2000	户数	3785	–	879	1	–	1955	950	–
	从业人员	7395	–	1776	6	–	3720	1893	–
	注册资金	2910.00	–	757.00	17.00	–	1665.00	471.00	–
2005	户数	4711	2	480	4	3	3306	916	–
	从业人员	10228	5	1329	18	3	6760	2113	–
	注册资金	5077.00	5.00	760.00	7.00	8.00	3370.00	927.00	–
2010	户数	4329	26	231	2	3	3396	668	3
	从业人员	6667	43	599	4	4	5032	972	13
	注册资金	59986.00	439.00	570.00	13.00	30.00	57005.00	1829.00	100.00

第五节　消费者权益保护

2004年，镇原县工商局12315消费者申诉举报网络建成，覆盖全县19个乡镇215个村，有专职和兼职工作人员24人，专用电脑21台，年接受网上申诉举报10件以内。

2006年，利用“3·15”消费者权益保护日，在县城联合8家行政执法单位、45户企业及个体户参加的大规模宣传、咨询活动，在平泉、屯字镇设立分会场，出动执法人员260人次、宣传车17辆，发放宣传材料4万多份，现场受理消费者申诉25件，当场处理2件，收回罚款0.95万元。全年网上受理消费者申诉56件，全部查结，为消费者挽回经济损失2.35万元；接受群众举报19件，其中立案查处8件，罚款2.4万元，移送有关部门处理1件；接受群众咨询270人次。同年9月8日，收到平泉镇农民沈某购买农用拖拉机受损申诉，县局及时组织人员，赴事故发生地调查取证，查访有关用户，拍照存留受损机械，咨询有关专家,并将导致事故发生的有关零件送检,经多方取证查实:2006 年 7 月 2 日,沈某购买上海纽苛兰 650 型拖拉机 1 台,价款 5.6 万元,在不到 10 天时间内因质量问题而发生故障,造成人员受伤和经济损失,工商部门多次与上海生产厂家和兰州经销商联系,促成双方代表于 10 月 8 日共同协商,达成一致意见,由生产厂家给沈某一次性补偿各种损失 9000 元,各方均表示满意。

2007 年,在县电视台举办食品安全和维权知识宣传专栏,每周星期六新闻节目之后播出,受教育 10 万人次以上;组织编写食品安全消费资料,上街散发;为食品经营者统一制作经营者自律七项制度牌 528 面,悬挂在经营场所显著位置;建立食品安全监管考核,开展经营者履行进货检查验收义务指导,统一印制食品进销货台账 2500 本,发放给食品经营者;组织实施九次专项整顿治理活动,参加执法人员 586 人次,检查流通环节各类商品经营主体 1476 户次,取缔无照经营 58 户,查办案件 26 起,总案值 2.68 万元,查收不合格建筑材料 4.3 公斤、不合格猪肉 113 公斤、不合格食品 1449 公斤,下架处理有问题麻辣食品 400 多公斤,责令停播广告 1 条。全年受理查处申诉举报 56 件,接受咨询 1820 人次,为消费者挽回经济损失 11.2 万元。同年 10 月至 11 月,对临泾乡、屯字镇 4 户农民申诉其所购买的财政补贴农用拖拉机出现性能故障问题,会同基层工商所,与农机部门沟通协商,顺利予以调处,挽回农民损失 1.2 万元。

2008 年,以超市、集贸市场和农村为重点,开展以食品饮料为主的商品大检查活动,共检查各类经营主体 2008 户,查获不合格食品 2324 公斤,查处无认证标志的儿童玩具 107 件,没收超薄塑料包装袋 2 万条、不合格刹车片 7 副,查办各类违法案件 21 起,取缔无照经营 22 户,重点处罚镇原百佳超市“三无”月饼一案,处罚款 3000 元;开展专项督查 4 次,出动执法人员 523 人次,检查奶制品经营单位 1015 户次,责令批发商收回有问题奶制品 10.17 吨。三鹿奶粉事件曝光后,清查出有问题“三鹿”牌奶粉 24321 袋(桶),监督销毁有问题婴幼儿配方奶粉 7376 袋(桶),为经营者挽回损失 13.92 万元。接受幼儿家长申诉咨询 151 件,上报患病婴幼儿 397 人,其中重症患者 7 人,给付赔偿 98.2 万元;专项检查食品经营户 496 户次,查获不合格食品 7 大类、32 个品种、108 公斤,没收不合格白酒 2 瓶、过期变质食品添加剂 120 克。全年受理查处申诉举报 56 件,为消费者挽回经济损失 3.8 万元;根据举报,查处取缔制售不合格复合肥窝点 1 处,没收不合格化肥 689 袋、未使用的包装袋 11000 条,罚款 1.7 万元。

2009 年,接受处理消费者申诉举报 32 件,对消费者李某申诉人人乐超市销售过期包装水饺致其身体受害一事,调解由销售商按食品金额 10%赔偿并支付医疗费等 1000 元。全年查处重大案件 3 起,对四川阮某利用专家教授名义从事医疗宣传并销售药品案,罚款 5000 元;对镇原惠农瓜果合作社销售不合格化肥案,罚款 1.9 万元;对河北敦煌种业公司销售侵权玉米种子案,罚款 3000 元。年内处理重大集体申诉案 1 起,对屯字镇 4 户农民共同申诉不合格蔬菜种子案,处理由生产厂家一次性赔偿农户损失 11760 元。

2010 年,建立食品行业协会,推行 12315 食品放心工程,建立以庆阳百佳商贸有限责任公司镇原店为主的流通行业协会和食品配送中心，命名安全示范店 24 户；开展食品安全快速检测 689 批次，检查流通环节经营主体 8028 户次，查办食品案件 19 起，取缔无照食品生产窝点 11 个，罚没款 6.9 万元；查处消费者申诉举报 37 件，全部调处解决，为消费者挽回经济损失 66340 元。

第六节　经济合同管理

1984 年，县工商行政管理局经济合同仲裁委员会成立，开始履行工商经济合同管理职责，至 2010 年，宣传合同法律法规 120 场次，发放宣传材料 52293 份，开展咨询服务 9776 人次，给工商企业发放各类示范合同文本 58968 份、“合同法”单型本 967 本；深入厂矿企业，举办“合同法”培训班 32 期，受训人员 1092 人，答卷 1070 份；给企业法人、非法人授权委托书 27868 份，帮助合同当事人起草特殊合同和农业订单合同 538 份，推广使用农业订单合同 40200 份；协调处理简易合同纠纷 172 起，落实资金 1242 元；巡回检查企业 3348 户次，规范合同文本 58968 份，资金总额 88697 万元，纠正不合格合同 432 份；帮助企业建立健全合同管理制度，监督合同当事人履行合同 814 份，落实金额 9917 万元；调解处理和协助合同当事人处理合同纠纷 193 起，挽回经济损失 820 万元；办理动产抵押登记 29 宗，价值 11.58 万元；参与监督拍卖土地、房产 22 起，成交额 13392 万元；参与工程招投标 340 起，总造价 38768 万元；以打击合同欺诈行为为突破口，配合城建部门每年对县城在建工程进行全面检查，从查营业执照、资质证书与合同文本入手，开展工程立项批复、落实资金、选址、报建、招投标等方面全程跟踪检查，查办转包工程及自制合同文本违规案件 40 起，违规金额 529 万元。

镇原县工商局 张富诚摄

第二十五章　质量技术监督管理

镇原县质量技术监督部门自成立起,围绕计量、质量、标准化监督管理三大职能,开展计量执法检查、产品监督检验和监督检查、各种专项整顿治理和打击假冒伪劣商品、食品质量巡查、特种设备安全检查、标准化推行与监督、组织机构代码办证、人员培训、技术服务等工作。1988 至 2010 年,累计检查 2100 次,查处计量违法案件 289 起,淘汰不合格衡器 107 件,查处生产经销假冒伪劣商品违法案件 112 起,查获假冒伪劣商品 0.43 万件,捣毁和取缔制假窝点、假冒伪劣集散地 21 处,整改安全隐患 184 处,共计罚没款 230 万元,挽回经济损失 140 万元,为发展镇原经济起到保驾护航作用。

第一节　机　　构

民国二十九年(1940 年),国民政府实施《度量衡法》,甘肃省成立度量衡检定所。三十一年,镇原设度量衡检定分所,委派度政技术人员 3 人,负责度量衡制推行划一工作,进行计量检定检查。配备度量衡标准器有:铜市尺 1 只,铜半公尺 2 只,铜 1 公升 2 只,市用制铜砝码 1 匣,1 公斤铜砝码和 2 市两铜砝码各 1 个;标本器有:木市尺、木公尺、木斗、木升、200 斤杆秤、20 斤杆秤、4 两戥秤各 1 只;检定器有 1 尺量端器、2 尺量端器、木公差器、铁 5 升、铁挂钩各 1 只,液体量器架 1 个,吸量管 2 个,200 市斤铁砝码 1 个,50 市斤铜砝码 1 个。三十五年撤销度量衡检定分所,度政工作交由政府建设科办理。

中华人民共和国成立后,在工商科设专职人员管理计量工作。1979 年 2 月,始设镇原县标准计量所,为股级事业单位,有检定人员 3 人,隶属县科学技术委员会,代行行政管理职能,定期对工商企业及市场使用的计量器具进行检定检查。1985 年,计量所有所长、会计、计量监督员各 1 人,计量检验员 2 人,工人 1 人。主要检定器具有:计量检定车 1 辆,标准天平 2 台,表式血压计、台式血压计、竹木尺检定器各 3 台,标准增砣、允差砝码、乳汁计、酱醋计、酒精计、石油计、糖液计各 1 套,标准克组码 2 套,0.5~10 公斤砝码 3 套,20 公斤四等砝码 3 吨。

1988 年 7 月,县标准计量所升为科级事业单位,编制 8 人,改由县经济计划委员会管理。1989 年 3 月成立镇原县产品质量监督检验所,科级建制,与标准计量所合署办公,一套人员，两块牌子。

1990 年 6 月，成立镇原县质量管理局，为科级事业单位，行使行政职能，归口经济计划委员会，标准计量所改称计量检定所，产品质量监督检验所改称质量监督检验所，均降为股级建制，隶属质量管理局。1991 年 5 月，质量管理局更名为技术监督局。1997 年，内设人秘、质量、计量、标准化股（兼县企事业、社会团体统一代码标准制度领导小组办公室），新增稽查队和技术监督行政案件审理委员会（股级），计量、质量、标准化三位一体，归口县工商行政管理局，人员编制 11 人，主要职能是加强全县质量管理宏观指导和监督。1998 年 6 月 8 日，县技术监督局调整归口县计委。1999 年，依照公务员制度进行管理，人员编制增至 19 人。

2001 年 6 月，县技术监督局实行省以下直接管理，冠名为甘肃省镇原县质量技术监督局，内设办公室、质量股、计量股、标准化股、稽查队、特种设备安全监察股，撤销技术监督行政案件审理委员会，计量检定所、质量监督检验所合并为镇原县质量技术监督检测所，核定编制 19 人，实有在职干部职工 14 人，其中公务员 9 人；专业技术人员 2 人；研究生学历 1 人，本科学历 2 人，大专 8 人。2003 年 10 月，镇原县质量技术监督检测所冠名庆阳市镇原县质量技术监督检测所，副科级建制，核定副科级领导职数 1 人，事业编制 5 人。2010 年，县技术监督局内设检测所、办公室、人秘股、质量股、计量股、标准化股、特种设备监察股、稽查队、代码办，人员编制 19 人，其中行政编制 9 人，实有在职干部职工 12 人，其中专业技术人员 2 人；研究生学历 1 人，本科学历 2 人，大专学历 7 人，主要检定器具有：压力表检定装置 1 台，血压器检定装置 1 台，衡器检定标准砝码 1 吨，承担全县产（商）品质量监督检查、监督检验，计量、标准化、特种设备安全监察，产品质量和食品安全监管，组织机构代码证办理等行政执法和综合管理工作。

第二节 计量管理

一、度量衡器沿变和使用

周以前，长度单位名称有：寸、咫（8 寸）、丈（10 尺）、寻（8 尺）、常（2 寻）、索（10 寻）；地积单位有步（1 步合 6 尺）、亩（100 平方步）；重量单位名称有：黍（或叫粟）、累（或叫圭）、分（10 黍）、铢（10 圭）、两（24 铢）、捷（1.5 两）、举（2 捷）、锾（或叫锊、2 举）、斤（也叫觔，16 两）、衡（10 斤）、秤（1.5 衡）、钧（2 秤）、石（4 钧）、鼓（4 石）、引（200 斤）。

汉以后使用长度单位名称有：忽、秒（10 忽）、毫（10 秒）、厘（10 毫）、分（10 厘）、寸（10 分）、尺（10 寸）、丈（10 尺），其器具主要有尺，以外形分，有直尺、曲尺、卷尺；从用途分，有木工尺（又叫鲁班尺）、土工尺、裁缝尺等。地积单位名称是分（横 1 步，直 24 步，每步 5 市尺）、亩（10 分）、顷（100 亩）。容量单位名称有：粟（1 粒粟）、圭（10 粟）、抄（10 圭）、撮（10 抄）、勺（10 撮）、合（10 勺）、升（10 合）、斗（10 升）、斛（10 斗），其器具主要有升和斗。重量单位名称是：铢、两（24 铢）、斤（16 两）、钧（30 斤）、石（4 钧）。

唐时,已有戥秤,俗称戥子,最大单位是两,小到分和厘。宋以后,使用重量小单位名称有忽、丝、毫、厘、分、钱、两,其器具主要是杆秤。清末,政府重订度量衡单位,长度单位为毫(10丝)、厘(10毫)、分(10厘)、寸(10分)、尺(10寸)、步(5尺)、丈(10尺)、引(10丈)、里(180丈,即360步)。地积为方尺(100方寸)、方步(25方尺)、方丈(4方步)、分(6方丈)、亩(240方步)、顷(100亩)、方里(540亩)。容量为勺(10撮)、合(10勺)、升(10合)、斗(10升)、斛(5斗)、石(10斗)。衡为毫(10丝)、厘(10毫)、分(10厘)、钱(10分)、两(10钱)、斤(16两)。

民国初期,度量衡仍用旧制,即老斗、老秤、老尺。二十六年(1937年)起,相继实行新市制,即市斗、市秤、市尺。旧制与新市制换算是,1老尺为1.2市尺,1老斤为1.2市斤,1老斗小麦为44.8市斤;土工1.7裁尺为1尺,木工0.8裁尺为1尺。乡村农户,多以手按之,一拃为五寸,大致也不甚差。土地以亩计算,百亩为顷。民间量地多不用尺,仍采用1步为5尺,240方步为1亩。田不尽方,长、短、圆、斜以此折算,群众均认可。屯字塬1斗为40市斤,其他地方均为50市斤,10斗为1石,分别折合400市斤或500市斤。官方实行公斤、公尺、公里、公亩。每公斤合2市斤,1000公斤为1吨;每公尺合3市尺,分寸以此类推;每公里合2市里,1000公尺为1公里;每公亩合100平方公尺。

中华人民共和国成立至1984年2月,沿用民国时度量衡制。1984年3月,推广使用法定计量单位和计量器具,改制、取消、取缔市制单位和计量器具。民间部分群众仍使用石、斗、尺、亩等计量器具和单位。至2010年,县内使用的计量器具有:衡器、压力表、血压计、水表、电表5大类,衡器包括台秤、戥秤、案秤、地中衡、电子衡等,常用的法定计量单位有:长度米,重量公斤、千克、吨,面积平方公里、平方米、公顷、亩,时间秒、分、时、天(日),电量瓩时,电流安培,电容法拉,电阻欧姆,温度摄氏度,体积升、立方米,分数单位兆、千、万、十、分、厘、毫、微等。

二、历代度量衡管理

周代始设专职官吏负责度量衡检定和使用。秦王朝建立后,用法律形式统一全国度量衡。1976年镇原祁川发现的秦诏版称"廿六年皇帝尽并兼天下,诸侯黔首大安,立号为皇帝,乃诏承相状绾法度量则,不壹歉疑者,皆明壹之"。汉代和三国,承袭秦制。1978年城关富坪出土宋代秤砣,铜质重920克。两晋、南北朝时期,政权更迭频繁,制度混乱,度量衡单位增值较多。隋朝,再度统一,将增大数值固定下来,直至明代。清末,尺、升、斗、提、秤等度量衡器,由政府部门统一组织生产,政府给各制造商配发标准砝码,统一度量衡器量值,制造商接受政府监督和管理。民国时,《度量衡法》实施期间,县内集中工匠制造度量衡器,每保甲均配发新制秤、升、斗,作为制造新器标样。民国三十一年(1942年),镇原县度量衡检定分所推行度量衡制划一工作,开展检定检查。

三、中华人民共和国成立后计量管理

中华人民共和国成立初,度量衡器制造一律办理工商登记,政府配发给标准砝码或量提尺寸,禁止制造旧器。新生产的度量衡器,全部送工商部门检定合格,加盖合格证印后出售。20世纪50年代，粮食部门统一改量斗为秤，严禁用升斗，不准大秤入、小秤出。商业贸易计量工作以公平交易为宗旨，严格计量器具标准使用，提倡货真价实、秤平尺足、不掺杂掺假、不使用非法度量衡的商业道德。主管计量工作的工商行政管理部门组织进行度政划一，实施度量衡器检定，取缔交易市场内使用的非法衡器，打击不法商人利用失准衡器的谋利活动。

1960年代，贯彻省人民政府《关于进一步统一度量制度和加强计量管理工作的通知》，取缔大秤小尺，改制市秤。商业用秤改为10两1斤，各粮库增加台秤，工厂始用计量器具，实行统一管理，流转使用的计量器具，采用“全场统一存放，专人保管，班前领用，班后交回”的管理办法。工商行政管理部门与市场管理机构配合，加强商业市场度量衡器管理。“文化大革命”初期，计量管理工作一度涣散。

1970年代，县标准计量所成立，配备计量标准器，培训计量检定人员，深入企业和社队，计量检定服务上门，开展万能量具、电子仪表、天平砝码、计量衡器检定维修工作。1977至1980年，开展城乡度量衡器普查、普检、普修和厂矿企业计量工作“五查”评比活动，普查发现，商业企业用计量器具失准率39%，国营商店和粮库在用衡器完好情况优于集市贸易，工业优于商业；通过“三普五查”，改变计量器具长期使用严重失修局面，并进行戥秤改革，完善计量制度，药用戥秤一律改为以克、毫克计量的新戥。电力企业对电能压力、温度计量器具加强周期检定。县供销社、农副公司和基层供销社建立计量器具周期检定制度，逐步完善计量器具使用、保管、维修制度。此后，每年普查和抽查形成制度。

1980至1984年，加强计量检定，严格计量器具生产管理，取缔不合格计量器具，惩处违犯计量法令行为，开展物价、计量信得过活动，在用计量器具合格率达到80%以上；对国家明令规定有缺损的绳纽秤、16两秤、石头砣秤、杂配秤和加挂附加物、掉星影响读数计量性能不准秤；磨损、变形、弯曲、示值不准尺；有附加卡棍、缺口、磨边、凹凸变形的油、酒、醋、酱油等液体量提一律取缔。国营商店设公平尺、公平秤，营业人员在营业班前首先校准秤的零位，提出“少一寸罚一尺、少一两罚一斤、缺一补百”的信誉口号，得到社会各界赞誉。

1985至1989年，宣传贯彻“计量法”，将商业贸易使用计量器具纳入法制管理，对全县510户计量使用单位进行调查摸底，并签订计量执法责任书；对全县630个企业、门店进行综合执法大检查，没收旧杂制秤和不合格计量器具136件；在县城6大系统66个单位，开展物价计量信得过活动，评选出物价计量信得过单位9个，由政府颁发光荣牌；对556户企业定量包装进行专项检查，共检查包装袋2224个，合格率为78%，对有轻微短秤的，责令当场重新包装，并处罚款749元；对145个食品经营门店开展专项执法检查，发现有缺斤少两67袋，没收不合格杆秤112杆、弹簧秤84个；依据《企业能源计量器具配备管理通则》和国家计量局颁发的《工业企业计量工作定级升级办法》，进行工业企业计量定级考核，通过县果品厂为三级计量合格企业，颁发计量定级合格证书。

1990年，强制推行法定计量单位，与国际计量单位接轨，改市斤为公斤，改尺为米，禁止使用市秤，市尺；通过对全县工业、商供、建筑、文化、教育5大系统20个单位法定计量检查，工业企业采用法定计量单位96%以上，商供企业、工程设计单位采用法定计量单位90%以上，文化教育系统采用法定计量单位94%以上。全县加快工业企业计量定级升级，县果品厂计量由三级升为二级，县造纸厂、针织厂、印刷厂、农机厂、五金厂、砖瓦厂、陇东针织厂、西街蜜饯厂、开边果品厂、屯字罐头食品厂、平泉麻条厂，孟坝麻黄碱厂12户企业通过三级计量验收，颁发合格证书；在20家医疗卫生单位开展计量管理试点工作，取得经验；加大计量检查力度，对570户企业2400件定量包装进行检查，合格率为70%。

1991年，对573户企业定量包装进行检查，不合格包装711件，占检查总数29%，责令当场改正，并处罚款1596元。1992年，检查定量包装2480件，不合格690件，责令当场改正，并处罚款1620元。1993年，检查计量包装2488件，不合格700件，责令当场改正，并处罚款1596元。

1994年，检查企业门店845个，检查计量器具1084台件、包装物2415件，对不合格计量器具12个和不合格包装物475件，现场进行处理。1995年，考核验收杆秤制售单位4户，对3户合格的换发生产许可证，对1户不合格的取消生产资格；计量检查12次，检查企业门店284个，重点检查面粉、食油、化肥、副食品、烟草收购及蔬菜市场的包装和量值准确度，查处克扣群众短秤少量企业门店128个，没收不合格杆秤58杆，罚款2.3万元。1996年起，计量器具实行周期检定，计量检查坚持每年不断。

2010年，检定维修各类计量器具1026台件，受检率96%，并建立电子档案。

第三节　质量管理

一、质量检验

1970年代，县内国营企业开始内部生产检验活动。1973年，县造纸厂车间设化验室，配备工艺检验员3人、成品专职检验员1人，对生产工艺质量控制过程进行跟踪检验。1975年，县农业机械修造厂设兼职检验人员，对农具修造和配件进行质量检验。1980年代，县印刷厂、酒厂、面粉厂、副食厂、砖瓦厂、农具厂、五金厂等企业，设质量专职或兼职人员，对产品质量进行专项或全能检验。

1990年代，县内各国营、集体企业，规模以上乡镇企业和个体企业均建立质量检验机构，配备专职检验人员，对生产进行全能检验。县质量管理局设检验所，开始监督检验，形成企业自检、检验机构监督检验的质量检验体系。1990年，开始杏产品质量监督检验，抽检生产企业29户，检验杏产品90个，合格率为90%，对不合格产品，责成有关企业限期改进，整顿提高。1991年，制订镇原县“八五”强检规划和分年度实施计划，召开杏产品检评会，参加企业30户，检验杏产品45个。

1992年，监督检验杏产品96个，合格76个，合格率为79.2%，对不合格20个产品，责成有关企业限期整顿，并处罚款2000元。1993年，检验杏产品98个，不合格30个，占

30.6%,除责令改进外,罚款1660元。1994年,配合地区质检所,对164户企业187个产品进行检验,合格率为78.5%,关停不合格杏产品生产企业2户。1995年,配合地区质检所检验164户企业生产的工业产品183个,合格率为78%。1996年,配合地区抽检产(商)品130个,合格率为82%。同年,实施对玉米种子的质量监控检验,对全县1015户种植面积1700亩收获产量500吨,逐户抽样送省局检验,检验结果,有49户种植82亩收获产量25吨种子,纯度达不到标准,为不合格种子,作为普通粮食处理,维护群众利益,受到好评。

1997年,配合地区质检所,抽样送检142户企业产(商)品145批次,合格121批次,合格率为83.4%;县检产(商)品245批次,合格190批次,合格率为77.6%,对不合格的26户罚款3.3万元。1999年,委托地区质检所检验产(商)品326批次,合格253批次,合格率为77.6%,处理处罚不合格产品生产销售企业5户和门店9个,处以罚款1.2万元。

2000年,共抽检产(商)品302批次(配合地区局抽检纤维和水泥制品42批次),合格233批次,合格率77.15%。2001年,监督抽检产(商)品331批次,合格262批次,合格率为79.2%,其中建材合格率75.5%,砖瓦合格率82.5%,食品合格率77.5%,化肥合格率82.4%。2002年,产(商)品抽检339批次,其中地区质检所检验233批次,委托外地质检部门检验106批次,合格271批次,合格率79.9%,其中建材合格率82.6%,砖瓦合格率85.7%,水泥合格率83.3%,钢筋和水泥制品合格率均为75%,给排水塑管、油毛毡合格率均为65.6%,油漆合格率80%,化肥合格率80.7%,食品合格率82.4%。

2003年,产(商)品抽查检验218批次,合格187批次,合格率85.8%,其中建材合格率86%,食品合格率88%。2004年,产(商)品抽验362批次,合格308批次,合格率85.1%,其中化肥合格率80.9%。2005年,产(商)品抽验264批次,合格218批次,合格率82.6%。

2006至2010年,每年抽查检验产(商)品60~100批次,对检验出不合格产品,及时通报,督促改进。

二、监督检查

1980年代后期,产(商)品监督检查和打击假冒伪劣商品,成为质量监督管理部门的主要工作任务。1988年,检查食品经营门店145个、饭馆21个、熟食摊贩33户,检查产(商)品27类、4925瓶(袋),其中变质120瓶,包装标签不合格184袋,没收非法所得128元,罚款1080元。1989年,监督检查企业门店630个,发现有质量物价问题50起,根据轻重批评教育41人,经济处罚9人,罚款737.17元,销毁伪劣食品212瓶,标值237.1元。

1990年,监督检查企业31户、经销门店191个、农贸市场8处,检查产(商)品890种,查出伪劣商品15类、4183瓶(盒),标值1.59万元,没收销售收入0.33万元,罚款984元,对有严重质量问题4户企业,责令限期改进;食品标签抽查门市20个、商品79种,合格率80%以上,其中杏产品生产企业标签合格率95%以上。

1991年,开展"质量、品种、效益年"活动,组织查处假冒伪劣产(商)品5次,抽查6大行业99户企业门店486个,查处伪劣商品6069件,标值4010.55元;组织商、供部门开展伪劣商品清除工作,共检查验收14个公司24个商品大库、45个门店467种商品,清除不合格商品 46 种，占商品种类 9.85%。1992 年，开展质量月活动，联合政府 5 部门开展果品质量检查，召开杏产品检查评比会，通报情况，表扬好的，批评差的。

1993 至 1994 年，宣传《产品质量法》，并列入“二五”普法内容；开展质量执法检查 12 次，检查单位 265 个，查处商品 20 类、124854 件，其中假冒伪劣商品 47445 件，标值 21.26 万元，全部予以销毁，并处罚款 15248 元。同时与县广播站联办“质量监督服务台”，接待群众投诉 13 件，全部查处结案，为群众挽回经济损失 7000 多元，解答质量咨询 38 人次。

1995 年，开展“’95 质量镇原行”活动，出动宣传车 3 辆，组织大检查 6 次，以群众反映强烈的农药、化肥、小麦粉、烟酒、副食品、饮料、皮鞋、化妆品为重点，检查企业门店 494 户，产(商)品 8 类 20 多个品种，查出 54 户 84 个门店销售假冒伪劣商品 8 类 16 个品种 12986 件，标值 117969.5 元；查处无生产许可证化肥 480 多吨，共计罚款 5800 元。设立咨询服务台 1 处，接受并处理群众投诉 5 件。

1996 年，宣传贯彻《产品质量法》《标准化法》《计量法》《甘肃省产品质量管理条例》和《甘肃省查处生产销售假冒伪劣商品行为条例》，组织突击性大检查 8 次，检查企业门店 624 户，检查产(商)品 58872 件，不合格 6390 件，其中假冒伪劣商品 4582 件，标值 5.2 万元，处理罚款 5530 元；开展“质量信得过”活动，县砖瓦厂、五金厂、艾波瑞珂果品有限公司、西街蜜饯厂、啤酒厂、黄岔加油站 6 户企业，经地区技术监督局验收确认为“质量信得过单位”，颁发奖牌；接受处理群众质量方面投诉 12 起，为消费者挽回经济损失 3480 元。

1997 年，继续开展“三法两条例”宣传，出动宣传车 12 次，利用“3·15”和“’97 优质服务月”活动，组织检查企业(门店)728 户，检查商品 59126 件，其中合格 48483 件，不合格 10643 件，查出假冒伪劣商品 3796 件，标值 4.3 万元，全部没收销毁，并处罚款 8600 元；与县广播站、电视台联办“质量监督台”，向社会公布投诉电话，全年接受并查处群众投诉 29 件，为消费者挽回经济损失 4672 元。

1998 年，利用“3·15”国际消费者权益保护日、“’98 质量月”和“’98 质量庆阳行”活动，宣传“三法两条例”及《关于农业机器产品和家电产品维修更换、退货责任有关问题的规定》，制订《镇原县 1998~2010 年质量振兴实施规划》，出动宣传车 5 次，利用有线广播、电视宣传 5 次，印发资料 800 份；开展质量咨询服务 4 次，解答群众有关质量疑问 47 人次，让广大群众明确国家实行“三包”产品具体内容和办法；召开家电推销、维修人员座谈会，明确责任，履行承诺；按照“端窝点、查大案、整市场”总体要求，开展打假活动 12 次，重点检查农资化肥、烟酒副食、化妆品、低压电器、汽车农机修配、皮鞋等行业销售企业门店 1122 户，检查商品 10 大类，查出假冒伪劣商品 5013 批次、13012 件，标值 15 万元，予以销毁，并处罚款 9600 元；加强农业种子监管，对开边兰沟行政村 15 户农民私自制种收获不合格玉米种子，提前采收，作为饲料处理。全年接受并查处质量投诉案件 18 起，为投诉者挽回经济损失 4800 多元。

1999 年，检查工商企业门店 726 户，检查产(商)品 20 类 2218 种(批次)，标值 170 多万元，合格 1823 种，合格率 82.2%，处理有严重质量问题企业 5 户、门店 9 个，收回罚款 1.2

万元。全年受理查处消费者质量投诉12起,补偿经济损失3.9万元。2000年,开展“五个一批”活动,即监督检查一批重点产品,清理一批商业柜台,整顿一批专业市场,端掉一批制售假窝点,治理一批区域性、行业性质量突出问题。全年监督检查工商企业门店723家,检查产(商)品18类2326批次,标值160多万元,对查出不合格商品338种(批次),责成改进,并处罚款6180元。

2001年,组织检查企业门店754家,检查产(商)品21类46种10.8万件,没收、销毁过期食品3189.33公斤、假冒化妆品219瓶、过期农药389袋、假冒香烟1421盒、“黑心棉”网套39条,总标值7.6万元;接受群众质量投诉18起,查处5起,移送13起。2002年,检查企业门店812家,检查产(商)品2865种,不合格309种,依法进行处理;出动执法人员813人次,办理打假案件76起,查收“黑心棉”网套、被褥47条、不合格摩托车头盔9顶、假冒中华烟252条、假冒“五粮液”“五粮春”酒24瓶;巡逻检查全县化肥生产经销企业86户,查处违法案件14起,没收劣质化肥400余吨,对化肥养分含量严重不达标的,进行限期整改和罚款处理。

2003年,监督检查企业门店463家,检查产(商)品20类1943种(批次),标值90多万元,查出不合格商品207种(批次),以法处理;打假检查化肥生产经销企业(门店)86户,查处违法案件14起,没收劣质化肥6.2吨,对严重不合格的责令限期整改,并作罚款处理;监督检查砖瓦企业30户、建筑工地28处,查处不合格门窗和劣质PUC给排水管各2批次、不合格机制砖3批次。

2004年,会同有关部门,制订《镇原县“质量兴县”活动实施意见》,开展企业大排查、大摸底、大建档活动,查清全县共有工业生产企业168户,其中食品加工企业88户(蜜饯厂33户,小麦加工企业19户,食醋生产企业14户,饼干生产企业17户,饮料生产企业2户,其他企业3户),非食品生产企业80户(砖瓦企业55户,楼板加工企业13户,印刷企业3户,磷肥生产企业3户,钢门窗生产企业3户,其他企业3户);年产值在10万元以上生产企业39户,100万元以上企业1户,全部建立档案,为信息化管理奠定基础;继续开展“五个一批”活动,监督检查企业门店830户,产(商)品2905种(批次),标值200多万元;打假抽查化肥155批次,不合格28批次;检查砖瓦企业30户、建筑工地30处,查出无生产许可证企业20户、不合格铝合金门窗6批次、不合格机制砖10批次,均以法从重处罚;查处假冒伪劣商品案件86起,为群众减少经济损失70万元。

2005年,起草《镇原县质量兴县》实施方案,印发有关部门和企业贯彻执行;检查企业门店830家,检查产(商)品2905批次,标值200多万元;受理查处投诉案件76起,为消费者追回经济损失120万元。2006年,建立企业质量档案142户,其中食品企业82户,非食品企业60户,建档率100%。食品企业责任书签订、承诺书完成、添加剂备案均为100%。年内质量监督抽查产(商)品400批次,金额14.8万元,不合格40批次,占10%;受理查处投诉案件28起,结案率为100%。

2007年,产(商)品监督检查410批次,金额16万多元,不合格25批次,占6.1%;建立食品企业电子和纸质档案130户，建档率为100%。查处质量案件20起，结案率100%。2008年，产(商)品抽查570批次，金额18万元。2009年，完成各类产(商)品监督抽查450批次，金额17.9万元。2010年，将质量兴县暨产品质量与食品安全监管目标纳入县委、县政府综合考核范畴，对乡镇、部门进行考核兑现。全年监督抽查358批次，金额12.5万元，建立工业企业档案59户，食品添加剂备案100%，与食品企业和食品生产加工小作坊签订质量安全承诺书达到100%。

三、专项整顿治理

1995年，整顿杏产品企业103户，取缔设备简陋、技术力量薄弱、产品质量差的生产企业39户；对全县9户石油经销单位进行整顿和资格认证验收，合格7户，颁发证书，不合格2户，吊销营业执照。

1996年，继续加大对杏产品生产企业整顿，关停产品质量不过关生产企业21户；开展磷肥、石油等不合格企业整顿，通过举办学习班、召开座谈会、寻找差距、完善提高内部管理等措施，促其复检合格，通过验收；整顿家电维修和眼镜经销门店6户，对合格5户，发给资质证书，不合格1户，责令限期改进。

1997年，利用“3·15”和“’97优质服务维修月”活动，开展不合格企业整顿和后期处理，组织力量，集中一月时间，整顿提高不合格企业8户，使其复检合格；配合工商、供销部门开展农资市场专项整治活动，查出有问题农资经销单位25户，没收劣质化肥97吨、地膜4吨、棚膜41公斤、玉米种子1275公斤。

2000年，按照产(商)品“三包”(包修、包换、包退)规定，先后2次对汽车、农机配件经销企业、门店60多家，开展“五查”整顿(查质量意识，查质量水平，查质量体系，查现场管理，查销售服务)，促其改善经营，加强管理，提高服务质量。2001年，对全县汽车、农机配件经销和修理企业门店70多家，规范“三包”服务承诺。2002年，开展石油市场专项整治，查处石油贩子8户，没收不合格油品4320公斤、劣质润滑油24瓶，标值1.5万元。

2003年，开展“非典”用品场所专项检查整治，全年出动执法人员108人次，检查经销“非典”用品场所262个，查处劣质口罩500只、不合格过氧乙酸3000公斤、劣质过氧乙酸3500公斤；开展石油、电线、电缆、家电及摩托车行业专项整治，没收销毁假冒伪劣产(商)品18类14900多件，货值68万多元，查收不合格油品1300公斤，标值5000元，为消费者挽回经济损失70多万元。

2005年，集中整治农资、石油、食品等市场，出动执法人员296人次、车辆180台次，查处假冒伪劣产(商)品18类15620件，标值68万元，全部没收销毁，为消费者挽回经济损失120万元；开展建材市场整治，巡逻检查砖瓦生产企业53户、建筑工地20处，查出无证加工企业20户、不合格门窗6批次，分别予以纠正和处理。

2008年，“5·12”地震后，对全县抗震救灾物资及灾后重建工程进行专项监督检查。2009年整顿农资市场，清查化肥生产经销企业86家，查收假冒伪劣化肥58吨。2010年，继续抽查农资化肥生产经销企业，查处没收假劣化肥10吨。

四、特种设备安全检查

2002年，普查登记和检定在用锅炉46台、压力容器37台、特种车辆172台，办理更换锅炉审批手续12户；组织全县司炉工参加地区局举办的锅炉和水质化验人员取（换）证培训班，组织县内两个液化气经营站送地区特检所检验在用钢瓶1980个。

2004年，配合市特检所检验供暖锅炉55台、常压供水洗浴锅炉40台，完善新安装锅炉手续4户；开展重大节日期间锅炉使用专项整治，确保安全运行；加强吊塔、游乐设施监管，严格检验施工吊塔、游乐设施，落实作业人员资格证件和持证上岗。

2005年，普查登记液化气站2个、液化气瓶4343只，其中使用权转移的3638只，占83.8%；登记压力管道14935米，涉及3个单位，均为工业管道；登记和配合检验锅炉95台，其中供暖55台，常压供水锅炉40台，办理新安装锅炉4台；检查建筑工地塔吊20多台、游乐设施2处11台，消除安全隐患。

2006至2007年，配合市特检所检验锅炉94台、液化气钢瓶276只。2008年，开展“安全生产百日整治”活动，全年检验锅炉26台、压力容器17台、电梯2台、起重机械20台、厂（场）内机动车12辆、液化气瓶500只。

2009年，组织开展应急救援演练活动，在镇原百佳超市和龙珠钻石娱乐城，联合举行电梯故障和液化气钢瓶泄露失火现场演练，提高处理应急事件能力。全年共检查锅炉37台、压力容器14台、电梯3台、起重机械31台、厂（场）内旧机动车12辆、液化气瓶1100多只。

2010年，与县交警队等单位联合在临泾席沟圈举行现场模拟救援演练，圆满完成急情报告、预案启动、快速反应、险情侦察、紧急救人、疏散人群、现场检查、抢修检验等全部演练内容。节庆期间，开展特种设备安全检查整治，建特种设备档案24台件，下发安全监察指令书5份。

五、技术指导

1991年，指导工业企业完善内部管理体系，建立质量管理小组83个，配备专职兼职管理人员357人。1993至1994年，在县属工业企业中，全面推行质量考核、质量管理和质量保证系列标准，开展降低不良产品损失工作，每年降损12万元。

1995年，帮助企业开展“转机制、抓管理、练内功、增效益”活动，降低不良产品损失10.5万元，质量损失率降低到3%。1996年，指导县造纸厂开展降低不良产品损失工作，采取改进工艺流程、严格操作程序、层层把关负责等措施，全年完成降损11.3万元。1997年，指导五金厂开展降低不良产品损失工作，降损10.5万元。

1998年，帮助啤酒厂、造纸厂、蜜饯厂编写《质量管理手册》和《质量保证体系》等资料，印发各车间、班组，人手一册，贯彻实施。1999年，参与建设20万亩优质高产杏子示范区，动员群众栽植杏树18.83万亩，嫁接建造杏园3.3万亩。2001年，帮助指导县复合肥厂、临泾磷肥厂、华龙造纸厂、新一代食品有限公司编制《质量管理手册》，建立和完善内部质量管理体系。

2003 年，帮助县陇兴面粉厂、粮贸公司面粉厂、平泉康达面粉厂 3 户企业，整章建制，强化内部管理机制，使其获得食品质量安全市场准入证书。2004 年，指导太平顺发迎奥面粉厂、临泾德谊面粉厂、新一代食品有限公司强化内部管理，使前两户获得食品安全许可证，后一户通过质量体系评价验收。

2005 年，建立健全食品质量安全监管网络，督促全县 19 个乡镇聘用监管员 33 名、协管员 208 名、信息员 84 名；帮助企业整章建制，申办食品质量安全证 8 户。2007 年，培育评价质量体系企业 3 户，其中认证 1 户。2009 年，核审企业生产许可证 32 户，为新千年果品公司等企业申报换发生产许可证 10 户，新办生产许可证 2 户。2010 年，核审企业生产许可证 38 户，换证 10 户，新办证 2 户，配合省质监局现场考核“康源”和“绿泉”两个纯净水生产企业，通过复查换证。

六、人员培训

1990 年，县质量管理局首次举办质量管理培训班，培训企业管理人员 380 人。1991 年和 1993 年，两次组织企业管理人员 380 人，参加电讲统考。1994 年和 1995 年，每年培训企业厂长(经理)148 人，增强质量意识。1996 年，组织局内 6 名干部参加地区质量技术监督局举办的行政执法人员培训班，全部考试合格。1998 年，培训企业厂长(经理)32 人。2000 年，举办不合格企业厂长(经理)培训班一期，参加培训 13 人。2002 年，组织 6 户食品生产企业管理和检验人员参加地区局举办的食品质量安全市场准入制度培训班，组织 8 人参加省、区局举办的业务技能培训，组织 10 人参加省局举办的行政执法资格考试，全部合格，持证上岗。2010 年，以开展“质量和安全年”为平台，举办《食品安全法》培训班和企业厂长(经理)培训班，同时举办产品质量、食品安全、两网监管员、协管员培训班，参加培训 120 多人。

七、申创名优新产品

1990 年，申报争创省优产品 2 项，检验复审省优产品 2 项。太平豆浆晶厂生产的“豆浆晶”，孟坝奶粉厂生产的“全脂奶粉”，通过检查验收，申报争创省优产品；县针织厂生产的“旗袍女外套”、五金厂生产的“弹子铁挂锁”复审通过省优产品。1991 年，鉴定申报新产品 6 项，为“活性炭”“弹力锦纶丝袜”“锦纶丝袜”“苏式糕点”“杏子蜜”“开味果”产品。省优产品复评砖瓦厂的“烧结普通砖”，地优产品复评县食品厂的“黄山可乐”、上肖西岭鞋厂的“女式皮革鞋”。新创地优产品 3 项，为县农副公司果品厂生产的“甘草杏”、活性碳厂生产的“活性炭”、镇原蜜饯厂生产的“奶油杏肉”。1994 年，申报争创省优产品 1 项，并对以前命名的 6 个省优和甘肃名牌产品重新进行核查确认，有 13 个产品分别获得国际国内大奖和节会指定产品。1998 年，巩固提高原有 3 个省优和 2 个甘肃名牌产品，申报新创县造纸厂有光书写纸为甘肃省名牌产品。2007 年，申报争创甘肃名牌产品 1 项，国家免检产品 1 户。2008 至 2009 年，每年申报甘肃名牌产品 2 项、用户满意工程 1 户。2010 年，申报甘肃名牌产品 2 项。

第四节 标准化管理

中华人民共和国成立后，各行业、各企业贯彻落实《中华人民共和国标准化管理条例》和《甘肃省标准化管理实施办法》，逐步实施标准化。1980年代，邮电、粮食、建设、供销、工业、电力、公路、农业、林业、卫生、畜牧、水利等行业，先后实施国家部级和地方技术规范或标准。

1989年，对全县13户国营工业企业59种产品和24户乡镇企业53种产品标准现状进行调查摸底，全县生产企业112个产品中，执行国家标准8种，行业标准28种，地方标准55种，企业标准21种，标准覆盖率为100%。县局帮助屯字罐头厂、县果品厂制订企业产品标准15个。

1990年，宣传《标准化法实施条例》，印发宣传资料200份，出动宣传车5辆次，利用有线广播宣传5次，举办第二期标准化函授培训班，培训企业人员36名，帮助县冷冻厂采用国际标准组织生产。1991年，举办第三期标准化函授培训，培训企业人员24名，帮助6个企业制订产品标准，累计备案标准61个；在县五金厂、西街蜜饯厂2户企业开展推行标准化试点工作，审查验收合格。

1992年，帮助县艾波瑞珂果品公司起草、制订、备案企业产品标准12个。1993年，制订《镇原县水地小麦、玉米带状种植规程》和《镇原县玉米地膜覆盖技术规程》，增加农业生产技术标准2个，办理机构代码327个，累计完成1077个，占应办单位100%。

1995年，开展"消灭无标生产县"试点工作，制订《关于消灭无标生产试点县实施细则的安排意见》，成立领导小组，明确责任，进行消灭无标生产工作；调查生产企业103户，执行标准的98户，占95%，对无标准生产的5户企业，制订标准，对执行过期废旧标准企业，购买新标准资料，依照执行。1996年，继续开展消灭无标生产工作，全县95户企业170个产品，全部建立标准，标准覆盖率达到100%。

1998年，组织机构代码换证300个，新办证10个。1999年，在黄河啤酒镇原分公司、县造纸厂、西街蜜饯厂开展系列标准宣传贯彻活动，提高全员标准化意识。全县56户企业88种产品，全部实现标准化生产，经省质量标准管理局验收，完成"消灭无标生产县"试点工作，并颁发证书。技术监督工作目标责任考核为一等奖，受到省局表彰奖励。全县累计办理代码证书515户，其中换发证件433户，新办证82户。

2000年，重新修订"奶油杏肉""甘草杏""杏脯"等杏制品企业标准。2001年，巩固消灭无标生产县成果，对全县32户杏制品和砖瓦企业实行标准备案；推广施行《镇原县小麦地膜覆盖穴播栽培技术规程》和《优质生产栽培技术规程》两个地方标准；开展行政机关新的公文格式培训和实施工作，组织4户印刷企业和4名行政单位业务人员参加地区培训；利用第二次基本单位经济普查机会，抽调人员，分片包干，上门服务，新办代码证742户。

2002至2004年，开展组织机构代码办证145户，换证569户，年检610户次。2005年，制订《镇原县高产优质标准化示范区项目实施方案》,帮助新一代食品有限公司制订备案企业产品标准;机构代码办(换)证120户,年检130户,废置355户。2006年,建立代码电子档案752条,办理代码卡52条,新办、废置、年检代码证书878条。

2007年,备案施行企业产品标准66份,其中农业标准2份,覆盖率为100%;完成代码电子档案827条、代码卡76条,新办、废置、年检代码证书1060条,数据更新率为58.9%。2008年,启动"优质西瓜"标准化省级示范区建设项目,完成电子版网上申报工作,起草修订农业标准1份,企业标准备案71份;建立代码电子档案2421条,换证133户,年检代码证522条,废置31户,办理代码卡133户,新办证45户,变更14户;帮助企业申办产品条形码2户5个品种,续码3户。

2009年,全县20万亩优质杏园国家级标准化示范区建设项目通过国家复审验收,省级"优质西瓜"标准化示范区建设项目实施过程良好;修订上报农业标准1份,企业标准备案26份。建立代码电子档案2961条,新办、变更、换证337户,年检代码证书720条,废置代码证书22户,办理代码卡337户,数据更新率68.51%;帮助企业申办条形码6种12个产品,代码工作获得省级"先进集体单位"。

2010年,省级优质西瓜标准化示范区建设项目通过考核验收;起草上报农业标准1份,质量体系评价2户,C标志评价1户,申报标准化良好行为企业1户;完成组织机构代码年检515条,换证321条,废置13条,条码续展7户,新办2户。数据上报率为100%,更新率为74%,电子档案扫描合格率100%。

第二十六章　审　计

审计工作是中华人民共和国成立后特别是中共十一届三中全会后国家加强经济活动监督的主要手段,历届县委、县政府重视,不断健全审计组织,扩大审计队伍,改善审计条件,拓宽审计领域,提高审计质量,加大审计力度,维护经济秩序,保障经济安全运行。

第一节　机　构

镇原县审计局　1983年5月,成立镇原县审计局,定编8人,履行国家审计职责。1985年,镇原县审计局内设财贸审计股、公交审计股、行政事业单位审计股,人员编制9人。1997年,县审计局内设行政事业农业审计、财政金融商贸审计、文档外资审计、工业交通固定资产投资审计4个股,有职工13人。2010年底,县审计局内设行政事业农业、财政金融商贸、经济责任、固定资产投资与外资审计、文秘法制5个股,有干部职工14人,其中大专以上文化程度5人,承担全县财政、金融、行政事业、企业等单位经营活动审计工作。

镇原陇华会计师事务所　1993年,成立镇原县审计事务所,为副科级事业单位,编制3人,承担社会审计职能,实行有偿服务,独立核算,自收自支,依法纳税。1999年,国务院决定将中国注册会计师协会和中国注册审计师协会合并为中国注册会计师协会。同年12月,镇原县审计事务所经省财政厅批准,改制成镇原陇华会计师事务所,为普通特殊合伙中介机构,同时注销镇原县审计事务所,与县审计局脱钩,有职工5人,其中注册会计师3人。主要任务是审查全县企业会计报表,出具审计报告;验证企业资本,出具验资报告;承办会计咨询、会计服务业务;办理企业合并、分立清算审计业务;出具有关经济监证报告;基建工程预决算审查及法律法规规定的其他审计业务。

单位审计机构　1953年,县政府财政科内设财政监察股,有监察员2人,负责财务审计工作。1978年2月,成立镇原县人民公社经营管理站,编制13人,隶属县农业局,负责全县农村合作经济组织财务审计。1994年,农牧、教育、粮食、卫生、供销等10个系统组建内部审计机构,对所属核算单位财务收支、管理制度执行情况进行监督检查。

第二节 审计监督

一、审计程序和办法

1983年审计局成立起，每年初，提出审计计划，按照计划进度和时间安排，向被审计单位下达审计通知书，依法实施审计监督，审计结束时，提交审计报告，作出审计结论，对违纪行为的行政处罚和工作人员行政责任依法作出审计决定。审计方式通常采用报送审计和就地审计两种，以就地审计为主。报送审计，即由被审计单位按照审计目的和要求，将相关资料及实物报送审计部门审计。就地审计，即由审计部门派出审计人员，进驻被审计单位现场审计。审计方法分三步进行，首先开展书面资料审查，即对被审单位一定时期内财务收支或某一项目的原始凭证、账簿、会计报表等进行全面核对审查；其次是调查、核实、取证，即对被审单位各项资产、物资、资金进行实地盘点，确定数量、品种、规格及金额，与账、表核对其准确性；最后通过查阅国家有关法规、政策，对其项目资金使用合法性进行认定，对重点项目资金，可延伸到最终实施单位进行调查核实。

二、国家审计

镇原县经济监督活动始于中华人民共和国成立后。1953年，开始对财政收支情况进行审查监督。1984年，县审计局对党政部门、事业单位财务收支开始监督审计。当年审计党政事业单位10个，审计出违纪资金7.1万元。

1990年起，审计重点逐步向财政、农业资金和重点建设项目等方面转移。1991至1995年，共审计行政事业单位和项目319个，其中行政事业单位122个，固定资产投资项目48个。审计总金额39490.6万元，审计出违纪资金235.47万元，占审计总额0.6%，其中截留国家收入资金5.14万元，预算内转为预算外资金1.98万元，挤占挪用专项资金41.92万元，其他违纪资金186.43万元，对审计出的违纪资金，处理收缴财政18.31万元，追还挪用专项资金41.92万元。

1996年起，开展县级财政预算执行情况审计，从监督部分单位财务收支到监督本级财政预算执行，实现审计跨越式发展。1999年，开展党政领导和企业负责人任期经济责任审计。审计工作步入法制化、制度化。1996至2003年，共审计单位与项目436个，其中财政预算执行审计220项，财政决算审计106项，专项资金审计46项，经济责任审计64项，审计资金总额174523.62万元，审计出违纪资金22464.85万元，占审计总额12.9%，其中截留国家收入资金433.8万元，划预算内为预算外资金0.3万元，挤占挪用专项资金266.5万元，偷税漏税15.54万元，其他违纪资金21748.71万元；通过审计，收缴财政资金168.87万元，追还挪用专项资金266.8万元，补缴税金15.54万元，调账和作其他处理907万元。

2004年，贯彻国家审计署发布的审计准则6号令《审计质量控制办法》，进一步完善内部管理制度，从审计程序、取证、听证、日记、底稿、定性、文书、报告等方面严格规范。2006年起，配备笔记本电脑，安装审计软件，审计工作从单纯手工向计算机辅助迈进，加快审计进程，提高审计工作水平。2004 至 2010 年，共审计项目 866 个，其中财政预算执行审计 297 项，财政决算审计 78 项，专项资金审计 121 项，经济责任审计 144 项，其他审计 226 项，累计审计资金 202545.29 万元，审计出违纪资金 13969.83 万元，占审计总额 6.9%，其中挤占成本费用 17.94 万元，预算内转预算外资金 413.11 万元，挤占挪用专项资金 96.8 万元，其他违纪资金 13441.98 万元，处理收缴财政资金 130.03 万元，追还挪用专项资金 42.4 万元，调账或作其他处理 13797.4 万元。

三、社会审计

1993 年，县审计事务所成立，开展社会审计，至 2010 年底，共办理各种审计、验证业务 1600 多项，其中企业财务会计报表审计 100 项，企业注册资本验证 300 项，基本建设工程审核 1200 多项，核减基建工程投资 890 万元，挽回国家经济损失。

四、内部审计

1985 年开始，全县有教育、农牧、卫生、商业、粮食、供销、财政、税务等 10 个系统，坚持开展内部审计。至 2010 年，内部审计单位和项目 361 个，审计(稽核)资金 1693 万元，查出违纪金额 367 万元，分别情况进行处理，其中收缴财政 5 万元。

第三节 重点项目审计

一、行政事业单位财务审计

1980 年代，对党政部门、事业单位财务收支真实性、合法性进行审计，重点查处挪用、私分社会救济款，私分公款，私用公款，利用公款请客送礼，私设“小钱柜”和乱发奖金等违纪问题。1986 至 1990 年，共审计行政事业单位 160 个，查出违纪问题 4 类、48.62 万元，其中划预算内为预算外资金 7.9 万元，挤占挪用专项资金 5 万元，偷漏税 3.33 万元，其他违纪资金 21.29 万元。

1990 年代，重点查处乘改革之机，变换手法损害国家利益行为，跟踪检查行政事业执罚单位罚没收入和预算外资金管理使用情况；坐收坐支预算外资金、乱收费和变相收费及随意提高罚款标准等问题。1991 至 2000 年，共审计行政事业单位 160 个，查出违纪资金 233.33 万元，其中截留国家收入 25.3 万元，挤占挪用专项资金 34.28 万元，其他违纪资金 173.75 万元，处理收缴财政 19.02 万元，追还挪用专项资金 31.95 万元，作调账或其他处理 182.36 万元。

2001 至 2010 年，重点审计监督行政事业单位财务收支使用虚假票据，虚报冒领预算资金；审计监督教育、卫生等关系民生的收费情况，保护人民群众切身利益。10 年共计查出虚假票据报销金额 196 万元，乱收费、超标准收费 370 多万元，按有关政策规定分别作出处理。

二、财政预决算执行情况审计

1996 年起，确立“同级审”制度，坚持“账户入手、下审一级、摸清家底、揭露问题”原则，对本级上年财政预算执行情况进行审计。重点审计财政预算支出、国库支付、预算追加等财政管理资金。截至2010年，全县共审计单位和项目556个，审计总金额155388.29万元，查出没有严格执行“预算法”，未经县人大常委会审批，随意变更财政预算，财政部门滞留专项资金，预算执行单位挪用专项资金，坐收坐支预算外资金，漏缴各类税金等问题，违纪资金总额1340.56万元，处理追还财政资金121.3万元，追还挪用专项资金24万元，处理违纪单位罚款42万元，作其他处理17万元。

2000年起，对财政决算开展审计，重点审计财政决算是否真实有效，有无虚列支出问题。至2010年，全县审计单位和项目188个，查出决算不实、支出不合理、挤占挪用专项资金、偷漏税款等有问题资金1678.38万元，处理收缴财政资金40.38万元，补交税金3万元，追还专项资金36万元，作其他处理资金85万元。

三、固定资产投资审计

1985年开始，对国家下拨的固定资产投资使用情况进行审计，至1995年，共审计投资项目72个，审计出挪用专项资金和不合理开支等有问题资金772.73万元，处理收缴财政资金0.29万元，归还挪用专项资金4.79万元，作其他处理767.65万元。1996年起，由陇华会计师事务所承接基本建设项目审计。

四、企业审计

1995年开始，配合企业改制，本着“一审二帮三促进”原则，对国营集体企业进行审计，至2002年，共审计企业28户，澄清企业家底，查出偷漏税款、归属不清等有问题资金3617万元，处理缴纳全额税款，归还原渠道资金296万元。1996年6月，对供销系统生产资料公司、平泉供销社财务收支和经营状况及农业生产资料组织供应情况实施审计，同时对各基层供销单位农资购存情况进行专题审计调查，发现农业生产资料经营中主要存在经营资金短缺、库存储备少问题，提出帮助供销企业克服困难，盘活资金，扩大对农业生产资料营销业务的支持，以保证全县农业生产发展需要的意见。2006年，对6个金融机构及其下属单位进行审计，主要检查损益真实性和资产质量情况，揭露违规经营和财务收支中盈亏、资产不实及账外账、弄虚作假、偷漏税金等问题，共查出违纪金额208万元，收缴国库资金43万元，促进金融、保险业规范管理。

五、领导干部经济责任审计

1999年，按照中共中央办公厅、国务院办公厅印发的《县级以下党政领导干部任期经济责任审计暂行规定》和《国有企业及国有控股企业领导人员任期经济责任审计暂行规定》，建立镇原县领导干部经济责任审计联席会议制度，由县委副书记任组长、副县长任副组长，纪检、监察、组织、人事、审计部门为成员的联席会议领导小组，办公室设在审计局，开展党政领导和企业负责人任期经济责任审计，主要审计评价县直局委办党政一把手、乡镇党委书记、乡镇长、部分事业单位一把手和国有企业经理厂长任期经济责任履行情况。2002年，国有企业改制，停止经理厂长任期经济责任审计。至2010年，审计领导干部229人次，查出各种违规资金821万元，处理罚款32.75万元。

六、专项资金审计

2000年开始，对国家、省市计划部门投入的水利、水保、林业、农业扶贫、社会保障、民政救灾、农业综合开发等专项资金管理使用情况进行审计，并列为每年必审项目。至2010年底，全县共审计单位159个，查出挤占、挪用、滞留专项资金8821.27万元，处理追还原渠道资金111.9万元，促进及时拨付资金308万元，上缴财政资金10.55万元，通过审计，提出加强经营管理，正确使用，做到专款专用的建设性意见，促使专项资金发挥应有经济效益。

七、外资使用审计

1992年开始，对全县使用世界银行贷款项目进行审计，共涉及52个单位，审计资金271.68万元。1995年6月，审计教育局所辖中街幼儿园利用外资，购置教学设备；县妇幼保健站利用外资，加强中国基层妇幼卫生保健，实施计划生育项目。该项目1990年开始实施，1994年结束，其资金来源主要是联合国儿童基金会、人口与计划生育基金会捐赠的5万美元和国内配套的人民币55.32万元。审计结果表明，世界银行资金项目落实、使用合理，购置教学设备到位，对改善办学条件、发展教育卫生、提高妇幼保健水平产生明显经济效益和社会效益。2000年起，对马莲河世界银行贷款、传染病与地方病控制、疾病预防、黄土高原水土保持二期工程项目资金管理及使用进行审计。通过审计，资金项目落实、使用合理，效果明显。

第二十七章　物　价

明清以前，社会经济属于自然经济体系，物价以农业丰歉和产品多少自然调节。民国后期，国民政府开始物价干预。中华人民共和国成立后，各级政府运用行政、经济等手段，实行物价干预和调控，对稳定社会、发展经济、保障群众生活起到作用。

第一节　机　构

民国后期，国民党县政府设有物价管制委员会，主任委员由县长兼任，具体业务由县政府工作人员办理。陕甘宁边区辖区市场物价，主要由陇东贸易分局管理。中华人民共和国成立初期，物价由庆阳专署工商科管理。1955 年，平凉、庆阳两专区合并，归平凉专署工商科管理。1958 年成立县属物价管理机构。

镇原县物价局　1958 年 2 月，成立镇原县物价委员会，为县人民公社联社财粮贸部内设机构，不久改为县人民委员会直属机构，1962 年撤销。1973 年，成立县计划委员会，兼管物价。1978 年 3 月恢复物价委员会，行使物价管理职能。1997 年，县物价委员会与物价检查所合并，改名县物价局，事业编制 11 人。2002 年，机构改革中，县物价局编制裁减为 8 人。2010 年，政府机构改革中，将物价局职责归并，隶属于县发展改革局。

镇原县价格监督检查局　1984 年 6 月成立物价检查所，编制 5 人，承担物价检查和农本调查任务。1997 年，物价检查所归并到县物价委员会。2001 年，恢复物价检查所，与县物价局一套人马，两块牌子。2005 年 10 月，成立镇原县价格认证中心，编制 3 人，为科级事业单位，隶属县物价局。2008 年，县物价检查所升为科级事业单位，编制 5 人，隶属县物价局。2010 年，物价检查所、价格认证中心整合为价格监督检查局（加挂价格认证局牌子），有职工 17 人，其中大专以上学历 15 人，中专学历 2 人，有价格监证师 1 人。

基层物价监督机构　2010 年，成立 19 个乡镇物价监督管理站，聘请物价监督管理员 271 人、社区义务物价监督员 4 人。

第二节　物价调控

民国后期，国民党统治区经济崩溃，市场物价飞涨，二十九年至三十七年（1940~1948

年),物价上涨上百倍。国民政府不断发行钞票,货币贬值,在交换中失去作用,一切商品均以小麦为等价物进行交换。以县城为例,7~10 斤小麦换 1 尺白布,4 斤小麦换 1 斤食盐,3~4 斤小麦换 1 斤大炭,18 斤小麦换 1 斤棉花,1 包火柴可换 10 斤小麦。为平抑物价,甘肃省第三区行政督察专员宣布“经济戡乱急要措施”,授权各县物价管制委员会加强市场物价控制,对粮油、棉布、青盐、皮毛、药品等重要商品,实行限价政策,由经济措施转为军事化经济管制,仍然未能制止物价上涨。

陕甘宁边区镇原县为打破国民党经济封锁,保证革命战争物资需要和财政需求,在物价管理方面,实行对外“等价交换”,对内“相对稳定”政策,灵活应用等价、差价、高价、低价、压价、平价、限价、稳价等措施,开展对内对外斗争,掌握贸易价格主动权。

中华人民共和国成立初期,一方面打击投机商人不法活动,建立和发展国营合作社商业,加强工农业产品组织调运工作,确保市场供应,另一方面建立健全商品价格管理制度和物价调查统计报告制度,规定各种差价、比价计算原则和办法,并通过加工订货、改造私营钱庄银号、扩大收购农产品范围、疏通商业流通渠道、发展城乡经济等措施,在较短时期内扭转物价上下波动局面。

1953 年起,对粮食、油料、棉布等重要物资,实行计划收购、计划供应政策,由国家统一定价,以计划价格为主,市场价格并存。国家对重要商品实行统购统销,国营商业掌握日用工业品大部分货源,市场关系发生根本变化,私人零售投机空隙基本堵塞。

1954 年,全县范围内合作社经营商品零售价和国家牌价逐步取得一致。1955 年起,实行明码标价、货签标价制度,零售价格在同一市场,不论国营、合作和私营商业基本无差别,便于群众监督,同时加强物价集中管理,合理规定各种农产品比价,有计划地缩小地区差价和城乡差价,对经济发展过程中出现的不合理价格,有步骤地进行改革。1961 年开始,对粮食、棉布、火柴、食盐等 18 种生活必需品价格稳定不变,对部分副食品和日用品实行高价政策。

1964 年,国务院颁布《关于物价管理的试行规定》,对物价管理提出“统一领导、分级管理“方针,明确省地县物价部门管理权限,制订工农产品价格管理办法。1965 年,针对 1958 年起各行业、各企业价格错乱现象,按照“有价必审,有费必整,有错必纠”原则,开展审价工作,纠正多收少票、张冠李戴、计价错误、错调、漏调、早调、迟调等价格执行差错及擅自变价、压级压价、提级提价、掺假使杂、短秤少尺等违反物价纪律行为。“文化大革命”期间,物价管理侧重集权和冻结,不能适应市场机制灵活变化要求。

中共十一届三中全会后,中共中央作出改革物价管理体制重大决策。1979 年,庆阳地区统一提高 8 类副食品价格,社会一度出现乱搭车涨价现象,为控制物价,稳步改革,从当年起,在全县范围内开展一年一度物价大检查。

1982 年,贯彻国务院《物价管理条例》,全县统一对工农业产品、交通运输价格和非商品收费进行整顿。1983 年,对从零售单位套购倒卖紧缺商品,抬高价格从中牟取暴利的企业和个人,进行严肃处理,加强国家牌价商品管理,从严控制批发经营,并配合工商部门取缔一批无证经营的集体和个体商贩。

1984 年，建立重大物价违纪案件备案制度，加强对化肥、石油、钢材、水泥、玻璃、木材等生产资料价格管理，查处一批计划内转计划外和就地倒卖、抬价出售的违纪案件。

1985 年，加强对国家定价生活资料和生产资料价格管理，配合有关部门，从严打击套购倒卖、买空卖空、勒索回扣、哄抬物价等非法活动，对已放开农产品中大宗副食品、重要工业原料、紧俏出口商品，规定指导价格，重点采取浮动价、共同协商作价等方式，进行引导和管理，控制变价幅度，对群众最关心、最直接、最现实的农资、药品、成品油及教育、医疗、涉农收费等价格，开展监督检查。

1986 年，建立行政事业性收费许可证制度，审查办理收费许可证 150 个。1988 年，调整生猪购销指导价，对粮油、肉、糖、棉布、棉毛衫裤、汗衫、背心、洗衣粉、肥皂、火柴、卫生纸、保温瓶、铝锅、搪瓷面盆等人民生活必需品和化肥、农药等生产资料价格，实行统一管理；对国家指导价商品，继续实行差率控制，严禁以零售价进货再加价。

1989 年，对电冰箱、洗衣机、自行车、黑白电视机、电风扇等 11 种重要工业消费品价格，实行差率控制，对工商企业实行提价申报制度。

1990 至 1991 年，对人民生活必需品、重要生产资料，继续严格管理；对重要工业消费品，实行提价申报管理；对放开的 1815 种小商品，实行差价控制；对市场上 12 种熟食、小吃，规定最高限价。

1992 至 1993 年，继续管好国家定价产品，开始对全县企业实行定价资格认证制度，逐户进行审查登记，对符合条件的 30 户企业，颁发定价资格认可证，下放定价权利。企业依据有关政策和市场行情，结合企业生产成本，制订企业生产产品出厂价、批发价和零售价，扩大自主权。建立年度综合审查制度，与财政部门配合，每年进行一次年度审验。

1994 年，市场物价上涨幅度较大，开始对人民生活必保品进行监审，对面粉、食用油、蔬菜、大肉和大众食品，进行最高限价。次年，整顿规范粮食企业和购销点 23 个，取缔个体经营批发门店 2 个。1996 年，加大价格监督力度，调整县城自来水销价。

1997 年，对全县餐饮、娱乐、修理业进行评等定级，共评定餐饮户 97 个，娱乐厅 12 个，修理业 17 个；针对药品价格过高过乱现状，进行药品价格整改，通过对 536 种、1115 批次药品价格审核，平均下降 13.5%；对涉及企业收费，进行清理整顿，逐步完善企业收费登记和通知书制度。

2002 年，对收费单位进行全面清理整顿，取消涉农收费项目 146 个，保留 369 项；对收费内容，在政府政务大厅进行公示，同时印发各乡镇，在街道和行政村、自然村广为张贴。同年，县物价局开通价格举报电话 12358，接受群众监督。

2003 年，开始价格监测，主要监测防治“非典”药品和食品。同年，审查发放“收费许可证”450 个，坚持进行年度审结；按照国家定价管理目录，制订县内供热指导价和部分公路票价。

2005 年，农资市场价格增长过快，启动主要农资产品价格监测制度，每周向市局上报化肥、农药、农膜及种子价格,同时上调县内自来水价格。

2006年,开展价格服务进农户、进社区、进企业、进学校、进医院、进商场活动,宣传价格法律、法规和政策,进一步完善涉农价格公示制,增强农民群众保护合法权益能力。是年,粮食和副食品价格浮动较大,又启动涉农收费和农民建房收费价格监测制度,每月监测上报本地副食品价格和涉农收费。

2008年,"5·12"地震后,为维护灾后价格基本稳定,继续做好粮、肉、禽、蛋、食用植物油及其制品临时价格干预措施,对抗震救灾和灾后重建物资,限定差价或利润率,实行提价申报和调价备案等临时价格干预措施;特别对民用液化气和地方机制砖实行最高限价,取得较好效果。同年,物价上涨,引发煤价大幅度提高,县政府决定,统一调整提高城镇居民供热价格。

2009年,利用元旦、春节、五一、中秋节、国庆等节日,开展市场综合检查和农资、药品、成品油及教育、医疗涉农涉企收费等专项检查,查出价格违法案件55起,实行经济制裁金额54.45万元。县政府决定,适当下调城区供热价格。

2010年,围绕"价格服务进万家"活动,对所有单位收费项目及标准、价格,进一步清理整顿,全面推进价格公示制度。涉农价格和收费公示乡镇17个、村委会199个,分别为90%和93%;行政执法单位收费公示458个、城市社区2个,均达到100%;行政事业性收费和重要服务价格基本达到公示;加强收费许可证年审工作,审验收费许可证130套,审核收费55项,取消收费15项,变更收费2项;根据市物价局《关于调整镇原县城区供水价格的批复》,适度上调县城区供水价格;为确保县幼儿园早餐质量,经教育局申请,物价局实地调查核算,适度上调早餐收费标准;县政府同意,适度上调城区供暖价格;以百佳、人人乐、浙江商贸城为窗口,抓好明码标价规范化工作;查处打击虚假标价、模糊标价、虚夸标价、短斤少两和价格不符等欺诈行为,适时运用提醒、告诫、劝阻方式,指导规范经营行为,县城明码标价普及率达95%,乡镇达60%。

1986至2010年,累计查处各类价格违法案件677起(万元以上大案14起),经济制裁金额304.54万元,其中没收违法所得210.07万元,退还消费者86.58万元,罚款7.89万元;上缴财政217.97万元;受理价格投诉(包括省市交办的投诉)案件41起,没收违法所得1.03万元,为用户追回经济损失6.88万元,做到结案率、反馈率、满意率均为100%,通过价格执法,达到稳定市场物价、维护市场秩序目的。

第三节 主要物价

民国时期货币以银元计价,中华人民共和国成立后以新版人民币计价。

一、粮油价格

统一按50公斤为计价单位。

民国二十五年(1936年),市场小麦价3元,高粱、黄豆各2元,油菜籽和胡麻各4元,菜子油 25 元。

中华人民共和国成立后，为缩小工农业剪刀差，国家有计划地逐步提高粮油购销价格。1952 年，粮油实行计划收购和销售。收购价小麦 6 元，高粱、黄豆各 4 元，油菜籽、胡麻各 9 元。销售价标准麦粉 8 元，黄米 6 元，菜子油 43 元，蜂蜜与食用油等价。1957 年，粮油实行统购统销，收购价小麦 8 元，高粱、黄豆各 5 元，油菜籽 12 元，胡麻 11 元。销售价标准麦粉 13 元，黄米 7.7 元，菜子油 57 元。

1962 年，收购价小麦 11 元，高粱 7 元，黄豆 8 元，油菜籽 21 元，胡麻 17 元。销售价标准麦粉 13 元，黄米 9 元，菜子油 73 元。1965 年，收购价小麦 14 元，高粱 7 元，黄豆 11 元，油菜籽 21 元，胡麻 20 元。销售价标准麦粉 15 元，黄米 11 元，菜子油 78 元。1970 年，收购价小麦 13 元，高粱 9 元，黄豆 14 元，油菜籽、胡麻价未变。销售价标准麦粉 17 元，黄米 12 元。1980 年，收购价小麦 16 元，高粱 10 元，黄豆 23 元。供应价稳定。当年开始实行粮油议价销售，标准麦粉 39 元，玉米粉 24 元，黄米 31 元，小米 32 元，菜子、胡麻油 210 元，芸芥油 190 元。

1985 年，农村粮油购销政策和价格进行重大调整，粮油统购改为合同定购。收购价小麦 22.14 元，玉米 15.26 元，油菜籽、胡麻 46.8 元。供应农村食用油，实行购销同价，菜子油 137 元，胡麻油 141.7 元。

1990 年，粮油实行议价收购，小麦保护价 40~42 元。凭粮户关系供应城镇居民粮油销价：小麦优粉 24 元，通粉 18 元，荏油、菜油 90 元。1991 年和 1994 年，两次调整购销价格。定购价小麦 49 元，玉米 38 元。销售价标准麦粉 90 元，特二粉 85 元，特一粉 98 元，胡麻油 150~210 元。次年，对议购小麦、玉米、大米、菜子油、胡麻油实行差率控制。销售价正宁产特一粉 115 元，特粉 98 元，标准粉 75 元。

1996 年，实行粮食价格改革，定购价小麦 71 元，玉米 57 元。销售价正宁产标准粉 96 元，特一粉 100 元，特粉 98 元，胡麻油 130~150 元。

1998 年，实行保护价收购农民余粮，顺价销售和粮食收购资金封闭运行政策。定购价小麦一等 72 元，二等 70 元，三等 68 元，四等 66 元，五等 64 元。最低保护价小麦一等 67.8 元，二等 66 元，三等 64 元，四等 62 元，五等 60 元，玉米 52 元。销售价特一粉 96~110 元，大米 100~120 元，胡麻 150 元左右，胡麻油 450~500 元。

2006 年，粮油销售价格放开，大米 120~200 元，荏子 300~370 元，菜子 200 元，荏油 1000 元，菜子油、胡麻油 500~600 元。2010 年，收购价混合小麦 110 元，玉米 100 元，菜子 250 元，胡麻 350 元。销售价特一麦粉 143 元，大米 250~350 元，菜子油、胡麻油 750~950 元。

二、布料价格

分棉布、化纤布和混纺布，统一按米为计价单位。

棉布　民国二十五年（1936 年），白布 0.42 元。1952 年，省产白布 0.96 元。1980 年省产白布 0.99 元。1984 年，省产白布提高到 1.06 元。华达呢 2.27 元，花哔叽 1.83 元，卡叽 2.63 元。1990 年，国家调高棉纺品和棉织品零售价格。白平布 2.91 元，宽幅白布 4.05 元，宽华达呢 5.35 元，大红布 3.34 元，青平布 3.19 元，小花哔叽 4.13 元，青纱卡叽 3.99 元。1991 至 2006 年，销价在 5%左右浮动。2010 年，宽幅花棉布 20~30 元。

化纤布 1980 年代初，价格开始下降，1981 年降 10%~25%。1983 年，进口涤纶布均降 23%，国产涤纶均降 20%。南通草涤纶深色布 2.78 元，淮阴深灰布 2.75 元。1985 年，的良布 4.8 元。1986 年，化纤布价格放开，实行市场灵活作价。1995 年上升到 5 元。2000 年 6 元左右，2010 年 10 元左右。

混纺布 1960 年代后期，县内始销。上海深灰涤棉细纺布 5.27 元，常州涤棉线什色布 4.48 元。1979 年，销价降低 20%，兰州棉涤纺平布 1.21 元，陕西棉涤墨绿华达呢 5.88 元。1980 年初，价格下降，后期逐渐上扬。1990 年，中色棉府绸 6.16 元。1995 年，涤棉平布 3 元，涤棉府绸 9 元。2010 年，涤棉平布 10 元，涤棉府绸 15 元左右。

三、饮食业价格

主要调味品 统一按公斤为计价单位。民国二十五年，零售食盐 0.14 元，味醋 0.06 元。1952 年，食盐 0.3，味醋 0.24 元。1957 年，食盐 0.36 元，味醋 0.32 元。1962 年，食盐价未变，味醋降为 0.2 元。1965 年，食盐 0.4 元，味醋 0.22 元。1970 至 1980 年，食盐 0.34 元，味醋 0.16 元。1980 年代中期，袋装食盐 0.78 元，酱油 0.6 元，味醋 0.3 元。2000 年，省内盐 1.56 元，省外盐 1.5 元，酱油 2 元，醋 0.8~1.4 元。2006 年，食盐 2.6 元，酱油 2.5~4.5 元，醋 1.6~2.4 元。2010 年，袋装盐 3 元，酱油 3~4.5 元，醋 3 元左右，白砂糖 3.8~4.5 元，红糖 3.8 元。

小吃 1955 年，每碗酿皮、凉粉 0.05 元。1985 年，每碗酿皮、凉粉 0.2 元、羊肉泡馍 0.5 元。1995 年，每碗酿皮、凉粉 1.5 元，豆腐脑、醪糟各 0.6 元，羊肉泡馍 5 元。2000 年，酿皮、凉粉价未变，豆腐脑 0.8 元，醪糟 1.5 元。2006 年，每碗酿皮、凉粉 1.5~2 元，豆腐脑 1 元，醪糟 2 元，八宝粥 1 元，鸡蛋汤 1.5 元。2010 年，每碗酿皮、凉粉 2.5 元，羊肉泡馍 15 元，其他价未变。

肉食品 统一按公斤为计价单位。民国二十五年，猪肉零售价（二等）0.6 元，羊肉（中等）0.36 元。1952 年生猪、菜牛、菜羊实行计划收购，按毛重计算，收购价生猪（三等）0.86 元，菜绵羊 0.46 元。销售价猪肉（二等）1.28 元，羊肉（中等）0.6 元。1957 年，收购价生猪 0.88 元，菜绵羊 0.62 元。销售价猪肉 1.1 元，羊肉 0.76 元。1962 年，收购价生猪 0.84 元，菜绵羊 0.86 元。销售价猪肉 1.36 元，羊肉 0.8 元。1970 年，收购价生猪 0.94 元，菜绵羊 1.12 元。销售价猪肉 1.52 元，羊肉 0.9 元。1979 年 4 月，提高生猪、菜牛、菜羊收购价格，菜牛 1.7 元，生猪特等 1.42 元，一等 1.36 元，二等 1.3 元，三等 1.24 元，四等 1.18 元；菜绵羊 1.56 元，菜山羊 1.38 元。同年 11 月，销售价猪肉一级 2.2 元，二级 2 元，三级 1.8 元，四级 1.6 元，牛肉 2.96 元，羊肉一级 3.08 元，二级 2.8 元，三级 2.52 元。1985 年 7 月，猪肉价格放开，实行产销见面，协商作价。国家只下达指导性购销、调拨价格。生猪收购最低保护价 1.24 元，最高控制价 1.52 元。熟猪肉 4 元，熟牛肉 6 元左右。1990 年，肉食放开销售。1998 年，猪肉销售分部位作价，带骨肉 7~9 元，纯瘦肉 12~14 元，羊肉 9~14 元，牛肉 8~10 元。2000 年，变化不大。2006 年，带骨猪肉 10~14 元，纯瘦肉 14~16 元；羊肉 30~40 元，牛肉 20~26 元，活鱼 10

元。2010年,剔骨猪肉19~23元,带骨肉16~20元;鲜羊肉40元,牛肉30~40元,活鱼15~17元。

鲜蛋 以公斤为计价单位。民国二十五年,市场零售价0.18元。1952年,实行派购和计划销售。收购价0.54元,销售价0.44元。1957年,收购价0.62元,零售价0.78元,市场熟鸡蛋每颗0.02元。1962年,收购价0.86元,零售价1.4元。1975年,收购价1.76元,零售价1.6元。1980年,收购价1.9元,零售价2.08元。1985年,退出派购,国家指导收购价1.76元,销售价2.08元,集市价2.4元。1989年,收购价2~3元,销售价2.5~3.5元。2000年,价格放开,零售价6.5~9.5元。2006年,零售价8~10元。2010年,零售价7~10元,市场熟鸡蛋每颗0.7元。

活鸡 民国时期,以只论价,每只市场价1~1.5元(银币)。1950至1958年,每只售价1.2~1.5元。1959年,以斤论价,母鸡每公斤0.96元,公鸡0.88元。1962年,收购价每公斤1.24元,零售价1.34元。1979年,收购价每公斤母鸡1.36元,公鸡1.08元。零售价母鸡1.64元,公鸡1.32元。1985年,放开活鸡价格,集市贸易价每公斤2.4元。次年起,集市恢复按只论价,每只公鸡20~30元,母鸡15~25元。2006年,集市又改以斤论价,活鸡每公斤10~16元。2010年,每公斤15~18元。

鲜奶 旧时,群众极少饲养奶牛,无鲜奶供应市场。1980年代开始,县内有人饲养奶羊,羊奶每公斤零售价0.6元。1990年代初,出现饲养奶牛户,羊奶价格稳定,牛奶销售价每公斤1.5元。2000年起,城镇居民用奶量逐渐增大,鲜奶价格上升。牛奶每公斤2.4元,羊奶2元。2006年,牛奶每公斤3.4元,羊奶2.6元。2010年,牛奶每公斤6元,羊奶5元。

蔬菜 以公斤为计价单位。县内无蔬菜基地,受供求影响,价格上升较快,且随季节变幅较大。1952年,土豆0.04元,白萝卜0.02元。1955年,土豆0.04元。1980年代末,白萝卜0.2~0.6元,土豆0.3~0.9元,大葱0.6~1.2元,大蒜1.2~1.8元,黄瓜0.3~2元,青辣椒1~2元,韭菜0.8~2元,西红柿0.4~2.5元。2000年,白萝卜、土豆0.6~1.4元,韭菜、西红柿0.4~3元,黄瓜0.6~4元,青辣椒0.6~8元,菠菜、芹菜0.4~1元。2006年,萝卜、土豆0.6~2元,韭菜、西红柿0.4~5元,黄瓜0.6~6元,青辣椒0.6~14元,菠菜、芹菜0.4~3元。2010年12月监测价格,白萝卜1.36~3元,胡萝卜1.16~3元,土豆2.5~3元,西红柿3.6~4元,黄瓜3.2~4元,大白菜1~1.6、油菜3~5.2元,青椒3.7~4元,韭菜7.4~8.6元,大葱3~3.5元,大蒜11~12元,茄子3.4~4元。

四、服务业价格

旅店 20世纪50年代,县城、区公署所在地群众家庭土窑店每人每晚0.1~0.2元。1980年代,客房每人每夜单人间3元,双人间1.5元,3人间1元。1995年,单人间8~12元,双人间4~8元,3人间3~5元。2000年,单人间10~20元,双人间5~10元,3人间4~8元。2006年,普通单人间20~30元,双人间10~20元,3人间5~10元。2010年,单人间25~40元,双人间15~30元,3人间10~20元。

招待所 1980年代初,各单位大搞第三产业,纷纷建起招待所,收费最低与同期旅店相同，单人间最高每人每夜8~15元，双人间3.2~7元，3人间2.7~4.5元。1990年，每人每夜平房10元，单人间40元，双人标准间25元，3人普通间15元。2000年，单人间大套120元，小套80元，双人标准间35元，普通间18元。2006年，单人间大套160元，小套100元，双人标准间60元，普通间40元，3人间30元。2010年，单人间大套580元，小套168元，双人标准间128元，普通间、3人间均90元。

理发 1954年，男理发每人每次0.05~0.1元。1958年0.2元。1975年0.3元。1980年代，每人次男理发0.5元，女理发1元，吹风0.5元，儿童理发0.3元。1990年代初，男女理发3元，儿童理发1元。2000年，男女理发均3.5元，儿童理发1.5元，女烫发10元，女盘头生活妆5~10元，新娘妆70元。2006至2010年，男女理发5元，儿童理发3元，女烫发50~100元，女盘头生活妆5~10元，新娘妆70~100元。

服装加工 以件为计价单位。1980年代，款式增加，收费分6个档次，一档男中山服2.3元，女裙0.7元，马夹1元。二档马夹1.05元。三档夹中山服2.5元，棉中山服3元，女裙1元，马夹1.5元。四档女裙1.4元，马夹2元。五档男女大衣9元。六档男单中山服4.3元，女西裤2.9元，男女单西服5元，夹中山服6元，夹男女大衣11.5元。1990年，制作套装男女西服，中档面料10~15元，高级毛料20~25元，女裙12~16元，马夹4~6元。2000年，套装男女西服，中档面料35~40元，高级毛料60元。2006至2010年，套装男女西服，中档面料100元，高档面料100~200元，各式女裙50元，马夹15~20元，棉袄50元。

五、农副产品价格

黄花菜 以公斤为计价单位。民国二十五年（1936年），市场售价0.3元。1950年，实行计划收购。收购价0.55元，零售价0.6元。1957年，收购价0.72元。1960年，收购价0.90元。1963年，收购价甲等1.14元，乙等1.08元，丙等1.02元。1978年，收购价一等2.12元，二等2元，三等1.88元。零售价一等2.56元，二等2.32元，三等2.18元。1984年，取消计划管理，实行议购议销。收购价上等3.6元，中等3.4元，下等3.2元。销售价上等4.5元，中等4.28元，下等4.04元。1988至1989年，收购价中等8元，销售价10元。1997年，市场零售价16元。1998至2010年，销售价10~15元。

花椒 以公斤为计价单位，多为自产自食。民国二十五年，市场零售价0.66元。1950年，实行计划管理。1952年，收购价1.86元。1957年4.1元。1962年1.90元。1965年3.9元。1970年4元。1975年4.4元。1980年5元。1981年，价格放开。收购价4.4~5元。1985年，市场调节协商作价，净椒收购价7.94元，一九椒7.74元，二八椒7.54元；零售价10元。1990年，市场议销价14元。2000年，销售价16元。2006年，销售价20元。2010年，销售价70元。

杏仁 以公斤为计价单位。民国二十五年，市场零售价0.3元。1952年，收购价0.28元。1957年0.72元。1962年0.9元。1965年0.92元。1975年1.3元。1980年1.8元。1985年2.7元。1990至2000年8元。2006年6~8元。2010年10元左右。

杏干 历史上多为自食。1980年代，开始加工杏制品，县内进行收购。1985年，每公斤收购价1.2元。1988至1989年,价格猛涨。每公斤甲等2.4元,乙等2元,丙等1.6元。1991至2000年,每公斤1.2~1.6元。2006至2010年,每公斤零售价8~10元。

木耳 1985年,实行议购议销。每公斤收购价中等14元,零售价16.8元。1991年,收购价甲等26元。2000年,市场每公斤零售价36元。2006至2010年,市场每公斤零售价60~80元。

皮张 民国二十五年,绵羊皮每张1.2元。1952年,绵羊皮每张2.5元。1957年4.22元,1965年4.28元,1970至1980年4.54元。1985年,山羊板皮最高收购限价,每张特路货14元,头路货10.08元,二路货8.64元,三路货5.4元,等外货4.32元。1986至1989年,收购黄牛皮每公斤4~10元,绵羊皮每张40~60元,山羊板皮每张40~80元,骡马皮每张20~40元。1991至1998年,黄牛皮每公斤6元,山羊板皮每张25~40元,绵羊皮每张20~35元。1999至2010年,山羊皮最高价每张80~100元。

羊绒毛 以公斤为计价单位。民国二十五年,绵羊毛零售价0.52元。1952年起实行派购。1962年2.4元。1957至1965年2.14元。1970年2.24元。1975至1980年3.18元。1985年,退出派购,实行指导价格。当年收购价羊绒34元,细毛绵羊毛一等5.8元,改良绵羊毛一等5.3元,土种水洗绵羊毛6.5元。1986至1990年,白羊绒最高收购价400元,紫羊绒380元,白绵羊毛15元,山羊毛10元。1991至1998年,收购价白绒120~150元,紫羊绒90~120元,绵羊毛5~6.5元,山羊毛1.8~3元。2006至2010年,收购价白绒400~440元,紫绒320~360元。

六、药品价格

中药材 以公斤为计价单位。1984年,收购价甘草1元,远志3.8元,枣仁14元,知母2.5元。销售价知母3.5元,枣仁24元,党参7.5元,当归4.5元,大黄4.5元。次年,对中药材购销价格进行调整,收购价生地2.4元,远志4.3元,知母2.4元,枣仁8.4元,党参2元。销售价甘草3元,生地5.5元,知母4.5元,远志13元,党参11元,当归4元。1986年4月,国家对麝香、甘草收购实行限价,厚朴、杜仲收购实行指导价,人参、三七、黄连等20种中药材实行协商定价,其余中药材实行差率控制。当年,收购价当归1.8元,川芎2元,生地1.6元,白芍1.8元。1995年10月,中草药进销差率为12%,零售单位直接收购的中草药材,按进价加5%作为批发价,批零差率根茎类不得超过25.5%,干仁果实、藤木树脂菌藻类不得超过30%,动物矿产类不得超过35%。购入价柴胡28元,甘草7.14元,茵陈6元,远志9.6元,大枣4元。零售价柴胡31元,甘草9元,茵陈7元,远志11元,大枣5.5元。2000年,购入价柴胡31.36元,甘草9元,茵陈8元,远志11.6元,山楂12.16元,大枣5元。零售价柴胡37.5元,甘草12元,茵陈10元,远志13元,山楂14元,大枣7元。2003年,防治"非典"期间,有关药品价格大幅上涨,市场最高零售价银花300元,苍术92元,防风132元,北沙参204元,藿香126元,连翘72元,黄芪48元,生甘草60元。2006至2010年,零售价生地一等18元,宁夏枸杞16元,甘草12元,远志23元,枣仁25元,茵陈16元,柴胡28元。

中成药 1985年,零售价每盒保和丸1.10元,归脾丸1.2元,牛黄解毒丸0.8元,山楂丸1元。1990年，每盒藿香正气丸（9g×10丸）0.95元，六神丸（30粒）1.2元，知柏地黄丸1.98元，银翘解毒丸1.05元。1996年，小柴胡冲剂颗粒（2g×6袋）每盒4.8元，黄连上清丸（4.5g×10丸）每盒3.5元，牛黄解毒片（40片）每瓶2.2元。1998年5月，银翘解毒丸每盒（9g×10丸）4元，藿香正气丸每瓶（100粒）3.6元，木香顺气丸每盒（98g×10袋）2.5元，附子理中丸每瓶（100粒）3.9元，补中益气丸每瓶（100粒）3.9元。2000年，每盒银翘解毒丸（9g×10丸）4.1元，人参归脾丸（9g×10丸）4.5元，知柏地黄丸（9g×10丸）5.1元，山楂丸（9g×10丸）2元，保和丸（9g×10丸）3.9元。2006至2010年，每盒牛黄解毒丸（3g×10丸）3.8元，牛黄上清丸（6g×10丸）4.3元，银翘解毒丸（3g×10丸）4.5元，六合定中丸（9g×10丸）6.8元，藿香正气颗粒（10g×10袋）5.4元，桂附理中丸（9g×10丸）4.50元。

西药 1974年，简化作价办法，规定利润率片剂15%，针剂20%，地方病用药、避孕药和磺胺片剂5%，针剂10%。零售每瓶阿司匹林（0.5g×100片）0.7元，磺胺密啶（0.5g×100片）2.8元，异烟肼（0.1g×100片）1元。1984年3月，部分小药品价格放开，实行差率控制，统价药品由1900多种缩减到266种。1989年8月，氯霉素片每瓶（0.25g×100片）8.6元，四环素片（25万单位×100片）每瓶6.2元，硫酸庆大霉素针剂（10支×1ml）每盒2.4元，氨苄青霉素（0.5g）每支1.1元，维生素C每盒（0.25g×100粒）1.7元。1990年10月起，调价6次，至1994年，青霉素钾每支（80万单位）0.51元，青霉素纳每支（80万单位）0.58元，维生素C每盒（0.5g×10粒）2.42元，乙酰螺旋霉素每板（0.1g×12片）3.5元，感冒通每板（20粒）1.37元。

1996年8月，国家对药品实行最高限价，285种应用量大药品和一些特殊用药实行国家定价，酊膏散剂类药品放开价格，其余实行国家指导价。1997年4月，国家公布管理药品价格，卡那霉素每盒（50万单位×10支）5.8元，庆大霉素每盒（8万单位×10支）2.9元，葡萄糖每瓶（10%×500ml）4.7元，氯化钠每瓶（9%×500ml）4元，四环素片每袋（25万单位×24片）1.8元，土霉素片每袋（25万单位×24片）1.7元，去痛片每瓶（100片）4.3元，复方甘草片每瓶（50片）2.8元。2000年10月，降低部分药品价格，硫酸庆大霉素每盒（4万单位×10支）3.2元，硫酸卡那霉素每盒（50万单位×10支）5.4元，四环素每瓶（25万单位×1000片）57元，葡萄糖注射液每瓶（10%×500ml）4.3元，复方氯化钠每瓶（9%×500ml）3.5元。2006至2010年，诺氟沙星每盒（100mg×12片）1.5元，磺胺密啶每瓶（500mg×100片）8.8元，环丙沙星每盒（200mg×12片）4.5元，盐酸四环素每瓶（50mg×1000片）18元，盐酸林可霉素每瓶（250mg×100片）20元，红霉素每瓶（125mg×100片）15元。

七、煤电水暖价格

煤炭 以吨为计价单位。1952年混煤价80元，1962年60元。1981年，混煤价调整为15元，末煤9.8元。1986年，市场煤炭执行地区规定价格。1987至1992年，国家对煤炭价格由调放结合逐步转向以放开为主，实行指令性、指导性价格和协议价3种。混煤价110元左右。1994年7月，煤炭市场价格放开，每吨上升4~5元。1995至2001年，市场煤炭价格有升有降，总体趋势是缓慢上升。混煤价格升至175元。2002年，国家取消煤炭指导价，完全由市场调节，县内煤炭价格逐年上涨。2003年，块煤260元，末煤200元。次年，块煤320元，末煤260元。2006年，块煤340元，末煤300元。2010年，块煤800元，末煤530元。

电价 以度为计价单位。1980年代中期，执行大网电价。照明0.2元，普通工业用电0.08~0.085元，农业0.03~0.035元。1994年，生活用电0.2186~0.2286元，非居民照明用电0.33276~0.34676元，工业用电0.28276~0.28676元。2000年，实行综合电价和电度电价。综合电价，居民照明用电0.61元，非居民照明0.71元，商业0.85元，工业0.63元，农业生产0.53元，农业排灌0.28元；电度电价，不满1千伏，居民照明0.2389元，非居民照明0.512元，商业0.662元，工业0.436元，农业生产0.344元，农业排灌0.156元；1千伏~10千伏，居民照明0.379元，非居民照明0.502元，商业0.652元，工业0.426元，农业生产0.334元，农业排灌0.151元。2006至2010年，目录电价，不满1千伏，居民照明0.47元，非居民照明0.658元，商业0.798元，工业0.572元，农业生产0.394元，农业排灌0.186元；1千伏~10千伏，居民照明0.46元，非居民照明0.648元，商业0.788元，工业0.562元，农业生产0.384元，农业排灌0.181元。

自来水 以立方米为计价单位。1996年，居民生活用水1.7元。2005年，稳定居民生活用水价格，调整其他几类用水价格。行政事业用水3.5元，商业服务业和基建用水4.5元，工业用水4元。2008年，居民生活用水2.3元，其他用水价格未变。2010年，再次上调城区用水价格。居民生活用水2.6元，行政事业用水5元，商业服务业、工业、基建用水6元，特种行业（洗浴、洗车）用水6.5元。

供暖 按建筑面积计算，以平方米为计价单位。2008年前，由各单位分散供暖，价格自定，收费标准为13~14.5元。2008年，城区大面积由热力公司统一集中供暖，少数仍分散供暖。居民取暖价23.5元，非居民取暖价27元。2009年，居民住宅供热17元，非居民住宅供热21元。2010年，居民住宅供热20元（个人交18元，政府补贴2元），非居民供热27元。

八、运输价格

客运 民国初年，轿子以抬人多少说价，二人抬20里，每人0.4元。二十九至三十八年（1940至1949年），畜力车拉人从镇原至平凉每人次2元，镇原至西峰每人次1.5元。中华人民共和国成立后，取消轿子抬人。1957年，实行计划价格。西峰至镇原（经肖金）班车，票价每张2元。1966年起，降低客运价格，西峰至镇原降为1.8元。计时租车由每小时0.54元降为0.36元。带客车由每人公里0.027元降为0.024元。1987年10月，省物价委员会通知，高级豪华大客车运价人公里0.033元。同年12月9日，省经济委员会、财政厅、交通厅联合发文通知，从1988年1月起，全省范围内开征公路客运附加费，不分线路，人公里4厘。12公里以下征收5分，13公里以上按实际里程计征，以角为单位，角以下四舍五入。个体联营及其他客车，实行定额计征，即每座每月征收11元，后又改为按平均车日行程座位定额计征。1989年，省物委、省交通厅联合发文，提高全省公路汽车客运票价，标准里程人公里0.04197元，一类线基本运价人公里0.041元，二类线人公里0.045元，三类线人公里0.05元。出租车2000年起步价为5元，2005年降为2元，2006年提为3元。2008年，县物价局核定《镇原县县乡主要公路客运里程票价表》,从当年元月 23 日起执行。标准里程票价人公里 0.153 元,一类线基本运价人公里 0.151 元,二类线人公里 0.153 元,三类线人公里 0.155 元。时间不长,运价随油价不断上涨。至 2010 年,出租小车到西峰票价每人 10 元,到平凉每人 15 元。

货运 民国初年,骡马雇价 20 里约 0.2 元,驴为骡马一半。若官府雇用,费用则少。马车每 100 里 100 斤约 1.5 元,若时局动荡,雇价则加倍,且需预付。二十九至三十八年(1940 至 1949 年),运输物资主要是食盐粮食,从定边向县城贩运食盐,驴骡每驮(约 140 斤)价银 3~4 元,骆驼每驮(约 1500 斤)10~12 元。中华人民共和国成立初,协商议价。人力运货吨公里 0.4~0.5 元。20 世纪 50 年代初,畜驮吨公里运价 0.7 元左右,畜力胶轮车吨公里 0.22~0.32 元。50 年代后期,实行计划价格。人力运货吨公里 0.8 元,畜力车运价吨公里 0.34~0.6 元。1958 年,汽车货运开始,陕甘两省实行不同运价。8 月 31 日,两省达成协议,跨两省运输按两省价格分别计算。1962 年,草价上涨,畜力胶轮车运价调为吨公里 0.9 元,1963 年又下调为吨公里 0.6 元。1964 年 5 月,除一二类公路外,其他公路汽车运输吨公里增加 0.07 元空转补贴。1965 年,取消空驶补贴,实行统一运价,将综合运价每千吨公里 264.74 元降为 242.64 元,并对农村人民公社或生产队运输农机、农药、化肥、种子、耕畜及农民生活用煤等物资按运价 80%计收。同年 12 月,畜力运输车实行分段分路基运价,5 公里以上二级路吨公里 0.35 元,三级路 0.4 元,四级路 0.48 元;5 公里以下二级路吨公里 0.46 元,三级路 0.52 元,四级路 0.58 元;畜驮吨公里 1 元,包车每天 14 元。1966 年 6 月,甘肃省交通厅、省物委下发《关于降低汽车运价和改革计费办法的联合通知》,规定从 7 月 1 日起,不分长短途,不分货物等级,吨公里降为 0.2 元,收基价费 1 元。支农物资、土特产品和农民生活用煤吨公里 0.18 元,租车费吨小时由 3.6 元降为 3.3 元。同年 7 月,人力运价有所降低。城镇短途搬运和农村坡路拉运吨公里 0.6 元,平凉地区内吨公里 0.55 元。12 月,分别调为 0.7 元和 0.46 元。1971 年 5 月,调整人力运输和畜力运输价格。人力运输山坡路吨公里 0.75 元,平塬路 0.6 元,石子路 0.55 元,柏油路 0.5 元,易燃易爆危险品在此基础上加价 40%,每吨次加固定基价 0.4 元;畜力车按吨位里程计算价格,土路吨公里 0.45 元,石子路 0.4 元,油路 0.36 元,易燃易爆及危险品加价 40%。1974 年 10 月,人力、畜力车运价,不分路级货种,实行统一价,人力运价吨公里 0.6 元,短途转运不易计算吨位的,每小时 0.5 元;畜力车吨公里 0.45 元,5 公里以下每吨次加收基价 0.4 元,不易计算吨位里程的,每小时 1.8 元。1987 年,实行全省统一运价,省内特种零担运价吨公里 0.28 元,普通货运吨公里 0.26 元,特种货物 0.35 元。8 月 30 日,省物委、交通厅联合发文通知,省际零担货物运价吨公里 0.26 元,特种货物 0.35 元,县乡农村零担货物运价加成 30%。1991 至 2000 年,实行分公路等级计价,一级公路吨公里运价 0.39 元,二级公路吨公里 0.419 元,三级公路吨公里 0.448 元。2001 至 2010 年,实行指导价格,随石油价格上涨,吨公里运价提高到 0.5~0.7 元。

第二十八章　安全生产监督管理

中华人民共和国成立后，党和国家十分重视安全生产工作，改革开放至2010年，国民经济快速发展，产业领域拓宽，安全生产愈加重要，成为人民群众直接关注的热点，国家先后制定安全生产管理一系列法律法规，县委、政府贯彻安全生产法律和政策，成立安全生产监督管理机构，加强安全生产管理，组织安全生产监督检查，开展烟花爆竹、危险化学品、非煤矿山安全专项整顿治理，营造“关爱生命、安全发展”和“以人为本、安全第一”的社会舆论氛围，提高全民安全意识和从业人员安全理念。

第一节　机　　构

1956年，安全生产由民政局监管，负责安全生产检查和人员培训工作。1979年，成立镇原县安全生产委员会，下设办公室，办公室设在县劳动局，负责安全生产检查和锅炉压力容器管理。2002年10月，县政府机构改革中，将安全生产管理职能划归县经济贸易局。

镇原县安全生产监督管理局　2003年5月成立，编制5人，为副科级事业单位，加挂县安全生产委员会办公室牌子，隶属县经济贸易管理局。2005年4月，县安全生产监督管理局由升格为正科级行政单位，为议事协调常设办事机构，保留原县安全生产委员会办公室牌子，内设人秘、安全生产协调和监督管理3个股，主管全县安全生产综合监督管理工作。2010年，县安监局改为政府行政执法部门，有职工7人，其中行政编制6人，事业编制1人。

镇原县安全生产执法大队　2007年2月成立，为科级事业单位，隶属县安监局。2010年，有工作人员12人，其中副队长1人，职工11人。

第二节　宣 传 培 训

2004年，县安委会、安监局联合组织开展全县安全生产宣传活动2次，安全生产教育培训1次，散发宣传资料2万多份，刷写固定标语32条，制作宣传版面图片56幅。

2005年，举办执法人员业务培训班1期，利用一周时间集中学习安全生产法律法规和相关知识，提高执法人员工作能力；全年开展大型安全生产宣传活动2次，刷写固定标语50条，制作宣传版面图片83幅，散发宣传资料2.5万份，接待来访市民32人次。

2006年，集中开展大型安全生产宣传活动3次，刷写固定标语80条，制作宣传版面图片110幅，散发宣传资料3万多份，举办烟花爆竹、非煤矿山生产企业危险工序作业人员及危险化学品经营企业工作人员培训班，全县5家烟花爆竹经营单位、12家危险化学品经营单位、50家非煤矿山企业137人参加培训和复训，其中新训51人，复训86人；培训危险工种作业人员96人。

2007年，散发宣传资料5万多份，刷写固定标语100多条，制作宣传版面图片120多幅，组织乡镇安全生产管理人员、企事业单位主要负责人、安全管理人员和特种作业人员参加庆阳市专业培训，举办烟花爆竹、非煤矿山生产企业及危险化学品经营企业危险工序作业人员培训班，全县5家烟花爆竹经营单位、14家危险化学品经营单位、51家非煤矿山企业参加培训142人。

2008年，集中开展大型安全生产宣传活动3次，制作宣传版面图片90幅，散发宣传资料3万多份，组织企事业单位主要负责人、安全管理人员和特种作业人员参加市上专业培训2次，培训280人；组织全县60个部门、19个乡镇及65家企业1400人，进行安全生产知识问答活动；对烟花爆竹经营单位实施全员安全基础知识培训，对经营单位主要负责人和安全管理人员82人，进行烟花爆竹安全生产知识和管理能力培训。

2009年，开展安全生产年活动，进行安全生产宣传、教育及培训工作5次，在安全生产月期间，上街进行宣传，散发宣传资料3万份，制作宣传版面图片130幅，开展以“强化安全监管，实现安全发展”为主题的安全宣传月咨询日活动，利用半月时间，举办执法人员业务培训班，集中学习安全生产法律法规和相关政策，进一步提高执法人员工作水平；加强乡镇安监所正规化建设，为全县19个乡镇安监所统一制作制度喷绘牌、安全生产管理台账和门牌。

2010年，开展安全生产进企业、进社区、进学校、进农村、进家庭、进机关活动，散发宣传资料5万多份，制作宣传版面110多幅；举办培训班1期，培训乡镇安全生产管理人员19人，组织企事业单位主要负责人、安全管理人员和特种作业人员270人参加市上专业培训。

第三节　安全生产监督

一、责任管理

中华人民共和国成立后长时期内，安全生产采用检查督促式传统管理，2003年起，县政府出台《关于进一步加强安全生产监督管理工作的意见》《镇原县安全生产事故灾难应急预案》和救灾、防震减灾、森林火灾、危险化学品安全生产等28项应急救援预案，实行安全责任追究制度。县安监局履行安全生产监督管理职责，明确安全生产任务，靠实安全生产责任。

2004至2007年，与全县19个乡镇、44个安委会成员单位签订安全生产责任书。2008

年，与19个乡镇、61个部门、5家烟花爆竹经营店、14家危险化学品经营门市、54家非煤矿山企业签订安全生产责任书。2009年，与19个乡镇、61个部门、6家烟花爆竹经营店、20家危险化学品经营门市、54家非煤矿山企业签订安全生产责任书。2010年，增加与28个省市驻县单位签订安全生产责任书，实行考核制度。每年年终总结经验、寻找差距，组织评选安全生产先进单位和个人，开展表彰奖励，对安全生产工作不力单位和个人，进行通报批评，促进安全生产工作有效开展。

二、监督检查

1956年5月，国务院发布《工厂安全卫生规程》《建筑安装工程安全技术规程》《工人职工伤亡事故报告规程》，县政府召开企业负责人会议，安排安全生产工作，明确任务要求。民政局组织县属企业负责人8人，参加专署举办的安全生产学习班。各企业普遍制订安全生产制度，落实安全生产措施。

1979年，县安委会组织各企业负责人开展安全生产大检查，安排造纸厂、果品厂等单位锅炉工参加地区培训，加强锅炉和压力容器管理。同年，地区检查组来镇原检查，查出不安全因素256处，边查边改237处。

1980至1985年，每年5月开展"安全月活动"，在企业自查自纠基础上，进行全面监督检查，发现安全隐患现场解决。1982年，国务院发布《锅炉压力容器安全监督条例》，安全生产监督逐步向法治手段和行政手段相结合的新型工作体制转变。1984年起，体制改革，劳动安全生产逐步由行政管理转向技术监督管理，管理体制以条块结合条条为主转为条块结合块块为主。1985年，县安委会举办汽车驾驶员学习班1期，参加培训112人，举办安全干部学习班2期，参加学习240人。

1986至2003年，县安委会每年组织人员，在大型节假日前，对全县各部门、各乡镇、各企业安全生产情况进行大检查，发现问题，及时解决，堵塞漏洞。2002至2003年，全县发生安全事故275起（交通事故247起，火灾12起，农业机械事故12起，工商企业生产事故4起），死亡59人，受伤246人，造成经济损失94.6万元。

2004年，安监局组织交通、公安、城建、工商、国土资源等部门，抽调300多人次，组成10个联合执法检查组，分两次对非煤矿山、道路交通、人员密集场所消防安全和建设工程、特种设备、危险化学品、食品药品安全等生产经营单位进行全面检查和整治，共查出安全隐患326处，责令当场整改140处，限期整改186处。当年全县发生安全事故33起（交通事故28起，火灾3起，农业机械事故1起，工商企业生产事故1起），死亡22人，受伤49人，造成经济损失24.4万元，事故起数、死亡人数、受伤人数、经济损失四项考核指标均比2003年大幅度下降。

2005年，开展安全生产大检查4次，重点督查全县各生产经营单位排查整改情况，共检查重点部位、行业、领域383户（处），查出安全隐患287处，发放《限期责令整改通知书》70多份，行政处罚5户（处），查处无牌无证企业3户；检查机器设备300多台，处置不安全机械设备41台。当年全县发生安全事故38起（交通事故34起，火灾3起，工商企业生产事故1起),死亡14人,受伤35人,造成经济损失27.46万元,死亡人数、受伤人数比上年下降,事故起数、经济损失比上年增加。

2006年,组织开展安全检查活动4次,抽调430人次,组成11个联合执法检查组,对非煤矿山、道路交通、人员密集场所消防和建设工程、特种设备、食品药品、企业生产、农民建房等安全情况,进行拉网式检查和专项整治,共查出安全隐患676处,责令当场整改428处,限期整改248处;行政处罚5户(处)。查处无牌无证企业3户,帮助20多户企业建立健全安全档案。当年全县发生安全事故39起(交通事故35起,火灾3起,工商企业生产事故1起),死亡12人,受伤37人,造成经济损失13.05万元。事故起数、受伤人数比上年增加,死亡人数、经济损失比上年下降。

2007年,利用节日和重要会议期间,开展安全生产大检查5次,共查出安全隐患910处,责令当场整改630处,限期整改280处。同年8月,县安委会组织对全县各生产经营单位的排查、整改情况进行全面督查,共检查人员密集场所、交通运输、电力、教育、建设工程、石油化工、水利设施、工业企业等重点部位、行业、领域583户(处),查出安全隐患460多处,发放《限期责令整改通知书》70多份;查处无牌无证企业3户,行政处罚5户(处);检查机器设备540多台,帮助20多户企业建立健全安全档案。县百货大楼由于历史遗留缺陷,安全消防设施配套不到位,监管难度大,安全隐患问题突出,被省市列为重点挂牌督办单位。县安监局建立安全巡查制度,组建安全巡查员,以百货大楼为重点,坚持每天巡查,同时购置一批消防设施,解决燃眉之急。当年全县发生安全事故24起(交通事故21起,火灾2起,农业机械事故1起),死亡11人,受伤20人,造成经济损失8.29万元,四项考核指标均比上年下降。

2008年,开展安全生产隐患排查治理和“百日督查”专项行动,在元旦、春节、两会、五一、奥运会、残奥会、香包节、中秋节和“安全生产月”期间,组织开展全县性安全隐患排查和“百日督查”活动8次,检查重点部位、行业、领域600户(处),查出安全隐患854处,责令当场整改794处,限期整改60处,行政处罚10户(处),处理无牌无证企业6户;排查非法采矿点、经营点和作坊等15处,取缔无证非法开矿点3处、非法加油站点5处、非法工程1处、非法鞭炮小作坊3处、非法鞭炮经营网点3处;检查机器设备560多台,处置机械设备49台,查扣非法运输车25辆。当年全县发生安全事故36起(交通事故34起,火灾2起),死亡11人,受伤31人,造成经济损失64.54万元,死亡人数与上年相同,其他三项考核指标比上年增加。

2009年,组织交通、公安、城建、工商、国土资源等部门,抽调380多人次,对全县重点行业和领域进行5次安全生产大检查和8次专项治理执法行动,下发火灾隐患强制停业决定书38份、整改指令书21份;检查施工项目33个,签发改正指令书36份、强制停工决定书5份;依法关闭取缔非法采砂点14处,处理责任人2人。当年全县发生安全事故29起,全部为交通事故,死亡10人,受伤29人,造成经济损失2.85万元,四项考核指标均比上年下降。

2010 年，在春节、元旦、五一、国庆等重点时期，组织开展安全生产大检查 7 次，排查企业 309 家次，查出隐患 1054 处，整改 993 处；检查施工项目 31 个，签发责令整改指令书 43 份、停工强制措施决定书 7 份。当年全县发生安全事故 33 起，全部为交通事故，死亡 10 人，受伤 28 人，造成经济损失 2.116 万元，事故起数比上年增加，死亡人数与上年相同，受伤人数、经济损失比上年下降；与 2003 年相比，发案起数、死亡人数、受伤人数、经济损失均大幅度减少。

2002~2010 年镇原县安全事故统计表

表 28-3-1　　单位：起、人、万元

年份	总数		道路交通	火灾	农机	工矿商贸
2002	事故起数	132	119	8	5	0
	死亡人数	32	29	0	3	0
	受伤人数	120	120	0	0	0
	经济损失	35.97	15.47	20.20	0.30	0
2003	事故起数	143	128	4	7	4
	死亡人数	27	18	0	5	4
	受伤人数	126	122	0	0	4
	经济损失	58.63	12.03	6.30	0.30	40.00
2004	事故起数	33	28	3	1	1
	死亡人数	22	19	0	2	1
	受伤人数	49	45	0	4	0
	经济损失	24.40	7.60	8.90	0.40	7.50
2005	事故起数	38	34	3	0	1
	死亡人数	14	13	0	0	1
	受伤人数	35	31	4	0	0
	经济损失	27.46	2.31	16.15	0	9
2006	事故起数	39	35	3	0	1
	死亡人数	12	11	0	0.00	1
	受伤人数	37	37	0	0	0
	经济损失	13.05	1.85	0	0	11.20
2007	事故起数	24	21	2	1	0
	死亡人数	11	10	0	1	0
	受伤人数	20	20	0	0	0
	经济损失	8.29	2.17	6.00	0.12	0

续表

年份	总　　数		道路交通	火灾	农机	工矿商贸
2008	事故起数	36	34	2	0	0
	死亡人数	11	10	1	0	0
	受伤人数	31	31	0	0	0
	经济损失	64.54	2.13	62.41	0	0
2009	事故起数	29	29	0	0	0
	死亡人数	10	10	0	0	0
	受伤人数	29	29	0	0	0
	经济损失	2.85	2.85	0	0	0
2010	事故起数	33	33	0	0	0
	死亡人数	10	10	0	0	0
	受伤人数	28	28	0	0	0
	经济损失	2.116	2.116	0	0	0

第四节　安全生产专项整治

一、烟花爆竹安全检查整治

2004 年前，烟花爆竹市场由公安局统一管理，2004 年归安监局直管。2005 年，安监局组织人员，对烟花爆竹市场进行 2 次专项整治，没收国家禁销产品 53 公斤，查封无证经营门市 3 户，办理烟花爆竹常年零售许可证 2 份。

2006 年，对烟花爆竹市场进行 3 次专项整治，查封无证经营门市 8 家，查获非法经营礼花弹 218 只、烟花 1044 只、小鞭 3292 万响、三（双）响炮 4568 只；查获非法储存烟花 215 只、小鞭 750 万响、三（双）响 400 只；查处非法运输 4 起；暂扣烟花爆竹经营许可证 1 份；办理烟花爆竹常年零售许可证 3 户，季节性零售许可证 31 份。

2007 年，开展烟花爆竹专项整治活动 3 次，对全县 5 家烟花爆竹常年零售经营门市进行全面检查，查出经营许可证过期 1 户，责令其立即换证；烟花爆竹采购、销售流程档案混乱门市 2 户，责令其立即整改；擅自更换经营门市地点 1 户，经现场勘查，安全距离达不到标准，当场查封，责令其立即换址，重新报批；查处无证经营门市 4 户，予以关闭，没收其非法经营烟花 866 只、礼花弹 200 只、小鞭 3292 万响、三（双）响炮 3866 只，没收非法储存烟花 100 只、小鞭 750 万响；办理季节性零售经营许可证 26 份。

2008 年，对烟花爆竹经营门市安全检查和资料审查 3 次，查出安全隐患 52 处，下发整改指令书，督促其按时整改，对到期未整改的，收回经营许可证，并没收所经营烟花 612 只、小鞭100只；查处国家违禁产品40公斤；对全县烟花爆竹市场进行4次专项整治，查处无证经营门市3家，予以关闭处理，并没收其非法经营烟花1012只、礼花弹360只、小鞭3660万响、三（双）响炮2100只，没收非法储存烟花160只、小鞭8800万响；办理长期零售许可证1户、季节性零售经营许可证26户。

2009年，对全县6家烟花爆竹常年零售经营门市进行拉网式安全隐患排查活动，查出存在安全隐患零售点10家、店内布局不合理经营门市3家，全部下发整改指令书；对全县烟花爆竹市场进行4次大检查，查处无证经营门市6家，予以关闭处理，没收其非法经营烟花800只、礼花弹300只、小鞭100万响、三（双）响炮1000只，没收非法储存烟花100只，没收“雷王”等违禁产品20公斤，并处以罚款；查收未封签花炮52公斤；办理季节性零售经营许可证30户。

2010年，开展专项整治活动4次，检查烟花爆竹经营企业13户，查出安全隐患26条，下发责令改正指令书13份，整改25条，整改率96.2%；清理整顿烟花爆竹储存和零售网点，查处非法经营、储存烟花爆竹点3个，取缔无证非法经营1户。春节期间，共发放烟花爆竹临时经营许可证200个，查获非法烟花爆竹价值10000余元，于节前集中销毁；开展烟花爆竹经营许可证换发工作，新办经营许可证7户，办理延期许可证6户。

二、危险化学品安全检查整治

2005年，组织开展危险化学品专项整治行动2次，对全县10家危险化学品经营单位进行检查，查出安全隐患288处，现场作检查记录249份，下发整改指令书29份，对构成重大隐患2家经营门市，实行挂牌督办，全部整改。

2006年，对全县危化品市场整顿2次，检查危险化学品经营门市12家、加油站6个，排查出安全隐患188处，现场作检查记录149份，发整改指令书67份，完成整改96%；查处危险化学品非法运输车8辆；查封无证经营门市4家。

2007年，开展专项整治行动2次，重点整顿治理危险化学品经营门店12家、加油站6个，查出无证经营门市5户，责令限期办证，对1户限期内未办证的予以关闭；排查出安全隐患176处，现场作检查记录150份，下发整改指令书26份，整改完成98%；查处危险化学品非法运输车6辆。

2008年，对全县14家危险化学品经营门市、6家加油站，开展专项整治3次，查出无证经营门市4户，责令限期办证，对1户限期未办证经营门市予以关闭；排查出安全隐患193处，现场做检查记录200份，整改完成97.8%；查处危险化学品非法运输车3辆。

2009年，对全县15家危险化学品经营门市、6家加油站，开展专项整治3次，查出无证经营门市6户，责令限期办证；查出安全隐患235处，现场作检查记录220份，发出整改指令书32份，整改98%；查处危险化学品非法运输车4辆。

2010年，开展专项整治3次，检查危险化学品企业27户，其中成品油经营6户，农药经营20户，液化气充装1户；查出安全隐患89处，发出责令整改指令书28份，整改82处，整改率92.1%；取缔非法经营成品石油点2户，关闭不合格加油站和非法加油点各1户。

三、非煤矿山安全检查整治

2004年，对全县52家非煤矿山企业(均为砖瓦厂)安全生产开展专项整治活动3次，发现安全隐患26处，提出整改意见87条，下发指令书7份，其中停产指令书3份，对5家砖瓦厂安全生产制度不完善，未制订突发事件应急救援预案，8家砖瓦厂工作人员未进行安全教育培训，2家砖瓦厂未给从业人员交纳保险(以下简称"三未"企业)问题，下发整改指令书15份，到期整改91%。

2005年，3次整顿治理非煤矿山企业54户(砖瓦厂52户，砂矿2户)，发现安全隐患62处，提出整改意见96条，下发指令书13份，其中停产指令书3份；给14家"三未"企业下发整改指令书，到期整改86%，查封无证生产砖瓦厂4家、非法砂矿3家。

2006年，开展专项整顿治理3次，发现安全隐患53处，提出整改意见126条，下发指令书16份，其中停产指令书3份；给"三未"企业下发限期整改指令书18份，到期整改92%，查封非法开采砂矿3家。

2007年，开展安全生产专项整顿治理4次，发现安全隐患186处，提出整改意见210条，下发限期整改指令书35份，其中停产指令书6份；给"三未"企业下发限期整改指令书30份，到期整改96%。

2008年，开展非煤矿山安全生产专项整治行动4次，发现安全隐患124处，提出整改意见136条，下发指令书37份，其中停产指令书6份；给19家"三未"企业下发限期整改指令书，到期整改97%。

2009年，坚持对非煤矿山企业进行专项整顿治理，发现安全隐患136处，提出整改意见153条，下发指令书37份，其中停产指令书8份；给22户"三未"企业下发限期整改指令书，到期整改96%。

2010年，开展非煤矿山专项整治3次，检查非煤矿山企业58户，其中已持安全生产许可证企业40户，正在申办延期手续18户，发现安全隐患160次，整改155次，整改率97%；对已拍卖的几处采砂点进行重点监管，督促其负责人参加安全培训，办理有关行政许可手续。

第二十九章　石油开发管理

进入21世纪，为贯彻省、市关于建设陇东能源化工基地的战略部署，镇原县委、县政府将石油开发管理提升到重要议事日程，成立石油开发协调管理机构，制订出台《镇原县石油开发建设项目申报审批程序》等文件，营造内外环境，开辟勘探开发“绿色”通道，加强协调管理，促进石油开发进程。

第一节　协调管理机构

2007年，成立镇原县石油开发协调管理办公室，为县政府直属科级事业单位，内设人秘、外协、业务管理、财务4个股室，核定事业编制15人。2010年底，有职工15人，其中主任1人，副主任2人，一般干部12人；大专以上学历管理人员14人，其中本科学历9人，履行全县石油开发组织、协调、服务、管理职能。

第二节　石油 天然气勘探与开发

镇原县地下蕴藏石油、天然气资源丰富。20世纪70年代，中石油长庆油田在蒲河、茹河、洪河川道钻成第一批探井，对全县石油分布开始宏观认识，但因技术条件所限和钻井深度不够等原因，探井大多打在含水层，没有发现大批量油藏。

1996至1998年，长庆油田公司经过3年时间勘探，发现批量油藏，在新集乡打井76眼，初步建成年产5万吨原油生产规模。2000年5月，中石化华北分公司通过国家国土资源部注册登记，2003年进入镇原县，与长庆油田划分区域，共同勘探，竞相开发。中石油长庆油田开发区块2300平方公里，主要位于省道318线以北地域，占全县总面积65.7%；中石化华北分公司勘探开发区块1200平方公里，主要位于省道318线以南地域，占全县总面积34.3%。

2007年，中石油长庆油田公司在三岔镇勘探出储量2亿吨的镇北油田，将长庆油田西作业区更名为镇北作业区，加大开发力度。2008年，投资4.5亿元，建成年产原油10万吨生

石油开发

产规模。2009年,投资5亿元,新钻井70眼,年生产能力扩大到12万吨,并加大对长8层系储量规模大、单井产量低等油藏开发,成立超低渗油藏第四项目部,将镇原列入超低渗油田开发范围。至2010年底,长庆油田共征用、租用土地970亩,建成原油作业区2个、原油集输站1处、井场186处,钻探油井267眼,原油年生产能力20万吨,累计产油70万吨。

中石化华北分公司经过4年勘探,于2006年发现批量油藏,在屯字镇打井211眼,形成年产原油5万吨生产规模。2008年初,对长6、长8层系勘探取得突破性进展,在镇泾油田100平方公里含油区域内探明石油储量6600万吨,加大投入,开始新一轮大规模建设,每年打井50眼以上。至2010年底,华北分公司共征用、租用土地420亩,建成采油作业区2个(包括挂靠华北油田公司的长源公司和蒲河项目部)、原油集输站2处、井场119处,钻探油井288眼,年原油生产能力扩大到10万吨(包括长源公司和蒲河项目部2万吨),共计开采原油23万吨。

至2010年底,全县探明石油总储量2.66亿吨,遍布全县19个乡镇,已出油的有太平、孟坝、新集、方山、三岔、殷家城、马渠、庙渠、临泾、屯字、上肖、中原等14个乡镇,共建起作业区4个,原油集输站3处,石油井场305个,钻油水井555眼,其中采油井328眼,年生产原油能力达到30万吨。

天然气资源尚处于勘探初期。中石油长庆油田公司于2004至2005年,探查出镇探1#、镇探2#天然气井,取得突破性进展。2008年,镇探2#井进行试气,取得日产10万立方米工业气流,暂处封闭。2009年,镇探1#井交由镇原县试投产,日产天然气2000立方米。

同年3月，国家西气东输二线工程途经县境，在平泉镇上刘村设立庆平两市分输站，每年可向庆阳市供气3亿立方米。2010年6月，实施“气化庆阳”工程，投资4500万元，借地519.9亩，铺设管线64公里。

第三节　协调服务管理

2000年，县域石油开发建设步伐加快，县委县政府将处理好开发与环境保护关系作为管理重点，从宣传教育入手，树立人与自然和谐发展理念，坚持走科学可持续发展之路，因地制宜，分类指导，合理开发，督促石油开发企业贯彻《甘肃省石油勘探开发与生态环境保护条例》，严格落实石油开发项目环保第一审批权，对油田开发所有建设项目，均严格执行环评、“三同时”和排污许可制度，未经环境影响评估或环评未批准的，一律不予办理批地、取水等手续。环保、国土、水务部门跟踪采探全过程，对采探中出现的问题，及时解决处理，确保国土森林资源不受破坏和群众饮水安全。县委政法委、石油办、财政局抽调十多人，组建石油稽查站，实行承包责任制，对原油私自外运、各类抢盗原油、破坏油田生产秩序案件，开展整治工作，采取24小时蹲点守候办法，严格登记原油外运车辆，严厉打击违法收购贩运原油的不法分子，维护油区社会治安稳定，保证石油企业正常生产。

2009年，根据庆阳市“一站式”（指把需要审批的事项集中到一个大厅，简化操作流程，一个窗口受理，内部运作，方便办事人，提高效率）服务3个文件及现场办公会议精神，县上成立由政府县长任组长，县委政法委书记、主管副县长任副组长，石油办等职能部门负责人为成员的“一站式服务工作协调领导小组”，统一负责石油、天然气开发工作，设立石油开发“一站式”服务办公室，负责石油、天然气开发建设中项目审批、矛盾纠纷调处、土地征借、税费收缴、井场道路疏通、钻前服务等工作，按照“环境最佳、服务最优、效率最高、速度最快”要求，做到随到随办，边发生边解决。

2010年，开展“和谐典范、模范油区”创建活动，“一站式”服务成为地方支持油田的核心内容，全县上下形成涉油乡镇和相关部门支持油田开发建设良好氛围。中石油长庆油田超低渗项目部报批井场项目7个，县石油开发协调办牵头，组织国土、环保、林业、水务、水保等部门，集中3天时间，完成现场查看，项目审查、报批、发文等工作程序，比过去分部门办理赢得一周左右时间，确保项目及时开工实施，受到好评。

第四节　税 费 收 缴

根据市政府安排，涉油税金由市县分块收取，中石油长庆油田公司实现税金由庆阳市收取，中石化华北分公司实现税金由镇原县收取。县政府制定《镇原县石油开发收费管理办法》，对涉油规费收缴进行统一规范，涉油职能部门提供收费依据和收费标准，石油办统一开票代收，然后汇总上缴财政，从源头上杜绝“政出多门、多头收费”现象，减少对石油开发企业干扰。2007至2010年，石油企业累计上缴税金3107.6万元，其中2007年1041万元，占全县财政收入26.59%，2008年1193.3万元，2009年361.6万元，2010年511.7万元；累计收回涉油规费和支地资金13284.26万元，其中2007年2739.3万元，2008年2749.96万元，2009年3658.4万元，2010年4136.6万元。

全县产能建设规模不断扩大，地企合作深入发展，石油企业在道路交通、城市建设、农村扶贫、校舍建设、抗旱救灾等方面给予地方支持。2008年，长庆油田给镇北公路资助200万元，为南区小学建设资助200万元。2009年，长庆油田支援县上抗旱救灾资金40万元。2007至2010年，长庆和华北油田共同给有关乡镇支付协调费200万元，征借地补偿款1561万元，为全县道路维护资助资金每年达500万元以上。

第三十章　招 商 引 资

21世纪，为贯彻党和国家西部大开发战略，加快镇原发展，县委、县政府成立招商机构，制定优惠政策，实施奖励办法，提高服务功能，改善投资环境，加大宣传与交流，加快区域经济合作，以多种形式吸引外商外资和技术，启动民资，促进了境域经济发展。

第一节　管理协调机构

1985年11月，成立镇原县经济协作办公室，列入政府序列。1991年，协作办退出政府序列，隶属县计划委员会。1992年8月，改为经济协作委员会，为正科级事业单位，负责寻求经济技术协作伙伴、考察项目和资金引进等工作，项目实施由经委、计委、乡企局按照职责归口管理。1997年3月，经协委和经委合并成立经贸委。2002年，成立镇原县对外招商引资办公室，与发展计划局项目办合署办公，一套人员，两块牌子。2003年11月，成立镇原县招商引资局，为县政府科级事业单位，有干部职工2人。2004年，内设综合业务、招商引资、信息联络3个股，编制8人，其中局长1人，副局长2人，工作人员5人。2008至2010年，继续保留3个股，干部职工增加到12人。主要职责是宣传贯彻中央、省、市、县有关招商引资方针政策，研究制订全县招商引资总体规划和年度计划，负责全县招商引资工作组织、协调、监督、管理，为投资和引资者提供服务，兑现优惠奖励政策，保护其合法权益。

第二节　优惠政策及配套措施

1980年代，开始探索招商引资有效途径，采取放宽准入条件、返还税收等措施，吸引外商外资，开展经济技术协作。2002年，根据国务院《关于西部大开发若干政策措施的通知》和省政府关于《甘肃省实施西部大开发若干政策措施》等文件精神，县委、县政府制定《镇原县招商引资优惠政策》，从市场准入、税收减免、土地优惠、奖励服务等方面提出优惠措施，在实施过程中，又3次对市场准入、投资领域、土地使用等条款进行补充修订和完善，于2005年6月重新出台《镇原县招商引资优惠政策》，并配套出台《镇原县招商引资奖励办法》《镇原县招商引资服务办法》《镇原县招商引资专员管理办法》，使政策措施既保持连续性,又更具吸引力和操作性。

附件一

镇原县招商引资优惠政策

县委发(2005)25号

为了进一步改善投资环境,扩大开放开发,广泛吸引国内外资本、技术、人才来镇原县投资兴业,促进全县经济社会全面提速、加快发展,根据国家、省、市有关法规政策,结合本县实际,特制定招商引资优惠政策。

第一条 放宽市场准入,允许县内外各类组织、企业、自然人等投资者,进入法律法规未禁止的一切领域,以参股、独资、合资、合作、项目融资等方式,兴办符合国家产业政策的各类项目。

第二条 对重点高新技术等优势行业,在配套资金或入股本金、财政资助等方面,给予政府职能范围内的特别扶持政策。允许符合条件的企业,依照国家有关规定,发行企业债券,可以以股权、项目融资等方式筹集资金。

第三条 金融单位对招商引资企业,可采取仓库保全质押、出口退税质押、知识产权质押、应收账款质押等工业产权和非专利技术的质押形式提供贷款,积极支持发展。

第四条 投资者享有充分的经营自主权,在不违背有关法律法规的前提下,可以自主用工、自主定价、自行决定产品内外销比例,企业所得的税后利润可自由汇出境外。

第五条 投资新办工业企业、第三产业、电力、水利、邮政、交通、广播电视等产业,按其贡献地方财力,均可享受“两免三减”的税收优惠政策。自投产之日起,前两年按其贡献地方财力的100%奖励企业,后三年视投资情况,分类对待,投资新办工业企业、第三产业的,按其贡献地方财力的60%奖励;兼并、购买或投资现有工业企业进行技术改造的,按其新增贡献地方财力的50%奖励;新办的国家级、省级高新技术项目,按其贡献地方财力的80%奖励;投资旅游资源开发的,按其贡献地方财力的60%奖励。

第六条 经营性项目建设所需土地,投资者以招标、拍卖方式取得土地使用权的,土地使用期限为住宅用地70年,工业用地50年,商业服务业用地40年。在使用期限内,经政府批准可依法出租、抵押、转让;投资者兴办的企业,投资额在1000万元以上的项目,可由政府无偿提供建设用地;投资额在1000万元以下的项目,按政府出台的最低基准价转让建设用地;非营利性市政、环保、能源、交通、水利等基础设施和公益事业所需土地,由政府征用后按最低限价划拨;投资开发荒山、荒坡、荒滩、废弃地等,从事种植业、林业、畜牧业、渔业生产和小流域治理等项目,可视具体开发情况,降低或免征土地出让金和土地使用费,土地使用期限为50年。

第七条 初创小企业,可按照行业特点,降低公司注册资本限额,允许注册资金分期到位,减免登记注册费用。

第八条 对投资数额较大,科技含量较高,对全县经济发展、财政增收有较大带动作用的重大项目,确定领导帮扶,选派干部无偿为企业提供服务,项目建成后,可实行政府挂牌保护。

第九条 投资者在县内就医、子女受教育以及水、电、暖等公共服务方面,一律同当地居民同等对待。

第十条 鼓励和支持行政、事业单位的公务人员(不包括学校、医院等社会公益事业单位)创办、领办、帮办各类企业和社会公益事业。凡本人申请,组织批准创办、领办、帮办企业的干部职工,在企业工作期间,本人原级别、工资待遇三年不变,其他待遇与在岗人员同等对待。对有突出贡献的人员给予重奖,并在同等条件下优先选拔使用。

第十一条　凡新建的各类投资额较大,对县域经济社会发展有重大支撑和带动作用的企业,可以实行一企一策、一事一议,给予更为优惠的扶持政策。

第十二条　凡为本县经济建设和社会公益事业引进项目、资金(不包括国家、省上和上级单位计划内拨款)、物资、设备和高新技术的单位和个人,按照《镇原县招商引资奖励办法》给予奖励。

第十三条　凡符合享受税收优惠的企业,投资额和交纳税额的认定,由企业申请,县招商局会同财政局、国税局、地税局组织认定,并出具投资及税收认定书,报县政府批准后,在次年第一季度兑现奖励。第十四条、鼓励县内投资商在本县投资。

附件二

镇原县招商引资奖励办法

县委发(2005)26号

为进一步加快镇原县开放开发步伐,充分调动各类中介组织和各级干部群众参与招商引资工作的积极性,更多的吸引国内外资本、技术、人才向县内集聚,努力促进经济社会全面提速,科学发展。特制定招商引资奖励办法。

一、奖励范围

凡是从县外引进资金、技术、设备、物资等到镇原县兴办项目的单位、团体、组织和个人(以下统称中介人),均属招商引资奖励范围(不包括国家、省、市和上级单位计划内拨款以及公务人员职责范围内争取的项目资金),依照本办法给予奖励。中介人必须是经投资者和招商局确认,与项目实施单位建立联系,签订引资奖励合同,并最终促成投资的直接介绍人。

二、确认原则

引进国外、县外资金,以资金使用单位、项目批准部门、注册会计(审计)事务所或银行共同出据的确认报告为准;引进国外设备,以国家商检部门出据的价值认可书为准;引进县外设备,以资产部门、海关、注册会计(审计)事务所出据的评估报告为准;引进专利技术、科技成果,以科技部门确认书为准;捐赠资金和物资,以受赠单位和财政部门确认书为准。引进资金、设备、物资、技术的奖励,分别在资金到账,设备调试运行正常,物资到站查验,新技术运用有成效后兑现。分期建成的项目,依次分期兑现。

三、奖励标准

引进县外资金,独资新办一户1000万元以上农业产业化项目、500万元以上工业企业的,分别按到位固定资产投资额的3%和2%给予一次性奖励;新办一户500万元以下的农业产业化项目、工业企业的,按到位固定资产投资额的1.5%给予一次性奖励;引进县外资金,独资从事其他经营性、非经营性项目建设的,按到位固定资产投资额的1.5%给予一次性奖励;引进合资和合作资金,按实际到位且发生效益资金的1—3%奖励;引进有偿无息资金,按开户银行同期贷款利息50—80%给予奖励,在资金使用期间,每年奖励一次;引进有偿低息资金,按开户银行同期贷款利息与合同引资利息差额给予奖励,在资金使用期间,每年奖励一次;引进其他有偿付息资金,奖励标准由资金使用单位确定;引进无偿资金的,按实际到位资金的5%给予一次性奖励;引进无偿生产设备,按评估价值的1—2%给予一次性奖励;引进国外先进技术、资金、新产品对我县现有企业进行技术改造的,引进外商、外地客商兼并、承包、租赁、参股经营国有、集体、民营企业的,按实际到位资金的3—5%给予一次性奖励;科研单位、大专院校、县外科技人员将科研成果、发明专利、高新技术用于本县生产经营,并取得实际效益的,按当年新增利润的10—20%给予一次性奖励;凡为企业或公益事业捐赠资金、设备、物资50万元以上的个人,由县政府授予荣誉市民称号,捐赠100万元以上兴办社会公益事业的个人,经县政府批准,可以本人名字为公益事业命名。

四、申报认定

凡有引资意向的中介人,必须到招商局办理奖励登记手续,并签订引资奖励合同。引资奖励合同为一次性签订,不重复,不补签。引资成功,中介人持相关证明材料,向县招商局提出奖励申请,招商局会同有关部门按规定审核,报县政府认定。

五、奖金来源及支付

按照"谁受益、谁承担"的原则,筹集兑现奖金。引进合资和合作项目资金、技术、设备、物资的,由受益单位奖励,奖金在成本和费用中支付;引进独资项目中基础设施和社会公益事业项目资金、技术、设备的,由县财政给予奖励;购买产权经营项目的,奖金从产权转让收益中支付。对中介人实施一次性奖励,每个项目不论中介人多少,均按一个中介单位计奖。引进国外资金,按批准奖励之日国家外汇管理局公布的外汇牌价折算,用人民币支付。获奖中介人按有关规定缴纳个人所得税。

附件三

镇原县招商引资服务办法

县委办发(2005)60号

为进一步营造良好的投资环境,切实转变政府职能,规范服务管理行为,提高招商引资工作水平,特制定招商引资服务办法。

一、项目审核

县招商局负责审核县内1000万元以下招商引资项目,并立项备案(特殊行业由县发改局审批后转报上级部门批准)。县政务大厅依照规定,办理招商引资项目的各项手续。

二、便捷服务

对招商引资项目,实行"一站式"办公,"一条龙"服务,打破工作日与节假日界限,24小时值班,及时受理招商引资项目业务。

三、实行公示制度

凡涉及招商引资的部门和单位,必须面向社会公开本单位职责范围、管理权限、审批事项、申报条件和材料、办事依据、办结时限、工作纪律、服务承诺、监督投诉方式等。有收费的部门和单位,要在政务大厅公示收费项目、依据、标准。凡没有公示的收费项目和超标准收费,投资者和企业有权拒绝交纳。

四、实行首问责任制度

各职能部门、单位在接待投资商为其提供服务时,实行首问责任制。投资商到机关办事或打电话咨询、举报、投诉、查询等,所接触到的第一位工作人员为首问责任人,首问责任人必须承担解答、办理、转交或引导的责任和义务。首问责任人对属于自己职责范围内的事项,要立即准确地答复或协调处理。对不属于自己职责范围内或者不属于本部门、本单位职责范围内的事项,要及时主动告知或引导当事人到有关部门办理,并做好解释工作。属于举报投诉的,首问责任人应将举报或投诉人的姓名、联系电话及反映的事项内容记录下来,并及时汇报部门领导。

五、实行限时办结制度

凡是项目建议书、可行性研究报告、注册营业执照和项目法人身份证明、资信证明、合同等项目文件,资料齐备,符合国家政策规定,在县级审批权限内的招商引资项目,有关部门要在3个工作日内办完立项备案手续。对投资商以书面、口头、电话形式投诉关于项目手续办理或运作过程中遇到的困难和问题,有关部门要及时调解,最迟在10个工作日内答复。对投资商以书面、口头、电话形式咨询招商引资优惠及经济协作服务事项的,有关部门要当日办结。对人大代表、政协委员涉及招商引资的提案、议案,有关部门按有关要求认真办理。

六、实行检查审批制度

坚决制止对企业的多头检查和重复检查。任何单位和个人,不得对招商引资企业随意进行法律法规以外的检查;不得乱收费、乱摊派、乱罚款;不得随意收缴、扣押、吊销营业执照。对重点挂牌保护企业的检查,须报县政府批准。

七、实行项目督查报告制度

全县所有签约的招商引资项目,由招商局牵头,会同发改局等部门,每半年对项目履约、开工、资金到位、项目进展情况和投资商对当地投资环境的意见、项目建设工程中存在的实际问题等,以座谈、走访、交流的方式督查,全面了解全县招商引资情况和动态,并向县委、县政府写出督查报告。县招商局根据工作需要,可进行定期或不定期的专项督查调研活动。

八、实行领导干部联系项目制度

县上确定的各类重点招商引资项目,落实一名县级领导联系,印发"领导联系卡",解决项目实施过程中的困难和问题,做好全方位协调服务工作。

九、实行选派干部帮扶企业制度

重点招商引资项目,按照"企业要求、干部自愿、双向选择、组织选派"的原则,从党政机关、事业单位干部中选择文化素质高、业务能力强、爱岗敬业的骨干力量,采取个人帮扶和单位帮扶结合的形式,帮助招商引资企业办理有关手续,协助解决发展中遇到的资金、技术、产品、市场等方面的问题。

十、实行责任追究制度

在招商引资工作中,由于工作人员不负责任,不能履行或不正确履行职责,构成失职行为,致使国家、集体和投资商利益受损的,必须依照有关法律法规、党纪政纪严肃追究其行政责任和经济责任。

十一、建立综合考核制度

把改善投资环境及招商引资成效列入乡镇、县直部门和单位年度考核目标体系,进行量化考核。

十二、营造良好的法制环境和社会环境

政法、行政执法、经济管理部门,要依法保护投资者的利益不受侵害,对干扰、阻挠、破坏投资建设的违法违纪行为,依法依纪严肃处理。

十三、加强与企业客商的沟通

县政府每年定期召开投资商代表会议,协调解决投资环境、生产经营、市场秩序等方面的问题。招商局和企业主管部门,定期或不定期召开座谈会,协调解决项目实施或企业生产经营中的各种困难和问题。

十四、项目管理、督查、统计及协调服务

县招商局负责招商引资项目管理、督查、统计及协调服务,对投资商的申诉,及时进行调查处理,两日内向投资者反馈结果。为投资商代办审批手续,不得收取手续费、代办费。

十五、对重点企业实行挂牌保护

对投资千万元以上、年纳税在100万元以上的企业,由招商局写出调研报告,县政府审核后,报市政府批准列为市级重点保护企业,实行挂牌保护;对投资在500万元以上、年纳税在50万元以上的企业,由招商局写出调研报告,报县政府审核后,批准列为县级重点保护企业,实行挂牌保护。

十六、议事规则

对投资数额大、科技含量高的大型工业项目或财源建设项目,可根据实际情况,对投资者提出的相关条件,进行一事一议,协商解决。

第三节 引资项目

1980至1990年代,县啤酒厂、果品厂、活性炭厂、造纸厂和乡镇骨干企业,以经济协作、兼并、租赁等形式,引进一批省外、国外资金,促进地方工业发展。

2002至2010年,全县招商引资846项,完成投资614922万元,年均68324.67万元,占全县固定资产投资48%,其中引进县外资金357项,完成投资354519万元,启动民资489项,完成投资260403万元。

一、国内招商引资

2002年,引进项目8个,投资4600万元。2003年,引进项目12个,完成投资4800万元,同比增长4.35%。2004年,招商引资38项,完成投资9185万元,同比增长91.35%,其中第一产业4项,完成投资660万元,重点有华荣食品、庙渠农业示范园、太平荒山开发等;第二产业24项,完成投资6543万元,重点有新千年食品公司、泰兴畜牧、答河板刘砂矿、上肖聚源土产贸易商行、马渠丰源草业建设;第三产业10项,完成投资1982万元,重点有东关建材市场、陇东农资贸易公司、浙江商厦、太阳池旅游项目建设和茹河南岸开发。

2005年,引资35项,完成投资17536万元,同比增长90.52%,其中第一产业为新城珍禽放养场建设,完成投资32万元;第二产业18项,完成投资9222万元,重点有田岭麦草纸浆厂、福源纸业、禾禾饼业、丰源草业、口士美食品公司雕花糖果生产线、庆阳市丰茂农产品公司、康达编织袋厂;第三产业16项,完成投资8282万元,重点有振兴汽车出租公司、孟坝购物中心、天瑞商厦、平泉中学逸夫实验楼、茹河苑小区、潜夫山庄建设。

2006年,引资61项,完成投资29069万元,同比增长65.77%,其中第一产业6项,投资2140万元,重点有中原农业综合开发、牧青山羊绒产业、泰兴牧业开发及开边金塔辣椒种植基地等;第二产业26项,投资13527万元,重点有澳恺食品公司、新星果品公司、新城装潢板厂、孟庄洋芋淀粉厂、潜润食品公司、蓝马啤酒公司技改,解语花羊绒加工等;第三产业29项,投资13402万元,重点有屯字果业公司、陇东农资贸易中心、武汉商贸城、广汇花苑住宅小区、翟池水运码头开发等。镇原县广汇花苑住宅小区位于茹河南岸新城区,占地40亩,位置优越,地势平坦,交通便利,由甘肃广汇房地产开发有限公司开发建设,总投资4000多万元,修建商品住宅楼11栋,建筑面积约5万平方米,容居近500户,集楼房、花园为一体,形成花园式住宅小区。庆阳市澳恺食品有限责任公司2004年与日本东鸠集团合资1280万元,建成1000吨膨化食品生产线;2005年与上海奇福食品有限公司合作,投资200万元,新上年产1000吨果冻生产线;同时又与上海美吉食品公司达成2000万元贴牌销售协议,生产美国迪士尼系列“唐老鸭”“米老鼠”等十三种品牌膨化食品,产品全部由上海美吉食品公司包销;生产能力为年加工玉米粉 3600 吨,膨化食品 1000 吨,果冻 1000 吨,销售收入 5000 万元,实现利润 300 万元,上缴税金 200 万元。

2007 年,引资 59 项,完成投资 4.84 亿元,同比增长 66.5%,其中第一产业 12 项,投资 3790 万元,重点有中国尚村獭兔三岔繁育基地、庙渠秦王桃基地、恒发肉用羊场建设、上肖丰庆养殖、富民特种兔养殖等;第二产业 15 项,投资 9350 万元,重点有康达实业公司技改,庆阳丰茂公司脱水蔬菜生产线、银原绒制品厂、太平弘扬农产品加工、金龙工业园区建设等;第三产业 32 项,完成投资 35260 万元,重点有镇原绿源贸易公司、英才中学、永安工矿配件公司、百惠酱菜厂、骞熹隆商贸城建设等。

2008 年,引资 116 项,总投资 13.56 亿元,完成投资 11.03 亿元,同比增长 1.28 倍,其中第一产业 22 项,完成投资 0.82 亿元;第二产业 21 项,总投资 5.57 亿元,完成投资 4.17 亿元;第三产业 73 项,总投资 7.17 亿元,完成投资 6.04 亿元。重点有镇原县城区集中供热工程、晶宸家园、广汇花苑、瑞星花园小区建设,甘肃蓝马啤酒公司 10 万吨生产线、澳恺公司淀粉基降解餐具生产线、庆阳市惠尔食品有限公司建设等。城区集中供热工程招商引资庆阳市居立热力有限责任公司承建,采用区域锅炉房高温水二级供热系统供热,总投资 1.44 亿元,其中热源厂建设 5328 万元,一级管网和换热站工程 9072 万元,资金来源为庆阳市居立热力有限责任公司投资 7200 万元,县财政和用热户筹资 7200 万元。工程分三期建设,一期工程建成主厂房、锅炉基础工程和换热站,敷设一级、二级管网,完成投资 7060 万元,实现城区建筑物供暖 21.6 万平方米,取得较好社会效益。

2009 年,共引资 113 项,总投资 18.25 亿元,完成投资 16.1 亿元,同比增长 45.97%,其中第一产业 22 项,总投资 1.1 亿元,完成投资 1.0 亿元;第二产业 26 项,总投资 10.15 亿元,完成投资 8.7 亿元;第三产业 65 项,总投资 7.1 亿元,完成投资 6.4 亿元。重点有镇探 1 号井开发,新打油井 150 眼,县城气化工程,甘肃蓝马啤酒公司、甘肃东欣建筑装潢材料有限公司、庆阳市澳恺公司淀粉基降解餐具生产线改造扩建,庆阳市康达塑料编织袋生产线扩建,镇原杉城木制品加工厂、镇原饭店、甘肃省天奥羊绒制品公司、镇原县泰瑞农工贸有限公司彩印包装线建设,县城公交增加车辆等。甘肃东欣建筑装潢材料有限公司是山东省德州亚太集团公司总经理张清海和平泉村民田旭东共同出资合办的加工企业, 占地面积 12 亩,计划总投资 500 万元,建成两条装潢材料生产线,主要产品有绿色环保型玻镁板、建筑模板、通风管道等,其中生产的通风管道系列产品填补甘肃省装潢材料空白。2009 年完成投资 220 万元,修建厂房 1200 平方米、办公用房 9 间 300 平方米,设计日产建筑装潢板 500 页,年产值 500 多万元,可安排农村富余劳动力 60 多人。

2010 年,招商引资 43 项,总投资 11.7 亿元,完成投资 8.25 亿元。重点有地椒茶生产基地、南川贺丰千亩风景树育苗基地、屯字 200 平米鲜果冷藏库、凯迪塑业有限公司、甘肃天奥羊绒粗纺生产线、镇原县紫东花园和县城西区整体开发建设等。其中县城西区开发项目已完成投资 6000 万元,整理土地 1119 亩,开始道路及配套设施建设。

二、国外与台商招商引资

2004年,澳恺食品有限公司和日本东鸠集团董事长浅野正一合作,引资1080万元,建成小杂粮膨化食品生产线,年生产膨化食品1000吨、玉米粉1500吨。2005年,镇原县造纸厂与美籍华人陈明全合作,成立镇原县福原纸业有限公司,引资1200万元,建成综合办公楼一栋,安装污水黑液处理设备,新上3条卫生纸和文化纸生产线,安置职工370人。主要产品销往河南、山东等地,以其质优价廉赢得顾客青睐。2006年,台湾吉利高公司中国分公司上海美吉食品公司董事长马嘉良投资800万元,改造镇原县复烤厂,建成甘肃口士美食品有限公司,产品以加工软糖、果冻、果棒为主,年产糖果2万箱,产值1000万元,安置职工200多人。

三、启动民资

镇原区位优势差,不沿边,不靠海,资金来源缺乏,严重制约经济社会发展。为改善环境,加快发展,县委、县政府把启动民间资金,加大投资建设作为重要工作任务,在落实优惠政策措施上,民资、外资一样对待,激活民间资金有序投入,实现"内引外联"双赢战略。

2002至2003年,启动民资48项,完成投资6400万元,其中2002年落实民资项目15个,完成投资2600万元;2003年落实民资项目33个,完成投资3800万元,同比增长46.2%。

2004年,启动民资46项,完成投资13600万元,同比增长2.58倍,其中第一产业5项,完成投资563万元,主要有孟坝养牛场、金龙农业示范园、屯字鸿雨养殖公司建设;第二产业14项,完成投资1960万元,主要有兴陇砖瓦厂、民康面粉厂、新星果品公司、城关砂场、孟坝空心砖厂、维思特食品公司、平泉农副产品加工厂、大鹏果品厂、郭原西杨建筑材料公司建设等;第三产业27项,完成投资11077万元,主要有综合商贸楼、综合市场、潜夫山庄、住宅小区建设等。

2005年,启动民资66项,完成投资14455万元,较上年增长6.3%,其中第一产业10项,完成投资1242万元,重点有太平茂源果业公司、新集养牛场、陇原牧业公司、中原昱民高新技术农业示范基地、临泾杂果园建设;第二产业12项,完成投资1724万元,重点有平泉鸿发面粉厂、孟坝砖厂、中原天鑫果品厂、孟坝潜润食品公司、城关金龙水泥预制厂、上肖豆浆晶厂、郭原张湾建材厂新办项目等;第三产业44项,完成投资11489万元,重点有小城镇、商贸楼、新世纪商厦、小康农宅、县城文化广场建设等。

2006年,启动民资68项,完成投资19699万元,同比增长36.3%,其中第一产业9项,完成投资1124万元,重点有城关镇东关蔬菜基地、三岔绒山羊养殖场、养殖小区、镇原县农业示范园建设;第二产业13项,完成投资1877万元,重点有新天地兔业公司、新千年食品公司、孟坝农盛业白瓜子公司、上肖雄武骨粉厂、水泥预制厂、砖厂、太平土畜产品加工厂建设;第三产业46项,完成投资16698万元,重点有孟坝建材批发市场、天瑞商厦、加油站、孟坝怡鑫园住宅小区、镇原骞熹隆商贸城、人人乐超市建设。镇原骞熹隆商贸城是企业改制时由77名职工共同出资购买原县农副公司土地修建的综合性商贸城,设计为5层框架结构商贸楼1幢、7层住宅楼1幢,总建筑面积12400平方米,总投资3600万元。经公开招标,工程由庆阳市设备安装公司第十一项目部中标承建,2007年开工, 完成投资3680万元,2009年竣工;由庆阳百佳超市租赁经营,安置就业200多人,经营商品有百货、服装、鞋帽、食品、副食、干鲜果、蔬菜、药品、电器、手机、金银首饰等,成为全县最大商贸城。

2007年,启动民资56项,完成投资36349万元,同比增长84.5%,其中第一产业6项,完成投资2441万元,重点有三岔红提葡萄示范基地、新集养殖示范小区、中原高效农业示范园建设;第二产业11项,完成投资5841万元,重点有城关贺堡塑料再生厂、武沟孟庄面粉厂、开边木器加工厂、殷家城洋芋淀粉加工厂、太平酱菜厂、开边九龙石料厂、新集水泥预制厂、三岔羊绒厂新建、扩建等;第三产业39项,完成投资28067万元,重点有郭原活畜交易中心、各乡镇小康农宅、小城镇、商贸楼、新集农产品购销中心、康平医药公司公寓楼建设。

2008年,启动民资60项,总投资5.07亿元,完成投资4.76亿元,同比增长31%,其中新建项目57个,总投资4.66亿元,完成4.35亿元,占总投资93.3%;续建项目3个,完成总投资0.41亿元。重点有孟坝苗圃住宅小区、乡镇养殖小区建设等。

2009年,启动民资75项,总投资6.24亿元,完成6.13亿元,同比增长29%,其中新建项目69个,总投资4.97亿元,完成投资4.86亿元;续建项目6个,完成投资1.27亿元,重点有县城东区国土大厦、公安大厦、青少年活动中心建设,县城东环路扩建,镇原县智慧残疾人康复医院、罗河湾住宅小区、郭原畜牧养殖小区建设等。

2010年,启动民资60项,总投资7.4亿元,完成投资6.1亿元,重点有镇原籍创业成功人士回乡创办的泰瑞农工贸有限公司和鑫陇再生能源有限公司等。

第四节 区域经济合作

1980年代起,镇原县利用县内县外两种资源、两个市场,拓宽对外合作领域和渠道,开展多种形式的考察交流、项目推介和招商引资活动,以优势资源、优势产业、优势项目吸引外资和民间资本,扩大与区外、省外发达地区经济交流与合作,实施"走出去、请进来"战略,达成多项合作协议,促成区域间经济协作、产业联动、县域资源大开发和县域经济发展的好局面。2002至2010年,全县共组团外出考察交流39次,接待外来团体18次,达成经济合作意向35项,组织企业参展18次,实现商品成交额2.52亿元。

一、与京津地区经济合作

2000年起,镇原县主动攀大靠强,扩大与发达地区经济交流、合作,促进资源开发、产业对接、改革造血、区域发展,以京、津地区为突破口,采取参观考察、推介宣传、经贸往来等途径,增进区域融合,实现互需互补、互利互惠,推进县域经济发展。2004年5月,在天津举办镇原籍成功人士座谈会。同年9月,在北京举办"情系镇原、共谋发展"座谈会,探讨镇原发展大计。2005年,组团赴天津参加"区域经济合作高层论坛"及"津洽会",学习环渤海地区先进发展经验。2006年4月，以"津洽会"为平台，以优势产业为依托，在天津举办招商引资项目推介会，促成天津天士力集团投资280万元参与屯字小康村建设。2007年10月，抢抓天津在甘肃省整村推进建设和庆阳市建立无公害苹果基地有利契机，争取对口帮扶和东西合作，全面推进县域经济开放开发。2008年4月，组团赴天津参加"津洽会"。同年6月，赴深圳、上海等地考察学习，取得宝贵经验。2009年4月，再次组团赴天津参加"津洽会"，加强经贸往来。

二、陕甘宁蒙青五省区经济协作

镇原县是"西交会"成员方，县委、县政府加大县域资源共享与对接力度，在石油天然气资源开发利用、壮大旅游业、发展生态农业及农产品深加工等领域取得成效。2004年8月，陕、甘、宁、蒙四省区毗邻29个县(市、区、盟)政协第十七次联谊会在镇原召开，为经济、科技信息交流和经贸协作提供平台。第十至十九届"西交会"期间，通过组织党政、企业、协会团体多次参展、汇展，加强企业间经贸合作及产业集群展示、推介，达成合作意向18个，实现商品成交额0.8亿元。2005年3月，组团赴成都、重庆、西安等周边发达城市考察，主动寻求经济区域辐射带动效能，促进经济、人才、信息等方面融合，加快推进县域经济发展步伐。2007年10月，组团赴内蒙考察畜牧业发展现状及产业发展规模，寻求县域产业布局及产业链对接合作途经。

三、与长三角 珠三角及东北地区交流合作

2004年10月至2010年底，县委、县政府4次组团赴广东、福建、海南，就劳务产业、城市发展进行考察，在深圳开展"项目招商发布会"，参加"厦门9·8国际洽谈会"，与福建莆田、广东东莞达成劳务合作协议，到山东、辽宁、吉林考察农业产业化，赴东北考察工业发展模式，在潍坊、龙口等市举办项目合作洽谈会，通过考察学习和洽谈活动，共谋发展创新模式，为县域经济提速汲取经验。

四、与"大银川经济圈"对接

2005至2010年，为加大投资力度，打造引资平台，高起点、高规模建办工业农业园区，加强与"大银川经济圈"融合对接，3次组团考察宁夏德胜工业园、平罗工业园、灵武工业园、宁夏三喜科技园光气产业群、宁夏化工资源综合利用产业体系等建设模式和定位，建立互利共赢区域战略合作关系，在生产要素合理配置、产业群聚集及工业强县等经济发展战略模式上取得宝贵经验。县财政投资1.25亿元，建办非公经济聚集区、农业高新技术产业区、乡镇企业发展区3处，为镇原经济搭建发展平台和空间。至2010年底，金龙工业集中区入园生产企业7户，从业人员1154人，完成产值2.2亿元，出口供货502万元，取得较好社会效益和经济效益。

第五节　对外宣传与交流

2002至2010年，县委、县政府5次组团参加"中国天津商品交易会"，6次参加"中国西部商品交易会”，成功参办“中国庆阳香包民俗文化节”，展示镇原特色产品，全面推介招商项目，宣传优势产业、特色资源、人文环境等，4次制作《镇原县投资指南》宣传册，利用各种节会发放2万余册。2005至2007年，制作“招商之窗”宣传牌12期，每年制作电视谈话节目在镇原电视台播放，收到良好效果。2006至2007年，连续制作《镇原县情介绍》录像，在各种经贸节会播出宣传；制作《走进镇原》宣传光碟，播放时间15分钟。2007年7至10月，与中央电视台合作，在农业频道播放《中国杏乡——镇原》广告片，宣传镇原，推动杏产品发展；与中国东方航空公司合作，让镇原杏产品在东航客机上“入座”销售，使国内外更多人们从了解镇原杏产品开始，进一步认识镇原。2008年5月，县招商局和中国地方政府招商网合作，在网络发布招商信息129条，推介项目150个，信息发出后，收到各地咨询电话数以千计，起到宣传镇原、促进招商引资的作用。

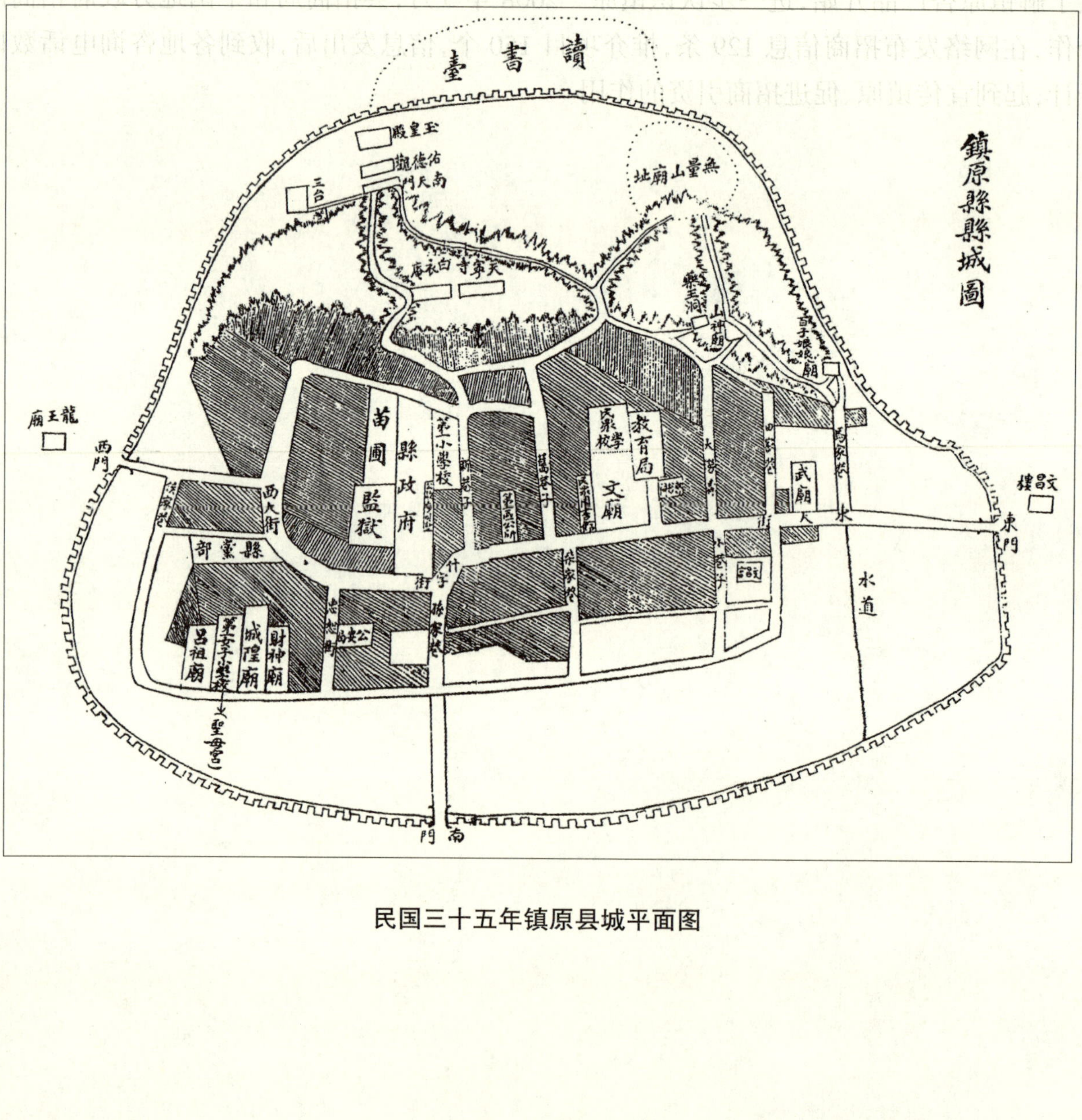

民国三十五年镇原县城平面图

第三十一章　城乡规划建设

民国时，开始城镇建设管理。中华人民共和国成立后，不断健全完善城乡建设管理机构，逐步形成城乡建设、规划、城市管理综合服务体系，各司其职，齐抓共管，配套服务，依法加强城乡规划，加快城乡和新农村建设，逐步缩小城乡差别，改善城市面貌，美化市容，取得巨大成就。

第一节　机　构

民国十六年(1927 年)，国民党县政府成立建设局，管理城乡建设工作。二十二年，改为建设科。二十九年，陕甘宁边区镇原县政府设四科，负责建设事宜。中华人民共和国成立后，逐步健全管理机构，细化职能。

镇原县住房和城乡建设局　1950 年 3 月县人民政府设建设科，1956 年 6 月撤销，业务由计划委员会兼管。1983 年 3 月恢复建设科，11 月改为城乡建设环境保护局，内设城建环保、公房管理、村镇建设 3 个股，有工作人员 5 人。1991 年，成立镇原县建筑工程质量监督站，为股级事业单位，隶属城乡建设环境保护局。1994 年 1 月，成立住房制度改革办公室，隶属城乡建设环境保护局。1997 年 3 月，成立镇原县城建监察队，为副科级事业单位，编制 5 人，隶属城建环保局。2001 年，房改办更名为县房改房交易中心。

2002 年 4 月，城建、环保分设，城乡建设局内设文秘、基本建设、城市建设、村镇建设、房产管理 5 个股。城建监察队更名为城区市容执法监察队，有干部职工 6 人。2004 年建筑工程质量监督站升格为副科级事业单位，隶属城建局。

2005 年，城区市容执法监察队调整为城建局下属科级单位，房改房交易中心更名为镇原县房地产管理办公室，挂房改房交易所、城镇住房制度改革办公室两块牌子，一套人员，直属县政府管理。2006 年 12 月，撤销城区市容执法监察队，成立镇原县城建监察队，为城建局内设科级事业单位。2007 年，建筑工程质量监督站更名为镇原县建设工程安全质量监督站，编制 10 人，设站长 1 人、副站长 2 人，有工作人员 7 人。

2008 年，县城建监察队调整为隶属城建局的科级事业单位，编制 6 人，设队长、副队长各 1 人，有工作人员 4 人。同年 7 月，成立县城集中供热办公室，为科级事业单位，编制 8

人，设主任、副主任各1人，有工作人员6人。2009年，县城建局内设人秘、房地产管理、房地产交易和廉租房管理4个股，有工作人员15人，其中局长1人、副局长2人，工作人员12人，内有参照公务员管理7人。房地产管理办公室更名为镇原县房地产管理局，隶属县城乡建设局。

2010年，县城建局更名为县住房和城乡建设局，履行全县城乡建设、建筑市场监管、房地产开发管理、城市供热给排水等职责，内设人秘、城建、基建、村镇、房产5个股，招标、人防、墙改、物业4个办公室，有干部职工15人，辖房地产管理局，内设人秘、房地产管理、房地产交易和廉租房交易4个股，有干部职工17人；工程安全质量监督站有干部职工18人；城建监察队有干部职工7人；县城集中供热办公室有干部职工10人。

镇原县城乡规划局 中华人民共和国成立后，城乡建设规划工作分别由建设科、计委、城乡建设环境保护局、城建局承担。2008年7月，成立镇原县城乡规划局，为县政府直属科级事业单位，内设办公室、工程规划管理股、规划监察股和规划档案股，有干部职工12人。2009年，成立规划执法队。2010年，城乡规划局内设4股1队，有干部职工12人，设局长1人，副局长2人，工作人员9人，其中本科学历9人，大专学历3人，有微机8台，大副图纸打印机1台，地形图测绘仪1套，承担全县城乡规划编制、审批及执法管理等工作。

镇原县城市管理局 2007年2月，成立镇原县城乡环境卫生监督管理局，为科级全额事业单位，编制30人，设局长1人，副局长2人，有工作人员27人，隶属县城建局。同年12月，改为县政府直属事业单位。2008年7月，更名为镇原县城市管理局，内设人秘股、县城市容管理队、环境卫生管理队、综合执法管理队、夜间管理队、县城市政设施管护队、县城广场管理办公室、滨河市场管理办公室、督查考核办公室、妇委会和车队。同时成立镇原县园林局，为科级事业单位，隶属县林业局，编制10人，设局长1人，副局长2人，有工作人员7人。同年9月，成立镇原县橡胶坝管理所，为科级事业单位，隶属县水务局，人员编制8人，设主任、副主任各1人，有工作人员6人。2009年8月，园林局、橡胶坝管理所统归城市管理局管辖。至此，县城市管理局主要承担县城市容市貌、环境卫生、园林绿化、橡胶坝景观、县城广场、滨河市场、路灯及市政公用设施、乡镇市容环境监察等方面管理职能。

2010年，城市管理局内设11个股室队，有正式工作人员55人，其中科级干部5人。环卫队聘用司机、电工等临时工作人员15人，聘用环卫工人210人。有各类工作车辆16台辆，其中巡逻车2辆，洒水车2辆，摆臂式垃圾清运车2辆，小型垃圾收集车2辆，高空作业车1辆，装载机1台，垃圾清扫车1台，农用垃圾清运车3辆，工作督查车2辆。园林局有工作人员23人；橡胶坝管理所有工作人员7人，聘用专职救生员2人，保洁员10人，购置救生艇2艘，保洁船2艘。

庆阳市住房公积金管理中心镇原县管理部 1993年8月，成立镇原县城镇住房资金管理中心，与住房制度改革委员会办公室合署办公，科级建制，一块牌子，两项业务，由县政府直管。2007年，城镇住房资金管理中心与房改办分设，实行省以下垂直管理，上划直属庆阳市住房公积金管理中心，更名为庆阳市住房公积金管理中心镇原县管理部，设主任、副主任各1人,正式干部1人,借调干部2人,雇佣司机1人。2010年,机构、人员未变。

第二节　城 乡 建 设

镇原历史上,由于行政区域变化和战火匪患等原因,县城多次变迁,直至元代,县城落定。历任知县筑城墙、固城池,做了一些防御性建修,但规模小,设施少;乡镇建设寥寥无几;设施完成;村庄建设零零星星,农民居住条件差。中华人民共和国成立后,经济社会事业发展,各项建设逐步展开,城乡面貌发生根本性变化。

一、县城建设

镇原县城北依潜夫山(亦名玉皇山、柏山),南临茹河水。隋大业元年(605年),在莲池逼水珠处建湫谷县城。唐元和三年(808年),在尤坪筑临泾县城。宋代,在潜夫山下修筑原州城。元至正二十年(1360年)平章李思齐遣佥院张德钦重建镇原州城,纵横各600步。明成化末,知县徐镛增修;嘉靖二十二年(1543年),知县双应麟加修;三十七年(1558年),知县马呈图进行补修;万历年间知县陈遇文建四门楼,赵以庄开东门,李檠加筑东西北三面城垣,后南城一带被河水冲崩,匪乱难守。清初暂驻茹河南黄家岔堡,康熙四年(1665年),知县宁世延筑新城一道,后任知县孙象观完工,并新开南门;乾隆二十二年(1757年),知县荆有庆重修东、南二门;同治九年(1870年),知县廖溥明补修全城;十一年(1872年),知县左寿堂补修雉堞;光绪二年(1876年),知县易简改河固城;四年,知县宋之章补修北城;十一年,知县刘玉衡补修南城;二十三年,知县汪宗翰补修北城;三十年,知县宋运贡补修西南城,并移河固城。后遭战火创伤,地震河陷,城垣民房几经复修,保存尚好。旧城墙周长约9.3华里,设东、西、南三城门,一条中街,长2华里,宽3丈余,分为十字街、西街、东街。街道南侧有侯家巷、忠恕街、孙家巷、柴巷、小巷子;北侧有马家巷、田家巷、大涝沟巷、新巷子等十余道。

民国初年,全城有房屋千余间,商户150余家。六年(1917年),县知事刘循良补修东南城墙。县署南城各洞门被水冲塌,十一月调集民工重修。东门额书"迎恩门",西城楼石额书"镇戎",西门内城楼石额书"永安门"。十一年,县长刘万鹏修全城雉堞及东方洞。十七年,县长王正宽补修北城。十八年一月,华洋义赈会捐给赈款2000元,议决以工代赈,补修城垣。十九年,县城东南角二次塌陷21.2丈,县长苏天民体恤数年荒匪频仍、民生凋敝,申请省政府核拨补修工程费1100余元,组织民工及时修复,俾重城防。二十二年,县长钱史彤补修北城,并饬公安局长党效贤按照马路形式修街道以利于行,因东南水洞淤塞为患,命绅士李世栋、段兴邦在城内凿一石井,深丈余,用石料向南掘洞铺出,疏浚县城排水。二十四年,建运动场,占地40亩。新巷子设高等完小,占地2亩多,院内设仓库。城内东西街有"生盛福""意万昌""魁盛铭"等百货、杂货、染坊、饭馆、药铺等铺面180余间,房厦千余间。田巷子为小摊贩和小吃市场。南门巷,摆瓜果摊。水荫沟泉水供全城饮用。

二十八年,在县城建中山公园,立"抗日阵亡烈士纪念碑"。城内有国民党县党部、县政府、司法庭、田粮处、参议会、银行、税务局、自卫队、中学、两所高小及民众教育馆等机关单位和商户150家左右。二十九年起，三座城门均建城楼，砖拱门洞，铁包木门，大什字和涝沟口各有一座四柱三门过街石坊，城外东操场处有四柱三门木坊两座。中街有文庙，南门内西侧有城隍庙，院内有一枫树，约三抱粗。东门外有吕祖庙、五岳庙。五岳庙前有一古槐，约五抱粗。吕祖庙前一巨桑，两抱粗。粮食市场设东街武庙门前，占地不足半亩。牲畜、柴草市场设东街荒滩。田家巷有福音堂，南隅有天主堂等建筑。

1952年，废西城、拆西城墙。1955年，县榨油厂安装柴油发电机组，供部分机关照明。十字街建人民会堂。1957年，县人民政府在河道北筑石堤，结束五百多年间浸城水患问题。1958年建发电厂，供城区照明。1972年，东操场建露天剧场，建筑面积800平方米。1978年，将中街东西段和孙家巷、忠恕巷、柴巷铺设为柏油路面。

1971年县城

1985年县城

改革开放后，县城建设加快，兴建一批道路、排水、亮化等基础设施，开发滨河市场。1988年新开北城门洞。2004年开始，按照新区扩大规模、老城完善功能、规划谋长远、建设上品位、管理出形象的总体思路，改造旧城区，加大南、东、西三区和工业园区开发力度。

2005年，开发南区，整合土地，配套水电路，逐步建成疾控中心、法院、检察院、公安局、交通局、地税局、工商局、移动公司办公楼，中医院门诊楼、住院楼和广汇花苑住宅小区等。

2006年，开发金龙工业园区，建起维思特食品有限公司、澳恺食品有限公司、康平医药

1995 年镇原县城鸟瞰图

有限公司、解语花羊绒有限公司、陇东包装公司、大鹏食品公司、凯迪塑业有限公司、泰瑞农工贸公司、新世纪食品有限公司 9 户企业。

2007 年，开发县城东区，规划面积 19693.5 亩，累计投资 2.5 亿元，修建文化广场、植物园、橡胶坝等公用设施，修通开源路，架起四号桥、配套东新街一标段市政基础设施，建成计生、国土、财政、人才大厦和文化三馆、青少年活动中心、妇幼保健站、人行办公楼、原州宾馆、镇原二中和紫东家园、怡盛苑 2 个小区，集办公、住宅、文化教育、产业开发、休闲娱乐于一体。

2009 年，按照夯实基础、完善功能、美化环境、改变面貌思路，实施老城改造，加宽路桥，硬化街巷，增建公厕，更新垃圾箱(筒)，整修户外广告、临街商业门店、建筑物及橱窗，设立城区路巷名称标志牌、车辆临时停泊及便民市场，改造电力、电讯、广电等各种杆线，增加街道绿化，改善城区环境。

2010 年，坚持新老城区建设并重原则，老城区建设 12 项，完成投资 6.86 亿元，修商贸楼 2 万平方米，硬化道路 5000 平方米。县城西区规划面积 6617.8 亩，其中建设用地 3845.25 亩；基本定位是集商贸流通、行政办公、文化教育、休闲娱乐、住宅等功能为一体的城市“副中心”，逐步建成绿化片区、城市发展片区、茹河生态农业片区；按照规划要求，投资 3100 万元，整理土地 1500 亩，搬迁安置农户 36 户；投资 3.63 亿元，实施路网、保障性住房、公用设施三大建设，开工花园路、竹园路、二路、龙泉路、莲池路、滨河北路西段、西新街、失地农民安置房、廉租房、莲池及里沟排洪渠共 12 项；投资 2.56 亿元，完成路基土方回填压实 52.7 万立方米，埋设雨、污、给水管道 1.5 万米，栽植树木 2950 棵，路网骨架基本形成，基础设施基本到位。至年底，东到工业园区，西到莲池村，县城面积增至 12 平方公里，基础设施更新，城镇功能完善，县城品位提升。

上世纪 70 年代镇原县城街道一角

二、城区公共设施

(一)街道建设

1956 年，拆东门，正街取直拓宽。1958 年，中街安装路灯 7 盏。1967 年，中街安装路灯 15 盏。1971 年，在东坡口至上马台安装路灯 15 盏。1973 年，拆除鄂公台和原二中校门，动员县直机关、单位、工厂、学校师生员工参加义务劳动，加宽取直整修街道。将西段降低 1 米左右，中段降低半米，王胡同加高 2 米，东段加高 20 厘米，安装路灯 9 盏，改南门至茹河桥斜道为直道，长 1 公里左右，从城镇维修费中拨款 2 万余元，在街道两边用青砖、水泥箍水沟长 1500 米。1978 年，国家投资 4 万多元，将东、西街和孙家巷、忠恕街、柴巷铺为柏油路面，改变“遇到暴雨洪水漫、泥泞满巷人不便”状况。1985 年，街道安装路灯 43 盏。至 1985 年，正街东起电管所，西至面粉厂，长 2582 米，宽 19 米（油路长 769 米，宽 12 米）；环城路从东门起至茹河桥，长 1490 米，宽 10 米（油路长 960 米）；忠恕街长 120 米，宽 6 米；孙家巷长 210 米，宽 11.5 米；柴巷长 190 米，宽 10 米；涝沟巷长 180 米，宽 3 米；新巷子长 150 米，宽 5 米；田家巷长 160 米，宽 6 米。

2000 年起，根据县城总体规划和道路交通专项工程规划，有计划地改建、扩建和新建城市干道，形成道路网络。2007 年，县城道路增加到 16 公里，面积 28.8 万平方米，比 1949 年分别增长 9.52 倍和 17.45 倍，县城人均道路面积 5.1 平方米。2009 年，对县城 7 条主干道及 12 条巷道进行硬化，车行道铺油 2.8 万平方米，人行道铺装大理石地砖 7600 平方米、渗水砖 1.37 万平方米，安砌花岗岩道牙 2400 米。

2010 年，西街车行道铺油 1.23 万平方米，人行道铺设透水砖 8800 平方米，砌筑路沿石 1700 米，安装西班牙路灯 40 基，地灯 60 基，绿化树木 520 棵，布设小型绿化带 35 个，完成投资 317 万元；文化广场实现硬化、亮化、排水及绿化，完成投资 458.78 万元；医院巷硬化道路长 220 米，宽 7 米，其中车行道铺油 1260 平方米，人行道铺设新透水砖 900 平方米，完成投资 27.2 万元；南门市场坡段人防沟实施机械打桩、混凝土沟体浇筑及供热、供水管网入沟敷设等，完成投资 147.6 万元；开源路安砌水渠东段道路沿石，铺设管道及砌筑检查井等，完成投资 19.3 万元；南区建商业步行街一条，老城区干道挖补、铺油 1.3 万平方米，砌筑路沿石 4300 米。

2009 年县城中街一角

中街　包括原东、中、西街全部，西起水荫桥，经县委、县政府至东街口，全长900米，宽20米，其中车行道宽14米，属城区主干道，与水荫街、洪河街、茹河街、南街和三个巷道相连。1956年拓建，1973年复建，铺装为沥青路面。县委门前至东街口段两旁设绿化带，后改称原州中路。

2005年县城西街一角

西街　东起水荫桥，经镇原中学，西至啤酒厂门前，与中街相接，全长800米，宽24米，其中车行道宽12米，属城区主干道。2003年修复，铺装为沥青路面，后改称原州西路。

东街　西起东门口，经城关中学，东至城关电管所，全长440米，宽24米，后改称原州东路。

南环路　东起东门口，西至水荫街南，全长1024米，宽20米，1993年始建，2004年拓宽铺油。

中兴街　原名柴家巷，北起中街，经广电局，南至南环路，全长200米，宽24米，三块板型，其中车行道宽12米，属城区主干道。1973年始建，2000年拓建，铺装为沥青路面，两旁设有绿化带。

潜夫街　原名孙家巷，后改称茹河街，南起南环路，经农副公司、镇原宾馆，北至中街，全长200米，宽12米，属城区次干道，1956年扩建，1973年复建，铺装为沥青路面。

忠恕街　北起西街，南至南环路，全长278米，宽16米，1994年始建铺油。

水荫街　北起西街东口，南至南环路，全长280米，宽20米，1993年始建铺油。

北滨河路　西起县城1号桥头，东至鱼池畔，全长2400米，宽14米，是城区主干道，2007年建成，铺装为沥青路面，后改称茹河北路

南滨河路　西起眉肖公路，东至3号桥，全长1560米，宽24米，三块板型，2007年完成沥青罩面，是县城南区主干道。

西新街　东起啤酒厂，向西延伸800米，宽16米，2007年拓宽改造，铺装为沥青路面，属县城向西主干道。

南区开源路　北起南滨河路南接眉肖公路，长320米，中间为6米宽排洪渠，两边为12米宽沥青路面，是南区次干道。

南区文华路　北起南滨河路，南至镇北公路，长180米，宽24米，2005年建设，2007年铺装为沥青路面，是城区次干道。

东环路　北起东街，南至3号桥北头，长320米，宽6米，2006年拓宽改造，2007年沥青铺装，是城区主干道。

市场坡　原为悬崖，1991年填土成坡，1998年整修加宽铺油，是城区次干道。2007年起多次整修，2010年改为台阶式步行道。北起南环路，南至北滨河路，长270米，宽20米。

兴文巷 原名新巷子，南起中街中段，北至北山底，全长150米，宽5米，与中街相通。1973年拓建，2003年复修，铺装为沥青路面。

兴武巷 原名大涝沟巷，南起中街中段，北至山根底，全长185米，宽5米。1973年拓建，2003年复修，铺装为沥青路面。

兴学巷 原名田家巷，南起中街中段，北至北山底，全长165米，宽5米。1973年拓建，2003年复修，铺装为沥青路面。

康复巷 原名文昌阁巷、女校巷，曾为县医院院落，1995年开通，改造为沥青路面，北起中街，南至南环路，长175米，宽6米。

育才巷 原名一中后门巷，南起西街，北至镇原中学后门。1995年改造为沥青路面，长120米，宽6米。

五金厂巷 南起西街，北至原五金厂家属楼，长140米，宽6米。2001年整修改造，2007年铺装为沥青路面。

副食厂巷 南起西街，北至尤坪组，长156米，宽6米。1996年整修改造，2007年铺装为沥青路面。

自来水巷 原名水利机械厂巷，北起自来水公司，南至西街，长200米，宽6米，1988年整修改造，2007年铺装为沥青路面。

（二）供水

镇原县城生产生活用水，长期靠河水、泉水、井水。1971年，农具厂在王母宫山修蓄水池，用直径50毫米钢管，将水荫沟泉水引至水池，长180多米，并压设管道至农具厂，县城首次用上自来水。1973年起，有20多个单位从农具厂延伸水管300多米，解决部分单位生活用水。机修厂、果品厂、造纸厂等单位，自筹资金在院内打机井、修水塔、压管道，使用自来水。1976年，县政府拨款2万元，在街道压直径100毫米水管500米，解决县委、政府等单位生活用水问题。1978年，筹集11万元，在县政府后院打机井1眼，无量山腰修简易水塔，压管道980米，基本解决县城机关单位和居民生产、生活用水问题。1980年2月成立城市供水管理所，负责自来水管理。

县城经济发展和人口不断增加，原有水源和供水设施不能满足需要，且县城附近地下罗汉洞组水储量丰富，水层深100~250米，钻孔昼夜自流量200~1000吨，水质较好，矿化度每升0.5~1克，未被充分利用。1985年，县城给水工程经县政府呈报，省计委、建设厅立项批复，投资97万元。1986年由庆阳地区建筑工程公司设计，并与地区电力局送变电工区共同承担实施。5月25日开工，1988年4月竣工，5月1日试通水，12月经地区建设处会同行署计委等部门进行验收，实际完成投资87.95万元，其中省投80万元，地投2万元，县投5.95万元，在西街尤坪村建自来水厂，修生产、办公、生活用房28间633平方米，建钢筋混凝土集水井1座、快速过滤池2座、300立方米净水池1座、500立方米高位水池1座，收购水源井1眼，新凿水源井1眼，敷设输配水干管7.2公里、支管9.12公里，配套排气阀和池水阀，安装多级分段式离心泵2台，扬程70~120米，出水量72~119立方米/小时；安装160千伏变压器1台，配电柜、低压控制柜8台件，架设高低压线路1.3公里，从地下抽水直接进入高位水池，采用250毫米铸铁管沿水司巷至西街，再由西街至中、东、南部向全城供水，最大供距3公里。供水管网为枝状和环状，日供水能力1000立方米，县城多数单位和附近部分群众用上统一供给的自来水，少数用水大户仍以自备水源供给。

2000至2002年，自来水公司对部分供水设施进行改造，拓宽占地3961平方米，增建深井3眼，集水井1座，反应池1座，过滤池2座，300立方米清水池1座，500立方清水池2座，变频加压泵房1座，二氧化氯处理间1座，变配电室1座及其他生产用房5座，提升供水能力，采用变频加压供水方式，实施一户一表、计量收费办法，3年平均供水量45万立方米。2003年，选用PVC塑料管，更换县城管网25.57公里，最大口径300毫米，最小口径50毫米，设置各类检查井310座，消火栓20个。

2008至2009年，更新改造庙沟居民供水管道600多米，完成水荫居民小区和东区部分用户供水管道建设，解决部分居民供水管道老化不能正常用水问题。

2010年，更新改造居民用水管道176米。是年底，自来水公司有综合办公营业、水厂、柏山供水站3处经营场地，占地6223平方米，有机井3眼，井深120~165米，水池6座，容量2120立方米，二氧化氯消毒设备2套，变频供水设备1套，二次加压泵站1处，三次加压泵站1处，供水管网长42730米，最大直径400毫米，日供水能力扩大到1万立方米，县城用水人口3.3万人，年供水量49.2万立方米，自来水用户4760户，其中居民4430户，占93%以上。

（三）排污排洪

镇原县城历史上没有排污排洪设施，就地势自然排放。1967年，县城街道修明土渠排水道。1973年，中街两旁砖砌排水沟1500米。至1985年，砖砌排水道4300米，下水道4000米。1988年新建南街、翻修茹河街排洪沟520米，铺设更换水沟盖板139块93.3米，并建成南门化粪池1座，疏通排洪沟渠140多米，涵洞60米。1996至2000年，筹资700多万元，修建混凝土管道4500米，老城区排水工程由明渠改为地下管道，污水雨水一道排放。2001至2006年，共建成钢筋混凝土排水（污）管（渠）1500米，管径为300~1000毫米。2007年5月，建成排水管（渠）4800米。2009年，在县城中街埋设排污管道1800米，实现雨、污分流。2010年，南区广汇街浇灌混凝土排洪涵箱300米；滨河北路西段埋设雨水、污水管线4600米，安装自来水管道2500米，修建排水箱涵2处；城区设维修检查井85座，疏通雨污管道760米；滨河北路西段埋设雨水管道620米，污水管道510米，砌筑检查井12座。

中街排水系统　排水干管西起水荫街北端，东至南环路东口，全长0.96公里，管径600~800毫米钢筋混凝土管，1993至1995年建成。汇集中街兴文巷、兴学巷等雨、污水面积0.5平方公里，由西向东经水荫沟和人民医院两个排水口排入茹河。

西街排水系统　东起水荫街，西至面粉厂门前，全长1.4公里。2003年前为钢筋混凝土管400米，土渠1000米，雨污合流面积0.7平方公里，由水荫沟排入茹河。2003年西街拓宽改造时，采用雨污分流制，埋设管径400~500毫米钢筋混凝土污水管道和300~800毫米雨水管道各 1400 米。

南街排水系统 北起中街，南至南环路，全长 240 米，钢筋混凝土管径 400~600 毫米，1993 年建成，汇集南街雨、污水面积 0.3 平方公里，由北向南经南环路排水系统排入茹河。

水荫街排水系统 北起中街，南至南环路，全长 360 米，管径 300~400 毫米，钢筋混凝土管，1994 年建成，汇集水荫街雨、污水面积 0.2 平方公里，由北向南经南环路排水系统排入茹河。

洪河街排水系统 北起中街，南至南环路，全长 330 米，管径 300~400 毫米，1987 年建成，汇集洪河街雨、污水面积 0.3 平方公里，由北向南经南环路排水系统排入茹河。

南环路排水系统 南起茹河桥，东至东街口，全长 1.85 公里，管径 600~1200 毫米，1990 至 1995 年建成，除汇集南环路雨、污水外，水荫街、洪河街、南街、医院巷、东坡路排水也汇入该系统，通过东、西两段两个排水口排入茹河。

医院巷排水系统 北起中街，南至南环路，全长 200 米，管径 1000 毫米，1993 年建成，除汇集医院巷雨、污水外，中街大部分排水也汇入该系统，由北向南经南环路排水系统排入茹河。

兴文巷 兴武巷 兴学巷 东坡路排水 均为钢筋混凝土管，总长 820 米，其中干管长 690 米，管径 600 毫米，分别于 1990 年、1993 年、1994 年建成，汇集三巷一路雨、污水，进入中街排水系统排入茹河。

北滨河路排水系统 西起 1 号桥头，东至东河滩与湾道相接处，全长 2 公里，管径 400~600 毫米，UPVC 污水管，雨污分流，雨水直接排入茹河。

西新街排水系统 东起啤酒厂，西至植物园入口，采用雨污分流制，埋设管径 400~800 毫米 UPVC 排水排污管道各 1.2 公里，由西至东并入竹园路排水系统排入茹河。

(四)集中供热

1980 年代，县城各行政企事业单位及住宅区自建锅炉房，购置锅炉，分散供热。城区有采暖锅炉房 58 座，多为常压式锅炉，容量小，热率低，烟囱高度在 20 米以下，烟气基本为低空排放。

2008 年，响应国家节能减排政策，建立环境友好型社会，实施县城集中供热工程，经市发改委立项批复，甘肃有色工程勘察设计研究院进行地质勘探，中国航空工业规划设计研究院负责施工图设计，庆阳市居立热力有限责任公司中标承建，供热厂址选在茹河南岸黄岔村，供热覆盖面 120 万平方米，采用区域锅炉房高温水二级供热系统，枝状供热管网采取直埋冷安装敷设方式，热源为 3 台 29 兆瓦锅炉，供热管网选用钢管，采取直埋冷安装敷设，最大管径为 500 毫米，最小管径为 100 毫米。概算投资 1.44 亿元，其中用于热源厂建设 5328 万元，一级管网和换热站建设 9072 万元。资金来源为热力公司投资 7200 万元，政府及用热户筹集资金 7200 万元。当年实施一期工程，完成投资 7060 万元，建锅炉房 1 座，50 米高烟囱 1 个，安装 29 兆瓦锅炉 1 台，配套上煤、出渣及除尘装置，修蓄水池、沉淀池各 1 座，安装 80 吨地磅 1 台，铺设一级管网 4.6 公里，建成县委、政府、医院、粮食局、职中 5 个换热站，改造二级管网6公里，形成整体供热、高低压电配套、自动化控制和远程测控系统，对城区21.6万平方米建筑物集中供暖。2009年，实施二期工程，完成投资4700万元，安装40吨锅炉1台，修建邮政局、宾馆、林业局家属院、自来水公司、广汇花苑、党校、职业中学、东区8个换热站，埋设一级管网7公里，二级管网14公里，新增供热面积27.4万平方米。2010年，实施三期工程，完成投资2640万元，修建热源厂自动送煤廊和西街、南门桥头、秦园子、高新园区、镇原中学、信用联社6处换热站，埋设一级管网1000米，二级管网4300米，新增供热面积71万平方米。

（五）天然气供应

1990年前后，镇原居民开始使用液化气，采用高压钢瓶罐装供应。县境内天然气井数量较少，已钻探气井2口，其中镇探1号井位于新集乡新庄村，于2004年完钻，与长庆油田达成协议，作为县城居民供气来源。2009年试气，日产天然气1.6万立方米，暂未使用。镇探2号井位于三岔镇寺庄湾村，设计日产天然气10万立方米，于2008年建成，2010年仍处于封闭状态。

县城气化工程从平凉分输站接入，总投资1925万元，建天然气压缩站1处，汽车加气站1处，敷设管道5.8公里，由庆阳市万世天然气有限公司投资建设。2009年5月底开工，当年完成投资1000万元，处理压缩站基础，铺设管道3.5公里。2010年铺设管道3.8公里，新建天然气门站1座和两个小区入户工程。

西气东输二线工程涉及新城、平泉、中原三个乡镇，总长51.4公里，在平泉镇设庆平两市分输站，投资约4.5亿元，由长庆建设工程总公司负责建设，2009年4月3日开工建设，计划两年竣工。

（六）城市桥梁

水荫桥，位于县城中街西端水荫沟，1952年建成石拱土桥，全长6米，宽2.5米，高3.5米，洞长6米。1998年拆除，新建为混凝土拱桥，全长12米，宽10米，其中车行道宽8米，护栏、路灯设施齐全。2009年加宽到12米，并对沟堤进行加固处理。

（七）公共交通

2004年以前，镇原县城没有城市公共交通，2004年，镇原县驰成运输公司购置公交车4辆，开通东至城关张坪、西至开边解放、南至南川、北至临泾席沟圈营运路线25.5公里。2005年，咸阳一家非公企业投资150万元，成立镇原振兴出租车公司，购置30辆上海奇瑞牌小轿车，专营城区短途客运。2009年，县城有在册出租车150辆，2010年增加到198辆。

（八）卫生设施

1970年代前，县城内没有公共厕所，进城赶集、办事群众，多在小巷墙角大小便。1973年，东门坡头修土木结构公厕1处，后又在影剧院、南门家属院、车站、西门等处修建砖木结构公厕，初步解决城区随地大小便问题。至1985年，城区有公厕5所，年清理垃圾400吨，由于公厕无人管理，乱挖倒塌，成为藏污纳垢之处，也成了县城脏、乱、差一大顽症。1995年，县财政投资16.57万元，在东门口、兴学巷、影剧院修建水冲式公厕3所。2007年，在水荫街修建水冲式公厕1处。2010年，投资48万元，在西街、东街修建水冲式公厕2座。是年底，街道有水冲式公厕8处，垃圾集装箱52个，保洁箱280多个，专人定时清理。

三、机关单位建设

元时，有州衙、典史宅、察院行台、布政司行台、按察司行台（又称北察院）、文昌宫等。明时，除县衙外，增设平安寨巡检司、正学书院（文庙内，有房25间）等机关。洪武十七年（1384年），训导折均山建医学，后改马侯祠；训术郭东在县治东南隅即城铺建阴阳学。清时，裁平安寨巡检司、察院行台、布政司行台、按察司行台，增设演武厅、僧会司、教育局等，正学书院易名中峰书院。光绪三十三年（1907年），改建为第一小学校。民国初，县衙改称县政府，典史宅改称公安局，增设建设局、财政局、狱管所、邮寄代办所。民国八年（1919年），县城南圣母宫改建为第一女子学校。十三年，成立商务会，附城南财神庙。二十二年，成立保卫总团部，住民宅。三十年，北山根武庙内建初级中学。

1949年底，县城城区建筑面积21240平方米。中共镇原县委、县人民政府等机关、企事业单位，在接收的国民党旧机关院内办公，部分租用民宅铺面营业。建筑皆为土木结构平房，呈四合院或套院，多为瓦房，也有箍窑，仅县政府有一两层小土楼。1953年起，始由国家投资、地方财政拨款及企业自筹，逐年进行修缮。县人行率先修建，随之建起县畜牧兽医站、百货公司、人民会堂、一中、师范（今城关中学）、机修厂。1959年，建筑向砖木结构转变，在北街原文庙址拆旧建平房170余间，在东门外胡府坪建党校、师范学校，柴巷建商业局，中街建百货公司，东街南侧建医药公司，上马台建面粉厂，什字街建文化馆，东街建县人民医院（今第一人民医院），东岳庙建城关粮所，粮食局迁柴巷。是年，城区建筑面积47146平方米。

1960年，在街北涝沟巷东、田家巷西建县人民政府。随后修建百货公司门市部、药材公司门市部、医院门诊部及职工宿舍等，一砖到顶，木料作梁、檩、椽及门窗，上盖青瓦。忠恕巷建招待所，上马台建县印刷厂、糖厂，扩建镇原一中，西街建农具厂、被服厂，南门内建汽车运输公司、汽车站，西街南侧建邮电局、物资公司，南门建公路段，环城路建供销社、农副公司。1967年春，县新华书店临街新修一座砖混结构门市部，院内两侧对修办公室、宿舍，皆用水泥、钢材、沙子作材料，红砖作基墙，预制板盖顶。县城单位开始用钢筋、水泥为材料进行建筑。1969年，"烈士纪念碑"落成。是年底，城区建筑面积88254平方米。

1970年代，忠恕巷西建工交局，东门外建造纸厂，西街建印刷厂，上马台建五金厂、种子公司、水利机械厂，莲池村西稠水沟山根建砖瓦厂，南门外修建筑公司，西街北侧修邮电局，东街修食品公司。1973年，拆除清代县衙古建筑及仓廪，法院修平房。县第一人民医院拆除旧门诊部及部分宿舍，新修三层双面门诊楼1500平方米。自此，县城进入楼房建筑时期。一些单位、企业筹措资金，修建两层或三层双面办公楼、服务楼、职工宿舍楼。1977年，县饮食服务公司新修三层双面服务楼1幢，缓解旅客食宿困难。南门外建农机管理站，农机局迁建于北山根。东岳庙坪建电管所。1979年底，城区建筑面积162447平方米。

1980年，县政府筹资60余万元，新修四层戴帽双面办公楼3700多平方米，样式新颖，美观大方。同年，县总工会、农业银行等单位，均修建双面楼。县城建设范围不断扩展，东至贾堡子坪，西至上马台，南至茹河南岸常山村，均有机关、单位、工厂、学校，长达2.5公里。1983年，拆除人民会堂，在原址兴建可容纳1200人影剧院。1985年，全城有机关、单位、工厂、学校92处，房屋建筑面积236463平方米，其中平房198210平方米，楼房47幢38253平方米（二、三层27570平方米，四至六层10683平方米）。房管部门直管房屋4937平方米，全民单位自管房屋149544平方米，集体单位自管房屋22147平方米，私房59835平方米。工业交通用房30902平方米，住宅用房123155平方米，商业服务用房31489平方米，教育、文化、医疗、体育、科研用房21551平方米，机关办公用房26864平方米，其他用房2502平方米。城区面积5平方公里，以柏林葱郁的玉皇山为托，滩平流缓的茹河作屏，川台连片，布局井然，建筑成群，市容焕然一新。

1986年起，县城建设步入高峰期。机关、单位、工厂、学校，多方筹措资金，新建办公、生产、教学、营业及宿舍楼，建筑式样多种化，建筑质量不断提高，由砖混结构向框架结构转变。楼房外观也由砖面到水沙石面，继而由各色瓷砖贴面，木门木窗多被钢门钢窗及铝合金门窗取代，更加美观、耐用。1992年，公安局拆毁"问山楼"，修建职工宿舍。至1997年，县城新修办公、生产、教学、服务、宿舍楼71幢，加之新建和扩建工厂5家，建筑面积139825平方米，总投资4332.5万元。

2005年开发南区，公安局、检察院、法院、交通局、地方税务局、工商局、移动公司、中医院、疾控中心先后建办公楼，入区办公服务。2007年，开发东区，人事与社会保障局、财政局、计划生育局、国土资源局、文化大厦、教育局及青少年活动中心、卫生局及妇幼保健站先后建办公楼，普遍规模大、档次高、设备好。至2010年，城区有机关团体、企事业单位528个，建筑面积95896平方米。

四、住宅建设

镇原住宅从土窑洞到土木结构瓦房、砖木结构瓦房、砖混结构平顶房，再到2~3层小楼房、6~8层大楼房，一步步提升发展。至2010年，县城和部分乡镇已经楼房化，多数农民，特别是山区农民，仍然没有告别窑洞。

（一）职工家属院及老干部休养所建设

20世纪50年代，双职工或职工家属住房，单位有房的居住本单位，单位没房的租住民房。1960年代，直管公房由县财税站管理。1963年开始，利用私房改造资金在环城路南修建职工家属院3处。至1969年底，县城有直管住宅公房1054.5间13860平方米（新建住宅106间1555.34平方米），安排住户123户，其中工商用房27户766.5间10404平方米；居民住宅96户288间3456平方米。工商用房和居民住宅不分结构，月租按平方米计，依区域类别分为三等，一等0.1元，二等0.09元，三等0.08元。居民住宅一等0.05元，二等0.04元，三等0.03元。租金累计收入2827.4元，全部用于维修支出。

1970年，房管业务交县财税局。1970年代，租金标准调整。工商用房0.1~0.08元，四匠用房0.2~0.12元；居民住宅砖木结构0.075~0.055元，土木结构0.07~0.05元，楼房0.09~0.07元。1976年，拨款9.1万元，在东城角新修老干部休养所1处，建平房639平方米。

1980年初，落实清退私改房屋922.5间12016.7平方米，大多数旧房经过改造翻修，又在涝沟巷、王胡同修建职工家属院2处。是年底，有直管住宅公房1081间14669.21平方米，包括改造翻建房27间809.17平方米，共安排170户，其中工商用房3户97间1011.62平方米，居民住宅167户13657.59平方米。

1983年拨款6.8万元，在县城东坡修建两层单面军转干部住宅楼550平方米，占地4.8亩。1984年，县财政拨款67万元，在南门外南环路中段北修建四层双面家属楼2幢，建筑面积6214平方米，占地13亩，由城建局房管股直管。1985年底，县城有直管公房549间7567.3l平方米，内有私改房26间288平方米；新建房193间3062.96平方米（含军转干部代管房58间1031平方米）；改造翻建房屋330间4216.35平方米，安排住户133户，其中工商用房2户62间621.4平方米，居民住宅130户487间6945.9l平方米。工商用房租金提高到0.19~0.1元，四匠（铁匠、木匠、泥匠、漆匠）用房提高到0.25~0.2元。1992年开始，逐步将家属院拆除，分配县直机关干部职工集资建为住宅楼，家属楼、老干部休养所及军转干部楼折价出售给部分干部职工。

（二）经济适用房和商品住宅建设

1959年底，县城有私房125户948.5间12304.7平方米，住户92户，内有工商用房51户825.5间10828.7平方米；居民住宅4l户123间1476平方米，后逐步改造为公房，安排干部、职工使用。从1987年开始，逐步由单位公房或租房向个人集资修建商品住宅楼发展，当年定向新建商品住宅楼2幢64套4161.5平方米。1992年开始，县政府在后院规划生活区，拆除旧家属院，实行个人集资为主，国家适当补助办法，修建商品住宅楼54套。此后，有条件单位、企业、学校兴起集资建商品住宅楼热潮，且档次逐步提高，面积逐步扩大，由一套40多平方米两室一厅上升到一套100多平方米三室一厅或三室二厅；同期，对原有公房按房改政策出售给住户。至1995年，采取集资合建、开发商修建和个人建房三种形式，县城建起单元式住宅楼38幢11.7万平方米，县城人均居住面积8平方米。1987至1997年，新建、改造和出售公房74幢2060套15.8万平方米，共投资6911.8万元，其中个人集资4838.3万元。1993至1997年发展最快，投资5550万元，新建商品住宅楼40幢1455套119873平方米。

2002年开始，推进住房制度改革，实现住房商品化，控制和压缩经济适用房建设，使经济适用房占商品房比重由调控前70%下降到调控后30%。2003年开始，商品房建设向小区化迈进，先后建成西街晶宸家苑、康瑞佳花苑，东街恒泰花园，南街机修厂住宅区，中街中信小区、安宁小区等规模化小区，县城干部、职工及群众住宅条件发生历史性转变。至2007年，全县经济适用住房建设完成投资2.8亿元，竣工面积40万平方米，其中60~90平方米450套，解决中低收入家庭450户1800人居住问题；商品住宅建设投资6000万元，占城镇住宅投资24.7%，开发销售住宅面积12万平方米，其中个人购买商品住宅11.8万平方米，占98%，销售额1.6亿元，商品住宅成为投资发展主要趋势。2008至2009年，开工房地产项目10个，建筑面积1.2亿平方米，完成投资1.8亿元，以广汇花苑、瑞星花苑、晶宸电力小区

2008 年建于县城南区的广汇花园住宅小区

为主商品房小区，创建人居环境新样板。2010 年，开发建设安宁佳苑、紫东家园、恒泰花园三个住宅小区，新增商品房住宅面积 3.8 万平方米，完成投资 4162 万元；西区失地农民安置房开工 9 幢 216 套 22140 平方米。是年底，有房改房 4412 套 397080 平方米，商品房 1089 套 114345 平方米，自建房 58 套 6960 平方米。

（三）廉租房建设

2007 年 3 月开始，由东西社区、房改办和各乡镇，对无房下岗失业职工和困难城市居民调查摸底，摸排登记符合申购廉租房条件 387 户 1086 人，填写《镇原县城镇居民廉租房摸底调查表》，在电视和政府政务公开栏进行公示，确定应享受廉租住房对象 363 户 1048 人。财政筹资 40 万元，对应享受廉租住房对象发放住房补贴，并开始第一期廉租房建设。

2008 年，新建第二期廉租房 72 套 3619 平方米，维修改造 1 幢 20 套。全县登记廉租房保障对象 1100 户 3850 人，经公示审查，对无异议 983 户 2625 人发放租房补贴 157.5 万元。

2009 年，新开工第三期廉租房建设 3 幢 204 套 10.8 万平方米，登记廉租房保障 1910 户 4417 人，经公示审查后，发放租房补贴 218.27 万元，对竣工廉租房 234 套公示后，通过公开摇号，确定安排到户。

2010 年，投资 250 万元开工廉租房 2 幢 144 套 7223 平方米，在西区划拨土地 7.5 亩，开始第四期廉租房建设，给 2337 户 4958 人发放租房补贴 297.48 万元；对竣工配套 246 套廉租房，通过公示摇号，确定安排到户。至年底，全县累计修建廉租房 7 幢 528 套 26770 平方米，初步改善失业职工和困难居民居住条件。

五、城区公共场所

镇原县城古无园林，只有几处寺观庙宇供居民、游人、香客散游谒香。因屡遭战乱，年久失修，庙塌寺废，且寺庙多有固定会期，平日较少敞开，人们无事也不愿常去。

（一）中山公园

民国二十四年（1935 年），国民政府县长邹介民公议在县城东南隅大涝坝建中山公园，选名匠，聘督工，数旬竣工，又于池之四周及沿城墙植杨柳树百余株。两年后，又征地 50 多亩扩大园区，园内植树、种花，修建三间过厅式大门，东间灶房，西间住人，中间通行。青砖砌墙，顶部呈品字形，扇形砖雕门额，内书翠绿色“中山公园”四字，门两边条框书邹介民“中有山塬播种皆良苗嘉谷，公开园蔺移栽尽奇花异卉”对联。门前左右各植景柏一棵，东西两头置花圃，种有牡丹、芍药、鸡冠、凤仙、秋菊等四时景花。门前平地边缘有壕形直坡，下坡处两旁丛生迎春花，花藤向中间互相搭绕成拱形圆洞，穿洞而下则是大片平凹地，南北大路西边是桃林，直到平地坎埂。洼地中间东西横路与南北路相交成十字，蓄水池周围及水洞两边植杨柳。西植杏、榆、葡萄，与南城墙和园西墙相接。西端有民国二十八年县长邹介民题立的“抗日阵亡将士纪念碑”。园西建有青砖砌成门墩与门楣，门框内安木制栅栏双扇门。门楣镶有砖雕绿色“荟萃”二字，人称公园后门。碑南大涝池西建有四柱挑檐亭子一座，亭间有木栏供游人扶歇，亭旁置小石棋桌凳，可对弈消遣。

1953年，拆除抗日阵亡将士纪念碑，在园内西北角修建烈士纪念塔。1960年代初，曾将园内一些老树砍伐，利用其地作苗圃育树苗，并有专人看管、修剪。1964年破四旧时，将原“中山公园”大门拆毁，改修砖柱无顶双扇木栅栏大门。1965年，烈士纪念塔拆毁。1967年，省、县共拨款2.7万元，在园中心重建革命烈士纪念碑。1988年公园拆除，原址被人大常委会、县政协、县总工会、老龄委、医院等单位建楼办公和营业。

（二）潜夫山公园

潜夫山公园位于县城柏山，属山地公园，占地面积276.03亩，分东、西两个小区。1987年开工建设，西区柏林院为主宅，四周建沁园、怡园、悠园，广场，中有灵霄宝殿、王符纪念馆，广场有王符雕像，南有潜夫亭、杏花亭。东区有潜夫山宾馆、烈士陵园，将人民英雄纪念碑搬迁至陵园顶峰。园内道路曲径幽长，古柏参天，绿树成荫，花卉点缀，游人络绎不绝。2004年成立潜夫山森林公园管委会，为科级事业单位，人员编制7人，负责公园内设施及森林、卫生等管护，免费开放。

（三）文化广场

镇原县文化广场位于茹河三号大桥北岸东段，由县委宣传部负责筹建，西北大学城市建设与区域规划研究中心勘察设计，镇原县第一建筑工程有限公司承建，庆阳市业兴工程监理公司监理。2005年7月动土修建，2006年7月竣工，总占地50亩，投资780多万元，建成集休闲、娱乐、健身、集会、演艺等功能为一体的综合性游览娱乐场所。2010年，投资458.78万元，实施广场扩建工程，对41.76亩占地进行硬化、亮化、绿化及排水工程建设。广场整体建造坐北向南，东西南北四个方位分设出入口。中心是直径26米的大型电脑程控音乐喷泉。南端有四尊高9.8米草白玉盘龙华表，寓意巨龙腾飞、四季平安，主题雕塑“开创未来”，象征52万镇原人民锐意进取、开拓创新、追求和创造美好明天的精神风貌。北面是演艺台，台后是32米长、3.6米高汉白玉雕刻文化墙，展现镇原深厚人文历史概貌，墙背面是汉白玉镏金毛泽东手书词《沁园春·雪》。西面是十二生肖石像群。东面有长廊、园亭、鱼池和各种健身器材。园内共有地坪灯、音响灯、庭院灯、高杆灯等艺术彩灯125基，各种绿化苗木80余种300多株。整体布局体现以人为本和绿色、环保、健康、和谐主题，人造景观和自然生态巧妙地融为一体，成为完善县城功能、提升县城文化品位的靓丽景观。广场有管理人员20人，保洁人员23人，负责广场设施日常管理和维护工作。

（四）橡胶坝

县城景观橡胶坝是庆阳市发改委批准，县政府筹资，县橡胶坝建设领导小组筹建，兰州江明水利水电工程设计咨询有限公司设计，甘肃创信建筑有限责任公司第一、第三项目部

橡胶坝

承建，庆阳市天庆工程监理公司和甘肃省金诚建设监理公司监理。2008年5月开工，2009年6月建成，工程总投资1760万元，修建橡胶坝2座，坝长均为127.5米，坝高2.8米。1000立方米蓄水池2座，启闭塔2座，泄水冲砂闸2座，泵房、配电房4间190平方米，防渗护岸2400米，打机井6眼，安装水泵12台，变压器3台。两坝间距600米，形成水面18万平方米，蓄水26万立方米。橡胶坝的建成，增加县城人文景观，为城乡居民提供休闲游乐场所，改善人居环境，提升县城品位。

2009年建成的东区植物园

（五）植物园

县城植物园，位于东区茹河北岸，茹河四号大桥西侧，是县政府2009年3月25日确定的景观工程，由园林局负责实施，委托陕西丘林园艺科技有限公司进行设计施工。工程包括垫土、土建、绿化、喷灌、照明等。总占地24533.9平方米，其中绿化面积22468平方米，占总面积91.7%，栽植各类植物27科67种2万余株，其中针叶树种5种，阔叶乔木31种，灌木24种，草本植物1种，珍稀名贵植物6种。总体布局分五个区，即休闲区、主题广场、植物游览区、花苑和管护区。硬化面积2065.9平方米，占总面积8.4%，以透水砖和花岗岩石镶嵌铺成中心小广场，并建有管护房，用彩色雨花石和青石板铺成三条曲径园路与外连接。主题广场呈圆形，散设若干藤架，下有条形座凳，中心悬挂“一帆风顺”张拉膜。园内安装照明灯和草坪灯85基，并设有垃圾箱和标识牌。绿地以120米深井为轴，形成10条南北走向管网，布设96个自动喷头喷灌。

2009年修建的县城南门牌坊门

（六）牌坊

2009年6月至2010年元月，投资70万元，由庆阳市设计院设计，甘肃省创信建筑公司施工，在县城南门市场坡口修建汉白玉牌坊一座，牌坊下建人防沟，铺设供热、供水管线，上建人行道，铺装大理石地砖台阶踏步。中国道教协会会长任法融为牌坊题写“王符故里”和“物阜民康”匾额，成为镇原县南门区一道靓丽景观。

六、乡村建设

远古时期，先民初草居露宿，后穴居野处，进而掘土营窑，或架木构巢，并逐渐出现住宅建筑群。居住点演化为村寨，物资交换场所演化为集市，集市规模化和政权组织的延伸而演化为乡镇。城关常山古遗址发掘出先周时期半地下式住室8座，为口小底大的园形土坑。周围分布窑穴16孔，1孔是椭圆形直壁坑，15孔是口小底大的圆形袋状坑，证明镇原人民很早以前就有窑居习惯，皆因地处黄土高原，土层深厚，较为坚固，易于挖掘，冬暖夏凉，故仿照天然洞穴挖掘窑洞成为人们居住的主要建筑物，贫富均可为之，“陶复陶穴”，犹守古风。地处多民族交汇边界地带的镇原，战祸、匪乱频繁，官府、人民多次迁返，州府、县衙尚且不保，乡村建设可想而知。明代起政局渐稳，人民始能安居乐业，官府沿交通要道和人口稠密处设立区公所或镇公所，建立集镇，以集镇为中心，筑城建堡，驻机关，办学校，修店铺，盖庙宇，形成商业网点。

秦汉之后，县域内筑城十多处，今遗迹尚存。清道光二十六年(1846年)，县域设有屯字、肖金、瓦窑坡、太平、平泉、新城、孟坝、马渠8镇。民国二十九年(1940年)三月，成立陕甘宁边区镇原县，辖一区孟坝、二区柳州(驻申家渠)、三区石佛(驻庙渠)、四区马渠、五区新集(驻柳树崾岘)。边区镇原县政府先驻马渠，五月移驻孟坝。三十一年，三岔区由曲子划归陕甘宁边区镇原县第六区。各区除设有区公所、小学外，仅有小手工业作坊及私商铺面20多处。村庄除少数地方官僚有高墙砖院外，绝大多数穷苦农民只能修建茅屋、窑洞、草棚，作为避风挡雨、存物栖身地方。

1949年底，县域村庄住宅建筑面积222.09万平方米，人均占有10平方米，房屋占5.58%。1950年起，各行业各系统用专业投资和地方财政拨款，开始区乡建设。随着群众生产生活逐渐恢复发展，不少农民开始修整衰微破败家园，新修一批窑洞，村庄面貌有一定程度改观。但后期受“左”的思潮影响，将村庄建设引向“一大二公”(第一规模大、第二公有化程度高)轨道，许多地方把农民住宅改成公共食堂、仓库等公用场所，导致损坏多，建设少，发展缓慢。1960年底，公社机关驻地房屋建筑面积3.34万平方米，村庄住宅建筑面积270.77万平方米。

1961年起，公社机关建设加快，村庄建设受“文化大革命”影响，在政策上把生产和生活对立起来，使村庄建设一度陷入低谷。至1970年底，公社机关驻地建筑面积8.27万平方米，比1960年增长1.5倍；村庄住宅建筑面积351.77万平方米，比1960年增长不足30%。

1971年起，公社机关和村庄建设发展，房屋增多。1980年底，公社机关驻地建筑面积18.43万平方米，村庄住宅建筑面积461.93万平方米，分别比1970年增长1.2倍和31%。

1981年起，落实农村住宅政策，明确宅基使用权和继承权，村庄建设有了新的生命力，许多地方出现家家备料、户户动土，掀起修庄建房热潮。但由于缺乏具体规划，出现乱拆乱建，甚至侵占公路、拆毁公共建筑、破坏测点、砍伐树木等现象，给山、水、田、林、路、村、电综合治理带来很大困难，严重影响社队建设正常发展。

1984年起，对全县所有村庄进行全面规划，并经县政府审批执行。这一时期，农村箍窑兴起，多数选材土墼子，少数选用机砖修建。农民宅院，既是居住地方，又是养殖和加工场所，家庭承包联产承包责任制后尤为突出，生活和生产各占一半。住宅建筑多以窑洞为主，约占整个住宅面积90%以上。至1985年，各乡镇政府所在地均修建会议室及舞台，还兴建工厂、拖拉机站、建筑施工队、供电所、营业所、信用社、税务所、粮管所、工商所、供销社、药材购销站、食品收购站、石油供应站、食堂、旅社、中学、小学、书店、卫生院、电影队、广播放大站等。总占地3127亩，最少为59亩，最多为517.9亩，总建筑面积31.9万平方米，最少为4215平方米，最多为37412平方米，成为各乡镇政治、经济、文化中心。269个行政村2483个自然村8.06万户有住宅建筑面积673.83万平方米，是民国末年3倍多，人均占有16.7平方米。随着农村经济快速发展，窑洞逐年减少，平房和楼房面积增多。如屯字镇屯字行政村1984年前房屋面积只有2500平方米，占总住宅面积12.5%，1986年，总住宅面积增加到3700平方米，比率上升到16%。

农村修庄建房浪费土地比较普遍，多占地、占好地，全县每年修庄占用耕地达1600亩，普遍存在质量差，阴湿、采光不足、造型单调。后山一些地方还停留在原始状态，窑洞形似“窝”式洞穴，外小内大，或者前段住人，后段喂牲口，房基用生土夯，底层厚度在70厘米左右，窗户小而少，仅有10%农户注重美观和舒适条件，窑洞向“一门三窗四卷砖”迈进，房屋向砖木混合结构发展，塬区群众土箍窑增多。至1987年，全县共有住宅建筑面积652万平方米，每户拥有95平方米，每人平均16.3平方米，其中窑洞面积612.5万平方米，占93.9%；非土木结构平房39.48万平方米，占6%；混合结构楼房只有200平方米。

90年代，乡村建设平稳发展，机关办公向楼房发展，农民住宅向砖混结构平房发展，窑洞砖水肩兴时，一则防水冲，二则美观。1991年夏发生水灾，土箍窑因多为平地取土修建，地势低洼，绝大部分被水浸毁，群众汲取教训，土箍窑逐渐被砖箍窑和平房取代。至2000年，全县24个乡镇房屋建筑面积35.76万平方米；269个行政村2483个自然村11.02万户有住宅面积749.86万平方米，比1985年增长11.3%，人均占有14.49平方米。

2001年起，乡镇政府机关楼房向高层发展，质量进一步提高，出现个体工商户私用房，村庄建设向新农村居民点迈进，建筑结构向连体套间发展，也有个别富裕户率先盖起2层或3层砖混结构小洋楼。

2010年，突出典型示范引导，开工小城镇建设项目5类48项，完成投资4.78亿元，其中新建商贸楼28幢14.6万平方米，修建综合市场33处，拓宽改造街道16.7公里，铺油硬化道路23万平方米，硬化人行道17.8万平方米，安砌路沿石1.68万米，临泾、郭原、新集等14个乡镇埋设排污管道4.6万米，铺设供水管道8000米，修建公厕32处，安装路灯501基，安装垃圾箱点(站)87处，街道栽植各种绿化树木2.3万棵。农民改造危旧房2100户。是年底，全县19个乡镇均有供电所、营业所、信用社、工商所、税务所、卫生院、文化站、中小学校、食堂、旅社、超市、商店、加工厂等，总占地面积5314亩，总建筑面积达115万平方米；

阎孟村农宅及村委会

上肖乡北庄村新农村建设

215 个村 1991 个组 11.83 万户住宅建筑面积 806.74 万平方米，比 2000 年增长 7.6%，人均占有 15.29 平方米，其中新农村居民点 96 处，建筑面积 1381561 平方米，占总建筑面积 17%，入户村民 4665 户。

七、建筑业

镇原建筑工匠较多。民国以前均以师带徒，大多木活、土活（修窑洞及土木结构房屋谓土活）兼习，或以一项特长技能为主，世代相传，走村串户，为群众建房修宅，亦工亦农，但仍以农为主。民国时期县城董义成、屯字李锦秀等，都是方圆百里名匠。民国后期，逐渐出现以工头、工匠组合的家庭式专业建筑组，规模小，设备简陋。

1952 年全县有木匠 528 户 559 人，石匠 185 户 198 人，土匠 89 户 302 人。1958 年，县、社先后组织工匠成立木器加工厂。1972 年县木器社转组为县建筑公司。1980 年代，公社木器厂逐步转为建筑工程队。1985 年，全县有五级以下建筑企业 24 家，即中原乡第一、第二、第三建筑工程队，平泉镇、八山、南徐建筑工程队，城关镇镇城、海丰、莲池建筑工程队，屯字镇、四殿建筑工程队，曙光乡寨地、田岭、川口建筑工程队，孟坝镇、庙渠、新集、开边、王寨、太平、小岘、新城、临泾乡建筑工程队和殷家城乡张老庄建筑工程队。2000 年起，因资质问题多数解散，部分挂靠市级建筑安装公司，成为各挂靠公司项目部。

镇原县建筑工程公司 1972 年 3 月组建成立镇原建筑工程队，驻县城南门，集体所有制三级建筑施工企业，初由县计委主管，后归县城建局管理，经营土建和电器安装。企业占地 7772 平方米，建筑面积 4200 平方米，其中住宅面积 1570 平方米，有职工 24 人，其中固定工 12 人，固定资产 3.9 万元。1975 年，从县砖瓦厂、机修厂调进工人 40 多人，更名为镇原县建筑工程公司。1979 年末，有职工 139 人，其中干部 7 人，技术员 2 人，管理服务人员 6 人，工人 124 人。平均技术等级 3 级，4 级以上技工 11 人。公司有固定资产 22 万元，净值 17 万元，机械设备 25 台件，总动力 233 马力，设备装备率 1.7 马力/人，技术装备率 381 元/人。1977 年，承建镇原县 4 层饮食公司服务楼 3530 平方米。1979 年，承建庆阳地区燃料公司 5 层办公楼 3229.1 平方米。1980 年，承建县政府 4 层办公楼 3674 平方米。1982 年，承建 20 米跨度镇原电影院 1063 平方米。1984 年，建庆阳地区燃料公司 4 层家属楼 2671 平方米。1985 年，有职工 133 人，其中管理人员 8 人，工人 125 人。固定资产原值 40.83 万元，净值 28.11 万元，机械设备 76 台件，动力 594.7 马力，设备装备率 4.68 马力/人，技术装备率为 1157 元/人。公司累计完成建安工作量1130万元，竣工房屋面积11万平方米，实现利润31.2万元，上交税金13.53万元。2001年11月底，公司在册职工97人，其中干部8人，全民工8人，集体工53人，劳动合同工27人，征地工1人；退休已解除供养关系25人。同年，开始企业改制，组建工作组清理资产，确定职工身份，县审计局对资产进行审计，国有资产管理局对资产进行评估确认，公司召开职工大会讨论制定企改方案，职工集体购买企业产权，改为股份合作制企业，以产权转让所得置换职工身份。2002年2月26日，县城建局代表县国有资产管理局与法人代表签订《镇原县建筑工程公司产权转让协议》，原企业法人与职工签订身份置换协议，解除职工与企业劳动合同关系92人，公司以现金和实物两种方式分别支付职工置换费，5人因占用公司资产或其他经济手续问题未置换身份。

镇原县建筑工程设计室　1984年4月，县城建局成立设计室，编制5人，有技师1人，助理工程师2人，技术员2人，承担住房、仓库、工房、门诊病房、水塔和楼房等设计业务。1987年2月，将城建局设计室组建成镇原县建筑工程设计室，为科级事业单位，隶属城乡建设环境保护局。1992年实行自收自支，2000年因资质问题撤销。

镇原县乡镇建筑安装工程公司　1985年7月组建，为三级建筑企业，隶属县乡镇企业管理局，有工人123人，其中技术员23人；固定资产18万元，工作用房116平方米，机械设备49台件。2009年资质、资产整体拍卖。

第三节　城乡规划

中华人民共和国成立后，实行边规划边建设。1980年代，坚持建设之始规划先行原则，县政府组织计委等部门，邀请省内外规划设计单位，编制县域规划、县城规划和乡村规划，并监督实施。在实施中根据变化新情况，多次修订，使之更加完善、完美；对不执行规划的乱修乱建行为，严肃查纠，维护规划威严，发挥规划作用。

一、县域规划

1987年8月，进行为期5个月的县域规划试点工作，完成镇原县县域规划，经县政府讨论、县人大常委会决定实施。规划确立县域城镇性质、职能分工和发展规模、城镇布局，统筹安排各项基础设施，提出20世纪内小城镇发展战略总目标是以党在初级阶段的基本路线为指针，以改革为动力，引导农村乡镇适度集中，重点培养和发展一批农村中心镇（包括县城镇），增强对周围乡村辐射能力，带动不同区域农村商品经济发展；逐步将落后的小城镇建设成为布局合理，层次分明，发展有序，交通方便，设施配套齐全，环境优美，各具特色，有较高社会主义物质文明和精神文明的政治、经济、文化、科学技术服务中心，形成完整的、多层次、多功能小城镇。规划内容分自然概况、经济发展、城镇体系、村庄建设、基础设施、服务设施六章。

二、县城规划

总体规划　1984至1985年，镇原县县城规划办公室与县城乡建设环境保护局编制《镇原县县城总体规划》,1986年甘肃省批准实施。规划年限为1985至2000年,近期规划1985至1990年,远期规划1991至2000年。规划区包括当时已有建设区和城关镇秦园子、莲池、尤坪、西街、水荫、东街、范园子、庙沟等村庄,面积为5平方公里。主要内容有性质和规模、总体规划、公共事业规划、近期建设项目、其他。规划确定县城性质是以发展农副产品加工业为主的全县政治、经济、文化中心。规划县城人口规模为1990年1.1万人,2000年1.6万人。规划用地面积2679.3亩。

1997年3月,县人民政府和陕西省城乡规划设计研究院第二次编制《镇原县县城总体规划》,年限为1996至2010年,近期规划1996至2000年,远期规划2001至2010年。规划区东西长约8公里,南北宽约2.3公里,面积约15平方公里。主要内容有性质和规模、土地利用和空间布局(包括用地发展方向、地价等级与土地使用原则、功能分区、总体艺术构思、各类用地布局、有关技术经济指标、旧城改建原则、蔬菜基地规划)、专项工程(包括道路交通、给水工程、排水工程、供电工程、电信工程、供热工程、园林绿地、环保与环卫设施、防洪工程)、近期建设,确定县城性质是政治、经济、文化中心,以发展食品饮料、农副产品加工为主的山水城镇。规划县城人口规模为2000年2.3万人,2010年3.2万人。建设用地规模为2000年3104.55亩,2010年4564.65亩。

2009年7月,县政府与陕西省城乡规划设计研究院第三次修编《镇原县县城总体规划》,规划年限2008至2025年,近期2008至2015年,远期2016至2025年。规划区东西长约30公里,南北宽约4公里,面积约98平方公里。主要内容有性质和规模、总体布局、建设用地和布局、中心城区"四区、四线"、绿地系统、景观、综合交通、给排水、电力电信、供热燃气、环保环卫、综合防灾、近期建设,确定县城性质为庆阳市文化教育基地,以发展绿色农产品和食品加工为主的区域中心城镇。规划县城人口规模为7万人,远期10万人。县城用地面积12平方公里,近期建设用地7845亩,远期建设用地11430亩,将县城分为中部商贸综合、西部休闲生活、东部行政文化、金龙工业园、生态空间五大功能区。

控制性详细规划 1997年10月,县人民政府与陕西省城乡规划设计研究院编制《镇原县县城中心区控制性详细规划》,主要内容有控制结构、空间布局、土地使用、公建服务设施、绿化系统、土地分类与建设、各项专业工程。2010年1月,县人民政府与陕西省城乡规划设计研究院编制《镇原县西区控制性详细规划》,主要内容有土地使用性质分类、土地使用强度、道路交通设施、建筑后退红线、配套公用设施、绿地景观、市容卫生。

修建性详细规划 1996年10月,陕西省城乡规划设计研究院编制《镇原县城排洪工程规划》。1996年12月,陕西省城乡规划设计研究院编制《镇原县县城西街街景规划》。1997年3月,陕西省城乡规划设计研究院珠海分院编制《镇原县城滨河中路开发区修建性详细规划》,主要内容有职能与规模、总平面设计、竖向布置与道路、给水排水、电力电讯工程。1997年5月,陕西省城乡规划设计研究院编制《镇原县县城水荫街街景规划》。2007年6月,陕西省城乡规划设计研究院编制《镇原县城东新区修建性详细规划》。2009年11月,中国市政工程西北设计研究院有限公司编制《镇原县黄金大道市政基础设施及道路工程规划》,主要内容有道路、给排水、电信、照明、热力及燃气工程。

三、集镇规划

1996至2000年,西北建筑工程学院与庆阳地区建设处编制孟坝、新集、上肖、新城、中原、南川、临泾、太平、彭阳、马渠、小岘、曙光、方山、郭原、殷家城、王寨、武沟、湫池、庙渠、开边20个乡镇小城镇建设规划,规划期限至2015年。2003年3月,长安大学城市规划设计研究院编制平泉镇、屯字镇总体规划,规划期限为2002至2020年。

2007年12月,庆阳市建设局与杭州东元城市发展顾问有限公司、海口市城市规划设计研究院杭州分院编制新城、三岔、开边、孟坝、临泾5乡镇集镇规划,期限为2007至2020年。2009年11月,甘肃西苑勘察规划设计有限公司编制方山、殷家城、庙渠3乡总体规划,期限为2009至2020年。12月,甘肃西苑勘察设计有限公司编制殷家城、郭原、中原3乡集镇建设详细规划,期限为2009至2025年。

四、村庄规划

1985至1986年,县村镇规划办公室与城乡建设环境保护局编制22个乡镇228个行政村规划,其中孟坝镇、临泾乡各15个行政村,上肖乡14个行政村,太平、马渠、方山乡各13个行政村,屯字镇、三岔镇、南川乡各12个行政村,新城乡11个行政村,城关镇、武沟、郭原、殷家城乡各10个行政村,开边、曙光、新集乡各9个行政村,中原乡8个行政村,庙渠、湫池、彭阳乡各6个行政村,小岘乡5个行政村。

1998至1999年,20个乡镇组织编制各自管辖域内235个村庄规划,其中孟坝镇17个行政村,临泾乡16个行政村,屯字镇、平泉镇、马渠乡各14个行政村,三岔镇、上肖乡、方山乡各13个行政村,城关镇、新城乡、南川乡各12个行政村,开边镇、庙渠乡各11个行政村,郭原、武沟乡各10个行政村,曙光乡9个行政村,太平乡8个行政村,湫池乡6个行政村,彭阳、小岘乡各5个行政村,规划年限至2010年。

2009年11至12月,甘肃西苑勘察规划设计有限公司编制孟坝镇王湾、王地庄,开边镇陈坪、开边,临泾乡祁焦、良韩,城关镇原郑、常山,屯字镇屯字、马堡10个村庄规划。

五、城乡规划管理与审批

2009年以前,规划管理工作由县计划委员会牵头,与城建局等单位共同实施管理。2009年规划局开展业务后,从机制、制度、审批程序、执法监察4个方面加强规划管理工作。全县规划区内所有建设项目的规划审批,先由规划局专业人员技术论证,再经局长办公会或局长业务会议研究确定,对具体业务实行三级会审制度。重大项目规划方案,必须报经县政府批准,由规划局办理相关手续。采取规划执法检查和群众监督举报双向联动机制,当年查处城乡规划区内违规私建、乱建行为20起,及时签发停工通知单,对影响严重的两起违法案件责任人,签发行政处罚告知书和违法建筑物拆迁决定书,并按照法定程序完成限期拆除整改。同年,以20天时间,开展房地产开发领域中违规变更规划、调整容积率专项检查清理工作。

2010年,县上成立城乡规划管理委员会,研究重大项目规划审批,同时成立镇原县城乡规划监察执法队，特聘4名规划义务监督员，各乡镇成立相应规划管理办公室，建立起城乡一体化规划日常巡查机制，对规划公示、审批、实施全程监督。县政府印发《关于进一步加强城乡规划管理工作的实施意见》，理顺规划实施管理关系，明确职能部门职责，靠实管理责任，对于建设项目规划审查、审批，严格按照“两表、三证、四书”（“两表”即建设项目规划选址申报表、建设工程规划竣工验收申请表，“三证”即建设用地规划许可证、建设工程规划许可证、乡村建设规划许可证，“四书”即建设项目选址意见书、规划条件通知书、建设工程设计方案核定通知书、建设工程规划竣工验收合格书）程序办理。两年核发建设项目选址意见书199份、建设用地规划许可证125份、建设工程规划许可证117份、乡村工程规划许可证5份。全年在县城规划区内共查处违规私建、乱建行为28起，核发停工通知书28份，发出行政处罚告知书12份，行政处罚决定书2份，全部限期整改落实；开展房地产开发领域违规变更规划、调整容积率专项清理3次。

第四节　城 市 管 理

2007年3月，城市管理局成立，扩充环卫队伍、完善管理措施；组建园林养护管理队伍，制定养护管理标准；对城区公共场所及主干道沿线实施高标准绿化建设；更新添置城区市政公用设施，规范户外广告，加大管理力度，保障城市化发展进程，创新城市综合管理、死角整治和安全管理“三个长效机制”，按照“规范化、经常化、精细化、无缝隙化、零对接”管理要求，加大市容乱摆乱放、乱拴乱挂、乱贴乱画、乱泼乱倒、乱搭乱建、乱停乱放、乱刻乱扔“七乱”整治力度；将中街、潜夫街、中兴街、西街确定为“文明卫生示范街”，挂牌创建，以点带面，促使城区环卫水平整体提升；加大清扫保洁力度，整治城郊巷道、已征待开发空地以及建设工地等卫生“死角”，严格落实每天“三清扫全天保洁”制度，坚持工作人员每天早7:30上班，晚10:30下班，在工作班次上实行“零对接”和“无缝隙”管理措施，基本做到晴天不见土，雨天不见泥，街面不见污，巷道不见垃圾；坚持雨后及时扫水，雪后及时扫雪，刮风及时扫，重大节庆加强扫，正常气候细致扫；车行道和人行道一个样，大街和小巷一个样，白天和晚上一个样，检查和不检查一个样，节假日和平时一个样，雨天和晴天一个样，保证路面净，人行道净，污水口净，垃圾箱四周净，道沿墙基净，树畦净，灯箱灯杆净。公厕管理基本达到

2008年购运的街道洒水车

“三净四无”标准，即地面净，墙面净，粪便池净；无污物，无异味，无蝇蛆，无粪便堆积，确保市容整洁、环境清洁。

2008至2010年，设置康复巷、洪河街临时水果摊位，开辟东坡口、水荫桥、新一代巷口蔬菜早市，在育才巷、党校门两侧、建司门前设便民修补摊点，划定临时停车点54处，泊车位108个；疏通改造103户餐饮、理发门店排污设施；按照统一标准，更换户外广告牌和街道营业场所门头牌匾2400面、临街门店门窗380副；在新西街、工业园区、茹河岸边易倒垃圾部位设置铁丝围栏1800米，确定监护人员，制止乱倒垃圾行为；定期开展安全教育，对司助人员、电工等特殊工种人员签订安全责任书，给环卫工人办理人身意外伤害保险；在机关安装电子防控系统，随时组织查找安全隐患，保证各项工作安全、良性运行；制定《城市管理局工作人员日常工作管理办法》《城市管理局工作人员失职过错责任追究办法》和《城市管理工作考核办法》，建立督查机制，设立督查办，落实人员4人，配备督查车1辆，录像机一部，坚持人员在一线督查，问题在现场交办，工作在一线落实的督查办法，实行公开、公正、严肃、透明管理；加强干部职工理想信念、责任感、荣誉感教育，坚持周例会、月小结，对干部职工进行“城市就是家园、群众就是亲人、管理就是服务”三种意识教育和执法业务培训，打造能吃苦、会管理、爱岗敬业职工队伍，以过硬作风保障各项任务落在实处。

第五节　住房公积金管理

1993年8月，开始建立住房公积金制度，先从省市驻县单位、县直行政事业单位、国有企业、集体企业实施，其中省市驻县单位、县直行政事业单位扣缴比例为个人月基本工资5%，财政实行对等补贴；县直国有企业、集体企业扣缴比例为个人月基本工资3%，单位实行对等补贴。单位和个人缴存资金，全部计入个人账户，因整体资金规模小，实行银行代存。

1996年，公积金制度全面延伸到乡镇行政事业单位，开始实行小额住房贷款，最高额度3000元；严格公积金使用管理，规范会计核算和财务管理，落实日清月结制度，及时处理日常业务，坚持专款专用；对离退休、去世、调出人员公积金支取，坚持随到随办；对集资、购房、建房、大修申请支取公积金的，坚持有计划支取，严格控制支取量。公积金贷款实行专人负责，采取有价证券、存折或公积金抵押，严格执行人民银行确定的贷款利率，同时保证资金真正用到职工购建住房上。

2002年起，因县财政困难，公积金补贴未落实，财政供给部门职工只有个人缴存部分，加之大部分国有、集体企业改制，职工身份置换，停止缴纳并领取住房公积金，收入萎缩。县住房资金管理中心加大工作力度，每年清理省、市驻县单位、国有企业住房公积金缴存情况，逐单位进行排查清理，核查缴存基数，督促单位应交尽交。2004年，全县建立住房公积金367个单位9404人，覆盖率分别为83%和93%，累计归集职工住房公积金4018.1万元。2006年，因财政补贴未落实，职工意见较大，县属财政供给单位公积金断缴，参加单位减少，全县参加住房公积金1.34万人，累计归集公积金5248.2万元。

2007年,按照市住房公积金管理中心“控制规模、严格政策、提高质量、保证安全”要求,落实资金使用封闭运行和借款人夫、妻、担保人三方现场签字,经初步审查,报市中心会议审批,资金直接划入售房、建房单位账户,做到专款专用;公开办事程序,制作业务公开宣传栏和人员岗位公示栏,对业务干部分工、公积金提取、住房信贷、缴存等项业务全面公开,接受群众监督。

2008年,经市政府及市、县住房公积金管理部门协调,行政事业单位住房公积金个人部分正常扣缴,财政部分在不能对等补贴情况下,给予定额补贴,当年财政补贴240万元,由公积金管理部按个人缴存数额比例分解到个人账户。2009年财政补贴300万元,同样划入个人账户。

2010年,全县建立住房公积金195个单位9573人,均占应建单位201个和9876人的97%。当年县财政补贴750万元,累计归集职工住房公积金12806.76万元,支取3532.47万元,发放职工住房贷款14738.31万元(包括收回再贷),贷款最高额度10万元,贷款余额为6228.8万元,个人贷款率67%,公积金存量3045.49万元。

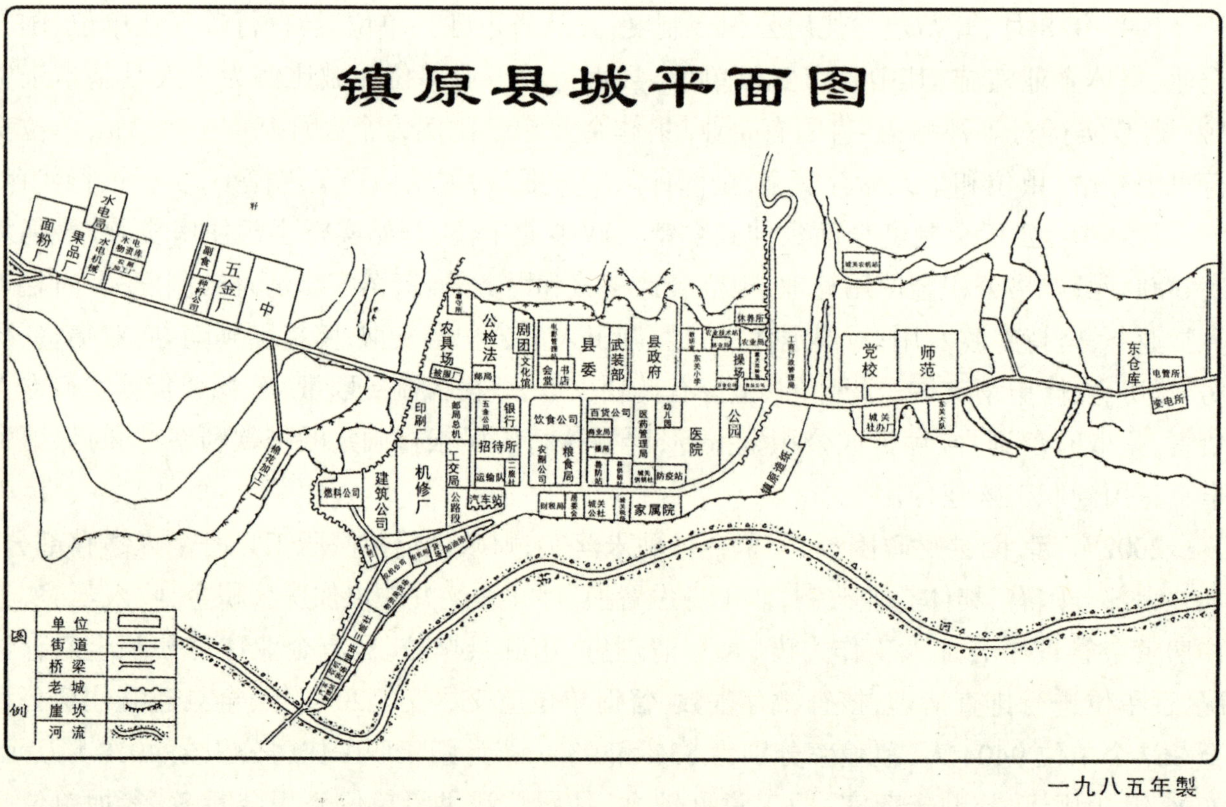

1985年镇原县城平面图

第三十二章　党派群团

民国十五年(1926年),镇原始有国民党组织,设县党部和区分部,吸收国民党员,成为主要党派势力。二十年,县域始有中国共产党组织,不断发展壮大,建立北部解放区,与国民党实行南北分治,领导人民支援抗战和解放战争,取得胜利。国民党、共产党在各自辖区发展社会团体。中华人民共和国成立后,国民党及其社会团体被取缔,共产党组织不断健全完善,领导全县人民进行社会主义革命和建设,取得举世瞩目成就。共产党领导的共青团、工会、妇联、农民协会等人民团体,成为党联系群众的桥梁和纽带。

第一节　中国国民党地方组织

一、机构

民国十五年(1926年)十一月,中国国民党甘肃省党部派祁尚诚等4人到县组建国民党镇原县筹备委员会,成立县党部,选定执行委员李世栋等5人、监督委员张文德等3人。经费由县府月拨40元。十六年起,逐步成立区分部。十八年二月,正式成立国民党镇原县党部,由省圈定祁尚诚等5人为执委,李芳洲等3人为监委,委派贾动初为总干事,陈棠为秘书,经费由省财政厅月拨150元。十九年,奉省党部令停止组织活动。二十年后季,省部派朱琨等3人到县,成立县整理委员会,整顿国民党组织,经费仍由省财政厅月拨150元。

二十一年春,县党部更名为国民党镇原县办事处,留委员祁尚诚1人,设秘书1人,组织部长1人,干事3人。经费由财政厅月拨100元,冬季炭资100元。当年成立民众学校3处;会同县府考送1人赴南京广播无线电台训练收音,回县成立收音室,消息灵通,众皆欣赞。二十六年二月,撤销办事处,恢复县党部,设书记长1人。二十九年十月,党部设秘书1人,干事1人,助理干事2人,执行委员1人,录事1人,工友1人。书记长徐必达与国民党镇原县长孙宗濂勾心斗角,互相攻击,被省党部电令停职,由李呈华接任县党部书记长。至三十年,县党部下属屯字、平泉、新城镇、县政府及开边三十铺、永安乡等6个区分部。

三十二年,县党部调整人员,设秘书兼干事1人,专干1人,助理干事1人,执行委员3人,候补执委1人,监委、候补监委各1人。三十六年三月,县党部成立执行委员会和监察委员会,执委会由9人组成,监委会由5人组成,加其他成员,党部总人数增到17人。

三十七年二月，进行党团合并，成立县党团合并统一组织委员会，由12人组成。三月四日，三青团分团部与党部合署，原三青团各级组织撤销。四月，撤销党团合并统一组织委员会，重新组成县党部，设书记长、副书记长、秘书，执行委员和监察委员共38人。在新组建过程中，县党部与三青团分团部互相争职位、争名额，党部成员增加到26人，在县政府、党部直属、县田粮处、银行、工会、商务会、屯字、平泉、新城、中原社会层、永安乡、永乐乡、永定乡、什户乡、永康乡公所、开边三十铺、祁家川、慕家庙、祁家庙、焦家渠、马家沟、肖金街、川郑设区分部23个。至三十八年上半年，全县共有27个区分部，各分部一般3~5人，最多9人，设书记1人，委员若干人。三十八年七月二十九日镇原解放，随着县、区、乡人民政权建立，取缔县党部、区分部。

民国二十六年至三十八年中国国民党镇原县党部负责人表

表32-1-1

姓名	籍贯	职务	任职时间
贾动初	镇原县	总干事	民国十八年(1929年)
祁尚诚	镇原县	委员	民国二十一年至二十五年
莫行之(又名藏用)		书记长	民国二十六年至二十七年
朱炳章		书记长	民国二十八年
徐必达		书记长	民国二十九年
李呈华		书记长	民国三十年至三十三年
慕俊(慕杰侯)	临泾乡	代理书记长	民国三十四年
肖仲灵(又名钟琳)		书记长	民国三十五年一月至七月
贾秉机	城关镇	书记长	民国三十五年七月至三十八年七月
杜廷璧	新城乡	副书记长	民国三十七年二月至三十八年七月

二、国民党员

民国十六年(1927年)，国民党开始在县乡发展国民党党员，发展对象主要是各级行政机关工作人员和地方上层人士，吸收党员百名。加入国民党，需本人填写申请表，贴两张照片或盖指印，经两名正式党员介绍，报县党部批准，然后举行宣誓仪式，交党费1千元，发给党证，承认为党员。十七年开始清党，省部派孟、雷二委员到县，审查合格党员120人。二十一年，审查旧党员73人，历年吸收党员至当年共118人。二十六年，全县有国民党员259人，其中正式党员121人，预备党员138人。三十一年起，国民党员发展对象扩大到学校师生和农民。三十六年，在竞选国大代表时，党部与三青团相互扩充势力，争取选票，县党部派员到屯字、祁川、寇家庙、段崖窑等地，简化手续，突击吸收党员，只要本人同意，填一张申请表，或由亲属朋友代填后，当即宣布为党员。至三十八年上半年，全县有国民党员900余人。三十八年七月二十九日镇原解放，取缔国民党，所有国民党员向区、乡人民政府进行登记。

第二节　中国共产党地方组织

民国二十年(1931年),境内开始发展共产党员。二十四年,共产党领导两支红军队伍长征途经镇原,撒下革命种子。红军西征、援西军进驻,建立地方党组织和人民政权,成为陕甘宁边区一部分。二十六年,成立中共镇原县委,领导人民开展抗日战争、解放战争和社会主义建设,前仆后继,英勇奋战,艰苦斗争,顽强拼搏,为镇原解放和革命事业做出贡献。

一、机构

(一)领导机构

中共固原工委　民国二十五(1936年)年六月,红军西征解放镇原北部,陕甘宁省委派李廷序带领工作团来到三岔、马渠一带,发动群众,打击地主势力,肃清国民党反动分子,开始建党建政工作。十月,在三岔镇成立中共固原工委,隶属陕甘宁省委,对外称"三岔人民抗日救国会",李廷序任书记,成员有李永福、陈焕章、岳成军、陈安卿等;同时成立三岔区委。二十六年一月,成立马渠区委和麻子沟圈区委。七月,中共固原工委改为中共固原县委,三岔区委划归曲子县委,马渠区委划归镇原县委。

中共镇原县委　民国二十六年(1937年)六月,成立中共镇原县委,对外称抗日人民红军援西军留守处,驻县城东操场北山根(今农牧局后院),直属陕甘宁省委。八月,镇原县委改名为中心县委,隶属陇东特委,兼管陕西长武、甘肃平凉、泾川一带地下党工作,对外公开名称改为八路军第一二九师留守处,后又改为驻镇原办事处,辖平泾工委和平凉市委。中心县委配备书记、副书记、秘书。二十七年八月,中心县委改为县委,隶属庆环分区党委。

二十八年十二月,国民党制造第二次镇原磨擦事件,镇原县委撤出县城,先驻马渠唐原,后迁油坊沟。二十九年五月十三日,县委移驻孟坝镇,遂由秘密转为公开,隶属陇东分区特委。三十二年一月起,改属陇东地委。抗日战争期间,县委书记更迭5次。三十四年十一月起,县委除设书记、副书记外,增设常委、委员,常委由书记、副书记、县长、保安科长、统战部长等人员担任。三十六年二月,陇东战争爆发,县委撤离孟坝,在方山、曲子一带开展游击活动。

三十八年七月二十九日镇原全境解放,三十日县委移驻县城,隶属庆阳地委,接管镇固工委下属境内党组织。1951年7月,县委常委由县委书记、副书记、县长及组织部长、检察长、县委秘书担任。1954年,县委常委增加2名副县长及兵役局长、税务局长、银行行长、公安局长、法院院长。1955年10月,镇原县委改属平凉地委。1956年4月,税务局长、银行行长、公安局长退出县委常委。1958年10月,县委改称人民公社联社党委,各大公社书记、监委书记进入县委常委。1959年9月,撤销县人民公社联社党委,恢复县委。1962年6月,镇原县委改属庆阳地委。1963年10月,县委组织部长进入常委。

1967年4月,县委被抓革命促生产第一线指挥部取代。1968年4月,革命委员会成立,革委会政治部负责党务工作。12月,成立镇原县革命委员会整党领导小组,县人武部部长、革委会主任莫士元任组长、革委会副主任焦发海任副组长。整党领导小组实际上起到了党的核心领导小组作用。1971年3月,中共镇原县第六次党代会召开,选举产生县委委员会。县委、县革委会合署办公,书记、副书记同时兼任县革委会主任、副主任。人武部副部长、革委会办公室、政治部、生产指挥部主任进入常委。1973年10月,县人武部政委、公安局局长进入常委。1975年5月,县革委会副主任2人进入常委。1978年12月,县委、政府分署办公,县委设书记1人、副书记4人、常委14人(含书记、副书记),公安局长退出常委。1983年10月,县纪委书记进入县委常委。1986年11月组织部长、宣传部长进入县委常委,享受副县级待遇。2006年,县委减少副书记职数,实行常委负责制。县委设书记1人,副书记2人,常委11人(含书记、副书记)。

民国二十六年至2010年中共镇原县委书记表

表32-2-1

姓名	籍贯	任职时间	职务变动
李廷序	江西于都	民国二十六年六月至七月	
陈仁麒	福建龙岩	民国二十六年七月至二十七年二月	八月改称中心县委书记
任质斌	山东即墨	民国二十七年二月至八月	中心县委书记
吴志渊	陕西子长	民国二十七年八月至二十九年二月	
陈致中	陕西清涧	民国二十九年二月至三十四年一月	
万成章	四川宣汉	民国三十四年一月至三十五年五月	
刘文山	陕西绥德	民国三十五年五月至三十六年七月	
孙久德	陕西子长	民国三十六年七月至三十八年五月	
马万里	陕西子长	民国三十八年五月至1950年3月	
侯生裕	陕西吴旗	1950年3月至1951年6月	
赵志明	宁县	1951年7月至1953年6月	
唐风仪	合水	1953年6月至1954年10月	
鱼连波	陕西韩城	1954年10月至1956年8月	
张文会	华池	1956年8月至1959年4月	1956年8月至9月代理书记
王佐才	环县	1959年4月至11月	1959年4月称第一书记
史银琚	庆阳	1959年11月至1962年11月	1959年11月任第一书记,1962年8月改称书记
苏　星	武都	1962年11月至1965年9月	
秦汝哲	山西临县	1965年9月至……	
莫士元	陕西富平	1971年3月至1972年4月	
傅得奎	合水	1972年4月至1973年11月	
赵连升	宁县	1973年11月至1981年2月	
李正德	秦安	1981年2月至1985年2月	

李万林	西峰	1985 年 2 月至 1987 年 2 月	
薛亮云	山西稷山	1987 年 2 月至 1989 年 2 月	
罗 骁	辽宁抚顺	1989 年 2 月至 1993 年 12 月	满族
李 峰	庆城	1993 年 12 月至 1996 年 7 月	
王吉泰	宁县	1996 年 7 月至 2002 年 10 月	
王剑英	礼县	2002 年 10 月至 2006 年 11 月	
王小庆	宁县	2006 年 11 月至 2009 年 2 月	
秦 华	陕西合阳	2009 年 2 月至 2010 年 2 月	
周 伟	岷县	2010 年 5 月任职	

民国二十六年至~2010 年中共镇原县委副书记表

表 32–2–2

姓名	籍贯	任职时间	兼任职务
王平水	福建永定	民国二十六年八月至二十七年二月	
史梓铭	陕西子长	民国二十七年八月至二十八年二月	
孙久德	陕西子长	民国三十五年三月至三十六年七月	
孟致才	新城乡	1951 年 7 月至 1952 年 2 月	
张文会	华池	1953 年 6 月至 1955 年 6 月	
张志万	华池	1955 年 11 月至 1959 年 1 月	
王珑(女)	平泉镇	1956 年 8 月至 1958 年 7 月	
慕宗舜	郭原乡	1956 年 8 月至 1958 年 7 月	
杨宗万	陕西旬邑	1957 年 10 月至 1959 年 1 月	
史银据	环县	1958 年 7 月至 1959 年 11 月	县长
赵信谦	灵台	1959 年 4 月至 1961 年 11 月	书记处书记
刘兆南	陕西延川	1960 年 4 月至 1961 年 11 月	1960 年 4 月任书记处书记,1962 年 8 月改称副书记
张克旺	平凉	1960 年 4 月至 1964 年 12 月	1960 年 4 月任书记处书记,1962 年 8 月改称副书记
刘善修	河北定县	1962 年 11 月至 1967 年 4 月	县长
田旺恩	陕西吴堡	1964 年 5 月至 1967 年 4 月	
郭生荣	华池	1965 年 5 月至 1967 年 4 月	
王生金	华池	1965 年 9 月至 1967 年 4 月 1971 年 3 月至 1972 年 4 月	
焦发海	马渠乡	1971 年 3 月至 1972 年 4 月	
王乃峰	宁县	1972 年 4 月至 1978 年 10 月	
陈景文	陕西礼泉	1973 年 11 月至 1982 年 4 月	
田得霖	西峰	1973 年 11 月至 1980 年 1 月	

续表

姓名	籍贯	任职时间	兼任职务
李福英(女)	太平乡	1976年2月至1979年1月	
王怀清	正宁	1979年1月至1983年8月	革委会主任、县长
王培选	正宁	1979年1月至1980年10月	
刘思义	静宁	1980年3月至1982年6月	
郭自儒	灵台	1980年3月至1982年11月	
李万林	西峰	1980年10月至1985年2月	县长
张　鑑	城关镇	1980年10月至1986年11月	
包维范	新集乡	1982年4月至1983年8月	
赵宝玺	庙渠乡	1983年10月至1992年11月	
薛亮云	山西稷山	1983年10月至1987年2月	县长
王培栋	宁县	1985年4月至1989年7月	
吴治德	合水	1986年11月至1989年9月	
施万锐	西峰	1988年2月至1991年2月	县长
马达理	渭源	1989年10月至1992年4月	
郑国升	屯字镇	1989年10月至1997年2月	
李　峰	庆城	1991年2月至1993年12月	县长
高希文	西峰	1992年10月至1994年12月	
戴炳隆	庆城	1992年10月至1997年10月	
王宪峻	环县	1993年12月至1997年10月	县长
秦梅(女)	西峰	1995年3月至1997年5月	
王　尧	正宁	1995年3月至2001年12月	1997年12月任县长
张宇峰	宁县	1997年5月至2002年2月	
张畅钰	合水	1997年10月至2001年8月	
黄占俊	华池	1997年10月至2001年12月	
彭益民	正宁	2001年7月至2004年11月	
黄清文	武沟乡	2001年11月至2006年11月	县纪委书记
曹复兴	庆城	2001年12月至2002年11月	县长
王宁秀(女)	宁县	2002年2月至2005年7月	
王小庆	宁县	2002年6月至2005年11月	县长
张振忠	环县	2002年10月至2006年12月	
罗君伟	西峰	2005年6月至2006年12月	
杨学智	环县	2005年5月至2009年3月	
秦　华	陕西合阳	2006年11月至2009年2月	县长
薛　渊	合水	2009年2月任职	

1983年10月至2010年中共镇原县委常委表

表32-2-3

姓名	籍贯	任职时间	兼任职务
白进彩	中原乡	1983年10月至1984年12月 1991年8月至1992年10月	副县长 人大主任
朱建中	平凉崆峒区	1983年10月至1986年2月	人武部政委
李耀华	平泉镇	1983年10月至1989年1月	纪委书记
施万锐	西峰	1986年11月至1988年2月	副县长、代县长
金寿祥	屯字镇	1986年11月至1996年12月	人武部长、政委
郑国升	屯字镇	1986年11月至1989年10月	组织部长
李　潭	太平镇	1986年11月至1992年1月	宣传部长
马达理	渭源	1988年2月至1989年11月	副县长
赵建海	庙渠乡	1989年1月至1992年10月	纪委书记
宁文三	山西省	1989年11月至1991年8月	副县长
徐永祺	平泉镇	1990年2月至1992年10月	组织部长
王宪峻	环县	1991年12月至1993年12月	副县长
赵宝玺	庙渠乡	1992年11月至2001年8月	人大主任
王维东	新城乡	1992年10月至2002年10月	纪委书记、副县长、人大主任
朱鸿雁	城关镇	1993年6月至1997年10月	组织部长
秦浩显	平泉镇	1993年6月至1997年10月	宣传部长
范玉群	临泾乡	1993年12月至1997年10月	副县长
王金岭	陕西大荔	1996年12月至	人武部政委
黄清文	武沟乡	1996年12月至	纪委书记
彭益民	正宁	1997年10月至2001年7月	组织部长
马立峰	屯字镇	1998年1月至2000年4月	宣传部长
刘　东	陕西长安	2000年4月至2002年10月	宣传部长
薛　渊	合水	2001年6月至2009年2月	组织部长
俱明忠	陕西乾县	2001年12月至2010年1月	人武部长
石建国	合水	2002年1月至10月	常务副县长
王　谦	宁县	2002年10月至2006年11月	常务副县长
朱芳明	开边镇	2002年10月任职	宣传部长
张金明	山西盂县	2004年12月至2006年11月	政法委书记
张振忠	环县	2006年12月至2009年3月	常务副县长
罗君伟	西峰	2006年12月至2008年8月	副县长
王文剑	华池	2006年11月任职	统战部长、纪委书记
慕　瑶	华池	2006年11月任职	政法委书记
阎莲莲(女)	宁县	2006年11月至2008年8月	县纪委书记
陈琳(女)	宁县	2008年8月至2010年4月	纪委书记、组织部长
王晓斌	屯字镇	2008年8月任职	副县长、常务副县长
张　恢	城关镇	2009年3月至2010年4月	副县长
路登殿	临泾乡	2009年3月任职	统战部长
刘志刚	正宁	2010年4月任职	组织部长
薛宏志	山西翼城	2010年4月任职	县人武部政委
文芳(女)	合水	2010年6月任职	副县长

注:县委书记、副书记均为常委,从略。

中共平东工委 民国二十九年(1940年)元月,中共庆环分区委员会决定在三岔成立平东工作委员会,吴思宏任工委书记,杨志超任组织部长,马兆祥任宣传部长。平东工委管辖原新区工委、固原县委、回民工委、镇原南三镇和开边等地党的地下组织。三十年,工委机关移驻马渠镇。三十一年国民党发动第二次反共高潮,为精简压缩机构,隐蔽起来活动,又将平东工委机关从马渠移至三岔,工委管辖范围适当缩小,以边区镇原县为依托,主要领导镇原南三镇及平凉、泾川、华亭、崇信、灵台各县和陇县、长武、清水等毗邻地区地下党的工作。三十二年初,李步瀛任平东工委书记。平东工委先后派出李义祥、孙存弘、廖寿禄、李子英、沈遐熙等特派员和孙克禄等几名交通员,活跃在平凉六盘山以东各县及清水、陇县、固原、镇原靠平凉边界地区,并将固原县万安乡、王洼镇、城阳乡、镇原县黑渠口、开边乡的党组织并入平东工委;中共中央社会部两人常驻工委机关。平东工委同时担负与大后方重庆、西安、兰州的联系以及护送出入延安人员任务,至镇原解放前夕,平东工委先后组建华亭、崇信、灵台、镇固、直属5个县级工委,9个区级工委,有党支部221个,党员总数3900多人。三十八年七月,镇原、固原、平凉解放,平东工委人员调任新职后解散。

中共镇固工委 民国三十六年(1947年)八月,中共甘肃工作委员会决定组建中共镇固工作委员会,受平东工委领导,书记由平东工委委员高俞修兼任,主要成员有陈宗祥、张国瑞等人。驻地流动于陈坪、新城等地。镇固工委下属游击队,实行划片领导,分工负责。共分新城、中原、平泉、开边、城阳、陈坪、草庙、惠沟门9个片。工委和隐蔽地下党员取得联系,进行组织整顿,秘密建立农会,开展抗丁、抗粮、抗税、锄奸斗争,至三十七年底,共发展党员703名,下属党支部38个,其中中心支部1个。三十八年七月,镇原、固原解放,镇固工委撤销,所属组织分别移交镇原县委和海固工委(后改为固原县委)。

(二)纪律检查机构

中共镇原县纪律检查委员会(县监察局) 民主革命时期,边区纪律检查工作由组织部门承担。1950年1月,成立县委纪律检查委员会,为县委工作部门,主任由县委书记兼任,委员由组织、民政、军事、检察、公安等部门领导兼任,业务由组织部门代办。1951年7月配备专职干部,开始独立办公。1955年5月,纪律检查委员会改称纪律监察委员会,书记由县委书记兼任,设副书记主持日常工作。1967年4月,纪律监察委员会被抓革命促生产第一线指挥部、革命委员会取代。1978年7月,恢复县委纪律检查委员会。1983年10月,县委纪律检查委员会更名为中共镇原县纪律检查委员会,升格为副县级专任领导机关,受中共镇原县委和庆阳地区纪律检查委员会双层领导,内设办公室、案件审理室、案件检查室。1988年成立镇原县监察局,隶属县政府,内设秘书、案件检查、案件审理3个股。1993年5月,监察局与纪委合署办公,一套人员,两块牌子。1996年,增设教育调研室。1997年8月,增设党风廉政建设室。2002年,增设信访室、执法监察室。2010年,有办公室、党风廉政室、执法监察室、教育调研室、案件审理室、案件检查室、信访室,增设纠正行业不正之风办公室,同时成立县纪委党群纪工委。纪委、监察局核定行政编制24人,事业编制4人,机关工勤编制2人,实有干部职工20人,其中县级干部1人,正科级干部8人,副科级干部(含纪工委副书记)5 人,一般干部 3 人,机关工勤人员 3 人。

1983 年 10 月至 2010 年中共镇原县纪委书记表

表 32-2-4

姓　名	籍　贯	任职时间
李耀华	平泉镇	1983 年 10 月至 1989 年 1 月
赵建海	庙渠乡	1989 年 1 月至 1992 年 10 月
王维东	新城乡	1992 年 10 月至 1997 年 10 月
黄清文	武沟乡	1997 年 10 月至 2001 年 12 月
阎莲莲(女)	宁县	2006 年 11 月至 2008 年 8 月
陈琳(女)	宕昌	2008 年 8 月至 2009 年 2 月
王文剑	华池	2009 年 2 月至 2010 年 12 月

县直部门纪律检查委员会　1990 年 9 月，成立供销联社纪律检查委员会。1991 年 4 月,成立公安局纪律检查委员会。1999 年 2 月,成立农委纪律检查委员会。2002 年 2 月,成立农牧局、农行镇原支行纪律检查委员会。9 月,撤销农委和供销联社纪委。2010 年 9 月,成立文化广播影视局、教育体育局纪律检查委员会。县直部门实行纪检组、监察室,县纪委派驻管理,增设纪检组 12 个,县直各单位有公安局、教育体育局、农牧局、文化广播影视局、农行纪委 5 个,纪检组 22 个。

基层纪律检查委员会　1986 年 6 月,24 个乡镇全部成立纪律检查委员会,配备兼职书记。1990 年 5 月,开始配备专职或兼职乡镇纪委书记。2004 年 12 月,乡镇撤并,乡镇纪委随之调整为 12 个乡纪委,7 个镇纪委。

(三)县委工作机构

民国二十六年(1937 年)六月,县委设组织部。八月,中心县委增设宣传部、统战部、军事部、妇女部和青年部等工作部门。二十七年八月,县委增设群众工作部。三十八年八月,县委设秘书室、组织部、宣传部、青年和妇女工作委员会,分别设秘书、部长、副部长、书记。

1952 年 9 月,恢复县委统战部,设部长。1954 年,成立生产合作部,设部长、副部长。1956 年起,陆续成立财政贸易工作部、广播站、报社、工业交通部、文化教育部,分别设部长、副部长、站长、副站长,统战部并入宣传部。1958 年 10 月,县委改称人民公社联社党委,保留秘书室、组织部、宣传部、纪律监察委员会,其他机构归入政府序列。1959 年春,成立县委党校、档案馆,撤销报社。9 月,恢复县委财贸部、工业交通部,成立农村工作部。1962 年 6 月,撤销财贸部、工业交通部。1964 年 1 月,成立保密办公室。6 月,成立财贸政治部,县委工作机构增加到 11 个。各个运动阶段,曾设立过肃反办公室、审干办公室、整风办公室、反右倾斗争领导小组办公室、社教办公室等临时性机构,随其工作任务结束而撤销。

1967年4月,各级党政组织被抓革命促生产第一线指挥部、革命委员会取代,革委会政治部负责党务工作。1970年,恢复党校、广播站。1971年3月,成立报道组。1973年9月,恢复县委组织部、宣传部。1974年1月,恢复县委办公室,与革委会办公室合署办公。1976年10月,县委工作机构有办公室、组织部、宣传部、党校、广播站、报道组等6个。1979年8月,设立防治地方病办公室。

1980年6月,恢复档案馆,与档案局一套班子,两块牌子。8月,恢复农村工作部,与县政府农林办公室合署办公。12月,成立政法办公室。1982年4月,恢复统战部。7月,成立老干部工作科。1983年8月,成立保密局、对台工作小组办公室(后改称台湾工作办公室)、社会治安综合治理委员会办公室,老干局归口组织部管理,地病办、广播站归政府序列。12月,政法办公室改称政法委员会。1984年5月,成立党史资料征集办公室。1986年9月,老干科改称老干部工作局。

1989年10月,县委报道组从宣传部分出。1990年8月,农村工作部更名为经济工作部;广播站归政府序列(广电局管理)。1991年6月,县保密局(保密委员会办公室)在县委办公室挂牌成立;关心下一代委员会办公室归口宣传部管理。1994年1月,县精神文明委员会归口宣传部管理。1995年3月,成立县新闻报道中心,与县委报道组合署办公。

1997年3月,关心下一代委员会办公室归口老干部工作局管理;县委档案馆与政府档案局合并,归口县委办公室管理;地方病办公室归政府序列(卫生局管理);县新闻报道中心归口宣传部管理;撤销经济工作部,职能归县委办公室。2002年3月,党史资料征集办公室并入组织部,为挂牌单位;9月,成立县委信访室,在县委办公室挂牌。2004年2月,县精神文明建设委员会办公室改为宣传部代管机构。9月,信访室改为县委办公室内设机构。2008年5月,新闻报道中心更名为对外宣传办公室。2009年,成立农村工作办公室,县机构编制委员会办公室列入县委序列。

2010年3月,农村工作办公室改称农村工作部。12月,县委工作机构有办公室(加挂保密局牌子,下设档案馆、考核办、党史研究室)、组织部(下设县委人才暨知识分子工作领导小组办公室、党员电化教育办公室)、宣传部(下设外宣办)、统战部、政法委员会(下设防治邪教和维护稳定工作办公室)、机构编制委员会办公室(下设事业单位登记管理局)、县直机关工作委员会、党校、老干局、信访局。

(四)党组

1951年7月,设立县人民政府党组,县长兼任党组书记。1963年5月,成立政法党组。

1966年5月,“文化大革命”开始,政法部门党组织被军管。1968年4月,县直部门党组织被部门革命委员会(革命领导小组)取代。

1976年12月,成立法院党组。1979年1月,成立政法党组,撤销法院党组。1980年8月,撤销政法党组,恢复法院党组,成立检察院党组、公安局党组。12月,成立县人大常委会党组。

1984年，成立政协党组。1990年7月，成立人行党组。1994年，成立国税局、地税局党组。1996年10月，成立工商联党组。2001年6月，成立工商局党组。2010年，有政府、人大、政协党组，县直部门有检察院、法院、国税局、地税局、工商局、工商联党组，垂直单位有人行党组。

（五）县直部门和基层党委、党总支、支部

民国二十年（1931年）八月，中共陕西省委派共产党员李艮、周志学打入陕西军阀杨万青驻镇原西北民军教导队，秘密发展党员5人，组建最早地下党支部，后因蒿店起义失败而丧失。

二十五年一月，红十五军团民运部徐大江等率工作队，化装成挑担买卖货郎和商人，到镇原开展建党工作，先后在开边张岘子、三岔、肖金等地建立党支部3个。六月，陕甘省委派李廷序带领工作队到三岔、马渠一带，发动群众，开展建党工作。十月，成立中共三岔秘密区委，驻三岔镇，固原工委书记李廷序兼任区委书记，吴天培任秘书，区委设组织科、宣传科、保卫科、青年部、妇女部、粮秣部。三岔区委一成立，即在三岔、殷家城、黑渠口、马渠等地秘密发展党员，建立党组织。同月，在马渠镇上原畔组建镇原县早期共产党支部，支部书记牛积仓。

二十六年一月，固原工委在红二十八军帮助下建立马渠区委，受固原工委和红二十八军党委双层领导，红二十八军移防后，受固原工委领导。三月，红军援西军进驻镇原，宣传共产党抗日主张，秘密发展党员，建立党组织，发动民众抗日救国，先后成立陈坪、张岘子、大路㘭、中原镇、什户乡、新城镇、圪垯王7个党支部。六月，镇原县委成立，领导各级党组织巩固和发展援西军工作成果，宣传共产党政策，扩大影响，建立孟坝、马渠、太平、屯字、开边区委和南三镇中心区委（对外称抗日救国会或抗敌后援会）。三岔区委、马渠区委由固原工委分别划归曲子县委、镇原县委领导。南三镇中心区委领导平泉、新城、中原等地党的工作，并负责联络平凉、泾川一带党员和党组织。是年冬，县委派李义祥以行医作掩护，到安口、高山（即上关）一带开展工作，发展党员，播下革命种子。年底，南三镇中心区委派党员陈天昌、冯仓海、柴春荣等到党原什户子、玉都苜蓿湾等地发展党员，建立党支部。南三镇中心区委书记曾宪荣到平凉草峰一带建立党组织和交通站。

二十七年八月，有孟坝、马渠、太平、临泾、屯字、开边、新城、中原、石佛、柳州10个区委和南三镇中心区委，各区委均设宣传、组织两个科。二十八年春，南三镇中心区委书记苗子刚、区委宣传科长柳子青、县委宣传部长赖辉煌、新城区委书记陈佩衡先后自首叛变，使边区党内机密大量泄露，南三镇党组织遭到严重破坏，党的活动处于低潮时期。十二月初，调整为孟坝、马渠、太平、开边、屯字、临泾、新城、中原8个区委和南三镇中心区委，党支部达100多个。年底，县委北撤，交口河以南6个区委和南三镇中心区委被迫撤销。二十九年三月，县委辖孟坝、柳州、石佛、马渠4个区委，区委下设乡党支部23个。三十年春，成立新集区委，下属6个支部。

三十一年六月，三岔区委及所辖4个党支部由曲子县委划归镇原县委。三十三年十月，在石佛和开边交界的交口河一带建立交口河自治区委。县委共辖6个巩固区委,1个自治区委,下属乡党支部34个。

三十四年秋,陇东地委统战部派李义祥到新城镇恢复整顿党支部3个。三十五年秋,中共甘肃工作委员会派高俞修到镇原国统区,同李义祥等人一起,遵照“精干隐蔽,长期埋伏,积蓄力量,以待时机”的方针,整顿基层党组织,发展新党员,在南三镇和开边、黑渠口、屯字等乡镇开展工作。

三十五年二月,王寨自治区成立,由庆阳县划归镇原,辖3个乡党支部。县委辖7个区委、52个党支部。六月,成立太平游击区区委,下设党支部2个;成立万安游击区区委,下设党支部1个。三十六年后季,解放区沦陷,区乡党组织遭到严重破坏,41个农村党支部,除柳州区5个乡支部、马渠区1个乡支部、三岔区3个乡支部基本完好外,其余31个支部处于瘫痪状态。

三十七年三月至五月,先后收复三岔、石佛、马渠、王寨等区,六月开始整理、恢复和重建各乡党组织,经过整理,原52个党支部减少为23个,其中县直机关支部3个,7个区各设支部1个,乡支部13个。至年底,镇固工委在国统区建立9个片区党组织,下辖党支部38个。同期,县委派出地下党员在国统区恢复党组织,重建新城、开边、中原、平泉、屯字、肖金、城关区委,恢复党支部42个。

三十八年八月,有城市、临泾、肖金、屯字、孟坝、太平、新集、三岔、马渠、开边、平泉、中原、新城区委13个,设书记、副书记。至年底,全县建立基层党支部75个,均设书记。1951年3月,由于行政区划变动,区委归并为10个,党总支1个,下属党支部91个。8月,成立县人武部党委,书记由县委书记兼任。1953年,基层区委调整为14个,县直党委2个,下属党支部127个。1954年10月,人武部党委改称兵役局党委。1955年,有基层党支部83个。1956年,基层党组织调整为9个区委、5个基点乡党总支,全县有党支部291个。

1958年3月,区委、基点乡党总支调整为37个乡党委,全县有党支部688个。10月,人民公社化时调整为10个公社党委。1959年3月,兵役局党委改称人武部党委。1961年6月,成立屯字、平泉、孟坝、三岔工作委员会,为县委派出机构,实行分片领导,同时将公社党委分设为32个。

1962年8月,增设城关、开边工委。1963年8月,各工委撤销。1965年,公社党委调整为18个,县直党委1个,下属党支部314个。1966年春,增设曙光、庙渠两个公社党委,全县有公社党委20个,县直党委1个,下属党支部318个。5月,“文化大革命”开始,各基层党组织瘫痪。1967年4月,各基层党组织被基层抓革命促生产第一线指挥部、革命委员会取代。

1970年,恢复20个公社党委。1971年3月县第六次党代会召开,各公社、大队及县直机关、工厂、企业相继选举产生党委和支部,全县共有公社党委20个,全县下属党支部348个。1974年3月,成立公安局党委,全县有党委22个,党总支3个,下属党支部373个。

1979年8月,撤销公安局党委。1980年,增加彭阳、王寨、湫池、小岘4个公社党委,全县有党委28个，党总支7个，下属党支部473个。1981年7月，成立机关党委。1983年12月，撤销机关党委。1984年10月，成立县供销联社党委。1985年，全县有乡镇党委24个，加供销联社党委共25个，有县农牧局、水电局、工交局、农机局、商业局、粮食局、教育局、文化局、卫生局9个党总支，下属党支部499个，其中农村党支部427个。1987年12月，成立直属机关党委。1990年，全县有党委27个，党总支13个，下属党支部561个。

1997年3月，县直机关党委更名为县直机关工作委员会。1998年4月，成立农委党委。1999年8月，成立农行党委。2000年，全县有党委26个，党总支16个，下属党支部583个。2002年4月，成立农牧局党委。9月，供销联社党委改为党总支，撤销农委党委。2004年12月，乡镇撤并，乡镇党委随之调整为12个乡党委、7个镇党委。2005年，全县有党委21个，党总支19个，下属党支部504个，其中乡镇党委19个，农村党支部215个。2010年，成立非公企业党工委。9月，成立文化广播影视局、教育体育局党委。至年底，县级有武装部党委，县直部门有公安局、农牧局、教育体育局、文化广播影视局党委，垂直单位有农行党委。全县有党委24个，党工委2个，党总支16个，下属党支部493个，其中乡镇党委19个，农村党支部219个。

二、党务工作

（一）组织工作

共产党员发展　中国共产党在镇原建立早期，由于处在秘密状态和战争环境，依据当时党纲、党章发展党员，入党审批手续比较简单，一般是口头申请、介绍、批准入党。民国二十四年（1935年）十月，中央红军长征经过马渠时，发展王马小庄贫苦农民王述武加入中国共产党，成为镇原县最早的党员。流落红军战士、共产党员王平水，走村串户，发动群众，秘密发展党员，与住户李建林和同村秦发兴义结金兰，将其培养成入党对象。秦发兴以后走上革命道路，成为基层党组织负责人。

二十五年一月，红十五军团民运部派徐大江等人率工作队和秘密交通员，化装成货郎和商人，来镇原开展建党工作，先后在开边张岘子、三岔、肖金等地发展党员6人。六月，驻防马渠的红四军派何宗发、杨冬奎到陈坪，发展陈宗祥入党。十月后陈宗祥又介绍10人入党。二十六年初，李义祥、惠玉民、惠新民一同加入中国共产党，在家乡经过艰苦工作，秘密发展党员30多人。驻防孟坝的中革军委直属骑兵第一团史彦明等人到三岔、方山等地开展建党工作，发展张百宽、赵维宝等党员6人。

援西军进驻镇原后，在防区访贫问苦，了解民情，广交朋友，培养积极分子，发展一大批党员。驻防南三镇的红三十一军，利用参加地方劳动和帮助群众治病等机会，发展张元龙、王子厚、刘自鑑、王海清等人入党。共产党员冯仓海到与泾川交界的什户乡发动群众，建立抗日救国会，发展张效儒等人入党。红四军民运部在屯字、上肖、曙光等地发展党员100多人。至二十七年底，全县有党员1200多人。

二十八年，由于苗子刚、赖辉煌等人叛变投敌，党组织遭到严重破坏，南三镇700多名地下党员中有225人暴露，有95人在国民党威胁下自首，王天林等7人被捕杀害。加之国民党不断制造磨擦，中共镇原县委和南三镇一批骨干党员撤离县城，转移到县北地区。为纯洁和巩固党员队伍，党组织对党员成分普遍进行审查，对缺乏党的知识，不了解党纪党规，犯有这样那样错误的党员，采取帮助提高的办法进行教育；凡愿意按党章要求做的，一般留在党内；对那些经过教育觉悟仍然很低、不起党员作用的，劝其退党；对那些思想上拥护党又不想用党的纪律约束自己、私心严重的党员，自动要求退党的允许退党，让这些人在党外继续起积极作用；对少数投机分子、阶级异己分子坚决清除出党；对逃跑者宣布除名。审查工作结束，各级党组织建立党员经常性考察制度和严格入党手续，党员队伍得到巩固和纯洁。

三十一年，经过整风运动，纯洁党的队伍，镇原县委党员数量减少到500多人。至三十三年十月，解放区有党员700多人。

三十四年秋，李义祥到新城镇恢复整顿党组织，有党员33人。三十五年秋，高俞修到镇原国统区，同李义祥等人一起，在南三镇和开边、黑渠口、屯字等乡镇发展新党员。

三十六年春，解放区沦陷，中共镇原县委被迫转移，许多党组织遭到破坏，不少党员被捕杀害，也有一些党员脱离组织或背叛组织，大部分自行脱党。三十七年沦陷区收复，根据陇东地委安排，中共镇原县委进行整党运动，清理不纯分子，党员由773人减少到276人，其中县直36人，区乡240人。县委派出地下党员在国统区整顿、恢复党员804人。当年，镇固工委在镇原国统区整顿党组织，恢复发展党员703人。三十八年七月，全县恢复、发展党员1733人。八月后，党员队伍得到迅速发展。1949年底，党员发展到2188人。

1951年土改结束，基层党组织及党员始由秘密转为公开，至年底，全县党员发展到2327人，乡乡有党员，最多的乡党员在百名以上。1952年，严格入党手续，凡志愿加入共产党的，经本人申请，两名正式党员介绍，党员大会讨论，支部会议通过，报上级党组织考察，对符合条件的批准入党；配合“镇压反革命”“三反”“五反”等斗争开展整党，参加党员1961人，开除、劝退不合格党员406人，新接收党员430人。1955年底，全县有党员3904人。

1963年到1965年冬，在社会主义教育运动中，开展重新登记党员工作和党的基层组织整顿，接受教育党员7552人次，清洗蜕化变质和阶级异己分子，处分犯错误党员，劝退不合格党员，发展一批积极分子入党，全县有党员7477人。

“文化大革命”初期，党组织陷于瘫痪，党员组织生活停止。1969年2月，成立镇原县整党领导小组，分期分批开展整党工作，全县参加党员7817人，开除党籍290人，劝退156人，取消预备党员资格28人；发展新党员856人。此后，整顿组织、处理、发展党员转入正常。至1971年，党员发展到8209人。全县20个公社、260个大队党组织实现老中青三结合。1972年起，注重从农业学大寨、工业学大庆等积极分子中吸收党员，到1976年底，全县党员发展到10019人。1980年，全县有党员10965人。

1984年4月，利用一年时间，在县粮食局党总支进行整党试点。1985年5月至12月，在县委、人大、县政府、县政协及县直部、局、委、办、室1个党委、6个党组、8个总支和24个支部中开展整党工作，参加党员502人，给予党纪处分21人，除预备党员预备期未满20人外,登记正式党员473人,未登记9人(缓登4人,问题未查清暂挂2人,因精神病未作评论登记、保留党籍2人,留党察看不作登记1人),发展新党员10人。全县参加第一、二批整党2379人,因各种问题不予登记或暂缓登记22人,绝大多数达到合格或基本合格,予以登记,全县党员发展到11913人。

1999年开始,发展党员注重结构优化,培养和发展非公经济人才、农村实用人才、致富带头人、外出务工返乡青年、退伍军人和优秀妇女入党。2000年,全县有党员15152人。2005年,全县有党员15387人。2007年,把生产经营骨干和管理能手培养成党员、把党员培养成技术骨干和管理能手,培养企业入党积极分子28人,发展非公企业党员4人。2008至2009年,培养入党积极分子1630人,发展新党员476人。2010年,培养入党积极分子1750人,其中农村致富带头人823人,非公企业积极分子122人;发展新党员787人,其中妇女96人,致富带头人267人。全县有党员16006人,其中非公企业党员227人,农民党员11135人;女党员1786人。

党员教育　民国二十八年(1939年),中共镇原县委针对党员政治素质和文化程度较低的实际,采取多种形式,对党员干部进行教育。县级党员干部参加陇东分区党委、陇东地委举办的培训班轮训,对其他各级党员干部,有计划地组织报告会和演讲会,加强策略教育;派训练团到各区、乡开展支部教育工作,普遍采取举办支部委员训练班、上党课、学文化等形式开展教育活动。

三十四年,围绕中共七大确定的政治路线和共同纲领,教育党员树立一切为人民群众和全心全意为人民服务的观点、一切向人民负责的观点、相信自己解放自己的观点和向人民群众学习的观点,取得良好效果。

三十六年七月,在农村由区乡干部负责组织党员学习教育,在机关支部设教育干事,主管党员学习、教育。地委编印《共产党员入党时必读》《党员课本》等通俗小册子,发给每个机关、农村支部及区委书记、区长、武工队长,作为党员教育基本教材使用。各区召开小组会(必要时开党员大会或个别谈话),用问答、漫谈、典型对比等方法进行教育,有的配合社会文化教育工作进行。正常情况下,县上每年举办区乡党员干部冬季补习班,进行较为正规党的知识教育,保证党的工作任务落实。

1949年10月起,以支部为单位建立党课制度,以党员课本为教材,用典型引路,对党员进行集中教育。1951至1953年,将党员教育列为部门工作任务之一,有计划地、系统地、经常性地开展党员教育活动。全县分三期进行整党,每期整党中将党员教育列为基础工作,集中半月左右时间,以《共产党员标准通俗讲话》为主要教材,集中讲课与分组讨论、个别辅导与谈话相结合,提高农民党员思想觉悟,解决认识上的糊涂观念。

1955年秋,在区乡配备兼职、专职教员,人口集中的川塬区,集中两乡或数乡建立学习站,山区以支部为单位,定期上党课,重点进行社会主义思想、党的政策、增强团结、民主集中制原则、批评与自我批评和党的知识教育。

1958年"大跃进"时期,从上到下重视干部扫盲识字和文化知识教育,党课教员大部分改做其他工作，放松党性、政策和作风教育，组织生活、党课教育和冬训制度流于形式，党员长期不过组织生活，缺乏必要学习教育，一些党员干部党性差，群众意识淡薄，作风恶劣，纪律松弛。

1962年，针对党员思想混乱和党不管党现象，提出重新教育党员，提高思想觉悟的任务，在农村结合调整社队规模、改变基本核算单位等工作，党员除同群众一起参加政策、形势、阶级和社会主义教育外，以公社或支部为单位，进行党的基本知识和优良传统教育；机关单位除坚持经常政治理论学习外，利用组织生活会和党日开展《论共产党员修养》、做一个好党员学习讨论活动，纠正个人主义、自由主义、危害团结、违反纪律、损害党的利益等错误思想和行为；党校训练党员骨干、专职组织员、兼职组织员和农村不脱产党课教员，让其承担起日常教育党员任务。

"文化大革命"初期，把学习毛主席著作群众运动引向深入，通过忆苦思甜，对党员进行阶级斗争、革命传统、社会主义前途和反修防修教育。1971年，党组织普遍恢复，在广大党员中联系实际从路线上找差距，从世界观上找根源，进行反修防修教育；请"三老"（老党员、老红军、老干部）巡回讲革命史，进行传统教育；开展整党和路线教育。1975年，各级党组织把学习无产阶级专政下继续革命理论作为党员教育主课，举办各类学习班，集中组织学习。

1979年，各级党组织利用"三会一课"，加强党的基本知识、党纪党风教育，提高党员政治素质，开展拨乱反正。在全县开展整党整风，通过对党员评论、鉴定，重点进行党的基本知识和党在新时期所担负历史重任教育，使广大党员树立起正确理想信念。

1980年，县委组织部、宣传部联合成立党员教育办公室，以《中国共产党章程修正草案》《关于党内政治生活的若干准则》《党的基本知识》为教材，组织广大党员对照衡量，开展批评与自我批评，纠正不正之风。

1982年，针对农村实行家庭联产承包责任制的新情况，着重在农村党员中开展"五带头"（带头宣传执行党的方针政策，带头参加公益劳动，带头学习文化科学知识，带头遵纪守法，带头实行计划生育）教育；在机关单位加强以党章和准则为主要内容的党性党风教育。

1985年5月至12月，分两期进行全面整党，组织党员比较系统地学习党的基本知识和新时期路线、方针、政策，对照检查，揭摆问题，开展批评和自我批评，有的单位还开展"三查""五讲"活动，使广大党员普遍受到一次党风、党纪、党的优良传统再教育；普遍建立健全支部党员学习教育制度，每年一次党员冬训形成惯例。1999年开始，在党员干部中开展"三讲"、邓小平理论和"三个代表"思想、科学发展观教育实践活动。2000年，依托电化教育、远程教育、"村村通"等项目，投资300多万元，为全县所有村配发电视机、VCD等电化设备，对党员进行经常性教育。

2008至2009年，开展科学发展观主题实践活动，拍摄基层先进党组织和优秀党员电教片72部，对内树立、对外推介先进典型；建成镇原党建网，为党员学习教育提供平台。2010年，落实流动党员管理制度，建立流动党员管理台帐，实行专人联系、定期汇报制度，全县908名流动党员持证率达到98%，受理党员咨询电话32人次；创建远程教育规范化站点72个,示范站点15个,示范乡镇4个,“双优”站点18个,示范基地26处;自建远程教育播放点10个,拍摄制作电教专题片1部、特色课件2部,在播放点定期播放。

党建工作 中国共产党在镇原建立早期,党组织生活比较简单,只要党员与组织、上下级组织之间保持联系即视为组织生活正常。

民国三十一年(1942年)九月一日,中共中央作出《关于统一抗日根据地党的领导及调整各组织之间关系》决定,县委为全县最高领导机关,负责讨论与检查党政军各方面工作,并实行党政分开,党对政权系统实行原则、政策和大政方针的领导,不搞包办代替。下级党委认真执行上级参议会及政府决定和法令,党对参议会及政府工作的领导,通过党员和团员去实现,同时,贯彻民主集中制原则,初步建立请示汇报制度,增强党内团结,协调各方面关系,加强党的集中统一领导。

抗日战争后期,随着革命形势的好转,党组织得到普遍发展。解放区农村,普遍以乡为单位建立党支部,机关、单位、学校,有3名以上党员的均建立党支部,有的支部以下还设党小组。

三十四年,中共七大以后,在组织建设中认真贯彻民主集中制原则,健全党内民主生活制度,实事求是开展批评与自我批评,正确引导党员服从组织纪律,维护党的团结统一,保证各项工作顺利进行。

三十七年,解放战争中,制度建设逐步走上正轨,建立党支部教育、审查和干部轮训制度。陇东地委对消极动摇党员,分别轻重给予教育和批评,或送学习,或安排次要工作,给其以出路和改正错误机会。三十八年五月,建立定期民主生活会制度。

1949年10月,在不断发展壮大党组织的同时,完善组织制度建设,改善党委领导体制,加强基层组织建设,以支部为单位建立党课制度。

1963至1964年,在全县分期分批进行社会主义教育运动,整顿部分基层党支部,试行《党的基层组织工作条例》,健全支部各项制度。1965年,地委召开基层组织工作会议,纠止党不管党的倾向,县、社党委普遍从思想上、组织上重视党的基层组织建设,结合“四清”运动,整顿基层组织,建立健全党支部,增强支部战斗力。

“文化大革命”初期,各级党组织陷于瘫痪,党的各项制度流于形式,党员生活会停止。1971年,党的组织普遍恢复,各项制度恢复正常。

1979年,各级党组织贯彻《关于党内政治生活的若干准则》,拨乱反正,恢复党的各项规章制度。1980年,各支部普遍坚持“三会一课”制度,县委中心党小组恢复民主生活会;开始解决领导干部脱离组织生活的问题,加强党组织对党员教育工作的领导。

1982年,贯彻中共十二大精神,各级党组织以新的党章为依据,进一步贯彻执行党的民主集中制原则,健全各项制度,落实各项措施,党组织活动走向制度化、正规化,每年轮训党员,培训骨干,开展评选先进党支部和优秀党员活动,建立党员联系群众制度。1985年,普遍建立健全支部党员学习教育制度,每年党员冬训形成惯例。

1986年起,坚持从严治党,全面落实党建工作目标管理责任制,大抓以党支部为核心的基层组织建设,突出后进支部整顿转化工作。

1989至1992年,调整和加强村党支部班子92个,开展“五好村”达标和后进村整顿,树立典型,促进转化,发挥党支部为核心战斗堡垒作用,一类支部由46%上升到53.2%,三类支部全部上升为二类。机关单位以整顿作风、提高办事效率、改善服务态度和纠正行业不正之风为重点,制订措施,抓好落实。

1997年起,实施“双培双带”和机关农村结对帮扶活动,搭建城乡共建、干群共建、党员共建平台,促进农村基层组织建设,选任一大批文化程度高、懂经济、善于促发展的基层干部,充实乡村领导班子。

2003年,下发《县直机关党建示范点争创活动实施意见》和《考评标准》,以建设“六型”(学习型、服务型、效率型、创新型、表率型、亲和型)机关为着力点,开展示范点争创活动;农村开展“五个好”(领导班子好、党员队伍好、工作机制好、工作业绩好、群众反映好)活动。至2007年,命名机关党组织示范点7个,创建“五个好”乡镇党委17个、村支部185个、标兵村党支部61个;扩大党在非公经济组织覆盖面,建立非公企业党支部16个,联合支部2个。2008至2009年,开展科学发展观主题实践活动,完善县、乡、村党建工作责任,落实乡镇、村书记党建工作述职、评议制度,推进创先争优活动;废止党建制度701项,修改1575项,新建1256项。

2010年,按照抓点带面、示范引导、点面结合、整体推进工作思路和“五个好”创建目标,创建城关原郑村、平泉秦铺村等24个党建示范村,与新农村建设统一规划,同步实施;全县创建党建综合示范村43个,“五个好”村党组织189个,“五个好”标兵村党组织74个;分类推进村级党组织建设,全县一类村46个,占21.4%,二类村63个,占29.3%;分别提高13个和7.9个百分点;四、五类村占21%,分别降低7个和7.5个百分点;机关党建以创建“八型”机关为目标,创建机关党建示范点14个;拓宽机关党建活动领域,实行党工委委员联系点,建立情况报告、定期督查通报等制度;城乡党组织开展“三帮三联三增”活动;调整党组织班子14个,调整人员30人;配备县直机关党组织专职组织干事19人,兼职组织干事124人;举办县直机关入党积极分子培训班和党务干部培训班,开展“党旗在我心中”有奖征文活动和党建知识答题活动;在社区深入开展“三推进三争创”活动,全面落实“三有一化”要求,加强班子、制度和阵地建设,创新社区党组织的工作方式方法,提高服务党员、服务居民的能力和水平,创建和谐型、服务型社区;建立县非公企业党建联席会议制度,成立非公企业党工委和工作站10个,选派党建指导员76人,全县累计建立非公企业党组织34个;利用金龙工业集中区驻区企业较多、规模较大优势,启动非公企业党建示范基地创建工程,驻区7户企业全部建立党组织,5户企业达到了“六个好”标准,其中庆阳市澳恺食品有限公司被命名为全省非公企业党建示范点。

干部管理 中国共产党在镇原早期,建立党管干部制度,各级党、政、军组织干部决定、指派和任命,均由党组织决定。干部大多从本地贫苦农民中培养选拔,文化程度偏低,随着干部队伍扩大,注意吸收知识分子,干部结构发生新变化。民国二十九年(1940年)三月,党委序列干部，由同级党委（支部）选举推荐、提名，上级党委审查批准任免。

三十一年五月，在全党整风运动中，县委安排县、区集中学习整风，系统进行干部审查和工作检查，采取批评与自我批评方法，惩前毖后，治病救人，对干部进行帮助和教育，基本达到弄清问题，坦白错误，提高思想认识目的。审干进入中后期，由于受延安抢救失足者运动影响，分区举办训练班，相当一部分党员和干部被怀疑为“特务”“内奸”。参加地委训练班的党员干部 129 人，被迫“坦白”的就有 104 人，将县委宣传部长、统战部长及政府党员干部 15 人，分为基本力量、可利用力量和暂时不可利用力量 3 种，采取轰、拉、打、斗等方式，逼使一些人交代问题。区乡级干部 23 人在刘埝集中学习训练，将入党手续不全、无介绍信从国统区奔赴边区参加抗日的，全部怀疑为国民党员、三青团员及国民党特务，关押禁闭 3 人，挨整受批 2 人。十一月上旬，中央纠正“左”的错误，立即停止抢救失足者运动，根据毛泽东“一个不杀，大部不抓”指示，县委对各机关、学校干部普遍进行甄别平反，使一些冤假错案得到纠正；同时采用群众推举和领导考察相结合方法，注重从群众中选拔培养干部，充实到解放区武装科和各区、乡政府，并有计划地为新区配备干部。

三十六年，陇东战争爆发，统一的干部任免制度被打乱，陇东地委自行任命县长、副县长。七月，贯彻西北局《关于部门业务和干部管理方面的几个问题的通知》精神，加强组织部门工作，建立比较正规的干部管理制度。

三十七年，解放战争中，制度建设逐步走上正轨，建立干部轮训和审查制度。庆环分区党委党校成立后，开始举办干部培训班，县级干部分期参加轮训。县委也开办各种训练班，组织训练团深入乡村，分期分批对区乡村三级干部进行以马克思主义、党史和游击战争知识为主教育训练。恢复干部统一任免制度，县委组织部了解乡长、支书以上和区、县级一般干部情况，报告地委组织部、专署、县政府与军分区政治部，区委书记、县委部门部长，经地委通过批准，并报西北局组织部备案；乡支书、区委科长、县委干事经县委通过批准，报地委组织部备案；群众团体青、工、妇委员及区主任，经县委通过，报地委组织部备案。三月，县上除选派党政干部参加分区党校训练班学习外，还专门组织政治文化学习，开展军事训练，培养区、乡、村干部政治、军事、党务、经济、文教等方面的能力，为接管新区做准备。七月，根据西北局指示，县委制订新区预任方案，开展干部培养选拔工作。

1949 年 10 月起，加强干部管理，副科级以上干部提拔、任用均由县委组织部考察，县委研究确定提名人选，按干部层级管理权限任免。县上将部分干部调离工作岗位，在省委党校、西北局党校（行政干校）、分区干校学习，经过各种正规培训干部达 60%左右，其中区乡脱产干部普遍受到 1~2 次培训。1950 年，县委书记、副书记由省委任命。

1954 年，根据中央关于干部分级管理制度和省委、地委有关指示精神，县委对分管干部范围、提拔和任免、分管部门与组织部门关系进行相应调整。县委成立审干委员会和办公室，采取先党内后党外，先要害部门后一般部门，先县直后基层，先领导骨干后一般干部的安排步骤，以七年时间，分级分步、分期分批对各级党政机关、学校和企事业单位干部进行政治审查，确定审查脱产干部 1939 人，占总数 2918 人的 66.45%，查出隐瞒各种政治历史问题953人,给予各种处分192人,占审查对象9.9%;确定审查不脱产和半脱产干部(包括行政村支书、主任、文书、自然村村长、会计、保管、出纳,县、社办工厂支书、厂长、保管、会计,城镇食堂经理、会计)1259人,占基层干部3589人的35.08%,查出隐瞒各种政治历史问题561人,给予各种处分154人,占审查对象12.23%。

1961年5月,县委成立甄别委员会,下设办公室,抽调工作人员,对1957年农村大辩论、1958年"拔白旗"和兴无灭资、1959年反右倾和反瞒产私分、1960年改造落后社队和新"三反"等运动中被批判、斗争、处理人员,进行甄别平反。至1962年10月,全县甄别错处理人员4925人,占应甄别数83%,其中脱产干部275人,不脱产干部2010人,群众2640人;完全平反3360人,改变结论760人,维持原结论805人;对1958年以后划定60名右派分子,平反8人;对1958至1961年上半年捕办2674人(脱产干部74人,不脱产干部117人),复查1662人,占62.15%,维持原判800人,改判314人,平反548人;同时平反"许张"反革命集团冤案;对427人在押犯没收财产进行清理、登记和退赔。至1963年底,甄别人员占应甄别的98%。

1963年,对干部参加集体劳动提出具体要求,对没有参加劳动锻炼的知识分子和新干部,安排分期分批轮流到农村、农场劳动锻炼,接受贫下中农再教育。1965年,按照毛泽东关于无产阶级革命事业接班人五条标准考察配备干部,县委及时选拔一批公社副书记、副社长,使规模化小后的公社配齐领导班子,每社平均4.2职。1968年起,本着精简上层、加强基层、精简行政、加强企业原则,经过社队推荐、县革命委员会批准,陆续从工人、贫下中农、知识青年、复退军人和基层干部中吸收、选调和提拔一批干部,充实部分领导班子。

1971年,县委书记、副书记、县革委会主任、副主任由省委任免。1975年,按照老中青三结合原则,从农业学大寨等运动中选拔一批青年干部,充实和加强各级领导班子,全县20个公社和260个大队实现三结合。1979年,贯彻地委整顿干部管理制度通知,坚持党管干部原则,一切干部任免、提拔、调动、审查和处理,均由党委决定,按照干部管理权限批准,不能由任何个人决定。

1980年,县委书记、副书记由地委任命,党委序列、各人民团体副科级以上干部由县委任免;县人大常委会、政协工作机构内正、副科级干部由县委批准任免。8月开始,对"文化大革命"中造反起家的人、帮派思想严重的人和打砸抢分子以及犯有各种错误的党员干部进行清理核查工作;按照"四化"要求,加强干部培训教育,党校、农机、卫校、农校共同负责,长短结合,有计划、有步骤地对全县干部普遍轮训一次;进行干部考核,经民主评论、个别征求意见等形式,重点考核中共十一届三中全会后表现,考核结果由组织部写出评语,填写登记表,交本人签注意见,存入本人档案,以备考察;通过考核,选拔一批拥护中共十一届三中全会路线、有专业知识、年富力强优秀知识分子充实到各级领导班子。此后,每年干部考核形成制度。

1983年,机构改革中,按照中央关于干部队伍革命化、年轻化、知识化、专业化要求,提拔一批知识分子进入各级领导班子,对学非所用知识分子调整适合所学专业工作,并对知识分子住房、职称、夫妇分居、子女就业等方面困难给予解决，改善知识分子干部待遇；在接班人选拔上严格把关，凡是“文化大革命”中有严重问题的干部坚决不用，品质不好、作风不正和德才平庸的人不进班子；以提高干部文化程度为目标，扩大培训渠道，向大专院校专修科、电大党政管理干部专修科、省委党校大专班输送培训干部。地委党校开办干部中专班，地区卫校、财校中专班和其他社会培训机构共同培训，组织干部参加高等教育自学考试，提高干部文化素质。

1984 年 4 月，采取分级管理、层层负责办法，下放干部管理权限，将原属县委组织部管理的企事业单位科级干部下放给主管局和企业直接管理，当年选拔科级干部 37 人，其中大专文化程度 11 人，中专 8 人，高中 9 人，初中 9 人。

1985 年，从提高干部“四化”水平着眼，合理调整领导班子知识、专业结构，以适应经济建设需要，选拔年富力强和懂经济、会管理优秀中青年干部 26 人，其中大专文化程度 9 人，中专 7 人，高中 6 人，初中 4 人，充实各级领导班子，解决县直 45 个部门和 24 个乡镇领导班子年龄偏大、文化偏低、专业人才偏少的问题，全县各级领导班子平均年龄降低，高中以上文化程度在 40%以上。其中县级领导 18 人，平均年龄 47 岁；大专文化程度 6 人，中专 1 人，高中 1 人，初中 10 人。县直科级干部 301 人，平均年龄 52 岁；大专文化程度 28 人，中专 47 人，高中 51 人，初中 175 人。乡镇科级干部 126 人，平均年龄 39 岁；大专文化程度 7 人，中专 19 人，高中 26 人，初中 74 人。向各类大专院校、中专学校分别选送干部 85 人和 83 人；开办各种短训、培训班 21 期，培训干部 1800 多人，提高专业知识和业务知识。

1994 年，坚持干部“四化”（革命化、年轻化、知识化和专业化）方针和德才兼备标准，制定《关于切实加强干部管理工作的意见》，建立能者上、平者让、庸者降的干部管理运行机制，提拔优秀干部 100 人担任领导职务，对工作无起色乡长 2 人改任次要职务，对不称职副乡长 2 人改任乡长助理，对不合格副乡长 2 人就地免职，取消科级干部待遇。

2003 年，县委制订副科以上岗位调整方案，报市委组织部批准，对提拔任用人员，先公示、后任免。乡镇党委书记由常委会票决任免。

2008 年，贯彻落实《党政领导干部选拔任用工作条例》，完善细化干部选拔任用程序和具体流程，开展差额选任科级领导干部试点工作，按照拟任职位与参选人一定比例，对团县委书记、副书记、县旅游局副局长 3 个职位进行初始提名和差额选任；落实市委关于干部轮岗交流工作有关精神，对全县在同一职位工作 5 年以上科级干部进行全面摸底，结合干部调整，交流干部 35 人，形成竞争、择优用人机制。

2009 年，县委书记人选在市委推荐提名报省委常委会审查备案后，由市委决定任命；副书记在市委推荐提名报省委组织部部务会议审查备案，由市委决定任命，常委由市委任命，组织部长由市委组织部任命。加大对干部选拔任用全过程监督，落实干部任前公示制度，利用媒体、网络、会议及张榜公示等形式，提高选人用人公信度；“一把手”和重要岗位领导干部通过任前谈话、组织函询、诫勉等形式，规范领导干部行为；定期听取纪检、信访、计生、审计等部门的意见，有针对性地开展监督检查，增强领导干部遵纪守法的自觉性。

2010年,通过考察公示,新提拔副科级干部8人,副科转正科12人,县直部分单位领导干部平职交流22人,理顺职务65人,免职4人,消化单位双正职5个,使一些空缺岗位得到补充,部分任职时间长、工作勤奋踏实干部得到提拔使用,纪检系统工作关系进一步理顺,低职高配和超职数配备干部问题得到解决。

老干部工作 20世纪60年代前,离、退休老干部工作,由庆阳地委组织部负责。1982年7月,县委老干部工作科成立后,与主管局、供给单位配合,落实老干部政治、生活待遇,成立老干部党支部,吸纳部分党员老干部,开展学习活动;对其他离退休老党员,从就近方便出发,多数留在原单位党支部,少数居住农村的转入农村党支部,保证其过上正常组织生活;注重经常性政治思想教育,组织老党员、老干部学习党的路线方针政策;县城居住老干部每周一次政治学习或电化教育,送传一次文件,每月过一次组织生活;对因病不能参加集体学习的,采取专人送学上门;县委县政府每年向离退休干部通报全县政治、经济、社会形势,广泛征求老干部意见建议;每逢建党节,邀请部分离退休党员召开座谈会,回顾中共党史,畅谈共产党伟大成就和祖国巨大变化;建立老干部活动室,配有桌椅、沙发和书报、扑克、象棋、乒乓球、电视、收录机等,愉悦充实老干部精神生活。

2004年,县委县政府制定《关于建立离退休干部离休费、医药费保障机制和财政支持机制的意见》,加大对困难企业支持力度,对资不抵债、无力交付医药费的,由财政补贴;对20名企业离休干部所需离休费和遗属抚养费,由财政拨付,社保部门足额发放;对县级退休干部30多人进行免费体检;组织老干部70多人赴县北乡镇参观考察,了解农村道路、种植养殖和社会事业变化情况,受到现实教育。

2006年10月中旬,组织县处级离退休干部20多人,赴南京、无锡、上海、苏州、杭州考察学习,开阔视野。2009年10月组织县级老干部近30人赴云南参观考察。逢重大节日,不忘老干部,县领导亲自登门慰问。中华人民共和国诞生60周年之际,县委、人大、政府、政协主要领导先后走访慰问离休老干部79人、老党员76人。

2009年,县委出台《关于进一步加强新形势下离退休干部工作的意见》,转变离退休干部服务管理机制,县委老干局负责落实全县离休干部和县委、人大、政府、政协原领导班子成员以及行政事业单位退休干部政治待遇、业务指导等工作,为农村居住危房老干部2人协调划拨宅基地,落实建房补助款;为离休干部81人提高护理费标准。

2010年,选择东、西社区做服务管理试点工作,成立社区老干部工作领导小组,明确分工,解决老干部急、难、愁问题,协助解决部分老干部住房困难;对两社区分管老干部168人(东社区74人,西社区94人),全部建立起个人健康档案,定期检查,上门服务,凡疑难重病患者,组织医生专门诊治或送外地治疗;抓好政治、经济待遇落实同时,适当安排和鼓励老干部发挥余热,为本地建设事业做贡献。全县离退休干部1910人,大部分参加各种社会活动,积极为全县经济社会发展建言献策,有的担任整党联络员、物价检查员、人民陪审员、民事调解员、校外辅导员等;有的参与编史修志、撰写革命回忆录;有的发挥一技之长,帮乡扶贫,为改变老区面貌做贡献,涌现出老干部先进典型10多人。

(二)宣传和精神文明建设

宣传工作　镇原共产党组织建立初期，一般由党员向进步群众传播革命真理，宣传党的主张。民国二十七年(1938年)七月，共产党员赵守一在镇原创办《救亡导报》，宣传抗日主张。

二十九年起，边区党组织配合抗日任务，组织学生编排抗日新剧目，改编旧秧歌，组织巡回演出，穿插简短扼要演讲，向群众宣传劳动模范事迹、驻军功绩和工作任务；在市镇和交通要道制作标语和黑板报，在基层发行《陇东报》，使共产党抗日救国主张、大生产运动和边区建设方针、政策在群众中留下深刻影响。

三十四年七月起，将干部编成小组，每天学习2~4小时，学习中共七大文件，采取记笔记，漫谈、讨论相结合，检讨工作、作风、思想，文化程度较低者，组织听报告或由专人帮助，使广大党员干部受到比较深刻的马克思列宁主义、毛泽东思想教育。

解放战争开始后，动员所有干部和工作人员，利用各种形式，向群众广泛宣传反对内战、争取和平方针政策。宣传部、统战部密切配合，选派宣传员，组织动员民教馆、学校、脚店、营业部人员，以演讲、送材料等形式，有计划地对国统区来的脚户、商人、艺人、土客小贩进行宣传，发动非党人士、名流绅士，向边区外进步或中间报刊投稿，反映边区建设成就和群众生活状况，动摇国统区军心民心，增强干部群众必胜信心。

三十八年七月二十九日全县解放，遵照地委《关于宣传工作的指示》，采取各级干部人人宣传、个个开口的方式，随时随地向群众宣传中央统一政策。县委组织庆祝中华人民共和国诞生、中苏友好条约签订、三八妇女节等大会，由党政领导讲话宣传；动员县机关宣传小组、学校宣传队，利用春节、集会，演新剧，扭秧歌，放幻灯，贴标语，作演讲，办板报、街头墙报，扩大宣传，召开各界人民代表大会、机关报告会和农民、青年、妇女、商民座谈会，向群众宣传全国解放形势和反霸、减租、土改、抚救等政策。

1950年4月，组织县级干部和有较高文化理论水平的一般干部在学习政策的同时，以自阅、讨论形式，学习《改造我们的学习》《社会发展史》等；组织为期50天、每天3小时的理论讲座。抗美援朝运动开始后，党、政、群组织将时事学习宣传列为经常业务，每月召开一次各界人士时事座谈会。县教育科、区教育助理员定期向教职工讲时事，学校开设时事课，开展轰轰烈烈、扎实深入的抗美援朝、保家卫国宣传活动。

1951年后季，贯彻全国宣传工作会议和全省第二次党代会精神，有计划地在干部中开展理论学习，县委将中级以上干部组成理论学习班，每班3~5人，系统学习《列宁主义基础》和《实践论》。1952年上半年，以集训和短训形式，组织干部集中学习社会发展史和党史。此后，这种有组织有领导的理论学习，成为各级党委及宣传、理论工作部门经常性工作。

1952年，充实县委宣传部力量，研究宣传任务和办法，拟定宣传计划和大纲，提供宣传材料，注意组织党外力量参与宣传工作。在“三反”、增产节约、防旱抗旱、爱国卫生运动和整党建党、整顿互助组等中心工作中，全县普遍采用从党内到党外、从干部到群众的宣传方法，收效良好。

1954年后半年起，在动员群众贯彻过渡时期总路线和实现第一个五年计划过程中，加大对群众宣传，中心工作布置前组织全党宣传，参加中心工作干部做好所在地宣传，并总结推广先进经验，联系群众生活和思想状况，阐释各项具体政策措施。1955年3月起，用8~10年时间，组织干部、党员学习哲学，使绝大部分有阅读能力党员干部掌握辩证唯物主义和历史唯物主义基本内容。

1958年5月起，宣传工作强调大张旗鼓、轰轰烈烈、雷厉风行，讲究搞运动、造声势、轰局面，以电话会、誓师会、广播会、展览会、大标语等方法，宣传社会主义总路线和"大跃进"、人民公社化运动，忽视必要的理论知识学习，使哲学普及停留在口号和肤浅层次上，认识越来越偏离科学轨道。1962年，整顿宣传组织，确定报告员、宣传员，由地、县、社分层次进行培训，提高宣传人员业务水平。

1963年，在工交、财贸系统配备政工干部，公社配备专管政治思想工作副书记，生产大队和生产队分别配备政治指导员和宣传员。面上社教开始后，工作组请"三老"（老红军、老党员、老干部）讲"三史"（家史、村史、革命斗争史），组织贫下中农忆苦思甜，举办阶级教育展览，作形势报告，开展阶级教育、社会主义教育和反修防修教育，组织文化单位和学校师生送文化下乡，上演革命现代戏，用社会主义思想占领农村文化阵地。1965年，推广解放军思想政治工作经验，建立党员联系群众制度，围绕农村社会主义教育，广泛开展学习毛主席著作、学大庆、学大寨和学习解放军活动。

"文化大革命"初期，各派群众组织成立宣传队，走上街头，宣传毛主席最新指示，演出文艺节目，宣传各派观点。各级革命委员会成立后，举办各类学习班，组织派出宣传队，深入工厂、农村，宣传毛泽东思想。县、社、机关单位、生产大队、工厂、学校等，多次召开活学活用毛主席著作积极分子代表会，将活学活用运动推向高潮，通过有线广播，将"文化大革命"意义及不断创造出的新鲜"经验"宣传到千家万户。机关单位到处喷印毛泽东头像，刷写红色标语，村村建造毛泽东大幅画像和请示台，山坡刮草皮制"忠"字，早请示、晚汇报、天天读、"三忠于""四无限"活动在城乡普遍展开。

1971年，遵照毛泽东"要认真读书"的指示，开展理论学习运动。县级领导干部学习《矛盾论》《实践论》《人的正确思想是从哪里来的》和《共产党宣言》等6本书，一般干部和群众学习部分内容，领会和掌握马克思关于无产阶级专政的理论，提高识别真假马克思主义能力。粉碎林彪反党集团后，全国纠正"左"的形式主义，自上而下组织路线教育工作团、队、组，深入基层，举办农民政治夜校，培养农民理论骨干，开展群众宣传教育和业余文化活动。

1972年后季，县委党校配合"批林整风""批林批孔"运动，多次举办公社领导干部学习班、理论学习辅导会、工农理论学习班，培训理论骨干，使车间班组、农村社队均有宣传骨干。

中共十一届三中全会后，肃清"四人帮"左的流毒影响，纠正大轰大嗡、表面化等形式主义做法，恢复党的宣传工作优良传统，围绕党的中心任务，开展讲求实效宣传，在机关单位和各级领导干部中，开展实践是检验真理唯一标准的大讨论，基层主要进行正面教育。党校举办读书班、轮训班,科级以上干部和理论骨干参加,学习《哲学》《政治经济学》和《科学社会主义》、邓小平等中央领导讲话,以读原著、自学为主,理论联系实际,力求完整、准确地掌握马克思主义、毛泽东思想基本理论。

1980年,县委恢复中心学习小组,健全机关学习制度。农村针对实行家庭联产承包责任制实际,举办党员、干部学习班,培训骨干宣讲员,实地组织学习;利用广播、电视、报刊入户,广泛、持久宣传稳定承包经营责任制、兴办社队企业、种草种树、治穷致富等。1984年起,开展干部正规化理论教育和哲学补课,系统学习马克思主义哲学的基本知识。从1985年开始,县委先后下发《中共镇原县委中心组理论学习制度》《关于进一步加强和改进领导干部学习的意见》,对人员组成、学习内容、学习方法、学习时间、保障措施提出明确要求,按照领导干部核心层、理论宣传干部关键层、党员干部重点层、职工群众普及层的不同层面,分类指导,狠抓落实,在全县形成上级带下级、领导干部带一般、党员带群众的学习新高潮,以《邓小平文选》为主要内容,每月组织一次集体学习,提高领导干部驾驭改革开放和现代化建设能力;围绕重大理论和实践问题,开展专题学习讨论。每逢党的全国代表大会召开,及时组织干部群众学习党和国家方针政策、最新理论成果,学习先进地区新鲜经验,对照剖析,寻找差距,为开创工作新局面起到积极作用。1987年,成立讲师组,培训配备各单位辅导员,组成理论骨干队伍,以大会宣讲、小会讨论等形式辅导理论学习,促进人们思想大解放。

1990年起,先后宣传报道全国十佳法官李欣、全国优秀人民警察秦得玺、舍己救人英雄、民族团结模范杜养富等一批先进典型,为弘扬社会正气起到积极作用。1996年,自办电视节目,每周一期镇原新闻,凡县委、政府重大集会活动,均现场录制后在县电视台播出,并通过乡镇广播站向全县群众播出宣传,使群众了解县内大事。新华网镇原分站、镇原党建网开辟新的信息平台,为干部群众提供最新信息。当年夏,镇原遭遇百年不遇洪水灾害,广大干部群众战天斗地,不怕困难,众志成城,重建家园,涌现出许多可歌可泣英雄事迹,县新闻中心、广播站记者奔赴抗洪抢险第一线,掌握第一手素材,采写大量稿件,及时跟踪报道,拍摄制作十多部电视专题片,深入宣传,对鼓舞群众斗志、争取上级支持起到积极作用。1997年,为了反映全县各行各业新气象、新做法、新成果、新典型,县新闻中心邀请甘肃电视台记者到县采访、拍摄电视专题片《杏花三月下镇原》《崛起的镇原》,在甘肃电视台播出,收到良好宣传效应。1999年,开展乡镇工作大讨论活动。

2000年,中共中央总书记江泽民“七一”讲话发表后,组成“三个代表”重要思想宣讲团,巡回乡镇、县直单位作辅导报告80多场次,受教育群众1.76万人次。中共十四大、十五大召开后,采用广播电视、宣讲报告、知识竞赛、标语板报等形式,及时宣传会议精神;抽调党校理论教员、中学政治课教师及党务工作者,组成党的理论方针政策宣讲团,深入企业、农村、学校、单位、社区,开展理论宣讲对谈活动,受到干部群众欢迎;组织全县干部职工进行邓小平理论、“三个代表”重要思想、党的十四大、十五大精神学习考试,起到以考促学作用。

2001年,开展解放思想、加快发展学习实践活动和营造投资环境、建设环境、干事创业环境大讨论活动。结合基层党建工作,县新闻中心拍摄制作10部反映农村党建工作专题片,在镇原电视台播出。殷家城乡李园子小学残疾教师张学成教学成绩突出,受到当地群众好评。县新闻中心、广电局派员赴殷家城实地采访,集中报道张学成先进事迹,并与《甘肃日报》《光明日报》、甘肃电视台、《陇东报》、庆阳电视台等新闻媒体联合,多次深入采访,形成报道合力,将这一典型推向全国,引起轰动效应。报告文学《大山的脊梁》在《北斗》杂志发表。《大山深处的保尔》,被上海祥盛电影有限公司拍摄成电影,在全国上映。2003年,坚持"两个务必"教育活动。2004年,开展学习温州经验、加快镇原发展大讨论。

2009年9月28日,县委机关报《镇原时讯》创刊,面向全县发行3000多份。宣传部门招聘通讯员89人,辐射全县19个乡镇和县机关单位,宣传报道重大活动、重要部署,介绍先进模范事迹和有关政策法令等。

精神文明建设 1981年,成立"五四三"活动委员会,下设办公室,进行文明单位评选,指导群众开展"五讲四美三热爱"(五讲即讲文明、讲礼貌、讲卫生、讲秩序、讲道德;四美即心灵美、语言美、行为美、环境美;三热爱即热爱共产党、热爱祖国、热爱社会主义)活动。1987年,学习合水何家畔经验,在全县开展移风易俗活动,破除封建迷信和各种陈规陋习,自觉同赌博、迷信、买卖婚姻和铺张浪费等不良习俗作斗争。1990年,制订精神文明建设"八五"规划,在农村开展社会主义思想教育活动,将文明户、遵纪守法光荣户合并为文明户,制订统一标准及评选程序,每年开展评选活动。1994年,制订《镇原县精神文明建设588工程》,强化五项教育,开展八项活动,搞好八项基础设施建设。1995年,制订《关于建设精神文明重点乡镇的安排意见》《镇原县精神文明建设目标管理考核试行办法》,掀起精神文明创建活动。1996年,镇原县被省委省政府命名为全省精神文明建设先进县。1997年,在农村评选"十星级文明农户",并利用报纸、广播、电视、网络等载体进行宣传,推介星级文明农户先进事迹。1999年起,在眉肖公路沿线6个乡镇20个行政村开展精神文明建设示范带活动,沿线乡村面貌焕然一新。至2010年,全县共创七星级以上农户39376户,其中十星级8365户,占全县总农户8.4%,创建市、县级文明乡镇18个,文明村39个。

(三)纪检工作

民国三十一至三十三年(1942至1944年),开展整风运动,纠正干部思想、工作作风方面存在的问题。三十六年四月,解放战争开始后,陇东地委作出决定,对自首变节、逃跑、投敌、不守纪律、贪污腐化者,一律给予开除党籍和撤职处分。五月,县委对有问题干部14人,给予开除党籍、撤销职务处分。七月,根据陇东分区专员公署颁发的《陇东分区战时干部奖惩办法》,县委作出5条决定,处理投敌叛变、自首、逃跑、思想动摇干部80人,其中共产党员58人,开除党籍52人,留党察看3人,党内警告3人。十二月,对干部中存在的违犯政策、纪律、脱离群众等官僚主义和玩赌、贪污等行为进行严肃纠正。

三十七年七月,对沦陷后党政干部表现进行审查,处分党员和干部44人,其中开除党籍26人。九月,召开县、区、乡三级干部整顿思想作风大会,在党员、干部中开展查阶级、查思想、查作风、整顿组织、整顿思想、整顿作风为主要内容的整党运动，为进驻新区工作人员约法八章。

1951年起，结合整党、“三反”“五反”运动，本着以教育为主，执行纪律为辅的原则，严肃查处干部中官僚主义、贪污腐化、打骂群众、徇情包庇等违法违纪问题和申诉、控诉案件。10月，查处孟坝区委主要负责人敲诈群众、吸食毒品、生活腐化、包庇地主等问题，给予开除党籍处分。至1954年，全县开除党籍47人，劝退不合格党员359人，撤职干部84人。

1957年后，在“大跃进”、人民公社化、反右倾机会主义等运动中，正常纪律检查工作受到影响，造成大量冤假错案，特别是1958年“许、张反革命集团”冤案，只凭个别人揭发或领导一句话，道听途说，不加查证，决定处分甚至逮捕法办，有的一边揭发一边就给处分，许多坚持实事求是、讲实话和对某些领导弄虚作假、瞎指挥、官僚腐化作风提过批评意见的干部和无辜群众，被冠以右派、反党集团、右倾机会主义、坏分子等帽子，监禁管押、轰拉打斗，甚至判刑。

1959年上半年，在全县农村开展全民大算账，采取“干部下楼，洗手洗澡”的方法，解决基层干部贪污腐化、官僚主义、瞎指挥、违法乱纪问题。1961年，对历次运动中错误处理人员进行甄别平反，因受阶级斗争理论指导，甄别平反很不彻底。1963年起，基本上以阶级教育和路线斗争取代党风建设。

“文化大革命”前期，纪律监察工作停止，1971年纪检工作恢复。1976年粉碎“四人帮”后，实事求是地开展纪检工作，重点维护党规党法，抓好党风建设。

1978年，县纪律检查委员会参与落实政策、平反冤假错案工作，对历次运动中错误处理党员干部进行彻底平反；开始查处党员干部违纪案件，重点查处贪污盗窃、徇私舞弊等经济案件23起，挽回损失4万多元；清查党员违反党规党纪、超占公房、滥发奖金、以权谋私等问题。

中共十一届三中全会后，纪检工作以经济建设为中心，立足改革、发展、稳定大局，对照《党章》《党内政治生活的若干准则》，坚持从严治党，加强党风廉政建设，开展反腐败斗争，纠正部门和行业不正之风，为经济建设和各项社会事业发展保驾护航。

党风廉政建设　中共十二大后，纪检工作重点转移到抓党风建设上来，纠正干部拉关系、走后门、搞私人活动等不正之风。1984年，从县委到基层党组织，均作出实现党风好转规划，建立党风建设责任制。1987至1989年，按照党委统一领导，党政齐抓共管，纪委组织协调，部门各负其责，依靠群众支持和参与，建立反腐倡廉领导体制和工作机制，县委制定《中共镇原县委党风工作责任制》《中共镇原县委关于县级干部廉洁自律的规定》《镇原县科级干部重大家事报告制度》等6项制度。

1991年5月，在县供销联社所属4个单位进行党纪条规教育试点，制订《关于在全体党员中开展党纪条规教育活动的安排意见》，从7月至1992年3月，在全县集中开展党纪条规教育活动，受教育党员5090人次。

1993至1997年，加强干部廉洁自律教育，纠正奢侈浪费、公款吃喝问题，清理公款安装住宅电话、购买移动电话和违规配备更换小汽车问题。1994年5月，开展评选党风廉政建设先进集体和个人活动，向地委推荐先进集体和个人各6个，其中3个先进集体、4个先进个人受到地委行署表彰奖励。

1998至2002年，以“三讲”（讲学习、讲政治、讲正气）教育为主要内容，开展党性党风党纪教育，在县有线电视台、县广播站开设“党风与党纪”专题栏目，制订党风廉政之声专题节目及“风纪窗”等电视节目，宣传党风建设动态，采用录像片、知识竞赛、主题演讲、报告会等形式，不断教育党员、干部；将查处重点放在“三机关一部门”及其领导干部方面，着眼管钱、管人、管物、管工程、管票据“六管”人员，坚持“三到位”（服务到位、领导到位、力量到位）和“三定一包”（定任务、定时间、定人员、领导包案）责任制，落实领导干部收受礼品登记、重大家事报告、个人收入申报三项规定；清理登记领导干部接受赠送及家属、子女从业情况，查处公款吃喝和挥霍浪费问题，科级干部237人登记收缴礼品及现金37.8万元，科级干部623人报告重大家事。

2003年，开展干部思想作风建设活动，组织党员干部7261人，学习《党员领导干部廉洁从政手册》，进行廉洁从政知识测试，收到较好效果。2005年，开展学习贯彻《中国共产党党章》《建立健全教育、制度、监督并重惩治和预防腐败体系实施纲要》主题教育活动，制订《镇原县廉政文化“六进”活动实施方案》，开展廉政文化活动，开通党风廉政网，建立警示教育基地1个，建成廉政文化“六进”（进机关、进社区、进家庭、进学校、进企业、进农村）活动示范点35个。

2008至2009年，集中开展扬正气，讲法纪，促发展警示教育活动，在县有线电视台开办《廉政剧场》专题栏目，宣播有关党纪法规43期次，播放警示教育片58集次，展播扬正气、促和谐全国优秀廉政公益广告和展播作品186件次，为财政、教育、卫生、农牧等15个有人权、财权、事权县直部门集中播放警示教育片15场，为副科级以上领导干部790人发送廉政短信2370条；以党委、党组、总支、支部为单位，召开勤政廉政专题民主生活会134场；对入库科级后备干部325人和差额选任科级干部9人从廉政方面进行严格审查，对新提拔干部55人进行任前廉政谈话，限期清交领导干部11人拖欠公款5万多元；县级领导32人、科级干部273人如实申报个人收入，22人报告重大家事，13人16次拒收礼品金额1.7万元；受理群众信访举报188件，初核139件，立案30件，结案28件，处分党员干部41人；对国税系统、县人口局、乡镇计生办、县乡计生服务站等单位进行行风评议，发放问卷测评表1295份，召开座谈会13场次。

2010年，建立大要案查办协调机制，制订纪检、审判、检察、公安、监察、审计等执纪执法机关协作办案和案件移送制度，实行办案目标责任制和纪委常委包案制，落实“双评双审结案反馈”和“一案三报告”制度，围绕体制、机制、制度建设方面存在的问题，加强关键环节和重要领域制度建设，在干部管理方面出台4个规范性文件和8个具体管理办法，制订具体管理制度120多项；先后三次检查重点建设项目105个，排查出问题项目88个，归纳为5个方面464个问题，建立台账，实行整改销号。纪委、监察局获“全省纪检监察系统先进集体”。

案件检查　1984年至1986年，全县共查处违纪案件87起，处分党员干部63人，其中警告14人，严重警告19人，撤销党内职务4人，留党察看10人，开除党籍13人，取消预备资格3人；严肃查处参与赌博的机关干部、职工28人，给予党纪、政纪处分13人，情节严重、构成犯罪3人被依法惩处；接待来访55人件，查证给予党纪处分10人；复查落实政策、解决冤假错案遗留问题8人，其中恢复党籍5人，改变党纪处分3人。

1987至1989年，查处以权谋私、贪污受贿、投机倒把、侵犯群众合法权益、违反计划生育政策等各种违纪案件132起，给予党纪处分党员135人，其中开除党籍25人，留党察看28人，严重警告33人，警告49人；科级干部8人，一般干部、职工19人。

1990至1992年，各级纪检组织联合行动，查处以权谋私、行贿受贿、弄虚作假、聚众赌博等案件201件，处分党员204人，其中开除党籍28人，留党察看39人，撤销党内职务2人，严重警告94人，警告41人，移交司法机关给予刑事处理3人，内有科级干部9人，一般干部职工6人；对群众揭摆的各类不正之风问题149件，处理145件，立案查处33件；通过查处落实，给予党、政纪和法律处分38人。

1993至1997年，查处各种违纪案件68件，给予党政纪律处分62人，其中副科级以上干部21人；受理来访、举报503件，其中反映副科级以上领导干部175件，县纪委直接查处159件，转办查处154件。

1998至2002年，受理来访、举报和领导交办、部门移送案件线索651件，其中反映科级以上领导干部问题417件，县纪委直接核查219件，转办198件，立案120件，其中大要案42件；查证后给予党政纪处分105人，其中科级干部57人，挽回经济损失63.7万元。

2003年，查处损害群众利益案件4起，受理来信来访158件，初核70件，立案24件，处分党员31人，挽回经济损失17.9万元。

2008至2009年，受理群众信访举报188件，初核139件，立案30件，结案28件，处分党员干部41人。2010年，执行乡案县审制度，探索信访案件评审反馈机制，开展案卷评审活动，提升办案质量。全年受理信访举报93件，初核38件，立案15件，结案15件，给予党纪处分19人，政纪处分5人。

纠风治乱　1987至1989年，对群众反映强烈的化肥、救济救灾粮款批供等问题，配合民政、供销、粮食部门深入9个乡镇进行调查处理，加大惩治力度。

1990至1992年，协助有关部门，清理干部职工建私房、超面积住公房，纠正行业不正之风，治理“三乱”，清理出干部职工建私房35人133间、超住公房33人390.23平方米，按政策规定作出处理；配合有关部门评议乡镇“七所八站”，重点清理纠正乱摊派、乱罚款、乱收费、吃拿卡要、弄权勒索等行业不正之风。

1998至2002年，严肃查处涉农案件，核减纠正不合理负担679.8万元，取消不合理收费37项；查处7所学校乱收费57.8万元，向学生清退不合理收费21.4万元；纠正医药购销中不正之风，推行药品收支两条线规定，查处违规违纪资金5.1万元。

2008至2009年，对国税系统、县人口局、乡镇计生办、县乡计生服务站等单位进行行风评议，发放问卷测评表1295份，召开座谈会13场次。2010年，抽查80多所学校收费情况，解决个别学校乱收费、乱办班、乱订教辅读物问题。

(四)统战工作

民国二十年(1931年)八月，中共陕西省委派共产党员李艮和周志学打入陕西军阀杨万青在镇原西北民军教导队开展兵运工作，秘密宣传党的抗日主张，培养先进骨干，发展共产党员。九月，杨万青部被陈珪璋打败，余部被杨虎城收编，周志学和窦文德等党员5人被编入陕西警备师第三团第四连，分别担任排长、班长，在部队开往西安途中，趁乱将几驮武器弹药转运给子午岭一带陕甘红军游击队。

二十一年九月下旬，国民党拨给甘肃行署邓宝珊部800支步枪、200支驳壳枪和一批弹药，为夺取武器，陕西省委派省委常委兼陕甘游击队政委李艮、共产党员周志学到平凉领导起义。十月二十八日晚，部队行至蒿店宿营时，因误会提前起义，只带出34人和45支枪，宣布成立中国工农红军陕甘游击队第七支队。

二十六年三月，刘伯承率领红军援西军进驻镇原，开展大规模抗日民众运动，成立镇原县抗日救国联合会，与国民党军政人员和各界人士建立友好关系，宣传共产党政治主张和联合抗日诚意，使国民党各区、镇政权机关一些宪政人员、镇长、联保主任、保甲长思想有很大转变，对共产党、援西军有过不少帮助和同情支持。受共产党统战政策感召，援西军开进镇原时，国民党政府县长邹介民率众出郊迎接并召开欢迎大会，此后还经常召开军民联欢会，双方派员参加，一些重要事件互相通报联系。五月三十一日，援西军司令部和国民党县政府在县城召开军民大会，纪念"五卅"惨案十二周年，举行红军与国民党自卫队军事体育竞赛。刘伯承、张浩、李达、宋仁穷等援西军首长和邹介民在县城合影，留下珍贵历史照片。邹介民在职权范围内帮助红军，动员殷实富户献粮、物、款和草料等，支援红军给养，形成共产党驻军和国民党政权并存、合作共事局面。

援西军首长还与民主人士祁尚诚、刘慕黎等建立友好关系。县府督学刘慕黎奉红三十一军军长肖克指示，利用他在杨虎城部队中的关系，经常前往西安，为援西军购买物资和弹药。援西军还在国民党党政军警人员中建立统战关系，发展情报人员，促使其中很多人从爱国走向革命，成为共产党同情者、支持者和共事者。马渠镇国民党乡长俱守亭后来成为马渠镇解放区抗日救国会主任、区长。国民党特务机关调统室祁基和国民党县党部秘书慕宏后来成为共产党情报人员。

二十九年起，陇东地委派统战部干部窦志安任三岔贸易公司副经理，并指定三岔独立营参谋高俞秀管理孟坝、马渠、三岔等检查站工作，通过做生意，与外界商人、军政人员交朋友，宣传边区各项政策，了解国统区情况，争取其为边区运输物资和宣传品。

三十年，县委按照普遍、直接、平等、自由选举原则和精兵简政方针，以"三三制"(共产党员、非党左派、中间派各占三分之一)人员比例，在解放区自下而上选举产生抗日联合政府。成立三岔回民自治乡，帮助回民修建清真寺，办起伊斯兰小学。阿訇把《施政纲领》《中共七七宣言》译成阿拉伯文，介绍到回民中去，还将《古兰经》上嘉言译成汉文，给学生教授语文、算数、回民历史和阿拉伯文。

三十一年，边区政府民政科设民族事务科员1人，专管回民事务，发放农贷，协商调剂土地，帮助回民发展生产。万家河汉民李焕章将自己土地送给回民修清真寺，借房给回民开店不收租金，回汉居民亲密无间。通过政府协调，汉民群众给回民让地租种，使其生活有保障。党组织争取和团结一切进步力量，做开明绅士、开明地主、哥老会成员工作。李焕章、孙世涛等开明地主通过党组织做工作，捐献大批粮食、款物。孟坝刘捡刘崇严是哥老会成员，同国民党统治区有联系，县委统战部派人与其联系，教育引导，使其转变立场，为共产党所用。共产党在国统区开展国民党保甲长、军队、保安队和特务、变异人员统战工作，派员在兰家庙、黑渠口、孟家塬、三口窑等地通过亲戚朋友关系，了解国民党政府、军队、便衣队情况，给国民党保甲长送边区报纸，宣传共产党政策和当时革命形势。

三十二年起，县委统战部干事李民坚利用在三岔回民小学任教并主持清真寺身份，宣传共产党民族政策，协调回汉民族关系，了解掌握西海固国民党情况和革命形势。

三十三年七月，高桂滋部新编二营所属三连连长在固原城阳借开会之机，枪毙该营营长，宣布起义，带领全营向边区县政府投诚。县委组织部长孙久德与驻开边王昭堿国民党某军连长阎某是同乡，县委派孙给阎做工作，使其不封锁经其驻地运往解放区枪弹物资。县委统战部和国民军三十八集团军总部调统室有内线关系，给其提供一些不保密情况和报纸，搜集掌握国民党军队番号、隶属关系、人员、装备及其动向。孟坝土产公司经理何正东和国民党高桂滋部新二师驻镇原县城刘长荣团长相识，县委统战部以何正荣名义写信联系，刘长荣派人通过刘崇严见到何正东，建立内线联系，后来统战部又同新二师师长高增级建立内线联系。新二师换防宝鸡时，统战部派熊正华以买卖人身份，前去该师策动下层军官起义；通过中共平泾工委、平东工委将统战工作扩展到平凉、泾川、崇信、固原、海原、同心、张家川等地；坚持做国民党党政机关人员工作，对其中思想进步、有支持共产党倾向者，逐步与其建立和发展关系，为共产党提供采购方便，掩护地下党组织活动。慕宏、虎志道、魏玉儒等一批国民党机关人员为共产党做了大量工作，许多人后来加入共产党；利用国民党军队中矛盾，派出外勤人员长期隐蔽其中，选择可靠对象交朋友，单线发展，待机发动起义，或者促使其在国民党军队中保持中立。

三十五年一月，胡宗南部二十五师五十四团一个班士兵，在太平镇起义。同年，胡宗南部六十七师一个团由黑渠口开往宁夏盐池途经马渠时，团长海涵带领20多人起义。三十六年五月初，国民党甘保七团20多人，在副团长柴茂森带领下，在三岔吴家大塬起义。至三十七年底，沦陷区有保长8人及所属大部分甲长，与共产党建立联系，进行明国暗共两面政权工作，暗地里筹集粮草，供给陇东地方兵团和镇原游击队，共产党方面在这几个区充任乡、镇、保、甲长者15人。

解放战争时期，解放区贯彻中央土地政策，实行和平转让办法，争取其中大多数，孤立和打击少数顽固分子。边区沦陷后，地下工作人员对外逃人员和被裹挟群众进行积极耐心争取教育，当这些人返回后，给予合理安置；在游击战争中，对暂时处于国统区一般群众不随意怀疑，对地主、富户、绅士等，只要不公开投敌作恶，仍然予以保护，在支援战争、动员战勤服务和分摊公粮、草料等方面，坚持合理负担原则。

三十八年，落实西北局文件精神，严格执行统战政策，各类人员登记，财产档案顺利接收，一些文化团体、学校及教职员工、知识分子得到保护。

1949年10月至1951年，统战工作主要围绕建立和巩固新生政权开展。1952年，采取选举聘请等方式，产生各界人民代表会议代表，在政权机关中吸收有代表性民主人士充任政府委员，每逢重大决策时，召开一至二次人民代表会议进行民主协商；为团结教育改造民主人士，在县政府机关部分党支部设统战委员，采取开座谈会、走访等形式宣传党的各项政策，听取民主人士反映，并对各界人士进行调查摸底及安置工作。

1953年，为贯彻党在过渡时期总路线，统战部在县城和较大乡镇吸收一批有代表性中、小私营工商户，参加工商联合会组织和同业工会小组，领导工商界学习共同纲领、总路线、总任务和国家政策，多数工商业者愿意接受社会主义改造，服从国家经营方针，基本消灭私商“五毒”(行贿、偷税漏税、盗窃国家资财、偷工减料、盗窃国家经济情报)行为。7月，统战部长和民主人士代表参加全区各界民主人士代表座谈会，听取地委、专署领导形势通报和工作情况介绍，消除思想顾虑，还提出很好批评和建议。至1954年12月，全县安置脱产民主人士8人，其中女性2人，科级5人，回族2人，教师4人。各级组织在土改中吸收开明地主孙世涛等民主人士参加，让这些人宣传土地政策，促进土改工作顺利进行；镇反中对某些有恶迹民主人士采取保护过关办法，争取安定多数；抗美援朝运动中联合各界民主人士组成抗美援朝分会，完成武器贡献；粮食统购统销中刘慕黎、常鸿儒等民主人士，积极响应政府号召，说服教育一批人执行统购统销政策；宗教革新中联合宗教界上层人士，带动天主教徒，撵走天主教内帝国主义间谍分子；在民族工作上，坚持慎重稳定、联合上层民族人士原则，吸收回民参加县、乡人民代表大会，培养提拔民族干部2人；对回民给予救济、贷款；利用给回民上层人士赠送书报画刊的机会召开座谈会，了解和调解回汉之间和回民内部纠纷，促进民族团结。

1957年起，受极“左”路线干扰，统战工作出现偏差。1958年，民主人士被划为右派分子150人，先后捕办18人，管制3人，劳动教养12人，开除公职42人(送农村监督生产23人)，给予撤职、降级、留用察看75人。1960年下半年，整顿工商联、各民主党派组织机构，调整人员，普遍检查和修订章程，落实民主协商制度，多次举办各界人士学习会、经验交流会、评比会、讲习班，参加逾百人。

1962至1964年，对资产阶级工商业按照团结使用、教育改造方针和定息照付原则，纠正停发计息、扣发薪资的做法，甄别平反错误处理人员，提拔具有真才实学、思想觉悟较高的知识分子担任学术、技术部门领导职务，发挥其技术特长；召开各界人士座谈会，利用代表会、委员会和短期学习等形式，对工商界、知识分子、民主党派成员、社会民主人士，进行阶级斗争、两条道路斗争教育100多人次，进一步密切党与党外人士合作共事关系；在少数民族工作上，恢复三岔回民清真寺，为回民群众发放生产生活补助，帮助购买耕畜，添置农具。“文化大革命”中，统战机构被撤销，统战干部被调离，统战工作处于瘫痪状态。

1981年起，统战工作以经济建设和统一祖国为中心，服务范围由8个方面增加到15个方面，落实各项统战政策，召开各界人士座谈会，组织统战对象进行调查研究，为经济建设咨询服务。政协副主席、县医院内科主任郝仲科（回族），汇集编写《简易急救手册》3万余字，作为培训教材，在卫生部门组织下，巡回全县医疗卫生单位讲课，解决急救程序和技术措施资料缺乏问题，提高医务人员技术素质。

1985年起，每年在春节和国庆节前后召开各界人士座谈会，党政主要负责人向非党人士通报本年度工作情况和存在问题，参加会议代表踊跃发言，为物质文明和精神文明建设献计献策；注意发挥政协委员、民主党派、非党知识分子和工商联智库作用，改善同党外人士合作共事关系，为全县经济建设服务。

（五）对台工作

1970年代前期，以解放台湾为基本要求，调查去台人员及其亲属情况。1974年，调查摸底镇原在台人员4人，建立档案，以广播、寻人启事、家信形式，宣传中华人民共和国成立后变化情况。1975年，县委宣传部、报道组、武装部派员参加地区举办的对台宣传培训班，培养对台宣传干部，提高业务能力。

1979年元旦，全国人大常委会委员长叶剑英发表《告台湾同胞书》，正式宣布用和平方式统一祖国；据此精神，落实台胞台属政策，加大对台宣传，接待台胞。1983年2月，在台人员朱世裕冲破种种阻力，最早回故里探亲，省、地、县对台部门热情接待，并组织参观游览和座谈。1984年，邓小平提出“一国两制”总体构想，解除军事对峙，两岸关系缓和，交流增多，探亲台胞24人60余人次，其中徐万黎等人多次回乡，县台办均派专人陪同参观、考察、联谊座谈，宣传党的对台方针政策以及家乡建设成就。

2006年，制订对台宣传规划，向台属发慰问信和宣传资料，加强对台宣传和涉台教育。至2010年，历年共发慰问信200余份，向台胞赠送宣传资料6000多份。台属向亲人打电话、写信，传递亲情，加深感情。县对台办举办各种形式报告会20余场，听众达7000多人次；开展广播电视专题讲座十多次，撰写对台宣传稿件60篇；接待台属来信来访12件次，解决台属纠纷7件次。每年春节、元旦、中秋前后，组织人员深入台属家中走访慰问，对有困难的给予资金和实物扶助；对具备条件、有能力开展各种产业者，从资金、技术方面支持引导，协调有关部门为12户困难台属捐助钱物6万多元，扶植5户台属办起蔬菜大棚和养殖项目；荐举台属3人担任市、县政协委员，提供参政议政渠道；落实以经济促政治的对台政策，扩大与台湾经贸文化交流，牵线搭桥，引进台资230多万元，吸引港澳台和海外侨胞各类捐资530多万元，实施项目学校54所，资助困难学生953人；借两岸开通直航机遇，组织人员赴台考察旅游，携带香包、剪纸等地方特产，入岛宣传推介；以文博会、潜夫文化研究会为平台，邀请台商到县观光考察。供销下岗职工刘刚考察引进台湾地椒茶种植项目，租地建园，规模种植，加工增值，效益显著，产品销往台湾、广州等地。

(六)政法工作

中华人民共和国建立后,政法工作成为县委一项重要工作,凡涉及法律、方针政策和重大案件均经县委讨论决定。1980年开始,县委政法部门根据国家法律、党的路线方针政策和省、地、县委决策部署,统一政法各部门思想和行动,督促贯彻落实;组织、协调、指导政法各部门工作,维护社会稳定,推动社会治安综合治理各项措施落实;检查监督政法部门执法情况,研究协调有争议的重大、疑难案件,指导推动大案要案查处工作。

综合治理 1983至1988年,建立行业治保会4个,治保小组13个,与各乡镇和各大局签订治安责任书1929份;落实"四防"(防火、防盗、防诈骗、防事故)措施,在农村开展"文明村""五好家庭"为主要内容的创建活动,建立乡规民约。整顿重点村镇社会治安秩序,进行普及法律常识教育。清理整顿特种行业255处,取缔无证开业旅店,查封违犯特种行业管理有关规定旅店43户、废品收购站18处;多次召开政法委员会议和综合治理社会治安领导小组会议,对一些重大疑难案件和阶段性治安动向进行分析讨论,提出可行意见。

1989至1992年,持续进行社会治安综合治理,落实各项防范措施,有针对性地开展扫除"六害"、反盗窃等4次专项斗争,严厉打击各类经济犯罪;集中整顿县城、城关镇、三岔镇、上肖乡突出治安问题;在平泉镇进行治安责任制试点工作,共签订各种治安责任书2371份,推广全县;加强特种行业和公共复杂场所管理,对212处特种行业从业人员普遍进行2次清理整顿,建立登记、管理、报告等制度;先后5次组织97人次,对24个乡镇、150个单位和金融网点、要害部位进行检查,发现隐患278处,提出整改意见154条,堵塞各种安全漏洞124处。

1993年,下发《全县社会治安重点整治工作实施方案》,抽调干部325人,对9个乡镇、166个机关单位、85个行政村进行依法治理工作,调处各类民事纠纷876件,收回各种欠粮47373公斤、各项提成款64368元,处理抗粮抗税等问题26起。

1995年,以争创社会治安综合治理模范县为目标,按照"横签到边、纵签到底"要求,层层分解,逐级签订责任书,覆盖率达到100%,使综治工作责任制落实到城乡各基层单位;在调查研究基础上,形成调查专题报告6篇,分析全县社会治安状况和政法综治工作形势,提出综治工作任务。5~6月,庙渠、临泾等乡相继出现外地人员进行非法传教活动,及时组织部署,依法查处"门徒会"成员。

1998年,与全县24个乡镇和28个综合治理委员会成员单位签订社会治安综合治理责任书,将社会治安综合治理各项工作任务逐项量化分解,层层落实到具体治安责任人;禁毒工作坚持"三禁(禁贩、禁种、禁吸)并举、堵源截流"方针,邀请西峰秦剧团在县城上演禁毒宣传剧《隐形的战线》4场次,受教育干部职工和学生5000多人次。

2001至2004年,本着"宜顺不宜激、宜解不宜结、宜散不宜聚"原则,主动出击,突出重点,主攻难点,排摸涉及山林、地界、婚姻家庭、邻里关系等纠纷和遗留问题1464起,调处1432起,成功1379起,化解一大批矛盾纠纷;抽调精干力量,深入全县完全中学、重点企业和民族宗教复杂地区，开展治安大排查，防范各种不安定因素。

2005至2008年，加强乡村综治防范网络建设，建立综治工作例会和联络员制度；深入乡镇、村组，对全县治安状况调查摸底，清理治安乱点177处，涉及16个乡镇147个村，打击处理156人；查处违纪交通管理治安案件32起。

2009至2010年，健全"治保、巡逻、调解、帮教、普法"五位一体综治组织，建立协调例会、信息反馈、督查督办、情况通报、考核奖惩等制度；坚持党政领导综治工作目标管理责任制、治安形势定期分析制、重大问题责任追究制；坚持一月一调度、一季一督查、半年一检查，组织3次大规模督导检查，清查清理医疗卫生单位31家、个体诊所97家、企业5家、学校32所，整改非法使用精神麻醉药品单位5个，为蓝马啤酒厂办理购买易制毒化学品备案证明2份；组织开展"打黑除恶"专项斗争和调查摸排工作，对上肖乡东鑫砂矿、县车站等公共复杂场所、治安乱点进行重点整治。

"严打"斗争　1983年，根据中央关于《严厉打击刑事犯罪活动的决定》，8月18日，庆阳地区召开政法工作会议，对"严打"斗争作出安排部署，会后，县委成立指挥部，县委书记任总指挥，24个公社成立5~7人的领导小组，由书记亲自挂帅，具体指挥。各公社分别召开群众大会，出动宣传车4次，利用有线广播宣传86次，听众达19.65万人次，办黑板报、宣传栏54期。通过各种宣传，"严打"斗争家喻户晓，同坏人坏事作斗争的群众越来越多，主动向公安机关抓获扭送犯罪嫌疑人23人，有196人先后到公社、派出所、公安局检举揭发各种犯罪线索272条。21日中午，王某某在县城街道绺窃1人钱包时，被在场群众发现，当场抓获扭送到公安局，经审查，是灵台县查捕的1起偷盗绺窃团伙案内成员，送回该县处理。在法律威力和政策感召下，违法犯罪嫌疑人35人主动到公社、派出所、公安局投案自首，坦白交待问题。至1986年，全县共发动干部职工、民兵和政法干警2300多人协同作战，开展3次大的战役7次统一行动，依照"从重从快，一网打尽"方针，抓捕杀人、故意伤害、抢劫、流氓、强奸、诈骗、盗窃、赌博、拐卖妇女儿童和其他犯罪嫌疑人807人，摧毁各类犯罪团伙15个，抓获团伙分子121人，其中盗窃、抢劫团伙9案60人，流氓团伙5案57人，经济犯罪团伙1案4人。

1993至1994年，继续组织开展"严打"专项斗争，加快侦查破案，两年破获各类刑事案件253起，其中重特大案件77起，打击处理各类违法犯罪分子1356人；在县城、屯字等五大镇和刑事发案较多地区，召开公捕、公判大会33场次，公开处理各类违法犯罪分子379人。

1996至1998年，大造"严打"舆论声势，印发《关于做好"严打"报道工作的通知》《关于限令各类违法犯罪分子投案自首的通告》，将斗争锋芒指向杀人、抢劫、伤害、盗窃和"黄、赌、毒"等六害违法犯罪活动，组织开展十多次大规模"严打"统一行动，抓获违法犯罪嫌疑人315人，公开打击处理121人，挖出流氓恶势力团伙4个30人，摧毁其他犯罪团伙12个52人，破获各类刑事案件136起，查处治安案件377起，缉捕逃犯12人，打击各类违法犯罪嫌疑人1191人。2005年，继续保持"严打"力度，破获刑事案件127件，查结治安案件

1007起，追回逃犯18人，摧毁违法犯罪团伙15个111人，依法打击处理各类违法犯罪人员1697人。

维稳工作 1980年代，集中组织开展反“盗抢诈骗”“抓逃犯”、查禁赌博、治爆缉枪等专项斗争，召开犯罪嫌疑人批捕大会，震慑各类违法犯罪活动。1982年，贯彻全国政法工作会议精神，加强领导，各方动员，对车站、旅店、集镇和公共复杂场所进行3次大规模集中扫荡，抓获处理流窜犯和犯罪嫌疑分子129人。1989年，清除学潮动乱在全县造成的不良影响。

1990年，在宣传普及《行政诉讼法》《集会游行示威法》和《婚姻法》同时，调处各类民事纠纷4465起。1996年，累计清查清理公共复杂场所和特种行业1039家，盘查各类嫌疑人员450人次。

1997年，坚持“内紧外松”原则，加大隐蔽战线斗争力度，在邓小平逝世、香港回归、党的十五大召开期间，政法机关深入困难企业、重点中学和治安复杂地区，开展调查摸底，对寺庙、道观、教堂旧帮会活动点进行详细调查，集中收缴散失在社会上的非法枪支。1998年，密切注视敌社情动态，严密控制重点地区重点人口，制订完善处置突发事件预案。1999年，从县直部门抽调科级干部204人，由县级领导24人带队，深入10个重点乡镇111个自然村集中开展矛盾纠纷大排查，解决二轮土地承包遗留纠纷560件。

2001至2005年，先后两次组织各乡镇、各部门干部职工收看中央电视台关于“法轮功”痴迷者残害亲人的报道，在全县农村和中小学组织开展反邪教警示教育活动，用血的事实教育干部群众。发放《反邪教警示教育挂图》18套、图片660套、画册1000册、录像带38盒，组织全县干部职工和群众12万多人参与反邪教知识答题活动。先后在县城、新城、孟坝、屯字等地组织召开公捕公判大会7次，并在全县转播大会实况。查处“门徒会”案件8起，破获冒用气功名义扰乱社会秩序案件4起，收缴“中功”宣传资料80本、光盘32张、挂图59幅。对“法轮功”痴迷人员和“门徒会”重点人员落实帮教措施，进行回访考察，预防“门徒会”“法轮功”等邪教组织反弹；在全县范围内开展创建无邪教社区、乡镇活动。

2006年，制订下发《关于在全县深入开展平安建设的意见》，明确平安建设指导思想和目标任务，细化平安建设工作措施，加强平安建设工作领导；确定平安建设示范乡镇8个，平安村60个，平安单位20个，平安学校10个，平安大道2个；建立党委政府统一领导、政法综治牵头协调、各级调解组织具体运作、司法部门业务指导、职能部门共同参与的人民调解、行政调解、司法调解于一体的“大调解”工作机制，组织矛盾纠纷排查调处，开展平安创建活动。2007年，接待来信来访289起，解决处理278起，其中涉法涉诉信访案件62起，办结60起。

2008年，组织开展百名干部深入基层集中开展矛盾纠纷排查调处专项活动，在注重做好婚姻、家庭、邻里和债权债务等常见性、多发性矛盾纠纷排查同时，针对新农村建设、城镇规划建设中土地征用、拆迁补偿、人员安置等影响社会稳定的疑难纠纷开展重点排查，受理各类矛盾纠纷814起，全部调处，成功809起，占99%。

2009年,在19个乡镇成立综治维稳工作中心,215个村成立维稳工作站,实现机构、组织、人员、制度、办公场所五到位;按照“主动打、积极防、综合治、全面创、合力抓”的工作思路,落实维稳各项措施,制订下发《镇原县突发性事件应急处置预案》,从指导思想、适用范围、工作原则、指挥体系及应急处置程序、责任追究、工作纪律等方面提出具体要求,将突发性事件应急处置工作责任落实到相关部门和具体责任人;在县电视台开办每周一期“平安镇原”专题栏目,制作“四长访谈”“律师说法”“浅谈法律援助”“公证员谈公证”等节目,对政法维稳重点工作及政法部门案件审理、大要案侦破进行跟踪报道,累计播出平安创建资讯46条,制播《平安镇原》专题节目20期;抽调县乡干部465人,分为4个督查组和19个矛盾纠纷排查调处工作组,排查各类矛盾纠纷923起,调处解决912起,成功率98.8%。

2010年,在县电视台滚动播放《揭穿门徒会骗局》《再揭门徒会骗局》专题片8次,宣讲《揭穿“门徒会”骗局知识问答》,组织门徒会成员观看、听讲23场次105人次,组织党员干部群众观看、听讲41场次156300人次;抽调干部242人,认真开展“重大矛盾纠纷积案化解年活动”和“人民调解化解矛盾纠纷专项攻坚”活动,排查受理各类矛盾纠纷1854件,调解成功1793件,成功率96.7%。

治安防控体系建设 1950年起,以群防群治队伍为基础,以村(队)自治组织为依托,建立以村党支部为核心的群防群治体系。2003年开始,将防控体系建设三年规划和“安全文明小区创建”作为重点,推进社会治安防范管理工作。至2005年,全县创建“安全文明小区”76个;农村按照辖区村组分布状况,实施警务战略,配备警务区民警96人,组建治安联防队19个95人,推选治安信息员2008人、中心户长9730人、个体户联防户长135人。

2006至2008年,以平安创建活动为载体,以社会治安综合治理基层基础建设为重点,完成基层派出所、司法所、法庭规范化建设;加强人防、物防建设,在各村委会设立社区警务室,每10~20户为一个治安联防小组,选一名德才兼备、有威望、明事理人任中心户长,实行邻里守望制度。街道个体户每10户选一名中心户长,负责日常法律知识学习等事宜,实行联户联防制度。在物防方面,各乡镇、各机关单位对重点部位、重点场所安装防盗门、防护栏等设施;技防建设方面,建立县公安局“三台合一”指挥中心,在县城主要交通路口安装红外线视频摄像头8个,实行24小时动态监控。县财政投资25万元,在太平—孟坝—新集一线推行防控体系建设示范带活动;投资42万元,在孟坝、屯字街道和王湾、王沟圈、姜曹等村组安装数字微波传输视频监控系统、“电子眼”和防盗报警系统,为21个小康农宅示范点安装防盗报警装置2300多台套;协助维思特食品公司、新一代食品公司、长源石油有限责任公司和县医院等重点企业安装视频监控探头和电动门锁。65个机关单位安装电子监控设备和无线防盗报警设备,115个家属楼群院落安装电子防盗门,创建“平安单位”“平安村组”33个。

2009至2010年,重点加强群防群治队伍和技防设施建设,配备专职保安。全县19个乡镇完成视频监控建设13个,在解语花羊绒公司、懊恺食品公司、广汇花苑、镇原中学、电力局等30余家及城区安装数字微波传输视频监控系统,实行24小时监控。全县各商业银行营业网点均安装防弹玻璃、电子防盗门、视频监控闭路系统。349所中小学电教室配备红外线电子报警装置,单位、企业安装红外线防盗报警装置20余家。住宅楼安装楼宇对讲系统、视频监控系统等技防措施18幢,预防和减少各类可防性案件的发生。单位、企业、学校配备专职保安50家,在下岗工人中抽调58人组建县城治安联防队,负责城区治安巡逻工作。

(七)党校工作

1960年3月至1962年11月,举办干部培训班20期,训练干部3625人次,主要学习党的基本知识、路线、方针、政策,研究农村基层组织工作方法,解决社会主义建设认识问题和干劲问题。1963年,贯彻中央《关于轮训干部的决定》,举办训练班5期,培训普通党员、脱产干部和农村不脱产干部,采取学习理论和总结经验教训相结合、讲课辅导和小组漫谈相结合方法,主要学习《党的生活的几个问题》《社会主义建设的几个问题》、党的基本知识、优良传统、三大纪律八项注意等。1965年12月,举办全县大队干部训练班,培训社队干部334人,主要学习社会主义教育"二十三条"。

"文化大革命"初期,干部培训工作停滞。1971至1976年10月,先后举办路线教育、批林批孔等学习班32期,培训县、社、队干部和党员10071人次,主要学习毛泽东无产阶级专政下继续革命理论。1977至1978年,举办学习班6期,培训干部1005人,主要学习《毛泽东选集》第五卷。1979至1982年,举办真理标准补课、中共十一届三中全会政策、经济理论等学习班12期,培训农村和企业干部1243人。

1983年5月,贯彻中共中央《关于实现党校教育正规化的决定》精神,制订《镇原县干部教育培训"十五"规划》,改变办学方式和课程设置,统一班次、学制、教材,建立考试考核制度,以马克思列宁主义、毛泽东思想为基本理论,用党的方针政策和现代科技知识、业务知识武装干部思想,培养具有共产主义思想觉悟、又有现代化建设知识的领导干部;采取社会辅导和县委中心组辅导等形式,履行干部教育培训职能。至1988年,全县共举办干部学习班15期,培训干部1742人,巡回各乡镇、县直单位进行《邓小平文选》、整党宣讲149场次,听众9416人次。

1989至1998年,举办干部学习班30期,培训干部5708人次;与其他部门联合办班11期,培训571人;进行各类社会辅导340场次,参加学习42847人次;参与中心组辅导28场次,听课1348人次,主要学习邓小平关于中国特色社会主义、科学社会主义、市场经济理论和法律知识。

1999年9月7日,党校设立省函镇原函授和走读辅导站,首届招录大专学员130人,其中中函行政管理专业67人,走读经济管理专业63人。2000年9月,增设法律专业,招录学员137人。2003年1月,又设立省函庆阳学区镇原本科教学点,首届招录本科行政管理专业学员140人。至2010年,10年内先后举办企业干部、科技干部、青年妇女干部、村支书、入党积极分子、扶贫骨干、非公企业党务工作者、大学生村官、纪检干部培训班65期,培训人员20834人次,巡回辅导285场次,听众28743人次,学习内容主要有"三讲"理论、"三个代表"重要思想、先进性教育、科学发展观、世贸知识、公务员基础知识等。当年结束党校函授,11 年先后招录大专学员 10 届 397 人,本科学员 7 届 523 人。党校成立课题组,针对县域经济社会发展现状、干部教育培训、机关党建、转变经济增长方式等问题开展社会调查,先后撰写《镇原经济社会发展现状》《基层党内民主建设问题调查与思考》等调查报告 63 篇,向有关机构和刊物报送论文 119 篇,其中刊发 46 篇,获奖 30 篇。

(八)文秘工作

民国二十六年(1937 年),镇原县委成立后,配备专职秘书,负责会议记录、承办公文起草、下发和保管等业务。三十二年起,在战争环境里,县委设秘书室,配备政务秘书、事务秘书、文书、会计等,负责处理县委日常事务,草拟、传递和保存党的文件,筹办会议,深入基层调查研究,总结典型,为县委提供第一手资料。

三十四年,区、乡配备秘书、文书,健全秘书工作规程和机要、文书处理等业务制度,为县委、县政府筹备召开县参议会。三十六年解放战争开始后,县委机关北撤转移,县委秘书一路护送驮运文书档案经方山、曲子至华池,保护了电台和文件安全。三十七年,地委秘书处对县、区委秘书工作提出新要求,建立秘书报告制度,规定县委秘书室双月 10 日前向分区秘书处报告全面工作,各区委秘书每月向县委秘书室报告工作,报告最多不超过 3000 字,均用毛笔真楷书写。

1949 年 7 月 30 日,县委进驻县城,县委秘书室配备秘书、副秘书、收发员、机要员和后勤工作人员,区、乡配备秘书、文书。

1950 年,根据地委秘书处办事通则的要求,县委秘书室修订各项工作制度,办起各种简报交流情况,每半月向地委秘书处书面汇报工作一次。

1954 年 6 月,地委秘书处召开秘书工作会议,提出秘书人员安心本职工作、提高办事效率、改进工作作风、加强政务工作的要求,县委秘书室从加强政治领导、建立工作制度和密切各部门之间联系等方面改进秘书工作。1962 年,县委秘书室增设档案、信访、打字、会计、出纳等人员,公社党委配备秘书,大队配备文书,全县秘书队伍发展到 320 多人。1968 年 4 月,革委会办公室负责秘书工作。1974 年后,恢复县委办公室,建立健全秘书工作规章制度。

1976 年,根据地委"会议要控制,文件要精简"指示,县委秘书部门纠正夸夸其谈文风,建立工作人员学政治、学业务制度,注意和各部门、各方面纵横联系,使工作逐步走上正规化、科学化,着重办好《工作通讯》《情况反映》等简报,同时承担省委《甘肃通讯》和《传阅文件》的送稿任务。

1979 年 10 月后,县委办公室编制扩大,业务分工划细,对文书处理程序和工作人员的要求进一步明确。1982 年,为适应改革开放需要,重新修改补充文书处理办法,克服党政不分的做法。1985 年,屯字镇、孟坝镇党委办公室被确定为地委信息反馈联络点,由 1 至 2 名责任心强、思想作风正派、有一定政策水平和写作能力的人担任信息联络员,反映本地贯彻执行上级决定、指示、工作安排、进展、效率、群众呼声及经验教训等,为领导掌握全县重要情况、科学决策提供依据。10 月,地委秘书处与行署办公室联合召开全区办公室主任座谈会议，传达贯彻全国、全省秘书长、办公厅主任座谈会精神，研究新形势下发挥秘书工作参谋助手作用、开创秘书工作新局面的问题。之后，组织县、乡镇秘书工作人员普遍学习《秘书工作》基本教材，更新知识，提高政治和业务素质。

1986至1995年，全县文秘工作逐步规范化、制度化。1987年，贯彻地委秘书处《关于压缩会议精减公文的决定》，提倡开短会、开实会、讲短话、发短文、写短报告，县委、政府及其工作部门文件一般不超过3000字，简报不超过1500字，领导讲话不超过5000字。每年检查落实文秘人员学习、工作情况，有针对性地开展培训。组织文秘人员分期分批跟随领导赴发达地区考察学习，更新观念，解放思想，提高理论水平。

1996至2002年，组织文秘人员学习党的改革开放政策，收集企业改革进展情况，调查了解企业改革中存在的问题，为领导决策提供依据。2003年，在19个乡镇和县直53个部门陆续建成信息专用网络和信息直报点。建立首问责任制、限时办结制，健全办公室议事规则和干部职工、财务等管理制度，定期组织开展写作交流讲评、接待服务、计算机培训等"岗位练兵"活动，提高文秘人员写作水平和综合工作能力，连续五年在全县综合目标管理考核中评为一等奖，连续三年被市委办公室、省委办公厅评为信息工作先进单位，16人次受到省、市、县表彰奖励。

2008至2009年，共向省委办公厅和市委办公室报送各类信息3000多条，被省、市委采用320多条，采用率11%，连续两年被市委办公室评为全市党委系统先进工作单位。2009年，撰写完成加快茹河川区综合开发建设、集体林权制度改革、乡镇职能转变、农民教育管理、干部作风建设、石油开发对环境污染、妇女干部现状及培训等调研报告、论文20余篇，其中13篇发表于省、市级报刊。

2010年，编印《县委办公室管理制度》，完善首问责任制、限时办结制和责任追究制。全县58个县直部门、19个乡镇和确定为3个省、市信息直报点的信息传输与省市联网，在全县215个村均设立专、兼职信息员300人左右，覆盖到全县各个层次和各行各业。围绕中央和省、市、县委重要会议精神和重大决策部署的落实，及时总结和发布信息，突出工业生产、新农村建设、社会事业发展以及机制创新、制度建设等亮点工作，先后向省委办公厅和市委办公室报送"四轮驱动"全面推进地方工业发展、抢抓国家支持甘肃大发展机遇"下好五步棋"等信息1702条，被市委单独采用76条。协调相关职能部门共同参与开展集中调研，形成统筹城乡发展、瓜菜产业发展、新农村建设、工业发展、土地流转、县域经济发展、惠农政策落实、农民收入等调研报告9篇。组织县委农村部、县发改局、财政局等部门对重点工作开展专项督查20多次，下发《督查专报》26期，其中经验介绍6期，通报批评4期，反映工作动态13期，向县委、县政府提出意见建议3期。联合县政府督查室及人大办、政协办，深入30多个责任部门和乡镇，对52件人大建议、30件政协提案、28件省市县交工作开展专项督查5次，使建议和提案办理工作事事有着落，件件有答复。

（九）保密工作

镇原建党初期，各级党组织就十分重视保密工作，注意保密党员、地下工作者和统战人士身份，保护党的各类文件，防止丢失、泄密。民国三十一年(1942年)，县委建立秘密要件登记制度，对上级电文登记、编号，对撰写的文件原稿及绝密文件由秘书人员保存归档，不得遗失、泄密。

三十六年，县委成立保密委员会，组织部、公安局等部门负责人参加，加强保密工作领导。保密范围包括选择机关住址、保护文件、建立交通工作站、确定秘密接头方式和准备党的重要会议。保密方式有秘写、暗语、职业掩护等。边区沦陷撤退时，为预防泄露秘密，清理烧掉大部分档案资料，确保党的组织、人事安全。三十八年五月，根据地委秘书处要求，县委突击清理抗日战争至民国三十七年的全部文件，按遗失数、焚烧数、退回数、现存数开列清单，对遗失文件追究有关人员责任。

1950年初，贯彻地委通知，加强保密教育，健全保密制度，定期检查，促使机要、通讯人员严格遵守保密制度。凡上下往来党内机密文件、材料，不再通过邮局转送，一律由机要员、通讯员亲自递送，不准别人捎转；区、乡来往文件、材料，一律交收发室登记并取得收条，不得直接交给部门或其他人员。1954年，县保密委员会配备专职保密秘书，各区委建立有负责人参加的保密小组，由文秘人员兼搞保密工作，并普遍添置保密皮包，加固办公室门窗，建立机关值日制度等，保密工作得到加强。

1962年4月，城关公社将历史档案、刊物当作废纸向采购站出售，县委发现后追回一部分，地委保密委员会对当事人进行严肃处理，并向全区通报。1963年3月至4月，对各机关、各行业进行为期50天保密大检查，涉及文件资料保管、销毁、携带、收发、打印、传递、交接制度落实情况和保卫设施配备及干部职工对保密工作的认识，调整不适宜做保密工作人员，对存留文件全部进行清理归档，建立汇报、请示、文件造册登记制度。保密委员会每季度召开一次例会，纠正文件只收不退、不给传阅、乱传乱阅、乱堆乱放、不及时归档、该毁不毁等混乱现象。

1964年1月，县委成立保密办公室，召开宣传学习会，开展查思想、查文件、查制度的保密活动，干部、职工、学生受到保密教育，增强保密观念。1965年，在县机关单位清理文件，整理归档，调整案卷，登记回收。1966年6月，在各公社开展清理党内文件、电报、党刊，建立健全保密制度。7月，从秘书室、组织部、民政局、监察院、公安局、档案馆等单位抽调人员，集中力量，突击清理1949年10月后县、社积存文件。

"文化大革命"前期，保密工作制度遭到破坏，失密、泄密问题时有发生。1972年，全区对中央文件管理进行检查，重新制订严密的传送(递)和保管制度，恢复保密工作。

1978年，县、公社文书室、档案室添置保密设施，落实保密措施；向外发送信件，按规定标明密级或挂号发出，绝密文件月底小清理，年终大清理，及时归档。1979年，部分公社建立综合档案室，制订保密制度，大部分大队清理历年文件，建档立卷，由文书负责保管。

1980年，对干部职工开展保密教育，要求个人会议记录、通信、电话、探亲访友和公共场所不涉及保密问题。1982年，根据新的《政务院保守国家机密暂行条例》，修改各项保密制度，在机关单位职工中开展安全、保密教育。每年高考招生工作中，保密局从试卷的押运、收缴到保密室的值班,均确定专人,全程跟踪负责,确保高考工作顺利进行。

1984年起,将保密教育纳入党校教学计划,在春秋两季培训班安排保密课,进行保密知识学习教育。各乡镇、县直机关单位订阅《保密工作》杂志,供干部职工日常学习。每年元旦、春节、"五一""十一"期间,开展保密大检查,发现问题,及时解决,并向地区保密委办公室反映检查情况。

2000年开始,县保密局采取不定期、不通知方式,每年对县直部门保密制度落实和涉密计算机、移动存储介质管理使用情况进行检查,并及时反馈,对保密工作不到位、存在安全隐患的单位责令限期整改,将保密领导责任和党建工作责任制统一起来一并考核,促使各级领导干部遵守保密法规和纪律,管好身边的工作人员和亲属,做到不泄密、不失职。

2006年,在县委、政府、人大、政协及县直重要部门、乡镇86个单位安装政务专网,确定专门计算机,与互联网实行物理隔离,用于重要文件的上传下达。有关单位配备密码文件柜,县委常委会议室、政府常务会议室安装屏蔽仪,涉密部门和负责人配备密码箱和碎纸机。针对保密工作实际修订完善密级范围,制定完善信息系统保密管理的具体办法和制度,开展保密检查,促进了各类涉密文件的管理。

2008年,县保密局筹集资金15万元,为县委常委会议室、政府常务会议室更换会议屏蔽器,给县委常委、重点涉密部门领导配备新的密码箱和碎纸机。县保密局购置保密技术检查专用工具,多次对全县各重点涉密单位的计算机进行技术检查,督促各单位实施办公计算机与上网机实行有效分离。与县委党校配合,对重点涉密人员、保密专兼职干部和计算机管理人员,进行专业培训辅导200多人次,提高这些人的保密意识和保密技能。对县上的一些重要会议、重要活动进行保密管理,及时回收全部保密资料。

2010年,制定出台《涉密计算机和移动存储介质管理制度》《公共信息网络发布保密管理制度》,建立涉密人员基本信息库,实施经管涉密文件资料人员、保密要害部门部位涉密人员持证上岗制度, 年内3次组织人员对全县40多个单位的新增办公自动化设备进行摸底调查,对涉密计算机、涉密移动存储介质、办公网络进行重点检查并登记造册,建立管理档案。督促各单位及时清缴废旧文件资料,全年共收回各类废旧文件资料2400多公斤。对政务公开信息,按照"谁公开、谁审查、谁泄密、谁负责"的原则,从起草、审核、签发等各个环节明确责任。合理确定文件密级和保密期限,从定密、标密、登记、变更、解密年度、统计等六个方面建立定密台账。

(十)信访工作

陕甘宁边区时期,各级党委尚无专门信访工作机构,群众来信来访由党政领导随时接待,批示有关部门处理。1951年6月,政务院《关于处理人民来信和接待人民来访工作的决定》颁布后,县级党政部门和公、检、法机关开始设立检举箱、控告箱、来信箱,受理人民来信来访,接受群众监督和批评。1955年9月,信访工作由县委、县人委办公室指定专人办理。当年1月至1957年10月25日,共受理人民来信841件,来访53人次(不含公检法受理案件),基本处理完结,所反映问题80%均是准确的,其中1957年受理来信405件,来访

22 人次。

1961 年,西北局兰州会议后,县委建立人民信访接待室,受县委办公室直接领导,配备专职干部 1 人,公开挂牌接待处理群众来信来访。1962 年,逐步建立来信来访登记、检查、催办、回报结果、统计、立卷、归档、总结等工作程序和制度,查处解决一些群众反映强烈的问题。1964 年上半年,共受理人民来信来访 1850 件次,其中有上级党委转来 60 件(中央 4 件、西北局 4 件、省委 28 件、地委 24 件),直接受理 1287 件(信访室 117 件,县直机关单位 1170 件),区、社两级受理 503 件。来信来访反映执行政策方面 75 件,检举贪污盗窃 249 件,投机倒把 37 件,打击报复 13 件,乱搞两性关系 84 件,逼死人命 95 件,婚姻等民事纠纷 272 件,申诉不服党团籍处分 68 件,不服历史结论 28 件,要求解决各类问题 548 件(生活救济 151 件、上学就业 8 件,调动工作 375 件,退赔兑现 12 件,迁移和查询户口关系 2 件),找人问事 3 件,合理化建议 61 件,揭发五类分子罪行 70 件。查处结案 1532 件,占 82.8%,未结案 318 件,多数做到件件有着落,案案有交代,事事有结果。1965 年,县人委受理来信来访 1471 件,其中申诉个人处分 27 件,检举干部违法违纪、贪污盗窃 155 件,要求调动和安排工作 713 件,检举人命案 8 件,涉及有关政策问题 46 件,生活福利方面 401 件,检举地富反水活动 20 件,询问、批评、建议等 63 件,其他问题 38 件。查结 1317 件,占 89.5%。

“文化大革命”开始后,信访工作陷于停顿。1974 年,信访工作由县委办(革委会办公室)指定人员兼办。中共十一届三中全会后,各级组织加强信访力量,重视信访案件查处工作,重点解决各类历史遗留问题。1979 年 9 月,镇原籍西峰火柴厂工人张步升赴京上访,反映其父张天和于 1936 年给红军捐小麦十余万斤,土改中家庭被划为地主成分,1958 年定为地主分子捕办判刑,1960 年劳教中死亡,其早已参加工作的两个儿子受到株连失去工作,其他 4 个儿子生活困难。县革委会查处后,认定张天和抗日战争时期为红军捐助大量小麦、活猪,是拥护抗日的表现,土改时家庭定为地主成分是正确的,1958 年给其戴帽捕办是错误的,给予平反,并恢复政治荣誉,对其家庭生活困难给予适当救济,受株连子女予以平反,重新安置工作。

1983 年,成立县政府人民群众来信来访办公室,为政府直属工作部门,与县委办信访业务归并一起,配备专职干部,接待群众来信来访,重点调查处理反映经济体制改革方面问题。1988 年,受理群众来信来访 412 件,查证解决经济体制改革问题 50 件,解决劳动就业、工资福利、农转非户口和安置精简下放人员 57 件,退赔兑现房产及落实政策 106 件,查处法纪问题 37 件,其他问题 162 件。

1992 至 1995 年,来信来访主要有庄基、地界纠纷、生活困难、历史遗留及政策落实问题。4 年受理群众来信来访 880 件(含重信重访 17 件次,集体上访 2 起),按照分级负责、归口处理原则,分类排队,分别查处 856 件,其中立案查处 173 件,交办、转办和调查处理 170 件,两项占 40%;自办 513 件(直接答复 407 件,协调处理 106 件),自办率 60%。

1996 至 1998 年,来信来访主要是土地纠纷、干部作风、涉法涉诉等问题。3 年共受理群众来信来访 664 件,其中重信重访 25 件次。立案 116 件,结案 114 件,自办 306 件。1999 至

2001年,信访主要是二轮土地承包纠纷。3年共受理群众来信来访628件,其中群体访64批1846人,立案116件,结案114件,结案率98%;直接答复312件,协调处理108件,自办率62%。

2002年9月,县委设信访室,为县委办公室内设机构。信访工作重点是企业改制、生活困难、拖欠工资、城镇拆建、土地征用、企业军转干部安置等问题。原马渠手工业联社职工集体上访,要求解决生活困难,经政府领导协调,对孟坝、太平、三岔、马渠4个手工业联社未安置的正式职工,由民政部门每人每月解决100元生活补助。至2004年,3年共受理群众来信来访785件,其中群体访72批1994人。立案184件,结案172件,结案率93%,直接答复367件,协调处理174件,自办率64.5%。2005年,共受理群众来信来访585件,其中来信284件,来访301件,集体访49批847人次。立案96件,结案89件,结案率93%。

2007年2月,成立镇原县信访局,编制干部8人,下设信访一室、二室,分驻县委、政府。2006、2007两年受理群众来信来访1048件,其中群体访88批1200人,立案137件,结案126件,结案率92%。

2008年,开展县委书记、县长大接访活动,通过联席会议形式集中解决重信重访案件。全县上访536批1823人次,其中进京访8批8人次,到省市访5批357人次,到县访523批1458人次。归类办理40件,其中国家、省、市重点督办15件,领导接访和交办25件。开展重信重访治理,筛选19件重点案件,逐一落实包案领导、责任单位和责任人,限时办结,集中4个月时间全部办结,多年遗留的林业系统在职和退休人员拖欠工资、企业退休人员遗属生活困难补助费等问题得到解决。

2009年,加强信访案件排查,化解各类矛盾纠纷,共排查出工业、供销、教育系统和涉法涉诉、征地拆迁、企业改制、退役军人安置、劳动保障等各类矛盾纠纷536件,调解处理510件,调解率95%。立案办理重点信访案件133件,其中中央和省市交办案件48件。给8023部队退伍军人及革命二等乙级伤残军人报销药费,为屯字、上肖、中原等9乡镇拖欠职工住房公积金给予补贴,化解了矛盾纠纷,解决了一批信访积案。

2010年,共受理群众来信来访752件1580人次,其中来信225件,来访527批1580人次(个体访495件750人次,集体访32件830人次);开展领导大接访活动24次,接待群众89批386人次,现场解决25件,交办64件,阅批群众来信231件。年内创新机制,推行信访代理,设立乡镇信访代理站19个,聘任代理员43人,办理信访案件42件。全年立案办理208起,转办544起,办结率96%。

(十一)党史工作

1950年6月,县委收集整理《镇原县地下党的工作情况报告》,呈报地委组织部,为县内最早一份极有价值的党史资料,为研究镇原党的活动提供佐证。

1980年代初,新修镇原县志,拉开征集革命斗争史和党史资料工作序幕,全县征集文字资料五六十万字。1981年10月,县委成立党史资料征集领导小组,从县委办、人大办抽调兼职干部3人,依托县委办组成临时办公室,向县直各单位和各公社发出《关于征集党史资料的通知》,开始党史编纂前期准备工作。1984 年 5 月,成立县委党史资料征集办公室,为县委工作机构,配备专门人员,开始党史编纂工作。组织工作人员到北京、陕西等 22 个省、区及县内访问老干部、老党员 418 人次,采访、整理回忆录、采集资料 654 件 133 万余字和图片资料 60 余张。在地区档案馆、省档案馆、陕西档案馆、宁夏档案馆和县内有关单位查阅档案 3950 卷,摘录资料 1394 件约 250 万字,复印资料 150 件,复印图片资料和收集实物 38 件;发函征得资料 140 多件。

1986 年,成立组织史资料编纂领导小组,下设临时办公室,坚持征集与研究并重,边征集、边整理、边研究、边编辑,编纂成《中国共产党甘肃省镇原县组织史资料》(1935 年 8 月至 1987 年 10 月),50 万字,于 1991 年 8 月内部发行。至 1993 年,党史办整理专题资料 16 份,约 16 万字;整理回忆录 15 份,3.5 万字;编写党史人物传略、简介 98 份,约 12 万字;编写烈士名录一册;编辑印发《中国共产党在镇原的历史资料》(初稿)23 集 70 多万字;征编《民主革命时期镇原县大事年表》《中共镇原县社会主义时期历史大事记》和《庆阳地区民主革命时期党史资料丛书》镇原部分;完成《陕甘宁边区陇东的军事斗争》下集征集编纂工作,收录解放战争时期陇东军事斗争综述及地方武装配合解放军西北野战军作战或独立作战解放陇东情况的各种资料,约 37 万字。

1994 年,党史资料征集重点转移到社会主义建设时期,有选择、有目的地采访、整理"三反"运动、互助合作、许国和、张万寿反革命集团冤案及农具改革等一些专题,编写《中国共产党社会主义时期镇原大事记(初稿)》,完成地委党史办下达的社会主义时期党史重点专题十余个。1996 年,党史办联合宣传部、教育局编写出版《镇原革命风云录——镇原县爱国主义教育读本》一书,比较系统地反映革命战争年代镇原人民在共产党领导下英勇斗争历史。

1999 年 4 月开始编纂《镇原县现代人物志》,收录 1936 年镇原县共产党组织成立至 2001 年底各类人物 1000 多名,40 万字,于 2002 年 4 月内部刊发。2004 年 11 月内部发行《建国 55 周年镇原县大事记》,13 万字。2005 年编印《镇原县离休干部风采》。7 月发行《中国共产党镇原县组织史资料》(1987 年 11 月至 2004 年 12 月)。10 月出版《光辉的历程》,26 万字。11 月内部发行《中国共产党镇原县代表大会资料》(1954 年 11 月至 2005 年 11 月),25.3 万字。2006 年 3 月内部发行《镇原县人民代表大会会议资料》(1954 年 7 月至 2005 年 12 月)《中国人民政治协商会议镇原县委员会全体委员会议资料》(1984 年 1 月至 2004 年 12 月),分别有 120 万字和 52 万字。6 月,编印出版《将星耀镇原》,全书 10 万字。2007 年 12 月编印出版《中国共产党镇原县党史大事记》(1930 年至 2006 年),全书 20 万字。2008 年 11 月,编印《春华秋实——镇原改革开放 30 年回顾与思考》。2009 年,中共党史出版社正式出版《中国共产党镇原历史》第一卷,全书 19.6 万字。2010 年,开始编纂《中国共产党镇原历史》第二卷。

三、中共镇原县党的代表会议和中国共产党镇原县代表大会

1949 年 11 月 25 日,中共镇原县委在县城召开党的代表会议,传达分区党代表会议决议，安排部署接管旧政权机关、剿匪肃特、恢复生产等工作。至1952年7月，县委又召开两次党的代表会议，研究讨论建党、建政、开展农业增产运动等问题，安排部署中心工作。县委根据代表会议精神，及时调整工作重心，领导全县人民全力恢复和发展生产，进行土地制度改革，开展查田定产、镇压反革命、抗美援朝和“三反”运动。

中国共产党镇原县第一次代表大会1954年11月30日至12月6日在县城举行，出席大会代表174人，代表全县党员2359人，列席27人。传达庆阳地委第三次党代会精神，讨论通过《关于动员全党贯彻开展以互助合作为中心的农业增产运动而奋斗的决议》，选举产生第一届委员16人。全体委员会选举常务委员8人和书记、副书记，选举出席省党代会代表19人。一届二次代表会议补选县委委员2人。

中国共产党镇原县第二次代表大会1956年4月26日至5月3日在县城举行，参加会议代表146人，代表全县党员3904人，列席25人。会议讨论通过县委工作、思想建设和组织建设及前十个月监察工作报告，选举出席省第二次党代会代表13人，选举产生第二届委员会委员17人，候补委员4人。全体委员会选出常务委员7人和书记、副书记、纪律监察委员会委员和书记。第二次委员会议听取县委书记《关于批判右倾思想的报告》，通过《关于把反右斗争和全民整风运动进行到底的决议》，制订1958年工农业生产指标和兴修水利等计划。

中国共产党镇原县第三次代表大会1958年7月29日至8月11日在县城举行，出席会议代表357人，代表全县党员6639人，列席45人。会议听取县委《高举无产阶级红旗，进行政治思想革命和组织大革命，为彻底改变镇原面貌而奋斗》的工作报告，选举产生第三届委员会委员15人、监察委员会委员7人。全体委员会选举常务委员9人和书记、副书记及监委书记。

中国共产党镇原县第四次代表大会1959年11月2日至5日在县城举行，出席大会代表297人，代表全县党员6395人，列席187人。会议传达讨论地委第十二次委员扩大会议精神，听取县委工作报告，总结第三次代表大会后工作，部署1960年工农业生产更大更全面跃进任务，选举产生第四届委员会委员19人，候补委员2人，监察委员会委员7人。全体委员会选出常务委员9人和第一书记、书记处书记及监委书记。

中国共产党镇原县第五次代表大会1964年5月8日至14日在县城举行，出席大会代表257人，代表全县党员7663人，列席254人。大会听取县委工作报告，总结1958年“大跃进”工作中的缺点错误，安排革命和生产工作；选举产生第五届委员会委员23人，候补委员2人。全体委员会选出常务委员10人和书记、副书记、纪律监察委员会委员6人及书记。

中国共产党镇原县第六次代表大会1971年3月26日至29日在县城举行，出席大会代表396人，代表全县党员7817人。大会听取县革命委员会整党领导小组《高举党的九大团结胜利的旗帜，沿着毛主席革命路线奋勇前进》的工作报告，选举产生第六届委员会委员27人。全体委员会选出常务委员9人和书记、副书记。

中国共产党镇原县第七次代表大会1979年1月7日至10日在县城举行，出席大会代

表454人,代表全县党员10607人。大会学习中共十三届三中全会公报,听取县委《鼓足干劲,同心同德,为实现四个现代化奋勇前进》的工作报告,总结第六次代表大会、特别是粉碎"四人帮"后的工作,选出第七届委员会委员25人、纪律监察委员会委员7人、省第六次党代会代表9人。全体委员会选出常务委员11人和书记、副书记、纪委书记。

中国共产党镇原县第八次代表大会1983年10月25日至27日在县城举行,出席大会代表318人,代表全县党员11399人,特邀代表1人,列席18人。会议听取县委《认真贯彻十二大精神,为改变镇原面貌而奋斗》的工作报告,审议通过纪律检查委员会工作报告,选出第八届委员会委员29人、候补委员3人、纪律检查委员会委员13人、常务委员6人和省第七次党代会代表5人。全体委员会选出常务委员9人和书记、副书记及纪检委书记。

中国共产党镇原县第九次代表大会1986年11月27日至29日在县城举行,出席大会代表326人,代表全县党员12087人,特邀代表6人,列席14人。会议听取县委《坚持两个文明建设一齐抓,为全面振兴镇原而奋斗》的工作报告和纪委工作报告,通过两个报告决议,选举产生第九届委员会委员27人、候补委员3人、纪律检查委员会委员15人、常务委员8人。全体委员会选出常务委员11人和书记、副书记。纪委委员会选出纪委书记。

中国共产党镇原县第十次代表大会1989年11月23日至25日在县城举行,出席大会代表349人,代表全县党员13071人,邀请6人,列席12人。会议听取县委《加强党的领导,动员全县人民,进一步治理整顿深化改革,为实现镇原的全面振兴而努力奋斗》的工作报告和纪委工作报告,审议通过两个报告决议,选举产生第十届委员会委员25人、候补委员5人、纪委委员15人。全体委员会选举常务委员10人和书记、副书记,纪委委员会选出纪委书记。

中国共产党镇原县第十一次代表大会1992年11月20日至22日在县城举行,出席大会代表350人,代表全县党员13672人,特邀代表11人,列席20人。会议听取县委《解放思想,加快发展,为夺取九十年代全县改革和建设的新胜利而奋斗》的工作报告和纪委工作报告,审议通过两个报告决议,选举产生十一届委员会委员26人、候补委员5人、纪委委员13人。全体委员会选出常务委员9人和书记、副书记。纪委委员会选出纪委书记。

中国共产党镇原县第十二次代表大会1997年11月5日至7日在县城举行,出席大会代表358人,代表全县党员14206人,特邀4人,列席32人。会议听取县委《高举伟大旗帜,实施赶超战略,为实现跨世纪的宏伟目标而奋斗》的工作报告和纪委工作报告,审议通过两个报告决议,选举产生十二届委员会委员25人、候补委员5人、纪委委员13人。全体委员会选出常务委员10人和书记、副书记。纪委委员会选出纪委书记。

中国共产党镇原县第十三次代表大会2002年11月6日至9日在县城举行,出席大会代表326人,代表全县党员14619人,列席15人。会议听取并审议通过县委《解放思想,实践创新,为全面推进镇原经济社会事业的跨越式发展而努力奋斗》的工作报告和纪委工作报告,选举产生十三届委员会委员25人、候补委员3人、纪委委员13人和庆阳市第一次党代会代表44人。全体委员会选出常务委员10人和书记、副书记。纪委委员会选出纪委书记。

中国共产党镇原县第十四次代表大会2006年12月3日至5日在县城举行,出席大会代表326人,代表全县党员15387人,列席34人。会议听取审议并通过县委《全面提速,科学发展,为建设和谐、繁荣、文明的新镇原而奋斗》的工作报告和纪委工作报告,选举产生十四届委员会委员38人、候补委员7人、纪委委员19人和庆阳市第二次党代会代表44人。全体委员会选出常务委员11人和书记、副书记。纪委委员会选出纪委书记。

第三节 中国民主同盟

民国三十年(1941年)十一月十九日,中国民主同盟甘肃省支部临时工作委员会在兰州成立,镇原人士祁芝龄,第一个在兰州加入民盟,接着3人在平凉加入民盟。

1950年,在县委支持下,成立镇原民盟小组,有盟员4人,祁芝龄任组长,积极联系地方开明人士、在乡军人、自由职业者、政府职员、学校教员等,宣传中国共产党政策,配合县委和人民政府进行清匪、肃特、反霸、抗美援朝等政治运动。1956年,有盟员6人,组长先后由孙作瑞、马维邦、杜蔚林、张瑛、李世鼎等担任。1957年反右斗争中,除1人外,其他盟员均因历史和言论问题,被定为右派、历史反革命、现行反革命分子,处以劳教、劳改、管制,政治上承受不白之冤,民盟小组活动停止。1979年起,落实各项政策,纠正冤假错案,盟员全部平反,恢复名誉,安排工作,民盟小组重新恢复,有盟员6人,杜蔚林任组长。

1983年9月,经民盟甘肃省委批准成立民盟镇原县支部委员会,召开第一届盟员大会,选举李世鼎任主任委员,李维贤、郑卫东分别任组织、宣传委员。此后,马维邦、席文敏、袁自强、慕新民、张永君分别担任支委主任委员。政协镇原县委员会成立后,先后有24人次盟员作为民主党派界别(后为民盟界别)担任县政协委员,参加政协活动,杜蔚林曾被选为政协镇原县第一届委员会副主席,6人先后被选为县政协常务委员。县政协一届一次会议上,杜蔚林提交关于提高教学质量、修建校舍、增加教学设备、改善教学条件提案,受到县政府和主管部门重视,当年教育局给开边、平泉、屯字3个中学拨款84350元,修建教室15间、宿舍26间,添置桌凳350套,改善了上述学校的教学条件。

1990年,民盟支部在县政协、县委统战部协助下召开第三届盟员会议,进行支部改选,产生新支委。县政协、县委统战部派员参加民盟支部学习座谈会,听取民盟对全县治理整顿、深化改革意见和建议。1992年,县政协从内部给民盟支部调剂解决办公活动场地。民盟支部活动也经常邀请政协领导参与,注意听取领导意见,帮助解决各种困难和问题。民盟界政协委员均积极参加政协有关会议和基层政协委员小组活动。政协三届二次会议上,民盟委员袁自强提出选拔民主党派和无党派人士在政府部门任职案,县上认真研究,按干部选拔条件,经过考核提名,县委先后选拔非党知识分子、无党派人士10人,民主党派1人,分别在经委、审计、教育和司法等部门任职,并聘任2名民盟成员、无党派人士分别担任兼职检察、审计员。民盟委员慕新民,经调查研究,反映社情民意,撰写提案,共交提案25件,立案20件，被有关部门采纳实施，取得较好经济效益和社会效益。

1999年，针对企业改制后下岗职工生活保障问题，民盟支部在县政协五届三次会议上提交关于认真做好社会保障工作、妥善安排好下岗职工生活的提案，被县政府采纳，结合企业实际，制订出具体保障方案。民盟支部会同社保、财政、地税等有关部门，多次深入企业调查摸底，督促企业缴纳“两金”，解决经营困难企业拖欠养老金问题，落实下岗职工生活保障政策和措施，在财政十分困难情况下，多方筹措资金88万元，按规定足额发放290名下岗职工基本生活保障金，为30户困难企业430名退休人员发放养老金99.47万元，确保社会和谐稳定。民盟支部在县政协五届四次会议上提交关于发展民办教育提案，呼吁城建、土管、银行等部门共同关心、支持民办教育，县教育局按照《甘肃省社会力量办学条例》，创立第一所民办中学。2001年，成立3所民办高中和4所民办幼儿园，均于当年秋季按时招生开学。民盟支部撰写《凝聚力量统一斗志开创新时期学校统战工作新局面》一文，被庆阳地委统战部《统战动态》杂志刊登。

2003年，民盟支部在县政协、县委办、统战部、财政局帮助下，落实办公经费，保证正常工作。当年通过调查研究提交提案90多件，反映社情民意信息50多条，得到有关方面重视和落实，对推动全县经济社会发展做出应有贡献。

至2010年，盟员发展到50人，民盟支部召开盟员大会7届，组织盟员学习中国特色社会主义理论体系，投身改革开放和现代化建设，为振兴镇原经济、教育、科技文化献计献策，发挥参政议政作用。

第四节　社 会 团 体

一、镇原县各界民众抗日救国联合会（抗敌后援会）

民国二十五年（1936年）六月，成立三岔人民抗日救国会。十二月，中共陕甘宁省委派干部在平泉、新城建立抗日救国会。二十六年三月，红军援西军进驻镇原后，在县、区和工、青、妇、商界组建抗日救国会，发展壮大革命势力，发动宣传群众抗日。四月，援西军民运部在县城主持召开抗日救国民众代表大会，共产党员、孟坝镇抗日救国会主任贾联瑞当选为镇原县各界抗日救国联合会主任。选举产生的抗日救国会具有一定行政权力，是民众意志的代表组织。后来，国民党政府准备建立由其操纵控制的守土抗敌后援会，宣布抗日救国会为非法组织，中共立即将抗日救国会改为抗敌后援会，国民党后援会再也没有建立起来。九月，县抗敌后援会主任贾联瑞被国民党政府逮捕，活动被迫停止。二十八年春，中共庆环分区党委派一批干部到镇原，恢复和发展后援会。三十年秋，县抗敌后援会领导人调离，工作停止。三十二年后，随着根据地的加强，群众抗战工作由各级党组织统一领导，民众抗战组织自行消失。

二、中国三民主义青年团镇原区队

民国二十八年（1939年）五月，始建中国三民主义青年团镇原区队，隶属庆阳区团部，区队长由沈健吾兼任，当时仅有几名团员。八月，改属甘肃支团部。二十九年六月，团员增多，成立新巷子小学分队和机关分队。三十年六月，将区队改为镇原分团部筹备处，下设两个股。分队改为区队，即新巷子小学、县机关、镇原中学区队和女子小学直属分队。

三十一年四月，县分团部筹备处下设三个股，辖区队14个，直属分队7个，在各小学大量发展团员。县教育科为第一区队，县政府为第二区队，中原有第三、第十四区队，新巷子高小有第四、第十二区队，寇家庙高小为第五区队，太平高小为第六区队，肖金显圣高小为第七区队，屯字高小为第八区队，中原高小为第九区队，平泉高小为第十区队，新城高小为第十一区队，肖金高小为第十三区队。县女子小学为第一直属分队，薛家乡公所为第二直属分队，开边乡公所为第三直属分队，马渠乡公所为第四直属分队，县分团部为第五直属分队，什户乡公所为第六直属分队，中学女生为第七直属分队。三青团宣传新生活运动，实行三民主义教育，动员青年从军抗战，为国民党军队捐款捐物，同时监视倾向共产党人士。

三十二年十月，成立三青团镇原分团部，下设总务、组训、宣传三个股。三十四年二月，有团员600余人。三十七年，有区队32个，直属分队2个，团员发展到1010人。区队有县政府区队、县参议会区队和临泾、太平、屯字、肖金、中原、平泉、新城、马渠镇公所区队，永安、永定、永和、永绥、永康、什户、开边乡公所区队，镇原中学区队，新巷子、寇家庙、太平、开边、肖金、显圣、永定、屯字、平泉、中原、新城、上肖、孟坝、永康完小区队，团员996人；直属分队即县分团部、县女校分队，有团员14人。四月，县团部与县党部合并，按规定应由本人签名、组织审查合格者，三青团员方能登记转为国民党员，由于解放战争在各个战场取得胜利，国民党、三青团组织濒于崩溃，普通党、团员均不愿登记，县党部为塞责，按县上原存党团员名册分别各造两份，送省党部核办未批。

三、镇原县青年联合会

民国二十七年(1938年)起，各乡镇普遍建立青年救国联合会，动员青年参军参战，开展民众抗日救国运动。三十二年县青年救国联合会因人员调离停止活动。三十八年二月，成立镇原县青年联合会。中华人民共和国建立后，青年联合会继续开展工作，1951年6月停止活动。

四、中国共产主义青年团镇原县委员会

民国三十六年(1947年)，中共中央作出《关于建立中国新民主主义青年团的决定》，六月十四日县委决定，先在柳州、石佛、马渠、三岔等区建立秘密新民主主义青年团支部，后在其他区乡逐步发展团员，建立组织。三十八年六月，成立新青团镇原县委员会，各区配备团干部1人，开展宣传教育，发展团员，在各区、乡逐步建立新民主主义青年团组织。1950年，全县团支部发展到106个，其中县机关6个，学校13个，农村87个，团员1171人。同年7月25日至29日，召开新民主主义青年团镇原县第一次代表大会，出席代表88人，列席代表33人。大会审议通过团县委工作报告，选举产生新青团镇原县委员会书记、委员。各级团组织在建团工作同时，开展镇反、夏收、夏选、夏粮征收等工作。1951年，各中小学相继建立少年儿童团。

1953年，全县有团支部117个，团员2039人，少年儿童团改称少年先锋队。4月24日至29日召开新民主主义青年团镇原县第二次代表大会，出席代表240人，列席代表4人。会议总结贯彻婚姻法运动中青年工作经验及团十大作风，讨论如何领导青年进行生产救灾和发展互助合作运动，审议通过上届委员会工作报告，选举产生本届委员会。工作重点以生产救灾为主，并对乡支部书记和副书记、委员等进行训练，学习团章、党的政策、领导生产方法、技术等。1954年，各级团组织动员青年2134人参加互助合作社，占农村团员86.7%。1956年，全县团支部增加到287个，团员发展到11390人。

1957年，遵照中央决定，将新民主主义青年团改为共产主义青年团。1958年，全县有团支部347个，团员7179人。1962年，全县有团支部624个，团员7836人，其中农村团员6715人，学校团员905人，机关团员216人。1966年，结合整顿人民公社进行整团运动，配齐领导班子，规范制度。全县团支部合并为374个，有团员14147人。各级团支部组办业余民校45处，建立青年学习小组1671个，动员团员青年积极参加扫盲队，识字学文化；参加学习小组，突出政治，大学毛主席著作；参加民兵组织，开展各种军事训练，增强战备观念；开展创建"四好"支部活动，参加青年30580人。5月，"文化大革命"开始，广大青年以破"四旧"、立"四新"为重点，投身到"文化大革命"运动中。

1973年，整顿恢复团组织，全县有公社团委20个，中学团委7个，团总支4个，团支部385个，团员12326人。团组织带领广大团员青年跟随政治运动，开展批林批孔。粉碎"四人帮"后，团组织开展各类思想教育活动，投身工业学大庆、农业学大寨运动，发挥团员青年的突击作用。1978年，全县有团支部524个，团员13734人。1980年，团员43人加入党组织，青年1391人加入共青团，为超龄团员806人办理离团手续，全县有761所学校建立少先队组织，发展队员44532人，配备少先队辅导员1149人，其中校内994人，校外155人；组织团员学习宣传贯彻中共十一届三中全会精神，开展创建先进团支部和争当新长征突击手活动，发挥团员青年在工农业生产中的主力军作用。1982年，全县有公社、中学团委37个，支部515个，团员10611人；组织青少年31000多人参加搞卫生890多次，营造青年林、少年林2592亩。

1983至1984年，开展"五讲四美"活动，定点包五保户、困难户；在广大团员青年中掀起学习张海迪、做八十年代新一代活动。全县办起"青年民兵之家"97个，组织团员青年开展"一团两户三当"（一个团组织或团员联系两户，发展商品生产，学用科学当标兵，勤劳致富当行家，种草种树当能手）活动，引导青年广开门路，治穷致富。1985年，全县有乡团委24个，完全中学团委6个，县直机关团委1个，临泾、南川、曙光、上肖、太平、新城、马渠、庙渠、郭原、湫池、中原、新集中学及阎寨八年制学校团总支13个，下属支部530个，有团员10951人。

1987年，全县各级团组织举办"四项基本原则"教育座谈会、交流会等83场次，开展"文明青少年"活动，在县城举办改革形势报告会。1990年，围绕培养"四有新人"目标，组织开展"学英模、讲传统、做好事"主题系列活动，以提高农村青年科学文化素质为目标，举办各类种植养殖技术培训班231期，受训青年1.6万人次；对基层158个松散瘫痪团组织进行整顿，在县城建立标准化基层团委1个，团总支3个，团支部17个，全年共接收新团员2635人，办理超龄团员离团手续938人。

1992年，全县有乡团委24个，完全中学团委6个，县直机关团委1个，团总支25个，下属支部579个，有团员10644人。1994年，以经济建设为中心，实施振兴老区青年立功行动；以科技为先导，开展"丰收工程"，组织农业技能培训15次，参加培训1279人。1996年，全县有团委31个，团总支17个，下属支部530个，有团干部31人，团员12692人。

1998年，以培养跨世纪合格建设者为目标，加强青少年思想道德教育，组织开展"颂改革开放，赞辉煌成就"知识竞赛活动，推进服务进万村行动，给临泾蒙塬15户青年贫困户投入帮扶资金11000元，提供玉米子种75公斤，地膜120公斤，良种猪15头，化肥1.8吨。

2000年，全县有基层团委45个，团员19930人。"希望工程"累计救助541人，救助失学儿童89人。2001至2007年，募捐资金8.4万元，救助失学儿童549人，争取中国青基会项目资金，建起希望小学1处；继续推进农业产业化青年工程，按照"选项目、建基地、搞培训"的工作思路，多渠道聘请专业技术人员22人，办培训班38期，受训青年4000多人；开展"崇尚科学，拒绝邪教"活动，办展览、放警示影像，帮助青少年树立正确世界观、人生观和价值观。

2008年，全县共有基层团委54个，团支部(总支)577个，团员26131人，占青年总数24.2%。团县委争取资金152.6万元，建设希望小学3处；筹集资金46万元，为困难学生118人圆了大学梦；建成青年科技项目示范基地7处，青年创业基地5处，组织开展科学发展观等专项教育活动138场次。汶川"5·12"地震后，倡导团员青年缴纳特殊团费7600元，捐款25万元，募捐7860元，发动学生为灾区小朋友写信7000余份。至2010年底，团县委共召开团代会17次，每3年召开1次。全县有团组织897个，其中团委54个，团总支16个，基层团支部827个，共青团员2.6万人，少先队组织316个，队员71254人。

五、镇原县总工会

民国二十九年(1940年)四月，边区镇原县成立工会，发动职工积极投身革命，开展抗日救国活动。三十六年八月工作中止。1950年5月，成立镇原县职工联合会，1952年6月撤销。1956年12月，成立镇原县工会筹备委员会，在基层单位发展会员，成立组织。1957年7月，创建基层工会12个，会员709人。1958年3月，召开工会第一次代表大会，成立工会联合会。基层工会发展到14个，有会员800多人。工会组织职工学习《工会章程》，开展各种宣传活动和勤俭节约运动，建立公共体育场和俱乐部，活跃职工文化生活。12月，工会联合会撤销。

1964年4月，恢复成立镇原县总工会。年底，基层工会发展到42个，会员1062人。1965年，基层工会发展到48个，会员1430人，占全县职工总数68%。1966年5月，"文化大革命"开始后，县总工会及基层工会停止活动。1968年4月，县革委会成立，工会工作由政工组负责。

1973年7月，恢复县总工会和基层工会组织，召开工会第二次代表大会，选举产生县总工会领导机构。1979年，对全县工交、财贸、农林水电、文教卫生等系统工会进行整建。5月，召开工会第三次代表大会，基层组织发展到80个，有工会小组256个，会员3325人，占全县职工总数69.6%。随着党的工作重点转移，各级工会发动职工群众，开展为"四化"立功、以完成经济指标为内容的劳动竞赛和安全卫生活动，实行生产岗位责任制，将劳动生产与职工切身利益紧密结合起来，调动职工积极性，促进生产发展；落实人身伤亡、重大机械损坏、火灾、季节性和频发性事故"四防"措施，提高遵守规章制度、安全生产自觉性。

1986至1990年，全县有系统工会11个，基层工会120个，会员7801人，占职工总数8500人的91.8%，有专职工会工作者38人，工会积极分子1248人。1989年，学潮风波中，各级工会利用学习日、生活会，举行座谈会、讨论会、理论辅导等形式，组织职工学习中央领导讲话和"4·26"社论，统一思想，消除模糊认识，和中央保持高度一致，维护安定团结，坚定走社会主义道路信心；学习各种法律、法规，开展治理经济环境、整顿经济秩序、深化改革政策法规竞赛，在11个系统和县直单位播放"扫黄"教育录像片，受教育职工3000多人。"三八""五一""国庆"期间，举行乒乓球、自行车、篮球、拔河和环城赛跑、文艺调演等活动，参加单位60多个，职工3000多人次，评选优胜单位10个，优胜个人120多人次；完善职代会制度，加强企业民主管理，职工120人通过职代会对经营管理、安全生产、技术革新、群众生活、领导作风等方面提出各种提案256条，被采纳取得成效132条，提出合理化建议7401条，被采纳4490多条，实施2560条，创经济效益34.5万多元，增收节支47.67万元。

1993年，全县有工会组织154个，会员7785人。1998年，工会组织141个，会员8592人，经费审查组织86个，女工组织98个，有专兼职工会干部583人。1991至2000年，贯彻学习邓小平理论和中共十五大精神，加强政治思想教育，不断提高职工素质；举办邓小平理论骨干培训班15期，参加培训职工2400多人；组织中共十五大精神专题辅导会112场次，参加学习干部职工8320人次；注重用身边事教育身边人，举办李欣事迹报告会，组织杜养富英模事迹报告团巡回演讲，广大职工深受教育，在全县形成"学英雄、见行动、比贡献"的良好风尚；贯彻实施《劳动法》，平等协商签订集体合同32户，占全县企业总数91.4%；参与开展《劳动法》执法大检查，查处各类问题247条，其中边查边纠146条，限期整改101条，职工权益得到维护；全面推行厂务公开制度，有38户国有和集体企业制订实施细则，82户企事业单位召开职代会120场次，提出有关企业管理、生产经营、设备更新改造、职工生活福利等方面提案384件，经职代会审议通过246件，占提案总数64%；民主评议企业38户，评议企业领导干部114人次，提出合理化建议607条，其中有价值建议484条，创造经济效益61.6万元；开展技术革新8项，研制开发新产品2项，创经济效益29.8万元；建立特困职工档案50份，筹措送温暖资金11.2万元，慰问困难职工311人；领导干部联系困难企业35户、困难职工39人，累计安置下岗职工394人；参与52户县属企业改制工作，占应改制企业总数74.3%。

2001至2010年，全县基层工会组织发展到253个，涵盖法人单位1471个，职工2.57

万人，工会会员2.51万人，经审组织239个，女工组织190个；召开第八、第九次代表大会；探索新形势下工会工作新路子，在全市率先成立郭原乡王沟圈、南川乡上庄、上肖乡净口等15个村级工会组织，扩大工会组织覆盖面；按照组织、制度、工作三规范要求，开展规范化达标创建活动，有63个基层工会达到规范化建设标准；组织87家企业职工3400多人参加"四创两争""安康杯""我为企业做贡献"等竞赛活动；组织农村电工、汽车驾驶、电脑、瓦工、钢筋工、卫生护理、客房服务、邮政员等9个工种技术比武活动2318人，1人获全省技术标兵，5人获全省技术能手，9人分别获全市技术标兵和技术能手，有2人被省劳动保障厅和省总工会破格晋升为中级工，县总工会3次获组织奖。全县共新签、续签集体合同75家，涉及职工9926人，签约率92%；79户企业签订工资协议，涉及职工9943人，签约率94%，签订女职工权益保护专项集体合同58份，签约率81%；在101户企业建立劳动争议调解、劳动法律监督、劳动保护检查制度，覆盖面92%；配合有关部门开展农民工维权知识宣传、"安康杯"知识竞赛、文体活动等28次，干部职工6000多人参加系列活动；开展冬送温暖、夏送清凉、金秋助学帮扶活动，为1200多名困难职工上门慰问送温暖；为南川乡上庄砖瓦厂等7个工地农民工送去草帽、毛巾、茶叶、白糖等慰问品，价值4.3万元；为下岗单亲女职工、低保户、特困农民工子女46人资助大学学费3.6万元，促进社会和谐发展。

六、镇原县妇女联合会

民国二十六年(1937年)，中共镇原县委设妇女部。二十九年，陕甘宁边区县政府设妇女救国会，开展妇女解放运动，废除买卖婚姻，提倡婚姻自由，禁止缠足，反对打骂、虐待、压迫妇女，提倡男女平等；组织妇女参加生产，开展抗日救国活动；发动妇女参加夜校、冬学、识字班，读书认字，扫除文盲。

三十八年六月，县委成立妇女工作委员会。九月一日，成立镇原县妇女联合会筹备委员会，在各区、乡建立妇联组织。1950年7月29日，召开全县第一次妇女代表大会，正式成立县妇女联合会。妇联会干部深入乡村，宣传新婚姻法，提倡婚姻自由，杜绝买卖婚姻，废除早婚私婚陋习。

1951年，区、乡成立妇女联合会26个，贯彻男女同工同酬方针，号召广大妇女解放思想，投身农业生产，参加除草、保苗、收割、开荒、防洪、抗旱等农业生产。1952年，参加冬学妇女8860人，转入青年民校妇女135人。1953年，全县组成织纺小组1034个，参加妇女7934人，纺线13.95吨，织布9078米，编草帽3339顶；提倡妇女自立自强，积极参加各项社会活动；召开群众会，对虐待媳妇和重男轻女思想进行批评和处罚，对于因受家庭暴力导致妇女非正常死亡和缠足问题严肃处理，起到震慑教育作用。

1955年，全县组织变工组154个，参加女劳动力47829个，占妇女总数86%；引导和鼓励妇女利用农闲时间识字学文化，有妇女11人担任农业社会计、记工员。一些有组织领导能力妇女担任农业社主任、副主任、小组长等职务。1958年，高举"三面红旗"(总路线、大跃进、人民公社)，响应全省"苦干三年，改变甘肃妇女工作局面"的口号，破除迷信，打破常规，解放妇女劳动力，鼓励妇女积极投身工农业生产"大跃进"运动中。县妇联出台《关于掀起勤俭持家宣传运动的意见》,教育妇女树立厉行节约、勤俭持家优良作风,涌现出平泉杨秀澜、五星公社温桂桃等勤俭持家模范人物。

1960年1月,在全县范围内开展"巧姑娘、巧媳妇、巧婆婆"活动,组织广大妇女投身水利、水土保持、积肥造肥、工具改革、养猪为中心的五大活动中,发挥妇女在各项生产中半边天作用。1963年,宣传农村两个阶级、两条道路斗争,教育妇女提高思想觉悟,爱国、爱社、爱集体,发扬城乡互助精神。

1966年5月,"文化大革命"开始,县、社、队妇联工作停顿。1973年4月,恢复县妇联和20个公社、256个大队妇委会组织,女职工较多机关单位及工厂建立妇女小组,开展婚姻、家庭、勤俭节约、妇幼保健教育。

1979年,开展"五好"(好婆婆、好媳妇、好妯娌、好妈妈、好妻子)家庭和个人评选活动,组织妇女宣讲团,宣传教育妇女处理好婚姻、家庭问题,尊婆爱媳,孝敬公婆,邻里和睦,夫妻互尊互爱,勤俭持家,努力劳动;开展维护妇女儿童合法权益活动,对压迫、侮辱、虐待妇女、溺死女婴等犯罪行为进行揭露和查处。

1983年,评选、表彰、奖励"三八红旗手""五好"家庭和个人。1984年起,围绕中心工作,开展法律知识普及、妇女技能培训、妇女儿童权益维护活动,引导妇女认识经济体制改革重要性及发展商品生产必要性,组织妇女勤劳脱贫,尽快解决温饱问题;在城乡妇女中开展以革除婚丧嫁娶中陈规陋习为主要内容的移风易俗活动,号召妇女克服愚昧和落后观念,树立社会主义新风尚。

1990年,各级妇联宣传人口知识、计划生育知识和计划生育重要性,解除妇女思想顾虑,落实计划生育措施;开展向落实结扎手术纯女户送温暖、送感情、做好事活动,先后捐助现金14344元、粮票75斤、糖278公斤、食品219.5公斤、鸡蛋131公斤、罐头879瓶等。

1991年,按系统成立妇委会9个,各配备专职主任1人,兼职副主任2人,下属单位成立妇女小组;加强妇女马列主义、国情、形势、政策及"四有""四自"教育,举办首次妇女问题理论研讨会,征集论文11篇;利用各种节庆活动,表彰先进协调组织4个、"双学双比"女能手82人、先进基层妇女干部24人,表彰"学、讲、做"活动先进妇女组织2个、先进个人18人;国庆节期间举办"争当巾帼建功标兵"演讲会,参赛妇女10人就如何为现代化建设做贡献进行热情洋溢演讲。1992年《妇女权益保障法》颁布,县妇联组织全县妇女干部群众开展学习活动,为妇女维权工作奠定基础。

1993年,召开第十次妇代会,系统安排后5年工作,对贯彻落实《妇女权益保障法》提出具体要求。1996年,从妇女参政议政、劳动权益保障、提高科技文化素质等10个方面制订和实施妇女五年发展规划。2000年,开展"五好文明家庭"及"优秀家庭成员"评选活动,评选出"五好文明家庭"120户,"优秀家庭成员"140人。

2001年起,通过制订和实施妇女儿童发展十年规划,逐级分层培训农村妇女科技人才,鼓励妇女建立家庭小林场、小果园和"三八"林基地,组织妇女开展专业化、规模化、区域化生产经营,建成"妇字号"产业基地、示范基地24处;鼓励妇女能人兴办企业,平泉镇上刘村女青年张敏创办庆阳市澳恺食品有限公司,吸纳女职工175人。号召妇女劳务输出,全县累计有5.6万人次女工走出家门,到新疆、北京、广州等地务工,其中家政服务员544人;关爱女童,开办“春蕾女童班”8个,争取中石化春蕾高中生助学项目1个,发放救助金30.4万元,救助失辍学女童160人;利用国家“贫困女童救助基金”,帮助贫困女童103人重返校园;为灾区、特困职工、贫困妇女、特困女童送温暖、献爱心活动15次,送去救助金2.8万元,衣物1000多件,生活用品650件;为60个计划生育家庭贫困儿童、贫困母亲募捐发放救助金11万多元,受到社会各界好评。2010年,有县直单位妇委会24个,社区妇委会5个,乡镇妇联19个,村妇代会215个。全县涌现出“巾帼建功”标兵150多人,各类技术能手1200多人,创建县以上“巾帼文明岗”21个。

七、镇原县农民协会(贫下中农协会)

民国时期,国民党政府曾组织成立县农会(民国二十六年有县农会干事长一职),但作用发挥有限。

民国二十五年(1936年)五月,红军西征解放三岔、殷家城等地。十月,成立三岔区农民协会,所属乡、村也成立农会组织,贫苦农民争相入会。二十六年六月,红军援西军进驻镇原,发动农民,组织农民协会,开展反对高租子、高利贷斗争,动员农民给部队捐粮3000多石及猪、羊、蔬菜、鞋袜、草料等。二十八年春,农民运动蓬勃兴起,马渠镇每个保成立农会,平泉、新城,中原镇均建立农会组织,参加农会达千余人。

二十九年后季,国统区各级农会组织被迫解散,解放区各级农会组织健全,各村均有佃农小组,领导农民开展减租减息、减租清算、土地征购等运动,对违抗减租、进行阴谋活动的地主,发动群众揭发和打击,保护佃农权益。

1949年11月,成立镇原县农会筹备委员会,建立13个区、121个乡农会,每个自然村选代表1人,负责农会工作。1950年,在老区开展反霸、反倒算斗争,新区58个乡进行减租清债。3月4日,首届农民代表大会在县城召开,出席代表151人,代表农民协会会员18155人。会议决定成立镇原县农民协会,选举产生农民协会委员会委员27人,常务委员2人,主任1人,副主任2人,县委书记侯生裕、县长张彦儒当选主任、副主任。会后,在全县展开土改运动,各级农会在整顿农民队伍的基础上,配合区、乡政府和土改工作组,宣传动员,丈量核查地亩,评定阶级成分,没收征收地主、富农土地和财物,分配给贫苦农民,保证土改运动胜利完成。1951年12月,随着土改结束,各级农会随之撤销。

1964年11月,县委决定成立贫农、下中农协会筹备委员会。1965年1月,召开镇原县第一次贫农、下中农代表大会,讨论农村阶级斗争形势和任务,发动与会代表揭发政治、经济、思想、组织“四不清”干部和阶级敌人破坏活动,总结交流贫下中农在三大革命中的经验,表彰好人好事,选举产生贫农、下中农协会筹备委员会和出席省贫协会议代表。会后,20个公社均建立贫协委员会, 各设主任1人;215个生产大队均建立贫协小组, 各设组长1人;2000多个生产队各选贫协代表1人,配合党政组织开展农村社会主义教育运动。

1966年5月,“文化大革命”开始,以阶级成分划分革命与反革命,农村贫农、下中农协会成为革命主力。1967 年 1 月，各级党政组织被造反派夺权，大队贫协参与党政事务管理。1968 年，贫下中农小组管理五年制、三年制小学和基层供销社。1973 年 9 月，召开镇原县第二次贫农、下中农代表大会，出席代表 406 人，通过《倡议书》，选举出镇原县贫农、下中农协会委员会委员 47 人。全体委员会议选出常务委员 11 人，主任 1 人，不脱产副主任 2 人。至 1977 年，贫下中农代表积极参与农业学大寨和整风运动。1978 年 12 月，中共十一届三中全会以后，派驻学校和供销社的贫下中农小组撤离，各级贫下中农协会工作停顿，1983 年机构改革中正式撤销。

八、镇原县工商业联合会

民国时期，国民党县政府曾组建县商会。1952 年 12 月 24 日，成立镇原县工商业联合会，是以私营工商业者为主体，国营企业和合作社、公私合营企业等各类工商业者参加的，共产党进行统战工作的人民团体。工商联配合政府宣传、鼓动工商界发展城乡经济，组织工商业者实行社会主义改造，落实公私合营。社会主义改造基本完成后，组织、推动工商业者自我教育，参加反右派斗争、"大跃进"运动，为社会主义建设服务。至 1965 年 11 月，工商联通过分行业、区域推选代表，共召开代表大会 5 次，审议通过工商联工作报告、财务报告、组织简则或章程，选举产生委员会，由委员会选举产生常务委员、主任、副主任。

1967 年 4 月，工商联受"文化大革命"影响解体。1988 年 3 月，成立镇原县工商业联合会筹委会。1992 年 11 月，工商联第六次代表大会宣告县工商业联合会正式恢复成立，是以统战性为主，兼具经济性和民间性的人民团体和民间商会，时有会员 130 人，基层组织 7 个。

1997 年 12 月，执委会主任委员改称会长，并推举名誉会长。2000 年，有基层分会 24 个，会员 690 人；光彩事业促进会 1 个，会员 56 人；各类行业商(协)会 9 家，会员 210 多人。2006 年，工商联成为党领导以非公企业和非公经济人士为主体的，具有统战性、经济性、民间性的人民团体和商会组织。12 月，执委会增选常委，会长、副会长改称主席、副主席。至 2010 年，恢复后的工商联共召开代表大会 4 次，总结安排执委会工作，选举产生各届执委会委员及主任委员、副主任委员或常委、会长、副会长、主席、副主席。当年有工商联基层分会 19 个，会员 776 人；光彩事业促进会 1 个，会员 81 人；各类行业商(协)会 62 家，会员 3976 人。工商联按照坚定不移跟党走，尽心竭力为"四化"工作方针，开展以经济建设为中心，以服务为宗旨的各项活动，培训工商专业人才，协助引进资金、技术和人才，为改革开放和社会主义现代化建设做贡献。非公经济人士 600 多人实施光彩项目 14 个，扶贫招工 5000 多人次，帮助农民脱贫 1428 人；会员企业与 38 个村结对帮扶，援建帮扶项目 46 个。

九、镇原县文学艺术界联合会

2004 年 2 月，成立镇原县文学艺术界联合会，为科级社会团体。2006 年 4 月，召开镇原县文学艺术界联合会第一次代表大会，通过《镇原县文学艺术界联合会章程》，选举产生县文联主席、副主席；同时成立作家、书法家、美术家、戏剧家、影视家、音乐家、舞蹈家、民间文艺家协会，分别有会员 42 人、78 人、36 人、13 人、21 人、18 人、23 人、16 人，各自召开第一次会员代表大会，选举产生第一届理事会。月底，组织庆“五一、五四”大型文艺晚会，表演节目 12 个，突出“现代、时尚、欢乐、互动”思想，体现“辛勤的劳动、火红的青春”主题，展示新时代镇原人民蓬勃向上、青春火热的精神风貌，参加观众 1000 余人。5 月，创办文学期刊《潜夫山》，作家陈忠实题写刊名。2008 年，成立摄影家、收藏、装裱 3 个协会。

2009 年 5 月，成立屯字镇文学艺术界联合会，下设写作、书法、美术、音乐、摄影、收藏、民艺 7 个协会，发展会员 103 人，其中有国家级会员 5 人，省级会员 16 人，市级会员 19 人，县级会员 21 人，首开庆阳市乡镇级文联先河。7 月，县文联向省书协递交“中国书法之乡”申请报告，被省文联和省书协确认。9 月，向中国书协递交申报书，之后，中国书协领导莅临镇原考察验收。2010 年 6 月 10 日正式命名挂牌，镇原县正式成为甘肃省首个、西北第二个“中国书法之乡”。同年，成立“邓博五书画艺术研究会”，选举产生理事会。县文联主管文艺专业协会 11 个，有县级会员 245 人(国家级会员 12 人，省级会员 46 人)。屯字镇文联下属协会 7 个，有会员 105 人。县文联全年组织文化科技卫生“三下乡”活动 12 次、书画交流 80 余次。

第三十三章 政 权

镇原自秦设郡置县起,历代均有政权机构。民国三十年(1941年),始设权力机关。中华人民共和国成立后,不断加强县、乡政权建设,逐步建立健全人民代表大会制度,发挥监督、决定、任免职能,各级政府依法行政,带领全县广大干部群众艰苦奋斗,顽强拼搏,繁荣城乡经济,发展社会事业,提高群众生活水平,逐步向小康生活迈进。

第一节 权力机关

一、镇原县参议会

民国二年(1913年)春,成立镇原县议会,行使人民抒发意见、监督政府之职能,选举任国栋为议长,刘笃培为副议长,任绍华等12人为议员。十一月,根据袁世凯总统通令解散。三十四年,国民党镇原县成立参议会,参议员由乡、镇和职业代表会选举产生,每乡、镇选举参议员1人,职业团体选举参议员名额不超过参议员总额三分之一,任期2年,可连选连任。议长、副议长和议员由选举产生,张履祥任议长。三十六年选举产生第二届参议会,张履祥连任议长。三十七年三月,张履祥当选国民代表大会代表,在南京出席第一届国民党全国人民代表大会,参加选举总统、副总统。

二、陕甘宁边区镇原县参议会

民国三十年(1941年)五月,《陕甘宁边区施政纲领》颁布,中共镇原县委按照"三三制"(抗日民族统一战线政权组成人员分配上,实行共产党员、非党员左派进步分子、不左不右中间分子各占三分之一)原则,在县北成立县乡参议会。县参议会议员任期3年,乡议员任期1年,按期改选,均可连选连任。大会期间设主席团、秘书处、议员资格审查委员会、提案审查委员会。十月二日至六日,边区镇原县第一届参议会在孟坝镇召开,到会议员34人,候补议员5人,来宾13人。会议听取政府工作报告,决定重要政策,通过各种提案和致电文,选举产生正、副议长各1人,常驻议员3人,县政府县长1人,委员7人,出席边区参议会议员5人。当年,边区镇原县选举乡参议员539人,其中共产党员83人,占15.4%;无党派人士444人,占82.4%;国民党员12人,占2.2%。三十一、三十二年,对县、乡两级政府和参议会进行改选和补选。三十五年二月,边区镇原县第二届参议会在孟坝镇召开,到会议员37

人，听取政府工作报告，选举产生正、副议长各 1 人，县政府县长 1 人，副县长 1 人，委员 9 人。闭会期间，常驻议员每月开会 1 次，监督政府执行大会全部决议。乡参议会实行议政合一制，不设议长、副议长，开会时推选主席团 3 人主持会务，乡长为主席团成员，闭会期间不设常驻议员。三十六年二月国共内战爆发，解放区沦陷，参议会组织解体。

民国三十一年至三十六年二月陕甘宁边区镇原县参议会议长 副议长表

表 33-1-1

姓名	籍贯	职务	任职时间	其他职务
陈致中	陕西清涧	议长	民国三十一年（1942 年）十月至三十四年一月	县委书记兼
杜云程	孟坝镇	副议长	民国三十一年十月至三十四年八月	
李焕章	三岔镇	议长	民国三十五年二月至三十六年二月	
杜洪源	孟坝镇	副议长	民国三十五年二月至三十六年二月	

三、镇原县各界人民代表会议

民国三十八年（1949 年）七月二十九日镇原全境解放，结束南北分治。县委、县人民政府于 1949 年 11 月至 1954 年 7 月组织召开 7 届 16 次各界人民代表会议。代表名额由县人民政府统一分配，各区、乡、各团体、各单位选举产生，或由县人民政府直接邀请。后 2 届改称人民代表会议，代行县人民代表大会职权。

首届各界人民代表会议第一次会议 1949 年 11 月 5 日至 10 日在县城召开，出席代表 103 人，列席 35 人。会议听取并通过县委书记马万里关于《今后工作方针与任务》的报告和县长张彦儒关于《镇原县解放三个月以来的工作》的报告，选举产生首届各界人民代表会议常务委员会主席、副主席和委员 15 人，主席、副主席分别由县长张彦儒、县委书记马万里兼任。会议通过 5 项提议案，提出当务之急是治安、反特、反霸、反封建、反倒算，发出在全县范围内废除买卖婚姻、实行婚姻自主、男女平等号召，交县人民政府落实。本届共召开代表会议 2 次。

第二届各界人民代表会议第一次会议 1950 年 3 月 6 日至 7 日在县城召开，出席代表 125 人。县长张彦儒作《冬季工作情况及今后工作方针》报告，并作为大会决议。会议通过 5 项提案，以无记名投票方式，选举产生第二届各界人民代表会议常务委员会委员 21 人，主席由县委书记侯生裕兼任，副主席由县长张彦儒、教育科长李景鸿兼任。

第三届各界人民代表会议第一次会议 1950 年 7 月 24 日至 25 日在县城召开，出席代表 145 人。会议总结春夏季工作，安排夏粮征购、生产救灾、清匪肃特、准备土改等工作，选举产生镇原县第三届人民代表会议常务委员会委员 19 人，选举出席省各界人民代表会议代表 5 人。

第四届各界人民代表会议第一次会议 1950 年 11 月 8 日至 14 日在县城召开，出席代表 102 人。会议听取县长唐凤仪《关于自第三届会议以来政府工作上成败检讨》和县委书记侯生裕《关于今后工作任务、方针、政策和方法》的报告，经过广泛讨论，确定土改等五项工作任务。

第五届人民代表会议时间、地点、出席代表数、会议内容不详。

第六届各届人民代表会议第一次会议 1951 年 10 月 23 日至 29 日在县城召开，出席代表 211 人。会议听取和审议县委书记赵志明代替县长唐凤仪所作《过去两年几个主要工作总结和今冬明春六个月工作方针与任务》的报告，讨论颁发土地证、搞好冬季生产、预防自然灾害、镇压反革命、贯彻实施新《婚姻法》、搞好社会和学校文化教育等工作。此次代表会开始代行人民代表大会职权，选举政府县长和委员 23 人。本届共召开代表会议 3 次。

第七届各界人民代表会议第一次会议 1952 年 12 月 23 日在县城召开，出席代表 254 人。会议选举县人民政府县长和委员 27 人。本届共召开代表会议 5 次。第七届第四次会议 1953 年 12 月在县城召开，主要讨论贯彻国家过渡时期总路线、总任务及实行粮食统购统销政策，并通过县长孟致才《关于冬季生产报告》。第五次会议县委副书记张文会作讲话，县长孟致才报告农业生产、政权建设以及推销经济建设公债等工作，听取赴朝慰问情况汇报。本届任期至 1954 年 7 月第一届人民代表大会第一次会议召开，各界人民代表会议共召开 7 届 14 次，其中六、七两届选举了政府委员、县长、副县长。此后，县各界人民代表会议制度被人民代表大会制度取代。

四、镇原县人民代表大会

1954 年 7 月建立县级人民代表大会制度，县人民代表由县选举委员会统一确定名额，分解到乡，由乡人民代表大会选举产生。1979 年 7 月 1 日，新选举法颁布实施，按行政区域划分若干选区，每选区成立选举委员会，在选民登记的基础上，按分配名额，由选民和各政党、各人民团体提名推荐候选人，选举委员会汇总，交各选区选民小组讨论协商，根据多数选民意见确定正式候选人名单，由选区选民直接投票选举产生县级人大代表。至 2010 年，县人民代表大会应召开 16 届，实际召开 15 届，“文化大革命”期间人民代表大会中断，革委会成立代替一届代表大会。前 12 届任期 3 年，后 4 届任期 5 年，每次代表大会均设主席团、秘书处、代表资格审查委员会和议案审查委员会，审议批准县政府（人委、革委会）工作报告，第二届开始审议批准国民经济计划和法院工作报告，第四届开始审议并批准财政预决算报告，第九届开始审议批准人大常委会和检察院工作报告。分次会议只记载不同事项，程序件审议不再重复。

第一届人民代表大会第一次会议 1954 年 7 月 11 日至 14 日在县城召开，出席代表 202 人。大会审议通过县长孟致才关于 1954 年上半年工作总结及今后工作意见报告，听取文教科关于学习贯彻《中华人民共和国宪法草案》报告，选举产生出席省人民代表大会代表 7 人、县人民武装委员会主任、委员 10 人。第二次会议于 1955 年 2 月 19 日至 23 日召开，传达甘肃省一届二次人代会精神，听取并审议镇原县当年几项主要工作总结及今后意见报告，确定全县经济建设、社会发展奋斗目标和工作任务，作出相应决议，决定将县人民政府改称人民委员会，为县人民代表大会执行机关和县级行政机关；选举产生本届人民委员会委员23人、县长、副县长和县人民法院院长。

第二届人民代表大会第一次会议1956年12月24日至28日在县城召开，出席代表220人，列席代表42人。会议听取和审议县人委、法院工作报告及兵役局关于兵役、民兵工作发言，决议确定全县经济建设、社会发展奋斗目标和工作任务，选举产生本届县人委委员24人和县长、副县长，补选县人民法院院长。第二次会议于1957年10月27日至31日召开，学习毛泽东主席《关于正确处理人民内部矛盾的问题》，传达省第一届人民代表大会第四次会议精神，听取并审查批准关于镇原县1956年国民经济计划执行情况和1957年国民经济计划报告，关于增产节约运动报告以及二届一次会议后议案审查办理报告。第三次会议于1957年10月召开，听取并审议县人委关于粮食生产、农村大辩论与今后工作报告和法院工作报告，作出相应决议。

第三届人民代表大会第一次会议1958年6月29日至7月2日在县城召开，出席代表133人，列席代表17人。会议传达甘肃省第一届代表大会第五次会议精神，听取并审议县人委和法院工作报告，选举出席省第二届人代会代表6人和本届人民委员会委员21人、县长、副县长及法院院长。

第四届人民代表大会第一次会议1960年12月12日至14日在县城召开，出席代表150人，列席代表20人。会议听取并审议县人委、法院工作报告和国民经济计划、财政预决算报告，选举产生本届县人民委员会委员19人、县长、副县长和县人民法院院长，补选甘肃省第二届人民代表大会代表2人。第二次会议于1962年9月25日至29日召开，传达周恩来总理在第二届全国人民代表大会第三次会议上政府工作报告，补选法院院长。

第五届人民代表大会第一次会议1963年9月12日至16日在县城召开，出席代表178人。大会传达甘肃省二届四次人代会精神，听取并审议县人委工作报告、1964年国民经济计划任务报告及县人民法院工作报告，作出相应决议，选举出席甘肃省第三届人民代表大会代表7人，选举产生本届人民委员会委员23人、县长、副县长和法院院长。

第六届人民代表大会第一次会议1965年10月25日至31日在县城召开，出席代表242人，邀请和列席代表38人。大会听取和审查人委、法院工作报告及财政预决算报告，讨论确定1966年国民经济计划，作出相应决议，选举产生第六届人民委员会委员25人、县长、副县长和法院院长。

1966年5月至1976年10月，县人民代表大会停顿。1968年4月，成立镇原县革命委员会，设主任1人，副主任4人，常委14人，委员39人，代替县人民委员会职权，顶替第七届人民代表会议。

第八届人民代表大会第一次会议1978年12月1日至5日在县城恢复召开，出席代表370人，特邀代表18人，列席3人。大会听取和讨论县革命委员会工作报告，确定全县经济建设、社会发展目标和工作任务，作出相应决议；选举产生本届县革命委员会委员27人和主任、副主任，选出县人民法院院长和县人民检察院检察长。会后，县委、县革委会分署办公。

第九届人民代表大会1980年12月15日至19日在县城召开，出席代表224人，邀请代表7人，列席代表41人。大会审查批准县革命委员会和法院、检察院工作报告及财政预决算报告。大会决定设立镇原县人民代表大会常务委员会，并将镇原县革命委员会改称镇原县人民政府，确定今后五年全县经济建设、社会发展奋斗目标和工作任务，作出相应决议；选举产生第九届人民代表大会常务委员会组成人员18人和主任、副主任；选举政府县长、副县长和法院院长、检察院检察长。第二次会议于1982年1月14日至17日召开，会议传达省第五届人民代表大会第四次会议精神，听取并审议通过人大常委会、一府两院工作、财政预决算及代表提案办理情况报告，作出相应决议，增选县人大常委会副主任1人，补选委员1人。第三次会议于1983年3月23日至30日召开，选举出席甘肃省第六届人民代表大会代表6人。

第十届人民代表大会第一次会议1984年1月21日至24日在县城召开，出席代表237人，邀请代表7人，列席代表108人。会议审议批准县人大常委会、一府两院工作和财政预决算报告，确定今后三年全县经济建设、社会发展奋斗目标和工作任务，作出相应决议；选举第十届人民代表大会常务委员会委员19人和主任、副主任、县人民政府县长、副县长。第二次会议于1985年2月1日至3日召开，作出《关于大力发展商品生产、加强法制宣传、普及法律常识决定》。第三次会议于1986年3月7日至9日召开，作出关于修复王符墓、王符纪念碑、新建王符纪念亭决定；补选人大常委会委员、人民政府县长、副县长和人民法院院长。

第十一届人民代表大会第一次会议1986年12月22日至24日在县城举行，出席代表242人，邀请13人，列席136人。会议听取和审议人大常委会、一府两院工作报告，确定今后三年全县经济建设、社会发展奋斗目标和工作任务，作出相应决议；批准财政预决算报告，通过190件代表议案、意见、建议审查办理情况报告；选举产生新一届人大常委会委员、主任、副主任、政府县长、副县长和法院院长、检察院检察长。第二次会议于1987年11月14日至15日召开，选举出席省第七届人民代表大会代表6人，补选县政府县长。第三次于1988年3月27日至30日召开会议代表提出意见、建议99件，补选县人大常委会副主任。第四次会议于1986年3月16日至19日召开，代表提出意见、建议78条，补选县人大常委会副主任、政府副县长。

第十二届人民代表大会第一次会议1989年12月25日至28日在县城召开，出席代表233人，邀请12人，列席130人。会议审议批准人大常委会、一府两院及国民经济和社会发展计划、财政预决算报告，通过关于学习贯彻中共十三届五中全会精神决议，代表提出意见、建议35件，选举产生新一届人大常委会委员、主任、副主任、政府县长、副县长和法院院长、检察院检察长。第二次会议于1991年3月4日至6日召开，代表提出意见、建议41条，补选县政府县长。第三次会议于1991年12月26日至28日召开，代表提出意见、建议39条，选举县第十二届人大常委会主任、副主任。

第十三届人民代表大会第一次会议1992年11月23日至30日在县城召开，出席代表

204 人,邀请 14 人,列席 156 人。会议审查通过县人大常委会、一府两院工作、国民经济和社会发展计划、财政预决算报告,代表提出意见、建议 56 件,选举产生新一届人大常委会委员、主任、副主任、政府县长、副县长和法院院长、检察院检察长;选举出席省第八届人代会代表。第二次会议于 1994 年 1 月 13 日至 15 日召开,代表提出意见、建议 92 件,选举县政府县长。第三次会议于 1995 年 2 月 12 日至 14 日召开,代表提出意见、建议 42 件。第四次会议于 1996 年 1 月 22 日至 24 日召开,听取和审议县政府"九五"计划和 2010 年远景规划,代表提出意见、建议 68 件,补选县人大常委会委员和法院院长、检察院检察长。第五次会议于 1997 年 2 月 23 日至 25 日召开,代表提出意见、建议 44 件,补选县人大常委会副主任和政府副县长。

第十四届人民代表大会第一次会议 1997 年 11 月 18 日至 20 日在县城召开,出席代表 210 人。会议听取和审议人大常委会、一府两院工作、国民经济和社会发展计划、财政预决算报告,代表提出意见建议 65 件,选举产生人大常委会委员、主任、副主任、政府县长、副县长和法院院长、检察院检察长,选举出席省第九届人代会代表。第二次、第三次会议分别于 1999 年 3 月 4 日至 6 日和 2000 年 2 月 16 日至 18 日召开, 各提出意见建议 69 件和 55 件。第四次会议于 2001 年 2 月 10 日至 12 日召开,代表提出意见建议 63 件,补选县人大常委会委员。第五次会议于 2001 年 9 月 5 日至 6 日召开,补选县人大常委会主任、副主任。第六次会议于 2002 年 2 月 23 日至 25 日召开,补选县政府县长。第七次会议于 2002 年 8 月 15 日至 16 日召开,补选县人大常委会副主任、政府副县长和法院院长、检察院检察长。

第十五届人民代表大会第一次会议 2002 年 11 月 12 日至 14 日在县城召开,出席会议代表 214 人,邀请代表 8 人,列席代表 176 人。会议审议通过人大常委会、一府两院工作及国民经济和社会发展计划、财政预决算报告,选举产生新一届县人大常委会委员、主任、副主任、政府县长、副县长和法院院长、检察院检察长,选举出席庆阳市第一届人民代表大会代表。第二、三次会议分别于 2004 年 1 月 4 日至 6 日和 2005 年 2 月 21 日至 22 日召开,代表分别提出意见建议 59 件和 51 件。第四次会议于 2005 年 12 月 28 日至 30 日召开,会议审议通过县政府关于国民经济和社会发展第十一个五年规划报告, 代表提出意见建议 41 件,补选县人大常委会副主任、政府副县长。

第十六届人民代表大会第一次会议 2006 年 12 月 13 日至 16 日在县城召开,出席会议代表 215 人,邀请代表 2 人,列席代表 194 人。会议审议通过人大常委会、一府两院工作及国民经济和社会发展计划、财政预决算报告,代表提出意见建议 57 件,选举县人大常委会委员、主任、副主任、政府县长、副县长和法院院长、检察院检察长。第二次会议于 2008 年 1 月 4 日至 6 日召开,代表提出意见建议 49 件。第三次会议于 2009 年 3 月 2 日至 4 日召开,代表提出意见建议 55 件,补选县人大常委会委员、政府县长、副县长。第四次会议于 2010 年 3 月 6 日至 8 日召开,代表提出意见建议 52 件。

五、镇原县人大常委会及其工作机构

1955 年 2 月,镇原县第一届人民代表大会第二次会议决定,将县人民政府改称人民委员会，是县人民代表大会执行机关和县级行政机关。1968年4月，成立镇原县革命委员会，代替县人民委员会。1980年12月，第九届人民代表大会第一次会议决定，设立镇原县人民代表大会常务委员会，为人民代表大会常设机构，对人民代表大会负责并报告工作。

第九届人大常委会设主任1人，副主任2人，委员15人，下设办公室、法律组、财经组和科教文卫组，均为科级建制，各工作机构负责人除办公室配备两名外，其他三个组均配备1人，最少时实有干部8人、工人2人，最多时实有干部13人、工人3人。1982年，常委会增设副主任1人。

第十届人大常委会设主任1人，副主任1人，委员17人，除保留办公室外，其余三个组全部撤销，重新设立政法科、财经科和文卫科，均为科级单位，人员编制22人，各工作机构负责人1~2人，最少时实有干部11人、工人3人，最多时实有干部15人、工人5人。1985年2月，人大常委会增设副主任2人。

第十一届人大常委会设主任1人，副主任3人，委员15人，增设人事信访科，将文卫科更名为教科文卫科，人员编制增加到27人，各工作机构有负责人8人，最少时实有干部12人、工人5人，最多时实有干部15人、工人7人。

第十二届人大常委会设主任1人，副主任4人，委员14人。1991年2月，除保留办公室外，其他四个科改称政法工作委员会、财经工作委员会、教科文卫工作委员会、代表联络工作委员会，人员编制27人，科室负责人8人，最少时实有干部12人、工人7人，最多时实有干部15人、工人8人。

第十三届人大常委会设主任1人，副主任4人，委员14人，延用十二届工作机构，人员编制32人，科室负责人8人，最少时实有干部13人、工人7人，最多时实有干部16人、工人8人。

第十四届人大常委会设主任1人，副主任4人，委员14人。人员编制24人，科室负责人8人，最少时实有干部10人、工人7人，最多时实有干部18人、工人8人。

第十五届人大常委会设主任1人，副主任5人，委员14人。人员编制24人，科室负责人8人。

第十六届人大常委会设主任1人，副主任6人，委员14人。机关人员编制26人，科室负责人8人。

1980~2010年镇原县人民代表大会常务委员会主任表

表33-1-2

姓　名	籍　贯	任职时间
金万库	太平镇	1980年12月至1984年1月
袁立志	泾川	1984年1月至1986年12月
张 鑑	城关镇	1986年12月至1991年6月
白进彩	中原乡	1991年12月至1992年11月
赵宝玺	庙渠乡	1992年11月至2001年8月
王维东	新城乡	2001年8月任职

1980~2010 年镇原县人民代表大会常务委员会副主任表

表 33-1-3

姓　名	籍　贯	任职时间
陈景文	陕西礼泉	1980 年 12 月至 1984 年 1 月
姚尚哲	新集乡	1980 年 12 月至 1984 年 1 月
慕世儒	平泉镇	1982 年 1 月至 1984 年 1 月
张治中	平凉崆峒	1984 年 1 月 1989 年 12 月
范掌信	临泾乡	1985 年 2 月至 1997 年 11 月
何生伦	孟坝镇	1985 年 2 月至 1986 年 12 月
张文渊	西峰	1986 年 12 月至 1988 年 1 月
李耀华	平泉镇	1988 年 3 月至 12 月
姜正海	临泾乡	1989 年 3 月至 2001 年 9 月
白进彩	中原乡	1989 年 12 月至 1991 年 12 月
刘好学	新城乡	1989 年 12 月至 1992 年 11 月
李　潭	太平镇	1991 年 12 月至 1997 年 10 月
贾　立	城关镇	1992 年 11 月至 1997 年 10 月
段义民	太平镇	1997 年 2 月至 2005 年 12 月
秦浩显	平泉镇	1997 年 11 月至 2001 年 3 月
段社芳(女)	临泾乡	1997 年 11 月至 2002 年 8 月
刘位巍	太平镇	2001 年 9 月任职
马之庆	方山乡	2002 年 8 月任职
姚爱月(女)	新集乡	2002 年 8 月至 2005 年 12 月
王学文	庙渠乡	2002 年 11 月任职
段浩德	临泾乡	2002 年 11 月任职
田　耘(女)	上肖乡	2005 年 12 月至 2006 年 12 月
白立鹏	殷家城乡	2005 年 12 月任职
杨晓燕(女)	三岔镇	2006 年 12 月任职

六、人大常委会主要工作

民国时期，国统区、解放区县、乡参议会每次参议员会议，政府向本级议会检讨工作，工作人员作自我批评，检查和批评政府工作中存在的问题。

中华人民共和国成立后，逐步完善人民代表大会制度，通过召开全县各界人民代表会议、全县人民代表大会，监督政府和法检两院工作。1980 年设立县人大常务委员会起，开展经常性监督、决定、任免等工作。

镇原县第九届人大常委会召开委员会 30 次，代表共提出各种意见、建议 322 件，分别转交县政府及有关部门处理，158 件得到解决，74 件基本解决，两项占提案、意见和建议总数 72%。3 年共受理信访 75 件，查处结案 73 件。1981 年上半年，县人大常委会与县政府两次联合召开全县政治工作会议，制定并审议颁布《关于加强社会治安管理若干规定》，组织各方人士学习讨论《民法》(试行)，提出并报告修改意见。1983 年 5 月，利用 5 个月时间，在全县范围内开展《宪法修改草案》讨论。11 月，人大常委会审查批准《镇原县农业区划》，交县政府组织实施。届内根据县委建议和县政府提请，任免干部 137 人，其中县政府组成人员 48 人，公社管委会代理主任 25 人，法、检组成人员 62 人，罢免县人民代表 1 人，公社管委会主任 1 人。

第十届人大常委会召开常务委员会 20 次。1984 年，作出关于坚决贯彻执行《甘肃省种草种树条例》的决定，3 次抽调专委、工作人员，配合县法院组成案件评查组，对已审结民事和部分积案进行检查评比，纠正个别错案和立案、索证及法律文书差错。1985 年 8 月中旬，深入乡镇召开代表小组会议，征求 150 名代表意见和建议，归纳为 7 个方面问题，向县委、政府进行书面反映。3 年先后 6 次分 10 个组深入 16 个乡镇 25 个行政村、县直 9 个部门和单位进行视察，将群众反映强烈的 17 个问题，提交省六届四次人代会，有 13 条被列为大会议案、意见和建议，转省政府有关部门办理，办理结果向代表作答复；9 次深入 24 个乡镇、79 个机关单位、66 个行政村和 107 个国营、集体门店和个体专业户，就贯彻法律法令、经济体制改革、发展商品生产等 8 个方面进行专项调查研究，先后作出决定和决议 9 项，听取和审议商品生产、教育体制改革、落实知识分子政策等 15 项政府工作汇报，听取和审议关于贯彻执行有关法律法规执行情况的汇报，对个别行政干部违法问题进行调查，提请县委给予处理；依法任免和决定任免县人大常委会科室负责人、县政府组成人员和法院、检察院干部 128 人。

第十一届人大常委会召开常委会 22 次，审议政府各项工作报告 37 项，法、检院报告 5 项；围绕改革开放、经济建设、民主政治建设及群众最关心的问题，先后作出决定和决议 20 项；对代表提出议案、意见和建议 403 件，除当会办理 231 件外，及时转政府有关部门办理 172 件；共收处来访信件 136 件，接待来访群众 177 人次；组织领导换届选举工作，依法任免干部 164 人，其中任命政府组成人员 69 人，县人大科室负责人 13 名，乡镇人大工作联络员 24 人，法、检院科级干部 55 人。1988 年，抽调人员，利用 4 个月时间，会同组织部门对一府两院所属人大常委会任命的干部 74 人进行全面民主考评。1989 年换届前夕，抽调 2 人会同组织部对乡镇和部分县直部门领导班子进行测评考察。

第十二届人大常委会召开常委会议19次,听取和审议工作报告和汇报36项,开展视察和调查活动22次,审议决定重大事项6件,任免国家机关工作人员134人;重点检查《婚姻法》《森林法》《行政诉讼法》等15项法律、法规执行情况,督促有关部门查处各种违法违纪案件717件,收回各种罚款66977元,查收漏税款11360元,销毁伪劣假冒商品价值31772元,收回土地140.53亩;对政府职能部门进行视察和调查,共完成调查报告16份;听取和审议一府两院工作报告和汇报20多项;组织县、乡两级人民代表200人,评议8个乡镇90个基层单位工作,提出批评、意见和建议412条;坚持主任接待日制度,3年累计收到群众来信356件次,均及时给以处理。

第十三届人大常委会召开常委会议31次,听取和审议一府两院工作报告和汇报73项,组织开展视察和调查115次,作出各种决议、决定59项,任免国家机关工作人员256人,未能通过任命3人;先后对《企业法》《农民负担费用和劳务管理条例》《环境保护法》等19部法律、法规执行情况进行检查,督促有关部门查处各种违法违纪案件和问题1839起,其中违法违纪案件143起,收回各种罚款71.9万元;督办代表向人代会提出意见、建议381件,得到解决或部分解决152件,占总数39.9%;收处来访信件298件,其中上级交办28件,常委会转办242件,接待来访367人次;对县水利局、工商局等经济主管部门进行工作评议,对人大常委会任命干部44人进行书面述职评议;县人大常委会讨论作出《镇原县人民代表大会常务委员会关于依法治理和民主管理乡村的决定》和《镇原县人大常委会关于实施法制宣传教育第三个五年规划的决议》,通过有关重大经济事项决议和决定16项,开展对常委会任命的政府部门负责人38人和法、检两院副院长、副检察长6人书面述职评议活动。

第十四届人大常委会召开常委会30次,听取和审议一府两院工作报告和汇报83项,组织开展视察和调查活动122次,依据法律规定和党在各个时期中心任务,结合全县工作实际,作出决议、决定55项,依法选举、任免国家机关工作人员181人,督办会议期间代表提出各类意见、建议312件和闭会期间代表意见建议165条,收处群众来访信件535件,接待来访863人次;对《劳动法》《农业法》《药品管理法》等11个方面14部法律法规进行执法检查。对全县经济工作及重大事项适时作出决议和决定12项,作出《镇原县人大常委会关于实施依法治县工作的决议》和《镇原县人大常委会关于在全县实行部门执法责任制的决定》;对29部法律、法规执行情况进行检查,督促县政府筹资52.8万元,为职工和离、退休人员1278人解决生活困难,使下岗人员235人实现再就业;追回欠税6500元,作出《税务违章处罚决定书》,对有违法行为的11人实施行政处罚;重新审定印发学校收费标准,清理乱订资料3000余套,退还多收学费3.5万元;督促电力部门解决乱停电、乱收费、乱罚款等问题;评查历年所办各类案件。2002年,首次对将任职检察院的干部6人进行任前法律考试。

第十五届人大常委会召开常委会26次,听取和审议一府两院专题工作报告28次,作出关于全县经济工作和重大事项决议、决定26项;制订《镇原县审计工作联席会议制度》

《关于进一步加强行政事业单位公务活动经费支出管理的通知》《关于鼓励、支持和引导发展非公有制经济的意见》和《关于进一步加强项目工作的决定》;对13部法律、法规实施情况进行检查;接受法律咨询1134人次,受理来信来访203件,全部转交有关部门限期办理;任命机关工作人员73人、人民陪审员17人,免职和接受辞职45人;对6个政府部门开展工作评议,对政府组成人员7人进行述职评议;加强与代表联系沟通,邀请代表172人次,参与执法检查、专题调查与视察活动13次,办理会议期间代表提出意见建议243件;选派代表39人参加省、市人大举办的培训班,制定《人大宣传工作实施办法》,聘请通讯员15人,在各类理论刊物及新闻媒体上发表文章69篇。

第十六届人大常委会至2010年底召开常委会6次,听取和审议"一府两院"专题工作报告10项,作出《关于加强法制宣传教育的决议》,对代表提出93条意见、建议和76件来访信件,依法转交有关部门办理,接受群众法律咨询158人次;任命国家机关工作人员47人,免职和接受辞职4人;集中开展"监督法"学习宣传活动,制订实施方案,在县电视台、广播站开办宣传专栏连续播放,散发宣传资料5000多份,张贴"监督法"320张,向有关部门和乡镇赠阅"监督法"单行本450本;举办培训讲座两次,在各级各类刊物上发表稿件19篇;对《义务教育法》修订后全县贯彻实施情况开展执法检查,对农牧局、工商局、公安局开展工作评议;举办乡镇人大主席培训班暨经验交流会,对乡镇人大主席进行业务指导,完善相关工作制度,规范乡镇人民代表大会会议程序。

七、乡镇人民代表大会

1955年开始建立乡人民代表大会制度,按照《中华人民共和国选举法》,根据居住条件,按选区人口多少,确定代表名额,由选民投票选举乡镇人民代表,每届任期3年。"文化大革命"期间人民代表大会中断。1986年,乡镇设人大工作联络员,乡镇人民代表大会应召开11届,实际召开8届,会议期间设主席团,听取和审议乡政府(人委)工作报告,审查和批准财政预算及执行情况的报告等,选举或罢免乡长、副乡长。1989年,开始设立乡镇人民代表大会主席团常务主席职务。1992年起,乡镇人民代表大会每届任期改为5年。1999年12月,乡镇人民代表大会主席团常务主席改称人民代表大会主席。至2010年,乡镇人民代表大会又召开6届,根据国家计划决定本行政区经济、文化事业和公共事业建设计划(规划),听取和审议乡镇政府工作和人大主席团工作报告,撤销其不适当决定、命令,审查和批准财政预算及执行情况报告等,选举人民代表大会主席团主席、乡长、副乡长、镇长、副镇长、人民法庭陪审员。

第二节 行政机关

一、古代政权

镇原地方政权始建于夏代,官制无从查考。商代,封国置侯、伯、男、田。西周,封国置司徒、司马、司空、亚、族、三亳、阪尹。春秋时,设县、郡,县高于郡,县初置帅,到中晚期改称县大夫，下属县师、司马、司寇。战国时，设郡、县，郡高于县，县置令，下属丞、尉。

秦代县置令、长、丞、尉，县辖万户以上为令，万户以下为长。属吏有主吏、令史、厩驺、仓吏、狱吏。

西汉沿秦制，王莽改县令为宰。东汉郡置郡守、丞、尉，光武帝建武八年(32年)，改县宰为令、丞、尉、诸曹掾、史。魏时，县置令、丞、尉。晋时，县置令、长，属吏有主簿、主记室、录事史、书佐、功曹史、户曹史、法曹史、兵曹史等。北魏县置令、长。隋时，县置令，属吏有丞、中正、功曹、主簿等。

唐乾元元年，县置令、丞、尉正、主簿、司户、司法等。

宋时，设原州，置知州、通判。靖康元年(1126年)，改知州为刺史，并置签书判官。属吏有录事参军、户曹参军、司法参军、司理参军。县置令、主簿、尉。金时，原州置刺史、同知、判官、司军、知法各1员。县置令、丞、主簿、尉各1员。

元时，镇原州置达鲁花赤、州尹、判官各1员，佐属有吏目、提控案牍各1员。县置达鲁花赤、尹、簿、尉各1员，属吏有典史、巡检各1员。

明洪武二年(1369年)，降镇原州为县，属平凉府，置知县、丞、主簿、教谕、训导。属吏有典史、巡检、驿丞，下辖20里，设里长各1人，十年一轮任，里下设甲，各有甲长1人。万历十年(1582年)裁撤为16个里。崇祯元年(1628年)并为10个里。

清时，置知县、教谕、训导、典史、驿丞。知县1人，正七品，吏、户、礼、兵、刑、工六房各1人，分掌主要政务。教谕1人，正八品；训导1人，从八品。乾隆二十五年(1760年)，训导裁撤，吏、典史各1人，无品级。使吏、驿丞各1人，无品级。驻防把总1人，固原城守营差委。阴阳学训术1人，司终岁吉凶、终日漏刻之事。县辖4里，设里长，里辖8镇，有镇长。雍正五年(1727年)，增加到5里。嘉庆三年(1798年)，始设医学训科1人，主管草药、看病之事；僧会1人，主持僧会(佛教)组织；道会1人，主持道会(道教)组织。

东汉至三国魏安定郡职官表

表33-2-1

姓 名	籍 贯	官 职	任职时间	其 他
冯 异	颍川父城(河南宝丰)	行太守事	光武年间	降青山叛胡万余人。
杜 恢		太守	安帝元初元年(114年)	
郭 璜		太守	顺帝永和年间	
孙 隽		太守	延熹年间	倚侍权贵，不守法令，被皇甫规检举下狱。
霍 隽	魏郡邺城	太守	桓帝年间	
毋丘兴	山西闻喜	太守	建安十九年(214年)	
张 既	冯翊高陵	太守	建安年间	政惠著闻，夷夏畏服。

宋、金原州及元镇原州职官表

表 33–2–2

姓 名	籍 贯	官 职	任职时间	其 他
王彦升	蜀人,后迁洛阳	防御史	宋	开宝二年(969 年)冬驻原州,西人畏之。
石 曦	太原	知州	淳化年间	淳化二年(991 年)知原州
张守恩	隶州	知州	景德初	景初知原州
蒋 偕	华州郑县	兵马都监	宋	驻原州
种 古	河南洛阳	知州	宋治平时	
卢 鉴	金陵	知州	宋	
景 泰	普州	知州	宋	
刘兼济	开封祥符	知州	宋	
康得舆	河南洛阳	知州	宋	
种师道	河南洛阳	通判	宋	
安 俊	太原	刺史	宋	
李之仪	沧州	通判	宋	从苏轼为枢密院编修官,后为原州通判。
刘舜卿	开封	知州	宋	奉诏援庆、环、后知原州。
许 均	开封	指挥使	宋	从石普击贼于原州,功迁第三车指挥使。
李 嚞		县令	宋建炎初	知彭阳县
淳于铎		县令	宋政和时	知彭阳县
高舜俞		县令	宋	知彭阳县
按竺迩	山西大同	元帅	元太宗时	雍古氏,驻原州。
征我讹令荣		元帅	元	
征克忠		元帅	元	令荣了,袭父职。
温迪罕		知州	元至正乙未任	知镇原州
李也速答儿	珊竹带	知州	元至正乙未	知镇原州,建文昌宫。
赵思明		通判	元至正年间	民悦其惠
牛天麟		通判	元至正年间	
孟 复		同知	元至正年间	

明清镇原县知县表

表 33-2-3

姓　名	籍　贯	官　职	任职时间	其　他
温汉臣		知县	明洪武二年(1369年)	
李　宁		知县	正统三年(1438年)	
蒋　泰		知县	天顺二年(1458年)	为政廉平
姚　昱		知县	天顺×年	
张仲芳		知县	成化×年	
徐　镛	武昌	知县	成化二十一年(1485年)	
王　寅		知县	弘治×年	刚断无私
李凤池		知县	弘治六年(1493年)	
陈　生		知县	弘治×年	
王　朝	隰州	知县	正德×年	廉静寡欲,为政敏决。
郭　钊		知县	正德×年	
和必睦		知县	正德年间	
常　熙	河东	知县	嘉靖五年(1526年)	
陈应祯	岷山	知县	嘉靖十一年(1532年)	举人
随　鸾		知县	嘉靖十二年	
和　清	山西平定	知县	嘉靖十五年	举人
双应麟	华阴	知县	嘉靖二十一年(1542年)	举人,平徭役,为人称道。
张　美	山西长子	知县	嘉靖三十六年(1557年)	举人
吕　训	山西安邑	知县	嘉靖三十七年	
王之屏	沧州	知县	嘉靖三十七年	
马呈图	内江	知县	嘉靖三十七年	
任　肃	裕州	知县	嘉靖三十八年	举人
牛引重		知县	嘉靖三十八年	
陈嘉言	山西临汾	知县	嘉靖三十八年	举人
高自治	太原	知县	隆庆×年	进士
陈遇文	山西安邑	知县	万历×年	
赵以庄	河内	知县	万历十年(1582年)	
任万化	直隶	知县	万历十六年(1588年)	进士
李　槃	浙江余姚	知县	万历十九年	进士
冯　韶		知县	万历十九年	
房　睿		知县	万历十九年	
李大兰		知县	万历二十年(1592年)	刊修县志
周　济		知县	万历二十一年	
牛应麟		知县	万历二十一年	
郑　东		知县	万历二十一年	修南城,开东北城壕。
张国光	贵州	知县	万历四十二年(1614年)	
姜起云		知县	万历四十二年	
王汝为		知县	万历四十二年	
马忠尽	河南汝州	知县	天启×年	

王化民	山西夏县	知县	崇祯×年	
李 齐		知县	崇祯×年	聘贡生董继舒编修县志
晏应举	四川梓潼县	知县	崇祯×年	字象垣，江藩宗室。壬午冬，因环县贼陷镇原，流离播迁。顺治时留滞泾原，训童糊口。
朱谊灊		知县	崇祯十四年(1641年)	
叶映榴	陕西	知县	清顺治元年(1644年)	
崔应凤	直隶霸州	知县	顺治二年	
李 陛	直隶	知县	顺治五年	县城废，侨居县南毛家堡。
王勋臣	江南寿州	知县	顺治五年	
陆 艺	江南六合	知县	顺治十一年	
吴一夔	江西乐平	知县	顺治十三年	建县治于北山城窝，刑清政俭，邑人颂之。
向元稚	湖光钟祥	知县	顺治十七年	
宋跃飞	山东	知县	康熙元年(1662年)	举人
宁世延	山西闻喜	知县	康熙三年	明末水陷南城，宁新筑城墙一道，并建县署。
孙象观	山西兴县	知县	康熙八年	继筑南城，设立义学。宽严互用，政无废弛。
胡懋敬	宜章	知县	康熙十六年(1677年)	拔贡，因王辅臣叛乱流离，平定后复任。
宋大才	浙江山阴县	知县	康熙十八年	
宗 书	江南兴化	知县	康熙十九年	著有《原州杂志》《高平秋思》等诗作。
赵 耿	浙江乌程县	知县	康熙二十二年(1683年)	举人
张 彦	浙江会稽县	知县	康熙二十四年	
赵如兰	直隶	知县	康熙二十六年	举人
周新邦	山东济阳县	知县	康熙二十七年	进士，年跻八十，克勤于政
周 旭	浙江山阴县	知县	康熙三十一年(1692年)	
项亦銮	江南吴县	知县	康熙三十二年	进士
李颖达	山西绛县	知县	康熙三十三年	举人，居官五载，令行禁止，盗贼屏迹。
董巩祚	奉天府	知县	康熙三十九年	
江 雯	福建	知县	康熙四十一年(1702年)	进士，廉明平恕。
牛长华	奉天府	知县	康熙四十四年	
路士铭	奉天府	知县	康熙四十七年	
于中桂	江南金坛	知县	康熙五十年(1711年)	大旱，奏免五十三年额粮。
钱志彤	江南丹徒	知县	康熙五十四年	捐修学宫，刊刻县志。
蕲梦麟	天津卫	知县	康熙五十五年	
姚宗贤	山东济南县	知县	康熙五十八年(1719年)	举人
刘上昌	山西介休县	知县	雍正三年	举人
偏 武	镶白旗	知县	雍正五年(1727年)	
霍 泰	直隶蔚州	知县	雍正七年	举人
姚 试	徽州歙县	知县	雍正八年	
李国宾		知县	雍正十一年	
钱应荣	大兴县	知县	乾隆五年(1740年)	
赵与鸿	江西南丰	知县	乾隆六年	
程光鑑	湖北孝感县	知县	乾隆十一年(1746年)	性至孝，教人敦伦饬纪，倡修学宫，邑人立碑颂之。
谢闾祚	浙江涛山	知县	乾隆十七年	整修文庙，创建尊经阁。

续表

姓　名	籍　贯	官 职	任职时间	其　他
周泰元	山东祝其	知县	乾隆十八年	举人，于署内建仓廒数十间。
王延赞	辽海	知县	乾隆二十一年(1756年)	精明廉洁
荆有庆	保定安肃	知县	乾隆二十一年	以砖石葺东城门
王年松	湖北黄岗	知县	乾隆二十三年	
李文曾	山东胶州	知县	乾隆二十九年(1764年)	副贡
吴道凝	浙江仁和	知县	乾隆二十九年	举人
邱　嶙	江西南丰	知县	乾隆三十三年(1768年)	举人，年少有才，土豪盗贼皆惮之。
谭　纮	广东	知县	乾隆三十四年	进士
程　栋	汤阴县	知县	乾隆三十五年	举人
易文基	湖南长沙	知县	乾隆三十五年	
康基渊	山西兴县	知县	乾隆三十七年	进士，设条课士，教民种桑于南山，建奎文阁。
舒攀桂	湖北黄岗	知县	乾隆三十八年	举人
佛　柱	镶黄旗	知县	乾隆三十九年	
林昂霄	台湾	知县	乾隆四十一年(1776年)	举人
阿青阿	镶蓝旗	知县	乾隆四十二年	
墨尔更额	镶白旗	知县	乾隆四十三年	
冷文炜	山东胶州	知县	乾隆四十六年	善书法。
涂善滙	湖南华容	知县	乾隆四十六年	举人
申　保	满洲	知县	乾隆四十七年(1782年)	性忠直，持法平允。
胡纪漠	直隶通州	知县	乾隆四十七年	
赵　雯	直隶栾城	知县	乾隆五十一年(1786年)	进士
庆　龄	满洲	知县	乾隆五十四年	遇事善断，讼者无不诚服。
崔景颢	陕西三原	知县	乾隆五十四年	拔贡
谢元安	江西鄱阳	知县	乾隆六十年(1795年)	进士，振兴中峰书院，请教师，增学生，亲自讲课，文风大振。
保　英	满洲	知县	嘉庆元年(1796年)	举人
蔡本崇	漳浦	知县	嘉庆二年	钦赐举人
陈升恩	广东新会	知县	嘉庆四年	举人
陈珙繁	福建归化	知县	嘉庆七年	举人，重修学宫、县志。
江勺楠	安徽滁州	知县	嘉庆八年	举人
丁兆琪	江南进士	知县	嘉庆十一年(1806年)	听断有才，不以牵连拘累。
霍树清	陕西朝邑	知县	嘉庆十一年	增修书院。
黄华龄	江西安义	知县	嘉庆十五年	举人
叶　灼	安徽桐城	知县	嘉庆十七年	进士，为书院添置膏火。
张　翘	河南祥符	知县	嘉庆十九年(1814年)	举人，听讼明决。
黄　博	湖南长沙	知县	嘉庆十九年	举人，时有巨案，上宪委公办理，处决得实，解任去。
程　栋	安徽休宁	知县	嘉庆二十年	举人，爱民重士，自处俭约。
常　久	满洲镶蓝旗	知县	嘉庆二十一年(1816年)	举人
周庆云	江西南丰	知县	嘉庆二十三年	举人，为政持大体。设程课士，士集如云。
孟楚珍	顺天大兴	知县	道光元年(1821年)	举人
王　珽	陕西南郑	知县	道光二年	开张条教，强暴有潜遁去者。

彭　仪	云南宜良	知县	道光二年	举人,清慎俭约。
吉勒通阿	镶黄旗	知县	道光四年(1824年)	蒙古人,协理六年,过州兵差,理谕势禁,民得不扰。
庆　霖	镶蓝旗汉军	知县	道光七年	进士,勤于听断,民无遁情。
玉　山	满洲镶蓝旗	知县	道光七年	
徐　淦	浙江会稽	知县	道光八年	
梁栖鸾	山西太平	知县	道光十年(1830年)	进士,鼓励文风,教民织纺,种树于南城外,置义塚地18亩。
唐　钊	广西全州	知县	道光十五年	举人,政治详明。添设士子膏火,邑寄柩院地基为所捐置。
李登瀛	广西永淳	知县	道光十六年	进士,政尚清简,不务繁苛。
张　鹗	安徽桐城	知县	道光十九年	
史彬光	山东乐陵	知县	道光二十年(1840年)	副贡
清　安	镶蓝旗汉军	知县	道光二十四年	
李从图	江西南城	知县	道光二十六年	刊张辉祖所修县志,版存城隍庙。
李敦厚		知县	咸丰元年(1851年)	字玉山
管　让		知县	咸丰七年(1857年)	字蕴卿
狄　岱		知县	咸丰九年	字鲁山。善书法。
任葆贞		知县	同治元年(1862年)	
徐廷闻		知县	同治三年	
翟良栋		知县	同治五年	字莲塘,团练有方。
寿　昌	满洲旗	知县	同治六年(1867年)	守城日夜不安枕,没于任。
魏光第		知县	同治七年	陕回陷邑,殉难大户坪堡。
廖溥明	四川富顺	知县	同治八年	
左寿棠	湖南长沙	知县	同治十年(1871年)	建修昭忠祠
熊帠鋆		知县	同治十二年	
傅秉钧		知县	同治十三年	
刘瑞芳		知县	光绪元年(1875年)	豁免民草
易　简		知县	光绪二年	
宋之章	陕西咸宁	知县	光绪四年	
余重基	江西南城	知县	光绪八年	
刘玉衡	山东	知县	光绪十年(1884年)	
刘远源	四川	知县	光绪十九年(1893年)	
马裕藩	浙江鄞县	知县	光绪二十年	
胡应魁	湖南湘乡	知县	光绪二十二年(1896年)	
汪宗翰	湖北通山	知县	光绪二十三年	进士
张时熙	湖北劳绩	知县	光绪二十七年(1896年)	
杨鼎新	湖南衡阳	知县	光绪二十八年	
张文泉	河南	知县	光绪二十八年	
宋运贡	河南郑州	知县	光绪二十九年	

二、民国时期政权

(一)国统区政权

民国初沿清制,称县衙门,后屡易其名,分别称行政衙门、知事衙门、行政公署。长官则分别称知县、行政长、知事,下属有教谕、典史、把总等,仍以"三班六房"为办事机构。民国二年(1913年),改教谕为奉祀官、典史为管狱员、把总为巡警区长,增设劝学所。三年,改巡警区长为警备队长。十五年,县行政公署设科、局,初设一、二科和司法公署、警察所,各科(局)设科(局)长1人,科员1~2人,劝学所改称教育局,有职员3~5人。十七年,改县行政公署为县政府,知事改称县长。

十九年,县政府设县长1人,秘书1人。一科、二科各有科长1人,科员1~2人;会计室有会计、出纳各1人;庶务室有庶务1~2人,传达(收发)室2人,电话员1人,管狱员1人,炊事员、马伕各1人。教育局(科)局长1人,督学1人,科员5人。公安局有局长1人,巡官1人,书记2人,警长1人,警士2~4人。财政局(科)有局长1人,职员2~5人。建设局(科)局长1人,职员2~5人。县下设区公所5个,有区长、文书、助理员各1人;区下辖村,各设村长1人。

二十二年,建设局改为建设科,废区置乡镇公署,设乡镇长、助理员、干事各1人。二十三年,财政局改为地方公款公产保管委员会,由县长提名,省政府审批,委任委员5人。二十五年,又改乡镇为区,仍设区公署,有区长、助理员、文书各1人,区役1~3人。二十九年,国统区在保留原有镇建制基础上,增设乡公所8个。

中华民国镇原县政府知事 县长表

表33-2-4

姓 名	籍 贯	官 职	任职时间	其 他
张鑑渊	四川郫县	知事	民国元年(1912年)	
张传霖	湖南永定	知事	民国二年	
王世钰	天津	知事	民国三年	
万朝宗	湖南岳阳	知事	民国四年	
孟江霖	山西太谷	知事	民国五年	举人
刘循良	江苏扬州	知事	民国六年	
王朝祯	湖南岳阳	知事	民国七年	
张 诒	直隶定县	知事	民国九年	进士
傅金荣		知事	民国十年	
刘万鹏	皋兰	知事	民国十一年	

常　瑛	张掖	知事	民国十三年	
刘建勋	皋兰	知事	民国十四年	
朱离明	平凉	知事	民国十五年	
黄金鼎	伏羌	知事	民国十五年	
姚汝祺		知事	民国十六年	
王正宽	陕西三原	县长	民国十七年	
刘维垣	直隶香河	县长	民国十八年	
苏天民	武山	县长	民国十九年	
康新民	宁定	县长	民国十九年	
党希孔	临潭	县长	民国十九年	
呼震东		县长	民国二十一年	
马维周	陕西武功	县长	民国二十一年	
周民遗	武威	县长	民国二十一年	
钱史彤	浙江嵊县	县长	民国二十二年	
邹介民	江苏武进	县长	民国二十三年	
栗　智		县长	民国二十八年	
孙宗濂	山西安泽	县长	民国二十八年	
胡维陛	湖南湘陵	县长	民国三十年	
王焕南		县长	民国三十三年	
贺凤梧	宁县	县长	民国三十五年	善书法
刘家驹	固原	县长	民国三十五年	
崔汝俊		县长	民国三十六年	
梁学儒		县长	民国三十七年	

(二)解放区政权

民国二十五年(1936年)初,三岔区建立苏维埃政权,设区主席1人,由陕甘宁特区曲子县管辖。

二十九年三月,在交口河以北建立陕甘宁边区镇原县抗日民主政府,设县长,下设秘书室、户籍室、一科(民政)、二科(财政)、三科(教育)、四科(建设)、保安科、司法处、生产供销合作社,有秘书1人,主任1人,各科有科长1人,科员1~2人,裁判员1人,检察官1人(县长兼),共30多人,辖四个区公署,设区长、副区长、助理员。区下辖乡政府24个,设乡长、副乡长、文书。

三十年初，边区县政府成立第五区公署，十月，县参议会选举县政府委员7人。三十一年六月，三岔划归边区镇原县，设苏维埃主席1人，文书1人，委员5人，区政府内设建设助理员、文教助理员、公安助理员、仓库主任、税务所长、自卫军武装营长、副营长（不脱产），辖5个乡政府，配备正、副乡长，乡下设行政村和自然村，分别有主任和村长。三十三年十月，成立交口河自治区政府，设主席。

三十四年，抗战胜利后，镇原县抗日民主政府改称人民政府，先后设一科（民政）、二科（财政）、三科（教育）、四科（建设）、保安科、司法处、税务局、生产自给委员会、邮政局9个工作机构，辖7个区公署35个乡政府和交口河、太平、万安游击区政府。

三十八年（1949年）七月二十九日镇原全境解放，三十日边区县政府机关进驻县城办公，全面接管国民党县党部、政府、参议会。

陕甘宁边区镇原县政府县长、副县长表

表33-2-5

姓　名	籍　贯	官　职	任职时间	其　他
冯治国	陕西吴堡	县长	民国二十九年三月至三十年六月	
康子文	陕西甘泉	县长	民国三十年六月至三十五年二月	县委常委
王子厚	平泉镇	县长	民国三十五年二月至三十七年二月	
贾联瑞	孟坝镇	县长	民国三十七年二月至三十八年八月	
杜洪源	孟坝镇	副县长	民国三十五年二月至三十六年三月	民主人士
张彦儒	武沟乡	副县长	民国三十八年四月至八月	八月后改任县长

三、中华人民共和国成立后政权

（一）县级领导机关

中华人民共和国成立后，县人民政府设县长1人，副县长1人，政务委员若干人。1951年10月，县政府县长、副县长、委员由县各界人民代表会议选举产生。1955年2月，人民政府改称县人民委员会，设县长1人，副县长2人，委员23人，由县人民代表大会选举产生。1958年12月，成立镇原县人民公社联社管理委员会。1959年9月，撤销县人民公社联社。1966年8月，受“文化大革命”冲击，县级组织瘫痪。1967年，县、社人武部奉命介入“文化大革命”，实行“三支两军”，成立由军方代表和各派别群众组织代表参加的县抓革命促生产第一线指挥部，主任由县人武部部长担任。1968年4月，撤销第一线指挥部，成立革命委员会，有委员39人，设主任1人，副主任4人，代行县委、县政府职权。1978年12月，县委和县革委会分署办公。1980 年 12 月,县革委会改称县人民政府,设县长 1 人,副县长 4 人。县政府设常务会议和全体会议,常务会议由县长、副县长和办公室主任组成,全体会议由县长、副县长和政府组成部门主要负责人组成。1990 年,县政府副县长增至 6 人。11 月,县政府开始设调研员。2010 年,县政府设县长 1 人,副县长 7 人。

1949 年 10 月至 2010 年镇原县长(革委会主任)表

表 33-2-6

姓 名	籍 贯	任职时间	其他职务
张彦儒	武沟乡	1949 年 10 月至 1950 年 5 月	
唐凤仪	合水	1950 年 6 月至 1951 年 9 月	县委常委
巢荣亭	环县	1951 年 9 月至 1952 年 2 月	代县长
孟致才	新城乡	1952 年 2 月至 1955 年 3 月	县委常委
许国和	新集乡	1955 年 3 月至 1958 年 6 月	县委常委
史银据	环县	1958 年 6 月至 1960 年 12 月	县委副书记,1959 年 11 月任县委第一书记
刘兆南	陕西延川	1960 年 12 月至 1961 年 11 月	县委书记处书记、副书记
张克旺	平凉县	1961 年 12 月至 1963 年 7 月	县委书记处书记、副书记
刘善修	河北定县	1963 年 7 月至 1967 年 4 月	县委副书记
莫士元	陕西富平	1968 年 4 月至 1972 年 4 月	革委会主任
傅得奎	合水	1972 年 4 月至 1973 年 11 月	革委会主任
赵连升	宁县	1973 年 11 月至 1978 年 10 月	革委会主任
王怀清	正宁	1978 年 12 月至 1983 年 8 月	县委副书记,1980 年 12 月改称县长
李万林	西峰	1983 年 9 月至 1985 年 2 月	县委副书记,开始代县长 4 个月
薛亮云	山西稷山	1985 年 2 月至 1987 年 4 月	县委副书记,开始代县长 1 年
施万锐	西峰	1987 年 11 月至 1991 年 3 月	县委副书记,开始代县长 7 个月
李 峰	庆城	1991 年 3 月至 1993 年 12 月	县委副书记
王宪峻	环县	1994 年 1 月至 1997 年 10 月	县委副书记
王 尧	正宁	1997 年 10 月至 2002 年 1 月	县委副书记,开始代县长 1 个月
曹复兴	庆城	2002 年 1 月至 2002 年 11 月	县委副书记
王小庆	宁县	2002 年 11 月至 2006 年 12 月	县委副书记
秦 华	陕西合阳	2006 年 12 月至 2009 年 2 月	县委副书记
李崇暄	庆城	2009 年 3 月任职	县委副书记

1949年8月至2010年副县长(革委会副主任)表

表 33-2-7

姓　名	籍　贯	任职时间	其他职务
张宗贤	马渠乡	1950年6月至12月	
许国和	新集乡	1953年6月至1955年3月	1954年11月起任县委常委
刘世兴	新城乡	1954年9月至1956年2月	县委常委
曹邦宪	三岔乡	1956年2月至7月	县委常委
陈海图	孟坝乡	1956年8月至1957年3月	
张万寿	孟坝乡	1956年8月至1958年6月	
慕宗乾	郭原乡	1956年9月至1960年12月	1958年7月前任县委常委
杨如济	华池县	1959年5月至11月	县委常委
王生金	华池县	1960年1月至1967年4月	县委常委
张永生	四川省	1960年10月至1965年1月	
罗有元	庆城县	1962年8月至1963年7月	
赵廷槐	南川乡	1962年7月至1963年1月	
陈添祥	中原乡	1963年8月至1965年3月	县委常委
郭生荣	华池	1964年10月至1965年5月	
李应虎	宁县	1965年1月至1967年4月	县委常委
焦发海	马渠乡	1965年3月至1967年4月 1968年4月至1970年10月	县委常委,副县长 革委会副主任
金万库	太平乡	1965年7月至1967年4月 1978年12月至1980年12月	县委常委副县长 革委会副主任
张德荣	正宁	1968年4月至10月	革委会副主任,军方代表
刘善修	河北定县	1968年4月至1970年10月	革委会副主任,干部代表
马义民	屯字镇	1968年4月至1971年6月	革委会副主任,群众代表
马辛酉	河南驻马店	1969年6月至1970年10月	革委会副主任,军方代表
张裕民		1970年6月至1971年7月	革委会副主任,工人代表
王生金	华池	1970年10月至1973年10月	革委会副主任
王乃峰	宁县	1972年4月至1978年12月	革委会副主任,1976年10月任县委副书记
陈景文	陕西礼泉	1973年11月至1978年12月	革委会副主任
田得霖	西峰	1973年11月至1978年12月	县委副书记、革委会副主任
袁立志	泾川	1973年11月至1984年1月	县委常委、革委会副主任、副县长
姚尚哲	新集乡	1973年11月至1980年12月	县委常委、革委会副主任

李福英(女)	太平乡	1973年11月至1978年3月	革委会副主任,1976年2月任县委副书记
张　鑑	城关镇	1975年9月至1980年10月	县委常委、革委会副主任
吴俊文	正宁	1975年9月至1983年10月	县委常委、县革委会副主任、副县长
张治中	平凉崆峒	1973年3月至1978年12月	县委常委、革委会副主任
白进彩	中原乡	1980年6月至1984年12月	1983年10月任县委常委
李芝琴(女)	新集乡	1980年6月至1982年10月	革委会副主任、副县长
冯　潮	陕西岐山	1981年3月至1982年9月	
吴治德	合水	1982年9月至1986年12月	
施万锐	西峰	1983年10月至1987年11月	1986年11月任县委常委
马达理	渭源	1983年10月至1989年12月	1988年2月任县委常委
孙树强	庄浪	1985年3月至1988年11月	
任志祥	平凉崆峒区	1986年11月至1989年6月	
宁文山	山西省	1987年3月至1991年8月	
贾海成	城关镇	1988年8月至1992年12月	
程书印	宁县	1989年3月至12月	
范玉群	临泾乡	1989年3月至1997年11月	1993年12月任县委常委
王宪峻	环县	1989年12月至1994年1月	1992年11月任县委常委
杨守焕	屯字镇	1989年12月至1996年6月	
高希文	西峰	1990年7月至1992年11月	
张文先	西峰	1991年11月至1995年4月	
秦梅(女)	西峰	1992年11月至1995年4月	
黄占俊	华池	1993年12月至1997年10月	
郭新春	宁县	1995年5月至1997年10月	
石建国	合水	1996年1月至2002年10月	2002年1月任县委常委
何其孔	三岔镇	1996年7月至2000年4月	
宋尚有	华池	1997年2月至1999年6月	挂职
孔根亮	永靖	1997年2月至11月	挂职
王宁秀(女)	宁县	1997年9月至2002年2月	
王维东	新城乡	1997年11月至2001年8月	县委常委
王　谦	宁县	1997年11月至2006年12月	2002年11月任县委常委
马立峰	屯字镇	2000年5月至2006年12月	
吴安生	河南省	2000年9月至2002年6月	挂职
赵海东	正宁	2001年5月至2006年12月	
张振忠	环县	2001年7月至2002年10月	2006年12月任县委常委
王晓阳	灵台	2006年12月至2009年3月	挂职

续表

姓　名	籍　贯	任职时间	其他职务
张　赟	环县	2002年7月至2004年6月	
何　奎	庆城	2002年11月至2004年12月	
关俊文	灵台	2002年10月任职	
罗君伟	西峰	2003年4月至2006年12月	
付玲珍(女)	宁县	2006年12月至2008年8月	
李永军	宁县	2005年12月2009年2月	挂职
张　恢	城关镇	2006年12月至2008年6月	2009年3月任县委常委
王晓斌	屯字镇	2006年12月至2010年6月	县委常委
石振海	庆城	2008年7月任职	
文芳(女)	合水	2009年3月任职	2010年6月任县委常委
何鹏程	正宁	2010年4月任职	
王　勇	庄浪	2010年10月任职	挂职

(二)县政府工作部门

民国三十八年(1949年)七月二十九日镇原全境解放,县人民政府下设秘书室、民政科、财政科、教育科、保安科、人民武装科、税务局、邮电所、供销社、中国人民银行镇原县支行和人民法院11个工作部门,各科局室设正职1人,副职1~2人。

1950年1月,保安科更名公安局。3月,成立建设科。6月,成立工商科。8月,成立人民监察委员会。9月,增设人民检察署。1951至1952年,人民武装科改为人民武装部,编入解放军序列,先后增设粮食局(科)、卫生科,并将教育科改称文教科,邮电所改称邮政局。1953年,邮政局改为邮电局。1954年9月,人民检察署更名人民检察院。

1955年,县人民委员会工作机构增设计划统计科、中国农业银行镇原县支行、手工业联合社,撤销人民监察委员会,人民法院、人民检察院从政府序列中析出,独立行使职权。

1956年,撤销工商科和建设科,秘书室更名办公室,增设计划委员会、商业局、农业科、林业科、水利科、水土保持科、交通科,文教科分设为文化科、教育科,县人委直属工作部门22个。1957年,撤销农业银行、手工业联合社,成立服务局、检察室和体育运动委员会,将文化科、教育科合并为文教科,新成立的工业科与交通科合并为工业交通科,统计科并入计划委员会,水保科并入水利科。

1958年2月,设立物价委员会。7月末设立科学技术工作委员会,撤销服务局和供销社,业务并入商业局,财政科与税务局合并为财政局,农业科、林业科、水利科合并为农林水办公室。1958年12月,根据中央提出的“七部一室二会”原则,县人民公社联社下设办公室、政法公安部(法院、检察院、公安局合并成立,对外保留原牌子)、农业部(农林水办公室改称)、工交部(工交科改称)、财粮贸部(内设财政局、粮食局、商业局及人民银行)、文教卫生部(文教科、卫生局、体委合并成立)、生活福利部(民政局改称)、劳动武装部(兵役局改称)、经济计划委员会、科学技术委员会。气象站、报社、邮电局、广播站、文化馆、书店、医院、电影队、汽车站、剧团、仓库、工厂等生产与业务单位,均不并入行政部门,仍单独设立,为县人民公社联社生产和业务单位。

1959 年 9 月,撤销县人民公社联社下属各工作机构,恢复成立县人委办公室、民政科、文教卫生局、工业交通局、粮食局、商业局、财政局、农业基本建设局、公安局、科学技术委员会、经济计划委员会、物价委员会和人民银行等工作机构。12 月工业交通局分设为工业局和交通运输管理局。1961 年,分设税务局,恢复成立手工业联社,科委并入文教卫生局,工业局、交通局合并为工交局,邮电局上划省局管理。

1962 年,恢复县供销联社,改文教卫生局为文教卫生科、农建局为农业科、工交局为工交科,撤销物价委员会,分设统计局。1963 年,又改农业科为农建局、民政科为民政局、文教卫生科为文教卫生局,成立财贸办公室和工商行政管理局。1964 年,恢复农业银行,工交科分设为工业科和交通科。1965 年,撤销农业银行,恢复物价委员会,设立水保林业局。

1966 年 3 月,成立农业机械管理局。县人委有工作部门 23 个。8 月,受“文化大革命”冲击,县直部分部门组织瘫痪。1967 年,对部分单位实行军管。1968 年 4 月,县革命委员会下设办公室、政治部、生产指挥部和保卫部,各部室设主任、部长,副主任、副部长 1~2 人。办公室内设秘书组、总务组;政治部内设文化大革命组、组织组、宣教组、群工组;生产指挥部内设农林组、财贸组、财政组、统计组、文卫组;保卫部内设侦破组、审判组、预审组、文秘组。各组设组长、副组长。8 月,根据“精兵简政”精神,又将“三部一室”及下设 11 个组合并为政工组、保卫组、生产指挥组和办事组,陆续成立农林水牧管理站、商业服务站、粮油管理站、毛泽东思想宣传站革命委员会,各设主任、副主任。1969 年初撤销供销联社,业务归并商业服务站。

1970 年 3 月,成立财税管理站。7 月,成立交通局。10 月,县革委会恢复“三部一室”。12 月,恢复财税局、粮食局、商业局、农业局、文教卫生局和体委,成立水利电力局、工农业机械管理局,邮电局分设为邮政局和电信局,各局成立革命委员会或革命领导小组,设主任或组长 1 人,副主任或副组长 2~3 人;撤销农林水牧管理站、商业服务站、粮油管理站。县革委会有工作机构 16 个。1972 年,撤销毛泽东思想宣传站,文教卫生局分设为文教局和卫生局,将工农业机械管理局改为工业局,增设交通局、物资局和手工业管理局。

1973 年,撤销政治部、生产指挥部和保卫部,恢复法院、公安局、民政局和计划委员会,增设知识青年上山下乡办公室,将文教局、卫生局又合并为文教卫生局,邮政局和电信局合并为邮电局,交通局、工业局和手管局合并为工业交通局。年底,革委会工作机构有 17 个。

1974 年,恢复财贸办公室,增设农林办公室。1975 年,恢复科委和农机局,增设广播事业管理局。1976 年,恢复供销社,增设林业局、社队企业办公室,文教卫生局又分设为文教局和卫生局。县革委会有工作机构 25 个。

1978年3月,恢复物价委员会。6月,社队企业办公室改为社队企业管理局。10月,恢复县工商行政管理局。12月,成立气象局。1979年4月,成立计划生育办公室。5月,恢复财贸办公室、司法科和中国农业银行镇原县支行,成立中国建设银行镇原县支行、劳动局、医药行政管理局,农业局改为农牧局。1981年,成立人事科、多种经营办公室、档案局,计划委员会改为经济计划委员会,恢复统计局,司法科改称司法局。1982年撤销知青办。

1983年,撤销财贸办公室、农林办公室、档案局、气象局、物资局、农机局、医药行政管理局,成立审计局、物资公司、医药公司和人民群众来信来访办公室;将多种经营办公室和社队企业局合并为多种经营局,劳动局和人事科合并为劳动人事局;财税局分设为财政局和税务局,文、教分设,成立教育局,文化、广播事业合并成立文化广播局,供销社改为供销合作社联合社,计划生育办公室改称计划生育委员会,新成立的城建科改为城乡环境建设保护局。

1984年,成立工农教育委员会、老区建设办公室,多种经营局改称乡镇企业局,恢复档案局,文化广播局分设为文化局和广播电视局。1985年,成立"五讲四美三热爱"办公室和经济协作办公室。1986年,恢复农机局,成立中国农业发展银行镇原县支行。1988年,成立土地管理局、综合经济体制改革办公室,撤销"五讲四美三热爱办公室"。5月,成立监察局。

1990年,成立质量管理局、法制局、烟叶生产办公室、保密局,恢复物资局。1991年,经济计划委员会分设为计划委员会和经济委员会,工交局分设交通局,工业职能并入经济委员会,水电局分设为水利局、电力局,质量管理局改为技术监督局。1992年8月,经协办改为经济协作委员会。11月,各部门设检查员。1993年1月,农牧局分设为农业局和畜牧局。1994年8月,税务局分设为国家税务局和地方税务局,均实行省以下垂直管理。12月,撤销物资局。1996年5月,成立国有资产管理局,与财政局一套班子。

1997年3月,县政府工作机构变动较大,保留机构17个,并入职能机构5个,新组建机构4个,共有工作部门26个。综合体制改革办公室更名经济体制改革委员会,将法制局、信访室职能归入办公室,保留法制局、信访室牌子,政府办内设信息督查室和外事侨务办公室,县委地方病防治办公室并入卫生局,老龄委员会并入民政局,体委挂靠教育局,科协并入科委,组建农业委员会,与老区建设办公室合署办公,农业局、畜牧局、农机局、水利局、水保局、林业局归其管理,经委和经协委合并组成经济贸易委员会,计生委和计生协会合并组成计划生育局,物委更名物价局,烟叶生产办公室更名烟草生产管理局,技术监督局改为事业单位,电力局转为企业,恢复医药管理局,国有资产管理局归口财政局管理。1998年9月,邮电局分设为邮政局和电信局。1999年,技术监督局、工商行政管理局实行省以下垂直管理。2000年,成立水土保持管理局、地质矿产资源局。

2002年4月, 重新确定县政府机构21个, 部门管理机构3个, 常设协调议事机构2个,直属事业单位10个,撤销农委、商业局,重新成立农业办公室,计委更名发展计划局,科委更名科学技术局,水利局更名水务局,经贸委更名经济贸易局,体委更名体育局,法制局改为法制办公室,老区办改为扶贫开发办公室(与农办合署办公),体改委更名经济体制改革办公室，乡企局改为非公有制经济管理局，劳人局改为人事劳动保障局，土地管理局、地质矿产资源局合建为国土资源局，城乡建设环境保护局分为城乡建设局、环境保护局，农业局、畜牧局、农机局合并组建为农牧局，广播电视局改为广播电影电视局，成立高新产业开发区管委会办公室。

2003年，成立招商局、安全生产监督管理局。2005年，发展计划局、体改办合并为发展和改革局，计划生育局更名人口和计划生育局，县安全生产监督管理局进入政府序列。2007年，成立城乡环境卫生监督管理局、石油开发协调管理办公室，恢复乡镇企业局。2008年7月，成立城乡规划局，环卫局更名城市管理局。2009年3月，成立商务局，经贸局更名工业局，撤销乡镇企业局、烟草局、农业办公室、高新办。

2010年10月，工业局更名工业和信息化局，交通局改建为交通运输局，城乡建设局改为住房和城乡建设局，文化局、广播电影电视局、旅游局合建为文化广播影视局，教育局、体育局合建为教育体育局，人事劳动保障局更名人力资源和社会保障局，林业局、环境保护局、商务局、食品药品监督管理局调整为政府工作部门，撤销县法制办，职能并入政府办，撤销物价局、粮食局，职能划入发展和改革局，均保留牌子。机构调整后，县政府共设工作部门25个，各部门设正职1人，副职3~5人，正科级干部(原检查员)3~5人。

(三)基层政权

民国三十八年(1949年)七月二十九日镇原全境解放，全面接管国民党18个乡镇公所、217个保公所，改为13个区公署，设区长、副区长、助理员，区辖123个乡政府，设乡长、副乡长、文书；乡辖438个行政村，设主任；行政村下属1312个自然村，设村长。1950年1月，改为10个区公署98个乡政府。1953年，改为14个区公署110个乡政府。1956年，改为9个区公署5个基点乡政府，区辖57个乡政府。

1958年3月，撤区并乡为37个。8月至9月，建成10个人民公社，下属37个大队817个生产队。公社管委会设社长1人、副社长1~2人，内设办公室、农业科、工业科、水利科、林业科、畜牧科、财政科、民政科、文卫科、武装科、保卫科及监察、计划经济、科学研究3个委员会。1961年，缩小公社规模，数量增加到32个，管委会设社长，少数增设副社长，撤销原10科3委，改设助理员，辖618个大队，设大队长、副大队长、文书；生产队1792个，设队长、副队长、会计、保管、记工员。1962年，公社增加到38个，辖542个大队2242个生产队。1965年，公社调整成18个。

1966年3月，公社增至20个。8月，受“文化大革命”冲击，基层组织瘫痪。1967年，公社武装部介入“文化大革命”，实行“三支两军”，上肖公社成立革命委员会，其他19个公社均成立由军方代表和各派别群众组织代表参加的抓革命促生产第一线指挥部，主任均由公社武装部部长担任，代行公社管委会职权。1968年2月至3月，经县人武部党委批准，各公社陆续成立革命委员会，设主任1人，副主任3~4人。1970年，20个公社革委会设主任、副主任，辖249个大队，大队长、副大队长改称主任、副主任。

1980年，公社增至24个，辖269个大队2092个生产队。12月，公社革命委员会改为管理委员会,设主任1人,副主任2人。1983年12月,改公社为乡,乡政府设乡长、副乡长、文书、助理员。大队改称行政村,村民委员会设主任1人,副主任2~3人,文书1人。生产队改称自然村,村民小组设村长1人,部分组设委员1人。1985年,将城关、屯字、孟坝、三岔、平泉5个乡改为镇建制,全县共5镇19乡,辖269个行政村2483个自然村。各乡镇成立经济委员会,设主任、副主任、业务主办,负责管理经济工作。

2002年,太平、开边乡改为镇,各乡镇成立社会发展办公室,教委并入其内,乡镇经委改称经济发展办公室。2004年12月,撤销彭阳、曙光、小岘、王寨、湫池5个乡,全县辖7镇12乡215个村委会1991个村民小组,乡镇政府设综合办公室、经济发展办公室、社会发展办公室、计划生育办公室,村委会设主任、文书,个别村设副主任,村民小组设组长。

2010年,全县有7镇12乡,乡镇政府各设乡镇长1人,副乡镇长2~3人;综合办公室主任由党委副书记兼任,设党委秘书、政府文书、会计各1人;社会发展办公室主任由副乡镇长兼任,设专职副主任1人(专管教育);经济发展办公室、计划生育办公室设主任、副主任各1人,司法所长1人,民政、土地管理、司法助理员人数不等。2个居民委员会,设主任、副主任。全县辖215个村委会1991个村民小组,各村设主任、副主任、文书各1人,各组设组长1人。

(四)法治政府建设

1990年9月,按照建立社会主义市场经济体制和依法行政要求,成立镇原县法制局,后改称县政府法制办公室,科级行政建制,编制4人,设正、副局长,直属县政府,公安、工商等部门设置法制科,其他行政执法部门由人秘科室兼办法制业务,进行行政法律法规宣传培训,开展规范性文件审查、清理和行政执法监督检查,办理行政复议、行政应诉案件,完善政府行政决策机制,制定工作制度和常务会议议事规则,建设法治政府。

行政法律法规宣传培训 1991至1995年,组织协调有关部门,出动宣传车、利用广播等媒体,重点宣传《行政诉讼法》《行政复议条例》,开展各种法律法规咨询1282人次,解答群众提出疑难问题1103条。举办培训班289期,参训9600人次,其中培训骨干2420人。

1996至2000年,重点宣传、培训《行政复议法》《行政处罚法》《立法法》《甘肃省行政执法规定》和部门具体执行的法律、法规、规章,协调组织各类培训班263期,培训骨干8714人次,印发学习、宣传资料12万余份,开展法律咨询280场次。

2001年后,每年对各行政执法部门未经综合法律知识培训取得执法证件和证件尚未年检的执法人员进行培训。2002年,重点学习法律基本知识和世贸组织知识。2003年,印发宣传资料5000多份,解答法律问题32个,举办培训班3期,培训行政执法人员767人,组织21人参加市上举办的法律知识培训。2004年,组织40个行政单位主要负责人参加省、市法制办《行政许可法》培训班3期,县法制办举办《行政许可法》培训班1期,培训乡镇、部门业务骨干245名。2005年,组织行政机关工作人员、事业单位具有行政执法任务人员培训班,重点学习国务院《全面推进依法行政实施纲要》和甘肃省《依法行政五年规划》。

2006至2010年,开展各类法律咨询202起,培训行政执法人员2336人次,广泛宣传学习新出台法律法规和《国务院关于加强市县政府依法行政的决定》;政府常务会前集中学法 20 次;部分乡镇、部门请县委党校理论教员、政法部门业务骨干、本系统有关领导和业务能手开展行业法律培训 2100 人次;安排乡镇负责人和行政复议人员 45 名参加全市行政复议应诉培训班,参加上级行业举办的各种法制和业务培训班 120 人。

规范性文件审查清理 1991 年,以法律、法规、规章和上级规范性文件为依据,组织专人开始对政府规范性文件逐条逐项进行审核修改,审议发布,以确保文件的合法性、适当性。当年审查新制订规范性文件 3 件,发布 3 件。

1992 至 1995 年,审查政府、部门起草规范性文件 13 件,发布 13 件。1996 年,组织力量对以前出台政府规范性文件进行清理,从政策依据、审批核准事项、收费项目、对象及标准等方面进行审查,对不符合法律、法规、规章和上级规范性文件要求的,予以废止,对保留的,逐条逐项进行修改。当年和次年审查政府、部门起草规范性文件 11 件,发布 7 件。1998 年开始,对新制订规范性文件在审查发布基础上,呈报市政府和县人大常委会备案。2001 年,中国加入世界贸易组织,再次清理规范性文件,废止不相适应的各项规定制度。至 2007 年,审查政府、部门起草规范性文件 61 件,发布 57 件。

2008 年,《甘肃省规章规范性文件审查制定办法》发布实施,县政府转发《庆阳市规范性文件制定程序办法》,加强对规范性文件审查把关。政府出台每一件规范性文件,法制办均确定专人负责,调查论证,坚持集体审查制度,按照调查研究、征求意见、专家咨询、合法性审查、集体讨论等程序审查发布;同时落实规范性文件备案工作,及时报送市政府和县人大常委会备案,做到有文必审、有件必备、定期清理。至 2010 年,3 年审查政府、部门起草的规范性文件 42 件,发布 12 件,审查由县政府办和政府其他部门转送的法律文书 51 份,重大行政处罚案卷 12 件。4 次清理以前出台政策性文件 301 件,废止 154 件,修改和保留 147 件。

行政复议 1991 年,根据《中华人民共和国行政复议条例》规定,县政府开始受理全县公民、法人及其他行政相对人行政复议事项,由县法制局办理具体业务;建立行政复议工作制度,规范行政复议文书和申请、受理、审查、决定办案程序。1993 年,受理行政复议 3 件,维持行政机关行政决定 1 件,行政相对人撤回申请 2 件。1994 至 1999 年,6 年间受理土地、城市拆迁、公安、林业、水利、公路等方面行政复议 35 件,不予受理 4 件,办结 31 件,其中维持 28 件,部分维持 1 件,撤销行政机关行政决定 1 件,驳回复议要求 1 件,复议案件文书规范、程序合法、处理得当,复议后没有提起诉讼。

1999 年 10 月,“行政复议法”正式施行,县政府制订行政复议案件处理程序规定,在案件审理时,首先确定主办人,对复议案件承担主要责任,年终进行评查,出现问题,谁主办,谁负责。每项行政复议决定作出之前,经法制局(办)班子会议讨论、政府分管副县长、县长层层审查把关,对重大、疑难案件由经办人员提出意见,分管副县长参加,集体研究;对群众争议较大、矛盾集中案件举行听证,保证行政复议决定合法、合理、公正。2000 至 2010 年,收到申请 54 件,不予受理 3 件,行政相对人撤回申请 7 件,办结 44 件,其中维持行政机关行政决定26件，撤销行政机关行政决定3件，行政机关自行撤销6件，终止3件，转办4件，其他处理2件。

行政执法证件管理 1997年，贯彻《甘肃省行政执法证件管理办法》，开始行政执法人员持证上岗、亮证执法筹备工作，对行政执法机构主体资格进行确认，颁发行政处罚主体资格证75个，其中县直行政机关37个，乡镇24个，授权执法单位14个，核定行政执法人员1020人，清退不符合行政执法资格人员235人；对影响行政相对人权利和义务的各项行政措施逐单位、逐条进行确认梳理，形成权力清单，记入主体资格证副本。

1998年，第一轮持证执法工作正式实施，对所有行政执法人员分综合法律和行业法律知识进行培训，法制局负责综合法律知识培训，各执法部门负责行业法律知识培训，报审执法单位行政处罚主体资格证100个，其中县政府颁发89个，省地颁发11个，县政府核发执法人员行政执法证858个，地区行署颁发监督人员监督证40个，三种证件有效期5年，每年年审一次，实行动态管理。至2002年，五年补发行政处罚实施机构主体资格证19个，换发45个，注销11个；补、换发执法人员行政执法证716个，注销231个；补发行政执法监督证17个，注销31个。

2003年，实施第二轮持证执法换证工作，单位主体资格证、监督证由市政府统一核发，执法人员行政执法证由县政府核发。全县共申办行政处罚主体资格证56个，行政执法证628个，行政执法监督证4个。2004年，清理行政许可事项332项，审核保留245项，清理行政许可实施机构61个，审查确认37个，并将行政许可机关、许可事项、依据、程序向社会公告。至2007年，五年补办执法人员行政执法证208个。

2008年，实施第三轮持证执法换证工作，对各行政执法单位按行政许可、行政处罚、行政征收、行政强制、行政确认五类重新进行梳理，从执法依据、执法机关、程序、自由裁量权、救济等方面逐条进行公示。全县共申办行政执法主体资格证56个，行政执法证1137个，行政执法监督证4个。2010年，补办行政执法主体资格证6个，补办、换发行政执法证100个，全县持有行政执法主体资格证单位59个，持证行政执法人员1228名。全县普遍做到持证上岗，亮证执法，流程清楚，程序完善，符合期限，处理合理，文书规范，罚交分离，维护群众权益。

行政执法监督检查 1981至1990年，采取自查和抽查办法，对规范政府共同行为的法律、法规、规章、相关决定、通知和依法行政情况进行检查，重点检查农业、水利、土地、财政、税收、城建、交通等专业行政执法部门以及农民负担、义务教育等方面法律法规贯彻执行情况，对于存在问题，能改正的现场纠正，一时无法改正的限期整改；每年向县人大报告执法检查情况，接受人大监督和质询。

1991至1994年，重点检查"土地管理法""行政诉讼法""税法""森林法""矿产资源法""企业法""产品质量法""环境保护法""教师法""义务教育法""未成年人保护法""残疾人保障法""税收征管法""行政复议条例""行政监督条例""工商行政管理法规"《全国人大关于加强社会治安综合治理的决定》《全民所有制工业企业转换经营机制条例》和甘肃省《产品质量监督条例》《保护消费者合法权益条例》《流动人口计划生育管理办法》《全民所有制工业企业转换经营机制实施办法》《农民承担费用和劳务管理条例》等法律法规贯彻执行情况,查纠各种违法违纪案件和问题527起,打击假冒伪劣商品,整顿治理流通市场。

1995至1997年,围绕减轻农民负担、企业"三改一加强"、行政执法监督、提高产品质量、打假治劣、企业用人制度改革、维护社会政治稳定和精神文明建设、加强环境资源保护、加强妇女权益保障、加强统计等工作,集中对"农业法"《妇女权益保障法》《城市规划法》《药品管理法》《甘肃省人大常委会关于查禁毒品的规定》等九个方面涉及29个法律、法规、规章和规范性文件贯彻执行情况进行检查,共查处各类问题24件,完善各类制度21项。

1998年,开展行政执法检查活动,共查处各类问题529件,其中交通系统查处各类行政案件373件,公安机关检查纠正刑事执法方面各种定性不准案件19起。1999年,贯彻《甘肃省行政执法责任制实施办法》,在全县40个单位开始推行行政执法责任制,实行工作量化考核。

2001至2004年,将行政执法工作纳入全县目标管理考核体系,与24个乡镇、32个县直部门签订行政执法责任书,进行监督检查,年末考核;组织有关部门,对《行政处罚法》《行政复议法》、国务院《关于全面推进依法行政的决定》《罚款决定与罚款收缴分离实施办法》、甘肃省《行政执法证件管理办法》《行政执法责任制实施办法》等法律、法规、规章执行情况进行重点检查,办理行政处罚案件980起。

2005年,《国务院关于推行行政执法责任制的若干意见》颁布,将推进行政执法责任制作为依法治县重要内容,对各单位《行政许可法》宣传学习、许可事项、设立依据、程序、数量、期限公示情况和《依法行政实施纲要》学习培训、参训率、行政执法、证件年审情况纳入目标考核责任书,督促县直各部门完成行政执法依据梳理工作,提交政府常务会议讨论通过后,在县政府网站向社会公布30个县直部门行政执法依据,自觉接受社会各界对政府行政权力运行的监督。2006年,《行政处罚法》颁布实施,县政府建立《镇原县乡镇行政执法责任制》,各行政执法部门制订行政执法责任制,配套制订行政执法错案责任追究、重大行政处罚审查备案等相关制度。

2007至2008年,组织人员对32个行政执法单位责任制度进行检查和指导,督促修订完善;将依法行政工作纳入综合目标管理考核体系,在综合计分的同时设单项奖,与经济社会发展同考核、同奖惩;配合县人大常委会开展16部法律法规执行情况大检查,对全县19个乡镇、41个政府执法部门全部实行执法主体资格管理。2009年,市法制办到县调研依法行政工作,随后县上组织人员进行督查。法制办将国土资源局作为行政执法案卷评查试点单位,对行政许可、行政处罚、行政强制等作为评查重点,随机抽查部分案卷,对案卷的主体合法性、适用对象、认定事实是否清楚、证据是否确凿、适用依据是否正确、程序合法性、文书格式和归档是否规范等进行评审,对存在问题予以纠正,最后确定评价等次,反馈评审结果。2010年,配合县人大常委会开展法律法规执行情况监督检查,按照《甘肃省行政执法监督条例》和《甘肃省行政执法监督检查规定》有关规定,抽调县依法行政工作领导小组成员单位人员组成工作组，从8月开始，以50天时间，对40个执法部门行政执法情况进行检查评议，重点查看执法案卷，并提出整改要求。经评查，优秀案卷占20%，合格案卷占56%，不合格案卷占24%。

政务大厅 张富诚摄

第三十四章 政 协

民国三十年(1941 年),始设参政机关镇原县参议会。中华人民共和国成立后,召开县各界人民代表大会,参与国家政权和民主建设。1984 年,成立政协镇原县委员会,坚持党的统一战线方针政策,高举爱国主义和社会主义旗帜,围绕团结和民主两大主题,服从和服务全县改革发展稳定大局,履行政治协商、民主监督、参政议政职能,促进全县经济社会健康发展。

第一节 组织机构

一、政协委员会

1983 年 12 月 8 日,中共镇原县委决定成立中国人民政治协商会议镇原县委员会筹备委员会,筹委会由 14 人组成,县委副书记张鑑兼任主任,高世杰、姚尚哲、杜蔚林、郝仲科任副主任,下设办公室。经过一个月筹备,1984 年 1 月,成立中国人民政治协商会议镇原县委员会,委员由各民主党派、各人民团体和无党派人士酝酿协商推举,经中共镇原县委批准,县政协筹备委员会或常务委员会审查同意产生。前 3 届任期 3 年,以后各届任期 5 年。

政协镇原县第一届委员会委员 63 人,其中共产党员 7 人,民主同盟 2 人,无党派 3 人,共青团 1 人,工会 1 人,妇女 1 人,工商界 4 人,农民 2 人,文艺界 6 人,教育界 11 人,新闻界 2 人,科学技术界 6 人,医疗卫生界 8 人,体育界 2 人,宗教界 1 人,少数民族 4 人,台属 2 人。

政协镇原县第二届委员会委员 75 人,其中共产党员 10 人,民盟 3 人,无党派 3 人,教育界 10 人,卫生界 8 人,文艺界、科技界各 7 人,农民 6 人,工商界 4 人,新闻界和少数民族各 3 人,体育界、宗教界、妇女界及台属各 2 人,司法界、工会、共青团各 1 人。

政协镇原县第三届委员会委员 79 人,其中共产党员 12 人,教育界 10 人,农民、卫生、文艺、科技界各 7 人,工商界 5 人,无党派民主人士 4 人,民主党派、少数民族各 3 人,工会、妇女、体育、新闻、台属、宗教界各 2 人,共青团、司法界各 1 人。届中增补委员 1 人。

政协镇原县第四届委员会委员 82 人,其中共产党员 12 人,无党派 4 人,民主党派 3 人,工商界 10 人,农民界 8 人,科技界 7 人,教育界 9 人,卫生、人民团体、文艺界各 6 人,体育、新闻理论、台属、少数民族、宗教界各2人,司法界1人。届中增补委员8人。

政协镇原县第五届委员会委员93人,其中共产党员、工商界、农民界各13人,民主党派、无党派人士各3人,科技界8人,教育体育界10人,卫生、文艺界各6人,新闻理论、司法、宗教界及少数民族各2人,群团界7人,台属3人。届中增补委员8人。

政协镇原县第六届委员会委员104人,其中共产党员14人,民主党派3人,无党派人士、司法界各4人,工商界15人,农民界14人,科技界10人,教育体育界12人,卫生、文艺和群团界各7人,新闻理论、台胞台属和宗教界各2人,少数民族1人。届中增补委员4人。

政协镇原县第七届委员会委员120人,其中共产党员14人,工商界12人,经济界、教育体育界各8人,科技界、卫生界各7人,群团界6人,文化艺术、农林界、农民各5人,司法、新闻理论、非公经济界各4人,民主党派、无党派、宗教、社会保障界各3人,少数民族1人,特邀18人。届中增补委员37人。

二、常务委员会及工作机构

政协镇原县第一届常务委员会由11人组成,其中主席1人,副主席3人(兼职2人),常务委员7人,下设办公室、经济建设组、文卫科技组、社会联络组、法制群体组5个工作机构,有主任、副主任、组长、副组长,政协机关共有专职干部、职工16人。

第二届常务委员会由17人组成,其中主席、副主席5人(兼职副主席1人),常务委员12人,增设提案工作委员会。1988年1月,工作机构撤销4组,设办公室、工作委员会、文史资料科、提案联络科、学习宣传科,有主任、副主任、科长、副科长,政协机关共有专职干部、职工18人。

第三届常务委员会由17人组成,其中主席、副主席4人(兼职副主席1人),常务委员13人,。1991年3月,增选兼职副主席1人,工作机构改为办公室、宣教联谊委员会、提案法制委员会、经济科技委员会、文史资料委员会,有主任、副主任,机关共有干部、职工19人。

第四届常务委员会由17人组成,其中主席、副主席5人(兼职副主席1人),常务委员12人。1994年1月,增选兼职副主席1人。1995年2月,常务委员增加2人。1996年1月,增选常务委员1人。

第五届常务委员会由19人组成,其中主席、副主席6人(兼职副主席2人),常务委员13人。2001年,增选常务委员1人。

第六届常务委员会由18人组成,其中主席、副主席5人(兼职副主席1人),常务委员13人。2005年2月,增选副主席2人(兼职1人),工作机构更名为提案社会法制委员会、经济环境资源委员会、教科文卫体民族宗教委员会、文史资料和学习宣传委员会,保留办公室,机关共有干部职工25人。

第七届常务委员会由25人组成,其中主席、副主席8人(兼职副主席1人),常务委员17人。2008年1月增选秘书长1人。2009年3月,增选常务委员9人。工作机构沿用上届机构。

中国人民政治协商会议镇原县委员会主席表

表 34-3-1

姓　名	籍贯	任职时间
高世杰	新城乡	1984年1月至1986年12月
何生伦	孟坝镇	1986年12月至1992年11月
白进彩	中原乡	1992年11月至1997年2月
郑国升	屯字镇	1997年2月至2002年9月
姜正海	临泾乡	2002年9月至2006年12月
黄清文	武沟乡	2006年12月任职

中国人民政治协商会议镇原县委员会副主席表

表 34-3-2

姓　名	籍贯	任职时间	兼职及其他
姚尚哲	新集乡	1984年1月至1989年12月	
杜蔚林	宁夏隆德	1984年1月至1986年12月	兼职，回族，镇原中学教师、民盟盟员
郝仲科	宁夏中卫	1984年1年至1989年12月	兼职，县医院内科主任
白进彩	中原乡	1986年6月至1989年12月	
窦怀邦	三岔镇	1986年12月至1989年12月	
李耀华	平泉镇	1989年12月至1996年12月	
张维纪	平泉镇	1989年12月至1996年1月	
段应学	孟坝镇	1989年12月至1992年11月	兼职，孟坝中学教师
李　岩	南川乡	1991年3月至1996年12月	
朱轩麟	临泾乡	1992年11月至2001年12月	兼职，镇原中学教师
杜明科	屯字镇	1994年1月至1997年10月	兼职，县委统战部部长
张治廪	平泉镇	1997年2月至2002年6月	
唐仲延	新集乡	1996年7月至2002年6月	兼职，县委统战部部长
朱鸿雁	城关镇	1997年10月至2002年11月	
张世俊	甘肃会宁	1996年1月至2000年11月	
冯养锐	孟坝镇	2001年3月至2006年12月	
张　云	孟坝镇	2002年9月任职	
马世旦	屯字镇	2002年9月任职	兼职，县第一人民医院副院长
田耘（女）	上肖乡	2002年11月至2005年12月	
耿怀宝	新集乡	2004年11月任职	
钱志彪	平泉镇	2005年2月至2009年3月	
段国栋	城关镇	2005年12月任职	
安承芳（女）	郭原乡	2006年11月任职	
祁天平	临泾乡	2006年11月任职	兼职，新一代食品公司总经理
张正雄	城关镇	2008年8月任职	

第二节 全委会议

中国人民政治协商会议镇原县委员会每年召开一次全体委员会议，均设主席团、秘书处、提案审查委员会，听取、通过政协工作报告、提案工作报告，形成政治决议，列席人代会，听取和讨论政府及有关工作报告，提出建议和意见。

政协镇原县第一届委员会第一次全委会议于1984年1月20日至25日在县城举行，出席委员59人。会议听取县委书记李正德《毋忘团结奋斗，致力振兴镇原》的讲话和县政协筹备委员会主任关于政协性质、作用和任务的报告，列席县第十届人民代表大会第一次会议，讨论通过政治决议，选出委员会主席1人，副主席3人，常务委员7人。

政协镇原县第二届委员会第一次全委会议于1986年12月21日至24日在县城举行，出席委员67人，选出主席1人，副主席4人，常务委员12人。

政协镇原县第三届委员会第一次全委会议于1989年12月24日至28日在县城举行，出席委员72人，特邀4人，列席6人，选出主席1人，副主席3人，常务委员13人。第二次全委会议增选副主席1人，常务委员1人。

政协镇原县第四届委员会第一次全委会议于1992年11月27日至30日在县城举行，出席委员77人，特邀8人，邀请23人，列席4人，选举主席1人，副主席4人，常务委员12人。

政协镇原县第五届委员会第一次全委会议于1997年11月17日至20日在县城举行，出席委员87人，特邀3人，邀请33人，列席6人，选出主席1人，副主席5人，常务委员12人；提出社会治安、烤烟种植等意见建议5条。第四次全委会议增选副主席1人，提出科技、教育、基层组织建设等4个方面意见建议。第五次全委会议提出增加农民收入、干部作风建设等方面意见建议。

政协镇原县第六届委员会第一次全委会议于2002年11月11日至14日在县城举行，出席委员95人，特邀8人，邀请24人，列席3人，选举主席1人，副主席4人，常务委员13人。第二次全委会议补选常务委员1人。第三次全委会议补选副主席1人，常务委员1人。

政协镇原县第七届委员会第一次全委会议于2006年12月12日至15日在县城举行，实到委员119人，邀请36人，列席11人，选出主席1人，副主席7人，常务委员16人。第二次全委会议选出秘书长1人。第三次会议期间组织委员参观县城亮点工程，表彰奖励开展“五个一”活动先进委员和提案办理先进单位；补选副主席1人，秘书长1人，常务委员7人。第五次全委会议表彰奖励优秀委员、提案者和提案承办先进单位。

第三节 参政议政

历届政协委员均列席人代会，听取和讨论政府及有关工作报告，提出建议和意见。县政协主要领导受邀参加县委和政府决定一些重大问题的重要会议，共同协商讨论。根据县委工作安排，县政协主席、各副主席参与分管有关方面工作实施。

政协镇原县第一届委员会召开全委会议4次、常委会12次，向政府有关部门提出各种建设性意见和建议122条。1984年5月，成立落实统战政策领导小组，设立办事机构，抽调工作人员8人和统战部门一起，对非党政协委员22人的遗留问题37件，查证落实31件；对不当处理的退职非党委员1人改按退休安置，恢复和解决城镇户口3人，改正右派结论3人，并补发错误处理期间工资，退还被占用合作店资金委员1人，补偿"文化大革命"期间被查抄书画损失的委员7人，因冤假错案等原因造成生活困难委员5人，给予资金补助；退还庄基委员1人，其他委员被挤占房屋，转房管部门查处。

政协镇原县第二届委员会委员召开全委会议3次、常委会议14次，委员提出各种意见、建议和要求145条，涉及廉政建设、治理整顿、深化改革、农林水电、公交、文教、卫生、人才培训、就业和社会治安等12个方面；开展协商对话、情况通报和各种联席会议，就振兴镇原经济、发展科技教育、加强廉政建设建言献策。1988年3月，政协文史资料科从社会各界聘请阅历丰富、有一定写作能力的人员担任撰写员，开始征集文史资料，创办《文史资料》简刊。

政协镇原县第三届委员会召开全委会议3次，围绕党和政府中心任务和“八五”计划、十年规划、社会治安、廉政建设等重大问题，提出意见、建议和要求122条；召开常委会议12次、情况通报会8次，邀请党政领导为委员通报全县各项重大决策和政治经济形势；配合有关部门，召开专题座谈会6次，围绕科技兴农、粮食基础工程和五大系列开发、水利建设、土地管理、多子女费征收等问题，提出协商意见30多条，其中20多条被采纳。当年开始，主动加入陕甘宁三省区泾河流域县市区、陕甘宁蒙四省区毗邻县市区旗政协联谊会议，相互学习交流，取长补短，增进共识。

政协镇原县第四届委员会共召开全委会议5次、常委会议20次，对委员提出的建议和意见归纳为100多条，送县委、县政府及有关部门，大多得到重视和采纳。1993年出版《镇原文史》第一辑，收录稿件29篇。1994年10月至1995年6月，面对严重持续干旱，召开常委会，邀请政府分管领导参加，就抗旱救灾工作进行专题协商讨论，提出普查维修水利设施、完善承包责任制、严格依法治水、尽快发挥效益建议案，引起重视，政府投资和群众集资215.78万元，维修新建各项水利设施5000多处；会同县科委、科协，组织农技人员和部分政协委员，举行发展“两高一优”农业座谈会，围绕市场需求和农民增收、调整产业结构、发展支柱产业、改善生产条件、加大科技投入等内容，撰写调研文章十多篇，印发涉农部门和科技大户。1996年初，围绕实现“两个根本性转变”，就加强农业基础地位、国有企业改革、经济结构调整、实施科教兴县战略、资源与环境保护、社会保障制度、扶贫开发、勤政廉政建设等提出建议18条，大都被采纳。同年，文史委刊印姚生田《永久的怀念——我的第一任连长刘永福》一文，引起县委、县政府领导重视，批示民政部门调查核实后，呈报省、地主管部门批准追认刘永福为革命烈士，并于11月11日将其遗骨迁葬三岔镇老爷山下烈士陵园，县、乡干部、职工、师生千余人，举行隆重揭碑安葬仪式，实现姚生田愿望，成为全县爱国主义教育典范。

政协镇原县第五届委员会召开全委会议6次、常委会议20次、主席会议62次、专题协商会议22次，就经济结构调整、农民减负增收、加强基础设施建设、实施项目带动战略等提案238件，组织调查视察18次，撰写调查报告20多篇。1998年开展南部三乡镇畜牧业生产调查，总结“小规模、大群体”养殖经验，对服务不到位、发展不平衡5个问题，提出重视科技、转变观念、发展创税牧业等建议和意见8条，为各级组织进一步开发畜牧业，培植新经济增长点提供决策依据。1999年，出版《镇原文史》第二辑，收录稿件31篇，展现镇原悠久历史和文化。

政协镇原县第六届委员会召开全委会议4次、常委会议18次。就农村产业结构调整、农民增收、巩固退耕还林成果、规范农村住宅用地、住房公积金管理、人畜饮水工程规划、教育布局、民办教育管理、基层文化网络建设、法制宣传教育、农村医疗卫生人员培训、干部作风改进、企业改革、非公经济发展、城区综合治理等重点议题进行讨论，提出意见建议120多条。2004年，承办陕甘宁蒙四省区毗邻县市区旗政协第十七次联谊会议，对进一步宣传镇原、推介镇原起到积极作用。2005年，创办《社情民意》专刊，组织委员对全县草畜产业开发情况进行深入调查，向县委、县政府报送调查报告，得到肯定，转发全县研究落实；组织市、县部分政协委员及相关部门领导，对全县小城镇建设与管理情况进行视察，针对存在主要问题，提出重新修编规划、拓宽融资渠道、建设工业园区等意见建议。2006年，根据中共十六届五中全会提出的“生产发展、生活宽裕、乡风文明、村容整洁、管理民主”要求，对全县建设社会主义新农村情况进行调查研究，针对存在问题，提出强化教育培训、科学规划、推进农业产业化进程、加大基础设施建设、改善人居环境、转变职能、强化服务、加强农村民主政治建设等意见建议，得到县委、县政府重视；出版《镇原文史》第三辑、第四辑，收录稿件95篇；收集编发关注中小学校内部和周边治安环境、植树造林应注重质量效益、抗旱生产要发挥水利设施作用、加强优质杏树园管理、烤烟发展的认识和思路、补救受灾公路行道树等社情民意信息8期。

政协镇原县第七届委员会至2010年底，召开委员会议5次，常委会议17次，以界别小组为单位，开展送科技、送文化、送健康、送温暖和树形象、添光彩活动，为群众帮办实事300多件，为困难群众捐赠物资900多件，向地震灾区和社会公益事业捐款80多万元，救助残疾人60人、失学儿童36人、贫困家庭102户。卫生界委员四次深入边远乡镇义诊2000多人次；农业科技界委员五次送科技下乡，印发科技资料1万多份，培训农民3000多人次；非公经济界委员建立企业原料生产基地7000多亩，联系农户2030户，18位民营企业家委员捐款11万元，为10所偏远小学捐赠课桌凳600套；文艺界委员为两个山区“农家书屋”捐赠图书1700册。2008年，开展农村土地流转工作调研，就土地流转现状和形式进行深入调查分析，针对干部群众所担心的问题，提出加强对土地流转必要性宣传、建立健全土地流转管理服务机制、制订土地流转政策措施、完善农村社会保障机制等建议，得到县委、县政府肯定，引起市委关注，在市委《工作动态》刊登，起到相互借鉴作用；牵头在孟坝镇王湾村开展土地流转试点，取得经验，在全县推开；举办政协委员“迎奥运”书画展、政协成立25周年履职成果展，召开庆祝全国政协成立60周年暨县政协成立25周年座谈会。2010年，组织委员就如何使农村低保发挥扶贫济困作用、体现党的惠民政策进行调查研究，提出进一步完善制度、规范程序、严格把关、加强动态管理等建议，得到党政领导及民政部门重视和采纳；对社会比较关注的灾后重建、农村道路建设进行全面视察，提出意见和建议11条，引起有关部门重视。9月，县政协常委会议就全县“十二五”规划编制进行专题协商讨论，常委、委员围绕支持民营经济快速发展、培育壮大特色产业、发展文化旅游产业、推进小城镇建设、加快基础设施建设步伐、提升财政保障能力、保护生态建设成果和关注民生等方面问题，提出意见和建议；将收集和反映社情民意作为政协信息工作核心，先后聘请信息员130多人，坚持每年召开社情民意信息工作座谈会，集中进行培训，总结研讨社情民意信息工作有效形式、措施和办法；通过考察、视察、调研、联谊、提案和委员、群众来信等形式，重点了解、收集和反映社情民意。六年编发社情民意29期，为党政部门分析形势、科学决策、解决难题提供重要参考依据；成功举办陕甘宁三省区政协第二十三次联谊会和镇原、三原政协书画联谊交流互访活动。

2004 年 8 月 18 日在县东操场举行庆阳市镇原县军警民联合维稳反恐演练及民兵军事训练成果汇报演示

第三十五章 军 事

镇原古为大原，位居秦陇要冲，史称“关陇咽喉”，曾为边塞重镇，兵家必争之地，历史上纷争不断，战争频繁，人民饱受其苦。历代皆屯兵驻军，战事古迹较多，有春秋彭戎国都、战国秦长城、东晋赫连城、唐尉迟敬德鄂公台、明末李自成兵工厂等遗址，涌现出威震边疆武将李恂、杨政、仇钺等，皆为国家做出过历史性贡献。

中华人民共和国成立后，建立人民武装部和武警中队，配合地方开展剿匪、肃特、平叛斗争，支援抗美援朝，进行国防教育和民兵建设，确保社会平安，发扬拥政爱民传统，开展军民共建，促进地方经济发展。

第一节 机 构

古代军事管理机构 秦、汉时，县尉主地方兵事、治安之责。隋唐时，设县尉、兵曹、司兵。宋、金时，在重要地区设巡检。元时设招讨司，有尉、巡检。明代，设兵房、置巡检。清代有武职把总。

中共镇原县委军事部 民国二十六年(1937年)八月，中共镇原县委下设军事部，驻镇原县城。二十八年二月，县委军事部撤销。

镇原县政府军事科 三十四年，国民党县政府设军事科，有科长、督练员、科员、事务员各1人，负责兵役征集和训练，三十八年七月二十九日解散。

镇原县人民武装部 民国三十八年九月，镇原县人民政府设人民武装科。1951年8月，改为县人民武装部，为县团级，编入中国人民解放军序列，受军分区和镇原县委双层领导，县委书记兼任政委，设军事、政工两个股，按丙等县标准配现役干部36人，其中部长1人，股长2人，干事3人。1953年，人武部增编副部长1人，参谋、助理员5人，包括区人武部有现役干部46人。

1954年10月，县人武部改称镇原县兵役局，下设动员、征集、统计、预备役、民兵5个科，有现役干部25人，其中正、副局长、副政委各1人，科长5人，助理员13人，干事4人。1956年，通过整编，人员减少二分之一。1959年3月，县兵役局又改称县人民武装部。1964年，县人武部改设组训、政工2个科。1979年元月，县人武部增设后勤科。2月，恢复县委书记兼任武装部第一政委制度。1981年6月，撤销人武部内设各科。1983年6月，又恢复组训、政工、后勤3个科，有现役干部18人，其中部长、政委各1人，副部长2人，科长3人，参谋7人，干事2人，助理员2人，非现役职工5人。1984年6月，增编1名副政委，3名副科长。1985年1月，将组训科改为军事科。

1986年6月，县人武部退出军队序列，改属地方建制，更名甘肃省镇原县人民武装部，下设办公室，军事科和政工科，有干部职工21人。1991年11月，县人武部增设军械科。

1994年12月，县人民武装部重新入编军队序列，更名中国人民解放军镇原县人民武装部，设军事科、政工科、后勤科，有部长、政委、副部长各1人，科长3人，参谋3人，助理员2人，干事1人，非现役职工9人。2004年起，人武部改编为18人，设部长、政委各1人，副部长兼军事科长1人，后勤、政工科各设科长1人，参谋1人，干事1人，非现役职工11人。2010年，县人武部有干部7人，职工11人。

镇原县人民武装委员会 1952年11月成立，主任由县委书记兼任，副主任由县长、人武部长兼任，委员由县政府和人武部、计委、公安、民政、财政、教育、体育、粮食、工会、妇联、共青团等部门主要负责人组成，人武部为其办事机构。“文化大革命”期间，县人民武装委员会停止工作。1979年元月，根据甘肃省委指示和庆阳地委通知，恢复县人民武装委员会，根据各组成单位领导变动，随时调整，保持工作连续性。

镇原县国防动员委员会 1997年成立，第一主任由县委书记兼任，主任由政府县长兼任，副主任由人武部部长、政委、县委副书记、副县长、人武部副部长兼任，委员由各单位主要负责人组成，下设国防动员办公室，主任由人武部副部长兼任；武装动员办公室，在人武部军事科办公，主任由军事科长兼任；经济动员办公室，在县计划委员会办公，主任由计委主任兼任；交通战备办公室，在县交通局办公，主任由交通局局长兼任。2001年，将国防动员办公室改为综合办公室，主任由县委办主任兼任，副主任由人武部军事科长兼任；经济动员办公室单设办公，第一主任由县计委主任兼任，另设专职副主任1人、兼职副主任1人；交通战备办公室单设办公，第一主任由县交通局局长兼任，另设专职主任、副主任各1人。

基层人民武装部 1951年8月，成立10个区人民武装部，设部长及军事、政治助理员各1人，受县人武部和区党委双层领导。1953年，因行政区划调整，改设14个区人武部，共配备正副部长11人，助理员28人。1959年3月，各公社武装部干部始由地方干部担任，编制1~2人。1960年4月，各公社武装部由社长兼部长，党委书记兼政委，副社长兼副部长，团委书记兼副政委，并配备专职干事1人。1994年12月，24个乡镇武装部配备部长、干事各1人，共48人。2004年起，19个乡镇武装部编制29人，其中7镇3乡各配备部长、干事1人，其余9乡各配备部长1人。2010年，乡镇武装部有专职武干30人，19名武装部长全部进入同级党委班子。

1949年9月至2010年镇原县人民武装部(兵役局)领导表

表35-1-1

姓　名	籍　贯	职　务	任职时间
马万里	陕西子长	政委(县委书记兼)	1949年9月至1950年3月
侯生裕	陕西吴旗	政委(县委书记兼)	1950年3月至1951年8月
黄金祥		部长	1951年8月至1952年3月
王玉虎		部长	1952年3月至1953年5月
赵志明	宁县	政委(县委书记兼)	1951年8月至1953年6月
唐风仪	合水	政委(县委书记兼)	1953年6月至1954年10月
秦望洲	镇原临泾	副部长(代)、副局长	1953年4月至1955年3月
王志恭		第二副部长(兼)、副局长	1953年11月至1955年2月
杨占珍		局长 部长	1954年10月至1959年3月 1960年3月至1966年1月
鱼连波	陕西韩城	政委(县委书记兼)	1954年10月至1956年8月
李希连		副局长	1955年3月至1958年3月
施炳炎		副政委	1954年11月至1959年3月
张文会	华池	政委	1957年3月至1959年3月
程聚祥		副局长、副部长	1958年5月至1961年12月
郭志德		部长	1959年3月至1960年3月
史银琚	庆城	政委(县委书记兼)	1959年11月至1962年11月
莫士元	陕西富平	副部长 部长	1962年10月至1964年12月 1966年5月至1970年12月
苏　星	武都	政委(县委书记兼)	1963年6月至1965年9月
鱼勤学	临泾乡	副部长	1965年6月至1969年8月
秦汝哲	山西临县	政委(县委书记兼)	1965年11月至1966年5月
张德荣	正宁	副政委	1966年5月至1969年1月
马辛西	河南舞阳	政委	1969年1月至1974年1月
王世钧	殷家城乡	副部长、部长	1969年10月至1981年10月
李　明		部长	1970年12月至1973年10月
鄢荣章	四川	副部长	1970年10月至1978年7月
王仲亮		副政委	1970年2月至1975年12月
肖开运		副政委	1970年10月至1975年12月
温一清	山西原平	政委	1974年1月至1978年9月
朱建中	平凉崆峒	副政委	1974年4月至1978年6月

续表

姓　名	籍　贯	职　务	任职时间
卢国栋	华亭	副政委	1976年9月至1978年6月
张广福	合水板桥	副部长、部长	1978年6月至1985年12月
曹俊玺	灵台	副部长	1978年6月至1981年4月
罗道林	广东潮安	副政委	1978年6月至1981年6月
周建华	西峰区	政委	1978年9月至1981年4月
李荣辉	环县虎洞	副政委	1979年6月至1981年6月
赵连升	宁县	第一政委(县委书记兼)	1979年2月至1981年7月
张志坚	永靖	副部长	1981年3月至1986年2月
周廷玺	陕西旬邑	副政委	1981年3月至1986年6月
张治伦	平泉镇	政委	1981年4月至1983年6月
李正德	秦安	第一政委(县委书记兼)	1981年7月至1985年5月
金寿祥	屯字镇	副部长 部长、政委	1983年5月至1986年2月 1986年6月至1995年12月
朱建中	平凉崆峒	副政委	1983年6月至1986年2月
张文渊	西峰区	副政委	1984年7月至1986年4月
刘乾正	正宁西坡	政委	1986年6月至1988年9月
王廷怀	庆城桐川	副部长、部长	1986年6月至1992年9月
刘义平	城关镇	副部长	1993年5月至1994年1月
段义民	太平镇	部长	1994年1月至1995年5月
韩　文	庆城	部长	1995年5月至1998年12月
赵忠有	西峰	副部长	1995年3月至12月
王金岭	陕西大荔	政委	1996年7月至1999年12月
姚正乾	新集乡	副部长	1997年3月至1998年12月
俱明忠	陕西乾县	部长	1999年5月至2010年1月
高存章	陕西韩城	副部长	1996年6月至2001年3月
戴　斌	陕西临潼	政委	2000年5月至2004年12月
赵炳清	陕西陕北	副部长	2001年3月至2004年12月
王建勋	河南兰考	政委	2005年3月至2006年3月
白虎玺	庙渠	副部长	2004年10月2006年2月
司健吾	陕西咸阳	副部长	2006年3月至2009年3月
李　宏	华池	政委	2006年3月至2009年3月
王　团	武威	部长	2010年1月至2010年4月
薛宏志	山西翼城	政委	2009年3月任职
王益峰	陕西山阳	副部长	2009年3月任职
洪照吉	山东肥城	部长	2010年4月任职

第二节 设 施

长城 镇原境内最早的军事防御设施为战国秦长城,从宁夏彭阳县进入境内,经武沟、马渠、三岔3乡镇进入环县,全长39公里,有烽隧遗址17座,烽墩34处(其中秦代10处,宋代2处,明代22处)。白草坬障城为障塞尉住所,指挥戍卒守御长城,防敌入犯,遗存城墙3公里,高约3.5~5米。老爷山前有一座高大烽隧,黄坪湾村东南地段烽隧稠密,在不足5公里地段有烽隧8座。周庄一带长城遗迹保存普遍较好,外侧高5米,内侧高2.2米。

武沟乡战国秦长城

城寨堡 境内有中原武亭、祁川赫连、方山柳泉、新城、孟坝西壕、彭阳、殷家城等古(故)城,历史上均有驻军。新城铁原、开边新门、武沟平安等古寨及太平兰庙后稷墩、上肖万俟沟圈鄂公墩均为军事设施。金城、陈越、郭家、王岘、杨家、白马、王禄、柳家、郑家、刘家、高家、马家、附翼、高禄、张道、石窟、陈家、张家、安家、苏家、关王、大王家、关门、李家、刘倪、朱家、庞家27堡,在城、大岘、田家、浅河、窦家、毛家、周家、西坡、杨村、南川、马铺头、显神、金城、马家、九龙、平泉、开边17铺,皆有司兵。民国二十五年(1936年)六月,调集民工修补原有城堡,新建城垣7座,在主要交通要道修建碉堡十余座,设置观察哨35处。

镇原县武装部机关 民国三十八年九月,县政府武装科在县委院内办公。1959年,在县城中街县委东侧修建县人武部,占地3868平方米。至1985年,共投资6.6万元,修建平房1955平方米。1995年,改建办公楼1幢1370平方米。1997年,修建砖混结构库房1栋121.18平方米,值班室1间36平方米。

镇原县武警中队营房 民国三十八年九月,县公安中队设在县城西北旧县政府院内。1971年,县政府拨款修建武警中队营房。1978年,在地方政府支助下,武警中队建成土木结构营房10间。1984年,自力更生新建营房10间。1995年,修建砖木结构营房9间,塑料温棚1座,长30米、宽15米。2008年,总投资380万元,在金龙选址新建营区,次年11月入驻。

战备设施 1969年,响应毛泽东主席"深挖洞、广积粮、不称霸"和"备战备荒为人民"号召,以3年时间在县城和各公社驻地挖地道20多条。因战备需要,在临泾乡十里墩生产队征地80亩,准备修建飞机场,后未建,人武部留30亩,给县中队划拨40亩,给县委办划拨10亩,作为干部职工农副业生产用地耕种。1993年,将十里墩飞机场用地租给当地村民种植烤烟。2003年,经县政府协调,将人武部和县委办使用的十里墩飞机场40亩土地和县林业局茹河苗圃育苗地兑换,后将茹河岸边地由县政府收回用于县城建设。

武器装备 古代军队装备主要有大刀、长予、长枪、弓箭、弩、盾牌等冷兵器。现代装备有半自动步枪、全自动步枪、手枪、冲锋枪、轻机枪、重机枪、高射机枪、火箭筒、迫击炮等武器。

第三节 驻 军

一、古代驻军

商时，诸侯国军队设戎、亚统率，分步兵、马兵、弓箭兵和车兵4种。西周时设军，军下为师，师下为旅，每旅500人，每师五旅，一军五师，以车兵为主，车上甲士由贵族及其子弟充当，车下徒兵多系平民，也有奴隶。战国时，军队主要是步兵，其次是骑兵和车兵。

北魏时，在沿边要隘设镇兵，长期戍守。唐代，驻府兵1200多人，置折冲都尉1人，左右设果毅、都尉各1人。

宋咸平四年（1001年），陕西转运使刘综请诏于古原州、镇戎军置屯田五百顷，役军二百，牛八百耕种，于军城前、后、北及木峡口置四堡寨屯戍，择使臣充监押，每寨500人，无寇则耕，有寇则战。

明初，镇原设驻防把总1人，归属固原管辖，俸粮在固原城守营领支，防兵30人，机兵20人，民壮100人，其中20人在县府值班，80人在县操备。

清代，在忠恕街置城守营，后移街东，有驻防把总1人，防兵30人，快马8匹，民壮50人。清末，防兵减为8人。

二、近现代驻军

国民军 民国二十六年（1937年），国民党中央骑兵一连驻县城，保安大队驻肖金、屯字等地。二十九年，国民党陆军第九十七师五八一团、五七八团、二九〇团及二八九团一营一连、八〇野战补充团二营约4000人，驻县城、太平、开边、平泉、肖金等地。三十年，陆军第七预备师十九团、九十一师五七一团一营、五七三团一营一连约1900人，驻县城、开边、黑渠口、太平、肖金等地。九十七师二九〇、二九团驻城关、太平等地。三十一年，陆军第七预备师十九团、一九一师五七一团三营、五七二团一营约2300人，驻县城、开边、黑渠口、太平、肖金等地。

三十二至三十四年，三十六军五二师一团、十七军新编第二师四团及五十九师三营、保安一团二大队，驻县城、太平、开边、黑渠口、麻子沟圈及解放区边沿各要地。三十五年，新编一旅一团一营、二十五师五十四团二营及九十七师一部，驻县城、黑渠口、马渠、太平、永安等地。三十六年、三十七年，十七军新编第二师五团、独立步兵、骑兵一团，驻县城、肖金等地，保安第七团驻孟坝及大小方山。三十八年七月镇原解放时，国民党驻军全部溃逃。

中国人民抗日红军援西军 民国二十六年（1937年）三月，红军援西军司令员刘伯承、政治委员张浩、参谋长李达、政治部主任刘晓（后宋任穷）率部进驻镇原，司令部及随营学校驻县城，所辖红四军驻屯字、曙光、上肖，红三十一军驻平泉、中原、湫池，红二十八军、三十二军驻平泉、固原一带，红十军七十五师驻孟坝，独立师驻三岔，骑兵一团驻永安。六月，援西军改编为国民革命军第八路军一二九师。八月，主力撤离镇原，开赴抗日前线。

八路军七七〇团　民国二十六年(1937年)十一月上旬，留守陇东的八路军一二九师三八五旅七七〇团三营在营长张德发、教导员江洪海带领下进驻镇原县城。二十八年九月二十二日三营换防开往驿马关，二营在营长王厚安带领下换防镇原。十二月十六日，二营在国民党发动第二次反共摩擦事件中，同突然袭击的国民党军队在县城玉皇山发生战斗，三次击退其猛烈进攻，当晚掩护中共镇原县委机关通过原三营在北城墙挖好的洞子搭便桥撤出县城，于十七日拂晓安全撤退至新集唐家塬，二十五日攻取孟坝镇，驻守至三十五年，解放战争开始后开往战斗前线。三营、二营驻防期间，积极发动群众参加抗日战争，协助地方政府组建地方武装，开展反摩擦斗争，剿灭土匪，保卫陕甘宁边区西大门。

中国人民武装警察部队甘肃省镇原县中队　民国三十八年(1949年)七月十五日，组建中国人民公安部队甘肃省庆阳专区公安大队镇原县中队，主要任务是配合建立、保卫地方政权，肃清地方残余匪特，维护社会治安。1952年，县中队改编为中国人民解放军公安部队镇原县公安队，归庆阳地区公安大队领导。1955年8月1日，镇原县公安队改编为中国人民解放军武装警察部队甘肃省镇原县中队。1957年，县中队改编为中国人民武装警察部队镇原县中队，隶属平凉地区武警支队。1963年2月，改编为中国人民公安部队甘肃镇原县中队，受县公安局领导。1966年6月，改称中国人民解放军镇原县中队，编入军队序列，隶属县人民武装部领导。1968年12月，镇原县中队与甘谷县中队换防。1975年12月，县中队移交县公安局领导。1983年1月，将县中队改编为中国人民武装警察部队甘肃省镇原县中队，隶属武警庆阳支队和镇原县公安局双重领导，主要承担县看守所外围武装警戒，协同县公安局维护县内社会治安，执行逮捕、押解，负责临时勤务及处置突发事件等。

第四节　地方武装

一、古代地方武装

蕃兵　宋治平四年(1067年)闰三月，原州九寨收蕃官381人、7736帐，蕃兵万人，马千匹，其中新城镇4族，总兵马361人骑，为16队；截原寨6族，总兵马596人骑，为6甲20队；平安寨11族，总兵马2384人骑，为10甲46队；开边寨18族，总兵马1254人骑，为9甲44队；新门寨12族，总兵马1073人骑，为3甲28队；西壕寨3族，总兵马454人骑，为4甲20队；柳泉镇12族，总兵马986人骑，为7甲31队；绥宁、海宁寨4族，总兵马788人骑，为40甲32队；彭阳城3族，总兵马184人骑，为6甲12队；东山寨4族，总兵马220人骑，为4甲9队；靖安寨4族，总兵马1982人骑，为4甲25队。

二、民国时期地方武装

(一)国民党地方武装

镇原县警备队　民国三年(1914年)，甘肃巡抚使张广建创办警备队，以维持地方治安，镇原县警备队有警员百人左右，经费开支由县自筹。二十四年改编为保安大队。

镇原保安大队 民国二十四年(1935年),国民党成立镇原保安大队,200余人,编为3个中队,9个分队,归甘肃省第三保安区管辖,受保安司令调遣。二十六年十一月,国民党县保安大队有1个大队,2个中队,6个分队,官兵223人,枪223支。三十八年七月镇原解放时溃散。

国民自卫队 民国二十八年(1939年)二月,国民党县政府奉命组建国民兵团常备队,士兵100多人。三十四年,常备队改为自卫大队,下属3个中队,16个分队,官兵218人;乡镇仍设专职队副1人。三十六年,将县自卫大队改编为2个营,下属6个连,官兵489人;设补给站1处,有站长1人,庶务员2人,负责征收粮草,支应部队。三十七年,自卫队改编为自卫大队,辖3个中队、9个分队,共240人,装备轻机枪6挺,步枪200余支;乡镇自卫队110人,步枪96支;守备队30人,步枪28支。三十八年四月改编为自卫总队。

自卫总队 民国三十八年(1949年)四月,国统区成立自卫总队部,直辖2个常备自卫大队、1个机炮排,官佐67员,士兵791人,马70匹,步枪454支,轻机枪8挺,手枪4支,重机枪1挺,六〇迫击炮2门,手提机枪5挺。同年七月底镇原解放时溃散。

(二)共产党地方武装

自卫军 民国二十六年(1937年)夏,三岔区苏维埃政府成立自卫军,编制1个营300多人,下设3个连,农忙生产,农闲训练。八月,成立马渠上原畔自卫军,编制1个连,初建时30多人,年底发展到90多人,配合庆环军分区独立五营先后三次攻打马渠镇,赶走国民党保安队,解放区由马渠逐渐向孟坝扩展;受红军援西军帮助,南三镇相继组织起自卫军,在抗敌后援会领导下进行训练。二十八年底,国民党挑起磨擦事件,南三镇自卫军解散,部分队员撤到解放区。解放区在孟坝、柳州、石佛、马渠等区重建和扩大自卫军,各设营长1人。各乡建自卫队,维护地方治安。二十九年三月,边区县抗日民主政府保安大队成立,各区自卫军归县保安大队领导。三十四年,解放区在保卫边区、反对内战、一切为了战争胜利号召下,自卫军扩大到5300余人,其中基干967人,编为8个营、36个连、96个班,有步枪20支,子弹100板,地雷30颗,土枪78支,长矛809杆,马刀49把;普通4432人,编为8个营、37个连、110个排、322个班,有土枪76支,长矛1437杆,马刀73把。十一月,对基干自卫军副排长与普通自卫军连长以上干部,进行战时政治思想教育和投掷手榴弹、制造地雷、埋设地雷等技术训练。此后,各区均对普通自卫军排以上干部进行军事训练,在训练中民兵英雄王存仁、刘顺科、郭天儒等发明引点地雷导火索和炸弹上拉火线两种新技术。三十六年三月,解放区沦陷,部分自卫队员被编入游击队随县委、县政府机动作战。

镇原县游击支队 民国二十九年(1940年)三月,边区县抗日民主政府成立保安大队,县长兼任队长,县委书记兼任政委,下属3个中队。三十五年元月,解放区保安大队改建为镇原县游击大队,年底,人员扩大到120人,编为5个队。游击大队直属第一队,22人;交口河自治区为第二队,21人;太平区为第三队,32人;王寨区为第四队,30人;万安区为第五队,15人。三十六年三四月间,解放区游击大队发展到190余人,下属3个中队。七月,为开展游击战争,撤退到环县一带的中共镇原县委、县政府组建4个武装工作队,每个队10人左右,采取划片分块负责办法,组织宣传群众,打击镇压反革命,侦察了解敌情,开展游击战争,在沦陷地区重建区乡政权。三十七年十月,奉陕甘宁晋联防军区第四军分区命令,县游击大队整编为陇东警卫团第三营。十一月,又奉命改编为游击支队,辖2个中队、5个分队,有机枪4挺,步枪103支,手枪7支,各种子弹3426发,掷弹筒4枚,炮弹18发,手榴弹269颗。三十八年九月二十一日,游击支队改编为中国人民解放军正规部队,西进参加解放大西北战役。

第五节　民　兵

一、组织

民国二十八年(1939年)二月,国民党县政府奉命组建国民兵团,简称民团,设团部,团长由县长兼任,有副团长1人,督练员2人,军需事务2人,下设常备队,编士兵100余人,为不脱离生产武装组织,负责民兵召集管理和训练。乡镇设预备队,队长由乡镇长兼任,有队副1人;保设分队,分队长由保长兼任;甲设小队,小队长由甲长兼任。凡18至45岁国民造册登记,编入队列,进行训练。三十四年,国民兵团撤销,常备队改编为自卫队。

中华人民共和国成立后,县、区、乡组建不脱离生产群众武装民兵组织,分基干民兵和普通民兵,由县委直接领导,县人武部组织和实施。18~25岁政治纯洁、身体健康、家庭劳力充裕、符合服兵役条件男性公民和28岁以下退出现役士兵、经过军事训练人员及选定参加军事训练人员编入基干民兵组织,根据需要吸收女性公民参加基干民兵;26~45岁编为普通民兵。年满18~35岁公民,均要进行登记,服预备役。国家机关、社会团体和企业享有国防权利和承担国防义务,均有义务支持建立和发展民兵组织,参加民兵建设。

1950年,全县登记吸收普通民兵8480人,1952年发展到11818人。1953年,民兵发展到23033人,组建基干民兵团。1958年上半年,预备役与民兵合编33403人。9月,根据中共中央"全民皆兵,大办民兵师"指示,发展民兵6万人。1962年,在屯字公社组建武装基干民兵连,编制160人。

20世纪60年代,以县为单位组建民兵师,以公社为单位组建民兵团,下设武装基干民兵连,配发武器,每年集中进行军事训练。1962年,全县共有民兵83042人,其中基干民兵47287人,编制33个团2个营526个连1822个排6016个班,在公路沿线和社情较复杂、人口较集中地方,将2128人基干民兵组建武装连11个、排64个、班158个。

1977年,全县有武装基干民兵团1个、连20个、排130个,民兵12750人。1982年,缩小民兵组建范围,简化民兵层次,取消县编民兵师、公社编民兵团,年龄压缩为普通民兵18岁至35岁,基干民兵18岁至28岁;在基干民兵中分编应急分队、专业技术分队、对口专业分队和步兵分队。1985年,全县编制1个团、27个连、254个排、929个班,民兵17000人,其中基干民兵8500人,经过严格训练7332人。

1986年,遵照"减少数量、提高质量、抓好重点、打好基础"十六字方针,本着"保证质量、合理布局、均衡负担、有利于训练和兵员储备”原则，全县组建基干团1个、连24个、排248个、班791个；组建专业技术分队连4个（八二迫击炮连2个，高射机枪连1个，通信连1个）、排12个，其中反坦克火器排3个，六O迫击炮排3个，侦察排1个；以行政村建民兵连269个，共编民兵15200人，其中基干民兵7600人，军事训练6434人。此后，每年根据人员流动、变化情况，进行缩减整编，强化训练。

1990年，按照“保持稳定、控制规模、打好基础、提高素质”精神，抓民兵组织落实。1995年，全县组建民兵连、排、班，以稳定、联片为主原则，将专业技术分队和应急分队编在经济条件好、交通发达的乡镇。

2000年，着眼“打得赢，不变质”两个历史性课题，围绕军事斗争准备需要，按照靠近乡镇村多编，偏远村少编，富裕村多编，贫困村少编原则，对基干民兵出入转队核对查实，优化结构，确保队伍稳定；对长期不在位，超龄或个别有问题人员清除出队，选拔一批军政素质高、表现良好青年和有专业特长退伍军人充实到基干民兵和应急分队中。

2008年，完成普通民兵、基干民兵、应急分队民兵整组工作，建成“青年民兵之家”村级民兵连部。2010年，协调每个乡镇组建民兵抢险救灾分队，部分乡镇购买抢险救灾物资和器材，做好应急处突准备；将民兵营连建设纳入全县新农村建设规划。

二、装备

20世纪50年代，以长矛、大刀为主，配有少量步枪。60年代开始，给武装基干民兵连配发武器，由个人管理。1973年起，民兵枪械由生产大队统一保管。1980年起，民兵武器装备由公社（乡镇）武装部统一保管。1986年起由县武装部统一存放，统一管理，统一使用。

三、训练

中华人民共和国成立后，本着不违农时、不误生产原则，采取业余与专业、分散与集中相结合，以基干民兵为重点，普通民兵为基本，坚持政治教育和军事训练并重，利用农闲季节，采取小型、就地、分散方法，每年进行集中学习训练。1950年，对基干民兵和相当数量普通民兵开展军事训练，主要学习步枪射击、手榴弹投掷、站岗放哨、利用地形地物等基本军事常识。

20世纪60年代，每年集中进行军事训练。1962年10月，抽调武干、复退军人39人，组成6个教研小组，分别备课、讲课，采取精讲多练、边讲边示范、理论与实际、课堂与野外、讨论与练习相结合方法，对城关、屯字等6个公社民兵干部394人和基干民兵587人进行为期35天军事训练，并进行实弹射击。1964年8月，武装部培训民兵干部100人（军事，政治各50人），为每个训练点培训军事教官29人。9月至次年3月，将28个单位基干民兵、干部3054人、武装基干民兵623人、炮兵600人、通讯兵130人、卫生兵40人，组成33个连118个排376个班，推广郭兴福教学法，采取小型就地分散方法，劳武结合，开展全面训练和实弹射击。

1965年4月，组织县级机关、工厂、学校民兵开展军事野营拉练训练，参加民兵608人（步兵583人、通讯兵15人、卫生兵10人），编为1个营、6个连、21个排、59个班。28日在县城集合，向开边进发，沿途设防空、急行军、通讯联络、村庄搜索、遭遇中进攻、战场救护、野战电话线架设等6个假设敌情操练战斗演习，在开边附近，演习抢渡茹河、投弹、射击等。镇原一中民兵组成8人宣传小组，编排《民兵十项要求》《行军路上》《团结互助》《好人好事》等8个快板，沿途说唱。29日到达开边万城子，与当地群众举行联欢晚会，演唱节目14个。行军往返80里，途中无一人掉队。镇原一中30名女兵和男兵一道急行军，爬山涉水，士气高涨。此次演习评出模范班8个、排4个、连2个，民兵87人。“文化大革命”初期，民兵军事训练一度停止。

1969年3月，珍宝岛事件爆发后，全县民兵处于紧急战备状态，大抓民兵组织、政治、军事三落实，普遍开展打坦克训练，介绍坦克各种性能，学习外语喊话。1970年，狠抓民兵基础训练，在太平公社进行用土办法打坦克试点，开展打坦克、打飞机、打空降、防原子、防化学、防细菌的“三打三防”训练。1971年，对武装基干民兵进行射击训练。临泾公社集中训练八二、六〇迫击炮操作、保养和实弹射击，屯字公社胡同生产队民兵独立班15人进行“53式”轻机枪、“7.62式”半自动步枪和冲锋枪三种武器实弹射击训练。

1977年开始，县上每年用1个月时间，集中基干民兵排以上干部，训练射击、刺杀、投弹、爆破、打坦克和班、排、连攻防战术及组织指挥能力。各公社每年以15~20天时间，集中培训1次民兵小教员，大队以1个月时间，普训基干民兵。

1986年起，每年强化训练。1993年，县上抽调民兵在县城进行集中训练，参加全区民兵比武竞赛，分别获得射击第二名和示范点三项团体第一名。1996年，民兵应急分队在县城集训后参加全区比赛，获得全区民兵应急分队射击、棍盾术比武第一名，受到军分区通令嘉奖。2000年，在城关等13个乡镇和县第一人民医院、建筑公司等单位进行为期15天民兵应急分队、对口专业分队、107火箭炮分队军事训练。城关镇在盾棍术训练中，以防暴为背景，开展两人、多人对打训练，动作规范，正规统一。2001年，在曙光、临泾、新集等14个乡镇进行为期15天民兵军事训练，针对薄弱环节抓训练，确保质量。2002年起，由县人武部统一组织，每年对各乡镇民兵进行军事轮训。

1977年屯字镇民兵对空射击训练

1979年莲池大队民兵进行火箭炮训练

2007年7月7日，武装部组织民兵进行盾棍术训练。

第六节　兵　役

兵员征集　夏、商、周时期，实行兵民合一制度。夏朝已有服兵役人员。商朝军队，除王室警卫武装外，大多是在战时临时召集士兵。平民出身的成年男子平时务农，战时出征，战后归农。西周时期，由“国人”（都城及其周围奴隶主和平民）充当士卒，奴隶一般随军服杂役，没有当兵资格。兵役分为正卒和羡卒，正卒随时准备出征，羡卒为后备兵。男子20岁开始服力役，参加军事训练，30岁正卒授兵器，出征打仗，60岁免兵役，不再征集；对“国中贵者、贤者、能者、服公事者、老者、疾者”有缓征和免役规定。春秋中后期，打破奴隶不准当兵限制。

战国时期实行征兵制，按郡、县、乡、里征集兵员，农民成为主要征集对象。秦国规定，凡17岁男子须向官府登记，称为“傅”。傅籍后，须服兵役2年。魏、齐、秦等国，采取考选办法招募勇士从军。秦始皇统一中国后，仍实行征兵制度，郡置郡尉，县置县尉，负责征召和训练军队。

汉代实行郡县征兵制，凡年满20岁男子均须向官府登记，从23岁起服役两年，一年在郡国当地方军，称“正卒”，一年守卫京师或戍守边防，称“卫士”或“戍卒”，65岁免役。汉武帝以后，除实行征兵制外，兼行募兵制，招募善骑射壮丁从军。

三国初期，实行募兵制，后因战争频繁，人口减少，募兵困难，改行世兵制。两晋时期，沿袭世兵制，士兵之家列为军户，与民户分籍登记，划归军府或州县军事官员管理。军户世代出兵，父死子继，兄终弟及。西魏文帝大统年间，宇文泰创行府兵制，将十二军鲜卑禁旅改成六军，各设一柱国大将军统率，每个大将军督两个开府，每个开府领1军，每军2000人。

隋时，府兵制规定，18岁至60岁服兵役，60岁后免除兵役义务。唐朝前期，沿袭隋制，府兵在壮丁中挑选，20岁入伍，60岁免役。

宋代，实行召募制，或募当地百姓，或募饥民，或取营伍子弟，或用罪配之民，养兵实行屯戍制。

元代，兵源主要为蒙古人及诸部族人，年15岁以上70岁以下皆为兵，汉人20户出1兵，并把曾经当过兵和“壮士及有力之家”定为军户，与民户分开，并且世代相袭。

明初，实行军户制，父死子继，世代为兵，军户必须随军屯戍，全家固定屯戍地，不得离开。中期以后，军户制逐渐为募兵制代替。

清代实行世袭兵制，分八旗兵、绿营兵。光绪十七年（1901年）起，清政府改称新军，有步兵、炮兵和马兵。

民国初，实行募兵制。二十二年（1933年）六月，国民政府公布《兵役法》，改行征兵制，规定20~25岁男子应服现役，现役期满后至45岁前，应依次再服正役、续役和国民兵役。战乱时期，国民政府之募兵或征兵，变为买兵、捉兵、抓丁、拉夫。

二十四年（1935年）九月和十月，红二十五军和中央红军长征先后经过镇原，动员群众抗日救国，新集乡慕生福、方山乡郑八娃、三岔镇米可成等一批青年，先后参加红军和八路军，奔赴抗日前线。

二十六年至三十四年，在县内征集正规军、保安队、自卫队等兵员8730人，其中壮丁329人，保安兵156人，义勇警察300人，自卫队兵286人，自卫壮丁7245人，防空哨员54人，盘查递步员360人。

三十五年，镇原解放区两次征兵，入伍青年480名。仅孟坝、柳州、三岔3个区父劝子参军有8起，母送子参军有3起，兄弟相争参军有2起，妻劝丈夫参军1起。

三十八年二月，马步芳部马继援在西峰举办陇东在乡军官训练班，镇原有退伍回乡军官55人参加训练。六月，甘肃省第三战区下达紧急征兵令，分配镇原自愿军304人，预征下年壮丁1168人。县、乡镇成立扩募委员会，按各乡、镇人口及壮丁比例分配，抽签征募。七月初，马步芳部10天内在县内强征3千多人，其部败退陇东时，又抓走壮丁、民夫万人以上。

解放区不论野战部队或地方部队，均实行志愿兵役制，也有国统区爱国青年投奔解放区参军者，亦有国民军起义、投诚官兵。三十八年，吸收新兵760人，动员归队战士200人，参加中国人民解放军。

中华人民共和国成立后，实行志愿兵役制，凡年满18周岁适龄公民，按照所在乡镇人民政府、街道办事处和企事业单位通知要求，持本人身份证和学历证到兵役登记站履行兵役登记手续。各级各类院校应届毕业生，亦可应征。县人武部设立兵役登记站，每年第三季度前发布兵役登记公告，或书面通知本辖区（单位），填写《兵役登记表》，根据登记情况，提出本辖区（本单位）适龄公民应服兵役、免服兵役和不得服兵役意见，报地、县服兵役机关批准。县、乡人武部建立有关档案资料（病史调查、文化审查、政治审查、家庭情况和联系方式），作为征兵政治审查重要依据，并安排专人负责管理。

预备役　1955年7月30日，《中华人民共和国兵役法》颁布，实行预备役和义务兵役制，将18~35岁复员、退伍军人和适合服预备役条件男性公民每年进行登记，分别编为第一、二类预备役。1958年上半年，根据兰州军区《预备役训练与民兵合二为一的编组规划》，预备役与民兵合编，第一类编入基干民兵，第二类编入普通民兵。1966年“文化大革命”开始后，预备役登记工作中断。1978年起，恢复预备役登记工作，基干民兵编入第一类预备役，普通民兵编人第二类预备役。义务兵服役期满后，部分转为志愿兵，实行以义务兵为主体、志愿兵为辅、民兵与预备役相结合兵役制度。

第七节　拥 政 爱 民

镇原县武装部和武警中队发挥人民军队光荣传统和优良作风，参加地方剿匪、武装追捕、押解罪犯、处决罪犯、执勤维稳、抢险救灾、扶贫帮困等活动，为镇原稳定、发展做出贡献。

一、维护地方稳定

中华人民共和国成立初，县人武部、公安中队配合地方党委、政府开展清匪肃特、土改、抗美援朝、镇压反革命、“三反”“五反”运动，巩固新生政权。1951年3月，县中队官兵配合地方破获“独立师”等匪特组织，捕获土匪十余人。9月，捕获阴谋叛乱反革命组织“大道门”骨干分子37人、土匪400余人。1954年5月，指导员带领5名战士在新城、小岘逮捕“一贯道”道首及道徒18人。1958年，中队看守罪犯1703人，创造1:60看守记录。

1960年12月，中队长带领6名战士，配合平凉公安队直属排和解放军9021部队，历时3个月，捕获“救国起义为民五极军一师”叛首孙和忠及叛乱人员。1964年，县中队立集体二等功，被公安部授予执勤标兵中队。

1967年4月，县人武部主持成立镇原县“抓革命促生产第一线指挥部”，代行县委、县人委职权。1968年4月28日，在县人武部主持下，成立镇原县革命委员会，领导党、政、群工作。1972年以后，军队干部撤离县、社革委会，陆续返回部队。

1978年，武警中队协助公安机关破获杀人案2起，受到表彰。1983至1990年，配合严打斗争，县中队投入官兵2067人次，协助公安机关逮捕人犯140多人。1991年，民兵参加扫黄、除“六害”斗争和查禁赌博、封建迷信活动，带头弘扬社会主义正气。1999年，县中队重点学习新《执勤规定》，严格落实各项执勤制度，增强官兵执勤法规意识，全年使用兵力54人次，行程453公里，共逮捕人犯107人，押解人犯39人。2000年，县中队实现50年执勤无事故，立集体一等功。2001年起，每年在春节、元宵社火表演、高考、奥运、省运火炬传递及特殊敏感时期，严密组织安全保卫临时勤务活动。

二、支援地方建设

人武部、武警中队积极参与地方农田水利建设、植树造林、扶贫攻坚等工作。1951年至1959年，镇原武警中队官兵共捐款483元，认购公债2140元，支援地方经济建设和抗美援朝。

2000年，县人武部聘请人员与各乡镇武干一起，给群众集中上农技课30多次，提供致富信息80多条。采取多种形式，帮助贫困户增加经济收入，派人到陕西杨陵引进科技含量高、适宜本地种植蔬菜新品种8种，先行试种，再在帮扶贫困户中推广；联系输出劳务56人，到陕西乾陵大酒店和建材公司服务就业。2001年，人武部发动干部、职工、武干，为灾民捐款3850元、衣物300多件；响应县委、县政府号召，组织机关职工先后在县城水荫沟、黄岔育林22亩，给乡村无偿提供苗木，为改善生态环境做出贡献；在开展军民共建潜夫山公园活动中，累计出工42天，先后参加780多人次，整修公路2000平方米，移动土方600多立方米，义务植树5000多棵；帮扶上肖乡、太平镇部分农户种植烤烟，捐款9000多元，为贫困群众购买化肥1000公斤、地膜50公斤、育苗纸200多公斤。2003年，在南北两山整修育林坑3万多个，植树400多亩。城关镇武装部引进国家林业局重点推广科技成果毛白杨，在全县推广繁育110亩3.3万株。

2009年，开展扶持复退军人创业致富、争当带头人活动，投放种猪84头，帮扶城关、南川、新城、中原、平泉等乡镇17户退伍转业军人养猪致富。2010年,以北部山区乡镇为重点,投放辽宁盖州绒山羊755只,扶持7个乡镇145户退伍转业军人养殖,取得初步效益;引导和扶持屯字塬农民开展苹果种植产业,帮助平泉镇创办瓜果协会等合作经济组织,提供技术服务,使其形成“支部加协会,协会带产业”新格局。

三、抢险救灾

1989年7月30日,镇原县面粉厂榨油车间突然起火,县人武部、武警中队参与灭火,抢救绝大多数胡麻、油菜籽和成品油,减少损失。

1994年,县武警中队参与扑灭县百货公司春城商店大火,挽回经济损失3万余元,受到武警庆阳支队集体嘉奖一次。

1996年7月26日晚,县城及十几个乡镇遭受特大暴洪灾害,县中队官兵全体出动,连夜赶往县城受灾最重的职业中学和第一人民医院,奋战20多小时,解救被洪水围困学生、职工和家属;县人武部除留1人值班外,政委带领所有在家干部,赶赴城关镇范园子村,连续工作16个小时,抢救被洪水围困群众,安全转移群众36人,抢出粮食7.5万多公斤、被褥453件、家具260件;在城关、中原等6个特重灾乡镇,组织民兵应急分队560人,帮助重灾户转移人员、抢救财物。1997年,镇原武警中队官兵救灾3次,抢救物品200余件,挽回经济损失5千余元。

1998年4月5日,县木材加工厂、五金公司失火,县中队出动兵力25人,指导员带领战士奋不顾身闯进火丛中,帮助国家和群众挽回经济损失8千余元。9月,县造纸厂草场失火,排长带领15名战士迅速赶到现场,在烈火之中为企业挽回经济损失3千余元。

2000年3月,造纸厂草场再次失火,县中队出动人力12人,抢救物资,挽回经济损失5000余元。2001年夏季,县城和部分乡镇遭受特大暴雨袭击,群众生命财产受到严重威胁,人武部组织机关干部和民兵,投身到受灾危险乡村,抢救被洪水围困群众、师生、员工和财物,安全转移疏散群众160余人,抢救转移各类财物和粮食价值十多万元,帮助安置无家可归群众200多户。11月19日,华龙造纸厂草场发生火灾,人武部迅速组织城关应急分队和机关干部、职工,赶赴火灾一线,连续两天组织灭火救灾。中队出动兵力20人次,奋战7小时,协助灭火,清理现场,受到地方政府好评。

2003年1月,县城柏山一带发生重大交通事故,死伤5人,县中队闻讯,出动6人,抢救重伤病人4人,不畏艰险从沟底往上背抬死者,受到地方党委政府好评。2007年4月,县农副公司三楼发生火灾,中队政治指导员带领10名官兵前往扑救,挽回直接损失1万余元、间接损失50余万元。同年6月,县城附近6名少年游泳落水,中队政治指导员带领6名战士前去救助,打捞3人。

2008年汶川地震波及镇原,县人武部及时与地方有关部门沟通协作,向有关乡镇下达《民兵应急分队做好集结准备的命令》,在全市率先组建民兵抗震救灾分队,组织临泾、平泉、殷家城等乡镇民兵疏通道路、清理倒塌房屋窑洞,帮助受灾群众开展生产自救。8月,镇原县城一家具仓库发生火灾,县中队中队长带领10名战士赶赴现场,经过40分钟全力扑救,控制火势,挽回直接损失10万余元。

四、军民共建

县人武部和武警中队，发扬人民军队做群众工作光荣传统，参加地方精神文明建设。1982年,县人武部与地方政府共同办起一批青年民兵之家,落实一月一堂政治课制度,组织民兵学雷锋,做好事,树新风。1987年,武警中队给县一中派出校外辅导员3人,辅导上课14次,受训学生8000余人。1988年,县人武部利用青年民兵之家,举办各类科技知识培训班304期,培训民兵4237人次。

1992年起,县乡人武部逐步组织以民兵为主的护村、护庄、护校、护厂队710多个,动员民兵开展禁赌活动170余次,捣毁一些赌博窝点。1999年,通过开展军警民共建安全文明小区、安全文明一条街等活动,建成军警民共建点25个。每逢节日,人武部均组织专人到扶贫点,深入贫困户,送去生活用品及现金。重大节日期间,共建点均开展文体活动,被市、县评为警民共建先进单位。

1995年,县人武部发动和组织民兵投身于经济建设主战场,发挥突击队作用,完成急、难、险、重各项任务,以曙光乡寨地村和城关镇莲池村扶贫联系点为依托,开展扶贫攻坚。1998年,坚持每个现役干部联系一个贫困户、帮助一名失学儿童,开展一帮一、“结对子”扶贫助学活动,捐专项教育款8000多元,赠课桌45套、文体器材26件套、图书200余册。

2002年起,县人武部筹资2.2万元,帮助共建点屯字镇曹路小学购置课桌48套、办公桌10套、文体器材30件;筹资3.6万元,捐赠电脑3台,购置书架、桌凳和各类图书200多册,建起图书阅览室;机关干部与贫困学生一对一结对,资助各种费用6000多元。

2010年,人武部与东街小学结成共建单位,部领导和机关干部担任课外辅导员,为学生上国防教育课,每逢重大节日,部领导带领全体干部职工同广大师生开展联谊活动;争取残疾人贴息贷款2万元，帮助屯字镇官亭村6户残疾人建起塑料大棚3处；捐款2000多元,帮助灾民重建房屋;为孟坝敬老院、三岔老红军捐款(捐物)2000多元。部长、政委各帮扶孤儿2名、残疾人1名,每年资助学费、捐献衣物共计1200多元;38名武干各联系1至2个贫困户,215个村民兵连各联系1个村民小组,制订脱贫计划,开展长期性、“阵地式”扶贫攻坚;组织基干民兵“学雷锋、送温暖”小组300多个,常年为烈军属、“五保户”和特困户开展“三包三优”服务。

第八节 重要战事

西周灭彭戎国 西周时期,镇原为戎狄民族所居,属彭戎国地,周穆王时,出兵大原,与戎羌数战而灭彭戎国,大原归周。

匈奴入侵朝那、彭阳 西汉文帝十四年(前166年)冬,匈奴老上单于领兵14万入侵朝那(含镇原西)、彭阳(今镇原东),汉文帝派将军张相如、栾布统兵30万,激战月余,匈奴败走，边境稍安。

光武帝西征隗嚣　西汉更始元年(23年)秋，隗嚣等讨伐王莽之后，叛治割据称王，光武帝派窦融等率军征战数年，后御驾亲征，收复安定。

羌民举事　东汉和帝永元十四年(102年)春，北地、安定羌民数度举兵起事，攻占安定、北地、金城、陇西、武威诸郡，直逼京城。此后至桓帝延熹十一年(168年)，发生多次较大规模羌民起兵反叛，朝廷派兵征讨，汉、羌大战60余年，死伤惨重。

羌兵攻占临泾县　永和六年(141年)10月，安定郡治临泾城被羌兵攻占，汉王朝不得不将安定郡治由临泾迁到扶凤，北地郡由马岭迁到冯诩。争战数十年，死伤逾百万，后经段熲率汉军万余，于灵武帝建宁二年(169年)收复，安定、北地郡治迁回临泾、马岭城。

赫连勃勃攻占临泾　北魏天赐四年(407年)夏，赫连勃勃率众反叛断杀11年，建立夏国。北魏太武帝始光三年(426年)，太武帝率军亲征夏国，连战5年灭夏。

胡琛反魏　孝明帝正光五年(524年)，高平酋长胡琛反魏，攻占泾州(含镇原县)，自称高平王，孝明帝派将卢祖迁和伊瓮生率兵讨伐，魏军大败，后部将六韩陵拔叛杀胡琛，推举万俟丑奴称帝。永安三年(530年)，孝庄帝派尔朱天光、贺拔岳、侯莫陈悦等率军讨伐丑奴，擒丑奴，收复泾州。

荔非世雄反隋　隋炀帝大业十二年(616年)，安定人荔非世雄举兵作乱，杀临泾令，占据安定，次年，李世民率军征讨，擒杀世雄，收复安定，边境即安。

突厥侵扰原州　唐高祖武德四年(621年)至贞观四年(630年)，突厥曾数次侵扰原州、庆州，尉迟敬德和秦王李世民率军讨伐，突厥大败，陇上各州方定。唐玄宗天宝十四年(755年)安史之乱后，吐蕃乘虚入侵原州，唐军与吐蕃先后战争70多年方息兵罢战，于宋初收复失地，边境稍安。

金兵攻占原州　宋建炎四年(1130年)十一月，金兵攻占原州。高宗绍兴三十二年(1162年)闰二月，兴元都统制姚仲遣将伐金，恢复原州。三月，金兵犯镇戎军、原州，姚仲率兵救援，在九龙泉(今镇原县城西10公里九龙庙一带)北岭与金兵交战，损失将领30余人，姚仲战败，率残部南返，原州复被金兵占领。此后，南宋弃秦陇之地，原州为金属地，金派强兵把守。金哀宗正大元年(1224年)春，蒙古木华黎军克泾、原等州，原州归元。

帖木尔破镇原州　明兵攻陷元朝都城后，元臣大都归明，唯元将扩廓贴木尔率所部由太原达宁夏，占据镇原州，妄图伺机复元。太祖洪武二年(1369年)四月，大将军徐达派御史大夫汤和攻下泾州、镇原州，扩廓帖木尔残部西逃。七月，帖木尔派韩扎儿率兵攻破镇原州，再陷泾州，徐达闻报，派冯胜再克镇原州。

王辅臣反叛　清康熙十三年(1674年)，平凉提督王辅臣附吴三桂反叛，占据镇原，发兵攻占乡村寨镇，又进兵攻陷庆阳府，一时势不可挡。两年后康熙帝颁诏抚慰，陕甘平定。

邓万年起事　清康熙十九年(1680年)，环县人邓万年和镇原人耿飞、马玉等聚众起事，杀环知县，占据镇环交界大小方山一带，自立为王，州县大震，征伐3年后平定。

陕甘回民反清起义　清同治元年(1862年)，陕甘回民发动大规模反清武装起义，镇原陷落，杀汉民23万余人，占镇原总人口87%。镇原民众自发组织民团抵御，保卫家园，英烈甚众。同治八年(1869年)，大将左宗棠率军征剿平息。

刘郁芬、张兆钾混战 民国十四年(1925年)，冯玉祥部属刘郁芬驻甘肃，吴佩孚号召陇东镇守使张兆钾、陇南镇守使孔繁锦、狄道宋有才及阿干镇黄得贵等，联合反对冯玉祥，几经战斗，黄得贵、韩有禄部由平凉北退镇原。九月，刘郁芬电令师长佟麟阁率部追剿，在肖金镇激战，以地方军阀失败而告终。

陈珪璋、杨万青混战 民国十八年(1929年)四月，庆阳县人陈珪璋，聚众于合水南梁(今华池)起事，自称"甘肃义军混战团"，攻陷合水县城，探知镇原县警察局有枪百余支和县长刘维垣办厂制造枪械和手榴弹，遂筹划抢掠。九月二十八日夜，陈珪璋派袁得胜率部突然由环县夜行180多里到达镇原，猛攻县城，于次日凌晨攻占东西城门楼，控制县城，捉俘县长刘维垣。及午，陈珪璋率部2000余人，从西峰镇经太平、临泾进镇原县城，掠夺三日。十月一日，押绑"肉票"200余人，经屯字、上肖、荔堡直往泾川，所到之处，烟火腾空，禽畜财物，荡然无存。十九年冬，陕西人杨万青，原在甄寿山部下任陕西第一路指挥，因甄寿山被杨虎城所并，遂由陕西耀县窜入陇东，到固原投奔黄得贵，后杀黄得贵，统其所部。二十年四月，杨万青率部由固原进入镇原，驻守县城及平泉、屯字二镇。陈珪璋闻讯即派固原保卫团团长杨震铎率团丁300多人，到平泉镇与杨万青部开战，震铎溃败，陈珪璋又派新城镇保卫团团长孟甲福率团丁200多人参战，仍不抵，败退新城。五月，陈珪璋急令平凉警备司令部副官尚喜为前敌总指挥，率领一个旅增援，并把杨得福第一路第五旅、李彦和警备补充旅交尚喜指挥，在县城西门外莲花池与万青部激战数日，未分胜负，杨万青固守县城。驻西峰十三师旅长杨生海，从东路袭取镇原，至太平与万青部接火，杨万青部佯装溃逃，撤至狼口崾岘，生海率部追击，陷入埋伏，全军覆没，生海战死。后陈珪璋部分三路进攻，与杨万青部决战，混战一个多月，仍无胜负。六月，陕西省主席杨虎城派杨渠统到镇原，收编杨万青部。

红二十五军长征过镇原 民国二十四年八月三十日，程子华、徐海东率红二十五军长征从平凉草峰塬经潘杨涧进入镇原新城、平泉，袭击国民党新城、平泉镇公所，捉拿县警察局长党效贤、南三镇特税卡长孟维铎、新城镇公所书记王锡文等6人，当晚，将民愤极大的党效贤、孟维铎、王锡文处决，其余3人经教育释放，在此筹粮休养一天，向群众宣传抗日和共产党政策。九月一日出发，行至姚川，召开军民大会，戴季英、程子华、徐海东先后讲话，号召军民团结起来，一致抗日，建立苏维埃政权。在马培德部追击和国民党空军飞机轰炸骚扰下，军分两路北上，一路沿洪河东进，经南川原郑及茹河川双合，北上临泾塬，越过交口河，到达太平镇；另一路翻过申家塬，经茹河绕过县城，经五里沟村北上临泾塬，越过交口河，进入孟坝镇，两路部队在太平会合宿营。九月二日，全军从大岘越过蒲河进入庆阳、合水、华池，于十五日到达延川永坪镇。

红军陕甘支队长征过镇原 十月九日，陕甘支队(红一方面军)进入镇原县武沟孟庄村，向当地地主刘杰家借粮，其子刘继元凭堡子抗拒，开枪打伤红军战士，红军当即还击，攻击下堡子，击毙刘继元，活捉刘杰(押至环县玄城沟处决)，没收羊100多只、粮食几十石。当晚，红一方面军先遣部队经马渠唐家塬、塔儿堌、寺庄湾进驻三岔，摧毁国民党驻三岔南山湾堡子内保安队，活捉营长白家惠及其以下数十人，击毙白秀海等顽抗分子，缴获手枪1支、长枪20多支、骡马十多匹及衣物被褥等，并打开李家堡等6处地主庄堡，没收大批粮食和布匹，除补充军需外，其余分给当地贫苦农民。红军后卫部队在三岔西南30华里塔儿堌设伏，击退尾追而来国民党军宁夏马鸿逵部三十五师一部，打死打伤其300余人、马200多匹，缴获不少战利品，余兵回窜。毛泽东、周恩来等在三岔天主教堂留住，播下革命火种。十一日，红一方面军兵分两路北上，右路(二、三纵队)到三岔东北部吴家大塬，利用沟壑梁峁有利地形，阻击国民党三十七军毛炳文部许可祥第二十四师，歼灭100余人，打退追兵。十二日，又在走马埝一带狙击尾追国民党军队，进入环县。

红军长征经过镇原路线图

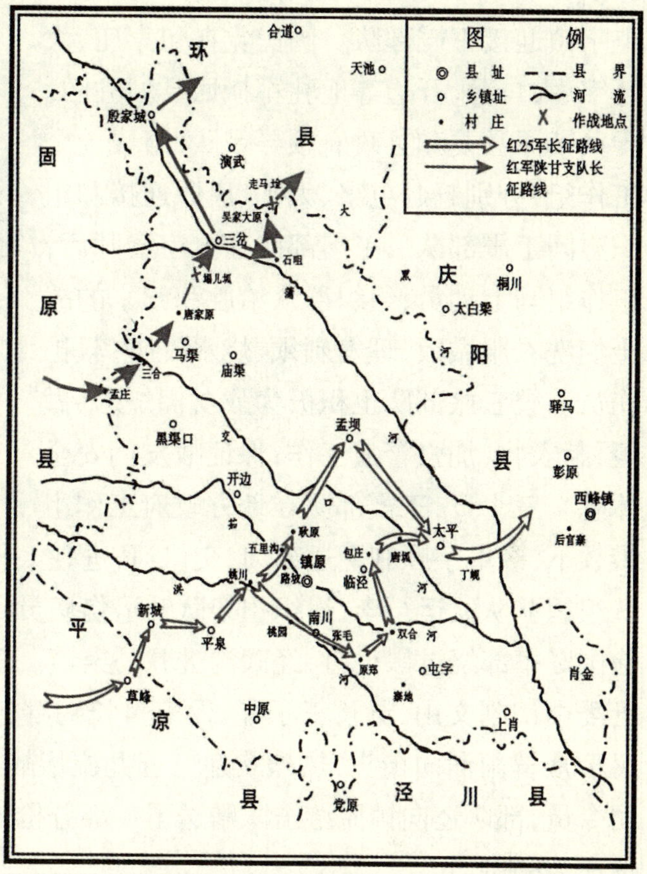

迎接三五九旅回边区　又称“迎王”战役。民国三十五年(1946年)六月，国民党大军进攻中原地区人民解放军，解放军突围转移。八月十六日，副司令员兼参谋长王震亲率三五九旅旅绕陕西宝鸡、跨渭河，经陇海铁路、西兰公路，向陕甘宁边区挺进，陕甘宁晋绥联防军发起“迎王”战役。

八月二十六日晚，中共镇原县委和边区镇原县政府领导镇原军民配合警备第三旅，在太平镇、黑渠口等地与国民党军队展开激烈战斗。警三旅五团一营、三营在镇原游击队配合下，向太平镇国民党七十六师新一旅一团六连和加强营重机枪排发起进攻，击毙国民党太平镇队副许纯贤，打伤其补给站干事魏寿山；警三旅独立营在营长李兴贵，政委刘德清率领下，对黑渠口国民党守军发动进攻，俘虏国民党黑渠口镇副镇长田养性等11人。二十七日下午，国民党驻镇原县城军队两个排、保安队一分队和自卫队二分队赶赴太平镇增援。当增援部队行至太平镇西面2.5公里的狼口崾岘时，与警三旅七团相遇，双方激烈交战，各有伤亡，警三旅七团活捉国民党军队一名副营长。当晚，警三旅五团发起猛烈进攻，驻守太平镇的国民党部队待援无望，弃城逃往西峰。二十八日，警三旅第二纵队七团向屯肖公路一线出击，国民党屯字镇保安队不战而逃，活捉国民党屯字镇镇长李遇奎及其下属12人，缴获长、短枪6支，占领了屯字镇。二十九日九时，警三旅五团一营三连配备两门八二迫击炮，向刘家大山峁国民党守军发起进攻，国民党军队弃阵脱逃，使太平镇及其外围据点全部被人民解放军占领。警三旅旅长黄罗斌、政治委员郭斌坤和中共镇原县委副书记孙久德等到屯字镇迎接王震部队。国民党在包家庄、大什字、大户塬、开边等地驻军撤回县城驻防。中共镇原县委和县政府领导带队，组成3个工作组，分别赶赴屯字、太平、唐原迎接和组织慰问王震部队。王震部队在屯字会师后，工作组马上动员，组织群众给胜利归来的战士们洗衣服做饭、理发剃须、烧水洗脚，救护伤员。警三旅部队也积极为战友们烧水、做饭，献衣物，加强警戒工作，保证战友们安全休息。三十日，王震部队在地方政府工作组带领下，经屯字顺利翻过茹河、交口河，进驻太平镇宿营并进行休整。当地群众和警三旅部队组织驮队驮运行李，组织担架队转运伤病员到孟坝。在独立营的掩护下，三五九旅副旅长徐国贤率部绕过黑渠口，经武沟进驻马渠镇。三十一日，王震、徐国贤率部开赴孟坝镇会合，县委书记刘文山、县长王子厚、保安科长陶继尧等领导同志率当地党政机关工作人员和人民群众冒雨涌向街头，热烈欢迎三五九旅指战员，县委将自己仅有的一匹马送给了王震副司令员，部队还向镇原游击队赠送了一部分枪支。王震在孟坝高等小学给师生们发表了热情洋溢的讲话。

1946年8月，警三旅领导在屯字镇接应王震率领的三五九旅。自左至右：黄罗斌、王震、王恩茂、郭鹏、李铨

九月一日，为了确保王震部队的安全休整和顺利开往驿马关，警三旅五团一、三营和七团奉命在孟坝、太平一线阻击国民党部队；独立营也在黑渠口将国民党部队死死包围在1公里之内，使其不得进退。驻守固原的国民党部队一个营向黑渠口增援，独立营在警三旅炮兵连火力支援下，与国民党军队激烈交战，击毙、击伤国民党士兵50多人；追击王震部队的国民党部队一八一团从镇原县城经过临泾向太平方向进军。九月二日，国民党部队一个营向刘家大山峁解放军驻军五团二连猛烈进攻，以两个主力营的兵力从枣林侧后袭击警三旅二纵队七团二营，二营立即组织反击，将国民党部队两个主力营封锁在沟内，五团二连也乘势发起反攻，夺回了刘家大山峁。国民党部队又数次发动猛攻，但都在解放军强有力的反击下，俘获国民党军队中校副团长以下官兵数十人。三五九旅部队离开孟坝经过新集、王寨，进驻驿马关，九月二十五日到达延安。

屯字镇战斗 民国三十七年二月，西北野战军发起西府陇东战役。二月二十六日，野战军主力攻克宝鸡后挥师北上。国民军陕西绥靖公署裴昌会兵团、李振兵团尾随追击，妄图与马继援部南北夹击，消灭野战军。二十八日，在凤翔西南灵山、蔡家河一带与裴、李兵团激战后，总部命令六纵队教导旅进驻屯字镇，把马继援部拖住，掩护主力向东北方向转移，以便集中力量消灭之。五月五日，西野第六纵队司令员罗元发、政委徐立清率纵队领导机关及教导旅进入镇原县屯字镇。此时，马继援骑兵师亦到达屯字镇，将六纵队拦腰切断，占领周围村庄，形成包围圈，纵队队部、新四旅和教导旅三团被阻镇外，教导旅进入屯字镇，与马继援部进行拉锯战。牵制了马继援部，野战军主力顺利渡过泾河向东北方向转移。六日，彭德怀指挥野战军主力，对马继援部实行反包围，六纵队新四旅和教导旅三团，也在镇西南王庄一带展开战斗。国民军陕西绥靖公署裴昌会、李振兵团由南向北，马部四个骑兵师、三个步兵师步步紧逼，企图将西北野战军聚歼于泾川、西峰、屯字之三角地区。罗元发、陈海涵等立即调整部署，加强一线营连两级指挥，缩小阵地，集中力量对付敌人，并命令三团从镇外进入镇内。在野战军主力包围尚未完全构成之时，裴、李兵团与马部合力夹攻屯字镇，并有4架飞机协助地面部队作战，总兵力比野战军多几倍，形成四层裹夹式混战局面，双方伤亡均较大。当日晚，彭德怀下令教导旅设法突围。七日凌晨1时许，六纵队机关及教导旅分3批依次突围，向肖金、西峰镇撤退，由新四旅担任掩护，且战且退，到屯字塬荞麦嘴，与马部展开遭遇战，双方均有巨大伤亡，西北野战军摆脱国军，转入泾川和宁县，有千余名指战员被俘。

上肖平叛　1960年9、10月间，以孙和忠、白浪亭、曹世虎、邢天星等为首，利用当时国民经济暂时困难和工作中一些错误缺点，提出"堵塞粮食外调、推翻粮食定量制、为吃饱肚子而斗争、不杀干部不伤生"行动口号，煽动群众暴动。12月14日，纠集28人，抢劫上肖大队新庄生产队仓库粮食900多公斤。17日晚在白草湾密会，自称"救国起义为民五极军一师"，封官委职，商定暴动时间、地点。19日晚，企图抢劫北荀仓库粮食未遂。20日下午4时许，孙和忠、白浪亭、曹世虎等纠集百余人，乘泾川县荔堡镇逢集之机，拥进公社，砸破电话机，砍断电线杆，抢去步枪4支、自行车7辆、电话机1部，到邮电所毁坏电话总机，抢去人民币300余元，在雄武生产队打伤县工作组干部，抢去县、社3名干部所带驳壳枪、步枪、小口径步枪，裹胁群众200余人，到上肖大队部，包围平凉公安处副处长所率领干部、民兵十余人，双方交战数小时，在叛乱分子1人被击毙、缴枪1支后，叛乱者纷纷潜逃。21日拂晓，在平凉地委平叛指挥部指挥下，解放军九〇二一部队1个连和地县民警80余人及地、县工作组相继赶到出事地点，部队和民警沿路追捕，23日晨，在石崖金家捕获20人，当晚在孟坝和肖金捕获6人，27日夜至28日晨，在新集和庆阳原城公社捕获孙和忠、邢天星等10人，受骗群众觉醒，纷纷返家，228人主动投案，叛首白浪亭亦自动投案，曹世虎三个月后被追捕部队击毙，缴获步枪4支、手枪2支、小口径步枪1支、子弹39发、炸弹4枚、刺刀4把、马刀5把、斧头13把、电话机1部、印章3枚、自行车10辆、各种粮食3976公斤、面粉51公斤、粮票12斤、人民币7608元、衣物69件。

县城新貌 张富诚摄

鎮原縣誌

（—2010）

镇原县地方志编纂委员会 编

下　册

方志出版社

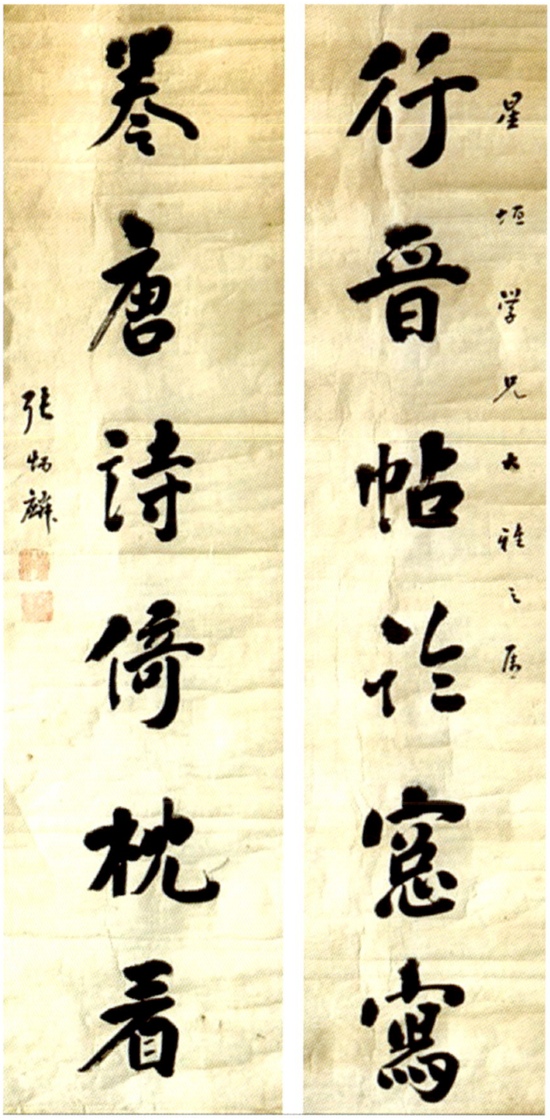

张炳麟书法

张宸枢书法

生命树 祁秀梅剪纸

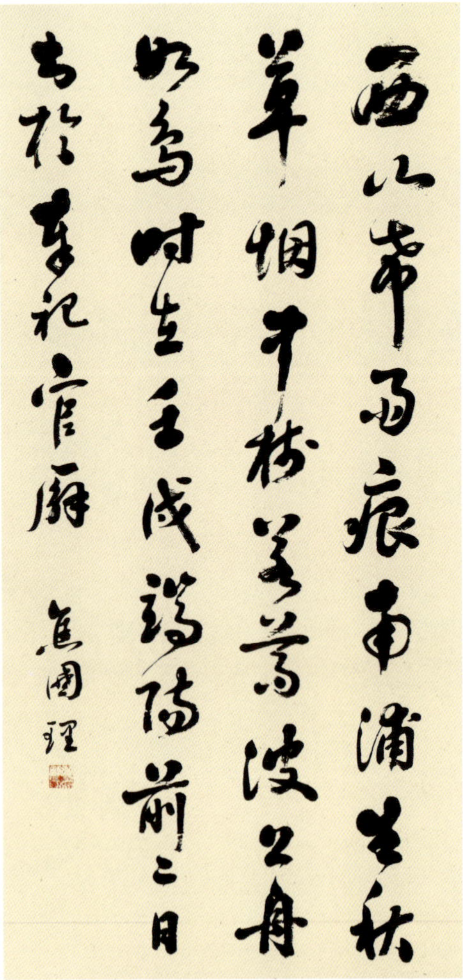

焦国理书法

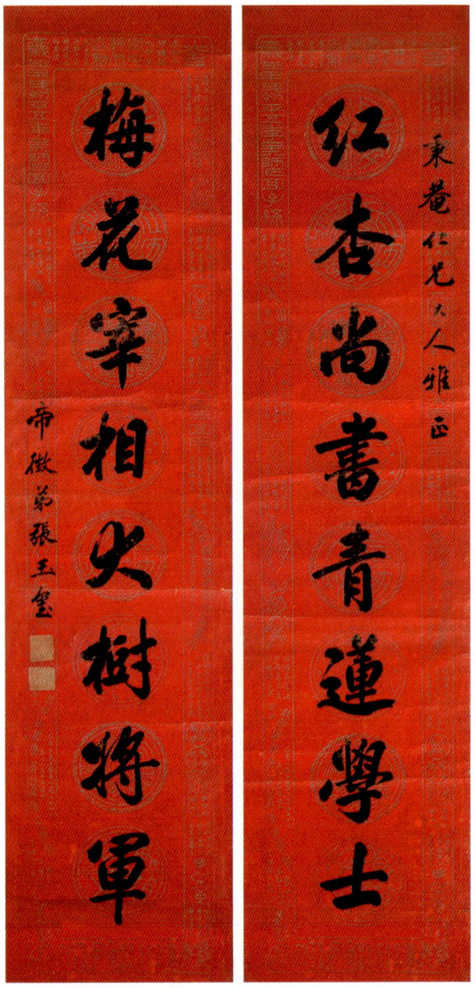

张玉玺书法

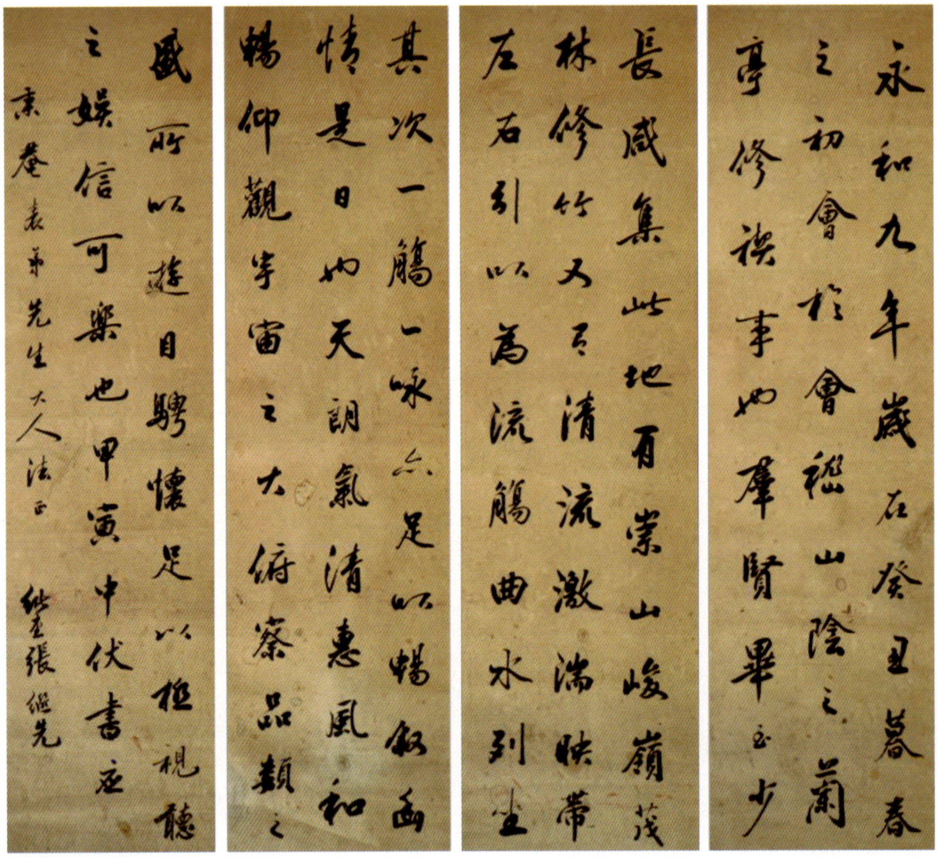

张继先书法

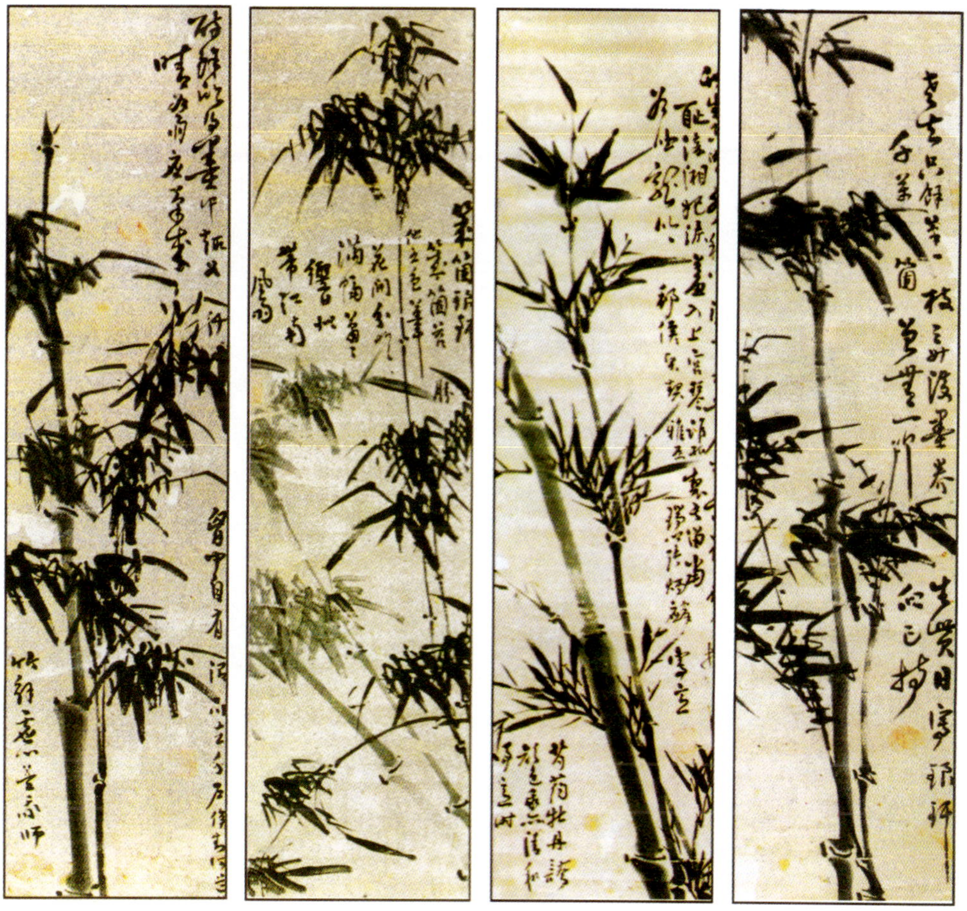

张炳麟墨竹

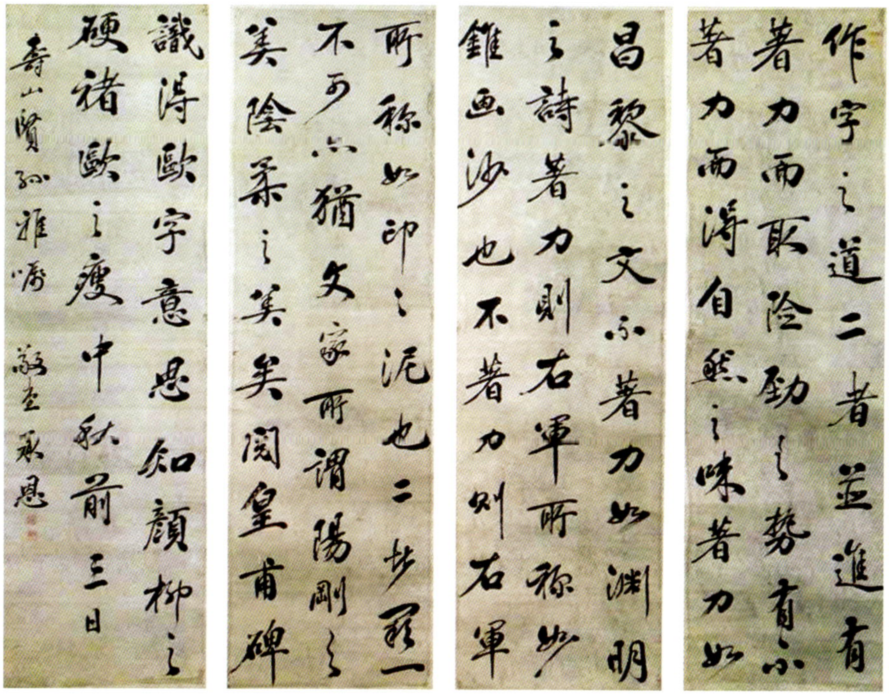

包承恩书法

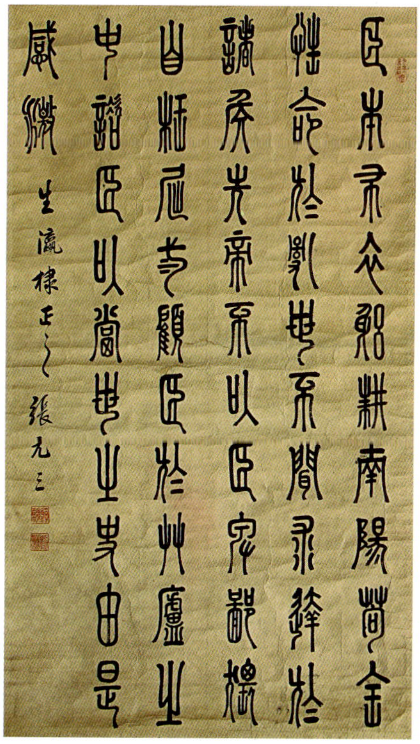

张元三书法

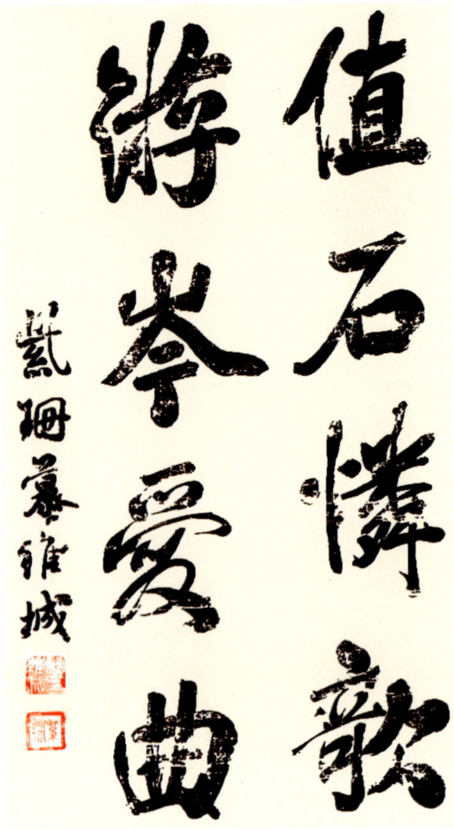

慕维城书法

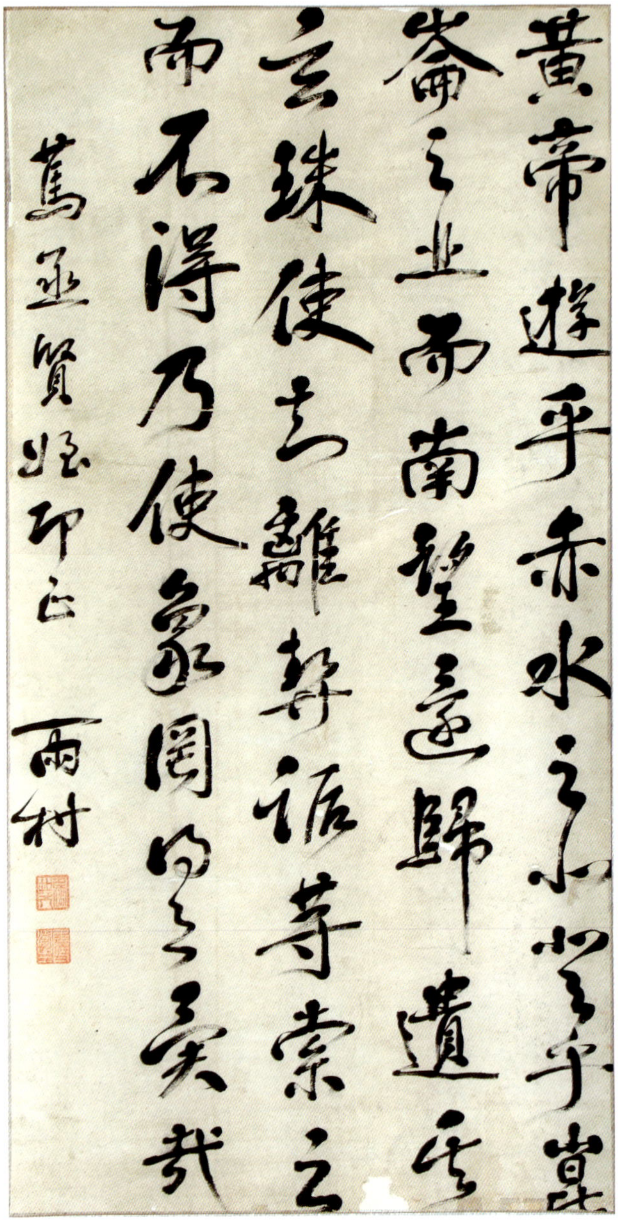

焦澍生书法

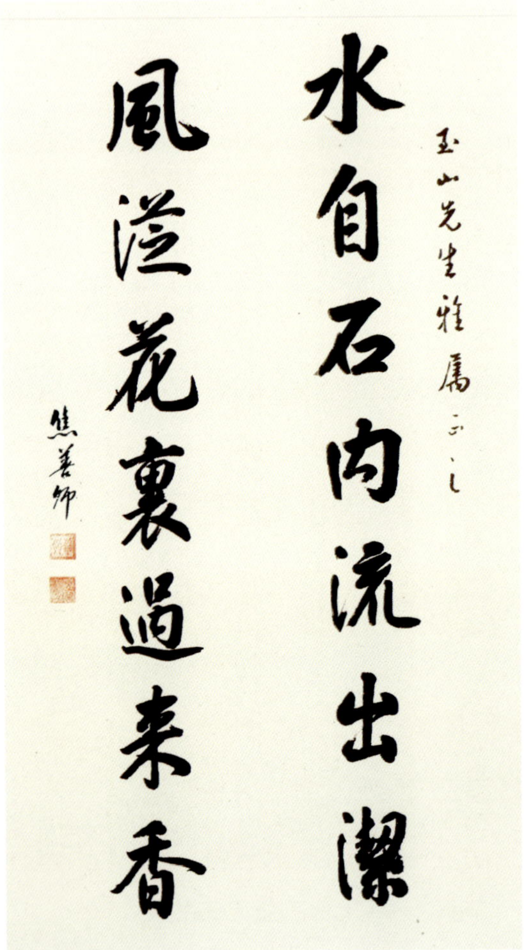

焦善卿书法

抓髻娃娃 惠富君剪纸

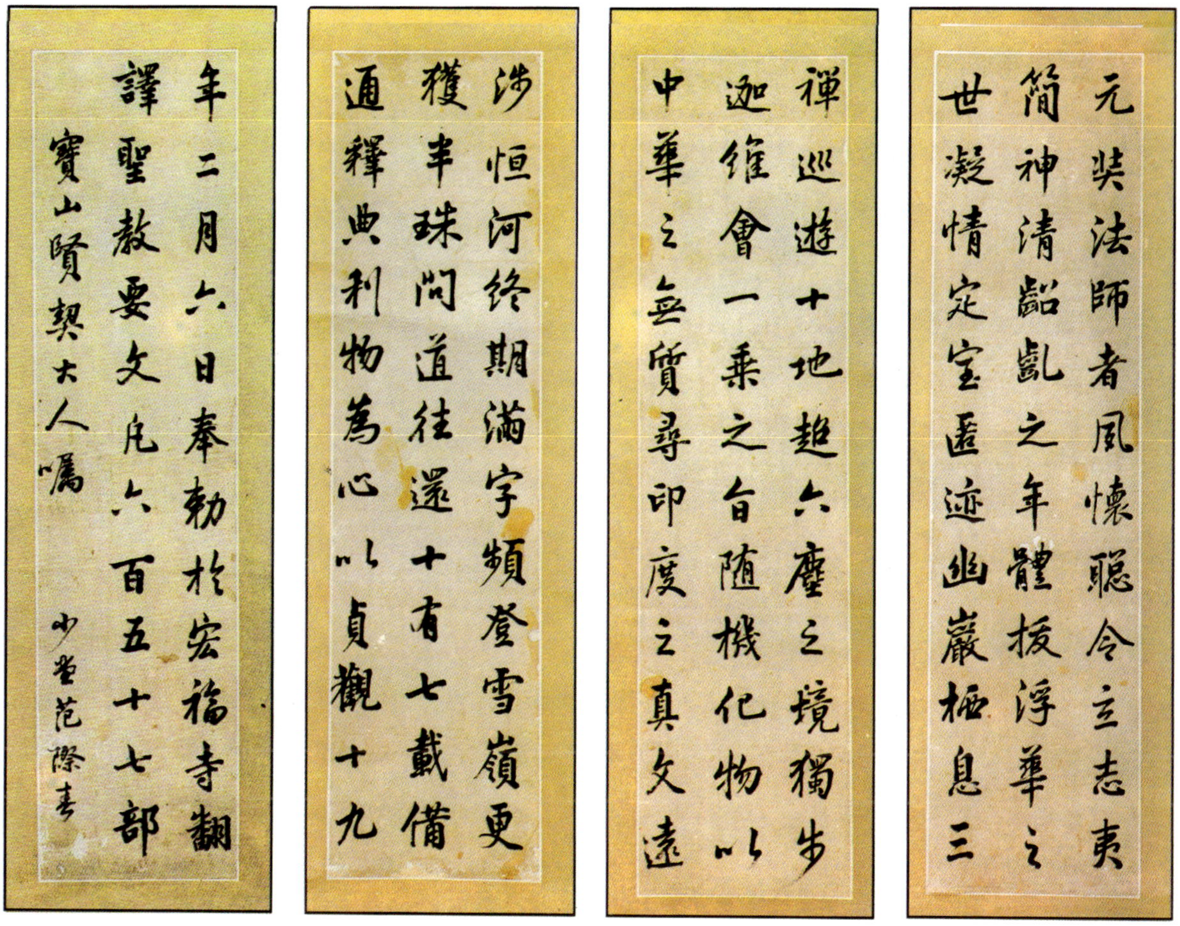

范济春书法

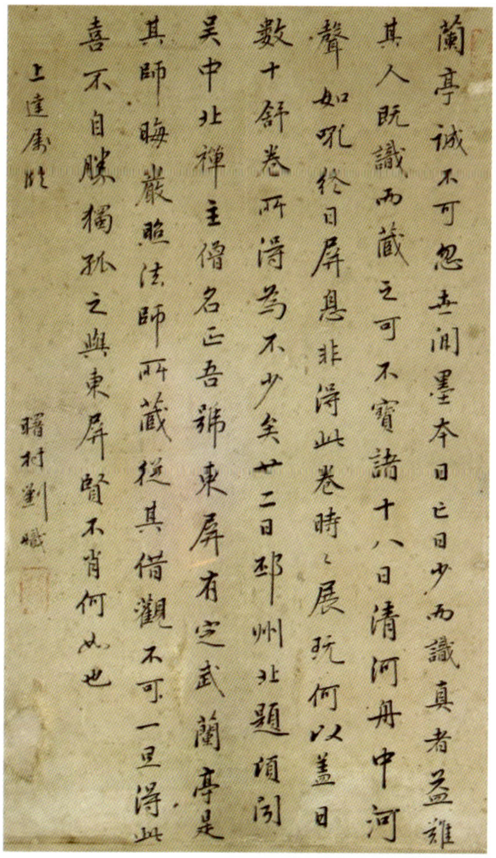

刘炽书法

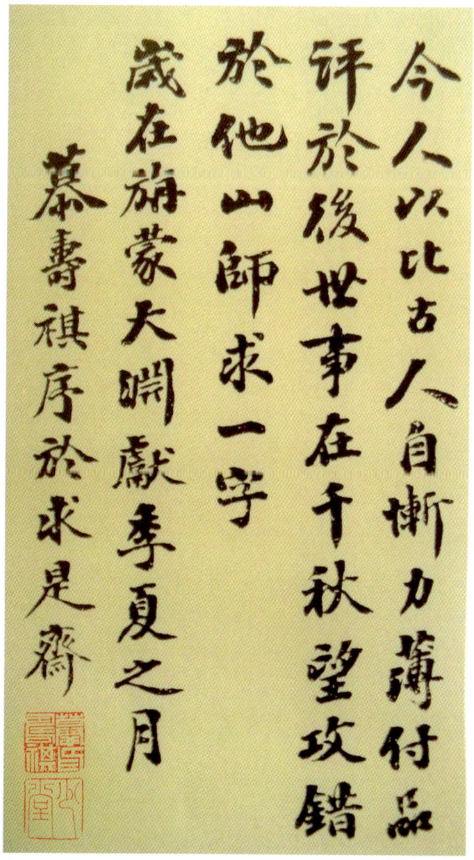

慕寿祺书法（局部）

邓博五书法

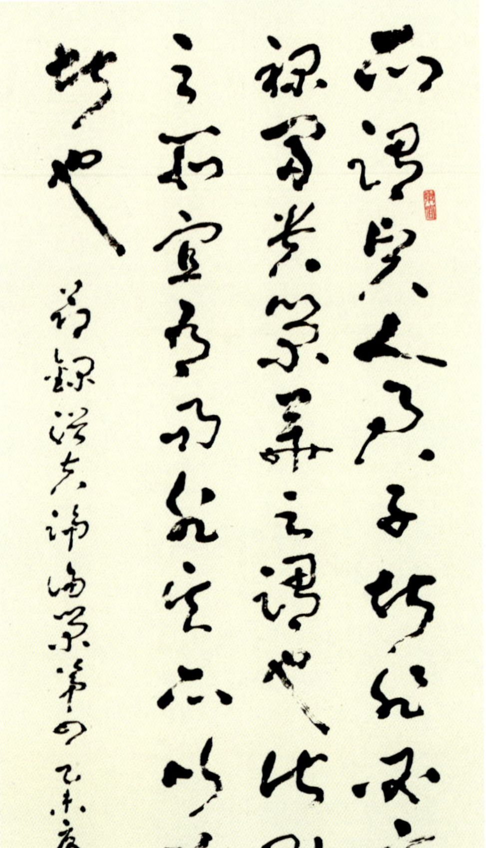

张廷柱书法

段思坎围猎图

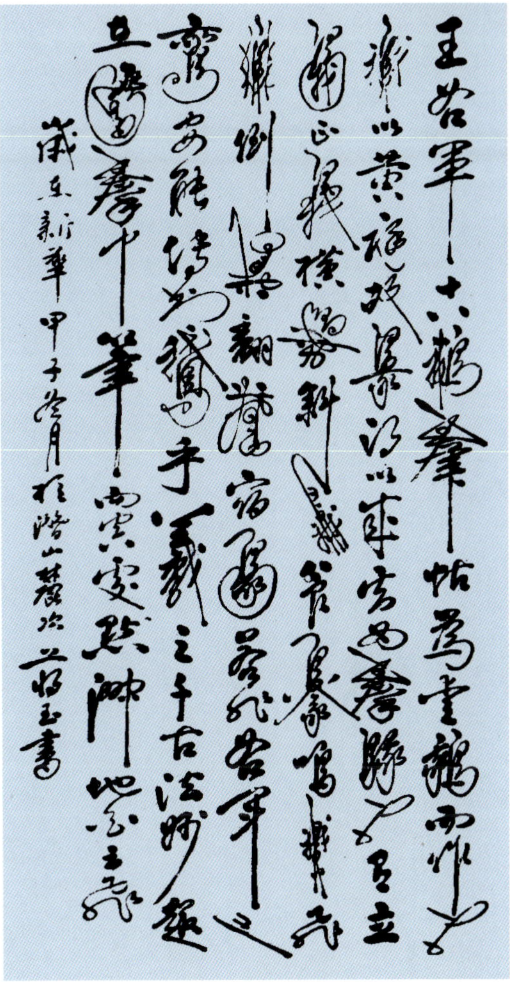

蒋玉书法

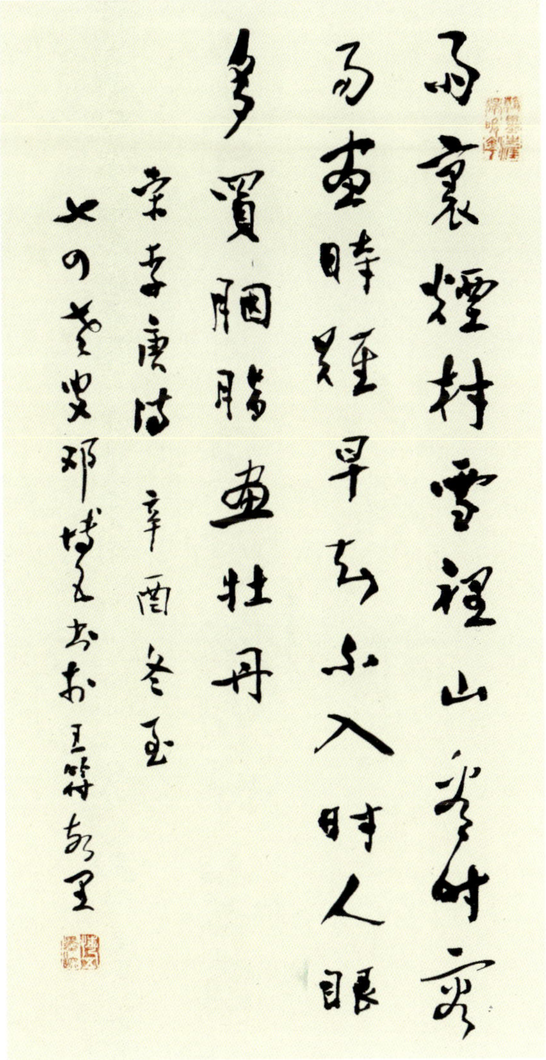

邓博五书法

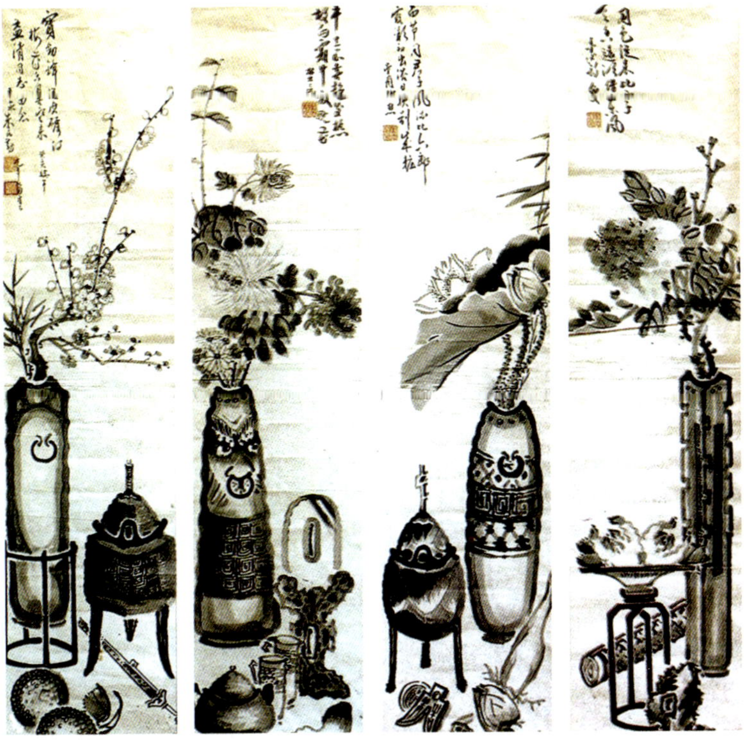

朱民勤博古

梅花花瓶 段映梅剪

康士浩绘画

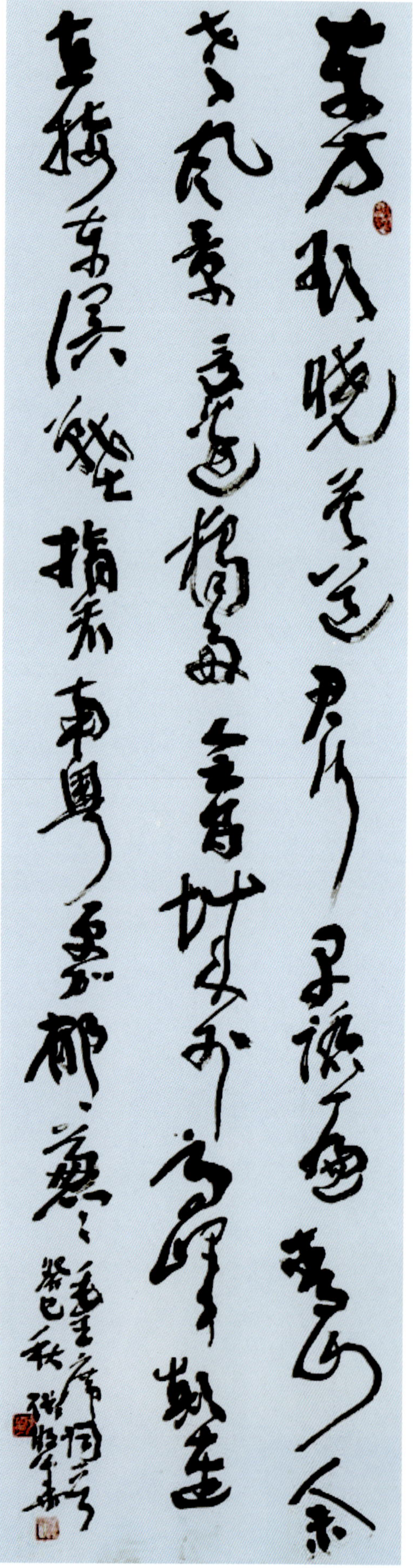

张明华书法

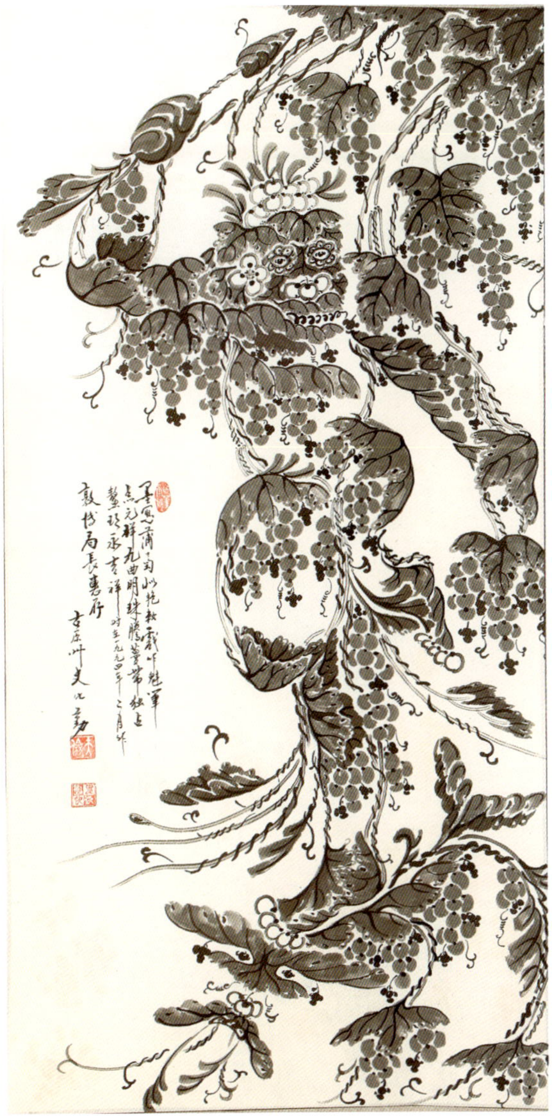

史化勤《葡萄馗》

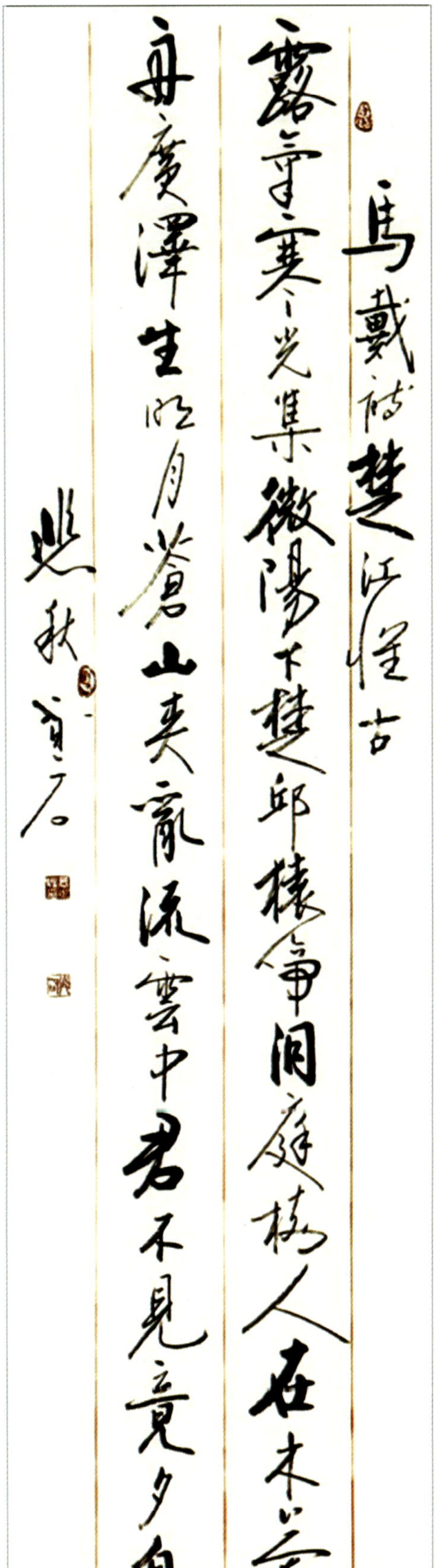

慕世旺书法

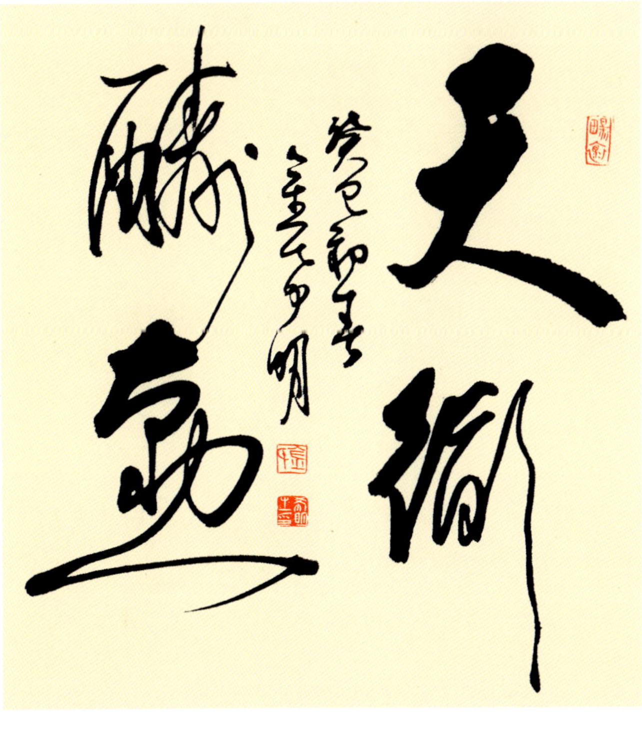

金希明书法

包建新绘画

四季花瓶 刘玉英剪纸

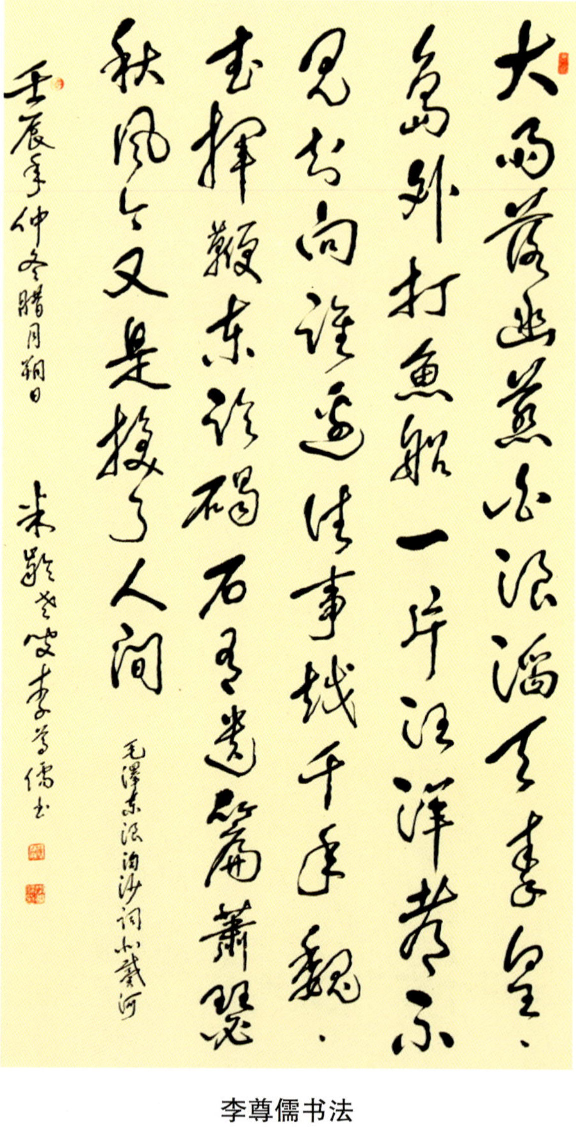

李尊儒书法

吉彩琴剪纸

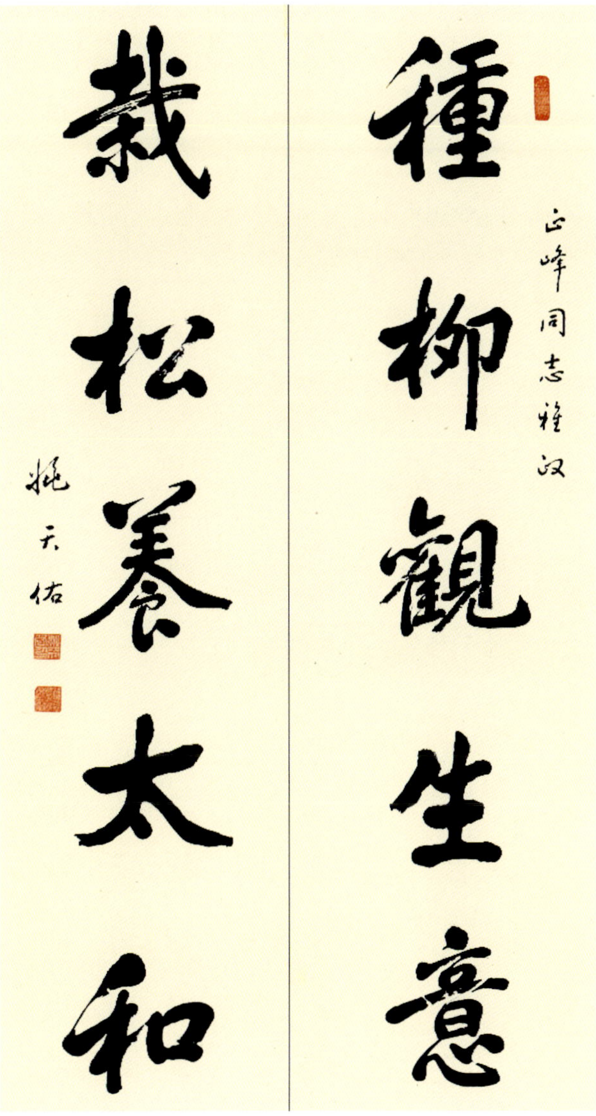

姚天佑书法

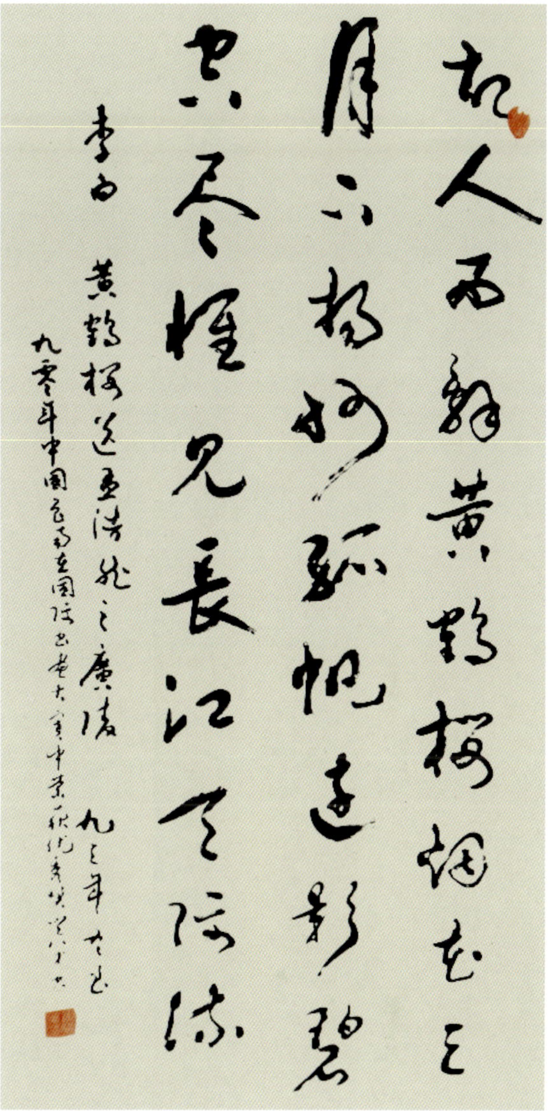

谢登第书法

景维新绘画

祁恩富工笔牡丹

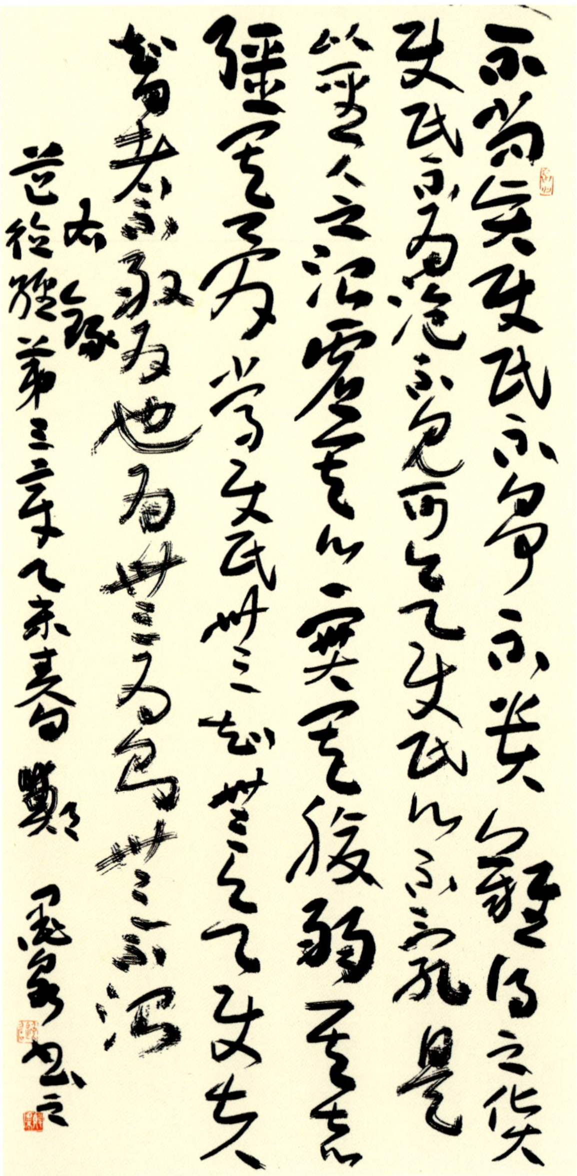

郑墨泉书法

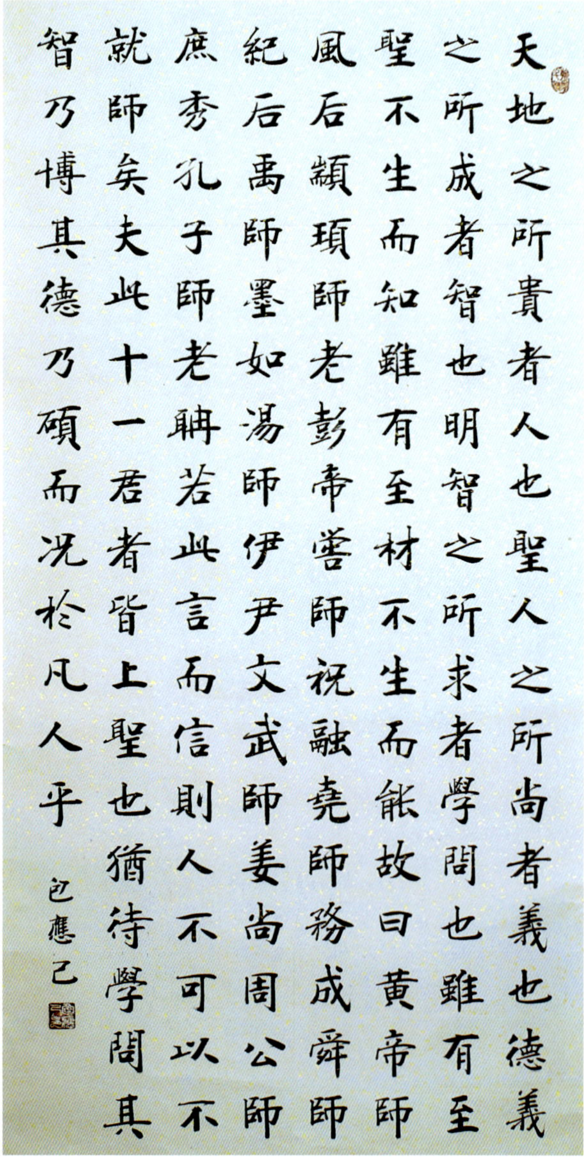

包应己书法

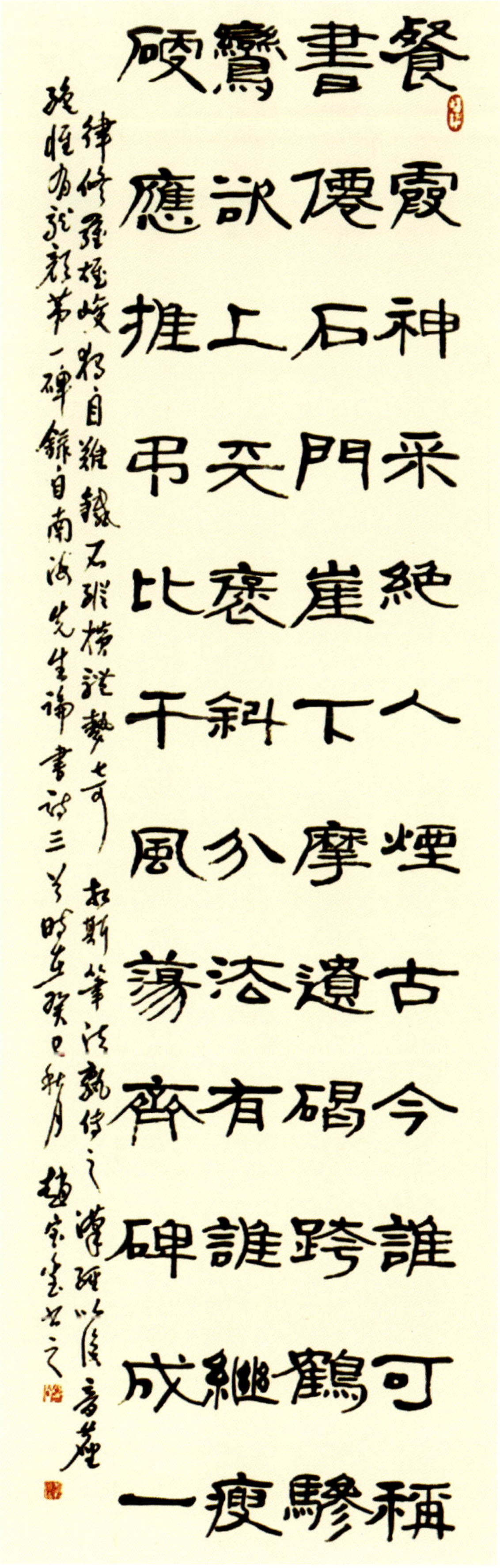

赵宝玺书法

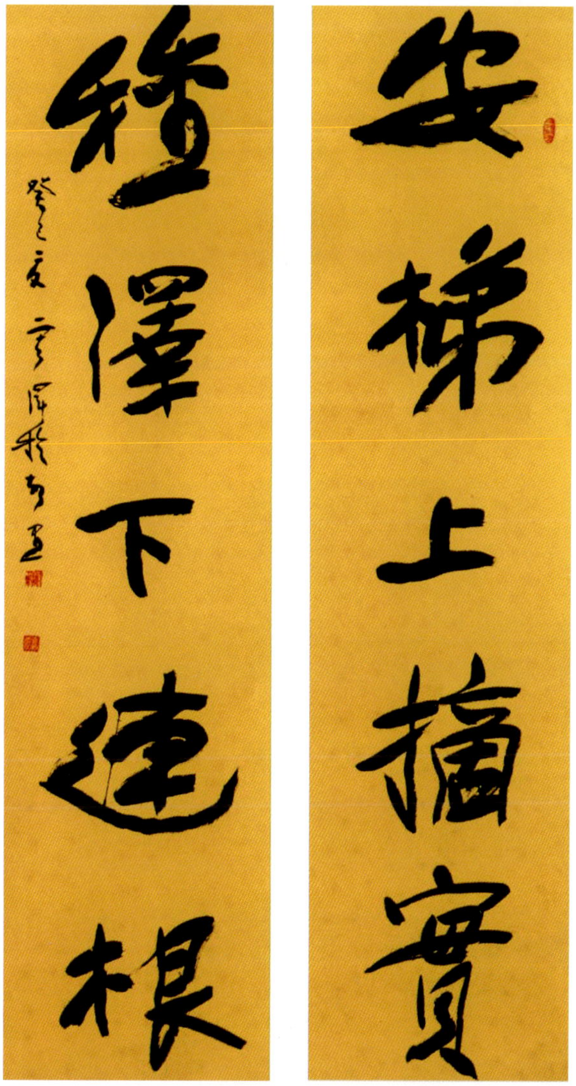

焦宏泽书法

毛志成绘画

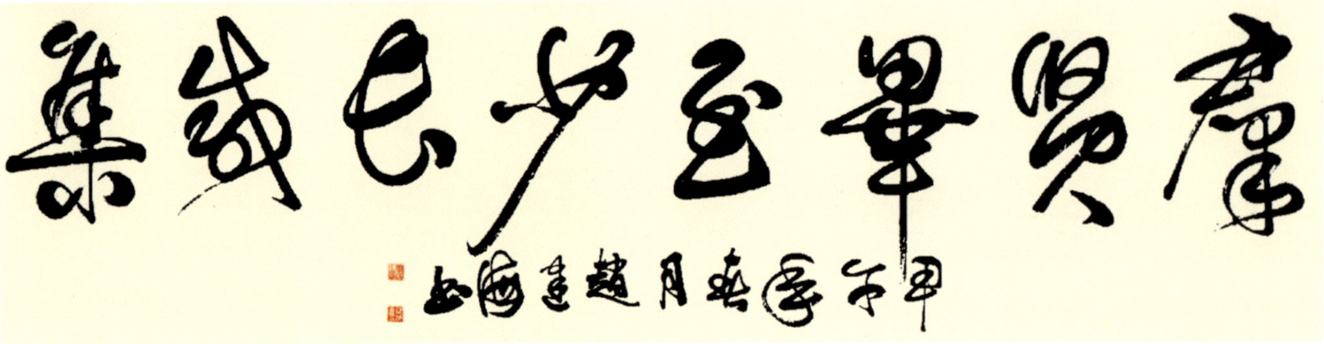

赵建海书法

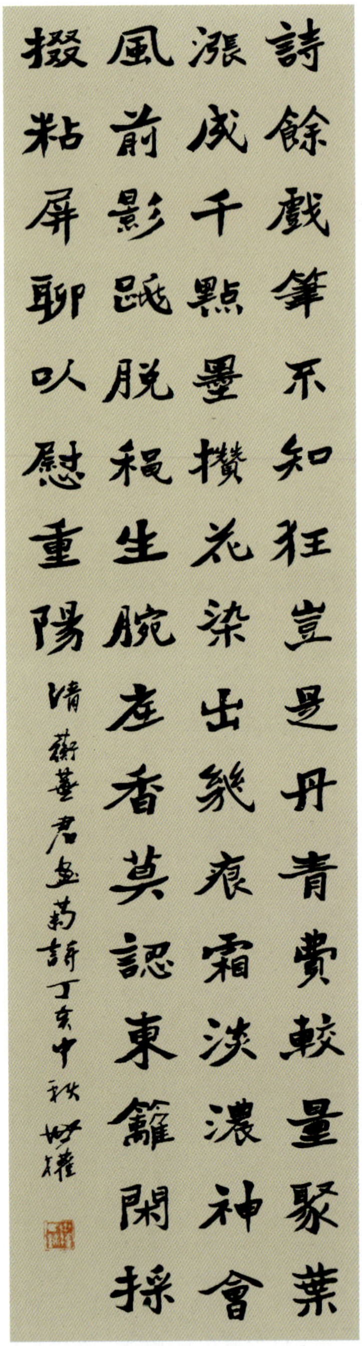

祁世权书法

张学文绘画

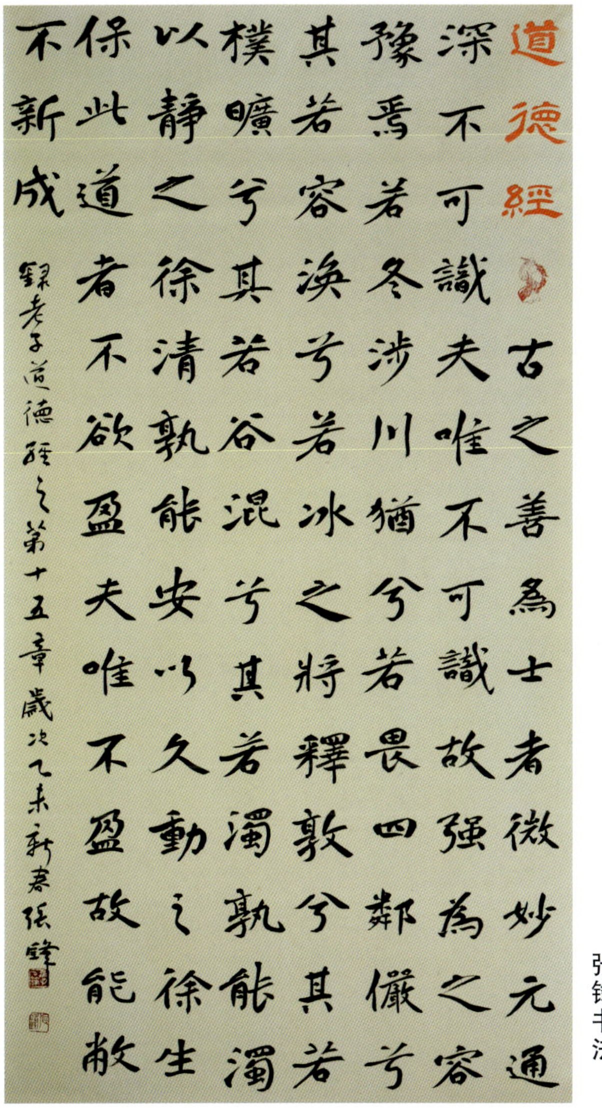

张锋书法

郑好重绘画

任志忠 任雪松版画《难忘的1948》

朱安平绘画

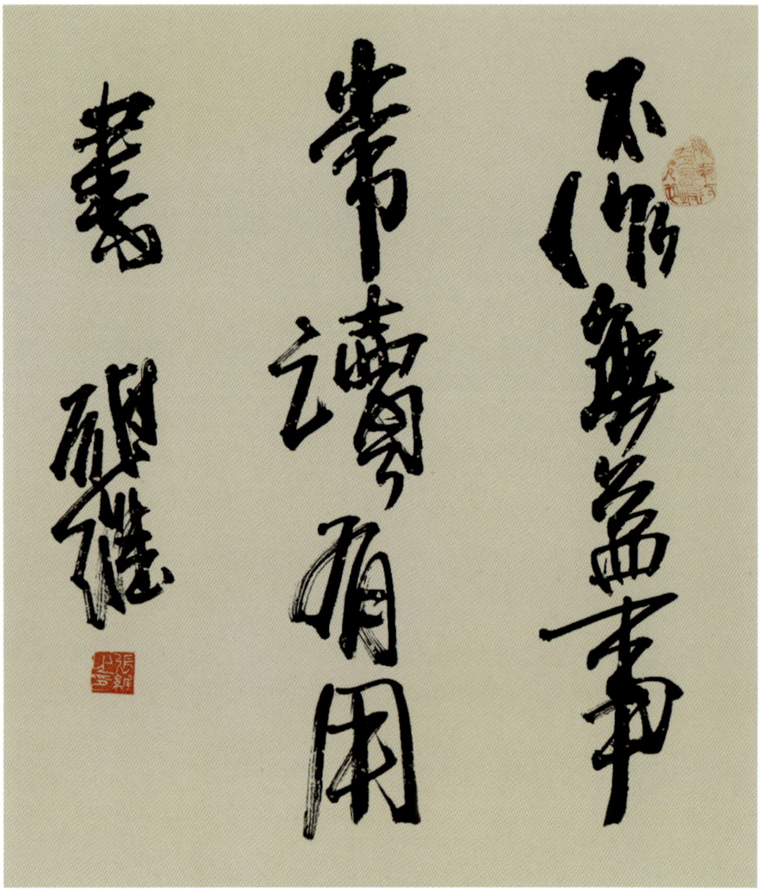

张维书法

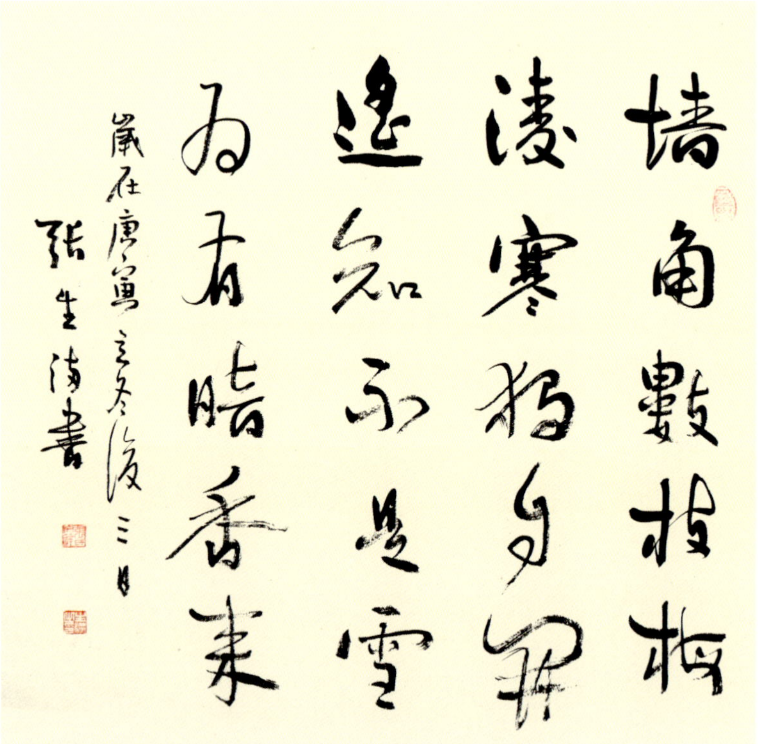

张生满书法

景中道绘画

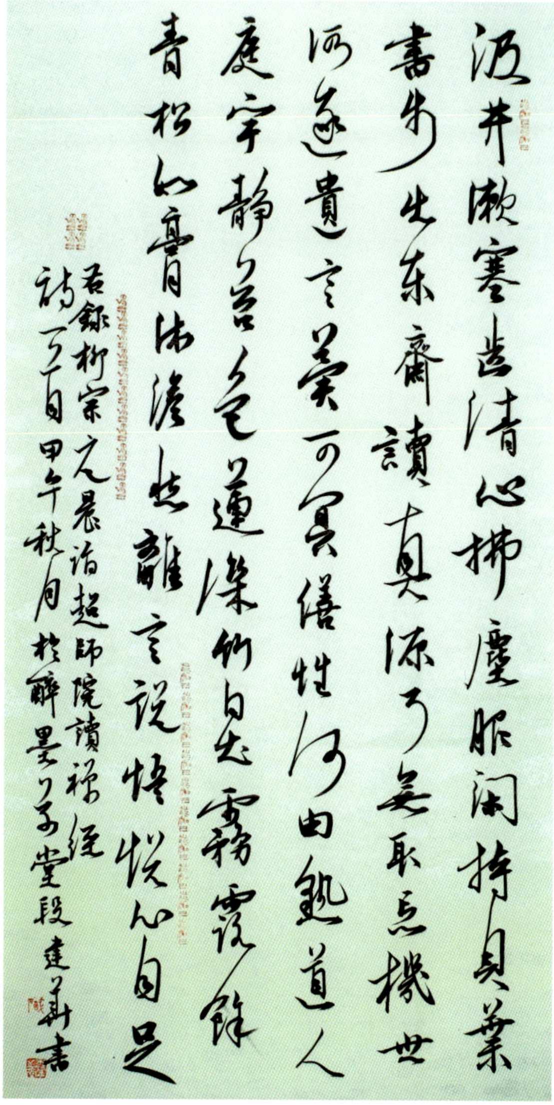

段建华书法

邢博川绘画

刘策绘画

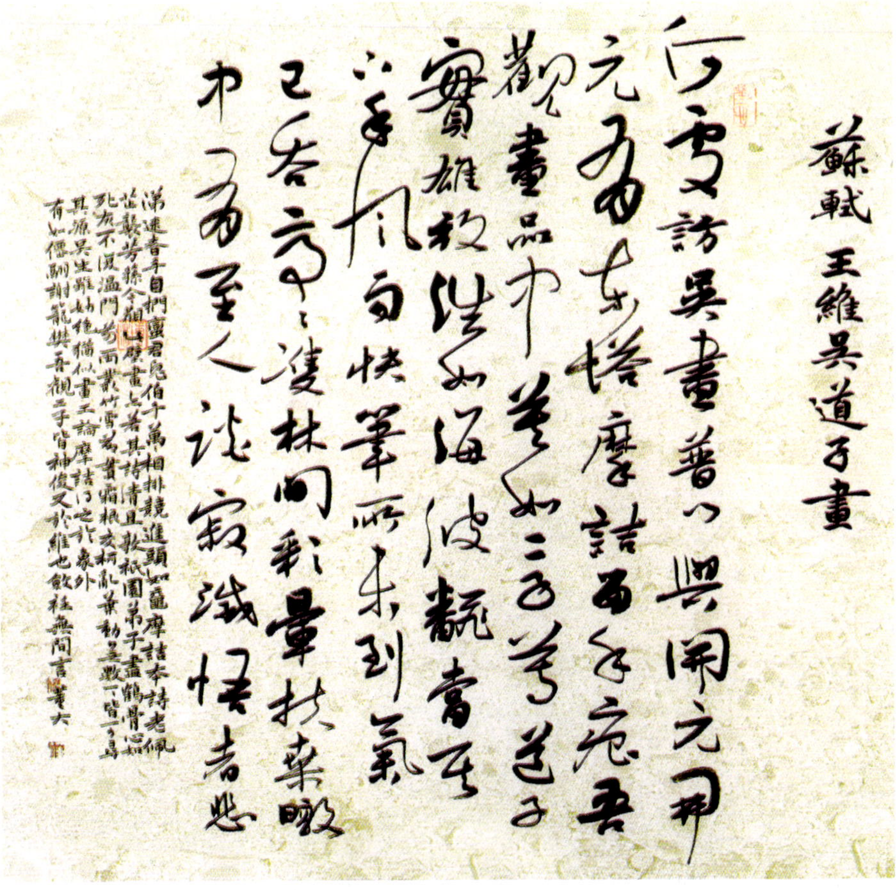

董小宁书法

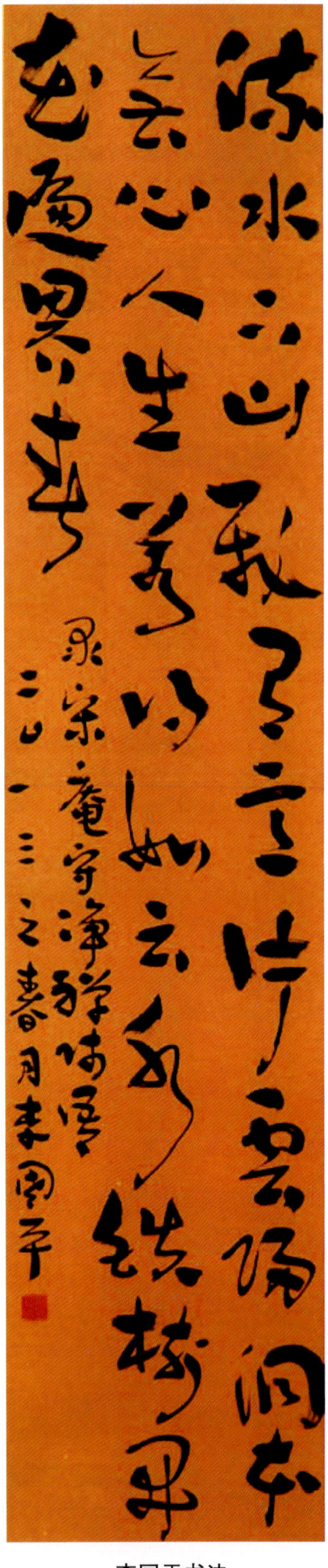

李国平书法

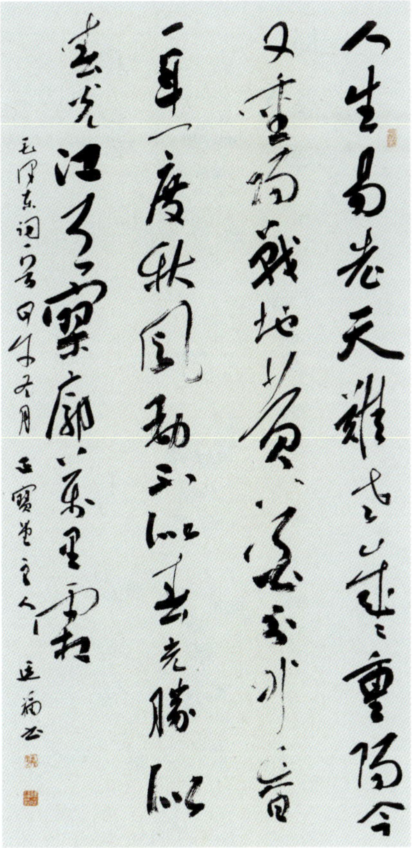

徐廷福书法

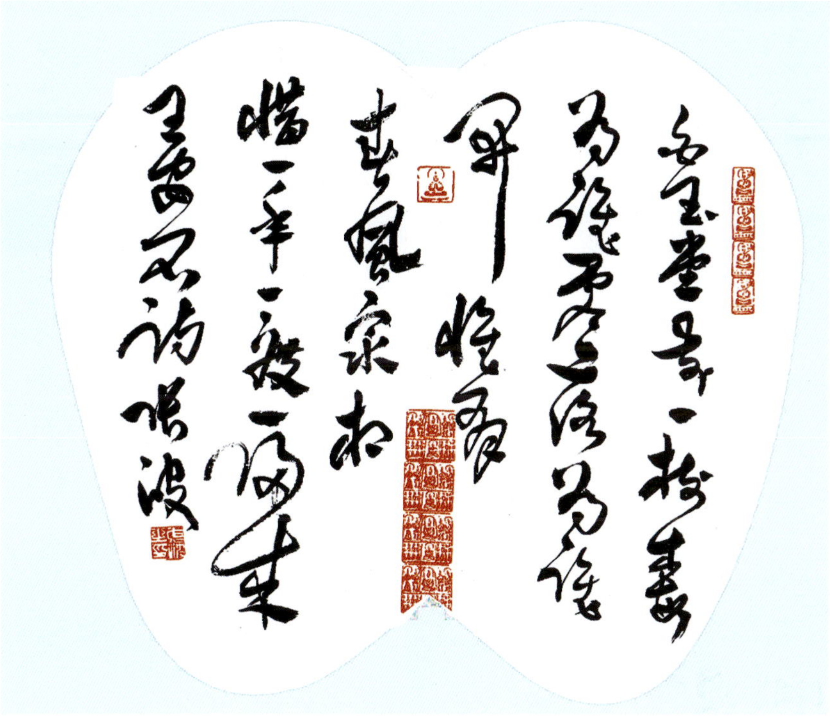

张波书法

张丕慧绘画

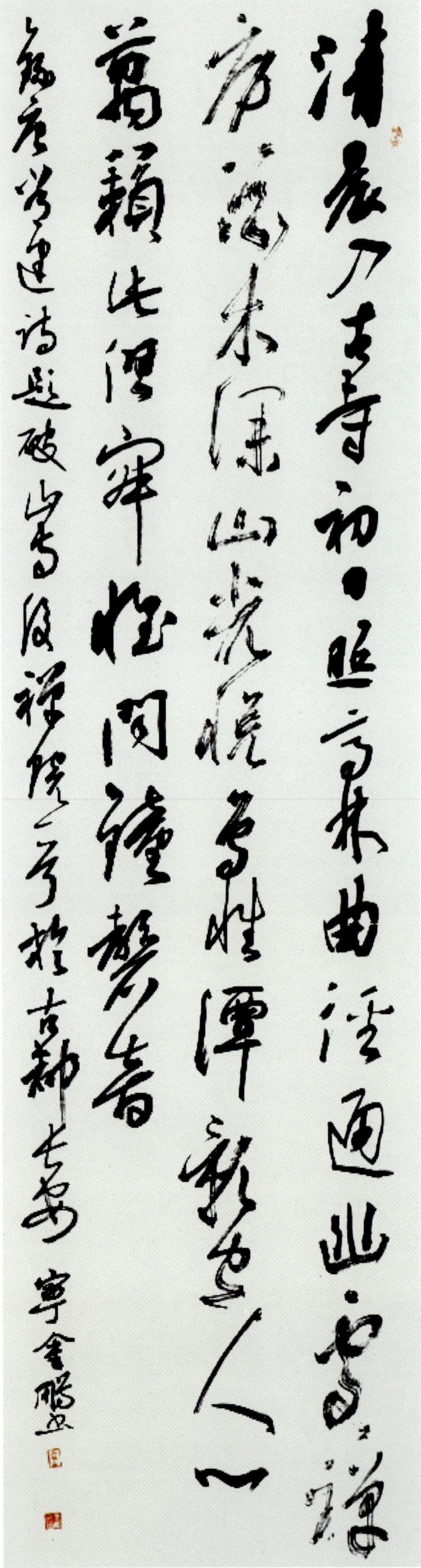

宁金鹏书法

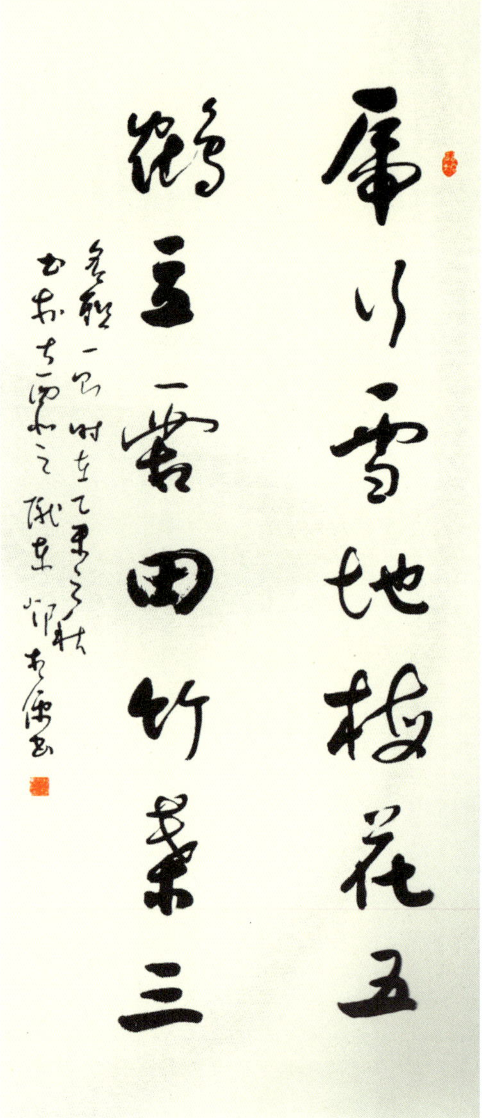

邓相儒书法

张灵童绘画

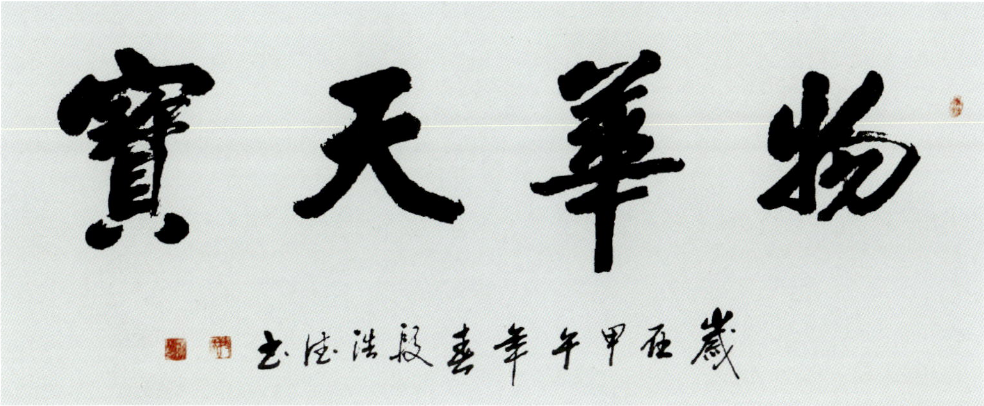

段浩德书法

朱晓韵绘画

刘永清书法

刘玉珍绘画

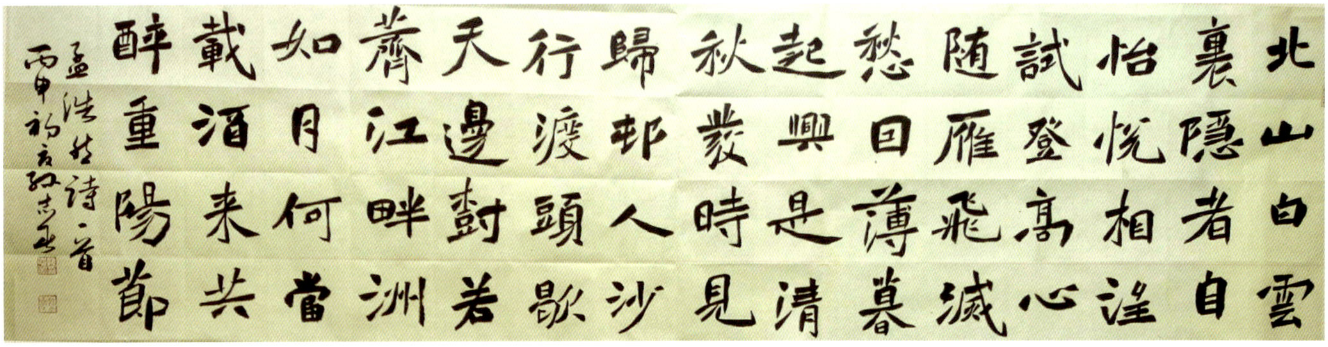

孙志春书法

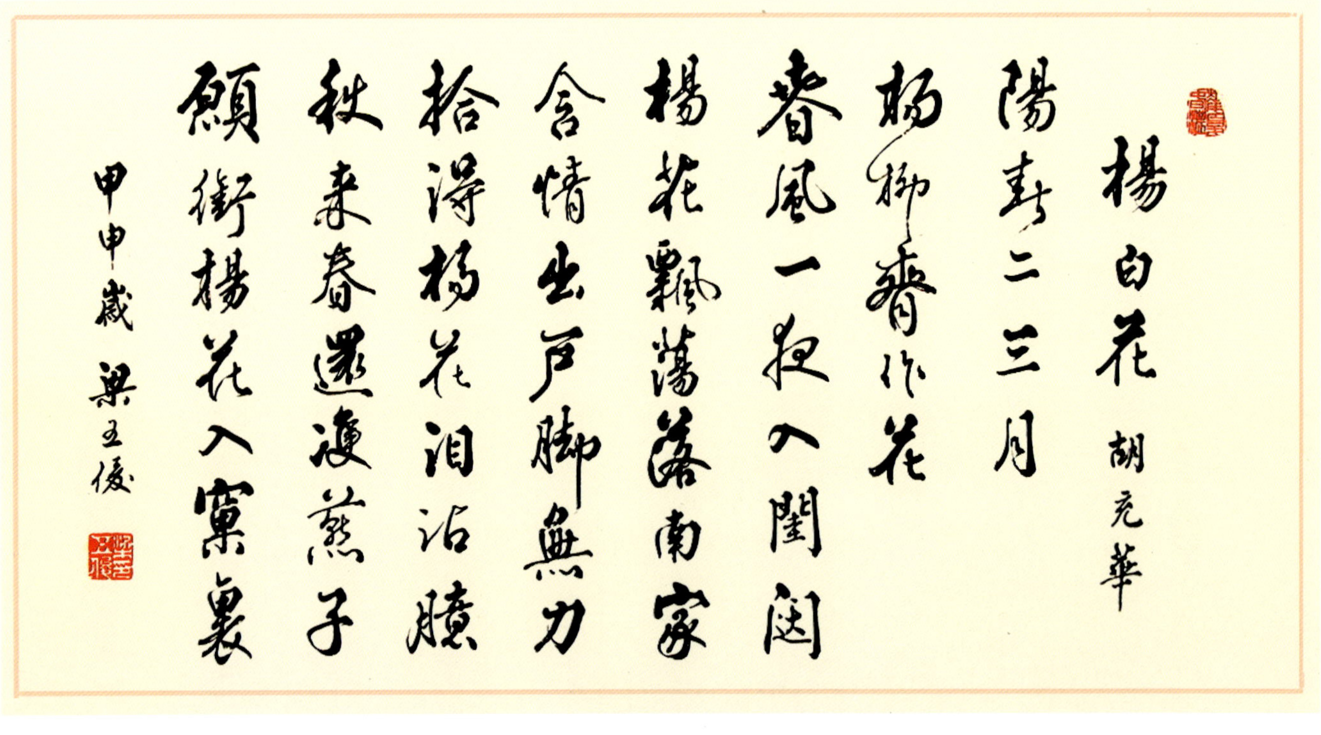

梁五俊书法

王鹏绘画

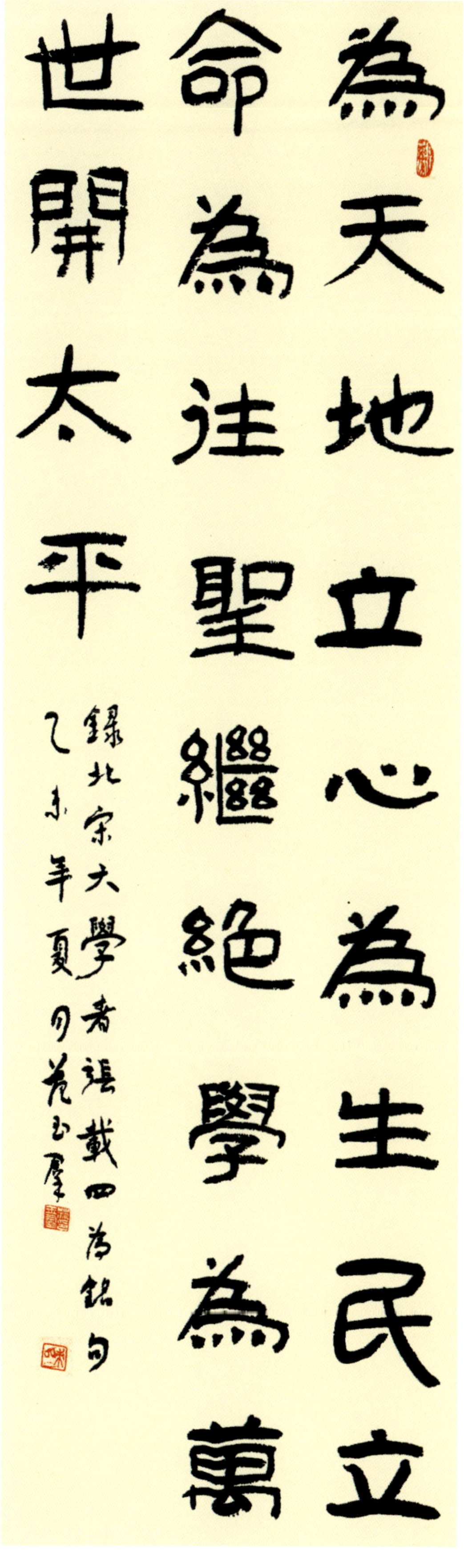

范玉群书法

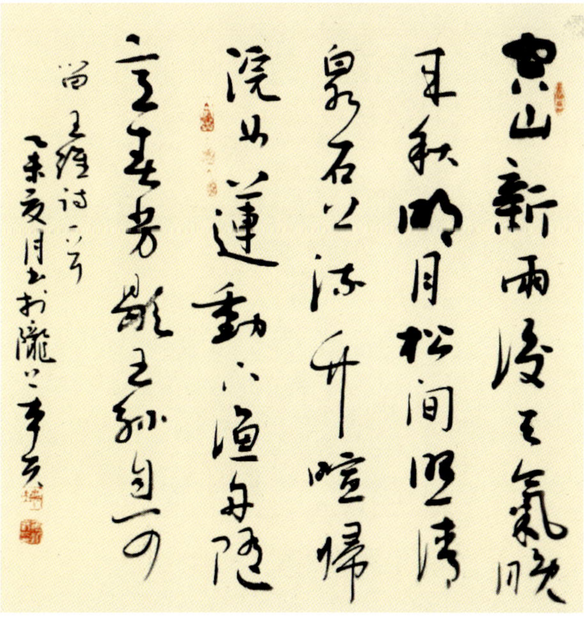

鱼新峰书法

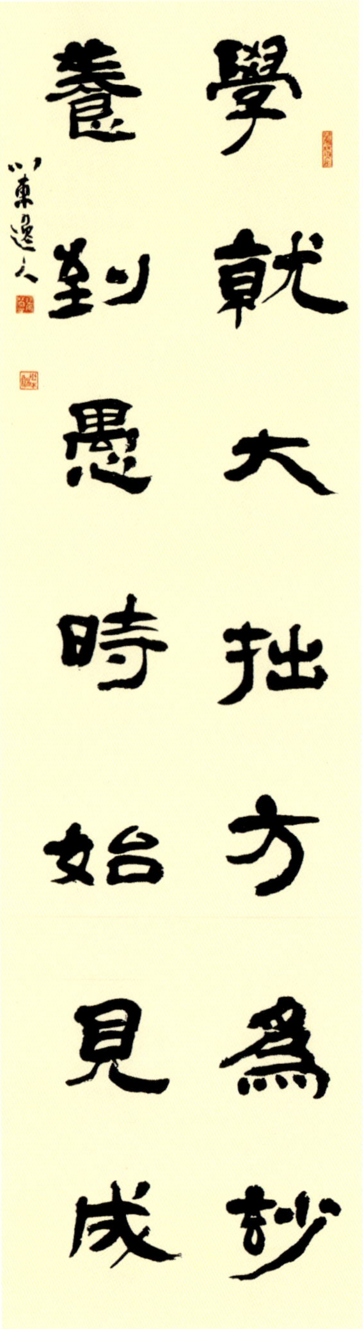

叶鲲书法

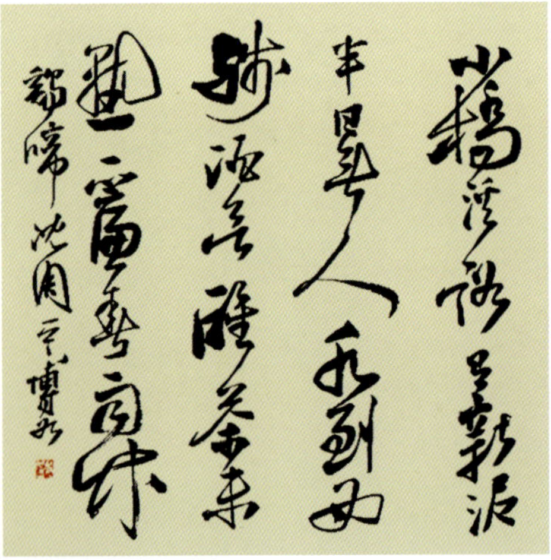

王博如书法

姬文新绘画

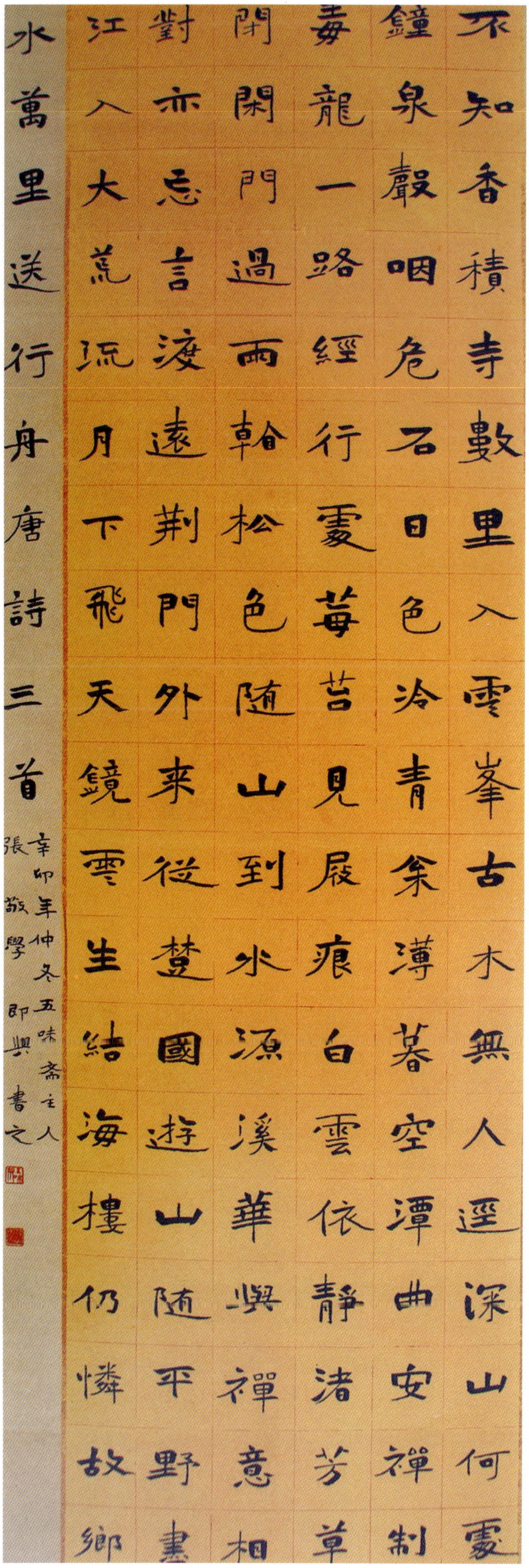

张敬学书法

张惠荣绘画

母亲的心愿 段彩霞剪纸

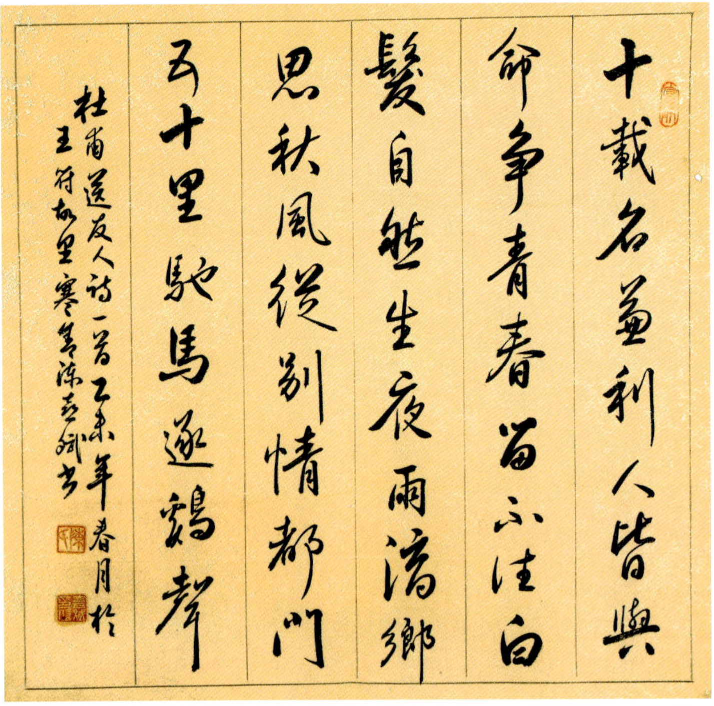

陈喜斌书法

蔺文星书法

刘金玉治印

常升绘画

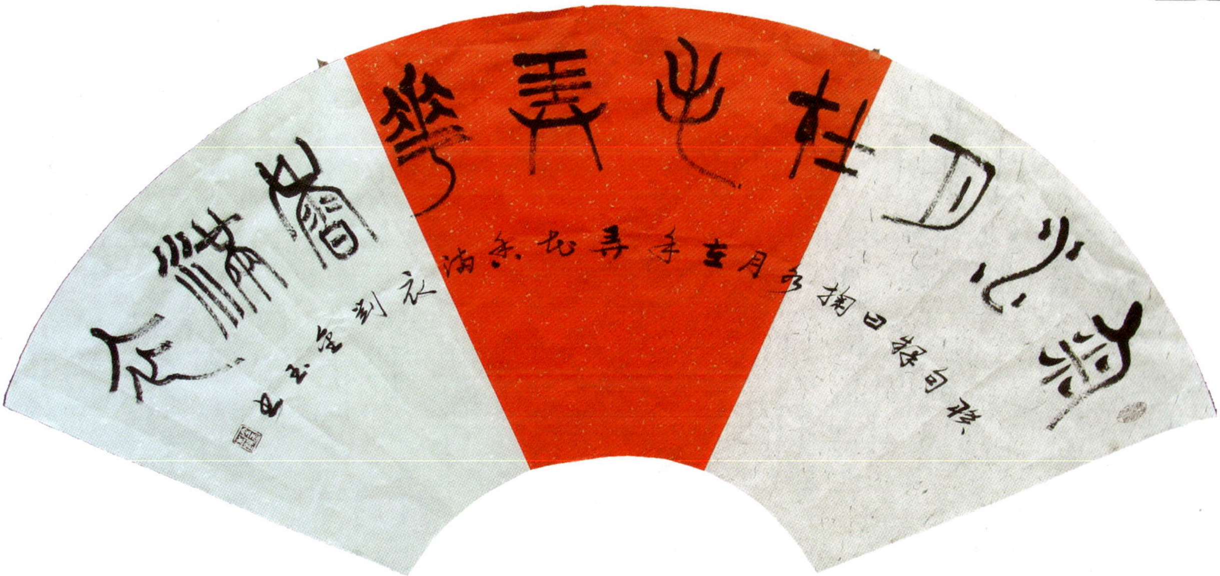

刘金玉书法

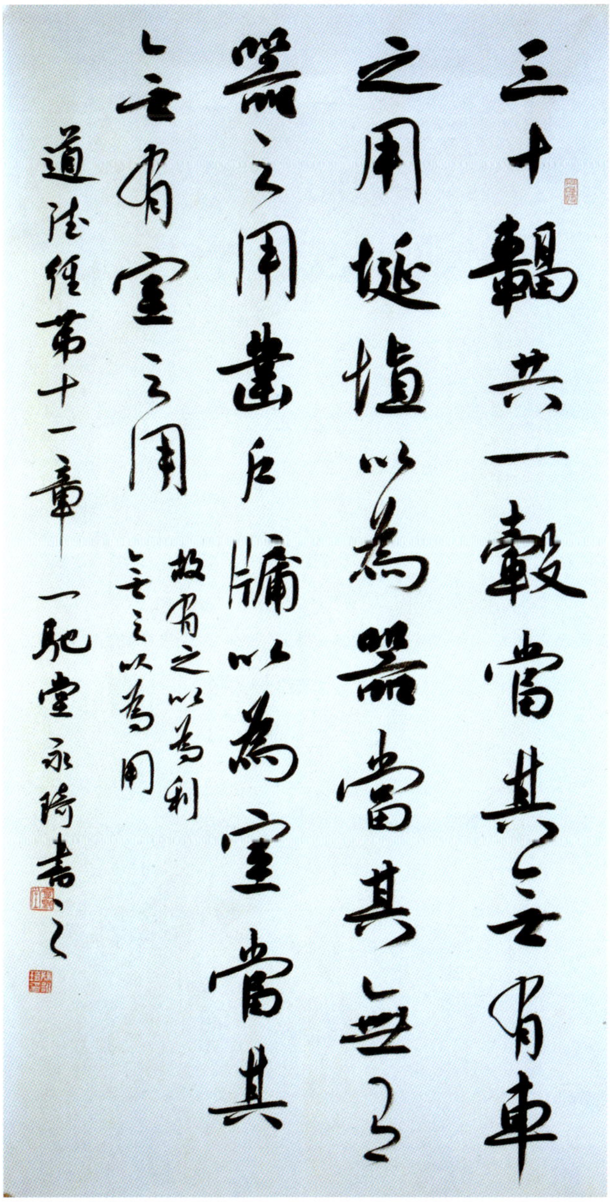

张永琦书法

姜明玺墨竹

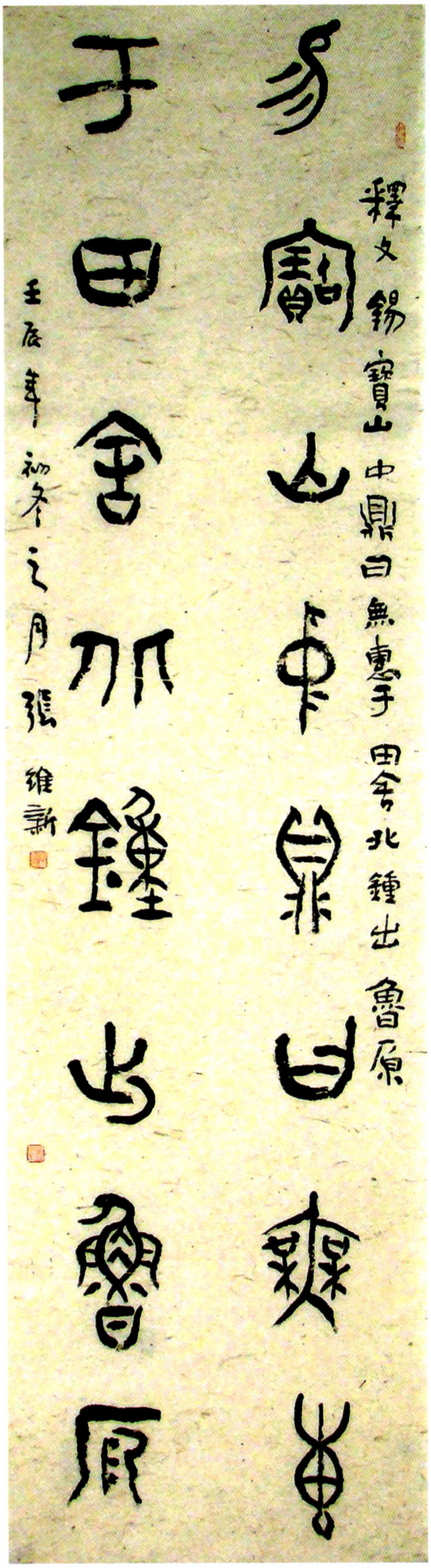

张维新书法

卢旭东绘画

陈少伯油画

慕欣荣绘画

路永仁绘画

王博文绘画

姬文海绘画

秸秆灯笼

刺绣

冉振川 绘画

目 录

第三十六章 民 政

清代前,民政事务主要是社会救济和抚恤,如遇灾荒,统治当局派员安抚,散发钱粮、以工代赈、缓征地丁、豁免积欠、开办赈捐等。阵亡将士及家属优待抚恤,多由民间自发进行。清咸丰年间,对在战争中阵亡、殉难、积劳病故官绅弁勇士庶,由地方奏请赏恤。民国时期,民政司户籍、救济、地政、人事管理、乡镇选举等。解放区推行新型优待抚恤和拥军优属办法,开展社会救济、备灾备荒、婚姻自主宣传等。

中华人民共和国成立后,逐步建立完善社会主义民政事业,担负行政区划、基层政权建设、村级选举、社团登记、优抚、复退军人安置、救灾救济、社会福利、收容遣送、婚姻登记、地名管理、边界纠纷调处等工作。

第一节 机 构

清代,民政工作属知县衙门户房管理。民国十五年(1926 年),县政府设一科,主管民政。二十九年三月,陕甘宁边区县政府设民政科,有科长 1 人,科员 2 人。

民国三十八年七月二十九日镇原解放,县人民政府设民政科。1958 年改为民政局。1966 年 4 月,民政局有正、副局长各 1 人,干事 5 人。1967 年,民政业务由抓革命促生产第一线指挥部兼办。1968 年,由县革委会生产指挥部统管。1973 年 10 月,恢复县民政局,主管民政、人事劳动业务。1981 年 3 月,人事业务交新成立之人事科。1983 年 12 月,扶贫工作从民政业务中分离,交由县老区建设办公室负责。1984 年,民政局内设办公室及优抚安置、农村救济、城市福利等股室,主管复退军人安置、拥军优属、救灾救济、社会福利、婚姻登记、殡葬改革、收容遣送等工作。1987 年,成立镇原县社会福利有奖募捐委员会,在民政局设办公室,开展福利彩票销售工作。1989 年,开始承办社团登记管理业务。1999 年,成立城乡居民最低生活保障工作办公室,隶属民政局。2010 年底,县民政局设文秘、优抚安置、救灾救济、社会事务、财务会计 5 个股,下辖双拥办、老龄办、低保办、潜夫山烈士陵园、屯字烈士陵园,共有干部职工 31 人。

第二节 优 抚

历代对阵亡将士家属及伤残人员优待抚恤，多由民间乡邻、户族、亲友自发进行。清代制定《恤荫恩赏章程》，对阵亡将士及家属进行赏恤。中华人民共和国成立后，采取国家抚恤补助和群众优待相结合办法，对烈士家属及伤残人员进行抚恤，修复、新建烈士墓、陵园、纪念碑等，每年有组织或自发地对陵园墓地进行祭扫纪念，开展各种褒扬活动。

一、抚恤优属

清乾隆末年，县内对阵伤兵丁按一、二、三 3 个等级，分别年恤银 20~30 两，随征官兵及奴仆跟役打仗受伤，也按此标准给恤。咸丰年间，县内对战争中阵亡、殉难、积劳病故官绅弁勇士庶，由地方奏请赏恤。抚恤分出征阵亡、病故两种，出征阵亡按官职分 8 个等级标准，分别一次性赏银 25~800 两；出征病故按 5 个等级标准，分别一次赏银 16~200 两。

民国时期，国民政府对阵亡、因公死亡和积劳病故官兵、乡镇保甲长等人员分别给恤，分战时、平时两种，战时分阵亡、因公殉命和积劳病故 3 类，平时分御敌被毙、因公毙命两类。因战阵亡者，二等兵以上一次性发恤金 80~3000 元；因公毙命一次性发恤金 50~800 元；战时乡镇保甲长因公死亡，分别给予一次性恤金 180~600 元；对待阵伤致残者，按战时、平时两类各分三等给恤 30~800 元。

民国二十九年（1940 年），镇原解放区按《陕甘宁边区抚恤暂行办法》，对烈、军属主要实行募捐、代耕土地、征收优待粮等措施；对抗日将士牺牲者，由家属所在地政府给予一次性抚恤 200 元（边币）；对因公因战伤残军人及工作人员分一、二、三、临时 4 个等级抚恤。三十一年，牺牲人员抚恤提高为每人 3000 元。三十三年，牺牲人员每人按 4 石小米折价计发现金。三十四年，抚恤改发粮食，牺牲人员一次抚恤小米 4 石，伤残人员根据伤残程度，一般 10~50 元，粮食 2~8 斗。三十六年，改为一、二、三 3 个等级抚恤。三十七年，伤残人员改为特、一、二、三 4 个级抚恤。三十八年七月，抚恤标准调整为牺牲病故者职务在县团级以上，每人一次性抚恤小米 1000 斤；营连科级每人一次性抚恤小米 800 斤；排长、战士及一般工勤人员每人一次性抚恤小米 600 斤；民兵、民工每人一次性抚恤小米 400 斤。同时发给每人埋葬补助小米 400~600 斤。抗战胜利后，国民政府给镇原抗战期间阵亡军人 42 人发放抚恤金。

中华人民共和国成立后，根据内务部公布的《革命工作人员伤亡褒恤暂行条例》《民兵、民工伤亡抚恤暂行条例》和《庆阳地区革命军人、工作人员及民兵民工牺牲病故抚恤粮标准表》，分牺牲、病故两类，伤残分特等、一等、二等甲级、二等乙级、三等甲级、三等乙级四等六级进行一次性抚恤。烈、军属优待形式主要有代耕土地、优待工分和优待现金 3 种形式。1950 年，牺牲、病故、伤残分 6 个档次，牺牲、病故抚恤粮 200~600 公斤，伤残抚恤粮 400~750 公斤。12 月，县政府颁布《镇原县优待贫苦烈、军、工属暂行办法》，除发放优抚款物外，农村还实行代耕帮工。1952 年，牺牲、病故抚恤粮 450~2400 公斤，伤残抚恤粮 750~1400 公斤。全县共有优抚对象3373户31199人,帮助106户烈军属代耕地548亩,帮工23010个,对缺乏劳力、畜力和生产资料的优抚对象,政府均给予物资补助。1951、1952两年内,给117户烈属、1597户军属、49户困难转业军人家属、农村一等伤残军人1人、二等伤残军人10人、三等伤残军人7人,发放安抚粮2.8万公斤,优待粮51.37万公斤,优待费50312.13万元(旧币),烈军属补助费26006.65万元。

1953年,开始对二等以上伤残人员实行公费医疗,牺牲、病故抚恤改发现金110~550元,伤残抚恤100~390元。1955年,抚恤牺牲病故革命军人和家属312户,抚恤标准120~650元,伤残人员分在职、农村两类各12个档次,在职20~72元,农村140~420元,坐车、坐船按半价收费。

1956年合作化后,对烈、军属、残废军人实行优待劳动日办法,农村义务兵家属按照生产队社员全劳力给予工分优待,年底核算时补助适当口粮。20世纪60年代起,实行定期定量补助。1962年,定量补助68人,按月发给,对312户烈、军属优待劳动日3.16万个。1963年,统一换发伤残证件,调整伤残等级。1965年,将一次抚恤改为年抚恤,其中三等甲级年抚恤30元,乙级20元。1972年,开展评残换证工作。1978年1月,在农村人员抚恤标准调为80~520元,当年伤残抚恤89人,发放抚恤金18007元。

1979年,牺牲病故革命军人和家属抚恤标准调整为370~700元,特等和一等伤残人员口粮由国家统一供应,并给所有在农村伤残人员发给副食补贴,其中一等每月5元,二等3元,三等2元。全县享受定期定量补助567人,发放定补款53124元;对个别困难的,临时补助4397人次,人均25.5元;对1553户烈、军属优待劳动日10.94万个。1980年6月,根据国务院颁布《革命烈士褒扬条例》,将抚恤分为烈士、牺牲、病故3类,年抚恤标准800~1000元。

1981年,县政府颁布《镇原县烈军属优待暂行办法》,对优抚对象从承包土地、粮食、现金、劳力等方面进行优待,由生产大队统一提留,烈属年优待现金50~350元,现役军人家属年优待小麦100~150公斤或现金60~100元。1982年1月,将在职伤残人员抚恤标准调整为36~90元。1984年7月,统一调整伤残人员抚恤标准,在职56~132元,在农村140~570元。1984年4月1日起,烈士抚恤标准按生前40个月工资计发,无工资或低于军队23级,按军队正排职干部40个月工资计发。

1985年,对享受定补孤老烈属、因公牺牲、病故军人家属改发定期抚恤,全县享受定期抚恤131人,发抚恤费40150元。全县烈士61人,5年发放抚恤金27690元;伤残人员140人,全年发抚恤金34927元。7月,给在农村伤残人员发生活补贴,一等12元,二等6元,三等4元。9月,对革命烈士家属、因公牺牲军人家属和病故军人家属实行定期定量抚恤,革命烈士家属、因公牺牲军人家属家居城镇,每人每月抚恤30~35元,家居农村每人每月20~25元;病故军人家属家居城镇,每人每月25~30元,家居农村,每人每月15~20元。是年全县享受定期抚恤128人,发抚恤金32455元。

1986年,省政府规定优待对象为义务兵家属、领取定期抚恤金后达不到当地一般群众生活水平的革命烈士家属、因公牺牲军人家属和病故军人家属、生活有特殊困难革命残废军人和未享受定期定量补助的孤老带病回乡复员退伍军人，全县统一将优待劳动日、粮食、土地改为现金，标准提高到每人每年220元，由乡镇统一提留兑现。1990年起，优待标准随物价水平逐年调整。1992年，规定优待标准不低于300元，以后随本乡镇上年度农民人均纯收入水平逐年提高，资金来源在农村"三提五统"项下民政优抚费中支付。

1997年，实施《镇原县义务兵家属优待金社会统筹管理使用办法》，农村籍义务兵家属优待金由县政府统一发放，标准同全县农民人均纯收入同步增长，每年初按上年农民人均纯收入确定当年标准。义务兵服役期间立特、一、二、三等功一次，分别奖现金300元、200元、100元、50元；超期服役的，从期满第一年起，每年递增优待金10元。民政局设立义务兵优待基金会，统一管理优待金统筹发放。资金来源实行社会化统筹，从机关、社团、企事业单位干部职工、个体户和农民中筹集，农村继续在"三提五统"中统筹。1998年，农村籍义务兵家属优待金以全县上年人均纯收入1053.6元为基数，70%即730元兑现现金，义务工减免优待值不低于320元。当年优待642人，兑现优待金46.87万元。1999年，县直机关13257名干部职工统筹优待金11.21万元。

2002年税费改革，农村取消"三提五统"，全县义务兵家属优待金标准按上年全县农民人均纯收入100%予以发放，资金来源由上级财政转移支付，省上每年核拨县内转移支付资金82万元，不足部分由县财政配套。当年现役军人家属优待金每户840元。

2004年10月起，根据新颁布《军人抚恤优待条例》，将革命烈士、因公牺牲军人、病故军人一次性抚恤金标准提高一倍，烈士一次发给生前80个月工资，因公牺牲军人发给生前40个月工资，病故军人发给生前20个月工资。伤残军人由四等六级套改为新十级标准，特等套为一级，一等套为三级，二等甲级套为五级，二等乙级套为六级，三等甲级套改为七级，三等乙级套为八级，取消农村、在职分类，统一抚恤金标准。当年伤残抚恤158人，发放抚恤金1.4万元。

2009年，出台《镇原县优抚对象医疗保障实施办法》，将全县1~6级伤残军人全部纳入城镇职工医疗保险，对在农村及城镇无工作且生活困难人员，由县财政统一代缴参保基金，护理费由年1728元提高到6000元，每年发给1500~2000元门诊临时补助。2010年，全县享受定期抚恤83人，发放抚恤金39.07万元，其中革命烈士遗属居住城镇，每人每月抚恤728元，居住农村，每人每月抚恤437元；因公牺牲军人遗属居住城镇，每人每月抚恤652元，居住农村，每人每月抚恤418元；病故军人遗属居住城镇，每人每月抚恤613元，居住农村，每人每月抚恤399元。现役军人家属1188名，年优待标准提高到2434元，全年发放优待金444.36万元。

二、烈士褒扬

民国三十六年（1947年），国民县政府征集抗战期间阵亡军人42人，整理成《镇原县抗战军人忠烈录》，上报省政府褒扬纪念。解放战争时期，解放军野战部队为作战牺牲的部分军人家属颁发"光荣牺牲证"。

中华人民共和国成立后，对革命军人参战或因公牺牲、革命工作人员在斗争中或因公牺牲、民兵和民工参战牺牲的，分别授予“革命牺牲军人家属光荣纪念证”“革命牺牲工作人员家属光荣纪念证”“革命牺牲民兵民工家属光荣纪念证”“革命烈士证明书”；对共产党革命时期牺牲人员进行登记，符合烈士条件的，县政府批准为烈士，并向其家属颁发由中央人民政府统一印发的光荣纪念证。此后，颁发纪念证随追认烈士一并进行，由部队团以上政治机关审批，县政府发证。县民政局汇编革命烈士英名录，立传褒扬，使烈士英名流芳百世。

1953年，地方烈士由所在机关审批并发证。1960年，地方烈士改由省民政厅审批，县人民政府发证。1971年6月，改由省革命委员会批准，县革命委员会发证。1980年4月起，因战牺牲由县人民政府审批发证，因公牺牲由省人民政府审批发证。1982至1984年，统一换发、补发民政部统一印制的“革命烈士证明书”232人，其中换证48人，补证132人，不予换证2人，不予补证28人，转外地换补证4人，待查缓办15人，其他3人。

2010年底，全县在册烈士222人，其中抗日战争时期24人，解放战争时期114人，中华人民共和国成立后84人。全县人民采取多种形式，褒扬革命烈士不朽功勋和革命精神。

三、树碑葺墓

民国二十八年（1939年），国民县政府在县城中山公园建抗日阵亡将士纪念碑一座，由县长邹介民题立，刻叙“七七”芦沟桥事变简况与阵亡将士抗战事迹。

1979年建成的屯子镇烈士陵园

1952年，在屯字、上肖乡整修烈士墓71处。1953年，在马渠乡整修烈士墓76处。同年，拆除抗日阵亡将士纪念碑，在中山公园西北角重修烈士纪念塔，塔身有彭德怀等领导署名。1965年，烈士纪念塔拆毁。1967年，省、县财政拨款2.7万元，在中山公园中心再建革命烈士纪念碑。

潜夫山革命烈士纪念碑

1979年4月，为纪念西府陇东战役屯字镇战斗中牺牲的人民英雄，由兰州军区空军部队资助，庆阳专署、镇原县人民政府拨专款5.3万元，在屯字镇东郊修建烈士陵园，面积3500平方米，分前后两院，前院建烈士纪念碑一座，混凝土结构，用大理石镌刻106位烈士姓名及职务，镶嵌在纪念碑底座四面。正面题“中国人民解放第一野战军六纵队屯字镇战斗烈士纪念碑”，背面刻碑文，全面记述屯字镇战斗经过和英雄事迹，后院安葬55位烈士遗骨。1985年在烈士纪念碑旁建平房10间，内设展厅、骨灰存放室及放映室。

1987年,县烈士纪念碑随中山公园一并拆除,县政府投资38万元,在县城北无量山修建烈士陵园,立纪念碑,碑座分三层,碑身呈三角柱体,高13米,底宽80厘米,顶宽20厘米,用汉白玉贴面,座北向南,巍然耸立。南面镌刻"人民英雄永垂不朽"8个大字,西北面刻全国人大常委会副委员长耿飚"缅怀先烈继往开来"题词,东北面刻中央顾问委员会副主任宋任穷题词"为革命捐躯的先烈永垂不朽",顶部塑红五角星。碑座南面镌刻重建镇原县革命烈士纪念碑记,侧两面刻有罗建章等215位革命烈士名录,甚是庄严。

1990年,筹资120万元,在无量山烈士纪念碑后建成仿古结构烈士纪念馆一幢380平方米,内设革命烈士事迹陈列室、烈士遗骨寄存室、吊唁室、放映室,成为全县爱国主义教育基地之一。1992年,县政府将其列为烈士纪念建筑物保护单位,并立标志碑。2005年10月,在三岔镇建成老爷山革命烈士陵园。

第三节 拥军支前

民国二十六年(1937年),红军援西军进驻镇原,县内群众踊跃捐粮献物。屯字镇群众向红四军捐献粮食3000多石。阎孟村孟耀祖给部队捐献小麦500多石,并出让10亩地供部队作操场,部队开赴前线时,军长陈再道代表红四军给其赠送"爱国可亲""民族先锋"锦匾两面。白马村骨科医生段乾元主动为红军伤员治伤,并捐献小麦50石。开张村张天和捐献小麦200石、生猪2头。上肖乡邢岭村邢殿元捐献小麦30石、糜子十多石、麦草10万多斤、马1匹,红军离开时,分别给段乾元、张天和、邢殿元3人各赠"民族先锋"锦匾1面。三十二年,国民党对边区实行经济封锁,镇原解放区群众响应边区政府号召,劳军捐献款47690元。

解放战争时期,为支援前线,老区群众自愿组织起来,修桥补路,保证部队通行;在行军沿途设立供水站、粮草站,接待过往部队;建立通讯、交通、岗哨站,负责警戒,传递信息,主动掩护部队指战员,救护伤病员。

三十五年,解放区群众给部队战士做军鞋2600双。九月,王震率三五九旅到镇原,沿途群众主动给部队送猪109口、羊534只、马4匹、鸡5150只、鸡蛋9759个、蒸馍40580个、食盐300斤、衣服13套、毛毯15条、鞋4500双,筹集招待费、医药费等855435元(法币),及纸烟、白布、肥皂等物,组织担架队23个2030人,制作担架298副,转运伤病员。

三十六年,解放区先后制作担架704副,参加2000余人,组织运输队33个,参加543人,动用牲畜322头,支援战斗。三十七年四月,屯字镇战斗中,当地群众冒着生命危险救护解放军伤员。解放区组织担架86副,支前群众2000余人。十一月至年底,做军鞋3640双。

三十八年三月至五月,孟坝、柳州、石佛、马渠、新集、三岔区群众做军鞋84500双。六月十七日起,孟坝、马渠、新集、三岔4区组织担架200副,支前群众1200余人,动用牲畜300头。七月起,屯字、肖金、中原、新城、平泉、开边、临泾、太平、马渠、城市10个区又做军鞋15500双,组织担架354副,支前群众1830余人,动用牲畜1768头,随解放军第一野战军西进宁夏、兰州等地，运输物资、抢救伤员 2 个多月，同时往宁夏、平凉一带运送军粮 195.33 万斤、面粉 9.4 万斤、饲料 16.1 万斤。

中华人民共和国成立后，每逢元旦、春节、建军节，县机关和各区、乡镇普遍组织慰问驻军指战员和优抚对象。“文化大革命”期间，慰问活动时有时停。1974 年起恢复正常，慰问活动逐步制度化。

1979 年 12 月起，相继出台《镇原县优抚对象优待办法》《镇原县创建双拥模范县实施规划》等地方性“双拥”政策文件 20 多个，将每年 1 月和 7 月定为“双拥”宣传月，宣传《国防法》《兵役法》《国防教育法》，县电视台开辟“镇原国防”“双拥之声”“双拥动态”等专栏，摄制镇原革命斗争史和“双拥”建设专题片《心碑》；在宾馆、车站、医院、粮油供应站等服务窗口设立标识牌，实行现役军人、残疾军人优先和军车免费制度。县财政投资 600 多万元，帮助县人武部改善办公、武器装备仓库、民兵训练基地和村民兵连部等基础条件；投资 250 多万元，改善县武警中队条件，修建办公楼，购置安装供暖锅炉，划拨土地 2.5 亩，解决中队训练场地，新打机井，添置各项配套设施。“双拥”服务组织义务为官兵理发、检查身体、拆洗被褥，优先供应生活用品和紧缺物资。1992 至 2006 年，连续 6 次获“双拥模范县”称号。至 2010 年，全县共建立“双拥”组织 125 个，拥军优属服务组织 270 个，军警民共建基地 26 个，创建文明乡镇 12 个，文明社区 8 个，文明行业 6 个。

第四节　复员退伍军人安置

宋时实行厢兵制，西夏、元、明实行部落兵役制或世袭兵役制，士兵均不退伍，县内一般军功分配田、宅，免除租徭。清末，执行清政府制定的《新军营制饷章》《退伍兵暂行办法章程》，退役一般归原籍，每人发两月“恩饷”和退伍证件，回家务农、经商，自谋生计。愿充任县巡警者及无家可归或非本籍退役兵，可持退伍证件应选巡警。

民国时期，按国民政府颁布的《兵役法》，安置国民党部队中退役人员。第二次国内革命战争和抗日战争期间，现役士兵延长服役，安置多以残废军人为主。解放战争时期，国民政府财政困难，兵员紧缺，再未进行退役安置。

1950 年起，对返回原籍无生产资料复员军人，土地由所在区乡负责在公地、荒地中解决，无牲畜者，由变耕队帮助耕种，做到有住处、有地种、有饭吃、有衣穿。1955 年实行义务兵役制后，县政府设立安置办公室，负责复退军人安置工作。1961 年，全县接收复员、退伍军人 79 人，安排工作 4 人，其余均回原籍公社参加农业生产，照顾口粮 3335 公斤，安排住房(窑)107 间(孔)，解决生产工具 21 件。1975 年起，城镇退伍军人安置由省劳动局下达计划，省退伍军人安置领导小组统一分配工作。

1977 年起，对城镇户口入伍或入伍前有正式工作的，退伍回县后安排工作，农村户口退伍军人不再安排。1979 年开始，对农村户口入伍服役 6 年以上、退伍前结婚、配偶系城镇户口退伍军人，在城镇安排工作。1983 年，开始接收安置转业志愿兵，根据本人自愿和技术特长，一般安排在行政事业单位或国营企业工作。

1984年，城镇户口退伍军人实行按系统分配任务、包干安置办法，父母在企事业单位工作的，由其父母所在单位包干安置，父母在党政群系统工作的，由安置办统一分配。安置指标不受劳动指标限制，采取先安置、后结算办法。至1985年，本着从哪里来到那里去原则，6年共安置退伍军人2411人，其中参加农业生产2223人，安排工作93人，对过去精减退伍军人复职1人，重新就业4人，回农村病残人员，在乡镇企业中安排工作6人。

1986至1990年，安置退伍军人1244人，其中在农村从事农业生产1019人，城镇企事业单位工作225人。1991至2000年，开发使用军地两用人才1165人，安置退伍军人2072人，其中从事农业生产1689人，在城镇企事业单位工作383人。2001至2010年，培训使用农村两用人才8800多人，安置退伍军人1927人，其中从事农业生产1639人，城镇企事业单位工作288人。

第五节 赈灾救济

北宋天禧元年（1017年），县内遭蝗、雹灾，朝廷开仓放粮赈济，并免租税，贷其子种。四年陇东大旱荒，朝廷发粮赈济。熙宁七年（1074年），朝廷募捐赈济。宣和五年（1123年），陇东旱灾，民饥流徙，朝廷令所在路府赈济。宣和六年，陕西大地震波及原州成灾，朝廷诏令赈恤1年。

金大定十七年（1177年），旱、蝗成灾，朝廷豁免陕西（辖今镇原，下同）等10路受灾地租税。

元代元贞元年（1295年）、二年，陕、甘旱灾，朝廷开仓放粮，赈济灾民。

明洪武八年（1375年）七月，朝廷赈济平凉、庆阳等处饥荒。成化二十一年（1485年），平凉、泾州、镇原大饥，当时监察御史徐镛（武昌人）因直谏贬任镇原知县，招抚流亡，开设粥厂赈济饥民，疫病流行，又令医生调治，救活人无数。不能医救者，搬运尸体掩埋，并报奏朝廷豁免荒粮万余石。正德七年（1512年）大旱灾，朝廷免税粮。嘉靖三十四年（1555年）四月，赈济平凉、镇原等地灾民。万历十年（1582年）七月，朝廷赈济平凉（含镇原）、庆阳等地旱饥。十四年夏，朝廷赈济旱饥；九月，赈济风灾饥馑。崇祯七年（1634年）四月，朝廷赈济饥荒。

清顺治二年（1645年），朝廷豁免地亩钱粮；三年，豁免荒粮万余石，并免当年租税；四年，雹灾，朝廷免除当年田租、赋税；十年，大旱，朝廷免灾赋；十八年，蠲免钱粮。

康熙元年（1662年），免除当年租税；四年，因旱欠收，朝廷诏令免灾赋；二十九年，朝廷动用常平仓赈济；三十一年，免除拖欠钱粮，并予赈济；三十四年，地震，朝廷遣尚书马齐赈济灾民；五十一年，蠲免钱粮；五十二年，旱灾大饥，朝廷免赋额，并动仓粮赈济灾民，又免除次年银、粮、草束；五十三年，旱饥，朝廷免除额赋及粮草，赏牛耕种，浪徙者送还，是年二月至六月，命大臣1人巡察，兼行赈济，专人发款放粮赈灾，每大口日供米3合（一合0.25公斤，下同），小口2合；五十六年，朝廷免征地丁银两，并免积年拖欠；五十八年，蠲免钱粮；五十九年及次夏,旱灾,朝廷免应征地丁、赋额银粮,并赈济,发子种,待秋后补还,并免次年地丁银,发户部库银赈贷,动用多处常平仓粮酌量散赈。

雍正元年(1723年),免除当年钱粮和历年拖欠;九年,钱粮每两银减免5钱2分,并免上年拖欠。乾隆元年(1736年),免除正赋钱粮一半;十一年,钱粮普遍减免;二十四年,因征集过境军需,钱粮蠲免二分;三十六年,因灾蠲免钱粮;四十二年,蠲免上年钱粮;四十八年,租税全免并赈济;五十四年至五十六年,连年旱荒,朝廷诏免乾隆五十三年十二月前所欠钱、粮、草束及历年借贷子种、口粮。

嘉庆元年(1796年),钱粮蠲免三分;三年,正赋全免;六年,旱,赈济并蠲免额赋;八年,钱粮蠲免十分之五;二十三年,水灾,依急救之例赈济。道光元年(1821年),减免钱粮;七年,因负担过境兵差,免除上年和当年钱粮十分之六,并免除以前拖欠;十五年,蠲免十年前民欠并正赋钱粮;二十五年免除二十年以前拖欠和当年额赋钱粮。

光绪八年(1882年),朝廷诏免同治十三年前民欠所有钱、粮,并豁免光绪七年前民欠地丁正耗银两、粮食、草束、地本额征、地丁课税等杂税;十五年,朝廷诏免历年因旱、雹灾积欠银钱、草束;二十七年,大旱,大饥馑,知县汪宗翰借用公款银2000两、仓粮4000石及江南义赈银3000两,委县内贡生包中廉分发赈济饥民,后上书准予免还。宣统元年(1909年),旱灾,朝廷拨银赈济;次年九月,免除灾地钱、粮、草束。

民国十七年(1928年),大旱,国民政府拨款赈济。十八年,大馑灾,国民政府内政部长薛笃弼察看甘肃灾情,行政院经省赈务会两次给镇原拨赈款8000元,按上、中、下等分发给灾民。十九年,发生旱、鼠、雹灾,省赈务会拨6050元赈济;同年洪水成灾,政府予以赈济,并免征钱粮。二十年元月,省赈务会拨新疆金主席特捐赈款800元、毡衣150套;十一月发特赈650元,省拨急赈款2000元,分等发放。三十年,肖金、显胜、开边、中原、新城、上肖8乡17万亩粮田成灾,省府拨8000元救灾。三十一年,冬无雪,次年春寒,麦苗多被冻死,群众以苜蓿、树皮、油渣充饥,陕甘宁边区陇东分区拨救济粮130石,借贷粮200石,群众之间调剂粮77.35石,救济缺粮群众。三十二年,肖金、平泉、新城、开边等13个乡3次降雹成灾,省政府拨2万元赈灾;冬大雪。三十三年成灾,陇东分区拨粮赈济。三十四年大旱,县政府成立节食救灾捐款委员会,进行劝募,略有赈济。省政府拨给法币813.2万元,调查造表后派员监发,但因法币贬值,实惠无几。边区县政府对受灾人民及时救济,柳州、三岔2区救济178户1150人,发救灾粮67石4斗;柳州、石佛、三岔3区调剂救济102户762人粮食57.6石。三十五年,春旱,省政府拨款395.4万元赈济。三十七年,省拨款5000万元法币救灾。

1950年春荒,县人民政府动员有粮户借小麦53.35石、秋杂粮14.52石,济困34户。1952年冬雪少,次年春无雨,农历三月又遭严重霜冻,县政府发放救灾款6.6亿元(旧币)、社会救济款9.75亿元,救济群众5456户27261人。12月,又发放社会救济款8062万元,救济群众640户2735人;发放副业贷款5.5亿元,耕畜贷款6.1亿元,生产贷款81亿元;减征公粮405.5万公斤,解决回销粮385万公斤。1954年春,在农村开展互助借款,堵塞高利贷盘剥，为方便借贷，全县组织信用互助组366个，借出小麦600公斤、杂粮25.87万公斤。

1959至1960年，持续大旱，群众生活极度困难，出现浮肿、干瘦、饿死和人口外流等现象。1961年初，县委成立生活安排领导小组，按照西北局会议精神和省委规定，紧急救人，着力解决群众吃、穿、住、医等问题，1960、1961两年省、地拨救灾款36.6万元，社会救济款82.58万元，减免农业税765.5万公斤，供应农村回销粮1083万公斤，借供粮208.5万公斤。1973年，春旱、伏旱，当年国家免征公粮440万公斤，从河南调拨红薯干供应回销粮548.25万公斤，对于无钱买回销粮的，由银行发放无息贷款。国家拨救济款46.82万元，发放棉衣38468套、被褥1.1万条、棉布27.6万米、棉花1600公斤、炕席10341页。1974年，国家拨社会救济款12.6万元、救灾款184.5万元，回销粮11305吨。1977年，暴雨成灾，国家拨社会救济款18万元、救灾款175.5万元，回销粮1130.5万公斤，分发灾民。

1980年，遭受干旱、霜冻和低温等灾害，粮食歉收。县政府发放救济款15.3万元，救济困难群众6262户31310人，户均25元；省地拨救灾款33.4万元，对1790个生产队21468户105278人进行救济，户均14.9元。临泾等6个公社14户农民被洪水淹没住宅，每户赈款600元，帮助重建家园。1981年开始，连续5年遭旱、风、雹、冻及病虫灾害，省地拨社会救济款70.7万元、救灾款300.95万元，发放救济。

1986至1993年，多次发生冰雹、洪涝灾害，发放救灾款240.47万元、衣物12万件，救济群众35.7万人次。1995至2000年，遭受干旱、洪涝、冰雹等灾害，发放救灾款443.5万元、衣物10万件，救济群众21.6万人次。2001至2007年，发生大风、冰雹、洪涝、低温冻害等，发放救灾款2482.2万元、衣物65万件，救济群众42.46万人次。

2008年5·12汶川大地震，19个乡镇215个村1991个组3.58万户15.52万人受灾，因灾死亡4人，受伤97人，其中重伤8人，倒塌房屋窑洞28262间(孔)，损坏房屋窑洞45825间(孔)，部分群众粮食、家具、被褥、农具等被毁坏，死亡家畜158头，直接经济损失3.45亿元，是全省18个重点受灾县之一，政府紧急救灾，临时转移安置塌损房屋农户4.94万人，为死亡人员4人家属发放慰问金3.2万元；下拨灾害应急资金213万元、临时生活救助资金926万元，供给面粉772吨、纯净水240吨、帐篷286顶、衣物10.5万件。2008和2009两年，发放建房补助资金10452万元，帮助10372户建房41488间；发放救灾款890万元，救济群众15万人次。2010年，再次发放救灾款978万元，救济群众13.48万人次。

第六节 生活保障

一、五保工作

中华人民共和国成立初，县内对农村无依无靠、无劳动能力孤残老幼，政府发动群众互助，并给予救济。1956年起，按照《全国农业发展纲要》规定，对鳏、寡、孤、独社员，社队采取补助劳动日、现金和实物等办法，在生活上给予照顾，做到保吃、保穿、保住、保医、保葬(简称五保)。

1959年,全县办起敬老院41处,入院老人372人,次年停办。生活困难时期,生产队只发给基本口粮,政府进行适当救济。1962年起,各社队"五保"工作恢复正常。

1976至1979年,五保工作得到加强,一般每人每年供给原粮200~250公斤、食油3公斤,社队解决衣被,结算医疗费,维修住房;生活不能自理的,由生产队指定专人帮助料理,发生灾荒时,政府照顾回销粮、救济款。1980年,全县给五保人员253户361人发放救济金7740元,户均30元。

1981年,实行家庭联产承包责任制后,以亲友、集体保养为主,国家救济为辅。个别社队将五保供养分摊到户,由五保户自己上门索要,出现供给不落实现象。1982年,全县五保户475户602人,落实供养粮折合人民币5万元,户均105元,人均83元。1983年保养447户565人,其中亲友保养183人,集体供养382人,落实供养费4.14万元,人均108元。1984年保养423户529人,其中亲友保养321人,集体供养208人,落实供养费3.16万元,人均155元。

1985年,五保户供养费以自然村为单位分摊农户负担,由乡镇统一提留,分拨到户或敬老院。对困难较大五保户在社会救济中给予适当解决;发动群众给五保户做好事,组织社会力量赡养五保老人,逢年过节及寿辰之日,进行看望慰问。全县保养480户580人,其中亲友保养419人,集体供养161人,落实供养费44100元,人均273元。太平乡、平泉镇各办敬老院1所,入院老人15人。1986至2003年,全县逐步建成乡镇敬老院22所,达到一乡一所,占地34832平方米,建房332间,购置床位294张。

2004年,按照省市要求,整合乡镇敬老院,全县保留城关、屯字、上肖、孟坝、太平、三岔、开边、平泉8处中心敬老院,打破一乡一院传统供养模式,跨乡镇集中供养183户185人。2005年,农村五保户供养经费由县财政统一预算安排,省、市在财政预算中按一定比例给予适当补助。2006年9月,《甘肃省农村五保户供养办法》施行,省政府负担五保户供养资金50%,市、县财政负担50%。全县普查确定五保对象1024户1153人,其中集中供养191人,每人每年1200元,分散供养962人,每人每年960元。至此,五保户由政府全额供养,粮油、副食品、生活用水、燃料、服装、被褥等生活必需品及零花钱得到保障。郭原乡王沟圈、太平镇埝边、孟坝镇王湾、王地庄等村,探索散居五保户集中连片建房供养路子。

2007年,供养1992户2360人,其中散居供养1809户2175人,集中供养183户185人。2008年借助灾后重建配套资金,为分散供养五保老人修建五保家园29处,总数55处,入住五保老人369人。2009年,集中供养年标准提高到1800元/人,散居的提高到1600元/人。2010年,全县散居供养1665户2145人,集中供养199户215人,财政列支381万元。县民政局筹资3.6万元,为每名五保人员缝制棉衣、单衣、鞋袜、帽子各1套。城关、平泉、三岔、孟坝、太平、屯字、上肖、开边等敬老院、福利院功能齐全,实行五保人员医疗实报实销制度,每人每月落实零花钱10元。

二、城市低保

1998年12月,根据《国务院关于在全国建立城市居民最低生活保障制度的通知》精神，县政府制定《镇原县城乡居民最低生活保障制度试行办法》，次年开始实施城市低保工作，保障对象为无生活来源、无劳动能力又无法定赡养、抚养或扶养人，严重残疾并完全丧失劳动能力的成年残疾人，父或母患重大疾病的单亲家庭，生活困难下岗职工和待安置城镇退伍士兵等。根据维持当地城市居民基本生活所需衣、食、住、行、用等费用，参照省上指导标准，确定保障标准，实行差额发放，家庭月保障金为保障标准乘以家庭人口数减去家庭成员各类收入之差。当年保障 11 户 26 人，全年发放保障金 6180 元，人均月补差 19.80 元。2000 年保障对象增加到 50 户 130 人，全年发放保障金 55.55 万元，人均月补差 35.59 元。

2001 年，保障对象 293 户 425 人，全年发放保障金 22.17 万元，人均月补差 43.47 元。2003 年，保障标准由每人每月 104 元增加到 120 元，保障对象 908 户 2047 人，全年发放保障金 167.08 万元，人均月补差 52.44 元。2007 年，保障标准调整为每人每月 138 元，保障 2419 户 4700 人，全年发放保障金 472.45 万元，人均月补差 89.20 元。2009 年，保障标准调整为每人每月 152 元，保障 2661 户 5632 人，全年发放保障金 1091.9 万元，人均月补差 109.44 元。2010 年，保障标准增加为每人每月 167 元，保障 2599 户 5546 人，全年发放保障金 1174.9 万元，分别占全县非农户、人口 33.23%和 16.82%，人均月补差 119.32 元。

三、农村低保

2006 年 10 月，在开边镇开展农村最低生活保障试点，保障对象是家庭年人均纯收入低于当地最低生活保障标准的农村居民，保障金按照申请人家庭困难程度和类别，分档发放，人均月补助标准 20 元左右，最高不超过 25 元，最低不低于 15 元，当年发放保障金 41304 元。2007 年在全县实施，审定农村低保对象 8576 户 24557 人，保障标准为年人均 600 元，第一、二季度人均月补助 20 元，第三季度 11292 户 30900 人，占全县农业人口 6.38%，人均月补助提高到 25 元，全年发放保障金 757.5 万元。2008 年保障标准为年人均 685 元，第一季度保障 12446 户 31167 人，占全县农业人口 6.42%，人均月补助标准 35 元，三季度开始人均月补助提高到 55 元，全年发放保障金 1768.11 万元。2009 年保障标准为年人均 850 元，保障 23114 户 43600 人，占全县农业人口 8.97%，人均月补助标准 50 元，全年发放保障金 2662.41 万元。2010 年保障标准为年人均 950 元，第一季度保障 25904 户 46438 人，占全县农业人口 13%，人均月补助提高到 65 元，第三季度保障 19824 户 67014 人，全年发放保障金4149.03 万元。

第七节 社会福利

1950 年开始，向供给制干部发放生活困难补助、病残人员医疗补助、老年优待金、节假日补助等。1953 年，根据干部职工困难情况，特别对区乡困难职工每月补助 10~40 个工资分。1954 年，将干部职工直系家属生活补助费、家属医疗补助费、多子女补助费合并为工作人员福利费。

1958 年，在县城上马台建立福利院，有工作人员 5 人，先后收容孤儿 92 人，抚养、教育到16周岁后，一部分由政府安排城镇就业，一部分参军，一部分由家族或亲戚领回参加农业生产，成家立业。1960年，福利费由财政部门按干部职工工资总额2.5%提取，划拨各单位，本着"困难大者多补助，困难小者少补助，没有困难不补助"原则，由各单位民主评议、班子审查、上级批准，进行补助。1965年县福利院并入庆阳地区儿童福利院。

1987年7月，开始发行社会福利彩票，为社会筹集福利资金。1996年1月在县城销售福利彩票160万张320万元，计提社会福利基金67.2万元。1999年销售福利彩票71.83万张143.66万元，计提社会福利基金43.09万元，为县民政福利公司拨付资金10万元，为县老年活动中心拨付建设资金20万元，为城关、平泉、屯字镇、临泾、武沟、中原乡敬老院建设和马志荣等残疾人创业拨付资金48万元。

2006年开始，实行大病救助。至2009年，四年网络销售福利彩票2625.73万元，计提公益金118.1万元，为平泉、城关镇筹集敬老院建设资金26万元，为县社会福利中心筹集建设资金73.5万元。2008年，受汶川地震波及，全县人民捐款178.5万元，用于县内救灾。

2010年10月，在开边镇筹建全县社会福利中心，用于解决社会孤儿、弃婴、流浪乞讨和城镇生活无着落人员安置救济等问题。县慈善会发动干部群众献爱心，分别为玉树地震灾区募捐善款48.6万元，为舟曲泥石流灾区捐款46.9万元。至年底，5年共为大病患者7116人救助2153.53万元。

第八节　民政事务管理

一、婚姻登记管理

旧时，婚姻由父母包办，没有登记管理制度。民国二十九年(1940年)起，镇原解放区贯彻《陕甘宁边区婚姻条例》，实行婚姻登记管理，由各区、乡政府办理。

1950年5月1日，《中华人民共和国婚姻法》公布施行，婚姻登记由区公署办理。各级政府宣传执行"婚姻法"，制止包办、强迫、早婚等。申请结婚者，须向登记机关提供年龄介绍证明信，审查有无包办、重婚及近亲结婚等问题，符合"婚姻法"规定，发给结婚证书，男女各执1份，复婚者另发复婚证书。申请登记离婚，须持人民法院离婚判决书、基层民事调解书或离婚协议书，婚姻登记机关方予受理；对中华人民共和国成立前形成婚姻，属童养媳、纳妾、包办婚姻以及虐待妻子者，一经核实，即办理离婚登记，发给证书；对边区政府时期和共和国成立后自由恋爱、自愿结合的离婚申请，注重调解，促其和好，在调解无效情况下发给离婚证书。

1955年6月，《婚姻登记办法》公布，婚姻登记下放到女方所在乡政府办理，申请登记结婚者，除向登记机关递交有关证明外，还须填写统一印制的结婚申请书，登记机关对男女双方情况进行详细审查，对符合"婚姻法"规定的，发给结婚证书；经人民法院判决离婚的，登记机关不再办理离婚登记。1958年，改由人民公社登记。至1966年，由于群众结婚登记意识淡薄，私婚、早婚现象严重，年登记结婚仅有几十对，共登记结婚537对。1967年起，结婚登记逐年增多。

1985年，贯彻新“婚姻法”，加强对违法婚姻检查处理工作，县民政局、司法局、计生局、妇联、共青团等组成工作组，划片包干，深入乡村检查1981至1984年婚姻登记情况，查出早婚、私婚343对，区别情况进行处理；对达到婚龄的私婚者，写出书面检讨，补办登记手续268对；对未达到婚龄32对，宣布婚姻无效，给予罚款处理，令其分居；对生有子女5对，给予罚款，并征收无计划生育费；未划宅基地和承包地处理164对；对出具假证明或审查把关不严，造成早婚的乡村干部、婚姻登记员19人，责令写出书面检查，给予警告处分。1967至1985年，全县登记结婚20322对；申请离婚197对，准予离婚101对，调解不离92对，转法院处理4对；登记复婚49对。

1986年起，公民法律意识增强，私婚、早婚现象逐步减少，结婚登记步入正常，年登记结婚千人以上。1986至2000年，登记结婚20861对，复婚84对；申请离婚473对，其中准予离婚189对，调解不离256对，转法院处理157对。2001年起，年登记结婚2000~4000对。2010年，全县有婚姻登记机关20个(7镇12乡，县政府政务大厅)，婚姻登记人员21人。10年累计登记结婚31431对，复婚189对；申请离婚805对，其中准予离婚313对，调解不离359对，转法院处理133对。

二、地名管理

县域地名多有变化，历代行政区划地名疏于管理，村庄地名自生、自沿、自变、自灭。中华人民共和国成立后，加强地名管理。1951年，根据政务院关于更改地名指示，区、乡及以下行政区划地命名、更名均由县人民政府批准。1952至1957年，区、乡、农业合作社紧跟政治形势，将部分地名更改，如“红花沟”改为“解放沟”，“疙瘩王”改称“曙光”，“黑蟒岭沟”改名为“金龙”等。1958年“大跃进”期间，出现许多政治口号式地名，以跃进、星火、超英、红星、东风、冲锋、前进、红旗等政治词汇为乡、社命名30条，改大队名称110条，改生产队名称450条。1960年起，大部分恢复原来名称。1966年“文化大革命”开始，开展破旧立新活动，由群众组织自行更改地名，大部分大队被改名，出现“反帝”“反修”“卫东”“东方红”“胜利”“向阳”等名称，有些学校、食堂、街道、商店用政治色彩式名称，临泾公社17个大队全部改名。“文化大革命”后期恢复原名，极少数新地名继续使用。

1979年起，贯彻国务院《关于地名命名、更名的暂行规定》，县内地名更名、命名，按审批程序进行。1981至1983年，对全县地名进行普查，形成各种地名文献材料26篇，辑录全县所有标准地名5767条，照片38张，纠正错字、错音地名204条，新增地名189条，更改地名258条，编辑出版《甘肃省镇原县地名资料汇编》。

2006年，按照民政部关于《地名管理条例实施细则》《甘肃省地名管理办法》，对全县地名再次普查登记，完成新地址命名、旧地名更名申报审批工作，对全县220个村(居委会)、1991个村民小组、8条县级以上道路、12条河流、11座桥梁重新登记确认，地名管理趋于正规化、标准化。2010年，对县城街、路、巷、桥、小区重新进行命名设标，设置乡镇地名标牌19块，并进行数字化处理，储存于国家地名数据库，出版50万分之一镇原县地图。

三、村级组织建设

1958年人民公社化后，10个公社成立生产大队56个，生产队340个。1961年，缩小公社规模，划小核算单位，32个公社辖大队618个、生产队1792个。1962年新划6个公社，全县辖542个大队2242个生产队。1965年1月，重新调整公社规模，改设18个公社。1966年5月，增设2个公社，全县20个公社辖249个大队2092个生产队。1980年，全县24个公社辖269个大队2435个生产队。大队干部由公社党委考察任命，生产队干部由群众推荐，大队党支部考察任命，报公社党委备案。

1983年12月，大队改称行政村，建立村民委员会，村委会设主任、副主任和委员5人左右，由村民会议选举产生，每届任期两年，不脱产。生产队改称自然村，设村民小组，村民小组设村长1人，规模较大村民小组增设委员1人，由村民大会选举产生，对不称职村长或委员，由半数以上村民通过，随时罢免和补选，村组干部报酬均在村提留中解决。全县共建立村民委员会269个，下设村民小组2483个。1989年，贯彻《甘肃省实施村委会组织法试行办法》，村委会由主任、副主任和委员3~5人组成，由村民直接选举产生，每届任期3年，可以连选连任。

2000年5月26日，甘肃省第九届人民代表大会常务委员会第十六次会议通过《甘肃省实施中华人民共和国村民委员会组织法办法》，村民委员会由主任、副主任和委员3~7人组成。2004年，落实县政府关于村组撤并工作实施意见，撤并部分规模小、人口少的乡和村组，全县辖19个乡镇215个村民委员会1991个村民小组。

2010年，会同县委组织部全面安排部署第七次村委会换届选举工作，加强指导和督查，完成全县村委会换届选举任务；开展农村社区建设试点和城乡示范社区创建活动，指导东街社区创建城市和谐示范社区，在屯字镇曹路村、孟坝镇王湾村、上肖乡姜曹村和北庄村建成农村社区示范点4个。

四、社团管理

民国以前，县内民间社团自发组织，官府很少管理。中华人民共和国成立后，社团组织由民政局管理。1989年10月，国务院发布《社会团体管理登记条例》，开始对县内社会团体进行登记管理。1998年10月，国务院修订《社会团体管理登记条例》，每年进行社团登记管理。2010年，全县在册社团组织129个，对连续两年未参加年检的71个社团组织予以撤销登记，保留尚登记、连续参加年检组织58个，其中社团32个（学会、总会6个，行业协会16个，反邪教协会7个，文化交流中心3个），民办非企业26个（中学5所，培训学校6所，健身活动、妇女发展中心2个，幼儿园11所，医院、俱乐部各1个）。

五、殡葬管理

历代政府对殡葬未施行管理，县内民间习俗土葬。墓葬规模视富裕程度、权势大小、名望高低而异，一般墓地30平方米左右，个别名门贵族墓地达数亩之多，且丧葬中封建礼俗盛行。道光县志记载，县北二里潜夫墓，冢侧有邑士公置祭田100亩，后变为学田。

中华人民共和国成立后，政府对殡葬实行管理。1958年人民公社化后，实行平毁老坟冢、移坟上山，将荒坟阙地变成耕地，限制在平原耕地埋新坟。“文化大革命”期间，破四旧、立四新，平毁大批坟冢，禁止在平整的农田建墓埋坟。1978年，庆阳地区在西峰马家山建成火葬场，提倡火葬，但只有个别外籍人员死亡后火葬。1981年农村实行家庭联产承包责任制后，群众在承包地内埋坟占用耕地现象较为普遍。1985年起，加强土地管理，普遍规划公墓区，部分村组设立公墓区，使乱埋乱葬得到控制。2000年起，少数职工去世后购买巴家嘴公墓土葬，群众在公墓区或指定地点土葬。

六、收容安置

民国三十二年(1943年)三月，由于河南发生持续旱灾和特大蝗灾及日本军队入侵，大量难民外逃，流入县内2198人，后又3次接收平凉、庆阳、泾川疏散难民1836人，零星逃难362人。国民党县政府成立难民介绍所，将难民分配各乡镇暂住，按规定拨发伙食，逐步安置在什户、中原、新城、平泉、永康、屯字、永乐、永绥、肖金等10乡镇。

1952年，政府对收容流浪人员，愿回原籍者送回家，不愿回的给地置宅安家。1959年起，因生活困难，县内部分群众开始外流。1960年，成立外流人口遣返办公室，具体办理遣返安置工作。当年，收容外流人员364人，遣返289人。1961年，群众生活好转，大批外流人员回乡，外地人口又大量流入县内，县城建立临时收容遣送站，收容遣送外流农民和城市中生活无着落人员，全县共收容1789人，其中外省县876人，采取随收容、随审查、随遣送办法，遣送回原籍1185人，其中县籍689人。1962年，镇原流出48人，返回41人，收容外地人员21人，全部遣送。1963年，收容外流人员121人。1964年，收容遣送231人。1974至1975年，因县内及邻近省县受灾，外流人口剧增，两年内收容1184人，遣送回原籍或返乡489人。

1976至1980年，外流人口减少，先后收容795人，对其实行人道主义，管吃、管住，有病给予治病，对回乡生活有困难的，由社队供给粮食，民政部门予以救济；对审查出不法分子交送公安部门处理。1982年起，农民生活改善，外流人口逐年减少，县收容遣送站撤销，零星流浪人员，由民政局直接派人遣送安置。1981至1985年收容遣送359人。1986至2002年，共收容遣送1241人，支付收容遣送经费86870元。2003年6月，国务院公布《城市生活无着落流浪乞讨人员救助管理办法》，收容工作改为救助管理。至2010年，共救助遣送658人，支付救助遣送经费151340元。

第九节 残疾人事业

中华人民共和国成立前，镇原经济文化落后，残疾人处于社会最底层，过着食不果腹、衣不蔽体的生活，生存、就业、劳动、发展权利得不到保障，成为受歧视和压迫的群体。中华人民共和国成立后，各级政府重视残疾人救助帮扶工作。1950年，民政部门负责，组织烈属、军属、伤残军人等参加的自救小组，吸收盲聋哑人员参加。1955年，县上创办福利企业，安置少量残疾人就业；组织麻风病人赴平凉集中治疗，选送聋哑人学习。1960至1978年，各公社、大队对残疾人在生产生活上给予重点照顾。中共十一届三中全会后，残疾人事业走上健康发展道路，成立残疾人管理和服务机构，进行残疾人普查，开展残疾人康复治疗、教育助学、培训就业、助残扶贫、法律援助等工作，鼓励残疾人自强不息、奋斗创业，参与各项文化体育活动，涌现出一批奋发进取的典范。1985 年 7 月，1 幅国画作品《松鹤图》获全省聋哑人书画展评三等奖。1987 年，组团参加庆阳地区首届残疾人体育运动会，获第一名 4 个、第二名 1 个、第三名 2 个。1989 年，选送残疾人运动员 1 人参加全省第二届青少年伤残人运动会，夺得金牌、银牌各 1 枚。1992 年，选送残疾人运动员 8 人参加全省第三届残疾人运动会，获金牌 3 枚、银牌 1 枚、铜牌 3 枚。1995 年，选送残疾人运动员 5 人参加全省第四届残疾人运动会，获金牌 1 枚、铜牌 7 枚。1997 年，组织残疾人参加全省第二届残疾人艺术汇演。1999 年，选送两幅书画作品参加全省第二届残疾人书画摄影大赛暨建国 50 周年全省残疾人书画展，1 幅获三等奖。2002 年，选送残疾人运动员 3 人参加全省第六届残疾人运动会，智力残疾人运动员 1 人参加全省智力残疾人运动会选拔赛，获二等奖。殷家城乡李园子小学教师张学成，下肢瘫痪，行走不便，晴天拄双拐或由妻子牵毛驴送接于羊肠小道，雨天由妻子搀扶或背着到学校，几十年如一日，耕耘在路途遥远、条件简陋的山区村学，培养出一大批山里娃学生，被誉为“教坛保尔”，获陈香梅教育基金会首届优秀教师奖、甘肃省园丁奖，被评为甘肃省首届十大杰出残疾人、全国模范教师、全国优秀共产党员，中央电视台拍摄电教片《大山的希望》，在中央电视台播出，上海祥盛电影有限公司拍摄电影《大山深处的保尔》，在全国上映。县剧团以其为原型编排话剧《绿叶红花》，搬上舞台。2003 年 9 月 8 日，张学成在北京参加全国农村中小学优秀教师代表会和第一届高等学校教学名师奖励大会，受到国务院总理温家宝接见。2004 年，推荐 3 幅书画作品参加全省第三届残疾人书画摄影大赛，2 幅获二等奖。2005 年选送残疾人 1 人参加全省第四届残疾人艺术汇演。2003 至 2010 年，残疾人参加省内外各种体育赛事 10 多次，获奖牌 20 多枚。

张学成由妻子护送去学校

一、组织建设

镇原县残疾人工作委员会　1990 年 8 月，成立镇原县人民政府残疾人事业领导小组，下设残疾人“三项”康复（白内障复明手术、小儿麻痹后遗症矫治手术和聋哑听力语言训练）工作办公室。1995 年 4 月，撤销县政府残疾人事业领导小组，成立县人民政府残疾人工作协调委员会，办公室设在县残联。2006 年 10 月，残疾人事业领导小组更名镇原县人民政府残疾人工作委员会，县残疾人“三项”康复工作办公室更名县残疾人康复工作办公室。

镇原县残疾人联合会　1985 年 12 月，召开镇原县盲人聋哑人第一届代表大会，成立镇原县盲人聋哑人协会。1989 年 7 月，组建镇原县残疾人联合会，为科级事业单位，隶属民政局，人员由民政局调剂解决。1990 年 4 月，县残联归口县民政局，编制 5 人，实有干部 2 人。

1990年5月至2007年，共召开残联代表大会5次。1998年11月，县残联实行计划单列，有干部5人。1999年11月，县残联依照国家公务员制度管理。2002年4月，县残联归口县政府办公室管理。2007年8月，县残联参照公务员法管理。2010年底，县残联有干部10人，19个乡镇亦成立残联，各村和社区成立残疾人协会。

二、康复服务

1989年前，县内未有专门残疾人康复服务机构，由医疗卫生机构承担残疾人康复医疗业务，康复服务事业发展缓慢。1990年，进行残疾人普查，全县共有各类残疾人18539人，占总人口4.2%。从当年开始，开展以白内障复明、小儿麻痹后遗症矫治和0–7岁聋儿听力语言训练为主的残疾人三项康复工作。1991年9月，甘肃省组派医疗队到镇原，为小儿麻痹后遗症患者96人施行矫治手术，至1998年底，累计施行小儿麻痹矫治手术136例。1990至1997年，实施白内障复明手术404例。1991年10月至1997年，开展聋儿听力语言康复训练25人。1998年起，康复服务业务拓展，康复项目和内容增多，康复服务向社区和家庭辐射延伸，先后实施"视觉第一中国行动""蓝天行动""彭年光明行动"等康复工程。2006年，开展全国第二次残疾人抽样调查，全县残疾人总数3.86万人，占总人口7.71%。1998至2010年，全县施行白内障复明手术2800多例，配发助视器410例，定向行走训练盲人89人，康复训练听力残疾儿童165人、智力残疾儿童215人，肢体功能训练385人，为听力残疾人配发助听器56台，为285名肢体残疾人装配假肢，发放轮椅786辆、辅助器具2734件，为残疾人提供各类康复服务4800多人次。

三、教育助学

1990年前，残疾人入学率不到50%。1990年开始，教育部门与残联加强残疾人教育工作，开展未入学残疾儿童、少年摸底调查，将残疾儿童、少年纳入九年义务教育规划，采取随班就读或入特教学校学习等方式，提高残疾儿童少年入学率。2001年起，实施“长江新里程计划”盲童入学项目，有盲童19人得到资助教育。2005年起，对义务教育阶段残疾学生落实“两免一补”优惠政策。2010年9月，成立镇原县特殊教育学校，招收残疾学生8人。2004至2010年，实施“扶残助学”“春雨行动”“彩票公益金”等助学项目，资助残疾学生320多人，残疾儿童少年入学率80%以上，有残疾学生38人被大专院校录取升造。

四、就业培训

1990年前，残疾人绝大多数居家从事一些力所能及的家务劳动，只有极少数残疾人在福利企业从业。1990年起，采取按比例就业、集中就业、公益性岗位就业等方式安排城镇残疾人从事力所能及的工作，帮助农村残疾人从事种植、养殖、农产品加工、手工业、商贸等劳动，积极鼓励残疾人个体创业，增加收入，充分发挥其自身潜能。至2002年，13年共安排残疾人在机关、企事业单位就业34人，在福利企业集中就业52人，扶持个体从业217人，举办各类职业技能培训班8期，培训残疾人460人，工商、税务等部门积极落实残疾人就业优惠政策，征收残疾人就业保障金2万多元。

2003至2010年，开拓残疾人就业岗位，强化残疾人职业技能培训和就业服务，依法推进残疾人就业，职业技能培训残疾人1680多人，选送残疾人免费参加省市职业技能培训班87人，帮助残疾人就业994人，资助盲人开办按摩店1个；推荐参加国家、省、市残疾人职业技能大赛6人；征收残疾人就业保障金40多万元。

五、保障与助残扶贫

中华人民共和国成立起，残疾人的社会保障与扶贫工作由民政、扶贫部门负责，县残联参与协调残疾人社会保障和扶贫工作事务。

生活保障　中华人民共和国成立初，残疾人主要通过亲朋相帮的办法保障其生活。1956年合作化后，对有一定劳动能力的残疾人由农业社统一安排力所能及的劳动，享受基本劳力的工分待遇；对完全没有劳动能力的残疾人，由农业社解决基本口粮。1981年包产到户后，在保证其土地等基本生产资料的前提下，采取减免义务工、政府救济等措施，由家庭承担保障。城镇残疾人由父母包养，民政部门救济，父母所在单位在福利、事假等方面给予照顾。1997年9月，县政府出台《镇原县特困残疾人生活保障实施办法》，对特困残疾人每人每月补助10元，口粮由亲邻帮助或集体提留解决250公斤。至1999年，有特困残疾人386人享受生活保障补助。2003年2月，县政府制定《镇原县残疾人优惠待遇暂行规定》，内容涉及残疾人就业、生产、生活、就医等23个方面。2007年，农村最低生活保障制度全面实施，贫困残疾人2600多人纳入最低生活保障；实施新型农村合作医疗制度，残疾人参合率达到90%以上。

扶残助残　中华人民共和国成立后，县、乡、村高度重视扶残助残工作，动员社会力量为残疾人办实事办好事，在中小学青少年中进行社会主义、人道主义教育，开展评选"扶残助残先进集体""优秀残疾人之家""残疾人之友"和"优秀残疾人"等活动，鼓励社会各界关爱残疾人。1990年开始，全县开展建"残疾人之家"做"残疾人之友"和"红领巾助残"等志愿助残活动。1991年起，每年利用"全国助残日"等重大节日，开展助残、慰问活动。1998年起，建立包乡扶贫制度，将残疾人贫困户作为重点帮扶对象，领导带头，开展"帮、包、带、扶"残疾人活动。1999年，县人大组织有关部门，在全县开展《残疾人保障法》执行情况检查。2001年8月，庆阳良友律师事务所在为残疾人免费提供法律援助方面成效突出，被省司法厅、省残联授予全省爱心助残律师事务所称号。2002年，在全县开展"爱心助残"募捐活动，募捐29万元。2003年5月，孟坝镇司法所被司法部、中国残联命名为全国第二批"残疾人维权示范岗"。2004年8月，庆阳良友律师事务所被省司法厅、省残联命名为"爱心助残"法律援助单位。2005年，在全县开展"扶残助残"专项募捐活动，募款24.3万元。至2010年，全县各类助残组织发展到150个，参与志愿助残活动3500多人，涌现出残疾人自强模范和助残先进个人5人。

扶贫　1997年，开展贫困残疾人状况调查，全县尚未解决温饱残疾人5570人，其中特困残疾人2020人。1998年9月，县政府成立残疾人扶贫解困领导小组。1999年9月，制定实施《镇原县残疾人1999~2001年扶贫解困规划》，投放康复扶贫贷款245万元，其中为4户企业和4名残疾人投放160万元，建立种植、养殖基地，为700多户残疾人贫困户投放小额信贷85万元,扶持发展生产,脱贫致富。2002年10月,制定实施《2001~2010年镇原县农村残疾人扶贫开发规划》,投放财政扶贫专项资金和康复扶贫贷款125万多元,资助贫困残疾人3800人。2004年3月,省电力公司为三岔镇发放扶贫资金4.8万元,资助贫困残疾人60户。8月,又为残疾人捐赠轮椅20辆。

第十节 老龄事业

历代养老由家庭承担,民间有“养儿防老”说法。中华人民共和国成立后,各级人民政府制定老年人优惠政策。1956年起,对农村鳏、寡、孤、独老人实行“五保”,使其老有所养,安度晚年。20世纪60年代,县医疗卫生部门抽调技术强的医务人员,定期对体弱老干部、老红军进行家访巡诊,开展送医送药上门服务。

1987年5月,成立县老龄问题工作委员会,隶属县委,办事机构设在老干局。1990年7月,改称老龄委员会,下设办公室,开始独立办公。1992年,省老龄委投资4万元,县财政补助8万元,为县老龄办修建一幢单面三层办公楼。1996年《中华人民共和国老年人权益保障法》颁布实施,县老龄委利用各类会议、广播电视、宣传栏、标语进行宣传,开展老龄知识讲座和法律咨询,提高老年人自我保护和维权能力,增强广大群众关爱老人意识。

1997年,老龄办改归民政局管理,建立城市居民最低生活保障制度,对城市家庭收入低于最低生活保障标准老年人,按照分类施保、应保尽保原则,全部纳入低保范围。1998年,退休人员全部实行医疗保险。县上组建老年书画协会,多次举办画展。2001年7月,成立“夕阳红健身站”,县新华书店退休职工张玉琴任站长,每天组织老年人在东大操场、文化广场、潜夫山公园进行晨练,开展秧歌、舞蹈、剑术等文体活动,每年均组织老年人参加全县社火文艺调演。各乡镇经常组织老年自乐班开展秧歌、戏曲、舞蹈及太极拳剑等文体活动,丰富老年人文化生活。2003年5月,老龄委员会更名为老龄工作委员会,由县委宣传部、县直机关工委、老干局、人社局、政府办等22个部门组成,主任由县委副书记或常委兼任,办公室主任由民政局长兼任,有专职工作人员4人。各乡镇陆续成立由党政领导挂帅的老龄工作委员会,各村民委员会建立老年协会等群众组织,老龄工作新领导体制和运行机制基本确立。

2004年,省民政厅“星光计划”拨款30万元,县财政配套15万元,建成一幢三层单面老年活动中心楼18间,建筑面积515平方米,内设老年舞厅,象棋、麻将、乒乓球活动室,阅览室、会议室等,为城区老年人提供读书、看报、聊天、娱乐等健康活动场所。当年开始,给90岁以上老年人发放生活补贴,90~94岁每人每年300元,95~99岁每人每年500元,百岁及以上每人每年1000元。县医院设服务窗口,优先为老年人挂号、看病治疗。同年10月,办起镇原老年大学和老年书画院,由老年书画界知名人士和广大书画爱好者及离退休干部组成群众性业余艺术团体,校址设在老龄办,两个组织,一个领导班子,农历每月初一、十五日为集体学习日。

2005年,县民政局在福利彩票收入中投资19万元,对老年活动中心楼进行装修,常年为老年人免费开放。在全国纪念抗日战争胜利60周年夕阳红书画大展中，老年大学学员提供参展作品，获奖66人，老年大学和老年书画院获全国老年书画大展组织工作一等奖，并获奖杯一枚。

2006年9月，县司法局设立老年法律援助中心，19个乡镇设立老年法律援助工作站，老年人能够就地、及时得到法律咨询和援助。县老龄办被评为全国老年维权示范岗。2007年，调整高龄生活补贴，90~94岁每人每年360元，95~99岁每人每年600元，百岁以上每人每年1000元。老年大学为配合县上中心工作，举办反腐倡廉书画展1次。9月，举办老年人运动会，35人获奖。2008年4月开始，组织老人1000多名分5批赴北京、华东五省市及港澳台等地旅游，开阔视野，愉悦身心。城镇社区建立老年舞蹈队、秧歌队、书画社、门球队、腰鼓队、武术队，定期组织活动和演练，既锻炼身体，又活跃文化生活。当年为183位90岁以上老人发放生活补贴69720元。

2009年，县政府出台《镇原县关于切实做好老年人优待工作的实施意见》，健全和完善老年人优待制度，为老年人实现“六个老有”（老有所医、老有所养、老有所学、老有所教、老有所乐、老有所为）目标奠定基础，按每位老人3元标准拨付老龄事业费，确保老龄事业有效开展；全年为236位90岁以上老人发放生活补贴90720元；组织孝亲敬老活动，评选出敬老爱老模范人物许桂兰等10人，鼓励人们尊老爱老，共建和谐镇原；加大农村老龄人养老、救助力度。建立以家庭养老为主与社会扶持相结合保障制度，全县离退休人员参加基本养老保险1328名，养老金社会发放率100%。县民政局每年对农村贫困老人发放特困救助金，对农村“五保”老人，全部实行集中供养和分散抚养。卫生部门将老年人疾病预防、保健、治疗、康复纳入城乡三级医疗保健网络，实行定期体检和健康指导。

2010年，全县有60岁以上老人6.31万人，占全县总人口12%，其中80~89岁老人3934人，90~94岁老人228人，95~99岁老人36人，百岁老人3人；提高老年人生活补贴标准，90~94岁每人每年500元，95~99岁每人每年700元，百岁老人每人每年1200元，全年为247名90岁以上老年人发放生活补贴12.95万元；对全县五保老人2360人全部实行财政供养，医药费全额报销；将符合条件贫困老人5900人纳入低保，为90岁以上农村老年人247人缴纳参合资金4940元，70岁以上老年人合作医疗报销比例提高10%~30%；建立特困高龄老人救助制度，每年安排10万元，救助慰问80岁以上特困老人和因病因灾贫困老人200人，形成全覆盖养老保障体系。6年间老年大学（书画院）开展活动105次，其中组织书法研讨会8次，邀请国家、省、市级书画专家讲课15次，举办书法点评会9次，讲座会32次，举办书法绘画展览8次，在县城举行春节笔会3次，文化下乡10次，40多人次去外县、市进行书画交流，丰富老年人精神生活。

第十一节 红十字会事业

2008年7月，成立镇原县红十字会，为县政府直属正科级全额事业单位，有工作人员3

名。当年开展汶川地震波及镇原受灾援助工作,争取上级救灾物资,为全县19个乡镇2000多户灾民发放帐篷25顶、大米19250公斤、奶粉600筒、罐头15箱、卫生巾50箱,为镇原县第一人民医院、开边中心卫生院等10个医疗卫生机构捐赠药品5种99箱、医疗器械25箱,价值50多万元。

2009年,根据《中华人民共和国红十字会法》《甘肃省实施〈中华人民共和国红十字会法〉办法》规定,将镇原县智慧残疾人康复医院冠名为镇原县红十字康复医院,设立红十字会应急救援队;接受卡塔尔国政府捐赠救灾帐篷130顶,价值41万元;受赠联合会和上海红十字会捐赠帐篷640顶。其他兄弟省红十字会、上级红十字会援助救灾面粉36吨,大米23.25吨,棉被750床,衣服6788件,罐头155件,奶粉93件,纯净水40件,蚊帐150顶及卫生巾、雨伞、手电筒等生活用品,价值百万元,及时分配给全县19个乡镇,统一发放到受灾群众手中;在孟坝什字小学、开边兰岔小学、武沟初中、城关中学和南川沟芦小学等5所中小学校建立"红十字书库"5个,每个"红十字书库"配备约14690元书籍和电脑教学光盘2套,配置书架2个。10月,香港友人汤锦成援助120多万元,实施白内障复明项目,做复明手术290例。

2010年,红十字会下设办公室、宣传培训、备灾救灾3个股室,有工作人员8名。元月慰问救助特困受灾群众450户,发放慰问品150箱、棉被150床、面粉150袋。"4·14"青海玉树地震后,县红十字会向全县发出紧急募捐呼吁书,在县城中街开展"情系灾区,奉献爱心"大型募捐活动,募集到镇原县智慧残疾人康复医院、镇原中学、南区小学、县幼儿园等单位和个人爱心捐款44655.60元。5月8日,在县城中街开展纪念第63个世界红十字日暨2010红十字博爱周宣传活动,印发宣传资料3000余份,喇叭宣传红十字运动、《中华人民共和国红十字会法》《红十字标志使用办法》、艾滋病预防、无偿献血和造血干细胞捐献等知识;围绕汶川地震2周年纪念日和第二个防灾减灾日,参加县政府举办的地震应急演练活动。8月7日,甘南州舟曲县发生特大泥石流灾害后,为灾区募捐10547.5元。9月,红十字会与红新月会国际联合会东亚地区项目代表、官员和省市领导到县调研,确定在开边、临泾2个乡镇8个村4500户及所属学校实施健康和急救项目,落实资金70万元,开展健康和急救培训,普及健康急救知识,增强人们健康意识和自我保护能力;先后4次派员参加全国和全省举办的红十字救护知识师资和救护员培训班,3人取得师资证,2人取得救护员证。11月,举办第一期红十字会救护知识师资培训班,培训师资24人。3年间争取中国红十字基金会援建灾后重建项目4个,项目总资金1260万元,其中武沟中学教学楼援建资金330万元,新修三层双面框架结构教学楼一幢,建筑面积2400平方米,学生公寓楼援建项目200万元,新修学生公寓楼一幢;平泉中学援建教学楼530万元、马渠中学援建教学楼项目200万元,各新修教学楼一幢。县红十字会获全市红十字会系统先进集体。

第三十七章　劳动人事管理

秦汉时期，地方官实行察举征辟制，制定选任、考绩、监察、回避、培训、等级待遇和致仕（退休）制度。魏晋南北朝时实行九品中正制取仕。隋代起实行科举取仕，县官由吏部管理，里、甲官吏由府县任用。有资格做官者，皆回避本籍及相邻州县任职。元代，镇原主官由蒙古人充任，县尹、簿、尉、典史、巡官皆由吏部调配。明清时，知县、县丞、主簿等，由吏部任命，其他公务人员由知县管理。民国时，县长、局长由省政府管理，科员由县长管理，学校、医院负责人由省政府委任，工作人员按资质要求实行聘任制。陕甘宁边区县政府除从贫雇农、青年学生、知识分子和进步人士中吸收部分干部参加工作外，多数干部由边区政府派任。中华人民共和国成立后，实行党管干部和层级管理原则，组织、劳动人事部门负责县委、政府决定的干部、工人录用招收、提拔调配、监督考核、工资核定等工作，各机关、单位、企业负责职工日常使用和管理。1997年起，行政机关推行公务员制度，事业单位部分参照公务员管理，部分实行聘用制，企业扩大自主权，逐步实行自主用工，自定劳动报酬，合同管理。

第一节　机构沿革

民国十五年（1926年），县政府设一科，管理民政人事。二十九年，边区县政府设一科，负责民政人事工作。

镇原县人力资源和社会保障局　1949至1979年，劳动工作分别由县民政科（局）、县革委会政治部、生产指挥部负责。1979年5月，成立劳动局，管理企业劳动用工和人员调动。1981年3月，民政局分设人事科，管理干部职工。1983年，劳动局与人事科合并成立劳动人事局，内设人秘、干部、劳资、安全生产4个股，有干部12人。2002年4月，劳动人事局改为人事劳动保障局，内设劳动争议仲裁委员会、劳动保障监察队、文档股、人事股、工资福利股、考核培训股、职称股、社会保障股，下属社会保险事业管理中心、就业服务中心。6月，成立人才交流中心，为内设正科级事业单位。2007年，劳动争议仲裁委员会升格为副科级单位，成立就业培训中心。2010年10月，县人事劳动保障局更名为人力资源和社会保障局，内设9个股室，有干部16人。

镇原县社会保险事业管理中心 1990年,成立镇原县社会劳动保险局,为正科级事业单位,与就业服务局一套班子和人员,有干部职工6~8人。1997年,社会劳动保险局归口劳动人事局管理。2002年4月,撤销社会劳动保险局和就业服务局,分设社会保险事业管理中心,编制22人,其中主任1人,副主任2人,工作人员19人,隶属人事劳动保障局管理。2010年,有干部职工21人。

镇原县就业服务中心 1987年6月,成立镇原县就业服务局,为正科级事业单位。1990年,与社会劳动保险局一套班子和人员,内设社会保险股和就业服务股,有干部职工6~8人。下属待业青年门市3间,安置待业青年3人。1997年,就业服务局归口劳动人事局管理。2002年6月,撤销社会劳动保险局和就业服务局,分设就业服务中心,为人事劳动保障局内设正科级事业单位,隶属人事劳动保障局管理。2010年10月,有干部职工8人。

镇原县机构编制委员会办公室 1993年,成立机构编制委员会办公室,隶属劳人局管理。1996年4月,县编委办改为独立工作单位,与县劳人局同署办公。2002年,机构改革,县编办与县人事劳动保障局合署办公。2007年11月,县编办单独设置,列入党委序列,为县编制委员会常设办事机构,主管全县行政体制改革、机构改革和机构编制管理工作,有干部职工6人,其中科级干部3人,一般干部2人,司机1人。下设事业单位登记管理局,有科级干部1人,一般干部1人。

第二节 干部管理

一、干部队伍

历代及民国时期,县内官吏和公务人员主要分布在政权机关,只有少部分在教育行业。民国二十六年(1937年),国民政府各机关团体有职员53人,其中县长1人,科长、主任5人,警佐、审判官、保安队副各1人,党部委员、区长、高小校长各1人,警察22人,股员、办事员、雇员等19人。

民国三十一年,陕甘宁边区镇原县有干部56人,其中县机关22人,区机关34人;共产党员41人,国民党员5人,无党派10人;土地革命时期参加革命13人,抗战后参加革命43人;外籍5人,本籍51人;中学文化3人,高小19人,初小13人,稍识字7人,文盲14人。

1949年10月,全县有干部450人,其中县直16人,区195人,乡239人;党委系统42人,政权系统385人,民众团体23人;共产党员280人,共青团员42人,非党人士128人。1955年,全县有干部1610人,其中党政机关及人民团体188人,农林水气象部门480人,商业金融服务业345人,文教卫生科研体育部门588人;大专文化3人,高中文化65人,初中文化312人,小学文化635人,不识字70人。

1960年,全县有干部2000人,其中女干部75人;分布在党政机关、人民团体182人,工业部门55人,交通运输邮电部门14人,农林水气象部门640人,商业金融服务业308

人，科研文教卫生体育801人；大专文化程度55人，高中文化216人，初中文化926人，小学文化803人。1971年，全县有干部2251人，其中女干部194人；分布在党政机关、人民团体478人，工业部门38人，交通运输邮电部门16人，农林水气象部门83人，商业金融服务业404人，科研文教卫生体育1175人，其他部门57人；大专文化程度259人，高中文化685人，初中文化937人，小学文化370人。

1980年，全县有干部3064人，其中女干部260人；分布在党政机关、人民团体514人，工业部门99人，交通运输邮电部门18人，农林水气象部门307人，商业金融服务业425人，科研文教卫生体育1701人；大专文化程度260人，高中文化1392人，初中文化971人，小学文化441人。1990年，全县有干部4790人，其中女干部460人；分布在行政机关1343人（县级26人，科级450人，一般867人），事业单位干部218人（县级1人，科级82人，一般135人），事业技术人员2820人（副高职称34人，中级684人，助理级2102人），企业干部409人；大专以上文化程度698人，中专文化2011人，高中文化831人，初中及以下1250人。

2000年，全县有干部7692人，其中女干部1442人；分布在行政机关1252人（县级35人，科级564人，一般653人），事业单位干部824人（县级5人，科级362人，一般457人），事业技术人员5417人（副高职称28人，中级1065人，助理级4324人），企业干部200人；大专以上文化程度2415人，中专文化3335人，高中及以下文化1942人。2010年，全县有干部9779人，分布在行政机关1700人（县级32人，科级836人，一般832人），事业单位干部995人（县级2人，科级192人，一般801人），事业技术人员7084人（副高137人，中级2195人，助理级4752人）。

二、公务人员招录

秦汉时期，地方官由朝廷统一选拔，派往各地任职，僚属由地方官自聘。魏晋南北朝时，县境选举各类官吏41人。隋代，科举为官4人。唐代，临泾县皇甫镈、皇甫镛兄弟中进士。宋代，科举为官8人。明代知县、县丞、主簿等，由吏部管理，科举为官174人。清代，科举为官410人。

民国二十一年（1932年）前荐举为官29人。二十五年，国民政府通过考试录用公务人员11人。三十三至三十八年七月，国民党统治区共选拔公务人员21人。

民国二十六年，镇原边区从贫雇农、青年学生、知识分子和进步人士中选拔公务人员11人。三十年，边区县政府在完小毕业生中录用干部12人。三十一年，边区共选配干部56人，其中县机关22人，区机关34人。三十二年，边区县政府录用干部8人。三十四年，边区县政府在劳动英雄模范中选乡长11人。解放战争时期边区县政府吸收干部26人。

中华人民共和国成立后，公务人员统称干部，实行计划内大中专毕业生统招统配，采取多种形式吸收补充干部。20世纪50年代初，从地下党员和革命群众中选拔干部324人，从“镇反”“土改”运动积极分子中吸收录用一部分干部，安排到县、区、乡党政机关工作。1955年，分配大中专毕业生10人，安排到中学任教。1956年，省政府从天津、上海招募一批知识青年,分配镇原58人,安排到小学任教。

1965年起,强调阶级成分,从工农积极分子中招收半脱产干部,参与“四清”运动。“文化大革命”时期,强调路线斗争,本着精简上层、加强基层、精简行政、加强企业原则,经社队推荐、县革委会批准,陆续从工人、贫下中农、知识青年、复退军人和基层干部中吸收、选调和提拔一批干部,部分人员以工代干,补充干部自然减员。至1971年,从农民、工人中两批选拔招录341人。

1972年,从上海招收护士26人,安排到医院工作。1975年,按照老中青三结合原则,从农业学大寨等实际工作中选拔一批干部,充实和加强各级领导班子。1973年,从大队干部、社请教师和上山下乡知识青年中选拔吸收公社不脱产干部30人。至1979年,全县为党、政、群机关,企事业单位招收以工代干人员641人。

中共十一届三中全会后,工作重心转到以经济建设为中心,选拔干部强调革命化、年轻化、知识化、专业化。1981年4月,将全县各类警察统一转为干部。1984年,开始实行干部选聘制,招聘合同制干部50人,其中乡镇干部28人,税务干部5人,乡镇农财员9人,乡镇文化站干8人;对1979年底以前在机关、事业单位和全民所有制企业工作、具备初中以上文化程度、年龄在40周岁以下和其他方面符合干部吸收录用条件的328人,直接转为干部。8年中从师大、师范“社来社去”毕业生和优秀民办教师中选拔录用中小学教师331人,招收计划生育、财贸、广播、金融、税务及老区干部284人;贯彻全省录用和招聘民办教师政策,组织民办教师考试考核,对以前使用民办教师,分年录用为公派教师。

1985年,招收基层农财员15人,录用在岗民办教师62人,安置上山下乡知识青年及城镇青年621人。1981至1985年,从县乡招录的种草员、林业员、线务员、广播员、炊事员、农机员、水利员、计划生育专干中转为正式干部274人,其中省市下达指标招聘156人,县聘118人。1993至1997年,3次招录电大、职大、夜大、函大、成人大学毕业生393人。

1997年起,推行公务员制度。1999年,列入推行公务员制度单位41个(乡镇24个,县直单位17个),参照公务员管理单位15个,通过考试,将全县党、政、群机关符合条件干部过渡为国家公务员。至2000年,全县累计分配大中专毕业生5612人。2001年,取消对大中专毕业生统包分配制度,事业单位所需工作人员,在编制限额内申报增人计划,由市级人事部门统一组织考试,从国家统招大中专毕业生中择优录用。2002年,机构改革中,解聘原县聘干部142人。至2004年,考录干部476人,其中教师373人,事业干部103人。2005年起,干部只招录大专以上毕业生。

2006年,《公务员法》颁布实施。2008年,全面完成公务员登记申报工作,全县首批实行公务员单位60个,参照公务员管理单位3个,有公务员1127人;申报审批参照公务员管理单位49个,登记管理人员293人。2009年起,公务员由省级人事部门负责录用,从符合报考条件的大专以上学历人员中公开招考录取。1986至2009年,在机关事业单位安置转业军人908人。2010年,在机关事业单位安置城镇户口退伍军人42人,重新安置对越作战立功受奖退伍军人21人;累计考录公务员48人。2005至2010年,共考录安置高校毕业生

2883 人。

三、干部调配任免

战国时期，本地县令由秦王任免。秦朝，县令、县丞、县尉均由皇帝任免，僚属由县令就地自聘。两汉袭秦制。隋代，废除地方官自聘僚属制度，六品以下文官由吏部任免，武官由兵部任免。唐代，州刺史（太守）由皇帝任免，九品以上官吏由吏部再试后选任。宋代，县官任免权由皇帝差委朝官执掌。金沿宋制。元代，镇原州达鲁花赤、知守、同知、知州、判官、推官，皆由中书省任免，县达鲁花赤、县尹、簿、尉、典史、巡检，皆由吏部任免。明代，由吏部任命知县40任，教谕、训导、县丞、主簿、典史 54 人。清代，县级官吏由皇帝任免，从顺治至清末镇原有知县 114 人，教谕、训导、典史 106 人。

民国初，县知事由甘肃省都督任免，至十六年（1927 年）任命县知事 15 人，免 14 人。六月，冯玉祥率国民革命军进驻甘肃，成立甘肃省政府，县长、警察和税务局长等由总司令部批准，以省主席名义任免，县长佐属人员由县长自行任命，报省政府备案。十九年，县长、局长由省政府任免，科员由县长任免，至二十一年，任免县长、知事 8 人。二十二年，按照《公务员任用法》规定，县长由国民政府主席任命，县政府秘书、科（局）长，由主管机关提交资格表，经考试院甘、宁、青考铨处审查合格后，统由省政府主席或有委任权机关长官委任。二十四年七月起，各级公务人员公开考试，择优录取，再按法定程序任免，先后任命县长 2 人，撤职 1 人。二十九年，逐步改变县级佐治人员由县长呈荐并随同县长进退现状，每年初省政府颁发佐治合格人员名册，县长从开列人员名单中自由挑选任用，或由省政府任用，县长不得随意撤职或更换。三十三年起，国统区执行国民政府考试院规定和《公务员内外任条例》，定期调任以 3 年为期。至三十八年七月，国统区先后任免县长 8 人。

二十九年三月，陕甘宁边区镇原县政府成立，政府序列主职干部由民选与委任相结合方法任用，县长、副县长初由边区政府任命，区、乡长由县长委任。三十年十月起，边区政府县长由县参议会选举，边区政府备案；区、乡长由人民群众选举产生后，县长委任。政府所属机构工作人员，皆由县委、县政府委任。三十二年，边区政府公布《陕甘宁边区政府干部任免暂行条例》，县长由边区政府任命，县政府秘书、科长、局长、区长皆由边区政府民政厅任命。

三十五年二月，边区镇原县第二届参议会选举议长、副议长、县长、副县长、政府委员及常驻议员。三十六年，陇东战争爆发，边区统一干部任免制度被打乱，陇东地委自行任命县长、副县长，县政府自行任免政府各科长、局长、区长。三十七年，恢复干部统一任免制度，县委组织部了解乡长以上区、县一般干部情况，报告地委组织部、专署、县政府与军分区政治部；县府科长、支公司经理、县税务局长，由县委或专署提交地委会议通过，由专署报告边区政府民政厅批准；县级科员经县委会议通过，由县府报告专署批准；区长、区助理员，由县政府党组提出，经县委会议通过，报专署备案；乡长须经区委会议通过，由区政府报告县政府批准备案。至三十八年七月，解放区任免县长 5 人，秘书 7 人，科、局长 52 人，区长 55 人，乡长 268 人。

中华人民共和国成立后，科级干部由县委管理，一般干部由县政府管理，具体业务由县民政局办理。副科级以上干部提拔、任用均由县委组织部、政府主管人事部门考察，县委研究确定提名人选，按干部层级管理权限任免；人民政府接收国民党时期旧职人员100余人，省委派干部123人。1950年，县长、副县长、区长由省政府任免，县政府科级干部由省民政厅任免，乡长及乡级行政干部由县政府任免，企事业干部按照国家机关同级职务批准权限任免。

1951年1月，按照西北军政委员会《关于西北区政府工作人员的暂行规定》，正、副县长、县政府科(局)长由省政府任免，科(局)副职由省政府人事局批准任命，正、副区长由专署任免，正、副乡长由县政府任免。10月开始，县政府委员和县长、副县长根据省政府提名，由人民代表大会选举产生，然后报请省政府批准任命。1955年2月，县人民委员会委员、县长、副县长、法院院长候选人由地委考察确定，人民代表大会选举产生，报省人委批准任命，每届任期2年。县检察院检察长、副检察长均由上级任命。1956年，提拔科级干部115人，其中正职30人。

1957年12月起，各科长、局长、区长、公社社长由县人委报专署批准后任免，副科长、副局长、副区长、副社长由县人委任免。1960年，副科长、副局长、副区长、副社长改由县人委报专署批准后任免。当年提拔干部122人，其中推荐提拔县级5人，其中正职2人，副职3人；科级117人，其中正职35人，副职82人。

1965年，县民政局发文任命生产大队队长、文书、基层营业所主任等。“文化大革命”初期，选举工作中断。1968年起，县革命委员会主任、副主任、常委、委员由省革命委员会任命；人民公社革命委员会主任、副主任、常委、委员由县武装部党委任命。1971年起，县革委会主任、副主任由省委任免，县直机关科级干部由地委任免，县属企、事业单位科级干部由县委任免。1976年，提拔科级干部50人。1978年12月起，县革委会主任、副主任、委员和法院院长、检察院检察长由人民代表大会选举产生。1979年8月，贯彻地委关于整顿干部管理制度通知，坚持党管干部原则，一切干部任免、提拔、调动、审查和处理，由党委决定。

1980年12月起，县政府县长、副县长由地委决定提名，县人民代表大会选举产生，代县长、副县长也可由县人大常委会决定任命；政府组成部门主任、局长由县政府提请县人大常委会决定任免，并报行署备案；法院院长、检察院检察长继续由人代会选举产生，法院副院长、各庭庭长、人民陪审员、检察院副检察长、各科科长由县人大常委会任免；县政府直属事业单位负责人、政府组成部门副科(局)级干部由县政府任免；公社管委会主任、副主任由公社人民代表大会选举，县人大常委会、县人民政府分别批准任免。

1983年12月起，检察院检察长由县人民代表大会选举后，报请省人大常委会批准任命。按照中央关于干部队伍革命化、年轻化、知识化、专业化要求，调整各级领导班子，至1984年，两年提拔优秀中青年知识分子158人，进入县直部门、乡镇党委及政府领导班子，初步形成新老干部交替格局。选拔干部严格把关，凡是“文化大革命”中有严重问题的坚决不用，品质不好、作风不正和德才平庸者不进班子。1985年，改革干部管理体制，采取分级管理、层层负责办法，下放干部管理权限，将原属县委管理企事业单位科级干部下放给企业和主管局直接管理，在干部任免上初步实行选举、招聘、组阁制。县人大常委会工作机构、县政府工作部门及法院、检察院正、副科级干部由县人大常委会决定任免，县政协工作机构正副科级干部由县政协任免。1986至1988年，提拔科级干部167人。

1996年，充实调整乡镇领导班子，共调整班子成员55人，调整面20%，其中党委书记5人，乡镇长10人，党委副书记7人，副乡镇长12人，经委主任、副主任19人，人大主席2人；对专职党委委员8人改任检查员职务，5人给予免职处理。调整人员中，上下交流13人，乡镇之间横向交流22人，变换序列30人，副科提正科11人。调整后，乡镇党政班子成员平均年龄37.3岁，其中党委书记平均年龄39.8岁，乡镇长平均年龄37.3岁；大专以上文化程度28人，占17.9%，比调整前上升3.1%，中专文化程度67人，比调整前上升7.2%，其中党政一把手大专以上文化程度10人，占乡镇党委书记、乡镇长总数21%，妇女干部11人，占乡镇班子人员总数4%。新提拔优秀干部14人，平均年龄33岁；大专以上文化程度3人，中专6人，高中5人。

1997至1998年，选拔优秀干部158人，其中女干部8人，充实各级领导班子；培养各类后备干部751人，其中县处级后备干部12人，科级后备干部168人。2000年10月，县直机关、事业单位部分副科级干部岗位，实行从一般干部中招考。2002年初，结合班子考察，调整和补充5个层次后备干部队伍206人；对乡镇班子进行换届调整，共调整干部195人，其中平职交流140人，副科转正科26人，新提拔副科级干部29人，为24个乡镇党政班子配备妇女干部。

2003年开始，县委确定副科以上岗位调整方案，报市委组织部批准，并对提拔任用人员实行公示，再按干部管理权限任免。2007年，从符合条件干部中公开选拔副处级纪检干部4人，提拔试用副科级干部97人，进行任前公示，对群众有反映干部3人进行诫勉谈话。

2009年，县长人选由市委推荐，报省委组织部部务会议审查备案后由市委决定提名，县人民代表大会选举产生；副县长人选由市委确定提名，县人民代表大会选举或人大常委会决定任命。2010年，全县提拔科级干部20人，其中正职12人，副职8人，平职交流22人，理顺职务65人，免职4人。

四、考核奖惩

历朝历代对官吏均进行考绩，王符《潜夫论》考绩篇对官吏考绩作了系统论述。清代，知府以下官吏考核分为考满和考察两种，考满分一等、二等、平常、办事不及、不称职5等；考察实行“四格八法”制度，对官吏升降、奖惩，依考察结果而定；奖赏方式有升官、晋级、加俸入旗、改旗赏赐衣物、崇以殊礼封赠上代、荫及子孙赐匾赐字、建专祠等；官吏失职、贪污、枉法受惩罚，贪污10两银以上即处死刑。

民国二十一年(1932年)五月，县内按照考核从严、奖罚分明原则，对公务人员定期进行考绩、考成，奖励分升级、加俸、记大功、记功、嘉奖5种；惩罚分免职、停职、减薪、记大过、记过、申诫6种。

民国三十二年四月，实施《陕甘宁边区各级干部奖惩暂行条例》，奖励有提升、记功、嘉奖、物质奖励、口头奖励5种，惩戒有撤职查办、撤职、撤职留用、记过、警告或申斥5种，当年受奖干部7人。三十三年，召开文教大会，一批教师受奖，其中特等奖1人。三十六年四月，陇东专署为县长王子厚、保安分处薛浩平、余凯、四区区委书记陈宗祥等各记大功1次。5月，奖励干部9人，惩处8人。

中华人民共和国成立初，主要考核干部阶级立场、政治觉悟、民主作风、遵纪守法、学习态度、完成任务好坏等。“文化大革命”期间，以路线斗争考核干部。1980年起，干部考核制度逐步完善，每逢政府换届之前，上级部门派人考核县级干部，组织、人事部门定期考核公社干部和提拔对象。考核内容主要是德、能、勤、绩，考核方法是查访，群众评议。

1981年，对全县干部进行考核，经民主评议、个别征求意见等形式，重点考核中共十一届三中全会后表现，考核结果由组织部写出考核评语，填写登记表，与本人见面签注意见，存入档案。通过考核，选拔一批拥护共产党基本路线、有专业知识、年富力强优秀知识分子，充实到各级领导班子。此后，每年考核干部一次，形成制度。

1982年，贯彻《甘肃省国家行政机关工作人员奖惩试行办法》，严格考核程序，加大考核力度。1984年，在全县行政、事业单位实行年终考核奖励，受奖人员467人，其中乡镇336人，县直部门131人（一等奖14人，二等奖25人，三等奖92人）。党政机关建立岗位责任制，年初签订责任书，年终按照德、能、勤、绩4项考核打分，合格者分等奖励，不合格者不受奖或处罚。全县64个党政机关有职工1035人，受奖953人，其中一等奖299人，二等奖522人，三等奖132人，共发奖金15329元，不受奖75人，受罚7人。1988年，行政事业单位受奖69人，其中给予工资升级1人，给予奖品或奖金11人，荣誉奖57人；受处分23人，其中警告1人，记过8人，记大过3人，开除留用察看11人，批评教育23人。1993年，行政事业单位受奖320人，惩戒15人。

1994年，贯彻《甘肃省党和国家机关工作人员年度考核试行办法》，对行政、事业干部考核德、能、勤、绩、廉5个方面，行政干部考核分优秀、称职、基本称职、不称职4个等次，事业干部职工考核分优秀、良好、合格、不合格4等次，连续三年评为优秀干部奖励一级级别工资。1996年，行政干部考核优秀191人，占应参加考核人员11.3%；称职1494人，占应考核人员88.7%。教师考核优秀417人，良好649人。1998年，行政事业单位专业技术人员考核优秀504人，占技术人员总数9.19%，良好769人，占14.02%，称职4211人，占76.76%，不称职2人，占0.03%。

2000年起，执行平时考核和年终考核相结合制度，教育系统专业技术人员评为优秀558人，良好805人，基本称职2人，不称职4人，不定等次10人，不考核和未考核18人。2007年，将公务员考核分为优秀、称职、基本称职、不称职4个等次；事业干部职工分优秀、合格、基本合格、不合格4个等次，对连续三年考核为优秀干部者，一次性奖给24个月两个级别工资差。公务员考核优秀115人，称职565人，基本称职229人；参照管理单位干部考核优秀30人，称职118人，不定等次1人；教育系统专业技术人员评为优秀610人，合格880人，未考核21人。

2008年起，年度优秀机关干部，县政府发奖金800元，连续三年评为优秀干部，记三等功，发奖金1500元。科级干部评为不称职，降一职务等级，一年后仍不称职，免职取消原待遇。一般干部评为不称职，正常晋级工资推迟2年，连续2年评为不称职，予以辞退(解聘)。2010年，机关行政干部评为优秀234人，称职2626人；事业单位干部评为优秀143人，合格838人，基本合格1人，不合格2人，不考核11人；行政事业单位工勤人员评为优秀64人，合格725人。

第三节　劳动就业

一、工人队伍

古时，县内有零星手工匠人，附属于农业。唐代起，乡村铁匠、木匠、毡匠、皮匠、石匠、小炉匠及油坊、染坊等渐多，皆为个体经营。清光绪二十九年(1903年)，知县宋运贡提倡实业，从宁夏请来织师，在县城开办工厂，招收工人纺毛线、织地毯。民国二十五年(1936年)，国统区有商铺100余家，解放区有商铺200余家，共有雇员400余人。1949年底，全县有私营商铺、小商贩、货郎900余人，其中个体手工业399人。1950年，全县个体工商业从业人员498人。1952年，全县有私营工业685户，从业785人。1953年，全县有私营商业、服务业567家，从业709人。1956年全县有职工2037人，其中个体手工业1288人，从事商业、服务业567户749人。1960年，全县有工人900多人，其中国营商业16户，从业职工371人。1965年，全县有工人1300余人，其中工业职工630人。

1970年，全县有工人2200余人，其中工业职工1478人。1980年，全县有职工2002人，其中女职工400人；分布在工业企业645人，商、供、粮、物企业1357人；固定职工1588人，临时工100人。1990年，全县有工人4842人，分布在机关156人，事业单位399人，商业系统2389人(全民所有制商业1219人，集体所有制商业1170人)，工业企业1898人(全民工业1435人，集体工业463人)。

2000年，全县有工人4131人，分布在机关事业单位924人，其中机关88人，事业单位836人；分布在工业企业1773人，其中全民工业1530人，集体工业243人；分布在商业系统1434人。2010年，全县有工人1784人，其中机关单位110人，事业单位679人，企业995人。

二、用工制度

清代中期，县城、屯字等集镇有木器加工、五金、制鞋、缝纫、皮革加工等作坊。集镇和农村商业贸易店铺，均为雇工经营。清光绪后期，知县宋运贡在县城开设工厂，开创民众就业先例。民国年间，县城、屯字、平泉、孟坝、太平等镇商贸门店、药铺及缝纫、铁木加工、饮食等私营工商户，普遍实行雇工制度，业主自由雇佣或辞退工人。

中华人民共和国成立后，劳动人事制度几经改革，招工制度不断完善。1956年，私有制改造完成后，雇工制度被废除，对公有制企业职工实行全民固定工制度，企业用工由劳动部门统一调配，除统筹安排大、中专院校毕业生和部分城镇户口中学毕业生外，招工对象多为城乡知识青年。1970年代开始，招收临时工和亦农亦工、亦农亦商人员。1979年起，招工重点从农村转向城镇，主要招录城镇户口未婚青年，招工方法由推荐转为考试。

1984年，用工制度改为合同制，企业固定工、劳动合同工两种制度并存。1987年，对企业劳动合同制工人统一编码，核发《劳动手册》，建立档案。1992年开始，企业优化劳动组合，实行竞争上岗，对富余人员采取培训转岗、内部待岗、兴办第三产业安置、停薪留职、自谋职业等途径进行分流。1995年，《劳动法》实施，县属企业推行全员劳动合同制，劳动部门不再下达用工计划，企业可根据生产经营需要，自行制订用工方案，在劳动部门推荐的城镇待业青年中择优录取，自主招工。私营企业和外商投资企业，可自主招收劳动合同制工人。

1996年，县属企业取消固定用工形式，与劳动合同制工人并轨，实行全员合同化。企业自主用工，劳动者自由择业，打破地域、企业所有制和职工身份限制，双向选择，能进能出，形成新型市场用人机制。2001年起，全县58户国营、集体企业全部改制，置换职工身份，与原企业脱离劳动关系，面向社会自主择业。未改制国有企业、个体企业、联营企业全面推行劳动合同制，面向社会择优聘用，自主用工。

三、用工形式

历代官府无偿使用民夫、民工。光绪年间，县城南河改道、补修城墙，无偿调用民工。民国时期，修工事、公路，调用大量民工，政府不付或付少量报酬。民国三十七年（1948年）八月，县政府向各乡摊派民夫0.2万人，前往固原黑城镇运小麦56万斤。次年五月，国民党八十一军一〇〇师二九九团在镇原征调民夫3296人，摊派担架301副，奔赴战场运送伤员，许多民夫因饥寒死于途中。边区县政府组织民工、担架队无偿支援前线战斗。

中华人民共和国成立初，劳动部门开始招收固定工，又称全民工，安排在国营企事业单位工作，与国家机关干部同样享受公费医疗、工资福利和养老待遇。1954年，企业根据需要可以自主招收解聘5人以内临时用工政策，招收临时工152人。1956年部分临时工转为固定工。

1958年"大跃进"中，省、专、县三级在县内抽调民工3万多人，采取集体记工分办法，修建解放渠道、巴家嘴水库，赴土谷堆炼铁，参加引洮工程，建设刘家峡、盐锅峡电站等。1959年，采取同样办法，抽调民工9000人参加王凤沟水库建设。同年，县属企业招用临时工357人。1962年精简中，绝大多数临时工被清退。1963年，劳动部门开始招收集体工，安排在集体企业工作。1965年，根据省计划委员会、劳动局通知，县内开始招收亦工亦农人员，安排在县属工商企业工作，生产队记给工分，兑付口粮，工资由生产队代扣代发。供销系统、县农机厂、公社拖拉机站等招收亦工亦农人员1000余人。

1971年起，征用土地按照土地和劳动力比例，实行谁征用谁安排失地劳动力原则，开始招收安排征地工。1972年，临时工制度改革中，将亦工亦农人员100余人转为固定工，其余人员合同期满后回社队劳动。同年，庆阳地区制定统一民工生活补助标准，从当年起，民工参加一般性工程，技工每人每天补助1.5元，普工每人每天补助1.2元；民工参加防洪、抢险、救灾,每人每天补助 1.7 元。所得收入 50%交所在社队,评记工分参加分配。全县抽调民工 800 人,参加"7201"筑路工程(1972 年 1 月开始的宜兰公路建设工程)大会战,按标准兑现补助。

1972 至 1974 年,庆阳地区在县内农村招收社来社去工 126 人,农民身份不变,粮户关系不转,工作期满回队。在县外工矿单位工作的,几年后将粮户关系迁到所在工地,与社队脱离关系;在县内工作的,期满后一部分动员回队,一部分转为计划内临时工。

1975 年,省地劳动部门下达镇原民工指标 2176 人,统一抽调参加修建庆阳机场。地区在县内招收农民轮换工 105 人,分配净石沟煤矿 100 人,县农机部门 5 人,工期 3 年,到期以新招工轮换。1976 年,地区给镇原下达计划内临时工指标 170 人,县政府研究决定,将 1971 年底以前参加工作临时工确定为计划内临时工,享受固定工养老待遇。

1978 年起,政府不再征调民工从事工程建设,由政府出资或集资,施工单位面向社会聘用民工,付给报酬。1980 年 4 月,将分配净石沟煤矿农民轮换工改为固定工,县农机部门轮换工改为计划内临时工。1982 年,开始推行新型用工制度,统一招收劳动合同制工人,由社会劳动保险部门承担退休养老、失业保险等劳保福利,至 1984 年,3 年共招收劳动合同制工人 116 人。1985 年,县供销社、建筑公司、砖瓦厂、五金厂、农具厂、针织厂和手工业社等集体所有制企业有集体工 1247 人,其劳资福利、养老等待遇基本同于固定工。当年 9 月起,将企业职工转正、定级、调动包括开除公职在内奖惩权一律下放给企业管理。

1985 至 1988 年,企业用工自主权扩大,自招自用临时工 1060 人。1989 年,对企业用工进行限制,清退临时工。至 1990 年,企业共有职工 3388 人,其中全民工 1233 人,劳动合同制工人 301 人,集体工 748 人,计划内临时工 120 人,征地工 179 人,临时工 807 人。1992 年,放宽企业招用城镇临时工限制,简化招工手续。1995 年起,全面实行劳动合同制,停止招收全民工、集体工,固定工并轨为劳动合同制工人 726 人。1996 年,全县共有合同制工人 3354 人。

1999 年,累计安置征地工 310 人。2001 年,全县企业有劳动合同制工人 3658 人。2003 年,全县国营、集体企业改制结束,置换工人身份 4250 人,进入人才市场,自谋职业。2010 年,企业签订劳动用工合同 5312 人,行政机关劳动合同制工人 74 人,事业单位劳动合同制工人 547 人,全部纳入社会统筹养老保险。

四、就业安置

上山下乡知识青年安置　1968 年 12 月 22 日,毛泽东主席发出"知识青年到农村去,接受贫下中农再教育"指示,大批城镇青年开始奔赴农村接受贫下中农再教育,县革委会成立知识青年上山下乡办公室,有主任、干事各 1 人,负责管理此项工作。

1969 年后季,首次到县的上山下乡知识青年为上海市第二、三技校毕业生 211 人,安排上肖、屯字、曙光公社插队劳动。1970 年,兰州卫校毕业生 3 人、县一中毕业生 2 人,到三岔、曙光公社插队劳动。1971 年,兰州五中、十四中、二十二中初、高中毕业生 115 人,在平泉、新城、中原公社插队劳动。当年起,国家拨款为插队知识青年购置生产工具、生活用具,修建知青点，城镇青年除升学和上山下乡外，对按政策留城者，实行统招统配。1973年，县内知识青年10人到新城公社插队劳动。1974年，兰州七中、十六中等校毕业生134人，在平泉、中原公社插队劳动；县内学生到新城公社插队劳动12人。1975至1977年省汽车配件厂、电影机械厂、农泵厂、油嘴油泵厂、工程处、拖拉机配件厂、曙光机械厂、农机供应公司等单位知识青年194人，安排开边、太平、临泾、平泉、中原公社插队劳动；县内知识青年到新城公社插队劳动93人。1978年，兰州知识青年4人到太平、中原公社插队劳动；县内28人到新城公社插队劳动。10年间分批到镇原插队落户的城镇青年806人；国家拨款30.77万元，为插队知识青年购置生产、生活用具，修建知青点95处，分布在三岔公社高岭山、杨千沟、甘沟、周家庄、肖园子、余坪、刘塬塬、官庄、河口、芦河，孟坝公社中心、大寨、沟圈、东庄、周寨子、西坳、塔李、李地庄、新民、赵嘴、王湾、苏李，太平公社东岭、沟圈、滩城、西头、湾湾、小湾、马南庄、老庄、沟庄、王庄，临泾公社里沟、前庄、高庄、唐坬、焦渠、西城、王坬、沟垴、席嘴嘴、嘴嘴、西庄、十里墩、蒋庄坷、里庄、白小庄、包庄，开边公社席庄、万城子、开边坬、张沟、后河、解放沟、席沟、河口、耿沟、张山根，新城公社马沟、武嘴、慕家湾、小湾、高庄、小寨、阎沟圈、西坬、寺沟坬、乔岔，平泉公社北徐、吴庄、孟坬、史家庄、薛家山、场子、上刘、慕庄、赵庄、什字、丰台、姚岭，中原公社路湾、官路、南坳、新民、大王、高胜、上李、原峰、雷涧、上白、上杜、李坳、白城头、苟寨、赵湾。

1979年起，实行多渠道就业政策，城镇知识青年直接由劳动部门招干、招工、招聘，或参军，或自愿组织起来自谋职业。至1985年，全县安置在财贸、文教、卫生、工交等系统工作621人，插队期工龄接续计算。

城镇待业青年安置 1961年，开始安置县内城镇待业青年，至1983年，全县有城镇待业青年696人，全部安置在全民企业为全民工。1984至1988年，全县增加城镇待业青年508人，逐年全部安置，其中全民工336人，集体工172人。1989至1994年，新增城镇待业青年3307人，除入伍、升学等360人外，多渠道安置2026人，就业率61.3%，其中全民工751人，集体工595人，临时就业680人。1997年起，城镇待业青年实行自主择业。

子女顶替安置 1978年，对企业干部工人连续工龄满30年，家在农村属城镇户口，经本人申请，组织批准，提前办理退休手续，粮户关系迁回农村后，招收其初中以上文化程度、25周岁以下农村户口未婚子女为工人1人。至1997年，全县共招收子女顶替工344人。2000年，停止子女顶替。

政策优惠安置 1977至1986年招收复员退伍红军、老战士子女(孙)13人，招收烈士和病故、失踪军人子女(孙)11人，均为全民工人。

第四节 劳动管理

一、职工调配

1951年，为调剂余缺，照顾职工家庭困难，由地、县民政部门对行政事业单位、国营、集体企业单位人员实行统一调配。1958年“大跃进”运动中，因盲目办厂，工业劳动力相对短缺，单位之间互挖人才，职工调动失控，生产受到影响。1960年2月，根据专署调配会议精神和统筹兼顾，全面安排，合理节约使用劳动力，不断提高劳动生产率的原则；县政府制定加强调配工作意见，明确职工调配由民政部门统一管理，企事业单位因增加生产或工作任务需要增加的职工，首先在本单位内部挖潜解决，不能解决的由单位申请县民政部门审查同意，报专署劳动行政管理部门在国家批准的劳动计划内调剂解决。3年间全县调动613人。“文化大革命”初期，出现不按程序调配职工的混乱局面。1980年起，劳动调配主要解决夫妻两地分居、赡养老人和工作需要问题，严格控制企业职工进入行政事业单位，调出调入基本保持平衡。1985年，全县调入46人，调出39人。1997年起，杜绝企业职工进入行政事业单位。2000年起，劳动力进入人才市场，自主择业，企业实行自主用工，面向社会公开聘用。

二、教育培训

民国时期，传统手工业采用以师带徒办法培训学徒，一般期限3年，学徒期间只供给生活费用或少量工资，学徒期满技术仍不精者，发给低工资或解聘。

中华人民共和国成立后，企业继续实行学徒制，学徒期根据工种简繁定为2~3年，经考核合格者方可独立操作，并予以转正定级，否则延期转正。“文化大革命”期间，职工培训考核工作基本停顿。1978年起，逐步恢复技术业务培训和考核，经地区统一命题考试，工交系统理论达到四级工85人。1980年10月，成立庆阳地区工农教育委员会，主管全区职工教育。1982至1985年，对1980年以前进入企事业单位高、初中毕业生实行“双补”（补文化课，补技术课）教育；同时，组织和动员工人参加各种培训班和电大自学考试。

1987年，实行先培训后就业制度，企业招用职工，先由劳动部门组织培训后到招工企业定岗实习，通过考核决定录用。1988年，县上成立职工技术培训中心，举办乡镇企业技术人员培训班3期，每期1个月，培训财会、建筑、企业管理等专业人才260人。1989年，举办培训班8期，培训城镇待业青年203人，发放各类合格证书172份。

1992年开始，职工技术培训纳入劳动制度配套改革内容，企业可根据主管部门指导性意见和企业生产经营实际需要，确定职工技术构成，自行组织等级工培训、考核和发证。新录用人员上岗后，学徒期半年至1年，期满经考核合格后发给技术等级证，方可转为正式工，并对正式工实行两年一次技术考核。1993年，举办汽驾、缝纫、烹饪、无线电修理等通用工种技术培训3期，参培235人，颁发等级证书221份。

1996年起，对企业中从事技术岗位劳动者，实行就业准入制度，对与国家财产、人民生命安全相关职业（工种）劳动者进行培训合格后方准上岗，开始兴办民营培训机构。2008年起，县乡劳务机构和各类培训机构采取校企联合、校校联合、地企联合、地校联合等方式，组织农民参加砌筑、钢筋、抹灰、架子、混凝土、木工等建筑工岗位培训283人，组织未升学的中学毕业生到庆阳机电化工学校学习钳工、数控机床、磨具制造、电子电器、车工、家电维修等实用技术413人。县劳务办和各职业介绍机构对每次输送外出务工人员进行务工常识及相关技术技能培训，提高其就业能力。

2010年，全县有电脑操作维修、汽驾、职业介绍、美容美发、裁剪缝纫、机电维修等培训机构18个，以县职业中专、平泉机电化工学校、成功技校、县创业培训中心为重点，实施技能和创业培训，全年培训建筑、电脑、刺绣、编织、电焊、机电一体化、机床加工等技能人员5400人，就业再就业培训1248人，举办SYB创业培训班3期，培训学员246人；企事业干部职工通过在职自学，累计取得高等学历1500余人。

三、职称评定管理

1982年，开始企事业单位技术职称评定工作，至1986年，全县获得技术职称2462人，其中高级职称34人，中级689人，初级1739人。1990年，实施《工人考核条例》，评聘企业专业技术人员31人，并兑现职称工资及津贴。1991年3月，成立县工人技术考核委员会，下属机械、轻工、交通运输、水利电力、建筑、林业、广电、教育、医疗卫生、商业、粮食、供销、农牧13个行业技术考评小组，对主管部门培训的技术工人，由县工人技术考核委员会进行技术等级统一认定，确定技师24人，技术工人2398人（高级工337人，中级工864人，初级工1197人），实行技术等级与工资级别挂钩。1992年开始，技师津贴每月15~25元，高级技师40~60元。1994年，批准任职资格技师16人，与所在单位签约聘任3~5年，每人每月兑现津贴20元。

1995年，对机关事业单位执行技工工资工人进行技术等级考核，考取高级工14人，中级工272人，初级工112人。2002年，全县企、事业单位有专业技术人员4572人，占干部总数73.6%，具有高级专业技术职称29人，占专业技术人员总数0.6%，中级技术职称1326人，占29%，初级技术职称2942人，占64.4%，未评职称275人，占6%。当年起对专业技术人员实行培训提高制度，规定每人每年脱产学习不少于12天72学时，至2009年，通过继续教育培训提升，全县有专业技术人员6373人，占干部总数63.7%，其中具有高级专业技术职称173人，中级技术职称2348人，初级职称3852人；涌现出高科技高层次人才200多人。

四、劳动仲裁与监察

中华人民共和国成立初，劳资双方对政府政策尚不了解，劳资关系比较混乱。1950年5月，县民政科设劳动争议仲裁委员会，指定专人处理劳资争议，调整劳资关系。1955年起，劳动仲裁机构消失，零星争议案件转由信访部门或企业主管部门处理。1988年6月，成立县劳动争议仲裁委员会，由劳动部门、县总工会和企业主管部门代表组成，办公室设在县人事劳动保障局，设主任1人，仲裁员2人，处理日常劳动争议。

1997年6月，人事劳动保障局内设劳动保障监察队，有队长1人，专职劳动保障监察员2人。2008年，在19个乡镇和3个社区各配备兼职劳动保障监察员1人，经常深入企业，开展劳动保障监察。2009年5月，县人事劳动保障局被国家人力资源和社会保障部评为清理整顿人力资源市场秩序专项行动先进单位。2010年，19个乡镇建立劳动保障事务所，形成县、乡镇两级监管体系。1988至2010年共检查用人单位1650余户次，查处违法案件85起；受理劳动争议案件89起，其中调解71起，依法仲裁18起；受理劳动者投诉112起，结案110件，下达限期整改指令书189份；累计监证劳动合同5726份，督促签订劳动合同4700份，国有企业劳动合同签订率达到100%，私营企业劳动合同签订率76.8%；责令用人单位发放拖欠工资72.8万元，清退用人单位非法收取押金7.5万元，取缔非法职业中介所7家，追缴养老保险金137万元、工伤保险费36万元。

五、劳动纪律

民国及以前，以行规约束劳动者，采取罚款或解雇等手段进行管理。陕甘宁边区政府时期，根据《经济工作人员奖惩规则》，制订劳动纪律，对于遵守纪律、积极劳动者给予口头表扬、传令嘉奖或提升，发给奖状、奖章、奖品或奖金；对于违犯劳动纪律人员，以批评教育为主，辅以警告、记过、降级、革职等处分，或送法院处理。

中华人民共和国成立后，劳动人民成为国家主人，为使职工有效生产、学习和有秩序生活，全民和集体企业、事业单位均制订劳动纪律。1956年，各企、事业单位建立以奖励为主、惩罚为辅的各种规章制度。1966年"文化大革命"初期，正常生产、生活秩序被打乱，规章制度遭到破坏，政治斗争代替劳动纪律，企业有章不循，甚至无章可循，生产混乱，以至停产，劳动生产率严重下降。1968年县革委会成立后，生产秩序逐步恢复。1977年起，经过拨乱反正，劳动纪律逐步得到恢复和完善，绝大部分企业、事业单位普遍制订劳动纪律或岗位责任制，生产工作稳定，职工积极性高涨。

1982年4月，国务院颁发《企业职工奖惩条例》，县属企业重新整顿劳动纪律，建立和健全各种规章制度，奖勤罚懒，奖优罚劣，厂纪厂风好转，劳动生产率提高。1985年，给予各种纪律处分20人，其中开除公职1人，辞退1人，除名1人，留用察看2人，记过处分13人，经济处罚2人。1986年起，扩大企业自主权，企业职工违纪处理由企业自行决定，以经济处罚为主，有少量劝退和辞退。

第五节　劳 动 工 资

一、俸禄 工资

古代官员俸禄折粮为钱。秦、汉时，县令年俸500石(每石120斤)，佐吏不足百石。隋代，上县令年俸140石，中县令(七品)100石，下县令(正八品)80石。唐代，五品官年俸200石，从六品160石，六品100石，其下职务每品以10石递减，从九品为30石。

宋代官俸优厚，俸禄以货币(铜钱)为主，另有票、职田、绫绢等，历代王朝不及。原州知州月俸60千文，临泾、彭阳知县月俸12千文，粟3石，职田2.5顷；县尉、主簿月俸各7千文，粟各2石，职田各2顷。元代，镇原州达鲁花赤、知州各18贯；判官、吏目各13贯。

明洪武二十五年(1329年)，文武官员九品以上分18个品级，依品受禄，复以折钱为粮，知县正七品岁供禄粮90石，县丞正八品78石，主簿正九品66石，巡检、副巡检、税课局大使从九品各60石，未入流职务仓大使副使、库大使、儒学教谕、训导、学生、医学训科、阴阳学训术、僧会、道会、驿丞分别为36、30、24、12石。

清代，知县正七品岁银45两，县丞、教谕正八品40两，主簿正九品33两，巡检31两5钱。未入流典史、训导、仓大使、税课司大使、医学科训、阴阳学训术、僧会、驿丞、胥吏、衙役等同食一俸，数目不详。顺治末，外官俸给不足，另给俸银补贴(蔬菜烛炭、心红纸张、案衣食物费、薪银费四项)。雍正三年(1725年)，对地方官员实行耗羡养廉制，耗羡为正税外加税，为地方公用和地方官吏补贴，其补贴称养廉银，属非正式俸给，超过俸银数倍。光绪七年(1881年)，知县正七品岁银30两，养廉银600~1000两；县丞正八品岁银40两，养廉银200~400两；儒学教授岁银45两，无养廉银；主簿岁银33两，养廉银60~200两；巡检岁银31两，养廉银60~300两。

民国初期，循清代官俸。十六年(1927年)，知事衙门改为县政府，公职人员工薪以银圆支给，县长年薪银900圆，一科科长480圆，二科科长420圆，三科科长360圆，科员144圆，书记(文秘人员)120圆，行政警察240圆，教育局长240圆，科员120圆，书记96圆，局役48圆，警察188圆。二十年，县内公务人员薪俸调为三等七级，月薪300~430圆。委任职员及高等小学校长以下人员由200圆逐级递减，最低月薪30圆。私营商业雇员多实行计时或计件工资，包吃包住，按月或按年计发工资。私营手工业作坊雇员按劳动熟练程度决定工资，实行计时或计件工资，按月或按年计发。农村长工按年计发报酬，短工按月按日计发，多以实物为主同时支付部分工钱。

民国二十五年，薪俸改为法币，计算单位为元。县长月俸300~430元，科员月薪70~160元，办事员月薪55~80元。抗日战争初期，财政困难，公务人员发薪65%，教职人员发薪70%，不久又恢复旧制。

二十九年，陕甘宁边区镇原县政府成立，县、乡公务人员实行供给制，机关干部、学校教师不论职务高低，每人每天供米1.5市斤，菜钱8分。津贴分级供给，县长2.5元，区乡长1.5元，一般干部1~2元不等。伙食费、津贴均靠生产自给。三十年，供给标准调整为每人每天小米1.3市斤，菜钱5分。津贴分级供给，平均4元。每人每年供单衣、衬衣、棉衣各1套，鞋3双，后略有调整。

三十二年起，国统区货币贬值，物价上涨，公教人员薪俸采取调薪、增发社会补助、基本数加成等措施多次倍增，甚至月月调整，月薪由几百元增加到二百万元左右。三十四年，国民县政府以人定薪，县长月薪380元，秘书220元，科长、会计主任、警佐、警务指导员、技士、合作室主任各200元，督学、户籍主任、统计员、税捐指导员、合作指导员各160元，科员、会计助理员各120元，军法承审员180元，军法书记80元，办事员、管卷员各100元，雇员50元。三十七年八月，以金元券(关金币)代法币，县、区公职人员月币15840~20160元。三十八年，曾以粮支薪，公务人员月得小麦2石(1石为145斤)，乡镇职员1石5斗，警佐1石，工友9斗。

三十八年七月二十九日全县解放，老区原有干部职工仍实行供给制，新区留用公教人员暂时维持原薪，供给制和薪金制并存。供给制人员每月发生活费2~3万元(旧币)、理发票两张。集体起伙，伙食标准每人每月控制在 12 ~18 万元，米每人每天 1.5 市斤，菜金、燃料分 3 类：大灶每人每天油 3 钱，肉 4 钱，青菜 1 市斤，木柴 2 市斤；中灶菜金为大灶 2.5 倍，木柴 3 市斤，小灶菜金为大灶 3.7 倍，木柴 4 市斤。服装每人每年单衣、衬衣各 1 套，单、棉、草帽各 1 顶，夹鞋 3 双、棉鞋 1 双，袜子 2 双，棉衣一年半 1 套，大衣 3 年 1 件，棉被 4 年 1 床，蚊帐 5 年 1 顶；津贴每人每月猪肉 1 市斤，肥皂两月 1 块，牙刷 6 个月 1 把，牙粉两个月 1 包，理发米 2 市斤，毛巾 6 个月 1 条，勤杂人员供烟叶，每人每月 0.8 市斤，领导干部按月供纸烟，县长、局长 10 包，区长 3 包；另有医药费、过节费、保健费、技术津贴等。实行薪金制的，依市场小米、清油、食盐、雁塔白市布、煤五种商品价格，由县财政科、银行等有关部门在每月下旬共同计算，折合小麦按月发给。工商业继续实行计时和计件工资制。1951 年全县实行计时工资工人 495 人，年工资额 15.45 万元。

1952 年，实行第一次工资改革，统一执行政务院颁布的工资制和供给制两种工资标准，实行工资分和物价津贴，以德才为标准，参照工作年限和职务，民主评定工资分。行政干部、教师工资标准分 29 级，企业工人实行 8 级工资制，均以工资分为计算单位，每个工资分含粮 0.4 公斤，布 6.6 厘米，油 15 克，盐 0.1 公斤，煤 1 公斤；按照本地市场上述 5 种商品价格，算出每人应得货币工资，发给工资或实物券。供给制工资分 227~145 分，工资制 432 分~310 分。正副县长执行 14~17 级，区长、科长执行 17~21 级，乡级干部和农村小学教员执行补助工资，乡支书 105 分，乡长 100 分，文书和小学教员 95 分。国营企业和企业管理事业单位，实行计时工资分的，以得分多少决定工资，最高月工资分 656 分，最低 85 分。一般 1 个工资分值 2800 元左右，按月发薪。1954 年，取消工资分和物价津贴制度，将供给制工作人员 193 人，全部改为工资制；原实行工资制工作人员 284 人，工资升级 105 人。

1956 年 4 月，进行第二次工资改革，国家机关（乡干部列入行政编制）、事业单位执行全国统一货币工资标准，执行 14~30 级工资标准，勤杂人员一般执行 26~30 级工资标准；企业执行甘肃省制定的 8 级工资制标准，企业领导、工程技术人员和其他经营管理人员实行职务等级工资制，工人执行计时工资和计件工资。各类人员按规定标准，直接发给货币。镇原属 7 类区，县长、副县长执行 13~18 级工资 159.5~89.5 元，局长、科长、副局长、副科长 17~21 级 101.5~63.5 元，科员 20~24 级 72~44.5 元，办事员 24~27 级 44.5~30.5 元，法院院长、副院长、检察院检察长、副检察长 16~20 级 113.5~72 元，审判员、执行员、检察员 18~22 级 89.5~57 元，助理审判员、检察员 19~23 级 80.5~50.5 元，书记员 20~24 级 72~24 元，勤杂人员 27~30 级 30.5~23.5 元，区长、副区长 18~22 级 89.5~57.5 元，助理员、乡长、副乡长 21~27 级 63.5~30.5 元，文书 24~29 级 44.5~26 元。行政、企事业工人执行同一工资标准。此次工资改革后，全县平均工资提高 14.5%。此后 30 年工资无大变化，干部职工工资按照上级规定局部调整 10 次。

1960 年，企业取消计件工资，全部实行计时工资制，职工 1459 人年工资额 63.1 万元，月人均 36 元。1963 年 9 月至 1964 年 2 月，调整职工工资 955 人，占职工总数 2095 人 45.6%，其中升级 882 人（干部 864 人，工人 18 人），月增资 5136 元，每人平均 5.82 元；提高过低工资21人,月增资98元,每人平均4.67元;改革工资标准52人,月增资195元,每人平均3.75元。

1971年7月1日,对全民所有制企业、事业单位和国家机关中1957年底前参加工作三级工、1960年底前参加工作二级工、1961年底前参加工作一级工和低于一级工及与上述工作年限相同、工资等级相似的工作人员,一般均调高一级,少数调高两级。

1977年,对行政17级以下(不含17级)和1972年底前参加工作的工人和国家机关工作人员调资和增资2348人,占职工总数56.1%,平均每人月增资5.6元。1978年,在职工总数2%限额内,给先进工作者、先进生产者108人,每人晋升奖励工资一级,月增资682元,每人平均6.31元。

1979年,确定10户企业职工350人试行计件工资、定额工资和奖励工资,按照劳动态度、技术高低、贡献大小选择升级原则,对1978年底前参加工作职工调整工资2080人,占职工总数4899人的42.5%。1980年1~4月,分批对全县209个单位干部职工调资4935人,升级面40%。部分县属企业开始实行定额计时工资和超产超利润分成奖,部分企业实行承包制和浮动工资制。

1981年,对教育、体育、卫生系统中干部、职工调整工资1735人,含升两级395人,月总增资额15574.17元,人均8.98元;靠级补差190人,月增资200.36元,人均1.05元。有115人因超计划生育、请假超假及受处分未满一年者未调资。

1982年,对行政、事业单位干部、职工中调整工资1922人,含升两级604人,补调482人,月总增资17460.69元,人均9.08元。51人因超计划生育、长期病休、受处分未满一年者未调资。政策规定,职工工资增长速度不得超过本单位劳动生产率增长速度、职工超额奖励工资不得超过本单位基本工资总额30%,在县砖瓦厂、地毯厂试行计件工资;在县五金厂、农具厂、棉花厂、建筑公司试行定额计时工资;在县造纸厂、饮食服务公司、运输公司试行超产超利润分成奖;在县机修厂、水利机械厂、被服厂、理发馆、清真食堂试行个人承包;在县百货、糖业烟酒、五金公司、副食厂试行浮动工资,月初每人扣留基本工资20%,月底完成利润全发,超额有奖,差欠多少扣发多少。

1983年,对工业、交通、农林、商业、供销、粮食系统全民和集体所有制企业中干部、工人调整工资1804人,月增资18252.7元,人均10.1元。98人因超计划生育、长期患病及受处分未满一年者未调资。1984年起,对成绩显著、有特殊贡献企业职工按职工总数3%比例实行晋级奖励48人。

1985年1月起,进行第三次工资改革,国家机关、事业单位行政人员、专业技术人员均执行以职务工资为主的结构工资,分为基础工资、职务工资、工龄津贴和奖励工资4部分。基础工资不分职务,七类区统一为41元;职务工资按职务高低、责任大小、业务水平确定,每一职务设几个等级;工龄每增加1年,工龄津贴增加0.5元,对教师另加教龄津贴。事业单位工人执行以岗位(技术)工资为主的结构工资制,由基础工资、岗位(技术)工资、工龄津贴和奖励工资4部分组成。改革行政、事业、卫生单位干部科技人员工资2263人,月增资

44167元,人均19.52元;改革教职员工工资2097人,月增资33550元,人均16元。企业实行省新拟8级15个序号5类工资标准,26户企业职工套靠工资1120人,占职工总数1201人93.3%,套靠后月工资总额84406元,人均月工资70.28元,比套靠前月人均52.35元增资17.93元。

1986年起,企业工资与行政事业单位脱钩,贯彻按劳分配、奖优罚劣政策,实行效益工资,参照行政事业单位工资水平,结合企业经济效益确定职工工资。多数企业实行"死套活拿",即职工档案工资执行国家工资标准,依企业经济效益提高增加职工工资,部分企业实行工资与经济效益挂钩浮动。是年,县属国有集体企业职工靠套工资1353人,人均月增资10.52元,工资水平提高到90.2元。

1988年9月起,对工资性消费基金实行宏观调控,企业提取工资奖金、补贴等维持1988年8月水平,未经批准银行不得超付;建立工资筹备金制度,按规定提取部分效益工资和奖励基金,节存留用,合理安排,以丰补欠。是年,国有、集体企业职工浮动升级1506人,人均月增资9.8元。

1989年10月,上调国家机关、事业单位工资标准;改革县属企业内部分配制度,工资总额(包括奖金)中指令性部分按职工工资花名表审核,指导性部分由财政、劳动人事部门根据企业留利情况审核;对效益工资和奖励基金制定限额,全年发放加班加点工资不得超过全年工资总额2%;企业领导干部执行职务工资,超过部分缴纳工资调节税和奖金税。企业依据国家政策规定,在核定工资总额范围内,自主决定工资分配形式和奖金分配办法,用自有资金给职工发放浮动工资。24户县属企业实行工效挂钩和工资总额包干制度,部分企业实行岗位工资、超额提成工资等。是年,对符合条件的国有、集体企业职工调资2003人,月人均增资12.40元。

1990年起实行工资基金管理手册制度,各企业每季度提取工资时到劳动部门审批工资基金。县属企业职工2388人工资转为个人标准工资,打破沿用几十年的八级工资制,月人均工资129.2元。

1991年,对第一线农林科技干部增加浮动工资,凡大中专毕业学历和已评定为技术员以上职称,从1983年10月起在原工资基础上,向上浮动一级,作为岗位津贴,8年后继续留一线工作,改为固定工资,并从第九年起,再向上浮动一级。

1992年,对乡镇机关事业单位正式职工、劳动合同制工人、集体工、1971年底前参加工作计划内临时工和挂职乡镇干部增加浮动工资。凡在乡镇机关事业单位连续工作满5年享受一级浮动工资,5年后仍在乡镇工作,改为固定工资,再浮动一级。企业增加工资向苦、脏、累岗位和在生产销售、经营管理、提高产品质量、技术开发中做出贡献职工倾斜,拉开收入差距。

1993年,企业多数以劳动技能、工作责任、工作环境、劳动强度确定岗位类别,以岗定薪,动态考核、易岗易薪,出现技能工资、综合工资、计件工资等多种分配形式。10月起,改革行政事业单位工资制度,党政群机关干部实行职级工资,基本工资由职务、级别、工龄、基础工资4项组成。机关单位工人由等级工资、奖金、津贴3部分组成。事业单位分管理人员、专业技术人员、事业工人3类,基本工资由职务(等级)工资和津贴两部分组成。参加套改6323人,其中行政机关1625人(正处6人,副处26人,正科268人,副科248人,主任科员38人,副主任科员69人,科员722人,办事员72人,高级工42人,中级工111人,初级工23人),事业单位3958人(副处2人,正科26人,副科20人,主任科员2人,副主任科员4人,科员48人,高级职称32人,中级职称760人,助理职称1581人,员级职称844人,技师9人,高级工157人,中级工397人,初级工76人),离休155人,退休517人,退职68人。改定未转正定级职工工资388人。工改后,全县月工资总额254.58万元,人均月增资116.53元,其中行政机关月工资总额65.63万元,月增资21.59万元,人均月增资127.6元;事业单位月工资总额157.13万元,月增资47.94万元,人均月增资113.2元;离休、退休、退职人员月工资总额31.82万元,月增资8.67万元。

1994年,鉴于企业职工与行政事业单位职工工资相差较大,市劳动部门允许企业在档案工资基础上,每个职工提高一个工资等级,对1991至1993年连续3年盈利企业,每个职工可提高两个工资等级,然后以此为基础,靠入新工资等级。县属企业职工2594人调整工资标准,提高等级工资。1995年10月开始,分别对机关事业单位干部职工连续两年考核称职(合格)及以上等次人员晋升职务(等级)工资档次。

1996年开始,实行城镇职工最低工资标准制度,执行三类区标准,以保障职工在法定工作时间内通过正常劳动获得最低工资收入。当年核定月最低工资140元,此后每年进行调整。1997年初,实施国有企业下岗失业人员基本生活保障政策,为进入企业再就业服务中心签订托管协议下岗失业人员发放基本生活费,标准为每月110元,以后每年递增10元,累计发放3年,期满与失业保险接轨。为确保不突破国家下达的弹性工资总额,县劳动人事、财政和审计部门对工资增长过快、水平过高的流通行业和垄断性行业工资及收入进行监督检查,对高出部分责令清退。

2000年10月,国家劳动和社会保障部发布第9号令,实行企业工资集体协商制度。2001年县自来水公司、镇原宾馆和电力系统率先试行,由职工代表与企业法人就企业内部分配制度、工资形式、工资水平等事项进行平等协商,签订工资协议,随后在全县企业推广执行。2003年,对行政事业单位再次进行工资改革,干部职工工资有较大幅度提高。2005年,国有企业下岗失业人员基本生活保障托管协议全部期满,生活费停止发放,对仍未谋业、生活困难的,改发最低生活保障金。

2006年7月,实施公务员工资制度和事业单位工作人员收入分配制度改革。党政群机关干部实施公务员工资,基本工资由职务和级别两部分组成,取消工龄工资和基础工资,职务分为领导和非领导两大类,公务员级别由15个调整为27个;事业单位实行岗位绩效工资,由岗位工资、等级工资、绩效工资和津贴四部分组成,岗位工资和等级工资为基本工资。参加工资改革9121人,其中行政机关1274人(正县级6人,副县级28人,科级724人,科员及以下438人,技师4人,高级工40人,中级工26人,初级工8人),事业单位7847人

(参照公务员管理 344 人,事业管理人员 753 人,专业技术人员 6125 人,工人 625 人)。工改后，行政机关职工年平均工资 21279 元，事业人员年平均工资 21653 元，其中干部年均 22323 元,工人年均 19911 元。

2007 年开始,分 3 年时间规范全县机关事业单位干部职工地方性津贴补贴。年底,行政机关在职人员津补贴每人月平均 460 元,事业单位 397 元,城镇职工最低月工资标准提高到 500 元。2008 年，行政机关每人月津补贴 1080 元，事业人员每人月津补贴 980 元。2009 年,机关职工每人月津补贴 1412 元,事业职工每人月津补贴 1287 元。同年起,对全县义务教育阶段教师 5003 人实行绩效工资制度,人均月增资 94 元。2010 年,全县财政支付工资总额 44807.42 万元,其中国家机关工作人员 1190 人,年支工资 4351.83 万元,人均年工资 36570 元;事业单位人员 8684 人,年工资总额 30799.54 万元,人均年工资 35467 元。

二、津贴

保健卫生津贴　1960 年实行保健津贴。1981 年实行卫生津贴。凡从事放射性、传染病、地方病、妇女病的医疗工作人员,每人每月发保健津贴 7~12 元。1985 年,提高到 15 元。医疗单位业务人员,每人每月发卫生津贴 5~7 元,后勤人员 3~3.5 元。1986 年卫生体制改革后,卫生津贴根据单位效益情况发放。

艰苦边远地区津贴　1996 年 7 月起,每人每月享受艰苦边远地区津贴 20 元,后固定为边补津贴工资。

知识分子老职工补助　1985 年开始发放,大学本科学历工龄满 4 年,大专学历工龄满 7 年,中专学历工龄满 10 年,其他职工工龄满 20 年,每人每月发放知老补助 20 元。

高原补贴　1988 年 12 月起,每人每月享受高原补贴 12 元。1993 年 4 月增加到 20 元。

粮食差价　1965 年 9 月起，对工资级别 17 级以下固定职工及国库供应粮职工家属每人每月补贴粮食差价 0.98 元。1973 年增至 1.09 元。1980 年起,新增加城镇人口不补。1993 年工改中纳入职级工资。

副食品、肉食补贴　1975 年 11 月起,职工每人每月发副食品补贴 5 元,企事业单位待业青年、临时工、亦工亦农人员,每人每月补助 2.5 元。1985 年起,给国家工作人员每人每月发肉食补贴 6 元,城镇居民每人每月发 3 元。1993 年 10 月工改时纳入职级工资。

书报费　1983 年 4 月起,中级以上在职科技人员每人每月发书报费 5 元。1985 年起,给工龄满 5 年以上国家工作人员每人每月发 10 元。1993 年 10 月工改时纳入职级工资。

洗理费　1985 年起,每人每月发 4 元。1993 年 10 月工改时增加到 10 元,纳入职级工资,2003 年取消。

岗位津贴　1983 年,实行民警岗位津贴,每人每月增发工资 1 级。1990 年 12 月起,实行计划生育干部津贴,每人每月 10 元。2003 年起,每人每月 30 元。1993 年 10 月,工改时纳入职级工资。2005 年 7 月起,全县行政事业单位职工每人每月 80 元。

另外还有教龄津贴、班主任津贴、护龄津贴、警衔津贴、法官等级津贴、检察官等级津贴、司法津贴、审计津贴等,亦在政策之内发放。

三、其他人员定补

精简退职老职工补助 民国三十五年(1946年),陕甘宁边区镇原县政府裁减工作人员62人,每人补助小米13斗。1962年,贯彻中央调整国民经济方针,精简职工610人,其中干部400人,工人210人。1965年,对1961年1月1日至1965年6月9日精简职工、1957年底以前参加工作老职工,凡全部或大部丧失劳动能力、年老体弱、长期患病、家庭生活无依靠,按月发给本人原标准工资40%救济费。1982年,提高60%~70%。

1985年,根据省政府补充规定,对精简退职、不够享受救济条件老职工和工龄不满10年退到农村的,每月补助10元,退到城镇的每月补助15元;工龄满10年以上退到农村的,每月补助15元,退到城镇的每月补助20元。2004年将享受原标准工资70%生活补助费调整为每人每月130元(一等),享受原工资60%生活补助费的,调整为110元(二等),享受原标准工资40%救济的,调整为每人每月80元(三等),享受10~20元生活补助的,每人每月增加到50元(四等)。

2008年7月1日起,对上述4类人员生活补助在原基础上,每人每月再增加100元。一等每人每月230元,二等每人每月210元,三等每人每月180元,四等每人每月160~170元。2010年底,全县行政事业单位供养精减退职职工52人,其中享受二等定补标准37人,四等15人,年补助金额44.93万元。

农民老党员定补 1986年,根据省委组织部通知,对1949年10月1日前加入中国共产党的农民党员,每人每月补贴20元。

原国民党县团级以上军政人员定补 1981年开始,对原国民党县团级以上军政人员4人,每人每月定补57元。

情侦人员定补 1981年开始,全县定补48人,每人每月100元,2008年每人每月200元。2010年底,定补4人,每人每月300元。

第六节 劳保福利

一、劳动保护

女工保护 1956年,贯彻《中华人民共和国女工保护条例》,县属企业、事业单位采取相应保护措施,不安排女职工从事有害身体健康和特别繁重工作。对女工经期、孕期、产期、哺乳期实行保护。女工怀孕期间,给一定休息时间,尽可能减少或不让其从事加班加点工作。

防护用品 1956年,开始发放防护用品。汽车司机每18个月发工作服1套,每季度发毛巾2条、洗衣粉0.5公斤、肥皂2条,每月发线手套1双。炊工每18个月发大白褂1件、工作帽1顶,每季度发毛巾1条、洗衣粉0.5公斤、肥皂2条。锅炉工每18个月发工作服1套,烧锅炉季节发毛巾2条、洗衣粉0.5公斤、肥皂2条。面粉、榨油、机修、造纸等企业按工种发放,普工发毛巾、手套、工作服、肥皂等,特殊电焊工加发防护面罩、护裙。1981年,全县分配劳保用品指标布1.8万米,纱手套3.85万双。1986年起,各单位根据工勤人员工作岗位发放劳保用品，一般有洗衣粉、肥皂、手套、毛巾、工作服等。

保健食品　1963 年开始，对从事有害、有毒和高温作业人员发放保健食品，科研、卫生等事业单位和企业接触有毒、有害物质矽尘和放射线工种每人每月供应肉 1 公斤、食油 0.25 公斤、糖 0.5 公斤，高温作业工种，每人每月供应肉 0.5 公斤、食油 0.25 公斤。1972 年 9 月，保健食品工种分 3 等，甲等每人每月供肉 2 公斤、油 0.25 公斤、糖 1 公斤，乙等每人每月供肉 1.5 公斤、油 0.25 公斤、糖 0.5 公斤，丙等每人每月供肉 1 公斤、油 0.25 公斤、糖 0.5 公斤。1985 年，全县享受保健食品 201 人，其中尘毒乙等 2 人，丙等 108 人，高温季节工 91 人。

1988 年起，对从事切草、化漂、蒸煮、锅炉、油漆、电焊、铸造、电镀、烧窑等工种职工，每人每月补助食油 0.5 公斤、白糖 1 公斤。1993 年，县属企事业单位保健食品改发现金，每人每天甲等 1.4 元，乙等 0.9 元，丙等 0.7 元。1997 年，根据省劳动厅、财政厅《关于切实做好夏季防暑降温工作的通知》，每年七、八、九 3 个月增发高温补助，高温作业工人每人每月发放 45 元，非高温作业工人 40 元，一般工作人员（含行政事业单位）35 元。

二、各种假期待遇

法定假日　1949 年 10 月，职工实行星期日公休和每天 8 小时工作制，学校师生寒暑假各公休 40 天，每年享受法定节假日 7 天，即元旦 1 天，春节 3 天，五一劳动节 1 天，国庆节 2 天，女职工在三八妇女节、青年在五四青年节享受半天假。1985 年开始，每年 9 月 10 日教师节，全体教师休假 1 天。1995 年 5 月 1 日开始，实行每周星期六、星期日 2 天公休日。1999 年实行“五一”和“十一”各 3 天假。2007 年开始，全年法定节假日增加为 11 天。将“五一”节 3 天假调整为 1 天，将清明节、端午节、中秋节增设为法定节假日，各放假 1 天。节假日如遇周末、双休日，顺延补假，工资待遇不变。2008 年 1 月起，实行职工带薪年休假制度。职工累计工作满 1 年不满 10 年，年休假 5 天，满 10 年不满 20 年，年休假 10 天，满 20 年，年休假 15 天。

病假　1956 年起实行病假制度，请假凭医院诊断证明。病假在 2 至 6 个月，从第二个月起，工龄不满 2 年者，发工资 50%~70%；工龄 2 至 5 年者，发工资 60%~70%；工龄 5 至 10 年者，发工资 71%~80%；10 年以上发工资 80%。1981 年后，病假在 6 个月以内，工龄 2 至 10 年发工资 90%，病假 6 个月以上，从下旬起，工龄不满 10 年发工资 70%，10 年以上发 80%，民国三十四年（1945 年）前参加工作发工资 90%。1997 年，规定病假 2 个月内工资全发，超过 2 个月后，工龄不满 10 年发给本人基本工资，事业单位干部发职务工资和津贴，工人发岗位工资和等级工资；工龄 10 年以上工资全发。病假超过 6 个月，从第 7 个月起，工龄 20 年不满 30 年，发给本人工资 90%，工龄 30 年以上者，发基本工资 95%。

产假　1953 年实行产假 56 天，多胎难产为 70 天，流产给予适当假期休息，产假期工资照发。1982 年起，晚育产假 100 天，领取独生子女证者产假 150 天。2005 年 8 月起，产假为 90 天，晚育产假 105 天，男方护理假 15 天，产前领取“独生子女父母光荣证”，女方增加产假 50 天，男方增加护理假 5 天。

探亲假 1958年起实行探亲假制度，职工与其配偶或未婚职工与其父母分居两地者，每年可享受2~3周探亲假，报销交通费，假期工资照发。1981年规定，夫妻间探亲假每年1次，假期30天。未婚职工探望父母，每4年1次，假期20天。探望配偶和未婚职工者探亲，报销交通费。

事假 1957年起，实行事假制度。事假期内，机关、事业职工工资照发，企业工人工资停发。1981年起，职工每年事假不得超过2个月。1997年规定干部职工事假一般不得超过1个月，超假者扣发日平均工资，超假7天以上，除扣发工资外，视其情节处理。无故旷工者，按公务员暂行条例执行。2005年规定，干部请假15天内由单位审批，15天以上报主管部门、组织部门或人事部门审批。婚假一般7天，晚婚30天。

三、补助

取暖费 中华人民共和国成立后，行政事业单位统一安排取暖。企业每年按4个月发放冬季取暖费。经1963、1965、1979年3次调整，取暖费每人每年30元。1992年改为每人每月8元，全年32元。1996年每人每月28元，全年112元。1997年停发。

加班费 1956年起，企业职工额外加班加点，按本人工资15%计发加班费，公休假日加班不能补假者，按本人工资150%计发，机关、事业职工夜间加班至23时后，可享受0.3~0.5元夜餐费。1995年起，企业职工法定假日加班，按本人工资300%计发，公休假日加班不能补假者，按本人工资200%计发。

出差伙食补助 1950年开始实施出差伙食补助，后多次提高标准。1970年，县内出差每天补助0.3元。1984年，县外出差按地区差别，每人每天补助1.8~8元，县内出差在机关就餐，每人每天补助0.6元，街道食堂就餐每天补助1.5元，在农民家就餐每天补助0.4元。长途客运司机每天补助1.8元，货车司机每天补助1.6元，小车司机日行150公里以上或全天行车补助2.4元，日行不足60公里不补。1993年起，在本省省会城市出差每天补助8元，到本省内各地区、县出差，每天补助5元，本省乡镇出差每天补助2.6元；到外省出差一般地区每天补助8元，特区14元；农村出差，在农民家吃饭补助1.8元，向农民每天交饮食费2.2元，县上派往基层单位学习、锻炼和工作人员，每天补助2.4元。

第七节 劳动保障

一、养老保险

1987年，启动国营企业全体职工、行政事业单位劳动合同制职工养老保险，单位按工资总额17%缴纳保险金，个人按其标准工资3%缴纳，并计入个人账户。当年参保职工200人，收缴养老保险基金37440元。1992年起，实施集体企业和企业化管理事业单位全体职工养老保险。1996年1月1日开始，按职工缴费工资额的12%费率计入基本养老保险个人账户。1997年，统一基本养老保险缴费标准，企业缴纳控制在全部职工工资总额20%以内，个人缴费比例不低于本人工资4%。当年参保职工2601人，收缴养老保险基金2283297元，发放养老金人数 437 人。1998 年起，每 2 年提高 1 个百分点，按本人缴费工资的 11%计入基本养老保险个人账户。1997 至 2005 年，对县属企业下岗失业人员发放基本生活费，保障其托管期间基本生活。

2006 年，实行新的企业职工养老保险缴费办法，个人缴费标准为本人工资基数 8%，计入个人账户；单位缴费标准为本人工资基数 20%，作为统筹金。2008 年，启动村干部养老保险，在任村党支部书记、副书记、村民委员会主任、副主任和文书均可参加养老保险，按年缴费 1200 元，个人承担 30%，政府补贴 70%，当年参保 681 人。2008 年，对孟坝、太平、三岔、马渠 4 个手工业联社未安置正式职工 14 人，纳入社会保障体系。

2009 年，将农副公司、基层供销社、建筑公司等 14 户集体企业 28 户国有漏保企业职工 2617 人纳入养老保险范畴，县财政筹集资金 437 万元，予以补贴，职工补交以前年度应交保险金，并对符合退休条件 502 人办理退休手续，按月发放养老金。是年，县属企业改制所遗留养老保险问题全部解决。全县参保职工 4620 人，养老职工 1310 人，年发放养老金 1750 万元。2010 年，参加社会养老保险 6571 人，征收当年养老保险费 2315 万元，为企业离退休人员 1376 人发放养老金 2025 万元；对乡镇企业原未参加社会养老保险正式职工 79 人纳入社会保障体系。

二、失业保险

1987 年，启动劳动合同制工人失业保险，单位按全部职工标准工资总额缴纳 1%，职工个人每月缴纳 1 元，参保 200 人。

1992 年，实施企业职工失业保险，参保人数 2944 人，缴费 5 万元。1998 年《失业保险条例》颁布，统一失业保险费征收比例，单位缴纳工资总额 2%，个人缴纳工资 1%。1999 年起，按“三三制”发放下岗职工生活补贴，即由县财政、原单位及社保机构各承担三分之一，月人均 142 元。

2004 年 7 月，失业保险实行市级统筹，所征费用缴市社保基金专户。2000 至 2009 年，对企业裁减人员和下岗职工按规定及时发放失业保险金 542 万元，将符合条件 672 人，纳入城市居民最低生活保障；对协议期满没有解除劳动合同的县啤酒厂、造纸厂下岗人员 700 多人，筹集发放特定政策补助 125 万元。2010 年，参加失业保险 8628 人，累计征收失业保险费 1486 万元，其中当年征收 349 万元。

三、城镇职工基本医疗保险

1998 年 1 月起，对实行基本养老保险制度的职工，医药费由社会保险部门随工资按月发放。2002 年 2 月，县政府制定《镇原县城镇职工基本医疗保险制度实施办法》，财政全额拨款的行政事业单位职工（含退休职工）及国有企业、乡镇企业、城镇个体经济组织业主与其从业人员，纳入社会医疗保险，单位、个人各缴费 2%，退休职工不缴费，按病情核定报销比例。2004 年，参保 9850 人，收缴医保费 428 万元，支付医保费 286 万元。县第一人民医院、二院、中医院等 29 家确定为定点医疗机构，康平医药公司、中街大药房等 4 家药品经销单位为定点售药机构。

2009年,参保人数14650人,收缴医保费1629万元,单位筹资比例提高到职工工资总额6%,报销比例最高为80%,年度最高支付2万元。2010年,城镇职工基本医疗保险实行市级统筹,参加保险18700人,征收保险费1800万元。住院报销分段计算,累加支付,最高报销比例93%,最高支付限额3万元。

四、城镇居民基本医疗保险

2006年10月,启动城镇居民医保,参保4300人。2007年7月1日,城镇居民医保费由财政和个人共同负担,个人每人每年缴60元,学生每人每年缴40元,失业人员每人每年缴20元,不及部分由各级财政分别负担。当年参保9732人,收缴基金67万元。参保居民在市、县住院起付标准分别为400元、300元,起付线以外部分,分段计算,累加支付,最高可报销45%,年度最高支付额1万元。

2008年,市、县财政补助金按人增加5元,相应提高报销比例。2009年7月,实行市级统筹,财政补助标准省、市、县、乡分别为600元、400元、200元、100元。参加医保居民11732人,征缴基金31万元。报销比例分别为50%、55%、60%、65%,年最高支付额1万元;同时建立大病互助医疗基金,居民住院报销后,剩余部分再报50%,最高支付额1.5万元。全年报销药费111万元。2010年参加医保居民11732人,征收基金35.80万元,报销146万元,每人最高支付2万元。

五、工伤保险

2007年1月,启动工伤保险,基金实行市级统筹。参保对象为各类企业、有聘员个体工商户,按员工工资0.5%和1%两个费率由企业缴纳,当年参保1319人,收缴保险费8万元。2010年,将事业单位和社会组织从业人员纳入工伤保险范围,参加工伤保险2770人,征收保险费32.26万元。

六、城镇职工生育保险

2008年,实施城镇职工生育保险,实行县级统筹。参保范围为县内机关、事业、企业、民办非企业单位、社会团体和有聘员城镇个体工商户。用人单位按全市职工上年度平均工资总额0.5%比例一次性缴纳保险费,职工个人不交费。当年参保10481人,征收生育保险费36万元。2009年参保8081人,征收保险费20万元。2010年,参加生育保险8621人,征收保险费23.25万元。

第八节　职工伤残待遇

陕甘宁边区政府时期,机关工作人员伤残,由边区民政厅审核定等,发抚恤金。民国三十一年(1942年),国民政府给一等残废每年发大洋(银圆)100圆,二等80圆,三等60圆。三十八年以小米供给,一等每年200市斤,二等150市斤,三等90市斤。公营企业职工因工致残而有部分工作能力,保留原薪,改换适宜工种;完全丧失劳动能力,以原薪抚恤供养,并加发半年工资。非因公致残,按病假对待。

1950年，贯彻劳动部、内务部《革命工作人员伤亡褒恤暂行条例》，单位职工因公负伤享受公费医疗待遇，疗养期间工资照发，致残分四等六级补助小米。1951年，企业职工因工伤残完全丧失劳动能力、饮食起居需人扶助，发给本人月工资75%抚恤费，不需人扶助发60%，部分丧失劳动能力，发本人工资5%~20%，供给终身。非因公负伤，停工治疗在3个月以内，按病假对待；3个月以上，每月发给本人工资30%~50%生活补助费。医疗终结确定为残废、完全丧失劳动能力而不能工作者，每月发给本人月工资20%~30%，至恢复劳动能力或死亡时止。1952、1953和1955年，3次调整行政事业单位伤残职工待遇，特等每年62元，最低为三等乙级20元。

1958年，对因公致残完全丧失劳动能力、够退休条件职工作退休处理，饮食起居需要扶助的，按月发给本人工资75%，不需扶助发60%；不够退休条件残废人员按退职安置，根据本人工龄发给一次性生活补助费，最少为本人1个月工资，最多不超过30个月标准工资。1966年起，因公伤残入院治疗期间膳食费，国家负担三分之二。

1977年，提高伤残退职人员抚恤标准，特等每年480元，一等430元，二等甲级240元，二等乙级168元，三等甲级100元，三等乙级56元。次年，对因公伤残完全丧失劳动力、饮食起居需扶助退休职工，退休费按本人标准工资90%发给；饮食起居不需扶助退休职工，发给标准工资80%，低于35元，按35元发给。非因公伤残完全丧失工作能力退职职工，退职费每月为本人标准工资40%，低于20元，按20元发给。

1979年，对残废退休退职人员每人每月增发2.5元副食品价格补贴。职工因公伤住院疗养期间，由单位补贴伙食费三分之二，工资照发；退休后饮食起居需扶助者，发本人标准工资50%。1985年5月，对因公伤残退休人员每人每月加发生活补贴费17元。2004年起，职工伤残按《工伤保险条例》执行。

第九节　离休 退休 退职

官吏年老退休，古已有制，称为致仕，又称告老还乡，一般70岁致仕，给以相当名位，发给一定俸禄。清代60岁以上致仕，以品给禄，提前告退者不给俸。

民国三十五年（1946年），公务人员任职15年以上，年龄满60岁；或任职25年以上，成绩卓著；任用5年以上未满15年，年龄满60岁，可申请退休，退休金根据其退休时月俸额和任职年限确定，年退休金为原俸额45%~60%。年满65岁；因公受伤致残、或心神丧失、不能胜任职务；长期警察及其他特殊性质人员55岁以上，均可办理命令退休，年退休金为原俸额50%~65%，任职15年以上，加倍发一次性退休金；任职5年以上15年以下，只给予一次退休金。

1951年，西北军政委员会民政部颁发退职暂行办法，对享受供给制待遇的各机关、团体工作人员，因残、病、老弱确实不能继续工作、经批准退职者，享受生产补助粮、临时补助金和车路费。参加工作满3年者发给小米150公斤，工龄4至5年每增加一年加发25公斤,6年以上、10年以内每年加发50公斤,10年以上、15年以内每年加发75公斤,15年以上者,每年加发100公斤。1955年12月,国家机关工作人员退休,分别发本人月工资50%、60%、70%、80%。退职的一次性计发退职金。1957至1960年,批准退职342人。1961至1965年,批准退职873人。1966年,退职年老体弱、长期患病职工161人。

1978年,根据国务院《关于安置老弱病残干部的暂行办法》和《关于工人退休、退职的暂行办法》规定,男年满60周岁、女干部年满55周岁,女工人年满50周岁,参加革命工作满10年;男年满50周岁、女年满45周岁,参加革命工作满10年,经过医院证明完全丧失工作能力;因工致残,经过医院证明完全丧失工作能力,准予退休,发给退休费,直至去世为止。1937年7月7日以前参加革命工作干部,可以离职休养,工资照发;其他干部按退休安置。抗日战争时期参加革命工作工人,发给本人标准工资90%;解放战争时期参加革命工作的,发给本人标准工资80%;中华人民共和国成立后参加工作满20年,发给本人标准工资75%;满15年不满20年,发给本人标准工资70%;满10年不满15年,发给本人标准工资60%。退休金低于25元按25元发给,并发给一定数量安家费。干部、工人不具备退休条件而丧失工作、劳动能力的退职人员,按月发给相当于本人标准工资40%生活费,低于20元,按20元发给。

1982年,全县有离休干部248人,其中红军时期参加革命工作4人,抗日战争时期参加革命工作33人,解放战争时期参加革命工作211人;地级(含享受地级待遇)3人,县级(含享受县级待遇)41人,享受科级及以下待遇204人。1983年8月起,全民所有制企业、事业单位和国家机关、群众团体退休、退职职工(包括过去已退休人员)退休费、退职生活费最低保证数在现行标准基础上提高5元。

1985年5月1日起,国家机关、事业单位离休、退休人员,每人每月发给17元生活补贴费。企业单位根据负担能力,对离休、退休人员每人每月增发12~17元生活补贴费。

1986年1月起,对1952年底前参加工作的退休机关干部,按养老金标准增加补助金25%,1953年1月1日后参加工作的,按不同年限档次分别增加20%~5%。

1989年,对1957年以来未升过级的国家机关事业单位、国营企业离休、退休干部,按提高一级工资数额增加离休费;将职工退休费最低保证数由30元提高到50元,因工(公)致残职工退休费最低保证数由40元提高到60元,职工退职生活费最低保证数由25元提高到40元。

1992年3月起,机关、事业单位离休、退休人员,在本人月基本离休、退休费基础上增加10%,离休人员增加数额不足12元,按12元发给;退休人员增加数额不足10元,按10元发给;对未参加1985年工资改革的全民所有制企业离休人员,每人每月增发10元离休金,再增加10%基本离休金,增加数额不足12元,按12元发给。

1993年,对离退(职)休人员进行工资改革,事业单位离休人员离休前有专业技术职称或行政职务,按同职务同条件在职人员平均增资额增加离休费,退休干部、工人按同职务同条件在职人员平均增资额90%增加退休费。离休155人月工资总额8.08万元,月增资2.65

万元,人均月增资 171.2 元;退休 517 人月工资总额 22.8 万元,月增资 5.75 万元,人均月增资 111.3 元,退职 68 人月工资总额 0.94 万元,月增资 0.27 万元,人均月增资 39.8 元;对 1993 年 9 月 30 日前办理离退休手续和已到达离退休年龄人员,行政单位离休人员按本人原基本工资全额计发,退休人员基础工资和工龄工资按本人原标准全额计发,职务工资和级别工资以工作年限按 88%~75%计发。

1994 年,省人民政府下发《关于调整企业离退休人员离退休金的通知》,对 1993 年 10 月 1 日至 12 月 31 日期间离休人员每人每月增发 60 元,退休人员每人每月增发 20 元,退职人员每人每月增发 10 元。

2006 年,改革离退(职)休人员工资,全县有离休干部 78 人,年人均离休费 33917 元;退休 1976 人,年人均退休费 21117 元,其中干部年均 22323 元,工人年均 19911 元,退职 51 人,年均退职费 7924 元;规范全县机关事业单位离退休人员地方性津补贴,行政机关离休人员 450 元,退休人员 415 元,事业单位退休人员 371 元。2008 年,机关离退休人员每人月津补贴 1001 元,事业离退休人员每人月津补贴 933 元。2009 年,机关离退休人员每人月津补贴 1299 元,事业人员每人月津补贴 1224 元。

2010 年,全县有离休干部 74 人,其中抗日战争时参加革命工作 4 人,解放战争时期参加革命工作 70 人;享受县级待遇 13 人,享受科级及以下待遇 61 人;行政供给 35 人,事业供给 20 人,企业供给 19 人。全县供养离休干部遗属 74 人。行政机关年支离休费 140.1 万元,年人均 40028 元。全县退休职工 4286 人,其中机关退休干部 541 人,年支退休金 1901.18 万元,年人均 35142 元;退休工人 45 人,年支退休费 156.91 万元,年人均 34869 元。事业单位退休 2323 人,年支退休金 7412.93 万元,年人均 31911 元。机关及事业单位退职人员 52 人,年支退职金 44.93 万元,年人均 8640 元。企业退休 1376 人,年人均退休金 36869 元。

第十节 死亡职工丧葬及抚恤

民国三十五年(1946 年),解放区对牺牲病故职工,发给丧葬小米 450 斤,一次性抚恤小米 4 石,遗属生活补助成人每年供粮 1 石 6 斗,小孩 1 石 3 斗 5 升,并视家庭人口多少优待柴 1000~1800 斤。三十六年,死亡职工丧葬费券洋共 40 万元,抚恤粮和遗属生活困难补助小麦共 86.4 石。三十八年职工死亡安葬、抚恤及遗属生活补助发小米共 96.8 石。

中华人民共和国成立初,死亡职工丧葬费、抚恤金、遗属供养沿袭老解放区标准。1950 年,行政事业职工死亡丧葬费小米 250~300 公斤。1951 年企业职工因工死亡者,丧葬费为本企业职工平均 2 个月标准工资,非因工死亡发平均 1 个月标准工资。1953 年,行政事业职工因公死亡抚恤金 140 元~550 元,病故为 110 元~410 元。遗属配偶生活补助每月 12 元,其他成员属城市户口 12 元,属农村户口 9 元。

1958 年起,机关事企业单位职工死亡及离退休人员去世,发给丧葬费 50~100 元,行政事业职工一次性抚恤本人6~9个月工资,企业职工抚恤本人3个月工资。1978年,抚恤标准统一调至500元。1986年执行一次性抚恤不超过3000元规定。1993年,抚恤金调整为生前10个月工资。1994年1月调至800元。

2001年,提高离休干部遗属生活补助,对民国二十六年(1937年)七月七日以前参加革命干部配偶每月调整为350元,二十六年七月七日至三十四年九月二日期间参加工作干部配偶调整为280元,三十四年九月三日至三十八年九月三十日参加工作调整为200元,其父母、子女、弟妹标准未作调整。

2004年10月,抚恤金为去世者生前20个月工资,因公牺牲为40个月基本工资或基本退休费,烈士为本人生前80个月基本工资或离休费。2006年,企业职工死亡后,给予丧葬费800元,抚恤金1200元;行政事业单位职工死亡后,给予丧葬费1200元,抚恤费为本人10个月基本工资,医药费补助5000元。离退休干部配偶生活补助属红军时期提到450元,属抗战时期380元,属解放战争时期300元,其他成员属城市户口提为200元,属农村户口的150元。

2008年1月起,调整机关事业单位职工死亡和退休职工死亡后配偶、父母生活补助费标准,城市户口每月290元,农村户口270元,子女、弟妹属城市户口250元,属农村户口230元。

第十一节 再就业工作管理

1997年4月,县委县政府成立再就业工作领导小组,出台《关于实施再就业工程的通知》《县属企业下岗失业职工分流安置暂行办法》《关于进一步做好下岗失业人员再就业工作的实施意见》等一系列政策,综合运用各项政策扶持和就业服务手段,促进下岗失业职工尽快实现再就业,帮助企业妥善安置和分流失业人员;建立困难企业职工统计调查、登记管理、分流安置定期上报制度,及时报告解困与再就业工作情况。经贸委等9个企业主管部门成立再就业服务指导中心,造纸厂等24户有下岗职工企业成立再就业服务中心,抽调77名企业管理人员,负责下岗失业人员调查摸底登记和托管、分流、安置工作,为托管下岗职工发放基本生活费,代缴社会保险费,提供职业指导、职业介绍、再就业培训,开展生产自救,帮助托管职工尽快实现再就业。每年在全县干部中开展送温暖,献爱心捐款和就业援助月活动,筹集社会资金,资助下岗失业人员解决困难。

2003年起,劳动部门每年筹资60多万元,在潜夫山公园、社区和烈士陵园等公益性岗位安置下岗失业人员再就业900余人。2008年,为下岗失业人员4852人优惠减免各种税费342万元,其中工商管理费28.6万元,国税12.8万元,地税38.7万元,劳动部门优惠252.4万元,免收9.5万元。

2010年,全县城镇新增就业4606人,其中下岗人员再就业1790人,困难人员再就业881人,考试招录高校毕业生888人,其他人员就业1047人。城镇登记失业率控制在3.12%

以内。当年投入再就业和农民工培训补贴 136 万元,职业介绍补贴 10 万元,社会保险补贴 160 万元,公益性岗位补贴 60 万元,为再就业人员 2532 人减免税费 151.92 万元,为下岗失业人员核发失业登记证 483 份。两年为 326 户自主创业人员实行担保, 发放贴息贷款 1823.6 万元。

第十二节　编　制

汉代,编制官民比例为一比六千。隋、唐时期,地方机构编制为州、县二级制。宋代,临泾县按中等县编制官职,有县令、丞、主簿尉、录事、仓督各 1 人,典狱、博士等 25 人,学生 20 人。县以下为乡,乡设书手 1 人,乡下为里、坊,置里正、坊正 1 人。明代,镇原县隶属平凉府,设知县、县丞、主簿、典史、驿丞、教谕、训导各 1 人,学生 20 人,课税局大使、仓大使、副使,库大使各 1 人,医学训科、阴阳学训术、僧会司僧会、通会司通会各 1 人。

清代,设知县、主簿各 1 人,典史 1 人,未入流巡检 1~3 人,儒学教谕、训导各 1 人,教官 2 人,总务房(管杂务)、承发房(管文件收发)、门子、皂隶、马快、民壮、禁卒、轿扇伞夫、库子、斗级、钟鼓夫、驿站夫若干。县以下初袭明制,后实行保甲制。顺治元年(1644 年),凡城乡 10 户立 1 牌长,10 牌立 1 甲长,10 甲立 1 保长。

民国初,沿清制,由军阀统治,处于无编制状态。民国二十年(1931 年),重振保甲。三十四年,国统区选举成立第一届参议会,参议会议长、副议长、议书、事务员、书记员共 5 人给禄,参议员任期 2 年无俸。县长 1 人,秘书 1 人。政府编制 63 人,其中科长 6 人,股主任、指导员、技士、承审员、督学等 21 人,科员 13 人,办事员 10 人,雇员 13 人。三十八年,国民党县政府设县长、秘书、管卷员、督练员各 1 人;民政、财政、教育、建设、军事、警保科长 6 人,科员 13 人,办事员、工友、技士 3 人;三室(会计、户籍、电话室)主任 2 人,雇员 2 人;税捐局指导员 1 人,稽查员 2 人,田粮处主任 1 人,雇员 4 人;警察局、电讯局、邮政局、盐务局、信用合作指导室、统计室、会报室、军法承审室局(室)长各 1 人,下编人数不等。

民国二十九年三月,成立陕甘宁边区镇原县抗日民主政府。三十年十二月,边区镇原县为乙等县,实行精兵简政,县政府设 8 个科(处),编制干部 24 人,事务人员 7 人;5 个区,编制干部 28 人,杂务人员 6 人;38 个乡,编制干部 38 人,杂务 12 人。三十一年增加三岔区,全县编制干部 110 人,杂务人员 12 人。三十四年九月,陕甘宁边区镇原县人民政府设民政、财务、教育、建设 4 个科和司法处、税务局、生产自给委员会、邮政局等 9 个工作机构,编制工作属民政科办理。三十七年五月,民政、财政、教育 3 个科合并为民教科,编制业务由民教科承办。

1949 年 12 月,甘肃省编制委员会确定镇原为甲等县,编制 72 人,区公署各编 10 人,乡政府各配脱产干部 2 人,县税务局编 30 人。1956 年 11 月,县委设秘书室、组织部、宣传部、统战部、合作部、财贸部、文化部、交通部、监委、报社、工会、妇联、共青团、广播站、体育协会 15 个部门,编制干部 100 人;人委设办公室、民政科、农业科、教育科、文化科、卫生科、商业局、计划科、工业科 9 个部门，编制干部 77 人。

1957 年 3 月，成立县编制委员会，县委书记任主任，副县长任副主任，组织部、生产合作部、文教部、民政局、财政科、卫生科、农业科 7 个单位负责人为成员。4 月，县委研究全县编制方案，县级党政群（含公检法）原编 839 人，新编 794 人，减少 45 人；区级党政群编制 135 人，5 个基点乡共编 55 人；61 个乡共编 401 人；事企业单位 21 个，实有干部 938 人，新编 789 人，减少 149 人，后多次调整编制。

1959 年 5 月，对人民公社进行整顿，10 个公社编为甲、乙两类。屯字、孟坝、平泉、城关 4 个公社为甲类地区，每社党委设正副书记 5 人，下设一室二部一委，办公室 3 人，组织部、宣传部各 2 人，监委 1 人；社管会设正副社长 3 人，成立一室四部，办公室 5 人，农业部、财贸部各 4 人，工交、政法、文卫部各 2 人，团委 2 人，妇联 1 人，每社 38 人，总计 152 人。新城、开边、马渠、临泾、新集、三岔 6 个公社为乙类地区，每社党委设正副书记 4 人，秘书、组织、宣传委员、监察委员各 1 人；社管会设正副社长 3 人，办公室 4 人，农业部、财贸部各 3 人，工交部 2 人，文教、政法干事各 1 人；团委、妇联各 1 人，每社 27 人，总计 162 人。生产大队设党总支委员会委员 7~11 人，管理委员会委员 9~13 人，大队党总支书记、队长、会计均由脱产干部担任，共配备脱产干部 135 人。生产队设党支部委员会委员 3~7 人，队务委员会委员 9~13 人，设正副队长 2 人、会计 2 人。大队、生产队不脱产干部和社员一起劳动。8 月，县委增设农村工作部，财贸部、工交部，县人民公社联社将原农业部改为农建局，工交部改为工交局，全县行政、事业、企业共编制干部 2254 人，其中行政干部 844 人，事业职工 935 人，企业职工 475 人。

1961 年，实行精兵简政，行政人员编制 344 人，其中县一级 236 人，公社一级 108 人。1963 年，机关单位增加，人民公社扩大到 18 个，人员编制相应增加到 515 人，其中县级 198 人，公社 317 人。1964 年开始，实行机构和人员编制总额控制。1966 年，“文化大革命”时期，撤销编制委员会，编制工作停顿。

1981 年 4 月，恢复县编制委员会，配备专职人员。是年，全县行政编制 906 人，其中县级 441 人，公社级 465 人；事业编制 2751 人。1984 年 5 月，编制委员会改称机构编制委员会，县长兼主任，业务由劳人局承办；完善编制审批、管理制度，实行编制“一支笔”审批原则。11 月，县直党政群机关编制总计 483 人（干部 420 人，工人 63 人），其中县委编制 10 个部门 97 人（干部 84 人，工人 13 人），县人大常委会编制 4 个部门 22 人（干部 19 人，工人 3 人），县政府编制 25 个部门 326 人（干部 282 人，工人 44 人），政协编制 15 人（干部 12 人，工人 3 人），人民团体 4 个，编制干部 23 人。

1986 年，对机关实行机构和人员双层控制，规定内部机构和各类人员比例。1987 年 11 月，24 个乡镇党政机关编制 679 人，其中党委序列 202 人，政府序列 370 人，乡经委事业编制 59 人，司法助理员、公安特派员单列编制 48 人，每乡总编制 24~35 人。1988 年 4 月，重新调整编制，县级党政群机关编制总计 529 人（干部 447 人，工人 82 人），县委编制 9 个部门 99 人（干部 81 人，工人 18 人），人大编制 4 个部门 27 人（干部 22 人，工人 5 人），县政府编制 30 个部门 355 人(干部 301 人,工人 54 人),政协编制 5 个部门 22 人(干部 18 人,工人 4 人),4 个人民团体编制 26 人（干部 25 人，工人 1 人）。事业单位编制控制人数 5605 人。1989 年,推行编制通知卡制度,实行事业单位登记管理。1990 年,县直有行政单位 58 个,编制干部职工 566 人,其中县委 10 个部门 98 人,县人大常委会 5 个部门 28 人,县政府 33 个部门 392 人,政协 5 个部门 22 人,人民团体 5 个共编制 26 人。

1993 年，县直党政群机关共有机构 52 个，编制 568 人，实有 547 人;24 个乡镇编制 699 人(含单列、事业编制 107 人),实有 668 人;政法编制 289 人,实有 281 人。全县共有事业机构 947 个,核定编制 6140 人,实有 5980 人。2002 年,县直有行政单位 33 个,编制干部 380 人(领导职数 158 人,工作人员 222 人),其中县委部门 7 个,编制 76 人;政府部门 21 个,编制 266 人;人大编制 14 人,政协编制 12 人;群团部门 3 个,编制 12 人。24 个乡镇党政群机关核定编制 434 人,其中党委书记 24 人,副书记 36 人,人大主席团主席 24 人,乡镇长 24 人,副乡镇长 36 人,武装部长 24 人,计划生育办公室正副主任 48 人,经济发展办公室主任 24 人,工作人员 194 人。县直机关后勤事业编制 74 人,其中司机 44 人,通讯员 4 人,炊事员 10 人,锅炉工 6 人,收发员 2 人,门卫 3 人,清洁工 3 人,水电维修工 2 人。县直登记事业单位 67 个,编制干部职工 1274 人。24 个乡镇事业单位核定编制 961 人,其中农业综合服务中心 166 人,农村合作经济经营管理站 57 人,财政所 114 人,文化服务中心 24 人,广播电视站 24 人,计划生育服务站 175 人,卫生院 292 人,畜牧兽医服务站 82 人,7 个水管所 27 人。

2008 年,对全县机关事业单位和人员编制开始实名制登记管理。2010 年,全县有行政单位 107 个,行政编制 1251 人,实有 1136 人,机关工勤编制 141 人,实有 114 人,机关事业编制 51 人,实有 53 人;参照公务员单位 40 个,事业编制 507 人,实有干部 566 人;事业单位 548 个,事业编制 7789 人,实有干部职工 7759 人。

第十三节　劳务输转

改革开放前,以农业生产为主,限制农民搞副业,部分生产队组织本村农民外出参加国家建设、增加集体收入。1970 年,开边公社解放大队组织本村农民 43 人参加安口煤矿、国家保密厂修建,为集体增加收入 2300 元。

中共十一届三中全会后,县内开始劳务输出,劳动人事局设劳务股负责此项工作。1988 年 3 月,成立劳务输出办公室,正科级事业单位,隶属劳人局,设主任、副主任各 1 人,工作人员 3 人。24 个乡镇均成立劳务工作领导小组,经委主任兼组长。县政府出台《关于进一步搞好劳务工作的意见》,对组织输出 50 人以上单位和联系 20 人以上个人,按每人 2 元进行奖励,对乡镇劳务工作实行目标责任考核,号召县直机关组织城乡富余劳动力外出务工。

1990 年,县政府主管领导带领劳务办、老区办工作人员前往兰州棉纺厂、维尼龙厂、一毛厂、白银棉纺厂等企业考察,签订长期用工合同 1500 人;拨专款培训刺绣女工 183 人、缝纫工 57 人、建筑工 50 人，为彭阳乡地毯厂培训技术人员 100 人；鼓励境内个体私营企业大量招用当地农民工。临泾乡一次组织采煤工 47 人，到净石沟煤矿务工，人均年收入 2500 元。个体私营企业吸收当地农民工 3350 人，向外输出 3.9 万人，收入 2289 万元，劳务脱贫 2244 户 11120 人。

1991 年，国家农业部、劳动部、中国农村劳动力开发就业试点项目中心确定在郭原乡实施试点，县政府制定《关于参加中国农村劳动力开发就业项目联系点试点的实施方案》，以郭原乡为重点调查对象，屯字、平泉、南川、开边、三岔、孟坝 6 个乡镇为抽查对象，对全县劳动力分布、从事行业进行调查和推算分析，全县农村劳动力 14.7 万人，从事农业和其他产业 10 万人左右，富余劳动力 4.7 万人。

1994 年 3 月，县政府就加强劳务输出作出安排部署，提出农业内部劳动力向二、三产业、乡镇企业转移，实行组织培训和宣传引导、县内开发和县外输出相结合，开发劳务产业，增加农民收入，先后建立北京市经济民警总队、深圳艾柏士自行车厂、上海永士自行车厂、江苏正新轮胎厂等劳务基地 113 处，输出劳务 4.1 万人，占劳动力总数 25%，年劳务收入 3557 万元，人均 77 元，占农民人均纯收入 10.1%。

1995 年 9 月，县政府出台《关于对城镇待业青年参加劳务输出和自谋职业实行劳动就业保险优惠政策的若干规定》，鼓励城镇待业青年外出务工。凡参加劳务输出城镇待业青年返回后，可优先招工；外出劳务输出满一年以上者，返回后不再参加招工前就业培训；劳务输出满三年者，招工年龄可放宽到 28 周岁，满 5 年者可放宽到 30 周岁，录用时不受婚否限制，被正式录用后，可一次性转正、定级，不再执行学徒期待遇；参加劳务输出时间可与录用后工作时间合并计算工龄；在外地正式就业，劳动人事部门随时办理招工、档案转出有关手续；通过劳务输出和自谋职业重新就业，和全民单位职工一样可参加养老保险和失业保险。

1996 年，劳务输出 4.8 万人，劳务收入 3688 万元。城镇待业青年累计外出务工 600 多人，返回后安置 436 人。1997 年 8 月，劳务输出办公室改成县劳动力市场服务中心，隶属劳人局，设正副主任各 1 人，工作人员 4 人。10 月，镇原县被北京市劳动局、甘肃省劳动厅确定为北京市劳务基地。

1999 年 8 月，劳动力市场服务中心更名为劳务工作办公室，注重劳务品牌建设，重点培育和组织输出护理工、家庭保姆及家政钟点工。年底全县劳务输出 5.6 万人，劳务收入 5780 万元。临泾乡农民韩鹏举在天津隆华鞋业公司务工中遇公司失火，不顾个人安危，抢救公司财产 15 万元，被天津市团委授予优秀共青团员。2002 年 4 月，就业服务局与劳务工作办公室合并组建就业服务中心，保留劳务办牌子，为副科级事业单位。当年劳务输出稳定，收入 11920 万元。

2004 年，县就业服务中心升格为正科级单位，编制 9 人，19 个乡镇劳务工作站各配备业务人员 3 人，并在全县 25 个村各设信息员 1 人，成立民营职业介绍所 7 家，制订《镇原县劳务工作考核办法》《镇原县职业介绍中介机构年度工作考核办法》，加强民营职业介绍机构管理，将劳务工作纳入全县“三位一体”目标考核，每年分一、二、三等奖奖励劳务输出先进乡镇。是年劳务输出6.04万人，占劳动力总数21.6%，劳务收入13568万元，人均265.3元，占农民人均纯收入17.6%。县劳务办两次被省劳动保障厅评为甘肃省劳务工作先进集体。中原乡原峰村农民杜养富在新疆乌鲁木齐市务工期间，为抢救落水少年阿克拉不幸牺牲，被共青团甘肃省委授予优秀共青团员，被共青团新疆自治区委员会授予见义勇为好青年、优秀外来务工青年，乌鲁木齐市政府追认为乌鲁木齐市民族团结进步模范个人。

2005年，县政府出台《大力发展劳务产业的决定》，召开专题会、现场会，提出打造劳务品牌、开发劳务产业、增加劳务收入、做大劳务产业、建设劳务大县工作思路和目标，将劳务经济作为全县四大产业之一，重点扶持，输前培训，政府牵头，乡镇设站，层层负责抓落实，进行有序输转，加强输后跟踪管理。县劳务办组织农民工100人参加庆阳市第四届香包节人才劳务交流大会，与12个单位签订意向性用工协议1400人。县委县政府表彰奖励劳务工先进集体4个，劳务致富带头人26人。7月8日，庆阳市劳务工作现场会在镇原县城召开，介绍镇原输转经验，参观上肖乡净口村和创新职业介绍所两个劳务工作典型。

2006年5月，成立县劳务办驻江苏昆山、广东省东莞市和深圳市劳务工作办事处，负责镇原籍农民工权益保护及就业信息发布。2007年起，每年开展"春风行动"，为农民工发放《农民务工与维权手册》和每人50元路途补助。县上召开职业介绍机构工作总结暨业务培训会，对劳务输转组织和跟踪管理好的创新职介所、劳务培训好的成功职介所进行表彰。7月，太平镇劳务工作站与西北民航非洲安哥拉项目部协商，建立安哥拉劳务基地，组织15名农民工赴非洲务工，开辟国外务工先例。11月7日，"镇原县家政巧妇"在河南郑州召开的中国就业论坛暨全国劳务品牌展示交流会上被评为全国优秀劳务品牌。全县7家民营职业介绍所5年累计输送劳务工12150人。镇原县被省政府评为全省劳务工作先进集体。马渠乡农民工张华、屯字镇农民工马继先被省政府授予全省农民工明星，平泉镇康达实业有限公司经理刘启乾被省政府授予全省创业带头人。

2008年及以前，县上主要领导两次带队前往江苏、上海、深圳、东莞、福建莆田等省市，考察昆山市正新轮胎厂、昆山源进塑胶厂、东莞飞宏电子厂、深圳市富士康集团、中南港工业城、莆田市艾力艾集团等十多家企业，慰问镇原籍务工人员，建立劳务基地13处，签订意向性合作协议17份。

2009年，县劳务、就业机构、民营职业学校和职业介绍所等7个单位参加甘肃省在平凉市举行的劳务合作洽谈会，与26家企业签订意向性用工协议2万人，在镇原县人才劳务网站发布用工信息207条。8月，向国家商标局申请注册"红杏之乡家政巧妇"劳务品牌。全年输转城乡富余劳动力10.5万人，创劳务收入69850万元。10年内北京富平技工学校累计培训招用镇原女工3124人。镇原职业中学开展家政服务培训22期210人，全部被北京、天津等地招用，累计培训输出妇女劳动力21831人，以其诚实本分、爱岗敬业表现，在北京、天津、上海等地取得良好信誉。城关镇农民工芦文敏连续7年5次被深圳市南山区评为优秀劳务工、先进劳务工代表，被深圳市评为杰出劳务工代表，被甘肃省评为在深圳优秀务工人员。太平镇农民工史满洋、屯字镇农民工马继先被新疆维吾尔族自治区和甘肃省政府授予在疆优秀务工人员。

2010年，全县培训劳务工6.7万人，其中引导性培训6.16万人，技能培训5400人，建立劳务基地105个，保持“红杏之乡家政巧妇”劳务品牌，累计输转富余劳动力12.23万人，其中省外输转6.21万人，省内输转6.02万人；有组织输转6.16万人。全年创劳务收入10.56亿元。镇原县被国家人社部确定为农村劳动力转移就业工作示范县。

2010年3月1日“春风行动”启动仪式暨外出务工人员欢送大会

第三十八章　公　安

历代公安事务，多由行政长官知县直接处理，主簿、尉、丞等协助。元代始设典史、巡检。清至民国，设警务机构，皆由知县兼理。中华人民共和国成立后，成立公安机构，维护社会治安秩序，查禁"黄赌毒"，取缔邪教，制止封建迷信，加强枪支弹药、爆炸物品、消防、交通、特种行业、户籍、人口、监所管理，开展刑事、经济案件侦破，打击各类刑事犯罪和经济犯罪分子，确保全县社会稳定和经济发展。镇原县公安局1993年至2000年5次被评为"全国优秀公安局"，2001年被甘肃省公安厅评为"全省模范公安局"，2002年被省委省政府授予"省级文明单位"，被省委组织部、宣传部、政法委及省人事厅、公安厅五部门评为"全省公安机关维护社会稳定模范集体"，2005年被中央精神文明建设指导委员会授予"全国精神文明建设工作先进单位"，是全省政法战线久负盛名的"红色团队"。县看守所连续63年安全无事故，先后72次受到国家、省、市表彰奖励，12次被公安部评为"全国一级看守所"，2010年被公安部命名为"全国执法示范公安基层单位"。城关派出所多次受到上级公安机关表彰奖励，立集体三等功2次、集体二等功1次，连续7年被公安部评为"一级公安派出所"，2010年被省公安厅授予"公安派出所档案管理一级"和"全省公安机关基层执法示范单位"。

第一节　机　构

治安机构，历代均有。元时设典史、巡检，明清因之。光绪三十一年(1905年)，设巡警局，有局员3人，分局10处，有绅士15人，巡丁40人，办理巡警事务。民国三年(1914年)，改巡警局为警备队，定员100人，县知事兼警备队司令，改巡警局长为警备队长。六年冬，改警备队为警察所，定员30人，县知事兼所长，设警佐、巡官、警长及警丁。旋又改为警察局，县知事兼局长。八年八月，警备队改为警察所，设警佐，县知事兼所长。十七年，改警察所为公安局，设局长1人，定员52人，隶属县府。二十五年四月裁撤，在县府内设警佐室，有警官3人，警士36人，枪38支。民国二十九年三月，陕甘宁边区镇原县政府成立后，边区县政府设保安科，有保安2人，后增加到十余人；边区陇东保安分处在孟坝设立检查站。

镇原县公安局　民国三十八年(1949年)七月二十九日，镇原全境解放，人民政府接管国民党旧警察机构，仍设保安科。1950年1月，保安科改称公安局，设局长、副局长、教导员，内设政审室和一、二、三秘书股，下设公安队、劳改股、民警中队，有干部30人，其中局机关13人，区助理员10人，肖金派出所3人，公安队3人，看守所1人。1958年12月，公、法、检三家合并，成立镇原县人民公社联社政法公安部，有干警63人(公安34人，民警29人)。1959年9月，撤销政法公安部，恢复公安局。

1968年1月9日，公、法、检由县人武部实行军管，成立中国人民解放军镇原县公检法军事管制委员会，代行三家职权。4月28日，县革命委员会成立，设立保卫部，与公检法军事管制委员会一套班子。1969年9月，解除军管，保留保卫部，下设政工组、侦破组、治保组、案审组。

1973年9月，撤销保卫部，恢复公安局，设局长、副局长、教导员，内设秘书、治安、预审、消防、内保、政保6个股及刑侦队，下设民警中队、看守所、监狱，均为股级单位，共有干警131人。1986年，设局长1人，副局长3人，教导员1人，副教导员1人，纪检副组长1人，内设治安股、预审股、政工股、政保股、秘书股、内保股，下设刑警队、看守所、行政拘留所、收审站(所)和9个派出所，全系统有干警128人，其中干部106人、工勤人员22人。1987年，交通警察队移交县公安局管理(机构、工作均在交通章中记述)。

1989年4月，内设“户政管理股”。1992年9月，首次授警衔120人，其中一级警督5人，二级警督15人，三级警督33人，一级警司17人，二级警司22人，三级警司18人，二级警员10人。此后晋升、增授形成制度，每年进行一次。消防股改为正营职建制。

1993年，成立县城治安联防队，编制6人。公安局内设办公室、政工股、纪检监察、法制股、政保股、经文保股、治安管理股、户政股、预审股，下属交警大队、治安拘留所、刑侦队和收审收容所、看守所及10个派出所，共有职工153人，其中局长1人，副局长3人，正副科级干部22人，股级50人，科员53人，办事员15人，工勤人员9人。

1996年11月，成立刑事科学技术室、机要通信股，政工股更名政治工作办公室，升为副科级行政单位。全系统共有干部187人，其中局长(副县级侦查员)1人，副局长2人，正科级干部7人，副科级31人，股级干部48人，科员62人，办事员30人，工勤人员6人。1999年11月，成立刑警大队驻城关第三刑侦中队。2000年7月，成立经济侦查大队。2006年10月，成立“三合一”接警台，由计算机接警系统、电子地图信息系统、大屏幕显示系统、道路监控系统、无线群呼系统组成；合并110、119、122三种报警系统，24小时接受群众报警。

2010年，公安局内设刑侦大队、治安大队、法制科、警务保障室、国内安全保卫大队、政工监督室、督察大队、指挥中心、经侦大队，有干部职工108人，其中局长(副县级侦查员)1人，政委(副县级侦查员)1人，副局长3人，副政委1人，纪委书记1人，其他科级干部32人，科员60人，工勤人员8人。全系统有一级警督10人，二级警督45人，三级警督79人，一级警司22人，二级警司10人，三级警司5人，二级警员5人，协警62人。

镇原县看守所 历代均设监狱。1950年，成立看守所，有监狱1处。1951年，有新旧监狱2处，房15间，窑4只，脚镣38付，手铐151付，铁铜销子170个，锅5口，驴2头，石磨子2合。1972年，将旧监狱改造成高砖围墙。1973年，看守所改由县局直接管理。1996年，看守所升为科级单位。2008年9月，在县城东金龙征地10.8亩，重建看守所。2010年，有管教人员21人，其中所长1人，教导员1人，副所长5人，狱医2人，管教干部14人；工勤人员2人（临时工）。

镇原县消防大队 1950年1月，成立消防股。1980年，消防股受公安局和庆阳地区消防大队双重领导。1981年起，公安消防机构纳入中国人民武装警察部队序列，消防干部转为现役军人，行政编制上划地区消防大队，消防业务由公安机关指导。1993年，消防股改为消防中队。1996年10月，消防中队改为消防大队，编制3人。2010年，有干部13人，其中文职人员3人，专职队员11人，水罐消防车2台。

镇原县城区交通巡警大队 1987年，城乡道路安全和车辆监理移交公安机关统一管理，成立交通警察队。1995年，成立临时城区交警队，有工作人员7人，负责县城区街道车辆及道路摊点整治。6月，交通警察队改为县交通警察大队。1996年3月，临时城区交警队转为正式交警队，编制9人，隶属公安局。4月，城区交警队更名为县公安局巡警大队，编制10人，其中公安干警2人，招聘民警8人。1998年，巡警大队内设接警、处警和巡警中队，替代原城区交通警察队。2002年4月，巡警大队改为城区交通警察大队。2008年9月，巡警大队和城区交警大队合并为城区交通巡警大队。2010年，城区交通巡警大队内设办公室、机动中队和执勤中队，有工作人员47人，设大队长1人，教导员1人，副大队长1人，中队长4人。

派出机构 1950年，县公安局在肖金（今属西峰区）设派出所，有干部3人，战士10人。1953年12月，撤销肖金派出所。1966年7月设立平泉、孟坝派出所。1970年5月，设立屯字派出所。1979年5月，成立城关派出所。1982至1985年，先后设立三岔、开边、新城、上肖派出所。1987至1988年，设立新集、庙渠派出所。1993年，10个派出所共有干警73人，正副所长16人，正副指导员11人，内勤14人，户籍19人，治安13人。1994年，增设临泾、南川、太平、郭原、中原、马渠、武沟、曙光、小岘、湫池、王寨、殷家城12个派出所。1995年10月增设彭阳、方山派出所。2004年12月，撤销曙光、彭阳、王寨、湫池、小岘5个派出所。2010年，有基层派出所19个，干部职工74人，其中所长19人，指导员14人，内勤19人，户籍警1人，治安21人。

基层治保机构 1950年，各区、乡成立治安保卫委员会，各村成立治保小组，负责社会治安。1962年，县级各工厂、企业单位也成立治保委员会。1973年，公社成立治保领导小组24个，大队及工厂、企业单位成立治保委员会336个，生产队选配治保员4654人。1985年，乡镇成立治保领导小组24个，行政村及企业成立治保委员会336个，自然村设治保员4654人。2010年，整合治保会组织589个，选配治保员1767人，组建治安巡逻队18个110人，义务巡逻队59个657人，开展群防群治。

第二节　治 安 管 理

中华人民共和国成立后，贯彻“党委领导，依靠群众，预防为主，管理从严，及时打击，保证安全”方针，坚持“谁主管，谁负责”治安管理原则，使用法律和行政手段，同违法犯罪、扰乱公共秩序、侵犯公民人身权利和妨害社会管理秩序行为及治安灾害事故作斗争。对人民内部违反治安管理行为，按照《中华人民共和国治安管理处罚条例》予以处治。

一、除“六害”查禁“黄赌毒”

除“六害” 1961年10月下旬，全县开展扫除“六害”（卖淫嫖娼、制造贩卖传播淫秽物品、拐卖妇女儿童、私种吸食贩运毒品、聚众赌博、利用封建迷信骗财害人等社会丑恶现象）专项斗争，抓获“六害”违法犯罪嫌疑人238人，其中依法逮捕7人，治安处罚181人，做其他处理50人。

1989年，为进一步推动扫除“六害”专项斗争，确保春节安全，经过一个月调查摸底，调查取证，列出重点打击对象，采取查夜、查店、设卡堵截、巡逻守候等方法，抓捕犯罪嫌疑人，先后在三岔、郭原、屯字、平泉4个乡镇召开公捕大会，依法公开打击处理“六害”违法犯罪分子94人，其中依法逮捕3人（赌博3人），行拘44人（赌博43人，迷信1人），罚款47人（赌博46人，迷信1人），罚款金额25920元。

1991年，开展扫除“六害”活动，查处“六害”案件61起，其中赌博43起，拐卖妇女儿童9起，其他9起，摧毁犯罪团伙3个，打击处理违法犯罪分子397人，逮捕5人，行政拘留155人，罚款197人，罚款额62100元，警告处罚15人，做其他处理25人。

禁毒 清道光末，鸦片传入县内，有极少数人吸食受害，官府时禁，时而又收取烟税，致使吸食者逐渐增多。民国六年（1917年）四月，成立镇原禁烟分局。十一年，查获王某某等5人山沟地种大烟四亩四分，遣差缉拿法办，人员外逃，烟苗翻犁，种烟地标记充公，所获银两具解。二十四年，再次禁鸦片，并为公务人员及城乡有嗜好鸦片者设戒烟分所。抗日战争和解放战争期间，鸦片变为筹备军饷一种手段，明禁暗纵，鸦片之害继续为患。二十六年，全县登记烟民1403人，领普通执照者140人，领贫民执照者1263人，烟民日总吸食量436两（十六两秤）以上。所有烟土运售管理均由禁烟局设卡办理，因无设备，经费又不足，管理混乱。

中华人民共和国成立后，人民政府全面禁毒。1953年，县公安机关查处贩卖、吸食大烟案件49起56人，没收大烟8.02两，烟卡子198个，涉案金额322800元。1957年，查处屯字区张某某贩卖大烟13余两。1963年，县人民政府成立肃毒领导小组，公安机关查处吸食大烟21人，贩卖27人。孟坝公社旧商人张某某以663元从陕西购回大烟25两在本地出售。城关合作商店西药房医生任某某先后在医院购回吗啡针49支，吗啡片13片，自己注射。1965年，查处大烟案3起，铲除大烟苗1276株，对城关公社富坪大队社员张某某偷种大烟800株、收获大烟5钱、除自己吸食外还进行贩卖问题进行查处。1966至2005年，全县无新滋生吸毒人员，未发生一起毒品犯罪案件，无非法种植毒品原植物，被省公安厅命名为无毒县。

2006年起，出现个别吸毒人员，指定专人，负责帮教。2008年，严格落实禁毒工作责任制，县上与19个乡镇党委签订《禁毒工作责任书》，对吸毒1人完善档案，建立“四位一体”

帮教小组,定期进行走访谈话和尿检化验;对县内群众反映强烈、监管措施不力、有毒品活动苗头的3处娱乐场所予以取缔。

2009年,组织开展"依法禁毒,构建和谐"为主题大型禁毒宣传教育活动5场次,在殷家城、三岔、武沟等乡镇开展禁种踏查工作,破获贩卖毒品案件2起,抓获犯罪嫌疑人3人,强制戒毒1人,缴获毒品海洛因20.03克。2010年,组织开展大型禁毒宣传教育活动6场次,继续在周边地带开展禁种踏查工作,破获贩卖毒品案件1起,抓获犯罪嫌疑人1人,缴获毒品海洛因12克,对复吸毒品4人强制戒毒,责令社区管理戒毒1人。

禁赌 1953年,查处赌博案件36起90人,收缴赌资和罚款179.12万元(旧币)。1954至1957年,查处赌博案件20起。1966年,查处18个公社53个大队92个生产队赌博活动142起,参赌400多人。1973年,三岔公社高湾大队李某某、高某某伙同30多人玩赌90次,被依法逮捕。1986年,对参与赌博活动236人举办法制学习班,集中教育改造。新集派出所在王寨乡查处参赌人员152人,对赌头李某金、李某孝、张某依法逮捕。1987年,破获赌博案件20起,参赌人员454人,其中逮捕5人,行政拘留40人,罚款103人,没收赌资6400余元。

1989年4月,开展查禁赌博专项斗争,捣毁赌博窝点5个,查获玩赌人员135人,依法逮捕5人,行政拘留20人,罚款18人、金额8300元。2004年,关闭麻将场馆112家,捣毁赌博窝点60余处。2005年,开展禁赌专项斗争,查破各类赌博案件93起,打击处理赌博违法人员510人,其中劳教1人,刑事拘留12人,行政拘留4名,治安罚款489人,警告4人,捣毁赌博窝点19处,端掉团伙7个96人,缴获赌具84副,赌资6.6万元,罚款39.9万元。4月,城关派出所查处以贺某某为首长期在城关、平泉、孟坝等地大肆进行招赌、放板赌博团伙,端掉赌博窝点4处,抓获参赌成员16人。2007年,查处赌博案件69起。

2008年,查获赌博案件116起,端掉赌博窝点17处,打击处理涉赌人员581人,收缴赌资4.4万元。2009年,查获赌博案件98起,捣毁赌博窝点15处,打击处理涉赌人员552人,收缴赌资5.3万元。2010年,查获赌博案件129起,抓获涉赌人员537人,捣毁赌博犯罪团伙2个,行政拘留162人,罚款处理351人,收缴赌资12万元。

禁黄 民国时期,县城有娼妓公开设馆拉客。中华人民共和国成立后,政府明令严禁娼妓活动,对娼妇妓女进行劳动改造,使其成为自食其力的新人,娼妓绝迹。1985年开始,淫秽录像、卖淫嫖娼有所抬头。1987年,查处播放淫秽录像案件1起,没收录放机1台,对放映者刘某某、任某某给予行政拘留15天和300元罚款。2007年,捣毁淫秽物品销售传播窝点31处,依法收缴淫秽光盘265张,打击处理违法犯罪人员108人。2008至2010年,全县未发现涉黄案件。

二、取缔反动会道门及邪教组织

中华人民共和国成立初,境内反动会道门主要有一贯道、哥老会、青红帮、大道门等23种。1951年,取缔一贯道、瑶池道反动组织,一贯道民国三十三年传人本县,查出成员11500人,其中骨干分子219人(判死刑2人,关押36人,管制32人,迁出46人,批评教育

103人);瑶池道清末传入本县,有坛主8处,道徒212人。1952年,调查取缔反动大道门,清同治末年传人本县,初名普渡门,登记总会长2人,会长15人,道徒62人,其中依法逮捕7人,管制3人。1958年,开展打击取缔反动组织"青红帮"专项斗争,民国二十四年(1935年)九月传人本县,查出成员2600余人,对主要成员91人,逮捕45人,管制46人;取缔皇坛反动组织,民国二十六年传人新城,道徒发展到30人。1963年,依法取缔反动会道门集掾坛,登记坛主1人,坛人2人,骨干4人,道徒22人。1964年,依法打击处理太平、孟坝发生的2起瑶池道复道活动,逮捕骨干分子2人,批评教育21人。1965至1968年,先后依法取缔三义善坛、万善同坛和卧龙山万圣坛,登记总坛主1人,坛主5人,会长6人,经理4人,骨干12人,道徒256人。1985年,查处大道门组织2起,涉案7人,予以管制,其他会道门组织灭迹。

1995年起,邪教组织死灰复燃,出现新的邪教组织"门徒会""呼喊派"和"法轮功"。2003年,查获"法轮功""门徒会"案件3起,收缴非法宣传品24份。2004年,查处"法轮功"案件5起,捣毁"法轮功"犯罪团伙1个6人,处理法轮功人员17人,缴获反动宣传品7579份。2005年,查获孟坝镇王湾村、郭原乡王沟圈村和庙渠乡孙寨村"门徒会"案件3起,捣毁窝点3个,打击处理门徒会成员27人。

2006年,破获"门徒会"案件4起,打击处理"门徒会"成员47人,收缴非法宣传资料233份。2007年,打击"法轮功""门徒会"等邪教组织,破获"门徒会""中功"案件9起,打击处理违法人员24人,收缴非法宣传资料320件。2008至2009年,对"法轮功"顽固人员和"门徒会"重点人员,逐人建立帮教小组,签定责任书,实行帮教,做到早发现、早控制、早取缔。两年查处"法轮功"案件4起,"门徒会"案件2起,摧毁邪教组织1处、分会点1处、聚会点6处,收缴十字架牌12副、圣经1册、手抄本9册、反动宣传资料150份,打击处理非法人员16人。2010年,对"法轮功"和"门徒会"重点人员摸底调查,建立管理档案,确定专人帮教,定期开展谈话考核,落实监管措施。

三、制止封建迷信活动

中华人民共和国成立后,对利用封建迷信骗取钱财,危害社会治安人员依法进行查处。1953年春,县内出现大小"神水潭"7处,因喝"神水"、服"神药",贻误病情而致死3人,依法逮捕2人,管制1人,交群众监督劳动5人。1963年,对农村传播封建迷信的226人进行批评教育,情节严重的安排群众监视劳动生产。1966年,查处迷信活动27起,对屡教不改、罪恶严重的,捕办1人,拘留1人,批斗3人,定为坏分子2人。1979年春,组成工作组,到临泾、马渠等重点公社,举办封建迷信活动人员学习班。1981年7月,孟坝公社任某某、杨某某、贾某某等人,在"兴隆山"小学校设神位烧香敬神,致学生停课,对任、杨、贾3犯依法逮捕。1982年起,未发现大的封建迷信活动。

四、特种行业管理

1949年11月,开始对全县旅店、旧货业、铸印刻字业、修理业等特种行业普遍进行登记;同时在特种行业从业人员中,培养治安积极分子10人。1955年,对全县刻字、修理、旧货等特种行业实行营业许可证管理制度,颁发营业许可证 7 家。1962 年,整顿全县旅店业,实行旅客登记、内部保卫、行李寄存、门卫值班等 7 项管理制度。1973 年起,对印刷、刻字业单位和个人实行四种登记簿管理,即印刷文字材料名称登记簿、刻制印章登记簿、刻制机关团体公章核准机关证明材料登记簿、印模留底簿,每季度进行一次检查核对。1974 年,对车站、旅店、修理、废品收购等行业,加强控制审查,查获各类案件 20 多起,打击处理犯罪人员 2 人。1981 年,对废品收购、寄售、刻字、照相等行业,进行审查登记,建立管理制度。1982 年,整顿特种行业 377 户,其中国营 85 户,集体 94 户,个体 198 户。

1986 年,检查废旧金属收购点 12 家,对违犯规定的 8 家予以取缔。特行人员主动提供犯罪线索 49 条,通过查证破获案件 15 起,抓获犯罪嫌疑人 32 人。1987 年,加强对旅店业管理,对车站、影剧院、农贸市场等公共场所,采取布防布控和治安巡逻管理办法。1995 年,整顿特种行业 143 户,从业 241 人,其中刻字印铸 13 处,寄售废旧金属收购 8 处,印刷 2 处;对违反规定的 3 处废旧收购站,予以取缔和查封;通过整顿,破获一般刑事、治安案件 14 起,查获犯罪分子和流窜嫌疑人员 43 人。2004 年,对废旧金属收购业进行清查登记,查出无证经营个体收购站(点)3 处、私刻公章案件 1 起。2006 年 7 月,对全县 42 家旅店业,始装管理信息查询系统,开通住宿旅客信息上传查询,实行住宿旅客 1 人 1 证登记制度。2008 至 2009 年,检查特种行业 298 家,商业网点 36 个,集贸市场 21 处,及时纠正安全隐患。2010 年,全县整顿登记废旧金属收购 21 家,旅店业 51 家;组织警力对 262 家复杂公共场所、108 家特种行业和 785 家出租房屋进行安全大检查,纠正不如实登记 18 次,发现安全隐患 21 处,勒令限期改正;根据群众反映,对 5 家网吧进行大检查,对违规经营问题,提出警告,并做经济处罚。

五、枪支弹药管理

民国时期,县内始有步枪、手枪等,团丁自备枪支弹药。国民党政府查禁收缴民间武器,但未能禁绝。1951 年,全县查收散落社会短枪 8 支,手榴弹 150 个,各种炮弹 99 个,各种子弹 1248 发。1952 年,收缴农村暗藏步马枪 18 支,各种短枪 8 支,各种子弹 2820 发,炸弹 38 颗,各种炮弹 21 发。。1963 年,整顿国家机关单位枪支,清理出各种短枪 60 支,县人委决定佩戴 41 支(公安机关 21 支,检察院 2 支,公安特派员 3 支,县委书记、县长、银行、邮局 15 支,均有持枪证),收回并上交专署公安处各种短枪 15 支,调干带走 4 支;交县武装部废旧长枪 94 支。1966 年,群众上缴炸弹 30 枚,子弹 322 发。1981 年,收缴流散在社会上各种枪 612 支,子弹 120 发,匕首、刮刀 11 把。

1987 年,党政领导、武装干事配枪全部收回,政法机关缩小配枪范围,只给局领导、股、所、队长、指导员、刑警队员配枪,其余收回。1996 年,清查收缴各类枪支 243 支,其中土猎枪 420 支,子弹 3400 余发。

2001 年,收缴各类枪支 368 支,其中土猎枪 349 支,小口径射击枪 15 支,自制手枪 4 支,全部上缴地区公安处。2003 年,对政法机关枪支实行统一保管,办案时领导批准领用,结案交回;查处涉枪案件 168 起,收缴非法持枪 90 支。

2006年，收缴各类枪支67支，管制刀具4把，手榴弹1颗，查处涉枪涉爆案件33起，打击处理违法犯罪人员31人。2007年，县公安机关建立枪支管理系统。2008到2009年，开展缉枪专项行动，收缴民间土猎枪64支。2010年，收缴土猎枪75支，查处涉爆涉枪犯罪案件21起，处理违法人员16人。

六、爆炸物品管理

中华人民共和国成立初期，公安机关组织专门力量，集中清理收缴战争年代遗留爆炸物品。1955年开始，对全县黑火药生产、销售、使用实施安全监督。1962年，对辖区内黑火药、炸药、烟花爆竹生产厂（点）进行清理整顿，登记生产厂（点）10处。1974年，清理收缴炸药260公斤，黑火药210公斤，雷管79枚，导火线116米，全部集中销毁，并上报公安处。

1980年代初，禁止私人制造烟花爆竹，违者按《治安管理处罚条例》处罚。1987年，开展清理收缴爆炸物品统一行动，收缴炸药180公斤，黑火药148公斤，雷管74枚，导火线98米。1996年，收缴炸药143公斤，黑火药139公斤，雷管46枚。2001至2006年，收缴炸药736公斤，黑火药130公斤，导火线120米，雷管409枚，危险、剧毒物品141件，查处销售剧毒药品案件2起，取缔非法制造爆炸物品窝点17处。此后，烟花爆竹进货、销售、存储交由安监局管理，公安机关管理运输、违法燃放。2007年，建立民爆物品管理系统。

2008至2009年，开展治理爆炸物品专项行动，清查使用、储存剧毒等危化品学校、医院和企业305家及公共复杂场所102家，整顿涉爆企业12家，收缴自制炸药243公斤，导火索234米，电雷管26枚，钢砂121公斤，迫击炮弹5发，邀请省厅爆破专家到县集中排爆销毁。2010年，继续开展治爆专项行动，加强民爆物品管理，共清查涉爆单位8家，发现隐患2处，收缴炸药188公斤，雷管77枚，导火索120米，查处涉爆违法犯罪案件21起，处理违法人员16人，对查出爆炸物品，集中进行销毁，及时消除隐患，确保安全。

七、治安保卫

民国二十八年（1939年），共产党在镇原解放区开始建立群众哨站，每站5~6人，负责治安保卫工作。三十五年七月，根据陇东分区专员公署指令，将哨站调整为9处。

三十八年七月底，镇原全境解放。10月，县公安机关向区政府选派公安助理员，由县公安局供给，受县公安局和区人民政府双重领导，负责所在地治安保卫、民事纠纷调处和刑事案件侦破。11月，组建群众性治安联防（组）38个，有队（组）员268人。1950年初，撤销老解放区群众哨站。1952年，治安联防队并入92个治安保卫委员会，有正副主任委员184人，委员545人；乡村干部335人，群众179人，积极分子141人，进步人士18人，其他56人。1953年，区公安助理员更名公安特派员。1954年，全县有公安特派员14人。1962年，配备公安特派员26人，属行政干部编制。年底，除工委配备公安特派员6人外，其余精简。1963年，成立治保会495个2885人，协助公安机关破获案件92起，检举坏人69人，调解群众纠纷454起。1965年，全县有治保会248个，治保人员1889人，每个生产队均有治保人员1人。

1966年，人民公社设政法干事1人，公安特派员随之取消。1974年，政法干事改名为公安员；对全县 291 个治保会和 2149 个治保小组的治保人员 8861 人普遍进行整顿和培训。1978 年，恢复公安特派员，受公社和县公安局双重领导。1980 年初，开始组建以人民警察、工人、农民、城市居民、治保会委员、离退休干部等为成员的治安联防队，配合公安机关开展治安巡逻，保卫重点部位，参加执勤、守候，捕捉现行犯罪分子；参加护厂、护校和维护街道等公共场所治安秩序。1981 年，农村有治保会 298 个，治保小组 2530 个。县直机关成立治保小组 62 个，保卫股 14 个。纸厂配备保卫专干，一中、师范、纸厂还建立护厂、护校队。1985 年，全县有公安特派员 19 人。

1988 年，全县 351 个治保会协助破案 56 起，抓获各类违法犯罪嫌疑人 120 人，调处民事纠纷 918 起。1993 年，取消公安特派员制度，部分人员另行安置，部分调入公安机关。1998 年，全县有治保会 259 个。2002 年 7 月，撤销治安联防队，成立“110”报警中心。2004 年，“110”报警中心接处报警 14680 起。2005 年，“110”报警中心归公安机关指挥中心管理。2006 至 2007 年，推广农村警务战略，新建农村警务室 69 个，负责农村治安保卫工作。2008 至 2010 年，按照一区双警要求，配备社区民警 7 人，新建农村警务室 146 个，215 个村达到一村一室。全县新配警务民警 73 人，占派出所总警力 85.7%；组建护林巡逻队 110 个，有治保人员 1108 人；为 16 个机关单位和重点学校配备保安 20 人，承担维护一方治安责任，打防控一体化网络基本形成。

第三节　刑事案件侦查

中华人民共和国成立初期，政治案件占案件总数 10%以上，其他刑事案件主要是凶杀、盗窃、抢劫、强奸、纵火、伤害等。1951 年，发案 697 件，逮捕人犯 545 人，劳动教养 152 人。年内破获“西北人民救国军”“政务军”“西北仁义军”“光复军”等重大匪特案件，抓捕匪首及匪徒 39 人，除判刑外，交群众管制 24 人。1952 至 1957 年，全县查证土匪 37 人，恶霸 31 人，反动党团骨干 64 人，特务 39 人，反动会道门头子 205 人，其他反革命分子 963 人，地主分子 1166 人，富农分子 465 人，刑事犯罪分子 413 人。1958 至 1965 年，立案 807 起，破案 508 起，占 62.95%，其中破获政治案件 52 起，其他刑事案件 456 起，逮捕罪犯 216 人。

1966 年，“文化大革命”开始后，公安工作受到干扰，破案率一度下降。刑事发案仍以政治案件和盗窃案件为主，占发案总数 80%左右。1967 年，立案 79 起，破获 41 起，其中政治案件 12 起，其他刑事案件 29 起，逮捕 13 人。1970 年，破获政治案件 22 起，其他案件 8 起，逮捕 200 人。

1971 至 1978 年，全县共发案 313 起，破获 234 起，破案率 74.76%，其中反革命案件 36 起，其他刑事案件 198 起，拘捕 433 人。1979 年，对“文化大革命”中经办刑事案件 223 起、310 人进行复查，平反纠正 150 案、242 人。

1980 年，改革开放初期，刑事案件发案剧增，为历年之最。全年发案 188 起，破获 134 起，追回赃物折款 24727 元，其中重大案件 7 起（凶杀、纵火各 2 起，伤害、抢劫、强奸各 1

起)，破获 6 起，占 85.71%；盗窃案件 166 起，破获 113 起，占 68.07%；破获投机倒把、纵火、诈骗案各 5 起。破获历年积案 220 起，追回赃物折款 9210 元。1981 至 1982 年，发案 211 起，其中杀人案 3 起，纵火案 2 起，强奸 5 起，伤害、诈骗各 4 起，盗窃 178 起，投机倒把 3 起，抢夺、制贩假币、破坏生产各 1 起，其他 9 起，破案 157 起，占 74.41%，逮捕犯罪嫌疑人 120 人。

1983 年 8 月至 1986 年 12 月，打击各类犯罪分子 706 人，逮捕 172 人，收审 101 人；打掉抢劫团伙 3 个，盗窃团伙 6 个，抓获团伙成员 60 人，全县社会治安秩序好转。1987 年，各类刑事发案减少到 42 起。1988 年，发案降至 40 起。1989 年，刑事案回升，发案 51 起，其中杀人案件猛增到 13 起，破案 44 起，占 86.27%。

1990 年，深入调查摸底，强化侦查破案，严厉打击现行，深挖犯罪团伙和隐藏较深的犯罪嫌疑人，共破获各类刑事案件 66 起，其中现案 10 起，隐案 56 起。查破治安案件 48 起，摧毁犯罪团伙 4 个(盗窃、抢劫、拐卖人口、流氓强奸团伙各 1 个)，抓获团伙成员 29 人。年内集中查处各类违法犯罪嫌疑人 115 人，其中逮捕 21 人，行拘 30 人，罚款 41 人 6500 元，收审 12 人，做其他处理 11 人。

1991 年，又一次进入案件高发期，全年发案 124 起，其中杀人 2 起，强奸 2 起，抢劫 4 起，拐卖人口 1 起。1992 至 1993 年，发案 281 起，破获 239 起，破案率 85.05%，其中杀人案 2 起，强奸 3 起，抢劫 18 起，伤害 15 起，诈骗、流氓案各 5 起，盗窃 100 起，投毒、拐卖人口各 1 起，处理各类犯罪嫌疑人 946 人，逮捕 722 人，摧毁犯罪团伙 9 个，抓获团伙成员 51 人，追回赃款赃物及损失总值 68400 元。

1994 年，刑事发案 179 起，同比上升 27.9%，其中杀人 9 起，强奸 5 起，抢劫 19 起，伤害 9 起，盗窃 105 起，诈骗 8 起，流氓 9 起，拐卖人口 7 起，投毒 1 起，贩卖运输假币 2 起，毁坏财物 2 起，妨害公务 3 起。破获 166 起，破案率 92.74%，追回赃物赃款总价值 45.4 万余元。重特大案件 62 起，同比增长 1.07 倍，破获 59 起，破案率 95.16%。同时查破积隐案 115 起，外地刑事案件 28 起。1995 至 1996 年，发案 206 起，破案 191 起，占 92.72%，逮捕罪犯 213 人。

1997 年起，发案率略有下降。当年，发案 93 起，其中杀人 4 起，抢劫 4 起，强奸 6 起，伤害 7 起，盗窃 56 起，诈骗 5 起，流氓 3 起，破坏公私财物 6 起，敲诈勒索 2 起，破获 87 起，破案率 93.55%，追回损失价值 51.4 万余元，其中重特大案件 49 起，破案率 91.8%；同时查破积、隐案件和外地案件 104 起。1998 至 1999 年，刑事发案 179 起，破案 173 起，占 96.65%，以盗窃、杀人、抢劫、伤害案件居多。

2000 年起，各类重大刑事案件呈高发态势，特别是杀人、抢劫、强奸、盗窃、伤害等恶性案件上升。当年发案 190 起，破案 123 起，破案率 66.3%。2001 年，刑事发案 279 起，其中杀人案 7 起，抢劫案 11 起，强奸案 1 起，盗窃案 130 起，伤害案 11 起，诈骗案 6 起，其他刑事案件 113 起，立案 178 起，破获 118 起，破案率 41.29%，通过案件侦查，处理犯罪嫌疑人 185 人，其中逮捕 70 人。

2002 年，刑事立案 182 起，其中杀人案 9 起，抢劫案 8 起，强奸案 5 起，盗窃案 125 起，伤害案 14 起，诈骗案 5 起，其他案件 16 起，破获 121 起，破案率 66.48%，打击犯罪分子 207 人，其中逮捕 69 人。抓获在册逃犯 9 人，其中上网逃犯 4 人。2003 至 2004 年，发案 394 起，破案 285 起，处理犯罪嫌疑人 130 人。

2005 年，开展打击"两抢一盗"专项行动，集中查处抢劫、抢夺、盗窃多发性侵财犯罪行为。全年破获抢劫案件 16 起，盗窃案件 89 起，诈骗案件 8 起，摧毁抢劫、盗窃犯罪团伙 9 个 25 人，处理犯罪嫌疑人 89 人，其中刑事拘留 56 人，逮捕 16 人，取保候审 3 人，罚款经营 14 人，为群众追回摩托车、现金、耕牛、衣物等，折合人民币 38 万余元。年内成功破获上肖中学张某某杀人案、张某某等人盗窃摩托车团伙案、郭某某等人盗窃铝线案、李某某等人入室盗窃等大要案。

2006 至 2009 年，以"打黑除恶"为重点，开展严打整治斗争，重点打击有组织犯罪，带黑社会性质团伙犯罪，流氓恶势力犯罪和杀人、抢劫、强奸等重大暴力犯罪。四年共立案 845 起，其中杀人 10 起，故意伤害 21 起，强奸 9 起，抢劫 25 起，盗窃 564 起，诈骗 48 起，其他 168 起，破案 664 起，追缴赃款赃物价值 66 万元。摧毁犯罪集团 9 个，打掉恶势力团伙 2 个 22 人，抓获上网逃犯 67 人；破获积隐案件 42 起，外市县案件 67 起，逮捕 325 人，治安处罚 176 人。

2010 年，各类刑事立案 658 起，同比上升 172%，破获 251 起（故意杀人 1 起、强奸 1 起、故意伤害 6 起、抢劫 6 起、盗窃 152 起、经济案件 13 起、其他案件 72 起），破案率 38.15%，摧毁犯罪团伙 2 个 28 人，抓获犯罪嫌疑人 26 人；破获外地案件 44 起、积隐案件 134 起。

第四节　经济案件侦查

中华人民共和国成立后，经济案件侦查由检察机关受理。2000 年，县公安局经济侦查大队成立后，受理各类经济违法犯罪线索 27 起，立案查破 10 起，其中职务侵占 3 起，挪用资金 2 起，贷款诈骗 1 起，销售伪劣产品 1 起，违法发放贷款 1 起，偷税 2 起，涉案金额 420 万元，结案 3 起，抓捕经济犯罪嫌疑人 3 人，取保候审 2 人，行政处罚 3 人，挽回直接经济损失 30 余万元。

2001 年，受理各类经济违法犯罪案件线索 30 起，立案查处 21 起，其中持有假币 1 起，购买使用假币 1 起，保险诈骗 3 起，销售伪劣产品 2 起，普通诈骗 3 起，合同诈骗 4 起，贷款诈骗 2 起，非法吸收公众存款 1 起，偷税 2 起，职务侵占 2 起，涉案金额 474 万余元。破获 12 起，查结 7 起，抓捕各类经济违法犯罪嫌疑人 5 人，取保候审 2 人，行政处罚 2 人，挽回直接经济损失 43 万余元。

2002 年，受理各类经济违法犯罪案件线索 24 起，立案查处 18 起，其中销售伪劣产品 2 起，合同诈骗 2 起，职务侵占 5 起，普通诈骗 5 起，挪用资金 1 起，贷款诈骗 1 起，保险诈骗

1起，非法收购采伐滥伐林木1起，涉案金额402万余元。破获9起，查结7起，抓捕经济违法犯罪嫌疑人4人，取保候审1人，行政处罚3人，挽回直接经济损失37万余元。

2003年，受理各类经济违法犯罪案件线索23起，立案查处16起，其中生产销售伪劣产品2起，普通诈骗4起，偷税1起，保险诈骗2起，非法经营6起，合同诈骗1起，涉案金额410万余元，破获7起，查结5起，抓捕经济违法犯罪嫌疑人3人，取保候审3人，行政处罚3人，挽回直接经济损失40万余元。

2004年，受理各类经济违法犯罪案件线索24起，立案查处4起，其中非法经营1起，偷税2起，非法吸收公众存款1起，涉案金额338万余元，查结2起，抓捕经济违法犯罪嫌疑人2人，取保候审2人，其他处理1人，挽回直接经济损失24万余元。

2005年，共受理各类经济违法犯罪案件线索25起，立案查处9起，全部破获，涉案金额42.2万余元，处理经济违法犯罪嫌疑人12人，取保候审4人，移送起诉5案8人，挽回直接经济损失27.1万余元。

2006年，受理各类经济违法犯罪案件线索32起，立案查处6起，全部破获，调解处理3起，不予立案3起，挽回各类经济损失34.66万元，罚款40738.8元，抓回逃犯1名，处理经济违法犯罪嫌疑人6人，取保候审2人，移送起诉3人。

2007年，受理各类经济违法犯罪案件线索27起，立案查处15起，其中偷税8起，合同诈骗2起，普通诈骗5起，涉案金额272万余元，破获6起，查结2起，抓捕经济违法犯罪嫌疑人2人，取保候审1人，行政处罚3人，挽回直接经济损失21.2万余元。

2008年，受理各类经济违法犯罪案件线索27起，立案查处13起，其中合同诈骗4起，偷税4起，普通诈骗1起，非法经营2起，职务侵占1起，信用证诈骗案1起，涉案金额302万余元，破获6起，查结4起，抓捕经济违法犯罪嫌疑人2人，取保候审1人，行政处罚3人，挽回直接经济损失28万余元。

2009年，受理各类经济违法犯罪案件线索21起，立案查处14起，其中合同诈骗3起，偷税1起，普通诈骗2起，非法经营4起，职务侵占1起，挪用资金1起，贷款诈骗1起，保险诈骗1起，涉案金额337万余元，破获8起，查结4起，抓捕经济违法犯罪嫌疑人3人，取保候审4人，挽回直接经济损失27.3万余元。同年10月，破获庆阳市人黄某为首的制售贩卖假冒卷烟犯罪团伙7人案，查获“中华”“芙蓉王”“红塔山”“兰州”等假冒伪劣卷烟1.6万多条，涉案金额103万元，主犯黄某被判处有期徒刑五年六个月，罚金25万元；从犯被判处有期徒刑3年，罚金20万元，从犯黄某某批捕在逃，相关涉案人员也均受到行政处罚。

2010年，受理各类经济违法犯罪案件线索37起，立案查处22起，其中诈骗案4起，偷税案2起，伪造变造公文、证件5起，职务侵占2起，合同诈骗1起，销售伪劣产品5起，损害公私财物3起，调解处理3起，不予立案3起，挽回各类经济损失37.31万元。

第五节 “严打”斗争

1983年8月，贯彻中共中央关于《严厉打击刑事犯罪活动的决定》，依照“从重从快，一网打尽”方针，于21日晚，24个公社抽调干部426人，政法部门抽调干警103人，组成24个工作组，冒雨连夜出击，打响“严打”斗争第一战役第一仗，抓获各类犯罪嫌疑人260人(男238人，女22人)，其中流氓65人，强奸2人，抢劫26人，杀人1人，投毒1人，种植大烟2人，盗窃58人，诈骗19人，拐卖人口6人，经济犯罪7人，赌博38人，伤害5人，反革命及造谣2人，窝赃包庇5人，其他犯罪23人；干部子弟15人，共产党员4人，摧毁犯罪团伙7个，抓获团伙成员79人，其中流氓团伙52人，抢劫团伙23人。属于重点打击对象164人，占抓获罪犯人数63.1%。1984年1月10日、9月10日、6月24日，分别开展集中行动，共抓捕各类犯罪分子385人(男348人，女37人)，其中国家职工33人(干部7人，工人26人)，农民343人，在校学生2人，待业青年7人；直接逮捕和收审312人，其中抢劫34人，强奸15人，盗窃73人，流氓81人，拐卖8人，诈骗10人，迷信赌博43人，经济犯罪16人，窝赃包庇5人，伤害9人，杀人、投毒、反革命、交通肇事各1人，其他14人；摧毁犯罪团伙10个，逮捕团伙成员92人，其中有盗窃团伙2案8人，抢劫团伙2案23人，流氓团伙5案57人，经济犯罪团伙1案4人。

1985年9月10日，开展“严打”整治斗争第二战役，批捕各类违法犯罪嫌疑人169人，其中依法逮捕77人，收审92人。1986年2月3日至12月18日，开展“严打”整治斗争第三战役，集中行动四次，共处理各类违法犯罪嫌疑人152人，依法逮捕83人，其中杀人3人，诈骗4人，盗窃31人，赌博9人，其他36人，打掉抢劫团伙2个、盗窃团伙3个，抓获团伙成员20人。

1995年3~5月，全县集中开展以“破大案、抓禁毒、追逃犯、重治乱、严防范”为主要内容的“春季严打攻势”，共破获各类刑事案件670起(杀人5起，伤害11起，强奸9起，放火6起，拐卖人口2起，流氓6起，诈骗18起，制贩毒品8起，盗窃515起，破坏生产8起，破坏电力通讯设备5起，其他77起)，其中重特大刑事案件192起，积隐案件326起，摧毁各类犯罪团伙72个380人，其中流氓团伙5个34人，抢劫团伙5个19人，盗窃团伙54个271人，制贩毒品团伙1个20人，其他团伙7个36人，收缴赃款、赃物总值92.25万元，毒品18.75克，各类凶器7件，打击处理1977人，其中依法逮捕225人，刑事拘留49人，收审461人，劳动教养9人，少管3人，治安处罚1176人，转外地处理15人，做其他处理39人，抓获各类逃犯46人，其中批捕在逃犯29人，负案在逃犯15人，劳教在逃犯1人，越狱脱逃犯1人。

1996年，开展“百日严打”斗争，共破获各类刑事案件91起(杀人3起，强奸5起，伤害6起，盗窃62起，流氓6起，拐卖2起，敲诈勒索1起，放火1起，妨害公务2起，交通肇事3起)，其中重特大案件16起，摧毁各类犯罪团伙9个52人。抓获各类逃犯16人，其中批捕在逃犯8人，负案在逃犯8人。查处各类治安案件203起，依法打击处理各类违法犯罪分子

640人,其中逮捕46人,收审20人,管教3人,取保候审6人,治安处罚494人,做其他处理71人。先后整治公共复杂场所526处(次),特种行业511处(次),重点地区路段170处(次),收缴土猎枪、防暴枪20支,管制刀具84件,炸药1公斤,钢砂4公斤,淫秽录像带4盘,缴获赃物赃款折价767万元。

2005年,全县发生各类刑事案件188起(其中杀人、强奸各2起,伤害3起,抢劫19起,盗窃24起,诈骗11起,敲诈勒索5起,偷税、贩卖假币、妨害公务各2起,交通肇事7起,抽逃出资、招摇撞骗、非法经营、抢夺、轻伤害、打击报复证人、拒不执行法院判决各1起,其他102起),破获154起(杀人2起,伤害2起,抢劫19起,强奸2起,盗窃91起,诈骗8起,其他30起),其中破获杀人、抢劫、强奸等八类主要案件25起,破获积案8起,隐案50起,外省案件39起;全县受理治安案件1089起,查结1083起,查结率99.45%,处理违法犯罪嫌疑人1846人,其中治安处罚1724人,其他处理122人,摧毁违法犯罪团伙19个126人,抓获逃犯21人(网上追逃19人),挽回各类经济损失折合人民币54.5万余元。

2006年,开展"冬季严打攻势"行动,排摸出各类违法犯罪线索155条,其中刑事案件线索60条,治安案件线索90条,门徒会活动线索5条;调解处理矛盾纠纷30件,处置各类治安问题21起,抓获违法犯罪嫌疑人15人,破获盗窃案件75起,查处治安案件23起,缴获摩托车、电瓶、手机、古币、现金等赃物赃款共计价值14.7万元。

第六节 监所管理

预审 中华人民共和国成立初期,县公安局设治安审讯股,专管预审工作。1951年,受理预审案152件人,全部审理终结。1958年,审理案件132件人,占在押犯55%。1965年,收押各类罪犯42人,其中反革命犯20人,刑事犯22人;公审公判罪犯28人。通过审讯调查发现,主罪失实、不应捕和错捕反革命罪犯4人,及时做平反处理,关押教育释放1人,无罪释放3人。1969年,受理预审案105件人,审结率为91.3%。

1970至1979年,受理预审案641件811人,拘捕各类犯罪嫌疑人570人(拘留63人),其中现行反革命破坏活动206人。1980至1989年,受理各类预审案415件526人,其中提请逮捕445人,审查处理拘役35人。1990至1999年,受理预审各类拘捕案577件795人,其中提请逮捕743人,行政处罚33人。

2000至2007年,受理各类拘捕案件725件985人,其中提请逮捕896人,行政处罚89人。2008年,受理各类拘捕案犯152名,执行行政拘留105人,挖出各类违法犯罪线索36条,其中转交办案部门侦查13条。2009年,受理各类拘捕案犯157人,执行行政拘留92人,挖出各类破案线索56条,转交办案部门侦查破获刑事案件21起,抓获犯罪嫌疑人20名,追回赃款赃物价值20.1万元。2010年,受理各类拘捕案犯150人,执行行政拘留80人,挖出各类破案线索112条,转交办案部门侦查破获刑事案件53起,抓获犯罪嫌疑人32人,追回赃款赃物共计价值9万元。

看押教育　1950年，看守所关押特务、便衣、反动地富、土匪、特务、反动敌伪人员、隐藏反革命分子121人。1951年新收犯人466人，其中特务23人，土匪12人，反动党团骨干4人，反动会道门17人，恶霸地主101人，治安犯96人，一般民事、刑事犯36人，其他177人。年内处死刑47人，判处有期徒刑235人，送定西劳改101人，年末有在押已决犯101人，未决犯55人。

1952至1966年，看守所年均收押63人，每月检查清理一次。收押人犯凭公安机关押票，提审人犯凭提票，释放人犯凭释票，未决犯不准出监劳动，人犯入号进行详细检查。人犯家属送物经所长批准，班长检查后由看守员负责送入号子，未决犯或重刑犯不准家属探望。人犯之间不准吵闹，不准在号内大声喧哗。看守员或人犯组长每天给犯人上课2小时，主要是识字。有的5个月识字800多个，最少的每月也识字30多个；组织学习党的政策、报纸和书籍，开展讨论，提高认识，加强思想改造，促使其主动交代问题；对于顽固抵赖，不积极交代罪行人犯，由审讯股长组织人犯开斗争会，相互揭露；严格看管制度，取缔自由犯，停止生产，杜绝逃跑和非正常死亡事件。

1980年，刑法、刑事诉讼法实施后，按照省公安厅《关于贯彻全国预审工作会议精神、加强预审工作意见》，教育看守干部严格依法办事，执行有关管教政策，提高管教水平。公安局、检察院、法院、司法局负责人经常给人犯讲话，进行政策、法律、道德、前途教育，使一批人犯得到启发和感化，悔过自新，自觉改造，重新做人。1983年8月“严打”斗争开始，全县共押人犯120人，在原打井队设立临时关押场所，从县中队及公安局抽出部分干警担负看管任务，管教人员增加到4人。

1998年，看守所坚持管教并举，不断完善安全措施，被公安部评为一级看守所，在西北地区率先进入全国先进行列。1999年，收押人犯239人，已处理170人，转下年处理69人。连续50年保持安全无事故，被公安部评为一级达标看守所。

2000年起，看守所提出“一看二守三送走”和“扶正压邪”工作口号，实行科学管理、文明管理、人性化管理，“以保障人权，服务诉讼”为宗旨，建立一系列管理教育制度，将深挖犯罪作为监管部门抓基层、打基础、苦练基本功“三基”工程重点，发挥监管场所“信息资源库”优势，采取“政策攻心”“亲情感化”“监控技术”等手段，获取违法犯罪线索，深挖破获刑事案件10起，挽回经济损失19850元。

2010年，收押175人（含上年转来60人），处理出所115人，其中送监狱劳改20人，刑满释放13人，取保候审30人，转本省其他所1人，其他处理6人，在押45人，其中未决犯36人（重点人员5人），已决犯9人（留所服刑8人），各个环节均安全无事故。全所民警拒礼、拒贿折合人民币1万余元，拒吃请12人次，拒说情85人次；开展政策攻心教育活动，全年谈话教育1800多人次，组织集体教育80场次，上法制课500多小时，印发学习资料300余份，办板报、墙报12期，激发在押人员重新做人决心，主动检举揭发各类违法犯罪线索94条，从中破获各类刑事案件53起，处理违法犯罪嫌疑人员20人，追缴赃款赃物折合人民币21万元；评选出文明监室4个、文明个人25人。

生活管理 1950至1957年，人犯生活费用由省公安厅统一安排，地区公安处根据在押人犯数量进行分配，口粮每人每天0.75公斤到1.25公斤，灯油、学习、医药、囚衣等费用包干支出。食器、囚具齐全，住房多草铺，也有板床，每天按监室轮流放风晒太阳。1958至1978年，人犯口粮仍由国家供给，蔬菜等农副产品由人犯劳动所产。1979年，人犯粮油、副食按当地居民标准供给。1980年开始，人犯月伙食由11元增加到13元，鲜菜期随时购买，过冬蔬菜储备，做到开水满足供应，粗细粮调剂，蔬菜每天保证0.25公斤到0.5公斤，每月或逢节日吃肉一次，做到吃熟、吃热，吃足定量、吃卫生。

1986年起，人犯生活费用实行半包干制，从初期2万元增至4万元再到8万元。1990至2010年，随着社会发展，看守管理日趋规范，设施配套齐全，所内设食堂、浴室、娱乐室等。通过管教人员工作，绝大多数人犯主动交待罪行，悔过自新；杜绝牢头狱霸欺侮人犯等不良现象。

收容审查 1975年开始，公安机关对有流窜作案嫌疑或有犯罪行为、不讲真实姓名住址和来历不明人，采取收容审查，由管理干部组织学习，让其交代问题，办案人员审查核实证据，最后提出处理意见。在本地作案的外地犯罪人员，送原籍公安机关审查处理。收审期间，每人每月口粮18公斤，伙食费12元，无衣被的发给衣服被褥，冬天生火炉子。天天打扫卫生，每月1次卫生和安全检查。

1983年，建立县收审站，有号房28间，配备工作人员3人。1991年，收审117人，查处106人(转捕57人，解除收审46人，转外地处理3人)，在审11人。1993年，收审140人，其中转捕56人，解除收审59人，转外地3人，在审22人。1995年，收审194人，其中转捕90人，解除收审84人，遣送外地处理3人，在审17人。

1996年3月17日，第八届全国人民代表大会第四次会议通过关于修改《中华人民共和国刑事诉讼法》决定，于1997年1月1日施行，取消收容审查制度。

第七节 户籍人口管理

西周设司民之官，执掌登记境内男女、老幼、贵贱和出生死亡人数。春秋战国以编户分疆域。秦代，实行郡县分级管理户籍人口。汉因秦制，按行政区编制登记户籍人口、年龄、性别和土地财产，征派租、赋、徭役等。

隋、唐实行租庸调制，掌管人口数量，逐级编查户口，一年一记账，三年填造户籍，按人口年龄分为黄、中、丁、老四级。宋代核查登记官户、主户和客户。元代分民户、冶金户、打捕户、匠户、军户和站户，人分四等。

明代设里甲制，编户为甲，编甲为里，分里编造，对居民丁口与产业情况逐级编制“黄册”，每年审定一次。洪武三年(1370年)，清理户口，颁行户帖，分民户、匠户两类，登记籍贯、住地、各人姓名、年岁、家庭财产，一式两份，一份存县衙，一份呈户部。

清初，户籍管理较前完备，县内重编里甲，各里甲人口登记，按民、军、商、造“四民”著籍。康熙时，实行丁口增减册，编审丁口。乾隆四十年(1775年)起，实行循环册，列土著、寄籍、流寓及男女老幼等项，正式统计户口。光绪十五年(1889年)，清查保甲、门牌，核点户口。二十一年，推行牌甲之令，清理城乡户口。宣统元年(1909年)，实行《国籍法》，县衙派员逐村先户后口，填造户口，查核登记人口。

民国初，军阀混战，户政管理松弛。二十年(1931年)，执行户籍法，国民党县党部设户籍科，开始实施户口管理，推行保甲制。二十三年十一月，推行编查保甲户口条例，大规模编查户口。三十三年，凡16岁以上，县内居民办理国民身份证，取按双手指纹，附贴相片，加盖钢印。三十七年十月，再次换发"国民身份证"。三十八年七月二十九日镇原解放，县公安局和民政部门分别承担城镇、农村户口管理，开展户数、人口调查登记。全县12个区政府90个乡420个行政村1367个自然村居住38429户，总人口215434人，城镇10个，居民11754人。

1950年起，实行出生、死亡、迁入、迁出四项申报登记制度。1953年，户籍管理纳入正规，有户口管理员2772人。机关、学校、企业、农户均装订门牌和户口卡片，居民、职工家属填发户口簿。1956年起，全县农户实行户口本登记制度。1957年6月底，共登记总户数44522户，总人口239966人。1963年，采取集中和分片相结合办法，培训公社秘书、大队文书和生产队会计2816人，兼办户口登记申报工作。1964年，全面进行户口普查登记，核实人口数字，建立健全户口管理制度，解决户口管理混乱状态。全县登记常住人口26.6万人，其中汉族人口26.57万人，回族233人，满族6人。1978年起，城镇务工、经商人员增多，暂住人口管理工作量加大，按照"谁主管，谁负责；谁用工，谁负责；谁出租，谁负责"原则，加强暂住人口管理。

1981年，结合全县人口普查，进行户口整顿，换发城镇户口簿，登记清理城乡人口。1982年，加强重点人口管理，建档列管179人，其中有反革命活动嫌疑5人，有其他刑事犯罪活动嫌疑126人，有危害社会治安行为48人。1983年，管理重点人口502人，其中依法逮捕148人，摘帽四类分子20人，刑满释放人员5人，撤管改造好的6人，其余323人均进行建档建卡。1984年，县公安局作出《围绕重点人口管理做好基层基础工作》安排意见，核查重点管理人口504人，占全县总人口1.3‰，新列重点管理对象225人；通过对重点人口调查摸底，发现破案线索32条，查破刑事案件26起，治安案件8起，依法打击各类犯罪28人。

1987年5月，颁发第一代居民身份证，首次办证267842人，列管重点人口948人，其中新列管违法犯罪嫌疑人员108人。1988年，造册登记暂住人口，发给暂住证1893人；通过清理，发现违法犯罪嫌疑人员18人，其中逮捕1人，行政拘留8人，批评教育后遣送原籍9人。1989年，对各乡镇和各单位户口管理全面进行清理整顿，发现问题及时作纠正处理，特别对非农户口，抽调专门力量，进行清查核实，同时加强重点人口管理。1995年，结合"严打"斗争，新列管重点对象403人，撤管413人，依法逮捕24人，实管956人，逐人健全档卡，分别落实管理帮教措施。

2000年，根据国务院第五次全国人口普查领导小组、公安部《关于在第五次全国人口普查前进行户口整顿工作意见的通知》精神，抽调工作人员1920人，在全县开展户口整顿工作，对出生未报户口2969人和未落户878人，准予落户；对漏登364人，补登并建立常住人口登记表；对重登210人，予以注销；对清查出姓名差错459人、性别差错107人、文化程度差错304人，均进行核实更正；纠正公民身份证重错号896人。整顿后全县总户11.28万户，比整顿前11.26万户新增147户，总人口49.84万人，比整顿前49.16万人新增6722人，增长13.67‰；逐户逐人核对登记暂住人员1154人，对暂住半年以上的补发暂住证27人。

2004年，公安机关按照县政府批转的《关于城镇户籍制度改革的实施意见》，放宽和简化农转非审批条件和手续，年内为群众解决非农户口76人；开展人口信息数据核查、照片收集、血型采集工作，核实户籍10.1万户50.18万人，纠正人口信息错误近2万个，收集、录入人像照片27万余份，采集血型22.4万人，办理居民身份证4万余个；开始受理公民赴境外及港澳台出境业务，先后办理边境通行证4000余个、出国(境)手续94人次。

2005年起，建立网络管理系统，实现暂住人口、出租房屋、重点人口统一管理；对暂住人口1468人，进行定期考核、检查和整顿。2006年10月，开始换发第二代居民身份证8405张，销毁旧证(死亡人口)1312个。出境业务改为代办，证件由市公安机关发放，省公安厅审核，实现三级审核办理。2007年，办理农转非户口61人(其中子女投靠26人，父母投靠14人，夫妇投靠21人)，迁移户口691人次，微机查询服务3000余人次；审查报市局变更、更正、补录公民信息材料1000多人次。派出所更正户口差错1000余人，其他服务4000余人；筹措资金，为派出所购买人像采集设备10套，办理二代居民身份证138819人，发放78822个，未领59997个，质量信息回馈2001条(其中照片质量不合格返回重办信息1822条)，办理临时居民身份证2058个。2009年，出境业务实现网上审核，一个工作日即可办理。

2010年，全县有户籍人口51.41万人，其中城镇户口2.06万人，农村户口49.35万人；换发第二代居民身份证420394人，占户籍人口81.77%。列管重点人口2208人，达到应列尽列。全县有暂住人口5687人，登记发证率100%。

第八节 消防管理

消防工作贯彻“预防为主，防消结合”方针，在全县乡镇及机关、学校、企事业单位普遍建立安全防火责任制，确定单位主要领导为防火责任人，配备专职或兼职防火员。县政府每年与县属重点单位及各乡镇签订“安全防火责任状”，在“五一”“十一”、元旦、春节等节前，开展以防火为中心安全大检查，发现隐患及时整改。2000年，对30个重点单位、110家公共娱乐场所、54家易燃易爆场所进行检查，发现隐患305处，除当场责令整改外，发放限期整改通知书97份，责令停业5家，处罚6家。消防大队在火灾扑救工作中，坚持“救人第一，科学施救”原则，做到第一时间调足警力和装备，第一时间到场，第一时间展开，第一时间救人，第一时间控火。2004 至 2009 年，共发生火灾 45 起，直接经济损失 180 万元。县消防大队先后出警 400 人次，出动车辆 59 辆次，抢救和保护财产 150 多万元。

2010 年，县消防大队围绕重大节会，开展消防安全大检查、校园周边环境整治、高层建筑大排查、建筑消防设施专项整治、夏季消防安全百日攻坚五大行动，办理建筑设计消防审核和竣工消防验收 19 件，检查单位、场所 1513 家，发现火灾隐患 3600 余处，下发《责令限期改正通知书》719 份，办理行政案件 181 起，拘留 23 人，罚款 31 万余元；责令停产停业 37 家，实施查封44 家，消除隐患，确保消防安全。

第九节　城区交通管理

1995 年，随着县城经济迅速发展，人们出行代步工具越来越多，城区交通出现拥挤局面，为整治街道交通秩序，县政府决定，由公安局、工商局、交通局、农机局、城建局、交警队和运管所 7 个单位联合成立临时城区交警队，开始县城区街道车辆乱停乱放、道路乱摆摊点等问题整治。

1996 年 12 月，在县城东门、中街设置岗亭 2 处，在中街设立自行车围栏、交通警令标志牌及车人行道分离护栏；成立专门领导小组，配备专门人员，每年对城区车辆进行几次集中整顿，并制订具体实施方案，有工作目标、治理对象、具体时段安排、工作措施、工作要求。

2001 年，采取发布通告、散发传单、召开动员会、出动宣传车、悬挂横幅、书写标语等形式，宣传交通安全法规，提高市民交通安全意识，并对客运驾驶员和违章肇事驾驶员集中进行交通安全教育；开展专项集中整治活动，重点整治乱停乱放、严重超员、无牌证、假牌、假证等违规行为。

2004 年 4 月，国务院《道路交通安全法实施条例》颁布，全县围绕“交通安全、防患未然”和《道路交通安全法》是你出行安全保障主题，组织开展道路交通安全法集中宣传月活动，先后出动警力 20 人次、宣传车 6 辆次，印制发放宣传资料 1.2 万份，制作宣传展板 12 块，悬挂横幅 5 幅，张贴标语 370 份，促使交通法规深入人心；进入 5 个学校、1 个社区，开展交通安全法宣讲，受教育 7058 人。当年配备道路清障车 1 辆，警用电动车 1 辆，“宗申”牌摩托车 2 辆。2006 年，配备“北京”牌吉普车 1 辆。

2007 年 6 月，招收城市协警 60 人，加强城区交通指挥和巡回检查；在县城东门、中街县委门口、西门及南门煤炭公司 4 处安装交通指示灯，并对辖区内交通标志标线和安全设施进行全面排查、清理、规范和完善，解决城区道路标志不连续、不系统，以及标志设置不醒目等问题；开展特大道路交通事故集中整治专项行动，共投入警力 2878 人次，出动警车 1510 台次，查处各类交通违法行为 10236 起。重点解决乱停乱放和无照、酒后、疲劳驾驶、超速超员、强超强会、不避行人、临车横穿街道、闯红灯等各种交通违法行为。

2008 年，开展交通安全针对性教育，以中小学为重点，上交通安全课 53 场，提高中小学生交通安全意识；以人流密集地为窗口，开展主题宣传活动 10 场次，设立交通安全宣传咨询点5个，扩大宣传教育辐射面；以新闻宣传为载体，悬挂横幅24条，张贴标语102张，刷写警示性宣传标语28条；组织开展城镇环境综合整治，对街道车辆乱停乱放、农用三轮车违章载客、乱摆摊点等违章违规行为进行集中整顿，处理违章车辆116台次，查处违反交通管理治安案件13起，清理乱摆摊点125处，改善城乡交通治安秩序混乱局面。

2009年，抽调协警9人，充实城区交通警力，重新调整街面警力摆布，采取“定人员、定路段、定时间、定任务、包畅通”的“四定一包”责任制，每天坚持从早7时至晚9时上街执勤，确保全天候均有警力上街执勤，集中整治违章车辆，先后检查车辆1200余台次，处罚各类违章车辆137辆，查处无证驾驶违法嫌疑人员75人，治理街面车辆乱停乱放等突出问题。

2010年，开展“交通安全宣传周”活动及“中小学生安全教育日”活动，发放宣传资料2000份，《道路交通管理条例》及《甘肃省实施道路交通管理条例办法》200本，给4所中小学校门前划人行横道线，在3所学校校门前设置警告标志牌；组织城区交通秩序整治6场次，出动警力210人次，清理乱停乱放车辆160台次，查扣处罚违规车辆159台次，纠正交通违章242起，城区交通秩序混乱局面得到改观。

第三十九章　检　察

镇原检察工作始于民国时期，振兴发展于中华人民共和国成立之后。民国初，国民党政府在各地设检察机构，但由于军阀混战，检察职能未能发挥。民国中期，检察事宜先由县司法公署检察官办理，后由甘肃高等法院驻西峰第六分院检察处负责。陕甘宁边区苏维埃政权建立后，实行审检合一司法制度，在县裁判部设检察员，开展刑事案件检察工作。中华人民共和国成立后，建立新的人民检察制度，健全组织机构，充实加强检察力量，改善办案条件，配备检察设施，检察事业逐步发展壮大，检察工作逐步走上法制化轨道。人民检察院贯彻执行各项法律法规，全面履行法律赋于职责，开展审查批捕、审查起诉、出庭公诉，强化法纪检察、民事行政检察、侦查监督、审判监督、监所监督、劳改监督，查处贪污贿赂、渎职侵权等案件，从严从快打击各类刑事犯罪，维护法律威严，保障人民合法权益，确保社会稳定。

第一节　机构沿革

清以前，镇原县未设检察机构，民、刑事案件由地方官办理。民国初，县内案件由甘肃高等检察分厅第一分院检察处(驻平凉)管辖。十　年(1922年)，由西峰镇地方检察厅管辖。十三年至十五年，设立县司法公署，内置审判官、检察官，检察官由县知事兼任，专理刑事。二十五年，县司法公署更名为司法处，检察官由县长兼任。

二十九年，陇东解放区镇原县政府设裁判员，兼行检察事宜。三十四年，边区设人民法庭，所属各乡选举产生3~5人检察小组，其成员称人民检察员，开展案件侦查和向人民法庭起诉。同年七月，国民党在西峰镇设甘肃高等法院第六分院检察处，镇原归其管辖。

镇原县人民检察院　中华人民共和国成立后，检察机构逐步建立。1950年9月，成立镇原县人民检察署，属县人民政府序列，有副检察长、检察员、秘书、调查员各1人，书记员2人。1954年9月，检察署更名镇原县人民检察院，有检察长、秘书、检察员、调查员各1人。

1955年2月，根据《中华人民共和国检察院组织法》精神，县人民检察院从政府序列析出，成为独立法律监督机构，有干部5人，其中检察长1人(县委委员)，检察员2人，助理检察员、秘书各1人。检察长、副检察长均由甘肃省人民检察院提请最高人民检察院批准任命。1957年1月起，县人民检察院正、副检察长由省人民检察院任命。

1958年12月，检察院与公安局、法院合并，成立政法公安部，内设检查股和专职检察人员，对外保留检察院名称。1959年9月，撤销政法公安部，公、检、法分设，人民检察院有干部7人，其中检察长1人，检察员3人，助理检察员、秘书、书记员各1人。1961年12月，平凉、庆阳分署，县检察院内设检察委员会和审查批捕起诉股、检察股、侦查股、秘书股，有检察干部9人。

1968年1月，县检察机关与公安、法院一起被军事管制，设立公检法军事管制委员会。4月，成立保卫部。8月，检察机关撤销，检察人员被陆续分流到县保卫部和其他部门，检察工作停止。

1978年8月，恢复县人民检察院，检察长由庆阳地委任命。同年12月，检察长由县人民代表大会选举产生，报上级人民检察院任命。1979年7月，检察院内设刑事检察股、法纪检察股、经济检察股和秘书股。1980年，有工作人员27人，其中检察长1人，副检察长2人，检察员6人，助理检察员2人，书记员9人，其他干部3人，法警3人，打字员1人。

1981年12月，检察院增设控告申诉检察股。1982年，增设监所检察股。1985年，内设6个股室全部改为科室，有干警32人。1993年4月，成立县人民检察院兰州黄河啤酒分厂检察室。1995年，检察院增设民事行政检察科、法律政策研究室。

1996年，检察院内设办公室、审查批捕科、审查起诉科、法纪检察科、控申检察科、民事行政检察科、监所检察科、税务检察室、法律政策研究室。1997年3月，成立镇原县反贪污贿赂局。1998年5月，增设政工科、撤销税务检察室。1999年，设立纪检组。2002年，审查批捕科更名侦查监督科，审查起诉科更名公诉检察科。2005年，法纪检察科更名反渎职侵权局。

2010年，增设职务犯罪预防科、检察技术科。全院共辖2局（反贪污贿赂局、反渎职侵权局）、8科（政工、公诉、侦查监督、民事行政检察、控告申诉检察、监所监察、检察技术、职务犯罪预防）、2室（办公室、法律政策研究室），均为正科级建制。反贪局编制一正两副外，其余科室均编制一正一副。全院有工作人员46人，其中检察长（副县级）1人，副检察长（科级）3人，纪检组长（科级）1人，其他科级干部14人，科员23人，工人4人；大专以上文化程度33人；法律本科21人。

1983~2010年镇原县人民检察院检察长表

表39-1-1

姓　名	籍　贯	任职时间
刘好学	新城乡	1983年12月至1989年12月
曹步效	屯字镇	1989年12月至1996年4月
张正民	正宁三嘉乡	1996年4月至2002年7月
王振琪	正宁山河镇	2002年7月至2009年3月
杨月平	宁县	2009年3月任职

第二节 诉讼监督

一、审查批捕

陕甘宁边区时期，解放区县裁判部对受理案件，经审查需拘捕人犯时，由裁判员或检察员签发拘票，交由通讯员(法警)负责拘捕。

1950年，县人民检察署成立后，根据《各级地方人民检察署组织通则》规定，参加镇压反革命、土改、“三反”(反对贪污、反对浪费、反对官僚主义)、“五反”(反行贿、反偷税漏税、反盗窃国家资财、反偷工减料、反盗窃国家经济情报)等政治运动，与公安、法院一起查处捕办反革命、地主、恶霸及贪污腐化、严重违法乱纪和其他刑事犯罪分子，巩固新生人民政权。

1954年9月，刑事案犯逮捕一般由公、检、法共同研究决定，检察机关决定逮捕直接检举起诉的案犯。1955年开始，审查批捕作为检察机关法律监督一项重要活动，逐步全面开展。当年，共受理公安机关提请批捕的各类刑事案犯540人，经审查后，依法批捕215人，其中反革命114人，刑事罪犯101人；因材料不全退回补充侦查128人，未批捕23人。

1956年8月起，严格审查批捕刑事案犯法律制度和手续，公安机关逮捕人犯必须经检察机关审查，加注意见，报党委审批。逮捕重大案犯，由县检察院根据县委批示，上报分院审查，请示地委决定，然后办理法律手续，送达公安机关执行。公安机关须将提请批准逮捕书、单行材料和案卷材料一并送交检察机关审查，防止和减少错捕错押发生。当年上半年，受理提请批捕人犯44人，经审查全部批捕。

1957年9~10月，省政法会议精神传达后，“左”的错误倾向开始出现，县内批捕案犯数量骤增。当年受理提请批捕案件212件222人，经审查，依法批捕各类犯罪164件172人，不批捕19件19人，转处6件，退侦2件，正在审查21件23人，打击有组织现行、残余反革命，反动地主、富农和盗窃公共财产、侵犯人身权利、致成严重后果的刑事犯罪分子及其他坏分子，维护国家法制，保护人民利益。

1958至1960年，在“左”的思想影响下，检察工作出现“取消风”，法律监督职能严重削弱，特别是“政法大跃进”，打乱检察机关审查批捕正常工作秩序。1958年，公、检、法联合办公，实行“一书代三书”，检察机关审查批捕工作徒有形式，法定侦查、批捕、审判“三道程序”被废除。当年4月，专区分院在检察工作跃进计划中提出实现“十八无”(无反革命骚乱，无土匪，无地、富反攻倒算，无破坏农、林、水、牧重大设施，无责任事故，无惯偷、惯盗，无重大纵火，无投机倒把，无流氓暗娼，无人犯逃跑自杀，无烟毒流行，无强奸，无聚赌，无诈骗，无走私，无渎职，无漏错，无积案)口号，实行大抓大捕。同年7月，检察分院在合水召开全区检察机关跃进工作评比会，又强调“三年达到十八无”，此后还提出“批捕不过日，起诉不过二(天)，侦查不跨旬”工作目标，将抓捕行动推向高潮。3年共批捕反革命分子和刑事犯罪分子2101人，其中地主394人，富农127人，反革命128人，坏分子373人，右派分子580人，其他499人。1959年、1960年两次抽查，发现可不捕和错捕106人，占抽查数1016人的 10.4%。

1961 年，全年受理公安机关提请的各类案件 260 件 288 人，经审查批捕 127 人，其中属于叛乱和预谋叛乱 13 人，凶杀 14 人，诈骗 2 人，抢劫 6 人，盗窃 37 人，聚众玩赌、破坏生产 16 人，投机倒把 10 人，宰杀耕畜和羊只 11 人，逼死、虐待致死人命 7 人，破坏电缆 2 人，强奸妇女 2 人，包庇反革命 2 人，破坏生产 3 人，其他 2 人，实捕 124 人，未捕回 3 人。不批捕 152 人，其中管制 39 人，劳动教养 4 人，批评教育和其他处理 109 人；呈报未批回 1 人，正在审查 8 人。

1962 年，纠正削弱以至取消检察职能错误，审查批捕业务得以恢复和加强。是年，贯彻中央“从严”方针，重点打击盗窃、赌博、贪污、投机倒把、凶杀等 5 类犯罪。全年受理批捕案件 112 件 114 人，全部审结，同意逮捕 79 人，报县委研究、呈地委批捕 53 人，分院最终批捕 28 人。不批捕 79 人，其中决定依法管制 11 人，转法院处理 17 人，批评教育 24 人，建议做其他处理 27 人；呈报未批 7 人。现行反革命分子高某某听到新华社关于蒋介石企图窜犯大陆消息后，于当年 7 月拉拢串连杨某某、许某某等 5 人，建立“会道门”反革命组织，按照三青团办事宗旨，刻制木质“203 司令部”方印一枚，书写反动标语、传单十多张，吹嘘其上级是 “杨司令”，代号 201、203，造谣“国际形势紧张得很，老蒋和毛主席打着呢！”对此现行反革命活动，发现后立即拘留批捕，使其活动未得逞。巫婆王某某，在群众中造谣“本年麦子不好，人吃不到嘴里，3 月有狼劫，土匪来了要把人杀光呢，和平队要死 300 多人、200 多口猪等”，致使人心慌慌，思想不安，影响生产。王某某还装神弄鬼、关魂送病 100 余家。社员安某某妻子初生 1 子有病，其为安设立神位，掐诀念咒，装神弄鬼，防碍请医治疗，致使婴儿耽误治疗时机死亡。及时批准逮捕，予以打击，安定群众情绪。

1963 年，依照“专人审查，集体讨论，检察长决定”办案制度，注重案件质量。全年受理批捕案件 91 起 106 人（包括上年积存 6 件 6 人），全部审结，同意逮捕 64 起 71 人，报县委研究呈捕 60 起 67 人，分院最终批捕 40 起 45 人；不批捕 36 起 45 人；退回补侦 5 起 5 人；呈报待批 10 起 11 人。

1964 年，贯彻中共中央“依靠群众力量，加强人民民主专政”方针和最高人民检察院指示，依靠群众办案。全年受理批捕反革命案件、刑事案件 84 起 114 人（内含上年积案 8 起 8 人），全部审结。县院同意逮捕 72 案 84 人，事实不清、退侦 1 案 2 人，撤案 1 件 3 人，作其他处理 25 人。县委研究呈捕 69 案 77 人，作其他处理 32 人（管制 8 人，批评教育 24 人），分院批准逮捕 34 起 43 人。

1965 年，受理提请批捕案 98 件 119 人，其中反革命案件 49 人（含不法地富 9 人），刑事犯罪 70 人，全部审结，批捕 41 人，不予逮捕、建议有关部门作其他处理 64 人，退侦 12 人，待批 2 人。

1966 年，受理提请批捕案件 39 件 39 人，其中上年接转 12 件 12 人，本年新受理 27 件 27 人。审结 33 人，其中批捕 9 人，不予逮捕作其他处理 15 人，退侦 9 人；正在审理 3 人，待批 3 人。受理批捕、起诉案件、自查和征求意见的 16 件；主动帮助公安部门查证其他案件 3

起；对不批捕15件，携卷下乡查处9件，克服文来文往现象。

1967年1月，审查批捕案件由检察院军管小组负责。1968年8月，由保卫部下设审判组办理。1973年9月，逮捕案犯由公安机关预审部门办理。

1979年起，县检察院重新开始审查批捕工作。同年8月，庆阳检察分院将审查批捕权下放到县检察院，加强批捕案件备案审查工作。全年受理提请逮捕案件24件27人（包括退侦后报批3人），其中致死人命9人（殴打致死人命1人，违法乱纪致死人命1人，过失致死人命2人，因奸杀人2人，破坏计划生育致死人命3人），盗窃5人，车肇事故3人，赌博、纵火、强奸、迷信诈骗各2人，责任事故及伤害各1人，全部审结，批捕14人，不批捕4人，退侦9人。

1980年，县检察院担负审查批捕、审查起诉、出庭支持公诉业务，受理公安机关提请逮捕各类案犯68人，全部审结，其中批捕46人，不批捕19人，撤诉3人。

1981年，受理提请批捕案件62件88人，其中反革命宣传爆动1案2人，故意杀人1案1人，故意伤害6案8人，抢劫3案5人，强奸1案2人，失火1案1人，神汉利用迷信造谣诈骗4案8人，盗窃31案41人，窝赃3人，赌博6案8人，车肇3案4人，诈骗3案3人，违反危险物品管理规定1案1人，虐待1案1人，全部审结，其中批捕53案69人，不批捕7案17人，撤案1件1人，退侦1案1人。10月，受理公安机关移送起诉刘某某盗窃一案，经到当地复核，发现名字误写，且案犯颠倒。被起诉的刘某某在本案中属于胁从，其父才是策划作案主犯。经检察委员会讨论，退回公安机关予以纠正，对真正罪犯刘某某起诉法院判处拘役3个月，做到不枉不纵。

1982年，受理提请批捕案件58件80人，审结54件74人，占93.1%和92.5%，其中批捕48件64人，不批捕6件10人；退侦2件4人，保存2件2人。1983年5月，受理罗某某等16人抢劫集团案。该团伙自1980年8月开始，逐渐纠合一起，冒充公安人员或采用其他手段，在镇原、庆城、环县等交界地带，打家劫舍，拦抢行人，非法搜身，甚至肆无忌惮地闯入庆城县一办丧事农民家中，以毁灵堂、砸棺材、抄家相威胁，迫使主人设宴款待；先后抢劫作案16起，窃取群众现金、手表、自行车、衣物等价值1300元；非法捆绑4人，致伤6人，严重扰乱城乡社会治安。在被告多、案情复杂情况下，加班加点，昼夜审查，仅用3天时间审结此案，批捕10人，追捕1人。

同年8月21日开始，参与为期3年"严打"斗争。至1985年12月，3年共受理公安机关提请批捕的各类刑事案件506人，其中批捕429人，不批捕65人，退侦7案10人，撤回1案2人。在批捕人犯中，属于中央指出杀人、抢劫、强奸、放火、爆炸、重大盗窃以及其他严重破坏社会秩序的犯罪分子11人。

1986至1989年，根据最高人民检察院制定的《人民检察院提前介入工作试行规定》，对重特大案件提前介入，及时了解案情，审查、补充证据材料，4年共受理提请批捕各类犯罪嫌疑人421人，其中决定批捕325人，不批捕70人，退侦9人，撤案2件2人，审查批捕本院自侦案件11件15人（法纪案件3件4人，经济案件6件6人，其他案件2件5人）。在审查批捕各类人犯中，属于“七类”犯罪59人，团伙犯罪4案23人，对杜某、李某故意杀人案，及时派员配合公安机关，亲临现场勘验、索取证据，为及时批捕创造条件。

1990至1991年，共受理提请批捕各类案件129件199人，审查批准逮捕115件172人，其中属“七类”严重犯罪14件35人，团伙犯罪7件35人，作出不批捕决定14件27人。在案件侦查活动中，检察机关对出现的违法行为，向公安机关提出纠正意见15件次；对县内发生的3起恶性案件和团伙犯罪案件均派员到现场，介入公安机关侦查、预审，熟悉案情，核实证据，加快办案速度，提高办案质量。1991年9月6日，方山乡曹湾行政村岔口自然村发生特大杀人案后，抽调两名干警随同公安人员赶赴发案地，勘查现场，收集证据，掌握基本案情。9月15日下午，公安机关提请批捕，次日召开检察委员会，研究批准对杀人嫌疑人雷某某逮捕。在办理郭某某故意伤害案中，检察机关通过审查阅卷，发现法医鉴定与事实不符，立即决定由主管检察长率领办案人员，三赴发案地调查取证，查明真相。

1992至1993年，将“严打”作为维护国家稳定和社会安定、为经济建设服务的重点，两年共受理公安机关和本院自侦批捕案件204件252人，审查批捕101件147人，不批捕54件54人，退侦25件25人，本院补侦23件23人，撤案1件3人，突出打击重点，批捕杀人、抢劫、投毒、强奸等暴力犯罪分子11人；加快办案进程，批捕案件平均6天左右办结；坚持对重、特大案件提前介入，11次介入故意杀人案，3次介入现场勘查、尸体检验、预审犯罪嫌疑人，提出补充侦查意见6条。1993年元月受理刘某某、张某某流氓一案，办案人员审查阅卷，查明刘、张二人酒后滋事，闯入县招待所殴打来镇原出差的江西武警和中级法院干部3人，致成重伤，仅一天时间就做出批捕决定，从重从快打击犯罪分子对故意伤害致死的侦查预审活动，提前熟悉案情；对公安机关侦查活动实施监督，严把事实、证据关。杨某某故意杀人案，直接证据少，提前介入后，办案人员建议运用侦查实验办法，固定证据，防止因侦查疏漏而放纵犯罪和反复退侦现象，保证办案准确性和及时性，在参与现场勘查和尸检中，办案人员认真负责，发现上级公安人员误将受害人右侧致命伤记为左侧时，当即提出纠正。

1994至1995年，参加整治农村社会治安专项斗争，共投入警力31人次，出动警车2辆，协同公安机关，集中打击盗窃、流氓恶势力、重大暴力犯罪和现行犯罪活动。两年共受理提请批捕案件166件291人，审查批捕149件249人（盗窃案37件66人，强奸流氓案5件9人，杀人3件8人，强奸4件8人，抢劫4件9人，重大伤害9件9人，其他87件140人）；不批捕10件27人，退侦2件4人，撤案5件11人；成立执法检查小组，开展检查工作一百天，翻阅案卷一百册，查纠法律文书比较粗糙等问题4种，向公安、法院提出书面纠正建议12次，口头建议21次，强化执法检查和监督。

1996至1997年，本着“基本事实清楚，基本证据确凿”原则，快捕快诉，严格审查，认真把关，防止错漏，依法从快处理，做到受理前提前介入，受理后及时阅办。两年共受理提请批捕案件162件228人，审查后决定批捕136件185人，不批捕21件36人，撤案2件2人，退侦3件5人。受理杜某某故意杀人案后，办案人员昼夜阅卷，二日内做出批捕决定。李某某以绑架妇女罪移送审查后，办案检察人员认为该李还犯有强奸、流氓、敲诈勒索、诬陷等罪,遂提请批捕李某某非法拘禁案,追加批捕犯罪嫌疑人。杨某某盗窃案,因其作案次数和数额大部分在14岁以前,经检察委员会讨论做出不起诉决定。检院抽调警力60多人次,参与"严打"统一行动;组织11名干部下乡,进行综合治理;加强侦查审判监督,向公安、法院提出口头及书面检察建议13次,追加批捕8人。

1998年,修订后的《刑法》《刑事诉讼法》颁布实施,一些新犯罪案件时有发生,批捕、起诉任务日益增加,盗窃、诈骗、抢劫、侵犯公民人身权利及财产权利犯罪案件呈上升趋势,猥亵妇女儿童、寻衅滋事、签订合同失职被骗、绑架等新型犯罪案件有所抬头,群体性抗法案件增多,检院严格审查,认真把关,防错防漏。全年受理提请批捕案件62件84人,批捕54件74人,不批捕8件10人,所办批捕案件无1件1人提出申诉和申请复议。公安机关提请批捕马某某打击报复证人案,通过审查,该马殴打报复的是另一案被害人路某,路虽是被害人,但并非证人,不能以打击报复证人批捕,但马某某平时多次殴打他人,寻衅闹事,其行为已构成寻衅滋事罪,经检委会讨论,以寻衅滋事罪批捕。

1999至2000年,对杀人、强奸、伤害、抢劫等恶性暴力犯罪和带黑社会性质流氓恶势力、团伙犯罪、重大盗窃、诈骗犯罪及利用邪教组织犯罪,保持高压态势,坚持"一要坚决,二要慎重,务必搞准"原则,实行定案件、定人员、定时间、保质量工作责任制。两年共受理各类提请批捕案件132件202人,快审快批,决定批捕113件170人,不批捕18件31人,公安撤案1件1人。犯罪嫌疑人刘某某违犯交通运输管理法规,无证驾驶大货车高速行驶,致使4人死亡、1人重伤,检院及时派员介入侦查,选派骨干力量加班加点审查,2天时间做出批捕决定。办案中做到审查细、阅卷细、讯问细、核证细、汇报细,严把事实、证据、定性关,保证案件质量。强奸犯罪嫌疑人刘某某提请批捕后,经过审查,刘某某过去与受害人有姘居关系,后因受害人不愿与其继续保持关系而滋事多起,主观上无强奸意图,不构成强奸罪,经检委会研究决定,以寻衅滋事罪批捕。立案监督纠正有案不立、以罚代刑、降格处理等问题,追加批捕13人,要求公安机关说明不立案理由4件5人,向公安、法院发检察建议22件次。县饮食服务公司职工兰某某购买假币5500元,已构成购买、持有假币罪,应负刑事责任,而公安机关只做治安处罚,显属不当,遂发出《说明不立案理由》,并及时通知公安机关立案,突破立案监督空白。

2001年,投入"严打"整治斗争,共受理提请批捕案件89件133人,审查批捕74件114人,不批捕10件13人,追加批捕5人,撤案5件6人,向公安、法院发检察建议29次。同年10月,在办理公安机关提请贾某某盗窃案时,发现涉案人刘某某犯有代购、代销赃物罪,书面建议立案侦查,公安机关未落实。11月18日,发出《要求说明不立案理由通知书》,促使公安机关立案侦查,有效监督立案活动。在审查批捕慕某某等2人故意伤害致人死亡案时,检院发现另有张某某等3人也构成犯罪,遂建议公安机关立案侦查,提请批捕,维护法律公正。

2002年,将打击锋芒指向严重危害社会治安和影响人民群众安全感的三类犯罪(有组织团伙和流氓恶势力犯罪;杀人、爆炸、抢劫、绑架、强奸等严重暴力犯罪;重大盗窃、抢夺、破坏生产等多发性犯罪)，调配警力36人次，参与办理重大刑事案件3件，参加公判大会3次。全年共受理批捕案件55件90人，全部办结，批捕50件84人，不批捕5件6人。在“三类”犯罪案件批捕工作中，检院坚持“两个基本”(基本事实清楚，基本证据确凿)，从快办案，提前介入，批捕案件时限比“严打”前缩短4天。在侦查任某某等四人杀人、焚车、抢劫案中，检察人员提前介入侦查活动，走街串巷，及时了解掌握案情，为准确批捕奠定基础。全年和公安机关召开联席会4次，提出补侦建议27条，坚持定案、定人员、定时间、保质量“三定一保”工作责任制度，对“严打”确定的重点案件，审查批捕3日内办结，不在检察环节贻误战机；深入24个基层派出所，对2001至2002年所办治安案件进行全面检查，发现并办理立案监督2件(盗窃、损坏公私财物各1件)，针对案件中存在的其他问题，发出检察建议21条。

2003至2004年，共受理提请批捕案件108件152人，批捕101件139人，不批捕7件13人；发现侦查机关以罚代刑、有案不立、刑事犯罪案件降格处理等问题，要求说明不立案理由4件6人，通知公安机关立案3件5人；坚持打击犯罪和保护人权并重，严防错捕和漏犯漏罪，依法不批捕5人，追加批捕2人；督促落实办案时限，杜绝超期羁押；对公安提请批捕5件8人，因事实不清、证据不足、情节轻微、不构成犯罪，做不捕处理。

2005至2007年，重点打击严重危害社会治安刑事犯罪，共受理提请批捕案件148件233人(其中本院自侦6件10人)，批准逮捕138件216人，不捕10件17人，其中不构成犯罪2件7人，事实不清1人，无逮捕必要4人，证据不足1件1人，保障公民合法权益；对12件杀人、抢劫、强奸、重大盗窃、恶势力犯罪团伙等重大案件，提前介入，引导侦查，依法监督侦查机关应立而未立刑事案件10件，对应捕而未捕的依法追捕9人，追加漏罪或改变定性6件，确保打击力度，增强群众安全感。

2008至2009年，两年受理批捕案件99件159人，批捕96件153人，其中严重暴力犯罪41人，“两抢一盗”(抢劫、抢夺、盗窃)侵财性犯罪40人，损害妇女儿童、残疾人和农民工等社会弱势群体利益犯罪15人；对群众反映强烈案件，实行优先审查，提前办理；对无罪、轻罪、证据不足的，依法决定不批捕3件6人。犯罪嫌疑人刘某某等六人，在三岔、孟坝、新集一带，先后实施寻衅滋事、故意伤害、盗窃等犯罪行为，横行霸道，为害一方。受理此案后，办案干警加班审查，从快办理，打击犯罪。分管领导亲自参与重大复杂案件办理，亲自参与讯问犯罪嫌疑人；与公安、法院召开联席会议3次，邀请公安领导列席检委会1次，院领导列席审委会1次，加强沟通协调；创新办案方法，在侦监部门建立形式审查制度，受理案件后，由科室负责人先对案件从形式上进行审查，按照难易程度分类，指定专人办理；同时，设立未成年人犯罪案件承办小组，尝试“亲情会见制度”，促使未成年犯罪嫌疑人认罪，收到教育、挽救效果；对过失犯罪尝试“刑事和解”制度，促使犯罪嫌疑人对受害人进行利益补偿，求得受害人谅解，最终达成和解；制订并落实科室集体讨论案件及办案人员脱卷汇报案件制度，凡提交检委会讨论案件，必须有科室讨论意见，办案人员必须吃透案情，脱卷汇报；改进检委会议事制度，扩大列席人员，吸收书记员参会记录，既有利于检委会委员听取意见，又利于提高书记员业务素质；开展“举报宣传周”“社区法律服务”“送法下乡”“法律进村”等法制宣传教育活动，出动宣传车 8 辆次，开展法制宣传 11 场次，举办法律知识讲座 3 次，发放各类法律宣传材料 6000 多份，接待和解答群众法律咨询 2100 多次；选派十多名干警下乡参与矛盾纠纷大排查，调处各类矛盾纠纷 24 件；选派兼职法制副校长和检察干警，在县职业中学和帮乡扶贫村组，协助开展综合治理、青少年维权等工作；依法监督侦查机关应立而未立刑事案件 7 件；对应捕而未提请批捕的依法追捕 4 人，维护法律尊严。

2010 年，惩治犯罪、化解矛盾和维护稳定职能作用，坚持实体与程序并重，打击犯罪与保障人权并重，与公安部门密切配合，履行批捕职责，全年受理侦查机关提请批捕案件 67 件 105 人，批捕 66 件 102 人，不批捕 1 件 3 人；运用宽严相济刑事司法政策，慎重使用逮捕权，减少社会不安定因素。

二、审查起诉　出庭公诉

民国时期，国民党统治区检察机关按照国民政府公布的《刑事诉讼法》规定，由检察官代表国家行使刑事原告权。凡刑事案件均由检察官指挥或命令司法警察进行侦查，侦查终结后，由检察机关提起诉讼。除部分自诉案件外，凡检察机关不起诉案件，法院不得审判。在办案程序上，第一审法院检察官对认定被告为犯罪嫌疑者，应提起诉讼，对不起诉、原告不服的，第一审法院检察官向上一级法院首席检察官申请再议，上一级法院首席检察官认为申请再议有理由者，命令原法院检察官起诉。

抗日战争期间，边区检察员和人民法庭，根据《陕甘宁边区高等法院对各县司法工作的指示》，对经过侦查，认为罪行成立的刑事案件，即向裁判员提起公诉；若认为罪行不能成立，即将案件裁定撤销。解放战争初期，边区部分乡检察小组承担刑事案件侦查和向法院起诉事宜，属特务性质案件由当地保安机关负责提起公诉。

中华人民国和国成立后，镇原县检察机关审查起诉工作逐步开展。20 世纪 50 年代初期，检察制度尚不完备，对反革命案件和干部弄权渎职、违法乱纪案件多数由检察机关直接起诉，少量由公安机关移送检察机关审查起诉。1954 年 9 月，《宪法》《检察院组织法》颁布施行后，依法承担审查起诉业务。1955 年 1~11 月，受理公安机关移送及本院自侦案件 25 起，直接出庭公诉 6 件。

1956 年 8 月，根据甘肃省第四次检察工作会议要求，纠正不审核起诉错误作法。当年受理公安机关提请审查起诉案件 51 起，经过审查，决定起诉 46 件，不起诉 4 件，正在审查 1 件。

1957 年 9 月起，“左”的错误倾向在检察工作中开始抬头，法律监督职能削弱。全年受理公安机关移送起诉各类案件 105 件 120 人，审结 85 件 92 人，决定起诉 68 件 75 人，不予起诉 8 件 8 人，退回侦查或转处 7 件 7 人，发还公安机关补充侦查 2 件 2 人；正在审查 13 件 21 人，待处理 7 件 7 人。决定起诉案件，全部向法院提起公诉，先后出席预备庭 48 次、公判庭 55 次、法院自诉案件会议 6 次，配合法院打击和惩处反革命和其他犯罪分子。

1958 年，在“大跃进”中，审查起诉工作程序被打乱，办案追求高指标、高速度，起诉对象猛增,全年共起诉各类案犯191人,起诉118人,免予起诉1人,不起诉1人,事实轻微转法院管制9人,转做其他处理39人,尚在侦查23人。1959至1961年,共受理审查起诉案件643件742人,免予起诉5人,不起诉6人,正在审理50人,起诉加刑2人,出庭支持公诉223次266人。

1962至1963年,纠正"左"倾错误,审查起诉业务加强。1962年,为提高审查起诉案件质量,庆阳检察分院在全区推广宁县检察院办案经验。1963年,分院两次召开全区检察业务工作会议,贯彻最高人民检察院《关于审查批捕、审查起诉、出庭公诉工作的试行规定》,县检察院实行起诉案提讯被告人制度。两年共受理起诉案107件129人,经审查起诉法院99件120人,免于起诉1件1人,尚在审查4件4人,退回补侦1件1人,撤回2件3人。出庭支持公诉46次60人,审查判决55件。检院结合农村"社教"运动,配合兄弟部门在屯字、平泉参加公诉、公判大会两次,检察长支持公诉,有理、有据发表公诉词,揭发犯罪,宣传法纪,受教育群众9896人。

1964至1966年,共受理公安机关移送起诉案件99件125人,经审查决定起诉120人,事实不清、退侦1件2人,免于起诉2人,不作起诉1人;派员出庭支持公诉65人次,复查判决76份。1966年,抽调两名人员,配合公安机关携卷深入案发地,依靠群众力量,在3个月内查清长期积压案4件5人,已起诉法院4人,呈报待批1人。1967年,检察机关军管后,审查起诉业务由军管会主持。1968年审查起诉业务中断。1978年8月,恢复开展审查起诉业务。

1979年,受理起诉案件23件23人(公安移送起诉案件22件22人,本院自侦起诉案件1件1人),其中致死、致成人命9人,奸淫幼女、行凶打人、伤害、贩卖大烟各2人,贪污、流氓、盗窃、责任事故、纵火、迷信诈骗各1人。起诉16件16人,免于起诉1件1人,不起诉3件3人,退回补充侦查2件2人,撤回1件1人,出庭支持公诉15次,发表公诉词11篇。

1980年,刑法、刑事诉讼法正式施行,既坚持"从重从快"打击刑事犯罪、整顿社会治安,又严格依法办事、确保办案质量。全年受理公安机关移送起诉各类刑事案犯80人,审结77人,决定起诉62人,免予起诉2人,不予起诉10人,撤诉3人,出庭支持公诉49次,发表公诉词37篇。

1981年,共受理起诉53案77人(故意杀人1案1人,故意伤害7案9人,抢劫2案6人,抢夺1案1人,盗窃28案37人,窝赃3人,神汉借迷信造谣诈骗3案6人,赌博4案6人,违反危险物品管理规定、拐卖人口、遗弃养父各1案1人,诈骗2案2人,车肇2案3人),其中公安机关移送51案75人,法院移送2案2人。审结51案75人(呈报分院起诉1案1人,决定起诉45案66人,免予起诉3案3人,不起诉1案4人,退侦1案1人),正在审查2案2人。检院出庭支持公诉39案58人,发表公诉词30篇;对拘留转捕超过法定时限2案2人,给公安机关发纠正违法通知书;通过对法院判决逐案审查,没有发现畸轻畸重问题。

1982年,受理公安机关和本院移送起诉案件67件91人(故意杀人、强奸、抢夺各2案

2人，抢劫6案12人，故意伤害12案13人，盗窃18案26人，交通肇事5案6人，神汉以迷信造谣诈骗4案5人，投机倒把2案5人，贪污2案4人，伪造、贩运国家货币1案2人，重婚、毁坏财物各1案1人，玩忽职守1案2人，赌博、诈骗各4案4人），审结64案86人，决定起诉56案76人，上报分院审查起诉3案3人，免予起诉2案4人，不予起诉1人，撤销2案2人。检院出庭支持公诉54次，发表公诉词43篇；在审判监督中，对法院判决遗漏犯罪案件抗诉1件、错判3案，发出检察建议书；对案情重大、犯罪手段恶劣和社会危害性大案件，有针对性发表公诉词34篇，既揭露犯罪，又教育群众；在开庭审理姜某某等9人抢劫案时，出庭公诉人研究案情，知悉罪犯全部是25岁以下青少年，分析其作案心理特点，准备公诉词和答辩提纲，在公诉发言和答辩中，分别就其作案动机以及造成社会危害性，作有理有力公诉发言，使旁听群众受到教育；对免予起诉案件，执行争取和改造政策。被免诉人张某某故意毁坏财物案，工作人员深入当地，召开全大队社员会议，宣布案件和免诉理由，讲解法律常识，群众深受教育。

1983年8月，“严打”斗争开始后，为保证侦查活动依法进行，防止冤错案件发生，集中本院干警支援“严打”，组成审查起诉队伍，加快办案节奏。全年受理移送起诉案件148件247人，审结147案246人，其中上报分院审查起诉2案6人，决定起诉128案220人，免予起诉5案5人，不诉8案9人，退侦4案6人；正在审查1案1人。检院出庭支持公诉142次，口头向公安机关提出纠正违法建议12次，发《纠正违法通知书》3份。

1984至1991年，共受理移送审查起诉各类案件557案831人，审结541案801人，其中决定起诉442案628人，免予起诉26案49人，不予起诉11案22人，退回补侦30案48人，移送分院审查15案28人，做出撤诉6案8人，审查起诉自侦案件11件18人（法纪案件2件3人，经济案件1件3人）。

1992至1994年，受理移送起诉案件205案310人，审结192案306人，其中审查起诉168案250人，免诉15人，移送上级检察机关审查起诉13案22人，不诉3人，退侦11案16人。1992年，加强对侦查、审判、判决、裁定审查，口头和书面提出检察建议5条，均被采纳；对量刑畸轻畸重案件，依法提起抗诉。7月，以故意伤害罪起诉的任某某，法院判决无罪释放，本院依法提出抗诉，中院二审改判，以故意伤害罪判处其有期徒刑3年。

1995年，受理起诉案件79件122人，经审查决定起诉67件98人，免诉4件8人，移送分院审查起诉大案6件11人，撤案2件5人；加强公诉工作，提高公诉水平，出庭64次，发表公诉词37篇。11月，对抢劫案土犯杜某某判刑畸轻问题，向市中院提出抗诉。脱某某等三人互相勾结，横行乡里，每次借过乡会唱戏之机，寻衅滋事、殴打村民、敲诈勒索，在泾川红河哈家寺唱戏期间，采用诱吓、威逼等手段强迫三名女青年看黄色录像后实施强奸，在当地影响极大。起诉阶段，办案人员多次提审人犯，审核证据，认定罪犯不仅有强奸罪，而且还犯流氓罪和敲诈勒索罪，数罪并罚，进行打击，有效遏制此类犯罪发生蔓延势头。

1996至1998年，共受理公安和本院自侦起诉案件226件303人，经审查向法院起诉189件254人，免诉7件8人，不起诉6件11人，移送检察分院审查18件22人，撤案1件

1人,退侦5件7人。1997年,《刑事诉讼法》修改实施,庭审方式改变,公诉水平提升。公诉人员熟悉案情和法律依据,弄清犯罪事实与证据之间内在联系,出庭时仪表整洁,精神饱满,语言流利,抓住关键,牢牢掌握主动权。在出庭公诉田某某、李某某抢劫案时,两被告当庭翻供,辩称其行为是"偷"而不是"抢",公诉人依据事实和法律,据理指控,巧妙发问,使其哑口无言,最终如实交代用铁链和钢管抢劫作案犯罪事实,弘扬法制;通过分院提出抗诉4件4人(上级法院改判1件1人),追加起诉1人,加强审判监督。

1999年,开展"执法效果年"活动,受理移送审查起诉案件63件80人,全部审结,其中向法院起诉49件65人,不起诉6件7人,移送分院审查7件7人,退侦1件1人。案件准确率和结案率均达到100%。年内从速起诉、惩处重大恶性暴力犯罪23人。许某某、张某某故意杀人两案,办案人员加班加点审查,七日内做出移送分院审查处理决定;严格审查起诉盗窃、诈骗犯罪嫌疑人37人,通过分院提请抗诉案4件7人,中院改判1件1人;办理姚某某、毛某某等人盗窃案过程中,办案人员详细阅卷、询问犯罪嫌疑人和补充侦查,发现姚、毛等人1992年参与盗窃,虽数额较大,但作案后公安机关未立案,也未采取强制措施,受害人亦未提出控告,五年后1997年追加二犯罪嫌疑人,已过法定诉讼时效,依法作出绝对不起诉决定。

2000年,全年受理各类起诉案件69件109人,经审查,起诉法院判处58件95人,不起诉6件9人,退回补侦3件3人,移送分院审查1件1人,撤回申诉1件1人。追加漏诉1人,提请抗诉1件1人;起诉准确率、结案率达到100%。赵某某盗窃案,办案人员审查发现,该赵先后在宁夏彭阳县及本市庆城、西峰、镇原等地盗窃作案60余起,销赃至平凉、泾川、宁县等地,数额巨大,且案情复杂,加之其他同案犯均外逃,证据相对薄弱,无法印证,难以定案。办案人员四赴宁夏彭阳县,两次去平凉、泾川、庆城等地,走乡串村寻找有关当事人,获取有力证据,使其得到应有惩罚。

2001年,受理审查起诉案件77件110人,提起公诉61件91人,移送分院审查4件4人,不起诉1件3人,退侦9件10人,公安撤案1件1人;提请抗诉1件1人。年内保持结案率、准确率双百成绩。重大、疑难、复杂案件实行庭前演练,出庭公诉高标准。在公诉省院挂牌督办郭某等四人重大抢劫恶势力团伙犯罪案件时,承担公诉两名主诉检察官在庭前拟写答辩提纲12条,精心组织模拟法庭演练,出庭公诉十分成功;对不起诉案件实行公开审查,雷某某偷税案邀请人大、政协、地税局、经委等有关单位,召开公开审查会,广泛听取意见和建议,不仅增强办案透明度,而且补充有关证据,保证案件公正审理。

2002至2004年,受理起诉案件207件288人,全部审结,提起公诉164件231人,不诉15件18人,移送市检察院审查14件19人,退侦9件13人,撤案4件6人,终止审查1件1人。三年无错捕错诉案件,准确率达100%;加强刑事抗诉力度,办理提请抗诉案件2件。2004年,加大对刑事犯罪审查力度,注意深挖犯罪嫌疑人余罪,追诉犯罪嫌疑人余罪5起;办理立案监督案3件3人,起诉后均被法院予以支持。犯罪嫌疑人白某某、朱某某过失致人死亡案,经审查,被害人死亡与犯罪嫌疑人行为没有刑法上的因果关系,故不认定为犯罪，做不起诉处理。犯罪嫌疑人李某某因庄基纠纷和邻居发生冲突，被害人半月后死亡。公安认定被害人是殴打后诱发“克山”病死亡，经审查，没有证据证明被害人“克山”病系殴打诱发，无法认定犯罪嫌疑人责任，故不予起诉。

2005年，重点打击危害社会治安的严重刑事犯罪，对杀人、抢劫、强奸、重大盗窃、伤害、恶势力犯罪集团等重特大案件，依法从重从快处理。全年受理移送审查起诉案件49件82人，提起公诉45件76人，不起诉2件4人，退查2件2人，全部提前办结；对严重刑事犯罪案件30件55人，起诉法院后均作有罪判决；严惩破坏市场经济秩序犯罪活动，从重、从严打击扰乱金融秩序、金融诈骗等危害人民群众利益犯罪。原镇原县裕顺有限责任公司法人王某某，以高额利息为诱饵，非法吸收公众存款1318万多元，受骗群众100多人，造成300多万元经济损失无法挽回，其中一人因索要存款未果而自缢身亡，社会影响大，受骗群众多次上访。案件受理后，检院抽调骨干力量，协助侦查，快审快诉，对其绳之以法，稳定受害群众情绪；对应诉而未诉的，依法追诉2人，追加漏罪1件；对无罪、罪轻或证据不足的，依法决定不起诉，保障公民合法权益。

2006至2007年，受理移送审查起诉案件113件170人，经审查提起公诉98件146人；对16件暴力犯罪，采取快捕快诉、提前介入和公诉引导侦查办案，提高办案质量和效率。犯罪嫌疑人郭某某，在平泉、新城一带，横行霸道，无恶不作，犯强奸、故意杀人、寻衅滋事、敲诈勒索、非法持枪等罪行，为害一方。受理此案后，办案干警加班审查，从速处理，移送审判后数罪并罚，给予严厉打击。

2008年，受理起诉案件64件97人，审查后提起公诉52件81人，不起诉1件1人，移送市检察院审查起诉4件7人，退回补侦5件5人，正在办理2件3人。在办理王某抢劫案中，检院审查了解王某系未成年人，来自农村，家境贫困，在校表现较好，属犯罪预备形态，有从轻情节，被害人也多次请求从轻处理，且其家属积极赔偿被害人损失，取得被害人谅解，故依法对王某做不起诉处理，并建议学校让其继续上学。年内通过列席法院审判委员会、发检察建议、抗诉等方式，加强对有罪不判、重罪轻判、有罪判无罪监督，追加漏罪和改变定性9件，对法院判处一起量刑畸轻案件，提请市院抗诉得到支持。

2009至2010年，受理审查起诉案件186件320人，其中提起公诉166件287人，不起诉6件11人，移送市院审查起诉9件15人，退回补侦4件6人，撤诉1件1人。检院改变就案办案陈旧观念，把握好严格执法、区别对待和注重效果基本要求，对严重刑事犯罪坚决严厉打击，做到该严则严；对主观恶性小、犯罪情节轻微的未成年犯、从犯、偶犯和过失犯坚持教育、感化和挽救方针，慎重使用起诉权，做到当宽则宽；探索轻罪案件不捕直诉、未成年人犯罪案件分案审查和轻微刑事案件庭前和解等机制，给予犯罪嫌疑人轻缓处罚，最大限度地减少社会对抗，促进社会和谐。

第三节 经济检察

一、查处贪污 贿赂等案件

1951年，配合公安机关、人民法院等部门办理贪污、敲诈等类案件中，查处区、乡个别干部利用收税开大头小尾票(纳税者一联数额大，存根一联数额小)、高报条据、盗卖公粮等问题。平泉粮库主任俱某，盗卖公粮(小麦)6次1415公斤，为弥补短缺，将变质报销1695公斤坏粮掺在好粮食内，致使粮库低价出售，给国家造成经济损失1500多元，给予惩处。1952年"三反"运动中，临泾、屯字、中原、新城、太平5个区39个乡，查出有贪污行为296人，贪污款4951.62元。1953至1961年，通过政治运动解决相关问题，检察机关再未接触和查处贪污、贿赂案件。

1962年，侦查贪污、投机倒把案7人，其中贪污6人，投机倒把1人，通过侦查呈报批捕6人，其中贪污5人，投机倒把1人。1964年，受理国家机关工作人员、基层干部贪污盗窃案12件12人，全部查处。7名贪污盗窃案犯贪污盗窃粮食7631.5公斤，全部追回，贪污现金24042.68元，追回9901.61元。"文化大革命"期间，未单独查处贪污、贿赂案件。

1980至1981年，组织人员对县级商业、工交、供销、金融、建筑系统16个单位和孟坝、湫池等8个公社进行调查，发现经济贿赂案件线索19起，立案侦查3起，对有关人员侵占商品、随意提价等问题，建议有关部门做党纪、政纪处分。

1982年，贯彻中共中央、国务院、全国人大常委会《关于打击经济领域中严重犯罪活动的决定》和《关于严惩严重破坏经济犯罪的决定》，十次派员对屯字、曙光、孟坝、新集、中原、太平公社和农副公司等单位进行调查，发现经济案件线索10起，立案侦查4案4人，挽回经济损失21007元，逮捕犯罪嫌疑人4人，起诉法院，做有罪判决3人，正在审查1人，正在调查1案3人；不够立案标准5案6人，转有关部门处理。

1983年，发现案件线索10起，立案侦查7起(贪污6起、盗伐林木1起)，其中5案逮捕10人，起诉9人，法院对8人做有罪判决，1人做无罪判决(检察院已提出撤诉，中级人民法院正在审理)，免予起诉1人，正在侦查2案2人。1984至1987年，受理经济案件线索28件，通过查处，为国家和集体挽回经济损失85787.48元。

1988年，贯彻中共中央关于"治理经济环境、整顿经济秩序"精神，查处和打击贪污、行贿受贿、偷税抗税、投机倒把等经济犯罪活动。全年受理经济案件线索3件，立案侦查2件，起诉法院做有罪判决2案2人，为国家和集体挽回经济损失13200元。5月，受理原屯字食品站职工秦某某伙同屯字镇个体户张某某等贪污案件，派2名检察员前往新疆库车县等地，用20多天时间，查阅账据，询问证人，查明秦某某等人利用去新疆库车县给食品站收购杏干之机，采取更换发票提级提价手段贪污公款6781.78元三人均分犯罪事实。在审讯被告秦某某中，检察员采取政策攻心方法，讲法明理，击中要害，使其不仅交待上述犯罪事实，而且主动交待其在三岔食品站工作期间贪污羊绒款1400元问题，并主动交回赃款7181.80元。

1989年,最高人民检察院、最高人民法院《关于对犯有贪污、受贿、投机倒把等经济罪行的人必须在限期内自首坦白的通告》颁布后,检院立即召开院务会议,讨论制订宣传贯彻措施,翻印"通告"600多份,下发各单位和各乡镇、行政村,广为张贴,办板报四期,出动车辆到屯字、平泉、三岔、孟坝、县城等镇点进行宣传。10月中旬,一名副检察长深入县城商业、供销、文教系统,宣讲"通告"精神,并发表广播讲话,督促有各种经济犯罪行为人尽早投案自首;通过宣传教育,发动群众,受理经济案件线索11起,经调查立案7案10人,查结5案7人,涉及犯罪金额205840元,挽回经济损失89530元。8月15日到10月31日,收到群众举报经济犯罪线索6件,接受投案自首1人,自动交待、退赃3人,涉及犯罪金额80000多元,收回赃款17000多元。税务检察室成立后,参与财务、物价、税收大检查,开展打击偷漏税犯罪活动。全年受理偷漏税案9起,审查立案3起,查出偷漏税额43097.45元,全部追回。

1990年,按照高检院"一要坚决,二要慎重、务必搞准"方针,将反贪污、贿赂犯罪斗争作为打击经济犯罪活动重点,集中精力查处大案。全年受理经济犯罪线索10件,其中科级干部3人,共产党员6人,立案侦查3案9人,其中贪污、贿赂1件,偷税2件,查结2件,起诉法院判处1案4人,不予起诉2人,移交有关部门做党纪、政纪处理6人,为国家挽回经济损失40684.61元。税务检察室配合有关单位,深入基层,宣传税法,寻找案源,受理偷、抗税案件线索6件,立案侦查2件,查出偷、漏税款67036.31元,追缴32795.41元。

1991至1992年,受理经济案件线索7件,立案5件,全部侦结,为国家挽回经济损失58020元;协助税务部门办理税务案件线索1件,协助法院查处中院发回重审税务案1件,帮助税务部门追缴偷、漏税款102900元;配合大检办,深入317个国营集体企业、77户乡镇企业和240家个体户,查出违纪金额62000多元,补征税款53790元,加收罚款32500元。

1993年,将"严格执法、狠抓办案"作为检察工作指导方针,将反贪污贿赂放在各项工作首位,共受理各类经济犯罪案件线索15件,立案7件8人,其中重大案件5件6人,全部查结,为国家和企业挽回经济损失128700元。年初,结合"二五"普法,配合税务局宣传《税收征管法》和《关于惩治偷税抗税刑事犯罪的补充规定》等法律法规,增强公民纳税意识,查处偷漏税案件8起,追回税款11339.49元。5月,县检察院成立"驻兰州黄河啤酒公司镇原分厂税务检察室",实行财务监督与合同跟踪,到有关科室和陕西、宁夏等103个销售网点,进行调查研究,了解到该厂驻庆阳经销部经理许某某2年拖欠款11万余元去向不明,以贪污立案侦查,查明其贪污、挪用公款5.4万余元,用于赌博、吸毒、嫖娼等犯罪事实,为企业挽回经济损失4万余元;协助厂里解决经济纠纷20起,回收各类拖欠货款1200多万元。9月,查处河北房某在三岔收购羊绒案,依法追加各种税款5519.36元;配合财务、税收、物价大检查,收回拖欠税款30多万元;贯彻最高人民检察院《关于对假冒商标案查处工作的通知》精神,将"打假"作为打击经济犯罪主要任务,查明两王姓非法生产销售假冒镇原果品厂

“采宝”牌杏肉事实，捣毁生产假冒伪劣产品窝点。

1994至1995年，受理贪污贿赂等经济案件47件，立案12件16人（大要案2件5人），全部查结，其中贪污9件13人，挪用公款、受贿、抗税各1件1人，为国家挽回经济损失79.1万元；贯彻省地检察长和国税局长会议精神，查处抗税案7件3人，查结4件，立案1件1人，罚款2250元；协助国税局催收个体户欠税9170.94元，收回耕地占用税3万多元，追缴税款5.34万元。

1996年，学习落实最高人民检察院《1996年检察工作要点》，院党组提出“稳中求发展，再上新台阶，办案扬检威”工作思路和“多办案，办好案，办大案要案，保七争九”目标任务，采取“抓举报、抓侦查、抓重点、抓追赃、抓建设”新举措，形成综合优势，从立案到侦查，领导直接参与，跟班作业，起到协调、指导、排忧解难、消除干扰和模范带头作用；落实“三抓一包”（主要领导亲自抓，分管领导全力抓，其他领导协调抓，干警分组包案）和“三定一保”（定任务、定人员、定时间、保质量）责任制。全年受理经济案件线索21件，立案10件13人（万元以上大案6件9人），其中贪污3件5人，受贿4件4人，挪用公款3件4人，全部侦结，决定起诉3件4人，免诉6件6人，撤案1件3人，挽回经济损失99.44万元。

1997年3月，反贪局成立，反贪污贿赂工作逐渐走向经常化、规范化、法制化轨道。检院强化侦查措施，秘密案件专人专管，负责到底，单线汇报案情，严格控制知情面，避免犯罪嫌疑人逃跑、自杀、串供等意外情况发生，保证各类案件顺利查处。全年受理各类经济案件线索27件，立案侦查11件13人，其中贪污7件9人，受贿、挪用公款各2件2人。侦结10件12人，挽回经济损失50.37万元；受理涉税案件线索7件7人，其中立案侦查2件2人，挽回损失14.3万元。对不构成犯罪违法违纪案件，采取发检察建议、召开座谈会反馈情况方式，帮助发案单位整章建制。全年发检察建议8次，召开座谈会4次，帮助发案单位制订整改措施10条。

1998年，受理各类经济案件线索20件，立案侦查挪用公款案4件4人，其中5万元以上大案1件，50万元以上特大案1件，全部侦结，移送审查起诉3件3人，挽回经济损失16万元。办理县物资总公司所属机电公司、西安转运站、物资再生资源利用公司负责人秦某某、张某某、李某某三人涉嫌贪污、挪用、渎职案中，检察员历经2个月艰苦细致初查，初步掌握一些犯罪证据后，及时向县委、县政府汇报，抽调检察、公安、法院、税务、审计等部门十多人组成专案组，分赴新疆、辽宁、广州等地查证，破获县物资总公司西安转运站负责人张某某涉嫌挪用公款72万元和物资再生资源利用公司经理李某某挪用公款7万元等大案四起。

1999年，将惩治贪污贿赂等职务犯罪摆在突出位置，重点查办“三机关一部门”及国有企事业单位和乡镇站所发生的经济犯罪案件。全年受理各类经济案件线索6件，立案侦查5件8人，其中大案1件4人，全部查结，移送起诉，挽回经济损失40.62万元。查处殷家城粮所原主任王某某和湫池粮所原主任张某某，利用粮食流通体制改革中制度不全贪污和挪用公款；三岔供销社职工张某某侵吞化肥销售款2万余元；太平乡原党委书记罗某等人，利用群众诉讼农电线路权益之机，挥霍侵吞公款30多万元，维护了经济秩序，保证了改革顺利进行。

2000至2001年,共受理各类经济案件线索32件,立案16件16人,全部查结,移送起诉,挽回经济损失134万元。年内派出十多个办案组,深入乡镇基层单位,摸排线索2件,对初查线索深挖细查,挖窝带串,扩大案源,在查办三岔镇干部段某某贪污案时,带出4件有价值经济案件;探索查办职务犯罪新机制,实行检察长带头办案,副检察长分组包案制度,从批捕、起诉等部门抽调精兵强将,组成特别"初查队、侦查队、预审队",合力会战,七、八两月,立案侦查贪污案件6件6人,挽回经济损失43.6万元。

2002至2003年,两年共受理贪污贿赂案件线索23件,立案查处16件22人(大案4件8人)。其中贪污9件14人,挪用公款7件8人,挽回经济损失201万元。在查办夏某某、牛某某等人贪污、挪用公款犯罪案件中,办案历时一个月,检察员六次往返于新集乡和庆城县之间,谈话100多人次,制作笔录近20万字,搜集大量证据,为准确定案奠定基础。在办理工行李某挪用公款、贪污案中,检院经过外围调查,初步掌握其犯罪证据后,出其不意传唤到案,12小时内突破,并及时与工行联系,移交李某业务。被偷支挪用储户刘某,声称要找有关媒体曝光,办案人员多次耐心说服,使刘某放弃曝光打算,维护银行信誉,保护正常业务开展。

2004至2005年,共受理贪污贿赂等犯罪线索32件,立案查处17件23人,其中贪污8件12人,受贿2件2人,挪用公款5件6人,私分国有资产1件3人,玩忽职守1件,为国家挽回经济损失56万元。随着县内石油勘探开发,油区职务犯罪案件呈上升趋势,个别村干部与油田土地协调人员相互勾结,虚报征用土地面积和青苗附属物,骗赔、索贿等问题比较突出。检院以此为重点,查处油区职务犯罪案件3件(贪污2件,受贿1件)。在查处兰某贪污线索时,办案干警顽强奋战,深挖细查,不但挖出兰某和席某等三人共同贪污犯罪事实,还挖出长庆石油钻井处对外协理员李某受贿案件。

2006至2010年,初查贪污贿赂等犯罪线索69件,立案40件62人,其中贪污22件35人,行贿受贿6件6人,挪用公款3件3人,私分国有资产2件8人,其他7件10人;涉及科级干部5人。全部侦查终结移送起诉,为国家挽回经济损失139.49余万元,并抓获潜逃犯罪嫌疑人1人。2008年,派出检察干警,配合工商、税务机关,从查账入手,检查群众有反响单位5个,排摸线索2件;将查处退耕还林、民政、医疗卫生等领域涉及民生案件作为重点,在下乡排摸线索中,发现上肖乡梧桐村村民对退耕还林款发放反响比较大,部署力量,展开侦查,5天时间侦破杨某某贪污退耕还林款案。

二、反渎职侵权

1953年,"三反"运动中,发布通告、动员群众控告揭发违法乱纪分子,召开检察通讯员会议,收集反映违法乱纪典型材料。2月,公安局干部王某到马渠区三乡调查一贯道分子利用"水潭"事件搞迷信活动问题,不深入调查,只偏信坏分子惠某捏造,遂组织7名村干部对苏某等4名无辜群众进行刑讯逼供,被诬为一贯道点传师苏某,受连续两天两夜罚其两腿半分弯站立体罚不支,乘人不备,跳崖自尽。对这起人命案件,县法院只判坏分子惠某有期徒刑4年,而主犯王某仅做教育释放处理,庆阳检察分署发现后,提出重新审理。经县检察署调查起诉,法院于同年9月在马渠区召开群众大会,公开处理,判处王某有期徒刑3年,给死者家属赔偿损失80万元(旧币)。

1954年,查处干部渎职、乱捕乱押、刑讯逼供、包庇地主、反革命分子以及奸污妇女各类违法乱纪案件,纠正一些部门及下属单位和个人违反法令、法规等问题。三岔区一乡工作组长(公安助理员)贾某、乡长姚某等,在处理一离婚案件中,私设公堂,将当事人杨某表兄、叔父、婆婆3人传到乡上连审3昼夜,指名问供,逼杨表兄承认离婚是他挑拨的,激化矛盾,致杨回家后,被婆婆连砍3刀,杨的表兄跳崖,杨的叔父上吊(经抢救3人均脱险)。经侦查起诉法院,贾某被依法惩办。

1955年,根据地区公、检、法《分工协作的共同协议》决定,国家工作人员贪污渎职、侵吞财产、侵犯公民权利、玩忽职守造成人命和财产重大损失案件由检察机关负责受理、侦查起诉。1958至1961年,干部违法乱纪案件增多,侦查工作基本处于停顿状态。

1962至1968年3月,重点查处干部打击报复、刑讯逼供、乱捕乱押、乱拘留等各类违法乱纪案件。“文化大革命“中,查处干部违法乱纪工作中断。

1980至1985年,24次派员深入孟坝、新集、中原、开边、临泾等26个公社(乡镇),开展法纪调查,发现案件线索32件,立案侦查非法搜查、玩忽职守案件各1起,逮捕1人,其他罪行轻微的,转有关部门做党纪、政纪和其他处理。1983年4月,孟坝医院医生陈某在对一女患者进行剖腹产手术时,因粗心大意将手术巾缝合在腹腔内,以致伤口感染化脓,反复手术4次,导致中毒性心肌炎死亡,查证后,以玩忽职守罪起诉法院,判处陈某有期徒刑2年,缓刑3年。

1986至1989年,受理侵犯公民权利和渎职犯罪案件线索34起,立案查处9案14人,侦结8案13人,正在侦查1案1人;免于起诉2案2人,不够立案标准3案4人,转其他部门处理。农副公司原经理李某某、采购员张某某在广东购销活动中,被骗48万元,给企业造成损失大,在上级检察院支持下,立案查处。

1990至1991年,印发《关于清理法纪方面问题的通知》和《各类侵权、渎职案件统计表》及法纪宣传材料,发往乡镇和县直各单位,鼓励群众举报。两年共受理各类法纪案件线索16件,立案侦查5件,其中非法侵入他人住宅、玩忽职守案件各1件,其他案件3件,均侦结起诉。1991年5月19日下午,县造纸厂大修期间,漂洗机刀辊轧死女工胡某某。接到报案后,公、检抽调4名办案人员赴发案地,勘查现场,连夜寻找当事人,和证人谈话,了解情况,获取证据,认定为一起重大责任事故,将直接责任人范某某逮捕,对负有一定责任的刘某建议做行政处理。

1992至1994年,共受理法纪案件线索13件,其中非法侵宅7件,渎职2件,责任事故1件,其他案件3件,全部查结处理,立案侦查7件,逮捕1人。1993年9月4日,受理许某元、许某红非法侵宅案件,经侦查,其两人以退婚返还彩礼为由,伙同他人撬门扭锁,强行闯入颉某某家,拉走粮食1500公斤及牛羊等,并将受害人打伤。检院立即做出批捕,对涉案其他人,根据不同情节,依法给予相应处罚。

1995 年,共受理法纪案件 12 件,全部查结处理,立案办结 1 件。2 月 27 日,未婚女青年段某某认为自己怀孕,到县一院让无岗待聘职工刘某某给自己做堕胎手术,导致病情加重,于 3 月 26 日抢救无效死亡。公安机关受理后,认为是重大责任事故,移送县检察院办理,经办案人员审查,认为重大责任事故主体不符,刘某某没有医生职称,宜定过失杀人,重新移送公安机关。公安机关坚持己见不受理,最后,呈报分院审定为过失杀人,确保罪名与法律规定相适应。10 月 3 日,武沟乡冯坽村女村民陈某某,以其弟王某某家猪吃自家荞麦为由,与弟妻发生口角,并相互撕打,后又闯入王家,胡打乱闹。接到报案,办案人员赴现场实地调查,查清两家因琐事积存矛盾较深,导致双方矛盾激化。陈已自断一手指发狠,陈夫扬言,如果其妻被捕,他要斩草除根,杀绝王的一家。陈的行为虽属违法性质,但如果处理欠妥,则会出现恶性后果,办案人员配合村干部,权衡利害,采用谈心式方法批评教育,以诚相见,进行调解,出现被告向原告认错,原告给被告道歉,双方握手言和感人场面,受到当地干部群众称赞。10 月 5 日,内蒙古前旗县张三,因经济纠纷将庙渠乡四合行政村毛某某 14 岁儿子哄骗出家,强行拘禁到内蒙古乌海市乌达区。接到报案,检院及时组织干警,前往内蒙古解救。在办案中,因是异地救人,受地方保护主义影响,办案人员遭到谩骂围攻,但毫不畏惧,配合当地执法机关,机智地将人质解救回家,当事人为检察院特赠"执法如山、为民服务"锦旗一面。

1996 年,根据司法人员滥用职权、动辄训人、滥用戒具、非法拘禁、伤害、刑讯逼供等问题,加强检察监督职能,受理案件线索 17 件,立案侦结 3 件。4 月,县中医院工地发生塌方事故,造成 3 死 1 伤惨重后果。接案后,检院派员现场调查取证,排除疑点,确认事故原因为管理人员违章指挥、盲目冒险作业所致,追查事故责任者王某。方山派出所干警许某某在处理一起治安纠纷时,不分清红皂白,将双方当事人加戴手铐,其中一方当事人铐在电杆上达 20 多小时,几乎酿成严重后果,严重侵犯公民民主权利和人身权利,在查清事实后,许某某移送公安部门处理。

1997 年,全年受理法纪线索 12 件,其他线索 5 件,立案 2 件 3 人,转有关部门处理 12 件,存查 3 件,侦查终结 1 件 2 人。孟坝派出所所长、指导员,为使一熟人逃避法律责任,将一起重大团伙诈骗案做罚款处理,致使犯罪嫌疑人逍遥法外,继续作案。案件突破后,在政法部门引起强烈反响,填补查办徇私舞弊案件空白。

1998 年,受理法纪案件线索 7 件,其他案件线索 4 件,全部初查完毕,向有关部门发检察建议书 7 份。8 月,接到屯字汽车站职工张某某举报屯字工商所工作人员非法拘禁线索后,办案人员急赴发案地,经过十余天外围初查,查明屯字工商所工作人员虽未构成非法拘禁罪,但在工作中方法简单粗暴,采取措施不当,有滥用权力问题,建议对 4 名违纪职工做违纪处理,并及时向县工商局发出检察建议书。

1999 年,深入到税务、金融、土管、工商、乡企、建筑等部门,进行法制宣传,开展职务犯罪预防工作,向有关部门发检察建议 6 份。研究职务犯罪成因、特点及对策,撰写有关职务犯罪预防工作调研材料，被市检察分院、省检察院内刊采用，在全区、全省推广，并被《检察日报》刊载。

2000年，深入重点、热点行业，进行法制宣传教育，与纪检、监察、审计等部门加强联系，摸排线索，寻找案源，与公安、林业、工商、税务、土管、保密、质监等部门配合协作，建立完善案件移送工作机制，为查处职务犯罪奠定基础；实行检察长亲自抓，党组成员配合抓，部门负责人具体抓的工作机制。全年受理案件3件，立案侦查2件4人，查结移送起诉1件。5月，县公安局刑侦大队，在中原乡田站行政村办理一起拐卖儿童案时，因办案人员玩忽职守，疏于防范，使1名犯罪嫌疑人自杀，死者家属煽动不明真相群众抬尸闹事。接县委指示后，3名检察长带领9名干警赶赴发案地，一边调查取证，一边耐心细致做当事人思想工作，既查清案情，又化解矛盾、平息事态，受到县委肯定和社会各界好评。

2001至2004年，共受理各类渎职侵权案件线索14件，立案4件，其中滥用职权1件，玩忽职守1件，全部查结移送起诉。朱某某、陈某某玩忽职守致3死16伤重大案件线索，经过思想工作，稳定受害家属情绪，未予上访。

2005年，查办渎职侵权案件，保障人权，促进依法行政，受理初查渎职侵权案件线索7件。4月，与县安监局配合，复查引发的非正常死亡11起，摸排渎职案件线索1件。10月，对某行政执法部门玩忽职守问题立案侦查。

2006至2010年，共受理渎职侵权案件线索6件，其中非法拘禁1件，玩忽职守1件，渎职侵权4件，初查立案5件6人。

三、预防职务犯罪

2002年以前，预防职务犯罪工作由反贪、控申等部门查办，没有专门预防职务犯罪机构。2002年，省检察院下发《关于进一步加强预防职务犯罪工作的决定》，成立预防职务犯罪协调领导小组，建立联席会议制度，检察院设职务犯罪预防科，在金融系统、电力部门设立预防职务犯罪办公室，开展党风廉政、预防腐败信息情况通报，建立职务犯罪案件举报和协查、预防联络员工作及行业预防分析调研制度。检院开展以“预防职务犯罪，大家来参与”为主题宣传周活动，主管副检察长在庙渠、南川乡三级干部会作《职务犯罪原因、危害及预防》教育报告，组织金融、电力系统干部职工观看《警钟》教育片2场次，受教育干部职工420多人次，检院深入机关、系统、行业、乡镇举办法制宣传和警示教育讲座5场次，印发宣传资料1万余份，受教育1万多人，以反面人物为镜，对照检查个人职务活动，从思想上反贪树廉，防止职务犯罪发生。6~8月，联合纪检、监察、审计、农经、粮食、林业等部门，在全县范围内开展“退耕还林工程项目实施督察活动”，深入19个乡镇、31个重点村，清理清查退耕还林、工程质量、国家补贴兑现等问题，规范工程实施操作规程，提出整改措施20多项，发现3件经济案件线索，及时查处。南川乡桃园村支书张某等三人涉嫌贪污案，查结后移送法院做有罪判决。庙渠乡四合村、平泉镇黄岔村干部截留冒领退耕还林补贴问题，移送有关部门作党纪、政纪处理，没收违纪资金3.9万元。庙渠乡庙渠村支书豆某、主任李某涉嫌工程受贿，立案查结，移送审查起诉。深入发案单位，召开剖析会3次，共同研究制订预防职务犯罪制度 21 条，发出有针对性检察建议 6 件（次），帮助 12 个发案单位堵漏建制，制订个案预防 3 件。向工商行政管理局、公安局提出《加强和规范废品收购市场经营管理检察建议》，向县林业局、农经站、庙渠、南川乡政府发出《关于对退耕还林工程加强监督、规范和加强村级财务及项目管理检察建议》。

2003 年，针对职务犯罪新动向和新特点，及时向县委汇报，向有关部门通报情况，形成县委统一领导、检察机关和有关部门共同参与的社会化预防网络体系和系统预防、专项预防和个案预防机制，预防工作逐步规范化；召开发案单位座谈会 6 次，进行案件随访 5 次，发检察建议 25 条，开展法制宣传教育活动 3 次。

2005 年，率先在检察院内部健全职务犯罪预防体系，制订具体方案和措施；先后组织干警上街宣传 2 次，展出预防职务犯罪宣传板 18 块，与纪检、监察、审计部门召开联席会议 2 次，向发案单位发检察建议 10 次，到重点预防单位进行警示教育 4 次；抽调 1 名干警配合政法委，开展油区专项治理，进行涉油职务犯罪成因专题调研，提出预防对策；深入机关、系统、行业、学校，以案释法，举办法制宣传和警示教育讲座 8 场次，印发宣传资料 1 万余份，受教育 1 万多人；检院帮助 24 个发案单位堵漏建制，提出完善管理制度建议 11 条。开展个案预防 1 件，发出有针对性检察建议 2 件（次）。对县非公局提出“加强规范公司合法经营管理”检察建议，对屯字镇提出“落实和加强村级财务管理制度”检察建议，检察长深入税务、金融系统，作规范职务行为警示教育讲座。

2006 年，贯彻“打防结合，标本兼治”原则，开展预防工作，研究分析职务犯罪原因、规律和特点，制订预防措施，向有关单位发检察建议 6 件，深入发案单位，召开座谈会 5 次，帮助 12 个发案单位完善制度 21 条，举办预防职务犯罪法制宣传和警示教育讲座 5 场次。

2007 年，制定职务犯罪预防工作计划，拓宽预防领域，探索预防职务犯罪新机制、新途径和新办法，加强监督，堵塞管理漏洞。5 月上旬，针对招生工作中可能发生公务人员徇私舞弊、玩忽职守等问题，和县教育局联手，在教育系统开展警示教育活动，讲解各类职务犯罪现状、特点，剖析犯罪主客观原因，提出预防职务犯罪有效措施，达到教育预防目的。6 月，政法委、检察院、林业局联合开展退耕还林工程项目实施督察活动及法律法规执行情况调查，分五个阶段开展法律法规宣传活动，查处群众上访、举报退耕还林、坑农、害农案件，保护退耕农民利益；全年共向林业、电力、城建等部门发检察建议书 7 件（次），召开个案座谈会 4 次，写调研文章 1 篇。

2008 年，加强社会保障、民政、征地拆迁、医疗卫生、教育、就业等涉及民生领域和重大工程重点预防，与承建单位签订廉政协议书，在有关单位召开座谈会 4 次，开展检察咨询 3 次，发检察建议 4 次，到乡镇、县直部门进行警示教育 5 次，散发预防工作宣传资料 500 余份。4 月，与县纪检委联合，在 19 个乡镇开展预防农村基层干部职务犯罪专项活动，组织问卷调查，召开案件通报会，检查村委会账务，规范财务制度。

2009 至 2010 年，坚持“预防为主、惩罚为辅”方针，发挥预防职务犯罪在化解矛盾、促进和谐中的积极作用，突出电力、林业等重点行业系统预防和重大建设工程及重点环节、部位的专项预防,召开座谈会17场次,遏制职务犯罪。

第四节 法纪检察

一、民事行政检察

1995年,根据《中华人民共和国民事诉讼法》有关规定,开始民事行政检察工作。1996年,对县法院民事、经济审判活动和行政诉讼活动进行监督,对已发生法律效力、确有错误的民事、经济、行政判决和裁定,按审判监督程序,向上一级人民检察院提请抗诉,共审查民事行政判决、裁定12件,受理线索2件,查结2件,审查纠正法院裁定强制执行王某财产案错误。

1997至1998年,以审查民事、经济、行政判决裁定为主要内容,加强监督检察。两年受理案件13件,审查确认判决公正、适用法律准确7件,提出检察建议1件,建议提请撤诉1件,息诉服判2件,终止审查1件,正在办理1件。

1999年,针对民事行政监督不力现状,加强同法院联系、协调,加大宣传力度,扩大影响,疏通渠道,广开案源,受理不服法院生效民事(经济)行政裁判申诉9件,审查后决定立案并建议分院提请撤诉3件,息诉6件。

2000年,按照"敢抗、会抗、抗准、公开、公正、合法"办案原则,以提高抗诉案件质量为重点,维护诉讼人合法权益。全年受理申诉案6件,建议分院提请抗诉2件,息诉3件,终止审查1件,受理刘某某损害赔偿申诉案,经审查,一、二审法院使用无效证据,不足以定案,遂向检察分院建议提请抗诉,被分院采纳,建议中级法院再审重判。

2001年,不断探索民事、行政抗诉案件新路子,加大抗诉工作力度,受理民事申诉案9件,全部办结,建议分院提请抗诉3件,法院改判2件,填补民事行政检察抗诉改判空白。

2002年,以案件质量为生命线,以建议提请抗诉为重点,规范办案程序,加强与法院、"两所"联系,疏通渠道,广辟案源,受理不服法院判决、裁定申诉案3件,提请高院抗诉2件,均被支持。

2003至2004年,加大对损害国家、社会公共利益、投资者合法权益、裁判显失公平等民事审判和行政诉讼案件监督力度,受理民事行政申诉案7件,立案3件,息诉1件,提请抗诉3件,均得到检察分院支持。

2005年,以纠正判决不公、裁定不当为重点,加强民事行政审判监督,受理不服已生效民事裁判7件,审查立案5件,其中终止审查1件,决定不提请抗诉1件,向法院发出再审检察建议1件,提请抗诉显失公平民事裁定2件,得到市检察分院支持。

2006至2007年,总结民事行政工作经验教训,学习研究民法、民事诉讼法和相关法律法规,从坐等诉案向深入群众转变,从单纯抗诉向抗息诉并重转变,从单纯办案向以案释法转变,从偏重数量向质效并重转变,在提高抗诉成功率上下工夫。两年受理民事行政申诉案件4件,建议提请抗诉3件,受市院民行处委托出庭支持抗诉2件。

2008 至 2010 年，转变执法观念，加强民事行政检察，与平泉、孟坝、屯字、城关等乡镇司法所建立民行案件联络制度，聘请联络员 4 人，受理群众对民、商事案件判决裁定诉求，办理提请抗诉案件，3 年受理民事行政申诉案 12 件，提请抗诉 11 件。对正确裁判，做好当事人工作，促其服判息诉。

二、控告申诉检察

1952 年 11 月，庆阳专员公署印发《处理人民来信和接见人民工作暂行办法草案》，对受理信访范围做出分工，检察机关负责受理控告检举国家机关及工作人员违法犯罪问题案件及其他普通民事案件。

1953 年，贯彻地区第三次检察工作会议精神，建立信访工作制度，检举材料及人民来信指定专人兼管，编号登记，制作三联交办、催办单；属检察机关查处的，限期查办，属其他部门办理的，随收随转，并将查处结果告诉检举人；张贴广告，号召群众检举揭发各类违法犯罪问题；设立检举控告箱 2 个，配备检察通讯员 2 人，收到各种检举材料 123 件，其中检举、举报案件材料 42 件（内有上年存案 28 件）。6 月，根据专区检察分署、法院、公安处联合指示，成立有检察长参加的清案委员会，公、检、法共同行动，与专区检察分署工作组共同进行为期 43 天复查工作，对解放 3 年间错案、积案进行复查、清理，重点清理错捕、错押、错判案件，共查阅刑事案卷 125 件，涉及案犯 165 人，查出处理不当及错捕、错押 68 件，占 54.4%，其中错捕、错押 18 件 23 人（有卷可查 19 人，无卷可查属“张冠李戴”误押者 4 人），错判 2 件（部分事实有出入 1 件，全部事实认定错误 1 件），错管制 3 人，应管制未管制 2 人，区、乡乱管制 54 人，对复查出问题，全部进行纠正。

1955 年，收到群众来信 60 件，其中检举干部违法乱纪 24 件，买卖婚姻 10 件，贪污盗窃公共财产 6 件，反革命 8 件，不法地主、土地纠纷、盗窃、贩毒、命案各 1 件，其他 7 件，自行查处 20 件，转有关部门处理 40 件。

1956 至 1957 年，建立健全来信来访登记、批办、转办、检查、催办、回复、报结、统计、归档、总结等工作制度和程序，以来信来访线索查处反革命、地富破坏及贪污、渎职、侵权等违法违纪案件。两年受理群众来信 200 件，失实不做处理 5 件，其他处理 17 件，转有关部门查处 126 件，已查处 34 件，正在查处 18 件。

1958 年，收到群众检举材料 1927 件，检举刑事犯罪分子 1900 多人，扭送政府 106 人。群众协助破案 130 起，查处打击群众揭发的肖金、屯字、洪河、开边等地赌博犯 108 人。

1959 年，贯彻党的“有反必肃，有错必纠”政策，公检法合力，采取个人阅卷审查，集体评议，党委批准方法，对 1958 年后季到 1959 年 8 月捕判的 907 名罪犯进行复查，其中正确和基本正确 765 人，占总数 84.34%；错捕 37 人，占 4.08%；可捕可不捕 64 人，占 7.06%；畸重减刑 40 人，占 4.41%；畸轻加刑 1 人。经县委研究无罪释放 37 人，教育释放 64 人，遗留未结 14 人。当年受理上级转办和群众直接来信 16 件，全部办结。9 月，收到群众来信检举城关公社主任贺某某工作方法不当逼死黄某材料后，派员深入当地调查，核实该贺工作方法欠妥，但黄死非逼所致，应由自己负责，建议有关部门做纠正。该社新合大队 3 人来信检举生产队李某某 1937 至 1949 年当敌自卫队兵,1956 年私自将入社马、驴各 1 头非法出售,经查证属实,在整社运动中处理。

1960 至 1961 年,本着“多自办,少转办”和“案案有着落,件件有交待”要求,受理来信 99 件,自查 39 件,转处 20 件,待查 40 件。

1962 年,受理人民来信 189 件(自查 126 件,转办 63 件),其中检举反革命案件 3 件,各种刑事案 18 件,控告干部违纪 70 件,不服刑事处分 9 件,不服行政处分 19 件,人命 22 件,民事纠纷 10 件,申诉退赔财产 22 件,其他 16 件。通过查处,逮捕 1 人,建议做其他处理 82 人,不作处理 31 人,未处理 9 件 12 人。复查 1958 至 1961 年上半年捕判人犯 2212 人,有各种问题 1245 人,其中错捕错判 661 人,可不捕 227 人,畸重 294 人,定性不当 63 人。通过复查,无罪释放 661 人,训诫释放 227 人,改判刑期 357 人。对平反错案的党团员和脱产干部,报有关部门审批,恢复党团籍并安置工作。

1963 至 1966 年,受理人民来信 396 件,其中自查 121 件(呈报批捕 3 人),建议有关部门做撤职、退赔、批评教育等处理 201 件,业务范围不对口转有关部门作处理 74 件,并答复来信本人。

“文化大革命”中,控申工作中断,被大鸣、大放、大字报、大辩论所代替。1979 年,检察院恢复,受理群众来信 190 件,主要申诉“文化大革命”期间本人或亲属戴帽不准,其次反映干部作风等问题,检举控告其他刑事犯罪 2 件,一般违法行为 18 件,不服逮捕、起诉 2 件,申诉不服判刑 109 件,不服拘留、戴帽 12 件,错案平反善后不彻底 7 件,不服党、团、行政处分 5 件,民事纠纷 17 件,其他 18 件,转有关部门查处 157 件,自行查办 27 件(已结 25 件,未结 2 件),直接答复 4 件,存查 2 件。太平公社南原大队社请教师姜某某,多次来信申诉 1972 年路线教育中,工作组和大队干部以其父涉嫌贪污巴家嘴水库工程兑现款,控制审查 78 天,刑讯逼供致其父自杀。当时公社结论为贪污公款 1050.41 元,畏罪自杀,收去其家自行车、桌、柜等物折款 400 多元。1978 年 12 月公社复查后,认为问题属实,除退赔所有财物折款外,将畏罪自杀改为死亡。姜不服此决定,多次要求查处,经派员调查,原定问题基本失实,提交公社党委会重新讨论纠正,在群众中公开平反,对家属进行安慰。

中共十一届三中全会后,集中力量平反纠正“文化大革命”中造成的冤假错案。1980 年,收受人民来信 142 件(不包括重信重访 40 件次),其中检举控告刑事犯罪 2 件,一般奸污妇女行为 19 件,申诉不服逮捕 1 件,不服判刑 54 件,不服拘留 1 件,错案平反善后不彻底 7 件,不服党、团、行政处分 2 件,民事纠纷 32 件,其他 24 件,调查处理 139 件,其中自行查处 16 件,直接答复和存查 26 件,转有关部门处理 97 件。临泾公社青龙大队社员张某某投信申诉该大队原负责人张某某在 1970 年 2 月侦破该队盗窃案时,因申诉人父亲系坏分子,就怀疑有问题,进行毒打、捆绑,迫使招供,逼其上吊死亡,要求查处。接到诉信后,立即组织人员调查,查清张某确系张某某等人违法乱纪致死,坏分子帽子亦属错戴。本应追究负责人张某某刑事责任,鉴于事情发生在“四人帮”横行时期,且本人认罪态度好,责令其做深刻检讨,召开群众大会,对受害人公开进行平反。

1981年，受理群众来信来访115件（上年积存3件），属检举控告司法工作人员一般违法5件，其他人员一般违法3件，申诉不服拘留1件，起诉1件，判决27件，劳教11件，错案平反善后不彻底13件，民事纠纷19件，其他35件，调查处理113件，其中自查办结15件，直接答复和存查12件，转有关部门处理86件；配合庆阳检察分院查处劳改犯郑某申诉案，1971年原镇原县保卫部以诽谤社会主义制度、恶毒攻击无产阶级司令部、赌博、盗窃、投机倒把等罪行，判处郑某有期徒刑20年，郑多次向有关部门申诉，直到1979年，经法庭复查，原判定恶毒攻击部分失实外，其他事实清楚，改判有期徒刑15年。同年，庆阳检查分院接到郑某再次申诉后，直接进行复查，查明原定郑某恶毒攻击言论是1965年郑某玩赌造成家庭生活困难、偶尔发泄不满言论，投机倒把是贩卖少量猪、鸡、旧衣等。鉴于主要问题失实，判刑畸重，遂提出改判建议。法院以盗窃、赌博罪改判郑某有期徒刑5年，将其释放，酌情发给冤狱补助。

1982至1984年，受理群众来信来访194件，处理160件，其中自行查处、答复33件，转有关部门127件。1985年，受理人民群众来信来访65件，全部处理。其中自行查办19件，转有关部门查处46件；先后在曙光、平泉、孟坝等乡镇、村进行社会调查4次，发现问题，综合治理。5月上旬，查处曙光乡西坡村群众抢伐村庄田间道路行树270棵、价值600多元问题，有效制止乱砍滥伐树木歪风。10月，查出孟坝行政村新民自然村村长王某某贪污挪用集体款690余元问题，建议乡政府做行政处理；针对该乡农村和一些单位盗窃挪用集体财物、搞假合同、假公济私、买空卖空等不正之风，提出建议，促使尽快处理，防止蔓延扩展。

1986至1989年，受理群众来信来访和复查积案206件，全部查结，自行查办72件，直接答复7件，审查历史积案13件，处理自首1案1人，转有关部门查处113件。1986年5月，江西省南昌市群众冷某某带领1儿1女，前来申诉其丈夫王某某原在镇原卫生院工作，1958年因公死亡，家属生活困难，要求政府抚恤。接诉后，检院协同卫生局查明原情，给其解决安置费800元，并函告当地政府予以照顾，使拖儿带女、千里迢迢来访者满意返乡。

1990年，坚持检察长批阅来信、接待来访制度，及时处理有可能激化矛盾的“告急”信件，受理群众来信来访27件次，其中首次信访25件次，自办控告申诉16件，转有关部门处理11件。

1991至1994年，坚持“一个窗口对外，及时分流处理”原则，查处所有来访和信件。四年受理各种来信来访和控告申诉248件，其中1991年42件（控告26件，申诉16件），自查17件，转办25件。1992至1994年206件，全部查结处理。1991年5月，上肖净口行政村48名群众来本院集体上访，对以故意伤害罪批捕马某某决定不服。控申部门干警热情接待，向群众代表宣讲法律政策，指出其畅所欲言是正当的，但被告致人重伤已构成犯罪，检察机关批捕是正确的，通过教育疏导，使群众既明白法律政策，又保证刑事诉讼活动顺利进行。

1995年，发挥信息窗口作用，开展文明办案和24小时接待活动，广泛宣传党和国家惩治腐败、打击经济犯罪的决心和信心，大造反贪肃贿声势，鼓励群众举报，共受理来信来访

31件，审查处理申诉7件、控告24件，其中检察长亲自接待4件，处理来信21件。“五四青年”节和6月《检察官法》宣传周活动期间，上街宣传2次，张贴标语56幅，悬挂横幅4条，散发《如何向人民检察院举报案件线索》等宣传材料600多份，接待群众咨询30多人次。仅5、6两月就受理线索13件，其中举报7件。

1996至1997年，开展“内强素质，外树形象”活动，以文明接待为目标，争创文明接待室，向社会各界聘请廉政监督员和信息员，以增强执法透明度。两年受理来信来访180件，其中控告95件，申诉38件，举报经济、法纪线索47件，审查办理44件，直接答复5件，复查刑事申诉案2件。

1998年，开展举报工作10周年活动，抢抓机遇，强化控申，受理各类信访案件108件次，其中首次信访98件次，重复信访10件，全部审查处理，其中移送分院1件，自查40件，直接答复37件，分院交办回复结果6件，检察长批办1件，转其他机关处理16件，存查7件。

1999年，成立案件线索审查协调小组，发挥职能作用，受理各类信访案件102件，审查后，自办19件，直接答复59件，存查2件，转有关部门22件，结案率100%；制作宣传栏4面，散发宣传材料4000份，解答法律咨询68人次。

2000年，受理各类信访案件118件，全部分流处理，其中检察长接待处理54件，复查刑事申诉案5件。6月，在宣传周活动中，深入六个乡镇，展出大型图片，解答法律咨询，散发各类宣传资料4000余份，现场受理控告和申诉9件。

2001年，结合“严打”整治斗争，推行“首问责任制”，接受咨询、申诉的第一责任人，对来访事由、记录、处理、答复等工作负责到底。年内接待首问群众76人，受理各类信访106件，全部有交待。复查刑事申诉案27件，均作妥善处理。

2002至2003年，本着以真情暖人心、以道理平人心、以事实得人心的态度，认真负责处理来信来访，受理各类信访案件161件，其中检察长接待35件，均按规定作归口、分流处理；办理刑事申诉案1件，维护当事人合法权益；开展“问一声好，让一个座，倒一杯水”便民爱民活动，将“群众利益无小事”体现在实际行动上。

2004年，受理信访案件73件，其中举报58件，申诉11件，其他4件，均查结处理。涉法上访18件，本院办理5件，全部查结处理。新城乡郑某某对张某某强奸罪判决多次上访，办案人员3次下乡，核实犯罪嫌疑人年龄，以案释法，以法论理，耐心做上访人思想工作，使其放弃上访念头，达到息诉目的。

2005至2006年，开展“综治宣传月”“举报宣传周”活动，送法下乡、进校、到单位，出动宣传车18辆次，上街宣传14次，送法下乡6场次，展示图板28块，印发宣传资料16100多份；开展“青少年维权岗”工作，为青少年学生讲授法制课2次，成立未成年人办案组，坚持“教育、感化、挽救”原则，慎重处理未成年人犯罪案件；配合公安机关开展学校周边治安环境整治，维护未成年人合法权益；探索信访接待协调催办机制，解决有关部门案件无人管和人民群众“告状难”问题，构建以预防控制、信息传输、快速反应处置为内容的涉法上访长效机制，确保上访及时发现，妥善处理。两年受理群众来信来访 101 人次，处理 91 件，其中检察长接待处理 16 件。

2007 年，将办好涉检信访、化解矛盾纠纷，作为综合治理工作重点，受理来信来访 66 件，其中来信 23 件，来访 43 人次，不推、不拖、不压，全部办结，使来访者满意而归；开展“综治宣传月”“矛盾纠纷排查”活动。6 月和 11 月，组织干警 60 多人，出动宣传车 6 辆次，上街、入乡、进校，开展法制宣传 4 次，展示图版 28 块，散发检务公开等宣传资料 5100 多份，在广播、电视上宣传报道 3 次，为职专、城关中学上法制课 2 次，受教育师生 3000 多人次。深入屯字、上肖、马渠、孟坝、城关等乡镇，开展矛盾纠纷排查活动，调处纠纷 76 件；为改制企业职工开展法律咨询，解答问题，解释疏导，保护职工合法权益，维护社会稳定；在“三帮三联三增”活动中，全院干警解囊资助，给新城村捐款 6000 多元，捐赠科技法律图书 500 余册，群众送锦旗表示感谢。

2008 至 2009 年，以法制宣传为先导，强化信访接待工作，化解社会矛盾，共受理群众来信来访 62 件，办结 42 件，全部得到妥善处理；在县城、乡镇设宣传点 4 处，举办法制宣传 8 场次，发放宣传单 4100 多份，解答法律咨询 2000 多人次；深入企业、学校开展法律知识讲座 3 次；选派 10 多名干警下乡，参与矛盾纠纷大排查，调处解决各类纠纷 12 件；推行便民维权措施，实行检务公开；全面排查、梳理疑难信访，依法公正解决群众诉求，有效减少重复访和越级访，得到省检察院表彰奖励。

2010 年，将化解社会矛盾纠纷贯彻于执法办案全过程，不断改进信访接待工作，畅通信访渠道，诚心为群众解决合理诉求，受理群众来信来访 45 件，全部办结；选派十多名干警下乡参与矛盾纠纷大排查，调处解决各类矛盾纠纷 70 多件；对涉及民生的热点问题，解疑答难，以案释法，先后到平泉、屯字、东街社区，开展“排民忧、解民难”法律服务，促进社会和谐。

第五节　监所检察

1950 至 1952 年，对关押犯人监所及改造场所，从署内临时抽人，配合公安、法院共同检查，发现问题，共同解决。1953 年，始建监所监督制度。当年看守所收押 184 人，与法院、公安联合检查 3 次。1955 年 10 月起，每年开展监所检察，重点检查刑事判决、裁定执行是否合法，监管场所是否执行劳改看守政策、法律、法规，监管干警有无体罚、虐待、侵犯人犯、渎职等违法乱纪行为，查处人犯被羁押、服刑期间重新犯罪案件，受理查处人犯及家属不服判决和裁定申诉案件。

1957 年，劳改队和看守所共押人犯 172 人，属公安押 117 人，法院押 31 人，检察院押 24 人，协同公安、法院定期和不定期检查 13 次，及时了解人犯守法情况。1958 年，一个看守所（两个监所）共押人犯 1096 人，其中已判决劳改 448 人，实押人犯 648 人，先后检查 35 次，给人犯讲课 16 次；通过检查排队，在押犯表现好的 324 人，占 50%，一般 259 人，占

40%，表现不规 65 人，占 10%；坚持反动立场重新犯罪 161 人，审查处理 107 人，其中起诉法院加刑 9 人，做其他处理 98 人。在法律政策感召下，34 人一次交待犯罪事实，同时还交出人民币 800 元、银元 641 块、白银 42 两、自行车 6 辆、绸缎 5.17 米、其他布匹 71.65 米、炸弹 40 颗。集中改造"五类分子"2765 人，教育好的 636 人（已批准放回 494 人），占改造总数 23%，检举反革命分子 109 人、坏分子 70 人、其他问题 60 人。监所组织犯人开荒地 422 亩，修水利 582 次，修水坝 56 个，收秋 1424 亩。

1959 年，贯彻执行惩罚与思想改造相结合、劳动生产与政治教育相结合、阶级斗争与人道主义相结合方针，利用各种方法教育改造人犯，对在押犯 240 人，配合检查 59 次，其中检察院单独检查和讲课 15 次，开奖惩会 3 次；对发现逃跑、偷盗、造谣、装病、调工不出及违犯号规制度等重新犯罪分子 46 人，依不同情况，采取不同方法管教，重点打击再犯；根据人犯死亡增加情况（主要是克山病、肺结核和自然灾害影响），改月小查、季大查为旬小查、月大查，发现问题及时解决；按人犯体力强弱、年龄大小、技术情况分工派活，劳动时间严格限制在 8~10 小时，每天保证 8 小时睡眠；在劳改队、监狱设卫生检查小组和狱医，定期对病犯检查身体，增加营养，给予适当照顾；实行健康犯与患病犯隔离，重病犯与轻病犯隔离，传染病与非传染病隔离；对符合保外就医的，及时送出。当年死亡 149 人，逃跑 13 人，追捕回 10 人，正在逮捕 3 人，病犯 20 人，劳改收入 36173.75 元。

1960 年，一手抓打击，一手抓改造，减少犯罪，保障安全。紧抓人犯思想、劳动改造，改善生活卫生条件；组织 167 人在押犯（已决 101 人，未决 66 人）学习各部委文件 285 份，讲课 44 次，定期检查 24 次，临时检查 72 次。全年死亡 80 人，其中病死 76 人，自杀 2 人，击毙 2 人；配合公安、法院，重点检察 3 个公社 108 个生产队"五类"分子 666 人，对反改造的 249 人依法管制 28 人，戴帽子监督生产 24 人，批判斗争 197 人。

1961 年，在押各类人犯 168 人，其中已决 85 人，未决 83 人，定期检察 11 次，临时检察 39 次，讲课 7 次；对重新犯罪的，起诉加刑 1 人，批判斗争 5 人；对认罪服法、改恶从善、有立功表现的，提前释放 3 人，物质奖励 1 人，口头表扬 4 人；采取"反消极、比积极、反破坏、比改造"等方法，进行思想教育；收受揭发、检举、坦白材料 56 件，其中监内 45 件，社会层 11 件；通过揭发、检举，澄清劳改犯、在押犯思想底子，促进人犯分化改造；经分类排队，一类人犯 95 人，占总数 56.55%，二类 40 人，占 23.81%，三类 30 人，占 17.86%，四类 3 人，占 1.78%。全年死亡 34 人，同比下降 27.66%；对全县地、富、反、坏、右分子 1817 人，采取十个好人包教一个坏人改造办法，取得较好效果。

1962 年，开展改造与反改造斗争，打击重新犯罪，堵塞各种漏洞。至年底，共押人犯 60 人，其中已决 14 人，未决 46 人，全年检查 43 次。社会改造工作主要检查古城、孟坝、海丰、临泾、上肖、小岘子 6 个公社 40 个大队"五类"分子 152 人守法改造情况，开展案件复查、"五类"分子摸底、敌情调查，采取重点检查、普遍掌握、座谈访问等方法，发现和查证错划 12 人、漏划 1 人，报请党委研究做纠正，错划的当众摘帽子，漏划的当众戴上帽子；通过清理定性，落实"四类"分子 141 人，其中地主 33 人，富农 7 人，反革命 78 人，坏分子 23 人；检察发现，海丰公社管制四类分子55人，超管21人，超期未解3人，其中超半年1人，一年以上2人。个别基层干部不办理任何法律手续，私自宣布管制和延期管制，对此，建议公安机关会同农村治保组织纠正。

1963至1965年，联合检察39次，单独检察22次，给人犯讲课5次；建立定期检察、讲课、召开生活会等制度，向人犯进行思想教育；配合整顿看守所，纠正个别看守人员麻痹思想，健全管教工作制度；清理未决犯和拘留犯，加强狱内卫生防疫；对检察中发现11人表现不规和重新犯罪人犯，摆事实、讲道理说服8人，有破坏活动且屡教不改3人，做起诉处理。

1966年，抓人犯思想教育，促进人犯改造，配合检察监所6次，单独检察5次，检察长、检察员分别讲课5次，进行遵法守纪、认罪服法教育。贪污犯王某某自1964年后季“五反”运动拘留起，一直抗拒交待，案件转检察院后，针对其思想情况，反复念毛主席语录和毛主席著作有关章节，打通思想，交待1959至1962年在屯字公社任会计时，以重报条据、假报开支、收入不进账等手段贪污公款11776.88元犯罪事实。

“文化大革命”期间，监所检察工作中断。1979年7月，最高人民检察院《关于执行逮捕拘留条例的通知》下发后，会同公安、法院对看守所进行全面检查，发现久押不决、久押不问、超期羁押、号房内有砖头铁钉等危险品、同案犯混押等问题，共同研究，确定具体清理和纠正措施，并予以落实。

1980至1982年，落实党的“改造与生产相结合，改造第一，生产第二”方针，配合检查43次，复查已决犯申诉13件；对28名监外（缓刑、假释、保外就医、管制罪犯）服刑人员，到当地考察2次，帮助建立改造小组26个。1980年春季，派检察干部驻看守所一月，调查总结看守工作经验和问题，帮助健全管教、财务制度，纠正个别监管人员认为“水泥房子铁门板，有人站岗最安全”的麻痹思想，解决对人犯开水煮洋芋、炊事员番茄鸡蛋汤问题，对工作不负责任、管理松懈的监管人员和贪占人犯囚粮炊事员，建议调整。

1983至1985年，贯彻中共中央提出的对大多数犯罪分子实行“教育、感化、挽救”改造方针，配合监管单位，强化人犯思想教育，3年检查48次，反复宣讲全国人大常委会《关于严惩严重危害社会治安的犯罪分子的决定》《关于严惩严重破坏经济犯罪的决定》等法律法规，用政策攻心，促使大多数人犯改邪归正，重新做人；对判处管制、缓刑、假释和保外就医罪犯91人全面考察5次，落实监改措施，防止重新犯罪。

1986至1989年，对看守所和收审站检查62次，对21个乡镇监外服刑人员93人，先后考察8次，对发现不安全隐患和违犯监规制度等问题，向公安机关提出建议24次，及时做纠正；对在押人犯，进行个别谈话和思想教育32次；对“两劳”释放人员108人，进行定期考察。

1990年，固定1名干警长期驻所，监所检察工作经常化、制度化、规范化。年初羁押各类人犯152人（其中上年转押58人，本年收押94人），年底在押34人，其中未决犯21人，已决留所服刑人犯13人。全年配合检查11次，对人犯伙食标准抽查3次，对人犯家属接见、送物等方面存在问题和隐患及时提出纠正意见；及时掌握人犯思想动态，进行个别谈话，对不守监规、寻衅闹监7名人犯，建议看守所给予批评教育和处罚；对新进人犯进行入狱谈话，查看收押证件是否齐全，逐项登记填表，掌握其基本情况，做到底子清，情况明；及时检查判决、裁定执行情况，对确有疾病、劳动表现好的服刑人犯各4人，分别给予保外就医、假释和减刑；对判决人犯37人，进行送劳前教育；加强执法监督，对公安、武警4次违法行为和超期羁押收审人员情况，书面或口头建议纠正；对超期羁押上诉人犯3案4人，及时进行催办；利用78天时间，对监外执行罪犯37人全面考察；对"两劳"释放人员136人，进行回访考察，落实教育措施。对人犯提出申诉，及时与法院等单位联系，认真核查，做到件件有答复。

1991至1992年，检察院联合公安、武警等单位对监所各监室进行全面检查，及时清除危险物品7件，发现消除不安全隐患3处；奖励改造表现好人犯62人次，对法院超押时限3案8人，发出催办文书，纠正二审法院折抵刑期有误1人；对个别干警殴打人犯行为，进行批评教育；对全县监外执行人犯33人，进行3次回访考察；对刑满释放不满2年两劳人员140人，进行帮教调查，帮助基层组织制订管理接茬措施，促进监外人犯和劳释人员继续改造，防止漏管、脱管和管理不严问题。

1993年，纠正公安机关在看守所违法活动2次，对驻所检察员发现公安机关无证收押和超期羁押人犯问题，及时提出纠正。全年4次邀请公、检、法、司四长给在押犯上法制课，开展学习、守法评比活动，奖励认罪人犯，对确有悔改表现78人，上报减刑3人。年内检查监室和人犯安全、伙食、卫生等11次，对在押犯进行谈话教育91人次，入所监规教育82人次，出所教育45人次。对监外执行罪犯29人和"两劳"释放人员166人，回访考察2次。

1994年，以执法监督为主，配合监所巩固改造成果，收押案犯176人(上年转押39人，当年收押137人)，处理出所76人(刑满释放11人，免诉11人，撤案5人，缓刑12人，执行死刑2人，转外地司法机关处理1人，保外就医3人，取保候审4人，免于刑事处分1人，其他26人)，在押已判犯62人，未决38人；抽调干警12人，对免诉人员10人和监外执行罪犯35人，进行回访教育2次，发现有重新犯罪行为保外就医犯范某某，建议公安机关加强监管和查处，防止脱管和重新犯罪现象。

1995至1996年，增加监所检察干警，昼夜轮流值班，两年分别收押犯人182人和120人，帮教32人次，联合公安、法院、武警中队督查8次，消除安全隐患7起，向公安、法院和有关部门提出检察建议16次，纠正违法情况8次；4次派员深入改造地，回访检查监外人犯72人次。

1997年，联合查监14次，向公安、法院提出检察建议18次，消除不安全隐患1次，帮教人犯141人次；对监外服刑人员35人，回访考察2次。

1998至1999年，共收押各类罪犯433人，对人犯帮教谈话152人次，请公、检、法三长给人犯讲话8次，开联席会议14次，组织清监28次，检查人犯伙食19次，发现不安全隐患4起，消除人犯可利用物品191件，提出检察建议13条；对监外执行罪犯59人，回访考察4次，其中3人有违法犯罪行为的，建议有关部门收监；审查处理申诉案件1件。1999年11

月下旬，邀请县人大代表、政协委员视察监所工作，受到代表、委员好评。

2000至2002年，正确处理监督与配合关系，不断探索驻所检察新路子，重点纠正超期羁押、不当保外就医、暂予监外执行等问题；收押罪犯903人，组织联合查监32次，召开联席会议8次，向公安、法院、武警中队和看守所提出检察建议18次，消除不安全隐患1处，消除人犯可利用物品120件；对监外服刑人员65人，回访考察3次；对不认真改造、有违法行为的3人，建议原执行机关收监关押。盗窃犯豆某某在假释期间，不遵纪守法、悔过自新，继续进行盗窃犯罪，建议公安机关立案侦查，被法院数罪并罚，判处有期徒刑7年。

2003年，落实告知制度，依法保障诉讼参与人权利；集中回访监外执行人员2次，开展专项清理超期羁押3次，联合查监9次，消除安全隐患12起，对人犯谈话帮教131次，向看守所工作人员提出建议8次。10月2日，县城召开公捕公判大会时，公安局欲将2名未成年人进行公捕，驻所检察人员当即制止，并将情况及时报告市检察分院监所处。

2004至2006年，以纠正超期羁押、违法减刑、假释、暂予监外执行为重点，加强刑罚执行监督，对2人不符合保外就医服刑罪犯，依法进行纠正；落实在押人员告知、明白卡和超时限催办制度，强化在押人犯人权保护；开展回访考察工作，对监外执行人员96人回访考察4次，对有违法行为的4人，建议公安机关及时收监管理；发检察建议5份，纠正违法2次。

2007年，对全县2004至2007年罪犯监外执行情况，进行专项检察回访72人次，跟踪监督检察看守所安全防范36次，参加犯情分析会24次，顺利通过省检察院、市检察分院考核。

2008至2009年，以创建一级规范化检察室为目标，完善相关制度，力求规范、有序；对全县19个乡镇监外服刑罪犯126人，进行回访考察，发出检察建议9起，提出纠正建议12条；在抗震救灾期间，多次进行监所安全检查，召开联席会议，发出安全预案建议6份，确保监所工作无漏洞、安全无隐患。

2010年，开展刑罚执行和监管活动监督，严格收押、释放、提审、会见等活动程序，防止错押错放；开展看守所安全检查12次，参加狱情分析会8次，发出安全预案建议5份，及时消除事故隐患；强化监外执行检察监督，对有劣迹者建议公安机关及时采取监管措施，减少社会不安定因素。

镇原县人民检察院办公楼

第四十章　审　判

历史上，镇原审判工作由知府、县宰兼领。清末行政、司法分立，审判权归审判庭，仍由县宰兼领。中华人民共和国成立后，建立社会主义审判机构，逐步完善审判制度，加强队伍建设，实行独立审判，依法办案，坚持“公正、公平、公开”和“以事实为根据、以法律为准绳”审判原则，贯彻“依靠群众，调查研究，就地解决，调解为主”审判方针，围绕各个时期中心工作和国家大局需要，发挥职能作用。镇原县人民法院先后获得“全省人民满意好法院”等省、地、县荣誉 28 次，3 个集体和 5 名个人被上级分别授予二等功、三等功，40 多人 53 次受到表彰奖励，涌现出“全国先进工作者”李欣、全国“三八红旗手”杨晓丰、全省执行工作先进个人段德学等优秀法官。

第一节　审判机关

隋唐，县设司法佐，协助掌管司法审判。元代，州设判官，县设尉，达鲁花赤凌驾于上直接鞫勘罪囚。明清，由知县亲理司法审判事务。清末，行政与司法分立，县设初级审判庭，审理案件。机构虽分立，但司法职权仍由行政机关兼领。

民国初年，由县知事兼理诉讼，省政府委任承审员协审。十三年（1924 年），颁布法院编制法，县设审判官 1 人，专理民事诉讼，刑事诉讼仍由县知事专理。十五年，设立司法公署。二十五年七月，司法公署更名司法处，设审判官、主任书记官、书记官、检查员各 1 名，执达员 2 名，录事 3 名，警丁 6 名，办理民、刑事案件，督促处理日常事务。二十八年，设军法承审室。

二十九年，陕甘宁边区镇原县政府成立裁判处和裁判委员会，由县长、县委书记和裁判员等人组成，讨论和决定重大案件。三十一年，县裁判处更名司法处，由县长兼司法处处长，设审判员 1 人，书记员 1 人，办理民、刑事案件。所属各区设立 3~5 人调解委员会，乡设 1 名仲裁员。三十二年，取消审判委员会，重大案件由县政府委员会讨论决定。三十六年，由于国民党军队大举进攻，审判机关随同党政机关转移。

三十七年，国统区增设特种刑事法庭，边区审判机关又恢复。三十八年，国统区司法处有员 9 人，警 5 人，役 1 人。

镇原县人民法院 民国三十八年(1949年)八月成立,县长兼院长,设专职副院长。1951年,实行院长集体负责制,副院长在兼院长领导下负责全院行政和审判工作,内设行政、审判两个庭,行政事务由主任书记员协助副院长办理,档案兼部分缮写由1名书记员专办,人犯管押和教育由看守员1人专管,内勤由1名法警经管,其余人员负责传案、送信、值日等。

1952年,内设刑事审判庭、民事审判庭、秘书室、法警班,共有干警18名。土改中组织土改法庭,粮食统购统销时组织巡回法庭,普选中组织普选法庭。院内最高机构为院务会,由书记员以上干部组成,讨论决定院内一切行政事务及民事案件,同时建立人民陪审员制度。

1955年2月,县法院从政府序列分出,成为独立审判机关,院长、副院长由县人民代表大会选举产生,依法设立审判委员会,讨论重大、疑难案件和其他审判工作问题。1958年,公、检、法合并成立镇原县人民联社保卫部,下设审判组。1959年9月,撤销保卫部,恢复法院建制。1966年,人民陪审员制度废弃。1968年1月,对公、检、法实行军事管制,成立中国人民解放军镇原县公检法军事管制委员会,代行三家职权。同年6月,成立革委会保卫部,与公检法军管会合署办公,下设审判组。1969年9月,解除军管,革委会保卫部下设法庭。1973年9月,撤销保卫部,再次恢复法院建制,下设民庭和刑庭。

1979年起,恢复人民陪审员制度,审判工作逐步规范,内设机构逐步健全。1981年,设立经济庭。1985年,设秘书室、刑事、民事、经济三个审判庭和7个基层法庭,共有干警53名。1988年,增设刑二庭。1990年,增设行政庭。1997年,增设告诉申诉庭、妇女儿童合法权益合议庭。1999年,首次评定法官20人,其中四级高级法官6人,一级法官14人。

2000年,撤销刑二庭、告申庭、经济庭,设立案庭、民二庭、审判监督庭、法警队、纪检组、政工科。2003年,首次为法警授警衔9人,其中一级警司5人,二级警司4人。2008年,增设信访室。2010年,增设研究室,全院内设刑庭、民一庭、民二庭、行政庭、执行庭、立案庭、法警队、办公室、纪检组、政工科、研究室、信访室和8个基层法庭。全院有法律本科学历62人,占86%。法官61人,其中四级高级法官18人,一级法官21人,二级法官7人,三级法官8人,四级法官7人;法警11人,其中一级警督1人,二级警督3人,三级警督2人,一级警司3人,二级警员2人;人民陪审员33人。

派出机构 1952年,成立孟坝法庭。1956年,增设屯字、平泉法庭。1966年"文化大革命"开始后关闭。1973年,重设屯字、孟坝、平泉法庭。1980年,增设三岔法庭。1982年,增设城关、新集、开边法庭。1985年,有基层法庭7个。1987年,增设上肖法庭。1995年,增设庙渠、临泾、中原法庭。2001年,撤销城关、庙渠、中原、临泾法庭。2010年,有上肖、屯字、平泉、新城、三岔、孟坝、开边、新集8个基层法庭。

1986~2010 年镇原县人民法院院长表

表 40-1-1

姓　名	籍　贯	任职时间
卢建秘	屯字镇	1986 年 12 月至 1992 年 11 月
李永前	开边镇	1992 年 11 月至 1996 年 1 月
王梦林	宁县	1996 年 1 月至 2002 年 7 月
宇　军	庆城县	2002 年 7 月至 2005 年
刘宏伟	宁县	2005 年任职

第二节　刑事审判

秦汉至明清，刑事案件审理记载数量甚少，散见于文献古籍中，案件多为民间百姓斗殴、凶杀案。民国七年(1918 年)，全县受理刑事案件 8 件 19 人，其中强盗 2 件 5 人，盗窃 1 件 1 人，杀伤 2 件 4 人，伤害 2 件 3 人，盗匪 1 件 6 人。均作判决，其中处死刑 2 人，无期徒刑 4 人，2 月以上 15 年以下有期徒刑 13 人，兼处 1 名伤害犯罚金十多元。至三十七年，审理程序形同虚设，超时审理，久告不理，刑讯逼供之事多有发生。

陕甘宁边区时期，县政府裁判组织受理多为破坏、叛变投敌、密探、特务、汉奸等政治案件和土匪、盗窃、烟毒、杀人、抢劫、贪污、赌博、妨害婚姻等普通刑事案件，多以公审大会形式审判。民国二十九年起，政治案件审判工作重点放在保卫和巩固边区人民政权，同破坏抗日、妥协投降的敌对分子作斗争等方面。三十六年，由于国民党进攻边区，处于战争环境，审判工作瘫痪，三十七年下半年，审判工作得以恢复。

1949 至 1954 年，在土地改革、镇压反革命、“三反”“五反”运动中，县人民法院共受理各类刑事案件 1082 件，审结 939 件，依法镇压残留土匪、恶霸、特务、反动党团骨干、反动会道门骨干等反革命分子，惩处贪污、盗窃、投机倒把、破坏粮食统购统销和选举等犯罪行为。

1955 至 1956 年，刑事审判坚持“正确、合法、及时”原则，惩办反革命、贪污盗窃以及破坏社会主义建设的其他刑事犯罪分子。1956 年上半年受理反革命案件大幅下降，偷盗案件降低 50%，烟毒、赌博等犯罪明显减少。

1957 年反右派斗争和 1958 年“大跃进”运动中，刑事案件急剧增加，由 1956 年 293 件增至 1958 年 1574 件。审判工作追求办案指标，实行“一员顶三员”(侦察员、检察员、审判员)、“一长代三长”、提请、起诉、审判三环节一手过办法，打击面过宽，冤假错案件频发。

1962 年，总结“大跃进”期间经验教训，重新依照法定原则和审判程序办理刑事案件，恢复相应工作制度。1963 年，结合农村“四清”(清思想，清政治，清组织和清经济)、机关“五反”(反对贪污盗窃、反对投机倒把、反对铺张浪费、反对分散主义、反对官僚主义)运动开展刑事审判。两年惩治反革命分子及杀人、抢劫、强奸、贪污、盗窃、投机倒把、赌博、迷信、诈骗等各类刑事犯罪分子364人。同年3月，判决上肖反革命武装叛乱案。以孙某某、邢某某、白某某为首，组织“救国起义为民五极军一师”反革命集团，乘国民经济暂时困难之机，在镇原、泾川、庆阳3县接壤地区发展人员，委以师、团、营等职务，于1960年12月20日在泾川县荔堡、镇原县上肖进行武装叛乱，破坏通讯设施，散发反革命传单，打伤干部3人，抢枪5支、人民币1053元和粮、棉布、油等财物。县法院根据“从犯从宽、首犯从严、坦白从宽、抗拒从严”政策，判处首犯孙某某、邢某某死刑（白某某捕后病死狱中），11人被判处10年以上有期徒刑，21人被判处10年以下有期徒刑，299人分别处以缓刑、管制和戴上“四类分子”帽子。苟某某(原信用社会计)在叛首唆使下，准备叛乱经费7300余元，并给叛首告知军队活动情况，本拟判处死刑，但鉴于后果民愤不大，叛乱平息后能坦白交出赃款，判处有期徒刑20年。叛乱组织师部秘书主任刘某某，因坦白交待匪部情况彻底，交出凶器，为破案提供重要材料，依法从宽判刑5年。

1964至1965年，根据中央“依靠群众专政，少捕、矛盾不上交”方针，结合社会主义教育运动，发动群众，揭发犯罪，核实、监督、改造犯罪，准确打击犯罪，共受理刑事案件365件，全部审判终结。1966年“文化大革命”开始后，刑事审判制度和程序遭到践踏，冤、假、错案大量出现。1970年“一打三反”运动中，全县捕判案犯105人，同比增加3倍，形成半数以上冤、假、错案。

中共十一届三中全会后，健全各项审判制度，刑事审判工作逐步走上法律轨道。1979至1980年，平反冤、假、错案和打击刑事犯罪活动并重，两年受理刑事案件72件，判决69件，其中判处死缓1人，6~8年有期徒刑6人，5年以下有期徒刑37人，缓刑7人，拘役73人，免予刑事处分6人，其他处理4人；共复查刑事案件2743件，改判无罪1402件，占51.11%，部分改判158件，占5.76%。1980年1月1日，实施《刑法》和《刑事诉讼法》，开始贯彻实体法和程序法审判刑事案件。1981至1983年，受理破坏社会秩序案件增多，对杀人、抢劫、强奸、放火、爆炸以及其他严重危害社会犯罪分子（简称“六类案件”）审判，贯彻“从重从快”方针，3年共受理各类刑事案件306件，审结302件，其中1982年受理78件，判决50人，判处有期徒刑16年1人，6~15年11人，5年以下5人，缓刑15人，拘役16人，免刑2人。

1984年1月至1986年11月，在严厉打击刑事犯罪斗争中，共受理各类刑事案件234件329人（公诉204件281人，自诉30件48人），审结229件，判处杀人、强奸、抢劫、放火、爆炸、重大盗窃以及其他严重破坏社会秩序等七类案件29件，占案件总数12.66%；处5年以上有期徒刑重刑占80%以上；经济犯罪12件，占5.24%。“严打”期间，全县刑事收案逐年下降，1984年比1983年下降37.1%，1985年又比1984年下降54%，1986年七类案件比1985年下降71.4%。1987至1989年，继续坚持严厉打击刑事犯罪和经济犯罪活动，通过开展经常性打击和专项斗争，共审结各类刑事案件229件328人。

1990至1992年，突出重点，严惩邪恶。3年审结“七类”案件391件，配合“扫黄”“除公害”等专项斗争，惩治盗窃犯罪，严把审判质量，审理提请案件334件，占85.4%，审理自诉案件57件，占14.58%；对证据不力、事实不清以及漏罪、定性不准20件退侦，对183件进行自查补证。

1993年开始，刑事审判工作以打击侵犯公民人身财产安全，危害社会治安，破坏社会稳定的杀人、抢劫、爆炸、绑架勒索、强奸、盗窃、拐卖妇女儿童等暴力犯罪、带有黑社会性质的集团犯罪以及经济犯罪和渎职犯罪为重点。1994年，坚持证据不足不立案、事实不清不下判，先后对14件公诉案件自查证据73份，追判漏罪1件，防止错案1件。1995年，召开大型宣判会8场次，公开宣判17案33人，观众达5万多人次。1996年，开展“百日严打”活动，出动警车6辆次、干警174人次，院长亲自值班指挥，刑一、刑二庭联合办公，突击审判，最长42天，最短10天，平均18天，对严重刑事犯罪分子实行定性准、速度快、处刑重的严厉打击，判处5年以上10年以下有期徒刑22人，10年以上徒刑18人，重刑率31.5%。

2000年后，严把审查关、证据关，注重法律适用和裁判文书制作，不断提升案件质量，判处利用邪教组织致人死亡案1件2人。2004年开始，大量运用调解手段，宽严相济，不枉不纵，当年自诉案件调撤率达81%。2005年，成立少年犯罪合议庭，坚持教育挽救方针，情理法相结合，法律效果和社会效果相统一，预防和减少青少年犯罪。2006年，从严把关，提高审判效率，全年受理刑事案75件93人，全部审结，杜绝超期羁押和超审限问题发生。2007年，坚持从快审理、公开审理，受理审结刑事案件65件，调撤率、执结率均为100%，为国家和集体挽回经济损失70多万元，维护学校、医院、企业和重点工程建设秩序。2008至2010年，准确把握宽严尺度，罚当其罪，严厉打击故意伤害、杀人、抢劫等暴力犯罪及盗窃、聚众斗殴、寻衅滋事等多发性犯罪，确保社会稳定。3年受理刑事案件242件，审结234件，结案率96.7%，合格率100%。

2010年7月刑事庭审观摩现场

第三节　民商事审判

县内民事案件审理始见于清代，多为土地、债务、租赁、买卖等。民国初期，民事案件多为土地案件。民国十三年(1924年)，审判官对土地、债务、田赋、继承等民事案件以判决、和解两种方式审理，仅八至九月，收受民事案件5件，一审判决4件，和解1件。审结案件有判决、驳斥、和解、撤回、其他5项;依案件办理进程,又分为审理中、执行中、停止3个项目。民国后期,民事案件呈增多趋势。三十六年,月均受理20件,比十三年月均2.5件增长7倍。

陕甘宁边区政府裁判处成立后,受理民事案件以土地案件居首,其次为买卖婚姻。民事案件审理贯彻“调解为主,审判为辅”方针,对受理土地、婚姻等案件,审判人员实地调查,做工作,先行调解,若和解无望,再行判决。

1949至1953年,民事审判围绕建立新婚姻制度,解除包办、买卖、重婚、纳妾和不合理婚姻关系,保护人民合法权益,巡回办案,公开审判,依靠群众,排除纠纷,妥善处理土地、债务、抚养、扶养、赡养、继承、房屋、损害赔偿等财产权益案件。5年共受理各类民事案件1162件,审结1084件,其中离婚案690件,占总数63.65%;继承案24件,占2.21%。1950年审理债务案39件,有32件形成于1949年10月前,处理过程中,依据政务院《新区农村债务处理办法》等规定,对地主放高利贷盘剥贫苦农民债务,依法予以废除。农民段某某于民国三十一年从孟坝镇开商号的李某某处买走白、青布64丈、麻绳1斤13两(每斤16两),合法币5800元,言定1月内交款,后因段生意亏本,只付2000元,其余无力偿还。4月,李诉请县法院追讨。法院先将所欠款按当时物价折小麦12石,依段之偿还能力,判决减为8石清偿。同年,处理一因寡妇再婚引起的赡养、抚养案,农村妇女李某某系烈士遗孀,其夫于民国三十六年战争中牺牲,公公祁某某考虑到自己年逾七旬,且两个孙子尚幼,担心老无所靠,幼无所养,隐瞒儿子牺牲消息。1949年下半年,李闻知丈夫已死,意欲再嫁,遭到公公反对,遂起诉县法院,县法院判决李之婚姻由其自主,祁上诉至庆阳分庭。分庭审理认为,祁某某系革命烈士家属,现已年迈,膝下有两个未成年孙子,为照顾各方面合法利益,判决李某某婚姻自主有效,其新夫每年应负担烈士子女教育抚养费一石五斗小麦,共负担10年,待子女成年后,承担赡养爷爷义务。1953年,经过查田定产,土地案件递增到452件,多数是民国时遗留的土地买卖、地界、地权、庄基、典当、租佃等纠纷,债务纠纷45件,以借贷、买卖欠账居多。

1954至1957年,贯彻实施《宪法》《法院组织法》,选出人民陪审员127人参与民事纠纷处理。4年共审理各类民事案件800件,土地、债务案件大幅度下降。1958年“大跃进”开始后,审判工作重刑轻民,且用“一大二公”、阶级分析观点处理案件,忽视公民个人合法权益,受理民事案件数量持续减少。1961年,贯彻西北局兰州会议精神,落实中央调整生产关系结构指示,加大矛盾纠纷案件处理,全年受理民事案件358件,同比增加3.4倍。

1962年9月至1963年9月,县法院坚持“依靠群众、调查研究、就地解决、巡回审判、公开宣判、调解为主”方针,受理婚姻、土地、房屋、债务等民事案件284件,审结232件,占受理案件81.69%,调解处理占80%。1963年10月至1965年10月,配合“社教”运动,坚持说服教育,调解为主,受理各类民事案件507件,审结492件,占总数97.04%,调解处理率85%以上。

“文化大革命”中,民事审判工作开展不正常。1969年,学习临洮经验,将民事案件下放社队办理。至1971年,共受理民事案件51件。1973年,恢复法院民事审判工作,受理案件

87件。1973至1977年，受理民事案件568件，审结540件，绝大多数是婚姻案件，财产权益案件仅8件。

中共十一届三中全会后，民主与法制建设加强，受理民事案件数量骤增。1978至1983年受理民事案件1135件，审结790件，占69.6%，主要是财产权益案件。6年共调解民事纠纷713件，调撤率高达90%。1980年10月，受理逐嫂霸财案。是年4月的一天，屯字公社女社员苟某因怀疑在地区运输公司开车丈夫高某与一中学女教师有不正当男女关系，便乘高到该女教师宿舍谈话之机，闯进去高声责骂，进而大哭大闹，被其他教师劝解，高脱离窘境。时隔两天，女教师到高家对此事向苟辩解，3人又是一场吵闹，高愤懑难言，一气之下，于当晚跳池自尽。高某死后，其弟以关心嫂子和侄子为名，请来大队、生产队干部及亲戚说合，与嫂子合家，使用哥、嫂两处庄基，并将1000多公斤粮食、价值1000多元财物全部搬到其家。合家后，婆婆和高某之弟常以苟逼死人命为由对其打骂，致苟经常深夜不敢回家。一天，弟手持大队介绍信，称已将苟户口迁回她娘家上肖公社，孩子不许带走。苟考虑到自己身怀有孕，即将分娩，无奈，只得答应，走时只拿着户口介绍信、一床被子、一页毛毡和25公斤口粮离开高家，到娘家后，因娘家大队不接收，只得投诉到法庭。立案后，法庭会同公社大队调解，由高再付苟某口粮180公斤、现金20元，苟不同意，高以追究其兄死因，胁迫苟同意结案。次年3月，全区法院进行民事案件评查，发现此案处理不当，重新审理，对高逐嫂霸财行为进行严肃批评，所占财物除给高母及由其抚养一个孩子留旧庄基一处、粮食400公斤、赡养费450元外，其余1处新庄、自行车、缝纫机、现金、粮食等财产全部改判由苟继承。

1982年，开始建立一年一度案件评查工作制度，办案质量大幅提升。1984至1986年，受理各类民事案件1063件，其中婚姻家庭纠纷403件，财产权益纠纷660件。共审结1022件，结案率96.14%，其中判决76件，调解768件，撤诉178件，调撤率92.56%。1987至1989年，3年共审结各类民事案件1057件，其中离婚512件，赔偿210件，债务117件，继承17件，赡养11件，抚养5件，土地房产及其他案件185件。1990至1992年，推行百分考核岗位责任制，提高庭审质量，3年审结各类民事案件1309件，比前三年增加23.84%。1993至1997年，运用法律手段化解纠纷，调解众多民事法律关系，制裁违法行为，加强妇女儿童合法权益案件审判，5年共审结各类民事案件2843件。1998至2002年，共审结各类民事案件3224件。

2003年，按照司法改革精神，将经济案件、民事案件归为一体，统称民商事案件。年内继续加强婚姻家庭、损害赔偿、劳动争议、借款、购销合同、土地侵权、房地产等案件审判工作，加快处理项目建设、企业破产、发展特色优势产业过程中出现的纠纷案件。至2006年，4年共受理各类民商事案件3746件，审结3732件，结案率99.63%。调解撤诉2850件，调撤率76.37%。2003年受理707件，审结703件，结案率99.43%，审判质量创历史最好水平，案件合格率100%，优质率98%。2003至2005年，连续3年被市中院评为调解工作一等奖，四次在全市法院、两次在全省法院系统介绍调解工作经验。2003年起，镇原县新城、中原一带农民购进“新22号”尖椒子种，大面积种植，收益很好。2005年8月，朱某某等59户农民所种91.3亩“新22号”(占种植面积三分之一)尖椒个细肉薄、颜色黯淡,造成严重减产和滞销,遭受经济损失十万余元。菜农认为是种子不合格所致,与经销商周某某交涉未果,遂依法提起赔偿诉讼。由于被告周某某下落不明,法院又追加种子生产商山西运城河东种业科技开发中心为共同被告。受理后,办案人员大量调查,取得第一手资料。庭审中耐心调解,使双方达成和解,周某某赔偿朱某某等59户农民经济损失45650元,承担案件受理费2552元,山西运城河东种业科技开发中心自愿赔偿损失3.5万元,承担案件受理费3000元,以调解结案。

2007至2010年,依法审理涉农、企业破产、拖欠工程款、环境污染等群体性案件,保护妇女儿童、残疾人、农民工、普通工人等弱势群体的合法权益,4年共受理各类民商事案件3190件,审结3180件,结案率99.69%。调解撤诉2330件,调撤率73.27%。2008年受理一起房产出售纠纷案。案情是2004年8月,苏某修建镇原县民族饭店,因资金紧缺,将正在修建中的一楼两间门面房以16万元价格卖给庞某。12月楼房建成使用后,双方正式签订出售合同,庞给苏付款14万元。苏将两间房交付庞出租,租赁期限5年,每年租金9600元,用收回租金又给苏付楼款1万元,下剩1万元双方协商待房产证办理后支付。期间庞多次催促苏办理房产证未果。2006年底,庞收取第三年租金时,得知苏已将房屋产权申请办理给马某,问苏证实后,要求苏撤销房产证,未被采纳,遂起诉法院。法院受理后查明,苏某、马某及张某于2006年2月13日共同签订镇原县民族饭店房产权属协议书,将该幢楼分割为4份,公证后申请办理产权证,申请时提交证件资料中无施工许可证、工程竣工备案表、质检部门质量验收意见和公章,县城建局审查后即办理4个房产证,马某房产证中包含原告两间楼房。鉴于苏某明知原告庞某已购买两间楼房,而与马某共同隐瞒庞某;县城建局在为苏某、马某办理房产证时未予公告;被告县城建局知道真相后,应按申报不实注销该房产证而未注销,侵犯原告合法权益,法院遂裁决撤销镇原县城乡建设局颁发的马某房产证。

第四节 经济审判

20世纪50至60年代,法律法规尚不完善,对经济管理主要采用行政手段,法院很少受理经济合同纠纷案件,仅于50年代中期结合办理有关经济合同公证业务时,集中受理查办经济合同纠纷案件。

1978年起,实行改革开放,各类经济合同纠纷日趋增多。1981年3月,县法院经济审判庭成立后,9个月内审判经济犯罪案件3件,调处经济纠纷2件,查处经济纠纷方面人民来信18件。1982年7~8月,实施《经济合同法》试点工作,受理和查处经济纠纷案件2件。

1983年,经济纠纷案件呈上升趋势,全年受理13件,审结11件,结案率84.62%,调撤率84.4%。1984年,受理经济案件19件,标的额49600多元,审结18件,结案率94.74%。

1985年,受理经济纠纷案件19件,其中购销合同纠纷5件,承包合同纠纷3件,其他经济纠纷11件,诉讼标的额272242元,审结15件,结案率78.95%,调解15件,调解率

100%。1987至1989年,受理各类经济合同纠纷案件77件,标的额76.85万元,其中购销合同纠纷11件,借款合同纠纷21件,承包合同纠纷9件,其他经济纠纷36件。

1990至1992年,审理各类经济合同纠纷案件75件,标的额83.8万元。1993至1997年,审理各类经济纠纷案件3726件,重点查处一批企业"三角债"案件,先后派出审判人员123人次,赴黑龙江、上海、新疆、贵州等20多个省区60多个大中城市为企业收回逾期货款819.70万元。对7户长期亏损、资不抵债企业,按照《破产法》程序,在6个月内依法宣告破产;审理银行借贷案件,仅1996年即审结1730件,为银行盘活资金1189.76万元;加强对涉农纠纷案件审判,5年共审理、执行土地、山林、果园承包、乡镇企业等经济纠纷案件293件。

1998至2002年,经济纠纷案件大幅下降。5年共受理各类经济纠纷案件799件,其中破产案25件,涉农经济纠纷293件,全部审结,做出处理;开展借贷案件专项审判,为银行盘活资产1259万元。2003年起,实行大民事审判格局,经济案件纳入民商事案件。

第五节　行政审判

1990年,行政审判庭成立后,开始受理行政诉讼案件。当年,受理孙定某、孙稳某不服镇原县公安局治安处罚裁决案。1991年,受理行政案件11件,其中土地行政案8件,治安行政案3件,审结11件,判决1件,撤诉9件,部分维持、撤销1件。1992年,受理行政案件13件,全部审结。

1993至1997年,受理审结行政诉讼案件33件,受理非诉讼行政执行案件114件,执行终结110件,执行率96.49%。1994年,审结行政案件5件。1996年,接受25个行政机关31人次行政法规和审理咨询。

1998至2002年,加大行政案件审判力度,5年受理行政诉讼案件46件,全部审结。2003至2006年,受理行政案件25件,全部审结。2007至2010年,县法院探索行政案件协调处理新机制,发挥维权、监督和支持职能作用,4年受理审结行政案件6件。

第六节　告诉申诉信访

刑事申诉　1951年,初办刑事申诉案件。1952至1960年,一般结合案件复查,对刑事申诉做出处理。

1961年,受理材料申诉120件。1962年增至249件。1963年,受理脱某申诉反革命案,因其民国时曾在国民党政府任职,1956年在农业社工作时贪污清油2公斤,牲畜入社时将自己一匹骡子以360元出卖,再以150元买牛一头入社,1958年多种自留地2分,家庭有粮却要粮。据此问题,1959年1月被县法院判刑14年,经审查,改判无罪释放。

1966年“文化大革命”开始后，申诉案件得不到重视，刑事申诉减少。1973年开始，申诉案件增多，当年受理刑事申诉11件。1973至1976年，受理刑事申诉案件27件。1975年受理原五中教师赵某申诉案，原判仅因赵在劳动中镢头撞伤工宣队员，便以故意行凶按现行反革命分子处刑10年。通过复查，弄清真相，镢头撞伤工宣队员属于不慎造成，并无故意，改判无罪平反。

1978年起，随着纠正冤假错案工作开展，刑事申诉案件锐增，当年受理刑事申诉案件330件。1979年增至1845件。1980年起，刑事申诉案件减少，当年受理472件。

1981年6月起，将申诉案件复查转为正常业务办理。1981至1985年，共受理刑事申诉案件397件，其中改判60件64人。1984至1986年，对刑事申诉和统战方面545件进行复查，改判无罪108件，维持原判437件，其中统战对象34人，改判无罪30人。

1987至1989年，受理申诉案件66件，改判18件19人，维持原判48件48人。1990至1992年，受理申诉案件37件。1993年，受理申诉案件9件，维持8件，改判1件。1996年，受理刑事申诉1件，审结1件。

1997年起，当事人不服刑事判决，通过上诉途径由告诉申诉庭进行解决，不再单独办理刑事申诉案件。

民事申诉 20世纪50年代，未建立民事申诉案件受理制度，案件受理后，一般按初审或上诉程序办理，很少用再审程序。60年代后期，申诉案件由民事审判庭负责立案查处。1964至1965年，受理民事申诉案件多属离婚后财产处理和子女抚养费执行纠纷。1979年，最高人民法院发布司法解释《关于来信来访中不服人民法院判决的申诉案件应按审级处理的通知》，总结各级人民法院民事审判工作经验，制订相应文件，下发参照执行。1981年开始，民事审判庭开始按照再审程序审理民事申诉案件。1982年10月1日，《中华人民共和国民事诉讼法》颁布实施，1984年最高人民法院发布《民事申诉工作的暂行办法》。1989年又发布《关于各级人民法院处理民事和经济纠纷案件申诉的暂行规定》，规范民事申诉工作。至1996年，全县共审理民事申诉案件31件。

1997年，告诉申诉庭设立后，履行审理申诉案件职责。2000年，随着受理案件增多，办案工作量加大，及时健全机制，细化分工，强化工作，建立起申诉案件由立案庭审查受理、审监庭按照再审程序办理的规范化机制，进一步保障当事人合法权益。1997到2010年，共审理民事申诉案件27件。

信访处理 1950至1984年，信访工作与审判执行工作同部署、同进行，由法院内设各部门办理，共答复和处置来信来访10042件。1985年，确定信访员，专门接收和办理信访案件。1995年10月，国务院《信访条例》颁布，规范群众来信来访办理程序。1985至2007年，共接待处理来信来访17139件，其中经信访员调查处理信访案件归档81件。

2008年，制订《镇原县人民法院信访工作暂行规定》，成立信访室，强化信访工作，形成院长定期接待、信访室专门办理、各部门参与的信访工作新机制，及时受理群众诉求；对一般信访当即答复处理，重点涉诉涉法信访案件，在实地走访、调查取证基础上，由相关部门联席会议商讨,尽力解决上访群众存在的实际困难,进行思想疏导,彻底化解矛盾纠纷和思想疑虑,实现息诉罢访。至2010年,三年共受理查处信访案件21件。

第七节　案件执行

1983年以前,除死刑外各类案件执行由各庭自行负责,即自审自执。1984年,县法院抽调两名法警,专门执行其他业务庭移送未执重大、复杂疑难案件。1987年,由执行庭负责已判生效案件执行。1984至1989年,接受执行案件123件,执结113件,执行率91.87%。

1990至1992年,通过集中领导、集中人力、集中时间突击执行,3年受理执行案件193件,执行144件,执结率74.61%。1992年开展“集中执行”活动3次,解决一些长期困扰法院的棘手执行案件。

1993至1997年,强化经常性执行,开展案件执行大会战,各业务庭通过边审理、边执行,使绝大多数案件得到及时执行。移送执行庭581件疑难案件,按照“少逮捕、少拘留、多疏导”指导思想,共执结527件,执行率90.71%。1994年4月,在屯字集中执行9起违法占地建房行政裁决案件。

1998年起,贯彻中共中央《关于进一步解决“执行难”问题的通知》精神,开始大规模执行活动。行政审判庭5年执行非诉行政执行案件69件,执结68件,执行率98.55%。2000至2009年,共受理执行案件3663件,执行3151件,执行率86.02%,标的额2603.6万元,中止执行45件,执行外地法院委托案件7件,执行历年积案486件。

2010年,建立执行工作责任制和承诺制,强化执行措施。受理执行案件452件,结案451件,年度执行率99.78%,执行标的额815.05万元,执行标的到位率98.8%。执行和解率72%,对6案6人采取拘留措施,全部予以执结。

第八节　案件复查和审判监督

复查“三错”案件　1950年,开始对已经发生法律效力刑事判决、裁定进行复查,并列为审判监督一项重要业务。1953年6月,结合清理积案工作,会同公安、检察等部门,对1950至1953年间群众有反映、案件当事人申诉和办案人员存疑可能错捕、错押、错判案件,进行复查,从1299件民、刑事案件中抽查127件,复查出错押、错捕、错判案件68件,其中错捕错押18件,部分错判3件,文件材料有出入8件,处理未有结果4件,处理不全面、不适当17件,不应捕而捕18件。

复查“肃反”时期案件　1956年6月,会同检察、公安机关,对“肃反”时期(1955至1956年7月)所捕判刑事案件进行全面检查清理,通过对616案复查甄别,发现错捕、错判、量刑不准案件120件,其中错捕案犯1人,可捕可不捕5人,错判20人,量刑略轻1件,量刑略重93件,对查出问题,本着“有反必肃,有错必纠”原则,进行改错处理,其中无罪释放24

人，占 20%，教育释放 58 人，占 48.35%，改判刑期 38 人，占 31.67%。

复查“大跃进”时期案件 1961 年 5 月开始，与有关部门组成复查办公室，对“大跃进”时期（1958 至 1961 年 5 月）案件进行全面复查。4 年中法院共捕判各类案件 2491 件 2676 人，查清 1118 人，占 41.78%，错案率达 46.7%。经县委研究处理 654 人，复查办公室研究处理 232 人。其中维持原判 646 人，占决定数 72.91%；量刑畸重 59 人，占 6.7%；畸轻 10 人，占 1.1%；可捕可不捕而捕判 53 人，占 6%；错捕错判 118 人（错判 82 人中，小偷小摸 12 人，流露不满言论 5 人，饲养管理不善或责任事故致死耕畜 5 人，一般轻微犯罪行为 16 人，过去已处理过重新捕办 29 人，无粮要粮 11 人，其他错判 4 人）占 13.3%；最终改判无罪释放 36 人（恢复名誉 31 人；安置工作补发工资 22 人；恢复党、团籍 19 人），改判训诫释放 47 人，改判刑期已满释放 35 人；追捕 2 人，管制 2 人。1958 年，在粮食问题是政治问题错误思想指导下，肖金公社先进社一次捕判 48 人，后经复查，错判无辜群众达 18 人，占 37.5%。

1962 年 5 月，成立案件复查验收小组，对以前复查过的案件重新调查核实，又查出 25.9%错案。1958 至 1961 年上半年，全县错判 1315 人，占复查数 55.2%，且 60%是基本群众。“许张”反革命集团冤案，错捕错判达 1504 人，仅洪河一个公社即改判 320 人，其中改判无罪 17 人，占该社 3 年半捕判人数 26.98%。1963 年 1 月，对查出错捕错判 1315 人重新做出处理，其中召开群众大会进行公开平反、无罪释放 475 人（恢复党籍 55 人，恢复团籍 4 人，48 名脱产干部及时补发工资，恢复名誉、安排工作）；对量刑准确、但定性不当 68 人，均改变定性；对没收财产 565 人，财产 196 种 13779 件价值 101676.63 元，属于不应没收，做出如数退赔处理。1973 年 10 月，复查上肖叛乱案，纠正当时及以后处理中打击面过大问题，维持原判 82 人，摘掉反革命分子帽子 8 人，平反纠正 348 人，消除所涉及群众及亲属在婚姻、升学、入党、参军、招工、提干等方面不利影响。

平反纠正冤假错案 1977 年 9 月，清理复查反对林彪、“四人帮”和为邓小平遭诬陷鸣不平而判刑案件（又称“三类”案件）。1978 年 8 月，设立刑事申诉复查办公室，抽调机关人员进行工作。全县召开 8 万多人参加的落实政策广播大会，宣读对 8 名受害者改判无罪和摘除现行反革命分子帽子决定。1979 年，对“文化大革命”期间判处的刑事案件及“文化大革命”前判处、本人提出申诉的刑事案件全部复查。1980 年 3 至 5 月，复查 1966 至 1979 年间所判有关为刘少奇鸣屈案。1981 年 2~6 月，又对 1977、1978 两年判处的刑事案件和“文化大革命”中判处的死刑案件进行复查。此次平反冤假错案工作历时 3 年零 9 个月，复查刑事案件 2867 起，其中复查 1958 年政治斗争中判处案件 1503 件，改判无罪 1091 件，包括 1962 年平反内纠补办手续 381 件，“许张”反革命集团冤案，过去虽做平反，但很不彻底，此次又给 565 名受害者发放补助费 13.06 万元；复查“文化大革命”中案件 625 件，包括因反对林彪、“四人帮”和为刘少奇、邓小平遭诬鸣不平而判刑案件 511 件，无罪平反 164 件，部分改判 158 件，平反和部分改判共占 51.52%；对“文化大革命”中判处死刑 9 件 13 人，改变定性 3 件 6 人，维持不变 6 件 7 人。改判有罪错杀 4 件 7 人，改判死刑又处刑罚 2 案 18 人，对改判死刑的每个家属发生活补助费 700 元，其他同案犯最多 300 元，最少 150 元，共计发补助生活费7150元；复查“文化大革命”后案件615件，无罪平反147件，占23.9%，对受害者协调有关部门，进行妥善安置，发放生产、生活补助费214490元；复查1977至1978年案件121件124人，改判纠正冤假错案47件52人（反革命案11件11人，普通刑事案件36件41人），其中无罪10件10人，减轻刑罚35件40人，免予刑事处分和不追究刑事责任2件2人；对改判无罪的，除刘某某等3名知识青年早已安置外，对陈某某等7名农村家属发放补助费1050元，最多400元，最少100元；对改判不追究刑事责任的1人因患精神病在原工作单位安置，发给原工资休养，另1人，因1980年又重新犯罪，判处拘役6个月；对改判减刑的，及时制作判决，送达劳教单位执行，刑满回队的，和有关社队联系，凡吃住有困难的均妥善安置；对受害者，院领导带领办案人员赴受害人家里，先做思想工作，进行安慰，发放补助，然后召开群众大会，公开纠正，恢复名誉。

复查历史旧案 1986年9月至1987年上半年，集中复查历史旧案813件989人，其中改判42件44人，免予刑事处分1件1人，改判无罪14件18人；对改判无罪的，除政治上平反外，还从经济上给予适当补助。

第九节 人民陪审

1951年实行人民陪审员制度，由基层组织推荐，法院决定一些工人、农民、知识分子先进代表担任陪审员，在审判员和审判组织指导下开展审判工作和人民调解工作。1955年，建立合议庭制度时，人民陪审员作为合议庭成员参加第一审刑事、民事和经济纠纷案件审理。1954至1957年，全县选出127名人民陪审员参与民事纠纷处理。1966年，人民陪审员制度受到批判，被废弃。

1979年，人民陪审员制度恢复，新建人民法庭均设陪审员室，但在司法实践中并未受到重视，也未真正得到普遍执行。2005年，选派14名人民陪审员参加省高院上岗业务培训。2007年，人民陪审员参与合议、调解案件131件，其中平泉镇人民陪审员刘世秀被省高院评为“全省优秀人民陪审员”。2008年，人民陪审员参与合议、调解案件84件。2009年，考察推荐并由县人大常委会任命14名人民陪审员。至2010年，5年内由县法院提请，镇原县人民代表大会常务委员会先后3次任命人民陪审员50人次，免去11人次，年底共有人民陪审员33人，落实《最高人民法院关于进一步改进和加强人民陪审员工作的意见》精神，在部分基层人民法庭推行人民陪审员工作改革试点，改革人民陪审员工作，提升司法效能，将一些简单案件和影响较大案件直接交给人民陪审员调解，在法庭和法官指导下，已有8名人民陪审员参与其中，成功调解结案15件。

镇原县人民法院 张富诚摄

第四十一章　司法行政

镇原历史上，民间就有调解活动。民国时期始设调解组织，审判有辩护，出现简单公证业务。中华人民共和国成立后，法律宣传、公证事务逐步开展。1980年起，司法行政机构逐渐建立健全，普法、公证、律师、法律援助、刑释解教人员安置帮教、社区矫正等工作全面发展。

第一节　机　构

镇原县司法局　1980年12月，县政府成立司法科。1981年3月，司法科改称司法局，设局长、副局长各1人，有干部、职工9人，负责法制宣传和人民调解工作。1984年，内设秘书股、宣教股、调解股。1985年，成立县委法制宣传教育领导小组办公室，与司法局合署办公。1997年，司法局内设人秘股、调解股、公证律师管理股，编制16人（含法教办4人），成立镇原县刑满释放和解除劳教人员安置帮教领导小组和协调小组，司法局办理相关业务。2002年，司法局内设人秘股、公证律师管理股、基层工作股、法制宣传教育股，挂刑释解教人员安置帮教协调小组办公室牌子。2010年，司法局内设人秘股、公证律师管理股、基层工作股、刑释解教安置管理股、法制宣传教育股、社区矫正管理股，有工作人员15人。

镇原县公证处　1981年3月成立，科级行政单位，政法编制，隶属县司法局，有主任1人，公证员2人。1982年，公证处人员增至5人。1997年，编制6人。2002年，降为副科级全额拨款事业单位，设主任、副主任各1人，工作人员4人，继续使用政法编制。2010年，公证处有工作人员7人。

甘肃良友律师事务所　1981年3月，成立镇原县法律顾问处，科级行政单位，政法编制，隶属县司法局，有主任1人，执业律师2人。1988年，更名律师事务所。1995年8月，更名庆阳良友律师事务所。1997年，编制7人。2002年，降为副科级事业单位，编制7人，设主任、副主任各1人，律师5人。2006年4月，更名甘肃良友律师事务所。2010年，改为社会中介组织，退出事业序列，取消政法编制，人员分流安置，与财政供给脱钩，实行社会化有偿服务，自收自支。

镇原县法律援助中心　2005年10月成立，科级事业单位，隶属县司法局，政法编制3人，设主任1人，工作人员2人。2010年，有工作人员6人。

乡镇司法所 1986年,成立屯字法律服务所。1988年,成立平泉、孟坝、三岔镇法律服务所。1990年,成立城关镇法律服务所。1991年4月,全县24个乡镇各配司法助理员1人。1992年,成立开边法律服务所。1994年,成立新城、中原、郭原、小岘、曙光法律服务所。1995年,成立武沟、马渠、庙渠、王寨、南川法律服务所。1997年,24个乡镇全部成立司法所,原法律服务所与司法所合并,实行一套人马,两块牌子,为股级事业单位,隶属乡镇政府,业务受县司法局指导。2003年6月,乡镇司法所人员上划司法局管理。2005年10月,随着乡镇撤并,基层司法所和法律服务所变为19个,有工作人员60人,其中专职人员27人,兼职33人。2008年,乡镇司法所由直属事业单位改为县司法局派出机构,使用政法编制,机构规格、人员编制不变,内设乡镇人民调委会、安置帮教工作站。2010年,基层司法所有工作人员50人,其中政法编制37人,事业编制13人。

基层调解组织 民国二十七年(1938年)七月,设立平泉、屯字、肖金、孟坝4个区调解委员会。二十九年,陕甘宁边区镇原县建立区乡诉讼委员会,由群众代表、劳动模范、有威望的公正人士、政府工作人员组成,区长兼主任委员,履行调解职能。三十六年战争爆发后,大部分调解组织趋于瘫痪。

三十八年七月全县解放,原解放区保留区乡调解委员会,新解放区逐步健全区乡调解委员会,负责调处民事纠纷,受基层政府领导和法院业务指导。1960年,撤销公社调解组织,保留生产大队调解委员会。1967至1971年,受"文化大革命"影响,调解组织基本瘫痪。1972年起,调解组织逐步恢复。1973年,全县建立调解组织1230个。

1981年贯彻新《人民调解组织原则》,加强各级调解组织,全县所有大队和生产队均建立调委会和调解小组,增选大队调委会副主任77人,委员332人,生产队调解员1749人,调整调委会主任33人,调解员553人。1982年,全县有大队调委会269个,居委会1个,配备调解人员7983人,其中大队调解主任269人,居委会主任1人,生产队调解员7713人。1985年,24个乡镇成立调解领导小组,行政村及企业成立调解委员会258个,自然村设调解员3810人。

1988年,全县有基层调委会283个,调解人员3150人。1991年4月,基层281个调委会配正副主任512人,调解员2483人。1993年,基层调委会增加17个,共有调解人员2916人。2010年,全县有调委会401个,调解员2224人。

第二节 人民调解

调解工作源自民间,年代久远。民国始有官方调解。民国二十七年(1938年),国民政府调解委员会以民事案件和轻微民众纠纷调解为主,兼顾撤回告诉的妨害风化、婚姻、家庭以及伤害、盗窃、侵占、欺诈、背信、毁弃损坏等刑事案件调解。边区镇原县调解最多为债务纠纷,其次为土地、婚姻纠纷和打架斗殴、伤害及妨害风化、公务、动员等轻微刑事案件。

1949至1953年,群众间债务、家庭虐待、包办买卖婚姻以及土地、庄基、房屋、林木、继承等纠纷增多,各级调解组织及时调解化解各种矛盾纠纷,确保社会稳定。

1954至1966年,配合社会主义改造、农村合作化、人民公社化运动,根据地界、地权、婚姻家庭纠纷突出特点,发挥农业社、大队调解委员会作用,分片包干,排查调解各类民事纠纷,增进团结,促进生产,减少刑、民事案件发生。1967至1971年,县内各级调解组织瘫痪,工作停顿。1972年起,调解组织逐步恢复,调解工作陆续开展。1973年,全县1230个调解组织办理简易民事纠纷5500多件,为法院受理民事案件63倍。

1981年,县司法局、法院抽调干警5人,巡回24个公社,一手抓组织整顿,一手抓业务培训,整顿大队、生产队调解组织2757个,培训两级调解员2032人。1982年,县司法局派出4名干部,利用两个月时间,深入各社队配合基层党政组织,采取"补、换、培、稳"办法,对调解组织进行整训;对积极工作的保持稳定,补选调解员341人,培养年轻对象400多人,以老带新,熟悉业务,调整不起作用或不宜做调解工作人员157人。各级调解组织坚持调解与预防相结合,法制宣传与道德教育相结合,调处纠纷与表彰遵纪守法相结合,发动群众制订乡规民约,开展"五讲四美"、文明村、"五好家庭"、好媳妇活动,不推不靠,主动调解,发现苗头及时解决,有效预防纠纷,防止矛盾激化。全年受理矛盾纠纷1816件,全部进行调处,成功率86.8%。

1983年,整顿健全组织,培训调解人员,发挥司法助理员和调解组织作用,抓预防和调处,农闲季节重点处理庄基、林木、水路纠纷,配合公社党政组织明确交界,办理宅基地使用权公证,收获耕种季节重点排查地界纠纷,取得较好成效。

1984至1986年,遵照"调防结合,以防为主"方针,调解工作为经济建设服务,解决大量争田、水、路、牲畜、农具等纠纷。3年受理调处矛盾纠纷5483件,成功5153件,占受理数93.98%,解决历年纠纷14起。

1987至1989年,县司法局组织人员深入十多个乡镇,对农村调解组织现状、人员培训和发挥作用情况进行调查,总结民间纠纷发生季节和同期性规律,树立典型,正面引导,及时推广基层组织建设和调解工作经验,推动基层调解工作。3年受理矛盾纠纷3810件,调处3687件,成功3004件,预防重大纠纷46起,防止矛盾激化37起。1988年,三岔镇高湾村个体户马某给孟坝奶粉厂联系销售白糖价值14060元,马多次要款,奶粉厂借口没钱未付。12月2日,马某一气之下,从宁夏同心县叫来十多个"弟兄",乘坐四辆车准备去抢奶粉厂。三岔镇司法助理员贺权在请假乘车回家途中听说此事,立即下车,寻找马某等人,查明事情原委,说服其放弃闹事、不做违法之事,并于当天到奶粉厂进行协商,讨回欠款,避免一场恶性案件发生。

1990至1991年,宣传贯彻《人民调解委员会组织条例》,乡镇和村民调委会建立健全登记、回访、建档、学习、评比奖励五种制度,抓调解人员培训、学习,提高业务和解决问题能力。两年调处矛盾纠纷4718件,成功4514件,占受理数95.68%。1990年12月,新城乡小寨行政村刘坪自然村村民徐某某放羊啃了柳行自然村村民张某某麦苗,张到麦地后不由分说,夺过徐的放羊鞭将其殴打致伤,先后在新城、平凉住院治疗20多天,花去医药费800余元。徐要求张赔偿医药费，张分文不出，徐的丈夫即从其岳父家叫来两人，准备以暴制暴。村调委会阎文发得知情况，赶去现场进行调解，先将徐的娘家人送回，稳住事态发展，然后给张讲解有关法律知识，指出打人是违法行为，依据《民法通则》规定，伤害他人必须赔偿医药费，张虽承认错误，但不愿出钱。阎放弃元旦休息，先后6次上门给双方做工作，终于打通思想，通过协商，张给徐支付医药费501元，矛盾得以化解。

1992年，组织人员深入孟坝、太平等8个乡镇，对《人民调解委员会组织条例》贯彻情况进行调查了解，总结推广城关、孟坝两个法律服务所和太平、三岔等3个乡镇司法助理员及太平石泉行政村调委会经验。9月，利用十多天时间协助省司法厅、地区司法处对全县宅基地纠纷进行专题调查，掌握第一手资料。1994年，整顿基层调解组织，培训人员3242人，占调解人员81.6%。至1996年，5年间受理矛盾纠纷13406件，调处13157件，成功12728件。1994年，上肖乡雄武村调委会调处一起赡养老人纠纷。党堡组84岁老人党某某和老伴有4个儿子，但无人赡养，村干部分别给其4个儿子谈话，将其儿、媳叫到一块，进行法律和道德教育，使其儿子懂得赡养老人是晚辈应尽义务，也是传统美德。经过协商，两位老人由4个儿子轮流照顾，每个儿子按月给面粉10公斤、现金10元。儿子们准备给村委会送羊表示感谢，被几位干部婉拒。

1997至2000年，4年共排查出各类纠纷9802件，调解处理9290件。1997年1月26日下午，中原乡田站村田某某自告奋勇愿帮李某某淘井，当时双方未立任何协议，也没有任何安全措施，田抓住绳子踩着井壁脚窝下井，淘过一会儿上井，气喘吁吁，李劝阻田不要再淘，田坚持继续淘，第二次下井，在大约距井底五米高时，只觉胳膊无力，头脑发昏，突然两脚踩空，落入井底，致下肢瘫痪，生活无法自理，李某某及时将田送医院治疗，后接回自家疗养。司法助理员和田站村调委会根据李某某请求，取回田住院期间药费支出、伤情鉴定等证据，和当事人田某某养子协商田的护理问题，其养子既不护理也不要补偿金。乡司法助理员找其养子生父做工作后，养子才愿意接回养父，保证护理送终。鉴于事故发生在李某某家里，李某某应承担主要责任；田某某深知自己年高力不从心，不应该坚持淘井，应承担次要责任，遂协议：田某某今后生活费按10年计算，每天3元，加住院费2200元，共计1.08万元，李承担7200元，田承担3600元；双方各承担调解费40元。2000年，四次集中排查出各类矛盾纠纷1495件（婚姻纠纷258件，继承纠纷163件，赡养纠纷178件，邻里纠纷233件，债务纠纷183件，土地纠纷303件，赔偿纠纷177件），调处1465件，调处率97.99%，调处成功1406件，成功率95.97%。

2001年，组成5个工作组，用10天时间，深入各司法所，建立报表、报告制度，帮助完善民事纠纷受理、调处登记簿18种，达到受理、调处、归档三对口，乡镇司法所业务工作逐步规范化、制度化。2002年，开展定期排查、归口管理、多方协调、说服教育、就地处理工作机制。至2006年，五年共排查各类矛盾纠纷7231件，调处成功7040件。

2007年，实行"十户三员"制度，即十户设调解小组，每组配备调解员、信息员、法制宣传员。8月，上肖乡南李村被省高级人民法院、省司法厅评为"全省优秀人民调解委员会"；

孟坝镇司法所所长杏宝丹被评为“全省优秀人民调解员”。2008 年,把司法所职能、民间纠纷调解程序、安置帮教、法律服务等 32 项制度公示上墙,按制度履职,接受群众监督,推动司法工作上水平、上台阶。2009 年,统一规范调解文书格式、操作程序、归档管理。6 月,在孟坝、太平两镇召开全县人民调解工作现场观摩会,市司法局领导、县委分管领导和县法院负责人参加会议,现场指导,交流经验。8 月,新城乡杜寨村被甘肃省司法厅授予“全省优秀人民调解委员会”,朱怀林被授予“全省优秀人民调解员”。殷家城乡桑树坬村寨科组原有两块公用集体土地分别为 4.8 亩和 5 亩, 以前均由白某某承包耕种, 每年向村上交承包费 120 元。2003 年秋实行退耕还林时,另外两户村民与当时村干部协商,用自家偏僻地将这两块公用土地进行兑换,退回耕地退耕还林,领取国家财政退耕还林补助款。兑换后的这两块地被三家反复抢种,引发矛盾,白某某停止上交承包费。乡村两级工作组多次协调,当事人均不接受,后上报县法院两次裁决,也未能解决。2009 年,在村干部申请下,乡党委领导带领司法所工作人员,会同村干部再次调解,按照村干部提议,召开村民会议,表决通过收回原两块公用地, 但两个兑换人不同意。通过耐心细致思想工作, 最后两个当事人愿意交出,作为集体公用地, 并决定公用土地使用必须由村民会议通过, 任何人不得私自利用。2010 年,成立镇原县医疗(患)纠纷调解委员会, 专门负责县域内医疗纠纷调解工作。4 年间受理矛盾纠纷 5797 件, 调处 5791 件, 调处率 99.9%,调处成功 5710 件,成功率 98.6%。

2009 年 6 月 11 日,人民调解工作太平观摩现场

第三节　公　证

旧时,境内人民彼此间发生的田财买卖、典当、兑换、租赁、钱粮借贷、奴婢买卖、各种婚约、劳力雇佣、分家析产等契约,以民间私证形式出现,均找第三者作证,并在契约上签名。这类契约文书,是后来公证文书的雏形。民国四年(1915)年,县政府二科(财政科)对民间田地、房屋买卖契约验证盖印。二十三年,改由田粮处办理。三十四年七月,国民政府庆阳地方法院设公证处,办理本辖区内公证业务。

中华人民共和国成立后，民间私证日趋减少，公证业务逐渐发展，并得到完善，成为司法行政部门一项重要业务。1949至1979年，公证业务由县人民法院办理，公证事项主要有加工、订货、购销、建筑、运输等经济合同。1981年，公证业务全部转交公证处办理，增加联营、拍卖、贷款、劳务、租赁、承包等经济、民事类合同公证项目，当年办理经济公证2件。

1983年，贯彻《中华人民共和国公证暂行条例》规定，公证人员携卷下乡，上门办证200件，其中民事类公证92件，经济类公证108件。新城乡刘姓二人为争庄基地，经常打闹，矛盾很深，社队多次调处无效，公证处接受双方申请，深入现场，座谈协商，达成协议，并办理公证，解决长达数年矛盾纠纷。

1985年1月，公证处制订质量、数量、收入奖罚“三定“责任制，对公证人员从德、能、勤、绩四个方面进行考核，公证工作逐渐规范化。1989年3月，开始二胎生育合同公证，至1990年，办理二胎生育合同公证1161件。1985至1990年，6年办理各类公证4059件，其中民事公证1872件，经济公证2187件。

1991年，公证工作重点放在疏通证源、提高办证质量上。公证人员走遍全县24个乡镇，证源扩展到农林牧、贷款、乡镇企业承包、劳务合同、科技协作、工商企业承包、法人资格证明、供电合同等30多项，总标的额1704.2万元，办证突破1千件、收费突破1万元。

1992年，制订“三不办”“五不出证”（人情证、关系证、提供虚假材料骗取公证书的坚决不办；证据材料不全、办证程序不符合规定、需调查取证未调查结束、未经主办公证员审签和处领导审批的，均不得出具公证书）和案卷评查制度，对不符合规定6件公证拒绝办理，保证公证质量；对8年间所办公证案件进行检查，纠正错证5件，对法律文书不完整案卷进行补充完善。全年共办理公证1363件，收费7983元，证后服务、定期回访78件，调处公证后纠纷14起，避免直接经济损失17.8万元。

1993至2001年，以质量求信誉，以信誉求发展，拓展公证40多项，9年办理各类公证3405件，其中民事公证1747件，经济公证1658件，质量普遍提升。1997年，县人民法院3名法警进驻公证处，负责公证事项执行工作。2000年9月，平泉镇村民王某丈夫因车祸身亡，丈夫名下存折不知去向，由于未办公证，银行不给查询取款。根据《继承法》等规定，公证处在取得相关证据后，办理《继承权公证书》，使王某取得存款。2002年，公证处参与全县国有、集体企业改制，办理资产处置、房地产分割、职工安置补偿协议等各类公证1111件。

2003至2007年，宣传《公证法》，举办培训班，提高公证人员业务素质和群众公证意识。5年间办理各类公证2560件，其中民事公证1321件，经济公证1239件；对已办公证案件认真自查，无错证、假证，受到上级业务部门表扬。2007年3月，公证处获全省司法行政系统先进集体。

2008至2010年，公证工作按照一流服务、一流管理、一流业绩标准，探索新形势下法律服务工作最佳模式，与发改、城建、国土、交通等部门衔接，拓展公证服务空间。3年办理各类公证2069件，其中民事公证926件，经济公证1143件；揭露违假合同（协议）3件，拒办公证 2 件，避免直接经济损失 670 万元。涉及领域由简单民事类协议扩展到资产拍卖、工程招投标、摇号开奖、证据保全、委托、遗嘱、赠与、继承权、离婚协议、企业职工停薪留职、夫妻财产约定协议以及拆迁安置补偿公证等 60 多类。2010 年，开始介入下岗职工《廉租住房协议》公证，为经济困难群众及下岗职工办理廉租房协议公证 100 多件，为困难职工减免公证费 1.5 万多元。

第四节　律　　师

陕甘宁边区时期，镇原辩护工作由司法机关聘请，或委派机关、团体工作人员，或由被告人亲属出庭辩护。中华人民共和国成立后，县法院开始聘请辩护人为被告人进行辩护，先后培养辩护人 14 人。1956 年，办理辩护案件 48 件。1980 年代初，始设专业律师，开展各项业务活动。

1981 至 1990 年，律师工作除配合司法机关刑、民事案件辩护代理外，还开展非诉讼代理工作。担任法律顾问由开始 6 家增加到 15 家，民事案件辩护代理 112 件，经济代理 8 件，刑事代理 225 件，非诉讼代理 77 件，代书 627 件，解答法律咨询 4622 人次，挽回经济损失 13.1 万元，收费 13.57 万元。1981 年 11 月 21 日，郭原公社西杨大队上山生产队社员张某同生产队会计杨某发生纠纷，致张右腿受伤，杨主动请医生给张检查治疗。张的丈夫作为妻子代理人，自诉到县法院，要求追究杨某刑事责任，并负担医药费、误工费等。杨委托县法律顾问处律师为其辩护。代理律师为原告丈夫多年老同事，通过查阅全案材料，走访群众，与原被告谈话，按张某被打情节轻微，被告又能主动请医治疗，不应负刑事责任进行调解，但原告不服，县法院开庭审理。法庭上律师不避人情，依法履行职责，为被告人进行辩护，法院采纳律师意见，判决被告免于刑事处罚，负担原告医药费、误工费 183 元。

1991 年，律师为中小企业担任法律顾问 19 家，每个律师担任常年法律顾问 3 家，帮助单位和中小企业索回欠款 30.5 万元；受理刑事辩护和自诉代理案件 29 件，法院采纳律师辩护意见 21 件，其中改变案件定性 2 件 2 人，从轻或免于刑事处分 19 件 19 人，未采纳 3 件 3 人；代理各类民事、经济、行政诉讼案件 24 件，为企业和个人挽回经济损失 36.2 万多元。参与非诉讼经济纠纷调解 16 件，挽回经济损失 24.6 万多元；代写法律文书 166 份，接待群众来信来访 392 人次。全年收费 1.85 万元。

1992 年，多次派员赴河南、河北、太原、哈尔滨、沈阳、四川、安徽、贵州等省市，帮助聘请单位追回历年欠债 54.3 万多元。

1993 至 1995 年，修订完善各项管理制度，强化自我管理，开展业务质量、职业道德和职业纪律、经费管理三项检查活动，法律服务工作逐步适应市场经济发展要求。3 年担任法律顾问 16 家，民事案件代理 73 件，经济代理 34 件，行政代理 4 件，刑事代理 81 件，非诉讼代理 29 件，代书 418 件，解答法律咨询 3526 人次，挽回经济损失 344.1 万元，收费 5.4 万元。1995 年，代理案件折合标准案件 349 件，收费 2.2 万元，人均 70 件 4500 元，案件质量合格率97%,为企业和当事人挽回经济损失190多万元。

1996年,为5家顾问企业代理经济、劳动争议诉讼案6件,挽回经济损失39.6万元。1998年,办理刑事辩护46件,法院采纳率81%,改变定性4案7人,宣判无罪1案1人,免于刑事处罚3案3人;办结民事代理73件,采纳率87%,为当事人挽回经济损失42万元;免费服务7件。1999年,办结刑事辩护26件,法院宣告无罪2案2人,免于刑事处分3案3人,宣告缓刑3案3人,一审判处死刑,二审改判死缓1案1人,通过做工作,撤回自诉3案3人,为当事人挽回和避免经济损失100多万元;办结民事代理47件,法院采纳41件,采纳率87.23%,为当事人挽回经济损失40多万元。

2000至2005年,6年办理民事案件代理274件;经济代理61件,行政代理14件,刑事代理119件,非诉讼代理60件,代书385件,解答法律咨询11017人次,挽回经济损失237.7万元,收费12.19万元。资深律师组成县政府法律顾问组,为政府法律方面决策等提供服务。

2006至2009年,律师工作由坐等案源向主动服务转变,向群众提供优质高效法律服务和法律保障,发挥律师在维护司法公正和群众利益方面积极作用。担任法律顾问4家,民事案件代理233件,经济代理67件,行政代理13件,刑事代理90件,非诉讼代理78件,代书521件,接待来访2245人次,参与处理各类纠纷30余起,两次进京解决信访难题,化解橡胶坝溺水事件3起,解答法律咨询4700人次,挽回经济损失556.62万元,收费8.48万元。

2010年,代理各类案件193件,承办法律援助案件20件(刑事案6件,民事案14件),代书350件,挽回经济损失350万元,收费2.3万元;参与处理涉法信访案件,妥善处置群体性事件,化解社会矛盾纠纷,解决群众关心的热点、难点问题10件,帮助解决重大信访案1件。

第五节 法律援助

2005年10月,镇原县法律援助中心成立,三个月内办理援助案件8件,其中刑事援助3件,涉及农民工、残疾人和妇女的各1件;民事援助5件,涉及农民工、残疾人和未成年人各1件,妇女2件。2006至2007年,办理援助案件55件,其中刑事援助15件,民事援助40件;代书16件。

2008至2009年,开展律师公证服务进乡村活动,共办理各类法律援助207件,其中刑事法律援助72件,民事法律援助135件;农民工援助案28件,残疾人援助案23件,妇女援助案11件,未成年人援助案19件,代书238份,解答法律咨询1782人次,发放宣传资料1.39万份。

2010年,加强法律援助网络和宣传工作,在19个乡镇和县总工会、残联、妇联、共青团及单位建立法律援助工作站,设立法律援助联络员;依托基层法律援助站贴近群众优势,组织相关人员定期到联络点，开展法律咨询和法律援助宣传，印发法律援助宣传彩页5000份，扩大宣传效果；开展对未成年人、残疾人、妇女、老年人等特殊群体法律援助。全年共受理各类法律援助案件197件，其中刑事案件72件，民事案件125件，接待法律咨询1469人次，代书370份。

第六节　普法及依法治理

古代，虽有种种法律，但宣传甚少，更谈不上普及。民国时期，有少量法律宣传活动。二十九年(1940年)，陕甘宁边区镇原县政府重视法律宣传，党政干部和司法人员手持陕甘宁边区政府颁发的条例，走乡串户，开展禁止吸食鸦片、赌博和反对买卖婚姻、封建迷信等宣传活动。

中华人民共和国成立后，加大法律宣传力度。县法院利用公判大会，对干部群众进行法律教育。1950至1954年，《中华人民共和国婚姻法》《中华人民共和国土地改革法》《中华人民共和国惩治反革命条例》和《中华人民共和国宪法》相继颁布，县委、县政府及时组织工作组，深入乡村，利用广播、板报、集市进行宣传。1959年5月1日，在县城举行法制教育展览，让群众既看到实案实证，又受到法律法规教育，参观人数7000多人。

1967至1972年，“文化大革命”运动中，法律宣传基本停顿。1973年起，法律宣传逐步得到恢复。1974年，各中小学增设法制教育课，自编教材，定期授课，同时邀请司法干部和公社领导作专题辅导。各机关、工厂和农村大队党、团组织举办短期学习班和长期政治夜校，进行系统法律学习。1977年，县法院在县城及各大镇点召开公判大会，对群众进行法制教育，接受教育2万多人次。

1978至1980年，第二部《中华人民共和国宪法》和《中华人民共和国刑法》颁布，县委统一部署，层层培训骨干，深入机关、农村开展宣讲。县、公社举办新法培训班26期，参加学习干部、群众3000多人次。

1981年，县司法局成立，与各公社联合，在农村集中进行法制宣传教育，揭露各种刑事犯罪和打架斗殴、封建迷信、赌博活动等歪风；进行婚姻道德教育，提倡婚姻自主和婚事新办，反对买卖婚姻和大操大办；进行文明礼貌教育，开展五好家庭、模范夫妻、尊老爱幼、村邻团结、助人为乐等方面宣传活动；编写《法律知识篇》和《典型案例材料》，利用广播进行法制讲座，编印《加强综合治理，狠抓青少年教育》100份、《关于法律顾问处、律师等几个问题简介》和《公证处性质、任务、工作范围简介》等宣传材料3300份，发至县直单位和社队，动员社会力量，加强法制宣传教育；针对实行生产责任制中出现乱砍滥伐集体林木问题，会同法院、林业局编写“坚决刹住毁林歪风，切实搞好林木管护”宣传材料，印成通告张贴，办宣传专栏2期，遏制毁林歪风。

1982年，中共中央、国务院《关于打击经济领域中严重犯罪活动的决定》和新《宪法》颁布后，召开全县动员会，对广大党员干部宣传讲解，县局组织宣讲组，分赴县直各机关单位、公社进行宣讲，培训骨干，举办法制宣讲367次，受教育群众约14.3万人次，共办法制宣传栏113期，板报178期，编印宣传材料4340份，翻印各类宣传材料14750份，铅印《关于打击经济领域中严重犯罪活动的决定》和《刑法》3500份，利用有线广播播出306次，放电影前加映法制幻灯片175场次，征订法制报238份；修订乡规民约5500份，举办法纪教育学习班27期，受教育1289人。

1983年，贯彻全国人大常委会《关于严惩严重危害社会治安的犯罪分子的决定》，开展争创“文明村”“五好家庭”等活动，宣传新《宪法》《刑法》《民法通则》《婚姻法》《经济合同法》《食品卫生法》，受教育群众12万多人次。在20个公社选配义务宣传员，县局协同有关单位，分别举办违法青少年和迷信、赌博等人参加的帮教学习班十多期，受教育300多人。全年共办法制宣传栏193期，各类板报192期，出动宣传车1次，印发宣传资料1600份，征订法制报113份，放映法制幻灯片14次，给中、小学上法制课18次，受教育学生1784人次。

1984至1985年，配合“严打”斗争，组织流动宣传小组，送法下乡，采取走乡串村、赶集上会办法，开展法制宣传和“维护妇女儿童合法权益宣传月”活动。全年共办法制宣传栏10期，墙板报354期，广播143次，放映幻灯片28场次，编印发放宣传材料13100多份，出动宣传车31车次，法制宣讲130场次，听众4.9万多人次。

1986年，贯彻全国人大《关于在公民中基本普及法律常识的决定》，每五年在全民中开展一次大规模普法教育。当年开始至1990年，实施“一五”普法。县委、县政府及县直各单位、各乡镇、行政村分别成立普法领导小组，按先县直机关，后乡镇机关，再农村次序，由城镇到农村逐步展开。普法对象（60岁以下、学龄儿童以上公民）25.5万人，占总人口61%。内容是宪法、刑法、刑事诉讼法、民事诉讼法、婚姻法、继承法、经济合同法、森林法、兵役法、民法通则、治安管理处罚条例（简称十法一例）。司法局组织普法骨干15名，分别到24个乡镇和十多家企业，在田间地头、工厂车间，向公民宣讲法律知识。5年间订购《干部法律常识读本》3500册，《农民法律常识读本》3.2万多册，其他法律书籍1.7万册，达到干部职工人手一册，农民2~3户一册；作法制报告3632场次，办宣传板报52800期，印发宣传资料38783份，广播讲座、新闻报道、播放录像1074篇次，出动宣传车81车次。全县参加普法学习23.48万人，占普法对象92.08%；完成第一次全民性法律知识启蒙教育，获全国普法先进县；结合普法教育，帮助教育和转化失足青年200多人，抵制各种不正之风1845件1579人，归还公款108894元，揭发违法犯罪线索281件，涉及327人，追回经济损失45306元，涌现出好人好事1316件1278人。全县评选出遵纪守法光荣村288个、光荣户53200户。

1991至1995年，实施“二五”普法，重点对象为科局级以上领导干部、执法人员、宣传教育工作者和青少年，学习内容增加行政诉讼法、集会游行示威法、土地管理法和其他专业法，采取自学和集中学习、综合法律和专业法律培训相结合，作法制报告28场次，征订发放教材15260册，办宣传板报920期，印发宣传资料28480份，张贴宣传标语、挂图630幅，录制磁带、光碟380盒，开展新闻报道、广播讲座、播放录像765篇次，出动宣传车210车次，召开各种培训会、广播会、座谈会、群众大会、法律知识竞赛4850场次，年终组织县直及乡镇机关干部职工法律知识考试；结合普法教育，抽调县乡村三级干部1150人，分四批在全县24个乡镇269个行政村9.55万农户46.2万人中开展依法治理乡村活动，讨论制订村级管理规定，印成9.8万小册子，发放到户，规范村民行为，解决抗粮抗税、乡匪村霸、钉子户、“大眼窝”、小偷小摸、打架斗殴、扰乱农村生产生活的各种问题478件769人。1995年，举办轻微违法人员法制教育学习班37期，对有不良行为人员集中教育矫正436人，增强其法制观念和遵法守法意识。

1996至2000年，实施“三五”普法。开始从启蒙教育向提高全民法律意识转变，从单一普法向全面推进依法治理实践转变，普法和依法治理逐步向制度化、法制化转变，增加学习宪法修正案、行政复议法、行政处罚法、国家赔偿法、义务教育法、未成年人保护法、国家公务员暂行条例和全国人大常委会关于依法治国的决定、关于禁毒的决定等法律、法规、法令，培训法制辅导员470多名，使每个单位、企业平均有1~2名普法骨干。通过“法律知识进万家”活动，全县共培训法律明白人95418人；集中培训科级以上干部14次3280人次，举办中小学法制讲课79场次。全县有34.79万人普法对象参加各种形式学法活动，50多部法律法规在不同普法对象中普及，依法行政、依法管理格局初步形成。1997年8月，县委、县政府批转《镇原县依法治县实施意见》，县政府聘请常年法律顾问，参与政府重大决策和经济活动，各乡镇实行政务公开制度，接受群众监督，工商、税务等十多个部门聘请行风监督员，公开办案程序，建立听证制度和行风评议制度，规范行政行为，35个行政执法部门建立执法岗位责任制和错案责任追究制，在中小学建立政法部门和政法干警联校制度，为全县中小学校选配法制副校长，做到法制授课有教师，学习有书籍，考试有成绩。

2001至2005年，实施“四五”普法。实现“两个转变，两个提高”，即由提高全民法律意识向提高全民法律素质转变，由注重依靠行政手段管理向注重运用法律手段管理转变；全面提高公民特别是领导干部法律素质，全面提高社会法制管理水平，依法办事、依法行政氛围基本形成。5年间县财政共投入普法专项经费25万元，征订和编辑各类普法教材和资料近万册，培训普法师资骨干126人，建立普法教育基地38个，有各类普法宣传员、联络员、信息员1000多人。各级各部门共举办领导干部法制讲座147次，参加学习1630多人次，参加行政法律知识考试干部0.86万人。全县有36万人接受普法教育，占普法对象总数92%，其中领导干部和国家公务员、青少年学生普及率100%，企事业经营管理人员、农民、居民普及率90%，外来人员普及率70%。2005年11月，南川乡上庄村被评选为全省民主法治示范村。

2006至2010年，实施“五五”普法。围绕建设富裕、文明、和谐新镇原目标，将开展法律“七进”（进机关、乡村、社区、学校、企业、单位、宗教活动场所）活动作为普法和依法治县重要载体，构建长效工作机制。县财政共投入普法专项经费19万元，征订《法律法规汇编》9740套，编发普法指南、法制宣传教育工作条目、依法治县工作条目等宣传资料。全县共举办各类培训班455期，参加培训1万多人次，其中培训普法师资252人，各类普法宣传员、信息员5337人；开展科级以上干部法制讲座8次，培训人员达3256人；村支书、主任培训

2009 年 4 月 23 日，司法局在城关中学开展法制教育。

4 次，培训人员 1262 人；组织各级领导干部赴省、市党校或干部培训中心参加各类法律培训 18 期，培训人员 276 人。各乡镇、各部门结合各自实际，邀请法律专业人员，举办法制讲座 178 场次、普法专场晚会 8 场次；中小学校举办法制讲座、报告会 300 多场次，受教育师生 10 万多人次。农村培训法律明白人 10 万余名。领导干部和公务员、青少年学生、企事业经营管理人员普及率均达到 100%，农(居)民普及率 95%，外来人员普及率 85%。2006 年 1 月，上肖乡净口村被省司法厅、民政厅评为全省民主法治示范村。2007 年 1 月，城关镇原郑村、平泉镇马洼村、孟坝镇峁合村被省司法厅、民政厅命名为全省民主法治示范村，城关镇东社区被省司法厅、省民政厅评为“全省民主法治示范社区”。2008 年，组织专题培训班培训 240 人。2009 年，政府常务会前集中学法 5 次，举办行政执法人员培训班 1 期，参加培训 1178 人。2010 年，政府常务会前集中学法 5 次，举办行政执法人员培训班 1 期，参加培训 1100 人。部分乡镇、部门请县委党校理论教员、政法部门业务骨干、本系统有关领导和业务能手开展行业法律培训 15 期，培训人员 2100 人；安排乡镇负责人和行政复议人员 45 人参加全市行政复议应诉培训班，参加上级行业举办的各种法制和业务培训班 120 人。

第七节 刑释解教人员安置帮教

中华人民共和国成立后，县内刑满释放及解除劳动教养人员由县公安局负责管理。1997 年 4 月，成立刑满释放和解除劳教人员安置帮教工作协调小组，具体业务移交司法局管理。刑满释放人员帮教 5 年，解除劳动教养人员帮教 3 年。

1998 年，全县有“两劳”释解人员 12 人，全部建档立卡。县司法局组织人员，对 1993 至 1998 年回归“两劳”人员 215 人进行调查了解，落实帮教措施，加强管理，使绝大多数成为社会主义建设有用人才，无一人重新犯罪。

1999 年，各司法所对 1996 至 1999 年“两劳”释解人员重新进行调查摸底，共有“两劳”释解人员 196 人，按人建立帮教小组，参加帮教乡村干部和“两劳”人员亲属 568 人，经帮教有18人表现突出,其中7人担任村干部,重新犯罪率仅占2%。

2000年,安置帮教工作协调小组改为领导小组,各乡镇成立相应组织,司法所办理具体业务。5年中共有刑释解教人员207人,其中当年11人,均建立帮教小组,参与帮教干部和亲属610人。全县普遍采取引导与思想感化相结合,困难救助与就业指导相结合方法,对生活比较困难的对象,重点为其解决实际困难和提供就业信息;对一些自卑感较重或受个人情感困扰的对象,重点帮其树立信心和生活勇气,使其成为自食其力劳动者,有的还成为村干部或致富带头人,有14人担任行政村、自然村干部,21人成为致富能手,163人解决温饱,重新犯罪率在2%以内。

2001年,全县共摸排出前4年刑释解教人员238人,除12人未查清去向外,其他人员全部备案列入管理,对前科属故意犯罪并参与集团犯罪、涉及黑恶势力或有组织犯罪人员,确立专人跟踪帮教、监控,实施重点管理。帮教对象226人均得到妥善安置,先后为服刑人员8人、释解人员9人解决家庭生产、生活方面困难问题,无一人重新犯罪。12人变为先进,担任村干部,19人勤劳致富。

2002至2005年,对刑释解教人员238人全部建档立卡,进行安置帮教,落实"三帮一"帮教措施,定期回访签名,了解其现实表现、生活状况及去向,做到应管尽管。56人担任村组干部,106人经商务工、科学种田,成为致富带头人。政府为家庭困难农民对象解决救济款2400元、衣物26件,属城镇户口2人享受低保。屯字镇阳宁村涉毒人员马某释放后未及时登记,镇司法所多次和其家属联系,并派员多次赴西峰、兰州等地寻找,最终在西峰找到本人并建档立卡,落实帮教。

2006至2008年,调整充实各级安置帮教组织,构筑纵向到底、横向到边、覆盖全县的三级安置帮教工作网络。3年回归释解人员191人,确定"一对一"帮教人员,落实帮教措施;在县石油公司砖瓦厂、路坡砖瓦厂等企业分期安置41人;对城镇户口3人,上报享受低保。20人积极进取,担任村组干部,32人经商务工学得一技之长,26人走上致富之路;对5年间刑释解教人员进行回访,集中两次开展调查处理活动。

2009至2010年,县司法局与各基层司法所签订刑释解教人员目标管理责任书,将衔接、安置、帮教、管理、回访责任落实到基层,逐人签订帮教协议,对每一位帮教对象实行"一对一"帮教,重点对象重点帮教,建立信息网络化帮教管理平台。两年释解回归人员147人,全部帮教安置,其中在路坡砖瓦厂安置刑解人员27人;对回归释教人员进行全面排查,实行耐心细致思想教育和回访管控工作,绝大多数转化进步很快,有15人担任村组干部,21人走上致富之路,27人经商务工学得一技之长。

第八节　社区矫正

2010年,县司法局增加社区矫正管理职能,负责实施对判处管制、缓刑、剥夺政治权利、假释、暂予监外执行人员监督管理和帮困扶助等工作。县上成立以分管副县长为组长,政法委、政府办等部门为成员的社区矫正工作领导小组,各乡镇也成立社区矫正工作站,确立专人负责社区矫正工作;制订印发试行社区矫正工作实施意见、日常管理制度、工作职责,建立矫正对象接收、管理、考核、奖惩、解除矫正和小组例会、联席会议及请示报告、责任追究、档案管理、教育培训等制度,统一印制社区矫正对象档案袋和档案文本,为每个矫正对象建立工作档案和执行档案,执行档案由县局统一管理备查,工作档案由乡镇工作站管理。全县成立社区矫正工作机构20个,排摸出社区矫正人员101人,全部接管并逐人建档立卡,明确责任,分工负责,落实矫正措施。

第四十二章　教　育

镇原教育源远流长。远古时代，先民教民稼穑、制造和使用劳动工具，产生原始教育活动。春秋战国时，民办私塾，始有启蒙教育。西汉时，独尊儒术，私学兴盛。东汉临泾人王符游历京都，交游名士，探讨学术，开镇原游学之先河。临泾人李恂设帐讲学，授徒数百，为镇原兴学育人之楷模。魏晋时，安定临泾选拔“博通经典”儒师助教，培养一批文武人才。隋代，实行科举制度，促进教育事业。宋代，实行学田制度，推进教育。宋崇宁元年（1102 年），创办学宫。明代，官办学署、社学，民办义学。洪武二十年（1387 年），县办儒学宫。万历二十一年（1593 年），县办正学书馆。清时，以书馆社学为官学之所，乡村民办私学。光绪二十三年（1897 年），瑞典基督教女传教士裴安礼创镇原女子上学识字之始。唐至清代，镇原先后中进士 24 人，文举人 62 人，武举人 66 人。清末，废除科举制度。

民国时，兴办小学，开展普通教育，开创民众教育和幼儿教育。二十三年（1934 年），全县划分 5 个学区，发展小学 42 所。三十年，创办第一所初级中学。陕甘宁边区镇原县政府，创新教育事业，公民齐办，民办公助，在解放区创办完全小学、回民小学、女子小学及民办私学。三十四年，解放区有学校 75 所。三十七年，国统区有中心小学 14 所，女子小学 1 所，学生 1884 名；保国民学校 149 所，学生 7691 人。

中华人民共和国成立后，改革旧的教学制度，发展强化各项教育事业，加大小学教育，扩大初中教育，创立高中教育，普及九年义务教育，开展成人教育、职业教育、中等专业技术教育和幼儿教育。1961 至 1965 年，录取大学生 110 人。1971 至 1976 年，推荐上大学 186 人。1985 年，全县有五年制小学 298 所，三年制小学 406 所，八年制学校 17 所，初级中学 18 所，完全中学 4 所，幼儿园 1 所。在校小学生 60763 人，在校初中生 13356 人，在校高中生 3050 人，入园儿童 160 人。1999 年，全县实现基本普及九年义务教育和扫除青壮年文盲。2010 年，全县有幼儿园 73 所，在园幼儿 8543 人；各类小学 298 所，在校学生 39463 人；初中 24 所，在校学生 29408 人；职业中学 2 所，在校学生 4541 人；完全中学 11 所，在校学生 14011 人。1977 至 2010 年，全县报考大、中专学校 71269 人，录取学生 36115 人，其中大学本科、专科学生 27722 人，高中中专学生 1729 人，初中中专学生 6664 人，有 40 人被清华、北大录取。

第一节 管理机构

一、明清管理机构

明代,县置学署,亦称儒学或县学,是生员研习准备参加考试的地方学宫,设教谕1人,训导2人,管理生员和科举考试。

清光绪三十三年(1908年),县署成立劝学所,设总董。

二、民国管理机构

国统区机构 民国初年,县仍设劝学所,协助知县办理教育事宜,设所长1人,劝学员2~3人,署理官办高等小学、初等小学和蒙学堂。民国十五年(1926年),劝学所改为教育局,设局长、文书、会计、视学员等职。二十二年,视学员改为督学,以乡为单位,划分学区,设教育委员1人,由乡镇中心小学校长担任。二十五年,建立民众教育馆,负责民众教育工作,内设讲演所、阅报处、问字处、俱乐部,供民众学习娱乐。二十九年,教育局改为教育科,设科长1人,科员2人,督学2人,负责全县教育行政事宜。三十三年,县教育局有督学2~3人。

解放区机构 民国二十七年(1938年),陕甘宁边区三岔区民主政府设立教育委员会,由青年、工会、自卫军、教员参加,各乡设教育主任,主管教育工作。二十九年,陕甘宁边区镇原县政府成立,三科主管教育,解放区倡办学校,成立冬学委员会,开展社会教育。

三、中华人民共和国成立后管理机构

镇原县教育体育局 中华人民共和国成立初,县政府成立教育科,主管全县教育。1952年,县教育科改为文教科。1953年,县文教科设立扫盲办公室,配备扫盲专干6人,负责全县扫盲工作。1956年,分设教育科。1958年,成立县扫盲指挥部,将文化、教育、卫生合并为县文教卫生部,后改为文教卫生科、局。1962至1963年,全县设10个辅导区,县文教卫生局设专职辅导员,分驻各辅导区,具体管理小学教学和业务辅导,反馈学校教学情况。

1966年"文化大革命"开始后,县文教卫生局被夺权,由教改办公室代替。1967年3月,改称"县夺权总部文卫办公室"。1968年4月,教育工作由县革命委员会政治部文教组负责。1970年12月,成立县革委会文卫局。1972年,文教、卫生分设,文教局设局长、副局长、干事、会计、专干等职。1973年,文教、卫生又合并,成立文教卫生局。

1976年,又分设文教局。1980年,恢复辅导区,由所在公社初级中学校长兼任辅导区主任,管理小学教学工作。1983年,文教分设,恢复教育局,内设人秘、教育、计财3个股。1989年,成立教育督导室,依法履行督导职能。2010年,教育局与体育局合并成立教育体育局,内设办公室、人事股、财务股、教育股、职称股、体艺股、项目办、信访安全审计办8个股室,下辖教育督导室、教研室、招生办、信息技术教育中心、青少年活动中心、学生资助中心6个直属科级事业单位,局机关有干部职工84人。

基层管理机构 中华人民共和国成立初,区政府设文教助理员1人,协助管理辖区教

育工作。1952年,区成立辅导区,设教育专干,负责所在地初级小学教学业务。1958年,各乡成立扫盲指挥所,负责所在地农民扫盲工作。1962年,全县设10个辅导区,由县文教卫生局专职辅导员分驻各辅导区,具体管理小学教学和业务辅导。1966年"文化大革命"开始后,辅导区取消。1980年,恢复辅导区20个,由所在公社初级中学校长兼任辅导区主任,管理小学教学工作。1986年,撤销学区,成立乡镇教育管理委员会24个,均任命专职副主任,配备业务人员2~3人。2002年,撤销乡镇教育委员会,其职能归并到乡镇政府社会发展办公室,原乡镇教委会副主任改任乡镇政府社会发展办公室副主任,保留教育专干3~5人,负责本乡镇中小学教育教学管理工作。2004年,因乡镇撤并,乡镇政府社会发展办公室调整为19个。

第二节　教育体制

春秋时,民间自设私塾,亦称门馆,为启蒙教育场所,一般有4种形式:一是在家中或寺庙设馆招收学员就读;二是由官僚、富豪、商贾聘请教师在自家设馆,专教自家子弟甥侄,称"坐馆"或"教馆";三是由大族、大姓筹资设馆,教授本族子弟,称"家塾""族塾";四是由乡村里民集资办馆,专教本村里民子弟,称"里塾"。学习年限没有定制,因学生个人情况决定去留,一般在就业或考取秀才前,均留私塾就读。

隋代,实行科举制度,士子通过科举才能步入仕途。唐宋时,科举制度进一步完善,取士科目有秀才、明法、进士、明经、明书、明算等。宋崇宁元年(1102年),诏天下兴学,镇原始办官学学宫,私学、蒙馆、家塾等教育渐兴。元代,规定50户为社立学,于农闲时令招收子弟入学就读,"既是学人课艺之所,亦为绅耆讲睦之所"。

明代,县置学署,亦称儒学或县学,管理生员和科举考试。科举制度只设进士一科,三年大比。考试采用八股文,按乡试、会试、殿试逐级进行。洪武七年(1374年),镇设社学,由国家补助,委人施教,规定15岁以下幼儿入学读书,不取修金,一般分蒙馆、经馆、义馆三类递进,同时设义学,也称义塾,是为同族乡里子弟设立的启蒙学校,带有扶助性质,起补充书院不足作用。万历二十一年(1593年),知县李槩在县西升元观修办社学"正学书馆"。清时,沿袭明制,以书馆为官学之所;大乡大堡置社学,以生员为教师,免其差役。乾隆四年(1739年),书馆改名"正学书院"。四十二年,知县冷文炜将其易名"潜山书院"。四十五年,知县赵雯投资修缮书院,易名"中峰书院"。清朝晚期,废弃科举制度,实行学堂制。光绪三十三年(1908年),县署成立劝学所,设总董,将中峰书院改为高等小学。

民国初年,县仍设劝学所,协助知县办理教育事宜,署理官办高等小学、初等小学和蒙学堂。县以下划分学区,改学堂为学校。儿童入学年龄规定6岁以上,学制为7年,即初小4年,完小3年。十二年(1923年),推行新学制,初小4年,高小2年。十四年,县设演讲所,女子学校内设讲演部。十五年,劝学所改为教育局,以乡为单位划分学区。十六年,建立阅报所、图书馆,向民众提供读书、看报场所。

二十二年，甘肃省政府颁布《督学暂行规定》，教育局视学员改为督学。二十三年，重新划分学区，管理初等小学。县城开办民众学校，由县教育局管理，招收失学民众进行文化课补习。二十五年，建立民众教育馆，负责民众教育工作，馆内设讲演所、阅报处、问字处、俱乐部，供民众学习娱乐。

二十七年，国民政府推行战士民众补习教育。陕甘宁边区三岔区民主政府设立教育委员会，由青年、工会、自卫军、教员参加，各乡设教育主任，主管教育工作，贯彻“一切为着战争，一切文化教育均应适应战争需要”教育方针，创办完全小学、女子小学和回民小学。二十九年，解放区倡办学校，成立冬学委员会，大办冬学、识字班，开展社会教育。三岔区政府创办伊斯兰小学一所，招收回民学生10人，除教陕甘宁边区政府审定课本外，还教回民历史和阿拉伯文。三十年，国统区创立镇原第一所县立初级中学，学制三年，隶属甘肃省教育厅，将高等小学改为乡镇中心小学，初级小学改为国民学校，高小、初小校舍、校门统一模式。

县长胡维陞为学校题写的校名

三十三年，国统区改中心小学为中山中心小学，各保学校改为中山某某保国民学校。抗战胜利后，恢复原校名。全县私塾经过改制，新学制普遍实施，小学生入学、毕业、考试、升留级等管理制度基本成型。小学完小实行四二分段制，从7岁入学在保属国民学校读完四年级毕业，考入中心国民学校读完五六年级，达到高小文化学历，再考入初级中学学习3年，达到初中文化学历，如要上高中，须到早胜、平凉、泾川、兰州等地。县区完全小学设校长，校长下设教务、事务主任各1人，协助校长管理教务和后勤事务工作；初级小学设校长兼教员1人，主持学校各项事务。县教育局有督学2~3人，不定期到学区学校检查指导工作。

同年，边区政府实行教育改革，由“国防教育”“义务教育”转变为“教育为革命战争与阶级斗争服务，与生产劳动联系起来”方针，改变旧的教育制度，实行抗日救国为目标的新制度、新课程，采取公民齐办、民办公助多种形式办完小、初小和私学，学制一般为5年，前3年为初小教育，后两年为完小教育，并规定完小为干部性质学校，为军地培养管理干部。解放战争开始后，有的公办学校实行军事化管理，住校师生编成自卫队，轮流值班。

中华人民共和国成立初，贯彻“使受教育者在德育、智育、体育几方面都得到发展，成为有社会主义觉悟、有文化的劳动者”教育方针，一手抓普通教育，一手抓青壮年扫除文盲工作。县政府成立教育科，主管全县教育，区政府设文教助理员1人，协助管理本区教育工作。全县14所完全小学收归县政府直接领导，校长由县政府直接委派。各学校成立以校长为首，有教育主任、教员代表参加的校务委员会，领导学校教导工作。169所初级小学收归区政府领导，校长由区政府委派，实行升留级考试制度。小学学制统一为6年，即初小4年，高小2年。中学由省教育厅、专署文教科直接领导，设校长、训导处、事务处；校长、训导主任、事务主任由省教育厅任免，学制为3年。全县区乡开始兴办冬学、民校、夜校，开展青壮年扫盲活动。

1950年，镇原中学取消训导处，设立教导处，改事务处为总务处。校长领导学校全盘工作，制定计划、督促检查全校教学工作，组织教职工学习。教导主任负责全校教学工作，总务主任负责全校经费开支、房屋修缮和教学设备购置，管理日常事务。1952年，全县所有小学由县文教科领导，区（后改公社）成立辅导区，负责所在地初级小学教学业务。县区负责人、辅导员和公社教育专干，经常到各小学检查指导教学，处理问题，促使教学工作健康发展。完全小学改校务委员会为校长负责制，设校长1人，全权领导学校工作，将教育主任改为教导主任，协助校长管理校务和各项行政工作。

1954年开始，以两年时间，开展完小初小整顿，对学生不足20人的学校暂不开办，与附近小学合并。1955年，中学交地县管理，上级教育行政部门给予必要业务指导。文教科科员兼督导职责，经常到各学校了解情况，检查指导工作，于开学、期末或学校出现问题时，深入学校调查研究，掌握情况，向文教科或县政府写出专题报告，提供解决重大问题依据。同年，开始兴办幼儿园，招收4~6岁幼儿入园教育。1956年，分设教育科，在上马台建立镇原第二中学，招收完小毕业生，学制3年。1958年，提出“教育必须为无产阶级政治服务，必须同生产劳动相结合”教育方针，大搞兴无灭资，开展教育革命，全县抽调大批干部、教师和积极分子，开展全民性扫盲活动，同时创办师范学校，为全县培养教师。各学校设立党支部或党小组，党员人数较少的和附近单位联合组建党支部，统一领导学校工作，实行党支部领导下的校长负责制。各乡成立由所在地完小校长、乡干事和教员代表组成的辅导区，负责管理和辅导小学教学工作。倡导校办工厂、农场，实行半耕半读，组织学生经常参加义务劳动，由此而影响文化课学习。是年，镇原一中始设高中部，学制为3年。1960年，社队幼儿园全部停办，仅留县幼儿园开班教学，实行大中小班3年教育制度。1961年，首届高中生毕业，有34人步入高等学院深造。

1962年，全县设10个辅导区，县文教卫生局设专职辅导员，分驻各辅导区，具体管理小学教学和业务辅导，及时反馈学校教学情况。各小学校长在当地党委和行政主管部门双层领导下，负责全校整体工作。全县对小学摊子过大、战线过长、忽视质量倾向进行纠正。1964年，贯彻“两条腿走路”方针，全县大办半耕半读小学。1965年9月，在新集、中原、屯字公社办起农业初级中学，实行民办公助，国家委教，公社解决校址，培养农业机械手。

1966年“文化大革命”开始后，县文教卫生局被夺权，由教改办公室代替。全县中小学行政机构普遍瘫痪，教育辅导员被取消。后季至次年3月，改称“县夺权总部文卫办公室”，在“教育要革命、学制要缩短”口号下，小学下放到大队办，中学下放到公社办，小学学制由6年改为5年，初、高中学制由3年改为2年，秋季始业变为春季始业，取消考试制度，停止大学招生。1968年4月，教育工作由县革命委员会政治部文教组负责，各学校成立革命委员会或革命领导小组，组建由工人、贫下中农和师生代表参加的三结合领导班子。革命委员会负责人称主任，代替校长职务，行使管理职责。各中学下设政工、教改、后勤3个组。工人宣传队、贫下中农宣传队进驻学校，领导斗批改和教学工作。1969年，贯彻中共中央主席毛泽东“以学为主，兼学别样”指示，成立镇原县五七红专学校，培训农村不脱产医生、兽医、拖拉机手、生产队会计、民办教师等人员。当年开始，以八年时间，对全县初中、高中和八年制学校进行调整组合。1970年，实行推荐上大学。12月成立县革委会文卫局。1972年，文教、卫生分设。1973年，文教、卫生又合并，成立文教卫生局。县一中附设镇原业余体校，培养体育拔尖人才。

1976年，各学校学习辽宁朝阳农学院经验，在临泾公社石羊大队黄山梁开办镇原五七农业大学。1977年，恢复高考制度。1978年，恢复秋季始业和考试制度。中学学制改为5年，初中3年，高中2年，取消革命委员会，恢复校长职务，重新建立教导处和总务处，试行党支部领导下的校长负责制，学校重大事项经党支部讨论后实施，贯彻县政府关于整顿提高初中、调整改革高中要求，用3年时间，调整优化中学布局结构，将7所完全中学改为初级中学，将2所完全中学改为农业职业技术学校，实行一校两牌，职业教育与普通教育同时进行，新增初级中学2所，撤并办学条件差的24所八年制学校初中部，修复消除“文化大革命”期间的创伤和影响，教学工作逐渐走上正确轨道。1980年，恢复辅导区，由所在公社初级中学校长兼任辅导区主任，管理小学教学工作。县文教局制定施行《普及小学教育规划》。1981年，成立镇原县卫生学校，主要培训社队医生和卫生系统待业青年。1982年，对全县7~11岁儿童进行普查，各级小学开展动员学龄儿童入学活动。当年，学龄儿童入学率上升到95%，巩固率在80%以上，合格率达到40%以上。城关、平泉、临泾公社小学“三率”均在98%、95%和60%以上。

1983年，文教分设，恢复教育局，兴办公社农民文化技术学校，聘请教员，对农民进行农作物技术种植、果树栽培、家畜家禽饲养、果品加工、缝纫裁剪、病虫害防治等培训。1984年，高中恢复学制为3年，高考制度进一步完善。1985年开始，各级中学逐步建立起由校长主持的校务委员会和教职工代表大会制度，加强民主管理和监督，党支部主要保证和监督党和国家各项方针政策落实，搞好党的建设和思想政治工作。学校基层组织有工会、团委、学生会、妇委会等。之后，部分完中、初中陆续增设办公室。

1986年，全县调整小学教育机构，确立乡镇中心小学，撤销学区，成立乡镇教育管理委员会，由乡镇分管教育工作党委副书记或副乡长兼主任，从教育系统考察任命专职副主任。城镇小学由教育局直接管理，农村小学及八年制学校由乡镇管理，村学由村委会管理。1987年成立镇原县职业技术教育委员会。1989年，教育督导室成立，以督改为重，督教为主，督学为本，依法履行督导职能，对全县各级各类学校教育教学进行监督、检查、评估指导，对一些热点、难点问题及时进行督查，发挥教育督导激励和导向功能，保障全县教育目标实现。1990年，抓普及小学和初中九年义务教育，落实入学率、巩固率、普及率和升学率四项指标。

1993年，建立义务教育入学通知书制度，由乡镇政府签发适龄儿童入学通知书；加强小学教育督导，端正办学理念，实现应试教育向素质教育转轨；试行"六三学制"，即小学6年，初中3年，实行小学5年制和6年制并存。1995年，《中华人民共和国教育法》颁布实施，贯彻"教育必须为社会主义现代化建设服务，必须与生产劳动相结合，培养德、智、体等方面全面发展的社会主义事业的建设者和接班人"教育方针，普九教育和青壮年扫盲活动有突破性进展，至1999年，全县初等教育四率连续八年均在97%以上，青壮年扫盲累计90%以上，全县基本实现普九义务教育、基本扫除青壮年文盲（简称"双基"），通过省地验收，镇原县被省政府确定为普及"两基县"。同年6月，设立镇原电大工作站，开展小教、会计、金融、法律、医学护理等成人教育。2000年，开始兴办民办中学。2001年，镇原县被评为全国"两基"工作先进县。

2002年，教育方针再次修改为"坚持教育为社会主现代化建设服务，为人民服务，与生产劳动和社会实践相结合，培养德智体全面发展的社会主义建设者和接班人"。县委、县政府印发《镇原县教育系统"四制"改革实施方案》，各类学校普遍实施校长负责制、教师聘任制、岗位责任制、工资结构制，调动教师积极性，促进教学水平提高；撤销乡镇教育委员会，其职能归并到乡镇政府社会发展办公室。乡镇教委会副主任改为乡镇政府社会发展办公室副主任，分管并主持本乡镇中小学教育教学管理工作，以服务学校、服务教育、服务教师为宗旨，组织指导学校教育教学，加强师资队伍建设，合理配置教育资源，调整学校布局结构，先后完成小学危房改造、普九教育、教研教改等工作。

2005年，最后一届五年制小学学生毕业，一部分就读六年级，一部分升入初中，实现五年制向六年制平稳过渡。2008至2009年，实行目标管理责任制，县教育局与县直学校和各乡镇学区、初中签定目标管理责任书，建立目标考核评估机制，实行班子成员包完中、股室负责人包初中、一般干部包学区的包乡联校责任制。县督导室对32所学校和幼儿园进行督导评价，对7所民办高中进行两轮综合督导评估，评选出县级示范学校8所。全县小学实行免试直升，统一学号。2010年，县教育体育局围绕制约全县教育事业重大问题，开展专题讨论和调研活动，制定《镇原县教育事业"十二五"发展规划》，派出40多个工作组，对职业教育、民办教育、信息技术教育、财务管理、平安校园创建、特色示范学校建设、开学工作、高中课改等开展专项调研；对10所学校进行督导评价，验收命名县级示范学校2所；探索学校领导班子建设新途径，在全县范围内公开选拔中心小学校长10人，审核换发60多所民办学校办学许可证，对申请成立的7所幼儿园进行验收；依法取缔撤销非法办学和不合格幼儿园7所，撤并各类学校24所。

第三节　学校教育

一、儒学、义学、私学

春秋战国时期，民间兴办私塾，有在家中设馆的，有在寺庙设馆的，还有在乡村集资建馆的,家中设馆者居多。汉代,独尊儒术,私学兴盛。魏晋南北朝时,安定临泾选拔“博通经典”儒师助教,培养胡虔、胡长粲、席阐文等为代表的文武人才。唐代贞元年间,临泾人皇甫镈、皇甫镛兄弟同中进士。宋代创立学田制度,私学、家塾等蒙馆逐渐增多,教育发展,造就一批文臣武将。胡顺之考中进士,原州临泾人杨政、张中孚、张中彦等为武将。明代,朱元璋重视学堂教化作用,把教育作为“王政之本”,强调“治国以教化为先,教化以学校为本”,县置学署。洪武七年(1374 年),全县八镇官办社学;城乡民办义学,乡村居多。洪武二十年,县办儒学宫,学额廪膳生 20 人,增广生 20 人,两年一贡;岁试、科试儒学文生各 15 人,岁试入学武生 8 人。万历二十一年(1593 年),县办社学“正学书馆”,后废。明时中进士 4 人,文举人 26 人,武举人 8 人;培养恩贡副贡 19 人,岁贡 98 人,生监 12 人,掾吏 7 人。

清时,沿袭明制,以书馆为官学之所,在大乡大堡置社学,乡村办私学。时间长影响大的私学有绿荫、张大庄、田岭、富坪、湾李、九龙庙、杜寨子、杜坳、大李、玉皇、迎峰台、唐塬等。乾隆四年(1739 年),重建正学书院,后无膏火,书院空设。四十二年,张继孔捐学田 800 亩,资院膏火。四十五年(1780 年),张继孔又捐 500 千文,贮在当铺,年息 1.5 分,支助书院,后改名“中峰书院”。知县谢万安将书院所余膏火钱 150 千文贮当铺积到 300 千文,请师授课。知县叶灼将罚款 400 千文存当商生息,支助教学,培养大批人才。光绪二十三年(1897 年),瑞典基督教女传教士裴安礼在肖金镇创立义学,招收女生,男女混教,创镇原女子读书识字之始。清时先后中进士 12 人,文举人 36 人,武举人 54 人,恩贡副贡 63 人,岁贡 139 人,贡生优廪生 60 人,生监 22 人,军功 39 人,掾吏 8 人。

二、小学教育

光绪二十九年(1903 年),镇原设立学堂,义塾改为初级学堂。传教士裴安礼在县城创办的义学改为镇原初级学校,裴任校长,极力扩充学校,续招女生,送女生至上海、北平升学。三十年,基督教会学校有女生 10 人、男生 40 人。三十一年,全县有初等小学堂 51 所;高等小学 1 所,在校学生 52 人。宣统元年(1909 年),县城初级学校有女生二三十名。

民国初年,改学堂为学校。十四年(1925 年),县高等小学改称新巷子小学,各乡、镇、保始办国民学校。二十三年,全县有 5 个学区 42 所小学。中区为第一学区,有小学 13 所;肖金镇为第二学区,有小学 6 所;屯字镇为第三学区,有小学 6 所;太平、孟坝、马渠为第四学区,有小学 4 所;新城、平泉、中原为第五学区,有小学 14 所。农村当时有不少私塾,未被政府认可。

二十七年,三岔区抗日民主政府成立,兴办初小 4 所。二十八年,创办公立学校三岔完全小学,共有学生 41 人。二十九年,边区镇原县政府成立,解放区设 5 个区,有学校 25 所,学生 526 人(不含三岔)。三岔完小设女生班,后季改为女子小学,有学生 38 人。孟坝设镇原完小,马渠、吴家台设模范小学 2 所,唐塬、柳家川、醴家坳、西壕、荀家庙渠设普通小学 5 所,张家嘴嘴、姚家塬、李家堡子、谯家河、贺家河、柳家新集、石桥子、申家渠、董家渠、白虎塬头、周家坬、吕家塬畔、孙家寨子、牛家塬、文夏家、野家湾、任家渠设私学 17 所。三十四年,学校增加到 75 所,其中完小 1 所,女子小学 1 所,回民小学 1 所,初级小学 4 所,私学 68 所,在校学生 1349 人,内有完小生 127 人,女生 39 人。

三十五年，受自然灾害影响，加之解放战争开始，有的学校停课，学生流动较大。解放区正常开课学校留存 41 所，其中孟坝完小 1 所，三岔回民小学 1 所，三岔、马渠、醴坳普通小学 3 所，民办小学 36 所。分布在孟坝区有苏李家、藺家塬、王家湾、姚家塬、张崖畔、赵家嘴沟坬、达子营、冉坬、羊路坡、李堡子、塔寺庄、杜家塬、三门嘴、杏家嘴、塔坬李家 15 所；柳州区有陈家庄、白家山、文家塬、集窝子、茜子湾 5 所；石佛区有瓦院庄、文夏家 2 所；新集区有苜蓿坬、姚家河庙、柳树嵝岘、柳家新集、王旮旯、鸾嘴、梁台子 7 所；三岔区有小何家、铁坝渠、房坬、清泉寺 4 所；马渠区有花儿岔、林家庄、朱家庄 3 所。三十至三十五年，解放区有完小毕业生 78 人，其中参加工作 25 人，升学 21 人，务农 16 人。三十七年，国统区有中心学校 14 所，女子学校 1 所，在校学生 1884 人；保属国民学校 149 所，在校学生 7691 人。

民国二十八年新巷子小学第四届毕业典礼

中华人民共和国成立初，接收国民党完全小学 14 所，初级小学 118 所，改建成社会主义新型学校。1950 年开始到 1953 年，新建完全小学 17 所，初级小学 72 所。1957 年，完全小学发展到 21 所，初级小学发展到 190 所，在校学生 26664 人。完全小学有新巷子、二完小、临泾、太平、孟坝、醴家坳、新集、三岔、马渠、开边、新城、平泉、中原、迎峰、新合、寨地、屯字、上肖、翟池、肖金、显胜 21 所。1958 至 1961 年，增办完小 9 所。1962 年，将 30 所完小撤并为 26 所。1964 年，大办耕读小学，至 1965 年，全县有村学和耕读小学 923 所，在校学生 31535 人。"文化大革命"中，将公派教师 455 人调回所在大队任教。全县新办五年制小学 276 所，三年制小学 211 所。由于急于办学，多数利用庙宇和群众庄院窑洞，大量聘用社请教师，造成教育质量下降。1985 年，全县有五年制小学 302 所，三年制小学 400 所，加八年制学校，在校初小学生 77517 人。

1990 年代，依法普及小学和初中九年义务教育，县乡动员适龄儿童入学，抓入学率、巩固率、合格率、升学率落实，力求达到普及初等教育标准。2000 至 2008 年，撤并师生两缺村学 275 所。2010 年，全县有小学 294 所，在校学生 92878 人。

东街小学　镇原县东街小学经历多次分合演变。明万历二十一年（1593 年），创办正学书馆，清乾隆四年（1739 年）改名正学书院，四十二年易名潜山书院，四十五年易名中峰书院，光绪三十年（1908 年），中峰书院易名高等小学堂。民国七年（1918 年），高等小学堂改名为县第一高等小学校。民国八年，由北京高等师范学校毕业生、兰州女校校长田育璧和其侄女省立第一女子师范学校毕业生田维崻倡导，在县城圣母宫（忠恕街原交通局院）创办镇原

东街小学

女校，首届招收女生8人，后扩大到六个年级六个班，每班十多人，年毕业6~7人。十四年，县第一高等小学校改名为新巷子高等小学校。二十二年女校迁到文昌阁（今幼儿园和医院西区），改名为县第一女子学校，有教室1幢，宿舍8间，开设课程有国语、算术、音乐、图画、游戏、缝纫、烹饪等，以培养贤妻良母为目的。三十年，新巷子高等小学校又改为县第一完全小学，三十三年改名为新巷子中山中心国民学校，三十七年又改名为县实验中心国民学校，三十八年恢复为县第一完全小学，1954年改为县新巷子小学。1956年春，女校更名为县第二完全小学，并将新巷子小学六年级并入，开始男女同校同班学习。女校先后办学38年，共毕业女生300多人。1962年，第二完小迁到新校址东门外胡家坪（现城关中学）。1968年，"新巷子完全小学"合并到县第二完全小学，更名为东风小学，时有教学班12个，教师21人，学生594人。1974年更名为东关小学。1980年，和镇原师范（原镇原中学校址）互换校址。1988年，学校占地8000平方米，建筑面积299平方米，设18个教学班，有教职工43人，在校学生820人。1989年又更名为东街小学，并被定为地、县重点小学。2010年，建筑面积8640平方米，有教学楼、办公楼、职工宿舍楼5幢，设电子备课室、计算机教室、多媒体教室、图书室、舞蹈室、书法活动室、校史展室、心理辅导室、少先队活动室、少先队展室、广播室、多媒体报告厅、专用音乐教室、仪器室、实验室、音体美器材室、文印室，寓教学、教研、示范于一体。学校有教职工134人，其中特级教师2人，高级教师52人，设教学班37个，学生1987人，70年间累计毕业学生16450人。

南区小学 2008年8月，为缓解城区学生上学压力，解决进城务工人员子女上学困难，在县城南区新建，占地面积6210平方米，建筑面积3297平方米，建有校园局域网，开通校园广播，配备多媒体教室、教师电子备课室和学生微机室。2010年有专任教师63人，其中中级职称18人，初级职称36人，学历达标率100%；有6个年级24个教学班，在校学生622人。

城关镇莲池小学 位于镇原县城西郊莲池村，1950年创建，1998年被县政府树立为"全面育人、办有特色"先进学校，2006年学校少先大队被庆阳市少工委、甘肃省少工委、全国少工委命名为"雏鹰大队"，并授予"雏鹰大队旗"。2010年，学校占地面积4508平方米，建筑面积1974平方米，建有教学楼和办公宿舍楼各1幢，图书室1个，藏书8000多册；仪器室1个，各种教学仪器较为齐全；电脑网络教室1个，配置电脑31台；设有远程教育信息教室、电子备课室、多媒体教室、教师阅览室、少先队活动室、音乐舞蹈排练室等。学校有教职工27人，其中大专及以上学历14人，小学高级教师16人，其中获得市、县“优秀教师”“教坛新秀”“教学能手”者9人，省“园丁奖”1人；有六个年级10个教学班，学生364人，累计毕业学生8000多人。

临泾小学　位于临泾乡西街8号，民国三十年（1940年）创建。1970年临泾完小附设初中班，更名为临泾中学。1976年，选址重修临泾小学，占地面积8631平方米，罗庄小学并入，与中学分离。学校开设书画、手工、舞蹈、器乐等8门校本课程，聘请民间剪纸艺人定期进校辅导，培育合格加特长学生，被共青团甘肃省委授予“优秀少先队集体”，庆阳地委、庆阳地区行政公署授予“全区教育系统先进集体”。2006年添置电视机、VCD8台，电脑4台，硬化、绿化美化校园，绿化面积672平方米。2007年接通网线，实现电子备课和网上文件传输。2009年，建成校园广播系统、多媒体教室、校园监控系统。2010年，学校建筑面积856平方米，有教职工18人，其中本科2人，专科11人，中专2人；小教高级教师1人，一级教师8人；获省级奖2人，获县级奖8人，5人被评为县级教学能手、学科带头人。全校有六个年级8个教学班，在校学生307人。1976至2010年累计毕业学生1295人。

南川小学　民国三十五年（1946年）在洪河南岸巫山寺创建民主山初小，1972年迁至河李生产队大亭堿子。1986年又迁至芦李自然村苇子窝，更名为南川乡河李小学。1996年7月遭遇特大洪水，校舍被冲毁，在南川乡街道南侧新建校舍，占地6667平方米，并更名为南川小学。1998年被省、地确立为“国家贫困地区项目学校”。2006年，被评为县级示范性学校。2010年，学校建筑面积1372平方米，绿化面积260平方米，硬化面积800平方米，有教学楼1幢，教师住房及生活用房19间，有移动多媒体设备1套、图书5000多册。学校有教职工12人，其中获小学高级教师职称3人，学历达标率100%；有教学班6个，在校学生141人，累计毕业学生2000多人。

屯字小学　位于镇原县屯字镇西街，民国三年（1914年）二月创建，学校占地10006平方米。2007年被树立为县级“示范学校”。2008年马堡小学并入，被树立为全县“实验学校”。2009年学校总建筑面积3591平方米，拥有教学楼1幢，设微机室、远程教育接受室、图书仪器室、红领巾广播站、教职工之家、儿童心理健康咨询室等，被县委县政府授予“全面育人办有特色先进学校”。2010年，有教职工41人，其中小学高级教师12人，市县级骨干教师8人；有教学班18个，在校学生800多人，累计毕业学生14976人。

上肖乡梧桐小学　1971年10月创办，位于上肖乡南街2号，占地8913平方米，服务半径5公里，覆盖人口5586人。2003年孙家村学、岔头村学、张嘴村学并入。2009年被评为全县示范性小学。2010年，学校建筑面积1646平方米，设多媒体教室、心理健康咨询室、红领巾广播站，装有校园广播系统，接通互联网，配备中小学现代远程教育及办公设备，有各类仪器300多件、图书3951册。学校有专任教师28人，其中本科5人，大专21人，中专2人，学历合格率100%；有6个年级教学班12个，在校学生494人，累计毕业生2600人。

太平小学　位于太平镇中街，创建于民国九年（1920年）二月，学校占地5333平方米。

二十七年七月,校名易为镇原县第四完全小学。1968 年,校址迁到新街道西北,占地面积 11000 平方米。2005 年 5 月被庆阳市环保局、庆阳市教育局命名为庆阳市“绿色学校”,2007 年 9 月,被县教育局命名为“示范性小学”。2010 年,学校建筑面积 1530 平方米,有教职工 35 人,其中大专以上文化程度 24 人(本科 3 人),小学高级教师 8 人,学历达标率 100%;教学班 14 个,在校学生 470 人,累计毕业学生 2600 人。

民国二十五年太平高小毕业典礼

孟坝小学 位于孟坝镇中街(原孟坝寺东侧),民国八年(1919 年)创建国立第五高级小学,占地面积 10800 平方米,建筑分门楼、前院、中院、后院四部分。二十九年更名为镇原县完小。1949 年更名为孟坝完小。1978 年改为孟坝小学,占地面积 14000 平方米。1998 年刘埝村学并入,2002 年李嘴村学并入。2006 年获县级示范学校,2007 年获市级绿色示范学校,2008 年被确定为“快乐校园,有效学习”项目学校。2010 年,学校建筑面积 3408 平方米,有教学楼 1 幢,校园绿化面积 2900 平方米,藏书 16000 册,各种实验仪器 300 台件,设微机室、多媒体教室、学生阅览室、实验室、卫生保健室、心理健康教育室;有教职工 46 人,其中小学高级教师 12 人;有教学班 18 个,在校学生 932 人,累计毕业学生 2712 人。

新集乡唐塬小学 1952 年创建新集完全小学,校址在新集初级中学位置。1958 年成立镇原八中,招收完小毕业生。1962 年 8 月撤销八中,仍为完小。1969 年 8 月成立新集初中。1971 年初中、小学分开,小学迁入唐塬,更名为唐塬小学,占地面积 6003 平方米,服务半径 6 公里。2010 年绿化面积 620 平方米,建筑面积 1770 平方米,设有图书室、阅览室、微机室、会议室、仪器室、小学生心理健康咨询室、卫生保健室、远程教育接收室,配置光盘播放系统、文体器材等;有教职工 21 人,其中大专以上文化程度 13 人,小学高级教师 7 人,学历达标率 95.23%;有教学班 12 个,在校学生 390 人,累计毕业学生 3120 人。学校被评为镇原县示范性小学。

方山乡蒲河小学 前身为申渠初小,1956 年 9 月 6 日创建,实行 4 年学制。1967 年与方庄完小合并,迁入公社所在地焦旋湾,改名焦台完小,实行 6 年学制。1968 年,完小增设初中班,1969 年成立方山初级中学,附设小学班。1970 年 3 月迁入蒲河新校址,1980 年改为蒲河小学,占地面积 4669 平方米。2010 年,学校建筑面积 1392 平方米,有各类教学设备 270 台件,远程教育设施 1 套,藏书 2400 册;有教师 15 人,其中小学高级教师 3 人;有教学班 6 个,在校学生 176 人,累计毕业学生 1780 人。学校被评为乡级教学质量示范单位和教育教学工作先进集体。

三岔小学　民国二十八年(1939年)创建,1957年更名为三岔完小,1965年更名为三岔小学,占地面积6930平方米。2003年被确定为国家"义务教育项目工程学校"。2010年,学校建筑面积2150平方米,设有教学楼、综合楼及会议室、图书室、仪器室、文体器材室,配有电脑20台,投影仪5台,语言复读机8台,VCD13台,电视12台,图书6000多册。全校有教师27人,其中小学高级教师13人;大专以上学历17人;市级以上优秀教师3人;有教学班12个,在校学生728人,累计毕业学生5000多人。

殷家城小学　1951年3月创建白新庄小学,地址在白新庄。1954年校址迁到殷家城老街道,更名为殷家城初等小学。1958年校址再次迁到殷家城乡转水河村党地台脚,更名为殷家城完全小学。1982年迁至殷家城公社街道,更名为殷家城小学,占地面积2700平方米。2010年,学校建筑面积2150平方米,有两层单面教学楼1幢,电教设备、功效设备各1套,大屏幕彩电6台,DVD6台,图书3270册;有教职工15人,其中本科学历1人,大专学历11人,高中学历3人;小教高级教师4人,县级优秀教师2人;有教学班6个,在校学生310人,累计毕业学生1800人。

马渠小学　民国十一年(1922年)二月,在三义庙创建马渠初小,1953年8月移于马渠街道,改为完小,1959年与中学同办。1973年小学部迁至罗新庄队,改称罗新庄小学。1982年7月迁至公社街道西街2号,称马渠小学,占地6270平方米。2010年,建筑面积1372平方米,绿化总面积800平方米,硬化道路350平方米,有体育场600平方米;设有仪器室、远程教育接收室、微机室、光盘播放室等,有图书4300册;有教职工14人,其中小教高级教师4人;有教学班6个,在校学生262人,累计毕业学生1334人。

庙渠小学　初为石佛塬苟家堡子窑洞私塾,民国二十年(1931年)搬迁到僧房院(现农机站)窑洞中。民国二十一年为私塾庙渠小学,1950年改为公立苟家庙渠小学,1959年改为完小。1969年设初中部。1975年小学与中学分开,搬迁到街道北部,更名为庙渠小学,占地6780平方米。2010年,建筑面积1260平方米,有砖木结构平房60间,设电教室、阅览室、仪器室,配有校园局域网、网络远程教育设施等,学校藏图书5000册;有教师19人,其中本科3人,小学高级教师6人;教学班8个,在校学生330多人,累计毕业学生3000多人。

武沟小学　位于武沟乡武沟村,建于1983年10月,占地7137平方米,体育用地950平方米,服务半径4公里,覆盖人口2140人。2010年,建筑面积865平方米,其中教学用房517平方米,有中小学现代远程教育设备1套,办公用电脑1台,图书2645册,各类仪器210多件,设多媒体教室、心理健康咨询室、红领巾广播站,接通互联网;有专任教师12人,其中本科2人,大专7人,中专3人,学历合格率100%;小学高级教师5人,小学一级教师6人,员级1人;有六个年级教学班6个,在校学生242人,累计毕业生2500人。

开边小学　民国三十一年(1942年)始建开边小学,校址在寨子村一户农家窑洞里。1950年,搬迁到万城子秦家沟坪上。1967年小学校址被开边中学占用,小学搬迁到下页山生产队,一年后又搬迁到王家沟沟大窑洞里,1980年搬迁到开边公社街道西。1998年被镇原县人民政府授于"全面育人、办有特色学校",2002年被确立为县级"实验学校"。2006年

9月搬迁至开边镇南街,学校占地12700平方米,建筑面积1387平方米,设有多媒体教室、微机室、图书室和科学实验室。2010年,有专任教师18人,其中小学高级教师9人,市级教学能手1人,县级学科带头人1人,教学能手4人,教坛新秀2人,优秀任课教师5人;有教学班级12个,在校学生408人,累计毕业生12000人,学校被县教育局评为教育教学优胜单位。

郭原乡毛庄小学 1950年3月建赵坬初小,1971年8月搬迁到郭原街道,占地面积5603平方米。2010年,建筑面积1268平方米,配有义教项目教学仪器及远程教育设备、电教室等,藏书4100余册,音体器材均按省三类标准配套,能满足教学工作需要;有教师16人,其中小学高级教师4人,一级教师6人;有六个年级教学班9个,在校学生340人,累计毕业学生2100多人。

平泉镇八山小学 民国十一年(1922年)创建,校址在平泉镇天恩寺。1950年为镇原县第十四完全小学,1960年更名为平泉小学,1968年又更名为平泉八山小学。1976年2月改为七年制学校(后为八年制)。1980年8月初三学生并入平泉中学,恢复八山小学。1997年在镇平公路沿线建新校,占地面积13000平方米。1998年被县委、县政府评为"全面育人、办有特色先进学校",2007年被县教体局树立为"县级示范小学"。2010年,学校建筑面积2660平方米,设有图书室、仪器室、舞蹈室、电子琴室、多媒体网络教室,有图书8000余册,生均15本以上,各班配有电视机和DVD,安装校园安全监控系统和广播系统。全校有教职工32人,其中大专以上学历27人,学历合格率100%;县级学科带头人和优秀教师7人,市级模范教师和教学能手2人,省级教学能手1人;有教学班14个,在校学生517人,累计毕业学生2100多人。

中原小学 位于中原街道,民国八年(1919年)创建。2007年获县级先进集体。2010年,学校占地8015平方米,建筑面积1120平方米,有教室12间,图书室3间,器材室2间,生活用房及教师宿舍19间;设有音体美器材室、图书室、心理辅导室等;有图书4000多册,生均20本左右;有教职工12人,其中本科学历2人,大专学历5人,中专学历5人;小学高级教师6人,小学一级教师6人;有教学班6个,在校学生213人,累计毕业学生2280多人。学校被评为全县星级学校。

新城小学 民国二十六年(1937年)创建新城中心小学,位于新城初级中学位置。1950年改为新城完小,1965年改为新城八年制学校。1970年小学部分出,迁至新城街道中街,改名新城小学,占地面积11483平方米。2010年,建筑面积2873平方米,建有教学楼,设图书室(藏书1.05万册)、仪器室(配备仪器230多台)、会议室等;有教师27人,其中本科学历5人,大专学历22人,学历达标率100%;高级教师6人,一级教师13人,获"希望工程园丁奖"1人,市县优秀班主任、模范班主任、优秀课任教师、教坛新秀、教学能手、骨干教师6人,县教研员1人。教学班12个,在校学生483人,累计毕业生3000多人。学校先后被县委、县政府授予"先进集体、教学实验先进集体""全面育人,办有特色先进学校"等。

三、中学教育

民国三十年（1941 年），在文庙旧址创立镇原第一所县立初级中学，当年招生 122 人，分甲、乙两个班。三十一年，在东街武庙地筹建新校舍，次年春迁入授课，至三十八年八月，共招收学生 873 人，毕业学生六届 330 人。

建于 1941 年的镇原初级中学

1956 年，镇原初级中学改为镇原一中，在上马台修建镇原二中，均设初中部。1958 年，一、二中互换校名，一中始设高中部。次年，二中设高中班。屯字、孟坝、平泉、新城、三岔、新集、马渠、开边在完小基础上改为初级中学，依次命名为三、四、五、六、七、八、九、十中学，均重新选址修建初中校舍，历时 3 年，陆续迁入新校址，完成中小学分离。1962 年，二中改为初中，高中班学生并到一中，撤销六中（新城）、八中（新集）、九中（马渠）、十中（开边），七中（三岔）改称六中。1965 年，全县有初中 5 所，高中 1 所，在校学生 131 人，累计考入大学 110 人。

1966 年，大学停止招生；四中（孟坝）改为完全中学。1968 年，县二中并入一中，在开边新成立二中。1966 年、1967 年、1968 年 3 届学生同时毕业。1969 年，二、三、五、六中改为完全中学，完全中学增加到 6 所，在校学生 799 人。新城、中原、郭原、武沟、南川、曙光、上肖、临泾、太平、新集、方山、殷家城、庙渠、马渠 14 个公社各成立初级中学 1 所，翟池、彭阳、祁家川 3 个大队各办八年制学校 1 所。全县废止考试制度，实行开门办学，学生下生产队，去农场，以劳动课代替文化课，全部升级，推荐升学。1971 年，开始推荐高中生上大学，数量很少。1975 年，将太平、上肖、临泾、新城 4 所初级中学改为完全中学。1976 年，全县有完全中学 10 所，推荐高中生上大学 186 人。

1977 年，中原、曙光、新集 3 所初中改为完全中学，全县完全中学发展到 13 所，初级中学 7 所，八年制学校 41 所（祁家川、鳌背子、原芦、新合、席沟圈、石羊、新堡、太阳、董川、迎峰、岔道、翟池、姜曹、雄武、青寨、南李、湫池、胜利、峁合、王家湾、王寨、永丰、小方、王湾、石嘴、赵渠、景塬、冯埝、解放、陈坪、吴堡、小岘、阎寨、孙庵、八山、洪河、秦铺、上杜、彭阳、兰庙、石泉）。同年，废除升学推荐制，恢复高考制度，由省上命题，县上组织统一考试，当年录取大学生 23 人。1978 年起，应届高中毕业生高考由国家统一命题，各级教育行政部门组织考试，省上集中阅卷，在正式考试之前，地方进行预选考试，筛选出合格学生参加正式考试。教育主管部门逐校解决实际问题；学校领导科学管理，抓基础，抓差补缺，落实岗位责任制；教师勤奋执教，学生刻苦钻研，教育质量整体提高，稳居庆阳地区各县第一。

1980 年，曙光完全中学改为初级中学。1981 年，新城、中原、太平、临泾、新集、上肖 6 所完全中学改为初级中学，增设湫池、小岘 2 所初级中学。1983 年，甘肃省实行定向招生和委托培养招生体制。1984 年，三岔、开边 2 所完全中学高中部改为职业中学，撤并 24 所八年制学校初中部,全县保留八年制学校 17 所。1985 年,全县有镇原、屯字、孟坝、平泉完全中学 4 所,在校学生 3386 人;有开边、三岔农业职中 2 所;有上肖、太平、新集、方山、马渠、庙渠、殷家城、武沟、郭原、新城、小岘、中原、湫池、曙光、临泾、南川初级中学 16 所,祁川、石羊、席沟圈、原芦、岔道、太阳、阳宁、翟池、彭阳、胜利、王寨、解放、吴堡、洪河、秦铺、上杜、阎孟八年制学校 17 所,在校初中生 13368 人。

1986 年开始,普通高校招生计划分为国家任务、定向、委培、自费四种形式,招生制度改变,不收费的计划招生和收费的计划调节招生同时并存。1990 年代,继续理顺、调整、优化学校结构,增加完全中学和独立初中,压缩八年制学校。1993 年,取消高考预选考试制度,高中毕业生都可以报名参加统考,推行标准化考试,实行"3+2"考试科目。考试分为一卷和二卷,一卷采用机器阅卷,二卷实行人工阅卷,应用计算机完成报名、志愿、考分、录取数据。1999 年,全县有完全中学 6 所,职中 2 所,独立初中 25 所,八年制学校 2 所。

21 世纪,民办中学发展,先后办起英才、育才、广文、新星、华文、世纪等中学。2001 年,大专院校开始招收高职生。全省实行高等教育外语听力考试,进行网上录取。2002 年,实行文科综合和理科综合考试科目改革,省内普通高校实行专科升本科考试招生,建立专科、高职、本科教育立交桥。2003 年开始,高校统考时间提前一个月,每年 6 月 7 日开始。2004 年,全县民办中学发展到 8 所,高考制度进一步改进,专科、高职成绩公布后填报志愿,增加考生择校机会。2005 年,高考报名时间提前到元月上旬。2010 年,全县有完全中学 11 所(私立 5 所),在校学生 14011 人;职专 2 所(私立 1 所),在校学生 4541 人;初中 24 所,在校学生 29408 人。参加高考学生 3651 人,录取 2761 人,占参考学生 75.62%,其中本科生 1044 人,进入全市文科前十名有 4 人,居庆阳市之首。

镇原中学 民国三十年(1941 年)十月,创立镇原县立初级中学,暂借文庙作校舍,隶属省教育厅,同时在东街武庙(今东街小学)建设校舍,占地 17.3 亩。1956 年 7 月,更名为镇原县第一初级中学。同年在县城西门外上马台修建新校,定名为镇原县第二初级中学。1958 年,二中增设高中部,一、二中互换校名,上马台为镇原县第一中学,东街为镇原县第二中学。1959 年,二中增设高中部。1962 年 9 月,二中高中部并入一中。1969 年 1 月 26 日,二中并入一中。1979 年更名为甘肃省镇原中学,确立为地、县重点中学。1987 年,学校校长、党支部书记享受副县级待遇。2004 年晋升为庆阳市示范性普通高中。2005 年成为独立高中,学校占地 60280 平方米,建筑面积 22468.11 平方米,有教学楼、学生公寓楼各 2 幢,科技综合楼、实验楼、综合服务楼各 1 幢及舞台、操场等;设有图书室、阅览室,藏书 7 万余册,可容纳 200 余人同时阅览;有标准化物理、

镇原中学

化学、生物实验室、语音室、计算机教室和多媒体报告厅；接入10兆电信宽带网，安装天文观测台、校园广播系统，能够满足正常教学需求。2010年，有教职工192人，其中本科学历182人，专任教师学历达标率95%；高级职称35人，中级职称73人；省园丁奖获得者5人，省级骨干教师9人，省级青年教学能手8人；有教学班40个，在校学生2545人，其中高一12个班，在校学生802人，高二12个班，在校学生773人，高三16个班，在校学生970人。学校累计毕业学生17698人，向全国各地输送大学生8142人，其中有12人考入清华、北大，高考进线率和进线人数均名列全市前茅、全县第一。学校获甘肃省教育系统先进集体等县级以上荣誉80余次。

平泉中学　1958年秋在平泉小学附设初中，冬季在平泉镇南门新建中学校舍。1959年既为平泉小学，又命名为镇原县第五中学。1960年4月，迁入新校。1969年增设高中部。1970年5月，更名为镇原县平泉中学。1987年确立为地、县重点中学，校长、党支部书记享受副县级待遇。2004年晋升为庆阳市示范性普通高中。2010年，学校占地3.67万平方米，建筑面积2.96万平方米，有综合楼、科技楼、逸夫实验楼、教职工宿舍楼、学生公寓、家属楼；设借书、阅览、展览三位一体化图书资料馆，藏书7万余册；有物理、化学、生物实验室12个，达到部颁一类标准；有多媒体电教室4个，其中能容纳200人电教室1个；计算机教室3个及电子备课室、语音室、多媒体报告厅等；接入多媒体数字化校园网、闭路电视(教育台)网、电信宽带网；建起平泉中学网站、电脑程控校园广播、电脑程控音乐系统、校园监控系统、视频转播系统。计算机教学、国际互联网、现代远程教育信息进入课堂，全面服务于教育教学。全校有教职工211人，其中专任教师190人；本科学历196人；中学特级教师1人，高级教师11人，中级职称教师60人；全国模范教师1人，国家级骨干教师1人，省级骨干教师3人，市级优秀教师4人，县级优秀教师、学科带头人、教学能手34人。教学班53个，在校学生3280人，其中高一13个班，学生833人，高二12个班，学生762人，高三16

平泉中学教学楼

平泉中学生物实验课

个班,学生 867 人,初中 12 个班,学生 818 人。学校坚持“一切为学生终身发展奠基”办学理念,以领导苦抓、教师苦教、学生苦学的“三苦”精神名扬陇原,先后获甘肃省、庆阳市教育系统先进集体、全国群众体育先进集体,被中央电视台、《人民日报》《甘肃日报》等多家新闻媒体报道。学校累计毕业学生 18900 人,向全国各地输送大学生 7200 人,其中 12 人被清华、北大录取,3 人高考获得文史类全省第一,8 人高考获得文(理)科全市第一。

屯字中学 1958 年 9 月修建,1959 年开始招收初中班,命名为镇原县第三中学。1968 年易名为镇原县屯字中学。1972 年招收高中班。1974 年 12 月恢复为镇原县第三中学。1979 年改名为镇原县屯字中学,服务半径 50 多公里,辐射 5 个公社 14 万多人口。学校占地 55336 平方米,建筑面积 1.85 万平方米,建有教学楼、教学实验综合楼、职工住宅楼、综合宿舍楼、男生公寓楼、女生公寓楼等,全面实现校园硬化、绿化、美化、净化、亮化;设多媒体会议室、多媒体教室、实验室、通用技术教室、图书室、阅览室、音乐教室、美术教室,开通 101 校网,接入校园闭路电视网、数字化校园网,建起学校门户网站、远程教育接收系统和校园智能广播系统;图书室藏书 35000 册,生均 20 册。2010 年,全校有教职工 177 人,其中专任教师 170 人;研究生 2 人,本科学历 130 人,专科学历 38 人,专任教师学历合格率 96.8%;高级教师 27 人,中级职称 50 人,中教二级职称 93 人;有全国优秀教师 1 人,全国骨干教师 1 人,省“园丁奖”获得者 2 人,省级骨干教师、教学能手 7 人,市县级教学名师、能手 12 人,县级优秀教师、先进工作者 73 人,校级骨干教师 42 人;有教学班 42 个,在校学生 2596 人,其中高中 30 个班,在校学生 1801 人,初中 12 个班,在校学生 795 人。学校累计毕业学生 28972 人,向全国各地输送大学生 2903 人,中专生 395 人,有 10 人考入清华大学和北京大学。

屯字中学

孟坝中学 1957 年创建,原名镇原县第四中学,1965 年更名为镇原县孟坝中学,1966 年增设高中部。学校占地 27813.9 平方米,建筑面积 15142 平方米,建有教学楼 1 幢,教工楼 2 幢,学生公寓楼 1 幢,设有图书室、阅览室、实验室、仪器室,拥有计算机、多媒体、远程教育接收等现代教学设备。2010 年,全校有教职工 191 人,其中专任教师 152

孟坝中学教学楼

人；本科学历 118 人，高中教师学历合格率 87.3%；高级教师 25 人，中级教师 56 人；省级骨干教师、教学能手 7 人，市县级教学名师、能手 14 人。全校有教学班 42 个，在校学生 2815 人，其中高中 30 个班，在校学生 1995 人，初中 12 个班，在校学生 820 人。学校累计毕业学生 10856 人，向全国各地输送大学生 3465 人。

开边中学　民国三十二年（1943 年）七月，创建镇原县开边乡中山中心学校。1959 年开设初中班，校名为镇原县第十中学。1960 年撤销初中部，学生并入镇原二中（县城）。1968 年又成立初中部，改名为镇原二中。1970 年 2 月招高中班，为完全中学。1985 年增设职业技术学校，一校两牌，职普并举。1996 年 7 月撤销职业班，为普通完全中学，更名为镇原县开边中学。学校占地 32001 平方米，建筑面积 12887.7 平方米，建有教学楼 2 幢、宿舍楼 3 幢，设微机室和多媒体教室各 2 个、电子备课室 1 个，拥有计算机、多媒体、远程教育接收等现代教学设备。2010 年，全校有教职工 163 人，其中专任教师 128 人；本科学历 98 人，高中教师学历合格率 100%；高级教师 9 人，中级教师 39 人；省级骨干教师 2 人，市级教学能手 4 人，县级优秀教师 18 人。全校有教学班 50 个，在校学生 2502 人，其中高中 29 个班，在校学生 1398 人，初中 21 个班，在校学生 1104 人。学校累计毕业学生 24000 人，向全国各地输送大学生 4500 人。

开边中学

三岔中学　民国二十六年（1937 年），延安方面派徐希平和当地李焕章创建三岔完全小学。二十八年八月庆环分区在曲子县三岔区设立三岔回民小学。三十五年秋，三岔回民小学和对面河小学合并，命名三岔普通小学。三十六年学校停办，三十七年复校。三十八年八月，更名三岔完全小学。1958 年附设初中部，易名镇原七中，并挂牌三岔大学。1962 年改名为镇原六中。1969 年设立高中部，改为完全中学。1984 年更名为镇原县三岔中学，同时成立三岔农业职业中学，一校两牌，职普并举。学校占地 40002 平方米，建筑面积 18482 平方米，建有教学楼 2 幢，宿舍楼 6 幢；设微机室 1 个，实验室 3 个；安装校园监控系统和局域网。2010 年，全校有教职工 162 人，其中专任教师 136 人；本科学历 97 人，在职攻读研究生 8 人，专任教师学历合格率 95%；高级教师 9

三岔中学

人，中级教师46人；省“园丁奖”获得者2人，省级骨干教师3人，庆阳市“五一劳动奖章”获得者1人，获市、县级优秀管理者、优秀教师、模范教师、优秀班主任72人；有教学班42个，在校学生2748人，其中高中22个班，在校学生1380人，初中20个班，在校学生1368人。学校累计毕业学生18200人，向全国各地输送大学生3640人。

城关初级中学 位于县城东街9号，1986年成立，其前身为镇原师范学校，是镇原规模最大的市级示范初中，先后被评为全国“十一五”课题先进学校、甘肃省中小学德育示范学校，庆阳市文明单位、教育系统先进集体、市级示范学校、雷锋学校、教研教改先进单位、市语言文字规范化示范学校。学校占地4.8万平方米，建筑面积1.915万多平方米，操场1.2万平方米，分办公区、教学区、生活区、运动区，建有办公楼、教学楼、实验楼、餐饮楼、男女生公寓楼各1幢，设音乐室、舞蹈室、健身室、棋艺室、书法室、美术室各1个，多媒体报告厅2个，图书室、阅览室、教职工子女阅览室各1个，图书室藏书27824册。2010年，有教职工226人，其中专任教师210人；大专以上学历201人，研究生1人；高级职称12人，中级职称65人，高级工3人；省级教学能手3人，省级优秀班主任1人，市级教学能手6人，学历合格率99.5%。学校有教学班52个，在校学生2550人，累计毕业学生9131人。

城关中学

临泾初级中学 地处临泾乡中街，前身为临泾完小，创建于1957年9月。1969年3月更名为临泾初级中学。1976年设高中部，更名临泾中学。1981年撤销高中部，后恢复临泾初级中学。1987年被甘肃省委、省政府评为“甘肃省教育系统先进集体”，1987年、1988年分别被庆阳地委、行政公署评为“全区教育系统先进集体”。学校占地18342平方米，建筑面积7669平方米，拥有教学楼、学生公寓楼各2幢，设高标准微机室、多媒体教室、电子备课室、图书室、阅览室、理生化实验室、音体美器材室，开通校园网。2010年，有教职工123人，其中大专以上学历101人(本科57人)；高级职称5人，中级职称51人，专任教师学历达标率100%；县级骨干教师6人，学科带头人7人。学校有教学班28个，在校学生1822人，累计毕业学生12640人。

南川初级中学 位于南川乡街道，创办于1969年，占地14153平方米，建筑面积6029平方米，有教学楼、教工宿舍楼、学生宿舍楼、远程教育接收站、校园网、互联网，设多媒体报告厅、多媒体室、音乐室、体育活动室、图书室、仪器室、实验室及校园广播、监控系统等。2010年，有教职工68人，其中专任教师63人；本科学历45人，专科学历17人，中师学历6人；高级职称2人，中级职称18人，高级工1人，中级工1人；省级骨干教师1人，市县优秀教师5人,县级教坛新秀、教学能手、学科带头人、骨干教师20人。学校有18个教学班,在校学生946人,累计毕业学生2625人。

上肖初级中学　位于上肖乡街道,是在原“上肖乡完全小学”基础上扩建的一所独立初中。民国三十二年(1943年),修建永乐乡中山国民中心学校。1949年更名上肖乡完全小学。1969年更名上肖公社社办初中。1975年增设高中部,改名上肖中学。1981年撤销高中部,更名上肖初级中学。学校占地19343平方米,建筑面积10060平方米,有教学楼、教职工宿舍楼,设理化生实验室、微机室、电子备课室、图书室、阅览室,拥有图书26203册,安装校园局域网。2010年,有教职工94人,其中中学高级教师2人,中学一级教师25人,学历达标率97.7%。学校有教学班30个,在校学生1720人,累计毕业高中生472人、初中生5375人。

太平初级中学　前身为太平完全小学,1969年小学搬迁,在原址上扩建为社办初级中学,命名太平东风中学。1970年更名太平初级中学。1975年附设高中部,更名镇原县太平中学,1981年7月高中部撤销,恢复为初级中学。学校占地22850平方米,建筑面积8581平方米,有教学楼、宿舍楼各1幢,设微机室、理化生实验室,有教学实验仪器1000多台件,图书10040册,装有远程教育设备。2010年,有教职工100人,其中专任教师85人,行政人员4人,教辅人员9人,工人2人;中学一级教师30人,二级教师40人,三级教师15人,县级优秀教师5人,学历达标率94%。学校有教学班21个,在校学生1302人,累计毕业学生11900人。

新集初级中学　地处镇原县北部山区,位于新集乡街道,1956年成立,1958年称镇原八中。1962年撤销八中改为完小。1969年8月成立新集社办初级中学。1977年改为完全中学,更名新集中学。1981年秋,撤销高中部,更名新集初级中学。学校占地15341平方米,建筑面积5502平方米,设物理、化学、生物实验室、电子备课室、音乐教室、多媒体投影室、计算机室各1个,电子白板教室10间,图书室藏书12880册。校园局域网健全,安装有校园广播系统和监控系统。2010年,有教师54人,其中大专以上51人;高级职称5人,中级职称16人;获省级园丁奖教师1人,市级模范教师、青年教学能手各2人,市级师德标兵1人,县级模范教师8人。学校有教学班9个,在校学生346人,累计毕业初中生5100多人。

方山初级中学　位于方山街道,建于1964年,是一所农村初级中学,服务半径20公里,覆盖人口1.4万人。学校占地9523平方米,校舍建筑面积4165平方米,绿化面积600平方米,建有教学楼1幢、宿舍楼1幢、平房56间、远程教育接收站1个;设电子备课室、计算机室、多媒体教室,拥有计算机60多台,接通校园网,安装校园广播系统和视频监控系统,图书室藏书3000余册。2010年,有教职工41人,其中专任教师39人,工人2人;研究生1人,本科学历20人,专科学历16人,中师及以下学历7人;中级职称9人,市县优秀教师5人。学校有教学班12个,在校学生525人,累计毕业初中生5000人。

殷家城初级中学　位于殷家城街道,前身是九年制学校,1968年3月创建,1976年8

月更名殷家城初级中学。学校占地面积8671平方米,建筑面积4400平方米,有教学楼、餐饮楼各1幢、宿舍楼2幢,设有图书室、实验室、多媒体教室,5个教学班安装现代化教学设施。2010年,有教职工47人,其中大专以上学历40人;教学班12个,在校学生514人。学校累计为高中和职中输送学生4000多人,为中等专业学校输送学生200多人。

马渠初级中学 前身为三义庙初级小学,民国十一年(1922年)二月创立。1955年迁至马渠乡街道,更名马渠完小。1958年成立初中,命名镇原九中。1962年撤销,1969年恢复,1979年更名马渠初级中学。2007年,中央教科所授予"传统文化与语文教学"全国优秀实验学校,被评为全市教育系统先进集体、庆阳市示范性初中、中国教育学会新课堂教学研究实验学校、全国讲学稿研究实验基地。校园占地3200平方米,建筑面积11357平方米,建有综合教学楼和职工宿舍楼、学生宿舍楼、师生餐厅,实验仪器配备达到国家中学二类标准,设微机室、电子网络教室、多媒体教室、电子备课室,建成校园局域网和广播网,接通远程教育网、电信宽带网,安装电子监控系统。2010年,有教职工62人,其中专任教师57人;大专以上学历50人;市、县级优秀教师、教学能手6人。学校有教学班13个,在校学生711人,累计毕业初中生13207人。

庙渠初级中学 位于庙渠乡街道,始建于1968年,前身为庙渠完全小学,1969年1月迁入街西新校址。1978年5月校名改为庙渠初级中学,1983年慕塬八年制学校并入。学校占地16667平方米,建筑面积4189平方米,建有教学楼、学生宿舍楼各1幢和师生宿舍28间,设物理、生化仪器室和物理、化学、生物实验室,实验仪器配备达到省级三类标准;有微机室、多媒体教室、远程教育室、集体备课室,图书室藏书7000册;建有校园局域网,接通远程教育网、电信宽带网。2010年,有教职工66人,其中专任教师64人,工人2人;本科学历30人,专科学历28人,中师5人,其他3人;具有中一职称11人,中二职称35人;获省级园丁奖1人,市级模范班主任1人,庆阳地区优秀教师1人,县级优秀教师11人,县级模范班主任2人,县级骨干教师1人。学校有教学班19个,在校学生1077人,累计毕业学生9514人。

武沟初级中学 1968年在黑渠口完小设初中部,1975年随公社在武沟街道东建新校,是一所农村山区中学,占地面积19740平方米,建筑面积3676平方米。2010年,有教职工52人(含代课教师1人),其中专任教师42人;本科学历31人;高级教师2人,中级教师36人;省级骨干教师、青年教学能手各1人,市县优秀教师11人。学校有教学班14个,在校学生639人(女364人),累计毕业学生6500人。

郭原初级中学 位于郭原乡街道,1968年始建,服务半径15公里,服务人口1.7万人。学校占地13340平方米,建筑面积4993平方米,建有单面三层教学楼、宿舍楼各1幢,设有图书室、微机室、多媒体室、集体备课室,有计算机46台,接通校园网,安装校园广播系统和校园监控系统,学校图书室藏书1万余册。2010年,有教职工50人,其中专任教师46人;本科学历13人,专科学历30人;高级职称1人,中级职称13人,教师学历达标率为93.5%;市县级优秀教师6人,县级教学能手、学科带头人、骨干教师5人。学校有教学班18

个，在校学生 896 人，累计毕业生 5000 多人。

中原初级中学　位于中原乡街道，1958 年成立，服务半径 20 公里，覆盖人口 2 万人。学校占地 13340 平方米，建筑面积 3041 平方米，有教学楼 1 幢，设有计算机教室、多媒体教室、远程教育网络接收室、电子备课室、理化生实验室、仪器室，图书室藏书 8504 册，建有校园局域网和校园广播，接入 4M 电信宽带网。2010 年，有教职工 34 人（男 23 人，女 11 人），其中中级职称 13 人，初级职称 21 人，专任教师学历达标率 88.24%。学校有教学班 11 个，在校学生 560 人，累计毕业学生 3087 人。

新城初级中学　位于新城乡街道，1958 年成立，为镇原六中。1961 年 8 月并入镇原五中（平泉中学）。1969 年在新城完小校址重新成立新城初级中学，1975 年 3 月增设高中部，更名为新城中学，1981 年 8 月高中部撤销，更名新城初级中学。学校占地 34 亩，建筑面积 11718 平方米，有教学楼 2 幢、职工宿舍楼 1 幢、学生宿舍楼 2 幢，设实验室、仪器室、图书室、阅览室、多媒体教室、校园广播系统等基础设施，有图书 20370 册。2008 年 8 月与北京四中结为远程教育合作学校。2010 年，有教职工 111 人，其中专任教师 109 人；本科学历 38 人，专科学历 63 人；高级教师 3 人，一级教师 36 人，二级教师 70 人；省园丁奖获得者 1 人，省级教学能手 1 人，市级教育名师、学科带头人、优秀教师 7 人，县级教学名师、教学骨干、优秀教师 37 人，学历合格率 92.7%。学校有教学班 36 个，在校学生 2048 人，累计毕业学生 10667 人。

1949~2010 年镇原县普通教育发展情况统计表

表 42-3-1　　单位：个、人

年份	学校数	其中						在校学生数	其中			
		完中	职中	初中	八年制	小学	村学		高中	职中	初中	小学
1949	129	–	–	1	–	10	118	8596	–	–	209	8387
1950	158	–	–	1	–	12	145	10181	–	–	217	9964
1951	192	–	–	1	–	12	179	9979	–	–	157	9822
1952	191	–	–	1	–	12	178	12917	–	–	202	12715
1953	215	–	–	1	–	12	202	14565	–	–	256	14309
1954	215	–	–	1	–	12	202	24130	–	–	354	23776
1955	215	–	–	1	–	12	202	19348	–	–	656	18692
1956	213	–	–	2	–	21	190	26983	–	–	1073	25910
1957	214	–	–	3	–	21	190	31806	–	–	1342	30464
1958	206	–	–	15	–	22	169	44509	–	–	1556	42953
1959	187	1	–	20	–	22	144	96978	203	–	4585	92190
1960	223	2	–	12	–	33	176	35520	429	–	3433	31658
1961	217	2	–	8	–	30	177	21224	491	–	2195	18538
1962	221	1	–	5	–	26	189	18026	230	–	1390	16406
1963	235	1	–	5	–	27	202	–	–	–	–	–
1964	315	1	–	5	–	27	282	–	–	–	–	–

续表

年份	学校数	其中						在校学生数	其中			
		完中	职中	初中	八年制	小学	村学		高中	职中	初中	小学
1965	968	1	–	5	–	39	923	31535	–	–	–	31535
1966	930	2	–	10	–	39	879	37773	374	–	2063	35336
1967	694	2	–	10	–	39	643	34583	374	–	2063	32146
1968	461	2	–	10	–	39	410	33056	399	–	3157	29500
1969	501	5	–	8	–	232	256	33462	799	–	2963	29700
1970	520	6	–	17	–	251	246	35863	616	–	5238	30009
1971	472	17	–	–	7	261	187	41175	857	–	5742	34576
1972	711	23	–	–	13	259	416	51627	1603	–	6015	44009
1973	677	6	–	16	–	247	408	56267	1555	–	5050	49662
1974	705	6	–	14	2	250	433	60234	1476	–	4429	54329
1975	835	6	–	14	2	283	530	72458	1853	–	5873	64732
1976	848	10	–	10	3	282	543	83633	2396	–	8999	72238
1977	893	13	–	7	44	279	550	93442	3564	–	13218	76660
1978	868	13	–	7	44	274	530	94430	4101	–	14593	75736
1979	871	13	–	7	41	277	533	87372	4002	–	13838	69532
1980	863	12	–	8	39	283	521	86000	2400	–	14300	69300
1981	845	6	–	14	26	294	505	77300	1700	–	12500	63100
1982	780	6	–	14	26	288	446	70804	1842	–	11415	57547
1983	774	6	–	16	16	312	424	67450	2305	–	11030	54115
1984	739	4	–	18	16	297	404	70503	2592	–	12133	55778
1985	745	4	2	18	17	298	406	77169	3050	–	13356	60763
1986	742	4	2	21	15	300	400	77357	3823	–	14890	58644
1987	724	4	3	21	15	297	384	76603	4313	–	15670	56620
1988	715	4	3	21	15	296	376	75200	4182	–	15431	55587
1989	715	4	6	21	15	298	371	71911	4562	–	14795	52554
1990	697	4	6	21	13	301	352	71787	4589	–	14652	52546
1991	694	4	6	21	13	305	345	72762	4583	–	14427	53752
1992	697	4	6	21	11	307	348	72224	4375	–	13518	54331
1993	697	4	6	21	11	307	348	72809	3954	–	12606	56249
1994	698	4	6	21	9	310	348	77311	3923	–	13460	59928
1995	694	4	6	22	7	313	342	81868	4157	–	14723	62988
1996	696	4	6	22	7	313	344	86698	4486	–	16287	65925

年份	学校数	其			中			在校学生数	其		中	
		完中	职中	初中	八年制	小学	村学		高中	职中	初中	小学
1997	687	6	2	23	5	317	334	91553	4068	666	18609	68210
1998	680	6	2	25	2	318	327	95586	4370	671	20958	69587
1999	671	6	2	25	–	317	321	99267	4933	673	25506	68155
2000	652	7	2	25	–	318	300	96781	6082	571	22293	67835
2001	529	9	2	25	–	316	177	106581	8321	517	31510	66233
2002	368	12	1	25	–	316	14	109005	11448	373	32744	64440
2003	409	14	1	25	–	316	53	110314	13888	479	27763	68184
2004	392	14	1	25	–	315	37	109016	14988	612	23913	69503
2005	381	13	1	25	–	312	30	104230	15676	823	23432	64299
2006	370	13	1	25	–	312	19	108305	14145	1049	29772	63339
2007	362	13	2	25	–	308	14	106763	11968	2251	33128	59416
2008	355	12	3	25	–	307	8	102759	10856	2437	32850	56616
2009	332	12	1	24	–	295	–	87656	12039	1292	30788	43537
2010	335	11	2	24	–	298	–	87423	14011	4541	29408	39463

1977~2010年镇原县大中专录取人数统计表

表42–3–2　　单位：人

年　份	实考人数	录取人数	其	中	
			大学、大专	高中中专	初中中专
1977	1308	149	23	67	59
1978	902	227	18	95	114
1979	575	229	31	77	121
1980	1464	198	31	55	112
1981	2429	245	27	59	159
1982	765	244	92	61	91
1983	1290	280	125	103	52
1984	781	269	102	115	52
1985	968	384	191	70	123
1986	1086	441	222	89	130
1987	1358	419	179	75	165
1988	1552	540	232	122	186
1989	1428	450	176	88	186
1990	1587	533	297	55	181
1991	1721	516	261	53	202
1992	1843	537	252	62	223

续表

年 份	实考人数	录取人数	其中		
			大学、大专	高中中专	初中中专
1993	1505	744	457	79	208
1994	1366	710	395	87	228
1995	1362	860	531	52	277
1996	1389	745	360	74	311
1997	1532	728	371	77	280
1998	1211	690	294	55	341
1999	1304	821	373	46	402
2000	1586	1320	619	13	688
2001	1716	1619	833	–	786
2002	1812	1763	1455	–	308
2003	2251	1611	1611	–	–
2004	2806	1949	1949	–	–
2005	3627	2069	2069	–	–
2006	6159	2624	2624	–	–
2007	6277	2666	2666	–	–
2008	6309	3167	3167	–	–
2009	4327	3283	2928	–	355
2010	3673	3085	2761	–	324
合计	71269	36115	27722	1729	6664

说明：1977 年初中中专未统计；2001 年高中中专停招；2003 至 2010 年保送生、初中中专未作统计；2007 年录取人数中未包括三职生。

四、职业教育

随着社会发展，各行各业需要大量专业技术人才，国家分配不能满足需要，为此镇原先后创办师范学校、中等专业技术学校、卫生学校、业余体校、农业中学、农机学校等，为全县经济建设和社会事业培养大批技术人才。

（一）师范教育

民国三十二年（1943 年），在县立初中附设简师班，招收学员 45 人，学制 3 年，以文化课为基础，开设心理学、教育学、教学法等课程，至三十五年，简师班毕业学生 38 人，全部分配中心国民学校任教，取代一批私塾老教师。因学校师资、经费困难，只办一届即停办。

1959 年，利用东操场东北角（现农业局后院）窑洞、平房创办镇原初等师范学校，教职工 27 人，秋季招收小学毕业生 105 人，分初师、幼师两个班教学，学制 3 年，授初中课程。1960 年、1961 年各招收 2 个班，学生 100 人，分普教、文艺两个专业。1962 年撤销镇原师范，学生转入镇原二中。

“文化大革命”期间，贯彻上高中不出公社、上初中不出大队、上小学不出生产队精神，各级普通教育学校迅速发展，师资力量严重缺乏，县革委会决定在镇原一中附设师训班，分音乐、普通两个专业。1975年，招收一个班学员50人，为数理专业，学制3年，由一中教师代培。

1976年10月，庆阳师范镇原分校在东街小学地址成立，隶属庆阳地区文教局，招收4个班学员180人，分文史、数理、农业、普通教育4个专业，学制2年，社来社去，每个专业除开设文化课、心理学、教学法课程外，均开设政治音乐、美术课，注重书法学习。同年一中师训班学员并入分校。1977年9月，更名甘肃省镇原师范学校，由县管理。1978年3月，又从高中毕业生招收2个班学员84人，分文科、理科两个专业，学制2年。秋季，招收4个班学员200人，其中初中毕业生19人，社请教师一部分，其余均为高中毕业生，分文科1个班，理科2个班，普通1个班。1979年，招收3个班，其中高中毕业生2个班，教师1个班。1980年8月，师范学校迁址城东胡府坪，更名甘肃省镇原师范学校，收归庆阳地区教育处管理，面向全区7县招生，有教职工46人。1981年，学制改为3年，招收初中毕业生，设文科、理科、普通3个专业5个班，1985年停止招生，次年秋季并入庆阳师范学院，前后10年共招收学员1258人，毕业1051人，全部安排任教。

1985至1986年，为解决初中英语教师缺乏之难，在平泉中学附设英语班，开办两期，学制一年，培训毕业生80多人，全部分配各初级中学任教。

(二)中等专业技术教育

镇原县职业中专学校　1987年6月创办镇原县职业技术学校，当年招收会统班，陆续开办家电维修、会统、裁剪、畜牧兽医等专业。1990年代中后期，开设计算机应用、中西医士等专业。2000年，确立“校校联合、校企联合”办学理念，与四川机电职业技术学院、武汉二轻工业学校、江苏胜华服装有限公司、甘肃省机械工业学校、天津铁路工程学校、山东泰安卫生学校、青岛胶南电子学校、深圳富士康集团、江苏隆力奇科技有限公司等学校和企业联合办学，解决学生就业难问题，在校学生由最少时300多人增加到1478人，由最初一个职业高中班、一个短训班发展到集职业中专、职业高中、普通高中、成人电大本科、专科、短期培训为一体的综合型职业学校，共计培训农技人员、小学校长、待业青年、机关

镇原职专

2009年镇原职专焊接实训课

干部等4850人次，向西安统计学院、甘肃联合大学、西北师大、甘肃农大输送学生420人。1997年，通过省教委B级评估验收，成为省级示范职业学校。2004年，更名为甘肃省镇原县职业中等专业学校，通过省教育厅A级评估验收，确立为省级重点职业学校。学校开设计算机应用、模具设计与养护、焊接技术、电子电器、中西医士、护理、艺术、机电技术应用等中等专业，被庆阳市人事局确定为专业技术人员继续教育基地，被省劳动和社会保障厅确定为下岗职工再就业培训基地。2010年，有教职工84人，在校学生1478人，累计毕业学生12000人。

镇原县卫生学校 1981年10月成立，校址在县城南环路，隶属县卫生局，以县医院为依托办校，当年培养社队医生182人。1982年起，以短训为主，长短结合，长训1年，短训3~6个月，主要培训社队医生和卫生系统待业青年。1988年停办，共培训医技人员738人。

镇原县业余体校 1973年在镇原中学附设，隶属县教育局，由镇原中学、县教育局体育专干兼任教师，设篮球、排球、田径3个班。学生来源于镇原中学、东街、莲池小学及各公社中小学体育拔尖学生，平时利用早操、课外活动进行训练，寒暑假期集中训练，为国家培养输送一批体育新苗。体校学员曾代表县、地区参加运动会，受到省体委嘉奖。

镇原农机学校 1976年10月创办，隶属县农机局。1991年10月，纳入成人中专教育序列。至2010年，学校共培训农机驾驶员2700人，农机维修人员850人，农具操作手等7300人，输送转移农村剩余劳动力550人。

农业中学 1965年9月，在新集、中原、屯字公社各办农业初级中学1所，采取民办公助形式，由县教育局委派教师，公社解决校址。新集农业初级中学办在王寨大队，在校学生131人，教师4人；中原农业初级中学办在湫池陆家沟，在校学生41人，教师2人；屯字农业初级中学办在镇原三中，附设农中班，在校学生26人，教师由中学教师兼任。学习内容主要是农业机械，学习费用由学生负担。1966年秋，全部撤销。1984、1985年，分别将三岔、开边2所中学改为农业职业中学，既招收农业职业班，又招收普通中学班，两块牌子，一套教师队伍。开边农中开设农作物、文秘、电器维修、民用建筑、果树栽培、修剪、缝纫、摄影等专业；三岔职中招收中医班，学习中医诊治、针灸、中草药采收炮制。1996年，开边、三岔中学职业班停办，恢复为普通中学。

镇原县兴华职业中学 1989年创建，位于屯字镇西街，有教职工10人。当年招生林果专业学生5人，学制1年。次年起开设3年制家庭经营专业、半年制短期裁剪专业各1个班，每班40人左右。1991年起同时招生初中生1个班40多人；与农业广播学校合办会计统计和审计专业1个班40多人，授中专课程，由农广校颁发文凭。1997年，由于师资、经费不足，停止招收职业班，继续招收初中生，开设职业3+1班，学制1年，同授文化课和专业课，学生可参加高中和中专考试。至1999年，学校共培养家庭经营专业320多人，裁剪专业8期300多人，会统审计专业2届80多人，职业3+1班120多人，普通初中学生600多人。当年后季开始停止职业教育。2003年秋，阳宁八年制学校初中部并入，次年改称兴华初级中学。

庆阳市机电化工学校 2008年成立，为民办中等职业技术学校，由湖北三合集团董事长周晓波投资500余万元，租赁平泉街道原育梁中学土地和校舍，添置教学设施设备，建立电工电子实验室4个，微机室2个，机械加工车间4个、数控模具实训中心2个、动漫制作实训中心1个，有专职教师33人，开设电工电子、计算机应用、主板维修、模具数控、选煤、石油开采6个中级专业和机电一体化、机械加工、动漫制作3个高级专业，学制3年。当年招生学生735人。2010年，在校学生1200人。

五、成人教育

（一）民众教育及扫盲

民国十四年（1925年），在县教育局左侧设立演讲所，在女子学校附设女子讲演部。十六年，在教育局门左设阅报所。十二月，增设图书馆，购图书300余册。二十三年，在县城开办民众学校，招收失学民众324人，聘教员7人，每周授课12小时，每期3个月，多在晚间和节假日组织补习文化，结业进行测试，支出经费360元。

民国二十六年民众学校毕业典礼

二十五年，成立民众教育馆，内设讲演所、阅报处、问字处、俱乐部，摆置图书报刊，供民众学习和娱乐。二十七年，推行战时民众补习教育，以16~25岁失学青年为对象，期限二个月，开设公民、国语、习字、唱歌四门课程，采用部颁乙种课本，每日上课2小时，期满进行考核。二十八年，以坚定民众信仰，防止“赤化”为宗旨的特种教育与国防教育配合实施，在中小学校内设民众教育部，开设国语、常识、算术、音乐四门课程。国语有读书、写字、作文等内容；常识有公民、史地、自然等内容；算术有珠算和笔算。教学总课时200小时，每日2小时，每节课30分钟，由各校教师兼教，并动员社会知识分子施教，用行政手段强制民众入学受教，除办成人班、妇女班、儿童班外，还开展管、教、养、卫各项活动。二十九年，民众学校发展到29所，省巡回教学团来镇原开展教学活动416场次。三十三年，特种教育广泛实施，文化教育流于形式。三十五年起，民众教育名存实亡。

解放区发展学校教育，大办冬学、识字班，开展社会教育。民国二十七年冬，三岔区一乡成立夜校1处，识字组8个，二乡成立冬学1处，共有学生176人，其中妇女56人，青年56人，成年31人，儿童33人。三十年冬，解放区县政府成立冬学委员会，办冬学7处，均设在初小，初小校长兼冬学校长，有学员100多人，集体住校、办灶，专职教员上课，办学60多天，学员学会写信。三岔区办工商夜校1处，有学员34人；妇女夜校1处，有妇女8人上学，两个月认字五六百个。三十四年,冬学发展到120余处,参加学习青壮年3200多人,采用陕甘宁边区教育厅编印的庄户杂字、识字课本等;办识字组27处,参加207人;读报组57处,参加514人。没有家庭拖累的妇女集中学习,有拖累不能到校的,由家人或学生分散包教,教员每隔三天巡视检查一次。经过一个冬天学习,每人认字500个以上,会认、会写、会讲的有210人。

1949年底,全县有青壮年文盲61087人,占青壮年总数70%以上,边远山区许多村庄识字者更少。县、区、乡政府建立冬学委员会,坚持"政府领导,群众办学"方针,遵照"服务生产,群众自愿"原则,兴办冬学、夜校、识字班,开展识字和政治学习,扫除青壮年文盲。1950年底,上冬学青壮年3984人。

1953年,县文教科设立扫盲办公室,配备专干6人,在肖金、屯字、城关、平泉等区完全小学举办识字班,每班50人左右,由扫盲专干负责,按教育厅统编教材授课,一年办两期,每期3个月,凡识字达到2300个以上者,准予脱盲。1956年11月开始,县、区、乡各级政府均成立扫盲协会,吸收会员8600多人。各村办夜校,开展全民扫盲活动。县上扫盲专干增加到11人,划片包干,检查辅导,因地制宜,灵活多样,农忙少学,农闲多学,集中与分散相结合组织学习;将当天要做的农活写在牌子上,做啥活,学啥字;在农民家里的箱、柜、盆、罐等物件上贴名称,见物识字;用纸或小黑板画图标字,看图识字。两年集中扫盲5464人,占青壮年总数8.95%,一般都能看书读报,识字较多的担任合作社会计、记工员,为农村培养出一批管理干部。

1958年,县上成立扫盲指挥部,区和基点乡成立扫盲指挥所。全县抽调中小学教师、县乡干部和农村有文化的积极分子8.27万人,深入农村,开展扫盲活动。地县印发识字课本9万册,发放到青壮年文盲手中,人手一册,由于受"大跃进"、浮夸风影响,徒具形式,收效甚微。1959至1961年生活困难时期,扫盲工作处于停顿状态。1963年,农民教育逐步恢复,确定教学点,指定临时教员,按照"农闲多学,农忙少学,大忙放假"办法进行扫盲试点,取得经验,1964年在全县推广。"文化大革命"开始后,业余教育再次陷于停顿。1972年起,虽有恢复,但成效不显著。1984年,成立县工农教育委员会,下设办公室,专抓干部、工人和农民扫盲识字和文化教育。1985年,各乡镇组织扫盲班522个,参加扫盲7222人。之后,各乡镇和行政村、自然村都有组织、有计划地开展经常性扫盲活动,青壮年文盲均得到识字教育。1990年开始,以行政村为单位利用农闲时间举办扫盲学习班。1993年县工农教育管理委员会办公室编印扫盲识字课本43000多册,免费发给文盲学员,达到人手一册。1994年春,经省、地组织考试验收,确认镇原县基本扫除青壮年文盲,并颁发奖牌。1998年,再次组织扫盲补课,1999年经省政府验收,确认达到基本扫除青壮年文盲县标准。2000年,县教育局获"中华扫盲奖"。

(二)"五七红专学校"教育

1969年5月7日,根据毛泽东"以学为主,兼学别样"指示,在县城东街原二中校址成立镇原县"五七红专学校",从各主管部门临时抽调教职工17人,主要培训农村不脱产医生、兽医、拖拉机手、生产队会计、民办教师等人员，每期最短3个月，最长半年，年培训250人左右。1976年撤销。

（三）五七农业大学教育

1976年7月，县革委会在临泾公社石羊大队黄山梁生产队成立镇原五七农业大学，征用土地500亩，以民窑作校舍，县机关单位投资购买大家畜7头、羊30只和一些生产工具。学校成立革命委员会，有教职工13人，培训时间和人员与红专学校相同。教职员工及学员坚持半天劳动，半天学习。1977年起，学生以学为主，参加少量劳动，雇用农工搞生产，年收入粮食7500公斤、油料1500公斤，用生产收入新修平房12间、庄基两处，挖土窑30孔，打机井1眼，增加校舍，解决人畜饮水和种菜、育苗用水，先后培训学员760人。1980年撤销。

（四）高等自学考试

1978年，成立县高等教育自学考试工作办公室，隶属县文教局，负责干部职工高等教育自学考试业务。至1985年，全县参加高等自学考试100余人。1986到2000年，参加高等教育自学考试8000多人次，成为全省、全区自考大县，其中1998年报考人数达790多人。2001年起，普通高等教育迅速发展，参加高等自学考试人数逐年减少。至2010年，共开办学历考试专业137个，全县累计报考11000余人次，培养本、专科毕业生近4000人。

（五）农民文化技术教育

1981年，成立甘肃省镇原县农业广播学校，隶属县农牧局。1983年，聘请有技术专长公社干部、农机员、学校教师、科技能手担任教员，开始农民文化技术培训，开设农作物带状种植、地膜玉米、塑料大棚种菜、果树栽培、畜禽饲养、果品加工、缝纫裁剪、病虫害防治等，以短期为主，有时在课堂，有时在田间地头教学。1987年，全县兴办乡镇农民文化学校7所，参加303人；中央农业广播学校在镇原设学习班11个，学员458人；甘肃省农村应用技术广播学校在镇原设班31个，接收学员900人。

1984年，成立镇原县广播电视学校，以服务“三农”、服务农村经济建设、培养专业技术人才为宗旨，坚持“学历教育与科教兴农并举”办学方针，以中专学历教育为主，培养农村实用人才和科技带头人，先后开设种植、养殖、会统、企业经营管理、计算机应用等专业12个，累计毕业中专学员1370人，培养科技示范带头人870人，有219人获得农艺师或助理农艺师职称。1999年9月，开设农业技术推广和农村经济管理专业，继续保留大专班2个，累计毕业学员366人。2004年，加挂农民科技教育培训中心牌子，有办学人员12人，固定教室6间，实习基地2处，以农民为重点，开展农业实用技术培训教育，采取集体培训、以会代训、实地指导、现场示范等形式，开展果树、畜牧、农业等实用技术培训545期次，培训农民12.1万人次，户均1.2人次；利用广播电视开展技术讲座238期，收视20万人以上；实施“绿色证书”和“跨世纪青年农民培训”两个项目，完成“绿色证书”培训2.5万人，青年农民培训1.6万人，培养科技示范户1560户；开展农村劳动力转移培训，开设计算机操作、食品加工、电器维修等专业培训70期，培训农民工2335人，转移就业2118人。

(六)中华会计函授学校教育

1988年,甘肃省中华会计函授学校成立,在各地、州、市设立分校,镇原县财政局设辅导班,设财会专业,学制3年,招收各机关单位、企业财会人员和城镇待业青年。镇原从当年起开始招生和组织函授学习,1995年后学生逐渐减少,改由省校直接组织学习。

(七)党校函授教育

1999年9月,县委党校设立甘肃省委党校函授学院镇原函授、走读辅导站,首届招生大专学员130人,其中中函行政管理专业67人,走读经济管理专业63人。2000年9月,开设法律专业。2003年,增设省函庆阳学区镇原本科教学点,招收行政管理本科学员140人,专科学员32人。2006至2007年,设立青岛海湾理工学院镇原教学点,培养中技人才80人。2008年,函授开设公共管理本、专科班,至2010年,培养4个专业本科生592人,大专生397人。

(八)广播电视大学教育

1999年6月,在镇原职专设立电大工作站。当年招收注册视听专科生200多人,开设小教文史、英语、乡镇管理三个专业。2000年,增加会计、法律两个专业。2001年,省电大批准进行"远程开放教育试点"工作,开设教育管理、护理、小学教育、金融、法律专业。2002年,设立数学应用与应用数学、教育管理等本科专业,招生40多人。2006年3月,开设临床医学、医用检验、护理三个本科专业,招收学员36人。至2010年秋,在册本科生26人,专科生96人;累计毕业本科生436人,专科生1735人。

六、幼儿教育

民国三十二年(1943年),在县女子中心学校设幼稚班,有保姆1人,招收幼儿17人,开镇原幼儿教育先河。

1955年,全县兴办幼儿园26所,其中县办1所,教职工3人,招收2个班,乡办25所,教职工27人。入园幼儿1065人,其中县园40人,农村1025人,多为县区乡机关、城镇及附近农村4~6岁幼儿,按年龄分大中小班,开设识字、拼音、算术、唱吟、图画、跳舞等课程,建立升留级制度,教材由教师自编。

1958年,"大跃进"中,乡村一哄而起,大办幼儿园542所,其中乡村541所,共有保育员580人,入园幼儿14091名,因保教人员文化程度低,大多数幼儿园不能实施开设课程,只能起带护孩子作用。1960年底,社队幼儿园全部停办,县幼儿园教职工增加到4人,入园幼儿51人,分两个班教学。1980年,县幼儿园有教师5人,入园幼儿82人,分大、中、小三个班。

1983年,公办幼儿园继续发展,民办幼儿园重新兴起。课程执行部颁《幼儿园教育纲要(试行草案)》规定,开设语言、计算、常识、音乐、体育、美工及课外游戏,同时开展养成教育,培养幼儿生活卫生、学习和品德行为习惯;在生活卫生方面,学会洗手,能在饭前、大小便后、手脏时用肥皂洗手,注意节约用水,不玩水,保持地面整洁;学会饮水、进餐,定时适量饮水,不喝生水,能在口渴时主动饮水,正确使用自己口杯;愉快安静地进餐,使用餐具,坐姿正确，不挑食，不剩饭，不掉撒饭菜，正确使用餐巾，会添饭菜；能按时、及时大小便，不将小便溅在池外，便后会用纸擦屁股，冲净便槽，整理好衣服；睡眠时能迅速脱衣上床，整齐地摆放鞋袜，安静入睡，睡姿正确，会整理被褥、衣服；不随地吐痰，能将杂物放到规定地方，不乱涂乱画；不抠鼻，不挖耳朵，不将异物塞入耳、鼻内，不用手搓擦眼睛；知道保护视力，保护牙齿，不吃手，不对着别人打喷嚏；勤理发，勤洗澡，勤剪指甲，正确刷牙；在学习上，学会倾听，做事专心，不打扰同伴；坐、行、绘画、写字姿势正确；在品德行为方面，能主动、正确使用礼貌用语，待人热情大方；自觉爱护幼儿园玩具、图书；会整理玩具、图书及学习用具，会修补图书；爱护花草树木，不采摘，并能提醒别人爱护；能遵守园内及班级各项规则；能遵守公共场所行为规范，爱护公共设施；愿意做力所能及的事，主动为他人和集体服务。

1984 年起，农村部分小学开办 1 年制学前班。1985 年，县幼儿园有教师 9 人，入园幼儿 160 人，分设 5 个班。1991 年 9 月，县委党校开设聋哑、智障儿童特教班，第一届招收学生 6 人，其中城镇户口 3 人，农村户口 3 人。1992 年，招收第二届学生 4 人，均为农村户口，迁县幼儿园上课，由教育局、残联和幼儿园共同管理，不收学费。教师待遇在工资基础上增加 15%特教费，使用《聋儿听力训练教材》，还开设计算、音乐、体育及绘画课程，主要教儿童发音，将拼音与实物相结合，形象、通俗施教。1990 年代中期，全县所有小学都附设学前班，课程与幼儿园基本相同，保教并举，以保为主，教学以游戏为基本，寓教于玩，寓教于乐，培养幼儿求知欲望和兴趣爱好，注重生活习惯和思想品德教育，加强用语表达能力训练，促进个性发展。幼儿园不布置家庭作业，不进行考试。

1998 年 6 月，幼儿园、学前班统一征订人民教育出版社教材，课程有语言、计算、自然、社会、美术等，在园学习 3 年，大班毕业后升入小学一年级。2000 年后季，特教班停止，一些智障儿童去平凉、兰州康复中心和西峰聋哑学校接受教育。2008 年秋季，在东街小学设特教学校，修建五层教学楼 1 幢，可容纳 200 人就读，特教工作进入新的发展时期。至 2010 年，全县有幼儿园 73 所，其中公办 4 所，民办 69 所，在园幼儿 8543 人，有幼教 209 人，其中公派教职工 263 人(县幼儿园 53 人)，民办教职工 146 人；中级职称 26 人，初级职称 22 人，员级 5 人；本科 4 人，大专 38 人，中专 11 人，教员绝大多数来源于中等师范学校幼儿教育专业毕业生。

第四节　师　资

古代私塾教师称塾师、先生或西席，由老童生、生员、贡生、举人或落第儒生充任，塾师酬金由学生分担。外地教师食宿多由附近学生轮流负担或固定包饭包住。每年开学、端午、中秋、冬至等节日，学生须向教师送礼品，多为时令食品或有纪念意义用品。清光绪三十一年(1905 年)，县高等小学堂有教习 1 人。

民国时期，中学校长由省政府委任，教师由校长聘任，初中教师由师范类专科以上学历人员任教，小学教师为中师、初师或初中毕业受过师范训练结业者担任；服务 1 年以上，并在师训班培训6个月以上，或在暑假讲习会讲习3期以上者，可取得与简易师范毕业生同等资格。每学年结束前，对需用教师，校长发给聘书，方可继续任教。接不到聘书的，自行离职或另觅新职。在教师短缺情况下，学校还聘专任教师或兼任教师。二十七年（1938年），全县有教师142人。三十一年，国统区有小学教师799人、初中教师19人。抗日战争期间，东北、华北沦陷区大量青年学生远赴西北支援抗战，镇原中学接收省外教师30余人，聘任校长1人。

陕甘宁边区镇原解放区公私学校教师实行聘任制，教员报酬实行薪金制。公派教师按折合小麦由政府分月发放。完小校长每月9斗，教导主任8.5斗，教员8斗；普通小学教员7.5斗。私学教师报酬由群众负担，有全乡负担、一村负担或几村负担的，乡村统一筹集供给。解放区政府对教师队伍建设十分重视，配备一些外地年轻教师任教，召集其集中培训，定期举行教师联席会，交流经验，讨论改进教学方法，评选奖励模范教员。三十四年，解放区共有教师83人，其中中学程度8人，完小程度44人，初小程度29人，前清秀才2人。三十七年，国统区初级中学有教职工32人，其中大学毕业3人，专科毕业1人，高中毕业12人，初中毕业1人；中心小学和女子小学有教员104人，其中工友15人；国民小学有教员330人。

中华人民共和国成立后，全县接收国民党时期教师315人继续任教，纳入国家编制，实行中学教师由专员公署任免，小学教师由县人民政府任免。党和人民政府组织教师学习马列和毛泽东有关著作，学习党的政策，提高其思想政治觉悟，促进思想改造。1950年，各地以完小为中心成立辅导区，每星期日集中全体教师学政治、学业务，交流教学经验，研究解决教学中问题，利用暑假，分片或集中召开教师会议，整顿思想，讨论教学工作。1952年，公派教师工资由省财政厅全额拨付；民办教师报酬由当地群众分摊，县上给每人每月补助3~5元。

1955年，国家分配镇原大专毕业生10人，充实加强中学教学力量。1956年，省政府从天津、上海招募一批知识青年，经平凉师范、陇东师范学校短期培训后，分配镇原58人，充实到各小学任教。同期，一些大专院校，中等师范学校毕业生逐年分配县内任教，中小学师资紧缺问题得到缓解。同年，学习推广汉语拼音，选派教师到省地学习，回县后，又在各学区集中培训，中小学教师汉语拼音水平普遍得到提高。1957年，全县有中小学教师928人。1959年，镇原一中师训班毕业学生27人，加入小学教师队伍。

“文化大革命”期间，盲目发展教育，小学大量增加，教师严重不足，采取生产队推荐、公社审查、文教部门备案办法，招收一批民办教师和工农兵兼职教师。1973年开始，县上先后举办小学语文、数学教学培训班两期，培训教师100人，开展中小学体育短训班三期，培训教师123人，音乐短训班1期，培训教师42人，图画短训班一期，培训教师40人，外语短训班二期，培训教师95人。派往外地师范学校进修数理化教师88人，甘肃师大进修教师12人。由于政治运动不断，部分教师在反右斗争、“国民党三青团合并案”“许张反革命集团”冤案及“文化大革命”浩劫中，被戴上右派分子、反革命分子和国民党三青团骨干分子帽子，遭到批判斗争,蒙受不白之冤。

1977年开始,逐步提高教师生活待遇,与党政干部同等享受公费医疗。当年,为40%教职工提高工资。1978年起,中小学公派教师均由文教局统一调配,采取一系列措施,稳定教师队伍,吸引调离学校教师归队。民办教师招收按程序办理,由县文教局审批。全县落实知识分子政策,彻底平反历次政治运动中蒙冤处理的右派教师304人,根据年龄返校任教110人,退休处理26人,退职50人,抚恤48人,纠正处分结论57人。是年,教师工资普遍提高2%。1979年,教师工资普遍提高40%。1980年,全县24个公社成立教师业余进修分校,由辅导区负责人任校长,聘请兼职教师96人,组织教师学习小学语文、数学进修教材,定期集中辅导,实行作业批改,成绩考核,建立档案,教师业务水平得到提高。公派教师中试行班主任津贴制度,调动教师积极性。1981年,民办教师除县上补助外,各公社还给每个教师每月加补10~15元。

1982年,辞退一批文化程度偏低、业务能力差或长期患病不能胜任工作的民办教师,按照工龄,一次性发给补助费。县上派往教育学院、师专等进修中学教师25人,其中进修语文6人,数学9人,外语4人,物理、化学、生物、历史、体育、行政各1人。1983年,采取全面规划、分别对待、分类培训要求,对中小学教师进行全面培训。1984年,贯彻全省录用和招聘民办教师政策,组织全县民办教师考试、考核,对1984年以前使用的民办教师分批录用为公派教师。全县24所业务进修学校开展第二期小学业务进修培训,培训教师2380人。

1985年,全县有教职员工3680人,其中中教1073人,小教2587人;公派教师2065人,民办教师1615人,幼教20人。全省试行教材教法过关考试,教师采取岗位自修、离职进修、函授、卫电培训等途径,提高自身业务水平,大多考试过关;公派教师实行工资改革,由基础工资、职务工资加教龄补贴三部分组成;对大中专毕业的教师发放书报费、洗理费、知识分子和老职工补助;民办教师补助标准每月提高到40元;通过考核,民办教师转录公派教师62人。是年,国家确定每年9月10日为教师节,从当年起,县乡领导逢节深入学校,对教师进行慰问,表示党和国家对教师的尊重和关怀。省政府设立园丁奖,对突出贡献的优秀教师给予奖励;注重发挥教师作用,将优秀教师172人选为省地县人大代表、政协委员和党代表,参政议政,谏言献策。平泉中学教师沙秀石爱岗敬业、英年殉职后,庆阳地区教育处处长李志才、镇原县委副书记张鑑率组织部、人事局、教育局及平泉镇政府、全县各完中和初中负责人赴平凉柳湖为其举行隆重追悼会,肯定其一生为镇原教育事业所做贡献。1986年12月9日,中共庆阳地委、行署发出《关于开展向沙石秀同志学习的决定》,在全区范围内,掀起向沙秀石学习热潮,激励教师奉献敬业。平泉中学建校四十五周年之际,在校园为沙秀石竖立汉白玉雕像。

1987年,选招民办教师75人。1988年,开始给教师评定职称,分高级、中级、初级3种。高级职称报省职称改革办公室审批,中级职称报地区职称改革办公室审批,初级职称由县审批。首次评定高级教师491人,其中中学高级教师39人,小学高级教师452人;中学一级教师241人;对在教学实践中有独创精神且做出贡献教师给予特殊荣誉,设立特级教师,发给特教津贴。

1990 年，教师职称与工资挂钩，按规定兑现职务工资。之后，教师职称评定形成制度，每年进行一次。1992 年，县政府决定，凡在县城以下中小学任教的大中专毕业生享受浮动工资，人均月工资提高一级。民办教师转录公派教师 39 人。1993 年，民办教师转录公派教师 48 人。1995 年，民办教师转录公派教师 134 人。1996 年，中小学生增加，教师又一次出现紧缺，再次转录民办教师 144 人，各乡镇教委会报当地乡镇政府同意，吸收一批代课教师，工资从乡镇教育费附加中发放，保证教学工作正常开展。1998 年，美国科技教育协会派员到县培训教师 11 次 1000 多人。1999 年，在县职中进行非师范类教师岗前培训、普通话培训。2000 年，开展省级、市级、县级骨干教师评选活动；再次提高民办教师补助标准，每人每月增加到 150 元以上。暑假期间，省级骨干教师参加北师大培训。2001 年，贯彻《教师资格条例》，实行教师准入制度，教师资格认定工作启动，分批进行。当年大幅度提高公派教师工资，又按本人 12 月工资标准计发年终一次性奖励工资，并实施边远困难地区津贴发放制度。

2002 年，机构改革中，清退临时代课教师 623 人，留用 528 人。从当年起，中小学高级教师职称正常晋升审批权下放到庆阳市中小学高级职务评审委员会，破格晋升由省中小学高级职称评审委员会审批。中小学教师 2 人参加湖北和陕西师范大学国家级培训。上海交大学生到县培训英语教师 100 多人。全县教师在暑假期间以乡镇为单位，集中学习培训 10 天，学习后进行测试。2003 年 9 月 8 日，被称为“教坛保尔”的殷家城乡李园子小学教师张学成，在北京参加全国农村中小学优秀教师代表会和第一届高等学校教学名师奖励大会，受到国务院总理温家宝接见。

2004 年，给 1988 年底前在册民办教师和 2003 年 9 月前学校聘用并取得教师资格的临时代课教师提高工资标准，基础工资每人月均 180 元，教龄工资月 3~10 元，学历工资月 20~30 元，浮动工资月 18 元，资格工资月 20 元。公派教师工资再次提高，每人每月平均增加 100 元。暑假期间，中小学教师全部进行新课程理念培训。

2006 年，民办教师工资纳入县级统发序列，兑现历年拖欠教师工资。2007 年，镇原县列入省财政直管县，教师工资由县财政按月如期拨付。2008 年，教育系统改革用人机制，采取面向社会公开招考办法，选拔应届大中专毕业生到基层中小学任教。镇原中学、城关初级中学通过考试，从基层学校选聘优秀教师到城区任教。全县教师 5175 人通过考试，取得教师资格证。是年，英国志愿者教师在孟坝等 3 所中学分两期举办快乐校园、有效学习项目培训，参加培训教师 500 多人次。一部分校长参加全省中小学校长培训。2010 年，全县有小学教师 3012 人，其中公派 2830 人，代课教师 178 人，工勤人员 4 人；中学教师 2991 人，其中公派 2485 人，特岗教师 228 人，代课教师 180 人，工勤人员 98 人；有高级职称 139 人，中级职称 1777 人，初级职称 3494 人，中级以上职称占全县教职工总数 34%；特级教师 12 人，其中中学特级教师 3 人，小学特级教师 9 人（含小学德育特级教师 1 人）。

1949~2010年镇原县中小学师资情况统计表

表42-3-1　单位:人

年份	合计	小学教职工	其中				中学教职工	其中					
			公办	民办	专任教师	中专以上学历		公办	民办	初中专任教师	大专以上学历	高中专任教师	本科以上学历
1949	315	291	–	–	–	–	24	–	–	24	–	–	–
1950	443	413	–	–	–	–	30	–	–	30	–	–	–
1951	416	389	–	–	–	–	27	–	–	27	–	–	–
1952	410	384	–	–	–	–	26	–	–	26	–	–	–
1953	400	375	–	–	–	–	25	–	–	25	–	–	–
1954	397	369	–	–	–	–	28	–	–	28	–	–	–
1955	508	480	–	–	–	–	28	–	–	28	–	–	–
1956	656	611	–	–	–	–	45	–	–	45	–	–	–
1957	881	827	–	–	–	–	54	–	–	54	–	–	–
1958	873	773	–	–	–	–	100	–	–	97	–	3	–
1959	808	689	–	–	–	–	119	–	–	103	–	16	–
1960	752	633	–	–	–	–	119	–	–	104	–	15	–
1961	199	–	–	–	–	–	199	–	–	141	–	58	–
1962	189	–	–	–	–	–	189	–	–	174	–	15	–
1963	–	–	–	–	–	–	–	–	–	–	–	–	–
1964	–	–	–	–	–	–	–	–	–	–	–	–	–
1965	1399	1399	612	787	1399	–	–	–	–	–	–	–	–
1966	1601	1402	617	785	1402	–	199	182	17	–	–	–	–
1967	1373	1174	625	549	1174	–	199	182	17	–	–	–	–
1968	1134	927	611	316	927	–	207	190	17	–	–	–	–
1969	1242	928	455	473	928	–	314	–	–	–	–	–	–
1970	1388	1099	479	620	1099	–	289	–	–	–	–	–	–
1971	1606	1266	546	720	1266	414	340	340	–	42	–	298	157
1972	2183	1735	592	1143	1735	602	448	418	30	114	–	334	156
1973	2023	1602	607	1085	1692	665	421	413	8	124	–	297	125
1974	2248	1832	598	1225	1812	768	416	416	–	123	–	293	137
1975	2536	2102	612	1409	2101	–	434	434	–	161	–	273	–
1976	2900	2277	510	1767	2276	–	623	550	73	219	–	404	–
1977	3224	2329	312	2017	2325	1330	895	751	144	269	–	626	103
1978	3475	2489	361	2128	2425	1581	986	803	183	396	–	590	104
1979	3639	2626	498	2128	2340	1496	1013	837	176	400	–	613	105
1980	3813	2712	598	2114	2707	1886	1101	936	165	311	–	790	45
1981	3766	2768	807	1961	2751	1713	998	917	81	267	–	713	52
1982	3594	2570	895	1675	2561	1740	1024	947	77	309	–	715	55
1983	3503	2544	933	1611	2527	1741	959	897	62	263	–	696	36
1984	3593	2599	1009	1590	2269	1628	994	926	68	292	–	702	23
1985	3660	2587	1088	1499	2521	1784	1073	957	116	324	–	749	25
1986	3920	2665	1087	1578	2665	–	1255	1102	153	448	–	807	31
1987	3989	2660	1160	1500	2660	–	1329	1151	178	–	–	–	–

续表

1988	3951	2671	1163	1508	2671	–	1280	1110	170	–	–	–	–
1989	4108	2753	1284	1469	2753	–	1355	1200	155	–	–	–	–
1990	4106	2669	1219	1450	2669	–	1437	1264	173	–	–	–	–
1991	4267	2766	1386	1380	2766	–	1501	1342	159	–	–	–	–
1992	4325	2835	1518	1318	2835	–	1490	1339	151	–	–	–	–
1993	4369	2865	1643	1222	2865	–	1504	1356	148	–	–	–	–
1994	4409	2770	1626	1144	2770	–	1639	1461	178	–	–	–	–
1995	4373	2867	1869	998	2867	–	1506	1366	140	–	–	–	–
1996	4454	2870	1900	970	2870	–	1584	1460	124	–	–	–	–
1997	4612	2937	2242	695	2718	1234	1675	1595	80	1013	678	270	73
1998	4576	2773	2336	437	2748	1322	1803	1721	82	1118	796	288	89
1999	5237	3240	2586	64	2624	1337	1997	1910	68	1275	962	303	92
2000	5403	3190	2522	668	2495	1352	2213	2085	128	1410	1098	329	115
2001	5578	3238	2490	748	2446	2124	2340	2197	143	1478	1015	371	144
2002	5003	2726	2418	308	2393	2173	2277	2139	138	1415	966	411	130
2003	5143	2875	2513	362	2487	2195	2268	2043	225	1260	898	482	154
2004	5099	2814	2468	346	2434	2260	2285	2006	279	1120	839	544	178
2005	5259	2925	2589	336	2561	2384	2334	2106	228	1148	896	613	233
2006	6229	3242	2902	340	2884	2717	2513	2379	134	1379	1140	584	244
2007	6072	3008	2723	285	2700	2671	2640	2468	172	1454	1167	615	279
2008	6299	3156	2925	231	2904	2650	2813	2617	196	1595	1418	613	367
2009	6193	3025	2820	209	2838	2684	2791	2609	182	1630	1504	606	467
2010	6536	3012	2830	178	2830	2574	2991	2713	180	1929	1693	784	675

第五节　课程 教材 教法

古时私学大都进行个别教授，刚入学儿童多半分配大一点学生教其识字，先掌握一定数量生字，再读《三字经》《百家姓》《千字文》《幼学琼林》，继而教读《四书》《五经》。准备参加科举考试的则读四书、五经集注，兼习八股文、试贴等；准备谋职就业的则教学杂字、尺牍、记账和珠算等。古时对大小楷、作文、对句、对联及仿影、临帖非常重视，每日必练。私学管教十分严厉，教师威严似猫，学生畏师如鼠，教师对学生动辄体罚，有打板子、罚站、罚跪、饥饿等。义学每日以讲经为主，读史为辅。16 岁起方能学做诗文，兼学天文、地理、算学及待人接物日常礼仪。教材为传统《三字经》《百家姓》《千字文》《千家诗》等，后传授儒家经典《论语》《孟子》《孝经》等。社学每期开学迟，放假早，学生每年在校读书约六七个月时间，教师按学生程度分别施教,教材和义学基本相同。

清末,初等小学堂开设修身、读经、讲经、中国文字、算术、历史、地理、体操8门课程。高等小学堂增设图画,将中国文字改为中国文学,以读经为主,经学占全部课时五分之二,其余课程根据需要选开。城镇小学采用班级授课方式,实行教师讲、学生背的注入式教学,乡村小学及私塾着重进行识字教育。

民国初,对小学课程进行改革,停止读经。初级小学开设修身、国文、算术、手工、图画、唱歌、体操7门课程。高级小学增设历史、地理,男生加授农业,女生加授缝纫,共10门课程。手工、美术课教学收到重视,三年级算术加授珠算。由于师资缺乏,未能开齐所设课程,绝大多数初小和私塾仍以《三字经》《百家姓》《千字文》《千家诗》为主。

十二年(1923年),按省教育厅制定的《初高级课程表》开设课程,以国语为主要科目,在课堂教学中推广国音字母,改古代切音为拼音,用白话文教授学生。抗战时期,国民政府推行以三民主义为宗旨的"党化"教育,初小增加童子军训练、常识、劳作等课程,完小增设公民党义、自然科学课程。二十二年,又将党义教材渗入各科教材中,不再单独设课。

三十年,新创办的镇原中学开设课程有公民、国语、作文、写字、算术、自然、地理、历史、图画、音乐、体育、童训12门。三十二年,调整、修订课程,初级小学开设国语、算术、常识、劳作、音乐、美术、体育7科,高级小学增设国民知识,改常识为历史、地理、自然3科,但多数学校一名教师兼教多门课程,四个年级基本复式教课,效果较差。教学偏重传授知识,强调背诵,国语课要求学生通篇熟读背诵。教学方法属填鸭式,教师讲,学生听,先读字音,后讲字义,学生死记硬背,囫囵吞枣。教师管理学生比较严格,打骂、体罚学生时有发生。初中教学以升学为目的,每年七月下旬参加全省统考,各科成绩及格准予毕业,由省教育厅统一颁发毕业证书。学生整体考试成绩过差的,校方要受到警告,甚至解职校长或停办。学校管理特严,规定学生除患重大疾病、至亲亡故或家庭遭特殊事故外,不得请假。学生旷课1小时,给予警告处分,旷课1天记过,旷课2大除名。

陕甘宁边区镇原解放区,按照抗日需要,推广使用新教材,改革教学方法,强调学以致用,理论和实践相结合,改变"念口课""注入式"等方法,采用启发式和讨论式,让学生积极主动地学习,注重培养学生实践能力,废除陈旧的公民、童训课,将历史、地理、自然、常识改为史地课,增设读报、应用文、珠算和防空、防毒、反奸、反特等内容的政治课。初小设国语、算术、珠算、读报、音乐、体育、识字、游戏课;高小增加应用文、政策、史地课程。各学校一律使用边区政府编印的新课本。孟坝区四乡西坳民办学校教员贾其昌摸索出一教应用文、二教珠算、三教医药常识等经验,帮助改造私学3个,促使旧私学向新式民办学校发展,被陕甘宁边区授予特等奖。因处战争年代,加之国民党封锁,教材课本经常不能按时运到,由学校教师动手编写教材。孟坝完小教导主任沈其东,教员贺登朝编写出政策、国语、史地、读报、音乐等教材45课,通俗易懂,切合实际,颇受欢迎。有些学校还根据群众要求,教学生写信、记账、写路条、契约等,收到较好效果。

中华人民共和国成立后,沿袭旧的教学方法,以文化课教育为主。初小设国语、算术、美术、唱歌4门课程，完小增设政治、常识、史地、自然、体育共9门课程；初中设政治、语文、数学、物理、化学、生物、地理、历史、外语、音乐、美术11门课程，每周课时27~30节。各级学校贯彻毛泽东主席提出的“健康第一，学习第二”和“身体好、学习好、工作好”指示，坚持早操、课间操和课外活动，加强学生日常体育锻炼，每周设体育课2节。外语课全部教授俄语。

1951至1952年，实施国家教学计划，中学政治课主要是配合形势和政治运动，对学生进行社会主义思想教育，寓政治思想于各科教学之中，体现民族的、科学的、大众的思想。周末开班会一次，对思想学习进行总结，开展批评与自我批评。学生德育成绩由班主任通过平时考查考核，进行操行鉴定，分甲乙丙丁4个等级。

1953年起，小学推行苏联凯洛夫组织教学、复习旧课、讲授新课、巩固新课、布置作业五环节教学法。1954年6月，甘肃省教育厅下发《关于加强中小学劳动几点意见》，把劳动教育作为思想政治教育内容之一，组织学生参加一些力所能及的卫生大扫除、植树造林、除灭四害等劳动。1955年，小学增设手工劳动课和周会，中学推行“劳卫制”体育锻炼。

1956年，中学停授外语、卫生常识，增设工农业知识，语文分文学和汉语2门课程。1957年，初中一二年级政治课为青少年修养，初三级为政治常识；高中一二年级为社会科学常识，高三级为社会主义建设等。

1958年，在“教育要革命”口号下，中学政治课改为社会主义教育，劳动课列入教学计划。各校大办农场、工厂，甚至停课，师生走出校门，大炼钢铁，积肥运肥、收割拉运、支援工农业生产，劳动时间占在校时间三分之一，有的学校高达二分之一，影响教学计划，耽误文化课教学。1959年，小学将周会改为政治课，手工劳动课改为农业常识课。中学普及“劳卫制”教学。

1960年，教学基本步入正轨，提倡启发式教学。中学政治课对学生进行社会主义前途、共产主义道德品质、做革命接班人为主要内容的思想教育，学校邀请老贫农、老党员、老工人讲述家史、村史和革命斗争史，忆苦思甜，开展爱社、爱国教育。1962年，初高中开设生产基础课，每周1~2课时，重点培养学生劳动观点和劳动技能。1963至1964年，小学政治课又调整为周会，农业常识改为生产常识，新开设珠算课。中学贯彻执行《青少年体育锻炼标准》。

1966年“文化大革命”开始后，中学课程设置为毛泽东思想、革命文艺、工业基础知识、农业基础知识和军事体育5门，取消外语课，把数学、物理合并为工业基础，主要讲授拖拉机、柴油机、发电机、水泵等工作原理和土地测量知识；将生物、化学、农业合并为农业基础知识课；语文课主要讲授毛泽东诗词、语录、“老三篇”（《为人民服务》《愚公移山》《纪念白求恩》）、短文和报刊社论；音乐、美术改为革命文艺课，以唱革命歌曲为主；体育改为军事体育课，开展列队、步伐、投弹、刺杀、野营拉练及球类练习；同时开展学工、学农、学军活动，组织学生轮流参加校办工厂、农场和社队各种劳动。在“备战、备荒、为人民”号召下，各校师生全部投入挖地道高强度、危险性大的劳动，以致个别学校出现事故。1971年，小学课程压缩为毛泽东思想教育、语文、数学、科学常识、军事体育、革命文艺6门，课时也相对减少。1973

年,中学逐步恢复原有课程。粉碎“四人帮”后,学校工作重点转到以教学为中心的主轨道。小学围绕提高教学质量,加强“双基”训练,注重培养学生能力,挖掘学生智力。

1978 年,教育部颁布《全日制十年中学教学计划》,对中学课程设置、授课时间作出明确规定,初高中每周开设政治课 2 节,讲授社会发展简史、科学社会主义常识,恢复体育课,“两课、两操、两活动”形成制度。各校都组建各类运动队和代表队,开展体育比赛,将劳动教育作为“五爱”教育内容之一和培养全面人才的重要措施,纳入正常教学计划。

1980 年,各完全中学及职中开始实施《中学生体育合格标准试行办法》,开展体育达标活动,推广眼保健操。1981 年,小学增设思想品德、劳动、地理、历史等课程,中学开始实施六年制教学计划。初中一年级开设青少年修养,二年级开设法律常识,三年级开设社会发展简史;高中分文科、理科,文科增加地理、历史、语文等节次,理科增加物理、化学、生物及实验课节次;高中一年级开设政治经济学常识,二年级开设辩证唯物主义常识。1983 年,将劳动教育作为质量目标管理重要内容,初中开设农业基础知识课,高一、高二开设工业基础课,组织学生参加春秋季义务植树、美化校园等集体劳动。

1988 年,减轻学生负担,围绕“主导与主体”关系,进行教学探索试验,将“以教为主”转到“以学为主”轨道,激发学生学习兴趣,发挥学生特长和才智。1989 年,在全县各中心小学试行提高中学生学习质量联合革新计划(JIP)项目,取得经验,相继在全县小学推开。1992 年 8 月,小学课程调整为思想品德、语文、数学、社会、自然、体育、音乐、美术、劳动 9 门,还有晨会、夕会、少先队、体育锻炼等活动。中学各年级思想政治课不再分列课名,统称思想政治课。社会实践成为学生高考政审重要内容,高中各年级学生每学年社会实践不低于四周时间。

1993 年,从第一学期开始,初中统一执行九年义务教育“六三”全日制课程安排。调整中学体育课和课外活动节次,增开一节健康教育课,对有体育特长学生,降线招收,重点培养。1995 年 6 月,实行五天工作制,对普通学校各年级每周活动总量作调整,初中未作变动。1997 年,高中思想政治课又改为高一哲学常识、高二经济常识、高三政治常识。1998 年,根据教育部颁发的《关于加强普通中学劳动技术教育管理意见》,加强对农村产业及计算机等方面技能培训,使劳动教育逐渐摆脱简单体力劳动范畴。

2000 年,县教育局制定实施体育教学评价和考核办法。2001 年秋季起,东街小学及乡镇中心小学三至五年级开设英语课, 每周 2 课时,6 所完全中学高一年级执行新的课程方案。2004 年 9 月,全县部分普通小学开设英语课,在条件较好的 21 所小学增开信息技术课程;利用课堂和课外活动,给学生讲述人文古典、民俗风情、地域沿革、风物特点、精英名流等地方史志,通过老贫农、老党员、老干部和县上领导分别忆苦思甜、讲革命史、艰苦奋斗革命传统、时事政治、省情、县情和发展变化情况,教育学生热爱党、热爱祖国、热爱家乡,树立学生报效国家、奉献家乡决心和信心。政治课联系本地先进典型,农业基础课联系本地生产实践经验,语文课联系本地方言等,加深理解和消化。2005 年,县教育局教研室组织人员,调查撰写镇原第一本乡土教材《美丽家园》,8 月正式出版发行,并贯穿于全县中小学教学之中,取得较好效果。

第六节 教育经费

春秋战国及汉唐时期,办学经费来源于当地村民捐助的耕地、粮食、银两和逃亡户遗留土地或寺庙土地收入、基金利息等。宋代,创立学田制度,按学堂配给学田,以解决教育经费和供给。明末因荒乱,学田只留1700亩。嘉庆七年(1802年),公查学田1880亩。清末,官学修建、维修费用由政府拨付,教学费用有政府补助、学田田租收入及商贾筹款;城乡私塾经费全部为自筹。

民国初期,教育经费仍以学田、房屋等公产所收资金为主要来源,由劝学所管理。二十六年(1937年),根据县参议会建议,将献金献粮余款,全部作为县内在外地上学优秀学生奖学基金,以资鼓励青年学生深造。二十九年开始,国统区教育经费由县财政统收统支,省政府根据各县实际拨付一定经费,缺额部分由地方自筹。自筹经费主要来源于田赋附加、杂税、公产收入及教育基金生息。全县有学田3845.4亩,其中川地1014.5亩,塬地2333.9亩,山地497亩。县政府还从教育经费中抽出少量数额作为在外地上学优秀学生奖学金。省政府核定镇原年留学(离开本县外出上学)补助费2000元。当年上半年发放补助费1095.5元,下半年补助170人992元,根据学校远近每生补助标准为20元或5元。三十一年,给优秀学生26人发奖学金3400元,其中大学2人各300元,高中5人各200元,初中或简师19人各100元。三十四年,国民党镇原县政府将各种基金学田收入70万元用于教育。

陕甘宁边区镇原县教育经费,一是从地方税收中抽出60%,专署拨付一部分小麦。民国三十四年上半年,共抽出税收46.79万元,陇东专署给镇原下拨小麦60石用于教学;二是学田租金,时有学田1234.3亩,其中塬地855.3亩,川地32亩,山地347亩,全年收入小麦59.3石,从中收取租金用于教育经费补助。佃农出身学生学费由政府补助,每人每月补小麦1.3斗;三是组织师生参加劳动,开荒种地,纺纱织布,捻毛线、打毛衣,增加学校收入,减轻群众负担。三十三年,大生产运动中,各级学校共开荒78亩,种粮食、蔬菜、棉花,除供教学实习外,还解决学生笔墨、纸张等文具费用。

中华人民共和国成立后,教育经费主要来自地方财政拨款、国家补助、社会投资、群众及单位集资、学生交付学费和勤工俭学收入等。1949年起,省教育厅统一中小学收费标准,即小学学生每人每年2元,中学学生每人每年8元,对确有困难者,可酌情减免。1952年起,中学教育经费列入省财政预算,由省教育厅直接管理。1953年起,小学经费由国家统包,列入县财政预算,由县文教局具体管理。1962年,中学所收学费,留校30%,上交70%,留校部分主要解决学生灯油、用水、补贴公共环境卫生等费用;小学留校70%,上交30%,主要解决学校公务、取暖等开支,严禁购买非教学用品。

1970年代,各级学校兴办农场、面粉厂、粉笔厂、理发部等,进行校内校外服务。有的学校还与县农副公司、土畜产公司、中国人民解放军林业工程第二师、供销社等单位签定合同，利用课余时间组织学生植树造林、维修校舍、种菜养殖、捡拾杏仁等副业，开展勤工俭学，为学校创收，用劳动收入补充办学和改善师生生活，开创“育人、创收、富校”新举措。1978年起，学费全部留校使用。

1980年起，国家、省、地、县出台一系列发展教育政策，经费投入逐年加大，经费来源逐渐增多。1984年，教育经费国家补助三分之一，其余由县财政、社会筹资、私人捐资、勤工俭学予以补充。当年县委、县政府倡导全县单位、干部职工及个人集资捐款，从县委书记、县长到职工个人，从省市垂直部门到县乡单位、企业慷慨解囊，累计筹款963.94万元，兴办教育事业，改善办学条件。1986年7月起，城镇教育费附加按全县产品税、营业税、增值税1%征收，农村教育费附加按当年农业税20%计征，全县每年可征50万元左右。1987年，农村教育经费附加改由上年人均纯收入1%计征，每年可征200万元左右，加大教育投入。1989年7月，省教委规定，提高学杂费标准，城镇高中每人每学期15元，初中10元，小学5元，幼儿园10元；农村高中10元，初中6元，小学3元，幼儿园6元。城镇住校生收住宿费10元，农村6元。

1990年8月起，经营领域教育费附加率改为2%，与产品税、增值税、营业税同时缴纳，由税务部门征收；农户年人均纯收入在200元以上均按1%计征，人均200元以下免征。1991年7月，日本亚洲协会桥本隆先生来镇原考察窑洞小学改建，投资1.6万美元，在临泾乡祁焦行政村杨窦自然村建成亚桥小学。1992年县政府对捐款助学百元以上的干部职工1368人镌名树碑，并对捐款千元以上者赠“造福桑梓”锦匾表彰。同年10月，美籍华人张崇华、厚美英夫妇为镇原31所中小学捐赠图书27279册，价值折合人民币125828.5元。

1994年，全县各级学校建立勤工俭学基地537个，占地1231.5亩，收入88.1万元，用于修建教学用房支出0.55万元，购置教学设备12万元，公用经费8.9万元，师生集体福利14.7万元，结存51.95万元。1996年，勤工俭学基地退还原主，学生只参加一些义务性劳动，如校园美化、植树造林、清洁卫生等，收入性的勤工俭学活动基本停止。1997年，教育费附加调整为按上年农民人均纯收入1.3%计征，每年可征500万元左右。

2000年，实行农村税费改革，农村教育费附加取消。教育经费由国家全额拨付，由县财政统管。县上加强学校收费资金管理，各级学校学费纳入预算外资金，实行财政专户储存、收支两条线制度；实行学生“缴款监督卡”和学校财务收费公示制度，收费工作逐步完善并走上规范。

2005年春，国家为贫困家庭学生实行“两免一补”（免学费、书费，补贴寄宿生生活费），共下达资金297.7万元，其中中央补助免课本费169.8万元，省级补助寄宿生生活费12.5万元，享受免费教科书学生35089人，其中小学生25720人，初中生9369人。2007年，教科书费用全免，贫困寄宿生享受生活补贴，实现免费义务教育。

2010年，财政投入正常教育经费5159万元，专项经费4670万元，教育费附加295万元，省红十字会资助1260万元。2005至2010年6年共下达“两免一补”资金31530.67万元，其中中央补助免课本费3064.8万元，省级补助寄宿生生活费7311.7万元，市县补助

21154.17 万元，享受免费教科书学生 702527 人次，其中小学生 470693 人次，初中生 231834 人次,享受补助生活费的寄宿生 211746 人次。

第七节 校舍建设

古代,以祠堂庙宇为门馆,开展教学,少数富豪和乡里大族集资建窑洞堂舍办学。明洪武二十年(1387 年),县丞郑旺在文庙旧址修儒学宫,后知县李宁、蒋泰、张仲芳,主簿陈兴、马良,教谕段清、训导马贞相继修葺。成化年间,知县徐镛用修预备仓时掘出的铜钱扩建儒学宫,修复大成殿 5 间,左右庑 20 间,戟门、棂星门 1 座,明伦大堂 7 间,“日新”“月习”斋各 3 间,号房 20 间。万历二十一年(1593 年),知县李槃在文庙西元观修社学正学书馆。清时,在大乡大堡修社学,以窑洞为主。乾隆四年(1739 年),知县钱应荣重建县书馆。四十五年(1780 年),知县赵雯捐资 350 千文及利息维修书院。后知县霍树清募修书院。

民国二十三年(1934 年),各乡镇保建初级小学 42 所,有的利用寺庙,少数建房,多数挖窑作为堂舍。三十年,在东街武庙地建县立初级中学,修校舍 103 间。陕甘宁边区镇原解放区校舍民办公助,房窑并建。

中华人民共和国成立后,新建的县一中和屯字、孟坝、平泉、新城、三岔、新集、马渠、开边等乡镇中心小学(后改为初中),为土木或砖木结构平房,其他小学多数为窑洞,数量少、光线差、设备简陋,加之 1958 年和“文化大革命”期间两次突击办学,多数利用寺庙和群众庄院窑洞做教室,筑土台、支木架为桌,学生自带凳子上学。有的村学窑舍极缺,一窑三用,既做学生教室,又做教师宿舍,还当灶房。

1987 年开始,国家资助,加快改变窑洞小学,国家给每所小学补助改建费 6000 元,缺额部分由地方财政和群众自筹解决,第一批改建小学 97 所。各乡村新选校址,合理规划,动员群众义务投工,聘请技工记义务工日或付给少量补助,建成土木或砖木结构平房,购置配

1980 年代中学学生教室与宿舍共用的情景

1980 年代,殷家城乡敬岔窑洞小学。

套课桌凳。1989 年,国家补助提高到 10000 元,不足部分仍由地方财政和群众自筹,至 1990 年,第二批改建小学 233 所。至此,全县结束窑洞小学历史,实现校校无窑洞、无危房,班班有教室,人人有课桌凳。

1991 年起,新建校舍向楼房发展,6 所完全中学、职业中专、东街小学、县幼儿园,城关、上肖、新城、孟坝、太平、郭原、湫池、曙光、彭阳、新集、王寨、方山、殷家城、马渠、庙渠、小岘等中学,南川河李、屯字、四殿、八山、湫池、莲池、彭阳、寺庄湾等小学相继建成教学楼或宿舍楼。全县 30 所中学、11 所小学、4 所幼儿园共建楼房 66 幢,建筑面积 89835 平方米,基本解决普及九年义务教育校舍问题。

2005 至 2007 年,启动中小学危房改造工程,购置图书、仪器,实施达标活动。县上争取利用国家义教、一二期危房改造工程和高中扩招、优质高中建设、已普及教育贫困县农村初中建设、农村中小学校舍维修改造、第 18 批邵逸夫赠款建设、明德小学建设、西部中小学教育、贫困地区义务教育助学、美国科技教育协会认助中国乡村教育等项目,全县投入校舍建设资金 5816.5 万元,改造新修中小学教学楼 112 幢,学生公寓和教师住宅楼 32 幢,建筑面积 70325 平方米。小学生人均购图书 8.12 册,中学生人均购图书 10.8 册,职中学生人均购图书 13.3 册,入园幼儿人均购图书 1.87 册。仪器达标二类学校 82 所,三类学校 10 所。

第八节　电化 信息化教学

20 世纪 50 年代,部分小学开始利用小型凹凸手摇幻灯机,教师自制玻璃片代替幻灯片,尝试电化教学。

1960 年代,6 所中学及部分重点小学使用幻灯机,播放教学内容。1978 年,县教育局给 6 所完全中学及部分公社中心小学配发 120 或 135 式教学幻灯片。1980 年,给镇原、平泉、屯字、孟坝 4 所中学配发 8.75 毫米、16 毫米电影放映机与部分科教电影胶片。

1984 年,利用世界银行贷款项目,以 6 所完全中学为电化教学点,主要进行卫星电视中等师范学历达标师资培训,配发彩色监视器和 C30 小 1/2 录放像机,播放教学录像片和高考辅导片,电化教育培训小学教师 400 多人。

1988 年,成立教育局电化教育中心,负责全县电化教育工作,办公地点借用城关中学房屋。1989 年 11 月,派骨干教师参加省地面站接收技术培训,建起教育卫星地面 3 米接收站,购置东芝卫星接收机 2 台,松下录像机 1 台,索尼小型录放像机 1 台,录音带 300 盘,大 1/2、小 1/2 录像带 500 盘,专门接收录制卫电中师教材,及时发放到各乡镇教学放像点,开展初中教师学历达标培训。

1992 年,提倡“三机一幕”(投影机、录音机、幻灯机和投影银幕)进教室,给各完全中学、乡镇小学配发录音机、投影机、投影胶片及各类教学录像带,给 25 所独立初中配发大型录放像机;在 24 个乡镇建起教学放像点 49 处,配有投影机 48 台,自动、手摇式幻灯机 84 台,录放像机 60 台,彩色监视器 270 台,录音机 400 台,电化教学初具规模。

1993年，成立镇原县教育电视台，在东街小学后院修建高60米自立式电视发射塔1座,安装50千瓦中频调制发射机1台,以米波段4频道发射。1994年11月开机试播,1995年12月27日正式播放,覆盖面积40平方公里,供县城及部分乡镇约6万人收看。教育台坚持“立足教育、面向社会、三教统筹”、配合中心为经济建设服务宗旨,开设“动画世界”“镇原新闻”“教育新闻”“教育百花苑”“校园歌曲欣赏”“电视剧场”“点歌台”“广告”8个栏目,每周星期二至星期五播放4次,每晚19点开播,23点30分结束。

孟坝中学语音室

1999年，镇原中学建成全县第一个有微机室的学校，安装主机2台,副机40台。次年,县职中建起微机室,并开设计算机课。2000年,各级党政和教育行政管理部门重视信息技术教育,加大资金支持力度,各级学校拓宽融资渠道,采取学校挤、乡镇拨、社会捐、商家赊,银行贷等办法,加快信息化教育步伐。有条件的学校陆续启动信息化建设工程，逐步延伸到小学。2001年至2002年,实施“国家教育部现代远程教育扶贫示范工程”“李嘉诚基金会西部小学现代化远程教育项目”,全县130所中小学受益,组织人员参加中央电化教育馆、省教育厅举办的项目技术培训,配发195万元的成套电教设备,收视中国教育电视台“课堂实况”“同步教学”“教育信息”“科技致富”等节目,同时以项目学校为载体,辐射周边群众,开展科学种植、养殖宣传培训,促进农村经济发展。

2003年,中国提高中学生学习质量联合革新计划新阶段实验项目在镇原中学及乡镇8所小学启动,利用信息技术整合中小学课程,提高教学质量。2004至2005年,全面实施“国家西部中小学现代远程教育工程”,全县所有中小学配发远程教育设备,全部普及计算机教育。教育局电教中心加强协调、指导,加快各中小学电化设备装备建设,推广运用信息教学新技术,电化网络逐步覆盖各中学、教委会、县直各校(园)及局内各股室,达到自动化办公,实现教育局与基层学校、学校与学校之间信息互通;开展网上传输文件、信息技术公开课、文艺课和计算机知识竞赛等活动,每年中考、自考、会考试题和财务报表、教育事业统计表都通过网络信息发布。2010年,全县各类学校有微机室93所,语音室7所,有校园网33所,电子备课室26所,教学条件得到提升。

第九节　教学研究及成果推广

民国二十九年(1940年),陕甘宁边区镇原县政府在解放区改造私学,推广使用新教材，改革教学方法，涌现出贾其昌等一批勇于创新的模范教员。20 世纪 50 年代，研究新教材，改革旧的教学模式，强调直观教具、图表、实物进课堂。1958 年，推行教学改革，小学自然、历史、地理合并为常识课，数学增加珠算，语文增加为政治服务内容。1961 年起，中小学抓基础知识和基本技能训练教学，贯彻精讲多练、少而精原则，减少考试科目和次数。1963 年，文教卫生局成立教研室，以教学研究为阵地，指导交流教学经验，推动教学研究。

1980 年代，消除"文化大革命"影响，以教学为主，以课堂为中心，发挥教师主导作用，不断改进教学方法，辅导区组织教师学习专业知识，探讨教学规律，改进拼音、识字、阅读、作文教学方法。1986 年，东关小学五年级语文、孟坝中学初一数学进行全区"六因素单元教学法"课题实验，取得成效，在全县中小学推广。1988 年起，各中学负责人先后赴兰州、西安、北京、上海、辽宁等地学校参观学习，推广张思中外语"适当集中、反复循环、阅读原著、因材施教"16 字教学法和魏书生语文"定向、自学、讨论、答疑、自测、自结"六步教学法等，提高教学质量。

1992 年，总结推广镇原中学《论六步导读训练式教学法》和新城中学《数学发现法》教研经验，组织中小学骨干教师巡回各乡镇示范教学。1998 年，全县中小学推行河南新乡市武镇北"目标教学法"，教给学生学习方法，端正学习动机，培养学习兴趣和习惯，初步落实素质教育，实现"教学目的"向"教学目标"跨越。至 2000 年，教育系统获省级一等奖 30 篇，二等奖 70 篇，三等奖 50 篇，市级优秀论文一等奖 150 篇，二等奖 200 篇，三等奖 250 篇。

2001 年起，增强教师科研意识，促使教师从勤奋型、经验型教学逐步向科学型教学过渡。推荐、鼓励教师参与省地基础教育科学研究成果优质课、录像课评比活动。教研室组织人员，经常深入学校，纠正重教轻学思想，指导建立教学研究新机制，进行形式多样、高效灵活教研活动，开展学科竞赛（联赛）、教学研究会、质量分析会、教研论文评比等，组织教师外出参观学习，参加各类研讨会和学术会；邀请北京、上海、西安及省地教学专家和知名学者到县传经送宝；派遣全县学科带头人、骨干教师到边远山区学校和质量薄弱学校送教下乡，协调引导各学校开展校际、乡镇之间教学观摩和课研交流活动。

2004 年 8 月，引进南京市改造、创新"讲学稿"教学方式，先学后教，教学合一，强调学习自主、合作、探究，为庆阳市开辟教改新路，通过实施，孟坝初中摆脱落后，跃居先进行列，带动马渠、城关初中和市内 20 多所学校课改，被省教研室树立为"十一五"重点课题研究项目，被庆阳市评为科研成果二等奖。至 2010 年，全县高中、初中、小学学科竞赛获奖 670 多人次，其中获国家一等奖 30 多人次，二等奖 70 多人次，三等奖 110 多人次；获省级一等奖 70 人次，二等奖 130 人次，三等奖 270 人次。屯字中学、城关初中等 20 多所学校获团体奖。全县上报立项教学科研课题 115 项，其中省级 76 项（重点 6 项），市级 39 项（重点 8 项），有 28 项获基础教育优秀成果奖，通过省级鉴定 19 项，市级鉴定 13 项；参加全市优质课竞赛，获奖 150 人，其中一等奖 30 人，二等奖 50 人，三等奖 70 人；全县优质课竞赛，评出一等奖 320 人，二等奖 630 人。

教育体育局办公楼 张富诚摄

第四十三章　体　育

镇原体育活动甚早，原始社会民间即有生存、防身体育活动。周秦以后，习武成风。清代及民国时期，开展学校体育，先后考中武举人 66 人。中华人民共和国成立后，党和人民政府十分重视体育工作，成立体育机构，兴建体育场所，增设体育设施，丰富体育项目，加强学校体育、职工体育、农民体育工作，逐步形成全社会参与、全民健身的群众体育活动局面。2010 年，全县共有体育活动场所 345 个，体育器材 48683 件套；向全国各大专业院校输送体育人才 210 多人，给市体校输送体育人才 278 人；培养出国家一级排球裁判员 2 人，二级裁判员 11 人，三级裁判员 13 人；在全市举办的十一届运动会上，有八届获得团体总分第一，三届获得团体总分第二，先后夺得国家、省、市级运动会金牌 213 枚，银牌 144 枚，铜牌 83 枚，居全市第一位。陈惠荣成为庆阳市参加奥运会第一人，为全县体育事业争光添彩。

第一节　体育机构

1957 年 4 月，成立镇原县体育运动委员会，和团县委同室办公。1958 年 12 月，改设在文教卫生部，1959 年与改名的文教卫生局同室办公。主任均由县长兼任，有专职干部 2~3 名。1960 年 3 月起，体委主任由县武装部长兼任。1966 年 6 月"文化大革命"开始后，县体委由人民武装部实行军事管制，工作基本停止。1970 年解除军管，恢复体委，主任由县委副书记兼任。1974 年，体委单独设立办公室。1976 年，改设在文教局院内，独立办公。1986 年 9 月，体委设主任 1 人、副主任 2 人。主任由县委副书记兼任，副主任 1 人由副县长兼任，设专职副主任 1 人，主持日常工作。1990 年 3 月，设专职主任、副主任各 1 人。1997 年 3 月，体委并入教育局，挂体委牌子，使用教育局地方办公，依靠教育体育设施，人事、财务、业务独立。2002 年 4 月，体委更名为镇原县体育局，成为县政府直属科级事业单位，办公地址迁至政府综合办公楼，内设办公室、竞技体育、群众体育、体育产业四个股室，有干部职工 8 人，其中局长 1 人，副局长 1 人，职员 6 人。2008 年，各乡镇成立体育文化工作站。2009 年 5 月，成立镇原县体育总会，在镇原、孟坝、屯字、开边、平泉、三岔 6 所完全中学下设田径、球类训练点。2010 年 10 月，机构改革中，体育局与教育局合并，成立镇原县教育体育局，负责全县教育、体育工作。

第二节 社会体育

一、学校体育

清光绪三十二年(1906年),县级高等小学堂开设体操课,开展体操、赛跑、竞走等简单体育活动。民国十二年(1923年),各小学开设体育课,因无体育设备和体育教师,只带学生开展一些捉迷藏、跳绳等简单体育活动。二十五年,红军援西军进驻镇原,给新巷子、平泉、中原、新城、屯字、上肖、孟坝、太平8所国民中心小学赠送体育器材,派士兵进行辅导,并在县城召开军民运动会,促进学校体育工作。三十年,各完全小学始有篮球、排球、垒球等活动,教师与学生、班级与班级之间,经常开展比赛活动。中学、完小均开设体育课,每年春季举办一次田径和篮球、排球运动会。县上有时统一举办体育运动会。镇原中学设体育主任,有篮球、排球、足球、垒球、乒乓球、板羽球、康乐球、标枪、高低杠、吊环、高低栏等体育项目。

民国三十六年镇原中学校队

中华人民共和国成立后,全县中小学每周设体育课两节,推广第一套广播体操。1953年,毛泽东主席提出"身体好、学习好、工作好"指示,体育事业引起学校重视,中学和重点小学经常开展篮球、足球、田径等比赛活动。镇原中学建立篮球校队和班队,每天下午进行班级间比赛,每逢节日和周末参加社会比赛。学校培养出赵鹏志、党龙等足球骨干队员,在当年全区中学生足球比赛中夺冠。

1954年,教育部颁布《体育教学大纲》,各级学校每周落实两节体育课,每天坚持早操、课后操和课外活动。全县各学校普遍推广少年儿童广播操,在早操和第三节课后进行,学生日常体育锻炼得到加强。1955年,教育部、体育运动委员会、卫生部联合发出通知,以劳卫制预备级为目标,各中学配备专职体育教师,扩建体育场地,购置体育器材,各班级建立锻炼小组,培养出马世芳、李希奎、高步云等为骨干队员的校篮球队,经常战胜公安、银税等县直机关强队,在全区中学生篮球比赛中多次夺冠。1956年,镇原中学学生李建民创男子跳高1.56米县级记录。1958年10月,贯彻国务院《劳卫制体育制度条例》,镇原一、二中开展"劳卫制"体育锻炼。

1960年,县幼儿园开设幼儿体育课,多以唱歌游戏进行,伴有舞蹈,后在园内增加滑梯、跷跷板、木马、橡胶鸟、小木凳、儿童健身长廊、橡胶城堡等儿童体育器材,常备小皮球、软式篮球、排球、地滚球、橡胶哑铃、橡皮棍、小垫子等体育器材。幼儿体育竞赛项目有舞蹈、体操表演、快速跑、竞走、接力赛、跳马、轻物掷远、钓鱼、套环、抱球赛跑、拔萝卜等。

1963 年，全县各中学及完全小学都有一名校长或副校长分管学校体育工作。各级学校采取因陋就简和勤工俭学办法，自制体育器材，增加体育项目，城镇小学 80%学生都有 1~2 件体育活动用具。1964 年，全县中小学校普遍开展足球运动，部分学校组织专项业务训练队，有田径、篮球、排球等。同年 3 月，专区文教局和体委举办全区中学生田径运动会，镇原一、二中组织学生参加比赛，取得好成绩。

1965 年，中小学实施《青少年体育锻炼标准》，镇原一、二、三、四、六中举行春季田径运动会，项目有跳高、跳远、铅球、铁饼、标枪、手榴弹、100 米、200 米、400 米、800 米、1500 米、5000 米、80 米低栏、110 米中栏、200 米低栏、400 米中栏、4×400 米接力、4×800 米接力、4×1600 米接力等。1966 年 6 月，"文化大革命"开始后，小学体育课停止，中学体育课改为军事课，练习队列、步伐、投弹、刺杀，开展野营拉练及球类活动。

1972 年后季，全县中小学试行《国家体育锻炼标准》，县教育局、体委利用运动会集训、办学习班及现场观摩等办法，对体育教师进行培训，开展达标活动，提高体育教学质量。各级学校体育课程得到恢复，两课、两操、两活动形成制度。

1979 年 10 月，贯彻国家教委、国家体委《中小学体育工作暂行规定》，普遍开展象征性"新长征"长跑和每个学生每天锻炼 1 小时活动。各中学、部分小学组建各类运动队和代表队，常年进行训练，运动水平不断提高。全县中学生田径运动成绩男子少甲组 100 米为 12″，400 米为 56″；女子少甲组 100 米为 13″3，200 米为 27″2。

1980 年起，各中小学校将体育成绩和能否"达标"作为评选三好学生一个条件，多次派代表参加省、地举办的各类中小学生运动会，获得较好名次。1981 年，镇原中学体育教师马世芳被评为甘肃省优秀体育教师，受到省体委、省教育厅表彰奖励。

1984 至 1985 年，全县重点小学和完全中学，建立由主管体育卫生的校长或副校长、教务、总务、工、青、少、妇、学生会负责人和体育卫生人员组成的体育卫生工作领导小组，部分学校成立体育协会，班级普遍建立体育锻炼小组，开展"达标"活动。1984 年，镇原中学被评为全省实施《国家体育锻炼标准》先进学校，副校长白宝平被评为全省中小学校体育最佳领导。1985 年，开边中学校长梁随东、孟坝中学校长杜金奎被评为全省学校体育优秀领导。1987 年，镇原中学教师李护贤获"全国体育传统项目优秀工作者"称号。

1988 年，县体委、教育局联合发出《关于加强学校体育工作的通知》，要求各学校要转变观念，提高对体育工作认识，进一步贯彻德、智、体、美、劳全面发展方针，抓好体育教学，落实"达标"规定和《中学生体育合格标准试行办法》，全县 90%中心小学和所有中学完成体育达标。各中学开始推广第五套学生广播体操。

1990 年，国家体委、国家教委发布《学校体育工作条例》，对学校体育工作内容、任务及体育课教学、课外体育活动、课余体育训练与竞赛、教师配备、场地、器材设备等作出明确规定，学校体育工作步入规范化轨道。全县中小学开始推广眼保健操，要求学生在早晚课前进行。同年6月,教育局组织中小学广播操、韵律操、健美操、健身操比赛。7月,开边中学被评为甘肃省群众体育先进单位。1991年,镇原县被省体委和省教委评为"全省达标先进县";全省第八届运动会上镇原被评为"群众系列活动先进单位";高希文、高步云、李贵先三人获群众系列活动优秀组织奖。1992年6月,县教育局组织小学生参加全区少年田径比赛。7月,孟坝中学苟宏岩获"全国优秀体育教师"称号。

1993年,按照省教委关于《贯彻九年义务教育全日制小学、初级中学课程有关体育教学的意见》,各学校增加体育课节次,增设一节健康课,加强课外活动。各校每年春季田径运动会、秋季球类运动会形成惯例。县体委、教育局举办全县中学生篮球运动会,有些乡镇学区组织全乡小学生运动会。高中招生时,各完全中学对有体育特长学生适当降低分数线,促进体育工作发展。同年9月,镇原中学被命名为甘肃省体育传统项目学校;体育干部李文熙被评为全省优秀教练员。

1994年,在全区举重、自行车运动会上,开边中学学生王军红、王伟、张建新、杨选清分别获得56、60、67.5、75公斤级举重冠军。镇原体委干部马和平获"全省业余体校优秀教练员"称号。11月,省体委公布全省小学生田径通讯赛团体成绩,东街小学张维先被评为全省体育传统项目学校优秀教练员。1995年,全县各级学校普遍举办学生运动会,开展田径、健身操等比赛,全县达标率95%以上。

2000年,县教育局、财政局转发《关于体育教师工作待遇与业务训练补助标准的暂行规定》,提高体育教师工资待遇和训练补助标准,调动体育教师工作积极性,民族化、韵律化、特色化、技巧化体育项目在全县小学开展。县体委组织小学生呼啦圈、健身操、健美操、韵律操、广播操比赛。2001年,县教育局被省体育局评为群众体育先进单位和全省第一届全民健身先进单位;平泉中学被评为全国先进体育学校。2002年,遵照省政府批转的《关于加强学生体育卫生工作、提高学生体能健康水平的意见》,县教育局要求各中小学高度重视学生体育锻炼,上好每节体育课,提高学生健康水平和身体素质,并制定体育教学评价考核办法,推进各级学校体育教学。

2006年,县教育局组团参加庆阳市首届中学生田径运动会,获团体总分第一和高中组第一名好成绩,获金牌10枚,银牌10枚,铜牌4枚。镇原中学学生惠静打破女子跳高纪录,平泉中学学生吴忠斌打破男子赛跑200米纪录,开边中学学生曹小霞打破女子铁饼纪录。

2007年,初中以上学校成立以校长或副校长负总责、教导主任或政教主任安排、体育组长具体实施的体育工作领导班子,各级组织,班主任紧密配合,常抓不懈。完全中学每年拿出1~2万元用于维修和添置体育器材,加强体育硬件建设。各完中和75%初中建立健全体育工作管理制度,开展多种体育活动,学生体育施标率100%,达标率96%。镇原中学校长罗勇被评为市级先进体育工作者。

2008年5月8日至12日,县体育局和教育局联合举办大规模"迎奥运"全县中学生田径运动会,39所初中运动员756人参加比赛。镇原中学被评为全市体育工作先进学校、国家级体育工作先进学校,马凝、张品仁、李娜分别被评为市级优秀体育教师。2010年,中心小学以上学校普遍开展春季田径运动会，部分学校开展秋季篮球、排球、乒乓球等运动会。县体委、教育局组织全县中学生篮球运动会。

二、职工体育

民国二十五年（1936 年），县政府在县城东门内修建公共体育场（后称东大操场），设置司令台、足球门、篮球架、铁杠、跳高架、沙坑，四周植树 2000 余株。次年组织职工平整场地，增设浪木、平台、秋千架及篮球场、网球场各 1 处，既作部队操练、集合之用，又为职工休闲锻炼场所，各机关公务员每日升旗礼在此举行。

1949 年 10 月至 1952 年，县直部分职工利用业余时间到东大操场进行球类等活动，周末进行篮球互约比赛。1952 年，县上成立体育分会，发动职工修整操场，捐款购买篮球，制定体育公约，要求每天下午各单位职工参加体育活动。

1953 年，在东大操场修建篮球、排球场地，安装杆网设施，每天下班后和周末，职工自行开展篮、排球活动，并举行首届职工运动会。1958 年，县体委添置体操、篮球、排球、足球、手球、垒球及田径器材，增设男女排球、男子棒球、足球及女子垒球等项目。

1962 年，县体委举办全民运动会，抽选运动员参加地区球类运动会。1965 年，在县城举办职工运动会，开展篮球、排球、象棋、拔河等比赛。

1970 年代，县委、政府、县直部门和公社机关自制乒乓球台案，购买拍网，为职工业余体育锻炼创造条件。1972 年，推广第五套广播体操，县体委组织训练领操员，70%职工参加早晨锻炼、作操。1978 年，在东大操场建成篮球、排球简易灯光球场 1000 平方米，可容纳观众 500 人，县直机关职工利用晚间开展活动。县体委组织职工球队，参加全区乒乓球运动会。

1981 年，推广第六套广播体操，地区派员到县上培训领操员，第六套广播体操在县直单位率先开展。1983 年，县体委举办太极拳、太极剑、鹤翔庄气功培训班。1984 年 5 月，县体委、总工会举办职工篮球、羽毛球、象棋、乒乓球比赛。此后，老年人练拳、长跑、慢跑、竞走人数日见增多。1985 年，县妇联、体育局组织县级单位女职工开展乒乓球、羽毛球、跳棋等比赛，促进女职工体育活动。

1990 年代，县直职工中兴起交际舞，以女职工居多。各种舞厅应时而生，参加锻炼男女青年 100 人。1992 年，潜夫山公园落成，建有活动广场，既是观光旅游之地，又是职工体育活动的重要场所。当年县体委组织全县职工篮球比赛。1995 年，县体委组织县直机关干部职工开展篮球、拔河、韵律操、接力等比赛。1997 年，推广第八套广播体操，在东大操场、潜夫山公园每天早晨放音乐伴操，参与锻炼者近 200 人。

2000 年“五一”“五四”期间，县体委、团委、工会联合举办迎“十运”青年篮球、乒乓球、象棋、跳棋、拔河比赛。当年引进广场舞，部分职工居民始练。中功、香功等兴于一时，参加人数日渐增多，数年后被取缔。2004 年，县体委选派两人参加地区圆际舞培训，回来后在百货大楼前、潜夫山公园两地操练，参加锻炼干部职工 200 多人。

2006 年 7 月，建成镇原县文化广场，占地 50 亩，集休闲、娱乐、健身、集会、演艺为一体，增加职工干部日常锻炼场所。至此，县城有大型活动场所3处，处处有职工居民，天天有人活动锻炼。县人大常委会原主任赵宝玺、税务局原副局长王志健等十多人，退休后每天爬山、练操，风雨无阻，数年不断，成为中老年干部职工体育锻炼楷模。干部刘正厚，喜好太极拳，经过多年钻研探讨，拳术有很大提高，套路熟练，动作规范，刚柔兼备，遒劲有力，对初学者，不分老少，耐心教练，单个指点，带出百人太极拳队伍。县医院医师贾珂、农牧局职工朱旭东、粮食局职工郭彩娥，退休后十多年内，热心体育，不厌其烦，每天定时提机放音乐，自行领舞教舞，教练出300多人广场舞爱好者，得到广大职工赞扬。

2008年，硬化县城东大操场，建成灯光球场两处。县体育局为东操场、王符广场、文化广场安装单杠、双杠、脚踏器、练腿器、攀栏等健身器材42件，价值20多万元，成为县城干部职工和居民主要活动健身场地，每天参加早晚锻炼者近千人次。主要活动项目有篮球、排球、羽毛球、太极拳、拐杖舞、广场舞、扇子舞、回春医疗保健操、秧歌、老年迪斯科等。社区、机关单位乒乓球活动更为热火，每天来广场参练者络绎不绝。春节期间，组织职工开展"奥运与我同行"万人健身跑活动，县委办、政府办等39个单位近千人参加长跑锻炼。6、7两月，在职工中进行太极拳培训活动。8月2日至5日，举办太极拳比赛活动，参赛职工152人，创历史新高，同时开展迎奥运乒乓球比赛活动，参赛单位63个，参赛干部职工323人。

2009年春节期间，继续开展"奥运与我同行"万人健身长跑活动，县直单位500多人参加锻炼。2月12日至25日，县直单位职工进行乒乓球、羽毛球、太极拳比赛活动，37个单位抽调职工359人参加比赛表演，观众达2.3万人，赛后表彰刘正厚等十名全民健身带头人。"五一"期间，举办干部职工太极拳、乒乓球、象棋比赛。县体育总会成立后，每年给各活动点补助资金，更新音响等设备，定期不定期进行指导，促进体育活动经常化。

2010年，大部分县直部门、省市驻县单位有职工活动室，经常开展乒乓球、羽毛球、象棋、跳棋等体育活动。县第一人民医院职工活动室设有象棋、麻将和健身器材等，每天晚饭后参加活动者达30多人。工业园区、武警中队、县电力局和蓝马啤酒公司均设有篮球场，业余、节日期间组织职工开展活动。县体育局组织"庆新春、迎省运"环城长跑活动，46个单位职工359人参加长跑锻炼；开展首届职工台球和乒乓球、羽毛球、拔河比赛活动。县检察院组织"庆五一、迎省运"职工篮球比赛。当年，县教育局、县中医院分别被评为省市体育先进单位。

三、农民体育

原始狩猎生活中，先民为了生存，将健身强体作为第一要务，舞棒练臂，习射斗力，攀崖上树，爬山跨涧。商周以后，阶级矛盾日益突出，为适应部落斗争需要，地处边陲的镇原人民崇尚习武强身、走马射箭，军事体育普及民间。

秦、汉时期，练体尚武之风兴盛，练功习拳、骑马射猎、赛力斗功成为民风，骑士、大将辈出。北魏时胡太后箭可穿钱孔。汉末，道教传入，县内一些人练习修身、导引、吐纳、桩功、静功，养气健身、延年益寿、防治疾病的锻炼成为民间家传。

隋、唐开始选拔武举，民间以武术为主的体育活动更为活跃。中唐时期，社会稳定，文化娱乐活动发展,秋千、跳绳、拔河、棋类等体育娱乐活动兴起。宋、元时期,战争频起,实行屯军制,县内军民合一,青壮年多编入军卫训练,村社延师教练,县乡多设武学堂,家备弓马武器,开展举石锁、抓石臼、练长跑、越障碍等多项训练。

明代,朝廷下令禁止边民武术团社训练,地方官府为防人民反抗斗争,限制民间武术训练和体育锻炼,尚武之风逐渐衰落。清代及民国时期,战争不断,匪患猖獗,为健体强身,保家护邻,多数村庄都有练武习拳者。民间体育娱乐融为一体,农闲、节日,各村庄办"社火",扮演历史人物,开展武术斗打,操队阵法表演,刀枪棒剑、杂技表演穿插其中,平时多为棋类比赛。

民国至中华人民共和国成立后一段时间内,在少年儿童中,流行体育玩耍项目,有攻城、老鹰抓小鸡、猫抓老鼠、打毛蛋、跳方、甩沙包、踢毽子、抓撂儿、狗撵兔等活动;青年人在劳动休息时,喜欢摔跤、石头掷远、打车毂轮、扳肘子、斗肩、斗腿、举石块等,有的还聚集在打碾场,比赛掀碌碡;成年人常于劳动空隙,席地而坐,在地上划几道格式,以石子、瓦砾、土块、柴棒作仔,进行丁方、捉鳖、补裤裆、狼吃娃娃等活动;老年人冬闲腊月、年头节日聚集在一起下象棋、耍花花、抓纸牌;姑娘们喜好翻花花绳、踢毽子、打秋千等。稍有文化知识的人,喜欢做一些智力游戏,如利用算盘做传统趣味珠算题比赛,有三齐王乱点兵、一贯钱、八卦、戏子吃柿子、凤凰单展翅、凤凰双展翅等题目。不同季节、不同环境和自然条件下,年轻人能够制作出各种玩具,做出各种游戏,开展娱乐性锻炼。春天,孩子们常用纸片和高粱秆做成风车,在野地里、村庄路口、打碾场中竞赛跑风车;用杨柳树枝皮管做柳笛吹"咪咪",做水枪"打水仗"。夏天,用雨后软地钻眼孔"吹地牛",用软泥捏泥钵"拌哇喔"等。秋天,用冰草绳做麻鞭打响鞭,比赛看谁的鞭响声大、连续次数多。冬天,儿童喜欢堆雪人、打雪仗,常以自制的木盘,一人坐之,一人推之,轮换进行溜冰。镇原边区革命根据地儿童还创作骑马打仗、抢飞机、抓汉奸、捉特务等游戏项目。

20 世纪 50 年代末,个别公社附近大队、生产队制作木制栏杆,购买篮球,进行篮球活动。后由于农村教育事业发展,学校周围农民闲时经常在学校篮球场打球。南川、城关、太平等地习拳练舞者有 150 多人,经常习练四平拳、六合手、春秋刀、梅花棍、七星鞭、四平锤、封门棍、画眉金枪、大小洪拳等。

1960 年代,农民在农业生产、水利工地休息时或其他业余时间进行篮球、拔河、象棋等体育活动。一些农村社队兴办俱乐部和文化室,以此为阵地进行体育活动。一些乡村农民在挑担送粪时,组织"挑粪竞走",推车送粪时组织"土车竞跑"。人民公社化后,"民兵师"组织覆盖所有农村,以民兵连为单位的射击、军事野营等活动成为农村经常性体育项目。

1972 年起,农村体育围绕"农业学大寨"进行,坚持农忙少练、农闲多练原则,各级组织在农闲和节假日组织青壮年农民进行拔河、武术、投弹、射击和打篮球等活动。有的大队、生产队在回乡知识青年增多情况下,先后建起篮球场。太平公社石泉大队,以石泉小学为中心,自己动手制作单杠、木刀、木枪、草垫子等体育用品,进行体操、跑步、拔河、前手翻、后手翻、侧手翻、跌横叉、竖叉、侧立等活动。地区运动会期间,该队组成 12 人青少年体操代表队,为西峰群众作精彩表演。1975年秋，成立镇原县业余体育学校，按国家体育标准分期训练业余运动员5000多人。县社普遍举行农民运动会，开展农民篮球等项目比赛。

1982年，部分社队办起文化站（室），购置体育器材，组织农民在节日农闲开展篮球、拔河、象棋、乒乓球等活动。太平公社成立体育运动委员会，全社有21个篮球场、18个排球场、28个乒乓球台。公社文化站从1980年起每年举办多项和专项全社农民运动会，第一年篮球运动会有10个队97名运动员参加，第二年有13个队195名运动员参加，第三年有15个队240名运动员参加，第四年有18个队440名运动员参加。比赛项目有篮球、乒乓球、象棋、射击、投弹、拔河、铅球、武术。

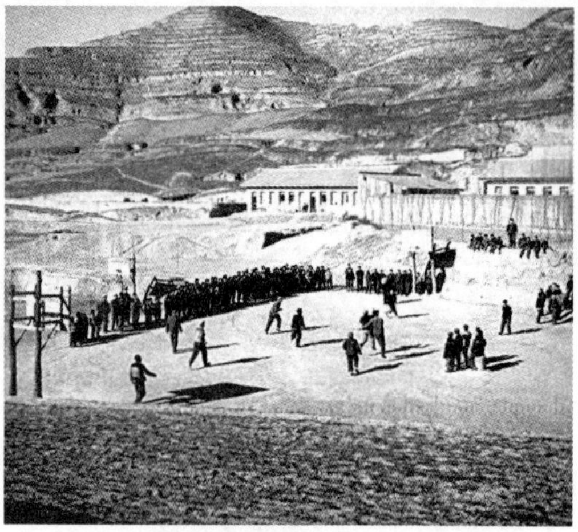
1980年代乡村群众篮球活动

1983年5月，地区体委在太平公社召开全区农村工作座谈会，推广其体育工作经验。1984年5月，县体委组织男女代表队，参加全区在庆阳县肖金乡举行的农民篮球运动会，男队获第一名，女队获第二名。同年10月，太平乡评为甘肃省农村体育工作先进单位，省体委发锦旗一面，奖体育器材经费300元。在甘肃省农村体育工作经验交流会上，太平乡作经验介绍。

1985年，各乡文化站普遍组织开展体育活动，站站有体育场地和体育器材。太平乡上岭村民杏国顺70多岁，练武不断，教徒弟48人。在其传授下，全村人人都会几套武术。1989年，各乡镇普遍开展篮球、拔河比赛。城关镇海丰村民李建恩，人称"铁腿李"，民国年间，目睹家乡连年灾荒、盗匪蜂起、民不聊生惨景，两次外出拜师学艺，练成纯青武功，身轻如燕，翻越七八尺高的障碍如履平地，攀爬三丈高树敏捷如猿猴，回乡后护村保家，为民出力，教徒百余人，李志寿、李正杰等人就是其中佼佼者。

1990年5月，孟坝镇农民代表队参加全区体育先进乡镇"丰收杯"篮球赛。1991年，镇原县被树为全省体育先进县，平泉镇被树为全省体育先进乡镇。1993年，屯字农民夏非出资购买体育器材，组织开展村与村之间体育比赛。当年，县体委被评为全省业余训练先进单位。1996至1999年，元旦、春节期间，多数乡镇开展篮球和舞龙、舞狮、接力、拔河等民间体育活动。

2000年，制定《镇原县农民健身活动实施方案》，贯彻省地体育"三下乡"（体育场地设施、体育健身指导、体育科普知识）活动精神，县乡配合，筹措资金，加快实施农民健身工程，引导农民增强体育健身意识，参与体育文化活动。全县19个乡镇和部分行政村举办中小型农民篮球、拔河、接力、乒乓球、象棋等比赛活动。2001年，各乡镇普遍组织农民开展健身活动。2003年，上肖乡被评为全省百万农民健身先进单位。2004年，武沟乡被评为全省"农民健身先进单位"。2006年，在全省第十一届运动会上，县体育局被评为"省级群众体育先进单位"。2007年，全县19个乡镇被确定为全省"千乡镇农民健身工程"整体推进对象，每个乡镇获赠健身器材1套6件、篮球架1副、乒乓球台2副、建设补助费5000元。各乡镇自筹资金总计155.8万元，进行篮球场地硬化，配套健身设施。

2008年，制定《镇原县迎奥运系列群众体育活动实施方案》。各乡镇建起体育运动场，组织农民开展各种形式体育活动。孟坝、太平、临泾、城关、屯字、平泉、开边、上肖等乡镇坚持每年举办一次传统体育活动。三岔、南川、临泾等9个乡镇和董渠、河李等村每年举办篮球比赛。春节期间，孟坝、太平、临泾、城关、屯字、平泉、开边、上肖等乡镇成立民间艺术表演队，巡回演出，活跃在村组和城镇，丰富群众精神文化生活。

2009年，全县有62个村修建农民体育运动场，率先在全市实施农民体育健身工程。8月8日，在县城文化广场举行镇原县首届全民健身活动启动仪式，有300多人表演体育节目，观众达5300人。8月23至31日，举办大规模迎国庆60周年干部农民篮球运动会，18个乡镇、17个县直部门组队参加，1236人参与，组成13个方队参加开幕入场仪式，参赛运动员420多人，观众达3.25万人，通过比赛，殷家城乡获冠军奖。当年，南川乡、临泾乡、董渠村、河李村分别获庆阳市十一届运筹会群众体育先进乡村奖；殷家城乡党委书记马军锋被评为全市全民健身日活动先进个人；体育局副局长罗玺获全省推广健身气功先进个人。同年，县人大常委会领导带领有关人员，赴12个乡镇27个村检查“体育法”落实情况，总结经验，寻找差距，提出整改措施。县委、县政府领导组织有关部门负责人开展体育“三下乡”活动，向孟坝镇投放篮球架和乒乓球台，向部分农民发放羽毛球拍、乒乓球拍、篮球、象棋等体育器材，促进农民体育活动。

甘肃省第十二届运动会镇原县火炬传递活动现场

2010年，建成三岔镇高湾、殷家城乡殷家城等10个村农民体育运动场，每村安装篮球架1副、乒乓球台2副，配套相应健身器材。体育“三下乡”活动中，县上给屯字镇群众投放羽毛球拍、乒乓球拍、篮球、象棋等体育器材。9月16日省第十二届运动会在庆阳市西峰区召开，镇原县开展以“和谐镇原、畅享省运”为主题的群众系列体育活动，利用新闻媒体宣传省十二运，制作宣传牌，悬挂横幅，宣传镇原体育健儿光辉业绩，营造支持省运、参与省运的社会氛围。当年举办500多人参加的全县干部群众篮球运动会，举行万人参与的“红色之旅、精彩陇原”火炬传递仪式，抽选运动健将，组成体育队，参加“十二运”，取得六金四银三铜牌好成绩。

第三节 竞技体育

民国三十六年（1947年）五月，国统区第二届陇东八县运动会上，镇原代表队获田径团体第二名。

1959年，在全国第二届运动会逐级赛中，镇原代表队取得平凉地区女子垒球第一、女子技巧冠亚军、男排第三名，王春和获象棋冠军。4名运动员选拔参加省级比赛，1名自行车运动员、3名射击运动员参加全国运动会。

1960年镇原运动员参加平凉运动会

1962年，镇原县代表队获庆阳地区男子篮球冠军。1964年8月，在庆阳专区第二届全运会上，男子排球获第一名。1965年，全区象棋比赛中，镇原选手刘镒获第一名。当年，镇原中学少年男子篮球队获全省少年男子篮球比赛第二名。

1971年5月，全区第二届全运会上，镇原代表队获男子排球第一名。1973年，镇原人朱怀民代表甘肃省参加全国少年田径比赛，获手榴弹投弹第八名。1975年3月，全区第三届运动会在华池县举行，镇原代表队获少儿足球第四名。6月，全区田径运动会上，镇原代表队青年团体得227分，获第二名；少儿团体得43分，获第二名。1977年5月，在全区少年排球运动会上，镇原代表队获儿童男女冠军。1978年7月，东街小学教师张芮蓉代表庆阳地区参加甘肃省第五届体育运动会女篮赛获银奖。

1980年8月,全区职工篮球比赛中,镇原代表队男队获第一名,女队获第二名。1981年,在全区少儿田径运动会上,镇原代表队获第四名;全区体校篮球比赛中,镇原女队获第二名,男队获第四名。1982年5月,全区第五届全运会上,镇原代表队获男子排球第二名,成年女子、少年男女均获第三名;成年女子、少儿男女篮球获第一名,成年男子获第三名。1983年,全区少儿排球运动会上,镇原代表队获男女排球第二名。同年4月,全区少儿田径运动会上,镇原代表队比赛得292分,素质得5747分,名列第二名。1985年7月,镇原运动员王琪、刘建科代表甘肃省参加全国分区赛。

1990年7月,镇原体育健儿张德宏代表国家参加比利时举办的世界中学生运动会,获得男子铁饼第四名;裴亚新等4人代表甘肃参加全国比赛,夺得少年男子组铁饼、铅球1银1铜。1991年,镇原籍运动员代表庆阳地区参加全省第八届运动会,获得金牌4枚。镇原运动员袁社琴、高银社分别打破女子铅球、铁饼和男子200米低栏3项纪录。

1996年,在上海举办的全国田径运动会上,镇原运动员7人代表甘肃省参加田径分龄赛,获得70多分;在甘肃省第九届运动会上,镇原运动员11人代表庆阳地区参加比赛,中原乡政府干部张秀琴在女子10公里竞走中达国家一级运动员标准,为庆阳地区增添2枚金牌。

2003年,镇原中学、屯字中学代表镇原县出席甘肃省第十届运动会,镇原中学代表队夺得女子排球冠军、男子第四名;屯字中学代表队夺得女子乒乓球团体冠军、男子团体亚军。

2007年8月,镇原运动员代表庆阳市参加全省第五届农民运动会,取得健身路径项目第五名,获精神文明风尚奖。体育健儿陈惠荣在全国田径锦标赛中,分别夺得女子组万米和5公里长跑第三、第四名;在全国第六届城市运动会上获得女子组万米长跑第三名、5000米长跑第五名,达到国际运动健将标准,获得2008年北京奥运会参赛资格,成为庆阳市参奥第一人。2008年,县体育局局长马有明获得庆阳市第十一届运动会“竞技体育管理先进个人”。

第四节　体育彩票发售

镇原县体育彩票于2003年开始上市发行,至2010年,8年共销售体育彩票994.4万元。前5年销售额每年翻番,最好的年份突破300万元,后两年由下降到回升。2003年销售额3.6万元,2004年7.8万元,2005年30万元,2006年63万元,2007年销售额突破200万元,2008年销售量330万元,创历史最好水平。2009年销售额下降为150万元,2010年上升到210万元。

太平乡文化活动

第四十四章 文 化

镇原是华夏农耕文化发祥地之一，也是与匈奴、羌、戎、狄、鲜卑等民族文化与古秦陇文化融合之地，文化艺术底蕴深厚，历代名人辈出。中华人民共和国成立后，文化事业不断发展，有各类艺术大师58人，专业艺术品生产大户12家，从业人员1.15万人，拥有香包、刺绣、剪纸等专利图案245种，先后被命名为“中国剪纸之乡”“中国民间文化艺术之乡”“中国书法之乡”。

第一节 机 构

文化广播影视局 清光绪三十三年(1907年)，始设劝学所，管理文化教育。民国十五年(1926年)，国民政府设教育局，兼管文化事业。二十九年，陕甘宁边区镇原县政府设第三科管文教。三十八年七月二十九日镇原解放，县政府设教育科，主管文化教育。1952年2月改为文教科。1956年7月分设文化科。1957年8月文化、教育合并为文教科。1958年12月，文教科与卫生科合并为文教卫生部。1959年9月改称文教卫生局。1962年6月恢复文教卫生科。1963年又改称文教卫生局。1968年4月，县革委会政治部设文教组，管理文化、教育、卫生工作。1970年12月，恢复文教卫生局。1972年2月，分设文教局。1973年10月，文教、卫生又合并成立文教卫生局。1976年10月分设文教局。

1983年12月，文化、教育分设，文化、广播事业合并成立文化广播局。1984年4月，文化广播局析分为文化局、广播电视局。2010年10月，文化局、广播影视局、旅游局合并成立文化广播影视局，加挂旅游局牌子，设局长1人，副局长3人，党委书记1人，纪委书记1人，全系统有干部职工178人。

镇原县文化馆 镇原县文化馆前身是镇原民众教育馆。民国二十五年(1936年)，国民政府开办镇原民众教育馆，初设在文庙，后迁中山公园，内设图书室、阅览室。三十二年，边区镇原县政府在孟坝成立民众教育馆，占用民房3间，开展图书阅览和群众文化工作。三十八年七月镇原解放后，在民众教育馆基础上成立文化馆，股级编制。1950年11月，改称镇原县人民教育馆。1956年复名文化馆。1958年，文化馆加挂图书馆、博物馆牌子。1968年春，迁至新巷子西口。11月，文化馆并入毛泽东思想宣传站。1972年2月，撤销毛泽东思想宣传站，恢复文化馆。1986 年 2 月，文化馆、图书馆、博物馆分设。1993 年，文化馆、图书馆、博物馆合并成立镇原县文化中心。1997 年 2 月撤销文化中心，恢复文化馆，由正科级单位变为副科级单位。2001 年在原址临街修建文化统办大楼，文化馆设在四楼，有干部职工 11 人。2009 年 12 月搬到文化广场东新址，面积 2200 平方米，内设人秘股、非物质文化遗产股、免费开放服务股和文化产业辅导股，新设庆阳剪纸和高粱秆灯笼制作技术传习所，有文学、音乐、舞蹈、戏剧曲艺、美术、书法、摄影、民间艺术 8 个辅导室，设置书画、非遗、民俗、剪纸、近代书画 5 个展厅。2010 年，有馆长、副馆长各 1 人 ，工作人员 13 人，其中本科学历 8 人，专科学历 6 人；专业技术人员 5 人，中级职称 2 人。

基层文化站 1984 年 4 月，成立屯字、开边、孟坝、上肖、中原、平泉、临泾 7 个乡文化站，每站 1 人。1986 年 2 月，成立南川、太平、郭原、三岔、新城、湫池、曙光、城关、马渠、方山 10 个乡镇文化站。1988 年 7 月，成立庙渠、武沟、彭阳、新集、王寨、殷家城 6 乡文化站。全县乡镇文化站发展到 23 个。2002 年 4 月，城关、屯字、平泉、三岔镇文化站改为文化中心，其他乡镇文化站撤销，临时站干解聘。2008 年，重新组建南川、太平、上肖、开边、殷家城 5 个乡镇综合文化站。2009 年，又建成孟坝、临泾、郭原、武沟、马渠、庙渠、新集、方山、中原、新城 10 个乡镇文化站，每站工作人员 1~2 人。2010 年，全县有乡镇文化站 19 个，文化站干 23 人。

第二节 民间文学

县内民间文学主要有故事、传说、歌谣、谚语、歇后语、谜语、顺口溜等，长期以口述方式代代传承。1980 年代，县文化馆组织文化工作者 30 多人，走村串户，走访民间艺人 670 多名，采集民间故事、歌谣、谚语，整理文稿 289 万字，后结集出版《镇原民间文化集成》《镇原民间文艺》丛书，收录民间故事 465 篇，歌谣 246 首，谚语 2255 条，眉户、秦腔、社火、小戏 43 部。

一、民间故事传说

民间故事、传说是劳动人民创作并口头传播的文学形式，表达人民群众爱憎喜恶、不同遭遇、理想和情绪，俗称“古经”。《公鸡精》《金芦笙》《野狐精》等民间故事，就是人们把世间的事物拟人化，以表达对美好生活的向望和期盼。《王符浇柏》《黄花台》《皇后湾》等传说，则是人们对县内名人和地名轶闻的敬仰和纪念。《关神爷喝油》《尉迟恭月下追药王》《飞龙》《高跷的来历》等，诠释和演绎民间风俗的由来和英雄人物传奇故事。《伙计智斗财主》《才女》《九仙女下凡》等，歌颂和赞扬诚实劳动、勇敢机智、主持正义、扶弱抑强的好人，鞭挞和诅咒好逸恶劳、以权压人、为非作歹、丧尽天良的坏人，反映民众疾恶如仇、向往正义的思想意识，教育世人和后代要诚实、知足、安守本分，不可贪婪自私、损人利己，否则将招致祸患。

二、民歌 民谣

民歌、民谣主要有劳动号子、时政歌谣、情歌、生活歌谣、历史传说、仪式歌谣、儿歌、顺口溜等。此种土生土长语言，寓意深厚，易于上口，好念好记，幽默诙谐，生动形象，节奏明快，韵律流畅，具有浓郁的乡土气息。《九九佳人》《劝世人》《十劝郎》等，是群众喜唱的劝教类民歌，褒贬分明，从各个方面教育人民要抑恶扬善，洁身正人，苦学忠孝，勤劳务本，表现劳动人民高尚的道德情操和纯正善良的美好心灵。情歌《张先生拜年》《小郎过街》《清凉凉水儿》等，语言纯真，情节动人，把男女之间爱慕、追求、热恋、别离、相思等感情生活叙说得淋漓尽致，热烈大胆却没有丝毫粗俗。

陕甘宁边区时期，民歌融入新内容。《快把强盗赶出境》《边区真正好》《团结一致杀敌人》《快去把兵当》等，表达当年老百姓热爱子弟兵、盼翻身、求解放的迫切心情和军民团结一心的抗日决心。

中华人民共和国成立后，新创作民歌民谣较多。《十二个月忙》《造林歌》《修水利》《个个赛过穆桂英》等，宣传造林和抗旱好处，反映劳动中男与女、组与组之间互相挑战、你追我赶的劳动场面，激发群众劳动热情，活跃劳动气氛，增添劳动劲头。镇原人民在劳动实践中还创作出许多劳动号子，如碾场、耱地、吆猪、打夯等。中共十一届三中全会后，反映中国共产党富民政策的歌谣不断产生，新创作的《镇原好》《皇粮国税都免了》等，集中歌颂党的好政策。

收洋款

马渠流行

演唱者：罗芝槐

采集者：祁世权

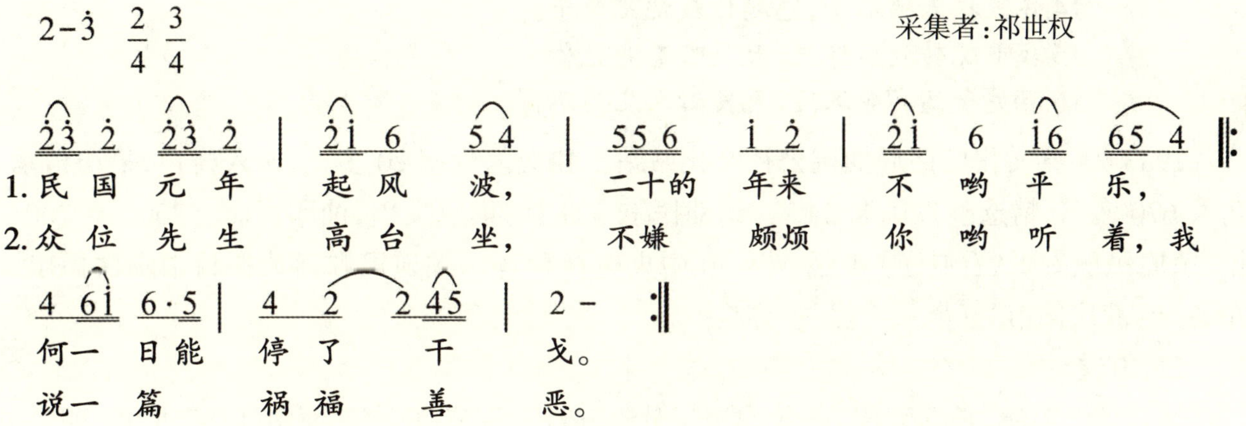

3.自从平凉高大人坐，天下的风云如穿梭，万人称他活阎罗。
4.天上年年黄风多，土匪天天抢财物，穷苦人怎么奈何！
5.兵多将多搅用多，不摊个洋款没奈何，大人摊了五六千。
6.大人摊了五六千，来到镇上万二三，给的多了他越喜欢。
7.给得多了他越喜欢，给得少了挨皮鞭，马棒打来巴掌掮。
8.马棒打来巴掌掮，哪怕你卖了吃饭碗，非洋元不得零干。
9.月月款子缴不完，局丁还要鞋脚钱，当时要等不到明天。
10.想折楼房卖成钱，没人要来实在难，立逼我上了刀山。
11.-槽上牛驴都卖完，要叫你烟囱不冒烟，下一次我给你不摊。
12.八镇绅士齐粮款，委员局丁要见官，清款项净落了三千。

表兄哥

殷家城流行

6–i̇ $\frac{2}{4}$

演唱者：白锦絢

采集者：张积林

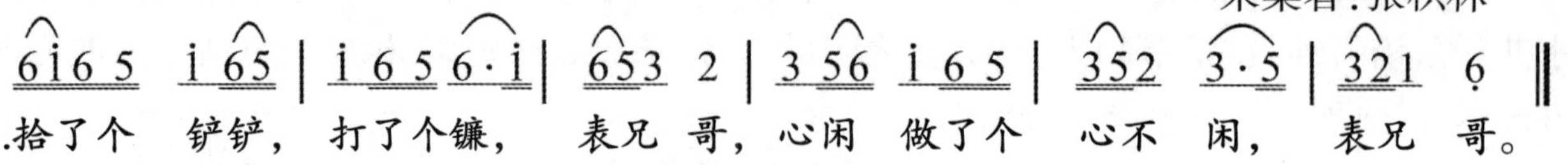

2.拾了个麻杆钉了个秤，星定做了个心不定。

3.冰冻三尺口子开，婚姻缠住我想不开。

4.白杨木树上扳柴呢，我天天盼着你来呢。

5.我隔山听着你唱呢，眼泪滴在锅巷里。

6.我隔山听着你喊呢，眼泪滴在饭碗里。

7.我想你不是那么个想，三天没喝半碗汤。

8.四天喝了半碗汤，出去吐在大门上。

9.这半碗汤我咋喝来？就像病人咽药来。

10.前半夜想你没瞌睡，后半夜想你睡不着。

11.翻了个身子刚睡着，梦见门外你叫我。

12.开开门儿不见人，气得我哭得眼睛红。

13.给你说起你不信，你看我胸前眼泪印。

14.怀里揣着猪蹄子，想起你我就哭鼻子。

15.我前院转到后院里，天天盼着能见你。

16.百灵子鸟鸟顺沟飞，无良心人儿为不得。

1983年，县文化广播局抽调公社文化站站干和文艺行家20多人，深入村户，采访传承艺人670多名，精选整理民谣24首，谱曲民歌309首，集成文稿，油印成册。2001至2006年，镇原民歌专辑《看妹子》和《采花》，在中央电视台音乐频道民歌盛典栏目中多次播出。2008年，获庆阳市“五个一工程”一等奖。

三、灯谜

灯谜始于隋唐，长期流传。每年农历正月十五日元宵节，户户捏面团，以清油点长明灯，后改为挂大红灯笼。中华人民共和国成立后，县城每年举办灯谜会，县文化馆出谜条，设谜王、谜后，猜中者当场发不同档次奖励。1999年，在文化馆举办灯谜晚会的同时，县电力局、广电局联合举办灯谜、对联晚会，共制彩灯208个，出谜2068条，参与群众万人以上。

四、趣联趣诗

趣联、趣诗历史悠久。趣联有回文联，顺读倒念意思皆通。如：

塬上牛蹄分有分蹄牛上塬；埂下鸡冠花看花冠鸡下埂。

脑电呈图图呈电脑；书家写字字写家书。

中国办奥办国中；半夜吟诗吟夜半。

拆字联，按汉字结构特点，将某字拆开，写在对联中让人回味无穷。2002年县电力局、广电局联办“电力杯”对联大赛，出句、对句有拆字联。

“埋”字出句：土里埋电线，线暗电灯亮，电视清，电价降，万民心喜；

“思”字对句：心田思国家，家小国体大，国力强，国民富，九州歌高。

“呆”字出句：口木发呆多食镇原甘草杏；

“天”字对句：二人聊天都夸东汉王潜夫。

“树林”出句：寸权护树林，木木旺；

“墨竹”对句：黑土写墨竹，个个佳。

“森”字出句：挡风拦沙森林木；

“志”子对句：兴电强国志士心。

民宅常贴拆字诗（繁体字），诗句最后一个字拆为两半，其中一半是下句诗头一个字。如写在方格从中间读起顺时针转圈读：

饥 时 得 到 桃 源 洞
忘 钟 鼓 响 停 始 与
尽 闻 会 佳 期 觉 仙
作 惟 女 牛 下 星 人
而 静 织 郎 弹 斗 下
机 詩 赋 又 琴 移 象
观 道 归 冠 黄 少 棋

牛郎织女会佳期，月下弹琴又赋诗，
寺静惟闻钟鼓响，音停始觉星斗移。
多少黄冠归道观，见机而作尽忘饥。
几时得到桃源洞，同与仙人下象棋。

农村壁贴回文诗、叠字诗形式较多，回文诗是把诗句行字斜、横排列，貌似凌乱而可整读，斗角诗、绽心诗、十字诗是把诗写成斗角、方阵、十字形状，如春夏秋冬“四季诗”，分别将10个字均匀写在圆上，可读成七言绝句；“赏花诗”由14个字排写于圆圈，环叠可读为28字。

夏季回文诗

长　香
日　　莲
夏　　碧
凉　　水
风　动

香莲碧水动风凉，
水动风凉夏日长，
长日夏凉风动水，
凉风动水碧莲香。

叠字赏花诗

暮　赏
已　　花
时　　归
醒　　去
微　　马
力　　如
酒　飞

赏花归去马如飞，去马如飞酒力微，
酒力微醒时已暮，醒时已暮赏花归。

宝塔诗为顶端1个字,依次加1字,成宝塔形文字,清末镇原知县宋运贡作有一对宝塔诗文,讥讽教化一些小市民不良表现,寓教于乐。

新　　空

头重　　脚轻

嘴儿薄　　辫子松

嫉贤妒能　　勾角斗心

腰摆三点水　　行走一绺风

见面低头哈腰　　背后指西说东

假仁假义面带笑　　患得患失利必争

死爱面子金玉其外　　好说大话败絮其中

说长道短尽拨弄是非　　指手划脚光描画别人

吃喝饮食虽俗好吹美味　　穿戴打扮入时故作斯文

画图填字诗,用曲线条画老翁形象,沿线写诗歌,以文字组成老翁,内写"老来难"。有的用颂牛诗文组成黄牛图形。茶壶诗是在茶壶图上写5个字,可循环读成5句诗,茶壶代替"茶"字,读法是:

茶,可以清心也,
茶,以清心也可。
茶,清心也可以,
茶,心也可以清,
茶,也可以清心。

五、谚语

镇原人民在长期社会实践中总结出许多反映修养、智慧、德行、教化、时令、天文、生产、保健、社交等方面的谚语,言简意赅,富有哲理。

地是黄金版,人勤地不懒。
茬口倒顺,强过上粪。
九满一场雪,麦子拿犁撇。
锄头有水,杈头有火。
过了闰年,走马种田。
谷雨前后,点瓜种豆。
秋风糜子寒露谷。
九月路上牛喝水,种不上麦子发后悔。
麦出火里秀,晒死豌豆花。
麦黄种糜刚是节,糜黄种麦迟半月。
毛杏塞鼻子,收拾种糜子。
糜出水里秀,淋死荞麦花。
麦出胎里富,人怕老来穷。
麦出牛工,秋出锄工。
深耕浅种,强似上粪。
深谷子,浅糜子,荞麦种在浮皮子。
要想庄稼旺,多把粪来上。
庄稼一枝花,全靠粪当家。
种地不上粪,等于白费劲。
深耕一寸,强过上粪。
麦怕胡墼荞怕柴,蔬菜怕的杂草埋。
麦田要种成,秋田要锄成。
麦子种三年要倒茬,豆子地里长庄稼。
三伏够一月,荞麦熟得像个鳖。

一年庄稼两年务。
头伏荞麦中伏菜，三伏种上都是害。
种子选得好，年年吃不了。
人对脾气地对茬。
小满糜，顶地皮。
阴山种在白露前，到了白露种平塬，川地秋分前五天。
懒汉不选种，年年要断顿。
有收无收在于水，收多收少在于肥。
针扎胡麻卧牛茬，高粱地里放个笼。
寸草铡三刀，料少也上膘。
马要夜草，牛得满饱。
水草按时到，胜似喂好料。
圈干槽净，牲口没病。
养猪有窍，圈干食饱。
有料没料，四角拌到。
牛喂三九，马喂三伏。
牛怕圈里水，马怕满地星(指土块)。
冬至晴，万物成。
过了腊八，长一杈把。
立夏看夏，立秋看秋。
六月立秋，迟秋不收。
九九加一九，耕牛遍地走。
柳放毛，糜子扬。
六月半，糜谷探(出穗)。
一九一芽生，九九遍地青。
早上惊了蛰，晚上拿犁撇。
七月白露过白露，八月白露跟白露。
八月初一滴一点，只等来年五月半。
早上立了秋，晚上凉飕飕。
八月十五云遮月，正月十五雪打灯。
春寒不算寒，蛰寒寒半年。
初三初四不见月，连阴带下得半月。
伏里雨，缸里米。
有雨下在初十头，黑狗吃得白馒头。
春夏南风雨，秋冬北风水。
初一初二下黄疸，初三初四连根烂，初五初六吃白面。
春甲子冻死牛羊，夏甲子井里生烟，秋甲子苗头生耳，冬甲子雪垒门房。
关节炎，气象站，腰酸痛，雨必淋。
立夏不下，犁头高挂。
东虹日头西虹雨，南虹出来发雷雨。
九九有雪，伏伏有雨，家家有粮，户户有米。
伏伏雨来九九雪，粮囤满得向破憋。
霜杀垴垴，风吹岗岗。
棉花天，雨快淋，瓦片云，晒死人，云交云，雨倾盆。
二月响雷八月霜，三月响雷九月霜。
立春雨淋淋，阴湿到清明。
黑云黄梢子，必定下刀子(冰雹)。
淋伏头，晒伏尾。
惊蛰下一点，九九往回转(倒春寒)。
久晴大雾天必阴，久雨大雾天必晴。
露水重，天气晴，露水轻，雨当真。
七阴八下九日晴，九日不晴直等十二涝坝平。
日晕三更雨，月晕午时雨。
三伏要热，五谷才结。
闪电又响雷，来雨没空回。
水缸出汗盖蛙叫，必定就有大雨到。
南风吹暖北风吹寒，东风多湿西风干。
热极生风，闷极生雨。
太阳落云口，半夜听雷吼。
天上鲤鱼斑，明日晒谷不用翻。
头九冷，春不寒，头九暖，春必寒。
土旺头上一点油，一十八天不套牛。
先毛毛不下，后毛毛不晴。
五月十三滴一点，耀州城里买大碗。
星星挤眼，离下不远。
星星稠，下死牛。
星星稀，晒死鸡。

雪水消成河，狗吃白面馍。
烟雾过山头，下死老黑牛。
一日北风三日暖，三日北风九日晴。
烟铺地，天有雨。
燕子低飞青蛙叫，蚂蚁搬家蛇过道，不过三天大雨到。
月边半圆圈，大风在眼前；月儿背弓，必定刮风；月儿背圆，水到河边。
云向南，雨成潭；云向西，披蓑衣；云向东，一场空；云向北，雨必得。
夜晴没好天，等不到鸡叫唤。
早晌冷，后晌热，下雨还得半个月。
早晨红云照，不是下雨就是雹。
早看东南，晚看西北。
早韶不出门，晚韶千里行。
早雾不下，晚雾不晴。
重阳不下看十三，十三不下一年干。
猪拉草，寒潮到，燕子高飞晴天告。
一人一条心，穷断骨头筋。
不怕卖不过，只怕货比货。
吃不穷，穿不穷，打算不到一世穷。
种不好庄稼一料子，娶不好婆娘一辈子。
打人不打脸，骂人不揭短。
人快不如家伙快。
麦黄糜黄，绣女下床。
两勤夹一懒，想懒不得懒；两懒夹一勤，想勤不得勤。
宁教挣死牛，不教翻了车。
年年防旱，夜夜防贼。
天晴改水路，无事早为人。
崖上叫得好，崖下应得好。
一物降一物，蜈蚣把蛇捉。
出门看天色，进门看脸色。
棒子打倒人睡着哩，舌头打倒人跪着哩。
有理不打上门客。
一镢头挖不出一口井，心急吃不了热豆腐。
洗头洗脚，强比吃药。
眼里过千遍，不如手里过一遍。
雪里埋不住驴屎蛋。早防豺狼夜防贼。
婆娘当家驴耕地，娃娃做活淘死气。
人越睡越懒，嘴越吃越馋。
男人是耙耙，婆娘是匣匣，不怕耙耙齿齿漏，单怕匣匣底底漏。
人活脸，树活皮，崖坬活了一锨泥。
一天省一口，一年省一斗。
好男不靠分家吃饭，好女不靠嫁妆穿衣。
肚里没冷病，不怕吃西瓜。
有福不可重受，油饼不夹猪肉。
身正不怕影子斜，脚正不怕扭筋鞋。
青蒿熏烟大，愚人难搭话。
火心要空呢，人心要实呢。
官前头，马后头，铁匠炉前少就逑。
脚踏实地稳，不怕棒槌滚。
应人事小，误人事大。
人不要脸，无法可治；狗不要脸，满庄偷吃。
狗不嫌家穷，人不爱家贫。
到处黄土都养人。
马瘦毛长尻子深，穷汉说话没人听。
顺情说好话，舔尻子不挨骂。
人在饿时给一口，强似饱时给一斗。
远水难救近火，远亲不如近邻。
不怕山里一猛虎，单怕人前两面刀。
听话听音呢，锣鼓听声呢。
若想立足世面，要知自己梨瓜贵贱。
交人要交心，浇树要浇根。
灯不拨不亮，话不说不明。
要捉狗儿子，先看狗母子。
出门低三辈，做事要三思。
草挪一步死，人挪一步活。
敬人一尺，人敬一丈。

蛇不知自有毒，人不知自有过。
三年荒个秀才。
满桶不溢半桶溢。
人闲没好事，老鼠闲了猫咬住。
瞎马下的好骡子。唾沫星子淹死人。
谝嘴良医没好药。
管后代，严是爱，娇生惯养把娃害。
要知城里事，先问乡里人。
处世让一步为高，待人宽一分是福。
师打徒不恨，父打子不羞。
娃娃惯，巴掌劝。
独柴难烧，独子难教。
一只巴掌拍不响。
文魁武魁，不如锅盔。
遇官司说散，遇婚事说合。
出门门槛低，进门门槛高。
墙倒众人推。
人有不如自己有，自有不如怀揣有。
挨一锤，经一着。
处世莫烦恼，烦恼容易老。
推磨不能推一遍，看人不能看一面。
遇狼撵三步，遇蛇退三步。
小时偷针，长大偷金。
有借有还，再借不难。
乳牛尿多，瓜(傻)子笑多。
本事是真的，镜子是空的。
别人的金窝银窝，不如自己的草窝。
病来如墙倒，病去如抽丝。
簸箕大的手，掩不住众人口。
鱼爱鱼，虾爱虾，乌龟爱的是王八。
不种千顷田，难打万石粮。
白天逍遥游四方，黑夜熬油补裤裆。
宁在人下活人，不在树下栽树。
白天点灯灯不明，黑夜走路路不平。
白酒红人面，黄金黑人心。
不做亏心事，不怕鬼叫门。
百闻不如一见，一见不如实践。
不怕十人劝，就怕一人荐(教唆)。
不听老人言，吃亏在眼前。
捉鳖不管水深浅，只要贴到鳖跟前。
菜无心必死，人无心必亡。
不怕别人看不起，就怕自己不争气。
骂人没好口，打人没好手。
不怕慢，单怕站。
不怕一万，就怕万一。
朝里有人好做官，家里有钱好使唤。
墙上长茅草，风吹两面倒。
吃饭穿衣量家当，说话做事看地方。
宁在泥里推车，不和邻里结孽。
吃饭加一碗，自己把寿短。
吃饭减三口，能活九十九。
饭前洗手，饭后多走。
不肥不瘦，延年益寿。
备席容易请客难。
攒银攒金，不如教好儿孙。
地是招牌房是累，攒下银钱催命鬼。
坐月得的病，针尖挑不尽。
手里没有金刚钻，不敢揽那破瓷器。
出门低三辈，做事多顺利。
不当家不知柴米贵，不养娃不知肚子痛。
当天事，当天完，莫要等到明后天。
拳假功夫真，力大强三分。

六、歇后语

镇原人民在长期生活实践中，总结出诸多歇后语，内容十分广泛，既生动又形象。与全国多数地方不同的、常用的记载如下：

玻璃瓶里点蜡——通心透亮
吃了秤砣——铁了心了
茶壶里煮扁食——道(倒)不出来
长虫的尻子——深罐罐
唱戏吹胡子瞪眼——假生气
城门楼子上的麻雀——大炮惊蛰了
拳头打棉花——没响声
爱戴高帽子——奖(蒋)家外甥
灯蛾扑火——寻死
大老爷喝椒叶茶——品麻着哩
单眼龙坐知县——独目主事
灯草作拐棍——软弱无力
蹬着梯子上天呢——差得太远
吊死鬼搽粉——死爱面子
掂碌碡打天呢——不知高低连轻重都忘了
窑里戴草帽——二凉
吊死鬼做贼呢——死不要脸
碟碟舀水呢——一眼看到底了
丢了驴算卦呢——折财不足
豆腐刀刀——两面光
豆芽菜拌粉条——里勾外连
二杆子吃扁担——横了心了
独眼龙相亲哩——一眼看准
端上罐罐喝汤呢——气上脸了
对着镜子作揖——自己恭维自己
额头上绑带子哩——把外一套
耳朵上挂镰呢——寻得闯祸呢
二十一天抱不出鸡娃——坏蛋
盖蛙支桌子——硬撑着哩
麸子面包饺子——捏不严
隔年的黄历——用不上
盖蛙尻子插鸡毛——飞禽不像飞禽走兽不像走兽
盖蛙噙了把杀猪刀——卖大嘴哩
盖蛙子跳门槛呢——又蹲尻子又伤脸
盖蛙跳上炭锨子——乐(烙)得放不下
狗赶鸭子——呱呱叫
高粱秆挑水——担当不起
高山顶上挂灯笼——远近都有名(明)
狗吃粽子——不改(解)
隔着玻璃亲嘴——看着摸不着
隔门缝看人——把人看扁了
割了谷子叫雀呢——领空头人情
狗看星星呢——不知稀稠
隔着院墙叫人呢——门外汉(喊)
狗拉抹布——一串串
公鸡头上戴帽子——官(冠)上加官(冠)
狗戴帽子——学人行事
狗皮上贴膏药——不粘
狗咬星星——闲挣牙槎骨
狗掀门帘子——凭脸猥呢
狗咬卖蒜的——缠一榾柮唊
狗咬王八——找不到头
狗咬猪尿泡——空欢喜
瓜地里的草人——装模作样
光刮风不下雨——干吹
过年娶媳妇——双喜临门
关公卖豆腐——人硬货软
过河的卒子——死不回头
喝了墨汁咽了炭——尽吃黑食
喝了凉水舔碗——学得日眼呢
和尚头上顶西瓜——圆对圆
盖蛙没毛——种系的过
八角扎人——有揹揹呢
八十老学吹鼓手——等不得换气就断气唊
棒槌挑牙呢——夯得说不出口
八十老抱儿子——墓里愁
抱上磨担喊驴——图邻家好听哩
抱着元宝跳井——舍命不舍财
背锅子(驼背)作揖哩——前后都有了
背了七个蒜锤——前踏三后踏四

背上口袋上茅坑——装死(屎)
打灯笼拾粪呢——找死(屎)
背上筛子怀揣罗儿——浑身的眼眼
鬓角坬吊瘤子——额外负担
黑狗白脖子——丧家之犬
恨虱烧棉袄——因小失大
黄瓜打驴呢——多半截闪过去了
货郎担鳖哩——不是货
黄萝卜调辣子——吃得出来看不出来
瞎子拉驴哩——不敢丢手
瞎子掂毡哩——胡扑(铺)哩
瞎子擤鼻呢——齐抹
瞎子跳崖呢——脚步倒上了
见了碑子点头——强装识字
鸡蛋里挑脆骨呢——胡找茬子
鸡窝里塞棒槌——故意捣蛋
椒口袋跌进面锅里——有麻烦(饭)了
叫花子拨算盘——穷打算
脚后跟整裂子——臭文(纹)蛮多
叫花子看戏呢——穷开心
叫花子死了七天嘴张了八天——欠吃
叫花子要馍呢——越多越好
结咽子(结巴)骂仗——原话
精脚穿皮袄——冷半截热半截
精尻子撵狼呢——胆大不识羞
净身子穿皮袄——转身大
韭菜地里的马莲——算究(韭)儿
巨狸猫不戴笼头——是个野种
尻子上挂锣——响当当
孔夫子搬家——少不了输(书)
口传家书——言而无信
拉上老虎上坟——吓先人呢
腊肉上席呢——不用言(盐)
癞蛤蟆生蝎子——一窝比一窝毒
裤裆里放屁——两岔了
烂脊梁驴——就顾这一坨坨
老虎打哈欠哩——吃人唡
老狗跳墙——后腰不来劲
老虎吃苍蝇呢——没处下爪
老驴驮扫帚——走得慢,闪得紧
老婆吊丧呢——说咯多得很
老鼠啃棺材——害死人
老鼠拉木锨——大头在后头呢
老鼠舔猫尻子呢——没事寻事,寻的招祸呢
老鼠钻进书堆里——咬文嚼字
老鼠钻在风匣里——两头受气
老太婆打伞呢——撑不住了
老太婆的牙——吃软不吃硬
涝坝里泡蒸馍——碗大汤宽;汤大了
涝坝洗脸——自由权限
犁沟里埋秤锤——不是个种儿
两个哑巴亲嘴呢——好得不能说
六月里的野狐——不顾皮的不顾毛
六月萝卜——少教(窖)
碌碡顶门呢——实(石)靠
碌碡砸碾盘——实打实(石打石)
驴啃脖子——工变工
麻袋装草袋——一代(袋)不如一代(袋)
麻袋上绣花——底子太差
马尾拴豆腐——难题(提)
蚂蚁叼锤子——好大的嘴劲
蚂蚁啃馒头——力小志气大
麦秆吹风——小气
麦秆里睡觉——细人
猫吃糖瓜——老在嘴上恋呢
帽盖辫子上拴辣子呢——红极了
帽盖拴辣子——红出梢了
没烧过的砖头——生坯子
梦里吃西瓜——想得甜
梦里结婚——净想好事

庙背后看神呢——妙(庙)透了
黑里吃黄瓜——不知头尾
磨道走路呢——圈圈转得圆
木锨铲火——焦锨(交险)了
拿人家娃娃赌咒——不害心疼
年三十借甑底(箅子)——你蒸哝我烙哝
掂上喇叭丢盹呢——把事没当事
油梁做擀杖——大材小用
牛牴麦草垛——两家都有过
尿泡打人不疼——臊气难闻
披上被子上天呢——张得没领了
头上披被子上炕——胡碰呢
骑驴捉狗娃——六只眼了
骑驴捉尾巴——各有各拿法
骑牛嗑瓜子——牛得屁(皮)淌呢
墙缝里的蝎子——蜇人不露刺
墙上挂麻袋——不像话(画)
秋后的蚂蚱——还能蹦几天
秋后的茄子——吊不了几天了
肉包子打狗——有去无回
三九天吃冰棍——凉透心了
三十晚上盼月亮——没指望
十亩地里一苗谷——独苗
砂锅子踏蒜哩——一锤子的买卖
上坡的驴绊胸——吃劲极了
屎爬牛搬家呢——滚蛋
屎爬牛哭它妈呢——墨黑天地
屎爬牛钻粪堆呢——臭味相投
手背上的蝎子——甩不离
水里按葫芦——时起时伏
睡在半夜里打哈欠呢——白张嘴呢
死人头上抹浆子——胡(糊)鬼
死娃娃打狗——连皮摔
孙猴子念书哩——好乖的学生
天花粉喂牲口——不是好料
铁匠的砧子——挨锤的货
头顶害疮脚底淌脓——坏透了
头上戴镯子——脸上抹不过去
头往蜂窝里钻呢——没事寻事呢
头痒搔脚面——不是地方
秃子当和尚——天生的料
土地爷掉到河里——劳(捞)神不起
歪嘴吹喇叭——邪气
挖雀喂鹞子呢——为了一家害了一家
袜子筒筒抓蛇蚤——手捉欠拿
脱了裤子放屁呢——多此一举
王三宝打他爸——手里出活哩
媳妇回娘家——熟门熟路
戏台下淌眼泪——替古人担忧
下雨天担麦草——越来越重
乡里娃娃吃挂面——头一遭
胸膛里装石头——心硬得很
袖筒里捅棒槌——端出端入
鸭子过河——嘴向前
鸭子晒粪——凭嘴拨哩
哑巴戴花呢——嫽瓜了
烟雾地里喊狼——冒吼哩
盐坛子里露头——闲(咸)人
眼眉眉吊虮子——有眼色(虱)
一个土豆装一筐——大洋芋
一根头发破八辫——细得出奇
一家十五口——七嘴八舌
一家子害眼呢——全瞎了
一千个雀头炒一盘——多嘴多舌
荨麻揩尻子呢——认草不真
月里娃跳炕塄——吓大人呢
月亮底里挂灯笼呢——空挂了个名(明)
枣核改板——两句(锯)
针尖对麦芒——尖对尖
正月十五贴门神——迟了半月

猪鼻子插葱——装象
猪吃杏胡子——想(响)了个脆
嘴上抹白灰呢——白吃
猪黑笑老鸹——彼此彼此
庄稼汉养牿子呢——谋心不善(骟)
捉住耳朵擤鼻呢——错了牙槎骨
坐飞机吹喇叭——响得高

第三节　民间艺术

镇原民间艺术有剪纸、刺绣、雕塑、编织、纸扎及绘画、脸谱、工艺制作等，广泛分布于城乡，各具特色。1993年，被国家文化部命名为“民间艺术之乡”。2008年，被命名为“中国民间文化艺术之乡”。

一、剪纸

剪纸古拙质朴，厚重粗犷，秀丽工整，具有古老、浓厚的民俗特色。选材十分广泛，有反映传统民俗和民间故事传说的，有表达人们热爱劳动、赞美创造、反映美好爱情生活的，涉及农村生活各个方面。表现吉祥寓意题材的有福、禄、寿、喜、如意、盘长、鹤寿双全、五福捧寿、吉庆有余、耄耋长寿、长命富贵、金玉满堂、连年有余、事事如意、六合同春等；表现动物、植物的有十二生肖图、梅花鹿、龙、凤、麒麟、龙凤呈祥、老鼠偷油、二龙戏珠、孔雀戏牡丹、狮子滚绣球、鱼儿闹莲、鹿衔灵芝、喜上眉梢、蝶恋花、鲤鱼跳龙门、牡丹、菊花、莲花、梅花、竹报平安、岁寒三友等；美化生活环境的有窗花、墙花、顶棚花、格子花、喜笺、灯笼花等；装饰民俗活动的有喜花、寿花、礼花、供花、斗香花等。县内自20世纪起，剪纸能手主要有祁秀梅、范秀德、刘玉英等。1985年12月，临泾乡祁秀梅应邀在中央美术学院开展讲学活动，轰动美术界；1987年，被吸收为中国民间剪纸协会会员，同年法国艺术局执行主席、法中友协艺术委员会主席让皮埃尔·吉莱姆和夫人一行3人专程到她家拜访，重金收藏《生命树》等精品，并将其作品介绍到日本、意大利、新加坡等国；1988年，全国剪纸年会上，中央美术馆收藏其作品200多幅。后起之秀惠富君、成雪琴、段彩霞、段映梅、段永梅、许军峰、马琳琼、焦宵凤、杜秀琴、李桂玉、赵志芳等传承创新，剪纸作品被各级艺术馆收藏或列入专辑。中国民间剪纸艺术大师段彩霞创作的《母亲的心愿》，被甘肃省人大代表团作为礼品送给温家宝等国家领导人。

祁秀梅在剪纸

剪纸

二、刺绣

刺绣俗称绣花，是农家妇女擅长的针工。种类繁多，有枕头顶、肚兜、针扎、绣片、披肩、绣帽、绣鞋、香包、烟包、针包、鞋垫、挂片、衣绣、桌裙、门帘、床罩等。内容广泛，有传统花卉虫草、禽兽虫鱼、山水树木、吉祥文字、几何图案、人物故事等，无所不包。技法多样，有平绣、锁绣、挑花、纳绣、排绣、穿插绣、十字绣、齐针、套针、裰针等。旧时姑娘出嫁，多有绣花裙、绣花披肩、绣花鞋、绣花枕等陪妆，出嫁之日将绣品摆于院内，供亲朋展观、品评。每逢端午节，小孩们都浑身挂满香包狮子、十二生肖动物、金瓜、桃等饰物。老者祝寿时绣寿幛，孩子满月送虎头鞋、荷花帽等。

2002 年开始，每年端午节各种刺绣品送到庆阳市香包节会上展销，县城及各乡村街道、集镇开展刺绣香包销售活动，绣品畅销国内外。全县涌现出一批省级民间艺术大师，米洁刺绣《麒麟送子》、张菊子的《春夏秋冬》、任淑铭的《百寿牡丹图》、赵筱华的《响亮的声音》、孙会莲的《牧羊童子》、张粉兰的《五子夺莲》、马翠珍的《牡丹屏风》、张小宁的《莲花》、孙小芸的《孔雀展屏》，均获中国庆阳香包节金、银奖。刘玉英、范秀德、王玉芳、任秀萍、段润娟、李富英、李芳芳的刺绣作品列于《潜夫故里书画集》，段林秀的《鸳鸯戏水》三次参加全国、省、区民间艺术展览。被命名为中国民间刺绣艺术大师的牛学虹，在中原乡创办虹美民间工艺公司，传授技艺，授徒 27 人，年生产刺绣精品 115 幅，其他民俗工艺品 2.13 万件，纯收入 4.5 万元，产品销往兰州、西安等地。

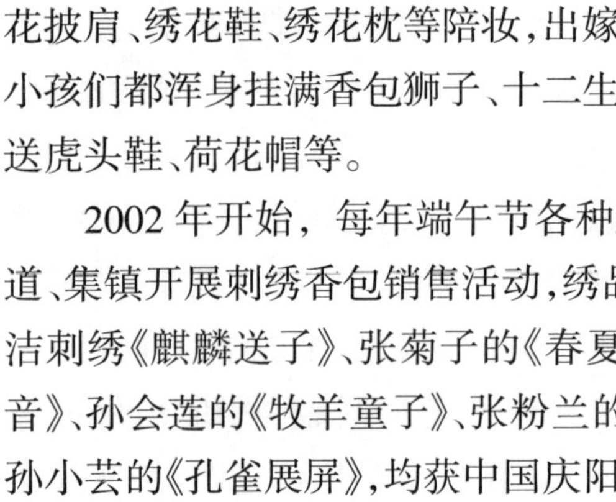

刺绣

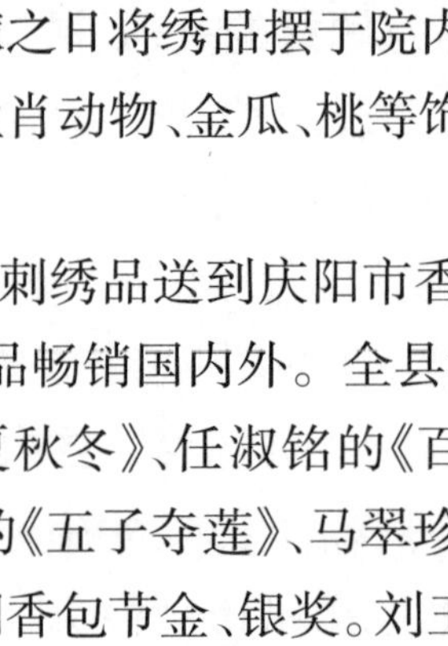

香包

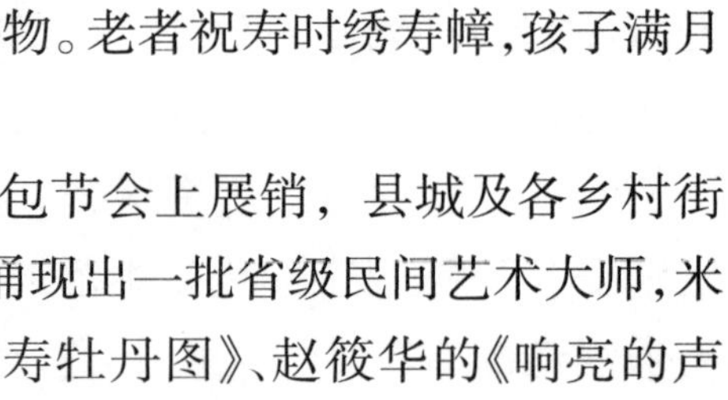

刺绣虎枕

三、雕塑　雕刻

雕塑有泥塑、石雕、砖瓦雕刻、木雕、面塑等。早期有泥塑烧制的陶制品,境内仰韶文化遗址出土的罐、碗、壶、瓶等陪葬品,约产生于公元前5000~3000年。周秦汉时境内已有石雕,主要作品有虎、狗、熊、牛、鳖等,群众称为瑞兽,分镇宅兽、镇墓兽、拴娃兽、送病兽、压山兽、屋脊兽等,其次还有鹤嘴雷神等人物石雕像。唐宋时期,雕刻佛像盛行,县内石空寺、玉山寺石雕佛像、浮雕力士,形象生动,刀法娴熟。元、明、清各代,石雕狮、虎、豹、羊、狗、马、鳖等动物逼真,各有特色,民间建筑多采用砖雕。庙宇中有各种雕塑神像,多为泥塑,也有石雕。民国时期,泥塑玩具深受民间欢迎,有小泥人,公鸡、兔子、狗娃等。

根雕　凤型花架

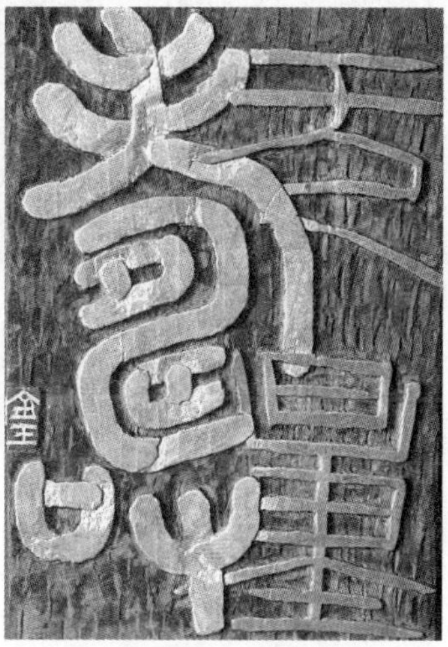

刘金玉木刻

中华人民共和国成立后,民间雕塑创新,雕塑艺人创作出许多社会主义建设的新作品。1958年,兴修水利工地悬崖到处浮雕劳动人民开山劈地形象。1980年开始,根雕艺术兴起,屯字艺人杨根厚带徒7人,其根雕造型古朴奇特,作品有花卉、茶几、动物,年制作艺术品20多件,远销上海、北京等地,创收5万元以上,被中国民俗学会民间美术委员会命名为中国民间艺术大师。城关祁森林、临泾李雪峰,泥塑人物流畅优美,形象逼真。开边秦浩刚爱好书法、绘画、篆刻,1997年开始学习微雕技艺,将书法、绘画和宗教经文雕刻在葫芦、蜜蜡石上,微雕文字每字可小到毫米级,其雕刻的书法俊秀拙朴,绘画细腻气魄,作品远销全国及美国、日本等地,多次获甘肃省工艺美术百花奖。

四、纸活

纸活广泛应用于社火、祭祀、婚庆等活动。丧葬礼仪使用的纸扎品,是由原始活人陪葬猪、羊、马随葬衍化而来。清代起,县境纸扎、纸活盛行,沿习成风。中华人民共和国建立后由"阴阳"和艺人在家庭制作。1957年"破四旧"后至"文化大革命"期间被禁。1980年代起,纸活铺各乡镇皆有,丧葬在灵堂悬挂镂空挂帘、杆吊筒纸,扎制花圈、灵庭、楼阁、纸鹿、纸马、纸人、纸家具等,在灵堂内外呈献,门前悬挂镂空筒纸或帆纸,丧事结束时在坟前焚烧。社火、节日扎制彩灯、花朵、工农业产品模型等,婚庆制作彩门、胸花等。

五、编织

早在汉代,镇原农民就地取用芦草根、芦苇秆、羊角蔓、冰草根、柳条、山桃条、高粱秆、麦秆、竹片、玉米棒叶、芨芨草秆等,编织各种实用品、装饰品、玩具等。20世纪80年代起,还用废弃化纤带编织粮囤、笼筐、簸箕、菜篮、笊篱、馍碟、笼屉、鸟笼、蚂蚱笼、针线笸篮、凉席、草帽、帽圈、坐垫、灯笼等,形式多样,造型奇秒,既是生活实用品,又是艺术品。孟坝、太平、南川等乡镇不少编织能手用百根尺寸不等高粱秆编织亭阁和灯笼,用榫结套,色彩素

孟坝草编

秸秆灯笼

雅，牢固美观。南川艺人刘世俊、新城艺人马富奎用高粱秆扎的灯笼精致美观，具有较高艺术性，曾参加中国（上海）民间艺术展。孟坝镇民间艺人郭映梅用麦秆编织桃梨等水果、杯壶等用具和各种动物，形象逼真，所编麦秆八卦灯笼在1990年中国（上海）民间艺术博览会上展出，《解放日报》登文赞扬。

第四节 民间音乐

县内民间流传的各种原生态音乐种类较多，包括歌曲、器乐曲、舞蹈音乐3大类，贯穿于地摊社火、民间仪仗乐队和戏曲之中。乐器有20多种，打击乐器有鼓、锣、钹、色子、梆子等，弦乐器有板胡、二胡、三弦、琵琶、古筝等，管乐器有唢呐、哇呜、笛子、箫等，常用乐器主要以唢呐、二胡、笛子、锣、鼓为主。唢呐在金代由波斯、阿拉伯国家经丝绸之路传入镇原，已有500余年历史，用途广泛，清时趋于成熟，民国逐渐兴盛，经长期演变改进，创作出镇原铜管唢呐，形成地方色彩和艺术风格，其色如金，有金号角之称。乐曲自成体系，演奏有规，可一孔多音，二度超吹、三度超吹、五度超吹、八度超吹等。乐曲音色嘹亮，曲调婉转，曲目多样。每逢婚丧过事、乡村庙会、节庆典礼、新居乔迁、老人祝寿、婴儿满月等活动，多请唢呐艺人吹奏助兴。农家遇喜事则高吹劲打，节奏明快，曲调热烈祥和；遇丧事则慢吹细打，节奏徐缓，曲调哀婉凄凉，后来也吹奏流行歌曲。曲牌繁多，有传统曲牌，也有由地方戏曲、民歌演变的曲牌，常用有《水龙吟》《大开门》《上担担》《孟姜女哭长城》《雁落沙滩》《五灵孝》《将军令》《秃子尿床》《珍珠倒卷帘》等近百首曲牌。

民间音乐通过以师带徒形式传承。民国时期，音乐纳入中小学教育，以新形式教授。民国三十二年（1943年），王梦扬任镇原中学校长时，用《满江红》曲谱写校歌，宣传抗战，激励学生读书救国，曲调慷慨激昂，催人奋进。中华人民共和国成立后，学校音乐教育得到加强，镇原中学教师张俊福、屯字中学教师田建民均培养出一批具有专业知识的音乐人才。1975年，县文工队朱安平创作并演奏的笛子独奏曲《陇原欢歌》，代表庆阳地区参加甘肃省首届民间音乐舞蹈调演。1980年代，文化工作者20多人进村入户，采访民间小戏、歌曲、器乐曲传承艺人，聆听演唱吹奏，记录歌词，曲谱1000多首，精选油印成册。县剧团张积林创作的《套马杆上的梦》获全国歌曲创作金奖。1986年，镇原县音乐协会成立，组织音乐爱好者开展宣传创作活动。朱安平创作并演奏的笛子独奏曲《山里行》获甘肃省民间音乐舞蹈比赛铜奖。同年，县文化馆组织“茹河之春”音乐会。1987年县剧团组织“潜山之春”音乐会。1989年县文化馆、音乐协会在镇原承办庆阳市音乐舞蹈比赛，将镇原音乐事业推向新水平。此后，县剧团每逢外出或下乡秦腔演出，必办音乐会，深得群众欢迎。2010年，县地方志办公室与文化馆联合整理编写《镇原民间文艺》丛书，收录器乐曲276首，民歌词曲309首，戏曲简谱43首，由青海人民出版社出版，传承光大民间音乐。

水落玉

临泾　屯字

2/4 3/4　筒音作5

吹奏：焦申修　焦清玉　路良珍

整理：祁世权

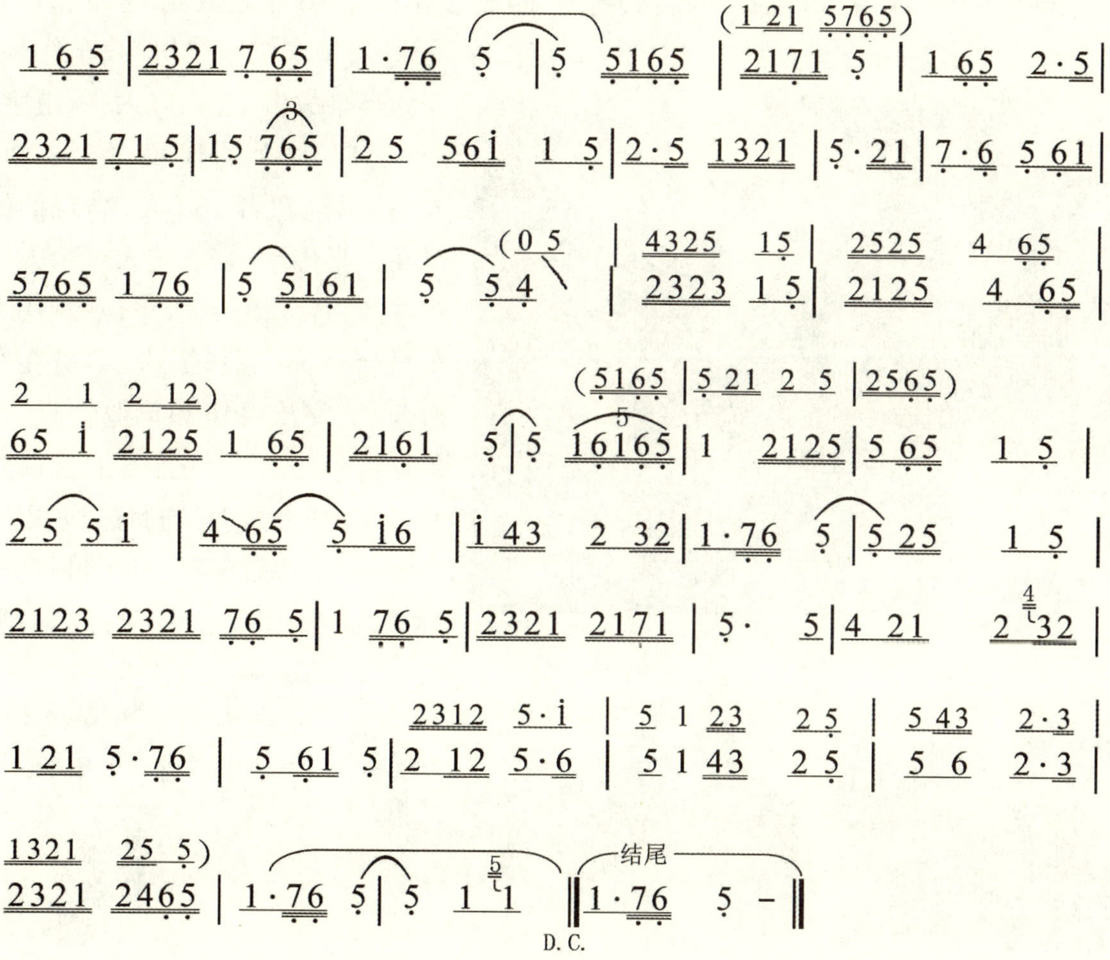

第五节　社火 庙会

旧时，文娱活动主要有五类，一是春节期间办社火；二是在固定时间举办庙会；三是平时在阁、亭、堂、殿等具有文化品位的建筑内文人相聚，谈古论今，切磋学问，说笑赋诗；四是在庙宇、集市听戏和民间艺人说书，看杂耍；五是在村落自发开展各种游戏、演唱娱乐活动或室内看皮影戏，上述活动多已少见甚至消失。社火、庙会继续传承发展，成为民间主要文娱活动。

一、社火

社火最早是民间一种祭祀活动，由相邻村民即社家集体承办，逐渐形成固定参与范围，后加入鼓乐、戏剧发展成为一种民间艺术。锣鼓是社火的主要乐器，打击十分讲究，曲调通常有《羊刨麦》《凤凰三点头》《五点雷》，分上路鼓，行军鼓，春官鼓，文社火鼓、武社火鼓、秧歌鼓、跑船鼓、舞灯鼓等。打击乐一般和唢呐穿插演奏，文社火用弦乐伴奏，曲调舒缓，气氛优雅，武社火用锣鼓伴奏，激烈昂扬，气氛更为活跃。通常在农历年末岁首排练，元宵节前后演出，正月二十三燎疳节结束。县内社火始于元代，发展于明清，兴盛于民国。中华人民共和国成立后继续传承，“文化大革命”期间，被列为“四旧”禁演。1980 年起恢复，基本以行政村为单位组织文艺节目，祭祀活动仍以传统社家范围穿插开展，牛车被拖拉机、汽车代替，演变为车亭故事。县内以太平、屯字、临泾、上肖、城关为代表，传承 270 多人，技术高超者 130 人，高跷仙鹤舞仅在上肖传承，表演艺人十余人。每年春节，各乡镇、县级单位，利用大汽车搭台装饰，五彩缤纷，演员在车上扮角色，突出乡镇和行业特点，宣传各自特色。正月十五组成社火队进县城展演，规模浩大，场面热烈，以彩旗为前导，用锣鼓伴奏、燃火挑灯、鸣放鞭炮以渲染气氛，将音乐、舞蹈、戏

社火

踩高跷

狮子舞

跑旱船

曲、体育、美术、杂耍融为一体，显得粗犷、活泼、风趣、诙谐。1984 至 2010 年，全县办社火队 268 台，年均演出人员 1.1 万人次，正月十五全县调演 3 次，县城演出 140 场，每次观众均在万人左右。

社火表演形式主要有地摊子，文武兼有，以跑大旗开场，轮番演出。文社火以演唱眉户调为主，也有秦腔、民歌、话剧小品、快板，传统节目有《两亲家打架》《钉缸》《闹大老爷》《戒鸦片》等 100 多个。太平镇刘镒演唱传统眉户《张连卖布》，被录入《中国曲艺音乐集成》。武社火实则为民间舞蹈，是镇原先民创作、传承，能表达人们思想感情的肢体艺术语言，借锣鼓烘托，只舞不唱，动作古拙质朴，粗犷豪放，内容皆为历史传说或神话故事。武打是古代军事仪式和比武的演变形式，众多演员以碎步、十字步按各种路线图形列阵行进，传统节目有《黑虎搬三霄》《夜战马超》等 100 多个，部分二人表演节目改造成独角，如《二鬼打架》《张公背张婆》等。

秧歌　既是社火主要表演形式，又是各类宣传庆典活动的镇原形式。民国三十年（1941 年），边区镇原县在孟坝镇办起秧歌队，宣传抗日救国。三十八年七月镇原解放，人民政府派员在屯字、平泉、临泾等区乡办秧歌队，在接管和土改等政治运动中宣传党的方针政策。每年春节办社火组建秧歌队，青少年扮演工农商学兵，变换队形，表演白马分鬃、蝎子倒卷尾、蛇抱蛋、五星、剪子股等。

跑地旦　演员扮成古代彩女，舞姿轻盈，风格飘逸，犹如驾雾仙女，或若水上浮萍。

耍狮子、耍老虎　两演员藏入狮、虎道具，表演跑、跳、扑、滚、卧、旋、转、腾、斗、食、眠等动作，富有生气。

耍龙灯　用纸糊成龙头，白布制作龙身，长数十米，勾勒鳞甲花纹，龙头、龙身装置蜡烛或灯泡，由数人挑起，在暗淡灯光下，伴随锣鼓音乐烘托，屈伸腾跃，上下翻飞，人龙连气、气势宏伟。

跑旱船　又叫跑亭子，用竹木布帛扎糊成彩船，一人扮演艄公，持桨划船，标致姑娘将船套系腰间，如坐船一般，伴随锣鼓音乐节奏，表演划船技艺。

踩高跷　又称走柳木腿，跷高 1.5 米，低者 0.5 米，跷上有踩板，演员腿脚扎绑跷上，各角色组成一折或一本戏，走村进户、穿街过巷演出。技术高超者蹦跳、大跨、跌平叉，博众喝彩。

跑仙鹤　用竹杆、铁丝等材料扎制成仙鹤道具，有童子骑鹤、八仙骑鹤、高跷能手骑鹤等，翅膀有开有合，舞姿惊险奇特，形象逼真。上肖乡王科弟表演尤精。

马社火　人骑在马背或驴背扮角色演故事，一人一马，一个故事人物连续排列，人物造型固定一种姿势，如同泥塑一般，观众看演员脸谱装扮及手中道具，便知故事，常与车亭社火一起演出，1980 年代起逐渐减少。

车亭子　即车故事，明、清、民国及中华人民共和国成立初期，在牛车上搭台，根据内容装设楼台亭阁、花草树木，铁芯子上巧设数米高机关，组成一台或几台戏，人物凌空，站坐各异，有的一只小脚站在细小花枝或兵器上，有的方架四角用花细线悬吊 4 个小角色。“莲花送子”“双秋千”等造型，玄妙奇巧，惊险有趣。1980 年代起改在拖拉机、汽车上搭建，配电动设备,有的人物旋转飘空,更加好看。

霸王鞭 又称打花棍,将长1米余的木棍刨光,等距钻孔装铜钱,涂以彩纹,两端系缨穗,组成表演队。表演者手持花棍,随鼓乐节奏在身体多个部位碰击舞动,发出统一节奏响声,整齐热闹。

跑驴、跑马 用竹竿、纸或布制作驴、马造型,套在腰间,人马一体,形似骑驴、骑马边跑边舞,趣味横生。

傩面 即面具,俗称面瓜脸,起源于原始居民祭祀、驱魔活动。周、汉时,羌、汉民聚居,发展最为兴盛。中华人民共和国成立后,破除迷信,傩社火逐渐衰落,濒临绝迹,仅有纸糊面具猪八戒招亲、孙悟空等少数节目在社火中演出。

扇子舞 源于明代,盛行于清代和民国时期,在社火队中穿插演出,表达农村妇女生产劳动的喜怒哀乐。2008年,县老龄委组织300人老年扇子舞队参加中国·庆阳香包节文艺演出。

大头娃娃 用泥巴塑成娃娃头"模子",晾干后掏去泥土,用纸贴糊,即得娃娃头壳,再用涂料涂染即成。表演时,演员头带硕大的娃娃头加入秧歌队伍中,随音乐做出滑稽、幽默的各种动作,憨态可掬,生动有趣,令人捧腹。

春官 俗称艺程官,诞生于原始氏族社会末期,夏商时形成,春秋时期趋于完善,唐宋起盛行。春官手持鹰翅扇,走在社火队前,根据当时环境、人物、对象、事件等即兴说唱表演,出口成章,妙趣横生,春官词押韵上口,多以诗歌、顺口溜体裁为主。民国时全县有春官100多人。1950年正月,临泾区石羊乡段嘴村社火队到乡政府演出,农民春官段宗信随口唱道:"社火来到政府院,乡长亲自来接见。共产党,出清官,社火队,出春官,两种官官不一般,清官能为民做主,春官只能谝干传。"赢得一片喝彩声。1970年代末至1980年代初社火盛行,有春官536人。2008年,全县社火调演,在县城举办百名春官闹元宵大赛,临泾张元印、太平寇克科等人为佼佼者,赛后编辑出版《镇原社火春官词集锦》。

春官

害婆娘

女丑角 又称"害婆娘",妆饰奇特,手持笤帚、洗衣棒槌,表演滑稽,引人大笑,警示人们改变不文明习惯。

二、庙会

庙会俗称香火会,是一种民俗文化,始于唐代,起初以迷信活动为主,后发展为一种集祀神、娱乐、交易于一体的庙会文化。庙会以寺院或庙观为依托,以某神生日、坐化日或显圣日为正会日,大多一年一次,形成固定俗规,由乡民选出会长主持,各户摊收钱、粮,举办香烟大会,迎神、安神、诵经、唱神戏,各地善男信女前来烧香。县城庙会每年农历正月初九在玉皇山,八月十五在城隍庙,三月二十八在东岳庙举行。基层有四月八日平泉镇天恩寺八山庙会,七月十二日屯字镇子孙宫庙会等,一般多由庙祝主持,进行庄严祀典仪式,有的还"发角子”“装巫神”，替神代言，舍药、赐子、摇签、降吉，五花八门，应有尽有，吸引方圆百里甚至千里以外善男信女、三教九流，纷至沓来，烧香叩头，顶礼膜拜，有要药的，有求子的，有祈福的，有祈雨的，有求财的，有还愿的，心境各异，虔诚归一。县内鸡头山、石佛湾、原峰山、蟠龙山等名胜古刹早在宋、明时代就有庙会，庙会期间一般都要请戏班唱大戏。清同治七年（1868 年）兵燹，古庙戏楼惨遭破坏，仅有清乾隆三年（1738 年）所建姚家河戏楼幸存，戏剧活动多销声匿迹。同治十年（1871 年），路效基捐修县城隍庙戏楼。光绪二年（1876 年），刘树德捐修县城财神庙戏楼。此后，各地又逐渐修筑庙宇、戏台，恢复唱戏活动。重建戏楼有中原龙王庙、原峰山，平泉八山，屯字娘娘庙，南川巫山寺、三娘娘庙，太平万佛寺、玉山寺等近百座。中华人民共和国成立后，党和政府加强无神论宣传教育，原来以敬神为宗旨的传统庙会逐渐解体，改为一年一度物资交流大会，伴有文娱活动。“文化大革命”期间，庙宇及旧戏楼大部分拆除。1977 年起，虽未重修庙宇，但物资交流大会期间的文娱活动添加庙会活动内容。2000 年起，一些地方重新修寺建庙，庙会随之恢复。

第六节　著　作

一、文学类

北魏胡义周作《统万城铭》，胡方回作《蛇祠碑》。唐皇甫镛著《性言》14 篇，有集 18 卷。明张道著《评史蛙见》《寝寝集》《桃坡通言》《桃坡遗稿》，许理著《请黜不职疏》《奏晁太监疏》。清张继孔著《潜麓纪闻》，张璐著《稽古堂文集》，刘永和著《觉园杂录》，刘三级作《送穷神》，慕元春著《养生论》，慕暲著《春秋辑传辨疑》《雨溪山房诗文集》《大成典礼》《劝善要言注解》，张先觉著《字学正录》，贺廷荣著《烟鬼赋》等。

中华人民共和国成立后，诗集、文集、专著、回忆录等不断涌现。正式出版的有王文才编《陇原民歌》100 首，张希仁著《情系陇原》，申万仓诗集《心灵的家园》《心灵的天空》《心灵的拓片》，秦铭诗集《心返家园》、散文集《时空回眸》，刘鹏辉诗集《低音区》、文学评论集《捉影书》，冉国胜著《田夫杂咏》，鱼舟短篇小说集《这儿的天空蓝莹莹》，杨佩彰诗集《燃情岁月》，路延洲著《人生诗旅》，陈劲竹著《花开的声音》，畅恒诗集《杂花集》，刘霞诗集《谁是你的霞光》，马靖国小说、散文集《苦乐人生》，刘镜、畅快合著小说《赤胆播火者——陇上英烈王孝锡》，镇原县文广局、文化馆编《镇原民间文化集成》故事卷一、故事卷二、谚语卷、歌谣卷，慕思恭诗集《尘缘清韵》，陈勇著《陈墉联稿》《陈墉诗词联集》，王博艺著《社火》（上、下），刘金玉诗集《石松吟草》，朱和海著《中东，为水而战》，张秉文著《独写我心》等。

内部发行的有梁希孔著《屏文碑序选》《梁希孔诗文选》，张元印著《元印诗联文》，刘信著《刘信书文杂选》，王宗琪著《实用对联选大全》，范天合著《茹波诗词选》，钱志彪主编《华夏红杏之乡镇原》，杜经枢著《四合行纪》《碎玉拾趣》《感咏》《应酬感咏续编》，白生金著《黄土情》，高宗伟编《闹春——春官词》，曹巍编《镇原谚语选》，李永明著《喜怒哀乐》，刘文光著《梦灵诗集》，陈鼎新著《感受人生》，强希斌编《荧屏踩踪》，黎夫著《跨越的轨迹——庆阳老区记事》，白新文著《陇东道情研究》《黄土颂歌·陇东民歌赏析》，张纯锦著《潜村牧老文稿》，何伟著诗集《燃烧爱情》、报告文学集《改革丰碑》《中国庆阳颂》，张得祥编《陇东民间小戏》，康希善著《夕阳红书画生活纪略》，焦延鼎编《史话长诗》，白晶莹著《旧梦拾遗》，高梅著《北地舞韵》，贾璞著《贾璞文集》《琢玉集》《琢翁絮语》，石锡铭编《全陇诗》，镇原县文化馆编印《艺术作品选集》《镇原地方风物传说》，张明宝著《砚田寻玉》，钟彩银著《母亲的艺术——华夏遗韵》，李义平著《心路——二月花》，焦宏泽著《于右任诗词聊》等。

二、艺术类

正式出版的有陈少伯与岳嵘琪合著《油画风景静物教学》，包建新著《大中学生钢笔临习字帖》，申玳编《石泉花鸟画选》，慕世旺书《觅石书法选》，金希明著《镇原书法》，张学文著《张学文书画集》，张维书《张维书法作品集》，路永新主编《庆阳剪纸纹样》《庆阳剪纸》，张克泰编教材《写字》12 册，朱安平著《中国画论》《画梅论》《铁骨梅花》《朱安平美术理论专辑上、下》《朱安平、刘玉珍画集》等。

内部发行的有段思坎、郭中和编《民风画集》，芦富国编《裕民画集》，邓博五书《孙过庭书谱》，赵宝玺主编《赵宝玺书法集》《镇原老年书画集》，中共镇原县委宣传部、镇原县文化局编《潜夫故里书画集》，慕思恭书《孙过庭书谱临习》《淳化阁帖》，芮自解著《芮雪中国画》，董小宁著《董小宁书法篆刻作品集》，段建华著《段建华书法作品集》，曹含睿、高秀梅编《篆书王符潜夫论》，常文海编《电子琴演奏基础》《从零步起学钢琴》，王继位编《中国庆阳民间艺术家名录》，姚永新编《姚永新画集》，镇原县委、镇原县政府编《镇原文化艺术》，高梅著《李国平书法作品集》，梁正平编《陇东唢呐曲精选》，镇原县文化馆编《镇原眉户》第一集、《镇原唢呐曲集》《镇原民歌》第一、二辑，《地方音乐介绍》（第一集秦腔）《镇原县流行传统剧目汇编》（第一集）《春节文艺》（1998）《建国三十周年献礼作品》，文成业编著《陇东舞台秦腔艺术大观》，张小平编《板胡演奏教程》，王佐东编《张士甲书法手迹选》，张斌锋著《张斌锋书法集》，孙志春著《孙志春书法论文集》，祁世权著《祁世权书法作品集》，张锋著《张锋书法作品集》，曹含睿书《篆书唐诗一百首》等。

三、社会科学类

东汉王符著《潜夫论》，全书 36 篇，针砭时弊，抨击权政，主要论述治国安民之道，涉及政治、经济、军事、社会风俗等诸多理论和社会问题，教育世人文要崇德义，武要战守有策，将用帅才，激励士卒，迁民实边；用人招举贤良，量材授任；经济要实业兴国，强农固本等。《隋书》《旧唐书》等 12 部大型书籍均对其以古典文化名著收录。历代《潜夫论》版本较多，以清汪继培笺注本最为流行。1979 年起，中华书局等单位先后出版《潜夫论》译注本 5 次。民国慕寿祺著《周易简义》《春秋解》《十三经要略》《读经笔记》《读论语笔记》《求是斋集句诗钞卷一》等 29 部，《甘宁青史略》达 200 多万字，是一部西北历史名著。张宸枢著《通鉴纲目》《西路》《中外政治论衡》等，焦炳林著《读四书笔记》。

中华人民共和国成立后，正式出版的有张希仁著《新礼仪精典》，赵宝玺、王维东、鱼舟等编《潜夫论百家谈》，慕思恭参编《庆阳地区志》《庆阳历代大事记》《镇原县志》，主编《太平乡土情(二)》,其中《庆阳地区志》1999 年获甘肃省史志编修优秀成果一等奖,王柏栋著《潜夫论读本》、报告文学集《红杏出墙》,潘正东主编《庆阳地区志·政权志·灾异志》,获地区地方志成果一等奖,王继位主编《中国共产党甘肃省庆阳地区组织史资料》(1927.9-1987.10)《庆阳地区志·党派志》,获地区地方志优秀成果一等奖。贺忠信主编《供销合作社常用法规汇编》,张希仁合编《中外文史典故集》《高校党课教程》《宣传思想政治工作概论》,张正国参编《毛泽东思想发展史》《马克思主义经典选续》,张翀著《跨世纪的选择——甘肃引进外资勘查开发矿产资源研究》《甘肃国土资源可持续发展》,王佐东著《寻根中国书法之乡镇原》,安天灵著《邓小平社会主义思想》《中国特色社会主义文化概论》《马克思主义哲学原理新编》,赵宝玺等 2005 年主编《镇原史话》,中共镇原县委党史办主编《中国共产党镇原县大事记》《援西军》《将星耀镇原》《光辉的历程》《中国共产党镇原历史第一卷》《红色记忆》,张占英著报告文学集《中国村官》《第一书记》《春兮归来》,卢志丹编《佛说舍得》《作为决定地位》《听老和尚解心经》《结佛缘 好人缘》《快乐佛 不烦恼的菩提》《佛度有心人》,王九菊编《甘肃近代妇女文集》。中共镇原县委组织部编《镇原县离休干部风采》,中共镇原县委宣传部编《镇原历史人物》,平泉中学编《平泉中学校史》,秦颖儒主编《周仁山同志诞辰百年纪念文集》,刘志荣编《文史杂识》,马建仁编《庆阳饮食文化》,徐克瑜著《诗歌文本细读艺术论》,杨佩彰著《镇原文化概论》,李建华著《资源型城市可持续发展研究》,刘镜编《面向群众》,曾在镇原任职的县外人士何惧著《爱国主义教育报告汇编》,秦汝哲著《热血春秋》,刘善修著《峥嵘岁月》,陈礼昌著《陈礼昌文纪》,侯钧著《和谐改变命运》慕政重主编《作文指南》,许四德主编《长庆企业文化》等。

内部发行的有镇原县政府编《甘肃省镇原县地名资料汇编》王宗琪著《镇原县民俗应酬杂集》,刘治虎著《镇原农田水利建设五十年》,田树智等编《当代镇原名人文典》共 4 集,杜锡章著《镇原经济研究》《四字致富经》,姚生田著《苗情反思》《苗情反思续集》,李兆明著《探古溯源话李姓》,金希明著《陇东根据地体育》,郭新科著《风云七十年》,康希善著《生沽纪略》,常文昌著《潜夫论研究文集》,何伟著《企业公共策划学》《庆阳消费指南》,杜元寿著《镇原县屯字塬杜姓族志》《杜元寿论文集》,张洁主编《庆阳旅游》,慕甲騉《慕少堂传略》,窦兴文主编《潜山师论》,陈自贤著《读史漫记》,田得霖著《风雨路》,李潭主编《太平乡土情(一)》,朱安平编《镇原史话》(与赵宝玺等编同名),尤志芳著《采芹集》,李韬章著《风雨人生》,张自强著《镇原闻见录》《镇原县开边乡二十里铺自然村村史》,田树智《我俩生平纪略》《家族纪略》,张育国编《张育国教授著述录》,罗骁、祁学明等编《难忘的岁月·镇原纪事》,镇原县教育局编中小学乡土教材《美丽家园》,贾立著《翠云笑杂谈》,陈治业著《岁月留痕——我的父亲陈添祥革命述录》,田国基、杜若愚编《粹德集》,中共镇原县委党史办编《陕甘宁边区陇东的军事斗争(下)》《镇原县现代人物志》《镇原英模人物名录》《建国 55 周年镇原县大事记》《春华秋实——镇原改革开放 30 年回顾与思考》《中国共产党镇原县代表大会资料》《中国人民政治协商会议镇原县委员会全体会议资料》《镇原县人民代表大会会议资料》《镇原县深入学习实践科学发展观活动纪实》,中共镇原县委组织部编《镇原县建国前加入中国共产党人员名录》《镇原县先进党支部一百例》《镇原县情概况》，镇原县教育局编《镇原县教育志》，镇原县交通局编《镇原县交通志》，镇原县地志办编《图片镇原》，魏虎德、田有常著《庆阳古代史略》，郑世昌编《健康人生》，镇原县政协编《镇原文史》第一至四辑，平泉中学编《平泉中学校史（续）》，镇原县文化局编《镇原革命文化史料集》，县武装部编《镇原县军事志》，镇原中学编《镇原中学校史》，孟坝中学编《孟坝中学校史》，镇原县农牧局编《农牧业实用技术手册》，镇原县农业区划办公室编《甘肃省镇原县畜牧资源调查与区划报告》《甘肃省镇原县综合农业区划》《甘肃省镇原县土地资源调查与土地利用区划》《甘肃省镇原县水土保持区划报告》《甘肃省镇原县水利化简明区划报告》，镇原县气象局编《甘肃省镇原县农业气候资源分析与农业气候区划》，镇原县乡镇企业、区划办编《甘肃省镇原县乡镇企业区划报告》，镇原县县域规划办公室编《镇原县县域规划》，张得祥、姚天佑、祁世权编《镇原县图书馆志》，甘肃省镇原县土壤普查办公室编《甘肃省镇原县土壤志》，刘瑄玑编《镇原县戏曲志》，镇原县水务局编《镇原县农田水利建设五十年》。

四、自然科学类

正式出版的有张志元参编《生态环境与空气污染监测方法》，马新学著《陇东原区水保成果开发和利用途径研究》，张治仓编《无线电工业技术词典》、翻译俄文著作《磁性材料论文集》，周凤翰著《高中数学解题的基本训练》《初中数学复习题解》《高等几何习题解》，张育国著《学校篮球代表队训练指导》，牛力著《办公电脑速成操作技巧》，牛成喆著教材《经营者股票期权激励机制—基本理论和会计操作》，主编教材《财务会计学》，段思栋、孙守华合著《难治病中医辨治思路和方法》《麝香保心丸》，贾进禄著《中医内科方歌决》《生殖病的中医治疗》，田九畴著《畜禽神经解剖学》《畜禽解剖学及组织胚胎学》《家禽解剖学图谱》，译著《兽医组织学彩色图谱》，孙守华、周湘哲编《小金丹》，孙守华、秦志福编著《以毒攻毒：名老中医剧毒中药运用经验集》，孙守华编著《紫金锭》《有毒中药合理应用·马钱子》《梅花点舌丹》，镇原县中医学会《中医医案方药选》。

内部发行的有张有成编《镇原县疾病预防控制中心年鉴》，杜元寿参编《植物生理学概论》，许四德主编《鄂尔多斯盆地油气勘探开发理论与技术》《大气田的崛起》，曹巍编《镇原县叶蝉种类调查》《镇原农田鼠害与防治》《杏树病及其防御》《镇原县农林常见昆虫与啮齿动物志》，曹巍与蒲崇建等合著《甘肃东部农林昆虫种类与鉴别》，张树波著《陇东农作物主要病虫害发生测报与防治》，范济仁著《中医脉学纲要》，贾顺乾著《中医诊断手册》《中医治疗手册》，马伟与赵元贞合著《青海考察记》，朱维阳著《医海宝笺》《妙方汇集》《药性配伍歌》，赵诚编《验方百例》、翻译俄文书《慢性肠胃炎问题》，侯钧著《现代佛法医学佛与心篇》《佛医修学指南》《佛医缘起需要》《调治身心疾病》《百病自治大全》，张继刚参编《妇产科急重症的抢救》，张生虎编《初中教学题解》，编教学工具书《修辞知识小札》《古汉语知识粗札》，镇原中学课题组编著《特色校本教材丛书（学会做人 学会求知）》，罗勇著《普通高中新课程改革通识读本》等。

第七节 文学艺术创作

一、诗歌

《诗经·大雅》中的《生民》《公刘》及《诗经·豳风》中的《七月》等篇均包括县域先民在内的豳地人民最早的诗歌创作。

北魏时期，有胡太后《杨花词》、胡叟《示所知广平程伯达》等传世，其中《杨花词》被中国文学史称为北朝代表之作。

唐代，陶翰创作《出萧关怀古》。宋代，魏野创作《登原州城呈张賁从事》。明代，许理创作《在任思亲》，邹应龙创作《道经丹阳题潜山许公祠》。

清代，知县宗书与原州七子贾胪乙、常太一、张善祖、贾衣之、张善述、田元培、田心培等皆善诗赋，与流俗异趣。焦承宣的《陕回窜甘太平镇先被焚掠》、张祖绪《咏史诗》、郑国治《平凉溃兵过境抢掠》及民国慕寿祺《喜雨歌》、张宸枢《潜山怀古》等诗作，纪事历史，诗韵独领风骚。

1958 年"大跃进"及"文化大革命"期间，提倡全民作诗，但绝大多数纯属罗列政治口号，艺术性较差。1980 年代，县内出现一批青年诗歌作者，1990 年起，初步形成诗歌创作群体，至 2010 年，创作队伍达 200 余人，省级以上刊物发表诗歌 1700 余首，其中在国家级报刊发表诗歌 260 多首，在国内产生一定影响。新体诗代表人物有郭晓琦、袁俊宏、刘鹏辉、申万仓、秦铭、鱼自灵、刘立堂、包雨蕾、潘正碧、郑苏青、刘玲娥等；古体诗代表人物有梁希孔、刘金玉、张元印、范天合、贾立、李尊儒、段安邦、张维、刘信、赵亚东、冉国胜、甄天赦、贾璞、杜经枢、陈自贤、慕思恭等。刘金玉的律诗多次在《书法导报》《甘肃诗词》发表，郭晓琦、刘鹏辉等人作品多次入选《中国年度诗歌》，申万仓、秦铭、刘鹏辉、刘金玉等人诗集被省级以上出版社出版，郭晓琦诗集《穿过黑夜的马灯》入选 21 世纪文学之星丛书。全县有 17 人作品曾获全国及省级文学奖、市级"五个一工程"奖，郭晓琦曾获第十届中国华文青年诗人奖、甘肃省第二届黄河文学二等奖，袁俊宏的诗作《与太阳干杯》获昆仑文艺诗歌创作一等奖。中国楹联协会会员张元印创作对联 6000 副，格律诗千首，200 多首发表于《中国楹联报》等报刊，并多次获全国性诗联竞赛一等奖。刘鹏辉自由诗《荷包》刊于 2005 年《诗刊》12 期，《梧桐树》刊于 2008 年《人民文学》第 2 期。

二、小说

早在抗日战争时期，王文才著小说《长征鞋》《红军帽》《两代人》。1980 年柏原（王博渊）开始发表作品，著有小说集《红河九道弯》等两部，短篇小说《喊会》获 1987 至 1988 年全国优秀短篇小说奖、甘肃省敦煌文艺第一、二、四届文学一等奖，小说《在那个早晨》获全省文学评奖优秀作品奖，《西望博格达》刊于《小说月报》。1980 年代后期，鱼舟、李志文在《飞天》发表短篇小说，鱼舟短篇小说集《这儿的天空蓝莹莹》出版发行。1990 年起，小说创作队伍逐渐壮大，王博艺、马靖国、李伟东等崭露头角。农民作者王博艺在省内外报刊发表作品 20

余万字，曾9次获省、市文艺创作奖，其长篇小说《社火》，被国家文明办、文化部列入农村文化读本出版。王玲在《北斗》杂志发表短片小说《下棋》《愚人节的故事》。2000年起，李树春、冉赟贤等创作发表多篇小说。甘肃省作协会员鱼舟小说《生儿不用识文字》刊《飞天》文学杂志，获省文联颁优秀作品奖。王琴出版短篇小说集《跪着的女人》等。

三、散文 杂文

镇原文人作品较多，古代的多已失传。明代有许理《奏晁太监疏》《请黜不职疏》、李东阳《重修镇原县庙学记》等。清代有张述辕《寇氛记》、张继孔《为邑灾民请粮上黄道台书》、刘曾《汉关夫子春秋楼记》。民国有慕寿祺《请实行尊孔疏》等。

1956年起，一批文学性较强的作品不断涌现，张得祥的儿童文学《一本新书》发表于省级报刊。白新文作品散见于全国各类报刊、书典，其专集120多万字。论文主要有《庆阳文化概论》《庆阳民间文艺综述》《陇东通情》《非物质文化的保护与传承》等。文学、曲艺、音乐、电视专题片在省级和国家级报刊发表60余件，受到全国艺术科学规划领导小组、文化部、甘肃省政府奖励。1959年为庆祝建国10周年，全县掀起群众性的创作热潮，出现一批以“大跃进”为题材的文学艺术作品，艺术质量欠佳。1960至1962年，人民生活困难，文学艺术创作出现低潮。1980年起，镇原散文、杂文创作开始繁荣。主要有袁俊宏、张宁、张得祥、白新文、白生金、王博栋、张占英、杨佩彰、张晓波、石黛莲、李儒峰、张纯锦、王进明、张宏、姬文海、赵利军、李辅子、邢莉等。张宁的代表作《渤海岸边守灵人》，在中央电视台、河北电视台滚动播放两周。郑好文《从远古走来》串联解说词，中央电视台和青海电视台在1998年春节文艺晚会上播出。张永年纪实散文《山里人》，2001年获全国城市电视台长片一等奖。张占英的《中国村官》《第一书记》等系列丛书出版发行，《中国村官》被人民日报出版社确定为“庆祝中华人民共和国成立六十周年重点图书”，获“庆阳市五个一工程暨梦阳文艺报告文学类一等奖”，2010年进入宁夏、甘肃、浙江等省“农家书屋”，被福建、广西等省选为干部读物。鱼济洲的《快乐的炊事班》，在西藏军区汇演中获一等奖。秦铭的散文《刀客》，2010年获全国散文作家作品二等奖，并被北京、广西编入《中学生课外读本》。鱼舟散文《绝壁石空寺》收入《甘肃省50年文学作品选集》，《昭然潜夫山》在《甘肃日报》发表。

第八节 报 刊

一、报纸

《救亡导报》 民国二十七年（1938年），镇原县抗敌后援会在县城创办，8开2版油印，不定期出版，由赵守一负责编辑、缮写、发行，不久停刊。

《群众生活》 抗战时期，边区镇原县委在孟坝创办，县委宣传部主办，8开油印。

《镇原群众报》 民国三十五年（1946年）春，边区镇原县孟坝小学教师沈其东与贺老师自发创办，8开手刻油印，仅办1期停刊。

《广播快报》 1952年9月，县委宣传部创刊油印《广播快报》，刊登广播电台新闻，每周 1 期，周五发行，发至机关单位，《镇原报》发行后停办。

《镇原报》　1956 年 6 月，中共镇原县委成立镇原报社，创办《镇原报》，为 4 开纸 2 版石印周报，每期 1500 份，分赠区、乡政府、完小及县直机关单位。县委宣传部副部长安维哲任主编，编采人员陆续调至 6 人。8 月，交邮局发行，发印量 2400 份。《镇原报》以群众和基层干部为主要对象，坚持全党办报、全民办报和通俗化方针，除配合党的中心工作等宣传报道外，辟有“党的生活”“时事讲话”“广播台”“建设社会主义的人们”“新鲜事”“宣传员讲话”“讲时事”“学文化”“说古道今”“新人新事”“社员呼声”“开心钥匙”“知心话”“照镜子” 等栏目。12 月，购置铅印设备，建起报社印刷厂，职工 20 多人，第 32 期开始铅字印刷，4 开纸 4 版，周四出版，发行量 4000 份。1957 年 12 月报社撤销，报纸出版至 83 期停刊。1958 年 5 月恢复报社，复刊《镇原报》，李生浩临时负责，报社及印刷厂共有职工 30 多人。1959 年 5 月，发行至 162 期终刊。复刊期间曾宣传报道共产风、浮夸风、高指标、拔白旗等“左”的错误倾向和思潮，造成不良影响。

《青年红旗报》　1958 年 9 月 1 日，由共青团镇原县委在县城创办，8 开 4 版，石印，不定期出版 16 期，1959 年 3 月 8 日停刊。

《联总战报》《东风》　1966 年 12 月，“文化大革命”中，县内几派群众组织自办油印小报。联总组织办《联总战报》120 期，东方红组织办《东风》报 108 期，均为 4 开 2 版，内容主要登新闻和批判所谓“走资派”文章，1968 年 5 月，县革委会指示其停办，材料以非法印刷品全部焚毁。

《镇原科技》　1977 年 1 月，县科委、科协创办，16 开铅印，不定期出版，每期 3000 份，发至全县各公社和县直部门，并与各省、地、县 260 多个科技单位交流，1982 年 10 月停刊，共刊出 18 期。

《创新报》　1999 年，城关中学创办，月刊，8 开双面，先为油印，后改为胶印，每期发行 1500 余份，至 2010 年底发行 102 期。

《镇原时讯》　2009 年 9 月 28 日创办，为镇原县委机关报，由外宣办主办，4 开 4 版，副刊为文学版，每周 1 期，至 2010 年底发行 3400 份，免费赠阅。

二、刊物

《镇原周刊》　抗日战争时期，由国民党镇原县政府创办。

《群众文艺》　1975 年，县文化馆创办，刊出 15 期，印刷 6000 册，1981 年停刊。

《镇原科普》 1983 年 2 月 1 日，由县科委、科协创办，月刊，8 开 4 版，铅印，每期 3000 份，发至全县各公社和县直部门，并与各省、地、县 260 多个科技单位交流。至 1985 年底，刊物发行至第 31 期，后改为不定期出版，再发行 60 余期，1996 年停刊。

《镇原教育》　1994 年 1 月，镇原县教育局创刊。

《镇原县中医院院刊》　1998 年 1 月，县中医院创刊，至 2010 年，出刊 4 期。

《镇原县第一人民医院院刊》　2001 年 3 月，县一院创刊，刊出 24 期，2008 年停刊。

《潜山学苑》　2003 年 1 月，镇原职业中学创办。

《潜夫山》 2005年5月县文联创办，属文学杂志。至2010年，出刊7期。

第九节 书 画

镇原人民历来爱好书画，代代传承，历史悠久，且书画装裱考究，大小、样式、颜色均有一定规矩，品味高雅，无论城镇乡村，大家小户，贴字挂画，蔚然成风。每逢庆寿、贺喜、丧葬诸事，农村都要书写悬挂牌、匾、幛、轴、屏、中堂、对联、条幅等，其中大部分属于雅俗共赏的佳品。

镇原书法、绘画兴于汉代。东汉末年政论家王符爱好著书、写字，其书遒劲豪放，笔雄墨秀，求者喜不自胜，端悬于堂屋。兖州刺史、武威太守李恂擅长书法，每次回乡，带回字画条幅分赠乡友，大家视作珍宝。东晋十六国时，胡方回所书《虵祠碑》，名播赫连国。北魏胡太后能诗善书，名扬全国；胡叟书文兼优，章法严谨。唐代进士皇甫镛，尤工诗书。五代十国时，前蜀王宗祐，善书法，诸体皆工；后周显德年间，王献可所书彭阳西禅院碑，苍劲俊秀，功力不凡。宋代进士胡顺之曾任试秘书省校书郎，善书法。元代邢宽、邢文举皆镇原州著名书法家。明进士、兵科给事许理与南京、四川道检察史张凯及进士、援工部主事张琡，都是当时善书法的官吏，寓民间礼俗风情于毫端，均留有凝重墨迹。贡生段有光所书李氏墓志，字如珠玑。清初成名的"原州七子"，均为当时书法名家，聚会潜夫山麓"二岑"书屋，切磋诗书，泼洒翰墨，有字逐"风雷"之势。

清代中后期，书画名家层出不穷，书德法度严谨，技术精湛，各人自成一体，"墨乌黑，字方正，笔光润"。清乾隆时任知县的山东人冷文炜，善书法，名气大，家有冷字不算穷的说法世代流传。嘉庆进士、翰林院庶吉士刘之霨、贡生刘炽、优廪生慕启运书法神逸飘渺，给人以古朴清雅、肃穆闲逸的印象；同治举人赵其昌书法尤为精湛，名扬河州；张宸枢擅长书法，喜于辞章，无事即染翰临池，经过苦心钻研，楷书笔功遒劲有力，结构严谨，笔墨饱满，入木三分，其草书笔法潇洒，气势磅礴，墨触圆润，形体秀丽，盛名陇东，跃入西北书法名家之列。张炳麟擅长书法，亦善墨竹，书法刚劲、潇洒、秀丽、有力，墨竹风、晴、雨、露分明，竹竿直斜适中，竹叶稀疏合度。张玉玺善行书，字体饱满，笔力雄厚。焦国理、焦澍生以柳体草书见长，走笔健若惊龙，飘若浮云，骨力遒劲。中原才子宋运贡、江南才子冯炳枢在镇原任职期间书写大量书法作品。光绪进士李清鑑、举人慕寿祺、宣统岁贡范际春皆为书法名家。

民国时期，张文德、蒋瑞清师承颜欧体法，丰腴妍润，气度不俗。张继先、朱廷珂、焦国宝楷书秀丽潇洒。张元三篆隶苍劲古朴。刘福庵善画鸟，张清儒善墨竹。碑学名家张孝友、留日学者刘养锋，享誉陇东书坛，其作品流传海外。诸君或书或画，各领风骚，为镇原增添书画风韵和色彩，促进镇原文化发展。抗战时期，东北、华北、中原等地流亡书画家王梦扬、周奇峰等到镇原任教，培养一批书法、绘画学生。徐悲鸿弟子张梦骥在泾川、庆阳任教，段思坎等拜师学艺，整理印刷国画教材，为镇原美术事业发展奠定基础。

1949年11月，郭中和、段思坎选编出版《民风画集》。"文化大革命"中，古画被列为"四旧”，搜抄焚烧，很多珍品失踪灭迹，而有不少人冒着政治风险收藏，才使一些名人佳作幸免于难。部分群众家中藏有宋徽宗、唐寅、李藩、董其昌、匡冀之、八大山人（朱耷）、文征明、黄慎、郑燮、廖培坤、何绍基、左宗棠、潘祖荫、于右任、齐白石、张梦骥等书画大师笔墨真迹。临泾乡秦继堂珍藏60多位古今名人字画100多幅。1970年代，涌现出邓博五、段思坎、蒋玉书、张廷柱、朱民勤、姚天佑、张明华、李尊儒、谢登第、张秉文、张丕慧、卢富国、秦柱国等书画名家。邓博五从事翰墨生涯60余载，精于魏碑帖法，自成风格，笔力遒健，所画竹子、兰草，水墨淋漓，意境优雅，有40多幅作品在国内多种报刊发表，不仅为陇东人民所喜爱，而且得到日本友人青睐。蒋玉书以楷书见长，其字秀丽俊逸，圆润工整，作品“十八鹅”，形象生动，独树一帜，流传甚广。张廷柱书法笔力刚劲。段思坎毕生致力绘画创作，其花卉山水、围猎图、八骏马、松鹤图，出神入化，栩栩如生。朱民勤博古庄重雅致，工笔、写意兼备。朱民勤绘画《博古图》、蒋玉书草书《十八鹅》、张相儒篆书《百寿图》被省内外行家誉为镇原“三绝”，也成为书画爱好者习学的样板。张丕慧创作的年画《山川尽染》1976年由甘肃人民美术出版社出版发行，《铁道女卫士》1977年被香港三联书店向海外发行。

中共十一届三中全会后，书法艺术蓬勃发展，书画创作百花竞艳，新涌现出景维新、赵宝玺、张鸿祺、陈可久、秦浩元等书法名人，及申玳、张勤善、景中道、郑好重、康士浩等绘画名家。1980年，邓博五、谢登第书法同获鲁南之光国际书画大赛优秀奖。1981年5月，县文化馆举办书画展，展出古今名人墨宝100多幅，并到西峰巡展。1983年，成立镇原书画学会，吸收会员118人。1985年，县政协举办全县书画展，邀请省城书画名家现场点评，挥毫交流，促进镇原书法创作发展。1986年10月，成立兰州飞天书画学会镇原分会，接收会员22人，至1988年，先后七次组织有成就书画者到陕西黄陵、兰州、平凉、安口等地开展交流活动，省内外书画名家亦纷纷来镇原切磋、传授技艺，办展览、学习班，为镇原培养大批书画新人。

1990年起，陈少伯、何军油画，毛至诚仕女图、祁恩富工笔牡丹，包建新、金希明、焦宏泽、慕世旺、祁世权、包应己、梁五俊、陈得禄、邓相儒等书法，各具特色，享誉陇上乃至全国。刘金玉擅长篆书、篆刻，其书法、篆刻作品多次获全国奖项。1991年，成立省硬笔书法家协会镇原分会，吸收会员52人。县内还有不少书画名家被接收为省群众文化学会、省书协、省美协、陕西于右任书法学会、陇东书画学会会员。接待全国各地书画名家观摩、交流，开阔书画爱好者视野，提高书画爱好者创作水平和收藏者鉴赏水平。

1997年，县委宣传部、县文化局组织举办迎香港回归书法、绘画暨民间工艺品展览，选展作品668件，从展品中精选书法作品155件、绘画85件、民间工艺品121件和民间收藏书画51件，汇编出版《潜夫故里书画集》4000册。慕世旺、赵宝玺出版有书法作品集。

2000年后，形成一支实力雄厚书画队伍，涌现出杜永耀、景维新、郑墨泉、郑国斌、王博如、鱼新峰、张锋、段建华、张维新、席浩林、张永琦、徐廷福、刘鹏飞、马立武、宁金鹏、李国平、张波、董小宁、张维及邢博川、冉世军、史化勤、朱安平、任维忠、刘正恩、卢旭东、白建涛、张学文、王鹏、张惠荣、芮自解、安宪林、姬文新、慕欣荣、徐进、张保龙、朱晓昀、任志忠、刘玉珍、刘策、姬文海、席廷昭、马广平、张灵童、常升、刘勇等一大批书法、绘画新秀。

2004年10月,成立镇原县老年书画协会,参加会员120多人。2006年4月,成立镇原书法家协会、美术家协会,分别有会员450人和61人。2007年,苟益谦在西峰创办庆阳书画艺术研究院。姬文新为迎接奥运会专门创作《千古一春》长卷,画2008朵形态各异的牡丹,全长145米,创作过程得到中央电视台7频道专题采访报道,长卷于奥运会期间在北京展出,获国内外专家、学者好评。2008年7月,景维新在兰州创办甘肃当代画院,朱安平创办甘肃九鼎书画艺术研究院。8月,组建镇原书协书法培训班。大众文艺出版社、新华出版社出版朱安平书画专著《中国画论》《画梅论》《中国画意象造型论》《吴昌硕艺术研究》和画集《铁骨梅花》。2009年5月,成立镇原县屯字镇书法家协会,吸收会员43人。

2010年,全县书画爱好者达22万人以上,专业和业余书画创作者3万多人,有国家书协会员12人,省级会员52人,市级会员246人,县级会员780人;国家美术家协会会员2人,省级会员20人,市级会员24人,县级会员48人;国家版画协会会员1人。全县集书画装裱、展览、购销、经纪于一体的门店200多家。先后举办全县中青年书画展、中学生书画展、泾河流域政协联谊会书画展、镇原县首届临帖展、中国书协培训中心镇原书法创作班学员作品展、廉政书画展、庆祝中华人民共和国成立60周年书画展、镇原县首届中国画作品展、"中国书法之乡镇原"命名授牌名家邀请展,先后举办镇原县首届书法绘画收藏展、香港回归书画展、全县农民书画展、郭原乡寺沟村农民书画展、改革开放二十周年全县书画展、建国50周年书画展26场次,蒋玉书、祁恩富、芮雪、杨万有、段秀丽、慕世旺、慕欣荣、景中道、朱晓昀、朱安平、张锋、王鹏、刘金玉、苟会峰、李全德、刘玉珍、张效文、刘振国、阎天惠、包应己、贾岩、郑培亮、张永琦、董小宁、段建华、卢旭东先后举办个人书画展,张维新、张锋、谢晓涛等举办书法绘画培训班,培养书画新苗。有500多人次在省、地和全国各类展赛中入选或获奖,接待全国各地书画名家300多人次,有十多位书画家走向全国各地办展交流,210多幅在国家级和省级刊物上发表,60多人次作品被港、澳、台及东南亚国家和地区的爱好者收藏,使镇原书画逐渐成为文化主流。

第十节 摄影 摄像

镇原最早的照片摄于宣统元年(1909年)二月和八月,为美国探险家罗伯特·斯特林·克拉克组建的中国北方科学考察队给镇原县福音堂女子学校教师女传教士裴安礼(Petersen)与女生合影、镇原妇女佩戴的奇特头饰和县城附近沟壑砂岩地层等照片。民国二十四年(1935年),《重修镇原县志》载潜夫山柏树、王符墓等照片25幅。二十六年,刘伯承在县城与国民党县长邹介民合影,均为县内早期黑白照片。中华人民共和国成立初,县城成立一家私人照相馆,用暗箱架式相机、黑白胶卷拍摄,手工冲洗。1962年,成立光明照相馆。1960年代末期,公安局、农业局、县委报道组等单位购回120和135手提式相机。1970年代,摄影爱好者有70多人。1973年开始,手工放大,并在黑白相片上用颜料染色。县医院、

丰收　任建陆摄

麦田乐　王志强摄

各公社电影队开始购用相机。1980 年代起，私人购买使用相机，摄影爱好者与日俱增。

1985 年，开始使用彩色胶卷照相，拍摄出许多优秀作品。景中道 30 多年积存摄影底版和影片资料 2600 余份。王志强摄影作品《黄土地》，发表于《中国摄影》，《大地之魂》在今日长征路摄影艺术联合展览中获二等奖。1990 年 5 月，县广播站首次使用录像机拍摄，制作录像碟盘。是年，太平镇张宁发表摄影新闻 30 多件，其中报告文学《渤海岸边守陵人》主人公赵贵森被拍成电视片，在河北电视台和中央电视台播出。县委报道组亦开始使用录像机录像，制作影像新闻通过电视插转台播放。在 1995 年，使用彩照扩印机。2002 年，国有照相馆改制，民营照相业纷纷兴起，占领市场，县城有光明、贵夫人、百花、薇娜新娘等相馆。2003 年起，进入胶片相机和数码相机混合使用阶段，机关会议、节庆、文艺、体育活动及民间开张、婚嫁寿丧等活动在照相的基础上均录像留念。2006 年，胶片淘汰，进入数码照相阶段，电子介质开始储存照片，手机照相逐渐普及。

第十一节　戏　剧

一、演出场所

清代和民国时期，戏剧演出多在神庙、祠堂、学校、民家大宅或露天场地进行，全县有演出庙宇、宅院 167 座。中华人民共和国成立后，县、乡开始修建影剧院和戏楼。

县影剧院　1956 年，县政府投资 8000 元，剧团投资 6000 元，在新巷子东侧修建土木结构剧院人民会堂，可容纳观众 1300 人。1982 年，人民会堂拆除，政府投资 38 万元，在原址重建砖木结构无柱影剧院，设固定座位 1100 座，成为县城戏剧文艺演出、电影放映及大型会议场所。

乡村剧院　中华人民共和国成立后一段时间内，沿用旧时庙宇、戏楼、宅院。“文化大革命”期间，庙宇、戏楼毁坏严重，房屋、土地多被学校占用，戏楼仅存太平兰家庙、临泾祁家庙、蟠龙山、南川大娘娘庙等 6 座。1978 年起，各公社陆续修建露天剧场 30 座。2000 年起，新农村建设步伐加快，乡村新建剧场 38 座，各行政村均建文化广场，设露天舞台。

二、演出团体

戏班 清时戏班多为哥老会组织，称江湖班，领班人多为哥老会大爷，戏箱为哥老会大爷所有，演员多为流散艺人。宣统年间，肖金镇下刘村刘永和组建镇原刘家戏班，在县城、屯字塬、董志塬一带演出。民国三年(1914年)，平泉镇秦铺武生名角秦良栋组建秦家班。九年，临泾田宝霖、田祖稷组建田家班，城关席进宝组建席家班，张正业组建张家班。十六年，任治年、朱廷禄、祁功臣联合组建任家班。十九年，何文俊、路长征、祁功臣联合组建何家班。二十五年，中原郑福海、黄三德组建郑家班和黄家班。二十九年，三青团县团部组建官家班，由团干事罗文领班，太平人刘清玉组建刘家班。三十五年，屯字李虎山组建李家班，均在镇原城乡和泾川、平凉、固原、环县、庆阳一带演出，剧种以秦腔为主，演员学艺皆为自学或以师带徒学习。各戏班演员以书来(白忠孝)、任国栋(月月)等30多人最为出名。田家班子各角俱佳，净角有畅麻子，须生有杨盖名，青衣有早胜红，小生有武存儿，花旦有辣子红，丑角有杨胡子，武生有喜娃子(常俊德)，武旦有生娃子，二花脸有黄拐子，极受观众欢迎。上肖白沟圈白氏四兄弟均为名角，各有所长，贵来(白忠海)擅长丑角，书来(白忠孝)擅长须生，二人合演《烙碗计》《白帝城》，名扬陕甘宁数省；广才(白忠信)亦擅长须生，演出过300本传统戏；广元(白忠义)擅长刀马旦和丑旦。路占文的板胡、路占俊的前场过门等最为出名。陕甘宁边区时期，边区县政府在孟坝成立民教馆，组织分散、零星毛巾艺人成立小剧团、秧歌队，自编自演节目。中华人民共和国成立后，戏班部分解散，部分改造为乡村集体剧团。

镇原县秦剧团 1951年6月，组织部分老艺人、接收中学生十多人，成立县文艺工作队，实行改制、改人、改戏“三改”政策，新旧结合，干部、学生实行供给制，艺人实行分红制，排练新戏和传统戏，聘请县内武术专家李建恩、王瑕龄传授武功，将20岁以下15人编为学生班，设文化教员和历史教员开展文化课学习，采用以师带徒、跟班学艺办法，速成培训演艺技能。1952年，文工队改称人民秦腔剧团，实行自负盈亏。1953年，改称“六一”秦腔剧团。1954年3月，吸收培养新学员12人，其中女学员5人，开创剧团吸收女演员先例。1955年起，改账分分红制为固定工资制。1963年1月，县秦腔剧团并入庆阳地区剧团。1966年，地区剧团给镇原分设7人“乌兰牧骑”宣传队，吸收学员，成立文工队。“文化大革命”开始后，文工队部分人员成立新文艺战斗队。1968年11月，文工队并入毛泽东思想宣传站文艺组，将20岁以下15人编为学生班，设文化教员和历史教员开展文化课学习，采用以师带徒、跟班学艺办法，速成培训演艺技能。1972年，宣传站解散，恢复文工队建制。1980年，文工队改为文工团。1983年，文工团改为秦腔剧团。净角演员马裕斌善演包公、贾似道，在陇东一带较有名气；后起之秀杨建儒在《三对面》中扮演包公，获甘肃省第一届青年演员大奖赛二等奖。1990年，剧团实行财政差额供给，定额拨款10万元，主要用于解决演职、退休人员工资。2006年后季，剧团人员工资恢复财政差额拨款。2007年，县秦剧团加挂县艺术团牌子。2008年起，剧团职工工资恢复财政全额拨款。

至2010年，全县先后招收7届科班，男女学员75人。出名学员有王兴邦、陈文俊、杨俊清、张建国、王建忠、李应魁、安世全、贾鸣、祁延爱、戴兴民、李小惠、贾佳丽、任湘兰、乔俊英、杨浩勤、窦秀兰、刘翠珍、方宝琴、张秀梅、马申瑞、祁乐民、亢鸿海、许百恩、张爱峰、梁芝英、李丹宇、孟成道、蔡文伟、段秀丽、耿灵芳、杨建儒、杨志权、张小平、安炜、樊丽、刘晓梅、佟红梅、何春芬、慕启隆、王思宇、慕红霞、李云、包淑霞、段建伟、路平、姚琼、董凤霞、白耀武、胡建国等，大部分成为剧团业务骨干，部分输送到省、市及外地剧团，跃入陇上著名演员行列，部分转行，兼职业余文艺指导。县剧团有演职人员 52 人，其中国家二级编剧 1 人，三级演员 7 人，四级演员 20 人。

乡村剧团　人民公社化后，兴办集体业余剧团。1960 年，开边公社解放大队成立业余剧团，利用农闲季节向群众演出。1963 年 1 月，社队集体发展业余剧团 24 个。1964 年历史戏禁演，业余剧团解散。"文化大革命"开始后，各公社、大队、学校、工厂组建"乌兰牧骑"式宣传队，排练革命样板戏、小型舞蹈、曲艺等节目，深入农村田间地头进行宣传演出。

1979 年起，民营剧团恢复繁荣。1983 年，相继组建城关常山春风、开边解放、屯字阳宁、南川河李、中原原峰、武亭等 10 家民营业余剧团。1984 年，成立城关祁川业余剧团、屯字剧团、阎孟剧团。1985 年，全县有业余剧团 11 家，皮影戏班 24 家，木偶戏班 2 家，演艺人员 998 人 。1996 年，成立百花戏校，招收培训学员 20 人，后改为百花剧团，演出几年后解散。2000 年，成立彭阳民营剧团。2010 年，全县有民营秦剧团 2 个，皮影木偶戏班 1 个。

三、剧种　剧目　演出

镇原流行剧种主要是秦腔，其次有眉户、陇剧、话剧、秧歌剧等。清时主要演出《八义图》《进妲己》《春秋配》《望月楼》《甘宫带》等古装戏 100 余本，大多反映帝王将相、才子佳人之事及神鬼戏。一般开演前先演一折《天官赐福》或《刘海撒金钱》等神戏或吉祥戏。道光年间，县城刘三级创作《送穷神》，光绪年间，姚家川贺廷荣创作《烟鬼赋》，均被改编搬上舞台。民国时期，倡导改良戏曲，禁演诲婬、诲盗及迷信颠怪剧目，但仅改头换面，收效不佳；演出剧目逐渐增加，有《大香山寺》《马武取洛阳》《忠保国》《双出关》《开国图》《锦绣图》《富贵图》《三探妻》《斩韩信》《双合印》《牧羊卷》《白帝城》等 300 多本秦腔戏；皮影戏、木偶戏兴盛。

陕甘宁边区时期，陕甘宁边区文艺工作者遵照毛泽东《在延安文艺座谈会上的讲话》精神，大胆创作，为抗战服务。边区县政府组织分散、零星毛巾艺人自编自演短剧十多幕，巡回各区演出。陕甘宁边区文协主席柯仲平以马渠民兵营长王存仁及其领导的民兵斗争事迹为素材，创作歌剧《无敌民兵》，在陕甘宁全边区巡回演出。王文才一面打仗，一面创作歌剧《国家至上》、歌舞剧《昆明惨案》、话剧《抢妹子》、历史剧《武松与阳谷县令》等十多部。三十一年（1942 年），孙澍恩编写《边区是个好地方》。解放战争时期，杜锡瑛任《陇

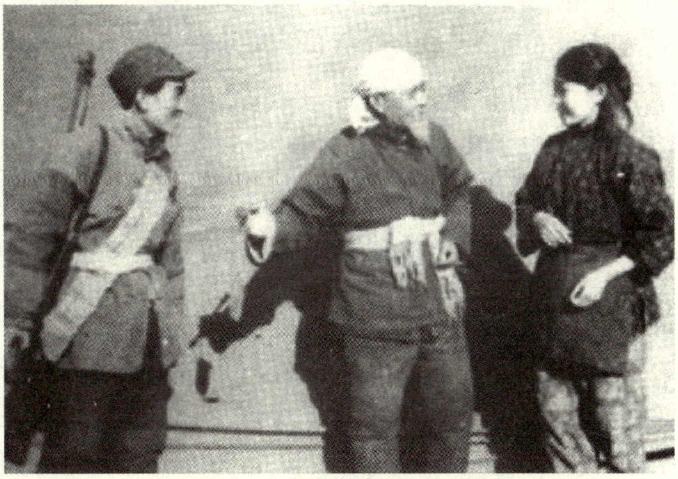

民国三十四年《无敌民兵》剧照

东报》记者，创作快板《王寨塬官逼民反闹革命》等独具特色说唱新闻及紧密配合斗争形势的新民歌、新民谣，为报纸宣传大众化、地方化、通俗化做出贡献。

中华人民共和国成立后，剔除封建糟粕、吸收民主精华，对旧剧进行甄别改造，上演剧目有《血泪仇》《官逼民反》《闯王进京》《黄巢》《逼上梁山》《斩马谡》《徐州革命》《苏武牧羊》《卧薪尝胆》《八大锤》《吕四娘》《岳母训子》《紫金冠》等183本；改编剧目有《玉虎坠》《三滴血》《血手印》《辕门斩子》等67本。遵照"百花齐放、推陈出新"方针，创作出大量反映社会主义时代、表现无产阶级思想感情、塑造社会主义时代革命英雄人物作品。在创作体裁、形式、题材方面比过去都有所拓宽。1950年11月，县委宣传部牵头，从学校抽调爱好文艺的教师、学生，结合社会进步艺人，组建38人的土改宣传队，创作一些宣传土地改革、新婚姻法、抗美援朝、"三反""五反"方面的演唱、快板、秧歌剧、话剧、歌曲，到各区、乡定点宣传演出5个月。

1951年6月，县文艺工作队排练新戏和传统戏，聘请南川武术专家李建恩、王遐龄传授武功，经老艺人吴立明、马裕斌精心研究，将传统武术、杂技武功与戏曲套路巧妙柔和在一起，排出赤膊、带彩铁把子武戏，武打场面逼真惊险，配合政治形势开展演出，以秦剧、眉户、话剧为主，现代戏占大多数，武戏、花脸戏最受群众欢迎。10月，庆阳专区举办首届戏剧会演，镇原文工队演出的《小二黑结婚》《白帝城》获奖。

1955年起，县"六一"秦腔剧团陆续演出现代新戏《梁秋燕》《芦荡火种》《党的女儿》《白毛女》《穷人恨》《三世仇》等。刘瑄玑创作大型古典戏《孔雀东南飞》，参加甘肃省第一届戏剧观摩会演并获奖。1959年9月，平凉专区戏剧会演，镇原《红松林》《三打店》获奖。1960年，李应魁创作现代大型眉户剧《茹河岸边》，参加平凉专区青年演员会演，获剧本创作奖。开边公社解放大队业余剧团，利用农闲季节向群众演出，活跃农村文化。1964年，历史戏禁演，业余剧团解散，传统剧目在舞台上绝迹。1965年，太平知青刘镜创作眉户小戏《老两口游逛巴家嘴》、秦腔小戏《原是一家》和临泾农民范仰贤创作小戏《问路》，作者本人主演曾在地、县参加调演，并获奖。

1966年，"文化大革命"开始后，县文工队组织新文艺战斗队，镇原一中学生组织红艺战斗队，自编节目，串社入队、深入机关单位宣传毛泽东思想。各公社、大队、学校、工厂"乌兰牧骑"式宣传队，排练样板戏、小型舞蹈节目，深入农村田间地头宣传演出。县文工队创作歌颂毛主席、中国共产党、宣传"文化大革命"、学习毛主席著作及打倒"走资派"方面的歌曲、表演唱、朗诵词、对口词、三句半、快板等小型节目，在县、社舞台演出。1968年，毛泽东思想宣传站文艺组主要演出革命样板戏《红灯记》《沙家浜》《智取威虎山》《龙江颂》《杜鹃山》及现代剧目《八一风暴》《万水千山》《一颗红心》《三上桃峰》《朝阳沟》等，同时自编自演《天天向上》《一张大字报》《对台戏》《渡江人》等反映阶级斗争、路线斗争小戏。1971至1973年，创作一些以当时"路线斗争""阶级斗争"为纲及"工业学大庆""农业学大寨"为题材的演唱、快板、故事。1974年"批林批孔"运动开始后，推广"小靳庄经验"，县、社文化部门派员到农村抓点，自编自演节目，屯字公社被树立为全区先进文艺创作单位。1972年，刘镜创作现代剧《宏图》，参加全省调演。1975 年，阎石创作《春燕展翅》、刘镜创作《风云岭》，参加全省会演。1976 年，刘万瑞创作《红心巧匠》，参加全区、全省调演。

1978 年，传统剧、历史剧解禁，首演《逼上梁山》，其他传统剧陆续上演，城乡群众争相购票，场场爆满。刘镜创作《开学之前》，阎石、刘镜合编《两个金兰》，获庆阳地区创作一等奖。中共十一届三中全会后，文学艺术界清除“四人帮”流毒影响，一些在“文化大革命”中受到批判的作者，重新拿起笔杆，部分知识青年、工人、农民、学校师生、机关干部，参加到文学艺术创作之中，崭露头角。1979 年，阎石创作现代剧《枣园春暖》《南梁烽火》《锅台新事》，由县剧团上演，并参加全区调演，其中《南梁烽火》获地区创作一等奖。新编历史剧《金麒麟》《狱卒平冤》《假婿乘龙》等陆续上演。

1984 年，刘镜、畅快创作《展画轴》，获庆阳地区调演创作二等奖、全区戏剧观摩调演团体演出奖。1989 年，刘瑄玑创作《杨花词》、刘镜创作《山乡迪斯科》，分获全区创作剧目调演一、二等奖。1990 年起，新编历史剧《徐九斤升官记》《张古董借妻》《状元与乞丐》《桃李梅》、现代剧《倔公公与犟媳妇》等剧目搬上舞台。1991 年，路平创作小品《公费医疗》、独角戏《钱跌落》，由县剧团上演。同年，刘镜创作小话剧《创伤的心灵》，由县剧团排练上演，获全区文化下乡调演一等奖。1992 年，刘镜、李应魁、刘贵荣创作《留守岁月》，获地区首届艺术节优秀剧目奖。路平创作小品《如此交易》，参加全县农牧系统调演获二等奖。1999 年，刘镜、畅快创作《杜养富》，获地区第四届新创剧目调演一等奖。

2000 年，刘镜、畅快合创大型现代剧《杜养富》获全区戏剧调演一等奖。鱼济洲创作《快乐的炊事班》，在西藏军区汇演中获一等奖。张永年电视剧《山里人》，2001 年获全国城市电视台长片一等奖。2004 年，畅快、刘镜创作《教坛保尔》，获庆阳市第五届新创剧目调演综合一等奖。2005 年，《教坛保尔》改名《绿叶红花》，县剧团编排为大型纪实陇剧，代表甘肃省赴河南禹州演出，先后获第八届中国映山红民间戏剧优秀剧目金奖、甘肃省第五届敦煌文艺特别贡献奖等十多项。

大型历史剧《古月承华》剧照

1978 至 2010 年，演出各类剧目 500 多本，秦腔剧最多，约 300 本，眉户剧 20 多本，陇剧、歌曲、话剧 40 多本，小戏、小品 100 多本。县剧团创作编排大型历史陇剧《古月承华》，参加太原市、上海市举行的戏剧大赛，获中国戏剧“梅花奖”“白玉兰奖”，主演佟红梅获文化部

“梅花奖”。

四、皮影

皮影戏俗称灯影子戏，起源于唐代，随乡村庙会祭祀活动而发展，明清时期鼎盛。镇原皮影采用黑公牛皮制作，造型质朴单纯，头大身短，头部占整个身高五分之一，上身窄，便于操作表演，灯光下显得气派大方，饱含民族特色和乡土气息，具有极高的艺术观赏和收藏价值。皮影戏班多由民间艺人五六人组成，皆为吹、拉、弹、唱、挑多面手，利用农闲季节走村串户，上门演出，演唱以秦腔为主，道具轻便，场地简单，费用低廉，白天晚上均可演出，不影响生产，深受群众欢迎。县城潜夫山、平泉八山、屯字、孟坝等地庙会常有皮影戏助兴。民国时，环县道情融入镇原皮影戏中，展现出独特的表演风格。中华人民共和国建立后，皮影戏传承发展，融入社会主义建设新内容，借用改造后的传统戏剧演出。传承艺人有南川的张富贵、郑国权，临泾的王进礼、脱世信，太平的范治清、张杰，新集的焦存和(结子)，中原的王定国、王生华，孟坝的芦继民、刘昌彦，上肖乡的苟正民、苟作栋、曹兴荣、脱正祥，屯字的张保柱、路喜圣等，演出剧目300多本。南川艺人张富贵从祖父开始，三代相传演出，在本地颇有影响。临泾席沟圈村王进礼童年时即开始拜访多位艺人学习皮影制作及演唱技艺，操作技艺精良，演武戏双手能挑4个皮人作战，转身对打、骑马对打、杀砍打挡、镫里藏身、跳跃踢腿、腾云驾雾、水上飞跑、火内逃生、飞檐走壁等形象逼真；文戏善叩头礼拜、纱帽闪翅、脱帽戴帽等绝活，传承剧本《双红帕》《九沟桥》《三盗桃》《地封剑》《百子图》《百阳山》《基阳关》《过玄关》《铜台阵》《四贤册》《柳林会》《夜断阴曹》《唐王游狱》等60余本，多次参加地区调演并获奖。1963年，城关公社祁川大队祁恩富多方摸索研究皮影制作技艺，拜访民间艺人，从牛皮刨制、绘图、雕刻、上色、出水定型、铜油熬制定色、组装等方面进行系列研究，形成系统成熟工艺，做工精良，指导多人仿制。1964年，历史剧禁演，皮影戏被扫除。“文化大革命”后期，极少数爱好者利用皮影演出革命样板戏。祁恩富、王进礼、路喜圣、屯字艺人杨俊杰等制作成套《红灯记》《智取威虎山》《沙家浜》《海港》等剧目皮影人物，参加全区文艺调演，分别

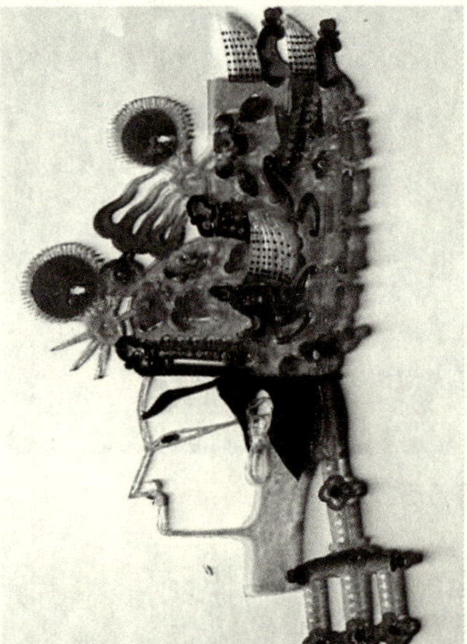

皮影头像

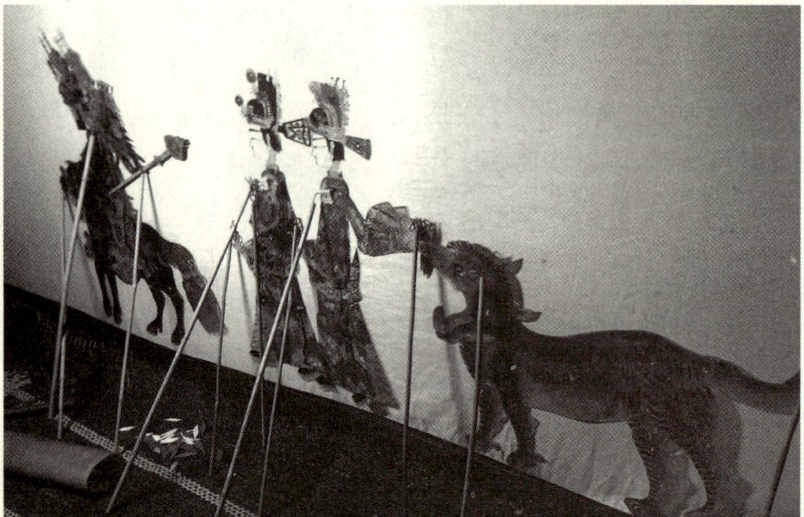

皮影演出

获制作、演出一等奖。1977年，皮影戏恢复演出，民间皮影班除农忙外，经常走村串户演出，活跃农村文化生活。王进礼等艺人制作的皮影，被台湾、香港和韩国、新加坡等国内外友人作为艺术品收藏。2000年起，电视普及，老艺人相继去世，皮影戏演出越来越少，仅有临泾乡王进礼、屯字镇路喜圣、上肖乡脱正祥等坚持参加乡会、庙会演出。

五、木偶戏

木偶戏又称傀儡戏，俗称肘胡子，始于汉代，宋时兴盛，历代传承，从未间断。分为提线木偶、杖头木偶、布袋木偶三种，以提线木偶为主，一般用木头制作，后改为泥制，称泥头子，现代用石膏制作，为正常人的一半高度。戏班至少由13人组成，由艺人操纵木偶进行演唱，可在台上演出，也可就地拉帷幕演唱，演出剧目和普通戏剧、皮影戏相同。20世纪50年代，南川皮影艺人张富贵、屯字艺人杨俊杰制作木偶道具，开展木偶戏演出。1964年停演。1977年临泾公社脱世信自制木偶演出，三四年后停演。1985年全县有木偶戏班2家，走乡入村演出。2002年，临泾乡王进礼购买木偶头型40多件，服装头帽60多套，与皮影戏、小戏穿插演出。

第十二节　文　选

一、奏疏选录

古原州屯田疏

宋　刘综

古原州建镇戎军，一岁给刍粮四十余万石，束茶盐五十余万，更令远民输送，其费益多。请于军城四面屯田，开田五十顷，置役军二百人，牛八百头耕种之。又于军城前后及木峡口各置堡寨，分居其人，无敌则耕，敌至则战。命知军官为屯田制置使自择便。臣充各寨监押，每寨各百人充屯戍。

请黜不职疏

明　许理

窃惟：官以因民而设，尤当择人而用。故人之贤否，实地方安危攸系，其为责任重大也。

矧巡抚者，尤纪纲之总司，百官之表率，所以宣布德意，通达下情，修明宪度，禁戢奸贪，其资望、责任又非庶司可比矣，岂可寄之匪人也哉！臣照得，先任陕西巡抚，今升提督两广军务、都察院右都御史萧翀，内怀险诈，外示柔和。结权贵而为子，均分网民之财；出贪酷以复官，明受拜谢之礼。巡历所在，黩货殃民，遗臭尚存于三秦，人品不值乎一芥。先任福建布政，今升保定等府巡抚、兼提督紫荆等关、都察院右副都御史伍符，精力既衰，质干素弱，纵俗吏而舞文弄法，徒拥中丞之名；假公用而科东派西，浚有营私之计。抚属地方，事废民怨，贪声不减于闽中，晚节益亏于畿内。巡抚宣府等处地方兼理军务，都察院右副佥都御史宁杲，立志卑污，负才庸恶，先年督兵东南而贪兵妄杀；今日巡抚宣大而肆志横行。纳贿属吏，索金将官。来任回任，纵家人之求索非止一次；占窝卖窝，取商人之资本实有百端。抚御无闻，贪声大著。此三臣者，清议久乖，贤路久妨，人心久愤，而巡抚重职实难胜也。况今天下多事，财力并竭，其势危如老病者矣。然而救药之方赖于巡抚之职。今巡抚如三臣者，无复顾忌至于如此，则彼之地方何辜？而彼之生民奚罪焉？且三臣之取败于往时者，亦以地方之责也。既以地方而败，复以地方而用，是以蠹心之木为栋梁，以折足之鼎荐宗庙也，其不至挠栋而覆餗者几希！再照萧翀，前因地方失事而致仕；伍符，前因地方有变而解京；宁杲，又因公议不容，托故终养，败迹昭然，人所共知。为三臣者，苟容林下，亦云幸矣。今又夤缘结附，脱罪转官，若人廉耻亦可概见。在今日所当急黜者，莫先若人也。以若人而复容留之，将见民害日炽，民怨日深，他日变出人意之外者，又非臣之所得知矣。可不惧哉！可不痛哉！伏望皇上轸念地方之重，悯恤生民之穷，敕下该部计议，将萧翀等速赐罢黜，以为宪臣不职之戒，别推才望并著、风力素彰者各代其任，则错舍永当，简拔惟精，奸贪者无复肆其志，而贤能者得以尽其才，地方赖之以获安矣。谨题请旨。

为邑灾民请粮上黄道台书

清 张继孔

道光志按：乾隆三十年，岁大祲，当事因循不定，继孔上书黄道台，情词悱恻，允拨运泾粮，已而复议给银，民不乐受，因复上是书，得泾粮接济，民赖全活。

某前以刍荛之言，为灾民请命，业承明公大加悯恤，刻期上闻。仰见明公垂如天之仁，群黎沐更生之惠，虽富弼之任青州，王竑之在徐淮，起死肉骨，不是过矣。凡在灾民何幸如之！某草茅下士，一介腐儒，而明公乐听其请者，诚以民命攸关，不以老悖无知而悲悯忘怀也。兹窃更有不能已于言者，赈恤一项，前允拨运泾粮，具见明公筹划苦衷，无微不照。灾民无不涕泣感激，望幸恩施。顷者，来谕给散银两，亦属救济急图。但愚氓迫于饥困，自去岁被灾以来，十室九空，室庐业已折毁，田园寻复陆沈。借贷无门，乞求鲜路，有食荞花糠秕者，有食棉蓬草子者，日久发肿，无病冬死，蒿目惨心，难以言状。目下些须得粮，和用每口五合之粮，可济三人一日之用。即终日一餐，或可少延其命。若按户给银，每口仅得五厘，易钱四文，不足一人一饭之需。收夏尚须半载，民命恃何存活？且即今荞花等物无地可觅。兼之三冬，雨雪维艰，粮价日昂，若得此粮接济，市价渐平，更挑野蔬充用，亦易图存。此等苦情，惟明公素切民瘼，某不得不据实上陈。恳祈照依原议，拨运泾粮，急拯倒悬，灾民感恩之中，更衔结无穷矣。再查具报灾户逃遗二项，计户一百二十六，口七百八十五，既已同在帡幪，应宜均沾雨露，庶遗不至饿死，归者可以得所。更有县南三十里开城、新兴、底堡、石人等村，张、冯、周三姓，计户口不下三百余，俱固原州民。前以去州甚远，未经编造，嗣抵固报领，粮已告乏。而镇原隔属，又难滥给。今三户失赈，哓哓待毙。某暂假粟粮，俾度晨夕。恭惟明公满怀忠爱，祈仰体皇上如伤之隐，与邑民通那一体，则三户可幸保全。若逐名赴固，既不免于索求，亦徒耗于路资，得空名而无实惠，亦终死于沟壑而已。诸凡情形，皆某所目击，故敢竭诚以闻，惟明公纳焉。某幸甚，灾民幸甚。

二、镇原名胜记述选录

重修镇原县庙学记

明　李东阳

镇原县在国初，隶庆阳府，后改隶平凉府。旧有学不知所由建，历元而废。洪武二十年，县丞郑旺于旧址重建。正统以来，知县李宁、蒋泰、张仲芳，主簿陈兴、马良，教谕段清，训导马贞相继修葺，久复就圮。成化甲辰，武昌徐侯镛，以御史谪知县事，慨然有意于此，会岁大祲，民不聊生，方急赈贷末暇也。按察副史娄君谦尝以谓侯，侯谢曰："镛何敢一日忘是役哉！"越三年，丙午修预备仓，掘地得藏钱甚富，侯尽籍于公，以代民税共官用，因谓其师生曰："此天所以相吾志也。"乃请于巡抚都御史郑公，时给价制物修庙及学，拓地增制木石砖瓦以为材，型冶髹绘以为具，绳度构结砻斫装饰以为工。指画既定，规制亦举，有成事矣。侯改知临潼，郭侯钊来代，乃暨县丞王端等白诸巡按御史武君请继成之。县人真定府知府张侯琡及致仕训导范忠等若干人，国子监生张泰等若干人，县学生张塘等若干人，佥谓吾邑僻在边徼，有此盛举，不可无述，乃以书抵予，请为记。

窃惟纲常之道，人心所同，其有备不备者，气禀习俗之异尔。气禀出乎天，习俗则系乎所处之地与所接之人，故圣人立教必有典则制度以为准，又为之条格器具以抑其过，诱其不及，导其响方，使不惑于他歧，示其瞻仰，使有所慕而不怠。群其居处，使得专其业而不迁。夫然后不为气习所移易，而性可复也。孔子不得位，道不行于时，而著书立训，所以为典则器具者，皆备于是。故有利器之喻，居肆之说。志道游艺之序，学文修行之法，虽万世之久，四域之远，亿兆人姓之不同，然从则善，违则恶，一也。则凡佩服其教者，恶可不致力于庙貌祭祀之间，以为瞻依响往之地哉！学与庙之不可偏废盖如此。镇邑之地，服弓矢、业耕牧，累历世代，以入于熙皞之治，登甲科而明仕版者不乏也，又有贤有司陈力宣化，亟起而作之，非其民与士之庆哉！夫居良肆，操利器，得工师以为之依归，而业终不就，则士之责也。矧秉彝好德出乎其性，其所业有大于彼者，又将奚诿乎哉！请以是为诸士子劝。是役也，庙有大成殿徙于旧址，西北五丈为间五，左右有庑为间各十，圣贤有像，惟庑像皆新设，其数百有九。前有戟门，又前有櫺星门，有厨有库，库有簠簋炉爵，凡及祭器百八十有五。学徙于殿后，有明伦堂为间七，有日新、时习二斋，前有学门，后有馔堂，间各三。有号房间二十。凡费以缗计者千二百有奇，皆给诸藏钱，而官与民不与焉。徐侯字用和，起己丑进士，其谪也以言事故。今天子即阼用大臣，荐擢知淮安府，优仕学，慎操履，盖所谓良有司云。

重修王潜夫先生祠堂记

清　泾州知州　张延福

潜夫王先生为汉处士，抱道自重，隐居著书。余曩读其论，睪然高望其为人。壬申岁(1572年)，余牧安定，与先生梓里城柝相闻。癸酉夏六月，因公抵临泾，途次遥望，蓬蓬然或笴植天表，或丹青一抹，撒豆积黛，隐约苍雾间。野老指而示余曰："此潜夫山也。"公余偕邑侯周公(名泰元)登山之巅，则见虹泉电射，云水虚吟，城烟缕起而泊山，野风时来而过水。先生之祠殊剥落，且附于佛寺。而山后青青一邱，则先生墓也。备询修废之由，周公告余云：邑故有先生祠，久圮。康熙五十四年韩(名宰)、谈(名可法)两学博合邑士庶复建于山之颠，又几经岁月，榱崩栋折。不佞承乏兹土，凡五阅月，亟欲重葺之。迨冬十月，寄扎来泾云：工既竣矣，重建享祠三楹，高阔如往模，涂以丹雘神者妥焉。门以南向答阳，缭以周垣，与佛寺隔。是役也，不佞捐薄俸，而幕客刘、学博刘(名从龙)、李(名登升)、司捕白(名如璠)暨诸绅士各乐助以襄厥事。而总其成者，则邑绅士张君洙英(名继孔)也。并丐记于余，余曰：彝德之好，人有同心，潜德之光，久而弥耀。先生临泾一布衣，迄今数千年，庙貌重新明禋不替，则此祠也，将与严陵之钓台、诸葛之草庐先后争辉矣，潜也云乎哉！爰为之叙其巅末以志岁月。《潜夫论》载在邑乘，今又于丛书搜其全本，亦付梓人，无庸复为摘叙云。

赫连城记

清　巩亮恭

东晋安帝时，姚苌继苻氏而据关中，是为后秦。秦将有赫连勃勃者，叛秦自霸于原州界。其城在镇原县东二十里许，倚北山，莅茹水。今为祁家坪，峰环溪绕，城堞遗址犹存。迄今城之左右五六里间，水无涛声，田无獖鼠，棘无倒刺。俗传为赫连天子所除，千载余不爽。噫！异矣。考《晋史》：安帝十三年，刘裕督兵入关中，执秦王姚泓送建康斩之。裕留少子义真镇长安，以朱龄石佐之。次年勃勃率其子璝以二万骑攻长安，龄石遂焚宫室，奔潼关，璝追斩之。勃勃遂入长安称帝，国号大夏，建元龙升，都于延安之统万镇，僭位八年，卒。是时宋祖刘裕已篡晋称帝二年矣。勃勃之子及孙嗣位。又历十七年，乃亡于宋。今镇原赫连故城，是初叛秦时所居，而镇原之南川山谷中有赫连墓，孤峰独耸，层峦拥护，骸藏峰内，并无冢迹，土人呼为黑脸天子坟云。史载勃勃性强悍而酷烈，驱民筑城务期坚固，若锥入寸许，即斩工役以徇。造兵器法严，其箭射甲不入者，即杀弓匠，他矢入者又杀甲匠，群臣或连视即凿其目，有笑者即抉其唇，谏者截其舌。横暴残酷若此，迨三世历年二十五以亡其国。而当年之臣民其何以堪此。余游览山川，睹其城，阅其墓，缅怀前古，曷胜感慨之私。爰记其始末如右。

三、论文选录

潜夫论·赞学

汉　王符

天地之所贵者人也，圣人之所尚者义也，德义之所成者智也，明智之所求者学问也。虽有至圣，不生而知；虽有至材，不生而能。故志曰：黄帝师风后，颛顼师老彭，帝喾师祝融，尧师务成，舜师纪后，禹师墨如，汤师伊尹，文、武师姜尚，周公师庶秀，孔子师老聃。若此言之而信，则人不可以不就师矣。夫此十一君者，皆上圣也，犹待学问，其智乃博，其德乃硕，而况于凡人乎？

是故工欲善其事，必先利其器；士欲宣其义，必先读其书。《易》曰："君子以多志前言往行，以畜其德。"是以人之有学也，犹物之有治也。故夏后之璜，楚和之璧，虽有玉璞卞和之资，不琢不错，不离砾石。夫瑚簋之器，朝祭之服，其始也，乃山野之木、蚕茧之丝耳。使巧倕加绳墨而制之以斤斧，女工加五色而制之以机杼，则皆成宗庙之器、黼黻之章，可羞于鬼神，可御于王公。而况君子敦贞之质、察敏之才，摄之以良朋，教之以明师，文之以礼乐，导之以《诗》《书》，赞之以《周易》，明之以《春秋》，其不有济乎？

《诗》云："题彼鹡鸰，载飞载鸣。我日斯迈，而月斯征。夙兴夜寐，无忝尔所生。"是以君子终日乾乾进德修业者，非直为博己而已也，盖乃思述祖考之令问，而以显父母也。

孔子曰："吾尝终日不食，终夜不寝，以思，无益，不如学也。""耕也，馁在其中；学也，禄在其中矣。君子忧道不忧贫。"箕子陈六极，《国风》歌《北门》，故所谓不忧贫也。岂好贫而弗之忧邪？盖志有所专，昭其重也。是故君子之求丰厚也，非为嘉馔、美服、淫乐、声色也，乃将以底其道而迈其德也。

夫道成于学而藏于书，学进于振而废于穷。是故董仲舒终身不问家事，景君明经年不出户庭，得锐精其学而显昭其业者，家富也；富佚若彼，而能勤精若此者，材子也。倪宽卖力于都巷、匡衡自鬻于保徒者，身贫也；贫厄若彼，而能进学若此者，秀士也。当世学士恒以万计，而究涂者无数十焉。其故何也?其富者则以贿玷精，贫者则以乏易计，或以丧乱期其年岁，此其所以逮初丧功而及其童蒙者也。是故无董、景之才，倪、匡之志，而欲强捐家出身、旷日师门者，必无几矣。夫此四子者，耳目聪明，忠信廉勇，未必无俦也，而及其成名立绩，德音令问不已，而有所以然，夫何故哉？徒以其能自托于先圣之典经，结心于夫子之遗训也。

是故造父疾趋，百步而废，自托乘舆，坐致千里；水师泛轴，解维则溺，自托舟楫，坐济江河。是故君子者，性非绝世，善自托于物也。人之情性，未能相百，而其明智有相万也。此非其真性之材也，必有假以致之也。君子之性，未必尽照，及学也，聪明无蔽，心智无滞，前纪帝王，顾定百世，此则道之明也，而君子能假之以自彰尔。

夫是故道之于心也，犹火之于人目也。中阱深室，幽黑无见，及设盛烛，则百物彰矣。此则火之耀也，非目之光也，而目假之，则为己明矣。天地之道，神明之为，不可见也。学问圣典，心思道术，则皆来睹矣。此则道之材也，非心之明也，而人假之，则为己知矣。

是故索物于夜室者，莫良于火；索道于当世者，莫良于典。典者，经也，先圣之所制。先圣得道之精者以行其身，欲贤人自勉以入于道。故圣人之制经以遗后贤也，譬犹巧倕之为规矩准绳以遗后工也。

昔倕之巧，目茂圆方，心定平直，又造规绳矩墨以诲后人，试使奚仲、公班之徒，释此四度，而效倕自制，必不能也。凡工妄匠，执规秉矩，错准引绳，则巧同于倕也。是故倕以其心来制规矩，后工以规矩往合倕心也。故循度之工，巧几于倕矣。

先圣之智，心达神明，性直道德，又造经典，以遗后人。试使贤人君子，释于学问，抱质而行，必弗具也；及使从师就学，按经而行，聪达之明，德义之理，亦庶矣。是故圣人以其心来造经典，后人以经典往合圣心也。故修经之贤，德近于圣矣。

《诗》云："高山仰止，景行行止。""日就月将，学有缉熙于光明。"是故凡欲显勋绩、扬光烈者，莫良于学矣。

潜夫论·务 本

汉 王符

凡为治之大体，莫善于抑末而务本，莫不善于离本而饰末。夫为国者以富民为本，以正学为基。民富乃可教，学正乃得义；民贫则背善，学淫则诈伪；入学则不乱，得义则忠孝。故明君之法，务此二者，以为成太平之基，致休征之祥。

夫富民者，以农桑为本，以游业为末；百工者，以致用为本，以巧饰为末；商贾者，以通货为本，以鬻奇为末。三者守本离末则民富，离本守末则民贫。贫则厄而忘善，富则乐而可教。教训者，以道义为本，以巧辩为末；辞语者，以信顺为本，以诡丽为末；列士者，以孝悌为本，以交游为末；孝悌者，以致养为本，以华观为末；人臣者，以忠正为本，以媚爱为末。五者守本离末则仁义兴，离本守末则道德崩。慎本略末犹可也，舍本务末则恶矣。

夫用天之道，分地之利，六畜生于时，百物聚于野，此富国之本也。游业末事，以收民利，此贫邦之原也。忠信谨慎，此德义之基也。虚无谲诡，此乱道之根也。故力田所以富国也。今民去农桑，赴游业，披采众利，聚之一门，虽于私家有富，然公计愈贫矣。百工者，所使备器也。器以便事为善，以胶固为上。今工好造雕琢之器，巧伪饰之，以欺民取贿，虽于奸工有利，而国计愈病矣。商贾者，所以通物也，物以任用为要，以坚牢为资。今商竞鬻无用之货、淫侈之币，以惑民取产，虽于淫商有得，然国计愈失矣。此三者，外虽有勤力富家之私名，然内有损民贫国之公实。故为政者，明督工商，勿使淫伪；困辱游业，勿使擅利；宽假本农，而宠遂学士，则民富而国平矣。

夫教训者，所以遂道术而崇德义也。今学问之士，好语虚无之事，争著雕丽之文，以求见异于世，品人鲜识，从而高之，此伤道德之实，而或矇夫之大者也。诗赋者，所以颂善丑之德，泄哀乐之情也，故温雅以广文，兴喻以尽意。今赋颂之徒，苟为譊辩屈蹇之辞，竞陈诬罔无然之事，以索见怪于世，愚夫戆士，从而奇之，此悖孩童之思，而长不诚之言者也。尽孝悌于父母，正操行于闺门，所以为列士也。今多务交游以结党助，偷世窃名以取济渡，夸末之徒，从而尚之，此违贞士之节，而眩世俗之心者也。养生顺志，所以为孝也。今多违志俭养，约生以待终，终没之后，乃崇饬丧纪以言孝，盛飨宾旅以求名，诬善之徒，从而称之，此乱孝悌之真行，而误后生之痛者也。忠正以事君，信法以理下，所以居官也。今多奸谀以取媚，挠法以便佞，苟得之徒，从而贤之，此灭贞良之行，而开乱危之原者也。五者，外虽有振贤才之虚誉，内有伤道德之至实。

凡此八者，皆衰世之务，而闇君之所固也。虽未即于篡弑，然亦乱道之渐来也。

夫本末消息之争，皆在于君，非下民之所能移也。夫民固随君之好，从利以生者也。是故务本则虽虚伪之人皆归本，居末则虽笃敬之人皆就末。且冻馁之所在，民不得不去也；温饱之所在，民不得不居也。故衰闇之世，本末之人，未必贤不肖也，祸福之所，势不得无然尔。故明君莅国，必崇本抑末，以遏乱危之萌。此诚治之危渐，不可不察也。

潜夫论·德 化

汉　王符

人君之治，莫大于道，莫盛于德，莫美于教，莫神于化。道者，所以持之也；德者，所以苞之也；教者，所以知之也；化者，所以致之也。民有性，有情，有化，有俗。情、性者，心也，本也；化、俗者，行也，末也。末生于本，行起于心。是以上君抚世，先其本而后其末，顺其心而理其行。心精苟正，则奸匿无所生，邪意无所载矣。

夫化变民心也，犹政变民体也。德政加于民，则多涤畅姣好坚强考寿；恶政加于民，则多罢癃尪病夭昏札瘥。故《尚书》美"考终命"，而恶"凶短折"。国有伤民之政，则民多病目；有伤聪之政，则民多病耳；有伤贤之政，则贤多横夭。夫形体骨干为坚强也，然犹随政变易，又况乎心气精微不可养哉？《诗》云："敦彼行苇，羊牛勿践履。方苞方体，惟叶柅柅。"又曰："鸢飞戾天，鱼跃于渊。恺悌君子，胡不作人？"公刘厚德，恩及草木，羊牛六畜，且犹感德，仁不忍践履生草，则又况于民萌而有不化者乎？君子修其乐易之德，上及飞鸟，下及渊鱼，无不欢忻悦豫，则又况于士庶而有不仁者乎？

圣深知之，皆务正己以为表，明礼仪以为教，和德气于未生之前，正表仪于咳笑之后。民之胎也，合中和以成；其生也，立方正以长。是以为仁义之心、廉耻之志，骨著脉通，与体俱生，而无粗秽之气，无邪淫之欲。虽放之大荒之外，措之幽冥之内，终无违礼之行；投之危亡之地，纳之锋鄂之间，终无苟全之心。举世之人，行皆若此，则又乌所得(亡)夫奸乱之民而加辟哉？"上天之载，无声无臭，仪形文王，万邦作孚。"此姬氏所以崇美于前，而致刑措于后也。

是故上圣不务治民事而务治民心。故曰："听讼，吾犹人也。必也使无讼乎？"导之以德，齐之以礼，务厚其情，而务明其义，民亲爱则无相害伤之意，动思义则无奸邪之心。夫若此者，非法律之所使也，非刑威之所强也，此乃教化之所致也。圣人甚尊德礼而卑刑罚，故舜先敕契以敬敷五教，而后命皋陶以五刑三居。是故凡立法者，非以司民短而诛过误，乃以防奸恶而救祸败，检淫邪而内正道尔。

《诗》云："民之秉夷，好是懿德。"故民有心也，犹为种之有园也。遭和气则秀茂而成实，遇水旱则枯槁而生孽。民蒙善化，则人有士君子之心；被恶政，则人有怀奸乱之虑。故善者之养天民也，犹良工之为曲豉也。起居以其时，寒温得其适，则一荫之曲豉尽美而多量。其遇拙工，则一荫之曲豉皆臭败而弃捐。今六合亦由荫也，黔首之属犹豆麦也，变化云为，在将者尔。遭良吏则皆怀忠信而履仁厚，遇恶吏则皆怀奸邪而行浅薄。忠厚积则致太平，奸薄积则致危亡。是以圣帝明王，皆敦德化而薄威刑，德者所以修已也，威者所以治人也。上智与下愚之民少，而中庸之民多。中民之生世也，犹铄金之在炉也，从范变化，惟冶所为，方圆薄厚，随熔制尔。

是故世之善否，俗之薄厚，皆在于君。上圣和德气以化民心，正表仪以率群下，故能使民比屋可封，尧、舜是也。其次躬道德而敦慈爱，美教训而崇礼让，故能使民无争心而致刑措，文、武是也。其次明好恶而显法禁，平赏罚而无阿私，故能使民避奸邪而趋公正，理弱乱而致治强，中兴是也。治天下，身处汙而放情，怠民事而急酒乐，近顽童而远贤才，亲谄谀而疏正直，重赋税以赏无功，妄加喜怒以伤无辜，故能乱其政以败其民，弊其身以丧其国者，幽、厉是也。

孔子曰："三人行，必有我师焉。择其善者而从之，其不善者而改之。"《诗》美"宜鉴于殷"，"自求多福"。是故世主诚能使六合之内，举世之人，咸怀方厚之情，而无浅薄之恶，各奉公正之心，而无奸险之虑，则羲、农之俗，复见于兹，麟龙鸾凤，复畜于郊矣。

镇邑田事说

清 陈琚繁

天下之事，天地尸其半，而人为尸其半。故曰辅相天地之道，裁成万物之宜；又曰知者创物，巧者述之，所以作事日趋于简密，用力少而见功多也。昔者制作之圣人.皆生西北，故耒耜、臼杵、井疆、沟浍以暨薙氏、柞氏，草人之属，至纤至悉，靡不具备，共载于雅籍者，皆咏西北之田亩，而东南无闻焉。厥后，唐宋以来，扬州财赋甲于天下，始于禹贡所分田等不侔。即今之物地者，亦谓有不以东南为奥区，西北为瘠壤也。此其故何哉？余以为有三弊焉：水利不兴，农器不备，耕耘之失其术也。然执是说以语人，必且谓地气之限。周礼已详言之。如雍梁授高燥之产，荆扬殖卑湿之禾，各有所宜，未可一律。至于农器不备，耕耘失术，则民间世服先畴，勿改高曾规矩，岂必古则是而今则非耶?虽然，此非余之私言也。昔苏子由谓一方之所有，皆足以备养生送死之具，暨过唐、邓、汝，颖、陈、蔡、许、洛间，见山林薮泽之所生，往往与故不类，此在中州已然矣。蔡仲默谓冀州之时当舜之世，未必荒落如此。顾宁人谓天地之气，自西北而东南，日趋日辟。而犹未已之。三说者洵信而有征，则吾之言西北异于昔时非谬矣。而吾所谓三弊者，亦得而详之矣。夫所谓水利不兴者，非谓必能使高坡荒顷皆为泽田也，正以西北之田，其滨于水者不少也。昔史起导漳于邺渠，郑国溉卤于秦渠，白公借灌于泾水，马援引流于洮河.皆西北方也。今临泾一邑，自泾河而外，尚有茹水、蒲川、朝那、大洋、九龙、三川之沮洳、神瀵使用，以南方水车诸法则激而行之，可使在山，何况近渠之地。夫漳水在旁，西门豹不知用，是不知也。又魂呈润曰："雨者水气所化，水利修亦致雨之术也。"陈尧叟曰："水田既兴，虫灾亦少。"又曰："陆田命操于天，水田命操于人，是一举而众善备焉。"今之水部闲旷，殊可惜也。所谓农器不备者，诗曰："畟畟良耜"，言严利也；又曰："其镈斯赵"，言深刺也；曰："其耕泽泽"，言用力而土解也。今按西边所用田器与南方迥殊，南方一犁一耙，必深至四五寸；此地则轻剽钝秃，及于土皮而止。窃意故人所云："一耦之伐，六寸之耨"，今皆渐趋安逸乐为简便，只闻叱犊之声.罕见力作之实，此耕之不深，禾之所以易槁也。至于耕耘之失其术者，昔崔实政论谓："三辅左右暨凉州内，厥田宜稼，悉不垦辟。"余窃疑之。今观镇邑，白土黄壤，绵亘弥漫如蹲鸱、藷蓣、地瓜、山姜、禹余粮之类，随地可种，而皆无所事事。又如临泾一带，即昔昆夷之地，古者省山启辟，惟患其木多，今则一望濯濯矣！夫槐衙、柳衙表道以荫行人；且也，枣柿之利，足备荒歉，杞棘之属，可供薪柴，故齐梁之名宦，洪宣之明诏，无不以栽植为要务。失此十年之利，惮于举手之劳，非农桑相属之旨矣。至于牛羊麢貉之粪，所谓百昌皆出于土，皆入于土，故能蕃息无穷。今于美土疆之大者，不事研求，而徒望地媪之孕育。地力几何？欲其逐年一本，以盆鼓百蔬，以泽量此，香粳所以不香，而柔菜所以不柔也，此皆耕耘之失其术也。余故曰西北之异于东南者，有三弊也。或又曰：儒者好谈物理而不中事情，按古书而不通今俗。夫虚言诚无补也，夸更以实效之卓有可见者言之：柬临津令黄懋上书自言，身为闽人，习于农事，闽地缘山导泉，倍费功力，今河北坡塘甚多，其功易就。帝从之。乃于雄霸等州兴堰六百里。置斗门，引定水，初年种稻，霜早不成，次年大熟。至今萑蒲蜃蛤，充斥盈溢。此宋时西北用南方之农方也。元虞集上言：京师之东用浙人之法，筑堤捍水为田，可以大稔。其后丞相脱脱自西山南至保定河间，北抵檀顺，东至迁民镇，悉从立法佃种，合用牛具，工价、农器、谷种给钞五百贯；又于江南召募一千名为农师，分以九品、八品、七品之职，岁岁丰登。此元时西北用南人之农法也。前明邱文庄曰："西北故称沃壤。"哥今一望莞苇，岂土膏与古殊哉！水利不兴，而民无畜溲也。江应龙曰"潞水客谈开载西北水利，曾于丰润玉田等处开田万有余亩，收获不减南方。此明时仿南方农法之效也。合观诸说，大抵不越乎水利，而南人之善耕亦见焉。斯岂有异于吾三者之说哉？虽然，余于己未车行至山东，见大宪榜示：兴水田，修农务等事，告谕谆谆，恺切详明，而卒莫之应。竟如张横渠之议井田，咸以为迂阔而置之。此其故何也?则锢于俗习而狃于便安也。夫无恢阔之见者，难与创非常之原；急目前之利者，难与论百年之泽。彼崔实、尧叟、子由、虞集诸人，岂为博望之凿空哉？即目为凿空之论，而观史起，郑国诸人之效，如彼脱脱、黄懋，江应龙诸人之效又如此，夫亦可奋然必瞿然悟矣！抑又闻之史载，河津等处，渠不利田，而唐人长孙恕凿溉，世世永赖。然则古人谓天下之大势所趋，天地鬼神不能易，而易之者人也。其语良有见矣，故曰：天下之事，天地尸其半，而人为尸其半。

王符思想的历史地位

兰州大学　刘文英

王符终身布衣处士，社会地位十分卑贱，不可能在当时政治舞台上施展自己的抱负。但他通过他的《潜大论》，对东汉中期以后的政治、经济、法律、道德和整个社会风俗进行了深刻的揭露和批判，并且求本溯源，对各种社会问题都诉诸哲学的思考，这又使他作为一个思想家而具有重要的历史地位。汪继培曾肯定"王氏精习经术，而达于当世之务"，亦对他"未能涉大庭写论议，以感动人主，又不得典司治民，以效其能"表示遗憾。然而，"潜夫"之论虽然在当时未能转化为政治实践，却在中国思想史上产生了重大的、积极的、深远的影响。《潜夫论》的出现，标志着东汉社会批判思潮的开端；王符对本末、名实、才性问题的分析，则是从两汉经学到魏晋玄学的一个重要环节；王符的元气论，也是宋明元气本体论与气一元论的一个重要的思想来源。

一、东汉社会批判思潮的重要开端

东汉社会批判思潮从东汉安帝时出现，一直延续到东汉完全灭亡。在这股思潮中，王符是最早的一位代表人物。他的《潜夫论》则是这股思潮的开端。

早在王符之前和王符同时，东汉政权中的一些有识之士，也已经注意到当时社会的严重问题，并建议采取切实的措施加以整顿和改革，不然则可能危及东汉王朝的生存。安帝时，司徒丁鸿就曾上疏抨击外戚擅权，太尉杨震亦上疏抨击宦官擅权。顺帝时，左雄更指斥当时的社会状况是"下饰其诈，上肆其残"，"视民如寇仇，税之如豺虎"。但他们都是经学中的人物，思想上以振兴经学为目标，以迷信灾异为模式，或借日蚀而上疏，或借地震而上疏，或兼以日蚀、地震"求天意"。因而尽管他们有时言辞相当激烈，仍然属于官方正统思想，并不代表一种新的思潮。与此不同，王符作为一名在野的"潜夫"，尽管身上仍然可以看到官方正统思想的很多影响，但由于他在一系列重大问题上同当权者的对立和从各方面对当时社会的揭露和批判，却表现出一种不同于官方正统思想而自成一家之言，并力图脱离、突破经学传统的倾向。正是这种思想倾向，才成为东汉社会批判思潮的开端。

当然，"匹夫抗愤、处士横议"乃是社会批判思潮出现的重要思想条件。"匹夫抗愤"表现了人民群众对当时现实的怨恨和抗议。"处士横议"表现了下层知识分子对于当时政治的不满和指责。但是，这种"抗愤"和"横议"只能形成一种社会舆论。只有当这种舆论突破官方正统思想的束缚，把矛头集中指向种种社会弊端，并以一种新的理论形态出现时，才能成为社会批判思潮的一种标志。如果王符不是潜夫议政，而是高冠朱履活动在朝廷或上层官场；如果王符不是自成一家之言，而仍拘限在经学的思想模式中发表自己的政治主张，那他最多不过是丁鸿、杨震、左雄式的人物，而不可能成为社会批判思潮的代表。

王符《潜夫论》的主要内容和主要目的，在于抨击时政。《后汉书》本传称："其指讦时短，讨谪物情，足以观见当时风政。"历代书志都认为，其书多切中当时"弊政"，"非迂儒矫激务为高论之比也”。我们现在回过头来考察，“潜夫”议政，无论从其政治上的锋芒和理论上的勇气，还是从其分析和思考的诸多方面，都明显地为后来崔寔、仲长统等人的社会批判思想开辟了道路。崔寔的父亲崔瑗同王符“友善”，崔寔可能很早即了解王符其人其书。汪继培笺注《潜夫论》，曾大量引用崔寔《政论》以作为参照，有力地说明他们思想的共同性及其前后联系。崔寔《政论》的许多思想和主张，后来又在仲长统《昌言》中得到进一步的发展。由此，王符、崔寔和仲长统成为东汉社会批判思潮前后相继的三个著名代表。

王符的“潜夫”议政，不但在当时产生了重大的政治思想影响，而且在后世几乎发展成为一种思想传统。每当一个封建王朝危机日益严重而走向衰乱的时候，总有一些在野的或下层的知识分子，激扬文字，抨击时政。唐末，有隐士著《无能子》上中下三卷。宋元之际，邓牧在隐居中著《伯牙琴》。元末，刘基在任地方官吏而不得志时亦著《郁离子》十八篇。明末，唐甄曾做过十个月的知县，最后在贫困中撰成《潜书》上下篇。这些著作当然各自具有不同的时代色彩，但在内容上有一个共同的特征，这就是，不满当时的现实，对各种严重的社会问题行了深刻的揭露、讽刺和批判，并由此进一步诉诸哲学的思考。其锋芒则愈是往后而愈加尖锐，像唐甄甚至提出“自秦以来，凡为帝王者皆贼也”的口号。因为后来所面临的，已不单是某个封建王朝的危机，而且是整个封建制度的危机。这在中国思想史上是一种带有规律性的历史现象，而王符及其《潜夫论》可谓开其端，以后诸人诸书则继其统而扬其绪。

二、从经学到玄学的一个思想环节

经学是两汉占统治地位的一种思想形态，玄学是魏晋占统治地位的一种思想形态。两种形态虽然前后相接，其内容和形式却有明显的不同。前者旨在说经解经，后者重在思辩分析。它们在相续和过渡的过程中，王符所开创的东汉社会批判思潮，是一个重要的思想环节。

王符虽然自幼受到经学的熏陶，《潜夫论》虽然从经学中引用了大量的思想资料，但是王符不是经学家，《潜夫论》也不属于经学著作。王符之撰《潜夫论》，并不是要说经解经，而是要分析现实的社会问题，这就使他能够超越说解经义和章句训诂，而进行独立的思考和思辨的分析。正是在这种理论思考的过程中，不断积累了思辨性的因素，因而人们越来越清楚地看到玄学的一些思想萌芽或胚胎。

“本末”是魏晋玄学最基本的一对范畴。“本”指本体，“末”指现象，自然界和社会生活中的一切事物都可以概括到这一对范畴之中。王符尚未对“本末”进行抽象的规定，但他在理论思维中，已经把“本末”作为分析各种问题和治国安民的最高的、最基本的指导性观念。《潜夫论》关于“本末”有《务本》《本政》和《本训》三篇专论，而“本末”观念则贯穿于全书之中。

《务本》篇强调，明君治国必须务“本”抑“末”。王符说：

凡为治之大体，莫善于抑末而务本，莫不善于离本而饰末。……

夫富民者，以农桑为本，以游业为末；百工者，以致用为本，以巧饰为末；商贾者，以通货为本，以鬻奇为末；……教训者，以道义为本，以巧辩为末；辞语者，以信顺为本，以诡丽为末；列士者，以孝悌为本，以交游为末；孝悌者，以致养为本，以华观为末；人臣者，以忠正为本,以媚爱为末。……慎本略末犹可也,舍本务末则恶矣。

经学家原来也曾用"本末"说明农业和工商的关系,其含义是用木根和枝叶借喻轻重、主从、主次的关系。王符把"本末"关系推广到封建国家的一切问题,并在传统的意义之外,还赋加了正道与不正道的意义。以上八组"本末"关系,"本"均指正道,而"末"则属不正道。这里,"本末"在外延上已突破经学家设定的界限,内涵上也增加了新的意义,但仍仅仅属于社会范畴或人事范畴。

《本政》实论"政本"。王符说:

凡人君之治,莫大于和阴阳。阴阳者,以天为本。天心顺则阴阳和,天心逆则阴阳乖。

这种"以天为本"或以"和阴阳"为"本",明显地来自今文经学的天人感应,但就"本"这个概念而言,则已超越人事,越来越具有哲学的色彩。

《本训》实即"本论",是从世界的本原和宇宙的演化探求万物的本质和天人的关系。这个"本"已经完全是一个哲学概念或哲学范畴了。王符在讨论"情性"和"化俗"的"本末"关系时还说过,"末生于本"。再联系他强调 "必先原元而本本"(《本训》)、"先其本而后其末"(《德化》)。如此把握"本末"关系已经具有思辨的特征,在理论形态上不断向玄学靠近。

关于"名实"问题,本来经学家也曾进行过讨论。"选举不实"在汉代法律上,就是一个很重要的罪名。王符也是首先把它作为一个政治问题,目的在于揭露当时选拔人才和任用官吏中的弊端,要求必须"求贡相称,名实相符"。但是,由于理论思考的深入,"名实"问题也越来越具有哲学的意义。《潜夫论·考绩》曰:"有号者必称于典,名理者必效于实,则官无废职,位无非人。"《叙录》则曰:"赏罚之实,不以虚名。"这样,从审核名实而为辨析名理开了风气。于是人们逐渐从繁琐的说经解经而转向对概念的分析。后来,汉魏之际的名理之学,又进一步从辨析名理而讨论言意关系,最后转到玄学的这个重要问题上。

王符关于"才性"问题的讨论,也是从经学到玄学的一条路线。经学家一般只讨论人性,而不讨论人才。王符则明显地把人性问题同人才问题结合起来考察。他非常反对和鄙视世俗的"以族举德,以位命贤",认为"人之善恶,不必世族;性之贤鄙,不必世俗"(《论荣》)。根据孔子"性近习远"的思想,他指出:"人之情性"或"真性之材"相差不大,但人们的德行和才智却相差很大。按照他的观点,鉴别和衡量人才的标准,不是家族的血缘、财富的多寡和地位的高低,而是人的德行和才智。在"才性"这一对范畴中,德行和才智都属于"才"。魏晋思想家讨论"才性"的同、异、合、离,实际上亦由此而发端。

当然,王符的《潜夫论》,以至整个东汉社会批判思潮,还未完全发展成为一种新的理论形态。它既有经学的遗痕,又有玄学的萌芽。正由于此,它才构成经学到玄学的一个思想环节。

三、气本体论的思想先驱

气和元气是中国古代哲学特有的基本概念。气作为哲学概念始见于战国,《庄子·知北游》曰:"通天下一气耳。"但当时气上有道,气从属于道。元气概念大致出现于西汉前期,就其本义而论,"元气者,气之元也"。但很长一个时期,人们在元气同道的关系和元气同天的关系上陷于困惑之中。唯有王符在其《潜夫论》中，第一次把元气和气作为宇宙万物之“本”，提出了唯物主义的元气一元论或气一元论。《本训》之“本”，具体说来，有两层含义：一曰“本源”，即天地万物和人均由元气所“自化”“自生”；二曰“本体”，即天地和天地间的一切存在及其变化均为“气之所然”或“气之所为”。就其“本源”意义来看，王符的思想是典型的气本原论；就其“本体”意义来看，王符又初步提出了气本体论。关于这两层含义，王符并没有充分阐发和展开，却对后世中国哲学气论的发展产生了重要的影响。

魏晋间，嵇康曰：“元气陶铄，众生禀焉。”又说：“浩浩太素，阳曜阴凝，二仪陶化，人伦肇兴。”他继承了王符的气本原论，但未接触其气本体论。后来杨泉著《物理论》，又提出：“夫天，元气也”；“星者，元气之英也”；“风者，阴阳乱气激发起者也”；“石英，气之核也”……把气作为皓天、星辰、风雷、石块等物的本体，这一方面同王符的气本体论极为相似。但他又说“水吐元气”，未免拘泥于水生雾气的生活经验，而在哲学思维水平上远不如王符。唐代中期，柳宗元一方面强调，在天地万物产生之前，“惟元气存”，没有任何主宰，同王符所谓“莫制莫御”相一致；另一方面，他又特别发挥了元气自动自化的思想，认为阴阳之气皆“自动自休、自峙自流”“自斗自竭、自崩自缺”，显然以元气为变化的本体。不过，柳宗元虽然从“本源”和“本体”两个方面论述了元气为“本”，也没有充分展开和发挥，有时还有一定的混乱。

作为一种理论形态，中国哲学的气本体论在北宋才正式形成和出现，张载提出“太虚即气”的命题就是一个标志。张载首先论证了世界上一切有形有象之物究其本体都可归之为“气”，他说：“凡可状皆有也，凡有皆象也，凡象皆气也。”进而他又论证，一切无形无象之物究其本体亦属于“气”，他说：“太虚无形，气之本体，其聚其散，变化之客形尔。”“气”之聚，显而有形；“气”之散，幽而无形。一切存在的聚散变化，其本体都是“气”。这就像水凝为冰，冰释为水，其本体不变一样。张载不大使用“元气”这一概念，因为“元气”之“元”，很容易使人只从“本源”意义上来把握“气”。当然，张载《正蒙》实际上也承认“气”为天地万物之“本源”，但其重点是论证“气”为一切存在的“本体”。只是明代的王廷相，对“元气”概念有所偏爱，他既论证了元气本源论，又论证了元气本体论。

从历史的发展来看，王符的气论或元气论，要比张载、王廷相的气论简单得多、粗糙得多。但在王符提出“何非气然”和“莫不气之所为”的论断中，我们已经看到张载气本体论和王廷相元气本体论的端倪。俗话说，树有根，水有源。如果我们把王符的气论放在中国哲学思维的大树上或长河中来考察，应该说它是宋明气本体论的思想先驱。

四、赞、序、跋选录

后汉三贤赞之一

唐　韩愈

王符节信，安定临泾。好学有志，乡人所轻。愤世著论，《潜夫》是名。《述赦》之篇，以赦为贼，良民之甚，其旨甚明。皇甫度辽，闻至乃惊，衣不及带，屣履出迎，岂若雁门，问雁呼卿？

不仕终家,吁嗟先生!

乾隆甲戌镇原重刊《潜夫论》序

清 李方泰

余自螽岁受读《昌黎文集》,即识后汉三贤名,迨读范《史》,始得详其里居世次,及其著述文章,而潜夫先生者,又吾邻邑临泾人,其景慕尤甚焉。临泾在今镇原县,县治之北百数十步,有潜夫山,山上有亭曰思潜亭,山后有墓曰潜夫墓。余以躬养之暇.盖尝至其地,登其亭,访其事,悠然想见其为人,未尝不流连志之。

夫先生一布衣耳,而又丁汉室之衰,非有丰功伟烈,足以耀当时而垂后世也。而度辽一迎,荣流当代;昌黎一赞,名炳儒林,夫岂无所修为.而令人爱慕一至此欤?

甲戌夏,原人将刻其全论若干篇,祈序于余。余职列词馆,凡有关国家政治之大,人物风俗之美者,分宜修明而表彰之,矧以斯论之镌,一事而三善备焉,敢以谫陋,而自诿不能欤?

我皇上崇儒重道,微显阐幽,使千百年久晦遗书,灿然复明于世,则文治之洽也。宰是邑者,能以劝农课士之暇,首举其乡之先达者以为多士法,则邑令之明也。邑士人能不吝其所有,急所先务,使先贤著作不至消蚀殆尽,则儒风之盛也。嗟呼!睹斯刻者,其必不以余三善之言为少谬矣。又宁至望古遥集,疑范《史》五篇为未备,昌黎一赞为虚文也哉!

乾隆甲戌赐进士出身翰林院庶吉士北地李方泰序。

《潜夫论笺》序

清 王绍兰

《潜夫论》三十五篇,行世本讹夺错简,棼如散丝。范《史》所载仅五篇,又经蔚宗删改。《元和姓纂》《太平御览》《路史》诸书每有征引,淮别滋多。唐、宋以来,久无善本,求是去非,盖其难也。

昔者吾友汪主事因可,绩学超奇,通心而敏,会萃旧刻,网罗佚闻,宏邕雅言,审定文读,草创于嘉庆己巳、庚午间。时绍兰读礼家居,晨夕化我,耳剽绪言颇详。辛未服阕,握手河梁,方谆谆以《盐铁论》托其校勘,答言绣就是书,续行属革,郑重而别,江关闲阔,忽忽者七八年。绍兰奉职无状,罢官归,因而可墓有宿草。键户省愆,故人长往,庭蒿门雀,不复闻空谷足音矣。

一日,陈子东为告以因可书久成,己为代谋剞劂,因睎之书而属之叙。受而读之,窃悲因可丰于学,啬于年,又喜其能以书自延其年;东为爱因可,莫能助其年,而能行其书以延其年,诚可贵也。

它日遍读之,叹其解谬达恉,传信阙疑,博访通人,致精极核,且能规节信之过而理董之,自称曰笺,宗郑申毛之义,意在斯乎!

惟采及刍言,是谓狐裘羔袖。即如《断讼篇》"诛率",《公羊》隐五年:"卫师入盛",传:"君将不言率师，书其重者也。”何休注云：“分别之者，责元率。”当时未举以相告。又如《志氏娃篇》“棐”疑是“裴”，尚有《风俗通》“裴氏，伯益之后”，见《后汉书·桓帝纪》注，亦未引证，则绍兰之疏略可知。

今索居多暇，温寻旧文，又得如干条，要皆諓说谰言，无裨百一，九原不作，质正莫由。

绍兰窃自惟质钝学荒，罕问杨雄奇字之亭，莫窥蔡邕异书之帐，又无西州漆简之授，徒讽南阁篆文之遗，深慕礼堂写定之勤，殊媿任城墨守之陋，是以瑟缩经年，不能下笔。东为教迫不已，重其嗜古籍，竺故交，乃略书原委，附录鄙说于后，勉副盛心焉。

嘉庆己卯秋七月王绍兰序。

《字学正宗》自序

清贡生　张先觉

刻书始于五代，两宋因之。金于平水设官书局，元诏诸路刊书，明有监本，国朝有殿本、局本，皆官书也。几经雠校，而鲁鱼、亥豕之误不闻焉。自川板行于西北，其中讹字层见迭出，邑人以其价康也而争购之。三家村里，冬烘先生又不能纠正其失，讹以传讹，歧而又歧，而音韵亦多舛错矣。如“抢攘”音“撑能”，“数奇”音“朔基”，俗俱如字读。口吃之“吃”音格，俗读作喫；大观之“观”音“贯”，俗读作“官”；冗“长”音“仗”，误为长短之“长”，“勍”敌音“擎”，误为强劲之“劲”；“射覆”音“食福”，俗误从去声；“踉跄”音“亮抢”，俗俱作平声；分野之“分”是去声；仰给之“仰”非上声；口占之“占”音“战”；迳庭之“庭”音“厅”；蕞尔小貌，“蕞”音“萃”，俗读为“撮”：尔者非冷然清意，“净”音“灵”，俗作“冷然”者误。是皆章章在人耳目之前者也。至误汨为汩、讹晰为晣，骞之混蹇，哓之异浇，稍为留心，即不错用。余于小学一门，茫然罔觉。惟即十三经所有之字，为文字中所常用者，一一考其原流，正其错误，为子侄辈读本，不敢灾及枣梨，而闻之者纷纷借钞，门下士遂付手民聊以代钞而已。人情少所见多所怪。若依官板正字，改玄而更张之，其不致人哗笑者鲜矣。余谓读书识字可为知者道，不必为俗人言也。目前之字读别者甚多，若相沿成习，亦用今之音为宜，盖俗人既不吟诗，又不写朝考卷，听其自然而已。若一味好奇，沾沾自诩，呼天明为汀茫，顾亭林且不能对，又何论乎普通社会哉！

五、诗赋选录

杨花词

北魏　胡太后

阳春二三月，杨柳齐作花。
春风一夜人闺闼，杨花飘荡落南家。
含情出户脚无力，拾得杨花泪沾臆。
秋去春还双燕子，愿衔杨花入巢里。

示所知广平程伯达

北魏 胡叟

群犬吠新客，佞暗排疏宾；直途既以塞，曲路非所遵。
望卫惋祝鮀，眄楚悼灵均；何用宣幽怀，托翰寄辅仁。

出萧关怀古

唐 陶翰

驱马击长剑，行役至萧关；悠悠五原上，永眺关河前。
北虏三十万，此中常控弦；秦城亘宇宙，汉帝理旌旃。
刁斗鸣不息，羽书日夜传；五军计莫就，三策议空全。
大漠横万里，萧条绝人烟；孤城当瀚海，落日照祁连。
惨然寒苦奏，怀哉式微篇；更悲秦楼月，夜夜出胡天。

寄夫萧关

唐 陈玉兰

夫戍萧关妾在吴，西风吹妾妾忧夫；
一行书信千行泪，寒到君边衣到无？

无　题

宋 曲端

破碎山河不足论，几时重到渭南村。
一声长啸东风里，多少人归来断魂。

登原州城呈张贲从事

宋 魏野

异乡何处最牵愁，独上边城楼上楼。
日暮北来唯有雁，地寒西去更无州。
数声寒角高还咽，一派泾河冻不流。
君作贫官我为客，此中离恨共难收。

在任思亲

明 许理

儿在江南亲在西，白云飞处泪频垂；

儒冠误我庭闱养，纯孝谁知是布衣。

道经丹阳题潜山许公祠

明　邹应龙（阑县）

伟哉给事君，生钟川岳秀。宿学自天成，颖异贤关透。
弱冠荐乡闱，天马光驰骤。长策对大廷，羿射妙入彀。
筮仕宰华封，循良事业就。擢入自谏垣，补衮意忠厚。
忽遭风木悲，孝思昭宇宙。哀毁病沈疴，卢扁莫能救。
我来钦英风，血泪渍襟袖。丹旐垂摇摇，鸟鹤吊相凑。
谁道岘山碑，芳名独垂后。

原州杂诗二首

清　宗书

孤城三百户，一半枕荒原。峡水通泾汭，烽台抵塞垣。
人烟落涧冷，垆市杂溪喧。蔓草斜阳路，谁招故国魂。

藉甚临泾署，相传自鄂公。所逢无故物，依旧说遗宫。
系马摧金碧，炊栌炼酪酮。唐家飞将在，个个凛英风。

寄题中峰书院（选一）

清　康纶钧

潜大论著仰宗工，文采群推一世雄。
鹿洞悬规齐往迹，鹅湖讲学被余风。
里如通德芝增秀，士若怀才凤可同。
遥忆当年吟咏句，敢云今日碧纱笼。

七　绝

清　王连陛

其一

原州田舍半成焦，杀气沉沉总不消；
未解遗黎何罪孽，孤城到底破残宵。

其二

人身杂乱鬼声哀，夜黑风阴城半开；
数万生灵兵火劫，难凭佛手引春台。

其 三

杀声陡起怨城高，士女纷纷越堞逃；
平地有时流作血，死尸多少落城壕。

陕回窜甘太平镇先被焚掠

清 焦承宣

昼夜村邻烟火生，纷纷兵马走纵横；
东庄客怯西庄过，大岘人惶小岘行。
满目旌旗连日展，惊心鼓角逐风鸣；
此乡素号太平镇，为问何时始太平？

镇原侨寓杂咏

高希贤

四十年前记胜游，杖藜今又过原州；
山灵对客仍青眼，尘梦惊人已白头。
佛火销沉平野寺，戍旗摇落夕阳楼，
潜夫台下徒流寓，得似先生避世不？

喜雨歌（望统一）

慕寿祺

望穿云海雨愆期，密云四卷狂飙吹。
老龙酣睡呼不起，麦芽告病丛棘茨。
农夫日守空仓哭，斗粟千金家家饥。
饥肠鸣雷口生焰，朝餐草根暮木皮。
草木焦卷有时尽，掘鼠罗燕亦不支。
肌肤青黄成菜色，借问苦心救者谁？
桑林日祷嘉禾枯，暴巫暴尪均近愚。
连年鹿逐刘季子，苦旱诗成庾肩吾。
死者已矣壮者走，绘作郑侠流民图。
安能以此上银台，请帝览之声长吁。
鸠形鹄面鸿嗷嗷，官人捶门犹叫呼。
卖儿贴妇钱不足，残户逃匿田荒芜。
岂知皇天本慈仁，特霈嘉澍润斯民。
诸真班列仙翁立，但道此事责波臣。

诏起睡龙拔老湫，重重云气结成神。
帝曰汝龙救灾旱，往哉从事此其辰。
龙拜稽首蹈且舞，奚庸谅辅庭积薪。
沧溟下肩谅飚举，虬螭升首蛟怒鳞。
雷君出装走精锐，惊起人间失箸人。
电光钀磹金蛇掣，帜摇镇闪火为轮。
从今莫谓天地昏，霹霹燮燮声渐繁。
魑魅潜踪氓其苏，雷车挥驾电脚奔。
银线玉竿满城郭，琼膏瑛乳倾瓶盆。
巨鱼跳跃瘦蛟舞，长河注溢灵泉浑。
翘首城南与城北，苗勃然兴膏不屯。
绿章还奏通明殿，神龙泥首一一言。
玉皇笑赐麒麟脯，起视周陆穹颜温。
驾鹤骑鸾众仙至，歌舞泰平朝紫阍。
皆曰吾皇恩浩荡，渗漉神濩物孳蕃。
斯时雨足声收雷，童叟跃呼声喧豗。
曦轮万里浮空碧，旷劫烟消扫埃埃。
昔殷高宗相传说，为霖济旱天下才。
又闻东坡官凤翔，亭记喜雨矗城隈。
我歌此曲写欢悰，感谢天意厚栽培。
天以甘霖苏渴土，沛然一雨阴霾开。
神功旋转如反掌，原野稠绿麦千堆。
前者大小麦无秋，神龙不雨天何尤。
人怨碧翁不怨龙，铜姑石姥纷祈求。
或取血泥祭牛背，或搜朽骨斗龙头。
但见黄埃蔽赤日，饥颜馑色尸填沟。
我生自惭粱空蝗，国利民福两无酬。
不能登朝作霖雨，林泉身宜早归休。
而今四野禾垂穟，一洗苍生无限忧。

旱 灾

慕寿祺

眼花心火腹鸣雷，四野鸿嗷最可哀；
夜半打门声类鬼，委员提款自来催。
黄土无端手自抓，恍闻檀唱学量沙；

尘生范甑荒凉甚，饥饿谁知是富家。
邻舍频闻叹息声，道途骸骨况纵横；
纷纷乞赈书流血，等是空谈纸上兵。
草根掘尽树无皮，我亦仓空强自支；
触起高堂慈母泪，挑灯坐说太平时。

屯字镇围解

刘保锷

山县古高平，农安畎亩耕。忽然滋变故，长此驻新营。
仗剑来千里，当途踞一城。鳞游残部落，鼠窜四纵横。
尘起天无色，渠流血有声。相持亦劲敌，况复出奇兵。
已断水泉汲，而犹蛮触争。民贫匿岩谷，谁与扫欃枪。
贼退枭心死，军逢虎力生。渔人真得利，甲士竞投诚。
地剩怀忠冢，诗闻奏凯赓。原州仍似旧，魂梦莫相惊。

闻莲花池开火

慕承裕

三路出官军，谁欤靖寇氛。近城无净土，掩涕望先坟。
天色血流赤，我心丝更棼。亲宾何处避，玉石恐俱焚。
松柏葱茏处，风云战斗时。残黎几茅屋，劫火古莲池。
花溅伤心泪，沙埋没字碑。幽明同一哭，世事不胜悲。

七　绝

张宸枢

阅尽年华似水流，秦中久乱固多忧；
如前衰世皆遭害，镇邑何时劫到头。

读报随感

梁希孔

吾侪不可太天真，帝霸亡华未死心。
山姆久窥台湾岛，倭酋屡拜靖国魂。
清廉勤政应尝胆，发愤图强须卧薪。
科技兴国乃首务，空言大话误儿孙。

七律·颂《潜夫论》

李尊儒

潜夫讳字誉寰球,巨著精深冠九州。
赞学实边强国术,思贤务本富民筹。
考绩德化呈良策,遏利明忠献大猷。
静思古今兴替事,先生哲论炳千秋。

七绝　为师乐

李克斌

忆昔少时怀壮志,求职遂意乐为师。
诚还夙愿光阴短,若有来生再教书。

七律　镇原颂

刘金玉

地灵人杰神州赞,红花绿叶傲镇原。
剪纸香包名海内,金针橙杏笑田边。
王符巨著垂千古,诏版珍奇诧世寰。
书画之乡荣陇上,诗文创作逾先贤。

我总是描述不好故乡

郭晓琦

我总是描述不好故乡。我把山说成是穷山
把水说成是瘦水。我写下的路窄小,摇摇晃晃
我写下的阳光太毒,月光太凉,太忧伤
我把蓝天写得太蓝了,把白云写得太白了
把青草和小野花写得太纯朴,太羞怯
像闪到路边的小姑娘
我总是描述不好故乡。我把春天
写得缓慢、迟钝,像性情温顺的婆婆
把夏天写得急躁,风风火火
像一个坏脾气的倔老汉
我把八月的苞谷,看成是腆着大肚子的、怀孕的村妇
把九月的高粱,看成是醉酒的汉子
我总是描述不好故乡。我把羊群

写得散漫，从秋天的大塬
慢慢游移进冬天的谷底。把公鸡写在黎明的墙头上
把牛写在黄昏的田埂上。我把驮水的毛驴
写成了民歌手。把鸽子写得像公主
把乌鸦写得似巫婆
我总是描绘不好故乡。我把钻天杨
写得太英俊，一直插进了云霄。把枣树写上断崖
像绷紧的弓。我把柳树的脖子写歪了
把杏树的腰写弯了。我把瓦屋写得低矮、破旧、松动
像蹲在时光里咀嚼往事的老人
我把父老乡亲写成了忙忙碌碌的黑蚂蚁，四处奔波
……我总是描述不好故乡
这让我一直背负着作为一个诗人的羞愧——

（原刊于《诗刊》2008 年第 3 期下半月“青春诗会”专号）

太平镇

刘鹏辉

那年三月，杏花怀胎
桃园遇到一场晚雪
阳坡上炊烟遮天，牛羊密集
源头的水深藏于一口古井

丝绸绣荷包
麻布做嫁衣
一个人牵着毛驴走坡道
夜里辨风向
时辰返回青铜镜的背影
流星一头栽进黑暗的大地

他把命运的青草交给毛驴
他随身带走了一葫芦井水
他把要在正午报时的雄鸡
祭献了村里的庙堂

那一年，太平镇出现了一位算命先生

太平乡里来了一位货郎
围观的孩子们
就像这里
年年盛开的杏花、桃花、野菊花

（原刊于《诗刊》下半月 2006 年 7 期）

柳州城

申万仓

这是一块水环山拥的高台
是一块飞鸟和鸣虫的乐园
蒲河和清水河像它的左手和右手
随意率性地环抱一些代代口授的传说
在城子山下保持经久的沉默
兰宜公路一刀切下去
有人看见了北宋的铁柜，谷种，灰坑
有人想倾听这块土地上久远的声音
有人想寻找这块土地上埋藏的黄金
春天如约而来，时间像一位永远的谶人
把识别的密码藏在青青的草上
眼睛无法顺着根系抵达深处
双手接过刨根问底的重任
石头和瓦片抵挡过多少利刃的刺探
千年风雨，盛满一只豆青瓷碗的约会
功利的镢头落下时，北宋的饭碗又一次破碎了
传说的柳州城
只能用一堆又一堆碎砖烂瓦证明传说的真实
抚摸过铁柜，谷种，宋瓷的人
怕行人挤垮通往果园的独木桥
独守秋天飘香的秘密
柳州城，春天的柳州城
在一只只忙碌的小蜜蜂看来
是真实的油菜花，是遍地的黄金

（原刊于《星星》诗刊 2009 年 07 期，并被《甘肃的诗》收录）

洋　芋

秦　铭

在故乡　人们不叫马铃薯
不叫土豆　洋芋是它永远的
昵称　乳名

在故乡　洋芋就是我的兄弟
紫色的花是他朴素的心思
默默地为果实开放
枯萎的枝蔓是化繁的舍弃
他把成熟深深地埋进秋天的深处

在故乡　人们把他当蔬菜
更当粮食　人们都说
要吃饱肚子洋芋加瓠子
就这么个土头土脑的家伙
喂养着乡村和岁月
给牛拉动犁铧的力气
给我倔强和骨气

（原刊于《星星》诗刊2010年第8期）

家在黄河边

潘正碧

家在黄河边
家就是一辆永不锈蚀的水车
日夜吮吸着黄河母亲的乳液
吱呀呀扭转岁月

我的列祖列宗
以及后代子孙
就是那畦割不完的韭菜
一茬又一茬
在岁月的刀痕下

死去活来
尽管哺乳的姿势改而又改
金子般的乳汁
亘古不变地鲜活着我们的血

羊皮筏子鼓足的勇气
使我们成为人类最初的优秀水手
泅渡山洪爆发的悲哀以及旱灾

木排挺直的脊梁
撑我们走南闯北
把小小的家拓宽成世界大都市璀璨夺目的华人街

黄河母亲的血性
使我们义无反顾气吞山河汹涌澎湃
涤荡圆明园的耻辱重筑虎门炮台
托举那轮环球同此凉热的太阳出海
让世界刮目相待

（获 1994 年《星星》诗刊二等奖）

镇原赋

畅恒

历沧桑亿万载，愈有史数十年。戎人祖居，民族融合之乡；周祖故地，农耕文明之源。秦置彭阳、安武、朝那，开镇原县治之始；元并镇原州，得镇原古邑之名。唐虞遗风赓续，尚礼重仪：先贤风范光裕，崇文重教。文化大县，名播陇上；书法之乡，几冠西部。

观我镇原，气象雄浑。四河交汇，五塬纵列。梁峁如猛虎腾跃，沟壑似巨龙匍行。天宇澄清，地势坤厚。登斯塬，饱览高原奇观，心旷神怡矣；临此地，尽阅黄土风情，追古思远矣。太阳池峡谷出平湖，纳数壑之流而不溢，绝山川之水而不枯，感天工造化之玄；石空寺绝壁悬古刹，历百般劫难而安然，经千年风雨而姿俏，叹雕刻艺术之妙。潜夫山古柏参天，仙气氤氲；原峰山山环水抱，一峰独秀。人间三月天，杏花闹春意，漫山如霞；黄叶凋落时，苹果累枝头，漫野飘香。天赋神奇，果菜畜特产品味高优；地蕴宝藏，油气煤资源储量丰富。

溯我镇原，历史绵长。勘旧石器遗址，仰瞻先民拓土之艰；登秦长城残垣，聆听边塞征战之声。周铜剑，阅历周逐诸戎王气西指；秦诏版，见证秦置郡县江山一统。秦始皇登鸡头祭奠黄帝；汉王符居潜山立说资政。度辽将军皇甫规武伐文抚，羌人臣服；抗金名将杨政镇守关中，金人胆寒。李恂西域建奇功，许理善政惠丹阳。胡氏郡望地，显赫二百载，十数男出将入相,四才女母仪天下。胡国珍一朝官拜司徒,参决国事;灵太后两度临朝称制,治国清明。共和名士张宸枢为民请命;文史学家慕寿祺研史兴教。古代边塞征战场,抗战革命根据地。二十五军过平泉,惩奸除恶播火种;陕甘支队驻三岔,润之喜接志丹信。援西军驻防镇原,王洼子接应徐向前;彭德怀挥师陇东,六纵队浴血屯字塬。民众参军支前,誉满陕甘宁边区;军民同气连枝,七获双拥模范县。

昔我镇原,文脉恒昌。李恂设帐授徒,开兴学之风;王符《赞学》一篇,倡教育之义。崇文尚礼蔚成乡风,兴学重教遂为民愿。学风蔚然,名题进士二十二,尽是饱学之士;英才辈出,传载史册二十九,皆为良臣悍将。著书立说,播美誉于遐迩;耕耘墨砚,扬声华于宇内。《潜夫论》三十六篇,一部治国济世建言书;《甘宁青史略》四十卷,一座解读西北档案馆。十八鹅、博古屏、百寿图并称镇原三绝;张宸枢、张炳麟、邓博五位尊西北名家。秦腔陇剧,唱响西北豪气;剪纸香包,蕴含黄土风情。

今我镇原,高歌猛进。乘改革开放春潮,抢西部开发先机,历届领导,夙兴夜寐,筹定方略,精绘蓝图;邑内民众,实干克难,苦中励志。抓项目,调结构,兴产业,加快科学发展;拓道路,修梯田,兴水利,夯实发展基础。工业强县、产业富民、文教兴县战略凯歌奏响。非公企业异军突起,油气开发风强势劲,引强入镇落地开花。杏品、苹果、西瓜品牌产品俏销南北,剪纸、香包、刺绣民俗奇葩绽放异彩。《绿叶红花》禹州捧金"映山红",《古月承华》申城载誉艺术节。黄花基地、蔬菜基地、苹果基地,地地冠西北;红杏之乡、民俗之乡、书法之乡,乡乡誉华夏。城乡建设日新月异,开放开发如火如荼,创业创富亦驰亦奔。

龙兴之地兮,必风生水起;文明厚积兮,定催生辉煌;比较优势兮,将后发超前。愿我镇原,雄风再起!赋以赞之,歌以咏之。

六、楹联选

县文庙联

焦国理

圣道遍行地球如日月经天谁谓西秦不到

人生要有模范诵诗书执礼同遵东鲁雅言

城隍庙联

(佚名)

公公是是非非一一明明白白

想想前前后后念念子子孙孙

萧曹祠联

周达

是古名臣也在衙门中吃饭
劝众同事须存刀笔下留情

县署厅事联

宋运贡

行政须顺人们所愿
居官不听子弟之言

县高小学校讲堂联

慕寿祺

兵劫几曾休幸此邦流水高山犹带潜夫遗韵
圣经终不废愿多士升堂入室勉承孔氏真传

王潜夫先生祠联

朱鸣琴

论留三十六篇读汉魏丛书始信文章光国史
身殁两千余载遇清明佳节同来祭扫是乡亲

马文渊妻自挽联

吾将去矣大丈夫何患无妻异时重叶鸾占莫对新妻谈故妇
儿可哀哉小孩子终当有母他日得蒙乌哺须知继母即亲娘

刘瑄玑题　慕思恭对

北山柏成林古柏参天忆潜夫
南河岸如陵危岸敛霭吊许理

刘瑄玑题　段安邦对

潜山茹水映春色政通春来早
上岭蒲河呈秋景人和秋去迟

刘瑄玑题　范天合对

水荫沟中水浇得绿树成荫
莲花池内莲引来飞蝶闹花

姚天佑题　范天合对

王符手植柏挺拔潜山高耸重霄九

鄂公亲筑台宏立街厢雄踞正堂三

包维范题对

将军跨赤马率雄武师和平解放蒋寨官亭

玉皇驾青龙乘太阳高开城仪封四殿贤王

姚天佑题　朱晓昀对

山垒垒柏森森月朗风清正襟危坐读书台读王符三十六论缅怀节信文章垂千古

天苍苍野茫茫烟凝云敛肃步独登风波亭思岳飞七十二战喜看武穆功德昭万年

杨河岳题　李克斌对

浩然爱梅渊明爱菊板桥工竹兰梅菊竹兰四君子

少陵好诗弃疾好词汉卿善戏曲诗词戏曲三姊妹

段思坎题　段安邦对

古安定今镇原自古安定今日更安定

新太平旧老庄如今太平旧时不太平

第十三节　旅　游

一、机构

镇原县旅游局　1998年8月，成立镇原县旅游局，为县政府办公室内设科级事业单位。2007年12月，县旅游局独立办公，直属县政府，下属潜夫山森林公园管委会。2010年10月，旅游局并入文化广播影视局，加挂旅游局牌子，旅游局有局长、副局长各1人，工作人员11人。

旅行社　2008年，庆阳市东部旅行社、文化旅行社在县城设营业网点。2010年5月，成立庆阳市三黄旗旅行社有限责任公司，取得经营许可证正式营业，为镇原县首家旅行社。

二、旅游资源

镇原地处边陲，黄土高原风貌、旱塬梯田、窑洞民居等旅游资源得天独厚，因交通不便，长期未得到开发利用，驰名旅游景点少，旅游事业不发达。1992年起，开发县城柏山，加速栽花植树绿化，修建潜夫亭、杏花亭、通明宫、佑德观、三皇殿、圣母宫、王符纪念馆、王符石雕像、潜夫广场、镇原历代名人碑廊、怡园等景点，建成潜夫山森林公园。2001年起，上肖翟池建起避暑山庄、宾馆，设立游艇，建立自然风景区；建成屯字太阳池生态旅游区、白马池景区，开展划船、垂钓等游乐活动。至2010年，全县逐步完善潜夫山森林公园、上肖翟池自然风景区、屯字太阳池生态旅游区、白马池景区功能，建起三岔红军长征纪念馆、三岔天主教堂毛泽东驻地、三岔革命烈士纪念馆、屯字烈士陵园等红色旅游景点，开放县城文庙大成殿、金龙石空寺、太平玉山寺石窟、彭阳古城、武沟战国秦长城遗址，形成以县城为中心，以潜夫山和屯字塬"三池"为重点，其他名胜古迹点缀其中，东与北石窟寺相接，西与平凉崆峒山毗连的旅游圈。

三、游览

东汉史学家班彪为避难往凉州，从长安出发游历，经过彭阳县(今镇原东太平镇茹河岸)，沿茹河川西进去长城塬观光至高平，留《北征赋》为证。王符东去洛阳游学。清代、民国时期，县民步行至陕西景福山、平凉崆峒山进香观光，连年不断。

1966至1967年，新疆、兰州等地学生红卫兵十多批200多人来镇原串联游历，参观窑洞民居。县内学生组织"长征队"20多支300多人分别步行去延安、西安等地串联游历。改革开放后，县内干部职工利用出差开会、农民群众借外出务工等机会，顺便参观游览一些国内旅游景点。1990年起，县内人士赴全国名山大川、京津沪杭等名城胜地旅游逐年增多。2000至2005年，通过旅游团体组团外出旅游，县民参加国内大陆游0.5万人次。2004年，有94人赴国外及港澳台旅游。至2010年，全县累计接待游客68.89万人次，旅游总收入8534万元。接待大型参观旅游团队548次15万人次，接待港澳台游客32次856人次，接待海外游客10次620人次，其中2010年接待游客8.1万人次，旅游收入2600多万元；外出旅游2.3万人次。

平泉镇秦铺村农民史宏图，从1995年4月24日开始至2005年4月初，骑红旗牌自行车游学10年，行程9.5万公里，行经宁、蒙、晋、冀、津、京、豫、陕、鄂、湘、蜀、赣、皖、鲁、苏、沪、浙、粤、琼、桂、滇、黔、渝、新、青、陇、辽、吉、黑、闽30个省、市、自治区及港、澳两个特别行政区，观光孔庙、西安、翰园、辽河、井冈山、会宁等碑林105处、石刻19942块；登临五岳，漫游四大佛教圣地，四大石窟及庐山、黄山、长江三峡等名胜；走过县以上城市754个，拜谒烈士陵园31处、纪念堂3处；参观学校496所，其中大学122所，学院102所，专科学校105所，中学126所，小学41所；游览文联书协28所，佛教书院36所，道观6处，庙宇14处，古陵墓20处，古书院8处，名山62处，公园98处，动物园14处，植物园14处；观赏纪念馆43处，博物馆53处，科技馆5处，名楼13座，名阁7座，名木12处，石窟11处，曾有101家电视台、22家广播电台、87家报社给予报道。游学期间收藏各地报纸1100种，各种资料320册，奇石、邮票、剪纸、刺绣等纪念品1300多件，盖有印章2050枚、邮戳1600枚，记游学笔记100万字。

第十四节　图书收藏与管理

一、收藏机构

民国二十三年(1934年),国民党县政府成立民众教育馆图书室。三十年,镇原中学建图书室,藏书1000多册。民国三十八年七月镇原解放,人民政权接管民众教育馆图书室,更名为镇原县文化馆图书室。1958年,文化馆加挂图书馆牌子,图书室有管理员2人。1986年2月,成立镇原县图书馆,与文化馆分设。1993年,文化馆、图书馆、博物馆合并成立县文化中心。1997年,撤销文化中心,恢复图书馆。2010年,图书馆有干部职工16人,其中馆长1人,副馆长1人;大专以上学历13人。

二、设施

民国二十三年(1934年),国民党县政府民众教育馆图书室设在中山公园,有藏书室2间,阅览室4间。二十九年,边区民众教育馆设在孟坝镇,有房1.5间。1967年后季,图书室由人民公园(原中山公园)迁至新巷子,占用平房22间。1972年,县革委会拨款3万元,增建藏书室、阅览室9间190平方米,添置书桌10张,椅子80多把。1980年,因图书室为砖木平房、木书架少而差,部分书籍就地堆放,造成一定损失。1981年6月,县文化馆图书室购置读者目录柜和公务目录柜。1986年3月,省文化厅拨款9万元,在兴文巷(原新巷子)建三层单面图书楼1幢。1995年,增建四层图书馆楼1幢。2004年,县图书馆增设铁书架15个42米,书报上架。2009年10月,图书馆迁东区文化大厦,馆舍面积2100平方米,省文化厅投放70万元设施设备,建起全国文化信息资源共享工程镇原县支中心,设有成人阅览室、少儿阅览室(附设青少年爱国主义教育基地)、期刊阅览室、报纸阅览室、地方文献及古籍阅览室、多媒体培训室、图书展室、综合业务加工室、电子阅览室、采编室等10个,提供阅览席位247个。

三、藏书与管理

明清时,镇原学宫收藏地方乡绅、官员捐赠图书及民间私人存书均很丰富。清同治兵燹,学宫、民间藏书均被毁之一炬。后乡绅慕暐捐赠图书《十三经注疏》《资治通鉴》等120种,邑宰宋运贡等添置《御批历代通鉴》《甘肃新通志》等几十部,藏第一小学以资阅览,但因后来管理不善,特别是兵匪烧毁,所存甚少。

民国二十三年(1934年),国民党民众教育馆图书室藏书3000余册,订报3份。二十五年,县长邹介民拨款购买《万有文库》《四部丛书》各1套1978册,慕寿祺赠《甘宁青史略》等书,建有书刊登记、借阅、接交清册。边区民众教育馆藏书1000余册,年订报4份。三十年,镇原中学建图书室,藏书1000多册。

三十八年七月镇原解放,县文化馆接收国民党和边区民众教育馆图书室藏书7200册,订报十多种、杂志20余种,读者凭机关单位介绍信借阅。1952年,慕寿祺女儿将其藏书3万余册捐赠省政府,存于省图书馆。1953年开始,读者凭借书证借阅图书室图书。1958年,图书室藏书增至2万余册,年订阅报纸十余种30份,杂志20余种60多份。"文化大革命"期间,图书室馆藏图书一度被封存,民间图书被当作"四旧"大量毁损。1973年5月起,县文化馆图书室星期一至星期六开放,但大部分图书仍当作封、资、修继续封存,读者只能借阅马、恩、列、斯、毛泽东著作及时事政治类读物。

1978年起，开放所有馆藏图书，实行新书目介绍，增设儿童阅览室，年订阅各类报纸、杂志45份，购买连环画书4800册，周末为儿童开放日，日接待小读者约500人次。1980年，馆藏图书2.32万册。1981年6月，县文化馆图书室按照《中国图书馆图书分类法》，进行系统分类、编目，购置读者目录柜和公务目录柜，指导读者利用图书卡片检索图书，建立健全财产登记专账和有关管理制度。提倡尊重知识，尊重人才，学风渐浓，个人藏书大增，多则数千本，少则几十本。

1986年，个体户在街道摆书摊，一个人付5分钱即可就地阅读一天。至2000年，民间藏书650万册，其中500册以上者达万人，千册以上6500人。耿明昌给镇原中学图书室赠书百册。2002年7月，中央文明办、国家新闻出版总署为镇原县赠各类图书3000册，存于县图书馆。2008年，国家文化部门扶持建设农家书屋，县总工会投资建设职工书屋。

2009年10月，县图书馆总藏书6.5万册，古籍室收藏的《甘宁青史略》《四部丛刊》《万有文库》等属珍本图书，具有较高文献史料价值。报纸阅览室和期刊阅览室收藏有1954至2008年各类报纸12548册，期刊杂志6397册，地方文献1140册，古籍4800册，珍贵画报2148册，保存完整，史料珍贵。县图书馆开辟电子阅览新途径，实现自动化、网络化管理，图书开架率98%。

2010年，县图书馆全年接待读者4.2万人次；各类学校图书室48个，总藏书76800册，年订报纸720份、杂志970份；机关单位图书室22个，总藏书量43560册，年订阅报纸768份、杂志865份；乡镇图书室19个，村级示范书库7个，流通图书3.6万册，流通报刊4500份；农家书屋215个，藏书5.4万册。

第十五节　图书发行与经营

一、发行机构

明清时期，图书发行由私人经营，客商走乡串户或摆摊设点售书。民国二十二年（1933年），姬宗义在县城首办兼营书业商店，与贾关生、祁尚诚合开售书合作社。二十三年，王永福开设文具兼售书籍商铺。三十五年，药商乔寿山、文具商杨金土兼售图书。三十二年三月，陕甘宁边区陇东分区在孟坝成立新华书店，与县民众教育馆合署办公，发行政治书籍和学生课本，后因战争解散。

甘肃省新华书店集团镇原分公司　1950年4月，甘肃省新华书店在县城设镇原支站，是全县唯一图书发行销售机构。1958年9月，改称镇原县新华书店，下设平泉、屯字、孟坝、三岔、新集、新城、太平、临泾8个公社书店。1961年，基层书店撤销。1965年，省书店拨款新修县店砖混结构营业门市及办公室、宿舍25间。1973年，下设平泉、孟坝、屯字、三岔基层书店。1985年，县新华书店有职工21人。1994年，投资30万元，建三层书店楼2幢，办公面积200平方米，营业面积274平方米。2002年，县书店改革，更名为甘肃新华书店集团镇原新华书店有限责任公司，专营中小学课本，其他图书放开经营。2007年，县公司改为甘肃省新华书店集团镇原分公司。2010年,全店有职工24人,其中经理、副经理、支部书记、会计、出纳、业务主任、主业主办、综合办公室主任各1人,库管员2人,门卫1人,县城中心门市7人,屯字门市2人,平泉、孟坝、三岔门市、城关课本组各1人。

集体和个体书店 1975年,兴办开边书店,1976年,办起新集社办书店,均由县店提供图书,按营业额12%支付手续费。其他公社办书店2处。2002年,县城开办第一家民营学海书店。2003年,学海书店平泉分店、孟坝分店开业。2005年,三岔开办个体兼营图书商店,临泾等乡镇有个体兼营图书商店12个。

二、经营管理

1950年4月,省新华书店镇原支站除门市营业外,还走乡流动供应,主要发行政治、经济、科技、课本等书籍,当年销图书20余万册。1951至1952年,图书销售额25723元。1953至1960年,新华书店发行图书232.56万册,销售额36.92万元。1961年,县店送书下乡,委托各供销社商店设图书专柜代销,当年发行图书41.24万册,销售额7.24万元。

1962至1974年,新华书店售书541.94万册,销售额100.51万元。1975至1976年,全县售书134.09万册,销售额25.37万元,其中开边、新集社办书店售书13.4万册,销售额25.3万元。1977至1984年,全县售书803.49万册,销售额223.45万元。1985年,全年发行图书129万册,比1953年增长8.57倍,销售额51.04万元,比1953年增长25.43倍。发行政治、经济、军事、法律、文化、教育、文学、医药卫生、工业、农业、综合等17类,存列图书50.88万册,其中社会科学9.9万册,文化教育11万册,文学艺术3.66万册,自然科学1.36万册,少儿读物8.64万册,中小学课本0.57万册,图片13.3万册,其他出版物2.45万册。

1990年,全县售书154.73万册,销售额61.2万元。1995年,全县售书245.4万册,销售额515.57万元。1998年开始,县书店实行超市式经营。2000年,售书35.01万册,销售额1134.6万元。2002年,县书店改革,除专营中小学课本外,其他图书放开经营。全年售书200.23万册,销售额1079.74万元。同年,民营学海书店年发行图书3万册。2003年,学海书店平泉分店、孟坝分店年分别发行图书10万册和8万册。2005年,三岔个体兼营商店年发行图书7万册,其他12个个体兼营图书商店,年发行图书1万至3万册。县书店售书下降到126.43万册,销售额1140.15万元。2010年,新华书店发行量190.9万册,销售额1630万元,税前利润28.36万元。

1951~2010年镇原县新华书店图书发行统计表

表44-14-1　　　　单位:册、元

年度	发行册数	金额	年度	发行册数	金额
1951	–	4618	1974	576292	101770
1952	–	21105	1975	718174	120353
1953	134798	19314	1976	622743	133352
1954	121599	21359	1977	658809	146140
1955	211254	32180	1978	729190	177529

1956	370386	54714	**1979**	1196608	286232
1957	321262	48390	**1980**	978748	289216
1958	370758	59558	**1981**	1237429	333379
1959	383160	61273	**1982**	991964	288013
1960	200623	38764	**1983**	1072349	330105
1961	412389	72427	**1984**	1169816	383884
1962	249257	49302	**1985**	1290454	510426
1963	215252	48612	**1987**	1406594	556364
1964	236195	53162	**1990**	1547253	612004
1965	388196	66966	**1992**	1701978	673208
1966	518491	77099	**1995**	2454034	5155668
1967	500500	50204	**1997**	2954098	7497196
1968	808914	138202	**2000**	350100	11346300
1969	413445	55697	**2002**	2002268	10797431
1970	434495	110937	**2005**	1264339	11401477
1971	255000	73016	**2007**	2337000	11886826
1972	282500	79140	**2008**	–	11659300
1973	540822	100943	**2010**	1908808	16298676

第十六节　档案管理

一、机构

西汉时，县置主簿，下设主记室录事史。隋初置长史。唐置主簿，设档案库。宋时，县置收藏文书档案架阁库，由县丞、主簿掌管。明设置主簿衙，后又设照磨所，管理官府文书档案。民国二年（1913年），档案归总务部管理。十六年，县政府设科，档案由各科管理。二十九年，县府设档案室，各乡镇文档由乡镇公所文书室保管，学校档案由教导处管理。解放区机关档案，由县委秘书室专人管理。

镇原县档案局（馆） 1950年，县委、县政府分别设立档案室，统一保存机关文档。1958年9月25日，成立镇原县档案馆，隶属县委，设专职人员2人。“文化大革命”开始，县馆撤销，人员调离。1979年11月，恢复县档案馆。1981年成立县档案局，隶属县政府，与档案馆合署办公。1997年，档案局（馆）隶属县委办公室。2002年机构改革中，县档案馆（挂县档案局牌子）归口县委办公室。2010年，县档案局（馆）配备专职人员10人。

乡镇、县直机关档案馆室 1950年，公、检、法、武装部等单位设档案室。1954年，文教、农业、商业、工交等局建档案室。1960年，各公社设档案室。1985年，县直各部门普遍设档案室。2006年，建立19个乡镇档案馆。2010年，立档单位115个，县直部门档案由业务主办兼管。19 个乡镇配备专职人员，负责档案管理。

二、设施、设备

唐时，县设档案库。宋时，县置收藏文书档案架阁库。民国二年（1913 年），重要档案存入卷柜、卷箱，普通档案放置架板。1950 年，县委档案室利用土木结构库房 1 间保存档案。1958 年 9 月，县档案馆配备卷柜 2 幢。1959 年，县档案馆库房面积 15.6 平方米。1960 年，县馆卷柜增加到 15 幢。1965 年起，为适应战备需要，用 3 年时间，改善县社档案保存条件，改传统大立柜为五节组合柜，县馆存档面积增加到 45 平方米。

1985 年，县馆有档案柜 69 幢（铁质 10 幢），资料柜 11 幢，卡片柜 1 幢，灭火器 4 具。1988 年 8 月，省、地、县投资 29.97 万元，建成四层戴帽档案库楼 1467 平方米，水、电、暖、消防设施齐全，县直各单位档案室库条件得到改善。2006 年起，市县投资 144.4 万元，建立 19 个乡镇档案馆，安装密集架 772 节，配备电脑、档案管理软件各 19 台件。

2010 年，县档案局（馆）有 5 节铁质档案柜 74 套，2 节木质档案柜 15 套，密集架 132 节，建立电脑网络检索系统。县直机关立档单位 115 个，电力局、人社局、法院、邮政局、林业局 5 个单位安装密集架 170 节，其余 110 个单位装有铁质档案柜 2.4 万节。

三、管理

宋时，档案安全、分类、保存、移交皆有法定条文，县署文牍归档，置册分门编录，按形成日期“次第粘连”，盖骑缝印，写明年月、张数、封题和事目，以千字文为序登录编排，文案不须长留者，每三年一捡除。元代，档案实行照刷、磨勘。明时，管理档案，重视官府文书档案，维护档案齐全完整，若有损毁、遗失，雇人誊抄，以补其缺。清代，官署定期对档案文件收存，实行稽察汇奏，凡朱批奏折之类，按规定上缴。

民国二年（1913 年），重要档案存入卷柜、卷箱，普通档案放置架板。十九年，以“文书档案连锁法”作为县机关公文归档基本形式，按局、区及事由分别订卷归档，每卷以百件（页）为单位。第一科以“民”字，第二科以“财”字，第三科以“教”字，自一号起按次分编。

二十九年，档案利用限于公务查考，凡需调阅档案者，先填写调卷条，填明调卷人姓名、职别、调卷日期、卷目、案由、号码、附件，签名盖章，经主管长官核准，管卷人点交来人，存条登簿，如期催还；依照国民政府档案保管期限规定，经过鉴定，将可销毁卷逐一抽出，汇列一表，点明件数，签注核销。

解放区机关档案，由县委秘书室专人管理，为保密安全和便于携带，精炼存量，缩小纸张版面，有些用药水密写，文中重要人名、地名、事项用暗语代号表示，重要文件装订成册，其他文件摘登后原件销毁，危急时首先转移档案，来不及转移时监督销毁，保证绝对机密。三十六年撤退过程中，为避免泄密，将绝大多数档案销毁。

三十八年七月二十九日，镇原全境解放，人民政府接收小组查封原县政府及所属机关遗存物资、文卷，接收县府一、四科、社会科、司法处、补给站、电话局、电信局、邮政局、监狱、警察队、党团部、税局、银行、参议会、医院等机关单位所有卷宗。至 9 月 24 日，全县共接收 423 个旧政权机关、单位（包括区、乡）党、团、特文卷 123 宗（三青团区分部未列入），行政、军事、财经等文卷11549宗(各乡镇未列入)。

1950年,各机关档案自行装订保管,存放办公室文件柜或木箱内,档案查阅利用,以不泄密、遗失为限,内部利用采取登记提档,归还注销,外单位查阅,持单位证明信,经审批方可查阅;按照重要和次要程度对档案鉴定销毁。

1956年11月,《中国共产党县级机关文书处理工作和档案工作暂行办法》出台。1957年2月,国务院颁布《国家机关文书立卷工作和档案室工作暂行通则》,县乡遵照执行。1958年9月25日,县档案馆接收县委系统、政府机关档案室档案,清理中华人民共和国建立后积存文件,以突击形式整档,形成案卷多不合标准。县直及公社普遍建立文书档案制度,根据档案资料,档案馆组织人员,编印《丰产田经验汇集》和《跃进模范人物汇编》。1962年4月11日,城关公社将549.5公斤文书档案作为废纸出售,造成档案损毁。

1965年,清理积存档案,建立每年归档制度。"文化大革命"开始后,县馆撤销,人员调离,形成零散文件大量堆积,以"烧黑材、破四旧"为由,销毁有关文档,造成部分档案残缺或断线。

1968年初,将接收、收集、整理的旧政权档案1689卷上缴庆阳地区革命委员会保卫部,后存庆阳市档案馆。4月,档案馆原藏档案移交县革命委员会办公室。原则上停止提供利用,特殊情况,经县革委会两位以上负责人批准方可提供。1971年,在档案战备口号下,以实现少而精为目标,将原3种管理期限改为永久、定期两种,鉴定强调以本级为主,永久档案为主,对原存档案上下级文件实行大量剔除。1972年上半年通过鉴定,县委档案销毁4424卷,保留永久卷3013卷。

1974年,将留存部分民国以前档案全部移交庆阳地区档案馆保存。1976至1977年,社队建档过程中,现场培训档案人员、文秘干部(包括大队文书及部分生产队会计)920人。1978年起,用3年时间,按照精与全要求,对文书档案进行整理、加工,分类编排登记,使室藏档案规范化。

1979年11月,档案工作规章制度逐步恢复完善,机关文书实行年度立卷归档,案卷目录和卷内目录执行国家档案局统一标准格式,封面标明立档单位、案卷标题、卷内文件起至日期、份数、张数,划分永久、长期、短期3种保管期限,卷脊标明所属年代,编制案卷流水号,卷有卷号,页有页码,造册保管,定期向县档案馆移交。县馆组织管理人员参加省、地专业培训,通过电大进修,内部研讨,使全员成为专业内行。县馆定期派员深入机关单位和基层,采用调查研究、组织试点、分类指导、检查评比、表彰先进、业务训练等方法,提高机关单位文档人员业务水平,推动档案工作发展。

1981年,按照国家档案局新颁布档案保存规定,科学规范档案鉴定工作。1982年开始,组织人员逐步整理接收各单位、各公社档案。1983年3月,开放历史档案,凡持能证明身份的合法证件,经登记可提供查阅所需档案,查阅时在阅览室进行,不许外借。不属开放范畴档案查阅,须有党员2人持单位介绍信,注明查档目的、查阅范围,填写查档登记表,履行审批手续后,由接待人员负责提档。手抄、复印、拍照尚未开放案卷,须经审查,详加校核;机关团体或个人不得擅自公布、出版档案内容。1984年5月,将陕甘宁边区镇原县委、县政府革命历史档案两个全宗175卷上缴地区档案馆。1977至1984年,8年先后选送文档人员617人到庆阳地区参加档案业务培训。

1985年,全县机关累计向县档案馆移交档案12882卷,检索体系有案卷目录201本,全引目录3本,会议记录11本,文件卡片7287张,人名卡片3825张,图书总登记1本,资料分类目录1本,档案馆介绍1本。县直立档单位97个,自存档案17464卷。

2010年,县档案馆馆藏文书档案45722卷708件,其中人事档案6974卷(主要是离退休干部档案和死亡党员档案),科技档案234卷(主要是农业区划、城建档案;专业档案13547卷,包括第三次人口普查、地名普查、县、乡工业普查资料119卷,县委机关会计档案416卷,学校教学、学籍簿等档案3139卷,农业、科技、水利、种草种树、畜牧生产典型及会议文件和照片档案161卷),其他档案24967卷;馆藏书法、绘画、剪纸、拓片、香包、出版物等文化档案200多件;图书资料14类8850册,其中政策法令、文件汇编、党刊、内部刊物类4686本,方志、史料类163册(本),图书类1169本,各种报刊、杂志2832册。1958至2010年,共计接待查阅档案2.5万人次。

第十七节　地方志编纂

镇原历史,国史典籍和省志、府志屡有记载,明末清初,江苏无锡人顾祖禹所著《读史方舆纪要》及民国慕寿祺所著《甘宁青史略》记载尤详,成为西北地方志编修的主要历史资料来源。因《水经注》泾河篇散佚,形成与平凉、固原地域多有轇轕。中华人民共和国成立后编写部门志和年鉴,2000年起部分乡村志陆续问世。

一、县志

镇原最早县志始于明代,已失传,何人何时编修,暂未考定,一说万历时知县李大兰刊修县志,一说崇祯时县令李齐聘请乡贡董继舒编修《镇原县志》2卷。

清康熙九年(1670年),贡生张述镶续修县志,书成45年,知县钱志彤以其稿为基础,刊印《镇原县志》4卷。太平镇寇川村民寇克科有一藏本,被镇原县图书馆收藏。

嘉庆七年(1802年),知县陈珙繁聘举人刘化鹏与其弟陈琚繁续修木刻刊印《镇原县志》6卷。十年,张辉祖又竭六年之力进行补辑。道光二十六年(1864年),知县李从图将张辉祖补辑稿增删为23卷,木刻梓行,木刻原版存城隍庙供需要者自印,后毁于火灾。

光绪三十三年(1907年),知县宋运贡组织宁州人王炳枢、贡生包中廉、进士焦国理等20人编竣《镇原县乡土志》手抄本1卷46筒张。

民国二十二至二十四年(1933至1935年),县长钱史彤、邹介民聘请进士焦国理、举人慕寿祺任总纂,教育局长贾关生任总编辑,重修镇原县志20卷90余万字,刊印300套,印费合洋4270.8元。县长邹介民任职期间组织编撰,并题写书名石印《镇原人文史地略》1卷。2002年,县委党史办将《重修镇原县志》原样影印300套。2003年,县政府办公室、法制办聘请陇东学院中文系副教授梁希孔对此志进行校点，于2005年以简体校点本内部再版2000套，分上下两册。

1981年，县委、县政府成立县志编写领导小组，县委副书记郭自儒、张鑑先后任组长，下设办公室，抽调人员，开始中华人民共和国成立后第一轮修志工作，段思坎任总编，慕思恭、张得祥任副总编，贾映岫、申科文、贾展、高镜堂、王全玺、袁士舜、何国建、马进学、徐永峰任主编，于1982年8月完成初稿，先后征求意见3次。1984年11月成立县志审定领导小组，县委副书记赵宝玺任组长，科委主任万天宠任副组长，进行审定、修改、增删，1986年11月定稿，下限至1985年，共20编82章221节86万余字，1987年底内部印刷5000套，16开本，上下两册。2004年，县委宣传部改为32开本翻印5000套。

2008年9月，成立县地方志编纂委员会办公室，为县政府办公室下属事业单位。2009年，成立县地方志编纂委员会，县委书记任主任，县长及人大主任、政协主席、人武部部长、县委、政府、人大、政协分管领导任副主任，县直各部门主要负责人任委员，抽调人员，正式启动第二轮地方志编纂工作。

二、乡村志

2000年10月，上肖乡净口村成立村志编审委员会，刘治虎主编《净口行政村志》，2001年内部发行。

2001年，由李尊儒任顾问，李潭主编，李永明、刘镒、李志琨、慕秀、李志良辅编《太平乡土情》，23万字，2002年内部发行。2007年7月，李尊儒任顾问，慕思恭主编，刘镒、李永明辅编《太平乡土情》续集，38万字，2007年由宁夏人民出版社出版。

同年，王宗权编《王马村史》；张自强主编《镇原县二十里铺村史》，2002年内部发行。

2010年，高文科、刘清钰编《平泉三官庙村史民情》，记载平泉镇黄岔村杨穴、庄老、三官、庄头4个组的基本资料，14万字，内部发行。

三、部门专业志

1959年2月，成立县土壤普查鉴定委员会，省派工作组人员6名，平凉专署派工作人员3名，县、公社抽调干部47名，开展为期两个月土壤普查，编纂《甘肃省镇原县土壤志》，当年12月由省农林厅土壤普查办公室印刷。1983年10月，县政府成立土壤普查领导小组及办公室，抽调外业调查和化验人员，进行全县第二次土壤普查，完成普查面积3500平方公里，土壤剖面19619个，每1100亩农地1个主剖面，开挖剖面245个，采集分析农化样2003个，化验分析11326项，查清全县土壤资源类型、数量及分布规律，分析研究土壤的物理、化学性质，通过综合评价，提出分区土壤改良利用方向和措施，1985年8月结束，11月编纂印刷第二部《甘肃省镇原县土壤志》。

1978年，县人武部组织编写《镇原县兵要地志》。

1988年，县图书馆姚天佑主编《镇原县图书馆志》，内部发行。

2001年，镇原中学组织编写《镇原中学校史》，内部发行。

2003年，平泉中学组织编写《平泉中学校史》，由三秦出版社出版。

2004年,县武装部组织编写《镇原县军事志》,8月内部发行。

2005年,县农技中心农艺师曹巍根据多年搜集资料,编写《镇原县农林常见昆虫与啮齿动物志》,内部发行。

2007年,孟坝中学编《孟坝中学校史》,内部发行。4月,交通局编《镇原县交通志》,次年10月内部发行

2008年9月,教育局聘请老干部朱轩麟、田树智编《镇原县教育志》,2010年9月内部发行。

2009年10月,县委党校编《中共镇原县委党校校史》,内部发行。

四、年鉴

1959、1961、1962年,县经济计划委员会组织人员,分3次对全县1949至1962年经济和社会事业发展资料进行系统整理,于1964年审编成《镇原县国民经济资料汇编》,内部使用。1971年起,县计划委员逐年编印县国民经济统计资料。1981年起,县统计局每年续编县国民经济统计资料。1996年开始,县统计局每年向省、市提供年鉴资料。2006编印《镇原年鉴2006》。2007年,县统计局编印《镇原统计年鉴2007》。2008年,县统计局编印《镇原年鉴2008》。2009年开始,县地志办负责编写《镇原综合年鉴》,县统计局编写《镇原年鉴统计版》,共同向省、市提供镇原政治、经济、文化及社会生活等方面年鉴资料。县疾控中心编《镇原县疾病预防控制中心年鉴2004》。至2010年,县地志办出版《镇原综合年鉴2009~2010》1册,县统计局出版《镇原年鉴统计版》2册。

第十八节 祖影 谱牒

县民有修家谱、成祖影、建宗祠传统。明、清时期,各姓皆有影谱,同治兵燹,毁佚惨重。光绪年间,幸存人士追忆祖讳世系,重修影、谱,内容包括谱序、凡例、姓氏渊源、族规家训、世系图等,多从明代祖讳记起,极少见到元以前30世以上族谱。民国时期,在清谱基础上续修。中华人民共和国成立初期,民间影、谱续修未停。1958年,大搞"兴无灭资",收缴焚毁祖影家谱,部分家谱隐藏未缴。"文化大革命"破"四旧"运动,影谱再次遭毁,只有少数户族抄写密藏,原始家谱存留很少。1980年起,新修祖影、家谱兴起,多数姓氏按支族分修新谱、新影,有的有影无谱,有的有谱无影,有的家族收集各分支资料,编修全县或全族统一族谱或宗谱,增有各类图片、合影、人像、人物简介、屏轴碑序文、书法、著述等内容,刊印成书。手写本家谱各姓氏皆有,张、王、李、刘等大姓按分支修谱。至2010年,全县有旧家谱、新家谱1600多部,有些村组就有四五部至十多部。县内记载20代以上家谱有慕、安、段、刘、李、张、包、王、许、姚、秦、董、谢、祁氏等15部,20代以下有郑、贺、杜、冯、寇、孟、强、曹、马、杨、孙、陈氏等约500部,刊印出版通谱10部。

《南李李氏家谱》 县境所藏古籍族谱之一,属南李李氏,记载世系31代。明清修谱多次,有序11篇,藏谱人李兆明。祖上始住山西隰州石楼县,历五代、宋、元。元代李清生子二,

伯祥、伯霖。伯祥于明洪武二年（1370年）侍奉皇上，四年因私拿祭器犯法，被充军南京典州府左屯卫，永乐二年（1404年）改发配陕西鞏昌府靖虏卫。其孙李永被解刑，迁居屯字镇兰石嘴（今上肖乡南李村）定居，明代起发祥500多户3000多人，分布于镇原上肖乡、湫池乡、西峰区等地。

《游佛李氏堡子坬分支家谱》　李玉珺重修，载李兴福于明万历年间从山西迁入，随运3尊石佛像，落户太平镇堡子坬，修兴福寺供奉，谱中名人李清鑑、李清瑞兄弟两进士，传16世。《游佛李氏新集支系家谱》1956年修，1世李君辑，清初人，传11世。

《慕氏族谱》　慕思恭主编，2001年刊印。1世慕永忠，明嘉靖环县贡生，任镇原教谕，定居县城西莲花池村，家庙在县城忠恕街（已毁），传25世，谱中名人有慕寿祺等，全县慕氏皆统于其谱，资料完整。

《董氏家谱》　董世科、董书武统筹，董永珍主编，2007年刊印出版，系镇原董氏统谱。先祖董父，镇原董氏1世董士奇，2世董继舒，明万历年间由山西徙居屯字镇董家川，传18世。2010年于董川新修董氏宗祠一座，全县董氏每年清明举行祭祀仪式。

《枣园安氏族谱》　修谱理事长安正堂，常务理事长安平、秘书长安国柱，主编安武世，2008年刊印。其先祖为夏桀之子淳维，逃彭卢国属地今镇原县南川乡和平村安枣园定居，以安为姓。1世祖为西汉安龙，2世至71世名讳无考，72世安正乾至86世名讳贯通，统全县安氏及外迁安氏，印有安氏祖上文物图片多幅。族内另有安武世编《五里沟安氏家谱》、安兴邦编《文坬安氏家谱》、安登甲编《姚川安氏家谱》。

《王马王氏家族史》 王宗权主编，2009年刊印。祖源太子晋，先祖太原王氏，明初移至陕西耀州、阡阳，晚明再迁镇原石郭马家，清初迁茹河川即今王原，清同治兵燹时谱失，大房绝户，二房、三房重修家谱，载8世。《平泉麻王王氏家谱》为王好礼修本支家谱，载15世。

《段氏家谱》 光绪十年（1884年）所修手抄本镇原段氏三房家谱，城关镇段高庄段丕福家藏。谱载1世段荣，字仲和，为明弘治二年（1489年）岁贡、九江推官，2世段淳，正德举人，3世段仁礼，其后辈至嘉庆16世。临泾乡祁焦村段正南保存段氏五房清代祖影，载第10世至18世神主牌位。明代万历年间，在段高庄始建段氏家庙，祖宗牌位遭毁，于1993年复立，宗祠已修葺一新，族人年节祭奠。

《南街刘氏家谱》 手抄本，1世刘润甫，元代由山西汾州府孝义县帽村宦游镇原州，定居镇原，其后代分布于大垣、南街、山上、什字、罗河湾、兰岔等地，传24世。

《上寺刘大房刘氏家谱》 民国时修，藏谱人刘治虎，谱载先祖刘基，明洪武八年（1375年）迁屯字镇兰石嘴（今上肖乡南李村），传31世，近支有净口刘、雄武刘。

《屯字小户刘氏家族谱》 西晋迁至原州界，明末战乱全族险绝，谱列1世刘英藏缸活命，被张某救助去庆阳成家立业，后迁屯字镇刘水家（今包城村刘水组），2世兴汉，生于康熙二年（1663年）。1963年11世孙刘振东续修家谱，传14世。

《任氏族谱》 清光绪三十四年（1908年）修，谱存开边镇河口村任家。1世任大品，生于顺治元年（1644年）。2000年聘杜仲田续修，传19世。

《镇原孟坝临泾杜氏家谱》 由14世杜经枢主编，刊印，始祖西周唐杜氏。杜桓、杜审言、杜甫被溯为先祖，明洪武由山西迁镇原，第5世杜广金至20世，世系名讳贯通。《镇原县屯字塬杜姓族志》由杜元寿主编刊印。

《南川原芦孙氏家谱》 始祖孙泗，山东枣庄市东营镇牛山孙村人，道光十九年（1839年），13世孙肇先从山东流落镇原扈原，后迁南川原芦，传7世。2010年孙志诚修家谱。

《祁氏家谱》 镇原祁氏系伊祁、祁奚后裔，元末从太原迁至镇原州，分4个房头，长房祁明居临泾祁庄、太平，二房祁秀，居祁家川，三房祁三能，居固原祁家坬，四房祁能，居临泾祁家庙，至光绪末年传24世，其分支谱20部。

《雄武谢氏家谱》 1987年由谢世乾、谢耀祖修编，手写本。洪武年间，洪洞县商字镇谢公迁泾川县高平镇串坡村，明末再迁荔堡镇荔家坡，从此发展为3支，20世学德、永德迁镇原雄武庄，三蛋迁宁夏，共传28世。

《新城秦氏家谱》 秦正杰编修手写本，祖籍县城郊秦园子，乾隆初迁今郭原乡寺沟村，再迁新城城底沟，1世祖讳佚，2世大周、大奋，传11世。

《许煌世系谱》 先祖许理，明正德进士。至10世名讳佚，11世煌，12世京祥至21世贯通，分谱20多部。

《牛家塬牛氏家族史》 牛之让总编，2010年刊印，1世牛大旺，乾隆年间人，传9世。

《冯氏家谱》 1947年冯士魁编修手写本，谱载1世冯忠信，光绪二十七年（1901年）从陕西扶风县杏林镇涝池村迁至镇原三星塬定居，今传6世。

《临泾申氏家谱》　申耀魁修手写本，1世申维郅，清道光年间人，传7世。

《慕塬双清赵氏世系谱》　2001年，赵宝玺修，手抄打印本。1世赵双清，道光六年（1826年）由陕西永寿县仪井镇迁居镇原庙渠慕塬村，传8世。

《包氏家谱》　民国十六年（1927年）由包守先请族叔包承恩编修，2010年由包世仁、包焕新续修，先祖曾在安徽合肥包家河一带生息，1世祖及2世祖至南京经商，3世祖南坡、北坡于明洪武九年（公元1376年）从南京朱家胡同经山西洪洞县大槐树下移民入镇原，传20世。

《桑氏家谱》　1927年，秦安县中山镇桑家大庄农民桑天成逃荒到镇原，落户屯字镇开张村，传5世。

《田氏家族纪略》　由田树智主编刊印。

《西杨杨氏族谱》　由杨振中编修，刊印。

第十九节　文化市场管理

1980年代，境内录相、歌舞、桌球等娱乐市场兴起。1985年起，县文化主管部门一手抓整顿，一手抓繁荣，每年开展检查，加强对文化市场管理。1990年代，电子游戏、音像出租、网吧遍及城乡，个体书店、打字、印刷迅速发展。1991年，对中小学校周围200米以内游戏机门店全部清除。1990至1995年，累计收缴淫秽书刊550册，送县纸厂监督制成纸浆销毁；对19家录像放映室严密监控，收缴销毁违禁光盘、磁带110件。

1998年11月，成立文化市场稽查队。1999年，从县内24家文化市场经营场所中查缴盗版、淫秽色情书刊73册、音像制品21盘。2000至2008年，开展以“扫黄打非”（扫黄指清理黄色书刊、黄色音像制品及歌舞娱乐场所、服务行业的色情服务，扫除淫秽色情、封建迷信等危害人们身心健康、污染社会文化环境的文化垃圾；打非指打击违反《中华人民共和国宪法》规定的破坏社会安定、危害国家安全、煽动民族分裂的出版物、侵权盗版出版物以及其他非法出版物）为主要内容的文化市场集中整治活动22次，对县内80个文化经营场所进行检查，查缴违禁书刊2064册，非法音像制品1535盘，查处违规经营网吧58家次，歌舞娱乐场所23家次；联合工商、公安部门取缔黑网吧5家、黑歌舞厅6家、出版物零售摊点5家。

2009年，全县有互联网服务、出版印刷、音像、图书、娱乐、打字复印、画廊等经营场所101家，从业368人，其中纳入管理81家（网吧11家、歌舞娱乐场所3家、印刷企业3家、音像制品13家、个体书店27家、打字复印24家），未纳入管理20家（其中画廊16家、打字复印3家、娱乐场所1家）。公安、工商、电信、司法、教育、文化部门联合成立扫黄打非领导小组，对网吧重点治理，推行“一书三制五统一”管理办法，即与网吧签订《安全管理责任书》，建立日常监管制、“三位一体”（学校、家庭、社会）、举报监督制和“绿色网吧”社会公推制，统一网吧门牌、统一警示牌、统一网吧管理技术人员上岗证、统一网吧管理制度、统一执法人员标志牌；注重检查歌舞娱乐场所消防安全措施落实，对出版物市场进行拉网式清查，收缴带有淫秽、色情、恐怖、暴力、凶杀内容光盘 200 盘，录音带 20 盘，非法及盗版图书 500 册，依法取缔无证经营黑网吧 3 家、校门外书摊 8 处，对经营不规范、接纳未成年人上网、超时营业 5 家网吧，进行罚款处理。

2010 年，整顿规范娱乐场所 3 家、桌球场 20 多家、音乐茶座 7 家、音像制品 12 家、网吧 11 家、个体书店 29 家、打字复印 31 家、喷绘制作 6 家、印刷厂 5 家，对违规接纳未成年人上网 5 家网吧，给予 500~1000 元罚款处罚，查缴违禁图书 400 册，其中在县城街道“一角书屋”查缴非法书刊 280 本、光盘 100 多盘。

文化广场

第四十五章　广播影视

民国时期，始有收音机和无声电影。中华人民共和国成立后，建立广播影视和新闻报道机构，发展广播、电影、电视事业，加强新闻报道工作，发挥宣传舆论引导作用，满足人民群众日益增长的精神文化生活需要。

第一节　机　　构

镇原县广播电影电视局（台） 1951年1月，县委宣传部设立收音站，有工作人员1人。1954年秋，成立县广播站，有职工3人，1956年增加到6人，设副站长1人。1961年广播站撤销，人员并入县文化馆。1962年10月，广播站恢复。1968年成立毛泽东思想广播站，工作人员16人。1973年，改称广播站。1975年，成立县广播事业管理局，与广播站一套机构，两块牌子，设局长兼支部书记1人，副局长兼站长1人，有职工36人。1983年12月，成立县文化广播局，设局长1人，副局长1人，广播站长、副站长各1人。1985年4月，析设广播电视局，设局长、支部书记、副局长各1人，广播站站长、副站长各1人，全系统有职工45人。1998年，成立县有线广播电视台，广播站随之撤销。2002年4月，广播电视局改为广播电影电视局，并入电影管理职能，音像制品管理职能划归县文化局。2010年10月，合并成立文化广播影视局，下属广播电视台有职工54人，微波台有职工13人。

镇原县电影公司 1952年，成立第一个电影放映队，有放映员3人。1956年，在电影放映队基础上成立县城放映站。1970年9月，成立县电影管理站，由县文教局管理，为四级发行机构。1979年，改为电影发行放映公司，为自收自支事业单位，实行企业化管理，既管发行，又管放映单位。1983年电影公司改由文化广播局管理。2002年，电影公司改为企业，隶属县广电局，承担农村电影放映工作任务。2008年9月，电影体制改革，1人被甘肃飞天院线公司聘为放映员外，其他18人自谋职业，原有器材设备封存。

基层广播电视站 1969年，始建平泉公社广播放大站，配备工作人员2人。1970年，建起临泾、南川、曙光、屯字、上肖、太平、孟坝、新集、方山、三岔、马渠、庙渠、开边、新城14个公社放大站，人财物由县广播站垂直管理。1971年，建成中原、郭原、武沟、殷家城4个公社广播放大站，全县19个放大站各配专职人员1人。同年，公社广播放大站改称广播站。1991

年,乡镇广播站改称乡镇广播电视站,实行双重管理,人员及设备下放乡镇政府管理,县局进行业务指导和考核。2005 年 7 月,乡镇广播电视站恢复垂直管理。

基层电影放映队 1956 年起,相继成立农村放映队 7 个。1972 年,电影放映队发展到 10 个,事业单位企业管理,由县电影管理站直接管理。1978 年,公社放映队发展到 20 个,民办放映队 2 个。1985 年,有乡镇放映队 26 个,村办和个体户放映队 6 个,下放各乡镇管理。1999 年,乡镇电影队解体,农村电影由个体电影队替代。2008 年 9 月,甘肃飞天院线公司中标,实行政府收购、企业经营、市场运作、群众受惠的经营模式。2009 年,从电影公司、社会青年中招聘人员,重新组建放映队 11 个,承担镇原电影放映工作。

第二节 广 播

民国二十三年(1934 年),国民党镇原县党部始购直流收音机 1 台,收听广播新闻。1951 年 1 月,县广播站购置 100 瓦扩大机 1 台,小型汽油发电机 2 台,总功率 4.5 千瓦,配套 25 瓦高音喇叭 4 只,安装于县城扩音。1955 年 1 月开始自办播音,转播中央和省台“联播节目”,自办镇原新闻、学习毛主席著作专题和对基层干部社员广播节目,每天播出天气预报 2 次,总播出时间 4 小时。

1956 年,省广电台给镇原投放收音机 4 台,配发孟坝王峁合、上肖南李、开边解放、三岔吴家大塬 4 个高级农业生产合作社,始有农村收音。同年,架设县城至肖金广播专线 53 公里,给各区、乡及部分高级农业社安装舌簧喇叭 600 多只,通过专线和电话线路传输。1957 年,县站购置 95 型发电机 1 组、250 瓦扩大机 1 台,添置电唱机、话筒及附属设备,架设中原、平泉、新城、孟坝、新集、三岔、开边、屯字、上肖等区乡社广播线路。1958 年,县站购置 500 瓦扩大机和录音机各 1 台。

1960 年,在潜夫山顶架设高音喇叭,全城听广播起床做操。镇原中学购置“美多牌”无线电半导体袖珍收音机 1 台。1961 年,全县广播喇叭发展到 3379 只。1964 年,南川公社姜沟门、桃园、和平 3 个大队集资 4000 余元,投献木电杆百余根,架通 3 个队广播专线 7.5 杆公里,安装入户喇叭千余只。1965 年,全县有广播通讯员 504 人,其中农民通讯员 286 人。

1966 年“文化大革命”开始后,每天主播《最高指示》和批斗组来稿。1969 年,架通县站到上肖广播专线 42.5 杆公里,公社到大队、生产队架起广播线 3412.5 公里,配备大队、生产队广播线路维修人员 880 人,喇叭发展到 13820 只,入户 8804 只。全县 20 个公社 250 个大队 1835 个生产队和 1237 个机关单位、工厂、学校及集体场所通有线广播。

1970 年 5 月,架设县城至孟坝广播线路 20 杆公里,县广播站、邮电局抽出技术员 3 人,进行载波机实验和天线小型化建设,实现以载波化为中心的广播网、通讯网、警报网。8 月,电子管载波机调试成功,在县站至平泉电话线上一线两用,天线遥控半导体警报器、蛛网型多方向、辐射叶形小天线调试成功,给边远山区配发半导体收扩两用机 138 部,发展小广播 63 处,使没有广播线区农户通广播。

1971年,架通县站到城关、屯字到曙光广播专线2条,全长6.5杆公里。全县广播实现载波化,共装置广播扩大机21台,总功率4315瓦,其中太平、屯字、上肖、平泉、中原站各500瓦,孟坝站300瓦,临泾、开边、三岔、马渠站各150瓦,南川、新集、武沟、郭原、殷家城站各100瓦,曙光、庙渠站各80瓦,新城站150瓦和100瓦各1台,方山站50瓦2台,全部利用电话线输送广播信号。1972年,拆除县站到屯字、到孟坝及屯字到曙光3条广播专线。1975年6月,建起以县站为中心,公社放大站为基础,专线输出为主,联结社、队、农户的农村广播网。

中共十一届三中全会后,自办广播节目有"新闻""对农村""农业科技""阅读欣赏""文艺花絮""学校园地""商品知识""生理卫生""疾病防治""和睦家庭""军事常识""听众信箱""为您服务""镇原风物""体育锻炼""生活顾问"等30个专题栏目。1978年,在城关公社丰台大队陈家山成立县微波台,购置50瓦黑白电视发射机1台,架设20米高电视发射天线1副。1983年,庆阳地区首次开展优秀广播节目评选,县广播站9篇作品获奖,此后多年连获第一。

1985年,国务院电子振兴办公室投资卫星地面接收站设备1套,县政府投资7.5万元,新建机房224平方米,架10千伏专用供电线路2公里,发射总功率100瓦,有效服务半径10公里,转播中央和甘肃电视节目。县台有广播载波发射机1台,增音机28台,中转机5台,接收机19台,乡以下广播线路长达11100杆公里,其中双线41.5对公里,总杆数12608杆,群众自制、购买水泥杆3911根。全县有乡扩大站21处,县、乡装置扩大机38台,总功率18.11千瓦;动力机械5组,总功率37.5千瓦;录音机25部,收音机29441台,入户广播75500只,高音喇叭278只。24个乡镇238个行政村1940个自然村55187户通广播,行政村、自然村普及率90%,农户普及率86%。

1986年起,全县广播线路、喇叭逐年减少。1987、1988年,新闻稿《西北大商人和她的丈夫》、录音通讯《对杏皇后改嫁的议论》、新闻故事《隔窗劝嫂》被评为全区好新闻一等奖,《深山里的唢呐声》获全国广播节目二等奖。1990年12月20日,庆阳地区农村广播现场会在镇原召开,传达贯彻省上三年恢复、两年达标要求。1992年,全县广播线路入级达标乡镇12个,线路总长度恢复到804.3杆公里。录音新闻《如此扫盲》获全区一等奖,并被评为全国优秀广播新闻。1995年,新建湫池、平泉两个调频发射台。

1999年,实施村村通广播电视工程。广播站每天播音3次,有镇原新闻,对农村和联办节目、大气预报。2000年起,农村广播喇叭逐渐被电视机代替,乡镇站广播收转设备报废。2006年,仅有县城广播喇叭。至2007年,全县建成105个广播电视收转站(室)。

2010年5月,县广播电视台更新广播音频及自动播出设备,在县城安装无线遥控调频音箱16只,在电视转播台安装300瓦调频发射机1台,以96.8兆赫调频频率覆盖全县及周边地区。是年底,全县19乡镇215个村1991个组11.18万户通广播。自办节目改为每天6次播音,时长16.5小时,有"镇原新闻""对农村广播""广告文艺"等栏目,全年播出广播新闻1339条。县上重大集会活动,可利用广播现场直播,通过调频电视台、广播电视收转站

(室)向全县群众转播。广播稿《上肖乡净口村村民议事会开辟村民自治新路子》获全省一等奖,新闻评论《别让星级文明户评选走了样》、广播稿《为人民服务代办点搭起干群连心桥》分别获全省二等奖。

第三节 电 影

民国二十八年(1939 年),县内始有电影,前塬乡镇群众首次在银幕上看到黑白无声电影。1952 年,成立电影放映队,在庆阳地区电影发行公司租片,赶马车拉放映机,巡回乡村露天放映。1956 年后,相继成立县城放映站和农村放映队,村村挂银幕,社社放电影,活跃群众文化生活。1958 年,在县人民会堂室内放映电影。

1966 年 8 月,首映彩色影片毛泽东接见红卫兵记录片,随后,采用粉刻、剪纸、烟熏、绘画、摄影等形式制作幻灯片,电影开映前放映三岔《桃李在前进》、开边《解放大队展新容》、城关《祁家川巨变》等节目,用特技手法制作太阳升、放光芒、车轮滚滚、大雪纷飞、打飞机、炸坦克等镜头,增添艺术感染力,群众称之为土电影。

1970 年 9 月,县电影管理站始有 16 毫米影片发行权,35 毫米影片仍由地区站发行,县上首映宽银幕片。1972 年,县城首映立体电影。1978 年,县城影院和屯字、孟坝、太平、新集电影院实行售票放映,票价 0.15~0.20 元,农村露天放映每场收费 20 元。当年县城放映《三打白骨精》《卖花姑娘》,白天黑夜连放 5 场或 6 场,1100 座位场场爆满,创最高放映纪录。

1970 年代电影队下乡为群众放电影

1984 年,新建县城影剧院,由城建局管理,电影公司安装 35 毫米座机。1985 年,乡镇放映队、个体户放映队配置 35 毫米放映机 2 台、16 毫米放映机 31 台、8.75 毫米放映机 3 台。当年放映 6482 场次,观众 477.66 万人次,放影收入 17.79 万元,发行收入 6.4 万元。

1986 年,影剧院改由文化局管理,为股级事业单位,谁用谁付费,有管理人员 1 人,财政供给工资。1990 年,县内录像室兴起,电影收入下降。1995 年,影剧院与放映站合并,人员工资由县放映站供给。农村放映每场收费 40 元。1999 年,乡镇电影队解体,县城影剧院和屯字镇、孟坝镇电影院停止放映,农村电影由个体电影队替代。2002 年,电影公司改为企业,隶属县广电局,承担农村电影放映工作任务,每场财政补助 100 元。

2008 年 9 月，甘肃飞天院线公司始用数字放映机，采用卫星定位技术，给镇原安装监控终端，实行远程监控。全县 215 个村每月放电影 1 场，全年放映 2580 场，每场政府出资 100 元。

第四节　电　视

1976 年 9 月初，县广播站从上海购回 19 英寸黑白电视机 1 台，在临泾公社什字大队调试成功，14 日县城干部职工远行 5 公里前去观看中共中央主席毛泽东追悼大会实况。

1978 年 4 月，在城关公社丰台大队陈家山建电视转播台，装置 50 瓦差转机 1 台，架设 20 米电视发射天线 1 副，接收 4 个频道节目，发射 1 个频道陕西电视台节目。1984 年 5 月，购置 50 瓦彩色电视发射机 1 台，竖立 76 米拉线铁塔 1 座。6 月，广播站首次接收到彩色电视信号，开始经六盘山收转甘肃电视台节目。

1985 年 8 月，国务院电子振兴办公室投资 10 万元，购置设备 1 套；县政府投资 7.5 万元，建机房 224 平方米，架 10 千伏专供电路 2 公里，建起卫星地面接收站，有台长 1 人，工作人员 8 人。发射机总功率 100 瓦，有效服务半径 10 公里，转播中央和甘肃电视节目。至年底，全县拥有电视机 869 台，其中黑白机 561 台，彩色机 308 台；单位 185 台，个人 684 台。1991 年，建成乡镇电视收转站 3 个，增加转播中央 2 频道节目。1994 年，彩色电视机超过黑白机，覆盖率 73%。

1995 年，县城首通有线电视网络，传输中央及部分省市台节目 16 套，包括中央台 3、5、6、8 加密频道，农村群众始用卫星地面模拟接收机收看电视节目。1996 年 11 月 18 日自办“镇原新闻”栏目，模拟制作播出。1997 年，农村采用数码地面卫星接收机。1999 年，改造固态电子管式发射机 3 部，新增“社会经纬”栏目，建成屯字、临泾、平泉、上肖 4 个乡镇有线电视网络，甘肃卫视信号落户镇原。

2001 年，安装非线性编辑制作系统，模拟与数字混合运用。2002 年 1 月 15 日，自办节目实现制、播分离。省市光缆主干线途经县城，县站设中继机房 1 座。2003 年 6 月，县城有线电视网络与国家、省、市联网，所有模拟设备被数字系统代替，节目制播数字化。2004 年 5 月，实施广播电视综合信息传输网络建设工程，将县城单向传输纯电缆网络升级为带宽 760 兆赫混合光纤同轴电缆网络，具有预留双向传输功能，所有用户实行寻址管理。

1999 年盲点区群众燃放鞭炮庆祝村村通站室建成开通

2005 年 12 月，安装全固态电视发射机与天馈线 1 套，转播镇原电视台节目。2006 年，电视台开始启用台标，实行每周 6 天播出制，自办节目日播出时间延长到 14.5 小时。2007 年，有线电视网络向城关、屯字、上肖、新城及沿线村组延伸，传输数字电视节目 25 套，模拟电视节目 45 套。2008 年，电视用户发展到 4000 多户。2009 年 5 月，建成数字有线电视前端播控机房，安装有线电视管理、检测、收费系统，实现有线电视单户管理。县城中街建成全彩高清大屏幕，新发展数字电视用户 2000 户，可以收看各类数字电视节目 156 套，收听数字广播十多套。

2010 年，实施卫星电视村村通工程，发放数字地面卫星接收机 12977 套，电视综合覆盖 46.46 万人，覆盖率为 90.4%。电视台全年自办节目有“镇原新闻”“倾注三农”“电视剧场”“中国农民致富报道”等十多个栏目，总播出时数 5300 小时，播出镇原新闻 3600 条。有线电视网络全天不间断传输中央和其他省市台电视节目，完整转播中央 1 至 7 频道和甘肃卫视节目各 3041 小时，转播镇原电视台节目 4350 小时。

石空寺广场

第四十六章　文物古迹

镇原历史悠久，早在20万年前就有人类在这块土地上活动，创造史前文明，遗存文物古迹较多。由于战乱和政治运动破坏及不法分子盗采，文物古迹损失惨重。1980年代开始，文化部门对境内文物进行普查，省、地、县政府陆续批准文物保护单位。至2010年，境内有文物保护单位75处，其中省级11处，市级17处，县级47处。馆藏文物3290件，其中一级44件，二级51件，三级581件，一般文物2614件。

第一节　机　构

中华人民共和国成立后，文物由文化部门主管，文化馆具体实施。1958年，文化馆加挂博物馆牌子。1986年2月，成立县博物馆，从事文物登记、保存和管理工作。1992年在兴文巷建3层博物馆楼1幢。1993年，文化馆、图书馆、博物馆合并成立县文化中心。1997年，撤销文化中心，恢复博物馆。2009年，博物馆搬迁城东区文化大厦，博物馆分用面积2000平方米，其中展厅面积800平方米，库房面积200平方米，由技术办公区、陈列展览区、文物库区、观众休闲区四个部分组成。2010年底，设馆长1人，副馆长1人，共有干部职工10人。

第二节　遗　址

境内发现旧石器时代遗址5处，中期有寺沟口、姜家湾、马头坡3处，晚期有黑土梁、上刘沟口2处。新石器时代境内有仰韶、常山、齐家和仰韶齐家混合文化遗址，其中仰韶文化遗址124处，常山下层文化遗址4处，齐家文化遗址120处，仰韶、齐家混合文化遗址76处，商、周、春秋战国文化遗址十多处，秦汉至清代遗址283处。有古墓葬141处，古墓群126处。古建筑90多处。

一、古脊椎动物化石点

郭原乡寺山、方山乡六田沟、三岔镇红土沟、碾子坡，太平镇刘家沟、黑山梁、贺家水沟、堡子沟、刘家沟、黄山沟、张天山、寺沟口、曹河湾、将台坬，屯字镇石坬、新城乡白草湾、中原乡潘杨涧等古脊椎动物化石点。最早距今约200多万年，属更新世晚期化石点。

石坬化石点 位于屯字镇建华村东沟组茹河南岸50米处山脚下红砂岩中，东至吴沟，南接洛阳寺，西至村民赵考世家，北临茹河，东西宽约300米，南北长约500米，面积约15万平方米。1970年代，当地群众在此曾挖出过大量化石，根据“龙骨、龙牙”形状分析，多为上新世三趾马、大唇犀等化石残段。

刘家沟化石点 位于太平镇何湾村刘岭组东北300米处塬边下沟底，东至黄山，南接何湾村部，西临何湾沟，北临卢家沟，东西宽约200米，南北长约300米，面积约6万平方米，发现许多三趾马化石，从埋葬地层分析，属上新世。

六田沟化石点 位于方山乡金岔村良台组蒲河北岸50米处山沟里，东西环山，南临蒲河，北依小湾梁，东西宽约200米，南北长约500米，面积约10万平方米，化石地藏于沟底两侧红色黏土之中，有大象、犀牛、牛、马等，属更新世晚期。

红土沟化石点 位于三岔镇安岔村红土沟组北蒲河南岸100米处山沟里，东临隔沟蛩，北临309国道，西依红土山，南依红土山村，东西宽约200米，南北长约500米，面积约10万平方米。化石均埋藏在沟两侧红色黏土层中，挖出化石有大象、犀牛、牛、羊、马等。从挖掘现状分析，这里还有大量化石埋在地下，依化石点埋藏地层分析，属更新世晚期。

寺山化石点 位于郭原乡寺沟村寺山组井沟渠东侧沟畔，东临芦子沟，西接井沟渠，南邻公路，北依风台坬，东西宽约100米，南北长约500米，面积约5万平方米。1970年代农民挖庄时，在马兰黄土底部发现古脊椎动物化石，以后群众在此挖“龙骨”约1万余公斤，多为牛、马、羊及鹿等哺乳动物化石，为更新世晚期遗存。

寺沟口化石点 位于太平镇柳嘴村沟沟组蒲河南岸10米处山脚下，东临北石窟，南邻蒲河，西接柳嘴，北临蒲河，东西长约1000米，南北宽约100米，面积约10万平方米，化石埋藏在红色黏土和料礓石中。1970年代，当地村民在此挖沙子时，发现许多“龙骨”“龙牙”，多为牛、马、羊、鹿等古脊椎动物化石，依化石埋藏位置分析，属更新世晚期。

二、坑窑遗址

寺沟口遗址 位于太平镇柳嘴村沟沟组茹河北岸二级台地，东西长约300米，南北宽约150米，面积约45000平方米。重点区在茹河与蒲河交汇处二级台地，分布在冢子山脚

太平寺沟口遗址（旧石器时代）

下。1974 年中国社会科学院发掘出土石制品 8 件，化石和石器埋藏于灰绿色沉积土中，北石窟文管所拣到标本有蒙古野马、鹿等，采集到打制石器石核、石片、尖状刮削器等，经贾兰坡教授考察断定为旧石器时代中期偏晚遗存。

姜家湾遗址　位于太平镇大塬村姜湾组向东 2000 米蒲河南岸，东西长约 200 米，南北宽约 200 米，面积约 4 万平方米。1974 年中国科学院古脊椎动物与古人类研究所和甘肃省博物馆组成考古调查组曾进行调查。1965 年起先后采集到石制品 39 件，包括石核 10 件，石片 4 件，刮削器 17 件，砍斫器 3 件，石球 1 件，有敲砸痕迹石块 4 件，另有皮毛犀、真马大角鹿等动物化石，根据出土石器综合分析，为旧石器时代中期遗存，距今约 20 万年。

太平姜家湾遗址（旧石器时代）

马头坡遗址　位于上肖乡姜曹村小塬嘴组马头坡沟底蒲河西岸一级阶地，面积约 9 万平方米，为旧石器时代晚期遗存，距今约 10 万年。

黑土梁遗址　位于平泉镇八山村南 500 米北徐组庙岭沟底，当地林木茂盛，土呈黑色，堆积 6 米厚，面积约 5 万平方米。1978 年省、地博物馆进行试掘，获得一些标本，化石有披毛犀牛、鹿等；石器有人为球形石、打制石器等，属于旧石器时代晚期遗址。

平泉黑土梁遗址（旧石器时代）

上刘沟口遗址 位于平泉镇南徐村上山组西北500米处浅涧河畔，东西长约500米，南北宽约400米，面积约20万平方米，重点区在浅涧小溪畔沟坡路东、西两边。1986年，文物普查时在黄灰色河床淤积层中，采到一件打制石器和马、鹿等动物化石，又在附近采集到两件石器和一些动物化石，标本有脊椎动物化石披毛犀、蒙古野马、牛、鹿等，从动物化石分析为旧石器时代晚期文化遗存。2003年庆阳市人民政府公布为市级文物保护单位。

高庄遗址 位于三岔镇米家川村高庄组高庄梁，东西宽约200米，南北长约410米，面积约8万平方米。文化层厚1.5~2米，有灰坑2个，墓葬1个，窑址1个，采集到陶器、石器和骨器共52件，有仰韶文化庙底沟类型彩陶蛙纹钵、盆，泥质红陶钵、盆和尖底瓶等残片，另有常山下层文化夹砂红陶罐，周代泥质灰陶壶等残片。1993年甘肃省政府公布为省级文物保护单位。

三岔高庄遗址(仰韶文化)

王沟遗址 位于屯字镇阎沟村王沟组茹河南岸二级阶地，东西宽约400米，南北长约500米，面积约20万平方米，文化层距地表1米左右，发现有住室、墓葬和窑址，采集到仰韶文化泥质红陶敛口钵，线纹尖底瓶和细绳纹鼓腹罐等，另有常山下层文化篮纹、绳纹、划纹红陶罐等器物残片。1983年镇原县人民政府公布为县级文物保护单位。

川口遗址 位于屯字镇川口村川口组洪河南岸三级台地，东西宽约400米，南北长约500米，面积约20万平方米，文化层厚1~3米，暴露遗迹有白灰面住室、灰坑、窑址和墓葬，采集到仰韶文化泥质红陶重唇口尖底瓶和绳纹夹砂红陶罐、曲腹罐，常山下层文化篮纹红陶鬲、罐等器物残片，另有汉代灰陶板瓦及筒瓦等器物残片。1993年甘肃省人民政府公布为省级文物保护单位。

常山遗址 位于城关镇常山村茹河南岸旁小台地，南北长1000米，东西宽60~300米。由于水土流失，地面有四条东西走向沟，将台地划分为五块。1975年发现，1979年5月和9月，中国社会科学院考古研究所泾渭工作队两次对常山遗址进行调查和挖掘，台地内普遍发现古文化遗存。第一地段和第二地段主要为西周遗存,东西两侧有西周及唐宋时代墓葬;第三地段为先周遗存,出土有先周陶器及人骨;第四地段为西汉晚期遗存,同时发现有汉墓;挖掘发现有房基8座、窑穴16处和门洞、坑道及大量汉瓦碎片,陶器残片数量较多,能接合复存的鬲、盉、平底甑、尖底甑、斜耳罐、双大耳罐、单耳杯、陶盆等70多件,上有绳纹、篮纹、堆纹、方格纹、指甲纹、锥刺纹、划纹、锯刺状凹沟和彩绘,还获得磨石、石斧、石磅、凿、刀、镞、弹丸、纺轮、锥和骨刀柄等生产工具,测定其年代为公元前2930年(±)180年,较齐家文化早900年,暂命名为常山下层文化。

城关常山遗址(常山下层文化)

老虎嘴遗址　位于庙渠乡四合村老虎嘴组半山腰,南北长约400米,东西宽约200米,面积约8万平方米。文化层分布区内窑穴、墓葬均有暴露,墓葬为土坑竖穴墓,随葬品均为泥质篮纹红陶罐或泥质划纹单耳红陶罐,并有大量陶片散于地表,出土陶水管共37节,红陶罐和石斧、石刀等器物100多件,采集到泥质篮纹红陶罐、夹砂绳纹红陶罐等器物残片,发现窑洞白灰面居址5处,灰坑11处,属新石器时代常山下层文化。

庙渠老虎咀遗址(常山下层文化)

六十亩坪遗址　位于庙渠乡六十坪村六十坪组60米圆山峁盖,面积约3万平方米,暴露灰坑、窑址、住室，出土陶器较多，采集到篮纹单耳红陶罐、鬲、瓮等，属新石器时代常山下层文化。

大塬遗址 位于三岔镇大塬村大塬组，东西长约500米，南北宽约300米，面积约15万平方米。遗址北高南低呈山坬地，三面邻沟，中间平坦。文化层厚1.2米，距地表1米左右，灰坑墓葬、窑穴均有暴露，墓葬为土坑竖穴墓，先后出土文物100多件，现存庆阳市博物馆。出土器物有泥质高领折肩红陶罐，泥质划纹单、双、三耳罐，高领敞口篮纹陶瓮、玉环；石器有石斧、石刀等，属新石器时代常山下层文化。

三岔大塬遗址（常山下层文化）

段家坪遗址 位于屯字镇下郑村李家组洪河北岸及东西山梁，东西宽约1000米，南北长约2000米，面积约200万平方米，重点区分布在东山梁和西山梁，文化层厚1.5~2米，有灰坑、窑址、墓葬等，采集到齐家文化残石刀、夹砂绳纹红陶罐、细绳纹灰陶鬲等，属新石器时代齐家文化。1993年甘肃省人民政府公布为省级文物保护单位。

前山遗址 位于临泾乡祁焦村窦庄组席坬前山沟半山腰，东西长约300米，南北宽约200米，面积约6万平方米。文化层厚1.5~2.5米，距地表1米左右，地表散布大量红褐色陶片，内涵丰富，窑穴、墓葬均有暴露，采集到齐家文化泥质红陶钵残片、夹砂绳纹红陶罐残片、褐色红陶盆残片，石器有石斧、石刀等器物，属新石器时代齐家文化。1990年镇原县人民政府公布为县级文物保护单位。

斜家坪遗址 位于新集乡王岘子村耿畔组樊金龙庄南平台地面，东西长约100米，南北宽约100米，面积约1万平方米，东高西低，呈坬坡山台梯田。重点区分布在沟底坪台地面，三条沟岔将其分割为坪台，文化层厚1~2米，灰坑一处，遍地可拣到红陶残片，采集到红陶鬲足、夹砂红陶罐等器物残片，属新石器时代齐家文化。

后河遗址 位于城关镇祁川村旋老组茹河北岸二级台地，东西长约600米，南北宽约200米，面积约12万平方米。遗址北面残存城墙，残长100米，残高5~7米，夯层清晰可见，夯层厚 0.20~0.25 米，地面有大量灰陶残片，瓦砾厚 1 米，距地表 1.5 米，拣到周代弦纹、绳纹、方格网纹鬲、釜等，另有汉代圆形云纹瓦当及回纹砖等，出土器物有石斧、研磨石、灰陶罐，属周代文化。1983 年镇原县人民政府公布为县级文物保护单位。

庙岭山遗址　位于郭原乡景塬村上庄组东北 100 米庙岭山，东西长约 200 米，南北宽约 100 米，面积约 2 万平方米，住室、窑址、灰坑和墓葬均有暴露，采集到绳纹灰陶片，可辨器型有鬲、罐等，属周代文化。

山梁遗址　位于三岔镇高湾村后河组东 200 米处乱山梁，东西宽约 250 米，南北长约 300 米，面积约 7.5 万平方米。遗址内拣到大量战国绳纹灰陶罐、绳纹陶盆、小口沿灰陶罐、绳纹灰陶瓦等残片，属战国文化。

梁台遗址　位于三岔镇高湾村后河组蒲河北岸二级台地，东西长约 200 米，南北宽约 200 米，面积约 4 万平方米。遗址地形平坦开阔，台地残存两处墙体，长 3 米，宽 1.8 米，高 3.5 米，黄土夯筑而成，夯层坚硬结实，厚 11 厘米，为战国秦长城遗迹。地表散布大量灰陶瓦，瓦砾成堆，断崖文化层厚 0.5~1 米，距地表 1~2 米，采集到绳纹灰陶板瓦、筒瓦、环轮纹灰陶板瓦、灰陶罐等器物残片，属汉代文化。

庞川遗址　位于城关镇祁川村庞川组向北 20 米处，东西长约 100 米，南北宽约 100 米，面积约 1 万平方米。文化层堆积厚 0.5 米，距地表 0.5 米，采集到灰陶灶、黄釉陶壶、绿釉陶壶等器物残片，村民修庄时出土过几处砖箍墓，属汉代文化。

三、战国秦长城

距县城 39 公里，从宁夏彭阳县孟原乡南侧取东北方向，进入县境武沟乡孟庄村，向东北经刘家堡、白草坬原畔，沿固原、镇原交叉地韩家台进入马渠乡三合村城墙湾、城墙峁、甘川塬、前山壕、寺坪、芦家岔、水磨渠，过安家川河，到三岔镇梁台、高庄梁、后河新庄湾、老爷岭至周家庄，从城墙湾进入环县，经过县境 3 个乡镇 11 个村 40 多个组，长 39.277 公里。存留墙体长 4015.5 米，顶宽 0.1~5 米，底宽 0.2~9 米，高 0.2~8.5 米，夯层厚 0.06~0.12 米。保存完好地段有 8 处，白草坬残段长约 3 公里，墙高 3.5~5 米，基宽 6 米左右，南侧 80 米处有一城障，呈长方形，南北长 31 米，东西宽 20 米，中心有烽墩，残高 4.5 米，底径 11.3 米，夯土均匀，一般在 8 厘米左右，地面有粗绳纹板瓦和筒瓦残片；三岔镇境内有烽墩 8 座，梁台残土墩 2 处，一处边长 18 米，残高 3.5 米，夯土厚 11 厘米，似城障残迹。长城沿线采集到粗绳纹板、筒瓦残片、垄纹板瓦残片等标本。

武沟白草洼战国秦长城

四、古墓遗址

上肖乡有杨城村胡国珍墓等10处，临泾乡有席沟圈村王符墓、石羊村张连登家族墓等5处，南川乡有赫连勃勃墓等3处，新城乡13处，屯字镇11处，平泉镇32处，马渠乡1处，庙渠乡4处，殷家城乡1处，新集乡7处，孟坝镇8处，太平镇12处，郭原乡13处，开边镇11处，武沟乡2处。古墓群以汉代居多，主要分布在新城乡里沟、屯字镇乱塚子、开边张庄、平泉镇红沟、马渠乡阎山、庙渠乡皮柳山、临泾乡石羊、新集乡马莲山、孟坝镇高庙、太平镇柳嘴、郭原乡岔口、开边镇古堆山、武沟乡墩墩湾、南川乡坝坪、上肖乡冢子坪、中原乡赵家山、殷家城乡殷家城等地。

王符墓 位于临泾乡席沟圈村湾湾组西山头，坐北面南，封土呈馒头状，高3米，底边直径4米，墓园东西长80米，南北宽50米，面积4000平方米。原墓前建有思潜亭、潜夫亭、石碑等，俱毁。1993年甘肃省人民政府公布为省级文物保护单位。

东汉王符墓

胡国珍墓 位于上肖乡杨城村东关组南头苟家，南北东三面为耕地，西边为苟望月庄院。墓地东西长约150米，南北宽约80米，面积约12000平方米，有两座圆丘形封土，其中1座残高2米，底径20米；另一座残高1.5米，底径12米，墓碑及其他附属物无存。1993年甘肃省人民政府公布为省级文物保护单位。

赫连勃勃墓 位于南川乡河李村席湾组南200米处，东西长100米，南北宽100米，高30米，面积约1万平方米，相传为十六国时夏国建立者赫连勃勃之墓，为圆形小山冢，孤峰独耸，四面环山，当地人称黑脸天子坟。2003年庆阳市人民政府公布为市级文物保护单位。

五、古建筑遗址

主要有秦汉至清代古城(寨)、庙宇、寺观、教堂、烽墩、亭、台、楼阁、土堡子、地窨子、庠亭学馆、驿站、店铺、作坊屋舍等，“文化大革命”中多数遭毁损，少数仅存遗址。

城关镇有遗址9处：祁川、胶泥坡、丰台、张岘、柏山烽火台，石堡山、五里沟、郭家、张新庄堡子。

屯字镇有遗址23处：果园、陈家岭、张嘴、建华、阴山、郭坪、瓦埝、新庄、东坳、尚嘴、马堡、吴沟、王峁峁、大沟、崖山头、小户马家、北湾、嘴嘴、陈塬、刘水、二湾、城梁、山城堡子。

孟坝镇有遗址35处：上秦、宽展湾、瓦渣坳、南庄故城，清凉寺，刘城、冯埝、中心、南庙、城头、八亩埝、王湾北庄、上王湾、下王湾、杨庄、庙渠、坝坷、李湾、刘沟、姜大嘴、李老、峁合、塔庄、新庄、大寨、李地庄、东庄嘴嘴、慕边、罗庄、兰嘴、达子营、城沟、吴庄、南庄、赵嘴堡子。

平泉镇有遗址29处：涝池、堡子嘴、民乐、瓦庄科、奈何桥、核桃渠、庙山瓦子坷垯、杜坳山、北边烽火台，谢山、李家山、张湾、虎泉头、中山、上刘、史家、大田、南李、张坬、寺原、桃树坷老、高嘴、吴庄、胡垴、胡同、阴坡、什字、高山、慕山堡子。

三岔镇有遗址 10 处:药葫芦嘴、甘沟、小沟、风桃垴烽火台,董渠、梁台、南山湾、申家、羊千沟、郭家堡子。

马渠乡有遗址 11 处:席嘴垴、水磨渠、七房、李嘴、四嘴坪、海坷垅、李坷垅、阳山峁峁烽火台,李嘴、马寨、下塬畔堡子。

庙渠乡有遗址 14 处:张寨子、韩山庄科、陈嘴、秦坷垅、赵山李湾、慕塬、瓦院、常沟圈烽火台,常埝、哨眼坪、何家、石梁、老庄湾、常沟圈堡子。

新集乡有遗址 8 处:集垴张家山、狼儿刺坪、王岘子杨湾、刘垴、圪瘩山、苜蓿垴烽火台,老王山、阎渠堡子。

太平镇有遗址 28 处:埝边瓦渣坳、张城、大岘、冢子卡、瓦寺镇、寺坪边、银掌高穹、坷垅崖、慕坪、小湾烽火台,上城、东庄、景科、埝边、张城西、张城东、胡垴、吴城、何湾、李新庄、大庄、沟庄、李城、兰庙、城门、枣林、宋堡、崾岘堡子。

开边镇有遗址 12 处:张庄、九龙庙、东山、二十里铺、油坊崖、张沟、东山、周湾、羊千塬、鸡头山烽火台,贾沟、金城堡子。

南川乡有遗址 14 处:堡子沟、芦李、斜山、王相、张毛、贺沟、大岘庙山、车头口、田家、斜斜、鸦湾湾、方沟、下河、成赵大庄堡子。

郭原乡有遗址 8 处:小庄、肖嘴山、袁河湾、新庄、陈家垴烽火台,杜寺、鸦儿湾、袁岘堡子。

临泾乡有遗址 19 处:什字、十里墩、庵里、张塬烽火台,兰嘴、罗庄、段嘴、夏堡、沟圈、前庄、里庄、旧庄、段新庄、十里墩、岘子王、成岭、蒙塬、马槽、慕湾堡子。

上肖乡有遗址 7 处:四方台、瓦子坷垅、山边、石崖、寨子、北岭堡子,宋嘴渠道。

中原乡有遗址 24 处:原峰、西垴、武亭故城、马坪滩、苜蓿垴山、对面山、枣垴山、圪瘩垴、姜白烽火台,姜白、堡子山、堡子垴、申家山、阳垴山、殿王、大王、樊李、沟老、雀垴山、小湾城头、城南、将台、大沟、西湾堡子。

新城乡有遗址 9 处:慕家坪、刘湾、庙底、金斗关、对面岭、城子沟烽火台,孟寨、高庄湾、车头堡子。

殷家城乡有遗址 5 处:桑树垴、安岔、南庄、大万滩烽火台,大万滩堡子。

方山乡有遗址 7 处:马坪烽火台,小方山、王湾、十八岘、高中山、杨山、慕湾堡子。

六、故城遗址

安武故城 秦县城遗址,位于平泉镇麻王村民乐组。

临泾故城 有二,一为川口遗址,位于屯字镇川口村川口组洪河南岸台地,地理坐标北纬 35°31′,东经 107°13′,面积约 20 万平方米,西汉至北魏临泾县治所,又为东汉到北魏安定郡、泾州治所;二为唐临泾县城遗址,唐元和三年(808 年)郝玭所筑,在今城关镇莲池村尤坪组。

彭阳故城 一处为汉县城遗址,位于太平镇柳嘴村阳湾组古城遗址;另一处为唐代县

彭阳古城墙

赫连古城

城遗址,位于太平镇上城村东山组井陈庄。

安定故城 汉县城遗址,位于中原乡原峰村前胡组。

抚夷故城 汉县城遗址,位于新集乡新庄村贺河组。

赫连故城 位于城关镇祁川村,东晋义熙年间屈丐叛秦时所筑。

武亭故城 位于中原乡武亭村,为汉置亭障,以田卒数百人,置使者校尉,接待西域岁贡之使。

湫谷故城 隋县城遗址,位于今县城茹河北岸秦园子逼水珠一带。

原州城 即今县城,为宋代原州城、元代镇原州城、明代镇原县城,宋代修筑,元顺帝至正二十一年(1361年)李思齐重修,明、清均有维修。

殷家城故城 宋城堡遗址,位于殷家城乡殷家城村转水河组,有魏虎儿石像,相传魏虎儿大破殷天龙于此。

开边故寨 宋代军事设施,位于开边镇寨子组。

西壕故寨 宋代军事设施,位于孟坝镇西壕村沟圈组。

新城故寨 宋代军事设施,位于新城乡新城村下壕组。

柳泉故寨 宋代军事设施,位于三岔镇石嘴村柳州组。

七、名地

潜夫山 即县城北山,以王符隐居得名,旧名七松亭,因建有玉皇殿,也称玉皇山,原有建筑毁于战乱。1990年起逐步重建或新建佑德观、通明宫、潜夫亭、杏花亭、圣母宫、王符纪念馆、王符石雕像、潜夫广场、怡园等。东山古称中峰山,曾建圣母宫、纯阳宫、无量殿,早废。1987年建烈士纪念碑。1990年建烈士纪念馆。1992年起改建为潜夫山森林公园。

原峰山 在中原乡原峰村,庙宇堂皇,树木成荫,古建优雅,周武帝曾登此山。

中原原峰山明清古建筑

乐工山 在城关镇祁川村南,北即赫连城,相传为屈丐奏乐处。

蟠龙山 在临泾乡什字村,盘曲如龙故名,又有兴龙卧虎之号,古庙庄严,蟠龙柏奇异。

皇后湾 在县城西30公里处郭原乡景塬村

皇后湾组，北魏胡太后出生地。

鸡头山 在开边镇张山根茹河南岸，峰峦突兀，貌似一只引颈高歌的雄鸡，山峰顶部鸡冠处有一馒头形土丘，经陕西省黄帝陵文管所所长高增安考证，大抵为黄帝衣冠冢，传说黄帝西行曾登临此处，秦始皇西巡时至此祭奠黄帝。

开边鸡头山

老爷山 在三岔镇高湾村后河组，林木茂盛，建有庙宇，香火兴旺。1935年10月中央红军长征途经此地，战斗中牺牲的红军烈士遗骨葬于此山。

老爷山

金城堡山 位于开边镇解放行政村孙家河口，因此地原属金城堡而得名，当地人称老爷山，上有三皇殿、菩萨殿、圣母宫、真君殿、文昌帝君殿、无量祖师殿和药王洞等建筑及金身彩塑。修建时间不详，明嘉靖年间曾修葺一次，同治兵燹时遭破坏，民国九年（1920年）地震时又遭损坏。民国二十一年，社人集资投工修葺，三十五年夏补塑彩画。20世纪五六十年代，殿宇、塑像被毁，树木被砍伐。1980年代，群众自觉保护绿化，有柏树163棵，茶叶树30棵，山桃120棵，狼牙刺、低矮灌木杂草布满山峦。

八、寺庙祠庵

文昌宫 元时建在文庙西，有正殿、献殿、仓颉祠、三代祠、戏台，明景泰时称为帝君庙，万历时称文昌祠，1950年废。

圣母宫 俗名百子宫，在中峰山左。

纯阳宫 在中峰山圣母宫右，邑人毓章募化创建，废久。后建吕祖庙，又称洞宾祠，1950年废。

王母宫 在城关镇水荫沟，废后重修。

文庙 在县委院内，初建年代无考。明洪武二十年（1387年），县丞郑旺于旧址重建。因安定郡、原州等故地均在镇原境内，故文庙建筑规模及仪仗陈设基本保持郡级模式，为陇东独有。文庙坐北面南，沿街置宫墙，由侧门入内，西有礼门，东有义路及小坊、巡栏，中有棂星门，门内为泮池，左为名宦祠，右为乡贤祠，泮池内为戟门及过厅。厅后为大成殿，南向7间，殿内供至圣先师孔子及“四配”牌位，至清多次维修。院两侧有东西庑房各5间，内供七十二贤牌位。正北为明伦堂7间，日新、时习2斋，前有学门，后有馔堂各3间，号房20间，明万历二十一年（1593年）侯李檠改建，明末倾圮。清时知县宗书、江雯、钱志彤、姚试及绅士4次修建。北进为尊经阁，乾隆三十六年（1771年）知县易文基建。东北角为崇圣祠，明知县高自治建；清顺治知县宗书重修；乾隆十年，邑贡生张继孔在遗址上重建正殿3间、献殿3间；

嘉庆元年(1796年)邑士重修。西北角为敬一亭,乾隆初教谕刘从龙建于崇圣祠后,四十二年教谕潘廷骥拆毁。文庙内多数建筑毁于战乱,仅剩大成殿。院落于民国时为国民党镇原县党部办公场所,中华人民共和国成立后为中共镇原县委、县人武部驻地。

大成殿 即文庙大成殿,中华人民共和国成立后,经两次修葺,改作县委会议室。1990年11月,被列为镇原县重点文物保护单位。2000年9月,县委、县政府拨款50万元,在原址拆旧重建,由平凉市崆峒山古建队承建,次年5月竣工,占地578平方米,建筑面积270平方米,砖木结构5间,斗拱重檐歇山式,脊兽交错,飞檐高耸,角科斗拱,画栋雕梁,石颜料彩绘。2003年12月,被确定为市级文物保护单位。

镇原县文庙大成殿

玉皇殿 在潜夫山顶,清光绪三十二年(1906年)绅士任国栋重修,民国九年(1920年)地震,殿及南天门破损,十六年募修,十九年冬陕西军阀毕梅轩将殿前汉柏树一棵砍伐,绅士任瑞琳变卖。1950年拆除。1992年在原址重建,并塑玉皇大帝及四大天王泥像。殿门上方悬"通明宫"牌匾。

无量殿 在县中峰山,同治年间毁。

城隍庙 位于原县机修厂后院,初为贡生贾文熺捐建后殿,次为孙师宪、师惠重修,后为典史朱敦元改建。同治十年(1871年)邑人路效吉等募修大殿、戏楼,光绪十一年(1885年)张绍龄及子宸枢募修献殿头门,民国四年(1915年),朱应元等募塑行身。每年八月十五日起演戏9日,1950年废。

关岳庙 在县城东岳庙坪,清为关圣庙,同治时毁于战火。民国初年重建,关岳并祀,改称关岳庙;二十三年(1934年)知县钱史彤补修。1950年废。

东岳庙 在东岳庙坪,康熙五十二年(1713)贡生田尔盛等募化重修,乾隆三十八年(1773年)重修正殿,1950年废,建为城关粮所仓库,庙门口大槐树1958年砍伐。

彭阳庙 在县东25公里彭阳故城处,已废。

马神庙 在县署内,民国时废。

龙王庙 在县西门莲池村,旧庙已废,后重修。

九龙庙 在开边镇二十里铺。

白马庙 县北12.5公里处,祀秦太子扶苏,废久。

千胜庙 明代建,在寇家庙临泾中学址,祀扶苏,又称白马爷庙,1953年毁,仅留庙院内胸围5米大槐树2棵,1960年砍伐。1981年实行家庭联产承包责任制后,当地群众在原址北复建。

财神庙 在县城南环路,光绪二年(1876年)邑人刘树德募修戏楼,每年农历七月二十三日商界演戏,废久。

京都城隍庙 位于上肖乡北庄村金玉山(亦称金镛山),相传北魏后期万俟丑奴在此称帝后,建京都城隍庙及钟楼、鼓楼、城门楼、城墙,占地15亩。宋金时期,建大佛殿(有佛祖、文殊菩萨、普贤菩萨、十八罗汉石像)和王灵官楼。"文化大革命"期间,除3尊石佛像移北石窟安放外,其他神像及钟楼、鼓楼均损毁。1996年重建城隍庙、大佛殿、王灵官楼,塑神像27尊,后增建三霄宫、药王洞、王母宫、灵官楼、药王殿,每年正月二十三日为正祭日,灯火通明,游人过万,陕甘周边闻名。2010年,城隍庙被确定为县级文物保护单位。

安庆宫 在太平镇。

龙泉山寺 在上肖乡毛家河,已废。

千佛寺 在县城中峰山,明万历戊申年修,同治年毁。1987年建革命烈士纪念碑。

天宁寺 在潜夫山左,废久。

雷祖寺 在屯字镇赵河家。

雷祖庙 清康熙年间在大丰里张东庄(今临泾乡石羊村)筑三丈高台,上建雷祖庙,祀闻太师。同治兵燹时毁。光绪元年(1875年),段有贵领头重建正殿、献殿,塑像5尊,1958年毁。

铁佛寺 在中原乡唐家寺。

嘴庐寺 在马渠乡东10公里处,明弘治八年(1495年)建,久废。

上邑寺、兴隆寺、弥勒寺 上邑寺在上肖乡净口村上寺刘,兴隆寺在净口刘,弥勒寺在雄武村。明洪武年间建,1968年毁。1999年复建兴隆寺、上邑寺,2010年复建弥勒寺。

天恩寺 位于平泉镇八山村,创建于唐开元元年(713年),始称镇国海昌院。会昌五年(845年)寺废。大中四年(850年)重建,名齐丰。北宋大中祥符元年(1008年),改称天恩寺。明初重修,坐北向南,占地20余亩,楼阁宫殿40余间,顶端为无量殿,东有王公殿,西为王母宫,其下平台,正中5间为三宫殿,塑有尧、舜、禹三杰坐像,两侧配殿,东为子孙宫,配有钟楼;西为药王殿,配有鼓楼;最下一层,筑3孔拱形门洞,正中为千手菩萨,两边洞门供人出入,厢房、僧舍分列左右;寺外一片平坦广场,西筑戏楼,南建山门,门外独建灵官殿一楹。同治年间遭兵燹破坏,光绪时重修。20世纪50年代改建为八山小学。1980年代末,当地群众捐资献工献料,在学校西侧重修天恩寺,中立大殿,左右建陪殿;院外台阶平展,灵官、山神次第护卫,松柏掩映,花团锦簇。

天恩寺

上清泉寺 位于殷家城乡桑树坬村房湾组境内,始建于明代嘉靖至万历年间,是儒、释、道三教合一山场,占地面积100余亩,建有无量祖师殿、灵官看山楼(王灵官、黑虎灵官）、三霄殿、文昌阁、道座韦陀、关公殿、五圣祠、药王、雷祖等8大殿堂30多位尊神，东面相邻处有一清平小山，和大山毗邻而居，有显圣大王、水草大王、黑水龙王、二郎真君4位尊神。捐资和供奉范围分东西南北中5大社24个小社，包括殷家城大半个乡及固原、环县部分村庄，覆盖面积约300多平方公里，人口近万。清同治兵燹、民国九年大地震、“文化大革命”破四旧，神殿损毁，庙貌全非。改革开放后，五社合议，重修庙宇，复其祭祀，以祈佛光普照、神明垂佑，社内弟子投工投料，社外香客解囊布施，重修所有神殿、钟楼、鼓楼、戏楼，雕塑彩绘，金碧辉煌。中共十八大后，再葺庙宇，砌崖面，接抱厦，架线通电，美化自然，加宽道路，山场庙貌焕然一新，寓历史性、教育性、艺术性、观赏性于一体，每年农历四月初八无量祖师圣诞之日，设坛诵经，唱五天大戏，社内外香客络绎不绝，求神祈福，虔诚布施，弘扬了教化美德，挖掘了人文资源。

西壕寺 在孟坝镇西壕村。

延寿寺 在屯字镇。

观音寺 在县东北，元至正年间建，已毁，留有遗址。

太阳寺 遗址在屯字镇太阳村太阳池。

悟山寺 遗址在县南25公里处。

庆云寺 遗址在县西20公里处。

阳音寺 遗址在屯字镇四殿马家。

同立寺 遗址在县南10公里处。

金城寺 遗址在县西南20公里处。

孟坝寺 遗址在孟坝镇。

兴隆寺 明洪武年间修建，位于上肖乡净口村新庄组。

土地祠 在县衙内东面，废久。

潜夫祠 县北潜夫山巅原有潜夫祠，久圮。清康熙五十四年（1715年）韩宰、谈可法与士庶复建。乾隆初周泰元与刘从龙、李登开、白如璠、张继孔建享祠3间，三十六年（1771年）易文基捐俸迁建于县城儒学宫左医学机关地，同治兵燹时毁于火。民国八年（1918年）重修，1950年废。

鄂公祠 原址在北察院，祀唐尉迟敬德，久废。

梁公祠 在县东5公里张新堡子，祀唐狄仁杰，今存。县内毛家河龙泉山寺也有祠。

相国祠 祀汉萧何、曹参，废久。

护国祠 道光六年（1826年）建，在旧县衙东，祀唐秦琼，废久。

王珪祠 县南15公里湫子头有祠，废久。

高平观 在县东40公里处屯字镇东台苟家。

佑德观 明永乐中建在潜夫山，原为宋天庆观址，有玉皇殿、老君阁，清嘉庆五年（1526年）邑人重修，1950年废，1992年重修。

中峰观 在县城北中峰山，明成化时重修，清同治年间焚毁。

圆峰观 又称原峰观，在中原乡原峰村，今存。

高峰观 在县南20公里处史杨家。

西峰观 在县城中峰山腰，元至正年建，废久。

白衣庵 在潜夫山山腰，内有白衣菩萨铜像1座，高尺余，民国十九年（1930年）被陕西区雷吼盗卖，仅留大铜佛像，1950年庵废，铜像存县博物馆。

九、阁楼坛塔

奎文阁 乾隆三十八年（1773年），邑侯康基渊捐俸建于城南左家坡头凤凰山，置祭田20亩，邑贡生张继孔捐川地40亩，有碑并存。嘉庆七年（1802年），康基渊子纶钧督学陕甘时捐俸重修，后毁。民国十九年（1930年），邑绅刘笃培、任瑞琳、李芳洲、亢致中等再修，2000年村民在旧址复建。

凌云阁 在县东玉山巅，下临百仞，常有云气，已废。

魁星阁 民国九年（1920年）地震塌毁，十年，傅金荣补修，1950年废。

三台阁 位于潜夫山，民国十九年（1930年），邑绅刘笃培、任瑞琳、李芳洲、亢致中等重修，已废。

雷神阁 在潜夫山前，同治时毁于战火。

问山楼 清光绪三十年（1904年）建于县署后院，两层土砖木楼，下层土箍窑3孔，上层砖木结构房5间。1959年划归县公安局使用，1992年修办公楼时拆毁。

思潜亭 金大定年间，州守在县北山后王符论著处建亭，后废。清康熙五十四年（1715年）学谕韩宰、学训谈可法同邑绅士常太、贾文辉、田尔盛重建。乾隆十八年（1753年），知县周泰元同绅士张继孔等筹资重建。

鄂公台 即县署门楼，元末为纪念尉迟敬德而建，高三层，顶楼有石刻“古原州”三字，1973年整修街道时拆毁。

后稷台 在县西北30公里处，周长数十步，相传为后稷教民稼穑处，早废。

先农坛 民国九年（1920年），被国民政府财政厅变卖。

社稷坛 旧址在东门处，废久。

舍利塔 始建年代无考，在县东25公里屯字镇西南，高约2丈余，民国九年（1920年）地震塌毁。

后稷墩 位于太平兰庙村坳，有墩高耸，面积约83平方米，传为后稷教民稼穑处，已废。

鄂公墩 在县东南40公里屯字镇万俟沟圈，有土墩，高丈余，广盈亩，传为唐尉迟敬德点将台，后村民建雷祖庙于其上。

龙首墩 位于县城街道大涝沟口（今兴武巷），明万历时知县李檗筑，上建文昌阁，后废。清嘉庆八年（1703年）重建，已拆除。

胡畚故居 县城东里许社稷坛左，旧名胡府坪，今称胡家坪。

坊第 清代县城有牌坊5处，即进士坊，路于兖建；孝义坊，为张继孔建；孝子坊，为贡生张峰建；忠义坊，同治二年（1863年）平泉御贼阵亡团总慕性生建；节烈坊，清文童慕子骏妻王氏建。均废。

真人洞 在县城中峰山,祀唐孙真人,废久。

第三节 石窟 石刻

县内普查登记古石窟 8 处,石刻 7 座,石造像 1 处,石刻墓志 3 块。

石空寺石窟 又称石佛湾石窟,位于城关镇金龙村茹河南岸,始建于北魏,凿于隋代,造像于唐代。石窟群开凿在高约 30 米、长 200 米悬崖,共 2 个窟龛,存有石雕佛像 14 尊、泥塑神偶 25 尊及彩色壁画。明清期间改造加固,建遮雨厦,增修土地寺、药王殿、灵官庙等,“文化大革命”中寺、殿、庙被毁。1993 年被甘肃省人民政府公布为省级文物保护单位。

城关石空寺石窟(宋代)

万佛洞石窟 位于太平镇大岘黑河川寺河滩西崖,坐西向东,面临黑河,背依寺崖山。据清代碑记记载,石窟创于明代。嘉靖年间建白衣殿、三官殿、圣母殿、龙王殿。万历初建阿弥陀佛殿、弥勒殿、观音殿。万历四十年(1612 年)建万佛洞。石窟及建筑由南向北依次为白骨塔、大山门、戏楼、小山门,进入寺院后洞分上、下两层,上层依次为弥勒洞、十八罗汉洞、木构钟楼、药王洞、观音洞、玉皇洞、万佛洞及倒座韦驮殿等六洞一楼一殿,下层依次为木构三霄殿、三官洞、千佛洞、地藏菩萨洞、木构白衣观等三洞一殿一观。各洞殿内均为泥塑像。万佛洞平面呈方形,窟高 5 米,宽深各 10 米,平顶,顶上浮雕一朵大莲花。窟内有四柱,小八角形,正壁(西壁)佛台有三身泥塑坐佛像,中佛像侧木制龛柱上泥塑二龙嬉珠;四壁皆分层泥塑模制小佛像,下层形大,上层渐小,号称万佛有余。每年农历三月二十八日举行盛大庙会,清同治兵燹遭毁。民国三年(1914 年)在窟内重塑佛像,1959 年被巴家嘴水库蓄水泥淤。

洛阳寺石窟石刻 位于屯字镇建华村东沟组茹河南岸石崖,建于宋代,洞窟分布在东西长约 23 米,高宽约 7 米崖面,共有 5 个窟龛。1 号窟平面呈长方形,平棋式顶,窟高 2.95 米,深 4.7 米,宽 3.2 米,佛像已毁;2 号窟平面呈方形,平棋式顶,窟高 2.9 米,深 3.3 米,宽 3.3 米,窟内雕一佛二菩萨二弟子,造像风化较严重;3 号窟平面呈长方形,平棋式顶,窟高 3.1 米,深 6.4 米,宽

屯字洛阳寺石窟(唐宋)

2.8 米，窟内造像已毁；4 号窟平面略呈方形，平棋式顶，窟高 2.1 米，深 3.8 米，宽 3.2 米，窟内造像已毁；5 号窟被土掩埋。1 号窟和 2 号窟之间，2 号窟和 3 号窟之间均有圆拱形小佛龛共 18 个，造像 22 尊。窟外崖面雕刻高 6 米坐佛，风化较严重。

玉山寺石窟　位于太平镇上城村白岭组西北 200 米处茹河北岸砂岩，宋金时建，有石像 82 尊。洞窟分布在东西长约 40 米，高约 25 米崖面上。现存洞窟 5 个，5 号窟塌毁严重，1、2、3、4 号洞窟保存较好。1 号窟为禅窟，共有石雕和石胎彩塑 82 尊，保存完好藻井 20 平方米，壁画 15 平方米；2 号窟呈平面长方形，平棋式顶，窟高 2.95 米，深 5.8 米，宽 4.1 米，窟北壁有三须弥座，佛像已失，东西两壁各有两排五孔浅龛，每龛各有造像 1 尊；3 号窟呈平面长方形，人字坡顶，窟高 3.6 米，深 6 米，宽 4.5 米，北壁造像已毁，东西两壁均有三层浅龛，上两层分别为 5 龛，每龛各有造像 1 尊，第三层为一横长方形浅龛，内有 10 尊造像，南壁即门内两侧也有一佛二弟子、二菩萨造像 8 尊，与 2 号窟造像相同，佛像已失；4 号窟平面略呈方形，平棋式顶，窟高 3.7 米，深 4.6 米，宽 4.5 米。1993 年甘肃省人民政府公布为省级文物保护单位。

太平玉山寺石窟 3 号窟西壁造像（宋金）

永乐寺石窟　位于城关镇路坡村茹河南岸石崖上，出土石碑记载，此窟始建于南朝明帝刘彧泰始年间，只有一个大佛窟，窟高 10 米，宽 8 米，深 6 米，内雕 1 尊石佛像，头残，身高 1.8 米，座高 1.1 米，佛结跏趺坐在石雕束腰须弥座上，后在残像上进行修复。石碑铭文“苦海无边，回头是岸”，字体浑厚，遒劲有力。

大嘴石窟　位于屯字镇包城村大嘴组茹河南岸石崖上，唐代建造，石窟距河床高 23 米，共有佛龛 5 个，造像 29 尊。1 号龛内雕造像 7 尊；2 号龛内雕一佛二弟子二菩萨二力士；3 号龛内雕 1 游戏坐像及 4 尊立式造像；4 号龛内雕 5 尊造像；5 号龛内雕 5 尊造像。造像均风化倒塌，模糊不清。

龙枣寺石窟　位于屯字镇双合村茹河北岸红砂岩峭壁上，建于北魏、唐代，共有 3 窟 1 龛。1 号窟为中心柱式窟，窟高 2.25 米，宽 5.85 米，深 5.1 米，中心柱宽、深均为 1.2 米；2 号窟高 2 米，宽 1.1 米，窟外两侧各有 1 天王，其中北侧天王被人为破坏，南侧天王轮廓清楚，高 1.46 米；3 号龛为双沿方龛，距地面 2 米，高 1.18 米，宽 0.93 米，龛外两侧各有 1 天王，南侧天王被人为破坏，北侧天王头部残失，残高 1.64 米；4 号窟高 4.5 米，宽 4.12 米，有明窗。

清凉寺石造像　位于孟坝镇塬口村寨子组清凉寺遗址，明代建造，原佛寺已毁，仅存佛像，佛高 0.9 米，磨光肉髻，面形圆润，双耳下垂，着通肩袈裟，结跏趺坐于仰覆莲座上；左边为文殊菩萨，高 0.75 米，弟子为迦叶，高 0.85 米，着双领下垂式外衣，双手拱于胸前，跣足立于方形台座；右边为普贤菩萨，高 0.7 米，弟子为阿难，高 0.8 米。

兴福寺石造像 位于太平镇兰庙村堡子坬组，明代建造，在土窑洞内造石佛像3尊，中间造像为释迦牟尼，高1.57米，佛后为莲瓣形背光，边缘浮雕一周折枝菊花纹，其上浮雕一护法神，两边为共命鸟、金翅鸟及二龙护法；左边为药师佛，高1.5米，佛后有莲花形背光，其上浮雕火焰纹；右边为阿弥陀佛，高1.5米，佛后有莲花形背光。造像整体雕刻精细，生动逼真（后期均在原像上重新泥塑彩绘过，头均是复制品），同时还遗存许多残造像。

贺槐庄墓碑 位于平泉镇姚川村前沟组洪河北岸一级台地，碑为青石质，碑高1.2米，宽0.7米，厚0.1米，占地面积0.07平方米。碑首半圆形，其上浮雕二龙嬉珠，碑额上楷书“皇清”两字，碑阳为光绪二十一年（1895年）贡生贺槐庄及王氏孺人墓碑，碑阴为清末名士慕寿祺为其作文，介绍贺公及孺人生平事迹，清末书法家张宸枢书写；碑两侧为清代镇原名人冯炳枢书写对联一幅“无瑕品格瑱珉固，有耀声名俎豆新”。

坟茔峁碑 位于郭原乡景塬村袁岘组梁峁上，碑为青石质，碑首呈半圆形，其上楷书“皇清”二字，碑座长0.7米，宽0.4米，高0.5米，碑身高1.3米，宽0.6米，厚0.12米，占地面积0.28平方米。碑文残损不全，乾隆四十七年（1782年）岁次壬寅孟夏之月所立，碑体保存较好。

西禅院碑 1988年彭阳出土，现藏县博物馆，为二级文物。碑砂石质，圆首，高99厘米，宽58厘米，厚12厘米。碑两面刻文，分属五代周和宋两个时代。一面中竖行隶书大字“周显德二年（955年）五月六日存留禅院记”，两边刻功德主姓名“院主僧道丕、前宁州押衙安思运”等。另一面额篆“重修西禅院记”，首题“宁州丰义县重修西禅院记”，末题“大宋开宝五祀（972年）六月十五日记”，署名“登仕郎守令赐绯鱼袋郭季麟”，碑文记述重修西禅院经过。

莲花寺碑刻 清道光二十三年（1844年）刻，现存屯字镇下郑村甘沟组。

清净庵石碑 清净庵位于临泾乡包庄村，民国二十四年（1935年）红二十五军长征经过后，进士焦国理、县长邹介民等绅民官员在清净庵门前路边立赞扬红军石碑，现存清净庵庙内。

第四节 馆藏出土文物

1965年起，姜家湾遗址陆续采集到石制品39件。1974年，中国社会科学院在寺沟口发掘出土打制石器8件，北石窟寺文管所拣到石核、石片尖状刮削器；马头坡遗址采集到石器2件。1976年4月，在城关富坪出土秦代铜诏版。1985年8月，省、地博物馆在黑土梁、刘沟口遗址进行试掘，获得打制石器球形石、尖状器、刮削器、石核、石片及披毛犀牛、马、鹿等动物化石等。

县内有馆藏国家一级文物44件：仰韶文化红陶圆底钵、齐家文化人头形器红陶盖钮、齐家文化单耳绦纹红陶盖罐，形质各异，齐家文化夹砂红陶水管35件，大小、规格不一；战国对鸟首纹铜剑；秦始皇二十六年（前221年）铜诏版；东汉南阳宛造铜弩机、唐鎏金一佛二菩萨铜造像；明花蕾洗形铜手锤。国家二级文物51件：齐家文化篮纹陶瓶、高领篮纹红陶瓮、篮纹红陶罐、石磬、玉斧；战国网纹圆底红陶釜；秦兽纹铜卣、兽形提梁铜卣、蒜头形口铜扁壶；汉铜鼎、铜钫、弦纹双耳铜壶、弦纹铜钟、铜釜、铜樽、黄釉鸮俑、黄釉陶鸭、长宜子孙四乳龙虎纹镜、黄釉鸮俑；北魏铜鐎斗、背光铜造像；唐瑞兽葡萄镜、盘龙铜镜、灰陶胡瓶；宋铜洗、青刻花瓷盘、青釉瓷碗、青釉刻花瓷碟、青印花瓷碟、耀州窑青瓷碗、绿釉瓷疾黎火球、西禅院记石碑、地藏菩萨石坐像、水月观音石坐像、金铜印章；元喇叭形口铜壶、鎏金铜佛造像；明铜凤冠、龙凤呈祥镜、铜佛造像、青花龙纹碗、三狮火焰纹瓷碗；清青花人物风景瓷碗。国家三级文物581件，一般文物2614件。

常山下层文化刻划纹单耳红陶四联罐

常山下层文化绛纹单耳红陶盖罐

秦二十六年铜诏版

汉白虎瓦当

东汉“南阳宛造四石”铜弩机

北宋胡人牵驼图雕砖

宋“新有善铜”四神规矩铜镜

宋三力士皈依罐座

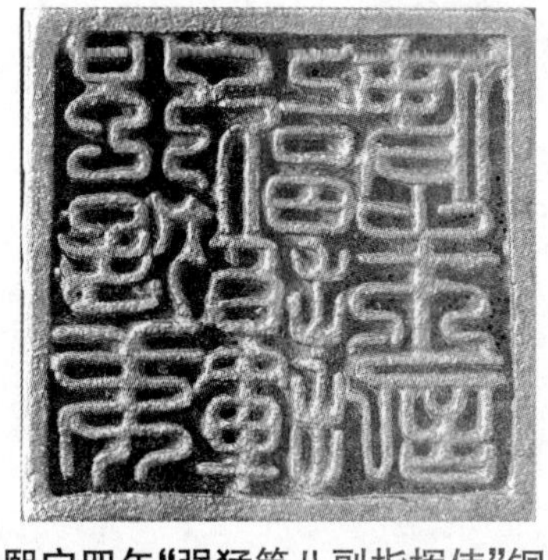
宋熙宁四年“强猛第八副指挥使”铜印

唐孔雀端兽葡萄纹铜镜

元鎏金铜佛坐像

瓷器

第五节 文物保护

重点文物确定保护单位,实行分级管理,定责保护。

1990年,批准县级文物保护单位15处,有城关镇后河、临泾乡前山、南川乡刘家沟、屯字镇刘家沟、乱冢子、彭阳乡王沟、太平镇杏树梁、平泉镇麻王、湫池乡何家山、阴山、中原乡史家山、郭原乡庙子岭、孟坝镇大寨遗址;临泾乡石羊、湫池乡王山疙瘩古墓群,三岔镇老爷山革命烈士墓。

1993年,批准省级文物保护单位8处,有三岔高庄、屯字段家坪、川口新庄坪、彭阳古城;王符墓(临泾)、胡国珍墓(上肖)、玉山寺石窟(今太平镇)、石空寺石窟(城关镇金龙村)。

2003年,批准市级文物保护单位5处,有平泉镇上刘沟口遗址、县城文庙大殿、中原乡原峰观玉皇阁楼、三岔街道毛泽东长征宿营地、南川乡赫连勃勃墓。

2010年,批准县级文物保护单位32处,有孟坝镇冯俭、西壕遗址;开边镇张庄遗址,古堆山墓群,解放渠;太平镇居寺沟遗址,兰庙、寺沟口化石点,堡子坬石造像;新集乡斜家坪,三岔镇柳泉城、梁台,殷家城乡老虎峁,马渠乡四嘴坪,平泉镇宣槽、上面坬、苏家湾,郭原乡祁岭山,城关镇常山,新城乡新城古城,张家山,上肖乡壶家坪遗址;陕甘宁边区镇原县政府旧址;屯字镇烈士陵园;临泾乡蟠龙山雷祖庙,上肖北庄城隍庙;吴家沟水库,宋嘴灌溉渠道;马头坡电站;方山乡苜湾堡址;平泉镇贺槐庄墓碑;潜夫山古柏。

第四十七章　科技　气象　防震

早在夏、商、周和春秋战国时期，先民便将陶器制造、铁器铸造等技术应用于农耕生活中。明清年间，逐渐形成以手工业、种植业、畜牧业为主的传统生产技术。民国时期开始气象观测。中华人民共和国成立后，成立气象站、科委、科协及其他科技机构，逐步加强气象、科技队伍建设，开展科技、气象、防震知识宣传，推广先进科学技术，评定技术职称，奖励科技成果，加强气象、防震救灾工作。

第一节　科学技术

一、机构

科委 科协　1956年11月，成立县科学技术协会(简称科协)。1958年7月，成立县科学技术工作委员会。12月科学技术工作委员会改为科学技术委员会(简称科委)，各公社均成立科协领导小组。1961年底，县科委、科协撤销，业务归县文教卫生局。1975年6月，恢复县科委，与县计划委员会合署办公。1977年8月科委析出办公。1979年9月恢复科协，与科委合署办公。1980年，成立镇原县科学技术职称评定委员会。1985年，科委有干部5人，科协有干部3人。2002年4月，科委改为科学技术局，与科协合署办公，两块牌子，一套人马，行政编制8人，其中局长1人，副局长1人，科员6人；后勤事业编制1人。2010年，科委、科协内设文秘股、业务股、科技管理股，有职工16人，其中干部15人，工人1人。

科研机构　1958年8月，成立县工业科学研究所和农业科学研究所，分别配备兼职研究人员9人和7人，1960年代初撤销。1970年代初，成立县农业科研所和林业科研所，各有兼职人员十多人，1970年代末撤销。

县级科技学会　1983年2月，成立镇原县农学会、林学会、水电学会、种子学会、畜牧兽医学会、农机学会、建筑学会、中医学会、小学教学研究会、医学会镇原分会、护理学会镇原分会11个，吸收专业科技人员加入，有会员364人，开展学术交流和科学普及活动。1985年，成立镇原县植保学会、水利学会，有会员50人。全县有9人加入省级学会，其中造纸学会6人，植保学会、土壤学会、中华医学会各1人。1997年，成立园艺学会，有会员104人。2002年，成立镇原县中医药学会、电力学会，有会员288人。2004年，成立县红杏协会，有会员14人。至2010年,全县共有专业学会13个,会员968人,各学会均设理事长、副理事长、秘书长。

基层科技协会　1983年2月至1984年8月,成立乡镇科普协会24个,吸收农村科技人员、能工巧匠和热心科技事业的基层干部参加,有会员2408人。1991年,成立曙光乡农民果业协会和瓜菜协会2个,会员66人。1995年,成立城关镇农民技术协会,会员50人。1997年,成立城关镇祁川蔬菜协会、上肖乡农民技术协会,会员140人。2001年,成立屯字塬农民果业协会、中原乡殿王养鸡协会,会员1078人。2002年,成立平泉镇马堿西瓜协会、庙渠乡黄花菜协会,会员204人。2003年,成立郭原乡景塬药材协会、新城乡养牛协会、小岘乡惠沟农民瓜菜协会,会员267人。2004年,成立南川乡瓜菜协会、新城井里农民蔬菜协会、中原高胜农民瓜菜协会,会员451人。2007年,成立孟坝镇王湾瓜菜协会、三岔养羊协会,会员1980人。2008年,成立南三镇农业科技推广协会,会员400人。各协会设主席、副主席、秘书长。

二、科普活动

20世纪50年代后期,宣传科技知识,建立演讲站,街头办黑板报,举办展览会,放映电影、幻灯,利用广播宣传农林水牧、医药卫生等常识,组织部分能人进行小发明、小改革、小制造,实行农具革新。1960年代,应用报告、讲座、广播、电影、展览、黑板报、图画等宣传形式,利用一切阵地普及工农科技知识和各种自然科学知识,进行各种技术"扫盲"工作,开展科技培训,普及无线电、半导体、自动化和半自动化等技术知识,使大部分职工、农村部分青壮年懂得一门科技基本知识;利用电影队开展科普下乡,宣传破除迷信,介绍植保、农药、化肥使用、良种选育等与生产、生活有关科学技术知识,推广科学种田,引进良种和新式农具,选育新品种。"文化大革命"开始后,科普宣传一度中止。1970年代,县文化馆图书室征订全国各地报刊、科技杂志,对外开放;基层电影队巡回播放科教电影、幻灯片。1979年,县科委、科协创办《镇原科技》期刊和《镇原科普》小报,至1980年代末,共刊出《镇原科技》18期,《镇原科普》90期,发放到群众手中。

1982年12月18日召开全县科技代表大会,参加会议的有各条战线在科技方面做出贡献的先进集体和先进工作者代表、县科协成员、各学会理事及县直有关部门负责人共98人,大会总结交流当年各条战线科学技术工作开展情况,讨论制定下年科研项目和科普推广计划,评选奖励在科学技术方面做出显著成绩的先进集体和先进个人。1984年召开第一次科协代表大会,选举产生第一届委员会委员10人。

1989年1月24日至26日召开县科技奖励大会暨科协第二次代表大会,参加会议的有各乡镇及县直各部门主管科技工作负责人、受表彰先进集体和个人、各乡镇科普协会及县直各学(协)会代表120人,会议总结交流科技工作经验,探讨科技体制改革新路子,讨论科技工作任务,奖励在科技战线上做出显著成绩的先进集体和个人;讨论、听取和批准县科协第一届委员会工作报告,讨论下届科协委员会工作任务,修改县科协《章程》,选举产生县科协第二届委员会委员。

1990年代，科普宣传逐渐深入，并趋于制度化、经常化，制作宣传横幅、标语，组装多功能科普宣传车，开展“科普之春”“科普之冬”及“送科技下乡”活动，举办科技培训班，开展科技咨询等。

1997年5月7日至5月8日召开全县科技工作大会，听取县政府科技工作报告，讨论“九五”及2010年科技发展规划，农业局、水利局、烟办、城关镇等单位大会交流发言，表彰奖励全县科技工作先进集体和先进个人以及1994至1996年度评选的县科技进步奖。

2003年，组建科技服务团队，向企业、行政村、自然村选派科技特派员，组织开展科技培训和服务，组织实施科技项目，领办科技示范点，开展科技创业示范活动，带动推广地膜覆盖、配方施肥、小麦耧施化肥、玉米划行种植、烤烟栽培、果树科学管理、作物病虫害防治等农业先进适用技术。至2010年，每年科技宣传覆盖面均在75%以上，受益群众达10万人左右；平均每年举办各类实用技术培训班100多期，参加培训5万人次，其中培训骨干5000人次；发放各类宣传资料、科普书刊7.5万份以上，累计下派科技特派员241人。

三、科技成果

1959至2010年，镇原县经鉴定验收科技成果共有89项，先后有68项分别获得省、地、县奖励，其中省级奖2项，地级奖7项，县级奖59项。获奖科技成果中，农业科技成果19项，畜牧科技成果8项，林业科技成果15项，水利科技成果1项，教育科技成果5项，工业科技成果2项，医药科技成果15项，电力科技成果1项，其他2项。

(一)农业科技成果

1. 小麦镇育一号　1960年县农技推广站杂交培育，中熟品种，无芒，红色，千粒重30克左右，抗旱、抗冻、抗锈、抗倒伏，抗红矮病能力较差。

2. 玉米镇单一号　1975年县农技推广站杂交培育，生长期131天，黄粒，马齿形，红轴，植株生长整齐，抗病、耐旱、耐瘠薄。

3. 高粱镇杂一号　1975年县农技推广站杂交培育，生长期133天，中熟品种，穗呈心形，颖壳红色，千粒重21克左右，抗倒伏、耐旱。

4. 合墒器试验　1978年由县农具研究所承担，1979年制出样品24台，经现场作业，具有合沟、保墒、切碎土块、平整土地、节约动力特点，通过鉴定。

5. 中单二号玉米引进示范、推广　1979年由县种子公司承担，4年累计推广13.64万亩，增产粮食5745吨，增加收入129.8万元。1984年获庆阳地区科技成果三等奖。

6. 天亚二号胡麻丰产栽培试验和大面积推广　1980年由县种子公司引进试验，1983年推广，3年共推广种植16.6万亩，增产2600吨，增加收入239万元。

7. 茄科蔬菜丰产栽培试验　1982年由县农技站承担，在秦园子进行3年纸钵育苗、地膜覆盖等新技术试验，辣子亩产由1750公斤提高到2250公斤，增产28.57%；茄子亩产由1500公斤提高到2250公斤，增产50%；西红柿亩产由5000公斤提高到6750公斤，增产35%。

8. 川水地小麦、玉米带状种植技术试验示范　1988至1990年由县农技中心组织实施,3 年累计推广面积 8059 亩,总产 5530 吨,平均亩产 687 公斤,较基础产量 357 公斤增加 330 公斤,总增产 2510 吨。1991 年 6 月获县科技推广一等奖。

9. 15 万亩中低产田改造　1986 至 1990 年由县农技中心组织实施,4 年共平田整地 1.76 万亩,亩增施农家肥 2000 公斤,小麦高茬收割 22.12 万亩,深耕 26 万亩,种植绿肥 12.8 万亩,配方施肥 35.5 万亩,推广微肥 18.3 万亩,土壤结构明显改善,产量得到提高。1991 年 6 月获县科技推广一等奖。

10.小麦主要病虫害综合防治示范　1986 至 1991 年由县农技中心组织实施,4 年共综合防治试验示范 19.99 万亩,较示范前亩增产 55.63 公斤,总增产 11123 吨,主要病虫害降到 4.2%以下,农药使用量降低 28%。1991 年 6 月获县科技推广二等奖。

11. 旱地胡麻综合增产技术推广　1987 至 1989 年由县种子公司组织实施，在临泾等 12 个乡镇示范 18 万亩，亩产 55.5 公斤，总产 3330 吨，累计增产 1921.2 吨，净增产值 184.44 万元。1991 年 6 月获县科技推广三等奖。

12. 2BPS-2-100 型点播、施肥、地膜机试制　1987 至 1990 年由县农机局组织实施,分机播、施肥铺膜两部分,既可单独播种,又能单独铺膜,配套动力 15 型四轮拖拉机,也可畜力牵引。1991 年 6 月获县科技推广三等奖。

13. 喷施宝、叶面宝推广　1990 年由屯字镇政府组织实施,通过 16 个试点产量比较,最高增产 10.3%，最低增产 7.5%，平均增产 9.1%,1990 年仅小麦和瓜菜施用后全镇增值 46.6 万元。1991 年 6 月获县科技推广三等奖。

14. 北部糜子引种丰产栽培试验示范　1988 至 1990 年由县农牧局组织实施，累计示范面积 3280 亩,总产 493.1 吨,亩产 150.34 公斤,亩均增产 77.5 公斤,推广 8 万亩,新增收益 102.2 万元。1991 年 6 月获县科技推广三等奖。

15. 保护地蔬菜栽培技术推广　1993 至 1995 年由县农技中心、城关镇政府组织实施,累计建成高效节能日光温室 196 座,面积 100 亩,生产蔬菜 738 吨,实现产值 224.27 万元。1997 年 3 月获县科技进步一等奖。

16. 烤烟病虫害防治试验研究　1994 至 1996 年由县农业技术推广中心组织实施,累计示范 6.8 万亩,平均每亩增收 86.6 元,总增收 560.728 万元。1997 年 3 月获县科技进步一等奖。

17. “双五田”(旱地粮食作物与经济作物通过间作套种、复种、移栽等栽培形式,达到亩产粮食 250 公斤,经济收入 500 元)工程项目　1994 至 1996 年由县农技推广中心组织实施，累计示范推广 15.1 万亩，总产粮食 32283.5 吨，平均亩产 213.8 公斤，新增纯收入 3340.78 万元。1997 年 3 月获县科技进步二等奖。

18.双季丰产田工程建设　1994 至 1996 年由县农技中心组织实施,累计推广 7.68 万亩,总产粮食 52411 吨,平均亩产 682.4 公斤,新增纯收入 3188.73 万元。1997 年 3 月获县科技进步二等奖。

19. 优质淀粉原料工程　1994 至 1996 年由县农技中心组织实施,累计示范推广 11.39

亩，总产31751吨，总增产6991吨。1997年3月获县科技进步三等奖。

20.红薯引进示范推广　1987至1996年曙光乡农机农经服务站组织实施，9年累计栽培4560亩，亩产平均4100公斤，总产18696吨，产值654.36万元。1997年3月获县科技进步三等奖。

21. 甘肃省东部农林昆虫种类与鉴别　1974至2000年由县农技中心组织实施，通过野外调查，采集标本十多万只，搜集有关资料，于1991年编成《镇原县常见经济昆虫、螨类、啮齿动物志》，73万余字，共记载昆虫、螨类、啮齿动物1077种，受到省、地有关专家认可和肯定。2000年编成《甘肃东部农林昆虫种类与鉴别》一书，由青海人民出版社出版发行。2003年5月获县科技进步一等奖。

22. 烤烟良种双抗70试验推广　1999至2002年由县烟草局组织实施，改变镇原品种单一现状，病虫危害明显减轻，烟叶质量和产量明显提高，取得显著社会效益和经济效益。2003年5月获县科技进步三等奖。

23. 冬小麦地膜覆盖穴播栽培技术示范推广　1995至1998年由县科技局、农机局（站）、农牧局组织实施，示范推广19026万亩，增加农业总产值1599.35万元，经济效益显著。2003年5月获县科技进步三等奖。

24. 农田鼠害调查研究与综合防治　1994至1996年由县农技中心组织实施，累计防治面积48.4万亩，消灭各种鼠害9.7万只，损失率由防前16%降到4%。1997年3月获县科技进步三等奖。

25. 蚜虫生物防治技术及综防技术示范　1997至2000年由县农技中心组织实施，通过细致调查研究和试验示范，总结出适合县域小麦、苹果、烤烟蚜虫综合防治技术，通过推广运用，有效控制蚜虫危害，取得明显效果。2003年5月获县科技进步二等奖。

（二）畜牧科技成果

1. 推广冻配技术杂交改良黄牛　1980年由县畜牧兽医工作站承担，五年冻配黄牛13598头，产犊5000头，产值356万元。

2. 红豆草引种栽培及种子繁殖试验　1983年由县种草工作站承担，经过3年试验，产草量高，营养丰富，适口性好，改良土壤效果明显，是一种优良牧草。

3. 畜间布病防治　1986至1989年由县畜牧兽医工作站组织实施，4年间血检牛羊29762头，阳性畜74头，1989年经省地考核验收，抽检结果牛阳性率0.5‰，羊阳性率0.88/10万，猪无感染，达到稳定控制区标准。1991年6月获县科技推广二等奖。

4. 快速养猪新技术推广　1988至1989年由县畜牧兽医工作站组织实施，两年销售添加剂12433公斤，在全县36749户中推广新法养猪43000头，出栏肥猪32675头。1991年6月获县科技推广二等奖。

5. 畜禽疫病普查　1988至1990年由县畜牧兽医工作站组织实施，组织兽医科技工作人员，以实验室诊断为主，结合临床诊断，剖检变化及现症调查，详实阐述十年间全县7种畜禽58种疫病现状、发生及流行规律。1991年6月获县科技推广二等奖。

6. 瘦肉型猪引进规模推广　1993至1995年由县畜牧兽医工作站组织实施，累计杂交改配母猪2.28万头，人工授精配种5288头，繁育瘦肉型仔猪13.99万头。1997年3月获县科技进步一等奖。

7. 新城乡畜牧科技整乡承包　1990至1994年由县畜牧兽医站组织实施，4年全乡牛存栏4347头，羊存栏1.2万只，猪饲养量6910头，鸡饲养量2.45万只，取得较好经济效益。1997年3月获县科技进步二等奖。

8. 三岔镇畜牧业综合技术整乡承包　1990至1993年由县种草工作站组织实施，实现种畜良种化、商品畜杂种化、饲养标准化、管理规范化，牧业产值占农业产值38.6%，人均纯收入167.8元。1997年3月获县科技进步三等奖。

9. 羊主要病虫害程序化防治技术推广　1991至1993年由县畜牧兽医工作站组织实施，防治羊475025只，驱虫159364只，药浴158787只，熏鼻156874只，提高羔羊成活12395只，新增收益216.44万元。1997年3月获县科技进步三等奖。

10. 良种肉牛及配套增产技术示范　1997至1998年由县畜牧中心组织实施，两年在各乡镇育肥出栏良种牛3.77万头，冻配改良黄牛9520头，建立肉牛育肥示范村5个、育肥户355户，加工饲料12500吨，纯收益812.59万元。2003年5月获县科技进步三等奖。

(三)林业科技成果

1. 干旱山区油松育苗、造林试验　1983年由马渠林场承担，5年共产苗192万株，造林340亩，成活率95%以上，给干旱山区营造油松提供育苗、栽培技术经验。

2. 苹果低产园改造示范推广　1987至1989年由县园艺站组织实施，共计完成低改面积1.37万亩，亩产由200公斤提高到615公斤，建立示范园11处447亩，通过叶面喷肥、嫁接更换品种和病虫害防治，累计净增产15766吨，新增收益1262.3万元。1991年6月获县科技推广二等奖，受奖个人7人。

3. 着色系富士苹果引种示范推广　1987至1993年由县园艺站组织实施的地列项目，在全区首次挂果，1993年获庆阳地区农业推广一等奖，受奖个人2人。

4. 苹果桃小食心虫防治示范推广　1988至1989年由县园艺站组织实施的地列项目，推广面积1.16万亩，病虫果率由30%下降到5%。1990年获地区星火科技奖，受奖个人2人。

5. 优质苹果产业技术开发研究　1988至1990年由县园艺站组织实施的省列项目，完成红富士苹果引进推广1.8万亩，建立示范园4处，起到三年挂果五年丰产的示范作用。

6. 杏树丰产栽培技术实验示范　1988至1993年由县园艺站参与实施的省列项目，引进优良杏种23个，高接换种15万株。1994年获庆阳地区科技进步二等奖，1996年4月获省科技进步三等奖，受奖个人4人。

7. 野生果树资源开发利用　1990年由县园艺站组织实施的自选项目，利用县内杜梨和酸枣资源，引进秦岭雪梨、红香酥、砀山梨和晋枣、冬枣、雪枣各十多个品种，在王寨、新集、上肖、屯字、茹河川区杜梨接梨150多万株，酸枣接大枣400多万株。

8. 苹果幼树三级配套技术开发研究　1991至1995年由县园艺站组织实施，5年累计新增总产量38324.2吨，新增总产值7664.84万元，建示范园4处150亩，亩产平均1262.5公斤，比前增长1.38倍，一二级果率由65%上升到95%。该项目生产的优质苹果曾两次获得庆阳地区“富陇杯”奖。1997年3月获县科技进步一等奖，受奖个人6人。

9. 苹果幼树规范化管理示范推广 1991至1994年由县园艺站组织实施的地列项目，1994年1月获县科技成果二等奖，受奖个人9人。

10.杨树蛀干天牛防治 1992至1995年由县林业技术推广站组织实施，4年间完成有效防治面积4300亩，防治作业面积1.06万亩(次)；检疫各类苗木4499万株，建立系统测报点3个，监测点15个，清除严重虫害木，推广综合防治技术效益显著。1997年3月获县科技进步三等奖。

11. 酸枣接大枣示范推广 1996至1999年实施，由县园艺站组织的县列项目，设示范点10处，引进晋枣、骏枣、梨枣、雪枣、冬枣接穗4.93万枝，嫁接22.24万株。

12.山毛杏改良技术示范推广 1996至1999年由县园艺站组织实施，4年间引进优质良种杏接穗160万株，累计改良杏树191.92万株，基本实现两年挂果，累计产鲜杏14787.6吨，总收入1437.95万元。2003年5月获县科技进步三等奖。

13. 仁用杏基地建设及丰产栽培技术推广 1997至2000年县园艺站参与实施，新栽曹杏等良种1.5万亩。2000年8月获庆阳地区星火二等奖，受奖个人1人。

14. 山毛杏改良技术示范推广 1997至2002年由县园艺站组织实施，引进良种接穗改良山毛杏192万株，获县科技进步三等奖，受奖个人7人。

15. 干旱地区造林截干埋根技术示范推广 1997至2002年由县林业技术推广站组织实施，示范推广截干埋根栽植面积19.5万亩，成活率均在85%以上，比常规造林提高30%以上，达到国家标准。2003年5月获县科技进步二等奖，受奖个人10人。

16. 国外大仁杏(扁桃)引种筛选及优质丰产栽培技术实验研究 1997至2003年由县园艺站组织实施，引进美国巴旦杏13个品种300株，建立品种园6.5亩、采穗园5亩，获省科学进步二等奖，受奖个人2人。

17. 苹果套袋、树下覆银光膜技术引进试验 2000年，县园艺站从陕西杨凌购回日本“小林牌”苹果纸袋3万个，投放到典型果园，并推广树下覆银光膜技术，效果显著。

18. 苹果套袋技术示范推广 2000至2002年由屯字塬果业协会组织实施，累计在206户850亩果园中推广套袋460万只，产量81.65万公斤，净增产值129.7万元。2003年5月获县科技进步三等奖。

19. 大雪枣引种示范推广 2000至2002年由县民乐苗木繁育公司组织实施，累计出售接穗250万株、原生苗1万株，产鲜枣5000公斤，总产值54万元，带动61户嫁接酸枣11万株。2003年5月获县科技进步三等奖。

20. 天然林资源保护工程 2001年9月由县林业技术推广站组织实施，对于改善生态环境，调整林业建设经营方向、管理体制，推进农、林、牧协调发展具有重要战略意义。2003年5月获县科技进步三等奖，受奖9人。

21. 妇女环保示范林　2006至2008年由县妇联、林业局联合实施的日本小渊基金项目，在平泉镇马坬村姚岭组栽植油松林2250亩。

(四)水利科技成果

1. 控制红土坡滑塌泻溜试验　1965年由张家沟水保站承担，在站内实施，治理程度达90%以上，年侵蚀模数由8141吨/平方公里下降到625吨/平方公里，拦泥效益达92%。

2. 触电保安器研究试制　1979年由县水电局承担，1980年5月试制成功，通过对绝缘、触电电流、触电时间等项目测试合格。1984年获地区科技成果三等奖。

(五)工业科技成果

1. 黄豆榨油试验　1959年由县榨油厂承担，出油率为2.1%，试验成功，创甘肃省最高纪录。

2. 东-28缸盖试制　1973年由县农机修造厂承担，经过试验改进，产品达到标准化规格。

3. 硫化钠试制　1975年由县化工厂承担，1978年制出42吨硫化钠，通过化验鉴定，基本达到国家标准要求。

4. 糖高粱种植及榨糖试验　1977年由县科委、糖厂、农技站合作进行栽培技术、榨糖工艺研究，经过试验，糖高粱秸秆亩产1950公斤，出汁率54%，含糖量14%，分糖结晶为47%，达到省科委下达指标。

5. 造纸厂2#纸机改造　1993至1994年由县造纸厂组织实施，解决纸张两面差问题，提高产品质量，可增产20%，年增产100~120吨，有较好经济效益。1997年3月获县科技进步一等奖。

6. 新一代杏果、冰杏新产品研发　2001至2002年由县新一代食品有限公司组织实施，在内外包装上超前创新，突出袋、罐、盒的三位一体，工艺上采用传统工艺与现代配方相结合，精工细作，深受广大消费者欢迎。2003年5月获县科技进步二等奖。

(六)教育科技成果

1. 英语"四位一体"高考复习教学实验研究　1999至2002年由镇原中学组织实施，通过3年实践，2000年所带高三(8)班英语成绩名列全县第二，各年级实验班学生人均成绩高于对比班。2003年5月获县科技进步三等奖。

2. "分层导学、人人达标"数学教学研究与教改实验　1998至2001年由孟坝中学组织实施，从目标、导学、达标、评价、作业、辅导等方面按级分层教学，培养多功能型人才，提高学生整体素质。2003年5月获县科技进步三等奖。

3. "情景教学——情景教育"教学研究　1999至2002年由曙光初中组织实施，通过某种富有感情色彩活动而产生特有的心理氛围，以生动形象情境激起学生学习情绪，环节齐全，流程完全，资料齐备，成果优异。2003年5月获县科技进步三等奖。

4. 探索"四步式教学法"　1995至1998年由县东街小学组织实施，通过自主复习、自主预习，展标默看、导学记忆，创设情境、提出问题，自主探究、合作讨论，当堂练习、检测评价四步探究实验，学生自学能力、创新能力明显提高。2003 年 5 月获县科技进步三等奖。

5. “引导发现法”教学研究　1990 至 1999 年由新城初中组织实施，以基本教材为内容，以问题为中心，在教师指导与引领下，通过学生积极主动的思维活动，探索、发现数学概念、定理、公式，能够自主解题，彻底打破传统“注入式”教学模式，能激发学生创造性，提高课堂教学效率。2003 年 5 月获县科技进步三等奖。

(七)医药卫生科技成果

1. 双黄消毒液实验研究　1973 年由县第二人民医院承担，1975 年试制成功，临床使用效果良好。

2. 小儿麻痹后遗症治疗研究　1974 年由县第二人民医院承担，经过 6 年临床实践，摸索出以穴位注射西药盐酸夫喃硫胺和针刺、推拿及电刺激等综合疗法。

3. 中西医结合治疗胆囊炎、胆结石试验研究　1978 年由县第一人民医院中医科承担，根据各型主症立方立药，共治疗 153 例，治愈 71 例，占 46.4%，好转 78 例，占 51%。1984 年获地区科技成果三等奖。

4. 自体脾片移植术在脾破裂术中的应用研究　1993 至 1996 年由县第二人民医院组织实施，查阅大量医学文献，引用自体脾片移植技术，治疗外伤性脾破裂 13 例，取得良好效果，探索出保护脾术新途径。1997 年 3 月获县科技进步一等奖。

5. 骨圆针逆行内固定治疗肱骨外科颈骨折　1985 至 1996 年由县第一人民医院组织实施，采取骨圆针逆行内固定治疗肱骨外科颈骨折，具有操作显露、创伤小、固定捷简、对位良好、稳定性强、愈合快、取针容易等特点。1997 年 3 月获县科技进步二等奖。

6. 自制注射针经内镜注射乳酸钠治疗植物性胃结石　1994 至 1996 年由县第一人民医院组织实施，方便简单，安全、节资、不住院，无明显副作用，能及时清除胃石，避免并发症和手术。1997 年 3 月获庆阳地区科技进步二等奖、镇原县科技进步二等奖。

7. 益气活血汤治疗充血性心力衰竭　1992 至 1995 年由县第一人民医院中医科组织实施，4 年间临床治疗显效 77.8%，好转 16.7%，无效 5.5%，总有效率 94.4%，具有疗程短、疗效好等优点。1997 年 3 月获县科技进步三等奖。

8. 干扰素治疗毛细血管支气管炎　1996 年 1 月至 10 月由县第一人民医院组织实施，临床用药后缩短疗程，价格低廉，使用方便，值得推广。1997 年 3 月获县科技进步三等奖。

9. 大剂量硫酸镁治疗妊娠高血压症　1993 至 1996 年由县妇幼保健站组织实施，方法简捷，疗效高，费用低，用药时孕妇清醒，对胎儿无不良作用。1997 年 3 月获县科技进步三等奖。

10. 自制无创伤性钩针器取出断裂骨髓内梅花针研制　2002 年由县第一人民医院组织实施，经反复研究分析，研制出一套不必切开骨断端便能钩出髓内针的简捷方法，替代二次手术内固定，大大减轻患者疼痛和经济负担，深受欢迎。2003 年 5 月获县科技进步二等奖。

11. 自制胃病Ⅰ、Ⅱ号治疗胃脘痛　1997 至 2000 年由县中医院组织实施，经过 4 年临床验证，研制出治疗胃脘痛药品，通过对 500 多例门诊患者临床治疗观察，治疗效果优于其他药物,疗效短,远期效应持久。2003 年 5 月获县科技进步二等奖。

12. 自拟鼻窦炎散治疗慢性鼻窦炎　1999 至 2002 年由县第一人民医院组织实施,自拟中药鼻窦炎散,经过 4 年临床验证,疗效好,疗程短,价格低廉,无不良反应。2003 年 5 月获县科技进步三等奖。

13. 自拟头痛散治疗血管性头痛　1991 至 2002 年由县第一人民医院组织实施，自拟中药头痛散,经过多年临床验证,疗效确切,药源充足,价格低廉,无不良反应。2003 年 5 月获县科技进步三等奖。

14. β-阻滞剂治疗冠心病试验研究　2000 至 2002 年由县第一人民医院组织实施,肯定治疗冠心病心衰、心肌梗死的有效性、安全性和经济实惠性,降低心衰患者住院时间,疗效显著。2003 年 5 月获县科技进步三等奖。

15. 泪道内置入有孔硬膜外导管治疗慢性泪囊炎实验研究　1999 至 2002 年由县第一人民医院组织实施,用手术探针引导进行,部位准确,操作快,损伤小,不易发生合并症。2003 年 5 月获县科技进步三等奖。

16. 风湿止痛胶囊治疗风湿病临床观察　1997 至 2002 年由县中医医院组织实施,经过多年临床验证,止痛效果迅速,疗效确切,价格低廉,值得推广。2003 年 5 月获县科技进步三等奖。

17. 改良式胃底 V 断流加脾切除治疗肝硬化门脉高压症食道胃静脉曲张出血　1999 至 2002 年由县第二人民医院组织实施,通过多年临床验证,对肝硬化有根治作用,手术简单,效果显著。2003 年 5 月获县科技进步三等奖。

（八）电力科技成果

镇原县 1991 至 1995 年农村电气化规划　1990 年由县水电局实施，从农村电网建设实际出发,就电网布局、电源容量选择、无功补偿器设置、用电需求等方面作分析论证,提出切实可行发展指标。1991 年 6 月获县科技推广二等奖。

（九）其他科技成果

1. 灭鼠技术试验研究　1980 年由中原公社农民技术员王浩孔承担，研制成体小、轻便、命中率高的射杀弓箭,比老弓箭提高工效 10 倍,有效消灭鼢鼠,减轻鼠害,保护农林作物。1984 年获地区科技成果三等奖。

2. 县农函大人才培训　1987 至 1990 年由县科协组织实施,连续四届招生 1564 人,结业学员 676 人,在农业生产和多种经营等方面发挥科技带头作用,有 480 人达到技术员水平,165 人获技术职称。据调查,学员家庭较前人均产粮增长 47.4%,现金收入提高 54.5%,带动脱贫致富 460 户。1991 年 6 月获县科技推广三等奖。

四、技术职称评定

1980 年开始,对从事自然科学和社会科学的技术人员及农民技术人员上报、评定技术职称。至 1985 年,全县有科学技术人员 2097 人(自然科学技术人员 907 人),评定和上报审批技术职称 429 人,其中副主任医师 1 人,工程师、农艺师、畜牧兽医师、主治医师等 18 人,技师2人,助理工程师、助理农艺师、助理畜牧兽医师、医师、药剂师、护师等95人,助理经济师、会计师7人,技术员、医士、护士、检验士、调剂士、统计员、会计员及其他初级技术人员306人。授予农民技术员职称189人,其中农业技术员55人,水利水保技术员28人,兽医技术员28人,建筑技术员38人,烤烟技术员40人。

2010年,全县评有职称的科技人员2114人,分高级、中级、初级三种。高级职称18人,其中高级园艺师10人,高级农艺师1人,高级建筑工程师7人;中级职称156人,其中园艺师41人,农艺师7人,兽医师21人,经济师12人,会计师14人,建筑工程师61人;初级职称1940人,其中助理农艺师153人,农业技术员439人,助理园艺师139人,园艺技术员285人,助理畜牧师121人,畜牧技术员102人,助理会计师53人,会计员53人,食品助理工程师16人,食品技术员14人,轻纺助理工程师1人,轻纺技术员8人,建筑助理工程师180人,建筑技术员223人,机械助理工程师38人,机械技术员20人,电力助理工程师12人,电力技术员9人,烤烟技术员101人。

五、发明与专利

2008年,贯彻"专利法",加强知识产权保护,开展专利执法和知识产权进企业、进学校、进社区活动,下发申报专利通知,印发专利申报有关宣传资料,在街道张贴,电视台播放,当年申报批准专利4项。太平镇小学学生慕博聪设计的课堂奖卡获得专利授权。2009年,申报批准专利4项。2010年申报批准专利21项,授权7项。新城乡惠沟村农民李国宏设计的动力车头顶撞减力保险杠、农用三轮车防倒退定车器和县科技局干部贾建华设计的太阳能水箱自动上水器、瓜菜苗期保护罩、太阳能恒温发生器、外包装及南川乡川郑村农民郑国利发明的多功能生活行走椅、床获授权专利。

第二节 气象工作

镇原气象事业始于民国,发展于中华人民共和国成立后,随着计算机、无线通讯、卫星云图等新科技应用,观测水平不断提高,服务领域不断扩大,对全县经济社会发展起到积极作用。

一、机构

镇原县气象局(站) 1956年11月成立镇原县气候站,隶属平凉专署气象局,有职工4人。1959年更名为镇原县气象站。1960年8月改为镇原县中心气象服务站,有工作人员8人。1962年改属庆阳专署气象局。同年5月,改属甘肃省气象局领导。1966年更名为镇原县气象服务站。1967年,内设地面测报股和预报服务股。1971年1月,隶属镇原县革委会和甘肃省气象局双重领导。同年6月,归县人民武装部、县革命委员会和省气象局领导,有职工9人,其中中专学历及短期培训4人。1973年7月,改由县革命委员会和省气象局领导,有职工10人。1978年7月,改名为镇原县气象站,归省气象局领导。1981年,成立镇原县气象局,局站两个牌子,一套人员。1987年,站内增设科技服务股。2009年1月,县气象站改为国家一级气象站，有工作人员7人，其中局长1人，其他6人包括副局长、支部书记均为兼职业务人员；有本科学历2人，大专学历3人，中专学历1人；工程师6人，助理工程师1人。

镇原县人工影响天气领导小组办公室 1992年，成立镇原县人工影响天气领导小组办公室，设在县农牧局，由农牧局办理日常业务。1997年，县人工影响天气领导小组办公室改属县气象局管理，人员由气象局内部调剂解决。

基层气象站 2006年，建成武沟、太平两个区域气象站。2007年，建成三岔、新集两个区域气象站。至2010年，有三岔、武沟、新集、孟坝、太平、屯字和平泉7个区域气象自动站。

乡镇气象工作站 2006年，与乡镇合作，逐渐组建起乡镇气象工作站19个，确定气象信息员245人，平均年龄在43周岁左右，建立人员数据库，详细登记各位气象应急联系人姓名、年龄、学历、身份等信息。在19个乡镇各聘任副乡镇长和干事各1人，为气象灾害应急分管领导和气象协理员，聘请各村党支部书记或村主任233人为气象应急联系人，实现村组全覆盖；与县直各部门合作，聘请气象应急联系人12人，覆盖各个街道。2009年1月，组建气象应急联系队314人。

防雹增雨点 2006年，建成城关火箭增雨点。2007年，在城关镇莲池村科技园设增雨作业点，有作业人员8人，一人是雇佣司机，其余为气象站职工。2008年，建成庙渠、临泾、平泉3处标准化炮点。2009年1月，在庙渠、临泾、孟坝、平泉、武沟设置5个高炮作业点，每个炮点配备作业人员3人，均为当地高中毕业生和退役军人，全部经过专业技术培训。

二、场站设施

1956年11月，在临泾乡贺堡村建立县气候观测场，位于北纬35°39′，东经107°29′，海拔高度1450米，观测场长、宽10米左右。1967年12月，场址迁于县城上马台，位于北纬35°41′，东经107°11′，海拔高度1172.5米；观测场长25米，宽16米。1981年，观测场扩为长、宽各25米。1992年起，县农牧局陆续购置37毫米人工影响天气高炮8门，分置庙渠、临泾、孟坝、小岘、武沟、郭原各1门，湫池2门。2003年10月，建成CAS600B型自动站，观测场提高0.5米。2007年，切换为国家气象观测二级站，新建WR–98三架移动火箭增雨作业系统，同时将7处8门人工影响天气高炮移交县气象局管理。2008年，撤销小岘高炮点，报废湫池高炮2门。2009年1月，配备火箭增雨设备3门、电子显视屏9个，报废郭原高炮1门。至2010年，局站有办公、住宅楼3幢1537平方米，人工检测设备18台套，自动观测设备9台件。

三、气象观测

镇原最早气象观测始于宣统元年（1909年），由美国探险家罗伯特?斯特林?克拉克组建中国北方科学考察队对县域开展两次科学考察。道格拉斯上尉和格兰特率领考察队一组，于二月二十五日至三月三日、八月三日至七日，在太平镇、镇原县城、杨树湾、开边4地，对海拔、经纬度、气压、沸点、气温等气象、天文观测，对镇原地貌、地质、气象、动物、植被及风土人情进行深入调查和记录。

2009 年镇原县气象局场地设施

民国二十四年(1935 年),县政府曾聘请气象测候员开始气象观测,电报省气象测候所发布。1956 年 11 月,按照国家局统一部署,采用北京时间 8、14、20 时三次定时观测。地面观测、发报、报表编制均为手工操作,人工观测项目有云、能见度、天气现象、气压、空气温度和湿度、风、降水、雪深、日照、小型蒸发、地温(地面、浅层)、雪压、冻土、电线积冰;自动观测项目有气温、气压、湿度、风向、风速、地温、降水,进行天气记录处理和月、年报表编制等工作。气象信息以气象电码形式通过邮电局上传到兰州中心台区域中心,并由其负责本区域内气象情报集中和转发。1970 年代中期,相继组建气象传真接收系统,制作天气预报所需工具图表,减少收报、填绘图、分析等重复性工作,直接利用卫星云图、数值预报产品等资料,开展灾害性天气预报、警报,提高天气预报时效和准确率。1980 年代,引进通信专用电子计算机,实现通信处理和编辑处理自动化,提高通信速率。1996 年开始通过省气象局网络服务器获取资料。1997 年,计算机与测报专用软件始用于发报和报表编制。10 月,PC-VSAT 卫星接收站投入使用,气象资料丰富,传输速度加快。2002 年建成宽带网络,实现国家、省、市、县四级信息快速传递。2003 年 10 月,建成 CAS600B 型自动站,实现人工观测向自动化数据采集历史性转变,观测数据更加齐全,通讯化程度更高。2004 年应用自动气象传报软件传输观测数据。2006 年,甘肃省气象专用光纤网络投入使用,自动站实现单轨运行,气象信息获取更趋稳定快捷。2010 年,实现气象情报共享,凡与本系统有全双工电路连接的国内台站或单位,均可向中心检索所需实时资料,自动答应远程终端询问。

四、人工影响天气

明、清及民国时期,民间购置土炮铁将军,自发配制黑火药,在雷雨发生时向云头发射,阻止冰雹形成。临泾乡巧王村的两个铁将军使用上百年。1960年代起,各公社、大队购置铸铁将军炮,设立防雹点,安排人员,自配火药,在行雨季节进行人工防雹。1970年代,县办炮弹厂,社队增置火筒式炮,增设炮点,确定专人防雹,提高了防炮效果。1992年开始,利用庆阳新一代天气雷达和人工影响天气作业指挥系统,积极组织实施高炮人工增雨和消雹作业,每年作业达20多次(点)。2000年后,通过不断积累经验,提高增雨作业技术水平,每年人工增雨作业6次左右,发射增雨火箭弹30枚左右。在汛期积极接收雷达、卫星云图,及时分析跟踪积云发展形势和动向,发挥人工高炮消雹优势,抓住机遇积极开展高炮消雹作业,有效防御全县冰雹等自然灾害,避免或减轻气象灾害对农业生产、生态环境和人民生命财产的危害,产生明显社会经济效益。

五、气象预报

1956年11月,开展短期天气预报,包括48小时内晴、阴、雨雪预报与24小时内最低最高气温、风向风速和灾害性天气预报。1968年起,利用天气图、气象资料开展24小时天气预报工作。1976年开始,由月天气趋势预报逐步发展到定期趋势预报和年预报,并根据农业生产需求,改年预报为季度、重要季节趋势预报,年预报时限为本年6月至次年6月,分3月和11月两次定期制作。1978年,开始使用省气象局小天气图,每日收抄、点绘兰州中心气象台发布的高空和地面图,制作镇原范围内24~48小时天气预报。1984年,定期发布未来3天~5天和一旬天气过程及趋势预报,内容包括降水、冷暖、旱涝趋势及大雨、寒潮、霜冻等灾害性天气过程预报。根据庆阳地区气象局分片和单点预报结果,进行补充订正预报或直接发布。1987年4月起建立天气预报会商制度,每天会商2次,不定时互通情报。1991年5月后每天会商次数增加至4次。2004年,开通气象信息平台,及时发布预测预报、预警、雨情短信。2006年起,每天发布0~72小时天气预报,时段分0~24小时、24~48小时和48~72小时,并评定、上报24~72小时质量。2010年起,由市台指导,制作发布乡镇天气预报。

六、气象服务

1956年建站初,气象工作只作单一观测数据和表报编制,未能开展气象服务工作。1980年代后,不断拓宽服务领域,增加服务广度和深度,特别是天气预报无论是从短期到长期,其精细化和准确度不断提高,气象服务呈现多元格局,从最初农业气象旬报、雨情快报、农业气候预测等专题农业服务,扩大到水利电力、石油工业、交通运输、旅游出行、工程施工等诸多领域。内容包括阶段性干旱对农业生产、城市运行和生态环境的影响;冬春季森林火灾预测预报;长期气候趋势预测,汛期旱涝分析和极端天气气候事件(如短时集中降水)以及山洪、泥石流、滑坡等衍生灾害对人民生命财产影响;气候变暖可能导致高温、少雨以及局部突发性灾害;重大社会活动气象保障,突发公共事件应急气象服务。按月编发《气候影响评价》,以《镇原气象信息专报》《镇原重大气象信息专报》《镇原气象信息快报》及文件上报县委、县人大、县政府、县政协及相关部门。通过电视广播、手机短信、网络、“12121”电话、电子显示屏等多种方式向公众和社会各界发布各类实用和日常生活相关气象服务信息。

1995年开始，配合市局在汛前对高层建筑物和电力、通讯设施进行防雷检测和布设防雷带。1996年4月在全市率先开通“121”气象信息自动答询服务(后被市局收回)，1998年7月开通电视天气预报节目，2004年停播。2008年，在雨雪冰冻和5月12日汶川大地震期间，启动气象业务服务应急预案，制作冰冻灾害和抗震救灾气象服务产品，建设县级气象灾害防御和综合业务服务系统，建立苹果和杏产品农业气象服务指标，完善周年气象服务方案，完成探测环境保护备案工作，编写干旱监测和影响评价报告，发布农、林、牧、生态及交通等气象信息专报66期，开展精细化服务，为科学防范气象灾害、保障人民生命财产安全起到技术支撑作用。

第三节 防震工作

一、机构

防震减灾管理机构 20世纪70年代前，镇原无防震减灾机构。1972年起，防震减灾工作由庆阳地区地震局负责，县科委兼办相关业务。2007年7月，成立镇原县防震减灾办公室，隶属县政府办公室，核定事业编制3人，其中副主任2人，工作人员1人。2010年，工作人员增加到5人。贯彻执行国家、省、市防震减灾工作方针政策、法律法规和有关技术规范；组织开展防震减灾科普知识和法律法规宣传教育，普及防震减灾知识；管理全县地震监测预报和群测群防；组织有关部门采取措施，做好防震减灾工作；管理监督防震减灾专项资金使用。

地震检测机构 1976年，庆阳地区地震局在镇原三岔中学建立测报点，海拔1500米，取水点设在校北山崖下。观测人员由教师、学生兼任，进行土地电、土地磁、土应力等项目观测，检测数据直报地区地震局。1982年，测报点增加水氡观测项目。1986年，停止三土仪器观测，增加水化离子分析、地下水流量、水位等观测。1987年，新增水化重碳酸根离子和氯离子观测，以观测地下流体物理与化学变化为主。2008年，启动三岔水氡观测站，每天不间断化验水质，向市地震局上报检测数据两次；庆阳市地震局在开边乡开挖山洞摆房，安装拾震器1套，建起镇原县数字化测震台。2010年，开边地震台由无线电传输改为光纤传输，测震质量和传输手段提高。同年11月，省地震局选址，在城关镇莲池村慕山组修建强震台。各观测点主要观测项目有地下水位、流量、重碳酸根离子、氯离子、水氡、水温、气压、温度、湿度、鼓泡水温等，定时观测报告检测结果，发现异常情况，及时传输上报。

群防群测体系 2008年5·12汶川特大地震后，县政府制定各种应急预案，建立县、乡镇、社区三级地震应急预案体系。各乡镇确定防震减灾助理员，选择培训13个养猪户、7个养鸡户、3个养羊户、1个养兔户和1个鱼塘水坝管理者为地震宏观观察员，负责地震宏观异常速报和地震灾情速报。2010 年，进一步健全“三网一员、群防群测”体系，各乡镇确定防震减灾主管领导、防震减灾助理员和 23 个养殖专业户作为地震宏观观测员，其中养猪户 12 个，养鸡户 7 个，养羊户 2 个，养兔、养鱼户各 1 个；养鱼户兼鱼塘水坝观测员，水井观测员 6 人，各组确定地震宏观观察员 1200 人。

二、防震救灾宣传

2008 年 5·12 汶川特大地震后，紧急启动广播电视新闻应急预案，迅速调整节目版面，精心策划，及时报道县委、县政府重大决策部署，跟踪报道县委、县政府、县人大、县政协、县武装部五大家领导抗震救灾工作和看望慰问受灾群众情况，总结抗震救灾中涌现出的先进人物和典型事迹，重点报道全国人民沉痛哀悼四川汶川大地震遇难者，采写《我县广大党员干部踊跃缴纳特殊党费》《鲜明的党旗飘扬在集中安置点上》等新闻稿件，广泛宣传，典型引路，激励群众抗震救灾积极性。县防震减灾办、县委宣传部、团县委、县文化馆联合举办“情涌原州，爱聚巴蜀”青少年志愿公益募捐音乐会，开展“抗震救灾众志成诚”主题演讲赛。县防震减灾办、县民政局、审计局等部门发布防震救灾信息 57 屏，制作公益广告 2 部，发布防震常识 90 条，张贴宣传标语和口号 60 条，配合省电视台摄制抗震救灾资料片，播放长达 5 小时。全程录制中央电视台大型赈灾晚会《爱的奉献》，在镇原电视台多次播出。

2009 至 2010 年，通过广播电视等新闻媒体向广大群众宣传《防震减灾法》、预防避险、自救互救等知识，开展防震减灾知识进农村、进社区、进企业、进机关、进学校活动，印发家庭防震减灾常识、地震科普常识等宣传资料 2 万多份，在县直、乡镇街道悬挂横幅、张贴标语，组织各部门开展防震减灾科普知识宣传，给学生发放《中小学生防震减灾知识读本》和各种地震知识宣传资料 2000 份，建立镇原中学和东街小学两所科普知识宣传示范学校，增强群众防震减灾意识。

三、防震

1976 年 8 月，四川松潘地震波及镇原，震感强烈，县社组织动员群众在场心空旷地带紧急避险。2008 年，5·12 汶川特大地震后，贯彻实施《中华人民共和国突发事件应对法》，修订完善《镇原县地震应急预案》《镇原县抗震救灾指挥部预报监测组应急预案》；建立县、乡镇、社区三级地震应急预案体系，形成机制科学、结构完整、管理规范、运行有效的工作机制；设立地震临时避难场所 5 处，号召群众搭建帐篷，有效防止余震及次生灾害；组织人员对所有建筑物进行安全排查，发现安全隐患，动员群众及时搬迁；加强地震应急救援队伍建设，协调卫生、消防、武警、公安和预备役部队等单位组建地震应急救援队；储备基本的、必要的、必须的应急物资，提高应急救援能力。

2009 年，成立镇原县抗震安居工程领导小组，制定下发《镇原县抗震安居工程实施方案》，依照抗震设防标准要求，推广安居示范工程，邀请专家集中培训建筑工匠 500 名，着重学习农村地震安全工程建设场地选址与地震地质灾害防御技术、农村民居地震安全基本原则、主要结构的防震安全技术、配套措施等内容，提高施工人员防震抗震技能。建立上肖乡北庄、城关镇原郑、武沟乡孟庄、开边镇开边 4 个村安全农居示范点，开展抗震设防情况督查，保证抗震安居工程顺利实施。2010年，新建上肖乡翟池、姜曹和屯字镇阳宁、包城4个村安全农居示范点。在全县347所学校进行应急疏散演练，增强师生自救能力。组织东街小学2000多名师生在东操场模拟地震应急疏散演练，启动地震应急预案，公安、卫生系统出动34人救援队，取得实效。

四、救灾

镇原自古受相邻地区地震波及受灾，政府通过减免税赋、开仓赈济等措施进行资助，民众自救互救。2008年，5?12汶川特大地震及随后发生的四次较强余震，给镇原带来惨重损失。当日晚，县五大家主要领导、分管领导，带领民政、安监、财政、教育、卫生等部门主要负责人连夜查看灾情，慰问遇难者家属，为4名因震死亡人员发放慰问金8000元，责成卫生部门不惜一切代价全力做好受伤人员的救治工作。先后下拨灾害应急资金155万元，临时生活救助资金2231万元，面粉772吨，大米5吨，纯净水240吨，救灾专用帐篷286顶，被子3000条，毛毯2000条，棉衣1万件，其他衣物5万多件。对因灾吃住困难的15472人每人每天发放生活补助款10元、成品粮1斤，对孤老、孤儿、孤残人员2360人每人每月发放生活补助600元，连续发放三个月，确保受灾群众吃饭、喝水、穿衣、临时居住等基本生活需求。卫生系统组织专业人员20人，深入19个乡镇，指导防保专干对全县10.8万户群众开展疫情调查，指定专人保护水源和饮水，进行环境卫生消毒，做好消毒剂集中供应、配制和分发，开展消毒常识宣传，每天深入灾民家中了解灾民是否有发热咳嗽、腹泻、呕吐、皮疹等症状，落实消毒措施。

五、灾后重建

2008至2009年，累计投入灾后重建资金3.59亿元（上级项目资金1.99亿元，群众自筹1.6亿元），重点实施农村灾民建房、教育、卫生、水利、交通等方面重建项目；投资10452万元，重建改造10372受灾户的危房危窑；投资826万元，维修供水工程53处，恢复5万多人正常用水；投资4721.9万元，新建校舍31983平方米，解决16493名学生上课难问题；投资2535万元，维修加固乡镇卫生院18个，实施中央地震灾后重建项目7个，建设村级卫生所94个；投资2767万元，实施交通项目9个，修建公路68公里。

镇原县卫计局办公楼 张富诚摄

第四十八章　医 药 卫 生

镇原古为岐伯、皇甫谧行医授业之地，有悠久灿烂的中医文化传承，部分读书人兼习中医，也有少数以医为业的良医、郎中为百姓诊病。但因地处边陲，战事频繁，经济凋零，仍缺医少药，民间或用中草药土方、单方及针灸、拔罐防治疾病，或以巫术禳灾除病。中华人民共和国成立后，党和人民政府十分重视医药卫生事业，成立药品、医疗、卫生行政主管部门，逐步健全县、乡、村三级医疗卫生体系，加快卫生、医疗、防疫、保健基础建设，不断引进更新先进设备，改善医疗卫生条件，壮大医疗卫生队伍，提高医疗技术水平，开展公共卫生、爱国卫生运动，加强药品管理，发展中草药，实行中西医结合，预防治疗各种疾病，促进妇女、儿童、老人保健工作，发挥救死扶伤、保障人民健康的重要作用。

第一节　医　药

一、药品经营机构

镇原县医药公司　1956年3月，成立县药材公司，占地面积6800平方米，隶属县商业局。1959至1962年，隶属文教卫生局。1963年，药司下设屯字医药站。1964年，改属县商业局，增设孟坝医药站。1966年，增设三岔医药站。1973年，增设平泉医药站。1974年，增设开边医药站。1980年，药材公司改称医药公司，隶属县医药管理局。1985年，医药公司归县经计委管理。1986年，医药公司内设人秘、业务、财会三个股，下设平泉、屯字、三岔、孟坝、开边5个医药购销站，共有职工65人。2001年，医药公司改制为民营企业，干部职工全员置换身份，自主择业。

镇原县康平医药公司　2001年医药公司改制时，由原公司职工3人出资购买企业资产，成立镇原县康平医药公司，实行股份制经营，注册资本222万元，占地面积28680平方米，建筑面积5600平方米，下设中药饮片加工厂、中西药批发部和两个零售门市部，集药品批发、零售、中药饮片加工为一体。2005年7月，康平医药公司药品批发部通过GSP认证。2008年5月，康平医药公司中药饮片通过GMP认证。2010年，康平医药公司总资产1560万元，其中固定资产720万元。员工60多人，其中中级以上职称4人；大专以上药学和临床医学学历4人，中专以上医药卫生学历30余人；从事药品批发零售人员28人，中药饮片加工人员35人。年药品销售额900多万元,其中中药饮片销售300万元,西成药批发、零售各300万元。

镇原县清元医药公司 2005年12月,县医药公司平泉经营部改制为民营医药批发零售企业,成立镇原县清元医药有限责任公司,占地面积1700平方米,建筑面积660平方米,总资产100万元,设西药成药和中药饮片两个批发经营部和两个零售门市,经营各类药品2000多种,主要经营县域南区药品批发配送业务。2006年6月通过GSP认证。2010年有职工12人,其中执业药师1人;药学本科生1人,中专以上医药卫生学历4人。年销售总额150多万元,上缴利税5万多元。

个体药店 民国三十三年(1944年),县城及屯字、肖金、平泉、开边、太平、新城、上肖、临泾等集镇有私人中药铺55处,西药房1处,经营资金7.5万余元,中医药人员79人,以"鹤龄堂""乾庆堂""义兴源""隆庆堂""新民药房"最为兴隆,均有坐堂医生。1953年开始,私营药店被公私合营。1985年个体药店重新发展。至2010年,全县有个体药店87户,其中县城14户,临泾5户,孟坝9户,太平4户,新集2户,方山2户,马渠1户,新城6户,开边2户,屯字9户,武沟1户,上肖2户,三岔4户,庙渠1户,平泉9户,南川1户,郭原3户,中原1户;村级11户。

二、中药材

镇原药材资源丰富,采集历史悠久。县内所产药材190余种,大部分是野生种,人工栽培种次之,也有动物、矿物及人工制品,品质纯正,药用价值较高,除本地药用外,远销全国各地。

全县野生药材有103种,均有采收,以甘草、麻黄、柴胡等数十种量大质优,最为地道,多外销。麻黄山区较广,年收购量75吨。甘草县北较多,年产量3万余公斤。酸枣仁年产5000多公斤。远志、地骨皮年产万余公斤。蝎子年捕捉千余公斤。1973年,武沟公社发动群众,采取"农忙季节抽空采,农闲时间集中采,干部、医生带头采,学校师生突击采"的办法,当年采集麻黄、甘草、柴胡、远志等169.3吨,价值34万元,庆阳地区医药公司在镇原召开中草药现场会对其进行表彰。

县内种植中药材,历史悠久,民间多利用庄前屋后、零星地种植。1950年开始,政府倡导群众种植中药材。1953年,全县种植当归150亩,党参200亩,红花20亩,板蓝根50亩。1959年,种植品种增多,增加种植生地、菊花、茴香、乌药、桃仁、桑白皮、桑叶、桑葚、大枣、丹皮、白芍、紫苏等,种植面积600余亩。

1970年武沟冯埝社员向合作医疗站交中草药

1970年,发展农村合作医疗,大量引进种植党参、生地、当归、地黄、丹皮、白芍等常用中药材1200余亩,年产量约85吨。1971年6月,各社、队分别举办中草药展览会,大队合作医疗站普遍推行中草药自采、自种、自制、自用的“四自”活动。1978年，种植各类中药材3100亩，产量约165吨。1981年，农村土地承包，农民家庭开始种植中药材。1984年，全县种植药材3700亩。1991年，县医药公司购回党参、生地、板蓝根、玄参、柴胡等子种（苗）1万多公斤和专项化肥30多吨，有偿和无偿投放给农民种植发展药材。1999年，以郭原、武沟、新城等乡镇为重点，每户种植1.5亩左右，全县种植2.79万亩，产中药材2406.6吨。

2002年，县药品监督管理局在殷家城、马渠、武沟、郭原等乡引导农民种植山楂、党参、黄芪、生地、银柴胡、大黄等80多亩。2003年，筹建孟坝麻黄碱厂，县科技局、农牧局从内蒙古调进麻黄苗子，在全县24个乡镇推广种植，中药材面积扩大到4.36万亩，年产中药材1172.8吨，后因麻黄碱厂建设失败，种植麻黄农民损失惨重。2009年，种植面积2.58万亩，年产中药材8785吨，产值4267万元。2010年，种植面积2.48万亩，年产中药材9885吨，产值4582万元。

中药材有原产药材、炮制药材和加工药品。旧时私营药铺只对部分中药材手工炮制。20世纪50年代开始，县人民医院成立炮制室，对中药材进行炮制，并制作中成药。1957年，县药材公司始采用挑、剪、切、筛、蒸、煮、炒、煨、炙等办法，炮制甘草、白术、半夏、黄芪、元胡、冬花等50多种，其余以原药材销售。1959至1961年三年困难时期，县人民医院配制“康复散”“肥儿散”，免费发放农村灾区，治疗浮肿、干瘦病。

1970年，县第二人民医院成立制剂室。1973年，酒精奇缺，主治医师徐嘉生（北京德胜门门诊部下放医师），用黄芩、大黄试制“双黄消毒液”代替酒精、碘酒消毒。医师刘伯刚（北京德胜门门诊部下放医师），研制出“抗痨欣”“夏枯草膏”，治疗肺结核、淋巴结核，生产双黄消毒液32.3万毫升，抗痨欣18万克，气管炎丸、消滴栓、复方狼毒栓及环安丸等6.24万丸。1998年，县中医院成立中药制剂室，研制出香砂平胃丸、鼻窦炎胶囊、风湿胶囊、风湿药酒、加味易黄丸、胆囊炎丸等9个品种试用，年产值1.5万多元。

2002年，康平医药公司成立中药饮片加工厂，购进洗药机、万能切断机、旋料式切片机、烘干机、筛选机、风选机、炒药机、蒸药箱等设备10台件，设粗选、清洗、切药、风选、炒药、蒸药、精选、包装车间及化验室等，采取切、制、炒、炙、煅、蒸、煮、煨、制霜、水飞等法进行中药材加工。至2010年，该厂共生产中药饮片480多种，年生产量300多吨，销售额260多万元。

三、西药生产

1986年6月，县第一人民医院建制剂楼200多平方米，购进大输液连动线、蒸馏塔2台、夹层熬糖锅、500瓶消毒柜、折射仪、螺光仪、0.5吨锅炉等生产器械，配备工作人员9人，次年取得生产许可证，主要制剂有10%500毫升葡萄糖注射液、5%500毫升葡萄糖注射液、0.9%500毫升生理盐水注射液、500毫升葡萄糖盐注射液、500毫升注射用水5个品种，供医院临床使用，年产值3万元。1989年因资金短缺，无力增加设施而停产。

1989年8月，孟坝镇政府建成麻黄碱厂，占地5000多平方米，建筑面积1000多平方米，内设质检科、生产科、办公室，有职工60人。主要设备有浓缩浸煮罐、分流塔、干燥机、卷扬机等。1990年10月国家医药管理局核发“药品生产企业合格证”、卫生部核发“药品生产企业许可证”,以当地野生麻黄草为原料,生产盐酸麻黄碱半成品,由兰州军区宁夏灵武制药厂收购。1992年因原料不足等原因停产。

四、药品经营

镇原历史上药品一直由私人药铺自行购销。清末,外国基督教、天主教传教士将西药引入镇原,种类极少,仅有碘酒、红药水、紫药水、活性炭、大黄末、次碳酸铋、白陶土、消海龙、阿司匹林等十余种,后陆续传入磺胺类及抗菌素类药物。

中华人民共和国成立后,中药材由商供部门代购代销,西药委托各级供销社代售。1953年,主要销售解热止痛片、十滴水、清凉油、止咳祛痰片等百余种。1954年,供销社成立药品推销组,开展西药批发业务。

1956年3月,县药材公司负责全县药品购进和中药材收购,给各医疗单位批发药品及小型器械。未设站区乡中药材仍由基层供销社代收。收购部门每年挂牌宣传收购品目、价格、标准等,采集群众逐年增多,品种、数量逐渐增加,主要收购甘草、党参、麻黄、柴胡、远志、地骨皮等十余种,年收购量70吨,总值15.1万元。

1960至1962年,干瘦、浮肿及营养不良引发多种疾病,中西药脱销,国家将葡萄糖、鱼肝油、维生素等滋补药品列为急用药品,采取按人平均分配办法维持急需,每年分配镇原药品38吨,价值15.2万元。1965年,中药材收购129吨,总值24.7万元。

1970年,青霉素、链霉素、四环素、氯霉素等抗生素及磺胺类药品供应紧张,实行定量计划分配,购进总值35万元,凭医生处方供应,以保证重病人急需。1972年,中药材收购扩大至28个品种,全县收购142吨,其中麻黄42.4吨,甘草14.39吨,柴胡3.4吨,远志8.03吨,地骨皮8.85吨,收购总值28.5万元。1982年,购进西药20.6万元,销售14.9万元。

1985年,中药材市场开放,县内医疗机构使用药品以县公司进货为主,从其他批发单位和生产厂家采购为辅,调剂余缺。全年收购中药材290吨,其中麻黄99.8吨,甘草88.1吨,柴胡7.2吨,远志13.6吨,地骨皮10.44吨,收购总额38.9万元。1988年,收购中药材201吨,其中茵陈10万多公斤,柴胡6吨,远志8吨,购进总值41万元,销售47.7万元,创历史最高水平。10月起,国家加强甘草管理,县药材公司代办甘草准运证。1989年,西药购进163.4万元,销售200.7万元。

1991年,医药系统实行承包经营,拓宽经营范围,开辟区外市场。药品纯购进256.6万元,其中西药161.7万元,中药材收购194吨39.6万元;纯销售445.43万元,其中西药202.1万元,中药49.3万元。1999年,总购进533万元,其中西药335.8万元,中药材87.4万元;药品销售741.5万元,其中西药467.5万元,中药122.3万元。

2001年起,全蝎收购量有所增加,其他野生药材收购逐年下降。当年中药材购进79.2万元,销售101.9万元。2002年,中药材由康平医药公司及药贩收购,采购量增加。康平中药饮片加工厂年生产中药饮片300吨,销售200多万元。2007年,药品采购渠道放宽,县内一些药品经营使用单位直接从西安、平凉等地采购。2010年,全县中药材购进238.71万元,销售223.60万元;西药购进690万元,销售600多万元。

五、药品监督管理

中华人民共和国成立初，药品监督管理由卫生行政主管部门负责，药品价格实行城乡差价和地区差价。1956 年，查出过期失效、虫蛀鼠咬药品 62 种，价值 0.45 万元，对 6 名当事人批评教育并予通报。1964 年，进行药品大检查，查出伪劣药品全部销毁。1969 年起，统一药品价格，调拨销售环节实行扣率结算。

1978 年 7 月，贯彻《药政管理条例》，统一制发中药调剂戥秤，将市制“钱”改为公制“克”。9 月，贯彻国务院颁布的《麻醉药品管理条例》，对麻醉药品采取专人负责、专柜加锁、专账登记、专用处方（保存 3 年）等办法，禁止非法使用、储存、转让或借用。

1980 年，成立县医药管理局，与县医药公司两块牌子，一套人马，隶属庆阳地区医药管理局，加强药品管理，未经审查批准不得采购和供应药品。1981 年，查出县药司虫蛀银翘解毒丸、健脾丸 1410 盒和屯字卫生院虫蛀、鼠咬桔梗 84 斤，全部予以销毁，并对有关人员进行处理。

1982 年 7 月，《药品管理法》颁布实施，药品管理工作逐步走向规范化、法制化。10 月，执行卫生部《关于淘汰 127 种药品的通知》，对淘汰药品进行清理，核实数量，造册上报后停止销售。1984 年 1 月，撤销医药管理局。1985 年，聘请药品监督员 5 人，配合公安、工商部门对药品进行监督检查，查出伪劣药品 27 种，标值 1.4 万元，全部销毁，取缔无证行医诊所 2 户。

1988 年 4 月，成立县药品检验所，隶属县卫生局，有专职干部 1 人，药品监督员 2 人，配有药品快速检验箱、折光仪、旋光仪、分析天平、电热恒温箱、电冰箱等检验仪器 8 台件，对辖区内药品、医疗器械进行监督检查、抽样送检，配合县卫生局开展药品市场整治管理。1994 年，县卫生局、工商局等部门抽调专人对全县 24 个乡镇卫生院、兽医站、村卫生所、个体药店和药品经营门店进行为期 20 天清理、整顿，共查处伪劣、变质、过期失效药品 84 种，标值 1.1 万元，取缔用电脑查病、销售自制假劣药品的游医、药贩 9 人，对 70 多户证照不全的个体药店，督促其补办合格证、许可证、营业执照。

1997 年，恢复县医药管理局，仍与县医药公司合署办公，隶属县政府，对药品流通环节实施监督管理。1999 年，县委成立纠正医药购销不正之风工作领导小组，县纪委、监察局牵头，抽调人员、车辆，对县直及 24 个乡镇的 596 个医疗单位、乡村诊所、药店、兽医站（所）进行清理检查，共查处各类问题 614 起，其中无证、无照经营 45 起，出售伪劣药品 204 起，人兽药混营 16 起，价格违纪 196 起，非正规渠道进药 146 起，其他 7 起，清理出药品采购折扣 48 万元，对查出各类问题责令整改 9 户，收缴违法违纪广告牌匾 6 块，取缔无证、无照行医 4 户，没收假劣药品标值 1.3 万元，没收违纪违规资金 5.18 万元。1999 年，药检所工作人员增至 5 人。

2000 年，医药、卫生、药监、物价、畜牧等部门抽调 13 人，组成两个检查整顿组，对全县药品经营单位 367 个（户）进行全面检查整顿，查出无证照经营或无证挂靠经营单位 51 个，假劣药品 229 种，标值 0.44 万元，其中化学药品 222 种 67691 支（片、丸），标值 0.4 万元，中药材7个品种9公斤，标值0.04万元。对无证经营假劣药品、从药贩手中购进、不按规定作价销售等违法违纪行为，罚款1.99万元，没收个体诊所、药店超范围经营二类精神药品46瓶（盒）。

2001年12月，在药管局基础上组建镇原县药品监督管理分局，隶属地区局，实行省以下垂直管理，编制10人，实有工作人员3人，撤销县药品检验所，职能归并药品监督管理局。2003年，镇原县药品监督管理分局更名为庆阳市药品监督管理局镇原县分局，设市场股和办公室，有局长、副局长各1人，工作人员6人。加强供应网络建设，对涉药单位及个人进行监督，当年查处违法经营2户，没收二类精神药品安定片41瓶。

2005年，县局选聘药品义务监督员5人，各乡镇成立药品安全协管领导小组，选聘义务协管员36人、村级义务信息员248人，当年查处各类案件87起，没收不合格医疗器械108件（支），没收假劣药品1294种，罚款3.08万元。8月，庆阳市药品监督管理局镇原分局更名为县食品药品监督管理局，增设食品安全综合监管股，增加食品安全协调、组织和重大食品安全事故查处职能，编制增加到11人，实有工作人员9人。

2007年，食品药品监督管理局内设四个办公室，配备执法车1辆和微机、复印、打印、摄像、录音、快检箱等常用办公、执法设备，负责辖区药品、器械、卫生药品包装材料等执法检查工作，进行药品市场监督管理，协调各食品监管部门开展食品安全整治工作。2009年6月，取销食品安全综合监管和重大食品安全事故查处职能，增加餐饮业、保健品和化妆品监督管理职能。同年8月，食品药品监督管理局移交地方管理，成为县政府工作部门，履行全县药械、卫生包装材料生产、流通、使用和餐饮业、保健品、化妆品监督管理职能。

2010年，县食品药品监督管理局内设人秘股、药品医疗器械监管股、食品保健品化妆品监管股和食品药品稽查队，有职工18人，监管涉药单位723户，其中生产企业1户，批发企业2户，零售企业84户，县级医疗单位6户，乡镇医疗单位18户，村卫生所206户，个体诊所406户。当年监督检查从业单位4900户次，查处医疗器械案件7起，没收不合格医疗器械958件（支），罚款1.15万元，查处药品经营案件185起，没收假劣药品8691种，罚款13.01万元，查处药品使用案件630起，没收假劣药品6536种，罚款7.96万元；创建乡镇规范药房19个，村户规范药房122个，审换卫生许可证169户，健康证982人。

第二节　医　疗

一、医疗机构

古时，镇原药铺极少，医生奇缺，且大部分设在集镇，偏远山区农民患急病，常因缺医少药而死于非命。明代，县内设立医学院和养济院，属官方医疗机构。民国七年（1918年），天主教会在县城建立公教诊所，有医生、护士各1人。二十六年，甘肃第三区专员公署专员罗人骥巡视调查，全县有中医4人，且3人有兼营事业。三十二年，陕甘宁边区县政府在孟坝成立卫生合作社，资金500元，设药房和诊断室，有经理、会计、司药、医生。三十七年，国民政府在县城成立卫生院。

三十八年七月底镇原解放后，人民政府接收国民党时期医疗机构。1950年，成立孟坝、新集区卫生所，全县卫生院所有技术人员35人，设床位20张，购有显微镜、手术包、注射包等简易设备。全县登记个体行医87人。1951年，天主教堂诊所并入县卫生院，成立马渠区卫生所。1952年，成立屯字、三岔、中原、太平4个区卫生所，设病床5张，全县有西医技术人员19人。1953年，成立开边区卫生所，在初级农业生产合作社组建农村保健站（室）。1955年，成立肖金、临泾、武沟、庙渠乡卫生所。1956年，新建上肖、殷家城、平泉、新城区4处卫生所，全县有区、乡卫生所15处。1956年，安置中医人员288人。1957年，兴办村级保健站121个，培训保健员、接生员100多人。

1958年，县人民卫生院改为县人民医院；临泾、上肖、太平、孟坝、新集、三岔、殷家城、武沟、开边、平泉、新城、中原卫生所改称卫生院；镇原一中、三中、五中设有校医室，配备校医，对师生进行小病治疗。1959年，屯字卫生所改称卫生院。1961年，成立郭原公社卫生院。1963年，西医迅速发展，技术队伍壮大，全县有卫生技术人员136人，其中西医师7人。各医院、卫生院共设病床100张。1966年，县医院增添心电图机1台。"文化大革命"期间，取缔个体行医。1967至1969年，成立南川、方山、曙光公社卫生院。农村开展合作医疗，配备"赤脚医生"（半农半医农民）260多人。

1970年初，北京德胜门门诊部下放人员充实到孟坝公社卫生院，成立镇原县第二人民医院。1972年，县造纸厂、机修厂、砖瓦厂设医务室。1973年，全县卫生技术人员增加到273人，其中西医师46人。全县有病床213张。1975年，屯字、三岔、平泉卫生院改建为中心卫生院。1977年，全县257个大队建起合作医疗站260个，有赤脚医生772人，生产队选配卫生员934人。县医院成立理疗室，有工作人员2人，配备红外线治疗灯（小太阳）、6805电疗仪各2台，直流感应电疗仪、低频电疗仪各1台，治疗多种疼痛性疾病，用针灸治愈小儿遗尿5例。

1978年12月中共十一届三中全会后，恢复个体行医。1980年，县医院设立中医科，公社卫生院新增医疗点5处，方便群众就医，批准开业个体药店133处，个体行医16人。1981年，有社队医生300人，调剂259人，生产大队有卫生员257人，赤脚医生改称医生或卫生员。1982年，实行家庭联产承包责任制后，整顿大队合作医疗站，大部分改建为大队卫生所，少部分由队医或卫生员承包经营。1983年，县医院理疗室购进短波治疗仪1台，开展胸腹部慢性疾病超短波检查治疗；成立彭阳、王寨、湫池、小岘公社集体所有制卫生院，全县卫生技术人员发展到356人，其中西医师46人，有病床353张。

1985年起，实施《镇原县医疗卫生工作改革意见》，多渠道、多形式办医，个体诊所和从业人员逐年增加。镇原中学校医室保留，其余学校、工厂医务室均予撤销。县一院购进直流电离子透入治疗仪、低频电磁治疗仪、红外线治疗机，应用中药离子透入疗法治疗椎间盘突出症、骨质增生症、胆结石、肾结石、前列腺炎、慢性妇科疾病。一、二院共有透视机6台，显微镜5台，高压消毒器12台，手术床6张，无影灯5台，电冰箱5台，心电图机、超声波机、胃镜、膀胱镜、脑电图机、脑血流图机、超声心动机、磁疗机、电疗机各1台，乙、丙种刀包各3个，腹部刀包4个。屯字、平泉、三岔中心卫生院，共有透视机3台，显微镜3台，消毒器5台，手术床6张（其中万能手术床3张），无影灯3台，电冰箱3台，乙、丙种刀包各3个，腹部刀包4个，心电图机4台，超声波机3台，屯字还有红外线理疗器。15个乡镇卫生院，共有透视机15台，显微镜8台，消毒器25台，轻便手术床22张，乙、丙种刀包各10个，腹部刀包13个。

1988年，全县有个体诊所133户，从业151人。1990年，有个体诊所149户，从业169人。1992年10月，成立县中医医院。1993年，全县卫生技术人员增加到392人，其中西医师80人，有病床474张。2000年，有个体诊所163户，从业194人。县医院购置先进医疗设备POS型CT、数字化全自动X光机、腹腔镜、彩超、重症监护设施40台（套），总价值1000多万元。2005年4月，乡镇机构撤并中，撤销彭阳、王寨、湫池、小岘乡卫生院。7月，孟坝镇成立智慧康复医院，为民营医疗机构。2008年8月，成立县社区卫生服务中心，辖东、西、南三个社区卫生服务站。县一院增添X光机、B超仪、脑电图、胃镜、纤支镜、六座位高压氧舱、二手CT等大型设备10台套，被甘肃省卫生厅命名为二级甲等医院，被国家卫生部命名为爱婴医院。

2010年，全县有县乡医疗机构21个，其中医院2个，卫生院18个，社区卫生服务中心1个；建筑面积65376平方米，固定资产1.39亿元，大中型医疗设备68台件，床位752张；有卫生技术人员832人，其中执业医师263人，助理执业医师43人，注册护士222人，药剂师27人，技师117人，其他160人；副高职称32人，中级职称209人，初级职称591人；卫生所203户，其中乡镇街道19户，村183户，县城1户，从业人员530人，配备X光机、B超机、心电图机等基本医疗设备3050台件；个体诊所397户，其中县城34户，乡镇街道132户，村231户。

镇原县第一人民医院　民国三十七年（1948年），省卫生署派院长吴斌岳在镇原县城

镇原县第一人民医院

筹办卫生院，利用旧房10间，配备医生，护士，司药员7人，当地集资银元1000元，购置西药及切脓包等小型设备，除看病外，还接种牛痘苗。1950年改称人民卫生院，人员减为5人。1952年，修建门诊部6间。1953年，设病床10张，开始收住病人。1957年，增设手术室、化验室。1958年更名为人民医院，有工作人员70人，病床50张。1970年，更名为县第一人民医院，人员增至90人，病床增至80张。1985年，建设面积7369平方米，设内儿、外妇、五官、中医、传染、检验、放射、医械等科室，人员增至110人，病床增至100张。主要设备有300毫安x光透视机、B超诊断仪、胃镜、心脑电图、超声心动图机等。至1988年，病床增至150张，人员增至130人，其中副主任医师3人，主治医师15人，中医师28人。日平均门诊200人次，住院140人次，年业务收入70万元。1991年起，内科、内儿科分立，内科设床位42张，配置医疗呼吸机、洗胃机、监护仪、心电图、除颤仪、24小时动态心电图等设备。1996年，外科与骨科分开，外科单独设护理部，有床位32张，医生6人，其中主治医师5人，医师1人，购置膀胱镜、结肠镜、监护仪、呼吸机等医疗设施。2001年8月，成立“120”急救中心。2010年，占地面积17252平方米，建筑面积11339平方米，有住院楼、门诊楼、传染科楼、医技楼各1幢，固定资产3000多万元；设急救中心及临床科室24个，医技与职能科室16个，健康体检及职业病体检、病档管理、感染管理等科室4个，后勤保障及中层管理科室5个，床位216张；有职工282人，其中专业技术人员215人（高级职称11人，中级职称77人，初级职称106人），占76.2%；有全自动生化分析仪、彩超等大中型医疗设备60多台件。年接门诊病人8万人次，住院病人0.7万人次，手术2200余例，治愈好转率98%，业务收入2400多万元，成为县内规模最大一所集医疗、护理、预防、科研、教学、急救为一体的综合性二级甲等医院，先后被国家卫生部、省卫生厅、市政府命名为爱婴医院、文明医院。5人被评为全国模范护士、全省青年岗位能手、优秀护士、十佳院长。

镇原县第二人民医院　1950年，成立孟坝区卫生所。1958年，改称孟坝公社卫生院。1970年，改称镇原县第二人民医院，设内儿、外妇、五官、中医、放射、检验科室，有职工62人，病床60张。1985年，占地面积11517平方米，建筑面积2559平方米。主要设备有200毫安x光透视机、心电图机、B超等30台件。1991年，中医科成立护理单元，有医生4人，设病床23张。2010年，占地2万平方米，建有门诊楼、医技楼、

镇原二院住院部

职工宿舍楼、住宅楼5214平方米，其中业务用房3000平方米，生活用房2214平方米；花园面积3000平方米，栽种松柏树3000余棵；有职工87人，其中副主任医师2人，主治医师15人，医师40人；有500毫安X光机、三维B超、心电图机、全自动生化分析仪、彩色颈颅多普勒、心电监护仪、洗胃机、呼吸机、麻醉机、电子胃镜等医疗设备20多台件。年门诊3万多人次，住院病人2000多人次，功能检查2.6万多人次，住院分娩600人，手术500余例，病床使用率70%以上，人均住院费用1100余元；以骨外科、普外科、心血管内科、五官科、中医科、普内科、儿科、妇产科为基础，设立风湿、类风湿、肝病等专科，开展普通手术和骨关节、胃癌、乳腺癌、子宫肌瘤、宫颈癌、肝脾等大型手术，成功率98%以上，成为集医疗、护理、预防、科研、急救为一体的综合性一级甲等医院。建院至2010年共发表学术论文50余篇，国家级学术交流20余篇，参编著作3本，获科技进步一等奖1项、地级新技术鼓励奖2项和十佳骨伤医院、爱婴医院、医疗质量先进单位、市级文明单位等称号。

镇原县中医医院 1992年10月成立，位于县城水荫桥北侧，建房面积1440平方米，有职工11人，诊治内、外、妇、儿科常见病、多发病。1996年，扩大医院规模，新建三层门面用房400平方米，设有内科、外科、妇科、儿科、放射科、检验科、心电图、脑电图、财务科、手术室、办公室，床位40张，职工增加到55人，开展外妇科常见手术，年门诊8000多人次。2008年5月，床位增至100张。2010年，有职工87人，其中副高职称5人，中级职称29人，助理级28人，初级职称12人，有数字B超、彩色经颅多普勒、脑电图机、全自动血球分析仪、生化分析仪、纤维胃镜、心电监护、多功能骨科牵引床、口腔综合治疗仪、母婴监护仪、婴儿恒温箱、500毫安X光机等大型医疗设备30多台件。年门诊接诊病人3万多人次，住院病人2000余人次，各类手术400多例，具有心血管、针灸、推拿等诊治特色，达到二级甲等中医院标准。

镇原县中医院门诊楼 张富诚摄

镇原县智慧康复医院 2005年7月建于孟坝镇西街，属残疾人康复和医疗服务综合性民营医院，内设医学康复科、外科、内科、妇产科、中医科、医学影像科和医学检验科，床位30张。2010年，冠名镇原县红十字康复医院，占地面积8000平方米，建筑面积6700平方米，有职工48人，其中专业医务人员40人，后勤及管理人员8人；大专以上学历20人，中专学历25人；专业技术人员40人，其中副高职称2人，中级职称4人，初级职称34人。医院有300毫安X光机、彩超及黑白B超各1台，全自动多道分析心电图机2台，半自动生化分析仪、全自动血球分析仪、洗胃机各1台,心电监护仪、尿常规检测仪各2台,麻醉机、保温箱、婴儿抢救台等60多台件,救护车1辆,开展综合疾病治疗。

镇原县社区卫生服务中心　2008年8月成立,县政府划拨运管所办公楼,投资28万元进行改建,后搬至疾控中心办公楼,改造维修投资20多万元,辖东、西、南三个社区卫生服务站,为非营利性副科级医疗单位,新农合定点医疗机构。2010年,有职工37人(含服务生3人),其中专业技术人员24人,行政管理人员2人,其他人员11人;高级工3人,中级工4人;副高职称1人,中级职称9人,初级职称15人;本科学历13人,大专学历14人,中专及以下学历10人。拥有全自动生化分析仪、半自动生化分析仪、尿十一项分析仪、B超机、心电图机等医疗设备408台件,内设科室22个,承担城区3万多人口预防、保健、慢性病服务和常规病医疗。建立健康档案并电子录入2.4万份,登记管理高血压患者687人、糖尿病161人、重症精神病患者7人。

屯字中心卫生院　1952年成立区卫生所,有平房3间,职工4人。1959年,改称公社卫生院。1975年,改称中心卫生院。1985年,建筑用房1000平方米,设防保组及病床25张,有职工27人,年门诊2.6万人次,住院967人次,收入15万元。2010年,建筑面积11846平方米,设病床50张,主要设备有透视机,心电图机,显微镜,手术床,高压消毒器等,有职工65人,其中副高职称3人,中级职称15人,初级职称33人。年门诊约3万人次,住院1533人次,收入520万元。

三岔中心卫生院　1952年成立区卫生所,有房5间,职工2人。1958年,改称公社卫生院。1975年,改称中心卫生院。1985年,建筑用房600平方米,设防保组及病床20张,有职工13人,年门诊1.7万人次,住院336人次,收入4.7万元。2010年,建筑面积2800平方米,设病床21张,主要设备有透视机、心电图机、显微镜、手术床、消毒器械等,有职工26人,其中副高职称1人,中级职称2人,初级职称23人。年门诊2万人次,住院584人次,收入76万元。

平泉中心卫生院　1956年成立区卫生所,有职工6人。1958年,改称公社卫生院。1975年改称中心卫生院。1985年,更名为镇中心卫生院,建筑用房720平方米,有职工20人,病床20张,主要设备有透视机、显微镜、电冰箱、手术床、高压消毒锅等。年门诊2.5万人次,住院447人次,收入4.5万元。2010年,建筑面积6369平方米,设病床80张,有大中型设备15台,主要有B超、脑电图、心电图机、生化分析仪、血球技术仪等,有职工46人,其中副高职称1人,中级职称10人,初级职称35人。年门诊27816人次,住院790人次,收入296万元。

开边中心卫生院　1953年成立区卫生所,建房120平方米,有职工7人。1958年改称公社卫生院。1983年12月,更名乡卫生院。1985年,建筑用房700平方米,病床12张,主要设备有透视机、显微镜、手术床、高压消毒锅,设防保组,职工增至14人,年门诊1.6万人次,住院303人次,收入3.3万元。2010年,建筑面积1200平方米,设病床26张,大中型设备12台,主要有黑白B超、多功能治疗仪、心电监护除颤机、呼吸机、电动洗胃机等,有职工 27 人，其中中级职称 1 人，初级职称 5 人。年门诊 3400 人次，住院 210 人次，收入 32.88 万元。

二、疾病治疗

古时，北地（今庆城县）人岐伯与轩辕黄帝谈医论药，创立中医学理论。受岐伯影响，镇原民间读书人多兼习中医，私人药铺有医生坐堂。两晋南北朝及隋唐五代时期，镇原中医学得到发展。西晋时，朝那著名医学家皇甫谧，著成《黄帝三部针灸甲乙经》12 卷 128 篇，系统论述五脏六腑、精神气血、津液阴阳、经脉络脉、脉诊等基本理论，厘定穴位 647 个，提出针道、操作方法、禁忌等，成为千年间针灸学发展的基础。清代，医家田世亨洞彻脉理、屡起沉疴，远近皆以扁鹊视之。刘继荣博览群书，尤通医学，人称国手。窦起湖、路庆习均精于外科。

清末，西洋医学传入镇原，基督教福音堂的外国传教士在县城和肖金行医施药，当地一些知识分子也学习西医。民国三十二年（1943 年），陕甘宁边区镇原县卫生合作社在孟坝设药房、诊断室和司药、医生，逢集在药社诊病，无集串乡入户为群众治病。三十四年，边区镇原召开中医药研究会，献出祖传秘方 18 个。三十七年，国民政府在县城成立卫生院，仅承担少数政府职员和县城部分群众常见病治疗，做一般检查和脓包切开等小手术。中华人民共和国成立前，县内有中医药人员 87 人，朱维阳、薛璋武、张之瑞、赵生财、俱守甲、范际春等较有名气。

广大民众医疗主要靠民间游医及药铺坐堂医生。中医普遍运用中药和针灸等法治病，采用拔火罐、艾灸、割灸、喝自采的草药汤、烧食大蒜、喝地椒水等简易土法治疗个别疾病。民间许多年老家庭妇女或接生婆也能使用针灸治疗疾病，无针时使用碎陶瓷片打成刀状，刺破放血；小孩腹泻或有风气，用山艾叶灸头顶百会穴、肚脐神厥穴、脚心涌泉穴治疗，一直沿袭使用。

中华人民共和国成立后，人民政府重视医疗卫生事业，县、乡、村医疗机构逐年增加，缺医少药问题逐步得到解决。县内医疗单位开始运用中西医结合防治疾病。20 世纪 50 年代，县卫生院无专科医生，仅能处理一般疾病，做腰穿、胸腹腔穿刺，开展包皮环切、下腹部简单手术，管理指标只有治愈率和病死率。

1954 年，全县治疗患者 46703 人，其中门诊治疗 36912 人，出诊治疗 9791 人。县区组织医疗组 15 个，抽调医生 53 人，下乡 38 次，治疗病人 4690 人。1955 年 12 月，县卫生院开设中医门诊。1957 年，开展剖腹产、病囊修补、胃大部切除、卵巢囊肿切除等手术。1958 年，组织县、社、队医务人员 1817 人，深入农村开展冬季防病治病工作。县医院举办针灸学习班，培养医务人员。1959 年，各医院住院治愈率 40%，病死率在 2%以下。

1960 年起，倡导和推行新医疗法。县医院开始四大常规化验和胸透检查，开展以腹部手术为主的肠梗阻解除、胃肠吻合、胆囊切除、肝包虫囊肿摘除、剖腹产、先天性腭裂修补、脾脏切除、甲状腺全切除、乳腺癌根治切除、肠切除吻合、子宫切除、胃穿孔修补等中小型手术 60 多种，管理指标增加住院病人好转率、无菌手术感染率和病床周转次数。

1961 年自然灾害严重，县内发生成人浮肿、干瘦、肝炎、小儿营养不良、妇女闭经、子宫脱垂等病患者8500多人。1963年，门诊治疗12.67万人次，出诊治疗2.38万人次。1964年，县医院开展钡餐透视。1966年，开展心电图业务。1967年，开展血型测定、血交差配合、血小板、嗜酸细胞计数、网织细胞计数等检验和膀胱取石、尿瘘修补（产伤性）、四肢骨折切开复位固定、腕关节切开复位、膝关节融合、肘关节成形等手术。

1969年，进行以“三土四自”（土医、土药、土方；自采、自种、自制、自用）为特点的中草药及除四害送瘟神群众运动，广泛应用新医疗法，出现一些中西医结合新成果。当年，县级医院住院病人好转率38%，治愈率40%，年病床周转13～15次。

1970年，北京德胜门门诊部专业医护人员到镇原，以师带徒，现场培训，提高县域医疗水平。县一、二院，公社卫生院成立中西医结合领导小组，组织医务人员学习中西医防病治病基本知识，普遍实行中西医结合防病治病，在全县医院推行针刺麻醉。技术管理指标增加出入院诊断符合率、急危病人抢救成功率。

1971年，县文教卫生局汇集土单验方101个，油印成册，下发推广使用。县医院开展胸、腰椎拍片，胆囊、肾盂造影，血沉、尿三项化验，漏出液和渗出液、抗酸紫色、脑液检查，脑外伤开颅探查，胆总管十二指肠吻合、三关节融合、腰椎T、B病灶切除等手术。屯字、平泉、三岔添置透视机，开展胸透、钡餐透视，增设手术室，开展阑尾切除、肠梗阻、嵌顿疝等手术。1972年，全县出诊、门诊治疗16万多人次，住院治疗5352人次，治愈率57.6%。

1973年，医疗单位自制气管炎丸、环安丸等药50多种6.24万丸，收集整理民间土、单验方260多个，宣传群众对症治病。屯字公社卫生院组织医生收集民间单方105个，当地中草药标本141种，编印成册，发给各大队，让群众看方采药治病，收到效果。赤脚医生刘万晋学习新针、新医疗法，先后治愈常见病和多发病3000多例，采用皮下电针配合火卷外攻治疗四肢麻木、癫痫、瘫痪、皮下脓肿等病，疗效显著。

1976年8月22日，地区卫生局在孟坝公社召开全区中西医结合工作经验交流会议，介绍镇原二院经验及学术论文。至1978年，县级医院用针刺麻醉做卵巢囊肿、胃切除、骨折等大小手术723例，效果优良578例。县二院采用中西结合治疗急腹症410例，免除手术244例，其中用大黄牡丹皮汤加减治疗阑尾炎144例，大承气汤加减治疗肠梗阻157例，活血化瘀法治疗宫外孕109例，均获良效。中西医结合治愈右前臂缺血性坏死1例，免予截肢。护士王淑娴（北京人）用西药盐酸呋喃硫胺穴位注射、电刺激、按摩等综合疗法，治疗来自天津、新疆、宁夏、陕西等省区小儿麻痹后遗症130例，治愈38例，显效28例，好转42例，成为全区中西医结合先进典型。1979年，县级医院诊断符合率80%，急诊病人抢救成功率70%。

1980年起，基层卫生院陆续引入透视、心电图机等中小型医疗设备，大部分中医向西医学习诊断及急诊抢救技术，学会听诊，看心、脑电图及化验、透视单，实行中西医会诊，提高临床诊疗效果，住院病人治愈率提高到55%，好转率30%以上。县一院开展脾脏摘除、胃次全切等腹部手术及扁桃腺摘除、阴道成形、下鼻甲部分切除、鼻中隔矫正、鼻息肉摘除、鼻腔内囊吻合、上颌窦根治、乳突根治、白内障摘除、青光眼虹膜周边切除、眼外伤角膜穿通伤清创缝合等手术。技术管理指标增加病房急诊抢救成功率,放射、检验结果与临床诊断符合率。

1985 年, 3 名中医离职学习西医, 2 名西医进修中医。县一、二院实施放射断层拍片、贫血分类等新项目。B 超业务使用后,肝、胆、脾、胰等脏器疾病诊断和治疗水平提高,能够抢救治愈肝昏迷、弥漫性血管内凝血、中毒性休克等;进行计划生育 4 项技术、膝关节半月板切除、椎板切除,卵巢、乳头瘤切除、椎间盘切除,肝破裂修补、肝脓肿引流、肺破裂修补、畸胎瘤切除、断臂再植、胆总管探查、胆肠吻合,坏死性胰腺炎、结肠癌根治,甲状腺切除、腹股沟疝修补、下肢静脉高位结扎剥脱、膀胱部分切除、尿道断裂尿道会师等手术。屯字、平泉、三岔中心卫生院开展胸、腹部钡餐透视、骨折拍片、三大常规化验、血型测定和普外手术、计划生育 4 项手术。太平、上肖、新集、中原、郭原、开边、临泾、南川、新城乡卫生院开展计划生育 4 项手术。马渠、庙渠、方山、殷家城、武沟、曙光等乡卫生院开展计划生育 3 项手术。全县门诊治疗 58436 人次,住院治疗 9708 人次,治愈率 70.5%。县级医院门诊诊断符合率 85%以上,出、入院诊断符合率 90%以上,年病床周转 19 次,住院病人治愈率 60%以上,好转率 30%,死亡率在 2%以下,放射、检验结果与临床诊断符合率 80%,药房划价准确率 90%以上,中药治疗率 40%以上。

1986 年,县一院中医师王昭文用中药治愈糖尿病 3 例,用冠心 2 号治愈冠心病 21 例,用中草药治疗胆囊炎及胆结石 300 例,并撰写论文,获地区科技成果三等奖。县二院运用身痛逐瘀汤治愈骨髓炎 1 例。屯字卫生院中医师翟坤厚用中药治愈白血病 1 例。1987 年起,县一院内儿科利用胃镜对胃、十二指肠疾病、胃癌早期进行诊断,利用动态心电图指导心律失常治疗,开展各种肾小球、肾小管间质性疾病诊治和急性肾功能衰竭及疑难危重病例抢救。外科开展胰、十二指肠切除、门脉高压脾肾静脉分流术。中医科主要治疗脑血管、风湿、消化道、呼吸道疾病。中西医结合治疗慢性萎缩性胃炎及消化性溃疡,应用内窥镜进行凝血酶在出血性疾病中的临床观察研究。1988 年,各级医院平均治愈率 65%以上,好转率 31%以上,年病床周转 20 次,门诊、病房抢救成功率 90%以上。

1992 年,县中医院开始运用中药治疗乙脑、小儿肺炎、黄疸型肝炎、胆道蛔虫症、再生障碍性贫血、病毒性感染、针刺退热等疾病,取得明显成效。乡镇以上医疗机构住院病人治愈 6427 例,治愈率 80.4%;未愈 237 例,死亡 26 例。

1994 年,县中医院开设风湿病专科,在治疗类风湿性关节炎、风寒性腰腿痛、产后风湿病等方面形成有效、实用、经济的治疗方法,对系统性红斑狼疮、强直性脊柱炎、白塞氏病等的治疗积累经验,发表和交流专业学术论文 20 余篇,自主研究的《风湿病中医疗法》通过县级科技鉴定并获奖,年接诊病人 4000 人次以上,患者涉及全县及周边地区。医师杨东海积累 20 多年临床经验,自拟风湿Ⅰ号、风湿Ⅱ号和风湿胶囊等多种中药制剂,应用于临床,疗效确切。县级医院门诊诊断符合率 90%以上,出、入院诊断符合率 92%,年病床周转次数 22 次,住院病人治愈率 65%以上,好转率 30%,住院病人病死率在 1.5%以下。

1997 年,县一院研制的头痛散、鼻窦炎散获县科技进步三等奖。1998 年,县中医院开设针灸理疗专科,研究试行针刺麻醉,对中风偏瘫、面神经麻痹、风湿性关节炎、腰椎间盘突出症、腰肌劳损等有较好疗效。

2000年，县一院开展运动平板试验，膀胱镜、腹腔镜检查，进行脑积水硬膜下腔积液前颅穿刺、微创锥颅穿刺血肿抽吸置换、微创脑室穿刺体外引流、开胸、肾切除、前列腺摘除、心脏破裂修补、胸膜剥脱，肝包虫、肾母细胞瘤、胃肠道癌症根治，食道心房调博术、膀胱镜手术、脑瘫患儿诊治、蓝光照射治疗新生儿黄疸、缺血性脑卒中溶栓治疗及脑血管病二级预防，大剂量尿激酶静脉溶栓治疗心、脑、肾等危重病；突出针灸疗法中的水针疗法、头针疗法、耳针疗法、穴位埋植疗法，对慢性支气管炎、哮喘、慢性胃炎、胃十二指肠溃疡、慢性结肠炎、胆囊炎、癫痫等疾病取得一定疗效。2003年，县中医院风湿病专科被市卫生局确定为市级重点中医专科。

2005年起，县一院能顺利进行肝修补术，开展颈、腰椎间盘突出症牵引疗法，应用针灸疗法和物理疗法治疗各种疼痛性疾病，如牙痛、三叉神经痛、风湿性关节炎、类风湿、颈、腰、腿、骨关节退形性疾病和各种瘫痪、神经炎、后遗症。2008年，可施行颅内血肿清除、脑挫伤病灶清除术等。县乡医疗机构均采用中西医结合治疗各种常见病，普遍进行中医辨症，西药治疗，或西医诊断、中药治疗，如肾结石、阑尾炎、胆囊炎、胆石症、妇女经带病，既可西医手术治疗，又可中药治疗。全县乡以上医疗单位共接诊门诊病人29.86万人次，收治住院病人13226人次，抢救危重病人673人次，成功率98%，业务收入2972.45万元。2010年，共接诊门诊病人35.23万人次，收治住院病人16395人次，手术4827例，重危重症抢救成功率98%，治愈好转率91%。

三、医院内部管理

20世纪50年代，卫生院、所实行党支部书记、委员（包括党员院长）分工负责制，党支部决策，院长执行。1952年，制定有医疗、门诊、行政管理及政治、业务学习制度。1955年4月，县卫生院拟订《1955年出诊和门诊规则》。1958年，制定住院、护理、探视陪护、值班交接班、隔离消毒、病历书写、医疗事故调查处理等制度。1960年代，实行党支部领导下的院务委员会分工负责制，院务委员会有各临床科室负责人参加，决定院内重大问题，各科室贯彻执行，建立查房、会诊、病案讨论、鉴诊、转诊及三级护理、查对、病案统计、药剂工作、巡回医疗等制度。

“文化大革命”时期，医院、卫生院实行一元化领导，一切重大事情由党支部决定，各临床科室建立班、排、连组织，按军事化管理，各种规章制度大部分被废除，实行“医防合一，医护合一”，医疗水平下降。1970年代，逐渐恢复原有各项规章制度，新建产房、婴儿室、手术室、供应室、放射、检验科和病理、理疗、新医疗法、按摩等工作制度。1971年，改革不便利群众就医的一些体制，建立门诊、药房昼夜值班制度。

1978年12月起，医院恢复党支部领导下的院长分工负责制，重组院务委员会，建立职工代表会，启用专业技术人员，加强科室领导，发挥科室主任作用。1979年，县、社23个医疗卫生单位，普遍实行岗位责任制，建立健全各项规章制度。1980年代，贯彻卫生部颁发的医院工作“条例”“办法”及《各级人员职责》，重新修订完善各项工作制度及人员职责，实行院长负责制,对院内职工进行招聘;职工实行多种形式责任制,任务包干,工资浮动,节资提奖,并开展创建文明医院活动。县医院实行"五定一奖"(定任务、定床位、定编制、定业务技术指标、定经济补助,完成任务奖励)责任制,药品管理采取分科核算、金额控制、数量统计、实耗实销办法。科主任、主任医师、主治医师、住院医师、值班医师、实习生、中医师、总护士长、主管护师、护师、护士长、护士、护理员、卫生员及煎药室、洗衣房工作人员均订有职责。

1983 年起,形成以科室主任为主体的医疗系统,以护理部主任为主体的护理系统,以总务主任为主体的后勤保障系统。1988 年,县医院、乡镇卫生院贯彻行署批转的卫生改革方案,实行党支部监督、院长总负责、科室主任层层负责制。院长负责全院行政、后勤、业务工作,并向党支部提出人员调动、晋升、任免及奖罚建议,主任负责科室医疗工作,向院长定期报告。

2006 年 8 月,建立健全医疗内部价格管理制度,设专职物价员,进一步完善医疗和药品价格公示,监督落实药品价格明码标价和住院收费一日清单,建立药品价格和医疗收费政策提醒告诫制度,规范医疗价格行为。2007 年,县、乡医疗单位实行病人选择医生制度,县级医疗单位实行药品集中采购,建立济困病床制度。

2010 年,推进公立医院改革,建立医师用药量、抗菌素使用量、患者自费药使用量、青霉素占抗生素比例评估、疾病谱排序、医疗质量月分析评议、院务信息公开、查房会诊、医德医风考核、定期警示教育、有奖举报等制度,落实降价惠民措施,治理过度医疗行为;对部分医药费用、功能检查及单病种限价在现行收费标准上分别降价 10%~20%,降价药品 186 种、金额 32.62 万元;处理不合理用药、滥用抗生素等违规医务人员 46 人次,罚款 4350 元。

第三节 卫生防疫

一、组织机构

镇原县疾病预防控制中心 1956 年,成立县卫生防疫站,隶属县医院,有卫生技术人员 7 人,设病床 10 张。1958 年与妇幼站合并,1960 年并入县医院。1963 年,成立县防疫保健站,各公社成立疫情报告站。1968 年防疫保健站撤销,1971 年恢复。1972 年,县财政拨款新修防疫保健站,建成二层土木结构楼房 10 间、平房 9 间,用作业务办公和职工宿舍。1973 年 8 月,分设县卫生防疫站,有工作人员 12 人。1985 年,卫生防疫站内设卫生、防疫、地方病、放射、化验、办公室等股室,人员增至 20 人。主要设备有透视机 1 台,显微镜 3 台,消毒器 2 台,电冰箱 4 台,心电图机 2 台,分光度计 1 台,分析天平 1 台,丙种刀包 1 个,开展胸透、拍片及水质检验、细菌培养、生化检验等。1990 年,县卫生防疫站修建二层砖混结构检验楼 10 间 330 平方米,配备业务用车 1 辆和冰排速冻器等检验、冷链设备。1996 年,修建科室门诊 12 间 240 平方米。1999 年,人员增至 43 人,主要仪器设备 60 台件,业务用车 2 辆,价值 30 多万元,内设疾病控制、公共卫生监督、结核病防治、体检、检验及行政办公室,开展传染病监督、监测、放射、计划免疫、劳动防护,食品、公共场所、学校卫生监督、监测管理，结核病防治、健康检查及仪器、水质微生物、理化指标检验等业务。

2002年11月，卫生防疫站更名为疾病预防控制中心，内设综合办公室、传染病预防控制科、结核病防治所、卫生科、地方病防治科、卫生检验科、健康教育科、艾滋病防治所8个科室。2007年4月，疾控中心在茹河南岸新建四层双面框架结构综合业务楼1834平方米，搬迁办公，负责全县疾病预防控制工作。

2010年，疾病预防控制中心有职工45人，其中本科8人，大专15人，中专15人，其他学历7人；高级职称3人，中级职称9人，初级职称26人。疾控中心有大、中、小型设备22种，其中疫苗运输车1辆，结核病督导车1辆，疫苗冰箱、冰柜80台，疫苗冷藏箱、包408个，高压锅351台，速冻冰排1906个，50毫安X光机、大型自动洗片机、全相色谱仪、荧光光度计、原子吸收分光光度计各1台。

中共镇原县委地方病防治办公室　1975年10月，成立中共镇原县委地方病防治办公室，业务由防疫站承担。1977年10月，县委成立地方病防治领导小组，设组长1人，副组长2人，成员9人。1980年，地方病防治领导小组改称地方病防治协调小组，设组长1人，副组长2人，成员单位19家。1997年，地病办改归县政府序列，并入县防疫站。

镇原县卫生监督所　2002年11月，成立县卫生监督所，科级事业单位，参照公务员管理，内设办公室、稽查股、监督一二股、许可审核股、宣传培训股、现场快速监测分析室7个股室，编制20人，设支部书记1人，所长1人，副所长2人，工作人员16人，承担全县食品安全，学校、医疗机构、公共场所卫生监督，生活饮用水检验、放射职业、化妆品、健康相关产品检查监督工作。2010年，有职工25人，其中卫生监督员22人，配备监督车1辆、万元以上大型监督设备4台、万元以下监测设备21台、微机5台，在省配快检设备基础上又添置快检设备20多台件，设立快速检测分析室，配备专职快检人员，承担55个项目快速检测任务。

二、传染病防治

镇原县疫病流行古来有之。明成化二十一年(1485年)、万历十一年(1583年)疫病流行，民众死亡过半。清道光元年(1820年)、二年、同治六年(1867年)，时疫大作，伤人甚众。

民国时期，有记载传染流行病十多次。九年(1920年)十二月十六日，海原大地震波及镇原，山崩地裂，黑水泛溢，瘟疫流行，民死众多。二十四年三月，马渠、石佛等地流行伤寒，县政府组织人员防治，疫情控制。三十二年元月，临泾、永定等乡发现天花甚多，县政府派中医朱维阳前往施种牛痘，预防蔓延，根绝其祸。三十五年政府法定传染病月报反映，国统区患霍乱3人，死亡2人；伤寒9人，死6人；赤痢19人，死7人；白喉4例，死1人；天花20人，死15人。

中华人民共和国成立后，县人民政府重视疾病防治工作，逐步建立健全县、乡、村三级疫情报告网。1952年6月，成立县防疫委员会和防疫准备队、后备队，区设防疫会10个70人，乡设防疫会122个490人，防疫组98个490人，村设防疫小组415个830人，加强疫病防治，实行疫苗接种，提高人群免疫力。至1954年，全县累计接种牛痘苗35.21万人，年平均接种7.04万人。1956年,增接预防百日咳疫苗27852人,期末消灭天花病。

1964年,专区防疫站在镇原11个公社进行麻疹疫苗集中接种,接种率83.91%。"文化大革命"期间,疫情报告和管理制度一度遭到破坏。1973年,疫情报告和管理制度恢复,建立计划免疫系统,充实加强县、社、大队三级预防保健网络,生物疫苗增加到15种,即白喉、麻疹、百日咳、卡介苗、小儿麻痹糖丸、流脑、流感、乙脑、四联、五联、布病菌苗、牛痘、活卡介苗、破伤风类毒素、布鲁氏病菌素,每年穿插接种,免疫176万人次,基本控制乙脑、白喉、斑疹伤寒、脊髓灰质炎、疟疾、黑热病、伤寒7种疾病。1974年起,再未发生斑疹伤寒和白喉。

1981年,全县传染病发病率为607.27/10万。1982年8月,三岔公社发生副霍乱8例,省、地防疫站派人协助治疗,预防和观察工作延续至1983年3月,再未发现病例。1985年,开展结核病普查普治,在王寨、新集、方山、三岔、殷家城、太平、平泉、新城等13个乡查出肺结核病患者1021人,其中痰阳病190人,全部免费治疗,其他结核病免费70%进行治疗。传染病发病率下降到74.36/10万。

1986年起,传染病报告方式由报告卡转为网络直报。1988、1990、1995年分别实现儿童基础免疫"四苗"(卡介苗、脊髓灰质炎三价糖丸疫苗,百日咳、白喉、破伤风三联疫苗、麻疹疫苗)接种率三年三个85%目标。1996年4月1日起,实施为期8年的世界银行贷款疾病预防项目。2000年实现无脊灰野毒株目标。2001年,启动JICA项目。麻疹发病除2001、2002年外,其余年份均控制在5/10万以下,无死亡;新生儿破伤风发病率控制在1‰以下,死亡率控制在0.5‰以下;以乡为单位,免疫接种率保持在85%以上,乙肝疫苗纳入计划免疫管理。

2003年6月,县政府与国际疫苗免疫联盟(GAVI)理事会全球儿童基金合作项目启动,配备冷链设备和消毒、接种器材,计划免疫工作覆盖面进一步扩大。农村新生儿乙肝疫苗接种率由1996年8.59%提高到58.28%,四苗全程接种合格率由1998年98.53%提高到2004年99.6%,扩大免疫接种率95.5%。2008年7月,启动国家扩大免疫规划工作,免疫疫苗由"五苗防七病"(即对七周岁及以下儿童进行卡介苗、脊髓灰质炎三价糖丸疫苗、百白破三联疫苗、麻疹疫苗和乙型肝炎疫苗的基础免疫以及及时加强免疫接种,使儿童获得对结核、脊髓灰质炎、百日咳、白喉、破伤风、麻疹和乙型肝炎的免疫)增加到"十苗防十三病"(新增甲型肝炎疫苗、乙脑疫苗、流脑多糖疫苗、风疹疫苗、腮腺炎疫苗防治相应传染病),全程接种率由2003年86.8%提高到95.71%,及时接种率由63.0%提高到85%以上。

2009年,镇原县被列为中央补助地方甲肝疫苗群体性预防接种公共卫生项目实施县,为全县2~12岁儿童免费提供甲肝疫苗7万支,价值546万元,共完成免费接种7万人次,接种率97.8%。全县再未发现甲类传染病,共报告乙、丙类传染病22种21848例,发病率为4369.6/10万,居前五位是病毒性肝炎、肺结核、细菌性痢疾、麻疹、梅毒。发病率上升病种有流行性乙型脑炎、布鲁氏菌病、艾滋病、淋病、梅毒;发病率下降病种有百日咳、炭疽、新生儿破伤风。

霍乱 1949年后无发病。

病毒性肝炎　1986至2010年总发病13807例，占传染病总数40.13%，以孟坝、城关镇为主，分别占16%、12%。发病集中在青壮年人群，男性高于女性，男女性别比1.84∶1；职业分布以工人、学生为主，分别占10.98%、10.02%。

麻疹　1986年以前发病23117例，防治后迅速下降。1986至2006年发病1449例，占传染病总数6.68%，殷家城乡最多，占25.4%。3~5月为发病高峰期，以15岁以下儿童和散居儿童为主，占发病总数48.6%，学生发病占发病总数18.3%，幼托儿童占10.2%。1989至2005年死亡3例。

伤寒　民国二十四年（1935年）三月，马渠、石佛等地流行，县政府在孟坝召开中西医药人员研究会，制定方案，经过3个月防治，疫情得到控制，病人治愈。1963至1983年发病率较高，发病535例，防治后基本控制。2007年发病1例，此后再无发病。

细菌性痢疾　1970至1980年代早期发病率较高，发病56030例，防治后有效控制。1986至2006年发病7651例，各乡镇均有，占传染病总数35.29%，高发期在7~8月，人群为0~1岁年龄组，发病率为25.83%。

流行性脑脊髓膜炎（简称流脑）　1967年6月，县内18个公社流行，患者175人，死亡32人，其中马渠公社发病百余人，省、地、县组织10名医务人员抢救治疗。1980年起，发病率大幅度下降。1989至2008年发病13例，其中1998年发病3例全部死亡。

百日咳　1980年代前发病率较高，防治后逐步下降。1981年起，再未流行，仅有散发。1986至2010年发病9684例，未出现死亡病例。

流行性乙型脑炎　又名日本乙型脑炎，1985年前发病1720例，防治后基本控制。1989至1997年无发病。1998至2001年发病12例。2005年和2006年各发病1例，未出现死亡病例，此后再未发病。

脊髓灰质炎　又名小儿麻痹症，1976年前发病109例。1989至2010年未监测到病例。

猩红热　1974至1979年发病880例。1989至2008年，发病11例，均无死亡。2009至2010年未监测到病例。

炭疽　1991年发病1例，无死亡，此后再未发现。

布鲁氏杆菌病　主要发病区有殷家城全乡及方山乡方庄、贾山、王湾、蒲河、关山、高中山、金岔村。1971年普查发病率为11.4%。1972年开始防治，人布病采用布氏活菌苗进行气雾免疫，畜布病采用羊5号和19号菌苗进行气雾免疫。1980年达到国家消灭布病标准。1989至2006年未监测到病例。2007年检测出1例。2008年，县疾控中心在中原乡原峰村、孟坝镇王地庄村、三岔镇大塬村进行人布病疫情监测，临床调查582人，采集高危人群血清126份，检验结果报告阳性1例，经3个疗程治疗，病情稳定，效果较好，能参加轻体力劳动。2010年普查，未发现新病例。

新生儿破伤风　1995年8月由丙类传染病调整为乙类传染病，纳入常规疫情后共报告21例，死亡13例。

艾滋病　1989至2006年未监测到病例，2007、2008年各发现并死亡1例，2009至

2010年未监测到病例。

淋病 1986年前无报告。1996年起有发病,至2010年,累计报告发病379例,无死亡。

梅毒 旧时发病较多。20世纪50年代进行重点查治,1958年省性病防治工作队配合县上进行选点查治,得到迅速控制。1986至1998年未监测到病例。1999年起发病率逐渐上升,至2010年发病186例,未出现死亡病例。

感染性腹泻 2004至2010年发病73例,无死亡。

急性出血性结膜炎 2004至2010年发病4例,无死亡。

流行性腮腺炎 2003年前无发病报告。2004至2010年发病333例,无死亡。

流行性感冒 1985年前报告发病58035例。1999至2010年发病20例,无死亡。

手足口病 2007年前无发病报告。2008至2010年共发病104例。

风疹 2004至2010年发病52例。

尖锐湿疣 2004年发病5例,此后再未发现。

结核病 俗称痨症,是一种古老疾病,发病较多,冬春季节为高峰期,以中青年农民为主,男性略高于女性。20世纪50年代,抗结核西药问世,通过X光机普查和药物治疗,并通过卡介苗接种预防,发病逐渐减少。1989至2000年,共接诊可疑肺结核病人6793例,胸透6793例,拍片3086例,初诊病人痰检3682例,复查痰检5218例。初治涂阳肺结核555例,复治涂阳肺结核275例,免费治疗涂阴肺结核1086例,治愈770例,治愈率为70.9%,阴转率为96.5%。2001至2008年,共接诊可疑病人8188例,胸透7750例,拍片5302例,初诊病人痰检7280例,复查痰检6250例。免费初治涂阳肺结核1115例,涂阴肺结核893例,复治涂阳肺结核211例,重症涂阴肺结核96例,结核性胸膜炎25例,治愈1259例,治愈率53.8%。

三、地方病防治

镇原属地方病高发区、重病区之一,史料中早,有“吐黄水”“柳拐子”“瘿瓜瓜”等地方病记载。中华人民共和国成立后,地方病防治得到重视。1956年开始,政府组织有关部门开展地方病普查,建立病历卡片。1971年起,对大骨节病进行综合防治。1975年起,国家拨专款免费进行预防和治疗地方病,采用亚硒酸钠、维生素E防治,效果明显。1981年起,防治方法由单一防治向综合防治发展,效果更加明显,对一些不适宜人类居住地方进行整村搬迁。大骨节、克山、地甲病等三大地方病基本得到控制,再未爆发流行。至1985年,国家、省财政共拨款20.22万元,并列入老区建设专项资金,予以保证,先后在城关、曙光、屯字、上肖、临泾、太平、彭阳、孟坝、新集、王寨、郭原、新城、中原13个乡镇建成防病改水工程64处,将原来饮用的窖、井、泉水改为机井和沟水上塬,改变水质;对克山病、布病、克汀病人采用大剂量维生素C、25%葡萄糖、中药“雷击散”治疗;在病区采取水缸泡大蒜和投服亚硒酸钠、碘剂预防,采用中草药、四环素、链霉素等药物治疗,效果显著。1986至2010年,加强检测防治,原发大骨节、克山、地甲等三大地方病逐年减少。

大骨节病 俗称“柳拐子”病。发病地区主要有城关镇祁家川、富家坪、双岘村,上肖乡姜曹、青寨、毛河村，彭阳乡柳嘴村，孟坝镇宽展湾、王山、冉堌村，王寨乡段掌、王寨村，方山乡十八岘、庄岔湾、高中山村，郭原乡王沟圈村，开边乡兰岔村，临泾乡石羊村等。1952 年始用中草药防治，疗效不佳。1971 年起，采用口服"681"药粉，自制"大骨节丸"等综合防治。1977 年又采用亚硒酸钠、维生素 E 防治，效果明显。1985 年复查，坚持服药的 245 个自然村群众大骨节病基本得到控制，除原有患者 1.7 万人外，无新发病例，并治愈早期患者 667 人。2008 年选取城关、孟坝部分乡村为项目工作调查点，调查 7~12 岁儿童 3300 人，临床检验 100 人，检出Ⅰ度以上 16 人，占 16%；右手 X 线拍片 100 人，阳性 1 人，占 1%。调查 16 岁及以上人口 1047 人，调查率 80.17%，年龄最小 17 岁，最大 86 岁，查出阳性 133 人，占 12.7%；Ⅰ度患者 95 人，占 9.07%；Ⅱ度患者 25 人，占 2.39%；Ⅲ度患者 14 人，占 1.34%。经过防治，儿童、少年中大骨节病基本得到控制，原发病的青壮年、老年至 2010 年下降到 60 多人。

克山病　俗称"吐黄水病""快当病"，是发病急、死亡率高、病因未明的地方性心肌病，常于午夜或清晨发病，数小时或 1 至 2 日死亡。主要发病区有屯字公社北川、白嘴、开城队，太平公社席兰、上岭队，新集公社牛心队。1965 年冬，屯字、孟坝等地发生克山病，地、县组织医务人员 20 多人进行抢救治疗。1981 年开始，在发病的 11 个公社 21.2 万人中普遍投服亚硒酸钠，至 1984 年，全县发病 184 人。

2001 至 2008 年县一院、中医院在住院病人中初步确定可疑患者 4 例，后确诊 1 例。2008 年县地病办在孟坝镇冉堌村 11 个组、屯字镇开城村 9 个组监测点普查常住人口 5876 人，现场检查 850 人（免费作心电图 768 人，拍胸片 86 人），占常住人口 14.5%，发现克山病疑似患者 36 人，占检查人数 4.2%，后经省疾控中心确诊 16 例，其中慢克 2 例，潜克 14 例，用药物进行治疗。2009 至 2010 年未监测到新病例。

地方性甲状腺肿　又叫"瘿瓜瓜"。发病区主要有临泾乡梁韩、席沟圈、蒙塬、毛头、祁焦、石羊村，城关镇莲池、常山村，屯字镇马堡、阳宁、建华、开城、曹路、徐沟村，上肖乡南李、杨城、路岭村，太平镇柴庄、老庄、丁岘村，孟坝镇孟坝、西壕、峁合、王湾村，平泉镇黄岔、八山、湫池、赤马村，新城乡孙庵村，中原殿王、中原村，共有患者 4668 人。1974 年，采取腺体内注射碘化钾治疗。1980 年，推广食用碘盐、碘化油注射疗法，全面防治。至 1985 年，采取手术和药物基本治愈 2003 人。1989 年统计，有甲状腺肿患者 3996 人，继续药物治疗。1998 年，提倡用碘化油胶丸治疗。2008 年，现症病人降至 1813 人。

饮水型地方性氟中毒　2008 年，县疾控中心在三岔镇高湾村、方山乡蒲河村、殷家城乡殷家城村，对所有 8~12 岁氟斑牙患病调查 336 人，发现阳性 255 人，占 75.89%，可疑 81 人，占 24.11%；极轻 31 人，占 9.23%；轻度 96 人，占 28.57%；中度 40 人，占 11.90%；重度 7 人，占 2.08%，地氟斑指数 1.22，并在方山乡蒲河、三岔镇吕马岔、周家庄 3 个村按年龄组（8~12 岁分 5 个年龄段）随机抽检 18 人共 90 份，结果小于 1.5mg/L（含 1.5mg/L）31 份，占 34.44%，大于 1.5mg/L 51 份，占 56.67 %；最高值 29.44mg/L，最低值 0.06mg/L，均值 4.36mg/L；对 16 岁及以上成人进行妇骨症患病调查 1311 人，阳性 428 人，占 32.65%，其中轻度

155人，占11.82%；中度186人，占14.19%；重度87人，占6.64%。2009至2010年未监测到病例。

包虫病 多年尚未发病。2008年发病6例，无死亡。县疾控中心采用整群随机抽样法确定平泉、开边、太平、三岔4个乡镇为基线调查乡镇，对3岁以上1000个居民开展腹部B超检查，发现可疑患者3人，采集静脉血经血清免疫学检测，阳性3人，依据《包虫病诊断标准》，确诊包虫病患者3例，患病率为0.3%。2009至2010年未监测到病例。

第四节 公共卫生和爱国卫生运动

一、机构

1953年3月，成立县爱国卫生运动委员会，下设办公室，具体工作由卫生科办理，各区、乡、村均成立爱卫会或小组。1966年，"文化大革命"开始，爱国卫生活动停止。1971年9月，恢复爱国卫生运动委员会，主任由县委副书记兼任，副主任由县革委会副主任兼任，设专职副主任1人，业务由文教卫生局办理。1979年，爱卫会不在设专职主任，下设办公室，配备主任。1985年春，调整充实县爱卫会及其办公室人员，健全24个乡爱卫会组织。2002年，撤销爱卫会办公室，保留牌子，职能并入卫生局。2007年2月，恢复县爱卫办，为正科级事业单位，编制4人，设主任、副主任各1人，工作人员2人，隶属县卫生局。2008年8月，爱卫办配齐人员，独立开展工作。2009年，增加编制1人。2010年，有工作人员5人。

二、公共卫生

20世纪50年代初期，陆续开展反细菌战、除四害（老鼠、苍蝇、蚊子、麻雀，后因麻雀捕食害虫，不在消灭之列，代之以臭虫）、讲卫生、"两管"（管水、管粪）、"五改"（改良水井、厕所、畜圈、炉灶、环境）和卫生创建等群众性爱国卫生运动，县卫生院做出突出贡献。1951年，贯彻庆阳专区防疫卫生委员会指示，禁止出售病死畜肉，餐饮业碗筷食具用开水消毒，食品加盖保管。1952年11月，县卫生院院长姚定佩在西北局爱国卫生运动先进集体和先进个人代表大会上，被授予"西北爱国卫生运动奖章"，获奖金80万元（旧币）。

1954年，县卫生院对县城中学和第四小学学生820人进行体格检查，发现患沙眼、鼻病、扁桃腺炎、淋巴腺炎、营养不良等症354人，发病率为43%，建议学校、家长进行对症治疗。1958年起，县农具厂、发电厂等14户企业建立劳动卫生制度，添置卫生设施。1960年代，全县进行水源普查，对水质进行初步采样检验，对污染井、泉进行药物消毒，加强管理，在农村推行集体密封堆肥，城镇街道垃圾污物实行定点堆放处理。县上每年对工厂劳动保护情况进行一次大检查，各企业每周检查一次。1970年代，开始职业病普查防治，农村重点抓机井建设，提倡人畜分饮。1971年，农村以"两管、五改"为重点，大搞环境卫生，消灭传染病源。

1974年，县城街道3个公共食堂、19个公社街道食堂和县、社等机关大灶，均安装防蝇、防尘设备，对食品从业和炊管人员1922人建立健康卡片，每年健康检查一次，对检查患有各种传染病的炊管人员，进行隔离治疗或调换工种。

1977年，对屯字中学学生930人进行健康检查，有视力减退、淋巴结肿大、扁桃体肿大、鼻炎、龋齿、沙眼等症242人，发病率26.2%。1978年起，县城街道逐步由沙石路面改为柏油路面，尘土减少，卫生改观。1980年代，采取国家投资、社队自筹办法，打机井，建人饮工程，改善人畜饮水条件。农机厂、砖瓦厂等企业设立医务室，加强职业病防治。

1983年，《中华人民共和国食品卫生法》颁布，镇原对全县食品生产、经营企业严格审查，符合条件的核发“卫生许可证”，不符合卫生要求的，责令停业或限期整改，加强对食品从业人员健康检查，取得健康证后方可从事食品工作。1984年，对县内7户国营企业职工489人建立健康档案，体检接触有害物质者217人，未查出职业病。当年，全面推广节能省柴灶，进行炉灶改革。全县培训改灶技术员54人，深入行政村、自然村，挨家宣传，免费改灶。1985年春，贯彻食品卫生法，对食品、饮食企业和个体饮食摊贩进行卫生整改，治理“脏、乱、差”，县城垃圾有专人承包拉运，街道、农贸市场有清洁工2人清扫，雇用卫生监督员4人，巡视街巷，加强卫生监督；对过期、霉变、假造食品进行销毁；开展以清洁、整齐、美观为目标，美化、绿化、净化为内容的爱国卫生运动，普遍进行卫生达标和“门前三包”（包环境卫生，包绿化管护，包秩序维护）活动，签订责任书。县直机关单位做到人员、地段、责任、制度四落实，突出绿化、公共厕所和市场建设。地、县防疫站对县城及五大镇水质进行调查检验，发现氨氮污染超标46.2%，亚硝酸盐氮超标48.1%，大肠菌群超标68%，采用漂白粉消毒办法，对集中供水水源进行消毒。同年，开始建立职业病报告制度，此后，每年对工人进行一次体检。

1986年，县卫生防疫站配合学校体检学生72866人，体检率95%，建立学生健康档案。至1988年底，全县改建省柴灶8.55万户，占9万农户95%。1989年，国务院下发《关于加强爱国卫生工作的决定》，全县上下迅速掀起卫生治本建设，动员社会力量，有计划、有步骤地进行创建，农村以改水改厕为突破口，全面推进公共卫生工作。

1990年起，按照《食品卫生监督工作程序》，县质检、工商、防疫部门每年集中进行监督检查，发现问题，及时整顿纠正。1995年，对县农机修造厂、五金厂、针织厂、砖瓦厂、面粉厂、印刷厂作业工人进行健康检查和职业病普查，企业接触有害物质工人292人，其中接触化学有害物工人228人（矽尘52人，毛皮尘74人，煤尘39人，烟草尘25人，其他38人）；接触物理有害物工人64人（噪音26人，高温34人，镀铬4人），督促企业落实劳动保护措施，改善环境卫生条件。

2002年，县政府出台《镇原县市容环境管理实施细则》《镇原县农村环境综合治理管理办法》《镇原县城区机关及企事业单位内部环境卫生治理长效管理实施细则》等规范性文件，促进全县城乡环境卫生面貌改善。2006年，开展农村改水改厕、病媒生物防治、卫生创建、健康教育和城乡环境卫生监督检查等工作，发现有连续3年因容器、用具不洁、生熟混用污染引起食物中毒安全事件6起，中毒186人，经过及时治疗，未造成死亡，对相关责任单位和人员进行处罚，确保食品卫生安全。

2008年8月,实施中央补助地方改水改厕项目,建成粪尿分集式卫生厕所450座、水冲式厕所50座。2009年,实施国家重大公共卫生服务农村改厕项目,修建粪尿分集式卫生厕所1950座、完整下水道水冲式卫生厕所50座,推广实施双瓮漏斗式和三格化粪池式卫生厕所,带动全县农村改厕工作整体推进,农村卫生厕所普及率提高1~3个百分点,粪便无害化处理率在65%以上。各乡镇筹集经费,购置药械,倡导群众采用生态灭鼠法,开展环境卫生综合整治活动,形成人人参与、全方位杀灭老鼠、苍蝇、蚊子的氛围。

至2010年,全县累计建成粪尿分集式卫生厕所6865座、完整下水道水冲式卫生厕所100座、双瓮漏斗式卫生厕所30座、三格化粪池式卫生厕所5座,加之农村沼气能源项目"一池三改",全县共有89121户用上卫生厕所,普及率提高到82%,无害化率提高到14%,饮用清洁卫生水12.03万人,受益人口35.2万人,占农村人口71.28%。水务、卫生部门在19个乡镇建立水质检测点,定期抽检指导。

三、爱国卫生运动

民国二十三年(1934年)八月,成立镇原县新生活运动促进会,提倡纪律、品德、秩序、整洁等,教导人们讲礼义廉耻,不要随地吐痰、丢垃圾,养成整洁习惯,开展夏令卫生运动,购买使用牙刷、老鼠夹与苍蝇拍,清除垃圾和污水,进行灭蝇、灭鼠竞赛,活动开展至三十八年。

1953年,在城镇、乡村开展爱国卫生运动,宣传预防传染病和卫生科学知识,整修厕所,挖除蝇蛹,刷墁房窑,消灭"四害"。1971年起,动员全社会每年在元旦、春节、五一、国庆等节日前,开展卫生大扫除,保持街道、机关、村庄、院落清洁。每次活动结束,县爱卫会办公室组织有关部门检查评比,张榜公布,树立典型,鞭策后进。至2010年,通过创建卫生单位、卫生村活动,县委、政府机关、县人民医院等14个单位被市爱卫会命名为市级卫生单位,孟坝镇等4个乡镇被市爱卫会命名为市级卫生乡镇,孟坝镇王湾等4个村被市爱卫会命名为市级卫生村组;县第二人民医院、县宾馆等6个单位被县爱卫会命名为县级卫生单位,太平、开边镇被县爱卫会命名为县级卫生乡镇,屯字镇阳宁、平泉镇秦铺村被县爱卫会命名为县级卫生村组。

第五节 保 健

一、机构

镇原县妇幼保健站 1957年,成立县妇幼保健站,设药房、门诊部,有病床5张,工作人员5人。1968年撤销,1974年恢复。1985年,县妇幼保健站设儿保、妇幼两个组和门诊部,有工作人员6人。2010年,妇幼保健站内设办公室、保健科、妇科、儿科、产科、健康教育科、婚育保健科和生殖健康科,设病床10张;有B超、心电图、200毫安X光机、微波治疗仪、妊高症监测仪、新生儿保温箱、辐射台、胎心监护仪、乳腺诊断仪等中小型医疗设备16台。职工38人,其中专业技术人员32人,含高级职称4人,中级职称6人,初级职称22

人，主要开展妇儿常见病、多发病诊治，妇女五期、7岁以下儿童生长发育及眼、口腔、听力保健，新式剖宫产、子宫肌瘤剔除、子宫全切、卵巢囊肿切除、会阴修补、宫颈癌根治手术等技术服务。

镇原县妇幼保健站

基层组织　民国三十二年（1943年），陕甘宁边区镇原县政府设有妇幼保健主任，兼卫生业务和药社。1952年，省卫生厅给县卫生院派助产士1人，全县9个区、10个乡成立接生站，主要任务是培训接生员，改造旧产婆，宣传推广新法接生。1953年8月，在孟坝成立妇幼保健站，担负孟坝、新集、太平等区妇幼保健工作。1956年，新建妇幼保健站30处，保健室65个，并给728个农业社配备保健箱。1973年起，各大队合作医疗站配备女赤脚医生，各生产队配有接生员。1985年，农村有接生员724人，均配发产包、脐带卷，部分还配发消毒锅，开展妇女产期保健工作。2010年，农村接生绝大部分由乡镇卫生院及各医院承担，村卫生所只承担少数家庭接生。

二、妇女保健

旧时，群众卫生知识缺乏，封建迷信思想严重，孕妇沿袭古时跪在炕上生产的旧方法，接生婆一般是村里年长的“老娘婆”或本家老年妇女，接生时不注意卫生，用未消毒剪刀或瓦碴剪割脐带，以棉花包扎了事。产妇产后在炕上铺些细绵黄土或草木灰，坐三天三夜才能躺着睡觉。因条件所限，产妇难产、大出血致死者不少，死亡率为13%。会阴撕裂、产后感染、得产褥热者甚多，不少妇女因多胎生育、产后过早劳动及产伤等原因，患有子宫脱垂和尿瘘，发病率高达80%以上，严重威胁产妇、婴儿身心健康和生命安全，妇女分娩如同过生死关，有“人生人吓死人”之说。

1950年，妇女解放，走上工农业生产第一线。人民政府提倡新法接生和劳动保护，全县育龄妇女发病率降为65%，死亡率降为8%。1952年，组织力量，首次调查生育妇女17088人，发现患有各种妇科病11090人，占检查人数64.9%，其中子宫脱垂670人。1953年，《中华人民共和国劳动保险条例》颁布，实行女职工生育期休假制度。

1955年，县政府提出“四期”劳动保护措施，即做好妇女经、孕、产、乳期保健和劳力合理调配工作，规定经、孕期不干重活、不接触冷水、不熬夜。工厂企业执行女职工“三调三不调”（经期调干不调湿、孕期调轻不调重、哺乳期调近不调远）劳动保护制度，产后保证有45天以上休息时间，工资照发。

1957年，在农村培训保健员、接生员4322人，开展农村妇幼保健工作。1958年，妇女“四期”劳动保护制度在全县普及，一些公社实行妇女在经、孕、产、乳期门上挂牌，生产队长不派工，使“四期”妇女得到休息，身体健康得到恢复。1960年，贯彻全国第四次劳动保护工作会议规定，怀孕女工实行三调换，即重工换轻工、站工换坐工、不适合工作换适合工作。

1961年，自然灾害严重，群众生活困难，妇女子宫脱垂和闭经等疾病发生较多，县、社采取措施防治。1963年，对全县已育妇女检查，发现子宫脱垂、宫颈糜烂和闭经1734人，占检查人数68%。1964年，凡有女工的国营、集体所有制企事业单位，普遍调换女工有害或繁重工作岗位，实行哺乳期每天喂奶两次，每次40分钟，且不定生产指标；怀孕7个月后不值夜班，不派重活，工作中间休息1小时；对患子宫脱垂者不派蹲、挑、抬等重活。

1966年，“文化大革命”开始后，各级妇幼机构撤销，人员分散，新法接生率下降到20%左右。1970年代初，统一印发孕产妇登记表，由工厂女工委员、生产队女队长及时填报。1975年开始，用苦豆子片、当明液及县二院自制的消滴栓、复方狼毒栓、环安丸等治疗子宫脱垂、宫颈糜烂、阴道炎及放节育环后流血等症。1976年起，国家先后拨款19.48万元，免费治疗子宫脱垂、尿瘘等妇女疾病。是年，各大队卫生所配发脐带卷、接生用具，新法接生率恢复到55%。

1978年，工业企业发展，劳动用工增加，劳动保护和安全生产范围扩大，对产生粉尘、毒物企业，从治理有害源、改革工艺入手，解决跑、冒、滴、漏现象；将更年期妇女列入劳动保护对象，改“四期”劳动保护为“五期”劳动保护。1979年，对妇女病进行普查治疗。1982年，县妇幼保健站编印孕产妇保健宣传资料数万份，利用集日和广播，宣传妇女劳动保护制度，对符合晚婚及计划生育者，产假由45天增至84天，女工年龄在25岁以上生育一胎的，增加享受晚育假15天，在规定产假时间内工资照发，不影响年终评奖。

1981年起，城乡妇女劳动强度普遍减轻，疾病减少。1985年，全县出生婴儿3256人，新法接生2124人，占65%；妇女普查32456人，患有妇科病13153人，占普查人数40.5%，其中子宫癌34人，尿瘘11人，子宫脱垂962人，妇科炎症12146人，治疗7829人，治愈4076人，妇科病发病率由65%降低到27.5%。

1986年，提倡产前检查，推广科学接生，提高住院分娩率，进一步加强妇女产期保健工作，基本消灭破伤风和产褥感染，产妇和婴儿染病率和死亡率大幅度下降，新法接生率升至77.8%，住院分娩率升至28.3%，孕产妇死亡率272.1/10万。1988年，国务院颁发《女职工劳动保护规定》，县人大常委会、人事劳动局、总工会对全县贯彻执行劳动保护制度情况开展执法检查，推动妇女“五期”劳动保护工作。

1989年，妇幼保健站、计生服务部门建立孕产妇档案，实行产前检查、住院分娩、产后保健系统管理。产前检查率85.6%，新法接生率86.5%，住院分娩率升至48.2%，系统管理率45.2%，孕产妇死亡率下降到266/10万。1990年，启动为期5年的联合国儿童基金会和人口基金会加强中国基层妇女卫生及计划生育服务项目，对县、乡、村妇幼保健人员进行保健知识培训，提高妇幼专干服务能力。

1994年，实施为期4年的国家儿基会与甘肃省合作农村卫生人力发展项目，加大培训力度，巩固培训成果。1998年开始，每年进行五分之一区域妇女常见病、多发病普查普治工作，分析其发病因素，总结发病规律，制订防治措施。全县共普查 1616 人，患有妇科病 1014 人，占普查人数 62. 75 %，其中尿瘘 5 人，子宫脱垂 2 人，妇科炎症 1007 人，全部进行治疗。

2000 年起，实施降低孕产妇死亡率和消除新生儿破伤风项目，提高住院分娩率。2005 年，全县新法接生率 98.6%，产前检查率 92.1%，住院分娩率 55.5%，系统管理率 88.6%，孕产妇死亡率 99.1/10 万。

2010 年，全县新法接生率达到 100%，产前检查率 98.4%，住院分娩率上升至 91.7%，系统管理率 95.4%，未发生孕产妇死亡个例。宫颈癌发病率从 1989 年 140/10 万下降到 39.8/10 万，子宫脱垂和尿瘘患者治愈率 95%以上。全县共普查 15140 人，患有妇科病 6327 人，占普查人数 41.8%，其中宫颈癌 3 人，尿瘘 6 人，子宫脱垂 5 人，妇科炎症 6313 人，治疗率 100%。县电力局、电信局等 5 户国营企业给 438 名女职工建立劳动保护档案，新一代食品有限公司、澳恺食品有限公司建立女职工产期看望制度。

三、儿童保健

中华人民共和国成立前，群众保健意识淡薄，土法接生，新生儿破伤风（俗称“四六风”）尤为突出。婴儿普遍采取传统母乳喂养方法，婴儿一般 1 岁至 1 岁半断奶。个别因生育间隔短，无奶喂养，用山羊奶喂养婴儿。

中华人民共和国成立后，推广新法接生，减少新生儿破伤风，新生儿死亡率逐年下降。1953 年，对县城附近小学 8~10 岁儿童健康检查 278 人，发病 266 人，发病率高达 95.68%，其中沙眼 86 人，淋巴腺肿大 162 人，营养不良 6 人，龋齿 1 人，其他 11 人。1957 年，县妇幼保健站成立后，每年进行儿童体检，开展部分传染病预防接种。“文化大革命”期间，儿童保健工作受到影响。1979 年开始，对全县 7 岁以下儿童免费普查，加强计划免疫，普服驱虫药，治疗肠道蛔虫病。

1980 年代起，城镇职工家庭婴儿用奶粉喂养者增多，母乳喂养率有所下降。1985 年，检查儿童 22669 人，患病 1644 人，占受检人数 7.25%，其中佝偻病 140 人，营养不良 703 人，蛔虫、肺炎、结核、沙眼等症 801 人，共矫正治疗 1619 人；对县幼儿园儿童每年进行一次健康检查，并预防接种各种疫苗，建立健康卡片。1988 年，7 岁以下儿童保健率 46.3%，5 岁以下儿童死亡率 45.2‰，婴儿死亡率 35.6‰，新生儿死亡率 26.5‰。

1991 年起，每年举办“世界母乳喂养周”宣传活动，提倡采用国际新标喂养婴儿，即纯母乳喂养至少 6 个月，开始添加辅食，坚持哺乳 24 个月以上。机关、企事业单位一律实行女工在哺乳期每天喂奶两次、每次 40 分钟规定，6 个月内婴儿母乳喂养率达 95%以上。1995 年，7 岁以下儿童保健率 62%，5 岁以下儿童死亡率降至 38.5‰，婴儿死亡率降至 30.5‰，新生儿死亡率降至 19.7‰。

1998 年，全县检查儿童 5614 人，患病 2773 人，占受检人数 49.39%，其中佝偻病 715 人，营养不良 295 人，近视、蛔虫、肺炎、结核、沙眼等症 1763 人。2010 年，7 岁以下儿童保健率 91.5%，5 岁以下儿童死亡率降至 11.1‰，婴儿死亡率降至 10.25‰，新生儿死亡率降至 6.9‰。全县检查儿童 1142 人，患病 21 人，占受检人数 1.84%，其中近视 12 人，蛔虫、肺炎、结核、沙眼等症9人,均采取相应矫正和治疗措施。

四、老龄保健

中华人民共和国成立前,人民处在长期贫困和战争环境之中,健康难以保障。民国三十三年(1944年),全县人均寿命仅为34.5岁。中华人民共和国成立后,人民生活、医疗卫生条件不断改善,人均寿命逐年提高。1950至1960年代,县医院指定思想好、技术强医务人员,专门对年老体弱老干部、老红军进行家访巡诊,送医送药上门。1970年代后期,老干部保健工作加强。1985年,全县人均寿命63岁。1988年为67岁。1990年代,群众生活水平普遍提高,城乡老年人注重保健和锻炼。1997年起,县老年活动中心增加体育娱乐设施,每周星期一至星期六开放,19个乡镇和部分村安装器材,倡导老年人开展健身、乒乓球、象棋、麻将等活动。一部分老年人自发组成夕阳红锻炼队,进行太极拳、练剑、扇子舞等活动;一部分老年人自发爬山、游园,风雨无阻;一部分老年人长跑、竞走、散步,形成习惯;一部分老年人参与广场舞、回春医疗保健操活动,早晚不断;一部分老年人开展健身器材锻炼,爬单双杠、攀铁栏、转铁轮、卧球体、脚踏跑步器和练腿器;一部分老年人聚集在街道、村部僻静处,玩花花、下象棋、打扑克等。老年人健身娱乐活动,既充实生活、愉悦身心,又锻炼身体。

2000年起,邀请外地和本地医疗保健专家在县城和集镇,宣传高血压、高血脂、高血糖等老年人易发病预防保健知识,帮助老年人增强自我保健意识。2005年开始,社区、社区卫生服务中心每年免费为60岁以上老人进行诊断检查,开展预防治疗咨询和指导。县老年大学每年举办培训班,吸纳老年人参加书法绘画活动,陶冶其情操。2009年,县政府制定《镇原县关于做好老年人优待工作的意见》,下发各乡镇、各单位执行。

2010年,县财政每年为90~94岁高龄老人发生活补贴500元,95~99岁每人700元,百岁老人每人1200元,当年共为247名90岁以上农村老人发放生活补贴12.95万元,缴纳新农合资金4940元,提高70岁以上老年人合作医疗报销比例(70岁以上提高10%,80岁以上提高20%,90岁以上提高30%),全额报销五保老人医药费;提高农村老年人最低生活保障标准,对全县2360名五保老人全部实行财政供养,将符合条件的5900名贫困老人纳入低保。

第六节 医政管理

一、管理机构

镇原县卫生局 民国时期,县政府一科监管卫生事务,后改由县卫生院兼管。中华人民共和国成立初,由县政府三科兼管,人员统一调配。1952年11月,县政府成立卫生科,有工作人员2人。1955年卫生科设科长、副科长各1人,干事2人。1958年12月,文教科与卫生科合并,改称县人民公社联社文教卫生部。1959年9月,改称县文教卫生局,1962年6月改局为科,1963年复改称局。

1970年12月,成立文教卫生局革命领导小组,设组长1人,副组长2人。1972年2月,文教、卫生分设，恢复县卫生局。1973年10月，又与文教局合并。1976年4月再次分设，卫生局有职工10人。1988年，卫生局设人秘、业务、财会股，编制19人，其中局长和副局长3人，职工16人。2010年，县卫生局内设人秘股、医政股（卫生应急办公室、新型农村合作医疗办公室）、预防保健股、法制监督股、规划财务股，挂靠地方病防治协调小组办公室，有职工13人，辖爱卫会办公室、新农合管理局、卫生监督所、县第一人民医院（县120急救中心）、第二人民医院、中医医院、疾病预防控制中心、妇幼保健站、社区卫生服务中心及17个乡镇卫生院。

镇原县新型农村合作医疗管理局　2007年2月成立，为科级全额拨款事业单位，隶属县卫生局，参照《公务员法》管理，内设文秘宣教、资金管理、报销审核、信息统计4个股，设局长1人，副局长1人，有工作人员12人。2010年，有职工17人，其中科级干部5人，一般干部10人，工人2人。

二、医疗单位管理

1970年，卫生医药单位和公社卫生院医务人员及全民合同制工人，全部由县卫生局调配，科级干部由县委管理，一般干部由县人事劳动局管理。具有大中专以上学历和中级以上技术职称人员，调离医疗岗位或县外者，须经县政府常务会研究同意。1980年，对医院实行责任管理，卫生局与各医院签定医疗、防疫、业务技术和精神文明四项任务协议书，实行百分考核，年终验收奖罚。1981年起，对全县263个大队卫生所逐步实行承包经营。1985年起，实行任务管理责任制。每年初，县卫生局和各医疗卫生机构签订目标管理任务书，年终按照任务书考核验收，根据任务完成情况，核定工资、津贴及补助拨款额，调动医疗单位积极性，年门诊人数、住院病人均大幅上升。1988年4月，对农村医疗机构实行多种形式承包责任制，重点包防病治病、业务资金收入，突出社会效益，超收全留，差欠自补。乡镇卫生院试行由乡镇管理。1997年3月，成立县医疗质量监督指导小组和医疗机构办公室，定期对医疗单位进行检查，加强监督管理。

1999年2月，县卫生局转发《庆阳地区大型医疗设备管理办法》，制订《1999年县直医疗卫生单位目标管理考核办法》，从管理品种及范围、设备配置和审批、采购、应用、人员管理等五个方面提出具体要求。2000年5月，实施《甘肃省医疗机构医药分开核算分别管理暂行办法》。2002年4月，实行乡村医疗卫生一体化管理，农村卫生资源（机构、人员、资金、房屋、设备等）由乡镇政府统一领导和管理，落实行政、业务、药品采购、收费标准四统一。2004年7月起，乡镇卫生院上划县卫生局管理，对领导班子成员、卫生技术人员实行竞聘制。2008年起，启动医疗卫生系统事业改革，实现人员管理由身份管理向岗位管理过渡，按岗设职，实行全员聘用制，在收入分配上进一步健全完善绩效考核制度，规范考核措施办法，全系统共制定绩效考核办法23份，签订职工聘用合同810人份，开展乡镇卫生院院长竞争上岗试点和任期目标管理责任制，通过竞争上岗产生院长17人。

2010年，推进公立医院改革，在县乡医疗卫生单位建立医师用药量、抗菌素使用量、患者自费药使用量、青霉素占抗生素比例评估、疾病谱排序、医疗质量月分析评议、院务信息公开、查房会诊、医德医风考核、定期警示教育、有奖举报等制度。同年10月起，率先实施医疗机构药品管理试点，县卫生局与16家药品配送企业签订管理服务合同，各医疗机构按照双向选择方式与确定配送企业签订药品供应协议，实现全县医疗机构药品采购目录、采购计划、销售价格、供应保障“四统一”，药品价格平均下降19.6%，费用同比降低200.19万元；对县乡26所医疗卫生单位，实行收支两条线管理，县一院按70%、中医院按75%差额供给，其他24所医疗单位全部由原来60%左右差额改为财政全额供给；落实乡镇卫生院院长任期目标管理、绩效考核责任制和全员聘用制，签订责任书26份，聘用合同831份，22所医疗单位实行20%~30%绩效浮动工资。县卫生局、财政局和计生局制定《促进基本公共卫生服务逐步均等化实施办法、细则》《镇原县乡村卫生服务管理一体化实施方案》，实行资金、项目、人员、设备均衡配置，缩小城乡基本医疗服务差距。各乡镇卫生院成立一体化管理办公室，明确工作职责，制定工作制度和考核办法，建立村级人员基本情况台账、监督台、区域服务规划，19个乡镇实现乡村卫生服务人员、业务、药品、价格、财产管理“五统一”；发挥乡镇卫生院对村卫生所的管理职能，对全县215个村卫生所工作人员实行全员聘用。县政府制定《镇原县医疗纠纷调解处理办法》，成立镇原县医疗纠纷调解委员会，开展医患纠纷第三方调处，医疗纠纷同比下降56%。通过问卷调查，群众满意度由上年91.3%上升到95.6%。

三、公费医疗管理

1952年，政务院批准《国家工作人员公费医疗预防实施办法》，县上成立公费医疗管理委员会。1953年1月开始，国家工作人员执行公费医疗制度。享受公费医疗职工每人每月1.5元，全年18元，不发给本人，由各单位统一调剂使用。全县享受公费医疗职工1426人，全年门诊公费医疗3754人次，住院公费医疗11人次，支出医疗费2.08万元，每人平均14.5元，结余1.3万元，除用3000元购置医疗器械外，其余全部上缴。同年，贯彻卫生部转发的《陕北老区免费医疗实施办法》，拨专款1.31万元，免费医疗老区贫苦有病群众。其他农民实行自费医疗，对重大疾病治疗造成家庭困难的，民政给予救济。

1954年，享受老区减免款1万元，免费群众8293人次，诊疗16642人次，实际支出24461元。1955年，职工自己负担挂号费，其他医疗费用由财政负担。1957年起，实行公费医疗定额标准，超支部分在当年下达公费医疗经费内调剂解决，公费医疗费连年超支。5年间老区减免款支出45320元，次年停止执行。1958年，政务院颁发《劳动保险条例》，对工矿企业职工实行劳保医疗，每人每月享受2元门诊医疗费，住院医疗费全部由企业负担，住院期间享受原有工资、福利待遇。实行《劳动保险条例》的企业职工，供养直系亲属享受50%医疗补助待遇。

1960年，县、社医疗、商业等单位，抽调职工和医务人员810人，组成54个慰问医疗组，治疗因营养不良造成浮肿等疾病，为6423人报销药费27891元。1961年，执行专署卫生局通知，对农村人民公社贫苦社员和城镇居民，省内外盲流人员患有疾病者，一律予以免费治疗(包括挂号费、诊断费、治疗费、住院费及药费)，专区先后给镇原拨款44638元，但因镇原受灾群众较多，药费超支，形成欠费。同年，享受公费医疗职工1637人，支出医疗费

3.97 万元，每人平均 24.3 元，超支 1.52 万元。

1964 年，专署文卫局发出《关于公费医疗使用范围的补充规定》，对私自购药、下乡期间私自买药和住院期间购买的滋补药品不予报销。1966 年起，职工看病挂号费、出诊费、营养滋补药品费由个人负担。1974 年，公费医疗经费由县财政局按应享受人数年初一次性拨给县卫生局，再由卫生局逐月拨给单位，职工凭药费条据在单位报销。9 月，公费医疗预算定额由每人每年 20.5 元提高到 30 元；实行半包干单位，每人每月按 2 元拨款。1978 年，农村合作医疗欠费群众 1855 人，欠费 62753 元。1979 年起，医院对公费医疗实行处方收费，欠费逐年减少。1980 年起，各企业普遍实行经济责任制，对职工医疗费进行控制，超额部分由职工自行负担。1985 年，国家工作人员公费医疗仍然超支较大，平均每人年超支 100 元以上，地区卫生处、财政处曾制定许多管理办法和措施加以控制，但效果不大。1986 年起，企业执行离休职工医疗费实支实报，退休职工按月发给医疗费，在职职工参照执行行政事业单位工龄医疗费标准。

1987 年，地区卫生处、财政处制定《公费医疗管理办法》，按每人每年 60 元核拨公费医疗资金，由单位掌握使用，超支部分单位和个人共同负担。1988 年 1 月起，职工个人报销 50 元，单位提留 10 元，统一支付职工住院费用。1991 年 9 月，改革公费医疗制度，报销标准按工龄 15 年以下 40 元、15 年至 30 年 50 元、30 年以上 60 元标准执行。

1994 年 7 月，按照离休人员全年 300 元、退休人员全年 200 元，在职职工全年 60 元标准，年初一次性拨给单位，统筹安排使用。癌症患者、病逝职工及离休人员、老红军超支药费年终视财力适当解决，其他人员超支药费原则上不予解决。

1995 年 11 月 8 日起，实行职工医疗费分工龄段随工资逐月发放，不再凭据报销。在职职工工龄 10 年以下者，每月按 4 元计发；工龄 11 年至 20 年者，每月按 5 元计发；工龄 21 年至 30 年者，每月按 6 元计发；工龄 30 年以上者，每月按 7 元计发。离休人员和老红军按 30 元计发，退休人员和二等甲级以上残废军人按 20 元计发。癌症患者、死亡职工超支药费，年终视财力适当报销。

四、合作医疗管理

1969 年，学习湖北省长阳县乐园公社经验，在农村推行合作医疗，实行大队统筹，群众办医，多数大队从公益金中资助一半，农民缴纳一半，缴纳标准不一，最高缴纳 2 元，由大队、生产队干部、社员代表和“赤脚医生”组成合作医疗小组，管理合作医疗站，审核经费开支，确定医药费报销标准，定期向社员和上级医疗机构报告。

1973 年 12 月，根据国家财政部、卫生部《关于清理和处理群众历年医疗欠费问题的通知》精神，对城乡劳动人民历来拖欠的医疗费，确有困难且社队公益金和当地社会救济费解决不了的，经民主评议，报县批准后予以减收或免收。革命烈士、军人家属、三等以上革命残疾军人和带病复员军人医疗费，确实无力偿还的给予免费。1980 年起，农村家庭承包联产承包责任制后，合作医疗报免制度停止执行。

2007 年 1 月，镇原县被省政府确立为新农合试点县，县委成立新农合协调领导小组，政府成立管理委员会，人大成立监督委员会，在全县19个乡镇215个村1991个组开展新型农村合作医疗，93365户417850名农民自愿参加，参合率85.88%，筹集新农合基金2068.295万元，当年给80173人补偿医药费1513万元，受益面19.19%，其中门诊家庭账户基金报销71198人次，补偿261.21万元，住院统筹基金报销8975人次，补偿1251.79万元，住院补偿率75.85%。

2008年，全县有103346户454548人自愿参加新农合，参合率92.79%，筹集新农合基金3976.193万元，给81420人补偿医药费用3320.05万元，其中门诊报销65036人次，补偿65.03万元，住院报销14246人次，补偿3177.02万元，住院正常分娩报销2130人，补偿77.35万元，慢性疾病报销8人次，补偿0.65万元。参合农民住院补偿受益面17.91%，住院统筹基金使用率83.5%。

2010年，参加新农合群众109167户473216人，参合率95. 8%，居全市第二，筹资标准人均150元，比2009年提高40元，其中中央财政补助60元、省财政补助50元、市财政补助5元、县财政补助15元，农民个人缴费20元。全年筹集新农合基金7150.27万元，其中中央2876万元，省级2366万元，市级236.61万元，县级709.82万元，个人缴费946.43万元，利息收入15.41万元，分配大病统筹基金5494.0l万元，家庭账户基金1656.26万元，为57.88万人次补偿医药费用6131.32万元，其中住院19231人次，补偿3454.07万元（乡级7276人547.65万元，县级3914人574.04万元，县外8041人2332.38万元），分娩3199人，补偿95.62万元，慢性病543人，补偿38.43万元，门诊治疗555840人次，补偿1415.29万元，住院统筹基金二次补偿1127.91万元，基金使用率85.75%，住院补偿率57.82%，人均补偿额2383元。

五、免费治疗管理

1983至1985年，省上将碘缺乏病、妇女"两病"（子宫脱垂、尿瘘）和结核病列入重点防治项目，进行免费治疗，在老区建设资金中列支，共拨款32.1万元，其中10种地方病防治14.4万元，妇女"两病"防治6.4万元，结核病防治11.3万元。

六、医疗事故管理

中华人民共和国成立初，医疗事故鉴定和处理由政府行政管理部门负责。1955年，卫生系统发生医疗差错事故13件，其中药物过量超过标准5件，取错药打错针5件，消毒不严感染化脓3件，按事故轻重情节给责任人记过、警告、批评教育等处分。1958年，县医院、各公社卫生院修订完善医疗事故调查处理制度。1963年，成立县医疗事故鉴定小组，鉴定、处理医疗事故。1975年5月，重新成立县医疗事故技术鉴定小组。1980年1月，改称县医疗事故鉴定委员会。

1983年4月，平泉卫生院收治四肢强直、抽风、吞咽困难患者1例，诊断为破伤风，因医院无药，建议转院，家属不同意，医院未采取任何救治措施，次日病人在转院途中死亡，被定为一级医疗事故，对医生进行处理。1985年3月，县以上医院内设医疗事故技术鉴定小组。2000年起，医疗质量稳步提升，医疗事故减少。

第四十九章　民情风俗

镇原民风朴实，传统习俗贯穿在人们婚丧喜庆、衣食住行、社交礼仪、人际关系、节日庆典、信仰崇拜、家族制度和伦理道德等各个方面，既有浓厚农耕文化色彩，又有鲜明地域文化特色和传统文化内涵。随着时代发展和社会进步，优秀健康的文化习俗继续传承和弘扬，外来的优秀、科学、健康、文明的风俗也逐渐进入人民群众的日常生活，一些繁杂陈规和带迷信色彩、不健康的陋习逐渐被革除摒弃。

第一节　岁时习俗

除国家法定节日元旦、三八国际妇女节、五一国际劳动节、五四中国青年节、六一儿童节、七一建党节、八一建军节、九月十日教师节、十月一日国庆节外，回族还有圣纪节（教历三月十二日）、闭斋节（教历九月）、古尔邦节（教历十二月十日），基督教、天主教还有圣诞节（十二月二十五日）、复活节（每年春分月圆之后第一个星期日）。汉民传统节日主要有春节、元宵节、燎疳节、清明节、端午节、中秋节、寒衣节等。

春节　俗称“过年”，农历腊月三十日，小月二十九日为除夕，家家贴灶爷、门神、对联、年画，悬挂祖影，陈设家谱，设香案、供品，焚香表拜祖宗。傍晚时在门外给祖先烧纸钱，泼撒食品。当晚举家欢聚，同吃年夜饭，共享天伦之乐。饭前晚辈给长辈敬酒叩头，长辈给晚辈散压岁钱，之后鸣炮、放焰火，气氛热闹。夜晚全家“守岁”，一起说家常，论得失，个别家庭守岁达旦。1984 年起，全家观看中央电视台“春晚”节目。大年初一，人们争先早起，焚香鸣炮，到庙宇争烧头炷香，然后敬祖先，接着吃臊子面。族内年轻男子相集，互相问候，结群而行，挨门逐户，给长辈叩头拜年。每到一家，主人都要端上酒菜盘子热情款待，给拜年孩子散发核桃、大枣、水果糖、瓜子或零钱。从正月初二开始，亲房党家互请相聚吃年饭，外甥、侄子、女婿出门给舅家、姑家、岳父家拜年。新婚女婿于初二或初三到岳父家拜年。还有“出行”牲畜习俗，正月初一至初三日，在牲畜辔头上绾缨络和黄表，牵到麦场或开阔地，按择定时间方向转圈，并烧香表敬神，祈求骡马健壮成群、牛羊满圈。正月初五“闹五穷”，倾倒垃圾，称“倒穷”。社火出台，“送穷神”。破五后女人可出行，六日称出行日。正月初七，称“人七”，要家全人齐，下午吃红辣椒细长面，称“拉魂面”，晚上还有“叫魂”习俗。21 世纪起，城乡时兴打电话、发短信拜年。

元宵节 农历正月十五又称灯节，家家门前挂红灯笼，鸣鞭炮，村里要社火。城镇办灯会、灯谜会，全家吃饺子、元宵。旧时用荞面捏成面灯，倒入清油，放在住室内外，点长明灯。还有新媳妇去邻家或娘家躲灯习俗。

燎疳节 农历正月二十三日，用野草、农作物秸秆、葱蒜皮等，于傍晚点燃，投入五谷杂粮，将春联、门神、灶爷纸牌撕下投入火堆；部分患病人员用黄纸剪成纸人，称"疳娃娃"，用香烧扎患病部位，然后投入火堆焚烧，祈求疾病痊愈；社火队也将化妆角色纸质饰品一并燎烧，寓意恭送神灵；先燎擀杖、笊篱、勺等灶具，然后全家老幼轮流跃过火堆，象征燎掉疫病。最后用扫帚拍打火渣、用锨扬向空中，根据火星形状预测当年五谷丰歉。

二月二 称"龙抬头"。传说碾子是青龙化身，旧时人们要敬奉碾子。农历二月初二日早晨，人们把碾磙子支起来，表示"龙抬头"。大人小孩多在这天剃头理发，寓意剃"龙头"，显尊贵图吉利。妇女忌做针线，怕"扎瞎龙眼"；不磨面，不碾米，不行大车，怕"砸断龙腰、龙尾"。还有炒食豆子以惊醒龙王的习俗，民谣曰："二月二，龙抬头，家家锅里蹦豆豆，惊醒龙王早升腾，行云降雨保丰收。"

三月三 传说是王母娘娘生日，人间吃细长面以祝长寿。

清明节 备祭品、纸箔、香烛等，家家户户上祖坟烧纸，维修坟墓，清除杂物，栽植常绿树木。时间有前三、前五、连五之分。扫墓时，烧纸焚香，投放肉食、奠酒，在墓头压放纸钱。夜晚，城镇居民多在十字路口为祖先画圈烧纸，也有为祖宗树碑的。2007 年起列为法定节假日，多改为清明节当天上坟烧纸。每逢清明节，有关部门组织职工、学生到烈士陵园扫墓，敬献花圈，栽植树木，进行革命传统教育。

端午节 农历五月初五称"端阳节"，家家户户将黏米和大枣用苇叶裹成三角形粽子，自食或送亲，也有用糯米或酒米和大枣做米糕，加入蜂糖食用。城乡群众在门上插艾蒿、柳条，称"驱瘟除邪"，饮雄黄酒，并用雄黄涂抹小孩耳鼻，以防蚊虫叮咬，并驱散瘟疫毒气。小孩胸前戴香草荷包，手、脚腕戴"花花绳"，俗称"续命绳"，保佑小孩长命。1990 年代后，每逢端午节，县乡集镇设立荷包市场，增添节日气氛，成为新的习俗。

六月六 俗为"晾晒日"，有"六月六，晒丝绸"之说。此日午间晾晒丝、绸、皮、毛等经常不穿衣物，以防虫蛀，还有汲新水造酒曲、酵曲习俗。

中秋节 农历八月十五日为中秋节，吃月饼、送月饼，寓团圆之意。旧时也有在月亮上升时摆香案敬月亮之俗。已嫁女子给父母送月饼，以示孝敬。亲友间互赠月饼，以示圆满。农村多以花生米、核桃仁、白砂糖、青红枣为馅自制月饼，称"花馍馍"。城镇多购买月饼食用，农村也逐渐增购月饼食用。

重阳节 旧时农历九月初九采野菊花，酿菊花酒，爬山登高，有避邪去祸之意。1989 年改为老人节，传承光大尊老敬老优良传统。

寒衣节 农历十月初一黄昏时，人们在门前十字路口或场心划圈烧化纸制衣、帽及纸钱，表示给先人送寒衣，也有在午后上祖坟烧纸、送寒衣的。远离家乡不能回家的，在街道十字路口烧纸、送寒衣。

腊八节　腊月初八有喝“腊八粥”“吃干饭”或“搅团”习俗。腊八粥多用小豆、豇豆、花生、黄米、杏仁、核桃仁等熬煮制成。

祭灶节　腊月二十三日祭灶神，送灶神上天，向玉帝报告一家善恶。这天人们给灶君献饭，焚香表，戏称糊灶爷嘴，请灶君“上天言好事，回宫降吉祥”。家家“扫舍”“扫窑”，户户掏炕灰，捅烟囱，将家用物品和灶具彻底清洗，为干干净净过大年做准备。

第二节　婚嫁习俗

旧时，通行聘婚制，父母包办，媒妁之言，男尊女卑，买卖婚姻，一夫多妻，丈夫可休妻、卖妻，丈夫去世，妻子一般终生守寡。童养媳、换头亲较多，十三四岁结婚较为普遍。女孩缠小脚，越小越好，大脚女子难嫁。婚姻讲究门当户对，实行纳采、问名、纳吉、纳征、请期、亲迎六礼告成。民国时期，虽然法定一夫一妻制，但实际仍有一夫多妻现象。二十九年(1940年)，陕甘宁边区镇原县政府成立，在县北乡镇废除买卖婚姻，提倡婚姻自由，实行一夫一妻。1950年，《中华人民共和国婚姻法》颁布实施，废除包办买卖、男尊女卑、漠视子女利益的封建婚姻制度，实行男女婚姻自由、一夫一妻、男女平等、保护妇女和子女合法权益的新婚姻制度，禁止缠足、纳妾和童养媳。旧的嫁娶仪式虽经多次改革，但仍保留基本传统习俗。

说媒　旧时男方请媒人到女方家说亲，渐次演化为双方看准后，委托介绍人搭桥撮合，征得双方父母同意，也有介绍人主动牵线搭桥，从中说媒的，还有女方看准男方请媒人到男方家说亲的。

相亲　旧时相亲时男、女双方不许见面，表示自己意见。期间还要“合八字”“问属相”，素有“败月”之说：有明败、暗败之分，生在败月为明败，怀在败月为暗败，暗败更胜明败，民间有“正蛇二鼠三牛头，四猴五兔六狗头，七猪八马九羊头，十月的鸡架上愁，十一月虎满山吼，十二月龙海底游”的传习，如羊年出生人，生在九月为明败，怀在上年九月为暗败，认为败月之人一生厄运，女败子既妨碍公婆，又妨碍丈夫，男败子多败丈人家，故忌与败月之人结亲。属相相克被视为大婚不合，俗称“犯丁头”，所谓“兔龙相逢一旦休，自古白马怕青牛，老虎见蛇如刀刮，羊鼠相逢不到头，猪见猴儿泪长流，狗遇金鸡一辈子愁”，是婚姻大忌，就是告诫人们只要两人相克相害，忌讳成婚。20世纪50年代起，一般约定时间、地点，由介绍人带领、兄嫂陪同，男女互相见面，互问姓名、属相、品行、家庭等状况，观察对方体貌言行等，称瞅对象。然后由媒人传达双方意见，进入下一程序。

看家　多为女方到男方家“看家道”，由媒人和家人陪同，主要了解、观察家庭成员品行、住宅和经济状况等，三日后，如双方家庭平安顺利，看家满意，由媒人传话，商定成婚事宜。

订婚　俗称“戴锁锁”，旧时男方家长备钱200文，民国时则用银元1枚或2枚，用红头绳系成“同心锁”，与媒人一同到女方家，在灶前将“同心锁”挂在女子脖颈，称“拴媳子”，表示婚已定，不可改变。男方带半桌干果酒菜，与女家合办全席酒菜，招待亲家及其族人、亲友。1980年代起，演变为双方家长为订婚人互戴“同心锁”，新人互赠订婚纪念品，客人为新人赠送礼金，新人为来宾敬酒，边敬酒边认亲戚、朋友。“戴锁锁”既有千里婚姻一线牵之意，也象征相爱男女只要被同心锁锁在一起就会永不分离，生生世世永结同心。

纳礼 旧时纳礼陈规十分繁杂，男方要给女方送“三程礼”，每程都有布匹、衣物、烟酒、肉馍、钱币。中华人民共和国成立后，虽一再禁止买卖婚姻，但未能彻底杜绝，农村尤为严重。民国时期女子彩礼按岁论价，一岁一石小麦(250公斤)。1956年，彩礼一般为100~200元，1966年，一般为300~400元，1976年为500~700元，1986年为1000~2000元，1996年为1万元~3万元，2006至2010年，彩礼高达6万元~8万元之多，农村山区更高。男方家庭越穷、条件越差，女方索礼越多。除“正礼”外，还有“折仪”“针凿”钱。结婚用品，档次越来越高，如彩电、冰箱、洗衣机、音响、首饰、摩托车等都在所要之列。21世纪，县城结婚女方还要有电脑、楼房、小车等。

问话 婚前10天，男家携礼品到女方家问话，约定娶亲日期，交清彩礼。

嫁娶礼仪 旧时娶亲仪式多是锣鼓唢呐声中设香案拜天地，1980年代开始举行结婚庆典。男方家去女方家人称“娶亲人”，娶亲人数为单数，回来时包括新娘子合成双数，女方家“送亲人”为双数。男方家娶亲时，要给女方家带斗麦(叫坐斗麦)、半席干果碟子(点心、瓜子、果子等)、十双馒头、二斤肉绺子、两瓶酒、拌米(女)鲘鲘(后多为两个红色酒瓶，用红色毛线拴在一起，挽成花环，瓶子里放少许米，插一双红筷子，到女方家滴清油，男方带回，寓意婚姻香甜如蜜油)、红布、双齿上头梳子、盖头布、包嫁妆用的包袱布等物品。娶亲队伍经过时若逢庙宇、十字路口、坟墓、古树、崾岘、石碑、河沟，娶亲人都要抛撒写有“花红盖之”红纸条，以压煞镇邪。迎娶工具随时代变化，旧时由4~8人抬花轿娶亲，1950年至2010年，先后经历毛驴、马匹、自行车、拖拉机、摩托车、小汽车娶亲。出嫁女子家待客一天，来客送礼物叫“添箱”，女方家人送物品叫“陪房”。陪房全由男方家带走，添箱由女方家决定陪带。男方带物品前，要给女方“开箱钱”“针凿钱”。出嫁前新娘要梳妆打扮，经过“捋脸”“摘眉”、盘头、

婚礼现场

婚礼拜天地

化妆，然后穿嫁衣，顶盖头，换红鞋。旧时女子出嫁时有哭泣习俗，后渐改。新人上车前在炕头或场心梳发“上头”，也有到男方门前或场心梳发“上头”的。上轿时，新娘由男方同辈人（多为姐夫）背着或抱着上花轿，脚不能沾土。送嫁“大客”中，要有娘家兄弟一人伴行在花轿之旁，叫“押轿的”，防止轿夫嬉戏和嫁娘晕轿；又有嫁娘侄辈男童一人掌管箱柜钥匙，表示娘家后继有“掌柜的”。娶亲时若有两家迎送队伍相遇，新娘互换小礼品。花轿到男方家后，给压轿童子押轿钱，新娘才下轿，由同辈男士将新娘背到花堂，举行婚礼。婚礼仪式为鸣炮奏乐；新郎新娘就位；证婚人宣读结婚证书；主婚人讲话；介绍人讲话；来宾讲话；新郎新娘介绍恋爱经过；新郎新娘拜天地、拜高堂、夫妻对拜；舅家、舅爷家人为新人披戴红索，红索渐由早年的红布演化为红被面；最后由新郎将新娘抱在怀中入洞房，放到床上。酒席后，由娘家人卸索。新婚前3天，在洞房设酒菜、糖果，平辈人或爷奶辈人“耍房”“闹洞房”，还有听房习俗，新郎的兄长、父辈和未婚女子、孕妇、有孝人不得参加耍房。“耍房”主要是耍新媳妇，探试新媳妇性格脾气、智慧口才和应变能力，内容丰富，形式多样，方法奇特，打趣取乐。婚后次日早晨新娘入厨先拜灶神，接着“试前程”，在灶台摆3个碗，分别扣着肉、盐、钱，由新娘随机揭碗，若揭开肉预示嘴馋，揭开盐预示姻缘好，揭开钱预示不缺钱。最后一个环节是做“试刀面”，试其厨艺好坏。婚后三日新婚夫妇去岳父家拜访，称回门；十日后，由娘家人接回住十日，称“坐十”；一月后娘家人接回住一月，称坐对月。现时已不再完全遵循。婚后第一个春节正月初二起，新郎、新娘一起到岳父家对岳父辈逐个拜年。

第三节　生日庆典

镇原人对生日甚为重视。婴儿过满月、百晬、周岁，中年人讲究过五十，老年人讲究过六十、七十等，祝贺健康长寿。

满月　也称“出月”，男孩满月为29天，女孩满月为30天。当天在婴儿印堂扨红点，舅家及亲友携带衣服、鞋袜、兜肚、帽子、被单等礼物前来祝贺，并给婴儿系带“长命锁”。旧时，有钱人家请银匠打制金锁、银锁，一般人家则打制铜锁。中华人民共和国成立后多把纸币拴在红线上系于脖颈，也有个别人家栓银元的，并为其剃胎发，剃下头发揉成团，由母亲长期保存，以示母子情深，剃头后，将婴儿穿戴包裹好，由他人抱出家门走一圈，称“移窝”。传说这样可使婴儿将来有胆有识，志在四方，不是“窝里老”。当日主人一般摆酒席款待宾客，吃喝嬉耍，多给新生儿父母、爷奶抹红，过去还有给新生儿拜干大习俗。

百晬　婴儿出生100天，称过百晬。婴儿舅家和近亲带礼物来祝贺，主人备酒席款待。母子在亲友陪同下，或去舅家认门，或去庙宇朝拜。婴儿出门时要剃头，保留卤门头发，额间点锅墨或红点。早年有舅家给婴儿送“长命褂子”，有给婴儿穿“百家衣”的。1960年代后起除点红外，其余繁俗均革除，多为照像留念。

周岁　旧俗婴儿周岁生日特别隆重，称“安晬”，这天，亲朋好友多有馈送，家人设宴款待，且有看娃娃、“抓周”仪式，让亲友轮流抱着婴儿亲吻、逗耍、热闹一番，让婴儿多见人，免怯生，以后好养育。“抓周”时将书本、毛笔、玩具、鞭子、食品、花等物摆在一起，任婴儿抓取，由此卜其日后志向和前途。

贺寿 俗称“过寿”“过生儿”，镇原人民自古就有尊老敬老美德，把祝寿作为孝敬老人的表现形式。50岁为始寿，男“过九不过十”，女“过十不过九”。中年男人过四十九，俗称“过门槛”，到这一天，家人用红布做成红裤带系在腰间，或用红布做成内衣穿，意在消灾除难。60、70岁为大寿，80岁为上寿，90岁为老寿，百岁为期颐，都要进行庆祝。过寿日，儿孙们将寿星居室精心布置一番，上房张灯结彩，墙中挂寿星图、寿屏或寿轴，两边挂“福如东海长流水，寿比南山不老松”寿联，室中摆方桌，桌前挂红色桌裙，桌上燃两支红蜡烛，点几炷香，摆寿果、寿酒、寿桃等。亲朋好友携寿幛、屏等礼品前来祝贺。寿星穿戴整齐，手拄龙头拐杖，坐在寿席上首，请同辈亲人陪寿。儿女侄孙及亲友依次叩拜，祝老人多福多寿。“五服”内均须磕头，其余行礼。叩拜时，先由长子长媳端酒上寿，寿星执酒离座到堂前，外敬天，内敬地，然后回座。儿、媳先叩拜，再由女儿、女婿、外甥、外甥婿叩拜，接着侄儿媳、侄女婿、孙子媳、孙女婿、外孙子媳、外孙女婿等依次拜寿，没有结婚的孙子孙女以及重孙们团拜。拜寿中，寿星给每位参拜者发红包，叫“回礼”，众贺客一般作揖敬酒拜寿。拜寿后儿子儿媳给老人敬上“长寿面”，其他晚辈们也向老人献上寿糕和寿桃，寿星分给众人同吃，寓意替老人咬灾。贺寿时也有请戏班、乐队到家中庆贺的。2000年后大多人家在饭店举行，部分改磕头为鞠躬礼，并由孙辈唱生日快乐歌，邀请戏班、乐队助兴，酒宴后拍照合影。

祝寿现场

拜寿

第四节 丧 葬

县内丧葬，皆为土葬，陈规繁多，基本沿用明清时期礼俗。中华人民共和国成立前，按家族成立孝义会，统一集资购置茔地和祭田，处理丧葬事务。丧葬酬宾所需财物以粮食、清油、肉蛋、纸等实物为主，一人有丧，会员皆按约定数量予以帮助，每户并出一人襄事始终。祭田收入主要用于祭祀活动。中华人民共和国成立后，废除茔地和祭田，逐步取消孝义会。人民政府号召移风易俗，提倡厚养薄葬，部分行政村、自然村成立红白理事会，负责本地红白事。少数地方按村民小组建立公墓区。县内干部职工去世后，一般送回原籍安葬，个别外籍人在工作地安葬。丧期一般为5~7天，也有长达十多天的。丧葬仪式逐渐简化，时间缩短。机关职工及部分农村党员、干部逝世后，举行送葬仪式，大致程序是全体肃立；奏哀乐；默哀三分钟；致悼词、介绍生平；生前好友讲话；亲属作感恩发言并致答谢词。三岔镇等地回民安葬时要请阿訇念经，用白布裹遗体、掩埋，不用棺木、殓衣。基督教、天主教徒由教会牧师、长老按教规办理丧事。汉族传统丧葬礼俗主要有：

守终　老人病危时，儿女日夜侍奉在旁，轮流陪护安慰，老人提出要求，尽力满足；请舅家或舅爷家人探视，亲友闻讯前来看望；老人遗言儿女必当面应允，使老人放心，死后不得变更。

穿衣停床　老人临咽气时，儿女给老人剃头、盥洗，整好仪容，穿好老衣，一般穿5套衣服，多者7套，少者3套。寿衣沿袭清朝时长袍短褂，提前在闰年闰月缝制，讲究长袖，穿单不穿双，用平纹绸缎和棉布，两头见棉，有棉衣、棉裤，冬夏如此，里子多用红色布料。主家在主窑或堂屋正室用两条长板凳支床板，铺谷草，将老人移卧床上。老人咽气后，将身体捋顺，使其仰面躺着，双脚用麻绊系，该麻称"绊脚绳"，到盛殓盖棺时解去，用麻白纸苫脸掩面。遗体摆放停当后，全家举哀烧纸，放声恸哭。

报丧　遗体安置妥当，即请"阴阳"来，按亡人咽气时辰推定出殡埋葬、"过七"、百日、周年的具体日期，开列单子，贴在墙上，按此进行。丧仪诸事商定后，首先由孝子或派人去舅家或娘家报丧，请大客前来凭吊，孝子在门前恸哭跪接，同时瞻仰死者遗容，看死亡是否正常，儿女是否都在，寿材寿衣是否完备，丧仪规格是否妥当，若无异议，丧事才能按原定计划进行。姑、姨家和女婿、外甥、干亲等，由"家门父子"中的侄男子弟分头上门报丧送孝，告知祭吊埋葬时间，以便如期吊唁。报丧人不能进亲戚家门，不许隔墙大喊，只能在门前跪等。

戴孝　从人亡之日起，五服以内子孙都要披麻戴孝，男戴孝帽，女用白布裹头。身穿孝服，腰系麻辫，孝服背缝白纸，上写感恩诗文，称"背服"，手持白纸牙条沾缠丧棒，用白布鞔鞋面，直系儿孙全鞔，为重孝，平辈半鞔，女婿、外甥只戴孝不鞔鞋。丧期孝了不洗脸、不勾鞋。古时孝服要长穿3年，20世纪起亡人葬埋后平时不穿孝服，只穿白鞋，"七七"、百天、头周年、二周年、三周年祭祀时穿孝服。

定墓修茔　人殁后即请"阴阳"先生定茔地，由长男或主孝陪同，带罗盘、戒尺、绳丈、木橛、镢头等，根据八卦相生相克之理，选择"风水""脉气"好山向地块，勾画出墓址，俗叫"勾穴地"。"勾穴地"要兼顾后来夫妻并埋、儿子为父母"挂脚"等事宜。旧时按家族房头设立祖茔，用八卦罗盘反复测看、划线定位。中华人民共和国成立后，坟地统一规划，大田中坟头多被平毁，普遍实行公墓制，延用"阴阳"测定"墓穴"。墓穴结构一般为"穿堂窑子"，在"明坑"底部挖一个能放进棺材土窑洞，一般高1米，深2.7米。过去土葬除官绅外，一般不用砖石，1990年代起，坟墓规格不断升级，讲究"砖箍墓"、立墓碑等。修墓都是亲邻相帮，一般不雇人，一日三餐，尽力款待。过去每当吃饭，孝子要"以跪伴食，无命不起，直至食终"，后逐渐演变为儿女亲自上茔地送饭，安烟倒酒，磕头示敬。21世纪开始，一些地方打墓用挖掘机，省时省力。

备棺 年龄大的老人，儿女多提前做成寿棺，俗称“盖寿”，也有殁后请木匠赶做的，柏木为上等，松、楸、桐次之，杨木为下等。家庭经济条件较好的，加做重底，俗称“大木”。

入殓 去世第三天由本族长者主持入殓，全体孝子参加，亲邻相帮，将遗体移入棺内，枕头用红布包锯沫或曲块制成，下垫红褥，上盖红布，取后辈红红火火之意，四周用木屑或土包垫实，防止晃动，安排就绪，方可盖棺，俗叫“合龙口”。入殓时，如果娘、舅家人未到，奔丧亲人未至，“龙口”不能合，棺盖留个缝隙，等这些至亲看过遗体后，才能“合龙口”。入殓后灵柩停放灵堂，头朝门前，两旁铺麦草，孝子昼夜卧草守灵，有人来吊时，恸哭致哀。

设灵堂 灵堂是供人祭奠及孝子守丧地方，人殁后第二天请人做纸活，打“吊子”，形如帐幔，悬挂7~9层，中设供桌、香案，帐幔内置灵牌遗像，桌上摆“献饭”，香案旁置纸人、纸马、灵亭等，灵堂两侧挂挽联。庭院大、小门上，于开吊祭奠前一日下午，都要贴上蓝纸白字或白纸黑字对联。

出门告、大纸 人殁后第三日早八九点钟出门告（讣告），意在向亲邻及有关方面宣告丧事，即把死者生卒年月及“五服”内子、侄、孙写在纸上（一般不写女性），贴于一长方形门板上，置大门外，供人们观看。若亡人无子，也无既定继承人，出门告时须临时选侄辈中一人作为承宗子写入门告。“期服”“大功”“小功”等项下，应写谁，谁远谁近，都要慎重对待，绝不能漏人。门告由“阴阳”书写，格式不尽一致。主家请“阴阳”或纸活匠、村里能人将白纸凿成金钱、花纹等图案，用苇子做骨架，扎成亭台楼阁模样，然后黏糊串连成筒状长条形，外加纸质旗幡飘带，挂在两丈左右高杆下，称“出纸”。出门告、出纸时，所有孝子到齐，娘、舅家人在场，女婿、外甥及至亲也要参加。

待客 一般过白事为两天，埋人前一日，为祭奠日，设客棚、置酒席待客，请亲邻为“执客”（效劳人），张贴执事榜，做各项服务工作。亲朋邻里陆续前来灵前烧纸奠酒祭奠，多带挽幛、牌匾、字轴、画轴、挽屏、花圈、“烧纸”、贡香、台蜡、纸活、礼馍、现金（奠仪）等。“执客”专司接客，对带有匾幛之类的，须在礼仪总管带领下，乐队前列，孝子排队紧随，在庄前路边跪拜相迎。主家代表两三人上前行搭躬礼，三接三迎，第一次在门前路途，第二次在大门口，第三次在院内厅堂前。迎请贵宾、“阴阳”等行事、吃饭，主家代表都得打躬迎请。来客落座后，安烟倒茶，先吃便饭，后吃酒席。客人席宴中，孝子在庭堂前跪拜三次，称孝子跪菜。祭奠和吃饭时多请唢呐奏乐，有的请秦腔班子，也有引进鼓号及现代新式乐器的。丧家在院内设“礼桌”“礼簿”，专人登记来客和收礼品。第二天埋人后，置偏桌、做汤面、摆酒席谢客，礼节与第一天相同，继续收礼登记，一般客人在“礼桌”“上礼”，大客由司礼人端礼簿在酒席桌上请其书礼。主家酬谢礼宾、“阴阳”、厨师、乐手等人员时，先行搭躬礼，让座递酒，然后再送礼品和酬金。客人送走后，傍晚或次日早晨，继续摆酒席，招待效劳人，称为道答“劳客”。1990年代起，丧事攀比之风有所蔓延，花费居高不下，动辄数万元。

祭礼 俗称家祭，人殁后，有条件的请主官、土官和礼生4人，设礼宾所。待客天举行家祭仪式，由礼宾主持，按服规等级依次行礼，孝男、孝孙行三献礼，孝侄以下行一献礼，俗称“供饭”。供饭时宣读祭文。礼宾负责给亡人撰墓志文，用朱砂红书写墓志砖，有的用石刻墓志文,并举行祭大木、迎执事榜等程序。年龄轻或遭遇灾祸死亡者,有给亡灵打醮习俗,即请道士设醮坛念经,超度亡灵。

埋人前一天晚上,在灵堂前举行活羊献祭的领羊仪式,牵一只阉羊,在羊身上淋水,孝子及亲戚猜说亡人未尽之言,若羊抖毛打颤就是说中了,称“开毛大领”,表示被亡人“领”了,即可宰杀,第二天做成羊汤面或羊肉泡馍,供客人食用。

安葬前后举行点主仪式,由礼生赞礼,主官穿戴礼服礼帽,三请三迎,从礼宾所缓步而行,一路鼓乐喧天,鸣炮开道,孝子前边领行,三跪三拜,直至灵堂点主桌案,由孝子头顶家谱或祖影跪行到主官座位前,礼宾读文祭告,主官执笔蘸朱砂在亡灵牌位神主的“主”字上丟一点,抛笔,众人抢笔,俗传此笔吉利。

下葬　俗称“埋人”,一般早晨下葬,按“阴阳”确定时辰起柩,在大门前宣读起柩文,鸣炮,由长子在棺木上摔碎纸灰碗,抬棺奔向墓地,各家在门前点麦草火,以示避邪。孝子在棺前行走,边走边抛纸钱,到墓地只烧纸,不动哭声,同时点燃麦草火徐徐焚烧,用绳索将棺木吊下墓坑,孝子脱孝服下墓坑检查,扶正棺位,置放灯碗、墓志砖及陪葬纪念物品,由“阴阳”下坑搭罗盘定位,上墓坑前用笤帚将脚印退扫干净,随之封闭墓穴口,送葬者轮流填土,互不接锨,直至把坟冢垅起,然后用绳画押,在坟冢上插丧棒。立墓碑者,接着树碑,举行揭碑仪式。

供饭仪式

点主仪式

出殡场景

葬后祭祀　埋人后过一两个时辰,孝子及来宾拿花圈等各种纸活祭品,结队前往墓地,礼宾所土官主持,在坟周围左右绕行三圈,俗称“踏茔”,在坟旁设香案,读祭文,称“祀后土”。当日将花圈纸活摆正焚烧。三天内,每天晚间孝子到坟地带水担等有响声器具,边响边说父亲或母亲不要害怕,有儿孙作伴。到第三天,孝子到坟上用锨撮土,使坟冢完美,称“服三”,又称“全三”。人死从咽气之日算起,每七天为一个祭日,也叫“祭七”。第一个七天叫“头七”,第二个七天叫“二七”,直到第七个七天叫“尽七”。每逢“过七”,主家及亲友多在坟头烧纸祭奠和煨火,不动哭声。“三七”过后,孝子才可以进入别人家大门。故后百天,烧化纸钱,举行百日祭。3 年内,都要举行祭奠礼仪。第一年叫头周年,第二年叫二周年,这两年祭礼较为简单,多为本家孝子及至亲参加。三周年服满称谭祀或除服,最为隆重,有的像过丧事一样,杀猪宰羊,布置祭堂,来客祭奠,祭礼繁杂。“守制”三年内,孝子都穿白鞋,到期脱去孝服。三年内,逢清明、农历十月一日、冬至、除夕、新年在家设灵牌烧纸祭奠,不放炮,清明不上新坟烧纸,过年门上不贴红对联。

第五节　生 活 习 俗

一、服装

古时,由于自然经济限制,群众衣料较为粗糙,服饰简单,自织土布,用各种植物汁液和矿物染料染成深蓝、青蓝、黑色、灰色、黄色,少数富家穿绸缎。青年妇女双肩佩戴莲形或菱形肩饰,一般绣有彩云、花卉图案,缀丝穗。明、清时期,乡绅商贾及知识分子阶层兴穿长衫,戴黑色圆弧顶瓜皮礼帽。群众上穿宽领大襟短褐,内穿紧身汗衫,束腰带,下穿接腰便裤,为黑色大裆宽腿裤,布裤带,扎裤口。脚穿圆口大头布鞋或挽制麻绳鞋。平时多为赤脚穿鞋,出门时才穿长筒布袜。腰带一般用羊毛线织成,宽数寸,长 5~7 尺,两端有穗,紧缠腰间,秋冬尤多,以束衣御寒。冬戴筒套毡帽,穿皮袄、毡靴。妇女穿土布满襟宽袖上衣,领口、袖口、襟边、裤脚镶有花边。中老年妇女头包黑布巾,上穿过膝长衫,下穿青裤,小脚穿尖布鞋。少女少妇纱巾包发,上簪首饰,红绿衬衣,窄袖绣花袄,落地绣花裙,红绿鞋袜。赴会、迎宾及喜庆场合老年人外罩马褂。民国中期,在公务人员和知识分子中开始穿中山装,也有少数穿西装的;中学以上男生穿黑学生制服,女生穿兰衣黑裙;富家女及知识界女士时兴旗袍,青年农民穿对襟便服,颜色以青、灰、白为主。民国后期,城镇公务人员、商人、学生穿中山装、西装、长衫、旗袍、摺裙不一,农民则仍以对襟便服为主。

中华人民共和国成立初期,在公职人员中,男性盛行中山装,女性盛行列宁装。冬天穿列宁式短棉衣,一般为灰色或浅蓝色。1954 年,流行苏联穿着,青年妇女穿花连衣裙(称布拉吉),青年男子也有少数穿浅色花衣的。民间服色仍以蓝、黑、青为主,儿童、妇女穿花衣服。平常衣帽、鞋袜多用棉土布制作。部分人有绸缎衣袍,乡村多用土毛布、裘皮、毡套、毛线缝制衣服。1960 年代,市布、哔叽、咔叽、贡呢、花达呢、斜布、平布等机织布相继上市。条子绒(又称灯芯绒)、花达呢为上等衣料,土布渐被淘汰,纺线车、织布机闲置。绒衣、毛衣、线衣、衬衣及棉、皮、胶鞋进入市场,城镇居民有人开始穿皮鞋。同期,因物资匮乏,全国开始使用布票和棉花票。“文化大革命”期间,男女青年流行黄军便装,中老年人衣色仍以黑、灰、兰为主,式样仍以中山装为多。1970 年代,盛行凡立丁、的确良衣料,后以毛哔叽、涤卡、涤纶、腈纶花达呢、中长纤维等为时髦。农村服装以对襟和偏襟便衣为主,城镇以中山服、列宁服、军便服为主。女西装也开始流行。干部、职工穿蓝、黑呢子者居多。

1980年代起，衣着变化较大，款式新颖，种类较多，布料质量也随着提高，先是喇叭裤、直筒裤、卡腰衫、蝙蝠衫等，后是夹克、西服、牛仔裤、裙子等。1990年代起，夹克、西服、裙子流行，皮革衣物颇为时兴，城乡群众普遍穿皮鞋。干部职工多穿西服，中青年妇女夏季多穿裙子和质薄柔软服装。女式服装式样变化最快，儿童服装更是色彩艳丽，名目繁多。2000年起，服饰逐渐从实用型向时尚型转变，跟随流行款式，按季换新。

二、头饰打扮

明代前，男人多留全发，上梳绾结，别插荆簪；女人梳辫，穿戴耳环。清代，男剃额顶，后脑留长辫，直垂于背，以头绳扎辫。青年妇女首饰有髻钗、垂珠、闪簪、发针、发瓦和各种发花，多为银制。辛亥革命后，男士剪去辫子，留短发，做客、出行或参加重要活动，多要修须、整饰容貌，如不修边幅，则被人刺笑；女子梳妆涂脂，重视美容。小孩多戴银项圈和"长命锁"。民国二十九年(1940年)起，男农民剃光头，男学生、职员留短发，人们称"洋楼头""分头"；未婚少女长发后梳，缠单辫，扎红头绳，婚后妇女不再梳辫，脑后盘髻，有饽饽头、蓬蓬头、簪子头、麻花头、抓髻、蝴蝶髻等式样，别簪子、银针或其他首饰，也有以丝织网罩发的。中华人民共和国成立起，少女渐改扎双辫，耳环使用较少，男女喜在脖子上系围巾。1960年代起，成年妇女多留短发，称"剪发头"；老年妇女仍盘发髻。1980年代起，男发型有分头、小平头、板寸头，男孩多留短发小平头，不少青年人烫发、染发；老年人多留大背头、小平头或剃光头。男人多不再留须，女人多留全发；少女少妇烫彩色头发者渐趋普遍，发型名目繁多，有拉丝头、螺丝头、长披发等。儿童发型男女无太大差别。少数男子有留长发、烫发、染发的。1990年至2010年，妇女多戴金、银等项链和玉、金、银、铜等镯子、戒指，男人只戴戒指。女人戴耳环、耳钉兴起，以金银为主，带有玛瑙或宝石耳坠。

宣统元年(1909年)镇原妇女头饰

三、饮食

民国以前，县内粮食以小麦、高粱、糜子、谷子、荞麦、洋芋为主，菜蔬主要是自种萝卜、白菜、豆类等，冬春自制腌菜作为补充。肉类以猪、羊、鸡肉为主，大多逢年过节才食用。中华人民共和国成立初期，仍以小麦、糜谷、洋芋搭配食用。1957至1960年困难时期，粮少吃不饱，普遍以野菜等代食品充饥，有的吃树皮、谷衣子等，生活极度困难，甚至出现饿死人现象。1962年后，群众生活逐步改善，农作物种植结构调整，高粱面积扩大，主食高粱、玉米，蔬菜较少。1981年实行家庭联产承包责任制后，群众生产积极性空前高涨，粮食产量大幅度提高，农产品品种增加，加之市场开放，全县以小麦为主粮，玉米、洋芋、糜谷为副，蛋、禽、肉逐步增多，食物出现多样化。1995年起，大棚蔬菜兴起，常年可吃到新鲜蔬菜，腌菜逐步减少。由于交通运输发展,外地各类蔬菜、肉食、水果大量调入,食品市场大为丰富,应有尽有,过去人们向往的鱿鱼、海参也能随时食用,饮食结构变化大。

家常饭 平时除上肖一带为三餐外,其余各地一般为两餐,早饭上午十点左右,晚饭下午六七点,一般早以蒸馍、米汤、凉调菜为主,午、晚餐以面条、蒸馍、炒菜为主,兼有包子、饺子、花卷等,农忙增加早点和夜餐。饮食特点是粮多菜少、干多稀少、咸多甜少,普遍喜食酸辣。以粗茶淡饭居多,讲求操作,注重口味,馍、面、荤素搭配调剂,不混煮、混炒,杯、盘、碗、碟讲究清洁美观,蒸馍讲究白而软,面条讲究细而长,锅盔讲究厚酥香,煎饼讲究薄柔,豆腐讲究嫩白,汤类讲究清香。辣椒、大葱、食醋每饭必用,酱油、花椒、大香、姜粉、桂皮等厨房常备。馍类有馒头、蚕头、金裹银、花卷、黏面、糜面饽饽、谷面梁梁,荞面、玉米、高粱面黄黄(又称发糕),菜馍、烙馍(各种锅盔、饼子)及包子、点心、月饼、糖角角、芽麦面包子等。面食类大多以手工擀做,有细长面、韭叶面、刀削面、浆水面、臊子面、揪片面、扯面、糊糊面、鸡血面、猪血片片、菜面、夹夹面、两米面、炒面、烩面、杂酱面、雀舌头面、拉丝面、鳖跳崖、疙瘩面、漏漏面、床子面(饸饹面)、挂面和饺子、丸子等。1980年起,城乡饮食变化大,多以白面细米为主,杂粮较少,肉、菜丰富,群众有“现在生活好比天天过年”的说法。1990年后,小型压面机进入家庭,逐渐代替手工擀面。米类主要有米饭、粥。2000年后,城镇居民早餐多在饭馆买食,中晚餐所用蒸馍、面条多在市场购买。

干粉类有小麦、燕麦、豆类等粮食炒熟磨成面粉加调料做成炒面,用水拌湿食用。油炸类有油饼、馓子、麻花(俗称麻糖)、小果子、油条、油炸馍。用模具制作的食品主要有炉食。发酵类有醪糟、豆豉、酒浮、酸菜、臭豆腐等。腌制类有腊肉、咸菜、泡菜、酸菜等,储期较长,食用方便。咸菜是冬季主菜,1980年代起逐年减少,城镇居民多不腌菜。糊状类有小米稀饭、搅团、沫糊、豌豆面糊。豆制品有豆腐、豆腐脑、豆腐花、豆浆、豌豆面撒饭、豆芽菜。肉食以猪、羊、鸡肉为主,牛、鱼肉辅之,以殷家城羊羔肉最著名。1980年前农事耕作主要靠役畜,农村几乎不吃耕畜肉,之后牛、鱼、鸭肉等上餐桌,平时人们喜食羊肉泡馍。农村逢年过节有吃暖锅菜习惯,将预先做好的丸子、酥肉、粉条、豆腐、蔬菜装入铜质或砂质暖锅内,上盖大肉片,加入调料或鸡汤,在暖锅芯煨木炭火炖煎后食用。1990年代暖锅一度很少使用,2005年后再度兴起,木炭多被固体酒精取代或直接使用电暖锅。

饮料主要以茶为主。旧时农家普遍喝黑豆茶,端午节采摘海红树叶和草本植物地椒,洗净、蒸熟、晒干,代替茶叶。农村以砖块茶、沫子茶等低档茶为主,老年人喜欢熬喝罐罐茶。进入21世纪,饮料多样化,城乡除饮茶外,豆奶粉、汽水、果汁及各种易拉罐饮料逐渐进入普通人家。酒有黄酒、甜酒、啤酒、白酒4种。黄酒有谷米酒、蜂蜜酒、果汁酒,有清浊之分,皆为群众自酿,以三岔、殷家城、马渠等北部山区农家黄酒为优。许多人家开设家庭酒坊,春节期间向各城镇机关居民销售,增加收入。平泉、中原、新城等乡村盛行罐罐黄酒。

宴席 红白喜事,盛行宴席待客。宴席有定规,排座有礼规,酒席宴前分高低(长幼)。宴席多设于桌,一般8人,以对应“八仙”,表示尊敬之意。正面为上席,为位尊、辈高、年长者座位;两边为侧席,为一般客位;对面为下席,为年轻辈小者座位。尊卑上下,不可颠倒。

客人入席，相互谦让，但不可坐错位次，否则受人讥笑。宴席分酒、餐两部分，先酒后餐。酒菜有12个碟子，摆法有定规。4个肉菜碟子居中，称4柱（掌左排骨，掌右旋肉、左鸡蛋、右肝子）；4个水菜碟和4个干果碟围外。后左角鹿角，前右角带丝，中左香菜，中右苤蓝丝，后掌中花生，前口中瓜子，前左角和后右角炉食。有的正中间摆白砂糖或虎头酥全盘。开酒后，主人自上席开始依次敬酒，首杯共干。动筷之后，客人开始相互敬酒；除丧事之外，可行令猜拳，直至席终，但多限平辈之间。酒过数巡上饭菜，规格有“八跨五”“九魁”“十全”“十摟一”“十二摟”“十三花”等。不论哪种规格宴席，均按定规分道上菜，中间穿插数道小菜，随大菜上4次馒头。部分人家上4道或6道饼。上菜次序也有讲究，如第一道菜上“清者汤”，取义“清吉平安”，第二道菜“黄焖里脊”，取义“吉利”，总寓“万事开头，吉祥如意”。上三道菜叫“三星高照”，四道菜叫“四季来财”。宴席用酒主要是农家自酿黄酒，搭配白酒。宴席中，每道菜饭皆随上席指挥而动。“丸子”类，人限一枚。主食馒头忌讳遗剩；食毕不得独自起座，待散席酒、烟敬过，上席离座，其他人才能离座。家庭筵席举杯动箸及言语，均须掌握分寸，不能放肆，尤忌醉酒和轻浮。招待主客、贵宾额外设偏席，酒菜与正席相同，饭菜8碟，即4个小炒菜、4个装碗大菜。

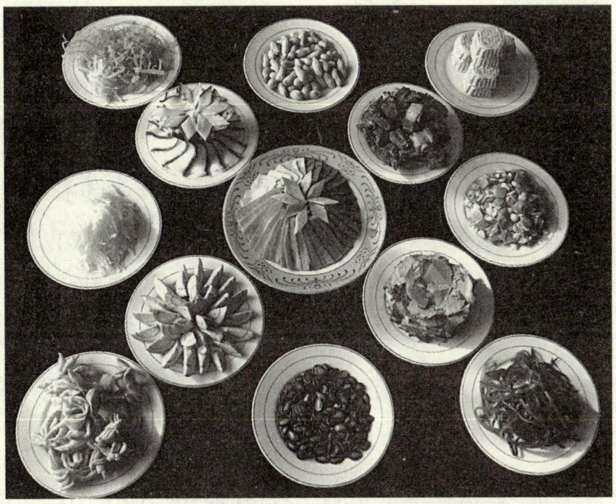
改进后的镇原宴席酒菜碟

镇原宴席最后饭菜

十三花席有大菜8个，双端4回；小菜8个，单端8回，上酒8回；最后端五围子一回共13回。即：①红肉（碟装大菜），有3种做法，一为两撇肉（酥肉、条子肉），二为3溜子（白鸡蛋、烧肉、酥肉各一绺），三为四合头（蛋黄、蛋白、烧肉、酥肉合放）；②里脊肉（碗装小菜），切成丝或片炒成；③鸡肉（碗装大菜），有清炖、黄焖、囫囵鸡等；④蹄花或腰花、耳脆（碗装小菜）；⑤丸子（碗装大菜），有膘丸、糯米丸、酥丸、鸡丸、洋芋丸等；⑥肚丝（碗装小菜），酸辣加蒜；⑦三仙蜂蜜肉（碗装大菜），蜂蜜调肉，回笼几次；⑧夹三肉（碗装小菜），煎饼裹酥肉，油锅炸熟；⑨骨头肉（碗装大菜），将白骨肉块放入蛋清加面糊糊中，挂袍油炸；⑩蜜汁骨肉（碗装小菜），蜜饯挂袍肉；⑪肘子（碗装大菜），带馒头；⑫冰糖肘子（碗装小菜），大肉块加白砂糖等调料，上笼后撒冰糖；⑬甜盘子（碗装大菜），糯米饭上加桂花瓣、蜂蜜、百合等，笼蒸，带馒头；⑭鸡杂（碗装小菜）；⑮笋煎肉（碟装小菜），带馒头；⑯里脊肉或鸡马脯肉（碗装小菜）；⑰五围子即5菜，有东坡、粉饼、炒粉、苜蓿鸡蛋汤、白米饭，带馒头。

八跨五席有8道行菜，5道坐菜。即红肉（碟）、肋脊肉（碗）、鸡肉（碗）、肚丝（碗）、丸子

(碗)、肘子或蹄子(碗),带馒头;耳脆(碗),带馒头;甜米饭(碟),带馒头;五围子(与十三花同),带馒头。

十全席有6个大菜,6个小菜。即:红肉(碟)、里脊肉(碗)、鸡肉(碗)、腰花(碗)、丸子(碗)、肚丝(碗)、耳脆(碗)、蹄子(碟),带馒头;糖煎山药(碗)、笋煎火腿肉或鱼肉、三仙蜂蜜肉(碟),带馒头;甜米饭(碗)、凉拌肉(碟),带馒头;五围子(与十三花同),带馒头。

1985年起,随着人们生活水平提高,生活节奏加快,旧式8座方桌安坐费时费事,逐渐改变为10座圆桌新式宴席。酒菜碟子比传统宴席更丰富,名贵干果增加,常规宴席必上八宝囫囵鸡、大盘鱼、肘子、甜盘等。小碟酒菜改为大盘凉菜,有的地方饭菜由分次零上改为总端。

打平伙 几人商定共同买羊宰杀,在一家煮熟,按人数平均分成份数,来人自带碗、饼馍,泡开锅羊汤而食。三岔、殷家城等山区把羊肉分成几大件,每人拿一块,用手撕肉蘸蒜泥吃,称"手抓羊肉"。也有共同买羊宰杀后,平分羊肉各自煮食的。

风味小吃 镇原风味小吃较多,主要有糖油饼、烧鸡、凉粉、酿皮子、油茶、油糕、豆腐脑、臊子面等,以糖油饼、烧鸡著名。

糖油饼

糖油饼 在发酵麦面团中拌入大油、熟清油、蜂蜜,搓揉均匀,做成小圆饼,入油锅炸熟,色泽鲜美,皮薄味醇,酥甜可口,久放不柔,可与泾川罐罐蒸馍、静宁锅盔媲美。民国时期,以县城张全油饼最好,中华人民共和国成立后镇原宾馆油饼长期享名,2000年代起庞氏油饼也有名。

烧鸡 将脱毛去脏全鸡炖入久存卤汤中,加入多种调料,其味甚佳。县城郭绪儿做烧鸡数十年,鸡汤从光绪年间传到民国时期,名气较大。20世纪50年代以"张半夜"烧鸡为优,传人有张绪业、张八虎等。

四、民居

镇原人旧时以住土窑洞为主,便于修建,造价低廉,冬暖夏凉,但采光不足。挖窑一般选择向阳、近水、做活方便等地形,按二十四山方位合字,多为西、南,少数向东。庄崖面一般高两丈一尺至两丈五尺,窑高多为丈一至丈二五寸,宽八尺或一丈不等,间距和窑宽相等,一般扎有窑肩,装一门三窗。窑壁再挖窑称拐窑,无窑肩称敞口窑。个别穷家不堑崖面,靠山崖挖一长方形小门约1.5米,内边扩挖成窑,称连肩子窑。门内靠窑肩盘土炕。厨房在炕内侧盘灶,锅台以黄土夯筑,胶泥鸡蛋清罩面,一般安大小两口锅。炕、灶连通,灶烟经炕从烟筒排出,可利用灶内余热,节省烧炕燃料,保持屋内温暖。也有特大窑洞,高达两丈四尺,宽丈五,用梾梁、檩条支撑加固。庄子筑有院墙、门楼、鸡舍、狗窝等,有的设二院,建猪圈、畜棚等,院子宽度一般和崖面等距,大门外还有空地称门间。有功名人家在门楼顶撒瓦布脊兽,尺度高于普通人家。少数地方有巨型窑洞,郭原乡马坬村一村民家主窑高3丈,宽1.5丈,

废弃的旧民窑

农宅大门

1990年代民居

高院民居

顶有栿梁，中架木板，所盘大炕可睡20人。

窑庄有3种，一为明庄，依山劈崖，挖窑而居，眼界开阔，有三面靠崖一面空旷的，也有一面靠崖三面空旷的，一般正面3孔或5孔窑，也有7孔以上的，皆为单数，居中的为主窑。崖面左右呈弧形称“罗圈庄”，不打围墙称“敞院子”。二为地坑庄，在塬面坳心就地挖7~9米深正方形或长方形大坑，正面一般3孔或5孔窑，侧窑数量不等，一般不超过正面窑数。三为半明半暗庄，前面土墩低于崖背。地坑庄和半明半暗庄院里挖有蓄水深坑，称“渗坑”。个别富户为防匪在崖面中部挖小窑称高窑，在悬崖挖窑称崖窑。用土墼子在平地上箍成的窑，上面盖瓦称箍窑。个别地方有地窨子，在宅内挖地道通到外面，便于通气、通行、防匪等。

少数人家建房修成四合院，称高院子，平地上打围墙，墙内修土木结构平房，个别宅内建二层单间小楼。

1980年代起，前塬地区箍窑增多。1990年代起，前塬以建房为主，城镇家属楼及小独院兴起。民房一般单间深4~5米，宽一般3.3米，类型有上房，厢房、倒厦等。兴建大门楼子，用瓷砖、琉璃瓦贴面盖顶，镶装板，雕刻图案，镌书题字，安装泡钉铁门，美观大方。2000年起，前塬乡镇90%以上农户住宅由窑洞变成砖木或砖混平房，以砖木结构居多，一些富裕农民还盖起砖混结构平顶房和两三层楼房。建筑式样渐趋美观实用，室内装饰较为讲究。山区乡镇住宅窑洞与平房并存，窑内用砖砌砖箍，玻璃大窗，采光较好。

五、生活用具

明、清及民国时期，生活用具多为手工制作，普遍粗糙，以实用节俭为主，不讲装饰。室内家具主要有柜子、箱子、桌子、椅子、板凳、杌子等。箱子多以楸、桐、杨木分板制作，因用途不同，有大有小，多用土法熬制的桐油刷面，少数用漆刷面。柜类有衣柜、面柜、炕柜、书柜，品种少而笨重，多为三五柜。桌子多为正方形八仙桌、长方形条桌、两斗一门带架板账桌和炕桌、茶几。椅子有老式太师椅和靠子，用木、竹、藤制作，有软硬两种。板凳、杌子大小、长短不一，均斜安四腿。1970年代，县内开始使用沙发，逐步向高档化发展。1990年代起，使用豪华精美新式柜，有大立柜，高低柜、电视柜、书柜、角柜、组合柜、壁柜、保险柜等，沙发普遍使用。桌子改为三斗桌、偏头桌、写字台、独脚台、圆桌、电脑桌等。新式椅子较小，多改为直腿，但不如斜腿稳固。

一般农家喜睡热炕，上铺苇席、纱毡（山羊毛制作）、绵毡等。经济条件好转后，炕上多铺毛毡、棉毯、棉褥、狗皮褥子、海绵褥子、栽绒褥子等，并罩以床单，便于时常换洗。旧时被子多采用大花洋布或毛褐子做面、土布做里缝制；枕头种类颇多，农家除砖、石枕之外，以长条圆枕为主，也有大洋枕头，枕芯多为荞麦皮，有的装茶叶、糜谷、青豆等。1980年代起，被子多采用化纤混纺棉缎或真丝绸缎做面，白棉布做里，为便于拆洗，多数人家在棉被外罩有被套。城镇居民讲究高档席梦思床、真丝棉被、羽绒棉被等。电褥子城乡广泛使用，部分替代煤床与火炕。楼房住宅增加后，床从木板床、钢架床，到席梦思床，种类规格不断翻新；床上用品形式多样，枚不胜举；衣架、床头柜也有所增加。

灶具古今变化大，旧时多用有带深底锅，锅盖有木质平盖和圆锥形芦苇盖两种；蒸笼、水桶、勺、案、风箱、橱架等皆为木质，部分勺为铁质；案板多用木质较硬的梨、杏、杜梨木制成，用以擀面、切菜等；木质铁底或铁质床子，用来压面或自制粉条；蒜窝分石制、木制和铁制3种，用于捣蒜泥；还有笊篱、水缸、坛子、瓦缸、罐子、瓦盆、擀面杖、菜墩、筷笼、抹布、刷子、火叉等；餐具有大小碗、碟、盆子、勺子、杯子、盘子、筷子等，碗分粗瓷、细瓷、搪瓷等种类，常用黑白两种粗瓷大碗，碟子分陶瓷与搪瓷两类，各有大小之分，瓷器大多来自平凉安口窑、陕西耀州、宁夏石嘴山及江西景德镇。20世纪50年代后期，始在机关使用暖水瓶，俗称电壶，后来发展到民间。1960年代，多用尺八撇沿铁锅。1970年代，铁皮、塑料水桶由少到多，木桶逐渐绝迹。1980年后，锅台逐渐变小而美观，砖砌台，瓷板贴面，电鼓风逐渐代替手拉风箱，不锈钢菜刀逐步取代铁打菜刀。1990年后，铁锅头和煤气灶在城镇普遍使用，个别人家还用上微波炉、高压锅、电饭煲、电暖锅等，增加抽油烟机、小型压面机、电冰箱、冰柜等。餐具多用细瓷小花碗，暖水瓶每家都有2~3个，瓦缸、瓦盆基本停用。

旧时生活用具还有石磨、豆腐磨、斗、升、合、算盘、木尺、杆秤、毛口袋、褡子、织布机、纺车、绳枢、辘辘、灰耙等，1990年代，除算盘、杆秤、灰耙、辘辘少有使用外，其他用具不再使用。

古时用清油点灯照明，油灯由灯头和灯架两部分组成，有铁铸、铜铸之分，在碗状灯头里盛清油，用棉花搓成捻子，一头放在油里，一头搭在灯沿点燃，光焰如豆。中华人民共和国成立后用瓶子制作灯具，以煤油或柴油为燃料。1955 年县城机关开始用电灯照明。1970 年代农村逐步用电灯。点火最初用火镰，民国时期始用火柴，俗称洋火。1960 年代开始使用火石汽油打火机，1990 年后使用气体及电子打火机。

20 世纪 50 年代末，少数家庭有晶体管收音机。1980 年起，家用电器迅速发展，不断更新换代，录放机、电视机、洗衣机、电冰箱等逐步进入家庭。2000 年起，多数家庭拥有手机、电话、彩电、照相机、摄像机、电脑等高档电子产品。

旧时儿童玩具很少，主要有自制毛蛋、鸡蛋娃娃、鸡毛毽子、木骺(陀螺)及艺人手工制作的泥人、泥狗、泥公鸡、手摇拨浪鼓、木人、木药葫芦、纸风车、风筝、布绣球、陶人哨、不倒翁、哈哈笑等。成人有象棋、纸牌、花花等棋牌活动。中华人民共和国成立后，玩具品种逐年增多，质量提高。进入 21 世纪，各种新式电动玩具、科技玩具、动物玩具等琳琅满目，成人玩具有篮球、乒乓球、排球、网球、象棋、麻将、花花、扑克等锻炼、娱乐用具。

旧时以阳光、月光和燃香测算时辰。中华人民共和国成立后，个别干部有机械表。广播开通后，人们听广播报时。1980 年代起，机械表、石英表、电子表普遍流行，方便人们计时。

六、行旅

旧时民间行旅以步行为主，日行不过百里。老人和妇女行旅多骑毛驴，也有坐牛车的；官吏和富人行旅骑马、坐轿。民国中期出现自行车，为富商出行代步。1956 年起，人们行旅开始乘班车。1960 年代中期，自行车兴起。1970 年起，县委、县政府配有小车。1980 年代，自行车基本普及。1990 年代，各乡镇、机关单位配有小车，个人大量使用摩托车。2000 年后，个别群众有小汽车。2008 年起，私家小汽车逐年增多，电动摩托、带斗三轮车兴起。

第六节　礼　仪

县民在交往过程中，将儒家仁义礼智信、温良恭俭让、孝悌忠信善等观念具体化，形成繁多礼仪、礼节、礼俗，加深人们感情交流。清末至民国初，遇亲朋来，门外迎接，若是男客，男主人作揖，若是女客，女主人一拜，表示欢迎。中华人民共和国成立后，路见亲朋，下车止步，是长辈要问候，是同辈或朋友握手问好。客人来访时，要出门迎接问候，为客人推车子、提东西，招呼进屋后，先送温水洗脸洗手，递烟敬茶；远路来客，不管什么时分，都要为客人做饭。主要亲戚或贵客迎入堂屋后，主妇和成人均要前来问候。客人临走，替客人提包推车，往前送一程，临别时说声“走好”“以后常来”，或“再见”；坐车、骑马者要送上车、马；远行者要送上路干粮，说“祝一路平安”。

到别人家，应先叫门，若主人不答应，一般不能进门，男主人不在不进门，否则视为无礼。投宿问男，舍男而问女，有轻薄之嫌。入室先推让长辈、他人先进，以热情言词问候对方及家人安好，先问候老者，再依次向其他人问好，亲戚同时回问对方家人，称“问心”。堂屋有长者自己不坐上座，茶、酒、饭先让长辈或他人；没有主人允许或陪同不得随便进入内室。门前不打狗，俗有“打狗欺主”之说；随身携带鞭杆、手杖、自行车等要先放置屋外。

旧时有留客风习，若有人路过自家，不论相识与否，均热情招待，天黑留宿、供食，分文不取；若客人有病或生活困难者留住三五月甚至一年，不收费、不厌客；不愿走者，还帮助成家立业，要走者送干粮、路费等。镇原人崇尚家中客人多、人情好、有德行；若能扶贫救危或留远客成家立业者，为“仁慈之家”，受人尊敬。中华人民共和国成立后塬区此习少见，仅北部山区仍有少量保留。

亲戚交往，主要在宗亲、娘亲、妻亲、姑亲、姊妹亲和干亲六大亲属中进行，以前三亲最为重要。六亲中凡遇嫁娶、生寿、节庆、兴建、升学、升迁、重病、丧葬等大事，均须以礼恭贺或探望、吊祭，先尊后卑，有厚有薄，有来有往。如果礼仪不周，会引起亲友失和，受人指责。

待客虽以客人身份高低和交往时间长短而区分为贵客、稀客和常客，但都热情迎送，倾其所有而款待。平常偶然客至，一般杀鸡、买肉或做臊子面等好饭款待。凡吃饭、睡觉、洗脸等，先客后主，尽力招待；不得在客人面前打骂孩子、与家人争执。做客注重礼节，不自居上座，让座后入坐为礼，不挑剔，先动粗淡饭菜为礼。

在家里，长者进屋，晚辈若在炕上，立即下炕躬立；客人、亲友进门，主人若坐，立即起立迎接，若在炕上，立即下炕迎接，以示尊重，否则视为失礼怠慢。旧时若戴墨眼镜遇见亲友、先摘眼镜，然后搭话。1990年代戴近视眼镜人已无此礼，戴墨眼镜老年人仍有此礼俗。

不管穷家小户，每逢红白喜事，都通知亲友、邻里、家族共同操办，亲友之间均相互庆贺、吊唁，俗称“行情”。礼品有“官情”，即亲友族合办，一般为牌、幛、屏、匾、轴等；也有“单情”，各人自备礼物，也赠现金。礼金按本地俗规定数，一般不能太高，否则有以财压人之嫌。除钱物外，农村白事带白面馍13或21个，红事带12或20个，主家还需给客人回馍。此外，根据亲朋关系亲疏，红事也送被面、床单、衣物等；白事送纸活、香纸、挽联等。主家置礼簿登记，备忘还礼。嫁女、娶媳时，如果父母健在，亲戚族友向其父母贺喜。2000年代起，行情一般不带蒸馍，以礼金为多。春节期间，亲邻送礼，相互往来，备置酒菜招待。亲友之间送礼也极为讲究，镜子一般不作礼品，避免误解为你嫌他难看，或不自量力，只有男女青年恋爱时，男方可给女方送，或嫁女娶媳时可送；伞平常不送，因伞谐音“散”；扇子不送，扇子送凉风，有凉冷之嫌；钟不能送，因钟谐音“终”。

古今礼仪形式主要有作揖、抱拳、挥手、握手、点头、拍手、敬礼、鞠躬、叩头等。明清、民国时期盛行装旱烟礼，友人相见，热情主动地向对方装旱烟，即把对方烟锅接来，将自己烟袋旱烟装进去，双手递给对方后点燃，对方也以同样方式回敬，有时两人用烟锅头对接点火；为化解恩怨，常以装旱烟方式解决，若对方接烟，表示和解。民国二十九年(1940年)起，县北老区青年人吸烟向老八路学习，不用烟锅，将旱烟末用纸条卷起来点燃吸食，友人会面时，卷一支递给对方以示敬意，称安烟，取代装旱烟礼俗。1960年代，吸机制纸烟的人逐渐增多，向对方递纸烟逐渐普及，成为见面礼，安烟倒茶逐渐成为待客的普遍礼节。丧事中孝子不但频繁向亡灵叩头，又向亲友邻族叩头；婚事上新郎向高堂叩头，向亲戚叩头；年三十晚上晚辈给长辈叩头，正月到亲戚家，给长辈叩头。2000年前后，城镇叩头礼已少见，农村逐渐减少。旧时得罪别人，寻求谅解，便请人从中调解，即给对方下跪叩头，说赔情话，答应对方要求，求得对方宽恕，1980年代起逐渐改为备饭安烟寻求和解。家庭礼规较多，旧时名分懔然，下不犯上，晚辈对老人要温言以待，端吃端喝，朝夕问安，病则医药，殁后礼葬，遗训不违，婆婆指责儿媳不许还口，父亲指责儿子不许顶嘴，否则视为反上不孝。还有一些男尊女卑习俗，妇女给老人递物要双手低头；黄昏为老人烧炕，早起刷扫庭院、掏灰生火、为老人倒尿盆；长者进屋，立即下炕肃立；不与公公、客人、阿公哥同桌吃饭，不与阿伯哥说话。中华人民共和国成立后，继承尊老爱幼、和睦相处的优良传统，男尊女卑礼规逐渐被平等和谐的礼仪所取代。另外，民间还有一些独特交往形式：

认娘家　已婚妇女有的因母亲早逝，或离娘家较远而选认干妈、干爹，也有认干姊妹的。

拜干亲　因小孩易患病或有其他不顺利之事，拜请三姓人为干爹、干爷，给孩子戴锁锁，以求平安，称拴娃娃。拜请方式有专门选择命运较好人家，或由家长清晨到大路边迎遇，遇见前三个姓氏不同人即请为干亲。前三年内孩子生日时请干亲到家里招待，并给干亲送衣物等礼品，以后作为亲戚互相来往。

结拜兄弟　称“拜把子”“拈香”，即志同道合、情谊深厚、愿意长久互济、祸福同当者二至数人，设香案，或饮血酒，叩天盟誓；有的设“金兰谱”，各书籍贯、姓名、生日、相属等互换，结为异姓兄弟，以年岁长幼排行，称兄道弟；子孙辈随称“干大”“干爷”。也有用此仪规结拜姊妹的，称拈香姐妹。

认家门　旧时由于人烟稀少，外地迁入户虽和当地人不同姓，也认为同户，以兄弟相称，帮助修庄，划给土地，对孩子以叔侄相称。

中华人民共和国成立前，当地民间为解决婚葬、建宅、生产等困难，亲邻友朋自愿组起帮工会，相互帮工，并以酒肉烟茶相待。因婚娶、建房、购置生产资料资金不足，在一人倡导下，由亲友协商组成积金会，倡导筹办者为会首，其他参加者为会员，人数不限。组会后，会首设酒宴招待，并商定投资数额及利息，按户提取，一人受益，利息甚微，轮流享用一次，即告结束。

第七节　称　谓

在日常生活中，县民对人和物称谓与书面语大同小异。人们惯用尊称称呼他人。问人姓名，多用请问贵姓、尊讳等语，问年龄，多用贵庚多少，回答时多用谦语。小辈见长辈亲戚，一般通称“老人家”，不能白搭话。见朋友，有的称兄道弟，有的直呼其名。见有职业者称其姓和官衔，副职不称副字。见老者尊称大爷、大娘。见年龄比自己大点的尊称老哥、老兄、老嫂子、师傅、老同志、同志，年岁比自己小者称老弟、小兄弟、小师傅、小同志等。见小孩子称“小宝宝”，已上学者称小朋友。同姓氏习称“一家子”。

称高祖父母为“八世太爷”“八世太太”，高祖把玄孙称“末末孙子”。称曾祖父母为“太爷”“太太”，太爷把曾孙称“从孙”。把父辈老大（大伯父）称“大爸”，县南有称“大爹”的，大伯母称“大妈”，老二及以下，不论伯父、母还是叔父、母，一律按排行称“二大、三大”“二娘、三娘”。儿媳内称公公叫“爸”，内称婆婆叫“妈”，对外人介绍，称“阿公”“阿家”，公、婆称儿媳为“媳子”。称姑母为“姐姐”，有的地方称“娘娘”。称外公、外婆为“外爷、外奶”。直呼岳父、岳母为“姨夫、姨娘”，对人介绍时称“老姨父、老姨娘”或“丈人、丈母娘”，直呼岳祖父母为“爷、奶”，对人介绍时称“丈人爷、丈母奶奶”。

称丈夫哥哥为“阿伯”，称丈夫弟弟按排行“二兄弟、三兄弟”，称妯娌为“先后”。妻子称丈夫为“男人、外前人、掌柜的”，丈夫年轻时称妻子为“媳妇”，中年时称“屋里人、婆娘、妇儿家”，年老时称老婆。姐、妹丈夫之间，连襟互称“一担挑”或“一挑担”。称妻兄为“室兄哥”，称妻弟为“小丘子”(小舅子)。称大嫂为“新姐”，戏称弟妻为“筐篮”。

称义子为“干儿”，称义父、义母为“干爸、干妈”或“干大”“干娘”。同母异父人互称“隔山兄弟”。称孕妇为“大肚子”“双身子”，称婴儿为“月娃”，称产妇为“月婆”。把自家人称“锅属人”。

旧时称富人为“财东”，称长工为“伙计”，称佃户为“伙子”，称店员为“相公”，称卖货郎为“呼郎”，称赶畜驮运人为“脚户(夫)”，称理发师为“剃头匠”，称职业看茔地、埋人定方位、选吉日、镇宅安灶的人为“阴阳”，称壁画艺人为“画匠”，通称各种手艺人为“匠人”。称干实事出大力的骨干为“背夯的”“背大扎的”。把有本事妇女称“家事杆儿”，称有本事男子“干家子、豪豪、立炼人”。

贬义称谓很多，蔑称农民为“打牛后半截的”。称别人家最小孩子为“垫窝子”。把说话做事没有分寸的人称为“半盅子、半吊子、半嘲嘲、半瓜子、二杆子、二愣子、二着呢、二窍子、狰三、二百五、二货、行行不满”。称行为鲁莽、有勇无谋的人为“冒失鬼”。称无教养、行为恶劣的人为“栄(xue)梁客、生牛皮、生坯子”。称妒忌心强的人为“讪死鬼”。称轻浮、没本事又喜欢显摆的人为“烧料子”。称行为霸道处处占便宜的人为“大眼窝、狠人、刀子手”。称办事不认真的人为“大式拿、大撒手”。称身高腔大而行为鲁莽的人为“大炮”，外强中干的人为“草包”，称糊里糊涂吃亏的人为“大头、瓷头”。称小心眼、疑心妻子行为不端的人为“钉钉匠”。称不守信用、出尔反尔的人为“滚刀皮”。称胆小怕事的人为“屣狗子、屁胆子”。称不务正业人为“混混”。称不成器而学坏的人叫“瞎渣”。称捉弄人的人为“日弄山”。称办事慌张靠不住事的人为“慌慌”。称没礼貌、不孝顺的人为“山汉”。称爱说谎人为“谎溜子”。称挑起事端的人为“伙事头”“戳事猴”“戳事鬼”。称死皮赖脸、油嘴滑舌、不顾脸面的人为“油皮、油脸子、油核儿、油狗”。骂呆板、不看场合的人为“罄饼子”或“罄屣”。称脾气倔犟、说话生硬、爱发脾气的人为“倔头客、犟屣”。称耍奸溜滑的人为“奸蛋”。称爱戴高帽子的人为“奖家外甥”。咒骂没有生养男孩的人为“焦尾巴”。称耍小聪明爱占便宜的人为“精灵鬼”。称不学无术、惹事生非的子弟为“卢世宽”。戏称爱开玩笑的女人为“嫽货”。称道德败坏、颠倒人伦的人为“驴客子、驴人”。称点子多的人为“活路客”。称虐待先房子女或儿媳的妇女为“摇婆、牛角”。称小偷、扒手为“绺客子”或“绺娃子”。称轻浮狡诈女子为“猴柳精、柳猴”。称说大话、不办事、卖弄夸耀自己的人为“嘴儿客、瓢儿嘴、谝子客”。称内心怀有计谋、表面不张扬的人为“默默贼”。称蛮横不讲理的人为“锥棱子”。称怕老婆的人为“绵羊头”，称爱听老婆话的人

“软耳朵”。称贱卖家产、守不住家业的人为“囊包客、踢山、败家子”。称只讲攒钱、不愿消费的人为“啬皮、捏擦客”。称孤僻不合群的人为“独火虫”。称说话做事羞于出面的人为“锉头子”。称说话唠叨人为“碎口子”。称顽固而不通情理的人为“牛筋”。称软缠硬磨讨便宜的人为“死狗”。称赌头赌棍为“钻碌子”。称只吃不干、游手好闲的人为“吃三、逛三、二流子”。骂爱拨弄是非、难以共事的人为“搅屣”。

称种公绵羊为“羯(羝)羊”,称种公山羊为“骚胡”,阉羊为“骗羊”,称山骗羊为“羯羊”,黑白两色羊为“画眉羊”。称种公驴为“驴公子”,公驴为“叫驴”,母驴为“草驴”。称公牛为“犏子”,母牛为“乳牛”,阉牛为“犍牛”。称公马为“儿马”,种公马为“马公子”。称母鸡为“鸡婆”,阉鸡为“鐓鸡”,孵蛋母鸡为“罩窝鸡”。称公猪为“牙猪”,种公猪为“脚猪”,生仔母猪为“猹猹、老猹”,称未育肥幼猪为“科罗”(克郎)。称母狗为“草狗”,公狗为“牙狗”,阉狗为“骗狗”,矮形狗为“板凳狗娃”。称公猫为“郎猫”,母猫为“女猫”。唤猪“够够”,唤鸡“㭭㭭”,唤猫“咪咪”,唤狗“的的”,唤驴“嘟嘟”。

称高粱为“秫黍”,谷子脱皮称“小米”,糜子脱皮称“黄米”,脱皮荞麦称“荞麦糁子”。称玉米、谷子、糜子等面粉为“秋田面”,用秋田面做成的馍称“饽饽”,秋田面糊糊发酵摊在蒸笼里蒸熟的发糕称“黄黄”,用小麦粉裹秋田面做成馍称“金裹银”,秋田面做成小花卷称“糌糌”。小麦粉或秋面撒进开水,用擀面杖搅匀熬成团状的饭称“搅团”,面粉撒进开水熬成稀糊糊称“沫糊、糊汤”。把面团装进漏斗压出面条称“床子面”或“饸饹面”。麦面和成稀糊,用筷子夹成小块投进开水煮成饭称“鳖跳崖”。将小麦面和秋田面分别入水做成圆盘状,两边麦面,中间夹秋面,擀薄切成面条称“夹夹面”。荞麦糁子擦制成淀粉煮熟称“凉粉”。洋芋或苜蓿菜拌面粉蒸成食物称“困馍”或“困困”。称饺子为“扁食”,称锅巴为“瓜瓜”。麦粉发酵烙成厚大饼称“锅盔”,烙成小饼称“干粮”,不发酵麦粉烙成薄饼称“死面饼子”。把小麦面粉、鸡蛋、调料用水搅成糊状烙成的薄饼称“摊饼”,荞麦粉烙成薄饼称“粉饼”,秋田面烙成厚饼称“坨坨”。把冷馍放在锅底烙热称“炕馍”,放在蒸笼加热称“饦(tuo)馍”,放在火旁烤热称“燹馍”,生面团埋在火渣里烧熟称“烧馍”。面粉做的浆糊稠者称“然子”,稀者称“浆子”。

称方凳子为“杌子”,长条凳子为“板凳”,扫帚为“扫子”,笤帚为“笤子”,芨芨草制扫帚为“席芨扫子”,麦秆或芨芨草制成伞状凉帽为“席芨头帽子”,麦秆编辫制成凉帽为“草帽”。针线笼笼为“笸篮”。捣米臼称“碓窝”,打土坯模具称“墼圈”,带木鋬小筐称“笼”,特大筐称“栲笼”。打地中土块的木榔头为“打胡墼榾葖”,掸糖土用的小木榔头为“掸耱榾葖”。架在牛颈上弯木套具为“牛槅子”,套在骡马驴身上耕地的用具为“套璜”,钻进牲畜鼻子的铁环为“桊子”。

称薄棉袄为“衮身”,双层背心为“裌裌”,带里子上衣为“裌袄”。肚兜称“督督(肚兜的转音)”。小孩脖子上戴的链式项圈叫“锁锁”,毛线打的手套叫“毛手手”,筒状护小胳膊套子称“袖筒”,山羊毛制成的毡称“沙毡”,狗皮制成的褥子称“狗皮条子”,毛线栽成的褥子称“栽能褥子”。褡裢称“褡子”,妇女包零碎物料的包裹称“针线包包”,称被子为“盖的”,毡和褥子通称为“铺的”。

称浅河中排列成行供人渡行的大石头为“列石”。称木偶为“肘乎子”。称冰雹为“冷子”，雷阵雨为“白雨”，冻雨为“地油子”，太阳为“暖和”，彗星为“扫子星”，地震为“地动”，雾霾为“烟雾”，玩具为“耍活”，星星为“羞羞”。

第八节 禁忌风俗

县内称禁忌为“忌顾”，民间忌顾颇多，相沿已久，有规范礼仪的，有倡导科学生活的，弥漫着浓厚的儒家文化色彩。“文化大革命”后期，许多年轻人已不理睬禁忌，唯有农村老年人仍然重视传统禁忌。

节令禁忌 正月忌剃头修发，妇女忌做针线；农历四、六日忌宰杀或出卖羊畜，素有“四六不破圈”之说；腊月三十晚，禁家人外出。

称呼禁忌 忌讳直呼父母长辈姓名，自称父为“老天”，母为“屋里老天”。亲人去世，忌讳说“死了”，自称父母去世为“天塌了”，为父母办丧事称“揭天”，老年人去世称“殁了”或“老去了”“老百年了”；青年人去世称“殇了”；儿童死亡称“瞎(hà)了”；婴儿死亡称“撂了”。童婴瘦弱称“癯(que)的”，忌说“瘦的”；童婴健壮称“体膪”“气膪”，忌说肥；娃娃生病称“变狗”“不乖”“有过犯”，忌说“害病”；身体胖称“发福”，忌说“肥的”；有生理缺陷或残疾人忌讳直呼其缺陷或残疾；不揭短，忌讳别人说自己隐私、重大过失和伤心事。

喜事忌讳 女子出嫁时，亲生父母和未婚女子不能送嫁，忌讳丧偶者、有丧服者、近期进丧窑者和不能生育者送嫁或娶亲。孩子结婚时，禁忌孕妇和未婚女子进洞房。喜庆事上禁忌哭声和吵架斗殴。相亲时忌畜禽死亡或人受伤、物破损。

丧事禁忌 在外去世的人，忌抬入宅院。忌将空棺从大门抬出，要从墙上或崖背吊出。入殓时忌小孩观看，入殓及停棺处禁猫，俗传猫易“惊丧”。服丧孝子忌洗脸，下葬和葬后，禁在坟前动哭声。

饮食禁忌 忌食死畜肉。吃饭忌剥馍皮，忌用筷子敲碗，忌躺卧吃饭，忌蜂蜜与葱蒜同吃。少年忌食鸡头、畜脑。忌乞丐进大门讨饭。羊若摔死不能拉进宅内食用，须在野外烹食。

礼仪禁忌 忌与父母玩牌、下棋，忌与父母叔伯长辈握手、划拳、烟斗对火，忌单手给长辈或家人递茶饭，忌抢坐上席，忌迎客时抢先进门、戴手套与人握手，忌在客人面前打骂孩子，客人在室时忌扫地，忌在会客时豁胸亮膛、歪戴帽、倒靸鞋，忌在宴席上语言放肆。

行事禁忌 借用别人药锅子忌送还，须待主人来索要。忌挂红门帘，俗传红色门帘只有妓女用。忌睡觉搂猫，有“女不玩狗、男不玩猫”之忌。忌用红布做鞋底。棺材忌重修。忌小孩戴两顶帽子、掮秤。忌用庙产，忌砍伐庙里树。忌用石锤子打庄院地。忌在崖畔小便、向下扔东西。忌从庄崖面掉下和抛下畜禽之类或黑色东西，若扔掉下去，须用绳子吊上去，并请“阴阳”刷扫地方。邻居借盐，忌用手直接送，要放在地上让借者去拿。忌打庭院蛇和青蛙，要活着远送出去。忌灶内烧鸡毛蒜皮。忌用筷子擀杖打猫。禁捣毁燕子、喜鹊窝。一般不打狐狸。忌用花椒树烧柴。忌用竹条打牲畜。平时忌用麻绳系腰。忌坐凳子踢脚。忌乱扔破书、字纸，要收集起来过节时集中烧化，传说乱抛字纸瞎眼睛。忌乱抛妇女头发。忌挑空桶入灶房，忌在畜圈大便。忌坟地、庙地砍柴、挖土。忌用柳木做棺。忌在晚上扫地、梳头、照镜子、剪指甲。忌别人在自己的工具、物品上蹲屁股、跷尿骚（绕裤裆）。忌乱抛脱落牙齿，幼儿脱齿要丢到干净地方，老人掉牙用白布袋收藏待死后放入棺中。忌用簸箕在粮囤里挖粮。粮囤、面缸取用后，要填平忌留坑。忌耕地时耕断邻家地畔子，有“犁头断子孙”之说。忌借钱物赖账，有“亏人损阴制事做不得”之说。劝人行事为人要有善心义行，不能做恶，有“善有善报恶有恶报”之说。

第九节 祭 祀

官祀 古时官方祭祀，以祭孔最为隆重，其次是祭关帝、社稷、天后、城隍等。祭孔延续至民国，时间为农历8月27日孔子诞辰。民国三年（1914年）政府还颁发了《孔庙典礼》，其仪式基本与清朝相同。祭祀时，县知事为主祭官，行“四献”“八拜”礼，后来改为“三鞠躬”。祭礼程序十分繁复，要求也很严格。

民祭 主要有祭祖宗、灶爷、土地神等。先人去世三年内逢忌日，将灵牌陈列厅堂敬香烛及祭品，并上坟烧纸。除夕晚上在门前烧纸，有家祠的，同时在祠内祭祀，无祠有影和家谱的，设案献馔焚香祭祀。清明祭扫坟墓，农历十月初一送寒衣；农历腊月廿三日，家家户户贴上灶神爷，在锅台上陈列糖果、素菜祭品，点香烛、焚黄表纸、跪拜祭灶，之后鸣炮送灶神上天，此俗一直留存；每年土地公诞（农历二月初二）设香表祭土地神，此俗基本废除，只有少数偏僻农村仍有活动。除上述祭祀外，个别地方还有迷信色彩的祭雨、祭关公等。旧时有农民在田间祭虫神的习俗，祈祷天不降虫灾，中华人民共和国成立后废除。

第十节 方 言

镇原方言，属中原官话秦陇片，接近陕西关中语，语法与普通话基本相同，字音以普通话字音为基础，略有增减，个别变音变调，地域特色明显。由于境内特殊地理位置，前塬区和后山区阴平调值有所不同，平泉塬中原等乡镇语音差别稍大，其他乡镇差别不大，前塬区以县城话及城关、临泾、南川、开边等乡镇为代表，后山区以马渠、殷家城乡话为代表。

一、语音特点

镇原方言声母有26个，与汉语拼音对照，相同的21个用汉语拼音表示，多出的5个用国际音标代替，韵母全部用汉语拼音表示。

（一）镇原语音将zh、ch、sh多数相应混用为z、c、s，如zha（扎）、zhua（抓）读为za（杂），zhai（斋、择）读为zai（灾），zhuan（专、转）读为zan（暂），zhuang（妆、庄）读为zang（脏），zhui（追、锥）读为zei（贼），zhong（中、忠）、zhun（准、埻）读为zeng（增），zhuo（捉、桌）读为zuo（作）；cha（叉、查）读为ca（擦），chai（柴、豺）、chuai（揣、踹）读为cai（菜），chuan（川、穿）读为

can(残), chuang(床、闯)读为 cang(仓),chui(吹、锤)读为 cei,chong(冲、虫)、chun(春、纯)读为 ceng(层),chuo(戳、辍)读为 cuo(错);sha(杀、啥)、shua(耍、刷)读为 sa(洒),shai(筛、晒)、shuai(摔、帅)读为 sai(赛),shuan(拴、闩)读为 san(三),shuang(双、爽)读为 sang(桑),shui(水、谁、睡)读为 sei,shun(顺、舜)读为 seng(森),shuo(朔、硕)读为 suo(索)。但 zhang(张)、chang(昌)、shang(伤)、占(zhan)、婵(chan)、扇(shan)、汁(zhi)、吃(chi)、失(shi)、钊(zhao)、超(chao)、烧(shao)、正(zheng)、称(cheng)、筹(chou)等与普通话读音相同。

(二)zh、ch、sh 与 u 相拼时大多变为 z、c、s 与 i 相拼,如 zhu(朱)读成 zi,同类字有珠、诸、猪、竹、烛、主、助、筑等;chu(出)读为 ci,同类字有初、除、厨、锄、处、搐等; shu(书)读为 si,同类字有抒、殊、枢、疏、熟、蜀、鼠、树、术等。

(三)方言中部分 b 音读为 p 音,如 ba(拔)读成 pa(爬),ban(伴)读为 pan(判),bei(杯)读为 pei(赔),bi(鼻)读为 pi(皮),bian(辫)读为 pian(片),bing(病)读为 ping(平),bo(脖)读 po(婆),bu(部)读为 pu(铺)。部分 d 音读 t 音,如 dan(淡)读为 tan(谈),dao(稻)读为 tao(讨),du(肚)读为 tu(兔),dai(待)读为 tai(太),di(堤)读为 ti(提);有的 t 音读为 d 音,如 tuo(椭)读成 duo(朵);部分 x 音读为 h 音,如 xia(瞎)读为 ha(哈)。部分 j 音读为 q 音,如 jian(件)读为 qian(欠),jiu(旧)读为 qiu(求);部分 g 音读为 k 音,如 gui(刽)读成 kuai(块),gong(巩)读为 kong(孔),gui(规)读为 kui(亏);部分 z 音读为 c 音,如 zao(造)读为 cao(糙),zuo(坐)读为 cuo(措),zi(字)读成 ci(次);有的 zh 音读为 ch 音,如 zhi(植)读成 chi(吃);有的 zh 音读为 c,如 zha(铡)"读为 ca;有的 z 音读为 j 音,如 zu(足)读成 jü(菊);有的 ch 音读为 x 音,如 chu"畜"读为 xü(需);有的 ch 音读为 s 音,如 chuan(船)读为 san(散);有的 n 音读为 l 音,如 nuan(暖)读为 luan(乱),nuo(挪、糯)读为 luo(罗),nong(农)读成 long(龙),nen(嫩)读成 liong;有的 n 音读为 m 音,如 nü(女)读成 mi(米);y 音读为 n 音,如 ye(业)读成 nie(捏);有的 l 音读为 y 音,如 lü(驴)读成 yu(鱼);有的 r 音读为 y 音,如 rong(荣)读成 yun(云)。

(四)镇原方言多出ʨ(即)、ʨʻ(七)、ɕ(夕)、ʐ(入)、pʻ(屁)5 个声母。ʨ为 j 的变音,如 ji(即)变成ʨi;jian(尖)变成ʨian;jiang(蒋)变成ʨiang,jiao(焦)变成ʨiao;jie(姐)变成ʨie,jin(尽)变成ʨing;jing(晶)变成ʨing;jiu(酒)变成ʨiu。ʨʻ为 q 的变音,如 qi(漆)变成ʨʻi;qian(千)变为ʨʻian;qiang(墙)变为ʨʻiang;qiao(悄)变为ʨʻiao;qie(切)变为ʨʻie;qin(秦)变为ʨʻing;qing(青)变为ʨʻing;qiu(秋)变为ʨʻiu。ɕ为 x 的变音,如 xi(西)变成ɕi;xian(先)变成ɕian;xiang(想)变成ɕiang;xiao(肖)变成ɕiao;xin(心)变成ɕing;xing(星)变成ɕing;xiu(修)变成ɕiu。ʐ(入)为 r 的变音,如 ruan(软)变为ʐan(软);ru(入、如、儒、汝、茹、乳、辱、孺)变成ʐi。pʻ(屁)为 b、p 的变音,b 与 i 相拼成的"屄"音变成特殊声母 pʻ与 i 相拼成字音"pʻi;p 与 i 相拼(屁)变成"pʻi",此特殊声母仅拼此 2 字。

(五)零声母音节,除啊、阿(a)和哎(ai)字外,其余均加声母 n,韵母不变,如 ai(哀)音读为 nai(奈),ao(袄)音读 nao(脑),ang(昂)音读 nang(囊),ou(欧)读 nou(耨)。

(六)镇原话不单独使用 e 音,如(e)额读为 nai,其余均读为 wo 音,如 e(恶、娥、鹅)等全读为 wo。d、t、n、l 与 e 相拼时，e 分别变成 ei、ai，如 de(的)读为 dei，te(特)读为 tai，也有读 a、uo 的，如 le(乐)读为 luo；g、k、h 与 e 相拼时，e 大多数读 uo，少数读 ai，个别读 ei 或 a，如哥(ge)读为 guo，科(ke)读为 kuo，禾(he)读为 huo；z、c、zh、ch、sh、r 与 e 相拼时，e 读成 ai 韵，如 ze(仄)读成 zai(灾)，ce(测)读为 cai，zhe(者)读成 zhai，che(彻)读成 chai，she(蛇)读成 shai，re(热)读成 rai。；s 与 e 相拼时，e 读成 ei 韵，如 se(色)读成 sei。

(七)镇原方言多数将前鼻音读为后鼻音，en 与声母相拼时，均读成 eng，自成音节时，在前边加 n，读为 neng；in、ün 读为 ing 和 iong。

(八)声母不变韵母串混，如横(heng)读为 hong(洪)，恋(lian)读为 luan(峦)，陋(lou)读为 lu(路)，墨(mo)、麦(mai)读为 mei(梅)，怒、奴、努(nu)读为 nou(耨)，魄(puo)读为 pai(派)，剖(puo)读为 pao(刨)，物(wu)读为 wo(窝)，药(yao)读为 yue(约)，孕(yun)读为 ying(影)。

(九) b、p、m、g 和 ei 相拼时，ei 大部分变为 i，如被(bei)读为 bi，裴(pei)读为 pi，眉(mei)读为 mi，没(mei)读为 mo。n、l 与 ei 相拼时，ei 变为 ui，如馁(nei)读为 lui，雷(lei)读为 lui。f 与 ei 相拼时，ei 又变为 o 如沸(fei)读为 fo。而当 p 与 i 相拼时，i 变为 ei，如丕、伾、坯、狉、披(pi)读为 pei。

(十)县南中原、新城、平泉、郭原等乡镇语音与县城周围乡镇语稍有差别，县南语音把声母“z、c、s”相应读为“j、q、x”，在与韵母“i、u、ü”相拼时，u 和 ü 均读为 ü，如居、祖均读为 jü，鸡、猪均读为 zi，去、醋均读为 qü，虚、苏均读 xü，希、书均读为 xi，欺、初均读为 qi；把 d 读为 z，与 i 相拼后，地与子音不分，均读为 zi；把 y 读为ʐ，与 u 相拼后，儒与鱼音不分，均读为ʐu，入与衣音不分，均读为ʐi。

(十一)镇原语中有些口语读错，但书面语则正确，例如“下(xia)”口语中说成 ha，“街(jie)”口语中说成 gai，“解(jie)”口语中说成 gai，但解放的“解”仍说 jie，“仇(chou)”口语中说成 shou，“仇人”说成 shoureng。有些是借用字变音，如开边地名“页山”读 xuesan，武沟乡“巨(jü)”姓读 gui，已成习惯。常(chang)在话语中读音和普通话相同，在姓氏中读 shang。

(十二)镇原语音声调变化大，调值较高，一般将普通话阴平(-)读为去声(ˋ)，去声读为阴平(-)，上声(ˇ)由高到低再到高读为由低到高再到低(^)，阳平(ˊ)一般和普通话一致。县北三岔、殷家城等乡镇多把阴平(-)读为由低到高再到低(^)的音调，如把吃(chī)读为 chî，把高(gāo)读为 gâo，把杆(gān)读为 gân。

二、方言语法特点

(一)镇原方言对疑问词“怎么”读音为(zima)，疑问句“怎么样了”口语表达为“子嘛咴了”。一般在谓语前加疑问词“子嘛(怎么)”，谓语后缀疑问语气助词“咴”，“子嘛”作为状语。如：作业子嘛写咴，(他)子嘛打官司咴，(他)病子嘛治咴，(会)子嘛开咴。

(二)方言里不用“被”，而用“招”来表示被动，如他招狗咬伤了，小明招黄蜂蛰了，他招鬼子杀害了，老王招人骗了，麦子招冷子(冰雹)打了。

(三)镇原话里不用“比”，而用“赶”来表示比较。如：我赶他高，他赶我学习好。

（四）疑问句谓语+唻（呢）吗+不+谓语，如：（他）来唻（呢）吗不来，上去唻（呢）吗不上去。谓语+唻吗+不，如你跑唻吗不，睡唻吗不。谓语+吗+没，如：（他）走了吗没走，喝了吗没喝。谓语+吗+没，（他）醒了吗没，（天）亮了吗没。子嘛（怎么）+谓语+唻，如：子嘛办唻，子嘛走唻。

（五）名词重叠，多在口语中表达，如：瓶瓶、盆盆、碗碗、馍馍、绳绳、纸纸、嘴嘴、手手、袜袜、草草、虫虫等，第二音节读轻声，有小的意思。

（六）形容词重叠。单音节形容词重叠"AA"式，如：弯弯、乖乖、尖尖、好好、瘦瘦、瞎瞎、轻轻、高高、悄悄、松松、紧紧、秕秕（子粒不饱满）等；"ABB"式，如：潮哇哇、笑眯眯、冷冰冰、凉飕飕、牛乎乎、假惺惺、臭烘烘、干巴巴、端溜溜等；"A 不 BB"式，如：酸不溜溜、脏不兮兮、臊不哇哇、油不唧唧、茶不呆呆、麻不扎扎、大不咧咧、绿不茨茨、慢不腾腾、松不塌塌、蔫不楚楚、圆不楞楞等；"ABAC"式，如：烂里烂场、肮里肮脏、窝里窝囊、小里小气、合里合尺、尴里尴气、快里快当、整里整齐等。"AABB"式，如：平平坦坦、花花绿绿等。

（七）动词重叠成为名词，如：刷刷（刷子）、板板（木板）、擦擦（黑板擦子）、盖盖（盖子）、闩闩（门闩）等。

（八）量词重叠，如：根根、沓沓、把把、条条、绺绺、捆捆、对对等，多表示某种计算单位或处于某种状态。

（九）名词后缀"子"，如：帽沿子、刀把子、心口子、下巴子、月娃子、手镯子、嘴皮子、眉毛子等。叠音名词后有时加"子"尾，如：带带子、把把子、尖尖子、桌桌子等。

（十）形容词后缀，有单音节形容词和叠音形容词后缀两种。单音节形容词后缀，如：麻子、矮子、拐子、瞎子等，构成名词，指具有某种生理特征的人，但不带贬义。叠音形容词后缀，如：片片子、块块子、条条子、碴碴子、面面子等，构成状态形容词。

（十一）数量短语后缀，如：一堆子、两片子、一把子、一伙子、一卷子等。

（十二）动宾词组或动词后缀，如：锁子、梳子、擦子、镊子、磨子、钻子等，构成固定的特定名词。而"烂眼子、斜眼子、咬舌子、结锅子、歪嘴子"等构成名词，指具有某种生理特征人，带有轻视或歧视感情色彩。单音节动词重叠后缀，如：翻翻子、扭扭子、拧拧子等，构成状态形容词。双音节动词后缀，如：狗蹲子、仰躺子、爬扑子、锥楞子等，构成姿态形容词，常置于动词前修饰动词，如：他绊了个爬扑子。

（十三）特殊后缀，如酵子（酵母）、浆子（稀浆糊）、铐子（手铐）、衣子（用来烧土炕的植物皮子、叶子等物）、墼子（土坯）、冷子（冰雹）、瘊子（疣）、黡子（黑痣）、秕子（不饱满，不成器）、瓦渣子、窗扇子等。

（十四）代词作定语

镇原方言中代词很多，如"他"用"那、那个、兀个人"代替，"自己"用"曹、曹嘛、锅属"等代替，用来作定语。如那（他）的书，那的孩子，那的家；曹（咱）的车，曹的财产，曹的事；曹们（咱们）的树木，曹们的房子；锅属（自家人）的东西，锅属的问题；兀个人（那个人）的货物，兀个人的小狗。

（十五）补语的几种表现形式

(1)补语后缀“礤的”,表示某种状态达到最充分、最满足的程度,如吃得美得礤的,写得好得礤的,花开得红得礤的,睡得香得礤的,跑得快得礤的,飞得高得礤的,喝得多得礤的,涨得大得礤的。

(2)补语后缀“死了”,不是真死,是对补语深度的加强,形容达到极点,如说得烦死了,睡得香死了,吃得美死了,跑得快死了,飞得高死了,长得乖死了。

(3)谓语+(得)很,有前加“得”与不加“得”两种形式,如好得很,好很;冷得很,冷很;馋得很,馋很;怕得很,怕很;不当得很,不当很;叫掐得很,叫掐很。

(4)谓语+扎了,用“扎”作补语,形容过分彻底、扎实,如写扎了,走扎了,吃扎了,批评扎了,损失扎了,冻扎了,挣扎了。

(5)谓语+得+槎大,常用“槎大”作补语,形容非常厉害,如厉害得槎大,凶狠得槎大,漂亮得槎大,路滑得槎大,雨大得槎大,天黑得槎大。

(6) 谓语+得+劲大,用“劲大”作补语,如:善良得劲大,差得劲大,心黑得劲大,辣得劲大,可怜得劲大,深得劲大。

(7)谓语+完啦(了),用“完啦”作补语,如:齐整完啦,懒完了,幸福完了,美完啦。

(8)谓语+瓜了,用“瓜了”作补语,形容某事达到极高程度,如:嫽瓜了,美瓜了,好瓜了,(庄稼)成瓜了。

(9)谓语+过火,用“过火”作补语,有前面加“得”和不加“得”两种形式,不加“得”,常缀“着呢”,如:美得过火,日眼得过火;馋过火着呢,小眼过火着呢。

(10)谓语+得+没(或无)××,方言中往往用“没××”作补语,有的无确切文字表达,有音无字,意思可懂,是对某种动作、行为、变化形容到极限状态,如:差得没样子,蛮得没眉眼,乖得没气气,凶得没打嚓,做得没收刹,写得没门道(不好),多得没亩寸(无限度),(天爷)高得没边边,(他心)重得没底底,(日子)过得没心倾(劲),叫掐得无拉杆。

(11)谓语+得+其他方言,方言中口头形容词非常丰富,有的只能言传意会,却难用文字表达,这类形容词都可用作补语。如:(鬼子)残忍得无独(无限度),(衣服)洗得绚净(干净),(他)吃得窝咽,(球)打得瘪肠(不好),(他)写得溜洒(流畅),(他)做得利洒(快),(庄稼)收得箭嘛(利索),坏得难向学(无法说)。

(十六)状语儿种表现形式

(1)强调某种行为、动作再不能继续进行下去,常用“唏(xī)”或“唏唏儿不敢”(再不敢)作状语,如:唏唏儿不敢耍钱(玩赌博)了,唏唏儿不敢游逛了,唏唏儿不敢胡弄了,唏唏儿不敢逃学了,唏唏儿不敢骂人了,唏唏儿不敢进网吧了,唏儿不敢睡了,唏儿不敢编谎了,唏儿不敢乱跑了。

(2)方言中“老么、带共”,是表示数量总计范围副词,常用作状语,如:(我)老么一百块钱,老么买了 5 个包子,老么放了 10 个羊,老么看了八九本书;带共参加了 40 次战斗,带共出了 3 本书,带共种了 20 亩地。

(3)表示时间、地点的状语“打”,既代表“时”,也代表“地”,相当于“从头”“自从”,如:打

6 岁就读书了，打镇原到西峰，打北山下来，打 6 点钟起床。

(4)表示时间的状语“撵(niǎn)”“按(nan)”“赶(gan)”组成介词词组，只能表“时”，相当于“到”“等到”，如：撵(按、赶)夏至麦子就收完了，撵(按、赶)腊月债务就还清了，撵(按、赶)60 岁就退休了。

(5)表示立即行动状语“来快”“按快”，表示加快的意思，如：来快锻炼，来快吃饭，来快起床，来快念书，来快出发，按快走。

(十七)宾语前置“把”字使谓语缀后，如“他走西峰了”变为“他把西峰走了”。

(十八)疑问词及问答语的几种表达形式

问：这是谁的小孩？　　　　答：晓哪(不知道)。

问：文化广场在咋呢？　　　答：在哇(wá)呢。

问：你在这儿吗？　　　　　答：不儿那(是的)。

问：做啥唊(jiā)？　　　　答：看书唊。

问：电视台在咋呢？　　　　答：(遥指)在呜哒呢。

三、土语词汇

哎——忽然明白过来，表示反悔。

哎哟——呻吟声。

唵——提醒别人语。

八百不上串——比喻话不贴题。

八角扎人有揹揹呢——比喻做事有限度。

八角爹身子——比喻身兼数职。

把(bá)花——监视，盯着。

把(bā)外儿——格外，故意。

把(bā)炸了——超过极限。

把(bá)作——陷入困难；感觉难受；不能胜任而吃力。

掰情——朋友情面分裂。

百务良成——千方百计去完成某事。

摆跶——漫不经心。

摆浪子——游手好闲。

扳扯——讨价还价。

扳开壑壑——指同辈、同龄人开始死亡。

扳识、瞅识、盯识、瞄识——观察。

板凉——形容人性情慢，跟不上群体。

板板薄——轻浮而爱自夸。

半干、半截子——事情没办完。

拌坎——挣扎。

拌命、拌头、拌砖——以自责、自伤方式吓唬人。
傍间——差不多，有希望。
不入(zi)渠——不讲规矩，不和顺。
不塋实——不放心、不踏实。
不儿那——赞同别人，表示肯定。
不忍见——不忍心。
不够人——不通情达理、不守信用的人；道德特别败坏的人。
不靠绍——不打交道。
不看事下——不看眼色，不看势头。
不是省油的灯——贬指人不安分。
不当——可怜、恓惶。
不理识、不整账——不理睬。
不料意、没料义——不小心，不觉已。
不站点点——干活不停。
不沾因因、不沾边边——牵扯不上，没有可能。
背(pēi)背站着呢——不和睦。
背不扎——商量不到一块。
背的——办事运气不顺。
背力不足——喻弟兄或后代能力不强。
奔望——乞求别人。
笨头——笨蛋。
毕症了、毕竟了、毕蹬了——完蛋了。
闭护——迷信人用符箓等物镇压鬼怪作祟。
滗药——把药汤从药渣里分离出来。
编挂——行动前的准备动作。
编屁摺荒——撒谎。
变驴——做丑事。
冒飚、胡飚——没有把握地说。
拨拨搭搭——拨来拨去，推辞不愿干。
拨捻子——为他人背后出谋划策。
拨舌——讲推卸理由，不接受劝告或拒绝承担责任。
瘪肠、瘪的——事情办得不理想；心情不好；东西不好。
剥掐——批评、教训、训斥。
擘治——医治、整治。
补心——报答。

诧呱——有意制造响声，促其离开。
采腾——暗地寻找。
猜谋——猜测，猜想。
踩不住磨——想找对方办事而被拒绝；未立足。
菜包子——比喻貌似强悍实则无能的人。
诧人——小孩怕见生人。
猹婆子——指泼妇。
扠搭、扠顿、扠弄、扠镫、扠搭子——玩弄，干闲活。
差玄玄——差点遭到危险。
差尺——差劲、能力差。
槎大了——问题严重了。
曹、曹们——咱、咱们。
传叨——小声辩解，表示不服。
惭情——伤心而又后悔。
喘不出——有苦难言。
穿罩——穿衣打扮；穿着。
撞(chuang)不响——形容人自大，一般人问不答、求不动。
撞着了——迷信说法，撞着神鬼而得病。
呲呲——小声说话。
憷大年——不聪明。
碜(ceng)的——形容某种状态达到极高程度，好得~。
垐勾勾——木讷，不灵动。
垐锤——形容某人不灵活，被人侮辱、打骂不还手、不言语。
跐挖——动手动脚。
跐弹——动弹；挣扎。
出拍(pei)——制造事端，出难题，企图胁迫他人。
趑(cì)踏——似走非走。
疵捻窝——点鞭炮后捻子熄火炮未响；比喻办事未成。
锤(céi)实——喻生活丰裕，日子~得很。
凑护——抬举。
凑差——筹备。
措络——经管。
瞅偏眼——寻岔子。
戳弄——教唆，挑事端。
寸摸——试探着慢慢接近目标。

捶背石——称有错挨骂不改;挨打而不哭的小孩。

超着去——不理睬,让他人自便。

缠搅团——用面搅缠做的糊状食物;办事一团糟。

缠一榾柮(du)唊——警告别人不适可而止的话将导致祸殃。

撤花了、撤脱了——撤走了。

扯搭——聊天,谈一谈。

彻了、彻也——松软的东西下沉后稳定;习惯了、平安了。

扯直——直爽。

承头——替别人辩解、抱打不平。

秤锤脑筋——脑子不开窍,反应慢。

吃黑食——吃了苦头而难以开口;受贿得黑钱。

大模儿——大概。

大撒手——办事粗放应付。

打铁——家庭双方硬对硬地吵嘴争辩。

打裆裆——打交道;有争议,闹矛盾。

打砖——没出息。

打巴嚓——睡得正酣。

打平伙——合伙买羊畜宰杀平分吃肉。

打木瓜——比喻碰运气。

打腾腾鼓——比喻合伙心照不宣、互相策应以对付他人。

打和(huó)声——跟声鼓噪;随声附和。

带概——全部或大部分。

单本子——单身汉。

带绁——连累、连带,使别人受到损失。

掸呱、掸摸——旁敲侧击;试探。

担惊、担玄——担心受怕,担危险。

当向、当哩——碰运气。

当客子——自夸货好,使买主上当受骗的人。

挡挂——干扰、阻挠。

裆裆——矛盾,纠纷。

倒变、倒向、倒差、倒腾——变卖财产以作他用;向别人借钱。

倒灶——家境败落。

倒眼窝——不识货。

捣定子、捣糟子——寻衅争辩闹矛盾。

叨顿——故意搅乱局面。

不学好——形象糟糕。
道答——答谢。
得手了——很大的利益得到手了。
蹬脱了——不要了。
等格子——等一会儿。
低答——低三下四;自以为低人一等。
底实——底细,内情。
点点稠——坏主意多。
吊丧——亲戚上门吊唁祭奠亡人。
咥(die)——吃;骂,训斥;打。
詄(dié)那(上肖语)、向那、晓那——不知道。
点捻子——给人出主意。
睇(die)、睇识——窥视,探头探脑地看。
刁儿匠——抢劫;抢劫百姓钱财的土匪。
刁空——抽空。
吊苛——不让吃饱。
喋咧咧——话多嘴快又轻浮。
跌堕落——事情干失败了。
跌窝——太阳落山。
盯瞎茬——抓住别人的话柄以攻讦别人。
掂谋、掂识、掂蹿、掂谋着——权衡估量;警告别人小心,做事不要过分。
丢底——丢人。
丢溜——不负责任的闲话、笑话。
丢得打哩——比喻办事不认真、办或不办无所谓。
丢影儿——吓唬人。
撴不展——不听劝导做事畏缩不前。
撴掐——吃用上抠得紧。
蹾甩——对老人或小孩粗言粗语、动手动脚虐待。
蹾达——用拳头轻击。
冻死鬼——贬称怕冷的人。
趸设——把生活工作的地方弄得又乱又脏。
趸烂子——制造烂摊子、负债。
短肠子——嫉妒心极重的人。
赌势——恃功赌气。
趸麻达——惹祸。

端(duān)——直,端正。

锻磨子——用钢钎加工或修理石磨子。

碓窝——舂米用的器具,臼。

二哩混腾——神志不清。

二不唧唧——言行不上路的样子。

二二丝丝——爱理不理的样子。

佴(er)过——停止。

佴了去——扔掉。

罚码——特别严重。

返栾——乱找;设法挣钱、筹钱。

发挣——干傻事。

翻过了——成功了;失败了。

翻疤了——病加重了;事情有反复;败露。

翻舌——把议论他人不利于和气的话告诉被议论的人。

妨相——迷信说法,嫁娶时头戴红纱盖头的女人有煞,每年妨的属相者要躲藏起来不能看新娘。

防顾——提防、防备。

匪事、匪得很、费手——多指孩子好动调皮、不安分,难管教。

飞把子——形容行为不轨、行动快捷的人。

疯嘴子——指说话毫无顾忌的人。

扶揍——扶助;迁就。

尴气、尴的、尴哇哇的——尴尬,神色不自然,难堪。

格子亮——头脑清醒不糊涂。

干舒——干练又干净。

干的、干散——吃没有汤的面条;办事干脆麻利。

干折斧头一把——白搭。

干指头蘸盐——称未付出代价而谋取收获。

干廉——与事件没有关系;办事没有留下后遗症。

干仗、犅(gáng)仗——猛烈争吵,骂仗。

干誓——赌咒。

罡茬——麦苗因冻害停止生长。

犅的——脾气倔强。

刚强——问候老年人的赞词。

搞么——劝诱;哄;敷衍。

搞格子——应付。

告学——添油加醋地告诉别人的不是。

圪逶——扭动上身似搔痒的姿态;坐着摇动身子。

圪逶逶——上身扭动向前走的样子。

隔口袋买猫——比喻不知对方内情而交易。

供经——供给吃用,经管穿戴。

哽声噎气——以生冷的声音不满的气色说话。

故点——制造事端,如:你出啥~唊。

滚沟唊——表示与对方同归于尽。

尻(gou)子——屁股。

尻子客——指阳奉阴违的人。

沟里垭里——形容说话东拉西扯不分主次。

勾(gōu)扯——商谈,磋商。

勾倒了——双方意见一致定点了。

够数了——满足了。

够一撮撮——达到厉害地步。

尻子轻——不应该;出力不讨好。

估么——估量、推测。

估着了——猜对了。

瞽的——怒形于色。

咕咕——低声谈话。

箍扎的——受约束而不自在的感觉。

箍窑——用土墼子或砖砌筑的拱形顶子建筑物。

孤得很、孤腾腾——指地方荒凉可怕。

古式怪样——事情不和常规;奇怪。

鼓的硬的、鼓的硬挣挣(zeng)——指装腔作势摆架子。

鼓络——鼓起精神凑合着过。

瓜瓜——锅巴。

瓜敛——瓢。

瓜兮兮、瓜呆子——傻里傻气;提醒别人之前的戏称。

呱嗒——厌称他人说话声。

刮的——饥饿的感觉。

桄桄、桄杖——短型木棍;做木活家具中的线材构件。

光把连系——孤身一人;什么也没有。

逛脱了——耽搁了。

过酒、过醋——酿酒、酿醋时从酒、醋糟子里把酒液或醋液过滤出来。

过继——把自己的孩子送给他人,为他人传宗接代。

瞎了——不好,办事失败;死了;坏了。

瞎渣——不成器;坏蛋。

下(hā)数——陈规、规则。

海的、海实、海成了、海上了——形容多。

害口、害娃——妊娠期恶心呕吐,改变口味而挑食。

害势——心里不满故意那样做;贪婪。

害怕了——小孩被野兽害死了。

夯胀——吃得过饱或肥胖人蹲下难受的感觉。

桁口——难以开口说话。

行行不满——半吊子。

巷蹚——地坑庄出入通道。

豪豪——好样的;才能出众的人。

耗弹、耗踏——经常糟蹋、损坏他人果实。

好不干儿——无缘无故。

好干没事——事情没有什么可怕的。

黑乎满歹——糊里糊涂。

黑地明夜——夜以继日。

黑着哩——糊涂着哩;情况不明。

浑全——没有受到损失、损害。

横的很——横仗;蛮横。

昏头仓浪——头昏眼花走不稳的样子。

红头涨脸——情绪急愤头脸涨得通红。

哄松——哄骗。

猴的——人机灵;轻浮;人或牲畜攀登能力强。

厚憨——不吝啬。

吼拾——训斥。

喉塌塌——指病危时喉咙发出的不利索的呼噜声。

齁陋气、哈辣气——脂肪太多且变质不好吃的肉食气味。

糊涂镶浆子——糊涂不讲理。

胡逞——胡来。

胡墼——硬土块。

胡邋遢——指丢三落四的人;不计较小事的人。

胡拨了——胡弄了一摊子不可收拾。

胡连头了——因精神紧张不知所措。

葫芦头子——不开窍。

瓠条——将瓠子旋成条状的菜。

划悔不过——对做过的事情想不通而悔恨。

花搅——因消费所支出的钱。

花里花达——零零星星。

花哨——形容人活泼、热情的样子;指华丽多样。

黄了——庄稼成熟;借别人钱而不认账。

回吩——向鬼神祷告;向人说明。

回话、回呼——答复的话(多指别人转告)。

会得很——善于巴结钻营;灵巧。

豁豁——贬称兔唇患者;小缺口。

灰耙——农村烧土炕用的耙状拨火棍。

灰水——荞柴灰过滤出的水,可用作和面时的添加物。

火憋憋——急躁的样子;愤怒的样子。

火草——棉花用灰水浸泡后晒干火链石取火之用。

火链——用钢条、兽皮制作的打火用具。

火石——打火用的坚硬石块。

火萋子——用白蒿拧成的绳子,点燃可驱蚊。

劐剥——宰杀畜禽后开膛。

活泛——活跃、善于交际、交易。

活搅——糟蹋;干扰。

活络气——不稳定。

合碴——弥合裂缝或碴口。

和和着——轻轻地拿或抚摸。

挤发——送走,打发。

济弄——纵容骄惯。

墼圈、墼母子——打土墼子的木框模具。

急乎乎——急切的样子。

急燎燎——性情急躁。

记怪——记恨别人。

忌顾——忌讳。

夹半截留半截——说话吞吞吐吐。

夹不住话——不能保密。

夹教——几个人暗地里议论诋毁别人。

架桥——假借别人名义。

尖尻(gou)子——指坐不住爱动的人。

奸屣、奸蛋——懒惰;奸猾。

兼水——向沸腾水里添冷水。

箭麻、焦扎——精神旺盛,动作快捷灵巧、麻利。

奖么——当面夸几句。

浆水——用面汤发酵的乳酸菌饮料,可以代醋;比喻说话啰嗦,淡而无味。

讲扬——把机密或隐私事件传播出去。

降(jiáng)了——发怒了。

浆子官——糊涂官。

交割——交付、托付。

交险——严重。

焦零——完结;没有关系。

搅费、搅用——消费开支的费用。

搅干子——打交道。

叫承——统一口径。

接承——答应、接受。

叫拮——日子穷。

揭么——凑合着过;应付。

揭哇——驱逐;除灭。

揭天——葬埋父母,办理丧事。

讦(jie)短——揭根底攻击人。

节得很——笨拙得很。

结活——指物体大小、重量超过一般的物品。

紧成——紧凑;严实、紧密。

紧活——事情紧急。

精灵——聪明伶俐。

精倔——有精神,多指小孩,少数指老头。

精爽——精神好,精力充沛。

甑底——搁在蒸笼里放食物的透气板。

净桄——蒸笼里绑扎竹条或高粱秆的架子。

倨的、倨得壮的、倨乎乎的——故作傲慢的姿态、妄自尊大。

足(ju)便——随时可用。

矍的——呼吸不畅;态度傲慢。

卷连带姓——指吵架中连同对方家里人及有关人一起骂。

觉鼓——狂妄自大、霸道。

俊样、俊的——俊秀、漂亮。
贱皮子——不识抬举，受奖不干受罚却干得欢。
开锅羊汤——刚煮熟羊肉的汤。
开口情——庆典中众来宾都可以搭情钱上姓名的纪念品。
开皮、开茬——不留情面。
看笑态——幸灾乐祸。
拷教、考究——拷打，管教审问。
犒苛——本应可得到满足而实得不到。
空勃勃、空趵趵——事情落空。
空月子——妇女产后婴儿夭折的一月时间。
抠掐——在吃穿用用度上抠得紧。
抠墙根——形容焦急无主见。
桍子——镰、锨安把的窟窿处。
挎达亲戚——远亲戚。
壳子硬——强硬，遇事不退让。
可些了——可惜那些了。
括算、括差、括目——估量、估计、估算。
阔场——排场。
刻利马擦——马上、立即。
柯眼——对象，位置。
拉巴巴——落在最后边；事情未办完。
拉干嘴——背地里说有是非的闲话。
拉忽——丢三落四。
拉老婆舌——拉闲话；道听途说，把听到的隐秘事告诉当事人，戳弄是非。
拉麻话、拉巴话——留有尾巴的话。
拉闲——聊天。
赖徒子——遇事惯于要赖的人。
赖襶——不整洁。
烂场——杂乱；家境贫寒。
烂了——生意亏损。
烂子——债务；祸事。
烂嘴子——不分场合，胡说烂讲。
揽承——主动承担。
烂糟糟、烂哇哇——破烂不堪。
揽把——承头去办或收拾残局，负责到底。

阆闶(kuang)——未安门窗的房屋;建筑物空间;也称闶阆,空间大。
廖(liao)地里——旷野,空旷地带
连模子——不分主次好歹。
连相——从出生相属当年算一岁接连计算年龄。
连锅饭——熟面条从锅里捞出来不经冷水直接放在碗里让人吃的饭。
连窝子——指畜类近亲繁殖的崽子;戏称一人闹事全家出动。
凉的——比喻禀性温和,行动迟缓。
凉得闪呢——形容办事过于粗枝大叶。
浪(lang)——游玩,如“到集市上浪去”“浪门子去来”“到亲戚家浪了几天”。
啷治——以戏言表褒内贬讽刺挖苦。
老碌——退步没长进。
老算了——算账时一时没有算清楚。
牢实——结实。
理识——理睬。
老勺台台——指排行最小的儿子,也是最爱的儿子。
立练——能干、麻利。
勒(li)坑人——有能力帮人反而刁难人。
离夹层——剥离,不沾连。
离拉——分明清楚。
离练、离皮、离丝——原先两者之间的密切关系已完全脱离。
两不管、两是赖——指人或物与某两边都不相干。
梁子——隔阂,心病;仇隙。
缭揽、缭恋、缭补——张罗、周全、补救。
撩摸——试探着吃。
嫽(liao)——夸奖话,相当于好,如“嫽着很”“嫽着哩”。
尥得很、尥不唧唧、尥的鞍子都披不住——轻浮的样子,喜欢自夸,极端轻浮讨厌。
尥子、尥片子——指轻浮或直打扮外表不务正业的人。
撂过——停止;辞职。
撂治——捉弄人。
撂梢——形容某人比同龄人长得稍高。
列挂——做出某种架势。
捩撇子——不合群。
裂子——皮肤因受冻而裂开的口子。
趔开、趔过——叫别人走开。
列折、零干——事情完美完结;办事快而轻巧。

临完、临毕——到头来。

灵醒——睡觉醒过来;休克后苏醒;睡觉中能保持警觉。

零撢了——一点一点地把钱财花光了。

溜溜——一行子,一排子。

留刹、溜当——顺利;流利、利索。

溜兮——油嘴滑舌不正经。

溜头子——怕出力,躲在后面。

绺娃子、绺客——小偷。

六骺掷起来了——没有办法而发呆。

六衅——讽刺挖苦。

六只眼了——看见了好东西惊呆了;眼睛直直地看。

弄豁了、弄送了——毁坏了,断送了。

陋人的——陋笨的;看不惯,不舒服。

噜苏——啰嗦;厌烦。

乱团(乱弹)——戏剧中长段唱腔;业余爱好者随便唱的剧词。

略么——感觉;猜想。

略不来——感觉不到,占便宜而得寸进尺。

垒堆——肥胖;带物多而杂行动不便。

摞摞(luo)——层层堆放的庄稼摞或草堆。

抡势——自以为有势而抡甩不干应做的事。

麻达、麻希——麻烦;祸事。

麻眼——差劲;看走眼了,没认清。

满福了——满足了。

墁(mɑn)墙——用混凝土或土泥等粉刷墙面。

莽实——壮实。

摸(mɑ̀o)搭——用手探摸。

冒了——发火了、发怒了。

铆窍活——技术精细的活。

铆硬了——太过分了。

美实——表示满意,痛快。

懵住了——一时想不到,突然想不清。

迷着呢——技术不高。

迷弄——诱惑,作弄,控制。

面情软——下不了手去做不利于人的事情;不能坚持原则。

苗道——苗头;希望。

没背头——没耐力或持久力差。

没撞响——问话没应答。

没儿那——表示同意对方的观点,意为就是的。

没逛水——受到别人冷落而感到不自在。

没下(ha)数——没个准儿。

没足情——贪婪,得了好处仍不满足。

没捏搁——没本事。

没磕眼——没合适的对象、位置。

没麻达——没问题,有把握。

没眉眼——不顾体面;糟的没法看;没有眼色。

没记候心——不记恨别人。

没模(mu)寸——形容某种事物深远没有边缘。

没是、没向、没搞——不行。

没向况——没机会、没条件、没情况。

漠诮(moque)——冷淡,没同情心;能帮的忙不帮,在一旁看笑话,刁难人。

抹迷——无原则地调和矛盾;敷衍地把事抹平。

暮囊——动作迟钝、行动拖拉。

模(mu)不来、略不来——感觉不到;不知足;觉察不出事情根由;缺乏自知之明。

纳谋——估量,目测。

拿捏——拿手;本事。

拿家——行家;拿事的人。

崖(nan)背——窑洞上面的空地。

崖堺——崖壁。

埯(nan)跔跔——悬崖中或下部凹进部分。

按(nan)板——设计骗人。

难月——妇女产后的一月。

南水——开水。

昂(nǎng)的——富裕,舒坦。

馕装食——贪吃。

闹活——吵闹,寻事。

馕包客——讥称饭桶,不会理家,贱卖贵买。

能的、能鼓——只说不干,自以为是。

腻的——好食物吃久了厌食;待人不热情,爱理不理的样子;油腻食物。

押(nia)后手——给大家办事从中暗留私利。

押(nia)搁——节省;积攒。

蔫板、蔫儿扑腾、蔫不勾勾、蔫不塌塌——指人或畜柔弱没精神，性子慢，不爱动。
眼(nián)恶(wu)——憎恨。
眼道、眼功——视觉，识别事物的功力。
眼热——羡慕。
眼害——眼中钉；令人讨厌，厌恶。
眼儿不亮——仇隙；成见。
撵场——到外地割麦挣钱。
捻弄——摆弄；修理。
捻子——给别人出主意；卧底的主意。
念咯——远方亲人惦念念叨；迷信说法，因被亡人念叨而生病。
仰(niang)住了——躺着一时起不来。
咬包——牵扯别人事为自己开脱。
咬嘴——喜欢争多论少，争长论短。
坳塄——塬地当中低洼处。
茶的、茶气——秤杆尾低垂，份量不足；弱小，精神萎靡不振。
捏严(nian)——保密。
捏么——捏造；积攒，拼凑。
拗(niao)字不清——拗口，读不准音。
埝(jian)——一块一块的山地称为埝或埝埝。
窨子——地道。
硬爬坡——不论行不行，非要干不可。
硬成——能力强。
硬鼓——强迫。
硬强、硬梆——木质坚硬；人强硬。
硬实——结实。
硬头骨扎——态度生硬；蛮横硬干。
拧次——扭捏。
牛吼天地——嚎啕大哭。
牛头背上不认桩——证据确凿而仍不承认。
扭扯——故意做作，以图讨价。
扭筋子——木纹不直；与人合不来。
怄(nou)拾——挖苦。
爬天跪地——站起来、跪下去的动作，常指体力劳动。
败(pai)家子——致家业衰败的人；迷信说法，指生辰八字不佳之人。
盘缠——外出或过庙会所带的钱。

败草、败场——庄稼未碾净，二次又碾。

办(pān)蔵——过节过事前置买东西。

跑蹿——经手、周全，到处联系办事。

炮筒子——指直言不讳、说话不得体的人。

刨揽——尽力经营，揽财。

拍刮——以威势在众人面前进行厉言震慑；迫治人，欺负人。

白(pei)眼眍脸——指不求上进、不务正业的人。

碰茬——拼凑；结账。

皮薄——吝啬。

皮实——物品柔韧耐用；形容人能吃苦忍痛。

皮造厚——比喻忠厚老实、虽遭欺负而不发怒的人。

蹩(pia)气——尴尬。

辨(piān)不来——弄不懂。

辮(piān)蒜——磨牙斗嘴。

谝(pian)传、谝干传、谝的——夸耀，炫耀；聊天；废话；吹牛、造谣。

撇绞人——排挤人。

撇不着火——互相合不来。

撇尺子——互相明争暗斗，闹不团结。

撇腔——学着外地人说话。

别(piě)来——重来。

拼(pieng)捋——准备，筹集。

品麻、品哇咯唧——不合时宜逍遥享受摆架子。

漏齿话——伤害他人的话；漏说保密话。

泼常、泼皮、泼实、泼得很——形容过日子吃苦耐劳劲头大。

颇烦——烦躁，不耐烦。

薄(pǒ)厌厌的——形容人轻薄。

扑跐(cǐ)赖害——形容人的体态松弛、不整洁。

扑侃——向前闯。

醭(pu)气——物品霉变后的气味。

屁事——小事；不算事。

蹼沓——走路脚步沉重；动物体重走路吃力；喻做事不好。

七老八垮塌——指老弱病残者。

企头——利益；便宜。

嘁腾——出坏主意。

齐整——日子兴旺美好，样样齐全。

起戗——冲突。

气腯、体腯——人健壮。

气肠——生气。

抷(qià)坷——内疚;不甘心。

前点点、后闪闪——形容走路不稳或办事不稳。

前拉后扯、前踏三后踏四——形容说话重复啰嗦。

倩巧——做事很轻巧麻利。

倩合——合适;得心应手。

钱码——祭祀活动中所焚烧的黄纸表。

强板筋——指性格执犟。

悄而不喘——该告诉有关人的事而不告诉。

趄住坡坡溜——趁机会借势行事。

切住菜——办事有效率、效益。

毬来屉叽——指口吐脏话。

轻巧、轻省——指轻松、轻快。

情份——礼物。

磬不勾勾——指不灵活、站立不动的样子。

磬住——凝固;受威胁而站住不动。

诎得很——妒忌别人。

屈可——因受限制而不能舒展其能力;不得志。

去不利手——不得脱身。

觑(qu)识——暗暗察看;无声息地接近目标;欲谋猎取。

圈道——程序;设圈套。

橛橛(que)——嵌入地上或墙壁上的木棍。

人情门户——交往。

黏(rán)儿带暮囊——办事说话不干脆、拖泥带水。

禳解(gài)——劝解;迷信做法,边敬神边祈求神灵赐恩免灾。

让服——善意退让。

嚷堂——打扰对方的谦词。

嚷竟——为成事而经常操心说话促进;争吵。

攘院——社火到家庭院子绕圈踩踏送吉祥;庆贺新宅。

绕圈圈——说话拐弯抹角。

扰达——打扰;在人前走来走去。

惹人眼害——惹人讨厌。

惹道——有意挑逗。

惹绍道——挑起事端。
热眼——眼热、羡慕。
人梢子——拔尖人物。
仁的——装模作样说过头话。
日掘——痛斥、谩骂。
日鬼——说谎、敷衍应付,作假。
日鬼洋麻糖——不务正业;假冒。
日瞎(hà)、日瞎茬——说别人坏话。
日搞干——应付。
日乎朝天——贬称大干了一阵子。
日囔——喋喋不休的谩语。
日牙槎话——过头话
日兴、颠兴——对生活、能力较差的人故意说过头的赞颂话,使其尴尬。
日塌——毁坏。
日弄、日弄三——欺骗、捉弄。
日溜丢——说话做事不负责任。
日眼——不顺眼。
日能——逞能,出风头。
日巵茬——低等级的人或物。
柔筋子——半干半湿。
柔柔——用荞面、燕麦面糊糊摊烙的薄饼。
肉头——软弱无能;脑子不开窍。
软(ʐan)蛋——无硬壳的禽鸟蛋;胆小怕事的人。
软(ʐan)秧了——办事力不从心而中止。
擩(ʐi)黑食——花钱办事而未达到目的。
擩(ʐi)灭——隐秘地消灭。
入(ʐi)乎不上——无处插手,接近不了。
润(ʐeng)私了——把整体的钱或物一点一点地在小事上花费完了。
靸(sā)鞋——穿鞋倒踏着鞋跟。
撒欢子、撒奔子——因兴奋而快速奔跑。
甩(sāi)的——故意扳扯,不知足。
撒亲——撒娇。
摔(sāi)霍——挥霍。
摔糟子——不知节约而挥霍浪费。
搡窝了——退缩了。

山(sàn)的——在老人或长辈面前放肆,粗野。

散(sán)达逍逸——漫不经心的样子。

三(sàn)的没帽盖——极为放肆、粗野。

三棱(něng)暴翘——不规则的物体;形容态度蛮横没有礼貌的人。

趟(sán)脱了——脚没踩实或手没有抓稳而滑落;离开安全地带;原来定好的事情因故耽误了。

骚轻——轻浮讨厌。

扫殿猴——在领导面前拍马屁、打小报告的人。

睄了一眼——用眼睛余光不在意地看了一下。

捎言语带剩饭——借机指桑骂槐。

瘆(seng)——凉,如"这个窑瘆的"。

瘆(seng)住了——因事情突然,一时反应不过来。

顺(sēng)摸——巴结。

生(sèng)巴路——生手、外行。

生脚巴手——不熟练。

生分——过分自私,彼此不让分文。

森(sēng)煞——威严可怕。

耍死狗——耍无赖。

耍人——打扮起来到处游转,不干事;出风头,显示自己有能耐。

耍笑——歧视性捉弄。

煞架——认为降低了身份。

熟(sī)欢——熟识、混熟了。

私薄——偏向,看人行事。

试(sī)活——试探。

双头棍打雀儿——比喻两头得益。

睡(sei)梦颠盹——似醒非醒。

眚(seng)的——丑陋、难看。

眚上不走——死缠不走。

使拐、使怪——作梗。

输期——指责人失掉时间,慢事。

死皮、死狗——无赖。

撕挖——揪抓撕闹。

松活——宽松,也指病情好转。

屣管娃——指责不负责任。

㞞 (song)——软弱无能的人,坏人,如"坏㞞""瞎㞞""冷㞞""瓷㞞""囊㞞"。

廋得很——吝啬。

搜腾——钻营。

琐撇——抛弃琐事,再无牵挂。

闪得紧——指责别人行动太快。

闪了、闪干了、闪脱了——对某事寄很大希望而落空。

伤脸、伤音——伤了自尊心;有失体面。

上板——欺哄或被别人设圈套。

上祸——怂恿。

劭道——麻烦。

少欠——偿还别人的冤孽债。

劭了——发怒了。

设盘——为某事做准备。

申过、申质——教训、批评、训斥。

深不得浅不得——事情难办、无论怎么样都不行。

实服——佩服。

实腾子——比喻脑子反应慢。

势绪——仗某人势力做坏事。

势煞——架势。

拾戢——逼近对方,欲谋动武。

拾翻——指孩子胡乱翻腾东西。

誓量——断定某人干不成某事。

寿实——器物经久耐用。

收全(cuan)——收拾到一块。

受活、受瘾——舒服、快活。

折(she)耗——损耗。

沓过——多而重复地说话。

塌场——打碾粮食未完而遇雨。

塌火——做事中途而废。

踏扎——打扰、麻烦别人的谦词。

太赖——总共、整个。

怠(tan)格(gai)——等一会儿。

菼(tǎn)的——蒜吃多了胃难受。

弹嫌、弹拨——挑剔毛病。

堂儿清——头脑清。

堂儿不清——头脑不清。

堂口深——贬指门户深。
趟不上——对某人想接近但接近不了。
汤大了——严重了。
绹达、绹干——不正当地混在一起。
套弄——从别人口中套话。
淘神——淘气。
掏揄——收到赠礼时道谢的词。
腾搡——挪腾东西,清理杂物。
踢脸——伤面子,多指晚辈做错了事有损于长辈的声誉。
踢踏——糟蹋;损坏、挥霍。
提喉声——提话头,引起不必要的事由。
递(ti)草——铡草时向揣草的人递送长麦草。
垫(tian)背——替别人受过。
垫(tian)补——主食不够吃用瓜菜补充。
舔尻子——拍马屁。
舔摸——讨好。
填还——指父母为子女尽力干活。
调(tiao)塔、调当——搭配。
调货板——物件搭配错位。
调向——反复调整;变通。
佻弹——不安分。
挑梢子、挑梢梢——技艺拔尖;挑轻活干。
挃(tie)肚子——把肚子鼓起来;与人对抗。
铁实——能忍耐痛苦。
贴摸——巴结。
贴赔了——亏本了。
停火了——中止了。
听梆儿声——听信道听途说的信息。
听墙根——偷听别人谈话。
通传——非正式的告知。
透得很——指投机取巧者有探透清隐秘事情的能力。
透漏罐——从白天干到次日白天,整夜没有睡觉。
透弄——设法打听弄清所需要的情况(贬义)。
腿系——指在上层社会的靠山。
腿粗、腿壮——靠山硬。

脱条——身体修长。

抖霍了——把好东西弄乱弄完了。

吐胡儿——表态、答应，允许。

独食子——众人物品一个人独占。

毒劲大——决心大。

坬坬(wá)——坡地。

挖住了——得手了；抓住某人的事不放。

挖挦(xing)——挖到、捞外快。

外抓挖——份外取钱财。

弯圈子、弯圈圈——绕圈子，不直说主题、真意。

玩缠——反复、持久地去做或较量。

玩孽病——指难治愈的痼疾。

玩货——玩具；爱出洋相的人。

汪的——饭菜肥油过多；心理欲望过高。

望想——希望。

偎(wèi)住——亲热缠人不放；以老交情缠人办事。

维(wēi)伙人——结交人。

温次次——不愿搭理人。

遏(wo)尖子——打掉锋芒；搞掉出头人。

踒赧了——失败了。

窝里老——指怕出门、没出息的人。

恶(wo)咽(yan)——贪吃。

恶水咯唧——饭菜味道差。

瞐眉皱眼——恶狠狠地皱起眉毛，瞪起眼睛看的样子。

饿死鬼——蔑称不分场面贪吃的人或吃得又猛又多的人。

捂整——隐秘地把人整死。

无拉杆——破产，没有办法过日子。

降(xiǎng)住了——降服住了。

恓惶——贫乏；伤心，哭得很伤心；可怜。

希忽儿——差点儿，险些。

稀架葫芦——不稳固；靠不住。

喜拉——热情；乐观。

盻盻得了——忍受到极大限度。

系系——缀在布袋等物上的布条或细绳。

细具、细斯、细祥——细心、细致、节俭。

下吃干粮了——把承诺的事情误了。

下话——赔情认错。

下家——婆家。

下蛆儿——陷害。

下深法——下决心;下大功夫。

下算——用胁迫手段夺取别人财物。

嫌唤——嫌弃、挑剔毛病。

显哗、显呱——炫耀。

相端——想办法筹备;端详分析。

相活——柔软,干湿适度,多指面团之类。

襄事——过红白事开始前管事和效劳人员在一起开会商议过事的办法及分工事宜。

享长、响的很——受重用,被别人看得起,有时含贬义。

像学——传播他人不是。

枵(xiao)的——物体不结实;人不能吃苦耐劳或忍痛。

消停——轻松;清闲。

小眼——见别人的东西眼馋行窃。

晓呐——回答别人的话,意为不知道。

笑患——丑事被别人讥笑。

笑态子——出了事故或丑事被当做笑料。

加楔楔——形容本来事务繁忙或经济拮据,又增加新事或开支。

噧(xiè)——说,如“你噧得能的很么?”“噧得好”“你噧话呀,哑巴了!”

邪了——运气不顺当,多出差错。

些微儿、些许儿——稍微,微小。

谢承——答谢。

心不欠欠——对某事不放心。

心晃——烦闷;想事心情不安宁。

兴人——故意答应帮人而不兑现,捉弄取笑别人。

行子重——做事抠得扎。

虚呢、虚一下——口说空头人情,表面谦让、挽留、赠送,实则无心兑现。

虚岁——连十二生肖相本身算一岁的年龄。

虚头——除了付足的数额以外还有剩余部分。

许承、许当——许愿、答应。

绪人——对别人保密。

嗅谋——估算。

揎窑——把挖成的粗糙窑洞细加工成线正面平的窑顶及墙壁。

玄死了——指责某人应办事而不办。

鏇腾——钻营;拉关系诱取东西。

哶头——地头顺耕不到部分。

踅来呢——不按常理行事。

踅事——从中作梗;障碍物。

寻趁——寻衅、闹事。

寻麻达——挑刺儿、找麻烦。

牙长的——说话太罗嗦,别人听得不耐烦。

牙胯子劲大的——指责别人说话强势。

哑灭了——把别人东西隐藏起来或暗中损毁。

哑雀儿沉气——一点儿声音都没有。

演头——警告性整治,预示厉害的还在后头呢。

弇愈——重新修葺装饰。

燕麦衣子——比喻人轻浮。

延扯——拖延;来回折腾。

言喘——答应;告诉。

研磨——商量。

扬霍了——声张出去了;搞糟了。

洋着呢、洋货——外来货物,比喻办事不可靠或没本事。

佯打没事——不当回事。

佯昏——头脑一时混乱。

鸯得很、鸯急了——指女人在男人面前故作姿态、卖弄风骚。

谣讲——传言、议论。

要欺头、要点子——借口欺负别人。

妖的、妖声假气——说话妖里妖气不实在。

曳活——拉拢,结伙。

野三、野吊、野得很——对不安分人的称谓。

叶子麻——傲慢,架子大。

一把子——同伙。

一把抓——拿手活。

一骨碌——形容躺着的人突然起身。

一家子——同姓远血缘的人互称。

一门子——同一房头家族。

一袍子——一群人。

一料子——一茬庄稼。

一搂子——两臂围拢那么粗(多指树木)。

一溜溜、一溜子——一行,一排。

一徹子——耕地单位,大块地顺畛子地段中以犁沟为界的一段。

一幕拉——不分主次;小睡一会儿。

一鳌子——一张。

一跷、一步——长度单位,单脚跨出一步的距离为一跷,两跷为一步。

一扑塌——一摊子、一堆子。

一集子——一束生面条。

一靡子——不清晰,主次、好坏不分。

一顺子——一边倒;该改变方向不改变。

一突联、一突鲁——悬垂着一团。

一头一行的——比喻言语行为有条理、有规矩。

一拃(zá)——大拇指与食指撑开之间的距离。

洇水了——字迹笔画渗粗而模糊;扩大事情范围。

影的——恐惧。

应承——答应;招待。

阴治——暗算。

引火——烤火、炊事不小心火种掉入易燃物中酿成火灾。

壅包了——指超出范围造成拥挤现象。

游门子——串门子。

游架了——搭的架板不稳,游移晃动,即将倒塌。

油唧唧、油溜子——形容脸皮厚不知羞耻。

预当——打算、准备。

遇合(huō)——有幸遇到一块。

余攒——积攒。

圆泛——说的合情合理,没有破绽。

原果——从中说和,促成双方同意。

扎活——做事抠得紧。

痄痈——说过头话。

砸讲——发牢骚。

抓(za)挖——设法挣钱。

抓(za)确确——抓阄儿。

栽殃、栽桩——嫁祸于人。

濽(zān)板子——轻浮讨厌的人。

濽(zān)脚溜手——轻浮而手舞足蹈的样子。

转系——维持。

转翎子——用翎毛做的玩具；骂人轻浮、讨厌。

撰算——打算，做计划。

攒(zan)劲——才能出众，办事得力；体格健美，漂亮。

葬点子、葬行情——胡闹，葬送行情。

状(zang)人——戏弄人，故意抬高别人。

状(zang)瞎——诬说坏话。

装(zang)死鬼——贬称装模作样的人；明明听见有人呼唤却一直不应声的人；假装无知无能的人。

找扎——收拾。

罩(zao)暖、罩罗——经手、抚养孩子。

追(zei)塞——不应送而送东西给别人；讥讽人贪吃。

众(zēng)人老子没人哭——比喻大家的事没人管。

塞(zei)窝——封口实；灭证。

挣(zéng)死鬼——懒惰，怕出力；故意说过头话。

狰(zèng)得很——厉害得很；劲头十足。

睁(zèng)眉什眼——办事冒失不计后果。

争(zèng)了火了——厉害过火；出乎意料。

蛛(zì)蛛(zì)精——指两面三刀爱拨弄是非的人。

吱(zì)嘛呋——怎么办；干什么。

钻(zuàn)机——机灵，多指小孩。

驺(zǒu)得很——勃旺、有精神、快捷。

走水——已做好的粥或饭菜里添过量水，味道不正。

走风了——泄密了。

作践——折磨。

拙(zuō)脚了——走路不自然的样子；比喻处事不自然。

占势——贪婪。

张的没领了——形容过度高兴失去自制力。

遮巧——灵巧。

折倒——收拾整理。

折改——不服从，争辩；固执。

悄不乎乎、悄得很——架子大，很自负的样子。

王符雕像

第五十章　人　　物

镇原历史悠久，文化底蕴深厚，历朝历代人才辈出，各行各业不乏其人。通过广泛征集、多方搜集，收录古今各类人物3724人，其中立传462人（古代官吏104人，近现代领导14人，名人65人，烈士262人，英雄模范17人）；简介1679人（省部级、军级领导干部13人，厅局级、师级干部210人，县处级、团级干部1134人，红军20人，正高级职称人员、博士136人，国家、省级党代表、人民代表、政协委员16人，获国务院奖8人，宗教界人士6人，企业家11人，闻人91人，国家级专业协会会员34人）；表记353人（部级奖励134人，省级、省组织人事部门与其他部门联合奖励208人，省军区奖励11人）；名录1230人（历代荐举、科举的进士、举人、贡生561人，副高级职称人员552人，国家协会主管社团及省级协会会员117人）。

第一节　人物传略

一、古代官吏

胡　城（原为鰔）（前207~前140）　字允安，汉景帝三年（前154年），吴王濞反，公随周亚夫统兵平乱，功封大中大夫，官居番镇，始迁安定临泾（今镇原），为安定胡姓始祖，配东方夫人，封安定夫人。生子钦，字克恭，为阳翟令。钦子二：长子建，字子孟，初为守军正丞，功昭内外，后为渭城令，治理有声；次子安，临邛守，常讲学于白鹿山，司马相如从之授经。

李　恂（约公元一世纪后期至二世纪前期）　字叔英，东汉安定临泾人。少年时研习《韩诗》，后教授生徒，从学者常达数百人。郡太守颍川（今河南禹县）人李鸿敬慕他的才华，请其署理功曹，未及上任，又被任命为凉州从事。其时恰逢李鸿逝世，他遂不应州命，放弃从事之职，护送李鸿灵柩至颍川故里，安葬后又为其守丧三年。后来，朝廷召任桓虞府司徒。后又任侍御史，持节出使幽州，宣布皇恩，安抚北狄，并将沿途所经山川、屯田地、聚居村落等画成地图百余卷，细列标示，悉数上奏，得到汉章帝嘉许，以功升任兖州刺史，清正廉洁，清约率下，常常“席羊皮，服布被”。后任张掖太守，逢大将军窦宪率军北伐匈奴，屯兵武威，远近州郡官员为讨好窦宪，莫不争相馈送厚礼，唯独李恂奉公不阿，未送礼品。因此得罪于窦宪，被窦宪构陷而免官。此后，又被征用为谒者，使持节领西域副校尉。西域多奇珍异宝，西域各国侍子、督使、胡商纷纷馈赠他以奴婢、大宛马、金银和香罽等，一无所受。时北匈奴南下，屡断西域道路，不时扰边，致使玉门关以西使命不通。李恂恩威并行，斩杀北匈奴将领，阻止其南下，打通西域道路。其后，李恂又被调任武威太守，很快因坐事被免职。步行回归乡里，潜居山泽，住着草庐，与诸生织席维持生计。时值西羌反叛，他被羌人俘虏。羌人素闻其名，敬其为人，遂被释放。遇岁荒，司空张敏、司徒鲁恭等派儿子给他送去粮食，他坚辞不受。后迁居新安（今河南渑池县东）关下，以拾野果、草子、橡实而自资，享年96岁而卒。

皇甫规（104~174） 字威明，东汉安定朝那（今镇原县西）人，东汉时期名将，家族世代武官。永和六年（141年）西羌围攻安定，征西将军马贤率诸郡兵反击失败。郡将知规有兵略，命为功曹，率甲士八百，与羌交战，斩首数人，羌遂退却，被举荐为上计掾。大将军梁冀忿规奏章刺己，令州郡官员多次陷害欲置规死未逞。规遂以《诗》《易》授徒300余人，长达14年。时太山贼叔孙无忌侵扰郡县，中郎将宗资未能征服，拜规为太山太守。规广设方略，平息贼寇。延熹四年（161年）冬，举规为中郎将，持节监关西兵，征讨叛羌，斩首8百，劝降10余万。次年，东羌派使乞降，凉州复通。规上书条奏安定太守孙俊贪赃受贿，属国都尉李翕、督军御史张禀多杀降羌，凉州刺史郭闳、汉阳太守赵熹倚恃权贵，不遵法度等罪，被朝廷或免或诛，廓清吏治，羌人闻之，皆来归顺，边境得以安定，后被诬陷逢赦归家。六年（163年），征拜为度辽将军，至营数月，上书推荐中郎将张奂替职，朝廷从之，规为使匈奴中郎将。九年，奂升为大司农，规复为度辽将军，北边威服。永康元年（167年），任尚书，后为弘农太守，封寿成亭侯，邑200户，规让封不受，转任护羌校尉。熹平三年（174年），病卒谷城。所著赋、铭、碑、赞、文、吊、章表、教令、书、檄、笺记凡27篇。

胡　遵（？~256） 三国魏凉州安定郡临泾人，才兼文武，累居藩镇，先后担任魏征东将军、征东大将军、卫将军等职，随同司马懿参与辽东讨伐战。魏嘉平四年（252年）在魏吴东兴之战中担任魏军的统帅，被吴将丁奉击败。此后随司马师讨伐毌丘俭，与王基一同围攻毌丘俭最后的据点项城。死后追封车骑将军、阴密侯。

胡　广 三国魏末西晋初安定临泾人，字宣祖，胡遵长子。少府、散骑常侍。

胡　烈（？~270） 三国魏末西晋初安定临泾人，字武玄，胡遵三子。魏末，曾从司马昭攻吴将朱异。为泰山太守，以奇兵袭都陆，焚敌粮运，并联合石苞、周泰大破吴军。后从钟会攻蜀。钟会反，与诸将被闭，子胡渊（字世元）攻杀会。晋武帝泰始四年为荆州刺史，击退吴军。六年为秦州刺史，鲜卑秃发树机能在凉州反晋，烈与石鉴共击之，兵败死。

胡　岐 字玄嶷，三国魏末西晋初安定临泾人，胡遵四子，并州刺史。

胡　壹 一说名喜，字一之，十六国时夏安定临泾人，胡广之长子，凉州刺史。

胡　忠 字子襄，安定临泾人，胡壹（喜）长子，荆州刺史。

胡世爵 字绍芳，安定临泾人，胡忠子，大中大夫，封武始侯。

胡　奋（？~288） 字玄威，安定临泾人，魏车骑将军阴密侯遵子。性开朗，有筹略，少好武事。司马懿伐辽东，胡奋以白衣侍从左右，深受司马懿喜爱。后为校尉，任徐州刺史，与路蕃将军联合，平定匈奴刘猛叛乱，以功封夏阳子，累迁征南将军，散骑常侍。晚年好学，居边有威惠。后官拜左仆射、镇军大将军、开府仪同三司，太康九年卒于官，赠车骑将军，谥号壮。胡奋兄弟六人，兄长胡广，字宣祖，位至散骑常侍、少府。广子喜，字林甫，官至凉州刺史、建武将军、假节、拥羌校尉。弟胡烈，字武玄，曾讨伐蜀。钟会反叛，烈与其将皆被禁闭。烈子世元，时年十八，为士卒先，攻杀钟会，救出其父。烈为秦州刺史时，凉州鲜卑秃发树机能反叛，烈屯兵于万斛堆，被围无援遇害。

胡　略 后秦安定临泾人，曾仕后秦姚兴，渤海公姚逵平北府谘仪参军。

胡　深 胡略子，原为赫连屈丐给事黄门侍郎，北魏太武帝拓跋焘攻克夏统万城后，胡深归顺，赐爵武始侯，拜河州刺史。

席　衡 席固之高祖，因避后秦之战乱，背井离乡，寓居于襄阳，后任东晋建威将军，遂为襄阳著姓。

席　固 字子坚，安定临泾人，少有远大志向。梁大同年间，任齐兴郡守，从属他者很多，亲兵即达千余人。梁元帝时，调兴州刺史，招募军人至五千余人，固欲独据一州，以观时变，大统年间归魏。此时，文帝南取江陵，西定蜀、汉，听到固来，以礼相见，拜任使持节、骠骑大将军、开府仪同三司、大都督、侍中、丰州刺史，进爵静安郡公。后任昌、归、宪三州诸军事、昌州刺史，莅官颇有政绩。卒于州，赠大将军、五州刺史，在襄州赐予墓田。

韩　茂（？~456） 字元兴，北魏安定安武（今镇原）人，年十七，膂力过人，尤善骑射。北魏明元帝征丁零、翟猛，茂为中军执旗，时遇大风，诸军旌旗都被刮倒，唯独茂在马上持旗不倒，帝大异，升为武贲郎将。后跟从北魏太武帝讨伐赫连昌，大破，以功赐爵蒲阴子，迁侍辇郎。又随从破统万城、征平凉，冲杀在前，敌军应箭而死，进爵九门侯，加授冠军将军。又从征蠕蠕，大捷。与平乐王丕等讨伐和龙，茂为前锋都将，战功很多，迁司卫监。根据前后功劳，拜散骑常侍、殿中尚书，进爵安定公。又随太武南征，拜徐州刺史。回朝，拜侍中、尚书左仆射。北魏文成帝即位，拜为尚书令，加侍中、征南大将军。茂善抚众，勇冠当时，朝廷称赞。太安二年（456年），仕太子少师。卒后，赠泾州刺史、安定王，谥号桓。

韩　耆 字黄耈，北魏安定安武（今镇原）人，原是胡夏政权将领，永兴年间归降北魏，被任命为绥远将军，后升任龙骧将军、常山太守，封爵安武侯，居守常山九门。死后被追赠为泾州刺史，谥号为成侯。

胡　渊 十六国时夏安定临泾人，胡烈之子，小字鹞鸱，以勇武著称，仕赫连勃勃，任给事黄门侍郎，北魏平统万城，渊以城降，赐爵武始侯，后授河州刺史。

席法友 北魏安定临泾人，祖南齐，迁至安丰、新蔡二郡太守。景明初，拜冠军将军、豫州刺史，后任华州刺史，未拜，改授并州刺史。世宗末，任济州刺史，以廉和著称。肃宗初，拜光禄大夫，熙平二年（517年）卒，赠平西将军、秦州刺史，谥襄侯。

胡国珍（439~518） 字世玉，安定临泾人。北魏太和十五年（491年），袭父爵武始侯，辅佐国政。孝明帝即位后，封为光禄大夫，又加侍中，封安定郡公，参与谋划国事，进位中书监、仪同三司。辅佐魏主，表陈刑事、改革诸多事宜，均被采纳施行。熙平初年，加使持节、都督、雍州刺史、骠骑大将军，继迁司徒公。去世后随其妻皇甫氏灵柩一起搬回临泾县合葬。

胡国宝 北魏安定临泾显扬里人，魏使持节、车骑将军、冀州刺史、新平公。祖父略，苻勃海公谘议参军、魏使持节散骑常侍仪同三司、秦州刺史。父渊，任赫连中书舍人尚书郎、魏使持节侍中大将军、雍州刺史司空公。胡国珍之弟。卒于神龟元年(518年)戊戌十一月。

席阐文 安定临泾人，少时孤贫，博览书史。齐初，为雍州中兵参军，复历西中郎中兵参军，高祖之将欲起义，劝阻并遣人密报高祖。和帝时为给事黄门侍郎，不久迁卫尉卿。荆州刺史颖胄暴卒，州府骚扰，阐文与群臣迎始兴王憺总州事，使国家安宁。高祖受禅，拜都官尚书、辅国将军，封山阳伯，邑七百户。后出任东阳太守，改封湘西侯，视事二年，以清白著称。卒于官，谥曰威。

胡　宁 北魏安定临泾人，字惠归，胡真长子，袭叔父胡国珍先爵武始伯，后改为临泾伯，进为临泾公，历任歧州、泾州刺史。其女儿胡智为清河王妃，生孝静帝，武定初，被赠为太师、太尉公、录尚书事。卒后谥号孝昭。

胡屯进 北魏安定郡临泾县人，历任临泾主簿、宣威将军、猗氏令、谏议大夫、镇远将军、汝南太守、使持节，辅国将军、豫州刺史。孝昌三年(527年)卒。

胡僧洸(？~537) 字湛辉，北魏末安定临泾人，胡国珍兄真之子。封爰德县公，位中书监、侍中，后改封濮阳郡公。自孝庄帝即位后废弃，不预朝政。天平四年薨，诏给东园秘器，赠太师、太尉公、录尚书事、雍州刺史，谥曰孝。

胡　祥(麟祥) 北魏安定临泾人，字元吉，胡国珍子，胡太后弟，袭全封为安定郡公，历位殿中尚书、中书监、侍中，改封平凉郡公。死后赠开的仪同三司、雍州刺史，谥号孝景。

胡　虔 字僧敬，国珍孙，先后任千牛备身、吏部郎中、泾州刺史、司空公。薨，赠太师、太尉公、尚书仆射、徐州刺史，谥号宣。

胡　盛 北魏安定临泾人，字归兴，胡国珍兄胡真之子。先任左卫将军，赐爵江阳男，历任幽州、瀛州刺史，为政清静，人吏爱之。后任冀州刺史，卒后被赐为司徒公、录尚书事、定州刺史，追封阳平郡公，谥曰懿穆。女儿为孝明帝皇后。

胡义周 十六国时夏安定临泾人，习经史，善为文。初仕后秦姚泓，为黄门侍郎。后秦被灭，投夏赫连勃勃仕秘书监，作《统万城铭》，撰《赫连勃勃载记》。

胡方回 安定临泾人，胡义周之子，初任赫连屈丐中书侍郎，博览史籍，写有《蛇祠碑》等文。赫连灭，入北魏，后为北镇司马，所修表文为太武帝所赏识，召为中书博士，赐爵临泾子，又迁为侍郎，与太子少傅游雅等改定律制，受到朝贤尊重。

胡延之 北齐安定临泾人，胡宁族兄弟，娶范阳士族卢道约之女为妻，历任魏中书令、衮州刺史、北齐太宰，封安平王。北齐天保初年(公元550年)，其女被选为长广王高湛妃子，武成帝高湛即皇帝位后，立为皇后，史称齐武成皇后。武成皇后生子高纬，立为太子。河清四年(公元565年)，高湛去世，由太子高纬继承皇位，尊其生母胡氏为皇太后。胡延之6子长仁、长怀、长穆、长洪、长咸、长兴，均被封王，卒后赠司空公。

胡长仁 北齐安定临泾人，字孝隆，胡延之长子，武成皇后之兄，累迁右仆射及尚书令，世祖崩，预参朝政，封陇东王。与左丞邹孝裕、郎中陆仁惠、卢元亮厚相结托，长仁每上省，孝裕必方驾而来。省务既繁，簿案堆积，令史欲谘都座者日有百数，孝裕屏人私话，朝退亦相随，仁惠、元亮又伺间而往，停断公事，时人号为三佞。长仁私游密席，处处追寻，孝裕劝其求进，和士开深疾之，于是奏除孝裕为章武郡守，元亮等皆出，孝裕又说长仁曰："王阳卧疾，士开必来，因而杀之。入见太后，不过百日失官，便代其处。"士开知谋，徙孝裕为北营州建德郡守。后长仁倚亲，骄豪无畏惮。士开出为齐州刺史，长仁怨愤，谋令刺士开，事觉，遂赐死。寻而后主纳长仁女为后，重加赠谥，长仁弟等前后七人并赐王爵，合门贵盛。

胡长粲　虔子，在齐作官，累迁章武太守，为政清慎，奏劾纠察尚书左仆射赵彦深、中书舍人裴泽，引来怨恨而后被告诫。后主庶事归委，长粲尽心毗奉，甚得名誉，又任侍中，后出京为赵州刺史。卒于州，赠司空公、尚书左仆射、瀛州刺史，谥文贞。

皇甫镛(788~836)　字和卿，泾州临泾人，唐贞元进士，历任宣歙、凤翔府从事、殿中侍御史、比部员外郎、河南县令、都官郎史、河南少尹。时兄镈位居宰相，镛见其权宠太甚，常劝之，镈获罪革职，朝廷以镛贤授国子祭酒，后改太子宾客、秘书监。开成初，授太子少保。能文尤诗，有集十八卷，著性言十四篇，卒年四十九岁。

郝　玭　唐时驻守泾原名将，贞元中为临泾镇将。认为"临泾扼洛口，其川饶衍，利畜牧，其西走戎道"，宜"筑临泾以折虏势"，于元和三年(808 年)，请筑临泾城，为行原州，玭为刺史驻守，自此，土蕃犯唐不过临泾。十三年，加封检校左散骑常侍、渭州刺史、御史大夫，充泾原节度使、平凉镇遏都知兵马使，封保定郡王。守边三十年，讨贼不持糗粮，均取之于敌，获虏分尸示众，虏大畏，道其名以怖啼儿。蕃畏其威，欲图之，朝廷恐失骁将，移授庆州刺史。

朱仁明　唐宪宗时为泾原节度使，筑临泾城有功，加工部尚书。

康季荣　唐大中三年(849 年)镇泾原，收复吐蕃、原州及石门驿、藏木硖、制胜、六盘、石硖等关。

皇甫镈　泾州临泾人，唐贞元进士，历任监察御史、吏部郎中、户部侍郎、同中书门下平章事等职，后至相位，到处盘剥百姓，搜括财物；又推荐方士为宪宗制"长生药"，以求宠信。元和十五年(820 年)宪宗死，被贬为崖州司户参军。

王　殷　河北省大名县人，青年时为军卒，因功任灵武马步军都指挥使。五代后晋天福年间，调原州刺史，侍奉母亲极孝顺，和人外出，必先禀告母亲，如不答应，概不外出，政稍有失，母责之，即取杖给婢仆，自笞于母前。后任天雄军节度使，同中书门下平章事。

胡顺之　字孝先，北宋原州临泾人，咸平进士。初任试秘书省校书郎，后任休宁县知事。当地有一汪姓豪绅，横行不轨，称霸一方，年年不交赋税，州、县不能治。顺之到任后，下令逮捕治罪，汪拒捕不出，顺之命在其房子周围架起柴烧，少刻即出伏罪，送州绳之以法。在青州任从事其间，高丽入贡，有些官员视为贵宾，州官在郊外跪拜迎接，顺之独不拜。世家大族麻士瑶，暗地结交权贵，私藏兵械，并杀其兄子，狐群狗党甚多，州、县无人敢惹，顺之持檄文，逮捕士瑶及其党羽，将士瑶处死，其党羽被流放百余人。顺之调为著作佐郎、常熟县知县，迁秘书丞，分司南京。仁宗即位，升为太常博士。后双目失明被废。

刘兼济　字宝臣，宋开封祥符人。以父功补三班奉职。善骑射，知兵略，为襄州兵马监押。后改任左侍禁、鄜延路兵马都监，知保安军，历同提点陕西、河东刑狱，知笼竿城。夏人侵犯边疆，众号数万，兼济领兵千余，转战至黑松林，打败敌人。授内殿崇班，知原州，所属部落明珠族叛，诸将欲即讨伐，兼济纵饮击鞠，佯装不知。接着叛者自溃，杀其酋长，收余众。迁知镇戎军，后改泾原路钤辖，复知宁州，又知原州。累迁文思使、惠州刺史，河北缘边安抚使，擢西上阁门使。

景　泰　字周卿，宋普州人。进士起家，补坊州军事推官。后以尚书屯田员外郎通判庆州，三次上疏元昊包藏祸心未报，不久，元昊反，又呈《边臣侵略》20卷。推荐召任左藏库使，知宁州，后调知原州。元昊以十万人，分二路攻刘璠堡和彭阳城，泰率兵五千，从间道赴援，而先锋左班殿直张回逗留不进，泰斩之。在彭阳西遇敌，副将夏侯观欲退守彭阳，泰不许，则以山为阵，阵未布成，敌骑来犯。泰暗派三百骑，分左右翼，张旗以疑兵，敌欲逃去，将校追击，泰制止，派兵搜山，果得伏兵，与其激战，斩首千余。以功升西上阁门使，知镇戎军兼兵马钤辖。不久，领忠州刺史，迁秦凤路马步军总管。

种　古　字太质，宋河南洛阳人，录为天兴尉，后任西京左藏库副使、泾原路都监、原州知州。羌人进犯，被古斩首数百，击退。筑城于镇戎之北，以御要害，与弟诊破环州折姜会，斩首二千，任西上阁门副使。百姓有将田地租给熟羌避赋役，古收良田三千顷，人四千，编为民兵。后徙镇戎军，熙河领兵十万，从境内经过，命给粮草。又调知鄜、隰二州。70岁卒。

蒋　偕(?~1052)　字齐贤，宋华州郑县人，幼贫有志。父病，割股为父疗疾。举进士，以秘书省著作佐郎为大理寺详断官。经庞籍、范仲淹推荐，改任北作坊副使，环庆路兵马都监，历任汾、泾二州知州，后任原州知州。边民为盗贼所害，偕得知捕数人腰斩，盗才息。庆历二年(1042年)，与环州知州种世衡筑细腰葫芦城，断属羌潜西夏之路，明珠、康奴诸民族多次侵犯，偕伏兵击之，斩首四百，擒酋豪，焚帐落，获马、牛千计。后改任华州兵马钤辖。

种师道(1051~1126)　字彝叔，少从张载学，以荫补三班奉职，累官泾原都钤辖，通判原州。夏人侵定边，筑佛口城，率师御之，擢升龙卫、西厢都指挥使、洛州防御使，知渭州，督诸道兵。城蓆苇，方赋工，夏兵至，壁胡卢河，师道布阵河浒迎战，遣偏将曲充间出横岭，伪称援兵，使杨可世潜军其后，姚平仲以精甲夹击，大败之，斩首五千级，获驮马牛羊万计，卒城而还。师道有远识，娴于将略，天下称为“老种”。

张　达　宋原州人，任太师，封庆国公。

杨如柏　字冈陵，宋原州人，为金带指挥佥事。宋英宗治平年间家居时，一股盗贼攻县城，如柏率家丁及百姓共同抗击，全县赖以安宁。其墓地在县城西莲花池醴泉山。

李　嚞　开封人，宋宣和六年(1124年)进士，建炎初知彭阳县，金兵攻占县城，嚞不降，与民移治境上，被金人所抓，欲委官，三辞不就。后金人以为归附，命为儒林郎，嚞还其任命文书。绍兴九年(1139年)卒于原州，宋帝赠奉议郎。

杨　政(1098~1157)　字直夫，北宋原州临泾(今镇原县)人。宋宣和末年，应募为弓箭手。靖康初，随军抵抗夏人。建炎年间，随吴玠抗击金兵，屡立战功，升为武显郎。绍兴元年(1131年)春，金兵入和尚原，又攻箭苦关，政领兵大破之，斩千户一，酋长二，升为右武大夫。十月，金兵再集，号称十万，从宝鸡扎营列栅至和尚原下，吴玠与金兵相持多日，让政领兵迎敌，日战数十回合，又出奇兵断金兵粮道，敌稍退，乘机冲杀，获万户及首领三百余人，甲士八百六十人，授恭州刺史。二年，金调集步骑兵数千在鱼龙川口建栅驻守，政率精兵劫营破之。升陇州团练使，移知方山塬。三月，金兵攻城欲破，政奋勇抵御，击退金兵，选任凤州知府。三年，金兵攻打饶风关，政随玠激战六日。改任明州观察使。四年，金将撒离喝衰率领精兵十万，准备取道仙人关入蜀至上奢田，政随机应战，断绝路径，夜砍营栅，金兵逃遁，授龙神卫四厢都指挥使、环庆路经略安抚使。五年，金兵进攻淮地，玠命政帅师乘机牵制，至秦州，一战而胜，安抚居民，秋毫无犯。改职经略安抚泾原兼帅环、庆、利路。绍兴八年末，宋金和议，次年，六月，政为熙河兰巩路经略安抚使、熙州知府，升武康军承宣使。十年，迁到利州，又迁兴元。逢金人毁盟，政献迎敌之策，兼川陕宣抚副使司都统制。政偕统制杨从义偷袭，在凤翔府城南寨打败金兵，获战马数百匹。率师至宝鸡渭水拒抗敌兵，大战七役，斩获甚多，拜武当军节度使。十一年秋，金将胡盏、习不祝合军五万来攻，政领兵夜入陇州地界，至吴山与金对垒，在宝鸡大败金万户通检。宋金又议和，帝召政回朝。十三年，加封检校少保，赐田五十顷。十四年，政屯兴元府，后拜太尉。政守汉中十八年，修复久坏水堰六处，筑汉江长堤御洪。三十七年卒，终年60岁，赠开府仪同三司，谥号襄毅。

按竺迩(1194~1263)　女真雍古氏。元太宗以按竺迩为元帅西征，降服并驻原州。降民弃老幼逃走。众将欲诛之以警其余，按竺迩遣人谕之，若走以军法治罪，父母妻子并诛，若归保无事。豪民陈苟集数千人潜新寨诸洞，众议以火攻之，按竺迩偕数骑抵寨，纵马解弓矢，喊话劝降，折矢不杀为誓，苟即相呼罗拜，谢更生之恩。民皆复归，逐渐恢复生产，安居乐业。中统四年卒，年六十九。延祐元年，赠推忠佐运功臣、太保、仪同三司、上柱国，封秦国公，谥武宣。

征我讹令荣　元时原州人，带金牌任本州元帅，斩荆棘，去瓦砾，恢复州治，安排外流百姓定居，治理有方，人民安居乐业。二年后，调入四川，征讨有功。

征克忠　令荣子，嗣父职，任原州金牌元帅，知理本州事，除暴安良，剔奸施惠，有父风。

邢七公　元镇原州人，司后宰门军事，授金带指挥。其子邢云，袭父爵，有边功；其孙邢宽，恩赐进士。

仇　钺(1466~1522)　字廷威，明镇原县人。初为宁夏总兵府兵卒，颇受信爱，逢都指挥佥事仇理病故，承袭理职，任前卫指挥同知，破贼有功，升为都指挥佥事。明正德二年(1507年)，提升为宁夏游击将军。五年，安化王寘鐇及都指挥何锦、周昂、丁广反，钺佯作归顺，假病卧床，分散率兵，暗遣有胆兵士出城，报知官军，骗锦、广倾营而出，独留昂守城，诱昂探病杀之。钺乃披甲横刀，手提昂头，集合壮士，径奔鐇住地缚鐇，又传鐇令召锦等回城，而密告其部下鐇已被捉，于是其队伍溃散。锦、广单人匹马逃往贺兰山，被巡逻士兵抓获。后进升钺都督佥事，任宁夏总兵官，封为咸宁伯，岁禄千石，给予世袭铁卷凭证。七年二月，拜平贼将军，与都御史彭泽讨伐河南盗贼刘惠、赵燧，四个月平定。之后，移兵会师陆完，消灭江北刘七等，按功进为世侯，增禄百石，仍督率三千营。八年，朝廷命钺任总兵官，值敌寇侵犯万全沙河，即率军击之，斩首三级，折兵二十余人，敌退去，奏捷蒙赏，朝论非议。帝召诸将入豹房任职,钺推辞。十年冬,借病解除钺军务,诏给兵三十人为其操持家务。明世宗继位,官复原职,再次起用,督三千营,未到任卒,谥号武襄。

张　道 字克宏,镇原县人,明代举人。幼时聪颖端雅,年长善写文章,善交知名人士,由乡举任登州府通判,又升大同府同知,旋迁周府长史,所至有声。解职后,家居三十年,每天静养读书,著有《评史蛙见》《寝寝集》《桃坡通言》《桃坡遗稿》。

张　凯 镇原县人,明景泰中,由胄监选历南京、四川道监察御史,正直,有名声,官至副使。

张　琡 字文璧,明镇原县人,凯孙,成化壬辰(1472年)进士。授工部主事,历员外郎中。查出定、卫二公赦赐芦滩额外地,奏请有关部门收回,其收入作官厂薪费。任真定府知府时,修建学舍,聚积粮食,赈济饥民。滹沱河水泛滥,农田房屋冲毁,琡率民工筑堤百余里,除去壅塞,疏通河道,根治水患,百姓安存。宦官李安,抢夺农田,琡奉命查勘,将田归还于民。历任山西、河南左右参政,督饷革弊,受人民崇敬。

仇　鸾 字伯翔,镇原县人,将家出身,封咸宁侯,总兵甘肃,因奸贪暴虐被罢官革职。明武宗死后世宗昏愦,罢职的仇鸾,以重金贿赂严嵩父子,任宣府、大同总兵。嘉靖二十九年(1550年),鞑靼部的俺答率兵进犯大同,仇鸾用重赂收买俺答,未进攻其防区,以此乖机邀功,世宗以为勇,命他为平虏大将军,节制诸路勤王兵马。俺答兵直逼北京城下,仇鸾却龟缩不战,待俺答兵退后佯作追击,在昌平北与俺答军应战即溃,差点被俘,为隐败,杀数百姓冒功,世宗加封为太子太保。嘉靖三十一年(1552年),后府都督佥事陆炳与仇鸾争宠,揭发其罪行,被革职,忧惧而死。

王之屏 河北省沧州人,明嘉靖三十七年(1558年)任镇原知县,严明法纪,时年受灾,减免冗费,设法赈济,施药疗疾,年景稍好,公文催要粮款,之屏不忍以民命博官,三次上书乞归,民感其德,竖碑志之。

马呈图 四川省内江人,明代举人。调任镇原知县后,以抚绥为己责,法令严明,政事宽厚,陈时利弊,当道嘉而不用,民立生祠祀。

李　檠 字用甫,浙江余姚人,明进士。万历十九年(1591年)知镇原,补修南河崩城之缺,增筑北山旧城之削,开掘东壕绕城之水,重建县署,再理学宫,教民织褐、种树,设行保甲,善政如缕,深得邑人感激。

张　清 镇原县人,明任浙江湖州府同知,居官廉洁清平,恂恂博雅,深受百姓称颂。

徐　镛 字用和,明湖广武昌人。进士,授监察御史,因直谏于成化二十一年(1485年)谪知镇原。时值饥荒,镛召回外流百姓煮粥赈济。接着瘟疫流行,又命医调治,救活无数,对死者予以安葬。次年,又遭饥荒,盗贼四起,招募丁壮数百,严加防守,且抚且捕,境内帖然。筑预备仓时,获窖钱甚多,一无所取,用以代还民欠。所余则籴预备仓粮,修城楼,兴学宫,立社学、创建养济院。在任三年,视民如子,奏免荒粮万余石,捐俸造水车百辆,教民灌田。后升为漕运御史,民立祠祀之。

许　理 字伯温,号潜山,明镇原县人。正德年间进士,初在都察院实习政事,后为丹阳知县。他在丹阳时，适遇群奸横征暴敛，盘剥百姓，对上应付讨好，对下毫不怜恤。理详细督察，凡公用油烛鱼盐等细节，皆定制度，不准毒害人民。有一豪绅，隐瞒公款数千贯，历任县令受其贿赂，没有处治，理依法秉公惩处，将其家产全部收归官府。不久，连年水灾，麦田被淹。理将豪绅所瞒千贯，代缴百姓之赋税，百姓安居乐业，象没有受灾一样。距城二十里的练湖，常有水患，为民之害。理率百姓，挖湖筑堤，在湖周围栽种果树，水浅处植蒲，水深处养鱼，百姓获利极大。理反对奢侈，奖励守法，宽刑缓赋，锄强扶弱，革除弊政。不到一年，游手好闲之人不敢前来，境内安定，人民富足。时过三年，理征拜兵科给事中。离别丹阳时，百姓哭泣送行百里，所赠之礼，一概不受。民不忍离，争相将理穿的靴子换走，悬在县城门楼上，聊表爱戴情谊。理进入兵科，一心报国，弹劾都指挥并都御史三人，奏词恳切合理，皇上称善。朝野没有不惧怕理者。理还经常查点京营将士，所有将士不敢落后。有一年，甘肃发生旱灾，骄阳似火，禾苗枯死，庄稼颗粒无收，饿殍遍道。许理知道后多次向朝廷提出减免赋税，许多官员不服，认为他偏袒一方，皇上派几名朝廷要员随许理实地调查，一到镇原，便被知县带到大小方山一带考察庄稼。回到朝廷，向皇上反映，甘肃旱灾属实，百姓生活困苦不堪，皇上便将甘肃粮税减去三千五百石。当理正在竭力效国时，因其父患病而归，到家后，父即去世，理也以忧卒，年仅 48 岁。

陈遇文　字道周，明山西安邑人，进士。万历初年，治理眉县有善政。调任镇原，即规定除旧更新，废除苛刻条例。兴教化，恤孤独，对不轨的豪绅大户，绳之以法。建修学宫及城楼。壬午年（1582 年），旱延全陕，恳请上官赈济。次年春，疫病流行，给药调治，巡行郊外，发现无畜耕种的农民发给耕牛。丙戌年，又旱，调任山东道御史的遇文，闻镇原旱灾严重，捐俸赏赐。万历十八年邑人建祠祀之。

董继舒　字少儒，号昆阳，明镇原县人，崇祯九年（1636 年）岁贡。曾应知县聘请创修镇原县志。后任蒲城教谕，又升四川夹江知县，廉明精干，革弊惩恶，政绩川南第一。荐升维摩州知州，州治有一寺院，周围数顷，和尚聚集，供奉一座丈二金身，每见有人参拜，金佛泪下，捐款方止，一时传为神奇，寺院因而得金巨万。继舒初到任，听到此事，亲自前往考察，下令打毁神像，弄清眼泪由来属人为作弊。神座下有地洞，藏着许多妇女，救出后见日笑而僵立，剿其寺，上报当局，嘉其正直，斥其专横，免官归老于家。

崔应凤　直隶（今河北省）霸州人，清顺治二年（1645 年）知镇原，时当丧乱之后，县城变为废墟，侨居城南黄家堡，招抚外流百姓九百户，请免荒粮万余石，民渐恢复生产，安居乐业。

吴一夔　江西乐平人，顺治十三年（1656 年）知镇原，建县治于北山城窝，刑清政简，听断精明，邑人称颂，后告休归里。

宁世延　山西闻喜人，清进士，康熙三年（1664 年）知镇原，精明强干，德威并著。县南城因河水冲刷崩塌，内外无分，奏请批准，在正街南截筑新城一道，并修建衙署。八年，授户部主事。

宗　书　字义六，江南兴化进士，先知四川巫山县。吴三桂反，变姓名逃归京师，奉旨复以原官,康熙十九年(1680年)任镇原,是岁冬,方山贼起,亟请驻防,邑人深以为怨。次年贼陷环县,戕官屠民,邑以有备无恙,民始德之。莅任三载,人吏相安。后因巫山投诚牵连解职,侨寓数年,与诸生会课拈诗,有《原州杂诗》《高平秋思》等作。

钱志彤 字赓臣,江南丹徒人,清进士,康熙五十四年(1715年)由中书改知镇原,能文善书,下车之始,即以除弊扶衰为己任。次年饥荒,民不聊生,请准开仓减粟,使民受益。重视教育,体恤民瘼,捐修学宫,刊刻县志,惠政颇多。

蕲梦麟 天津卫人,康熙五十五年(1716年)任镇原知县,年少勤敏,吏治严肃,因迟误军机被议;体恤民情,遇灾开仓赈济,时亏空仓粮三千余石,士民代输之。大宪嘉赏,复补泾州。

姚　试 字以功,徽州歙县监生,雍正八年(1730年)知镇原,年少明敏,听断如神,由是人莫敢欺,讼亦衰息。莅任七载,豪强敛迹,贼盗屏息。兼署泾、环二邑,昼夜往来,事无废,三邑之民咸颂之。寻调平番,未赴任,卒。姚试初任职时,其太君以其年少惧负君民,不欲登仕,及抵任从未一至,讣闻亦不哭,榇归启棺,见所服皆三邑万民赠衣,始大哭曰:“吾有子矣。”命诸子厚葬之。

谢闾祚 字悦如,号涛山,浙江省镇海人,清乾隆七年(1742)进士。十七年(1752年)知镇原,能文善诗,课士勤恳,训民循分守己。任职年余,因失查妖民甘普案,罢官归里。

杨霱瑞 郭原乡西杨村人,生于清代中期,曾赴京考为举人,出任过多处知县,一生饱读经书,学识渊博,为人和蔼可亲,刚正不阿,从政清廉,一尘不染。

刘若椿 字彭年,镇原县人,清乾隆甲子(1744年)科举人。初任扶风教谕,不久升榆林府教授,训士有方。后选授湖北来凤知县,对苗族人民诚心相接,以仁抚民,皆以犯法为耻,全县大治。在任三年,乞老回乡。

王年松 湖北黄岗人,乾隆二十三年(1758年)任镇原知县,性严正,法令明肃,人励士行,风俗大变。在任五年,自奉俭约,捐俸建东南两旧圮城楼,府库充盈,解任时毫无亏欠。

胡纪谟 号息斋,直隶(今河北省)通州举人。清乾隆四十七年(1782年)知镇原,性直,不阿谀奉承,诚实待民,严于惩恶;励善人,禁邪教;每遇讼,虚心剖析,不施鞭罚,无不引咎退息,耻于犯法。四十九年,回民田五等反,隆德军营摊派平叛所需粮刍,运途遥远,脚价十倍,纪谟截解全县粮刍,贼平,蠲免缓解银千余两,士民感戴。后升任巩昌府知府。

刘兰馨 字炳生,镇原县人,清乾隆癸卯科(1783年)解元,性慷慨,有大志。随父在安徽读书,留心政治,习公牍文字,并阅孙子兵法。咸丰初,参加清军,平定太平天国,由附生保知县,署安徽亳州知州,带义勇军兼管露布事务,后以功保知府。同治时回原籍,卒于家。

刘永和 字介庵,镇原县人,清嘉庆时庠生,文采风流,潜心武备,思效定远侯之为人。嘉庆庚申(1800年),回军起事,由廪生充乡总,负责县内戒严,坚壁固垒,殊合机宜,报其功。嘉庆七年(1802年)赐六品衔,时母年迈,隐居家乡,专研古籍,著有《觉园杂录》。

张元鼎 字和羹,号西园,清镇原县人,嘉庆辛酉(1801年)进士。对经史造诣湛深,主讲中峰书院,对青年诱导扶持,门生在科举中皆掇高第。后出任山东海阳、沂水和长清知县,俱有清廉声誉。后以体衰告老还乡。

刘　煜　镇原县人，自幼至孝，父患疾病，细心侍养，汤药亲尝后送服，如此数年，毫无倦怠。父殁时，煜为四品官，上书辞职，守父墓。朝廷感其孝，特诏升嘉议大夫。

张丰翮　字翔千，镇原县人，清嘉庆癸酉（1813 年）科举人。居家教学，勤于训迪，弟子登科，选者甚多。道光丙戌（1826 年）授邠州、直隶州学正，训迪紫薇书院兴旺，牒呈奖誉邠州苦节。任满，调升延安府教授，以年高未赴归乡，老于家。

路于兖　字东山，清镇原县人，幼好学，雍正庚戌进士。任陕西榆林府教授、山西乡试同考试官，为人谦和笃厚。晚年告老返乡，闭门著书，年八十余卒。

慕维城　字紫珊，清镇原县人，道光二十年（1840 年）进士，任陕西石泉知县，该县无城堤数十载，历任知县屡议修葺，但均未实现，其顺应民心，多方奔走，召集地方绅士捐款集资，规划构图，动员民众投工备料，开工后，他亲临工地，督查指导，历经 4 年，积劳成疾，在即将竣工之际，受命赴蒲城县任职，百姓极力挽留未果。

贾侍舜　字虞臣，清镇原县人，嘉庆己卯（1819 年）科进士。先为内阁中书，又改任广东开建知县，到任后，因其地偏僻，文化落后，捐出俸银在县城和南峰墟各办义学一所。旋调兴宁知县，县城河岸塌陷，又捐养廉费修补，以保安全。复回开建任知县，卒于任。

李清瑞　字辑堂，号莲溪，孟坝镇人，清咸丰己未（1859 年）进士，曾任河南阌乡、陕西米脂知县，后主讲关中书院，教一省英才，有“要中举，拜莲溪”之说。后任延川、永寿知县，加同知衔、直隶州知州，有善政，病卒于任所。

廖溥明　字晓东，四川省富顺人。清同治八年（1869 年）春莅任镇原知县，因遭兵燹，县城被毁，侨居城南黄岔堡，招抚流民，掩埋枯骨，修建衙署、城垣，散子劝耕，课士通商，轻徭薄赋，民甚爱之。

卢永金　清镇原人，附生。康熙五十四年（1715 年），白水驿自镇原改属平凉，所遗差马五匹，仍归镇原支应。每遇岁科考差役到县，需索颇巨，穷民敢怒而不敢言。永金代鸣不平，谓“白水驿本属镇原，后改归平凉，差马当然由平凉支应，何能再向镇原催索”，据此理由，先在平凉道署递呈力争，家财耗尽，效力未生，复将自己棺木卖作盘缠，继续上书。光绪十八年夏，蔡学使金台按试泾棚，阅其呈，以理由充足，不待行查，即批准立案，遂免镇原所支差马费。

张自博　字约之，清镇原县人，贡生。性情朴实淳厚，里人称为长者，常以家中粮食财物赈济贫困，而无赢余。其子璐，字宝臣，乾隆壬子科举人。少孤，勤奋读书，著有《稽古堂文集》。

焦济舟　字百川，清镇原县人，嘉庆戊午科举人。少年好学，因家贫典衣购书，指授学者数十人，皆为艺苑名流。喜交朋方，善济穷人。后被前县令招往兰州作蕃幕，病卒。

张　念　镇原人，清康熙时任湖广巡抚。

慕　暐（1836.03.23~1900.12.19）　字霁堂，平泉古城山人，清咸丰辛酉（1861 年）中副车。次年，回军起事，训练乡团，保护村堡不敌，家人殉难，从军提督雷正绾部，总督左宗棠驻平凉时召为固原学正。丙子中举，任西宁教谕十年，修大成殿，设义塾120所，升宁灵厅教授，著《宁灵厅志》，卒于任。

段华国 字茗玉，清镇原县人，康熙八年（1669年）恩贡。少丧父，性至孝，在天宁寺发奋苦读，策名士版。后任山西介休知县，此地有一陋习，女子出嫁，索要聘金很多，富者百余缗，贫者减半，否则众人就互相讥笑，以为贱售，且遭闲言，故有女子养到白头，甚至老死闺中。华国下令凡女子已经许有夫家，又到出嫁年龄而不嫁者，给其父母治罪。当地百姓也以久囿时俗，自拔无术，听到此令，内心欢迎，争先不要聘金，也不等良辰吉日，鼓吹成礼，陋习为之革除。因其母年高，遂辞官陪母返里养终。介休人感华国德，立生祠。

赵与鸿 字常一，清江西南丰人，进士。乾隆六年（1741年），任镇原知县，宿儒博学，乐于造就人才，给诸生设条管理，亲自授课，门人颇多；每断案，不尚刑威，晓之以义；教农识字勤耕，种树养蚕，常带酒肉到效外田间巡行，慰勤戒懒；改钱粮由户长转交为各户自封投柜，避免加码渔利；革除祭祀摊派银两，罢免粮行作弊监管；修武庙、三代祠，严禁屠牛。莅位七载，惟诗书几卷，邑人建祠纪念。

张士育 字隽公，清镇原县人，乾隆壬申科（1752年）进士。少聪颖，读书务穷精义。后来在当涂做官，其地富庶，但盗贼多，数任县令未能制服，士育上任未三月，擒获邻境大盗蔡喜儿，肃清恶患，晋升一级。乾隆南巡，命所过州县修葺城廓，其他州、县都做一些表面工作，很快竣工，唯士育考虑长远，扎实修建。梁文正任相国时，视学江南，对其所为，甚为赏识，上奏朝廷重用。适士育双亲年老，辞官返里。乡居期间，以造就人才为己任，举人刘化鹏、张璐等皆出其门。

易文基 字芝田，清湖南长沙人。乾隆三十五年（1770年），由翰林院检讨改知镇原，剔弊振废，蔚然改观。刑以大杖，外威内宽。初到任，遇人斗殴，一有伤，一无伤，杖无伤者，令被伤者愈后自己投案，愈后惧怕未投案，半年后，在半路识之，立即杖打，于是棍徒敛迹。路逢赶羊夫行为异常，疑为盗，令捕之，次日失羊者至衙报案认羊，果盗也。无宿讼，每听则连牒环跪，耳听手披，移时毕判，不妄一人。好微服街巷，赌盗迹绝。捐俸修缮文庙、武庙、文昌宫、城隍庙，创建尊经阁，迁建潜夫祠。在任三载，时和年丰，民勤生业，道无拾遗。

申继志 字述庵，清镇原县人。嘉庆时派往广东以巡检试用，初管理龙川十一都分司。历署新兴立蒋司分司，后调署湛江司分司、杨春黄泥湾分司、南海三江司分司，兼三水县丞、护阴德县事，身兼五职，安排有条不紊。上级嘉其才干，参与征讨西隆苗疆及陈烂屐闹事，当局拟欲族诛，继志认为百姓被迫胁从者甚多，提出只杀匪首、胁从者从轻处治建议，当局允从，博罗、永安百姓感其德，敦请御史何承泽撰文以记其事。后以征功晋升一级，为南海县丞，尤勤于职。转任高要知县，设义学及育婴堂，闻知风箩围堤坝早已决口，百姓年年苦于水患，遂请款补修，亲自督工，并将自己俸禄捐出修坝，建成后，百姓欢腾，立碑纪念。以卓绩提升直隶州知，逢父母相继亡故，护送灵柩回乡，不久染疾病卒。

江勺楠 安徽滁州人，举人，嘉庆八年（1803年）任镇原知县，为政务实，不邀虚誉，敬礼学校，补葺城池。到任二年，荒旱，以灾上请蠲免赋税，遭当道批驳，坚持请求，遂被免官。

张鸣九　又名光祖，字鹤汀，继孔之孙，清镇原县人，庠生。铨授广东长乐县尉，县属歧岭鸡足障是福建、广东交通要道，有些刁民歹徒在此靠山造栅，勒索来往行旅，鸣九协助县令焚栅，擒获巨盗八名，并在所属约屯创建栅栏，以防不虞。嘉庆二十年（1815年），潮、嘉诸州大旱，长乐亦受困，禁止粮食屯积、倒贩，县衙看门者廖桂受贿，乘县令外出之机，放粮船出境，引起百姓哄闹县署，鸣九紧急处置，把廖桂驱出县署，抓回行贿粮商，令其平粜粮食，平息事端。后来因旱，给县令出主意，并亲自监督，开仓平粜粮食，解除饥荒。次年，县里大旱，鸣九建议暂停征收赋税，以解民困，助县令甚有政绩。根据当地穷人暴骨习俗，捐俸置义冢，使贫者有赖。因年老调署十二都分司、番禺鹿步司分司，卒于任。

刘　曾　字省伯，清镇原县人，嘉庆丙子（1816年）科举人。道光六年（1826年），由大挑调为安徽蒙城知县，持法严肃，断案有才。此地盗匪多年为患，民受其害，曾派员夜守，将一些盗贼缉拿惩办，其同伙闻风潜逃。居官二年，庶事勃兴，完竣学宫，增修讲院，培养人才。县内有茨河，明代起，淤泥壅塞，每遇天涝，近旁数百家皆受水害。曾察勘地形，动员百姓加筑堤坝，从早到晚在工地指挥，劳累过度致疾，仍坚持到竣工，迁延数月，卒于任，百姓闻之，皆恸哭，或作佛事以荐之。次年，棺柩返里，蒙城乡绅和百姓将他的功绩上报，祀入当地名宦祠。

许　琨　清武生，县西乡许家湾门人。同治初，陕西回民反清起义，镇原各村堡居民结寨自卫，举琨为团总，琨以兵法训练之，其保障最力，西乡遂赖以保。八年，邑宰廖溥明莅任，以琨为保甲长，公事多与之商，使其乡之词讼先为调停，有深怨大嫌者，往往以财帛为解和，使之息平。宗党及乡里困饿疾病谋钱谷求活者日填于门，皆济而励其志。

张永福　字祉堂，清麦子塬石羊人，清道光九年（1829年）己丑进士。任山西汾西知县，州同庞玉柱被继母诬告不孝，不愿对簿公堂，暗地使人行贿，永福斥之拒收，查明实情，晓之以理，促使母子和好。县南有乾河，环绕五个村庄，数百家靠其灌溉，有一豪绅，私凿水道，村人多次告官，因其行贿而久未决，永福到任后，不受贿赂，恢复原状，受到百姓好评。壬辰年，突染重病，卒于任所。

宋运贡（1855~1916）　字牧九，清河南郑州拔贡。光绪二十九年（1903年）任镇原知县，修学堂培育人才，设巡警维持治安，建工厂发展经济，改河道以固南城，修庙宇以存古迹。每天坐堂二次，令百姓有冤者自行投呈，从无隔阂之虞。出巡乡村，喜欢到农家吃饭，与百姓甚密。在职其间，提倡孝友，对孝顺父母、敬尊兄长者，送匾旌表。

二、近现代领导

王平水（1915~1993.2）　福建省永定县人，中共党员，少将军衔。民国二十一年（1932年）参加红军，曾任宣传队长、青年干事、连指导员，参加中央苏区第四、第五次反"围剿"斗争和二万五千里长征，途中因伤病流落镇原县方山乡曹湾村姬家湾李建林家养伤一年多，接触贫苦群众，宣传党和红军政策，解释、消除群众疑虑。二十六年一月伤愈归队后，任固原县草庙区委、镇原县马渠区委书记、县委副书记兼组织部长、八路军一二九师驻镇原办事处主任。二十七年后任庆阳县委书记、热河地委副书记、军分区副政委、军区政治部组织部部长。中华人民共和国成立后，历任空军政治部组织部部长，空军第一航空学校政委、空军干部部长、政治部副主任兼干部部部长、济南军区空军第二政委、兰州军区空军政委、解放军军事学院副政委，曾被选为第五届全国人大代表，第六、七届全国政协委员。

李廷序（1913~1981） 江西省雩都县人。民国十八年（1929年）十一月在江西参加红军，十九年加入中国共产党，参加长征。二十五年五月率领地方工作团来镇原、固原解放区，领导群众打土豪、分田地，肃清地方反动分子，开展抗日救亡运动。十月在三岔成立固原工委、三岔区委和区苏维埃政府，任工委书记。二十六年六月，受中共陕甘宁省委派遣与马渠区委书记王平水到镇原县城接收援西军民运部，开创党的地方工作，成立中共镇原县委，任书记。八月，任固原县委书记（驻地三岔），十二月任庆阳县委书记、陇东特委委员。二十七年七月任陕甘宁边区庆环分区党委委员、组织部副部长。三十一年入延安中央党校学习。三十三年后调东北任职。中华人民共和国成立后，在江西、湖北任职。

路克杰（1921.6~2005.4） 郭原乡景塬村人。民国二十七年（1938年）九月秘密加入中国共产党，担任联保抗日自卫军中队长，参与组织反对国民党镇原县政府压制抗日斗争。二十八年十二月，因身份暴露，参加临时民运工作团，转移至马渠镇随县委工作。二十九年任石佛区自卫军营长。三十年调县保安大队部任自卫军干事、党支部书记。三十二年任八路军三八五旅排长、连副指导员、指导员。在大生产运动中，开荒种粮贡献突出，荣获嘉奖。解放战争时，先后任西北野战军四纵队连指导员、营教导员、团政治部副主任、新编独立团政委，参加延安保卫战、宜瓦战役、西府陇东战役、扶眉战役、兰州战役等大小战役、战斗80多次，曾三次负伤、两次立功，多次受到奖励。中华人民共和国成立后任中国人民解放军步兵十一师三十二团政委，参加甘南剿匪战斗。1955年进入南京军事学院学习4年，获大专学历。1956年被授中校军衔，1960年任解放军骑兵第一师政治部主任、副政委，晋升上校军衔。1966年任师长，1969年任新疆军区副参谋长。1978年奉命组建东疆军区，1979年任东疆军区政委、党委书记、司令员等职，1982年出席中国共产党第十二次全国代表大会。1983年10月退居二线，任乌鲁木齐军区正军职顾问、中共新疆维吾尔自治区顾问委员会委员、常委。先后荣获中华人民共和国三级独立自由勋章、中国人民解放军功勋荣誉章。

慕寿祺（1874~1947） 字子介，号少堂，平泉镇古城山村人。天赋聪颖，精“六艺”经传，熟读诸子百家。清光绪二十九年（1903年）考中清举人，三十年被甘肃文科高等学堂聘为历史主任教员兼经学分教，传授新义学术观点，深受学生欢迎，编写《周易简义》。宣统二年（1910年），考取甘肃第一届最优等法官，在兰州地方审判庭任刑庭主任推事。宣统末，奉命赴北京、天津、汉口等城市考察学务。宣统三年（1911年），向甘肃教育界陈《调查录》8卷，力主改革学堂，促进教育发展。二月，结集甘肃进步人士28人集会，要求共和。三月十五日，通电全省共和,迎接临洮李镜清主持省务,成立临时议会,被选为临时议会议员。民国元年(1912年)五月,办理甘肃国民党党务,筹办选举事宜,被选为临时议会议长,有甘肃国民党领袖之称。二年,任甘肃省长公署秘书长,因遭共和党的忌恨,罗织罪名,捕办押京审问,后无罪释放,任甘肃第一中学校长。七年,复归政界,任甘肃援川军参谋长,事毕,任西北军总司令部高等顾问、甘肃督军署秘书长。十年,任甘肃省公署第三科科长兼咨议,当选甘肃省第三届议会副议长。十四年,任善后会议代表、参议院参政。十八年,出任省政府顾问、通志局总纂,公正无私,不畏强权,先后弹劾贪官10余人。二十四年,复转入学界,任国立甘肃学院文史系教授。此间,整理《音韵学源流考》刊行,编写《吏治研究所行政类讲义》,总纂《重修镇原县志》。抗日战争爆发后,他赞同中共共同抗日主张,成为省知名进步人士代表,写出不少反映抗日杂文、戏剧、诗歌等。三十四年四月,主持创办《拓报》,宣传进步思想。从事文史研究40年,著述30余部,其中《甘宁青史略》40卷,自伏羲氏至民国十七年,是甘肃、宁夏、青海三省的地域史。三十六年二月病逝于兰州。

孙久德(1906.9~1975)　又名孙长贵,陕西省子长县人,中共党员。民国二十四年(1935年)后任该县中区四乡团支部书记、秀延县政府经济员、总务处长。二十五年六月后在定边县财政部、陕西省财政部、合水县店子村工作,是年三月任镇原县委巡视员、南三镇中心区委组织科科长。二十七年九月后任县委秘书、屯字区区委书记,组织发动南三镇千余名党员、群众的请愿活动。二十九年后任马渠区区委书记、石佛区委书记兼区长、县委组织部长。三十五年三月任县委副书记兼游击大队副政委,一中队队长。三十六年五月二十七日随县委书记刘文山赴土桥区野狐沟参加地委会议时因坏人告密被捕,狱中备受酷刑,但始终未暴露党的秘密,经组织营救出狱。七月任县委书记兼游击大队政委,在敌占区积极开展党的地下活动,秘密发展党员。在解放区开展反倒算、反压迫和反特务工作,并积极组织担架队、运输队,发动群众做军鞋,筹粮草,支援解放战争。同时领导县游击大队与国民党中央军、青马部队以及甘肃保三团进行多次战斗,解放县北的三岔、新集、方山、王寨、马渠、庙渠等地,恢复这些地区党组织和区乡政权。三十八年六月调任陇东地委组织部副部长。1950年8月后任岷县县委组织部部长、武都地委常委、组织部部长、地委副书记兼监委书记、地委书记。1956年8月任省财贸部副部长。1959年3月任兰州市委书记处书记。1961年12月任甘南州委第一书记。1964年4月任省计划委员会副主任。“文化大革命”期间受迫害。

李义祥(1908~1976)　新城乡惠家沟门人。因贫寒辍学,在平凉拜师学医3年。民国二十六年(1937年)九月参军,二十七年二月加入中国共产党,任新城惠沟村党支部书记,后任庞家村阎家湾中心党支部书记。后以镇原中心县委特派员身份到华亭县安口开展工作,边为群众看病,边发展党组织,建立秘密华亭党支部。三十二年,任平东工委委员,负责平凉、华亭、崇信、陇县一带党的工作。三十四年夏,被甘工委任命为特派员,回到镇原新城一带整顿和恢复党组织。三十五年六月,任华平工委副书记,与工委书记兼华平武装大队政委张可夫带领武装大队到华亭关山一带开展武装活动。十月任平东工委副书记,在平凉以东、华亭、泾川、崇信、灵台和镇原西南、固原东南一带活动,建立秘密联络点,以车马站为掩护开展工作。三十六年六月任华亭工委书记，协助组建平东游击队，以经商为名，多次到宝鸡等地买回枪支弹药、布匹、药品。三十七年，他派地下党员打入麻子沟圈郭继永土匪队伍搞策反工作，拉出一批武装人员参加游击队。五月，带领5名游击队员在崇信罗寺湾收缴国民党保安队枪31支，子弹千余发，游击队被扩编为一个连，进入平凉、镇原、固原三角地带开展活动。三十八年二月，在当地党组织和游击队配合下，指挥收缴平凉眉岘、崇信赤城、灵台梁原等地国民党乡镇公所枪支弹药，处决恶霸特务，为平凉解放扫清道路。七月，华亭解放，任县长，带领全县人民接收旧政权，组织战勤服务，投入解放大西北斗争。1950年起，先后任甘肃省农会副主席、武都地区副专员、省卫生厅副厅长。1962年后季，因病离职到平凉休养，与四十里铺大队协商，办起医疗站，带病就诊，带徒授艺。

王子厚(1911~1981) 原名崇德，平泉镇阴坡沟村人。性情耿直，见义勇为。民国二十三年(1934年)夏，任本保保长时，豪绅王秉仁、王国权，勾结地方污吏，敲诈勒索百姓，任意摊派粮款，王子厚和刘宴海(孟坝刘城人)联络，发动平泉、新城、中原南三镇群众四百余人，聚集于县城王母宫山围攻县府，控告南三镇镇长和地方劣绅，发动抗税抗捐斗争。后遭谋害，难以存身卖掉自家土地80亩，买回手枪，继续组织群众开展斗争。二十四年八月，中国工农红军二十五军长征经过南三镇，子厚率领群众，筹集粮草，送信带路。二十六年十月参军，二十七年四月加入中国共产党。先后任中共镇原县南三镇中心区委员会组织科科长、陕甘宁边区庆阳县武装干事、镇原县政府四科科长、保安科科长、县长，陇东专员公署四科科长，平东游击大队长、政委。民国三十八年(1949年)八月后，先后任平凉专署副专员、武都专署专员。1958年，因"许、张反革命集团"冤案株连，受到诬陷和迫害。1960年平反后任省农业机械研究所副所长、省民政厅副厅长、省第五届人大常委会委员等职。"文化大革命"中再次遭受打击迫害，含冤10余年。1978年彻底平反，恢复工作，不埋怨，不气馁，深入基层，调查研究。1981年病逝于兰州。

邹介民(1907.09~1959.12) 又名道肃，江苏省武进县王下村人，清光绪三十三年(1907年)九月生，大专文化程度。曾任甘肃省政府及财政厅、榷运局秘书、科长等职。民国二十四年(1935年)一月任镇原县长兼保安团长、西北剿匪总司令部军法官、新生活运动促进会主任，办保甲，练壮丁，筑碉堡，提倡植树修路，发展教育，支持公道，遏制豪绅恶势力，组织刊印《重修镇原县志》，向图书室捐购图书，组织征收土地修建中山公园和运动场(现东操场)。捐资与清进士焦国理等地方人士在红二十五军途经地临泾唐家塬清静庵立碑，记述红军过境情形，题文有"红军后临，四邻居民风鹤无惊，此实乃人民之幸福而实神灵默佑者也"等语。二十五年十二月西安事变后，与陇东行政督察专员及各县县长共同发出拥护张杨八项主张通电，赞同国共合作、共同抗日，并兼任陇东抗日第一支队第三团团长。二十六年三月，援西军进驻镇原，率众出城郊迎接并召开欢迎大会，与刘伯承、张浩、李达、宋任穷、罗炳辉等红军将领友好合作，协助动员富户捐献粮食、草料、马匹等，并配合援西军民运部维持社会治安,开展抗日民众运动。八月援西军开赴抗日前线后,执行国民党“防共、限共、溶共、灭共”方略,下令解散共产党各级抗日救国会、农会和农民自卫军。二十八年一月,国民党掀起第一次反共高潮,国民党西峰行政督察专员公署逮捕八路军民运人员,并准备调兵围攻县城八路军驻兵时,他以下乡为名带领县政府人员和部分保安队到屯字镇办公,避开县城国、共双方对峙摩擦事件。摩擦事件协商解决后,邹介民带随员返回县城视事。八月,被国民党甘肃省政府调任靖远县长,因贫穷向朋友借路费赴任。二十九年七月被国民党甘肃省政府以共党嫌疑借故撤职关押,期间帮助领导过陇东农民起义的红军肖焕章越狱出逃。后获保释限居兰州。三十一年三月友人约去经商,任申新福星公司兰州办事处主任。中华人民共和国成立后,任陕西宝鸡申新纱厂、甘肃天水面粉厂厂长、宝鸡新秦纺纱公司秘书处副处长、公共事务管理委员会主任等职。肃反运动中,刘伯承、李达等证明他是民主人士,功大于过。1957 年 12 月 9 日被宝鸡市委定为右派分子。1958 年 7 月 11 日被镇原县公安局以反革命罪逮捕。捕后在预审期间又牵入“许张反革命集团”案内,1959 年 1 月判处死刑,未及批准执行即于 12 月病逝镇原狱中。1975 年落实政策时予以平反,1979 年复查时重新结论,彻底平反。

胡维陛　字殿臣,湖南常德人。民国三十年(1941 年)任镇原县长,建学校,修公路,栽行树。提出“保保有校,校舍划一”办学思路,带领县政府工作人员,跋山涉水,踏遍全县山山水水,亲自勘察设计,调整小学布局,统一全县小学校舍建设式样,科学合理,古朴大方,别致清雅,建修精工。建设中严格要求,限期竣工,经常下乡督查工程进度、质量,督促各乡镇捐资、献料、投工,并亲笔题写校名。创建的镇原中学,依山临街,建筑精巧,造形美观,布局合理,错落有致,属陇东一流设计、一流建筑。改革教师聘任制度,由教育科报请县长任命,县政府发给委任状,还从教育经费中抽出少量资金,作为在外地上学的优秀学生奖学金。任职期内,使全县小学增加到 156 所,级数 344 个,教师 369 名,学生 8234 名,分别比任职前增长 40.5%、126%、93%和 32.5%。三十三年调任泾川县县长。

贾联瑞(1908~1968)　孟坝镇西壕村人。少时曾读过几年私塾,因家境贫困辍学,在药店当雇工。民国二十五年(1936 年)十二月加入中国共产党,任孟坝抗救会主任,配合当地党组织发展一批中共党员。二十六年三月,带领 20 余人,逐村清查国民党自卫军人员,查缴步枪 31 支,马刀 21 把。五月任镇原县抗日救国联合会主任,为援西军积极筹集粮款,查办一些欺压百姓的地主豪绅。八月十八日,被国民党镇原县政府逮捕,在狱中,被钉上 9 斤脚镣,严刑审讯。他与国民党顽固派进行有理、有力、有节揭露和斗争。后经八路军一二九师留守处多次交涉释放,开展抗日支前斗争。二十九年四月后任解放区民政科副科长、粮秣科科长、马渠区区长。三十一年八月任财政科科长。三十三年六月任民政科科长。三十五年三月任县委组织部部长。三十六年三月,随县政府、县委在大小方山、环县一带与敌周旋。三十七年二月,任镇原县长兼游击大队大队长,多次率领游击队深入敌后,割电线、埋地雷,侦察敌情,打击敌人,组织群众抗粮抗款。三十八年,兼任支前运输大队长,组织担架 554 副,驮畜

2068头，民工3030人，送军粮195.3万斤，饲料16.4万斤，军鞋38.6万双，率领群众支援解放宁夏，路过家门，在门前喝了一碗水即出发，获得上级的表扬和奖励。1950年5月任庆阳专署民政科长。1956年任国家石油部供应制造局副处长。1958年9月，调任宁夏回族自治区轻工业局党组成员、副局长，1959年反右倾运动中，被撤销党内外一切职务，调银川制药厂协助工作，毫无怨言，帮助厂领导搞规划、订措施，有时忙得连饭都顾不上吃，甚至十天半月不回家，两年后任副厂长。“文化大革命”中被当成叛徒、走资派揪斗，身心受到严重摧残，加之肺病复发，于1968年8月2日在银川含冤去世。1981年11月，宁夏回族自治区党委为其平反。

傅得奎(1922.10~1985)　合水县蒿嘴铺乡人。民国二十九年(1940年)参军，历任蒿嘴铺小学教员、合水县政府三科科员、城关中心小学校长等职。三十六年一月加入中国共产党，任合水县一区区长。三十七年二月任合水县政府秘书。1950年7月后任庆阳地委研究室副主任、秘书处秘书。1953年5月任合水县委书记。1954年6月后任庆阳、平凉地委委员、农村工作部部长。1961年1月任庆阳地委常委、专署副专员。1972年5月任镇原县委书记、县革委会主任，组织工作组，开展社会调查，确定发展经济措施；整顿机关作风，严明干部纪律，狠刹政令不通歪风；以身作则，言传身教，带领干部职工义务劳动，整修取直县城街道；在县北山区农村移风易俗，改变通炕就寝陋习。1973年12月任庆阳地委副书记。1975年4月任天水地委副书记、革委会第一副主任。1976年11月任天水地委书记、革委会主任。1979年6月任武都地委副书记。1981年11月任庆阳地委副书记。1983年离休。

杜洪源(1896~1974)　孟坝镇刘城村人。民国七年(1918年)考入平凉省立第七师范学校学习，次年毕业后任镇原县立第五完小教员。十年后任泾原道地方自治讲习所教员，兼任道尹公署秘书。十四年六月被选为镇原县国民代表、省国民代表，任甘肃省分署咨议、省议会秘书厅秘书。十六年任省实业厅第三科科长，十八年回家务农。二十九年，被选为边区镇原县选举事务所主任，出任县立孟坝完小校长，开办民众教育馆，为地方和陇东中学培养输送了一批干部和学生，先后送子、侄五人投身革命。三十年十月，被选为边区镇原县政府委员、陕甘宁边区参议员。十一月，赴延安出席边区第二届参议会，回县后，发表文章，揭露国民党破坏国共合作行径，宣传共产党抗日救国主张和边区政府施政纲领，动员人民群众拥政拥军支前。三十五年二月被选为第二届参议会副议长、镇原县人民政府副县长和陕甘宁边区第三届参议会参议员。四月，赴延安出席边区第三届参议会第一次大会，被选为边区参议会常驻参议员、全国宪法起草委员会委员。嗣后，配合县政府参加“迎王战斗”，亲自送猪、羊到屯字、太平慰劳军队，迎接王震到孟坝休息。三十六年二月，解放区沦陷，因故滞留，被国民党逮捕，押至县城，面对敌人威胁利诱、拷问逼供，坚定自若，推说一概不知。三十七年二月，经其家属多方营救，才释放回家。1951年2月以投敌自首逮捕，1952年4月释放，宣布管制3年。1953年6月，取消管制。1994年6月，县人民法院宣告无罪，予以平反，恢复名誉。

张彦儒(1910.4~1984.8)　武沟乡张岘子村人。民国二十三年(1934年),先后在环县毛渠井小学、镇原第四民办小学、平凉芳济小学和镇原孟塬小学任教。二十六年一月参加革命,利用教师身份,帮助和参加地方抗日救国运动。二十九年初任边区马渠小学校长。三十年十月被选为县参议会参议员,任县政府三科(教育)科长兼完全小学校长,积极改革私学,实施国防教育;大办夜校、冬学,开展扫盲运动。《解放日报》曾以镇原县教育事业有了较大发展为题,介绍他的办学事迹。三十二年调任陇东专署建设科副科长。三十六年十月入延安大学行政班学习。三十七年七月加入中国共产党,任陇东后勤运输第四兵站办事处副处长。三十八年四月任边区镇原县副县长,在解放区组织群众进行反霸、反匪、反特、反倒算运动,实行减租减息,配合解放军西进,发动群众做军鞋、抬担架,两次带领慰问团到前线进行慰问。在国统区发动群众,动员各方力量,扩大人民武装,开展对敌斗争。八月任镇原县长,为巩固新生政权,恢复和发展全县经济做出贡献。1950年7月后调任渭源、定西县长。1954年调省人事厅工作,后任省饲料公司经理、粮食厅监察室主任、山丹粮食学校校长、粮食厅直属仓库主任。1978年元月离休。

陈添祥(1915~1993.2)　中原乡沟泉陈人。民国二十七年(1938年)一月加入中国共产党,任沟泉陈中心党支部书记、泾川县党原区委书记。二十八年因叛徒出卖,身份暴露,设法通知其他党员转移,本人到延安学习。二十九年四月后任镇原县委组织干事、柳州、马渠区委书记。三十四年以甘工委特派员身份,化名陈兴荣挑着货郎担到敌占区工作,走乡串户,搜集情报,发展地下党员。三十六年在隆德、庄浪、静宁做党的地下工作,发展党员80多名,创建党组织。三十八年七月后任庄浪县委常委、组织部部长,带领武装工作队在关山一带剿匪,收缴土匪韩祖文、周仲武枪支弹药,活捉匪首。1953年任庄浪县委副书记、书记。1957年在中央第二中级党校学习。1959年任庆阳县委副书记、县长。1962年任镇原县委副书记,后任副县长。1965年任中国人民解放军林业工程第二师副团长、师后勤部副部长、庆阳地区农业局副局长。1980年任地区贫协主任,享受副地级干部待遇。1983年离休。

三、名人

王　符(约85~162)　字节信,东汉安定临泾人,著名思想家、政论家。少好学,有志操,与马融、窦章、张衡、崔瑗等友善。符生母为妾,为乡人所贱。自和帝、安帝之后,世人都在求官谋职,在官之人互相捧场推荐,而符却耿直磊落,不同于俗,不得升进,志意蕴愤,隐居著书三十六篇,抨击时政得失,讨谪物情,不欲彰显其名,故名为《潜夫论》。度辽将军皇甫规解官归安定,乡人有以货得雁门太守者去职还家后,投帖拜见,规卧不迎。有顷,门人告知王符来见,规素闻符名,乃惊遽而起,衣不及带,屣履出迎,援符手而还,同坐极欢。时人为之语曰:"徒见二千石,不如一缝掖",言书生道义之为贵也。符竟不仕,终于家。唐韩愈、杜甫曾作诗赞誉,历代史志均有著录,《潜夫论》亦被列入中国文化古典名著子部。

皇甫谧(215~282)　字士安,幼名静,魏晋安定朝那人。出嗣叔父,随迁新安,年已二十,不爱学习，游荡无度，人以为痴。叔母任氏以《孝经》教导，谧乃感激，在乡人席坦门下受业，一面农耕，一面读书，博览百家之言，勤奋不怠。沉静寡欲，以著述为务，自号玄晏先生，著有《礼乐》《圣真》等书。后得风痹疾，仍手不辍卷。叔父有子既成人，谧四十岁时，遂还本宗。被魏郡举为孝廉。景元初，相国下文召聘，皆不应。乡亲劝他应命，谧作《释劝论》以明其志。其后，武帝多次下诏不就。写表向皇帝借书，帝送其一车书。谧虽病重，而披阅不怠。咸宁初，诏谧为太子中庶子，以疾辞。后又诏为议郎、著作郎，司隶校尉刘毅请为功曹，皆不应。太康三年(282年)卒，时年68岁，所著诗、赋、诔、颂、论甚多，撰《针灸甲乙经》12卷128篇，论述生理、病理、诊断、经络、俞穴和针灸治疗等，是现存最早、内容较完整的一部针灸专书。著论《笃终》，为葬送之制。又撰《帝王世纪》《年历》《高士传》《逸士传》《列女传》《玄晏春秋》等。其学生挚虞、张轨、牛综、席纯，皆为晋名臣。

胡　叟　北魏安定临泾人，字伦许。幼聪慧，有奇才，逢乱世，不得志，处清贫，轻富贵，披览群籍，善属文词，好发奇谈怪论，潇洒脱尘，无拘无束。曾至汉中、蜀地，复依北凉，皆不称其怀。后北魏太武帝赐爵始复男，文成帝曾诏其作讨南朝宋孝武帝檄。家于密云，不治产业，唯以酒自适，安乐侯高闾作《宣命赋》，叟为之序。年八十而卒。

胡太后(？~528)　安定临泾人，《北史演义》称胡仙真，司徒胡国珍之女，北魏宣武帝皇后。幼时受到良好教育，武艺高强，好射箭，爱登山。其姑入佛寺为尼，精研佛法，宣武帝即位初年，被宣召入宫讲道，委婉称赞胡氏姿行。宣武帝闻知，遂召胡氏入宫，随侍左右，初封为世妇，后为充华。按北魏王朝惯例，立太子时必杀其母。因而皇后、嫔妃无人愿生太子，但胡氏宁愿一死也要为宣武帝生嫡子以继承王位。后得宠怀孕，生皇子。延昌四年(515年)，子元诩被立为太子，依皇家旧制充华应被处死，但宣武帝深念充华之情，断然废止子立母死这一野蛮成法。熙平元年(516年)，宣武帝去世，年仅6岁的元诩继位，为孝明帝，号肃宗。胡氏以皇太后身份垂帘听政，实际掌握北魏最高政治权力，每日临朝批阅朝臣奏章，对重大案件亲自决断，考核地方官员，朝纲肃整，百官膺伏。敕令造申讼车，太后乘坐，出云龙大司马门，经宫西北，入千秋门，以便受理冤讼。正光元年(520年)七月，领军元叉、长秋卿刘腾等逼肃宗于显阳殿，幽太后于北宫，杀辅佐臣清河王怿，叉遂与太师高阳王雍等辅政。叉才术空浅，骄横无恐，后被肃宗赐死。孝昌元年(525年)，太后复临朝，大赦，改元。从此朝政疏缓，威恩不立，乱逆丛生。肃宗崩，立临洮王子钊为主，年仅三岁，天下吃惊。仪同三司、大都督尔朱荣与元天穆等发动河阴之变，派人送太后及幼主到河阴沉于黄河之中，太后妹冯翊君收尸掩埋于双灵佛寺。一生尊崇佛教，执政期间大兴佛事。武帝时，以皇后礼殡葬，追谥灵。

慕永忠　字子久，环县贡生。明熹宗天启中，任镇原教谕。以礼义约束自己，以道德勉励他人。常言："为治之道，必通其变，不可以胶柱，犹夏之时不可为冬之令也。此乃邵子皇极经世编语也。"永忠谈论道德与名利的关系时说："有心为道德，道德就是名利；无心求名利，名利就是道德。这是万历时工部郎中杜伟说的。"训诫士子说："常言六经都是记载圣贤之事，知道一个字就身体力行一个字。此乃范忠宣之语。"又说："问学之功，衹在人事上体贴磨炼。”告诫子弟说:“常言人虽至愚,责人则明;虽有聪明,恕己则昏。若能以责人之心责己,以恕己之心恕人,不怕达不到圣贤地位。此也是范忠宣之语。”永忠在任时,喜游西门外莲花池。常咏白香山“生爱香山游,死亦香山葬”的诗句。罢官后,寄籍镇原。卒葬莲花池。今慕氏数百户,皆其后裔。

张孝女　明末镇原县人。父为仇家所杀,其三个弟弟,三次上告,官府受仇家贿赂,不能申冤,孝女誓以死报仇。清兵入关,孝女女扮男装,身带弓箭,去见清兵主帅,表示愿意杀敌效忠。主帅令她率五百人为先驱,每战必先,以功授为忠显校。西安平定后,孝女请军回乡清剿闯王残部,升为武毅将军,攻克镇原,包围仇家,取其头颅祭父墓,泣拜其母后自刎,乡人为其立孝女祠。

张　惺　镇原县城人,生于清代,父述辕为武威教授,卒于任,惺匍匐号泣,扶柩奉母归里,在路途母患眼疾失明,延医无效,惺悲伤无计,人告他以舌舐目可痊愈,惺晨夕不断,坚持数月,母目复明。

张继孔　字洙英,号潜麓,清镇原县人。乾隆贡生,承父志,急公好义,乐善不倦,以已山川田地六百亩,献作公田,半为宗族丧葬婚姻之资助,半为读书膏火之费用。怜客魂无处归,置义冢葬埋。故里道路难行,即捐资筑桥。捐谷入仓,遇荒则煮粥济饥民,出资治理水灾。周济寒士,代完族欠,赎还鬻男。捐修文庙崇圣祠,修商铺十间,赁金作寒士三年乡试资费。其善举上奏朝廷,奉旨建坊旌表。协助官府处理两起民变事件,从轻处理胁从者。著有《潜麓纪闻》,嘉庆时贡生张辉祖补辑县志,多采用其说。

刘兆庆　字五云,清镇原县人,乾隆乙酉拔贡。嘉庆庚戌年八卦教、天理教起事,逼近镇原县界,兆庆和绅士充任乡总,率领百姓,筑造碉堡,建树栅栏,得以无事,给予六品官俸禄。后又铨授洛川教谕,倡修朝阳书院,捐俸充义学,为洛川人所尊仰。年八十卒于官。

张述辕　字善述,清镇原县城人。聪敏好学,博览群书,深受县令宗书器重,与其兄祖辕并列入原州七子。述辕居家办学,前来受业者日多。康熙时,述辕自修镇原县志,邑宰钱志彤到任后,献出所修志稿,志彤审阅,粹然称赞,即交付刻印。志书文约旨远,固多传信,其中《寇氛》篇,记载古今战乱,祈祝太平盛世。晚年,授武威县教谕,诸生奉为泰斗。任满升府教授,病卒于官。

张辉祖　镇原县人,清贡生,俟铨训导。少有抱负,屡试不第,便著书立说,以抒其怀。于清嘉庆十年(1805 年)起,杜门谢客,参阅明崇祯、康熙、嘉庆时三部旧志,发箧陈书,殚竭心力,七易其稿,至十五年七月完成镇原县补辑稿,取材富,用意微。未及付印,病卒。道光《镇原县志》即用其原纂参订补益后刻印。

张中铨　镇原县人,监生,早年丧母,侍父极孝。父患腿疾,医需柏子油,亲到南山去采。父殁后,兄弟四人,葬费由他一人负担。兄卒,为其备做衣棺。姐姐家寒,接回抚养,殁后葬如其兄。

慕性生　字甡甫,清平泉镇古城山人。幼颖悟,稍长,喜读古史。23 岁进县学,道光己亥(1839 年)恩科乡试未愿,回家务农,亲手栽种松柏 500 多株。对乡里小辈和长老,晓以忠孝，对争吵诉讼者，解纷化怨，平息风波。擅长医术，求诊者甚多，从不厌烦，病愈不要酬谢。培植弟、侄，公平处家，不厚亲薄疏，全家70多口，五世同堂，和睦相处。同治陕回起事，倾其所有购兵器、缮堡寨，练团自卫，督乡团400余名驻平泉镇薛家坬一带，擒匪首马六姓等送官枭示，附近稍安。同治二年（1863年）十月二十八日，回军攻平泉镇，性生率子侄、团丁防守抵御，寡不敌众，力竭失败，性生和他子侄70余人殉难，继室张氏遂抱其三子昱、四子昙投崖而死。皇帝闻之，下诏抚恤，赠云骑尉世职，并准建牌坊，入祀忠义祠。

朱作宾 字休菴，清新城人。同治时，父被回军所伤，侍母及伯父母极孝，均能得其欢心。同治七年（1868年）夏、光绪二十七年（1901年）春，遭饥荒，乡里贫困，凡告贷者皆量力资助。宣统三年（1911年）冬，粮价大涨，百姓恐慌，作宾出粟百余石赈济，事后亦不让偿还，乡里称为忠厚长者。年74岁卒。

刘顺受 字建勋，镇原县人。孝亲可嘉，其母坠崖伤腿，出入顺受负之，起居扶侍。同治回军攻陷镇原，无处可避，背母藏在井窨中。回军围井欲杀，十三营统领余彦禄闻其孝顺，特予保护，得免于难。后母亲双目失明，殷勤侍奉至八十卒，知县宋运贡旌其"宗族无间"。

慕元春 字善卿，清平泉古城山人。咸丰初年，慕氏家族兴盛，元春却以盛为忧，训诫子侄持盈保泰，谦虚谨慎，子孙没有不守礼规的，不少取得功名。元春隐居山中，不问世俗，专攻中医，为民医病，强调养生为本，服药次之，凡医者无不立即见效，名扬陇东。泾州牧谢某，患顽疾，闻元春医术高超而年岁已老，令其部属以大轿请之，元春"以人为牛马，于心不安"婉拒。州牧即派人修通鄂公坡到古城山车路，接元春到州署，经三月治愈，州牧赠以千金，元春谢绝。后州牧亲书"山中宰相"匾额，以鼓乐送至其家，乡人引以为荣。同治二年（1863年）冬卒，享年80余岁，著有《养生论》。

田占元 字善庵，清庠生，笃于宗族，乐善好施。光绪末年，回民黄满喇在县南一带扰害民众，后为县令宋运贡所擒，以证据不全，案久不决。占元时任中原镇巡长，闻之，担心纵虎归山，后患不堪，乃邀地方绅民李宝华等同赴平凉，在会审时证明其扰害民众事实，满喇伏诛，地方赖以安定。

张海澂 太平镇人，字镜清，清庠生。曾捐地基创立高小学校，省政府奖二等银色奖章。民国戊辰岁值旱荒，村人防匪筑堡而居，有贫民弗能上堡者，出粟赈济。

徐神翁 宋临泾人，居潜夫山，修真仙去。高宗在藩邸闻其名，延至藩府，甚礼敬之，徐临别献诗云："牡蛎滩头一艇横，夕阳西下待潮生，与君不负登临约，同上金鳌背上行。"当时不解何谓，后避金人之难，游海次章安镇，停舟滩上以游晚潮，问舟人曰："此何滩也？"曰："牡蛎滩。"遥望云水中有阁岿然，问居人曰："此何阁？"曰："金鳌阁。"高宗登焉，见壁间有神翁前诗在，墨迹犹新。又蔡京为相时，以礼致之，问后事，徐书"未明"二字。谀之者曰："未明者，日将出之兆也，相公福禄未艾，如日之方升。"及京败，谪死未明寺，人方悟其为谶云。

赵野云 元季道士，自庆阳来，传说冠簪柏朵插佑德观，卒成参霄材。

朱了然 明镇原人，修神翁术，尸解去。

王老人 明镇原人，亦修黄白之术者。

古　松　明万历间至镇原，创建千佛寺，未竣而尸解，时主簿陈明圣署县事，题其背曰："镇原千佛寺古松。"适肃府生子，背如陈所题，遣校验状，因捐金完其工。

沈会天　明镇原人，好道术，临终嘱其子曰："吾将坦化，须殓以道服。"后数年，恒降乩于吕祖观，谓业登仙籍，为纯阳入室弟子。

包中廉(1826~1911)　字介亭，清临泾乡包庄村人，道光六年(1826年)五月生，光绪四年(1878年)乡贡，注册候铨训导，敕授文林郎。同治间，陕回肇乱，县城失守，人多罹难，中廉检点掩埋，俾无暴露。同治八年，协助料理建衙署、招流亡、兴养立教诸大政。后参与重修文庙，再造书院，散放牛具子种，惠及地方公益。光绪庚子、辛丑大饥，建议县令采取先借后还办法赈济灾民，并负责赈务，后豁免。光绪二十九年(1903年)，因银价太贱，民力不支，恳请知县减收地丁、盐课获允。晚年主讲中峰书院，授徒数十年，训迪有方，多士景从，得学宪许公嘉奖，知县宋运贡为其亲撰八秩寿屏序文祝贺。

焦国理(1858~1936年)　字治堂，临泾乡包庄村人。自幼好学，熟读经史及百家著作，31岁中举，32岁中进士，初荐陕西礼泉知县，未出任。在镇原孔庙当俸祀官十多年，性情耿直，为人厚道。民国二十四年(1935年)与慕寿祺、贾秉机重修镇原县志。红二十五军长征路过其家门时贴对联欢迎，后与县长邹介民等撰文并立碑，颂扬红军。

张绍龄　字嗣九，清临泾乡祁庙村人。为人明达直爽，厚于亲族。同治初，陕西回军犯境，村人举为堡长。当时，连年欠收，斗粟二万余钱，人相食，盗蜂起，堡里百姓穷困，私下谋划加入匪伙，绍龄晓以大义，众皆感泣，愿死守而无怨言。七年(1869年)，遭大饥荒，绍龄出粟赈济。堡破，背母逃往泾州，弃子带侄随行，以教书糊口。乱后归里，在县城设学馆授徒，尤精反切韵学，众徒得其艺。

刘守本　清镇原县人，性豁达，有信义。同治回军起事，避难在姐姐家中，堡子将陷，替姐大藏千金，平乱后如数归还，姐姐酬金五十，藉以经商，家渐富裕，加倍奉还。又于市上拾金百余两，如数访还西峰失主。本地遭饥荒，其救济灾民。晚年亲查欠账，凡无力偿还者免之，抽出契券，命子焚毁。

张炳麟(1865~1932)　字瑞卿，城关镇张东庄村人。天资聪明，学业优秀，清光绪年间考中廪生，在固原县私塾任教十余年，曾为武将董福祥两个儿子教书。擅长书画，尤善竹兰，书法刚劲、潇洒、秀丽、有力，墨竹风、晴、雨、露分明，竹杆直斜适中，竹叶稀疏合度，驰名平凉、固原。民国9年(1920年)回乡，卒于家。

景万富　镇原县人。尽孝使父母欢心，殁后哀毁骨立。清同治回军起事，族祖母白、杨二氏因家人殉难，无依无靠，其迎养于家，衣食住行，侍奉无缺，病故以礼安葬，知县宋运贡题匾"孝思不匮"。

张宸枢(1866~1931)　字紫垣，号少堂，临泾乡祁庙村人。敦厚嗜学，少即知名，工书法，善词章。清乙酉科拔贡、举人，部选庄浪县学训导，平凉师范首任校长，启迪后学，绰有仪范。无事即染翰临池，勤学苦练，盛名陇东，跃入西北书法家之列。其楷书笔功有力，结构严谨，

笔墨饱满，入木三分；尤善草，笔法潇洒，气势磅礴，笔触圆润，形体秀丽，给人以心旷神怡之感，见者爱不释手，争相购赏，作为珍宝收藏。民国四年(1915年)，6000名群众抗税抗捐围攻县城，其出面和县政府交涉，促使知县答应缓行新税法。事后遭县政府搜捕，被迫背井离乡两年，于民国六年(1917年)返回故里，任县高等小学校长，夙夜在公，殚竭心虑，深受学生和社会尊重爱戴。北洋政府时被选为甘肃省众议院议员，著有《通鉴纲目提要》《中外政治》《论衡续西铭》等书。

田育璧(1809~1921) 字太璞，屯字镇田岭村人。家贫，性沉静，好读书，常带书而锄。清光绪二十九年(1903年)入甘肃高等学堂，后入北京高等师范求学，暇时参观北京、天津各女校，曾和邓宗、水梓商议创办甘肃女校之事。民国二年(1913年)，毕业返兰，兼任法政、中师教员，后接管吴慧慈、胡振华等人捐办的女子讲习所，被聘为所长。当时学校经费困难，地址狭窄，设备简陋，其申报当局得以补助，扩充规模，就学者渐多。数年后，由南府街迁到新关，改建校舍，增招女子师范班，改为甘肃省第一女子师范学校。他认为，举办女校之目的，在于培养贤妻良母，故开办缝纫、烹饪等课，勤俭办学，治校甚严，校内听不到喧哗声。学生上自习，他亲自检查；学生请假，必须由家长签字。毕业学生，皆能遵守礼法。六年，兼任省教育会评议长。十年二月因车祸卒，终年52岁。

张清源(1878~1939) 字少庵，屯字镇屯字村人，光绪四年(1878年)生，晚清监生。任屯字区长时，公断乡屈，正直无私，创建屯字完全小学。民国十八年(1929年)，饥馑灾荒，将自家余粮悉数献出，赈灾救民，得到群众拥戴。二十六年，红军援西军陈再道部驻屯字镇，捐献储粮400余石，支援红军抗日，陈再道将军深嘉其行，亲笔书写“民族先锋”锦旌。任礼县县长时，公正廉明，民呼“张青天”。二十八年逝世后，虽遵遗嘱，简办丧事，但归殡之日，前来执拂送葬者逾千。

李建恩(1886~1958) 城关镇三台山人。少年时代，目睹盗匪蜂起，邑里不宁，决心拜师学艺，为民出力。18岁时，恰值陕西武师石廷秀云游镇原，他即拜为师学习两年，后又在长武人朱彦彪门下深造，练就一身跳远、攀援、飞行硬功夫，身轻如燕，翻越七八尺高障碍如履平地，攀爬三丈高树敏捷如猿猴，棍术、拳术精实，刚柔兼备。28岁出师，人称“铁腿李”。民国十二年(1923年)，随本社张显文等人行商靖远，制服寻衅滋事的当地三个恶棍。十五年，受委泾川县保卫团总兼三社社长，忠于职守，日夜防范，匪迹顿敛。二十八年大旱，舍出粮食20多石救济灾民。毕梅轩部队进驻镇原，摊粮派款，横行乡里，李建恩带头抗捐，毕梅轩派一个排兵力，荷枪实弹，黑夜包围其家乡三台山，李建恩奋起反抗，打伤十余人，终因寡不敌众被擒，火烧全身，遍体鳞伤，仍义正词严，终未交摊派粮款。同年变卖家产，创建三台山小学。中华人民共和国成立后，虽年过花甲，先后教弟子100多人。1957年，携弟子赴武威参加甘肃省武术观摩大会，先后击败各地高手280多名，获一等奖，名列甘宁两省第二，弟子李子寿获三等奖。

毛鹏飞　字云程，清镇原县人，廪生。性谦和，笃孝友。家设私塾，待先生忠诚尊敬。光绪十八年（1892年）、二十七年（1901年），本地遭大饥荒，出粟百余石，周济邻里。泾原道尹、镇原知县等题匾嘉誉。

孙世涛（1892~1960）　又名东印，字耀庭，庙渠乡六十亩坪人。民国十一年（1922年）十月在平凉讲武堂习武，十九年七月在陈珪璋部教导团任准尉副官，二十一年二月回家事农，代替叔父执掌家事，有耕地5000余亩，牛羊成群，是庙渠有名财东。二十六年，红军援西军进驻镇原，世涛拥护国共合作共同抗日主张，捐出粮食2000余石、银元2000块、马6匹、其它牲畜90头、猪8口、羊200多只，以供军需。三十年十月被选为议员出席镇原县第一届参议会，当选陕甘宁边区参议员。十一月，出席陕甘宁边区第二次参议会。三十五年底土改时，主动献出自家牛、羊、农具和4000多亩土地，划分给贫雇农。三十六年二月解放区沦陷，许多地主乘机反攻倒算，当他侄子提出收回土地、房屋时，他坚决反对，据理批驳，动员家人没有回收任何东西。贫农苏仲奎拉来两头驴退还，被婉言谢绝。解放战争期间，孙世涛负责给解放军筹粮，组织5名农民用40多头牲口往环县一带送粮。三十六年七月，从自家和家族中筹集粮食8石，连夜运送给驻在环县的解放军。中华人民共和国成立后，孙世涛参加庆阳专署土改训练班，后被派往三岔区帮助土改工作。1954年被选为县人民代表，在动员水利集资时，带头捐献白银1100多两。1958年10月，受"许、张反革命集团"冤案株连被捕，1960年3月30日在狱中去世。1962年甄别平反，1979年5月彻底平反。

朱维阳（1898~1957）　字春庵，城关镇朱沟村人。12岁入私塾，21岁毕业于新巷子小学，随后任教私塾，苦读不怠，民国十五年（1926年），考入平凉自治讲习所深造两年，任教于石佛湾、富家坪、东岳庙等初级小学。因母染疫被误治而亡，立志做一个济世救人的良医，数年苦学，熟读40多种中医学著作，成为当地名医。十九年，出任县教育局长6年，二十五年辞归，与张元三、张志林等在县城合办卫生堂，挂牌行医庆、平等地，医术高超，尤对伤寒、臌胀、痨症、痘症、梅毒、癫痫、脱肛、腰疼等多发病能辨证施治，仅在县城附近治愈癫痫病人10多名、梅毒及脱肛患者30余人。有一妇女患臌胀，腹大如盆，脐眼突出，气息奄奄，维阳诊视后，在其腿部、腹部以针灸之，又用自配药粉敷于脐眼，用热水浸巾敷之，并灌服汤药，不几日能下床活动。医德高尚，精心培养学生，光大医学事业，群众两次赠"杏林春暖""卢扁媲美"匾额。中华人民共和国成立后，受聘于镇原中学任生理卫生教员，得暇为师生疗疾治病。1952年，调任县人民卫生院中医，不囿于门户，兼习西医，疗效更佳。庆阳军分区司令员雷震由于长期戎马生涯，患腰疼多年，行路不便，四方求医，治疗无效。朱维阳诊断后，汤药、针灸并用，中西医结合，数月而愈。1953年，当选县人民代表、县人民政府委员。著《医海宝笺》《妙方汇集》等医书传世，积累和收集治疗癫痫、梅毒、脱肛、腰疼等验方百余方。另著《医性配伍歌》，以诗歌形式，配以优美插图。将药性"十八反""三十畏"比作两国交战，形象简明，便于记忆，惜其失佚。1957年反右斗争中蒙冤自缢而卒。1979年平反昭雪。

董义成（1899~1960年）　原籍陕西凤翔县人。民国三年（1914年），凤翔遭灾，随父母流落平凉。二十八年，平凉遭到日本飞机轰炸，其家被毁，迁居镇原县城水荫沟。家贫未入学，

12岁始学木工，15岁出师，制作小件木器，工艺有独特创新。三十年，修建镇原中学负责技术指导，设计美观，样式新颖。嗣后，全县八镇高级小学皆以此式样修建。三十二年，被请按原工艺修葺大成殿，雕刻更为精良。1956年，受县政府聘请，负责修建县人民会堂，建筑面积817平方米，可容2000余人。同年，又负责修建县城水荫石桥，采取打梅花墩办法，解决基础处理难关，保存完好。热心传艺，带徒百人之多。

张天和（1903~1960） 屯字镇开城村人，自幼务农，勤劳能干，家道丰裕，为人正直厚道，崇尚正义。民国二十六年（1937年）红军援西军进驻镇原后，他拥护红军抗日，给红四军捐献小麦200余石、活猪2口及其他物资，为表彰其爱国抗日精神，红四军军长陈再道亲笔书赠"民族先锋"红匾一幅。1951年土改时，其家庭被定为开明地主，本人未按地主分子对待。1958年，受"许、张反革命集团"冤案牵连被捕，查抄没收其所有财产，迫其全家搬迁，家属子女受批斗，两子被开除公职。张天和被判刑10年，1960年在子午岭农场劳改中去世。1979年，县法院改判张天和无罪平反，县革委会对其家属进行补助安置。

邢殿元（1905~1961） 上肖乡西岭村人，以农为业，兼营运输，有土地800余亩、马车4挂、大家畜30多头，族旺业大，为屯字塬一大富户。民国二十六年（1937年）三月，红军援西军进驻镇原，邢殿元为红军捐献小麦30石、糜子10多石、麦草10万多斤，并为军长陈再道捐献良驹做坐骑，与红军建立友好融洽关系，陈再道将军为其书赠"民族先锋"红匾一幅。抗日战争和解放战争时期，他积极拥护共产党政策，临解放时把自家一部分土地主动分给穷人耕种。解放初土地改革中，他又主动将土地、家产交政府重新分配。抗美援朝中，他响应人民政府号召，动员全家妇女做军鞋20多双，支援解放战争。1955年合作化运动中又将自家马车队加入青海西宁市群运社。1960年邢殿元蒙冤被捕，1961年病逝狱中，1965年为其恢复名誉。

邓博五（1908~1997.1） 临泾乡席沟圈村人，青年时入军旅，曾任军需录事、专署文书、中学秘书等职，1955年到县文化馆工作。酷爱书法，从师焦澍生，以钟、王为门径，用颜柳打基础，兼学汉魏碑帖，形成自己独特的艺术风格。1958年，书法作品在陕西美协、中国画院展出。后季因"许、张反革命集团"冤案株连入狱27个月。1980年后作品获甘肃省庆祝建国30周年文学艺术三等奖、职工书画赛二等奖、鲁南之光国际书画大赛优秀奖，参加第三、第四届全国书法篆刻作品展。曾任镇原县第一至三届政协委员、省书法家协会会员、鲁南书画社理事、陇东书画院副院长、地区书协副主席。

祁秀梅（1922.2~1990.10） 女，临泾乡包庄村人，中华全国民间剪纸研究会会员、名誉理事、镇原县政协第三届委员会委员。其赋性聪颖，心灵手巧，自幼爱好剪纸绘画，刻苦磨练，观察过邻居窗花、田园花鸟后，就能剪出活灵活现的作品，剪刀所至，随心所欲。数十年间，以民间生活和自然界为创作源泉，创作剪纸1000多种，大画面反映十二生肖、民间吉祥喜庆、美好爱情生活、古代图腾崇拜、神话传说、消灾降福、民间故事等，每幅作品都反映一个民俗或典故，构思新颖，造型美观，线条流畅，剪工细腻。改革开放后，连续创作反映农村新貌作品，大型作品“庆祝国庆”表现全国人民大团结的热烈场面和对党对祖国的热爱之情。其剪纸艺术受到国内外艺术界高度重视，1985年法国一家报纸整版刊登其巨幅照片，1986年受中央美术学院聘请进京讲学与表演，随后《人民日报》等全国30多家报纸都撰文介绍其剪纸艺术和作品。1987年被聘为中华全国民间剪纸协会会员。同年，法国艺术局执行主席、法中友协艺术委员会主席让·皮埃吉莱姆和夫人瓦西埃一行三人专程到其家看望，不惜重金收藏其剪纸作品。之后，作品相继被介绍到日本、意大利、新加坡等国。1988年，在全国剪纸年会上，中国艺术馆收藏其作品200多幅，并颁发奖品和纪念册。是年，在中国工艺美术学会民间艺术委员会第五届年会上，又将数百幅作品赠给中国美术馆收藏。中央美院、国家民俗博物馆、地县文化馆都分别收藏其大量作品，其名字和生平分别被载入新编《中国美术年鉴》《中国现代人才大集》《中国民间名人录》《镇原县志》等书刊，被誉为西北工笔民间剪纸艺术大师。逝世后，中国民间剪纸研究会会长靳之林、著名画家李琦书赠“百世流芳”中堂一幅，对其给予高度评价。

蒋玉书（1923.7~2007.10）　字石麟、昆山，临泾乡桃园村人。民国时先后任平凉市新民小学、镇原县屯字高小教员、西北农业专科学校文书。中华人民共和国成立后在甘肃省财政厅、建设银行、兰州民用器材批发站、商业厅资料贸易局等单位工作，1961年因病退职。1983年后历任政协镇原县第一至四届委员、甘肃省书法家协会会员、《农民日报》文化艺术联谊会会员、陇东书画院书法家、镇原县书画学会理事长、兰州飞天书画学会镇原分会副会长、庆阳地区老年书画协会副会长、庆阳地区文联委员。受祖父、父亲熏陶，酷爱书法，取百家之长，形成自己秀丽俊逸、圆润工整的艺术风格，尤以楷书见长，“十八鹅”著名。楷书被中国国际文学艺术作品博览会认定为书法类二级作品，草书“十八鹅”继承发扬前人十八种鹅字的艺术风格，精研独创，行草而成，形象生动，独树一帜。曾应邀为南梁革命烈士纪念馆和纪念碑书写烈士名录，为镇原县革命烈士纪念碑书写碑文。其书法作品多次参加国际、国内书画大展，《论语》一节楷书条屏1984年被推荐在太原参加全国书展，先后荣获特等奖2次，国际佳鹅奖1次，优秀奖、佳作奖20余次，被国内京、津、沪、粤、港、澳、台及国外加拿大、日本、韩国等地千余家单位和书画友人收藏。

范济人（1924.8~1990.2）　原名天阶，字云程，孟坝镇张崖畔村人，15岁随堂兄至固原天德堂国药店当学徒，民国三十五年（1946年），入陕西省扶风县常兴镇济生医院从医。1951年参加工作，任三岔区安岔畛岘、白新堡子等小学教员兼行医。1954年任孟坝区卫生协会秘书、主任等职。1957年创办跃进农村医院，兼院长。1958年被保送兰州中医进修学校学习一年，分配平凉地区卫校任教。1963年调任新集卫生院负责业务，“文化大革命”中遭诬陷被处理回家。1971年主持王湾卫生所工作，半年间培训医药人员10名，采集中草药1万多斤，配制中成药上百种，设立简易病床6张，集卫生、医疗、保健、防疫于一体，成为全县先进单位。1974年,被庆阳地区聘请参加审编中医教材,受聘兼教中医基础课。1979年平反恢复工作,分配镇原县第二人民医院任中医师,运用中西结合医疗方法,治愈病人千余名。太平乡一病妇被某大医院诊断为晚期宫颈鳞状细胞癌,不能行走,他利用业余时间,骑自行车往返30多里路,上门诊治9个月,痊愈康复。采取以师带徒、巡回培训基层医药人员200多名,创建和自办农村医院、所、站、室31处。著有《中医拾零》《中医药临床实用体会》《中草药临床验证单方》《济人中药便方》等10多种书稿,50余万字,发表中医论文30多篇。1997年后,连续7年被评为先进工作者。1981年任镇原二院门诊部主任,1982年晋升为主治医师,1983年被省政府授予卫生战线先进工作者。1985年选任庆阳地区中医学会顾问、镇原分会副理事长,1987年晋升为副主任医师。1988年《甘肃日报》报道其事迹。1989年被选为政协镇原县第三届常委。

张得祥(1925.9~2007.8) 笔名张牧,新城乡高庄村人,民国三十八年(1949年)八月参加工作,1951年调甘肃日报社文艺副刊任助理编辑、编辑、主编,1962年调镇原县农建局、庙渠公社工作。1978年任县文化馆编辑,曾兼任《镇原县志》副总编。职晋副研究馆员,是中国民间文艺家协会、甘肃省民间文艺家协会、作家协会、群众文化学会会员。1987年4月退休后任《中国民间故事集成·甘肃卷》《庆阳地区志·附录》副主编。1990年5月改为离休,1991年5月地委批准享受副县级待遇。40余年来,搜集整理民歌2000余首,民间故事《皇帝和老鼠》《蟒胆》《豆皮和豆瓤》等80余篇,民间小戏《老少换妻》《刘海打柴》《二姐妹害病》等20余部,儿童文学作品《一本新书》刊于《延河》,童话《小蜜蜂和花蝴蝶》刊于《甘肃工农文艺》,撰有《略论陇东民间小戏的艺术特色》《从陇东民歌透视旧社会的妇女地位》等论文,内部出版民间故事集《红花姑娘》和《陇东民间小戏》等单行本。

马　伟(1908.11~1985.8) 字子奇,城关镇富坪村人。民国十三年(1924年)考入平凉师范学习,十七年毕业后在家乡从教。二十一年经邓宝珊推荐,任青海省政府秘书处财务股录事,二十三年任青海省土地局录事。二十五年调兰州气象所,赴中央研究院专修气象学,获学士学位。二十六年任西宁市气象测候所主任,全面考察青海地区土壤、气候、物产、矿藏及宗教信仰、民情风俗,与人合编《青海考察记》。三十二年后任重庆、南京审计部科员、佐理员,三十六年任甘肃省审计处佐理员。中华人民共和国成立后,任镇原县卫生院医生、庆阳地区人民医院中医师,1961年回家,在本村卫生所为群众医病。中共十一届三中全会后,调任庆阳地区中医院中医主治医师,钻研医学,博采众家之长,中西医结合,总结出脑颅积液、腰漏、胃及十二指肠溃疡癌变、妇女宫颈糜烂癌变、各种皮肤病等治疗方案百余种,治愈垂危及久治不愈患者数千人。

吴鹏程(1908.1~1992.5) 字凌霄,方山乡人。民国三十二年(1943年)八月在兰州师范任教。三十四年八月,担任镇原初级中学校长,期间面临经费少、教员缺、设备不足、环境特殊等困难,调整校内组织,严格管理制度,整顿校风,狠抓教育质量。积极争取社会有识之士

和学生家长支持，多方筹资，以低薪聘请地方贤达任教，并亲自兼授公民、国文等课程。三十六年解放区地下党员王邦富、游击队员贺登畔被国民党政府逮捕，吴鹏程亲书保释出狱。三十七年四月六日，召集全校师生罢课，抗议政府延期给教师发放薪俸和粮食，县长崔汝俊答应并拨付所欠薪俸。随后亲自主办两期社会教育班，为社会培养了一批知识人才。三十八年七月三十日离任。1951年因历史问题入狱达20年，平反后当选为政协镇原县第一届和第二届委员，关注民生，所提解决边远山区学校师生吃水困难和山区通电等建议和提案，引起地委、县委重视，后山乡镇通电和学校用水问题很快得到解决。晚年仍临池不辍，其墨迹在孟坝、三岔、方山等地多有流传。

段思坎(1927.10~1989.8)　字满斋，号丹石，城关镇金龙村人，出生于书香门第，从小受到良好教育，六岁即能对句，七岁入学，苦练国画、书法，常在自办的墙报、板报上发表作品，在平凉师范上学期间举办画展，以画酬维持学业。民国三十八年(1949年)六月毕业于平凉师范，八月，被聘为镇原初级中学美术、历史教师，后任学校秘书、代理教导主任，与郭中和先生共同编印《民风画集》，作为美术教材。后拜名画家刘芳铭为师，画艺提升，当时所画《围猎图》《牵马图》《四季花卉屏》等驰名陇东，尤以《围猎图》有较大突破和创新，被评为“野派”。常吟诗填词，画上题诗，多是即兴创作，贴切生动，韵味隽永。1951年后，任庆阳师范教员、正宁罗川中学教导主任、校长、正宁一中校长、镇原二中校长、镇原中学革委会主任、文化馆馆长。1980年兼任《镇原县志》总编。1982年后，为中国美术家协会甘肃分会、省群众文化学会、陇东书画学会会员、兰州飞天书画学会理事、镇原县书画学会会长，被陇东书画院聘为画家。1989年夏，在太平乡连续挥毫3天，因脑血管病逝世。毕生留世作品数千幅，多次在省内外展出，并流传日本、俄罗斯。

刘志远(1928.3~1994.1)　西峰区董志乡人，主治医师。民国三十六年(1947年)，在西峰私立同仁医院当学徒。1950年2月在庆阳地区医院参加工作，任护士长、医士等。1951年11月调任镇原县医院任医士、医师、主治医师，工作期间到甘肃省人民医院进修两次，自学护理、中医、普外、骨科、口腔、五官、泌尿、眼科、妇科，尤长外科。1957年主刀镇原第一例阑尾切除手术，后做大型手术400多例、中型手术3600多例、小手术和计划生育手术7000多例。1962年成功摘除莲池村一位60多岁妇女38斤重卵巢囊肿，1960年至1963年为狼咬毁容者做修补整容20多人，做兔唇修补手术100多例不留痕迹，1966年随县医疗队到殷家城乡为环县、固原病人做肝包虫手术20多例，多次荣获奖励。1982年被省政府评为计划生育先进工作者。1989年11月退休。

贾进禄(1934~1984)　城关镇人，1953年毕业于甘肃省卫生学校，分配甘肃省中医院工作。1956年加入中国共产党，调甘南藏族自治州碌曲县卫生系统工作，1958年，到西仓公社帮助筹建公社卫生院，和公社干部一起，因陋就简，建立手术室，自造诊断床、病床、手术台，培养保健员21名，开展较为复杂手术，为抢救垂危病人先后献血5次600多毫升。藏族牧民二见患右侧腹股沟疝症18年,经其手术治疗痊愈。一个七八岁病孩患麻疹和肺炎及严重贫血,病情危急,他带头抽自己的血抢救,使病孩脱险康复。1960年,调碌曲县人民医院工作,藏民齐甲木措患腰椎结核两年多,须分三处取病人胫骨修补腰椎,由于病人身体极为虚弱,取骨有危险,贾进禄忍痛取下自己右腿膝盖上7片胫骨,修补在齐甲木措腰椎上,解除了病人终身痛苦。1961年《甘肃日报》《健康报》以"藏汉同胞骨肉相联"为题报道其事迹,1962年出席甘肃省第四次先进生产者代表会议,被甘肃省人民政府授予先进工作者。1964至1979年任甘肃省政协委员,著《中医内科方歌诀》《生殖疾病的中医治疗》等书,由甘肃省人民出版社出版。

许万积 开边乡人。清同治元年(1862年)回民反清起义,关陇各处办团防,镇原为入甘门户,万积充团总。十二月二十二日,起义回民拥至西川张家庄大肆焚掠,万积率团堵御,力竭阵亡,同时殉难者有增生路渐达、张生芳、文童许邦彦,事闻均议恤如例。

刘泰通 王家寨人。距城西南三十里为金积、固原起义回民去陕必经之道,泰通充团长,与其副刘家惠率勇截击,屡获胜,起义回民不敢犯,改由平凉草峰塬赴陕。清同治六年(1867年)八月,起义回民马步队三千余人赴寨,泰通等督众死守,久之,援绝粮尽,九月九日寨陷,泰通等均中枪死。事闻,议恤如例。

甄应玺 甄家村人。清同治六年(1867年)十二月初九日,陕西起义回民攻打西北乡甄家村,团总甄应玺率勇三百余迎战,生缚其头目海九,送官枭首。次日起义回民复来,应玺率众迎击,死之。事闻,议恤如例。

张鹏汉 字云程,世居镇原县西川大户坪,勇力过人,尤精拳术。清同治回民反清起义时,奉令团练保守乡间,后于张家头岘接战,因寡不敌众,死之。

张　铣 字容庄,镇原人,清附贡,布政司理问厅衔,性刚正,勇敢过人。同治回民反清起义,张铣自募壮丁200人,请令团练以固城防。起事回民攻城,亲率健勇日夜巡守,奈日久众疲,起义回民偷入,与其巷战,自辰至午,力尽身殉。

刘福义 镇原人。清同治初回民反清起义,邑侯委为团副,率众驱之,遇其酋白彦虎率步骑千余,与之战于雪家坬,同团丁三十余人皆死。

张　操 字志坚,镇原人,为人有胆略,善说辞。清同治初,陕西回民犯境,张操被举为瓦窑镇团总,督众防御,回民不敢犯。后瓦窑坡镇(中原)陷落被擒,不屈而死。

袁作虎 沟圈袁家人。清同治回民之变,袁作虎被泾州、镇原委任为五指塬民团团长,驻防五岳殿,布置周密,起义回民不敢犯。后因饥馑丁少,力不能支,遂阵亡。

郑兆志 南川人,有胆力,善拳术。清同治初,陕西回民进攻县城时,为南川一带团总,闻警率民团驻牛蹄分庄拒之,寡不敌众,身负重伤,犹复奋起,以流星锤毙渠魁,手刺10余人,力尽身亡。

安自海 镇原人。清同治六年(1867年)举为堡头,堡陷,自海仅一身免,闻堡民为陕西回民裹去,复入回营救援,遂遇害。

刘登科 南川人。清同治之变,在南川桃园庄充当堡头,沈军兵败,登科率堡民救援得免，后被杀于烽台塬。

张有忍 字子让，太平镇人。民国十六年（1927年）三月间，泾川匪首李清芳等率领匪徒盘踞太平镇之张家堡抢掠惨杀，时有忍任民团团长，率领敢死者压卡轰击，会天大雨，寡不敌众，遂阵亡。县长王正宽呈请省长旌奖“为国捐躯”四字。

张百万 字寿庵，太平镇人，性刚烈。民国十六年（1927年）三月，泾川匪首李清芳伙太平镇陈彦明、张英宗、魏耀邦等率党数百人围攻张家崖窑，适李警佐带警兵提民团剿之，百万率团助击，毙贼五六人，贼深恨。会天大雨，后援不济，为贼所害。县长王正宽奖“为国捐躯”四字。

郑佐效 字辅臣，镇原人。中学毕业，正直聪明。民国十八年（1929年）土匪正盛之时，被贼所获，慕其义，约与同事，佐效羞与贼伍，乘间跳崖死。

刘永茂 镇原人，有胆力，善射击。民国十九年（1930年）春有股匪数百人围攻李家堡，二昼夜不能下，永茂以土枪、瓦石击之，毙贼甚众，旋中流弹死。

四、烈士

刘润德 字泽民，西乡交口河川人。民国十九年（1930年）冬举为堡首，适杨万青部队来攻堡，率众守御，力不能支，中弹亡。

张万德 镇原人。民国二十年（1931年），陕西毕、杨两股盘踞镇原，万德为新十三师连长，奉令到县剿匪，身先士卒，连破数卡，遇飞弹殒命。

王　璞 字玉山，新城人。民国二十二年（1933年）春，回民首领惠彦清率千余人突至新城镇任意劫掠，璞为保卫团总，领团丁31人与其战于秦家庄畔，毙匪甚多，终因寡不敌众，为贼所执，与团丁张有成、沈得刚皆死之。

张登岳 字云汉，镇原人，术精岐黄素本，施医为怀。民国二十二年（1933年）春，遇惠匪攻堡，登岳让多数人逃生，留己一人在堡，临难不避，为匪所害。

马品良 城关镇富坪村人，喜读书诗，善运动，常思以身报国。民国二十七年（1938年）入八十六师五一二团三营七连充中尉连副，二十九年元月二十二日在绥远包头新民堡抗战中阵亡，时年33岁，例晋一级。

刘庚喜 永绥乡（今显胜）人，家境贫寒，以农为业。民国二十一年（1932年）从三十二师充下士，严肃庄正，不避艰危。二十六年九月二十四日充中士，在淞沪抗日战役中阵亡，时年29岁。

金体乾 肖金镇人，民国十五年（1926年）随国军入河南，后编入二一一师九十六团充上尉书记，二十九年在湖北宜昌抗战中阵亡。

杨文福 城关镇人，以农为业，有大志。民国二十五年（1936年）应征入陆军十七师当兵，二十九年在抗日作战中阵亡，年32岁。

朱世林 马渠镇人，以农为业，家境贫寒。民国二十六年（1937年）应征入陆军十一师三十一团三营当兵，二十九年在潼关抗日作战中阵亡，年31岁。

李景晟（1910~1944） 又名凌云，字仰薇，屯字镇湾李村人，清宣统二年（1910年）生。民国二十六年(1937年)毕业于南京国立中央边疆学校,卢沟桥事变后,考入黄埔军校十六期,毕业后投入抗日战争,参加鄂中、鄂西、鄂北和湘南战役。三十一年参加中国远征军进驻缅甸作战,任团职指挥官,三十三年八月在中美联军攻打日本军占领的密支那战役中牺牲。

金怀仓 太平镇人,民国二十五年(1936年)应征入陆军六十五师一九三团八连充上等兵,随战有功,二十九年八月在山西抗战中阵亡,时年30岁。

郭生杰 开边镇人,精敏能干,民国二十五年(1936年)应征入陆军三十二师一八八团二营五连,晋升少尉排长,三十一年七月在山西太行山抗战中阵亡,年32岁。

何忠孝 马渠镇何家村人,民国二年(1913年)八月生,家庭小康,父任村长,帮助兴办地方教育。二十五年弃家至七十八师步兵一三七团工兵营第二连充中士班长,二十九年八月二十三日在山西五台县抗战中阵亡。

梁生芝 王寨乡赵家川村人,民国三年(1914年)四月生。二十六年三月参军,后为八路军一二九师三八五旅七七〇团三营一连六班战士,在河南抗战时牺牲。

牛自英 孟坝镇人,20岁应征入骑七师当兵,每战有功,民国二十九年(1940年)在绥远包头一带抗战中阵亡。

惠有均 马渠镇惠家大庄人,民国四年(1915年)二月生。二十五年从军,入第七旅服役三年,请假归家。二十八年十月十五日适国民政府征兵,复投国军新编第三十五师步兵第一〇〇团第二营机枪第二连充上士班长,三十一年九月随部队至河南陕州驻防,三十四年在洛宁与日本军队作战,被日本侵略军队攻败阵亡。

慕生福 新集乡王岘子人,民国四年(1915年)八月生。二十四年十月参军,为三八五旅七七〇团通讯班战士,二十七年十月在老河口抗战中牺牲。

慕文福 城关镇莲池人,颖悟于众,精敏活泼。民国二十五年(1936年)应征入陆军五十一师一五三团六连充下士排长,二十八年十月在江西抗战中阵亡,时年23岁,例晋一级。

王世杰 马渠镇张家岘人,民国五年(1916年)三月生,以农为业,常想抛农从军报效国家,维护桑梓。二十八年投入县内驻军九十七师充当上等兵,每逢战事,奋勇当前,三十三年抗战中阵亡。

田养正 永安乡(今临泾)人,平凉中学毕业,资性敏捷。民国二十四年(1935年)投入陆军四十八师一四四旅八十八团二营四连从军,晋升中尉排长。二十七年五月在安徽合肥南门外率兵抗战,对击数昼夜,敌不得逞,十四日壮烈殉难。

袁正孝 肖金镇人,民国二十四年(1935年)应征入二六五师当兵,三十三年在山西中条山抗战中阵亡。

田琪祥 镇原永安乡(今临泾)人,中央军校第17期毕业生,分配陆军四十二军第七预备师任少尉排长,民国三十三年(1944年)在新疆作战中阵亡。

刘清怀 平泉镇秦铺村人,民国七年(1918年)生。二十六年九月参军,为国民党八十四军四十三师二五七团战士,二十八年十月在湖北省阴新县抗日作战时牺牲。

郑八娃 方山乡蒲河村人,民国七年(1918年)生。二十五年六月参加红军,抗战开始后，随部队赴山西抗日前线，在一二九师十团四连先后任班长、排长职务，三十一年十一月，被提升为四连连长。三十二年十月在山西省中条山与日本侵略军队作战时牺牲，时年25岁。

张兆祥　屯字镇人，民国二十五年(1936年)应征入陆军十四师当兵，二十八年九月在江苏抗战中阵亡。

刘得禄　平泉镇上刘村人，民国二十五年(1936年)入陆军二十军一三四师当兵，二十九年在参加湘北抗日会战中阵亡。

路文远　平泉镇人，世以农为业，身体强健，常怀报国之志。民国二十五年(1936年)应征入陆军十七师当兵，三十一年在河南抗战中牺牲。

程九禄　太平镇人，以农为业。民国二十五年(1936年)应征入陆军十七师当兵，三十一年十一月五日在河南抗战中阵亡。

杨发有　新城镇人，世俱务农，家境赤贫。民国二十五年(1936年)应征入陆军三十二师充列兵，三十二年在河南作战中阵亡。

李永治　王寨乡嘤岘村人，民国七年(1918年)七月生。二十七年七月参加陇东独立团当战士，二十八年部队在方山挖炭窑时塌伤，送往延安治疗无效后牺牲。

张郁林　屯字镇人，民国二十六年(1937年)应征入陆军十四师八十三团三连充中士，同年9月在江苏抗战中阵亡。

刘砺锋　肖金镇人，性聪敏，有胆略。民国二十六年(1937年)应征入陆军三十二师一八七团一营当兵，每战身先同伴，长官爱重之，升任中尉排长。二十八年十月，在江苏抗战，连破敌卡，中弹阵亡，长官悼惜，士兵挥泪，时年25岁。

姜万积　新城镇人，民国二十六年(1937年)应征入陆军第一预备师二团充一等兵，二十九年在潼关抗战中殉难。

梁建云　永定乡(今南川)人，民国二十六年(1937年)应征入陆军第一预备师二团充一等兵，二十九年在潼关抗战殉难。

张世杰　新城镇人，民国二十六年(1937年)应征入陆军第一预备师二团一等兵，二十九年在潼关抗战殉难。

武辉福　新城镇人，家世贫寒，有志报国。民国二十六年(1937年)应征入陆军八十三师充上士班长，同伴重爱之。二十九年五月在河南抗日作战，率领同班士兵遵从长官指挥，连战月余阵亡。

左智清　永和乡(今肖金上刘)人，幼时颖悟异于常儿。民国二十六年(1937年)应征入陆军四十二师二五一团一营机一连当兵，因处事精细，升任特务长。二十九年八月，在山西抗战中阵亡。

阎得元　新城镇人，父母俱亡，家境赤贫。民国二十六年(1937年)应征入陆军二十一师当兵，二十九年八月在山东抗战中阵亡。

吴占有　屯字镇人，民国二十六年(1937年)应征入陆军第一预备师二团一等兵，三十年在陕西潼关抗战,冲锋陷阵,壮烈殉难。

王得禧 太平镇人,民国二十六年(1937年)应征入陆军六十五师当兵,三十年四月在江苏抗战中阵亡。

刘世锡 肖金镇人,民国二十六年(1937年)应征入陆军九十二师当兵,三十年十二月三十日在湘阴抗战时奋不顾身,在枪林弹雨中牺牲。

王崇祯 平泉镇人,憎敌寇日深,乃考入中央军校第七分校,毕业于17期,分发陆军四十二军第七预备师任少尉排长,每逢作战,身先士卒,民国三十三年(1944年)在新疆作战中殉职,年25岁。

李志忠 马渠镇孟家塬人,民国八年(1919年)十月八日生,家道小康,衣食尚裕,常言好男儿要效命疆场。二十七年应征入陆军七十八师步兵一三七团充任班长,三十年在山西抗战中阵亡。

姜得胜 城关镇人,愿驰驱万里,效命疆场。民国二十七年(1938年)应征入陆军十七师当兵,二十九年在山西抗战中阵亡。

李邦清 镇原县人,家世务农,生活艰苦。民国二十七年(1938年)应征入陆军第一预备师二团充上等兵,随战有功,二十九年在陕西潼关抗日作战中阵亡。

张文奎 孟坝镇人,家境赤贫。民国二十七年(1938年)应征入独立四十六旅当兵,二十九年七月在山东抗战中阵亡。

申宪忠 城关镇人,父母俱殁,家贫如洗。民国二十七年(1938年)应征入陆军七十八师当兵,三十一年七月在山西太行山抗战中阵亡。

刘国杰 屯字镇人,民国二十七年(1938年)应征入陆军一六五师当兵,三十三年在中条山抗战中阵亡。

田占新 中原镇大田家人,民国二十七年(1938年)应征入陆军四十二师充列兵,三十一年在湘北抗战中殉国。

李春华 孟坝镇人,世业农,家境小康,卓荦有志。小学毕业后,随友投陆军四十二军充准尉排长,与士兵同受甘苦。民国三十三年(1944年)奉命至新疆作战,屡建殊勋,中飞弹阵亡,年23岁。

刘起云 镇原县人,国军三〇二团二营六连一等列兵,民国三十一年(1942年)七月在绥远五原抗战中阵亡。

贯秉玉(1897.05~1947.02) 孟坝镇刘城村人,清光绪二十三年五月生。民国三十二年(1943年)参军,加入共产党,为县保安科情报员,三十六年二月在孟坝被杀害。

李义海(1898~1947) 小岘乡惠沟村人,清光绪二十四年生。民国二十六年(1937年)春加入中国共产党,负责镇原县党组织与平凉、华亭、固原地下党组织之间的联络,传递情报和党的指示,护送党的工作人员。解放战争期间任平东游击队中队长,在平凉、固原、镇原边界地区开展游击战争,夺取国民党军用物资,保护人民群众和党的地下工作者。三十六年二月在马渠执行任务时,被国民党保安队抓捕,杀害于三岔杏家山,时年49岁。

李永来(1899~1947)　王寨乡崾岘村人,清光绪二十五年生,中共党员。民国三十四年(1945年)参军,三十六年十一月在王寨执行任务时被杀害。

马国海(1900~1949)　方山乡马湾村人,清光绪二十六年六月生,中共党员。三十六年二月参军,为新集区武工队队员,三十八年五月在方山执行任务中牺牲。

罗建章(1901~1940)　乳名魁魁,平泉镇马坬村人,清光绪二十七年生。民国二十六年(1937年)加入中国共产党,曾任农会主任,从事党的地下工作。二十八年四月被国民党逮捕关押西峰,严刑拷打,坚贞不屈,二十九年二月被国民党活埋,时年39岁。

徐连钧(1903~1940)　新城乡孙庵村人,光绪二十九年生,民国二十六年(1937年)加入中国共产党,曾任新城区后援会委员、农会主任。二十八年十二月,县委北撤后,留新城担任情报联络员,活动于新城至马渠、孟坝之间。二十九年六月十五日因叛徒陈贵起告密,和弟连义同时被国民党政府逮捕,在平泉严刑拷打,弟兄二人宁死不屈,坚守党的秘密,六月二十二日押往平凉途中连义脱逃,九月连钧被国民党当局活埋。

刘俊发(1907~1949)　上肖乡北庄村人,清光绪三十三年七月生。民国二十九年(1940年)七月加入中国共产党,三十一年二月参军,曾任西北野战军警三旅副旅长,三十八年四月在陕西麟游战斗中牺牲。

张世贵(1908~1940)　南川乡张桃园村人,光绪三十四年生,中共党员。民国二十八年(1939年)二月参加革命,曾任镇原县后援会民兵连连长,二十九年九月在黑渠口被国民党活埋。

谯洪义(1926~1949)　孟坝镇谯河村人,民国十五年三月参军,为陇东独立五团四连司号员,三十八年在陕西杨峪岭牺牲。

王永恩(1908~1948)　平泉镇上刘村人,清光绪三十四年五月生。民国二十六年(1937年)参军,加入中国共产党,任平泉王仙村党小组长,三十七年八月被平泉镇公所逮捕后杀害。

胡正明(1901~1948)　马渠乡张湾村人,清宣统二年生。民国二十五年(1936年)十月参军,二十六年元月加入中国共产党,二十七年任马渠后援会主任,被国民党逮捕,忍受百般折磨,始终没有吐露党的机密,后通过援西军民运科交涉释放。三十三年任边区新集区委书记,组织群众开展大生产运动,开荒种粮,带领游击队、武工队打击国民党的破坏活动。三十七年五月带领支前队支援屯字镇战斗,身负重伤,因伤口感染而牺牲,时年38岁。

王天林(1920~1940)　**徐万恩**(1910~1940)　**陈三星**(1911~1940)　**康希业**(1911~1940)　王天林,平泉镇阴坡沟村人,民国九年生,曾任中共村党支部书记、自卫军队长。徐万恩,平泉南徐什字人,清宣统二年生,曾任村农会委员。陈三星,中原高胜人,清宣统二年生,任村党支部书记。康希业,南川罗湾人,清宣统三年生,曾任村自卫军队长。四人于民国二十六年(1937年)加入中国共产党,积极进行抗日活动。二十八年九月十九日,中共镇原县委发动南三镇群众请愿活动,他们带领党员和群众700余人,包围国民党县政府,冲进县府,高呼要抗战、要民主、要自由口号,质问县长孙宗濂平泉镇公所为什么要破坏抗日,要求训练自卫军,成立农会,孙宗濂慑于民威,被迫接受要求。这次请愿活动,引起国民党当局极端仇恨,于当年十一月、次年二月、四月,分别将天林、希业、万恩、三星逮捕,押到西峰,遭严刑拷打,宁死不屈。二十九年六月十三日晚,一起被活埋,天林边骂边往坑上爬,行刑人员用马刀将他双臂砍掉牺牲,时天林 20 岁,万恩 24 岁,三星 30 岁,希业 29 岁。

张登霄(1911~1947) 庙渠乡常埝村人,清宣统三年生。民国三十五年(1946 年)元月参加镇原游击队,三十六年八月在孟坝牺牲。

白献荣(1911~1947) 三岔镇肖家园子村人,宣统三年五月生。二十六年二月参军,为警三旅五团一营一连三排八班战士,三十六年三月在陕西耀县米家镇战斗中牺牲。

赵崇玉(1913~1940) 乳名锁锁,平泉镇南徐村人,民国二年生。二十六年加入中国共产党,从事党的地下工作,曾任农会主任。二十九年五月在平泉被国民党逮捕,押于西峰,六月被活埋,时年 27 岁。

周希礼(1913~1948) 屯字镇开城村人,民国二年生,中共党员。三十三年四月参军,曾任警三旅七团二营五连副排长,三十七年三月在陕西瓦子街战斗中牺牲。

白清元(1913~1951) 孟坝镇西壕村人,生于民国二年。三十五年参军,解放军战士,1951 年在临洮牺牲。

柳治瑞(1913~1948) 方山乡方庄村人,民国二年六月生。三十五年五月参军,为陇东军分区司令部电台战士,三十七年二月在庆阳二轱辘塬失踪。

席生海(1913~1947) 庙渠乡慕塬村人,民国二年十月生。三十三年十月参军,为警三旅五团战士,三十六年二月在合水西华池战斗中牺牲。

李国英(1914~1946) 马渠乡赵渠村人,民国三年三月生。三十五年五月参军,为陇东独立营三连三排战士,八月在黑渠口牺牲。

秦彦武(1914~1949) 三岔镇肖园子村人,民国三年八月生。二十六年十一月参军,曾任三岔区三友客栈经理,三十八年二月在三岔周家庄执行任务时被杀害。

徐连义(1914~1950) 新城孙庵人,民国三年十月生,中共党员。三十五年七月参军,任固原县区委书记,1950 年 3 月在黄峁山梁被土匪杀害。

段志安(1915~1947) 三岔镇安岔村人,民国四年生。三十年七月参军,为三八五旅五团二营三连一排战士,三十六年六月在华池战斗中牺牲。

杨廷俭(1915~1947) 新城乡东庄村人,民国四年生。三十三年一月参军,并加入中国共产党,任马渠区游击队队长,积极开展锄奸反霸。三十六年二月被恶霸地主杨维泉出卖遭杀害,时年 32 岁。

何德长(1915~1947) 三岔镇寺庄湾村人,民国四年九月生。二十七年十月参军,为警三旅五团七连战士,三十六年三月在合水武亭子战斗中牺牲。

樊富银(1916~1940) 殷家城乡白沟圈村人,民国五年生。自幼父母双亡,靠亲戚抚养,12 岁就给地主扛长工。二十五年八月参加农民自卫军,二十八年八月任三岔区自卫军副营长,带兵打仗,执行任务,工作之余给战士缝补衣服、打草鞋、教识字、读报,帮助群众割麦、送粪、挑水等，深得军民敬慕。二十九年元月二十日在殷家城执行征兵任务时被叛徒出卖，遭国民党杀害，时年24岁。

白如贵（1916~1947）　开边镇白马寺村人，民国五年生，中共党员。二十九年参军，曾任镇原县警卫队分队长，三十四年十月后任陇东军分区独立营一连排长、副连长。三十六年二月掩护县委、县政府机关转移，三月初在方山三台嵝岘战斗中阻击敌人时牺牲，时年31岁。

席维军（1916~1947）　临泾乡席沟圈村人，民国五年生。二十五年参军，曾任新四军排长，三十六年在延安玉林庙战斗中牺牲。

段志富（1916~1948）　三岔镇安岔村人，民国五年生。三十一年三月自陇东中学毕业后分配孟坝完小任教，同时加入中国共产党。三十四年带头办冬学，被评为扫盲积极分子，后到延安大学行政学院学习，结业后回县任二科副科长。三十六年三月，随边区县委、县政府转移，开展游击活动。三十六年九月在方山岔口嵝岘侦察时被国民党逮捕，三十七年正月二十三日被杀害于西峰，时年32岁。

孙述先（1916~1952）　庙渠乡孙寨村人，民国五年二月生。三十六年元月参军，曾任兰州部队警卫团排长，1952年4月在兰州因公殉职。

白彦荣（1916~1948）　殷家城乡桑树坬村人，民国五年六月生。二十八年十一月参军，任西北野战军四师三旅直属队工兵连副班长，三十七年九月在陕西蒲城县永丰镇牺牲。

兰仲田（1916~1948）　孟坝谯河人，民国五年八月生，中共党员。二十九年参军，为镇原县武工队队员，三十八年三月在孟坝醴坳执行任务中牺牲。

巨万海（1916~1950）　新城乡小岘村人，民国五年十月生。三十八年八月参加中国人民解放军，为平凉军分区警二团三营八连战士，1950年4月，在平凉蒿店剿匪中牺牲。

席国谨（1916~1947）　孟坝镇王地庄村人，民国五年十一月生。三十三年十二月参军，为警三旅五团一营二连三排九班战士，三十六年七月在庆阳白马铺战斗中牺牲。

王兴邦（1917~1948）　三岔镇石嘴村人，民国六年生。三十三年元月加入中国共产党，十二月参军，任柳州区四乡村长，三十八年元月在三岔石嘴被杀害。

唐丕常（1917~1947）　新集乡牛心村人，民国六年元月生。三十三年十二月参军，为警三旅五团三营九连三排九班战士，三十六年三月在合水武亭牺牲。

郭应怀（1917~1947）　新集乡吴家塬村人，民国六年四月生。二十九年十月参军，为警三旅五团一营三连战士，三十六年在庆阳赤城牺牲。

常岳先（1917~1947）　庙渠乡四合村人，民国六年五月生。二十八年四月参军，为八路军一二九师三八五旅警二团战士，三十年在东华池牺牲。

姚生连（1917~1949）　三岔镇石嘴村人，民国六年六月生。二十九年二月加入中国共产党，三十三年二月参军，任柳州区四乡民兵副班长，三十八年元月在三岔石嘴被杀害。

姚呈祺（1918~1947）　孟坝镇孟坝村人，民国七年生，二十八年十二月参加八路军，三十一年一月加入中国共产党。三十二年后任晋绥联防军警备第三旅五团三营班长、连长等，三十六年二月带连担负攻克驿马关敌碉堡任务，身先士卒，冲锋在前，不幸牺牲，时年

28岁。

刘怀宗(1918~1947) 开边镇白马寺村人,民国七年生。二十六年十月参军,曾任警三旅二连排长,三十六年三月在陕西关中马安战斗中牺牲。

王宗义(1918~1937) **席正春**(1921~1937) 王宗义,新集乡岳庄村人,民国七年生,任王寨自治区游击队指导员。席正春,王寨老庄人,民国十年生,任王寨自治区游击队队长。二人对国民党当局的统治极为不满,衷心热爱和拥护共产党,二十九年开始革命活动,张贴传单,传送情报,为开辟王寨自治区做了大量工作。参加游击队后,发展队员20多人,经常深入国民党军政要地,灵活机动地打击敌人,屡建战功。三十三年,两人加入中国共产党。三十六年九月十五日,马继援驻西峰一个连窜到王寨搜捕游击队及区、乡工作人员,情况十分危急,宗义、正春闻讯急赴营救,在王寨一带与敌激战,因寡不敌众,壮烈牺牲,时宗义29岁、正春26岁。

张凤联(1918~1948) 孟坝镇醴家坳村人,民国七年生。三十二年参军,为陇东独立团战士,三十七年三月在环县胶泥崾岘战斗中牺牲。

焦树池(1918~1948) 三岔镇榆杨湾村人,民国七年生。二十九年八月参加八路军,为三八五旅四团战士,后任班长、排长,并加入中国共产党。三十五年三月,任警三旅五团二营五连连长,三十七年八月在合水战斗中牺牲,时年30岁。

俱兆玉(1918~1948) 三岔镇榆杨湾村人,民国七年(1918年)二月生。三十二年十一月参军,为陇东独立团一连三班战士,三十七年三月在环县胶泥崾岘战斗中牺牲。

王万才(1918~1949) 郭原乡王嘴村人,民国七年五月生。三十六年六月参军,十一月加入中国共产党,为固原县王洼武工队二分队队员,三十八年八月在王洼剿匪中牺牲。

何兆福(1918~1944) 孟坝镇何范村人,民国七年九月生。二十六年九月参军,曾任三八五旅七七〇团三营司务长,三十三年失踪。

郭效荣 三岔镇米家川村人,民国八年(1919年)生。二十六年九月参加革命,曾任三岔区青年主任,二十九年八月在三岔被国民党抓去后失踪。

马永宽(1919~1947) 新集乡刘大岔村人,民国八年生。三十三年二月参军,为警三旅五团二营五连战士,三十六年在宁县九岘战斗中牺牲。

乔有川(1919~1949) 方山乡张大湾村人,民国八年生。三十八年二月参军,为武工队队员,六月在孟坝什字执行任务中被杀害。

常义昌 马渠镇人,民国二十六年(1937年)应征入伍,二十七年八月在山西永济县抗战中阵亡。

刘邦治(1919~1948) 方山乡王湾村人,民国八年元月生。三十五年九月参军,为陇东独立团二营六连战士,三十七年四月在庆阳何岘战斗中牺牲。

杨正发(1919~1948) 孟坝镇醴家坳村人,民国八年二月生。三十三年三月参军,三十五年八月加入中国共产党,为西北野战军四纵三旅五团一营二连战士,三十七年九月在陕西蒲城县永丰镇战斗中牺牲。

李和智(1919~1948) 孟坝镇三门嘴村人,民国八年三月生。三十年二月加入中国共产党,三十一年十月参军,曾任陇东十三团一营一连一排排长,三十七年十月在三岔高家湾牺牲。

张守智(1919~1947) 方山乡蒲河村人,民国八年四月生。三十四年四月参军,为陇东独立团侦察排战士,三十六年二月在华池悦乐执行侦察任务时牺牲。

王乃玉(1919~1949) 开边镇洞子湾人,民国八年十月生。三十七年三月参军,曾任第一野战军四纵队三旅排长,三十八年在陕西黄龙战斗中牺牲。

米可成(1920~1938) 三岔镇米家川人,民国九年生。二十六年十月参军,为八路军一二九师三八五旅七七〇团战士,二十七年四月在合水清水沟战斗中光荣牺牲。

朱联甲(1920~1947) 孟坝镇大寨村人,民国九年生,中共党员。三十五年九月参军,曾任孟坝独立团副排长,三十六年二月在孟坝段沟畔战斗中牺牲。

许守仁(1920~1948) 城关镇五里沟村人,民国九年生。三十一年冬加入中国共产党,三十二年入伍,曾任陇东分区独立团排长、十三团二营三连副连长,三十七年四月在环县胶泥崾岘战斗中担负正面阻击任务时牺牲,年仅28岁。

李玉清(1920~1948) 新城乡惠沟村人,民国九年生。二十六年参加抗日救国会,曾任中共平东工委秘密交通员,来往于镇原、平凉、华亭、庆阳一带,从事党的地下工作。三十一年二月加入中国共产党。三十五年二月,国民党抄其家,他与几个弟、侄一同被抓,受尽折磨,守口如瓶,没有透露党的秘密,出狱后,继续从事党的地下工作。三十七年,再次被逮捕,后经党组织营救获释,四月后奉命赴甘肃工委、延安西北党校深造,后任平凉高平区副区长。三十八年在平凉剿匪时牺牲,时年29岁。

刘显宗(1920~1944) 开边镇白马寺村人,民国九年二月生。二十九年参加革命,三十二年加入中国共产党,曾任马渠区委书记,三十三年九月在郭原执行任务时被国民党杀害。

姜守本(1920~1956) 上肖乡姜曹村人,民国九年三月生。1951年10月参军,任军区独立团副班长,1956年6月在夏河剿匪战斗中牺牲。

贯存祥(1920~1948) 孟坝镇王山村人,生于民国九年七月,中共党员。三十三年四月参军,曾任陇东独立团二营四连副排长,三十七年三月在环县胶泥崾岘战斗中牺牲。

路秉孝(1920~1950) 郭原乡景家塬村人,民国九年七月生,中共党员。三十八年八月参军,曾任平凉军分区警二团三营八连一排长,1950年4月在平凉蒿店剿匪中牺牲。

常维汉(1920~1950) 三岔镇寺庄湾村人,民国九年七月生。三十三年九月参军,三十六年九月加入中国共产党,曾任甘肃省军区甘南指挥部一营三连排长,1952年7月在甘南州双岔剿匪战斗中牺牲。

郭克泰(1920~1953) 屯字镇北川村人,民国九年八月生。三十八年六月参军,任志愿军辎重四团三营一连排长,1953年在朝鲜战场失踪。

何发孝(1920~1947) 马渠乡牡丹坬村人,民国九年十月生。三十一年七月参军,为陇东十三团司令部侦察班战士,三十五年在环县蚰蜒川祁家台病故。

朱纯业(1920~1947) 新集乡牛心村人,民国九年十二月生。三十二年十二月参军,为警三旅五团一营五连战士,三十六年三月在庆阳赤城西塬塬战斗中牺牲。

马志才(1921~1951) 屯字镇四殿村人,民国十年生。二十六年三月参军,后为西南铁路工程局警备团战士,1951年3月在重庆市牺牲。

席治银(1921~1946) 孟坝镇宽展湾人,民国十年生。三十三年十一月参军,为陇东独立团五营战士,三十五年在田家河牺牲。

刘治元(1921~1948) 庙渠乡四合村人,民国十年生。三十一年二月参军,为陇东独立团一营一连战士,三十七年在庆阳二轱辘塬牺牲。

罗积福(1921~1948) 庙渠乡黎明村人,民国十年生,中共党员。三十二年三月参军,曾任陇东独立团一营一连副排长,三十七年三月在环县胶泥崾岘战斗中牺牲。

白银库(1921~1948) 殷家城乡桑树坬村人,民国十年生。三十五年九月参军,为陇东独立团战士,三十七年十一月在三岔高湾牺牲。

李世龙(1921~1948) 孟坝镇刘城村人,民国十年元月生。二十七年十月参军,为三八五旅七七〇团通讯员,三十七年在山西牺牲。

董世钧(1921~1953) 中原乡姜白村人,生于民国十年三月。1949年参军,后为志愿军战士。1953年在朝鲜战场牺牲。

李应甲(1921~1948) 孟坝镇王湾村人,民国十年四月生。三十三年二月参军,曾任陇东独立团一营一连一排班长,三十七年三月在环县胶泥崾岘战斗中牺牲。

任俊国(1921~1948) 方山乡王湾村人,民国十年四月生。三十四年元月参军,曾任西北野战军四纵三旅五团三营八连副排长,三十七年九月在陕西蒲城县永丰镇牺牲。

陈久林(1921~1947) 方山乡蒲河村人,民国十年七月生。三十四年十一月参军,为警三旅五团一营三连二排六班战士,三十六年三月在陕西耀县牺牲。

刘登银(1921~1947) 孟坝镇塔李村人,民国十年九月生。三十四年十月参军,为西北野战军五团一营战士,三十六年二月在华池鸡家山战斗中牺牲。

拓广成(1921~1950) 庙渠乡四合村人,民国十年九月生,中共党员。三十八年九月参加解放军,任平凉军分区警二团三营八连指导员,1950年在平凉蒿店剿匪中牺牲。

杨茂春(1921~1943) 孟坝镇冉家坬村人,民国十年十月生。二十八年二月参军,为三八五旅七七〇团三营九连战士,三十二年在江西省失踪。

李之聪(1921~1947) 新集乡新庄村人,民国十年十一月生。三十二年十月参军,为警三旅五团一营二连二排战士,三十六年二月在合水西华池张大山战斗中牺牲。

周玉琢(1922~1948) 孟坝镇何范村人,民国十一年生。二十八年十一月参军,在镇原县保安科警卫队当战士,后被编入八路军三八五旅,苦练杀敌本领,作战勇敢,被提拔为西北野战军十一师三十一团二连副连长,三十七年五月在陕西乾县瓦坡陵战斗中牺牲,时年26岁。

韩世效(1922~1950) 新城乡朱塬村人,民国十一年生。三十六年九月参军,共产党员,曾任平凉军分区警二团三营八连二排副排长,1950年5月在平凉蒿店剿匪战斗中牺牲。

刘贵善(1922~1951) 城关镇莲池村人,民国十一年生,中共党员。三十八年六月参军,任中国人民志愿军五七四团二营机枪连副排长,1951年8月在朝鲜高望山战斗中牺牲。

白得发(1922~1948) 方山乡高梁村人,民国十一年二月生。三十五年参军,曾任陇东十三团一营一连班长,三十七年三月在环县胶泥崾岘战斗中牺牲。

唐清和(1922~1948) 新集乡唐塬村人,民国十一年二月生。三十四年十一月参军,为第一野战军四军十一师三十一团一营二连战士,三十七年九月在陕西富平县康庄镇牺牲。

张存孝(1922~1945) 三岔镇米家川村人,民国十一年三月生。二十六年二月参军,为警三旅七团战士,三十四年二月在宁县春荣白虎村战斗中牺牲。

李宗荣(1922~1948) 三岔镇周家庄村人,民国十一年四月生。三十三年二月参军,为陇东十三团警卫员,三十七年三月在环县胶泥崾岘战斗中牺牲。

姚爱命(1922~1939) 孟坝镇王家湾人,民国十一年六月生。二十六年二月参军,为三八五旅七七〇团一营三连战士,二十八年在东华池大凤川失踪。

韩生清(1922~1948) 殷家城乡张老庄村人,民国十一年九月生。三十年二月参军,任西北野战军四师三旅直属队工兵连副班长,三十七年九月在陕西省蒲城县永丰镇牺牲。

任世宽(1922~1947) 孟坝镇西壕村人,民国十一年十月生。三十四年十二月参军,为警三旅五团三营三连二班战士,三十六年在陕西耀县白马铺战斗中牺牲。

尤世兴(1922~1951) 开边镇兰岔村人,民国十一年十二月生。三十六年六月参军,后任志愿军辎重四团三营一连排长,1951年在朝鲜战场牺牲。

李铭章(1923~1947) 三岔镇榆杨湾村人,民国十二年生。二十五年参军,为陇东独立五团二连战士,三十六年在环县胶泥崾岘战斗中牺牲。

李正清(1923~1947) 孟坝镇塔李村人,民国十二年三月生,中共党员。三十五年九月参军,为警三旅二团二营四连战士,三十六年九月在华池县庙湾战斗中牺牲。

杨树祯(1923~1949) 庙渠乡慕塬村人,民国十二年三月生。三十六年参军,为陇东军分区军医,三十八年五月病故。

姚治仓(1923~1948) 庙渠乡常埝村人,民国十二年四月生。二十八年参军,任陇东独立团一营一连排长,三十七年二月在庆阳二轱辘塬战斗中牺牲。

雷殿英(1923~1950) 小岘乡朱塬村人,民国十二年五月生,中共党员。三十五年九月参军, 曾任平凉军分区警二团三营八连二排排长,1950年4月在平凉蒿店剿匪战斗中牺牲。

白秀仓(1923~1947) 三岔乡肖家园子村人,民国十二年七月生。三十五年十二月参军,曾任三岔区文书,三十六年六月在三岔执行任务中被害。

张廷玺(1923~1948) 开边镇张沟村人,民国十二年七月生。三十三年十一月参军,三十四年加入中国共产党,任陇东独立团一营班长,三十七年三月在环县胶泥崾岘战斗中牺牲。

贾应太(1923~1948) 庙渠乡文夏村人,民国十二年七月生。三十三年三月参军,曾任西北野战军四纵三旅五团一营三连排长,三十七年九月在陕西蒲城县永丰镇战斗中牺牲。

惠治清(1923~1948) 孟坝镇谯家河村人,民国十二年八月生,中共党员。三十三年二月参军,曾任陇东独立团四连二排排长,三十七年三月在环县胶泥崾岘战斗中牺牲。

姚世发(1923~1949) 方山乡高梁村人,民国十二年八月生。三十四年十二月参加革命,在中国人民解放军第一野战军四纵队三旅五团二营四连任班长,三十八年在陕西耀县战斗中牺牲。

赵 绪(1923~1948) 孟坝镇何范村人,民国十二年九月生。二十八年十二月参军,曾任三八五旅七七〇团三营九连排长,三十七年九月在陕西蒲城县永丰镇牺牲。

张喜荣(1923~1949) 庙渠乡黎明村人,民国十二年九月生。二十八年十二月参军,曾任三八五旅五团二营四连三排排长,三十八年元月在宁县春荣牺牲。

李凤寿(1923~1951) 中原乡田站村人,民国十二年十二月生。三十八年七月参军,为解放军一九八师五六六团二营五连战士,1951年10月在朝鲜战场牺牲。

牛治国(1924~1948) 庙渠乡牛家塬村人,民国十三年生,三十年参军,曾任陇东十三团一营三连副排长,三十七年十月在环县赵渠战斗中牺牲。

李廷佩(1924~1948) 孟坝镇王湾村人,民国十三年二月生。三十三年七月参军,为陇东独立团一营一连二排战士,三十七年三月在环县胶泥崾岘战斗中牺牲。

沈得位(1924~1950) 新城乡沈嘴村人,民国十三年三月生。三十八年七月参军,为第一野战军四军警二团三营八连战士,1950年4月在平凉蒿店剿匪中牺牲。

李廷富(1924~1947) 三岔镇周家庄村人,民国十三年三月生。三十一年九月参军,为陇东五团三营八连战士,三十六年三月在合水武亭子战斗中牺牲。

谢建国(1924~1946) 孟坝镇谯河村人,民国十三年五月生。二十七年参军,为陇东警三旅五团四连战士,三十五年在绥德牺牲。

沈发海(1924~1948) 马渠乡花儿岔村人,民国十三年五月生。二十八年二月参军,为陇东独立团战士,三十七年七月在环县红土崾岘执行任务时牺牲。

常来洲(1924~1948) 马渠乡花儿岔村人,民国十三年九月生。三十六年四月参军,为县游击队四连队员,三十七年六月在孟坝什字战斗中牺牲。

李秉爵(1925~1947) 孟坝镇峁合村人,民国十四年生。三十四年十月参军,为陇东独立团战士,三十六年三月在三岔牺牲。

焦存信(1925~1948) 新集乡新庄村人,民国十四年生。三十一年十一月参军,为警三旅五团三营七连战士,三十七年在陕西宜川作战后失踪。

张兴克(1925~1948) 新城乡曹城村人,民国十四年元月生。三十七年三月参加革命,为镇原县游击大队队员,同年在环县战斗中牺牲。

李秉珏(1925~1947) 孟坝峁合人,民国十四年二月生。三十四年参军,为陇东独立团战士,三十六年三月在三岔高湾战斗中牺牲。

刘长德(1925~1948)　三岔镇榆杨湾村人,民国十四年四月生。三十二年十一月参军,为陇东独立团警卫班战士,三十七年二月在庆阳二轱辘塬战斗中牺牲。

李玉邦(1925~1952)　马渠乡四坪村人,民国十四年四月生。三十五年二月参军,十一月加入中国共产党,曾任武都军分区警卫连排长,1952年9月因公殉职。

杜荣祥(1925~1948)　新集乡永丰村人,民国十四年五月生。三十二年二月参军,曾任陇东独立团一营一连一排班长,三十七年三月在环县胶泥崾岘战斗中牺牲。

段绪海(1925~1952)　屯字镇徐沟村人,民国十四年五月生。1951年参军,为志愿军汽车三团三连驾驶员,1952年在朝鲜执行运输任务时牺牲。

段万金(1925~1952)　南川乡沟芦村人,民国十四年十一月生,中共党员。三十八年八月参军,为志愿军一八八师五六三团战士,1952年1月在朝鲜开城战斗中牺牲。

郑学敏(1925~1952)　南川乡川郑村人,民国十四年十二月生。1949年参军,曾任志愿军一八八师五六三团七连班长,1952年1月在朝鲜开城战斗中牺牲。

张廷瑞(1925~1948)　孟坝镇谯河村人,民国十四年十二月生。三十二年九月参军,曾任陇东独立团二营四连二排排长,三十七年三月在环县胶泥崾岘战斗中牺牲。

赵联琨(1926~1947)　庙渠乡文夏村人,民国十五年生。三十三年八月参军,为陇东警三旅五团三营战士,三十六年二月在西华池战斗中牺牲。

杨永吉(1926~1947)　郭原乡西杨村人,民国十五年三月生,中共党员。三十五年二月参加新城区地下游击队,三十六年二月在镇原县城被杀害。

王久福(1926~1954)　方山乡曹湾村人,民国十五年四月生,共产党员。三十五年五月参军,任西北军区骑兵团班长,1954年10月在临潭县牺牲。

王占元(1926~1952)　屯字镇人,民国十五年五月生。三十八年八月参军,为志愿军四一四部队二十三大队战士,1952年6月在朝鲜战场牺牲。

白九全(1926~1949)　殷家城乡桑树坬人,民国十五年九月生。三十五年九月参军,曾任陇东独立团二营二连排长,三十八年五月在庆阳驿马关牺牲。

张富华(1926~1947)十　新集乡唐塬村人,民国十五年二月生。三十三年十月参军,为警三旅五团战士,三十六年二月在庆阳赤城牺牲。

刘国正(1926~1948)　方山乡贾山村人,民国十五年十二月生。三十一年元月参军,曾任陇东独立团二营六连班长,三十七年三月在环县胶泥崾岘战斗中牺牲。

白海义(1927~1952)　平泉镇黄岔村人,民国十六年生。三十八年九月参军,为平凉军分区战士,1952年4月在平凉牺牲。

席国民(1927~1952)　屯字镇曹路人,民国十六年生。三十八年七月参军,曾任志愿军五七四团七连副排长,1952年2月在朝鲜马良山战斗中牺牲。

魏国禄(1927~1951)　太平镇石泉村人,民国十六年生,共青团员。三十八年七月参军,为志愿军一九二师五七四团三营九连战士,1951年5月在朝鲜鹰峰山战斗中牺牲。

董天禄(1927~1948)　孟坝镇孟坝村人,民国十六年元月生。三十五年参军,为陇东独立团四连通讯员，三十七年十一月在环县金掌川战斗中牺牲。

路生彩(1927~1952) 屯字镇曹路村人，民国十六年二月生。1951年2月参加志愿军，为汽车三团驾驶员，1952年2月在朝鲜执行运输任务时牺牲。

王生福(1927~1948) 三岔镇楸子湾村人，民国十六年五月生。三十六年二月参军，为陇东独立团二营六连战士，三十七年二月在山西失踪。

李吉才(1927~1948) 三岔镇肖园子村人，民国十六年九月生。三十一年二月参军，为西北野战军四纵队三旅五团勤务员，三十七年九月在陕西永丰镇战斗中牺牲。

杜玉林(1927~1948) 小岘乡惠沟村人，民国十六年十一月生。三十五年九月参军，为镇原县游击队一营一连二排三班战士，三十七年十二月在华池元城子执行任务时被杀害。

张世贵(1928~1947) 孟坝镇王地庄人，民国十七年生。三十五年参军，为陇东十三团二营四连通讯员，三十六年四月在合水执行侦察任务时牺牲。

刘广财(1928~1946) 孟坝镇刘城村人，民国十七年一月生。三十一年二月参军，为三八五旅通讯员，三十四年九月加入中国共产党，三十五年十月在华池元城作战负伤牺牲。

郭怀儒(1928~1952) 平泉镇虎泉村人，民国十七年二月生。三十八年七月参军，为兰州军区某部队战士，1952年2月在河南执行任务中牺牲。

姚进前(1928~1947) 新集乡西岭村人，民国十七年四月生。三十四年十二月参军，为警三旅五团一营五连战士，三十六年三月在陕西耀县战斗中牺牲。

白玉忠(1928~1948) 殷家城乡白寺山村人，民国十七年十一月生。三十四年九月参军，曾任陇东十三团二连班长，三十七年三月在环县胶泥崾岘战斗中牺牲。

李国章(1929~1947) 三岔镇周家庄村人，民国十八年生。三十三年八月参军，为三八五旅五团三营八连战士，三十六年三月在合水武亭子战斗中牺牲。

张积成(1929~1949) 孟坝塬口村人，民国十八年生。三十四年十月参军，为第一野战军四纵队三旅五团三营九连战士，三十八年七月在陕西宝鸡牺牲。

张进田(1929~1950) 开边镇耿沟村人，民国十八年生。三十八年八月参加革命，为中国人民志愿军战士，1950年在朝鲜战场牺牲。

刘邦泰(1929~1952) 上肖乡梧桐村人，民国十八年三月生。1949年10月参军，曾任平凉警卫团排长，1952年6月在平凉执行任务中牺牲。

李积唐(1929~1947) 方山乡方庄村人，民国十八年三月生。三十五年九月参军，为陇东独立团战士，三十六年二月在孟坝白沟圈战斗中牺牲。

谯鸣义(1929~1949) 孟坝镇人，民国十八年三月生，中共党员。三十四年十二月参军，为四军十一师三十一团九连司号员，三十八年七月在陕西罗举镇战斗中牺牲。

李春花(1929~1945) 孟坝镇刘城村人，民国十八年四月生。三十一年十月参军，为八路军一二九师三八五旅七七〇团通讯员，三十四年四月，在庆阳城东河牺牲。

张志芳(1929~1947) 殷家城乡白家川村人，民国十八年四月生。三十三年八月参军，为县游击队七中队通讯员，三十六年在新集苜蓿坬战斗中牺牲。

尤汉成(1929~1948)　开边镇兰岔村人,民国十八年五月生,中共党员。三十三年二月参军,为县游击大队队员,三十七年十一月在三岔高湾战斗中牺牲。

俱志和(1929~1948)　马渠乡油坊沟村人,民国十八年八月生。三十五年三月参军,为陇东十三团二营通讯员,三十七年二月在庆阳二轱辘塬战斗中牺牲。

白启荣(1929~1948)　殷家城乡白沟圈人,民国十八年九月生。三十三年十一月参军,为陇东独立团战士,三十七年在环县木钵牺牲。

杨世吉(1929~1952)　新城乡朱塬村人,民国十八年九月生。三十八年七月参军,为志愿军九四〇部队炮兵连战士,1952 年在朝鲜上甘岭战斗中牺牲。

董有铭(1929~1958)　屯字镇董川村人,民国十八年十月生,中共党员。三十八年九月参加工作,任青海省建设银行科员,1958 年在称多县剿匪战斗中牺牲。

王廷玉(1929~1950)　平泉镇坪边村人,民国十八年十一月生。三十八年七月参军,为平凉军分区警二团三营八连战士,1950 年 4 月在平凉蒿店剿匪中牺牲。

董世积(1930~1959)　屯字镇阳宁村人,民国十九年三月生。1950 年 3 月参军,为兰州部队汽车连修理工,1959 年 9 月在青海平叛中牺牲。

潘生虎(1930~1953)　中原乡原峰村人,民国十九年八月生。1951 年 2 月参军,为志愿军四十七军一四一师四二三团战士,1953 年在朝鲜战场牺牲。

姚儒焕(1930~1951)　孟坝镇王湾村人,民国十九年八月生。三十五年九月参军,为八路军三八五旅五团三营八连战士,1951 年在山西牺牲。

朱维英(1931~1953)　平泉镇南徐村人,民国二十年二月生。1951 年 12 月参军,为志愿军汽车十团战士,1953 年 6 月在朝鲜战场牺牲。

郭蛮蛮(1931~1948)　马渠乡阎庄村人,民国二十年二月生。三十四年十二月参军,为陇东十三团一营三连战士,三十七年二月在庆阳二轱辘塬牺牲。

白秀福(1931~1952)　三岔镇肖园子村人,民国二十年八月生。1950 年 5 月参军,为志愿军三十五师十三团二连战士,1952 年 5 月在朝鲜战场牺牲。

祁金铭(1931~1952)　城关镇祁川村人,民国二十年十月生。1951 年 2 月参军,为甘肃军区独立营三连三排战士,1952 年在甘南罗沟剿匪中牺牲。

李孝堂(1932~1958)　中原乡田站村人,民国二十一年生。1951 年 3 月参军,为甘南乳品厂汽车司机,1958 年 3 月在甘南平叛战斗中牺牲。

王继祥(1932~1952)　开边镇陈坪村人,民国二十一年生,1951 年 4 月参军,为中国人民志愿军十九团一营二连战士。1952 年 2 月在朝鲜阳德火车站搬运物资时牺牲。

朱世杰(1932~1950)　郭原乡寺沟村人,民国二十一年生。三十八年七月参加解放军,为平凉军分区警二团三营八连战士,1950 年 4 月在平凉蒿店剿匪中牺牲。

王国祥(1932~1951)　小岘乡曹城村人,民国二十一年五月生,中共党员。三十八年五月参军,任平凉军分区警二团三营通讯员, 1951 年 6 月在平凉安口镇执行任务中牺牲。

陈保全(1932~1953)　开边镇兰岔村人,民国二十一年七月生。1951 年 1 月参军,为志愿军一四一师后勤连战士,1953年4月在朝鲜下南里战斗中牺牲。

杜治玉(1932~1952) 孟坝镇塬口村人,民国二十一年九月生。三十八年三月参军,为平凉警备二团战士,后赴朝参战,1952年在朝鲜失踪。

王吉祥(1932~1952) 开边镇陈坪村人,民国二十一年十二月生。1951年4月参军,为志愿军十九团一营战士,1952年2月在朝鲜阳德执行任务中牺牲。

唐兆德(1933~1951) 中原乡上杜村人,民国二十二年生。1950年参军,为庆阳军分区战士,1951年在西峰牺牲。

徐荣夫(1933~1953) 新城乡孙庵村人,民国二十二年生,共产党员。三十八年七月参军,曾任志愿军排长,1953年在朝鲜战场牺牲。

潘发家(1933~1953) 中原乡原峰村人,民国二十二年二月生。1951年3月参军,为志愿军四十七军后勤运输营驾驶员,1953年8月运送弹药途中牺牲。

曹克勤(1933~1956) 屯字镇阎沟村人,民国二十二年五月生。1951年4月参军,为解放军七十三团战士,1956年5月在甘南夏河执行任务中牺牲。

段科田(1934~1953) 城关镇段高庄村人,民国二十三年生。1951年参军,1953年1月加入中国共产党,为甘肃省军区独立团一营二连战士,1953年5月在甘南剿匪中牺牲。

包志孝(1935~1960) 太平镇枣林村人,民国二十四年生。1956年3月参军,为平凉专区民警大队战士,1960年12月在镇原牺牲。

巨万克(1935~1952) 小岘乡高巨村人,民国二十四年二月生。1951年3月参军,为解放军九四〇部队二营二连一排战士,1952年9月在朝鲜上甘岭战斗中牺牲。

张应娃(1936~1952) 新集乡王寨村人,民国二十五年生。1951年3月参军,为夏河县独立营二连一排三班战士,1952年8月在甘南罗错沟剿匪战斗中牺牲。

王延龄(1937~1963) 平泉镇八山村人,民国二十六年六月生,中共党员。1959年3月参军,在空军二六五一部队任技师,1963年10月因公殉职。

苏世权(1938~1968) 孟坝镇王家湾村人,民国二十七年六月生。1959年3月参军,为解放军八三四七部队班长,1968年1月在安徽南陵县执行任务时牺牲。

张启学(1938~1959) 临泾乡十里墩村人,民国二十七年七月生。1959年3月参军,为解放军九〇二一部队三支队战士,1959年4月在青海蒙旗县牺牲。

张国勤(1939~1960) 城关镇富坪村人,民国二十八年四月生。1959年3月参加中国人民解放军,为兰州军区骑兵团二连战士,1960年6月在青海执行任务中牺牲。

虎建军(1940~1959) 马渠乡红光村人,民国二十九年生。1958年3月参军,为解放军九〇二一部队三支队战士,1959年5月在青海牺牲。

柳希夷(1940~1967) 临泾乡毛头村人,民国二十九年七月生。1963年3月参军,为解放军八〇八三部队六十分队战士,1967年6月在临夏军事训练中殉职。

张　信(1941~1972) 三岔镇周家庄村人,民国三十年二月生,中共党员。1962年2月参军,曾任解放军五三一〇部队工兵二连指导员,1972年6月在宁夏牺牲。

刘甲民(1941~1964)　城关镇东关村人,民国三十年九月生。1964 年 7 月毕业于庆阳师范,即将走上工作岗位,8 月 19 日晚,镇原县城蚂蚱沟遭受特大暴雨灾害,群众被洪水围困,他奔跑呼叫,背扶妇孺,抢救老弱,把许多难民转移到县委党校,随之挖坝放水,因坝面塌方被埋,壮烈牺牲,时年 23 岁。

赵世发(1941~1961)　庙渠乡文夏村人,民国三十年十月生。1959 年 3 月参军,曾任解放军九〇二一部队四支队班长,1961 年在青海省果洛自治州玛沁县牺牲。

刘生荣(1941~1967)　新集乡牛心村人,民国三十年十二月生,中共党员。1961 年 8 月参加中国人民解放军,任平凉军分区独立营二连排长,1967 年 9 月在平凉执行任务中牺牲。

何治忠(1942~1968)　临泾乡峁塬村人,民国三十一年生。1963 年 3 月参军,为解放军七八九九部队战士,1968 年 6 月在西藏山南平叛战斗中牺牲。

秦凤忠(1942~1970)　南川乡桃园村人,民国三十一年六月生,共青团员。1966 年 3 月参军,为西藏四一〇部队二〇七分队战士,1970 年 1 月在西藏聂荣县平叛中牺牲。

贺济民(1942~1966)　城关镇莲池村人,民国三十一年十月生。1963 年 3 月参军,为解放军八〇八三部队六十分队战士,1966 年 6 月在临夏执行任务时牺牲。

张玉琢(1944~1969)　屯字镇双合村人,民国三十三年二月生,中共党员。1965 年 3 月参军,任解放军六二八部队班长,1969 年 9 月在西藏边坝县牺牲。

朱金科(1944~1966)　孟坝镇刘城村人,民国三十三年七月生,中共党员。1963 年 3 月参军,任解放军八〇八三部队警卫班班长,1966 年 12 月在临夏军事训练中殉职。

祁国弟(1944~1967)　城关镇东关村人,民国三十三年十二月生。1962 年 8 月参军,为解放军七九九三部队战士,1967 年 4 月在新疆疏勒县牺牲。

张生壁(1946~1969)　临泾乡青龙村人,民国三十五年元月生。1966 年 3 月参军,任解放军四一〇部队二〇五分队班长,1969 年在西藏巴青县平叛战斗中牺牲。

夏万民(1946~1969)　屯字镇阳宁村人,民国三十五年四月生,中共党员。1966 年 3 月参军,为西藏四一〇部队独立十四营卫生员,1969 年 11 月在西藏索县平叛中牺牲。

答应川(1946~1970)　太平镇丁岘子村人,民国三十五年十二月生。1965 年 2 月参军,任解放军六二八部队班长,1970 年 6 月在西藏察隅牺牲。

彭维福(1949~1966)　新城乡高庄村人,民国三十八年七月生。1965 年 3 月参军,为西藏军区四一〇部队二〇二分队战士,1966 年 9 月在西藏索县牺牲。

安治才(1949.11~1974.07)　城关镇莲池村人,共青团员。1973 年 1 月参军,为解放军一三二部队战士,1974 年 7 月在甘肃省榆中县国防施工中牺牲。

脱世武(1950.05~1973.06)　临泾乡脱桃园村人,1973 年 1 月参军,为新疆哈密军分区消防连战士,1973 年 6 月在哈密牺牲。

慕岁牛(1954.10~1979.04)　新集乡牛心村人,1977 年 1 月参军,为解放军三六三一九部队战士,1979 年 4 月在新疆牺牲。

李宏轩(1962.03~1982.01)　平泉镇寺府村人,1980 年 1 月参军,为解放军八四六二一部队战士,1982 年 1 月在陕西大荔县执行任务中牺牲。

张旭东(1963.09~1988.08) 平泉镇虎泉村人,1983 年 1 月参军,为解放军四十七军工兵团战士,1988 年 8 月在陕西蓝田县抗洪抢险中牺牲。

袁耀武(1978.10~2008.03) 方山乡王湾村人,参军后曾任武警部队交通第四支队二中队指导员,2008 年 3 月 1 日在川藏公路脚巴山抢险保通施工中牺牲。

杨浩学(1978.12~2002.07) 孟坝镇刘城村人,1996 年 12 月参军,为武警部队交通第四支队战士。2002 年 7 月 17 日,在川藏线西藏波密县境内抢修水毁道路中,驾驶翻斗车往塌方处拉运石料时,因路基突然坍塌,人、车坠入 6 米深江中牺牲,同年 10 月被中国人民武装警察部队交通指挥部政治部批准为烈士。

五、英雄模范

安兆甲(1897~1949) 孟坝镇刘埝村人,出身于贫苦农民家庭,对共产党赤胆忠心,对党的主张和方针政策心底里拥护,行动上努力实践,带领刘埝乡群众,积极落实减租减息政策。民国三十一年(1942 年)四月二十日,组织召开全乡"集伙庄"大会,被推举为带头人,帮助村户制定生产计划,大搞垦荒增种,倡导纺线织布,实行变工互助,安置移民,推动全乡大生产运动发展。后季加入中国共产党,任孟坝区刘埝乡党支部书记,带领群众改进生产技术,引进优良品种,精耕细作,提高粮食产量。栽植的大葱、萝卜、洋芋首屈一指,被陇东分区和陕甘宁边区评为优良展品,其生产经验在全县推广。热心解决移民难民住宅、口粮、农具、土地等问题,带领变工组帮耕帮种。发动农民种蓝叶打靛,解决军民急需。兼任扫盲班长,掀起识字热潮。办事公道,主动调解民间纠纷,半年内调解土地纠纷 10 余件,成功调解区政府未能解决的两户土地纠纷。三十二年春节,带领 400 户农民慰劳当地驻军,送肥猪 2 头、羊 2 只、鸡 51 只、鸡蛋 700 个、黄酒 1000 斤、豆腐蔬菜 1100 斤,捐鞋 4 双、款 1000 元。十月十二日出席陇东分区万人盛会,获分区甲等劳动模范。十一月二十六日在延安出席陕甘宁边区第三届生产展览会和第一届劳动英雄大会,被边区政府授予"劳动状元"奖状,上有毛泽东等领导亲笔题词,并奖铁犁铧 1 把。二十九日,在杨家岭中央大礼堂受到毛泽东、朱德、刘少奇、周恩来等党中央领导接见和宴请,聆听毛泽东《组织起来》的著名演讲。十二月九日,毛泽东找安兆甲等人专门座谈移民问题,边区美术社出版发行劳动状元安兆甲肖像版画。1949 年冬病逝。

贾其昌(1902~1976) 城关镇莲池村人。民国三十二年(1943 年),贾其昌应聘赴孟坝西坳私学任教,贯彻边区政府颁布的教育方针,改造私学,废弃旧教材,使用新课本;废止打骂学生,实行奖励、竞赛、批评等方法;组织学生民主选举班干部,提倡自我教育。采用深入浅出、通俗易懂的口语教学,注重讲解和默写,要求学生联系学校、家庭、社会实际写日记作文,长进很快。既教珠算,也教笔算,学生很快掌握各式计算题、应用题解法。在学校建立两个读报班,加强时事政治教育。组织学生种菜、种棉,开展课外勤工俭学活动;帮助群众积肥、送粪、植树、打柴;协助乡上算公粮,给变工队记账、算账;替群众写信及宣传卫生防疫知识;在夜校里当小先生,教人识字。在镇原县及陇东分区文教大会上,西坳学校和他本人分别获模范私学、模范教员。三十三年十月，在延安陕甘宁边区文教大会上被评为特等模范，受到毛泽东等党中央领导接见。中华人民共和国成立后，贾其昌响应政府号召，毅然赴艰苦的宁夏回族自治区同心县豫旺、何家渠等小学任教，支援少数民族地区教育事业20年，教学成绩名列前茅。

张占明（1904~1972） 马渠镇花儿岔村人。民国二十五年（1936年）加入中国共产党，参加革命，任花儿岔村党支部书记、梁西寨乡乡长，传送情报，张贴宣传标语，积极宣传党的抗日民族统一战线政策；发动群众参加自卫军，组织抗日救亡团体，带领群众斗地主、打土豪、扶救穷人；响应边区大生产号召，带领群众开荒种地，发展生产，踊跃交纳公粮。三十一年被评为劳动英雄，出席陕甘宁边区劳动英雄代表大会，受到表彰奖励。三十四年十月，任马渠乡党支部书记，带领广大群众开展减租减息运动，工作积极肯干，完成任务出色，受到县委表彰。1949年后，任三岔、孟坝区区长，马渠区副区长等职，恢复地方经济，发展教育事业，成绩优异，多次受到上级表彰奖励。1950年出席全国劳动英雄代表会议，并被特邀参加国庆观礼，受到毛泽东、周恩来等党和国家领导人接见。1954年，到省委党校学习，期满后任马渠区区长。1959年因病退职回家。

郭玉柱（1905.8~1954.3） 新城乡郭沟圈村人，民国三十一年（1942年）六月加入中国共产党，积极从事党的工作，散发传单，张贴标语，传送情报，接待和护送地下党工作人员，支持地方武装开展敌后游击战争。中华人民共和国成立后，选为乡政府委员和县各界人民代表，带头恢复生产，发展地方经济，被评为甘肃省及西北局劳动模范，分别出席省、西北局劳模代表大会。土改后，把全村19户农民组织起来，成立5个变工组，担任一个组组长，后又发展为农业互助组，带领全村群众开展劳动竞赛，发展生产，改善群众生活。1952年春，庆阳专署奖给他一张六寸步犁，经实践摸索，试制出山地活铧犁，在全县山区广泛推广。是年参加首都国庆观礼，受到毛泽东等党和国家领导人接见。先后获各级奖状锦旗5面，奖章10多枚。1953年秋，随团赴朝慰问中国人民志愿军，1954年3月去世。

陈耀祖（1907~1946） **张三成**（1908~1946） 陈耀祖，镇原县黑渠口慕湾人，清光绪三十三年生，民国二十七年（1938年）参加革命，三十一年加入中国共产党，任兰庙自治乡游击队长。张三成孟坝王湾人，清光绪三十四年生，民国三十二年（1943年）加入中国共产党，任兰庙自治乡游击队指导员。三十五年十月2人同调兰庙自治乡工作，发展游击队员19名，机智勇敢地开展对敌斗争。十二月二十二日晚，县委工作组和乡游击队20余人，分别住在兰庙范埝边群众家里，游击队班长兰泽清叛变投敌，当晚以放哨为名，连夜向太平镇公所告密，午夜游击队被包围，耀祖、三成被困窑洞，顽强战斗，掩护县委工作组成员及游击队员脱险，不幸中弹英勇献身，时耀祖39岁，三成38岁。

贠治业（1907~1948） 孟坝镇峁合村人，出身贫苦农民家庭。民国三十二年（1943年）参加镇原游击队，积极宣传党的各项政策，勇敢作战，屡建战功。三十七年二月，在孟坝执行任务中被国民党逮捕，严刑拷打，坚贞不屈，保守游击队秘密，后被活埋，时年41岁。

王存仁(1911.3~1991.8) 马渠乡李家新庄人，清宣统三年(1911 年)三月生。民国二十六年(1937 年)参加革命，同年加入中国共产党，曾任马渠二乡农会主任、区财政助理员。三十一年三月任二乡民兵连长，带领民兵一面生产，一面作战，与敌作战 32 次，俘国民党军营长以下 5 人，缴获轻机枪 1 挺、步枪 4 支、手枪 1 支、战马 5 匹、筒弹 4 发、子弹 260 多发、军大衣、军毡 10 件及其它军用物资。三十二年十二月，任大方山兵工厂厂长，为边区自卫战争发明引点地雷导火索和炸弹拉火线，制造大批地雷和炸弹。三十三年十二月，出席陕甘宁边区群英大会，受到毛泽东、周恩来、朱德等领导接见，被授予陕甘宁边区特等民兵英雄。陕甘宁边区戏剧工作委员会副主任柯仲平以其事迹创作典型歌剧《无敌民兵》，在边区演出。三十四年，任马渠区自卫军副营长，带领全区 606 名自卫军，坚守在 25 公里界线上，打击国民党军队骚扰破坏。三十五年十二月任县游击大队中队长，带领游击队员在孟坝、石佛、交口河自治区等地开展游击战争，毙敌 8 人，俘敌 l0 余人。三十七年五月后任曲子县区长、华亭县独立营政委、县武装部部长、静宁县政府民政科副科长、农业科科长等职。1962 年 6 月退职回家务农。1978 年 9 月改为离休。

虎殿元(1917~1947) 殷家城乡白家川村人，民国二十八年(1939 年)十一月参加革命，中共党员，历任陕甘宁边区镇原县孟坝区区委组织科科员、柳州区区长，县政府建设科会计、科长等职。三十六年十二月，在侦察敌情时，不幸被捕，英勇不屈，壮烈牺牲，时年 30 岁。

阎生甲(1922~1949) 新城乡南坡村人，禀性耿直，苦练功夫。17 岁时，他被国民党军队拉去当兵逃回，民国三十六年(1947 年)冬参加共产党游击队，次年春加入中国共产党。三十七年三月，任镇固游击队指导员，活动于固原、镇原边境地区，受甘工委指派处决平凉县梨花乡长马良弼。十月受党组织委派与两名游击队员处决作恶多端的国民党新城镇镇长李应凯。三十八年元月，利用和国民党平凉自卫队长段祥麟拜过把子、救过段命的关系，提出争取其为革命所用，经党组织安排，在地下党员张友三掩护下在平凉找到段，段告密给中统特务被逮捕。入狱后，对劝降诱惑，毫不动摇，经过三天严刑拷打，百般折磨，未吐露党的秘密，被马继援下令杀害，用马刀将尸体剁成 8 块，挂在木架示众，年仅 27 岁。中华人民共和国成立后，人民政府追认为革命烈士。

张希明(1922~1948) 马渠乡花儿岔村人，民国三十一年(1942 年)参加革命，加入中国共产党，入延安抗日军政大学学习。三十三年毕业后，担任石佛区助理员，组织群众减租减息，发展生产，支援抗日前线。三十六年二月，解放区沦陷后，任石佛区区长兼游击队队长，留守开展游击战争，掩护群众坚壁清野，带领游击队消灭小股敌人。三十七年五月十七日，县政府在马渠召开秘密会议时被包围，被捕后装在毛口袋里，拴在马尾巴上拖到孟坝镇，严刑拷打，宁死不屈，壮烈牺牲，年仅 26 岁。中华人民共和国成立后被追认为革命烈士。

朱有德(1926~1949) 又名八斤，方山乡王湾村人，出身贫农家庭。民国三十五年(1946 年)加入中国共产党，任解放区保安科战士，作战勇敢，屡立战功。三十八年六月在孟坝什字作战时，既当炮手又射机枪，击退敌人多次反扑，不幸中弹，英勇牺牲，年仅 23 岁。

席宗信(1940~1969) 临泾乡席沟圈村人，甘肃师大毕业。1965 年 8 月到甘肃河西农建十一师二团子弟学校任教,工作认真,教学有方,被评为先进教师。1969年7月3日组织学生到水坝学习游泳,四年级学生陈建平游到深处,救生圈破裂,连连呛水,边挣扎边呼救,危在眉睫,这时,不识水性的席宗信,不顾个人安危,跳进水中,使出全身气力,把建平举过头顶,推向浅水得救,宗信却被坝水淹没,英勇牺牲,时年29岁。1970年3月21日兰州军区党委追记一等功,并根据他生前申请追认为中共党员。

沙秀石(1943~1986.5) 平凉市崆峒区柳湖乡人,中共党员,甘肃师大毕业。1968年分配到平泉中学任教,1977年恢复高考后, 学校没有英语教师,他虽学的是俄语专业,主动要求改教英语,清晨五、六点钟起床,夜里十一、二点休息,星期日、节假日都在读写、背诵英语,自学成才,为平泉中学第一任英语教师。1979年建议学校组建高二文科班,自告奋勇当辅导员,没有史地教师,他找资料指导学生自学,聘请外地教师函授辅导,积极编写各种复习教材,每周负担25节高中英语课,还任两个班班主任,每天上课不下四节,上课、下课都和学生在一起,平时房子挤满学生质疑请教,人称拼命三郎。学生得病,他请医送药;学生有困难,他设法解决;学生有错误,他从不讽刺挖苦,不管多么顽皮的学生,都动之以情、晓之以理,很快转变为积极上进的学生,9月被省委、省政府授予甘肃省优秀教师。寒假期间带文科班7名学生,顶风冒雪,步行70多公里,回到平凉老家土坝村,在家中亲自照料学生食宿,请平凉一中历史、地理老师辅导功课,其中有6名学生圆了大学梦。1984年任平泉中学副教导主任,分管学校级组工作,每周兼课17节。创办英语教师培训班,培养初中英语教师100多名,解决全县英语教师缺乏问题。治学严谨,一丝不苟,在长期教学实践中,形成独特教学艺术,注重课堂教学效果和课外辅导,培养学生学习兴趣,成效显著。1984年5月被教育部评为全国优秀教师。1982年1月被省委、省政府评为全省优秀教师。1986年5月因积劳成疾病逝,时年43岁。12月庆阳地委、行署作出向沙秀石学习的决定。

马军武(1977.10~1998.5) 太平镇人,1995年12月参军,任武警西安消防支队九中队卫生员、后勤副班长等职,勤奋学习,努力工作,被授武警下士警衔。1998年5月西安市煤气公司发生严重液化气泄漏,为保护国家财产和人民生命安全,他临危不惧,与战友一起奋力排险灭火,不幸在煤气爆炸中壮烈牺牲,献出年仅21岁生命,被国家民政部授予革命烈士,中共陕西省委追认为中共党员,共青团陕西省委授予模范共青团员,陕西省公安厅追记一等功。

张 悦(1959—1983) 临泾乡毛头村人,1979年元月参军,在五九一九五部队任战士、炊事员、采购员、售货员。1983年7月31日下午,连降暴雨,汉江水位猛涨,安康县城受困,张悦等12名战士组成抗洪抢险队,奉命救灾,乘坐一辆“解放牌”汽车,两次往返险区,抢出11户群众财产,将53名群众转移到安全地带,在第三次驱车进入老城时,洪水漫过堤坝冲进城区,街上洪水有1米多深,当时还有很多群众没有抢救出来,张悦等跳进齐腰洪水中,把被洪水围困群众一个个救上汽车,在返回途中,又先后救出不少老人、妇女、孩子,当汽车行驶到邮电局门前时,由于汉江决堤,东西北三股洪水同时袭来,汽车发动机熄灭,张悦跳下汽车，全力抢救尚未转移群众，直至被洪水吞没，英勇献身，年仅24岁。五九一九五部队政治部批准他为革命烈士、追记一等功、追认为中国共产党党员，解放军总后勤部授予张悦等战士“抗洪抢险12勇士”。

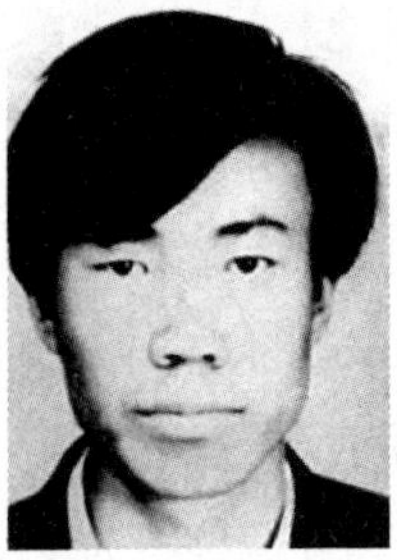

杜养富（1973.11~1998.4） 中原乡原峰村人，从小受传统美德熏陶，在学校是“三好”学生，在家乡备受夸赞，曾救助落崖牧羊伙伴，怒斥流氓，帮助受辱少女脱险。1998年4月12日，乌鲁木齐市第十六中学初一班柯尔克孜族学生阿克力放风筝时，不慎跌入7米深涝坝中，孩子拼命呼救，在此地打工的杜养富闻讯赶来，奋不顾身跳入涝坝，将沉入水中的阿克力托出水面得救，而他却献出年仅25岁宝贵生命，当天，新疆广播电台播发消息，之后，相继播发通讯、专访、特写、录音报道和评论百余篇，《人民日报》、中央广播电台、中央电视台、《中国青年报》《新闻出版报》分别进行报道，边城素不相识的各族群众争相看望、慰问英雄妻子，并为其捐款。4月25日，新疆自治区乌鲁木齐市领导陪同杜养富妻子等将其骨灰送回家乡。27日，镇原各界代表及三千名父老乡亲为杜养富举行隆重的骨灰安葬仪式。新疆维吾尔自治区、乌鲁木齐市、甘肃省、庆阳地区、镇原县委、团县委授予“见义勇为、务工好青年”等称号，国家民政部授予革命烈士。

第二节 人物简介

一、领导干部

袁耀廷 又名献之，武沟乡袁岔村人，清光绪二十七年（1901年）生。民国十二年（1923年）毕业于镇原县新巷子高小，考入平凉县省立中学，毕业后入西安中山大学将官班学习。十七年被派到兰州国民党党务训练班受训后，在国民党甘肃省党部工作。二十四年后任国民党西北骑兵第五军军法处处长、少将参谋长，后任甘肃省第六区督察专员公署专员兼武威县长，期间，曾协助马步青在其驻防区内的武威、永登、古浪、民勤、永昌、山丹等县开办青云小学20余所，创办树立“青云中学”（现武威一中），并兼任教务长。二十六年抗日战争爆发后，任国民党骑兵第五军旅长，率部开赴前线抗日，因战功卓著，升任陆军三十六师师长，不久又任中将副军长。三十六年任兰州师管区司令，调国防部。三十八年去台湾，曾任国防部高级参谋，兼台湾立法院委员等职。退役后，在台中市第十中学任教十余年。

冯治国 陕西省吴堡县人，宣统三年（1911年）二月生，中共党员。民国十七年（1928年）参加革命，历任吴堡县苏维埃政府副主席、抗日军政大学政治教员兼团总支书记、驿马关工委书记、宁县县委书记、庆环地委秘书长。二十九年三月任边区镇原县抗日民主政府县长兼保安大队队长，领导军民积极开展抗日救国运动，与国民党顽固派进行反摩擦斗争。三十年六月后任陇东督察专员公署秘书主任、庆阳县长、西北局研究室秘书、边区银行副行长。中华人民共和国成立后历任西北军政委员会办公室副主任、财经委办公室主任、陕西农行行长等职。1985 年 5 月离休,享受副部级待遇。

吴志渊　陕西省子长县人,宣统三年(1911 年)四月生,中共党员。民国十六年(1927 年)参加革命。二十七年八月任中共镇原县委书记。二十九年三月后在延安马列学校学习,任定边县委书记兼县长、三边地区专员、陕甘宁边区政府民政厅副厅长。中华人民共和国成立后历任陕西省咸阳地区专员、西北军政委员会民政部副部长、西安市委书记、云南省委常委、省政协副主席、副省长、全国政协委员。1980 年任湖南省人大常委会副主任。

陈仁麒　原名陈景麟,福建省龙岩县小池乡人,民国二年(1913 年)七月生,中共党员。十八年夏,毛泽东、朱德率红四军由赣南转战闽西。十九年参加中国工农红军,并改名陈仁麒。参加二万五千里长征到陕北后任红军大学第三科(教导师)特科团政委兼政治主任教员。抗日战争爆发后,调任中共陇东特委委员兼镇原县委书记、陇东特委组织部部长,坚持与国民党顽固派进行有理有利有节的斗争,发展巩固辖区抗日民族统一战线。二十九年十一月奉调返回部队,先后任陕甘宁边区保安司令部政治部主任、冀热辽军区热河纵队政治部主任、东北野战军第十一纵队政委、人民解放军第四十八军政委。中华人民共和国成立后,历任中共赣西南区委第二书记兼第四十八军政委、成都军区第二政委兼四川省委常委等职。1955 年被授予中将军衔,获二级八一勋章、一级独立自由勋章、一级解放勋章,1988 年获一级红星功勋荣誉章。1994 年 3 月逝世。著有《回忆赣西南战役》《中共陇东特委工作回忆》等。

任质斌　山东省即墨县人,民国四年(1915 年)生,中共党员。“九一八”事变后在东三省、中央苏区从事革命工作,参加长征到陕北。二十七年二月任镇原中心县委书记。二十八年后历任河南省委副书记、新四军第五师政治部主任、代政委、中原野战军第二纵队政委、中央华东局宣传部代部长、淄博工矿特区党委书记、青岛市委书记、山东省政府秘书长、华东局政治研究室主任、中共安徽省委书记、省法院院长、省委统战部部长、秘书长。1980 年任国家文物局局长,当选全国政协五届常委。

史梓铭　陕西省子长县人,民国六年(1917 年)九月生。二十二年参加革命并加入中国共产主义青年团,二十四年转入中国共产党。曾任共青团子长县区委、定边县委书记,中共庆阳县委组织部部长,驿马关县委书记。二十七年八月至二十八年二月任镇原县委副书记。后任中共新宁县委书记、新正县、关中分区中心、北安、兰西县委书记。三十八年随军南下,任江西省九江专署专员、市长、地委书记、中国驻芬兰、布隆迪大使、中苏友好协会第一副会长等职。1983 年 12 月离休,享受副部级待遇。

张可夫　平凉市人,民国六年(1917 年)十一月生,中共党员。二十五年十二月参加革命工作,历任平凉市工人救国会主席、中共陇东特委平凉市工人党支部书记、陇东特委平凉市委书记兼组织部部长、陕甘宁边区总工会产业部、文教部、劳动部干事,陇东特委镇原中心县委统战部部长、陇东地委平东工作委员会书记、第三大队政委,平凉地委组织部部长、

干部学校校长、西吉剿匪指挥部政委、平凉专署专员、中级人民法院院长、甘肃省粮食厅副厅长、省供销合作社主任、中共甘肃省第四届委员会委员、甘肃省革委会商业局领导小组副组长、省粮食局局长、天水行署专员、省财贸办公室副主任、省顾问委员会委员等职，1990年8月离休。享受副省级待遇，2003年4月逝世。

马万里 陕西省延川县人，中共党员，民国八年（1919年）十一月生，二十四年参加革命，曾任陇东分区青救会组织部副部长等职。三十二年后任镇原县委秘书、陇东地委宣传部干事。三十六年后任环县县委常委兼宣传部部长、县委副书记。三十八年五月任镇原县委书记。1950年4月后历任庆阳地委委员兼宣传部部长、平凉地委常委兼宣传部部长。1952年2月起在青海省先后任果洛工委、地委、州委第一书记、省畜牧厅厅长。1966年任省人民委员会秘书长，省人委办公厅党组书记。“文化大革命”中受迫害，被遣送"五七"干校劳动。1971年任青海民族学院党的核心小组组长、院党委书记、革委会主任。1973年任青海省委宣传部副部长，省文教办主任。1977年任青海省革委会副主任兼秘书长，1979年改任副省长兼秘书长，中央北方防治地方病领导小组成员、青海省地方病防治领导小组组长，1981年8月当选青海省委常委、副书记兼纪检临时委员会第一书记、省委党校校长、省总工会主席。1983年2月当选青海省委书记，1985年任青海省顾委副主任，1987年离休，1988年任省顾委主任。是青海省委1~6届委员，中共十三大代表，曾兼地方志编委会主任、省延安精神研究会会长等十余种职务。

鱼连波 陕西韩城县人，民国十年（1921年）十二月生，中共党员。二十五年三月参加工作，曾任陇东行署四科科员、陇东中学油印科科长、庆阳县、环县政府政务秘书、庆阳地委宣传部干事、地委团委书记。1954年10月任镇原县委书记。1958年8月后任平凉地区经计委主任、地委常委、行署副专员、生产指挥部副主任、三线建设办公室主任、地区军工厂总指挥、平凉行署副专员、庆阳行署副专员。1984年5月离休，享受正地级干部待遇。2004年12月享受副省级待遇。

王文才 学名进德，字润泽，临泾乡新堡村人，民国十三年（1924年）五月生，中共党员，上校军衔。二十九年四月参加八路军，曾任三八五旅政治部宣传组织员、创作组组长、《民先报》特约通讯员，创作革命现代剧《国家至上》《古城铁骑》及历史剧十多部，收集整理《陇东民歌一百首》，刻制谱曲皮影戏，在部队和驻地乡村演出240多场，深受广大军民赞扬，三十四年八月三日《解放日报》报道其先进事迹。三十六年三月后，参加五亭子、耀县阻击战和解放韩城等战斗。三十七年二月后参加宜瓦战役、西府陇东战役、澄郃战役、荔北战役。三十八年二月后任西北野战军四军十一师三十一团保卫、联络股股长，随军参加春季战役、陕中战役、扶郿战役、兰州战役。1950年1月后任解放军步兵十一师保卫科副科长、师军事法院军法处副处长、处长、炮兵团政法处主任，1955 年任师军事法院院长。获三级独立自由勋章、三级八一勋章和三级解放勋章。1957 年后任兰州军区直属法院院长、检察院检察员。1959 年调任骑兵第一师团政委，随部队驻防新疆。1964 年后任新疆军区组织部副部长、群工部部长、政治部主任。1980 年任东疆军区副政委，1983 年离休。

李天生　三岔镇周家庄村人，民国二十二年（1933 年）八月生，中共党员，大专学历，少将军衔。三十三年十月后参加八路军，在三八五旅独立营二连当战士、司号员，曾参加迎王战役、方山铁炉山阻击战，受到上级嘉奖。三十六年七月任陇东独立团司号排长，三十七年九月随侦察部队到西峰镇、赤城一带侦察敌情，深入虎穴，不怕牺牲，遭伏击左腿受伤，获二等功。三十八年八月任陇东军区警备三团司号长兼参谋，随军参加环县剿匪战斗。1952 年 10 月任甘肃省军区独立团作训参谋兼体操教员，参加西海固平叛战斗。1953 年后任甘南军分区动员科参谋、省军区独立团一连副连长、二连、骑兵连连长。1958 年参加甘南平叛战斗，获三等功。1963 年初任一营营长，1966 年任独立团参谋长，1969 年 6 月任军区二团团长，1977 年 4 月后任陆军二十师参谋长、副师长，1981 年任师长，1985 年任宁夏军区副司令员、纪委书记，1996 年 10 月离休。

康士建　南川乡上庄村人，1954 年 10 月生，中共党员，法学硕士，少将军衔。1970 年入伍，历任指导员、组织干事、军校教员、军区党委秘书、总政组织部党务局副局长、编研室主任、组织局局长。2009 年任军事科学院政治部副主任。

杨生岳　郭原乡西杨村人，民国三十七年（1948 年）五月生，主任医师、大学本科，少将军衔，国家级医学专家。1968 年参军，在宁夏军区独立师服役。第四军医大学毕业后在解放军第四医院兰州军区呼吸内科任职，1987 年任呼吸内科中心主任，主任医师。2000 年享受国务院特殊津贴，同年获中国呼吸医师奖。6 次赴国外讲学，交流论文 23 篇。

李建华　城关镇东关村人，1956 年 10 月生，中共党员，硕士研究生导师，工学博士，高级工程师。1974 年 12 月在白银有色金属公司参加工作，1982 年 1 月任化工部化工机械研究院工程师、副总工程师。1992 年 7 月任甘肃省安全监察检测研究中心副主任兼锅炉压力容器检验所副所长、所长、总工程师。1996 年 12 月任省劳动厅副厅长，2000 年 5 月任省质量技术监督局局长，2002 年 11 月后任金昌市委副书记、代市长、市长、书记，2007 年 2 月任金昌市委书记兼人大常委会主任，2008 年 2 月后任酒泉市委书记、市人大常委会主任、甘肃省副省长。

苟仲文 上肖乡路岭村人，1957年6月生，中共党员，研究员级高级工程师，管理学博士。1974年3月参加工作，1981年后曾任国家机械电子工业部29研究所二室副主任、主任、副所长、科技与质量监督司副司长、计算机与微电子发展研究中心主任、党委副书记、党委书记，2000年10月任中国电子信息产业发展研究院院长。2002年2月任国家信息产业部副部长，2008年3月任工业和信息化部副部长，4月任北京市副市长。

何西庆 女，太平镇何湾村人，1958年6月生，中共党员，工商管理硕士。1974年3月在华池县桥河公社下乡插队，1975年3月在华池县一中任教。1982年1月后任平凉地委宣传部秘书科副科长、甘肃国际经济技术合作公司办公室副主任、省政府办公厅工交办副处级秘书，1993年5月后任海南省旅游商品开发服务总公司总经理助理、旅游局办公室副主任、主任、民政厅副厅长、纪检组组长、组织部副部长、老干部局局长，2010年2月后任海南省省委组织部常务副部长、昌江黎族自治县县委书记、海南省副省长。

杜永耀 中原乡原峰村人，1959年8月生，中共党员，硕士研究生，少将军衔，中国书法家协会会员。1978年2月参军，在二十一军六十三师一八九团服役。1982年7月后曾任团政治处书记、营政治教导员，1992年12月任二十一集团军政治部组织处、兰州军区政治部干部处副团职干事，1995年12月任正团职干事、工资福利处处长，2000年8月后任组织部副部长、二十一集团军装甲第十二师政委、甘肃省军区政治部主任、副政委、新疆军区副政委。

野巨国 马渠乡花儿岔村人，光绪三十年（1904年）七月生，中共党员。民国二十九年（1940年）二月参加革命，历任镇原县马渠区政府秘书、县政府秘书、孟坝区区长，组织带领自卫队，开展游击战争。三十八年八月后任县财政科科长、县委组织部部长，1954年在中共中央第二中级党校学习，1957年后任甘肃省建工局组织科科长、人事处处长、建材处处长、勘察规划设计院党委书记、永登水泥厂党委书记、省机电设备成套局办公室主任。1984年11月逝世。

朱良翰 新城乡高庄村人，光绪三十三年（1907年）十二月生，中共党员。民国二十六年（1937年）参加革命，曾任镇原县抗敌后援会大队长，马渠、新集、孟坝区区长，三十五年任县政府二科科长、县税务局局长，三十八年八月任平凉专区税务局副局长，1951年9月任甘肃省专卖公司副经理，1955年后任省彩绸公司、纺织品公司、兰州综合二级站经理，1965年6月任省民族贸易公司经理。

杨同禄 郭原乡西杨村人，宣统三年（1911年）生，中共党员。民国二十六年（1937年）参加革命，曾任边区镇原县自卫队连长，县保安科副科长、科长，公安局长，1951年后任武威地区公安处科长、张掖县公安局局长，1953年任西北煤炭管理局保卫处处长，甘肃省煤炭地质勘察133队、煤炭局党委书记,1970年后任地质149、146队党委书记,1976年率队参加华亭煤矿大会战。1984年离休,享受正地级干部待遇,1988年11月病逝。

陈致中　陕西省清涧县人,民国四年(1915年)生,中共党员。二十三年四月参加革命,二十六年二月任镇原县委书记,三十四年二月后任陇东地委组织部部长,西海固工委、环县县委、陇东工委书记,1949年后任武都地委书记、文化部干部司司长、临夏州委书记、中科院半导体研究所党委书记,1989年逝世。

刘善修　河北省定县人,民国八年(1919年)生,中共党员。二十六年十月参加革命,曾任新栾县保安大队连指导员、19兵团通讯营教导员。中华人民共和国成立后任宁朔县人武部部长、宁夏省委统战部办公室主任、兰州大学党委副书记、兰州体育学院党委书记,1962年11月任镇原县委副书记,1963年7月任县长,1968年4月任县革委会副主任,1970年10月任庆阳地区支援石油办公室主任、平凉丰收机械厂厂长,1975年10月后任甘肃省计量局局长,1983年10月离休。

郭志发　马渠乡马渠村人,民国十一年(1922年)二月生,中共党员。二十八年十月参加革命,曾任镇原县警卫队队长、三岔检查站站长、县游击大队中队长,1950年后任庄浪县水洛区区长、区委书记、县农会副主任、县委组织部部长、县长、县委书记,1958年后任泾川、庄浪县委书记、书记处第一书记,1963年后任酒泉地委农村部副部长、金塔县委副书记,1978年后任酒泉地委常委、组织部长、纪委副书记,1983年11月任地委顾问。1985年12月离休,享受正地级干部待遇。

李榅章　三岔镇周家庄村人,民国十四年(1925年)十月生。三十年参加革命,曾在陇东贸易公司工作,多次武装押运土特产,穿越敌占区,换回棉花、布匹、医药等,保障解放区军政人员供给。解放战争期间负责物资抢运和疏散,曾多次化装入沦陷区侦察敌情,转移物资,传送情报。三十七年参加榆林经贸工作队,后随军西进。1949年10月,负责武都地区工商业接管,曾任工商局市场管理、计划、业务科长,贸易公司经理。1951年后任甘肃省商业厅处长、办公室主任、省贸易公司党委书记。1956年被诬陷含冤达22年,1981年平反后任兰州商学院党委副书记兼副院长,甘肃省商经学会副会长。1987年离休,享受正地级干部待遇。1991被聘为兰州育才辅导学院商学院分院院长,1999年参与创办兰州商学院陇桥学院,出任执行董事长。

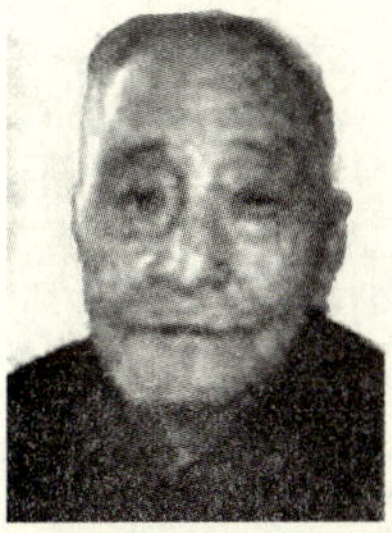

郭发永　马渠乡高塬头村人,民国十四年(1925年)十月生,中共党员。二十九年九月于陇东中学参加革命,历任三岔镇青救会主任、经济助理员、代理区长,马渠区区长、镇原游击大队三中队指导员、县政府民政科科长,1950年1月后任武威县委组织部部长、地委干校副校长,张掖县委书记、武威县委书记兼县长、地委农村工作部部长,1963年后任夏河、临潭县委书记,甘南州农牧局局长、州生产指挥部副主任、阿峡山铜矿党委书记兼革委会主

任,1978 年 1 月任甘南州委副书记,1983 年 7 月任州政协主席,1988 年 5 月离休。

杜西玲 又名锡麟,孟坝镇刘城村人,民国十九年(1930 年)二月生,中共党员,高级经济师。三十三年八月在庆阳县税务局参加革命,曾任陇东分区财政局科长。1951 年 7 月后任甘肃省财政厅科长、建设银行处长、省委财贸部办公室主任,1967 年后任嘉峪关市财政局局长、计委主任、生产指挥部主任、革委会副主任、市政府副市长,1981 年 5 月任金昌市市委副书记、市长,1985 年任甘肃省建行常务副行长。1994 年离休,享受地级干部待遇。

惠连杰 新城乡小岘村人,民国十九年(1930 年)十月生,中共党员。1951 年 7 月参加革命,曾任固原县商业局局长、党委书记、县革委会副主任、县委副书记,1978 年 9 月任固原地委常委、行署副专员,1983 年 6 月任地委书记,1992 年任地区人大工委联络处主任,是宁夏自治区党委委员、第七届区人大代表、第七届全国人大代表。

王　珑 女,平泉镇阴坡村人,民国二十年(1931 年)三月生,中共党员。三十七年八月参加革命,在陇东地委党校任职。1950 年 1 月任镇原县妇联主任,1953 年 3 月后任甘肃省妇联庆阳专区办事处、平凉办事处副主任,1956 年 8 月任镇原县委副书记,1958 年因受“许、张反革命集团”冤案株连下放劳动,又被定为右倾机会主义分子,1961 年初平反。1965 年 8 月任兰州市城关区副区长,1977 年任市新兰被服厂副主任,11 月任兰州市妇联主任,1978 年 9 月任省妇联副主任。1984 年 8 月离休,1991 年 10 月享受正地级干部待遇,2004 年逝世。

赵连升 宁县中村乡人,民国二十一年(1932 年)十月生,中共党员。1953 年 1月参加工作,在平凉市第一区委、市委组织部任职,后任平凉地委审干办公室副主任,环县县委秘书、肖关公社党委书记,庆阳地区农建局副局长、生产指挥部副主任,1973 年 11 月任镇原县委书记兼革委会主任,1981 年后任庆阳地委副书记、行署专员、老区办主任,1990 年 3 月任行署副地级调研员。1992 年 12 月享受正地级干部待遇,2008 年逝世。

张进路 屯字镇田岭村人,民国二十三年(1934 年)九月生,中专学历,中共党员。1953 年 11 月参加工作,曾任甘肃省防疫站秘书、科长,1957 年 12 月调省爱卫会办公室负责,1963 年任省卫生厅办公室秘书。1969 年下放劳动,后在省卫生厅业务处任职。1980 年 5 月任省爱卫会办公室副主任,1983 年后任省工业卫生实验所书记、省卫生防疫站党委书记,1995 年 3 月退休。

宫庆田 镇原县人,民国二十五年(1936 年)参加红军,大校军衔,曾任二五〇工地政委。

刘思义 静宁县阳坡乡人,民国三十一年(1942 年)九月生,中共党员。1958 年参加工作,1980 年 3 月至 1982 年 6 月任镇原县委副书记,后曾任庄浪县委书记、甘肃省国税局局长,1999 年 11 月被歹徒枪杀。

孙效廉　上肖乡雄武村人，民国三十年（1941年）七月生，中共党员，大校警衔。1961年7月参军，曾任营、团教导员，人武部政委、武警新疆总队兵团指挥部政委，被聘为《战旗报》《新疆日报》特约记者，在军内外报刊发表作品100余篇。1994年被武警总部党委授予先进党务工作者，喜爱书法。1996年10月退休后任新疆自治区文化艺术研究会秘书长。

李万林　西峰区肖金镇人，民国三十年（1941年）八月生，大学文化，中共党员。1966年8月参加工作，在庆阳专署农建局、镇原县方山兽防站、县农业局工作，曾任县农业局革命领导小组副组长、副局长。1980年9月任镇原县委副书记，1983年9月任县委副书记、政府县长，1985年2月任县委书记。1987年10月任武威地委副书记兼武威市委书记，1989年10月后任地委副书记兼行署专员，1993年3月任甘肃省乡镇企业管理局局长，2000年任巡视员，2005年任省政协民族与宗教委员会主任，2008年5月退休。

郑复厚　城关镇原郑村人，民国三十一年（1942年）七月生，中共党员，主任医师，宁夏书法家协会会员。1962年8月入伍，在骑兵二师教导大队、卫生科任助理军医。1969年11月后任二十师医院副政委、政委，卫生科科长，兰州军区守备一师卫生科科长。1986年1月转业到宁夏自治区红十字会工作，9月任卫生厅机关党委副书记，1988年任自治区医院党委书记，1992年1月被自治区党委、政府授予军队转业干部先进个人。1993年7月任自治区卫生厅直属机关工委专职副书记，先后多次被国家、部委、自治区评为宣传思想工作先进个人，发表《关于基层党建工作的调查与思考》一文获西北五省区卫生系统思想政治工作研究会一等奖。2000年后任卫生厅巡视员，2003年退休任宁夏老科协卫生分会会长。

路有志　城关镇路坡村人，民国三十二年（1943年）四月生，中共党员。1965年1月参加工作，在甘肃省物资局、平凉“五二”工程指挥部、中国科学院图书馆、省电子工业局、省国防工办任职，1982年后任省电子工业局组织处副处长，人事处、人事劳资处处长，1990年3月后任省电子工业总公司驻深圳办事处主任、党委书记，深圳兰光电子工业总公司副总经理、总经理，党委副书记，1998年任省电子集团副主任兼深圳兰光电子集团有限公司董事长、总经理，2003年退休。

焦自丛　太平镇老庄村人，民国三十二年（1943年）十月生，中共党员。1963年1月入伍，在兰州军区骑兵二师服役。1972年5月转业后任白银公司组织部干部处副处长，1976年3月后任兰州钢厂组织部副部长、部长，1984年5月任钢厂党委常委、工会主席，1994年被省政府授予劳动模范。1995年9月任兰钢集团公司党委书记，1998年12月任省机械集团总公司党委副书记。

王秉珊 上肖乡梧桐村人，民国三十二年（1943年）十一月生，大专学历，中共党员，大校军衔。1964年参加工作，1981年4月任甘肃省公安厅科长，1983年7月任省武警总队司令部办公室主任，1986年1月后任边防总队副总队长、政委、党委书记，1996年9月升为正师职，1999年5月退休。

翟克勇 上肖乡翟池村人，民国三十三年（1944年）八月生，本科学历，中共党员。1969年9月参加工作，在镇原县郭原公社供职。1974年1月后任甘肃省委办公厅秘书处秘书、副处长，1986年4月任综合处处长，1990年9月任省委办公厅副主任，1996年2月任省委副秘书长兼保密委主任、保密局局长，2004年退休。

李翰林 南川乡河李村人，民国三十三年（1944年）六月生，中共党员，大专学历。1965年8月参加工作，先后在庆阳地区卫生局、革委会生产指挥部任职，1970年10月后任地区文教卫生局、卫生局副局长，1976年10月后任地委宣传部副部长、行署文教局副局长，1980年9月任华池县革委会副主任、副县长，1983年10月任县委常委、副县长，1986年11月后任宁县县长、县委书记，1993年10月任庆阳地委委员、纪委书记，当选为省纪委委员。2001年2月任地委副书记兼纪委书记，2002年1月后任地委、市委副书记，10月任正地级干部。先后当选甘肃省第八、九、十次党代会代表，2004年退休。

薛亮云 山西省稷山县人，民国三十三年（1944年）九月生，大学文化，中共党员。1968年11月参加工作，曾在八〇三九部队农场参加劳动锻炼，1970年3月后任合水县农机厂技术员、副厂长，1980年9月后任县革委会副主任、副县长。1983年9月任镇原县委副书记，1985年3月任县长，1987年2月任县委书记。任职期间，安排人员外出考察项目，深入企业调查研究，带领有关部门负责人，多次到省、地争取资金，大办地方工业和乡镇企业，为镇原经济发展做出贡献。1988年12月调任庆阳行署副专员，1993年10月任地委副书记，2000年4月任地区人大工委主任，2003年任市老年书画协会名誉主席。2004年12月退休后组织创建庆阳市岐黄书画院，任院长，2007年任市老年大学校长。

何元纲 三岔镇米家川村人，民国三十八年（1949年）五月生，中共党员，高级工程师。1969年7月参加工作，曾任窑街矿务局队长、办公室秘书、副主任。1984年后任二矿党委书记、矿长、局机修厂厂长，1991年9月任矿务局党委常委、副局长。1996年主持海石湾建设项目设计优化，2000年3月后任窑街煤电公司总经理，华亭煤业集团董事长、党委副书记、总经理，靖远煤业公司党委书记、董事，中国煤炭基建协会理事，省经委副主任。

郑复新　屯字镇朱川村人，1951年4月生，中共党员，本科学历，大校军衔。1969年2月入伍，曾任甘肃独立师、省军区独立二团副班长、班长、排长、副连长、副教导员。1982年后任兰州军区政治部办公室政治工作研究室研究员、主任、政治部副秘书长，张掖军分区政委，2003年任甘肃陆军预备役高射炮兵师政委兼甘肃省军区政治部副主任，2006年退休，著有《军营三字经》《新时期军队政治工作研究》《军事常用文体写作指南》等。

张文先　庆阳市西峰区人，1951年4月生，大专文化，中共党员。1971年3月参加工作，先后在庆阳三十里铺中学、陇东中学任教。1982年10月后任庆阳县政府办公室秘书、副主任，西峰市委办公室主任。1991年10月任镇原县副县长，1995年3月后任庆阳行署驻兰办事处主任，行署、地委秘书长，庆阳市委常委、秘书长、市委副书记，2007年1月任市政协主席。

李　峰　庆城县城关镇人，1953年4月生，中共党员，大专文化。1974年8月参加工作，1982年7月后任共青团庆阳地委副书记、书记，宁县县委副书记。1991年2月任镇原县委副书记、政府县长，1993年12月任县委书记兼县武装部党委第一书记。1996年6月后任西峰市委书记，陇南地(市)委副书记、行署专员、市长，省劳动和社会保障厅厅长，省人力资源和社会保障厅党组书记、副厅长。

张　翀　南川乡桃园村人，1953年12月生，中共党员，经济学硕士。1977年8月参加工作，在甘肃省地矿局测绘队当技术员。1983年11月后任省地矿局测绘队副队长、队长，1993年7月任政策法规处处长，1994年1月任地矿局副局长，2000年5月后任省国土资源厅副厅长、党组副书记、书记，2002年7月任厅长、党组书记，2007年8月任省政府副秘书长，省十届人大代表、中共第十一届甘肃省委候补委员。

王泉清　马渠乡李新庄村人，1954年10月生，中共党员，大学学历。1970年12月在窑街矿务局参加工作，1972年12月入伍，曾任五二六〇部队军械员、文书。1975年5月转业兰州钢厂工作，1981年4月调甘肃省经济委员会任职。1986年6月任省委组织部经济干部处主任科员、副县级组织员，1992年6月任省计委人事处处长，1997年4月任省计委纪检组长，2001年4月任省发展计划委员会副主任兼甘肃省保障性安居工程建设投资有限公司董事。2009年11月任省发改委副主任兼西部开发办公室主任。

王维斌　新城乡高庄村人，1954年11月生，中共党员，科学与工程专业研究生学历，教授级高级工程师。1976年9月参加工作，曾任水利水电第四工程局龙羊峡汽车运输处办公室主任、处党委组织部部长、汽车大修厂厂长，1994年后任万家寨施工局副局长、局长，组织载重汽车、大型设备改造，获局科学技术进步奖，参与龙羊峡、万家寨、李家峡、公伯峡等工程项目的施工管理及施工组织领导，被评为先进工作者、优秀工程技术人员。2000

年3月任水电四局副局长,2004年1月后任水电四局局长、执行董事兼总经理,获青海省先进企业家和全国优秀项目经理、全国优秀企业家、全国电力行业优秀企业家称号,两次荣获全国五一劳动奖章,青海省第十届政协委员、第十一届政协常委。

祁贵义 城关镇祁川村人,1954年12月生,大学学历,高级经济师,中共党员。1972年12月入伍,曾赴云南老山前线参加对越南自卫防御作战。1987年9月转业到中国人民保险公司西宁市分公司工作。1994年10月后任青海海南州分公司副总经理、纪检组长、党组书记。1997年8月后任青海省分公司财产险处处长、办公室主任、党办主任。2002年6月后任分公司人事处长、组织部长、党委副书记、甘肃省分公司副总经理。2005年9月任山西省分公司总经理、党委书记。2007年8月任公司西安专员办事处副专员兼甘肃省分公司总经理。撰写多篇论文在国家级、省级刊物上发表并获奖。

许君祖 临泾乡毛头村人,1955年6月生,大专学历,教授级高级会计师。1974年11月参加工作,曾任玉门石油管理局地质勘探处会计,钻井处财务科副科长、科长,1990年12月后任钻井处副处长,吐哈石油勘探开发会战指挥部财务处副处长、处长,1996年1月任指挥部副总会计师,1999年7月任吐哈油田公司总会计师,2007年任副总经理,2009年8月任宁夏石化公司党委书记、纪委书记、工会主席。

路泽生 城关镇五里沟村人,1955年12月生,本科学历,中共党员,高级工程师。1979年7月参加工作,1985年10月任引大入秦工程处副处长,1987年12月后任甘肃省水电工程局第五工程处副处长、第一工程处处长兼引大入秦工程指挥部党委常委、副指挥,1995年9月任水电工程局副局长、党委委员兼引大入秦项目部总经理,1999年3月任局长、党委书记,被评为全国施工设备管理优秀经理,2002年1月被国家人事部、水利部评为全国水利系统先进个人。2010年任省水利水电工程局局长、党委书记。

王　权 平泉镇黄岔村人,1958年2月生,中共党员,大专学历,政工师。1979年12月参加工作,1983年任镇原县中原乡副乡长,1988年3月任县劳务办副主任,1990年任县经济计划委员会副主任,1992年10月后任县人寿保险公司副经理、经理兼党支部书记,1999年7月后任庆阳分公司总经理助理、陇南市分公司总经理、甘肃省分公司副总经理,2010年任中国人寿财产保险股份有限公司甘肃省分公司总经理。

马令行 城关镇原郑村人,1958年9月生,中共党员,硕士学位,大校军衔,军事学副教授,硕士生导师。1976年入伍,曾任新疆军区步兵六师排长、连长,1985年7月赴滇参加对越自卫反击战,任代理营长、团参谋长,1986年3月后任石家庄高级陆军学校教官、副主任,1993年8月赴坦桑尼亚执行军事外援任务,任中国军事专家。1999年12月任石家庄陆军指挥学院部队训练教研室主任，主编出版军事类专著10余部，在军内、外重要刊物上发表学术论文30余篇，获各种奖励26项。

焦文平 临泾乡包庄村人，1962年8月生，大学文化，大校军衔。1979年12月入伍，曾任北疆军区后勤部军需处、兰州军区后勤第二十九分部军需处助理员。1990年7月后任新疆军区玛纳斯兵站站长、指导员，奎屯物资转运站副站长，奎屯中心兵站副站长兼油料供应站站长。1997年6月任兰州军区后勤部物资油料部计划财务处副团职助理员，联勤部物资油料部物资处、物资采购处处长。2004年3月任兰州军区总医院党委常委，院务部部长、党委书记。2007年11月任兰州军区联勤部军需物资油料部副部长，2009年4月任兰州军区总医院党委常委、副院长兼医院工程建设指挥部总指挥。2010年12月任兰州军区房地产管理局局长、党委副书记。先后立三等功3次，10余次评为先进个人，多次受嘉奖，发表文章40余篇，两项研究成果获年度军队科技进步三等奖。

任　健 孟坝镇赵嘴村人，1963年10月生，中共党员，本科学历，大校军衔。1979年12月入伍，在解放军第一五一野战医院、步兵八师教导队工作。1985年8月后任解放军第十五医院政治处副连职干事、兰州军区后勤部第二十九分部战勤科副营职参谋、正营职参谋，副团职秘书、参谋，战勤处处长、联勤部副参谋长，2007年11月后任兰州军区联勤部部长、基建营房部部长。

陈宗荣 中原乡高胜村人，1964年11月生，中共党员，硕士研究生学历。1986年8月北京大学毕业后参加工作，在国务院宗教事务局研究室、政策法规司、办公室秘书处任职。1995年3月后任秘书处副处长、处长，1999年12月任局办公室副主任兼秘书处处长，2002年5月任副主任，2004年9月任政策法规司司长，2010年11月任西藏自治区拉萨市委常委、副市长。

张兆福 屯字镇人，清光绪三十四年(1908年)生，国民党员。民国二十三年(1934年)参加工作，先后任甘肃省山丹县税务局局长、省户口普查督导专员、张掖县党部书记长、省政府社会处科长、省政府政务视察、平凉县党部书记长、礼县县长、省政府民政厅一科科长等职。

张生荣 新集乡人，清光绪三十四年(1908年)一月生，中共党员。民国三十二年(1943年)十一月参加革命，历任镇原县新集区哨站站长、县保安科商店副经理。三十七年六月任平东工委秘书、交通科科长、生产科党支部书记，1951年7月任平凉专署公安处劳改科科长，1954年8月后任静宁县长、专署民政科科长。

刘文山 陕西绥德县人，清宣统元年(1909年)十月生，中共党员。民国十六年(1927年)参加革命，曾任地下党支部书记，陕西省绥德县苏维埃政府教育部长，子长县政府主席，固原、西峰、庆阳县委书记，陇东专署四科科长、地委统战部副部长。三十五年七月任镇原县委书记，正值边区沦陷，组织干部、党员、武装力量隐蔽、疏散和转移，开展游击战争。三十六年八月调陇东地委工作，三十七年后任解放军第六军民运部部长、第二兵团民运部副部长。中华人民共和国成立后历任酒泉专署专员、省财政厅副厅长、粮食厅厅长、农业厅副厅长、省财贸办公室副主任、省政府顾问，1987 年 10 月病逝。

袁耀宸 武沟乡袁岔村人，民国元年（1912 年）三月生，毕业于国民党中央陆军军官学校高级教育班。二十年后曾任国民党部队团部军需、师参议，军法处、政治部主任，军工处处长。三十八年初任一一九军政治部主任、参谋长，十二月九日该军在甘肃武都起义，袁耀宸潜逃，1951 年到澳门，后去台湾任立法院委员。

唐凤仪（1912.12~1978） 合水县西华池镇人，民国元年十二月生，中共党员。二十六年参加革命，任合水县师家庄乡自卫军连长、二区和五区自卫军营长，县游击大队副大队长、大队长。1950 年 6 月任镇原县长，1953 年 6 月任县委书记。1954 年 11 月任合水县委书记，1958 年任张掖县大满公社党委书记，1960 年后任张掖县长、县委书记，张掖地区卫生局局长。1976 年 1 月任张掖地委统战部部长，1978 年 10 月逝世。

李希安 孟坝镇大寨村人，民国二年（1913 年）生，中共党员。二十年在固原杨虎城部十七师警备一大队当兵，二十五年参加西安事变，二十六年底参加八路军。二十九年后任八路军一二九师三八六旅七七二团排长、连指导员、营教导员，参加百团大战。三十二年任太岳军区三分区十支队三大队教导员，开展地方游击战争。解放战争中任五十八团营长、副团长、华北野战军第十八兵团一八六师五五八团副团长、团长，参加上党战役、兰州战役和进军四川。中华人民共和国成立后任西南军区六十二军一八六师五五八团团长、康定军分区参谋长、副司令员，参加川西剿匪、抗美援朝、西藏平叛。1970 年 10 月离休。

万成章（1913~1998） 四川宣汉县红岭乡人，民国二年七月生，中共党员，大校军衔。二十二年九月参军，历经川陕革命根据地反六路围攻和红四方面军长征，二十六年后任陇东特委巡视员、驿马关县委、宁县县委组织部部长，二十七年后任镇原县南山镇中心区委书记、庆阳县武装部部长、地委巡视员、陇东地委组织部干部科科长、陇东中学校长，三十四年一月任镇原县委书记，三十五年后任随军工作团团长、第一野战军后勤司令部参谋长，军械部部长、政委。中华人民共和国成立后任西北军区、济南军区军械部部长，后勤部副部长、顾问。1981 年 7 月离休，1998 年去世。

李宪章（1914~1980） 三岔镇米家川村人，民国三年六月生，中共党员。二十八年参加革命，先后任曲子县苦水掌土产公司、镇原县三岔土产公司、陇东贸易公司和庆阳土产公司经理。中华人民共和国成立后任岷县县委书记、西北粮食公司副经理、甘肃省粮食厅副厅长，1958 年任那曲地委副书记兼专署副专员。1980 年 10 月因病去世。

秦汝哲　山西省临县人,民国十三年(1924年)七月生,中共党员。二十七年参加革命,1949年先后任兰州市公安局侦察科科长、副局长、局长、政法党组副书记。反右斗争中被错划为右派。1965年9月任镇原县委书记,"文化大革命"中被夺权,遭揪斗批判,下放县农机厂劳动。1972年后任永昌县委书记、革委会主任,1978年3月后任武威地委副书记、监委书记。1981年1月离休。

孙克录　新城乡孙庵村人,民国三年(1914年)九月生,中共党员。二十六年二月参加革命,在镇原县红军办事处、曲子保安司令部、八路军驻庆阳办事处、庆阳保安处、镇原县保安科、马渠、石佛区政府工作,曾任区长。三十五年九月属陇东分区统战部地下工作人员,任甘肃工委交通队指导员。三十八年八月任灵台县公安局局长,1954年3月后任灵台县长、县委书记、书记处第一书记,1964年任平凉专区张场沟水土保持试验站站长。1973年1月离休,享受副地级干部待遇。

野桂林(1915~1994)　马渠乡景塬村人,民国四年八月生,中共党员。三十一年参加革命,曾任村主任、县政府四科科员、保健药社副社长、一科干部队队长、保安科侦察员,县游击大队副队长、参谋。中华人民共和国成立后,曾任甘肃省军区营、团、司令部参谋,1953年后任甘肃省财经委气象科股长、副科长、气象局业务科科长、观象台台长,1974年任兰州中心气象台台长,1978年5月任省气象局副局长。1983年9月离休后任局离退休干部党支部书记、老年协会主席,1994年5月去世。

马负图　三岔镇椿树湾村人,民国四年(1915年)八月生,中共党员。三十三年四月参加革命,曾任边区三岔区三乡乡长、县保安科文书、管理员。三十六年十月任三岔区区委书记,三十八年八月后任屯字区区委书记兼区长、新集区区委书记兼土改工作队队长,1951年4月后任临夏土改团工作队队长、临潭县委宣传部部长、县委副书记,1963年4月任玛曲县委书记,1965年11月任甘肃省畜牧厅畜牧处处长,1970年8月任庆阳地区农业局副局长,1973年5月任省物资局人事处处长。1983年12月离休,享受副地级干部待遇。

李景纲(1916~1956)　字维三,乳名义厚,屯字镇湾李村人,民国五年生,平凉中学毕业,二十七年考入黄埔军校十六期,毕业后投入抗日战争,曾任国民党七十四军师参谋长,参加浙赣、常德、长沙会战。抗战胜利后任七十六军师参谋长、副师长。三十八年退伍,定居上海经商,1954年返归故里,1956年2月因病去世。

祁秀山(1917~1989)　原名祁三益,城关镇祁川村人,民国六年生,中共党员。二十八年十月被骗入国民党汉中特务训练班第四期受训,毕业后留训练班校任教。三十年十月跟随西北特侦站助理书记朱国才前往延安潜伏,并任延安组副组长兼联络员,期间投靠共产党,戴罪立功,协助破获陕甘宁边区国民党特务案,后以双层身份从事情报工作。三十三年十一月,随边保工作团到陇东。解放战争中,历任镇原县武工队、游击队队长、县税务局副局长。中华人民共和国成立后,历任平凉专区公安处二科科长、甘肃省公安厅二处处长、省宗教事务处处长、武都地区税务局局长等职。“文化大革命”中遭受迫害，1969年被开除公职、党籍，遣回原籍劳动改造。1972年平反，任陇南林业总场场长、党委书记等职。1978年离休，享受副地级干部待遇，1989年逝世。

赵志明 宁县中村乡人，民国六年(1917年)八月生，中共党员。二十七年四月参加革命，三十七年后任庆阳地委干校教务处处长、校长。1951年7月任镇原县委书记，1953年后任甘肃省教委副秘书长、省委宣传部文教处处长，1956年后任西北畜牧兽医学院党委副书记、省农业厅科长、农科院办公室主任、所长，省生产指挥部组长、党支部书记。1979年任省中医学院总务处、人事处处长。1983年12月离休，享受副地级干部待遇。

孙应邦(1917~1978) 庙渠乡孙寨村人，民国六年九月生，中共党员。二十六年参加革命，先后任村党支部书记、自卫军队长、孟坝区委书记、平东工委游击队政委等职。中华人民共和国成立后任甘肃省工业厅、交通厅人事科副科长，国家劳动部保卫科科长，辽宁北票矿务局自营公司党委书记、局工会主席、政治部副主任，南票矿务局党委副书记、代书记、革委会副主任。1978年逝世。

刘兆南 又名三堂，陕西省延川县人，民国六年(1917年)十一月生，中共党员。二十九年三月参加革命，曾在边区延川县政府、县联社、永远区供销社、西北合作局工作。1950年9月后任平凉合作办事处主任、地委农村部副部长、财贸部部长，1959年11月任镇原县委常委兼屯字公社党委书记，1960年4月任县委书记处书记，12月任县长。1961年11月后任环县县委书记、庆阳地区石油煤炭公司副经理、药材公司经理、地区财办、贫协主任、地直机关党委书记。1980年11月离休，享受副地级干部待遇。

侯生裕 陕西省吴旗县人，民国七年(1918年)生，中共党员。二十六年三月参加革命，曾任小学教员，华池县政府三科科长、县运输合作社主任、县委秘书、宣传部部长，获陕甘宁边区政府特级劳动英雄。三十六年八月任陇东地委党校副校长，1950年3月任镇原县委书记，1951年7月后任庆阳地委宣传部部长，新疆有色金属计划处处长、矿务局党委书记、地质公司政治部主任、科研所书记、冶金局副局长、有色金属公司副经理、自治区标准局副局长。

常世芳 三岔镇董渠村人，民国七年(1918年)八月生，中共党员。二十六年参加革命，任陕甘宁边区三岔区自卫军班长、排长、连长，石佛区自卫军营长。三十四年八月后在平凉、华亭、老观山等地从事党的地下工作，十二月任石佛区游击队副队长。三十五年七月后加入陇东独立二团六连任排长、副指导员，参加红土崾岘、胶泥崾岘、二轱辘塬、悦乐、中庄原等战斗，多次受到表彰和嘉奖。三十八年在西安军管会工作，八月调西北军区独立团任指导员、副教导员、党支部书记。1954年9月任甘肃省外贸公司副经理，1957年9月调省商业厅工作，曾任办公室副主任、总务处处长。1962年1月任省外运公司经理，1970年2月后任庆阳地区粮食局副局长、局长，1979年10月任省外贸包装运输公司副经理。1981年2月离休，享受副地级干部待遇。

李具苍（1919~2004）　屯字镇屯字村人，民国八年生，中共党员。二十六年春，在本地参加抗日救国会和自卫军，二十八年在陕甘宁边区保安处工作，十一月后在镇原、合水县保安科、陇东分区保安处任科员、秘书、会计。解放战争中任延安分区保安处会计、第一野战军二纵队三五九旅炮连指导员，纵队炮兵团三营、一兵团二军四师炮兵营教导员，参加延安保卫战、西府陇东战役和解放兰州、西安等重大战役。中华人民共和国成立后任西北军区二军四师政治科科长，公安边防四十九团、新疆军区骑兵一团政委，西北局军事组织员，新疆和田军分区副政委、政委，南疆军区政治部副主任。1981年5月离休，2004年8月6日病故。

陈海图（1919~1995）　孟坝镇什字村人，民国八年三月生，中共党员。三十一年十一月参加革命，曾任镇原县游击队副队长、柳州区武工队班长。中华人民共和国成立后任平泉区公安助理员，县公安局文书、侦察股股长，县委组织部副部长。1955年9月任庆、平地委组织部干部科科长，1956年8月任镇原县人委副县长，1958年10月任平凉土谷堆炼铁大队队长，1959年1月任开边公社党委书记。1960年10月后调任天祝县西大滩农场、山丹县山羊堡农场党委书记，1964年4月后任农十一师四坝农场、十团副政委，1969年1月任景泰电力提灌工程指挥所副所长、农二师十二团副团长，1974年10月后任国营山丹农场党委副书记、革委会副主任、党委书记。1980年6月离休，1992年4月享受副地级干部待遇，1995年4月病逝。

窦满文　三岔镇榆杨湾村人，民国八年（1919年）四月生，中共党员。二十七年十月参加革命，曾任三岔区田家岔乡农会委员、自卫军排长、区委宣传科科长、民兵营副营长、区长。中华人民共和国成立后任镇原县法院审判员、农会主任、财政科科长，庆阳专署财政科监察股股长。1953年4月后任甘南州财政科科长，州食品分公司办事处主任、经理，州平叛武工队队长，卓尼造纸厂党支部书记，1962年3月任州财政处处长。1963年3月任庆阳专署财政局副局长、财税局局长。1974年5月退休，1981年改为离休，享受副地级干部待遇。

张宗贤（1919~1976）　马渠乡汪家庄村人，民国八年九月生，中共党员。二十九年三月参加革命，曾任陕甘宁边区镇原县汪家庄村小学教员、马渠区政府助理员。三十年后任石佛区副区长、县政府财政科副科长、政府秘书、民政科副科长、文教科科长，1950年6月任副县长。1951年1月后任甘肃省财政经济委员会工矿、人事科科长，农业、商业处副处长，省委财贸部干部处、省科委干部处处长，1960年7月任省计量局副局长。1976年1月病逝。

白秀川　殷家城乡白家川村人，民国八年（1919年）八月生，中共党员。二十五年八月参加革命，曾任陕甘宁边区镇原县边区三岔区建设主任、乡长，柳州区区长，三十五年八月任平凉地下党支部书记。中华人民共和国成立后任庄浪县民政科科长、副县长，甘肃省建筑工程局监察室主任、施工处处长、第一水电安装公司经理，1962年9月后任省重工业厅建设工程处、省建筑一公司党委副书记，1979年任省建七公司党委副书记兼纪委书记。1982年7月离休，享受副地级干部待遇。

徐志仁 平泉镇南徐村人，民国八年（1919年）十一月生，中共党员。二十七年一月参加革命，在县抗敌后援会、青救会、抗大一分校工作。三十二年三月任抗大第四大队司务长、北满分校会计、保卫科干事、学员队副指导员、指导员，三十七年后任解放军一六五师警卫连指导员、四九五团一营副教导员、教导员，参加太行山反扫荡和辽沈、解放湖南等战役。1951年后任湖南郴县军分区后勤处副政委，空军徐州机场场站政治处主任，格尔木机场场站、兰州空军大荔农场、宝鸡四五仓库政委，兰空干校校务部副部长，空军工程兵八总队政治部副主任。1977年离休，享受副师职待遇。

赵生鹏（1920~2008） 三岔镇高湾村人，民国九年七月生，中共党员。二十六年五月后在陕甘宁边区独立师、三岔区、县委工作，三十五年八月带领担架队支援"迎王"战役，三十六年三月任县游击队指导员。中华人民共和国成立后任陇东军分区警备三团二营教导员、独立营副政委，1951年4月后调任卓尼县民兵司令部独立营教导员、副政委，参与指挥剿匪和平叛。1959年转业，任临潭县副县长、舟曲县委书记。"文化大革命"中遭受迫害，1972年恢复工作，先后任甘南州运输公司革委会主任、州水电局局长、检察院检察长，1979年4月任甘南州政协副主席，1981年11月任庆阳行署顾问。1983年5月离休，2008年逝世。

王生财 三岔镇米家川村人，民国九年（1920年）七月生，中共党员。二十四年十月参加红军，历任班长、排长、营教导员、司令部协理员、四科科长，参加保卫陕甘宁边区和解放大西北战役和战斗，多次立战功。1955年转业后任甘肃省花纱布公司、五金公司经理、党委书记，省供销社生产资料局党委书记、局长，1973年8月任兰州石油化工机器厂行政处处长、党总支书记。1983年离休，享受副地级干部待遇。

苏　星 武都县人，民国九年（1920年）十月生，大学文化，中共党员。三十年参加革命，曾任庆阳县委秘书、徽县特派员、武山县工委组织员及县委副书记、武都地委青年委员会书记、武都县长、县委书记，武都地委常委、宣传部部长、地委常务副书记，甘肃省农垦局科长、副局长。1962年11月任镇原县委书记。1965年10月后任省委社教总团办公室副主任、科学院沙漠冰川冻土研究所党委和革委会负责人，省政府文教办、文史办副主任，省顾问委员会委员。

王　彪 原名王生禄，中原乡人，民国九年（1920年）十二月生，中共党员。二十四年四月参加红军，曾任通讯参谋、通讯科副科长。1950年转业到中南公安部任经济保卫处助理员，1952年后任武汉电讯局保卫科科长，武汉手工业局保卫科、干部科科长，1962年后任武汉电业局党委组织部部长、监委副书记，1965年任湖北省电力厅监委副书记，1970年任宜昌棉纺厂革委会副主任，1972年后任湖北省电力中心调度所党委书记、省电力工业局纪委书记。1983年离职休养。

张玉耀　屯字镇川口村人，民国十年（1921年）三月生，中共党员。二十四年三月参加革命，任七七〇团二连通讯员。二十六年八月到延安后任边区党委通讯员，中央军委总卫生处警卫员、警卫队长、材料科科长，三十四年八月后任总卫生部总务股股长、科长。1949年10月后任西峰市政府财政科科长，甘肃省干校、省委党校行政处处长，引洮工程局器材处副处长。1962年后任庆阳地区税务局、财政局副局长，商业局局长。1983年8月离休。

许国和　新集乡牛心村人，民国十一年（1922年）四月生，中共党员。二十八年八月参加革命，曾任边区新集乡青年主任、区青年救国会主任、石佛区政府助理员、孟坝区委组织科科长。三十六年后任县民政科、建设科副科长、科长，1953年6月后任镇原县副县长、县长，因反映缺粮问题被定为“许国和、张万寿反革命集团”主犯，于1958年10月蒙冤入狱，1961年元月平反后在家治病休养。1962年3月后任庆阳合作办事处主任、环县县长，1965年8月任甘肃省供销社政策调查研究工作队队长，1970年任永登和平化工厂办事组组长、副厂长，1979年5月任兰州无线电厂副厂长。1983年8月离休，享受副地级干部待遇。

李芳清　太平镇兰庙村人，民国二十一年（1932年）七月生，中共党员。三十八年八月参加革命，先后在镇原县游击大队、平凉军分区警备团、第一野战军司令部任职。1954年12月后任航空兵三师飞行员，二师飞行中队长、副大队长、大队长、副团长，1970年11月后任航空兵四十七师一三九团团长，1981年4月任四十六师副师长。1983年4月离休。

梁满财（1922~2009）　马渠乡马渠村人，民国十一年八月生，中共党员。三十年十月参加革命，曾任陕甘宁边区镇原县马渠区乡文书、党支部副书记，三十五年十一月后任区委组织科科长、武工队队长、区长、代理区委书记。1950年1月后任永昌县城关区区长、区委书记，二区区委书记，1953年3月后任县委组织部部长兼焦家庄农业生产合作社党支部书记，县委合作部部长，1956年8月任县委副书记，1959年12月被下放到水利工程农场劳动改造、休养，1962年任县委书记处书记。1964年4月后任天祝县四清工作队队长、县委副书记、县农宣队队长，1971年11月任武威地区石膏矿矿长，1976年6月后任地区手工业局、社队企业局、物资局副局长。1983年5月离休，1984年7月享受副地级干部待遇，2009年5月逝世。

刘晔东　上肖乡姜曹村人，民国十一年（1922年）十一月生，学士学位。三十八年五月参加工作，在西北局农村工作处、甘肃省农林处工作。1950年8月任兰州工校教员，1956年10月后任黄平镇水利学校教员、教务科科长，先后编写铁道、公路、水利讲义5册。1969年11月调景泰工程处勘测设计队开展勘测设计和施工技术指导，1979年3月任省水利学校教务处主任。1985年10月离休，享受副地级干部待遇。

李景怿 屯字镇马堡村人，民国十二年(1923年)生，中共党员。三十八年北京师范大学毕业参军，参加解放江南战役，曾任第四野战军军参谋。1950年参加抗美援朝，任志愿军三十九军作战参谋，获朝鲜人民军勋章。1953年回国后任三十九军教导队副参谋长，1959年转业后任国家林业部处长、能源办公室副主任。1985年离休，曾任林业部老干部活动室主任，热爱老年门球运动，参加老年门球比赛百余次，并发表《多功能的老年门球运动》一文。

刘学忠 孟坝镇孟坝村人，民国十二年(1923年)生，中共党员。三十年三月参加革命，任边区镇原县保安科科员、哨站副站长，三十八年八月后任平泉、屯字、肖金区委书记，镇原县建设科科长。1954年4月后任白银市民政局局长、水电局副局长，1961年9月任皋兰县委副书记、县长，1970年10月任永登县委副书记、县革委会副主任，1977年10月后任兰州市安宁区区委副书记、区长、区人大常委会主任。1983年离休，享受副地级干部待遇。

刘登济 屯字镇屯字村人，民国十二年(1923年)二月生，学士，工程师。三十六年六月在甘肃省水利局河西水利工程处参加工作，1950年任武威黄羊河工程工务科科长、段长，1953年任甘肃省水利厅武威水利工作队队长，1956年调平凉专区水利局工作，1957年10月后任泾河南干渠、宁县长庆桥渠道工程委员会副主任，1975年任巴家嘴电力提灌工程副指挥。1982年离休，享受副地级干部待遇。

周凤禄(1923~1990) 屯字镇田岭村人，民国十二年八月生，中共党员。三十八年参加革命，曾任宁夏自治区建设厅科员，贺兰山牧场技术员、副场长，吴忠羊场副场长，浪湖农场副场长。1972年5月任灵武农场革委会副主任，1978年3月任自治区农林局畜牧处(局)处长、副局长，1983年4月任农牧厅党组成员顾问，发表论著10多篇，1990年12月病逝。

袁发启 武沟乡大岔村人，民国十二年(1923年)十月生，中共党员。二十七年冬参加革命，在镇原县警卫队、孟坝区任职。1949年后任西峰市警察队指导员、省公安厅东岗镇检查站站长、酒泉专员公署公安处二科科长、玉门县公安局局长，1954年任新疆石油管理局喀什矿务局公安分局局长、地质调查处保卫科科长，1956年后任克拉玛依矿区保卫处处长兼公安局局长、矿区党委书记，1962年任新疆石油管理局监委书记，1972年任局机关党委书记。1984年10月离休，享受副地级干部待遇。

王彦璞(1923~1993) 平泉镇坪边村人，民国十二年十月生，中共党员。二十九年六月参加革命，三十二年后在边区银行陇东分行任出纳、股长，三十六年七月参加西北财委运输队支前，三十七年九月后任第一野战军后勤部辎重团党支部书记、西北粮食局会计。中华人民共和国成立后任人行平凉中心支行人事科科长，隆德、西吉、灵台县支行行长，平凉专区督导处副主任。1956年8月任兰州市人行副行长、行长，1968年9月后任兰州胶鞋厂党委书记、兰州市城关区革委会常委、永登县革委会生产指挥部副主任，1976年2月后任兰州市煤气公司革委会副主任，市人行副行长、行长。离休后享受副地级干部待遇，1993年8月逝世。

杨维端(1924~2003)　郭原乡西杨村人,民国十三年(1924年)三月生,中共党员。三十六年从事党的地下工作,1951年任宁夏回族自治区固原蒿店区委书记,1953年任城阳区委书记,1955年任固原电厂厂长,1957年任固原县委组织部部长。1980年离休,享受副厅级待遇,2003年病逝。

任国栋　方山乡人,民国十三年(1924年)七月生,中共党员。三十一年四月参加革命,历任方山乡乡长、县抗敌后援会干事、陇东地委秘书处会计,三十八年七月任平凉专署二科秘书。1950年3月后任宁夏回族自治区固原县民政科科长、县委宣传部部长、西海固地区纪检委副主任,1955年8月后任兰州市砖瓦厂厂长、胶鞋厂党总支书记、重工业局政治处主任、二轻局副局长,1978年4月任兰州石油站第一副经理,1981年7月任甘肃省石油公司副经理。1983年离休,1984年3月享受厅局级待遇。

常元堂　庙渠乡常埝村人,民国十三年(1924年)八月生,中共党员。二十六年二月参加革命,曾任天水地区纤维板厂党委书记、小陇山林业实验局党委书记。1984年1月离休,享受副地级干部待遇。

张万寿　孟坝镇王山村人,民国十三年(1924年)九月生,中共党员。三十四年二月参加革命,在新集区四乡、镇原县保安科工作,三十七年九月参加支援收复延安、千里陇原追击战及西府陇东战役。三十八年七月后任镇原县保安科文书、屯字区公安特派员、县公安局侦察股股长,1953年4月后任副局长、局长,1956年8月任第一副县长,1958年10月被定为"许、张反革命集团"主要成员,蒙冤入狱两年多,1961年初西北局兰州会议后平反,恢复名誉、职务、党籍。1962年4月任庆阳地区药材公司副经理,1970年3月任地区工农被服厂革委会主任兼党支部书记,1977年8月后任地区公路总段副段长、党委副书记、代理书记。1983年12月离休,享受副地级干部待遇。

张占鳌(1924~1985)　郭原乡王嘴村人,民国十三年十一月生,中共党员。三十八年八月参加革命,在县民政科工作。1952年任会宁县翟所区区长、区委书记、县委组织部部长,1955年任县委副书记。1961年任临洮县机关党委书记,1962年后任彰县县委副书记、人大常委会副主任。1983年离休,享受副地级干部待遇,1985年2月病逝。

王生金　华池县人,民国十四年(1925年)生,中共党员。二十九年参加革命,1959年1月任镇原县城关镇党委书记,11月后任县委常委、副县长、县委副书记、革委会副主任。1973年11月后任庆阳地区文教局局长、地委宣传部部长,华池县委书记,地区卫生局局长。1981年3月任地委委员、地区纪委书记。

张世俊　马渠乡人,民国十四年(1925年)生,中共党员。三十二年八月参加革命,曾任乡文书、马渠区委宣传干事,三十五年八月参加"迎王"战斗。三十六年后任新集区委副书记、游击中队教育干事，环县木钵工作组组长。中华人民共和国成立后任镇原县委宣传部干事、副部长、肖金区委书记，1954 年后任冶金部综合研究院人事科副科长、办公室副主任，山西中条山有色金属公司人事科科长、矿务局工会主席，1963 年后任金川公司冶炼厂工会主席、副厂长、党委副书记、书记，1981 年后任金昌市人大常委会文教卫生委员会主任、人大常委会副主任、老龄委主任，1985 年 9 月离休。

杜锡瑛(1925~1978) 笔名毅平，孟坝镇刘城村人，民国十四年二月生，中共党员。二十九年七月参加革命，三十一年二月陇东中学毕业后留任教务科员、科长，三十五年初在陇东分区专员公署文教科工作，八月任《陇东报》编辑、记者，采访报道迎接王震部队战斗，跟随陇东分区机关游击队作战、采访。三十八年八月任《陇东报》编辑组组长，1950 年 2 月任副主编，编辑和采写大量颇有影响的新闻报道，编写《王寨原官逼民反闹革命》等独具特点的说唱快板。8 月，调庆阳地委干校工作，后任庆阳县委宣传部部长。1951 年 2 月后任甘肃省委政策研究室秘书，农村部副处长、处长，宁夏固原县委第二书记，固原地委委员、宣传部部长兼《固原州报》主编等职，1968 年"文化大革命"中被迫害致死，1978 年 6 月平反。

张　第 三岔镇周家庄村人，民国十四年(1925 年)七月生，中共党员，大专学历。三十五年七月参军，历任西北野战军战士、班长、专职党支部书记、指导员、营副教导员，参加延安保卫战、解放大西南战役和抗美援朝。1960 年后任解放军工程兵文化速成中学队长、第二工程兵学校大队长、工程兵科研三所主任、科学试验场科技处处长，曾立大功、三等功各 1 次，获解放奖章和胜利功勋章。

康希善 字子良，南川乡上庄村人，民国十五年(1926 年)生。1949 年参加工作，曾任新疆军分区一野一兵团六军骑二师团政治处指导员、兵团一师科学研究所所长、三师司令部办公室主任，新疆哈什地区工业局局长、自治区人民防空工程设计院院长，中国老年书画研究会会员、中国国画家协会理事、新疆老干部书画学会常务理事、新疆美术家协会会员、乌鲁木齐美术家协会理事，多次参加全国、省级画展，作品曾获全国画展二等奖 1 次、省级画展二等奖 2 次，1984 年离休。

慕立波 孟坝镇人，民国十五年(1926 年)十二月生，中共党员。三十五年后任陕甘宁边区供给商店会计、西北野战军后勤第四野战医院会计、会计股股长、二所副所长、医院秘书。中华人民共和国成立后任中国人民志愿军后勤三分部西北医院秘书、内科医院副院长、后勤处副科长。1959 年 1 月后任广州军区后勤部助理员、仓库主任、军需处处长，1971 年 8 月后任广州警备区后勤部副部长、解放军体育训练大队后勤处处长、解放军体育学院院务部处长，1978 年 3 月离休。

牛仪国 庙渠乡常埝村人，民国十五年(1926 年)十二月生，中共党员。三十三年一月参加革命，在镇原县游击队、边区县委工作，曾任石佛区科长。中华人民共和国成立后任定西县内官、通安区区委组织委员，城关区区委书记。1955 年 3 月任定西县检察院检察长，1958 年 8 月后任定西县委常委、副县长，1959 年任宁远公社书记，1963 年 1 月任县检察院检察长,1978年5月后任定西县工交局局长、检察院检察长,1981年7月任定西县人大常委会副主任。1986年10月离休,1992年3月享受副地级干部待遇。

王乃峰(1927~2003) 宁县新庄乡人,民国十六年三月生,中共党员。三十八年参加工作,先后在宁县城关区、宁县县委工作,曾任宁县城关区区委副书记、县粮食局副局长,和盛公社党委副书记、书记,农业局局长、生产指挥部部长,宁县县委常委、组织部部长。1972年4月后任镇原县委副书记、合水县委书记、庆阳地委组织部部长,甘肃省第五届人大代表。1988年3月离休,享受副地级干部待遇,2003年3月20日去世。

佟保山 马渠乡马渠村人,民国十六年(1927年)九月生,中共党员。三十三年参加革命,曾任延安中学学生班党支部书记、行知中学教育干事。三十六年参军,先后任西北野战军随军医院五所政治指导员、党支部书记,第一野战军第四野战医院三所、三分院政治协理员、党委书记,参加榆林、沙家店、荔北等战役和战斗。中华人民共和国成立后任志愿军西北总医院三分院政治指导员、党委书记,志愿军后勤五分部政治部组织科科长。1957年后任华东驻军第八十七医院、空军上海第二医院、桂林医院副政委,空军广州中心医院政委、广州军区空军后勤部副主任、党委副书记、后勤部机关党委副书记,1985年离休。

朱廷藩 城关镇段高庄村人,民国十七年(1928年)九月生,中共党员。三十四年三月参加革命,在镇原县保安科警卫队、武工队工作,三十八年八月任城市区公安助理员。1950年2月任武威地区公安处一科科员、副科长,1956年7月任敦煌县人民检察院检察长、县委政法部部长,1960年4月任县委副书记,1963年11月后任酒泉地委监委专职委员、地区公安处副处长,1971年8月任酒泉师范革委会主任兼党支部书记,1979年8月任酒泉检察分院副检察长,1984年任检察长,1990年1月离职休养。

陈聚琇(1928~1972) 孟坝镇西壕村人,民国十七年十一月生,中共党员。三十三年四月参加革命,曾在陕甘宁边区镇原县保安科、柳州区工作。三十八年八月任中原区副区长,1950年10月后任平泉派出所所长、屯字区区委副书记,1953年2月后任甘肃省直机关党委监委书记、党委副书记兼监委书记,1957年12月后在省直机关党委、兰州制药厂、卫生厅任职,1969年3月任省"六·二六"办公室副主任,1970年7月任省机械局供应公司办事组组长,1972年10月病逝。

金海潮 太平镇柳嘴村人,民国十七年(1928年)二月生,中共党员。三十八年七月在镇原参加革命,曾任乡文书,区、县武装部干事,区武装部部长、县武装部秘书。1962年7月后任华池县武装部政委、县革委会主任,正宁县武装部政委。1978年10月任正宁县革委会副主任,1981年1月任正宁县人大常委会主任、县委常委,1984年1月任政协正宁县委员会主席,1987年1月后任政协西峰市委员会第一、二届专职常委。1989年10月离休,享受副地级干部待遇。

张锡善 三岔镇榆杨湾村人,民国十八年(1929年)生,中共党员。三十五年二月参加革命,曾任庆阳地区花纱布分公司副经理、泾川县委财贸部部长、玉门市市委财贸部部长、兰州市商业局科长,兰州市大众公司、蔬菜公司经理,兰州市汽车修理厂革委会主任、党委书记，兰州市食品公司经理、党委书记。1989年7月离休，享受副地级干部待遇。

莫士元 陕西省富平县人，民国十八年(1929年)二月生，中共党员。三十五年十月参加解放军，1961年10月后任兰州市七里河区人武部、镇原县人武部副部长，华池县人武部部长。1966年5月任镇原县人武部部长，1968年4月任县革委会主任，12月任县革委会整党领导小组组长，1971年3月任县委书记。1972年5月后任庆阳军分区副司令员、顾问，1983年8月离休。

赵文翰 孟坝镇何范村人，民国十八年(1929年)十一月生，中共党员，研究馆员。三十五年一月参军，1983年11月任解放军军事博物馆筹备办公室副主任。

张之琪 孟坝镇孟坝村人，民国十八年(1929年)十一月生，中共党员，高级经济师。三十四年一月参加革命，曾任镇原县盐业、贸易公司出纳，陇东贸易分公司会计员。1949年11月后任张掖贸易分公司会计科副科长，定西贸易分公司会计科科长，临洮贸易、百货公司经理。1957年8月在定西地区商业局工作，1960年6月后任定西专区物价委员会副主任、临洮专署商业局副局长、武威地区食品分公司副经理、武威农副购销站革委会副主任，1972年7月后任甘肃人行会计发行处、会计处副处长，1984年4月任货币发行处处长。1990年10月离休，1992年8月享受地级干部待遇。

姚生田 三岔镇石嘴村人，民国十八年(1929年)十二月生，中共党员。三十五年参加革命，参加延安保卫战、西府陇东、扶眉和兰州战役，1951年参加抗美援朝。1961年后任解放军长沙高级工程兵学院主任教员、武警湖南总队内卫科科长、湖南独立师二团副团长、广西独立一师二团团长，1979年参加对越自卫反击战，1981年任武警广西总队副总队长。1990年离休。

惠存信 庙渠乡庙渠村人，民国十八年(1929年)十二月生，中共党员，中专学历，上尉军衔。三十三年八月参加革命，曾在镇原县游击队、专区缉私队、警三旅、三八五旅随军作战，在西府战役和进军大西北战斗中各立三等功1次。1951年1月参加志愿军入朝作战，任六十四军一九二师五七四团班长、排长，立三等功2次。1954年参加丹东市五龙北营战斗，立三等功1次。1966年3月转业兰州市财政局工作，1973年后任兰州市革委会(政府)办公室管理处、行政处副处长、处长，1981年8月任市人大常委会办公室副主任，1988年1月任市人大常委会委员，1992年9月离休。

张兆丰 城关镇东关村人，民国十九年(1930年)四月生，中共党员。三十八年八月参加革命，曾任城关乡文书、县公安队文化教员，庆阳、平凉专区公安处秘书科副科长、行政处主任。1959年12月任平凉专区建筑公司党委书记，1963年12月后任甘肃省建筑一公司党委办公室主任、二公司工程局组织处处长、省建筑总公司组织部部长，1984年任总公司纪委副书记。1990年6月离休，1992年享受副地级干部待遇。

鱼勤学(1930~1986) 临泾乡新堡村人，民国十九年五月生，中共党员。三十八年九月参加革命，先后在镇原县临泾乡、县人武部工作，1959年下放连队当兵期间立三等功，1965年5月任县人武部副部长，1968年9月任县革委会常委，1969年8月后任正宁县人武部副部长、部长，合水县、庆阳县人武部部长。1982年7月后任庆阳军分区副司令员、顾问，1986年病逝。

朱朝贵　新城乡郭沟圈村人，民国十九年（1930年）七月生，中共党员，大专学历。三十八年七月参加革命，在泾源县政府、平凉地区检察署工作。1951年任定西地区公安处政保科科长，1954年后任渭源、临洮县委常委、公安局局长，定西地区公安处副处长、处长。1984年任武警甘肃总队政治部主任，1987年离休。

王志德　平泉镇麻王村人，民国十九年（1930年）十月生，中共党员。三十七年五月参加革命，在镇原、泾源做党的地下联络工作。三十八年九月后曾任宁夏回族自治区泾源县委办公室主任、财贸部部长，1956年5月任县委副书记兼党校校长，1959年11月后任固原专署工业局副局长、林业局党委书记兼局长、经计委副主任、财政局副局长、宁夏林建师政治部主任，固原地区拖配厂、运输公司党委书记兼革委会主任，民政局副局长。1978年1月后任固原地区工交局局长、安委会主任、经委主任，1982年5月后任固原行署副专员、顾问、党组成员，1992年4月离休。

刘积昌　城关镇五里沟村人，民国二十年（1931年）三月生，中共党员，大尉军衔。三十八年八参军，在解放军十九兵团六十三军一八七师五六一团一营机炮连服役。1951年1月参加抗美援朝，任机炮连副班长、通讯班长、参谋、排长，立三等功2次，团级通令嘉奖1次，获朝鲜军功章3枚。1953年9月在解放军装甲兵第一坦克学校学习，1955年后任校区队队长、修理连连长。1964年2月后任装甲兵教练团司令部作训参谋、坦克第十独立团司令部副参谋长，1972年3月任新疆军区独立坦克团副团长、司令部炮兵部装甲兵科科长，1981年5月任乌鲁木齐军区司令部装甲兵作训处处长。1984年9月晋升为副师职、离休，1988年中央军委授予胜利功勋荣誉章。

杜西璋　孟坝镇刘城村人，民国二十年（1931年）五月生，中共党员。三十五年二月参加工作，先后任庆阳、平凉地区贸易公司保管、出纳、会计、财会科副科长、商业局人秘科科长。1958年8月任平凉地区计委干事、驻兰州办事处主任，1960年8月任子午岭西坡农场党委副书记，1962年4月任庆阳地区计委副主任、统计局副局长，地区化肥厂、石油化工厂党委书记兼厂长，地区农机局局长、乡镇企业处处长、统计处处长。1992年3月离休，享受副地级干部待遇。1999年、2005年分别编写出版《致富四字经》《镇原经济研究》。

白耀彩　中原乡姜白村人，民国二十年（1931年）十二月生，中共党员。三十八年八月参军，曾在隆德县警卫连、甘肃军区警卫二团、独立团、七十三团、兰州军区骑一师、骑二师五团工作。1966年2月任骑二师五团政治处主任、副政委，1969年11月任步兵二十师六十团副政委，1971年1月任宁夏军区独立师三团政委，1979年8月任兰州军区守备三师政治部副主任，1983年10月离休。

陈丕良 开边镇甄沟村人，民国二十一年（1932年）三月生，中共党员。1951年3月参加工作，先后任宁夏海源县区团委书记、区委副书记、县委合作部部长、农林水牧部部长、副县长、县委副书记。1965年8月后任固原地委农工部副部长，地区水电局副局长、局长。1984年12月任自治区农委副主任，1994年退休，1998年1月去世。

张德荣 正宁县榆林子镇人，民国二十二年（1933年）生，中共党员。三十八年八月参加革命，曾在正宁县税务局、纪纲区、永正区、区武装部、正宁县兵役局、宁县武装部工作。1966年5月任镇原县武装部副政委，1968年4月任县革委会副主任。1969年1月任玛曲县武装部党委书记、政委，县委书记、县革委会主任，甘南州委委员。1977年任夏河县委常委、县武装部党委书记、政委，甘南州委委员、军分区党委委员。1982年转业，任庆阳地区粮食局副局长，1983年8月任局长、党委书记，1986年8月任巡视员。1993年3月离休，1995年享受地级干部待遇。

王培选 正宁县永和镇罗沟圈村人，民国二十二年（1933年）生，1952年7月参加工作，1970年10月后任庆阳地区农牧局革命领导小组组长、农业局党委书记、农林办公室副主任兼农业局局长、党组书记，1979年1月任镇原县委副书记，1981年1月后任庆阳地委农村工作部副部长、地区农林办公室副主任，地委调查研究室副主任，农村部、经济部部长。1990年1月任地委调研员，1994年退休。

王怀清 正宁县永正乡人，民国二十二年（1933年）六月生，中共党员。1951年7月参加工作，曾任正宁县农业局副局长、农村工作部副部长，宁县永和公社副书记、书记，正宁县委组织部副部长，庆阳地区民政局科长、地委审干室主任、政治部组织负责人，华池县革委会副主任、县委副书记，合水县委副书记。1978年12月后任镇原县委副书记兼革委会主任、县长，1983年8月后任庆阳地区农牧处处长、农委主任、行署助理巡视员，1994年7月退休。

贺廷寅（1934~2010） 城关镇东关村人，民国二十三年三月生，中共党员，高级政工师。三十八年七月参加革命，先后在镇原县保安科、公安局，庆阳、平凉地区公安处任职。1956年3月后任银川劳改局秘书科科长、政治处主任，1978年4月后任宁夏自治区政法委处长、宁夏人民警察学校副校长，1983年10月任宁夏劳改局局长。1995年9月退休，2010年3月去世。

段新富 方山乡王湾村人，民国二十三年（1934年）五月生，中共党员，二级警监警衔。三十六年六月参加革命，曾在陕甘宁边区镇原县警卫队、兰州警卫营、甘肃省公安大队政治保卫队工作，曾任班长、副排长。1955年1月后曾任省公安厅第五处副科长，劳改局副科长、科长。1981年3月后任省公安厅劳教处副处长，省司法厅劳教处副处长、处长。1994年2月后任省司法厅副厅级调研员、省劳教管理局局长，1997年8月离休。

张应堂 开边镇张庄村人，民国二十四年（1935年）元月生，中共党员。1952年参加工作，先后在马渠区区公署、庆阳专署、庆阳花纱布分公司任职，曾任甘肃驻咸阳二级站专职党支部书记、科长、党委办公室主任，庆阳地委组织部科长。1968年在地区革委会政治部、保卫部工作，1973年任地区中级法院庭长，1978年任地区检察分院副检察长，1984年任检察长，1994年任行署调研员，1995年退休。

杨玉洲　屯字镇屯字村人，民国二十四年(1935年)八月生，中共党员，副研究员。1958年8月西北师范学院化学专科毕业后留校任教，曾任中文系党总支副书记。1972年调庆阳地区革委会政治部、组织部工作，1974年任地委党校党委委员、政工组组长，1977年任庆阳东方红学校副校长，1978年后任庆阳师专教务处副处长、处长，图书馆馆长、副校长。1996年3月退休，享受副地级干部待遇，2002年5月逝世。

答立品　太平镇丁岘村人，民国二十四年(1935年)七月生，中共党员。1954年6月参加工作，曾任开边区张庄小学校长，新城、上肖区团委书记。1956年后任县广播站副站长、县委宣传部副部长，1960年被省政府评为文教群英会先进个人。1969年10月任庆阳地委党校指导员，1970年11月在甘肃省生产指挥部、省计委任职，1980年后任省人大常委会办公厅综合处、秘书处处长，文档信访处副处长、处长，省人大常委会机关党委副书记，1996年8月退休。

李正德　秦安县人，民国二十六年(1937年)二月生，中共党员。1953年元月参加工作，曾在甘肃省委、庆阳、平凉地委工作，曾任庆阳地区农业局副局长、农林办副主任、林业局局长、地委组织部副部长兼民政局局长、地委副秘书长、行署办公室主任，1981年2月任镇原县委书记兼武装部第一政委，1985年5月后任平凉地委经济政策研究室主任、地委秘书长、行署副地级调研员，1998年2月退休。

施万锐　西峰区显胜乡人，民国二十六年(1937年)八月生，中共党员。1960年8月在陕西工业大学任助教，1963年6月后在镇原县屯字、郭原、孟坝中学任教，1972年5月后任县水电局技术员、副局长，1983年11月后任副县长、县委副书记、代县长、县长，1991年3月后任庆阳地区水利处处长、党组书记，1997年2月任行署副地级调研员，1997年7月退休。

景维新　新城乡高庄村人，民国二十七年(1938年)九月生，中国书法家协会会员。历任平凉行署政策研究室主任、静宁县、华亭县、庄浪县革委会副主任、政府副县长，县委副书记、书记，甘肃省引大入秦工程指挥部党委副书记、甘肃画院党委书记，被全国总工会评为先进工作者。其书法绘画作品多次入选全国、全省大展，并在北京天安门管理局及日本、美国等国内外文博单位、画廊展出。1995年12月应美国国际文化交流基金会邀请，在美国洛杉矶举办个人书展。

田得霖 庆阳市西峰区董志乡人，民国二十七年（1938年）十月生，中共党员。1956年11月参加工作，曾任镇原县委秘书、屯字公社党委书记、革委会主任，1968年11月后任镇原县革委会常委、副主任、县委常委兼办公室主任，1973年11月任县委副书记。1980年1月任环县县委副书记。1981年10月后任庆阳行署文教卫生办公室主任、文化广播处处长兼地区文联主席、地区科协主席。1997年1月任庆阳行署巡视员，曾被中共中央宣传部、国家科委、科协评为全国先进科普工作者，1999年4月退休。

李荣辉（1939~2007） 环县虎洞乡人，民国二十八年生，中共党员。1962年2月后在庆阳专区公安大队、庆阳军分区独立连、司令部管理科、庆阳县人武部、甘肃省军区教导大队服役，1979年6月任镇原县人武部副政委。1981年4月后任宁县人武部政委、庆阳军分区副政委，1986年10月转业任宁县县委书记，1989年9月任西峰市市委书记，1989年12月任庆阳地委委员、西峰市市委书记，1991年10月任庆阳地委副书记，1994年7月兼任地区人大工委党组书记，11月任甘肃省第八届人大常委会庆阳地区工委主任。2000年4月退休，2007年12月病逝。

吴治德 合水县段家集乡人，民国二十八年（1939年）九月生，中共党员。1952年9月参加工作，曾任正宁县委组织部部长、副县长。1982年9月任镇原县副县长，1986年11月任县委副书记。1989年9月后任环县县委书记、庆阳地委统战部部长，1996年12月任政协庆阳地区工委副主任，2000年退休。

姚启玺 新集乡永丰村人，民国二十九年（1940年）一月生，中共党员，政工师。1958年12月入伍，先后在兰州军区骑兵第一师四团、第二师四团、陆军二十师五十九团服役，参加青藏高原平叛战斗，负伤致六级伤残。1979年10月转业到宁夏自治区党委落实政策办公室、退伍军人和军队离退休干部安置领导小组办公室工作，1985年1月任安置办副主任，1990年10月后任民政厅优抚处处长、副厅长，2000年6月退休。

张自立 平泉镇虎泉村人，民国三十年（1941年）九月生，大专文化，中共党员，1958年7月在甘肃白银公司辉铜矿参加工作，1970年6月后任公司后勤部政工组组长、政治部宣传科长、公司工会常委、生产部部长。1976年11月后任兰州钢厂车间党支部书记、厂工会副主席、主席，1983年10月全国总工会授予优秀工作者，1985年8月后任厂党委常委、副厂长。1989年任甘肃省城市集体经济总公司副总经理。1992年任省乡镇企业总公司经理、党委副书记。1997年12月任省经济协作办公室副主任、省经济合作总公司副经理。2002年1月退休。

贺忠信 平泉镇石佛刘村人，民国三十年(1941年)九月生，中共党员，大学学历，高级经济师。1965年9月参加工作，先后在甘肃省科委、财贸办供职。1982年2月后任环县县委副书记、县长，1985年12月后任省土特产贸易中心党委书记、总经理，省供销社法规处、教育处、外经处处长、省供销社纪委书记，中国商业法研究会第一届理事、《中国企业签约知识百科全书》编审委员会副主任，主编《供销合作社常用法律法规汇编》，2001年退休。

郑好文 屯字镇曹路村人，民国三十一年(1942年)生，中共党员，高级编辑。1965年在青海人民广播电台参加工作，先后任记者、编辑、副主任，1985年6月任副台长，1994年任青海省广电厅副厅长，创作的10多件新闻、社教、文艺节目和歌曲分别获得中国新闻奖、中国广播电视新闻奖、全国电视文艺星光奖等国家级奖励，2002年退休。

王 辉 南川乡东王村人，民国三十一年(1942年)一月生，中共党员，大专学历。1963年1月参军，历任后勤助理员、汽车连指导员、后勤处处长、军分区后勤部财务科科长、后勤部部长。1986年转业，任宁夏自治区石嘴山市委办公室副主任，1997年任主任，1999年4月任石嘴山市政协调研员。

常思新 庙渠乡常埝村人，民国三十一年(1942年)九月生，中共党员，高级政工师。1963年8月参加工作，先后在甘肃省畜产公司政治处、农宣队办公室、省进出口公司、省包装运输公司政治处、省委机关党委组织部工作，1981年8月后任省农垦局(总公司)科长、人事处副处长、科教卫生处副处长、群工部部长，1992年7月任科教卫生处处长。2002年9月退休，享受副地级干部待遇。

孙树强 笔名苏奋，庄浪县人，民国三十一年(1942年)十月生，中学高级教师，中共党员。1966年8月参加工作，曾任镇原县平泉中学教导主任、校长兼党支部书记，1985年3月任镇原县副县长，1988年11月任庆阳一中校长。1994年任庆阳地区教育处党组副书记、副处长。2002年3月退休，享受副地级干部待遇。

樊瑛明 中原乡武亭村人，民国三十二年(1943年)七月生，中共党员。1968年12月参加工作，先后在华亭县上关公社寺底小学、西华中学、县文教局、农办、组织部、平凉地委组织部供职。1983年10月任平凉地区劳动人事处副处长，1992年4月任处长，2000年9月任政协平凉地区工委副主任，2003年退休。

郑复智 屯字镇曹路村人，民国三十三年(1944年)四月生，中共党员。1967年7月参加工作，先后在张掖西洞滩兰州军区直属农场、甘肃省农科院、省农林局、省农牧局任职，1980年后任省农业厅人事处干事、办公室秘书、副主任、主任，1994年11月任省农业厅副厅长，2004年退休。

郑国俄 屯字镇下郑村人，民国三十三年(1944年)十月生，大专文化，中共党员。1963年9月入伍，曾任骑兵第二师六团二连排长、团司令部作训股参谋，1969年任陆军第二十师炮兵团司令部军务股参谋、炮兵三团指挥连副指导员，1978年后任二十师医院三所指导员、师后勤部政治处干事。1982年转业到甘肃省检察院任刑事检察处助理检察员，1990年任副处级检察员，1992年任省检察院机关党委常务副书记，2002年1月任副地级检察员、二级高级检察官。2004年11月退休，2008年5月逝世。

马振琮 屯字镇四殿村人，民国三十四年(1945年)二月生，中共党员。1963年12月参军，曾在庆阳军分区服役。1981年后任正宁、庆阳县武装部政委、党委书记，1987年任庆阳林校党委副书记，1990年任合水林业总场党委书记，1994年任地区农机局局长、党组书记，2000年5月任调研员，2003年享受副地待遇。

谢　东 马渠乡汪庄村人，民国三十四年(1945年)二月生，中共党员，大学学历。1969年8月参加工作，在陕西省白水县委、甘肃省古浪县民权公社、县保卫部、公安局供职。1982年7月任古浪县公安局副局长，1983年9月任古浪县县长，1989年11月任武威地区公安处副处长，1994年6月后任行署公安处处长、武威市人大常委会副主任。

田立儒 方山乡高中山村人，民国三十四年(1945年)六月生，中共党员。1965年9月参加工作，先后在酒泉地区物资管理局、水利电力局任职，1980年1月任酒泉地委经济工作部副部长，1989年1月任政策研究室主任，2000年6月任政协酒泉工委副主任，2003年11月任酒泉市政协副主席，2006年1月退休。

徐　岩 镇原县人，民国二十五年(1946年)二月生，中共党员，大学学历，曾任白银市人事局长(副地级待遇)。

王培栋 宁县焦村人，民国三十五年(1946年)十月生，中共党员，大学学历。1968年8月参加工作，曾任阿克塞县和平公社副主任、建设公社党委书记、宁县平子公社革委会副主任、宁县县委党校副校长、庆阳地区牧草工作站站长等职。1985年4月任镇原县委副书记，1989年7月后任庆阳地区老区办副主任、行署农业委员会副主任、华池县、合水县委书记、庆阳地委委员、宣传部部长、市政协副主席，2007年退休。

马明华 屯字镇四殿村人，民国三十五年(1946年)十二月生，中共党员，本科学历，助理工程师。1968年8月在西安微波设备厂参加工作，1975年10月任研究所电子计算机组组长。1985年3月调陕西省委组织部任职，1989年11月后任技术处、干部调配处副处长、处长，1999年1月任省人事厅副厅长，2005年1月任巡视员，2007年3月退休。

罗　骁 满族，辽宁省抚顺市人，民国三十五年(1946年)十一月生，大学文化，中共党员。1970年8月参加工作，先后在甘肃省农宣队环县分队、庆阳地区革委会政治部工作。1972年3月后任庆阳地区五七干校教研室、地委党校教研室副主任，1982年2月任甘肃省交通厅第九运输公司纪委书记、党委书记，1985年3月任庆阳地区运输公司党委副书记，1989年3月任镇原县委书记,1993年10月任庆阳行署副专员,2001年6月任地区人大工委副主任,2002年11月任市人大常委会副主任,2006年退休。

段国安 屯字镇夏孙村人,民国三十六年(1947年)一月生,中共党员,大学文化,大校军衔。1965年2月在甘肃省体委参加工作。1969年2月入伍,曾任骑兵第二师七团特务连班长、科长。1982年3月后任甘肃省军区后勤部政治处副主任、主任、党委常委、纪律检查委员会书记、后勤机关党支部书记。1991年3月后任金昌军分区副司令员、常委、直属机关党委书记。2007年退休。

王 毅 城关镇莲池村人,民国三十六年(1947年)一月生,中共党员。1961年8月在上肖公社参加工作,曾在西藏军区警卫营服役。1969年6月转业到兰州新华印刷厂工作。1971年6月后任厂团委副书记、甘肃省出版局政治处干事。1975年2月后任兰州新华印刷厂党委副书记、省新闻出版局副局长、天水新华印刷厂党委副书记、书记。1994年3月后任天水市新华书店经理、省新华书店党委书记兼副总经理。

贾映华 郭原乡唐坬村人,民国三十六年(1947年)二月生,大学学历,中共党员。1969年2月参加工作,先后在白银公司、庆阳行署农办任职。1983年8月任庆阳地委农村部副部长。1984年12月任行署办公室副主任。1992年12月任行署副秘书长兼研究室主任。1993年8月任地区农业处处长、党组书记。2003年享受副地待遇。

祁延爱 女,临泾乡祁庙村人,民国三十六年(1947年)二月生,中共党员。1958年参加工作,曾在镇原县“六一”剧团、庆阳地区秦剧团、地区文工团革委会供职。先后任地区文化局党委委员、团支部书记、妇女工会主任。1973年后任兰州市秦剧团副团长、甘肃省秦剧团副团长。1988年退休。

马九堂 屯字镇四殿村人,民国三十六年(1947年)九月生,大专文化,中共党员。1968年10月参加工作,在庆阳一中、庆阳地区革委会政治部任职。1973年3月任团地委副书记。1978年11月后任镇原县上肖公社副主任、县委办主任兼档案局局长。1984年10月后任华池县委副书记,正宁县委常委、常务副县长。1991年5月后任宁县县委副书记、县长、县委书记。1998年7月任地(市)委统战部部长。1999年12月任地区政协工委副主任。2002年11月后任庆阳市政协副主席。2007年9月退休。

张文福 孟坝镇王地庄村人,民国三十七年(1948年)三月生,中共党员,副主任医师。1968年2月参军,曾任陆军二十一军炮团三连战士、解放军五一一野战医院护士、护士长。1979年9月任解放军第二十六医院传染科医师。1989年6月后历任武警陕西总队医院传染科副主任、党支部书记、主任。先后在《陕西医学》《临床医学》等杂志发表论文10多篇,七次受嘉奖,两次被评为先进医务工作者,立三等功1次。2008年退休。

张甫虎 城关镇金龙村人，民国三十七年（1948年）八月生，中共党员，大专文化。1969年在城关镇三台山小学当社请教师。1970年4月被庆阳地区农机二厂录用为工人。1972年6月任地委办公室文书。1979年后任庆阳行署办公室秘书、秘书科科长。1986年3月任办公室副主任。1992年3月后任中共西峰市市委副书记、市长、庆阳地区行政公署计委党组书记、主任、庆阳地区行政公署发展计划处党组书记、处长、庆阳市人大常委会副主任。2008年退休，后任市老区建设促进会副会长。

祁宝贤 太平镇慕坪村人，民国三十八年（1949年）五月生，大专文化，中共党员，上校军衔。1968年2月在陆军第二十一军高炮团参军。先后为第二军医大学学员、团卫生队军医、队长，兰州军区华山基地卫生所所长，技术7级。1998年2月退休。

张诚基 太平镇何湾村人，民国三十八年（1949年）九月生，大学文化，中共党员。1967年2月在镇原县公安局参加工作，1969年11月任甘肃省国防工办五二四四厂干部、九九一二厂技术员、科长、工会主席。1985年11月后任庆阳行署经济计划处副处长、经贸委副主任。1989年5月任西峰市市委常委、副市长。1991年4月后任行署计委主任。1994年8月任行署专员助理、计委主任。1995年5月任行署副专员。2002年12月任庆阳市政协副主席。2009年10月退休。

马　峰 镇原县人，中共党员。1952年11月任平凉市市委副书记。1953年3月任平凉市政协副主席。

张建新 开边镇张山根村人，1949年12月生，大专学历，中共党员。1970年5月参加工作，在共青团镇原县委、县委办公室任职，1975年后任曙光、武沟公社党委副书记、革委会副主任。1988年12月后任郭原、临泾乡党委书记、镇原县委办公室主任。1991年10月任庆阳县副县长，1992年9月任庆阳县委常委、政府副县长。1997年11月任庆阳地区科委副主任、党组书记兼科技开发中心主任。1999年1月后任地区计生处处长、庆阳市政协副秘书长兼办公室主任。2010年享受副地级干部待遇退休。

曹克让 上肖乡雄武村人，1950年1月生，中共党员。1969年9月甘肃省建筑公司参加工作，曾任工程处党支部副书记。1975年6月后在省民政厅、省劳改局第九支队、干训班、宣教处任职。1985年3月后任省司法厅人事处主任科员、办公室秘书、副主任、研究室主任、基层工作处处长。2010年4月退休，享受副厅级待遇。

张生才 太平镇慕坪村人，1950年8月生，中共党员，大校军衔。1969年11月参军，在陕西省榆林军分区独立骑兵连、独立第二营服役。1976年4月后任军分区政治部组织科干事、司令部军务动员科参谋、副科长。1988 年 5 月后任动员办公室副团职参谋、后勤部部长、军分区副参谋长。1995 年 4 月任青海省果洛军分区副司令员。1998 年 2 月后任陕西省榆林军分区、渭南军分区副司令员。

田继兰　女，临泾乡桃园村人，1950 年 9 月生，本科学历，中共党员。1971 年参加工作，先后在镇原二中、县委组织部、庆阳地委宣传部、甘肃省人大庆阳地区联络处工作。1989 年任地区体改委副主任。1992 年后任地区人大工委办公室副主任、主任。2002 年 11 月任庆阳市人大常委会副主任兼理论研究会会长。2010 年 9 月退休。

杨守焕　屯字镇寨地村人，1950 年 11 月生，大专学历，中共党员。1970 年 12 月参加工作，在镇原县屯字镇岔道中学、十里墩小学、临泾中学、临泾公社、县委农村部、纪委任职。1982 年 8 月任小岘公社、城关镇、屯字镇党委书记。1989 年 9 月任县政府副县长。1996 年 7 月任庆阳地区水利处副处长，1999 年 3 月兼任巴家嘴水库加固工程指挥部常务副指挥。2010 年 11 月享受副地级干部待遇退休。

申积来　临泾乡毛头村人，1950 年 12 月生，中共党员，高级政工师。1971 年 3 月参加工作，在平泉中学、镇原县委宣传部、天水地委宣传部任职，曾任天水地委宣传部常务副部长，天水市社科联常务副主席。2002 年任天水市教育局局长。2007 年 2 月任天水市人大常委会副主任。曾被评为全省“扫黄打非”先进个人，全省优秀教育工作者、获省园丁奖。编辑出版《伏羲文化》，主编出版论文集《坚持立国之本明辨理论是非》《历史的选择光辉的历程》等。

郭长林　屯字镇马堡村人，1951 年 1 月生，中共党员，高级经济师。1969 年 3 月参加工作，历任华亭矿务局安口煤矿团委书记、党委副书记、革委会副主任。1984 年任杨家沟煤矿矿长。1988 年任安口煤矿矿长。1991 年后任华亭矿务局党委委员、副局长。曾主持的《安口煤矿高应力软岩支护》经济技术研究，获甘肃省科技进步二等奖、省煤炭局科技进步一等奖。2006 年 12 月病逝。

阎生瑞　新城乡惠沟村人，1951 年 1 月生，中共党员，大专学历，上校军衔。1968 年 2 月参军，历任甘肃省军区后勤部战士、班长、后勤部装备处、运输处助理员。1985 年后任武威军分区后勤部副部长、军分区党委委员。1988 年任后勤部部长、军分区党委常委。1990 年 10 月转业到甘肃省乡镇企业总公司任办公室主任。1993 年 5 月后任公司党委委员、纪委书记、党委办公室主任。1997 年任公司副总经理。

程书印　宁县人，1952 年 1 月生，中共党员。1989 年 3 月任镇原县副县长。12 月后任庆阳地区工商行政管理局副局长、局长、兰州市工商行政管理局局长。2010 年 10 月任甘肃省工商行政管理局副巡视员。

王吉泰 宁县春荣乡人,1951年2月生,中共党员。1968年2月在陆军第二十一军六十三师一八九团入伍,曾任兰州军区情报部参谋。1978年10月转业后在庆阳地区公安处、地委农村工作部、华池县温台乡任职。1985年4月任合水县副县长。1986年10月任合水县委常委、政府党组副书记、常务副县长。1991年8月任庆阳县委副书记、县长。1996年7月任镇原县委书记。2002年11月任庆阳市人大常委会秘书长。2003年1月后任甘肃农垦集团有限责任公司党委副书记、省农垦事业管理办公室副主任。2010年退休。

路忠郎 屯字镇白马村人,1951年3月生,共产党员,三级警监警衔。1992年6月任兰州市公安局国内安全保卫支队副支队长,2000年10月任支队长。2009年11月享受副地级干部待遇。曾立一等功1次,二等功3次,三等功3次,嘉奖4次,两次被公安部评为全国公安国保先进个人。

梁永乐 屯字镇寨地村人,1951年9月生,大学学历,中共党员,教授级高级经济师,中国石油战略管理专家,全国“五一”劳动奖章获得者。1970年参加工作,先后在长庆油田任技术员、计划科副科长、办公室主任、企业管理科科长、采油大队大队长兼党总支书记。1992年后任长庆油田马岭炼油厂副厂长、采油二厂副厂长、采油三厂党委书记兼副厂长、厂长兼长庆石油勘探局第三技术服务处处长。2003年任长庆油田公司总经理助理。

李　强 屯字镇川口村人,1952年4月生,大学学历,中共党员,上校军衔。1968年参军,历任陆军第二十一集团军战士、班长、排长、作训参谋、步兵第一八九团副团长、团长,1985年任兰州军区守备师三团团长。1988年转业后任宁夏回族自治区民政厅办公室主任。1998年任自治区文化厅纪检组长。2010年任自治区科学技术厅副厅长。

何占雄 三岔镇周家庄村人,1952年5月生,本科学历,中共党员。1968年2月入伍,先后在甘肃省军区一团、宁夏军区独立师三团、政治部、兰州军区守备三师、军政治部任职。1986年转业到宁夏自治区党委、政府台湾工作办公室,曾任调研员、副主任。

虎守宗 马渠乡红光村人,1952年8月生,中共党员,本科学历,大校军衔。1970年12月参军,曾任工程兵一三九团三连司务长、营部书记、指导员、兰州军区干部处营职干事。1979年5月后任八四六〇九部队政治部干部科科长、计算机处政委、政治部副主任、主任。曾先后15次受嘉奖,两次被兰州军区司令部评为先进个人,1次被兰州军区表彰为先进个人,立三等功两次。

张玉虎 屯字镇屯字村人,1952年9月生,大专学历,中共党员。1974年8月参加工作,先后任庆阳地区五七干校教研室、地委党校教研室、地区纪律检查委员会干事、科长。1989年10月后任正宁县委副书记、地区综治办副主任、地委政法委副书记。1999年5月任庆阳地区安全处处长。2001 年 7 月任庆阳市委政法委副书记。2009 年 1 月任市人大常委会副秘书长、办公室主任。后享受副地级干部待遇。

李鸿州　太平镇兰庙村人，1952 年 11 月生，大学学历，中共党员，高级工程师。曾在兵器工业部第 214 研究所、甘肃省化工研究院工作。1991 年 6 月后任甘肃化工研究院属精细化工公司副经理、经理。1996 年 6 月后任院长助理、副院长、院长。2008 年 11 月任院党委书记。

李育桢　上肖乡翟池村人，1953 年 2 月生，中共党员，大学文化，中学高级教师，高级讲师。1978 年参加工作，在庆阳一中任教。1984 年 8 月任教导主任。1992 年任副校长。1999 年 4 月任庆阳师范学校校长。2003 年 10 月任庆阳市政府教育督导室督学。2010 年 6 月享受副地待遇后退休。

卢建敏　屯字镇开城村人，1953 年 9 月生，中共党员，大专学历。1971 年参加工作，1974 年后任镇原县孟坝中学革委会副主任、武沟公社党委副书记兼革委会副主任、上肖公社管委会主任、党委书记。1986 年后任庆阳县副县长、常务副县长。1992 年后任环县县委副书记、县长。1995 年后任庆阳地区农委副主任、主任、地区农牧局局长。2003 年 1 月任庆阳市政协农业和环境资源委员会主任。2010 年退休，享受副地级干部待遇。

王宪峻　环县车道乡人，1953 年 9 月生，中共党员。1969 年 9 月参加工作，先后在环县山西掌小学、县委宣传部任职。1981 年 7 月任县政府办公室副主任。1983 年 9 月任环县副县长。1989 年 9 月任镇原县副县长。1992 年 11 月任县委常委、副县长。1993 年 12 月任县委副书记、县长。1997 年 10 月任合水县委书记。2002 年 1 月任庆阳市民政局局长，2010 年 1 月任市政协副主席。

王新中　屯字镇阳宁村人，1953 年 11 月生，本科文化，中共党员，上校军衔。1969 年 8 月在甘肃省建工二局参加工作。1970 年 12 月入伍，在空军航空兵第三十六师教导队、一〇八团服役。1978 年 10 月后任第十一军政治部组织处连职干事、第三十六师一〇八团飞行二大队副教导员、飞行一大队教导员。1989 年 6 月后任团政治处主任、副政委、师政治部副主任，曾立三等功 3 次。1996 年 12 月转业后任陕西省地方志办公室地县志处副处长、处长。2008 年 6 月任办公室副主任。负责或参与审定《西安市志》《咸阳市志》等新编各级志书 70 余部，发表论文十余篇。

何明星　太平镇枣林村人，1954 年 11 月生，中共党员，高级政工师、经济师。1974 年 10 月在窑街矿务局参加工作。1985 年 8 月后任三矿组织部副部长、部长、干部科科长、经营科党支部书记、矿党委委员。1995 年 9 月后任党委常委、纪委书记、党委副书记兼纪委书记。1998 年 3 月后任三矿党委书记、集团公司人力资源部部长、窑街煤电集团公司党委常委、工会主席。

窦成邦 三岔镇榆杨湾村人，1954年8月生，中共党员，大专文化程度。1970年12月后在庆阳地区农二厂、工交处、经委工作。1985年10月后任西峰市市政府办公室副主任、体改办主任、经委主任。1992年l0月任合水县县长助理。1994年1月任宁县副县长。1997年l0月任宁县县委常委、县政府副县长。2000年5月任庆阳地区经贸委副主任、非国有经济管理局局长、经贸委主任。后享受副地级干部待遇。

杜安义 孟坝镇刘城村人，1952年10月生，中共党员。1973年9月参加工作，先后在庆阳地区文教局、档案处、地委宣传部任职。1988年5月任广东省汕尾市市委宣传部理论科副科长、市政协办公室综合科、秘书科科长。1991年5月任汕尾市市政协副秘书长、市纪委常委兼监察局副局长。1995年5月兼任汕尾市市政府纠风办主任。1997年8月后任汕尾市市纪委副书记、常务副书记。1998年5月任汕尾市市委副书记、纪委书记。2001年3月任揭阳市市委副书记、纪委书记。2005年4月兼市委党校校长。2007年1月后任市委副书记、市政协主席。广东省九、十、十一次党代会代表，省十届政协委员，曾被广东省委、省政府评为全省文明标兵、治理公路三乱先进工作者。

窦宏邦 三岔镇榆杨湾村人，1955年8月生，大专学历，中共党员，1976年10月在镇原县殷家城乡参加工作，1980年3月任镇原县团县委副书记。1983年12月后任殷家城乡党委书记、县纪委副书记、体改办副主任、县委农村部副部长、县计委主任。1995年4月后任正宁县副县长、县委副书记。2001年12月任庆阳地区信访室主任。2003年11月任庆阳市纪委副书记、监察局局长。2008年12月任市委组织部副部长、市人事局党组书记、局长、行政学院副院长。2010年1月任市委组织部副部长、市人力资源和社会保障局党组书记、局长。2010年12月后任市人大常委会党组成员、秘书长、市人大办公室党组书记、市政协副主席。

吴秉儒 孟坝镇西壕村人，1955年11月生，大学本科，中共党员。1979年8月在华池县兽医站参加工作。1983年12月任站长。1987年11月任柔远镇党委书记。1993年9月后任华池县副县长、西峰市副市长。1997年10月任环县县委副书记、县长。2002年8月任县委书记。2005年4月后任庆阳市交通局局长、发改委主任。2009年11月任市人大常委会副主任。

王万鹏 郭原乡寺沟村人，1955年12月生，中共党员，军事学学士，大校军衔。1976年2月入伍，曾任新疆军区某部排长、助理员、参谋、科长、南疆军区后勤处处长、步兵第六师后勤部部长、联勤第三十二分部副部长、兰州警备区副司令员、甘肃陆军预备役高射炮兵师副师长。立三等功1次，曾被南疆军区评为优秀共产党员。兼《后勤》杂志社特约通讯员，发表军事论文40余篇，10余篇被军内评为优秀论文获奖。

任建华 孟坝镇赵嘴村人，1956年生，中共党员，研究生学历，高级工程师，法学硕士。1981年参加工作，在黄河水文水资源科学研究所从事水文水资源基本规律研究和水资源评价。参加《黄河流域水资源评价》的全部调查、分析、研究及报告编写工作，黄河流域水资源调查和评价初步成果报告被国家水利电力部评为科技成果二等奖，参与编著的《中国水资源评价》等两书在国内外公开发行，获国家农委颁发的科研成果一等奖、水利部三等奖。1989年7月后任黄河水利委员会水文局秘书、秘书科科长、办公室副主任、主任、局长助理。2000年任黄河水利委员会黑河流域管理局副局长。多次被评为新长征突击手、优秀共产党员。

慕　银 临泾乡席沟圈村人，1956年11月生，中共党员，高级会计师，研究生。1980年1月参加工作，曾任甘肃省供销合作社财会处副科长、科长，财会审计处副处长、处长。2008年3月任省供销合作社副巡视员。

徐希奎 平泉镇坪边村人，1956年11月生，大专学历，中共党员，上校军衔。1976年2月参军，曾在中央警卫团、河北省军区、武警河北总队、庆阳军分区服役。1994年10月后任庆阳县、合水县人武部副部长。1997年7月任庆阳军分区司令部军务科科长。1998年3月任华池县人武部政委。2000年10月转业到庆阳地区水利处任职，享受副地级干部待遇。

张国成 临泾乡祁庙村人，1956年11月生，中共党员，上校军衔。1976年1月在南疆军区六师第十六团入伍，1980年被军区评为“学习雷锋标兵”干部。1984年任南疆军区陆军第十二医院副营职助理员。1990年后任西藏阿里军分区后勤部副科长、科长、副部长。1998年任阿里地区噶尔县人武部政委、县委常委。2003年退休。

马立成 屯字镇曹路村人，1956年12月生，中共党员，会计师。1972年在庆阳地区参加工作。1980年在西藏自治区对外贸易局任职，曾任财务科科长、办公室副主任、驻青海格尔木运输分公司经理、中国对外贸易运输总公司西藏自治区公司总经理。

焦怀玮 城关镇金龙村人，1957年10月生，中共党员，本科文化，大校军衔。1975年12月参军，曾任八四八四二部队副连职助理员、八四八四〇部队后勤部正连职助理员。1987年8月后任八四八四〇部队后勤部副科长、科长。1990年11月任兰州军区政治部办公室副团职助理员。1995年1月任八四八四〇部队后勤部处长。1999年11月任兰州军区华山基地副主任。立三等功4次,分别被兰州军区及总参谋部、总政治部、总后勤部树立为先进个人。

王剑英 陇南市礼县城关镇人,1957年11生,中共党员,研究生。1976年4月参加工作,先后在陇南市礼县县委办公室、县团委工作、礼县永兴乡、整党办、陇南地区物资局、行署办公室、外事旅游局任职。2001年1月后任徽县县委副书记、政府县长、两当县委书记。2002年11月任镇原县委书记。2006年11月后任庆阳市市委常委、秘书长。2009年6月任甘肃省委农村工作办公室副主任。

张得珍 郭原乡王沟圈村人,1958年2月生,本科学历,上校军衔,中共党员。1976年2月入伍,里任战士、副连长、中队长、总队参谋。1989年7月任甘肃武警司令部警备作战处处长。1996年1月任白银市武警支队支队长。2003年6月转业后任白银市民政局副局长、市老龄办主任、卫计局局长。2010年8月任白银市委统战部部长。

李锁信 平泉镇湫池村人,1958年3月生,中共党员。2001年6月任宁夏回族自治区固原地区新华书店经理。2005年6月任自治区新华书店副总经理。2008年兼任宁夏外文书店、宁夏教育书店总经理。

田文波 屯字镇田岭村人,1958年8月生,中共党员,本科学历,大校军衔,高级工程师。1978年12月入伍,在兰州军区八四九三八部队服役。1980年9月后在总后基地指挥部五九五五五部队工作。1991年1月后任检修所副所长、业务处副处长、处长。1999年1月起任解放军武汉后方基地主任、党委副书记,立三等功1次。

秦　华 陕西省合阳县人,1961年4月生,大学文化,中共党员。1978年12月参军,为中国人民解放军八四五四二部队战士。1981年8月转业后在庆阳县人民检察院工作,1988年11月后任办公室副主任、主任、副检察长。1999年4月任庆阳行署石油化工基地建设服务办公室副主任。2002年11月任主任。2005年4月任庆阳市政府副秘书长、石化办主任。2006年12月任镇原县委副书记、县长。2009年2月任县委书记。2010年2月后任定西市检察院检察长、庆阳市人民政府副市长。

戴炳隆 庆城县高楼乡人,1961年12月生,中共党员,管理学硕士。1983年7月参加工作,1984年10月后任庆阳县玄马乡副乡长、县委组织部副部长兼县直机关工委书记、部长。1991年10月任县委常委、组织部部长。1992年9月任镇原县委副书记。1997年9月任宁县县委副书记、县长。2001年8月任县委书记。2002年11月任庆阳市副市长。2006年11月任市委常委、副市长。2008年5月任市委副书记。

路浩祥　屯字镇曹路村人，1961年12月生，中共党员，中国人民解放军陆军指挥学院大学本科学历，上校军衔。1979年12月应征入伍，历任新疆博尔塔拉军分区战士、班长、排长、连长、科长，军分区副参谋长，军分区党委常委后勤部部长，军分区副师职农艺师，曾受嘉奖6次，立三等功3次，多次评为优秀共产党员。

马党行　城关镇原郑村人，1961年12月生，中共党员，1979年11月参军，在新疆军区部队服役，先后任排长、指导员、政治协理员。1999年8月转业后任乌鲁木齐市直属机关工委办公室副主任、工委组织部部长、乌鲁木齐市纪律检查委员会常委。

曹复兴　环县人，1962年2月生，研究生，中共党员。1981年8月在庆阳地区科委参加工作。1984年后在地委党史办、地委秘书处任职。1990年后任副科级、正科级秘书、团地委副书记、书记。1997年后任合水县委副书记、政法委书记、党校校长。2002年1月任镇原县委副书记、县政府县长。同年10月任崇信县委书记。2005年任庄浪县委书记。2007年任平凉市副市长。

宋尚有　华池县怀安乡人，1962年4月生，中共党员，农学博士，研究员，博士生导师。1983年参加工作，曾任甘肃省农科院旱地农业研究所所长助理、科研管理处副处长、经济作物研究所所长、副院长。1997年2月至1999年6月挂职任镇原县县长助理、副县长。2004年9月后任甘肃省农业科学院党委书记、副院长。2006年3月任院长、党委副书记，甘肃省科协副主席，甘肃省优秀专家，享受国务院政府特殊津贴。

陈晓龙　上肖乡梧桐村人，1962年7月生，博士，中共党员，教授，硕士生导师。1983年7月参加工作，曾任西北师范大学政治系副主任、主任、政法学院院长、师大副校长，中国哲学学会会员、人文学会、辩证唯物主义学会理事、全国高协组织教材研究与编写委员会委员、甘肃省哲学学会副会长。出版学术专著6部，发表学术论文30余篇，承担国家社科基金、甘肃社科基金重大研究等项目13余项，曾获甘肃“五个一工程”奖、甘肃社科成果一等奖、甘肃教学成果一等奖等教学科研奖励12项。

杨占文　临泾乡席沟圈村人，1962年10月生，中共党员，研究生学历，教授。1984年7月参加工作，历任西北农林科技大学产业处副处长、咸阳市市长助理、市委秘书长、办公室主任。2010年2月任陕西省推进西咸新区建设工作委员会办公室副主任、咸阳市泾渭新区党工委副书记、管委会主任。

段永毅 太平镇柴庄村人，1963年7月生，研究生学历，中共党员，高级会计师。1986年7月参加工作，历任中铁二十四局四处财务科主任、二段总会计师，四处财务部部长。2002年3月任中铁集团二十局四公司总会计师、集团资金管理部部长。2009年8月起兼任中国人民大学商学院企业家导师。2010年11月任中国铁建中非建设有限公司总会计师。

刘 诚 平泉镇上刘村人，1964年2月生，中共党员，兰州大学经济管理系毕业。1987年10月参加工作，历任甘肃省社会保险事业管理局、就业服务管理局保险福利处副主任科员、主任科员、劳动厅团委副书记兼社会保险局团总支书记。1996年7月后任省社会保险局保险福利处副处长、医疗保险基金处处长、社会保险事业管理中心副主任。2010年后任省社会保险事业管理中心主任、省社会保险事业管理局局长、省人力资源和社会保障厅党组成员、副厅长。

何 伟 女，太平镇何湾村人，1964年2月生，中共党员，大学学历。1981年7月参加工作，先后在白水江自然保护区管理局、甘肃省团校供职。1992年3月后任共青团甘肃省委办公室主任科员、共青团甘肃省委组织部副部长、学校部部长。2002年1月任武威市副市长。2005年11月任武威市市委常委、组织部部长。2009年5月任武威市市委副书记。

安兆贤 南川乡桃园村人，1964年生，大学学历，高级畜牧师。先后在甘肃省畜牧厅、省植物研究所工作。曾任农业部甘肃草原总站副教授，享受地级干部待遇。

景耀奇 新城乡南坡村人，1965年2月生，大学本科，理学学士，中共党员。1990年8月在甘肃省人口和计划生育委员会工作，曾任办公室副主任、主任。2010年10月任省广播电影电视总台纪委书记。曾发表人口发展、转变政府职能等文章。

白锦峰 殷家城乡敬岔村人，1965年7月生，中共党员，少将军衔。1981年入伍，曾任解放军总政治部干部组织计划局二局副局长、干部部副部长。

王博业 平泉镇麻王村人，1967年4月生，研究生学历。1989年在庆阳地区针织厂参加工作，曾任办公室主任。1991年获甘肃省新长征突击手。1992年任广东长青集团《长青报》编委、市场部、广告部经理。1997年后任甘肃《少年文摘报》广告部经理、高中版主编、报社副总编辑、甘肃经济日报社总编辑。2009年任甘肃日报社经营管理办公室副主任。

常东海 城关镇常山村人，1967年11月生，大专学历。曾任甘肃省木材总公司党委委员、副总经理。

谢文奎　孟坝镇东庄村人，1968年10月生，研究生，中共党员，大校军衔。1985年10月入伍，历任新疆军区汽车第二十九团副连长、指导员、连长、南疆军区军事交通运输处助理员、副处长。2008年1月任步兵第六师后勤部部长。先后立三等功3次，6次被评为优秀共产党员和优秀机关干部，受到四总部和兰州军区表彰各1次。

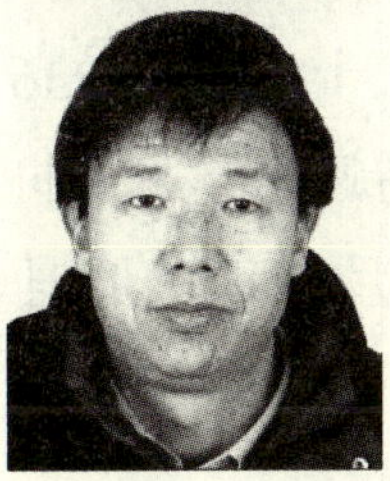

席继楼　临泾乡耿塬村人，1969年生，硕士，副研究员，硕士研究生导师。1991年参加工作，曾任中国地震局地震观测技术研究中心副主任，参编数字化地震电磁观测技术有关国家标准和地震行业标准，获国家地震局防震减灾优秀成果二等奖1项、三等奖1项。

张学科　临泾乡桃园村人，1972年5月生，中共党员。1990年12月入伍，在武威解放军八四五一五部队服役。1993年入长春中国人民解放军装备技术学院学习，1996年毕业后历任部队排长、副指导员、指导员、副营长、教导员、处长，兰州军区装备部综合计划部副部长。

窦生铭　三岔镇榆杨湾村人，1971年10月生，中共党员，研究生。1994年9月在甘肃省工程咨询中心办公室参加工作。1997年7月后任省计委、发改委人事处科员、副主任科员、主任科员、人事处副处长兼培训中心主任、重点项目建设管理处处长、省政府重大项目建设管理办公室专职副主任。

李兴华　城关镇东关村人，1973年3月生，中国人民大学经济学学士，经济师，中共党员。1994年7月参加工作，先后任甘肃省统计局综合处副主任科员、主任科员。2004年3月任农村处副处长。2006年5月任综合处副处长。2008年8月任能源处处长。2009年10月后任通渭县委副书记、陇南市人民政府副市长。

钱史彤　字纪丞，浙江嵊县人，民国二十二年（1933年）至二十三年任镇原县长，保存文庙，重修县志，办理兵差，以不扰民为宗旨。

白焕林（1904~1976）　平泉镇湫池村人，清光绪三十年生，中共党员。民国二十五年（1936年）参加革命，在本地秘密发展党员，建立党支部任书记。二十六年六月，在中原镇建立中共秘密区委任书记。二十八年，在国共摩擦斗争中转移到马渠、孟坝一带开展活动，不久到陇东分区保安处工作。三十一年后任分区军工厂厂长、保安处后勤科科长、西峰面粉厂厂长、党委书记。1951年4月任甘肃省公安厅财务科科长。1953年6月任省劳改局高台农场政委、场长、党委书记。1971年6月离休。1976年11月病逝。

张元龙(1904~1962) 新城乡人,清光绪三十年生,中共党员。民国二十六年(1937年)三月参加革命,红军援西军进驻镇原时,建立第一个党支部,进行地下工作。二十九年三月任孟坝镇抗日救国会主任、生产供销合作社经理,兼任第一区区长。三十四年一月任边区县政府二科科长。三十五年三月任第六区区长。1950年任华亭县政府四科科长、税务局局长。1952年任平凉专署税务局局长。1957年10月离休,1962年3月病故。

巢荣亭 环县曲子镇人,光绪三十一年(1905年)生,中共党员。民国二十五年(1936年)参加革命,历任曲子县曲子区公署乡长、曲子运输队经理、曲子区区长、马岭区区长、曲子县仓库主任、县财政科科长。1950年6月任镇原县工商科科长。1951年9月代理镇原县长。1952年2月入西峰干校学习。1953年7月任环县县长。1957年4月任平凉专区机关党委书记。

王海清 曾化名干三青,新城乡高庄村人,清光绪三十一年(1905年)五月生,中共党员。民国二十六年(1937年)五月参加革命,曾任新城镇抗敌后援会组织科科长、主任、县民运队队长、陕甘宁边区镇原县柳州区区长。三十年五月任边区镇原县司法处裁判员。三十三年六月后任县政府一科科员、新集区区委书记、县游击队第五中队指导员。三十七年十月任县人民法院裁判员并代院长。1951年9月后任甘谷县法庭副审判长、副院长。1953年9月后任甘南州中级法院副院长、院长。1959年2月任河南开封驻甘肃工作组组长。1961年12月后在甘南州人委、甘肃省委招待所工作。1963年7月任庆阳专区工会办事处主任。1976年4月病逝。1979年12月批准享受离休干部待遇。

柴春荣(1908~1960) 中原乡武亭村人,清光绪三十四年九月生。民国二十六年(1937年)七月参军,中共党员,曾任兰州市医药公司经理。1960年10月在兰州病故。

孟致才(1910~1987) 新城乡孟寨村人,清宣统二年生,中共党员。民国二十七年(1938年)十月参加革命,先后任新城、孟坝区委组织科科长。三十一年九月后任镇原县委组织部干事、巡视员、事务秘书、新集区、柳州区、孟坝区区委书记。三十七年五月在新城、开边一带从事党的地下工作。三十八年八月任县委组织部部长。中华人民共和国成立后任县委代理书记、副书记、政府县长、庆阳专员公署民政科科长、平凉地委监委副书记、子午岭农垦分局副书记兼局长、庆阳专区贸易公司革委会主任、地区商业局局长、直属机关党委书记、贫协主任。1979年10月离休,1987年病故。

秦雨民(1910~2004) 又名秦化行、秦毅,新城乡新城村人,宣统二年七月生,中共党员。曾在兰州气象测候所任主任,建立西宁气象测候所。民国二十七年(1938年)七月奔赴延安参加革命,二十九年被派往兰州做党的地下工作,抗战胜利后在天水银行任农贷主任辅导员,中华人民共和国成立后,历任中国银行总行教育科科长、工会宣传部部长、教育部直属的中央干部子弟学校培英小学校长,中国盲人福利会秘书主任兼理人事。“文化大革命”中受到迫害，曾被下放到山西省偏关县革委会工作，1977年平反。离休后于1977年秋被北京师范大学聘任为哲学教师，1980至1989年应邀在中国佛学院担任政治经济学教师。2004年4月逝世。

陈宗祥　开边镇陈坪村人，清宣统二年（1910年）十二月生，中共党员。民国二十五年（1936年）三月参加革命，曾任陈坪乡党支部书记、农会主任、马渠区区委宣传科科长、区长、区委书记。三十八年七月任崇信县民政局局长。1952年任崇信县长。1955年任平凉专区合作办事处副主任。1960年任平凉专区气象局局长。1962年1月复任崇信县县长。1972年12月离休。

姜海洲（1911~1981）　孟坝镇赵嘴村人，清宣统三年六月生，中共党员。民国二十八年（1939年）十一月参加革命，曾任陕甘宁边区镇原县孟坝区第二乡农会副主任、区政府民兵营长、太平区区长等。1952年9月任会宁县委组织部部长。1956年7月任会宁县委常委、监委书记。1961年12月任定西地区检察院副检察长。1963年12月任定西地委监委监察员。1973年8月离休。1981年6月去世。

康子文　陕西省甘泉县桥镇乡刘老庄村人，民国六年（1917年）生，民国二十九年（1940年）三月任镇原县抗日民主政府教育科科长，三十年六月至三十四年八月任县抗日民主政府、人民政府县长。后曾任中国科学院自动化研究所党委书记。

慕介福（1919~1958）　城关镇莲池村人，民国八年六月生，二十六年考入陆军军官学校第十八期学习，毕业后参军，曾任国民军整编三十五军团长，参加对日作战，右小腿被子弹打穿。解放战争期间任国民军一〇五军二五九师七七七团、二六二师七八六团、二五八师七七四团团长，参加北平和平解放和三十八年九月十九日绥远起义，任解放军第二十三兵团三十七军团长。1951年随军赴朝鲜参加抗美援朝战争，1953年回国，1954年复员回原籍务农。1958年受“许国和、张万寿反革命集团”冤案株连被捕，病逝狱中，其家被查抄。1962年甄别平反“许、张反革命集团”冤案时，对所查抄物品进行了退赔兑现。1979年10月18日镇原县委常委会讨论决定平反昭雪，恢复起义军官和革命军人名誉，给予其家属适当经济补助。

王家骧　镇原县人，民国时曾任国民政府司法院研究发展专门委员兼科长。

王泽勉　镇原县人，民国时曾任甘肃省第五区保安副司令、文县县长。

夏建英　镇原县人，民国时曾任国民党甘肃省张掖县党部书记长、兰州市社会局局长。

张秉正　镇原县人，陆军军官学校毕业，民国时曾任甘肃省保安第三团团长兼平凉城防司令。

张国祯　镇原县人，黄埔军校毕业，民国时曾任甘肃省临夏行政督察专员公署保安副司令、庆阳县长。

张炯堂　镇原人，平凉西北讲武堂毕业，民国时曾任国民军第三十六军一六五师团长。

张治财 镇原人，平泉镇赤马村人，曾任西北局兰州办事处处长。

张克旺 平凉市草峰乡人，民国十一年（1922年）十二月生，中共党员。三十七年十二月参加革命，历经解放平凉战役。中华人民共和国成立后任草峰区委书记、平凉县民政科科长。1955年3月任平凉县委副书记。1959年1月任镇原县委常委兼新集公社党委书记。1960年4月任镇原县委书记处书记，1961年11月任镇原县人民委员会县长。1963年7月后任庆阳专署农建局局长、地委蚕桑指导站党支部书记、站长。1975年6月任平凉地区园艺场副场长。1976年12月退休，1982年4月转为离休。

白银邦 殷家城乡张老庄村人，中共党员。民国二十五年（1936年）七月参加革命，曾任镇原县二乡副乡长、党支部书记、曲子县保安科科员、镇原县治安科科员、三岔检查站站长。三十六年二月任县游击大队分队长。三十七年一月在宁夏回族自治区固原县从事地下工作。三十八年八月后任中共固原张易、城关、三营区委书记。1952年4月后任固原平叛武工队队长、县委组织部部长、海固地委干校组织办科长、固原州人委监察处副处长。1958年5月后任泾源县副县长、县长、县委副书记。1972年2月离休。

慕良钰（1916~1993） 平泉镇洪河村人，民国五年生，中校军衔。三十二年黄埔军校毕业，随杨德亮部队进驻新疆迪化，曾任排长、连长、营长、副团长，三十八年随陶峙岳将军起义后被编入二十二兵团二十七师。1952年任新疆建设兵团一三六团参谋长。1976年退休，1993年病逝。

王佐才 环县天池乡人，民国五年（1916年）生，中共党员。三十年参加革命，历任小学教员、合道区政府文书。三十六年八月参加区游击队。三十七年一月加入中国人民解放军，在独立二营八连、十四团参谋处、政治处、平凉警备二团服役。1950年6月任环县天池区宣传科科长。1951年10月任合水县委合作部部长。1955年8月后任合水县委副书记、书记。1959年4月任镇原县委第一书记，12月被定为右倾机会主义分子关押。1962年释放回家劳动。1979年1月平反，任庆阳地区工商处顾问。1983年11月离休。2008年6月去世。

杨满河 郭原乡西杨村人，民国五年（1916年）二月生，中共党员。二十七年参加地下游击队工作，中华人民共和国成立后在固原县委任职，1956年任宁夏回族自治区固原地委统战部部长至离休。

白世荣（1917~2010） 殷家城乡白家川人，民国六年七月生，中共党员。二十五年底参加革命，曾任陕甘宁边区殷家城乡政府文书、农会主任、赤卫队队长。二十九年一月后在八路军三八五旅警卫连、教导营和军事训练班服役。三十三年七月后任庆阳军分区独立营司务长、十三团军需股股长、后勤部军需科科长、后勤处主任。1949年10月任二十一军十一团后勤处主任。1951年1月赴朝任训练师十四团后勤处处长。6月后任兰空师供应大队代政委、陕西临潼建三师八团处长。1953 年 6 月任西北建设工程局财务处处长。1958 年 8 月任陕西省宝鸡钢管厂人事科科长。1966 年 7 月任宝鸡市二运司党委书记、汽车修配厂厂长。1979 年离休,2010 年 6 月逝世。

慕宗乾(1917~1999) 郭原乡王沟圈村人,民国六年八月生,中共党员。二十七年三月参加革命,在镇原县开边、郭原等地做党的地下工作。三十四年二月在王沟圈民校任教。三十八年七月后任临泾区委组织科科长、区委书记、镇原县民政科副科长。1956 年后任镇原县人委副县长、孟坝工委书记、县委组织部部长。1965 年后任合水县委副书记、庆阳地区知青办主任。1982 年 9 月任镇原县政府顾问。1983 年 11 月离休,1999 年 12 月逝世。

温一清 山西省原平县人。民国二十七年(1938 年)参加八路军,1974 年 1 月任镇原县人武部政委。1978 年 10 月任庆阳军分区后勤部政委。

黄金祥 庆城县人,民国八年(1919 年)生。二十八年参加革命工作,历任庆阳三十里铺区区委组织科科长,赤城、高迎区区委副书记、书记,庆阳县游击队指导员、队长。三十八年九月任镇原县政府武装科科长。1951 年 8 月任镇原县人武部部长。1952 年 3 月后任合水县人武部部长、兰州市茶业公司、食杂公司、食品公司、燃料公司党委书记、经理,市红古区、市煤炭公司革命委员会副主任,建材公司副经理等职。

王瑞庭(1919~1989) 庙渠乡牛塬村人,民国八年六月生,中共党员。二十七年十一月参加革命,任三区四乡乡长。三十二年任三区自卫军营长。三十五年任三岔游击队队长。三十八年任陇东分区十三团二营五连连长。1951 年后曾任甘肃省警卫团一营参谋长,1954 年任成县兵役局副局长。1960 年任徽县、成县武装部部长。1969 年任平凉前进机械厂军代表。1974 年 1 月离休。1985 年享受副师职待遇。1988 年 10 月兰州军区授予独立功勋荣誉章。1989 年 4 月去世。

姚启怀(1920.10~1994.12) 新集乡姚新庄村人,中共党员,民国二十三年(1944 年)参加革命,曾任新集区二乡乡长、新集区武工队民兵营长、县游击大队参谋。1951 年任城市区区长。1953 年后任甘肃省交通厅工程总队总队长、工程处处长、平凉地区公路总段段长、交通局局长。1959 年后在子午岭农垦局主持工作。1964 年调庆阳地区农业局任职。1977 年 12 月退休,1982 年 4 月改为离休。1994 年 12 月去世。

姚望瑞 新集乡人。1959 年参加工作,曾任宁夏回族自治区劳改管理局办公室主任。

姜维玉(1919~1993) 孟坝镇西壕村人,民国八年二月生,中共党员。二十九年参加革命,历任镇原县西壕、达子营乡乡长。三十六年任唐原区区长。三十八年任孟坝区委书记,随军参加解放兰州。1950 年后任民勤县大坝区委书记、民政科科长、县长。1958 年任安西县委副书记。1963 年 8 月离休,享受副地级干部待遇。1993 年 10 月病逝。

段志海(1921~1970) 临泾乡段塬村人,民国十年(1921 年)生。二十七年参加抗日游击队,二十八年加入中国共产党,二十九年三月参军,历任警卫队队长、排长、连长。三十二年在华北反扫荡战斗中,率领战士出奇制胜,生擒日本侵略军队一个连,缴获其所有枪械。1956 年 12 月转业后,任高台劳改农场场长,1957 年获全国劳动模范,在北京参加群英会,受到毛泽东、刘少奇、周恩来、朱德等领导人接见。1960 年后任新疆维吾尔自治区于田劳改农场场长。“文化大革命”中被打成“走资派”“叛徒”等,关牛棚,遭批斗,备受摧残,于 1970 年 1 月被迫害致死。1982 年平反昭雪。

耿尚俊 新集乡张家湾村人,中共党员。民国二十八年(1939 年)八月参加革命,任陕甘宁边区镇原县保安队战士、通讯员、三八五旅生产负责人。三十四年被三八五旅评为劳动模范。三十五年一月后任解放军警三旅司令部司务长、集成福商号会计、经济副官、行政副官。三十八年九月任张掖县盈科区区委书记。1951 年 7 月后任张掖县委组织部副部长、部长。1954 年 4 月任张掖县长。1955 年 3 月任张掖地委统战部副部长。1956 年 2 月任天祝县委书记。“文化大革命”中被迫害致死。1978 年 1 月平反。

秦化祥(1921~1991) 新城乡新城村人,民国十年生,中共党员。三十七年十二月参加镇原南三镇王子厚领导的地方游击队组织。三十八年八月在平凉地委干校工作。1950 年 8 月任平凉检察分署检察员。1955 年 12 月任中央政法干校检察系组织秘书。1957 年 8 月任省人民检察院检察员兼一处副处长。1963 年 4 月后任庄浪县副县长、五七干校农宣队队长、生产指挥部副主任、工业局长兼总工会主任、税务局长。1981 年 12 月离休。1991 年 2 月去世。

史银琚(1922~2004) 又名史宝丰,庆阳县马岭镇人,民国十一年生,中共党员。二十九年一月在曲子县供销社参加革命,曾在县政府、曲子县木钵区、庆阳专员公署工作。1950 年 10 月后任庆阳专区合作办事处副主任、主任、平凉专区合作办事处主任、省供销社生产资料公司主任。1958 年 6 月任镇原县长,1959 年 11 月任县委第一书记。1962 年 12 月后任甘肃农产量调查分队副队长、张掖县委副书记、地区农垦局党委书记、省农机局政治部主任。1979 年 1 月后任环县县委书记、省供销社生产资料公司党委书记兼经理。1982 年离休。2004 年 8 月去世。

余万志(1922~1977) 三岔镇高湾村人,民国十一年六月生,中共党员,少校军衔。二十五年十月参军,曾任排长、骑兵连长、团参谋、炮兵营长。参加淮海战役、解放太原、屯字镇战役、解放大西北战役等战斗数百次,1949 年随第一野战军进军新疆,参加戍边卫国战斗。1955 年获八一、独立自由、解放奖章各 1 枚。1962 年因病转业后任新疆喀什市商业局局长、棉运公司喀什站站长、党委书记。1969 年因伤休养。1977 年 3 月去世。

张永顺 方山乡庄岔湾村人,民国十一年(1922 年)九月生,中共党员。二十五年参加革命，在陕甘宁边区三岔游击队、孟坝区抗救会、曲子县新兵连、陇东分区政治部任职。三十二年七月后任通化、北安、辽东海农工兵营、东北特种兵二团三营组织干事、指导员。三十七年十二月后任中南工兵十九团二营教导员、干部处处长、工兵司副科长。1958 年 9 月转业，任山西省交通厅运输局副局长、干部训练班主任。1963 年任夏县交通局局长。6 月退休，1979 年 7 月改为离休，1987 年 1 月享受副地级干部待遇。

周松如　屯字镇人，民国十一年(1922 年)十一月生，大学学历，中共党员。三十八年五月参军，1950 年参加抗美援朝，历任中国人民志愿军六十八军司令部宣教科、教导团司令部、担架团司令部见习参谋。回国后先后在解放军二兵团文化连、第八十五文化连、第五十文化连、北京军区文化学校任助理员。1962 年 8 月任国防部第十研究院基建部助理员。1965 年转业后任四机部十院工艺设计室副主任、主任。1983 年 5 月离休。

强志诚(1923~1982)　新集乡岳庄村人，民国十二年八月生，中共党员。三十一年参加革命，先后在镇原县保安队、警备团二营、三八五旅服役。曾参加西府、麟游、解放兰州等战役、战斗数 10 次，立大功 1 次，获人民功臣等奖章 4 枚。1957 年 8 月转业后任临夏县副县长、临夏州民政局副局长。1963 年 10 月后任临夏市副市长、市长。1974 年 3 月病休，1982 年 2 月病逝。

马辛酉(1923.11~1999.04)　河南省舞阳县人，中共党员，民国三十一年(1942 年)十月入伍，历任战士、排长、指导员、步校教员、军分区组织科科长。1969 年 1 月任镇原县人武部政委，1974 年 1 月离职休养。在抗日战争、解放战争中参加大小战斗 50 多次，立大功、三等功各两次，被所在部队评为战斗英雄，获解放奖章、独立功勋荣誉章、人民功臣奖章、华北解放纪念章、解放西北纪念章、解放西北人民功臣纪念章、全国人民慰问解放军纪念章。

金万库　太平镇柳嘴村人，民国十四年(1925 年)九月生，中共党员。1951 年 2 月参加工作，1959 年 3 月后任镇原县新城公社副社长，新集公社社长、党委书记，屯字工委代理书记，县委农村部部长，平泉工委书记。1965 年 7 月任县委常委、县人委副县长。1974 年 2 月任县委组织部部长。1976 年 9 月任县革委会副主任。1981 年 1 月任县人大常委会主任、党组书记。1984 年 1 月退休。

张文会　华池县上里塬乡人，民国十四年(1925 年)十月生，中共党员。二十九年八月参加工作，曾在华池县完小、县政府、庆阳地委组织部任职。1953 年 6 月任镇原县委副书记。1955 年 6 月后任庆阳专署计委副主任、平凉地委组织部副部长。1956 年 8 月任镇原县委书记。1959 年 4 月受“许、张反革命集团”冤案株连免职。1962 年 9 月后任环县县委常委、县人委县长、庆阳地委农村工作部部长、榆中县革委会副主任、庆阳地区农办副主任、农牧局局长。1983 年 12 月任庆阳老区建设办公室巡视员。1987 年 1 月离休。

李秉猷　又名九思，孟坝镇峁合村人，中共党员。民国三十三年(1944 年)五月参加革命，后在镇原县政府任职。三十七年六月后任县青联主任、县委委员，团委书记。1950 年 6

月任甘肃省团委机要秘书、科长。1953 年 3 月后任西北石油企业团委组织部部长、地质局干部科科长、干校教务长、办事处科长、主任、党委书记。1968 年 11 月任长岭炼油厂党总支书记、后勤部副部长。1975 年后任江苏石油管理局人事处处长、供应处处长、计划处处长、勘探部主任。

冯秉仁(1926~1968) 屯字镇开城村人,民国十五年生,中共党员,大学本科。1949 年 11 月在新疆自治区党委农村工作部参加工作,历任农村工作部副处长、处长。曾三次作为新疆代表团成员赴京受到中共中央主席毛泽东亲切接见。1968 年病故。

李云泽 马渠乡人。民国三十五年(1946 年)毕业于陕甘宁边区延安中学。曾任中国科学院高能中心办公室主任。

王清霄 平泉镇人,1949 年参加工作,1978 年任平凉地区五金分公司经理。

蒋 达 又名蒋耀成,屯字镇屯字村人,民国十五年(1926 年)二月生,中共党员。三十八年八月入伍,在第一野战军服役,参加陇原追击战役、兰州战役,后进军新疆。中华人民共和国成立后任新疆国营电影院经理、西北影片公司新疆办事处副主任、新疆电影制片厂电影演员训练班副科长、文化局计划财务科副科长、杂技团团长兼党委书记、话剧团副团长、文化厅电影处处长、调研员兼中国电影家协会会员、新疆电影家协会常务理事。1985 年 5 月离休。

白生澜 平泉镇湫池村人,民国十五年(1926 年)七月生,中共党员。三十六年一月参加革命,曾在陕甘宁边区陇东保安分处、庆阳地区公安处工作。1954 年后任庆阳县公安局局长、驿马公社书记、正宁县公安局局长。1968 年任庆阳地委内清办主任。1970 年后任庆阳地区保卫部副部长、地区公安局副局长、局长、司法处处长。1986 年 8 月离休。

罗志明 马渠乡马渠村人,民国十五年(1926 年)十月生,中共党员,大尉军衔。三十三年二月参加革命,历经解放兰州战役,任北京工程兵部队教导员,立三等功 5 次。1958 年转业任河北省建筑工程厅第四公司党委书记。1965 年任邯郸市建工局安装公司党委书记。1986 年 10 月病逝。

李国柱 太平镇上城村人,民国十五年(1926 年)十一月生,大专文化,中共党员。三十六年二月参加解放军,曾任西北野战军四纵警备旅四连排长,参加解放大西北系列战役,立大功 1 次,一等功 1 次,二等功 2 次,获营战斗英雄。1950 年任十一师五连副连长,率部参加甘南剿匪战斗。1952 年后任四连连长、营参谋长。1958 年调任新疆南疆军区司令部作战科副科长,参加南疆剿匪斗争。1959 年后任新疆军区司令部情报科副科长、南疆军区情报处副处长。1979 年任喀什军分区副参谋长。1981 年离职休养。

董万才 字贯一，屯字镇陈畅村人，民国十六年(1927年)四月生，中共党员，专科程度，中学高级教师。1949年参加工作，曾在镇原县屯字小学、庆阳一中任教。1983年被国家教育部、中国教育工会评为全国“五讲四美、为人师表”先进个人。后任庆阳地区、甘肃省中学化学教学研究会理事长、理事、地区教育工会副主席。1991年3月退休。2007年去世。

高世杰 新城乡郭沟圈村人，民国十七年(1928年)二月生，中共党员。三十八年八月参加工作，后任平凉专署民政科科员、政法组副组长、镇原县孟坝区区长、巴家嘴水库科长、古城、小岘、中原公社社长、寺马水电站站长、县水电局副局长、县民政局局长。1983年10月任镇原县政协主席。1989年7月离休。

白珍海 殷家城乡白家川村人，民国十七年(1928年)二月生，中共党员。三十一年元月参加革命，36年4月编入镇原县游击大队三中队，历任文书、中队长，在环县及镇原县北一带开展游击活动，期间赴平泉、新城等区组织征兵。三十八年二月编入陇东警备3团3连任排长、连指导员，并参加马福川、西海固、甘南州的剿匪战斗。1954年5月调入兰州军区，随后分配庆阳军分区、镇原县兵役局任科长。1957年5月转业后任孟坝区委副书记、孟坝、原峰、马渠、新集公社党委书记。1975年5月任县水利电力局副局长、局长兼党总支书记。1983年12月任县人大财政经济科科长。1989年1月享受县级待遇，12月离休。1991年1月病逝。

焦发海 马渠乡花儿岔村人，民国十七年(1928年)三月生，中共党员。三十四年3月参加革命，曾任陕甘宁边区镇原县马渠区二乡乡长，中华人民共和国成立后历任城关、临泾区武装部长、镇原县兵役局科长、马渠区区委书记、城关公社社长、县法院院长。1965年1月后任县人委副县长、县委副书记。1972年6月任长庆桥电厂副厂长。1974年后任巴家嘴水库加高工程指挥部指挥、净石沟煤矿党委书记。1975年10月后任庆阳地区水电局副局长、检察院检察长。1980年后任庆阳地区电力局局长、党委书记、顾问。1989年离休。

何其贤 马渠乡唐塬村人，民国十七年(1928年)八月生，三十四年二月在陕甘宁边区三八五旅旅独立营参军，五月加入中国共产党。1950年获中南军政委员会颁发的“解放华中南纪念”章和西北军政委员会颁发的“解放西北纪念章”，在空军二航校机诫系学习。1951年在空军第九帅二十二团服役，驻守山东潍坊机场、烟台机场等，任机诫师、机诫大队主任等职。1954年获得中国人民慰问中国人民解放军代表团纪念章一枚。1956年3月1日获中华人民共和国国防部颁发的解放奖章。1960年在后勤学院油料系学习，后任职烟台机场莱山油料科科长。1964年转业到甘肃省石油总公司工作，任供应科科长、业务科科长、纪检委委员。1966年任兰州石油经营处主任、书记。1988年离休。2005年获中共中央、国务院、中央军委颁发的“纪念中国人民抗日战争胜利60周年”纪念章。

范学淹 孟坝镇何范村人，民国十七年（1928年）九月生，中共党员。三十八年七月参加革命，在孟坝区三乡、孟坝、中原区任职。1956年4月后任镇原、庆阳县委常委、监委书记。1965年6月后任庆阳县副县长、县革委会副主任、县委副书记。1975年5月任庆阳地区农校革委会主任。1977年10月任地区交通局局长。1979年4月任宁县县委副书记兼县人大常委会副主任。1983年10月任地委老干处处长。1986年5月离休。

苟崇廉 上肖乡路岭村人，民国十七年（1928年）十二月生，中共党员，高级经济师。1949年10月参加工作，1984年5月任甘肃省农业银行金融研究所所长。1994年10月退休。

王　健 曾用名志恭，孟坝镇人。1959年毕业于中共陕西省委党校。曾任西藏自治区公安厅六处处长。

窦生璞 三岔镇楸子湾人，民国十八年（1929年）九月生，中共党员。三十七年九月在三岔参加革命，1950年任镇原县团县委少儿部部长。1951年任陕西省扶风县北塬乡土改和镇反工作队队长。1952年后在甘肃省团省委机要室、卓尼自治区团委、舟曲县委宣传部、统战部、财贸部、人委办公室工作。1958年二次进藏剿匪，任情报科科长。1966年后任甘南州州委党校组教科科长、州委秘书处秘书。1971年任州食品公司副主任。1979年任庆阳地区肉联厂副厂长。1981年后任庆阳地区外贸局副局长、巡视员。1992年2月离休。

王志道 平泉镇麻王村人，民国十九年（1930年）三月生，中共党员。三十八年五月参加革命，曾任庄浪县金锁区区长、书记。1953年8月后任中建部兰州四公司监察室主任、西北二公司监察室科长、西北第一运输公司组织部部长、五局四公司劳资科科长。1973年6月任陕西省建筑八公司工会主席。1991年1月离休。

焦省修 临泾乡包庄村人，民国十九年（1930年）八月生，中共党员。1951年6月平凉师范毕业后分配平凉地区总工会工作。1954年4月后调甘肃省总工会、省机械工业局农机处工作。1975年10月后任省机械工业局办公室干事、副主任。1982年12月后任省机械工业厅（后改称省机械工业总公司）人事处副处长、处长。1991年12月退休。

鱼文理（1930~1984） 临泾乡新堡村人，民国十九年十一月生，中共党员。1952年参加工作，曾任镇原县银行新城营业所、平泉营业所主任。1959年4月后任屯字公社社长、三岔公社党委书记。1971年3月任镇原县委常委兼生产指挥部主任，1973年11月兼任孟坝公社党委书记。1975年9月任庆阳地区蚕桑站党委书记、站长。1984年7月去世。

王治业（1930~1992） 城关镇人，民国十九年十一月生，中共党员。三十六年七月参加革命，曾在临泾乡、屯字区、庆阳军分区司令部参谋科、庆阳县供销合作社工作。1960年12月任庆阳县委党校教员、副校长。1965年1月任庆阳县委宣传部部长。1968年6月任庆阳县西峰木器厂革委会主任。1969年1月任庆阳县委政治部副主任。1971年11月任庆阳一中党支部书记、革委会主任。1974年1月任庆阳地区“五七”干校党委书记、革委会主任。1976年7月任华池县委常委、革委会副主任。1978年6月任华池林业总场党委书记兼革委会主任。1982年3月后任地区林科所所长、党委书记、调研员。1990年离休，1992年7月病逝。

慕效儒　平泉镇朱堡村人，民国二十年（1931年）生，中共党员。三十八年九月参加工作，先后任平凉陇东盐务局人秘股、干部股干事、固原盐务局秘书、代局长，宁夏回族自治区固原地委秘书处政务秘书、六盘山干校办公室主任、地委农办副主任、农村工作部副部长、部长。1992年离休。

吴俊文　正宁县周家乡下冯村人，民国二十年（1931年）生，中共党员。1952年8月参加工作，历任公社党委副书记、革委会主任、公社党委书记兼革委会主任。1975年9月起，历任中共镇原县委常委、县革委会副主任、县政府副县长。1984年1月后任正宁县人大常委会副主任、县委常委兼人大常委会主任。甘肃省第七届人大代表。1992年10月离职，次年2月退休。

慕克强　临经乡新堡村人，民国二十年（1931年）六月生，1952年5月参加工作，先后在肖金乡、区公安派出所、西峰镇派出所、平凉行署公安处、子午岭龙池劳改农场、山丹新生砖瓦厂工作。1966年1月后任甘肃省第一劳改支队（天祝石膏矿）中队指导员、政工科长、政治处主任。1986年任支队副支队长、天祝石膏矿副矿长，支队党委副书记兼纪委书记、工会主席等职，1991年退休。

赵仲华　上肖乡人。1951年参加工作，曾任庆阳地区武警支队支队长。

王世钧　殷家城乡桑树坬村人，民国二十年（1931年）六月生，中共党员。三十六年一月参加革命，先后任三岔区武工队员、陇东游击队通讯员、陇东警三团通讯班长、排长。1967年后任礼县、西和县人武部副部长。1969年10月任镇原县人武部副部长。1974年至1981年10月任部长。1983年4月离休。

张希珪（1931~1991）　马渠乡马渠村人，民国二十年八月生，中共党员。三十五年参加革命，在镇原游击队、陇东分区、甘南牧垦司令部、夏河军分区、甘南公安大队、卓尼县人武部服役。1964年10月后任碌曲县人武部副政委、党委副书记、碌曲县革委会主任。1969年后任环县人武部政委、县革委会主任、县委书记、宁县县委常委、人武部政委、正宁县人武部政委。1982年转业后任庆阳地区文化局副局长、文联副主席。1991年10月去世。

李生浩　中原乡姜白村人，民国二十年（1931年）九月生，中共党员。1950年2月参加工作，在镇原县中原乡苟寨小学、县委宣传部、县委办公室、县广电局、平凉地委党校、平凉县四十里铺、大寨、崇信县柏树公社任职。1973年12月任崇信县委常委兼政策研究室主任。1975年9月后任平凉农学院政治部主任、地震台台长。1979年8月任关山林业总场副场长。1982 年 7 月后任平凉地委信访室主任、平凉地区农技站党支部书记、地区烟草办主任。1992 年 3 月退休。

杜发生 上肖乡西岭村人,民国二十年(1931 年)十月生,中共党员。1951 年 8 月参加工作,先后在平凉县粮食局、安口、华亭仓库、华亭副食厂、兰州汽车厂、兰州市城关区机关事务管理办公室、酒泉路办事处任职。1983 年任兰州金城鞋厂厂长,1984 年 11 月承包经营金城鞋厂,是兰州市第一家由个人承包经营的国营企业。1991 年退休。

孟　辉 屯字镇阎孟村人,民国二十年(1931 年)十月生,中共党员,水利工程师。1951 年 10 月参加工作,1962 年 6 月后任景泰县政协副主席、电力提灌工程指挥部副指挥、顾问。1994 年退休,享受正县级干部待遇。

路维泰 城关镇五里沟村人,民国二十年(1931 年)十一月生,中共党员。1950 年 7 月参加工作,曾在镇原县委政策研究室、庆阳地委、平凉地委组织部、党校任职。1970 年 10 月任平凉地委党校革命领导小组副组长。1973 年 12 月后任平凉卫校革委会副主任、代理主任、党委书记。1992 年 6 月退休。

朱万玉 平泉镇黄岔村人,民国二十一年(1932 年)生,中共党员。1951 年 9 月参加工作,先后在平凉市检察署、平凉县商业局、县人行、财税局任职。1974 年 3 月任平凉县委副书记。1979 年 2 月后任崇信县委常委、副书记、革委会副主任、政协主席。1987 年 1 月任平凉地区农科所党委书记。1992 年 8 月退休。

杨振中 郭原乡西杨村人,民国二十一年(1932 年)二月生,中共党员。1951 年 2 月参加工作,曾在镇原县新城乡、团县委、临泾乡、肖金区任职。1955 年 1 月后任县委组织部副部长、三岔公社社长、上肖公社党委书记。1975 年 11 月后任宁县革委会副主任、副县长、县人大常委会副主任。1985 年 5 月任庆阳地区乡镇企业处巡视员。1993 年 2 月退休。

杜玉枝 新城乡人,民国二十一年(1932 年)六月生,本科学历,副教授。1955 年 9 月参加工作,先后任西安矿业学院助教、讲师。1981 年任采矿工程系主任。

李世忠 孟坝镇刘城村人,民国二十一年(1932 年)七月生,中共党员。三十八年参加工作,曾在酒泉地区税务局、甘肃省税务局、波密县委办公室任职。1963 年 1 月任波密县民贸公司经理。1973 年 4 月后任西藏昌都地区商业局科长、副局长、局长,兼昌都地区工商管理局局长。1989 年离休。

张海涛 开边镇开边村人,民国二十一年(1932 年)七月生,中专文化,中共党员。1951 年 7 月参加工作,在甘肃省委党校、省财经学院任职。1965 年后任兰州医学院团委副书记、医疗系副主任兼党总支副书记、附属二院党委副书记、药学系主任兼党总支书记。1993 年 4

月退休。

杜玉祥　新城乡杜寨村人，民国二十一年(1932年)九月生，中共党员，政工师。1951年4月入伍，先后在甘肃省军区文工团、西北河曲牧垦司令部文工队、甘南军分区、庆阳军分区工作。1979年任宁县武装部副部长。1981年转业后任庆阳地区建工局副局长。1984年后任地区建筑工程公司工会主席。1993年退休。

张　鑑　城关镇高庄村人，民国二十一年(1932年)九月生，中共党员。1950年10月参加工作，先后在镇原县城市区二乡、县粮食科任职。1956年任县粮食局副局长。1958年11月后任屯字公社党委副书记、书记。1959年11月任县委宣传部部长、县委委员。1960年4月后任县委委员、三岔公社书记、工委副书记。1963年4月任庆阳行署农建局农业科科长。1973年4月任镇原县曙光公社党委书记。1975年10月任县革委会副主任。1980年10月任县委副书记。1986年12月任县人大常委会主任。1991年6月病逝。

秦鸿义　南川乡和平村人，民国二十一年(1932年)十二月生，大专学历，中共党员，高级政工师。三十八年七月参军，曾在甘肃省军区、宁夏军区服役。1978年8月转业后任宁夏贺兰山宾馆副经理、自治区党委办公厅行政处处长、总经理。1993年3月离休，1994年5月任自治区党委办公厅老干部处党支部书记。2007年2月去世。

张治伦　平泉镇赤马村人，民国二十二年(1933年)十二月生，中共党员。1951年7月参军，曾在庆阳军分区、华池县武装部、庆阳县武装部、平凉军分区服役。1963年11月任庆阳军分区组织科副科长。1971年10月任合水县委常委、县人武部政委、党委书记。1981年3月任镇原县委常委、县人武部政委、党委书记。1987年4月退休。

朱建中　平凉市崆峒区柳湖乡人。1974年4月任镇原县人武部副政委。1983年6月任政委。1986年3月转业任平凉公路总段党委副书记。

刘登湘　屯字镇屯字村人，民国二十三年(1934年)六月生，高级经济师。1954年参加工作，1979年任甘肃省电力工业局生产处工程师。1982年后任省电力局物资处副处长、物资公司副经理。1989年后任燃料处处长、燃料公司经理。1995年退休，8月病逝。

杜庭英　屯字镇阳宁村人，民国二十三年(1934年)九月生，中共党员，分析化学工程师。1958年9月在西北地质科学研究所兰州中心实验室参加工作。1969年9月调平凉印刷机械厂筹建理化实验室，后任生产副厂长、厂长、党委书记。

苟自昌　南川乡贺丰村人，民国二十三年(1934年)十月生，中共党员。1952年参加工作，先后任合水、宁县县委办公室主任、宁县县委宣传部部长、农村部部长、报社总编、县文卫局局长。1979年任合水县委常委、革委会副主任。1980年任庆阳地委秘书处副秘书长。1983年11月任庆阳地区建行副行长，1989年任巡视员。1995年退休。

袁立志 泾川县高平乡人，民国二十三年（1934年）十一月生，中共党员。三十八年七月入伍，参加抗美援朝战争。1956年后在庆阳县检察院、合水县太白公社工作。1962年后任合水县委组织员、税务局局长、县革委会常委、政治部主任。1970年后任镇原县革委会常委、政治部主任、组织部部长，县委常委、副县长。1984年1月任镇原县人大常委会主任。1987年后任庆阳地区电大分校党委书记、电影公司经理、文化处巡视员。1994年离休。

周凤台 屯字镇田岭村人，民国二十三年（1934年）十一月生，中共党员。1956年2月参军，曾在平凉军分区服役。1970年9月以军方代表身份出任平凉地区商业局副局长、党委副书记。1973年12月后任平凉军分区后勤部军械科副科长、科长、装备科科长。1979年12月转业到平凉地区第二人民医院任院长、党委副书记。1982年12月任平凉地区税务局局长。1983年11月任平凉地区防疫站副站长。1996年9月任调研员。1997年6月退休。

范机昌 孟坝镇王湾村人，民国二十三年（1934年）十二月生，中共党员。1955年10月参加工作，曾在镇原报社、县委办公室、平凉地委组织部、庆阳地委组织部、地区革委会办公室任职。1970年1月后任庆阳地区机电厂革委会副主任、主任。1978年3月任庆阳县委副书记。1979年5月任西峰镇党委书记。1984年11月任地区物资公司经理。1986年11月后任物资局局长、巡视员。1995年3月退休。

时登洲 庙渠乡人。1958年毕业于南京军医学校。曾任中国人民志愿军九大站卫生主任。

张荷芳 女，城关镇人，民国二十二年（1933年）七月生，本科学历，中共党员，高级农艺师。1960年参加工作，曾任甘肃工业大学助教、系务委员、金工教研室主任、嘉峪关市工业局生产技术科、计划科科长、金昌市科委主任、科协主席、市理工学会理事长、省六届人大代表。1986年任省技术开发交流中心党支部书记、领导小组组长、省政协驻兰州办事处主任。1991年退休。

李守道 屯字镇川口村人，民国二十四年（1935年）五月生，中共党员，高级经济师，高级政工师。1953年参加工作，1959年后任石油部管道局第二工程公司党支部书记、党总支书记、党委书记。先后参加玉门、克拉玛依、大庆、四川石油会战和东北"八o三"工程及鲁宁输油管道工程会战。1995年5月退休。

徐明发 平泉镇南徐村人，民国二十四年（1935年）六月生，大专学历，中共党员。1954年12月参加工作，在平泉乡、镇原县民政科、县委审干室任职。1978年8月任国家地震局地球物理研究所工程师，1982年5月任研究所后勤处副处长、党支部副书记。1987年4月任兰州地震所电磁室党支部书记。1988年1月任甘肃省地震局服务公司经理、党支部书记。1995年7月退休。

刘好学　新城乡阎寨村人，民国二十四年（1935年）九月生，中共党员。1953年6月参加工作，曾在新城、平泉区工作。1955年12月后任平凉地区劳改队分队长、环县公安局股长、副局长、南湫公社党委书记、环县公安局教导员、镇原县公安局教导员、局长、县司法局局长、县检察院检察长。1989年12月后任镇原县人大常委会副主任、调研员。1996年6月退休。

牛玉堂　三岔镇楸子湾村人，民国二十四年（1935年）十月生，中共党员。三十八年二月参加工作，先后在镇原县警卫队、甘肃省保卫营、公安厅、劳改三支队工作。1956年2月后任甘肃省玉门饮马农场指导员、副科长、科长、省劳改局专案组组长、省第三监狱生产科科长、副监狱长、监狱长。1983年9月后任省劳改一支队党委书记、支队长、少年管教所党委书记、政委。1988年8月任天水监狱党委书记、监狱长。1996年1月离休。2010年11月去世。

何生伦　孟坝镇西壕村人，民国二十四年（1935年）十一月生，中共党员。1952年8月参加工作，先后在孟坝区六乡、庆阳地委干校、华池县四区团委、华池、庆阳县公安局、白马公社、上里塬公社、乔河公社、紫坊公社工作。1974年12月任华池县革委会副主任。1978年3月后任庆阳地区净石沟煤矿党委副书记、矿长、书记。1985年2月任镇原县人大常委会副主任。1986年12月任镇原县政协主席。1992年11月任镇原县政府调研员。1995年3月退休。

焦存义　永安乡绿荫保（今临泾乡包庄村）人，民国二十五年（1936年）生，中共党员。1956年参加工作，曾任白银有色金属公司动力厂党委副书记。1975年后任公司武装部副部长、部长。立三等功1次。1998年退休。

杜元寿　屯字镇马堡村人，民国二十五年（1936年）二月生，副教授。1964年6月兰州大学毕业后留校任教。1979年后任庆阳师专生物系主任、甘肃省植物学会秘书长、省教育学会生物学教学研究会副理事长。参与研制开发沙棘系列产品、编写《植物生理学概论》教材。1997年退休。

曹含芝　上肖乡青寨村人，民国二十五年（1936年）五月生，中共党员。1952年5月参加工作，曾在镇原县团委、县委秘书室、组织部任职。1960年后任工交部副部长、上肖公社党委副书记、县档案馆副馆长、组织部副部长。1969年11月后任庆阳地区革委会政治部、办公室、信访室组长、主任。1978年4月后任地区直属机关党委副书记、档案处副处长、党史办主任，省档案学会理事。1982年5月后任地区工会副主任、主任。1996年退休。

郭自强　中原乡武亭村人，民国二十五年（1936年）五月生，中共党员。1956年3月参加工作，曾任中原乡、平泉基点乡、镇原县委审干办公室、组织部、庆阳地委组织部干事、科长。1973年10月任庆阳地委宣传部副部长。1976年8月后任正宁县革委会副主任、县委副书记。1983年9月任庆阳地区商业处副处长。1991年12月任庆阳地区社会劳动保险局局长。1997年7月退休。

张忠义 屯字镇东胡同村人，民国二十五年(1936年)五月生，大专学历，中共党员，经济师。1956年参加工作，曾在庆阳地委团委、西峰电机厂任职。1975年任庆阳毛纺厂常务副厂长、省轻纺协会常务理事、庆阳企业家协会常务理事。1992年任地区五金公司党委书记、巡视员。

李树贵 平泉镇湫池村人，民国二十五年(1936年)九月生，中专学历，中共党员，高级政工师。1958年8月参加工作，1963年5月后任宁夏回族自治区固原县团委副书记、彭阳区委副书记、副区长、城阳公社党委书记、革委会主任、固原县文教局局长、党支部书记。1983年11月任固原一中党支部书记。1985年7月任固原地区纪委副书记。1996年3月退休。

白进彩 中原乡姜白村人，民国二十五年(1936年)十月生，中共党员。1956年3月后在镇原县中原区原峰乡、县公安局、县委监委工作。1965年后任城关公社副社长、文卫局革命领导小组组长、县委组织部副部长、财贸办副主任、县委办主任。1980年6月后任镇原县革委会副主任、副县长、县政协副主席。1989年12月后任县人大常委会副主任、主任。1992年11月任县政协主席。1997年1月退休。

石学民 城关镇莲池村人，民国二十五年(1936年)十月生，中共党员。1955年10月参加工作，曾在镇原县财贸部、合作部、县委办公室、检察院、庆阳地委党校、甘肃省轻工业厅、省人民检察院、省委经济部任职。1988年10月后任省计划委员会政治办公室副主任、劳动工资培训处处长、机关党委书记。1997年7月退休。

刘正印 上肖乡净口村人，民国二十五年(1936年)十一月生，中共党员。1956年9月参加工作，曾在中科院西北分院、兰州分院、西北局科委办公室、皋兰县广播站、省科委综合处任职。1979年3月后任兰州分院党组办公室主任、老干部处处长、机关党委书记、纪检组书记、公用事业管理处处长。1988年后任兰州分院后勤部主任、基建办公室主任兼工会副主席。1997年8月退休。

张希仁 南川乡桃园村人，民国二十五年(1936年)十二月生，本科学历，中共党员，副教授。1961年7月参加工作，先后在宝鸡师范、镇原一中、二中任教。1971年后任庆阳师范教导主任、镇原师范副校长兼教导主任。1978年5月后任庆阳师专中文系主任、党总支书记、校宣传部部长、教务处长。1997年4月退休。参与编辑和主编出版《中国古代文学史纲》《中国古代文学作品选注》《情系陇东》《中外文史典故辞典》等书籍8部。

李廷奎 中原乡田站村人，民国二十六年(1937年)四月生，中共党员。1954年12月参加工作。1960年3月后任镇原县委宣传部部长、农村工作部部长、秘书室秘书。1965年5月任山丹县检察院检察长、县公安局局长、县保卫部负责人。1970年后任张掖县保卫部部长、县委常委、革委会副主任、高台县委副书记、张掖行署商业处副处长。1990年后任张掖地委政法委委员、综治办主任、国家安全处处长、党组书记。1999年退休。

张正国 屯字镇屯字村人，民国二十六年（1937年）十一月生，本科学历，中共党员，副教授，甘肃省哲学学会会员、政治思想教育协会会员、中国老年书协会员。1963年9月参加工作，在庆阳一中任教，后任党支部书记。1972年任东方红中学校长兼党支部书记。1979年任庆阳师专化学系党支部书记、政教系党支部书记、主任。1999年退休。

张 伟 南川乡桃园村人，民国二十六年（1937年）十一月生，中共党员，政工师。1957年11月入伍，曾在平凉军分区服役。1981年4月任泾川县武装部部长。1986年4月转业任平凉地区电力局工会主席。1998年1月退休。

张海温 屯字镇开城村人，民国二十六年（1937年）十二月生，本科学历，中共党员。1963年10月在酒泉地区肃北县公安局参加工作，1979年2月任肃北县纪律监察委员会专职委员、书记。1984年11月任酒泉检察分院法律政策研究室主任、纪检组长。1999年4月退休。

金济民 太平镇柳嘴村人，民国二十六年（1937年）十二月生，中共党员，高级政工师。1951年3月参军，先后在庆阳军分区、武威步校、甘肃武警总队三支队二大队、河北武警总队直属大队服役。1964年3月转业到河北省邯郸地区机关党委工作。1976年9月后任庆阳地区城建局科长、副局长、地区环保局副局长。1983年11月后任长庆建行副行长、行长。1993年3月任庆阳地区建行行长。1998年12月退休。

路向东 又名路百万，开边镇兰沟村人，民国二十七年（1938年）生，中共党员。1952年6月参加工作，曾在镇原县人武部、县委组织部、洪河公社、平泉区委、县人委办公室、河西建委任职。1970年9月后任酒钢公司秘书组副组长、副处长、炼铁厂党委副书记兼革委会副主任、政治处主任、机修厂党委副书记、书记。1981年后任嘉峪关市政府办公室主任、党组成员、秘书长兼外事办主任、侨务办主任。

周建华 山西省人。1978年9月任镇原县人武部政委。1982年5月转业到庆阳地区物资局任职。

杜祯祥 孟坝镇塬口村人，民国二十七年（1938年）六月生。1951年参军，1957年转业，先后在镇原县孟坝乡、甘肃省委机要局、办公厅任职。1968年2月任甘肃日报社政治处副主任。1978年3月后任省机械工业厅办公室副主任、主任、甘肃省工业供销总公司副总经理。1986年任工业供销总公司党委书记。

张广福 合水县板桥乡人，民国二十七年（1938年）八月生，中共党员。1959年1月参军，在平凉军分区、庆阳军分区、庆阳县武装部服役。1971年4月后任庆阳县武装部政工科长、地区第二人民医院党委副书记、革委会副主任、军分区司令部副科长。1978年6月任镇原县人武部副部长，1981年4月任部长。1986年1月转业任庆阳地区公安处副处长，1996

年7月任地区安全处处长。

谢尚信 孟坝镇赵嘴村人，民国二十七年（1938年）十月生，中共党员。1958年7月参加工作，曾任平凉报社记者、庆阳专署粮食局秘书、地委财贸政治部干事、地委报道组组长、地委秘书、政研组组长、正宁县委、县革委会办公室主任、机关党总支书记、庆阳农校党委委员。1980年12月任庆阳农校副校长。1982年4月任校长。1983年9月后任地区老区建设办公室、农业建设办公室副主任、地区老区建设领导小组办公室副主任兼庆阳农函大副校长、农业建设办公室主任。1990年2月后任地区扶贫开发办公室主任、地区扶贫领导小组办公室主任。1999年4月退休。

祁乐民 临泾乡祁庙村人，民国二十八年（1939年）三月生，大专文化，中共党员。1959年1月参军，曾任解放军新疆石河子陆军预备役师步兵第二团团长。1986年4月转业到新疆石河子热电厂工作，后任电厂党委书记。

杨治中 字安臣，郭原乡西杨村人，民国二十八年（1939年）五月生，大专学历，中共党员，副高级政工师。1961年参加工作，先后在平凉专署粮食局、庆阳专署粮食局任职。1980年任庆阳粮食学校校长。1990年任庆阳地区饲料公司党委书记。1999年退休。

张育国 屯字镇双合村人，民国二十八年（1939年）五月生，大学学历，中共党员，教授。1964年参加工作，曾在庆阳师范、庆阳师专任教，先后任球类、田径、体育理论教研室主任、党支部书记。1994年兼任甘肃省高校职称评审委员会体育学科组评委。2000年4月退休，2004年10月病逝。

任进贤 城关镇东关村人，民国二十八年（1939年）七月生，中共党员，政工师。1958年参加工作，先后任中国有色金属第八冶金建设公司文书、团支部书记、党支部干事、副科长、科长、公司纪律检查委员会常委兼办公室主任、纪委副书记。先后三次被评为全国有色金属工业系统优秀纪检工作者。1998年5月退休。

田玉枢 新城乡小寨村人，民国二十八年（1939年）七月生，中共党员，经济师。1956年5月参加工作，先后在平凉汽车运输公司、平凉交通运输管理局、庆阳汽车运输公司、地区交通局任职。1988年1月后任庆阳地区汽车运输公司党委委员、副经理、工会主席、汽车客运公司党委书记、董事长、经理。1999年4月退休。

杨秉凯 中原乡何曹村人，民国二十八年（1939年）八月生，中共党员。1955年11月参加工作，在镇原县人委、新城公社、农建局、水利局、三岔工委、公安局、地直机关党委、庆阳地区革委会政治部任职。1973年6月任地委组织部副科长、科长。1983年10月后任老干部处副处长、地直机关党委副书记。1990年3月任地区总工会办事处副主任。1996年5月任总工会巡视员。1998年9月退休。

李浩东 太平镇丁岘村人，民国二十八年（1939年）九月生，中共党员。1958年6月参加工作，曾在兰州通用机器厂、巴家嘴水库、董志塬拖拉机站、什社机耕队工作。1969年9

月后任庆阳地区物资局副局长、局长。2000年退休。

沈致乐　新城乡沈嘴村人，民国二十八年（1939年）九月生，中共党员，高级政工师。1958年入伍，在解放军九〇二一部队、新疆八〇一四部队、三六一四一部队服役。1982年11月转业到平凉地区人民银行工作，先后任副行长、外汇管理局副局长、地区金融系统党总支书记。1997年任地区人行稽察。1999年退休。

刘学贤　城关镇常山村人，民国二十九年（1940年）生，中共党员，大学学历，中学高级教师。1968年6月在兰州第十三中学参加工作，1975年1月后任第十三中学副校长、第八中学副校长、党总支副书记。1999年任第八中学党总支书记。2003年12月退休。

卢发炽　南川乡原芦村人。1957年镇原县第一中学肄业。曾任甘肃省金昌市商业局局长。

王好贤　孟坝镇赵嘴村人，民国二十九年（1940年）一月生，中专学历，中共党员。1959年3月入伍，曾任团政治处书记、组织股股长、师政治部营职干部。1978年转业任陕西省宝鸡市政府秘书科长、办公室副主任、副秘书长兼档案局长。2000年2月退休。

田生成　庙渠乡庙渠村人，民国二十九年（1940年）二月生，中专学历，中共党员，工程师。1961年8月入伍，任甘肃武警总队后勤部助理员。1969年8月后任陕西独立师后勤部助理员、所长，彬县人武部科长。1981年12月转业任陕西进出口商检局粮油食品检验处处长助理、副处长、政工处处长、工会主席、党委副书记。

张祖荣　太平镇人，民国二十九年（1940年）五月生，中共党员。1958年参加工作，在甘肃引洮上山水利工程局、省水利厅勘测设计院任职。曾任平凉市水利水电建筑公司总经理、卫生改水中心副主任、水利规划设计处主任。2000年退休。

席兆儒　城关镇路坡村人，民国二十九年（1940年）七月生，中共党员。1965年9月参加工作，曾在华池县革委会政治部、庆阳地区革委会生产指挥部、民政组、劳动局任职。1979年10月任庆阳地区肉联厂、商业局副科长。1983年10月后任庆阳地区工商处副处长、市场建设服务处处长。

李邦伦　中原乡中原村人，民国二十九年（1940年）八月生，大专学历，中共党员。1958年8月参加工作，1961年8月入伍，在庄浪县公安队、平凉公安大队等处服役。1978年8月后任平凉军分区司令部动员科参谋、副科长、科长。1981年4月任华亭县人武部部长。1986年1月转业到平凉地区工商行政管理处任副处长。1990年7月任平凉地区工商局副局长，1992年4月任党组书记、局长。

王复兴　南川乡和平村人，民国二十九年（1940年）八月生，中共党员。1958年8月参加工作，在兰州饭店、甘肃省宁卧庄招待所任职。1972年9月在中国驻加拿大大使馆任职。1978年8月任甘肃省政府办公厅接待处副处长。1992年7月任省政府办公厅保卫处处长。2000年退休。

脱文平 临泾乡桃园村人，民国二十九年（1940年）九月生，大专学历，中共党员，高级政工师。1968年4月参加工作，曾在玉门石油管理局钻井处1002队、2246队、局组织部干部处任职。1989年11月任玉门石油管理局录井处党委副书记、书记。

张首甲 城关镇莲池村人，民国二十九年（1940年）九月生，中共党员，工程师。1958年后在安口煤矿、刘家峡工程局、白龙江工程局工作。1970年后曾任崇信县新窑煤矿副矿长、矿长。1981年由他负责研制的井口短距离联动化属全省首创，获省煤炭系统科技进步一等奖。1983年后任平凉地区煤炭工业公司副经理、煤炭工业管理局副局长。1998年任平凉地区地矿局局长。2001年10月退休。

路天佑 郭原乡塬畔村人，民国二十九年（1940年）十月生，中共党员，大专学历，高级政工师。1956年8月参加工作，1959年1月参军，曾任骑兵第一师三团连指导员、陆军第八师二十四团营教导员、团副政委。1984年后任乌鲁木齐军区守备第一师三团政委、党委书记、师政治部主任、师直机关党委书记。1986年转业后任新疆第四建筑公司党委副书记、建筑工程运输公司党委书记。

高纪元 屯字镇太阳村人，民国三十年（1941年）生，中共党员。1958年入伍，1972年10月转业后在新疆乌鲁木齐供电公司工作。1983年11月参与筹建昌吉电业局，后任行政办公室副主任、劳动服务公司、电气安装公司经理、党委副书记、多种经营处副处长、实业总公司总经理。1994年12月去世。

姜登伦 孟坝镇什字村人，民国三十年（1941年）二月生，中共党员。1957年7月参加工作，历任镇原县法院法警、审判员。1965年1月任庆阳地区中级法院书记员。1969年1月后在地区保卫部、中级法院工作。1977年6月任副庭长。1981年1月任经济庭庭长、审判委员会委员。1991年8月任副处级审判员。1997年5月任法院督导组组长。2000年5月退休。

慕世铭 平泉镇洪河村人，民国三十年（1941年）四月生，中共党员。1959年参加工作，曾在平凉师范、平凉县文教卫生局、平凉县革命委员会保卫部工作。1975年任平凉县革委会办公室副主任。1981年后任平凉市纪律检查委员会副书记、书记。1996年后任平凉市人大常委会副主任、平凉市政府调研员。2001年9月退休。

张焕梅 女，平泉镇虎泉村人，民国三十年（1941年）五月生，中共党员，高级政工师。1963年10月参加工作，曾在镇原县妇联、方山公社工作。1976年8月后任南川公社革委会副主任。1982年3月调宁夏回族自治区妇联任基层部、城乡部副部长。1995年10月任自治区妇联机关党支部专职副书记。2002年退休。

马步荣 上肖乡北庄村人，民国三十年（1941年）五月生，中共党员。1963年10月参加工作，曾在天祝煤矿、华亭矿务局、杨家沟煤矿任职。1986年9月后任华亭矿务局医院党总支书记、工程处党委书记。1999年12月退休。

赵宝玺 庙渠乡慕塬村人，民国三十年（1941年）五月生，中专学历，中共党员，甘肃省书法家协会会员。1961年7月参加工作，先后在镇原县屯字中学、县教育局、县委内部清查办公室、县革委会政治部、保卫部任职。1970年12月后任县文教卫生局副局长、县委宣传部副部长、县委办公室副主任、太平公社主任、党委书记。1983年10月任县委副书记。1992年10月任县人大常委会主任。1997年当选甘肃省第九届人大代表。1999年6月兼任省人大制度研究会理事。2001年9月退休。

慕有瑞 屯字镇阎孟村人，民国三十年（1941年）八月生，中共党员，政工师。1958年12月参军，曾在兰州军区骑兵第一师、新疆军区陆军第八师二十二团服役。1980年3月任新疆裕民县武装部副政委。1982年5月任裕民县委常委、人武部政委、党委书记。1986年1月转业任甘肃省糖酒副食公司驻嘉峪关市采购供应站总经理、党委书记。

王晓钟 屯字镇阎孟村人，民国三十年（1941年）十二月生，中共党员，副研究员。1966年参加工作，曾任甘肃省政协秘书处副处长、民族宗教委员会办公室主任。1995年后任省群众艺术馆馆长、黄河少儿艺术团团长、《驼铃》杂志社常务副社长兼省音乐文学学会副主席、现代摄影家学会名誉副主席。2001年3月退休。

赵学襄 屯字镇官亭村人，民国三十一年（1942年）生，中共党员，高级经济师，铁道部劳动学会委员。1967年在铁道部成都机车厂参加工作，曾任劳动人事处处长，长期从事内燃机车制修工艺和企业劳资工作，编纂三项内燃机大修工艺规程，设计制造扫气泵叶轮自动清洗机等设备，制定推行两个高效质量控制制度，在铁道部成果发布会上推广，撰写专业论文13篇，在国家级刊物发表并获奖。2002年退休。

包维范 新集乡王寨村人，民国三十一年（1942年）二月生，中共党员。1958年12月参加工作，先后在镇原县新集公社、方山公社、县委秘书室、县民政局任职。1968年后任县委报道组组长、县委办公室副主任、主任、临泾公社党委书记。1982年2月任县委副书记。1985年7月后任环县县委书记、庆阳地区司法处处长、地委政法委副书记。2001年7月退休。曾被省委、省政府、司法部评为政法先进工作者。

赵振国 屯字镇官亭村人，民国三十一年（1942年）二月生，中共党员，教授级高级工程师。1967年7月在中国气象局参加工作，任第二预报室负责人。1978年后任中长期预报科副科长、科长。1995年任国家气候预测室主任，曾被国家防汛抗旱总指挥部评为全国防洪抗旱模范。1997年任气象水文地质统计委员会副秘书长。先后主持建立第一代、第二代国家级气候预测现代化业务系统，在国际学术会议及国内刊物上发表论文60多篇，独立或合作完成专著3本。获各级科技进步奖20余项，享受国务院政府特殊津贴。2002年退休。

焦永锋 平泉镇洪河村人，民国三十一年（1942年）二月生，大专学历，中共党员，高级经济师。1963年1月入伍，曾任团后勤处副处长、党支部书记、师后勤部副部长、党委常委。1984年转业到宁夏石嘴山市保险公司工作，后任副经理、经理、党组书记。

刘佩玉 城关镇原郑村人，民国三十一年（1942年）六月生，中共党员。1959年参加工作，1962年11月入伍。1971年任宁夏军区司令部管理处正营职助理员，1975年任军区干休所副所长。1986年转业后任自治区畜牧局办公室副处级调研员，1998年任正处级调研员。

贾国洲 屯字镇白马村人，民国三十一年（1942年）七月生，中共党员，经济师。1964年12月在定西军分区参军，曾任独立连司务长、分区后勤部副营职助理员，转业后任庆阳地区建筑公司人秘科长、办公室主任、纪委书记。2004年12月退休。

刘福寿 城关镇莲池村人，民国三十一年（1942年）七月生，中共党员。1964年11月参加工作，在环县卫生防疫站、第一、二人民医院工作。1990年11月任庆阳地区卫生防疫站副站长，1993年8月任站长。

赵联博 庙渠乡文夏村人，民国三十一年（1942年）十一月生，中共党员，经济师。1958年8月在华亭县安口陶瓷厂参加工作。1969年后任副厂长、厂长、党委书记。1978年任农机厂厂长。1980年任华亭煤矿党委副书记兼矿长。1990年后任华亭县经委主任、党支部书记、平凉地区肉联厂厂长兼党委书记。1994年任平凉地区煤炭局局长。1997年任煤炭局调研员。

焦怀暄 城关镇金龙村人，民国三十一年（1942年）十二月生，大专学历，中共党员。1963年在庆阳军分区参军，曾任陇西县人武部政工科长、渭源县人武部副部长。1986年2月任陇西县人武部政委、党委书记、县委常委。1993年1月转业，任陇西县委常委、政法委书记。1993年10月任通渭县委副书记。1996年10月任陇西县政协主席。

路进仁 屯字镇曹路村人。1963年参加工作，曾任庆阳林业学校党委书记。

张治学 新城乡阎寨村人，民国三十二年（1943年）二月生，中共党员。1958年7月参加工作，先后在华亭矿务局安口煤矿、华亭县煤矿、策底煤矿、华亭县纪委、县委政治部、东华乡任职。1992年任华亭县煤矿党委书记。1993年任华亭县副县长。1994年9月任平凉地区关山林业管理局局长。2000年任华亭县委调研员。

范玉群　临泾乡良韩村人，民国三十二年（1943年）三月生，中共党员，甘肃省书法家协会、庆阳市老年书画协会会员。1964年7月参加工作，曾任镇原县上肖公社团委书记、孟坝公社革委会副主任、县生产指挥部副主任、县农林局局长、屯字公社党委书记、县经计委主任。1989年9月任副县长。1993年12月任县委常委、副县长。1997年10月任县政府调研员。2004年退休。退休后习练书法，作品多次参加省、市、县展览。

王正芳　中原乡殿王村人，民国三十二年（1943年）七月生，中共党员，高级政工师。1958年7月参加工作，1974年8月后任华亭矿务局杨家沟煤矿政治处副主任、局建井队副主任、党委副书记、安口煤矿党委副书记、局调度室副主任、局长办公室副主任、主任、局工程处党委书记、马蹄沟煤矿党委书记、局宣传部部长。1999年12月退休。

席维岳　临泾乡什字村人，民国三十二年（1943年）七月生，中共党员，助理工程师。1959年12月参加工作，1965年入伍，在武都、临夏军分区服役。1969年5月转业后在兰州地球研究所邢台地震队、兰州地震大队观象台任职。1973年10月后任刘家峡地震台台长、高台中心地震台指导员、河西堡、张掖中心地震台台长。

王志学　武沟乡孟庄村人，民国三十二年（1943年）九月生，中专学历，中共党员。1963年参加工作，先后在太平公社、镇原县广播站、县革委会政治部、宣传部任职。1976年10月后任三岔公社革委会副主任、庆阳地委组织部组织员、副科长。1985年8月任地区印刷厂副厂长。1987年4月任陇东报社副总编。2000年5月任正处级调研员。

王继位　平泉镇秦铺村人，民国三十二年（1943年）十月生，大专学历，中共党员。1964年7月参加工作，曾在镇原中学、县委报道组、县委办公室、庆阳地委工作。1983年10月任正宁县副县长。1986年10月任庆阳地委宣传部副部长，后兼陇东报社党委书记。1995年3月任庆阳地区文化处党组书记、处长。1999年12月被国家人事部、文化部评为全国文化系统先进工作者。

范掌信　临泾乡良韩村人，民国三十二年（1943年）十一月生，中共党员。1963年12月参军，在八九八〇八、八〇二三部队服役，曾参加原子弹试验，立三等功。1984年3月转业，任镇原县人大常委会副主任。1997年1月任调研员。2003年退休，2008年去世。

张兴才　临泾乡毛头村人，民国三十二年（1943年）十一月生，中共党员。1963年12月在八〇二三部队建筑工程兵第一二四团参军，历任排长、团作训股参谋、团教导队政治指导员、部队子女中学革委会主任。1979年1月后任八九八〇〇部队直属党委政治处副主任兼红山中学党委书记、社会服务部政治处副主任。1985年8月转业后任庆阳地区电影公司副经理、调研员。2003年退休。

郑国升 屯字镇开城村人，民国三十二年(1943年)十一月生，中共党员。1964年7月参加工作，先后在镇原县王寨、三岔、孟坝公社任职。1973年10月后任南川公社党委副书记、革委会主任。1982年6月后任县委组织部副部长、部长。1986年11月任县委常委、组织部部长。1990年1月任县委副书记。1997年1月任县政协主席。2003年3月退休。

孙维刚 新城乡孙庵村人，民国三十三年(1944年)一月生，中共党员，政工师，一级警督。1963年1月参军，1986年转业到宁夏回族自治区交通厅大武口交通监理所任所长。1987年任石嘴山市交通警察支队支队长。1992年任市公安局机关党总支书记。

罗沧海 庙渠乡庙渠村人，民国三十三年(1944年)四月生，中共党员。1967年2月参加工作，曾在镇原县庙渠公社、县落实政策办公室、县委办公室工作。1973年6月后任新城公社党委副书记兼革委会副主任、主任、小岘乡党委书记、马渠乡党委书记、三岔镇党委书记。1989年9月任环县县委副书记。1997年4月任庆阳地区畜牧局局长。1999年7月任庆阳地区供销社党组书记。2002年11月任庆阳地区供销社调研员。2005年底退休。

户永寿 太平镇枣林村人，民国三十三年(1944年)五月生，大专学历，中共党员。1963年入伍，在西北某原子弹发射基地工作，历任参谋、指导员、政治部主任、副政委。先后参加原子弹试验18次，受到元帅聂荣臻、总参谋长张爱萍的接见。1984年转业到庆阳地区人民医院任副院长。1994年任地区妇幼保健院党委书记。

郭正义 临泾乡十里墩村人，民国三十三年(1944年)八月生，中共党员，高级工程师，甘肃省科技学会会员。1970年8月参加工作，曾任华亭矿务局办公室主任、安监局局长。1998年兼任局机关工会主席。2001年8月任局安全监察调度员。

徐永祺 平泉镇南徐村人，民国三十三年(1944年)八月生，中共党员。1966年5月参加工作，曾任镇原县委报道组副组长、组长、县委农村工作部副部长、县委办公室主任。1990年1月任县委常委、组织部部长。1992年10月任正宁县委副书记。1997年10月任庆阳地委信访室主任。2005年2月退休。

赵建锋 屯字镇官亭村人，民国三十三年(1944年)八月生，中共党员。1964年12月参军，在通渭县、民勤县中队、武装部服役。1974年11月任副政委。1983年3月任天祝县武装部政委。1987年1月转业到庆阳地区陇剧团任团长兼党支部书记。1992年1月任庆阳地区林科所党委书记。

祁　仁 城关镇富坪村人，民国三十三年(1944年)九月生，中共党员。1958年11月参加工作，1963年1月入伍，曾在解放军八〇八三部队、五三一〇部队服役。1986年4月转业到宁夏自治区劳改局工作，曾任科长、政治处副主任。1998年任局正处级调研员。

贾耀邦　城关镇五里沟村人，民国三十三年(1944 年)十一月生，大专学历，中共党员，政工师。1964 年 12 月参军，曾在天水市中队、敦煌县中队服役。1981 年 3 月任嘉峪关市武装部副政委。1983 年 6 月后任酒泉军分区党委委员、安西县武装部政委、党委书记。1986 年 12 月任甘肃省粮油食品进出口公司党委书记、副总经理。1991 年 2 月后任省工艺品进出口公司党委书记、副总经理、外贸实业公司党委书记、粮油食品进出口公司正县级副经理。

任天民　武沟乡武沟村人，民国三十三年(1944 年)十二月生，大学文化，中共党员。1968 年参加工作，曾在宁夏石嘴山矿务局、白银有色金属公司任职。1985 年后任白银公司一中、三中校长、职工大学校长兼党委书记、教育培训中心主任。

贾映岫　郭原乡毛庄村人，民国三十四年(1945 年)一月生，大学学历，中共党员。1969 年 9 月后在甘肃省农宣队镇原分队、庙渠公社、镇原县委宣传部工作。1978 年后任县委办公室副主任、宣传部部长、城关镇党委书记。1984 年 10 月任庆阳地委副秘书长。1990 年 12 月任庆阳地委统战部副部长。1996 年 5 月兼任庆阳地区工商联主任。2003 年 2 月去世。

秦望义　临泾乡毛头村人，民国三十四年(1945 年)一月生，中共党员，高级记者。1969 年 8 月参加工作，1981 年 3 月被《甘肃日报》社选调为专业新闻记者，先后任庆阳记者站站长、记者部副主任。2000 年 7 月任报社工交财贸部主任。

马捷乾　屯字镇马堡村人，民国三十四年(1945 年)一月生，中共党员。1966 年 11 月参加工作，先后在兰州窑街三矿掘井四队、建井工程处掘井二队、四队任职。1978 年 8 月任窑街矿务局水泥厂厂长、党支部副书记。1990 年 7 月任华亭矿务局多种经营公司党委书记。1999 年 12 月退休。

鱼济洲　临泾乡新堡村人，民国三十四年(1945 年)二月生，中共党员，政工师。1964 年入伍，在西藏军区警卫营、军区直属政治部、国家电子七七八厂工作，曾任队长、团委副书记、政工处处长、党支部书记、分厂副厂长，1991 年后晋升为正处级，兼任甘肃省电子工业公司、七七八厂思想政治工作研究会理事、《工人日报》特约记者、《中国电子报》《电子市场报》、平凉电视台记者，甘肃广播电台、《甘肃日报》《甘肃工人报》《平凉日报》、平凉广播电视台通讯员。

刘念祖　临泾乡席沟圈村人，民国三十四年(1945 年)三月生，大专学历，中共党员。1963 年 7 月参军，曾在陆军二十师炮兵团、师司令部作训科、步兵五十八团工作。1991 年 3 月后任步兵五十八团参谋长、党委常委、直属队党委书记。1984 年 6 月任兰州军区守备第三团副团长、团党委常委。1985 年 2 月后任宁夏回族自治区永宁县人武部部长、党委副书记。1987 年 1 月任甘肃省环保干部培训中心主任。

刘志英 南川乡姜沟门村人，民国三十四年（1945年）八月生，中共党员。1967年参加工作，曾任环县一中教导主任、校长、党支部书记。1987年3月任庆阳地区教育处副处长。1994年兼任地区电视大学校长。

阎治文 马渠乡塬头村人，民国三十四年（1945年）九月生，中共党员，政工师。1963年8月入伍，曾在兰州军区、甘肃省军区、甘南军分区服役。1978年9月后任夏河县人武部作训科长、碌曲县人武部部长、政委。1986年12月后任庆阳地区石油公司经理、党委书记。2000年3月内退。

张敬福 太平镇慕坪村人，民国三十四年（1945年）九月生，中专学历，中共党员，主管医师。1964年12月参军，在天水公安大队服役。1968年在甘南军分区任军医、卫生科长。1986年12月转业到庆阳行署卫生处任纪检组长。1994年7月任地区卫校党委书记。1997年11月去世。

李　瑄 中原乡高胜村人，民国三十四年（1945年）十一月生，大专学历，中共党员，助理研究员。1968年4月参加工作，曾任庆阳地区革委会常委、庆阳地委知识青年上山下乡办公室主任，后在地区机电厂工作。1979年10月后任庆阳师专总务处副处长、后勤处党总支书记。

朱鸿雁 城关镇海丰村人，民国三十四年（1945年）十一月生，中共党员。1964年7月参加工作，曾在镇原县海丰公社、城关公社、县水电局工作。1980年9月后任南川公社党委副书记、书记、城关镇党委书记。1992年11月任镇原县委组织部部长。1993年6月后任县委常委、组织部部长、县政协副主席。2002年11月任副县级干部。2005年12月退休，享受正县级干部待遇。

张宗信 马渠乡汪庄村人，民国三十四年（1945年）十一月生，中共党员。1963年1月参加工作，曾在马渠公社、方山公社、武沟公社任职。1977年任中原、马渠公社党委副书记、三岔乡副乡长、新集乡党委书记。1993年11月后任庆阳地区彭阳春酒厂、地区饮料厂党委副书记、厂长、党委书记。

宁文山 山西省人，大学文化，中共党员。1966年参加工作，曾任镇原县兽防站站长。1983年12月任县农牧局局长。1987年3月任副县长。1991年8月任庆阳地区乡镇企业处处长。

刘永清 城关镇东关村人，民国三十五年（1946年）二月生，中共党员。1972年9月参加工作，先后在镇原县肖金、屯字、马渠、临泾公社、县革委会农林办公室工作。1980年4月后任小岘、郭原公社革委会副主任。1982年8月任临泾公社革委会主任。1983年12月任上肖乡党委书记。1986年6月任县委农村部副部长。1987年7月任县农牧局党总支书记兼局长。1993年8

月任庆阳地区农业处副处长。2007 年 2 月享受正处级待遇退休。

张积省　三岔镇高湾村人，民国三十五年（1946 年）六月生，大专文化，中共党员，1969 年 7 月参加工作，曾任窑街矿务局采煤队副队长、队长。1989 年获省特等劳动模范、全国劳动模范。1990 年任天祝煤矿副矿长兼安监处处长、窑街矿务局行政处长、多种经营总公司副总经理。多次被矿务局、省政府评为先进个人、优秀共产党员。2003 年 5 月退休。

董全才　屯字镇白嘴村人，民国三十五年（1946 年）七月生，中共党员。1969 年 2 月入伍，先后在八一二六、五三八九、五三八五部队、甘肃省军区服役。1983 年任天水军分区科长。1985 年任八四七一六部队团长。1987 年转业到省人行任金管处副处长、处长。1993 年任省证券公司总经理。1998 年内退。

何世清　马渠乡牡丹堬村人，民国三十五年（1946 年）七月生，大专文化，中共党员。1964 年 12 月入伍，在永靖县中队服役。1976 年 2 月转业任兰州粉末冶金厂党支部书记。1984 年 2 月调兰州市第二轻工业局政治处任职。1985 年 8 月后任甘肃省政府研究室综合处副处长、处长、办公室主任。

谢登善　三岔镇石嘴村人，民国三十五年（1946 年）七月生，中共党员。1964 年 12 月参军，在甘肃省临夏公安大队一中队服役。1968 年 4 月后任武都军分区独立连、后勤部军需科司务长、助理员、供应科长。1986 年 12 月转业到庆阳地区财政处任纪检组长、副处长。1992 年 9 月任庆阳行署办公室副主任。1996 年 12 月任行署粮食处处长。2003 年 12 月任庆阳市政协经济委员会主任。2007 年退休。

王斌学　庙渠乡四合村人，民国三十五年（1946 年）九月生，大专学历，中共党员，上校警衔。1963 年入伍，曾任团政治处副主任、独立营教导员、支队政治处主任、副支队长、支队政委、总队医院政委。1994 年 3 月转业到甘肃省敦煌艺术剧院任党总支书记兼副院长。

何剑飞　马渠乡唐塬村人，民国四十五年（1946 年）九月生，中共党员，1970 年 8 月参加工作，先后在玉门昌马乡、酒泉地区中学任教，历任团委书记；校党委委员等。1984 年 9 月任甘肃省财政厅主任科员。1990 年 3 月任甘肃省财政学校副校长。1995 年任省财政厅人教处副处长，1999 年后任正处级副处长，2006 年 10 月退休。曾多次被评为优秀党员、优秀党务工作者。

段永禄　城关镇东关村人，民国三十五年（1946 年）十月生，中共党员。1964 年 12 月入伍，在甘肃省公安总队、陕西省军区独立师一团、勉县人武部任职。1992 年 12 月任宁强县人武部部长。1996 年 4 月退休。

张维成　开边镇兰沟村人，民国三十五年（1946 年）十月生，大专学历，中共党员，高级政工师。1968 年 2 月参军，在甘肃省军区、宁夏军区服役。1985 年转业后任宁夏回族自治区党委办公厅人保处主任科员、机关党委副处级纪检员、正处级调研员。

金寿祥 屯字镇白嘴村人，民国三十五年（1946年）十月生，中共党员。1964年12月入伍，1976年9月后任额济纳旗人武部政工科科长、酒泉军分区干部科干事。1981年3月任安西县武装部副政委。1983年6月后任镇原县人武部副部长、部长、县委常委、人武部政委、党委书记。1996年6月退休。

刘存纪 新城乡小寨村人，民国三十五年（1946年）十月生，中共党员，经济师。1965年8月参加工作，先后在镇原县孟坝派出所、县保卫部、生产指挥部工作。1973年3月后任曙光公社革委会副主任、县水电机械厂副厂长、县供销联社副主任。1980年12月后任县砖瓦厂厂长、县工交局副局长、局长、县委委员。1989年9月后任庆阳地区城市经济办公室副主任、劳动服务公司副经理、地区毛纺厂副厂长、厂长。1998年12月任镇原县政协调研员。2005年2月退休。

康士新 南川乡上庄村人，民国三十五年（1946年）十一月生，中共党员，副教授。1970年7月参加工作，先后在新疆拜城县二中、喀什行政公署人事局、新疆建筑职工大学、新疆建筑工程学校任职。1987年任新疆建筑技工学校思想政治教育办公室主任兼学生科副科长。1991年3月后任该校副校长、党委副书记、书记。

强宗波 新集乡岳庄村人，民国三十五年（1946年）十二月生，大专学历，中共党员，高级政工师。1966年12月参加工作，曾任甘肃省光学仪器工业公司党委委员、常委、政治部副主任、主任、工会主席。1992年6月后任兰州专用汽车制造厂党委书记、工会主席、纪委书记。1995年7月任省工矿设备配件供应公司党支部书记。

任建平 孟坝镇赵嘴村人，民国三十五年（1946年）十二生，大专学历，中共党员。1970年6月参加工作，先后在兰州市革委会保卫部、市中级法院任职。1984年9月后任中级法院经济庭副庭长。1996年8月任行政庭庭长、审判委员会委员。

张灵厚 临泾乡祁庙村人，民国三十五年（1946年）十二月生，大专学历，中共党员，上校军衔。1964年12月参军，曾在定西军分区、白银军分区服役。1986年4月后任白银市平川区区委常委、武装部政委、党委副书记。1989年11月任白银军分区党委委员、靖远县委常委、武装部政委、党委副书记。1995年9月转业任白银市人防办主任。2006年12月退休。

张效恭 平泉镇赤马村人，民国三十五年（1946年）十二月生，中共党员。1962年参加工作，1963年12月入伍，曾任国防科工委试验训练基地排长、侦察组长、马兰公安局副局长、军事法院副院长、院长。1988年10月转业到平凉地区中级法院后任处级审判员、行署法制处处长、平凉市交通局调研员。2007年3月退休。

杨发科 郭原乡西杨村人，民国三十六年（1947年）生，大专学历，中共党员。1966年在固原县城阳中学任教，1971年8月调固原县委宣传部工作。1975年9月后任古城公社、城阳公社党委书记。1984年后任彭阳县政府办公室主任、教育局局长。1990年任彭阳县委常委、常务副县长。1995年任固原市农业办公室主任。2001年任正处级调研员。2007年8月退休。

陈浩珍　又名陈勇，笔名陈墉，武沟乡巨沟村人，民国三十六年(1947年)一月生，大学学历，高级政工师，上校军衔。1968年2月参军，先后在中国人民解放军甘肃省军区独立一团、宁夏独立师步兵三团、兰州军区守备三师服役。1990年转业后任银川电力学校副校长、党委副书记、宁夏电力科技教育工程院纪委书记、中国楹联学会常务理事、宁夏民间文艺家协会副主席、宁夏楹联学会会长、银川市书法家协会副主席等职。被中国楹联学会授予弘扬对联文化先进个人。

安承玺　郭原乡寺沟村人，民国三十六年(1947年)二月生，中共党员，大专学历，经济师。1963年12月参军，立三等功2次。1969年转业到兰州钢厂工作，1993年5月任甘肃省乡镇企业总公司办公室主任。1997年12月任省乡镇企业总公司副总经理。

王三元　开边镇甄沟村人，民国三十六年(1947年)六月生，中共党员，上校军衔。1968年2月参军，在兰州军区独立一团、五三九二部队、八四六四六部队、八四六〇六部队服役。1982年后任宁夏军区政治部处长、军区红星总公司总经理。1999年退休。

鱼德学　临泾乡新堡村人，民国三十六年(1947年)八月生，大专学历，中共党员。1969年2月参军，在兰州军区服役，历任战士、班长、排长、营职干事。1985年10月转业到省民政厅工作，任安置处主任科员、副处长。2005年9月任社会福利和社会事务处调研员。

李天祥　屯字镇马堡村人，民国三十六年(1947年)八月生，中共党员，上校军衔。1964年12月参军，在定西公安大队直属队、定西军分区独立连服役。1971年后任渭源县人武部行政助理员、后勤科科长。1986年任正宁县人武部部长。1990年后任政委、党委书记。

赵建海　庙渠乡文夏村人，民国三十六年(1947年)十月生，中共党员。1971年5月参加工作，在镇原县南川、开边中学任教。1973年4月任县委党校理论教员。1975年5月任县委组织部干事、副部长。1984年1月任县委党校党支部书记、校长。1986年8月后任县委整党办公室副主任、县委委员、政府党组成员、办公室主任。1989年2月任县委常委、纪委书记。1992年2月任庆阳地区乡镇企业管理处副处长。2002年后任庆阳市人大常委会农委副主任、主任。

马双元　太平镇马南庄村人，民国三十六年(1947年)十一月生，中共党员。1968年2月参军，在陆军第二十一军六十三师政治部、兰州军区三局工作。1982年转业后任甘肃省公安厅三处科长、纪委处级纪检员、监察室副主任、督察队长。

马永胜 三岔镇吕马岔村人,民国三十六年(1947年)十一月生,大专学历,中共党员,会计师。1964年12月入伍,曾在临夏军分区、天水军分区服役。1974年1月转业到漳县财政局任局长。1988年3月任财政部驻天水组组长。1998年11月任天水市非税收入管理局局长。曾四次被国务院大检办、国家财政部评为先进个人。

任进祥 城关镇东关村人,民国三十六年(1947年)十一月生,中共党员。1969年7月参加工作,1982年5月后任石化集团北京燕山石油化工有限公司工会副科级干事、正科级干事、办公室主任、工会副主席。

薛　超 又名薛满昌,平泉镇秦铺村人,民国三十六年(1947年)十一月生,大专学历,中共党员。1968年8月参加工作,在庆阳一中、庆阳地区革委会政治部、生产指挥部任职。1973年3月后任驿马公社革委会、庆阳县革委会办公室副主任、团委书记、农牧局副局长、政府办主任。1985年12月任西峰市文化局局长兼西峰书画函授分校校长。1993年3月任庆阳二中副校长,1998年8月任校长。2006年退休。

李世才 新集乡永丰村人,民国三十六年(1947年)十二月生,中共党员。1963年3月参军,1968年2月退伍。1971年7月在兰州地震大队前兆队、预报室工作。1979年4月后任甘肃省地震局保卫科副科长、科长、行政科科长。1995年4月任局副处级纪检检察员。1998年后任局党组办公室主任、局直属机关党委副书记、工会副主席。

刘乾正 正宁县西坡乡人。1968年2月在陆军第二十一军六十一师参军。1986年4月任镇原县人武部政委。1988年1月转业任庆阳电大党委副书记。

脱明忠 临泾乡桃园村人,民国三十七年(1948年)生,高级律师,硕士生导师。1970年在第十一冶金公司参加工作,曾任白银市第一律师事务所负责人。1992年任经济律师事务所主任。1997年底进京执业,先后任北京市大成律师事务所副主任、监委会主任、国务院国资委研究中心特邀研究员、中国政法大学兼职教授、人民大学国企改制研究所研究员、北京市律师协会国有资产法专业委员会主任。

张万生 孟坝镇峁合村人,民国三十七年(1948年)一月生,中共党员,副教授。1968年9月参加工作,先后在镇原县孟坝镇峁合小学、庆阳师专任教。1990年10月后任庆阳师专数学系副主任、系党总支书记。2008年退休。

王廷怀 庆城县桐川乡人。1968年2月参军,1986年2月任镇原县人武部副部长,1988年9月任部长。1992年10月任西峰市人武部部长。

段文义 孟坝镇塔李村人,民国三十七年(1948年)二月生,中共党员。1969年入伍,后任陆军二十一军六十三师一八七团三营排长、连副指导员、指导员、营教导员、师政治部秘书科科长、团政委。立一等功1次。1985年1月转业任平凉地区纪委委员。1990年任纪委副书记兼地委反腐败办公室主任。2002年6月任甘肃省总工会平凉地区工作委员会主任。

马俊聪　上肖乡北庄村人，民国三十七年（1948年）二月生，大学学历，中共党员，高级工程师。1969年2月参加工作，曾任安口煤矿生产科地测组组长、安监处处长、华亭矿务局工程处副处长、多种经营管理处副处长。1987年8月任东峡煤矿副矿长。1988年10月后任华亭矿务局多种经营总公司经理兼东峡煤矿矿长、马蹄沟煤矿矿长。1997年3月任局计划处处长。

曹惠文　上肖乡青寨村人，民国三十七年（1948年）六月生，1968年2月参军，曾任庆阳军分区连长。1979年12月任宁县武装部副部长。1983年5月转业，任庆阳地区通用机器厂党委副书记。1992年5月任净石沟煤矿党委书记。

杨志铎　郭原乡景塬村人，民国三十七年（1948年）七月生，大专学历，中共党员，经济师。1965年2月参军，1971年3月退伍，先后任长庆石油勘探局水电厂政治指导员、团委书记、纪检委副书记、组织科长、勘探局工会常委、水电厂工会主席。

李福英　女，太平镇枣林村人，民国三十七年（1948年）九月生，农艺师，中共党员。1966年9月参加工作，先后在宁县、镇原县孟坝公社工作。1973年后任镇原县革委会副主任、县委副书记。1979年后任庆阳地区农业局副局长、种子公司副经理、农广校校长。1999年被中央农广校评为科技兴农先进工作者，2000年被农业部评为全国农广校教育先进工作者。

张积德　孟坝镇孟坝村人，民国三十七年（1948年）十月生，大专学历，中共党员，高级政工师。1968年10月参加工作，1985年7月任窑街矿务局纪律检查委员会副处级检查员。1989年1月后任矿务局水泥厂党委副书记、书记、工会主席。

曹德忠　镇原县人，民国三十八年（1949年）一月生，中共党员，1968年2月入伍，先后担任班长、排长、指导员、教导员、团政治处副主任，立三等功1次。1985年转业宁夏物资储运公司工作，曾任办公室主任，汽车修理厂党支部书记、公司总经理助理、总经理。

曹长前　孟坝镇王峁合村人，民国三十八年（1949年）三月生，大专学历，中共党员，高级政工师，上校军衔。1968年2月参军，曾任陆军第二十一军炮兵团参谋长、党委常委、炮兵旅副旅长、旅党委常委。1993年10月转业，任平凉地区电力工业局修试所党支部书记、平凉供电所主任、局纪委副书记、多种经营公司总经理、局纪委书记。2001年9月任定西市供电公司党委书记。2009年4月退休。

何元生　三岔镇米家川村人，民国三十八年（1949年）五月生，大专学历，中共党员，高级政工师。1968年10月参加工作，曾任兰州窑街矿务局二矿文书、团支部书记、矿务局办公室秘书。1992年5月后任矿务局动力厂党委副书记、副厂长、三矿党委副书记、机修厂党委书记、矿党委书记。在《人民日报》《新华月报》《甘肃日报》及省广播电台发表消息、通讯、调查报告、论文等百余篇，有16篇获省部级优秀作品奖。

杜　忠　中原乡人，1969年毕业于兰州石油学校，曾任青海省石油管理局井下作业公司党委书记。

潘正东　中原乡原峰村人，民国三十八年（1949年）六月生，中共党员，大专学历。1970年参加工作，先后在镇原县文教局、县委办、县革委会办公室、新城乡任职。曾任团县委副书记、县政府办公室副主任。1988年任庆阳地区志编委会办公室秘书、《庆阳地区志·灾异志·政权志》主编、地委经济部政策研究室科长。1999年任副处级政策研究员兼《庆阳开发与建设》杂志编辑、省历史学会会员。2003年1月后任庆阳市政协文史资料和学习宣传委员会副主任、主任。《庆阳文史资料选辑》1~4辑副主编、主编。《庆阳史话》人物部分主笔。《庆阳历史文化丛书》人物卷主编，参编《庆阳通史》《庆阳大辞典》等。2009年7月退休。

安克斌　郭原乡寺沟村人，民国三十八年（1949年）七月生。1968年8月在886医院参加工作。1977年7月在金川公司医院工作，外科主任医师，兰州医学院兼职教授。1994年任医院副院长。2002年任医院党委书记。

白生荣　平泉镇湫池村人，民国三十八年（1949年）七月生，中共党员。1969年9月参加工作，曾在高台县农机修造厂、高台县工交局、庆阳地区中心化验室任职。1981年7月任地区科委副科长、副主任。1985年11月后任宁县副县长、庆阳地区环保处副处长。1999年1月任地区科协党组书记。

安　容　平泉镇姚川村人，民国三十八年（1949年）八月生，中共党员，大专学历。1971年参加工作，先后任定西地区幼儿园园长、地委党校副校长、电大副校长、防疫站党委书记。2003年1月任定西地区疾病控制中心调研员。1998年9月被国家教委、人事部、中国教育工会评为全国教育系统劳动模范。

慕云卿　南川乡和平村人，民国三十八年（1949年）八月生，本科学历，中共党员。1975年7月参加工作，1983年10月任庆阳地区长庆食品厂厂长、党委委员。1987年4月任党委书记兼厂长。1994年1月任彭阳春酒厂党委书记。

席安泰　太平镇席兰村人，民国三十八年（1949年）八月生，中共党员，上校军衔。1968年2月参军，曾任陆军第二十一军高炮团指挥连50瓦电台主任、连副指导员。1978年12月后任甘肃省渭源县人武部政工科正连职干事、定西军分区政治部干部科正连职干事。1983年3月后任渭源县、陇西县人武部政工科科长。1989年11月任岷县县委常委、人武部政委。1996年4月退休。

杨泽民　郭原乡西杨村人，民国三十八年（1949年）八月生，中共党员，中校军衔。1969年11月参军，在陕西省独立营一连任文书、班长。1974年6月任陕西省榆林县武装部助理员。1978年7月任榆林军分区司令部参谋。1981年7月后任军分区后勤部正连、副营职助理员、后勤部副科长、副团职助理员。1991年10月转业到庆阳地区财政学校任党委副书记、书记。

王存良　屯字镇张嘴村人，民国三十八年(1949年)八月生，中共党员，经济师。1970年8月参加工作，曾任兰州市公安局副科长、省旅游局监察室副主任、财务资产管理处副处长。1996年2月后任金城宾馆党委副书记、书记。2001年6月兼任甘肃省旅游实业发展公司总经理。

段熙志　孟坝镇峁合村人，民国三十八年(1949年)九月生，本科学历，中共党员。1969年2月参加工作，先后在镇原县孟坝李堡小学、峁合八年制学校、孟坝中学、县委宣传部任职。1982年1月任庆阳地区教研室教研员、副主任。1985年7月任教育处教育科科长。1992年3月任西峰市二中副校长。1994年8月任西峰市三中校长。1997年12月后任庆阳财政学校副校长、校长、市政府督学。

范李华　屯字镇田岭村人，1949年10月生，中共党员。1968年2月入伍，曾在陆军第二十一军司令部机要处、高炮四十六团司令部、兰州军区司令部机要局、解放军总参谋部第五十三研究所任职。1982年5月转业，曾任陕西省外事办主任科员、机关党委纪检员、车队副队长。1993年3月任陕西省科工贸总公司副书记兼办公室主任。

段义民　太平镇老庄村人，1949年11月生，中共党员，中校军衔。1969年11月在兰字六二二部队参军，曾任骑兵连副排长、排长、代理副连长。1976年1月后任陕西省榆林军分区正连职参谋、神木县人武部副营职参谋、合水县人武部军事科副科长、科长。1994年1月任镇原县人武部部长、党委书记。1996年7月转业后任县人大常委会党组成员。1997年3月任县人大常委会副主任。2005年任县人大常委会正县级干部。2009年11月退休。

尤永奇　开边镇羊千塬村人，1949年11月生，高级记者，本科学历，中共党员。1968年2月入伍，正连和副营职干事。1983年11月任西藏达孜县人武部政工科科长。1986年12月转业到《陇东报》社工作。1991年3月任政文部主任。1996年5月任通采部主任。2002年2月任总编办主任。先后在《西藏日报》《战旗报》《解放军报》发表稿件400多篇。所写通讯8次受到成都军区和西藏军区的表彰奖励，立三等功2次。2009年11月退休，出版有新闻作品集《觅路》。

任品生　孟坝镇谯河村人，1949年11月生，本科学历，中共党员，上校军衔。1969年2月入伍，先后在陆军第二十一军六十三师一八七团、平凉军分区服役。1987年11月任军分区政治部副团职干事。1988年5月任八四九六九部队政治处主任。1991年5月任政委、党委书记。1994年1月后任兰州军区银川企业管理局政治部主任、后勤部深圳鞋厂政委、党委书记、企业管理局副局长兼纪委书记。1999年3月任军区政治部山东省联络员。

赵廷玺　平泉镇石佛刘村人，1950年4月生，大专学历，中共党员，中校军衔。1968年2月入伍，曾在解放军八〇七〇部队、五三八九部队服役。1981年后任兰州军区预备二师高炮营营长、兰州警备区司令部营职参谋、副团职秘书。1994年转业后任兰州市外商投资管理办公室综合处副处长、处长。

秦 梅 女，西峰区人，中共党员。曾在庆阳市委工作，1992年11月任镇原县副县长，1995年4月任镇原县委副书记。1997年5月任庆阳地区财政学校党委书记。

张自刚 武沟乡巨沟村人，1950年3月生，中专学历，中共党员，高级经济师。1970年11月在长庆油田参加工作。1980年任第一钻井指挥部副指挥。1984年任开发公司吴旗大队党支部书记、大队长。1987年后任第一采油厂党委副书记、副厂长、厂长。1996年任西安基地建设筹建处处长。1999年任公用事业处处长。

姜正海 临泾乡蒙塬村人，1950年5月生，中共党员。1969年11月参军，1983年5月后任陕西省佳县人武部管理员、后勤科副科长、科长。1986年7月后任榆林军分区后勤部科长、副团职助理员。1989年1月转业任镇原县人大常委会副主任。2002年9月任县政协主席。2006年12月任县政府正县级干部。2009年7月退休。

慕长财 平泉镇姚川村人，1950年6月生，中共党员。1969年2月入伍，在陆军第二十一军六十三师一八八团服役。1986年1月转业到甘肃省畜牧兽医研究所工作。1992年11月任副所长。1997年5月任党委书记兼副所长。

杜发贞 新城乡新城村人，1950年6月生，大专学历，中共党员。1969年2月入伍，1973年2月退伍后在庆阳地区毛纺织厂、地委秘书处、地委老干部工作处工作。1991年1月任老干部工作处办公室副主任。1993年2月任市委老干部工作局办公室主任。2003年3月任市老龄委办公室副主任。2010年5月任调研员。2010年8月退休。

尤鹏儒 开边镇人，1950年6月生，中共党员，经济师。1968年2月入伍，先后在甘肃省军区步兵第一团、宁夏军区独立师三团、宁夏军区司令部服役，曾任班长、排长、正连、正营职参谋。1986年5月转业，1991年任宁夏固原行署外贸公司副总经理。1994年5月任宁夏回族自治区轻工工艺品进出口公司党委书记。2009年9月退休。

杨千荣 新城乡耿沟村人，1950年10月生，武警部队工程学院毕业，大专学历，中共党员，上校警衔。1970年12月入伍，在陕西省军区独立师四团服役。1982年10月后任陕西武警总队后勤部财务处助理员、副处长、处长。1990年1月任甘肃武警总队后勤部财务处处长。1992年2月任后勤部副部长、党委常委。1996年6月转业后任甘肃省国土资源厅办公室副主任、服务中心主任。曾被聘为省政府后勤研究会特邀研究员、副秘书长。2010年10

月退休。

张登宇 城关镇莲池村人,1950年11月生,中共党员。1972年9月在镇原县委宣传部参加工作。1982年7月后任庆阳地委组织部干事、副科级组织员、正科级组织员、秘书科科长。1995年3月任地区社会保险局、就业服务局副局长。1998年9月后任社会劳动保险局副局长。2002年2月任庆阳市劳动和社会保障局副局长。2006年2月任市政协提案和社会法制委员会主任。

董根祥 南川乡桃园村人,1950年11月生,大专学历,中共党员,上校军衔。1968年2月参军,1983年5月任陆军第二十一军炮兵团政治处主任。1985年10月后任旅政治部副主任、主任。1994年10月转业到宁夏人行任行政处处长。2000年4月任银川人行宣传群工部部长。

刘权寿 屯字镇马堡村人,1950年12月生,上校军衔。1970年参军,先后在解放军五三八二部队、陕西省渭南军分区、省军区政治部群联处服役,1989年任群联处处长。1995年转业,任《国防气功报》社常务副社长、副总编、《西部法制报》副社长兼《警戒线》杂志执行主编。

马万祥 太平镇马南庄村人,1950年12月生,大学学历,中共党员。1970年9月参加工作,在庆阳地区卫生局、人事处任职。1992年2月后任人事处党组成员、副书记、副处长。1998年6月任地区体改委副主任,后兼房改办、住房资金管理中心主任。2000年4月后任地区对外经济贸易处党委书记、庆阳市人大常委会副秘书长。

白晓敏 女,殷家城乡人,1951年3月生,大专学历,中共党员,上校军衔。1968年2月参加工作,先后在解放军六〇野战医院、陆军二十一军政治部服役。1986年12月后任解放军二十八医院政治处代主任、办公室主任、计生办主任。1996年9月后任宝鸡市计生委办公室副主任、主任。1998年5月后任市妇联副主席、主席。2007年4月退休。

张炜东 马渠乡甘川村人,1951年3月生,大专学历。1968年参军,1991年任甘肃省供销社老龄委副秘书长。1994年后任省供销社老干部处副处长、副处级纪检员。2009年任省供销社党委办公室调研员。

贺光宗 方山乡人,1951年4月生,中共党员,机电工程师。1969年参军,1973年退伍。1993年3月任净石沟煤矿副矿长。1998年任党委副书记。2004年任华亭煤业集团矿山机械公司党总支书记。

李金团 屯字镇马堡村人,1951年8月生,大专学历,中共党员。1972年6月参加工作,曾在庆阳地区建筑工程公司、地委宣传部、政改办、研究室任职。1991年任研究室秘书科科长。1993年12月任副县级政研员。1997年12月后任庆阳地区体委副主任、庆阳市委党校党支部书记。

路纯磊 城关镇五里沟村人,1951年10月生,大学学历,高级工程师,二级注册建筑师。1968年12月参加工作,在平凉地区勘察设计院任职。1986年12月后任副院长、院长、中国土木工程学会会员,平凉地区建筑学会副理事长。2005年12月任平凉地区勘察设计院董事长。

李佐民 新集乡新庄村人,1951年11月生,大专文化,中共党员。1970年8月参加工作,先后在镇原县造纸厂、县委办公室工作。1983年11月后任孟坝镇党委副书记、镇长、太平镇党委书记。1994年7月后任宁县副县长、县委常委、常务副县长、县人大常委会主任。2006年11月任庆阳市人大农工委主任。

王邦玺 平泉镇赤马村人,1952年生,中共党员,会计师。1972年8月在庆阳地区土特产公司参加工作,1980年后任财务科副科长、科长、畜产经营部经理。1990年11月出席全国会计工作会议暨全国财会工作集体和先进会计工作者表彰大会。1996年6月任庆阳地区土特产公司总会计师。1999年后任庆阳地区农产品有限责任公司、生产资料有限责任公司监事长。2000年12月任庆阳土特产品公司副总经理,2009年9月任工会主席。2012年3月退休。

李广义 太平镇枣林村人,1952年1月生,大专学历,中共党员。1969年11月参军,曾在兰州军区一四七部、陕西榆林军分区服役。1979年1月转业到庆阳地委党校工作,1983年12月任办公室副主任。1987年6月任地委讲师团正科级秘书。1993年12月任地区广播电视局纪检组长。1996年9月任地区广播电视处副处长。2000年6月任地区审计处副处长。2006年12月任市人大常委会财经工作委员会主任。

田辛林 屯字镇寨地村人,1952年2月生,中专学历,中共党员,会计师。1970年10月在华亭煤矿参加工作,2000年任华亭煤矿财务部部长。2005年6月任华煤集团销售运输公司副经理。2006年7月任华亭煤电股份公司财务副总监。

窦金邦 三岔镇榆杨湾村人,1952年3月生,中共党员。1969年5月后在镇原县三岔、太平、上肖、方山、庙渠、县供销社任职。1984年10月任县食品公司经理。1989年1月任庆阳地区食品公司经理。

张维圣 开边镇张庄村人,1952年3月生,大专学历,中共党员。1970年7月参加工作,曾在兰州市阿干镇煤矿采煤四队、科学技术研究室、煤矿救护队任职。1984年任煤矿中心化验室副主任。1985年任水泥厂副厂长。1986年3月任华亭矿务局救护队党支部书记。2000年1月任杨家沟煤矿工会主席。2003年5月任陈家沟煤矿纪委书记、工会主席。

田立佑 方山乡人,1952年6月生,中共党员,本科学历,副研究员。1978年参加工作,

1988年任兰州大学现代物理系保卫处政保科科长,1997年后任体育教研部副主任、主任。

王维东 新城乡高庄村人,1952年6月生,大专学历,中共党员。1976年2月参加工作,先后在镇原县委报道组、南川、开边公社、县委组织部任职。1984年1月后任平泉乡乡长、郭原乡党委书记。1992年1月任县委宣传部部长。1992年10月任县委常委、纪委书记。1997年10月任县委常委、常务副县长。2001年8月任县人大常委会主任。

卢目标 镇原县人,1952年7月生,中共党员。白银市农科所党组书记。

张宇峰 宁县早胜乡人,1952年生,中共党员,曾在宁县县委组织部、庆阳地委组织部工作。1997年5月任镇原县委副书记。2002年6月后任庆阳市公安局交警支队副政委、支队长。

李浩良 中原乡中原村人,1952年9月生,中共党员。1970年12月参军,在陕西省军区独立师四团服役。1976年10月后在镇原县革委会、庆阳地区财政学校、地委秘书处工作。1985年12月后任地委保密办公室副主任、主任、保密委副主任、庆阳市国家保密局局长。2006年5月任庆阳市纪委副书记。曾2次被国家保密局评为全国先进保密工作者。

田晓峰 屯字镇田岭村人,1953年1月生,大专学历,中共党员,高级农艺师,农业推广研究员。1974年6月在天水市农科所参加工作。1996年10月任副所长,取得科研成果12项。2005年6月任天水市农业局总农艺师。

刘自德 太平乡马南庄村人,1953年2月生,中共党员。1969年2月入伍,1973年3月退伍。1974年9月入兰州石油学校学习,1978年2月毕业后分配兰州炼油化工总厂职工医院工作,1990年12月后任兰炼总厂纪律检查委员会主任科员、副处级纪检员、副书记。

田旭如 方山乡田园子村人,1953年3月生,大学学历,中共党员,空军中校,三级警监。1970年12月参军,曾任陕西省军区独立团军务参谋、团政治处副主任、团委书记。1986年8月任西安空军预备役师二团政治处主任。1995年1月转业后任西安市公安局政治处秘书科副科长、治安处内情科科长。2002年12月后任临潼公安分局党委副书记兼纪委书记、副局长兼纪委书记。

刘继富 太平镇柳嘴村人,1953年5月生,大学学历,中共党员,注册会计师。1970年12月参军,1977年甘肃省财校毕业后留校任教。1981年后任兰州商学院助理讲师、省财政学校讲师、教务科副科长、科长、副校长、党委委员。1991年后任省财政厅会计处副处长、处长、党支部书记、甘肃科技函授分校校长、省高级会计师评审会评委、会考办副主任。曾担任《新会计知识》《新财务会计税收法规制度总编》主编。

马志真 屯字镇四殿村人，1953年5月生，中共党员。曾在庆阳行署计委、华池县李良子乡工作。1985年11月后任庆阳行署建设处副处长、浙江省富阳县县长长助理、庆阳地区建设处副处长、宁县县委副书记、庆阳地区建设处副处长。1992年12月后任庆阳地区建设处党委书记、处长。

张治新 城关镇高庄村人，1954年6月生，中共党员，中学高级教师。1972年1月参加工作，在水电部第四工程局子弟中学任教，1984年6月调甘肃省教育厅工作，历任普教处主任科员、教材中心党支部书记、副主任，主持编写甘肃省地方教材和中小学教学辅助读物340种，主编的普通高中劳动技书教材获教育部地方教材三等奖。

秦浩元 临泾乡石羊村人，1953年7月生，中共党员，大学学历，高级工程师。1971年9月参加工作，先后任长庆钻井二处团委副书记、华北油田五分部团委书记。1981年3月后任华北石油管理局团委副书记兼教体委副主任、长庆钻井二公司副经理、二处副处长、党委副书记。1994年2月后任长庆农工商处党委书记、处长、长庆技工学校校长。1998年3月后任长庆输油公司董事、常务副总经理、党委书记、第二输油处党委书记。2008年10月任陇东指挥部副总指挥。

肖登江 三岔镇庄门村人，1953年8月生，大专学历，中共党员，高级工程师。1971年1月参加工作，先后在窑街矿务局二矿采煤队、团委、宣教科、安全检查科、煤炭销售科任职。1995年11月后任窑街煤电煤炭运销公司副经理、经理、党委书记。

景启琨 新城乡东庄村人，1953年9月生，大专学历，中共党员，经济师。1971年9月参加工作，曾在煤炭部八十三工程处、甘煤三处劳资科、华亭矿务局劳人处任职。1993年2月后任华亭矿区建设管理办公室人事科副科长、科长、办公室副主任。2002年5月任华煤集团工会副主席。

王　鹏 新城乡惠沟村人，1953年9月生，大专学历，中共党员，高级工程师。1971年9月参加工作，曾任甘肃省煤炭第一工程公司施工队长、技术主任、质检科长。1991年5月后任第二工程公司施工管理科科长、基建副总工程师、工程处主任、公司副经理。1996年10月任省窑街矿务局基建工程公司经理。

孟宝瑜 新城乡人，1953年10月生，中共党员。1972年2月参加工作，先后在宁夏回族自治区泾源县粮食局、财政局任职。2001年10月任泾源县副县长。2006年5月任固原市财政局副局长、调研员。1998年3月当选为自治区第八届人大代表。1991年被自治区评为优秀领导干部。2001年被评为实施国家级贫困地区义务教育工程先进个人。

席承苏 开边镇解放村人，1953年9月生，大专学历，中共党员。1971年4月参加工作，在庆阳地区商业局、行署财贸办公室、行署办公室任职。1992年1月任行署办公室副主任。1999年5月后任庆阳地区社会劳动保险局局长、庆阳市统计局局长。

慕立斌　平泉镇洪河村人，1953年10月生，高级工程师。1977年参加工作，曾任长庆油田西安油田设备有限公司董事长。

周世敏　屯字镇开城村人，1953年11月生，中共党员。1972年2月参加工作，先后在环县、西峰汽车站、庆阳地区运输公司工作。1991年1月任庆阳行署驻西安办事处主任。1994年7月享受正处级待遇。1996年11月后任行署交通处副处长、庆阳市运输管理处处长。

刘义平　城关镇莲池村人，1953年11月生，中共党员，中校军衔。1969年11月入伍，曾任西藏军区政治部看守所排长、提审员、所长。1986年11月后任西藏墨竹县、拉萨市人武部副政委、甘肃省镇原县人武部副部长。1994年2月转业后任镇原县人大常委会专职委员。2002年7月享受正县级干部待遇退休。

祁文瑞　屯字镇双合村人，1953年11月生，大专学历，中共党员。1976年参加工作，在甘肃公路工程处房建办公室、公路工程公司第四工程队任职。1993年4月后任省交通厅工程处劳资科科长、综合办公室主任、党委办公室主任、党委副书记、副处长。2006年8月任省路桥建设集团有限公司党委副书记、监事会主席。

张文锦　临泾乡包庄村人，1953年11月生，中共党员，工商管理硕士，高级政工师。1976年10月在长庆油田参加工作。1986年后任长庆石油勘探局工会宣传部副部长、部长。1994年后任钻井二处工会主席、党委副书记。1998年任长庆石油学校党委书记。2001年任长庆西安泾河工业园项目组经理。2005年任长庆局企业文化处处长、局工会常务副主席。

李步鑫　屯字镇马堡村人，1954年1月生，中共党员，本科学历，工学学士。1980年3月参加工作，先后在甘肃省建筑技术学校、省建筑工程学校任教。1989年9月后任甘肃省旅游局规划开发处、计划财务处副主任科员、主任科员。1998年4月后任省旅游局规划发展与财务处副处长、政策法规处处长。2008年1月后任省旅游局办公室主任、规划财务处处长。

杨库岳　郭原乡西杨村人，1954年3月生，大专学历，中共党员，高级政工师。1974年12月参军，在八四六〇二部队服役，曾任副政治教导员。1986年转业到宁夏回族自治区中卫保险公司任副经理、经理。1991年后任自治区保险公司财险处处长、党群工作部部长。

阎　石　三岔镇周家庄村人，1954年3月生，中共党员，大专文化，新闻编辑。1972年4月在镇原县秦剧团参加工作，任编剧，独立或与他人合作创作上演戏曲、文艺节目10余台，3次获得庆阳地区文艺调演剧本一等奖，其中大型历史剧本《魏文侯拜将》小戏《锅台新事》《两个金兰》《春燕展翅》及小说、诗歌在省、地级文艺刊物发表。1983年8月调镇原广播站任记者、编辑，深入农村、企业采写新闻稿件，编排广播节目，贴近群众、内容鲜活，连续6年有10余件新闻作品获全省优秀广播节目一等奖，其中《西北女商人和她的丈夫》等3件新闻作品获全国优秀广播节目二等奖、全国好新闻三等奖。1990年受到甘肃省委、省政府表彰，1991年被授予全国优秀新闻工作者称号，被庆阳地委评为全区首届拔尖人才。1992年10月调任甘肃省体育报社等单位任记者、编辑。1996年12月后任省体育局人事处助理调研员、直属机关党委专职副书记、政策法规处处长，参与制定省体育法实施办法、体育发展规划，发表体育法规、政策论文多篇，部分获全国奖项，被推荐为2008年北京奥运会火炬手。

段德福 城关镇高庄村人，1954年6月生，本科学历，中共党员。1971年8月在甘肃省物资局木材公司参加工作。1978年10月调省政府办公厅文电处工作，1988年11月机要通讯科科长。1996年1月任文电处副处长。2004年12月后任文电处、应急办、甘肃省政府驻广州办事处正处级调研员。

刘福祥 武沟乡惠大庄村人，1954年7月生。1979年在甘肃省白银监狱参加工作。1992年4月后任平凉监狱教导员、办公室主任。2002年4月任平凉监狱副调研员兼任办公室主任、基建办主任。2008年12月任平凉监狱调研员。

祁恩才 城关镇祁川村人，1954年7月生，中共党员，高级政工师。1978年12月入伍，1983年7月转业，先后在北京市第四城市建设工程公司、城建集团总公司、中央组织部工作。1994年2月后任北京城建集团公司组织部副部长、党委工作部部长。2001年4月任城建投资发展股份有限公司党委工作部部长。

张怀璧 城关镇段高庄村人，1954年8月生，中共党员。1975年3月参加工作，先后在镇原县南川公社、团县委、庆阳地委组织部任职。1992年任地区经委副主任。1997年5月任西峰市市委常委、副市长、西峰区区委副书记兼西峰职教中心主任。2006年12月任西峰区人大常委会主任。

白生会 中原乡原峰村人，1954年9月生，中共党员，大学学历。1972年12月参军，先后在解放军工程兵第十四团任副指导员、指导员。1984年10月后任兰州军区技侦处科长、科技装备处政委，立三等功两次。1998年9月后任甘肃省土管局土地利用估价所书记兼副所长、规划研究院院长、耕地保护处处长，兼任省土地学会副会长、秘书长。

姜登录 孟坝镇西壕村人，1954年9月生，本科学历，中共党员，上校军衔。1972年12月参军，曾在八四五三二部队、八四五三五部队服役。1997年9月转业，任兰州卷烟厂党委副书记兼纪委书记、党委书记。2001年8月任甘肃省烟草专卖局政工处处长。

李显耀 新集乡唐塬村人，1954年10月生，中共党员。1977年11月参加工作，1979年3月后在西藏自治区洛扎县农机科、生格区公所、县法院任职。1994年4月任洛扎县委办公室主任，12月任西藏自治区浪卡子县委常务副书记。1998年5月后任庆阳地区中级法院副处级审判员、纪检组长、审委会委员。

袁耀强　武沟乡大岔村人，1954年10月生，中共党员，高级讲师。1978年8月在庆阳师范任教。1986年12月后任教务处副主任、政教处主任。1999年4月任副校长。2003年9月任党委书记。

刘慕尧　开边镇开边村人，1955年3月生，中共党员。1979年4月参加工作，先后在西藏班戈县计委、县委办工作。1984年7月后任县委办副主任、主任。1993年10月后任班戈县副县长、常务副县长、那曲地区工委办公室副秘书长、地区人大办调研员。2009年退休。

王国隆　庙渠乡塬头村人，1955年3月生，中共党员，高级工程师。1979年9月参加工作，曾任庆阳地区西峰制药厂中药车间副主任、片剂车间副主任，生产技术科副科长、科长。1991年任药研室主任。1995年10月后任副厂长、厂长。

黄清文　武沟乡渠口村人，1955年4月生，大专学历，中共党员。1975年2月参加工作，先后在武沟公社、镇原县委报道组任职。1976年10月在庆阳县什社公社搞路线教育。1977年12月后在镇原县庙渠乡、县委办公室任职。1983年12月后任县委办公室副主任、机要室主任。1991年11月后任县保密局局长、县委办公室主任。1997年10月任县委常委、纪委书记。2001年10月任县委副书记兼纪委书记。2006年12月任县政协主席。

路广阔　城关镇路坡村人，1955年4月生，大专文化，中共党员，经济师。1975年6月参加工作，曾任华亭煤矿办公室主任、党委办和综治办主任。1993年8月任华亭县水厂厂长。1994年12月任华亭陇东水泥有限责任公司董事长、总经理。1994年12月任陇东建材集团党委书记。

张禧仁　马渠乡赵渠村人，1955年6月生，大专学历，中共党员。1973年12月参加工作，曾在马渠乡赵渠八年制学校、庆阳二中、庆阳地委组织部任职。2000年4月任地直机关工委副书记。

王新华　屯字镇阳宁村人，1955年8月生，大专学历，中共党员，经济师。1971年12月在庆阳地区医药公司参加工作。1985年11月后任公司办公室副主任、主任、党委办公室主任、公司党委副书记兼工会主席。2001年12月任公司党委书记兼总经理。

徐世龙　中原乡上杜村人，1955年8月生，大学学历，中共党员。1974年12月参军，1984年1月转业。1986年6月后任青海省文化厅政治处主任科员、副主任。1994年12月任社会科学院政治处主任。

朱润身　临泾乡包庄村人，1955年8月生，本科学历，中共党员，高级农艺师。先后任甘肃省农业科学院党委秘书、党委办公室副主任、工会常务副主席、旱地农业研究所党支部书记、副所长、经济作物与啤酒原料研究所党支部书记、副所长。

任志国 孟坝镇人,1955年9月生,中共党员。1987年任庆阳地区肉联厂副厂长,1992年任厂长,1998年兼任党委书记。

贾平章 三岔镇大塬村人,1955年11月生,中共党员。1974年7月参加工作,先后在中国人民解放军林业工程第二师四团刘家店林场、正宁县中湾林场、庆阳地区林科所、林业处任职。1999年4月任地区果业管理局副局长。2001年7月任合水县林业总场党委书记。

李克强 太平镇丁岘村人,1955年11月生, 中共党员, 高级工程师。1972年1月参加工作,1977年3月后任白银公司小铁山矿机运队副队长、采矿试验队队长、采矿二队队长、掘进队队长、开拓办主任、生产技术计划科科长。2000年11月后任副矿长、矿长。主持、参与的技术改造工程项目获省部级奖励4次。

金惠民 太平镇柳嘴村人,1955年12月生,大学学历,中共党员。1973年3月后在华池县山庄公社尚湾小学、华池三中、华池一中等校任教。1980年3月在华池县委宣传部工作。1983年12月后任庆阳地委组织部秘书科副科长、青年干部科科长、地委组织员。1996年6月任合水县委常委、组织部部长。2000年4月任庆阳地区广播电影电视处副处长。2003年3月任庆阳市广播电影电视局副局长。2007年5月任庆阳市体育局党组成员、纪检组长。

朱世伟 屯字镇朱川村人,1955年12月生,大专学历,中共党员。1976年2月入伍,曾任陆军八师炮兵团中校副团长。1996年9月转业后任新疆维吾尔自治区塔城地区国土资源局纪检组长、党总支书记、正处级调研员。

韩　文 庆城县三十里铺镇人,1956年生。1974年入伍,曾任甘肃省独立师副营长、省军区一条山农场正营职参谋、红古农场副团职厂长。1995年5月任镇原县人武部部长。1999年9月后任兰州卷烟厂行政科科长、甘肃烟草西固仓库主任、甘肃烟草瑞丰公司副经理。

王金岭 陕西省大荔县人。1996年7月任镇原县人武部政委,曾兼任镇原县委常委。2000年1月转业任陕西省渭南市公路总段党委副书记。

杨昇岳 郭原乡西杨村人,大专文化,中共党员。1976年参加工作,先后在甘肃省公路局第三、第四工程队任职。1999年任局劳资科科长。2002年任局人事劳动安全处处长。

马久崇 屯字镇湾李村人,1956年1月生,中共党员,大专文化。1974年12月在铁道兵第十师四十九团参军。1986年12月后任兰州市民政局农村社会救济处副处长、办公室副主任、军队离退休干部第四休养所党委书记、所长。2009年10月任兰州市民政局离退休干部安置办公室主任。

张占君 笔名牧野,平泉镇坪边村人,1956年1月生,本科学历,中共党员。1974年1月参军,在铁道兵第十师四十九团服役。1977年退伍到青海省水利厅工作。1997年任水管水保处副处长。1998 年任经济管理处处长、国家水利部政策研究中心研究员。2000 年 5 月任青海省水利厅办公室主任、水利管理局局长。兼任中国水利报记者、水利部政策研究中心研究员、中华水文化专家委员会研究员、国家水利风景区评审专家。

张立新　新城乡高庄村人,1956 年 1 月生,大学学历,中共党员。1972 年 8 月参加工作,先后在镇原县上肖粮管所、平凉地区科技处、广电处任职。1995 年 3 月任平凉地区广电处副处长、广电局副局长。2003 年 4 月后任平凉市委宣传部副部长、外宣部主任、市政府新闻办主任。2006 年 3 月任平凉市档案局局长。

李正平　屯字镇田岭村人,1956 年 1 月生,大学本科,中共党员,教授级高级工程师。1983 年后任兰州市安宁乡副乡长、市园林科学研究所所长、市园林规划设计院副院长、市南北两山环境绿化工程指挥部总工程师、副总指挥、市城乡建设局副局长、市园林局局长兼甘肃省风景园林委员会主任委员、林业工程高级职称评审委员会副主任委员。1993 年享受国务院政府特殊津贴。1998 年省政府批准为甘肃省优秀专家。

马立峰　屯字镇四殿马村人,1956 年 2 月生,中共党员。1981 年 1 月参加工作,先后在镇原县屯字中学、县水电局、县政府办公室工作。1986 年 1 月后任县政府办公室副主任、主任。1997 年 10 月后任镇原县委常委、宣传部部长。2000 年 4 月任县政府副县长。2007 年 3 月后任庆阳市文化出版局、市科技局副局长、知识产权局局长。2010 年 12 月任庆阳市政协经济委员会主任。

张卫江　马渠乡甘川村人,1956 年 3 月生, 中共党员, 高级政工师。1972 年 1 月参加工作,1989 年后任白银公司小铁山矿财务科科长、 实业公司经理、副矿长、公司纪委纪律检查室主任、监察室副主任、纪委副书记、审计监察部主任、省内部审计师协会常务理事。

何其孔　三岔镇寺庄湾村人,1956 年 5 月生,中共党员。1978 年 1 月后在镇原县三岔公社、县委组织部工作。1983 年 12 月后任庙渠乡副乡长、县财政局、县审计局副局长。1988 年 5 月任县财政局局长。1996 年 5 月任镇原县副县长。2000 年 4 月任庆阳地区财政处副处长。2005 年 10 月任庆阳市财政局副局长兼经济发展投资有限公司总经理。2009 年 1 月任庆阳市交通局副局长兼市县乡公路管理局局长。

李书彤　镇原县人,1956 年 5 月生,大专学历。1974 年参加工作,在玉门市老君庙油矿、玉门石油管理局宣传部任职,曾任管理局、新疆吐哈油田科长。1990 年任吐哈石油钢铁厂厂长。1995 年任四达实业总公司副总经理。2001 年任西安立人集团办公室主任。2004 年任西安进出口总公司生产部经理。2006 年任新疆鄯善鑫瑞秦商贸有限公司总经理。

慕甲锋 新城乡孙庵村人，1956年5月生，大专学历，中共党员，高级会计师。1971年10月参加工作，曾任长庆石油勘探局水电厂财务科副科长、科长、通讯总站站长、党委委员、副厂长，2000年12月任党委书记兼副厂长，2002年任党委书记、厂长。2007年任中石油长庆油田分公司矿业部副主任。

张林学 临泾乡祁庙村人，1956年5月生，中共党员。1975年4月在庆阳地区九连山水泥厂参加工作，曾任调度室主任、生产科长。1988年任副厂长。1996年后任厂长、党委副书记。1999年后任副董事长、厂长、纪委书记、总经济师。

王治中 新城乡东庄村人，1956年5月生，中共党员，本科学历，上校军衔。1976年2月入伍，曾任陆军第六师排长、连长、军需股股长、营教导员、团政治处副主任等职。1994年4月任新疆莎车县武装部副部长、政委、莎车县委常委、喀什军分区党委委员。2002年12月退役。

巨洪程 新城乡高巨村人，1956年6月生，研究生学历，中共党员。1978年8月参加工作，1989年3月任皋兰县副县长。1994年12月后任兰州市乡企局副局长、市体改委副主任、市经委副主任兼交通战备办公室主任。2004年10月任兰州市政府国资委副主任。2007年任兰州市经委主任兼煤炭安监局局长。2010年1月任兰州市工信委主任。

曹　捍 上肖乡雄武村人，1956年7月生，中共党员，大学学历，高级工程师。1981年1月在黄河水利委员会水资源保护研究所情报室参加工作，1986年任情报室主任。1990年4月任水资源保护研究所办公室主任。1994年3月任黄河流域水资源保护局办公室副主任。1999年后任水资源保护局办公室主任、纪检组副组长兼人劳处处长。

石建国 合水县肖嘴乡人，1956年7月生，中共党员。1974年12月参加工作，曾任合水县团县委书记、庆阳地区青少年活动中心主任。1996年1月任镇原县副县长、常务副县长。2002年9月后任庆阳市物价局副局长、地委政法委副书记。

王焕天 上肖乡西岭村人，1956年8月生，大学学历，中共党员，上校军衔。1976年2月参军，曾在三六一四九部队、新疆军区后勤部服役。1994年4月任军需处生产科科长。1997年4月任六九〇五〇部队军需处处长。

杜养惠 中原乡原峰村人，1956年9月生，大专学历，中共党员。1974年3月参加工作，先后在镇原县中原乡原峰小学、文教局、县政府办公室、庆阳地委组织部工作，曾任副科长、科长。2000年5月后任庆阳地委老干部处副处长、庆阳市文化出版局副局长。2008年7月任庆阳市文物局局长。2010年12月任庆阳市政协文史委主任。

李万春 庙渠乡常埝村人，1956年11月生，大专文化，中共党员，上校警衔。1976年12月参军，先后在甘南州夏河县中队、甘肃武警总队纪委办公室服役。1994年6月后任甘肃武警总队后勤部政治处主任、办公室主任、平凉市武警支队政委、甘肃武警总队医院政委。2005年12月退休。

马电行 城关镇原郑村人，1956年10月生，大专学历，中共党员，工程师，三级警督。1980年8月参加工作，曾任甘肃省公安厅机要通信科副科长、科长、计算机通信处副处长、处长。2001年4月任公共信息网络安全监察处处长。

王 尧 正宁县永正乡人，1956年11月生，大专学历，中共党员。1975年12月参加工作，在正宁县委组织部任职。1982年7月后任县委办公室副主任、宫河镇党委书记、县委组织部部长。1992年1月任县委常委、组织部部长。1994年7月任县委常委、副县长。1995年4月任镇原县委副书记。1997年10月任县委副书记、县长。2002年11月后任庆阳市水务局局长、发改局局长。

高廷杰 孟坝镇峁合村人，1957年生，大专学历，中共党员，高级会计师。1980年1月参加工作，曾任庆阳地区土特产品公司团委书记、计财科长、总会计师。1996年任公司副总经理，1999年兼任农业生产资料公司总经理。

王宁秀 女，宁县湘乐镇人，中共党员，大学学历。曾任小学教师，在兰州一企业做过宣传工作，后在宁县妇联工作。1993年1月后任宁县广电局副局长、局长。1997年9月任镇原县副县长，2002年2月任县委副书记。2005年7月任庆阳市广电局副局长、广播电视网络中心主任。

张正民 正宁县三嘉乡后坡村人，1957年生，中共党员。1973年12月参加工作，历任正宁县法庭庭长、法院副院长兼庭长、党委副书记兼主任、乡党委书记等职。1996年3月，任镇原县人民检察院检察长。2002年7月任西峰市人民检察院检察长。2006年3月享受正县级干部政治、生活待遇。

姚正乾 新集乡新庄村人，1957年2月生，大专学历，中共党员，上校军衔。1976年3月参军，在新疆陆军第八师炮兵团服役。1986年6月后任镇原县人武部军事科、政工科科长。1997年3月任副部长。1999年5月任环县县委常委、人武部部长。2003年9月转业后任庆阳市住房公积金管理中心主任。

张满仓 新城乡人，1957年3月生。1981年参加工作，历任新疆喀什泽普人民银行行长，喀什市人民银行调研员。

张之麒 平泉镇虎泉村人，1957年3月生，大学学历，中共党员，教授。1975年3月参加工作，后在湫池乡虎泉小学、庆阳师专物理系任教。1992年任系党总支副书记。1997年任副主任。2000年任主任。2006年任陇东学院电气工程学院党总支书记。

姚治平 新集乡王寨村人,1957年6月生,大专学历,中共党员,经济师。1976年9月参加工作,1984年9月后任长庆建行贺旗办事处副主任、主任。1985年10月后任营业部、办公室主任。1990年7月任副行长。1995年后任庆阳地区建行副行长、行长、党委书记、甘肃省建行审批部处长。

张和平 新城乡东庄村人,1957年7月生,大学学历,中共党员。1974年3月参加工作,先后在静宁县灵芝公社高义大队、平凉行署公安处、社会治安综合治理办公室工作。1992年获全国综合治理先进个人。1994年8月任平凉地区综治办副主任。1997年12月任灵台县委副书记。2002年5月任平凉市体育局局长。

张成效 南川乡桃园村人,1957年8月生,大专学历,中共党员,上校军衔。1976年3月参军,在乌鲁木齐军区陆军第八师炮兵团、庆阳军分区、兰州军区后勤部服役。1999年后任玉门市委常委、人武部部长、东乡县人武部部长。先后立三等功2次,受军级以上单位表彰5次。2004年3月转业后任甘肃省国土资源厅后勤处处长、财务处调研员、财务处正县级调研员。

路新民 平泉镇姚川村人,1957年9月生,中共党员,本科学历。1976年12月在陆军第二十一军炮兵团入伍。1977年3月在军械炮兵训练大队服役。2001年任兰州市市委党校总务处处长。

马建仁 城关镇原郑村人,1957年9月生,中共党员,副研究员。1974年8月在镇原县林业局参加工作。1980年1月后在庆阳农校、陇东学院任教,曾兼任地区果蔬病虫害防治新技术研究所业务所长。2004年2月后任陇东学院化学系党总支副书记、书记。

马志刚 屯字镇曹路村人,1957年9月生,大专学历,中共党员,经济师。1975年5月参加工作,曾任庆阳地区毛纺厂供销科副科长、毛毯分厂厂长、经营部主任、供销公司经理。1994年后任副厂长、厂长。

陈海兰 女,武沟乡王岔村人,1957年10月生,研究生,中共党员,高级教师。1976年8月在固原县黑城乡插队落户锻炼。1982年1月任固原县第三中学副校长。1989年8月任固原县职业高中党支部书记兼校长。1997年后任银川市第十三中学副校长、职业中专学校党支部书记兼校长、银川市第一职业中专党支部书记兼校长。2005年2月任《银川晚报》社常务副社长。

马秉钰 三岔镇高湾村人,1957年11月生,中共党员,本科学历,高级经济师。1976年12月入伍,曾任班长、排长、副连长、政治指导员等职。1987年12月转业后任工行镇原支行人秘股股长、储蓄股股长、正宁县支行行长、党支部书记、庆阳县支行行长、党总支部书记、西峰市支行行长、党总支部书记。2002年9月后任工行天水市分行副行长兼纪委书记、党委委员、庆阳市分行副行长、党委委员。2005年5月任工行甘肃省分行营业部七里河支行行长、党总支书记。2009年2月任工行甘肃省分行公司业务部高级经理。

张兆锋　平泉镇虎泉村人，1957年12月生，大学学历，中共党员，上校军衔。1976年12月入伍，在陆军二十一军炮兵团服役。1993年4月任兰州军区八四五七八部队政治处主任，1995年11月任政委。2000年3月任解放军第五医院政委。

刘晓黎　上肖乡姜曹村人，1958年1月生，中共党员，本科学历，高级工程师。1976年参加工作，曾在甘肃省电力局八盘峡水电厂任技术员、科长。1989年后任省电力局水检公司副经理、八盘峡水电厂副厂长。1999年任河西水电有限责任公司总经理。

彭益民　正宁县永正乡人，1958年2月生，大专文化，中共党员。1973年12月参加工作，先后在正宁县罗川乡聂原小学、粮食局、县委组织部、县委办公室工作。1989年3月后任正宁县委组织部组织员、副部长、副部长兼县委党建办主任、县政府办公室主任。1997年10月任镇原县委常委、组织部部长。2001年6月任县委副书记。2004年12月后任庆阳市编委办主任、人事局副局长、市纪委副书记、监察局局长。

白亚民　女，殷家城乡白家川村人，1958年3月生，大学学历，中共党员。1975年5月参加工作，曾在陕棉十二厂、陕西省宝鸡市人才交流服务中心、宝鸡市纪检委、监察局任职。2005年任宝鸡市文物局纪检组长。2006年8月任宝鸡市政府督查室主任兼监察局副局长。2010年5月任宝鸡市档案局局长兼馆长。

李小明　南川乡桃园村人，1958年3月生，本科学历，中共党员。1974年12月参加工作，曾在玉门石油管理局、中原石油勘探局、河南省濮阳市委办公室任职。1993年8月任中原石油化工公司人事劳资处处长兼总经理办公室主任。1995年6月任石油化工公司党委常委、董事会董事、工会主席兼濮阳市警风警纪监督员。

王清泉　马渠乡马渠村人，1958年3月生，中共党员，高教管理副研究员。1981年7月参加工作，后任陇东学院副科长、科长。2002年10月后任数学系党总支副书记。2006年7月任音乐系党总支副书记。2010年11月任陇东学院土木工程学院副书记，主持工作。一直从事高教管理工作，在《大学实验室通讯》《中国改革与决策文库》《走向新世纪》等国家、省级书刊上发表高教管理论文数十篇，曾获甘肃省教委“实验室工作先进个人”奖。

张可荣　南川乡人，1958年3月生，中共党员，研究生，正高级工程师。历任甘肃白水江国家级自然保护局党委书记、局长，省林业厅机关调研员、天然林保护办公室副主任、基建办公室主任、三北防护林建设局局长，甘肃省防沙治沙办公室主任。“全国绿化奖章”和“甘肃省绿化奖章”获得者，“甘肃省555创新人才”。

李创举 城关镇祁川村人，1958年5月生，大学学历，中共党员，三级警监。1970年1月参加工作，1976年入伍，曾任陆军八师排长、副连长、连长、副营长、营长、团参谋长、副团长。1996年9月转业到农八师石河子市公安局政治处任副主任。2000年9月任莫索湾垦区公安局政委兼局长。2003年8月任市局党委委员、政治处主任。2004年6月任局文联主席。2005年8月任农八师石河子市公安局纪委书记、督察长。

牛维民 庙渠乡牛塬村人，1958年8月生，本科学历。1975年10月参加工作，曾在玉门石油管理局机械厂宣传科、通达公司工作。1990年4月后任玉门石油管理局宣传部副部长、统战部副部长、党委工作部副部长、机械厂厂长、群工处处长、工会副主席、玉门油田新闻中心主任、《石油工人报》社长。

张 一 新城乡大王村人，1958年8月生，中共党员，大专学历，中校军衔，高级政工师。1976年2月入伍，在陆军第六师、西藏阿里军分区工作，曾任排长、连长、营长、会晤站站长等职。1994年9月后在玉门石油管理局工作，历任人武部副部长、部长、保卫处党委书记兼消防支队政委、离退休人员管理中心主任兼老干处处长、中心党委书记、纪委书记、工会主席。

俱明忠 陕西省乾县人，1959年1月生，中共党员，大学学历。1978年3月入伍，历任陆军第五十六师工兵营排长、副连长、连长、副营长、营长、师工兵科科长、装备部部长。1999年5月任镇原县人武部部长。2001年任县委常委、人武部部长，先后立三等功9次。2008年9月被兰州军区评为民兵预备役工作先进个人。

姚 军 新集乡新庄村人，1959年1月生，本科学历，中共党员，高级法官。1976年3月参军，在新疆军区陆军第八师炮兵团服役。1980年1月退伍，先后在镇原县人民检察院、天水市中级法院工作。1992年后任甘肃省法院副处级、正处级审判员、刑事审判第二庭副庭长、信访接待处处长。

王小庆 宁县人，1959年8月生，本科学历，中共党员。1980年2月参加工作，先后在庆阳地区财税处、财政处工作，1994年任财政处副处长。2002年6月任镇原县委副书记。2002年11月任县委副书记、县长。2006年11月任中共镇原县委书记。2009年2月任庆阳市交通局局长。

谢进步 临泾乡席沟圈村人，1959年8月生，中共党员，研究生。1976年12月参军，在武警甘南支队服役。转业后在甘肃省政府办公厅监察室任职。2009年12月任省机关事务管理局房地产管理处处长。

苏荣明　方山乡王湾村人，1959年生。曾任兰州武警支队政委。

郝效坤　新城乡人。1979年毕业于石家庄高级步兵学校，曾任新疆石河子陆军预备师步兵三团团长。

赵　明　屯字镇建华村人，1959年9月生，大学学历，中共党员。1980年8月参加工作，先后任庆阳地区土特产公司办公室副主任、主任、副经理、庆阳行署研究室副主任、行署办公室副主任。1997年10月任合水县委副书记、县长。2002年1月后任庆阳市环保局局长、扶贫办主任。2010年1月任庆阳市民政局局长。

车龙海　新城乡高庄村人，1959年11月生，中共党员，本科学历。1976年2月入伍，历任新疆军区某部班长、排长、参谋、股长、营长、团副参谋长、师战勤科长等职，曾立三等功，中校军衔。1997年8月转业到甘肃省林业厅防火办工作，2004年任静宁县政府副县长，2008年任省林业厅防火办调研员（正处）。2008年12月退休。

黄占俊　华池县元城乡人，1959年12月生，研究生学历，中共党员。1983年7月参加工作，12月后任华池县白马乡副乡长、党委副书记、乡长、城壕乡党委副书记、乡长、党委书记。1992年12月任宁县县长助理。1994年1月任镇原县副县长。1997年8月任镇原县委副书记。2002年1月后任合水县委副书记、县长、县委书记。2006年2月任庆阳市财政局局长。

席飞跃　太平镇席兰村人，1959年12月生，本科学历，中共党员。1976年10月参加工作，在长庆油田运输处、西峰市公安局、市委经济部、甘肃省人大研究室任职。1995年8月后任省人大副处级秘书、调研处副处长。1998年7月任处长兼制度研究会副秘书长。2002年7月任白银区区委副书记。2006年9月后任副书记、代区长、区长。2009年8月后任兰州市安宁区区委副书记、区长、兰州经济技术开发区管委会主任。

杨生军　马渠乡马渠村人，1959年12月生，中共党员，上校军衔。1978年3月参军，在陆军第二十一军六十一师一八二团、庆阳军分区服役。1995年3月任庆阳县人武部副部长。2001年4月任合水县人武部部长。

张　成　孟坝镇王地庄村人，1960年3月生，中共党员，教授，硕士研究生导师。1978年9月参加工作，1987年12月后任庆阳农校团委副书记、书记、办公室主任。1994年12月任地区农校副校长。2001年10月任庆阳师专农林科学系主任。2006年8月后任陇东学院农林科技学院院长、农业科学研究所所长、庆阳市陇东冬小麦工程技术研究中心主任。

刘永锋　平泉镇八山村人，1960年3月生，大学学历，中共党员，高级工程师。1980年8月参加工作，在白银市二十一冶金公司任职。1989年后任庆阳师专基建处副科长、科长、副处长、处长。2010年10月任审计处处长。

段兆平 太平镇老庄村人,1960年3月生,大学学历,中共党员,上校军衔。1976年12月入伍,先后任基层连队排长、军区教导队教员、军队院校院长办公室档案助理、秘书、军队政治工作教研室教员、主任、总参工程兵指挥学院政治工作教研室讲师。曾作为解放军总政治部联合军乐团成员参加中华人民共和国成立35周年庆典,立三等功1次;创作歌曲《军旅生涯》获1995年总参军旅歌曲大赛一等奖。

俱　权 马渠乡梁寨村人,1960年4月生,大专学历,中共党员,高级政工师。1976年12月参加工作,曾在安口煤矿开拓三队、华亭矿务局保卫处任职。1997年3月任华亭矿务局经济民警中队队长。2002年4月任华煤集团治安保卫部部长。

杨晓林 新城乡人,1960年4月生,中共党员,大学学历。1976年3月参加工作,1981年8月后在甘南州玛曲县尼玛乡兽防站、县科委工作。1990年1月后任玛曲科委副主任、水电局副局长、局长。2001年5月后任玛曲县委常委、纪委书记、县委副书记、纪委书记。2005年11月后任甘南州纪委副书记、纪委副书记兼州监察局局长。

王玉贵 马渠乡花儿岔村人,1960年8月生,大学学历,中共党员,上校军衔。1978年2月参军,1985年2月后任兰州军区后勤部军需部给养处副营、正营、副团职助理员。1996年3月任军区军需仓库业务处处长。1998年3月任联勤第25分部军需处处长。

赵海东 正宁县西坡乡人,1960年9月生,中共党员。1978年11月参加工作,先后在正宁县月明初中、县文教局、财贸办、政府办工作。1989年11月后任永正乡党委副书记、山河镇党委副书记、镇长、西坡乡党委书记、湫头乡党委书记。2001年5月任镇原县副县长。2006年11月任西峰区区委常委、纪委书记。

陈克文 开边镇甄沟村人,1960年10月生,中共党员,经济师。1979年10月在宁夏回族自治区固原农行参加工作。1988年7月后任彭阳县农行副行长、行长。1992年7月后任固原地区农行副行长、行长。1998年10月任宁夏回族自治区农行个人业务处处长。

杨光强 孟坝镇王山村人,1961年2月生,中共党员,本科学历,中校军衔。1978年12月入伍,先后在兰州军区司令部工兵团、装备库、器材库任职,曾立三等功1次,被兰州军区司令部评为学习雷锋标兵。1999年7月转业到甘肃省委党校工作,2002年12月任总务处副处长党支部副书记。2007年12月任省委党校党委副书记、纪委书记。

徐安平 平泉镇人,1961年3月生。1985年参加工作,曾任华亭煤业集团有限责任公司非煤产业总公司副总经理、生活服务公司经理兼正处级高级经济师。

包德才　屯字镇包城村人，1961 年 10 月生，中共党员。1981 年毕业于庆阳师专并留校电教中心、网络中心从事电化教育和教育信息化有关工作。2001 年 9 月后任陇东学院教育技术系副主任兼电教中心、网络中心副主任（主持工作），主持筹建教育技术系，创办教育技术学、信息技术教育两个专业，兼任中国教育技术协会师范院校专业委员会常务理事、甘肃省高等学校教育技术协会理事等。2006 年 7 月任信息中心主任，兼甘肃省教育信息化协会理事，多次获甘肃省高等学校实验室工作先进个人、省电教工作先进个人、省“十一五”教育信息化工作先进个人等称号。

肖　俊　三岔镇周家庄村人，1961 年 11 月生，大专学历，中共党员，上校军衔。1978 年 10 月参军，在解放军八四五四二部队、武警青海总队服役。1992 年后任甘肃武警总队政治部宣传处干事、副处长、处长、组织处处长。

张镇平　太平镇埝边村人，1961 年 11 月生，大学学历，中共党员。1976 年 12 月参军，在解放军三六三一九部队服役。1982 年 1 月后任兵器部第五二〇三厂文秘组长、副主任、主任兼机关党总支书记、甘肃省五二工程指挥部办公室主任兼保卫处处长。1995 年 3 月任指挥部常务副总指挥兼副厂长。1997 年 8 月转业后任平凉地区项目办、外资办主任。2000 年 4 月任市政府副秘书长、驻北京联络处主任。2008 年 12 月任市委副秘书长、驻北京联络处主任。

许万银　城关镇五里沟村人，1962 年生，大专学历，中共党员，教授。1983 年参加工作，在庆阳师专数学系任教，曾任高等数学教研室主任、数学系副主任、主任、陇东学院数学与统计学院院长。获甘肃省教学成果二等奖。

王乃琦　新城乡小岘村人，1962 年 2 月生，中共党员，本科学历。1981 年 1 月参加工作，先后在镇原县小岘公社、团县委、庆阳地区团委工作。1989 年 9 月后任庆阳市市直机关工委组织员、人秘科科长。2002 年 9 月后任庆阳市中医院党委副书记、市妇幼保健院党支部书记。

申甲斌　上肖乡杨城村人，1962 年 4 月生，中共党员，大专文化，上校军衔，中国书画家协会、甘肃省书法家协会会员。1981 年 10 月参军，先后在炮兵第八团、第五十五团、第一旅一三〇加农炮二营、第一旅政治部服役。曾参加云南老山对越防御战，立二等功、三等功各 1 次。1998 年 6 月后任甘肃省通渭县武装部副部长、定西军分区组织干部科科长、省军区计划生育办公室正团职主任、兰州焦家湾干休所政委。

李晓岩　平泉镇湫池村人，1962 年 5 月生，大学学历，中共党员。1982 年 7 月参加工作，先后在镇原县新城中学、县教育局工作。1986 年 1 月后任县政府办公室文书、副科级秘书。1991年5月后任庆阳行署办公室副科级、正科级秘书。1999年1月后任庆阳行署办公室副主任、庆阳市政府副秘书长、市政府办公室主任、市国土资源局局长。

许四德 孟坝镇王地庄村人，1962年5月生，中共党员，本科学历，高级经济师。1981年7月参加工作，曾在长庆石油勘探局教育处、办公室任职。1994年11月后任秘书科副科长、经济政策研究室主任、局办公室副主任。1999年11月任长庆油田公司总经理办公室副主任。2001年9月任长庆油田公司第四采油厂党委书记、企业文化部主任。2010年3月后任公司党委宣传部部长、企业文化处处长。兼任《长庆石油经济》副主编。先后主编出版《回首庆阳》《聚集长庆》等10余部著作。2008年被国资委党委评为中央企业优秀思想政治工作者。

兰满夏 太平镇席兰村人，1962年7月生，本科学历，中共党员。1983年8月在白银市白银区农机厂参加工作。1984年1月后任白银区工交局副局长、经计委副主任。1993年4月后任工交局局长、交通局局长、经贸委主任、计划委员会主任。1997年12月任白银区委副书记、常务副书记。2004年3月后任景泰县委副书记、县政府县长。2006年6月任白银市卫生局局长，2010年1月任市人口计生委主任。

刘　喆 屯字镇包城村人，1962年7月生，本科学历，中共党员，高级工程师。1982年8月参加工作，1988年8月后任杨家沟煤矿调度室副主任、采煤一队党支部书记、调度室主任、供销公司经理。1994年4月后任杨家沟煤矿副矿长、矿长、马蹄沟煤矿矿长。

鱼灵会 临泾乡新堡村人，1962年7月生，中共党员，主任医师、教授、硕士研究生导师。1987年参加工作，先后任酒钢医院口腔科副主任、主任、五官病区主任。2004年12月后任兰泰医院院长助理、党委书记、工会主席、副院长、院长。

马建伟 屯字镇白马村人，1962年8月生，中共党员，本科学历，高级工程师，甘肃农大硕士生导师。1983年参加工作，曾任甘肃省小陇山沙坝国家落叶松云杉良种基地主任、林业科学研究所副所长。先后主持和参与国家、省、市林业科研70多项，选育林木良种7个，参与制定行业和地方标准13项，发表学术论文70多篇，获国家、省、市科技进步奖16项。

刘　星 城关镇莲池村人，1962年8月生，本科学历，中共党员，中校军衔。1981年10月入伍，先后在炮兵第十五师、炮兵第一旅服役，参加云南老山对越防御作战，立三等功1次。1993年5月后任兰州军区司令部兵种部、动员部参谋、副处长、正团职参谋，立二等功1

次。2004年4月转业任甘肃省国土资源厅地质环境处调研员。

张君仁　屯字镇曹路村人，1962年8月生，中共党员，博士，二级教授，博士研究生导师。1975年在庆阳地区陇剧团参加工作，任演员。1983年考入西北师范大学音乐系主修作曲理论，1987年毕业留校任作曲理论教研室教师，后任西北师范大学音乐学院院长，主讲民族民间音乐、中国传统音乐、西北地方音乐、中国音乐史、作曲技术理论等课程，出版专著5部，发表论文30余篇，其中核心期刊发表10余篇。兼任中国传统音乐学会副主席，全国艺术专业学位研究生教育指导委员会音乐与舞蹈专业分会委员，中央电视台2010年第十四届全国青年歌手大赛原生态组评委、中国教育学会音乐教育分会常务理事，理论委员会委员，甘肃省音乐家协会副主席、青年音乐家协会主席、非物质文化遗产专家委员会委员。

陈　刚　郭原乡郭原村人，1962年9月生，大学文化，中共党员。1980年12月参加工作，先后在甘肃省公安厅直属二中队、甘肃武警总队管理处任职。1989年3月后任甘肃武警总队司令部管理处正连职管理员、直政处正连职参谋、副营职参谋、总队军人服务社主任、兰州市支队副支队长。2000年8月后任省人大教科文卫工作委员会办公室副调研员、人大办公厅接待处副处长、调研员。2010年6月任人大办公厅文档处处长。

杨学智　环县人，1962年9月生，本科学历，中共党员。1982年7月参加工作，先后在环县文教局、庆阳地区劳动人事处、地委组织部任职。1991年11月后任地委组织部组织员、党政干部科副科长、科长。2002年1月任行署人事处副处长。2003年3月任庆阳市人事局副局长。2005年5月任镇原县委副书记。2009年3月任庆阳市人口和计划生育局局长。

窦晓东　临泾乡祁焦村人，1962年10月生，大专学历，中共党员。1980年4月参加工作，曾任庆阳地委秘书处秘书、办公室副主任、主任。1999年4月后任地区综治办副主任。2008年8月任市维稳办主任。2010年11月任市委政法委副书记。

张怀仁　城关镇段高庄村人，1962年10月生，本科学历，中共党员。1979年参加工作，先后在镇原中学、县委党校任教。1986年10月后任县委宣传部副部长、团县委书记、太平乡乡长、党委书记、孟坝镇党委书记。1997年9月任环县副县长。2002年10月任宁县县委副书记、纪委书记。2006年3月任宁县县委副书记兼长庆桥经济示范园区管委会主任、县长。2009年3月任庆阳市劳动和社会保障局局长。2010年1月任庆阳市水务局局长。

刘　东　陕西省长安县人，1962年11月生，中共党员，文学学士。1984年7月参加工作，先后在镇原县屯字、平泉、孟坝镇任副镇长、副书记。1991年11月任县委宣传部副部长。1994年2月任王寨乡党委书记。1997年8月任县计委主任。2000年4月任县委常委、宣传部部长。2002年11月后任华池县委副书记、纪委书记。2006年11月任庆城县委常委、西川经济示范园区管委会主任。2008年12月病逝。

张贵虎 城关镇人,1962年12月生,大学学历,中共党员,高级审计师。1983年8月在酒泉地质矿产调查队参加工作。1989年9月在甘肃省中企处河西组任经济师。1994年6月任财政部驻甘肃财政监察专员办事处酒泉组主任科员。1997年11月任副组长。1999年11月后任酒泉地区审计处副处长、酒泉市审计局副局长。2007年3月任酒泉市经济责任联系会议办公室主任。

刘根锁 屯字镇马堡村人,1963年1月生,中共党员,本科学历,中校军衔。1980年12月入伍,曾任甘肃省公安厅武警二中队、武警甘肃省总队综合仓库排长、后勤部军需处正连职、正营职和副团职助理员,2000年1月任总队第一支队副队长、党委常委。曾立三等功一次。

张卯龙 开边镇解放村人,1963年2月生,中共党员,本科学历。1983年7月在长庆石油勘探局参加工作。1987年9月后任建行长庆石油专业支行人事科干事、贺旗办事处业务股长。1989年10月后任石油建行采油二厂分理处主任、马岭办事处人秘股长、办事处副主任、主任。1996年3月任平凉建行副行长。1998年11月任张掖地区建行党委委员、副行长、兰州市七里河石油建行党委书记。

路永明 屯字镇东胡同村人,1963年3月生,中共党员,大学学历。1983年7月参加工作,先后在镇原一中、庆阳团地委、庆阳市委宣传部工作。2005年5月任庆阳市精神文明建设委员会办公室副主任。2005年12月任庆阳市委对外宣传办公室主任兼市政府新闻办公室主任。

田锡如 方山乡蒲河村人,1963年3月生,中共党员,本科学历。1982年10月入伍,先后在陆军第四十七军、坦克十二师、兰州军区后勤部、兰州医学高等学校、解放军第一医院服役。1998年转业到甘肃省档案局工作。2005年1月后任省档案局保管利用处副处长、科教信息处处长、开发利用处处长。

张万福 太平镇慕坪村人,1963年4月生,中共党员,工商管理硕士学位。1984年8月参加工作,先后在镇原县屯字中学、太平中学、县工农教育办公室任职。1993年5月任庆阳行署驻西安办事处办公室主任。1999年4月任办事处副主任、西安庆阳大厦副总经理。2002年10月任主任、大厦总经理。2007年2月任市政府副秘书长兼石化办主任。2009年2月任华池县委副书记、政府县长。

刘希尧 开边镇张山根村人,1963年6月生,大专文化,中共党员,高级政工师。1980年10月在〇〇一二二部队服役。1984年10月退伍到新疆生产建设兵团第九师一六七团水利连工作。1987年10月后任一连党支部书记、政治指导员。1995年5月任师纪委常委兼办公室主任。2004年5月后任一六七团党委书记、政委、朝阳新区党工委书记、管委会副主任、管理局副局长。

杨建仁　南川乡川郑村人，1963年6月生，研究生学历，中共党员。1984年8月参加工作，曾任兰州市商业局团委书记、《兰州青年报》总编。1992年后任甘肃省委宣传部助理调研员、副处长、调研员、文化艺术处处长。

王　谦　宁县人，1963年9月生，中共党员，研究生学历。1983年7月参加工作，在合水县农技站、农牧局、老区办、合水县政府办、庆阳地区质量技术监督局工作。1997年11月任镇原县副县长。2002年11月任镇原县委常委、政府常务副县长。2006年12月后任环县县委副书记、县长、县委书记。

慕建华　女，郭原乡王沟圈村人，1963年9月生，1979年参军，在甘肃省军区通信站服役。1982年在解放军郑州工程技术学院上学，1984年后在总参三部七局、兰州军区第一技术侦察局任技术员、工程师，曾立三等功1次。2005年退役，享受正团级待遇。

张　恢　城关镇五里沟村人，1963年10月生，中共党员，研究生。1983年8月参加工作，先后在镇原县城关镇、县农技中心、县农牧局工作。1991年11月后任镇原县政府办公室副主任、主任、开边乡党委书记、县发展和改革局局长。2006年12月任镇原县副县长。2009年3月任镇原县委常委、副县长。2010年6月任西峰区委常委、副区长。

朱智林　新城乡郭沟圈村人，1963年10月生，工学博士，教授。1986年7月在兰州大学计算机科学系参加工作。1997年10月调中国煤炭经济学院经济信息系任职。1999年3月任计算机系副主任。研究“十五”国防预研项目2项、国家自然基金、基于芯片定理证明引擎、航天项目各1项。2006年任山东工商学院信息与电子工程学院副院长。2008年7月任院长。

祁存阳　屯字镇人，1963年12月生，中共党员，高级机电工程师。1982年参加工作，曾任东峡煤矿机电队副队长、机电科副科长、科长，煤矿副矿长、党委书记、纪委书记。2005年任华煤集团机电信息部部长。

张登坤　城关镇莲池村人，1963年12月生，大学学历，中共党员。1984在庆阳地区检察院参加工作，历任书记员、助理检察员、检察员、公诉处副处长、处长。2005年7月任副检察长。2009年4月任庆阳市人民检察院正处级检察员。

窦兴文 屯字镇曹路村人,1964年1月生,本科学历,中共党员,中学高级教师。1984年8月参加工作,先后任平泉中学教师、教务处副主任。1991年9月后任镇原中学教务处副主任、主任、副校长,1999年4月任校长。2005年12月任庆阳一中党总支书记,2007年11月任校长。为中国管理科学研究院学术委员会特约研究员、中国校长协会专家委员会专家、中国教育学会教育机制研究分会会员、中国教育教学研究会会员、庆阳市教育教学研究会常务理事物理分会理事长。

陈克智 城关镇东关村人,1964年2月生,中共党员。1984年7月参加工作,在兰州铁路局西机务段、分局、东车务段任职。1994年4月任局党委办公室秘书、副科长、科长。2002年5月任铁路局客运公司综合部部长。2003年8月后任局党委组织部调研员、机关党委副书记、纪委书记、工会主席。

田 亮 屯字镇田岭村人,1964年2月生,中共党员,研究生。1984年7月在甘肃省政府办公厅参加工作,先后任文档处文书科科长、机关事务管理处办公室主任。2000年2月任甘肃省政府礼堂管理中心副主任。2010年2月任省政府督查室调研员。9月任省政府政务服务中心主任。

白虎玺 庙渠乡文夏村人,1964年4月生,中共党员,中校军衔。1982年10月入伍,曾在陆军第四十七军一四〇师服役。1998年8月后任镇原县人武部军事科、政工科科长。2001年6月任庆阳军分区政治部宣传保卫科科长。2004年12月任镇原县人武部副部长。2006年2月任华池县人武部政委,2010年6月任县委常委、人武部政委。

马维新 新城乡孙庵村人,1964年5月生,本科学历,中共党员,中校军衔。1982年10月参军,曾在四十七军一四〇师炮兵团政治处、地炮旅政治部、云南老山前线三五一六六部队、兰州军区政治部宣传处、平凉军分区政治部、天水预备役步兵师宣传科、炮兵团、甘肃预备役高射炮兵师政治部服役。2002年3月后任炮兵师师直工兵营营长、军务科科长。2006年4月转业后任兰州市政府法制办备案审查处、法规处副县级干部、执法监督处处长、副调研员。曾立三等功1次。

张应军 孟坝镇王地庄村人,1964年6月生,大学学历,工学学士,中共党员,高级工程师。1988年7月参加工作,曾在华亭矿务局安口煤矿、山寨煤矿工作。2002年8月后任华煤集团规划建设部副部长、设计研究院副院长、工业工程所所长、技术中心副主任兼科技管理办公室主任。

张　赟　环县人，1964年7月生，研究生学历，中共党员。2002年11月任镇原县副县长。2004年12月任庆城县委副书记，2009年10月任庆城县西川开发区乡企示范区管理委员会主任。

李天仁　镇原县人，1964年11月生，大专学历，中共党员。1981年10月参军，在炮兵十五师八团三连服役。1985年11月赴滇参战。2001年5月任正宁县人武部副部长。2003年12月任庆阳军分区供应科科长。2004年12月任正宁县人武部部长。2005年3月任正宁县委常委、人武部部长。

罗君伟　西峰区人，1964年11月生，中共党员，大学学历。1982年8月参加工作，先后在西峰区野林中学、庆阳县委宣传部任职。1985年3月后任庆阳行署司法处副科长、地区社会治安综合治理办公室正科级秘书、地委政法委执法督导科科长、庆阳市公安局党委委员、政治部主任。2005年6月任镇原县委副书记。2006年12月任镇原县委常委、副县长。2009年2月任正宁县委常委、常务副县长。2010年2月任庆阳市招商局局长。

牛军祥　孟坝镇大寨村人，1964年11月生，中共党员，工学学士，高级工程师，国家二级注册建筑师，国家注册监理工程师。1989年7月在庆阳地区建筑设计院参加工作，曾任副主任、主任、副院长。2005年10月任庆阳市建设局副局长。2009年4月兼任庆阳市建筑设计院院长。

姚核成　镇原县人，1964年11月生，中共党员，1983年2月参加工作，先后在庆阳县税务局城关税务所、业务股工作，1994年8月后任庆阳县地方税务局副局长、局长、庆阳市地方税务局稽查局局长。

孙树清　庙渠乡六十亩坪村人，1964年12生，中共党员，大学学历，高级政工师。1985年8月参加工作，先后在庆阳地区农业处、宁夏灵武矿务局磁窑堡煤矿工作。2002年3月任磁窑堡煤矿党委副书记、纪委书记。2007年7月任宁夏宁鲁煤电公司党委副书记、纪委书记、工会主席。2008年10月任神华宁夏煤业集团公司白芨沟煤矿党委书记。

翟自宏　上肖乡翟池村人，1964年12月生，中共党员。1988年7月参加工作，曾任甘肃省水利厅技术指导队队员、厅机关主任科员。1999年6月后任水利厅规划设计处、规划计划处副处长、水利厅总工程师。

郑国泽　南川乡人，1964年12月生，大学学历，中共党员，高级政工师。1985年7月参加工作，先后任《甘肃建筑报》社记者、编辑、编辑部主任、省建筑工程总公司党委组织部干事、机关第六党支部副书记、总公司机关党委副书记、党委组织部组织科科长。2008年6月后任总公司党委组织部副部长、机关党委副书记。2008年12月任省建筑工程总公司机关党委书记、党委组织部副部长、省建筑构件工程有限责任公司党委书记、副董事长。

席皓琳 屯字镇田岭村人,1964年12月生,本科学历,中共党员。1985年1月参加工作,先后在庆阳地区糖业烟酒分公司、商业处、地委经济工作部、地区扶贫办任职。1988年任《庆阳地区志·商业志》主编。2003年5月任甘肃省社科联学术部部长、省书法家协会会员、省直属机关书画协会理事、省书协展览交流委员会委员、中国书画家协会副会长、省古籍文献整理编译中心研究员。

刘生龙 郭原乡王嘴村人,1965年1月生,研究生,中共党员。1986年参加工作,在酒钢机械制造公司任职。1997年4月任副经理。2008年任酒钢集团西部重工股份有限公司总经理。

席志慧 庙渠乡孙寨村人,1965年2月生,中共党员,本科学历,法学学士,高级讲师。1988年7月参加工作,1991年6月后任宁县师范团委副书记、政教处副主任、主任,1993年9月被省政府评为优秀教师。1997年被授予国家"特级优秀辅导员"称号。1996年3月任宁县师范副校长。2002年任庆阳地区农机工校校长,被授予"庆阳市优秀共产党员"称号。2009年任庆阳理工中等专业学校校长,学校被中华全国总工会授予"全国职工教育培训示范点"。

路玉照 字凡丁,中原乡人,1965年6月生,大学学历,中共党员。1982年10月入伍,曾任兰州军区俱乐部主任。

安相文 平泉镇姚川村人,1965年7月生,高级工程师。1989年参加工作,1996年任长庆油田采油作业区副经理。1999年后任采油厂生产管理科科长、采油厂安全总监。2006年任长庆油田安全环保监督部副处长。曾获国家部级科技进步一等奖一项。

邓文斌 镇原县人,1965年8月生,大专学历,中共党员。曾任庆阳地区干湫子安置林场副场长、场长。

焦　点 郭原乡唐坬村人,1965年9月生,本科学历,中共党员。1987年8月在甘肃省财政厅参加工作。1993年调入甘肃会计师事务所工作,历任项目负责人、部门经理、副所长、副主任会计师、五联联合会计事务所有限公司董事长兼党支部书记。

李崇暄 庆城县高楼乡人,1965年11月生,大学学历,中共党员。1988年7月在庆阳县审计局参加工作。1998年1月后任玄马乡乡长、党委书记。2001年10月任马岭镇党委书记。2002年10月任合水县委常委、组织部部长,2005年7月任合水县委副书记。2006年11月任庆城县委常委、副县长,2008年7月任县委副书记。2009年3月任镇原县委副书记、县长。

唐志峰　新集乡唐塬村人，1965年11月生，大学学历，中共党员。1984年7月参加工作，曾在华亭县邮电局、华亭县委、平凉行署办公室任职。1999年6月任行署政策研究室副主任。2001年12月任行署副秘书长。2003年4月任崇信县委副书记。2006年1月任崇信县长。2010年任夏河县委书记。

侯占发　太平镇马南庄村人，1965年11月生，中共党员，中学一级教师，中国书法教育研究会会员。1989年参加工作，后任民航兰州中学教员、学生处干事、教务处副主任、主任。1992年7月任校长。2005年任海南三亚航空旅游职业学院执行副院长。

刘元寿　孟坝镇刘城村人，1965年11月生，大学学历，中共党员，高级农艺师。1986年在甘肃省农科院经济作物研究所参加工作。1992年9月后任省农科院人事处副主任科员、农产品贮藏加工研究中心筹备领导小组副组长。2001年4月任农产品贮藏加工研究所党支部副书记。2006年8月后任土壤肥料研究所党支部书记、省农科院办公室主任。参与的科研项目获省科技进步二等奖4项，三等奖3项，国家发明专利3项，制定发布地方标准3项。

朱廷珺　孟坝镇大寨村人，1965年11月生，中共党员，博士，教授，硕士研究生导师。1989年6月在兰州商学院从事教学研究工作。1999年1月任国际经贸系副主任。2000年12月任经贸学院副院长。2005年7月任长青学院院长。2010年6月任兰州商学院院长助理、长青学院院长、中国世界经济学会常务理事、中国国际贸易学会常务理事、甘肃市场营销协会副理事长、甘肃陇台经贸交流协会常务理事。在国家级杂志上发表论文90余篇，出版专著和教材10余部，主持各类研究10余项，获省、部级成果奖8项，为甘肃省社科领军人才、兰州新区智库专家。

冯永成　屯字镇丌城村人，1965年12月生，大学学历，中共党员。1990年7月参加工作，曾任省科协办公室副主任科员、副调研员、调研员兼办公室副主任、办公室主任、省科协对外科技合作交流中心主任。

孙　文　新城乡曹城村人，1965年12月生，大专学历，中共党员。1989年8月在平凉地区科技处参加工作。1990年12月后任平凉地区技术开发交流中心副主任、主任。1995年5月后任技术市场管理办公室副主任、主任。2010年8月任市科技局党组成员、生产力促进中心主任。

王小平　平泉镇人，1965年12月生，博士生导师，教授级高级工程师。1986年参加工作，曾任甘肃农业大学林学院教师、北京市园林绿化国际合作项目管理办公室主任、林业碳汇工作管理办公室主任，兼中国林学会理事、北京林学会秘书长、农林组高级职称评审委员会委员。

陈宏伟 武沟乡大岔村人,1966年2月生,大学学历,中共党员,中校警衔。1984年10月入伍,曾任银川机场安全检查站安检科排长、武警宁夏总队直属大队排长、副队长、武警宁夏总队医院助理员,立三等功1次。2000年12月任院务处处长。2003年任武警宁夏总队生产基地政委、党委书记。

任万隆 开边镇解放村人,1966年3月生,中共党员,研究生学历。1986年7月参加工作,先后在镇原县开边中学、县委办公室任职。2000年7月任县委政策研究室副主任。2003年1月后任王寨乡、中原乡党委副书记、乡长、庙渠乡党委书记。2007年11月后任庆阳市纪委执法监察室主任、市纪委常委。2010年4月后任执法监察二室主任、绩效管理监察室主任。

贾文平 孟坝镇王地庄村人,1966年5月生,大学学历,学士学位,中共党员。1990年7月参加工作,先后任甘肃省水利厅办公室秘书、人事劳动教育处副主任科员、主任科员,办公室副主任。2009年12月任办公室主任。2010年12月被国家防汛抗旱总指挥部、人力资源和社会保障部、解放军总政治部评为全国防汛抗旱先进个人,享受省部级劳模待遇。

董玉明 屯字镇包城村人,1966年5月生,硕士学历,中共党员,高级工程师,1989年7参加工作,先后在克拉玛依石化公司催化车间、焦化车间、质量标准部工作,2000年8月任克拉玛依石化公司企管法规处副处长,2003年1月任中油国际(苏丹)炼油有限公司焦化装置负责人,2005年5月任中油国际(苏丹)炼油有限公司生产部经理、总经理助理,2009年5月起任中油国际(苏丹)炼油有限公司副总经理、尼罗河公司炼化部经理、尼罗河公司下游项目党总支书记。主持完成克拉玛依石化公司首套焦化装置及中油国际(苏丹)炼油有限公司焦化一期、二期、连续重整、汽柴油加氢工程建设,一次试车成功;参与光亮油开发研究项目,获得新疆石油局科技进步一等奖。

周　伟 定西市岷县人,1966年7月生,文学学士,研究生,中共党员。1988年7月在天水市三中参加工作。1990年7月后任天水市委宣传部、办公室干事、副科级、正科级秘书、科长。2002年12月后任天水市委副秘书长、市保密委办公室主任、保密局局长。2006年9月后任秦州区委副书记、代区长、区长。2010年5月任镇原县委书记、县人武部党委第一书记。

祁越峰 临泾乡祁焦村人,1966年9月生,高级工程师。1987年参加工作,先后任合水县林业总场连家砭林场副场长、场长、拓儿塬、大山门林场场长、总场副场长。2009年8月任庆阳地区湘乐林业总场场长。

王小平　临泾乡石羊村人,1966年9月生,高级农艺师,1990年在甘肃省农科院参加工作，先后在黄羊试验场、果树研究所从事专业技术研究。1998年任啤酒大麦研究开发中心经理,2002年4月任飞天种业公司副总经理兼啤酒大麦研究开发中心经理,2004年1月任总经理。2005年任省农科院产业处处长。2007年3月任甘肃科隆农业有限责任公司总经理,兼伊犁兰天啤酒原料有限责任公司董事长兼总经理,为华北大麦协会秘书长、甘肃啤酒原料协会理事、甘肃作物学会理事。长期从事啤酒大麦新品种选育、推广和开发,先后主持完成多项部省级重大项目,选育甘啤3号、4号等优质高产啤酒酿造大麦新品种,曾获甘肃省青年岗位能手、甘肃省科学进步一等奖、中华农业科技三等奖。

李学武　孟坝镇王湾村人,1966年生,中共党员,经济学硕士,高级经济师。1988年7月参加工作,先后在中国人民银行庆阳地区分行、甘肃省分行、西安分行工作,历任中国人民银行庆阳地区分行办公室副主任、金融监管科副科长兼外汇管理科科长、西安分行办公室助理调研员、副主任、主任。

秦　波　临泾乡人,1966年10月生,研究生,中共党员,高级物流师。1986年在兰化公司技术改造指挥部参加工作。1996年任兰化公司工程公司设备材料处副处长。1997年后任物资装备部(公司)副部长、副经理。2005年7月任中国石油兰州石油化工公司物资采购部副主任。2006年任兰州石油化工公司丙烯酸酯工程指挥部副总指挥。

朱　丽　女，屯字镇曹路村人,1966年9月生,1989年7月参加工作,硕士学位,中共党员,高级会计师,先后任中国石化销售西北公司北滩油库会计、公司财务科会计,1997年12月任财务处副处长,2000年5月任财务资产处处长。2001年10月起任中国石油天然气集团公司西北销售分公司财务资产处副处长、审计监察处处长、公司纪委副书记兼审计监察处(纪委办公室)处长(主任),6次获分公司年度优秀专业技术人才、先进工作者、优秀共产党员、集团公司纪检监察先进个人。

赵立雅　庙渠乡文夏村人,1966年10月生,中共党员,大学学历。1987年6月参加工作,先后在庙渠中学、华亭县东华镇、县体改委、政府办公室任职。2002年7月后任华亭县安口镇镇长、东华镇党委书记、平凉市市委信访局副局长、市委副秘书长。2010年4月兼任平凉市委督查室主任。

李盛刚　上肖乡人,1966年12月生,中共党员,兰州大学博士研究生、法学博士、北京大学社会学博士后。1989年6月参加工作,先后任省委组织部组织处副处级组织员、副处长、正处级组织员、党员电化教育中心主任、干部教育处处长、干部一处处长等职。组织拍摄的《挺立的脊梁》《风展红旗如画》等电教专题片获中组部、省委表彰奖励,在社会科学权威、核心期刊上发表论文多篇,2008年被中组部授予“全国优秀党员电教工作者”。

李永军 宁县人，1967年2月生，中共党员，研究生学历，经济学学士。1990年8月参加工作，先后任甘肃省总工会财务部副主任科员、主任科员、副调研员、副部长。2006年6月任镇原县政府副县长（挂职）。2008年7月任省总工会财务部调研员、副部长。

史桂萍 女，上肖乡杨城村人，1967年2月生，中共党员，硕士，高级工程师。1988年7月在甘肃省林业调查规划院参加工作。2007年9月任省林业科学技术推广总站副站长。

张立君 庙渠乡人，1967年3月生，研究生，中共党员，农经师。1987年8月参加工作，先后在宁夏回族自治区固原地区农科所、行署计经处、办公室任职。2002年12月任固原市政府副秘书长。2005年12月任泾源县委常委、宣传部部长。2006年7月后任彭阳县委常委、宣传部部长、纪委书记、县委副书记。2010年9月任固原市市委组织部副部长。

石道文 新城乡人，1967年7月生，中共党员，北京大学毕业。1991年参加工作，曾任北京市民政局执法队队长、殡葬管理处副处长。

李存禄 镇原县人，1967年12月生，本科学历，中共党员，中校警衔。1986年10月入伍，在甘南州武警支队服役，曾任中队长、指导员、支队后勤处长、副政委、副支队长、参谋长，立三等功8次。

李宏武 中原乡中原村人，1967年12月生，文学学士，中共党员。1991年参加工作，先后在甘肃省委政法委、省人大常委会办公厅任职。2001年9月后任甘肃省委政法委基层建设指导处副处长、处长、办公室主任。

洪照吉 山东肥城人，1968年生，大专学历，中共党员，上校军衔。1987年12月在陆军第四十七军入伍，曾任连长、营长、管理处处长。2010年4月任镇原县人武部部长。

朱永海 平泉镇黄岔村人，1968年1月生，本科学历，中共党员，中学高级教师。1991年在镇原县平泉中学参加工作，先后任教导副主任、副校长兼教导主任、副校长、孟坝中学校长。2007年任庆城县陇东中学校长。

刘万锋 孟坝镇孟坝村人，1968年6月生，研究生学历，中共党员，教授，硕士研究生导师。1990年6月在庆阳师专参加工作。2007年12月任陇东学院土木工程学院院长、岩土与建材研究所所长、市抗疏力技术应用研究中心主任兼全国计算机辅助技术认证项目专家委员会委员、甘肃省建筑业联合会理事、省土木建筑学会理事、省建设工程消防专家委员会委员。

韩新林 临泾乡良韩村人，1968年7月生，中共党员，上校军衔。1985年10月参军，在新疆军区边防第十二团工作。1990年8月后任红其拉甫边防连排长、克克吐鲁克边防连代理副指导员、布伦口边防连副指导员、团政治处干部股副连职干事、飞行保障点主任、布伦口边防连指导员、军分区政治部、南疆军区政治部营职干事、科长。2004年8月任后勤部直属工作处副处长、克孜勒苏军分区政治部副主任、兰州军区司令部六九〇一四部队、六九〇一二部队政委。立三等功3次。

秦岵平 平泉镇秦铺村人，1968年7月生，中共党员，文学学士，法律硕士。1992年在甘肃省人民检察院参加工作。历任综合科科长、控申处、监察处副处长、反渎职侵权侦查一处处长。

司健吾 陕西乾县人，1968年7月生，大学学历，中共党员。1985年10月入伍，先后在新疆军区陆军第八师教导队、武警新疆边防局昌吉边防分局、兰州军区后勤第二十九分部、新疆军区北疆工程质量监督站等地服役。2006年3月任镇原县人武部副部长兼军事科科长。2009年1月任张家川县人武部部长、部党委副书记。

任锦帅 镇原县人，1968年8月生，学士学位。1990年在甘肃省刘家峡水库渔场参加工作，1991年4月调省黄河鲤鱼原种场工作，1998年4月任省渔业技术推广总站副站长、党支部副书记、书记。

郑浩峰 孟坝镇王湾村人，1968年8月生，中共党员，高级政工师。1992年7月参加工作，先后任新疆吐哈油田机关党委秘书、科长、团委副书记、群众工作处副处长。2002年2月后任油田新闻中心主任、党委书记、纪委书记、《吐哈石油报》社长。2005年11月后任油田建设有限责任公司党委书记兼副总经理、钻井二公司党委书记兼副总经理。

段小伟 太平镇上岭村人，1968年8月参加工作，工科学士，高级工程师，中共党员。1991年7月参加工作，历任甘肃窑街矿务局建安公司技术员、工程科副科长、科长。2002年3月后任窑街煤电公司基建公司经理助理、副经理。2008年3月任窑街煤电集团精益基建公司党委书记。

王凤虎 新城乡小岘村人，1968年9月生，本科学历，中共党员。1988年7月参加工作，先后在庆阳师范学校、地区人大工委、省委办公厅任职。2006年9月后任省委办公厅政治处副调研员、秘书二处副处长、调研员兼副处长。2010年9月任秘书三处调研员兼副处长。

董积生 屯字镇人，1968年10月生，中共党员，博士，副研究馆员。1991年6月参加工作，2004年7月任通渭县副县长。2006年6月任甘肃省社会科学院办公室副主任。2010年2月任《社科院》杂志社社长。

李贵虎 屯字镇下郑村人，1968年11月生，中共党员，大学学历，上校警衔。1986年10月入伍，为定西地区武警支队战士。1992年7月后任甘肃省武警第四支队排长、副指导员、指导员、政治处副主任。参与处置临夏藏回民闹事、宁夏西吉回民械斗、兰钢工人阻断陇海铁路交通事件。1999年被总队评为十佳陇原卫士。2006年1月任第三支队政治处主任。2008年3月参加甘南藏区维稳。2009年1月任支队政委。2010年4月参加青海玉树抗震救灾。立三等功9次，二等功2次，两次被武警部队评为优秀带兵干部、优秀教练员。

牛成喆 孟坝镇孟坝村人，1969年4月生，中共党员，博士学位，教授。1992年8月参加工作，2001年10月任兰州理工大学国际经济管理学院会计系主任。2005年11月后任兰州市政府国有资产监督管理委员会副主任。

张浩辰 开边镇开边村人，1969年4月生，中共党员，本科学历，副研究员。1994年参加工作，先后在甘肃工业大学成人教育学院学生处、校团委、学生工作部、毕业生就业指导中心任职。2007年任兰州理工大学计算机与通信学院党委书记、软件职业技术学院党委书记。

张柯夫 屯字镇阳宁村人，1969年6月生，中共党员，大学学历，上校军衔，宁夏回族自治区书法家协会会员。1987年10月入伍，历任兰州军区坦克训练团排长、指导员、宁夏隆德县人武部政工科干事。2005年12月任固原军分区政治部副团职干事。2010年任西吉县人武部政委，立三等功1次。

兰积成 太平镇席兰村人，1969年9月生，大学学历，中共党员。1994年在甘肃省检察院兰州铁路运输分院参加工作，先后任书记员、助理检察员、检察员。2002年任研究室副主任、检察委员会委员。2005年任主任、检察委员会委员。2008年任副检察长。

薛宏志 山西翼城人，1969年9月生，硕士研究生，中共党员，上校军衔。1988年9月入伍，曾任四十七集团军装甲旅排长、干部科副科长、科长、政治部副主任、副政委。2008年2月任卓尼县人武部政委。2009年1月任镇原县人武部政委。2010年5月任县委常委、人武部政委。

李海成　镇原县人，1969年10月生，中共党员，研究生。1990年6月在《天水日报》社参加工作。1998年6月任记者部、要闻部主任。2000年3月后任天水市委办公室正科级秘书、科长。2002年11月任秦安县委常委、政法委书记。2006年12月任天水市政府副秘书长。

陈　琳　女，陇南市宕昌县人，1969年12月生，研究生，中共党员，助理工程师。1988年7月参加工作，先后在西峰市建委、妇委会、城建项目办、团区委工作。2005年7月任环县副县长。2008年8月任镇原县委常委、纪委书记。2009年2月任镇原县委常委、组织部部长。2010年2月任庆阳市委组织部副部长。

安　滨　平泉镇姚川村人，1970年7月生，大学本科，中共党员，高级政工师。1989年8月在靖远矿务局红会一矿参加工作。1993年3月后任魏家地煤矿保卫科副科长、科长。2002年3月后任靖远矿务局公安处副处长、白银市公安局长征分局局长、正县级干部。

张振忠　环县人，1970年9月生，大学学历，中共党员。1989年8月参加工作，1990年12月后任西峰市体委副主任、工商局副局长、后官寨乡乡长、什社乡党委书记。2001年8月后任镇原县副县长、县委副书记。2006年12月任县委常委、常务副县长。2009年2月任西峰区委常委、副区长、新区管委会主任。2010年3月任区委副书记、新区管委会主任。

赵继勇　镇原县人，1970年11月生，博士学位。2006年任长庆油田公司勘探开发研究院总地质师。2008年任超低渗透油藏研究中心党委书记。2010年任中心主任、勘探开发研究院院长，中国石油集团公司高级技术专家。先后获国家科技进步二等奖1项，省部级科技成果9项，被中国石油天然气集团公司评为先进科技工作者。

王晓阳　灵台县人，1971年5月生，大学学历、农业推广硕士，中共党员。曾在甘肃省扶贫开发办公室工作，2002年7月挂职任镇原县副县长。2004年6月任省政府办公厅秘书三处处长。

王进东　上肖乡梧桐村人，1971年9月生，中共党员，硕士，甘肃省书法家协会、甘肃省摄影家协会会员。曾任《中国科学报》驻甘肃记者站副站长、主任记者。2007年12月任中国科学院寒区旱区环境与工程研究所所长助理兼党政办公室主任、纪委副书记。

张希岳 郭原乡郭原村人,1971年11月生,中共党员,大学学历。1990年7月参加工作,先后在镇原县郭原乡、县法院、县政府办公室任职。2000年8月后任县政府办公室、侨务办副主任、中原乡长、庆阳市政府金融办主任科员。2007年11月后任市政府、市委办公室副主任。2009年12月任市委副秘书长。2010年7月任市委政研室主任。

张　浩 新城乡高庄村人,1972年5月生,副教授,硕士生导师。1995年7月参加工作,先后在西北师范大学、甘肃省委组织部工作。曾任西北师范大学新媒体研究所所长、中国电影家协会理论评论委员会委员、中国高校影视学会会员、中国高校美育学会会员。

鱼学栋 临泾乡新堡村人,1972年8月生,大学学历,中共党员,上校军衔。1990年入伍,历任战士、医士、学员、政治教导员。2006年任副团职干事。2010年任兰州军区联勤部政治部干部处老干部工作办公室主任,曾立三等功两次。

安承明 城关镇路沟村人,1973年7月生,政治学、法学双学士、法学硕士。1996年7月参加工作,在天津市西青区大寺镇、西青区、市房产总公司任职。2002年4月后任南开区兴南街道办事处副主任、区房管局副局长。2009年1月后任市国土资源和房屋管理局住房保障处处长、办公室主任。

刘　亮 镇原县人,1975年12月生,大学学历,中共党员。1997年7月参加工作,曾在西藏自治区当雄县冻精站、曲水县农牧局任职。2000年后任县农牧局副局长、曲水县委办公室副主任、主任、拉萨市委宣传部主任科员、科长。2006年4月任助理调研员、副部长。

曹少伯 镇原县人,民国时期曾任庆阳行政督察专员公署保安副司令。

常　毅 镇原县人。曾任兰州市第一汽车运输公司党委书记。

常世堂 庙渠乡人。曾任武威地区公路总段党委书记、文县县长。

朱　军 镇原县人,曾任甘肃省纺织总公司党委书记。

常正民 镇原县人,曾任兰州市文化研究发展中心主任。

陈春明 镇原县人,曾任金昌市中级人民法院审委会委员、政治部主任。

党鸿业 镇原县人,金昌市纪律检查委员会审理室主任。

耿建荣 镇原县人,曾任刘家峡化工厂分厂厂长。

何世民　马渠乡人，曾任解放军某部团长、庆阳地区农机二厂党委书记。

惠启民　郭原乡人，曾任兰州化学工业公司人事处处长。

贾秉权　北京高等警官学校毕业，民国时期曾任青海省化隆县、甘肃省秦安县县长。

李　荣　平泉镇秦铺村人，曾任庆阳市邮政局局长。

李国科　镇原县人，曾任庆阳市经济责任审计办公室主任。

李建刚　三岔镇米家川村人，曾任陕西石油总公司处长。

李文学　马渠乡人，曾任解放军甘肃省武都军分区后勤部部长。

李志刚　镇原县人，中共甘南州委机关党委书记。

刘万禄　武沟乡渠口村人，曾任西安长庆石油学校党委书记。

马秉荣　三岔镇高湾村人，曾任兰州七里河区建行行长。

马维孝　甘肃省立第一师范高中科毕业，曾任青海省化隆县县长。

马义元　屯字镇人，曾任中科院兰州物理研究所真空技术办公室主任，中美兰州稀土集团公司经理。

慕润贵　城关镇莲池村人，曾任金昌市经贸委主任。

慕小平　城关镇莲池村人，曾任金昌市金昌区武装部部长。

强旺斌　王寨乡人，曾任平凉地区纪律检查委员会案件检查室主任。

秦小勇　临泾乡毛头村人，曾任中国人民解放军总装备部后勤部、正团参谋。

王保平　马渠乡人，曾任金昌市委统战部部长，甘肃省政协委员，省民族事务委员会委员。

徐万相　镇原县人，曾任甘肃省第一劳动教养管理所调研员。

徐自韬　平泉镇坪边村人，曾任中国石油西北化工公司人事处处长。

薛志刚　镇原县人，曾任甘南州粮食局局长。

姚陇辉　平泉镇文坬村人，曾任庆阳市银监会理事长。

野金枝(女)　镇原县人，曾任甘肃省广播电视大学人事处处长。

袁应明　武沟乡椿岔村人，曾任兰州军区后勤处处长。

张　鳌　镇原县人，曾任甘肃省人民政府金融工作办公室金融二处处长。

张建升　南川乡贺丰村人，曾任甘肃省建筑工会主席。

张佐义　上肖乡人，曾任新疆三六四二九部队政治部主任。

郑敦厚　镇原县人，曾任玉门石油管理局处长。

牛积仓　马渠乡上塬畔村人，清光绪三十一年(1905年)七月生，中共党员。民国二十五年(1936年)十月参加工作，历任边区马渠区上塬畔村党支部书记、乡农会主任，马渠乡乡长、公安助理员。三十六年二月任镇原县武工队队长、指导员。1949 年 11 月后任宁夏回族自治区海原县兴仁区区委书记、县委组织部部长、固原县委组织部部长、农机站党支部书记、县委书记处书记兼组织部部长。1973 年 6 月离休,1978 年 2 月病逝。

曹邦宪 三岔镇大塬村人,民国元年(1912 年)一月生,中共党员。二十八年参加革命,先后在柳州乡、柳州区、临泾区、县税务局任乡长、区长、区委书记、局长。1956 年 2 月任镇原县第一副县长。1958 年 8 月任平凉市安口耐火材料厂党总支书记。1961 年任平凉市柳湖公社党委书记。1966 年 8 月退休,后改为离休。

陈文义 字宜轩,临泾乡包庄村人,民国三年(1914 年)十一月生。毕业于黄埔军校第十六期,历任国军一一九军二四四师排长、连长、营长、军事教官、师部中校副官主任。1949 年 12 月在甘肃省岷县起义,加入中国民人解放军,任独立第三军九师二十六团副团长。1951 年转业后任镇原县卫生科技术科员、县医院副院长、院长、县第一届人大代表。1956 年随甘肃代表团参加西安市国庆典礼。1958 年因“许、张反革命集团”冤案入狱 3 年,平反后在县医院工作。1959 年“文化大革命”中又遭迫害被下放回家劳动,70 年代平反。1980 年 10 月去世。

惠守堂(1916.9~1984.4) 三岔镇安岔村人,中共党员。民国二十九年(1940 年)二月参加革命,三十四年七月任陕甘宁边区镇原县三岔、马渠、柳洲区区委副书记、书记。三十八年八月后任甘肃省军区司令部政治协理员、省民政厅科员、皋兰县民政科科长,皋兰县、青海省久治县公安局局长。1956 年 8 月后任青海果洛州公安处副处长。1959 年 3 月任青海省达日县莫坝公社党委书记。1962 年 6 月精减回原籍参加劳动。1978 年 6 月经青海省委组织部批准离休。

刘世兴 新城乡耿沟村人,民国六年(1917 年)二月生,中共党员。二十八年(1939 年)九月参加革命,先后在镇原县孟坝区、县委、县政府、孟坝区、新集、肖金区委任职。1953 年 1 月任县委统战部部长。1954 年 11 月任副县长。1958 年后任平凉安口炼铁厂筹建处主任、三天门铁厂副厂长、党委副书记。1961 年 6 月后任平凉四十铺公社党委书记、市供销社废品收购公司党支部书记。1980 年 10 月离休。1998 年 12 月去世。

张百和 三岔镇董渠村人,民国八年(1919 年)生,中共党员。二十七年三月参加革命,曾任镇原县孟坝地下党支部书记。二十八年三月任县自卫军营长。二十九年在县委宣传部、孟坝区委工作。三十一年四月任县政府脚夫站主任、八一商店采买。三十六年八月任柳州区委书记兼武工队队长。三十七年十月后任县委组织部副部长、兰州大学组织科科长、甘肃省农林厅人事科科长。1958 年 9 月任省农垦局办公室负责人。1961 年 10 月后任移民科科长、人事科科长。1965 年 10 月任林建二师处长、副部长。1979 年 3 月离休。

杜国枢 平泉镇湫池村人,民国八年(1919 年)十一月生,中共党员。二十五年六月参加革命,三十八年八月任华亭县副县长。1954 年 7 月任玉门油矿社会处人事科党支部书记。1955 年 7 月任兰州炼油厂筹建处安装公司行政科科长。1956 年 8 月任行政处副处长。1958 年 3 月任西固区粮食分局局长。1961 年 7 月任兰州市粮食局人事科负责人。1974 年

2月病逝。

慕承俌　新城乡孙庵村人，民国十年（1921年）十二月生，国民党员。三十一年在国民党兰州军官训练班毕业并任副官。三十五年在国民党中央陆军军官学校分校军官团任连长。三十八年从四川至海南岛，同年随军去台湾，后任中校副团长。1970年退役。

李　敏　屯字镇湾李村人，民国十一年（1922年）二月生，大学学历，中共党员。三十七年参军，后参加解放新疆战斗。中华人民共和国成立后任南疆军区政治部主任、军区子女学校校长。1964年转业，历任新疆疏勒县教育局局长。1980年任新疆自治区教育厅普教处副处长。1986年离休。2002年11月病逝。

杜蔚林　宁夏回族自治区隆德县人，民国十二年（1923年）十月生，民盟镇原支部主委。三十八年八月在平凉示范小学参加工作。1953年后在平凉中学、平凉四十里铺小学、镇原一中、县文卫局、镇原三中任教或工作。1984年1月任县政协兼职副主席。1986年9月离休。

杨宗万　原名杨光万，陕西省旬邑县人，民国十三年（1924年）生。三十二年参加革命，先后任新正县委组织部干事、区委书记、青年工作委员会主任、正宁县团委书记、永和区委书记、宁县县委宣传部部长、环县县委副书记。1957年1月任镇原县委副书记。1959年5月后任平凉专署民政局副局长、庆阳专区劳动局局长、农建局局长、正宁县委副书记。1966年7月“文化大革命”中被迫害致死。1978年平反。

贾廷玉　曾用名李纲，孟坝镇醴坳村人，民国十三年（1924年）六月生，中共党员。先后在镇原县新集区委、县委、延安中央党校和西北野战军政治部、平东游击队、平凉军分区政治部、甘肃省军区警备二团政治处、平凉军分区政治部文化科、省军区、军区医院工作。1953年9月后任甘南剿匪指挥部办公室主任、甘南军分区政治部政工科科长。1955年11月后任庆阳县武装部副政委、庆阳军分区政治部宣传科科长。1995年11月转业后任庆阳地区食品公司、公路总段革委会主任。1972年l0月后任地区交通局副局长兼公路总段段长。1979年4月任粮食局副局长、顾问。1983年离休。

郭生荣　华池县悦乐镇人，民国十年（1921年）三月生。三十年参加工作，中共党员，曾任华池县县长，1964年10月任镇原副县长，1965年5月任镇原县委副书记，后任庆阳地区公路总段革命委员会副主任、党委副书记等职，1980年2月离休。

张志万　华池县元城乡人。民国十年（1921年）十二月生，二十七年一月参加工作，中共党员，曾任华池县法院副院长，1953年10月后任镇原县法院副院长、院长，1955年11月至1959年1月任镇原县委副书记，1979年病逝。

高立命　新城乡人，民国三十七年（1948年）毕业于国立河南大学工学院水利工程系。曾任福建省水利厅水利电力工程局副总工程师、副局长，中国水利学会施工专业委员会委员，福建省水利学会理事，施工专业委员会主任。

赵廷槐 南川乡贺丰村人，民国十六年(1927年)四月生，中共党员。三十八年七月参加工作，历任镇原县城市区十二乡乡长、文书。1951年2月任城市区委宣传科科长。1953年2月任中原区委副书记。1954年3月后任县粮食局副局长、县委生产合作部部长、屯字公社社长、书记、区工委书记。1961年2月后任县人委副县长、县供销社主任。1970年1月后任华池县元城公社党委书记、卫生局局长、农办主任、财贸办公室主任。1983年12月任华池县人大常委会财经科科长。1988年1月享受县级待遇，8月离休。

段效贤 临泾乡毛头村人，民国十七年(1928年)二月生，中共党员。1950年参加工作，先后在绿荫小学、屯字完小任教。1954年后任临洮二中教导主任、四中校长、陇西师范学校校长兼党支部书记、庆阳师范学校校长、环县一中校长兼党支部书记、环县、华池县人大常委会副主任、环县政协副主席。1990年退休。

罗有元 庆城县熊家庙乡人，民国十八年(1929年)生。三十四年加中国人民解放军。曾先后立二等功2次，三等功1次，获中央人民政府"人民功臣"奖章一枚。1954年转业后历任临夏州委机关党委书记、州检察院副检察长，和政县委书记兼县长。1962年8月至1963年7月任镇原县副县长。1964年6月任县委财办主任，1969年2月至9月兼任县一中革委会主任。后任庆阳地区五金公司经理、巴家嘴上水工程指挥部副指挥、地区皮革厂副厂长、农机公司、石油公司经理等职。

慕世儒 平泉镇洪河村人，民国十九年(1930年)八月生，中共党员。1950年参加工作，先后在镇原县城关区、宁县、环县武装部任职。曾任兰州军区长庆油田十七团团长、庆阳军分区协理员、庆阳县武装部政委。1982年1月任镇原县人大常委会副主任。1984年1月任县政协专职常委。1990年10月去世。

张志峰 女，马渠乡人，民国十九年(1930年)十一月生，中共党员。三十三年二月参加革命，曾为陇东中学、延安大学学员，《解放日报》《新华通讯社》记者。1950年6月后任陕西省商洛地委宣传部、陕西省行政干校组织科干事。1954年8月后任国营一一四厂党委宣传部干事、副部长。1969年6月后任庆安公司革委会教育组组长、学校管理处党支部书记。1978年12月任一一四厂政治部副主任、兼组织部部长。

王凌霓 中原乡殿王村人，民国二十年(1931年)五月生，中共党员。三十八年八月参加工作，历任镇原县中原区三乡文书、治安主任、团干。1953年4月后任新城区公安特派员、新城区委书记。1957年1月后任城市区委书记、海丰公社党总支书记、城关公社党委副书记。1960年1月任县委组织部副部长。1964年4月后任庆阳地委组织部审干办公室主任、地区电影公司经理。1976年10月下放劳动，后任地委落实政策办公室专案组组长。1980年1月任地区糖业烟酒公司副经理。1984年1月任地区饮食服务公司工会主席。1986年7月后任政协西峰市第一、二届委员会副主席。1993年3月退休。

刘秉藩　镇原县人，民主同盟会盟员，大专学历，高级讲师。民国三十七年（1948年）参加工作，先后在宁夏自治区石嘴山市国立职业学校、省立泾川中学、省立华亭中学任教。曾任华亭县政协副主席、平凉师范学校教员。

段应学　孟坝镇赵嘴村人，民国二十一年（1932年）生，大学学历，特级教师。1960年在平凉师专参加工作。1962年后在镇原中学、郭原中学、镇原二中、孟坝中学任教。1989年12月兼任县政协副主席。1992年退休。

窦怀邦　三岔镇榆杨湾村人，民国二十一年（1932年）二月生，中共党员，三十八年九月参加工作，历任太平区团委组织科员、副书记、肖金区团委书记、屯字区委副书记。1958年2月后任庙渠乡党委书记、孟坝公社副社长、大队党支部书记、临泾公社社长、党委书记。1966年4月后任县公安局局长、郭原公社党委书记、县革委会社队企业办公室主任、县委组织部部长、统战部部长。1986年12月任县政协副主席。1989年12月任县政协副县级干部。1993年6月离休。

席效东　太平镇席兰村人，民国二十一年（1932年）三月生，副主任医师。1956年参加工作，先后在镇原县人民卫生院、三岔、马渠、太平公社卫生院、庆阳地区卫生学校、卫生职业学校从医。1983年倡导成立地区中医学会，任理事长。1984年任地区中医院副院长。1988年兼任地区卫生职业学校校长，甘肃省第五、六、七届政协委员，被省人民政府授予卫生战线先进工作者。1993年退休。

姚尚哲　新集乡新庄村人，民国二十一年（1932年）七月生，中共党员。三十五年九月参加革命，历任县游击队、陇东分区十三团、省军区警卫团、解放军第二兵团警卫团战士。中华人民共和国成立后历任省军区警卫团侦察员、军区独立团九连见习教员。1955年5月转业，后任新集区八乡乡长、新集区副区长。1956年4月后任甘肃省公安厅劳改局中队长、二十二支队医院副院长。1960年2月后任正宁县手工业联社副主任、县委农村工作部副部长、罗川公社党委书记。1973年12月后任镇原县革委会副主任、县人大常委会副主任、县政协副主席。1993年6月离休。

冯正声　屯字镇开城村人，民国二十一年（1932年）八月生，大学学历，副教授。1957年9月参加工作，先后在庆阳一中、平凉师范、平凉地区教育局教研室任职。1982年10月任平凉一中副校长。1985年9月任平凉电大副校长。1992年12月退休。

秦望洲 临泾乡毛头村人,民国二十一年(1932年)十一月生,中共党员。三十八年八月参加革命,曾任临泾区政府民政助理员、县武装部科长、副部长。1956年9月后任平凉、庆阳军分区助理员、科长。1971年11月任庄浪县武装部副部长。1987年8月后任平凉行署计划生育委员会副主任、计划生育处副处长、巡视员。1989年12月离休。

刘学统 中原乡何曹村人,民国二十二年(1933年)生,中共党员。1951年4月入伍,先后在庆阳军分区、西吉县人武部、西海固军分区工作。曾任固原县人武部副政委。1953年立三等功1次,1957年被国防部评为征兵工作先进个人。1985年3月退休。

刘善仕 平泉镇秦铺村人,民国二十二年(1933年)四生,中共党员。1955年6月参加工作,历任灵台县东关小学、长武县马寨小学、第二小学校长。1960年4月任长武县洪家、巨家中学教导主任。1962年7月任镇原县新城中心小学、秦铺小学、新城中学校长。1972年4月后任平泉中学副校长兼教导主任、校长。1986年8月任平泉中学党支部书记。1994年7月退休。曾受到共青团陕西省委表彰奖励。

李占祥 泾川县王村乡人,民国二十二年(1933年)九月生,中共党员。1953年5月参加工作,先后在华亭县公安中队、镇原县武装民警队、镇原县公安局工作。1964年后任县公安局副局长、县委秘书室秘书、南川公社革委会副主任。1971年4月后任南川公社党委书记兼革委会主任及镇原县委委员、县委常委及县公安局局长、县委纪律检查委员会代书记、县委纪律检查委员会副书记。1983年10月后任县委政法委书记、县委调研员。1993年10月退休。

范天合 孟坝镇王湾村人,民国二十三年(1934年)九月生,中共党员,大专学历,中学高级教师。1956年9月参加工作,先后在镇原一中、二中任教。1962年7月后曾任县教研室副主任、孟坝中学教导主任、革委会副主任、太平中学校长兼党支部书记。1984年3月任镇原中学校长兼党支部书记。

王浩文 屯字镇曹路村人,民国二十四年(1935年)二月生,中共党员,大专文化,主治医师,中华预防医学会会员兼甘肃省预防医学会理事。中华地方病学会会员兼甘肃地方病学会理事。1953年在平凉地区医院参加工作,曾任护士长、总护士长。1962年调泾川县医院工作,任副院长。1980年后任县计生办副主任、平凉地区地方病防治研究所副所长。1995年退休。

张维纪 平泉镇赤马村人,民国二十四年(1935年)五月生,中共党员。1954年6月参加工作,历任镇原县太平区吴城、柳嘴乡文书、县委农村部、县人委农业科干事。1964年2月赴山丹县搞社教。1965年7月后在县农业部、县一线指挥部、农业局、计委供职。1975年9月任县农办副主任。1980年10月后任县委农村部部长兼县政府农办主任。1989年9月后任县政协副主席。1996年1月退休。

郑国宁　屯字镇曹路村人，民国二十四年（1935 年）七月生，中共党员。1957 年 8 月参加工作，曾任环县二中教员、教导主任、环县车道农中副校长、环县一中副校长、环县教育局副局长兼教研室主任、环县县委党校副校长。1986 年 9 月任庆阳地区计生处办公室主任。1993 年 8 月任助理调研员。1996 年 5 月退休。

路学兴　临泾乡桃园村人，民国二十四年（1935 年）十二生，中共党员，经济师。1960 年 8 月在平凉工业学校参加工作。1961 年 11 月后任庆阳地区医药公司业务员、生产科副科长。1980 年后任地区医药管理局人秘科、综合科科长、办公室主任。1991 年 1 月后任地区医药公司副经理、党委副书记。1995 年 7 月退休。

席文阁　原名席聚禄，太平镇席兰村人，民国二十四年（1935 年）十二月生，中共党员。1954 年参加工作，曾在镇原县商业局、银行、县委财贸部、农村部、屯字公社任职。1970 年后任庆阳地区供销社业务科副科长、财办政教科科长、计委国土科科长、副县级调研员、文联会员、老年书协理事。1995 年退休。

卢国栋　华亭县人。1976 年 9 月任镇原县人武部副政委。1978 年 7 月后任环县人武部副政委、县人大常委会副主任。

李耀华　平泉镇景家村人，民国二十五年（1936 年）四月生，中共党员。1954 年 11 月参加工作，曾在镇原县湫池、中原、平泉公社、县人行屯字营业所、西杨、新城公社、县革委会政治部任职。1971 年 12 月后任南川公社党委副书记、书记。1979 年 12 月后任县工商行政管理局局长、县政府财贸办公室主任。1983 年 10 月任县委常委、纪委书记。1989 年 4 月任县人大常委会副主任。1990 年 3 月任县政协副主席。1997 年 3 月退休。

祁全郎　城关镇祁川村人，民国二十五年（1936 年）七月生，中共党员，1958 年 8 月参加工作，曾在兰州饭店、甘肃省人民委员会交际处任职。1968 年 12 月后任兰州饭店组织人事部干事、办公室副主任、主任、人事部主任、办公室党支部书记。1991 年 12 月任省人民政府办公厅监察室副主任。1996 年 6 月退休。

郑世昌　南川乡川郑村人，民国二十五年（1936 年）七月生，中共党员。1956 年 7 月在庆阳师范参加工作。1960 年出席甘肃省文教群英会。9 月后任陇东中学副教导主任、肖金中学教导主任、革委会副主任、陇东中学革委会主任。1970 年 11 月任庆阳县文教局局长。1985 年 2 月任庆阳电大教务主任。1992 年 4 月任庆阳师范学校副校长。1997 年退休。

路自仁　屯字镇屯字村人，民国二十五年（1936 年）十月生，中共党员。1958 年 7 月庆阳师范毕业后留校任教，后任校团委书记。1962 年 1 月在华池县委组织部任职。1965 年 5 月任县人委办公室副主任。1968 年 5 月在华池县“五七”干校劳动。1969 年 3 月后任县革委会办公室、县委办公室主任、县委宣传部部长、卫生局局长、文化广播局局长。1984 年 8 月任庆阳地区乡镇企业处人秘科科长。1992 年 5 月任助理调研员。1997 年 5 月退休。

郝仲科 回族，宁夏中卫市人，民国二十六年（1937年）六月生，中共党员，副主任医师。1957年8月在镇原县三岔卫生院参加工作。1959年3月后在县医院、三岔卫生院、开边卫生院、县医院工作。1984年1月任县政协第一、二届兼职副主席。1990年去世。

耿　介 平泉镇马坬村人，民国二十六年（1937年）七月生，中共党员，本科学历，中学特级教师。1961年8月参加工作，先后在兰州七中、庆阳二中、庆阳县三十里铺中学、陇东中学任教。1980年9月任陇东中学教导主任。1982年4月被评为省级优秀教师。1983年当选甘肃省第六届人代会代表。1984年9月后任陇东中学副校长、助理调研员、副校长。1990年评为甘肃省特级教师享受政府特殊津贴。

李　岩 南川乡河李村人，民国二十六年（1937年）八月生，中共党员。1954年6月参加工作，先后任镇原县小岘乡文书，城市区、城关公社干事、县人委、县委办公室文书。1968年11月后在县革委会农场、平泉公社、县公安局任职。1975年8月任县棉花厂厂长。1978年11月后任县革委会办公室副主任、人大办公室主任、政府办公室主任。1986年11月后任县委统战部部长、县政协副主席。1996年11月退休。

曹俊玺 甘肃省灵台县人。1978年6月任县人武部副部长。1981年5月转业任甘肃省华亭县安口煤矿副矿长。

刘　信 开边镇兰岔村人，民国二十六年（1937年）十月生，中共党员，中学高级教师，甘肃省作家协会会员。1961年7月参加工作，曾在镇原六中、红专学校、一中、二中任教。1982年7月任镇原中学教导主任。1986年7月任县教研室主任。1987年7月任开边中学校长兼党支部书记。1993年9月后任平泉中学党支部书记、调研员、镇原中学调研员。著有《刘信诗文杂选》两集并出版。1998年7月退休。

贾海成 城关镇东关村人，民国二十七年（1938年）一月生，中共党员，大学文化，机械制造工程师。1959年8月参加工作，曾任甘肃工业大学助教、甘肃汽车轴承厂技术员、设备技术科科长、兰州毛条厂工程师、办公室主任、车间主任、安全技术科科长。1988年8月任镇原县副县长，1992年12月调回兰州毛条厂任职。

马崇仁 城关镇原郑村人，民国二十七年（1938年）三月生，中共党员。1951年10月参加工作，先后在庆阳专区粮食局、合水县油脂公司、公安局、宁县革委会政治部、九岘公社榆林子大队、吉岘公社、合水县委监委、粮食局、庆阳地区汽修厂任职。1972年6月任庆阳地区公路总段办公室副主任。1976年6月后任第二招待所所长。1978年9月后任计划委员会物价科科长、物价委员会物价处科长。1986年6月任物价检查所副所长。1990年9月任《陇东报》社党委委员、工会主席。1998年9月退休。

曹步效　屯字镇官亭村人,民国二十七年(1938年)七月生,中共党员。1957年9月参加工作,1975年9月后任镇原县太平公社团委副书记、革委会副主任、主任、公安局副局长、局长。1989年12月任县检察院检察长。1996年1月任县政协专职常委。1997年10月任县政协助理调研员。1999年12月退休。

贾　璞　城关镇丰台村人,民国二十七年(1938年)七月生,中共党员,高级经济师。1960年7月在平凉专区财经干校参加工作。1961年9月任平凉专署财政局基建科负责人。1968年9月后在平凉专区人民银行、平凉市人民银行、财政局任职。1974年5月任安口建行行长。1989年12月任平凉地区建行总经济师(副县级)。曾被评为全国金融系统劳动模范。1998年退休。

张进国　屯字镇白嘴村人,民国二十七年(1938年)七月生,中共党员。1951年参军,历任庆阳军分区公务员、宁县兵役局通讯员。1958年3月后任宁县警察中队警士、副队长、队长。1959年10月后任平凉民警大队二中队司务长、排长、大队部政治干事。1971年3月转业到平凉地区革委会生产指挥部工作。1976年任平凉地区制药厂副厂长。1982年调平凉地区经打办工作。1984年后任平凉地区纪委案件审理科检查员、副科长、案件审理室副主任。1996年5月后任平凉地区纪委纪律检查员、行署监察局监察员。1999年3月退休。

陈旭俊　镇原县人,民国二十七年(1938年)八月生,中共党员。1958年参加工作,先后在安口氮肥厂、平凉电厂、平凉县委组织部、平凉县革委会工作。1973年后任平凉县民政局副局长、局长。1991年12月被甘肃省委、省人民政府、甘肃省军区评为甘肃省双拥工作先进个人。1993年7月任平凉市总工会主席。1997年任平凉市人民政府调研员。

张积宽　城关镇路坡村人,民国二十七年(1938年)八月生,中共党员,大学学历。1963年11月至1965年5月在西北民族学院上学期间参加庄浪县、甘南州"四清"工作。1965年7月大学毕业后被中共甘肃省委选拔参加酒泉、武威两期社教运动。1968年11月任陇西第二中学教员,1975年后任陇西第五中学教员、校长。1984年7月调入甘肃省委党校工作,1986年8月任教务处学员组织科科长,1989年7月任民族部副主任。2001年8月退休。

陈效先　临泾乡包庄村人,民国二十七年(1938年)十月生,中共党员,中专学历,中学高级教师。1958年8月在镇原县平泉八山小学参加工作,1959年12月后在县文教卫生局、临泾完小、镇原二中、县文卫局任职。1981年任县教研室主任。1984年任临泾中学校长。1988年12月被评为甘肃省园丁奖。1990年7月后任镇原中学副校长、校长。1999年4月退休。

申向民　城关镇常山村人,民国二十七年(1938年)十月生,中共党员。1965年8月在宁县新庄公社参加社教。1966年3月在镇原县第二完小任教。1966年6月后在县人委办公室、县革委会政治部任职。1972年7月任平泉公社革委会常委。1973年8月后在庆阳地区革委会生产指挥部、行署农办、老区办、农委工作,历任副科长、科长、能源办主任、助理调研员。曾被国家计委、农业部评为全国省柴节煤先进工作者。1999年12月退休。

杜明科 屯字镇马堡村人,民国二十七年(1938年)十月生,中共党员,本科学历。1964年7月参加工作,先后在新疆生产建设兵团农七师一三一团宣教科、牧业营学校、镇原县临泾公社、县委落实政策办公室、县委宣传部、党史办、组织部任职。1992年4月任县委统战部部长。1994年1月任县政协副主席兼县工商联主席。1996年3月任县政协副主席。1998年2月任县政协调研员。1998年12月退休。

耿云霄 城关镇路坡村人,民国二十七年(1938年)十一月生,中共党员。1954年2月参加工作,先后在镇原县基点乡、三岔公社、石嘴公社、庆阳地委组织部、农村部、公安处任职。1968年4月任地区革委会保卫部组长。1976年9月后任地区水电局水保科、人秘科科长。1982年7月后任地区检察院办公室主任、法纪处、刑检处长、副处级检察员。1998年12月退休。

王扩业 临泾乡祁焦村人,民国二十七年(1938年)十一月生,中共党员。1955年1月参加工作,先后在镇原县公安局、纪委、革委会政治部、合水县革委会政治部、县委组织部、粮食局任职。1985年3月任合水县人大常委会专职委员。1989年11月任合水县人大常委会副主任。1992年12月任助理调研员。1999年5月退休。

姚尚明 新集乡永丰村人,民国二十七年(1938年)十一月生,中共党员。1959年3月参军,历任甘肃省公安总队二支队、陆军第二师五团二营机枪连、省公安厅公婆泉边境站战士。1964年7月后任酒泉军分区边防连排长、副连长。1969年9月后任兰州军区步兵三团十二连连长、军区边防团三营、省边防营副营长。1980年7月后任庆阳县人武部副部长、部长。1985年5月转业到西峰市人大任副主任。曾分别被省公安厅武警总队、解放军八一八五部队、兰州军区司令部评为五好警士、五好战士。1996年被省委、省政府评为"二五"普法教育先进个人。1997年9月退休。2000年8月去世。

白宝平 山西省柳林县人,民国二十八年(1939年)一月生,中共党员,大学学历,中学高级教师。1961年参加工作,先后任镇原一中副校长、校长。1992年9月任平凉一中副校长。2000年退休。

朱昌文 方山乡人,民国二十八年(1939年)四月生,中专文化,中共党员。1954年11月参加工作,先后在镇原县孟坝粮站、供销社、县审干室、监委任职。1969年3月任郭原公社革委员会副主任。1970年3月后在庆阳地区水电局、林业局工作。1989年3月后任科教科科长、检查员。1994年3月任林业处助理调研员。1999年4月退休。

田景善 屯字镇田岭村人,民国二十八年(1939年)八月生,中共党员,管理医师。1958年8月参加工作,先后在平凉地区文卫局、庆阳地区文卫局任职。1984年7月后任庆阳地区爱卫会办公室副主任、主任。1991年8月任地区妇幼保健院副院长。1997年12月任调研员。1998年6月退休。

李　潭　太平镇大岘村人，民国二十八年(1939年)七月生，中共党员。1959年7月参加工作，先后在屯字镇太阳、寨地小学、中原、西壕、新集、郭原公社任职。1972年1月任郭原公社党委副书记。1973年1月后任团县委书记、县农办副主任。1974年7月后任平泉公社、孟坝公社党委书记。1985年1月任县委宣传部部长。1986年11月任县委常委。1991年11月后任县人大常委会副主任、助理调研员。曾当选中共甘肃省第六次代表大会代表。1999年12月退休。

郑光周　平凉市杨庄乡人，民国二十八年(1939年)七月生，中共党员。1961年毕业后在镇原县孟坝中学任教。1964年后任县文卫局、文教局、教育局人秘股长、副局长、局长、党支部书记。1988年被国家教委、国家人事部、全国教育工会评为全国优秀教育工作者。1995年1月任镇原中学党支部书记。1999年退休。

贯　立　城关镇路坡村人，民国二十八年(1939年)九月生，中共党员，中专文化。1960年8月参加工作，先后在西峰市八里庙科学技术学校、镇原简师、县医院、文卫局、卫生局工作。1973年8月后任县委报道组组长、宣传部副部长。1982年9月任县政府办公室主任。1984年2月任教育局局长。1992年11月任县人大常委会副主任。1997年10月任县人大助理调研员。曾被国家教委、国家体委评为全国先进体育工作者。1999年12月退休。

段　兵　城关镇段高庄村人，民国二十八年(1939年)十一月生，中共党员。1956年10月参加工作，先后在镇原县林业局、县政府办公室、县委秘书室、团县委、兰州煤矿设计院、甘肃省政府办公厅任职。1988年6月任省政府驻江苏办事处副主任。1990年6月任省政府办公厅机关工会副主席。

曹继武　泾川县王村乡人，民国二十八年(1939年)十一月生，中共党员，中学高级教师。1960年6月参加工作，先后在镇原二中、一中、小岘小学、县教研室、新城中学、庙渠中学任教。1986年7月后任平泉中学副教导主任、教导主任、副校长、校长、助理调研员。1991年9月被国家教委、人事部评为优秀教师。2000年12月退休。

慕云麓　南川乡和平村人，民国二十八年(1939年)十二月生，中共党员，会计师。1956年参加工作，历任环县银行会计、金库保管。1973年调甘肃省第9劳改支队(平凉机床附件厂)工作，先后任会计、财务科副科长、财务科科长、副支队长、副厂长。1999年12月退休。

田凤银　平泉镇湫池村人，民国二十九年(1940年)生，中共党员。1958年5月参加工作，先后在兰州市第三汽车修配厂、市公安学校、庆阳公路总段、宁县公路段段长、镇原县交通局任职。后任“7201”工程庆阳指挥部三营营长、指挥部运输科科长、地区桥梁工程队党支部书记。1983年后任庆阳地区工交处、交通处科长。1992年2月后任地区交通处党组成员、纪检组长、党总支书记。2000年5月退休。

苟崇纲 上肖乡路岭村人，民国二十九年（1940年）生，中共党员，经济师。1964年参加工作，1975年任甘南人行业务科科长。1981年后任平凉人行计划科科长、信贷科科长。1984年任安口办事处主任、党支部书记。1986年后任平凉人行办公室主任、计划科科长。1992年任中国银行平凉分行副行长。2000年7月退休。

慕明镛 新城乡孙庵村人，民国二十九年（1940年）二月生，中共党员。1958年6月在平凉市铁厂参加工作。1960年3月后在平凉市委组织部、安口公社、华亭县委组织部任职。1968年11月被下放到西华公社阳关大队劳动。1969年6月任华亭县委政治部干部组组长。1969年9月任县战备办公室副主任。1972年1月任县委组织部副部长。1982年5月任县人事局长。1993年1月任县司法局长。1998年8月任华亭县人民政府助理调研员。

慕志超 平泉镇洪河村人，民国二十九年（1940年）二月生。1959年参加工作，曾任平凉县南台小学教员、校长、团县委干部、法院办公室主任、审判员、司法局副局长。1995年任平凉地区行署法制局副局长。1997年12月任地区行署办公室副主任兼法制局长，1998年12月任地区行署办公室副主任兼外事侨务办公室主任、台湾事务办公室主任、台属联谊会会长。2002年退休。

王学坤 庙渠乡黎明村人，民国二十九年（1940年）七月生，中共党员，政工师。1958年4月参加工作，历任安口煤矿基层党支部书记、矿政治处副主任、宣传科副科长、科长、矿党委办公室主任。1990年任矿纪委书记。2000年退休。

刘起义 屯字镇马堡村人，民国二十九年（1940年）八月生，中共党员。1961年7月在华池县上堡子小学参加工作。1964年8月后任柔远小学副校长、上堡子小学校长。1977年8月任华池一中团委书记。1980年3月任县体委主任。1996年1月任华池县人民政府助理调研员。2000年8月退休。

杜廷璧 平泉镇湫池村人，民国二十九年（1940年）九月生，中共党员，大专文化，高级经济师。1963年7月参加工作，先后在金塔县人民政府办公室、西坝人民公社、县委秘书室、酒泉电机厂教育科任职。1978年被省革委会评为先进保卫工作者。1986年任电机厂政治处主任。2000年9月退休。

卢建秘 屯字镇双合村人，民国二十九年（1940年）十一月生，中共党员。1963年10月参加工作，先在镇原县南川、太平、平泉公社搞社教，后在西壕公社任职。1965年2月任县公安局治安股股长、屯字公社保卫干事。1979年10月后任县公安局副局长、法院院长、党组书记。1992年12月任县人大常委会专职委员。1998年1月任助理调研员。曾立三等功1次。2001年3月退休。

秦浩显 平泉镇秦铺村人，民国二十九年（1940年）十一月生，中共党员。1961年7月参加工作，曾在镇原县三岔中学、马渠小学任教。1963年7月调县文教卫生局任职。1966年11月后在县东街小学、秦铺小学任教。1971年4月后任新城中学教员、县文教局、县委信访室干事、孟坝公社革委会副主任、县委办公室副主任、农村部副部长。1981年8月任中原公社党委书记。1989年11月任县政府办公室主任。1992年11月任县委常委、宣传部部长。1997年11月任县人大常委会副主任。2001年3月退休。

牛光先 武沟乡牛塬村人，民国二十九年（1940年）十二月生，中共党员。1958年5月参加工作，先后在镇原县黑渠口乡、古城大队、开边公社、县公安局任职。1972年11月后任曙光公社革委会副主任、新城公社党委副书记、书记，郭原、开边公社党委书记。1986年2月任县司法局局长。1991年5月后任县委政法委副书记、书记。1996年12月任县政府调研员。2000年4月退休。

周廷玺 陕西省旬邑县人。1981年3月任镇原县人武部副政委。1986年7月转业任庆阳地区中级人民法院副院长。

杜元孝 屯字镇阳宁村人，民国三十年（1941年）二月生，中共党员，大学学历。1961年7月在兰州保温容器工业总公司参加工作，曾任广东佛山澜石保温瓶配件厂、浙江黄岩光明塑料厂合资分厂、江苏邗江标牌厂联营厂副厂长、技术厂长、副总经理、副总工程师、科研所所长。参加煤制气自动控制、玻璃熔炉温度自动控制大项的设计、研制。十几项科技改造革新成果获轻工业部、轻工总会优秀新产品奖六项。

许进荣 城关镇五里沟村人，民国三十年（1941年）二月生，中共党员。1958年8月在兰州饭店参加工作。1961年11月在甘肃省委办公厅行政处、机要室任职。1969年12月任省革委会生产指挥部保密室负责人、机关团支部书记。1973年11月后任省委办公厅秘书处、省政府办公厅秘书处秘书、驻京办公室负责人。1985年9月后任省政府办公厅房产处科长、副处级调研员。

马考学 屯字镇阳宁村人，民国三十年（1941年）二月生，中共党员。1958年在兰州铁路局枢纽工程处参加工作。1962年任武威铁路公安处警长。1971年后任公安处办公室主任、政治部主任、党委副书记、副处长。1994、1996年曾两次因组织侦破重特大案件，被兰铁局记三等功1次，铁道部记二等功1次。1998年退休。

朱轩麟 临泾乡包庄村人，民国三十年（1941年）六月生，大专学历，中学高级教师。1962年7月参加工作，先后在镇原县孟坝中学、临泾中学、镇原中学任教，主授高中物理。1986年12月兼任县第十一、十二届人大常委会委员。1992年11月兼任县政协第四、第五届副主席。主笔《镇原历史人物》《镇原中学校史》《镇原县教育志》。2002年1月退休。

白焕智 开边镇兰岔村人，民国三十年（1941年）六月生，中共党员，经济师。1964年12月参加工作，先后在庆阳地区人行、庆阳地区交通运输公司工作。曾任镇原县庙渠公社革委会主任、乡党委书记、财政局局长、人行行长、庆阳市人行调研员。1999年病休。

陈登府 中原乡武亭村人,民国三十年(1941年)八月生,中共党员。1957年2月参加工作,先后在镇原县邮电局、报社、商业局、革委会、物资局、庆阳地区物资局工作。1971年4月后任地区干湫子农场政工科副科长、建筑工程局三队党支部书记、地区档案处行政科科长、秘书处行政管理科科长。1989年12月任庆阳地委党校副校长。1999年3月任庆阳地委党校助理调研员。2000年1月退休。

卢建忠 屯字镇开城村人,民国三十年(1941年)八月生,中共党员。1964年12月参军,历任天水军分区独立营一连战士、副班长、班长。1968年12月任华池县武警中队代理司务长。1970年1月转业到华池县保卫部工作。1973年9月后任华池县公安局干警、治安股股长、刑警队队长。1981年3月任副局长。1986年6月任局长。1990年9月任县委政法委书记。1999年5月任县委助理调研员。

白焕鹏 镇原县人,民国三十年(1941年)九月生,中共党员。1958年10月参加工作,先后在平凉市铁厂、市民政局、四十里铺乡、柳湖、安国乡工作。1987年后任平凉市供销社党支部书记、主任、平凉市调研室主任、市委党校总支书记、常务副校长。2001年1月任平凉市委助理调研员。同年2月被省委组织部评为全省干部教育培训先进工作者。

陈世丰 中原乡中原村人,民国三十年(1941年)十月生,中共党员。1963年1月参军,历任骑兵第二师战士、文书、班长、排长、师政治部干事、连指导员。1975年8月转业到银川市建设银行任职,先后任人秘科干事、副科长、办公室主任、保卫科科长、纪检组长。1998年6月退休。

张世俊 会宁县人,民国三十年(1941年)十月生,大学学历,中共党员。1967年8月在兰州军区直属张掖西冬滩农场参加工作。1970年4月任甘肃省农宣队镇原分队郭原大队组长。1971年8月后任孟坝公社文书、纪检干事、革委会副主任。1985年10月后任太平乡乡长、县委农村工作部、经济部部长。1997年11月任县政协副主席。2000年11月退休。

郭天仁 临泾乡十里墩村人,民国三十年(1941年)十一月生,中共党员,大专学历,四级高级法官。1958年11月参军,历任镇原县民警队战士、平凉民警三队文化教员。1962年1月后任县公安队、合水县中队管理员、庆阳地区检察院林业科科长、控申处处长、院办公室主任。1990年2月任副处级检察员。1996年8月后任地区中级人民法院培训中心主任、副处级审判员。

唐仲延 新集乡唐塬村人,民国三十一年(1942年)九月生,中共党员。1962年7月后在镇原县新集小学、南川中学任教。1971年4月在县文卫局、文教局任职。1982年3月后任县政府办公室文书、副主任。1986年10月任县政协办公室主任。1990年5月任县体改办主任。1996年1月任县政协副主席、县委统战部部长。2001年4月任县政协副主席。2003年7月退休。

田国治　平泉镇湫池村人，民国三十一年（1942年）八月生，中共党员。1958年8月参加工作，1973年8月后任华亭县三寨公社党委副书记、安口公社、安口镇党委书记。1984年12月任华亭县民政局局长。1992年任县经委主任、县委委员。1995年任华亭县政协副主席。1996年任华亭县人大常委会副主任。

李廷祯　南川乡河李村人，民国三十一年（1942年）十月生，中共党员。1959年8月参加工作，1962年7月参军，曾任甘肃省独立师二团战士、庆阳军分区后勤部作战参谋。1980年3月后任环县人武部政工科科长、副政委。1983年5月任政委。1985年12月转业到庆阳地区外贸公司任副经理。1986年12月任外经贸委副主任。1994年7月任调研员。

阎敬瑞　屯字镇阎孟村人，民国三十一年（1942年）十一月生，中共党员，大专学历。1966年10月参加工作，曾在镇原县屯字公社、马渠、庙渠财税所、县财税局、县委办公室任职。1983年12月任县委办公室副主任。1988年5月任县广播电视局局长。1999年5月任县委助理调研员。

杨廷科　郭原乡西杨村人，民国三十一年（1942年）十一月生，中共党员。1969年在长庆油田参加工作，1972年后任油田技校教导主任、副校长。1982年任管道局生活供应站党支部书记。1985年任管道局党委副书记。2000年退休。

李自有　太平镇埝边村人，民国三十一年（1942年）十二月生，中共党员。1958年7月参加工作，曾任镇原县孟坝公社、县委通讯员、庆阳地委收发员、地区五七干校办公室副主任。1973年5月任肖金公社党委副书记。1979年4月任庆阳县水电局副局长。1984年1月任庆阳县老区办主任。1986年1月后任西峰市农牧局局长、农机局局长、农委主任。2000年11月任政协西峰市委员会第四届副主席。2003年4月退休。

冯秉侠　屯字镇开城村人，民国三十二年（1943年）生，中共党员，高级政工师。1963年8月参军，1969年转业到白银公司，历任车间党支部书记、保卫科科长。1992年任白银公司公安处副处长。2002年退休。

杨祖成　屯字镇人，1961年在苏联哈尔科夫农学院学习，后因中苏关系破裂回国，就读于北京农业大学。1965年毕业后参加工作，曾任中国科学院兰州沙漠研究所助理研究员、副研究员，兼任西北环境经济研究所副所长，兰州大学人口研究所研究员。

安武世　城关镇五里沟村人，民国三十二年（1943年）七月生，中共党员。1964年9月参加工作，先后在张掖、庆阳地区搞社教、镇原县东关小学、屯字中学、县革委会政治部、马渠公社工作。1976年9月后任郭原公社管委会副主任、武沟乡乡长。1985年3月任镇原县计生委主任、党支部书记。1993年当选为甘肃省人口学会理事，曾被国家计划生育委员会评为全国优秀计划生育工作者，甘肃省委、省政府评为全省计划生育先进工作者。1997年9

月任庆阳地区计生协会副会长。1999年1月兼任庆阳行署计划生育处副调研员。2004年4月退休，主编《枣园安氏族谱》，组织捐修家乡忠义山景观。

慕思恭 太平镇慕坪村人，民国三十二年（1943年）十二月生，中共党员。1966年参加工作，1971年3月任镇原县委报道组通讯员。1973年8月后任县委宣传部副部长、《镇原县志》副总编、文化广播事业局副局长、计生委主任。1985年2月任县委党校校长。1987年8月任《庆阳地区志》副总编。1993年7月任中国老区专著甘肃编辑室主任、《甘肃老区概览》副主编。1994年任庆阳地区档案馆副馆长。曾被评为甘肃修志先进工作者。2002年退休。

邢辛酉 屯字镇人，1964年毕业于兰州大学。曾为辽宁省丹东仪表研究所工程师、研究室副主任。

马崇礼 城关镇原郑村人，民国三十三年（1944年）一月生，学士学位，中共党员。1969年7月参加工作，历任平凉地委党校干事、理论教员、地委宣传部科长。1983年8月任平凉地委统战部副部长。1987年6月任党史办副主任。1995年3月任平凉地区建设处纪检组长。2005年2月退休。2010年3月病逝。

庞　珺 城关镇祁川村人，民国三十三年（1944年）二月生，中共党员，会计师，一级警督警衔。1968年8月在甘肃省大西滩农场参加工作。1983年11月后任甘肃省金昌监狱财务科副科长、科长。1991年12月后任永登监狱副监狱长、党委委员、石灰石矿副矿长。2000年5月任助理调研员。

陈　琏 太平镇老庄村人，民国三十三年（1944年）四月生，中共党员，中国档案学会会员，庆阳地区档案学会副理事长。1965年8月参加工作，先后在庆阳专署民政局、农牧局、地区革委会农林办公室工作。1976年8月后任庆阳地委办公室档案科副科长、庆阳地区档案处科长、副处长、档案馆副馆长。

张治廪 平泉镇赤马村人，民国三十三年（1944年）五月生，中共党员。1971年3月参加工作，1976年11月任镇原县上肖公社革委会副主任。1983年12月任新城乡党委书记。1988年3月任平泉镇党委书记。1993年1月任县工商局局长。1997年3月任县政协副主席。2002年6月退休。

王理国 平泉镇麻王村人，民国三十三年（1944年）九月生，中共党员。1967年6月参加工作，先后在洪河中学、平凉县文教局任职。1978年10月后任庆阳地区农业机械化办公室、地区计划委员会文书、副科长、科长。1993年12月任庆阳地区供销社副主任。2000年5月任地区供销社调研员。

段富有 临泾乡十里墩村人，民国三十三年（1944年）十二月生，中共党员。1962年参军，曾任八〇八三、八四七〇五部队战士、司务长、师后勤部助理员。1978年转业到宁夏西北发电机总厂财务处任职。1986年后任石嘴山市工行大武口办事处专职党委副书记、副主任、主任兼党委书记。1994年后任市工行副行长。2000年内退。

赵焕学　平泉镇上刘村人,1979年12月在新疆博乐军分区任通信战士。1984年8月后任新疆军区步兵四十一师排长、副连职、正连职参谋。1991年6月任天水预备役旅副营职参谋。1995年8月任营长、作训科科长。2001年4月任政治处主任。2003年10月任天水市水利局办公室主任。

刘满兴　开边镇开边村人,民国三十四年(1945年)一月生,中共党员。1970年4月参加工作,先后在郭原、曙光公社、县水利电力局任职。1985年后任武沟乡副乡长、乡长、乡党委书记。1995年1月任县教育局党总支书记。1996年4月任平泉中学党支部书记。

刘仕仁　中原乡何曹村人,民国三十四年(1945年)八月生,中共党员,政工师,武威地区企业思想政治研究会理事,武威地区监察学会理事。1965年8月参加工作,1968年2月参军,先后任西藏军区山南军分区边防二团一连战士、班长、排长。1971年3月后任山南军分区司令部参谋、科长、筑路指挥部党委书记。1986年转业到甘肃武威酒厂任保卫科长。1987年9月任党委副书记兼纪委书记。1997年任武威酒业有限责任公司党委副书记兼纪委书记、监事。

何效明　太平镇何湾村人,民国三十四年(1945年)十二月生,中共党员,经济师。1969年参加工作,1980年任安口煤矿安检科科长。1984年任生产调度室主任、矿机关党支部书记。1992年任安口煤矿副矿长、党委委员兼华亭矿务局驻安口煤矿安监处处长。2000年底退休。

包维宁　屯字镇包城村人,民国三十五年(1946年)一月生,中共党员。1968年2月参军,先后在环县武警中队、酒泉县武警中队、人武部、酒泉军分区、甘肃省军区保卫科、宁县人武部、庆阳军分区服役。1992年2月转业任庆阳地区律师事务所办公室主任。2000年4月任地区律师事务所副主任。2004年退休。

杜万鹏　又名杜鹏,字晨风,屯字镇马堡村人,民国三十五年(1946年)一月生,政工师。历任长庆石油勘探局第二钻井工程处宣传科副科长、科长、工程处工会副主席、党校及职工学校副校长。

陈国生　中原乡高胜村人,民国三十五年(1946年)四月生,大学学历,中共党员,副教授。1968年2月参军,1981年10月转业到甘肃省委党校工作,后任哲学教研部讲师、中央党校函授学院甘肃分院副院长、调研员。

张绪英　女,屯字镇川口村人,民国三十五年(1946年)七月生,中共党员。1963年10月参加工作,先后在镇原县曙光、新城公社及张掖地区搞社教。1965年8月任庙渠公社妇联干事。1969年10月后在县保卫部、档案馆、庆阳地区档案馆任职。1984年5月任地委整党办文书。1987年7月后任地直机关党委科员、组织员、党委秘书、副处级党委委员。1997年11月任地区档案处副处长,2000年任助理调研员。

路达章 马渠乡汪庄村人,民国三十五年(1946年)十月生,中共党员,高级政工师。1971年3月在华亭矿务局筹建处参加工作。1973年5月任东峡煤矿掘井队队长。1979年5月任甘肃省煤炭第四工程处处长、党支部书记。1985年9月任华亭矿务局工程处矿建二队队长、党支部书记、工程处副处长。1996年5月后任马蹄沟煤矿安监处处长。2000年11月任马蹄沟煤矿副矿长。曾被省煤炭总公司评为安全生产先进个人。

赵昌玉 上肖乡北庄村人,民国三十五年(1946年)十一月生,大专学历,中共党员,高级经济师。1966年11月参加工作,1979年任东峡煤矿第一副矿长。1985年4月任华亭矿务局安监局副局长。1987年3月后任杨家沟煤矿副矿长、矿党委书记兼矿长。1997年3月任矿务局供销处党总支书记。2000年11月任供销处调研员。

张　浞 临泾乡十里墩村人,民国三十五年(1946年)十一月生,中共党员。1965年8月参加工作,先后在华池县供销社、运输队、庆阳地区公路总段供职。1980年2月后任镇原县公路段段长、指导员、县供销联社主任、党委书记、县农机局局长、党总支书记、县烟草专卖局局长、公司经理。1998年10月后任庆阳烟草分公司助理调研员、工会主席。

刘国效 三岔镇高湾村人,民国三十六年(1947年)九月生,中共党员,高级政工师。1964年12月参军,曾在临夏军分区服役。1971年转业,先后在窑街矿务局、下窑小学、省煤炭工业局人事处、纪委工作。1986年12月任华亭矿务局工程处纪委书记。1990年12月后任马蹄沟煤矿纪委书记、党委副书记。

高荣瑛 屯字镇太阳村人,民国三十六年(1947年)生,中共党员,高级经济师。1970年7月参加工作,曾任长庆石油勘探局第二钻井工程处副科长、科长。1994年1月任副处长。2001年任钻井工程总公司副总经理。2000年牵头组织"钢管架复合管"项目调研论证,2002年建厂,2003年投产任董事长。

姚治禄 平泉镇姚川村人,民国三十六年(1947年)一月生,中共党员,大专学历。1970年5月后任镇原县上肖公社文书、县革委会政治部干事。1974年4月任县委办公室副主任。1975年12月后任庆阳地委统战部秘书、科长。1988年12月后任地委政改办、研究室副主任。1996年任地区农委副主任。曾被省委组织部、帮扶办评为全省帮乡扶贫先进工作者。

冯养锐 孟坝镇西壕村人,民国三十六年(1947年)三月生,中共党员。1970年8月参加工作,先后在兰州市中级法院、公安局预审处、甘肃省建委政治处任职。1979年6月后任镇原县城关公社党委副书记、三岔乡乡长、庙渠乡党委书记、县委组织部副部长、县劳人局局长。2001年3月任县政协副主席。2006年12月任县政协副县级干部。2008年3月退休。

强三六　太平镇慕坪村人，民国三十六年（1947年）八月生，中共党员，一级警督。1964年1月参军，曾立二等功、三等功各1次。1970年3月退伍后在镇原县委办公室、县商业局工作。1974年9月后任殷家城公社武装部长、城关、太平公社革委会副主任、孟坝乡乡长、孟坝镇党委书记。1991年3月后任县公安局局长、副县级侦察员。1994年被评为全国优秀公安局长。1995年11月任庆阳县公安局局长。2001年4月任庆阳地区公安处副县级侦察员。

祁　宏　城关镇原郑村人，民国三十六年（1947年）十月生，中共党员。1970年在镇原县南川中学参加工作。1974年8月任南川中学革委会副主任。1975年9月在殷家城和上肖公社搞路线教育，任工作团秘书。1978年1月任南川中学教导主任。1982年10月后任县教育局人秘股股长、县工农教育办公室副主任。1989年7月任县教育局副局长。1994年8月任局长。1997年8月参加国家教委组织的素质教育研讨会。1998年5月任县委党校常务副校长。1998年10月任镇原中学党支部书记。

强振斌　新集乡段掌村人，民国三十六年（1947年）十二月生，中共党员，大专学历，经济师。1969年4月参加工作，曾在庆阳驿马、肖金财税所任职。1980年后任庆阳地区财税处副科长、税务局科长。1992年任西峰市国家税务局局长。1995年任地区国家税务局副局长。曾被国家税务总局、共青团中央、全国总工会、全国妇联评为全国税法宣传先进个人。

罗道林　广东省潮安县人。1978年6月任镇原县人武部副政委。1981年7月转业回原籍任职。

唐喜荣　女，孟坝镇孟坝村人，民国三十七年（1948年）一月生，大专学历，中共党员。1968年4月参加工作，后任镇原县临泾公社革委会副主任。1970年5月后在县革委会、庆阳地区革委会政治部任职。1973年4月任地区妇联副主任。1990年2月任地区卫生处副处长，1996年3月兼任地区红十字会常务副会长。

王　旭　平泉镇上刘村人，民国三十七年（1948年）六月生，中共党员，经济师。1968年9月在甘肃省邮电管理局兰州长途通信站参加工作。1971年5月任省电信训练班教员。1974年8月后任基础教研组、微波教研组、电路基础教研组组长、机关团支部书记、团总支书记、党总支委员。1979年任邮电部中专教材编委会无线电教材编审组成员。1985年9月任省邮电学校办公室副主任。1987年5月后任平凉地区邮电局办公室副主任、主任、机关党支部书记。1998年后任副局长、党委委员、集邮协会会长、工会主席。

傅作杰　中原乡殿王村人，民国三十七年（1948年）六月生，主管医师。1966年2月在宁县湘乐公社搞社教，1967年1月在环县演武公社黄山大队任乡村医士。1972年8月调庆阳地区卫生防疫站工作。1984年4月任妇幼科科长。1994年7月任地区中医院副院长。2001年3月任地区人民医院副院长。曾被评为全省爱国卫生先进工作者。

刘　选　开边镇开边村人，民国三十七年（1948年）六月生，中共党员，政工师。1968年2月参军，先后在甘肃省军区、宁夏军区独立师三团团部、兰州军区守备九团后勤处服役。1984年11月转业到宁夏自治区人行人事处任主任科员。1993年8月任中国金融工会宁夏自治区工作委员会办公室副主任。1998 年 12 月任宁夏自治区人行党委宣传群工部副部长。2000 年 4 月任银川中心支行离退休干部处副处长。

杨祖轩 屯字镇寨地村人，民国三十七年（1948 年）七月生，中共党员，大专学历，经济师。1969 年 2 月参军，1976 年转业到甘肃省无线电公司任秘书、科长。1983 年后任省物资站站长。1989 年任省电子物资总公司副经理。1993 年任省有色金属材料总公司科长。1999 年任副总经理。

马治学 屯字镇白马村人，民国三十七年（1948 年）十月生。在中国科学院兰州寒区旱区工程与环境研究所参加工作。1990 年后任青藏高原研究站副站长、所副处长。

潘振奎 新城乡人，民国三十八年（1949 年）生，曾任镇原县公安局副教导员、副政委、县政法委副书记、县公安局政委、庆阳市公安局副处级侦察员。2009 年退休。

安荣科 平泉镇凤台村人，民国三十八年（1949 年）生。1969 年在 8145 部队参军，曾任排长。1971 年转业到宁夏固原地区公安处工作，先后任治安科副科长、科长。2000 年任副处级侦察员。

王万界 平泉镇麻王村人，民国三十八年（1949 年）四月生，中共党员，大专学历。1968 年 2 月参军，历任甘肃省军区独立一团三连战士、团司令部参谋。1978 年 8 月转业到西峰酒厂任政工组组长。1981 年后任庆阳地区印刷厂财务科科长、企业科科长、纪检委副书记、副厂长、总经济师。

陈景文 陕西省礼泉县人，1973 年 11 月至 1978 年 12 月任镇原县革委会副主任，1973 年 11 月至 1982 年 4 月任县委副书记，1980 年 12 月至 1984 年 1 月任县人大常委会副主任。

尤志芳 女，城关镇莲池村人，1950 年 10 月生，大专学历，中共党员，甘肃省委政研室市场研究会会员，省妇联妇女问题研究会会员。1971 年参加工作，先后在镇原县南川公社、县妇联、庆阳地区妇联任职。1988 年 1 月后在地委政改办研究室、政研室任职，后任副县级政研员。潜心研究妇女问题，撰写多篇论文获省、地级奖励，有的被国家级刊物采用。

张希锋 新城乡耿沟村人，1950 年 12 月生，中共党员，政工师。1968 年参军，1975 年在庆阳石油化工厂工作，曾任化工厂监察科科长、纪委副书记。1997 年 3 月被化学工业部评为全国化工纪检监察工作先进工作者。

朱世泽 屯字镇朱川村人，1951 年 1 月生，中共党员，大专学历，中校军衔。1969 年入伍，曾任西藏军区炮兵独立第三〇八团参谋长、西藏自治区第五届人代会代表。1989 年转业后任庆阳地区农业机械总公司工会主席。2004 年任庆阳市农业机械有限责任公司副总经理。

贯　珉 开边镇陈坪村人，1951 年 1 月生，中共党员，高级政工师，大学学历。1974 年 11 月参加工作，曾任玉门石油管理局老君庙油矿综合采油四大队井下作业一队技术员、矿党委组织干部科干事、综合采油三大队党支部书记、政治指导员、矿党委组织科科长、中国石油吐哈油田公司吐鲁番采油厂党委副书记兼纪委书记、工会主席、吐哈油田甲醇厂党委书记兼纪委书记、工会主席。

慕登喜　平泉镇洪河村人，1951 年 5 月生，中共党员。1970 年 12 月参军，曾任连政治指导员、团宣传股长、营政治教导员、团政治处主任、副政治委员。

杜立军　新城乡杜家村人，1951 年 6 月生，中共党员，中校军衔。1970 年 12 月在兰州军区工程兵二一八团一营三连入伍，曾任文书、班长、排长、连副指导员、指导员。1983 年 1 月后任庆阳军分区正连职、副营职宣传干事、正营职战勤参谋。1985 年在部队立三等功 1 次。1991 年 10 月转业后任庆阳地区林业处纪检组副组长，1994 年 1 月任办公室主任，2001 年 7 月任政法科科长，2005 年 12 月任副调研员兼政法科科长。

焦永虎　太平镇埝边村人，1951 年 7 月生，中共党员，政工师。1969 年 2 月参加工作，曾任安口煤矿救护队小队长、副中队长。1995 年 9 月任华亭矿务局救护大队大队长。2000 年 11 月任大队党总支书记。

刘廷祥　新城乡曹城村人，1951 年 7 月生，中共党员，大专学历。1969 年 3 月参军，历任第二十一军六十三师一八八团一营排长、副连长、连长，1981 年 4 月任六十三师教导大队大队长。1986 年 4 月任华亭县人武部军事科正营职参谋、政工科科长。1994 年 6 月任人武部副部长。1995 年 4 月任庄浪县人武部副部长。1996 年 10 月转业到华亭县民政局任副局长、双拥办主任。

马云行　城关镇原郑村人，1951 年 7 月生，中共党员，高级工程师，1969 年 11 月入伍，曾在陕西省军区独立师、兰州军区服役。1975 年 3 月退伍。1978 年 8 月后任地矿部西北探矿机械厂副科长、重点项目组组长。1990 年后任深圳市机械工业总公司生产发展部部长、公司办公室主任、总经理助理、公司副总经理。曾被兰州军区树立为“五好战士”标兵。主持设计的大型水平钻机和大口径工程钻机分别获地矿部科技成果一等奖和技术进步一等奖。

李喜堂　平泉镇湫池村人，1951 年 8 月生，中共党员，中校军衔。1969 年 2 月入伍，历任陆军第二十一军六十三师一八八团重炮连班长、排长。1979 年 12 月任庄浪县武装部副连职助理员。1981 年 4 月后任平凉军分区司令部正连职管理员、副营职秘书、后勤部正营职助理员、副团职助理员。1993 年 7 月转业到平凉地直房地产开发公司任开发部主任。2001 年 6 月任市直房地产开发公司副经理。

张　巍　临泾乡祁庙村人，1951 年 9 月生，大专学历，中共党员，中学一级教师。1971 年 7 月参加工作，曾在庆阳地区东方红学校、文教局电大工作站、教育局任职。1986 年 8 月任地区招生办副主任。1990 年后任督导室副主任、主任、副县级督导员。2002 年 10 月后任庆阳一中党总支书记、校长。2007 年 12 月任庆阳市教育局副局长。

杨治青　郭原乡西杨村人，1951 年 9 月生，中共党员，大专文化。1969 年入伍，先后任陕西绥德县中队班长、政治指导员、兴平县中队政治指导员。1987 年后任咸阳市武警支队政治处副营职干事、武警西安学院干部轮训队队长。1995年转业到西安碑林区人民检察院任正处级调研员。

王梦林 宁县人，1952年3月生，中共党员，专科学历。1970年4月参加工作，先后在宁县电影院、和盛公社、宁县法院工作。1984年3月后任宁县法院办公室主任、告诉申诉庭庭长。1990年2月任宁县法院副院长。1996年2月任镇原县法院院长。

马世旦 屯字镇四殿村人，1952年4月生，大普文化，副主任医师。1977年9月参加工作，先后为镇原县平泉、屯字卫生院医师、县一院副院长。2002年9月任县政协兼职副主席。

王好智 孟坝镇赵嘴村人，1952年1月生，中共党员，大专学历，四级高级检察官。1972年10月在镇原县糖厂参加工作。1979年12月任县法院书记员兼法警。1984年2月后任法院办公室主任、助理审判员、审判员、刑事审判庭庭长。1993年任法院副院长。1996年1月任正宁县检察院党组书记。4月任检察长。2003年2月任庆阳市委政法委油区办副主任。

刘仁满 上肖乡人，1952年生，中共党员，高级工程师。1969年参加工作，历任安口煤矿机电科科长、副矿长、矿长、党委书记、华亭矿务局供销处党委书记。2004年任华煤集团供应公司党委书记兼副经理。

刘万才 开边镇开边村人，1952年4月生，中共党员。1969年4月参加工作，先后在镇原县开边公社、县广播站、县纪检委、县委组织部任职。1996年3月后任县委组织部副部长、纪委副书记、监察局局长。2003年1月任平泉中学党支部书记。2009年12月任县政协副县级干部。

杨秉荣 中原乡何曹村人，1952年5月生，中共党员，大专学历。1974年8月参加工作，曾在镇原县贫协、县委宣传部任干事。1985年9月任县委整党办公室副主任。1986年10月后任孟坝镇党委副书记、经委主任、镇长、党委书记。1995年4月任县委组织部副部长。1995年12月后任庆阳县人民政府副县长、庆阳市环保局副局长、调研员。

段子厚 城关镇高庄村人，1952年7月生，专科文化，中共党员。1972年4月参加工作，先后在镇原县粮食局、团县委、县革委会财贸办公室、县人民政府办公室工作。1976年7月后任庆阳地委组织部组织员、知识分子工作科副科长、科长、党员电化教育办公室主任。1998年12月任庆阳市运输管理局副局长，2006年11月任局党委书记。

段浩德 临泾乡良韩村人，1952年7月生，中共党员，大专文化。1970年在工程兵一三九团服役，1977年转业，先后任镇原县临泾中学教师、县委宣传部副部长、上肖乡党委书记、县监察局局长、纪委副书记。1998年4月任县教育局局长。2002年11月任县人大常委会副主任。

张 波 开边镇开边村人，1952年7月生，中共党员，大学学历，工程师。1969年在镇原县邮电局参加工作。1975年后在庆阳地区广播事业局、文化广播局任职。1985年后任地区广播电视局技术科副科长、科长。1997年4月任地区有线广播电视台副台长。

何逢辰 太平镇何湾村人，1952年8月生，中共党员。1978年6月参加工作，历任庆阳地区民政处人秘科干事、副科长、科长。1997年9月任地区残疾人联合会副理事长。

米文武 屯字镇田岭村人，1952年8月生，中共党员，大专学历，国家一级裁判员。1969年参军，1973年退伍。1985年10月后任庆阳地区体委训竞科副科长、科长。2004年任庆阳市体校副校长、篮球俱乐部主任、庆阳市田径协会副主席、甘肃省田径协会委员。曾被省委组织部、省委研究室、省农业委员会、省帮扶开发办公室、省干部下农村帮扶工作办公室五个单位联合表彰为全省帮乡扶贫先进个人。

强希斌 新集乡段掌村人，1952年9月生，中共党员，无线电工程师。1971年11月参加工作，曾任西峰广播站、地区广播事业局机务员、技术员。1985年8月后任地区文化广播处、广播电视局技术科干事，保卫科副科长、科长，业务技术科科长。2001年4月任庆阳地区电视台副台长。

杨光荣 方山乡小方山村人，1952年9月生，中共党员，本科毕业，经济师。1970年1月在庆阳地区运输公司参加工作。1984年任政治处副主任。1988年后任地区人行人教科副科长、办公室主任。1995年任党委委员、副行长、地区外汇管理局副局长。2004年6月人行庆阳中心支行行长。2009年6月调人行兰州中心支行工作。

何 毅 新城乡杜寨村人，1952年12月生，中共党员，大专学历，工程师。1970年1月参加工作，1978年7月任长庆油建处办公室秘书。1988年后任油建处一大队党总支书记兼副大队长、大队长。1996年任油建工程处副处长。

马振书 屯字镇四殿村人，1953年2月生，大学学历。1977年2月在庆阳地区赴合水县路线教育工作队参加工作。11月后任地区农业学校教员、校办公室文书、团委书记。1985年4月任地区乡镇企业处果品公司经理。1991年10月任农委办公室主任。1997年5月任人事秘书科科长。1997年9月任地区农业技术推广中心副主任。

李永前 开边镇开边村人，1953年2月生，大专学历，中共党员。1970年12月参军，历任战士、副班长、班长、代理排长。曾7次受到嘉奖，立三等功1次。1976年4月退伍，1976年7月录干，曾在庆阳县什社公社、镇原县南川公社工作。1978年后任三岔公社党委秘书、县法院秘书、办公室主任。1984年任副院长。1992年任院长。1996年任西峰市法院院长。2002年任庆阳市人大常委会法制委副主任、主任。

张占玺 城关镇金龙村人，1953年7月生，本科学历，中共党员，工程师。1969年10月在玉门石油管理局参加工作。1970年5月调长庆石油管理局钻井二处研究院任职。1977年4月后任长庆局三分部工大、宁夏石油技校教师、主任、副校长。1997年3月后任长庆局农工商联合处、油气技术综合服务处副处长。

夏化民 屯字镇阳宁村人，1953年9月生，中共党员，大专学历，经济师。1970年7月参加工作，曾任长庆石油勘探局会计、设备库主任。1990年后任企业管理科科长、勘探设计研究院科技产品开发公司经理。1993、1994年连续两次被甘肃省委、省政府评为城市集体经济企业优秀经理。1996年5月被国家劳动部、建设部树立为国家级劳动就业企业先进个人。1997年后任长庆实业集团有限公司副总经理、长庆住房资金管理中心副主任。

朱荷芳 女，平泉镇人，1953年9月生，中共党员。2008年6月任庆阳市总工会副调研员。

金凤琴 女，太平镇柳嘴村人，1953年10月生，中共党员。大专学历。1970年12月参加工作，先后在正宁县委办公室、庆阳地区妇联任职。1998年12月任地区妇联副主任。被全国妇联、国家教委评为家庭教育工作园丁奖。

张　云 孟坝镇王地庄村人，1953年10月生，中共党员。1971年6月参加工作，先后在镇原县马渠公社、正宁县榆林子公社、镇原县委组织部、太平公社任职。1983年12月后任方山乡、三岔镇党委书记、县林业局、民政局、劳动人事保障局局长。2002年9月任县政协副主席，2007年1月兼任县政协党组副书记。

刘治才 开边镇开边村人，1953年11月生，中共党员，大专学历。1969年10月参军，历任陕西省军区独立师战士、文书、班长。1976年11月后在镇原县开边小学、武沟中学任教。1983年12月后在县委宣传部、庆阳地委秘书处任秘书、办公室副主任、主任。1995年4月任地委信访室副主任。2000年5月任行署物价处副处长、物价检查所副所长。

陈兰新 孟坝镇王地庄村人，1953年11月生，大专学历，中共党员。1969年8月在兰州铜厂参加工作。1973年12月任甘肃省委办公厅秘书。1978年7月后任省政府办公厅文书、副科长。1983年后任文档处副处长、处长、省政府驻厦门办事处主任。

刘登霄 南川乡河李村人，1953年12月生，大专学历，中共党员。1970年12月参军，在解放军工程兵建筑第一三九团、兰州军区司令部直属政治部干部任免处服役。1986年4月转业到甘肃省人事局工作，1990年5月后任省人事厅调查研究室、办公室副主任。1995年9月任办公室主任、人力资源和社会保障厅职称管理处处长。

耿怀宝 新集乡王岘子村人，1954年1月生，大专文化，中共党员。1972年10月参加工作，先后在镇原县糖厂、屯字派出所任职。1985年5月任上肖派出所长。1986年2月任镇原县公安局副局长。1991年10月被公安部评为全国颁发居民身份证工作先进工作者。1993年10月任县公安局政委。1995年10月任合水县公安局局长、党委书记。2002年8月任镇原县委政法委书记。2005 年 2 月任县政协副主席。

王学文　庙渠乡慕塬村人，1954 年 1 月生，中共党员，大专学历。1977 年 12 月在镇原县农牧局参加工作，1983 年 10 月任副局长。1986 年 10 月后任马渠乡乡长、党委书记。1993 年 1 月任农业局副局长，8 月任局长。1997 年 3 月后任县农委主任、扶贫办主任。2001 年被省政府评为全省扶贫开发工作先进个人。2002 年 9 月任县委统战部部长。2002 年 11 月任县人大常委会副主任。

刘位巍　太平镇上城村人，1954 年 2 月生，中共党员，大专学历。1978 年 9 月在镇原县林业局参加工作，1984 年 10 月任副局长。1994 年 11 月任武沟乡党委书记。1997 年 10 月任县人大办公室主任。2001 年 9 月任人大常委会副主任。曾主持的省列课题“杏子丰产栽培技术试验示范”分别获省、地、县科技成果三等奖、二等奖和一等奖。在国家、省、地有关刊物上发表林业、园艺类论文 16 篇。其中《杏树科学施肥》一文在西北五省(区)第一届园艺论文中获优秀奖。

马新学　屯字镇马堡村人，1954 年 2 月生，中共党员，本科学历，工程师。1974 年 9 月在镇原县开边王凤沟水库参加工作。1977 年 9 月在县水电局供职。1986 年调庆阳地区张铁沟水土保持科学试验站工作，1992 年任站长。1998 年 4 月任巴家嘴电厂厂长。后任《陇东原区水保成果开发专用途径研究》副主编。

焦积田　临泾乡祁焦村人，1954 年 5 月生，中共党员，油气田开发高级工程师。1971 年参加工作，先后在庆阳地区“五七”干校、平凉地质队、长庆局钻井一部地质队、勘探部综合办公室、岩心库管理项目组、天然气勘探项目组办公室、勘探部地质科任职。2006 年 12 月后任长庆油田公司苏里格天然气勘探项目组副经理、油田开发处副处长。

田　耘　女，上肖乡南李村人，1954 年 6 月生，中共党员。1974 年 7 月参加工作，曾任中原、平泉、新城公社路线教育工作队队员，新集乡、曙光乡、县妇联妇女干事。1983 年后任南川乡副乡长、县计生委副主任、县妇联副主任。曾被国家计生委、全国生育节育抽样调查领导小组评为生育节育抽样调查先进工作者。1993 年 1 月任县总工会副主席。2002 年 11 月任县政协副主席。2005 年 12 月任县人大常委会副主任。2006 年 12 月任人大副县级干部。2009 年 6 月退休。

马希钦　平泉镇景家村人，1954 年 6 月生，大专文化。1976 年 12 月在甘肃省交通厅水泥厂参加工作。1983 年 11 月后在庆阳地区监理所宁县监理站、地区监理所任职。1987 年后任地区交通警察支队办公室副主任、机动车监测站站长、复训大队大队长、机动车驾驶考试中心主任。2006 年 7 月任副县级侦查员、考试中心主任。

韩菊芬　女，临泾乡梁韩村人，1954 年 7 月生。1971 年参加工作，后任庆阳市妇幼保健院副院长，兼任地区少儿工委教育委员会委员，地区预防医学会常务理事、副秘书长，中国《现代医学》特聘编辑。撰写的“庆阳地区农村 0~7 岁儿童缺铁性贫血抽样调查分析”等 20

多篇论文在国家级刊物上发表。

张志锋 临泾乡包庄村人，1954年7月生，本科学历，中共党员。1971年10月参加工作，先后在镇原县委、公安局、农机局任职。1985年4月后任县农机公司副经理、党支部书记、经理。1994年11月任庆阳地区农机总公司党委书记、副总经理。

姚爱月 新集乡唐塬村人，1954年9月生，中共党员。1975年2月在镇原县新集唐塬小学任社请教师。1980年在兰庙七年制学校任教。1983年后任新城乡妇干、县委宣传部干事。1988年任县委党校副科级理论教员。1996年后任县文化局副局长、文化中心主任、文化局局长、县妇联主席。2002年任县人大常委会副主任。2005年任庆阳市人大教科文卫委员会副调研员。2009年9月退休。

段社芳 女，临泾乡包庄村人，1954年10月生，大专学历，中共党员。1970年7月在长庆桥电厂参加工作，曾任电厂团支部书记、妇女主任。1980年5月调镇原县农机局、县法院工作。1984年11月后任县妇联副主任、主任。1997年10月后任镇原县、西峰市(区)人大常委会副主任。

王选社 平泉镇坪边村人，1954年10月生，大专文化，中共党员，中校军衔。1972年12月参军，在兰州军区工程兵第十四团服役，曾任排长、连长、营长，参加云南老山前线对越防御作战，受嘉奖8次，立二等功1次，三等功2次。1989年1月任副团长、军区爆破器材仓库副主任。1993年10月转业后任甘肃省水文局纪委副书记、书记、助理调研员、纪委书记。

张画屏 女，孟坝镇赵嘴村人，1954年12月生，大专文化，中共党员。1976年9月在庆阳县什社公社路线教育工作队参加工作。1977年11月后在庆阳地区总工会、地区地直机关党委、地委整党办、地委老干部工作处工作。1991年1月任地委老干部工作处安置福利科副科长。1998年11月任地区关工委办公室主任。2002年12月任庆阳市关工委办公室主任。2005年12月任市委老干部工作局助理调研员。

申启学 平泉镇洪河村人，1955年3月生，中国资产评估师，中共党员。先后在镇原县平泉公社农机站、庆阳地区农机局、乡镇企业处任职。2002年10月任乡镇企业开发中心主任。2010年2月任庆阳市招商局副局长。

张浩祥 屯字镇开城村人，1955年3月生，中共党员，本科学历，国家一级建造师，高级工程师。1973年12月参军，历任战士、教导队技术教员、工程科技术员。1983年7月后在北京城建五公司历任生产计划科技术员、企管办副主任、计量节能办公室主任、教育培训中心主任、经理助理兼项目经理、公司副经理。1999年2月后任北京城建新图公司经理、北京城建十公司经理、北京城建十公司董事长、党委书记。2004年12月任北京城建集团五棵松文化体育中心工程总承包部副经理。2009 年 7 月任北京城建集团工程总承包部党委副书记、工会主席。

贾广福　太平镇柴庄村人，1955 年 4 月生，中共党员，甘肃省书协会员。1973 年 9 月参加工作，先后在镇原县太平镇、甘肃省东方红铁厂、正宁县五金公司、商业局、庆阳地区农机二厂、糖业烟酒公司、西峰市委统战部、西峰区陈户乡、行署建设处任职。2004 年 6 月后任庆阳市房改办副主任、住房公积金管委会办公室副主任。2005 年 10 月后任市房地产管理局副局长、市房改办副主任。

杨新平　郭原乡西杨村人，1955 年生，大专学历。1970 年入伍，1974 年转业到兰化三〇三厂工作。1981 年调甘肃煤田地质一四六队任职，1988 年任甘肃煤田地质勘探物资装备公司经理。

郭新春　宁县和盛镇人。曾任副乡长、新庄公社乡长、焦村公社党委书记。1995 年 5 月至 1997 年 10 月任镇原县副县长。

白立鹏　殷家城乡桑树坬村人，1955 年 5 月生，大专学历，中共党员。1975 年 4 月参加工作，1984 年 1 月后任镇原县殷家城乡副乡长、乡长、党委书记、县委组织部副部长、县人事劳动保障局局长。2005 年 12 月任县人大常委会副主任。

马之庆　方山乡金岔村人，1955 年 7 月生，中共党员，大专学历。1975 年 10 月参加工作，先后在镇原县方山公社、县水利局、县委办公室任职。1983 年 11 月任王寨乡乡长。1987 年 3 月任新集乡乡长。1989 年 11 月任方山乡经委主任。1991 年 1 月后任孟坝镇镇长、党委书记。1997 年 3 月任县财政局局长。2002 年 8 月任县人大常委会副主任。

段志军　孟坝镇醴坳村人，1955 年 10 月生，中共党员。1976 年 12 月参加工作，曾任甘肃省交通水泥厂会计、劳资科副科长，1986 年任省委老干部局主任科员，1989 年任省土地管理局副处级调研员，2001 年任省国土资源厅土地登记办公室主任。

段思圣　城关镇金龙村人，1955 年 10 月生，中共党员，外科主治医师。1978 年 10 月在镇原县三岔中心卫生院参加工作。1980 年调县第一人民医院从医，1983 年任副院长。1986 年后任县卫生局副局长、局长。2000 年 5 月任庆阳地区卫生处副处长。2002 年任庆阳市人民医院院长。曾被省人事厅、卫生厅评为优秀卫生管理者。

朱广宇　屯字镇双合村人，1955 年 10 月生，中校军衔。1979 年在新疆军区陆军第八师炮兵团入伍，后任政治处副主任。1996 年 8 月转业到新疆油田供电公司工作，历任车间主任兼指导员，政工师、副县级调研员、新疆克拉玛依市政协委员、新疆维吾尔族自治区政协委员。

范平才 临泾乡祁庙村人,1955年11月生,中共党员。1980年7月参加工作,先后在宁县新庄乡、白银市第21冶金建设公司工作。1987年6月任白银市政府办公室经济研究室正科级秘书。1992年12月任白银区办公室主任。2000年任白银市职业中等专业学校党总支书记。2009年1月任白银区政协副主席。

田　宇 平泉镇湫池村人,1956年1月生,中共党员。1972年1月参加工作,曾在镇原县造纸厂、招待所、新城、新集公社路线教育工作队任职。1978年9月后任马渠、新城公社团委书记。1986年7月后任县委组织部干事、组织员、副部长。1993年3月兼任县直机关党委书记。1994年12月任城关镇党委书记。2000年4月任庆阳县委常委、组织部部长、庆城县委常委、政府副县长、庆阳市水保局副局长。

张步峰 屯字镇屯字村人,1956年1月生,中共党员,大专学历。1979年12月参加工作,先后在镇原县农机局、县政府人事科、县委组织部、上肖乡、庆阳地区城镇集体经济管理局、二轻工业管理局、地毯厂、非国有经济管理局、行署经贸处、庆阳市经贸委、经委非国有经济管理办公室、庆阳市经济委员会、煤炭局、工业局任职。2010年3月任市工业和信息化委员会副调研员。

李敬国 中原乡姜白村人,1956年2月生,大专学历,中共党员,经济师。1970年7月参加工作,曾任庆阳地区电影发行放映公司科员、副科长、科长。1998年12月后任地区电影公司副经理、庆阳市公积金管理中心副调研员。

秦　栋 新城乡新城村人,1956年2月生,中共党员。1979年12月在镇原县农机局参加工作,后在劳动局任职。1983年10月任郭原乡副乡长。1986年4月后任小岘乡副乡长、经委主任、政府乡长。1995年12月后任湫池乡乡长、党委书记。2001年1月任镇原县纪委副书记、监察局副局长。2003年2月任县纪委副书记、监察局局长。2010年5月任庆阳市纪委副县级纪检监察员、镇原县纪委副书记、监察局长。

苟志君 上肖乡北苟村人,1956年3月生,中共党员。1973年12月参军,先后在基建工程兵〇〇〇九九部队二十一分队服役,后任排长。1983年1月转业到华亭矿务局工作,后任华亭煤业集团有限责任公司监事会办公室主任。

刘继发 平泉镇黄岔村人,1956年4月生,大学文化,中共党员。1974年在镇原县平泉镇三官小学、平泉中学任社请教师。1976年12月在甘肃省轮胎厂工作。1981年5月后任省交通厅交通监理局秘书、副科长。1987年8月后任省公安厅交警总队科长、副总队长、兼省交通广播电台副台长。2010年任交通管理局副局长。

冉自忠 屯字镇徐沟村人,1956年5月生,中共党员。1974年12月在白银公司井巷工程公司参加工作。1982年1月后任平凉行署经济委员会能源技术科副科长、工业科科长、经济综合科科长。1998年任行署经贸处副处长。

张正雄　城关镇段高庄村人，1956年5月生，中共党员，大专文化。1976年3月在镇原县委报道组参加工作。1977年12月后任曙光乡团委书记、县人大办公室文书。1983年10月后任小岘乡乡长、南川乡乡长、党委书记、县计生委副主任。1997年9月任县计划生育局局长。2002年1月被省人事厅、人普办评为全省第五次人口普查先进个人。2004年任政协办公室主任、2008年1月任秘书长兼办公室主任。2009年3月任县政协副主席。

张效华　平泉镇赤马村人，1956年8月生，中共党员。1974年12月参军，1984年1月后在铁道部第二十工程局第三工程段、灵台县人民武装部服役。1992年2月转业后任平凉地区经济体制改革委员会办公室副主任、主任科员。2005年7月后在平凉市发展和改革委员会交通能源科、商贸科工作。2010年5月任平凉市发展和改革委员会副县级干部。2010年12月退休。

范润龙　孟坝镇人，1956年8月生，专科学历，中共党员，甘肃省书法家协会会员，省书协展览交流专业委员会委员。1977年4月参加工作，先后在镇原县委办公室、总工会、县人民检察院、庆阳地区工会、任职。2005年6月任庆阳市文联副主席。

孙旺儒　太平镇马南庄村人，1956年9月生，中共党员。1988年7月参军，先后在新疆军区陆军第八师炮兵团、庆阳市经贸委任职。2004年10月后任市安全生产监督管理局人秘科长、安监局副调研员。

牛维栋　镇原县人，1956年11月生，大专学历，中共党员。1973年12月参加工作，曾任平凉市人民医院院长办公室主任。2003年1月任平凉市人民医院党委委员、副院长。

朱永忠　临泾乡包庄村人，1956年11月生，中专学历，中共党员。1976年2月参军，历任新疆军区三六一二部队十六团战士、副班长、给养员、司务长、财务助理员。1984年2月任军需股股长。1988年1月转业到西峰市保险公司工作。同年12月后任庆阳地区保险公司财务科副科长、科长。1994年4月任西峰市保险公司经理。1999年6月任中国人民保险公司庆阳地区分公司副总经理。

李万里　太平镇枣林村人，1956年12月生，大专学历，中共党员。1974年3月后在枣林小学、兰庙八年制学校任社请教师。1980年7月后在庆阳地区文教局、地委宣传部任职。1990年3月后任理论科副科长、党员教育、文化科科长。1999年4月任《庆阳开发与建设》编辑部主任、副县级编辑。2007年11月任陇东报社党委副书记、副社长、市书法家协会副主席。

李得元 屯字镇马堡村人,1957年生,中共党员。1980年在甘肃煤田地质局145队子弟学校参加工作,1993年任校劳资科科长。1999年任145队党委副书记、纪委书记。

张仲奇 临泾乡新堡村人,1957年5月生,中共党员,大专学历。1976年3月在陆军六师步兵十六团高机连入伍。1988年后任师驻乌鲁木齐办事处副营职主任、新疆军区第五干休所正营职助理员。1996年任副所长。2001年退役。

范　赟 临泾乡良韩村人,1957年7月生,大专学历,中共党员。1978年8月参加工作,先后在镇原县城关粮所、县经计委、庆阳地区劳动人事处任职。1988年10月任地区人事处纪检组副组长。1997年11月任地区编办人秘科科长。2003年3月任庆阳市编办副主任。

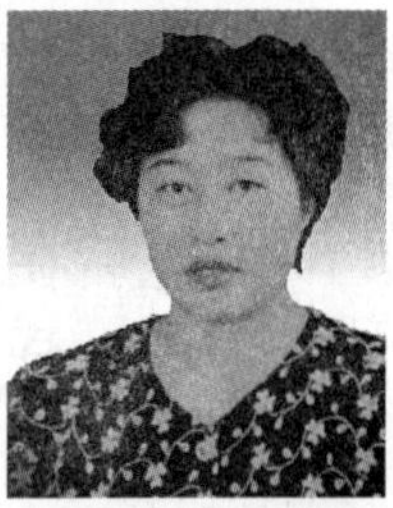

徐克芳 女,平泉镇南徐村人,1957年7月生,大专文化,中共党员。1976年10月参加工作,后在庆阳县搞路线教育。1978年1月在镇原县临泾公社任职。1983年4月后任县妇联副主任、团县委副书记、书记。1988年8月任县工交系统工会主席。1989年4月后任庆阳地区财政处农税科科长、地税局人教科科长、纪检组组长。2001年7月任副局长兼纪检组组长。

张怀洲 开边镇开边村人,1957年7月生,中共党员,大专学历,助理经济师。1976年5月在镇原县财税局参加工作。1989年6月后历任县税务局副局长、局长。1994年9月任县国税局局长。1998年3月任庆阳地区国税局副局长兼西峰市国税局局长。2001年4月任地区国税局副局长。

刘进平 郭原乡王嘴村人,1957年7月生,本科学历,中共党员,中学高级教师,中学特级教师,国家级骨干教师。1976年1月参加工作,先后任开边中学教导主任、副校长、屯字、平泉中学校长。曾被评为庆阳地区首批百名教坛新秀,甘肃省园丁奖,庆阳市优秀校长、十佳校长、全国模范教师。

鱼　泳 临泾乡新堡村人,1957年7月生,中共党员,中校警衔。1976年12月在甘肃省武警总队甘南藏族自治州碌曲县中队入伍。1995年3月任支队参谋长。1998年1月任支队副支队长。

张文智 新城乡东庄村人,1957年7月生,中共党员,高级记者。1969年11月在陕西独立师、省军区服役。1976年5月后在甘南碌曲县郎木寺、天祝县乌鞘岭、镇原县气象站、县委农村部、报道组、《陇东报》社任职。后任《甘肃经济日报》社庆阳记者站站长。1999年2月任庆阳市委宣传部副县级干部。

王新平　屯字镇阳宁村人，中共党员，一级警督警衔，曾任镇原县公安局刑警队队长、副局长、政委，庆阳市公安局副县级侦察员，宁县公安局局长，庆城县公安局政委、党委副书记。

安海琪　南川和平村人，1957年8月生，本科学历，中共党员。1973年11月在解放军00091部队医院入伍，1993年4月后任北京城建四公司医院院长、行政卫生部部长、经理助理兼部长，2009年3月任公司副总经理。

王自成　屯字镇曹路村人，1957年9月生，大学学历，中共党员，中校军衔。1976年12月入伍，曾任空降兵第四十五师战士、排长、参谋、政治指导员。1985年10月任广州军区司令部作战处连、营、副团职参谋。1997年4月任广州军区空军驻香港部队工作办公室主任。曾受广州军区司令部嘉奖7次、立三等功1次。1998年11月转业到广东省教育厅宣传教育处任科长。2000年6月任思想政治教育处科长。2004年任学生工作处副处长。

常义学　城关镇常山村人，1957年8月生，中共党员，大专学历。1975年3月参加工作，先后在镇原县莲池小学、东街小学、县教育局工作。曾任教育局工农办副主任、教研室副主任、招生办副主任、教育局副局长、局长。2006年2月任镇原中学党支部书记。

段国栋　城关镇金龙村人，1957年10月生，中共党员。1981年6月在镇原县屯字镇参加工作。1984年1月后任屯字镇副镇长、南川乡副乡长、孟坝镇副镇长、方山乡乡长、党委书记，曾被评为全省优秀乡镇长、全省计划生育先进个人。1998年10月任县粮食局局长。2002年9月任县财政局局长。2005年12月任县政协副主席兼财政局局长。2008年12月任县政协副主席。

赵建旭　屯字镇官亭村人，1957年10月生，大专学历，中共党员。1976年在镇原县屯字镇官亭上湾小学任民办教师。1980年1月在镇原县财税局任职。1986年11月任副局长。1994年8月任县地税局党组书记、局长。2005年1月任环县地税局党组书记、局长。2008年6月任庆阳市地税局副调研员。

李全兴　孟坝镇刘城村人，1957年12月生。1976年3月参加工作，先后在孟坝镇刘城村学、孟坝小学、华亭县东华镇东街小学任教。1982年5月调华亭县人民政府办公室工作，1986年任崇信县法院院长。2006年12月任庄浪县人民法院院长。

王振琪　正宁县山河镇人，1958年生，中共党员。1976年7月参加工作，历任正宁县乡镇干事、副乡长、乡党委副书记、乡长、乡党委书记等职。2002年5月至2009年3月任镇原县检察院检察长。

金　华　太平镇柳嘴村人，1958年1月生，中共党员，经济师。1975年2月参加工作，曾在正宁县山河公社、庆阳地区农机二厂、正宁县人民法院、司法局、经济计划委员会任职。1985年12月任地区人行人事教育科副科长。1993年10月任中国银行庆阳分行办公室主任。2000年10月任党委委员、副行长。

范广仁　太平镇丁岘村人，1958年5月生，中共党员。1975年参加工作，先后在甘肃省体工大队、兰州市食品工业公司、石油化工机械厂、东岗食品厂、兰州市饮料厂任职。1975年获得全国第三届运动会少年男子蓝球比赛第五名。1990年任兰州市食品工业公司经理。1998年任兰州峨眉园综合服务中心总经理。

牛治民　三岔镇楸子湾村人，1958年5月生，中共党员，大学学历。1975年3月参加工作，先后在天水铁炉公社、天水长城开关厂、甘肃金城监狱工作。1993年6月后任省监狱管理局办公室副主任科员、主任科员。2001年12月任狱政管理处主任科员、副处长。2009年12月任副处长。

王学印　屯字镇双合村人，1958年6月生，中共党员。1979年9月参加工作，先后在西峰区肖金、董志、什社中学、庆阳市团委任职。2010年1月后任市老干部休养所副县级调研员、市老年大学常务副校长。

曹旭峰　镇原县人，1958年7月生，大专学历，中共党员。1976年10月参加工作，2002年12月任庆阳市委统战部民族宗教科科长。2007年任庆阳市工商联副会长。

秦应平　临泾乡毛头村人，1958年7月生，本科学历，中共党员，政工师。1975年3月参加工作，曾任庆阳县彭原公社大队党支部副书记、公社团委副书记、农科站副站长。1978年后在庆阳地区粮食局、地委宣传部任职。1991年任地区文明办正科级秘书，1997年后任地区文明办副主任，2005年任《陇东报》社党委书记，2008年任庆阳市文联党组书记、主席，曾被省委省政府授予全省精神文明建设先进工作者。

田进祥　平泉镇黄岔村人，1959年8月生，大专学历，中共党员，政工师。1976年10月参加工作，历任长庆石油勘探局筑路工程处干事、团委副书记、书记。1991年7月任勘探局公安处政治处主任。1998年1月任公安处党委副书记兼副政委、纪委书记、工会主席。

王正锦　中原乡人，1958年9月生，大专文化，中共党员，经济师。1975年参加工作，先后在庆阳石油化工厂、庆化集团工作。1996年任集团总经济师。1999年任庆阳炼化公司副总经理。2005年12月任庆阳市食品药品监督管理局副局长。2010年12月任庆阳市招商局副局长。

张金明　山西盂县人，1959年2月生，中共党员，大专学历。1977年12月参加工作，1981年11月后任合水县吉岘乡、店子乡、定祥乡武装部长、副乡长。1992年9月后任老城乡党委书记、柳沟乡党委书记、合水县委政法委书记。2005年9月任镇原县委常委、政法委书记。2007年3月任庆阳市委防范和处理邪教问题领导小组办公室副主任。

窦志刚　三岔镇楸子湾村人，1959年5月生，中共党员，大专学历，政工师。1977年3月在甘南州夏河县麦西公社上山下乡。1979年10月入伍，在84634部队政治处服役，立三等功1次。1982年11月转业到庆阳地区外贸局工作，曾任综合业务科、人秘科副科长、市贸易促进会、庆阳商会办公室副主任、市商务局人秘科长。2009年4月任市商务局副调研员。

朱芳明　开边镇解放村人，1959年9月生，大专学历，中共党员。1981年7月参加工作，先后在镇原县农牧局、民政局任职。1985年12月后任临泾乡副乡长、党委副书记。1992年9月后任彭阳乡乡长、屯字镇镇长、党委书记、县委办公室主任。2002年10月任县委常委、宣传部部长。

罗　勇　庙渠乡黎明村人，1959年10月生，中共党员，中学高级教师，本科学历，镇原县第十三届党代会代表。1979年9月新集中学参加工作，先后任孟坝中学教导主任、三岔中学副校长、孟坝中学校长。2003年被评为全国青少年科技活动优秀辅导员。2006年2月任镇原中学校长。曾被省委、省政府授予园丁奖，获全国优秀实验学校校长称号。

谢正泰　孟坝镇西壕村人，1959年12月生，中共党员，大专学历。1988年6月在孟坝镇参加工作。1990年11月调镇原县委办公室工作。1992年1月后任庙渠乡副乡长、经委主任、三岔镇镇长、县宾馆经理。2002年12月后任庆阳宾馆总经理、副总经理。2009年8月任庆阳市地震局副调研员。

刘贵喜　上肖乡北庄村人，1960年2月生，中共党员，会计师。1978年12月入伍，在总后勤部汉阴油料仓库服役。1985年7月后任汉阴油料仓库副连职、正连职、副营职会计、管理处处长、副主任（副团职）。1998年9月转业后任甘肃省车辆购置附加费征收管理办公室后勤科科长（副县职）。2005年8月任省公路路政管理总队财务科科长。

白希平　平泉镇湫池村人，1960年4月生，本科学历，中共党员。1980年10月在华池县邮电局参加工作。1982年11月在庆阳地区公安处任职，曾任机要通信科副科长、科长。2005年7月任市公安局副县级调研员，兼任信息通信机要科科长、信息中心主任。曾立三等功。

安兴海　郭原乡寺沟村人，1960年5月生，大专学历，经济师。1982年7月参加工作，先后在镇原县武沟乡、县经计委、庆阳市两西农业建设办公室、扶贫开发办公室任职。2005年

4月任市供销合作社副主任。

赵忠宁 正宁县人，1960年6月生，中共党员，大学文化。1978年10月参加工作，先后在华池县山庄小学、检察院、公安局任职。2004年11月任庆阳市公安局副处级侦察员、镇原县公安局局长。2008年8月任镇原县长助理、公安局局长。

李淑芳 女，上肖乡南李村人，1960年7月生，本科学历。1981年9月在环县妇幼保健站参加工作。1984年10月后在庆阳地区计划生育处、兰州市计划生育委员会、兰州市税务局任职。1994年7月后任兰州市地税局税政二处科员、副主任科员。1995年7月后任兰州市地税局高新技术产业开发分局副主任科员、副局长。

段永弟 太平镇柴庄村人，1960年10月生，中共党员，大学文化。1981年8月参加工作，先后在石油工业部地下水封石洞油库公司、第七建设公司第一工程处任职。1993年任党委办公室主任。1998年8月任党委副书记兼工会主席。

安承芳 女，武沟乡巨沟村人，1960年12月生，中共党员，大专学历。1981年1月参加工作，先后在镇原县三岔镇、武沟乡、县商业局工作。1995年11月后任城关镇副镇长、县图书馆馆长、县妇联主任。2006年11月任镇原县政协副主席。

张建龙 镇原县人，1961年1月生，大专学历，中共党员。曾任庆阳市法院民一庭庭长、宁县法院院长。

张宝林 南川乡桃园村人，1961年5月生，中共党员，大学学历，陕西省专家与企业家联谊会会员、《陕西日报》、《西安晚报》特约记者。1978年9月先后任生产队会计、桃园小学民办教师。1980年10月参军，1993年任武警陕西省总队第二支队司令部机要股股长、政治协理员兼支队直属队党委副书记。1996年10月任直属政治处正营职组织干事。1999年11月任总队政治协理员兼司令部直属党委副书记。曾立三等功5次。

阎晓凤 女，平泉镇上刘村人，1961年5月生，中共党员，大专文化。1980年在崇信县科委参加工作。1988年4月后在崇信县种子公司、平凉地区科协任职。2001年12月任平凉市科协科技咨询中心副主任。2004年3月任科技学会普及部主任。2009年任副调研员。

李明岩 上肖乡杨城村人，1961年6月生，中共党员，中校警衔，中国环境摄影协会会员、民俗摄影协会会员、新疆新闻摄影协会会员。1979年11月参军，曾任乌鲁木齐军区三六八四五部队战士、新闻报道员、文书、团支部书记。1984年1月后任新疆生产建设兵团农七师武警干部教导队书记员、团委副书记、武警新疆总队兵团支队第五大队新闻宣传干事、兵团指挥所第五支队政治处新闻宣传干事、支队教导队政治教导员、党委书记。1999年1月任武警新疆兵团指挥部政治部编史办主任。

段正奎　郭原乡寺沟村人，1961年8月生，中共党员，大学学历，经济师。1982年7月参加工作，先后在庆阳地区物价委员会、计划统计处、物价处任职。2006年3月任庆阳市物价局工农业产品成本调查队副队长。2010年5月任副局长、工农业产品成本调查队副队长。

董玉宇　屯字镇包城村人，1961年10月生，大学学历，中共党员。1980年10月参加工作，先后在玉门石油管理局老君庙油矿、采油厂、油田分公司任职。2005年8月任油田作业公司副经理、建筑安装工程处副处长。2007年3月任建安处党委书记、纪委书记兼工会主席、副处长。

叶　健　屯字镇屯字村人，1962年6月生，中共党员，国家三级秘书。1981年8月参加工作，曾任长庆石油高级技校文科教研室主任、中国石油长庆培训中心科级纪检监察员、党委办公室副主任、纪委副书记兼维护稳定办公室主任，撰写政研论文20多篇，发表宣传报道220多篇。

秦　炜　城关镇莲池村人，1962年3月生，中共党员。1979年11月入伍，先后在新疆军区三六九二一部队、岳普湖县武装部任职。1995年9月转业到庆阳师专任教，曾任陇东学院离退休工作处副处长。

朱创田　临泾乡桃园村人，1962年3月生，本科学历，中共党员。1984年8月在庆阳地区乡镇企业处参加工作。1994年8月后任人秘科副科长、计统科、人秘科科长。2005年10月后任庆阳市安委会办公室副主任、安监局副局长、工会主席。

董永军　屯字镇陈畅村人，1962年2月生，中共党员，主任医师，副教授。1985年在镇原县第一人民医院参加工作，1988年后调庆阳地区中医院，曾任内二科主任。2009年8月任市妇幼保健院副院长。为第二批老中医药专家学术经验继承人、国家医师资格实践技能考试考官、医疗卫生技术专业专家库专家、庆阳市医疗事故技术鉴定委员会专家、“321”创新人才。

张德升　南川乡上庄村人，1962年5月生，中共党员，本科学历，中校警衔。1980年10月参军，历任陕西省军区独立第二团警卫连战士、后勤处保管员。1986年4月后任武警陕西省总队第二支队后勤处战勤参谋、总队后勤部军械助理员、办公室秘书、综合仓库副主任、副团职助理员。立三等功2次。

李有发 南川乡人，1962年5月生，中共党员，研究生。1987年在兰州市委党校参加工作。2008年调入甘肃省社会科学院任职，发表学术论文70多篇，主持国家和省部级课题10多项。后任省社会科学院研究员、社会学研究所所长助理，兼任省人口与计划生育委员会特聘研究员、减灾委员会专家委员会成员，民间组织管理局专家组成员。

金建勋 太平镇柳嘴村人，1962年5月生，中共党员，大学学历。1985年2月参加工作，先后在正宁县政府、西峰市公安局、后官寨、显胜、肖金派出所任职。2001年9月后任西峰市（区）公安局副局长，2005年被国务院十部委评为油气田整治先进个人。2008年8月任区公安局政治委员，2010年1月任庆阳市公安警卫局副局长。

范学锋 孟坝镇何范村人，1962年6月生，中共党员。1981年7月参加工作，先后在镇原县农牧局、县委农村部、县委办公室供职，后任县委办公室副主任、县委宣传部副部长、文明办主任，2005年4月任庆阳市政府政务中心主任，2010年1月任市委考核办副主任、督查考核局副局长。

薛虎发 南川乡和平村人，1962年6月生，中共党员，本科学历，中校警衔。1980年10月入伍，在陕西省军区独立二团、武警陕西省总队司令部服役。2000年4月任总队直属工作处副处长兼司令部接待办公室主任，2001年2月后任副处长、司令部公勤队党支部书记，立三等功5次。

杨显斌 郭原乡西杨村人，1962年6月生，中共党员，本科学历，中学高级教师。1982年7月参加工作，历任庆阳一中办公室副主任、主任，2007年12月任副校长。

赵安虎 屯字镇双合村人，1962年6月生，中共党员，大学学历。1979年6月参加工作，先后在镇原县教育局、庆阳地区教育处教研室、庆阳市教育局自考办、教育局装备中心任职，2010年4月任市政府教育督导室副县级督学。

朱克勤 孟坝镇赵嘴村人，1962年7月生，大学学历，中共党员。1981年7月参加工作，在镇原县文教局、县政府办公室任职。1985年9月后任团县委副书记、县委农村工作部、经济部副部长、县委办公室副主任，1995年4月后任县计委主任、上肖乡党委书记，2001年7月后任合水县副县长、县委常委、组织部部长。

翟艳明 三岔镇肖园子村人，1962年7月生，大专文化，中共党员。1985年8月在庆阳市干湫子安置林场初级中学参加工作。1986年9月调林场人秘科任职。1991年8月后任人秘科副科长、党委委员、生产科科长。2002年10月任副场长。

金宣寿 屯字镇太阳村人，1962年8月生，中共党员，大学学历。1983年7月参加工作，先后在镇原县农机局、县劳动人事局任职。1989年后任农调队副队长、上肖乡党委副书记、曙光乡乡长、庙渠乡党委书记、临泾乡党委书记、城关镇党委书记。2005年5月任宁县副县长。2009年2月任宁县县委常委、副县长。

段志君 临泾乡席沟圈村人，1962年8月生，大专文化，中共党员。1980年4月在镇原县交通警察大队参加工作。1992年3月任县交通征稽所所长。2004年6月任庆阳市交通征稽处副处长。2007年11月任平凉市路政执法处副处长。

刘连志 城关镇常山村人，1962年8月生，中共党员，大学学历，副教授。1982年参加工作，先后在平泉中学、屯字中学从事教学和管理工作。1996年12月后任庆阳市委党校教务主任、校务委员，主要研究党的理论创新、领导艺术与管理科学、礼仪修养等。讲授领导科学与艺术、现代管理、党建、时政理论、礼仪等课程。在《光明日报》《学习时报》等省级以上刊物发表论文92篇，参编书6部，曾被评为创建省级文明城市先进工作者、四次被评为全省党校系统优秀教师、先进管理工作者。

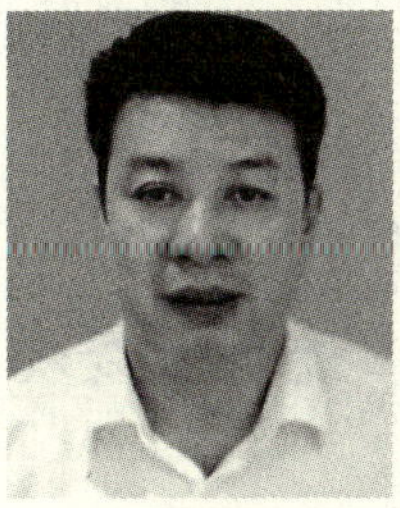

杨喜财 屯字镇陈畅村人，1962年8月生，中共党员。1986年1月在内蒙古乌达矿务局三矿骨粉厂参加工作。1986年任副厂长。1993年任三矿劳保贸易公司副经理。1996年任二矿建材厂厂长。1998年3月任二矿环保队副队长。1999年5月任三矿建丰公司供销科科长。1999年11月任乌达矿务局银星公司销售部副部长。2000年6月任乌海蓝天工程部总经理。2001年5月任银星公司销售部副经理。2004年2月任乌达矿务丰煤公司经理。2004年10月后任银星公司销售部经理、公司副总经理。

沈云凯 新城乡孟寨村人，1962年9月生，本科学历，中共党员，中学高级教师。1984年7月在窑街煤电公司一中任教。1997年2月任政教处副主任。1999年10月任教务处副主任。2000年6月任副校长。曾被评为窑街煤电公司先进园丁，并有数篇论文在省级刊物上发表。

毛志成 上肖乡雄武村人，1962年9月生，中共党员，国家一级美术师，甘肃省美协理事。1980年3月参加工作，历任镇原县文化馆副馆长、馆长、县文化局局长。1999年6月任庆阳地区陇东画院院长。2005年3月任甘肃画院党委办公室主任、院办公室主任。作品多次参加国家、文化部、团中央、中国美协等举办的画展，先后获国家级二、三等奖2次，省级一等奖7次、二等奖12次、三等奖14次。

钱志彪 平泉镇黄岔村人，1962年9月生，大专学历，中共党员。1987年7月参加工作，先后在镇原师范、镇原中学、县委统战部、县委办公室、保密局任职，2003年2月任镇原县委统战部部长，2004年11月任县政协副主席、县委统战部部长，2006年11月任县政协副主席，2008年8月任庆阳市交通局副局长。

杨光强 方山乡人，1962年6月生，中共党员，本科学历，副教授。1987年7月在平凉市委党校参加工作，曾任市委党校校刊编辑部主任、《平凉论坛》副主编。

杜　娟 女，孟坝镇刘城村人，1962年10月生，中共党员，高级工程师。1982年2月参加工作，先后任天津工程机械研究所技术员、工程师。1994年调入建设银行天津市北辰区支行工作，历任工程师、电脑科副科长、科长。2000年2月任支行副行长。

郭富国 殷家城乡人，1962年10月生，工程师，中国水土保持学会会员。1980年12月参加工作。曾在宁夏回族自治区固原县农业现代化科学实验站、开城乡政府、彭阳县科委、县政府办公室工作。1992年4月后任彭阳县科委副主任、主任。1998年2月任县政协副主席、政协宁夏回族自治区第七届委员会委员。

杨月平 宁县人，1962年10月生，中共党员，大学学历。1978年12月参加工作，1980年9月在庆阳地区检察分院工作。2002年9月任正宁县人民检察院检察长。2009年3月任镇原县人民检察院检察长。

杨耐厚 屯字镇寨地村人，1962年11月生，大学文化，中共党员，企业文化管理师。1983年7月毕业于长庆石油学校并留校工作，曾任办公室秘书、副主任、学生工作部副部长、部长、工会副主席、机关党支部书记。2001年7月后任长庆局西安泾河工业园项目组综合办公室主任、物业服务处党委委员、副处长、陕西省公安厅《陕西公安》理事会理事。

阎莲莲 女，宁县早胜乡人，1962年11月生，中共党员，大学学历。1983年8月参加工作，先后在宁县中学、县体委、平庆地方铁路局任职。1994年8月任铁路局办公室副主任。1995年11月调庆阳地区环保处工作，1997年11月任人秘科科长。2003年4月任合水县副县长。2006年11月任镇原县委常委、纪委书记。2008年8月任庆阳市卫生局副局长。

路登殿 临泾乡毛头村人，1962年12月生，大专学历，中共党员。1981年7月参加工作，先后在镇原县太平、临泾、方山小学任教。1987年2月后在县水利电力局、纪委任职。1993年1月任纪委案件审理室副主任。1998年4月任县监察局副局长、纪委常委、案件审理室主任。2000年1月任庙渠乡党委副书记、乡长。2001年4月后任上肖乡党委副书记、乡长、党委书记。2005

年6月任县政府办公室主任。2009年3月任县委常委、统战部部长。

张继荣　镇原县人,1962年12月生,大学学历,中共党员。曾任庆阳市水务局人秘科科长。2010年10月任市水政监察支队党支部书记。

董显锋　屯字镇陈畅人,1962年12月生,中共党员,本科学历,上校警衔。1980年10月在武警部队交通二总队第五支队服役。先后任副班长、班长、司务长、主管会计、财务科科长、政治指导员、副政治教导员、营长,曾立三等功3次。1998年8月转业到庆阳地区有线电视台工作。1998年8月任用户管理部主任。2001年1月任市广播电视网络中心办公室主任。2009年12月后任中心副主任、副台长。2010年11月主持庆阳市广播电视网络中心全面工作。

张巍巍　临泾乡桃园村人,1963年9月生,大专学历,中共党员,少校军衔。1982年10月入伍,在陆军二十一集团军六十三师一八七团服役,曾任排长、团司令部副连职参谋、连指导员、师后勤部副营职干事。1996年8月调庆阳军分区工作。1997年8月后任镇原县、庆阳县、环县人武部政工科科长。1998年6月后任庆阳军分区宣传保卫科副科长、科长。曾立三等功3次,受师、团级嘉奖16次。2001年8月转业到《陇东报》社任副县级编辑委员。先后在军级以上报刊、杂志发表学术研究文章、新闻稿件150多篇。

梁环平　屯字镇田岭村人,1963年1月生,中共党员,大专学历。1982年2月参加工作,先后在环县曲子综合批发站、税务系统、财政局任职。2005年5月任环县副县长。2007年7月任甘肃省水利厅农水处挂职副处长。2009年2月任环县县委常委、政府副县长。

石振海　庆城县太白梁乡人,1963年1月生,中共党员,大学学历。1985年7月在庆阳团县委参加工作。1990年5月任团县委副书记,1994年1月任团县委书记。1998年4月任马岭镇党委副书记,1999年1月任党委副书记、镇长,2002年11月任党委书记。2009年3月任镇原县副县长。

王保平　新城乡高庄村人,1963年3月生,中共党员,大学学历。1981年7月参加工作,先后在华亭县安口小学、县委宣传部任职。2003年3月任平凉市广播电影电视局副局长,兼任市广播电视网络传输中心主任。2010年4月任平凉市残疾人联合会副理事长。

常国泰　庙渠乡人,1963年4月生,中共党员,本科学历,高级讲师。1984年7月在甘肃省农垦中专任教。1991年5月后任综合教研室副主任、学生科科长、招生办公室主任。2006年3月任省农垦电大办公室主任。2006年11月后任校长助理兼办公室主任、副校长。2009年11月任党委副书记兼纪委书记。

安克明 镇原县人,1963年4月生,大专学历,中共党员。1985年7月参加工作,曾任嘉峪关市房地产管理局办公室主任。2009年12月任嘉峪关市环境卫生管理局副局长。

慕　瑶 华池县五蛟乡人,1963年4月生,中共党员,大专学历。1983年7月参加工作,先后在华池县人大办、县委组织部工作。1989年12月任县农业局副局长。1995年10月任怀安乡党委副书记、乡长。1996年9月任乔川乡党委书记、人大主席。2000年6月任悦乐镇党委书记。2005年6月任华池县副县长。2006年12月任镇原县委常委、政法委书记。

薛　渊 合水县何家畔乡人,1963年5月生,中共党员,大专学历。1982年6月在西峰市工商局参加工作。1992年10月后任董志乡党委副书记、乡长、党委书记。2001年6月任镇原县委常委、组织部部长。2009年2月任镇原县委副书记。

苟志霖 女,镇原县人,1963年8月生,大学学历,中共党员。1982年7月参加工作,曾任平凉四中副校长,2010年6月任四中工会主席。

康新春 南川乡上庄村人,1963年6月生,中共党员,大专学历。1983年7月参加工作,先后在镇原县农机局、统计局、县委机要室任职。1989年2月后任团县委副书记、书记。1997年1月任开边乡乡长。1998年1月任中原乡党委书记。2002年5月任县计委主任、发改局局长。2004年11月任环县县委常委、政法委书记。2006年12月任环县委常委、组织部部长。

朱秀红 女,镇原县人,1963年9月生,大学学历,中共党员,曾任兰州市委宣传部副县级组织员、理论教育处处长,2009年10月任兰州市文化出版局副局长。

申登峰 镇原县人,1963年10月生,硕士,高级工程师。1984年参加工作,曾任甘肃省林业调查规划院副院长、省生态环境监测监督管理局副局长。获甘肃省第二届林业青年科技奖。

李永明 武沟乡大庄村人,1963年10月生,大专学历,中共党员,中校军衔。1982年10月入伍,1993年5月任兰州军区正连职干事。1994年6月后任兰州军区联勤部第二十五分部政治部干部科正营职干事、副科长。2000年5月任联勤部第二十五分部干部科科长(副团级)。

田继光 南川乡川郑村人,1963年10月生,中共党员,大专学历,中校军衔。1982年11月入伍,历任八四八〇五部队战士、文书、测绘员、排长、团、师、军司令部作训参谋、陕西省军区作训处参谋、办公室秘书、司令部作训处副处长。曾多次参加战术、战役演习。先后受嘉奖12次。在军内外有关刊物发表理论研究文章20余篇,曾被兰州军区评为理论研究先进个人。

王文剑 华池县悦乐镇人，1963 年 11 月生，中共党员，大专学历。1983 年 8 月参加工作，先后在华池县农技中心、县委机要室任职。1990 年 12 月后任县委机要室副主任、政策研究室主任、督查室主任。1997 年 8 月任县人大办主任。2002 年 11 月任县政府办公室主任。2005 年 4 月任县委办公室主任、县委机要室主任。2006 年 11 月任镇原县委常委、统战部部长。2009 年 3 月任县委常委、纪委书记。

马联鹏 上肖乡北庄村人，1963 年 11 月生，中共党员，大专学历。1984 年 11 月参加工作，在镇原县开边农财所、县财政局、庆阳地区财政处、地税局任职。1994 年 9 月后任地区地税局计划财务科副科长、农税科科长、直属征收分局、环县、西峰区地税局局长。2008 年 9 月任庆阳市地税局纪检组长。2010 年 7 月任副局长。

李建新 镇原县人，1964 年 1 月生，大专学历，中共党员。1983 年 7 月参加工作，先后在华池县农机局、五蛟乡农机服务站、李良子乡、县民政局、庆阳地区民政处工作。2002 年 12 月后任庆阳市民政局人秘科科长、双拥办副主任。2008 年 12 月任市民政局副局长。

杜正学 城关镇五里沟村人，1963 年 11 月生，中共党员，副教授。1982 年 7 月参加工作，先后在镇原中学、庆阳师专任教。2006 年 12 月任陇东学院外国语学院副院长。

姜会堂 孟坝镇醴坳村人，1963 年 12 月生，研究生。1985 年 8 月参加工作，历任庆阳市中级人民法院书记员、助理审判员、正科级审判员、立案庭副庭长、庭长。2005 年后兼任副处级审判员、审判委员会委员。2009 年 8 月任执行庭庭长兼执行局副局长。

阎 斐 屯字镇阎孟村人，1963 年 12 月生，中共党员，研究生学历，经济师。1984 年 7 月参加工作，先后在庆阳师范、庆阳地区教育处工作。2007 年 12 月任庆阳市政府教育督导室副主任。2010 年 5 月任庆阳市教育局纪委书记。

慕若舟 新城乡郭沟圈村人，1963 年 12 月生，中共党员，本科学历。1984 年 7 月参加工作，先后任镇原县委宣传部干事、县委办公室文书。1990 年 5 月任县政协办公室副主任。1996 年 3 月任县检察院办公室主任。1999 年 3 月任副检察长。2002 年 8 月任正宁县法院院长。2006 年 11 月任合水县法院院长。2008 年被甘肃省高级人民法院评为法院两庭建设先进个人。2009 年 2 月任庆阳市中级人民法院政治部副主任，9 月任庆阳林区基层法院院长。

马　博　上肖乡路岭村人，1964年2月生，中共党员，大学文化。1985年7月在庆阳地区农业处参加工作。1991年7月后任地区农委农村经济科科员、副科长、科长。2000年4月任地区农业综合开发办公室副主任。

白兴耀　殷家城乡寺山人，1964年3月生，大学学历，中共党员，高教管理助理研究员。1985年7月参加工作，先后在庆阳地区农校、庆阳师专、陇东学院教务处任教。2006年11月任政治辅导员。2010年12月任文学院党总支副书记兼工会主席。

董玲荣　女，屯字镇人，1964年4月生，中共党员。1985年10月在天水市检察院参加工作。1998年6月任副科级检察员、政治部组织人事科副科长。2001年12月任正科级检察员、政治部干部科长。2010年12月任监察处处长。

秦社龙　屯字镇包城村人，1964年4月生，本科学历，中共党员。1983年11月在酒泉卫星发射基地铁路管理处工程营参军。1987年8月后任管理处排长、连长、营长。2002年9月转业任甘肃省新闻出版局发行管理处主任科员。2009年12月任印刷发行处副处长。

王凤龙　新城乡小岘村人，1964年7月生，大学学历，中共党员。1987年7月参加工作，在西北师大教育科学研究所供职。1989年3月后在镇原县综合经济体制改革办公室、县保密办、县委办任职。1995年5月后任县委办副主任、政研室副主任、孟坝镇镇长、党委书记、县政府办公室副主任、主任。2005年6月任县委办公室主任。2006年3月任庆阳市委人才办副主任。2010年7月任宁县副县长。

李应权　平泉镇马洼村人，1964年7月生，中共党员，大学学历。1987年7月在平凉卫校参加工作。1991年7月后曾任平凉地委组织部组织科组织员、干部科副科长、知识分子工作科、人才科科长、人才办副主任。2007年7月任平凉市司法局副局长。

王　勇　庄浪县人，1964年7月生，中共党员，研究生，研究员。1985年7月在甘肃省农科院参加工作。1996年6月任省农科院镇原试验站副站长，2005年6月任站长。2006年12月任省农科院粮食作物研究所、旱地农业研究所副所长、省农科院镇原旱地农业试验站站长。2010年4月任镇原县副县长（挂职）。为甘肃省作物学会理事、庆阳市科技特派员、甘肃省科普工作先进个人、“555创新人才”、领军人才和省农科院科技创新人才。

兰小平　太平镇人，1964年8月生，研究生学历，高级工程师。1986年7月在金川集团公司动力厂参加工作，曾任副科长、科长。1989年12月任副厂长。

慕　彬　新城乡孙庵村人，1964 年 8 月生，大学学历，中共党员。1984 年 6 月参加工作，先后在庆阳县教育局、县委宣传部报道组、西峰市委宣传部报道组工作，曾任报道组副组长。1992 年调庆阳电视台工作，任新闻部副主任、广告部、新闻部主任等职，2009 年 12 月任副台长。为中国摄影家协会会员、甘肃省电视艺术家协会理事、省新闻工作者协会会员、庆阳市影视家协会副主席。先后在省、中央媒体播出、刊发作品 700 多件，作品在获地(市)级奖 60 多件，省级奖 30 多件，中央媒体奖 1 篇。

袁俊宏　武沟乡大岔村人，1964 年 8 月生，本科学历，中共党员，中校军衔，中国作家协会会员。1981 年 10 月参军，历任炮兵第十五师战士、俱乐部主任、第一旅俱乐部主任、新闻干事。1990 年 3 月任兰州军区政治部编研室干事、《人民军队报》社副团职编辑。

李四科　中原乡田站村人，1964 年 8 月生，中共党员，大专学历。1986 年 7 月参加工作，先后在镇原县农业区划办公室、计划委员会任职。1996 年 3 月后任县烟叶复烤厂副厂长、项目办公室副主任。2000 年 7 月后任城关镇经委主任、南川乡乡长、曙光乡党委书记、屯字镇党委书记。2009 年 9 月任城关镇党委书记。2010 年 7 月任城关镇党委书记(副县级)。

张志勇　临泾乡毛头村人，1964 年 8 月生，中共党员，本科学历。1985 年 9 月入伍，曾任排长、副连长、股长。1999 年 5 月后任武警第六十三师七〇七团三营教导员、一八七团三营教导员。2002 年 11 月任武警西藏森林总队政治部组织科科长。2005 年 12 月任政治部副主任。

苟怀玉　上肖乡杨城村人，1964 年 9 月生，大专学历，中共党员，中校军衔。1982 年 9 月参加工作，1984 年 9 月入伍，曾任八四八四七部队排长、副连职参谋、指导员、干部股股长。2001 年 6 月任兰州市城关区人民武装部副部长。

贺　麟　平泉镇人，1964 年 9 月生，大学学历，中共党员。1984 年 8 月在平泉镇秦铺八年制学校任教。1992 年 2 月调镇原县烟叶生产办公室工作，1996 年 1 月后任烟叶办副主任、烟草局副局长。1998 年 3 月后任开边乡乡长、中原乡党委书记、县城乡建设局局长。2009 年 10 月任平泉中学党支部书记(副县级)。

马希强　平泉镇秦铺村人，1964 年 9 月生，本科学历，中共党员。1982 年 8 月参加工作，先后在东街小学、镇原县委宣传部供职。1999 年 2 月后任县委政研室副主任、信息督查室主任。2003 年 1 月任县委组织部副部长。2005 年 6 月任城关镇党委书记。2009 年 8 月任庆阳市委农村工作部副部长。

马志厚 新城乡孙庵村人，1964年10月生，大学学历，中共党员。1984年9月参加工作，先后在武警兰州消防支队安宁中队、龚家湾中队、七里河中队、特勤中队、甘肃省团委供职。2005年6月任团省委少年部副部长。2006年6月后兼任甘肃省团委第五、六届少工委副主任。

朱润岳 临泾乡包庄村人，1964年10月生，中共党员，大学学历。1985年7月参加工作，先后在镇原县水利局、县委组织部任职。1998年8月后任组织部副部长、县委办主任。2005年5月任庆城县委常委、组织部部长。2010年11月任庆阳市委副秘书长。

胡小平 宁县焦村乡人，1964年10月生，研究生学历，中共党员，一级警督。1988年在合水县物价委员会参加工作，曾任物价检查所副所长，1995年11月后任肖嘴乡党委副书记、段家集乡乡长、党委书记、西华池镇党委书记，曾被地委评为优秀党务工作者、全区思想政治工作先进个人，省委、省政府评为全省扶贫开发工作先进个人，市委、庆阳军分区评为党管武装好书记。2006年3月任庆阳市公安局副处级侦察员、镇原县公安局政委。2010年12月任局党委书记、局长，被省公安厅评为全省公安机关清网追逃行动先进个人。

田晓晖 镇原县人，1964年11月生，大专学历，中共党员。1982年7月参加工作，曾任平凉市实验小学校长、市直教育系统工会主席。

贾　平 孟坝镇何范村人，1964年11月生，中共党员，大专学历。1986年7月在镇原县科协参加工作，1992年12月任庆阳地区科协普及部副部长。1996年3月任部长。1998年9月任庆阳市科协办公室主任。2009年12月任市科协副主席。

李博先 上肖乡翟池村人，1964年11月生，中共党员，大学学历，中学高级教师。1986年7月参加工作，2003年7月任陇东学院附中副校长。

朱朝华 城关镇常山村人，1964年11月生，中共党员，大学学历。1983年6月参加工作，先后在宁县计划委员会、物价委员会、物价检查所、市运管局任职。2004年10月任庆阳市运管局副局长。

刘　杰 上肖乡姜曹村人，1964年11月生，研究生，中共党员。1986年7月在甘肃省第八劳改支队职工子弟学校参加工作。1990 年 7 月在金昌市金川区金东中学任教。1992 年 9 月后任金昌市委宣传部科员、副科级理论教员、理论科副科长、科长。2002 年 10 月任办公室主任。2004 年 4 月任市委讲师团副团长。2005 年 7 月任市委党校副校长。

段凤银　女,三岔镇人,1964 年 12 月生,中共党员,文学学士,研究生。1982 年 7 月在兰州市一轻局参加工作。1989 年 6 月任甘肃省飞天贸易公司团总支书记。1994 年 6 月后任《甘肃经济日报》社记者、编辑、农村经济部副主任、政法部主任、总编助理。2003 年 8 月后任省地方志办公室秘书处科员、主任科员。2006 年 11 月任副调研员。编写述评、论文、纪实文章多篇,在国家、省级刊物发表并获一二等奖。2007 年调入甘肃省政协研究室工作。

刘　德　开边镇开边村人,1965 年 2 月生,大学学历,中共党员。1986 年 7 月参加工作,1997 年 3 月任长庆石油勘探局资金结算中心副主任,1998 年 3 月任财务处副处长。1999 年 11 月任长庆油田公司计划财务处副处长。

安惠钿　城关镇路沟村人,1965 年 2 月生,中共党员,本科学历。1984 年 7 月参加工作,先后在庆阳地区编委办公室、行署劳动人事处任职,曾主编《庆阳地区志·人事志》。1993 年 2 月后任行署人事处秘书科副科长、人才交流中心主任、人事处职称管理科科长、职改办主任。2000 年 6 月任地区乡镇企业管理处副处长。

张玮娟　女,南川乡和平村人,1965 年 3 月生,中共党员,法学学士,主检法医师。1984 年 7 月在平凉市公安局参加工作。1990 年 11 月后在甘肃省公安厅五处情报科、技术管理科任职。1996 年 8 月后任理化室副主任、侦查科主任科员、二十六处侦察科科长、情报科科长、城关分局临夏路派出所副所长。2010 年 12 月任信访处副处长。

路　畅　城关镇路坡村人,1965 年 4 月生,大学学历,中共党员。1988 年在平凉市地质矿产局参加工作。后任平凉市国土资源局副调研员。

李　华　上肖乡西岭村人,1965 年 7 月生,中共党员。1985 年 12 月参加工作,历任中国石油宁夏化工厂团委委员、三元工贸总公司办公室主任。1999 年 9 月任宁化塑料制品有限公司党支部书记兼监事会副主席。

王东升　中原乡殿王村人,1965 年 7 月生,中共党员,本科学历。1989 年 7 月在庆阳地区财政处参加工作,后任副科长、科长。2007 年 12 月任庆阳市粮食局副局长。

张仲林　孟坝镇孟坝村人,1965 年 7 月生,中共党员,大学学历。1986 年 7 月在庆阳师范参加工作。1989 年 10 月后庆阳行署人事处、庆阳市人社局副科长、科长。2010 年 1 月任市农机局纪检组长。

郭德全 郭原乡郭原村人，1965年8月生，中共党员，大学学历。1987年7月参加工作，先后在宁县师范学校、镇原县计生委、政府办公室供职，曾任县政府信息督查室副主任、政府办公室副主任、政府信息督查室主任。2002年10月调庆阳市政府研究室，2008年12月任副调研员。2010年6月任市政府办公室副主任。

任天文 孟坝镇赵嘴村人，1965年8月生，中共党员，本科学历，上校警衔。1984年10月参加工作，先后任武警嘉峪关支队中队长、指导员、宣传股长、教导员、教员、教研室主任、支队副政委、副支队长。2004年12月后任兰州武警指挥学校军事理论教研室主任、甘南武警支队副政委。2008年11月任武警甘南支队副支队长，在军内外报刊发表学术论文20余篇，主编出版《武警心理战研究》专著，立三等功6次。

李志伟 新集乡人，1965年9月生，中共党员，本科学历。1988年7月在定西工务段参加工作，2001年5月后任兰州铁路分局安全监察大队副大队长、定西工务段副段长、兰州铁路局工务处安全质量科科长、嘉峪关工务段段长。2007年8月任兰州铁路局概预算审查所副所长。

陆亚东 平泉镇景家村人，1965年9月生，大学学历，中共党员。曾任镇原县公安局刑警大队大队长、副局长、正科级侦察员。2010年12月任庆阳市公安局副县级侦察员。

包建强 开边镇白马寺村人，1965年9月生，大专学历，中共党员，林业工程师。1987年8月参加工作，历任合水林业总场蒿嘴铺林场技术员、拓儿塬林场副场长、场长。1994年5月任连家砭林场场长兼党支部副书记。1997年4月任正宁林业总场副场长，2003年7月任场长，2006年1月任党委书记。

孙　宏 上肖乡梧桐村人，1965年9月生，中共党员，副教授，经济学博士、教育学博士后。1985年7月参加工作，先后在镇原县上肖中学、屯字中学、甘肃省委政策研究室城市经济处任职。2005年11月任副调研员。2009年8月任副处长。

李福东 屯字镇田岭村人，1965年10月生，大专学历，中共党员。1985年参加工作，先后在镇原县农牧局、县委农村部、县委办公室任职。1997年后任县老区办副主任、县委政研室副主任、庆阳行署办公室秘书。2008年任庆阳市政府研究室副主任。2010年任市政府副秘书长。

刘继荣 女，平泉镇黄岔村人，1965年10月生，本科学历，中共党员。1987年7月在平凉地区司法处参加工作。1997年10月任泾川县副县长。2002年7月任县委副书记。2003年2月任平凉市审计局副局长。2009年9月任副局长、调研员。1997年被国家人事部、司法部评为全国律函工作先进个人。

田　春 方山乡高中山村人，1965年11月生，研究生，中共党员。1984年11月在酒泉市物价局参加工作。1991年4月在市粮食局供职。1998年12月后任业务科副科长、储运科科长。2010年12月任副调研员。

张国华　城关镇人,1965年11月生,中共党员,大专学历,高级教练。1982年在庆阳市体校参加工作,曾任体校副校长、市田径队总教练。1996年被国家体育运动员委员会评为全国优秀教练员。

王泽霖　新城乡人,1965年12月生,工商管理研究生,高级工程师。1989年7月参加工作,先后任长庆钻井一处飞达公司生产部主任、化工厂厂长、副经理。2003年4月后任西安长庆钻宇集团石化公司经理、集团副总经理兼石化公司经理、西安长庆化工集团有限公司副总经理。

慕建峰　南川乡和平村人,1965年12月生,中共党员,大学学历,一级警督。1984年2月参加工作,先后任平凉监狱监区教导员、办公室主任、监狱党委委员、副监狱长。2008年记个人三等功1次。

宇　军　庆城县高楼乡人,1966年生,大学学历,高级法官。1984年6月参加工作,先后在庆城县玄马初中、贾桥初中、庆城县律师事务所工作。1997年后任庆城县南庄乡乡长、翟家河乡党委书记。2002年任镇原县人民法院院长。2005年任环县人民政府副县长。

杨小理　郭原乡西杨村人,1966年2月生,中共党员,本科学历,中学高级教师。1987年7月在庆阳师专附中任教。1997年3月任政教副主任。2002年3月任陇东学院附中教研室主任。2003年7月后任教务主任、教研室主任。2006年7月任副校长。

袁文库　新城乡耿沟村人,1966年2月生,大学学历,高级政工师,中共党员。1985年在八七二〇五部队参加工作。1988年1月后在嘉峪关市对外经济贸易委员会、市供销联社任职。2002年11月后任市民族宗教事务委员会科长、副调研员、副主任。

王宏堂　屯字镇阎沟村人,1966年3月生,中共党员,大学文化,助理研究员。1986年7月在庆阳师专参加工作。1991年4月任计财科副科长。1996年5月任科长。1999年7月任计财处副处长。

田东海　城关镇高庄村人,1966年3月生,大学文化,中共党员。1986年7月在平凉市崆峒区农牧局参加工作。1989年8月调区计划委员会任职。1992年10月后任崆峒区峡门乡副乡长、区市政工程设施管理处书记、主任。2002年6月后任区公用事业管理局副局长兼市政工程设施管理处主任、平凉市城市公用设施管理处处长。

鱼洁波　女,临泾乡新堡村人,1966年3月生,大学学历,中共党员。1989年7月参加工作,曾在泾川县高平乡农技站、县农技中心任职。1996年11月后任县植保站站长、农技中心副主任、农业局副局长。2001年12月任芮丰乡党委书记。2002年7月任泾川县政协副主席,2003年12月后任庄浪县副县长、县委常委。2010年4月任平凉市民政局副局长。

李含忠 新城乡曹城村人，1966年3月生，大专学历。1984年在兰州市公安局消防支队参加工作。1989年10月任市公安局机动车辆检测站主任。1995年11月任兰州友谊饭店经理。

刘晓正 太平镇何湾村人，1966年4月生，中共党员，硕士，副研究员。1990年7月在西北林学院参加工作。曾任森林资源保护系办公室副主任、主任、综合办公室主任。2003年6月后任西北农林科技大学设备处、国有资产管理处副处长。

刘志刚 正宁县榆林子镇人，1966年7月生，中共党员，大学学历。1987年7月在庆阳地区中级法院参加工作。1997年7月任庆阳市委组织部科员，1999年1月后任副科级、正科级组织员、干部三科副科长，2003年3月任干部教育科科长，2007年5月任市委企业党建办副主任兼组织部干部教育科科长，2009年1月改兼组织部干部二科科长。2010年4月任镇原县委常委、组织部部长。

王晓斌 屯字镇阳宁村人，1966年7月生，中共党员，本科学历。1986年7月参加工作，先后在镇原县翟池中学、宁县人大办公室工作。1995年1月后任宁县团县委副书记、书记、农委副主任，2000年1月后任早胜镇镇长、党委书记，2001年6月任庆阳县副县长，2008年8月任镇原县委常委、副县长，2009年3月任县委常委、常务副县长。

兰绪平 太平镇席兰村人，1966年7月生，大专学历，中共党员。1989年7月在国营七九六矿职工中专劳动人事科参加工作。1992年10月任金昌市毛纺厂劳资科长。1995年8月调入金昌市司法局任职，后任宣教科副科长。2002年任金川区双湾镇镇长助理。2003年9月任市司法局宣教科科长。2004年8月任办公室主任。2009年12月任金昌市三中党总支书记。

张　宁 太平镇慕坪村人，1966年7月生，大学文化，中共党员。先后任中国石油冀东油田开发生产部党政办公室、开发技术公司秘书、《冀东石油报》社编辑、电视台记者、《中国石油报》特约记者。后任唐山冀东石油三达公司党政办公室副主任、机关党支部书记。1992年5月4日，在人民大会堂参加全国五四青年表彰会，受到中共中央总书记、国家主席江泽民等领导人接见。

刘宏伟 宁县人，1966年9月生，大学学历，中共党员。1987年9月参加工作，2005年后任镇原县人民法院党组书记、院长、西峰区人民法院党组书记、院长。

慕卫东 新城乡孙庵村人，1966年10月生，中共党员，大学学历，中国注册资产评估师。1988年12月参加工作，先后在华亭县工商局、平凉市乡镇企业局任职。2010年4月任平凉市科技局纪检组长。2001年被农业部评为先进财务工作者。

毛　乔　上肖乡雄武村人，1966年10月生，中共党员。1988年参加工作，2008年2月任甘肃省总工会法律保障部副部长。

曹　洁　女，上肖乡雄武村人，1966年11月生，中共党员，研究生学历。1983年12月参加工作，在镇原县城关镇放大站、县法院任职，1996年3月后任经济庭副庭长、行政庭庭长，2002年1月任曙光乡党委副书记、乡长，2004年2月任太平镇党委副书记、镇长，2006年8月任马渠乡党委书记，同年11月任正宁县委常委、统战部部长，2009年2月任县委常委、宣传部部长。

鱼灵仙　临泾乡新堡村人，1966年12月生，中共党员，大专学历。1990年6月在酒泉钢铁集团公司销售处参加工作，曾任团委副书记。1997年2月后任西部天地集团公司办公室主任、店长、分公司经理、人事部经理、总经理助理、副总经理、董事长助理、总经理兼公司党总支副书记。

张　斌　武沟乡巨沟村人，1967年1月生，大学文化，机械工程师，中共党员。1988年7月后任白银公司银城水泥厂技术员、厂长助理，1996年7月后任副厂长、党支部书记，2001年8月任公司劳动服务公司副经理。

李晓彤　中原乡人，1967年1月生，中共党员，研究生。1989年6月在平凉第二职业中学参加工作。1991年2月后在平凉市委宣传部、政协工委办公室任职。2002年7月在甘肃省经贸委技术进步与装备处挂职锻炼。2002年11月任平凉市政协经济委员会副主任。2005年9月任华亭县委常委、政法委书记。

慕仁社　平泉镇姚川村人，1967年2月生，中共党员。1990年7月在兰州炼油化工总厂安装公司容器分厂参加工作，1994年10月任安装公司生产科副科长，1997年2月后任一工区主任、安装公司副经理兼总工程师，被共青团中央、中国石油化工总公司评为青年岗位能手，1999年10月任中国石油第二建设公司副经理。

何　奎　庆城县玄马村人，1967年2月生，大学学历。1989年6月参加工作，先后在华池县职业中学、教育局工作，1992年7月后任庆城县委统战部干事、监察局副局长，2002年10月任镇原县副县长。

张志军　庙渠乡常埝村人，1967年3月生，中共党员，本科学历。曾任宁夏自治区固原市政府副秘书长，泾源县委常委、宣传部部长，彭阳县委常委、宣传部部长、纪委书记、县委副书记。

安新平 城关镇五里沟村人，1967年5月生，中共党员，大学学历，高级工程师。1991年6月参加工作，先后任庆阳地区马莲河流域世行贷款项目办公室主任、水土保持管理局人秘科科长，2005年10月后任副局长、庆阳市黄土高原世行贷款项目办副主任，2010年5月在省人大农业与农村委员会办公室综合处挂职副处长。

苟鸿沛 上肖乡人，1967年7月生，中共党员，大学学历，中校警衔。1984年10月在武警甘肃总队直属大队参军，1989年8月后在西峰武警消防中队、镇原县武警消防股、公安消防大队工作，2002年4月任西峰市公安消防大队大队长，2005年9月任天水市公安消防支队防火监督处处长兼工程师，2008年7月任政治处主任，2010年11月任副支队长，曾立三等功1次。

刘选明 孟坝镇刘城村人，1967年8月生，大学学历，中共党员。1988年8月在庆阳地委机要处参加工作，1992年7月后曾任庆阳地委组织部副科长、科长，2003年1月被中组部、人社部评为全国先进干部统计工作者，2005年12月任庆阳市委组织部副县级组织员，2009年2月任部务委员。

王旭宏 平泉镇人，1967年9月生，大学学历，中共党员。1985年考入北京外国语学院阿拉伯语系，1986年12月受国家教委公派赴阿拉伯也门共和国萨那大学文学院学习，1991年10月获文学学士学位回国。1992年4月进入文化部对外文化联络局工作。1994年7月奉派赴中国驻阿拉伯埃及共和国大使馆文化处工作。1997年7月任国家文化部外联局主任科员。1998年调入外交部亚非司任三秘。1999年1月奉派赴驻阿拉伯联合酋长国大使馆任三秘、二秘、办公室主任、政治处主任。2002年5月后任外交部纪律检查委员会、监察部驻外交部监察局副处级纪检监察员。

杨荣昌 镇原县人，1967年9月生，大学学历，中共党员。1986年11月参加工作，曾任甘肃省环保厅农村环境监督管理处主任科员、副调研员。

许瀛沛 镇原县人，1967年10月生，中共党员，本科学历，工程测量高级工程师。1991年7月在金川集团股份有限公司二矿区参加工作，先后任采矿工区副区长、区长、党支部书记，2007年7月后任工程管理科科长、甘肃金和矿业有限公司副总经理，2009年6月后任金昌市诚信监理公司副经理、金川集团股份有限公司工程质量管理部副总经理。

孙浩峰 庙渠乡孙寨村人，1967年10月生，本科学历，学士学位，高级工程师。1990年7月在甘肃省水土保持科学研究所参加工作，2008年任副所长，主管科研工作，在国内学术刊物上发表学术论文20余篇，主持省科研课题1项，获甘肃科技进步三等奖，设计水土保持工程，获水利部优秀设计一等奖。

贯　荣 镇原县人，1967年10月生，大学学历，中共党员。1991年7月参加工作，曾任平凉市教育局计划财务科科长，2010年6月任平凉工业中等专业学校党委委员、副书记、纪委书记。

王　侃　镇原县人，1967年11月生，研究生，中共党员。1990年12月参加工作，曾任平凉市粮食局财会审计科科长、副局长。

鱼新科　临泾乡新堡村人，1968年1月生，中共党员，学士。1992年6月参加工作，1999年6月后任嘉峪关市环保局办公室副主任、环境管理科科长、办公室主任，2007年11月任副局长。

李广照　上肖乡南李村人，1968年1月生，大学学历，中共党员，法学学士。1990年7月在庆阳地委宣传部参加工作，1995年后任秘书处秘书、副科长、科长，2004年10月后任宁县县委常委、政法委书记，庆阳市委党校副校长。

王　科　武沟乡冯埝村人，1968年3月生，硕士。1993年6月在西北师范大学参加工作，2004年6月后任学校财务处、审计处副处长。

杨建国　新城乡上杨家村人，1968年2月生，中共党员，经济管理博士学位。1992年6月在兰州师范高等专科学校参加工作。曾任城市经济系副主任、科技处副处长。

孙有强　庙渠乡孙寨村人，1968年8月生，博士学位，高级经济师。1991年7月在甘肃省司法厅律师管理处参加工作，1998年10月后任司法厅办公室主任科员、副主任。2005年7月在中国石油化工股份公司法律部任职，后任合同项目处副处长。

张　聪　新城乡阎寨村人，1968年9月生，中共党员，研究生学历。1988年12月参加工作，曾任镇原县工商局副局长、城关镇镇长、党委书记、环县副县长、庆阳市乡镇企业局副局长、市工业局副局长、市工业和信息化委员会党委委员、副主任。

余浩杰　太平镇柳嘴村人，1968年9月生，中共党员，大学文化，采油采气工程师。1992年7月参加工作，先后在长庆石油勘探局第三采油厂、靖边前线指挥部综合采气队任职，1995年4月后任长庆局天然气开发建设项目组工艺室主任，采气厂生产部副主任、主任，2000年3月任采气厂作业五区经理、厂副总工程师，同年12月任副厂长兼总工程师。

慕友良　太平镇大塬村人，1968年9月生，大学学历，中共党员，高级工程师。1987年7月镇原县林业局参加工作。1994年7月调庆阳地区果业局工作。2002年7月后任庆阳市经济林木管理站副站长、站长。2009年8月任庆阳市绿化委员会办公室副主任。

贾　麟　屯字镇白马村人，1968年9月生，中共党员，农学学士，在职研究生学历。1992年7月参加工作，曾任镇原县农牧局检疫站站长、县直机关团委书记、上肖乡党委副书记、团县委书记，曙光乡党委副书记、乡长，彭阳乡党委书记，庆阳市委组织部干部监督科科长，2007年11月任市农牧局副局长，2009年3月任华池县委常委、宣传部部长。

路向峰　平泉镇上刘村人，1968年10月生，中共党员，大学学历，中校军衔。1983年11月入伍，历任保密员、干事、指导员、教导员、政治处副主任，2006年2月任副调研员、政治处主任(副团)。2010年转业到兰州市林业局工作。

包　宇　南川乡贺丰村人，1968年11月生，研究生学历，中共党员。1990年9月在镇原县运输公司参加工作，后任经理。2000年1月后任三岔镇经委主任、党委副书记、镇长，2004年3月任县安监局局长，2006年1月任县运管局局长，2009年12月任庆阳市道路运输管理局副局长。

李晓钟　太平镇柴庄村人，1968年12月生，中共党员，甘肃省地理学会理事，中学高级教师。1990年7月在白银有色公司一建三中参加工作，1995年8月后任兰州市第十八中学教导主任、副校长、校长，2004年被评为省园丁奖、甘肃省优秀教师、省级骨干教师。2010年5月后任红古区教育局副局长、兰州市第十八中学校长。

付玲珍　女，宁县人，1968年12月生，中共党员，研究生。1989年9月参加工作，先后在宁县盘克、石鼓财政所科员，县审计局审计员、经贸局副局长、体改委副主任、妇联主席，2005年12月任镇原县副县长，2009年2月任庆阳市财政局副局长，2010年被全国老龄委评为老龄工作先进个人。

苟培锋　上肖乡路岭村人，1968年12月生，中共党员，大学学历。1987年10月入伍，先后任排长、副连长、连长、指导员、人武部副科长、科长，2006年2月任陕西省岐山县人民武装部副部长，2010年转业到庆阳市粮食局任副调研员。

马宏伟　城关镇原郑村人，1968年12月生，大学学历，中共党员。1990年7月参加工作，先后在正宁县周家乡、团县委、永和镇、五顷塬回族乡任职，2002年10月任华池县委常委、宣传部部长，2009年2月任华池县委常委、政法委书记。

慕国凯 郭原乡景塬村人，1968年12月生，本科学历，中共党员，文学学士。1984年10月入伍，在甘肃省武警总队服役，曾任副中队长、中队长、大队长、支队副参谋长，2006年12月任副支队长，2010年4月任支队副政委，曾立二等功。

刘 勇 新城乡小寨村人，1968年12月生，中共党员，研究生学历。1990年9月参加工作，在镇原县工交局、交通局任职，1994年10月后任团县委副书记、书记，太平乡党委副书记、乡长，王寨乡、中原乡党委书记。2002年9月后任合水县副县长，合水县委常委、副县长，2009年12月任华池县委常委、政府常务副县长。曾被省委、省政府授予“全省绿化奖”、全国绿化委员会授予“全国绿化奖”。

张文荣 临泾乡梁韩村人，1969年生，1989年9月大学毕业后参加工作，在邮电部第十研究所任职，1996年8月在西安大唐电信公司工作，1997年8月任邮电部第十研究所技术开发部主任、副总工程师。陕西省通信学会会员，多次参加陕西省及西安市科委组织的重大科技创新项目专家成员评审及学术交流活动。

张君明 殷家城乡人，1969年2月生，大学学历，中共党员，工学学士。1991年8月在兰州市委组织部参加工作，1995年5月后任干部综合处副主任科员、主任科员，2002年12月后任组织处副处长、干部三处副处长、人才工作处副处长，2010年4月后任人才工作处处长、干部一处处长。

孙树勋 庙渠乡六十亩坪村人，1969年1月生，学士，高级工程师，国家注册监理工程师。1992年参加工作，先后在甘肃省农业厅勘测设计院、省建筑科学研究院任职，2002年12月后任副总工程师、地基所副所长、所长，2006年11月任副院长兼工程质量检测中心主任。主持、参与编制国家、地方建筑标准4项、施工应用技术1项，获省科技进步奖2项，参与甘肃省抗震救灾，立二等功1次。

马承军 屯字镇四殿村人，1969年2月生，中共党员，大学学历。1986年10月入伍，先后在白银武警支队、陇南地区成县武警中队、陇南市武警支队任职，2009年12月转业，曾任庆阳市公安局副调研员。

杜克俭 孟坝镇刘城村人，1969年5月生，本科学历，中共党员。先后在镇原县新集乡政府、合水县公安局、广东省揭阳市刑警支队、揭东县公安局任职，2008年9月任广东省揭阳市交通警察支队副支队长。

姜文会 孟坝镇西壕村人，1969年9月生，中共党员，研究生。1987年10月入伍，历任陆军第二十一军六十一师一八三团排长、司令部副连职参谋、连政治指导员、副营职组织股股长、镇原县武装部军事科科长，2005年3月任环县武装部副部长，2008年6月任庆阳市政府办副调研员。

祁玉童 城关镇祁川村人，1969年9月生，石油工程硕士学位。1991年7月参加工作，在中国石油天然气总公司吐哈石油勘探开发会战指挥部任职。1995年9月任吐哈石油后勤部汽车队队长，1998年3月任吐哈石油鄯善物业公司生产科长，2004年5月任公司副经理兼安全总监，2007年任吐哈石油矿区事业部安全环保部主任。先后在国内核心期刊发表论文多篇。

文　芳 女，合水县西华池镇师家庄人，1969年11月生，中共党员，研究生学历。1990年9月参加工作，在合水县律师事务所任职，1998年11月任何家畔乡副乡长，2001年1月任党委副书记，2001年12月任太莪乡党委副书记、乡长，2006年5月任蒿嘴铺乡党委书记，2006年11月任华池县副县长，2009年2月任镇原县副县长，2010年7月任县委常委、副县长。

何元魁 新城乡杜寨村人，1969年11月生，大学文化。1989年7月参加工作，先后在镇原县中原乡政府、县委统战部、郭原乡政府供职，2002年9月后任甘肃省政府劳务工作办公室科员、副主任科员，2006年7月任主任科员，10月任党支部副书记，连续三年被省劳动和社会保障厅评为优秀公务员。

秦小龙 临泾乡人，1969年12月生，本科学历，中共党员。1987年入伍，1993年毕业于解放军南京通信工程学院，1995年9月后在八四五五三部队、酒泉军分区服役。2004年11月转业在省经济协作办公室、省投资贸易促进局工作，曾任省经济合作局副处长。

刘德强 城关镇常山村人，1969年11月生，本科学历，中共党员，少校警衔。1984年10月入伍，在甘肃省武警总队直属大队工作，1988年1月后任总队司令部办公室保密机要员、保密员，1997年12月后任总队通信站无线中队政治指导员、副主任、政治教导员，2005年12月任总队训练基地副政委。2007年11月转业到省委保密委员会办公室工作，2008年7月后任技术处副调研员、宣传教育处副处长。

姚德学 郭原乡郭原村人，1969年12月生，大学学历，中共党员。1988年8月参加工作，先后在镇原县郭原中学、平泉中学、县委办公室任职，2001年8后任县委机关计生办、政研室副主任、办公室副主任、主任兼机要室主任，2010年5月任合水县委常委、统战部部长。

路 韬 城关镇路坡村人,1970年3月生,大专学历,中共党员。1990年参加工作,先后在华亭县环保局、政府办公室任职,1995年12月后任县委办公室秘书科长、县团委书记、县委办副主任、主任,安口镇镇长、党委书记,2009年7月任静宁县委常委、统战部部长,2010年4月任庄浪县委常委、政法委书记。

马良慧 三岔镇人,1970年4月生,中共党员,采矿高级工程师,工学学士。1992年7月在华亭矿务局东峡煤矿参加工作,1997年11月后任砚北煤矿生产技术科采掘技术管理、通灭队副队长,生产技术科副科长、技术开发部部长,2003年5月任华亭煤电股份有限公司生产管理部副部长,2005年6月任华亭煤业集团砚北煤矿副矿长,在《煤炭科学技术》等刊物发表论文7篇。

白宗太 殷家城乡米沟门村人,1970年4月生,大学学历,中共党员。1991年7月参加工作,先后在庆阳师专宣传部、陇东学院纪委工作。2002年任陇东学院监察处副处长。

傅海洋 中原乡殿王村人,1970年5月生,中共党员,研究生学历。1991年8月参加工作,后在甘肃省委党校任职,2005年任工会副主席。

杨广斐 孟坝镇西壕村人,1970年7月生,大学学历,中共党员。1991年8月在甘肃省国防科学技术工业办公室参加工作,曾任副主任科员、主任科员,2007年7月任综合处副处长,2009年6月任省工业和信息化委员会综合处副处长,2010年2月任军民结合处副处长。

耿正军 开边镇兰沟村人,1970年11月生,中共党员,中校军衔。1989年9月考入中国人民解放军南京炮兵学院,1993年7月毕业分配三六二三二部队任排长、团炮兵营参谋、连政治指导员、营政治教导员、团政治部副主任,2005年3月后任六九二一〇部队政治部宣传科长、六九二一四部队政治处主任,2008年4月任六九二一八部队副政委。

李 琦 上肖乡南李村人,1970年11月生,硕士学位。1996年参加工作,曾任甘肃省农业厅办公室副主任科员、团委书记,2009年任省农业厅渔业处副处长。

何鹏程 正宁县榆林子镇人,1970年12月生,中共党员,研究生学历,农学学士,助理农艺师。1992年6月参加工作,先后任正宁县山河镇、县农牧局、县政府办公室科员,2002年7月后任办公室副科级信息员、副主任,2005年5月兼外事侨务办公室主任,同年10月任办公室主任兼外事侨务办公室主任,2007年7月任办公室主任兼外事侨务办公室、政务信息中心主任,2010年4月任镇原县副县长。

户养先 临泾乡毛头村人,1971年10月生,中共党员,大学学历,上校军衔。1990年3

月入伍，在甘肃省军区服役，1992年9月在解放军电子工程学院学习，1995年毕业。2008年后任九六六三七部队副大队长、九六六三八部队、九六六三五部队队长。

郑　钢　南川乡川郑村人，1971年1月生，博士研究生。2007年3月任甘肃省发展计划委员会外资处副处长，2010年11月任省发展和改革委员会、省开发区领导小组办公室专职副主任。

张陆海　临泾乡祁庙村人，1971年1月生，农业推广硕士，教授级高级工程师。1995年7月参加工作，2008年9月任甘肃省农业机械化技术推广总站副站长，先后主持省、部级农机化科技项目20多项，起草农业行业标准1项、甘肃省地方标准11项，主持参编《中国农机化战略研究》著作1部，获甘肃省科技进步二等奖3项，被评为全国粮食生产有突出贡献科技工作者。

段小平　城关镇高庄村人，1972年生，硕士学位，副教授。2001年参加工作，曾任兰州大学档案馆副馆长，甘肃省高校档案学会副理事长，省档案专业高级职称评审委员会委员，教育部部属高校档案学会学术专业委员会委员。

王仁贤　临泾乡石羊村人，1972年2月生，中共党员，硕士研究生，中校军衔。1995年7月参加工作，先后任步兵第八师通信技术员、排长、机务站站长、副连长、指导员、通信营副营长、通信科参谋。2003年6月后任新疆军区司令部通讯处营职、副团职参谋。2008年12月任新疆军区电子对抗团团长。立三等功3次，编著《军种战役通信研究》，获全军优秀教材二等奖，多项科研成果获全军科技进步奖。

张海铭　太平镇老庄村人，1971年2月生，大学学历，副教授。1992年在庆阳师专参加工作，曾任文学院副院长，陇东方言与民俗研究所所长，2007年8月被国家语言文字工作委员会评为全国语言文字先进工作者。

祁丁一　城关镇祁川村人，1972年2月生，中共党员，本科学历。1991年入伍，曾任班长、排长、副连长、连长、副营长、营长、政治教导员，2009年转业到西安市残疾人联合会任副处级调研员。

张　强　孟坝镇王地庄村人，1972年3月生，大专学历，中共党员。1993年8月参加工作，历任镇原县临泾乡政府干事、县政协办公室文书、副主任，1998年1月任马渠乡党委副书记、纪委书记，2000年1月任团县委书记，2001年7月后任宁县副县长，共青团庆阳市委副书记、书记，市青年联合会主席，2010年1月任正宁县委常委、常务副县长。

张养沛　镇原县人，1972年3月生，大学学历，中共党员，曾任庆阳市委统战部统战科科长，2010年10月任副调研员。

慕　杰　太平镇大塬村人，1972年4月生，中共党员，大学学历。1994年9月参加工作，先后在镇原县临泾乡政府、县政协办公室工作。1999年10月后任县政协办公室副主任科员、副主任，2003年3月后任庆阳市政协办公室人秘科副科长、正科秘书、副科长、科长，2010年12月任宁县县委常委、统战部部长。

曹永胜　屯字镇官亭村人，1972年10月生，大学学历，中共党员。1992年7月参加工作，先后在甘肃省柳湖监狱、平凉监狱任职。2010年5月任平凉监狱党委委员、政治处主任。

郭万春　城关镇金龙村人，1972年12月生，中共党员，本科学历。1996年3月在甘肃省委老干部工作局参加工作，曾任生活待遇处副处长。

姚永彦　镇原县人，1972年11月生，中共党员，大学文化，上校军衔。1990年12月入伍，先后在兰州军区坦克乘员训练团、蚌埠坦克学院坦克指挥班服役。1995年7月后任排长、副连长、连长，第十二师连职干事、副营职干事、营政治教导员、团政治处主任，2006年8月被二十一集团军评为优秀党务工作者。2010年4月，任师政治部副主任，曾参加陇南市成县黄褚镇抗洪抢险，立三等功1次。

马建祖　平泉镇八山村人，1972年3月生。1994年10月参加工作，先后在镇原县人民医院、甘肃省农科院科研管理处任职，2007年4月任省农科院驻北京联络处主任，2010年4月任省农科院产业处副处长。

郑新锋　城关镇原郑村人，1973年3月生，大学学历，中共党员。1996年10月参加工作，先后在庆阳市国家安全局、市委政法委任职，2010年1月任市综治办副主任。

吴永伟　中原乡何曹村人，1973年4月生，中共党员，硕士学位。1994年7月参加工作，先后任西北师范大学历史系、敦煌艺术学院党总支秘书，敦煌艺术学院、美术学院、地理与环境科学学院办公室副主任、主任，经济学院党委副书记，曾在国家、省级期刊发表论文10余篇，主持和参与科研项目5项，获甘肃省科技进步一等奖1项、甘肃省社科成果二等奖1项。

马兆武 城关镇原郑村人，1973年5月生，大学学历。1991年12月参军，2009年立三等功1次，2010年12月任兰州军区银川油料仓库保管三队助理工程师（副团职）。

段喜宏 城关镇高庄村人，1973年5月生，中共党员。1992年12月在兰州军区坦克十二师服役，1997年7月在国防科技大学长沙炮兵分院毕业后，曾任排长、连长、教导员、营长，参加和组织支援地方“二坝河”水库建设工程、“西安-兰州-乌鲁木齐”光缆施工、长沙抗洪抢险、石家庄抗击雪灾和新疆平暴维稳等重大活动。2008年被解放军总参、总政、总后、总装四总部评为全军优秀指挥员，2009年1月任装甲四十五团副团长。

焦浩雁 临泾乡祁焦村人，1973年9月生，中共党员，大学学历。1993年8月参加工作，先后在兰州市七里河区西湖街道办事处、七里河区文明办、兰州市文明办任职。2009年8月任兰州市委办公厅调研处副处长。

马希军 平泉镇秦铺村人，1973年10月生，中共党员，大学学历。1993年9月参加工作，先后在九六三六一部队气象台、侦察科、政治部任职，2009年1月转业后任庆阳市公安局副调研员。

段天林 郭原乡寺沟村人，1973年11月生，中共党员，博士学位。1997年8月毕业于兰州医学院，2008年9月后任兰州大学医学院高教管理副研究员、医学实验中心副主任、兰州大学校办、校友工作办公室副主任。

秦东平 城关镇莲池村人，1973年11月生，本科学历，经济学学士，中共党员。1996年7月参军，2001年5月后在兰州军区审计局任正连、副营、正营、副团职审计员，2009年6月任新疆军区边防某团副团长。

贾治堂 南川乡和平村人，1974年2月生，中共党员，本科学历。1997年在《甘肃经济日报》社从事新闻工作，获中国新闻奖3次。2008年汶川地震后，第一时间赴灾区采访，被评为抗震救灾先进个人。专著《我从陇上走过》出版发行，列为“中国新闻实践科目”，被兰州大学、西北师范大学、西北民族大学、兰州城市学院定为大学生课外实践教材读物，后任《甘肃经济日报》社编委、总编辑助理、副总编、主任编辑。

刘存斌　城关镇莲池村人，1974年4月生，理学博士。1997年6月在兰州商学院参加工作，历任兰州商学院国际经济与贸易系团总支书记，院办秘书科副科长。1999年10月后任省委组织部培训中心、干部四处、研究室主任科员，2006年7月任研究室副处级组织员，2010年任中共中央组织部副处级干部。

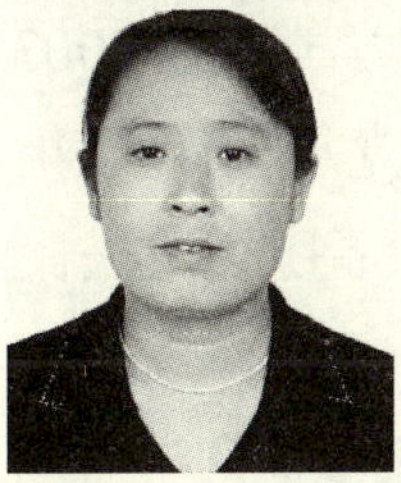

张采霞　开边镇张庄村人，1974年6月生，大学学历，中共党员。1996年7月参加工作，在庄浪县妇联供职，1999年11月任团县委副书记，2002年5月后任华亭县副县长、共青团平凉市委副书记，2007年8月任平凉市物价局副局长。

许立志　开边镇张山根村人，1974年10月生，大学学士，中共党员。1994年9月入伍，曾任六九二二四部队火箭炮营副连职排长，政治处组织股副连职干事、正连职干事，六九二二〇部队政治部组织科正连职干事、副营职干事，六八三〇五部队政治部组织科副营职干事，加农炮一营政治教导员，政治部组织科科长，2010年10月任六八三〇三部队政治部副主任。

刘银岗　新城乡东庄村人，1975年1月生，大学学历，中共党员。1999年8月毕业后志愿赴西藏自治区支边，历任共青团西藏日喀则地委副主任科员，宣传部新闻宣传科副科长、科长，地区质量技术监督局局长助理、副调研员。

康亚鑫　镇原县人，1975年8月生，大学学历，中共党员，曾任兰州市政府法制办公室立法处处长，2009年10月任法制办公室副主任。

谢宏胜　城关镇莲池村人，1976年8月生，大学学历，中共党员，上校军衔。1992年12月入伍，历任参谋、排长、政治指导员、教导员、副处长，曾立三等功3次，2008年3月参加甘南藏区维稳。

许秀荣　女，西峰区人，1976年9月生，中共党员，大学学历。1999年8月参加工作，先后任庆阳市妇联综合科副科长、主任科员、科长，人秘科科长，2010年12月任镇原县副县长。

贾志升　城关镇丰台村人，1976年6月生，中共党员，大学学历。1996年11月参加工作，在庆阳地区环保处供职，2002年9月后任庆阳市环境监理站副站长、环境监察支队副支队长、市政府办公室主任科员、秘书一科科长，2010年4月任庆阳市政府办公室副主任。

金晓鹏 屯字镇太阳村人，1976年10月生，中共党员，本科学历。1995年9月参军，入解放军重庆后勤工程学院学习。1997年7月后在兰州军区六八〇八九部队、六八〇七九部队服役，先后任站长、中队长、营职参谋、队长，立三等功一次，获军事训练先进个人、优秀基层干部、优秀共产党员等奖7次。2009年3月任六八〇七九部队副主任，2010年10月转业后任庆阳市环保局副调研员。

焦黎明 孟坝镇大寨村人，1978年5月生，民革党员，管理学学士。2003年参加工作，2006年任中央党史研究室《百年潮》杂志社西部党史资料征集办公室副主任，2009年任常务副主任兼甘肃省三农问题研究会副理事长、民革研究中心副秘书长。

杨晓智 郭原乡西杨村人，1979年4月生，本科学历。1999年参加工作，曾任银川大学政教处主任、学生部部长。

姜自伟 字景文，笔名冷枫，孟坝镇王地庄村人，1979年6月生，本科学历，高级编辑，2002年9月参加工作，在《人民日报》社从事新闻及编辑管理工作，先后任《中国改革报》驻广东记者、副主任，《赢周刊》财经记者，人民日报《市场报》副主任、珠三角办事处主任，《民生周刊》副主任、《民生周刊·走遍中国》副社长，同时兼任《人民日报》社民生书画艺术院副院长。通讯《全国重点文物保护单位——大鹏所城保护失控》获《市场报》优秀新闻奖，策划及报道《江苏宜兴——陶都明珠丁蜀风采》分获《人民日报》社与江苏省新闻作品优秀奖和二等奖，《毛织名镇再燃城建圣火霓裳之都舞动产业大旗》获得广东省新闻佳作奖。

朱建章 平泉镇南徐村人，曾任天水市委党校副校长，市社会主义学院副院长、行政学院副院长。

白纯东 三岔镇肖园子村人，曾在北京银监总局任职（副县级）。

范秀昌 孟坝镇人，曾任青海省化隆县委副书记。

巨生海 新城乡小岘村人，曾任北京市土地管理局副处长。

李克智 中原乡人，曾任庆阳行署驻北京联络处副主任。

李慕唐 临泾乡席沟圈村人，曾任甘肃省教育厅体育处副处长。

刘治海 上肖乡人，曾任咸阳市秦都区武装部副部长。

路义关 城关镇丰台村人，曾任天水市社保局副局长。

毛有社 武沟乡渠口黄湾人，曾任青海西宁武警指挥学校副团长。

王文清 平泉镇坪边村人，曾任金昌市永靖县中学校长、副县长。

杨文东 三岔镇高湾村人，曾任北京设计院高级工程师（副县级）。

张学礼 镇原县人，曾任兰州市电信局副局长。

段宏伟 太平镇老庄村人，曾任海南省专用通信局办公室副主任。

白新华 平泉镇湫池村人，曾任兰空司令部气象处副团职参谋。

王博涛 平泉镇麻王村人，曾任玉门石油公安处副处长。

刘刚刚 平泉镇上刘村人，曾任新疆哈什解放军某部副团长。

刘 鹏 平泉镇上刘村人，曾任青海格尔木某部队副团长，转业后在天水水电局任职。

刘天锋 镇原县人，曾任甘肃省国家税务局工会副主席。

史海军 平泉镇景家村人，曾任某部队副团长。

张清成 镇原县人，曾任甘肃省工商行政管理局企业处助理调研员。

张彦龙 平泉镇虎泉村人，曾任华池一中校长。

党成堂 镇原县人，曾任金昌市档案局副局长。

李高平 平泉镇湫池村人，曾任甘肃省抗旱防汛指挥部办公室副主任。

常 义 镇原县人，曾任省委保密委员会办公室技术处副处长。

席小鸿 镇原县人，曾任甘肃省高级人民法院研究室副主任、审判员。

张根虎 镇原县人，曾任甘肃省高级人民法院刑二庭副庭长。

卢卫民 镇原县人，曾任华龙证券有限责任公司副总经理。

刘自鑑(1902~1995) 平泉镇上刘村人，清光绪二十八年生，民国二十年(1931年)在国民党十三师任班长和代理排长。二十六年十月加入中国共产党，二十八年元月后任镇原县三岔自卫军营长、环县自卫军大队长、三十里铺脚骡店主任、苦水掌牧场主任，三十四年三月后任镇原县三岔区区长、县商店主任、县政府四科科长，1950年4月在县委组织部工作，1951年6月任县政府民政科科长。1958年7月退休，受"许、张反革命集团"冤案株连，定为反革命集团分子，开除党籍，停发退休金。1961年11月平反，1983年5月享受县级待遇，1995年3月病逝。

刘绍勋 山西省安泽县人，光绪三十二年(1906年)九月生，中共党员。曾任镇原县粮食科科长。1962年退休，1982年10月改为离休。1985年4月经庆阳地委批准享受县(处)级干部待遇。1985年11月去世。

杨级三 华池县温台乡温台村人，宣统二年(1910年)九月生，中共党员。曾任镇原县食品公司经理。1979年5月去世。1982年8月改为离休。1983年6月享受县处级干部待遇。

李贵荣 平泉镇南徐村人，民国四年(1915年)十月生，中共党员。三十五年七月参加革命，曾任镇原县保安科侦查员、中原区副区长、建设银行镇原办事处主任、县商业局局长、食品公司主任、工商局局长。后经庆阳地委批准享受县级干部待遇，1982年6月去世。

张文海 孟坝镇西壕村人，民国五年(1916年)五月生，中共党员。三十二年十一月参加革命，曾任镇原县法院院长、三岔工委书记、县委监委书记。1971年11月退休，1982年10月改为离休，1983年6月经庆阳地委批准享受县级干部待遇，2003年5月去世。

王思让 屯字镇双合村人，民国六年(1917年)元月生，中共党员。二十五年后在国民政府任职，先后任镇原县新城乡、太平、开边镇、永康乡镇长，三十六年五月在平凉地区公安处工作，三十七年七月后任崇信县公安局副局长、县政府农建科科长、代理县长。1959年被定为"右派"遭双开,1978年平反,恢复党籍、公职。1979年退休,后改为离休,享受副县级干部待遇。

刘清汉 孟坝镇刘城村人,民国七年(1918年)二月生,中共党员。二十七年十月参加革命,曾参加陕北解放战争。中华人民共和国成立后曾任屯字区区长、县法院审判员、新城区党委书记、县食品公司经理、县供销社采购站经理、副主任。1970年7月退休,1982年10月改为离休,1985年经庆阳地委批准享受县级干部待遇,2003年10月去世。

常学智 马渠乡花岔村人,民国八年(1919年)八月生,中共党员。二十七年三月参加革命,参加过华池万山战斗,立大功1次,获人民功臣奖章。中华人民共和国成立后曾任镇原县药材公司经理,殷家城公社社长、党委书记,县食品公司经理、物资局副局长。1984年2月离休,1984年5月经庆阳地委批准享受县级干部待遇。

何文俊 马渠乡马渠村人,民国九年(1920年)九月生,中共党员。三十四年七月参军,先后在陇东独立团、中国人民解放军第一野战军、甘肃省军区政治部服役,获"人民功臣""解放西北""甘肃军区英模功臣"等勋章。1956年11月转业后任甘肃省建委组织科科长、办公室副主任、党支部副书记,1970年7月后任省供销社酒泉购销站纪检副书记、书记。1982年4月离休,享受县级干部待遇,1986年11月病逝。

罗秀海 孟坝镇西壕村人,民国九年(1920年)十月生,中共党员。三十二年参加革命,中华人民共和国成立后曾任中原区委书记、原峰公社党委副书记、县面粉厂党支部书记。1976年4月退休,1982年10月改为离休,1985年4月经县委批准享受县级干部待遇。

耿明昌 平泉镇人,民国十年(1921年)二月生,中共党员。三十七年元月参军,参加解放战争渡江战役和抗美援朝战争,后复员回家,1988年7月,经解放军三十九集团军党委批准,改为离休,享受副团职待遇,1996年2月去世。

陈玉珠 临泾乡人,民国十年(1921年)九月生,中共党员。三十年参加革命,解放后曾任屯字区区长、太平工商所所长。1980年9月离休,1983年6月经庆阳地委批准享受县级干部待遇,1994年2月去世。

白如琢 开边镇王坪村人,民国十一年(1922年)五月生,中共党员,中尉军衔。三十一年参加革命,三十五年七月后任镇原游击大队班长、第二分队队长。1949年10月任肖金区民兵营营长,1954年后任镇原县兵役局副科长、科长,1957年转业后任城关区区长、新合乡党委书记、县孤儿院院长、庆阳地区收容站站长、镇原县收容站站长。1983年12月离休,享受副县级干部待遇。

李俊杰 孟坝镇赵嘴村人,民国十一年(1922年)九月生,中共党员。三十八年七月参加革命,曾任镇原县检察院检察长,宁县农机物资局、镇原县物资局局长,1978年9月复任县检察院检察长。1986年5月退休,1990年7月改为离休,1991年3月经庆阳地委批准享受县级干部待遇,2001年7月去世。

贾治安 开边镇白马寺村人,民国十二年(1923年)二月生,中共党员。三十三年参加边区镇原县游击队,后到部队任班长、排长,随军参加解放战争,参加大小战斗百余次,立战功

2次,获解放纪念勋章2枚。中华人民共和国成立后,在庆阳军分区任排长。1952年转业,先后在环县、镇原县公安局、县印刷厂、县水保站、化工厂、农业局、石油公司工作。1981年离休,享受县级待遇,2007年病故。

陈占元 内蒙古自治区准格尔旗人,民国十二年(1923年)八月生,中共党员。三十二年七月参加革命,曾在中国人民解放军第一野战军三军服役,立二等功3次,先后获解放华北、解放西北、解放全国人民功臣纪念勋章5枚。1954年转业后,在庆阳地区农机推广站、镇原县农建局、县政府办公室任职。1983年12月离休,享受县级待遇,2002年2月病逝。

夏宗德 新集乡段掌村人,民国十二年(1923年)十一月生,中共党员。三十八年八月参加革命,曾任庆阳县邮电局副局长,合水县、镇原县邮电局局长,新集公社党委副书记,兰庙、孟坝公社社长。1984年12月离休,1985年12月经庆阳地委批准享受县级干部待遇,1994年3月去世。

李廷禄 孟坝镇王湾村人,民国十三年(1924年)五月生,中共党员。二十六年三月参军,先后在七七〇团、八路军一二〇师独立团、空军一〇五师供应大队服役,1950年参加中国人民志愿军赴朝参战,1952年回国任空军五师十三供应大队汽车修理排副排长。1953年转业,先后在镇原县榨油厂、县政府、运输队、水电局、农机局任职。1981年7月退休,享受县级干部待遇。

刘振东 屯字镇包城村人,民国十三年(1924年)九月生,中学高级教师。三十八年五月入伍,在三十五军政治部服役。1950年8月转业后在镇原中学、庆阳师范、庆阳一中、环县一中任教,1987年离休,享受副县级待遇。

姚启福 新集乡新庄村人,民国十三年(1924年)十月生,中共党员。三十三年九月参加革命,曾任镇原县屯字、城关、方山公社副书记、书记,县印刷厂厂长、工交局副局长。1981年10月退休,1982年10月改为离休,1983年8月经庆阳地委批准享受县级干部待遇。

张清海 马渠乡人,民国十三年(1924年)十二月生,三十三年二月加入中国共产党,三十五年十二月参加革命工作,曾任新城、孟坝、兰庙公社书记。1965年任林业总站、水保站站长,后在中原、太平粮所工作。1980年9月退休,1982年10月改为离休,1985年4月经镇原县委批准享受县级干部待遇,1993年10月去世。

赵致隆 中原乡中原村人,民国十四年(1925年)二月生,中共党员。三十四年七月参加革命,先后在平凉县花所镇第二完小、环县南关完小、曲子完小任教,1952年10月后在环县人委、县委农村部任职,1956年3月后任县人委水土保持科科长、政府办公室主任、水利局局长、碾盘岭公社党委书记、县农建局局长、水电局副局长,1974年11月任镇原县水电局副局长。1983年8月离休,享受县级干部待遇,2005年10月逝世。

郑复纲 城关镇原郑村人,民国十四年(1925年)二月生,中共党员。三十八年六月参加革命,先在庆阳县彭原完小、庆阳专署、平凉专署文教卫生组工作,1956年7月后任镇原一中、二中、三中、五中校长、革委会主任、副主任,1979年3月任孟坝中学校长,1985年任县教育局检查员。1986年5月离休,1987年5月享受县级干部待遇。离休后曾参加编纂《中共镇原县委组织史》,1996年7月去世。

席正芳 新集乡胡老庄村人,民国十四年(1925年)四月生,中共党员。三十八年七月参加革命,先后在镇原县新集区、县公安局工作,1954年后任县检察院副检察长、检察长,新城区委、开边工委副书记,县革命委员会保卫部部长,平泉公社党委书记,县财税局、商业局局长,县人大专职常委、政协专职委员、党支部书记。1988年离休,享受县级干部待遇。

高望峒 孟坝镇西壕村人,民国十四年(1925年)五月生,中共党员。三十三年二月参加革命,曾任镇原县公安局指导员、邮电局局长、太平公社社长。1980年8月退休,1981年7月改为离休,1983年6月经庆阳地委批准享受县级干部待遇。

张国忠 太平镇慕坪村人,民国十四年(1925年)五月生,中共党员。三十八年九月参军,曾任庆阳军分区政治部组织科干事,1970年10月后曾任镇原县革委会政治部副主任,转业后任县广播站站长、文化馆馆长、县医院党支部书记、卫生系统工会主任。1986年离休,1987年5月经庆阳地委批准享受县级干部待遇,2002年5月去世。

张秉成 屯字镇北川村人,民国十四年(1925年)六月生,中共党员。三十八年七月参加革命,曾任镇原县副食厂厂长、五金公司副经理、商业局检查员。1990年5月离休,1991年5月经庆阳地委批准享受县级干部待遇,2001年11月去世。

李得部 开边镇开边村人,民国十四年(1925年)九月生,中共党员。三十二年九月参加革命,先后任开边区三乡、区公署文书,太平、肖金区委组织委员,中原、临泾、肖金区委副书记,平凉中级法院副庭长、静宁县法院副院长、庄浪县法院院长、县医院主任,镇原县农机厂主任、县公安局教导员,人大常委会法律组、县政协法制群体组组长。1990年7月离休,1991年3月经庆阳地委批准享受县级干部待遇。

段治善 城关镇金龙村人,民国十五年(1926年)二月生,中共党员。三十八年二月参加革命,先后在庆阳地区西峰公安局、庆阳专区公安处工作,1955年4月后任庆阳专区教养院职教股长、合水县公安局侦察股长,1959年1月后任镇原县政治部部长、新集公社主任、县农机局副局长兼拖拉机站、饮食服务公司经理、糖厂厂长、物资局副局长,造纸厂、面粉厂厂长,农机局检察员。1990年5月离休,享受副县级待遇。

许世录 城关镇东关村人,民国十五年(1926年)七月生,中共党员。三十八年七月参军,1964年3月转业后曾任镇原县平泉供销社主任、棉花加工厂副厂长、开边供销社主任。1983年12月离休,1985年12月经庆阳地委批准享受县级干部待遇。

王好礼 平泉镇马洼村人,民国十五年(1926年)八月生,中共党员,上尉军衔。三十八年(1949年)九月参加革命,先后任庆阳军分区警三团特务连电话员、班长,合水县人武部军事参谋,宁县人武部参谋、助理员,合水县革命委员会政治部主任。1971年1月转业任镇原县委招待所所长、县文工团政治教导员、团长,工商局副局长、检查员。1990年5月离休,享受县级干部待遇。

李尊儒 太平镇崇老庄村人,民国十五年(1926年)八月生,中共党员。三十八年七月在镇原县太平区参加革命,先后任县建设科副科长、县委财贸部部长、县委秘书、平泉公社副社长，县民政局、交通局、农业局副局长，民政局局长。1980 年 10 月退休，1982 年 10 月改为离休，1984 年出席甘肃省第一次离休干部代表大会，1988 年 9 月经地委批准享受县级干部待遇。爱好书法，曾与李潭等编著《太平乡土情》。

王文翰 南川乡原芦村人，民国十五年(1926 年)十月生，中共党员。三十八年八月参加革命，曾任镇原县委文教部部长、县文教局局长，屯字、平泉中学校长，县医院院长、县委党校校长。1987 年 1 月退休，1990 年 7 月改为离休，1991 年 3 月经庆阳地委批准享受县级干部待遇。

裴俊信 环县天池乡人，民国十五年(1926 年)十二月生，中共党员，大专学历，上尉军衔。三十七年五月后在陕甘宁晋绥联防军区第四分区司令部、庆阳军分区司令部服役，曾任作战股长兼作战参谋、保密室主任、镇原县兵役局一科科长。1957 年转业后任县文化馆馆长、镇原一中总务主任、县新华书店经理。1983 年离休，享受县级待遇。

张运权 开边镇人，民国十六年(1927 年)生，中共党员。三十七年九月参加革命，历任正宁县周家公社党委副书记兼革委会副主任，县农林局、林业局、水电局、医药管理局、畜牧局副局长。1989 年 5 月离休，享受副县级待遇，1999 年去世。

王秉钧 上肖乡梧桐村人，民国十六年(1927 年)八月生，中共党员。三十八年七月在镇原县人民政府参加革命，曾任镇原县委宣传部副部长、平凉地委讲师团教员，1958 年 1 月因历史问题处理回家，1979 年 6 月恢复党籍、公职，任县委宣传部副部长、检查员。1988 年 3 月离休，享受县级待遇。

刘秉坤 陕西省彬县底店乡晁塬村人，民国十七年(1928 年)二月生，中共党员，曾任县农机销售公司经理、党支部书记。1986 年 11 月离休，1987 年 5 月经庆阳地委批准享受县(处)级干部待遇。1988 年 9 月去世。

刘静平 山西省运城市人，民国十七年(1928 年)二月生，1949 年参加工作，曾在镇原县人民卫生院工作。1989 年 7 月退休，1989 年 12 月改为离休。1991 年 5 月经庆阳地委批准享受县(处)级干部待遇。

张自立 屯字镇开城村人，民国十七年(1928 年)八月生，中共党员，大专学历，中学高级教师。三十八年二月参加革命，先后任镇原县临泾、屯字完小校长，县文化馆馆长，镇原师范、孟坝、镇原一中、开边中学校长，县教育系统工会主席，曾被评为甘肃省优秀工会工作者、全国关心下一代先进工作者。1990 年离休，享受副县级待遇。

王元举 屯字镇阳宁村人，民国十七年(1928 年)十一月生，中共党员。三十八年七月参加革命，曾任镇原中学副校长，泾川县水泉寺中学、灵台县五中校长，灵台县、镇原县文教局局长，宁县县委宣传部部长、县医院院长、二中革委会主任，镇原县委宣传部、统战部部长。1984 年 4 月离休，地委批准享受副县级待遇。

王永寿 城关镇东关村人，民国十八年(1929 年)七月生，中共党员。三十八年八月参加革命，曾任镇原县卫生局副局长、文教卫生局局长、县直机关党委书记，人大常委会委员、办公室主任。1986 年 11 月退休，1990 年 3 月改为离休，1990 年 3 月经庆阳地委批准享受县级干部待遇。

马惠良 城关镇富坪村人，民国十八年（1929年）十一月生，中共党员。三十八年七月参加革命，曾任镇原县公安局股长、县人民法院副院长、殷家城公社主任，兰庙公社社长、党委书记，孟坝公社党委书记、县粮食局局长、法院院长、人大政法科科长。1990年3月离休，1991年3月批准享受县级待遇。

惠顺民 新城乡惠沟村人，民国十九年（1930年）六月生。三十八年七月参加革命，1950年3月加入中国共产党，曾任隆德县沙塘区委副书记、书记，原安区委书记，静宁县车李区委书记，兰州科学院电子研究所动力系、矿业研究所动力室主任，武山县人民法院院长，镇原县糖厂主任、新华书店经理、县乡镇企业局副局长。1991年4月离休，1992年4月庆阳地委批准享受县级干部待遇，2004年7月去世。

孙继秀 庙渠乡孙寨村人，民国二十年（1931年）十月生，中共党员。三十五年九月参加革命，先后在孟坝独立营、县委、县税务局工作，1956年任平泉税务所所长，1959年任屯字公社财贸部部长，1961年任屯字公社党委委员兼杨城大队、曙光大队党总支书记，1962年后任屯字、三岔、开边、太平、孟坝税务所所长。1992年10月离休，享受县级待遇。

李万相 平泉镇寺府村人，民国二十年（1931年）十一月生，中共党员。三十八年参加工作，曾在庆阳行署、镇原县"肃反"办公室、新巷子完全小学、中原完全小学任职，参加宁县、环县社教工作。后在镇原六中、中原、郭原、新集中学、原芦八年制学校、湫池乡虎泉小学、湫池乡南李小学、湫池中学任教。1986年7月离休。1991年10月享受副县级待遇。2008年11月逝世。

刘振邦 中原乡何曹村人，民国二十一年（1932年）十月生，中共党员。三十八年七月参加革命，曾任开边区团委书记、团县委少童部长、宣传部长、副书记，1956年3月后任县委合作部副部长、县工会主席，1958年9月后任开边公社党委书记、马渠公社社长、兰庙公社主任，新集、平泉、临泾公社党委书记，1975年后任县农机局、水利电力局副局长，1981年12月任平泉供电站党支部书记。1984年8月病休，1986年6月离休，1987年5月享受县级待遇，1993年1月病逝。

惠绪民 新城乡惠沟村人，民国二十二年（1933年）十二月生，中共党员，大专学历。三十六年参加革命，三十八年七月解放时参与接管崇信县，曾在崇信县团委、区武装部、县公安局、省公安厅、舟曲县公安局、审干肃反办公室任职。1957年后任舟曲县城关镇、巴藏公社党委书记，县法院院长，甘南州中级法院刑事庭、民事庭庭长，庆阳县公安局局长。1967年后任庆阳地区工程团营长、交通局公路科科长、建工局保卫科科长、公安处检查员，1993年被国务院授予一级警督警官警衔，1995年离休，享受副县级待遇。曾出资为家乡打机井一眼。

沈继堂 郭原乡景塬村人，民国二十九年（1940年）七月生，中共党员。1962年8月参加工作，先后在郭原信用社、曙光公社、平泉公社工作。1980年3月后任小岘公社党委副书记、武沟公社党委书记、县老区建设办公室主任、党支部书记、县农委检查员。2002年7月提前退休，享受副县级待遇。

席志明　临泾乡毛头村人，民国三十一年（1942年）八月生，中共党员。1958年在白银市中央机修厂参加工作。1962年在庆阳军分区司令部服役。1969年后在煤炭部十一工程处任机关党支部副书记、武装部副部长、保卫科科长、建井二队革委会副主任、202快速掘井队党支部书记。1981年后任镇原县农具厂、运输公司党支部书记、造纸厂工会主席。1998年任广播电视局检查员。2002年7月提前退休，享受副县级待遇。

刘志敏　方山乡高中山村人，民国三十一年（1942年）九月生，中共党员。1963年7月参加工作，先后在镇原县殷家城公社、县多种经营办公室、社队企办公室、民政局工作。1980年9月后任中原、方山乡、三岔镇党委副书记，庙渠乡乡长、县民政局副局长、检查员。2002年7月提前退休，享受副县级待遇。

张纯强　临泾乡祁庙村人，民国三十一年（1942年）十月生，中共党员。1958年10月参加工作，先后在平凉土谷堆、安口铁厂、陶瓷厂、平凉市神裕公社、华亭县上关公社、县政治部、县委宣传部工作。1982年5月后曾任镇原县庙渠乡经委副主任、平泉镇党委副书记，郭原乡、王寨乡乡长，县园艺站站长、县电影发行放映公司经理、党支部书记，县文化中心党支部书记、县文化局检查员等职。2002年7月提前退休，享受副县级待遇。

吴集荣　孟坝镇赵嘴村人，民国三十一年（1942年）十月生，中共党员。1970年5月参加工作，先后在镇原县曙光、武沟公社工作。1979年后任县检察院书记员、助理检察员、副科级检察员、刑事检察科科长，1991年2月任三岔镇经委主任，1994年任县微波台台长，1998年任县广电局检查员。2002年7月提前退休，享受副县级待遇。

白清华　中原乡原峰村人，民国三十一年（1942年）十一月生，中共党员。1968年6月在镇原县三岔公社参加工作，曾任文书、党委副书记、革委会、管委会主任，1981年11月后任中原公社管委会主任、小岘乡党委书记、县林业局党支部书记、副局长，1990年12月后任县农业局党总支书记、检查员。2002年7月提前退休，享受副县级待遇。

安玉莹　武沟乡巨沟村人，民国三十一年（1942年）十二月生，中共党员。1962年参加工作，1964年后在镇原县团委、革委会政治部工作。1971年任县一中革委会副主任。1974年3月后任城关公社党委副书记，武沟、平泉公社党委书记。1988年3月任县供销联社主任，1995年任县劳动保险局局长。2002年7月提前退休，享受副县级待遇。

卢发富　三岔镇人，民国三十二年（1943年）四月生，中共党员。1964年7月参加工作，先后在镇原县殷家城小学、庙渠乡完全小学、三岔镇中心小学、大原小学、三岔中学任教。1977年3月后任县法院审判员、法庭庭长、方山乡副乡长、殷家城乡党委书记、县农机局党支部书记、局长、检查员。2002年7月提前退休，享受副县级待遇。

马义全　平泉镇洪河村人，民国三十二年（1943年）七月生，中共党员。1962年2月参加社教，1970年4月后任庆阳地区“五·七干校”三连政工干事、校政工办主任、二连指导员、一中队党支部书记、地区财贸干校办公室主任、政工科长。1981年7月后任镇原县开边公社党委副书记、湫池乡乡长、县纪委办公室主任、监察局局长，1998年3月后任县卫生局党总支书记、检查员。2002年7月提前退休，享受副县级待遇。

薛满仓 平泉镇人,民国三十二年(1943年)八月生,中共党员。1965年9月参加工作,先后在宁县社教团、孟坝派出所、镇原县革委会专案办公室、屯字派出所、县公安局、城关派出所、县人大常委会法律组工作。1986年2月后任中原乡党委副书记、湫池乡乡长、县法制局副局长、农委纪检组长、检查员。2002年7月提前退休,享受副县级待遇。

安玉灿 郭原乡寺沟村人,民国三十二年(1943年)九月生,中共党员。1970年5月在镇原县马渠公社参加工作。1973年7月后任马渠、中原、平泉公社副主任,1985年后任小岘、开边乡党委副书记、开边乡经委主任,1988年3月任开边乡乡长,1989年10月后任新城乡人大主席团主席、郭原乡党委委员。2002年7月提前退休,享受副县级待遇。

野崇明 马渠乡花儿岔村人,民国三十二年(1943年)九月生,中共党员。1963年10月在殷家城乡李园子小学任教。1964年10月后在镇原县人行、县革委会财贸办公室、县革委会办公室工作。1980年10月任县政府财贸办公室副主任。1981年8月后任三岔公社、马渠乡党委书记、县粮食局党总支书记。1989年10月后任县人大常委会办公室主任、县民政局党支部书记、检查员。2002年7月提前退休,享受副县级待遇。

亢国信 殷家城乡白家川村人,民国三十二年(1943年)十月生,中共党员。1963年12月参军,1969年12月转业后在镇原县三岔乡工作。1974年任庙渠乡武装部副部长。1980年后任殷家城公社武装部部长、管委会副主任、乡党委副书记。1991年任殷家城乡人大主席团主席。2002年7月提前退休,享受副县级待遇。

姜登虎 孟坝镇西壕村人,民国三十二年(1943年)十月生,中共党员。1965年8月参加工作,1965年8月在宁县太昌、早胜公社搞社教。1967年1月后在镇原县法院、县革委会保卫部、屯字派出所工作。1980年4月后任县公安局刑警队队长、消防股股长。1987年4月任庙渠乡副乡长。1989年1月后任庙渠、方山、三岔镇经委主任、人大主席团主席。1998年3月任孟坝镇政府检查员。2002年7月提前退休,享受副县级待遇。

张登友 华亭县砚硖乡人,民国三十二年(1943年)十月生。1967年8月参加工作,先后在镇原县孟坝、新集、上肖、屯字公社兽医站工作。1981年12月后任县畜牧站站长、县畜牧局正科级干部、农牧局检查员。1988年、1991年、1992年被国家农业部评为全国农牧渔业二等奖、全国河东羊项目22名和绒山羊项目12名完成者、全国基层畜牧三站管理先进工作者。2002年7月提前退休,享受副县级待遇。

张治世 南川乡桃园村人,民国三十三年(1944年)元月生,中共党员。1971年3月参加工作,先后在镇原革委会政治部、新城、中原、平泉公社、县劳动人事局工作。1986年3月后任屯字镇党委副书记、湫池乡经委主任、南川乡人大主席团主席、检查员。2002年7月提前退休,享受副县级待遇。

曹良田 三岔镇柳州村人,民国三十三年(1944年)二月生,中共党员。1973年3月参加工作,先后任孟坝公社农业干事、革委会副主任、殷家城公社副主任、党委副书记、方山乡党委副书记、乡人大主席团主席、党委委员。1998年11月任方山乡检查员。2002年7月提前退休,享受副县级待遇。

朱万征 上肖乡梧桐村人，民国三十三年(1944年)三月生，中共党员。1960年2月参加工作，先后在镇原县马渠供销社、县商业局、供销联社、革委会政治部工作。1973年11月后任方山公社党委副书记、太平公社党委副书记、革委会主任、党委书记、上肖乡党委书记。1992年10月后任县审计局局长、检查员。2002年7月提前退休，享受副县级待遇。

路永吉 孟坝镇大寨村人，民国三十三年(1944年)四月生，中共党员。1964年12月在成都军区一四九师炮兵团三连服役，曾任班长、排长、政治指导员、团组织干事。1978年转业，先后任镇原县庙渠、方山乡武装部部长、乡长、县工商局工会主任。2002年7月提前退休，享受副县级待遇。

范　毅 上肖乡仪封村人，民国三十三年(1944年)七月生，中共党员。1970年5月参加工作，1979年2月任镇原县检察院检察员。1988年12月任县司法局副局长、普法办副主任。1992年1月任南川乡党委书记。1994年1月后任县公安局纪委书记、检察员。2002年7月提前退休，享受副县级待遇。

李效忠 新集乡唐塬村人，民国三十三年(1944年)八月生。1962年8月参加工作，先后在镇原县新集兽医站任会计、站长。1975年11月后任县农牧局副局长、畜牧站站长、城关镇镇长，王寨乡、屯字镇党委书记，县民政局党支部书记。1997年10月任县人大常委会教科文卫工委主任。2002年7月提前退休，享受副县级待遇。

李永清 开边镇羊千塬村人，民国三十三年(1944年)十一月生，中共党员。1964年2月参加工作，先后在镇原县新城公社、山丹县、宁县新庄、良平、镇原县新集、临泾公社工作。1979年9月被共青团中央授予“新长征突击手”。1979年12月后任屯字公社副主任、党委副书记、武沟乡乡长、临泾乡经委副主任、南川乡乡长、县农机局副局长、检查员。2002年7月提前退休，享受副县级待遇。

孙丕权 庙渠乡孙寨村人，民国三十三年(1944年)十一月生，中共党员。1969年7月参加工作，1974年后任镇原县新城公社革委会副主任、马渠公社党委副书记、乡长。1986年后任开边、方山乡乡长、三岔镇党委书记。1995年后任县老区办主任、县总工会主席。2002年7月提前退休，享受副县级待遇。

王兴汉 开边镇陈坪村人，民国三十三年(1944年)十一月生，中共党员。1964年3月参加工作，1965年后在镇原县郭原信用社、县粮食局、平泉、开边公社工作。1982年4月任县委信访室主任。1983年5月任县剧团团长。1985年1月任县纪委常委、经打办主任。1986年4月后任郭原乡党委副书记、乡长、人大主席团主席。1991年3月后任县社会保险局、就业局局长、党支部书记。1995年4月后任县劳务办主任、党支部书记、检查员。2002年7月提前退休，享受副县级待遇。

马怀玺 屯字镇四殿村人，民国三十三年(1944年)十二月生，中共党员。1970年3月参加工作，1973年9月任镇原县南川公社副主任。1975年后在县委落实政策办公室、屯字商业品批发部任职。1988年任县农业生产资料公司经理。2000年任县商业局党支部书记。2002年7月提前退休，享受副县级待遇。

刘维本 上肖乡北庄村人，民国三十四年(1945年)二月生，中共党员，四级高级法官。1965年2月参加工作，先后在庆阳地委社教工作团、镇原县公安局、革委会保卫部、平泉、孟坝派出所任职。1986年10月后任县法院审判员、副科级审委会委员、纪检员、党支部副书记、上肖法庭庭长。1991年8月后任县法院行政审判庭庭长、审委会委员、监察室主任。1999年3月任审委会委员、审判员。2002年7月提前退休，享受副县级待遇。

桑根虎 屯字镇开城村人，民国三十四年(1945年)三月生，中共党员。1970年参加工作，先后任县公安局预审股股长、刑警队队长、孟坝派出所所长。1983年任南川乡副乡长。1984年后任彭阳乡乡长、党委书记、县卫生局党总支书记、司法局局长、交通局党支部书记。2002年7月提前退休，享受副县级待遇。

牛如仓 庙渠乡牛塬村人，民国三十四年(1945年)五月生，中共党员，甘肃省书法家协会会员。1963年12月在新疆八〇二三部队一二四团三分队服役。1969年12月后在镇原县庙渠乡牛塬村、县革委会专案组、县体委、三岔公社、县总工会工作。1984年4月后任镇原县地毯厂副厂长、厂长、针织厂厂长、党支部书记、印刷厂、农机修造厂党支部书记、县老龄委检查员。2002年7月提前退休，享受副县级待遇。

董世科 屯字镇阳宁村人，民国三十四年(1945年)六月生，中共党员。1966年参加工作，先后在镇原县屯字、上肖、城关粮管所、平泉公社工作。1975年5月任平泉公社革委会副主任。1982年任上肖公社管委会副主任。1984年8月后任彭阳乡党委秘书、经委主任。1989年10月任平泉镇镇长。1993年1月任县乡镇企业局局长。2002年7月提前退休，享受副县级待遇。

黄学发 南川乡东王村人，民国三十四年(1945年)六月生。1963年入伍，曾任班长、副排长。1969年转业后曾任平泉镇武装部副部长、部长、屯字镇副镇长、城关镇副镇长、经委主任、县国土局副局长、党支部书记、检查员。2002年7月提前退休，享受副县级待遇。2003年6月去世。

路应生 孟坝镇人，民国三十四年(1945年)八月生，中共党员。1972年10月参加工作，先后在太平公社、县信访室工作。1990年1月后任孟坝镇经委主任、马渠乡乡长、县林业局党支部书记、县政协提案委主任、检查员。2002年7月提前退休，享受副县级待遇。

马顺华 屯字镇阳宁村人，民国三十四年(1945年)十二月生，中共党员。1971年在镇原县方山公社参加工作。1973年后任孟坝公社干事、文书。1985年在县政协任职，曾任办公室副主任、工作组委员会、经济科技委员会、办公室主任、检查员。2002年7月，提前退休享受副处级待遇。

李世忠 南川乡河李村人，民国三十四年(1945年)十二月生，中共党员。1964年12月参军，先后在西藏军区、成都军区炮兵三〇八团、三〇九团任班长、排长、副连长、连长、副营长。1982年2月后任镇原县检察院科长、副检察长。1996年4月任县委政法委书记。1998年12月任县纪委副书记兼监察局局长。1999年任县纪委检查员。2002年7月提前退休，享受副县级待遇。

谢耀祖 上肖乡雄武村人，民国三十四年（1945年）十二月生，中共党员。1965年8月参加工作，先后在上肖公社、县广播站、革委会生产指挥部、计委工作。1977年12月后任计委副主任、县多种经营办公室副主任、乡镇企业局副局长。1985年3月后任南川乡党委书记、县烟草办主任、烟草局局长、社保局党支部书记、检查员。2002年7月提前退休，享受副县级待遇。

强宗惠 新集乡岳庄村人，民国三十五年（1946年）四月生，中共党员。1964年1月在八〇二三部队服役，多次参加“两弹”爆炸实验，立三等功2次。1969年1月退伍，任岳庄大队党支部书记。1970年4月后在镇原县马渠公社、县革委会政治部任职。1973年6月后任郭原公社党委副书记、革委会副主任、方山公社党委书记、新集乡党委副书记。1986年10月任县城乡环境保护局局长。1998年任检查员。2002年7月提前退休，享受副县级待遇。

虎连明 马渠乡红光村人，民国三十五年（1946年）九月生，中共党员。1967年8月任红光大队管委会主任、党支部副书记。1971年3月后在三岔、殷家城、方山乡工作，曾任组织干事、团委书记、秘书、乡党委副书记、乡长、乡党委书记。1994年12月任县财政局副局长、党支部书记。2002年7月提前退休，享受副县级待遇。

李文贤 中原乡何曹村人，民国三十五年（1946年）十月生，中共党员。1963年1月参军，先后在中国人民解放军骑兵第二师教导队、第一师教导大队、陕西省绥德县、吴堡县人武部服役。1984年4月后任镇原县人武部政工科副科长、科长。1994年6月转业后任镇原县委政法委副书记、检查员。2002年7月提前退休，享受副县级待遇。

祁克礼 城关镇祁川村人，民国三十六年（1947年）三月生，中共党员。1967年1月参加工作，1980年后任镇原县马渠、彭阳公社革委会副主任。1984年后任彭阳乡、上肖乡、临泾乡乡长、党委书记。1992年任县农机局局长。1996年任县畜牧局党支部书记。2002年7月提前退休，享受副县级待遇。

畅维敏 屯字镇陈畅村人，民国三十六年（1947年）六月生，中共党员，中校军衔。1969年2月入伍，在陆军第二十一军六十三师一八九团三营机炮连、师后勤部服役。1978年12月后任庆阳县人武部副连职、正连职、副营职助理员。1985年12月后任镇原县人武部副营职助理员、军械科科长、党委委员。1995年8月转业，任县法院办公室副主任、监察室主任。2002年7月提前退休，享受副县级待遇。

慕仁重 太平镇老庄村人，1950年2月生，中共党员，高级经济师。1970年5月在镇原县三岔供销社参加工作。1974年10月后在县商业局、县供销社、孟坝农副站任职。1983年8月后任孟坝农副站副经理、县农业生产资料公司代经理、农副公司经理、供销联社副主任、主任，县非公局、商务局正科级干部。2010年6月提前退休，享受副县级待遇。

张清龙 庙渠乡常埝村人，1950年5月生，中共党员，大专学历。1976年参加工作，先后在镇原县委办、县革委会办公室、人大常委会办公室任职。1983年12月后任方山乡副乡长、县委组织部组织员、物价委员会副主任、太平乡经委副主任、党委副书记、经委主任、孟坝镇人大主席团主席。2010年2月提前退休，享受副县级待遇。

贾兆祺 城关镇路坡村人，1950年7月生，中共党员。1970年2月参加工作，先后在城关镇路坡、鳌背、祁川、开边镇耿沟小学、镇原县总工会任教、工作。1995年11月后任小岘乡经委副主任、党委副书记、纪委书记、临泾乡、南川乡人大主席团主席。2000年4月后任潜夫山公园管委会主任、水保局主任科员。2010年2月提前退休，享受副县级待遇。

张永权 平泉镇虎泉村人，1950年7月生，中共党员。1969年7月在酒钢二矿参加工作。1983年后任镇原县郭原乡党委副书记、中原乡乡长、县政协办公室主任、县水保站副站长、检查员、主任科员。2010年2月提前退休，享受副县级待遇。

赵福权 孟坝镇何范村人，1950年7月生，中共党员。1969年3月参加工作，先后在镇原县孟坝镇河范小学、县电影管理站、公安局、县委政法委工作。1988年后任县检察院办公室副主任、司法局副局长兼法治教育办公室主任。1999年任县水利局党总支书记。2010年2月提前退休，享受副县级待遇。

张宗万 城关镇莲池村人，1950年12月生，中共党员。1971年2月参加工作，先后在城关镇莲池小学、孟坝小学、临泾席沟圈八年制学校、城关镇祁川八年制学校、镇原县经计委任教、工作。1992年后任县经计委副主任兼县建设项目办公室主任。2001年后任县计委党支部书记、县发改局主任科员。2010年2月提前退休，享受副县级待遇。

杨万有 郭原乡人，1951年生。曾任镇原县普法办公室副主任、公证处主任、文化局副局长、主任科员。2010年6月提前退休，享受副县级待遇。

陈喜斌 开边镇陈坪村人，1951年生，中共党员。1970年12月参加工作，先后在陈坪八年制、开边中学、城关辅导区、县教育局、县政府办工作。1989年11月后任武沟乡党委副书记、经委主任。1999年3月后任县政协提案委员会主任、办公室正科级干部。2010年2月提前退休，享受副县级待遇。

田正甫 新城乡高庄村人，1951年1月生，中共党员。1972年10月参加工作，1984年后任镇原县广播站副站长、站长。1995年后任广电局副局长兼广播站站长、党支部书记兼副局长、党支部书记、主任科员。2002年7月提前退休，享受副县级待遇。

刘晓文 太平镇何湾村人，1951年2月生，中共党员。1972年参加工作，先后在镇原县粮食局、县政府办工作。1987年10月后任曙光乡政府经委副主任、主任、县老区办副主任、县农委纪委书记、县委农村办正科级干部。2010年6月提前退休，享受副县级待遇。

祁　军 临泾乡祁庙村人，1951年2月生，中共党员。1971年后在甘南州迭部县七九二矿、四川省若尔盖五三一号信箱、甘南州城建局房管所工作。1982年后在镇原县第一人民医院、县乡镇企业管理局任职。1994年任后县杏制品企业管理办公室主任、党支部书记、县乡镇企业局、商务局主任科员。2010年5月提前退休，享受副县级待遇。

曹治全 上肖乡雄武村人，1951年5月生，中共党员，大学学历，高级四级法官。1974年10月参加工作，先后在新城公社、镇原一中团委任职。1982年4月后任上肖、开边法庭、县法院刑二庭、审监庭庭长。2010年5月提前退休，享受副县级待遇。

朱　伟 中原乡中原村人，1951年7月生，中共党员，大专学历。1975年1月参加工作，先后在开边公社、镇原县团委、小岘公社工作。1984年1月后任平泉镇副镇长、党委副书记、经委主任、新城乡乡长、湫池乡党委书记。1996年1月后任县粮食局党总支书记、主任科员。2010年2月提前退休,享受副县级待遇。

安富贵 城关镇路沟村人,1951年8月生,中共党员,大学学历。1975年8月参加工作,先后在镇原县农业局、南川公社、孟坝公社、县农技推广中心、农牧局科员、农业区划办公室副主任、审计局、科技局副主任科员、主任科员。2010年2月提前退休,享受副县级待遇。

席守真 南川乡河李村人,1951年10月生。1971年在镇原县印刷厂参加工作。1980年在县公安局工作。1986年后任开边、平泉派出所所长。1992年后任县检察院批捕科副科长、监所科科长。2010年6月提前退休,享受副县级待遇。

张敦博 南川乡贺丰村人,1951年10月生,中共党员。1970年5月参加工作,先后在镇原县太平、开边、武沟公社任职。1984年后任县委农村部副部长、县经计委副主任、主任,社会劳动保险局局长,供销联社、经贸委主任,经贸局党总支书记。2010年2月提前退休,享受副县级待遇,参加《镇原县志》编纂工作,并担任主编。

卢泽彪 城关镇丰台村人,1951年11月生,中共党员,大专学历。1969年12月参军,先后在炮兵独立第三〇八团任副连长、连长、副营长、营长、副参谋长。1989年5月转业后任镇原县检察院助理检察员、经济检察科科长、反贪局局长、专职检察委员、调研室正科级干部。2010年6月提前退休,享受副县级待遇。

常廷龙 庙渠乡店王村人,1951年12月生,中共党员。1969年2月在陆军第二十一军六十三师一八八团服役。1974年2月转业到庙渠乡政府、新集乡政府工作。1986年11月后任新集乡、三岔镇武装部部长、副镇长。1996年1月后任方山乡经委主任、人大主席团主席、正科级干部。2010年6月提前退休,享受副县级待遇。

李永虎 孟坝镇刘城村人,1952年2月生,中共党员。1971年11月参加工作,先后在华亭县马峡法庭、县法院任职。1988年后任镇原县法院副庭长、庭长,1996年4月任副院长,2000年4月任县人大常委会法工委主任。2010年2月提前退休,享受副县级待遇。

贾志宽 三岔镇石嘴村人,1952年5月生,中共党员。1970年12月参军,1978年12月转业后在三岔镇、殷家城乡工作。1983年4月后任三岔、孟坝法庭庭长、审判员。1992年10月后任方山纪委书记,庙渠乡纪委书记、人大主席团主席,三岔镇正科级干部。2010年6月提前退休,享受副县级待遇。

席浩宽 平泉镇上刘村人,1952年6月生,中共党员。1975年9月参加工作,曾任湫池乡副乡长,小岘乡副乡长、计生委主任、人大主席团主席,中原乡正科级干部。2010年5月提前退休,享受副县级待遇。

慕　汶 南川乡慕堡村人,1952年7月生,大学学历,中共党员。1974年10月参加工作,曾在镇原县南川公社、平凉虹光电子管厂、镇原县工交局、县经计委供职。1986年3月后任县区划办副主任、县工交局副局长、县交通局副局长兼县乡公路管理站站长、局长、党总支书记、正科级干部。2010年2月提前退休，享受副县级待遇。

常　宏　庙渠乡常埝村人，1952年8月生，中共党员。1974年7月参加工作，先后在镇原县教育局、孟坝、庙渠中学、县委组织部工作。1989年1月后任广电局副局长、档案局局长、卫生局党总支书记、主任科员。2010年2月提前退休，享受副县级待遇。

李宏贵　中原乡中原村人，1952年8月生，中共党员，大专学历。1971年8月参加工作，先后在合水县段家集七年制学校、合水一中、镇原一中、县文化广播局工作。1985年3月后任县委组织部组织员、县老区建设办公室副主任、城关镇镇长、县城建局副局长，统计局党支部书记、主任科员。2010年2月提前退休，享受副县级待遇。

刘文广　孟坝镇赵嘴村人，1952年9月生，中共党员。1977年12月参加工作，1980年12月后任镇原县食品公司副经理、太平乡副乡长。1992年9月后任临泾乡乡长，马渠、太平乡党委书记，县林业局局长、财政局党支部书记。2010年2月提前退休，享受副县级待遇。

贯　琨　郭原乡毛庄村人，1952年12月生，中共党员。1971年参加工作，先后在镇原县新集、开边公社、县政法委工作，曾任小岘乡乡长，开边乡经委主任、人大主席团主席。2010年2月提前退休，享受副县级待遇。

段治忠　临泾乡包庄村人，1953年1月生，中共党员。1969年10月参军，在陕西省榆林军分区服役。1974年3月退伍，1975年4月后曾任庆阳地区九连山水泥厂车间主任、生产调度，镇原县太平乡党委委员、副乡长、副书记、计生委主任、人大主席团主席。2010年5月提前退休，享受副县级待遇。

刘显颖　上肖乡南李村人，1953年7月生，中共党员。1978年1月参加工作，先后在镇原县方山乡兽医站、县农牧局工作。1985年1月后任镇原县兽医站副站长，南川乡副乡长、党委副书记、乡长，县烟草局副局长，县人大常委会财经工作委员会主任、主任科员。2010年6月提前退休，享受副县级待遇。

季旺德　太平镇大塬村人，1953年7月生，中共党员。1978年12月参加工作，先后在镇原县农业局、县委农村部、王寨乡、临泾乡工作。1997年1月后任临泾乡副乡长，马渠乡、孟坝镇人大主席团主席，太平镇正科级干部。2010年6月提前退休，享受副县级待遇。

席学德　城关镇路坡村人，1953年7月生，中共党员，大专学历，高级四级法官。1972年12月参加工作，1980年后任镇原县孟坝、开边法庭庭长，县法院民庭庭长。2010年5月提前退休，享受副县级待遇。

李守积　太平镇埝边村人，1953年9月生，中共党员，大学学历。1977年1月参加工作，先后在屯字猪病研究所、县畜牧兽医站、屯字改良站工作。1989年1月后任新集乡经委副主任、临泾乡经委主任、乡长，县信访办主任，人口和计划生育局主任科员。2010年6月提前退休，享受副县级待遇。

张国庆　开边镇解放村人，1953年10生，中共党员。1969年2月参军，在陆军第二十一军六十三师一八九团、正宁县、镇原县人武部服役。1996年7月转业后任镇原县公路运输管理所党支部书记、所长，县房改办党支部书记，县卫生监督所党支部书记、正科级干部。

2010年5月提前退休，享受副县级待遇。

张仲林　新城乡高庄村人，1953年12月生，中共党员。1976年12月参加工作，先后在镇原师范、城关中学、县律师事务所、县委办公室工作。1993年后任县信访室副主任、平泉镇镇长、太平乡乡长、县体改委主任、商业局局长、非公有制经济管理局局长、商务局正科级干部。2010年2月提前退休，享受副县级待遇。

慕新科　临泾乡新堡村人，1954年1月生，大学学历，中共党员。1979年8月参加工作，1985年2月后任镇原县农机局副局长、农机学校校长，农机工作站副站长、正科级干部。2010年2月提前退休，享受副县级待遇。

申　刚　方山乡蒲河村人，1954年4月生，中共党员。1974年11月参加工作，1983年12月后任三岔副乡长、镇长，1986年9月任庙渠乡乡长、王寨乡党委书记、县农业局副局长兼农技中心主任、县交通局正科级干部。2010年2月提前退休，享受副县级待遇。

刘卫国　平泉镇八山村人，1954年6月生，中共党员。1972年2月参加工作，先后在镇原县水利电力局、县政府人事科、劳动人事局工作。1988年5月后任彭阳、曙光副乡长，上肖乡副乡长、乡长。1996年2月后任县检察院办公室主任、县纪委副书记，审计局局长、正科级干部。2010年6月提前退休，享受副县级待遇。

何志诚　三岔镇米家川村人，1954年8月生，中共党员，大普文化。1978年8月参加工作，先后在庆阳师专、镇原中学、三岔中学、平泉中学任教。1986年9月后任平泉中学教导副主任、政教主任，县委党校讲师、统战部副部长兼对台办副主任，县纪委副书记。2010年5月提前退休，享受副县级待遇。

孙国万　新城乡孙庵村人，1954年12月生，中共党员。1979年12月参加工作，1988年8月任镇原县中原乡经委主任。1992年9月后任小岘乡副乡长，郭原乡副乡长、计生委主任，湫池乡人大主席团主席、新城乡正科级干部。2010年5月提前退休，享受副县级待遇。

刘学武　庙渠乡文夏村人，1954年12月生，中共党员。1977年12月参加工作，先后在镇原县孟坝醴坳八年制、三岔石嘴、庙渠初中任教。1985年4月后曾任林业技术推广站副站长、林业局副局长、园林局副局长、园艺站站长、林业局党总支书记、正科级干部。2010年2月提前退休，享受副县级待遇。

马希贤　平泉镇景家村人，1955年3月生，中共党员。1974年10月在中原公社参加工作。1979年5月后任西藏洛隆县委办公室秘书、副主任。1989年9月后任新城乡党委副书记、经委主任，平泉镇党委副书记、纪委书记，湫池乡人大主席团主席、正科级干部。2010年6月提前退休，享受副县级待遇。

段自勤　郭原乡寺沟村人，1955年3月生，中共党员。1972年12月参加工作，先后在镇原县电影院、物资局、公安局、劳动人事局工作。1990年3月后任县劳务办副主任、主任、县人事劳动争议仲裁委员会办公室主任。2010年2月提前退休，享受副县级待遇。

赵素芳　女，太平镇柳嘴村人，1955年7月生，中共党员。1974年7月在宁县焦村搞路线教育，1976年3月后任镇原县太平公社革委会副主任（半脱产）、王寨乡计生专干，屯字镇妇联主任、经委副主任，上肖乡副乡长、计生委主任，县计生协会会长，临泾乡、屯字镇计生委主任。2010年2月提前退休，享受副县级待遇。

刘　锐　新城乡阎寨村人，1955年10月生，中共党员。1974年6月参加工作，先后在环县粮食局、公安局、镇原县民政局工作。1988年5月后任中原乡副乡长、党委副书记，平泉镇党委副书记、经委主任，小岘乡乡长、党委书记，县司法局局长、县委政法委主任科员。2010年5月提前退休，享受副县级待遇。

李金宝　上肖乡杨城村人，1955年12月生，中共党员，注册会计师。1979年11月参加工作，曾在镇原县太平、屯字财税所、县审计局工作。1994年12月后任县审计事务所副所长、所长。2010年5月提前退休，享受副县级待遇。

慕素宏　女，南川乡和平村人，1956年6月生，中共党员。1976年参加工作，先后在镇原县方山乡、县统计局工作。1995年后任县农调队副队长、队长，县统计局主任科员。2010年2月提前退休，享受副县级待遇。

范清选　孟坝镇何范村人，1956年4月生，中共党员。1978年3月参加工作，先后在镇原县方山乡、县委组织部工作。1986年10月后任庙渠乡党委副书记、马渠乡乡长、县民政局副局长、县委经济部副部长、县政协经济科技委员会主任。2010年2月提前退休，享受副县级待遇。

王霄峰　上肖乡梧桐村人，1956年5月生，大学学历，中共党员。1976年11月参加工作，先后在镇原县太平中学、太平乡工作。1984年1月后任曙光乡副乡长、县乡镇企业局副局长、郭原乡乡长、农业局副局长、农技中心主任，物价局、水保局党支部书记。2010年5月提前退休，享受副县级待遇。

张焕琛　屯字镇双合村人，1956年6月生，中共党员。1979年8月参加工作，先后在镇原县工商局、计划委员会、统计局工作。1984年后任县城乡调查队副队长、队长，1993年8月被国家统计局评为农村社会经济调查先进工作者。1997年任县物价委员会副主任、物价局副局长。2010年2月提前退休，享受副县级待遇。

冯永林　屯字镇开城村人，1956年9月生，中共党员，大专学历。1976年9月在华亭县参加工作，1983年后任上关乡副乡长、党委副书记。1988年4月后任镇原县新城乡党委副书记、开边乡乡长，县林业局副局长，县农委、县扶贫办副主任，1997年被全国农业普查办评为农业普查先进个人。2010年2月提前退休，享受副县级待遇。

李晓岚　孟坝镇孟坝村人，1956年11月生，中共党员。1971年6月参加工作，先后在镇原县印刷厂、县科委、县政府办公室工作。1988年12月后任县招待所副所长、宾馆经理，县财政局副局长，经贸委党总支书记、主任、经贸局局长、工信局党总支书记。2010年2月提前退休，享受副县级待遇。

王　琮　郭原乡寺沟村人，1956年12月生，中共党员。1976年10月参加工作，先后在郭原公社、开边乡、平泉镇工作。1989年后任城关镇经委副主任、开边乡副乡长，城关镇党委副书记、经委主任，新城乡乡长，县农委、扶贫办副主任。2010年2月提前退休，享受副县级待遇。

袁菊兰　开边镇羊千塬村人，1957年5月生，中共党员。1981年2月参加工作，先后在镇原县郭原乡、新城乡、城关镇工作。1994年1月后任平泉镇副镇长，县爱卫办副主任、主任，妇幼保健站党支部书记、计划生育协会会长。2010年5月提前退休，享受副县级待遇。

张丽萍　女，临泾乡席沟圈村人，1957年11月生，中共党员。1979年12月参加工作，先后在镇原县妇联、档案局工作。1991年后任县妇联副主任、县城建局纪检组长。2010年2月提前退休，享受副县级待遇。

二、红军

秦学礼　原籍三岔镇高湾村，后迁居方山乡小方村，清光绪三十一年（1905年）八月生。民国二十六年（1937年）四月在马渠参加红军，在二兵团当炊事员、饲养员、运输员、木器加工员等，随部队参加多次战斗，1950年8月因病复员回乡。

钟盛连　江西省兴国县崇邑乡人，清光绪三十一年（1905年）十二月生。民国十八年（1929年）参加当地游击队，二十年编入红一方面军，二十四年九月长征途中因病流落镇原县马渠乡落户务农。

张道理　曾用名张建民，孟坝镇刘城村人，民国元年（1912年）元月生。二十年二月参加红军，先后任红四军二十七师部、军部通讯员，在四川天泉、芦山和敌作战时负伤，定为二等乙级残废，三十六年八月为三八五旅五团二营司务长，因残复员回乡务农。

赵建智　四川省仪陇县马桑乡六村人，民国元年（1912年）三月生。二十二年十月参加红军，任三十军九十一师二七一团三营一班长，参加二万五千里长征。解放战争中与敌作战两次负伤，三十六年退伍，安置镇原县南川乡成赵村落户务农。

白秀山　四川省达县米成乡王家坪村人，民国元年（1912年）十月生。二十二年十二月参加红军游击队后编入红四方面军，长征到达陕甘后编入三八五旅任司号员，三十六年八月流落镇原县马渠乡红光村落户务农。

白占忠　中原乡白家村人，民国三年（1914年）九月生。二十四年八月参加红军援西军三十一军，后编入八路军一二九师，历任班长、排长、连长、营长，三十年在山西与敌作战时负伤，1949年12月转业后任平泉区副区长，1950年5月退职回家务农，为三等残废军人。

张秉月　三岔镇庄门村人，民国四年（1915年）八月生。二十三年二月参加陕甘工农红军，参加东征战斗。抗日战争时期为一二九师三八五旅七七一团二营六连战士，二十六年在山西都阳关与敌作战时负伤，二十九年八月复员回家务农，为二等甲级残废军人。

常虎堂　庙渠乡店王村人，民国四年（1915年）十一月生。二十五年二月参加红军，曾任三八五旅警备七团副班长、公安副特派员。三十三年转业回乡任民兵连长、治安主任、指导员、乡长，1957年退职务农。

刘居先　新城乡杜寨村人，民国五年（1916年）十二月生。二十五年二月参加红四方面军,曾任八路军一二九师副排长、七七二团连长,在山西对日作战中立一等功1次、二等功2次,解放战争中5次作战负伤。1954年复员回乡务农,为二等乙级残废军人。

赵德龙 庙渠乡文夏村人,民国六年(1917年)四月生。二十五年元月在三岔参加红军,曾任三八五旅警卫连侦察班长、华北军区仲黄县游击队队长,参加抗日战争和解放战争,三十八年九月因病退伍回乡务农。

郭正来 中原乡人,民国六年(1917年)五月生。二十四年五月参军,为八路军一二九师战士,参加抗日战争和解放战争,1952年5月退伍回乡务农。

郭自功 方山乡十八岘村人,民国七年(1918年)十一月生。二十六年五月在县保安科参军,曾任陇东分区班长、志愿军四分部警卫团副排长、后勤部四分部保管,1954年1月复员回乡务农。

任有智 开边镇人,民国八年(1919年)七月生。二十四年二月参加红军,曾任骑兵独立团连长。抗日战争时期与日本侵略军队作战,3次负伤。1950年回乡务农。

路登霄 原名李子午,四川省巴中县楚巴门镇人,民国九年(1920年)生。十八年参加红四方面军训练学习四年,二十二年随部队从四川到镇原临泾,因病被朱廷瑄收养,三十二年给毛铺村路子玉当儿子,改名路登霄,1953年定居到石羊村南山沟务农。

段终甜 孟坝镇峁合村人,民国九年(1920年)十一月生。二十五年十二月参加红十五军团,二十六年八月为八路军一一五师某团通讯兵,参加平型关大战、百团大战等战役和战斗。解放战争时期随刘邓大军参加中原和淮海战役,三十七年在河南唐河县作战中负伤,被评为三等甲级伤残军人,1950年3月复员。

张进福 曾用名侯东山,湖南省慈利县零溪乡燕子桥村人,民国十年(1921年)十一月生。二十二年十一月参加红军,为红二方面军第六军十八师司号员。二十五年十月随部队长征到达宁夏卫州右腿负伤,疏散到环县虎家湾郭梁河郭云清家疗伤,半年后流落到镇原县,落户新集乡高崖畔村,给张成功当儿子务农。

冉明智 屯字镇曹路村人,民国十年(1921年)五月生,二十五年五月在三岔镇参加红军,曾任班长、排长、副连长。三十六年五月在安徽西口战役中与部队失散,流落安徽六安县落户,1982年8月回原籍务农。

李玉海 开边镇张山根村人,民国十一年(1922年)十月生,二十四年十一月参加红二十八军,三十一年十一月在西安与部队失散后回家务农。

陈　德 曾用名陈岁成、魏陈德,祖籍陕西省凤翔县池方乡,民国十二年(1923年)七月生。二十年因家贫流浪,在陕西凤翔被游击队收留3个月,失散后被贩卖到镇原武沟乡巨沟村,二十四年三月红军长征路过武沟时参加红军,后被编入八路军一二〇师参谋处当通讯员,调山西吕梁分区八团,曾任排

长、副连长。二十六年在山西雁门关战斗中右腿致残，评为三等乙级残废。三十五年因病复员落户合水县，1959 年 7 月在马岭公路段工作，1960 年回镇原武沟乡巨沟村养父家务农。

罗来焕　原籍江西，红军长征途中流落镇原，后落户孟坝镇新民村。

三、专业技术及博士以上学位人员

刘益灵　平泉镇东门村人，民国七年（1918 年）四月生，上校军衔，国民党党员。二十七年秋考入国民党兰州空军气象训练班，二十八年后在酒泉、包头、西安国民党空军气象台任技术员、台长，三十八年春调任空军气象台台长，后聘为台湾大学气象系研究员、教授，1985 年退休。

田九畴　屯字镇人，民国十五年（1926 年）三月生，本科学历，民盟盟员，教授。1951 年 7 月甘农大毕业后留校助教，后任讲师。1959 年 1 月在西北农业大学兽医系任讲师兼任中国动物解剖学及组织胚胎学研究会和陕西省解剖学会理事，享受政府特殊津贴。撰写、主译、发表畜禽解剖学方面的研究论文 25 篇。1989 年 9 月退休。

唐家宝　广西省桂林市人，民国十七年（1928 年）生。1954 年北京医学院毕业，分配北京医学院附属医院骨科从医，1962 年任主治医师，同时担负北京医学院四、五年级骨科教学，编有《骨科检查法》及《骨科学讲义》，发现止痛穴位，被命名为“唐氏点”。1969 年 11 月下放静宁县灵芝公社卫生院，1970 年 4 月调镇原县第二人民医院工作，在简陋条件下，成功进行甘肃省首例断臂再植手术，多次为病人献血，被誉为“老区人民欢迎的北京医生”。1976 年 5 月任县第一人民医院外科主任，年手术 500 余例。1980 年晋升为骨科副主任医师，调县二院任住院部主任，1986 年任名誉院长，继续负责住院部查房、手术、门诊疑难病会诊等工作。1987 年 8 月 15 日《甘肃日报》以《老区人民欢迎的北京医生—记骨科副主任医师唐家宝》报道了其事迹。1988 年 8 月调任庆阳地区人民医院骨科主任医师。曾翻译俄文《小儿外科学》、英文《医学文摘》等 30 余篇，撰写医学论文数 10 篇，著有《手部创伤的早期处理》《骨科检查法》等书籍。1990 年 12 月退休，2000 年 1 月逝世。

王万钊　平泉镇麻王村人，民国二十八年（1939 年）五月生，中共党员，高级工程师。1964 年参加工作，在甘工大教学，后就职省建筑科学研究院，曾任省建筑科学研究所结构室主任、甘肃抗震减灾协会常务理事，先后从事高层、多层、单层及影剧院、图书馆等工程结构设计约 20 余万平方米，主持研究八层砖墙与混凝土剪力墙组合结构抗震性能、框架、空间分析程序等课题，发表学术论文 20 余篇。

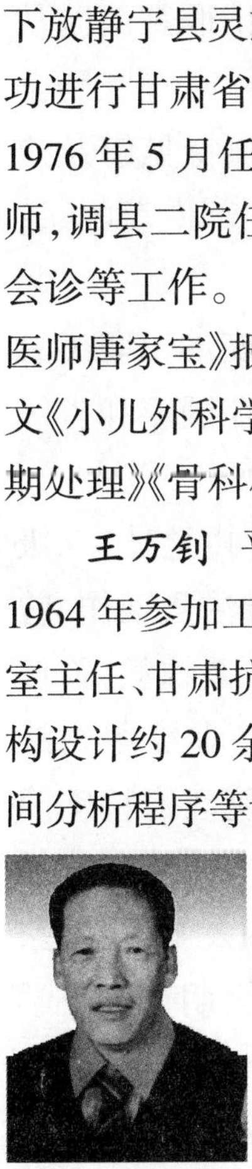

段廷璧　孟坝镇醴坳村人，民国二十八年（1939 年）九月生，教授。1965 年甘农大农学系毕业后留校任教，曾兼任平凉农学院教务长、大圣生物研究所副所长，发表教学、农林论文 5 篇，获甘农大教学成果奖 1 项，主编作物繁育本科生教材 1 部，3 次评为甘农大优秀教师；科研省“八五”攻关项目 1 项，获省教委、科委科技进步一等奖和二等奖；《小麦新品种选育和良种示范推广》《酒泉地区春小麦品种合理利用与研究》，获省农业厅技术改进三等奖。2000 年 10 月退休。

刘夫孔　临泾乡桃园村人，民国二十八年（1939 年）十月生，教授。省成人教育协会学术部研究员，九三学社社员，省政协委员，享受政府特殊津贴。1965年甘肃师范大学毕业后分配天水师范专科学校任教，曾任数学系主任。1985年调甘肃电视大学任教，任师专部副主任、主任，理工部主任，高等数学研究会理事。

李勋布 孟坝镇王湾村人，民国三十三年（1944年）二月生，大学学历。1969年参加工作，先后任平凉市医院耳鼻喉科主任医师、平凉医学高等专科学校高级讲师、兰州医学院教授、甘肃省耳鼻喉科学会委员、《中华白求恩国际医学杂志》编委，在国家、省级学术刊物上发表耳鼻咽喉论文10多篇。

寇治民 太平镇兰庙村人，民国三十四年（1945年）八月生，教授，硕士生导师。1969年兰州医学院医疗系毕业后留校在人体解剖学教研室助教，1973年调入兰州大学第二医院普外科工作，1988年参加中国医疗队赴马达加斯加工作两年，1996年任普外科副主任、主任，2003年任兰大二院工会主席、省普外专业委员会副主任委员，2009年任省医学会副主任委员兼副秘书长，2010年任兰州医学院第二附属医院普外科主任，曾在国家和省级刊物上发表学术论文30余篇。

常登玉 城关镇常山村人，民国三十四年（1945年）九月生，大专学历，中共党员，主任医师。1965年8月在石油部敦煌职工医院参加工作，1970年12月在长庆油田职工医院从医，1993年9月任平凉市虹光痔瘘医院院长、中华医学会会员、中国西部和甘肃省肛肠学会常务理事，对各类痔、脱肛、息肉、结肠炎、便秘等肛肠疑难杂症的治疗有独特见解及疗法，先后在全国肛肠学术会议、亚洲肛肠学术等会议上交流论文30余篇，被8部专著收录，获第九届全国肛肠学会优秀论文三等奖，评为全省职工职业道德先进个人。

李明科 屯字镇马堡村人，民国三十五年（1946年）生，主任医师。曾任长庆油田职工总医院外科主任，外、妇科党支部书记，兰州大学医学院外科学兼职教授。先后在国家和省级杂志发表论文50余篇，翻译和编译出版专著2部，2006年退休。

刘荣堂 孟坝镇刘城村人，民国三十五年（1946年）生，中共党员，二级教授，博士生导师。1968年大学毕业后分配阿克塞哈萨克族自治县工作，曾任草原站站长。1981年研究生毕业后开始在甘肃农业大学草原系执教，曾任系主任、省动物学会副理事长、中国青藏高原研究会理事、省产业竞争力战略咨询委员会专家、农业部教材指导委员会委员，享受国务院政府特殊津贴，培养硕士研究生76名、博士研究生25名。编撰省市级区域经济发展可行性研究与规划、设计报告34项，主持或参加科研项目16个，获国家、省部级科技进步奖12项，获国家级教学成果二等奖1项，主编、参编本科生和研究生教材、专著16本，在国家级期刊发表学术论文123篇。2006年退休。

王淑惠 女，镇原县人，民国三十五年（1946年）十一月生，本科学历，中共党员，主任医师。1970年8月参加工作，一直在庆阳市人民医院从事医疗，1995年5月任小儿科主任，2001年11月退休。

刘　珀　南川乡和平村人，民国三十七年(1948年)生，主任医师。1998年创办石河子中医院(民办)，被选为石河子市第六、七、八届人大代表，三、四届市科协委员，任中医学会石河子分会副会长、中国文化研究会传统医学专业委员会副主席、新疆区域执行主席。先后十次赴美国参加世界传统医学大会，在香港、美国及国内医学杂志发表论文60多篇，获国际金杯一等奖2次，二等奖3次。研制的《肾泰脾康平》获国家知识产权局发明奖，兵团批准为非物质文化遗产保护项目，被评为全国民营优秀院长、全国中医药领域德艺双馨人物，事迹编入《共和国骄子》等典籍。

王怀禄　武沟乡张岘村人，民国三十七年(1948年)八月生，大学学历，中共党员，主任医师，技术四级，文职二级。1968年2月入伍，在兰州军区总医院工作，为全国著名超声诊断专家兼任解放军超声医学专业委员会委员、兰州军区医学科学委员会委员、主任委员、常务理事，先后撰写并在国际、全国、全军、甘肃省专业学术会议上和刊物交流论文百余篇，参与编写出版专著3部，获军队科技进步三等奖5项，四等奖15项，立三等功4次。2000年被兰州军区评为优秀基层干部，2010年任兰州军区总医院超声波诊断科主任。

朱登成　临泾乡包庄村人，民国三十八年(1949年)九月生，主任医师，大校军衔。1968年2月在陆军第二十一军高炮团参军，曾任解放军第一医院医务处副主任、门诊部主任，立三等功1次，获兰州军区后勤部嘉奖11次、科技进步奖2项，在国家级刊物上发表论文10多篇。

常文昌　庙渠乡常埝村人，民国三十六年(1947年)生。1975年在甘肃省教育厅任职，1978年后在兰州大学中文系任助教、讲师、副教授、教授、硕士生导师、博士生导师，享受政府特殊津贴。曾赴哈萨克斯坦法拉比大学东方系任客座教授一年，出版学术著作5部，参编13部，发表学术论文60余篇，获省级教学优秀成果奖7项。2007年退休。

杨永录　孟坝镇醴坳村人，1949年11月生，中共党员。1968年入伍，先后在解放军兰州医学高等专科学校和兰州军区医学技术培训基地从事教学和科研工作，1999年以访问学者身份在美国进修学习。2000年回国任教研室主任、全军、省医药卫生专家库成员、生理和病理专业委员会委员、兰州军区科委会委员、中国生理学会理事、解放军文职二级教授，享受国务院特殊津贴，先后主编、参编专著和教材5部，在国内外发表论文70余篇，以第一作者身份获得科技成果奖9项，曾被评为全国边远地区优秀科技工作者。

包建新　临泾乡包庄村人，1953年7月生，西北师大美术系书法、国画教授，硕士生导师，美术学院工会主席。1973年在包庄小学、临泾中学任教，1978年后在西北师大中文系、美术系任教，在《人民日报》《文艺研究》《美术》等国家及省级刊物发表论文20余篇，出版《大学书法教程》《大中学生钢笔字帖》等4本，培养硕士研究生20多名。

刘仰魁 中原乡何曹村人，1954年生，中共党员，学士学位。1975年3月在中原乡何曹小学任教，1982年1月在陇东学院任电气工程学院教授、学科带头人。曾任审计科科长、电气工程学院副院长兼工会主席。编著出版《彩色、黑白电视接收机电路分析基础》，发表学术论文近50篇，其中有4篇发表在SCI源刊上，曾获第三届甘肃省高等学校青年教师成才奖。

姜登祯 孟坝镇西壕村人，1955年6月生，美国西彻斯特大学英语语言学硕士生。任西安外国语学院出国留学人员培训部主任、教授、硕士研究生导师，新西北培训学院院长，主持陕西科研课题1项，发表语言教学论文2篇，主编出版短期外语强化教学教材2本，被评为陕西省有突出贡献中青年专家、硕士研究生课程与教学论专业学科带头人。

秦世引 南川乡桃园村人，1955年8月生。浙江大学工学博士。1978年兰州铁道学院毕业后留校任教，1989年调西安交通大学任教授，1995年调北京航空航天大学任教授、博士生导师，为中国人工智能学会秘书长、智能控制与智能管理专业委员会副主任、自动化学会智能自动化专业委员会委员、国际系统工程学会理事、北京市跨世纪优秀人才工程人选，负责和参加国家攀登计划项目子项目、国家重点基础研究子项目及教育部、北京市等课题30余项，发表学术论文200余篇，合著出版学术专著1部、研究生教材1部，译著2部，主编国际会议文集2部，曾获全国优秀科技图书一等奖、国家第五届工程设计优秀软件金奖。

米海珍 殷家城乡米沟门村人，1955年11月生，理学博士，教授。在科学院兰州冰川冻土研究所、兰大任职，曾获第二届全国工科结构力学及弹性力学课程青年教师讲课竞赛三等奖、甘肃省土木工程评估教学建设及教材一等奖、科学技术二等奖、教育厅项目奖、兰州理工大学教学优秀奖、兰大“三育人奖”、学生爱戴教师奖。

吴登高 中原乡田站村人，1956年1月生，中共党员，大学学历，教授。先后在中原何曹小学、镇原师范、庆阳师范工作，2003年10月被甘肃省政府授予特级教师，享受政府特殊津贴。2004年5月任庆阳市委党校副校长，负责国家社科规划项目西部课题，在国家、省市级刊物发表调研报告4份，撰写论文2份，获省委党校、统战、行政学院系统优秀成果奖。出版发行《心理学》《干部基础理论知识》《培训读本》《小学生疑难心理》《素质教育教材》。

段　毅 屯字镇夏孙村人，1956年5月生，博士生导师。历任甘肃省地矿局兰州区调队、中科院兰州地质研究所技术员、副教授、教授，参与国家攻关、自然科学基金等研究课题26项，完成科研报告27份，在国内外学术刊物和学术会议上发表论文70余篇，其中独立发表论文9篇，多次获省科研奖。

王　鑫　平泉镇坪边村人，1956年12月生，中共党员，硕士，陇东学院学科带头人，生命科学与技术学院教授，第四届中青年骨干教师，中国土壤肥料学会会员、庆阳市园艺学会会员、中国管理科学研究院特约研究员，主要从事土壤生态和植物营养研究工作。主持和参加科研项目16项，先后发表研究论文61篇，其中国家级30篇，核心期刊6篇，曾获庆阳市科学技术进步一等奖1项、二等奖3项、三等奖2项，甘肃省高校科技进步二等奖1项、三等奖4项。

张天峰　城关镇丰台村人，1957年2月生，大学学历，中国民盟盟员、中国教育学会会员、甘肃省音乐家协会会员。1970年4月在镇原县文工队参加工作，1978年9月考入西北师大音乐系深造，1982年6月毕业分配镇原一中任教，1989年9月调庆阳师范任教，曾任音乐教研组长。2001年8月调陇东学院音乐学院任教，兼任省中师音乐教研中心组组长、全国中师音乐教育研究中心理事，2004年8月任教授。先后在《人民音乐》《艺术教育》等国家、省级期刊发表论文与音乐作品30余篇，参编《甘肃省中师音乐教材》、义务教育阶段《音乐教师教学用书》，撰写有关内容20余万字，曾获中国教育学会音乐专业教育委员会论文二等奖、中国社会科学院文献中心优秀论文奖。

刘金虎　临泾乡人，1958年9月生。1982年毕业于兰州铁道学院电信系，获工学学士学位，1986年毕业于西南交通大学研究生班，为兰州交通大学电子与信息工程学院教授。从事教学研究工作30余年，先后指导硕士研究生40余名，发表学术论文20余篇，在国内外学术期刊上编写出版《通信网基础》《铁路专用通信》《现代通信网技术》教材3部，参编《中国铁路技术大全》。支持和参与“程控调度电话故障诊断及检测”等科研项目10多项，获甘肃省科技进步二等奖2项、厅局级科研奖2项。

李亚明　屯字镇马堡村人，1957年10月生，中共党员，学士学位，高级工程师。1982年7月参加工作，在泾川县农机局从事农机教学科研和推广，获农业部丰收三等奖。1992年12月任平凉地区能源监测站副站长，1994年7月任市产品质量监督检验所副所长，2009年10月获平凉市优秀科技人才奖。

安登第　平泉镇姚川村人，1961年生。1983年9月为甘农大动物营养学硕士研究生，1986年9月任省动物营养研究所副研究员，2001年9月为甘农大博士生，2003年8月为中国科学院微生物研究所博士后，2005年8月后任医科院实验动物研究所、科学院微生物研究所研究员，2007年10月任新疆师范大学生命科学学院教授。主要承担微生物学、免疫学、发酵工程等课程教学研究工作，主持和参加多项国家级科研项目，曾3次深入罗布泊腹地考察，在微生物生态学研究方面有重要创新，发表学术论文30多篇。

刘晓玲　女，中原乡何曹村人，1962年生，银川市妇幼保健部主任，妇产科主任医师，宁夏回族自治区瑞典项目成员，先后在省级以上专业刊物上发表《阴道中隔成形术治疗老年性子宫脱垂术》等学术论文10多篇。

何　华　孟坝镇何范村人，1963年生，文学硕士、教授、中国作家协会会员、中国传记文学协会会员，在兰州石化学院工作，曾任学院图书馆党委书记、中文系副主任，在《人民日报》《中国作家》等报刊发表各类文学作品300余万字、学术论文47篇，出版散文集《夜语心歌》《望雁行》和长篇报告文学集《石化魂》《共和国长子—中华人民共和国石化工业的成长记忆》等多部文学著作，曾获甘肃省委、省政府“敦煌文艺奖”“黄河文学奖”。

张鑫智　城关镇高庄村人，1963年9月生，中共党员，大学学历，主任检验师。1984年9月参加工作，曾任庆阳市中医医院检验科科长、市科学技术进步奖评审委员会委员、庆阳市医学会检验专业学会会长、市医疗事故鉴定专家库专家、甘肃省检验学会理事。2003年被甘肃省委、省政府评为优秀专家，2009年8月任市中医院副院长。先后主持和参与完成省级科研项目3项、地厅级项目8项。

孙继虎　上肖乡人，1963年11月生，西北师大政法学院教授、硕士研究生导师，甘肃省党史学会副秘书长、省延安精神研究会理事，发表学术论文50余篇，出版独著、合著和参编著作20余部，获甘肃省教学成果一等奖、省社会科学成果三等奖、省高校社科成果二等奖。

路黎明　临泾乡毛头村人，1964年1月生，本科学历，主任医师。1987年8月参加工作，2009年12月任庆阳市人民医院烧伤整形科主任。

刘国军　太平镇人，1964年6月出生，中共党员，学士学位，三级教授。1986年7月毕业于陕西师范大学地理系，曾任兰州教育学院院长助理、教务处长、兰州职业技术学院院长助理，兼任全国教师教育等学会理事、常务理事、副理事长，兰州市普通高中课程改革专家组成员，《兰州教育学院学报》主编。2005年入选兰州市“151人才工程”第二批第二层次，2008年入选“兰州市第五批专业技术拔尖人才。组织实施职前职后中小学教师培养和培训工作，构建“联校培训”区域教师继续教育混合式培训模式，完成全国、省市科学规划项目，获省市多项奖励，出版专著1部，发表教师继续教育论文20余篇。

高新伟　新城乡阎寨村人，1964年9月生，博士后，博士生导师，教授。1987年参加工作，任兰化公司毫秒炉装置岗长、段长、技术员、化工设计工程师。1997年任银兰集团公司总经理助理，1998年在南非FORWARD公司任项目经理、厂长兼翻译，2001年在中国石油大学(华东)经济管理学院任教，主讲市场营销、国际贸易理论与实务、项目管理等课程，主编教材3部，发表论文40多篇。2004年任国际贸易系主任，2005年任学院工会主席。2009年为武汉大学数量经济及金融工程领域高级访问学者，先后主持厅局级纵向科研项目11项。

陈晓品　开边镇甄沟村人，1964 年 9 月 10 日生，医学博士，主任医师，教授，硕士研究生导师。1984 年兰州医学院毕业，在镇原县第一人民医院参加工作。1989 年获重庆医科大学硕士学位，留校附属第一医院从医。1998 年在上海医科大学博士毕业，任重庆医科大学附属第一医院肿瘤科主任和高能量聚焦超声肿瘤治疗中心主任，主要从事恶性肿瘤的放射治疗、化学治疗和超声聚焦刀，尤其是鼻咽癌、乳腺癌、肺癌、宫颈癌的放射治疗。2000 年到法国贝勒尔肿瘤中心研修。曾在葡萄牙、瑞士及美国学习或讲学。2003 年获重庆市高等院校优秀中青年骨干教师首批资助资格。参编多部肿瘤学教材。2005 年在香港参加精确放疗培训。完成国家级、省部级研究课题 9 项，培养研究生 41 人，发表科研论文 80 余篇，主编或参编《乳腺癌的生物学特性与临床对策》等 5 部，高校教材《肿瘤学》等 3 部。《中华肝脏病杂志》《重庆医科大学学报》《重庆医学》等编委，中华医学会肿瘤学、中国抗癌协会肿瘤放射治疗学专业委员会委员，中华医学科技奖评审委员，重庆市抗癌协会常务理士，重庆市医疗事故鉴定专家，重庆市医学装备评审专家。

蔡灵仓　新城乡小寨村人，1964 年 10 月生。先后任中国研究院流体物理研究所副总工程师、研究员、博士生导师，四川大学和西南科技大学兼职教授，培养硕士、博士研究生 18 名、博士后 2 名，承担国防预研专题、中物院和国家自然科学基金课题 17 项，负责和参研国家实验项目 10 项，在国内外杂志发表论文 100 余篇，获军队科技进步一、二、三等奖 7 项。

张文举　临泾乡祁庙村人，1965 年 1 月生，教授。1987 年 7 月西北师范大学中文系毕业后在庆阳师专中文系任教，2003 年 9 月调广东省湛江师范学院（后改称岭南师范学院）人文学院任教，主讲外国文学、圣经文学导论、圣经与西方文化、世界经典电影欣赏、电影简史、普通逻辑等，研究领域为外国文学、圣经与基督教文学和文化，先后在《外国文学评论》、《世界宗教研究》、China heute（德国德文学术期刊《当代中国》）等国内外权威学术期刊发表论文多篇，在台湾出版学术专著《基督教文化论略》一部。

段思栋　城关镇金龙村人，1965 年 6 月生，本科学历，中共党员，主任医师。1988 年 8 月参加工作，在庆阳地区人民医院从事医疗工作。1998 年 7 月任庆阳市人民医院心血管内科主任兼导管室主任。曾获“全市宣传文化系统拔尖创新人才”称号，获市科技进步奖 5 项，通过市级科学技术成果鉴定 1 项，在国家级刊物发表论文 6 篇

徐克瑜　镇原县人，1965 年生，1988 年 7 月毕业于西北师范大学中文系，陇东学院文学院教授，文艺学科带头人，主要担任中文系本科生《文学理论》《美学》《中西文学批评专题》《文学细读批评》等课程的教学与研究工作，中国中外文艺理论学会会员、古代文艺理论学会会员、甘肃省美学学会会员、北京师范大学文艺学研究中心研究员，独立主持并完成省校级科研 3

项，先后在《文艺理论与批评》《文艺争鸣》等国家级学术期刊发表论文40余篇，专著《诗歌文本细读艺术论》，获省教育厅高校社会科学成果三等奖。

刘为民 孟坝镇刘城村人，1965年9月生，中共党员，高级工程师，中国计算机学会会员，中国电子学会会员。1989年8月参加工作，先后在沈阳市电子工业管理局、国家建设部工作，1997年8月后任宝钢东软信息产业有限公司研发中心总经理、东软集团市场部部长、中国城市互联网高级副总裁、东北大学兼职教授、硕士研究生导师。

白晓霞 女，屯字镇人，1965年11月生，主任医师。1987年7月参加工作，先后任长庆油田职工医院妇产科副主任、主任，2004年11月竞聘为业务副院长。擅长妇科难产处理、妇科肿瘤切除、B超与宫腔镜联合检查子宫疾病、宫腔镜下子宫内膜电切、子宫黏膜下肌瘤电切和显微输卵管再通等手术，对子宫内膜异位症、各种月经病、不孕症及激素替代治疗有独到之处。曾多次被评为局、院级先进工作者、青年技术标兵。

陈小鹏 临泾乡包庄村人，1965年12月生，本科学历，主任医师。1987年8月在正宁县人民医院参加工作，1989年调入庆阳市人民医院普外科从医。2006年7月任肿瘤外科主任、甘肃省医学会肿瘤学会委员、抗癌协会肝癌专业委员会委员，曾引进射频消融治疗机，开展肝癌、肺癌治疗。特长肝胆、胃肠、乳腺、甲状腺、烧伤、胸外、血管、胸腹部肿瘤手术及小切口胆囊切除术。在国家级期刊上发表论文10余篇，支持完成科研项目3项，均获庆阳市科技进步二等奖。

安贤惠 女，平泉镇人，1965年生，上海交通大学博士，江苏省淮海工学院教授。先后主持和参加国家"七五""八五"攻关项目和自然基金等科研10余项，获省部级科技进步一等奖1项、二等奖3项、三等奖1项，取得国家发明专利3项，发表论文30余篇。入选甘肃省、江苏省"333人才工程"二期首批培养对象、连云港市"521二期工程"首批培养对象。

王存教 新城乡人，1966年1月生，教授，中国民主建国会成员。1989年6月兰州大学经济系毕业后进入西北民族大学从事经济学、会计学与财务管理、资产评估等方面教学研究，完成西北民族大学会计教改项目5项，多次获省教育厅、民族大学教学成果奖。发表产业结构调整、和谐社会对策、农业区划影响、会计处理、中小企业内部控制等学术论文30余篇，教学论文5篇。主编专著《现代管理会计前沿专题研究》获民族大学青年教师成才奖。2008年任管理学院业务副院长，组织完成本科专业培养方案的修订、管理学科方向凝练和资源整合等工作。深入调查研究，建言献策，参政议政，提交的《当前股市治理及"三农"问题建议》等提案，分别被省政协、民建委采纳。2010年参与黄河上中游兰西银多民族经济区课题研究和14个市(州)工业物流情况调研。

鱼素琴 女，临泾乡新堡村人，1966年生，本科学历，主任医师。1990年毕业于兰州医学院预防医学系后分配省疾控中心工作，曾在国家级和省级刊物上发表学术论文20余篇，后任省疾控中心地方病防治科科长。

焦东平　临泾包庄村人，1966年11月生，主任医师、教授。1991年7月在汉中市中心医院泌尿外科从医，历任科室副主任、医务科长。2004年2月任西安医学院第一附属医院副院长兼泌尿外科主任。

段立新　城关镇高庄村人，1966年7月生，本科学历，工学学士。1989年7月在中铁第一勘察设计院参加工作，为教授级高级工程师、副总工程师、城市轨道交通专家委员会会员、中国铁道学会会员等，主持设计的铁路、地铁项目获国家级优秀设计一等奖1项，省部级一等奖6项。

李红芳　女，上肖乡南李村人，1966年7月生，理学博士，三级教授，硕士生导师。2003在兰州大学天然有机国家重点实验室博士后流动站从事天然产物活性研究。2004年在日本山形大学医学部心脏药理学研究室研修，2008年任教育部科技奖励评审专家、中国生理学会第23届理事会理事、组织委员会委员、甘肃省生理学会副理事长，被国家教育部选派美国缅因州分子医学研究中心作访问学者，主持和参与科研项目15项，获甘肃省科技进步二等奖1项，高校科技进步一、二、三等奖各1项，主编教材1部，协编卫生部“十一五”规划教材1部，发表科研论文50余篇。

李会成　城关镇人，1967年3月生，博士，高级工程师。1990年毕业于西北师范大学，先后在哈药集团生物工程有限公司担任一批基因工程药物项目负责人，主持攻克基因工程菌产业化发酵表达、动物细胞产业化规模培养、重组蛋白复性和蛋白提取精制等技术难题，研发的注射用重组人干扰素α2b国内市场占有率为23%，基因重组人粒细胞巨噬细胞集落刺激因子、红细胞生成素等基因工程都实现产业化生产，经济效益和社会效益可观。后任哈药集团（股份有限公司）生物工程有限公司副总经理、总经理、总工程师、药物研究院院长、技术中心总经理，东北农林大学特聘教授、博士生导师，享受国务院特殊津贴。

朱好华　城关镇人。1967年7月生，中共党员，高级工程师。1989年7月参加工作，历任长庆油田第二采油厂岭北作业区技术员、第二采油技术服务处巨力化工厂副厂长、厂长，2003年任长庆化工有限责任公司常务总经理，2005年6月任总经理，2008年1月任西安长庆化工集团副总经理，先后主持和参与完成科技成果30项，其中10项获局级科技成果奖，11项获处级科技成果奖；撰写论文40余篇，其中发表12篇，被评为长庆石油勘探局“优秀科技人才”“优秀管理者”。

答会明 太平镇丁岘村人,1968年生。1992年参加工作,在庆阳师专任教,1999年12月晋升为心理学讲师,2002年7月为副教授,2007年8月为教授,被陇东学院评为学科带头人。2004年9月被华东师范大学心理学系聘为国内高级访问学者,2008年9月被南开大学聘为高级访问学者。

慕旭宏 城关镇莲池村人,1968年1月生,教授级高级工程师。1989年毕业于大连理工大学煤化工专业,获学士学位,1992年获硕士学位,1995年在石油化工科学研究院有机化工专业获博士学位,2000年10月在德国波鸿鲁尔大学技术化学系获博士后,2001年后任石油化工科学研究院催化材料研究室副主任、二十二室主任,主要从事新催化材料及相关反映工程研究,曾获中国石化集团公司技术发明一等奖2项,国家发明一等奖1项,申请中国发明专利40多项、国外发明专利2项,在国内外学术期刊发表文章30多篇。

李春杰 屯字镇开城村人,1968年3月生,教授、博士生导师。1993年在甘肃草原生态研究所从事牧草、草坪草及种子病理学研究。2002年后在兰大草地农业科技学院从事科研和教学,兼国家草地农业生态系统重点实验室副主任,草学会理事、副秘书长,植物病理学会种子病理学专业委员会、草学会草地植保专业委员会副主任,省植保学会副理事长。发明国家授权专利1项,发表学术论文80余篇,专著2部,参编著作5部,获第八届甘肃优秀青年、第四届青年科技奖,国家科技进步三等奖、教学成果特等奖,农业部科技进步三等奖。

王恩茂 平泉镇麻王村人,1968年3月生,硕士生导师,教授。1991年7月在兰州铁道学院土木工程系参加工作,曾任交通大学土木建筑学院工程管理研究所所长、甘肃省第四届工程咨询专家委员会委员、中国铁道学会会员,2006年后任兰州交通大学土木工程学院副院长兼国家高等学校土建学科工程管理和工程造价专业指导委员会委员、中国建筑经济分会常务理事,在学术刊物上发表基建论文30多篇,著有《建设工程》1部,主编教材3部,参编教材6部,曾获甘肃省科技进步三等奖及建设科技进步一等奖。先后主持甘肃省自然基金、建设科技项目及企业委托的科研课题10余项,被省委、省政府评为"甘肃省领军人才"。

郑继平 屯字镇曹路村人,1969年3月生。1992年7月从西南交通大学桥梁及地下工程系毕业,分配到铁一院桥隧处从事桥涵勘测设计工作,先后任助理工程师、工程师、高级工程师、教授级高级工程师,2001年6月任桥梁设计室副主任,2003年3月任室主任,2006年任桥隧处副总工程师。担任多个市政工程项目总工程师和桥涵专业负责人,参加多条铁路、公路、地铁、市政工程勘测设计,获省、部级成果奖7次,发表论文获优秀科技论文奖2次。

蒋富强　镇原县人，1969年12月生，中共党员，教授级高级工程师，中铁西北科学研究有限公司科研所副所长。长期从事沙漠、冻土工程及黄土等方面的科学研究工作，先后参与南疆铁路、青藏铁路、郑西客专、兰新二线等重点工程科研，解决了风沙、冻土及黄土地区现场设计施工中多项技术难题，获奖多次。发明新型实用技术专利6项，撰写技术论文20多篇，其中国际会议论文2篇，EI论文5篇，参与编写论著3部，主持编辑论著1部。

张洪涛　临泾乡祁庙村人，1970年7月生，工学博士。先后任兰州大学助教、讲师、英国牛津大学教授，在国内外主要期刊发表《航天新材料发展前景与探索》等论文，曾获成都科技大学、四川大学、北京航空航天大学光华和英国伦敦大学玛丽女王学院奖学金。

田进涛　平泉镇人，1971年8月生。1995年在清华大学机械工程系获学士学位，2000年在清华大学核能技术设计研究院精细陶瓷实验室获材料学博士学位。2001年在日本产业技术综合研究所九州中心从事博士后研究工作。

张德奎　太平镇人，1972年10月生，中共党员，博士，主任医师，教授。1995年7月在兰州大学附属二院参加工作，2010年10月后任消化科副主任、食道胃病亚科主任、科技处副处长、项目办主任，为甘肃省卫生厅领军人才，《中国现代医学杂志》编委、《中华中西医杂志》常务编委、《中华临床医师杂志》《中国全科医学杂志》审稿专家，甘肃省消化专业委员会委员副主任，细胞生物学会委员，参与国家自然科学基金资助项目和教育部博士点基金项目，获甘肃省科技进步二等奖3次、优秀论文奖1次。

李秉文　上肖乡南李村人，1974年5月生，教授、博士。甘肃行政学院科研处处长，2008年任省社会学会副秘书长，2009年评为"省直机关第二届十人杰出青年"。

苟向锋　镇原县人，1974年6月生，博士，教授，硕士生导师。1997年7月后在兰州铁道学院机械系、兰州交通大学机电学院任教，2003年9月任交大机电学院制造自动化系副主任、机制实验室主任，2005年9月后机械工程实践中心副主任、新能源与动力工程学院机械系主任。主持参与完成多项国家及甘肃省自然科学基金项目，参与在研863项目，主编教材2部，发表学术论文20余篇、教改论文5篇，获省教学成果一等奖1项。

夏荣厚　屯字镇阳宁村人，1975年3月生，中共党员。2000年7月毕业于中国石油大学机电工程学院机械设计制造及其自动化专业，获工学学士学位，分配中国万达集团特种变压器厂从事变压器结构设计工作，2001年3月在山东开元资产评估有限责任公司从事机电类产品评估工作。2006年7月毕业于兰州理工大学理学院工程力学专业，获工学硕士学位，2009年12月毕业于西安交通大学航天航空学院力学专业，获工学博士学位，主要从事微纳米尺度传热及广义热弹性理论研究工作,2010年4月任西安理工大学印刷包装工程学院包装工程系教授。

慕思国 太平镇慕坪村人,民国十七年(1928年)一月生,博士。

贾忠科 中原乡人,1953年生,经济学硕士,社会学博士。曾任兰州大学讲师、美国康奈尔大学助研、美国康州健康理事会研究员、信息研究中心主任兼美国康州哈特佛德大学社会学系研究员。

张正西 城关镇人,1954年毕业于西北工学院,曾在苏联莫斯科工程经济学院研究部学习,获技术科学博士学位,后任西安冶金建筑学院副教授、院学术委员会委员。

秦长兴 临泾乡祁庙村人,1962年1月生,1982年毕业于西北大学地质系,获学士学位,1985年毕业于武汉地质学院,获理学硕士学位,1988年获博士学位,留北京地质大学任教。论文《矿产学中若干问题的分形几何学研究》在全国性学术会议上获得最佳论文一等奖。1995年在美国印地安那大学升造计算机1年,获硕士学位,就职通用电器公司。1997年到旧金山湾区世界最大的计算机硬件公司英特尔任高级程序师,2001年7月病逝。

王万银 殷家城乡北岔村人,1962年5月生,博士,副教授。1979年在西安地质学院攻读应用地球物理专业,1983年留校任教,任地球物理系主任、地学信息技术研究所所长,2009年兼任陕西省地球物理学会理事。

张多星 临泾乡祁庙村人,1962年9月生,工学博士。1991年在国华国际工程公司任工程师和项目经理,先后参加佳临黄河大桥工程评估、投标和项目管理等工作,应邀参加第三届亚洲及太平洋结构与建筑工程学术会议,与中外专家学者进行学术论文交流。1992年任德国赫根赛特公司北京代表处总经理,负责德国汽车工业先进技术和设备引进,协调与中国企业之间的业务合作,组织和实施中国技术人员到德国技术培训,曾两次应邀参加美国结构稳定性研究年会,发表《关于薄壁曲线箱形钢梁弹性稳定性》论文,与欧洲、美国、和亚洲地区的专家学者进行广泛交流。2003年在美国阿拉巴马州奥本大学塞缪尔·金工学院学习,并兼任研究和教学助理,在美国、英国一级学术刊物发表学术论文多篇,期间应邀回国协助一家美国公司在中国建立合资企业任总经理。2008年5月在奥本大学从事博士后研究,应德国舍弗勒集团邀请回国在该集团中国公司工作。

段德义 临泾乡新堡村人,1963年10月生,博士后,中国解剖学会会员。1986年7月参加工作,1989年7月任兰州医学院病理学教研室助教、讲师,1997年11月后任首都医科大学北京神经科学研究所讲师、神经生物学系党支部书记,2000年10月后任副教授、教授和《基础医学与临床》杂志编委、国家"十一五"重点图书第39版副主译,在澳大利亚神经科学研究所作高级访问学者2年。

朱博超 新城乡郭沟圈村人,1963年8月生,中共党员,理学博士,高级工程师。1985年7月参加工作,在陇东学院化学系任教。1992年7月后在兰州石化研究院任精细化工、聚烯烃催化剂及产品研究开发专题组组长、副所长、所长，2004年11月任副院长，先后负责或参加国家和公司科研开发项目25项。2005年，被评为“甘肃省首届十大发明家”，2008年被评为中国石油高级技术专家。

姚文波　平泉镇姚川村人，1963年11月生，中国地理学会会员，博士。1987年参加工作，先后在华池一中、庆阳三中任教，2003年后在西安市社科院莲湖区发展研究中心任职，2010年8月任副主任，从事历史环境变迁与重建、城市经济社会发展研究，参与中科院知识创新工程方向性项目——黄河中游地区全新世人类活动记录及与环境演变的关系、国家十一五科技支撑计划课题——高塬沟壑区农果林多元综合治理模式研究与示范，主持陕西省社科联、西安市社科院经济社会发展类课题40余项，发表论文《硬化地面与黄土高原水土流失》。

秦　波　南川乡人，理学博士，研究员，博士生导师。先后在中国科学院上海药物研究所、英国、美国从事博士后研究，2006年6月后，任中药复方新药开发国家工程研究中心制剂研究室主任，2008年获优秀人才计划项目资助，在中科院兰州化学研究所从事生物活性化学物质研究。

刘永强　镇原县人，1965年2月生，西北师范大学历史学学士、哈尔滨师范大学历史学硕士、西北师范大学历史学博士。1990年为黑龙江中医药大学人文与管理学院讲师、副教授，黑龙江省高校中国革命史学会、毛泽东思想学会理事，后为陇东学院副教授，《中国改革研究》副主编，参编《中国边贸实务大百科》《中国改革研究》《毛泽东思想概论》《法律基础》《马克思主义哲学原理》《马克思主义哲学原理学习指导》《毛泽东思想概论学习指导》等。

朱新运　平泉镇人，1965年11月生，博士，美国德州大学教授。

冯等田　屯字开城村人，1966年4月生，南开大学数学系本科毕业生，北京大学政府管理学院博士后。先后在甘肃省统计局、省经贸委、省委党校、青岛理工大学任职，主要从事（空间）计量经济教研工作。

高立志　平泉镇八山村人，1966年5月生，博士。1987年9月在硕士研究生学习中为西宁钢厂研制一套加热炉智能控制系统，克服加热炉燃烧不充分问题，将环境污染程度降低到林格曼二级以下。1990年硕士毕业后留西安交通大学电信学院任助教、讲师、副教授，完成国家自然科学基金项目1项，企业合作项目10多项，在国家级期刊发表论文20余篇。2001年入清华大学信息与通信工程博士后流动站开展科研工作，2002年任中国普天信息产业集团研究院高级研究员，完成企业委托科研项目4项。2005年后任香港创佳集团公司技术总监、总裁助理、中国区总经理，与清华大学联合完成二代标准数字电视信源编解码芯片、半导体功率器件和集成电路项目。2008后任广州交通信息化建设投资营运公司副总经理，主持建成城市道路智能交通系统，具有世界领先水平。

刘广才 孟坝镇刘城村人，1966年8月生，中共党员，农学博士，高级农艺师。1990年7月后任甘肃省农业勘测设计院农技推广科副科长，2005年3月任省农业技术推广总站引进科科长、推广研究员，2006年8月挂职定西市农业局局长助理1年。从事旱作农业、节水农业、土壤肥料、耕作栽培和作物品种选育等方面研究，在中国农业科学等国内刊物发表论文30余篇。作为主要创新人之一提出的旱地全膜双垄沟播技术、旱地全膜覆土穴播，是全省旱作农业重大创新技术。主持实施的中部半干旱地区集雨补灌高效农业示范乡建设、优质高产子瓜杂交新品种选育及示范、马铃薯优质新品种——新大坪选育及示范推广、旱地全膜双垄沟播降水高效利用技术研究与示范、子瓜杂交种林子1号配套栽培技术研究与示范推广、旱地全膜覆土穴播免耕多茬种植技术研究与示范项目分别获天水市科技进步三等奖、省科技进步三等奖、二等奖、一等奖、丰收二等奖。参与中部半干旱地区农业综合开发示范乡建设、旱地集雨补灌高效农业示范区建设、全膜双垄沟播玉米增产技术研究与推广项目获全国农牧渔业丰收二等奖和一等奖、农业部科技进步三等奖。多次被评为优秀共产党员、高级农业专家。

董晓峰 屯字镇陈畅村人，1966年9月生，中共党员，博士。1988年6月参加工作，在兰州大学从事教学、科研和管理，1994年9月到1997年6月在职攻读经济地理专业城乡规划方向硕士研究生，2000年聘为副教授、硕士生导师，任兰州大学城市科学与旅游开发研究中心副主任兼秘书长、城市规划设计研究所副所长，从事城市和园林旅游规划、人居环境设计方向科研与教学，负责完成城市规划、园林旅游规划课题10多项，发表学术论文20多篇，2002年获甘肃科技进步三等奖、建设科技进步一等奖各1项。

张志锋 三岔镇高湾村人，1968年生，博士，北京科学院任职。

牛锋锋 庙渠乡人，1968年1月生，2005年考入南开大学，后在中科院生物物理研究所结构生物学专业攻读博士学位。

王 波 新城乡人，1968年1月生。1992年8月在兰州医学院卫生系获学士学位，1996年9月在昆明医学院获硕士学位，2002年8月在上海医科大学流行病室获博士学位。2002年9月在美国麦迪逊——威斯康辛大学人口研究中心工作。

马文全 城关镇原郑村人，1968年3月生，1990年7月在天光集成电厂参加工作。1998年4月在德国洪堡大学攻读理学博士，2001年4月在美国阿肯色大学物理系从事博士后研究，2004年10月在中科院半导体研究所任研究员、博士生导师，2005年入选中科院百人计划者。长期从事低维半导体结构的材料生长、特性测量及器件研究工作，主持、参加多项国家科研项目，在国内首次研制成功正入射型量子点红外探测器单管器件，研制成功长波、甚长波及新型电压调制型双色量子点红外探测器，首次报道横向排列呈六边形分布的量子点阵列新结构及红外吸收特性。

姚正毅　新集乡新庄村人，1969年2月生，理学博士。1992年7月任能源部、水利部西北勘测设计研究院助理工程师，1999年8月在中国科学院兰州沙漠研究所工作，2000年6月任中国科学院寒区旱区环境与工程研究所助理研究员，2004年1月任副研究员。参编《岩土工程的回顾与前瞻》《中国水土流失与生态安全考察——北方农牧交错带风水蚀复合区考察报告》。

王志润　平泉镇麻王村人，1969年4月生，1992年7月获中国人民大学法学学士学位。1997年7月在兰州交通大学社科部任教。2000年7月获兰州大学历史学硕士学位，9月返回兰州交通大学经管学院任教。2007年7月获中国人民大学历史学博士学位。2007年7月调广东五邑大学政法系任教。

刘立超　孟坝镇刘城村人，1969年11月生，博士学位，副研究员。1992年参加工作，先后任中国科学院兰州沙漠研究所与中国科学院寒区旱区环境与工程研究所助理研究员、副研究员、创新项目研究员。

奥银焕　新城乡曹城村人，1969年12月生，博士，副研究员，硕士生导师。1994年兰州大学大气科学系毕业后在兰州钢铁集团公司安全环保处工作，1995年6月后任集团助理工程师、工程师，2001年9月考入中国科学院寒区旱区环境与工程研究所，参加多项国家自然科学基金或其它研究项目，研究的兰州市大气污染与对策研究科技合作项目获甘肃省科技进步二等奖。2004年6月任研究所助理研究员，2009年任副研究员。曾赴美国、俄罗斯和台湾地区参加国际会议，和国际同行进行学术交流，在国内外学术刊物上发表论文30余篇。

慕　儒　太平镇人，西北农林科技大学学士、兰州理工大学硕士、东南大学博士，2000年8月任江苏省建筑科学研究院建筑材料研究所工程师，2002年4月在荷兰Delft工业大学土木工程与地球科学学院进行博士后学习研究，2003年5月任江苏博特新材料有限公司高工、副总工，2006年5月在英国利兹大学土木工程学院作研究学者，2009年7月在河北工业大学土木工程学院任高级工程师。主要从事高性能混凝土、纤维混凝土和混凝土耐久性教学和研究，发表论文12篇，获国家科技进步二等奖2次，江苏省科技进步一等奖3次。

朱丽霞　女，镇原县人，1970年生。1993年毕业于西北师范大学历史系，获学士学位；2000年毕业于西北民族学院宗教研究中心，获硕士学位；2005年毕业于南京大学哲学系，获博士学位。后为河南大学哲学与公共管理学院教师，硕士生导师。从事《宗教学》《哲学概论》等课程的教学工作，代表性著作有《宗喀巴佛学思想研究》《佛教与西藏古代社会》《中国藏传佛教名僧录》。

田进寿　平泉镇寺府村人，1970年1月生，博士，副研究员，博士生导师，陕西省电子学会委员。1993年8月在合作师专任教，2003年在中科院西安光学精密机械研究所从事超快诊断、光电成像、平板显示技术研究，评选为条纹相机成像技术学科带头人。先后支持多项国家、国际合作、863、科学院创新、重大科研装备、总装新品及横向科研项目，发表论文20多篇，申请专利8项，合著技术专著1本。

慕东生 平泉镇洪河村人，1970年1月生，1988年平凉一中毕业后考入北京交通大学，1994年获博士学位，12月被国家科技部、教育部派往新加坡参加国际通讯网络战工程建设，1998年5月到美国加利福尼亚州硅谷科技公司高级总工程师。

唐文挺 新集乡唐塬村人，1970年2月生。1987年高考获甘肃省理科第一名，被清华大学计算机科学与技术专业录取，1992年获清华大学学士学位，1994年获清华大学硕士学位，1996年赴美留学，2000年获美国密歇根大学博士学位。

朱永华 女，新城乡郭沟圈村人，1970年9月生。1999年在中国科学院寒区旱区研究所攻读博士，主要从事生态水文学研究。2003年在中科院地理科学与资源研究所做博士后研究，后在江苏南京河海大学水文学院任副教授。系统研究干旱半干旱地区水文循环规律，建立计算生态环境承载力的多阶段多目标互动优化模型，先后发表文章20余篇，参加各类国家科研项目10多项，曾在美国加州大学河滨分校美国农业部盐分实验室及内华达州大学拉斯维加斯分校做访问学者。

刘　哲 上肖乡净口村人，1970年11月生，教授，博士生导师。1995年在甘肃农业大学参加工作，曾任动物遗传育种与繁殖系、水产养殖系主任、教育部高等学校教学指导委员会委员、国家自然科学基金项目评审专家、教育部博士点基金项目评审专家、甘肃省水产学会常务理事。完成自然科学基金项目2项，省级精品课程建设项目1项，在省级以上刊物上发表学术和教学论文30余篇，先后获甘肃省科技进步一等奖1项，兰州市科技进步一、三等奖、高校科技进步一、二等奖各1项。

李鸿渐 新城乡人，1971年生，经济学硕士、博士、教授，硕士生导师。兰州理工大学金融与贸易系主任、经济管理学院副院长，长期从事金融风险控制、证券投资与理财等研究和教学、研究与培训工作。

何　海 三岔镇人，1972年12月生，1991年毕业于镇原中学。在美国纽约州立大学宾厄姆顿分校获得计算机专业博士学位，任美国晨星公司计算机高级程序员。

安永强 郭原乡寺沟村人，1971年3月生。1993年8月毕业于兰州大学物理系，先后为兰州大学、中国科学院硕士、博士。1999年9月至2004年7月先后在美国科州博德大学、加州伯克利大学学习，取得博士后学位后在美国德州大学从事激光研究工作。

马浩全　城关镇原郑村人，1971年4月生，博士。1993年9月在山东济南试验机总厂任技术员，2005年在北京石油化工学院工作，2007年调任浙江林学院副教授。

祁　娟　女，临泾乡人，1971年6月生，中共党员，博士，副教授。1994年毕业于甘肃农业大学农机系，分配甘肃省华兴公司工作。2003年考入甘肃农业大学草业学院攻读硕士；2006年至2009年攻读博士。参与“973”计划西部草原生态项目4项和教育部重点实验室开放项目，主持“高寒草地野生垂穗披碱草生态适应性机理研究”，发表论文20余篇，参著《中国的草原》。

王正盼　平泉镇麻王村人，1972年生，文学博士，西北师范大学副教授。

谢向红　孟坝镇刘城村人，1972年1月生，中共党员，文学博士。1991年6月毕业于庆阳师范，1995年6月毕业于西北师范大学，1998年6月毕业于西南师范大学中国新诗研究所，7月后在江苏省镇江师范专科学校中文系、江苏大学人文学院任教，2006年7月在中华人民共和国司法部办公厅工作。

刘旻霞　女，新城乡南坡村人，1972年9月生，农学硕士，理学博士，西北师范大学地理与环境科学学院教授，硕士生导师，研究方向为环境恢复生态学，2006年主持完成甘肃省科技厅自然科学基金项目《敦煌西湖湿地生物多样性保护的基础研究》，2008年主持完成自然科学基金项目《敦煌西湖湿地退化过程和可逆机理研究》，2009年主持完成省教育厅硕士导师项目《甘南高寒湿地生态系统的恢复与重建研究》。

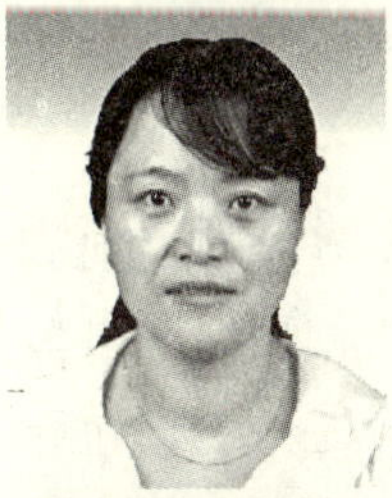

杨建霞　女，屯字镇双合村人，1972年10月生，博士研究生，九三学社社员。1996年参加工作，曾任陇东学院副教授、生物细胞教学研究室主任、中国细胞生物研究会会员。先后参加国家自然科学基金和转基因项目研究4项，主持或参与省市级研究项目8项，在省级及以上刊物发表文章10余篇，获省级科技进步奖3项、市级科技进步奖4项。

任万明　开边镇解放村人，1972年11月生，哲学博士，西北师范大学哲学系副教授，甘肃省哲学学会理事，主要从事伦理学理论和中国伦理思想史研究与教学。

孙　强　上肖乡人，1972年生，1995年获西北师范大学文学学士学位；2002年获陕西师范大学文学硕士学位；2008年获南开大学文学博士学位。曾为西北师范大学文学院副教授，硕士生导师，主要研究方向为中国当代文学，主持和参与国家、省级等科研5项，发表学术论文20多篇。

张有道 三岔镇董渠村人，1973年8月生，博士，管理学副教授。2006年6月任兰州交通大学建筑学院副书记、副院长，2009年6月后任兰州交通大学纪委监察处副处长、审计处副处长，美国艾奥瓦州立大学和中国人民大学访问学者，甘肃省管理学会会员。

姚来燕 女，镇原县人，1973年生，北京大学法学博士，中央广播电视大学文法学院副教授。

朱永生 新城乡人，1973年生，1996年在西安交通大学机械制造及工艺设备系毕业，之后在西安交通大学润滑埋论及轴承研究所获硕士、博士学位，主创“三峡大坝砼运输浇筑、计算机综合监控系统”，投入使用后年创经济效益5000余万元。

常立霓 庙渠乡人，1974年1月生，中共党员。1996年兰州大学中文系毕业后，继续攻读硕士，1999年进入上海华东师大中文系师从王铁仙教授攻读文学博士，在《中国现代文学研究丛刊》等刊物上发表论文10多篇。

曹　昀 新城乡阎寨村人，1974年10月生，硕士生导师。先后任南京师范大学地理科学学院环境地理学博士生、江西师范大学地理与环境学院副教授，参与国家“十五”重大科技研究(863)计划专项，在学术期刊发表论文20余篇。

贾来生 庙渠乡四合村人，1974年11月生，哲学博士，硕士生导师，副教授。曾任天水师范学院社会哲学研究所副所长，甘肃省哲学学会会员，主要研究宗教和中国哲学。出版《铁肩道义》《道教生育思想研究》《明代张天师评传》等专著，参编《中国宗教通论》《西方基督教新教改革》等书，在《世界宗教研究》《宗教学研究》等刊物上发表论文数10篇。

李越峰 女，孟坝镇人，1975年生，中共党员，中药学博士，博士后，副教授，硕士研究生导师。在黑龙江、吉林省从事中药及复方药效物质基础及机制研究工作，主持国家教育部重点项目、参与863课题、科技部以及省级课题10余项，获黑龙江省医药行业科技进步一等奖、吉林省科技进步二等奖。2009年作为引进人才，被甘肃中医学院调入药学系任教，获甘肃中医学院“科技之星”，先后以第一作者在国内外发表学术论文50余篇。

杨继东 郭原乡景塬村人，1975年2月生，中国民主建国会会员，博士。1979年参加工作，先后在新城中学、平泉中学任教，1987年9月入兰州大学经济系攻读硕士研究生，毕业后留校任教，1992年9月入中国人民大学国际经济系攻读博士，1995年7月毕业后在中国进出口银行工作，任业务开发研究部政策研究处处长。主编出版《企业改组与资本市场化运作全书》《应对加入WTO实务》等书籍。

张长军　临泾乡祁庙村人，1975年9月生，中共党员，国防大学博士，教授，大校军衔。1997年在解放军外语学院毕业后分配成都军区当翻译，2004年解放军外国语学院任教，2007年在总参二局从事军事研究。

杨　帆　郭原乡西杨村人，1976年6月生。1995年在兰州大学法律系经济专业学习，1999年9月在南京大学获法理学硕士学位，2002年考入中国政法大学获法制史博士学位，2003年后任北京林业大学人文学院副教授。主讲《法理学》《宪法学》《行政法学》《中国法制史》等课，被评为优秀讲师。在各种报刊杂志发表学术论文30多篇，参与编修《中国法律志》。

贾洪波　郭原乡毛庄村人，1976年10月生，中共党员，经济学博士，管理学博士后，副教授，硕士研究生导师。2003年在桂林电子科技大学任教，2007年在北京航空航天大学任教，2008年在中国人民大学公共管理学流动站从事博士后研究工作，曾在挪威、丹麦、德国、法国和英国做短暂学术访问，2010年留学新加坡国立大学做访问学者，后任北京航空航天大学社会保障研究所副所长。主持国务院参事室、中国科协、发展研究中心、教育部、民政部、中央高校研究项目各1项，参与国家社会科学基金、教育部人文社会科学重点研究基地课题10余项，出版《中国基本医疗保险适度缴费率研究》专著1部，参与写作国家、高等学校重点研究项目著作和教材7部。

袁利平　镇原人，1976年生，民盟盟员，教育学硕士、博士、博士后、副教授，硕士生导师。2005年7月在西华师范大学、兰州大学、陕西师范大学教育学院工作，主要从事教育基本理论教学与研究工作，主讲教育学原理、比较教育学、西方教育思想史、教育研究方法、高等教育学、教育改革与发展前沿等课程，主持研究课题18项，发表论文50篇，参编《当代世界教育改革》《教育科学研究方法》《现代教育学》等。

赵耀锋　上肖乡北庄村人，1977年8月生，中共党员，文学博士。宁夏师范学院人文学院讲师，从事中国古代文学教学和研究，参编学术著作2部，发表学术论文10多篇、文学作品多篇，主持国家社科西部项目、宁夏社科规划项目、校级科研项目各1项，参与国家级科研项目1项、省部级科研项目2项，多次获学院优秀奖，被评为优秀共产党员、优秀班主任、教学岗位标兵。

贾笑英　女，郭原乡唐堋村人，1977年9月生，中共党员。2000年6月甘肃农业大学农学院毕业后继续深造，2003年6月取得作物遗传育种专业硕士学位，2006年6月取得博士学位，安排海南农垦科技创新中心（海胶集团研发中心）、海南农垦科学院从事育种与育苗技术研究工作。2008年12月任海胶集团种苗分公司筹备组组长，2009年6月任集团生产技术部研发岗高级主管，2009年10月任科技研发中心高级主管。

许翔宇 城关镇人，中共党员，工学学士、管理学博士。曾在《农民日报》社任记者、编辑，多篇新闻报道和评论获省部级表彰奖励。后在国家农业部办公厅新闻宣传处任秘书。

贾新宏 郭原乡毛庄村人，1977年11月生，中共党员，博士。1998年在郭原中学任教，2005年在西南师范大学任教，2009年9月四川师范大学任教，研究激光及光纤通讯，发表论文数10篇。

秦东平 城关镇丰台村人，1977年12月生，中共党员，博士，高级工程师。2001年在天津市市政工程设计研究总院参加工作，从事桥梁与隧道设计。2006年任北京市轨道交通建设管理有限公司规划设计部地铁6号线、8号线、大兴线勘察设计一级主管。2008年任北京建管公司第六项目管理中心规划设计部副部长（主持工作）、第三项目管理中心设计管理部副部长，负责14号线、大兴线、燕房线技术管理工作。主持重大科研项目2项，在国家核心期刊发表技术论证12篇（第一作者4篇，合著8篇），其中EI检索7篇。

蒋立正 临泾乡桃园村人，1978年4月生，博士，高级工程师。2003年4月后在酒泉卫星发射中心技术部总体室任工程师，从事载人航天测控通信总体技术和预研项目管理。2006年2月在中国科学院空间科学与应用研究中心（北京）攻读博士学位，担任国家863课题两项空天信息应用技术主管，2010年3月调入中国航天员科研训练中心总体室从事总体方案设计、总体技术管理和航天员空间飞行控制等工作。在国内外期刊发表论文10余篇，全程参加神舟五号及各系列航天发行发射。

张　强 太平镇人，1978年12月生，工学博士，高级工程师。2009年参加工作，曾任北京燃气轮机与煤气化联合循环国家工程研究中心副总经理、副总工程师，中国机械工程学会高级会员，中国机械工程学会表面工程分会、中国腐蚀与防护学会高温专业委员会、全国金属与非金属覆盖层标准化技术委员会委员。主持负责重型燃气轮机热端部件材料技术、制造技术、涂层技术研发和工程化，先后在国家期刊和国际会议发表学术论文20余篇，其中被SCI收录论文7篇，EI收录8篇。

王旭琰 女，马渠乡人，1999年考入清华大学，2003年在北京大学攻读硕士、博士学位，2007年至2008年为美国犹他大学访问学者。

张　元 镇原县人，1978年12生，博士。

杨海霞　女，平泉镇高峰村人，1980年生。2000年在兰州大学攻读化学博士，2005年在中国科学院化学研究所从事高分子化学与物理研究，在国内外发表研究论文20多篇，参加国家多项“863计划”、国防科工委项目研究开发工作。

范　云　女，太平镇丁岘村人，1980年10月生，中共党员，美国俄立岗州立大学化学博士。

张　琦　平泉镇人，2001年考入清华大学，2006年在清华大学攻读硕士，2009年赴美国德州大学机械工程系攻读博士学位。

焦东亮　临泾乡人，合肥工业大学毕业，2008年在北京航空航天大学计算机软件与理论专业攻读博士，2010年获优秀博士生。

秦军刚　城关镇人，博士学历，新加坡国立大学经济学系研究员。2009年在美国南加州大学心理学系和明尼苏达大学生物医学工程学系从事博士后研究。

张等莉　镇原县人，1975年9月生，博士。

慕良泽　郭原乡景塬村人，中共党员，1982年1月生，法学博士，博士后。2010年7月任河北师范大学法政学院政治学与行政学系讲师，主要从事中国政治与基层治理教学与研究，参与国家级、省部级课题研究多项，在《学术月刊》等期刊发表学术论文20多篇，合作撰写的农村政策研究报告曾被国务院副总理回良玉批示。

王　媛　女，平泉镇坪边村人，1986年9月生。2004年9月考入兰州大学物理科学与技术学院学习，获学士学位。2008年9月继续在兰州大学物理科学与技术学院电子材料研究所硕博连读，获博士学位，在国际学术期刊发表论文共8篇，其中以第一作者发表文章3篇。

四、闻人

杜云程　又名登霄，孟坝镇刘城村人，清光绪五年（1879年）生。民国七年（1918年）被选为甘肃省第二届参议会议员，任省实业厅秘书，后弃职回家，在乡开办义学。三十年十月，当选为陕甘宁边区镇原县第一届参议会议长，积极参政议政，带领各界人士、地方士绅开办学校，发展教育事业，为边区建设做出积极贡献。三十五年三月去世。

刘养锋 名葆锷，字养锋，显胜乡夏刘村（今属西峰区）人，清光绪二十年（1894年）生，民国七年（1918年）毕业于省立兰州中学，遴选留学日本帝国大学政治经济系三载，奔父丧后再谋东渡，途遭匪盗困于北平，未能如愿，遂西行觅职于绥远。十四年入冯玉祥所率西北军，辗转北国，历任十一师吉鸿昌部秘书长兼政治处副处长，河北省河涧县长、宁夏省政府秘书长、教育厅长等职。二十二年后弃政从教于甘肃学院、平凉、庆阳等中学，教授英语、国文。三十年八月至三十二年十月任镇原县立初级中学校长，是镇原中学创建人之一。三十三年在平凉中学任教。中华人民共和国成立后任庆阳专署文教科科长，1954年以无党派人士身份当选为甘肃省第一届人民代表大会代表、政协甘肃省第一届委员会委员。1955年任平凉专署文卫组副组长。精通英语、日语，酷爱古典文学，著有《楚辞笺注》《养锋诗集》，其书法主魏碑而博采众长，享誉书苑，有《习字入门》《临梁子云书列子语》等法帖及碑匾楹联传世。1960年去世。

慕文云 女，平泉镇古城山人，慕寿祺之独生女，清光绪二十六年（1900年）生。甘肃省立女子高等学堂、北京女子大学毕业，民国十七年（1928年）任兰州市女子师范刺绣教师，后任兰州市女子求知学校校长，加入兰州天足总会，提倡妇女放足，宣传男女平等。三十七年受聘为兰州私立金城女子中学校董，主持筹建工作。中华人民共和国成立后参与筹备兰州市女子联合会，1950年加入民盟。1952年将其父遗存20多种文稿和1万余册藏书捐赠甘肃省政府，今存省图书馆。还主动让出兰州市区寓所10余间，交出郊区别墅1处。1956年当选为省政协委员，调省政协工作。1969年1月病世。

张履祥 字考亭，太平镇老庄村人，清光绪三十年（1904年）生，国民党员。先后任镇原县新巷子高小校长、县教育局、财政局局长，民国二十九年（1940年）任国民党镇原县参议长兼三青团干事长。三十四年参加庐山《中华民族复兴社》培训。三十六年十月当选为国民党全国人大代表。三十七年二月任国民党镇原县党团合并委员会副主任，三月在南京出席第一届国民党全国人民代表大会，参加选举总统、副总统。1951年被人民政府定为反革命分子镇压。

强彦龙 新集乡嘤岘村人，民国三年（1914年）生，中共党员。三十四年参加游击队，历任班长、排长、大队部参谋。中华人民共和国成立后曾任镇原县畜牧站站长，1961年被评为全国“四同标兵”，1962年11月当选甘肃省党代会代表。1966年9月退休，1980年10月改为离休，1989年去世。

马维邦　字泰寰，新城乡人，民国十二年（1923年）生。二十五年毕业于平凉中学，曾任平凉中学教员、镇原中学教育主任。二十七年八月至1955年4月两次任镇原初级中学代校长，1958年被“许国和、张万寿反革命集团”冤案株连入狱，1978年昭雪复职，在镇原师范任教。当选为政协镇原县第一至第五届委员、甘肃省第七届人大代表、民盟镇原支部主任委员。1990年5月离休，2000年去世。

朱国儒　开边镇解放村人，民国十三年（1924年）生，中共党员。二十七年七月参加革命，后任开边区三乡乡长、农会主席，1957年退职回村。1958年任解放大队党支部书记，带领全大队群众奋战19年，兴修条田3211亩、梯田816亩，整修河地500亩，建成全大队第一座水磨和小水力发电站，安装起钢磨和饲草料粉碎机，建起八年制学校，办起砖瓦厂、养猪场，建成3座土桥、1座石桥，开通三十铺至东山便道。曾当选为甘肃省第四届党代表、省人大代表、县委委员、县贫协副主席、开边公社革委会副主任（不脱产）。1980年离任，2004年8月去世。

李世鼎　屯字镇湾李村人，民国十三年（1924年）十月生，大专学历，中学高级教师。1949年执教于镇原中学，1952年加入中国民主同盟，1958年因历史问题回乡劳动，1978年平反，重登教坛，1983年9月任镇原县第一届民盟主任委员、甘肃省第六届人大代表。1989年离休。

李景鸿　屯字镇湾李村人，民国十四年（1925年）八月生。三十六年八月参加工作，先后任平凉师范附小、镇原新巷子高小教员，县政府三科、文教科、文化科科长，1950年9月当选为甘肃省人民代表，出席省各界人民代表大会。1958年9月受“许国和、张万寿反革命集团”冤案影响悬梁自尽，年仅33岁。

李维楹　上肖乡南李村人，民国十六年（1927年）四月生，中共党员。三十七年七月任屯字镇四乡民兵连连长，1950年3月任乡长，1952年3月后任屯字区委组织科科长、孟坝区委书记、新集公社党委书记。1960年任镇原县委农村工作部部长，曾出席省第三次党代会。1963年后任平泉、孟坝工委书记，1966年复任县委农村工作部部长。“文化大革命”后，任县农机修造厂革委会主任兼党支部书记，1972年11月任县交通局局长，1973年1月任县公路段革委会主任兼党支部书记。1982年退休，1988年改为离休，享受副县级干部待遇。

张武功　城关镇海丰村人，民国二十四年（1935年）一月生，中共党员，助理工程师。曾任镇原县农具厂厂长、书记兼县工商联合会副主席、县科协委员，参加甘肃省农业学大寨经验交流会，受到表彰奖励。1990年获庆阳地区技术改造扭补建设项目管理先进工作者，当选为庆阳地区第一届党代会代表、甘肃省第六次党代会代表。

冯秉尧 屯字镇开城村人，民国二十五年（1936年）九月生，中共党员。1956年参加工作，先后在屯字手工业合作社、县手工业联社、县联合厂供职，1971年调县五金厂任技术员，1983年4月当选为甘肃省第六届人民代表大会代表。他设计生产的“陇东”牌民用挂锁，获省优质产品，1987年被评为全省文明生产者。1993年7月退休。

曹惠民 上肖乡雄武村人，民国二十六年（1937年）一月生，大学学历，中共党员，经济师。历任生产队长、大队党支部书记、上肖工业品公司站长、厂长、经理、党支部书记兼乡经委副主任、镇原县科协委员、省乡镇企业协会常务理事，被选为甘肃省第八次党代会代表。创办的上肖工业品公司为省二级企业，产品销售国内20多个省市区，曾被评为甘肃省优秀乡镇企业家、勤劳致富先进个人。撰写的论文《浅谈乡镇企业管理》被《中国专家大辞典》等书收编。

张文汉 新集乡高崖畔村人，民国二十八年（1939年）生。业农，1987年后连续当选为甘肃省第七、第八、九届人民代表大会代表，1988年被省、地、县政府评为售粮模范户。为民代言，反映农民疾苦，得到省上领导和有关部门重视，为新集至王寨道路整修铺砂、王寨至西峰公路和黑河桥梁建设争取资金600多万元。

柳德安 三岔镇石嘴村人，民国二十八年（1939年）四月生，中共党员。1955年任互助组组长，1956年任农业生产合作社会计，1958年任桃李生产队队长，1969年任石嘴大队党支部书记，后任三岔公社党委副书记、镇原县委委员、庆阳地委委员、甘肃省党代会代表。带领群众修梯田、治河滩，新增土地1000亩，建成提灌站12处，人均每年给国家贡献粮食1000斤。1970年10月庆阳地委、地区革委会在三岔镇召开全区四级干部会议，现场参观学习桃李治山改土经验，多次获省、地、县表彰奖励。

李芝琴 女，新集乡吴塬村人，民国二十八年（1939年）七月生，中共党员。1956年3月参加工作，历任新集区三乡副乡长，上肖公社副社长、党委副书记、书记。1979年被全国妇联授予“三八红旗手”，1980年6月任镇原县革委会副主任、副县长。1982年当选为中国共产党第十二次全国代表大会代表，9月任庆阳县副县长。1989年1月任庆阳县人大常委会副主任、调研员。1994年8月退休，享受正县级干部待遇。

李　义 孟坝镇塔李村人，民国三十二年（1943年）九月生，中共党员，助理工程师。1959年参加工作，先后在平凉、宁县、合水、正宁、镇原公路段从事道路桥梁测设和施工管理工作。1972年调庆阳地区“7201”工程指挥部工作，曾任连长兼技术员。1980年后任镇原县工交局技术员、副局长，1990年任局长，1988年被选为甘肃省第七次党代会代表。2002年7月享受副县级干部待遇提前退休。

段红英 女，河南省陕县人，民国三十五年(1946年)十一月生。1966年7月毕业于甘肃省酒泉师范学校，1966年在酒泉地区安西县学校任教，1971年在镇原县孟坝中学任教，1982年在镇原中学任教，1993年当选为甘肃省第八届人大代表。1998年底退休。

陈桂梅 女，武沟乡王岔村人，1950年7月生，中共党员，副主任医师。1979年9月兰州医学院毕业后参加工作，在马渠、武沟卫生院从医，后任镇原县妇幼保健站副站长、站长，甘肃省第七、八届人大代表。1996年7月任县计生委党支部书记，省第九届党代会代表。1999年任县计划生育服务站站长，曾被省政府评为计划生育科技服务优秀工作者。

张佐明 原名允禄，太平镇柴庄村人，1951年4月生，中共党员，甘肃人民代表大会代表。1972年到华亭县安口镇打工，入赘安丰村。1980年出席华亭县致富能手表彰大会，1986年任村委会主任，1989年被甘肃省委、政府评为劳动模范。1990年转干，任安口镇党委副书记兼村党支部书记，积极发展集体经济，1998年全村集体纯收入180万元，完成工农业总产值6000万元。1999年获甘肃省劳动模范，1993年任党委副书记，1998年当选为省第九届人民代表大会代表，2000年作为农民代表赴北京出席全国青年学习邓小平理论经验交流会。2009年退休，2010年享受副县级干部待遇。

马秀梅 女，临泾乡十里墩村人，1954年4月生。1974年1月参加工作，先后在镇原县临泾乡段新庄小学、庆阳长庆桥化肥厂供职。1981年11月调镇原县农机厂任财务股长、会计，1997年11月当选为甘肃省第九届人民代表大会代表，先后为十里墩村、经贸委等单位争取建设资金44万元。2005年4月退休。

杨晓丰 女，郭原乡西杨村人，1956年3月生，中共党员，大学学历，四级高级法官。1972年8月参加工作，曾在镇原县法院书记员、审判员、庭长、办公室主任，1994年6月后任法院办公室副主任、刑二庭、刑庭庭长，2001年3月被甘肃省高院评为全省十佳女法官、陇塬优秀女法官，同年7月被最高人民法院评为全国人民满意好法官。2002年3月当选为甘肃省第十次党代会代表，2005年任庆阳市中级人民法院副处级审判员、第12党支部书记。

张　敏 女，平泉镇上刘村人，1969年生，庆阳市澳恺食品有限公司副总经理。2005年被全国妇联评为“三八”红旗手，2008年1月被全国妇联评为全国“双学双比”活动女能手。先后当选为甘肃省第十届妇女代表、省第十一次党代会代表。

杨晓燕 女,回族,三岔镇高湾村人,1970年11月生,大学文化。原为三岔镇个体工商户,经营民族餐馆和羊毛羊绒购销,2001年被甘肃省委统战部、共青团甘肃省委授予全省少数民族青年团结奖,2002年10月当选为镇原县三岔镇第十四届人大代表、镇原县第十五届人大代表、庆阳市第一届人大代表、甘肃省第十届人民代表大会代表。2003年1月当选为第十届全国人民代表大会代表,2006年12月当选为镇原县人大常委会副主任,庆阳市第二届人大代表,录用为国家干部。2007年11月当选为甘肃省第十一届人民代表大会代表。

秦富华 静宁县人,民国二十六年(1937年)生,本科学历,高级农艺师。原任甘肃农科院旱农研究所副所长、推广研究员、中共十五大代表,全国优秀科技工作者、先进工作者,享受国务院特殊津贴和甘肃省政府特殊津贴。创建省农科院镇原实验站,总结研究出系列旱作农业生产措施,使镇原农业得到长足发展,先后获省科技进步一、二等奖、部级科技成果奖10项,发表学术论文25篇,专著1册,业绩入编《中国农业教授名录》。

张治仓 平泉镇赤马村人,民国二十六年(1937年)十二月生,毕业于兰州大学物理系,高级工程师。1964年9月参军,1979年筹建电子工业部一四四五研究所,任光学研究室副主任,发表学术论文多篇,先后获电子工业部科技进步三等奖及先进工作者、科研能手、优秀共产党员等,1992年10月被国务院授予有突出贡献的国家级专家,享受国务院特殊津贴。1996年退休后受聘于平凉普业公司任总工程师兼总质量师。

李慧英 女,孟坝镇刘城村人,民国三十年(1941年)十二月生,中共党员,研究员。1966年7月参加工作,在宁夏回族自治区农牧厅任职,主持参与国家农业部下达肉羊、羔羊增产配套项目推广研究,三次获全国农牧渔业丰收二等奖,1993年享受国务院特殊津贴,2002年退休。

李素芬 女,西峰区人,民国三十二年(1943年)生,中学一级教师。1959年7月庆阳师范毕业后分配镇原县二完小任教,扎实苦干,精心育才,严于管理,使班级一直保持纪律、学习兼优先进班集体。生活困难时期,拿出自己工资,贡献家人粮票,开小灶帮助饥饿学生度过难关。1960年出席全国文教群英会,被评为全国劳动模范。2000年3月退休。

马振钧 屯字镇四殿村人,民国三十三年(1944年)二月生,中共党员,研究员。1970年4月参加工作,先后在华亭县东华公社、县农技站、平凉地区种子公司(站)从事农业技术推广、农作物良种选育及种子管理。1984年任平凉地区种子公司副经理,1992年1月获农业部振兴农业先进个人。1996年任经理兼平凉地区农学会五、六届秘书长、副理事长、种子协会一、二届理事长、省种子协会理事,2000年10月任站长,2002年5月任公司调研员,享受国务院政府特殊津贴,2004年5月退休。

秦得玺 武沟乡牛塬村人，民国三十四年（1945年）五月生，中共党员，一级警督警衔。1965年8月参加工作，历任宁县社教团干部、临泾供销社营业员、陆军第二十一军高炮团后勤处军械员、镇原县“一打三反”办公室干部、屯字、平泉、开边公安派出所民警、所长、县公安局预审股副股长、看守所所长，先后立二、三等功各1次。1996年4月被公安部授予全国优秀人民警察，1999年分别被国务院、甘肃省委、省政府评为全国和全省先进工作者，2001年7月被省委评为优秀共产党员。

李　欣 屯字镇下郑村人，民国三十五年（1946年）一月生，中共党员，四级高级法官。1968年2月参军，曾在甘肃省独立师一团、陕西独立师二团服役。1973年4月退伍后在镇原县曙光乡下郑小学、方山公社、县委宣传部供职，后任县法院庭长、副院长，为甘肃省第九次党代会代表。先后被评为甘肃省先进工作者、全省法院系统先进工作者、全省“十佳法官”、全省职业道德“十佳标兵”、全国法院模范，立一、二等功各1次，三等功2次。2000年5月被国务院授予全国先进工作者。

王效宗 临泾乡石羊村人，民国三十五年（1946年）十一月生，高级农艺师，推广研究员。1967年参加工作，曾任甘肃省农科院粮食作物研究所农艺师、啤酒大麦研究室、西北啤酒大麦及麦芽品质检测实验室主任、中国作物学会理事、全国大麦专业委员会委员、常委、副主任并兼任科技咨询部副主任、《大麦科学》和《大麦与谷类作物》编委会委员、甘肃省啤酒原料协会会长。1998年获国务院政府特殊津贴，2005年获甘肃省先进工作者。长期从事麦类作物育种研究工作，主持和参与主持选育冬小麦陇鉴196、64、46、127、19等新品种；主持啤酒大麦新品种选育及啤酒大麦育种科研体系建设，选育啤酒大麦法瓦维特（匈84）、甘啤2、3、4、5以及6、7等新品种7个，其中啤酒大麦品种法瓦维特为国内大麦科技界、主产区群众和啤酒酿造行业公认的优质名牌品种，甘啤3号、4号、6号均为“国内同类研究领先水平”的科技成果，甘啤3号为甘肃省“十五”十大科技成果之一，甘啤4号在新、蒙两省区通过农作物新品种认定，是国家科技部推荐的“十一五”国家重点科技推广成果，在省内年推广面积分别达100万亩以上。与同行专家合作出版《西北春大麦栽培技术》，主编专著《甘肃大麦研究与实践》，在国家和省级学术期刊发表论文40余篇，获科研成果奖励14项（次），其中部级奖励6项（次）。2006年退休后任甘肃科隆农业有限责任公司董事长，创办甘肃隆源农业科学研究所并任所长，兼任甘肃省啤酒原料工程实验室主任。

朱润洲 临泾乡包庄村人，1964年8月生，中共党员，硕士研究生，教授级高级工程师。1987年7月在甘肃靖远电厂参加工作，先后任技术员、副主任、主任、生产技术科长、副总工程师、副总经理，甘肃华明监理公司经理，白银华电供水有限公司董事长，在火电、水电、风电、光伏发电等科研开发及应用方面有成效，解决了火力发电多种技术难题，主持的靖远电厂锅炉燃烧技

术应用项目获省电力公司“九五”重大科技成果奖、省科技进步二等奖。2003年任贵州省中国国电集团凯里发电厂厂长、都匀项目筹建处主任、贵州公司副总经理、纪委书记，获国务院政府特殊津贴。2007年任国电集团云南公司副总经理、宣威发电公司总经理，2008年任国电集团广西公司总经理、党委书记，曾到越南、柬埔寨等东南亚国家开发水电，获云南省优秀工业企业家。

安宏伟 城关镇人，1978年生，中共党员，武警乌鲁木齐指挥学院指挥专业毕业。1998年12月入伍，曾任武警新疆总队二支队特勤中队中队长，先后20多次参加抓捕人犯、维稳和抢险救灾等重大任务，带领特战队员抓获暴徒数10名，解救被困群众900余人，立一等功1次、二等功2次，被解放军四总部表彰为“执行新疆维稳任务先进个人”，6次被武警部队、总队表彰为“标兵教练员”，被评为第十三届“中国武警十大忠诚卫士”。2008年和2009年两次代表武警部队赴匈牙利参加国际军警狙击手比赛，取得优异成绩，获最受尊重奖。

安　奎 平泉镇姚川村人，清光绪初年生，13岁去陕西省陇县景福山修道，精于研习教义，造诣高深，被公推为道长。民国末年坐化，景福山庙堂塑其身像，并立石纪念。

彼得森(Petersen) 镇原人称裴安礼，女，瑞典人，协同公会传教士，光绪二十三年(1897年)前后到西峰、肖金、宁县焦村、镇原县城传播基督教新教，与瑞典女传教士魏树楼一起建立布道区，传道、医病、收养孤儿，创立教会义学，吸收儿童上学，开创镇原女子识字上学先例，并陆续送女生到上海、北平升造。美国探险家罗伯特·斯特林·克拉克组建的中国北方科学考察队曾于宣统元年(1909年)二月和七月两次考察镇原，在他的《穿越陕甘》一书中写道：“在镇原县，一位瑞典女传教士彼得森热情接待了考察队，她和另外一位女士同住在这偏僻闭塞的地方。彼得森小姐的学校有二三十名女生。再美的赞美之辞也无法公正评价彼得森小姐及其同事们的女性英雄主义和奉献精神，她们远离自己所爱的人，把时光都用来从事坚忍不拔的事工；她们被肮脏不堪、毫不领情的人所包围，但却为这些人奉献自己的一生。”民国三十七年(1948年)前后因年老离开镇原回国。

王廷弼 屯字镇曹路村人，清光绪三十三年(1907年)生，镇原县天主教会会长，屯字镇福庆和药房医生。14岁徒步到天水天主教会学校读书三年，毕业初在西峰天主教教会学校任教，后在屯字镇开设药房，创办本村合作医疗站，1956年被评为甘肃省卫生先进工作者。“文化大革命”期间，因是天主教徒被批斗，1978年平反，1989年去世。

徐万黎 屯字镇徐沟村人，民国十一年(1922年)生，博士。三十六年在武昌开始基督教传教事业，先后在广西梧州师范学校、台湾新竹中学任教。再读于台湾浸信会神学院，后在台湾各基督教浸信会服务。1992年成为自由传教人，入台湾华北神学院进修，随后留院任教多年，出版基督教传教著作31本。晚年先后回乡探亲12次，为大陆各基督教堂捐献钢琴15架。2008年去世。

刘瑞祥　城关镇莲池村人，民国二十六年（1937年）十一月生。1952至1962年曾在国家地质部、陕西省彬县商业局工作，后回家务农。1981年开始信仰基督教新教，与老信徒郭希尧、李秀英、刘瑞云及新信徒段中信等在家乡周围传播基督教福音，使基督教在镇原各地逐步传开。1995年后任城关聚会点负责人、县“三自”爱国运动委员会副主任、主任。1997年3月被省基督教两会按立为县基督教会长老。1999年组织信徒在县城南黄岔村修建教堂一处，推动镇原基督教发展。

张多盈　临泾乡沟圈村人，民国二十七年（1938年）九月生。1960年后在临泾乡上庄小学、段塬小学、席沟圈学校任教。1988年信仰基督教，1993年退休。1997年3月被甘肃省基督教两会按立为镇原教会长老，1999年8月任县基督教“三自”爱国会、教会副主任。

郑浩博　屯字镇下郑村人，1966年3月生。1993年信仰基督教，1996年7月任县基督教三自爱国会常委。1997年3月被甘肃省基督教两会按立为镇原县基督教会长老，11月后任庆阳市、镇原县政协委员、庆阳市反邪教协会理事，1999年8月任县基督教“三自”爱国会副主任兼秘书长、基督教会副会长。

姚存智　孟坝镇人，民国三十七年（1948年）一月生，中共党员。1972年任孟坝公社王湾大队党支部副书记。1985年在内蒙古打工。1987年后，陆续投资180万元，创办私营企业镇原县兴华砖瓦厂、水泥预制厂、面粉加工厂、养殖厂、新兴砖瓦厂，安排剩余劳动力90人，年创利、税各10多万元。2003年，其他企业转让他人经营，在峁合村创办永盛牧业有限公司，建养殖房228间，养牛1000头，从业人员30人，后减少牛数量，增加猪、羊饲养。先后为孟坝中学及孟坝初级中学捐款8万元，花费1万元为本村革命烈士张三成立碑，捐助贫困老人及文化事业8万元，被省政府授予第四届甘肃省乡镇企业家，当选市、县人大代表、县政协委员。

张广文　城关镇莲池村人，民国三十八年（1949年）八月生，中共党员。1987年3月创办西街蜜饯厂，任厂长，主要生产杏话梅、杏肉、杏脯等，主销东北地区，曾获省、市名优产品奖、东北市场信赖名品、辽宁市场满意品牌、第三届中国科技之星国际博览会金奖、第四届中国艺术节银奖和铜奖及指定产品奖、中国国际农业博览会名牌产品等奖。1995年4月任城关镇经委副主任，被评为全国乡镇企业科技进步工作者，受到农业部表彰。1999年被甘肃省委、省政府授予劳动模范，省政协树立为政协委员优秀企业家。2001年任甘肃镇原红杏集团董事长，代表甘肃省革命老区企业家出席中国老区促进会在北京人民大会堂召开的企业家主持革命老区研讨会。2002年任城关镇正科级干部，被评为第四届全国乡镇企业家、第六届甘肃省乡镇企业家。

阎帅家　郭原乡寺沟村人，1950年5月生，中共党员，甘肃省第七、第八届人大代表。

1970年12月在镇原县五金厂参加工作。1980年8月调县砖瓦厂任会计。1984年1月任厂长后,管理有方,企业累计上交利税334万元,总资产达317万元。1989年晋升为全省一级企业,多次被省二轻局、庆阳地委、行署评为先进企业和先进单位,被省总工会评为模范职工之家。1987年被省政府评为双文明先进个人。1989年、1990年连续两年被省二轻局评为优秀厂长和先进个人。

刘养利 中原乡何曹村人,1951年11月生,工程师。先后任中原乡建筑公司工程队副队长、副经理兼第三项目部经理、甘肃创信建筑公司总经理兼第五项目部经理,庆阳市、镇原县人大代表。先后在甘肃、宁夏、陕西、内蒙等地承建大型工程12处,累计完成产值2000多万元,上缴税金70多万元,每年带动劳务输出平均100人以上,劳务收入600多万元,为各种公益事业捐款达13万元,事迹被《甘肃经济日报》专题报道。

阎希军 屯字镇阎沟村人,1953年9月生,中共党员,博士,主任药师。1969年4月入伍,曾任北京军区一〇七医院、二六六医院、二五四医院药剂科主任、医药集团总经理。1998年任天津天士力集团总裁兼天士力制药股份有限公司董事长。2000年3月,天士力集团移交地方管理,是天津市14个重点企业集团之一,先后创下5个全国制药业第一,由其主研、天士力集团独家生产的“复方丹参滴丸”被国家科技部列入中药现代化科技产业行动计划重点项目、九五国家重大科技成果推广项目,已上市4个品种,正在研究开发的新药有几十种,产品行销16个国家和地区,7年资产增值40倍,累计创利税7亿元。多次向抗洪前线和驻高原部队赠药,给《今晚报》投递状元赠自行车,出资40万元为家乡兴建天士力希望小学,积极回馈社会。撰写药学、管理学专著十几篇,在国家级刊物上发表。先后被评为全国卫生产业先进个人、全国医药系统劳动模范、全军优秀企业家、全国优秀科技工作者,国务院特殊津贴专家,并获“联合国和平使者”,被俄罗斯红十字会授予红十字勋章。

刘自立 太平镇马南庄村人,1960年5月生,工程师。先后任中国天然气总公司北京工程处党支部书记、庆阳地区设备安装总公司副经理。1997年成立庆阳地区石化安装公司,任党委书记兼副总经理,承建工程被庆阳地区多次评为优良工程,为马南庄小学捐款4.4万元,受到群众好评。

祁天平 临泾乡祁焦村人,1962年4月生,中共党员,高级经济师。1980年参军,1984年退伍后在临泾针织厂、镇原县塑料彩印厂工作。1995年创办丰收地膜厂,任厂长。1998年改为新一代食品有限责任公司,任总经理。以杏子为原料,生产果、肉、脯、糕、仁、粉、果冻七大系列100多个品种,销售全国20个省(区)100多个大中城市。先后获中国小商品博览会推荐产品、中国西部交易会新技术新产品金奖、中国放心食品信誉品牌、甘肃省瓜果蔬菜博览会金奖和甘肃省名牌产品等20多项荣誉,“新一代”商标连续两届被评为甘肃省著名商标。被评为甘肃省乡镇企业家,选为甘肃省第十届、十一届人代会代表、县政协兼职副主席、庆阳市工商联企业家协会副会长、县企业家协会会长。2004 年 5 月被甘肃省政府、省总工会授予劳动模范。2006 年 12 月任县政协副主席。同年与次年发起成立民生投资担保、民兴小额贷款有限公司，并分别担任董事长。

张　华　马渠乡赵渠村人，1966 年 10 月生。1985 年起在石嘴山煤矿、陕西省榆林市砖厂、煤矿打工。1996 年，承包陕西神木一家煤矿，赢利 70 多万元。此后又承包榆林市榆阳区榆卜界煤矿，经过多年发展，拥有西安海花大酒店、宁夏中宁电石厂及千万吨级煤矿大型企业 10 家，职工 2800 多人，年缴利税 16 亿元。致富后不忘家乡建设，先后给马渠乡政府捐 35 万元建三层综合楼一栋，给赵渠村捐 480 万元修建村部、五保家园、小学、幼儿园，给马渠初中捐 10 万元购置电教设备；给 13 个乡镇捐 180 万元购置工作车，为 3 所学校修建水冲式厕所，承担庆阳市 134 所中小学 214 台饮水机的安装及三年换机芯费用，解决 21 万名在校学生 1.2 万名教职工的安全饮水困难。资助本乡贫困大学生 15 名，帮扶困难群众 30 多人，累计资助资金 140 多万元，为兰州电子工业学校 60 名贫困学生捐资 33.72 万元。给汶川地震灾区捐款 122 万元，向舟曲灾区捐款 300 万元。先后向贫困地区和社会公益事业捐资达 1.1476 亿元，受到社会各界好评。

马继先　屯字镇曹路村人，1966 年生，1984 年入新疆打工，1986 年起从事农产品贩运。1995 年在乌鲁木齐市创办富丽床垫厂任厂长，2005 年改名众鑫家具制造厂，2008 年成立新疆西怡王家俬有限公司，任董事长，资产逐步扩大近亿元。2006 年春节起，倡导、组织在新疆务工人员创办陇乡社火队，2009 年任新疆甘肃商会理事，帮助在疆甘肃籍务工人员解决劳务纠纷、工伤事故和疾病等困难，救助重症儿童苏德虎、右腿高位截肢患者杨元智等多人。多次为家乡修建学校、贫困群体等社会公益事业捐款，被甘肃省人民政府、新疆生产建设兵团和新疆维吾尔自治区评为在疆优秀务工明星、优秀务工创业人员，其创办的企业被新疆甘肃商会被评优秀企业和创新企业。

贾云涛　城关镇人，1967 年 10 月生，高级工程师，国家发改委专家库平板领域专家，世纪双虹显示器件有限公司副总经理。1990 年从西安电子科技大学光电子技术专业毕业后即进入陕西彩色显像管总厂，从事彩色显像管工程建设及技术引进、平板显示器件开发及相关材料、器件、设备研究与产业化应用等工作，多次赴日本学习交流，主持研发多项显示器新产品。曾兼任“彩虹-西安交通大学显示器件研发中心”主任。

夏　政　屯字镇人，1970 年生，工程硕士，高级工程师，长庆油田一级技术专家。1994 年毕业于石油大学（华东）石油天然气储运专业，在西安长庆科技工程公司从事油气田地面工程科研、规划及设计工作，历任所长助理、主任、副总经理、总工程师。主持几十项工程设计及科研攻关项目研究，获十几项科研设计成果，其中获得省部级科技成果、优秀设计、优秀工程咨询共

18 项，获得实用新型专利授权 8 项，发表科技论文 11 篇。

朱文汇 屯字镇人，1992 年清华大学水利水电工程建筑专业毕业，硕士，历任中国建筑第二工程局深圳分公司副经理、上海分公司副经理、西南分公司总经理、副局长。先后参加和主管深圳地王大厦、上海环球金融中心等工程建设。

刘　勇 平泉镇上刘村人，1971 年 4 月生，大专文化，中共党员。1992 年后在镇原县农副公司、食品公司、平泉批发站工作。2001 年因企业改制下岗，在平泉镇创办康达实业有限公司，生产加工脱水蔬菜。2005 年“晶谷”牌系列产品获西部交易会金奖，并顺利通过国家质量安全认证。2006 年创办庆阳市澳恺食品有限公司，任董事长兼总经理，甘肃省企业家协会理事。2008 年联合筹办镇原县民生担保公司兼任总经理。十多年来先后为社会公益事业捐资 100 多万元，其中集资办学、兴办教育事业捐款 25 万元；为抗震救灾、灾后重建捐款捐物折合 60 万元；为慈善事业捐款 10 万元。为公司困难职工资助医药费、生活费、子女上学费、家庭建设费等 60 万元。先后被命名为全省农业产业化龙头企业、省级成长型优秀中小企业、全市龙头示范企业、全县农业产业化先进企业、全国质量诚信 AAA 级品牌企业，获庆阳市民营企业家、甘肃省十大杰出青年。

安武军 平泉镇姚川村人，1971 年 11 月生。原为白银公司厂坝铅锌矿汽车驾驶员。1994 年自筹资金 100 万元，购买经营矿硐。经过数年发展，拥有矿硐 5 处，从业人员 200 多名，日处理矿石 200 吨，年产值达 2800 余万元，上交税金 350 万元，利润 400~500 万元。2001 年，投资 2100 万元，在成县征用土地 15 亩，开发房地产。

张继先 字绪堂，号龙泉主人，开边镇解放村人，清同治五年（1866 年）生。光绪三十二年（1906 年）考中秀才，淡于功名，设帐西关，致力于乡间教育事业，终其一生。其间因河工案奖六品顶戴。在书法艺术上颇有造诣，尤擅长楷书，他的书法作品广为流传，县邑视为珍品收藏。所书《阿房宫赋》拇指大的楷书四扇条屏，为其上乘之作。民国十年（1921 年）创立九龙庙学校，后被政府列为中区第三初级小学校。二十年去世。

张玉玺 字帝徵，号晓崖，南川乡张桃园村人，清同治七年（1868 年）生。光绪三十二年（1906 年）增生，曾任县衙门典押司，因治河保县城有功，曾奖六品顶戴。善书法，笔力浑厚、流畅，气势夺人，当作墨宝争相珍藏。民国十七年（1928 年）去世。

慕寿祥 平泉古城山人，清同治八年（1869 年）生，光绪年间北京国子监太学生，曾任甘肃省立中学校长。民国八年（1919 年）去世。

贾国玺 城关镇丰台村人，清光绪二年（1876 年）生。民国时义兴源商号老板，被推选为商会负责人和街长，为乡亲排忧解难，扶危济困。民国十六年（1927 年），其带头募捐修建潜夫山玉皇殿。二十六年红军援西军进驻镇原县，其捐钱、物、粮食，支援抗日，红四军军长陈再道为表彰其爱国抗日精神，书赠“民族先锋”布匾一幅。三十年去世。

席　智　开边镇红花沟(今解放村)人,清光绪十年(1884 年)生。民国时期镇原大财东,时称"席半川"。家有油坊,县城有商号,庄园数处,雇工多人,山顶堡子险峻,长短土枪护卫,稍有不靖,全家即上堡子暂避。善于经营,平常年景囤积粮食,荒年抛售,牟取暴利。民国十八年(1929 年)大饥谨,借机发财,购买良田千亩。1949 年全家 30 口人,有土地 3001 亩,被定为地主分子。给孙子托咐后事,潜往平凉隐姓埋名。1951 年于草峰梨花塬自缢身亡。

阴世俊　字杰山,山西省河津县远亭村人,清光绪十五年(1889 年)生,黄埔军校第二期学生,结业后任炮兵营教练员、军事主任、团长,后在西北军杨虎城部主办《西安讲武堂》。民国二十五年(1936 年)西安事变后,任永登、永昌、泾川、镇原县缮后局长、公安局长等职,并落户太平镇。三十五年,化名赵天恩,代号 212,利用国民党员身份,参与平东工委、陇东保安处、镇原县保安科情报侦察工作,为共产党筹集粮食,提供情报,掩护地下工作人员。后遭到国民党地方政府怀疑和审查,被解职回家,受聘于太平镇吴城子小学任教。1958 年 9 月受"许、张反革命集团" 冤案株连被捕,1959 年 7 月病逝狱中。1979 年 6 月按错捕予以平反。1989 年 11 月,确定为中共情报侦查人员,并给其家属一次性生活补助。

刘慕藜　开边镇兰岔村人。生于清光绪二十一年(1895 年)。民国七年(1918 年),在平凉柳湖书院毕业后回县,历任初小、高小校长,镇原县督学、区长等职。二十六年,和共产党人积极合作,奉八路军驻镇原领导人肖克指示,以县督学身份到西北军杨虎城部下办军货。二十八年后受镇原派系斗争影响辞职。后和中共镇原县委建立统战关系,多次收集、传递情报,机智地保护共产党地下工作人员,保释被捕共产党员。三十六年到三十八年,利用保长身份,搜集情报,保护地下工作人员。中华人民共和国成立后,曾任镇原县人民政府文教科副科长。1958 年,因受"许、张反革命集团"冤案株连,被捕入狱。1961 年平反后,出任镇原县文教卫生局副局长。1967 年冬病故。

张元三　字联第,临泾乡祁庙村人,清光绪二十二年(1896 年)生。毕业于甘肃省立平凉第七师范,执教镇原县新巷子高小,继任县民教馆馆长、镇原中学图画教师。后专习医道,与朱维阳、贾关生、刘辉阁、刘纪元等人在县城合开卫生堂,时为邑中名医。擅长书画,真草隶篆皆能,尤为篆书见长,更具深厚文学功底,遗作传世甚广。1961 年去世。

祁尚诚　字中堂,城关镇祁川村人,清光绪二十二年(1896 年)1 月生。民国元年(1912 年)在新巷子高小任教员、教育主任、校长。十四年在甘肃省兰州第七师范乙种讲习科毕业。十五年十一月受国民党甘肃省党部委派回镇原县筹备国民党组织, 后任县党部执委会委员、县党部办事处负责人、党部书记长。二十八年任靖远县政府财政科科长,曾代理县长。三十三年七月回原籍务农。中华人民共和国成立后,当选为镇原县乡各界人民代表会议代表。1958 年受"许、张反革命集团"冤案株连被捕,后死于狱中。1961 年被甄别平反。

焦国宝　字善卿,临泾乡桃园村人,清光绪二十六年(1900 年)生,毕业于镇原县新巷子小学,曾任国民党县政府三科雇员、县参议会干事、小学教员等职,擅长书法。三十五年弃职经商、从农。1952 年病逝。

席登甲 字德弟，太平镇席兰村人，清道光二十六年(1846年)生。少时习医，受业于父，博览医书，造诣居当地之首，为人笃厚，对四方求诊者皆无重财轻命之行。长于舌诊，善治伤寒时疫，处方味少、力专、劲大、效速，有"席伤寒"雅号，遗有抄本医书。民国二十年(1931年)去世。

田维岚 女，号映松，屯字镇田岭村人，清光绪二十七年(1901年)生。民国八年(1919年)甘肃省教育厅保送北京女子高等师范学校上学，后又进入北京法政大学，为镇原县第一位女大学生，曾在《北京晨报》社工作。"七七"事变后迁居南京，后又随夫迁回贵州施秉县，与吴瑞霞合作写过许多诗词，受到于右任特别赞许，出书《松芸诗集》，吴鸿宾在扉页上题"艺术天才"。1951年因丈夫去世忧郁而终。

贾秉机 字关生，城关镇富坪村人，清光绪二十七年(1901)生。西安中山学院毕业。曾任镇原县教育局局长、一区区长、县政府秘书、县议会参议员、国民党镇原县党部书记长，镇原中学教导主任，靖远县政府主任秘书、科长。曾任《重修镇原县志》总编辑。中华人民共和国成立后，任镇原县人民委员会委员。1958年因"许、张反革命集团"冤案株连入狱，1959年病逝狱中。

张生杰 城关镇东关村人，清光绪三十一年(1905年)生。民国时期，经营风味小吃烧鸡为生，始做烧鸡生意时，别人早卖完收摊，他一直要到半夜才能卖完，由此得"张半夜"的绰号，后来通过实践摸索，做出的烧鸡味道鲜美，颜色光亮，香味扑鼻，人们食用后，舔唇吮舌，余味长久，经常供不应求，深更半夜还打发不完络绎不绝的顾客，"张半夜"由贬而褒，名重县邑。1978年去世。

张应祥 城关镇东关村人，民国三十三年(1944年)十一月入伍于国民党陕西汉中青年远征军二〇六师，三十七年十月随军到达台湾。曾任台湾国民党军排长、连长、副营长、师中校副参谋长、步兵学校战术教官主任。

王梦扬 字徵言，回族，北平牛街人，清光绪三十三年(1907年)生，毕业于北平郁文大学。对伊斯兰经籍有研究，擅长诗词、书画、音乐。青年时倡导伊斯兰学术文化研究和宗教教育，先后倡办"穆友社"、中才小学及新月女子中学。曾任教于北平成达师范学校，继在西北中学任教，并任《月华》旬刊编辑。二十一年秋，上海《南华文艺》发生侮辱伊斯兰教案，北平成立"华北回民护教团"，公推王等4人为代表赴南京国民政府请愿，要求惩办该刊主持人曾仲鸣及封闭该报馆。二十四年，北平《世界日报》《公民报》再次发生侮教案，王被公推为声讨大会主席，因率回民进行护教活动，遂遭当局收审，经据理斗争获释。二十六年，任宁夏省云亭师范代理校长。次年，赴重庆任中国回教救国协会理事兼组长，曾创办《回教文化》刊物，与马宗融在重庆组织"伊斯兰学会"。后赴湘、黔、赣3省，宣传抗日主张，发动组织回族穆斯林进行抗日救亡活动。二十九年任平凉陇东师范教导主任。三十二年任镇原县立初级中学校长，兼授英语、音乐、美术课，谱写镇原县立初级中学校歌。三十五年，任新疆省民政厅秘书，在乌鲁木齐创办启新小学。后任青海马呈祥骑五军文教高参，三十八年劝导中下级官员投诚起义。

1980年代被聘为新疆维吾尔自治区文史研究馆馆员，并任新疆书法家学会理事、新疆宗教学会常务理事等职。中华人民共和国成立后历任迪化市女子中学教员、新疆维吾尔自治区政府参事室参事。出版有《王梦扬画集》。1989年去世。

何文仪 字荣庭，化名丁基人，镇原县城人，清光绪二十三年（1907年）二月生，西安中山大学肄业，善绘画。民国十九年（1930年）任镇原县管狱员，二十年任平凉《新陇日报》校对，二十一年加入国民党，二十三年任镇原民众学校校长，后任文庙初小校长，曾救治红军流落伤员，给援西军提供住宿和生活办公用具。二十七年任第一学区教育委员及义务教育督导员，二十八年任新巷子小学校长。二十九任县国民政府社会科科长、国民党区分部书记，二十二任县政府参议员，曾代理县长，当选为国民党县党部常务监察委员。三十三年回家务农。三十五年加入民盟。1950年以抗战期间国民党工作人员作为统战对象。1958年5月因出嫁女儿收彩礼、出售、宰杀羊只等问题定为反革命破坏罪，判处有期徒刑14年。10月，被定为"许国和、张万寿反革命集团"案内成员，病逝于狱中。1961年平反反革命集团成员。1982年平反反革命破坏罪，给其家属生活补助。

白忠孝 艺名书来，上肖乡梧桐村人，清宣统元年（1909年）生。幼年随父学艺，20岁时成为任兴社挂牌主演，被推为副社长。他继承梁、杨（改民）、白三家的传统艺术功力，吸取陕西二黄戏精华，形成董志塬白派艺术风格，成为陇东地区百余年来的著名戏剧艺术家。主攻须生、老生，嗓音饱满，宽而厚实，高而纯正，吐字清晰，铿锵有力，行腔自然流畅，古调出新味，新格含深韵，在无扩音设备的情况下二三里外仍可听到其唱腔。表演细腻干净，潇洒大方，声情并茂，演谁像谁，均能将人物特点活灵活现地表现在舞台上，感染力强烈，深厚的文化内涵和精湛的艺术表现给人以心灵的震撼，在《火烧连营》中饰刘备，《三拷吉平》饰曹操，把刘备的兄弟深情和曹操的阴险表现得淋漓尽致，为戏迷长期乐道。曾到西安购买戏剧服装，恰逢当地演戏剧，戏迷发现他对台上演技有不屑神情，遂强迫其登台演出，欲使其丢丑，没想到一唱惊人，喝彩不断，观众不断向舞台上仍银元，连演三天，场场爆满，每场收银元一斗多。其培养的弟子陈仁义也是名扬西北的秦腔艺术表演家。中华人民共和国成立后，先后任镇原、泾川县剧团演员、团长、平凉剧团业务团长。1957年获甘肃省优秀演员奖。后受极左路线影响，被勒令退休，1975年去世。

王永寿 临泾乡沟圈村人，清宣统三年（1911年）生，镇原风味名吃糖油饼的传人。其非常重视油饼的质量，保持地方特色，信誉极高，所做糖油饼色泽鲜亮，皮薄味醇，酥甜可口，久放不柔。20世纪50年代初参加甘肃省地方风味小吃和食品展销会，获甘肃省地方风味小吃殊荣。

朱民勤 平泉镇人，民国元年（1912年）生，以博古条屏、葡萄魁名扬乡里。一生从教数十年，桃李满园，学生有段思坎等人，先后有多幅书画作品参加省、地、县展览。1984年去世。

马裕斌 陕西长安县人，民国七年（1918年）生，中共党员。幼年时入西安裕庆社学演戏，从师秦腔第一大花脸王朝建老艺人。1951年到镇原剧团当演员，先后任教练、副团长、团长。曾获甘肃省首届戏剧会演演员二等奖、庆阳地区会演演员一等奖。数十年分七期培养学生100多人，学生贾鸣、戴兴民、祁延爱等人均为省、地、县演出团体中的名角。1980年退休，1992年去世。

刘治钰 小名根宝，西峰区肖金镇显胜村人，民国七年（1918年）生。少即学戏，因嗓音不济，改行从鼓，得名鼓师周开仓、郭四牛指点。1951年任镇原剧团司鼓及乐队队长，司鼓技术在陇东有声望，敬业精神令人敬佩，得意门生许百恩现为庆阳地区剧团司鼓。1984年去世。

朱文麟 临泾乡包庄村人，民国九年（1920年）生，陆军军官学校毕业。曾任北平市警官局局长。

王生华 小名海子，中原乡人，民国九年（1920年）生。从师秦鸿德学戏，尤长花旦。1952年参加镇原县六一秦腔剧团为主要演员，中年后改唱须生，主演《辕门斩子》《白帝城》《哭五更》等。1964年历史剧禁演，开除回家。1978年平反复职，正逢历史剧目恢复，演员青黄不接，他既担任主演又为青年演员传授技艺，受到尊重。1985年去世。

周化南 屯字镇屯字村人，民国十一年（1922年）生，国民党员。三十年参加工作，曾在屯字小学任教。三十一年八月在国民党兰州中训班受训，三十三年四月调重庆中美合作所特警班受训。三十四年十二月被派往北平肃奸委员会。三十五年调北平市警察刑警队任第四分队队长、南京警官学校学员。三十六年春派往台湾，先后在澎湖、高雄、台南、台中任刑警队队长，台北市警局任警察长。

罗应龙 孟坝镇罗庄村人，民国十一年（1922年）生。二十八年十月参加革命，二十九年春任镇原县抗日民主政府保安队战士。三十一年五月赴延安抗日军政大学学习期间，获“朱德射击手”，后任陇东分区保管员、三八五旅司令部警卫连战士、警三旅五团三营机抢排排长，参加大凤川、豹子川大生产运动及攻打太平镇、陕西耀县等战斗。在耀县战斗中怀抱机抢，英勇战斗，多处负伤，双眼失明，为一等革命残废军人，享受国家养老抚恤，1952年4月退休。1989年11月去世。

张遐龄 城关镇东关村人，民国十二年（1923年）生。少年时在自家的药店“鹤龄堂”当学徒，三十八年接替兄长药店当老板。1951年后，历任镇原县医药商店、县药材公司中药部、县工商联主任。文化大革命中，因出身问题被清理回家。1978年平反后在县医药公司屯字药店工作，培养中药炮制技术人员10多人，屡次被评为先进工作者，其事迹在县广播站、《甘肃日报》报道，先后被甘肃省人民政府、国家医药管理局授予老中医药人员、老药工，2001年6月去世。

刘世俊 南川乡河李村人，民国十二年（1923年）生，民间手工艺人。曾学做木牌、画庙、镶牙、照相等手艺。1967年被镇原县商业服务站录用到饮食服务组搞照相、镶牙工作，多次被评为单位先进工作者。其用高粱秆制作的宫灯精致大方，具有较高艺术性，获县元宵节灯展一等奖。多次参加省、地文化部门民间工艺品大展，1986年代表全省参加在上海举办的中国民间艺术展。1994年去世。

蔺崇儒　太平镇埝边村人，民国十二年(1923年)生。少年时拜本村段全才为师，后投拳师席善雄门下习武。19岁时，逢陕甘宁边区武师何志平来镇原，又拜师学武术，三十六年多次为共产党地下组织传递情报。中华人民共和国成立后，任小学教师，1955年弃职归家。1984年被庆阳地区教育处、地区体委特聘为武术顾问，出席全区武术表演，功底深厚，招式绝妙，刀、枪、剑、戟、鞭、棍、拳路等样样精通，以棍术见长，为陇东武术佼佼者。1991年11月，应邀出席江西井冈山举办的全国革命老区武术观摩交流大会，获优秀奖。2000年去世。

贯国藩　屯字镇白马村人，民国十二年(1923年)生。曾任中山中心学校教导主任，甘肃省地震局测量队检查员。中华人民共和国成立后任泾川县税务局股长，为中国文化信息协会书画艺术委员会、东方书画家协会会员。爱好书画，擅长写意墨竹，曾获长白山杯大赛三等奖、第二届东方杯大赛铜奖、香港回归中国书画赛银奖，作品入编《当代书画名家作品集》《当代书画艺术家精品集》等典籍，被评为东方和当代书画艺术家。

朱世裕　新城乡郭沟圈村人，民国十三年(1924年)生。三十四年考入上海国防医学院，三十七年后季随校赴台。1952年后服务于海陆空军第二、第四总医院，台糖虎尾总厂附属医院、中坜国民综合医院，1964年在台湾省嘉义县大林镇创办育生医院任院长，1987年被评为台湾第一届十大杰出资深医师。1983年2月借日本讲学机会秘密回到家乡，成为镇原县台胞归来第一人。至1992年先后回乡6次，曾给镇原县平泉中学、新城中学、郭沟圈小学、景李村学捐献资金，在平凉市投资30万元，兴建崆峒宾馆，并联络镇原台胞赞助修建潜夫山公园。2003年去世。

安登甲　字鼎三，平泉镇姚川村人，民国十四年(1925年)一月生。曾在镇原永乐、慕堡小学任教，三十八年八月后曾任乡、区文书、镇原县委合作部干事、水利科科员。1962年退职后为中国王羲之、颜真卿书法研究会、甘肃飞天、陇原、庆阳地区书协、县书画学会会员。爱好书画，尤长篆体，书千福、万寿图百米长卷。作品被收入《二十世纪中华书法篆刻集粹》等典籍，先后获世界书画艺术名人及二十世纪国际艺术名家教授成就大奖、国际银奖艺术家。

何其智　三岔镇米家川村人，民国十四年(1925年)十月生，大尉军衔。二十九年八月参加八路军，先后任班长、排长、队长、指导员、营参谋长、营长，先后参加陕西省韩城县、宜川县瓦子街和西府战役等战斗30余次。三十七年在焦平镇与敌人遭遇时，他带一个班掩护部队安全转移，出色地完成任务，先后获奖7次。1952年10月参加中央军委组织的访朝团，赴朝鲜访问、实习。1955年获独立自由奖章和解放奖章。1958年6月转业后任临夏市监委副书记、镇原县殷家城公社、三岔公社党委书记、县邮电局党支部书记、局长。

段林秀　女，孟坝镇中心村人，民国十五年(1926年)十二月生，民间艺人。精于刺绣，自绘自绣的人物花卉、鸟兽虫鱼，线条勾画流畅，色彩协调宜人，各具形特，动感传神。尤其刺绣麒麟送子、鸳鸯戏水等枕头顶、香包形神逼肖，栩栩如生，堪称民间一绝。作品7次参加全国、省、区民间艺术展览，远销兰州、内蒙、新疆等地，入编《潜夫故里书画集》。

贾顺乾 字济民，太平镇柴庄村人，民国十五年(1926 年)八月生，中专文化，中共党员，副主任医师。弱冠之年随父辈学医，就业于孟坝公私合营诊疗所。1950 年在孟坝卫生院从事中医医疗，1970 年后任镇原县一院中医科医师、主治医师、副主任医师，省、地、县中医学会会员、理事，县政协第一、二届委员。编著出版《中医诊断手册》《中医治疗手册》，在《甘肃中医》《庆阳中医》《大众医学》杂志刊登中医短篇 30 余篇，并多次被邀请在地、县广播电台、庆阳卫校、陇东中医学校、镇原红专学校讲座和授课。中西医结合治疗胆囊炎、胆结石 300 例验方获庆阳地区科技成果三等奖。1998 年 5 月病逝。

张廷柱 太平镇何湾村人，民国十五年(1926 年)十月生。三十八年春，汉中青训班高中部毕业后入国民党国防部干训团学习，任国民党部队连指导员，后随第十八兵团起义，在重庆被编入贺龙部五十七师补训团。1950 年 12 月复员，从事教育工作。1959 年 3 月因历史问题服刑，1984 年平反后作退休处理，被选为政协镇原县委员会第一至五届委员。爱好书法，1986 年秋被中国书画函授大学西峰分校聘为辅导教师、顾问。书法作品四体唐诗、千家训、名联名言发表于国家及省级以上刊物，并多次获奖。

梁希孔 屯字镇牛蹄分村人，民国十六年(1927 年)生。三十八年兰州大学附属高中毕业后在镇原中学任教。1954 年调庆阳初级师范(后更名陇东中学)任教。1958 年 10 月后在镇原中学、庆阳一中、庆阳师专执教。1986 年晋升为副教授。一生从事教学工作，讲授英语、语文、唐宋文学等课程，发表有关王符、唐宋诗词、语文教学等方面论文多篇和诗、词、联等文学作品数十篇。退休后仍关心支持地方文化教育事业，特别是帮助镇原筹办王符纪念馆及碑林，起草制定实施大纲，撰写对联、序言，不顾年高体弱，借助放大镜校点康熙、嘉庆、道光、民国各版本《镇原县志》。

李耀文 中原乡人，民国十六年(1927 年)生。三十八年六月参加革命，历任华池县李沟门小学、柔远小学校长、华池县文化教育科副科长。协助区乡政府恢复停办学校 5 所，倡导筹建耕读学校 16 所。1981 年被列入《甘肃教育名人录》。1981 年去世。

刘兴瑞 中原乡何曹村人，民国十七年(1928 年)九月生。1951 年 12 月参军，1952 年赴朝作战，多次圆满完成为前线运送武器弹药任务，立二等功、三等功各 1 次。1953 年镇原县委、政府为他赠献“人民功臣”奖牌一面。1954 年转业后任县运输队驾驶员，曾多次被省、地、县评为安全生产标兵和先进工作者。

潘生科 中原公社姜白大队人，1968 年为抢救不慎落水群众的生命，临危不惧，舍己救人，献出自己的生命，镇原县革委会决定追认其为舍己救人、光荣牺牲的殉难烈士。号召全县人民向潘生科学习。

张志超　字冠斋，临泾乡祁庙村人，民国十八年（1929年）生，中共党员。1951年7月毕业后分配到庆阳县庆城小学工作，10月任副校长。1956年后任庆阳二中、三中、华池二中教导主任。1962年11月后任镇原二中教导主任、代理校长、革委会主任。1972年任三中革委会副主任兼教导主任。1976年任镇原师范校长。1990年2月退休，同年3月去世。

王昭文　屯字镇曹路村人，民国二十年（1931年）六月生，就读于平凉师范、兰州卫校医师班，副主任医师。1954年参加工作，先后在中原、孟坝卫生所任医士。1959年调镇原县人民医院先后任医士、医师、副主任医师、中医科主任、门诊部主任，兼任县中西医学会理事长、医疗事故鉴定委员会委员、镇原卫校教师、庆阳地区中西医研究理事会理事、中医中级职称评委会评委。从事中西医临床工作，擅长中医，用中药治疗各种疾病，疗效显著，在中药排胆结石、肾结石方面有新突破。服务热忱，煎药送饭，垫支药费，班无上下之分，餐无定时之用，常风雪交加或大雨滂沱出诊救人。先后发表论文10多篇，其中《中西结合治疗胆囊炎、胆结石二百五十六例临床观察》获地区科技成果三等奖。曾20多次被评为先进医务工作者。1993年退休。2001年9月病逝。

何国健　三岔镇寺庄湾村人。民国二十年（1931年）八月生。三十八年二月参加工作，1950年9月加入中国共产党。历任三岔区文书、公安助理员、县粮食局人秘股长。1956年9月调任镇原县人民检察院检察员。期间秉公执法，勤奋工作，两年间办理起诉案件310多件，1958年5月，被评为甲等先进检察工作者，出席了第四次全国检察工作会议，会上印发了他“怎样做好检察起诉工作”的书面发言，在中南海受到毛泽东、朱德、邓小平等党和国家领导人的接见。8月，因不愿参与制造“许张”冤案，以有病为由，避开检察员岗位。1959年11月后任县农建局、三岔工委、公社秘书、马渠中学革委会主任、开边、庙渠卫生院院长。1981年后，为《镇原县志》主编之　，《庆阳地区卫生志》副主编。1991年11月离休，1999年4月病故。

刘正义　郭原乡唐坬村人，民国二十一年（1932年）生。1950年参加志愿军，1951年春赴朝鲜作战，在运输团任驾驶员，曾立一、二等功3次。多次勇敢地完成运输任务，身中弹片17枚。转业后为平凉地区运输公司、镇原县汽车运输队、县造纸厂、县石油公司驾驶员、平泉加油站站长。1966年评为学雷锋标兵，出席省、地先进模范会议，受到表彰奖励。2005年去世。

李效勇　平泉镇湫池村人，民国二十一年（1932年）生，中共党员。1951年3月参加志愿军，11月赴朝鲜参战，任炮兵三连运输班班长，多次突破敌人的封锁线，顺利完成弹药运输任务，立一等功1次，二等功1次。1953年4月一次战斗中带头冲过敌机轰炸的桥梁，安全地将物资运往前线，受到彭德怀司令员嘉奖，立一等功。1955年4月转业后任贵州省交通厅、省供销联社汽车队队长，多次受到省交通厅、供销联社的表彰奖励。1989年去世。

张鸿祺 字禧亭，笔名露甘，号颖悟子，临泾乡祁庙村人，民国二十三年(1934年)元月生。1955年7月参加工作，在庆阳县三完小、陈户中学任教。1959年政治运动中受错误处理回家劳动，1978年平反，恢复公职，在庆阳县教育局任职，曾任《庆阳县志》编委会编辑。后任西峰市政协文史资料委员会主任，甘肃省飞天书画学会、陇原书画协会、庆阳地区书协、文联会员。1994年退休。篆书作品被编入《庆阳地区书法选集》等，撰写各类碑文、屏文、墓志逾千篇。

蔺孝儒 太平镇埝边村人，民国二十七年(1938年)三月生。一生务农，以武术闻名。其少年时即随兄蔺崇儒拜陇东武林高手席善雄为师，后又拜在陕甘宁武林豪侠何志平门下，苦练少林正宗，尤长枪术和棍术，其金刚棍术堪称陇原一绝。1984年，参加庆阳地区武术观摩表演，获二等奖。1991年11月，参加在江西井冈山举办的全国革命老区武术观摩交流会，获优秀奖。

杨生林 郭原乡西杨村人，民国二十七年(1938年)八月生，大专学历。1965年参加工作，曾在甘肃省公安厅劳改局、安西饮马场、酒泉下河清、武都两水农场任职。1973年任省第一劳教所政工股股长、学校党支部书记、校长。1984年任省劳教所大队长、教导员。1991年10月任省第二劳教所办公室主任、管教科科长兼政研室主任、法学分会秘书长、《劳教报》记者站站长、《监所》杂志通讯员、塑新学校教务长。1998年10月退休。

郭梅英 女，孟坝镇谯河村人，民国二十七年(1938年)八月生，从小受其母影响，爱好麦秆编织，风格独特。她编织的青蛙、小鸟、蝴蝶等虫鸟形态逼真，桃、梨、茄子等果蔬活灵活现，尤以《麦秆八卦灯》高雅别致。其作品多次在地、县民间艺术节上参展，曾被推荐参加了在上海举办的中国民间艺术博览会。1990年其作品及简介刊登于《解放日报》，2002年6月《编织麦秆灯笼》获首届中国庆阳香包民俗文化节民间美术作品展二等奖。

张明华 屯字镇屯字村人，民国二十八年(1939年)生。1955年参加工作，历任平泉供销社营业员、镇原县商业局文书、文化馆馆员、副馆长，县第二届书画学会副会长、庆阳地区书画协会、甘肃省群众文化协会、兰州飞天书画学会会员，中国艺术研究院文化市场中心书法创作研究员。擅长书法，在保护、收藏文物方面有贡献。其书法作品先后入围国家、省、地书画展，入编《世界华人书画作品集》等。收购文物占县博物馆馆藏文物70%，其中周鼎、唐代青铜镜以及国家一级文物——秦诏版，均被其发现并缴藏。

路向阳 城关镇五里沟村人，民国二十八年(1939年)十月生，中学一级教师。他同妻子张岁娥，精心护理父亲去世后，则把全部心血倾注到母亲李世春老人身上，晚间为老人倒水，提送溺器，母亲染病，熬药、喂药，老人便秘，夫妇用镊子一块一块往出夹，几十年如一日，殷勤侍奉，孝贤并臻。他敬老孝亲的事迹受到市县多次表彰，并被电视台采访报道，2004年在全国敬老爱老助老主题教育活动中获“葆春杯”孝亲敬老之星奖。

金香莲 女，太平镇柳嘴村人，民国二十九年(1940)生，中国民间文艺家协会会员。幼受家训，习剪学绣，系家族剪纸艺术第三代传人。《农耕生活》《天女散花》《奥运之光》等十多幅大型作品在国际、国家级大展赛中获国际、国家级金奖5次，获中国民间文艺“山花奖”和金奖11次，为“甘肃省非物质文化遗产项目代表性传承人”“中国民间剪纸艺术大师”“中国十佳民间艺人”，曾作为文化特使赴外交流。

王宗凯　河南省济源市承留镇人，民国二十九年(1940年)十二月生，中共党员，本科学历，副主任医师，政协镇原县第一、五届委员。1966年参加工作，先后在三岔卫生院、县二院、一院、中医院任医士、医师、内科主任、副院长、院长等职。钻研内、外、妇、儿、五官科、护理等知识和技术，开展中西医结合治疗，从一般注射到骨穿、心包穿刺、硬膜外麻醉、刮宫、放环、结扎、剖腹产到肠切除、疝修补等亲自动手，还进行中药炮制和膏、丹、丸、散配制。在基层卫生院工作时出诊、送药上门，热忱服务。在县第二医院期间曾引进肝素治疗支气管哮喘，首次开展肝腹水回输治疗肝硬化，指导“Rtry综合症”3例。举办心电图知识讲座，带出B超人员8人。在中医院引进推按运经仪治疗胆结石、肾结石及腰扭伤，获庆阳地区引进新技术鼓励奖和二级三等奖。1993年任县中医院院长时，坚持勤俭办院，从借款、借床凳、赊药品起步，以滚雪球方式，增加设备，健全科室，到2000年5月，院临床使用面积800平方米，设备价值20余万元，总资产300多万元，日门诊150多人次。发表《Rtry综合症》《克山病误诊八例》《结核病误诊二十例》论文3篇，参加兰州医学院误诊研讨会交流。2001年退休后受聘县一院继续治病扶伤。

李述先　上肖乡姜曹村人，民国32年(1943年)十二月生，民盟盟员，甘肃中医学院毕业，中医副主任医师。少拜家乡名医邢立功为师学医。1968年7月参加工作，在庆阳地区砖瓦厂医务室任厂医，1976年调入庆阳地区人民医院行医，嗜中医，醉针灸，独创速效无痛针刺手法，对功能性失语、脑血管意外、烫伤、偏瘫、精神病、多发性神经根炎、面神经麻痹有特效，在国内推广应用。1993年8月，停薪留职在西峰开办私立诊所。2000年12月退休后，自筹资金，将诊所扩建为民营庆阳市济民针灸康复医院，自建住院大楼一栋，面积1000平米，有住院床位40张，大型医疗设备28台，聘请专家和名医主诊或兼诊，开设以中医、针灸、烧伤及疼痛专科为主的内、外、妇、五官、口腔等专业科室及放射、检验、B超等功能科室。至2010年，医院有医护人员36人，其中主任医师3人、副主任医师3人，主治医师3人，兼职21人，年均接收门诊患者6200人次，住院患者580人次，开展胆结石、子宫全切、白内障等手术约300例。先后在《中医杂志》《临床专病治验辑要》《针灸疑难奇症医案荟萃》《临床专病治验辑要》等刊物、医著发表、转载“针刺治疗急性格林巴氏综合症”“针刺治疗功能性失语25例”“针刺十三鬼穴治疗癫狂”等论文60多篇，为社会捐助16.8万元，3次受市民盟表彰，2003年被省民盟评为社会服务先进个人。

史化勤　字俭夫，号陇东逸士，民国三十三年(1944年)生。1970年3月至1991年9月在平泉镇景家小学任民办教师，庆阳市美协会员、镇原县老年书画院理事。爱好绘画，作品多次在国内参展，并在新加坡展览。《博古屏》1991年获第四届中国艺术节书画大展三等奖,《围猎图》1993年获深圳市“银海杯”全国书画展二等奖,《溪边小景》获首届中外咏梅诗书画大展优秀奖、纪念抗日战争胜利60周年全国书画展二等奖。

刘登荣 平泉镇寺府村人,民国三十三年(1944年)十二月生。中华人民共和国成立后曾任生产队会计、队长。1980年秋,在全面落实中央农村经济政策中,根据社员意愿,积极推行包产到户,受到县、公社、大队领导指责,其不顾个人安危,直言投书,大胆为民代言。1981年4月7日《甘肃日报》发表他的来信,并加了“上下顶牛、耽误生产”的编者按,批评县委在推行包产到户中规定比例、违背多数群众意愿的错误倾向,县委、县政府遂紧急部署安排,在全县普遍推行包干到户生产责任制。

王银顺 平泉镇八山村人,民国三十五年(1946年)九月生,民间工艺美术大师。1968年2月参军,在陆军二十一军炮兵团服役。退伍后曾任镇原县剧团乐队队长、作曲、指挥、器乐、声乐教练。制作古筝、琵琶、二胡,销往西安、兰州及呼和浩特等地。参加兰洽会、西交会和历届庆阳香包民俗文化节,演奏20余场次,曾被评为金奖。2003年2月创办乐器培训班,先后培训240余人。

夏腊腊 女,屯字镇太阳村人,民国三十六年(1947年)生。1974年,弟弟因公坠崖而亡,她与丈夫省吃俭用,为弟媳修庄。婆婆病重时,她守候床前接屎接尿,洗头洗脚,寒冬连续10多天踏着积雪,每天步行20里去乡卫生院给婆婆取药。婆婆去世后,孝敬公公,经常洗头洗脚,剪指甲、剃须理发。义务为村上老人裁剪缝衣,逢年过节,请族内老人聚餐怡乐,虽囊中羞涩,还帮扶村里困难老人。2006年5月被庆阳市老龄委授予“孝亲敬老楷模”。

张维新 太平镇兰庙村人,民国三十六年(1947年)一月生,中共党员。1969年7月参加工作,先后任镇原县城关公社党委秘书、县委组织部干事,1980年3月后任王寨公社党委副书记、县政协办公室副主任,西峰市防疫站站长、文化局副局长、地病办主任,甘肃省书法家协会会员、庆阳市老年书画协会副主席、西峰区老年书画协会主席,2006年退休。2007至2008年参加中国书协书法培训班、导师班学习,在庆阳市各县区举办书法培训班,培训学员数百人。书法作品多次参加全国老年书法展、中国书协书法培训中心优秀作品展、甘肃省、庆阳市书法展并获奖,在《书法教育》《甘肃书法》《庆阳书画》等报刊发表作品多篇。

张正子 城关镇金龙村人,民国三十六年(1947年)三月生,中共党员。1963年后任生产队会计、队长,组织带领群众修农田,治河堤,修渠引水,积肥养地,改善农业生产条件,全队粮食产量一直居城关公社首位,年年都提前超额完成粮食公购任务,多次受到县、公社和大队表扬,在群众中享有很高威信。1976年秋,正值国家经济困难时期,为提前完成上级下达秋粮入库任务,他不分昼夜,动员全队社员群众抢时抢天碾场、晒粮,每逢连阴天就组织群众分户用热炕炕干粮。10月18日清晨,大雪纷飞,组织28型拖拉机满载玉米,行至县城东街党校门口时,由于劳累过度从车上跌下,被拖拉机后轮从身上碾过,抢救无效,因公殉职,年仅29岁。

李玉柱　孟坝镇峁合村人，民国三十六年（1947年）五月生，主治医师。1963年参军，在国防科委八〇二三部队服役，转业后在镇原县第二人民医院从事医疗临床工作，兼任庆阳中医学会会员、县中医学会理事。先后在《国际华佗医药杂志》《中国临床医学》发表论文10余篇，晚年搜集撰写格言数万条，被收入《中华名人格言》一书，曾参加第二届海峡两岸中医药学术研讨交流会。

祁恩富　城关镇祁川村人，民国三十六年（1947年）十月生，自幼爱好绘画、音乐、皮影雕刻制作，1976年被聘为县文化馆工作人员，后任县文化馆助理馆员、副馆长兼镇原县美术家协会主席，系中国翰墨文化促进会会员、中国剪纸研究会理事、甘肃省美术家协会会员。1990年进修于中央美术学院，师承全国著名画家田世光、李琦、钱绍武、黄润华、张凭、冯真等教授和北京画院王文芳、王庆升，从此主攻花鸟画，尤精工笔牡丹。作品题材广泛，创意新颖，形神兼备，创作《春华秋实》《黄土情》《踏遍青山》《屈原》《屠夫状元》《香遍黄土情》等作品参加国家级展览，国画《千岩竞秀》《一枝红杏出墙来》《听雨图》《雨中曲》等50多件作品被省级、国家级刊物收编出版，获省级和国家级奖励数10件，曾获文化部金奖，并被美国、日本、新加坡、韩国等国际友人和港台同胞收藏。

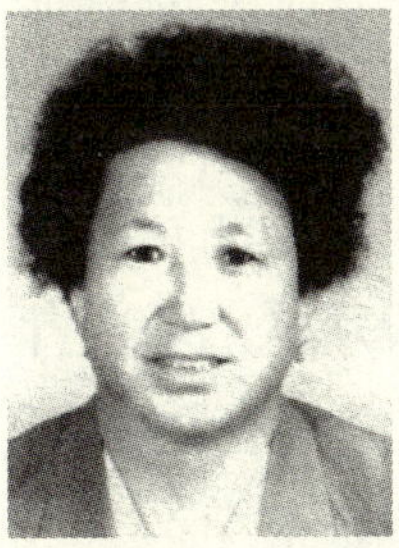

郭凤莲　女，屯字镇屯字村人，民国三十七年（1948年）十一月生，农民，中共党员。改革开放后抢抓机遇，摒弃传统观念束缚，走出家门，兼农经商，先后贩运粮食、蔬菜、布匹、衣物、干鲜果等商品300多万元，纯收入10多万元。为群众推销积压黄豆、黄花菜等农副产品50多吨，购回面粉、蔬菜等生活必需品30多吨，解决群众卖难买难问题，人称“西北大商人”。创办家庭手套厂，安置农村剩余劳动力20多人。多次受到省、市、县表彰奖励，先后被授予全国、全省“三八”红旗手、先进女能人、先进个体工商户等。

董治珍　屯字镇包城村人，1949年12月生，中共党员，高级工程师。1969年9月在交通部一航局四公司参加工作，1984年4月参加援建毛里塔尼亚友谊港工程，2000年被评为国家一级项目经理、天津市“九五”立功个人、百万职工技术创新明星个人，曾获上海市“建设功臣”。

张丕慧　临泾乡桃园村人，1952年4月生，中共党员，甘肃省美术家协会会员。1972年参加工作，先后在镇原县委宣传部、临泾乡政府、县文化馆、太平中学和西峰市司法局工作。1991年后任西峰市彭原乡政府副乡长、董志乡计生委主任。创作的年画《山川尽染》《铁道女卫士》由甘肃人民出版社出版发行，后者同时由香港三联书店向海外发行。1990年被甘肃省委评为全省优秀宣传工作者，传略收入《中国现代美术家人名大辞典》《庆阳地区志·文化志》等。1998年8月病逝。

王博艺 平泉镇麻王村人，1953年生，农民作家。甘肃省作家协会、民间文艺家协会、曲艺家协会会员，省文联原《文艺之窗报》特约记者。1979年开始文艺创作，先后在国家、省级刊物、出版社发表出版作品50余万字。故事《冤家合》《野狐沟鼠患》获省级优秀创作奖、征文三等奖；笑话《招牌》获中央广播电台、电视台征文好作品奖；长篇小说《社火》被中央文明办、文化部等六部门列入百位农民作家百部农民作品系列丛书。

夏　非 屯字镇阳宁村人，1953年4月生，大专文化，农民农艺师。1985年7月开始潜心钻研苹果树修剪、优良品种培育、果树栽植，带头在屯字塬发展苹果产业，义务为周边群众传授苹果栽培知识，先后在上肖、屯字、曙光、开边、新城等乡镇举办苹果栽植、修剪、管护等技术培训班100多期，培养助理农艺师6名、农民果业技术员50多名，推广优良品种2000多亩，多次受到省、市、县表彰奖励，被甘肃省政府、省科协、地委、行署评为农业科技推广先进个人。1990年8月被甘肃省农业厅评为果树技术能手。1995年被省畜牧厅、地区果协评为养殖模范、优秀会员。1998年5月病故。

张学成 殷家城乡人，1954年生，中共党员。1971年任民办教师，在离家15公里的杏树沟创办村学，一次静脉注射致下肢瘫痪，之后病情不断加重，但仍拄着双拐或由妻子牵着毛驴接送于经过羊肠小道的学校，从未迟到旷课，所教数学课在全公社毕业升学考试中，4次名列第一，8次名列第二。1993年1月被破格录用为公办教师，1999年获陈香梅教育基金会首界优秀教师奖，2000年获甘肃省园丁奖。2001年2月被评为甘肃省首届十大杰出残疾人，2001年9月教育部、人事部授予"全国模范教师"，2006年6月中共中央组织部授予"全国优秀共产党员"。以其为原型的文艺作品《大山深处的保尔》《绿叶红花》被搬上银屏和舞台。

段和平 屯字镇开城村人，1954年9月生，工程师。历任北京城建安装公司二级项目经理，曾负责北京电视台空调系统调试、北京光大大厦空调、消防系统设备安装、新东安市场通风空调等工程，均获国家最高"鲁班奖"。参加设计的镜子反射间接找正法获北京市四小成果竞赛三等发明奖。先后10次被北京城建集团总公司党委评为优秀共产党员，6次被总公司评为双文明先进职工和先进生产者，2次被北京市总工会评为优秀生产者，授予"爱国立功标兵"。

张庆凤 女，临泾乡祁庙村人，1955年1月生，高级工程师。1982年分配到中国航空工业总公司国营万里机电厂军品研究所从事航空机电产品设计与研究工作。2007年4月调入兰州工业研究院从事科研管理与技术研究，主持设计航空机电产品15项，其中歼轰7、歼10、直8、10、11号属国家重点工程，先后立中国航空工业总公司个人三等功2次，获总公司、甘肃省科技进步三等奖。

侯　钧　曾用名侯俊，太平镇马南庄村人，1960年9月生，中专文化，中医执业医师。1979年参军，在兰州军区从事医疗卫生工作，1983年退伍后潜心钻研中医，1997年取得中医执业医师资格证，自办中医个体诊所行医。2001年后在珠海市斗门区城南卫生院、香洲区拱北岭南社区门诊部中医科、方华医院中医全息诊疗科任主任、主治医师。2005年，成立九名佛工作室，从事“现代佛法医学”课题研究，潜心钻研《黄帝内经》，吸收佛教医学、道教医学、民族医学、民间医学、民俗医学精华，结合医疗临床经验体会，编著《佛医缘起概要》《和谐改变命运》《调至身心疾病》《百病自制大全》《佛医修学指南》5本70余万字医学专著出版，流通于国内外。

马春龙　屯字镇马堡村人，1964年12月生，博士。历任天津中医学院中药系生药教研室主任、讲师、天津泰达集团有限公司企业策划部部长、赛智经济咨询顾问公司总经理、泰达置业有限公司总经理、天津电子有限公司（中日合资）中方总经理。1999年任爱地房地产开发公司天津公司董事长、总经理。

杜振荣　中原乡原峰村人，1965年6月生，1988年毕业于东北大学采矿系，先后任康县王坝金矿、白银有色金属公司小铁山矿、深部铜矿技术员、采矿工程师、采矿高级工程师。2004年进入人才市场，任西部矿业西藏资源投资公司、凯亮矿产技术咨询公司、宝翔矿业公司总设计师、总工程师、副总经理，从事技术管理。期间，被西藏自治区国土资源厅、安监局聘为专家组成员，先后设计建成西藏谢通门县纳如松多铅锌矿、新疆哈密黄土坡铜矿等矿山企业，编写矿山技术工作手册及技术设计总体及单体方案多部，参加近百个矿业企业编制及技术设计方案评审。2009年任甘肃经纬建设监理公司矿井建设监理。

张德宏　开边镇兰沟村人，1971年9月生。兰州市体工大队投掷运动员，先后获全国、全省奖牌18枚，曾夺得全省年度冠军。1987年获全省第一届青年运动会铅球、铁饼第一名、全国分区赛井冈山赛区冠军、全省第七届运动会铅球、铁饼冠军，其中铅球破省记录。1990年7月代表全国在比利时参加世界中学生运动会，获铁饼第四名，是镇原县唯一参加国际比赛并取得名次的运动员。

路吉龙　城关镇路坡村人，1972年3月生，个体出租车司机。2007年4月22日10时左右，在街道行驶时，见镇原县农副公司职工宿舍三楼着火，威胁着整个大楼和周围的安全，他不顾个人安危，冲入着火房间，协助公安消防干警控制火势，在推窗排烟、降温时，被爆炸的玻璃刺破左臂，血流不止，他忍痛坚持到大火扑灭，致使伤口感染，左臂手术治疗后痊愈。县政府2008年7月15日常务会议研究决定，授予路吉龙“见义勇为先进个人”，奖励现金5000元。

慕红霞　女，城关镇莲池村人，1975年9月生，甘肃省陇剧院演员，中国现代戏协会会员。先后获甘肃省青年演员大奖赛表演三等奖、首届红梅杯大奖赛和秦腔艺术节清唱二等奖。1997年随中国民间艺术团赴越南、老挝、缅甸三国进行访问演出，折子戏《失子惊风》参加陕西《秦之声》春节晚会演出，多次获国家奖项，在甘肃卫视及中央电视台播出的陇剧电视剧《望子成龙》

中，担任幕间领唱及碧云和文龙的配音。

郭志龙 城关镇金龙村人，1984年6月1日生。2000年6月28日，郭志龙从县城返家途中，遇见同村少年郭麦龙与郭浩仁去金龙小学打篮球，于是一并前往，行至城关镇金龙村石佛湾防洪堤坝时，篮球滚落到堤边水坑中，郭麦龙下水捞篮球被水淹没，危急中，郭志龙奋不顾身跃入水坑救助，由于水坑太深，不识水性，郭志龙与郭麦龙同时被水淹没，郭浩仁即跑回村子喊人，正遇海丰小学教师刘茂生骑自行车路过，便与赶来救援的郭麦龙之父郭等堂一同下水将二人救出，经村医及县医院医务人员抢救无效溺亡。镇原县人民政府2008年7月15日常务会议研究决定，追认郭志龙为"见义勇为先进个人"，奖励现金5000元。

五、国家级协会会员

刘瑄玑（1927.11~1994.04） 西峰区肖金镇人，民国三十八年前从事小学教育。1951年调入镇原县剧团，1952年任副团长，曾改编移植《青山英烈》《嫦娥奔月》等古典剧目，亦串演祝英台、林黛玉等秦腔旦角角色。1955年7月创作大型古典秦腔剧《孔雀东南飞》，参加甘肃省第一届戏剧观摩会演，长期在各剧团上演。1959年，因"历史问题"回家务农，1977年平反，恢复公职，在镇原县文化馆工作，为中国戏剧家协会会员。先后创作剧目20多部，《缇萦上书》《黄花台》等八部剧目发表于《甘肃戏苑》《庆阳剧作》等刊物，《三颗印》获省级创作二等奖。搜集整理《镇原县眉户集》《镇原县民间故事集》《镇原秦腔剧团简史》《戏曲活动大事记》《人物传记》《见闻传说》等。1989年退休，1990年5月改为离休。

李应魁 笔名黎工，孟坝镇东庄村人，民国二十六年（1937年）八月生，国家二级编剧。1952年在镇原县剧团参加工作，后任县报社干事、县剧团专职编剧、庆阳地区文工团、秦剧团、西峰市秦剧团专业编剧，中国戏剧家协会会员，甘肃省文联委员、剧协理事、戏剧文学会理事，庆阳地区剧协副主席。先后创作剧目39部，在《剧本》《甘肃艺苑》等刊物发表19部，出版单行本7部。代表作《绝不是小事》参加西北五省区会演，并被移植到歌剧中赴京沪演出。先后获省编剧一等奖、敦煌文艺二等奖、地区"五个一"工程奖、第八届中国人口文化戏曲三等奖。1997年8月退休。

曹　巍 上肖乡青寨村人，民国二十七年（1938年）三月生，农业局科技干部，中国植保学会会员，庆阳地区农学会理事，镇原县农学会理事长。先后培训农民技术员1.3万余名（次），采集制作各类昆虫标本10万多头，鉴定出1100余种昆虫，发现新种甘肃奥叶蝉及中国新纪录黄条长尾姬蜂，出版《甘肃东部农林昆虫种类与鉴别》等专著6部，约80余万字，在《甘肃农业科技》等学术刊物发表论文23篇，受到国家农牧渔业部、庆阳地委、行署奖励，获省农业厅农业技术成果三等奖，业绩被收入《中国专家人才库》等书。

刘　镜 太平镇马南庄村人，民国三十年（1941年）二月生，国家二级编剧。曾任镇原县剧团编剧兼作曲，中国戏剧家协会会员，甘肃省人口文化促进会副会长、民族文化促进会理事、作家协会会员，县剧协主席。先后独立创作和畅快合作文艺剧、节目180多个，小戏多次代表庆阳地区参加省文艺汇演，获各类奖40余次，其中大型陇剧《绿叶红花》获国家级调演优秀剧目金奖，《女儿如花》获国家第十四届人口文化奖。在省级以上刊物发表创作剧目9部，出版作品《赤胆播火者——陇上英烈王孝锡》《庆阳饮食文化》，2002年退休。

郭宝祥 屯字镇屯字村人，民国三十一年（1942年）九月生，中国畜牧兽医学会会员。曾任镇原县畜牧兽医站会计、县畜牧局财务股股长。长期主持全县乡镇畜牧兽医站会计培训，在乡镇畜牧兽医站推广应用复式记账法，1987年获农牧渔业部财会荣誉奖章。

邢 衍 上肖乡西岭村人，民国三十三年（1944年）十一月生。先后在河南许昌、安徽当涂工矿职工医院、庆阳地区劳改支队、中医院任医师、主治医师，后回乡任上肖乡西岭村卫生所门诊兼住院医师，中国中医药学会会员、澳大利亚国际中医药科技研究院研究员。在中医杂志等刊物发表医学论文数篇，曾获中国中医药协会学术成果一等奖、香港世界华人98医学大会"华陀杯"金奖、中国中医学会优秀论文奖、学术贡献奖、民间优秀专科特色名医奖。

张元印 临泾乡石羊村人，民国三十五年（1946年）八月生，农民作家，中国楹联学会会员，《中国楹联报》特约撰稿人，《对联》杂志嵌字联特聘作者。作品在全国和地、县获一等奖10次，优秀奖6次，入围奖2次，十佳作者奖和三等奖各1次。他的传略及作品入编《中国当代楹联艺术家大辞典》《中华诗词艺术家传略辞典》《中国当代联坛千家论典》等百余种典籍和诗联书报。连续5年为镇原元宵谜王和谜后得主。出版有《元印诗联文》第一、二集。

白新文 临泾乡耿塬村人，民国三十六年（1947年）十二月生，副研究员，中国民间文艺家协会会员、曲艺家协会会员、民俗学会会员，省曲艺家协会理事，市民间文艺家协会副主席，曾任庆阳市群众艺术馆文学辅导部主任，市民俗学会常务副会长兼秘书长，《中国民族民间舞蹈集成·甘肃卷》编委、《甘肃省志·文化志》副主编、《庆阳地区志·文化志》主编，在全国各类报刊、书典、专集发表作品约120多万字、论文10余篇，文学、文艺作品60余件，先后获文化部二等奖3次，2010年9月病逝。

王博渊 笔名柏原，平泉镇麻干村人，民国三十七年（1948年）生，中国作家协会会员。1968年甘肃省滑翔学校毕业，历任省文联《飞天》文学期刊编辑、省文联专业创作室专职作家、省作协专职副主席。1980年开始发表作品，著有小说集《红河九道弯》，散文集《谈花说木》等。短篇小说《喊会》获1987~1988年全国优秀短篇小说奖，其他作品获甘肃省敦煌文艺奖第一、二、四届文学一等奖。2008年12月退休。

张积林 临泾乡祁庙村人，1949年10月生，大学学历，副研究馆员。1974年参加工作，先后任镇原县文工队、县文化馆、庆阳地区群众艺术馆创作员，中国音乐家协会、词作家学会会员，甘肃省词作家协会副主席，庆阳地区音协主席。创作歌曲百余首，采集民歌、民间器乐曲2000多首，编辑出版庆阳地区民间歌曲、器乐曲、舞蹈、曲艺音乐集成4部，在《中国音乐》等刊物发表论文数篇，改编民歌及舞蹈音乐获甘肃民间音乐舞蹈调演一、二、三等奖、首届少年歌舞节一等奖、全国群星省选拔赛一等奖及敦煌文艺二等奖。2009年退休。

金希明 笔名金秋、金梦，太平镇柳嘴村人，1952年5月生。庆阳地区文联组联部副部长，首届庆阳地区书协副主席，中国书法家协会会员，高级创作员。其作品入选全国第八届中青年书法篆刻家作品展，在《中国书法》等数10种报刊发表，被选入26部专集，先后在全国书法大赛中获金奖6次，银奖12次。出版的专著《行草墨迹》《金希明书法选》，曾作为中国书法获奖代表团成员出访朝鲜进行表演交流，作品在日本、韩国展出并出版。在国家、省级报刊发表纪实文学和编著志书70余万字，获甘肃省自学成才奖、首届敦煌文艺奖。

窦希龙 开边镇羊千塬村人，1954年生，中国楹联协会会员、甘肃省书法家协会会员、美术家协会会员，兰州《西部书画》社社长。1970年应征入伍，先后任战士、文艺宣传队演员、电影放影员、俱乐部广播员等。1975年退伍，担任县电影队放影员，宣传画《孙悟空三打白骨精》等作品获省、地奖励，书法作品入选全国香港回归中青年书法作品大展，先后获省直属机关、全国书法篆刻大赛优秀奖、和谐之春书法美术摄影大赛二等奖、全国劳动保障系统书法、绘画、摄影大赛三等奖，并入选大赛作品集。

焦宏泽 临泾乡祁焦村人，1953年生，中国书法家协会会员，甘肃省书协会员，曾任临泾中学教师、西峰区文化馆副馆长、党支部书记，庆阳市书协副秘书长，上海居礼轩古玩、字画、艺术品交流中心艺术总监。其书法师承于右任行书，风格遒劲古拙，参加全国各类大赛50多次，获甘肃省书法创作一等奖，有《于右任行书之我见》《于右任行书结字介绍》等论文及书法作品在《中国书法》等报刊发表。

朱安平 屯字镇白马村人，1954年生，副研究馆员。曾任镇原县博物馆、图书馆和文化馆馆长，中国音乐家协会会员，中国美术家协会会员。出版《中国画论》《画梅论》《铁骨梅花》专著3本，发表作品60余幅，作品入围中国美协举办的第六届工笔花鸟等画展，获金奖、优秀奖、创作奖、三等奖，被中国历史博物馆、新加坡大使馆等组织收藏。

王金宝 三岔镇高湾村人，1955年4月生，中国民盟会员，教授，中国音乐家协会、声乐学会会员，广东省音乐家协会理事，肇庆市音乐家协会主席、民盟副主席、政协常委、社科专家库专家。1974年6月西北师范大学音乐系毕业后留校任教，1981年8月任讲师，1993年3月破格晋升为副教授、任硕士生导师、室主任，2000年7月破格晋升为教授、任硕士生导师、室主任。2002年9月任广东肇庆学院音乐系主任、教授，2007年7月任肇庆学院工会副主席（正处级）、音乐学院教授，校教学督导。先后获甘肃省教学成果二等奖、高校青年教师成才奖、高校社科成果一、三等奖及肇庆、南粤市专业技术拔尖人才奖、优秀教师奖。主持完成省级科研项目4项，均获奖。出版教材1部，在国家级刊物发表论文30余篇，被收入《中华成功人才大辞典》等书。

郑国斌　笔名山泉，南川乡川郑村人，1955年11月生，中国书法家协会会员，省书法家协会会员。曾任甘肃省交通厅工程处工会副主席，擅长于小楷和草书，书法作品入围省第一、二、三、四届中青展、中韩书法交流展10多次，获省三、四届中青展三等奖，作品及文章发表于多种报刊。

张绪仁　字延德、笔名仁修、号鹤山道人、老学生。屯子镇寨地村人，1955年9月生，大专学历，为国宾礼特供艺术家，国家一级美术师、中国人民艺术家协会会员、中国书画家协会会员、中国民间文艺家协会会员、中国书画研究院理事、世界艺术家协会副主席、中国书画艺术交易中心常务副主席、中国国画院西北画院常务副院长、全国名人艺术界联合会委员、中华国礼中心、中华国礼书画院特邀书画名家等。作品及事迹入编《二十一世纪人才库》。曾被中央电视台、中国新闻网《名家对话》专题报道、甘肃电视台、等多家电视台报道，文艺报《艺术人生》栏目人物专访、香港《大公报》及各大网站、媒体、报刊报道。

常文海　镇原县人，1957年6月生。天水师范学院音乐学院系主任，西北师范大学音乐学院兼职教授，教育部教学委员会成员，甘肃省政协委员，中国音乐家协会会员，天水市音乐家协会副主席。出版发行《电子琴技法教程》等专著，并在《钢琴艺术》等杂志发表论文数10篇。先后获甘肃省优秀园丁奖。

贾嵋铭　屯字镇屯字村人，1958年10月生，中国音乐家协会会员，庆阳市文化馆副研究馆员，市音乐家协会主席，在国家级、省级刊物发表创作歌曲50余首。2002年，歌曲《飞天》在中国音协举办的中国民族歌曲创作大赛中获银奖。2003年，《黄河边的"花儿"手》获中国音协"中国民族百首金歌"金奖。2004年中国音协举办的"首届词曲新作征集评奖"活动中，《咱老支书的这双手》获词曲新作"晨钟奖"。

常宁男　镇原县人，1961年9月生，兰州石油化工公司记者站站长，中国摄影家协会会员，甘肃省青联委员、青年摄影家协会副主席。先后入选首届上海国际影展及中国丽水国际摄影大奖赛、第十届国际影展及第三届海峡两岸摄影艺术摄影画册等展百余次，获铜牌奖、优秀奖等奖项，作品《老伴》在匈牙利举行的国际影联第27届摄影展上，为中国捧回摄影世界杯。

张　锋　城关镇东关村人，1963年4月生，中国书法家协会会员，镇原县书协主席。书法作品先后入围首届普洱茶乡书法艺术节全国书法展、全国第九届书法篆刻展、第三届书法兰亭奖、首届西部书法篆刻展、甘肃书法晋京展、第二届书坛新人新作展、第二、三届书法张芝奖展、中华人民共和国建国五十周年甘肃书法篆刻展多次，获优秀奖、一等奖5次。

阎文博　新城乡南坡村人，1963年6月生，中共党员，中校军衔，中国摄影家协会会员。1982年入伍，任云南老山前线、兰州军区政治部编辑、记者，发表文学、新闻作品50多万字，发表新闻、艺术图片2000多帧，著有新闻作品集《西望军旅》。立三等功2次，二等功1

次，获甘肃省好新闻一等奖、第六届全国好新闻一等奖、全国潜电杯新闻摄影比赛二等奖、《解放军报》好新闻竞赛三等奖、全国晚报社新闻大赛三等奖、中国新闻三等奖等奖项，多次被集团军和兰州军区评为先进新闻工作者、优秀干部、优秀共产党员。

郑墨泉 南川乡川郑村人，1966年生。西安美术学院毕业。中国书法家协会会员，陕西省书法院常务副院长兼秘书长、书画院副院长、美术家协会会员、书法家协会理事、篆刻委员会副主任。书画作品先后入选第四届中国艺术节书法展、第四届全国篆刻艺术展等10多次国内外大展。在全国20多家书画专业报刊发表论文、篆刻、书画300余幅(篇)，书法刻碑立于石林、翰园、太白等碑林。先后获西泠印社第四届篆刻评展最高奖、九九国际美术大展特别奖、书法报社第二届黄鹤奖大展优秀奖等。

王世奇 临泾乡石羊村人，1966年7月生。中国化学学会会员，镇原中学高级教师。辅导学生参加全国化学竞赛，4次获得省级名次，其被中国化学学会授予优秀辅导教师。先后在《中国教育教学研究》等刊物发表论文20余篇，并载入《中国教育文库》。参编《学习·应用·创新·全程引导》一书。

王博如 南川乡和平村人，1966年7月生，中国书法家协会会员，宁夏书法家协会理事，银川市书法家协会副秘书长。作品发表于《中国书画报》《书法报》《书法导报》等。2005年入展《第五届中国书坛新人展》，获宁夏书协举办的各种重大展览二、三等奖多次。2006年元月，宁夏书协授予优秀书法家。

张　维 太平镇老庄村人，1968年8月生，中共党员，大学学历，中国书法家协会会员，西安中国书法艺术研究院荣誉院长。作品收藏于英国皇家艺术博物馆、中国革命历史博物馆，碑刻于40余处名胜碑林。入选全国著名书法家作品展、全国六届中青年书法展等，曾应邀参加北京钓鱼台国宾馆、华西宾馆书艺表演及文艺创作座谈会，先后在新疆、唐山、北京中国美术馆、日本横滨美术馆举办书画展或与人联合举办书画展。出版《张维书法作品集》3部，被刊入《中华名人录》。

段彩霞 女，艺名山丫儿，临泾乡祁庙村人，1970年生，中共党员，中国民间文艺家协会会员，中国民间文艺家剪纸艺术委员会会员，中国国际剪纸协会会员，中国民间剪纸艺术大师。剪纸作品多次在《人民日报》《甘肃农民报》《甘肃科技报》等报刊上发表。甘肃电视台、庆阳市电视台及镇原县电视台先后对她作专访报道。创作的剪纸作品《母亲的心愿》《生命之花》等，被参加第十届全国人代会的甘肃代表送给国务院总理温家宝和全国人大常委会原委员长李鹏。剪纸册被人大副委员长许嘉璐、农业部副部长危朝安收藏，受到国家领导人的高度赞扬。作品被日本、美国、马来西亚、匈牙利等国专家人士青睐与收藏。成功参加人类非物质文化遗产代表作名录—中国剪纸艺术展、国际非物质文化遗产节、首届中国农民艺术节及首届庆阳农耕节、兰洽会和中国庆阳民俗文化香包节等学术研讨与作品展示活动。

张永琦　开边镇人，1971年生，曾任环县地税局局长，中国书法家协会会员、甘肃省作协会员、庆阳市书协副秘书长、学术委员会副主任。书法作品曾入展首届全国公务员书法大展、第五届中国书坛新人新作展、首届全国行书、草书大展、纪念傅山诞辰400周年全国书法艺术展、中国书画小品展等。

张　波　太平镇大岘村人，1973年4月生。结业于黑龙江三江美术学院。为中国书法家协会会员、甘肃书协权益保障委员会委员、政协庆阳市第三届委员会委员。书法作品多次入展获奖全国大展，并获全国首届“张芝奖”大展最高奖，甘肃书协最高奖励基金。

马立武　笔名碧泽，斋号正居，上肖乡净口村人，1973年12月生，中国书法家协会会员，甘肃省书法家协会行书专业委员会委员，庆阳市书法家协会篆刻委员会委员。作品入选全国书法展多次，获中国书法家协会书法培训中心教学成果展三等奖，发表于《中国书法报》等刊物。

宁金鹏　笔名阿鹏、江风，字子仲，号逸梅斋主，屯字镇屯字村人，1975年生，中国书法家协会会员，民进陕西省开明书画院副院长，陕西省硬笔书法家协会理事兼青少部副主任，甘肃省书法家协会会员。作品入选全国第二届青年书法篆刻展、全国第二届隶书展，先后获全国第二届硬笔书法展三等奖、首届全国书展最高奖1项、一等奖1项、二等奖2项、三等奖2项，数百副书法作品发表于《书法报》《书法导报》等专业报刊。

惠富君　女，临泾乡包庄村人，1976年7月生，大专学历，中国民间剪纸艺术大师，庆阳剪纸省级传承人，庆阳市政协委员、庆阳市文联民间艺术家协会理事、东西方艺术家协会会员、中国文艺家协会会员、中国民间剪纸研究会会员。代表作品有《生命树》《坐莲娃娃抓海棠》《二龙戏珠》《生命之光》等。其剪纸深得其外祖母祁秀梅大师真传，被东西方艺术家协会(纽约)民俗委员会、剪纸艺术家协会授予“东西方杰出的民间剪纸传承艺术家”。1995年8月被全国妇联评为“中华巧女”。

佟红梅　女，三岔镇人，1977年9月生，研究生学历，国家一级演员，“梅花奖”得主。1990年在镇原县剧团工作，1995年调甘肃省陇剧团扮演旦角，中国戏剧家协会会员、戏曲现代戏研究会会员，代表剧目有《黄花情》《古月承华》等10余部，先后获中国上海戏剧艺术节《白玉兰》主角奖，文化部中国绝技绝活表演金奖，省青年演员大奖赛一、二等奖，中国剧协表演金奖、一等奖、优秀表演奖，省飞天奖。

董小宁 笔名董大，斋号雍宝堂，屯字镇阳宁村人，1979年10月生。中国书法家协会会员，甘肃省书法家协会行书专业委员会委员，庆阳市书法家协会理事、副秘书长。书法作品入围第三届中国书法兰亭奖尧山杯新人展、第二届中国西部书法篆刻展、全国第一、二届篆书展等，先后获书坛新秀入围奖、省第三届张芝奖一等奖、首届书法篆刻展二等奖、第五届中青年书法展提名奖、羲皇杯全省楷书展三等奖，书法作品被国家、省美术馆收藏，刊登于《书法导报》等报刊。

路永仁 太平镇南庄村人，1982年11月生，中共党员，当代军旅画家。1999年入伍，在中国人民解放军总装备部酒泉卫星发射中心服役，后任中心政治部俱乐部主任，长期从事艺术创作。2002年就读于解放军艺术学院，2009年入选中国美术家协会会员、甘肃省美术家协会会员，兼任解放军总装备部美术书法研究院画家、北京“陇风堂”艺术联盟总监。其西北题材的绘画作品独具特色，多次入编于专业画集、报刊、杂志，国画《山上的风》《西北风吹无限景》《厚土高天》《风从坡上刮过》等作品获参加全国展览并获奖。

第三节 人物表记

一、获部级奖励人员

姓　名	籍　贯	工作单位	荣誉称号	表彰时间	表彰单位
段克明	新集王寨	华池柔远小学	社会主义建设积极分子、模范教师	1960.01	全国总工会、全国妇联、共青团中央
马佐才	屯字白马	兴华职业中学	五好教练员	1966.05	国家体委
			国家一级裁判员	1982.11	国家体委
			“祥云体育杯”学校体育知识有奖活动纪念奖	1999.03	国家体委、教委
牛治梅(女)	庙渠孙寨	庙渠孙寨	“三八”红旗手	1979.01	全国妇联
秦海前	开边开边	开边文化站	全国农村文化艺术先进工作者	1981.12	文化部
李绪堂	屯字马堡	孟坝小学	全省优秀教师	1957.02	省人委
		寨地小学	园丁奖	1983.05	全国少儿工委
高步云	河南省偃师县	县体委	全国优秀裁判员	1983	国家体委
申启厚	平泉洪河	长庆石油勘探局油田建设工程总公司	劳动定员、定额先进工作者	1983	石油工业部
苟能香(女)	上肖南李	上肖南李	“三八”红旗手	1983.03	全国妇联
张生虎	屯字	天祝师范	在少数民族地区长期从事科技工作	1983	国家民委、劳动人事部、中国科协
张万良	临泾	华池县柔远小学	全国优秀班主任	1983	教育部、省政府

荀月兰(女)	屯字阎沟	屯字阎沟	“三八”红旗手	1983.03	全国妇女联合会
袁桂林	山东省青岛市	农机局技术推广站	农技推广先进个人	1983	农业部
沈致发	新城	天祝县华藏苗圃	先进个人	1983.07	人事部
田国基	屯字田岭	镇原中学	“五讲四美为人师表”优秀教师	1983.04	教育部、全国教育总工会
张丛杰(女)	屯字马堡	县粮油供应站	全国商业劳动模范	1983.05	商业部
张鸿儒	南川河李	镇原中学	体育传统项目学校先进工作者	1983.11	国家体委、教育部
王岐山	上肖	地区运输公司	安全行车百万公里先进个人	1984	交通部
蒋德淑(女)	浙江海宁峡石街	县第一人民医院	“预防保健造福国家人民”证书、勋章	1984	卫生部
崔长征(女)	山东莱阳	县幼儿园	全国优秀班主任	1984	教育部
史文彰	中原姜白	中原姜白	边陲儿女奖	1985	共青团中央
刘国顺	城关富坪	兰州八中	全国优秀教师	1985	教育部
张攀智	三岔庄门	三岔庄门	绿化祖国突击手	1985	共青团中央
张宏渤	城关莲池	国家粮油储备库保卫科	边陲优秀儿女	1985.05	共青团中央
高凌(女)	孟坝西壕	城关镇政府	全国计划生育先进个人	1986.03	国家计生委
刘有业	武沟	县农业局	全国先进工作者	1987	农牧渔业部
杨国越	开边白马寺	县统计局	全国工业普查先进工作者	1987	国务院工业普查领导小组办公室
张正杰	孟坝王地庄	县工商局	全国优秀工商管理人员	1987	工商行政管理总局
窦立忠	临泾	县经计委	全国工业普查先进工作者	1987.08	国务院全国工业普查领导小组
李护贤	南川河李	镇原中学	全国体育传统项目学校先进工作者	1987.08	国家教委、体委
常巧梅(女)	庙渠常埝	县第一人民医院	全国模范护士	1988.05	卫生部
金生濑	太平石崖	长庆西安泾河工业园	红旗少先大队	1988	全国少工委
吴万寿	孟坝西壕	孟坝西壕	防止民间纠纷激化工作二等奖	1988.09	司法部
陈建民	开边陈坪	开边中学	省园丁奖	1989.09	教育部、国家体委
杜金奎	孟坝峁合	孟坝中学	全国优秀教师	1989.09	国家教委、人事部、全国教育工会
耿 睿	平泉马洼	新城小学	全国优秀教师	1989.09	教育部、人事部
段顺永	城关	县气象局	优秀测报员、双文明先进个人	1989	国家气象局
孙慧芳(女)	宁县新宁	平泉中学	全国优秀卫生工作者	1989.11	国家教委
张惠芬(女)	新城阎寨	平泉幼儿园	全国优秀教师	1989	国家教委
刘文辉	城关	县畜牧兽医局	草原治虫灭鼠先进工作者	1990.01	农业部
杜时春	新城杜寨	县科协	农函大先进工作者	1990.03	中国科协
			全省农村形势教育基层建设先进个人	1990.02	省委、省政府
李仲录	太平枣林	太平农电站	全国优秀计划生育工作者	1990.11	国家计生委、人事部
张学儒	马渠景塬	县人大常委会	国家级先进个人	1990.12	国务院人口普查领导小组
陈会玺	开边陈坪	县林技推广中心	实施“温饱工程”先进工作者	1990.12	农业部

续表 1

姓名	籍贯	工作单位	荣誉称号	表彰时间	表彰单位
张维先	屯字川口	东街小学	全国优秀体育裁判员	1990.05	国家体委
陈维新	中原武亭	县公安局	三等功	1990.03	公安部
慕隆重	太平老庄	太平老庄	全国农民青年星火带头人	1991	共青团中央、国家科委
王仓芳	武沟冯埝	县土地储备中心	全国土壤改良工作先进个人	1991	农业部
张琢	镇原县	崇信中学	全国优秀教师	1991	人事部
席惠娥(女)	新集王寨	县百货公司	全国助残先进个人	1991.05	中宣部、人事部、全国妇联等8部门
杜元有	上肖南李	上肖广播放大站	全国广播电影电视系统先进工作者	1991.12	人事部、广播电影电视部
王维国	镇原县	平凉市国税局	全国税法宣传先进工作者	1992	国家税务局
马清鹏	镇原县	白银公司中学	全国优秀教育工作者	1992	教育部
张丰	城关常山	华亭县水利局	全国水土保持先进个人	1992	水利部
张万世	郭原王沟圈	县土畜产公司	全国商业先进工作者	1992	商业部
慕少卿	太平老庄	县种子公司	全国振兴农业先进个人	1992.01	农业部
赵燕芳(女)	中原		全国拥军优属模范	1992.07	民政部
苟红岩	孟坝东庄	孟坝中学	全国优秀体育教师	1992.08	人事部
田树智	屯字田岭	县老区建设办公室	全国省柴节煤工作先进工作者	1993.1	国家计委、农业部
刘凤玺	开边兰岔	县民政局	全国残疾人三项康复工作先进个人	1993.09	国务院残疾人工作协调委、卫生部等10部委
马超麟	屯字双合	镇原一中	全国优秀教育工作者	1993.09	国家教委、人事部
郑政模	湖南省祁阳县	镇原中学	全国教育系统劳动模范	1993.09	国家教委、人事部
左荣科	屯字曹路	屯字镇政府	全国农牧渔业丰收奖	1993.09	农业部
何培智	新城杜寨	新城杜寨卫生所	全国优秀乡村医生	1993.01	卫生部、健康报社、中国农村卫生协会
郑好温	屯字曹路	县老区建设办公室	全国省柴节煤工作先进工作者	1993.01	国家计委、农业部
田常瑞	平泉	县检察院	为检察事业做出贡献奖	1993.05	最高人民检察院
			一等功	1995.01	最高人民法院
苟建军	上肖杨城	县公安局	全国优秀人民警察	1994.04	公安部
毛效明	上肖	县财政局	全国税收财务物价大检查先进个人	1994.04	国务院税收财务物价大检查办公室
夏金弟	屯字	屯字阳宁	农村青年星火带头人	1994.08	共青团中央
朱世强	屯字	临泾乡政府	全国农牧渔业丰收奖	1994.08	农业部
张银东	城关路坡	城关祁川小学	希望工程园丁奖	1994.09	共青团中央
王乃林	新城耿沟	县畜牧局	丰收一等奖	1994	农牧渔业部
刘富宽	城关东关	县乡镇企业供销公司	全国乡镇企业供销系统优秀供销员	1994	农业部
杜金凤(女)	新城杜寨	县计划生育委员会	万例手术无事故先进个人	1994.12	卫生部

梁随东	屯字田岭	屯字中学	全国优秀教师	1995.09	教育部、人事部
刘希贤	平泉	县乡镇企业管理局	全国优秀统计工作者	1995.1	农业部
王好悟	镇原	华亭县统计局	全国人口抽样调查先进个人	1996	国家人口抽查办公室
王明泽	镇原	平凉市城建局	全国城建监察先进个人	1996	建设部
杨发奎	郭原西杨	彭阳县第二小学	推行国家体育标准先进个人	1996	教育部、体育总局
段少峰	城关高庄	县公安局	一等功	1996.05	公安部
席文选	开边	县民政局	全国人口抽样调查先进个人	1996.08	全国人口抽样调查办公室
祁勤礼	城关祁川	县统计局	人口抽样调查国家级、第一、二次全国基本单位普查、第二次全国农业普查先进个人	1996	农业部、全国基本单位普查办、国家人口抽查办
				1997	
				2003	
				2007	
李集义	镇原县	华亭县教育局	锻炼标准试行先进工作者	1997	国家体委、教委
姚启宝	新集姚河	孟坝中学	一级优秀裁判员	1997.01	国家体委
强宗芳	新集	县财政局	鼓励奖	1997.12	财政部
郑森林	南川川郑	镇原中学	教育系统劳动模范	1998	人事部、教育部
安　容	平泉安大庄	定西地区疾病控制中心	全国教育系统劳动模范	1998.09	国家教委、人事部、中国教育工会
牛相成	新集大湾掌	陕西省公安消防总队	抢险灭火勇士	1998.03	公安部、陕西省政府
曹万相	新城曹城	县物价局	农产品成本调查工作优秀个人	1999	国家计委
王忠信	屯字官亭	县农业技术推广中心	全国农牧渔业丰收一等奖	1999	农业部
张文彬	镇原县	华亭县环保局	乡镇工业污染源治理先进个人	1999	国家环保总局
焦祥龙	郭原唐坬	县公安局	优秀人民警察	1999.03	公安部
姚兆祥	孟坝王湾	庆阳一中	全国普教老有所为先进工作者	1999.04	国家教委
李兰芳(女)	太平马南庄	太平小学	烛光奖	1999.09	教育部、中华慈善总会
刘继章	临泾	临泾小学	烛光奖	1999.09	教育部、中华慈善总会
李世昌		孟坝畜牧兽医站	全国农业技术推广先进工作者	1999.12	农业部
赵文怀	孟坝何范	县水保局	全国先进工作者	1999.12	水利部
申存瑞	城关路坡	县公安局	全国优秀人民警察	2000	公安部
			全国优秀公安监所所长	2007	公安部
白晓霞(女)	屯字寨地	长庆医院	先进女职工	2000.03	全国总工会
马思宝	平凉	镇原公路段	交通系统劳动模范	2001	人事部
刘德龙	城关常山	镇原中学	中小学外语教师园丁奖	2001	国家教委
秦维善	平泉秦铺	县农业局	全国法制宣传教育先进个人	2001.05	中共中央宣传部、司法部
祁全新	太平兰庙	孟坝中学	青少年生物和环境科学实践活动优秀组织奖	2001.08	中科协、教育部、环保总局、自然科学基金委员会

续表 2

姓　名	籍　贯	工作单位	荣誉称号	表彰时间	表彰单位
刘晓英(女)	中原何曹	固原一中	骨干教师	2001	教育部
路忠军	屯字	县公安局	公安系统治爆缉枪专项行动先进个人	2002.01	公安部
刘志报	中原	县统计局	第五次全国人口普查先进个人	2002.02	国务院第五次全国人口普查领导小组
张元俊	城关莲池	城关莲池	农村青年创业带头人	2002.04	共青团中央
岳生金	方山	庙渠乡党委	沙棘生态建设与开发先进个人	2002.01	水利部
刘辰珠	平泉	县教育局	优秀少先队中队辅导员	2003.05	中国少年先锋队全国工作委员会
贾元庆	临泾	县公安局	全国反假币工作先进个人	2004	国务院反假币工作联席会议
			全国优秀人民警察	2005	公安部
			全国特级优秀人民警察	2006	公安部、人事部
赵廷昌	上肖	县妇幼保健站	全国先进个人	2004.03	卫生部
安桂芳(女)	开边陈坪	开边陈坪	孝亲敬老楷模提名奖	2004.05	中国老龄委
祁志修	镇原	白银市质监局	全国质量监督检验检疫工作先进个人	2004	国家质监局
王进仁	屯字官亭	县农机局	小麦跨区机收先进个人	2005	农业部
刘丽君(女)	上肖净口	华东蓝星清洗分公司	中国化工先进个人	2005	化工部
徐文德	新城	县统计局	全国人口抽样调查先进个人	2005.12	国务院全国1%人口抽样调查领导小组
李育效	上肖	屯字中学	全国优秀教师	2007	教育部
白富秀(女)	殷家城桑树坬	殷家城桑树坬	全国扶残先进个人	2003.09	国务院残工委、国家人事部、中宣部、中国残联、解放军总政治部
			全国“三八”红旗手	2006	全国总工会、全国妇联
张效文	开边		全国2006年创业之星	2006.05	国务院发展研究中心
张发海	临泾祁庙	县物价局	第二次全国农业普查先进个人	2006.01	国务院抽样调查领导小组办公室
包新安	屯字包城	长庆局一中	全国优秀教师	2007	教育部
张亚丽(女)	临泾桃园	县委党校	全国家庭教育工作先进个人	2007.08	全国妇联、教育部
董光华	屯字包城	县广播电影电视局	国家广电系统先进个人	2008.01	国家广电总局
张高泰	临泾祁庙	临泾祁庙	第二次全国农业普查先进个人	2008.04	国家统计局、国务院第二次全国农业普查领导小组办公室
许旺成	太平	太平镇政府	人口保健师	2009.12	国家计生委
祁彩娟(女)	郭原寺沟	县疾控中心	全国工人先锋号	2009.04	全国总工会
李甲琪	屯字田岭		全国科普惠农兴村带头人	2010	中国科协
赵　星	上肖	孟坝中学	全国教育科研优秀教师	2010.01	教育部
杏宝丹	新集刘大岔	县司法局	全国模范人民调解员	2010.05	司法部
王自有	孟坝	县第二人民医院	全国乡镇卫生院优秀院长	2010.09	中国农村卫生协会
慕志明	新集吴塬	王寨中学	创新论文优秀奖	2010.11	中央电化教育馆
焦永勤	临泾桃园	县计生局	全国计划生育协会先进个人	2010.12	中国计划生育协会
祁正贤	城关祁川	青海科技情报研究所	科技成果进步二等奖		国家科委、农委

二、获省级及相当省级奖励人员

姓　名	籍　贯	工作单位	荣誉称号	表彰时间	表彰单位
刘积安	临泾包庄	中国人民志愿军	人民功臣	1951.04	省委、省政府
杨文斌	三岔榆杨湾	县商业局	全省先进生产工作者	1956.06	省委、省人委
陈世元	上肖梧桐	上肖梧桐	全省畜牧兽医先进生产者	1956	省人委
朱　璞	平泉黄岔	平泉慕堡小学	先进生产者	1956.03	省人委
张有岐	郭原王嘴	玉门市冷库驻西安办事处	邓宝珊奖	1956.03	省人委
朱士英	镇原县	东关小学	全省优秀教师	1957	省人委
张廷珏	太平何湾	华池第二完小	全省优秀教师	1957	省人委
史仲度	西峰董志	镇原中学	全省优秀教师	1957.02	省人委
慕文宗	南川	阎寨小学	全省优秀教师	1957.02	省人委
杜若愚(女)	新城杜寨	庄浪一中	全省优秀教师	1957.02 1982	省委、省政府
常文广	庙渠常埝	马渠小学	全省优秀教师	1957.02	省人委
			省园丁奖	1987	省委、省人委
路顺魁	镇原县	平凉地区人行	全省先进工作者	1958	省人委
安会先	南川和平	县榨油厂	全省先进生产工作者	1959.1	省委、省人委
闫永锐	三岔吕马岔	县商业局	全省先进工作者	1959.10	省委、省人委
马茂元	屯字	屯字中学	省文教群英会先进个人	1960	省人委
耿耀斌	临泾耿塬	平凉市杨庄夏寨学校	省园丁奖		省委、省人委
兰　杰	太平		省文教群英会先进个人	1960	省人委
任正刚	城关	镇原二中	省文教群英会先进个人	1960	省人委
白相群	中原	新城公社管委会	省文教群英会先进个人	1960	省人委
方树华	西峰肖金	东街小学	省文教群英会先进个人　全国劳模	1960	省人委　全国总工会
姜惠贤	临泾	环县刘家湾小学	社会主义建设积极分子	1964	中共中央西北局
刘自治	肖金夏刘	上肖公社党委	全省先进工作者	1964	省委、省人委
夏昌儒	屯字阳宁	阳宁初中	五好青年	1964.09	省委
梁敦厚	屯字田岭	环县耿湾税务所	五好六好奖章一枚，奖状一面	1966.03	省人委
路尚诚	屯字曹路	屯字曹路	省级劳动模范	1975	省委、省人委
马书学	屯字阳宁	屯字阳宁	全省治保积极分子	1978	省革委会
王淑娴(女)	北京	县第二人民医院	全省先进工作者	1978	省革委会
张秉清	新集永丰	县印刷厂	工业学大庆先进代表	1978	省革委会
陈述鹏	城关金龙	县建筑公司	省工业学大庆先进生产者	1978.08	省委、省革委会
王得力	新城	华池县第一人民医院	全省计划生育先进工作者	1978.08	省政府
杨万福	孟坝醴坳	县农副公司	财贸服务质量先进个人	1979.03	省革委会

续表 1

姓　名	籍　贯	工作单位	荣誉称号	表彰时间	表彰单位
陈进科	屯字阎孟	县电力局	新长征突击手	1979.01	省委、省政府
焦永孝	临泾祁焦	临泾祁焦	全省计划生育先进工作者	1980.02	省政府
			全省优抚工作先进个人	1984.07	省委
			全省优秀共产党员	1991.07	省委
卢永禄	屯字	曙光卫生院	全省计划生育工作先进个人	1980.02	省政府
李芙英(女)	三岔	县第一人民医院	全省计划生育先进个人	1980.02	省政府
唐太瑞	新集	新集卫生院	全省计划生育先进工作者	1980.02	省政府
苟能香(女)	上肖南李	上肖南李	省劳模、“三八”红旗手	1980	省委、省政府
窦兴华	太平王庄	太平公社王庄生产队	省劳模	1982	省委、省政府
郭克家	上肖六条路	上肖公社六条路生产队	省劳模	1982	省委、省政府
郭玉成	城关金龙	城关公社郭堡生产队	省劳模	1982	省委、省政府
路荣科	武沟	武沟公社庄塬生产队	省劳模	1982	省委、省政府
王玉玺	新城高庄	新城公社高庄大队林场	省劳模	1982	省委、省政府
张丛杰(女)	屯字马堡	县城粮油供应站	省劳模	1982	省委、省政府
张应忠	殷家城张家庄	殷家城张家庄	省劳模	1982	省委、省政府
赵全义	南川北庄	南川北庄	省劳模	1982	省委、省政府
刘志仁	平泉		全省先进生产者	1982.11	省政府
苟志学	庙渠	三岔中心卫生院	全省卫生战线先进工作者	1983	省政府
李贵川	太平兰庙	太平兰庙	全省计划生育先进工作者	1983	省政府
田荣(女)	屯字田岭	县第一人民医院	计划生育工作中成绩卓著者	1983.03	省政府
王万珍	屯字阳宁	屯字镇政府	全省计划生育先进工作者	1984	省委、省政府
贾小平	孟坝		全省先进个体劳动者	1984.03	省政府
杜永红	上肖净口	上肖净口	全省优抚对象先进个人	1984.07	省政府
杜　涛	中原原峰	中原原峰	全省种草种树专业户先进典型	1984.12	省委、省政府
芦登银	三岔周家庄	三岔周家庄	全省种草种树专业户先进典型	1984.12	省委、省政府
马联贵	上肖北庄	上肖北庄	全省种树种草专业户先进典型	1984.12	省委、省政府
孟伯仁	武沟大岔	武沟大岔	全省种树种草专业户先进典型	1984.12	省委、省政府
慕　锋	孟坝		全省种树种草专业户先进典型	1984.12	省委、省政府
张万堂	殷家城	殷家城桑树坬	全省种草种树专业户先进典型	1984.12	省委、省政府

徐振甲	郭原		全省种草种树先进个人	1984.12	省政府
窦丕烈	临泾石羊	镇原中学	全省优秀教练员	1984.12	省委、省政府
张耀邦	马渠	马渠	全省种草种树先进个人	1985	省政府
田文祥	平泉	平凉师范	全省民族团结先进个人	1984.01	省政府
王克明	新城新城	新城中学	省园丁奖	1986.09	省委、省政府
姚兆祥	孟坝王湾	庆阳一中	全省军队转业干部先进个人	1986.08	省政府
贺　骏	城关莲池	孟坝中学	省园丁奖	1986.09	省委、省政府
李世恪	屯字马堡		省园丁奖	1986	省委、省政府
高凌(女)	孟坝西壕	城关镇政府	全省计划生育先进个人	1986.05	省政府
李鸿儒	太平兰庙	孟坝中学	全省先进教育工作者、省园丁奖	1986	省委、省政府
				1987	省委、省政府
刘秉金	开边	武沟渠口小学	省园丁奖	1988	省委、省政府
陈金钗(女)	上肖净口	上肖净口	全省敬老好儿女	1988	省政府
赵书珩	庙渠文夏	县疾病预防控制中心	全省文明青年	1988.02	省委
王邦泰	中原赤马	湫池教委	省园丁奖	1988.09	省政府
王得平	城关	城关路坡小学	省园丁奖	1988.09	省委、省政府
杨天惠	平泉	平泉中学	省园丁奖	1988.09	省委、省政府
朱建国	镇原	平凉一中	省园丁奖	1989	省委、省政府
刘主邦	上肖净口	上肖净口	售粮模范户	1989.06	省政府
王学君	屯字双合	省第四建筑工程公司	省劳模	1989.05	省政府
李维太	镇原县	平凉市崆峒区教育局	省园丁奖	1989.09	省委、省政府
丁菊(女)	河南孟津	县幼儿园	省园丁奖	1989.09	省委、省政府
何俊林	新城杜寨	县教育工会	省园丁奖	1989.09	省委、省政府
刘熙仓	开边耿沟	城关莲池小学	小学特级教师	1989	省政府
金书生	太平柳嘴	镇原中学	省园丁奖	1989.09	省委、省政府
秦启佑	南川和平	县教育局	省园丁奖	1989.09	省委、省政府
王成玉	平泉	平泉中学	省园丁奖	1989.09	省委、省政府
王志强	城关莲池	县教育局	省园丁奖	1989.09	省委、省政府
徐生奎	屯字		省园丁奖	1989.09	省委、省政府
张永丰	三岔董渠	三岔中学	省园丁奖	1989.09	省委、省政府
祁全世	城关	屯字中学	省园丁奖	1989.01	省委、省政府
张险峰	临泾席沟圈	孟坝中学	省园丁奖	1989.01	省委、省政府

续表 2

姓　名	籍　贯	工作单位	荣誉称号	表彰时间	表彰单位
张惠芬(女)	新城阎寨	平泉幼儿园	小学特级教师	1990	省政府
王立秀	镇原	平凉特殊教育学校	省园丁奖	1989.09	省政府
任步珍	孟坝峁合	县委党校	全省干部教育优秀教师	1989.09	省委组织部
			全省干部教育培训先进工作者	2001.02	省委组织部
李发荣	新集	长庆油田	军队转业干部先进个人	1990	省政府
马有明	方山	县教育体育局	全省优秀德育工作者	1990.09	省委、省政府
马振廷	屯字	屯字阳宁小学	全省优秀德育工作者	1990.09	省委、省政府
杏克俭	郭原毛庄	郭原中学	全省优秀德育工作者	1990.09	省委、省政府
张万厚	临泾祁庙	临泾小学	全省优秀德育工作者	1990.09	省委、省政府
李俊华	城关金龙	东街小学	小学特级教师	1990.12	省政府
段德学	城关高庄	县法院	优秀军转干部	1990.01	省委、省政府
张维先	屯字川口	东街小学	小学特级教师	1996.07	省政府
陈维新	中原武亭	县公安局	全省社会治安综合治理先进工作者	1991.01	省委、省政府
申　玳	城关莲池	庆阳师范学校	省园丁奖	1991	省委、省政府
孙作正	镇原	平凉市林业局	全省造林绿化先进个人	1991	省委、省政府
张三英	城关	正宁县教育局	省首批优秀中学校长、省园丁奖	1991	省委、省政府
陈　宏	中原	中原武亭小学	省园丁奖	1991.09	省委、省政府
高进明	屯字太阳	屯字阳宁小学	全省优秀教师、省园丁奖	1991.09	省委、省政府
耿汉德	平泉	镇原中学	省园丁奖	1991.09	省委、省政府
郭昌和	太平	孟坝中学	省园丁奖	1991.09	省委、省政府
贾正义	屯字	曙光中学	省园丁奖	1991.09	省委、省政府
袁自宏	武沟	武沟陈山庄小学	省园丁奖	1991.09	省委、省政府
贾永乐	临泾席沟圈	东街小学	省园丁奖	1991.09	省委、省政府
			小学特级教师	2000.12	省政府
姚廷隆	中原	平泉镇政府	全省乡镇企业家	1992.04	省政府
陈宗德	中原	平泉中学	省园丁奖	1992.07	省委、省政府
董广前	太平	镇原中学	省园丁奖	1992.09	省委、省政府
段桂珍(女)	城关东关	东街小学	省园丁奖	1992.09	省委、省政府
焦浩良	临泾祁焦	临泾石羊小学	省园丁奖	1992.09	省委、省政府
刘世钧	中原	平泉中学	省园丁奖	1992.09	省委、省政府

尚喜福	开边	屯字教委	省园丁奖	1992.09	省委、省政府
张效禄	平泉	平泉中学	省园丁奖	1992.09	省委、省政府
蒋自醒	临泾十里墩	庆阳老区扶贫开发总公司	全省两西建设扶贫开发先进个人	1992.11	省政府
俱克敏	三岔榆杨湾	三岔榆杨湾	全省两西建设扶贫开发先进个人	1992.11	省政府
张　绥	城关东关	城关镇	全省乡镇企业家	1992.12	省政府
田树智	屯字田岭	县老区建设办公室	全省扶贫开发先进个人	1992.12	省政府
杨千虎	新城耿沟	长庆油田建工总公司	全省劳动模范	1993	省委、省政府
邢玉忠	上肖	上肖南李小学	省园丁奖	1993.09	省委、省政府
赵学文	临泾路壕	东街小学	省园丁奖	1993.09	省委、省政府
陈　岗	开边	镇原中学	省园丁奖	1993	省委、省政府
刘锡荣	城关莲池	县石油公司	省劳模	1994.04	省委、省政府
刘治鹏	太平	县果品厂	省劳模	1994.04	省委、省政府
崔长征(女)	山东省莱阳县	县幼儿园	小学特级教师	1994	省政府
曹长珍	新集	新集初中	省园丁奖	1994.09	省委、省政府
郭玉良	中原	平泉中学	省园丁奖	1994.09	省委、省政府
张荣福	临泾包庄	临泾包庄小学	省园丁奖	1994.09	省委、省政府
朱联德	孟坝	孟坝教委	省园丁奖	1994.09	省委、省政府
史国岳	平泉景家	华亭县计生委	全省计划生育先进工作者	1995	省委、省政府
李发玉	太平枣林	县林业局	帮扶工作先进工作队员	1995.01	省委组织部、研究室、省农委等5部门
慕春锋	屯字	屯字白马小学	省园丁奖	1995.09	省委、省政府
秦占丰	临泾	临泾段塬小学	省园丁奖	1995.09	省委、省政府
王继民	孟坝	孟坝中学	省园丁奖	1995.09	省委、省政府
张建玲(女)	南川贺丰	南川贺丰小学	省园丁奖	1995.09	省委、省政府
王正学	新城东庄	县教育局	省园丁奖	1996	省委、省政府
李显锋	中原	县人力资源和社会保障局	全省优秀乡镇长	1996.11	省人力资源和社会保障厅
李含栋	新城曹城	新城曹城小学	省园丁奖	1996.09	省委、省政府
李克斌	屯字曙光	兴华职业中学	省园丁奖	1996.09	省委、省政府
朱尚文	平泉	平泉姜沟小学	省园丁奖	1996.09	省委、省政府
吴福平	孟坝	孟坝王湾小学	省园丁奖	1996.09	省委、省政府
			小学特级教师	2006.07	省政府
王进仁	屯字官亭	县委办公室	全省党政系统优秀机要干部	1996.04	省政府
杜文学	孟坝峁合	县残疾人联合会	全省残疾系统先进工作者	1997	省人事厅、省残联

续表 3

姓　名	籍　贯	工作单位	荣誉称号	表彰时间	表彰单位
惠继斌	新城小岘	县水利局	“121 雨水集流工程”先进工作者	1997.01	省委、省政府
朱麟章	孟坝赵嘴	泾川县教育局	省园丁奖	1997.09	省委、省政府
王志正	城关莲池	城关莲池小学	省园丁奖	1997.09	省委、省政府
沈文绚(女)	新城	新城乡教委	省园丁奖	1997.09	省委、省政府
李周堂	上肖	上肖南李小学	省园丁奖	1997.09	省委、省政府
张效仁	马渠	孟坝中学	省园丁奖	1997.09	省委、省政府
李克俭	城关五里沟	县职业中专	全省职业教育先进工作者	1997.01	省人事厅、省教育委员会
夏希儒	屯字阳宁	县园艺站	全省造林绿化先进个人	1997.01	省政府
苟广缠	上肖杨城	县委政法委	综合治理先进工作者	1997.02	省委、省政府
				2007.01	省人事厅、综治委
郑森林	南川川郑	镇原中学	省园丁奖	1997.09	省委、省政府
刘巨洲	孟坝	县工商联	全省模范个体工商户	1998.07	省委
白成旭	平泉湫池	镇原中学	省园丁奖	1998.09	省委、省政府
窦利民	临泾石羊	镇原中学	省园丁奖	1998.09	省委、省政府
王少华	郭原景塬	县委信访室	全省信访工作先进个人	1998.09	省委办公厅、省政府办公厅
李正科	三岔米家川	三岔小学	省园丁奖	1998.09	省委、省政府
刘喜海	庙渠慕塬	县教育局	省园丁奖	1998.09	省委、省政府
路升学	临泾毛头	县畜牧兽医站	农技推广先进个人	1998.01	省人事厅
张正忠	孟坝王地庄	孟坝王地庄	全省造林绿化先进个人	1999.01	省政府
毛有权	上肖	上肖乡工业公司	全省乡镇企业家	1999.02	省政府
杨明玺	殷家城	殷家城李园子小学	助残先进个人	2000	省政府
张进明	开边兰岔	东街小学	小学特级教师	2000	省政府
常丕毅	庙渠	庙渠中学	省园丁奖	2000.09	省委、省政府
苟来权	上肖	屯字中学	省园丁奖	2000.09	省委、省政府
张建华	开边	开边开边小学	省园丁奖	2000.09	省委、省政府
刘晓英(女)	中原何曹	固原市第一中学	中学特级教师	2001	宁夏回族自治区人民政府
孙志禧	孟坝	孟坝三门嘴小学	省园丁奖	2002.09	省委、省政府
王　佩	郭原寺沟	县职业中专	省园丁奖	2002.09	省委、省政府
安玉谋	郭原	县园林局	全省民政工作先进工作者	2002.11	省人事厅、民政厅
安廷龙	郭原	县民政局	拥军优属先进个人	2003	省委

马东仁	屯字四殿	县教育局	小学特级教师	2003	省政府
刘双兰(女)	南川	县疾控中心	全省防“非典”先进个人	2003.09	省人事厅、卫生厅
李世伟	马渠	平泉初中	省园丁奖	2004.09	省委、省政府
李慧玲(女)	太平	县第一人民医院	青年岗位能手	2004.11	省委、省政府
			全国女职工建功立业标兵	2009.02	中华全国总工会
刘武德	平泉姚川	县人事劳动保障局	全省再就业工作先进个人	2005.01	省政府
李育效	上肖	屯字中学	省园丁奖	2006.09	省委、省政府
巨廷龙	武沟	武沟乡政府	绿化奖	2006	省政府
冉振川	屯字	太平镇党委	省拥军优属工作先进个人	2006.08	省委、省政府、省军区
慕维平	新集永丰	新集王岘子小学	省园丁奖	2006.09	省委、省政府
赵伟涛	新城	新城初中	省园丁奖	2006.09	省委、省政府
康希功	南川上庄	南川上庄	全省优秀党务工作者	2006	省委
俱长军	庙渠六十坪	三岔中学	省园丁奖	2007.09	省委、省政府
郑继隆	南川沟芦	县委组织部	全省优秀党史先进工作者	2008.01	省人事厅、省委党史研究室
阎慧琼(女)	郭原寺沟	县中医院	全省优秀护士	2008.05	省人事厅、卫生厅
张会荣(女)	平泉马洼	县第一人民医院	全省优秀护理管理者	2008.05	省人事厅、卫生厅、红十字会
王勤劳	临泾石羊	县卫生局	全省卫生系统抗震救灾先进个人	2008.07	省人事厅、卫生厅
陈泽学	开边	武沟初中	省园丁奖	2008.09	省委、省政府
段秋兰(女)	城关	东街小学	省园丁奖	2008.09	省委、省政府
魏志璟	太平石泉	孟坝中学	省园丁奖	2008.09	省委、省政府
苏军锋	孟坝工湾	孟坝工湾	省劳模	2010	省委、省政府
张浩平		县邮政局	省劳模	2010	省委、省政府
赵清龙	三岔大塬	县邮政局	全省创先争优优秀共产党员	2010.06	省委
李波兰	武沟	县老干部局	全省老干部先进工作者	2010.08	省委组织部、老干局、省人社厅
李社存(女)	中原	中原小学	省园丁奖	2010.09	省委、省政府
包正刚	临泾包庄	县地志办	全省优秀地方志工作者	2010.11	省人社厅、地方史志办公室
史满洋	太平	新疆兆中物流公司	发展劳务经济工作农民工明星	2010	省政府
田文玺	上肖梧桐	内蒙古阿蒙汇博物贸公司	发展劳务经济工作农民工明星	2010	省政府
张少华	临泾什字	县劳务办	发展劳务经济工作先进工作者	2010	省政府
张相杰	方山金岔	新疆兆中物流公司	发展劳务经济工作农民工明星	2010	省政府
马希武	平泉	平泉教委	小学特级教师		省政府
朱清杰	开边兰沟	马渠中学	省园丁奖		省政府

三、获军区奖励人员

姓　名	籍　贯	工作单位	荣誉称号	表彰时间	表彰单位
常彦峰	庙渠常埝	省农牧厅	二级英模	1950	西北军区
刘纪英	陕西横山	银南军分区	人民功臣	1950	西北军政委员会
路学杰	郭原王沟圈	县供销联社	党史学习模范	1956	兰州军区
杨明中	郭原西杨	兰州第一毛纺厂	先进积极分子	1963	新疆军区
何荣珍	马渠牡丹坬	解放军八〇二三部队	二等功	1965.05	解放军八〇二三部队
			三等功	1966.05	
李天虎	屯字川口	县粮食局	学习毛主席著作积极分子	1966.07	省军区
奥世文	新城	临泾乡政府	百名优秀武装干部	1985.07	兰州军区
张进平	开边开边	35167 部队	红旗车驾驶员	1985	兰州军区
张宏渤	城关莲池	国家粮油储备库保卫科	绿化先进个人	1989	兰州军区
			学雷锋先进个人	1990.03	新疆军区
			新长征突击手	1991	新疆军区
许进财	三岔周家庄	部队	保密工作先进个人	1997.01	解放军三总部
康希功	南川上庄	南川上庄	全省优秀退伍军人	2008	省军区

第四节　人 物 名 录

一、历代科举

邢　宽　元恩赐进士。

邢文举　元恩赐进士。

邢文明　元恩赐进士。

张　几　明正德九年(1514 年)甲戌科进士。

张学道　隆庆五年(1571 年)辛未科进士,刑部主事。

贾继复　清乾隆十三年(1748 年)戊辰科武进士。

刘之蔼　字梧冈,嘉庆二十五年(1820 年)庚辰科进士,翰林院庶吉士,贵州普安同知。

李清鑑　字镜堂,光绪二年(1876 年)丙子恩科进士。

袁池清　字鑑之,光绪十五年(1889 年)己丑科武进士。

张　庸　明景泰九年(1450 年)庚午科举人,罗山知县。

张　麟　景泰九年(1450 年)庚午科举人,工部主事。

赵 渊 成化八年(1472年)壬辰科举人,工科给事。

刘 祥 成化八年(1472年)壬辰科举人,广灵知县。

敬惟寅 成化八年(1472年)壬辰科举人,督察院检校。

胡 顺 成化八年(1472年)壬辰科举人,尉氏知县。

张 瑭 弘治二年(1489年)乙酉科举人,平陆教谕。

许 锦 弘治五年(1492年)壬子科举人。

张 绶 弘治五年(1492年)壬未科举人。

赵 敬 正德六年(1511年)辛未科举人。

段 淳 正德六年(1511年)辛未科举人。

窦 信 正德六年(1511年)辛未科举人。

王 充 正德九年(1514年)甲戌科举人。

陈启聪 正德九年(1514年)甲戌科举人,永平通判。

赵希洛 嘉靖二十二年(1543年)癸卯科举人,成都通判。

李应奇 嘉靖三十四年(1555年)乙卯科举人,历官延庆州知州,初令岳阳,卓有才守,申除驿站,捕弭盗贼,功德及民,民立生祠,后入名宦。

包 暹 嘉靖三十四年(1555年)乙卯科举人。

张学礼 嘉靖三十七年(1558年)戊午科举人,广平通判。

范 源 嘉靖三十七年(1558年)戊午科举人。

脱 颖 嘉靖四十年(1561年)辛酉科举人。

张学诗 嘉靖四十三年(1564年)甲子科举人,太康知县。

沈 源 隆庆五年(1571年)辛未科举人。

杜沛然 万历十九年(1591年)辛卯科举人,介休知县。

李 齐 字巽吾,天启元年(1621年)辛酉科举人,河南开封府通判,与董继舒同修《镇原县志》。

王 统 天启四年(1624年)甲子科举人。

许 芮 清康熙五十年(1711年)辛卯科举人,淳化教谕。

张 科 字登瀛,乾隆十二年(1747年)丁卯科举人。

刘 笃 乾隆十二年(1747年)丁卯科举人,鄜州学正。

张 瀍 字洛西,乾隆七年壬戌科拔贡,二十四年(1759年)己卯科举人。

李如瑶 字维玉,乾隆四十五年(1780年)庚子科举人。

刘化鹏 乾隆四十八年(1783年)癸卯科解元,由大挑补陕西平利训导,有贼匪临城,率众守御,城赖以完,解任后与福建举人陈琚繁同修旧志。

慕佑份 字东中,乾隆四十二年(1777年)丁酉科拔贡,四十八年(1783年)癸卯科举人,晚年主讲中峰书院。

张 璐 字宝臣,乾隆四十二年(1777年)丁酉科拔贡,五十七年(1792年)壬子举人。

贺步元 字履端,嘉庆三年(1798年)戊午科举人。

路维嶷 嘉庆十二年(1807年)丁卯科副贡,嘉庆十三年(1808年)戊辰科举人。

慕廷瑶 嘉庆二十三年(1818年)戊寅科举人。

张树琨 嘉庆二十四年(1819年)己卯科举人,甘州教授。

张钦修 嘉庆二十四年己卯开优贡,道光元年(1821年)辛巳科举人,三水训导。

张云衢 道光十一年(1831年)辛卯科举人,宁夏府灵州学正,道光末年参与修县志。

段跻瀛 道光十二年(1832年)壬辰科举人,甘州训导。

慕甲林 道光五年乙酉科拔贡,十四年(1834年)甲午科举人,成县训导。

张克顺 道光十四年(1834年)甲午科举人。

张克缉 道光十七年(1837年)丁酉科举人,助修县志。

慕启第 道光二十年(1840年)庚子科举人。

张如林 咸丰二年(1852年)壬子科举人,山丹县教谕、平凉府教授。

狄耀林 咸丰八年(1858年)戊午科举人。

张乃曾 咸丰九年(1859年)己未恩科举人。

焦国琢 咸丰十一年(1861年)辛酉科举人。

赵其昌 字槐村,同治十二年(1873年)癸酉科举人,善书法,河州学正,主讲中峰书院暨泾州镜清书院。

许 煌 光绪元年(1875年)乙亥科举人。

慕迪吉 同治十二年(1873年)癸酉科拔贡。光绪二年(1876年)丙子科举人,巩昌府教授。

赵君璜 字瑞函,光绪二年(1876年)丙子科举人,主讲中峰书院十余年。

张熙运 光绪五年己卯科副贡,十四年(1888年)戊子科举人,山丹县训导、永昌县教谕。

张思教 明景泰九年(1450年)庚午科武举。

成大雄 成化八年(1472年)壬辰科武举。

张国忠 宏治十一年(1498年)戊午科武举,乡试两榜。

张应黄 嘉靖四十三年(1564年)甲子科武举,指挥。

刘承汉 万历四年(1576年)丙子科武举,骠骑将军。

张 钺 天启七年(1627年)丁卯科武举。清初,寄籍咸阳县。长子调鼐,丁未兵部进士,贵州安顺府通判,次子连登,湖广巡抚,三子登第,参将。

张宗举 清顺治五年(1648年)戊子科武举,广德参将。

张连奎 顺治八年(1651年)辛卯科武举,湖广郧阳府守备,历玉泉营游击、浙江大金营参将。

耿天培 顺治十一年(1654年)甲午科武举,江西南安守备。

张玉兰 康熙十一年(1672年)壬子科、十七年戊午科武举。

段魏敬　康熙二十六年(1687年)丁卯科武举。

马文德　康熙二十七年(1688年)戊辰科武举,建昌游击。

杨化雍　康熙二十九年(1690年)庚午科武举,福建守备。

杨逢鲁　康熙三十二年(1693年)癸酉科武举,平凉把总。

秦廷寅　乾隆十二年(1747年)丁卯科武举。

贾　缉　乾隆十七年(1752年)壬申科武举。

魏绍珍　乾隆十七年(1752年)壬申科武举。

常立敬　乾隆十七年(1752年)壬申科武举。

慕圣惠　乾隆四十二年(1777年)丁酉科武举。

慕圣恩　乾隆四十四年(1779年)己亥科武举。

贾永复　乾隆四十四年(1779年)己亥科武举,后充乡总,赐五品衔。

张攀桂　乾隆四十五年(1780年)庚子科武举。

贾硕复　乾隆四十五年(1780年)庚子科武举。

席上达　乾隆四十五年(1780年)庚子科武举。

慕圣志　乾隆五十一年(1786年)丙午科武举,后充乡总,赐六品衔。

左应杰　乾隆五十一年(1786年)丙午科武举。

姚万选　乾隆五十一年(1786年)丙午科武举,后充堡总,赐五品衔。

慕诚志　嘉庆五年(1800年)庚申科武举。

杜应德　嘉庆九年(1804年)甲子科武举。

姜文俊　嘉庆二十四年(1819年)己卯科武解元。

袁玉丰　道光二年(1822年)壬午科武举。

袁毓鹏　道光二年(1822年)壬午科武举。

张嘉勋　道光丨一年(1831年)辛卯科武举。

祁孔杰　道光十二年(1832年)壬辰科武举。

慕荣生　道光二十三年(1843年)癸卯科武举。

杜凝青　道光二十四年(1844年)甲辰科武举。

席　鼎　咸丰元年(1851年)辛亥科武举。

张卓立　咸丰二年(1852年)壬子科武举。

唐嘉祥　咸丰二年(1852年)壬子科武举,原挑二等。

刘正杰　同治十二年(1873年)癸酉科武举。

惠心彩　光绪元年(1875年)乙亥科武举。

史辅清　光绪二年(1876年)丙子科武举,署静宁州都司。

罗生金　光绪二年(1876年)丙子科武举。

贾荣芳　字丽亭,光绪五年(1879年)己卯科武举,性笃孝,同治兵燹时负母逃陕,乱平旋里,重振家业,顺意承志,色养无缺。其兄联芳患瘫痪数十年,亲负出入,终无倦容。

李生华 光绪五年(1879年)己卯科武举。光绪甲午河湟之乱,随提督董福祥剿抚,以功保都司加参将衔。

马占奎 光绪十一年(1885年)乙酉科武举。

张祖矩 光绪十四年(1888年)戊子科武举。

曹维邦 光绪十四年(1888年)戊子科武举。

曹逢卯 光绪十四年(1888年)戊子科武举。

高山青 光绪十五年(1889年)己丑科武举。

贾廷翰 字柱臣,光绪十五年(1889年)己丑科武举。性直不阿,善解乡邻争端,遇饥荒婚葬等事,辄罄所有以济人,不足则出名署券称贷以周之。乡邻赠以"宽仁厚德"四字,呈请大总统题"褒惠问孔"修匾额,并给紫红绿绶银质褒章一座,小牌一面,内嵌褒文。

刘炳士 光绪十七年(1891年)辛卯科武举。

段建元 光绪十七年(1891年)辛卯科武举。

惠连陞 光绪十九年(1893年)癸巳科武举。

袁河清 光绪十九年(1893年)癸巳科武举。

袁海清 光绪十九年(1893年)癸巳科武举。

左定国 光绪十九年(1893年)癸巳科武举。

李宪章 光绪十九年(1893年)癸巳科武举,二十三年奖五品顶戴。

曹腾蛟 光绪二十年(1894年)甲午科武举。

唐殿元 光绪二十二年(1896年)武举。

左定山 光绪二十三年(1897年)丁酉科武举。

秦国泰 明景泰九年(1450年)庚午科恩贡,霍州判官,升知县。

张　翔 景泰九年(1450年)庚午科拔贡。

成克暹 成化八年(1472年)壬辰科副贡,山西护卫经历。

张　清 成化八年(1472年)壬辰科副贡。

张　玹 成化八年(1472年)壬辰科副贡,四川合州判官。

张　智 成化八年(1472年)壬辰科副贡,五台知县。

贾　钿 弘治十一年(1498年)戊午科恩贡,兵马司指挥。

甘　雨 崇祯元年(1628年)戊辰科恩贡,都司,教授。

姜景星 崇祯三年(1630年)庚午科恩贡,石泉训导。

贾之琜 崇祯三年(1630年)庚午科拔贡,荣河知县。

张问明 崇祯六年(1633年)癸酉科恩贡,汶江主簿。

刘舆灾 崇桢六年(1633年)癸酉科拔贡。

焦从政 崇祯九年(1636年)丙子科恩贡,单县县丞。

张玉衡 崇祯九年(1636年)丙子科拔贡。

张可大 崇祯十一年(1638年)戊寅科恩贡,西安府教授。

脱于莘　崇祯十一年(1638年)戊寅科拔贡,安定教谕。

秦国昌　崇祯十一年(1638年)戊寅科恩贡,华州训导,升西河教谕。

申　晋　崇祯十六年(1643年)癸未科恩贡,梓潼训导。

杜齐美　清顺治二年(1645年)乙酉科恩贡。

刘振基　顺治二年(1645年)乙酉科拔贡,湖广湘乡县丞,有德政,湘人呼为刘佛。

张一魁　顺治二年(1645年)乙酉科拔贡。

席　赉　顺治四年(1647年)丁亥科恩贡。

席生香　顺治五年(1648年)戊子科拔贡,江西布政司经历。

许　英　顺治八年(1651年)辛卯科恩贡,宁州训导。

许嘉充　顺治十一年(1654年)甲午科拔贡,纂《幼学切韵入门》。

路　峫　顺治十七年(1660年)庚子科恩贡。

刘自澄　康熙十一年(1672年)壬子科拔贡。

田生玉　康熙十八年(1679年)己未科恩贡。

刘泽远　康熙二十一年(1682年)壬戌科恩贡。

包大业　康熙二十五年(1686年)丙寅科拔贡。

刘启文　康熙二十六年(1687年)丁卯科副贡。

贾腾汾　康熙三十年(1691年)辛未科恩贡。

张先正　康熙四十八年(1709年)己丑科恩贡。

秦之杰　乾隆元年(1736年)丙辰科恩贡。

蒙　昶　乾隆六年(1741年)辛酉科拔贡,鄠县教谕。

耿　捷　乾隆十三年(1748年)戊辰科恩贡。

黄　晖　乾隆十七年(1752年)壬申科恩贡。

杏尧弼　乾隆十八年(1753年)癸酉科拔贡。

张　嶷　乾隆三十年(1765年)乙酉科拔贡。

刘　朗　乾隆三十七年(1772年)壬辰科恩贡。

刘缵泰　乾隆四十八年(1783年)癸卯科副贡。

段　栋　乾隆五十一年(1786年)丙午科恩贡。

贾亦超　乾隆五十五年(1790年)庚戌科恩贡。

张隆吉　乾隆五十九年(1794年)甲寅科恩贡。

贾亦充　嘉庆元年(1796年)丙辰科恩贡。

刘一魁　嘉庆四年(1799年)己未科恩贡。

贺抡元　嘉庆六年(1801年)辛酉科拔贡,岐山教谕、凉州府教授。

段士鳌　嘉庆九年(1804年)甲子科副贡。

路泰凝　嘉庆十四年(1809年)己巳科恩贡。

张　云　嘉庆十五年(1810年)庚午科恩贡。

张清霓 嘉庆十八年(1813年)癸酉科恩贡,镇西教授。

曹凤雍 嘉庆二十五年(1820年)庚辰科恩贡。

包天庆 嘉庆二十五年(1820年)庚辰科恩贡。

刘云会 道光二年(1822年)壬午科副贡。

沈含章 字时发,道光三年(1823年)癸未科恩贡。

赵君玺 道光十一年(1831年)辛卯科副贡。

杨际春 道光十四年(1834年)甲午科拔贡。

张劲翮 道光十六年(1836年)丙申科恩贡。

张树藩 道光十七年(1837年)丁酉科拔贡。

慕　德 道光二十三年(1843年)癸卯科副贡,凉州府学教授。

刘绍学 道光二十三年(1843年)癸卯科副贡。

贾居敬 道光二十六年(1846年)丙午科恩贡。

焦瑞濡 道光二十九年(1849年)己酉科拔贡,华亭县教谕。

成廷珏 咸丰二年(1852年)壬子科副贡。

刘之庄 咸丰八年(1858年)戊午科恩贡。

刘须垛 咸丰八年(1858年)戊午科恩贡。

张觐垣 咸丰十一年(1861年)辛酉科恩贡。

焦炳林 光绪元年(1875年)乙亥科恩贡,乱后在家设帐授学,领乡荐捷南宫者众。

马陟瀛 光绪二年(1876年)丙子科恩贡。

马冲霄 光绪二年(1876年)丙子科拔贡。

邢海清 光绪十一年(1885年)乙酉科恩贡。

范育生 光绪十四年(1888年)戊子科恩贡,勷办清赋,体恤民艰。

张永瑞 光绪十八年(1892年)壬辰科恩贡,好善乐施,家居教授,学规严整,邻县读书子弟多来学,故一时有"东方桃李,半出公门"之语。

田生璧 光绪二十六年(1900年)庚子科恩贡。

陈治聪 字子述,号希贤,固原县陈坪村(今属开边镇)人,同治九年(1870年)生,光绪二十六年拔贡,长期从事教育工作,喜于词章。民国时曾任固原县彭阳区区长,二十五年(1936年)去世。

郑国治 光绪二十七年(1901年)辛丑科副贡。中清光绪辛丑副榜,签分陕西,以直隶州州判用。因其母春秋高,遂奉养慈闱,设馆课徒,以便问寝视鐥。

范耀宗 宣统元年(1909年)己酉科恩贡,因办改河案有功,奖六品顶戴。

许祖谦 宣统元年(1909年)己酉科拔贡,分发四川州判。

刘登第 宣统元年(1909年)己酉科拔贡,分发四川州判。

张　善 明景泰九年(1450年)庚午岁贡,河阴训导。

徐　贞 明景泰九年(1450年)庚午岁贡,山西按察司经历。

段 荣 弘治二年(1489年)己酉岁贡,九江府推官。

张 威 弘治五年(1492年)壬子岁贡,彭城卫经历。

韩 杰 弘治十一年(1498年)戊午岁贡,大宁都司断事。

何 图 正德六年(1511年)辛未岁贡。

马 翼 正德六年(1511年)辛未岁贡,岳池知县。

惠 泽 正德六年(1511年)辛未岁贡,太原照磨。

申 达 正德六年(1511年)辛未岁贡,本姓许,平阳训导。

申 肃 正德九年(1514年)甲戌岁贡,天津卫经历。

刘 瑄 正德九年(1514年)甲戌岁贡,南安照磨。

张 经 正德九年(1514年)甲戌岁贡。

路 通 正德九年(1514年)甲戌岁贡,沂水主簿。

李 珏 嘉靖二十二年(1543年)癸卯岁贡,荔堡知县。

康 凝 嘉靖二十二年(1543年)癸卯岁贡,临沂知县。

孙 观 嘉靖二十二年(1543年)癸卯岁贡,河间卫经历。

魏 志 嘉靖二十二年(1543年)癸卯岁贡。

徐 政 嘉靖二十二年(1543年)癸卯岁贡,昆山主簿。

窦 敬 嘉靖二十二年(1543年)癸卯岁贡,临漳主簿。

范 忠 嘉靖二十二年(1543年)癸卯岁贡,杨曲训导。

时 泰 嘉靖三十四年(1555年)乙卯岁贡,严州府检校。

姚 哲 嘉靖三十四年(1555年)乙卯岁贡。

王 翱 嘉靖三十四年(1555年)乙卯岁贡,沁水训导。

张 泰 嘉靖三十四年(1555年)乙卯岁贡,奉司。

张 广 嘉靖三十七年(1558年)戊午岁贡,东平判官。

张 睿 嘉靖三十七年(1558年)戊午岁贡,铜梁县丞。

成 功 嘉靖四十年(1561年)辛酉岁贡,武陟主簿。

王 鈜 嘉靖四十年(1561年)辛酉岁贡,武乡训导。

张 磬 嘉靖四十三年(1564年)甲子岁贡,深泽县丞。

王 玺 嘉靖四十三年(1564年)甲子岁贡,简县主簿。

张 宪 嘉靖四十三年(1564年)甲子岁贡,磁州训导。

李 宾 嘉靖四十三年(1564年)甲子岁贡。

朱 鼒 隆庆五年(1571年)辛未岁贡,四川彭山知县。

刘 汉 隆庆五年(1571年)辛未岁贡,阆中训导。

朱 谏 隆庆五年(1571年)辛未岁贡。

马 升 隆庆五年(1571年)辛未岁贡,

张伯裕 隆庆五年(1571年)辛未岁贡。

李廷圭 万历四年(1576年)丙子岁贡,宜宾县丞。
张秉中 万历四年(1576年)丙子岁贡。
刘秉伦 万历十九年(1591年)辛卯岁贡。
成 凤 万历十九年(1591年)辛卯岁贡。
张 轲 万历十九年(1591年)辛卯岁贡。
张载道 万历十九年(1591年)辛卯岁贡。
张大经 万历十九年(1591年)辛卯岁贡,王府教授。
范 经 万历十九年(1591年)辛卯岁贡,广崇训导。
慕 睿 万历十九年(1591年)辛卯岁贡,泰安通判。
秦 璋 万历十九年(1591年)辛卯岁贡,永城主簿。
张廷玉 天启元年(1621年)辛酉岁贡,职王府教授。
张 澜 天启元年(1621年)辛酉岁贡,文水县丞。
刘 浩 天启元年(1621年)辛酉岁贡,主簿。
张 渤 天启元年(1621年)辛酉岁贡,汉州训导。
张良金 天启元年(1621年)辛酉岁贡,山海卫教授。
李 宪 天启元年(1621年)辛酉岁贡,费县县丞。
成 廉 天启元年(1621年)辛酉岁贡,汶上县丞。
李时畅 天启元年(1621年)辛酉岁贡。
张良弼 天启元年(1621年)辛酉岁贡,乌蒙经历。
申得乐 天启四年(1624年)甲子岁贡,眉州判官,廉惠有声。
张 翦 天启四年(1624年)甲子岁贡。
张 制 天启四年(1624年)甲子岁贡。
李时芳 天启四年(1624年)甲子岁贡。
刘遇潮 天启四年(1624年)甲子岁贡。
慕容民 天启四年(1624年)甲子岁贡。
路乔东 天启四年(1624年)甲子岁贡,训导。
张腾汉 天启四年(1624年)甲子岁贡,曲沃主簿。
张应期 天启七年(1627年)丁卯岁贡,都司断事。
张腾霄 天启七年(1627年)丁卯岁贡,招远县丞。
许 沂 天启七年(1627年)丁卯岁贡,曲沃县丞。
秦时雍 天启七年(1627年)丁卯岁贡,遵化教谕。
席朝汉 天启七年(1627年)丁卯岁贡,稷山训导。
张应登 天启七年(1627年)丁卯岁贡,醴泉训导。
朱应麟 天启七年(1627年)丁卯岁贡,成山教授。
李应春 崇祯元年(1628年)戊辰岁贡,教授。

田万钟 崇祯元年(1628年)戊辰岁贡,肃府授教。

慕容秀 崇祯三年(1630年)庚午岁贡,镇藩卫教授。

路文英 崇祯三年(1630年)庚午岁贡,延安训导。

白生辉 崇祯三年(1630年)庚午岁贡,麻城主簿。

杜油然 崇祯三年(1630年)庚午岁贡。

罗宗信 崇祯三年(1630年)庚午岁贡,固始县丞。

颉 芳 崇祯三年(1630年)庚午岁贡,延安训导。

刘朝节 崇祯六年(1633年)癸酉岁贡,南阳主簿。

段有光 崇祯六年(1633年)癸酉岁贡,延长教谕。

张养豫 崇祯六年(1633年)癸酉岁贡。

李体有 崇祯六年(1633年)癸酉岁贡,汉中训导。

魏继徵 崇祯六年(1633年)癸酉岁贡。

张 梓 崇祯九年(1636年)丙子岁贡,渭源训导。

朱 轜 崇祯九年(1636年)丙子岁贡,武功教谕。

刘鸣岳 崇祯九年(1636年)丙子岁贡。

刘鸣嵩 崇祯九年(1636年)丙子岁贡,韩府教授。

贾 旗 崇祯十一年(1638年)戊寅岁贡,镇安训导。

焦思道 崇祯十一年(1638年)戊寅岁贡,秦安教谕。

申嘉绩 崇祯十一年(1638年)戊寅岁贡。

张继载 崇祯十一年(1638年)戊寅岁贡,武乡知县。

罗 杰 崇祯十一年(1638年)戊寅岁贡,宜川教谕,以保举孝廉,擢寿州州判、护理守陵道。

秦可继 崇祯十六年(1643年)癸未岁贡,永寿训导。

杜齐名 崇祯十六年(1643年)癸未岁贡。

杜齐声 崇祯十六年(1643年)癸未岁贡。

白衷纯 崇祯十六年(1643年)癸未岁贡。

刘扶汉 清顺治四年(1647年)丁亥岁贡。

张文炜 顺治五年(1648年)戊子岁贡,金县教谕。

张一举 顺治八年(1651年)辛卯岁贡。

申 旨 顺治十一年(1654年)甲午岁贡,醴泉教谕。

惠 溥 顺治十一年(1654年)甲午岁贡。

包鸿范 顺治十三年(1656年)丙申岁贡,平利训导。

张友曾 顺治十五年(1658年)戊戌岁贡。

罗在鋐 顺治十七年(1660年)庚子岁贡,吴堡训导。

贾腾泮 康熙元年(1662年)壬寅岁贡。

李　培　康熙三年(1664年)甲辰岁贡,长安训导。

张文统　康熙九年(1670年)庚戌岁贡。

秦毓録　康熙十一年(1672年)壬子岁贡,通渭训导。

贾　鲷　康熙十三年(1674年)甲寅岁贡。

罗伟任　康熙十七年(1678年)戊午岁贡。

段金章　康熙十九年(1680年)庚申岁贡。

杜自英　康熙二十一年(1682年)壬戌岁贡。

焦佩泗　康熙二十二年(1683年)癸亥岁贡。

路际亨　康熙二十三年(1684年)甲子岁贡,华阴训导。

申于宁　康熙二十五年(1686年)丙寅岁贡,清水驿训导。

张先民　康熙二十六年(1687年)丁卯岁贡,西乡训导。

张应獬　康熙二十七年(1688年)戊辰岁贡,伏羌训导。

张先觉　康熙二十九年(1690年)庚午岁贡,著《字学正宗》。

刘宣德　康熙三十一年(1692年)壬申岁贡,肤施教谕。

张获达　康熙三十三年(1694年)甲戌岁贡,汧阳训导。

许尔雅　康熙三十五年(1696年)丙子岁贡。

刘自潆　康熙三十七年(1698年)戊寅岁贡。

贾　绍　康熙三十七年(1698年)戊寅岁贡。

常　泰　康熙三十九年(1700年)庚辰岁贡。

贾先声　康熙四十一年(1702年)壬午岁贡。

许　煌　康熙四十二年(1703年)癸未岁贡。

许　炜　康熙四十三年(1704年)甲申岁贡。

杨迎泰　康熙四十五年(1706年)丙戌岁贡。

张　江　康熙四十七年(1708年)戊子岁贡。

张应蛟　康熙四十九年(1710年)庚寅岁贡。

田尔盛　康熙五十一年(1712年)壬辰岁贡,陇西训导。

许　煜　康熙五十三年(1714年)甲午岁贡。

耿国耀　康熙五十五年(1716年)丙申岁贡。

张元慧　康熙五十七年(1718年)戊戌岁贡。

刘德晖　乾隆元年(1736年)丙辰岁贡。

刘自泽　乾隆三年(1738年)戊午岁贡。

刘自汉　乾隆三年(1738年)戊午岁贡,镇安训导。

方承统　乾隆五年(1740年)庚申岁贡。学有渊源。

贾文煜　乾隆七年(1742年)壬戌岁贡。

张　湖　乾隆七年(1742年)壬戌岁贡。

耿　扬　乾隆九年(1744 年)甲子岁贡。

马存文　乾隆十一年(1746 年)丙寅岁贡。

申景徽　乾隆十三年(1748 年)戊辰岁贡。

杏甫生　乾隆十五年(1750 年)庚午岁贡。

张行素　乾隆十七年(1752 年)壬申岁贡。

张　洙　乾隆十九年(1754 年)甲戌岁贡。

刘　棠　乾隆二十一年(1756 年)丙子岁贡。

刘　爱　乾隆二十一年(1756 年)丙子岁贡。

马　起　乾隆二十三年(1758 年)戊寅岁贡。

段至正　乾隆二十五年(1760 年)庚辰岁贡,朝邑训导。

苟　达　乾隆二十五年(1760 年)庚辰岁贡。

张　镇　乾隆二十七年(1762 年)壬午岁贡,与方月如同购《潜夫论》刻印发行。

庞大陞　乾隆二十九年(1764 年)甲申岁贡。

袁　英　乾隆三十一年(1766 年)丙戌岁贡。

段廷梅　乾隆三十三年(1768 年)戊子岁贡。

刘　俨　乾隆三十五年(1770 年)庚寅岁贡。

刘安国　乾隆三十七年(1772 年)壬辰岁贡,洛川训导。

段如纶　乾隆三十九年(1774 年)甲午岁贡,延川训导。

张旋吉　乾隆四十一年(1776 年)丙申岁贡,秦州教谕。

王大绣　乾隆四十三年(1778 年)戊戌岁贡。

刘　玻　乾隆四十五年(1780 年)庚子岁贡。

祁志尧　乾隆四十五年(1780 年)庚子岁贡。

马登科　乾隆四十七年(1782 年)壬寅岁贡。

田如瑾　乾隆四十九年(1784 年)甲辰岁贡,韩城训导。

赵建勋　乾隆五十一年(1786 年)丙午岁贡。

段允恒　乾隆五十一年(1786 年)丙午岁贡。

刘　鳌　乾隆五十三年(1788 年)戊申岁贡。

朱正辑　乾隆五十五年(1790 年)庚戌岁贡,白河训导。

马千驹　乾隆五十七年(1792 年)壬子岁贡。

申　铰　嘉庆元年(1796 年)丙辰岁贡。

耿　谦　嘉庆三年(1798 年)戊午岁贡。

张成吉　嘉庆五年(1800 年)庚申岁贡。

李　时　嘉庆七年(1802 年)壬戌岁贡

刘自雄　嘉庆九年(1804 年)甲子岁贡。

苟为善　嘉庆十一年(1806 年)丙寅岁贡。

秦宗周　嘉庆十三年(1808年)戊辰岁贡。

张玉麟　嘉庆十七年(1812年)壬申岁贡。

许如松　嘉庆十九年(1814年)甲戌岁贡。

贺梦元　嘉庆二十一年(1816年)丙子岁贡。

慕廷璜　嘉庆二十三年(1818年)戊寅岁贡。

贺升平　嘉庆二十五年(1820年)庚辰岁贡。

张　絅　道光二年(1822年)壬午岁贡。

张克绳　字嗣武,道光四年(1824年)甲申岁贡。主讲中峰书院。

祁继善　道光六年(1826年)丙戌岁贡。

慕尚志　道光八年(1828年)戊子岁贡。

孙继祖　道光十年(1830年)庚寅岁贡。

张克辑　道光十二年(1832年)壬辰岁贡。

张有涵　道光十六年(1836年)丙申岁贡。

李遴春　道光十八年(1838年)戊戌岁贡。

焦熙元　道光二十年(1840年)庚子岁贡。

许景岳　道光二十二年(1842年)壬寅岁贡。

张在月　道光二十四年(1844年)甲辰岁贡。

王学海　道光二十六年(1846年)丙午岁贡。

张树功　道光二十九年(1849年)己酉岁贡。

郭文焕　咸丰二年(1852年)壬子岁贡,通经史,善诗赋,学者争聘为师。

田际泰　咸丰二年(1852年)壬子岁贡。

王建勋　咸丰八年(1858年)戊午岁贡。

张绣文　咸丰九年(1859年)己未恩科岁贡。

申士俊　咸丰十一年(1861年)辛酉岁贡。

张树型　咸丰十一年(1861年)辛酉岁贡。主讲中峰书院。

刘炳麟　同治元年(1862年)壬戌岁贡。

范敬宗　同治十二年(1873年)癸酉岁贡,初任碾伯县训导,升任四川荣县、贡井县丞。

刘　炽　字曙村,光绪元年(1875年)乙亥岁贡,善书法。

贺阶平　光绪元年(1875年)乙亥岁贡。

杜必达　光绪二年(1876年)丙子岁贡。

秦元贞　光绪二年(1876年)丙子岁贡。

王溥安　光绪二年(1876年)丙子岁贡。

许　镛　光绪二年(1876年)丙子岁贡,主讲中峰书院。

王连陛　光绪二年(1876年)丙子岁贡,性至孝,邑侯宋运贡赠“天性独厚”匾额。

马炳文　光绪三年(1877年)丁丑岁贡。

马荣常　光绪五年(1879 年)己卯岁贡。

张焕文　光绪五年(1879 年)己卯岁贡。

范文海　光绪十一年(1885 年)乙酉岁贡。

姚文杰　光绪十一年(1885 年)乙酉岁贡。

路汉章　光绪十四年(1888 年)戊子岁贡。

贾　溥　光绪十五年(1889 年)己丑岁贡,阶州学正。

董得森　光绪十五年(1889 年)己丑岁贡,候选训导。

贺廷荣　光绪十五年(1889 年)己丑岁贡。

贾　渊　光绪十六年(1890 年)庚寅岁贡。

曹荣午　光绪十七年(1891 年)辛卯岁贡。

贾　衡　光绪二十三年(1897 年)丁酉岁贡,海城县训导。

贺宝善　光绪二十六年(1900 年)庚子岁贡,狄道州学正。

李含章　光绪二十七年(1901 年)辛丑岁贡。

李　垲　光绪二十七年(1901 年)辛丑岁贡。

李　澍　光绪二十八年(1902 年)壬寅岁贡。

张　炯　光绪二十九年(1903 年)癸卯岁贡。

任国栋　字佐臣,光绪三十年(1904 年)甲辰岁贡。

赵　铣　光绪三十一年(1905 年)乙巳岁贡。

刘秉直　光绪三十四年(1908 年)戊申岁贡,注册候选按察使司经历。

许　镇　宣统元年(1909 年)己酉岁贡。

范际春　宣统二年(1910 年)庚戌岁贡。

田大植　宣统三年(1911 年)辛亥岁贡。

安维鼎　宣统三年(1911 年)辛亥岁贡。

刘　枝　清康熙年间附贡,河南教授。

慕　翚　字羽公,康熙年间贡生。

慕　翩　乾隆十二年(1747 年)附贡。

侯　谷　字二采,乾隆十四年(1749 年)廪贡生。

慕一鹤　乾隆十四年(1749 年)附贡。

刘体仁　乾隆十四年(1749 年)附贡。

路步霄　乾隆十九年(1754 年)附贡。

慕廷瑚　乾隆十九年(1754 年)附贡。

张芳声　乾隆十九年(1754 年)附贡,继孔长子。

张贤声　乾隆十九年(1754 年)附贡,继孔次子。

张　峰　乾隆十九年(1754 年)附贡。

张映台　乾隆十九年(1754 年)附贡。

张映泰 乾隆十九年(1754年)附贡。

方　恒 字月如,乾隆二十五年(1760年)优生,与张镇购买《潜夫论》,刊印为全书。

张纲汉 乾隆二十五年(1760年)监贡。

慕廷扬 字公辅,乾隆二十五年(1760年)附贡生,子佑晟、佑昱增广生,两孙俱登贤书。

刘若焕 乾隆二十五年(1760年)贡生。

张国谋 乾隆二十五年(1760年)廪贡。

张　思 字睿,乾隆二十五年(1760年)附贡,富而能俭,临终嘱其子书勋复建学宫棂星门。

席序年 乾隆二十五年(1760年)附贡。

张　应 字同声,乾隆二十五年(1760年)廪膳生,知名艺苑。

高仰止 嘉庆年间贡生。

段鸿绪 嘉庆年间附贡。

慕佑信 字中孚,嘉庆七年(1802年)优增生。

张健翮 字搏风,嘉庆七年(1802年)优增生。

张献麟 字呈瑞,嘉庆七年(1802年)优增生。

何惟馨 嘉庆七年(1802年)优廪生。

慕启运 字开之,嘉庆七年(1802年)优廪生,善草书,得晋人书法之长。

李梦花 嘉庆七年(1802年)优廪生。

张有庆 嘉庆七年(1802年)优廪生。

席孝友 字仲裔,嘉庆七年(1802年)廪生。

席孝义 嘉庆七年(1802年)优廪生。

刘心杰 嘉庆七年(1802年)附贡生。

贾登云 嘉庆十三年(1808年)优廪生,经理学宫及文昌宫。

杜宗甫 嘉庆十六年(1811年)贡生。

史效緬 嘉庆十九年(1814年)贡生。

张树勋 道光七年(1827年)廪贡,宁夏府教授。

刘须璒 道光七年(1827年)廪贡,庄浪县训导。

贾　俶 道光十三年(1833年)贡生。

贾蕡生 道光十三年(1833年)贡生。

贺澍鈐 道光二十二年(1842年)附生,分发陕西试用巡检。

牛步月 同治八年(1869年)贡生,任安化教谕。

刘景虞 光绪四年(1878年)贡生,署会宁、环县训导、河州学正。

贾　堉 光绪五年(1879年)贡生,署平远县训导。

刘国玺 光绪十三年(1887年)贡生,袭云骑尉世职。

慕寿祺 光绪十三年(1887年)贡生,孝廉方正,袭云骑尉世职。

张延庚　光绪十九年(1893年)贡生,恩袭云骑尉。

刘　浚　光绪三十二年(1906年)贡生优廪生,因河工案奖六品顶戴。

田培林　光绪三十二年(1906年)附生,因河工案奖五品顶戴。

张必昌　光绪三十二年(1906年)附贡,因河工案奖五品顶戴。

范希淹　光绪三十二年(1906年)廪生,因河工案奖六品顶戴。

刘　濬　光绪三十二年(1906年)廪生,因河工案奖六品顶戴。

刘渥恩　光绪三十二年(1906年)附生,因河工案奖六品顶戴。

张生运　光绪三十二年(1906年)武生,因河工案奖六品顶戴。

张尊贤　光绪三十二年(1906年)附生,因河工案奖六品顶戴。

薛文炳　宣统三年(1911年)贡生,由庆阳城防案保典史衔,另案保县丞衔。

刘　进　明嘉靖二十六年(1547年)生监,颖州吏目。

陈　庆　嘉靖四十年(1561年)生监,吏目。

张　和　万历元年(1573年)生监,射洪县主簿。

席　和　万历二十年(1592年)生监,临安主簿。

路乔迁　万历三十八年(1610年)生监,郑州吏目。

张景怀　万历三十八年(1610年)生监,山东馆陶县丞。

张重德　天启二年(1622年)生监,徐州吏目。

贾　节　天启五年(1625年)生监,晋州判官。

张重华　天启七年(1627年)生监。

张伯受　天启七年(1627年)生监,光禄寺监事。

张　敏　崇祯年间生监,判官。

贾　泰　崇祯年间生监,大同府照磨。

刘毓秀　清康熙年间生监。

魏作宾　康熙年间生监。

路指南　康熙年间生监。

刘自治　康熙年间生监。

慕　翱　康熙年间生监,考授主簿。

慕陞翰　康熙年间生监。

张　模　雍正年间生监,江西巡检。

张德岑　字玉岸,雍正年间生监,太学生,经略使记室。

张　峻　乾隆二十五年(1760年)生监,江南句容县丞。

刘　抃　乾隆二十五年(1760年)生员,河南府杞县、陕西肤施县典史。

贾　健　咸丰九年(1859年)生监。安徽太和县典史,保县丞衔。

贺开运　光绪五年(1879年)生监,五品顶戴,尽先补用县丞。

贾万寅　光绪十五年(1889年)生监,安徽颖州典史。

许魁章　光绪二十年(1894年)生监,六品顶戴。
范居让　光绪二十四年(1898年)生监,由监生捐县丞职衔。
刘文选　光绪三十二年(1906年)例贡,因河工案奖五品顶戴。
段凤麟　光绪三十二年(1906年)生监。因河工案奖六品顶戴。
吴得华　光绪三十二年(1906年)监生,因河工案奖六品顶戴。
张绍文　光绪三十二年(1906年)监生,因河工案奖六品顶戴。
毛元翰　宣统三年(1911年)生监。孝廉方正。
姚生辉　嘉庆七年(1802年)由廪生充堡总,赐六品衔。
段联甲　嘉庆七年(1802年)由廪生充乡总,赐六品衔。
张国兴　嘉庆七年(1802年)由侯铨理问充堡总,赐五品衔。
刘吉士　嘉庆七年(1802年)由庠生充堡总,赐六品衔。
刘迎福　嘉庆七年(1802年)由武生充堡总,赐六品衔。
刘　儒　嘉庆七年(1802年)由监生充堡总,赐六品衔。
张子超　嘉庆七年(1802年)由庠生充堡总,赐六品衔。
段乃存　嘉庆七年(1802年)由武生充堡总,赐六品衔。
秦廷贤　嘉庆七年(1802年)由武生充堡总,赐六品衔。
秦　玠　嘉庆七年(1802年)由堡总赐八品衔。
沈毓章　嘉庆七年(1802年)由堡总赐八品衔。
包寓偕　嘉庆七年(1802年)由堡总赐八品衔。
路钦第　嘉庆七年(1802年)由堡总赐八品衔。
刘永顺　嘉庆七年(1802年)由堡总赐八品衔。
路大丰　嘉庆七年(1802年)由堡总赐八品衔。
张　杓　嘉庆七年(1802年)由堡总赐八品衔。
贺福元　嘉庆七年(1802年)由堡总赐八品衔。
贺贵元　嘉庆七年(1802年)由堡总赐八品衔。
申　路　道光二十二年(1842年)军功赏给外委,卒于阵。
赵双玺　咸丰八年(1858年)议叙六品军功。
张文林　咸丰九年(1859年)议叙六品军功。
席　正　咸丰十一年(1861年)议叙六品军功。
刘鸣鹤　同治六年(1867年)议叙五品蓝翎。
左富贵　同治七年(1868年)议叙六品军功。
郭启鸿　同治八年(1869年)议叙五品蓝翎,尽先拔用千总。
张生裕　同治八年(1869年)议叙军功。
贾涵芳　同治十年(1871年)议叙六品军功。
张鸿逵　同治十三年(1874年)议叙五品蓝翎,拔用千总。

张清水　光绪元年(1875 年)议叙五品军功。

张太发　光绪四年(1878 年)议叙五品蓝翎,尽先补用千总。

王级三　光绪五年(1879 年)任龙须寨千总。

李万泰　光绪五年(1879 年)任抚标营千总。

张得龙　光绪十五年(1889 年)任陕西省商州把总。

祁廷选　光绪十五年(1889 年)议叙花翎都司衔,尽先补用守备。

董维汉　光绪十八年(1892 年)任董少保内巡捕。

王凤清　光绪十九年(1893 年)任岐山县外委。

董维昌　光绪二十年(1894 年)任花翎守备。

二、副高级职称人员

副教授

张纯鑑　王贵生　陈少伯　白建涛　郭清洁(以上 4 人属西北师范大学)张有林(陕西师范大学)　安天科(甘肃省财经学院)　朱智强(山东工商学院)安天灵(兰州商学院)
杜　莹　段海燕　刘自成　张　廷　李创军　张克钧　朱玉霞　卢启科　祁　华
王　鑫　吴奋超(以上 11 人属陇东学院)　段成斌(甘肃政法学院)
刘润章(兰州交通大学)　路东平　路小平(以上 2 人属兰州大学)
孟万春(省体育协会大学)　慕东升(平凉师范)　王正攀(西南大学数学与统计学院)
张　丽(庆阳林校)　刘鹏辉(庆阳理工中专)　席凯来　王正中(以上 2 人属兰州教育学院)
杨文娟(甘肃联合大学)　张胜闻(甘肃农业职业技术学院)　许世利(呼和浩特市职工大学)
唐　华(广东珠海技师学院)　任　静(山东大学)　杨立嵘(青海大学)

高级讲师

郑　琦　刘耀红　张义宗　柳　岩　曹新斌　何　沛　张彦博　赵安静　安成功
李宗阳　申　玳(以上 11 人属庆阳七中)　朱效灵　张　琰(以上 2 人属庆阳电大)
田文祥　野喜丛(以上 2 人属平凉师范)　张亚丽(县委党校)

中学高级教师

县内工作人员:王正学　刘行健　王军成　张成桥　曹有存　虎志祯　许万发
范学俭　贾　岩　祁文祥　王志刚　吴　琦　张万才　包应己　罗天涯　魏志军
刘喜海　王　珮　赵维海　陈治海　张小平　焦浩俭　马铭武　董金勇　王德树
席祯祥　张月明　张国华　郑好锐　路淑红　蒋武林　贾　浩　孙志诚　席文敏
金书生　马超麟　郑政模　谢凤英　陈　岗　虎元锋　祁向阳　张永君　朱昱奕
庞　翀　杜翀峰　郑学图　秦五占　徐　竑　薛义发　李　婧　张步荣　杜永生
张清禄　李创国　窦秀芳　段贵志　秦　丽　王春生　王霄宏　张宏德　田兴锋
刘万刚　李世科　耿正虎　杜磊平　李进寿　王文城　蒋自修　周凤翰　张鸿儒
贾奋前　李守业　陈自贤　陈丕科　刘翠珍　段国祥　安富华　兰焕才　白成旭
窦利民　郭忠伟　欧建成　王志虎　马如科　李永伟　王胜利　杜银社　李培权

秦文平　贾克明　秦永超　曹文晋　吴俊德　孟军弟　刘根业　苟世东　梁随东
梁文满　张胜义　马补彪　何永川　田西昌　刘丽明　路君智　朱浩礼　路登明
赵金平　苟若鸿　李更生　李培锋　胡儒张　李金轩　董浩毅　马建才　梁沛仁
马佐麟　田树立　郑国扩　祁全世　畅玉花　张建辉　刘仰黎　李维岳　徐万荣
颜永刚　张登宙　马缙良　郑国懿　李育效　路正平　任鸿禄　路平川　牛生文
何　泽　杜世春　王　璧　何维清　姜登礼　程庆明　张虎凭　张效儒　慕文俊
杜慎义　范智科　安富乐　赵志忠　杜彩萍　路俊霄　白养林　李春永　张亚杰
杏明福　杏新民　李鸿韬　王继民　李英志　张效仁　姚启宝　祁全新　赵　星
王立忠　徐来严　杜世科　安　涛　刘世宪　李浩兴　王朝祖　张长武　杜永广
户小红　王廷儒　高卓明　朱天心　梁生玉　杨承鼎　王忠贤　朱广琳　张银财
惠德杰　秦　赟　徐向军　路金和　张海贤　席怀仓　陈五星　朱维峰　刘斌文
贺建国　秦启宵　陈建民　王生荣　何元颢　许连东　张万库　刘碧林　李正丰
马崇章　张永丰　俱长军　席东成　段秋兰　唐五平　成荣昌　张建中　强金华
刘登宏　王瑞珍　安小明　孙仰慧　申玲霞　马正发　鱼新社　张险峰　朱建理
张　渊　路春洲　田如锋　张俊峰　姜根正　申孝学　李克斌　王宝平　李世伟
李正斌　李怀玺　尚喜福　朱振杰　吴俊成　陈晓春　李玉恩　陈宝元　范等浩
陈春前　路建中　刘太瑞　吴福平　薛文军　李浩生　白彦和　张介先　张　涛
野应祯　路国兴　许春发　吴天顺　焦应鹏　阎社教　杨志钰　白生权　杨振鸿
李奉义　李效辉　刘　辉　安文颖　王　涛　王克业

县外工作人员:周志坚　杨贵新　马永智　苟书社　李树信　蒙　慧　陈学凯
高小龙　刘振东　白正奇　张万钧　姜明军　梁　平　刘永杰　曹占奇　冯继仁
陈鸿彬　张怀珍　王根福　范云涛　马明孝　刘锡斌　曹久贤　景全成　沈继兴
杨　晖　杨自盛　刘万博　祁羽锋　李　涛　路金丹　杜建国　段正兵　罗国庆
秦　铎　杏枝青　樊志荣　祁兆东　余国梁　虎爱芳　慕民雄　邢志攀　贺学颢
曹鹏飞　杏克屏　许元龙　陈世鹏　张子戒　王慧强　高雄伟　李国平　马晓峰
李浩明　张进喜　柳琪生　张明泉　路创杰　冉秀娟　梁文堂　张仕钊　张虎银
谯军称　包正中　朱奂华　朱建国　路德贵　刘建安　吴　玲　张怀建　张好博
韩廷智　尤异男　慕志毅　任得玉　席国钧　徐虎年　张甲文　赵占发　沈元凯
周凤超　朱润东　段秉峰　常　亮　段海霞　刘养彬　牛晓华　高世英　安成贤
陈伯绪　任　明　佟永锋　徐虎年

高级工程师

郭浩贵(县林业局园艺站林果技术推广中心)　张爱农(县公路段)
夏希儒　马秀丽(以上2人属县园艺站)　刘　斌(黄河水土保持西峰治理监督局)
冉大川(水利部水土保持研究所)　刘佳莉(省水科院第一研究所)
曹旭国(武汉铁道部工程管理中心)　范和平(中国石化工程建设公司)

刘佩琪(兰州大学) 牛天锋(兰州城市建设设计院) 慕 伟(兰州市建设银行)
李明伟(中国第一勘探设计院) 李效会(省计算中心) 李旭东(铁道部设计院)
刘建华(长庆局建设工程总公司) 毛会斌(西北能源勘探设计院) 姚 俊(二炮装备部)
慕立俊 赵会涛 王映南(以上3人属长庆油田) 张 立(深圳奥克科技有限公司)
李世学(庆阳市业兴工程监理有限责任公司) 李景涛(山东正元建设工程有限公司)
许永喜(内蒙古自治区地矿局) 张德源(县水电局) 张建明(北京市福田制造公司)
李生钰(永登县水泥厂) 郑国辉(华煤集团建安公司) 刘广平(中国石油局四公司)
窦正刚(西安泰富西玛电机有限公司) 郑克勤(宁夏国营前进农场) 王泽芳(新疆富蕴矿)
尚喜祖(中国交通建设第二公路工程局有限责任公司) 王东堂(白银公司化工三厂)
张志元(兰州市监测站) 赵生慧(白银公司机关) 杜振荣(白银公司深部铜矿)
秦宏敏(运输部) 陈全红 畅 毅 段小伟 秦录才 马振芳 田 伟 徐 栋
张健福 翟昌儒 陆佩毅 安荣华

主任工程师 吴永年(县电力局)

高级会计师 陈礼昌(县糖厂)

高级经济师

朱和海(中国建设银行人力资源部) 席洲祥(北京城建建设工程有限公司)
康士勉(中国有色金属兰州公司) 席嘉伟(中国北车兰州机车有限公司) 李多艺

高级农艺师

张志元(兰州市农科所) 张树波(县农技中心) 路浩祥(博尔塔拉军分区农场)
慕隆重(太平镇老庄村) 张广荣(白银市农技中心) 祁春霞(白银市农科所)

高级摄影师 杨治均

高级畜牧师 韩玉娥(县兽防站) 李广第(地区科委) 马 杰

高级政工师

罗志德(西安唐城集团有限公司) 杨继斌(西吉县邮局) 李维峰(白银公司)
慕建宇(白银供销公司) 安 滨(白银公司公安处) 石道斌(白银公司)
张 德 康天荣 刘蔓录

副研究馆员 田 超(兰州大学)

文博副研究馆员 王博文(县博物馆)

高级翻译师 杜振东(三一重工业有限责任公司)

高级实验师 李登绚(陇东学院)

高级技师 唐 永

副主任医师

县内工作人员:赵 诚 贾 珂 刘秉东 安卫民 安 平 鱼锐琴 谢生虎
张有成 刘双兰 王 珍 张丽萍 王千民 郑复佐 户有军 陈乃贵 秦 华
田树忠 张继刚 朱世良 蒙惠芳 李向彬 刘自敏 马伟华 孙守华 田新社

杨东海　张学儒　赵希锋　李巨旺　王向阳　张述勋　王自有　贾浩清　张旭君
刘重阳　张志敬　余爱花　焦天星　陈访杰　康　赟　王有智　贾联玺

县外工作人员：耿智隆　贾雪琴　冯正虎　刘纪元　马晓云　陆怀东　王海峰
贾小翠　王　浩　王玉兰　席彩琴　张　晖　张　鑫　张吉平　张小明　赵文治
段莉萍　李进虎　李万志　姚金华　张应鹏　朱丽娟　张小宁　刘俊华　马天郝　牛明珍

副主任护师　常巧梅

二级美术师　李　勇(白银市电视台)

三、国家协会主管社团会员

中国散文诗学会会员　秦　铭

中国诗歌学会会员　申万仓　刘鹏辉　秦　铭

中华诗词学会会员　刘金玉　秦　铭

中华楹联学会会员　刘金玉

中国民间工艺美术大师　王　鹏　杨根厚　惠富君　成雪琴　刘玉英　张保龙
许军峰　朱学虹　赵筱华

四、省级协会会员

甘肃省作家协会会员　刘鹏辉　秦　铭　杨佩彰　鱼　舟　畅　快　王博栋
王进明　白生金　李志文　鱼自灵　张占英　张晓波　张永年　郭晓琦　申万仓

甘肃省戏剧家协会会员　樊　丽　安　炜　窦　玮　慕启隆　路　平　段建伟
何春芬　董凤霞　李　芸　邓　华　王思宇　白耀武　包淑霞　贾　鸣

甘肃省美术家协会会员　王　鹏　刘　策　刘玉珍　路春洲　慕欣荣　牛翰鼎
任维忠　朱晓昀　常　升　冉世钧　李　丹　刘正恩　景中道　任志忠　马万军
张学文　白建涛　路永仁　徐　进　邢博川　王博文

甘肃省书法家协会会员　姚天佑　祁世权　曹保存　张生满　慕世旺　梁五俊
刘富宽　刘金玉　刘鹏飞　张维新　徐廷福　段建华　贾　岩　张敬学　祁小军
阎天惠　孙志春　李金科　陈　波　张立新　苟益谦　姜福海　贺忠义　段文焕
贺兆敏　郭浩剑　樊根信　张克泰　谢永祥　冯　涛　陈可久　张秉文　张　强
慕向荣　刘鹏辉　段秀丽　于志全　许光前

新疆维吾尔自治区书法家协会会员　鱼新峰

陕西省书法家协会会员　张　旭

中国石油书法家协会会员　张　旭　刘　平

甘肃省音乐家协会会员　佟怀玉　谢凤英　段　倩

甘肃省民间文艺家协会会员　马正德　刘　镒　王博栋　王进礼　路喜胜

甘肃省摄影家协会会员　慕向荣

甘肃省历史学会会员　段有成　常　亮

传略简介人物索引

五画

六画

七画

八画

九画

十画

十一画

十二画

十三画

十四画

十五画

十六画

十七画

附　录

临泾县城考

段安邦原稿　张敦博　包正刚修订

汉武帝时，对匈奴作战，取得了胜利，为祝愿边境安定，元鼎三年(公元前 114 年)将北地郡一分为二，析置安定郡，辖县 21 个，临泾县是其中之一，西汉临泾县的县城在什么地方，史书上没有明确记载，历有争议，主要说法有三种：一是今镇原县东南洪河川川口遗址说，二是今镇原县城西临泾故县遗址说，三是今泾川水泉寺遗址说。西汉临泾只能是一个县城，究竟哪一种说法正确呢？

一、镇原县川口遗址说

镇原县的省级文物保护单位川口遗址，位于屯字镇川口村洪河谷地西侧三级阶地上，地理座标北纬 35°31′，东经 107°13′，东西长 300 米，南北宽 240 米，面积约 8 万平方米，周围有川口汉墓群、瓦坪汉墓群，出土陪葬品有釉陶罐、陶灶、铜钫、铁剑等，具有古县城规模。镇原县博物馆考证出土文物证明是汉代城池，应为西汉临泾县治所在地，证据有七：

⑴《辞海》载："临泾，古县名，西汉置，治所在今镇原县南"。应指"川口遗址"。

⑵《中国历史地名大辞典》载："临泾县，西汉置，属安定郡，治所在今镇原县东南五十里屯字镇，东汉为安定郡郡治"，符合"川口遗址"的方位与距离。

⑶《中国历史大辞典》(中册)载："临泾县，西汉置，治在今镇原县东南，属安定郡，东汉、魏、晋为安定郡治"。符合"川口遗址"的方位。

⑷《读书方舆纪要卷三》载："汉临泾县地，属安定郡"，"安定郡，汉郡也，领临泾等县七。临泾，今平凉府镇原县东六十里，有故城"，这个故城即指"川口遗址"。

⑸《中国历史地图册》，西汉临泾县城明确标在今镇原县东南洪河川"川口遗址"位置上。

⑹ 唐《元和郡县图志》卷三关内道三载："临泾县，上，东南至(泾)州九十里，本汉旧县，属安定郡。隋大业元年于今县理置湫谷县，取县内湫谷为名，十二年，复为临泾县，皇朝因而不改。按：县界兼有汉安武、安定、彭阳、抚夷四县之地。"这段文字说明唐临泾县不但保持了汉代临泾县的本土，还兼有汉代四个县的全部或部分地域。隋大业元年，县治迁移，迁移前

的县城在今洪河川川口村。改名湫谷县,大业十二年又复称临泾县。

(7) 明代《平凉府志》载:镇原"汉临泾城,在今县东南五十里"。镇原县城东南25公里屯字镇川口村的古城遗址,位置与此相符,与汉代县城多设在河谷地带相吻合。

二、镇原县城西"临泾故县"遗址说

明嘉靖《陕西通志·古迹·镇原县》载:"临泾古城在县西二里许,本汉县,晋安定郡即此,唐属泾州,元并入镇原州"。《一统志》:"临泾,汉县名,前汉属安定郡,后汉及晋郡皆治此。魏改泾州,唐属泾州,后为行原州,宋为原州治所,元并入镇原州,故城在平凉府镇原县西二里。"清康熙五十四年张述辕修《镇原县志》载:"临泾县,县西百武,今址存,唐元和三年,节度使段祐请于泾州北九十里使镇将郝玼修临泾城,以捍边,即此"。

这段文字意思很明确,认为两汉及晋代的临泾县城和唐代的临泾县城都在今镇原县城西二里处的"临泾故县"遗址。经考古证实,今镇原县城西二里的"临泾故县"遗址,没有汉代文化遗存,只有唐宋文化遗存。由此说明,今县城西二里的"临泾故县"遗址是唐代临泾县城遗址,不是汉代临泾县治。

三、泾川水泉寺遗址说

祝世林著《平凉古代史考述·泾州地望新议》(以下简称《新议》)根据《太平寰宇记》认为汉代的临泾、北魏的泾州与唐宋时的泾州是一个地方,推断水泉寺泾州古城遗址应是历史上早期的临泾城。张多勇《泾河中上游汉安定郡属县城址及其变迁研究》的硕士论文(以下简称《研究论文》),根据《元和郡县图志》,也持类似观点。

按照他们的说法,临泾县一直驻在水泉寺,根据史料记载,临泾县从西汉至隋大业年间一直存在,西汉至东晋还是安定郡治,东晋复置安定县直至隋唐也驻水泉寺,安定郡也移置安定县,临泾县仍然继续存在,如果同时也驻水泉寺,在同一地同时设两县在历史上没有先例,也是不可能的。从《元和郡县图志》上述文字里,看不出唐代临泾县境内有排除汉代临泾县界的意思,但明确肯定了汉代临泾县的县城及全部辖地都包括在唐代临泾县的辖区之内。《元和郡县图志》中,兼有四县之地的"兼"字,极为准确地说明了这个问题。"兼"的字义是同时涉及或具备几种事物,即某种事物除具有本身外还兼有其他事物。正确注释应该是,汉代的临泾县到唐代辖境扩大了,不但沿革保留了包括县治在内的汉代临泾县的全部地盘,还兼有汉代安武、安定、彭阳、抚夷四县的全部或局部地界。实际上,临泾县是主体,兼有另外四县之地,并未排除汉临泾县地,而是包括汉临泾县地。

《研究论文》论述汉代班彪所作《北征赋》的内容,根据班彪沿茹河谷西进,经过彭阳、朝那县城,到达高平的行进路线,班彪没有去过临泾县城。证明临泾县城不在茹河谷的事实,但不能证明汉临泾城就在泾河畔的水泉寺。《新议》提出《北征赋》中的"越安定,以容与兮",是指越安定郡,治高平(今固原),这里可望见漫漫长城。"越安定"句不足以否定临泾县城在镇原洪河沿岸川口村的事实。

《研究论文》佐证"2005年泾川县博物馆在泾河南部距县10公里的太平乡三星村清理一座北魏王明生墓葬,其墓志铭曰:'恭惟大魏正始四年(507年)十一月五日临泾民王明生积业精微二尊并背不能殒没……刊石立铭记之云尔……。’说明北魏时泾河南属于临泾县管辖，北魏临泾县治所当在今泾川县水泉寺无疑”。笔者认为，只能说明王明生的籍贯是临泾县，不能说明其墓地所在县就是临泾县。

《研究论文》指出“从临泾县命名上看，临泾，临近泾水的意思，远在五十里之外的川口村和九十里之外的镇原县城建立的县叫临泾县有些牵强”。认为位于泾河畔的水泉寺临近泾水方可称临泾，五十里外的川口村建县不能称为“临泾县”。笔者认为，汉临泾县设在泾河的一级支流洪河的川口村，均属泾河流域，完全可以以“临泾”命名。

综上所述，汉临泾县城在今县城西“临泾故县”遗址不符合事实，泾川县北五里“水泉寺遗址”的说法不能成立，只有“川口遗址”说理充足，证据确实。

（原载《甘肃史志》总第 17 期）

寇 氛 记

张述辕

《小雅》云：“薄伐猃狁，至于大原。”战国属义渠地，秦灭义渠而匈奴兴。汉文十四年，匈奴老上单于入朝那萧关，至于彭阳。大将军张相如将六将军车骑合三十万屯月余，匈奴始去塞。东汉，隗嚣将高峻据高平第一城，寇恂讨降之。

永和三年，西羌叛于安定，段熲帅师自彭阳追至高平，大破之。刘曜陷晋室，安定降于曜，曜败于石勒，则安定属后赵。冉闵灭后赵氏，苻洪据关中，子健嗣位，尽陷安定诸城。至苻坚败姚苌叛，安定羌胡降苌。苌死，子兴嗣，赫连勃勃叛，称大夏天王。及晋刘裕来伐，遂灭姚泓。安定、平凉、阴密尽陷于勃勃凡十五年，死，子昌嗣位。魏太武帝神麚元年，司空奚斤攻夏，安定败，夏师获昌，夏人立其弟定于平凉。魏主自将袭平凉，定走鹑觚原，奔上邽，安定、平凉皆降。魏明帝时，高平敕勒胡琛反，秦州贼莫折念生、天生应琛，攻陷高平镇，都督元志败绩于陇口。孝昌元年，大都督萧宝寅大破天生于黑水，追北至于小陇。三年，萧宝寅与北海王元灏讨莫折念生，大败于泾州之泾阳。萧宝寅叛魏，战败，走秦贼万俟丑奴军。永安三年，都督尔朱天光、雍州刺史贺拔岳败丑奴于渭北，追北至于安定高平。夏四月，获丑奴于平凉，获宝寅于高平，诛之，遣长孙邪利守原州。高平大旱，天光等退屯四十里。贼万俟道洛袭原州，害邪利。尔朱荣遣使杖天光，贬爵，以宇文泰为征西将军，行原州事。武帝永熙三年，秦州刺史侯莫陈悦戕贺拔岳于高平，宇文泰收岳师，诛悦，遂定关西。

隋金城贼薛举寇扶风，唐公子世民大破之，复安定。唐初，举子仁杲立于折墌，围泾州，秦王大破仁杲于浅水原，围折墌，降之。武德七年，突厥入寇原州，九年寇泾州。泾州总管尉迟敬德简精骑二千，胡服，随骑俱进，伺便擒斩千余级。天宝十四年，玄宗幸蜀，太子北收兵讨安禄山，西行至安定郡，又至平凉郡，得监牧公私马数万。至灵武，众拥登帝位。二载，幸保定郡，征河西，安西、北庭。（眉批：改安定为保定。）陇右诸军东征，吐蕃乘间入寇，州、郡尽没。广德元年，吐蕃寇泾州，进逼京师，郭子仪收复，吐蕃退据原、渭等州。永泰元年，马璘始为泾原节度使，帅北庭四镇行营兵镇泾州，泾州西界止守弹筝峡。（眉批：弹筝峡古名金佛峡，即今固原之瓦亭峡。）贞元三年，吐蕃请盟于平凉川，唐以浑瑊等往盟，敌劫盟，瑊等奔还。十月，吐蕃大掠陇州、华亭诸县，北攻泾州连云堡，守将出降，吐蕃获道弹筝峡，遂屯原州。四年，寇泾州西门，不启。永贞十三年，临泾守将郝玼大破吐蕃，复原州。大中后又陷吐蕃，侨治临泾。初，宰相元载议城原州，未果。至建中初，李怀光为泾原节度使，仍欲徙屯城原州，泾师素惮怀光暴重，畏迁。有刘文喜者，劫众作乱，唐命朱泚代怀光，遂诛文喜，泾人皆悦，而原州不果城矣。朱泚之乱，帝幸奉天，李晟、浑瑊等大败之。泚与姚令言出奔至泾州，节度田希鉴不纳，泚以范阳兵三千走驿马关（属庆阳县），宁州刺史夏侯英列阵以待，乃走保彭原西城，为其党射死窖中。令言走泾州，亦被诛。

宋咸平五年，诏益兵八千，分屯环、庆、泾、原，备夏贼李继迁。十月，遣使赍药赐镇戎军将士。景德元年，镇戎言破蕃贼于石门川。六年，泾原钤辖曹玮言发兵讨原州界拨藏族，违命者捕获甚众。天圣三年，环庆蕃部嵬逋等降附泾原。四年，泾原兵破康奴族。康定元年，李元昊反，寇三川寨，都巡检杨保吉死之。熙宁三年，夏人寇镇戎军三川寨，巡检赵普伏兵邀击，败之。元祐二年，夏人寇镇戎军，又寇三川诸寨。崇宁二年，夏人入泾原，围平夏城，寇镇戎军。建炎三年，金人寇泾原，经略使曲端遣将击败之。四年，金人犯邠州至彭原，曲端遣吴玠击败之。四月，吴玠与金人再战彭原，败绩。绍兴元年，张仲孚以泾州、李彦琦以镇戎军皆叛降金。三十二年，姚仲遣将伐金，复镇戎军。闰二月丙子，姚仲遣将复原州。三月，金人犯镇戎军。五月戊戌，姚仲遣兵救原州，数败金人。壬寅，又战于原州北，败绩。孝宗受禅，用史浩策，命吴璘班师弃陕西。绍兴三十二年六月晦，金人屠原州，平凉归金矣。金宣宗元光元年，平凉陷于蒙古。元至元十七年，河南刘福通兵起，攻陷关中府县，十八年，元将察罕贴木儿、李思齐攻走之，复泾州、平凉。

明洪武二年四月丁卯，大将军徐达帅师次陇州固关。乙酉，师自巩昌还，至静宁州，遂下隆德，越六盘山至开城，遣平章俞通海进攻元豫王于西安州，次海剌都、右丞薛显以精兵五千先袭豫王，王驰遁。达以豫王之众处开城，以西安州余众徙北平。五月甲午，显至鸣沙，获元将王保保之将毛祥，大将军至红城，还。丁酉，出萧关，遂下平凉。辛丑，御史大夫汤和下泾州，次日大将军至泾州。六月戊辰，以凤翔守御指挥余思明守平凉。甲戌，以陈寿守原州，黄旺守泾州，大将军北讨庆阳。七月辛亥，王保保遣将韩札儿陷原州，陈寿死之，又陷泾州（眉批：元将王保保，即《明史》所载之扩廓帖木儿。元亡，王保保由太原至宁夏，遣将踞原州谋恢复。后闻陕西行省丞相秃鲁、参政张良弼遁去，太尉李思齐、枢密孔兴以陕西郡邑降，遂攻兰州。明指挥韩温固守，不下。保保筑城於兰州河北，今尚存，土人称为王保保城）。辛酉，右副将马宗异破走韩札儿，复泾原。八月乙丑，大将军以故元归附官温汉臣署原州同知。先是，原州判官刘伯温逃，至是自宁夏来归，复为判官，与指挥刘广、铁甲冯共守原州。大将军已定庆阳。己丑归至原州，三将军俱来会。九月壬辰，大将军复至平凉，会入朝行赏，王保保复为边患。三年正月，复命大将军帅师出自西安，捣定西以伐之。三月，师至定西，大败保保，斩获八万六千余人，河南遂空。景泰元年，始筑固原巡检司城。三年，移平凉卫右所为固原千户所。成化三年，北人犯平凉，陷开城县，县遂废。弘治十四年，孛来据河套入陕西，命户部尚书秦紘总督陕西三边，开阃固原，请迁开城遗民于卫城，设固原州，遂为重镇。正德十年，北人掠固原之骡子川、响石沟，游骑至于彭阳、镇原。嘉靖元年八月，边贼掠至镇原城外并屯子镇、浅河铺等处。二十五年，又至县东北石泉堡宁里，杀掠人畜。崇祯五年，宁塞逸贼与环、庆寇屯镇原之蒲河，总兵曹文诏、贺虎臣等会兵击之。十五年十月十三夜，环贼许申陷镇原，屯据七昼夜，搜掠殆尽。总兵马某暗中受贼贿，不战而捷，刈良民首级以报。十六年，招安贼首王老虎驻镇原，逼逐居民，焚毁庐舍。次年，闯将贺锦陷平凉，而县城如故。

清初总制孟乔芳巡边，所至景附，不一血刃。康熙十三年吴三桂之变，平凉提督王辅臣等进剿，至宁羌州兵哗，杀主帅莫经略，辅臣遂叛据平凉城，以应三桂。平庆州县尽为所陷。十五年，内阁图海帅兵讨降之。十九年冬，环贼邓万才约合镇原匪党耿飞、马玉等作乱。二十二年春攻破环县，弑知县罗某，镇邑汹惧。时邑宰宗书预请玉泉营防兵驻荔家堡，游击柳生甲闻变，直趋曲子捣贼穴，牵其进退，是以镇原获免。及大兵会，一鼓而擒。今近四十年四野宁谧，人享太平之福矣。

（原载康熙《镇原县志》）

《重修镇原县志》二十卷自序

慕寿祺

粤自四方辑志，外史专官；五事登书，行人本业。典籍旧传于前代，缄縢近发于名山。阚玄阴之《十三州志》，胡可泉之《秦安县志》，措词古质，分类简该。观二子所为，非后人可及。其他善本鲜有所闻，盖由戎丑之虔刘，遂听人才之埋没。连城之璧不逢知己，终与瓦石无殊；边徼之贤不为表章，且与草木同腐矣！夫甘肃各县在前清盛时，亦尝网罗旧闻，纂修新志，延儒启局，考事征文。惜非班马之才，难成乡国之史。过详则失之泛，太简则失之空，去取不当则失之私，体例弗严则失之滥。爱乡邦而叙人物，因丘墓而征鬼神。收风云月露之文章，略井壤山川之要害。虽系古人所著，究非今日所宜。今则事重闾阎，采及人民之细；道存彰阐，敢拘形迹之粗。其诸异乎古之志欤！镇原当东路冲，接西峰镇，郡从汉始，俗似秦强。周先王教稼之区，范文正驻兵之地。内有统志，外有省志，而府志、州志、县志之纪载，偏会于全。前曰周原，后曰泾原，而东原、南原、北原之接连，今犹夫古。屡阅沧桑之变故，孰为砥柱于中流？清嘉庆时，邑贡生张公辉祖本董李、钱张志书纪汉、唐、宋、明史事，后来居上，择而得中。其自序云："灿然以明，既不失于过简；厘然有当，亦不嫌于过繁。"为社会所推崇，备职方之采择。自同治初元，鹑躔失次，衅起花门，乌合成群，祸流梓里。或潢池盗弄，或畎亩揭竿，兵劫蔓延，圣文埃灭。其时正人君子、孝女贞孀死于锋镝之中者多不可胜数。姓字无闻，难免堙沉之叹；传闻失实，罔为考镜之资。清末邑侯宋牧九有志续修，追踪前哲，先檄城乡各采访，复聘正副两纂修，文稿未终篇，武昌已起义矣。民国十年后，重提往事，各述所闻，或据档案所存，或采绅耆所说，免使九泉之鬼献书以求，一篑之功半途而废。忽遭世变，又启兵端。茹水长流，淘尽英雄之泪；武城小邑，不闻絃诵之声。仓掘鼠而无粮，泽飞鸿而遍野。谁严节制，既苦寇而更苦兵；横索钱财，徒损下而不损上。以毛诗然烛，以论语代薪，宜乎百里之间鳦鸠绝种，五经之贱刍狗不如，又何论乎志书，望太平于魂梦！今夫人事代有谢而日月常明，时势虽变迁而山河不改。镇原地虽偏小，而圣经贤传犹自珍藏，土习民风颇为淳朴。寸心未死，万象俱新。未几，钱县长纪丞，抚百里花封，具三长学识，书读潜夫之论，堂鸣子贱之琴，深惧邑乘残缺，乃用意匠经营，慨然曰："及今不言，后将谁述！"聊存陇东之史，根本春秋；不似汝南之评，改移月旦。否则，数典而忘祖，籍谈难免其揶揄；略古而详今，张澍且讥其遗漏。将欲操三寸翰，成一家言，须随时以适应要需，庶胜任而始称愉快。则有焦治堂先生者，椟藏紫研，饼啖红绫，避铁骑之蹒跚，吊铜驼于荆棘。一旦炉锤在手，规矩从心，体例厘分，纲条备举，爰偕贱子，商及同人。凡山川道途之广狭，晚近风俗之转移，人民户口之增加，城乡学校之建设，新旧官师之姓名，祠宇祭祀之典章，经史子集之原流，草木禽兽之种类，闻而必录，浩乎无穷。溯委探原，稿已备夫四千余年之掌故；顾名思义，事诚本乎百二十国之宝书。无滥无遗，有典有则。洛阳之纸顿贵，冀北之群遂空。祺兰垣溷迹，桐昧无知，质愧鸠庸，呼当马应，竦肩拥鼻而竞病是为，焠掌粪心而精神误用。每念维桑之故事，几难握管以修书。兹幸集合群材，缮成初草，因旧志而编新志，非尽言陈；将今人以比古人，自惭力薄。付品评于后世，事在千秋；望攻错于他山，师求一字。

岁在旃蒙大渊献季夏之月　慕寿祺序于求是斋

（原载民国《重修镇原县志》）

《重修镇原县志》跋

皋兰　李孔炤

右《镇原县志》二十卷，为陇上名儒慕少堂先生所纂辑。此志拟之于古，当与武功、朝邑诸志抗衡，而义例之精深，叙述之博大，尤非武功、朝邑诸志之所能及。盖武功、朝邑诸志，其叙述之文笔虽属简净可爱，然窥其内容，似不识史家之法度，其中不无体例驳杂、见解乖谬之处，颇为清初章实斋先生所訾议。今少堂先生重修之《镇原县志》，绳以古今史例之律法，

吾知后之阅是志而心知其意者,自有如左列之不朽精神在焉:

(甲)此志精于方志义例之研究。

方志滥觞原于《尚书》之《禹贡》《诗经》之《国风》,其后孟子所谓晋之乘、楚之《梼杌》、鲁之《春秋》以及墨子所谓周之《春秋》、燕之《春秋》、宋之《春秋》等皆可称之为方志。其以志书之名见称最古者,首推晋应璩之《华阳国志》、习凿齿之《襄阳耆旧传》,已开志书之体例。延至唐、宋逐渐完备,尤以明、清两朝志书之作几于无地无志。综其类目,约有左列之三种:

(一)总志。其叙述之面绩涉及于国府领土以内之范围者,即今之所谓国史,如唐李吉甫《元和郡县志》、宋乐史《太平寰宇记》、明李贤等奉敕所撰之《一统志》等是。

(二)县志。其叙述之面积涉及于县府领土以内之范围者,即今之所谓县史。如宋周淙乾道《临安志》、元袁桷延祐《四明志》、明杨子器《常熟县志》、清章实斋《永清县志》等是。

(三)分志。其书虽不名志,然其记载之体例为方志之一部或一门者,吾无以名之,名之曰分志。如专志山岳之唐徐灵府《天台山记》、专志河源之清万斯同《昆仑河源考》、专志物产之清张澍《凉州异物志》、专志风俗之宋宗懔《荆楚岁时记》、甘肃之《空同志》、杭州之《西湖志余》等是。

志书既有总志、县志、分志之别,而叙述之体例自亦不能限而为一。兹据章实斋之所见,可分为左列之四种:

(四)纪。如皇典、庆典之宜作纪是。

(五)考。如典籍、法制之宜作考是。

(六)略。如官师、科甲之宜作略是。

(七)传。如名宦、人物之宜作传是。

统观上项之情形,则知先生重修之《镇原县志》可以窥出如下之精义:

(一)体例方面。据卷首例源之说明,是志仿总志之体例者有若干条焉,仿县志之体例者有若干条焉,仿分志之体例者有若干条焉,虚心结构,会集古今志例之所长而为之,斟酌至当。此足证先生煞费苦心之点。

(二)义例方面。据全书之体例,皆冠以志之名称,而将考、略、传例归纳于志体之中,独裁卓识,殊有得于方志体例之精义。盖书既以志名,分目不应如章氏之自矜奇异,又析为若考、若略、若传。况考略之名含义广泛,无一定之系统可系,谓为文献可考,山川自亦可考,政事可略,人物自亦可略。至于传之体例,虽属由来已久,然如左氏之记事,司马之记人,原可通用,靡有定体,自不如取于志义之为适当。此亦足证先生煞费苦心之点。

综此两段实事,自非先生平生勤于博览,长于考据,乌能有此博大精深之作?此后之阅是志而心知其意者此也。

(乙)此志精于方志义法之研究。

方志之学向不为学者之所重视,虽以卓识之纪昀其所总裁之《四库全书》,亦将方志收入于地理门类,重方遗志,殊为大雅之所不取。盖方志为外史所领,义备国史取裁,犹《春秋》之必资百二十国宝书。而世儒误为地理图经或等例于纂辑,宜其有比类失意之谬。兹据左列之见解,可以知方志在学术界之位置。

(一)章实斋云:部府县志,一国之史也(见《文史通义》)。

(二)梁任公云:史之缩本则地志也(见《清代学术概论》)。

方志之位置既然属于史之范围,则史家之职责无论叙述任何社会之事绩,自应具左列之两种法义:

(三)知变。史之第一要务在知古今社会人类生活变迁之大概。

(四)探原。史之要务非特说明古今社会人类生活变迁之点,且须追述其原因。

统观上项之情形,则知先生重修之镇原志尤可以窥出如下之精义:

(一)知变方面。此志记载之方法,对于一件事物之来龙去脉,如民族志中之种类、家族,引经据史,皆具系统之组织,绝无寻章摘句、零碎不相贯联之弊,断义善文,殊有得于方志律法之精义。此足证先生颇具法裁之点。

(二)探原方面。此志记载之方法,对于一件事物之来龙去脉,不仅具系统之组织,如教育志中改良戏曲、训练说书人材、辨明小说之真伪,尤发前人所未发。盖史家之记载事物,不仅令人知悉某事物如此如此,必须令人知悉其事物何以如此如此,倘能如此记载,则一般人类于应事接物之际,因明瞭四围环境之关系而得以趋利避害之方向。此亦足证先生颇具法裁之点。

综此两段实事,自非先生平生精于研究,富于阅历,乌能有此博大精深之作?此后之阅是志而心知其意者此也。

(丙)此志精于方志义识之研究。

方志本为史乘之一,其记述之最要关键,据刘子元、章实斋之见解,谓为无论何人何志非具左列之四长,自不能胜其所职。

(一)史德。德者何?即著述者之心术也。推广其意,凡作史者必须心术端正。而心术端正之人叙述史志,自如鉴空衡平,方足以褒贬得当,裁决纯正。此史家应为兼长者之一。

(二)史学。学者何?即著述者之心法也。推广其意,凡作史者必须胸具理法。而胸具理法之人叙述史志,自能若网在纲,方足以条理清晰,源流分明。此史家应为兼长者之一。

(三)史识。识者何?即著述者之心灵也。推广其意,凡作史者必须观察敏锐。而观察敏锐之人,叙述史志,自如明镜高悬,方足以显隐必该,洪纤靡失。此史家应为兼长者之一。

(四)史才。才者何?即著述者之心技也。推广其意,凡作史者必须手术纯熟。而手术纯熟之人叙述史志,自如庖丁解牛,方足以剪裁合宜,排列如法。此史家应为兼长者之一。

史家既具史德、史学、史识、史才之四长,则编纂方志必须应具之六要自不难和盘实现。

(一)乘二便:地近则易核,时近则迹真。

(二)尽三长:识足以断凡例,明足以决去取,公足以绝请托。

(三)去五难:清晰天度,考衷古界,调剂众议,广征藏书,预杜是非。

(四)除八忌:条理混杂,详略失体,偏尚文辞,妆点名胜,擅翻旧案,浮记功绩,泥古不变,贪载传奇。

（五）立四体：纪、谱、考、传。

（六）归四要：简、严、核、雅。

统观上项之情形，则知先生重修之镇原志尤可以窥出如下之精义：

（一）史德方面。此志纂述之精神为研究民众各种生活之样式，其于应作史传之人物、名宦等，皆核取极为谨严。此不仅公足以绝请托，而且知人论世，甚合史家之法度。此足证先生胸有成竹之点。

（二）史学方面。此志纂述之精神为实现个人创作义法之范式，其于应采史例之古法、新义，皆穷究极为得体。此不仅识足以断凡例，而且条清理晰，甚合史家之法度。此足证先生胸有成竹之点。

（三）史识方面。此志纂述之精神为保存全盘社会动作之法式，其于应搜史事之陈迹、今务，皆采访极为审慎。此不仅明足以决去取，而且择精语详，甚合史家之法度。此足证先生胸有成竹之点。

（四）史才方面。此志纂述之精神为表示作者技术得法之方式，其于应具史文之法式、义例，皆描写极为动情。此不仅文足以立体归要，而且笔纯义正，亦甚合史家之法度。此足证先生胸有成竹之点。

综此四段实事，自非先生平生识高于顶，心细于发，尤乌能有此精深博大之作？此后之阅是志而心知其意者此也。

昔章实斋曾谓：自迁、固而后，史家既无别识心裁，所求者徒在其事、其文，惟郑樵稍有志于求义。先生重修之镇原志，既精于义例、义法、义识之研究，所以纂辑出之方志，不惟有合于实斋主张作史之见解，尤足以纠正左列之三种病态：

（一）足以纠正知有朝廷而不知有国家之弊。

过去史家，其所叙述之史事，殆如《大唐创业起居注》，不啻为一代据盗帝王之歌功碑志。由此碑志脱化出之方志样态，只注意名卿绩纪、贤良录略，其于多数人民之动作状态反而置之不理。今阅先生重修之镇原志，其叙述史事之精神，述民生而遗官廪，详民事而略政迹。此志足以纠正知有朝廷而不知有国家之弊者之焦点也。

（二）足以纠正知有领袖而不知有民众之弊。

过去史家所叙述之史事，殆如《郎官石柱题名》，不啻为冥府阎罗王之点鬼簿录。由此簿录脱化出之方志样态，只注意官宦志表、科第名录，其于多数民众之族谱、姓氏反而置之不理。今阅先生重修之镇原志，其叙述史事之精神重血谱而轻宰统，先姓氏而后官名。此志足以纠正知有领袖而不知有民众之弊者之焦点也。

（三）足以纠正知有陈迹而不知有今务之弊。

过去史家所叙述之史事，殆如《汉魏六朝墓铭纂例》，不啻为若干死人所作之纪念碑。由此墓碑脱化出之方志样态，只注意高征往事，缙绅旧闻，其于多数民众之流通言行反而置之不理。今阅先生重修之镇原志，其叙述史事之精神，左民言而右政论，录实事而弃虚文。此志足以纠正知有陈迹而不知有今务之弊者之焦点也。

总而言之，先生重修之镇原志，发凡起例，纲天纪人，其间所创之义法，不仅修志学家应奉为矩矱，即纂修国史者，得其一二精义，亦当尊为不祧之宗。余故不揣愚陋，缀言篇末。《诗》云："高山仰止，景行行止。"于戏，修志如先生者，叹观止矣！

民国二十四年冬至后七日　跋于甘肃学院

（原载民国《重修镇原县志》）

关于为镇原县"许国和、张万寿反革命集团"冤案彻底平反的通知

省委发〔1981〕29号

各地、市、自治州党委，省级各部门党委、党组：

一九五八年七月，平凉地委根据省委指示，由地委负责同志带领工作组，在"左"的思想指导下，从深挖镇原县落后根子入手，制造了以县长许国和、副县长张万寿为首的所谓反革命集团冤案。工作组把原镇原县县长许国和同志实事求是地向省委反映五七年粮食减产、群众生活困难等问题，错误地视为"阶级敌人破坏"。在这一错误思想指导下，他们认为镇原县解放前"地处敌我短兵相接的斗争前线，反革命势力相当雄厚"，解放后"土改、镇反、社会主义改造极不彻底"，"整风和反右派斗争不彻底"，"农村两条道路辩论不深不透"，"干部队伍严重不纯，不少政治不纯分子和历史反革命分了混入党内，爬上了各种不同的领导岗位"。因而错误地结论为，镇原落后的根子是"以县长许国和、副县长张万寿为首，以县人委为中心，从内部到外部组成了一个庞大的反革命集"。强加给这个所谓反革命集团"破坏粮食政策"，"破坏财政收入"，"破坏农业合作化"，"打击、陷害革命领导干部"，"支持、包庇反革命，组织反革命叛乱"等罪名。经报请省委于一九五八年十日三十一日批准，定为"许国和、张万寿反革命集团"。全县被定为案内成员和受株连的共一千六百五十人，其中逮捕判刑一千五百〇三人(内死于狱中的三百三十三人)，依法管制一百四十七人。前几任县委书记和前平凉地委书记薛程同志，也受到株连。

对这一冤案，一九六一年平凉地委进行过甄别，一九六二年七月经省委批准，予以平反，并将甄别平反结论印发各地、州、市委。但因当时受"左"的思想影响，甄别平反很不彻底，善后工作未全部妥善处理，特别是对原捕办人员，大部分只作了内部纠正，未公开进行平反，致使不少人继续含冤受屈。一九七九年五月以来，庆阳地委协同镇原县委再次进行了全面复查，经查，原来认定的几个问题有的是无中生有，有的是颠倒是非，个别属于工作中

的缺点，因此，所谓“许国和、张万寿反革命集团”是根本不存在的，纯属一起重大冤案。为了彻底纠正这一冤案造成的严重恶果，消除其影响，省委决定：

一、所谓“许国和、张万寿反革命集团”，纯属在“左”的思想指导下造成的一起重大冤案，予以彻底平反。一九五八年省委既没有深入调查研究，也没有详细审查核对材料，草率定案，是严重错误，给党的威信造成了不应有的损害，使受害者蒙受了极大冤屈，教训是十分沉痛的。这个错误的主要责任由省委承担。

二、凡因此案被迫害致死和错处理、受株连的同志，一律予以平反，彻底推倒一切诬蔑不实之词，恢复名誉，并由镇原县委负责做好善后工作。

三、此案处理过程中形成的材料，按反右倾运动材料处理办法，由有关单位清理销毁。

中国共产党甘肃省委员会

一九八一年三月十四日

（发至县级，镇原县发至公社，共印四九六〇份）

（原件存镇原县档案馆 1981 年县委长期卷 150 号）

关于 1958 年到 1962 年的工作检查报告（摘录）

三年来我们的各项工作是发展的，成绩是巨大的。但是，在我们的工作中，也还出了不少问题，有严重的错误。其主要是：

（一）高征购。镇原县的粮食征购负担，从 1954 年就加上去了。1953 年全县粮食总产为 15220 万斤(市斤，下同)，征购任务只有 2337 万斤，占总产的 15.3%。1954 年粮食总产为 18955 万斤，比 1953 年增产 28.2%，但征购任务却增加到了 4962 万斤，占总产的 26.2%，比 1953 年的负担多了 1 倍多。1957 年是个歉收年，征购任务仍完成了 4842 万斤，占到当年粮食总产的 33.1%。1958 至 1960 年三年，全县共为国家拿出粮食 16883 万斤，占三年总产的 39%，平均每年完成 5634 万斤。其中 1959 年最多，给国家交售了 6855 万斤.超过解放后任何一年的负担。1960 年，即使在粮食产量大幅度下降的情况下，还拿出了 5254 万斤。由于负担过重，购了过头粮，造成了群众生活困难(按：报告的征购数字与统计数字不符)。

（二）共产风。镇原的共产风刮得很早，从 1955 年的植树造林、兴修水利就开始了，1958 年达到了顶峰。1959 年我们虽然根据麻城经验，开展了“下楼”运动(按：指干部检讨工作的缺点错误)，进行了纠正。但在后季反右倾时，又否定了这个运动的做法，重蹈前辙，继续了以前的错误，共产风煽而又起，平调的数量相当惊人。全县 1200 个核算单位中，程度不同的都有。据统计，平调总值约 1050 万元。1958 年后季大炼钢铁运动中，由于忽视了所有制，公私界限不分，一次就调去农村劳力 3.7 万多人，加上后勤运输，最多上到 5 万多人(按：1958

年8月中旬至12月底4个月内,先后三批共抽调民工38333名,分赴平凉大台子、太统、三道沟、土谷堆、华亭等地炼铁),加上水利基建的大动工,全县最多抽过7万多人,当时留在农业第一线上的多为老、妇、童。牲畜也大部分被抽出支援大炼钢铁运动,加上农村的大搞深翻地,造成牲畜大量死亡。有些地方在收铁过程中,为完成任务打了群众的锅(按:据不完全统计,1958年大炼钢铁时收交打毁群众锅5万多口,把一些有用的镰刀、斧头和铡子等当废铁收去了。有些地方提倡"大讲共产主义风格",放开肚皮吃饭。屯字公社一些生产队,还给过往行人开"流水席",吃饭不要饭钱,站店不要店钱。有些公杜要富队代穷队无偿交纳粮食征购任务,劳动不计报酬,工分一风吹。紧接着又出现了一个"割私有尾巴"运动,有些人便乘机大发横财。有的社、队干部和教师带上学生,闯入农户,翻箱倒柜,见东西齐拿,把农具和日常使用的生活资料,如镢头、铁铣、镰刀、面粉、清油、席、毡、被褥、眼镜,甚至连烟锅嘴子也拿去了,有些社员听到"割私有尾巴",便将财产转移、埋藏、廉价拍卖,大量宰杀家禽,丧失了建立家业的信心。

(三)瞎指挥。曾出现了许多不切合实际的想法和做法。如粮食生产,要求亩产三年"过黄河"、五年"跨长江"(按《全国农业发展纲要》规定,在若干年内黄河流域粮食亩产达到500斤,长江流域亩产达到800斤,故粮食亩产达500斤称过"黄河",达800斤称跨"长江"),实现"万斤川"、"万斤塬"、"三年水利化、园田化、万斤肥料化、耕地全部深翻化";水利建设,1959年冬提出"斩断三河,水上五塬","大战百日,完成五渠三池一库","打井10万眼,挖窖8600个,实现井窑星罗棋布化","塬边修花果园,打围墙五千里";作物布局上,要求"弃山就川,以农还林,少种多收",播种时间,要求"一早再早,早字当先,早种早收",操作技术,要求全部使用新式农具,过分强调密植;工业上要求建成万厂县,沼气化,滚珠轴承化,施工半机械化,文教卫生,要求七无县,一天普及小学教育,七天扫除文盲等等。三年来修的几条大渠和打下的高山高塬水井,现在大多数都成了废物;有些地方由于不倾听老农意见,过分强调密植,扩大复种,乱倒庄稼茬口,致成了严重减产;有些地方指导生产一天几变,群众批评说:"上面一道令,下面一阵风,是三齐王乱点兵";有些工厂由于原料、燃料供应不上,技术没有过关,年年赔钱。由于上面的高指标,大计划,下面就不得不虚报浮夸,迫使许多同志说了假话,放了不少假"卫星"(按:当时把夺取工农业生产的最高指标称放"卫星")。对此,我们没有很好地加以分析,便在报纸上、文件上大加表扬。这样,"卫星"越放越高,虚报浮夸,形式主义和强迫命令的做法愈演愈烈,使许多了解真情的人.不敢说老实话,下情不能上达。更重要的是有些同志在粮食产量上也虚报不少,结果给社员的分配算了"空空帐",群众一要粮,就认为是闹粮,便进行批判斗争或打击,造成的损失是痛心的。

中共镇原县委

1961年8月

(原载1985年《镇原县志》,摘自镇原县档案馆1962年县委永久卷17号)

花儿岔、新池两个大队人口变化和死亡情况的调查(摘录)

马渠公社花儿岔、庙渠公社新池两个大队,1958年初,实有人口是454人。三年多来,两队迁入、婚入49人,出生12人(有生育能力的妇女55人),共61人;迁出和死亡132人,现实有383人,比1958年绝对数减少71人,下降15.6%。在减少的人口中,迁出当工人的8人,法办劳改的4人,男死女嫁11人,带走小孩27人,外流未归的10人,死亡的73人,占55%,等于出生人口的6倍多。

在死亡人口中,因病死亡的28人,工伤事故死亡4人,自杀的2人,其他原因死亡的6人(食物中毒3人,法办后死在狱中的3人),原来有病,与粮食有关死亡的12人,其余21人是直接因粮食问题饥饿死亡的,占28.8%。这21人中,属于干部克扣、粮食断顿饿死的4人;家庭不和,虐待扣死的5人;粮食量少,饭量过大,家中无菜,没有副食搭配饿死的12人。

三年多来的人口死亡情况是1961年少,1960年严重,1958年、1959年次之。

1958年共死亡15人,占死亡总人口的20.5%。其中因病死亡的5人,工伤事故死亡的1人,食物中毒死亡2人,法办后死亡在狱中的1人,因原来口粮量少,得粮后吃得过多胀死的2人,直接因粮食问题死亡的4人。

1959年共死亡15人,占死亡总人口的20.5%。其中病死9人,工伤事故死亡1人,法办后死在狱中的1人,死亡在外流途中1人,因粮食问题死亡3人。

1960年共死亡39人,占死亡人口总数的53.5%。其中病死11人,自杀1人,工伤事故死亡2人,法办后死在狱中1人,食物中毒死亡1人,原来有病,与粮食有关死亡的9人,直接因粮食问题死亡的14人。

1961年死亡4人,占死亡人口总数的5.5%。其中病死3人,自杀1人。

这两个队,1958年初共97户,现有83户,三年多来在减少的14户中,有3户是死绝的,现在家中无人的11户,这11户共死亡20人,男死女嫁10人,带走孩子23人。因家庭无人照料,生活困难,外流8人。

史银琚　李廷魁

一九六一年八月十四日

(原载1985年《镇原县志》,摘自镇原县档案馆1961年县委永久卷349号)

镇原县包干到户生产责任制管理暂行办法

我县农村生产队实行了包干到户的生产责任制。为了坚持生产队的主体地位和基本生产资料公有制不变的社会主义原则，正确处理国家、集体、个人三者关系，妥善解决在新的情况下出现的新问题，使这种生产责任制不断得到完善和提高，特制定如下管理办法。

第一章 总 则

第一条 包干到户是社会主义性质的一种生产责任制形式。土地、牲畜、农机具等主要生产资料归集体所有，固定到户经营。

第二条 包干到户责任制，实行社员包国家任务，包集体提留、剩余归己的分配办法，即“保证国家的、留足集体的、剩余都是自己的”。

第三条 包干到户责任制确定之后，长期稳定，不得随意变动。

第二章 生产资料

第四条 土地可按现有人口固定，也可采取人劳比例相结合的办法。要就近连片，有利生产，便于机耕、灌溉。固定过零碎的，同群众协商，予以调整。固定给社员的土地，只有使用权，没有所有权，不准转让、出租、典当和买卖，不准私自修庄，乱埋坟，不准阻塞、蚕食、毁坏农田地埂、道路和水渠，不准损坏电杆，测量标志等附属物。

第五条 生产队每人要留二至三分机动地，没有留的，要经过调整，逐步留下来，主要用于发展多种经营生产，偿还国家贷款。机动地都要承包到组、到户，收入分成或大包干。

第六条 任何人不得随意开荒。对乱垦的荒地，除收回当年产量外，要视其情节，每亩罚收十元以上的水土保持费。

第七条 社员修庄、建房要统一规划，合理安排，充分利用荒坡、荒地和闲置宅基地，尽量少占或不占用耕地。非占不可的宅基地，山地每处不得超过一亩二分，川、塬地不得超过八分，不准占用水地。真正需要修的，必须由本人申请，社员讨论，大队审查，公社批准，并划定地点。任何个人，未经批准，在承包土地上修庄、建房都是违法的，必须坚决制止。随意扩大的庄基地要坚决收回；私自抢修的要限期填埋、拆除，并赔偿经济损失，情节严重的要依法惩处。统一规划的修庄点，任何人无权阻挡。新修迁居后，旧宅基地要归回集体；有使用价值的窑洞、房屋可以出租、转让或买卖，在等价交换的原则下，调剂使用，不能闲置占地。

第八条 土地固定后要相对稳定，增人不补，减人不收。随着时间推移、人口变动，需要

调整时,必须经县政府批准,

第九条 固定到户的牲畜、羊只,可以折价保本,户养户用,也可以折价保本,繁殖分成。不论采取那种形式,都要记清帐目,列入集体固定财产。

第十条 农具可以和牲畜配套固定,也可作价归户,收回原款,记入公共积累。

第十一条 大队、生产队的大、中型农业机械,不准平分和买卖。要建立严格的保管使用和维修制度,实行单机核算、专人管理、专业承包、儿定一奖或包干利润的办法,优先为农业生产服务。

第三章 包干合同制

第十二条 生产队应按各户承包的土地,计算出产量指标,作为包干的依据。一是社员包上交国家的粮、油、猪等农副产品的征购和派购任务;二是包上交集体提留的公积金、公益金、管理费、固定资产折旧费、优抚照顾和各类人员的补贴。公积金、公益金的提留,按《六十条》的规定进行。补贴要打紧从严,尽量少提,以减轻农民负担。

第十三条 包干户要承担一定的义务工,用于农业基本建设、计划生育、民兵训练、不受补贴干部的误工和社员的学习开会等用工。义务工应按现有的劳动力分摊,一般每个劳动力全年负担三十个左右,年初摊派,年终结算,长短找平,保证兑现。

第十四条 为了保证包干任务的兑现和生产资料的管理,生产队都要和社员户签订合同。其内容主要是农业综合承包合同、农副产品购销合同、专业承包合同等。合同应由社员民主讨论确定,建立合同书。

第十五条 合同签订后具有法律效力,双方都要保证履行合同义务,不得单方毁约。无故不履行合同者,应追究其经济责任,必要时可收回土地等生产资料。如遇特殊情况,需要改变合同,要经双方协商,公社批准。

第四章 多种经营 社队企业

第十六条 生产队、社员户要在抓好粮食生产的同时,积极发展多种经营。在国家统一计划指导下,因地制宜,从实际出发,组织专业队、专业组、专业户、专业工,积极开展栽、种、养、办等多种项目生产。

第十七条 生产队现有的成片林、果园,都要实行专业承包,有收益的收入按比例分成,也可实行大包干或差额补贴;无收益的可固定专人,划片包干管理,生产队付给合理报酬。根据农业生产周期性长的特点,为了使承包者从长打算,合理经营,承包时间要尽量长一些。

第十八条 道路、渠旁行树和零星树木,都要进行折价,造册登记,承包专人看管,或者树跟地走,折价保本,增值分成或增值归个人。

第十九条 生产队要根据本队的实际,可给每户社员划拨三亩、五亩、十来亩的宜林荒山、荒坡、荒沟地,由社员植树种草,谁造谁有,永久不变。划给社员的“二荒地”,不准开荒种粮,种了粮的要按乱开荒地处理。

第二十条 社队办的医疗、商业和养殖、加工、维修及其他企事业单位,应根据不同条件,实行专业承包,可采取几定一奖、利润分成或大包干的办法。

第五章 科学种田 农业基本建设

第二十一条 继续办好大队农科站,发挥其在科学种田上的指导作用。要加强领导,实行定人员、定实验地、定试验推广项目、定报酬、定奖赔责任制;也可实行收入大包干。对土地承包到户的科研站,要签订合同,保证科学试验和繁育良种。

第二十二条 要积极发展“农科户”、“种子户”。农技、种子单位要提早预约,签订生产,供应合同。“农科户”、“种子户,要按合同规定,搞好试验、示范、繁育良种、提纯复壮,为农技推广提供确切的数据。繁育的良种由预约单位包销,也可以抵顶包干任务或议价出售。

第二十三条 对病虫害防治,可以专人包干防治,也可由队统一安排,分户防治。有条件的地方,生产队可以与农技站签订合同,统一防治,费用按各户防治面积分摊。

第二十四条 大队、生产队要采取各种形式,积极组织社员学科学、用科学,普及科学技术知识,推广行之有效的增产经验和技术措施,提高科学种田水平。

第二十五条 包干到户后仍要坚持农业基本建设,山、水、田、林、路要实行统一规划,因地制宜,综合治理;需要占用的耕地,生产队统一调剂。

第二十六条 农田建设较大的工程项目,可采取三种办法:一是统一规划,留出土地,统一抽劳,集中治理;二是统一领导,统一规划,统一验收,任务到户,各修各地;三是小修小补的零星工程,由受益户自己治理。

第二十七条 生产队的机井、提灌站、渠道等水利设施,要承包给专人管理、使用,人员报酬可以大包干,也可收益分成或按亩收费。由于失职造成损失的,要追究责任,赔偿损失。

第六章 财务管理

第二十八条 生产队现有的固定财产,要认真清理。集体多余的公房,可优先用于解决学校校舍或用于兴办其他福利事业,也可租赁、出卖给社队企业或社员个人。

第二十九条 整顿财务,清理帐目。对生产队的现金、实物往来等要逐事逐项清理结算,并向社员张榜公布,记入新帐。

第三十条 清理债权债务。队与队、户与户之间串借的粮、款;拖欠国家、信用社的贷款;队欠社员的分空款;社员、干部欠队的超支款、挪用款,要认真清理,如数归还。对拖欠国家、信用社的生产费用贷款,一般都要分摊到户,由户分年偿还,分摊办法由队确定。农机、农电等设备贷款,由队偿还。对于有些队将贷款全部留队或全部分摊到户,落实还款计划的也应当允许。社员的超支欠款,要定出计划,按期归还。职工家属欠队款,要限期归还,无理不还的,按银行利率计息。

第三十一条 生产队通过财务整顿,要新建"四帐""一簿""一册",即现金帐、实物帐(包括队户产品登记)、分类帐、固定财产帐和义务工登记簿,社员户建立往来手册。

第三十二条 建立健全财务管理制度,大队、生产队提留的现金、实物要有专人保管。集体提留的开支,要建立严格的审批制度;十元以上由队委会审批,三十元以上经社员大会讨论通过。公共积累的动用一定要经过社员大会讨论决定,不准用公款请客送礼、大吃大喝。要民主理财,定期公布。社员有权查询或否定不合理的开支。

第三十三条 生产队会计要经社员民主选举,也可聘请,还可由大队组织专业会计制。财务人员要认真学习业务,大公无私,尽职尽责。

第七章 优抚照顾

第三十四条 对烈军属、残废军人要按政策规定给予优待。生产、生活有困难的要指定专人代耕或帮工,帮工可以顶替义务工,也可由队付给报酬。

第三十五条 生活有困难的现役军人家属,可减免提留和征购,减免的任务由本队或全大队的社员平均负担,或者优待一定数量的粮、钱,保证使他们的生活水平高于本队社员的中等水平。

第三十六条 五保户固定了生产资料的,生产队要落实帮工代耕对象;没有固定生产资料的继续实行全保。口粮全年不低于五百斤,还要发给一定的零花钱。无论是实行全保的或部分保的,对他们的日用、生病、死亡殡葬,生产队要妥善安排,负责到底。

第三十七条 对困难户,可以就近划地或少划地,不提倡保口粮的办法,也可实行帮工代耕,由本人付给合理报酬。对因工伤亡、致残的社员,生产、生活有困难的可按照烈军属的优待办法,予以照顾。

第八章 大队、生产队干部

第三十八条 大队干部一般设支书、大队长、文书三人,规模小的可设二人;生产队设队长、会计二人。

第三十九条 大队、生产队干部的职责是:

(1)贯彻执行党和国家的政策和法令,做好思想政治工作。

(2)制定生产计划,管好用好义务工,组织必要的农业基本建设,抓好集体统一经营的生产项目,搞好科学种田,组织社员开展家庭副业。

(3)检查承包户的生产情况和合同的实施、兑现,督促社员完成各项包干任务。

(4)加强财务管理,管好集体财产,合理使用公共积累,做好农业贷款的发放、使用和偿还工作。

(5)搞好烈军属、五保户、困难户的优待照顾工作,举办必要的集体福利事业。

(6)安排、报批社员的宅基地,调解民事纠纷。

(7)组织社员之间的变工互助,积极引导和促进新的经济联合。

(8)按照上级规定,搞好计划生育。

第四十条 干部报酬应根据本队生产水平和工作好坏确定。大队干部每年补粮四到七百斤或者现金一百至一百六十元。生产队干部误工补贴,可采取"报酬田"的办法解决,报酬田多少由群众讨论确定,一般山地不超过二亩,川塬地不超过一亩;也可每年补粮一百五十斤至二百斤或者现金四十至六十元。

第四十一条 大队、生产队干部都要实行岗位责任制,按工作职责,打分补贴,工作任务完成不好的进行扣减。

第四十二条 为减轻农民负担,国家给民办教师又增加了补助。今后民办教师的国家定量补助不再交队,除同社员一样固定给生产资料外,不再补助。经济收入不能自给和不能实行专业承包的赤脚医生、兽医、代销员等,由大队从提成中适当给予补助。

第九章 计划生育

第四十三条 要严格执行计划生育政策,一对夫妇只生一个孩子。坚持思想政治教育和经济制裁相结合的办法,落实计划生育措施。

第四十四条 对领了独生子女证的,其子女承包土地时,按两个人划给。承包后,领了独生子女证的,可用公益金或征收的多子女费给予奖励。社会救济、福利优先享受。如违犯合同生了二胎的,除收回全部奖金外,按计划生育的有关规定处理。

第四十五条 超计划生育,除按规定征收多子女费外,其超生子女不能固定土地等生产资料,并对超计划生育者应视其情节,给予倒扣承包土地、罚款等经济制裁。如交清罚款,作绝育手术后,持手术单位证明,仍可退给承包地。

第十章 思想政治工作

第四十六条 大队、生产队要坚持"四项基本原则",不断向社员群众进行社会主义思想教育,树立爱国家,爱集体的社会主义新风尚,坚决反对投机倒把、迷信、赌博活动。自觉遵守国家政策、法令,维护集体经济,接受生产队的统一领导。

第四十七条 生产队要实行统一领导,有权支配生产资料和维护集体财产;有权安排生产计划,决定重大生产措施,指挥全队生产;有权支配全队劳动力,进行农业基本建设和集体福利事业;有权抓承包合同的兑现,处理好三者关系;有权统一管理,使用好农业机械和水利设施；有权执行上级规定的有关计划生育办法及奖惩制度，社员要坚决服从，不得抵制。生产队要切实尊重社员的民主权利，一切关系社员利益的重大事项，都要经社员民主讨论，集体决定。社员在生产队的统一领导下，有权因地种植.确定增产措施；在保证完成包干任务的前提下，有权支配自己的劳动产品和收人；积极完成分摊义务工，搞好计划生育。

第四十八条 抓好民兵、青年、妇女、治保、调解等群众组织工作，充分发挥他们的积极作用。民兵、青年、妇女干部因公误工，一般可抵顶义务工，也可给予适当补贴，在提成内解决。

第四十九条 大力开展“五讲”“四美”和“五好”家庭活动，树立良好的队风、村风。

第五十条 施行本办法后，以前县、社、队有关规定与上述各条相抵触的，一律以本办法为准。

中共镇原县委

镇原县人民政府

一九八一年十一月

（原载1985年《镇原县志》，原件存镇原县档案馆1981年县委永久卷543号）

参考文献

张述镶修.《镇原县志》.清康熙五十四年(1715年)印行

刘化鹏、陈琚繁修.《镇原县志》.清嘉庆七年(1802年)刻印

张辉祖原纂.李从图增删刊印.《镇原县志》.清道光二十六年(1864年)刻印

焦国理、慕寿祺总纂.贾秉机总编辑.《重修镇原县志》.民国二十五年(1936年)印行

镇原县志编辑委员会编.段思坎总编.慕思恭、张得祥副总编.《镇原县志》.1987年4月内部发行

甘肃省庆阳地区志编纂委员会编.卢造钧总编.傅宏民、刘得祯、慕思恭、路笛、张永年副总编.《庆阳地区志》一至五卷.兰州大学出版社出版.1998年1月

张文先总主编.《庆阳通史》.商务印书馆出版.2011年6月

中共镇原县委党史办编.《中国共产党镇原历史》第一卷.中共党史出版社出版.2009年4月

中共镇原县委党史办编.《中国共产党镇原历史》第二卷.中共党史出版社出版.2013年10月

中共镇原县委组织部、中共镇原县委党史资料征集办公室、镇原县档案局编.《中国共产党镇原县组织史资料 1935~1987》 1991年8月内部发行

中共镇原县委组织部、中共镇原县委党史资料征集办公室、镇原县档案局编.《中国共产党镇原县组织史资料 1988~2004》 2005年7月内部发行

中共镇原县委党史办编.《中国共产党镇原县大事记 1930~2006》.2007年宁夏人民出版社出版

袁林编.《西北灾荒史》.甘肃人民出版社.1994年

中共镇原县委党史办编.《镇原县现代人物志》.2002年内部发行

当代镇原名人文典编辑委员会编.《当代镇原名人文典》一至四辑.2002至2009年内部发行

庆阳烟草志编委会编.《庆阳烟草志》.甘肃文化出版社.2003年

庆阳烟草志编委会编.《庆阳烟草志 2001~2010》.甘肃文化出版社.2011年

张维主编.《甘肃人物志》.西北师范大学学报增刊.1988年

唐李吉甫撰.《元和郡县图志》.中华书局.1983 年校点本

清顾祖禹辑著.《读史方舆纪要》.中华书局 2005 年 3 月校点本

谭其骧主编.《中国历史地图集》.中国地图出版社 1982 年 10 月

陕西人民出版社出版.《抗日战争时期陕甘宁边区财政经济史料摘编》一至四编

中共庆阳地委党史办编.《庆阳地区民主革命时期中共党史资料丛书》

于俊德编著.《中国庆阳历史大观》.中国文联出版社.2009 年 4 月

罗骁主编.《难忘岁月》.2003 年 9 月内部出版

泾川县志编纂委员会编.《泾川县志》.甘肃人民出版社.1996 年 3 月

固原县志编纂委员会编.《固原县志》.宁夏人民出版社.1993 年 6 月

平凉县志编纂委员会编.《平凉市志》.中华书局.1996 年 10 月

庆阳县志编纂委员会编.《庆阳县志》.甘肃人民出版社.1993 年 12 月

环县志编纂委员会编.《环县志》甘肃人民出版社出版.1993 年 10 月

宁县志编纂委员会编.《宁县志》.甘肃人民出版社出版.1988 年 12 月

曹树基著.《中国人口史》第五卷.复旦大学出版社.2001 年 5 月

中共镇原县委组织部、中共镇原县委党史资料征集办公室编.《中国共产党镇原县代表大会资料 1954.11~2005.11》

中共镇原县委组织部、镇原县人大常委会办公室、中共镇原县委党史资料征集办公室编.《镇原县人民代表大会会议资料 1954.7~2005.12》

中共镇原县委组织部、镇原县政协办公室、中共镇原县委党史资料征集办公室编.《中国人民政治协商会议镇原县委员会全体委员会议资料 1984.1~2005.12》

甘肃省、庆阳市、平凉市、镇原县档案馆有关档案

后 记

2008年，根据国务院、省、市安排，县上成立地方志编纂委员会办公室，调配人员，开始筹备中华人民共和国成立后第二轮修志工作。2009年8月，县委、县政府下发《镇原县第二轮地方志编纂工作方案》，决定统编一部溯古通今新县志，成立由县委、人大、政府、政协主要领导、分管领导及各部门负责人参加的编纂委员会，建立党委领导、政府主修、多方配合、整体推动的修志工作机制，并在退休和即将退休人员中聘请5名老干部担任编辑。9月召开第二轮修志动员暨业务培训大会，各乡镇、县直各部门分管领导和资料员240余人参加会议，县委、政府分管领导进行动员安排，聘请原庆阳地委秘书长、《庆阳地区志》副总编傅宏民，庆阳市政协文史资料委员会主任、《庆阳地区志》灾异志、政权志主编潘正东业务辅导，县政府与各乡镇、县直各单位签订资料征集责任书。随后，地方志办公室印发《征集入志资料公告》和《编纂工作手册》，编辑人员按照地方志工作条例和编纂工作规定，分为6个编纂小组，每组2至3人，采取上门指导、蹲点督促办法，深入机关单位指导部门搜集资料，提高资料质量。对一些专题资料和个别提供资料有困难单位，组织编辑人员去省、市、县档案馆和资料所在单位亲自查档整理，走访老干部，协助部门编写资料长编。林业局、财政局、法院、检察院、人事劳动局、国土资源局、统计局、农机局、国税局、水务局、卫生局等单位抽调人员整理资料长编。县委、政府主要领导、分管领导通过召开专题业务工作会、专题汇报会、利用其他会议多次强调督促，安排县委、政府两办进行专项督查，促使资料采集工作正常进行。坚持不定期召开情况分析会，及时掌握各编辑小组工作进展，找出差距，提出改进措施。对个别无人员、不会收集资料、不会整理长编单位，县志办抽调人员上门查档，走访知情人，由编辑人员亲自编写第一手资料。根据资料收集情况，随收集随整理，撰写初稿，整理一篇，反馈一篇，查缺补漏。

2013年6月开始统稿，由总编包正刚、张敦博通盘布局，从资料完整性、准确性诸方面进行权衡，年底编纂出第一稿，印发有关单位和人员审阅，提出修改意见，组织编纂人员集体讨论，集思广益，总编反复推敲，逐篇笔削。2014年6月改出第二稿，印发部分知情老领导，提出很好补充意见。2015年3月改出第三稿，印发编委会组成人员及部分市、县老领导审阅。6月25日至27日召开相邻县区地志办负责人、县内老干部、编辑部全体人员参加的《镇原县志》评审座谈会，参加审稿60多人，肯定县志评审稿资料丰富，内容充实，思路清晰，条例分明，叙述流畅，同时提出修改意见。县志办补充完善后经县地方志编纂委员审查，同意上报终审。8月改出第四稿，提交省、市地方志编委会审定。12月8日，庆阳市地方志编纂委员会在庆阳宾馆召开《镇原县志》终审会，庆阳市副市长、市地方志编纂委员会主任朱国庆、市政府副秘书长安定祥、市志办主任彭晓峰等市县领导、专家9人与会审定，省志办公室副主任钱旭、县志指导处处长贺红梅、副处长陈谦发来审稿意见，会议肯定《镇原县志》篇目设置合理，记述语言平实，衔接自然，资料丰富，可读性强，再做修改后可正式出版。会后，根据省、市领导和专家的指导性意见，经总编把关，完成终稿。县政府采购办通过竞标，由甘肃鑫统印务有限责任公司承印，方志出版社出版。

《镇原县志》编纂历六载寒暑，数易其稿，乃成斯志，参与者近千人，凝聚着各方人士的心血，是集体智慧的结晶。历任县委书记王小庆、秦华、周伟都十分重视，前任县长、现任书记李崇暄经常过问进展情况，多次利用会议强调督促，从人员、经费等方面给予保证。县长侯志强亲自参加县志审定，关心支持修改、出版，保证经费及时到位。时任县委副书记薛渊、政府副县长何奎和县委常委、组织部长刘志刚，县委常委、政府副县长文芳先后分管地方志工作，从人员安排、方案拟定、资料采集、志稿编纂等具体环节抓落实，确保县志编纂顺利进行。一轮志书审稿委员会主任、县人大常委会原主任赵宝玺对编纂工作给予多方指导，并亲自参与审稿。编纂人员治学严谨，不计名利，广泛搜集资料，认真核对事实，细心订正数据，潜心修纂。各部门密切配合，查阅档案，搜集资料，多次补充完善。甘肃省、庆阳市、平凉市、镇原县档案馆、镇原县统计局在资料查阅方面提供帮助。方言篇受到梁希孔、陈自贤老师指导，张自强、田树智提供部分人物照片，王晨旭修缮历史区划图，并帮助筛选部分图片，制作评审稿彩页，段建华帮助搜集了部分彩页书法作品的照片。薛亮云、卢造钧、窦宏邦、李尊儒、王维东、范玉群、黄清文、姜正海、李耀华、刘位巍、王学文、马之庆、白立鹏、段浩德、张云、冯永林等老领导、老干部参与审稿，从不同角度提出修改意见。《庆阳市志》副主编、镇原县志终审评委乔孝堂对大部分章节进行文字修改和数据核对，还有许多关心方志事业的各界同仁提出许多建设性建议。在此，对参与县志审稿、评审、终审领导、专家及所有为县志修编工作付出心血的同仁致以诚挚谢意。

《镇原县志》修编工程浩大，牵涉政治、经济、历史、地理、人文等各个方面，由于历史资料欠缺，加之修志人员史德、史识、史学、史才修养所限，在观点、内容、体例、文字及史实等方面有疏漏和不足之处，敬祈社会各界人士多提宝贵意见，以待续修时补缺救弊，考辩订正。

镇原县地方志编纂委员会办公室

2015年12月

《镇原县志》编纂人员花名表

章 节	资料整理	初 纂	总 纂
凡例 概述	包正刚 张敦博	包正刚 张敦博	包正刚 张敦博
大事记	张自强 段 瑾 刘雪萍	张自强	
建置	段安邦 王宪刚 慕俊位	段安邦	
自然环境	段安邦 秦 铭 王宪刚	段安邦 秦 铭	
环境保护	包正刚 马宁强 董喜能	包正刚	
人口民族宗教	包正刚 段安邦 安武世 马宁强 王宪刚	包正刚 段安邦	
农业	秦 铭 席广武 刘明昉	秦 铭 鱼 舟	
林业 水利水保		鱼 舟	
畜牧业 农业机械		秦 铭 冉赟贤	
农村开发与建设	张敦博 包正刚 刘明昉	张敦博 包正刚	
工业	张敦博 卢宇伟 董喜能	张敦博	
交通运输	张自强 段 瑾	张自强	
邮政 通讯	张敦博 张爱厚 段哲锋	张敦博 张爱厚	
商业 供销 粮食 财政 税务 金融 计划管理 统计调查 国土资源 工商行政 质量技术监督 审计 物价 安全生产监督 石油开发 招商引资	张敦博 卢宇伟 董喜能	张敦博	
城乡规划建设	包正刚 马宁强 董喜能	包正刚	
党派群团	张自强 段 瑾	张自强	
政权政协	包正刚 段 瑾 刘雪萍	包正刚 段 瑾	
军事	张爱厚 段哲锋	张爱厚	
民政	段安邦 王宪刚	段安邦	
劳动人事管理	段安邦 秦 铭 王宪刚	段安邦 秦 铭	
公安 检察 审判	张爱厚 段哲锋	张敦博 张爱厚	
司法行政		张爱厚	
政府法制	包正刚 段 瑾	包正刚 张敦博	
教育	张自强 段 瑾	张自强	
体育	鱼 舟 刘明昉	鱼 舟 张敦博	
文化	段安邦 秦 铭 马宁强 王宪刚	段安邦 秦 铭	
广播影视 文物古迹	段安邦 秦 铭 王宪刚	段安邦 秦 铭	
科学技术	张爱厚 段哲锋	张爱厚	
医药卫生	鱼 舟 秦 铭 席广武 刘明昉	鱼 舟 秦 铭	
民情风俗	段安邦 秦 铭 王宪刚	段安邦 秦 铭	
人物	包正刚 马宁强 董喜能 李 灵 李莹莹	包正刚 马宁强	
后记		包正刚 张敦博	

《镇原县志》供稿单位及资料员花名表

章　节	供稿单位	资料员	章　节	供稿单位	资料员
乡镇概况	城关镇政府	郭秋岑	工商行政管理	工商局	白文铎
	临泾乡政府	刘鹏莹	质量技术监督管理	质监局	孙　岳　李建民
	南川乡政府	孙龙龙	审计	审计局	康晓霞　路芒花
	屯字镇政府	李治武	物价	物价局	曹　峰
	上肖乡政府	畅博华	安全生产监督	安监局	李　晴
	太平镇政府	吴万福	石油开发管理	石油办	孙世铎
	孟坝镇政府	吴东艳	招商引资	招商局	杨彦龙
	新集乡政府	张宏业	城乡建设	住建局	郑　晟　杨志涛
	方山乡政府	吴东虎	城乡规划	规划局	康学杰
	三岔镇政府	许　恒	城市管理	城管局	高天贵
	殷家城乡政府	李正旺	住房公积金管理	公积金管理中心	邓志华
	马渠乡政府	常　勋	县委	县委办	张生满
	庙渠乡政府	何选红	纪律检查	纪检委	李正起
	武沟乡政府	张万军	组织工作	组织部	段念理
	开边镇政府	高永刚	宣传工作	宣传部	惠志平
	郭原乡政府	张　盼	统战工作	统战部	柳　峰
	平泉镇政府	史继伟	政法工作	政法委	王现都
	中原乡政府	慕硕林	老干部工作	老干局	郭宝金
	新城乡政府	杨丽霞	党校工作	党校	席占文
气象	气象局	刘世雄	信访工作	信访局	席宝红
环境保护	环保局	路恢之	共青团	团委	董全成
民族宗教	民族宗教局	何　华	妇联	妇联	李显贵　鱼丽娜
计划生育	人口计生局	窦　丰	总工会	总工会	张世平
农业	农牧局	徐万里　兰文琳 张　盼　张　平 张敦新	工商联	工商联	柳　峰
畜牧业	畜牧局	安文广　马忠选 黄志宏	文联	文联	张　妙　郭伟峰
林业局	林业局	董天宝	权力机关	人大办	王会强
水利	水务局	马勃勃	法治政府建设	法制办	左雪琴　刘艺敏

水保	水保局	康　勇	政协	政协办	何等强
农业机械	农机局	方明军	军事	人武部 武警中队	夏　蕊
老区建设与扶贫	扶贫办	段丽芳	民政	民政局	杨　勇
农业综合开发	农发办	张万里	残疾人事业	残联	马正军
乡镇企业		李儒峰	老龄事业	老龄办	常粉玲
电力	电力局	王红英	红十字会	红十字会	常红艳
交通运输	交通运输局	张宏伟	劳动人事管理	人社局	王俊平
邮政	邮政局	王彦东	编制	编办	秦涧泉
电信	电信局	孙虎祥 张晓玲	公安	公安局	张天博
商业	商务局	杨　帆	检察	检察院	徐克赟
烟草经营	烟草专卖局	李向海	审判	法院	刘玉明 贺　鑫
盐业经营	盐务管理局	甄　辉	司法行政	司法局	郭海娟
供销	供销联社	孙志诚 武崇祥	教育	教育局	李文洲
粮食	粮食局	白廷峰	体育	体育局	贾飞燕
财政	财政局	樊永军	文化	文广局	何继承 贾晓莉
税务	国税局 地税局	姚生毅 贾亦鹏	图书销售	新华书店	陈卫东
金融	人行	秦仕范 李文睿	党史工作	党史办	路少华
保险	财险公司 寿险公司	杨贵玲 刘亚妮	档案管理	档案局	杨　宏
计划管理	发改局	慕　凯	广播影视	文广局	王成旭
统计	统计局	徐文德 梁跟平	文物古迹	博物馆	王博文
农村调查	农调队	虎萍芳	科学技术	科技局	杨　帆
国土资源管理	国土局	张世军	防震工作	防震办	许怀国 张利民
医药卫生	卫生局	慕懿遴			